# Teología Sistemática

# Teología Sistemática

*Segunda Edición*

Millard J. Erickson

editorial clie

EDITORIAL CLIE
MCE Horeb, E.R. nº 2.910-SE/A
C/ Ferrocarril, 8
08232 VILADECAVALLS (Barcelona), ESPAÑA
E-mail: clie@clie.es
http://www.clie.es

**TEOLOGÍA SISTEMÁTICA**
Segunda edición
Millard J. Erickson

Publicado originalmente en inglés por Baker Books una
división de Baker Book House Company
P.O. Box 6287, Grand Rapids, MI 49516-6287



Director de la colección: Dr. Matt Williams

Traducido por Beatriz Fernández
Editado por Jonatán Haley

Equipo de revisión y maquetación:
Primitivo Rodríguez del Río
Katie Kramer
Patricia Roseman

Diseño de cubiertas: Ismael López Medel

ISBN: 978-84-8267-546-6

Impreso en USA / *Printed in USA*

Clasifíquese:
Teología cristiana
Teología sistemática
REL067110

A
**Bernard Ramm** *(in memoriam)*,
mi primer profesor de teología;
**William E. Hordern**,
mi mentor doctoral;
y **Wolfhart Pannenberg**,
mi mentor posdoctoral.

Otros títulos de las obras

## Colección Teológica Contemporánea

1. El verdadero pensamiento de Pablo, N.T. Wright
2. Teología del Nuevo Testamento, G. Ladd
3. ¿Cómo llegar a ellos?, M. Green y A. McGrath
4. Jesús bajo sospecha, M. Wilkins y J.P. Moreland, Eds.
5. Jesús es el Cristo, L. Morris
6. Monoteísmo y Cristología en el Nuevo Testamento, R. Bauckham
7. Un comentario de la Epístola a los Gálatas, F.F. Bruce
8. Revelación bíblica, C. Pinnock
9. ¿Son vigentes los dones milagrosos?, W. Grudem, ed.
10. La Primera Epístola de Pedro, P. Davids
11. El Evangelio de Juan, vol. 1, L. Morris
12. El Evangelio de Juan, vol. 2, L. Morris
13. Renueva tu corazón, D. Willard
14. 3 preguntas clave sobre Jesús, M. J. Harris
15. Mujeres en el ministerio, B Clouse y R. Clouse, eds.
16. La seguridad de la salvación, J. M. Pinson, ed.
17. Jesús, el Mesías, R. H. Stein
18. Comentario de la Epístola a los Filipenses, G. Fee
19. Discipulado que transforma, G. J. Ogden
20. Manual del discipulado, G. J. Ogden
21. Comentario al Libro del Apocalipsis, R. H. Mounce
22. ¡Alégrense las naciones! J. Piper
23. Comentario de las epístolas a 1º y 2ª de Timoteo y Tito, G.Fee
24. Predicando a personas del S.XXI
25. La homosexualidad: compasión y claridad en el debate, T. Schmidt
26. Hermenéutica: Entendiendo la palabra de Dios, S.Duvall y D. Hays
27. Una introducción al Nuevo Testamento, D.A. Carson y D. Moo
28. Teología sistemática, M. Erickson

# Índice principal

Prefacio *11*

**Parte 1: Estudiar a Dios**

1. ¿Qué es la teología? *17*
2. Teología y filosofía *39*
3. El método de la teología *62*
4. Teología y estudio crítico de la Biblia *85*
5. Contemporizar el mensaje cristiano *115*
6. La teología y su lenguaje *135*
7. Posmodernidad y teología *158*

**Parte 2: Conocer a Dios**

8. La revelación universal de Dios *177*
9. La revelación particular de Dios *200*
10. La conservación de la revelación: inspiración *224*
11. La fiabilidad de la palabra de Dios: inerrancia *246*
12. El poder de la palabra de Dios: autoridad *266*

**Parte 3: Cómo es Dios**

13. La grandeza de Dios *287*
14. La bondad de Dios *307*
15. La cercanía y la distancia de Dios: inmanencia y trascendencia *325*
16. Tres personas en un solo Dios: la Trinidad *344*

**Parte 4: Lo que hace Dios**

17. El plan de Dios *367*
18. El trabajo originario de Dios: la creación *387*
19. La obra continua de Dios: la providencia *408*
20. El mundo de Dios y el mal: un problema especial *432*
21. Los agentes especiales de Dios: los ángeles *453*

**Parte 5: La humanidad**
22. Introducción a la doctrina de la humanidad *475*
23. El origen de la humanidad *492*
24. La imagen de Dios en el hombre *513*
25. La naturaleza constitucional del hombre *533*
26. La universalidad de la humanidad *554*

**Parte 6: El pecado**
27. La naturaleza del pecado *575*
28. La fuente del pecado *595*
29. Los resultados del pecado *614*
30. La magnitud del pecado *633*
31. La dimensión social del pecado *653*

**Parte 7: La persona de Cristo**
32. Temas contemporáneos en el método cristológico *673*
33. La deidad de Cristo *695*
34. La humanidad de Cristo *717*
35. La unidad de la persona de Cristo *735*
36. El nacimiento virginal *752*

**Parte 8: La obra de Cristo**
37. Introducción a la obra de Cristo *775*
38. Teorías de la expiación *794*
39. El tema central de la expiación *814*
40. La extensión de la expiación *837*

**Parte 9: El Espíritu Santo**
41. La persona del Espíritu Santo *857*
42. La obra del Espíritu Santo *876*

**Parte 10: La salvación**
43. Interpretaciones de la salvación *897*
44. El antecedente a la salvación: la predestinación *916*
45. El principio de la salvación: aspectos subjetivos *937*
46. El principio de la salvación: aspectos objetivos *956*
47. La continuación de la salvación *975*
48. La finalización de la salvación *991*
49. Medios y extensión de la salvación *1009*

**Parte 11: La iglesia**
50. La naturaleza de la iglesia *1031*
51. El papel de la iglesia *1056*

52. El gobierno de la iglesia *1075*
53. El rito iniciático de la iglesia: el bautismo *1094*
54. El rito continuado de la iglesia: la cena del Señor *1111*
55. La unidad de la iglesia *1131*

**Parte 12: Las últimas cosas**
56. Introducción a la escatología *1151*
57. Escatología individual *1168*
58. La segunda venida y sus consecuencias *1187*
59. Perspectivas sobre el milenio y la tribulación *1206*
60. Estados finales *1227*

Pensamientos finales *1244*

Índice de textos bíblicos *1249*
Índice temático *1267*

# Prefacio

Ha pasado más de una década desde que apareció por primera vez *Teología Cristiana*. Se escribió para cumplir con la necesidad de tener una teología sistemática evangélica, comprensible y que estuviera puesta al día. En aquel tiempo no se pensó que nadie más la fuera a utilizar. La aceptación de la obra original ha probado que el esfuerzo realizado para llevarla a cabo mereció la pena. Además, desde entonces han aparecido muchos otros textos, que han enriquecido los recursos disponibles para la enseñanza de la teología sistemática.

En estos diez años de intervalo, se han producido muchos cambios en el mundo teológico y también en el intelectual, político, económico y social. Por lo tanto, resulta deseable revisar la obra original teniendo en cuenta estos cambios. Se han añadido algunas secciones así como un capítulo completamente nuevo sobre el posmodernismo. En algunos puntos la discusión se ha actualizado. Algunas porciones del original se han condensado, ya que los temas que se trataban originalmente ya no son tan importantes como lo eran antes. El lenguaje utilizado en algunos casos se ha cambiado para reflejar el uso corriente. Al llevar a cabo esta revisión, he tratado de tener en cuenta las reacciones transmitidas por los estudiantes, colegas y críticos. Me han sido de gran ayuda. Sin embargo, no he sustituido las fuentes originales por las más recientes simplemente porque sean más actuales, sino porque suponen un avance esencial en el pensamiento de lo que se citaba en el original.

Uno de los fenómenos de esta década pasada ha sido el incremento de la diversidad étnica y cultural de las personas que estudian teología. Los días en que una mujer que estudiaba teología en un seminario era una cosa especial han dado paso a unas clases en las que el número de hombres y mujeres estudiantes está mucho más equilibrado. En lo que antes había un predominio de estudiantes americanos blancos ahora se ven muchas minorías étnicas y estudiantes de todo el mundo. Este fenómeno de inscripciones ha ido paralelo al incremento en los escritos sobre Teología realizados por cristianos del Tercer Mundo, cuyo número ha ido creciendo con mayor rapidez que en Europa y Norteamérica. Esta tendencia a la globalización no se ha reflejado en los textos teológicos escritos por los evangélicos norteamericanos en la década pasada. Por lo tanto he hecho un esfuerzo especial por incluir a representantes de estos sectores de la iglesia cristiana. Por otra parte, he animado a que *Teología Cristiana* se traduzca a distintos idiomas, incluidos varios de los países del este de Europa.

Uno de los comentarios más frecuentes que se han hecho sobre la edición original es lo fácil de entender que es. He tratado de mantener y ampliar esta característica siguiendo el excelente consejo que Clark Pinnock me dio hace años: "hacer que se cante como un libro de himnos, y no que se lea como una guía de teléfonos". El texto también se ha ampliado con la adición de los resúmenes de los capítulos, los objetivos y las cuestiones de estudio. Le agradezco a un antiguo compañero, el Dr. Edward Buchanan, ahora profesor de Educación cristiana en Southeastern Baptist Theological Seminary, especialista en Educación adulta, por su trabajo con este material auxiliar. Agradezco que tantas personas no profesionales se hayan hecho cargo de la edición original. Para hacer esta edición más accesible a esas personas, se ha añadido la transliteración griega de las palabras hebreas. Y, para ampliar más la utilidad de esta teología, se han añadido dos versiones más sencillas, un texto de Doctrina de nivel universitario: *Introducing Christian Doctrine* (Grand Rapids: Baker, 1992) y un libro de doctrina de nivel básico: *Does It Matter What I Believe?* (Grand Rapids: Baker 1992).

Escribir la primera edición hizo que me interesara por investigar algunos temas en mayor profundidad, un interés que también se ha producido en otros lectores. Algunos de estos temas se han desarrollado en obras como *The Word Became Flesh* (Grand Rapids: Baker, 1995), *How They Will Be Saved?* (Grand Rapids: Baker, 1996), y *God the Father Almighty* (Grand Rapids: Baker, 1998). Estos tratan, respectivamente, de las doctrinas de la Encarnación, la Trinidad, el destino de los no evangelizados y de los atributos de Dios. A los lectores que desean ampliar estos temas se les anima a investigar estos libros.

Me gustaría dar las gracias una vez más a aquellos cuya especial ayuda permitió que la edición original pudiera ser posible. Varios estudiantes leyeron porciones del manuscrito y me ofrecieron reacciones desde una perspectiva estudiantil: Bruce Kallenberg, Randy Russ y Mark Moulton, y mi asistente, Dan Erickson, leyó todo el manuscrito. Laurie Dirnberger, Lorraine Swanson, Aletta Whittaker y Pat Krohn teclearon partes del manuscrito. Tres estudiantes se comprometieron a apoyar el proceso mediante la oración y el aliento: David McCullum, Stanley Olson y Randy Russ.

Además de las personas que me animaron y contribuyeron a la edición original, también me gustaría agradecer el consejo y el ánimo de Jim Weaver, editor de libros académicos y de referencia en Baker Books, y a María denBoer, que ha complementado la excelente labor editorial de Ray Wiersma en la edición original con su cuidadoso y amable trabajo editorial en esta edición revisada. La experiencia de mi esposa Ginny como profesora de inglés ha sido de gran valor, en particular en los temas gramaticales y formales.

En muchos aspectos, el estado de la Teología sistemática en los últimos años del siglo veinte ha sido paradójico. Mientras que en la década de los años 1960 y 1970 la teología sistemática estaba en declive, y algunos expertos bíblicos sugerían que debía ser eliminada, ha tenido un gran resurgimiento en las escuelas de teología. El crecimiento de los textos de Teología sistemática es una indicación de esta tendencia. Sin embargo, el alejamiento del pensamiento reflexivo y el acercamiento hacia una religión experimental a nivel popular no augura un buen futuro para la Teología. No obstante, los retos para la fe cristiana tanto por parte de los competidores religiosos como no religiosos, significan que el razonamiento teológico cuidadoso y la reafirmación son ahora incluso más importantes que cuando se escribió la primera edición de este libro. Como con el primer escrito, esta edición revisada se lanza con la esperanza de que quizá Dios la utilice para fortalecer la Iglesia y extender el Reino.

# Parte 1
# ESTUDIAR A DIOS


1. ¿Qué es la teología? *17*
2. Teología y filosofía *39*
3. El método de la teología *62*
4. Teología y estudio crítico de la Biblia *85*
5. Contemporizar el mensaje cristiano *115*
6. La teología y su lenguaje *135*
7. Posmodernidad y teología *158*

# 1. ¿Qué es la teología?

## Objetivos del capítulo

Después de estudiar este capítulo, debería ser capaz de:

- Comprender el concepto de religión dentro de la historia.
- Hacer una breve definición de teología centrada principalmente en la interpretación de la disciplina.
- Distinguir entre teología bíblica, histórica, filosófica y sistemática.
- Demostrar la necesidad de una teología sistemática en la sociedad contemporánea.
- Relacionar la teología cristiana con la vida cristiana y el ministerio cristiano en el mundo actual.

## Resumen del capítulo

La teología en un contexto cristiano es una disciplina de estudio que busca comprender el Dios que se ha revelado en la Biblia e intenta proporcionar una interpretación cristiana de la realidad. Busca entender la creación de Dios, en particular al ser humano y su condición, y la obra redentora de Dios para con la humanidad. La teología bíblica, histórica y filosófica proporciona puntos de vista e interpretaciones que ayudan a llegar a un todo coherente. La teología tiene valor práctico para proporcionar una guía para la vida cristiana y para el ministerio.

## Cuestiones de estudio

1. En sus obras filosóficas, ¿hasta qué punto limitaba Immanuel Kant la religión?
2. Diga y explique cinco facetas de la definición de teología.
3. Defina la teología sistemática y explique cómo se relaciona con las de-

más disciplinas de la teología: la bíblica, la histórica y la filosófica.
4. ¿Cuál es la naturaleza de la teología y qué teólogo desarrolló un enfoque más empírico hacia ella?
5. Defienda la afirmación: "La teología debería continuar siendo la reina de las Ciencias."

Naturaleza de la religión
Definición de teología
Localizar la teología (sistemática) en el mapa teológico.
- Teología sistemática y teología bíblica
- Teología sistemática y teología histórica
- Teología sistemática y teología filosófica

La necesidad de la teología
El punto de partida de la teología
La teología como ciencia
¿Por qué la Biblia?

## Naturaleza de la religión

Los humanos son seres maravillosos y complejos. Son capaces de realizar complicadas proezas físicas, hacer cálculos intelectuales abstractos, producir increíbles imágenes y sonidos. Además de eso, los seres humanos son incurablemente religiosos. Donde quiera que haya seres humanos, en muy distintas culturas de cualquier zona geográfica y desde que se tiene conocimiento hasta la actualidad, podemos encontrar una religión.

La religión es uno de esos términos que todos entendemos, pero que pocos podemos definir realmente. Cada vez que encontramos desacuerdos o al menos distintas variedades de definiciones y descripciones de un objeto o actividad, hay razón para creer que no se ha estudiado, no se ha reflexionado o no se ha discutido lo suficiente sobre el tema, o que el tema es demasiado rico y complejo como para resumirse en una sola definición.

Aparecen algunas características comunes en muchas definiciones de religión. Se cree en algo que es superior al ser humano. Puede que sea un dios personal, todo un conjunto de seres sobrenaturales, una fuerza de la naturaleza, un conjunto de valores, o la raza humana en su conjunto (humanidad). Suele haber una distinción entre lo sagrado y lo secular (o profano). Esta distinción se puede extender a personas, objetos, lugares o prácticas. El grado de fuerza con el que se asume varía según las religiones y según los adeptos a una religión concreta.[1]

La religión también suele implicar un punto de vista de la vida y el mundo, una perspectiva o una imagen general de la realidad como un todo y un concepto de cómo los individuos se tienen que relacionar con el mundo según esta pers-

1. William P. Alston, "Religion," en *Encyclopedia of Philosophy*, ed. Paul Edwards (New York: Macmillan, 1967), vol. 7, pp. 141-42.

pectiva. A una religión van unidas un conjunto de prácticas, ya sean rituales o de comportamiento ético o ambas. Hay algún tipo de relación o respuesta hacia el objeto superior, como el compromiso, la adoración o la oración.[2] Finalmente, a menudo, aunque no siempre, hay ciertas dimensiones sociales. Con frecuencia se forman grupos en torno a una posición o un compromiso religioso.[3]

Se ha intentado encontrar una esencia común en toda la religión. Por ejemplo, durante gran parte de la Edad Media, particularmente en occidente, se pensaba en la religión como una creencia o un dogma. Lo que distinguía al cristianismo del judaísmo o del hinduismo era un conjunto de creencias. Cuando surgió la Reforma, lo que distinguía al catolicismo romano del protestantismo eran unas doctrinas (o dogmas) diferentes. Incluso las denominaciones protestantes se distinguían unas de otras, principalmente en sus ideas sobre los distintos papeles de la soberanía divina y la libertad del ser humano, el bautismo, la estructura del gobierno de la iglesia y temas similares.

Era natural que las enseñanzas doctrinales se vieran como algo fundamental durante el periodo que comprende desde principios de la Edad Media hasta el siglo XVIII. Como la filosofía era una disciplina fuertemente consolidada, es lógico que se enfatizara el carácter de la religión como una cosmovisión. Y como las ciencias del comportamiento todavía estaban en mantillas, se habló relativamente poco sobre la religión como institución social o sobre los fenómenos psicológicos de la religión.

A principios del siglo XIX, sin embargo, la forma de comprender el tema de la religión cambió. Friedrich Schleiermacher en su obra *Sobre la religión: Discurso a sus menospreciadores cultivados*, rechazó la idea de que la religión fuera un asunto de dogma o de ética. En su lugar, Schleiermacher dijo: la religión es un tema de sentimientos, ya sea de sentimientos en general o de sentimientos de absoluta dependencia.[4] Este punto de vista se ha desarrollado mediante el análisis fenomenológico de pensadores como Rudolf Otto, que hablaba sobre lo numinoso, la conciencia de lo santo.[5] Esto ha continuado en la mayoría del pensamiento religioso del siglo XX, con su reacción en contra de las categorías lógicas y el "racionalismo." La alabanza popular cristiana actual pone un gran énfasis en los sentimientos.

La fórmula de Schleiermacher fue en gran medida una reacción a la obra de Immanuel Kant. Aunque Kant era un filósofo más que un teólogo, sus tres famosas críticas: *Crítica de la razón pura* (1781), *Crítica de la razón práctica* (1788)

2. Ibid.
3. "Religion, Social Aspects of," en *Encyclopaedia Britannica*, 15th ed., Macropaedia, vol. 15, pp. 604-13.
4. Friedrich Schleiermacher, *Sobre la religión: discurso a sus menospreciadores cultivados* (Madrid: Editorial Tecnos, 1990).
5. Rudolf Otto, *Lo Santo* (Madrid: Alianza Editorial, 2001).

y *Crítica del juicio* (1790) tuvieron un tremendo impacto en la filosofía de la religión.[6] En la primera, refutaba la idea de que es posible tener un conocimiento teórico de objetos que trascienden la experiencia. Esto por supuesto acababa con la posibilidad de cualquier conocimiento real, o con la base cognitiva de la religión como se entendía tradicionalmente.[7] Más bien, Kant determinaba que la religión es un objeto de razón práctica. Consideraba que Dios, las normas y la vida inmortal eran necesarios como postulados sin los cuales no podía funcionar la moral.[8] Así pues la religión se convirtió en un tema de ética. Esta visión de la religión fue aplicada a la teología cristiana por Albrecht Ritschl, que dijo que la religión era un tema de juicios morales.[9]

Entonces, ¿cómo deberíamos entender la religión? En realidad la religión es todo eso: creencia o doctrina, sentimiento o actitud y una manera de vivir o de comportarse. El cristianismo se ajusta a todos estos criterios de religión. Es una manera de vivir, un tipo de comportamiento, un estilo de vida. Y es así no sólo en la experiencia aislada del individuo, sino también en la formación de grupos sociales. El cristianismo también implica ciertos sentimientos como la dependencia, el amor y la satisfacción. Y desde luego el cristianismo implica también un conjunto de enseñanzas, una manera de ver la realidad y de verse a uno mismo y una perspectiva desde la cual toda esta experiencia tiene sentido.

Para ser un miembro digno de un grupo que lleva el nombre de un líder en particular uno debe adherirse a las enseñanzas de ese líder. Por ejemplo, un platónico es alguien que de alguna manera mantiene los conceptos que enseñaba Platón; un marxista es el que acepta las enseñanzas de Karl Marx. En la medida que el líder también defiende un modo de vida que no se puede separar del mensaje que enseña, es esencial que el seguidor emule también estas prácticas. Solemos distinguir, sin embargo, entre prácticas inherentes (o esenciales) y prácticas accidentales (o incidentales). Para ser platónico, no es necesario vivir en Atenas y hablar griego clásico. Para ser marxista, no hace falta ser judío, estudiar en el Museo Británico o montar en bici.

Del mismo modo, un cristiano no tiene por qué llevar sandalias, tener barba o vivir en Palestina. Pero todos los que dicen ser cristianos tienen que creer lo que Jesús enseñó y practicar lo que él ordenó, como por ejemplo: "Amarás a tu prójimo como a ti mismo." Porque aceptar a Jesús como Señor significa hacer de

6. A. C. McGiffert, *Protestant Thought Before Kant* (New York: Harper, 1961), obviamente piensa en Kant como en alguien decisivo para el desarrollo del pensamiento protestante aunque Kant era un filósofo y no un teólogo.

7. Immanuel Kant, *Crítica de la razón pura*, "Analítica trascendental," libro 1, capítulo 2, sección 2.

8. Immanuel Kant, *Crítica de la razón práctica*, parte 1, libro 2, capítulo 2, sección 5.

9. Albrecht Ritschl, "Theology and Metaphysics," en *Three Essays*, trad. Philip Hefner (Philadelphia: Fortress, 1972), pp. 149-215.

él la autoridad que conduce nuestras vidas. Entonces, ¿qué significa ser cristiano? James Orr lo expresó muy bien: "El que cree con todo su corazón en Jesús como Hijo de Dios se compromete a mucho más. Se compromete a tener una visión de Dios, una visión del hombre, una visión de la historia, una visión del destino humano que sólo se encuentra en el cristianismo."[10]

Parece pues razonable decir que seguir las creencias que Jesús tenía y enseñaba es parte de lo que significa ser cristiano o seguidor de Cristo. El estudio de estas creencias es la preocupación particular de la teología cristiana. La creencia no lo es todo en el cristianismo. Se incluye una experiencia o un conjunto de experiencias, como el amor, la humildad, la adoración y la alabanza. Hay prácticas que por naturaleza son éticas y ritualistas o piadosas. En el cristianismo hay dimensiones sociales, que implican relaciones con otros cristianos en lo que normalmente llamamos la iglesia y con no cristianos en el mundo en general. Otras disciplinas de investigación y conocimiento investigan estas dimensiones del cristianismo. Pero la tarea central de examinar, interpretar y organizar las enseñanzas de la persona de la que esta religión toma su nombre pertenece a la teología cristiana.

La forma de vivir y la práctica personal de la religión, como la aceptación de las creencias doctrinales, sucede en el nivel de la experiencia primaria. Hay también un nivel de reflexión sobre lo que ocurre en este nivel primario. La disciplina que se ocupa de describir, analizar, criticar y organizar las doctrinas es la teología. Por tanto, la teología es una actividad que está en un segundo nivel si la comparamos con la religión. Es a la religión lo que la psicología es a las emociones humanas, lo que la estética es al arte, lo que la ciencia política es al comportamiento político.

Otros conceptos de teología deben ser tenidos en cuenta. Surgen del punto de vista básico de la religión y la doctrina. Para Gustavo Gutiérrez y los teólogos de la liberación, la religión es claramente pragmática; se preocupa de aliviar las injusticias de la raza humana. Así que el papel de la doctrina es hablar de esas desigualdades. La teología, pues, se convierte en una reflexión crítica de la praxis.[11]

El punto de vista que se establece a partir de aquí también difiere de los que parten principalmente de un punto de vista subjetivo de la religión. Según algunos, como John Hick, la esencia de la religión es una experiencia de la gran realidad única, que él denomina "Lo eterno."[12] Esto le encuadra perfectamente en la tradición de Schleiermacher sobre la naturaleza de la religión. Las doctrinas, pues, de diferentes religiones o de distintas denominaciones de una misma

10. James Orr, *The Christian View of God and the World* (Grand Rapids: Eerdmans, 1954), p. 4.

11. Gustavo Gutiérrez, *A Theology of Liberation: History, Politics and Salvation* (Maryknoll, N.Y.: Orbis, 1973), pp. 6-15.

12. John Hick, *God Has Many Names* (Philadelphia: Westminster, 1982), p. 42.

religión, son las diferentes interpretaciones que distintos grupos de personas dan a esta experiencia genérica según su forma de interpretarla a través de su propia cultura.[13]

Nuestro enfoque también difiere del de George Lindbeck y los postliberales. Rechazando tanto la idea de que la religión consiste principalmente en sus enseñanzas doctrinales en forma de proposiciones como la de que principalmente es una expresión de la experiencia emocional, él propone el punto de vista cultural-lingüístico. Esta es la idea de que la religión es una colección de categorías o enseñanzas que cada cultura construye para interpretar la vida y a partir de la cual sus miembros funcionan. No surge de la experiencia, ésta sólo le da forma. Es una historia, contada por sus partidarios, a partir de la cual dan sentido a la vida.[14] La doctrina, según este punto de vista, es una actividad de segundo nivel que tiene una función reguladora. En lugar de darnos un conocimiento ontológico de Dios, sus doctrinas son reglas que gobiernan la comunidad, una relación igual a la que la gramática tiene con un idioma.[15]

Nosotros sostenemos que las doctrinas efectivamente están compuestas de conocimiento genuino de Dios, y que la religión implica a todo lo que es la persona: el intelecto, las emociones y el deseo. Esta visión de la doctrina y la teología tiene dos ventajas importantes que no tiene ninguna de las demás. Nos permite tener en cuenta toda la riqueza y complejidad de las religiones humanas. Además se ajusta mejor a la forma auténtica de entender la religión y la doctrina con que trabajaron la iglesia primitiva y los autores de las Escrituras. Y si una comunidad cristiana de hoy en día considera la Biblia válida, vinculante y como su máxima autoridad, este punto de vista también se ajusta a la forma de entender y practicar la vida cristiana del cristiano normal. Las otras dimensiones de la experiencia cristiana, como la aplicación ética de las enseñanzas cristianas y la alabanza plena que implica el culto, están íntimamente unidas a nuestra forma de entender la doctrina. Pero son complementarias, no una alternativa a ella.

## Definición de teología

Una definición preliminar o básica de teología es "el estudio o la ciencia de Dios." No obstante, el Dios del cristianismo es un ser activo, y por eso esta definición inicial debe ampliarse para incluir las obras de Dios y su relación con ellas. Por tanto la teología también busca entender la creación de Dios, en particular los seres humanos y su condición, y la obra redentora de Dios para con la humanidad.

13. Ibid., pp. 50-51.

14. George A. Lindbeck, *The Nature of Doctrine: Religion and Theology in a Postliberal Age* (Philadelphia: Westminster, 1984), pp. 32-41.

15. Ibid., pp. 79-84.

Sin embargo, es necesario decir más para indicar lo que hace esta ciencia. Así pues proponemos una definición más completa de teología: aquella disciplina que intenta desarrollar una exposición coherente de las doctrinas de la fe cristiana, basándose principalmente en las Escrituras, situándose en el contexto de la cultura en general, expresándose en un idioma contemporáneo y relacionándose con los temas de la vida.

1. La teología es bíblica. Para su contenido toma como fuente principal las Escrituras canónicas del Antiguo y Nuevo Testamento. Esto no quiere decir que se limite a traer a la superficie los significados de las Escrituras sin hacer ninguna reflexión crítica. Utiliza las herramientas y métodos de la investigación bíblica. También emplea las perspectivas de otras áreas de verdad, que considera como parte de la revelación general de Dios.

2. La teología es sistemática. Esto es, se basa en toda la Biblia. En lugar de utilizar textos individuales aislados unos de otros, intenta relacionar las distintas porciones unas con otras para fusionar las diferentes enseñanzas en un todo armonioso y coherente.

3. La teología también se relaciona con los temas generales de la cultura y el conocimiento. Por tanto, intenta relacionar sus puntos de vista sobre los orígenes con los conceptos avanzados por la ciencia (o mejor dicho, de disciplinas como la cosmología), sus puntos de vista sobre la naturaleza con los conceptos de personalidad de la psicología, su concepción de la providencia con la filosofía de la historia.

4. La teología también tiene que ser contemporánea. Aunque trata temas atemporales, debe utilizar un lenguaje, unos conceptos y formas que tengan sentido en el momento actual. Esto implica un peligro. Algunas teologías, en su intento de tratar temas modernos, exponen los materiales bíblicos de tal manera que los distorsionan. Así oímos del verdadero "peligro de modernizar a Jesús."[16] No obstante, intentando evitar que Jesús sea sólo otro liberal del siglo veinte, el mensaje a veces se expresa de una manera que obliga a una persona del siglo veinte a convertirse en una persona del siglo primero para poder entenderlo. El resultado es que nos encontramos enfrentándonos con problemas que ya no existen. Por tanto, se debe evitar también el peligro contrario, "el peligro de arcaizarnos."[17]

16. Henry J. Cadbury, *The Peril of Modernizing Jesus* (New York: Macmillan, 1937). Se puede encontrar un intento de modernizar a Jesús en las reconstrucciones que se hicieron de su vida en el siglo diecinueve. George Tyrrell dijo de la construcción que hizo de Jesús Adolf von Harnack que "el Cristo que Harnack ve, después de diecinueve siglos de oscuridad católica, es sólo el reflejo de una cara protestante liberal en el fondo de un pozo profundo" (*Christianity at the Cross-Roads* [London: Longmans, Green, 1910], p. 44).

17. Henry J. Cadbury, "The Peril of Archaizing Ourselves," *Interpretation 3* (1949): 331-37. Ejemplos de gente que se arcaíza son los que intentan formar comunidades según el patrón de la primitiva iglesia cristiana, como se describe especialmente en Hechos 4-5, o los que intentan establecer la cuestión de la validez de tomar bebidas alcohólicas basándose en la práctica del

No sólo se trata de utilizar la forma de pensar actual para expresar el mensaje. El mensaje cristiano debería dirigirse hacia las cuestiones y los retos que existen en la actualidad. Pero incluso en esto es necesario ser precavido a la hora de comprometerse demasiado con una serie de temas. Si el presente representa un cambio respecto al pasado, entonces es presumible que el futuro también será diferente del presente. Una teología que se identifica demasiado con el presente (esto es, el "hoy" y nada más) se expone a quedarse obsoleta muy pronto.

5. Finalmente la teología tiene que ser práctica. Con esto no tenemos en mente la teología práctica en el sentido técnico (esto es, cómo predicar, aconsejar, evangelizar, etc.), sino la idea de que la teología se relaciona con vivir y no solamente con creer. La fe cristiana nos ayuda con nuestras preocupaciones prácticas. Pablo, por ejemplo, daba garantías de la segunda venida y después decía: "Por tanto, alentaos los unos a los otros con estas palabras" (1 Ts. 4:18). Debería indicarse, sin embargo, que la teología no debe preocuparse principalmente de las dimensiones prácticas. El efecto práctico o la aplicación de una doctrina es una consecuencia de la verdad de la doctrina, no al contrario.

## Localizar la teología (sistemática) en el mapa teológico.

Teología es un término ampliamente utilizado. Por tanto es necesario delimitar el sentido en que lo utilizamos aquí. En el sentido amplio de la palabra abarca todos los temas tratados en una escuela de teología. En este sentido, incluye temas tan diversos como Antiguo Testamento, Nuevo Testamento, historia de

**Figura 1**
**Sentidos de "Teología"**

- **Estudios teológicos**
  - Estudios bíblicos
  - Estudios históricos
  - **Estudios doctrinales**
    - Teología bíblica
    - Teología histórica
    - **Teología sistemática**
      - Escrituras
      - **Dios**
      - Hombre
      - Pecado
      - Cristo
      - Salvación
      - Iglesia
      - Últimas cosas
    - Teología filosófica
  - Estudios prácticos

la iglesia, misiones, teología sistemática, filosofía de la religión, predicación, educación cristiana, ministerio pastoral y liderazgo, y la consejería. En un

Nuevo Testamento, sin preguntarse en ninguno de los dos casos si los cambios sociales desde los tiempos bíblicos hasta ahora han alterado el significado de la práctica en este tema.

sentido más restringido, la palabra hace referencia a todos los aspectos que trata el carácter específicamente *doctrinal* de la fe cristiana. Aquí encontramos disciplinas como la teología bíblica, la teología histórica, la teología sistemática y la teología filosófica. Esto es teología contrastada con la historia de la iglesia como institución, la interpretación del texto bíblico o la teoría y práctica del ministerio. Dentro de este conjunto de temas teológicos (teología bíblica, teología histórica, etc.), podemos aislar la teología sistemática en particular. Es en este sentido en el que utilizaremos la palabra *teología* de ahora en adelante en esta obra (a menos que se diga específicamente lo contrario). Finalmente dentro de la teología sistemática hay distintas doctrinas, como la bibliología, la antropología, la cristología y la teología propiamente dicha (o doctrina de Dios). Para evitar la confusión, cuando hablemos de la doctrina que hemos mencionado en último lugar, utilizaremos la expresión "doctrina de Dios". La figura 1 puede resultar útil para visualizar estas relaciones.

### *Teología sistemática y teología bíblica*

Cuando investigamos la relación entre la teología sistemática y otras disciplinas doctrinales, notamos que hay una relación estrecha entre la teología sistemática y la bíblica. El teólogo sistemático depende del trabajo y las perspectivas de los obreros del viñedo exegético.

Es necesario distinguir tres sentidos en la expresión "teología bíblica." La teología bíblica se puede considerar como el movimiento que surgió con este nombre en los años cuarenta, floreció en los cincuenta y declinó en los sesenta.[18] Este movimiento tenía muchas afinidades con la teología neoortodoxa. Muchos de sus conceptos básicos fueron criticados severamente, en especial por James Barr en *The Semantics of Biblical Language.*[19] El declive del movimiento de teología bíblica ha sido documentado por Brevard Childs en su *Biblical Theology in Crisis.*[20] Ahora parece que, a pesar de su nombre, el movimiento no fue siempre especialmente bíblico. De hecho, a veces fue bastante no bíblico.[21]

18. James Smart, *The Past, Present and Future of Biblical Theology* (Philadelphia: Westminster, 1979), p. 10, rechaza la idea de que la teología bíblica fuera un movimiento, en su lugar acepta el segundo significado de teología bíblica que comentamos. Por tanto es más optimista sobre el futuro de la teología bíblica que Brevard Childs.

19. James Barr, *Semantics of Biblical Language* (New York: Oxford University Press, 1961).

20. Brevard Childs, *Biblical Theology in Crisis* (Philadelphia: Westminster, 1970).

21. Un ejemplo es el concepto de "resurrección del cuerpo" de 2 Corintios 5 de W. D. Davies (*Paul and Rabbinic Judaism* [London: SPCK, 1955], pp. 310-18). Cadbury comenta de la neoortodoxia: "No es muy diferente de la modernización ya que la teología en boga a menudo se introduce en los documentos antiguos y luego se extrae de ellos. Es la vieja secuencia de eiségesis y exégesis. No quiero decir únicamente que las palabras modernas como demoniaco o encuentro y el vocabulario más filosófico utilizado por los pensadores modernos se utilicen para describir

Un segundo significado de la teología bíblica es el contenido teológico del Antiguo y Nuevo Testamento, o la teología que hay en los libros bíblicos. Según este uso, hay dos enfoques a la teología bíblica. Uno es el puramente descriptivo que defiende Krister Stendahl.[22] Esto es simplemente una presentación de las enseñanzas bíblicas de Pablo, Juan y otros autores del Nuevo Testamento. Como describe sistemáticamente las creencias religiosas del siglo primero, puede ser considerada una teología sistemática del Nuevo Testamento. (Los que ven una mayor diversidad podrían hablar de "teologías del Nuevo Testamento"). Esto es lo que Johann Philipp Gabler llama teología bíblica en el sentido amplio o "verdadera" teología bíblica. Gabler también habla de otro enfoque, llamémosle teología bíblica "pura," que es el aislamiento y la presentación de las enseñanzas bíblicas que son válidas para todos los tiempos. En este enfoque, estas enseñanzas han sido depuradas de los conceptos contingentes con que se expresaron en la Biblia.[23] Hoy podríamos llamar a esto la distinción entre teología bíblica descriptiva y teología bíblica normativa. Sin embargo, tenga en cuenta que ninguno de estos enfoques es teología dogmática o sistemática, ya que no se intenta contemporizar o expresar estos conceptos inmutables de forma que se puedan entender en nuestros días. Brevard Childs ha sugerido que esta es la dirección hacia la que debería ir la teología en el futuro.[24] Es este segundo significado de teología bíblica, en el sentido "verdadero" o "puro," el que tendremos en mente cuando aparezca el término "teología bíblica" en este volumen.

Un significado final de la expresión "teología bíblica" es simplemente la teología que es bíblica, esto es, basada en la Biblia y fiel a sus enseñanzas. En este sentido, la mejor teología sistemática sería teología bíblica. No sólo está basada en la teología bíblica; *es* teología bíblica. Nuestro objetivo es la teología bíblica sistemática. Nuestro objetivo es la teología bíblica "pura" (en el segundo sentido) contemporizada. La teología sistemática se basa en la obra del teólogo bíblico. La teología bíblica, por así decirlo, es la materia prima con la que trabaja la teología sistemática.

---

la enseñanza de la Biblia. Incluso cuando el lenguaje es propiamente bíblico, no significa que se utilice hoy con su primer significado" ("The Peril of Archaizing Ourselves," p. 333).

22. Krister Stendahl, "Biblical Theology, Contemporary," en *The Interpreter's Dictionary of the Bible*, ed. George Buttrick (New York: Abingdon, 1962), vol. 1, pp. 418-32.

23. Johann Philipp Gabler, "Von der richtigen Unterscheidung der biblischen und der dogmatischen Theologie und der rechten Bestimmung ihrer beider Zeile," en *Biblische Theologie des Neuen Testaments in ihrer Anfangszeit* (Marburg: N. G. Elwert, 1972), pp. 272-84; John Sandys-Wunsch and Laurence Eldredge, "J. P. Gabler and the Distinction Between Biblical and Dogmatic Theology: Translation, Commentary, and Discussion of His Originality," *Scottish Journal of Theology* 33 (1980): 133-58.

24. Childs, *Biblical Theology*, pp. 99ss.

### *Teología sistemática y teología histórica*

Si la teología del Nuevo Testamento es la teología sistemática del siglo primero, la teología histórica estudia las teologías sistemáticas que mantuvieron y enseñaron los distintos teólogos a lo largo de la historia de la iglesia. Hay dos maneras principales de organizar la teología histórica. Una podría ser mediante el estudio de la teología de un tiempo en concreto o un tipo de teología o escuela teológica con respecto a distintas áreas de doctrina. Por tanto, la teología de cada siglo o de cada periodo principal debería ser examinada de forma secuencial.[25] A esto se le podría llamar enfoque sincrónico. El otro enfoque es seguir los pasos de la historia del pensamiento de una doctrina en concreto (o de una serie de ellas) a lo largo de la vida de la iglesia.[26] Este podría ser denominado enfoque diacrónico. Se podría examinar por ejemplo, la historia de la doctrina de la expiación desde los tiempos bíblicos hasta la actualidad. De la misma manera se podría investigar la doctrina de la iglesia. A este último método de organizar el estudio de la teología histórica a menudo se le denomina historia de las doctrinas, mientras que a la primera se la suele denominar historia del pensamiento cristiano.

El teólogo sistemático encuentra valores significativos en el estudio de la teología histórica. Primero, nos hace más conscientes de nosotros mismos y más autocríticos, más conscientes de nuestras propias presuposiciones. Todos damos una perspectiva particular al estudio de la Biblia (o de cualquier otro material) que está muy influida por la situación histórica y cultural en la que hemos crecido. Sin ser conscientes de ello, pasamos todo lo que pensamos a través del filtro de nuestro entendimiento (o "preentendimiento"). Una interpretación ya entra a través de la percepción. La pregunta es: ¿Cómo podemos controlar y canalizar este preentendimiento para evitar que distorsione el material con el que estamos trabajando? Si somos conscientes de nuestras presuposiciones, podemos tratar de compensar de forma consciente esta tendencia. Pero ¿cómo sabemos que nuestra manera de entender algo es nuestra manera de percibir la verdad y no la verdad en sí? Una forma de hacer esto es estudiar las distintas interpretaciones y declaraciones hechas en distintos tiempos de la vida de la iglesia. Esto nos muestra que hay maneras alternativas de ver el asunto. También nos hace sensibles a la manera en que la cultura afecta a nuestra manera de pensar. Es posible estudiar las formulaciones cristológicas de los siglos cuarto y quinto y reconocer la influencia que tuvo la metafísica griega en el modo de desarrollar las categorías. Uno puede hacerlo sin darse cuenta de que nuestra propia inter-

25. Ej., Jaroslav Pelikan, *The Christian Tradition* (Chicago: University of Chicago Press, 1971-89), 5 vols.

26. Ej., Louis Berkhof, *The History of Christian Doctrines* (Grand Rapids: Eerdmans, 1949).

pretación de los materiales bíblicos sobre la persona de Cristo (y nuestra propia interpretación de la cristología del siglo cuarto) sufre una influencia similar de nuestro entorno intelectual actual. Si no nos damos cuenta de eso, seguramente es porque sufrimos de miopía intelectual.[27] Observando cómo influyó la cultura en el pensamiento teológico en el pasado nos deberíamos dar cuenta de lo que nos está sucediendo ahora.

Un segundo valor de la teología histórica es que podemos aprender a hacer teología estudiando cómo otros la han hecho en el pasado. La adaptación de Tomás de Aquino de la metafísica aristotélica para exponer la fe cristiana puede resultar instructiva para saber cómo emplear las ideologías contemporáneas para expresar los conceptos teológicos hoy en día. El estudio de cómo hacían teología un Calvino, un Karl Barth o un Agustín nos ofrece un buen modelo y nos debería servir de inspiración.

Un tercer valor de la teología histórica es que puede proporcionar un medio para evaluar una idea en particular. A menudo resulta difícil ver las implicaciones de un determinado concepto. Sin embargo, con frecuencia las ideas que parecen tan novedosas hoy en realidad tuvieron sus precursoras en etapas anteriores de la vida de la iglesia. Intentando evaluar las implicaciones del punto de vista de los Testigos de Jehová sobre la persona de Cristo, uno podría examinar el punto de vista de Arrio en el siglo cuarto y ver a donde condujo en ese caso. La historia es el laboratorio de la teología, en el cual se comprueban las ideas que adopta o que piensa adoptar.[28] Los que no aprenden del pasado, como dijo George Santayana, están condenados a repetirlo. Si examinamos con cuidado algunas de nuestras "nuevas" ideas a la luz de la historia de la iglesia, nos daremos cuenta de que son formas nuevas para conceptos antiguos. No es necesario comprometerse con un punto de vista cíclico sobre la historia[29] para estar de acuerdo con lo que dice el autor de Eclesiastés de que no hay nada nuevo bajo el sol (Ecl. 1:9).

27. Algunos teólogos que discuten temas como "el pensamiento hebreo," "la cristología funcional," y la "unidad de la naturaleza humana" no reconocen las presuposiciones que hay en sus análisis (existencialistas, funcionales o de comportamiento respectivamente). Otro caso podría ser el análisis de Jack Rogers de que los principios de la inspiración bíblica propuestos por los teólogos del "Antiguo Pricenton" se basaban en el realismo del sentido común escocés ("The Church Doctrine of Biblical Authority," en *Biblical Authority*, ed. Jack Rogers [Waco, Tex.: Word, 1977], p. 39). En el mismo volumen no hay un análisis igualmente específico de la propia postura de Rogers. La caracteriza como platónica/agustiniana por oposición a la aristotélica, una simplificación engañosa.

28. Millard J. Erickson, "The Church and Stable Motion," *Christianity Today* 18, no. 1 (12 de octubre de 1973): 7.

29. La visión cíclica de la historia mantiene que en lugar de progresar hacia un objetivo de manera más o menos directa, la historia simplemente repite los mismos patrones. Los puntos de vista cíclicos a menudo son pesimistas. Un ejemplo religioso es el hinduismo con su creencia en las repetidas reencarnaciones del alma.

### *Teología sistemática y teología filosófica*

La teología sistemática también utiliza la teología filosófica.[30] Los teólogos creen que la filosofía o la filosofía de la religión puede contribuir de tres maneras diferentes a la teología: la filosofía puede (1) proporcionar contenidos a la teología; (2) defender la teología o establecer su verdad; (3) examinar a fondo sus conceptos y argumentos. En el siglo veinte, Karl Barth reaccionó vigorosamente contra el primero de estos tres puntos de vista, y bastante en contra del segundo. Su reacción estaba dirigida hacia un tipo de teología que se había convertido virtualmente en una filosofía de la religión o teología natural. Al mismo tiempo, la influyente escuela de filosofía analítica restringía su trabajo al tercer tipo de actividad. Es aquí donde la filosofía tiene su mayor valor: el escrutinio del significado de los términos e ideas empleados en la teología, la crítica de sus argumentos y la clarificación del mensaje. A juicio de este autor, la filosofía, desde un punto de vista restringido, también realiza la segunda función sopesando las afirmaciones que expresa la teología y ofreciendo parte de la base para aceptar el mensaje. Por tanto la filosofía puede servir para justificar en parte la tarea en la que se encuentra la teología.[31] Aunque la filosofía, junto con otras disciplinas del conocimiento, puede aportar algo de la revelación general a la comprensión de los conceptos teológicos, esta contribución es relativamente poco importante si la comparamos con la revelación especial que tenemos en la Biblia.

## La necesidad de la teología

¿Pero realmente es necesaria la teología? Si amo a Jesús, ¿no es eso suficiente? Desde luego la teología parece tener ciertas desventajas. Complica el mensaje cristiano, haciéndolo confuso y difícil de entender para alguien que no sea un especialista. Parece impedir la comunicación de la verdad cristiana en lugar de ayudar a ello. ¿La teología no divide en lugar de unir a la iglesia, el cuerpo de Cristo? Fijémonos si no en el número de divisiones denominacionales que se han debido a una comprensión o una creencia distinta en áreas de poca importancia. Entonces ¿es la teología deseable y útil? Varias consideraciones sugieren que la respuesta a esta pregunta es sí.

30. La teología filosófica es una teología que se basa en la introducción de la filosofía más que en el uso de materiales meramente bíblicos. Tradicionalmente, la teología filosófica utiliza mucho la metafísica. En el siglo veinte, se ha tendido a utilizar la lógica (en el más amplio sentido de la palabra), y por tanto se ha sido más analítico que especulativo o constructivo.

31. Aunque la filosofía no puede probar la verdad de la teología cristiana, puede evaluar la coherencia de la evidencia que expresa, la validez lógica de sus argumentos y la relevancia o ambigüedad de sus conceptos. Sobre esta base la filosofía ofrece evidencias para la verdad cristiana, sin pretender probarla de manera concluyente. Hay evidencias filosóficas e históricas que se pueden proporcionar, pero no de una manera que ofrezca una inducción extremadamente probable.

1. La teología es importante porque las creencias doctrinales correctas son esenciales para la relación entre el creyente y Dios. Una de estas trata de la existencia y el carácter de Dios. El autor de Hebreos cuando describe a los que, como Abel y Enoc, complacían a Dios, dice: "Pero sin fe es imposible agradar a Dios, porque es necesario que el que se acerca a Dios crea que él existe y que recompensa a los que lo buscan." (11:6). El autor no quiere decir que el que intenta aproximarse a Dios puede verse rechazado por falta de fe, sino que uno ni siquiera intentaría aproximarse a Dios sin esta creencia.

Creer en la deidad de Jesucristo también parece esencial para la relación. Después de que Jesús preguntara a sus discípulos lo que la gente pensaba de él, también preguntó: "Y vosotros ¿quién decís que soy yo? Respondiendo Simón Pedro, dijo: Tú eres el Cristo, el hijo del Dios viviente." Lo cual recibió la plena aprobación de Jesús. (Mt. 16:13-19). No es suficiente tener hacia Jesús un sentimiento cálido y positivo. También se debe tener una comprensión y una creencia correcta. La humanidad de Jesús es igualmente importante. 1 Juan se escribió para combatir las enseñanzas de algunos que decían que Jesús no era realmente humano. Estos "docetistas" mantenían que la humanidad de Jesús sólo era una apariencia. Juan señaló la importancia de creer en la humanidad de Jesús cuando escribió: "En esto conoced el Espíritu de Dios: todo espíritu que confiesa que Jesucristo ha venido en carne, es de Dios; y todo espíritu que no confiesa que Jesucristo ha venido en carne, no es de Dios." (1 Jn. 4:2-3). Finalmente en Romanos 10:9-10, Pablo une la creencia en la resurrección de Cristo (que es a la vez un hecho histórico y una doctrina) directamente con la experiencia de la salvación: "Si confiesas con tu boca que Jesús es el Señor y crees en tu corazón que Dios lo levantó de entre los muertos, serás salvo, porque con el corazón se cree para justicia, pero con la boca se confiesa para salvación." Estos son algunos ejemplos de la importancia de la creencia correcta. Por lo tanto la teología, que se preocupa por definir y establecer la creencia correcta, es importante.

2. La teología es necesaria porque la verdad y la experiencia están relacionadas. Aunque algunos niegan o al menos cuestionan esta conexión, a la larga afecta a nuestra experiencia. Una persona que cae del décimo piso de un edificio puede gritar al pasar por cada ventana "todavía estoy bien" y ser verdad, pero al final los hechos alcanzan a la experiencia de la persona. Podemos vivir felices durante horas e incluso días después de que alguien muy amado, sin nosotros saberlo, haya fallecido, pero una vez más la verdad llegará con efecto devastador sobre nuestra experiencia. Como el significado y la verdad de la fe cristiana al final tendrán importancia en nuestra experiencia, tenemos que llegar a aceptarlas.

3. La teología es necesaria debido al gran número de alternativas y retos que hay en la actualidad. Las alternativas seculares abundan, incluido el humanismo que considera al ser humano el objeto de más valor, y el método científico que busca la verdad sin recurrir a la revelación de un ser divino. Otras religiones

compiten ahora con el cristianismo, incluso en la que una vez fue considerada la segura civilización occidental. No sólo se exportan automóviles, aparatos electrónicos y cámaras a Occidente procedentes de Oriente. Las religiones orientales también están retando hoy en día a lo que virtualmente era dominio del cristianismo. El Islam está creciendo rápidamente en los EEUU, especialmente entre los varones afro-americanos.[32] También han hecho su aparición gran número de cuasi-religiones. Han surgido muchísimos sistemas de autoayuda psicológica. Las sectas no han quedado restringidas a las grandes y conocidas (como los testigos de Jehová o los mormones). Muchos grupos que practican el lavado de cerebro y el control mental atraen ahora a individuos que desean encontrar una alternativa al cristianismo convencional. Finalmente, también existen muchas enseñanzas distintas, algunas de ellas contradictorias, dentro del cristianismo.

La solución a la confusión no es sólo determinar cuáles de esos puntos de vista son falsos y refutarlos. Los empleados de banca aprenden a detectar dinero falso no estudiando los billetes falsos sino examinando muchos ejemplos de dinero auténtico. Lo miran, lo tocan, lo analizan desde todos los puntos. Así cuando les llegan billetes falsos reconocen la diferencia inmediatamente. De la misma manera, entender correctamente las enseñanzas doctrinales del cristianismo es la solución a la confusión creada por la miríada de los que pretenden tener la verdad consigo.

## El punto de partida de la teología

El intento de los teólogos de desarrollar un tratamiento sistemático de la teología cristiana pronto encuentra un dilema en lo que se refiere al punto de partida. ¿La teología debería empezar con la idea de Dios o con la naturaleza y los medios que tenemos para conocerla? Para nuestra tarea aquí ¿se debería tratar primero la doctrina de Dios o la doctrina de las Escrituras? Si por una parte se empieza con Dios, surge la pregunta: ¿Cómo se puede decir sobre él algo que tenga sentido sin haber examinado la naturaleza de la revelación sobre él? Por otra parte, empezar con la Biblia o con otra fuente de revelación parece asumir la existencia de Dios, minando totalmente su derecho a ser considerado una revelación. El dilema al que se enfrenta aquí la teología es similar al problema filosófico sobre la prioridad de la metafísica o la epistemología. Por una parte, un objeto no puede ser investigado sin tomar una decisión sobre el método de conocimiento. Por otra parte, sin embargo, el método de conocimiento dependerá en gran medida de la naturaleza del objeto a conocer.

La primera alternativa, empezar con una discusión sobre Dios antes de tomar en consideración la naturaleza de las Escrituras, es la que han tomado muchas teologías tradicionales. Aunque algunas simplemente empiezan utilizando las

32. Russell Chandler, *Racing Toward 2001: The Forces Shaping America's Religious Future* (Grand Rapids: Zondervan, y San Francisco: Harper San Francisco, 1992), pp. 183-85.

Escrituras para estudiar a Dios sin formularse una doctrina sobre las Escrituras, el problema con esto es bastante evidente. Un enfoque común es intentar establecer la existencia de Dios a través de procedimientos extrabíblicos. Un ejemplo clásico es la teología sistemática de Augustus Hopkins Strong.[33] Él comienza su teología con la existencia de Dios, pero no ofrece ninguna prueba de la misma. En su lugar mantiene que la idea de Dios es una verdad primaria, una intuición racional. No es un conocimiento escrito en el alma, sino una suposición que es tan básica que todos los demás conocimientos dependen de ella. Llega a la conciencia por la experiencia, pero no se deriva de esa experiencia. Todos la tienen, es imposible negarla y no se puede resolver o probar con ninguna otra idea. Otra forma de este enfoque utiliza un tipo más empírico de teología natural. Tomás de Aquino mantenía que la existencia de Dios se podía probar mediante la razón pura sin confiar en ninguna autoridad externa. Basándose en sus observaciones formuló cinco pruebas (o prueba quíntuple) para la existencia de Dios (por ejemplo la prueba del movimiento y el cambio, la prueba del orden en el universo). Estas pruebas fueron formuladas de forma independiente y antes de recurrir a la revelación bíblica.[34]

El desarrollo normal del argumento en las dos variedades de este enfoque, la racional y la empírica, es el siguiente:

1. Dios existe (esto se asume como una verdad primaria o se establece mediante una prueba empírica).
2. Dios se ha revelado especialmente a sí mismo en la Biblia.
3. Esta revelación especial debe ser investigada para determinar lo que Dios ha revelado.

Sin embargo, este enfoque conlleva ciertos problemas. Uno es que esa segunda afirmación no tiene por qué seguir a la primera. ¿Debemos creer que Dios, de cuya existencia ahora estamos convencidos, se ha revelado a sí mismo? Los deístas no lo creían así. El argumento, si es que se le puede llamar así, debe establecer no sólo que existe Dios, sino que tiene un carácter tal que debemos esperar razonablemente una revelación suya.

El otro problema es la identidad de este dios cuya existencia se ha establecido. Se asume que es el mismo Dios que se revela en las Escrituras. Pero ¿es así? Muchas otras religiones afirman que el dios cuya existencia se ha establecido es el dios revelado en sus escrituras sagradas. ¿Quién tiene razón? ¿El dios de la prueba quíntuple de Tomás es el mismo Dios de Abraham, Isaac y Jacob? Este último

33. Augustus Hopkins Strong, *Systematic Theology* (Westwood, N.J.: Revell, 1907), pp. 52-70.

34. Tomás de Aquino, *Summa contra Gentiles*. Para un ejemplo más reciente de este enfoque ver Norman Geisler, *Philosophy of Religion* (Grand Rapids: Zondervan, 1974).

parece tener muchas cualidades y características que no tiene necesariamente el primero. ¿No es necesario probar que el dios cuya existencia se ha probado y el Dios de la Biblia son el mismo? Y, en realidad, ¿el dios cuya existencia ha sido probada con distintos argumentos es realmente un solo ser? Quizá Tomás no expuso una prueba quíntuple para la existencia de un dios, sino cinco pruebas para probar la existencia de cinco dioses distintos: un creador, un diseñador, un motor, etc. Así que como el procedimiento normal es establecer la existencia de Dios y después presentar las pruebas del carácter sobrenatural y el origen de la Biblia, parece existir una brecha lógica.

El enfoque alternativo es empezar con la revelación especial, la Biblia. Los que utilizan este enfoque se muestran a menudo escépticos sobre la posibilidad de cualquier conocimiento de Dios que venga de fuera de la Biblia o del evento de Cristo; sin una revelación especial los humanos no pueden saber que *ese* Dios existe o *cómo* es. Por eso, Karl Barth rechazó cualquier tipo de teología natural. Comienza su *Dogmática eclesial*, con una introducción seguida de la doctrina de la Palabra de Dios, no de la doctrina de Dios. Su preocupación es qué es la Palabra de Dios, y después lo que se sabe de Dios a la luz de esta revelación. No empieza con qué es Dios para pasar después a lo que debe ser la revelación a la luz de su naturaleza.[35] Un ejemplo reciente de este enfoque lo encontramos en la obra de Dale Moody, *Word of Truth*. La introducción es en su mayoría un repaso histórico de teología. El grueso del libro empieza con la revelación. Después de declarar la naturaleza de la revelación, Moody continúa examinando lo que Dios ha revelado de cómo es.[36]

El problema con este enfoque es la dificultad de decidir lo que es la revelación sin una idea previa de lo que es Dios. El tipo de revelación que podría ofrecer un Dios muy trascendente es muy distinta de la que ofrecería un Dios inmanente dentro del mundo y obrando mediante un proceso "natural." Si Dios es un Dios soberano que todo lo controla, su obra al inspirar las Escrituras tendría que ser diferente de lo que sería si él concediese mucha libertad al hombre. En el primer caso, habría que tratar cada una de las palabras de las Escrituras como mensaje de Dios, mientras que en el segundo caso se podrían tomar de forma menos literal. Para decirlo de otra manera, nuestra manera de interpretar las Escrituras se verá influenciada por nuestra manera de concebir a Dios.

Otro problema de este enfoque es el de si se pueden considerar las Escrituras como una revelación. Si todavía no hemos demostrado la existencia de Dios, ¿tenemos razones para tratar la Biblia como algo más que literatura religiosa? A menos que probemos de alguna manera que la Biblia tiene que tener un origen

35. Karl Barth, *Church Dogmatics* (Edinburgh: T. & T. Clark, 1936), vol. 1, parte 1.
36. Dale Moody, *The Word of Truth: A Summary of Christian Doctrine Based on Biblical Revelation* (Grand Rapids: Eerdmans, 1981).

sobrenatural, sólo puede ser considerada como un mero conjunto de opiniones religiosas de distintos autores. Es posible desarrollar una ciencia de mundos o personas ficticias. Uno puede realizar un estudio detallado del país de las maravillas basándose en la obra de Lewis Carroll. Sin embargo, ¿existen esos lugares y esas personas? También se podría hacer un estudio extenso sobre los unicornios basándose en la literatura que hay sobre ellos. La cuestión es si existen o no esos seres. Lo mismo le ocurre a una teología que, sin haber establecido primero la existencia de Dios, empieza hablando de lo que la Biblia tiene que decir sobre él y sobre los demás temas de la teología. Estos temas pueden no tener un estatus objetivo, una realidad independiente de la literatura en la que se discuten esos temas (la Biblia). Si es así, nuestra teología sistemática no sería mucho mejor que una unicornología sistemática.

¿Hay alguna solución a este punto muerto? Me parece que sí. En lugar de empezar o con Dios, el objeto que deseamos conocer, o con la Biblia, el medio para conocerlo, podemos empezar por ambos. En vez de intentar probar uno u otro, podemos decir que ambos son supuestos de una tesis básica, después podemos desarrollar el conocimiento que surge de esta tesis y comprobar la evidencia de su verdad.

Partiendo de esta base, se puede considerar que Dios y su revelación van unidos en el mismo supuesto o se puede pensar en el Dios que se revela a sí mismo como un único supuesto. Este enfoque ha sido seguido por muchos conservadores que desean mantener una revelación de Dios proposicional o informacional sin construir primero una prueba de teología natural para su existencia. Así pues el punto de partida podría ser algo como: "Existe un Dios trino, afectuoso, poderoso, santo y sabio que se ha revelado a sí mismo en la naturaleza, la historia y la personalidad humana, y en los hechos y palabras que ahora están preservadas en las Escrituras canónicas del Antiguo y Nuevo Testamento."[37] Partiendo de este postulado básico podemos continuar elaborando todo un sistema teológico exponiendo el contenido de las Escrituras. Y a su vez, este sistema funciona como una cosmovisión que, como todas las demás, se puede probar para saber si es verdadera o no. Aunque no se prueba una parte antes que las demás, el sistema en su conjunto se puede verificar o validar.

## La teología como ciencia

¿La teología tiene derecho a ser denominada ciencia? Y si es así, ¿de qué es ciencia? Otra manera de plantear esta pregunta es preguntar si la teología trata sobre el conocimiento y si es así, en qué sentido.

37. Cf. Bernard Ramm, *Protestant Christian Evidences* (Chicago: Moody, 1953), p. 33; Edward J. Carnell, *An Introduction to Christian Apologetics*, 4th ed. (Grand Rapids: Eerdmans, 1952), p. 89.

Hasta el siglo XIII, el término *ciencia* no se aplicaba a la teología. Agustín prefería el término *sapientia* (sabiduría) al *scientia* (conocimiento). Las ciencias tratan de temas temporales; la sabiduría se refiere a temas eternos, específicamente a Dios como bien supremo. La ciencia y el conocimiento pueden conducir a la sabiduría. Para que esto suceda, sin embargo, las verdades adquiridas por las ciencias específicas tendrían que ser ordenadas en relación con el bien supremo. Así pues la sabiduría, incluyendo la filosofía y la teología, puede servir como un principio de organización para el conocimiento.[38]

Tomás de Aquino pensaba en la teología como reina de las ciencias. Mantenía que era un derivado de la ciencia, porque procede de los principios revelados por Dios.[39] Es más noble que otras ciencias. La ciencia es en parte especulativa y en parte práctica. La teología sobrepasa a otras ciencias especulativas por su mayor certeza, basándose en la luz del divino conocimiento, que no puede inducir a error, mientras que otras ciencias derivan de la luz natural de la razón humana, que puede errar. Su objeto de conocimiento – las cosas que trascienden a la razón humana – es superior al de otras ciencias especulativas, que tratan de temas que están al alcance del ser humano. Es superior a las ciencias prácticas porque está destinada a la dicha eterna, que es el fin último al que toda ciencia se puede dirigir.[40] A medida que lo que llamamos ciencia natural empezó a adquirir importancia, el concepto de ciencia se fue limitando de forma gradual; una disciplina tenía que cumplir criterios más rígidos para poder ser denominada ciencia. En particular, la ciencia ahora está restringida a los objetos que se pueden experimentar a través de los sentidos, que deben verificarse mediante el "método científico," que emplea la observación y la experimentación, siguiendo estrictos procedimientos de lógica inductiva. Según esto la teología obviamente no es una ciencia, ya que trata objetos que no son perceptibles.[41] Esto mismo les sucede a muchas otras disciplinas intelectuales. La teoría psicoanalítica de Sigmund Freud sobre la personalidad no es científica porque nadie puede ver, medir o probar entidades como el ello, el yo, y el superyó. Para poder ser considerada una ciencia, las disciplinas que tratan de las humanidades tienden a convertirse en behavioristas, basando su método, objetos y conclusiones en lo que se puede observar, medir y comprobar, en lugar de en lo que se puede conocer introspectivamente. Se espera que todas las disciplinas intelectuales se ajusten a estas características.

La teología, por lo tanto, se ve ante un dilema. O debe redefinirse para cumplir los criterios de la ciencia o debe demostrar que es algo especial que no cumple

38. Agustín, *De Trinitate* 14.3.
39. Tomás de Aquino, *Summa theologica*, parte 1, cuestión 4, artículo 4.
40. Ibid., artículo 5.
41. Rudolf Carnap, *Philosophy and Logical Syntax* (New York: AMS, 1979), capítulo 1, "The Rejection of Metaphysics."

con las normas científicas, y así abandonar la pretensión de ser una ciencia, y también abandonar la pretensión de ser un conocimiento en el sentido de constar de proposiciones verdaderas sobre realidades objetivas (esto es, realidades que existen a pesar de que se las conozca o no).

Karl Barth ha reclamado vigorosamente la autonomía de la teología. Comenta sobre los seis criterios de Heinrich Scholz que la teología debe cumplir si quiere ser considerada *Wissenschaft*:[42] (1) la teología debe estar libre de contradicciones internas; (2) debe haber unidad o coherencia en sus proposiciones; (3) sus afirmaciones deben poder ser comprobadas; (4) no se debe hacer ninguna aseveración que sea física o biológicamente imposible; (5) debe estar libre de prejuicios; (6) sus proposiciones deberían poder dividirse en axiomas y teoremas y poder ser probadas según esto. Barth acepta el primero sólo parcialmente y rechaza los demás. "No se puede ceder ni un ápice aquí sin traicionar a la teología," escribe. No obstante, debe llamarse "ciencia" porque como todas las otras ciencias (1) es un esfuerzo humano ante un objeto de conocimiento definido; (2) sigue un camino definido, coherente hacia el conocimiento; y (3) todo el que sea capaz de esforzarse por este objeto y seguir ese camino puede realizar un seguimiento del mismo.[43]

Entonces, ¿qué podemos decir sobre la teología como ciencia? Primero, se debe apuntar que la definición que virtualmente restringe la ciencia a las ciencias naturales y después tiende a restringir el conocimiento a la ciencia es demasiado estrecha.

Segundo, si aceptamos los criterios tradicionales de conocimiento, la teología debe considerarse científica. (1) La teología tiene un objeto de estudio definido, principalmente lo que Dios ha revelado sobre sí mismo. (2) La teología trata de temas objetivos. No se limita a dar expresión a los sentimientos subjetivos del teólogo o del cristiano. (3) Tiene una metodología definida para investigar su objeto de estudio. (4) Tiene un método para verificar sus proposiciones. (5) Las proposiciones sobre su objeto de estudio son coherentes.

Tercero, hasta cierto punto la teología ocupa el mismo terreno que otras ciencias. (1) La teología está sujeta a ciertos principios básicos o axiomas. En particular, debe responder a los mismos cánones de lógica que otras disciplinas. (2) Implica comunicabilidad. Lo que dice un teólogo puede ser entendido, observado e investigado por los demás también. (3) La teología emplea, al menos hasta cierto punto, métodos utilizados por otras disciplinas específicas. Muestra una afinidad particular con la metodología de la historia, ya que hace

42. Término alemán que significa por derivación "conocimiento." Se suele traducir como "ciencia", pero en un sentido más amplio que el que suele tener la palabra en castellano. Hay *Naturwissenschaften* (ciencias de la naturaleza) y *Geisteswissenchaften* (ciencias del espíritu). La palabra normalmente denota una disciplina organizada del conocimiento.

43. Barth, *Church Dogmatics*, vol. 1 parte 1, pp. 7-8.

afirmaciones basándose en momentos históricos, y con la metodología de la filosofía porque expone afirmaciones metafísicas. (4) Comparte algunos temas con otras disciplinas. Por tanto es posible que algunas de sus proposiciones puedan ser confirmadas o rechazadas por las ciencias naturales, las ciencias del comportamiento o la historia.

Al mismo tiempo, la teología tiene su propio y especial estatus. Trata de objetos especiales o de objetos comunes de una forma especial. Comparte con muchas otras ciencias la humanidad como objeto de estudio, sin embargo lo hace bajo una luz diferente. Toma en consideración lo que Dios ha revelado sobre la humanidad; así proporciona algunos datos propios. Y toma en consideración a los seres humanos en su relación con Dios; así trata a los seres humanos dentro de un marco de referencia que no examinan las demás disciplinas.

## ¿Por qué la Biblia?

Sin embargo, la cuestión que se podría y se debería plantear es por qué la Biblia debe ser considerada la principal fuente y criterio para nuestro entendimiento de la teología cristiana e incluso del cristianismo. Esto reclama un análisis más minucioso de la naturaleza del cristianismo.

Todas las organizaciones e instituciones tienen objetivos, metas o bases definidas. Éstas normalmente se formalizan en una especie de constitución o estatuto que gobierna la forma y las funciones de la organización, y determina lo que se necesita para ser miembros de ella. Sobre todo cuando se trata de un cuerpo legalmente formado estos estándares tienen efecto a menos que sean reemplazados o modificados por las personas que tienen autoridad para alterarlos.

El cristianismo no es una institución como tal. Aunque puede tomar forma de institución, el movimiento al que conocemos como cristianismo es sólo eso: un movimiento y no una organización per se. Por lo tanto, mientras las iglesias locales pueden establecer requisitos para formar parte de su cuerpo, la iglesia universal debe mirar en otra parte.

Del nombre mismo debería resultar evidente que el cristianismo es un movimiento que sigue a Jesucristo. Lógicamente se le debería mirar a él para determinar lo que se debe creer y lo que se debe hacer; en resumen, lo que significa ser cristiano. Sin embargo, tenemos muy poca información sobre lo que Jesús enseñó e hizo que proceda de fuera de la Biblia. Asumiendo que los evangelios son fuentes de información histórica fiable (una suposición que evaluaremos más tarde), debemos acudir a ellos para conocer la vida y las enseñanzas de Jesús. Esos libros que Jesús apoyó (o sea, los libros a los que ahora denominamos Antiguo Testamento) deben ser considerados también fuentes de nuestro cristianismo. Si Jesús enseñó que se iba a revelar una verdad adicional, esta también tiene que ser examinada. Si Jesús dijo que era Dios y eso es cierto, entonces por supuesto ningún humano tiene la autoridad de abrogar o de modificar lo que él enseñó. Es la posición que el mismo Jesús propuso en los fundamentos del movimiento la que es determinante, no la que otros que más tarde se llaman a sí mismos cristianos pueden decir o enseñar.

Esto es cierto también en otras áreas. Mientras puede haber ciertas reinterpretaciones y las reaplicaciones de conceptos del fundador de una escuela de pensamiento, hay límites más allá de los cuales no se pueden hacer cambios sin perder el derecho de llevar su nombre. Así, los tomistas son los que mantienen sustancialmente las enseñanzas de Tomás de Aquino. Cuando se hace mucha adaptación, el punto de vista tiene que ser denominado *Neo*-tomismo. Normalmente estos "neo" movimientos siguen la corriente y el espíritu del fundador, pero han hecho modificaciones significativas. En algún momento las diferencias pueden hacerse tan grandes que el movimiento no puede ni siquiera ser considerado una "neo" versión del original. Fijémonos en los argumentos que tenían los marxistas para decidir quiénes eran los verdaderos marxistas y quiénes eran los "revisionistas." Después de la Reforma hubo divisiones en el luteranismo, entre los genuinos luteranos y los felipistas, los seguidores de Felipe Melanchton.

Esto no quiere decir que las doctrinas vayan a mantener exactamente la misma forma de expresión que se utilizó en los tiempos bíblicos. Ser auténticamente bíblicos no tiene por qué significar repetir las palabras de las Escrituras tal y como fueron escritas. De hecho, repetir las palabras exactas de las Escrituras puede hacer que el mensaje *no* sea muy *bíblico.* Un sermón bíblico no es sólo una sarta de citas bíblicas. Más bien trata de interpretar, parafrasear, analizar y resintetizar los materiales y aplicarlos a una situación concreta. Dar un mensaje bíblico es decir lo que Jesús (o Pablo, etc.) diría hoy en esta situación. Por supuesto Pablo y Jesús no siempre dieron el mismo mensaje de la misma manera. Adaptaron lo que tenían que decir a sus oyentes, utilizando matices ligeramente diferentes para distintos contextos. Un ejemplo se puede encontrar en las epístolas de Pablo a los romanos y a los gálatas, que tratan básicamente el mismo tema, pero con ligeras diferencias.

Haciendo de la Biblia la principal o suprema fuente de nuestro entendimiento, no excluimos completamente todas las demás fuentes. En particular, si Dios también se ha revelado de forma general en áreas como la naturaleza y la historia (como la Biblia misma parece enseñar), podemos también examinar con provecho éstas para conseguir pistas adicionales para entender la revelación principal. Pero estas serán secundarias a la Biblia.

# 2. Teología y filosofía

## Objetivos del capítulo

Después de estudiar este capítulo, debería ser capaz de:

- Explicar la relación entre teología y filosofía a lo largo de la historia.
- Demostrar la influencia de algunas filosofías seleccionadas sobre la teología a lo largo de todo el siglo XX.
- Integrar la teología con la filosofía de manera adecuada para que no dañe la fe cristiana.

## Resumen del capítulo

A lo largo de la historia de la iglesia se han articulado varios puntos de vista sobre las relaciones entre filosofía y teología. En el siglo XX cinco filosofías han afectado especialmente a la teología contemporánea: pragmatismo, existencialismo, filosofía analítica, filosofía del proceso y la deconstrucción. Si la filosofía se utiliza adecuadamente, puede proporcionar recursos que permitirán establecer un fundamento claro y adecuado para la teología.

## Cuestiones de estudio

1. ¿Qué pretende Tertuliano cuando pregunta qué tiene que ver Atenas con Jerusalén? ¿Está de acuerdo o en desacuerdo con él? Defienda su respuesta.
2. ¿Qué dos autores griegos influyeron más en los escritos de los primeros padres de la iglesia? Explique brevemente cómo.
3. ¿Qué es verdad absoluta y cómo se relaciona con la filosofía del pragmatismo?
4. ¿Cuáles son los cuatro principios básicos del existencialismo y qué significan?
5. Explique brevemente cómo debería la teología "utilizar" la filosofía.

Tipos de relaciones entre teología y filosofía
Algunas filosofías del siglo XX
Pragmatismo
Existencialismo
Filosofía analítica
Filosofía del proceso
Deconstrucción
Uso teológico de la filosofía

De todas las disciplinas de la investigación y el conocimiento humano, la que ha tenido una relación mayor con la teología a lo largo de la historia de la iglesia es la filosofía. El teólogo y el filósofo han sido con frecuencia compañeros de diálogo. Hay varias razones para esto, pero quizá la principal sea que tienen muchas cosas en común entre ellos. Por ejemplo, comparten algunos temas de estudio. Ambos tratan objetos que no se pueden ver o que van más allá de lo empírico, al menos en la formulación tradicional de la filosofía. Ambos están preocupados por los valores. Y ambos han enfocado al menos parte de su atención en los seres humanos.

Esta coincidencia era particularmente cierta en los inicios de la historia de la filosofía antes de que sus muchos hijos abandonaran el hogar. Porque al principio muchos temas que ahora tratan otras disciplinas distintas eran parte de la filosofía. Una indicación de esta variedad son las obras de Aristóteles: matemáticas, psicología, ciencias políticas, etc. Uno a uno, sin embargo, estos niños maduraron e hicieron sus propias casas, donde formaron familias. Aunque la psicología, la sociología y otras ciencias del comportamiento hace tiempo que dejaron el nido filosófico, todavía discuten el tema filosófico y teológico clave de la naturaleza y el propósito de la existencia humana, al menos en conexión con la ética. Y en un sentido u otro tanto la filosofía como la teología intentan dar un enfoque integrador a la realidad, algún entendimiento de la vida. Cuando la agenda es al menos en parte la misma, inevitablemente habrá algún tipo de intercambio.

## Tipos de relaciones entre teología y filosofía

1. La relación entre la teología y la filosofía ha tomado formas diferentes. La primera postura es, en efecto, que no hay relación: la teología se ha separado de la filosofía. Este enfoque ya se manifiesta en Tertuliano (c. 160-230). Pensemos en sus famosas líneas:

> ¿Qué tiene que ver Atenas con Jerusalén?
> ¿Qué relación hay entre la Academia y la Iglesia?
> ¿Qué tienen que ver los herejes y los cristianos?[1]

1. Tertuliano, *De praescriptione haereticorum* 7.

Este enfoque considera que la filosofía no contribuye en nada a la teología cristiana. De hecho, las dos tienen objetivos tan distintos que se debe aconsejar al cristiano que evite todo contacto con la filosofía. La creencia no surge debido al apoyo de la filosofía y de otras fuentes, sino prácticamente *a pesar de* la contribución de esas disciplinas. Este punto de vista también aparece en la Edad Media en el pensamiento de los Averroístas, que enseñaban un concepto de doble verdad: que la verdad de la teología y la verdad de la filosofía son dos asuntos totalmente diferentes y separados.[2] Martín Lutero, reaccionando en contra de la filosofía escolástica católica de Tomás de Aquino, tendía a rechazar la filosofía. En su *Charlas de sobremesa* Lutero dice: "Que la filosofía permanezca en sus límites, como señaló Dios, y utilicémosla nosotros como un personaje en una comedia."[3]

2. La segunda posición que surgió históricamente fue la de Agustín, que pensaba que la filosofía podía aclarar la teología. Enfatizaba la prioridad de la fe y la aceptación de la revelación bíblica, pero también insistía en que la filosofía podía ayudar a entender mejor nuestra teología cristiana. Adoptó la filosofía de Platón, encontrando allí un vehículo para la teología. Agustín pensaba, por ejemplo, que la metafísica cristiana, con su concepto del mundo sobrenatural de Dios y del mundo creado que procede y depende de ese mundo sobrenatural, se podía entender mejor con la imagen de la línea divisoria de Platón. De un lado están las Ideas que no se ven, que son más reales que los objetos perceptibles del otro lado. Los objetos perceptibles sólo son las sombras proyectadas por esas Ideas.[4] La teoría platónica del conocimiento también fue adaptada por la teología de Agustín. Platón enseñó que todos los conocimientos que tenemos son en realidad Ideas o Formas puras. En un estado de preexistencia nuestra alma tuvo contacto con estas Ideas (blancura, verdad, silla, etc) lo que nos permite reconocer estas cualidades en detalles empíricos en el momento actual.[5] Agustín adaptó esta parte de la filosofía de Platón a su propia doctrina de la iluminación: la luz que ilumina a todos los hombres que vienen al mundo (Jn. 1:9) es Dios imprimiendo las Formas en el intelecto humano.[6]

3. La filosofía a veces convalida a la teología. Como la teología cristiana empezó a relacionarse con el paganismo y con otras religiones no cristianas, fue

2. Stuart McClintock, "Averroism," en *Encyclopedia of Philosophy*, ed. Paul Edwards (New York: Macmillan, 1967), vol. 1, p. 225.

3. Martín Lutero, *The Table-Talk*, trad. de William Hazlitt (Philadelphia: United Lutheran Publishing House, n.d.), p. 27.

4. Platón, *La República* 6.

5. Para una interpretación que comprenda las Formas y las Ideas de la epistemología de Platón no como universales sino como fórmulas para lo particular, ver A. E. Taylor, "On the First Part of Plato's Parmenides," *Mind*, n.s., vol. 12 (1903): 7.

6. Agustín, *Ciudad de Dios* 12.25; *La doctrina cristiana* 2.32.

necesario encontrar un base neutral sobre la cual establecer la verdad del mensaje divino. Aquino encontró esta base en los argumentos de Aristóteles sobre la existencia de Dios.[7] En este caso la filosofía pudo proporcionar credibilidad a la teología. Además, la metafísica aristotélica de sustancia-accidente se convirtió en la base de formulación de ciertas doctrinas clave, como la auténtica presencia de Cristo en la Eucaristía.

4. La teología también puede ser juzgada por la filosofía. Partiendo de la posición de que la teología se puede probar mediante la filosofía, surge la lógica postura de que la teología tiene que ser probada filosóficamente para poder ser aceptada. El deísmo decidió aceptar sólo aquellos dogmas de la religión que se pudieran demostrar o probar mediante la razón.[8]

5. En algunos casos la filosofía incluso da contenido a la teología. Georg Hegel, por ejemplo, interpretó el cristianismo según su propia filosofía idealista. El resultado fue una versión muy racionalizada del cristianismo. Él veía las verdades del cristianismo únicamente como ejemplos de una verdad universal, un patrón dialéctico que la historia seguía. Pensemos por ejemplo en la Trinidad. Como pensamiento abstracto puro, Dios es el Padre; al proceder eternamente a ser un ser finito, es el Hijo; al volver a su morada tras enriquecerse con ese nuevo ser, es el Espíritu Santo. Como las doctrinas cristianas se ajustan al patrón triádico de toda la historia (tesis, antítesis, síntesis), su verdad queda establecida y garantizada, pero no como hechos particulares, sino como verdades universales. Por lo tanto la comprensión del cristianismo se modificó cuando su contenido se acomodó a la filosofía que se consideraba como cierta.[9]

## Algunas filosofías del siglo XX

En este punto es necesario examinar brevemente varios movimientos filosóficos significativos del siglo XX. Ya que hasta cierto punto pueden haber influido en nuestra manera de pensar, incluso de forma inconsciente, es útil reconocer y evaluar sus énfasis válidos y no válidos.

7. Tomás de Aquino, *Summa contra Gentiles.*

8. John Toland, *Christianity not Mysterious: Or A Treatise Showing That There Is Nothing in the Gospel Contrary to Reason, Nor Above It.* Reimpreso en *Deism: An Anthology*, ed. Peter Gay (New York: Van Nostrand-Reinhold, 1968), pp. 52-77.

9. George Hegel, *The Science of Logic*, trad. de A. V. Miller (New York: Humanities, 1910); "Revealed Religion," en *Phenomenology of Mind* (New York: Macmillan, 1961), pp. 750-85. Contrariamente a la opinión popular, Hegel nunca usó los términos *tesis, antítesis y síntesis* juntos para explicar su propio punto de vista. Su único uso de estos tres términos en combinación fue al referirse al pensamiento de Immanuel Kant. También utilizaron los términos combinados Johann Fichte, Friedrich Schelling y Karl Marx. Ver Walter Kaufmann, *Hegel: A Reinterpretation* (Garden City, N.Y.: Doubleday, 1965), p. 168. Gustav Emil Muller, "The Hegel Legend of Thesis, Antithesis, Synthesis," *Journal of the History of Ideas* 19 (1958): 411-14.

### *Pragmatismo*

El pragmatismo es quizá la filosofía americana característica. Fue la filosofía más influyente en los Estados Unidos en el primer cuarto del siglo xx.[10] A través de la influencia de John Dewey en la filosofía de la educación ejerció mucho más poder del que se podría apreciar con un análisis de sus defensores oficiales. Esta influencia todavía pervive como una característica de gran parte de la vida americana, aunque su popularidad como movimiento en sí haya declinado hace tiempo.

Aunque los defensores del pragmatismo mantengan que tiene su precedente en personas como John Stuart Mill,[11] parece que en realidad sus inicios estuvieron en el "Club de metafísica" fundado por Charles Sanders Peirce y William James en Cambridge, Massachussets, en los años 1870. Aunque las ideas eran producto del grupo, el primer suceso galvanizador fue un documento de Peirce sobre "Cómo poner en claro nuestras ideas."[12] Sin embargo, fue James el que popularizó el método del pragmatismo, realizando algunos cambios significativos a la forma propuesta por Peirce.

El factor común en las distintas variedades de pragmatismo es su visión de la verdad. La filosofía tradicional se preocupaba por buscar la realidad absoluta como tal. Se consideraba que la Ciencia perseguía el mismo objetivo, pero con un método distinto.[13] El pragmatismo enfatiza que no hay una verdad absoluta; en su lugar, el significado de una idea reside únicamente en sus resultados prácticos. Peirce se concentraba en los experimentos repetidos de la comunidad de científicos. James, por otra parte, resaltaba las creencias particulares del individuo como ser humano y no como investigador intelectual.[14]

El objetivo, pues, no es la verdad metafísica, afirmaciones sobre la naturaleza de la realidad última. Más bien, el significado (para Peirce) o la verdad (para James) de una proposición son sus consecuencias, que pueden ser experimentadas. Peirce por ejemplo, observó que realmente no hay diferencia entre los puntos de vista de los católicos romanos y los protestantes sobre la transubstanciación. Aunque los defensores de ambos puntos de vista mantenían que estaban describiendo conceptos metafísicos distintos, en realidad estaban de acuerdo en todos los efectos perceptibles.[15] De la misma manera, James no creía que hubiera

10. H.S. Thayer, "Pragmatism," en *Encyclopedia of Philosophy*, vol. 6, p. 430.

11. Donald S. Mackay, "Pragmatism," en *A History of Philosophical Systems*, ed. Vergilius Ferm (New York: Philosophical Library, 1950), p. 394.

12. Charles S. Peirce, "How to Make Our Ideas Clear," en *Philosophical Writings of Peirce*, ed. Justus Buchler (New York: Dover, 1955), pp. 23-41.

13. John Herman Randall Jr., *The Making of the Modern Mind*, rev. ed. (Boston: Houghton Mifflin, 1940), p. 267.

14. Gertrude Ezorsky, "Pragmatic Theory of Truth," en *Encyclopedia of Philosophy*, vol. 6, p. 427.

15. Charles S. Peirce, *Collected Papers*, ed. Charles Hartshorne y Paul Weiss (Cambridge,

ninguna diferencia real entre asignar el origen del mundo a fuerzas puramente materiales y asignarlo a la creación de Dios, ya que la cuestión trata sólo del pasado.[16] El mundo es lo que es, sin importar cómo se hizo. Aunque el cosmólogo naturalista y el creacionista teísta mantengan que sus ideas son diferentes, en términos prácticos no hay realmente una diferencia significativa.

En el pensamiento de John Dewey, el pragmatismo tomó además otro giro. El instrumentalismo de Dewey señaló que la lógica y la verdad tienen que ser entendidas en términos de capacidad para resolver problemas y su impacto en el desarrollo de los valores y la moral del ser humano. La religión, según su perspectiva, tiene el valor instrumental de dar a la gente unidad de comunicación, de vida compartida y de experiencia compartida.[17] La religión que no contribuye a esta unidad, por ejemplo, la religión institucional o de credo, tiene que ser rechazada. En el sentido pragmático no es una verdadera religión porque no ayuda a los humanos individual o colectivamente a desarrollar valores verdaderos. Con respecto a la "verdadera" religión James dijo una vez: "Según los principios pragmáticos, si la hipótesis de Dios funciona satisfactoriamente en el más amplio sentido de la palabra, es 'verdadera'."[18] Es difícil evaluar la verdad y la validez del pragmatismo, ya que los escritos de Peirce, James, Dewey y otros contienen una amplia variedad de puntos de vista. Es más, las formas actuales del pragmatismo son mucho más difusas. El neopragmatismo de Richard Rorty mantiene que las palabras sólo hacen referencia a otras palabras, no a nada extralingüístico, y que sus afirmaciones encuentran su justificación no en una verdad objetiva, sino en solidaridad con una comunidad que define la verdad.[19] A nivel popular, el pragmatismo aparece incluso en los círculos cristianos en forma de impaciencia con temas e ideas que no muestran una aplicación inmediata. El valor del movimiento ha estado en llamar la atención sobre la importante relación entre las ideas y las acciones. Sin embargo, es necesario señalar algunas precauciones o limitaciones:

1. ¿Qué significa decir que algo "funciona"? ¿No se necesitan algunos estándares para medir nuestras ideas y acciones? Decir, como dijo James, que "la verdad es sólo lo conveniente en nuestra forma de pensar, como la corrección es sólo lo conveniente en nuestra forma de comportarnos,"[20] no resuelve la cuestión.

Mass.: Harvard University Press, 1934), vol. 5, párrafos 401, 402 n. 2.

16. R. W. Sleeper, "Pragmatism, Religion, and 'Experienceable Difference,'" en *American Philosophy and the Future*, ed. Michael Novak (New York: Scribner, 1968), p. 291.

17. John Dewey, *Reconstruction in Philosophy* (New York: H. Holt, 1920).

18. William James, *Pragmatism* (New York: Meridian, 1955), p. 192.

19. Richard Rorty, *Consequences of Pragmatism: Essays 1972-1980* (Minneapolis: University of Minnesota Press, 1982), p. xxxv; "Solidarity or Objectivity?" en *Post-Analytic Philosophy*, ed. John Rajchman y Cornel West (New York: Columbia University Press, 1985), pp. 3-4.

20. William James, *The Meaning of Truth: A Sequel to Pragmatism* (New York: Longmans, Green, 1919), p. vii.

¿Lo conveniente para quién? ¿Y para qué? Si Hitler hubiera ganado la Segunda Guerra Mundial, su tratamiento a los judíos hubiera sido correcto? Hubiera sido conveniente para él, pero desde luego no para los judíos.

2. En efecto, James reduce la proposición "es verdad que X existe" a "es útil creer que X existe." Sin embargo, en la práctica nosotros sí distinguimos entre las dos proposiciones. Es más, muchas proposiciones, como las de los sucesos pasados, parecen no tener utilidad de una manera u otra. Hay, pues, una limitación injustificada del ámbito de las afirmaciones verdaderas.

3. ¿Qué periodo de tiempo se necesita para poder evaluar las ideas? ¿Una idea verdadera es la que funciona inmediatamente? ¿Necesita un año? ¿Diez años? ¿Cien años? Es necesario meditar esta cuestión. El pragmatismo popular tiende a asumir que el criterio es que la idea funcione inmediatamente. Sin embargo, lo que es conveniente a corto plazo a menudo no lo es a largo plazo.

### *Existencialismo*

Si el existencialismo no fue fundado por Kierkegaard (1813-1855), al menos su pensamiento lo anticipó. Kierkegaard estaba reaccionando contra las dos principales influencias de su vida. Una era la filosofía de Georg Hegel, según la cual la realidad en su conjunto es racional. Los distintos conceptos y hechos de la realidad pueden ajustarse a un sistema lógico, en el cual el individuo no tiene importancia esencial. La otra influencia era el estado frío, formal de la iglesia de su Dinamarca natal, en la cual la norma era la práctica desapasionada. El énfasis ateo que Friedrich Nietzsche (1844-1900) ponía en la voluntad del ser humano también sirvió para dar origen al existencialismo, en el que la subjetividad es un importante principio. En el siglo XX, los portavoces del movimiento fueron Martín Heidegger, Jean-Paul Sartre, Karl Jaspers y Gabriel Marcel.

Si se intentara resumir el existencialismo en una sola frase, esta sería que el existencialismo es una filosofía que resalta la prioridad de la existencia sobre la esencia.[21] Es decir, la cuestión "¿Es?" ("¿Existe?") es más importante que "¿Qué es?" Pero esta breve y oscura fórmula no es muy útil. No obstante, es necesario examinar varios principios o temas básicos de esta filosofía: (1) irracionalismo, (2) individualidad, (3) libertad y (4) subjetividad.

1. Hay muchos aspectos y dimensiones del principio del irracionalismo. Básicamente es la opinión de que la realidad no se puede capturar o reducir a conceptos intelectuales. Va más allá de ellos, o escapa de ellos. Es más, no es posible poner ideas en un sistema lógico.[22] Todos estos intentos terminan dis-

21. Helmut Kuhn, "Existentialism," en *A History of Philosophical Systems*, ed. Vergilius Ferm (New York: Philosophical Library, 1950), p. 406.

22. *Existentialism from Dostoevsky to Sartre*, ed. Walter Kaufmann (Cleveland: World, 1956), p. 12.

torsionando los elementos. Cuando la realidad se examina intelectualmente, surgen aparentes paradojas y contradicciones. Los seres humanos no pueden detectar patrones de significado discernibles. El significado de la realidad debe ser creado por libre elección.[23]

2. El individuo es de suma importancia. En parte, esto hace referencia a lo que tienen de especial los individuos. No es posible definir al individuo clasificándolo en una categoría general o en una serie de categorías. Yo no soy simplemente un miembro del tipo de personas que son blancas, americanas, de ojos azules, etc. Incluso aunque alguien tuviera todas estas características, incluso aunque respondiera a todas las preguntas del Inventario de Personalidad Multifásica de Minesota, seguiría sin ser *yo*. Como mucho se tendría una descripción policial de mí. En correspondencia con el énfasis sobre el individuo también hay en el existencialismo un énfasis en los sucesos o hechos particulares. Cualquier esfuerzo por desarrollar algún tipo de verdad general a partir de estos sucesos o hechos particulares inevitablemente conducirá a una abstracción que no es la realidad o la vida, sino un simple caparazón.[24]

3. Otro axioma básico del existencialismo es la libertad humana. Soy libre. Nadie puede impedir mi habilidad para escoger, para decidir mi destino, para crear mi mundo, por así decirlo.[25] El ateísmo de Sartre se basa en su mayor parte en este tema de la libertad. Si existiese un Dios soberano, me restaría libertad. Por lo tanto, no existe. *No puede existir.*

Un término correlativo de libertad es responsabilidad. No debo perder mi libertad e individualidad aceptando simplemente lo que la multitud cree, dice o hace. Hacerlo así sería "no ser auténtico."[26] Más bien, uno debe ser uno mismo, tener sus propias ideas, hacer "lo que le da la gana" en la terminología popular. Otra forma de no ser auténtico es negar nuestra propia libertad buscando explicación para nuestras acciones basándonos en un cierto determinismo. Cualquier forma de no ser auténtico equivale a estar poco dispuesto a aceptar la responsabilidad sobre nuestro propio comportamiento. Uno tiene libertad, pero debe admitirla, reclamarla y ejercitarla.[27]

4. El principio último del existencialismo es la subjetividad. En general, el existencialismo clasifica la verdad en dos tipos. Verdad objetiva es cuando una idea refleja correctamente o se corresponde con el objeto significado. Se aplica

23. Jean-Paul Sartre, "Existentialism Is a Humanism," en *Existentialism from Dostoevsky to Sartre*, p. 291; *Being and Nothingness* [*El ser y la nada*, Buenos Aires: Editorial Losada, 2005] (New York: Philosophical Library, 1956), p. 43.

24. Søren Kierkegaard, *The Point of View for My Work as an Author* (New York: Harper & Row, 1977), pp. 21, 114, 115.

25. Sartre, *Being and Nothingness*, p. 40.

26. Martín Heidegger, *Being and Time* (New York: Harper & Row, 1962), p. 210.

27. Sartre, *Being and Nothingness*, p. 498.

en el terreno científico. Por otra parte, la verdad subjetiva no es un asunto de correspondencia con un objeto conocido, sino del efecto que ese objeto e idea produce en el sujeto conocedor. Cuando el objeto evoca una gran pasión interior o subjetividad hay verdad.[28] Este es el tipo de verdad que realmente importa; implica conocer a las personas más que a las cosas.

De todas las filosofías probablemente el existencialismo sea el que más se ha utilizado e incluso el más adoptado por los teólogos del siglo XX, especialmente desde 1920 hasta 1950 o 1960. La principal influencia de Søren Kierkegaard no se produjo en su época sino en las personas que vivieron dos o tres generaciones después. Karl Barth, por ejemplo, reconoció la presencia del pensamiento de Kierkegaard en su primer intento de escribir una dogmática,[29] y aunque intentó depurarlo en sus escritos posteriores, es cuestionable que lo haya conseguido totalmente. Y la deuda de Emil Brunner y Reinhold Niebuhr con Kierkegaard es clara, como también lo es en el pensamiento de Paul Tillich y Rudolf Bultmann.

Existencializar la teología ha traído varias consecuencias. Primero es la subjetivización de la verdad. La verdad es verdad cuando se convierte en verdad para mí. No se puede considerar como un conjunto de proposiciones objetivas; debe ser asimilada por alguien para poder ser considerada verdad.[30] La segunda es la separación de la verdad religiosa de otros tipos de verdad más objetivos en general. A diferencia de estos otros tipos de verdad la revelación no viene a través de la cultura general.[31] Un tercer resultado de existencializar la teología es un punto de vista no sustantivo o no esencialista de la realidad religiosa. La verdad, el pecado y la salvación no son sustancias fijas, "bloques de realidad" o estados permanentes. Son hechos dinámicos.[32]

Hay elementos en el existencialismo que tienen paralelismo con el cristianismo bíblico y por eso han puesto de nuevo el énfasis en temas que a veces se han descuidado. Esto incluye la naturaleza de la fe y la verdad cristianas como temas apasionados y subjetivos de preocupación e implicación, la libertad y la necesidad de escoger, la importancia y singularidad de los individuos, y paradójicamente, lo absurdo y desesperante que es ver la vida como algo que no tiene un patrón racional perceptible.

28. Søren Kierkegaard, *Concluding Unscientific Postscript*, trad. D.F. Swenson y W. Lowrie (Princeton, N.J.: Princeton University Press, 1941), libro 2, parte 2, capítulo 2.

29. Karl Barth, *Die christliche Dogmatik in Entwurt* (Munich: Chr. Kaiser, 1927).

30. John Macquarrie, *An Existentialist Theology: A Comparison of Heidegger and Bultmann* (London: SCM, 1955), capítulo 9.

31. Karl Barth, "¡No!" en Emil Brunner y Karl Barth, *Natural Theology*, trad. Peter Fraenkel (London: Geoffrey Bles: The Centenary Press, 1946), p. 71.

32. Emil Brunner, *The Divine-Human Encounter*, trad. Amandus W. Loos (Philadelphia: Westminster, 1943).

Hay también varios puntos en el existencialismo que resultan inadecuados:

1. Aunque merece la pena señalar la distinción que el existencialismo hace entre la evidencia objetiva de la verdad de un principio y el fervor de la pasión, esta pasión a menudo no es más que ansiedad e inseguridad, y no debería confundirse con la intensidad interior del compromiso que constituye la fe cristiana. En la práctica, con la certeza el compromiso y la acción tienden a aumentar en vez de a disminuir.

2. El existencialismo tiene dificultades para justificar la elección de un objeto particular con el que relacionar la fe. No ofrece una base para preferir un objeto en particular frente a otros, tiende a caer en el subjetivismo en el que la experiencia subjetiva se convierte en el fin en sí misma.

3. El existencialismo tiene dificultades para apoyar sus valores y sus juicios éticos. Si el significado se crea por propia elección, ¿lo bueno y lo correcto no es lo que nosotros elijamos que sea? Partiendo de una base existencialista, ayudar a una anciana a cruzar la calle o golpearle en la cabeza y robarle el bolso pueden ser igualmente correctos. Pensemos también en la incoherencia de Sartre cuando firmó el *Manifiesto del pueblo argelino*. Tomaba y urgía a otros a tomar una postura moral como si fuera una verdad objetivamente cierta, aunque en términos existencialistas hay poca base para este tipo de acción.[33]

### Filosofía analítica

Siempre ha habido un elemento en la filosofía preocupado por llegar al significado del lenguaje, por clarificar conceptos, por analizar lo que se dice y cómo se dice. Sócrates, en particular, se destacaba por hacer esto. Él se presentaba a sí mismo como una matrona. Él no daba a luz nuevas ideas. Lo que hacía era conducir a otros a la verdad ayudándoles a descubrirla.

En el siglo XX esta tarea se tomó de forma seria y sistemática. Bertrand Russell y G. E. Moore en particular fueron los primeros en practicar el análisis en el sentido moderno.[34] En el pasado, los filósofos habían intentado hacer pronunciamientos sobre distintos temas: qué es lo correcto, qué es la verdad, qué es la belleza. En tiempos modernos, sin embargo, los filósofos han adoptado objetivos más modestos. En parte esto se debe a que algunas de estas áreas ahora pertenecen al dominio de ciertas ciencias especiales. Ahora los filósofos lo que hacen es centrarse en el significado del lenguaje. La clarificación e iluminación de los objetivos del lenguaje y de los medios para conseguir estos objetivos es tarea de la filosofía. En lugar de tener un objeto de estudio especial, la filosofía se preocupa por el objeto de estudio de varias disciplinas, pero de una forma

33. Francis Schaeffer, *The God Who Is There* (Downers Grove, Ill.: InterVarsity, 1968), pp. 24, 56, 124.

34. Moritz Weitz, "Analysis, Philosophical," en *Encyclopedia of Philosophy*, vol.1, pp. 97-101.

especial. Trata del lenguaje de la ética, la ciencia y la religión examinando cómo funcionan y lo que significan. Las preguntas típicas que se hace la filosofía son: "¿Qué se quiere decir con esto?" y "¿Qué clase de afirmación es esta?"[35]

Esto significa que la filosofía se ha llegado a concebir como una actividad más que como una teoría o un cuerpo de conocimiento. Ludwig Wittgenstein lo dijo de esta manera: "El resultado de la filosofía no es una serie de 'proposiciones filosóficas', sino clarificar las proposiciones."[36]

Ha habido dos etapas importantes en la filosofía analítica del siglo XX. La primera fue una etapa militante en la que los filósofos se mostraban agresivos e incluso dogmáticos. Esta etapa se asociaba particularmente con la etiqueta "positivismo lógico," un movimiento que establecía estándares de significación bastante rígidos. Según esta posición, sólo hay dos tipos de lenguaje significativo: (1) las verdades matemático-lógicas, en las que el predicado está contenido en el sujeto, como por ejemplo "la suma de los ángulos de un triángulo es de 180º" y (2) las verdades empíricas, como "el libro está sobre la mesa." Las verdades empíricas son proposiciones que se verifican con los sentidos. Estos son los únicos tipos de lenguaje significativos. Las demás proposiciones, esto es, las que no son verdades matemáticas ni empíricas o científicas que se pueden verificar con los sentidos, no tienen significado. En realidad son pseudoproposiciones. Entran dentro de la categoría de lenguaje expresivo; como las artes expresan las emociones del hablante o del escritor. El sentido de una afirmación como "el universo es más mental que material" se parece más a "¡ay! o a "¡viva!" que a "el libro está sobre la mesa." El lenguaje de la metafísica, la ética, la teología y de muchas otras disciplinas que en otro tiempo fueron honorables se vieron consignadas a este estatus por los positivistas lógicos.[37]

Por esta breve sinopsis se puede apreciar que los positivistas lógicos estaban imponiendo un estándar o un criterio al lenguaje. Esto condujo a un tipo de análisis denominado "filosofía del lenguaje ideal," que establecía el lenguaje de la ciencia como un paradigma al que todos los lenguajes que informan tenían que ajustarse. Se ofrecían unos criterios, una manera de decir cómo debía funcionar el lenguaje.

Sin embargo, en la segunda etapa de la filosofía analítica moderna, el enfoque era bastante diferente. En lugar de insistir en que el lenguaje debe funcionar de forma particular para tener significado, la filosofía intenta describir cómo funciona realmente el lenguaje. Estos filósofos de la segunda etapa observan el lenguaje normal utilizado por la gente en las conversaciones diarias y las formas

35. Frederick Ferré, *Language, Logic, and God* (New York: Harper & Row, 1961), pp. 1-7.

36. Ludwig Wittgenstein, *Tractatus Logico-philosophicus* (New York: Harcourt, Brace, 1922), p. 77.

37. *The Age of Analysis*, ed. Morton White (New York: New American Library, 1955), pp. 203-9.

más técnicas del lenguaje. En lugar de insistir en que todos los lenguajes deben funcionar de la misma manera para tener significado, preguntan sobre las distintas funciones del lenguaje y el tipo de significación inherente a cada uno de ellos. Este enfoque se denomina "filosofía del lenguaje ordinario" o "análisis funcional." Su objetivo es clarificar; busca desenmarañar la confusión señalando los usos erróneos e ilógicos del lenguaje.[38]

Desde la perspectiva de la teología, la filosofía analítica no es un rival que ofrezca un punto de vista alternativo de la realidad o de los valores o un oponente, descartando el derecho de la teología a hablar. Más bien la hace posible, ayudando a los teólogos a afinar su uso de las palabras y a evitar el lenguaje equívoco. La filosofía analítica, por lo tanto, puede ofrecer un beneficio obvio e inmediato a la teología. Como el cristianismo tiene como objetivo primario la comunicación de su mensaje, y como la tarea de explicar los conceptos abstractos de la teología es particularmente difícil, cualquier ayuda en el uso del lenguaje es deseable.

Sin embargo, hay ciertos problemas en la filosofía analítica:

1. En lugar de ser meramente descriptiva, la filosofía analítica tiende a hacerse prescriptiva de maneras sutiles. Es verdad que su normatividad no es categórica ("se debe utilizar el lenguaje de esta manera"), sino sugestiva ("si se quiere evitar la confusión, no hay que utilizar el lenguaje de esta manera"). Sin embargo, incluso el criterio de lo que es confusión y lo que es claridad está basado en presuposiciones. A veces se tiende a pasar esto por alto.

2. La filosofía analítica a veces parece hacer distinciones muy marcadas entre diferentes tipos de lenguajes. Algunos lenguajes, en especial el teológico, pueden participar en distintas funciones simultáneamente. Una afirmación como: "Jesucristo es el Señor resucitado de la iglesia" puede tener simultáneamente funciones históricas, metafísicas, éticas y expresivas.

3. La filosofía analítica no es una herramienta realmente neutral, ya que no siempre previene contra las suposiciones naturalistas, en particular respecto a su concepción de la naturaleza del lenguaje. No debería impedir que el lenguaje tuviera una referencia supraempírica.

4. Hay áreas en las que no nos podemos contentar con los tratamientos descriptivos no normativos. Esto resulta particularmente cierto en lo que respeta a la ética. Si la filosofía no contribuye de forma normativa a sacar conclusiones en esta área, ¿qué disciplina lo hará? De este modo en los últimos años la filosofía, para justificar su existencia, ha empezado a hacer más juicios normativos. La sociedad contemporánea no puede permitirse el lujo de la mera descripción y el análisis, e incluso los filósofos analíticos han tenido que cambiar para evitar quedar excluidos del fermento del panorama moderno.

38. Ferré, *Language*, capítulo 5.

### *Filosofía del proceso*

Ha habido un largo debate sobre si la realidad cambia o si básicamente tiene un carácter fijo. Heráclito mantenía que el cambio es la verdadera esencia de la realidad, mientras que Parménides ponía más énfasis en su carácter fijo. La mayoría de los filósofos han reconocido tanto el cambio como la permanencia en el mundo. Los que tienen un punto de vista sustancialista ponen énfasis en los estados fijos, considerando los cambios como meras transiciones necesarias entre ellos. Otros, como Alfred North Whitehead, ven los cambios como la clave para entender la realidad. Whitehead es el padre de la moderna filosofía del proceso, aunque los filósofos y los teólogos posteriores, como Charles Hartshorne, John B. Cobb Jr. y Norman Pittenger le han dado una mayor visibilidad.

A diferencia de las otras tres filosofías que hemos resumido aquí, la filosofía del proceso es declaradamente metafísica. Aunque conscientes de la irritación que en muchos filósofos modernos produce la metafísica, los pensadores del proceso creen que su tipo de metafísica no es tan vulnerable al ataque como los puntos de vista esencialista, sustancialista o idealista. La convicción central aquí es que el cambio es la clave para entender la realidad, de hecho el cambio *es* la realidad. El mundo no está formado básicamente de sustancias que cambian de una a otra. Más bien está hecho de procesos dinámicos.[39] No debemos preocuparnos tanto por las cosas como por los sucesos.

La realidad divina participa en la realidad de todo lo demás. En consecuencia no es un motor inmóvil o una esencia inmutable. Es algo vivo, activo, creativo. Esta observación subraya un principio básico del pensamiento del proceso: la realidad es básicamente de un tipo. Aquí no existe dualismo, ya sea entre lo material o lo espiritual, lo natural y lo sobrenatural, el fenómeno o el nóumeno, el cambio y lo inmutable. Lo que es cierto para la realidad en su conjunto, también lo es para cada una de sus partes. Así que las características de Dios son las del resto de la realidad en general.

Whitehead piensa en las unidades de realidad básica no como trozos de materia, sino como momentos de experiencia. Un momento de experiencia es siempre alguien experimentando algo.[40] Todos estos "acontecimientos de experiencia" o "acontecimientos reales" tienen dos polos. El polo mental se agarra a los objetos eternos, que son puras posibilidades de realización, sin tener en cuenta ningún ejemplo real de los mismos. Esto incluye formas, cualidades y

39. John B. Cobb Jr. y David Ray Griffin, *Process Theology: An Introductory Exposition* (Philadelphia: Westminster, 1976), p. 15. Herbert J. Nelson argumenta que un ser absolutamente perfecto debería ser activo, compasivo y sin embargo inalterable ("The Resting Place of Process Theology," *Harvard Theological Review* 72, nos. 1-2 [Enero-Abril 1979]:1-21).

40. Cobb y Griffin, *Process Theology*, p. 16.

relaciones. El polo físico se agarra a lo que se aprecia por los sentidos y a otros acontecimientos reales.[41] Hay una interrelación entre estos momentos. En consecuencia, cada momento está en función de todos lo demás y relacionado con ellos. Incluso la historia se considera de esta forma. No es únicamente un catálogo de sucesos del pasado. Es un vivir el pasado en el presente. Por lo tanto la historia son todos los acontecimientos del pasado tal como se incluyen en el presente. En cierto sentido nunca se pierde nada realmente. Queda retenido e incorporado a lo que existe ahora.[42]

Como las unidades de realidad última no son las personas o las sustancias, sino los momentos o las experiencias,[43] yo soy una realidad concreta nueva en cada fracción de segundo. El "yo" que en este momento es capaz de preocuparse por el "yo" que será dentro de un año. Mediante los mismos vínculos de empatía, el "yo" que soy ahora es capaz de preocuparse por las futuras unidades que forman parte de series distintas de la mía.[44] Por tanto aunque la realidad no es una sustancia fija, tampoco son momentos individuales aislados. Hay una conexión entre el pasado, el presente y el futuro y entre diferentes series de estos sucesos, o lo que podríamos denominar *personas*.

Cada vez que se ha aplicado o adaptado la filosofía del proceso al cristianismo, ha habido un impacto considerable. La fe cristiana, por ejemplo, no se concibe como una esencia fija, permanente que continúa siendo la misma. No es algo que fue, ha sido o es. Es algo que se viene desarrollando, que será. Lo mismo se puede aplicar a la naturaleza de Dios. No tiene una naturaleza fija, definitiva. Su naturaleza es lo que está haciendo, su devenir. Este mismo devenir es lo que es ser Dios. No está aislado, incapaz de sentir empatía hacia lo que no es Dios o incapaz de sentir lo que nos está sucediendo.

Hay un valor significativo en el énfasis que se pone en el cambio y en lo bueno que puede resultar. A veces los cristianos han reverenciado tanto el estatus quo que se ha dado por bueno per se. En consecuencia, se han resistido al cambio y desde fuera el cristianismo se ha visto como una creencia irrelevante y obsoleta. Parece que hace preguntas y plantea problemas que tuvieron su vigencia muchos años atrás. Pero si el cristianismo es verdad, desde luego es una fe para todo el tiempo y para todos los tiempos. El énfasis que se pone en que Dios siente empatía y no es impasible es también un concepto bíblico y que tiene un gran valor práctico.

41. Alfred North Whitehead, *Process and Reality: An Essay in Cosmology* (New York: Macmillan, 1929), pp. 49, 165, 69-70.

42. Robert B. Mellert, *What Is Process Theology?* (New York: Paulist, 1975), pp. 23-25.

43. Charles Hartshorne, "Process Philosophy as a Resource for Christian Thought," en *Philosophical Resources for Christian Thought*, ed. Perry LeFevre (Nashville: Abingdon, 1968), pp. 55-56.

44. Ibid., p. 56.

Como las otras filosofías modernas que hemos examinado, también hay problemas significativos en la filosofía del proceso:

1. ¿Cuál es verdaderamente la base de la identidad? Si la conexión entre el "yo" que es ahora, el "yo" que era hace un año y el "yo" que será dentro de un año no es una sustancia o una persona, ¿dónde está? Supuestamente hay una base para distinguir unas de otras, lo que Hartshorne llama "series personales." Pero ¿cuál es exactamente?

2. ¿Cuál es la base para evaluar el cambio? Esta filosofía a veces parece pensar que el cambio es bueno per se. Pero ¿siempre es bueno? A veces el cambio no supone una evolución, sino un deterioro. ¿Con qué criterio se realiza este juicio? En respuesta nosotros advertimos que los filósofos del proceso no insisten en que todo está cambiando. Los valores, por ejemplo, no cambian. Pero ¿qué pasa con su naturaleza, su origen, su lugar, su base, su justificación? Esta es una pregunta que no parece haber sido contestada completamente. Para decirlo de otra manera, ¿qué exime a estos valores del cambio que se puede apreciar prácticamente por todas partes?

3. ¿No hay una postura intermedia entre el énfasis que se pone en el cambio como realidad básica y el punto de vista de que la realidad última es una sustancia estática, inamovible y fija? A menudo estas alternativas se plantean como si agotaran las posibilidades. Merece la pena señalar que la ortodoxia clásica no siempre ha seguido el modelo de motor primario de Aristóteles. La imagen bíblica de Dios se parece más a un ser cuya naturaleza no cambia, pero que siente empatía y que está continuamente activo en el mundo que ha creado.

4. ¿Cuánto dura un momento? Hartshorne dice que nuestro ser es diferente del que era hace una fracción de segundo. Pero ¿cuánto dura este instante? ¿Cuántos hay en una hora? ¿Hay un número infinito de estas unidades, incluso en un tiempo finito de tiempo? ¿Es adecuado hablar de ellos como unidades? Aunque es una reductio ad absurdum, indica una cierta falta de precisión en el pensamiento del proceso.

### *Deconstrucción*

La deconstrucción es, de muchas maneras, una filosofía especial. Mientras que las filosofías que hemos descrito hasta ahora son básicamente producto del periodo y la manera de pensar moderna, la deconstrucción es una filosofía posmoderna, quizá la más radical. Aunque de alguna manera es una extensión o extrapolación de algunas de las tendencias que encontramos en la filosofía moderna, especialmente en el existencialismo. Su origen lo encontramos inicialmente en la crítica literaria y no en la filosofía profesional como tal. Asociada especialmente con el pensamiento del crítico literario francés, Jacques Derrida, también la han planteado personas como Stanley Fish y Michel Foucault. Ha influido bastante en los departamentos de literatura de las universidades, aunque algunas indicaciones parecen señalar que su popularidad está empezando a declinar.

Un punto para empezar a entender la deconstrucción es señalar que Derrida estudió a Heidegger, y en cierta manera este movimiento de crítica literaria se puede entender como una extensión del pensamiento de Heidegger en particular y del existencialismo en general. En su mayor parte, la filosofía se había preocupado por la búsqueda de la verdad, por la que se entendía verdad objetiva: la cuestión de la realidad de ideas y las afirmaciones. Era una idea de la verdad como objetiva: una proposición es verdad en la medida en que se corresponde o describe correctamente el fenómeno que dice describir. La verdad subjetiva, por otro lado, es el efecto que tiene una proposición sobre alguien que la conoce. Esta distinción, subrayada por Kierkegaard, fue elaborada y enfatizada por Heidegger.

Cuando esta distinción se lleva al campo de la crítica literaria, la cuestión se basa más en el significado que en la verdad. Un primer enfoque había tratado el significado que el autor intentaba expresar. Más tarde, cada vez más el interés en el texto no está en un significado objetivo, dado por el autor, sino en el significado que le da el lector.

Esto se corresponde con el modo de entender el lenguaje. En lugar de un lenguaje que se refiere a algo externo a él, este enfoque ve el referente del lenguaje como otro lenguaje. Por tanto, el significado surge no de intentar aislar el significado objetivo, no lingüístico de las palabras, sino en el libre juego de las palabras mismas.

Junto con este enfoque encontramos el rechazo a la lógica tradicional. Así pues, Derrida dice: "Por lo tanto no es simplemente falso decir que Mellarmé es un seguidor de Platón o de Hegel. Sino que por encima de todo no es verdad. Y viceversa."[45]

Gran parte de la argumentación de Derrida es un rechazo o incluso una denuncia del logocentrismo. Aunque el término nunca se define totalmente, parece representar todos los enfoques que consideran los sonidos como una representación del significado presente en la conciencia del hablante. Esto se considera una filosofía con una larga historia, orientada a un orden, significado, verdad, lógica, razón que existe en sí misma, independientemente de cualquiera que la conozca. Este orden del significado se considera entonces el fundamento de todos los lenguajes y al que hacen referencia.

Por lo tanto, la deconstrucción rechaza cualquier intento de descubrir y expresar un patrón subyacente en la realidad. John Ellis resume el logocentrismo como la deconstrucción parece concebirlo: "La ilusión de que el significado de una palabra tiene su *origen* en la estructura de la realidad misma y por tanto

45. Jacques Derrida, *Dissemination*, trad. Barbara Jonson (Chicago: University of Chicago Press, 1981), p. 297.

hace que la *verdad* de esa estructura parezca directamente *presente* en nuestra mente."[46] El problema es que cuando los términos que expresan la realidad en un determinado lenguaje se hacen tan forzosos que no se puede concebir ninguna alternativa, parecen no presentar simplemente una interpretación de las cosas, sino la manera de ser la realidad. Más bien debemos ver que el significado no se deriva de ninguna característica esencial de las cosas, sino que es arbitrario. Derrida se basa en las ideas del lingüista Saussure, que decía que las ideas no reflejan meramente ideas y la forma inherente del mundo. Cada significado es también un significante. No hay un significante trascendental, una ontoteología.[47] Lo que tenemos en su lugar es un grupo de diferencias sin límites, interminables que nunca acaban en otra cosa que no sean las palabras mismas.[48]

Con frecuencia, esto se combina con la idea de que el logocentrismo, o la idea de que las palabras expresan una realidad genuina, objetiva se ha utilizado de forma opresiva. Representan el intento de algunas personas de imponer sus ideas a los demás. Para resistirse a esto, es necesario deconstruir el lenguaje y los argumentos para poder desenmascarar este uso opresivo del lenguaje.

Parece claro que en esta disputa hay en juego consecuencias de amplio alcance. Se han hecho y se pueden hacer un buen número de críticas en contra de la deconstrucción. Una de las cosas frustrantes de examinar y evaluar la deconstrucción es la naturaleza de la respuesta. Con frecuencia los deconstruccionistas contestan que la crítica asume el disputado logocentrismo. Parece haber un intento de sellar sus propias ideas a cualquier tipo de crítica. No obstante, se deben plantear las siguientes preguntas.

1. Si resulta que la lógica predominante no es válida, ¿qué naturaleza tiene la lógica que se está utilizando en la discusión sobre qué lógica debe seguirse? Por supuesto esta cuestión puede llevar a otros niveles. En el lenguaje de Wittgenstein, ¿qué juego del lenguaje se utiliza para hablar de los distintos juegos del lenguaje?

2. Si debemos seguir la filosofía de la deconstrucción, también tendremos que deconstruirla. Si hacemos esto, entonces esta teoría no es más recomendable ni deseable que cualquiera de las otras.

3. Los deconstruccionistas con frecuencia intentan demostrar la contundencia de su punto de vista mostrando los puntos débiles del logocentrismo. Eso realmente no es un argumento muy positivo para la deconstrucción. Esto es asumir que hay sólo dos opciones y que si el logocentrismo no se puede aceptar, se tiene que aceptar la deconstrucción. Sin embargo, algunos críticos han señalado que la deconstrucción no es el único punto de vista que ha criti-

46. John M. Ellis, *Against Deconstruction* (Princeton, N.J.: Princeton University Press, 1989), pp. 36-37.

47. Derrida, *Of Grammatology* (Baltimore: Johns Hopkins University Press, 1976), p. 50.

48. Derrida, "Positions," *Diacritics* 3 (1973): 26.

cado al logocentrismo.[49] Entonces ¿por qué deberíamos aceptar esta teoría y no cualquiera de las otras? De la misma forma el argumento de Saussure de que el significado de las palabras es relativo al idioma en que se utilizan no significa que no tengan un significado objetivo.

4. Los deconstruccionistas tienen muchas dificultades para vivir según su propia teoría. Quieren insistir en que la deconstrucción no es simplemente jugar con las palabras, sino que refleja la realidad de las cosas, y que el significado de sus palabras es objetivamente lo que ellos intentan que sea. Por lo tanto, Derrida insiste en que John Searle no entendió bien lo que él decía.[50] Sin embargo, si el significado de las palabras no es algo que se expresa objetivamente con las palabras ¿cómo puede ser esto verdad? Por supuesto se puede objetar que esta insistencia en la coherencia lógica sólo tiene valor en un planteamiento tradicional, pero si esto es así ¿por qué estaba tan molesto Derrida con Searle? ¿No tienen los dos razón en lo que se refiere al significado de las palabras de Derrida?[51]

## Uso teológico de la filosofía

Al principio de este capítulo señalamos la variedad de relaciones que pueden existir entre teología y filosofía. ¿Cuál debería ser el papel y el lugar de la filosofía en nuestra teología? Propongo dos líneas básicas.

*Primero, en línea con nuestras presuposiciones fundamentales, la revelación en lugar de la filosofía es lo que proporciona contenido a nuestra teología.* Por lo tanto, la revelación tendría que ser la primera fuente de los principios fundamentales de nuestra manera de entender la realidad. Esto nos daría un encuadre dentro del cual podríamos hacer nuestra filosofía. Nuestra postura básica, entonces, está en algún lugar entre la primera y la segunda posición señaladas anteriormente (pp. 40-41). Y aunque se emplee filosofía, no existirá un compromiso con un sistema filosófico como tal. Más bien, insistiremos en la autonomía de la teología; por tanto, no se exigirá que la explicación del contenido revelado se ajuste a cualquier tipo de filosofía en particular.

Sin embargo, la teología cristiana tiene una cosmovisión concreta.[52] La Biblia afirma con bastante claridad una manera de entender la realidad teísta y, específicamente, monoteísta. La realidad suprema es un ser personal, todopoderoso, omnisciente, amoroso y santo: Dios. Él ha creado todo lo que existe, no por emanación de su propio ser, sino trayéndolo a la existencia sin utilizar materiales ya existentes. Por lo tanto, la metafísica cristiana es un dualismo en el cual hay

49. Ellis, *Against Deconstruction*, pp. 29-30.

50. Jacques Derrida, "Limited, Inc., abc," *Glyph 2* (1977): 162-254.

51. Para una mayor discusión sobre este punto, ver pp. 153-157.

52. James Orr, *The Christian View of God and the World* (Grand Rapids: Eerdmans, 1954), p. 4.

dos niveles de realidad, el sobrenatural y el natural, un dualismo contingente en el que lo que no es Dios proviene de él. Dios preserva la existencia de toda la creación y tiene el control sobre todo lo que pasa ya que la historia se desarrolla para cumplir su propósito. Todo depende de él. El hombre, la principal de sus criaturas, es, como él, personal y por tanto capaz de tener relaciones sociales con otros seres humanos y con Dios. La naturaleza no es sólo algo neutral. Está bajo el control de Dios; y aunque funciona normalmente de manera uniforme y predecible obedeciendo las leyes que él ha establecido, puede y también actúa de manera que contraviene estos patrones normales (milagros).

Con este punto de partida, el teólogo cristiano tiene que utilizar la capacidad de razonamiento que Dios le ha dado para resolver las implicaciones del corpus de la verdad revelada. En otras palabras, uno filosofa desde la posición o perspectiva creada por la revelación divina. A este respecto, mi posición se acerca a la de Carl F. H. Henry, que mantiene que la cosmología bíblica es el punto de partida y el marco de todos nuestros esfuerzos intelectuales.[53] También concuerda con la de Edward Ramsdell[54] y Arthur Holmes[55] que dicen que la teología cristiana es perspectival.

Tomar los conceptos bíblicos como principios básicos para la visión que alguien tiene de la realidad restringe considerablemente la variedad de puntos de vista que se pueden considerar aceptables. Por ejemplo, se excluye una cosmovisión naturalista porque restringe la realidad al sistema de naturaleza observable y porque los posibles sucesos dentro de este sistema están limitados a lo que está en conformidad con sus leyes establecidas. La revelación bíblica se opone incluso más enfáticamente al materialismo. Del mismo modo, la mayoría de los idealismos se excluyen porque tienden a negar la realidad del mundo material y la trascendencia de Dios. Edgar Sheffield Brightman habla de cuatro tipos de idealismo:

1. El de Platón: la realidad es objetiva. Su origen y significado es más que humano.
2. El de Berkley: la realidad es mental. Los objetos materiales no tienen existencia independiente, sino que existen como conceptos de la mente.
3. El de Hegel: la realidad es orgánica, esto es, el todo tiene propiedades que la parte no posee. La realidad última no es más que la manifestación de la razón.
4. El de Lotz (o el de Leibnitz): la realidad es personal. Sólo las personas o los entes son reales.[56]

53. Carl F. H. Henry, *God, Revelation, and Authority: The God Who Speaks and Shows* (Waco, Tex.: Word, 1976), vol. 1, pp. 198-201.

54. Edward Ramsdell, *The Christian Perspective* (New York: Abingdon-Cokesbury, 1950).

55. Arthur Holmes, *Faith Seeks Understanding* (Grand Rapids: Eerdmans, 1971), pp. 46-47.

56. Edgar Sheffield Brightman, "The Definition of Idealism," *Journal of Philosophy* 30

Parecería como si el primer tipo de idealismo pudiera ser asimilado dentro de la teología cristiana; el cuarto, con ciertas limitaciones, podría ser adoptado por la teología cristiana. Sin embargo, el segundo y el tercero parecen incompatibles con los principios del teísmo cristiano señalados anteriormente. Quizá el tipo más compatible de metafísica sería una especie de realismo, siempre que incluya la dimensión sobrenatural en lugar de limitarse a la naturaleza.

La cosmovisión presentada aquí es un objetivismo. Con esto se quiere decir que hay medidas objetivas de la verdad, la bondad y lo correcto. El Dios que es el centro de la cosmovisión revelada en las Escrituras tiene emoción y acción. Sin embargo, es totalmente perfecto, completo y por lo tanto, en cierta manera, inalterable. También hay normas y valores que tienen permanencia. El amor, la verdad y la honestidad son permanentemente buenos porque se corresponden con la naturaleza inmutable de Dios. Por lo tanto la filosofía del proceso no parece ser una alternativa viable.

La cosmovisión que se presenta aquí también considera la verdad como algo unitario. En lugar de haber un tipo de verdad (objetiva) para los asuntos científicos y otro tipo de verdad (subjetiva) para temas de religión, la verdad tiene algo en común con todas las áreas. La verdad es una cualidad de las declaraciones o de las proposiciones que concuerda con el modo en que son las cosas. Incluso William James, el pragmático, da una definición de verdad similar: "Verdad, como dice todo diccionario, es una propiedad de algunas de nuestras ideas. Significa su "acuerdo", así como la falsedad es el desacuerdo, con la 'realidad.' Tanto los pragmáticos como los intelectualistas aceptan esta definición como norma."[57] Dios y la realidad son lo que son independientemente de cómo los perciben, los entienden, los aprecian o los aceptan los demás. Aunque la reacción del que lo conoce es importante, la verdad no depende de esa reacción. Por lo tanto cualquier tipo de idealismo subjetivo queda excluido, como le ocurre a ciertos aspectos del existencialismo.

La lógica es aplicable a toda la verdad. Aunque algunas áreas están revestidas de misterio y pueden estar más allá de nuestra habilidad para entender todas las relaciones que implican, no hay áreas que se consideren inherentemente contradictorias. El pensamiento coherente o al menos la comunicación depende de esta suposición. La verdad es una cualidad de las proposiciones, no algo que les sucede como resultado de nuestra forma de reaccionar o de la manera en que se utilizan. Por lo tanto un funcionalismo riguroso también se debe considerar insostenible.

*Nuestra segunda directriz básica es que la filosofía debería ser considerada principalmente como una actividad, filosofar, más que como un conjunto de ver-*

(1933): 429-35.

57. James, *Pragmatism*, p. 132.

*dades.* Es potencialmente capaz de funcionar desde cualquier perspectiva y con cualquier conjunto de datos. De ahí que sea también una herramienta que se puede utilizar en la teología. La forma de filosofía que conocemos como filosofía analítica pretende clarificar y refinar los términos, conceptos y argumentos que encontramos en la teología. Utilizaremos esta disciplina a lo largo de todo este libro y le prestaremos especial atención en el capítulo 6. Es más, la filosofía de la fenomenología nos proporciona un método para aislar experiencias, clarificarlas y así determinar su verdadera naturaleza. Un ejemplo de la aplicación de la fenomenología se puede encontrar en la investigación de la naturaleza de la religión al principio del capítulo 1. Ambas pueden resultar útiles para la teología según lo descriptivas y analíticas que sean. Sin embargo, cualquier intento de ser prescriptivo o normativo deberá ser evaluado cuidadosamente a la luz de estas presuposiciones.

Nuestro principal uso de la filosofía será ayudarnos a desarrollar y emplear ciertas habilidades críticas que son valiosas en todas las áreas, particularmente en la investigación intelectual, y según esto se pueden utilizar para hacer teología:

1. La filosofía agudiza nuestra manera de entender los conceptos. Cualquiera que sea la teoría del significado que adoptemos, es esencial que intentemos determinar rigurosamente el significado de lo que creemos y decimos. Progresar a la hora de establecer la verdad de las ideas requiere saber exactamente lo que queremos decir con ellas. Es más, la comunicación implica la habilidad para indicar a otros exactamente lo que les estamos encomendando. Nunca podremos dejar claro a otros lo que no tenemos claro nosotros mismos.

2. La filosofía nos puede ayudar a descubrir las presuposiciones que hay tras una idea o sistema de pensamiento. Si, por ejemplo, intentamos combinar dos o más ideas que dependen de presuposiciones incompatibles, el resultado inevitablemente será la contradicción interna, sin tener en cuenta lo atractivas que estas ideas puedan parecer en un principio. La filosofía puede resolver la situación buscando y evaluando estas presuposiciones. También es necesario ser conscientes de que apenas existe el análisis o la evaluación neutral. Todas las críticas vienen de alguna parte. Y la validez de la perspectiva desde la cual se hacen debe ser tomada en cuenta a la hora de pensar con cuanta seriedad se debe tomar la evaluación. Deberíamos considerar cualquier afirmación de este tipo como la conclusión de un silogismo, y preguntar cuáles son las premisas de este silogismo. A veces nos encontraremos con que estamos ante un entimema: una presuposición, quizá una discutible o cuestionable que se ha introducido de forma velada, pero que no ha sido expresada de forma explícita.

Ser conscientes de nuestras presuposiciones nos hará más objetivos. Como las presuposiciones afectan a nuestra manera de percibir la realidad, puede que no seamos capaces de detectar su influencia. Sin embargo, saber que están presentes y funcionando en nosotros debería permitirnos compensar su probable efecto.

Esto es como el problema que tiene un pescador cuando pesca con arpón. Ve un pez y su reacción natural es lanzar el arpón al agua hacia el lugar en que sus ojos le dicen que está el pez. Aunque su mente le dice eso, debido a la refracción de la luz al pasar de un medio (agua) a otro (aire) el pez no está donde parece estar. El pescador conscientemente debe lanzar el arpón a un lugar en el que el pez parece no estar. De la misma manera un cazador que dispara a un objeto que se mueve debe disparar al punto en el que estará el objetivo cuando llegue la bala. Ser conscientes de nuestras presuposiciones significa que debemos hacer un reajuste en nuestra percepción de las cosas de forma consciente. Esto es así tanto para nuestro enfoque general como para el análisis de puntos específicos. Como bautista, por ejemplo, mi trasfondo me llevará a dar más valor a los argumentos que favorecen las conclusiones bautistas en áreas como la doctrina de la iglesia. En consecuencia debo exigir lo que a mí me parecerá evidencia excesiva para conclusiones que se ajusten a mis prejuicios.

3. La filosofía nos puede ayudar a determinar las implicaciones de una idea. A menudo no es posible evaluar la verdad de una idea en sí misma. Sin embargo, es posible ver las implicaciones que surgen de ella. Estas implicaciones se podrán evaluar posteriormente con los datos. Si se prueba que la implicación es falsa, el principio (o los principios) de los que se deriva lógicamente también serán falsos si el argumento es válido. Una manera de determinar las implicaciones es simplemente el análisis lógico de las ideas que se han propuesto. Otra es considerar cuáles han sido los resultados, en sucesos históricos reales, cuando se han considerado conceptos similares.

4. La filosofía también nos hace conscientes de la necesidad de probar las verdades que defendemos. Las afirmaciones por sí mismas no son suficientes para ser aceptadas; hay que argumentarlas. Esto implica preguntar qué tipo de evidencia confirma la verdad o falsedad del tema en consideración, y cuál será la cantidad suficiente de evidencia que hay que presentar. También es necesario evaluar las estructuras lógicas de cada argumento para determinar si las conclusiones a las que se llega realmente surgen del apoyo que se ofrece para ellas.[58]

En el campo de la teología no deberíamos esperar una prueba completa o exacta. La probabilidad es lo mejor que podemos esperar. Sin embargo, uno no debe contentarse con mostrar la verosimilitud de un concepto. Es necesario demostrar que esta opción es preferible a las alternativas. De la misma manera que en la crítica no es suficiente con encontrar puntos débiles en una teoría dada. Siempre hay que preguntarse "¿Cuál es la alternativa?" y "¿Tiene la alternativa menos dificultades?" John Baille cuenta que hizo un trabajo en el que criticaba

58. La cuestión de cómo ganamos en conocimiento religioso se tratará de forma más extensa en el capítulo 6. Para ver tratamientos de este tema desde una perspectiva cristiana evangélica, ver Jerry H. Gill, *The Possibility of Religious Knowledge* (Grand Rapids: Eerdmans, 1971); Holmes *Faith*, pp. 134-62.

severamente una teoría en particular. Su profesor comentó: "Toda teoría tiene sus dificultades, pero no has tenido en cuenta si cualquier otra teoría tiene menos dificultades que la que has criticado."[59]

Cada vez que criticamos un punto de vista distinto del nuestro, debemos hacerlo utilizando criterios válidos y objetivos. Puede haber dos tipos: los criterios que una perspectiva establece para sí misma y los criterios que todas las perspectivas deben cumplir (esto es, criterios universales). No es una crítica dañina señalar una diferencia entre nuestra posición y la de otro. Mucha crítica apenas si suele limitarse a señalar que A es diferente de B. Pero tal queja es inconsecuente a menos que alguien haya establecido ya que B es el punto de vista correcto o que A es un ejemplo de B. Para dar un ejemplo sacado de un ámbito totalmente distinto: supongamos que un equipo de fútbol americano pone el énfasis en el ataque. Si el equipo gana un partido por 40-35, no sería válida una crítica que señalara que la defensa no era demasiado buena. Si, por otra parte, el equipo ganase 7-6 sería apropiado señalar lo escaso de la puntuación ya que el equipo no ha cumplido con su propio criterio de juego. Y si el equipo marca 49 puntos, pero pierde 52, es vulnerable a la crítica en base a criterios universales, ya que se supone que todos los equipos, sin tener en cuenta su estilo de juego, intentan tener más puntos que sus contrarios al final del partido.

En el capítulo sobre el lenguaje religioso se hablará más de los criterios para evaluar las proposiciones y los sistemas. En este momento es suficiente con señalar que los criterios utilizados normalmente son la consistencia interna y la coherencia de ideas o conjuntos de ideas, y que son capaces de describir correctamente y contabilizar todos los datos relevantes.

59. John Baillie, *Invitation to Pilgrimage* (New York: Scribner, 1942), p. 15.

# 3. El método de la teología

## Objetivos del capítulo

Después de estudiar este capítulo, debería ser capaz de:

- Examinar la complejidad del escenario teológico actual y mostrar su naturaleza expansiva.
- Enumerar y explicar cada uno de los pasos que implica el desarrollo de una teología adecuada.
- Demostrar el uso del estudio de la Biblia y el análisis hermenéutico en el desarrollo de una teología basada en la Biblia.
- Identificar y describir los grados de autoridad necesarios para elaborar afirmaciones teológicas.

## Resumen del capítulo

La teología cristiana de hoy en día no se desarrolla en el contexto de los grandes sistemas teológicos del pasado como los de Agustín, Aquino, Lutero y Calvino. La aceleración del cambio, la explosión y la atomización de la información son algunos de los factores que hacen que sea más complicado hacer teología hoy de lo que lo era en los más pausados siglos anteriores. Sin embargo, la teología no se hace de manera improvisada. Hay varios pasos a seguir para desarrollar una metodología definida. Las afirmaciones teológicas tienen distintos grados de autoridad. Algunas tienen su raíz en las declaraciones explícitas de las Escrituras. Otras tienen una naturaleza más especulativa e hipotética.

## Cuestiones de estudio

1. ¿Cómo caracterizaría las teologías modernas que han entrado en escena después de la Reforma?
2. Teniendo en cuenta las características especiales de las teologías

desde los reformadores ¿de qué consta el contenido general de estas teologías?

3. ¿Qué desarrollos se han producido en los enfoques del conocimiento en la teología sistemática?
4. ¿Cuáles son las tres lecciones que hay que aprender sobre el contexto teológico actual y cuál es el significado de cada una de ellas?
5. Explique el proceso de hacer teología y dé un ejemplo de cómo debería hacerse.
6. ¿Cómo afecta la enumeración de los grados de autoridad en la teología a su interpretación de la variedad de teologías presentes en el panorama actual?

Panorama de la teología en la actualidad
El proceso de hacer teología
1. Recopilación de materiales bíblicos
2. Unificación de materiales bíblicos
3. Análisis del significado de las enseñanzas bíblicas
4. Examen de los tratamientos históricos
5. Consulta de otras perspectivas culturales
6. Identificación de la esencia de la doctrina
7. Iluminación de fuentes extrabíblicas
8. Expresión contemporánea de la doctrina
9. Desarrollo de un motivo interpretativo central
10. Estratificación de los temas
Grados de autoridad de las afirmaciones teológicas

## Panorama de la teología en la actualidad

La teología, como cualquier otra actividad humana, se elabora en un determinado contexto. Los teólogos y los estudiantes de teología viven en un periodo de tiempo específico y no en un vacío atemporal, y la teología debe hacerse dentro de esta situación. Hay factores teológicos y no teológicos (o culturales) en todas las situaciones. Antes de continuar es importante observar ciertas características en el panorama teológico actual.

1. El primer factor teológico significativo y en cierto sentido especial del actual periodo es la tendencia de las teologías a tener una vigencia breve. Esta ha sido una tendencia que se ha desarrollado progresivamente. Antes una forma de teología podía durar décadas o incluso siglos, pero esto parece haber cambiado. La síntesis de Agustín sobre la filosofía y teología de Platón *(La ciudad de Dios)* de alguna manera dominó la teología durante más de ochocientos años. Después Tomás de Aquino sintetizó la teología católica con la filosofía de Aristóteles *(Summa Theologica)* y fue la base de la teología hasta la Reforma: un intervalo de casi tres siglos. Los reformadores desarrollaron una teología independiente de la anterior síntesis católica, siendo *Institución de la religión cristiana* de Calvino

el tratado más profundo de la nueva forma de entender el cristianismo. Aunque había movimientos heréticos de vez en cuando, e incluso surgió una manera distinta de entender la teología evangélica con la obra de John Wesley, durante más de 250 años no hubo una figura teológica o un escrito que pudiera rivalizar con la influencia de Calvino.

Después con la obra de Friedrich Schleiermacher surgió la teología liberal, no como un desafío externo a la ortodoxia, como había sido el deísmo, sino como un competidor desde dentro de la iglesia. Las obras de Schleiermacher *Sobre la religión: Discurso a sus menospreciadores cultivados* y *La doctrina de la fe* fueron los primeros indicadores de que estaba en marcha un nuevo tipo de teología.[1] El liberalismo, en sus muchas variedades, iba a dominar la teología europea durante todo el siglo XIX y principios del XX, su periodo de popularidad fue un poco más tardío en Norteamérica. Si el siglo XIX acabó en Agosto de 1914 para Karl Barth,[2] este cambio no se hizo aparente para el resto del mundo teológico hasta 1919 con la publicación de su *Der Römerbrief* (Epístola a los Romanos).[3] Esto marcó el fin de la teología liberal y la ascendencia de lo que iba a denominarse neoortodoxia. La duración de su supremacía, sin embargo, resultó ser mucho más corta que la de las teologías precedentes. En 1941, "El Nuevo Testamento y la mitología" de Rudolf Bultmann anunció el principio de un movimiento (o un programa) conocido como desmitologización.[4] Esto supuso un corto pero genuino desplazamiento del punto de vista neoortodoxo. En 1954, Ernest Käsemann presentó un documento que marcó el resurgir de la búsqueda del Jesús histórico, cuestionando la perspectiva de Bultmann.[5] Sin embargo, no introdujo un sistema nuevo. Principalmente indicó el final del reinado de los sistemas en sí.

Fíjese en lo que ha venido pasando durante este periodo. El primer gran sistema teológico duró cientos de años, pero el periodo de dominación de cada uno de los siguientes fue más corto que el de su predecesor inmediato. La duración de las teologías cada vez tiene un periodo de vida más corto. Por lo tanto cualquier teología que intente estar muy cerca de las condiciones actuales del mundo intelectual está condenada a quedarse anticuada muy pronto. Esto es particularmente obvio en el caso de la teología de la muerte de Dios que

1. Friedrich Schleiermacher, *Sobre la religión: discurso a sus menospreciadores cultivados* (Madrid: Editorial Tecnos, 1990); *The Christian Faith*, 2 vols. (New York: Harper & Row, 1963).

2. Karl Barth, *God, Grace, and Gospel* (Edinburgh: Oliver & Boyd, 1959), pp. 57-58.

3. Karl Barth, *Epistle to the Romans*, 6th ed., trad. Edwyn C. Hoskyns (New York: Oxford University Press, 1968). En 1963 E. V. Z. Verlag de Zurich publicó una reedición de la edición alemana: *Der Römerbrief Unveränderter Nachdruck der ersten Auflage von 1919.*

4. Rudolf Bultmann, "New Testament and Mythology," en *Kerygma and Myth*, ed. Hans Bartsch (New York: Harper & Row, 1961), pp. 1-44.

5. Ernst Käsemann, "The Problem of the Historical Jesus," en *Essays on New Testament Themes*, trad. W. J. Montague (London: SCM, 1964), pp. 15-47.

floreció brevemente, en lo que se refiere a la atención pública, a mediados de los 60, y luego desapareció de la vista casi tan rápido como había surgido. En la terminología científica actual la media vida de las nuevas teologías es desde luego muy corta.

2. Otro fenómeno de los tiempos actuales es la desaparición de las grandes escuelas de teología como tales. Al decir esto no nos referimos a las instituciones educativas, sino a los movimientos definidos o a los grupos de seguidores que se apiñan en torno a una serie de enseñanzas. Hoy hay únicamente teologías y teólogos individuales. Aunque esto no es del todo cierto, hay, no obstante, una gran verdad en esta generalización. En los años 50 era posible clasificar a los teólogos por bandos o equipos.

Hoy las cosas son bastante diferentes. Para utilizar una metáfora deportiva: mientas que antes el campo de juego estaba ocupado por distintos equipos fácilmente reconocibles por sus uniformes, ahora todos los jugadores parecen llevar un uniforme diferente. O con una metáfora política, es como si en un proceso electoral cada votante fuera su propio partido político. Seguro que hay teologías específicas, como la teología de la esperanza o la teología del proceso. Sin embargo, estas carecen de la coherencia interna y de los conjuntos doctrinales completos que manifestaban tradicionalmente los sistemas teológicos basados en un motivo integrador o incluso en una tendencia.[6]

Mientras que en tiempos anteriores habían teologías distintivas que habían aplicado sus teorías a prácticamente todos los temas posibles y por lo tanto se podían encontrar dentro de ellas respuestas coherentes para cada pregunta en particular, ahora ya no es así. Hay esquemas de teología en lugar de proyectos de teología desarrollados.

3. Relacionado con los dos factores anteriores está el hecho de que parece no haber gigantes de la teología como los que había incluso hace una generación. En la primera mitad del siglo XX, había grandes pensadores teológicos que formulaban extensos sistemas de teología cuidadosamente elaborados: Karl Barth, Emil Brunner, Paul Tillich, Rudolf Bultmann. En círculos conservadores hombres como G. C. Berkouwer en los Países bajos y Edward Carnell y Carl F. H. Henry en los Estados Unidos eran reconocidos como líderes. Ahora la mayoría de esos teólogos han desaparecido de la escena teológica y no han surgido nuevos pensadores que hayan dominado el escenario teológico como ellos lo hicieron en su día. Dos que han hecho contribuciones dignas de mención son Wolfhart Pannenberg y Jürgen Moltmann, pero no han conseguido demasiados seguidores. En consecuencia, hay un círculo de teólogos influyentes considera-

6. Fíjese por ejemplo en el abandono de la idea de escribir una teología sistemática por parte de John Cobb. David Ray Griffin, "John B. Cobb, Jr: A Theological Biography," en *Theology and the University: Essays in Honor of John B. Cobb, Jr.*, ed. David Ray Griffin y Joseph C. Hough Jr. (Albany: State University of New York Press, 1991), pp. 238-39.

blemente mayor, pero la influencia que ellos ejercen es bastante menor que la de los hombres ya mencionados.

La teología se hace ahora en un periodo caracterizado, entre otras cosas, por una "explosión de conocimiento." La cantidad de información crece tan rápidamente que llegar a abarcar una gran área de pensamiento es cada vez más difícil. Aunque esto es especialmente cierto en áreas tecnológicas, el conocimiento teológico y bíblico es también mucho más amplio de lo que lo fue una vez. El resultado ha sido un mayor grado de especialización. En los estudios bíblicos, por ejemplo, los estudiosos del Nuevo Testamento tienden a especializarse en los Evangelios o en los escritos de Pablo. Los historiadores de la iglesia tienden a especializarse en un periodo como el de la Reforma. En consecuencia, las investigaciones y las publicaciones se suelen centrar en áreas más reducidas y lo hacen con mayor profundidad.

Esto implica que el teólogo sistemático encontrará muy difícil ocuparse de todos los tipos de doctrinas. La teología sistemática se complica más porque requiere un conocimiento de todas las Escrituras y del desarrollo del pensamiento a lo largo de toda la historia de la iglesia. Es más, en lo que se refiere a la nueva información, la teología sistemática no está restringida a descubrimientos recientes en el campo de la filología hebrea, por ejemplo, sino que debe relacionarse con el desarrollo de áreas tan "seculares" como la sociología, la biología y muchas otras disciplinas. Sin embargo, es necesario hacer el trabajo, y en distintos niveles, incluso en el elemental o en el introductorio.

En décadas recientes se ha desarrollado un ambiente muy poco favorable a hacer teología sistemática. En parte esto fue el resultado de un enfoque atomista (más que integral) del conocimiento. Ser conscientes de la gran cantidad de detalles que había que abarcar produjo la sensación de que no se podían recoger completamente todos los fragmentos y datos en una especie de conjunto integrador. Se consideraba imposible que alguien tuviera una visión general de todo el campo de la teología sistemática.

Otro factor que impedía la teología sistemática era ver la revelación como hechos históricos. Según este punto de vista, la revelación siempre se daba en una situación histórica concreta. De ahí que lo que se revelaba quedaba siempre limitado a esa perspectiva localizada. El mensaje trataba de declaraciones específicas y no de declaraciones universales sobre las cosas en general. En ocasiones había tendencia a pensar que esta variedad de particularidades no se podía combinar en un todo armonioso. Deberíamos apreciar que esto se basaba en la suposición implícita de que la realidad es internamente incoherente. En consecuencia, cualquier intento de armonizar o sistematizar distorsionaría la realidad tomada en consideración.

El resultado de todo esto fue que la teología bíblica se consideró adecuada y la teología sistemática dispensable. En efecto la teología bíblica fue sustituida por la teología sistemática.[7] Esto tuvo dos efectos. Primero, significó que la teología escrita y estudiada tenía un enfoque más limitado. Ahora era posible concentrarse en la antropología de Pablo o en la cristología de Mateo. Este era un esfuerzo más manejable que intentar ver lo que la Biblia entera tenía que decir sobre estos temas. El segundo efecto fue que la teología se hizo descriptiva en lugar de normativa. La cuestión ya no era: "¿Qué crees tú sobre el pecado?" sino: "¿Qué crees que Pablo enseñó sobre el pecado?" Los puntos de vista de Lucas, Isaías y otros escritores bíblicos que mencionaban el pecado se podrían describir sucesivamente. Particularmente donde se creía que podía haber tensión entre estos puntos de vista, la teología bíblica difícilmente podría ser normativa para la creencia.

Durante aquellos años, la teología sistemática estaba en retirada. Se ocupaba de la preocupación introspectiva sobre su propia naturaleza. ¿Estaba justificada su existencia? ¿Cómo se podría realizar? Se había hecho relativamente poco a favor de un tratamiento amplio, completo de la teología. Se escribieron ensayos sobre temas particulares de teología, pero no las construcciones sinóptico-sistemáticas que habían caracterizado tradicionalmente a la disciplina. Sin embargo, ahora esto está cambiando. Ha habido un auténtico diluvio de textos nuevos sobre teología sistemática, especialmente los escritos desde una perspectiva evangélica.[8] Ahora es la teología bíblica la que, lejos de reemplazar a la teología sistemática, está siendo reexaminada para ver su viabilidad. Y un tratamiento bastante profético de la teología bíblica argumenta que en efecto debe avanzar hasta parecerse más a la teología sistemática.[9] Incluso con el énfasis cada vez mayor en la experiencia inmediata, hay cada vez más personas no especializadas que desean introducirse en el estudio teológico serio. El crecimiento de las sectas y las religiones extranjeras, algunas de ellas muy extremas en el control de sus devotos y en las prácticas en que se implican, nos ha recordado que el elemento crítico y reflexivo en religión es indispensable. Y ha habido una cada vez mayor concienciación, en parte a través del auge de la "nueva hermenéutica," de que no es posible formular una teología simplemente basándonos en la Biblia. Se deben tratar temas tales como la manera de concebir la Biblia o la manera de

7. Henry J. Cadbury, "The Peril of Archaizing Ourselves," *Interpretation 3* (1949): 332-33.

8. Los ejemplos son de Gordon D. Kaufman, *Systematic Theology: A Historicist Perspective* (New York: Scribner, 1968); John Macquarrie, *Principles of Christian Theology* (New York: Scribner, 1966); Donald Bloesch, *Essentials of Evangelical Theology*, 2 vols. (New York: Harper & Row, 1978); Dale Moody, *The Word of Truth: A Summary of Christian Doctrine Based on Biblical Revelation* (Grand Rapids: Eerdmans, 1981); Gordon R. Lewis y Bruce A. Demarest, *Integrative Theology*, 3 vols. (Grand Rapids: Zondervan, 1987-94); Wayne A. Grudem, *Systematic Theology: An Introduction to Biblical Doctrine* (Grand Rapids: Zondervan, 1994).

9. Brevard Childs, *Biblical Theology in Crisis* (Philadelphia: Westminster, 1970), capítulo 6.

enfocar su interpretación.[10] Y por lo tanto uno se ve sumergido en los ámbitos más amplios tratados tradicionalmente por la teología sistemática.

4. Otra faceta del presente ambiente teológico es la influencia cada vez mayor de las ciencias del comportamiento. En una generación anterior, la filosofía y las ciencias naturales se usaban como compañeras e incluso como fuentes de la teología. Sin embargo, las distintas teologías de la liberación, como la feminista, la negra o las del tercer mundo, se valen mucho de las perspectivas de las ciencias del comportamiento, especialmente de la sociología.

5. La globalización es muy evidente. En el pasado, la teología la escribían principalmente autores europeos y norteamericanos. Sus puntos de vista se consideraban universales. Con el aumento del contacto con otras naciones y poblaciones, y con la vitalidad cada vez mayor del cristianismo en países del tercer mundo, la perspectiva de la teología escrita en el pasado se ve en cierta manera limitada. Es importante escuchar lo que las voces no occidentales dicen e incorporar sus puntos de vista válidos a nuestra teología.

Una de las lecciones que bien podríamos aprender del breve resumen anterior sobre el estatus reciente y actual del panorama teológico es tener cuidado con identificarnos demasiado con cualquier tendencia cultural de la actualidad. Los rápidos cambios que se producen en las teologías no son sino el reflejo de los rápidos cambios de la cultura en general. En tiempos de cambio tan rápidos, lo mejor seguramente es no intentar que la teología se ajuste demasiado al mundo en que se expresa. Aunque en los capítulos siguientes discutiremos el tema de contemporizar el mensaje cristiano, quizá ahora lo mejor sea dar un paso atrás hacia la forma atemporal de la verdad cristiana, y alejarnos de una formulación ultracontemporánea. Una analogía mecánica puede ayudar aquí. Es bueno no tener demasiada holgura en un aparato mecánico porque esto produce un desgaste excesivo. Pero si el mecanismo está demasiado ajustado puede impedir el normal funcionamiento de las partes y estas se pueden romper.

La teología que vamos a desarrollar en esta obra busca encontrar el equilibrio entre la esencia inalterable de las doctrinas y una manera de expresarlas pensando en una audiencia contemporánea. En la medida que nos concentramos en lo primero, los elementos encontrados en la Biblia se harán normativos para su estructura básica. En esta conexión se debería señalar que la forma ortodoxa de teología no es la de ningún periodo en particular, ni siquiera de uno reciente. Esta última concepción errónea parece estar en el fondo de la caracterización que hace Brevard Childs de la *Teología sistemática* de Louis Berkhof como un "lavado de cara de la dogmática del siglo XVII."[11] Para algunos, la presente obra

10. Anthony Thiselton, *The Two Horizons: New Testament Hermeneutics and Philosophical Description* (Grand Rapids: Eedermans, 1980).

11. Childs, *Biblical Theology*, p. 20.

puede parecer igual. Seguramente la incorporación y repetición de afirmaciones de la teología ortodoxa del siglo XVII puede justificar una crítica de este tipo. Pero una teología no debería ser considerada una versión de una teología anterior sólo porque está de acuerdo con la teología de un tiempo anterior. Más bien las dos teologías pueden ser versiones diferentes de la posición cristiana tradicional. Kirsopp Lake, que no era conservador, reconoció este punto:

> A menudo personas cultas que resultan tener poco conocimiento de teología histórica cometen el error de pensar que el fundamentalismo es una manera nueva y extraña de pensamiento. Nada de eso; es la supervivencia parcial y no educada de una teología que una vez fue defendida por todos los cristianos. ¿Cuántos había, por ejemplo, en las iglesias cristianas del siglo XVIII que dudasen de la infalible inspiración de todas las Escrituras? Quizá algunos, pero muy pocos. No, el fundamentalista puede estar equivocado; yo creo que lo está. Pero somos nosotros los que nos hemos salido de la tradición, no él; y lo siento por cualquiera que intente discutir con un fundamentalista basándose en la autoridad. La *Biblia* y el corpus teológico de la iglesia están de parte del fundamentalista.[12] [cursiva añadida]

Una segunda lección que debemos aprender de nuestro repaso al panorama actual de la teología es que cierto grado de eclecticismo es a la vez posible y deseable. Con esto no se quiere sugerir que se incorporen ideas desde una amplia variedad de perspectivas con bases que se excluyen mutuamente. Más bien, se debe señalar que los temas actuales se tratan con una base ideológica menos fuerte. Como consecuencia, los sistemas distintivos no se producen con tanta facilidad. Necesitamos que nuestras formulaciones doctrinales sean lo suficientemente flexibles como para poder reconocer y utilizar perspectivas válidas de posiciones con las que por lo general no estamos de acuerdo. Aunque sistematicemos o integremos los datos bíblicos, no debemos hacerlo desde una perspectiva demasiado estrecha

Una tercera lección que debemos extraer de la situación actual es la importancia de mantener un grado de independencia en nuestro enfoque para hacer teología. Hay tendencia a adoptar simplemente el tratamiento particular de un grande de la teología. Pero el resultado de un compromiso sin reservas hacia el sistema de pensamiento de otra persona es que uno se convierte en discípulo en el peor sentido de la palabra, limitándose a repetir lo que ha aprendido del maestro. Así cesa el pensamiento independiente creativo y crítico. Pero el hecho de que no haya superestrellas indiscutibles, o que haya muy pocas, nos debería animar a ser críticos con las enseñanzas de cualquiera que leamos o escuchemos y a desear modificar cada punto que pensemos que nosotros podemos mejorar.

12. Kirsopp Lake, *The Religion of Yesterday and Tomorrow* (Boston: Houghton, 1926), p. 61.

## El proceso de hacer teología

Ahora pasaremos a la tarea real de desarrollar una teología. En cierto sentido la teología es a la vez un arte y una ciencia, así que no puede seguir un patrón rígido. Sin embargo, es necesario explicar detalladamente los procedimientos. Los pasos que enumeramos aquí no tienen que darse necesariamente en esta misma secuencia, pero debe haber un orden de desarrollo lógico similar. El lector notará que en este procedimiento la teología bíblica tanto en el sentido "verdadero" como "puro" se desarrolla antes que la teología sistemática para que la secuencia sea exégesis-teología bíblica-teología sistemática. No pasamos directamente de la exégesis a la teología sistemática.

### *1. Recopilación de materiales bíblicos*

El primer paso en nuestro método teológico será recoger todos los pasajes bíblicos relevantes de las doctrinas que van a ser investigadas. Este paso también implicará una utilización amplia y coherente de los métodos y herramientas mejores y más adecuados para llegar al significado del pasaje.

Sin embargo, antes de llegar al significado del pasaje bíblico, deberíamos prestar atención a los procedimientos de la exégesis. A veces tendemos a asumir que estamos trabajando con métodos neutros. Pero en realidad hay factores interpretativos inherentes a la metodología misma; por lo tanto es necesario un cuidadoso y continuado escrutinio de la metodología. Ya hemos apuntado la importancia de conocer todo el marco filosófico dentro del cual trabaja un teólogo. Esto también se puede aplicar al nivel de exégesis; el exégeta querrá asegurarse de que las suposiciones de las herramientas y los métodos empleados están en armonía con los suyos. La exégesis implica, entre otras cosas, la consulta de gramáticas y diccionarios. Estos tendrán que ser analizados cuidadosamente. Un ejemplo es el enorme y prestigioso *Theological Dictionary of the New Testament* (a menudo denominado "Kittel", sin más).[13] Cada uno de los que contribuyeron a este diccionario proceden de su propia tradición y contexto. James Barr ha señalado y el mismo Kittel ha observado que tales presuposiciones subyacen en la obra de referencia.[14] El teólogo insistirá en investigar, como parte de su tarea de preexégesis, las presuposiciones de los autores consultados, o al menos, estará alerta a la presencia de factores que puedan influir en lo que se dice. Investigar la biografía intelectual y el pedigrí de estos autores debería sensibilizar al exégeta a la posible presencia de presuposiciones inaceptables.

13. *Theological Dictionary of the New Testament*, ed. Gerhard Kittel y Gerhard Friedrich, trad. Geoffrey W. Bromiley, 10 vols. (Grand Rapids: Eerdmans, 1964-76).

14. James Barr, *Semantics of Biblical Language* (New York: Oxford University Press, 1961), pp. 206-62; Gerhard Kittel, *Lexicographia Sacra, Theology* Occasional Papers 7 (London: SPCK, 1938), Versión alemana en *Deutsche Theologie* 5 (1938): 91-109.

No sólo las herramientas, también los métodos de exégesis tienen que ser examinados a fondo. Aquí hay que insistir en que el método no excluye nada que, al menos en un examen superficial, los documentos parezcan asumir. Como la Biblia cuenta la existencia de milagros, una metodología que asuma que todo se puede explicar sin tener que recurrir a los conceptos o causas sobrenaturales traerá como resultado una interpretación que no concuerda con lo que la Biblia dice que sucedió. Esto es cierto no solo respecto a los sucesos contados en la Biblia, sino también respecto al mismo proceso de producción de la Biblia. Si se asume que la existencia de los documentos se puede explicar simplemente siguiendo los pasos históricos de la formación de la tradición, entonces se elimina cualquier posibilidad de la revelación o la comunicación directa de Dios.

También se puede dar el problema contrario. Se puede tomar un enfoque sobrenatural en el que la Biblia se considere tan especial que se deban excluir para su interpretación y evaluación los criterios y los métodos utilizados para evaluar otros documentos históricos. En este caso la Biblia quedaría prácticamente eliminada de la clase de materiales históricos. Si el primer enfoque pone demasiado énfasis en el carácter humano de la Biblia, este último asume con demasiada fuerza su carácter divino.

Nosotros sugerimos un enfoque que esté abierto a todas las posibilidades. Por lo tanto, no se debería asumir que la explicación más sobrenatural posible es lo que ha ocurrido ni tampoco que no haya podido suceder. Más bien deberíamos asumir que puede haber sucedido o no, el objetivo es determinar sólo lo que sucedió. En particular es importante tomar en serio lo que el texto bíblico expresa, y evaluarlo cuidadosamente. Esto es lo que Hans-Georg Gadamer quiere decir cuando habla de captar lo que se dice entendiendo la distancia que existe con el intérprete.[15] Esto es, el intérprete simplemente debería intentar ver lo que se dijo, lo que intentó decir el autor o el hablante, y cómo habrían entendido el antiguo mensaje los lectores u oyentes originales.

Es posible simplemente adoptar sin crítica la metodología de otro y sin preguntarnos si es realmente coherente con el material que está siendo examinado o con nuestra propia perspectiva. Si lo hacemos así, habremos asumido ciertas conclusiones desde el mismo principio. La interpretación se parece en muchas cosas a la navegación. En sus cálculos, un piloto trabaja con la información de que el barco o la nave empieza en un momento dado y continúa en una cierta dirección a una cierta velocidad durante un cierto tiempo. Incluso aunque la dirección y la velocidad del viento y la velocidad del buque o la nave se haya precisado correctamente, el curso correcto dependerá de la exactitud de la brújula (o mejor aún, del conocimiento exacto que tenga el piloto de la brújula, ya que las brújulas tienen ligeras variaciones según la dirección). Si la lectura de la

15. Hans-Georg Gadamer, *Truth and Method* (London: Sheed & Ward, 1975), pp. 270-73.

brújula está desviada sólo un grado, después de cien millas de viaje, la nave se encontrará casi a dos millas de su curso. Cuanto más grande sea el error, más se alejará del curso que se pretendía llevar. De la misma manera, un ligero error en las presuposiciones de la metodología afectará adversamente a las conclusiones. Lo que estamos tratando es de prevenir contra la aceptación ciega de un conjunto de presuposiciones; lo que los teólogos deberían hacer es examinar a fondo su metodología y determinar cuidadosamente su punto de partida.

Una vez que el teólogo ha definido cuidadosamente la metodología a utilizar, es importante hacer la mayor investigación posible del contenido doctrinal. Esto incluirá el estudio detenido de los términos que tienen relación con el tema a considerar. Una comprensión correcta de la fe, por ejemplo, dependerá del examen cuidadoso de los distintos usos de la palabra *pistis* en el Nuevo Testamento. Los estudios léxicos a menudo son el fundamento de una investigación doctrinal.

También debe examinarse cuidadosamente lo que se dice sobre el tema en las secciones didácticas de las Escrituras. Mientras que el estudio léxico nos da una perspectiva general de los bloques de significado, las porciones de las Escrituras en las que Pablo, por ejemplo, habla sobre la fe nos ofrecerán una mejor comprensión de los significados específicos del concepto. Se debería dar especial importancia a esos pasajes en los que se trata el tema de forma amplia y sistemática, y no a los que hacen referencia de manera incidental al tema.

También es necesario prestar atención a los pasajes narrativos. Aunque no sea tan fácil tratarlos como los pasajes didácticos, a menudo arrojan una luz especial sobre el tema, no para definir o explicar el concepto, sino para ilustrarlo o iluminarlo. Aquí vemos la verdad doctrinal en acción. En algunos casos, el término que se toma en consideración puede que no aparezca en pasajes relevantes. Por ejemplo en Génesis 22 se describe la prueba a Abraham; se le pidió que ofreciera a su hijo Isaac como sacrificio a Dios, un holocausto. Las palabras *fe* y *creer* no aparecen en el pasaje, sin embargo es una poderosa descripción de la dinámica de la fe, y el autor de Hebreos en el famoso capítulo sobre la fe identifica la disposición de Abraham a ofrecer a su hijo en sacrificio como un acto de fe (11:17-19).

Será importante al estudiar el material bíblico, verlo en contraste con el contexto histórico y cultural de su tiempo. Debemos evitar tratar de modernizar la Biblia. Hay que permitir que la Biblia diga primero lo que trataba de decir a los lectores y oyentes de su época, en lugar de decir lo que creemos que debería haber dicho, o lo que creemos que nos dice a nosotros. Hay un tiempo y un lugar para esto, pero no en este paso.

### *2. Unificación de materiales bíblicos*

Después debemos elaborar algunos resúmenes unificadores para el tema doctrinal que estamos investigando. En lugar de tener simplemente la teología de Pablo, Lucas o Juan sobre una doctrina particular, debemos tratar de fundir sus distintos énfasis en un todo coherente.

Esto significa que actuamos con la suposición de que hay unidad y coherencia entre los distintos libros y autores. Entonces, resaltaremos los puntos de acuerdo entre los Evangelios sinópticos e interpretaremos el resto bajo esa perspectiva. Trataremos cualquier discrepancia aparente como interpretaciones diferentes y complementarias en lugar de como contradicciones. Incluso sin grandes esfuerzos, si esperamos encontrar armonía, la encontraremos por lo general en mayor medida que si buscamos la paradoja.

Fíjese que este es el procedimiento seguido normalmente en otras áreas de investigación. Normalmente, investigando los escritos de un autor o de una escuela de pensamiento o incluso las diversas contribuciones a un tema dado, el investigador empieza intentando ver si los distintos pasajes se pueden interpretar para que presenten coherencia en lugar de diversidad o disparidad. No estamos defendiendo aquí un enfoque interpretativo forzado que busca el acuerdo a cualquier precio. Más bien estamos defendiendo que el teólogo busque los puntos de armonía en lugar de los de discordia.

Para utilizar un término y un principio de la Reforma, en la interpretación se debería buscar la *analogia fidei* o analogía de la fe. Se debe tener en cuenta toda la Biblia cuando interpretamos las Escrituras. Tenemos que acercarnos al Antiguo y al Nuevo Testamento esperando que haya unidad entre los dos. Esto simplemente es practicar la teología en el sentido "puro" de Gabler.

### 3. Análisis del significado de las enseñanzas bíblicas

Una vez que se ha sintetizado el material doctrinal en un todo coherente, es necesario preguntar: "¿Qué se quiere decir *realmente* con esto?" Tomemos como ejemplos las referencias a la iglesia como cuerpo de Cristo y la declaración de Jesús: "Os es necesario nacer de nuevo" (Jn. 3:7). Nos vienen a la mente muchos otros términos y conceptos bíblicos también. ¿Qué significan realmente? En un grupo homogéneo estos términos pueden ser señales que evoquen una reacción particular por una respuesta condicionada. Sin embargo, más allá del círculo cerrado en que la gente comparte la misma experiencia la comunicación puede resultar difícil. Y la dificultad al aclarar algo a alguien debe ser una indicación de que nosotros mismos no entendemos lo que queremos decir.

En este punto, todavía estamos tratando del significado de los conceptos bíblicos. El teólogo implacablemente sigue haciendo la pregunta: "¿Qué significa esto realmente?" Si estos conceptos bíblicos tienen que traducirse a una forma contemporánea, es esencial analizar con precisión su forma bíblica. Si no, es inevitable que exista mayor imprecisión en momentos posteriores del proceso al agravarse la ambigüedad.

### 4. Examen de los tratamientos históricos

Aunque se puede utilizar la historia en cualquiera de las etapas del proceso metodológico, este parece ser un momento particularmente adecuado. En el capítulo 1 discutimos algunos de los papeles que juega la teología histórica a la hora de hacer teología sistemática. Un papel importante es ayudarnos a aislar la esencia de la doctrina en consideración (el paso seis en nuestro proceso metodológico). Cuando menos, el examen de estas distintas interpretaciones debería ofrecer un elemento de humildad y de indecisión en el compromiso con nuestro propio punto de vista. También deberíamos ser capaces de detectar entre las muchas variantes ese elemento común que constituye la esencia de la doctrina, aunque debemos tener cuidado en no asumir que el denominador común más bajo es necesariamente la esencia.

La teología histórica puede tener una utilidad directa en la construcción de nuestra expresión de la teología. Estudiando un periodo muy similar al nuestro podemos encontrar modelos que se pueden adaptar a las formulaciones doctrinales modernas. O podemos darnos cuenta de que algunas expresiones actuales son sólo variaciones de ejemplos anteriores del mismo punto de vista básico. Podemos ver cuáles fueron las implicaciones al menos en lo que se refiere a consecuencias históricas.

### 5. Consulta de otras perspectivas culturales

Ya hemos apreciado el fenómeno de la globalización y los beneficios de consultar otras perspectivas culturales. Puede que estemos cegados por nuestra propia perspectiva cultural hasta el punto de identificarla como la esencia de la doctrina. Por ejemplo, un pastor bautista japonés le dijo a un profesor de teología bautista de los Estados Unidos: "Su punto de vista sobre el sacerdocio del creyente se basa más en la Constitución americana y en la Declaración de derechos que en el Nuevo Testamento." ¿Tenía razón? No es esa la cuestión. Quizá su punto de vista se basase más en la forma de gobierno japonés que en el Nuevo Testamento, pero lo que hay que tener en cuenta es que inconscientemente podemos leer nuestra propia experiencia en las Escrituras. La interacción con otras perspectivas culturales nos ayudará a distinguir entre la esencia de la enseñanza bíblica y una expresión cultural de ella.[16]

16. Hay varias maneras de hacer esto. Una esencial es leer teología escrita por personas de culturas diferentes. Incluso mejor es la interacción personal con tales cristianos y teólogos. Personalmente me he dado cuenta que servir en la Comisión de la doctrina bautista y la Cooperación entre iglesias de la Alianza bautista mundial durante más de veinte años y servir en congregaciones multirraciales periódicamente me ha sido de gran ayuda. La relación con cristianos de muchos otro países y culturas, aunque a veces puede resultar incómoda, es un proceso muy sensibilizador.

### 6. Identificación de la esencia de la doctrina

Necesitamos distinguir entre el contenido permanente, invariable de la doctrina y el vehículo cultural en el que se expresa. No es un asunto de "deshacerse del bagaje cultural" como dicen algunos. Se trata más bien de separar el mensaje a los corintios como cristianos que vivían en Corinto en el siglo primero, del mensaje que se les dio como cristianos. Este último sería la verdad perdurable de las enseñanzas de Pablo, que con una forma de expresión adecuada se puede aplicar a todos los cristianos de todos los tiempos y lugares, en contraste con lo que era pertinente en aquella situación en concreto. Esta es la teología "pura" de Gabler.

En la Biblia, las verdades permanentes a menudo se expresan en forma de una aplicación particular a una situación específica. Un ejemplo de esto es el tema de los sacrificios. En el Antiguo Testamento, se consideraban los sacrificios como medios de expiación. Tendremos que preguntarnos si el sistema de los sacrificios (holocausto: corderos, palomas, etc.) es esencia de doctrina o si simplemente es una expresión, en un momento dado, de la verdad perdurable de que debe haber un sacrificio vicario por los pecados de la humanidad. Esta separación de la verdad permanente de su forma temporal es de tal importancia que dedicaremos todo un capítulo (capítulo 5) a ello.

### 7. Iluminación de fuentes extrabíblicas

Aunque la Biblia es la principal fuente de la teología sistemática, no es la única. Aunque el uso de otras fuentes debe limitarse muy cuidadosamente, es una parte significativa del proceso. Algunos cristianos, dándose cuenta de lo lejos que ha llegado la teología natural en la construcción de una teología bastante apartada de la Biblia, han reaccionado hasta el punto de ignorar la revelación general. Pero si Dios se ha revelado a sí mismo con dos revelaciones complementarias y armónicas, al menos en teoría se debería aprender algo estudiando la creación de Dios. La revelación general tendrá valor si arroja luz sobre la revelación especial o completa ciertos puntos de los que esta última no habla.

Por ejemplo, si Dios ha creado seres humanos a su propia imagen, como enseña la Biblia, ¿en qué consiste esta imagen de Dios? La Biblia nos cuenta poco, pero sí parece dejar claro que la imagen de Dios es lo que distingue a los humanos del resto de las criaturas. Como la Biblia y las ciencias del comportamiento se cruzan en este punto de interés y preocupación común, las ciencias del comportamiento pueden ayudar a identificar lo que tiene de especial el ser humano, dándonos por lo menos una visión parcial de la imagen de Dios. Los datos de estas ciencias del comportamiento tienen que ser estudiados y evaluados críticamente, por supuesto, para asegurarse de que sus presuposiciones están en armonía con las de nuestra investigación bíblica. Si las presuposiciones están en armonía, las ciencias del comportamiento pueden ser consideradas como otro método de llegar a la verdad de lo que Dios ha hecho.

También serán útiles otras áreas de investigación. Si la creación de Dios implica al resto del universo, tanto al vivo como al inerte, entonces las ciencias naturales nos ayudarán a entender lo que él ha hecho. La salvación (en particular aspectos como la conversión, la regeneración y la santificación) forman parte del carácter psicológico humano. Por lo tanto la psicología, y en particular la psicología de la religión, debería ayudar a iluminar la obra divina. Si, tal y como creemos, Dios ha estado obrando a lo largo de la historia, entonces el estudio de la historia debería incrementar nuestra comprensión del desarrollo específico de su providencia.

Deberíamos señalar que históricamente las disciplinas no bíblicas han contribuido a nuestro conocimiento teológico: a veces a pesar de la renuencia de los exégetas y teólogos. No fueron principalmente las consideraciones exegéticas las que movieron a los teólogos a observar que, de los posibles significados de la palabra hebrea יוֹם *(yom)*, "un periodo de tiempo" podría, en el caso de la interpretación de la creación, ser preferible al más literal y común "día de veinticuatro horas."

Sin embargo, tenemos que tener cuidado en nuestra correlación de la teología con otras disciplinas. Aunque la revelación especial (preservada para nosotros en la Biblia) y la revelación general están en armonía, la armonía es evidente sólo si ambas se entienden completamente y se interpretan correctamente. En la práctica, nunca hemos tenido una comprensión completa de estas dos fuentes de la verdad de Dios, así que puede haber una fricción entre ambas.

### *8. Expresión contemporánea de la doctrina*

Una vez que hemos determinado la esencia de la doctrina, la tarea siguiente es darle una expresión contemporánea para revestir la verdad inalterable de una forma adecuada. Esto se puede hacer de distintas maneras, una es encontrar la forma actual de las cuestiones para las cuales la doctrina ofrece respuestas. Este método es parecido al de la correlación de Paul Tillich.

Tillich caracterizó su teología como apologética o teología de respuestas.[17] Él veía al teólogo como alguien que se mueve entre dos polos. Uno de los polos es la autoridad teológica, la fuente de la cual se extrae la teología. En nuestro caso la Biblia. Este polo es necesario para asegurarnos de que la teología tiene autoridad. El otro polo es lo que Tillich llama la situación. Con esto él no quiere referirse a las situaciones específicas de los individuos o a un momento histórico concreto. Más bien se refiere al arte, la música, la política de una cultura, en resumen, toda la expresión del pensamiento, el carácter o la perspectiva de una

17. Paul Tillich, *Systematic Theology* (Chicago: University of Chicago Press, 1951), vol. 1, pp. 1-8.

sociedad. Analizando esta situación, queda claro cuáles son las cuestiones que la cultura está planteando ya sea de forma implícita o explícita. Este tipo de análisis, a juicio de Tillich, es en gran medida el papel de la filosofía.

En esta forma dialogada (pregunta y respuesta) de hacer teología, el polo normativo proporciona el contenido a la teología. Pero la forma de expresión estará determinada por la correlación entre las respuestas dadas en la Biblia y las preguntas que se plantean en la cultura. Por lo tanto, el mensaje no se proclama sin tener en cuenta la situación del que escucha. Ni se proclama a la manera de un ideólogo que corre por la calle gritando: "¡Tengo una respuesta! ¡ Tengo una respuesta! ¿Quién tiene la pregunta?" Más bien un análisis de la situación, esto es, de las preguntas que se plantean, dará un molde general, una orientación, al mensaje.

Es necesario enfatizar de nuevo que las preguntas influyen sólo en la forma de la respuesta, no en el contenido. Un problema que se dio con el modernismo en los Estados Unidos a principios del siglo XX fue que éste estaba demasiado preocupado por la situación inmediata y no podía adaptarse cuando la situación cambió. El problema subyacente era que el modernismo tendía a condicionar no sólo su forma sino también su contenido según la situación a la que se enfrentaba. Por lo tanto, no sólo exponía de nuevo sus respuestas; las reestructuraba. No ofrecía una respuesta permanente en una forma nueva; daba una respuesta nueva, una respuesta diferente.

El análisis de una cultura se debe hacer de forma cuidadosa y amplia. Un tratamiento superficial a menudo resulta demasiado engañoso, ya que la situación aparente puede en realidad ocultar las preguntas que realmente se están planteando. Se pueden señalar dos ejemplos, procedentes de personas con perspectivas muy diferentes. Por una parte, Francis Schaeffer en su análisis de la cultura occidental de mediados del siglo XX, ha observado que aparentemente parece haber un rechazo de la racionalidad y por el contrario un fuerte énfasis en lo irracional, la voluntad. La concepción popular parece ser que el significado no se descubre, sino que se crea por propia voluntad. Este énfasis se dio especialmente en el existencialismo. Pero en la actualidad, dice Schaeffer, la sociedad pide una interpretación racional de la realidad porque tiene una profunda necesidad de ella.[18] Por otra parte, Langdon Gilkey ha señalado que en la superficie el secularismo moderno parece presentar una filosofía en la que el ser humano controla todas las cosas, y ha perdido todo sentido de misterio o de necesidad de ayuda externa. En realidad, argumenta Gilkey, en las experiencias de las personas seculares modernas hay "dimensiones de trascendencia" a las cuales puede dirigirse el mensaje cristiano.[19]

18. Francis Schaeffer, *The God Who is There* (Downers Grove, Ill.: InterVarsity 1968), pp. 87-115.

19. Langdon Gilkey, *Naming the Whirlwind: The Renewal of God-Language* (Indianapolis: Bobbs-Merrill, 1969), pp. 247-413.

Otra manera de expresar la tesis de esta sección es decir que deberíamos intentar encontrar un modelo que hiciera inteligible la doctrina en un contexto contemporáneo. Un modelo es una analogía o imagen utilizada para representar y clarificar la verdad que se está examinando o transmitiendo. La búsqueda de modelos contemporáneos constituirá una parte importante del trabajo de la teología sistemática (a diferencia de la teología bíblica que se limita a los modelos bíblicos). Aquí estamos hablando más de modelos sintéticos que de modelos analíticos. Estos últimos son herramientas para la comprensión, los anteriores son herramientas de expresión. El modelo sintético debería ser libremente intercambiable por otros modelos más adecuados o útiles.

Lo que pretendemos no es hacer que el mensaje sea aceptable para todos, especialmente para los que tienen sus raíces en las suposiciones seculares del momento. Hay un elemento en el mensaje de Jesucristo que siempre será lo que Pablo llamó un "tropezadero" o una ofensa (1 Co. 1:23). El evangelio, por ejemplo, requiere renunciar a la autonomía a la que solemos aferrarnos tenazmente, no importa en la época que vivamos. El objetivo no es hacer aceptable el mensaje, sino asegurarnos en lo posible de que el mensaje por lo menos se entienda.

Al querer buscar una forma de expresar el mensaje de forma actual surgen varios temas que sería provechoso estudiar. Aunque nuestro tiempo parece caracterizarse cada vez más por la despersonalización y la indiferencia, hay indicadores de que existe una auténtica necesidad de una dimensión personal en la vida, con la que la doctrina de Dios que conoce y se preocupa por todos puede conectar con éxito. Y aunque ha habido un tipo de confianza en que la tecnología moderna puede resolver los problemas del mundo, cada vez hay más señales de que se toma conciencia de que los problemas son más grandes y aterradores de lo que se creía y de que la raza humana es el mayor problema para sí misma. Ante este telón de fondo el poder y la providencia de Dios tienen una nueva pertinencia. Además, darle un matiz diferente a nuestra teología puede que nos permita hacer que el mundo se enfrente a cuestiones que no quiere preguntar, pero que tiene que preguntar.

Hoy está de moda hablar de "contextualizar" el mensaje.[20] Como el mensaje original se expresó de forma contextualizada, primero hay que "descontextualizarlo" (hay que encontrar la esencia de la doctrina). Sin embargo, después debe volver a contextualizarse en tres dimensiones. La primera se puede denominar "longitud", que implica la transición del siglo I (o antes) al siglo XX. Ya hemos hecho mención a esto.

La segunda dimensión es lo que podríamos llamar "anchura". En un periodo de tiempo hay muchas culturas diferentes. Ha sido común observar las diferencias

20. E. Ross-Hinsler "Mission and Context: The Current Debate About Contextualization," *Evangelical Missions Quarterly* 14 (1978): 23-29.

entre oriente y occidente y comprobar que el cristianismo, aunque preservando su esencia, toma diferentes formas de expresión en distinto lugares. Algunas instituciones han ignorado esto, y el resultado ha sido una ridícula exportación de costumbres occidentales; por ejemplo, en oriente a veces se construyeron pequeñas capillas blancas terminadas en aguja para el culto cristiano. Así como la arquitectura de la iglesia podría adoptar la forma indígena de una parte del mundo, también pueden hacerlo las doctrinas. Cada vez nos damos más cuenta de que las diferencias culturales más significativas pueden estar entre el norte y el sur y no entre oriente y occidente. A medida que el tercer mundo se hace particularmente prominente esto puede ser especialmente importante en el cristianismo porque su rápido crecimiento en lugares como África o Latinoamérica hace que se incline hacia ellos la balanza que estaba en los centros tradicionales que eran Norteamérica y Europa. Las misiones y especialmente los estudios transculturales son profundamente conscientes de esta dimensión del proceso de contextualización.[21]

También está la dimensión de la "altura". La teología debe trabajarse en diferentes niveles de abstracción, complejidad y sofisticación. Podemos pensar en esto como una escalera con peldaños de arriba a abajo. En lo alto están las superestrellas de la teología. Son los pensadores destacados que hacen avances profundos e innovadores en teología. Aquí estarían los Agustinos, los Calvinos, los Schleirmachers y los Barths. En algunos casos, no resuelven todos los detalles del sistema teológico que establecen, pero inician el proceso. Sus escritos son lectura obligatoria para el gran número de teólogos profesionales que están un nivel por debajo de ellos. En el siguiente peldaño están los estudiantes de las escuelas de teología y las personas que se encargan de algún ministerio. Aunque estudian teología con aptitud, esto sólo es una parte de su compromiso. En consecuencia su comprensión de la teología es menos profunda y penetrante que los que se dedican a estudiarla a tiempo completo.

En los peldaños más bajos de la escalera están las personas normales: los que nunca han estudiado teología de manera formal. Aquí nos podemos encontrar con varios niveles de alfabetismo teológico. Varios factores determinan en qué parte de la escalera se encuentran esas personas: la cantidad de estudios bíblicos que posean (como los realizados en la iglesia o en la escuela dominical), edad

21. Por ejemplo, los misioneros modernos tienen en consideración la cultura cuando deciden en cuál de los muchos motivos complementarios de la doctrina cristiana de la expiación hacer hincapié. En una cultura africana, donde el pecado se ve como algo opresivo, la oscuridad esclavizante, sería bueno poner el énfasis en el poder de Dios para superar el mal (es lo que Gustaf Aulén llama la "visión clásica" de la expiación) como punto de partida que lleve a los demás motivos de la doctrina. Ejemplos de maneras en que los cristianos han intentado utilizar los conceptos culturales para expresar la cristología en los contextos africanos se examinarán en el capítulo 34. Ver Henry Johannes Mugabe, "Christology in an African Context,Ì *Review and Expositor* 88, n. 4 (Otoño 1991): 343-55. Crucial para esta tarea es determinar cuál de estos temas culturales se puede emplear sin distorsionar el mensaje cristiano.

o madurez, los años de estudios formales. La verdadera contextualización del mensaje significa ser capaz de expresarlo a todos estos niveles. A la mayoría de las personas que están en el ministerio se les pedirá que interpreten el mensaje a un nivel un peldaño por debajo del suyo; también deberían tratar de estudiar algo de teología al menos un peldaño por encima del suyo para continuar intelectualmente vivos y seguir creciendo.

Es particularmente importante tener en cuenta la naturaleza práctica de los temas con los que la gente no especializada tiene que relacionar su teología y lo mismo les pasa a los teólogos cuando no están actuando netamente como teólogos. Kosuke Koyama nos ha recordado que en su país, Tailandia, la gente está preocupada principalmente por los temas cotidianos como la comida y el búfalo de agua.[22] Sin embargo, no sólo son los tailandeses los que tienen como principal preocupación temas de este tipo. El teólogo necesitará buscar la manera de relacionar la doctrina con estas preocupaciones.

### *9. Desarrollo de un motivo interpretativo central*

Todos los teólogos deben decidir sobre un tema en particular que, para ellos, sea el más significativo y útil para enfocar la teología como un todo. Encontraremos considerables diferencias entre los pensadores más eminentes en su manera de plantear el enfoque teológico. Por ejemplo, muchos piensan que la teología de Lutero se centra en la salvación por la gracia a través de la fe. Calvino parece hacer de la soberanía de Dios la base de su teología. Barth pone el énfasis en la Palabra de Dios, con lo que se refiere a la palabra viva, Jesucristo; por eso muchos han caracterizado su teología como Cristonomismo. Paul Tillich se centró más en el fundamento de la existencia. Nels Ferré y la escuela de Lunden y pensadores suecos como Anders Nygren y Gustaf Aulén hicieron del amor de Dios el punto central. Oscar Cullmann puso el énfasis en el "ya, pero no todavía."

Todos los teólogos necesitan formular un motivo central. Esto dará unidad al sistema y de esa manera poder para comunicarlo. En un curso sobre cómo hablar en público se dijo una vez que así como una cesta tenía un asa para poder transportarla, el discurso debería tener una proposición central o una tesis por la cual se pudiese captar y entender el todo. Esta metáfora también se puede aplicar a la teología. También está el hecho de que un motivo central en la teología de alguien dará un énfasis básico o una dirección a su ministerio.

Uno podría pensar en el motivo central como una perspectiva desde la cual se miran los datos teológicos. La perspectiva no afecta a los datos en sí, pero proporciona un ángulo o una óptica a la manera en que se ven. Así como estar en una zona elevada a veces nos permite percibir mejor un paisaje, un motivo integrador útil nos hará comprender mejor los datos teológicos.

22. Kosuke Koyama, *Waterbuffalo Theology* (Maryknoll, N.Y.: Orbis, 1974), pp. vii-ix.

Se podría argumentar que cualquier teología que sea coherente tiene un motivo integrador. También se podría argumentar que a veces hay más de un motivo y estos podrían tener una naturaleza un tanto contradictoria. Lo que se pide aquí es una selección y un uso consciente y competente de un motivo integrador.

Se debe tener cuidado con hacer que esto no se convierta en un obstáculo en lugar de en un factor útil. Nuestro motivo central nunca debe determinar nuestra interpretación de los pasajes donde no es relevante. Esto sería un caso de eiségesis en lugar de exégesis. Incluso si tomamos ese "ya, pero no todavía" como clave para entender la doctrina cristiana, no deberíamos esperar que todos los pasajes de las Escrituras se tengan que entender de forma escatológica, y encontrar escatología "hasta debajo de las piedras" en el Nuevo Testamento. No obstante, el abuso potencial del motivo central de interpretación no debería impedirnos utilizarlo de forma legítima.

El motivo integrador puede que deba ser ajustado como parte de la contextualización de la teología de alguien. Puede ser que en un tiempo diferente o en una situación geográfica o cultural distinta nuestra teología se tenga que organizar sobre un fulcro un tanto diferente. Esto sucede cuando un elemento importante en el medio en el que estamos pide una orientación diferente. Por ejemplo, se debe estructurar la expresión de forma diferente en un ambiente antinomianista que en un ambiente legalista.

Basando nuestro motivo central en la variedad más amplia posible de materiales bíblicos en lugar de en pasajes selectos, podemos asegurarnos de que el motivo no distorsionará nuestra teología. El resultado será un motivo más amplio y general, pero nos aseguraremos de que es verdaderamente completo.[23] Otra pauta importante es mantener el motivo constantemente sujeto a revisión. Esto no quiere decir que uno debería cambiar de motivo con frecuencia, sino que hay que expandirlo, acortarlo, refinarlo o incluso reemplazarlo si es necesario, para que se acomode al conjunto de datos que está intentando abarcar. Lo que nosotros defendemos es un motivo integrador "suave", que quede implícito en la teología, en lugar de un motivo integrador "fuerte," que se relacione siempre de forma explícita con cada uno de los temas. Este último conduce a una mayor distorsión del material que el anterior.

El motivo central en torno al cual se desarrolla la teología de esta obra es la *magnificencia de Dios*. Con esto queremos decir la grandeza de Dios, su poder, conocimiento y otros "atributos naturales" tradicionales así como la excelencia

23. Un motivo integrador debería ser lo suficientemente amplio como para tomar en cuenta la doctrina de la creación, algo que motivos que se centran en la redención no pueden hacer. La identificación de Lewis y Demarest de "los propósitos eternos de Dios revelados en las *promesas* de hacer cosas buenas por su *pueblo redimido*" es un ejemplo evangélico reciente. Gordon R. Lewis y Bruce A. Demarest, *Integrative Theology* (Grand Rapids: Zondervan, 1987), vol. 1, p. 26.

y el esplendor de su naturaleza moral. La teología como la vida tienen que estar centradas en la grandeza del Dios vivo y no en la criatura humana. Porque Dios es el Alfa y el Omega, el principio y el fin, es apropiado que nuestra teología se construya teniendo como referencia principal su grandeza y bondad. Una visión fresca de la magnificencia del Señor de todo es la fuente de vitalidad que debería dominar la vida cristiana. (Magnificencia aquí debe entenderse como algo que abarca lo que tradicionalmente se ha asociado a la expresión "la gloria de Dios," pero sin las connotaciones egocéntricas que algunas veces lleva esa expresión.)[24]

### *10. Estratificación de los temas*

El paso final en el método teológico es clasificar los temas según su orden de importancia relativa. Esto es como decir que tenemos que esquematizar nuestra teología asignando números romanos a los temas principales, una letra mayúscula a los subtemas, un número arábigo a los temas que dependen de los subtemas, etc. Necesitamos saber cuáles son los temas principales. Y tenemos que saber cuáles podemos tratar como subtemas, esto es, temas que, aunque importantes, no son tan cruciales ni indispensables como las divisiones principales. Por ejemplo la escatología es un área importante de investigación doctrinal. Dentro de esta área la segunda venida es una creencia importante. Bastante menos crucial (y enseñada con bastante menos claridad en las Escrituras) es el tema de si la iglesia será arrebatada del mundo antes o después de la gran tribulación. Clasificar estos temas según su importancia debería ayudarnos a emplear menos cantidad de tiempo y energía en temas que tienen una importancia secundaria (o terciaria).

Una vez hecho esto, tendremos que hacer una evaluación incluso de los temas que están en el mismo nivel. Aunque tienen un estatus semejante, algunos son más básicos que otros. Por ejemplo, la doctrina de las Escrituras afecta a todas las demás doctrinas, ya que éstas se derivan de las Escrituras. Es más, la doctrina de Dios merece especial atención porque tiende a formar el marco dentro del cual se desarrollan todas las demás doctrinas. Una modificación aquí marcaría una diferencia bastante considerable en la formulación de las otras doctrinas.

Finalmente, tenemos que señalar que en un momento particular una doctrina puede necesitar más atención que otra. Por lo tanto, aunque no queremos afirmar que una doctrina es superior a otra en un sentido absoluto, podemos concluir que en un momento dado una de ellas puede tener mayor importancia para toda la empresa teológica e incluso eclesiástica, y por lo tanto merece mayor atención.

24. Stanley J. Grenz (*Revisioning Evangelical Theology: A Fresh Agenda for the 21st Century* [Downers Grove, Ill.: InterVarsity, 1993], p. 138, n. 4) piensa incorrectamente que nuestro motivo integrador es la doctrina de las Escrituras.

## Grados de autoridad de las afirmaciones teológicas

Nuestra teología constará de distintos tipos de afirmaciones teológicas que se pueden clasificar en base a su derivación. Es importante atribuir a cada tipo de afirmación un grado apropiado de autoridad.

1. A las afirmaciones directas de las Escrituras se les debe conceder el mayor peso. En la medida que representan correctamente lo que enseña la Biblia, tienen el estatus de palabra directa de Dios. Por supuesto, hay que estar muy seguro de que se está trabajando con lo que realmente están enseñando las Escrituras, y no con una interpretación impuesta.
2. A las implicaciones directas de las Escrituras también se les debe de dar una gran prioridad. Sin embargo, se tienen que considerar como un poco menos autoritativas que las afirmaciones directas, porque la introducción de un paso adicional (la inferencia lógica) lleva consigo la posibilidad del error interpretativo.
3. Las implicaciones probables de las Escrituras, esto es, las inferencias que se extraen en los casos en los que una de las presuposiciones o premisas es sólo probable, tienen menos autoridad que las implicaciones directas. Aunque merecen respeto, estas afirmaciones deberían ser tomadas con cierta provisionalidad.
4. Las conclusiones inductivas de las Escrituras varían en su grado de autoridad. La investigación inductiva, por supuesto, solo ofrece probabilidades. La certeza de sus conclusiones aumenta en proporción a lo que aumenta el número de referencias realmente consideradas y el número total de referencias pertinentes que podrían considerarse.
5. Las conclusiones que se infieren de la revelación general, que es menos particular y menos implícita que la revelación especial, deben estar siempre sujetas a las afirmaciones más claras y explícitas de la Biblia.
6. Las especulaciones rotundas, que con frecuencia incluyen hipótesis basadas en una sola afirmación o insinuación de las Escrituras, o que se derivan de alguna parte oscura o poco clara de la Biblia, también pueden ser expuestas y utilizadas por los teólogos. No existe ningún peligro siempre que el teólogo sea consciente y advierta al lector o al oyente de lo que está haciendo. Surge un serio problema si estas especulaciones se presentan con el mismo grado de autoridad que se atribuyen a las afirmaciones de la primera categoría.

El teólogo querrá emplear todos estos materiales legítimos que están a su disposición, dando en cada caso ni mayor ni menor crédito del conveniente según la naturaleza de las fuentes.

# 4. Teología y estudio crítico de la Biblia

## Objetivos del capítulo

Al finalizar este capítulo, debería ser capaz de:

- Identificar y describir varias formas de crítica de los documentos bíblicos que han aparecido desde el Renacimiento.
- Examinar y criticar la metodología de las distintas formas de crítica.
- Comparar las consideraciones conservadoras modernas en relación con la variedad de formas de crítica de los textos y manuscritos bíblicos.
- Demostrar cómo las distintas formas de crítica afectan a nuestro estudio de las Escrituras hoy.
- Evaluar con eficacia las metodologías de la crítica.

## Resumen del capítulo

Después de la Edad Media, la humanidad empezó a cuestionar las doctrinas e instituciones mediante el estudio crítico, incluida la Biblia. Este proceso de cuestionamiento empezó con la crítica histórica y textual de la autoría de los libros de la Biblia. En los siglos XIX y XX, se desarrolló lo que se llegó a categorizar como la alta crítica. Los tres tipos más influyentes fueron la crítica de las formas, la crítica de la redacción y, más recientemente, la crítica de la respuesta del lector. La crítica de las formas y la de la redacción se centraron principalmente en el origen de las Escrituras y en las tradiciones orales y cómo éstas llegaron a pasar a la forma escrita. La crítica de la respuesta del lector se centró en el lector y en su respuesta al texto más que en el significado del texto. A pesar de lo influyentes que son estas críticas, a menudo se basan en presuposiciones naturales y no en sobrenaturales. Esto puede hacer que no se entienda bien el mensaje bíblico.

## Cuestiones de estudio

1. ¿En qué parte de la Biblia se utilizó el primer tipo de crítica?
2. Nombre y explique brevemente las diferentes formas de crítica.
3. ¿Cuál fue probablemente el primer uso conocido de la crítica histórica?
4. ¿Cuál es la forma más reciente de crítica bíblica y cómo ha afectado al estudio bíblico de hoy en día?
5. ¿Cuál es la frase alemana para describir la situación vital del escritor y cuál es su importancia en el estudio de los escritores bíblicos?
6. ¿Qué valores produce el uso de la crítica de la redacción? ¿Hay aspectos negativos en la crítica de la redacción?


Crítica de las formas
- Trasfondo
- Axiomas
- Beneficios de la crítica de las formas
- Crítica de la crítica de las formas

Crítica de la redacción
- Desarrollo y naturaleza de la disciplina
- Crítica de la crítica de la redacción
- Beneficios de la crítica de la redacción

Crítica estructural

Crítica de la respuesta del lector

Pautas para evaluar los métodos críticos


De los muchos factores que se dieron en la transición entre el periodo premoderno y moderno de la teología, quizá el más significativo fue la adopción de la metodología crítica en el estudio de la Biblia. Durante largos periodos de tiempo, se creía que la tarea del exégeta era únicamente explicar el sentido directo de la Biblia. Se asumía que los distintos libros de la Biblia habían sido escritos por las personas a las que se les atribuían tradicionalmente y en las fechas que normalmente se les adscribían. La mayoría de los cristianos creían que la Biblia describía los sucesos tal y como habían sucedido. Se creía que se podía elaborar una cronología bíblica, y de hecho esto lo hizo el arzobispo James Ussher, que ponía como fecha de la creación el 4004 a.C. Se realizaron armonías de los evangelios que afirmaban dar una especie de biografía de Jesús.

Sin embargo, gradualmente, el enfoque al estudio de la Biblia fue cambiando.[1]

1. Para una introducción general a los distintos tipos de crítica, el lector se puede dirigir a la serie Guides to Biblical Scholarship publicadas por Fortress Press (Philadelphia): Norman C. Habel, *Literary Criticism of the Old Testament* (1971); Gene M. Tucker, *Form Criticism of the Old Testament* (1971); Walter E. Rast, *Tradition History and the Old Testament* (1972); Ralph W. Klein, *Textual Criticism of the Old Testament* (1974); Edgar Krentz, *The Historical-Critical Method* (1975); J. Maxwell Miller, *The Old Testament and the Historian* (1976); William A. Beardslee, *Literary Criticism of the New Testament* (1970); Edgar V. McKnight, *What Is Form*

La disciplina de la historiografía estaba desarrollando nuevas metodologías. Una de estas era la crítica histórica, que, junto con otras cosas, intenta averiguar lo genuino y lo falso de ciertos documentos. Este método se utilizó a principios de 1440, cuando Laurentius Valla demostró que la "Donación de Constantino," utilizada por la Iglesia Católica Romana para apoyar su reclamo del señorío temporal sobre la Italia central, no era auténtica.

A algunos eruditos bíblicos les parecía razonable pensar que este método también se podría aplicar a los libros de la Biblia. ¿Escribió de verdad Moisés los cinco libros que tradicionalmente se le adjudican? ¿Las cosas sucedieron tal y como se describen allí? Se aplicó la crítica histórica al Pentateuco y hacia mediados del siglo XIX se había desarrollado casi completamente la "hipótesis documental." Incluía los siguientes principios:

1. El Pentateuco es una recopilación de varios documentos diferentes, a los que se llama J, E, D y P. Pruebas de que existen múltiples fuentes son el uso de distintos nombres divinos, la presencia de dobletes (acontecimientos repetidos o superpuestos) y variaciones secundarias en el vocabulario y el estilo.
2. El Pentateuco se compuso mucho después de los tiempos de Moisés.
3. Los acontecimientos históricos en muchos casos no son exactos. De hecho, algunas porciones son claramente ficticias y legendarias.
4. Según ciertas versiones de la teoría, se pueden distinguir entre los

---

*Criticism?* (1969); Norman Perrin, *What Is Redaction Criticism?* (1969); William G. Doty, *Letters in Primitive Christianity* (1973); Daniel Patte, *What Is Structural Exegesis?* (1976).

Algunas introducciones generales al Antiguo Testamento desde una perspectiva conservadora son Gleason L. Archer Jr., *A Survey of Old Testament Introduction* (Chicago: Moody, 1964) y Roland K. Harrison, *Introduction to the Old Testament* (Grand Rapids: Eerdmans, 1969). Encontramos una reacción conservadora al análisis documental del Pentateuco en Oswald T. Allis, *The Five Books of Moses* (Philadelphia: Presbyterian & Reformed, 1949). Los puntos débiles de la crítica al Pentateuco se discuten desde un punto de vista secular en Walter Kaufmann, *Critique of Religion and Philosophy* (Garden City, N.Y.: Doubleday, 1961) pp. 377-96. Una visión general de la historicidad del Antiguo Testamento y el uso de métodos críticos lo proporciona Gordon Wenham, "History and the Old Testament" en *History, Criticism and Faith,* ed. Colin Brown (Downers Grove, Ill.: InterVarsity, 1976), pp. 13-75. Para una discusión de las fuentes subyacentes de los libros del Antiguo Testamento, ver Cyrus Gordon, "Higher Critics and Forbidden Fruit," *Christianity Today*, 23 de noviembre de 1959, pp 3-6.

Para tratamientos conservadores de la crítica al Nuevo Testamento, ver George E. Ladd, *The New Testament and Criticism* (Grand Rapids: Eerdmans, 1967), y Everett Harrison, *Introduction to the New Testament* (Grand Rapids: Eerdmans, 1964). Discusiones sobre la historicidad del Nuevo Testamento se pueden encontrar en dos capítulos de *History, Criticism and Faith*, ed. Colin Brown: F. F. Bruce, "Myth and History" pp. 79-100, y R. T. France, "The Authenticity of the Sayings of Jesus," pp. 101-43.

pasajes tardíos del Pentateuco y los primitivos en base a un supuesto desarrollo evolutivo de la religión.

Si esta hipótesis fuera cierta en algún sentido, la Biblia no podría tomarse por su valor nominal y citarse indiscriminadamente de forma fiable. Sería necesario comprobar en la Biblia lo que es genuino y lo que no. Desde estos primeros inicios, el estudio crítico de la Biblia se ha convertido en un proceso muy desarrollado, incluso con el uso de los ordenadores. Hoy es posible distinguir varios tipos de crítica:

1. La crítica textual (a la que en el pasado a veces se denominaba la baja crítica) es el intento de determinar el texto original de los libros bíblicos. Esto se hace comparando los distintos manuscritos existentes. Los conservadores a menudo han tenido el liderazgo en este ámbito.
2. La crítica de las fuentes literarias es el esfuerzo por determinar las diferentes fuentes literarias en las que se basan los distintos libros de la Biblia o de los que se derivan.
3. La crítica de las formas es el empeño de ir detrás de los documentos escritos de la Biblia al periodo de la tradición oral y aislar las formas orales que entran dentro de las fuentes escritas. En la medida que esto procure trazar la historia de la tradición, se le conoce como crítica de la tradición.
4. La crítica de la redacción es un estudio de la actividad de los autores bíblicos al dar forma, modificar o incluso crear material hasta llegar al producto final que escribieron.
5. La crítica histórica en cierto sentido emplea todas las anteriores y además busca también en las fuentes de la arqueología y la historia secular. Su objetivo es determinar la autoría y las fechas de los libros bíblicos, y establecer e interpretar lo que realmente ocurrió históricamente.
6. La crítica de las religiones comparadas asume que todas las religiones siguen ciertos patrones de desarrollo comunes. Explica la historia de la fe judeo-cristiana según estos patrones. En este ámbito, una suposición común es que las religiones pasaron del politeísmo al monoteísmo.
7. La crítica estructural intenta investigar la relación entre la estructura superficial de los escritos y las estructuras profundas que están implícitas que pertenecen a la literatura como tal. Estas estructuras implícitas son las posibilidades literarias formales con las que debe trabajar el autor.
8. La crítica de la respuesta del lector considera que el significado no está en el texto, sino en el lector. El lector crea el significado, en lugar de encontrarlo allí. En consecuencia, la atención se concentra en el lector y no en el texto.

La visión de la fe y la razón expuestas en este texto no permitirá que la cuestión de la relación entre los contenidos de la Biblia y la realidad histórica sea ignorada o presupuesta. Debemos, pues, examinar estos métodos críticos cuidadosamente. Sin embargo, ha habido desacuerdos bastante violentos en el uso de estos métodos. Los que los aceptan y utilizan incondicionalmente pueden considerar ingenuos a los que no lo hacen. Los últimos, sin embargo, a menudo consideran que los críticos son destructivos y, en algunos casos, que no creen en la Biblia. La postura adoptada en esta materia, y las presuposiciones que introduzcamos en nuestra metodología tendrán efectos importantes en las conclusiones teológicas.

El gran número y complejidad de las metodologías críticas nos obliga a limitarnos a un examen selectivo de algunos de los temas. Hemos escogido limitarnos al Nuevo Testamento y especialmente a los evangelios y concentrarnos en algunos tipos de crítica recientes, ya que un examen adecuado de todos los tipos de crítica para los dos Testamentos requeriría varios volúmenes. Esperamos que este capítulo por lo menos ilustre la postura de algunos estudiosos bíblicos y teólogos conservadores en relación con la metodología crítica moderna. Y aunque no es posible en las páginas de un tratado de esta extensión compartir el proceso de exégesis de cada uno de los textos citados, este breve capítulo puede servir para ilustrar el tipo de estudio bíblico que hay tras nuestra cita de estos textos.

## Crítica de las formas

La crítica de las formas fue en muchos aspectos una derivación lógica de la crítica de las fuentes, ya que los eruditos bíblicos buscaban ir más allá de las fuentes escritas para determinar el desarrollo de la tradición en el periodo preliterario u oral. Aunque al principio se concentraba en los Evangelios sinópticos, se fue extendiendo a otras porciones del Nuevo Testamento y también al Antiguo Testamento.

### *Trasfondo*

Hacia 1900, los críticos de las fuentes habían llegado a cierto consenso en lo que se refiere a los Evangelios. Se creía que el primero que se había escrito era Marcos y que Mateo y Lucas se habían escrito basándose en Marcos y en otra fuente a la que llamaban "Q" (de la palabra alemana *Quelle*, que significa fuente), y que se creía que estaba compuesto principalmente por los dichos de Jesús. Además se pensaba que tanto Mateo como Lucas tenían otras fuentes particulares a las que inicialmente se denominaron "especial Mateo" y "especial Lucas." Estas fuentes independientes supuestamente contenían el material especial que tienen cada uno de estos evangelios. Especial Lucas, por ejemplo, se consideraba la fuente de la que surgieron las parábolas del buen samaritano y del hijo pródigo.

Sin embargo, había una convicción cada vez mayor de que tras estos documentos escritos estaban las tradiciones orales. La crítica de las formas representó un intento por llegar a esas formas orales e intentar trazar el curso histórico de su desarrollo. Por lo tanto, esta metodología se ha denominado *Formgeschichte* o "historia de las formas."[2] La presuposición subyacente era que el conocimiento obtenido estudiando los patrones de formas diferentes en otras literaturas se podía aplicar a los Evangelios. La observación de las leyes del desarrollo de las formas orales en otras culturas podría llevarnos a entender el desarrollo de las formas que hay tras la Biblia.

### Axiomas

1. Los dichos y las historias de Jesús primero circularon en pequeñas unidades independientes.[3] Cuando se observa cuidadosamente, las transiciones cronológicas y geográficas entre muchas de las historias de los Evangelios parecen muy vagas. Estas transiciones se cree que son obra de un editor que trata de ajustar las historias entre sí para que tengan cierta coherencia. Son particularmente notables y abruptas en Marcos, especialmente en su fuerte uso de la palabra εὐθέως (*eutheōs*—"inmediatamente"). Mateo y Lucas hicieron una edición algo más habilidosa, ocultando de esa manera esas transiciones tan bruscas que son tan evidentes en Marcos. Los Evangelios también presentan algunos de los mismos incidentes en distintos contextos. Esto refuerza la teoría de que los evangelistas tenían ante ellos historias "como montones de perlas sin ensartar." Marcos cogió este montón de perlas y las ensartó de una manera que a él le parecía que tenían sentido.

2. Estas unidades de contenido individual o elementos de material encontradas en los Evangelios se pueden clasificar según sus formas literarias.[4] Este principio se basa en la observación de que la tradición oral y las obras literarias de las culturas primitivas siguen comparativamente patrones fijos y tienen unos pocos estilos definidos. Primero están los dichos, que incluyen varios subtipos: parábolas, proverbios como los que se encuentran en la literatura sapiencial (como la judía, la griega o la egipcia), pasajes proféticos y apocalípticos, prescripciones legales (incluidas reglas de la comunidad) y frases con el "yo" (por ejemplo: "No penséis que he venido a abolir la Ley o los Profetas; no he venido a abolir, sino a cumplir."). Y después están las historias, que también tienen subtipos: (a) Las "historias de apotemas" (que Martín Dibelius llamaba "historias paradigmáticas") proporcionan un contexto histórico para un dicho o un pronunciamiento de Jesús. (b) Las historias de milagros normalmente están

2. Basil Redlich, *Form Criticism: Its Value and Limitations* (London: Duckworth, 1939), p. 9.
3. Edgar V. McKnight, *What Is Form Criticism?* (Philadelphia: Fortress, 1969), p. 18.
4. Ibid., p. 20.

compuestas de descripciones de situaciones históricas, incluyendo las palabras que Jesús dijo en ese momento, y de un breve comentario del efecto del milagro. (c) Las leyendas se parecen a los cuentos o fragmentos de cuentos sobre santos y personas ilustres tanto de las tradiciones cristianas como no cristianas. Predomina el interés biográfico. Un ejemplo es la historia del gallo que canta después de la negación de Jesús por parte de Pedro. (d) Los mitos son recursos literarios utilizados para transmitir una verdad sobrenatural o trascendente de forma terrenal. No se distinguen fácilmente de las leyendas. Normalmente presentan las palabras u obras de un ser divino.[5]

3. Una vez clasificadas, las distintas unidades del material evangélico se pueden estratificar. Esto es, se pueden clasificar por edades relativas.[6] A partir de ahí es posible determinar el valor histórico de las distintas unidades del Evangelio. Cuanto más antiguo es el material más confianza histórica ofrece o más auténtico es.

La crítica de las formas asume que el proceso por el cual la iglesia transmitió los materiales evangélicos siguió las mismas reglas de desarrollo que gobernaron la transmisión de otros materiales orales, incluyendo los cuentos populares. Si conocemos el proceso y los patrones generales que siguen las tradiciones orales, es posible descubrir en qué momento se introdujo cierto elemento. Esto es particularmente cierto si conocemos en qué momento las influencias específicas estaban presentes en la comunidad que preservaba y transmitía la tradición.

Una tira cómica que apareció en un periódico universitario empezaba con un estudiante diciéndole a otro: "El presidente lleva puesta una corbata roja hoy." En la viñeta siguiente el segundo estudiante le decía a un tercero: "El presidente tiene corbatas rojas." Este estudiante le decía a un cuarto: "Al presidente le gusta el rojo." Finalmente este estudiante exclamaba asombrado ante un quinto: "¡El presidente es un comunista redomado!" Si uno tuviera la segunda y la cuarta viñeta, pero no tuviera las demás, podría saber cuál iba primero e incluso podría reelaborar la primera y la tercera con cierto grado de certeza. Lo mismo que este rumor, las tradiciones orales siguen patrones de desarrollo definidos.

Surgen algunas conclusiones con respecto a los materiales del Evangelio. Por ejemplo, las explicaciones de las parábolas no pertenecen a las parábolas; las conclusiones moralizantes que se proporcionan a menudo son adiciones secundarias.[7] Es más probable que las mismas parábolas sean las propias palabras de Jesús y las explicaciones y aplicaciones morales sean obra de la iglesia al tratar de interpretar esas palabras.[8] Con frecuencia, los milagros también se pueden

5. Ibid., pp. 21-23.

6. Redlich, *Form Criticism*, pp. 73-77.

7. Rudolf Bultmann, *The History of the Synoptic Tradition* (New York: Harper & Row, 1963), p. 240.

8. Rudolf Bultmann, "The Study of the Synoptic Gospels," en Rudolf Bultmann y Karl

estratificar. Algunos milagros son típicamente "judíos" (curaciones y exorcismos); estas aportaciones deben ser del primer periodo, cuando la iglesia estaba casi bajo la exclusiva influencia de los judíos. Otras son "helenistas." Los llamados milagros de la naturaleza, como el de calmar las aguas y la maldición de la higuera, reflejan el interés helenista de un periodo posterior cuando la iglesia tenía influencias griegas. Como la tradición de los milagros de curación surgió antes, es más probable que sean más auténticos que los milagros de la naturaleza.

4. Se puede determinar la situación vital *(Sitz im Leben)* de la iglesia primitiva.[9] Un estudio cuidadoso de los Evangelios nos revelará los problemas a los que tenía que enfrentarse la iglesia primitiva ya que la forma de la tradición se vio afectada por estos problemas. Las palabras específicas de Jesús se preservaron para tratar las necesidades de la iglesia. En algunos casos puede que se crearan y le fueran atribuidas luego para servir a este propósito. Lo que tenemos en los Evangelios no es tanto lo que Jesús dijo o hizo como lo que la iglesia predicó sobre él (el *kerygma*). La iglesia no sólo escogió el mensaje; creó el mensaje para servir a las necesidades de su *Sitz im Leben* existencial.

Los resultados de la crítica de las formas han variado. Algunos críticos, como Rudolf Bultmann, son muy escépticos respecto a la posibilidad de saber lo que realmente ocurrió en la vida y el ministerio de Jesús. Bultmann escribió en una ocasión: "Uno puede admitir que no hay ni una sola palabra de Jesús para la que existan evidencias definitivas de autenticidad." Esto, sin embargo, no es escepticismo total: "Se pueden señalar toda una serie de palabras procedentes del estrato más antiguo de la tradición que nos dan una representación coherente del mensaje histórico de Jesús."[10]

Otros llegan a conclusiones mucho más positivas en lo que se refiere a la autenticidad de lo que cuentan los Evangelios; y desde 1950 ha habido incluso una nueva búsqueda del Jesús histórico que toma en cuenta las perspectivas y conclusiones de la crítica de las formas. Sin embargo, para muchos críticos de las formas las palabras de Jesús pueden ser auténticas, pero hay una duda grave en lo que se refiere al marco narrativo. Toda la información sobre la situación original en la que estas palabras se dijeron se había perdido. Como estas palabras no podían dejarse colgando sin más, se creó todo un esqueleto para colocarlas.[11] Es más, parece que lo que se ha escrito de Jesús no se hizo desde un punto de vista de unos observadores objetivos, sino desde la fe, con el deseo de influir en otros para que tuviesen fe en ese mismo Jesús.[12] Si la posición de la mayoría de

Kundsin, *Form Criticism: Two Essays on New Testament Research* (New York: Harper, 1941), pp. 46ss.

9. Bultmann, *History of the Synoptic Tradition,* p. 4.
10. Bultmann, "Study of the Synoptic Gospels," p. 61.
11. Ibid., p. 43.
12. Martin Dibelius, *From Tradition to Gospel* (New York: Scribner, 1935), p. 31.

los críticos de las formas es correcta, los Evangelios deberían verse más como publicidad o literatura promocional hecha por un fabricante o un vendedor y menos como boletines de investigación cuidadosamente controlados publicados por un laboratorio científico independiente. La cuestión, por supuesto, es saber hasta qué punto se puede confiar en estos materiales y acompañando y precediendo a esta pregunta estaría la de saber hasta qué punto el método utilizado para determinar su fiabilidad es también fiable y objetivo.

### Beneficios de la crítica de las formas

Debemos señalar las contribuciones positivas de la crítica de las formas. Algunas han sido ignoradas a veces, en parte por las manifestaciones extremas de algunos de los primeros practicantes de la crítica de las formas. Algunas de las reacciones en contra de la crítica de las formas también fueron muy extremas, considerándola un método totalmente negativo y efímero. Parte de esta reacción se debía a la asociación de la crítica de las formas con una escuela de teología en particular. En teoría al menos, personas de distintas teologías pueden utilizar la crítica de las formas. Pero debido a la asociación que Rudolf Bultmann hizo entre su desmitologización y la metodología de la crítica de las formas, se empezó a considerar a ambas como sinónimas o al menos como inseparables para algunos, y las objeciones que se hacían a la primera a menudo se aplicaban a la segunda. Sin embargo, a pesar de esto, debemos discutir una serie de beneficios que han surgido del uso de esta metodología.

1. La crítica de las formas ha señalado la conexión vital entre, por una parte, la incorporación de las obras y las palabras de Jesús a los Evangelios y por otra, la fe y la vida de sus seguidores.[13] Quizá la afirmación más clara sobre este tema la hizo Juan: "Pero estas [cosas] se han escrito para que creáis" (Jn. 20:31). No era suficiente con conocer lo que había hecho y dicho Jesús, o incluso con creer que había hecho y dicho tales cosas, o que lo que había dicho era verdad y lo que había hecho era digno de comentarse. Era más importante obedecer las palabras de Jesús.

También resulta claro que los escritores de los Evangelios no estaban preocupados por profundizar en aspectos de Jesús que no fueran significativos para la fe. Por ejemplo, no se nos dice nada del aspecto físico de Jesús: del color de sus ojos o su pelo (aunque podemos deducirlo de su nacionalidad), la calidad de su voz, su tono, su modo de expresarse o sus gestos. Estos detalles no tienen nada que ver con el propósito para el cual fueron escritos estos Evangelios. La fe de una persona no se ve afectada por el hecho de que un discurso se dijera de forma más rápida o más lenta, sino por el contenido del mismo. Es obvio que se hizo una selección de todo lo que hizo o dijo Jesús. Juan dejó muy claro (Jn. 21:25) que él había hecho la selección según su preocupación evangelizadora.

13. Ladd, *New Testament and Criticism*, p. 153.

2. Los críticos de las formas han señalado que los Evangelios son productos del *grupo* de creyentes. Aunque pudiera parecer que esto es una desventaja, que conduce al escepticismo, es justamente lo contrario.[14] Como la tradición era posesión de la iglesia, los Evangelios reflejan el tipo de juicio equilibrado que es posible cuando las ideas de uno están sujetas al escrutinio de otros, en lugar de únicamente a la interpretación privada.

3. La crítica de las formas señala que somos capaces de aprender mucho sobre la iglesia primitiva y las situaciones que atravesó gracias al material que los escritores de los Evangelios decidieron incluir y el que decidieron resaltar.[15] Desde luego el Espíritu Santo inspiró la incorporación de material que consideró sería importante para la iglesia en tiempos posteriores. No obstante, como la revelación vino en lo que luego denominamos forma antrópica, se relacionaba particularmente con las situaciones a las que se enfrentaba la iglesia en aquel tiempo.

4. La crítica de las formas, cuando sus presuposiciones no son contrarias a la perspectiva y posición de los autores de la Biblia, es capaz de ayudar a confirmar algunas de las aseveraciones básicas de las Escrituras. Por ejemplo, en un momento dado del desarrollo del método, los críticos de las formas creían que cuando se identificaran los primeros estratos de la tradición, surgiría un Jesús poco sobrenatural cuyo mensaje hablaría principalmente del Padre y no de sí mismo. Sin embargo, esto resultó ser una esperanza ilusoria. Porque en lo que se cree que es el primer estrato de la tradición, no vemos surgir ese tipo de Jesús.[16]

### Crítica de la crítica de las formas

No obstante, hay una serie de puntos con los que es necesario tener precaución en relación con las presuposiciones y la aplicación de la crítica de las formas. Quedará claro que hay limitaciones en el uso eficaz de este método particular. Debemos encontrar un equilibrio entre el uso no crítico de la metodología y simplemente descartar su uso debido a sus excesos.

1. Parece haber una suposición implícita de que los primeros cristianos o los que conservaron las tradiciones y las redujeron a la escritura, no estaban demasiado interesados en la historia. Sin embargo, debería señalarse que, por el contrario, eran personas para las que los sucesos históricos eran muy importantes.[17] La crucifixión y la resurrección, por ejemplo, fueron muy importantes en la predicación de Pedro (Hch. 2:22-36) y en los escritos de Pablo (1 Co. 15).

14. James Price, *Interpreting the New Testament* (New York: Holt, Rinehart & Winston, 1961), p. 159.

15. Redlich, *Form Criticism*, p. 79.

16. Ladd, *New Testament and Criticism*, p. 158.

17. Clark Pinnock, "The Case Against Form Criticism," *Christianity Today*, 16 de Julio de 1965, p. 12.

Es más, los primeros cristianos procedían de un contexto en el que la idea de Dios obrando en la historia era muy importante. La pascua, por ejemplo, se consideraba muy importante porque en ese momento Dios había intervenido directamente en la historia. La ley también se consideraba de forma significativa porque en ella Dios había hablado realmente y revelado su voluntad en momentos concretos de la historia. Los primeros cristianos creían que los sucesos que se producían en sus propios tiempos eran una continuación y una finalización de la gran obra redentora de Dios en la historia.

Stephen Neill ha planteado la pregunta de por qué la iglesia de la primera generación estaría tan desinteresada en las acciones de Jesús y el contexto histórico en el cual había expuesto sus enseñanzas.[18] Y por qué, en comparación, la segunda generación tendría tanto interés en los hechos históricos. Una explicación posible sería que el número de testigos oculares ya estaba disminuyendo. Pero ¿no es muy probable que estos testigos presenciales hubieran transmitido esa información sobre la situación o el marco junto con las palabras?

2. La crítica de las formas asume que los autores de los Evangelios no eran personas de habilidad y fiabilidad histórica. Pero ¿está justificada esta suposición? Hay varios problemas con la idea de que las referencias históricas fueron creadas para la ocasión, para dar un esqueleto formal en el que colocar los dichos de Jesús. Primero, parece asumir que los datos sobre los sucesos no estaban disponibles. Esto, no obstante, parece no tener en cuenta a los testigos que ayudaron a formar y preservar la tradición.[19] También deberíamos señalar que eran hombres que darían gran valor a la veracidad. James Price observa que en su ambiente la tradición era muy importante. Es más, él señala que siendo judíos, tenían una mentalidad conservadora. Simplemente no deberían compararse con los ingenuos y crédulos cuentistas de muchas sociedades primitivas. Ni debería olvidarse la tenacidad de la memoria oriental. Es más, a la vista de lo que estos hombres estaban dispuestos a hacer y sufrir por lo que ellos consideraban que era cierto, la posibilidad de una falsificación intencionada no es una sugerencia muy sostenible.[20] Y la escuela escandinava ha señalado que las palabras de un rabino se consideraban sagradas y tenían que ser preservadas por su pupilo con todo detalle.[21]

En todo esto, por supuesto, estamos tratando con la transmisión oral de la tradición. Robert Grant ha señalado que debemos mirar la clasificación de

18. Stephen Neill, *The Interpretation of the New Testament, 1861-1961* (New York: Oxford University Press, 1964), p. 258.

19. Vincent Taylor, *The Formation of the Gospel Tradition* (London: Macmillan, 1933), p. 41.

20. Price, *Interpreting the New Testament,* p. 160.

21. Birger Gerhardsson, *Memory and Manuscript: Oral Tradition and Written Transmission in Rabbinic Judaism and Early Christianity* (Lund: C. W. K. Gleerup, 1961), pp. 93-170; cf. Harald Riesenfeld, *The Gospel Tradition and Its Beginnings: A Study in the Limits of "Formgeschichte"* (London: A. R. Mowbray, 1957).

Frederic Bartlett sobre los dos tipos de transmisión oral.[22] Por una parte, está la "reproducción repetida": la gente repite lo que ha visto u oído. También está el "recuerdo seriado": una tradición pasa de una persona a otra como en una cadena. La primera es la que encontramos principalmente en el Nuevo Testamento. Este tipo de transmisión oral suele ser más exacta que la segunda. Incluso hoy en día hay cuentistas en sociedades no alfabetizadas que pueden recitar de memoria durante varios días.[23] E incluso si estamos ante la variedad del recuerdo seriado dentro de la transmisión oral, los testigos probablemente todavía estarían presentes para comprobar la veracidad de los Evangelios, debido al corto espacio de tiempo transcurrido entre los sucesos y el momento en que se escribieron.[24]

3. El esfuerzo de estratificar las formas tiende a romperse. Todo el sistema depende de este paso, sin embargo hay formas que desafían tal análisis, y en otros puntos entra en el procedimiento una considerable artificialidad.[25] La clasificación de algunos asuntos como judíos y por lo tanto tempranos y de otros como helenos y por lo tanto tardíos, parece asumir que una similitud de estilos indica un origen común. Pero ¿no es esto algo subjetivo? Un autor puede escribir en estilos diferentes en situaciones diferentes o tratando temas distintos. Algunos críticos asumen una disimilitud bastante radical entre las mentalidades judías y helenistas, incluso una distorsión radical de la tradición en la iglesia helenista. Sin embargo, hay un carácter semítico que prevalece a lo largo de la tradición sinóptica.

Algunas suposiciones que operan en la crítica de las formas merecen un examen más amplio como la suposición de que los milagros son adiciones muy posteriores, y que la cristología explícita surgió en la iglesia antes que en la enseñanza de Cristo. Sin embargo, estas no se han verificado lo suficiente como para justificar la medida en que gobiernan el método.

4. El *Sitz im Leben* se considera la explicación para la inclusión o incluso la creación de muchas cosas. Pero comparando los Evangelios con el conocido *Sitz im Leben* de la iglesia en ciertos momentos de los primeros tiempos se llega a extraños descubrimientos. Por una parte, algunos temas que podríamos esperar que Jesús tratara no aparecen. Por ejemplo, no sería sorprendente encontrar ecos de los problemas con los que Pablo se tiene que enfrentar en su ministerio, como

22. Robert M. Grant, *A Historical Introduction to the New Testament* (New York: Harper & Row, 1963), p. 301; Frederic C. Bartlett, *Remembering: A Study in Experimental and Social Psychology* (New York: Oxford University Press, 1932), p. 176.

23. Para los datos de antropología sobre las capacidades memorísticas de los cuentistas, ver Ruth Finnegan, *Oral Literature in Africa* (London: Clarendon, 1970), pp. 106, 201-2; *African Folklore*, ed. Richard Dorson (Bloomington: Indiana University Press, 1972).

24. Para un argumento muy conservador sobre las primeras fechas de los Evangelios, procedente de una fuente sorprendente, ver John A. T. Robinson, *Redating the New Testament* (Philadelphia: Westminster; 1976).

25. Price, *Interpreting the New Testament*, p. 161.

hablar en lenguas, circuncisión, relaciones entre judíos y gentiles o la comida ofrecida a los ídolos. Desde luego, le hubiera sido muy útil a la iglesia tener algunas palabras de Jesús sobre estos temas, sin embargo, los Evangelios parecen extrañamente silenciosos en lo que respecta a ellos. Por el contrario, hay algunos temas que no es de esperar que la iglesia los incluyera. En un periodo en el que se estaba estableciendo la autoridad apostólica, uno no esperaría encontrarse con referencias que mostrasen a los líderes de la iglesia primitiva de una forma poco favorable. Sin embargo, encontramos datos que tienden a comprometer el estatus de alguno de estos líderes. Por ejemplo en Marcos 8:32-33 se recoge la reprimenda de Jesús a Pedro: "¡Quítate de delante de mí, Satanás!, porque no pones la mira en las cosas de Dios, sino en las de los hombres." En Marcos 9:19 se recoge la falta de fe de los discípulos y su consecuente falta de poder. En Marcos 9:34 se habla del debate sobre cuál de ellos era el mejor. En Marcos 14:26-72 se cuenta la incapacidad de los discípulos para vigilar y orar y después la cobarde negativa de Pedro. Estos no son hechos que uno esperaría encontrar si el *Sitz im Leben* fuese el principal determinante para la inclusión en el relato.[26] La otra posibilidad es que lo que se incluyó y lo que se omitió fuera determinado no por el *Sitz im Leben*, sino por las preocupaciones de los autores y transmisores de la tradición para tener una relación de acontecimientos fiable e históricamente precisa.

5. La crítica de las formas aparentemente considera lo especial como criterio de autenticidad. Una frase no se puede considerar como auténtica palabra de Jesús si hay paralelismos con los escritos rabínicos o con la vida de la iglesia primitiva. Bultmann incluso negaría la autenticidad si guardase paralelismos con el gnosticismo y el helenismo. Sobre esta base, nada de lo que dice Jesús se podría considerar auténtico a menos que sea especial o sin paralelismos. Pero como señala F.F. Bruce, este es un estándar de autenticidad que los críticos históricos "ni siquiera llegarían a tomar en consideración para otros campos."[27]

6. La crítica de las formas parece dejar poca opción para la posibilidad de la inspiración. No permite la dirección y guía activa del Espíritu Santo en el proceso de formación de la tradición oral. Más bien, el proceso estaba gobernado por las leyes inmanentes que controlan la formación de todas las tradiciones orales, y el escritor se limitaba a recibir materiales. La posibilidad de que el Espíritu Santo guíe tan sobrenaturalmente al escritor como para que el material tradicional sea complementado o abrogado no parece una acción a considerar por los críticos de las formas.

7. Finalmente, se ignora la posibilidad de que algunos de los testigos presenciales puedieran haber tomado anotaciones de lo que acaban de observar. Pero

26. Ibid., p. 160.

27. F. F. Bruce, "Are the New Testament Documents Still Reliable?" en *Evangelical Roots*, ed. Kenneth S. Kantzer (Nashville: Thomas Nelson, 1978), p. 53.

¿qué hay de Mateo el publicano, por ejemplo? Estaba acostumbrado a tomar notas. Edgar Goodspeed discutió esta misma posibilidad en su tratado *Matthew, Apostle and Evangelist* (Mateo: apóstol y evangelista).[28] ¿No resultaría extraño que ninguno de los doce discípulos llevase algún tipo de diario?

Aunque la crítica de las formas puede hacer contribuciones útiles para aclarar el relato bíblico, debemos matizar nuestro juicio de su habilidad para evaluar la historicidad del material con las consideraciones propuestas aquí.

## Crítica de la redacción

### *Desarrollo y naturaleza de la disciplina*

La crítica de la redacción representa un paso más en el intento de entender las Escrituras. Aunque este método ha sido aplicado a otras porciones de la Biblia, son los Evangelios los que nos dan las indicaciones más claras y completas de su utilidad. Hay varias opiniones en lo que se refiere a cómo se relacionan entre sí la crítica de las formas, la crítica de la tradición y la crítica de la redacción. Norman Perrin habla de la crítica de las formas de un modo que incluye a la crítica de la redacción.[29] En una ocasión, Grant Osborne se refirió a la crítica de la tradición y a la crítica de la redacción como las hijastras de la crítica de las formas;[30] en otro momento habla sobre la crítica de la tradición como la parte crítica de la investigación de la redacción.[31] Para nuestros propósitos trataremos la crítica de la tradición como parte de la crítica de las formas.

El término *crítica de las formas,* para ser precisos, probablemente se debería aplicar al estudio de las formas hasta llegar a la clasificación, o posiblemente a la estratificación, con la crítica de la tradición continuando desde allí. Deberíamos considerar la crítica de la redacción como un intento de ir más allá de los descubrimientos de la crítica de la fuente literaria, de las formas y de la tradición, utilizando las perspectivas que se recogen de ellas. Mientras que la crítica de las formas intenta volver a antes de las primeras fuentes escritas, la crítica de la redacción, como la crítica de la fuente literaria, se preocupa por la relación del autor con las fuentes escritas. La crítica de la fuente literaria concibe a los escritores como recopiladores bastante pasivos de las fuentes. La crítica de la redacción ve sus escritos como algo mucho más creativo. Al notar las diferencias en la manera

28. Edgar Goodspeed, *Matthew, Apostle and Evangelist* (New York: Holt, Rinehart & Winston, 1959).

29. Norman Perrin, *Rediscovering the Teaching of Jesus* (New York: Harper & Row, 1967), pp. 15-32; *What Is Redaction Criticism?* pp. 2-3.

30. Grant R. Osborne, "The Evangelical and Traditionsgeschicte," *Journal of the Evangelical Theological Society* 21 (1978): 117.

31. Grant R. Osborne, "The Evangelical and Redaction Criticism: Critique and Methodology," *Journal of the Evangelical Theological Society* 22 (1979): 305.

de contar los mismos incidentes que hay en los Evangelios sinópticos, la crítica de la redacción piensa que son autores genuinos, no meros transmisores o cronistas por una parte o editores por otra. Suponen que los Evangelios surgieron de la preocupación *teológica* que tenían cada uno de sus autores. Estos autores eran realmente más teólogos que historiadores.

La disciplina que se llegó a conocer como crítica de la redacción se desarrolló y floreció después de la segunda Guerra Mundial. Aunque algunos críticos habían estado utilizando algunos de sus puntos de vista, fue un trío de estudiosos del Nuevo Testamento los que le dieron un aplicación completa por primera vez. Trabajando de forma relativamente independiente, cada uno se concentró en un libro diferente: Gunther Bornkamm en Mateo,[32] Hans Conzelmann en Lucas[33] y Willi Marxsen en Marcos.[34] Marxsen le dio al método el nombre de *Redaktiongeschichte*. Sin embargo, en muchos aspectos, la obra de Conzelmann tuvo el impacto más importante en la erudición bíblica, en gran parte debido al estatus e importancia de Lucas.

Lucas era considerado el modelo de la preocupación histórica, la competencia y la precisión, debido a la exactitud de sus referencias a los funcionarios del Imperio Romano, su obviamente cercano conocimiento de las costumbres y la vida en el imperio y a lo vívido de su narrativa en Hechos. Sin embargo, bajo el escrutinio de Conzelmann, surgió una faceta diferente de Lucas, la del teólogo consciente que modificó la tradición con la que estaba trabajando más para ajustarla a su motivación teológica que por un deseo de ejercitar la precisión histórica. Por ejemplo, Lucas sitúa las apariciones de Jesús tras su resurrección en Jerusalén, mientras que otros testimonios del Nuevo Testamento las sitúan principalmente en Galilea.

Los otros escritores sinópticos también son vistos como teólogos conscientes que incluyeron, ampliaron, resumieron, omitieron e incluso crearon material para ajustarlo a sus propósitos teológicos. En un sentido real, esto convierte al autor simplemente en el último nivel dentro del proceso del desarrollo de la tradición. Por lo tanto, se acostumbra a hablar de tres *Sitze im Leben*: (1) la situación original en la que Jesús habló y actuó; (2) la situación a la que se tuvo que enfrentar la iglesia primitiva a la hora de dirigir su ministerio; y (3) la situación del escritor del Evangelio en su obra y propósito.[35]

32. Gunther Bornkamm et al., *Tradition and Interpretation in Matthew*, trad. Percy Scott (Philadelphia: Westminster, 1963).

33. Hans Conzelmann, *The Theology of St. Luke*, trad. Geoffrey Buswell (New York: Harper & Row, 1960).

34. Willi Marxsen, *Mark the Evangelist*, trad. Roy A. Harrisville (Nashville: Abingdon, 1969).

35. Joachim Rohde, *Rediscovering the Teaching of the Evangelists* (Philadelphia: Westminster, 1968), pp. 21ss.

Mientras que la crítica de las formas se concentra más en la independencia de las unidades individuales del material, la crítica de la redacción se preocupa más por el marco mismo, por las formas posteriores de tradición y, en último lugar, por el propio marco de referencia del autor.

Algunos críticos de la redacción empiezan como los más radicales de los críticos de las formas, asumiendo que los evangelistas no estaban demasiado preocupados por lo que Jesús dijo e hizo. Partiendo de esta base, se considera que los autores de los Evangelios decían las cosas que servían a sus propósitos. Norman Perrin dijo que

> muchos de los materiales de los Evangelios deberían adscribirse a la motivación teológica de los evangelistas... Debemos tomar como punto de partida la suposición de que los Evangelios nos ofrecen información directa sobre la teología de la iglesia primitiva y no una enseñanza sobre el Jesús histórico, y que cualquier información sobre Jesús que pueda derivarse de ellos sólo puede ser resultado de la aplicación estricta de unos criterios de autenticidad muy forzados.[36]

Con un enfoque de este tipo, por supuesto, no se supone que todas las palabras atribuidas a Jesús sean auténticas (esto es, realmente dichas por él). Más bien, el peso de la prueba recae en la persona que cree que las palabras atribuidas son auténticas. Piense en el comentario de Ernst Käsemann: "La obligación que recae ahora en nosotros no es investigar y hacer creíble la no autenticidad de las unidades individuales de material, sino al contrario, investigar y hacer creíble su autenticidad."[37] Perrin hace un comentario similar: "La naturaleza de la tradición sinóptica es tal que el peso de la prueba estaría en la afirmación de su autenticidad."[38]

En manos de los más radicales de los críticos de la redacción, ha surgido un escepticismo parecido al de los más extremos de los críticos de las formas. Por tanto muchas de las palabras atribuidas a Jesús deben entenderse como palabras dichas por el propio evangelista. Si la crítica de las formas dice que los Evangelios nos ofrecen más la fe de la iglesia que las propias palabras de Jesús, la crítica de la redacción dice que los Evangelios nos ofrecen sobre todo la teología de Mateo, Marcos, Lucas y Juan. La fe se convierte en fe no en el Jesús que era, sino en el Jesús en que se creía, y en el que los Evangelistas querían que creyéramos.

Se han hecho listas de criterios bastante largas con el empeño de determinar lo que eran materiales de tradición y materiales de redacción. William Walker ha recogido una lista de pasos a seguir para intentar distinguir el material de

36. Perrin, *What Is Redaction Criticism?* p. 69.

37. Ernst Käsemann, *Essays on New Testament Themes* (Naperville, Ill.: Alec R. Allenson, 1964), p. 34.

38. Perrin, *Rediscovering the Teaching of Jesus*, p. 39.

redacción del de la tradición.[39] Sus criterios incluyen factores funcionales y lingüísticos. Se consideran pasajes de redacción los que (1) explican, interpretan o comentan el material al que acompañan; (2) proporcionan resúmenes condensados de algunas de las características de las predicaciones, enseñanzas, curaciones o fama de Jesús; (3) anuncian o anticipan sucesos que se van a relatar posteriormente en el Evangelio; (4) introducen colecciones de frases o material narrativo; (5) proporcionan breves indicaciones de tiempo, lugar o circunstancia. Que se den a menudo fenómenos lingüísticos significativos en un Evangelio, pero rara vez o nunca aparezcan en los otros puede ser signo de que su origen sea la redacción. Aunque Walker cree que es más probable que el material sea de tradición y no de redacción, muchos otros creen lo contrario.

### *Crítica de la crítica de la redacción*

R. S. Barbour ha señalado con acierto los fallos que se pueden encontrar en la crítica de la redacción:[40]

1. La crítica de la redacción parece atribuir a los Evangelistas un propósito y un método teológico muy refinado. Aparentemente los autores utilizaron una gran cantidad de sutileza y de indirectas a la hora de arreglar y modificar el material, creando sus propios énfasis en antiguas historias y dichos. Es casi como si hubieran dominado los métodos modernos de verisimilitud. A este respecto no tienen comparación en el mundo antiguo e incluso en el moderno. Pero parece improbable que ellos tuvieran ese grado de imaginación y creatividad.

2. La búsqueda de la *Sitz im Lebem* tiene tendencia a asumir que todo lo que se dice en los Evangelios o incluso en todo el Nuevo Testamento se dice teniendo en mente una audiencia y un punto de vista en particular. Aunque esto es cierto en mucho del Nuevo Testamento, es muy cuestionable que se pueda considerar todo él de la misma manera.

3. La fuerza de los criterios lingüísticos o estilísticos varía mucho. Puede ser significativo que la pequeña palabra τότε *(tote)*, que significa "entonces," aparezca noventa y una veces en Mateo, seis en Marcos, catorce en Lucas y diez en Juan. Pero no está justificado concluir que cierta frase es de redacción porque aparece cuatro veces en Lucas y en los Hechos, pero no aparece en ninguno de los demás Evangelios.

4. A veces se asume que la teología del autor se puede determinar sólo con los pasajes editoriales. Pero el material tradicional en muchos aspectos es igual de significativo para este propósito, ya que, después de todo, el editor decidió incluirlo.

39. William A. Walker, "A Method for Identifying Redactional Passages in Matthew on Functional and Linguistic Grounds," *Catholic Biblical Quarterly* 39 (1977): 76-93.

40. R. S. Barbour, "Redaction Criticism and Practical Theology," *Reformed World* 33 (1975): 263-65.

5. La crítica de la redacción como método se limita a investigar la situación de los Evangelistas y su propósito. No plantea cuestiones sobre la historicidad del material que se recoge en sus obras. Los críticos de la redacción tienen tendencia a seguir la distinción *Geschichte-Historie* que encontramos en la crítica de las formas. Los escritores de los Evangelios supuestamente estaban preocupados por la importancia de la historia, su impacto en la vida y en la iglesia *(Geschichte)*, no por los hechos históricos, lo que realmente habría sucedido *(Historie)*. Era la experiencia vital con el Señor resucitado lo que motivaba a los Evangelistas.[41]

### Beneficios de la crítica de la redacción

¿No es beneficioso el uso prudente de la crítica de la redacción si los criterios de autenticidad se hacen más razonables y algunos de las suposiciones metodológicas subjetivas se eliminan o se restringen?

Hay por lo menos dos significados en la crítica de la redacción, uno más amplio y otro más estrecho.[42] En el sentido más estrecho, se refiere a la escuela de eruditos alemanes cuyos miembros (no todos de nacionalidad alemana) se consideran a sí mismos como los sucesores de los críticos de las formas. En un sentido más amplio, incluye todas las obras en las que los Evangelistas no son tratados como meros compiladores, sino como autores con un punto de vista o incluso con una teología propia. En este último caso, ha habido críticos de la redacción a lo largo de gran parte de la historia de la iglesia, incluso antes de que surgieran los métodos modernos de la crítica. Ellos simplemente intentaron ver las formas distintivas en que cada autor adaptó y aplicó el material que había recibido.

Algunos eruditos evangélicos de la Biblia han abogado por un uso restringido de la crítica de la redacción. Señalan que el fallecido Ned B. Stonehouse del seminario de Westminster estaba utilizando sus métodos más sólidos incluso antes de que la escuela de la crítica de la redacción se desarrollara. Ellos apoyan el uso de sus técnicas, pero sobre la base de presuposiciones que estén en armonía con las afirmaciones de la Biblia. La crítica de la redacción se considera como un medio para dilucidar el significado de los pasajes de la Biblia, en lugar de un medio para hacer juicios negativos sobre la historicidad, autenticidad y cosas así.

Grant Osborne enumera tres aportaciones de la crítica de la redacción:[43]

1. Una crítica de la redacción sana puede ayudar a refutar el uso destructivo de las herramientas de la crítica y confirmar la veracidad del texto.

41. Perrin, *What Is Redaction Criticism?* p. 78.

42. George B. Caird, "The Study of the Gospels. III: Redaction Criticism," *The Expository Times* 87 (1976): 169.

43. Osborne, "The Evangelical and Redaction Criticism," pp. 313-14.

2. Describir dónde está el énfasis en la redacción ayuda al erudito a determinar dónde ponían el énfasis particular los Evangelistas.
3. El uso de las herramientas de la redacción ayuda a resolver los problemas sinópticos.

A éstas, yo añadiría una cuarta. Observando cómo un evangelista en particular adapta y aplica el material que ha recibido, podemos tener una idea de cómo el mensaje de Cristo se puede adaptar a las nuevas situaciones que afrontamos.[44]

La actividad de los Evangelistas incluía, pues, la interpretación. Ellos estaban tomando las palabras de Jesús y las parafraseaban, ampliándolas o condensándolas. Sin embargo, seguían siendo fieles a las enseñanzas originales de Jesús. Al igual que hoy un predicador o un escritor pueden expresar lo mismo de una forma distinta, o variar la aplicación dependiendo de quién sea su audiencia, así los Evangelistas adaptaban, pero no distorsionaban, la tradición. Y hay que rechazar la idea de que ellos realmente estuvieran creando enseñanzas de Jesús, poniendo en su boca ideas y palabras que procedían de ellos mismos. R. T. France dice:

> Nuestra conclusión de todo esto es que mientras que es innegable que los Evangelistas y sus predecesores adaptaron, seleccionaron y reformaron el material que había llegado hasta ellos, no hay razón para extender esta "libertad" hasta la *creación* de nuevas enseñanzas atribuidas a Jesús; que de hecho las evidencias que tenemos nos muestran por el contrario un gran respeto hacia las enseñanzas de Jesús, lo cual era suficiente para evitar que ninguno de sus seguidores le atribuyeran a él ninguna de sus propias enseñanzas.[45]

Lo que tenemos, entonces, no es la *ipsissima verba*, sino la *ipsissima vox*. No tenemos exactamente las palabras que Jesús dijo, pero tenemos la sustancia de lo que dijo. Tenemos lo que Jesús hubiera dicho si se estuviera dirigiendo al mismo grupo de personas al que se dirigía el evangelista. Por lo tanto los escritores de los Evangelios no pueden ser acusados de representar o interpretar mal lo que Jesús dijo.

> *La inerrancia no exige que la* Logia Jesu *(los dichos de Jesús) contenga la* ipsissima verba *(las palabras exactas) de Jesús, sólo la* ipsissima vox *(la voz exacta)*... Cuando un escritor del Nuevo Testamento cita las enseñanzas de Jesús, no quiere decir que Jesús dijera esas palabras exactamente. Sin duda encontramos palabras exactas de Jesús en el Nuevo Testamento, pero no tiene por qué ser así en todo momento. Por una parte, muchas de estas palabras fueron pronunciadas por nuestro Señor en arameo y por tanto hubo que traducirlas al griego. Es más... los escritores del Nuevo Testamento no disponían de las convenciones lingüísticas

44. Barbour, "Redaction Criticism," pp. 265-66.
45. France, "Authenticity of the Sayings of Jesus," p. 125; cf. Rohde, *Rediscovering*, p. 258.

> que tenemos hoy. Por lo tanto es imposible para nosotros saber cuáles son citas directas y cuáles indirectas, y cuáles son incluso interpretaciones más libres. Con respecto a las enseñanzas de Jesús, según estos datos ¿qué iría en contra de la inerrancia? Si el sentido de las palabras atribuidas a Jesús por los escritores no fuera el pronunciado por Jesús, o si las palabras exactas de Jesús son interpretadas de manera que tengan un sentido que Jesús nunca intentó darles, entonces la inerrancia estaría amenazada.[46]

Algo en lo que difiere la variedad más conservadora de la crítica de la redacción de la variedad más escéptica es en sus explicaciones sobre la naturaleza precisa de la obra de redacción del evangelista. Hay varias posturas posibles, por ejemplo, con respecto al origen de un dicho de Jesús que encontramos en uno de los Evangelios pero no en la tradición. Una postura es que este dicho debe representar una creación por parte del escritor, una imposición de su propio punto de vista sobre Jesús.[47] Una segunda postura es que un dicho que se encuentra en la Biblia, pero no en la tradición, puede haber sido un intento de dar expresión a la experiencia vital de los creyentes con el Señor resucitado. Esto es, puede que haya sido un intento de relacionar el entendimiento que la iglesia primitiva tenía respecto de su situación (su *Sitz im Leben*) directamente con la figura de Jesús.[48] Una tercera posibilidad es que aunque el dicho en cuestión no fuera pronunciado por Jesús durante su ministerio en la tierra, no obstante fuera revelado especialmente por el Señor al evangelista.[49] Una cuarta posibilidad es que el dicho fuera realmente pronunciado por Jesús durante su ministerio en la tierra, pero que la tradición no lo conservara. Era algo que el escritor del Evangelio conocía, pero no por la tradición. Podría ser gracias a otras fuentes, o si había sido testigo presencial, por lo que recordaba o por las notas tomadas, e incluso podría tratarse de una revelación directa de Dios.[50] Sólo en el caso de las dos primeras posturas podría apreciarse un cuestionamiento sobre la veracidad de las Escrituras. Y donde las Escrituras, en contraste con lo que hemos estado discutiendo ahora mismo, reflejan realmente el material tradicional, pero de forma modificada, lo que tenemos no son cambios en las enseñanzas de Jesús, lo que se está haciendo es "destacar distintos matices de significado" dentro de esas enseñanzas.[51]

46. Paul D. Feinberg, "The Meaning of Inerrancy," en *Inerrancy*, ed. Norman Geisler (Grand Rapids: Zondervan, 1979), p. 301.
47. Marxsen, *Mark the Evangelist*, p. 9.
48. Perrin, *What Is Redaction Criticism?* p. 78.
49. Gerald Hawthorne, en un documento leído en la reunión anual de la Sociedad teológica evangélica, Wheaton, Illinois, diciembre de 1973.
50. Robert Gundry, *The Use of the OT in St. Matthew's Gospel* (Leiden: Brill, 1967), pp. 181-85.
51. Osborne, "The Evangelical and Redaction Criticism," pp. 313, 322.

## Crítica estructural

Se dio un nuevo giro al estudio crítico de la Biblia con la aplicación de las categorías y los métodos del estructuralismo del estudio literario al estudio de la Biblia. Hasta cierto punto, esto se puede considerar como un intento de aplicar categorías nuevas al análisis de las Escrituras, con la esperanza de que resulte efectivo en los casos en los que los métodos anteriores no lo fueron.

El estructuralismo empezó con el trabajo del lingüista Ferdinand de Saussure, y fue aplicado a la antropología por Claude Lévi-Strauss. Como su nombre indica, el estructuralismo no enfatiza la referencia externa de las categorías, sino su forma o estructura. Daniel Patte ha señalado que aunque en cierto modo es natural entender la exégesis estructural simplemente como otra más de las críticas metodológicas, en realidad representa un paradigma diferente. Todas ellas presuponen un paradigma histórico, tratando los textos bíblicos como medio para llegar a un tipo de proceso histórico. Sin embargo, el estructuralismo presupone un paradigma literario. Con esto Patte quiere decir "que la expresión por medio del lenguaje debe ser tomada como una categoría fundamental y no como acceso a algo más, por ejemplo a la historia."[52]

Una analogía que ha tenido aceptación y que ha servido bien al propósito del estructuralista fue propuesta por el crítico literario Murray Krieger. Él utiliza una alegoría para distinguir entre ventanas y espejos, y el hecho de que las palabras pueden funcionar de la misma manera. Tradicionalmente, el lenguaje poético se consideraba como una ventana a través de la cual se miraba a los objetos contenidos en el mundo externo. Sin embargo, también podía servir como un conjunto de espejos de innumerables facetas, que reflejaban un laberinto de reflejos, pero que en el fondo estaban encerrados en sí mismos.[53]

Una razón por la cual el estructuralismo llegó a aplicarse a los estudios bíblicos fue el derrumbamiento del "movimiento de teología bíblica." Este fue un intento de describir el contenido de la Biblia utilizando simplemente sus propias categorías sin recurrir a las categorías filosóficas."[54] Sin embargo, James Barr sostenía que la teología bíblica había fracasado en su intento de ofrecer una descripción objetiva, filosóficamente estéril del contenido del pensamiento bíblico al tomar la Biblia en serio. Su énfasis en la historia había distorsionado el contenido bíblico aplicando una abstracción que sólo funciona en parte del contenido.[55]

52. Daniel Patte, *What Is Structural Exegesis?* (Philadelphia: Fortress, 1976), p. 1.

53. Murray Krieger, *A Window to Criticism* (Princeton, N.J.: Princeton University Press, 1964), pp. 67-69.

54. Krister Stendahl, "Contemporary Biblical Theology," en *The Interpreter's Dictionary of the Bible*, ed. George Buttrick (New York: Abingdon, 1962), vol. 1, pp. 418-32.

55. James Barr, "The Interpretation of Scripture. II. Revelation through History in the Old Testament and in Modern Theology," *Interpretation* 17 (1963): 196-202.

La otra dificultad con la primera metodología surgía del reconocimiento de la naturaleza históricamente condicionada del método crítico-histórico. El método estaba sujeto a ciertas suposiciones del periodo moderno, que hacían de la ciencia natural el paradigma preferido de la investigación intelectual. Sin embargo, asumía que la base de la historia era la acción humana, en lugar de un grandioso plan divino. En otras palabras, esta metodología tenía una raíz fundamentalmente naturalista, aunque consiguiendo resultados que eran bastante distintos a la creencia aparente de que la Biblia era en cierta manera la revelación de Dios a los humanos.[56]

El estructuralismo, pues, representa un intento de tener un enfoque diferente sobre los estudios bíblicos. En lugar de buscar referentes externos a los que nos pueda dirigir el texto bíblico, este método busca dentro; busca la estructura del texto en sí. La primera crítica histórica había sido diacrónica, intentando regresar a la época que describen los documentos, para determinar lo que realmente había sucedido allí. El estructuralismo, por otra parte, es sincrónico. Mira el pasado de forma vertical, no horizontal, mira las distintas profundidades de las estructuras que hay dentro del texto.

Patte señala que los estructuralistas asumen que las presuposiciones metodológicas o los preentendimientos con los que trabaja el exégeta deben ser los de la cultura del exégeta.[57] Es en este sentido en el que se considera a la exégesis estructural un empeño posmoderno. No asume que el pasado simplemente pueda ser asimilado por la historiografía científica.

La exégesis estructural entiende de forma muy diferente sus preocupaciones semánticas a como las entiende el enfoque tradicional. En lugar de tratar de averiguar la intención del autor, se centra en las estructuras narrativas, lingüísticas o míticas del texto. Mientras que la exégesis tradicional trataba de encontrar un único significado, el que el autor pretendía, este enfoque espera encontrar una pluralidad de significados, una variedad de tipos de estructuras.[58] Esto representa la aplicación de la distinción de Saussure entre habla y lengua. Habla es lo que el escritor o el hablante nos presenta realmente; sin embargo utiliza, y desde luego debe utilizar, la lengua de la que dispone. "La lengua no es una función del hablante; es un producto que es asimilado pasivamente por el individuo. Nunca requiere premeditación, y la reflexión sólo se da con el propósito de clasificar."[59] Patte utiliza la imagen de una manta tejida a mano. Aunque el tejedor elige en

56. Alan Richardson, "The Rise of Modern Biblical Scholarship and Recent Discussion of the Authority of the Bible," *The Cambridge History of the Bible: The West from the Reformation to the Present Day* (Cambridge: Cambridge University Press, 1963), p. 304.

57. Patte, *Structural Exegesis*, p. 7.

58. Ibid., p. 15.

59. Ferdinand de Saussure, *Course in General Linguistics* (New York: McGraw-Hill, 1959), p. 14.

parte de forma consciente la combinación de colores, esta también viene determinada por las limitaciones inherentes del telar y de las hebras. Por lo tanto estas estructuras limitan la creatividad del tejedor. De forma similar un autor expresa lo que quiere decir con las limitaciones impuestas por las estructuras que ha recibido.[60] Por lo tanto el significado que se nos presenta es el resultado de la interacción de tres tipos de restricciones:[61]

1. La situación concreta del autor, o *Sitz im Lebem*. Patte denomina a esto *estructuras de la enunciación.*
2. Las restricciones de las *estructuras culturales* o de los *códigos culturales.*
3. Las *estructuras profundas*, las restricciones que se imponen en cualquier autor o hablante.

Aunque la exégesis tradicional trata de las dos primeras, la exégesis estructural se preocupa principalmente de la tercera, las estructuras profundas, de las cuales hay dos tipos. Uno son las estructuras narrativas. A.J. Greimas ha propuesto un modelo basándose en el estudio de los cuentos folklóricos rusos de V. Propp. Su modelo incluye seis elementos: secuencia, sintagma, declaración, modelo actancial, función y actante. Patte aplica esto a la parábola del buen samaritano. Con este método espera conseguir distinguir los diferentes subgéneros narrativos, como parábolas evangélicas, historias de milagros, parábolas judías y parábolas helenísticas.[62] Hay también otras estructuras míticas, que interactúan con las estructuras narrativas, ya que los mitos con frecuencia se expresan en forma de narración. La estructura mítica en su conjunto interrelaciona los distintos temas míticos (o las unidades míticas básicas). Esta estructura a menudo sigue lo que Lévi-Strauss llama "lógica mítica" en la cual hay resolución de oposiciones.[63]

Sin embargo, el estructuralismo ha demostrado no ser un punto de vista básicamente estable. Ha conducido a sus sucesores en dos direcciones: la semiótica y la crítica de la respuesta del lector. Los defectos del estructuralismo, que han llevado a lo que Anthony Thiselton denomina la defunción del estructuralismo en los estudios bíblicos,[64] son entre otros:

1. Al principio el estructuralismo tenía una visión quasi-objetivista. Este optimismo se basaba en el uso de la metodología procedente de las ciencias sociales. Se ha ido abandonando la confianza en el sujeto humano, acelerada al

60. Ibid., pp. 21-23.
61. Ibid., pp. 22-23.
62. Ibid., pp. 36-52.
63. Claude Lévi-Strauss, *Structural Anthropology* (Garden City, N.Y.: Basic, 1963), pp. 221, 226.
64. Anthony Thiselton, *New Horizons in Hermeneutics* (Grand Rapids: Zondervan, 1992), pp. 495-96.

menos en parte por los enfoques psicoanalíticos post-freudianos hacia el texto, que elevan la capacidad del ser por la autodecepción.[65]

2. Ha habido una falta de claridad en lo que se refiere a lo que serviría como verificación de los resultados de este procedimiento, así como en las cuestiones de la utilidad de los resultados, en relación con los esfuerzos invertidos en el plano estructuralista.[66]

3. Ha habido tantas modificaciones de lo que fueron las primeras ideas objetivistas de la estructura que es cuestionable lo apropiado de la designación de estructuralismo para los últimos trabajos. Tiende a deslizarse hacia las formas de la crítica orientada al lector.[67]

## Crítica de la respuesta del lector

El estructuralismo es un enfoque de mutualidad entre el texto y el lector. Cada uno de ellos espera transformar al otro. Sin embargo, desde finales de los 60 la crítica bíblica tomó cada vez más la dirección de la supremacía del lector sobre el texto. Esto es particularmente cierto en el complejo de enfoques conocidos en términos generales como crítica de la respuesta del lector. Por lo tanto han surgido distintos tipos de metodologías hermenéuticas y críticas, conocidas como postestructuralismo, teoría de la respuesta del lector o deconstrucción. Para nuestros propósitos, de aquí en adelante consideraremos la crítica de la respuesta del lector como la representativa del grupo, aunque hay otros muchos tipos de puntos de vista subjetivos y muchas variedades que van con este nombre general. De muchas maneras, se asemeja bastante a la deconstrucción, ya que es una secuela y en cierta manera una reacción contra el estructuralismo.

Estos distintos tipos de crítica posmoderna a menudo se consideran opuestos a la crítica histórica. En la actualidad muchos defensores los ven como suplementos más que como sucesores del método histórico. Sin embargo, Fred Burnett probablemente tiene razón cuando caracteriza la crítica histórica como una crítica que busca un conjunto aceptable de significados determinados para un texto, mientras que los estilos de lectura posmoderna enfatizan la "indeterminación, la producción de significados por parte del lector, y, en muchos casos, el rechazo a apelar al criterio del consenso para juzgar entre distintas

65. Jean-Marie Benoist, *The Structural Revolution* (London: Wiedenfeld & Nicholson, 1978), p. 216.

66. Stephen D. Moore, *Literary Criticism and the Gospels: The Theoretical Challenge* (New Haven, Conn.: Yale University Press, 1989), p. xvi; Robert C. Culley, "Response to Daniel Patte," en *Semiology and Parables: An Exploration of the Possibilities Offered by Structuralism for Exegesis*, ed. Daniel Patte (Pittsburgh: Pickwick, 1976), pp. 156-57; Vern S. Poythress, "Philosophical Roots of Phenomenological and Structuralist Literary Criticism," *Westminster Theological Journal* 41 (1978-79): 165-71.

67. Thiselton, *New Horizons*, p. 496.

lecturas." Interpreta que la crítica histórica puede acomodar los enfoques centrados en el lector y sobrevivir, pero que tanto la crítica como el método requerirán metamorfosis.[68]

A Stanley Fish, probablemente el más radical de los críticos de la crítica de la respuesta del lector, normalmente no se le asociaba con la escuela deconstructiva de Derrida, Foucault y los críticos de Yale, pero su crítica recuerda mucho la de ellos. Normalmente se le ve como el crítico más influyente de la crítica de la respuesta del lector que, según Burnett, "se ha convertido en la última 'cámara de descompresión' para los muchos críticos de la redacción antes de que salgan a la superficie de la crítica (post)moderna."[69] Fish argumenta fuertemente en contra de que el significado esté incrustado en el texto y que la tarea del lector sea extraerlo. Al principio Fish defendía la posición general de la respuesta del lector de que el significado surge en la relación dialéctica entre el texto, como objeto, y el lector como sujeto. Más tarde llegó a la conclusión de que esto era una equivocación.[70] Hacia 1980, él había "superado" la ilusión de que hubiera un significado encerrado en el texto. Dice de su primer punto de vista: "Hice lo que siempre hacen los críticos: 'vi' lo que mis principios interpretativos me permitían o me conducían a ver, y después atribuí lo que había 'visto' a un texto y a una intención. Lo que mis principios me conducen a ver es que los lectores realizan actos."[71] Expuso su nueva posición de forma muy directa: "La respuesta del lector no *surge* del significado, *es* el significado."[72]

La subjetividad de este enfoque queda reflejada en una larga cita de la principal obra de Fish:

> Hasta qué punto esto es una ruptura decisiva con el formalismo es evidente en mi poco cualificada conclusión de que las unidades formales siempre están en función del modelo interpretativo que uno trae consigo (no están "en el texto"). Por supuesto, el texto como entidad independiente de la interpretación y (supuestamente) responsable de su duración se abandona y es remplazado por los textos que surgen como consecuencia de nuestras actividades interpretativas. Todavía hay patrones formales, pero no se encuentran de forma inocente en el mundo; más bien, ellos mismos se constituyen mediante un acto interpretativo. Los hechos que se señalan todavía están allí... pero sólo como consecuencia del modelo interpretativo (humano) que les ha dado forma. La relación entre la interpretación y el texto por lo tanto se invierte: las estrategias interpretativas

68. Fred W. Burnett, "Postmodern Biblical Exegesis: The Eve of Historical Criticism," *Semeia* 51 (1990): 51.

69. Burnett, "Postmodern Biblical Exegesis," p. 54.

70. Stanley Fish, *Is There a Text in This Class? The Authority of Interpretive Communities* (Cambridge, Mass.: Harvard University Press, 1980), p. 3.

71. Ibid., p. 12.

72. Ibid., p. 3.

no se ponen en ejecución después de la lectura; son la forma de la lectura, y como son la forma de la lectura, dan forma a los textos, haciéndoles, en lugar de surgir de ellos como se suele asumir.[73]

Sin embargo, Fish introduce la comunidad como un factor que él cree que es objetivo. Un lector individual no es libre para encontrar cualquier cosa en el texto, porque está constreñido por la comunidad de la que forma parte. Dice: "ellos [los significados] no serán subjetivos porque ese punto de vista siempre será social o institucional."[74]

La mayoría de los críticos y hermeneutas no han ido más allá de Fish en su enfoque hacia el texto. Algunos han utilizado elementos de la teoría de la respuesta del lector, pero han seguido más de cerca el enfoque de Wolfgang Iser, al cual Fish criticó duramente.[75] Entre ellos están Susan Wittig[76] James L. Resseguie,[77] Robert Fowler,[78] Jouette M. Bassler[79] y Alan Culpepper.[80] En algunos casos, como en la obra de Culpepper, el enfoque de la respuesta del lector es uno de los varios elementos dentro de la metodología interpretativa.

Algunos eruditos del Nuevo Testamento han empezado a dar más crédito a la crítica más radical de la respuesta del lector de Fish y de otros como Jeffrey Stout.[81] Uno de estos es Stephen Fowl. Él señala que el enfoque usual en la interpretación bíblica es encontrar el significado del texto. Recurriendo al pensamiento de Fish y Stout, cree que la búsqueda del significado en los textos es fundamentalmente improductiva, porque la idea de lo que cuenta para el significado varía de forma tremenda, en parte dependiendo de dónde se realice el trabajo. Está de acuerdo con Stout en que no hay manera de juzgar entre los conceptos del significado del texto que están en competición, menos aún entre teorías de la interpretación.[82] Él por lo tanto recomienda que los que hacen

73. Ibid., p. 13.

74. Ibid., p. 335.

75. Stanley Fish, "Who's Afraid of Wolfgang Iser?" en *Doing What Comes Naturally: Change, Rhetoric, and the Practice of Theory in Literary and Legal Studies* (Oxford: Clarendon, 1989), pp. 68-86.

76. Susan Wittig, "A Theory of Multiple Meanings," *Semeia* 9 (1977): 75-105.

77. James L. Resseguie, "Reader Response Criticism and the Synoptic Gospels," *Journal of the American Academy of Religion* 52 (1984): 307-24.

78. Robert Fowler, *Loaves and Fishes: The Function of the Feeding Stories in the Gospel of Mark* (Chico, Calif.: Scholars, 1981).

79. Jouette M. Bassler, "The Parable of the Loaves," *Journal of Religion* 66 (1986): 157-72.

80. R. Alan Culpepper, *Anatomy of the Fourth Gospel: A Study in Literary Design* (Philadelphia: Fortress, 1983).

81. Jeffrey Stout, "What Is the Meaning of a Text?" *New Literary History* 14 (1982): 1-12.

82. Stephen Fowl, "The Ethics of Interpretation *or* What's Left over After the Elimination of Meaning," en *The Bible in Three Dimension: Essays in Celebration of Forty Years of Biblical Studies in the University of Sheffield* (Sheffield: Sheffield Academic Press, 1990), pp. 379-80.

los estudios bíblicos "abandonen discusiones sobre el significado y adopten la posición de Stout de resolver las disputas sobre el significado explicando estas disputas como intereses interpretativos."[83]

Otro que comparte esta orientación general es Stanley Porter, que lamenta lo que parece una falta de utilización de la metodología de la respuesta del lector por parte de los eruditos del Nuevo Testamento. Comparte el punto de vista de Fish de que buscar un contexto extralingüístico relacionado con las situaciones que hay tras el texto es imprevisible y por lo tanto decepcionante.[84] Critica a Petersen, Fowler, Resseguie, Staley y Culpepper, concluyendo que la crítica de la respuesta del lector...en los estudios del Nuevo Testamento...está rezagándose definitivamente de los desarrollos en el campo de la literatura secular."[85] A la luz de esas voces que se alzan y de la creciente influencia de formas incluso más radicales de interpretación, como la deconstrucción, podemos anticipar que la fuerza de una crítica de la respuesta del lector más radical crecerá en los próximos años. De hecho, parece que esto ha estado sucediendo desde el ensayo lastimero de Porter.

Algunos de los criterios de evaluación de cambiar el poner el significado en el texto a ponerlo en el lector se tratan en conexión con las discusiones sobre deconstrucción y posmodernismo en los capítulos 2 y 7. Sin embargo, es necesario señalar algunas de las implicaciones de este punto de vista. Los críticos de la respuesta del lector han llamado la atención de forma encomiable sobre lo que en realidad a menudo es el caso, que es que los intereses del lector afectan a la comprensión de lo que dice el texto. Sin embargo, en lugar de preguntar cómo se puede neutralizar o reducir esto, estos intérpretes trabajan desde esa diversidad como algo dado y cambian la localización misma del significado. No obstante, surgen varios problemas.

1. La cuestión del significado se aplica no sólo al texto bíblico, sino a todos los textos, incluyendo la discusión sobre el significado de la crítica de la respuesta del lector y el texto bíblico.

2. Este enfoque parece dividir las teorías del significado en formalistas o contextual-pragmáticas. No obstante Wittgenstein, rechazando lo absoluto del formalismo, no encuentra necesario moverse completamente hacia una posición como la de Fish. Dice: "No hay que decir: '*Debe* haber...' sino *mirar* a ver si hay."[86] En otras palabras, Fish parece ser culpable del mismo enfoque normativo hacia el lenguaje que caracterizaba al positivismo lógico.

83. Ibid., p. 380.

84. Stanley E. Porter, "Why Hasn't Reader-Response Criticism Caught on in New Testament Studies?" *Literature and Theology* 4 (1990): 278-92.

85. Ibid., p. 290.

86. Ludwig Wittgenstein, *Philosophical Investigations*, 3rd ed. (Oxford: Blackwell, 1967), sección 66.

3. El llamamiento a la comunidad no resuelve las tendencias inherentes al subjetivismo. La comunidad es sólo una visión más amplia del individuo. Desde luego, como señala Wittgenstein, en un nivel de sofisticación el individuo debe evaluar y escoger la comunidad de la que forma parte. De hecho, no ser ciudadano de una comunidad de ideas es lo que hace filósofo a un filósofo.[87]

4. Si se toma en serio, esta filosofía, que Thiselton llama "filosofía socio-pragmática," nunca podría ser más que una filosofía narrativa, contando la historia de una tradición filosófica particular. En teoría, este enfoque es únicamente una historia entre muchas. Sin embargo, como ha señalado Christopher Norris, hay un rechazo hacia otras historias de una naturaleza más definitiva o restrictiva: "Bajo las credenciales liberal-pluralistas, esta narrativa cierra muy cuidadosamente todas las salidas excepto la denominada 'James y Dewey.'"[88]

## Pautas para evaluar los métodos críticos

Hay algunas pautas que nos ayudarán a evitar sobreestimar la utilidad y lo decisivo de las metodologías críticas e impedir que adoptemos las inadecuadas.

1. Debemos estar en guardia contra las suposiciones que están en contra de lo sobrenatural. Por ejemplo, si lo milagroso (especialmente la resurrección de Jesús) no se considera histórico porque contradice nuestra experiencia uniforme actual, deberíamos ser conscientes de que sigue presente algo como la "serie continua cerrada" de Bultmann, según la cual todos los sucesos están unidos en una red causal.

2. Es necesario detectar la presencia del razonamiento circular. Los críticos que utilizan historias de los evangelios para que les ayuden a reconstruir el *Sitz im Leben* de la iglesia primitiva, y que después usan ese *Sitz im Leben* para explicar el origen de esas mismas historias, son culpables de esto.[89]

3. Deberíamos estar alerta ante las inferencias injustificadas. Una similitud de pensamiento a veces se cree que indica un origen común o una conexión causal. Identificar las circunstancias en que se enseñó una idea a veces se cree que excluye la posibilidad de que esta idea se haya enseñado en otras circunstancias. Se supone que Jesús nunca pronunció unas palabras que expresaran una creencia de la iglesia. Aquí estamos ante una premisa que podría ser: "Si se encuentra algo en las enseñanzas de la iglesia (o el judaísmo), no puede haber estado también

87. Wittgenstein, *Zettel* (Oxford: Blackwell, 1967), sección 455.

88. Christopher Norris, *The Contest of Faculties: Philosophy and Theory after Deconstruction* (London and New York: Methuen, 1985), p. 159.

89. M. D. Hooker, "On Using the Wrong Tool," *Theology* 75 (1972): 570-81.

en las enseñanzas de Jesús." Lo especial (lo que Perrin llama "disimilaridad"[90] y Reginal Fuller "lo distintivo"[91]) se considera el criterio de autenticidad. Pero esta suposición, cuando se pone al descubierto de esta manera, empieza a parecer bastante arbitraria e incluso improbable.

4. Debemos ser conscientes de la arbitrariedad y la subjetividad. Por ejemplo, los críticos de la redacción a menudo añaden un grado considerable de conclusión a sus reconstrucciones del *Sitz im Leben*, a sus explicaciones de las causas y orígenes. Sin embargo, estas conclusiones no se pueden verificar o comprobar por medios independientes. Una forma de evaluar la fiabilidad de un método sería aplicarlo a un escrito contemporáneo o reciente, en cuyo caso es posible dar por verdadero o por falso un análisis. C. S. Lewis se queja de que algunos de los análisis y explicaciones de sus escritos simplemente no concuerdan con los hechos actuales. Pero si sucede esto con los escritos de Lewis, ¿qué debemos pensar de algunas de las explicaciones de los orígenes de los elementos de los evangelios? Como dice Lewis, Marcos está muerto. Las conclusiones de sus críticos realmente no se pueden comprobar.[92]

5. Deberíamos estar alerta a la presencia de suposiciones que asumen una relación antitética entre fe y razón. Por ejemplo, Perrin habla desde la idea de que la predicación de los primeros cristianos estaba interesada en la reminiscencia histórica y desde la "idea contraria" de que la predicación estaba motivada teológicamente.[93] Esto parece sugerir que hay un conflicto entre la motivación teológica (fe) y el interés y la preocupación histórica. Este conflicto aparente se refleja en la aguda distinción entre *Historie* y *Geschichte*. Y esto nos devuelve a la distinción de Søren Kierkegaard entre pensamiento objetivo y subjetivo; éste afirmaba que la cantidad de pasión interna o subjetividad es inversamente proporcional a la cantidad de evidencia objetiva o certeza.[94] Esta visión de la fe y la razón puede ser correcta (aunque no lo creo). Deberíamos de ser conscientes, no obstante, de que sólo es una suposición.

6. Es necesario señalar que en todos estos asuntos estamos tratando con probabilidades más que con certezas, y que si las posibilidades se fundamentan unas sobre otras se produce un efecto acumulativo en la conclusión. Por ejemplo,

90. Perrin, *Rediscovering the Teaching of Jesus*, pp. 15-49.

91. Reginald H. Fuller, *A Critical Introduction to the New Testament* (Naperville, Ill.: Alec R. Allenson, 1966), pp. 91-104.

92. C. S. Lewis, "Modern Theology and Biblical Criticism,Ì en *Christian Reflections* (Grand Rapids: Eerdmans, 1974), pp. 159-62. Ver también la devastadora crítica de Walter Kaufmann sobre "Quellenscheidung" y su parodia al analizar el Fausto de Goethe (*Critique of Religion and Philosophy*, pp. 377-88). Viniendo como viene de un escritor secular, la crítica de Kaufmann impresiona aun más que la de Lewis.

93. Perrin, *What Is Redaction Criticism?* p. 40.

94. Søren Kierkegaard, *Concluding Unscientific Postscript*, trad. D. F. Swenson y W. Lowrie (Princeton, N.J.: Princeton University Press, 1941), pp. 182ss.

si trabajamos con una premisa que tiene un porcentaje de posibilidad del 75%, la probabilidad de la conclusión es de un 75%. Sin embargo, si trabajamos con dos premisas de ese tipo, la probabilidad de la conclusión final es sólo del 56%; si trabajamos con tres, 42%, con cuatro, 32%. En mucha de la crítica de la redacción hay toda una serie de premisas de ese tipo, cada una dependiendo de la anterior y por lo tanto con una probabilidad descendente. Se debería tener en mente esto al evaluar las conclusiones de la crítica de la redacción.

Debería quedar claro que la crítica bíblica no necesita ser negativa en sus resultados. Cuando se formula el método utilizando suposiciones que están abiertas a la posibilidad de lo sobrenatural y de la autenticidad de los materiales, y cuando los criterios aplicables no son más severos que para otras áreas de la investigación histórica, se dan resultados muy positivos. Así Joachim Jeremias dice que el lenguaje y el estilo de los evangelios sinópticos muestran "tanta fe y respeto hacia la tradición de las enseñanzas de Jesús que justifica que podamos enunciar el siguiente principio de método: En la tradición sinóptica se debe demostrar la no autenticidad, en lugar de la autenticidad, de las enseñanzas de Jesús."[95] Esto, por supuesto, descansa en una suposición de la fiabilidad de las fuentes, pero esta suposición, cuando se contrasta con los datos, demuestra ser más sostenible que la alternativa.

La crítica bíblica, pues, si se utiliza con cuidado y se basa en suposiciones que son coherentes con la total autoridad de la Biblia, puede resultar un medio útil para arrojar más luz sobre el significado de las Escrituras. Y aunque la Biblia no necesita satisfacer los criterios de autenticidad de la crítica bíblica para ser aceptada como fiable, cuando satisface estos estándares, tenemos una confirmación adicional de su fiabilidad.

95. Joachim Jeremias, *New Testament Theology* (New York: Scribner, 1971), vol. 1, p. 37.

# 5. Contemporizar el mensaje cristiano

## Objetivos del capítulo

Al finalizar este capítulo, debería ser capaz de:

- Apreciar los cambios en la cultura, que se han acelerado en los últimos años.
- Analizar y describir los elementos del cristianismo que son eternos e inalterables y contrastarlos con los que son expresiones temporales.
- Comparar y contrastar diferentes enfoques para contemporizar la teología y diferenciar los valores que hay en cada uno de ellos.
- Determinar que el objetivo esencial de la teología es la identificación de las verdades y las doctrinas centrales del cristianismo y colocarlas en su contexto cultural.

## Resumen del capítulo

El mundo de la Biblia y el actual son muy diferentes. Es importante expresar el mensaje del evangelio de forma que pueda ser entendido en el mundo actual. Muchos teólogos han intentado hacer esto para que el mensaje sea aceptable para el pensamiento moderno. Algunos teólogos no sólo han cambiado la forma de la expresión, sino también su sustancia. El objetivo de contemporizar el mensaje cristiano es retener el contenido y la doctrina bíblica a la vez que se hace más comprensible el mensaje hoy en día. Se presentan cinco criterios para evaluar la integridad del mensaje.

## Cuestiones de estudio

1. ¿Cómo respondería al intento de Rudolf Bultmann de desmitologizar el cristianismo en el mundo moderno?
2. Nombre y describa brevemente los elementos permanentes del cristia-

nismo que el autor menciona y explique qué los hace esenciales para el cristianismo.

3. Compare y contraste el punto de vista transformador con el punto de vista traductor en la contemporización de la teología hoy en día.
4. ¿Qué criterios se utilizan para identificar la esencia de una doctrina?

El reto de la obsolescencia
El elemento permanente en el cristianismo
    Una institución
    Actos de Dios
    Experiencias
    Doctrinas
    Un modo de vida
Dos enfoques para contemporizar la teología
    Transformadores
    Traductores
Criterios de permanencia
    Constancia en todas las culturas
    Situación universal
    Factor permanente reconocido como base
    Vínculo indisoluble con una experiencia considerada esencial
    Posición final dentro de la revelación progresiva

## El reto de la obsolescencia

Un problema de especial preocupación para el teólogo, y por supuesto para toda la iglesia cristiana, es la diferencia aparente entre el mundo de la Biblia y el mundo actual. No sólo la lengua y los conceptos, a veces también todo el marco de referencia parece ser muy diferente. Empezamos este capítulo describiendo una visión extrema de esta diferencia.

Rudolf Bultmann convulsionó el mundo teológico en su ensayo "Nuevo Testamento y Mitología."[1] En él, observa que el Nuevo Testamento nos da un punto de vista mítico del mundo. Esto se ve de forma más obvia en su concepción de cosmología. Según Bultmann, el Nuevo Testamento concibe el mundo esencialmente como una estructura de tres niveles, arriba está el cielo con Dios y los ángeles; en el medio está la tierra donde viven los humanos; y abajo el infierno con el diablo y sus demonios. Incluso en la tierra, lo que ocurre no son solamente sucesos naturales. También se producen milagros. Dios aparece, y sus ángeles comunican mensajes y ayudan al hombre. Los demonios del reino inferior afligen a los seres humanos, creando enfermedades y otros infortunios, incluso tomando posesión de ellos en algunos momentos.

1. Rudolf Bultmann, "New Testament and Mythology," en *Kerygma and Myth*, ed. Hans Bartsch (New York: Harper & Row, 1961), pp. 1-44.

Dios puede inspirar los pensamientos humanos o guiar sus acciones. Puede darles visiones celestiales. Puede darles el poder sobrenatural de su Espíritu. El mundo es el campo de batalla en el que está teniendo lugar una gran batalla o combate entre las fuerzas del bien y del mal. Pero pronto llegará el momento en que esta batalla terminará en un gran cataclismo. Habrá infortunios apocalípticos después de los cuales el Juez vendrá del cielo, los muertos resucitarán y tendrá lugar el juicio final y todos llegarán a su estado final, la salvación o la condenación eterna.[2]

Según Bultmann, este punto de vista mitológico del mundo era el punto de vista general en la época en la que se escribió la Biblia. Se puede encontrar en la apocalíptica judía y en los mitos redentores de los gnósticos. En otras palabras, no hay nada especial en la cosmología bíblica. La Biblia sólo refleja la perspectiva del siglo primero. Como tal, sus ideas sobre estos asuntos han quedado obsoletas para nosotros hoy en día.[3]

Bultmann asegura que la idea del universo de los tres niveles hoy en día es insostenible. Copérnico ha hecho posible esto para cualquier persona consciente, viva e inteligente de nuestro tiempo, o, incluso, para cualquier tiempo desde la época de Copérnico. Para la gran mayoría de personas que viven en el mundo actual no se sostiene la antigua idea de que la tierra es plana y tiene cuatro esquinas. Lo mismo ocurre con la idea de que la posesión demoníaca es lo que causa las enfermedades. La medicina moderna nos ha demostrado que las enfermedades son causadas por bacterias y virus, no por la posesión demoníaca. Con nuestra nueva comprensión de las causas naturales, los milagros del Nuevo Testamento ya no se consideran milagrosos, así como la idea de la ascensión de Jesucristo a los cielos ha desaparecido junto con el mito de los tres niveles del universo.[4] La escatología bíblica mítica también es insostenible, y por ninguna otra razón más que el hecho de que la segunda venida de Cristo no se ha producido. Si esperamos un final del universo tal como lo conocemos, éste será mediante una catástrofe, como un holocausto nuclear, en lugar de con la mítica venida de Cristo. Es imposible tomar literalmente esos mitos. Lo que Bultmann sugiere es que los reinterpretemos.[5]

Si Bultmann pone objeciones lógicas a mantener lo que él considera mitos pasados de moda, también existe una dificultad psicológica. El cristiano medio, incluso el que asiste a la iglesia regularmente, vive en dos mundos distintos. El domingo por la mañana, desde las once hasta el mediodía, esa persona vive en

2. Ibid., pp. 1-2. Por mito Bultmann entiende una imagen que los humanos extraen del mundo percibido para tratar de expresar su forma de entenderse a sí mismos y a los poderes espirituales invisibles.

3. Ibid., p. 3.
4. Ibid., p. 4.
5. Ibid., p. 5.

un mundo donde las hachas flotan, los ríos se detienen como si estuvieran embalsados, los burros hablan, la gente camina sobre el agua, los muertos vuelven a la vida incluso días después de haber muerto y un niño nace de una madre virgen. Pero durante el resto de la semana, el cristiano se mueve en un ambiente muy distinto. Aquí la tecnología, la aplicación de los descubrimientos científicos modernos es la norma. El creyente sale de la iglesia conduciendo un automóvil moderno, con transmisión automática, dirección asistida, servofrenos, radio AM-FM, aire acondicionado y otros aparatos y llega a una casa de similares características. En realidad los dos mundos chocan. En el mundo cristiano bíblico, cuando la gente está enferma se ora pidiendo una curación divina, pero en este mundo secular, sin embargo, se va al médico. ¿Durante cuánto tiempo se podrá mantener esta esquizofrenia?

## El elemento permanente en el cristianismo

Bultmann sostiene que los conceptos pasados de moda pueden y deben cambiarse, pero que haciéndolo no perdemos la originalidad del cristianismo. Todavía es cristianismo. Pero, de hecho ¿ha perdido la esencia de la religión al hacer esto? Debemos hacernos la pregunta: ¿qué tenemos que retener para mantener un cristianismo genuino o para seguir siendo genuinamente cristianos? Diferentes teologías y segmentos del cristianismo han sugerido distintas respuestas sobre cuál es el elemento permanente del cristianismo: (1) una institución, (2) actos de Dios, (3) experiencias, (4) doctrinas, (5) un modo de vida.

### *Una institución*

Una primera respuesta es que el elemento permanente en el cristianismo es el institucional. Quizá la forma más pura de esta respuesta es el punto de vista de la tradición católica romana. Según este punto de vista, Dios ha hecho de la iglesia la depositaria última de la verdad. La revelación terminó cuando el último apóstol murió. Desde entonces la iglesia no ha añadido más contenido a la revelación, sino que ha aclarado o definido lo que ha sido revelado. Ha añadido nuevos dogmas, pero no nuevas revelaciones. La iglesia, como sucesora de los apóstoles, a los que se les confió la verdad, tiene autoridad para promulgar estos nuevos dogmas exponiéndolos e interpretándolos de forma infalible. En consecuencia, la iglesia es el factor constante. La verdad que hay que creer es la enseñanza actual de la iglesia. Aunque el dogma puede crecer y modificarse, la iglesia permanece constante.[6]

6. "Dogma," en *New Catholic Encyclopedia* (New York: McGraw-Hill, 1967), vol. 4, pp. 947-48.

### Actos de Dios

Otra respuesta que se ha dado en los últimos años es que el elemento permanente del cristianismo son una serie de eventos históricos especiales o actos poderosos de Dios. Esta es la posición tomada por la escuela de pensamiento de la "teología bíblica" o "Heilsgeschichte."[7] La mayoría de los relatos bíblicos no tienen por qué ser precisos o normativos, ya que la Biblia contiene mucho más que esos actos especiales de Dios. La religión bíblica está formada por la respuesta de los seres humanos a los actos de Dios. Por lo tanto, la mayoría de las narraciones son meras interpretaciones que el pueblo del pacto ha hecho sobre lo que ellos creían que había hecho Dios. El gran evento del Antiguo Testamento, el gran acto de Dios, es el éxodo. Los sucesos relatados que precedieron al éxodo son las interpretaciones de los hebreos sobre su pasado basándose en la fe conseguida gracias al éxodo. No son tanto historias literales sobre lo que Dios hizo como parábolas que expresaban la fe de los hebreos. Representan lo que los hebreos esperaban que hubiera hecho el tipo de Dios que ellos habían experimentado. De la misma manera, lo que se dice sobre el postéxodo se tiene que entender como su interpretación de sucesos subsecuentes a través de la perspectiva de la fe que ellos habían conseguido gracias al éxodo. Vieron la mano de Dios obrando en todo tipo de sucesos.

Para esta escuela de pensamiento hay, en efecto, dos actos de Dios: el éxodo en el Antiguo Testamento y el "evento cristológico" en el Nuevo. Por lo tanto, la Biblia no es tanto un relato de los actos de Dios como la religión de los hebreos. Se ha producido un cambio sutil. El énfasis ya no está en Dios como sujeto de los verbos de la Biblia, sino en la fe religiosa de los hebreos y en el pensamiento de los hebreos como los sujetos de los verbos en los libros modernos sobre el significado de la Biblia. Como señala Langdon Gilkey en un artículo clásico, el cambio se encubre poniendo los verbos en forma pasiva ("fue visto" o "fue creído," es decir, por los hebreos).[8]

Según esto, son los actos de Dios, no los relatos bíblicos, el elemento permanente y autoritativo en el cristianismo. Aquí la distinción entre la teología bíblica, tal como la creían los hebreos, y la teología sistemática, tal como la creemos nosotros, es crucial. Gilkey ve este enfoque como un punto de vista que por una parte es medio liberal y moderno, y por otra, medio bíblico y ortodoxo.[9] Los que lo defienden dicen que al desarrollar en la actualidad nuestra

7. G. Ernest Wright y Reginald H. Fuller, *Book of the Acts of God* (Garden City, N.Y.: Doubleday, 1959); Bernhard Anderson, *Understanding the Old Testament*, 3rd ed. (Englewood Cliffs, N.J.: Prentice-Hall, 1975).

8. Langdon Gilkey, "Cosmology, Ontology, and the Travail of Biblical Language," *Journal of Religion* 41 (1961): 194-205.

9. Ibid., pp. 198, 194.

teología o, si se quiere, nuestra religión, tenemos que mantener estos actos de Dios como normativos. Sucedieron de una vez y para siempre. Por otra parte, las interpretaciones que se dieron a los eventos anteriores y posteriores pueden reemplazarse libremente con interpretaciones actualizadas.

### *Experiencias*

Otra respuesta es que las experiencias perdurables son la esencia, el factor permanente, del cristianismo. Aunque las creencias doctrinales pueden cambiar, la gente de todos los periodos de tiempo tienen las mismas experiencias. Un ejemplo notable de esa experiencia es la esperanza universal de inmortalidad. Harry E. Fosdick considera la idea bíblica de la resurrección del cuerpo como la manera en que la personas que vivían en aquel tiempo dieron expresión a su esperanza de inmortalidad. Dada la concepción de los hebreos sobre el Seol, un lugar justo debajo de la superficie de la tierra donde los muertos soportan una existencia vacía y sin sentido, no es de extrañar que la gente esperase regresar a la tierra, resucitar del Seol.[10] Hay que añadir a esto la influencia del zoroastrismo, que durante el exilio se convirtió en el molde en el que los hebreos vertieron su esperanza de una vida más allá de la muerte. Por lo tanto, la esperanza de que la muerte no sea el final empezó a tomar la familiar forma de un estado intermedio entre la muerte y el juicio final, una resurrección general de los justos y los impíos, un juicio y la designación de esos cuerpos-almas al cielo o al infierno. Aunque el Nuevo Testamento hace nuevas modificaciones, todavía presenta este punto de vista básico.[11]

Fosdick encuentra la idea de una resurrección del cuerpo exageradamente materialista. Desde su punto de vista no es necesario preservar esta doctrina particular, sino más bien retener la experiencia perdurable de la cual surge, y a la que satisface. Esta experiencia es la esperanza de la vida futura, esperanza que se puede mantener con un "marco mental" diferente. Fosdick es consciente de que está cambiando la forma de entender la doctrina o los conceptos, pero esto para él carece de importancia, ya que son sólo formas transitorias de expresar convicciones y experiencias permanentes.[12] La esperanza de la inmortalidad se puede preservar mientras que se sustituye la idea de la resurrección del cuerpo por un entendimiento doctrinal diferente. El nuevo entendimiento que él propone es la inmortalidad del alma. Este punto de vista particular fue propuesto por Orígenes. Fosdick mantiene que con esta concepción él y otros como él han dado consuelo a los afligidos, han ayudado a sobrellevar con paciencia y gozo la edad madura, y han hecho que merezca más la pena

10. Harry E. Fosdick, *The Modern Use of the Bible* (New York: Macmillan, 1933), p. 99.
11. Ibid., p. 100.
12. Ibid., p. 101.

que la juventud luche por tener un carácter íntegro. Esta concepción ayuda a clarificar la experiencia universal de los antiguos hebreos y los cristianos contemporáneos.[13]

### Doctrinas

Algunos afirman que lo permanente y lo que no cambia en el cristianismo son una serie de doctrinas que se presentaron en los tiempos bíblicos y que continúan en el presente. A diferencia de Fosdick, los que mantienen este punto de vista insisten en que las concepciones modernas no pueden sustituir a las doctrinas bíblicas. J. Greshan Machen fue un claro defensor de este punto de vista. Él prestó particular atención al intento de separar las enseñanzas éticas de Jesús de la doctrina que la acompañaba. Algunos, por ejemplo, han mantenido que los discípulos de Jesús, al basar su fe en el evento de la vida y la muerte de Jesús, fueron más allá de lo que él pretendía. Según esta visión, Jesús simplemente proclamó un reino de Dios sin hacerse él mismo objeto de creencia. Él no se consideraba a sí mismo el Mesías. Sin embargo, esta teoría ha demostrado ser insostenible.[14] Aunque William Wrede y Adolf von Harnack reconstruyeron un Jesús que no se creía a sí mismo un mesías, lo hicieron mediante una cuidadosa selección de pasajes. Sin embargo, a pesar de la cuidadosa selección de ciertas porciones como el sermón del monte, todavía existe un problema inextirpable. Ya que, incluso aquí, cuando Jesús habla del tipo de comportamiento que debe caracterizar a los ciudadanos del reino, hay un enfoque peculiar. Mientras que los profetas decían "Ha dicho Jehová," Jesús anunció: "Yo os digo." Evidentemente él se consideraba alguien que tenía el derecho de reemplazar la ley y además basándose en su propia autoridad.[15]

Vamos a desviarnos de estas consideraciones por el momento, dice Machen, y veamos qué pasa si construimos un cristianismo que retenga y practique sólo las enseñanzas éticas de Jesús. En algunos casos la regla de oro podría funcionar para el mal en lugar de para el bien. Tomemos el ejemplo de alguien que quiere dejar el alcohol. Sus antiguos compañeros de borrachera, si siguen la regla, le ofrecerán una copa, porque es lo que ellos quieren que los demás hagan por ellos. Por lo tanto la regla de oro se convierte en un poderoso obstáculo en el camino del avance moral. Sin embargo, el problema aquí no está en la regla, sino en la interpretación de su ámbito. Como el resto del sermón del monte, la regla de oro no iba dirigida al mundo entero. Jesús pretendía que la practicasen los discípulos, ciudadanos del reino de Dios. (Aquí entramos en el campo de

13. Ibid., p. 103.

14. J. Gresham Machen, *Christianity and Liberalism* (Grand Rapids: Eerdmans, 1923), p. 34.

15. Ibid., p. 36.

la doctrina). Ellos son personas que han pasado por una transformación moral y espiritual. Si ellos les hacen a los demás lo que quieren que los demás hagan por ellos, harán lo correcto, porque las cosas que desean recibir de los demás serán virtuosas y puras. Y además de esto, la habilidad de hacer a otros lo que uno quiere para sí presupone una transformación y una infusión del poder espiritual. Las enseñanzas éticas no son suficientes sin la realidad que expone la doctrina subyacente tras la regla de oro.[16] Tampoco las experiencias de las que habla Fosdick con tanto entusiasmo son realmente posibles sin las verdades doctrinales que las garantizan.

### Un modo de vida

Una visión final identifica el elemento permanente como un modo de vida particular, o en otras palabras, una ética particular. Siguiendo la dirección señalada por Immanuel Kant y más tarde por Albrecht Ritschl, los que sostienen este punto de vista ven que la esencia de la religión está más en el comportamiento que en la creencia. Walter Rauschenbusch fue uno de los exponentes principales de este punto de vista.

Para determinar la naturaleza y el propósito real del cristianismo, observa Rauschenbusch, debemos verlo en su forma más pura y menos pervertida tal como estaba en el corazón de Jesucristo, ya que ha sido modificado de manera significativa a lo largo de la historia de la iglesia. La forma de entender y expresar el cristianismo que tenía Jesús se puede resumir en la sencilla frase "el reinado de Dios." Era el centro de sus parábolas y profecías. Era la base de todo lo que hacía. Es el primer y más esencial dogma de la fe cristiana. El reinado de Dios es el ideal social perdido del cristianismo. Lo que está pidiendo Rauschenbusch es una renovación del propio espíritu de Jesús y sus objetivos.[17]

La enseñanza de Jesús en lo que se refiere al reinado de Dios en los corazones humanos no era algo nuevo y sin precedentes, según Rauschenbusch. Él lo único que hacía era continuar y elaborar el énfasis que los profetas ponían en la justicia personal y social.[18] Jesús se oponía a los conceptos populares en los puntos en que entraban en conflicto con estos ideales. Lo que él proponía era un reino de Dios en la tierra; nunca lo mencionó en conexión con el cielo.[19] Esta preocupación por la justicia, la igualdad social y la democracia fue el centro de la enseñanza y la práctica de Jesús y también debería ser el nuestro.

16. Ibid., pp. 37-38.

17. Walter Rauschenbusch, *Christianizing the Social Order* (New York: Macmillan, 1919), p. 49.

18. Ibid., pp. 50ss.

19. Ibid., p. 66.

## Dos enfoques para contemporizar la teología

Debería resultar aparente, desde el punto de vista de la religión adoptada en el primer capítulo, que el contenido doctrinal es un componente importante en el cristianismo, y que por lo tanto debe conservarse. Para nuestros propósitos en esta obra, se considerará como el elemento permanente más importante, un componente necesario, pero no suficiente del cristianismo. Pero si vamos a mantener la pertinencia de la religión cristiana, en este punto debemos introducir una preocupación adicional: cómo contemporizar la teología.

Los que creen que las creencias cristianas son importantes, pero necesitan ser expresadas de forma contemporánea siguen dos enfoques diferentes. (En esta sección no tomaremos en cuenta a las personas que no consideran los conceptos de gran importancia y que por lo tanto se muestran indiferentes a lo que se haga con ellos). Resulta útil la clasificación realizada por William Hordern. Denomina a estos dos enfoques como los traductores y los transformadores.[20] Los traductores son teólogos que sienten la necesidad de reexpresar el mensaje de una forma más inteligible, pero que intentan retener el contenido, como se hace cuando se traduce de un idioma a otro. Sin embargo, los transformadores, como su nombre indica, están preparados para hacer cambios más serios en el contenido del mensaje para relacionarlo con el mundo moderno. Examinaremos primero este punto de vista más radical.

### *Transformadores*

Los transformadores están convencidos de que el mundo ha sufrido un gran cambio desde los tiempos bíblicos. Ya estén pensando en las transformaciones tecnológicas de los últimos años o en los cambios más grandes en la ciencia básica en este siglo y antes, el mundo de hoy ya no es el mundo en el que surgió y creció el cristianismo. Es más, las creencias cristianas como tal están tan inseparablemente unidas a la antigua cosmovisión que no se pueden mantener independientemente de ella. En otras palabras, las creencias son la variable dependiente, el medio intelectual más amplio la variable independiente. Realmente no hay posibilidad de retener las creencias sólo enunciándolas de nuevo o modernizándolas.

Los liberales adoptan esta postura. Aunque algunos han preferido la etiqueta de *modernistas*, viéndose a sí mismos como los actualizadores de las viejas creencias, no consideran que la esencia del cristianismo esté realmente unida a las doctrinas particulares que tenían los antiguos creyentes. Por lo tanto, no es necesario conservar o preservar esas doctrinas.

Los transformadores también creen que la humanidad ha cambiado radicalmente con el paso del tiempo. Mientras que en cierto momento el mensaje

20. William Hordern, *New Directions in Theology Today*, vol. 1, *Introduction* (Philadelphia: Westminster, 1966).

puede haber sido adecuado y útil para los humanos además de ser aceptable para ellos, ahora son tan distintos, su misma naturaleza está tan alterada, que el mensaje caerá en oídos sordos o incluso será rechazado.[21]

Como la verdad se considera en gran medida relativa, la humanidad de hoy es el juez de lo que es correcto e incorrecto. En ningún sentido se tiene la idea de que una revelación de Dios pueda ser fuente y criterio de la verdad. Por lo tanto, no hay nada normativo fuera de la experiencia humana, nada que pudiera enjuiciar las ideas humanas. Si tiene que producirse alguna alteración para que haya coherencia entre el cristianismo tradicional y el pensamiento de la gente actual, es la doctrina cristiana la que tiene que cambiar, no el humano. Relevancia es la palabra clave, en lugar de autoridad. Las fuentes de las que se extrae el contenido del cristianismo serían mucho más amplias que en el cristianismo tradicional. Tendrían que consultarse no sólo algunos documentos sagrados, sino toda la gama de la literatura, la filosofía y las ciencias para informar la creencia cristiana.

Un caso claro del enfoque transformador es la teología de la muerte de Dios, que tuvo una vida breve pero espectacular a mediados de los años 60. Era una teología característicamente americana, aunque tuvo paralelismos, como el pensamiento de John A. T. Robinson en Inglaterra. Los representantes más conocidos del movimiento fueron Thomas J. J. Altizer, William Hamilton y Paul Van Buren. El mismo nombre del movimiento indica lo radicalmente dispuestos que estaban estos hombres a llevar a cabo su objetivo de transformación del mensaje cristiano. Incluso abandonarían la creencia tradicional de Dios si fuera necesario. Desde luego ninguna creencia podría ser más básica que la de Dios.

Estos teólogos encontraron la concepción de Dios insostenible. Para algunos, la muerte de Dios significaba la irrealidad de la idea de Dios o de la palabra *Dios*. Paul van Buren, siguiendo el método de la filosofía analítica, pensaba que el concepto no tenía significado en un mundo de orientación empírica.[22] En parte, todo esto era resultado de lo que los teólogos de la muerte de Dios consideraban como la quiebra del punto de vista neoortodoxo de la revelación.[23] Según la neoortodoxia, a Dios no se le conoce a través de su naturaleza o de las experiencias disponibles general y universalmente para toda la gente, sino a través de y en su encuentro personal con el ser humano. Pero este encuentro, que no se puede controlar o forzar, parece que había dejado de producirse según los teólogos de la muerte de Dios. Parece haber una ausencia de la presencia de

21. Ibid., pp. 141-142.

22. Paul Van Buren, *The Secular Meaning of the Gospel* (New York: Macmillan, 1963).

23. William Hamilton, "The Death of God Theologies Today,Ì en Thomas J. J. Altizer y William Hamilton, *Radical Theology and the Death of God* (Indianapolis: Bobbs-Merrill, 1966), p. 27.

Dios. Es más, la capacidad cotidiana de experimentar a Dios parece haberse agotado para mucha gente moderna. Algunos cristianos encuentran a Dios significativamente en ciertos lugares. Un tranquilo santuario, las vidrieras, un órgano que toca cierto tipo de música evoca muchos sentimientos religiosos en mucha gente, sólo por su respuesta condicionada hacia esos estímulos. Algunas personas no pueden oír o cantar "Cuán grande es Él" sin sentir piedad. Sin embargo, muchas personas de hoy en día no tienen ese tipo de respuesta. Nunca han tenido este tipo de experiencia. Por lo tanto, los teólogos de la muerte de Dios concluyeron que "el sentido de la presencia de Dios" es más un fenómeno psicológico que religioso.

Aquí también tenemos el problema de lo que Dietrich Bonhoeffer llamó "un mundo que ha alcanzado la mayoría de edad." En el pasado, Dios era la respuesta a los rompecabezas y la solución a los problemas. Cualquier cosa que no se podía explicar se pensaba que estaba causada por Dios. Esto dio lugar a la expresión el "dios de las brechas." Las brechas son las lagunas en el conocimiento humano. Sin embargo, como el conocimiento ha aumentado, el lugar de Dios como principio explicatorio ha menguado. Él se ha ido retirando primero de una isla y luego de otra. La Geología, la Biología y la Psicología cada una en su momento han desplazado a Dios. La otra función típica desempeñada por Dios, la solución de los problemas, también ha tendido a evaporarse. En los tiempos bíblicos si la mujer de un hombre era estéril, se ofrecían oraciones a Dios para que "abriese su matriz" y que así pudiesen nacer hijos. Sara y Ana son dos ejemplos bíblicos notables. En nuestros días, la mujer va al ginecólogo, que le receta píldoras para la fertilidad; y nace un niño (o varios). En la Biblia si había una sequía, las personas oraban para que Dios enviase lluvia y llovía. Hoy, los científicos buscan una nube que tenga cierta humedad, vuelan sobre ella y le echan yoduro de plata o algo similar y ¡la lluvia cae! Parece que Dios se ha quedado sin empleo. El puesto que tradicionalmente ocupaba Dios en la experiencia humana ahora lo ocupan otros. No se le necesita como parte del mundo, y en consecuencia el concepto de Dios no tiene sentido para los seres humanos.[24]

Sin embargo, hay que añadir algo al problema. La dificultad actual de los seres humanos no es sólo la ausencia de la experiencia de Dios.[25] Es la experiencia de la ausencia de Dios. El problema del mal es real y serio. Ver lo destructiva que puede ser la naturaleza preocupa a la gente que cree en un ser divino todopoderoso. Y más allá de esto está el problema del mal moral. La crueldad humana y la indiferencia hacia los demás es asombrosa. Si Dios es realmente Dios, si es todopoderoso y puro amor, sin duda desearía evitar este tipo de mal en el

24. Ibid., pp. 35-36, 39.
25. Ibid., p. 25.

mundo y podría hacerlo. La continua presencia del mal en ambas formas parece argumentar de forma evidente en contra de la existencia de tal Dios.

Thomas Altizer enfrenta el problema de una manera más subjetiva, casi con un enfoque místico. Él resalta no tanto el hecho de dejar de experimentar a Dios, como la muerte del Dios primordial o trascendente. Este Dios ha sufrido voluntariamente una transformación que va desde un ser externo al mundo que ocasionalmente obra en él, a un ser totalmente inmerso en los procesos de este mundo. Mientras que la encarnación en la teología ortodoxa se ha considerado como el acto de la venida Dios para hacerse uno con la raza humana, para Altizer no es más que un símbolo, sólo una venida más de toda una serie de ellas. A través de la historia Dios ha estado viniendo hacia la humanidad. El proceso ahora se ha completado. La muerte de Dios es por lo tanto el suicidio del Dios primordial y el nacimiento de un Dios inmanente.[26]

Lo que recomendaron los teólogos de la muerte de Dios es toda una fe secular. En lugar de encontrar a Dios de una manera trascendente, en actos de alabanza y oración, este movimiento proponía encontrarle de nuevo en la acción, como en la implicación en el movimiento de los derechos humanos.[27]

### *Traductores*

Para los traductores, los transformadores no han reexpresado el mensaje, sino que lo han cambiado por otro. Un cristianismo sin Dios, o al menos sin un Dios trascendente, y sin un lugar cualitativamente especial para Jesucristo, no merece la pena que siga siendo denominado cristianismo. Los traductores comparten con los transformadores el deseo de hablar un lenguaje fresco e inteligible para el mundo moderno. Sin embargo, enfatizan con mucha más fuerza la necesidad de dejar claro que es el mensaje autoritativo el que se tiene que expresar. Uno de sus objetivos es retener el contenido básico del mensaje. En este sentido los traductores son conservadores. Otro objetivo es poner el mensaje en una forma nueva, hablar el lenguaje del oyente. Al igual que uno no pensaría en predicar un sermón en griego bíblico a gente que no entiende ese idioma, también es crucial alejarse de las expresiones antiguas o no familiares y utilizar sinónimos sacados de la experiencia contemporánea. Los traductores intentan decir lo que la Biblia diría si se estuviera escribiendo en la situación actual.[28]

En los círculos cristianos conservadores parece haber un deseo real de hacer este tipo de esfuerzo. La popularidad de las paráfrasis de la Biblia testifica la percepción de esta necesidad. La versión *Dios habla hoy*, la *Biblia en lenguaje*

26. Thomas J. Altizer, *The Gospel of Christian Atheism* (Philadelphia: Westminster, 1966), pp. 102-12.

27. Hamilton, "The Death of God Theologies Today," pp. 37-42.

28. Hordern, *New Directions,* vol. 1, pp. 146-47.

*sencillo*, la versión de J.B. Philips, e incluso la versión Cotton Patch hacen que los eventos de la Biblia parezcan reales. Aunque los traductores bíblicos y los exégetas con frecuencia censuran estas paráfrasis de la Biblia por ser traducciones pobres (desde luego nunca pretendieron ser traducciones), hoy en día las personas no especialistas con frecuencia las encuentran útiles y esclarecedoras. El éxito de las paráfrasis puede sugerir que los estudiosos bíblicos del pasado hicieron un trabajo mejor averiguando lo que significaba la Biblia para los oyentes originales que expresando lo que significa para el lector moderno.

Los traductores mantienen que el ser humano no es la medida de la verdad. Es Dios el que habla y los seres humanos los que están a prueba y no al revés. Si la transformación es necesaria, es el ser humano, no el mensaje, el que debe ser transformado. Aunque los traductores pretenden hacer el mensaje inteligible o comprensible, no esperan que sea aceptable según el criterio humano actual. Hay una dimensión inherente al mensaje que siempre será causa de ofensa para los no cristianos. El mensaje debe retar a la mentalidad contemporánea, no sólo acomodarse a ella.[29] Quizá incluso más ofensivo que las creencias de la Biblia son sus enseñanzas éticas. Esto parece cuestionar no sólo lo que uno cree, sino también lo que uno hace o lo que uno es. Ya sea doctrinal o ético en su naturaleza, el mensaje bíblico creará una fricción, una fricción que el teólogo y la iglesia no deberían intentar borrar.

El traductor debe distinguir cuidadosamente entre el mensaje y las interpretaciones y tradiciones que han surgido a partir de él. Estas últimas a veces se han hecho más influyentes que el mensaje mismo. De hecho, algunas personas son incapaces de distinguir entre la interpretación y el mensaje. Para ellos, cualquier intento de volver a exponer el mensaje parece una manipulación y una modificación o abandono del mensaje. Deben ser conscientes, sin embargo, de que los no cristianos puedan encontrar una interpretación particularmente desagradable y por ello rechazar el mensaje. No hay virtud, desde el punto de vista del traductor, en intentar preservar para siempre una manera de expresar un concepto. Las interpretaciones particulares son el auténtico tema de la teología histórica, lo que se ha creído, mientras que para la teología sistemática es lo que tenemos que creer.

Parte de la dificultad al contemporizar el mensaje surge del hecho de que la revelación bíblica sucede en una situación particular. Por lo tanto, el mensaje tiene una forma localizada. El problema está en detectar lo que simplemente era algo que había que creer y hacer en aquella situación, y lo que es de aplicación universal. Rápidamente vienen ejemplos a la mente: ¿el lavado de pies es una práctica que la iglesia debe continuar, de la misma forma que con el bautismo o la cena del Señor, o simplemente era algo adecuado a la situación bíblica? ¿La

29. Ibid., pp. 148-49.

forma del bautismo es tan esencial en el acto como para que debamos determinar e intentar preservar esa forma precisa que se usaba en los tiempos bíblicos? ¿Y qué hay del gobierno de la iglesia? ¿El Nuevo Testamento da la forma normativa que hay que seguir para siempre o sólo son sugerencias que podemos sentirnos libres de modificar si la necesidad lo requiere?

Surge una complicación adicional del hecho de que la Biblia no trata completamente los temas conectados con ciertas doctrinas. Al contemporizar el mensaje, ¿tenemos que limitarnos explícitamente a lo que dicen las Escrituras o podemos asumir que los escritores bíblicos si hubieran tenido que enfrentarse a los problemas más complejos a los que nosotros nos enfrentamos, habrían dicho algo más? Un ejemplo es la doctrina de la Trinidad, de la que no se habla de forma explícita o directa en ninguna parte de las Escrituras. Esto no quiere decir que no hubiera conceptos sobre la Trinidad en los tiempos bíblicos, pero la reflexión y la formulación de la doctrina no había progresado tanto como para que se expresara específicamente en las Escrituras. En consecuencia, en esta doctrina no tenemos un trabajo bíblico como el que Pablo nos ofrece sobre la doctrina de la justificación, por ejemplo.

Otra dificultad surge de la necesidad de relacionar la revelación bíblica con nuestro entendimiento actual más completo sobre la revelación general. Por ejemplo, Pablo enseñó con bastante claridad que todos los seres humanos son pecadores (habló de forma detallada de nuestra naturaleza corrupta y pecadora y la consiguiente culpabilidad ante Dios). Esto él de alguna manera lo atribuía a Adán y a su pecado (Ro. 5:12-21). Hoy la biología, la antropología, la psicología, la sociología y muchas otras disciplinas plantean nuevas preguntas sobre la naturaleza humana, el alma (incluso si existe o no) y la base de los rasgos personales. Si tuviéramos que relacionar la revelación bíblica con nuestra cultura moderna, tendríamos que enfrentarnos a preguntas que Pablo no tuvo que enfrentar. Si por inspiración él hubiera sido capaz de hablar de ellas, sus primeros lectores no habrían podido entenderle.

Algunas verdades bíblicas se expresan de forma incomprensible para la gente de hoy en día. Fíjese que estamos hablando de la forma de expresión de una verdad, no de su esencia. La doctrina de la providencia de Dios es la enseñanza de que Dios vigila y guía todo lo que es y lo que sucede. Para ilustrar esta verdad, la Biblia compara a Dios con el buen pastor que cuida sus ovejas; también señala que Dios protege los pájaros del aire, alimentándoles y protegiéndoles del peligro. En la actualidad, muchas personas que viven en las ciudades casi nunca ven pájaros y puede que nunca hayan visto pastores cuidando ovejas. Si tales personas tienen que tener una imagen concreta de la providencia, tendremos que seleccionar imágenes muy diferentes. ¿Cuál es la relación de la providencia de Dios con la cibernética o con la guerra nuclear, por ejemplo?

A veces se dice que debemos dar dos pasos si nuestro objetivo es preservar el contenido esencial, pero dando una forma contemporánea a las enseñanzas bíblicas: primero, debemos determinar qué se quería decir en el contexto original y después debemos decir lo que significa en la actualidad. Lo que se pretende es una traducción directa del significado desde la situación pasada a la actual. Esto es parecido al método de aprendizaje de los idiomas extranjeros que la mayoría de nosotros probablemente hemos experimentado.

En este método, aprendemos a qué equivale la palabra de un idioma en otro idioma. Los españoles que estén aprendiendo alemán aprenden que *der Stuhl* = la silla. Memorizamos esta equivalencia. Buscamos una palabra alemana en un diccionario Alemán-Español, para saber cuál es su equivalente. Pero el significado de *der Stuhl* no es "la silla," el verdadero significado es un objeto con un asiento, un respaldo y cuatro patas. "La silla" sólo es una particularización de ese significado en un idioma, el español, como *der Stuhl* es una particularización en alemán, *la chaise* en francés, *the chair* en inglés, etc. No estamos argumentando que el verdadero significado de der Stuhl sea "silla." Nos estamos refiriendo a un objeto particular. Nos estamos refiriendo al significado que este objeto tiene en común en todas las culturas. Tampoco estamos intentando argumentar a favor de una inspiración conceptual-dinámica (opuesta a la verbal).[30] El problema con este enfoque de aprendizaje del idioma es que sólo puede funcionar con dos idiomas específicos a la vez. Y cuando en cualquier idioma una palabra toma un significado distinto, la expresión de la verdad queda obsoleta.

Hay otro método de la enseñanza de idiomas, que se puede usar simultáneamente con gente que habla muchos idiomas distintos. Aquí el instructor no dice "*Der Stuhl* (o *la chaise*, o *the chair*) significa la silla." Él simplemente señala o toca una silla y dice "*der Stuhl*." (La clase por sus inflexiones y sus acciones entenderá que tiene que repetir la palabra). Toca la pared y dice "*die Wand.*" Mediante la demostración también se puede enseñar las palabras de distintas acciones. Los conceptos abstractos, de los cuales hay muchos en la teología, son más difíciles de expresar, pero también se pueden comunicar, una vez que se hayan entendido palabras y significados más concretos.

Hemos traído este segundo tipo de enseñanza del idioma a nuestra discusión de la metodología teológica para señalar un punto crucial. En el proceso de contemporizar una declaración bíblica, debemos introducir un paso intermedio entre determinar lo que significaba el contexto original y decir lo que significa hoy. Por lo tanto, el primer tipo de enseñanza del lenguaje es una metáfora inadecuada. Ya que tenemos que encontrar el significado esencial subyacente a todas las expresiones particulares de una enseñanza bíblica. Por lo tanto, si

30. Estos temas se discutirán más ampliamente en el capítulo 10.

la enseñanza bíblica es que Dios está en lo alto encima de la tierra, debemos descubrir su idea clave permanente, esto es, que Dios es trascendente. No está limitado a cierto punto dentro de la naturaleza. Más bien, está más allá de la naturaleza. No tiene el conocimiento limitado que tenemos nosotros. Su amor, su misericordia y otros atributos van más allá de lo que encontramos en los seres humanos. Hacer esta verdad comprensible hoy significa darle una expresión concreta, como se hizo en los tiempos de la Biblia. Obsérvese que no estamos dando un "equivalente dinámico" de la declaración bíblica. Lo que estamos haciendo en su lugar es dar una expresión concreta nueva a la misma verdad duradera que se transmitió en los tiempos bíblicos con términos e imágenes que entonces eran comunes.

## Criterios de permanencia

De lo anterior se puede deducir que la tarea realmente crucial de la teología es identificar las verdades atemporales, la esencia de las doctrinas, y separarlas de la forma temporal en que fueron expresadas, para poder crear una forma nueva. ¿Cómo podemos localizar e identificar este elemento permanente o esencia? En algunos casos, es bastante fácil, ya que la verdad atemporal se ha expresado como una declaración didáctica universal. Ejemplos de esto encontramos muchos en los Salmos. Uno se puede encontrar en el Salmo 100:5 "Porque Jehová es bueno; para siempre es su misericordia, y su fidelidad por todas las generaciones." En otros casos, la verdad atemporal debe extraerse de un pasaje narrativo o de una enseñanza que trate un problema particular. Hay varios criterios mediante los cuales se pueden identificar los factores permanentes o la esencia de la doctrina: (1) constancia en todas las culturas, (2) situación universal, (3) factor permanente reconocido como base, (4) vínculo indisoluble con una experiencia considerada esencial y (5) posición final dentro de la revelación progresiva.

### *Constancia en todas las culturas*

Somos conscientes de la variedad de culturas presentes en nuestro mundo actual y del gran espacio de tiempo que nos separa de los tiempos bíblicos. Lo que a veces olvidamos es que el periodo bíblico no estaba formado por un conjunto de situaciones uniformes. Las situaciones temporales, geográficas, lingüísticas y culturales que encontramos en las Escrituras canónicas varían mucho. Pasaron muchos siglos desde que se escribieron los primeros libros del Antiguo Testamento y los últimos del Nuevo. La situación cultural y geográfica va desde un ambiente de pastores en la antigua Palestina hasta el urbano de la Roma imperial. Hay diferencias entre la cultura y la lengua hebrea y griega, que, aunque a veces se exageran, no obstante son muy reales. Entonces, si hay constancia en las enseñanzas bíblicas de varias circunstancias, muy bien podemos estar en posesión de una constante cultural genuina o la esencia de la doctrina. Las variaciones se pueden considerar parte de la forma de la doctrina.

Un ejemplo de la constancia en todas las culturas es el principio de la expiación mediante sacrificios, y con él el rechazo de cualquier tipo de obras de justicia. Encontramos este principio presente en el sistema de sacrificios del Antiguo Testamento. También lo encontramos en las enseñanzas del Nuevo Testamento cuando habla de la muerte expiatoria de Cristo. Otro ejemplo es la centralidad de creer en Jesucristo, que elimina toda brecha entre judíos y gentiles. Pedro predicó esto a los judíos de varias culturas en Pentecostés en Jerusalén. Pablo lo declaró en un ambiente gentil al carcelero filipense (Hch. 16:31).

### *Situación universal*

Otro criterio para determinar la esencia de una doctrina es saber qué elementos se han expuesto de forma universal. El bautismo no sólo se menciona con referencia a unas situaciones específicas donde se practicó, sino también en la situación universal de la Gran Comisión: "Toda potestad me es dada en el cielo y en la tierra. Por tanto, id y haced discípulos a todas las naciones, bautizándolos en el nombre del Padre, del Hijo y del Espíritu Santo, y enseñándoles que guarden todas las cosas que os he mandado. Y yo estoy con vosotros todos los días, hasta el fin del mundo" (Mt. 28:18-20). En varias cosas podemos considerar esto como una situación universal: (1) la declaración de Jesús de que *toda* potestad le ha sido dada sugiere que, como él transfiere sus funciones y responsabilidades a sus discípulos, tiene en mente una tarea que seguramente tiene que continuar indefinidamente. (2) "Todas las naciones" sugiere una universalidad de cultura y lugar (cf. la comisión de Hechos 1:8 – "y me seréis testigos...hasta lo último de la tierra"). (3) Que Jesús estaría con ellos siempre, incluso hasta el fin del mundo, sugiere que esta comisión tripartita ha de aplicarse de forma permanente. Basándonos en este tipo de consideración, podemos concluir que el bautismo no sólo fue un fenómeno aislado, localizado en un tiempo y un lugar. Su aplicabilidad es permanente.

Por otra parte, el lavado de pies que aparece en Juan 13 no se expone de forma universal o general. Aunque Jesús dijo: "vosotros también debéis lavaros los pies los unos a los otros" (v. 14), no se dice nada sobre la duración de la práctica. Aunque dijo: "porque ejemplo os he dado para que, como yo os he hecho, vosotros también hagáis." (v. 15) no hay razón para creer que su ejemplo deba extenderse necesariamente de manera universal *en esta forma precisa*. No indica que la práctica se tenga que realizar de forma perpetua. La razón subyacente para esta acción aparece en su declaración sobre que el siervo no es más que su señor (v. 16). Lo que estaba intentando era transmitir a sus discípulos la actitud de un sirviente: humildad y deseo de poner a los demás por encima de uno mismo. En esa cultura lavar los pies de otra persona simbolizaba ese tipo de actitud. Pero en otra cultura, puede que haya otro acto más adecuado para expresar la misma verdad. Como encontramos enseñanzas sobre la humildad en todas las Escrituras sin mencionar el lavado de pies (Mt. 20:27; 23:10-12; Fil. 2:3), podemos concluir que la actitud de humildad y no el acto particular del lavado de pies como tal, es el componente permanente de la enseñanza de Cristo.

### Factor permanente reconocido como base

Una enseñanza particular basada en un factor permanente reconocido puede ser también permanente. Por ejemplo, Jesús basa sus enseñanzas sobre la permanencia del matrimonio en el hecho de que Dios los creó hombre y mujer y los hizo uno (Mt. 19:4-6, citando Gn. 2:24). El antecedente se asume como un acontecimiento único teniendo una significación permanente. De esto se deduce la naturaleza permanente del matrimonio. Lo mismo ocurre con el sacerdocio de todos los creyentes que se basa en el hecho de que el gran sumo sacerdote "traspasó los cielos" de una vez para siempre. Por lo tanto nosotros podemos "acercarnos al trono de la gracia confiadamente" (He. 4:14-16). Es más, como Jesús es sacerdote para siempre (He. 7:21, 24), podrá salvar perpetuamente a los que por él se acercan a Dios (v. 25).

### Vínculo indisoluble con una experiencia considerada esencial

En el punto de vista de Bultmann, la *Geschichte* de la resurrección (la renovación de la esperanza y la apertura al futuro que experimentamos) es independiente de la *Historie* (la cuestión de si Jesús realmente resucitó). Pero Pablo afirma que la experiencia depende de la resurrección de Cristo. Dice: "Y si Cristo no resucitó, vuestra fe es vana: aún estáis en vuestros pecados" (1 Co. 15:17). Si nuestra experiencia de la resurrección es real y permanente, la resurrección de Cristo debe ser un hecho, algo permanente y universal. Reemplazar o cambiar esta doctrina de cualquier manera lleva consigo un cambio en la experiencia. Si consideramos esta experiencia esencial, el abandono de lo que la Biblia afirma que es la causa requerirá que encontremos otra base para explicar el resultado. Nuestra experiencia de creer que el mal se puede superar se basa en creer en las obras sobrenaturales de Dios en conexión con la segunda venida. La experiencia de Fosdick de que el mal se puede superar es bastante distinta, ya que la basa en su creencia en el progreso, lo cual requiere un cierto tipo de esfuerzo humano y va acompañado por su correspondiente grado de inseguridad.[31] Su experiencia se construye sobre una base menos sólida que resultará no ser permanente. Por otra parte cada vez que nuestra experiencia demuestra ser real y permanente, nos podemos asegurar de que la doctrina bíblica de la que depende también es permanente.

31. Fosdick, *The Modern Use of the Bible*, p. 110.

### *Posición final dentro de la revelación progresiva*

Un criterio final se relaciona con el tema de la revelación progresiva. Si entendemos que Dios ha obrado en un proceso de conseguir la redención de la humanidad, revelándose a sí mismo y su plan gradualmente, los desarrollos posteriores tendrán más peso que los anteriores. La suposición es que tenemos formas transitorias o anticipadoras en los primeros casos y que el último caso es la forma final. Un ejemplo sería el sacrificio de Cristo. Mientras que el Antiguo Testamento pedía sacrificios continuos en el patio, ofrendas de incienso dos veces al día en el lugar santo y una vez al año una ofrenda en el Lugar santísimo hecha por el sumo sacerdote (He. 9:1-10), Cristo puso fin a ese proceso cumpliéndolo (v.12). Ofreció su propia sangre de una vez y para siempre. Es más, Jesús a menudo decía: "Habéis oído lo que fue dicho...pero yo os digo que..." En estas ocasiones Jesús estaba haciendo una declaración de la esencia de la doctrina para reemplazar las anteriores aproximaciones a ella.

En algunos casos, la esencia de la doctrina no se realizó explícitamente en los tiempos bíblicos. Por ejemplo, Jesús elevó mucho el estatus de la mujer en la sociedad. De la misma manera, Pablo concedía un estatus inusual a los esclavos. Sin embargo, la mayoría de estos grupos no mejoraron tanto como lo deberían haber hecho. Así que para encontrar la esencia de cómo debería tratarse a esas personas, debemos fijarnos en los principios establecidos o implícitos según su estatus, y no en la manera en que eran llevados a cabo realmente en los tiempos bíblicos.

Intentaremos llegar a la esencia básica del mensaje, reconociendo que toda la revelación tiene un propósito. Aquí no estamos hablando de separar la semilla de la cáscara, como hicieron gente como Harnack, y después descartar la cáscara. Ni estamos hablando de "descartar el bagaje cultural," como dicen algunos intérpretes de la Biblia con orientación antropológica en la actualidad. Nos referimos a encontrar la verdad espiritual esencial sobre la que descansa una parte de las Escrituras, y después hacer una aplicación contemporánea de la misma.

Es común observar (correctamente) que muy pocos cristianos se vuelven hacia las genealogías de las Escrituras para su tiempo devocional. Sin embargo, incluso estas porciones deben tener cierta importancia. Un intento de ir directamente de "lo que significaba una genealogía" a "lo que significa" seguramente resultaría frustrante. En su lugar, debemos preguntarnos: "¿Cuáles son las verdades subyacentes?" Vienen a la mente varias posibilidades: (1) todos tenemos una herencia humana de la cual se deriva mucho de lo que somos; (2) todos, a través del largo proceso de la descendencia, hemos recibido la vida de Dios; (3) Dios obra providencialmente en la historia de la humanidad, un hecho del que somos perfectamente conscientes si estudiamos la historia y el trato de Dios con los humanos. Estas verdades tienen significado para nuestra situación actual.

De la misma manera, las reglas de higiene del Antiguo Testamento nos dicen que Dios se preocupaba por la salud y el bienestar de los seres humanos y la importancia de dar pasos para conservar ese bienestar. El control de la polución y unas prácticas dietéticas sanas podrían ser aplicaciones modernas de la verdad subyacente. Para algunos exégetas esto sonará como una alegoría. Pero no estamos buscando simbolismos, los significados espirituales escondidos en las referencias literales. Más bien, lo que proponemos es preguntar por la verdadera razón por la cual se dijo o se escribió una declaración en particular.

Al hacer esto, debemos tener cuidado y entender que nuestro entendimiento e interpretación están influenciados por nuestras propias circunstancias históricas, a fin de no equivocarnos al identificar la forma en la que expresamos una enseñanza bíblica con su esencia permanente. Si no somos capaces de reconocer esto, haremos absolutas las formas, y seremos incapaces de adaptarlas cuando la situación cambie. Una vez oí a un teólogo católico romano trazar la historia de las formulaciones de la doctrina de la revelación. Después intentó describir la esencia permanente de la doctrina, y expresó claramente y con corrección un punto de vista de la revelación ¡existencialista, neoortodoxo y del siglo XX!

Es importante señalar que para encontrar la esencia integradora no hay que estudiar la teología histórica para extraer el mínimo común denominador de las distintas formulaciones de una doctrina. Al contrario, la teología histórica señala que todas las formulaciones postbíblicas son condicionales. Es de las mismas declaraciones bíblicas de donde debemos sacar la esencia, y son el criterio de continuidad de la validez de esa esencia.

# 6. La teología y su lenguaje

## Objetivos del capítulo

Después de terminar este capítulo, usted debería ser capaz de:

- Ser consciente del significado en el uso del lenguaje religioso.
- Evaluar el valor e importancia del significado en el lenguaje y cómo actúa específicamente en el lenguaje religioso.
- Identificar y reconocer el uso del análisis funcional cuando se estudia el lenguaje.
- Examinar cuatro respuestas a la acusación de carencia de significado, relacionado específicamente con el lenguaje personal, la verificación escatológica, la síntesis metafísica y como medio de discernimiento y compromiso.
- Examinar la teoría del discurso-acto de la tercera etapa del siglo XX y sus implicaciones en el lenguaje religioso.

## Resumen del capítulo

El lenguaje religioso a menudo trasciende la experiencia sensorial, causando que se ponga en cuestión su realidad. Para el pensamiento moderno, que busca la verificación empírica, este tipo de lenguaje puede resultar insatisfactorio. Es cierto que el lenguaje religioso puede no estar sujeto a la verificación directa. El lenguaje religioso puede ser significativo cognitivamente, a través de un sistema sintético amplio. Funciona en cierto modo como una hipótesis científica para evocar el entendimiento y el compromiso.

## Cuestiones de estudio

1. ¿Por qué los filósofos y teólogos estudian el lenguaje y el significado?
2. ¿Qué quiere decir carencia de significado y cómo se relaciona esto con el lenguaje teológico?

3. ¿Qué son los "juegos del lenguaje" y con qué frecuencia los utilizamos?
4. ¿Cuáles son los tres elementos que hay en la teoría general de los signos de Ferré?
5. ¿Qué valor tiene la teoría discurso-acto a la hora de encontrar el significado en el lenguaje religioso y cómo se puede utilizar?

Lenguaje teológico y análisis de verificación: la acusación de carencia de significado
Lenguaje teológico y análisis funcional
Respuestas a la acusación de carencia de significado
- Lenguaje teológico como lenguaje personal
- Lenguaje teológico y verificación escatológica
- Lenguaje teológico como síntesis metafísica
- Lenguaje teológico como medio de discernimiento y compromiso

Teoría de los actos del habla

La iglesia siempre se ha preocupado por su lenguaje, ya que está en el negocio de la comunicación y cree que lo que tiene que comunicar es de vital importancia. Por lo tanto, Agustín y otros teólogos incluso anteriores prestaron una atención seria al asunto de la naturaleza y la función del lenguaje teológico.[1] Sin embargo, en el siglo XX la urgencia de esta preocupación ha adquirido una nueva dimensión. Porque la filosofía, que ha sido a menudo compañera de diálogo de la teología, empezó en el siglo XX a dar importancia primordial, y a veces hasta casi atención exclusiva, al análisis del lenguaje.

## Lenguaje teológico y análisis de verificación: la acusación de carencia de significado

A principios del siglo XX, filósofos como G. E. Moore y Bertrand Russell se implicaron en el análisis del lenguaje.[2] En parte fue debido a su interés por las matemáticas y la lógica simbólica. Sin embargo, la aparición de un movimiento conocido como positivismo lógico añadió un verdadero impulso a este interés por el lenguaje. El positivismo lógico se inició con un seminario de Moritz Schlick en la Universidad de Viena en 1923.[3] El seminario estaba compuesto por dos grupos: científicos practicantes interesados en la filosofía de la ciencia y filósofos interesados en la ciencia. Se concentraron en el significado del significado. Observaron que hay dos tipos básicos de proposiciones cognitivas. Un tipo es el de

1. Agustín, *De doctrina cristiana* 3.
2. Bertrand Russell, *A History of Western Philosophy* (New York: Simon & Schuster, 1945), capítulo 31.
3. *The Age of Analysis*, ed. Morton White (New York: New American Library, 1955), pp. 203-5.

las declaraciones analíticas a priori, como dos más dos igual a cuatro. Cuando se combinan de esta manera dos y más tienen el significado de cuatro. El predicado está, por definición, dentro del sujeto de la frase. Estas declaraciones de tipo matemático son necesariamente verdad, pero no dan información alguna sobre el mundo empírico.[4]

El otro tipo de declaración es más interesante. Son las declaraciones sintéticas, en las que hay algo en el predicado que no estaba contenido en el sujeto. Un ejemplo del primer tipo de declaración es "todos los solteros no están casados," un ejemplo del segundo tipo es "todos los solteros son altos." Esto no es una tautología, porque en la definición de soltero no hay ningún contenido inherente a la altura. La verdad o falsedad de una declaración como esa sólo se puede determinar con un examen del mundo real. Ninguna otra cosa servirá.

¿Qué es lo que le da sentido a una declaración? Las declaraciones analíticas a priori tienen sentido porque definen términos. Pero ¿qué pasa con las declaraciones sintéticas a posteriori (tipo científico)? La respuesta que da el positivismo lógico es que tales declaraciones tienen sentido porque hay un conjunto de datos que las pueden verificar (o dar por falsas).[5] La declaración: "la piedra que hay en mi mano izquierda pesa más que la que tengo en la derecha," tiene sentido, porque se puede comprobar con los datos. Si pongo la primera piedra en el platillo izquierdo de una balanza y la otra en el platillo derecho, tendré la experiencia de ver que el platillo izquierdo baja y el derecho sube. Esto es lo que quiere decir "pesa más." Eso es exactamente lo que significa la expresión, y eso es todo lo que queremos expresar con ella.

No es necesario que una declaración sea verdadera para tener significado. Puede ser falsa, pero podemos especificar lo que hay que tener a favor o en contra de la verdad de la declaración. Tampoco es necesario realizar la prueba, mientras que la declaración en principio sea verificable. Por lo tanto la declaración: "la otra cara de la luna está hecha de queso verde" tenía sentido incluso antes de que los viajes espaciales hicieran posible observar ese lado de la luna. Aunque no se podía observar la otra cara de la luna, se podía especificar lo que veríamos si la declaración fuese cierta y se pudiese echar un vistazo. La mera dificultad técnica no hace que la declaración carezca de significado, así como la falta de un telescopio no haría que las declaraciones sobre los anillos de Saturno no tuvieran significado. Por otra parte, ningún sistema que pretenda ser sintético (esto es, que informe sobre los hechos), pero que al menos en principio no se pueda verificar por los sentidos, se debe descartar por ser literalmente un sin sentido.[6]

4. Ibid., pp. 207-8. Las afirmaciones a priori son anteriores a una experiencia sensorial independiente; las afirmaciones a posteriori lógicamente son posteriores a la experiencia sensorial.
5. Ibid., p. 209.
6. Rudolf Carnap, *Philosophy and Logical Syntax* (New York: AMS, 1979), p. 17.

Esto significa que algunas declaraciones que parecen ser factuales pueden no tener significado. Sólo cuenta que se pueda verificar su verdad o falsedad. Este principio, conocido como principio de verificación, se convirtió en algo muy importante para los filósofos. Como resultado muchas frases impresionantes fueron descartadas por carecer de significado.

William Hordern de manera algo burlona pregunta si tiene o no significado una declaración como "hay un hada en mi reloj."[7] Claramente esta declaración significa que hay un hada sentada dentro de mi reloj que mueve las manecillas. Incluso hace el sonido del tic tac mientras trabaja. Si se pregunta como sé que esa declaración es verdadera, me sentiría presionado a contestar. ¿Significa esto que si yo quito la parte de atrás de mi reloj voy a ver un hada allí metida trabajando feliz? No, porque es un hada invisible. ¿Significa que no encontraré dentro la maquinaria y el movimiento típico? No, mi reloj tiene el típico mecanismo, porque esta hada trabaja de manera inmanente, con la maquinaria típica. Entonces ¿qué significa esa declaración? Significa únicamente que hay un hada en mi reloj. Probablemente nadie más lo entenderá, ya que no hay nada que yo pueda apuntar y que pueda jugar a favor o en contra de la verdad de esta declaración. Como no se puede verificar su verdad o falsedad, no tiene sentido.

Cuando se examinan de esta manera, muchos temas mucho más serios que la filosofía ha tratado tradicionalmente ahora parecen no tener sentido. El argumento de si la realidad es básicamente mental o material no tiene sentido, ya que es el argumento sobre si la realidad está compuesta por uno o dos principios últimos. Estos problemas, como todos los problemas que no se pueden resolver apelando a definiciones o convenciones por una parte, o a la confirmación a través de los sentidos por otra, simplemente son pseudoproblemas. Aunque parece que se puedan debatir, adoptando, tal y como se hace a menudo, posiciones contrarias, no se pueden resolver. No es que una de las posiciones no pueda ser cierta; la dificultad es que ambas carecen de sentido.

Lo mismo ocurre con muchas proposiciones teológicas. Aunque pueden tener la forma de declaraciones sintéticas válidas, carecen de sentido. ¿Qué quiere decir la teología con sus proposiciones? Tomemos por ejemplo, la declaración "Dios es un Padre cariñoso" o "Dios nos ama como un padre ama a sus hijos." ¿Qué significa esto? ¿Qué cuenta para que estas declaraciones sean verdad? Y, lo que es igualmente importante, ¿qué cuenta para que sean falsas?

John Macquarrie cuenta que un día un hombre estaba cruzando una calle cuando un autobús dio la vuelta a la esquina y estuvo a punto de atropellarle. Él exclamó: "¡Dios me ama! Porque el autobús no me atropelló." En otra ocasión un autobús lo atropelló y le hirió, pero él dijo: "Dios me ama porque

7. William Hordern, *Speaking of God* (New York: Macmillan, 1964), p. 61.

el autobús no me mató." Algún tiempo después un autobús le atropelló y le mató. Sin embargo, los que le velaban dijeron filosóficamente: "Dios le amaba, porque le ha llevado de este mundo infeliz y pecador." Todo lo que ocurrió se vio como evidencia del paternal amor de Dios. Nada contaba en contra. Y en esa situación nada podía contar en contra. Con un enfoque como ese, la declaración "Dios es un padre cariñoso" no tiene sentido. Realmente no tiene significado.[8]

Se puede pensar en otros ejemplos. Tomemos la declaración: "Dios responde a la oración." ¿Qué significa? ¿Significa que si tomamos un grupo relativamente homogéneo y lo dividimos en dos subgrupos y uno ora por cosas que les preocupan mucho y el otro sólo piensa atentamente en las cosas que les preocupan, los resultados serán significativamente favorables para el primer grupo? En este caso tampoco hay nada que juegue en contra de la proposición. Porque si la petición no se concede, el cristiano normalmente responde: "No era la voluntad de Dios," o "Dios respondió, pero su respuesta fue no." ¿Cuál es la diferencia entre estas creencias y afirmaciones y "hay un hada en mi reloj"? Todas ellas carecen de significado.

John Wisdom pone esto de forma sucinta en una parábola.[9] Dos exploradores llegaron una vez a un claro en una selva. El claro estaba lleno de flores y también muchas malas hierbas. Un explorador dijo: "Un jardinero debe atender este lugar." El otro no pensaba lo mismo. Así que colocaron sus tiendas y vigilaron, pero no vieron a ningún jardinero. El creyente sugirió que el jardinero debía ser invisible. Así que colocaron una valla electrificada y patrullaron con sabuesos. Siguieron sin encontrar al jardinero. "No hay jardinero," decía el escéptico. "Es invisible e intangible," respondía el creyente. "No tiene olor, no hace ruido y viene en secreto a cuidar del jardín." Este es otro ejemplo en el que no se permite ninguna evidencia contraria. Antony Flew comenta: "Por lo tanto, una hipótesis ostentosa [creer en el jardinero o en Dios] puede quedar aniquilada por pulgadas, la muerte por mil calificaciones."[10] Eso es, una posición que requiere calificaciones constantes para evitar ser falsificada (que, en efecto, no está abierta a la falsificación) no tiene sentido.

Esta es la situación de la mayor parte de las proposiciones de la teología cristiana. El cristiano y el no cristiano trabajan con los mismos datos, pero no están de acuerdo en su interpretación. Como los cristianos, sean o no teólogos, no pueden explicar el significado de sus proposiciones (probar su interpretación)

8. John Macquarrie, *God-Talk: An Examination of the Language and Logic of Theology* (New York: Harper & Row, 1967), pp. 108-9.

9. John Wisdom, "Gods," en *Philosophy and Psychoanalisis* (Oxford: B. Blackwell, 1957), pp. 154-55.

10. Antony Flew, "Theology and Falsification," en *New Essays in Philosophical Theology*, ed. Antony Flew y Alasdair MacIntyre (New York: Macmillan, 1955), p. 97.

con recursos apreciables por los sentidos, estas proposiciones deben considerarse carentes de significado.

El positivismo lógico es un intento de establecer un estándar definitivo del significado por medio del cual medir todos los lenguajes. Basándose en ese estándar, los únicos usos significativos del lenguaje (que el positivismo lógico denomina lenguaje representativo) son el lenguaje tipo matemático o el tautológico, y el científico, que cumple con los principios de la verificación. Pero ¿qué pasa con todas las proposiciones que aparecen en la teología cristiana? ¿Cuál es su estatus?

El positivismo lógico reconoce un uso del lenguaje distinto al representativo, digamos, el uso expresivo o emotivo. Aquí el lenguaje realmente no describe o denota nada, más bien expresa los sentimientos del hablante o del escritor. Aunque estas proposiciones pueden tener forma gramatical y por lo tanto apariencia de afirmaciones, en realidad están expresando los sentimientos, el humor, las actitudes del hablante. Se parecen más a "¡Vaya!" "¡Viva!" "¡Ay!" y expresiones similares. No son susceptibles de ser consideradas verdaderas o falsas. La mayor parte de la historia de la filosofía aparentemente ha sido una serie muy sofisticada de gruñidos y quejidos.[11]

Lo que es cierto para las declaraciones filosóficas también lo es para la teología. Como no cumplen los criterios requeridos para todos los usos representativos del lenguaje, deben ser expresivos. Puede que los teólogos piensen que nos están diciendo algo sobre cómo son las cosas, pero en realidad sólo están desahogando sus sentimientos. La declaración: "Dios nos vigila como un padre cariñoso vigila a sus hijos," parece describir a Dios. Sin embargo, en realidad sólo está expresando unos sentimientos cálidos y positivos sobre el universo. Utilizar este tipo de lenguaje no hace daño, siempre y cuando la gente no se equivoque y piense que con él está expresando algún hecho factual. Puede ser muy catártico para el predicador y también terapéutico para los oyentes.[12] Esta clasificación del lenguaje religioso y teológico puede ser sorprendente y angustiosa para teólogos, predicadores y creyentes normales. Ellos han creído que se referían a algo cuando hablaban. Sin embargo, si las suposiciones del positivismo lógico son ciertas, sólo han estado expresando sus propias emociones.

No obstante, muchos filósofos empezaron a sentirse insatisfechos con el positivismo lógico. Existía una cierta simplicidad en este enfoque por el cual todas las declaraciones se podían clasificar en una categoría o en otra. Sin embargo, esta misma simplicidad parecía artificial. Virtualmente descartaba muchos usos tradicionales del lenguaje a pesar de que los que empleaban el lenguaje ético y religioso los encontraban muy servibles y significativos. Parecían haber establecido

11. Carnap, *Philosophy and Logical Syntax*, pp. 26-31.
12. Ibid.

sus propios estándares de lo que debe ser el lenguaje, y, desafortunadamente, en el proceso utilizaron una terminología que no era tan descriptiva o representativa como ellos habían deseado. Ya que términos como "sin significado" y "emotivo" tienen connotaciones emotivas.[13]

Había también otro problema básico y serio. Se trataba del estatus del principio de verificación. ¿Es una declaración analítica? Si es así, sólo es una definición, que uno puede refutar diciendo simplemente: "Yo no defino así el criterio de significación."Por otra parte, si es una declaración sintética, que en realidad nos informa de algo que no está implícito en la definición, debe cumplir su propio criterio de significación. Pero ¿qué datos sensoriales probarían la verdad o falsedad de esta proposición? Como no hay ninguno, la proposición parecería a la vez carente de significado y contradictoria en sí misma.

Los positivistas lógicos vieron este problema e intentaron responder a él. Ludwig Wittgenstein, por ejemplo, sugirió que las proposiciones de su filosofía eran meramente aclaratorias. Se reconoce que no tienen sentido cuando se ha pasado a través de ellas, sobre ellas, por encima de ellas. Uno "debe por así decirlo, tirar la escalera una vez que se ha subido por ella."[14] Uno debe utilizar estas proposiciones y después pasar por encima de ellas. Sin embargo, esto apenas si resulta satisfactorio. Rudolf Carnap mantenía que muchas de estas proposiciones tienen sentido, pero no especifica de qué manera.[15] A. J. Ayer decía que el principio de verificación es realmente una definición.[16] Pero entonces está sujeta a la dificultad anteriormente mencionada. Esta solución no parece más satisfactoria que las otras, con el resultado de que el positivismo lógico en su forma original tuvo que ser abandonado o sufrir una enorme modificación.

## Lenguaje teológico y análisis funcional

Por lo tanto la filosofía analítica pasó a otra etapa. La forma anterior, a la que Frederick Ferré se refería como "análisis de verificación," intentó prescribir cómo se debería utilizar el lenguaje. Mientras que la forma posterior, a la que denominaba "análisis funcional," intentaba describir cómo se utiliza realmente el lenguaje.[17] Resulta evidente una amplia diversidad de usos del lenguaje. Estas variedades del lenguaje se estudian concentrándose en cómo ha surgido y evolucionado el lenguaje. La mentalidad del biólogo, cuyo objetivo es observar y clasificar, debería caracterizar al filósofo del lenguaje. Este enfoque sustituye las afirmaciones dogmáticas de los positivistas lógicos por una pregunta: "¿Cuál

13. Frederick Ferré, *Language, Logic, and God* (New York: Harper & Row, 1961), capítulo 4.
14. Ludwig Wittgenstein, *Tractatus Logico-Philosophicus* (New York: Harcourt, Brace, 1922), p. 189.
15. Carnap, *Philosophy and Logical Syntax*, p. 38.
16. A. J. Ayer, *Language, Truth and Logic* (New York: Dover, 1946), p. 16.
17. Ferré, *Language, Logic and God*, p. 58.

es la lógica de las declaraciones de este tipo?" Para decirlo de otra forma, los filósofos que se concentran en el análisis funcional preguntan: "¿Cómo se pueden verificar, analizar o justificar estas declaraciones? ¿Cuál es su uso y su función? ¿Cuál es su trabajo?"

Wittgenstein en su último trabajo fue un pionero en esta área. En sus *Investigaciones filosóficas* hablaba de varios "juegos del lenguaje." Él enumera estos usos variados del lenguaje en dar órdenes, contar un suceso, inventar y contar chistes, maldecir y orar.[18] Utilizaba el término "juego lingüístico" para señalar el hecho de que el lenguaje es una actividad. El problema con el principio de verificación no está en el criterio que se adopta para el tipo de frases empíricas. El problema consiste en no poder reconocer otras formas del lenguaje como legítimas y con sentido.

Un papel importante de la filosofía, entonces, es examinar el modo en que el lenguaje funciona en el contexto. Y más allá de eso, el filósofo intenta destapar los usos erróneos del lenguaje cuando estos se producen. Wittgenstein dice que "los problemas filosóficos surgen cuando el lenguaje se va de vacaciones."[19] Las confusiones que nos ocupan surgen cuando el lenguaje es como un motor inactivo, no cuando está funcionando."[20]

El análisis funcional utiliza dos métodos para elucidar las funciones del lenguaje que no están claras: la técnica del paradigma-caso y la técnica de la comparación significativa. La técnica paradigma-caso implica encontrar un uso claro, directo de la palabra misma o sentencia que no está clara. Esto permitirá ver cómo la palabra o la sentencia que están causando dificultades funcionan realmente. Por ejemplo, Ferré observa que la palabra sólido puede no estar clara debido al hecho de que la ciencia moderna nos dice que todo es una masa de cargas eléctricas que dan vueltas. Pero imaginarnos muros de piedra o mesas cuando nos encontramos con la palabra sólido resolverá la dificultad.[21]

En la otra técnica, la comparación significativa, se trata de comparar una frase particular con otras formas del lenguaje o incluso con actividades no verbales que hacen la misma función. Ferré utiliza el ejemplo de un alcalde que dice: "De aquí en adelante declaro abierta esta línea de ferrocarril" (o simplemente: "esta línea de ferrocarril queda abierta ahora"). Aunque aparentemente estas declaraciones parecer informarnos de un hecho, un examen más minucioso revelará que tienen la misma función que el hecho de cortar una cinta o quitar una barrera. En realidad efectúan algo en lugar de contar algo.[22]

18. Ludwig Wittgenstein, *Philosophical Investigations*, trad. G.E.M. Anscombe, 3rd ed. (New York: Macmillan, 1958), pp. 11e, 12e.

19. Ibid., p. 19e.

20. Ibid., p. 51e.

21. Ferré, *Language, Logic, and God*, pp. 64-65.

22. Ibid., p. 65.

Para el analista funcional está claro que los diferentes juegos lingüísticos tienen cada uno sus propias reglas. Los problemas surgen cuando se violan estas reglas, o cuando se pasa de un juego lingüístico a otro sin darse cuenta, o cuando se trata de aplicar las reglas de un juego en otro. Un jugador de baloncesto que intenta dar una patada al balón o un equipo de fútbol que intenta llegar al campo contrario pasando la pelota con la mano están haciendo una transferencia ilícita de un juego a otro. El analista funcional dice que tratar el lenguaje teológico sobre la creación divina como una declaración sobre el origen empírico del universo es pasar de un juego lingüístico a otro, pasar del lenguaje teológico al empírico.

No ser capaces de reconocer tales transiciones trae consigo la confusión. Por ejemplo, es importante observar el cambio en el uso del lenguaje en frases como: "Estaba conduciendo por la calle cuando otro conductor se me cruzó y me calenté."Alguien que no haya notado el cambio puede pensar que la expresión "me calenté" es una descripción de mi temperatura corporal. En realidad estos cambios se dan con bastante frecuencia en el lenguaje corriente. Mezclar los usos de un juego lingüístico con los de otros es lo que se llama una transgresión de categorías. Lleva a la confusión y es un mal uso del lenguaje.[23]

En lugar de decirle a los teólogos y a los cristianos practicantes qué es y qué hace su lenguaje, los filósofos analíticos posteriores han permitido a los teólogos que expliquen el lenguaje religioso. La tarea del filósofo es comprobar lo apropiado de la explicación, y juzgar si se está usando el lenguaje correcta o incorrectamente, esto es, cuidar de las posibles transgresiones de categoría.

## Respuestas a la acusación de carencia de significado

Los teólogos han respondido de diversas maneras a este reto de clarificar su uso del lenguaje. La crítica en contra del positivismo lógico era que resultaba excesivamente restrictivo al descartar algunos usos del lenguaje con sentido cognitivo. Ahora los teólogos tienen que indicar lo que son esas otras variedades, y probar que de verdad tienen sentido. Jerry Gill, con un esquema muy útil, ha descrito el problema que propuso el empirismo lógico (o positivismo lógico) como si fuera un silogismo:

1. Todo lenguaje cognitivo con sentido es de naturaleza definicional o empírica.
2. Ningún lenguaje religioso es de naturaleza definicional o empírica.
3. Ningún lenguaje religioso es un lenguaje con sentido cognitivo.[24]

23. Hordern, *Speaking of God*, pp. 49-52.

24. Jerry Gill, "The Meaning of Religious Language," *Christianity Today*, 15 de enero de 1965, pp. 16-21.

Según Gill, hay tres respuestas principales de los teólogos a este silogismo (por supuesto los que aceptan su conclusión sin calificación descartan el lenguaje religioso por ser un sin sentido):

1. Algunos aceptan las premisas y la conclusión, pero mantienen que aunque el lenguaje religioso carece de sentido cognitivo, sin duda tiene significado en otro sentido.
2. Algunos rechazan la primera premisa, pero aceptan la segunda. Estas personas creen que el lenguaje con sentido cognitivo no está restringido al analítico y al empírico.
3. Otros aceptan la premisa principal, pero rechazan la otra. Explican que las proposiciones religiosas en realidad son empíricas por su carácter.[25]

### Lenguaje teológico como lenguaje personal

William Horden, después de revisar los distintos tipos de juegos lingüísticos, señala que el lenguaje religioso y teológico sigue el patrón del lenguaje personal. No es sólo que el lenguaje sobre Dios sea como el lenguaje sobre los seres humanos. Más bien es que nuestro lenguaje sobre Dios se *superpone* a nuestro lenguaje sobre otras personas. Como dice Hordern: "Aunque ningún juego lingüístico humano se puede traducir a un lenguaje sobre Dios, el juego lingüístico que expresa con mayor claridad a Dios es ese lenguaje personal."[26] Hordern insiste en que la limitación positivista del lenguaje es demasiado estrecha. Entre otras cosas, requiere intersubjetividad, esto es, que la evidencia sea accesible para otras personas.

Cuando Hordern aplica este modelo de juego lingüístico personal a su forma de entender la naturaleza y la función del lenguaje teológico, gira a la revelación. Lo mismo que conocemos a las personas sólo por lo que revelan de sí mismas, conocemos al Dios personal por lo que ha revelado sobre sí mismo. Son los actos de Dios en la historia y las palabras dichas a través de los profetas lo que constituye esa automanifestación.

La declaración de Hordern se ha formado sobre la importante observación de que Dios es una persona, un sujeto, más que una cosa, un objeto. Hay dimensiones de nuestro conocimiento de una persona que simplemente no tienen ningún paralelismo con nuestro conocimiento de un objeto físico. Pero existe un gran problema que hace que nuestra analogía entre el conocimiento de la persona divina y el conocimiento de los seres humanos se rompa. Tenemos conocimiento de otras personas, pero surge de haber experimentado al otro a través de los sentidos. Puedo saber cosas sobre ti sin que tú me hayas dicho nada. Puedo

25. Ibid.
26. Hordern, *Speaking of God*, p. 132.

observarte, apreciar tus características físicas y ver tu manera de comportarte. Si hay una dimensión de la relación que va más allá de la mera percepción física, al menos surge o está en conexión con lo experimentado a través de los sentidos. ¿Pero qué hay de la relación Yo – Tú con Dios? Seguramente ni Hordern ni prácticamente ningún otro cristiano, teólogo o no, afirma haber tenido experiencia sensorial de Dios. Aunque negando el misticismo, Hordern todavía distingue tanto nuestra experiencia de Dios de nuestro conocimiento sobre los seres humanos que el paralelismo del que depende la analogía se rompe. El significado de la experiencia de Hordern evidentemente es más amplio que el sentido de la experiencia sensorial con la que trabaja la ciencia. Es una experiencia gestáltica que implica a toda la persona. Pero a menos que Hordern sea capaz de hacer más clara y específica la naturaleza de esta experiencia, parecería que ha cometido el pecado que temía el filósofo analítico: una transgresión de categoría, pasando de una experiencia sensorial a un sentido más amplio de experiencia.

Otro problema aparece con el lenguaje teológico que no es sobre la persona de Dios per se. ¿Qué pasa con las declaraciones sobre la humanidad, sobre la iglesia, sobre la creación? ¿Cómo se las puede obtener a partir de la relación? En ese tema, ¿cuáles son los aspectos (atributos) de la naturaleza de Dios? Si conocemos a Dios dentro y a través de la relación, ¿qué significa tener una relación Yo – Tú con el Dios trino? Por lo tanto la cuestión de la derivación de un buen número de proposiciones teológicas merece y necesita un tratamiento más completo. ¿Carecen de significado estas proposiciones? ¿No son legítimas? ¿O son diferentes de las declaraciones del lenguaje personal, establecido su significado sobre otras bases?

### *Lenguaje teológico y verificación escatológica*

John Hick aceptó el principio de verificación y quiso retener el significado del lenguaje del cristianismo introduciendo el concepto de "verificación escatológica." Aunque ahora no tenemos verificación de nuestras proposiciones teológicas, la tendremos un día. Si hay vida tras la muerte, la experimentaremos. Por lo tanto las proposiciones teológicas en principio son verificables empíricamente y por lo tanto tienen significado. Todo lo que hay que hacer para verificarlas es morir, si estamos dispuestos a dar este paso.[27] Hay que reconocer que en muchas maneras Hick formuló una alternativa genuinamente creativa. Sin embargo, hay ciertas dificultades conceptuales aquí. ¿Qué significa hablar de esta aparición escatológica como algo empírico? ¿De qué manera tendremos experiencia sensorial de Dios en el futuro si no la tenemos ahora? ¿Y cuál es la naturaleza de la condición física en la que ocurrirá? Las dificultades conceptuales parecen lo suficientemente

27. John Hick, *Faith and Knowledge*, 2nd ed. (Ithaca, N.Y.: Cornell University Press, 1966), pp. 169-99.

grandes como para que sea preferible ampliar el concepto de experiencia en lugar de argumentar que habrá una verificación empírica en el futuro.

Hay otros dos intentos significativos de reclamar un estatus empírico para la teología. Uno afecta al esquema teológico cristiano como síntesis metafísica; el otro afecta al esquema teológico como medio de discernimiento y compromiso. Juntos resultan de gran ayuda para responder a la acusación de que el lenguaje teológico no es empírico y por lo tanto no tiene significado cognitivo.

### Lenguaje teológico como síntesis metafísica

Frederick Ferré ha insistido en que el cristianismo es cognitivo, esto es, que el estatus de la verdad de sus dogmas es determinable. Pero debemos preguntar qué significa esto. Si el discurso teológico se refiere a la verdad, a un estado de los asuntos, a hechos de algún tipo, ¿cómo lo hace? ¿Cuál es la naturaleza de esos hechos? No es tratar con hechos meramente naturales, que se pueden expresar en frases simples y concretas como lo es que la gravedad específica del plomo es más grande que la gravedad específica del agua. Más bien, la referencia a los símbolos de la teología es un hecho metafísico de algún tipo. La naturaleza de la metafísica es la *síntesis conceptual*.[28] Y un hecho metafísico, entonces, es un concepto que juega un papel clave dentro de ese sistema.

Es necesaria una explicación adicional. Una metafísica es una cosmovisión. Y todo el mundo tiene una cosmovisión, porque todo el mundo tiene una idea de lo que es la realidad. Una cosmovisión es un esquema que une las distintas experiencias que tenemos. Es el marco de referencia que nos permite funcionar dando sentido a las múltiples experiencias. Es al conjunto de la realidad lo que las reglas y las estrategias del fútbol son para los eventos a veces confusos y aparentemente contradictorios que pueden darse en un partido.

Imagine a una persona que está viendo un partido de fútbol americano por primera vez sin haber recibido explicación alguna sobre ese deporte. Cuando se golpea la pelota, a veces los jugadores se lanzan sobre ella desesperadamente. Otras veces, la pelota es golpeada y todos los jugadores se quedan parados viéndola elevarse. ¿Qué está sucediendo? A veces parece que todos quieren la pelota; otras veces nadie la quiere. Cuando los dos equipos están alineados uno frente a otro, un jugador se dobla sobre otro que luego toma el balón y lanzándolo por entre las piernas se lo pasa de nuevo al primero después de que éste ha gritado muchos números. El movimiento subsiguiente de este jugador es errático e impredecible. Unas veces abraza el balón con fuerza, como si fuera de oro, o se lo pasa a un compañero de equipo que lo agarra con tenacidad. Otras veces, sin embargo, corre hacia atrás y lanza el balón lo más rápido y lo más lejos que

28. Ferré, *Language, Logic, and God* p. 161. Ver también su *Basic Modern Philosophy of Religion* (New York: Scribner, 1967).

puede, dando la impresión de que el balón le quema las manos. El espectador puede que se esté preguntando qué esta pasando. Pero hay una explicación que da sentido a esa confusión que hay en el campo de juego. Son las reglas y la estrategia general del fútbol americano. Hay un patrón en lo que está ocurriendo en el campo haciendo de todo ello un conjunto coherente.

Las reglas del fútbol son para lo que sucede en el campo de fútbol, lo que una cosmovisión es para las diversas experiencias de la vida. Es un intento de unirlas en un patrón que permitirá que la persona funcione de una manera razonable, para saber lo que está sucediendo y actuar en consecuencia. De forma consciente o inconsciente, de manera sencilla o sofisticada, todos tenemos una cosmovisión. Y Ferré mantiene que, a pesar de las extendidas negativas, no sólo es posible y necesario formular esa síntesis, también es posible evaluarlas, diciendo cuáles son preferibles a otras. Sugiere criterios para evaluar la manera en que una síntesis se relaciona con los hechos que sintetiza.

Ferré desarrolla un teoría general de los signos (en este caso, las unidades del lenguaje que componen la síntesis), siguiendo y en algunos casos adaptando el esquema de Charles W. Morris.[29] Hay tres elementos implicados. Está la relación entre el signo y su referente, o semántica. Aunque este término se ha utilizado popularmente para denominar a toda la teoría de los signos, es útil ser conscientes de su significado más reducido. Está la relación entre varios signos dentro de un sistema, o sintáctica. También está la relación entre el signo y el intérprete, o como la denomina Ferré interprética.[30] (Morris había utilizado el término pragmática, que a mi me parece preferible.[31])Al tratar la teología cristiana como una síntesis conceptual metafísica, Ferré se está refiriendo a su dimensión semántica. Sin embargo, al evaluar su suficiencia semántica, las otras dos dimensiones también entran.

Probablemente es apropiado que Ferré hable de "puntuar" los sistemas metafísicos, reflejando la mentalidad con la que se acerque a la tarea.[32] Con frecuencia, sistemas metafísicos anteriores buscaban probar la verdad de su sistema y refutar el de los competidores. Ferré no ve la tarea como algo tan claro, ni las preferencias tan categóricas. Todos los sistemas metafísicos con legitimidad y atractivo tienen algunos puntos fuertes y todos tienen puntos débiles. La cuestión es cuál tiene más puntos fuertes y menos puntos débiles que los otros.

Ferré sugiere dos clases de criterios, con dos criterios en cada clase. Las clases de criterios son internos y externos.[33] Los primeros se relacionan particularmente con

29. Charles W. Morris, *Foundations of the Theory of Signs* (Chicago: University of Chicago Press, 1938), pp. 1-9.

30. Ferré, *Language, Logic and God*, p. 148.

31. Morris, *Theory of Signs*, pp. 6, 29-42.

32. Ferré, *Language, Logic, and God*, p. 162.

33. Ibid., pp. 162-63.

la dimensión sintáctica, las relaciones entre los signos, mientras que los segundos se relacionan con la semántica más estricta. El primero de los criterios internos es la compatibilidad, la ausencia de la contradicción lógica entre los símbolos del sistema. Esto por supuesto es una prueba negativa. La incompatibilidad es un demérito patente, pero como Ferré señala, pocas síntesis metafísicas principales son fácilmente vulnerables a esta carga. Él toma esta postura en contra de algunos pensadores cristianos y algunos sistemas de pensamiento que parecen deleitarse con la paradoja. Ve la compatibilidad como una característica de teología sistemática contrastada con lo que él denomina: "la teología 'bíblica' paradójica a menudo apoyada por la lógica de la obediencia."[34] A la larga, todos encuentran imposible creer una declaración o posición contradictoria y por la única razón de que su significado no se puede determinar. Más pronto o más tarde, todos los que intentan seguir en contacto con la realidad, o comunicar el material cognitivo, se convierten en racionalistas en el sentido de creer que dos declaraciones contradictorias no pueden ser verdad a la vez y de la misma manera. La compatibilidad es, como apunta Ferré, una condición necesaria, pero no suficiente para la aceptación del sistema metafísico. Esto es, un sistema no puede ser considerado verdad si no es compatible, pero puede ser falso incluso aunque lo sea.

El segundo criterio interno es la coherencia. No es suficiente que los símbolos de un sistema sean compatibles. La ausencia de contradicción puede ser debida a que las declaraciones no están relacionadas. Por ejemplo, piense en las tres declaraciones siguientes: subió el precio de los plátanos en el supermercado; el viento sopla del este esta mañana; mi perro está durmiendo en un rincón de la habitación. Las tres frases pueden ser verdad. No hay incompatibilidad lógica entre ellas. Pero tampoco hay coherencia. Sencillamente son tres frases aisladas y sin relación. Coherencia significa unidad genuina, una interrelación entre los componentes de un sistema. Esto es particularmente importante en un sistema metafísico, que es un esquema de generalidad ilimitada. No debe haber fragmentación dentro del sistema.

Algunos han tratado de hacer de estos criterios internos la única base para evaluar una teoría. Esto ha ocurrido sobre todo con ciertos idealistas, y hasta cierto punto, al filósofo cristiano conservador del siglo XX Gordon Haddon Clark.[35] Sin embargo, si el cristianismo tiene que ser juzgado empíricamente para tener sentido también debe cumplir con los criterios externos. Si no, el sistema puede referirse sólo a lo que Morris llama designata (expresiones posibles de los asuntos) y no a las denotata (expresiones reales de los asuntos). Un sistema así sería como un relato de ficción, que sólo tiene sentido porque no trata de temas reales.[36]

34. Ibid., p. 154. Ferré está utilizando la "teología bíblica" en el primer sentido descrito en el capítulo 1, esto es, el movimiento de la teología bíblica.

35. Gordon H. Clark, *A Christian View of Men and Things* (Grand Rapids: Eerdmans, 1952), pp. 29-31.

36. Ferré, *Language, Logic, and God*, p. 147.

El primer criterio externo es la aplicabilidad. La síntesis "debe ser capaz de iluminar algunas experiencias de forma natural y sin distorsionarlas." Debe "sonar a verdad" en la vida.[37] Debe corresponderse con la realidad y servir para explicarla. Lo que describe, debe describirse correctamente. Por ejemplo, la inclusión (dentro de una cosmovisión) de una forma de entender al ser humano como una unidad psicosomática debe reflejar lo que sucede con las emociones de alguien cuando está cansado, hambriento o enfermo. La síntesis tiene aplicabilidad directa a una situación específica. Pero más allá de eso hay un segundo criterio externo, la *adecuación*. Ya que se pretende que una cosmovisión sea una *síntesis* conceptual, en teoría debe ser capaz de explicar *todas* las experiencias posibles. Un punto de vista que puede unir un gran número de experiencias con una distorsión menor que un punto de vista alternativo debe tener un grado más alto, y por lo tanto ser considerado preferible a otro. En una clase de psicología durante mis años de universidad, le preguntaron a un profesor conductista su opinión sobre los estudios de percepción extrasensorial de la Universidad de Duke. Su respuesta fue: "Esos datos no entran en nuestro marco de referencia, así que los ignoramos." Su marco de referencia necesitaba ampliarse, ya que no podía abarcar todo tipo de experiencias posibles. Un naturalista puede tener una teoría muy coherente sobre qué es un ser humano, pero esta teoría puede ser puesta a prueba por los sentimientos que se producen en él al ser padre por primera vez. Como dice Ferré, una cosmovisión adecuada podrá, basándose en sus conceptos clave, interpretar toda la experiencia "sin pasar por alto, distorsionar o justificar."[38]

Si una cosmovisión particular cumple estos criterios ¿no debemos reclamar la verdad del sistema? Si arroja más luz sobre nuestra experiencia – moral, sensorial, estética y religiosa – que los modelos alternativos, ¿no debemos concluir que la realidad misma se describe e interpreta mejor mediante este modelo en particular?

No estamos hablando únicamente de un modelo teórico. El sistema que tenemos en mente tiene una relación práctica con su conocedor o su intérprete. El contenido de la síntesis metafísica que encontramos en el sistema de la teología cristiana tiene un gran poder para afectar a la persona que lo conoce. Tiene, como dice Ferré, una significación inmensa, este modelo del amor creativo, personal y que se da a sí mismo de Jesucristo.[39] Ofrece la promesa del perdón, el propósito, la guía y mucho más para toda la vida humana. Esto no es defender el pragmatismo, la filosofía de que algo es verdad porque funciona. Pero es razonable creer que si una cosa es cierta, será práctica.

37. Ibid., p. 163.
38. Ibid.
39. Ibid., pp. 155-157.

Finalmente es necesario señalar que la naturaleza de la descripción de la realidad que se encuentra en una síntesis conceptual no es la misma que está presente en las declaraciones científicas o en las declaraciones de los protocolos empíricos como "el libro está sobre la silla." La relación entre el lenguaje y el referente no siempre será obvio.[40] Como el significado de un "hecho" se relaciona con el sistema de interpretación dentro del cual se coloca, no siempre será posible establecer el significado de cada símbolo individualmente, aislado del sistema, o verificar todas las proposiciones independientemente. Pero hasta el punto en que el todo demuestre tener significado y cada proposición sea coherente con el todo, cada una de las partes también tiene significado.[41]

En los últimos años, ha surgido una crítica en contra de este tipo de enfoque que consiste en que asume ciertos criterios aceptados universalmente, u objetivo. Más bien, dicen los objetores, no es posible encontrar ningún punto neutral, sin perspectiva desde el cual hacer tal tipo de valoración. Aunque el espacio que tenemos no permite una argumentación completa aquí, podríamos decir que en la práctica, incluso en un nivel prerreflexivo, este tipo de criterios son empleados ampliamente por los que se preocupan por cuestiones sobre la verdad. Puede ser similar a lo que David Ray Griffin llama "nociones de sentido común irreductibles."[42]

Por lo tanto, nuestra opinión sobre esto es que el lenguaje de la teología cristiana tiene sentido cognitivo ya que el estatus de sus enseñanzas es el de un sistema metafísico. Su veracidad se puede probar mediante la aplicación de varios tipos de criterios. La demostración de que el sistema teológico cristiano cumple con estos criterios es la tarea de la apologética, y por lo tanto va más allá del ámbito de este libro. Cuando uno hace las presuposiciones básicas descritas en el capítulo 1 (Dios y su autorrevelación) y elabora el sistema que por lógica se desprende de ese presupuesto, ese sistema se puede considerar que tiene significado cognitivo.

### Lenguaje teológico como medio de discernimiento y compromiso

Ferré ha hecho que todas las clases de proposiciones religiosas sean respetables observando que tienen significado cognitivo como signos de una síntesis metafísica. Pero el problema del significado de las proposiciones religiosas individuales continúa. Aunque el significado de estas proposiciones depende de su relación con el sistema completo, todavía existe el problema de comprender lo que están diciendo. ¿Cómo podemos evaluar la aplicabilidad y la adecuación de los componentes de un sistema si no conocemos con precisión lo que los compo-

40. Ibid., pp. 164-65.
41. Ibid., pp. 161-62.
42. David Ray Griffin, "Postmodern Theology and A/Theology," en *Varieties of Postmodern Theology*, ed. David Ray Griffin (Albany: State University of New York Press, 1989), p. 31.

nentes están diciendo? El problema aquí de muchas maneras es paralelo al que Kai Nielsen señaló respecto al fideísmo. El fideísmo dice que debemos aceptar ciertos principios por fe. Sin embargo, si no podemos entender esos principios, no podemos saber lo que tenemos que aceptar por fe.[43]

Ian Ramsey señala que el lenguaje religioso no es un conjunto de etiquetas para un grupo de hechos objetivos cuyo significado completo puede ser percibido de forma inmediata por observadores pasivos.[44] De hecho, hay dos niveles de significado. Uno es la referencia empírica que hay en la superficie y que se puede entender rápidamente. El otro es un significado más profundo, que objetivamente está allí, pero debe ser extraído.

Ramsey da numerosos ejemplos de lo que él llama "caer en la cuenta," "hacerse la luz" o "romper el hielo."[45] Se está refiriendo a situaciones en las que un segundo nivel de significado se hace aparente cuando la perspectiva de uno cambia. La psicología Gestalt ofrece una imagen irónica de esto.[46]

Otros ejemplos vienen a la mente. Unas veces parece que estamos viendo una escalera reversible (ver figura 2) desde arriba, otras desde abajo. Cuando lo vemos desde una perspectiva, la otra no resulta evidente; sin embargo objetivamente está allí. Otro ejemplo es la imagen del pato–conejo (ver figura 3).[47] Al primer golpe de vista parece claramente un pato. Pero si damos la vuelta a

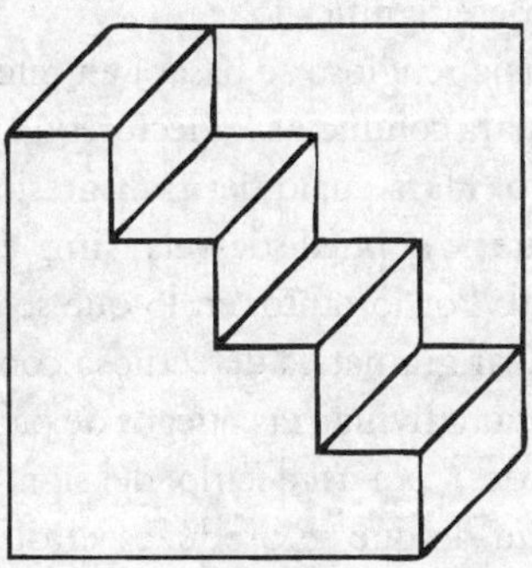

**Figura 2**

**Figura 3**

43. Kai Nielsen, "Can Faith Validate God-Talk?l *Theology Today* 20, no. 1 (julio 1973): 158-73.

44. Ian Ramsey, *Religious Language: An Empirical Placing of Theological Phrases* (New York: Macmillan, 1957), p. 28.

45. Ibid., p. 30. Ver también *Models and Mystery* (New York: Oxford University Press, 1964).

46. Ramsey, *Religious Language*, p. 26.

47. Ludwing Wittengenstein, *Philosophical Investigations* (Oxford: Blackwell, 1967), p. 193. La idea fue sugerida por *Fact and Fable in Psychology* de Jastrow.

la página ligeramente, vemos un conejo. Los dos están allí objetivamente, pero sólo se ve uno de cada vez.

En cada caso hay que encontrar más de un significado, pero debe darse el discernimiento para poder ver el segundo significado. No es obvio para todo el mundo. Cualquiera que haya intentado enseñar matemáticas a niños de primaria sabe que se debe producir un proceso de discernimiento, aunque la verdad objetivamente está presente. Otro ejemplo es la experiencia de ver un mosaico desde muy cerca y ver sólo las piezas individuales y luego dar un paso hacia atrás y observar todo el conjunto.

El lenguaje religioso se parece mucho a esto. Hay dos perspectivas, dos niveles de significado. El lenguaje que tiene un referente empírico también expresa una situación objetiva, que no es aparente. Un ejemplo es el nuevo nacimiento. La palabra nacimiento, que se entiende inmediatamente en el nivel sensorial, se califica o se modifica de maneras extrañamente lógicas. Por lo tanto, se utiliza para significar algo más que el mero significado literal del signo. Si el lenguaje escrito cumple con éxito los propósitos del autor, inmediatamente evocará el discernimiento del "algo más." Sin embargo, el algo más siempre estuvo objetivamente presente. El lenguaje teológico se parece a la expresión "el ejército marcha sobre sus estómagos." Si tomamos esto de forma literal, podemos concebir el ejército como una especie de extraño animal, un cruce entre serpiente y perro salchicha.[48] Esto, por supuesto, es ridículo, pero existe un significado objetivo al cual se refiere la expresión. Los calificadores extraños nos ayudan a discernir ese significado.

Lo que sugiere todo esto es que el lenguaje religioso se basará en referentes empíricos, pero empleará métodos extraños para conducir a los lectores u oyentes a una comprensión del significado completo. Hará cualquier transgresión que sea necesaria para transmitir el significado que no se puede desvelar simplemente mediante una exégesis del significado literal. Por lo tanto, en lo que se refiere a la Trinidad uno puede encontrar útil utilizar gramática defectuosa como "Él son tres" y "Ellos es uno." O se pueden utilizar adivinanzas, juegos de palabras, analogías, ilustraciones que "picarán los bordes," por así decirlo, del significado más profundo y completo, con la esperanza de que se produzca el discernimiento. En este punto hay que reiterar el énfasis de Ramsey de que esto no es subjetivismo. El significado más completo está siempre presente objetivamente, aunque no obviamente.[49]

Se debería añadir un elemento al análisis de Ramsey. El discernimiento del que habla debería atribuirse a la obra iluminadora del Espíritu Santo. Por lo tanto, para provocar el discernimiento en otro, el cristiano puede confiar y utilizar la asistencia del Espíritu Santo.

48. Ferré, *Language, Logic, and God*, p. 14.
49. Ramsey, *Religious Language*, p. 30.

Fíjese que el objetivo del lenguaje religioso no es únicamente el discernimiento. También se intenta obtener el compromiso.[50] Aquí encontramos un elemento común presente en el pensamiento de Ferré y muchos otros.[51] El lenguaje religioso, al menos el de la religión cristiana, no es meramente informativo. El verdadero cristianismo está presente sólo cuando está presente el compromiso, y cuando es un compromiso total. El proceso de discernimiento es un medio, y un medio necesario, para ese fin.

Para resumir: hemos rechazado el criterio estrecho del significado propuesto por el positivismo lógico. Sin embargo, hemos mantenido que aunque el conocimiento no se consigue sólo mediante las experiencias sensoriales (existe la revelación directa de Dios a los seres humanos), su significado se consigue con una base empírica. El significado se encuentra en los símbolos que a primera vista hace referencia a las experiencias sensoriales. Pero el significado del lenguaje teológico va más allá de cualquier cosa literal en esos símbolos. Como Ramsey mantenemos que aunque ese significado está objetivamente presente en los símbolos, es necesario discernirlo. No se puede extraer mediante un método estrictamente científico. Hemos visto que Hordern llega a esta misma conclusión, pero desde un ángulo ligeramente diferente. Afirma que el lenguaje religioso es básicamente personal y por lo tanto no se presta fácilmente al análisis científico. Y sin embargo, como demuestra Ferré, las proposiciones del lenguaje religioso tienen significado cognitivo, no como declaraciones aisladas de un hecho que haga referencia a la experiencia sensorial, sino como partes de una síntesis metafísica amplia.

## Teoría de los actos del habla

La tercera etapa del tratamiento filosófico del significado del lenguaje del siglo XX, la teoría de los actos del habla, debe sus inicios a John Austin. Él empezó cuestionando la duradera suposición en filosofía de que decir algo, al menos en los casos que merece la pena considerar, es expresar algo.[52] En consecuencia, Austin buscaba examinar ciertas formas de discurso que no se ajustaban a las categorías desarrolladas por los filósofos analíticos hasta este momento. Se concentró inicialmente en enunciados que él denominaba performativos, como hacer los votos matrimoniales, hacer una apuesta, dar nombre a algo, o hacer testamento. Había que distinguirlos de los enunciados constantivos, que declaraban que algo era verdadero o falso.[53] Sin embargo, muy pronto se demostró que esta distinción era insuficiente. No se podía mantener realmente, ya que la idea de

50. Ibid., pp. 30ss.

51. Ferré, *Language, Logic, and God*, pp. 165-66.

52. J. L. Austin, *How to Do Things with Words* (Cambridge, Mass.: Harvard University Press, 1962), p. 12.

53. Ibid., pp. 3-6.

que los enunciados se pueden considerar actos se extendió desde los enunciados performativos a todos las demás, que tenían que ser consideradas acciones y ser analizadas según el tipo de actos que eran.

John Searle ha llevado este análisis incluso más lejos. Declara: "La unidad de la comunicación lingüística no es, como se supone generalmente, el símbolo, la palabra o la frase, o incluso el indicio de la palabra, el símbolo o la frase, sino la producción o emisión del símbolo, la palabra o la frase en la ejecución del acto del habla."[54] Austin había clasificado los discurso-actos en tres grupos:

1. Locutivo: "muy parecido a expresar una cierta frase con cierto sentido o referencia, que de nuevo es muy parecida al 'significado' en el sentido tradicional."
2. Ilocutivo: "actos como informar, ordenar, advertir, comprometerse, etc., esto es, enunciados que tiene cierta fuerza (convencional)."
3. Perlocutivo: lo que queremos expresar o conseguir diciendo algo, como convencer, persuadir, disuadir."[55]

Searle modificó esta lista. Su agrupación de los tipos de los actos del habla fue:

1. Actos declarativos: decir palabras
2. Actos proposicionales: referir, predicar
3. Actos ilocutivos: expresar, preguntar, pedir, prometer y similares.[56]

En estos esquemas, y los elaborados por Recanati y otros, el énfasis se pone en lo que los sonidos hablados intentan conseguir. Searle también distingue tipos de declaraciones según la dirección de la forma de las palabras y el mundo. Algunas, como las afirmaciones, tienen como objetivo conseguir que las palabras se ajusten al mundo. Otros, como las promesas y las órdenes, tratan de que el mundo se ajuste a las palabras.[57] Algo similar ocurre con la distinción de Austin entre el significado y la fuerza de una expresión.

Este tipo de clasificación conduce a unos campos más amplios para la afirmación de un acto del habla que simplemente lo verdadero o lo falso. Austin utiliza la idea de feliz e infeliz. Hay, a su juicio, seis reglas que gobiernan los actos discurso, y una declaración que puede "fallar" o "ir mal" si no satisface una o más de estas reglas. Por ejemplo," cierto procedimiento convencional aceptado

54. John R. Searle, *Speech Acts: An Essay in the Philosophy of Language* (Cambridge: Cambridge University Press, 1969), p. 17.

55. Austin, *How to Do Things with Words*, p. 108.

56. Searle, *Speech Acts*, pp. 23-24.

57. John R. Searle, *Expression and Meaning: Studies in the Theory of Speech Acts* (Cambridge: Cambridge University Press, 1979), p. 3.

que tiene cierto efecto convencional" debe existir, y el procedimiento debe usarse con las personas adecuadas y en las circunstancias adecuadas. Fracasar en cualquiera de estos aspectos es una infelicidad. Por lo tanto se debería hablar de resultados de expresiones "felices" o "infelices."[58]

Sin embargo, ¿este punto de vista podría resultar útil para tratar el lenguaje religioso? Algunos teólogos y hermeneutas han encontrado útil, incluso el adaptar su uso al lenguaje escrito, tal como se encuentra en la Biblia. Quizá el uso más extenso hasta ahora es el de Jame McClendon y James Smith. Ellos resumen sus tesis centrales de la siguiente manera: "*decir algo, hablar, el hablar en el sentido de decir algo es una manera de actuar de forma significativa, es ser entendido según la significación crucial del acto de hablar* (el "acto ilocutivo" de Austin), y no en el sentido del acto sentencial o acto perlocutivo.[59] Fijan ciertos principios: (1) Su punto de partida es lo que los miembros de las comunidades religiosas se dicen, especialmente, unos a otros. (2) Al determinar los significados de estos actos del habla, la evidencia crucial es el testimonio de la comunidad, que se expresa en sus prácticas, especialmente lingüísticas. (3) Las categorías de la afirmaciones utilizadas son dictadas por las clases de expresiones que tienen dentro de su comunidad. (4) Estos estándares apropiados en una comunidad son necesariamente apropiados en otra.[60]

McClendon y Smith se enfrentan entonces al problema de si hay o no criterios que puedan ser utilizados para evaluar declaraciones en diversas comunidades religiosas, evitando, por lo tanto, la posibilidad del mero relativismo. Esto requiere que ellos busquen esos criterios. Ellos mantienen que no hay razón sin perspectiva. Todo el razonamiento se hace desde una posición de convicción. Después de rechazar los tipos de prueba tradicionales, sugieren que aunque no se puede ofrecer una apologética para nuestras convicciones, hay un proceso para la justificación de convicciones, y se pueden identificar ciertos ejes de justificación. Esto incluye ejes como la belleza, la paz, el amor, la justicia y la santidad. Ilustran el proceso respecto a uno de esos ejes, la verdad. Aunque sólo es contingente que los seres humanos lleguen a acuerdos con la frecuencia que lo hacen, estos acuerdos generales, como no estar satisfecho con la incoherencia manifiesta, al menos a nivel práctico, se convierten en prueba para la justificación, incluso aunque no sea una prueba concluyente.[61] Sin embargo, si el acto del habla que están intentando tiene como ilocución el intento de desactivar el relativismo religioso, el esfuerzo bastante vago y continuamente calificado parece ser infeliz.

58. Austin, *How to Do Things with Words*, pp. 14-15.

59. James Wm. McClendon Jr. y James M. Smith, *Convictions: Defusing Religious Relativism* (Valley Forge, Pa.: Trinity, 1994), p. 52.

60. Ibid., pp. 42-43.

61. Ibid., pp. 158-61.

Anthony Thiselton ha aplicado especialmente la teoría del acto del habla a la práctica de la hermenéutica. Recoge la idea de la función ilocutiva del lenguaje, y la relaciona particularmente con el papel de promesa haciendo que el mundo se ajuste a la palabra. Apunta los usos de las directivas del lenguaje, dar las gracias, y otras manifestaciones performativas, que no dejan sin implicación ni cambio al hablante y al oyente. Cree que el uso de la teoría del acto del habla nos permite descubrir el verdadero significado de algunos pasajes de las Escrituras que de otra manera resultarían extraños.[62]

Finalmente deberíamos examinar brevemente el tratamiento que hace Kevin Vanhoozer de la teoría del acto de hablar. Modificando las categorías de Searle, analiza los actos del habla según cuatro factores:

1. Proposición – Hecho – Tema
2. Propósito – Función – Intención
3. Presencia – Forma – Encarnación
4. Poder – Fuerza – Ilocución

Esto significa que:

1. Todo texto va sobre algo, propone algo para que se tome en consideración.
2. Normalmente hay un intento de comunicar algo.
3. Un autor busca expresar esto de forma apropiada según su propósito.
4. El poder o la fuerza del texto depende de estos tres factores precedentes.[63]

Algunas implicaciones teológicas se suceden a estas consideraciones. Dios se revela a sí mismo en la Biblia a través de actos de discurso inscritos, y no se deberían hacer juicios a priori sobre el tipo de géneros que debía usar o usó. Las Escrituras hacen muchas cosas, así que su autoridad es multifacética. Esto significa que no debemos restringir la idea transmitida mediante la palabra *inerrancia* sólo a los actos del habla afirmativos. Haciendo de la inerrancia un subconjunto de la palabra *infalibilidad*, que él cree que históricamente significó lo que ahora significa inerrancia, argumenta a favor de la infalibilidad de todos los actos del habla divinos, queriendo decir que cualquiera que sea su propósito, no fracasa en conseguirlo. Esto no significa que la respuesta sea siempre positiva,

62. Anthony C. Thiselton, *New Horizons in Hermeneutics* (Grand Rapids: Zondervan, 1992), pp. 283-307.

63. Kevin J. Vanhoozer, "The Semantics of Biblical Literature: Truth and Scripture's Diverse Literary Forms," en *Hermeneutics, Authority, and Canon*, ed. D. A. Carson y John D. Woodbridge (Grand Rapids: Zondervan, 1986), pp. 90-92.

pero la comunicación siempre es feliz, o cumple las condiciones de un acto del habla adecuado, sea cual sea la ilocución. Sin embargo, esto no es simplemente igualar la infalibilidad con lo que algunos han denominado "inerrancia de propósito." En este caso, la infalibilidad del acto del habla ilocutivo depende de que algo sea verdad.[64]

Parece que la teoría del acto del habla puede resultarnos de gran ayuda, recordándonos la variedad de géneros de la Biblia, sus propósitos diferentes, y los distintos elementos que entran en la comunicación. Siempre que no caiga en la trampa de hacer todo el significado relativo a las convenciones de una comunidad particular, es bastante compatible con el entendimiento evangélico de la naturaleza de la teología y la autoridad bíblica.

64. Ibid., pp. 93-104.

# 7. Posmodernidad y teología

## Objetivos del capítulo

Al terminar este capítulo, debería ser capaz de:

- Resumir los dos periodos de tiempo que preceden inmediatamente al periodo posmoderno.
- Comparar y contrastar el periodo posmoderno con los dos periodos precedentes y describir la importancia del periodo posmoderno.
- Identificar y explicar teologías que respondan a una sociedad posmoderna y evaluar la importancia de cada una de ellas.
- Reconocer que la cultura y el pensamiento posmoderno con el tiempo se modificarán y tendrán que ser tratados por la futura teología.

## Resumen del capítulo

El modernismo, con su "creencia en la racionalidad del universo," ha sido el sello distintivo del siglo XX. Sin embargo, hoy en día está creciendo la insatisfacción con el punto de vista moderno. El resultado ha sido la aparición de un movimiento posmoderno, que afecta a todas las áreas del ámbito intelectual, incluida la teología. Es importante que los cristianos entiendan el posmodernismo y construyan una teología que evidencie un reconocimiento y una respuesta hacia él. Algunos aspectos del posmodernismo son compatibles con la teología bíblica cristiana y la apoyan, aunque otros son antagónicos. La teología cristiana tiene que apoyar y utilizar los primeros rechazando los segundos.

## Cuestiones de estudio

1. ¿Qué significa la palabra *teleológico* y cuál es su importancia?
2. Repasando las características de la modernidad ¿cómo influyeron y afectaron a la teología durante el periodo caracterizado como "moderno"?

3. En comparación con los pensamientos e ideales de los científicos y filósofos del periodo moderno ¿qué cambios de perspectiva se han dado en el periodo posmoderno?
4. Tomando en consideración los valores y la moral de la edad posmoderna ¿con qué cree que tendrán que enfrentarse los teólogos de la época "posmodernista"?
5. ¿Cómo deberíamos elaborar una crítica responsable del posmodernismo radical?

Definir el posmodernismo
  Premodernismo
  Modernismo
  Insatisfacción con el modernismo
  Posmodernismo radical
Tipos de teología posmoderna
Hacer teología en la era posmoderna
  Crítica del posmodernismo radical
  Principios para una teología posmoderna positiva

Una pregunta que no se ha hecho con frecuencia en teología es hasta qué punto es, o debería ser, posmoderna. Sin embargo, se ha hecho una pregunta similar aunque de forma algo diferente. Esto se debe a un desarrollo inusual. Normalmente se ha utilizado el adjetivo moderno como sinónimo de contemporáneo. Por lo tanto, lo moderno significaba lo que era más reciente. Aunque lo que es moderno puede cambiar, la modernidad sigue siendo lo más reciente. En cierto sentido, la modernidad no puede desaparecer, sólo puede cambiar de contenido.

## Definir el posmodernismo

Sin embargo, más recientemente se ha producido un cambio incluso en el significado de la palabra *moderno*. En lugar de designar lo más reciente y actual, ha empezado a designar un periodo de tiempo y la ideología particular asociada con él. Así, por ejemplo Thomas Oden data el periodo moderno de una manera específica y precisa: es el periodo entre 1789 y 1989, desde la toma de la Bastilla francesa, hasta la caída del muro de Berlín.[1] Hay un acuerdo extendido de que este periodo intelectualmente se podría caracterizar por una serie de cualidades. También se está de acuerdo en que este periodo y esta ideología, al menos en sus formas más extremas y puras, está dejando de ser dominante y puede que ya esté pasado de moda. El posmodernismo, según este análisis, es lo que prosiguió, en términos cronológicos y de dominación intelectual.

1. Thomas C. Oden, "The Death of Modernity and Postmodern Evangelical Spirituality," en *The Challenge of Postmodernism: An Evangelical Assessment*, ed. David S. Dockery (Wheaton, Ill.: Victor, 1995), p. 23.

Si queremos entender el posmodernismo, debemos primero entender los dos periodos que lo precedieron, esto es, el premoderno y el moderno. Estos dos periodos tienen ciertos puntos en común, pero también están radicalmente en desacuerdo en muchos otros.

### Premodernismo

El periodo premoderno se caracterizó por una creencia en la racionalidad del universo.[2] Se creía de forma general en un universo dual, o en cierto sentido en lo sobrenatural o al menos en lo extranatural. La realidad no quedaba restringida al sistema observable conocido como naturaleza. Con frecuencia esta creencia tomaba la forma de un sobrenaturalismo religioso: el mundo ha sido creado y mantenido por Dios, como en la tradición cristiana, o al menos detrás o más allá de la naturaleza hay cierto tipo de seres espirituales, como en algunos politeísmos y panteísmos. De todos modos, hay más realidad que lo meramente visible. En las variantes no religiosas, todavía hay algo que va más allá de los fenómenos observables. La visión más prominente es la del hilomorfismo de Platón, en el cual lo más real es lo que no se ve, específicamente las Ideas o Formas, de las cuales extraen su existencia y realidad todas las cosas particulares participando en ellas.

Es más, el punto de vista premoderno era teleológico.[3] Se creía que había un propósito en el universo. Toda la creación, incluidos los seres humanos, existían porque había un propósito que su existencia cumplía. En la tradición religiosa occidental se creía que Dios tenía unos propósitos con la creación y que nosotros y todo lo demás éramos medios para cumplir esos fines. Tenía que haber una razón para las cosas, y estas no se explicaban únicamente con un "porque" (causas eficientes), sino con un "para que" o "a fin de que" (causas finales).

También se creía que la historia seguía cierto patrón. La historia de la vida en el mundo era un relato, porque iba hacia alguna parte. Se creía que este patrón estaba presente porque se había infundido en la historia un propósito o una dirección desde fuera, en el caso del cristianismo por la voluntad de Dios. Avanzaba hacia un objetivo que estaba fuera de sí misma, y por lo tanto se podría averiguar el sentido de la vida si se descubría esa voluntad, ese objetivo o ese patrón y se alineaba nuestra vida personal y nuestras acciones con él.[4]

En el premodernismo se podían apreciar algunos conceptos metafísicos y epistemológicos. Uno era un realismo básico, con el que se expresaba la existencia objetiva del mundo físico. El mundo existe independientemente de que

2. Tomás de Aquino, *Summa theologica*, 1.2.2.

3. James B. Miller, "The Emerging Postmodern World," en *Postmodern Theology: Christian Faith in a Pluralistic World*, ed. Frederic B. Burnham (San Francisco: Harper & Row, 1989), p. 2.

4. Augustine, *The City of God*.

sea percibido o no por alguien. Es más, hay una teoría de la correspondencia de la verdad. Esto es, las proposiciones son verdaderas si describen correctamente las realidades que se proponen describir, y si no lo hacen, son falsas. Esto queda envuelto con el entendimiento referencial del lenguaje. El lenguaje no sólo hace referencia a otro lenguaje, también a algo extralingüístico.

## *Modernismo*

El periodo moderno tuvo ciertos puntos de acuerdo con el enfoque premoderno, pero también varias diferencias significativas. Compartía con él la creencia en la realidad objetiva del mundo físico, en la naturaleza referencial del lenguaje, y en la teoría de la correspondencia de la verdad. Se creía que la historia tenía un patrón razonable, que se podía discernir a través de un cuidadoso estudio. Sin embargo, cuando se pregunta por la razón o la explicación de estos conceptos es cuando surgen las diferencias entre estos dos puntos de vista. Aunque la transición ente las dos ideologías fue prolongada y gradual, estas diferencias se hicieron cada vez más visibles. Básicamente, el modernismo conservó la concepción del mundo, pero eliminó su base sobrenatural o al menos la extranatural. Por lo tanto, el dualismo vertical se reemplazó por el dualismo horizontal, en el que el significado o la causa se encontraba dentro o detrás del mundo natural, en lugar de más allá o por encima de él. El patrón de la historia se debe encontrar dentro de ella, y no más allá de ella. Los sucesos se explican según las realidades sociales que los causan, y no según el propósito de un Dios trascendental. De forma similar, la causa se considera eficiente y no final. No hay propósitos por los cuales algo existe o sucede. Sólo hay causas que conducen a estos sucesos.[5]

El pensamiento moderno pone un fuerte énfasis en la racionalidad y la certeza. Esto se muestra claramente en el pensamiento de un hombre a quien muchos consideran el fundador del modernismo: René Descartes. Matemático como era, Descartes buscó en la filosofía la misma certeza que se podía encontrar en las matemáticas. Decidió dudar de todo lo que podía. Sin embargo, descubrió una cosa de la que no podía dudar, su propia capacidad de dudar. Por lo tanto tenía un punto fuerte desde el cual proceder para intentar deducir otras creencias. En realidad, los críticos señalan que él sin pretenderlo introdujo algo velado en su declaración inicial. En lugar de decir: "Yo dudo," debería haber dicho "La duda está sucediendo." La postulación de un yo que estaba dudando fue un paso ilegítimo. Sin embargo, esto es fundacionalismo, una característica común del pensamiento moderno: basar el pensamiento de uno en unos principios indudables y obvios, desde los cuales el razonamiento puede empezar a actuar.

5. William Dean, *History Making History: The New Historicism in American Religious Thought* (Albany: State University of New York Press, 1988), p. 4.

Otro filósofo que contribuyó mucho al punto de vista moderno fue Immanuel Kant. Investigando la naturaleza del conocimiento y cómo se adquiere, Kant concluyó que hay dos elementos necesarios en cualquier conocimiento teórico. Debe haber una experiencia sensorial, que proporcione los datos desde los que se elabora el conocimiento. Sin embargo, también debe estar la estructura lógica o racional de la mente, que organiza los datos, proporcionando unidad al complejo de datos y conectando los elementos en forma de secuencia y causa. Nunca conocemos los objetos del conocimiento como son realmente (los noumena), sólo los conocemos como aparecen ante nosotros (los fenomena). Por lo tanto, Kant sustituyó el dualismo vertical del periodo premoderno (un Dios o un reino de conceptos puros por encima o más allá del mundo tangible y visible) por un dualismo horizontal (objetos reales más allá de nuestra experiencia sensorial). Como no tenemos experiencia sensorial de Dios, no puede ser el objeto de la razón teórica (o "razón pura" como la denominó Kant). Sin embargo, se debe presentar como una necesidad práctica para la moral. La razón práctica necesita a Dios, pero como un objeto de fe, no probado mediante la razón. Por lo tanto, se introdujo un dualismo epistemológico entre razón (en ciencia, historia y otras disciplinas intelectuales) y fe (en religión).

Un tercer desarrollo fue la aparición de la ciencia moderna, relacionada con el pensamiento de Bacon y ejemplificada de forma más completa en Newton. Esta introduce la idea de que el conocimiento real procede del proceso de la observación empírica y del análisis que la ciencia desarrolla en su totalidad. Parte de la justificación del método científico se produce a través de la tecnología, que es la aplicación de las ciencias puras a los asuntos prácticos. Los logros en esto han sido realmente asombrosos. Las comunicaciones, los transportes y la medicina han hecho grandes progresos. Los beneficios de estos progresos en la multiplicación de la riqueza humana, en la curación de enfermedades y en la disminución de las distancias de separación entre los seres humanos, constituyó una justificación espectacular que la teología y la filosofía simplemente no pudieron empezar a igualar. La idea de que la naturaleza se contiene a sí misma, de manera que no es necesario apelar a ninguna cosa fuera de ella para explicarla, parece haber traído generosos resultados.

Una de las descripciones más perspicaces del inicio del periodo moderno es la de John Herman Randall en *Making of the Modern Mind* (Desarrollo de la mente moderna). De este libro podemos extraer algunas características de la modernidad.[6]

1. El modernismo ha sido esencialmente humanista. El ser humano es el centro de la realidad, y en cierto sentido todo existe por su bien. En un periodo

6. John Herman Randall Jr., *The Making of the Modern Mind: A Survey of the Intellectual Background of the Present Age* (Boston: Houghton Mifflin, 1940), capítulos 11-15.

anterior, se pensaba que Dios era el objeto central y supremo. Su voluntad era lo que había que hacer y también determinaba lo que sucedía. Esto estaba más allá del control humano, un concepto que todavía persiste en lo que las compañías de seguros denominan "actos de Dios." Sin embargo, en el periodo moderno el ser humano es central y autónomo. Los seres humanos ahora pueden controlar la naturaleza a través del uso de la ciencia, y son los que determinan lo que pasa en la historia. Se puede ver este desarrollo gradual visitando un museo de arte que está dispuesto de forma histórica. El cambio de sujeto desde Dios, los ángeles y los asuntos celestiales a los seres humanos es bastante claro.

2. Junto con el humanismo aparece el naturalismo. Se pone un gran énfasis en la naturaleza, ya que es el hábitat del ser humano. Paralelo al cambio de Dios por la humanidad está el cambio de todo lo que es celestial y etéreo por lo terrenal. Esta tierra es el escenario en el que se desarrolla el drama humano. En la práctica, se ha ido incrementado la tendencia a restringir la realidad al universo observable y a entender incluso a los seres humanos a la luz de este sistema de la naturaleza.

3. Con el creciente interés en la naturaleza, los medios de investigarla y entenderla se desarrollaron y refinaron. Este es el método científico. De ser considerado como el mejor medio para llegar al conocimiento, se ha ido cambiando gradualmente en la dirección de considerarlo el único medio de investigar la verdad. Por lo tanto, otras disciplinas han intentado modelarse cada vez más según los métodos de la ciencia natural: adoptar y aplicar la investigación empírica, la metodología estadística, etc.

4. La naturaleza, en lugar de ser considerada como algo pasivo y como un objeto de la actividad humana, se considera algo dinámico, y la única y suficiente causa de explicación de todo lo que ocurre. Por ejemplo, el origen humano en lugar de pensar que se debe a un acto de creación especial llevado a cabo por Dios, se ve como algo derivado de la evolución biológica. Los seres humanos ya no son algo único diferente a los demás seres vivos, como se pensaba anteriormente.

5. El determinismo es un elemento fuerte en el modernismo. La ciencia fue posible porque había ciertas regularidades dentro de la realidad, que se podían descubrir y formular leyes sobre ellas. Esto permitió a los seres humanos predecir y controlar lo que sucedía.

6. Este método científico también tendía a ser practicado de forma reduccionista. Los objetos de estudio se consideraban "nada más" que algo más básico. Por lo tanto, la psicología tendía a ser reducida a la biología, la biología a la química y la química a la física.

7. Hubo una fuerte tendencia hacia el fundacionalismo. Esto, como apuntamos anteriormente, es el intento de basar el conocimiento en unos primeros principios seguros. Estos se deben considerar como principios primeros indudables o algo parecido. Para Descartes, estas son ideas claras y distintivas, mientras

que para David Hume, un empírico, es experiencia sensorial. Los positivistas lógicos siguieron básicamente la ruta del empirismo buscando regresar a ciertas frases de protocolo. Esto quería decir que el conocimiento se consideraba absoluto e incalificable, mientras que la religión tenía que basarse en la fe.

8. Hay un compromiso con el realismo metafísico. Los objetos de la investigación en la que se centra la ciencia son objetos externos a la conciencia del conocedor, existiendo independientemente de cualquier percepción que se tenga de ellos.

9. Hay un punto de vista representativo del lenguaje. En otras palabras, el lenguaje hace referencia a objetos reales que son extralingüísticos.

10. Hay una teoría de la correspondencia de la verdad. La verdad sirve para medir las proposiciones y está presente en las que se corresponden correctamente con el estado de las cosas que afirman representar.

En general, el modernismo estaba buscando una explicación que abarcara todas las cosas. Así que los grandes sistemas del periodo moderno eran omniexplicatorios. El darwinismo explicaba todo a través de la evolución biológica. La psicología de Freud explicaba todo el comportamiento humano mediante la energía sexual, la represión y las fuerzas del inconsciente. El marxismo explicaba todos los eventos históricos mediante las categorías económicas, con las fuerzas del materialismo dialéctico que conducía a la historia hacia la inevitable sociedad sin clases. Estas ideologías ofrecieron diagnósticos universales además de curas universales.

### *Insatisfacción con el modernismo*

Gradualmente al principio, pero más rápidamente después, ha habido una insatisfacción cada vez mayor con este punto de vista moderno de ver las cosas. Ha surgido una sensación de que el enfoque moderno no ha conseguido lo que se proponía hacer o lo que era necesario hacer. Hay formas más contenidas y más radicales de este abandono del punto de vista moderno.[7] Diogenes Allen ha esquematizado cuatro áreas en las que se ha producido esta desintegración de la síntesis moderna, cuatro pilares de la sociedad occidental que están tambaleándose.[8]

1. La idea de un universo que se contiene a sí mismo se está disolviendo. Esta fue una premisa ampliamente extendida del pensamiento científico. Era posible explicar el universo sin recurrir a Dios para nada. Aunque era permisible creer en Dios como materia de fe personal y privada, esta creencia no era necesaria para entender la realidad observable.

7. Para una esquematización que sirva para distinguir el posmodernismo de las teologías modernas, ver Nancey Murphy y James William McClendon Jr., "Distinguishing Modern and Postmodern Theologies," *Modern Theology* 5, no. 3 (abril 1989): 191-214.

8. Diogenes Allen, "Christian Values in a Post-Christian Context," en *Postmodern Theology: Christian Faith in a Pluralist World*, pp. 21-25.

Este consenso, sin embargo, se está poniendo bajo sospecha. Los argumentos filosóficos que parecían impedir el conocimiento teórico o racional de Dios, como lo hacían David Hume y Immanuel Kant, se han considerado fracasos. Los desarrollos en la filosofía han sido apoyados por los desarrollos en la cosmología, donde la teoría del Big Bang ha planteado cuestiones sobre por qué ha surgido este universo. Aunque estas cuestiones no establecen la existencia de Dios en absoluto, al menos hace que sea pertinente la cuestión de Dios.

2. El segundo fracaso es que el mundo moderno no fue capaz de encontrar una base para la moralidad y la sociedad. El objetivo era establecer una ética racional, para demostrar sólo con la razón una moralidad universal y una base para la sociedad. La modernidad no ha sido capaz de hacer eso. El fracaso no fue tan evidente mientras los miembros de la sociedad se adhirieron básicamente a los valores tradicionales, basados en los principios griegos y cristianos. Con el abandono de estos valores, sin embargo, el resultado ha sido prácticamente un caos, similar al tiempo de los jueces del Antiguo Testamento, cuando todo el mundo hacía "lo que bien le parecía."

3. También se ha perdido el optimismo en lo que se refiere al inevitable progreso. Este se basaba principalmente en la idea de que la ciencia y la tecnología había resuelto tantos problemas que seguramente podían resolver todos los que quedaban. El progreso era por lo tanto inevitable. Sin embargo, se duda bastante de que la reforma educativa y social sea capaz de resolver los problemas a los que todavía tenemos que enfrentarnos, y otros que puedan surgir.

4. El cuarto principio de la Ilustración fue la bondad inherente del conocimiento. Sin embargo, la experiencia nos ha demostrado que el conocimiento es neutral, su valor moral depende de los que lo poseen y lo utilizan. Así muchos de los mayores descubrimientos de nuestro tiempo se han utilizado para el bien, pero también ha habido aplicaciones que han traído grandes males.

Todos estos, según Allen, ofrecen una gran oportunidad a la creencia cristiana de nuestro tiempo, ya que representan la eliminación de los principales obstáculos o competidores de la fe cristiana.

Una evaluación similar, pero con algunas diferencias la ha hecho Thomas Oden. Identifica cuatro características de la modernidad tardía relacionadas entre sí que han fracasado o están fracasando: el individualismo autónomo, el hedonismo narcisista, el naturalismo reduccionista y el relativismo moral absoluto. Cada uno de ellos ha seguido su curso y ahora han llegado a una conclusión penosa.

1. El individualismo ha conducido a un conflicto generacional, descomposición de la familia y "batallas con pistolas entre chicos de nueve años con zapatillas de tenis de marca."

2. El narcisismo hedonista, cuyo epítome es la revolución sexual, ha conducido al SIDA, 300.000 niños nacen al año de madres drogadictas, y el entretenimiento familiar está lleno de sexo y violencia.

3. El naturalismo reduccionista ha despersonalizado a los seres humanos y les ha conducido a la pérdida de libertad.

4. El relativismo moral absoluto ha llevado a un nuevo dogmatismo absoluto que no se puede cuestionar.

Oden también señala el fracaso del método histórico-crítico,[9] un método que asume la identificación prácticamente automática del cambio y de lo nuevo con lo bueno y lo viejo con lo malo.[10]

### Posmodernismo radical

Podemos observar que estos son fracasos de los elementos más extremos del periodo moderno, esos elementos que, intencionadamente o no, excluyen sistemáticamente la posibilidad y la necesidad de Dios. Sin embargo, algunas versiones de posmodernismo llevan esta revolución incluso más lejos rechazando algunos de los principios básicos de la racionalidad compartidos por los periodos premoderno y moderno. Estos los encontramos en distintas disciplinas.

1. En la crítica literaria, la versión más conspicua de este punto de vista radical es la deconstrucción. Jacques Derrida, el representante más conocido de esta posición, contrastó lo que él llamaba escribir y hablar. El hablar se había preocupado por el "logocentrismo," el intento de descubrir e identificar lo que es real o racional. El escribir, por otra parte, no intenta reflejar una realidad externa. Trata de los signos, que a su vez hacen referencia a otros signos, y cada ejemplo de escritura complementa eso sobre lo cual escribe. Algunos deconstruccionistas han extendido su crítica a todos los referentes. Así la "Escuela de Yale" de la crítica literaria mantiene que sólo el crítico literario, en lugar del crítico junto con la obra, determina el significado de esa obra.

2. En filosofía, un desarrollo similar o paralelo es el neopragmatismo, que se puede comprender como una reacción en contra de la perspectiva de la correspondencia de la verdad. Ese enfoque es lo que Richard Rorty denomina objetivismo. Aquí las personas tratan de encontrar el significado colocando sus vidas en el contexto de lo impersonal, y estos son a los que él llama "buscadores de verdad." La otra manera de encontrar el significado es poner la vida de uno en el contexto de una comunidad, ya sea en la propia o en una imaginaria. La verdad, en este contexto, es lo que para nosotros es bueno o útil creer.

3. En historia, el nuevo historicismo se contrasta con los puntos de vista antiguos. Tanto la historia premoderna como la moderna creían que la historia tenía un patrón o un significado. El enfoque premoderno lo encontró en algo trascendental, como la voluntad de Dios, mientras que el historicismo moderno encontró estos

9. Thomas C. Oden, *After Modernity...What? Agenda for Theology* (Grand Rapids: Zondervan, 1990), pp. 109-20.

10. Ibid., pp. 41-42.

patrones dentro de las secuencias y los sucesos históricos mismos. Sin embargo, este enfoque no cree que el significado esté allí para ser descubierto; más bien, el papel del intérprete es mucho más creativo e imaginativo. El historiador no sólo busca reproducir el pasado, sino interactuar en él, como lo haría en una conversación. Richard Dean indica que el nuevo historicismo rechaza el fundacionalismo, el realismo metafísico y la creencia en cualquier característica subjetiva universal. Por otra parte, los nuevos historiadores adoptan el pluralismo radical en lugar de las verdades universales; un punto de vista pragmático en lugar de un punto de vista correspondiente de la verdad; y la centralidad de la interpretación imaginativa. Esto es, como dice el título de su libro: "la historia *haciendo* historia."[11]

Muchos han identificado este punto de vista más radical del posmodernismo con el posmodernismo mismo. Sin embargo, Oden mantiene que éste es sólo una ampliación de los extremos de la última parte de la modernidad, y que por lo tanto no debería denominarse posmodernismo, sino ultramodernismo.[12]

## Tipos de teología posmoderna

Hay varias respuestas teológicas a este fenómeno del posmodernismo. David Ray Griffin las ha clasificado en categorías útiles. Algunas respuestas son más bien reacciones, y realmente no merecen ser designadas como teologías posmodernas. Algunas simplemente ignoran el fenómeno y continúan como si nada hubiese cambiado. Otras realmente piden el rechazo del posmodernismo. La obra del evangélico David Wells se podría considerar como un ejemplo de esto último. De entre las que reclaman ser teologías posmodernas genuinas Griffin menciona las siguientes:[13]

1. La teología deconstructiva o eliminadora acepta la posición de los filósofos posmodernistas más radicales, como los deconstruccionistas Derrida, Lyotard y Foucault. Esta teología elimina o deconstruye doctrinas tradicionales como la de Dios. El teólogo mencionado con más frecuencia aquí es Mark C. Taylor, aunque Cornell West, a su propia manera, también encaja en esta clasificación. Teólogos tan diferentes como Griffin y Thomas Oden creen que este tipo de enfoque en realidad debería ser considerado ultramoderno, ya que lleva los conceptos modernistas a su conclusión lógica.[14]

11. Dean, *History Making History*, pp. 6-7.

12. Oden, "The Death of Modernity and Postmodern Evangelical Spirituality," pp. 26-27.

13. David Ray Griffin, "Introduction: Varieties of Postmodern Theology," en *Varieties of Postmodern Theology*, ed. David Ray Griffin, William A. Beardslee, y Joe Holland (Albany: State University of New York Press, 1989), pp. 1-7.

14. David Ray Griffin, "Introduction to SUNY Series in Postmodern Thought," en *Varieties of Postmodern Theology*, ed. David Ray Griffin, Willliam A. Beardslee y Joe Holland (Albany: State University of New York Press, 1989), p. xii; Oden, "The Death of Modernity and Postmodern Evangelical Spirituality," pp. 26-27.

2. La teología constructiva o revisionista posmoderna piensa que la cosmovisión tradicional no se puede mantener, pero cree que se puede y se debe elaborar una cosmovisión sobre otras bases y con conceptos revisados. Vienen a la mente teólogos del proceso como Griffin, pero teólogos narrativos como James McClendon también encajan aquí.

3. La teología posmoderna liberacionista está menos preocupada por las cuestiones epistemológicas sobre la base de la cosmovisión que por la transformación de las estructuras de la sociedad. Muchos teólogos de la liberación entrarían en esta categoría, y también Harvey Cox.

4. La teología conservadora o restauradora rechaza muchos elementos del modernismo, como el relativismo, el subjetivismo y el reduccionismo. Sin embargo, busca retener el realismo, la teoría del coherentismo, el entendimiento referencial del lenguaje, y otros valores encontrados en el periodo premoderno. En muchas maneras se parece a la teología premoderna, pero acepta las perspectivas legítimas y los descubrimientos del periodo moderno. Griffin menciona al Papa Juan Pablo II y a George William Rutler como representantes católico romanos de este enfoque. Aunque Griffin no lo menciona, Thomas Oden parece ser un representante destacado de este enfoque. Habiendo bebido profundamente en el pensamiento moderno, ha llegado a la conclusión de que está en bancarrota, y ahora está enfatizando la tradición cristiana clásica.

Entre los teólogos protestantes conservadores, la diferencia en muchos casos es paralela a la que había entre los traductores y transformadores mencionados en el capítulo 5. El tema es hasta qué punto se debe modificar la declaración de la teología evangélica para contextualizarla con la cultura posmoderna, frente a cambiar realmente la manera de hacer teología o de cambiar su contenido. Ejemplos de esto podemos encontrarlos en la obra *Christian Apologetics in the Postmodern World* (Apologética cristiana en el mundo posmoderno). Roger Lundin representa la primera variedad,[15] Philip Kenneson la última.[16]

## Hacer teología en la era posmoderna

Cualquiera que sea nuestra descripción exacta y nuestra evaluación del cambio posmoderno, debemos reconocer y admitir que se está produciendo y que la era moderna está cambiando o está muriendo. Si intentamos hacer teología en esta época, simplemente no podemos ignorarlo. Sin embargo, tengamos en cuenta que el posmodernismo no será la forma definitiva de la cultura y el pensamiento.

15. Roger Lundin, "The Pragmatics of Postmodernity," en *Christian Apologetics in the Postmodern World*, ed. Timothy R. Phillips and Dennis L. Okholm (Downers Grove, Ill.: InterVarsity, 1995), pp. 24-38.

16. Philip D. Kenneson, "There's No Such Thing as Objective Truth, and It's a Good Thing, Too," en *Christian Apologetics in the Postmodern World*, pp. 155-70.

Más pronto o más tarde – y basándonos en la reciente historia de la cultura, probablemente más bien pronto – será desplazada por lo que aquí podemos llamar "post-posmodernismo," cualquiera que sea la forma que tome. No nos atrevemos a atarnos demasiado a lo que también es una forma pasajera. La terminología utilizada puede engañarnos. El término *moderno* sugería que la forma definitiva había llegado, en contraste con todas las formas premodernas. Moderno, por definición, parece significar contemporáneo. De forma similar, posmoderno parece como si fuera todavía más contemporáneo. Lo que debemos hacer es preguntarnos a nosotros mismos qué categorías utilizamos, qué lógica empleamos, qué juegos lingüísticos usamos cuando hablamos de periodos o ideologías diferentes. Parece que hay que encontrar ciertos elementos de racionalidad comunes al enfoque premoderno y al moderno, y que estos están también necesariamente presentes en la presentación del pensamiento posmodernista, incluso cuando la teoría que está siendo presentada parezca negarlo.

Señalemos, primero, que lo que nos proponemos hacer aquí es preparar un punto de vista genuinamente posmoderno, y no simplemente volver al periodo premoderno. Aunque el contenido de nuestra teología puede que no sea demasiado diferente del de los premodernos, hemos examinado el periodo moderno y algunos de los cambios que introdujo no pueden o no deben ser revocados. No estamos preparados para dar a cambio nuestros ordenadores y escribir con pluma y pergamino. Los avances modernos en medicina han de ser celebrados. Los logros de la tecnología incluyen muchos factores de valor.

Más allá de esto, hay ciertas concepciones ideológicas dentro de la mentalidad posmoderna que no podemos, no necesitamos y no deberíamos rechazar o resistir. Por ejemplo, aunque la psicología de Freud ha sido ampliamente desacreditada, la perspectiva de que la personalidad humana incluye una gran zona de inconsciencia que influye poderosamente en el comportamiento humano supone un avance en el entendimiento. De la misma manera, no es probable que haya que anular las teorías de Einstein sobre la relatividad general y especial para volver a las ideas de Newton, aunque éstas desde luego tengan que ser modificadas. No podemos ni necesitamos hacer nuestra teología como si la geología no nos hubiera dado cierto conocimiento sobre la edad de la tierra.

### *Crítica del posmodernismo radical*

Al mismo tiempo, debemos resistirnos a ciertos principios de la variedad más extrema del posmodernismo. Lo que tenemos en mente son esos elementos que rechazan la verdad objetiva, una comprensión inclusiva de la historia, el realismo metafísico, el uso referencial del lenguaje, y una visión correspondiente de la verdad. Hay problemas inherentes a algunos de estos puntos de vista más subjetivos, y parece que la popularidad de la deconstrucción ya está en declive.

Uno de los problemas centrales de la deconstrucción en la literatura, o del antirrealismo de Rorty, es la dificultad de mantener la coherencia. La deconstrucción ha sido utilizada por diversos grupos para avanzar en programa específico. Por lo tanto, las feministas han deconstruido lo que consideraban textos paternalistas y los marxistas han hecho lo mismo con los textos de opresión, pero como dice James Sire "la 'deconstrucción' que intentan vender Derrida y DeMan es a fin de cuentas universal. Dependiendo de cómo se interprete, el nihilismo es el padre legítimo o el hijo legítimo de la 'deconstrucción'... En cualquier caso, ni el feminismo ni el marxismo pueden resistir su ácido. Si no existe un texto privilegiado, si ninguna historia es más 'verdadera' que otra, entonces todas las ideologías carecen de fundamento."[17] Lo que esto significa es que si la deconstrucción es correcta, también debe ser deconstruida. Si el significado no reside en el texto, sino que lo crea el intérprete, si la historia es creada por el historiador, si la verdad es lo que es bueno para una comunidad, entonces esto hay que poder aplicarlo a la deconstrucción, al neopragmatismo y al nuevo historicismo también.

Es muy difícil ser un deconstruccionista y defender el deconstruccionismo. Se puede ser un deconstruccionista coherente y guardar eso para uno mismo. Tan pronto como uno intenta comunicar la deconstrucción a otros y argumentar que deben aceptarla como verdad, uno ya deniega con la práctica lo que profesa en la teoría. Esto es porque ese acto parece asumir que el significado de lo que uno está diciendo es el significado que el hablante o el escritor pretende, y que hay algún punto de referencia común al cual otra persona puede prestar también atención.

Esto salió a relucir de forma dramática en el caso de Derrida. John Searle escribió una respuesta a un artículo de Derrida, retándole y criticando varios de sus conceptos.[18] El artículo de Searle tenía diez páginas. En su réplica de noventa y dos páginas, Derrida objetaba que Searle había sido injusto con él y que había entendido mal varios puntos y expresado mal su posición. Incluso afirmó en un punto que lo que había intentado decir debería haber sido claro y obvio para Searle.[19] John Ellis observa que algunos de los seguidores de Derrida se sintieron avergonzados por esta incoherencia entre la profesión de Derrida y su auténtica práctica en este artículo. Sin embargo, mantiene que esos mismos discípulos "generalmente han hecho exactamente lo mismo que tanto les avergonzó que Derrida hiciera (por ejemplo, acusan rutinariamente a Searle de no entender, no

17. James W. Sire, "On Being a Fool for Christ and an Idiot for Nobody: Logocentricity and Postmodernity," en *Christian Apologetics in the Postmodern World*, ed. Timothy R. Phillips y Dennis L. Okholm (Downers Grove, Ill.: InterVarsity, 1995), p. 106.

18. John Searle, "Reiterating the Differences: Reply to Derrida," *Glyph* 1 (1977): 198-208.

19. Derrida, "Limited, Inc., abc,Ì *Glyph* 2 (1977), 162-254.

comprender y expresar mal la posición de Derrida)."[20] De forma parecida Frank Lentricchia acusa al "grupo de Yale" de entender mal los escritos de Derrida "ignorando... una parte importante de la intención del autor."[21] Sin embargo, si la posición de la deconstrucción es que el autor no controla el significado de su texto, esto sería una posición incoherente.

La respuesta, por supuesto, a esta crítica puede ser que asume una lógica que la deconstrucción no adopta. Por lo tanto, la objeción no es legítima. Pero la pregunta que debe hacerse es ¿qué tipo de lógica se emplea cuando se discute de tipos de lógica? En otras palabras, ¿la misma respuesta asume una clase de lógica que parece rechazar? Parece que para que la respuesta tenga algún tipo de sentido, o tenga derecho a ser tomada en serio, requiere la asunción de algún tipo de lógica que al menos se parezca en cierta manera a la lógica que se asume aquí, esto es, que *a* no puede significar *x* y no-*x* a la vez y respecto a lo mismo.

Otra manera de decirlo es esta. El rechazo posmoderno al racionalismo del periodo moderno, con su restricción del significado y de los posibles objetos de investigación es a la vez legítima y deseable. Pero esto no significa que toda la racionalidad deba también ser rechazada necesariamente. Por supuesto es imposible hacer eso y todavía dedicarse al pensamiento y la comunicación con sentido. Desde luego se pueden rechazar los excesos del periodo moderno, los énfasis especiales que fluyeron de la Ilustración, sin rechazar también el énfasis en la racionalidad que caracterizó los periodos premoderno y moderno.

Una perspectiva que una teología posmoderna utilizaría y aceptaría sin duda es el hecho de que hacemos nuestra investigación y nuestro pensamiento desde una perspectiva particular, y que esto pone ciertas limitaciones al alcance de nuestro entendimiento. Esta es la perspectiva de que la verdad no es relativa, sino absoluta. Sin embargo, nuestro conocimiento de esa verdad es con frecuencia relativo, está restringido a nuestras propias limitaciones. Esta distinción entre la verdad y el conocimiento de la verdad se ha descuidado con frecuencia, con resultados desafortunados. Algunos, con una mentalidad básicamente premoderna y precrítica, han asumido, debido a su compromiso con la objetividad de la verdad revelada, que su conocimiento de esa verdad era equiparable a la verdad y por lo tanto también debe ser absoluta, aunque algunos manteniendo una orientación moderna o posmoderna tardía han concluido que lo que es verdadero para la epistemología debe serlo también para la ontología. Si nuestro conocimiento es relativo, entonces, razona este enfoque, la verdad también debe ser relativa. Sin embargo, esto al final conduce a algún tipo de subjetivismo.

20. John M. Ellis, *Against Deconstruction* (Princeton, N. J.: Princeton University Press, 1989), p. 14, n. 10.

21. Frank Lentricchia, *After the New Criticism* (Chicago: University of Chicago Press, 1980), p. 170.

### Principios para una teología posmoderna positiva

¿Cómo podemos evitar este problema, o cómo vamos a aprender de las perspectivas del posmodernismo? Tomemos de momento la conocida historia de los cinco hombres ciegos y el elefante. Uno, tocando una pata, concluyó que el elefante era un árbol; otro tocando uno de los lados, razonó que el elefante era un muro, etc. Los defensores del pluralismo dirían que la verdad en este caso es plural. La verdad para el primer hombre es que el elefante es como un árbol; para el segundo, la verdad es que el elefante es como un muro; etc. Sin embargo, los objetivistas perspectivales dirían que todas estas perspectivas, todas correctas según su propia perspectiva, son parciales y por lo tanto incompletas. Lo que debemos hacer es utilizar las perspectivas de todos ellos. La verdad es que el elefante es como un conjunto de todos esos fragmentos parciales de conocimiento. En realidad, un elefante es como un árbol, una cuerda, una manguera, un muro, etc. Aunque puede que no lleguemos a la verdad en su conjunto combinando las distintas perspectivas, podemos acercarnos más a la verdad que si lo hacemos de la otra manera.

La alternativa es el verdadero relativismo, el pluralismo e incluso el subjetivismo. Tendríamos que decir: "Que el elefante es como un árbol es la verdad para ti, pero para mí la verdad es que un elefante es como una cuerda." En teoría, cada uno tiene su propia verdad y no se puede discutir eso. Sin embargo, en la práctica esto no siempre sucede. En teoría, en una universidad moderna que cree en el relativismo, cada punto de vista sería considerado verdad para la persona que lo mantiene, y no hay manera de probar que uno de ellos es más verdadero o correcto que otro. Aunque la "corrección política" y otras formas de ortodoxia académica contradicen esta idea. No hay nada nuevo en la corrección política. Algo parecido estaba presente en la universidad estatal donde me gradué hace muchos años. El departamento de filosofía en el cual me especialicé, con una excepción (un existencialista Kierkegaardiano) estaba formado enteramente por positivistas lógicos. El departamento de psicología de la facultad en la que hice mi especialidad secundaria, estaba compuesto sin excepción alguna de behavioristas. Ninguna facultad teológica ortodoxa ha puesto más en guardia a sus estudiantes en contra de los puntos de vista inaceptables que estos departamentos. La corrección política es una forma de coerción, donde, en lugar de la libre competición de ideas, que se supone caracteriza a la universidad, una posición se ha impuesto arbitrariamente. Uno de mis antiguos alumnos se había especializado en literatura inglesa en una gran universidad estatal a finales de los 80. Me dijo que todos los miembros del departamento de esa facultad eran deconstruccionistas, a excepción de uno, al cual no concedieron titulación. Por lo tanto, en lugar de relativismo y pluralismo, hay tendencia a introducir un nuevo absolutismo.[22]

22. Ver también Sire, "On Being a Fool," p. 108.

Un intento de tratar esta aparente subjetividad ha sido introducido a través de la idea de comunidad. Por ejemplo, en la reciente crítica de la respuesta del lector de Stanley Fish, se apela a la idea de comunidad interpretativa como un control del subjetivismo de la interpretación individual. Las normas del grupo se convierten en el estándar del significado.[23] Sin embargo, el problema realmente no se resuelve en este ámbito porque ¿cómo se arbitra entre dos comunidades, que pueden tener interpretaciones divergentes? El problema simplemente es proyectado hacia una escala más amplia, pero todavía sigue allí. En su lugar, lo que se necesita es una metanarrativa, algo que unifique las distintas narraciones pequeñas.

Esto sugiere que cierto grado de humildad es necesario en nuestra manera de realizar la teología. También debemos tener en mente las limitaciones de nuestra propia perspectiva, y reconocer la necesidad de corrección cuando esas limitaciones distorsionan nuestro entendimiento. También significa que se necesitan la globalización y el multiculturalismo. Es importante también que consultemos a personas de otros países, razas, culturas y sexos. Esto no quiere decir que lo que es verdadera teología para los americanos es distinto a lo que es verdadera teología para los cristianos africanos, o que la teología masculina sea diferente a la femenina. Quiere decir que uno de estos grupos puede ver con más claridad que los otros cierto aspecto de la verdad, simplemente gracias a su perspectiva. Es necesario tomar en cuenta todas estas perspectivas, como los testimonios de todos los hombres ciegos, para formular una teología que sea verdadera para todos los cristianos. Una teología evangélica posmoderna no se limitará a los escritos de los teólogos masculinos, blancos y occidentales.

Esto no quiere decir que una teología especialmente preparada por un subgrupo de cristianos no enfatizará algunos aspectos de la imagen total más que otros. Esto es lo que implica la contextualización del evangelio. Por ejemplo en el contexto del cristianismo africano, con la magia rodeándoles, el énfasis de la expiación en el triunfo de Cristo sobre los poderes del mal (lo que Gustaf Aulén llamaba la "visión clásica" de la expiación)[24] puede llevar un peso especial, pero todavía sigue siendo uno de los temas en la amplia doctrina de la expiación.

Hemos apuntado anteriormente que el apelar a la comunidad no garantiza por sí mismo la objetividad de lo que se mantiene y dice. Esta declaración ahora necesita ser calificada hasta cierto punto. A la luz de las limitaciones de nuestra propia posición y perspectiva, es importante que interactuemos con una comunidad de personas lo más amplia posible. Esto significa que tenemos que aprender de las personas en las tres dimensiones de nuestra proposición en la discusión

23. Stanley Fish, *Doing What Comes Naturally: Change, Rhetoric, and the Practice of Theory in Literary and Legal Studies* (Oxford: Claredon, 1989), p. 83.

24. Gustaf Aulén, *Christus Victor: An Historical Study of the Three Main Types of the Idea of the Atonement*, trad. A. G. Hebert (London: SPCK, 1953), pp. 20-23.

de la contextualización: longitud, anchura y altura. Es necesario que interactuemos con los creyentes de otros periodos históricos distintos al nuestro. Aquí es donde la teología histórica nos puede ser de especial ayuda. Es más, querremos, horizontalmente, conversar con personas de diferentes tradiciones eclesiásticas y filosóficas y de culturas diferentes. Finalmente, conseguiremos sacar provecho del diálogo con los que trabajan a un nivel teórico más avanzado o abstracto que el nuestro, pero también los que están en una escala más baja. Algunos de las perspectivas más útiles que he conseguido han surgido de discutir sobre teología con personas no profesionales, y formulando la expresión de la doctrina en relación con las cuestiones que presentan. El posmodernismo tiene razón al criticar el modelo del estudioso aislado formulando la verdad de una forma independiente. El individuo necesita las perspectivas, los complementos y las correcciones que sólo surgen de interactuar con los demás.

Parte de la diferencia que ser posmoderno trae a nuestra teología será la manera en que la teología se presenta a los no creyentes, en otras palabras, en el papel evangelístico o apologético en lugar de en la dimensión dogmática o constructiva. El rechazo al fundacionalismo, por ejemplo, puede significar que en lugar de los enfoques fundacionalistas o evidencialistas que se dieron a menudo en el pasado, se necesita un enfoque más presuposicional. Esto implica invitar al compañero de diálogo a compartir provisionalmente las suposiciones que estamos haciendo, y ver los datos relevantes desde esa perspectiva. Al contrario, requerirá que nos pongamos los "zapatos" de la otra persona, intentando ver la realidad como ella, desde su propia perspectiva.

El modo de presentación también tomará en cuenta las características perceptivas de la audiencia. Tenemos que entender, como apuntaremos con más amplitud, que el lugar de autoridad en la Palabra escrita de Dios es la proposición (la verdad que se está expresando) y no la frase (la forma en que se expresa). Así, por ejemplo, en ciertos contextos posmodernos, el uso de la narrativa como medio de comunicación puede resultar especialmente útil. Un adjunto dijo en la clase de teología de un seminario que nunca había visto a nadie utilizar más metáforas que a ese profesor, y un estudiante de la clase, que antes había ejercido como abogado, familiarizado con la enseñanza a través del método de estudio de los casos, definió el estilo del profesor como enseñanza a través de parábolas. Sin embargo, obsérvese que éste es el uso de la narrativa como herramienta de comunicación, como un medio de expresar o transmitir una verdad. Esto contrasta con la narrativa como medio hermenéutico, en el cual las porciones narrativas de las Escrituras son tratadas como la clave para entender el todo. Es también bastante diferente a utilizar la narrativa como un medio heurístico, en el cual se descubren nuevas verdades contando historias, incluso biografías contemporáneas.[25]

25. Para una elaboración de estas distinciones, ver Millard J. Erickson, *The Word Became Flesh: A Contemporary Incarnational Christology* (Grand Rapids: Baker, 1991), pp. 362-63.

Parte 2

# CONOCER A DIOS


8. La revelación universal de Dios *177*
9. La revelación particular de Dios *200*
10. La conservación de la revelación: inspiración *224*
11. La fiabilidad de la palabra de Dios: inerrancia *246*
12. El poder de la palabra de Dios: autoridad *266*

# 8. La revelación universal de Dios

## Objetivos del capítulo

Después de leer este capítulo, debería ser capaz de:

- Reconocer la naturaleza de la revelación y separar la revelación general de la revelación especial.
- Identificar el ámbito de la revelación general.
- Entender todo el significado y la importancia de la revelación general.
- Apreciar el significado de la responsabilidad humana personal en respuesta a la revelación general fuera de la revelación especial de Dios.
- Comprender las implicaciones de la revelación general.

## Resumen del capítulo

El estudio de la revelación de Dios sobre sí mismo a la humanidad se ha clasificado de dos maneras: la revelación general y la revelación especial. La revelación general de Dios se ha encontrado en tres áreas: la naturaleza, la historia y la humanidad. Los teólogos interesados en la amplitud de la revelación general han elaborado lo que se conoce como teología natural. Esta teología estudia la manera en que se conoce la existencia de Dios fuera de la fuente bíblica, específicamente a través del uso de la razón. Los filósofos, y más tarde, ciertos teólogos rechazaron la teología natural y la revelación general. Más recientemente, se ha señalado que su interpretación bíblica es cuestionable. Hay revelación general sin teología natural, pero el efecto del pecado impide al no creyente llegar al conocimiento de Dios. La salvación del individuo a través de la revelación general de Dios sólo se puede medir mediante la fe.

## Cuestiones de estudio

1. ¿En qué áreas de la humanidad encontramos la revelación general de Dios?

2. Describa y evalúe las presuposiciones de la teología natural.
3. ¿Qué significado tuvieron los ataques a la suposición de que había coherencia entre las enseñanzas de los padres de la iglesia?
4. ¿Qué hace que la teología natural no sea eficaz en llevar el mensaje cristiano al no creyente?
5. Identifique y explique la manera que tiene de entender la revelación general Karl Barth.
6. ¿En qué se diferencian las distintas interpretaciones del Salmo 19?
7. ¿Cómo se implica la humanidad en la revelación general de Dios fuera de la revelación especial?

La naturaleza de la revelación
Los ámbitos de la revelación general
Realidad y eficacia de la revelación general
    Teología natural
    Crítica a la teología natural
    Negación de la revelación general
    Examen de pasajes relevantes
    Revelación general, pero sin la teología natural
Revelación general y responsabilidad humana
Implicaciones de la revelación general

## La naturaleza de la revelación

Como los seres humanos son finitos y Dios es infinito, para que ellos lleguen a conocer a Dios debe ser a través de la manifestación que Dios hace sobre sí mismo. Hay dos clasificaciones básicas de la revelación. La revelación general es la comunicación de Dios sobre sí mismo a todas las personas, en todos los tiempos y en todos los lugares. La revelación especial implica las comunicaciones y manifestaciones particulares de Dios sobre sí mismo a personas particulares, en momentos particulares, comunicaciones y manifestaciones que ahora sólo están a nuestra disposición mediante la consulta de ciertos escritos sagrados.

Un examen más cuidadoso de la definición de la revelación general muestra que se refiere a la automanifestación de Dios a través de la naturaleza, la historia y el interior del ser humano. Es general en dos sentidos: su disponibilidad universal (es accesible a todas las personas en todos los tiempos) y el contenido del mensaje (menos particularizado y minucioso que la revelación especial). Es necesario plantear una serie de cuestiones. Una concierne a lo genuino de la revelación. ¿Realmente está allí? Si existe, ¿qué podemos hacer con ella? ¿Podemos construir una "teología natural," un conocimiento de Dios a través de la naturaleza?

## Los ámbitos de la revelación general

Los ámbitos tradicionales de la revelación general son tres: la naturaleza, la historia y la constitución del ser humano. Las Escrituras mismas proponen que hay un conocimiento de Dios disponible a través del orden físico creado. El salmista dice: "Los cielos cuentan la gloria de Dios" (Sal. 19:1). Y Pablo dice: "Lo invisible de él, su eterno poder y su deidad, se hace claramente visible desde la creación del mundo y se puede discernir por medio de las cosas hechas. Por lo tanto no tienen excusa" (Ro. 1:20). Estos y muchos otros pasajes, como los "salmos de la naturaleza" sugieren que Dios ha dejado evidencias de sí mismo en el mundo creado por él. Con frecuencia, se piensa en la revelación general en conexión con el carácter sorprendente e impresionante de la creación, que apunta a una persona poderosa y sabia, capaz de diseñar y producir una intrincada variedad y belleza. La persona que ve la belleza de una puesta de sol y el estudiante de biología que disecciona un organismo complejo están expuestos a los indicios de la grandeza de Dios.

El segundo ámbito de la revelación general es la historia. Las Escrituras indican en numerosos lugares que Dios mueve el curso de la historia, controlando los destinos de las naciones (Job 12:23; Sal. 47:7-8; 66:7; Is. 10:5-13; Dn. 2:21; Hch. 17:26). Si Dios obra en el mundo y tiene ciertos objetivos, debería ser posible detectar la tendencia de su obra en los eventos que forman parte de la historia. La evidencia aquí es menos impresionante que en la naturaleza. En principio, la historia es menos accesible que la naturaleza. Se deben consultar los informes históricos. Uno debe depender de materiales de segunda mano, de los informes y relatos de otros, o debe trabajar con su propia experiencia de la historia, quizá un segmento muy limitado para permitir la detección del patrón general o de la tendencia.[1]

Un ejemplo que se cita a menudo de la revelación de Dios en la historia es la protección del pueblo de Israel. Esta pequeña nación ha sobrevivido durante muchos siglos en medio de un ambiente básicamente hostil, a menudo enfrentándose a una oposición severa. Cualquiera que investigue los apuntes históricos encontrará un patrón sorprendente. Algunas personas han encontrado gran significado en eventos históricos individuales, por ejemplo, la evacuación de Dunkirk y la batalla de Midway en la Segunda Guerra Mundial, así como en eventos más grandes, como la caída del comunismo en la Europa del este. Sin embargo, los eventos individuales están más sujetos a una interpretación diferente

1. James Leo Garrett considera que estos asuntos no son de revelación general, sino solamente préstamos del contenido de la doctrina de la providencia (*Systematic Theology: Biblical, Historical, and Evangelical* [Grand Rapids: Eerdmans, 1990], vol. 1, p. 45). Sin embargo, se podría decir lo mismo de los otros dos ámbitos de la revelación general, con respecto a la doctrina de la creación.

que las tendencias históricas más amplias y duraderas, como la conservación del pueblo especial de Dios.

El tercer ámbito de la revelación general es la más importante creación terrenal de Dios, el ser humano. Algunos creen que la revelación general de Dios se ve en la estructura física y las capacidades mentales de los seres humanos. Sin embargo, donde mejor se percibe el carácter de Dios es en las cualidades morales y espirituales de la humanidad. Pablo habla de la ley escrita en los corazones de las personas que no tienen la ley especialmente revelada (Ro. 2:11-16).

Los seres humanos hacen juicios morales, esto es, juicios sobre lo que está bien y lo que está mal. Esto implica algo más que nuestros gustos personales y algo más que la mera conveniencia. A menudo sentimos que debemos hacer algo, sea ventajoso o no para nosotros, y que otros tienen derecho a hacer algo que a nosotros personalmente no nos gusta. Immanuel Kant afirmó en la *Crítica de la razón práctica* que el imperativo moral requiere el postulado de una vida en el más allá y un guardián divino de los valores. Otros como C.S. Lewis,[2] Edward Carnell,[3] y Francis Schaeffer,[4] han llamado la atención en años más recientes sobre el valor evidencial del impulso moral que caracteriza a los seres humanos. Estos teólogos y filósofos no afirman que todas las personas mantengan un código moral dado. Más bien, ellos resaltan simplemente la existencia de un impulso moral o una conciencia moral.

La revelación general también se encuentra en la naturaleza religiosa de la humanidad. En todas las culturas, en todos los tiempos y lugares, los seres humanos han creído en la existencia de una realidad más alta que ellos, e incluso en algo que está por encima de la raza humana como colectividad. Aunque la naturaleza exacta de la creencia y de las prácticas de alabanza varían considerablemente de unas religiones a otras, muchos ven en la tendencia universal a la adoración de lo sagrado la manifestación de un conocimiento antiguo de Dios, un sentido interno de deidad, que, aunque se puede estropear y distorsionar, sin duda sigue presente y actuando en la experiencia humana.

## Realidad y eficacia de la revelación general

### *Teología natural*

En lo que se refiere a la naturaleza, extensión y eficacia de la revelación general, hay distintos puntos de vista fuertemente diferenciados. Una de estas posicio-

2. C. S. Lewis, *Mere Christianity* (New York: Macmillan, 1952), pp. 17-39.
3. Edward Carnell, *Christian Commitment: An Apologetic* (New York: Macmillan, 1957), pp. 80-116.
4. Francis Schaeffer, *The God Who Is There* (Downers Grove, Ill.: InterVarsity, 1968), pp. 119-25.

nes es la teología natural, que ha tenido una larga y conspicua historia dentro del cristianismo. Mantiene no sólo que hay una revelación válida y objetiva de Dios en esferas tales como la naturaleza, la historia y la personalidad humana, sino que también es posible conseguir realmente un conocimiento auténtico de Dios por medio de estas esferas; en otras palabras, elaborar una teología natural aparte de la Biblia.

Hay ciertas suposiciones implicadas en este punto de vista. Una es, por supuesto, que hay una revelación general objetiva, válida y racional – que Dios realmente se ha dado a conocer a sí mismo en la naturaleza (por ejemplo) y que los patrones de significado están objetivamente presentes – independientemente de si alguien percibe, entiende y acepta esta revelación. En otras palabras, la verdad sobre Dios está realmente presente en la creación, no ha sido proyectada allí por un creyente que ya conoce a Dios por medio de otras fuentes, como la Biblia. Y este punto de vista asume que la naturaleza está básicamente intacta: que no ha sido substancialmente distorsionada por nada que haya ocurrido desde la creación. En resumen, el mundo que encontramos a nuestro alrededor es básicamente el mundo tal y como surgió de la mano creadora de Dios, tal como quiso que fuese.

Una segunda suposición importante de la teología natural es la integridad de la persona que percibe y aprende de la creación. Ni las limitaciones humanas naturales ni los efectos del pecado y la caída impiden que los seres humanos reconozcan e interpreten correctamente la obra del Creador. Pensando en las categorías que se desarrollarán de forma más extensa posteriormente en este libro, los teólogos naturales tienden a ser arminianos o incluso pelagianos en su forma de pensar, en lugar de calvinistas o agustinianos.

Otra suposición es que hay congruencia entre la mente humana y la creación que nos rodea. La coherencia mental con el orden del mundo permite inferencias de los datos que posee. También se asume la validez de las leyes de la lógica. Tales principios lógicos como la ley de identidad, la ley de la contradicción y la ley del medio excluido no son construcciones mentales meramente abstractas, son la verdad del mundo. Los teólogos naturalistas asiduamente evitan las paradojas y las contradicciones lógicas, considerándolas algo que hay que eliminar por medio de un escrutinio lógico completo de los temas en consideración. Una paradoja es un signo de indigestión intelectual; si se hubiera masticado más, habría desaparecido.

La esencia de la teología natural es la idea de que es posible, sin un compromiso previo de fe con los principios del cristianismo, y sin confiar en ninguna autoridad especial, como una institución (la iglesia) o un documento (la Biblia), llegar a un conocimiento genuino de Dios a través únicamente de la razón. La razón aquí hace referencia a la capacidad humana para descubrir, entender, interpretar y evaluar la verdad.

Quizá el ejemplo más destacado de la teología natural en la historia de la iglesia es el enorme esfuerzo de Tomás de Aquino. Según Tomás, todas las verdades pertenecen a dos ámbitos. El inferior es el ámbito natural, el superior es el de la gracia. Mientras que los asuntos pertenecientes al ámbito superior deben ser aceptados por autoridad, los del ámbito inferior se pueden conocer a través de la razón.

Es importante señalar la situación histórica de la cual surge el punto de vista de Tomás. Buscando respuestas a las cuestiones principales, la iglesia durante siglos apelaba a la autoridad de la Biblia o a la enseñanza de la iglesia. Si una de ellas, o ambas enseñaban algo, se consideraba verdad. Sin embargo, ciertos acontecimientos cuestionaron esto. Uno fue un tratado de Pedro Abelardo titulado *Sic et non*. Había sido costumbre consultar a los padres de la iglesia para resolver los asuntos a los que tenía que enfrentarse la iglesia. Sin embargo, Abelardo recogió una lista de 158 proposiciones en las cuales los Padres no estaban de acuerdo. Citaba declaraciones de ambas partes de estas proposiciones. Por lo tanto estaba claro que resolver asuntos no era algo tan simple como dedicarse a citar a los Padres. Sería necesario encontrar una manera de escoger en los casos en los que los Padres tenían opiniones distintas. La razón es esencial incluso en la utilización de la autoridad.

Si este era un problema interno de la iglesia, también había un problema externo: el contacto de la iglesia con culturas heterogéneas. Por primera vez la iglesia se encontraba a gran escala con judíos, musulmanes (especialmente en Sicilia y en España), e incluso con completos paganos. No tenía ningún valor citar la autoridad ante estas otras personas. Los judíos simplemente citarían la Torah, y los musulmanes el Corán, y todos ellos, incluso los paganos, mirarían sencillamente extrañados cuando un teólogo cristiano citara la Biblia o las enseñanzas de la iglesia. Si se quisiera ejercer una influencia auténtica sobre esas personas, habría que entrar en algún tipo de terreno neutral en el que no hubiera que apelar a una autoridad especial, y explicar el asunto en unos términos aceptables para todas las personas racionales. Esto es lo que intentó hacer Tomás.[5]

Tomás explicó que podía probar ciertas creencias a través de la razón pura: la existencia de Dios, la inmortalidad del alma humana y el origen sobrenatural de la Iglesia Católica. Elementos de la doctrina más específicos, como la naturaleza trina de Dios, no se podían conocer únicamente por medio de la razón, pero debían ser aceptados por autoridad. Estos eran verdades de revelación, no verdades de razón. (Por supuesto, si una de las verdades naturales establecidas mediante la razón es el origen divino de la Iglesia Católica, entonces uno ha establecido mediante inferencia su autoridad y, en consecuencia, la verdad de

5. Tomás de Aquino, *Summa theologica*, parte 1, cuestión 2.

los asuntos superiores o revelados sobre los que habla.) La razón regula el nivel inferior, mientras que las verdades del nivel superior son asuntos de fe.

Uno de los argumentos tradicionales sobre la existencia de Dios es la prueba cosmológica. Tomás tiene tres o incluso puede que hasta cuatro versiones de esta prueba. La argumentación es la siguiente: en el ámbito de nuestra experiencia, todo lo que conocemos es causado por algo más. Sin embargo, no puede haber una regresión infinita de causas, porque si esto fuese así, la serie completa de causas nunca habría empezado. Por lo tanto, debe haber una causa que no haya sido causada (motor inmóvil) o un ser necesario. Y a esto nosotros (o toda la gente) lo llamamos Dios. Cualquiera que observe esta evidencia honestamente debe llegar a esta conclusión.

Otro argumento que se empleó con frecuencia, y que también encontramos en Tomás, es el argumento teleológico. Éste se centra particularmente en el fenómeno del orden o del propósito aparente del universo. Tomás observó que varias partes del universo muestran un comportamiento de adaptación que ayuda a llegar a fines deseables. Cuando el ser humano despliega ese tipo de comportamiento, reconocemos que conscientemente ha deseado y se ha dirigido hacia ese fin. Sin embargo, algunos objetos de nuestro universo, no pueden haber planificado ningún propósito. Desde luego las rocas y la atmósfera no han escogido ser lo que son. Su ordenamiento según un propósito o un diseño debe haber venido de otra parte. Por lo tanto un ser inteligente debe haber ordenado las cosas de esa manera en especial. Y a ese ser, dice Tomás, lo llamamos Dios.

A veces todo el universo entra en la argumentación teleológica. En esos casos el universo a menudo es comparado con un mecanismo. Por ejemplo, si encontramos un reloj tirado en la arena, reconocemos inmediatamente que es un reloj, porque todas sus partes sirven para el propósito de medir y mostrar el tiempo. Seguro que no diríamos: "¡Qué coincidencia más asombrosa!" Reconoceríamos que una persona capacitada debe haber planeado y llevado a cabo la asombrosa manera de encajar unas partes con otras. De manera parecida, la forma en que las partes de la naturaleza se engranan entre sí, y la sorprendente manera en que varios componentes de un todo parecen adaptarse para cumplir ciertas funciones, no se pueden considerar una "concatenación fortuita de circunstancias." Alguien debe haber diseñado y construido sistemas digestivos, ojos, atmósferas adecuadamente equilibradas y muchas más cosas en el mundo. Todo esto argumenta a favor de la existencia de un Diseñador supremo, un Creador sabio y capaz. Debe haber un Dios.

Estos son dos argumentos importantes que se han empleado históricamente en la elaboración de una teología natural. Otros dos que aparecen en la historia de la filosofía y la teología, aunque quizá menos destacados que la argumentación cosmológica y la teleológica, son el antropológico y el ontológico.

El argumento antropológico no se encuentra de forma explícita en las ideas de Tomás, aunque puede estar implícito en la cuarta prueba.[6] Ve algunos aspectos de la naturaleza humana como una revelación de Dios. En la formulación de Kant (en la *Crítica de la razón práctica*) aparece más o menos de la siguiente manera. Todos poseemos un impulso moral o un imperativo categórico. Sin embargo, seguir este impulso comportándonos moralmente no recibe buena recompensa en esta vida. ¡Ser bueno no siempre resulta rentable! ¿Por qué deberíamos ser morales entonces? ¿No sería más inteligente comportarnos de forma egoísta algunas veces? Debe haber una base para la ética y la moralidad, algún tipo de recompensa, que a su vez implica varios factores: la inmortalidad y un alma inmortal, un juicio futuro, y un Dios que establezca y apoye los valores y que recompense el bien y castigue el mal. Por lo tanto, el orden moral (en contraste con el orden natural) requiere la existencia de Dios.

Todos estos son argumentos empíricos. Proceden de la observación del universo a través de la experiencia sensorial. El principal argumento racional o a priori es el ontológico. Este es un argumento del tipo pensamiento puro. No requiere que uno salga de su propio pensamiento, del nivel del pensamiento abstracto hasta el nivel de la experiencia sensorial. En el *Proslogion* Anselmo formuló lo que sin duda es la declaración más famosa del argumento. René Descartes también hizo una versión[7], como hizo Hegel de una forma considerablemente diferente.[8] En tiempos más recientes, Charles Hartshorne ha argumentado a favor de su validez,[9] y ha habido una discusión renovada durante el siglo XX entre teólogos y filósofos.[10]

La declaración de Anselmo es la siguiente. Dios es el más grande de todos los seres concebibles. Ahora, un ser que no existe no puede ser el más grande de todos los seres concebibles (ya que el ser no existente de nuestra concepción sería más grande si tuviera el *atributo* de la existencia). Por lo tanto, por definición, Dios debe existir. Ha habido varias respuestas a esto, muchas de las cuales siguen la opinión de Kant de que, en efecto, la existencia no es un atributo. Un ser que existe no tiene ningún atributo o cualidad que no tenga un ser similar

6. La cuarta prueba de Tomás en efecto argumenta que como hay grados de perfección en el universo, en alguna parte debe estar la perfección última.

7. René Descartes, *Meditations*, en *The Philosophical Works of Descartes* (Cambridge: Cambridge University Press, 1911), vol. 1, pp. 180-81.

8. Georg Hegel, *Lectures on the Philosophy of Religion*, Apéndice: "Lectures on the Proofs of the Existence of God"; *Encyclopedia of Philosophical Sciences*, "Logic," párrafo 51; *Lectures on the History of Philosophy*, parte 2, sección 3.

9. Charles Hartshorne, *Man's Vision of God and the Logic of Theism* (Hamden, Conn.: Shoe String, 1941); "Formal Validity and Real Significance of the Ontological Argument," *Philosophical Review* 53 (1944): 225-45.

10. Ej., *The Many-Faced Argument*, ed. John H. Hick y Arthur C. McGill (New York: Macmillan, 1967).

que no existe. Si yo imagino un dólar y lo comparo con un dólar real, no hay diferencia en su esencia, en *lo que* son. La única diferencia es si son o no son. Hay una diferencia lógica entre la frase "Dios es bueno" (o afectuoso, o santo, o justo) y la frase "Dios es." La primera predica una cualidad de Dios; la segunda es una declaración de su existencia. La cuestión aquí es que la existencia no es necesariamente un predicado del más grande de todos los seres concebibles. Tal ser puede existir o no. En cualquier caso su esencia es la misma. (Se debería señalar que Anselmo estaba trabajando en un marco platónico, en el cual lo ideal es más real que lo físico o lo material.)

### *Crítica a la teología natural*

A pesar de la larga y santificada historia de la teología natural, sus efectos en la actualidad no parecen demasiado impresionantes. Si los argumentos son válidos y están adecuadamente presentados, cualquier persona racional debería quedar convencida. Sin embargo, muchos filósofos han criticado las pruebas, y muchos teólogos se han unido a ellos. Esto le puede resultar extraño a algunos cristianos. ¿Por qué debería oponerse cualquier cristiano al esfuerzo de convencer a los no cristianos sobre la verdad del cristianismo, o al menos sobre la existencia de Dios? La respuesta es que el uso de estas pruebas puede en realidad ser un desventaja si uno quiere hacer lo más eficaz posible la presentación de las afirmaciones de Cristo. Si las pruebas son inadecuadas, al rechazar las pruebas, el no creyente puede también rechazar el mensaje cristiano, suponiendo que son lo mejor que se puede ofrecer para su aceptación. Al rechazar una forma de defender el mensaje cristiano, una forma que no es materia de la revelación bíblica, el no creyente puede rechazar el mensaje mismo.

Algunos de los problemas con los argumentos residen en las suposiciones que contienen. Tomás asumió que no puede haber una regresión infinita de causas. Para Tomás esto no era una suposición, sino más bien un axioma o verdad primera, que se conoce de forma intuitiva. Pero hoy muchas personas estarían en desacuerdo con eso. Una secuencia lineal de causas no es la única manera de ver las causas. Algunos cuestionarían la necesidad de preguntar por la causa última. Sin embargo, incluso si uno pregunta, siempre existe la posibilidad de un círculo de causas, con una causa que dentro del sistema cerrado causa otra. De la misma manera, la suposición de que el movimiento debe tener una causa o una explicación no se mantiene universalmente hoy. La realidad puede ser dinámica y no estática.

También hay críticas al procedimiento de extender la argumentación desde lo observable hasta lo que va más allá de la experiencia. En el caso del reloj encontrado en la arena, tenemos algo que se puede verificar por los sentidos. Podemos comprobarlo con la compañía cuyo nombre aparece (¿por coincidencia?) en el reloj, y preguntar si lo han fabricado. Podemos verificar que lo hicieron, y quizá averiguar la fecha de fabricación y la identidad de los que trabajaron en él. Es más, reconocemos que el reloj es parecido a otros relojes que hemos visto antes puestos, a la venta e incluso fabricados. Por lo tanto, podemos extrapolar de las experiencias pasadas. Sin embargo, en el caso del mundo, no tenemos nada que se pueda verificar con tanta facilidad por medio de los sentidos. ¿Cuántos mundos hemos visto crear? La suposición es que el universo es un miembro de una clase de objetos (incluyendo cosas como los relojes y las cámaras) con el cual podemos compararlo, y por lo tanto hacer juicios racionales sobre su diseño. Esto, sin embargo, debe ser establecido, no asumido, si queremos que la analogía del reloj tenga éxito.

Y como ya mencionamos, existe otro problema adicional. Supongamos que uno consigue probar, con un argumento válido, que este mundo debe haber tenido una causa. Uno no puede, sin embargo, concluir a partir de esto que tal causa debe ser infinita. Sólo se puede afirmar que hubo una causa suficiente para producir el efecto.[11] Que se pueda levantar un peso de cincuenta kilos no garantiza la conclusión de que se pueda levantar más. Debido a la facilidad con que una persona levanta ese peso se podría especular que el levantador podría levantar todavía mucho más peso, pero esto no se ha demostrado. De la misma manera uno no puede probar la existencia de un Creador infinito por la existencia de un universo finito. Todo lo que se puede probar es la existencia de un creador lo suficientemente poderoso y sabio como para dar vida a este universo, que no obstante es finito. Al crear el universo, puede que Dios hiciera todo de lo que era capaz, quedando exhausto en el proceso. En otras palabras, lo que se ha establecido es la existencia de un dios grande, pero posiblemente limitado, no la del Dios infinito que el cristianismo presenta. Se necesita otro argumento para probar que este es el Dios del cristianismo y, por supuesto, que los dioses que constituyen las conclusiones de los distintos argumentos de Tomás son todos el mismo ser. Si vamos a tener una teología natural, esta debe argumentarse en base a nuestra razón humana (sin recurrir a ninguna otra autoridad).

Desde los tiempos de David Hume, todo el concepto de la causa ha tenido un estatus incierto. La causa, para algunas personas, sugiere una especie de conexión absoluta: si A es la causa de B, entonces, cada vez que A ocurra, B tiene también que ocurrir necesariamente. Hume señaló como punto débil la idea de la conexión necesaria. Lo más que tenemos es una conjunción constante: cada vez que ha sucedido A en el pasado, siempre ha sido seguida por B. Sin embargo, no hay base empírica para decir que la próxima vez que suceda A, B necesariamente va a suceder. Todo lo que tenemos es una disposición psicológica a esperar que suceda B, pero no una certeza lógica.[12]

11. David Hume, *An Enquiry Concerning Human Understanding*, sección 11; Gordon H. Clark, *A Christian View of Men and Things* (Grand Rapids: Eerdmans, 1952), p. 29.

12. David Hume, *A Treatise of Human Nature*, libro 1, parte 3, secciones 2-4.

El argumento teleológico ha sido objeto especial de crítica. Desde Charles Darwin, el recurso habitual de hablar de lo intrincado y bello que es el mundo orgánico no ha resultado demasiado persuasivo para los que aceptan la teoría de la evolución orgánica. Ellos creen que los cambios en las características han aparecido por variaciones casuales llamadas mutaciones. Algunas fueron ventajosas y otras no. En la lucha por sobrevivir ocasionada por la fecundidad de la naturaleza, cualquier característica que permita a una especie sobrevivir es transmitida, y las ramas de la especie que carecen de esta característica suelen extinguirse. Por lo tanto, el proceso de la selección natural ha producido las características destacables que para el argumento teleológico apuntan a un diseño y a un diseñador. Desde luego, esta crítica del argumento teleológico tiene sus defectos (por ejemplo, la selección natural no puede explicar la adaptación inorgánica que se observa en el universo), pero la cuestión es que los que aceptan la evolución no están de acuerdo con la afirmación de Tomás de que la conclusión del argumento teleológico es obligatoria y necesaria.

El argumento teleológico también se encuentra con el problema de lo que se podría denominar "disteleología." Si el argumento va a ser realmente empírico, debe, por supuesto, tener en cuenta todo el conjunto de datos. Ahora el argumento trabaja sobre la base de lo que parecen indicaciones de un Dios sabio y benevolente que controla la creación. Pero también hay algunas características del mundo que resultan molestas, aspectos de la naturaleza que no parecen muy buenos. Catástrofes naturales, como tornados, huracanes, terremotos, erupciones volcánicas y otros "actos de Dios" como lo denominan las compañías de seguros, nos hacen pensar en qué tipo de diseñador planeó el universo. Enfermedades del corazón, cáncer, fibrosis quística, esclerosis múltiple y otras enfermedades destructivas hacen estragos en la humanidad. Además, los seres humanos causan destrucción, crueldad, injusticia y dolor a otros seres humanos. Si Dios es todopoderoso y completamente bueno, ¿cómo pueden ocurrir estas cosas? Enfatizando estas características se puede elaborar una argumentación para justificar la no existencia de Dios o la existencia de un Dios no bueno. Quizá el argumento teleológico sea un argumento, no de la existencia de Dios, sino de la existencia del diablo. Cuando se tienen en cuenta estas consideraciones el argumento teleológico parece menos impresionante.

### *Negación de la revelación general*

Además de estas objeciones filosóficas, también hay objeciones teológicas. Karl Barth, por ejemplo, rechazó la teología natural y la revelación general. Barth fue educado en el liberalismo estándar procedente de Albrecht Ritschl y Adolf von Harnack, y particularmente fue instruido por Wilhelm Herrmann. El liberalismo no tomó demasiado en serio la Biblia, apoyando muchas de sus afirmaciones en un tipo de teología natural. Barth tenía una buena razón, basándose en la experiencia, para preocuparse por la creencia en la revelación general, y el intento liberal de desarrollar una teología natural a partir de ella. Él había visto el efecto de identificar demasiado los desarrollos históricos con la obra de Dios. En 1914, quedó escandalizado cuando un grupo de noventa y tres intelectuales alemanes respaldaron la política belicista del káiser Wilhelm. Los nombres de varios profesores de teología de Barth aparecían en aquella lista. Ellos creían que Dios cumpliría con su voluntad en el mundo a través de aquella política belicista. Su punto de vista de la revelación les había hecho extremadamente indiscriminados en lo que se refiere a los sucesos históricos. Junto con el cambio de Ernst Troeltsch de la facultad de teología a la de filosofía, su experiencia desilusionante le indicó a Barth la superficialidad y la bancarrota del liberalismo. Por lo tanto, desde un punto de vista teológico, agosto de 1914 en cierto sentido marcó el fin del siglo XIX en Europa.[13] A principios de 1930, el proceso prácticamente se repitió. Con una situación económica desesperada, Alemania vio en el partido nacionalsocialista de Adolf Hitler su esperanza de salvación. Un importante segmento de la iglesia estatal respaldó este movimiento, viendo en él una manera de obrar Dios en la historia. Barth habló en contra del gobierno nazi y, como resultado, fue obligado a abandonar su puesto de enseñanza en Alemania. En cada uno de los casos, los acontecimientos políticos posteriores probaron que la aprensión de Barth hacia las conclusiones teológicas del liberalismo estaba bien fundada.

Es importante que señalemos la forma que Barth tenía de entender la revelación. Para él, la revelación es redentora por naturaleza. Para él, conocer a Dios, tener una información correcta sobre él, iba unido a una experiencia salvadora. En desacuerdo con muchos otros teólogos, comenta que no es posible extraer de Romanos 1:18-32 ninguna declaración en cuanto a una "unión natural con Dios o el conocimiento de Dios por parte del hombre en sí mismo y como tal."[14] En su debate con Emil Brunner, Barth dijo: "¿Cómo puede Brunner mantener que un conocimiento real del verdadero Dios, por imperfecto que sea (¿y qué conocimiento de Dios no es imperfecto?) no trae la salvación?"[15]

Barth es muy escéptico ante la idea de que los seres humanos sean capaces de conocer a Dios fuera de la revelación en Cristo. Esto significaría que pueden conocer la existencia, el ser de Dios, sin saber nada de su gracia y su misericordia. Esto lastimaría la unidad de Dios, porque sería abstraer su ser de la totalidad de su actividad.[16] Un ser humano que pudiera saber algo de Dios fuera de su

13. Karl Barth, *God, Grace, and Gospel* (Edinburgh: Oliver & Boyd, 1959), pp. 57-58.

14. Karl Barth, *Church Dogmatics* (Edinburgh: T. & T. Clark, 1957), vol. 2, parte 1, p. 121.

15. Karl Barth, "No!" en Emil Brunner y Karl Barth, *Natural Theology*, trad. Peter Fraenkel (London: Geoffrey Bles: The Centenary Press, 1946), p. 62.

16. Barth, *Church Dogmatics*, vol. 2, parte 1, p. 93.

revelación en Jesucristo habría contribuido al menos en menor medida a su salvación o a su posición espiritual ante Dios. El principio de "sólo por gracia" se vería comprometido.

Para Barth, la revelación es siempre y sólo la revelación de Dios en Jesucristo: el Verbo hecho carne.[17] No hay revelación aparte de la encarnación. Tras esta postura hallamos (probablemente sin que Barth lo reconozca) una concepción existencialista de la verdad como algo subjetivo y de persona a persona que nos remite a Søren Kierkegaard y Martin Buber. La posibilidad de conocer a Dios fuera de la revelación misericordiosa en Cristo eliminaría la necesidad de Cristo.

Sin embargo, Barth debe enfrentarse al problema de la existencia de la teología natural. ¿Por qué surgió y persistió? Reconoció que tradicionalmente se han citado algunos pasajes bíblicos como justificación para introducirse en la teología natural (por ejemplo, Sal. 19 y Ro. 1). ¿Qué hay que hacer con ellos? Él dice que la "línea principal" de las Escrituras enseña que lo que une al hombre con Dios, por parte de Dios, es su gracia. ¿Cómo puede haber entonces otra manera por la cual los seres humanos se acerquen a Dios, otra manera de conocerle? Hay tres maneras posibles de manejar esta aparente discrepancia entre la línea principal y la "línea secundaria" de las Escrituras (esos pasajes que parecen hablar de una teología natural):

1. Reexaminar la línea principal para ver si se puede interpretar de manera que permita la línea secundaria.
2. Considerar las dos válidas, pero contradictorias.
3. Interpretar la línea secundaria de manera que no contradiga la línea principal.

La primera posibilidad ya se ha eliminado. ¿Y qué pasa si se mantiene que aquí simplemente hay dos notas contradictorias, produciendo una paradoja? Al contrario de lo que mucha gente había esperado Barth, rechazó esa alternativa. Como el testigo bíblico es la revelación de Dios y no una idea humana, no puede existir contradicción.[18] Esto sólo deja la tercera posibilidad: interpretar la línea secundaria para que no contradiga la línea principal.

Al interpretar el Salmo 19 Barth entiende que el versículo 3: "No hay lenguaje ni palabras ni es oída su voz" está en relación adversativa con los versículos 1 y 2. Por lo tanto, el salmista niega en el versículo 3 lo que parece afirmar en los versículos 1 y 2. Los cielos, los días y las noches, en realidad son mudos. Barth también mantiene que los seis primeros versículos del salmo deben entenderse

17. Karl Barth, en *Revelation*, ed. John Baillie and Hugh Martin (New York: Macmillan, 1937), p. 49.

18. Barth, *Church Dogmatics*, vol. 2, parte 1, p. 105.

a la luz de los versículos 7-14. Por lo tanto, el testimonio que los seres humanos ven en el cosmos "no ocurre independientemente, sino en suma coordinación y en subordinación con el testimonio del hablar y actuar de Dios [la ley del Señor, el testimonio del Señor, etc.] en el pueblo y entre el pueblo de Israel."[19]

Barth debe admitir que Romanos 1:18-32 expone definitivamente que los humanos tienen conocimiento de Dios. Sin embargo, Barth niega que este conocimiento de Dios sea independiente de la divina revelación del evangelio. Más bien, mantiene que la gente que Pablo tenía en mente ya había recibido la revelación que Dios declaró.[20] Después de todo Pablo dice que la ira de Dios se revela desde el cielo contra ellos (v. 18). Y en este mismo contexto dice que está dispuesto a predicar el evangelio a los romanos (v. 15), y que no se avergüenza de este evangelio porque es el poder de Dios para ellos.

Entonces, esencialmente la interpretación de Barth de los dos pasajes es la misma. Las personas en mente encuentran a Dios en el cosmos, pero lo hacen porque ya han conocido a Dios a través de su revelación especial. Por lo tanto, lo que ha sucedido es que han leído, o proyectado en el orden creado, lo que ya sabían de él a través de la revelación.

Es cierto que en porciones posteriores de la *Dogmática de la iglesia* Barth parece modificar en cierta manera su posición. Aquí reconoce que aunque Jesucristo es el Verbo y la Luz de la vida, la creación contiene muchas luces menores que muestran su gloria. Sin embargo, Barth no habla de estas como revelaciones, reservando esa designación para el Verbo. Retiene el término *luces*. También es destacable que en su posterior declaración resumen, *Teología evangélica*, Barth no hiciera mención de una revelación a través del orden creado.[21] Por lo tanto, parece haber tenido un impacto menor o ningún impacto práctico en su teología.

La ofensiva de Barth contra la teología natural es comprensible, especialmente dada su experiencia con ella, pero reaccionó de forma exagerada. Como señalaremos en la siguiente sección, Barth se embarcó en una exégesis bastante cuestionable. Aparentemente sus interpretaciones surgieron necesariamente de sus presuposiciones, algunas de las cuales son dudosas:

1. Que Dios se revela exclusivamente en Jesucristo.
2. Que siempre se responde positivamente a la revelación genuina y no se la ignora o se la rechaza.
3. Que el conocimiento de Dios siempre es redentor o salvador por naturaleza.

19. Ibid., p. 108.
20. Ibid., p. 119.
21. Karl Barth, *Evangelical Theology: An Introduction* (New York: Holt, Rinehart & Winston, 1963).

Barth llevó estas suposiciones a su interpretación de los pasajes bíblicos que parecen hablar de la revelación general. Que estas suposiciones conduzcan a un esquema conceptual completo que tiene dificultades para explicar los datos nos lleva a la conclusión de que una o más de ellas son inapropiadas o no son válidas.

### *Examen de pasajes relevantes*

Es necesario que examinemos con más cuidado varios pasajes claves que tratan el tema de la revelación general e intentar ver exactamente lo que dicen. Luego uniremos el significado de estos distintos pasajes dentro de una posición coherente del tema.

De los muchos salmos de la naturaleza, que expresan el mismo sentido básico, el Salmo 19 es quizá el más explícito. El lenguaje utilizado es muy vívido. El verbo traducido "están diciendo" es מְסַפְּרִים *(mesapparim)*. Esto es una forma de participio Piel de סָפַר *(saphar)*. En el qal o radical simple, el verbo significa contar, calcular o numerar; en el Piel significa recontar o relatar. El uso del participio sugiere un proceso en curso. El verbo מַגִּיד *(maggid)*, de נָגַר *(nagad)*, significa declarar o mostrar. El verbo יַבִּיצ *(yabbia')*, el imperfecto hifil de נָבַצ *(naba)*, significa fluir, emitir, hacer burbujas o vomitar. Transmite especialmente la idea de fluir libremente, emisión espontánea. El verbo יְחַוֶּה *(yechawweh)*, de חָוָה *(chawah)*, significa simplemente declarar, decir, dar a conocer. Superficialmente, estos versículos afirman que la naturaleza creada declara la gloria de Dios.

La auténtica cuestión interpretativa tiene que ver con el estatus del versículo 3 (v. 4 en el texto hebreo), que literalmente dice: "no hay discurso, no hay palabras; su voz no se oye." Se han ofrecido cinco interpretaciones importantes de cómo se relaciona este versículo con el precedente.[22]

1. El versículo 3 dice que no hay palabras, que los testimonios son silenciosos, testimonios sin palabras. Son inaudibles, pero inteligibles en todas partes. Sin embargo, si fuera este el caso, el versículo 3 tendría el efecto de interrumpir la fluidez del himno, y el siguiente versículo tendría que empezar con una waw adversativa.

2. El versículo 3 se debería considerar una oración circunstancial que modifica al versículo siguiente; esta es la interpretación de George Ewald. Los versículos se traducirían: "Sin hablar en voz alta... su sonido resonaba en toda la tierra." Hay problemas léxicos y sintácticos en esta interpretación. אֹמֶר *('omer)* no significa "hablar en voz alta" y קַוָּם *(qawwam)* no significa "su sonido." Además el versículo 3 no contiene nada que delate ninguna subordinación diseñada con respecto al siguiente versículo.

22. Para comentarios adicionales sobre estos enfoques, ver Franz Delitzsch, *Biblical Commentary on the Psalms* (Grand Rapids: Eerdmans, 1955), pp. 281-83.

3. El versículo 3 debería ser independiente y adversativo. De este modo niega lo que habían afirmado los dos primeros versículos. Esta es la posición de Barth. Sin embargo, uno se pregunta qué hay en el contexto que sugiera tal antítesis. Además, sería de esperar que el verbo יָצָא *(yatsa)* del versículo 4 apareciera ya en el versículo 3. Es más, aunque otras interpretaciones del versículo requieren la aportación de un elemento del discurso, la interpretación de Barth requiere la conjunción waw y la preposición *con*, ninguna de las cuales aparece aquí. Por lo tanto su interpretación parece excesivamente complicada. La ley de la navaja de Ockham sugiere buscar y después adoptar un tratamiento más simple, que sin embargo explique adecuadamente el versículo.[23]

4. La interpretación de Martín Lutero, Juan Calvino y otros fue que había que traducir el versículo 3: "No hay lenguaje ni palabras en las cuales no se oiga este mensaje." Esto enfatizaría la universalidad del mensaje, llegando a todas las naciones y a todos los idiomas. Sin embargo, en ese caso, se debería encontrar אֵין לָשׁוֹן *(en lashon)* o אֵין שָׂפָה *(en saphah)*.

5. La traducción seguida por la Septuaginta, Campegius Vitringa y Ferdinand Hitzig es: "No hay lenguaje, ni palabras, cuya voz no sea escuchada, esto es, inaudible," o simplemente: "No hay discurso ni palabras inaudibles."

La última interpretación parece más deseable por varias razones. En la forma "No hay discurso ni palabras inaudibles," no es necesario introducir palabras que faltan. Mucho depende en gran medida de la forma en que se traduzca el participio negativo בְּלִי *(beli)*. Este participio se utiliza principalmente para negar un adjetivo o un participio, por lo tanto funciona como el prefijo alfa en griego y el "a-" en español. Un ejemplo de este uso es בְּלִי מָשִׁיחַ *(beli mashiach)* en 2 Samuel 1:21, que la Biblia de las Américas traduce como "no ungido [con aceite]." Una traducción así del Salmo 19:3 es perfectamente natural, no requiriendo la inserción de ninguna palabra; es más, esta traducción no sólo no contradice los versículos precedentes, sino que en realidad los acentúa y los apoya.

Aquí continúa la cuestión de la relación entre los versículos 7-14 y los primeros seis versículos del salmo. Barth sugiere que la primera parte sea interpretada a la luz de la última parte. En general, interpretar un versículo a la luz de su contexto es un buen principio exegético. En este caso, sin embargo, sugerir (como hace Barth) que la personas que encuentran testimonio en la naturaleza hacen eso porque conocen la ley de Dios parece artificial. No hay indicaciones de tal vínculo o transición; en consecuencia, lo que tenemos en la última parte del salmo es una ascensión hacia otro tema, mostrando como la ley va más allá de la revelación en el cosmos.

23. La ley de la navaja de Ockham, denominada así por Guillermo de Ockham, es el equivalente a la moderna ley de la parsimonia: no se deberían introducir más conceptos que los necesarios para explicar el fenómeno.

Romanos 1 y 2 es el otro pasaje importante que trata de la revelación general. La parte significativa del capítulo 1 son los versículos 18-32, que enfatizan la revelación de Dios en la naturaleza, mientras que 2:14-16 parece elaborar especialmente la revelación general en la personalidad humana. El tema de la epístola que se enuncia en los versículos 16 y 17 del primer capítulo es que en el evangelio la justicia de Dios se revela por fe y para fe. Esta justicia de Dios en proporcionar salvación, sin embargo, presupone la ira de Dios revelada desde el cielo contra toda impiedad e injusticia de los hombres (v. 18). Pablo se preocupa por explicar cómo puede ser justa esta ira de Dios. La respuesta es que la gente sobre la cual Dios descarga su ira tienen la verdad, "pero con su maldad obstruyen la verdad" (v. 18b --NVI). Dios ha mostrado plenamente lo que deben saber sobre él. Esta automanifestación ha continuado desde la creación del mundo, siendo percibida en las cosas que Dios ha hecho. Lo invisible de él, su eterno poder y deidad, se hace claramente visible, y por lo tanto nadie tiene excusa. (v. 20). Ellos habían conocido a Dios, pero no lo glorificaron ni le dieron las gracias; al contrario su necio corazón fue entenebrecido y se hicieron necios (vv. 21-22).

El lenguaje de este pasaje es claro y fuerte. Es difícil interpretar expresiones como "lo que de Dios se conoce" (τὸ γνωστὸν τοῦ θεοῦ – *to gnōston tou theou*) y "ha manifestado" (ἐφανέρωσεν – *ephanerōsen* – v. 19) como otra cosa que no sea una verdad objetiva conocible sobre Dios. De manera similar "habiendo conocido a Dios (γνόντες τὸν θεὸν – *gnontes ton theon* – v. 21) y "la verdad sobre Dios" (τὴν ἀλήθειαν τοῦ θεοῦ – *tēn alētheian tou theou* – v. 25) indica posesión de un conocimiento genuino y preciso.

La sugerencia de Barth de que la gente que se tiene en mente no es el ser humano en el cosmos (el ser humano en general) es equivocada. Su argumento es que el pasaje en consideración debe verse en el contexto del evangelio de Pablo en los versículos 15 y 16. Por lo tanto la última parte del capítulo (vv. 18-32) tiene en mente a los judíos y gentiles que se vieron enfrentados objetivamente a la divina revelación en el evangelio (v. 16). Sin embargo, hay que señalar que Pablo no dice que la justicia de Dios ha sido revelada a los injustos. Lo que dice es que la ira de Dios es contra (ἐπὶ – *epi*) o por encima de ellos, mientras que las cosas que podemos conocer de él (v. 19 – es significativo que Pablo no utilice el término *evangelio* o *justicia* aquí) están en (ἐν – *en*) ellos y le es revelado a ellos (αὐτοῖς – *autois*, caso dativo). Esta distinción entre la revelación sobrenatural de la ira de Dios (que es parte de la revelación especial) y la revelación de su eterno poder y su deidad en la creación queda más resaltada con las palabras de Pablo de que la primera es revelada a los injustos porque (διότι – *dioti*) la última está clara para ellos. Por lo tanto, parece que tuvieron la revelación general, pero no la revelación especial, el evangelio. Eran conscientes del eterno poder y la deidad de Dios; no eran conscientes de su ira y su justicia. Seguramente Pablo sabía del juicio de esta gente a través de la revelación especial, pero ellos estaban en esa condición simplemente por su rechazo de la revelación general. Barth está confuso respecto a este punto.

El segundo capítulo continúa la argumentación. El asunto aquí parece ser que todos, judíos y gentiles, están condenados: los judíos porque no hicieron lo que la ley pedía; los gentiles porque, aun sin tener la ley, saben lo suficiente como para hacerse responsables ante Dios de sus acciones, no obstante desobedecen. Cuando hacen por naturaleza (φύσει – *phusei*) lo que pide la ley, ellos están demostrando que lo que la ley pide está escrito en sus corazones (vv. 14-15). Por lo tanto, conozcan o no la ley, estas personas conocen la verdad de Dios.

Hechos 14:15-17 también trata el tema de la revelación general. La gente de Listra había pensado que Pablo y Bernabé eran dioses. Empezaron a adorarlos. Intentando que la gente abandonara esta idea, Pablo señaló que debían volverse hacia Dios que había creado el cielo y la tierra. Él observó que aunque Dios había permitido a las naciones caminar a su manera, había dejado un testimonio de sí mismo en todos los pueblos haciendo el bien, proporcionando estaciones de lluvia y de frutos, y satisfaciendo sus corazones con comida y contento. El tema es que Dios había dado testimonio de sí mismo con la conservación benevolente de su creación. Aquí el argumento parece relacionarse con el testimonio de Dios sobre sí mismo en la naturaleza y (puede que incluso aún más) la historia.

El pasaje final que tiene especial relevancia para nuestros propósitos es Hechos 17:22-31. En él, Pablo aparece ante un grupo de filósofos, la sociedad filosófica ateniense, esto es, en el Areópago. Hay dos puntos de especial importancia en la presentación de Pablo. Primero, Pablo se había dado cuenta de que había un altar a "un dios no conocido" en el lugar de culto de los atenienses. Les empezó a proclamar este dios. El dios sobre el que especulaban, sin una revelación especial, era el mismo Dios que él conocía por manifestación especial. Segundo, citó a un poeta ateniense (v. 28). Lo significativo aquí es que un poeta pagano había sido capaz de llegar a una verdad espiritual sin la revelación especial de Dios.

### Revelación general, pero sin la teología natural

Cuando empezamos a unir estos pasajes, la posición de Calvino parece más coherente con los datos bíblicos y con las observaciones filosóficas que las de Tomás o Barth. Básicamente, esta visión es la de que Dios nos ha dado una revelación objetiva, válida y racional de sí mismo en la naturaleza, la historia y la personalidad humana. Sin tener en cuenta si alguien la observa, la entiende y la cree, incluso aunque puede haber sido alterada por la caída, sin duda está presente. Esta es la conclusión que hay que sacar de pasajes como Salmos 19:1-2 y Romanos 1:19-20. La revelación general no es algo que los que conocen a Dios por otros medios lean en la naturaleza; ya está presente mediante la obra de Dios en la creación y la continua providencia.

Sin embargo, Pablo afirma que los seres humanos no perciben con claridad a Dios en la revelación general. El pecado (aquí estamos pensando en la caída de la raza humana y en nuestros continuos actos malvados) tiene un efecto doble en la eficacia de la revelación general. Por una parte, el pecado ha desvirtuado el testimonio de la revelación general. El orden creado está ahora bajo una maldición (Gn. 3:17-19). La tierra producirá espinas y cardos para el hombre que la trabaje (v.18); la mujer verá multiplicados sus dolores de parto (v. 16). Pablo dice en Romanos 8:18-25 que la creación fue sujeta a vanidad (v. 20); que espera su liberación (vv. 19, 21, 23). Como resultado, su testimonio está en cierta manera refractado. Aunque continúa siendo la creación de Dios y por lo tanto continúa dando testimonio de él, no es exactamente lo que era cuando surgió de la mano del Hacedor. Es una creación dañada. El testimonio del Hacedor queda difuminado.

El efecto más serio del pecado y la caída se produce en los seres humanos mismos. Las Escrituras hablan en varios lugares de lo enceguecido y oscurecido que está el entendimiento humano. Pablo ya lo había señalado en Romanos 1:21 donde dice que ellos conocían a Dios, pero rechazaron su conocimiento, lo cual traía consigo la ceguera. En 2 Corintios 4:4, Pablo atribuye esta ceguera a la obra de Satanás: "a los incrédulos el dios de este mundo les cegó el entendimiento, para que no les resplandezca la luz del evangelio de la gloria de Cristo, el cual es la imagen de Dios." Aunque aquí Pablo se está refiriendo a la habilidad para ver la luz del evangelio, esta ceguera sin duda también afecta a la habilidad para ver a Dios en la creación.

La revelación general evidentemente no permite al incrédulo llegar al conocimiento de Dios. Las declaraciones de Pablo sobre la revelación general (Ro. 1-2) se deben ver a la luz de lo que dice sobre la humanidad pecadora (Ro. 3: Todas las personas están bajo el poder del pecado; ninguna es justa) y la urgencia de hablarle a la gente de Cristo (10:14): "¿Cómo, pues, invocarán a aquel en el cual no han creído? ¿Y cómo creerán en aquel de quien no han oído? ¿Y cómo oirán sin haber quien les predique?" Por lo tanto, en el pensamiento de Pablo la posibilidad de construir una teología natural en toda regla se pone seriamente en cuestión.

Lo que es necesario, entonces, es lo que Calvino llama "las gafas de la fe." Traza una analogía entre la condición del pecador y la de un hombre con problemas en la vista.[24] Este último mira a un objeto, pero lo ve sin distinguirlo. Las gafas clarifican su visión. De la misma manera, un pecador no reconoce a Dios en la creación. Pero cuando se pone las gafas de la fe, su vista espiritual mejora y puede ver a Dios en su obra.

Cuando las personas se ven expuestas a la revelación especial que aparece en el evangelio y responden, sus mentes se aclaran mediante los efectos de la rege-

24. Juan Calvino, *Institución de la religión cristiana*, libro 1, capítulo 6, sección 1.

neración, permitiéndoles distinguir lo que hay allí. Entonces pueden reconocer en la naturaleza lo que se ve más claro en la revelación especial. El salmista que vio una declaración de la gloria de Dios en los cielos, la vio *claramente* porque había llegado a conocer a Dios a través de la revelación especial, pero lo que vio siempre había estado objetiva y genuinamente allí. No lo proyectó él sobre la creación, como Barth nos haría creer.

Las Escrituras no contienen nada que constituya un argumento para la existencia de Dios a partir de las evidencias de la revelación general. La afirmación de que se ve a Dios en su obra no es en modo alguno una prueba formal de su existencia. Fijémonos también en que cuando Pablo se presentó ante los atenienses, unos le creyeron, otros le rechazaron y algunos expresaron interés en oírle de nuevo en otra ocasión (Hch. 17:32-34). Por lo tanto la conclusión de que hay una revelación general objetiva, pero que no se puede utilizar para elaborar una teología natural, parece que es lo que mejor se ajusta a los datos de las Escrituras sobre este tema.

## Revelación general y responsabilidad humana

¿Pero qué pasa con el juicio a la humanidad del que habla Pablo en Romanos 1 y 2? Si es justo para Dios condenar a los hombres, y si pueden ser culpables sin haber conocido la revelación especial de Dios, ¿significa eso que sin la revelación especial son capaces de evitar la condenación de Dios? En Romanos 2:14 Pablo dice: "Cuando los gentiles que no tienen la Ley hacen por naturaleza lo que es de la Ley, estos, aunque no tengan la Ley, son ley para sí mismos." ¿Está sugiriendo Pablo que podrían haber cumplido con los requerimientos de la ley? Pero esto no es posible ni siquiera para los que tienen la ley (ver Gá. 3:10-11 y también Ro. 3). Pablo también deja claro en Gálatas 3:23-24 que la ley no era un medio para justificarnos, sino un παιδαγωγὸς *(paidagōgos)* para hacernos conscientes de nuestro pecado y conducirnos a la fe al traernos a Cristo.

Ahora la ley interna que tienen los no creyentes realiza más o menos la misma función que la ley que tienen los judíos. De la revelación en la naturaleza (Ro. 1), la gente debería sacar la conclusión de que existe un Dios poderosos y eterno. Y con la revelación interna (Ro. 2), deberían darse cuenta de que no viven según este criterio. Aunque el contenido del código moral varia en las diferentes situaciones culturales, todos los seres humanos tienen una compulsión interna que es algo a lo que deberían adherirse. Y todos deberían llegar a la conclusión de que no están cumpliendo con el criterio. En otras palabras, el conocimiento de Dios que tienen todos los seres humanos, si no lo suprimen, debería llevarlos a la conclusión de que son culpables en relación con Dios.

¿Qué pasaría si alguien se expusiese a la misericordia de Dios, sin saber las bases en las que se proporciona esta misericordia? ¿No estaría esta persona en la misma situación que los creyentes del Antiguo Testamento? La doctrina de Cristo y su obra expiatoria no había sido revelada completamente a esa gente. Sin embargo, sabían que había provisión para el perdón de los pecados, y que ellos no podían ser aceptados mediante los méritos de sus propias obras. Tenían la forma del evangelio sin su contenido completo. Y fueron salvados. Ahora si el dios que se conoce por la naturaleza es el mismo Dios de Abraham, Isaac y Jacob (como parece afirmar Pablo en Hch. 17:23), entonces parecería que las personas que creen en un único Dios poderoso, que se desesperan por hacer obras justas para complacer a este Dios sagrado, y que se exponen ante la misericordia de este Dios bueno, tienen que ser aceptadas como lo fueron los creyentes del Antiguo Testamento. La base de la aceptación sería la obra de Jesucristo, aunque la persona implicada no sea consciente de que esta es la manera que se ha provisto para su salvación.[25] Deberíamos fijarnos en que la base de la salvación aparentemente era la misma en el Antiguo y en el Nuevo Testamento. La salvación siempre descansa en el hecho de la fe (Gá. 3:6-9); esta salvación se ha conseguido porque Cristo nos ha liberado de la ley (vv. 10-14, 19-29). Nada ha cambiado a este respecto.

Con frecuencia, se han planteado dos objeciones contra este tipo de declaración. Una es el temor a que la revelación especial quede desplazada por la revelación general, o por los descubrimientos humanos. Sin embargo, si la revelación especial da testimonio de la existencia de la revelación general, el rechazo de la idea de la revelación general no hace honor a la revelación especial. Es más, algunos temen que la urgencia de la empresa misionera se vaya a ver disminuida si se permite la posibilidad que algún ser se salve sin haber escuchado la revelación del evangelio. Sin embargo, esto es casi un argumento pragmático, no bíblico. Nosotros, como evangélicos, no adoptamos las conclusiones teológicas más útiles, sino las que son más fieles a las Escrituras.

¿Qué conclusión debemos sacar, entonces, de la declaración de Pablo en Romanos 2:1-16? ¿Es concebible que uno se pueda salvar mediante la fe sin tener una revelación especial? Pablo parece dejar abierta esta posibilidad. Sin embargo, en las Escrituras no hay indicación de cuántos, si es que existe alguno, experimentan la salvación sin tener la revelación especial.[26] Pablo sugiere en Romanos 3 que ninguno. Y en el capítulo 10 exhorta a la necesidad de predicar el evangelio (la revelación especial) para que la gente crea. Por lo tanto parece claro que al no responder a la luz general de la revelación que tienen, los seres

25. Para una declaración más completa de esta posibilidad, ver Millard J. Erickson, *How Shall They Be Saved? The Destiny of Those Who Do Not Hear of Jesus* (Grand Rapids: Baker, 1996).

26. Clark Pinnock interpreta la incertidumbre de este autor, Bruce Demarest, s y otros según cuántos se salvarán con la certeza de que ninguno lo hará (*A Wideness in God's Mercy* [Grand Rapids: Zondervan, 1992], pp. 162-63). Sin embargo, su propio intento por justificar la esperanza de que "se salvarán hordas" mediante "el principio de la fe" descansa en una exégesis muy forzada (ibid., pp. 159-68). Ver más, *How Shall They Be Saved?* pp. 136-39.

humanos son totalmente responsables, porque han conocido realmente a Dios, pero han suprimido por deseo propio esa verdad. Las palabras de Pablo "para que no tengan excusa" (1:20) parecen requerir que exista la posibilidad de que alguien de alguna manera entre en una relación de favor con Dios partiendo de esta base. Por lo tanto, efectivamente, la revelación general sirve, como la ley para hacer culpables, no para hacer justos.[27]

## Implicaciones de la revelación general

1. Hay un campo común o un punto de contacto entre el creyente y el no creyente, o entre el evangelio y el pensamiento de un no creyente. Todas las personas tienen conocimiento de Dios. Aunque puede estar suprimido hasta el punto de ser inconsciente o irreconocible, no obstante está allí, y habrá áreas de sensibilidad hacia las cuales el mensaje puede dirigirse con eficacia como punto de partida. Estas áreas de sensibilidad variarán de una persona a otra, pero están allí. Hay características de la creación hacia las que puede señalar el creyente, características que permitirán al no creyente reconocer algo de la verdad del mensaje. Por lo tanto no es necesario ni deseable disparar el mensaje al oyente de una manera indiscriminada.

2. Existe la posibilidad de algún conocimiento de la verdad divina fuera de la revelación especial. Podemos entender más sobre la verdad especialmente revelada examinando la revelación general. Entendemos con más detalle la grandeza de Dios, comprenderemos mejor la imagen de Dios en el ser humano, cuando atendemos a la revelación general. Esto debería ser considerado un complemento, no un sustituto, de la revelación especial. La distorsión que hace el pecado en la manera de entender el ser humano la revelación general es más grande cuanto más se acerca a la relación entre Dios y los hombres. Por lo tanto, el pecado ensombrece relativamente poco la comprensión de materias como la física, pero mucho los asuntos relacionados con la psicología y la sociología. No obstante, es en estos lugares donde existe un mayor poder de distorsión, donde es posible un entendimiento más completo.

3. Dios es justo al condenar a los que nunca han escuchado el evangelio en un sentido total y formal. Nadie carece completamente de oportunidad. Todos hemos conocido a Dios; si ellos no lo han percibido de forma efectiva, es porque han suprimido la verdad. Por lo tanto todos son responsables. Esto incrementa la motivación del esfuerzo misionero, ya que ninguno es inocente. Todos tienen que creer en la oferta de gracia de Dios, y es necesario llevarles el mensaje.

27. Escribiendo desde una cultura de la India principalmente hindú, el teólogo evangélico Ken Gnanakan llega a una conclusión similar. "Pluralism and Some Theological Implications," documento no publicado que se presentó en la World Evangelical Theological Commission Consultation, Wheaton, Ill., 18-22 de junio de 1990.

4. La revelación general sirve para explicar el fenómeno mundial de la religión y las religiones. Todas las personas son religiosas, porque todos tenemos un tipo de conocimiento de Dios. Desde esta revelación indistinta y quizá irreconocible, se han construido religiones que desafortunadamente son distorsiones de la verdadera religión bíblica.

5. Como la creación y el evangelio son revelaciones inteligibles y coherentes de Dios, existe armonía entre ambos, y se refuerzan mutuamente. La revelación bíblica no se distingue totalmente de lo que se conoce del ámbito natural.

6. El conocimiento genuino y la moralidad genuina en los seres humanos no creyentes (y en los creyentes) no son logros propios. La verdad que llega aparte de la revelación especial sigue siendo la verdad de Dios. El conocimiento y la moralidad no son tanto un descubrimiento como un "desvelar" la verdad con la que Dios estructuró todo su universo, tanto físico como moral.

# 9. La revelación particular de Dios

## Objetivos del capítulo

Al finalizar este capítulo, debería ser capaz de:

- Definir e identificar la necesidad de la revelación especial de Dios a los seres humanos.
- Identificar tres características de la revelación especial, incluyendo la personal, la antrópica y la analógica.
- Expresar los modos de la revelación especial de Dios a través de los eventos históricos, la comunicación divina y la presencia de Dios en Cristo.
- Distinguir entre la revelación proposicional y personal e identificar el significado de cada una de ellas.
- Confirmar la importancia de las Escrituras en la revelación especial de Dios a la humanidad.

## Resumen del capítulo

La mayoría de la gente necesita un entendimiento más personal de Dios que el que permite la naturaleza y la historia general. Dios ha proporcionado una revelación particular de sí mismo. La forma en que se presenta la revelación personal de Dios incluye su manera de relacionarse con las personas, la experiencia humana diaria y el lenguaje y el entendimiento que utiliza. Las modalidades utilizadas por Dios incluyen los eventos históricos, el discurso divino y la encarnación de Dios en Cristo. Los teólogos no se ponen de acuerdo en si la revelación personal es proposicional o personal. La Biblia proporciona a la vez un conocimiento afectivo y personal de Dios.

## Cuestiones de estudio

1. ¿Cuál es la naturaleza de la revelación especial y cómo vieron los creyentes del Antiguo y Nuevo Testamento la revelación especial?

2. Nombre y describa tres características de la revelación especial. ¿En qué contribuyen a nuestra manera de entender la revelación especial?
3. ¿A través de qué tres medios ha elegido Dios revelarse a sí mismo? ¿Cómo contribuyen cada uno de ellos a nuestra comprensión de la revelación especial?
4. ¿Qué inferencias atribuyó el pueblo de Israel a Dios según G. Ernest Wright?
5. ¿Cuál es el significado del "círculo de Pannenberg"?
6. ¿Por qué la encarnación es la modalidad más completa de la revelación especial?
7. ¿Cómo compararía y contrastaría la revelación personal y proposicional? ¿Cuál es más importante y por qué?

Definición y necesidad de la revelación especial
Estilo de la revelación especial
- Naturaleza personal de la revelación especial
- La naturaleza antrópica de la revelación especial
- La naturaleza analógica de la revelación especial

Los modos de la revelación especial
- Eventos históricos
- Discurso divino
- La encarnación

Revelación especial: ¿Proposicional o personal?
Escrituras como revelación

## Definición y necesidad de la revelación especial

Con revelación especial entendemos la manifestación que Dios hace de sí mismo a personas particulares y en momentos y lugares concretos, permitiendo a las personas entrar en una relación redentora con él. La palabra hebrea para "revelar" es גָּלָה *(galah)*. Una palabra griega común para "revelar" es ἀποκαλύπτω *(apokaluptō)*. Ambas expresan la idea de descubrir lo que está oculto. El griego φανερόω *(phaneroō)*, que expresa especialmente la idea de manifestar, también se utiliza con frecuencia.

¿Por qué era necesaria la revelación especial? La respuesta está en el hecho de que los seres humanos habían perdido la relación de favor que tenían con Dios antes de la caída. Era necesario que ellos llegaran a conocer a Dios de una manera más concreta si las condiciones de comunión se iban a cumplir de nuevo. Este conocimiento tenía que ir más allá de la revelación inicial o general que todavía estaba a su disposición, ya que ahora, además de la limitación natural de la finitud humana, estaba la limitación moral del pecado humano. Era insuficiente conocer simplemente de la existencia de Dios y algo de cómo era. En el estado original de inocencia Adán y Eva habían estado positivamente inclinados (o al menos eran neutrales) hacia Dios y podían responder de manera directa. Pero después de la caída fueron separados de Dios y estaban en rebelión contra él; su comprensión de los asuntos espirituales se obscureció. Su relación con Dios no fue meramente inactiva; se perdió y necesitaba ser reconstruida. Por lo tanto la situación humana era más complicada que la original y en consecuencia se necesitaba una instrucción más completa.

Debemos señalar que el objetivo de la revelación especial era relacional. El propósito principal de esta revelación no era ampliar el ámbito general del conocimiento. El conocimiento *sobre* tenía el fin del conocimiento *de*. La información tenía que conducir al conocimiento; en consecuencia, la información revelada a menudo era bastante selectiva. Por ejemplo, sabemos relativamente poco sobre Jesús desde un punto de vista biográfico. No se nos dice nada de su apariencia, sus actividades características, sus intereses, o sus gustos. Detalles de este tipo, que se encuentran con frecuencia en las biografías, se omitieron porque no eran significativos para la fe. Cómo nos relacionemos con Jesús es bastante independiente del hecho de si él era alto o bajo, si hablaba con voz de tenor o de bajo. Los meramente curiosos no quedarán muy satisfechos con la revelación especial de Dios.

Es necesario un comentario introductorio adicional en lo que se refiere a la relación de la revelación general con la revelación especial. Normalmente se asume que la revelación especial es un fenómeno necesario posterior a la caída debido al pecado humano. Con frecuencia se la considera un *remedio*.[1] Por supuesto, no nos es posible saber el estatus exacto de la relación entre Dios y la humanidad antes de la caída. Simplemente no se nos ha dicho mucho acerca de ello. Puede que Adán y Eva tuvieran una conciencia tan clara de Dios que fueran conscientes de él en cualquier parte, en su propia experiencia interna y en su percepción de la naturaleza. Si es así, esta concienciación se podría considerar como una revelación general. Sin embargo, no hay ninguna indicación de que este fuera el caso. El relato de Dios buscando a Adán y Eva en el Jardín después de su pecado (Gn. 3:8) da la impresión de que era uno dentro de una serie de encuentros. Es más, las instrucciones dadas a los humanos (Gn. 1:28) sobre su puesto y actividad en la creación sugieren una comunicación particular del Creador con su criatura; no parece que estas instrucciones se puedan sacar simplemente de la observación del orden creado. Si es este el caso, la revelación especial precedió a la caída.

Sin embargo, cuando el pecado entró en la raza humana, la necesidad de una revelación especial se hizo más aguda. La presencia directa de Dios, la forma más directa y completa de la revelación especial, se perdió. Además, Dios tenía que

1. Benjamin B. Warfield, "The Biblical Idea of Revelation," en *The Inspiration and Authority of the Bible*, ed. Samuel G. Craig (London: Marshall, Morgan & Scott, 1951), p. 74.

hablar ahora de temas que no tenían importancia antes. Los problemas del pecado, la culpa y la depravación tenían que ser resueltos; se tenían que proporcionar los medios de expiación, redención y reconciliación. Y ahora el pecado había disminuido la comprensión humana de la revelación general, disminuyendo así su eficacia. Por tanto, la revelación especial tenía que convertirse en correctivo con respecto al conocimiento de Dios y a su relación con él.

Comúnmente se señala que la revelación general es inferior a la revelación especial, tanto en la claridad de su tratamiento como en la variedad de temas a considerar. La insuficiencia de la revelación general por lo tanto hace necesaria la revelación especial. Sin embargo, la revelación especial también necesita de la revelación general.[2] Sin la revelación general, los humanos no poseerían los conceptos de Dios que les permiten conocer y entender al Dios de la revelación especial. La revelación especial se construye sobre la revelación general. La relación entre ellas es en cierto modo paralela a lo que Immanuel Kant encontró entre las categorías del entendimiento y el sentido de la percepción: "Los conceptos sin las percepciones están vacíos; las percepciones sin los conceptos están ciegas." Los dos se necesitan mutuamente y están en armonía. Parece que hay conflicto entre ellos sólo si se desarrollan de forma aislada uno de otro. Tienen un tema y una perspectiva comunes, ofreciendo un entendimiento armonioso y complementario.

## Estilo de la revelación especial

### *Naturaleza personal de la revelación especial*

Es necesario preguntar sobre el estilo de la revelación especial, su naturaleza y modo. Es, en primer lugar, personal. Un Dios personal se presenta a sí mismo ante las demás personas. Esto se ve de diversas maneras. Dios se revela a sí mismo diciendo su nombre. Nada es más personal que el propio nombre. Cuando Moisés preguntó quién debería decir que le había enviado al pueblo de Israel, Jehová respondió dando su nombre: "soy el que soy [o seré el que seré]" (Éx. 3:14). Es más, Dios hizo pactos personales con individuos (Noé, Abraham) y con la nación de Israel. Y fijémonos en que la bendición que Aarón y sus hijos pronunciaron ante la gente: "JEHOVÁ te bendiga y te guarde. JEHOVÁ haga resplandecer su rostro sobre ti y tenga de ti misericordia" (Núm. 6:24-26). Los Salmos contienen muchos testimonios de experiencia personal con Dios. Y el objetivo de la vida de Pablo fue un conocimiento personal de Dios: "Quiero conocerlo a él y el poder de su resurrección, y participar de sus padecimientos hasta llegar a ser semejante a él en su muerte" (Fil. 3:10).

Todas las Escrituras son personales en naturaleza. Lo que encontramos no es un conjunto de verdades universales, como los axiomas de Euclides en

2. Ibid., p. 75.

geometría, sino más bien una serie de declaraciones específicas y particulares sobre hechos concretos. Las Escrituras no son una presentación teológica formal, con argumentos y contraargumentos, como lo que se podría encontrar en un libro de texto sobre teología. Ni son declaraciones de credo sistematizadas. Hay elementos de afirmación doctrinal, pero no una intelectualización minuciosa de la creencia cristiana.

Hay poca especulación sobre asuntos que no se preocupen directamente de la obra redentora de Dios y su relación con la humanidad. La cosmología, por ejemplo, no recibe el escrutinio que a veces se encuentra en otras religiones. La Biblia no divaga sobre asuntos que sólo tienen interés histórico. No completa las lagunas en el conocimiento del pasado. No se concentra en los detalles biográficos. Lo que Dios revela es principalmente a sí mismo como persona, y especialmente las dimensiones de sí mismo que son particularmente significativas para la fe.

### La naturaleza antrópica de la revelación especial

Sin embargo, el Dios que es revelado es un ser trascendente, fuera de nuestra experiencia sensorial. La Biblia reclama que Dios es ilimitado en su conocimiento y poder; no está sujeto a los confines del espacio y el tiempo. En consecuencia, la revelación debe implicar una condescendencia por parte de Dios (en el buen sentido de esa palabra). Los seres humanos no pueden llegar a investigar a Dios y aunque pudiesen no lo entenderían. Así que Dios se ha revelado a sí mismo de forma *antrópica*. Esto no debería considerarse un antropomorfismo como tal, sino simplemente como una revelación que se produce en lenguaje humano y en categorías de pensamiento y acción humanas.[3]

Este carácter antrópico implica el uso de lenguajes humanos comunes de la época. Se creía que el koiné griego era un lenguaje especial creado por Dios ya que era distinto del griego clásico. Por supuesto, ahora sabemos que sólo era una lengua vernácula. En las Escrituras aparecen modismos de aquel tiempo. Y se utilizan maneras normales y corrientes de describir la naturaleza, de medir la distancia y el tiempo, etc.[4]

La revelación también es antrópica en el sentido de que a menudo toma formas que pertenecen a la experiencia humana normal, diaria. Por ejemplo, Dios utilizaba con frecuencia sueños para revelarse a sí mismo. Pero pocas experiencias son tan comunes como los sueños. No el tipo de experiencia particular empleada, sino el contenido específico que se aportaba y la utilización especial que se hacía de esta experiencia era lo que distinguía la revelación de lo que era

3. Bernard Ramm, *Special Revelation and the Word of God* (Grand Rapids: Eerdmans, 1961), pp. 36-37.
4. Ibid., p. 39.

normal y natural. Lo mismo ocurre con la encarnación. Cuando Dios apareció ante la humanidad se valió de la modalidad de un ser humano normal. Aparentemente Jesús no tenía ningún signo distintivo. La mayoría de las personas le tomaban por un ser humano normal y corriente, el hijo de José el carpintero. Él vino como un humano, no como un ángel o como un ser fácilmente reconocible como un dios.

Desde luego, había revelaciones que rompían claramente con la experiencia típica. La voz del Padre hablando desde el cielo (Jn. 12:28) fue una de ellas. Los milagros resultaron llamativos por su efecto. Sin embargo, mucha de la revelación tomó la forma de los sucesos naturales.

### La naturaleza analógica de la revelación especial

Dios recurre a esos elementos en el universo del conocimiento humano que pueden servir como retrato o reflejar en parte la verdad en el ámbito divino. Su revelación emplea el lenguaje analógico, que está a medio camino entre el lenguaje unívoco y equívoco. En el lenguaje unívoco, un término se emplea con un solo sentido. En el lenguaje equívoco, un término posee significados completamente diferentes. Por lo tanto si en inglés utilizamos la palabra *row* como nombre para describir una configuración de árboles y como verbo para referirnos a impulsar una barca mediante remos, estamos haciendo un uso equívoco de la palabra. En el lenguaje unívoco, un término que se emplea predicativamente con dos sujetos diferentes tiene el mismo significado en ambos casos, como cuando decimos por ejemplo que un hombre es alto y que un edificio es alto. En el sentido analógico, siempre hay al menos un elemento unívoco, pero también hay diferencias, como cuando decimos que los corredores corren una maratón y que el tren corre entre Chicago y Detroit.

Cada vez que Dios se ha revelado a sí mismo, ha seleccionado elementos que eran unívocos en su universo y en el nuestro. Langdon Gilkey ha señalado que, desde el punto de vista ortodoxo, cuando decimos que Dios actúa o ama, tiene el mismo significado que cuando decimos que un ser humano actúa o ama.[5] Cuando decimos que Dios paró las aguas del río Jordán, tenemos lo mismo en mente que cuando decimos que el Cuerpo de ingenieros del ejército impidió que un río siguiera fluyendo. Aunque puede haber diferencias de métodos y materiales, la acción tiene básicamente el mismo efecto: el agua del río deja de fluir más allá de cierto punto. Los actos de Dios suceden dentro de un universo de espacio-tiempo. La muerte de Jesús fue un suceso observable como la muerte de Santiago, Juan, Pedro, Andrés o cualquier otro ser humano. Un médico que hubiese examinado a Jesús cuando fue bajado de la cruz habría observado que

5. Langdon Gilkey, "Cosmology, Ontology, and the Travail of Biblical Language," *Journal of Religion* 41 (1961): 196.

no tenía respiración ni pulso. Un electrocardiograma o un electroencefalograma no habría dado una lectura discernible. Y cuando la Biblia dice que Dios ama, habla del mismo tipo de cualidades que a las que nos referimos cuando hablamos del amor humano (en el sentido de *agape*): una preocupación leal y desinteresada por el bienestar de otra persona.

Cuando utilizamos aquí el término *analógico*, queremos expresar "cualitativamente idéntico;" en otras palabras, la diferencia es más de grado que de clase o género. Dios es poderoso como son poderosos los humanos, pero mucho más. Cuando decimos que Dios sabe, el significado es el mismo que cuando decimos que los seres humanos saben, pero de lo que un humano sabe algo Dios lo sabe todo. Dios ama como aman los seres humanos, pero ama de forma infinita. Nosotros no podemos saber cuánto más de estas cualidades posee, o lo que significa decir que Dios tiene el conocimiento humano ampliado hasta un extremo infinito. Habiendo observado sólo formas finitas, no podemos captar los conceptos infinitos. En este sentido, Dios siempre resulta *incomprensible.* No es que no tengamos conocimiento de él, y un conocimiento genuino. Sino que la dificultad está en que somos incapaces de abarcarlo con nuestro conocimiento. Aunque *lo que* sabemos de él es el mismo conocimiento que él tiene de sí mismo, nuestro grado de conocimiento es menor. No es un conocimiento exhaustivo como el que él tiene de sí mismo, y en ese aspecto resultará incompleto o no exhaustivo incluso en el escatón.

Este conocimiento analógico es posible porque Dios selecciona los componentes que utiliza. A diferencia de los humanos, Dios tiene conocimiento de las dos partes de la analogía. Si los seres humanos sólo mediante su propia razón natural buscan entender a Dios construyendo una analogía que implique a Dios y a la humanidad, el resultado siempre es algún tipo de enigma, porque están trabajando con una ecuación compuesta de dos incógnitas. Por ejemplo, si uno tuviera que argumentar que el amor de Dios es para el amor humano lo que el ser divino es al ser humano, sería equivalente a decir que $x/2 = Y/5$. Sin saber que relación hay entre el ser de Dios (o su naturaleza o esencia) y el de la humanidad, los seres humanos no pueden construir una analogía con sentido.

Dios, por otra parte, conociéndolo todo completamente, sabe qué elementos del conocimiento y la experiencia del hombre son lo suficientemente similares a la verdad divina como para poderlos utilizar para ayudar a construir una analogía con significado. Como no tenemos forma de verificar una analogía como esa de forma independiente, siempre sigue siendo una presuposición y en ese sentido un asunto de fe que esta se corresponde con la verdad que Dios está reflejando. En conexión con esto deberíamos fijarnos en que no se puede verificar lo cerca que están nuestras ideas de lo que se supone que representan y por lo tanto deben ser aceptadas por la fe. A este respecto, el teólogo que trabaja con la revelación especial está en una situación similar a la del empírico, que no puede asegurar que las percepciones sensoriales se correspondan adecuadamente a los objetos que se proponen representar.

## Los modos de la revelación especial

Ahora vamos a examinar los modos reales o los medios o modalidades mediante los que Dios se ha revelado a sí mismo: los eventos históricos, el discurso divino y la encarnación.

### *Eventos históricos*

En el siglo XX se ha enfatizado mucho de la idea de que la autorrevelación de Dios hay que encontrarla en su acción personal en la historia o en sus "poderosas obras." Esto es apropiado porque Dios ha estado obrando de manera concreta en la historia dentro de nuestro mundo, influyendo en lo que sucede.

La Biblia pone de relieve la serie completa de los eventos divinos a través de los cuales Dios se ha dado a conocer a sí mismo. Desde la perspectiva del pueblo de Israel, un suceso importante fue la llamada de Abraham, a quienes ellos consideraban el padre de su nación. Que el Señor hiciese a Isaac heredero, bajo unas condiciones de lo más improbables, fue otro acto divino significativo. La provisión de Dios en medio del hambre durante el tiempo de José benefició no sólo a los descendientes de Abraham, sino también a los residentes de toda la zona. Probablemente el mayor evento para Israel, que todavía celebran los judíos, fue la liberación de Egipto mediante las plagas que culminaron con la Pascua y con el paso del Mar Rojo. La conquista de la tierra prometida, el regreso de la cautividad, incluso la cautividad misma fueron automanifestaciones de Dios. El nacimiento de Jesús, sus actos maravillosos, su muerte y particularmente su resurrección fueron obras de Dios. En la creación y expansión de la iglesia Dios también estaba obrando, dando ser a su pueblo.

Todos estos son actos de Dios y por lo tanto revelaciones de su naturaleza. Los que hemos citado aquí son espectaculares y milagrosos. Sin embargo, los actos de Dios no se limitan a este tipo de eventos. Dios ha obrado tanto en estos actos grandiosos como en los momentos más mundanos de la historia de su pueblo.

Aunque hemos hablado de eventos históricos como modo de revelación especial, todavía es necesario preguntar lo que se quiere expresar con eso. ¿Cuál es exactamente la relación entre la revelación y los sucesos históricos? Examinaremos tres posturas diferentes: (1) revelación en la historia, (2) revelación a través de la historia y (3) revelación como historia.

1. La primera postura a examinar es la revelación en la historia. G. Ernest Wright insistió en que lo que es de autoridad en la Biblia es la narrativa, que se tiene que entender como un recital de eventos históricos confesados por el pueblo de Israel (en el Antiguo Testamento) y por la iglesia cristiana (en el Nuevo). La

revelación sucede en una serie de eventos históricos. Wright está ansioso por distinguir entre entender la Biblia como una colección de doctrinas y como un recital histórico. La Biblia, hablando de forma estricta, no es la Palabra de Dios, sino un registro de los actos de Dios y de la respuesta humana a estos actos. La doctrina bíblica se infiere de los recitales históricos.[6] Los atributos de Dios, como se les denomina, no son verdades eternas que se nos dan en forma didáctica en las Escrituras. Más bien, son conclusiones sacadas de la manera en que Dios ha actuado. Por lo tanto, el concepto mismo de Dios se considera no en términos de su ser y esencia, sino de sus actos.

Este recital histórico se puede ver en el *kerygma* que recorre el Antiguo y el Nuevo Testamento. Un ejemplo excelente en el Antiguo Testamento está en Deuteronomio 26:5-9. En el Nuevo Testamento, encontramos un ejemplo en el mensaje de Pablo en Hechos 13:16-41, que empezando con los patriarcas continúa a través de David hasta Jesucristo. El elemento común que une a los dos Testamentos es la historia de los actos de Dios. Aunque la historia de los actos de Dios se coloca en el contexto de la historia universal, no es de esta historia universal de la que se deducen los atributos de Dios. Wright señala tres atributos principales de Dios, que según él, el pueblo de Israel deduce cuando intentan explicar los eventos que llevan al establecimiento de su nación. Una primera conclusión, que se derivó de la elección de Israel, es que Dios es un Dios de gracia. Una segunda conclusión es que el pueblo elegido son una "comunidad de pacto" unida a un Dios de ley que gobierna la vida de la comunidad. Una tercera conclusión es que Dios es el Señor de la naturaleza, su control de la naturaleza fue un testimonio importante de su relación con la historia y la sociedad humana.[7]

Wright advierte, sin embargo, que no deberíamos asumir que el relato bíblico debe ser tomado simplemente por su valor nominal. Los relatos de eventos históricos incluyen distintas concepciones que no se deben tomar literalmente. La razón de esto es que la interpretación que se ha dado a estos eventos no fue revelada por Dios especialmente. Los eventos son el punto central de la revelación; las conclusiones no son más que conclusiones. Como tal, las conclusiones extraídas por los escritores bíblicos están sujetas a corrección y revisión. Dentro de los relatos bíblicos hay materiales que la crítica histórica no considera auténticos. Por lo tanto el uso de todos los datos bíblicos para dar forma a la teología será, según dice David Kelsey, en cierto modo falso. Ya que ciertas características de la forma de entender a Dios fueron inferidas por los escritores bíblicos al narrar la historia; algunas fueron inferidas de la historia del desarrollo de las narrativas

6. G. Ernest Wright, *God Who Acts: Biblical Theology as Recital* (London: SCM, 1952), p. 107.

7. Ibid., pp. 50-58.

mismas; sin embargo, otras lo fueron de la manera en que se estructuraron y organizaron las narraciones. Los conceptos encontrados en la narrativa histórica o extraídos legítimamente de ella son el factor de autoridad.[8] Es tarea de los estudios bíblicos determinar cuánto de lo que se presenta como historia es realmente historia. La tarea del teólogo pues es determinar qué características de Dios pueden ser inferidas de la historia real. La revelación, pues, está dentro de la historia; no hay que equipararla con la historia.

Hay un problema de incoherencia en el enfoque de Wright. Por una parte parece decir que como las categorías de hoy son las del acto y la historia en lugar de las del ser, la esencia o la sustancia deberíamos volver a expresar los conceptos bíblicos de forma que tengan sentido para las personas de hoy en día. Esto parece implicar que Wright encuentra los conceptos del ser y la esencia de Dios en las Escrituras. Sin embargo, todo el tiempo él ha insistido en que los escritores bíblicos no pensaban en términos de ser y esencia. Una dificultad posterior es que volver a expresar los conceptos bíblicos en categorías actuales es permitir que una suposición del siglo XX controle la interpretación de los eventos bíblicos.

2. La segunda posición en la relación entre revelación e historia se podría caracterizar como revelación a través de la historia. Aquí encontramos la postura conocida popularmente como neoortodoxia. Dios ha obrado en la historia, manifestándose a sí mismo a los humanos. Sin embargo, los eventos históricos no deberían identificarse con la revelación.[9] Son únicamente los medios a través de los cuales se transmite la revelación. Ya que la revelación no debe verse como la comunicación de información a la humanidad, sino como la presentación que Dios hace de sí mismo.[10] La revelación es un encuentro personal entre Dios y el ser humano. Por ejemplo, en el incidente de la zarza que ardía (Éx. 3), Moisés realmente se encontró con Dios y supo de él de una forma directa. Y el año que murió el rey Uzías, Isaías vio a Dios en toda su majestad y grandeza (Is. 6). Pero los relatos de estos sucesos no eran revelación. Por lo tanto, uno puede recoger las palabras dichas por Dios, como el libro del Éxodo dice que hizo Moisés, y otro puede leer estas palabras, y leer las circunstancias del evento, pero no por ello obtendrá la revelación. La revelación de Dios vino a través de las palabras y las obras de Jesús, pero esas palabras y obras no eran la revelación en sí. Por lo tanto, los fariseos no conocieron a Dios cuando Jesús hizo sus obras milagrosas. En su lugar, mantenían que él hizo lo que hizo por el poder de Belcebú. Hubo muchos que vieron y escucharon a Jesús, pero no se encontraron con Dios. Simplemente se fueron convencidos de que era un hombre excepcional. Un suceso

8. David H. Kelsey, *The Uses of Scripture in Recent Theology* (Philadelphia: Fortress, 1975), p. 37.

9. John Baille, *The Idea of Revelation in Recent Thought* (New York: Columbia University Press, 1956), p. 64.

10. Emil Brunner, *Revelation and Reason* (Philadelphia: Westminster, 1946), p. 25.

particularmente llamativo es el incidente que se cuenta en Juan 12. Cuando el Padre habló desde el cielo, algunos dijeron que un ángel había hablado a Jesús. Otros dijeron que había tronado. Sólo unos pocos se encontraron realmente con Dios debido a ello.

La revelación, entonces, no se percibe como un suceso de la historia. El evento es únicamente la cáscara que reviste la revelación. Es más, la revelación es algo extra que se añade a ese evento.[11] Es que Dios se presenta directamente ante alguien a través de esa revelación. Sin esta presentación directa, el evento histórico resulta opaco; por supuesto, esto sucedió con muchas personas que observaron, pero se quedaron de pie inmóviles. Por lo tanto la narrativa de la Biblia (o a este respecto, cualquier otra parte de la Biblia) no es revelación como tal, por la sencilla razón de que la revelación no se puede capturar y grabar. La Biblia deja constancia de que la revelación sucedió en el pasado. La concepción popular de que la neoortodoxia consideraba a la Biblia como un registro de la revelación no es, hablando estrictamente, correcta. La Biblia deja constancia de que la revelación existió, pero no registra lo que fue la revelación. También es una señal y una promesa de que la revelación puede volver a suceder.[12] Cuando alguien está leyendo la Biblia o escuchando su proclamación, el Dios que se manifestó a sí mismo ante otra persona en el incidente bíblico se puede considerar que está renovando su revelación y repitiendo lo que hizo en la situación bíblica. Puede presentarse a sí mismo en un encuentro con la persona que lee o escucha la Biblia. En ese momento uno puede decir verdaderamente que la Biblia es la Palabra de Dios, pero no porque tenga ninguna cualidad inherente. Se convierte en la Palabra de Dios.[13] Sin embargo, cuando Dios retira su presencia, la Biblia es simplemente lo que era antes: las palabras de Moisés, Isaías, Lucas, etc.

Según este punto de vista, Dios es completamente soberano en la revelación. Ningún ser humano puede hacer nada para obligar a Dios a revelarse a sí mismo.[14] Ni ninguna persona puede predecir cuándo o dónde "hablará" Dios de nuevo. Lo mejor que se puede hacer es estar abierto a las palabras de las Escrituras, deseando y orando para que Dios se manifieste. Pero Dios escoge el momento, el lugar y la persona a la que revelarse. No está restringido al uso de la Biblia para este asunto. Barth dice que Dios puede hablar a través de una zarza, un perro muerto e incluso a través de las palabras de un ateo. Esto no significa que la iglesia esté comisionada para ir proclamando las palabras de los ateos. Más bien, está llamada a declarar las palabras de las Escrituras, porque ofrecen testimonio particular de lo que Dios ha hecho y de lo que promete ha-

11. Ibid., p. 33.

12. Karl Barth, *Church Dogmatics* (Edinburgh: T. & T. Clark, 1936), vol. 1, parte 1, pp. 124-25.

13. Ibid., p. 127.

14. Ibid., pp. 158-59.

cer.[15] Sin embargo, ningún predicador neoortodoxo que se precie, introduciría la lectura de las Escrituras diciendo: "Ahora escucharemos la palabra de Dios." Esto sería una blasfemia, suponer que se puede decir a Dios cuándo y a quién puede hablar.

Aquí de nuevo, como gran parte de la posición de Wright, hay una visión de que la realidad y la verdad son dinámicas y no estáticas o sustantivas. La verdad es personal, no proposicional. La revelación es algo que *sucede*, no algo que *es*. Por lo tanto, cuando el neoortodoxo habla de revelación, tiene en mente el *proceso* por oposición al *producto* de la revelación (lo que se dice o se escribe sobre ella), y lo que está *revelando* por oposición a lo que es *revelado*. El suceso histórico y, por cierto, su expresión, no son la revelación. El evento histórico como eso que es observable y expresable es únicamente el vehículo a través del cual llega la revelación. La revelación es una relación directa con Dios más que un suceso observable que puede ser examinado mediante métodos de investigación histórica. La revelación llega *a través* de eventos históricos, pero no *como* esos eventos. Nunca se debería identificar el canal o los medios con la revelación, excepto bajo esas condiciones en que, como hemos descrito, se convierte en Palabra de Dios.

Esta visión permite la crítica histórica. La crítica trabaja con los eventos históricos, pero como no son la revelación, la revelación queda salvaguardada del potencialmente corrosivo efecto de la crítica. Mientras los que adoptan la posición de Wright se implican en la crítica histórica en un intento de encontrar la revelación dentro de la historia, el punto de vista neoortodoxo permite a la crítica histórica filtrar el material para asegurar en la medida de lo posible la verdad de lo recogido, pero esto no da como resultado la revelación. La revelación permanece bajo el control de Dios mismo, por lo tanto no puede extraerse mediante ningún esfuerzo humano. Sólo llega cuando Dios la hace accesible por su gracia soberana.

3. La posición final en la relación entre la revelación y la historia ve la revelación no en o a través de, sino *como* historia. En los 60, un resurgir de esta posición tuvo lugar gracias a los esfuerzos del "círculo de Pannenberg." Su esfuerzo cooperativo, *Revelation as History*[16] [*Revelación como historia*], fue nombrado correctamente, ya que estos hombres mantenían que Dios ha actuado en la historia de manera que los eventos en realidad fueron y son la revelación de sí mismo. Los atributos de Dios se ven en realidad en las acciones de la historia, no se deducen simplemente de ella. Langdon Gilkey ha señalado que el movimiento de la teología bíblica tuvo problemas con la idea de Dios actuando en la historia; no veían que los actos de Dios en la historia tuvieran el mismo

15. Ibid., pp. 60-61.
16. *Revelation as History*, ed. Wolfhart Pannenberg (New York: Macmillam, 1968).

sentido que los actos de una persona humana en la historia.[17] Pannenberg y sus seguidores, sin embargo, utilizan la palabra *acciones* unívocamente cuando hablan de acciones de Dios en la historia y en las acciones humanas ordinarias. Consideran las acciones de Dios en la historia como literales, no figurativas o metafóricas.[18] La resurrección de Jesús, quizá el acto supremo de Dios en la historia, se puede probar mediante la razón, como cualquier otro hecho de la historia, dice Pannenberg.

Deberíamos señalar que Pannenberg y su círculo tienen en mente la historia universal; consideran toda la historia, no simple o exclusivamente los eventos recogidos en las Escrituras, como una revelación de Dios.[19] Al hacer esto, han eliminado prácticamente la distinción entre historia y revelación. No obstante, con respecto a la relación entre la historia y la revelación, han restablecido un entendimiento correcto. La postura de que los eventos históricos no prometen o contienen o se convierten meramente en revelación, sino que son la revelación parece cerca de la afirmación avanzada por el mismo testimonio de la Biblia.

Es más, Jesús mantuvo que había una revelación objetiva asociada a los eventos históricos. Por lo tanto, dijo en respuesta a la petición de Felipe de que les mostrara al Padre: "El que me ha visto a mí ha visto al Padre." Aún más, Jesús colocó la responsabilidad en aquellos que le habían oído (y también habían visto sus milagros): "El que tiene oídos para oír, oiga." (Mt. 11:15). Él censuró a los fariseos por atribuir a Belcebú las obras que él había hecho, que en realidad eran las obras del Espíritu Santo actuando a través de él. Así pues, parecía estar diciendo que los eventos históricos eran en realidad la revelación. De hecho, los salmistas y los profetas hablan como si ellos y la gente de Israel hubieran visto realmente las obras de Dios (ej. Sal. 78).

### Discurso divino

La segunda modalidad importante de revelación es el discurso de Dios. Una expresión muy común en la Biblia y especialmente en el Antiguo Testamento es la frase: "Palabra de JEHOVÁ que vino a..." (ej., Jer. 18:1; Ez. 12:1, 8, 17, 21, 26; Os. 1:1; Jl. 1:1; Am. 3:1). Los profetas tenían conciencia de que su mensaje no era de su propia creación, sino de Dios. Al escribir el libro de Apocalipsis, Juan estaba intentando comunicar el mensaje de Dios. El escritor de Hebreos señaló que Dios había hablado a menudo en el pasado y que ahora había hablado particularmente a través de su Hijo (He. 1:1-2). Dios no se muestra como es únicamente a través de sus acciones; también habla, contándonos cosas sobre sí mismo, sus planes, su voluntad.

17. Gilkey, "Cosmology," pp. 198-200.
18. *Revelation as History*, pp. 45-46.
19. Ibid., p. 133.

Podemos pensar que el discurso de Dios realmente no es una modalidad. Parece muy directo. Sin embargo, siempre llega en un lenguaje humano, el lenguaje del profeta o el apóstol, ya sea hebreo, arameo o griego. Se supone que Dios no tiene un lenguaje en el que hablar. Por lo tanto, el uso del lenguaje es una indicación de que el discurso de Dios es una revelación mediadora y no una revelación directa.[20]

El discurso divino puede tomar distintas formas.[21] Puede ser una expresión audible. Puede ser escuchar el mensaje de Dios de forma silenciosa e interna, como el proceso de hablar en voz baja que utilizan los lectores lentos (escuchan en sus cabezas las palabras que están leyendo). Es probable que en muchos casos ese fuera el modo utilizado. A menudo este discurso inaudible fue parte de otra modalidad, como el sueño o la visión. En estos casos, el profeta oyó al Señor hablar con él, pero se supone que ninguna otra persona presente en ese momento escuchó nada. Finalmente está la inspiración "concursiva": la revelación y la inspiración se han mezclado en una sola. Mientras el autor bíblico escribía, Dios colocaba en su mente los pensamientos que deseaba comunicar. No era un caso de un mensaje que ya había sido revelado, y que el Espíritu Santo sólo se encargaba de traer a la memoria, o de dirigir al escritor hacia pensamientos con los cuales ya estaba familiarizado. Dios creó los pensamientos en la mente del escritor cuando este escribía. El escritor podía ser consciente o no de lo que estaba pasando. En el último caso, puede haber creído que las ideas simplemente estaban naciendo en él. Aunque ocasionalmente Pablo indica que "cree" que tiene el Espíritu de Dios (ej. 1 Co. 7:40), otras veces se ve más seguro de que ha recibido su mensaje del Señor (ej., 1 Co. 11:23). Hay otros casos (ej., Filemón) en los que Pablo no se muestra consciente de que Dios esté dirigiendo su escritura, aunque sin duda Dios lo estaba haciendo.

Con bastante frecuencia, la palabra hablada de Dios fue la interpretación de un suceso. Aunque este evento solía ser algo pasado o contemporáneo a lo que se estaba escribiendo, había veces en que la interpretación predecía al suceso, como en la profecía predictiva. Nuestra opinión, a pesar de algunos fuertes desacuerdos recientes, es que no sólo el suceso sino también su interpretación era la revelación de Dios; la interpretación no era solamente la perspectiva o el producto de la reflexión de un escritor bíblico. Sin esta interpretación especialmente revelada, el suceso mismo resultaría opaco y por lo tanto bastante mudo. Estaría sujeto a varias interpretaciones y la explicación ofrecida por las Escrituras podría ser meramente una especulación humana errónea. Tomemos un suceso central como el de la muerte de Jesús. Si sabíamos que esto había ocurrido, pero sin que se nos hubiese revelado divinamente su significado, podríamos entenderlo

20. Ramm, *Special Revelation*, p. 54.
21. Ibid., pp. 59-60.

de muchas formas distintas, o sencillamente nos habría parecido un rompecabezas. Se podría considerar una derrota, una opinión evidentemente compartida por los discípulos inmediatamente después de la muerte de Jesús. O puede que se considere como una especie de victoria moral, un mártir muriendo por sus principios. Sin la explicación revelada sólo podríamos adivinar que la muerte de Jesús fue un sacrificio expiatorio. Lo mismo ocurre con la resurrección. Se podría interpretar meramente como una reivindicación de Dios de la causa de Jesús, probando que había sido injustamente condenado por los judíos.

La cuestión aquí es si la interpretación o explicación de los escritores bíblicos va a tener el mismo estatus que el evento mismo. Algunos eruditos contemporáneos han observado que los mismos escritores bíblicos parecen considerar que sus interpretaciones tienen el mismo estatus de origen divino que los eventos de los que están hablando. James Barr en particular ha señalado la dificultad de intentar ajustar toda la revelación al modelo de la revelación como actos divinos dentro de la historia. Señala tres tipos de materiales destacados que no encajan:

1. La literatura sapiencial presenta un problema particular. ¿Cuáles son los eventos a los que estos escritos hacen referencia?[22] Incluso el mismo G. Ernest Wright tuvo que conceder que la literatura sapiencial "no encaja dentro del tipo de fe que se exhibe en la literatura histórica y profética."[23]

2. Incluso esos acontecimientos considerados como ejemplos de la postura de la "revelación en la historia" presentan dificultades.[24] La escuela del "Dios que actúa" de Wright considera ciertos aspectos de la forma presente de la tradición como interpretaciones o meditaciones sobre los actos de Dios. Por ejemplo, la interpretación de Moisés del evento de la zarza ardiendo no fue una revelación divina. En el relato original, se presenta como una comunicación directa de Dios con Moisés sobre sus propósitos e intenciones. Barr comenta que podemos continuar manteniendo la otra posición (que estamos ante la perspectiva de Moisés, no ante una revelación divina), pero que sería en base a consideraciones *críticas* no *bíblicas*.[25]

3. Finalmente, aparte del tipo de libro bíblico del que se trate, hay una gran cantidad de material en la Biblia en la que una narrativa se ocupa de las acciones divinas, pero las circunstancias son tales que el término *historia* sólo es apropiado si ampliamos el significado de la palabra más allá de su uso normal. Por ejemplo, ¿quién estaba presente para observar y relatar los actos de Dios en

22. James Barr, "The Interpretation of Scripture. II. Revelation through History in the Old Testament and in Modern Theology," *Interpretation* 17 (1963): 196.

23. Wright, *God Who Acts*, p. 103.

24. Barr utiliza las expresiones "en la historia" y "a través de la historia" de forma intercambiable; en este contexto él se refiere a lo que nosotros venimos denominando "revelación en la historia."

25. Barr, "Interpretation of Scripture," p. 197.

la creación? Estos relatos sin duda tienen un estatus algo diferente al que tienen los que cuentan el éxodo o la captura de Jerusalén por parte de Nabucodonosor. Por lo tanto, Barr afirma que la revelación va más allá de los actos de Dios en la historia:

> La comunicación directa de Dios con el hombre tiene tanto derecho a reclamar ser reconocido como el corazón de la tradición como lo tiene la revelación a través [en] los eventos en la historia. Si continuamos diciendo que esta comunicación directa, específica debe ser incluida en la revelación a través de [en] los eventos en la historia y ser considerada una interpretación subsidiaria de esta última, diré que estamos abandonando la propia representación de la Biblia sobre el tema a favor de otra que es apologéticamente más cómoda.[26]

Vincent Taylor y C. H. Dodd han hecho observaciones similares. Taylor dice: "*A priori* no hay razones de fuerza por las cuales se pueda encontrar la revelación en los 'actos poderosos' de Dios, pero no en las palabras. De hecho, las palabras pueden ser un medio de comunicación mejor que los eventos que necesitan ser explicados."[27] Dodd observa que los escritores bíblicos "creían firmemente que Dios les hablaba, hablaba a sus oídos internos en sentido espiritual... La interpretación que ofrecían no era inventada mediante un proceso de reflexión. Era el significado que experimentaban en los eventos cuando sus mentes estaban abiertas a Dios y también al impacto de los hechos externos."[28] Debemos concluir que la posición que mejor concuerda con el entendimiento y las afirmaciones de los escritores bíblicos es que la comunicación directa de la verdad de Dios es una modalidad de revelación tan genuina como la de sus actos en la historia.

### *La encarnación*

La modalidad más completa de revelación es la encarnación. La opinión aquí es que la vida y el discurso de Jesús fueron una revelación especial de Dios. Una vez más podemos inclinarnos a pensar que esto no es una modalidad en absoluto, que Dios estaba directamente presente y sin mediación. Pero como Dios no tiene forma humana, la humanidad de Cristo debe representar una mediación de la revelación divina. Esto no es decir que su humanidad encubrió u obscureció la revelación. Más bien, era el medio de expresar la revelación de la deidad. Las Escrituras declaran específicamente que Dios ha hablado a través de o en su Hijo. Hebreos 1:1-2 contrasta esto con las formas anteriores de la revelación, e indica que la encarnación es la superior.

26. Barr, "Interpretation of Scripture," p. 197.
27. Vincent Taylor, "Religious Certainty," *The Expository Times* 72 (1960): 51.
28. C. H. Dodd, *The Bible Today* (New York: Macmillan, 1947), p. 351.

Aquí la revelación como acontecimiento sucede de forma más completa. La cima de los actos de Dios se encuentra en la vida de Jesús. Sus milagros, muerte y resurrección son historia redentora en su forma más condensada y concentrada. Aquí también es revelación como discurso divino, porque el mensaje de Jesús sobrepasó el de los profetas y los apóstoles. Jesús incluso se atrevió a colocar su mensaje en contraste con lo que estaba escrito en las Escrituras, no por contradecirlas, sino por ir más allá o por cumplirlas (Mt. 5:17). Cuando hablaron los profetas, eran portadores de un mensaje de Dios y sobre Dios. Cuando Jesús habló, era Dios mismo quien hablaba. Había algo directo en sus mensajes.

La revelación también tuvo lugar en la misma perfección del carácter de Jesús. En él había una divinidad que se podía apreciar. Aquí Dios estaba realmente viviendo entre los seres humanos y mostrándoles sus atributos. Las acciones, actitudes y afectos de Jesús no se limitaban a reflejar al Padre, sino que eran realmente la presencia de Dios. El centurión del calvario, que seguramente había visto morir a mucha gente crucificada, aparentemente vio algo distinto en Jesús que le hizo exclamar: "¡Verdaderamente este era Hijo de Dios!" (Mt. 27:54). Pedro, después del milagro de la pesca, cayó de rodillas y dijo: "Apártate de mi, Señor, porque soy hombre pecador" (Lc. 5:8). Eran personas que encontraron en Jesús una revelación del Padre.

Aquí la revelación como acto y como palabra van unidas. Jesús hablaba las palabras del Padre y demostraba los atributos del Padre. Era la revelación más completa de Dios, porque era Dios. Juan pudo realizar la asombrosa declaración: "Lo que era desde el principio, lo que hemos oído, lo que hemos visto con nuestros ojos, lo que hemos contemplado y palparon nuestras manos tocando al Verbo de vida" (1 Jn. 1:1). Y Jesús pudo decir: "El que me ha visto a mí ha visto al Padre" (Jn. 14:9).

## Revelación especial: ¿Proposicional o personal?

El resultado principal de la revelación especial es el conocimiento de Dios. Con esto no nos referimos sólo al conocimiento de la persona de Dios, sino también de lo que ha hecho, de su creación, de la naturaleza y situación de los humanos, de la relación entre Dios y el ser humano. También deberíamos señalar que es una información real, objetiva y racional, comunicada por Dios a la humanidad.

Es necesario en este punto examinar cuidadosamente y evaluar una posición que se ha hecho muy popular en el siglo XX. Es la postura de que la revelación no es la comunicación de información (o proposiciones), sino la presentación que Dios hace de sí mismo. La revelación, pues, no es proposicional; es personal. En gran medida, nuestra idea de la fe reflejará nuestro entendimiento de la revelación.[29] Si se considera la revelación como la comunicación de verdades

29. Baillie, *Idea of Revelation*, pp. 85ss.

proposicionales, entonces la fe se verá como una respuesta de asentimiento, de creencia en esas verdades. Si, por otra parte, se considera la revelación como la presentación de una persona, entonces la fe en correspondencia se verá como un acto de confianza personal o compromiso. Según esta última posición, la teología no es un conjunto de doctrinas reveladas. Es el intento de la iglesia de expresar lo que ha encontrado en la revelación de Dios sobre sí mismo. Esta postura sobre la revelación se ha identificado especialmente con la neoortodoxia, pero también se ha extendido bastante en el resto del escenario teológico del siglo xx. Se encontró en precursores de la neoortodoxia y persistió de una forma más reducida después de que pasase el punto más alto de este movimiento.

Deberíamos señalar que todavía queda sitio en la neoortodoxia para las proposiciones doctrinales. William Temple ha dicho que aunque no hay verdades reveladas, porque Dios no revela verdades de esa manera, hay, sin embargo, verdades de revelación.[30] Para Emil Brunner esto es algo bastante diferente de la revelación proposicional. La doctrina está conectada indisolublemente con el encuentro "como instrumento, como marco, como símbolo."[31] Pero esto no es como decir que estas verdades son comunicadas divinamente. Cuando uno se ha encontrado con Dios, puede luego hablar de lo que ha encontrado. Esto surge de la relación personal o la comunión entre Dios y los humanos. Cuando se pasa de la relación persona a persona que constituye la revelación, a la descripción de esta relación, que es lo que hace la teología (o a este respecto, la predicación), ha tenido lugar un cambio sutil en la naturaleza del lenguaje. En el primer caso, el lenguaje expresa una relación Yo – Tú de carácter personal. En la segunda, el lenguaje expresa una relación Yo–ello, de naturaleza impersonal. La primera es el lenguaje de la oración y la adoración; la segunda, el lenguaje del discurso.[32]

Como señalamos anteriormente, un resultado de esta visión sobre la revelación es una habilidad para adoptar la crítica bíblica en su sentido más completo, aunque salvaguardando todavía la revelación. Ya que la Biblia es el testimonio humano falible del Dios que se presentó a sí mismo ante ellos. Como tal, puede haber defectos en lo que escribieron, algunos de ellos bastante importantes. Brunner ha utilizado una analogía con un disco de fonógrafo y la antigua marca RCA Victor "La voz del maestro." Supongamos, dice, que alguien compra un disco de fonógrafo de Enrico Caruso. Le dirán que escuchará la voz de Caruso. Cuando pone el disco, se escucha mucho ruido, el chirrido de la aguja contra el disco. No debería impacientarse con el disco, porque sólo a través de él oirá la voz del maestro. De la misma manera, la Biblia es el medio a través del cual escucharemos

30. William Temple, *Nature, Man and God* (London: Macmillam, 1939), p. 316.

31. Emil Brunner, *The Divine-Human Encounter*, trad. Amandus W. Loos (Philadelphia: Westminster, 1943), pp. 112-13.

32. Ibid., pp. 84-89.

la voz del Maestro. Es lo que hace que se oiga su voz. Seguramente, hay muchas cosas imperfectas en la Biblia. Hay ruidos incidentales, porque la voz de Dios se escucha a través de las voces de humanos imperfectos como Pedro, Pablo, Isaías y Moisés. Pero, a pesar de estas imperfecciones, la Biblia sigue siendo enteramente la Palabra de Dios, porque Dios habla a través de estos testigos. Sólo un necio escucharía los ruidos incidentales cuando puede escuchar la voz de Dios. "La importancia de la Biblia es que Dios nos habla a través de ella."[33]

La opinión de que la revelación es personal deriva de la distinción de Søren Kierkegaard entre verdad subjetiva y objetiva y las posteriores discusiones existencialistas. Buscando la verdad objetiva (que se presenta en forma de proposiciones) se intenta definir un tema poniéndolo en distintas clases. Sin embargo, al hacer esto, uno inevitablemente limita el tema, haciéndolo finito ("definiéndolo"). El objetivo de conseguir información objetiva sobre un tema es básicamente ponerlo bajo nuestro control. Por lo tanto, si concebimos nuestro conocimiento de Dios como algo básicamente objetivo (proposicional), le estamos haciendo algo menos que Dios. Le estamos haciendo una *cosa*, un objeto.

Por otra parte, el enfoque de la verdad subjetiva es la relación personal más que la información objetiva. Al enfatizar el conocimiento subjetivo, Barth y otros de su escuela de pensamiento han estado alerta para no caer en la trampa del subjetivismo: la posición de que la verdad no es sino la reacción subjetiva de alguien o su respuesta. Para evitar esta trampa, afirman que la fe como confianza requiere también la fe como asentimiento. Barth, por ejemplo, insiste en que la fe es *fiducia* (confianza), pero que también incluye *notitia* (conocimiento) y *assensus* (asentimiento).[34] Edward Carnell ha expresado esto diciendo que toda la fe vital descansa en la fe general. La fe general es creer un hecho; la fe vital es confiar en una persona. Mantiene que donde hay confianza, al menos hay una creencia implícita. Señala que no abraza simplemente a la primera mujer con la que se encuentra. Más bien, antes de hacer eso, se asegura de que es su esposa. Aunque el proceso de determinar esto puede que no sea largo, detallado o formal, ocurre.[35]

Que debe haber creencia antes de que haya confianza es evidente según nuestras propias experiencias. Supongamos que tengo que hacer un depósito bancario en efectivo, pero que no puedo hacer esto en persona. Debo pedirle a alguien que lo haga por mí. Pero ¿a quién se lo pido, le confío a mí mismo, o al menos una porción de mis posesiones materiales? Confiaré o me comprometeré con alguien que yo creo es honesto. Creer en esa persona depende de creer algo sobre ella. Probablemente elegiré a un buen amigo cuya integridad no ponga

33. Emil Brunner, *Our Faith* (New York: Scribner, 1936), p. 10.

34. Barth, *Church Dogmatics*, vol. 1, parte 1, pp. 268-69.

35. Edward Carnell, *The Case for Orthodox Theology* (Philadelphia: Westminster, 1959), pp. 29-30.

en cuestión. Si mi situación es tan desesperada que debo pedir ayuda a un extraño, seguramente haré alguna valoración preliminar sobre su honestidad, por aproximado e incompleto que este tipo de juicio necesariamente sea.

De manera similar, los defensores de la postura de que la revelación es personal (como los que defienden que es proposicional o informativa) reconocen que su fe debe descansar en alguna base.[36] La cuestión es si la postura no proposicional de la revelación proporciona base suficiente para la fe. ¿Pueden los defensores de esta postura estar seguros de que el Dios con el que se encuentran es el mismo que el de Abraham, Isaac y Jacob? En el siglo XIX Ludwig Feuerbach señaló (en *The Essence of Christianity [La esencia del cristianismo]*) que el objeto de fe puede que no sea nada más que la autoproyección de uno mismo. O quizá uno esté confiando simplemente en la imagen de un padre, en su propio superego, o algo de ese tipo. Para Carnell y otros que mantienen el punto de vista proposicional o informativo sobre la revelación, la fe consiste en creer ciertas afirmaciones sobre Dios – que es todopoderoso, afectuosos, omnipresente, trino – y después poner su confianza en el Dios definido de esta manera. En teoría, es posible ofrecer evidencias que servirían para confirmar o verificar estas afirmaciones.

Sin embargo, en la postura neoortodoxa Dios no nos dice nada sobre sí mismo. Sólo lo conocemos a través del encuentro. Pero ¿cómo sabemos que el Dios con el que nos encontramos es el Dios cristiano a menos que él nos diga quién es y cómo es? Hay algún criterio mediante el cual podamos reconocer que nuestro encuentro es un encuentro con el Dios cristiano? Tengamos en cuenta nuestra anterior discusión sobre la naturaleza personal del lenguaje religioso (capítulo 6). Debido a esta naturaleza personal, podemos llegar a conocer a Dios como conocemos a otros seres humanos. Sin embargo, al final el paralelismo se rompe porque aunque nosotros tenemos experiencias sensoriales de los demás seres humanos, se supone que no tenemos ninguna de Dios. Podemos reconocer a una persona echándole un vistazo a la cara, sin ninguna comunicación verbal. Pero esto no ocurre con Dios. ¿Cómo sabemos que es trino y no singular en su persona? Aunque los neoortodoxos mantenían que a Dios se le conoce genuinamente en el encuentro, y que la fe evoca una creencia implícita en la verdad de ciertas afirmaciones o proposiciones, no queda claro cómo sucede esto. La respuesta más común es que la revelación es autocertificable (no evidente por sí misma). Además, los neoortodoxos sugieren que igual que la mejor respuesta a la pregunta: "¿Cómo sabré que estoy enamorado?" es: "Simplemente lo sabrás," la respuesta a la pregunta: "¿Cómo sabré que es Dios con el que me encuentro?" es: "Simplemente lo sabrás."[37]

36. William Hordern, *The Case for a New Reformation Theology* (Philadelphia: Westminster, 1959), p. 72.

37. Ibid., pp. 80-82.

Emil Brunner ha planteado la cuestión sobre los libros, aparte de la Biblia, que también aseguran ser la Palabra de Dios. ¿Qué pasa con el dios que conocemos a través de ellos? ¿Es el Dios cristiano? La primera respuesta de Brunner es que estos libros simplemente no son aplicables a los que no sean musulmanes o hindúes. Su segunda respuesta es que en esos libros se oye la voz de un extraño, esto es, una voz distinta a la que oímos en la Biblia. Pero ¿es realmente una respuesta adecuada? Él dice que la voz que se escucha en estos otros libros puede en cierto modo ser la voz de Dios también, pero que apenas es reconocible. Cientos de millones de musulmanes e hindúes hayan realidad en el dios con el que se encuentran a través de sus libros, algunos de manera tan enfática como cualquier cristiano. ¿Están equivocados o todos nos encontramos con lo mismo? De nuevo su respuesta parece ser únicamente: "No somos musulmanes o hindúes."[38] Aparentemente Dios y verdad se pueden encontrar de varias maneras. Pero ¿esto no se tambalea en el borde del subjetivismo?

Esto plantea otro problema, el problema de la teología. Los que mantienen que la revelación es personal, no obstante, se preocupan mucho por definir correctamente la creencia, o expresar entendimientos doctrinales correctos, aunque insisten en que la fe no es creer en proposiciones doctrinales. Barth y Brunner, por ejemplo, discutieron sobre temas como la naturaleza y el estatus de la imagen de Dios en los humanos, el nacimiento virginal y la tumba vacía. Seguramente, cada uno de ellos pensaba que estaban tratando de establecer la verdadera doctrina en estas áreas. Pero ¿cómo se relacionan estas proposiciones o cómo se derivan de la revelación no proposicional? Aquí existe un problema. Brunner ha insistido en que no hay "verdades reveladas", sino "verdades de revelación." La doctrina, insiste, como señal está indisolublemente conectada con el marco que representa," esto es, nuestro encuentro personal con Dios.[39] También dice que Dios "no nos da una serie de conferencias sobre teología dogmática ni nos propone una confesión de fe, sino que Él nos *instruye* auténticamente sobre Sí mismo. Nos cuenta auténticamente quién es Él y lo que desea para nosotros y de nosotros."[40] Esto casi suena como las verdades reveladas que Brunner tanto había intentado evitar. Y ¿cuál es la naturaleza de la conexión indisoluble entre la doctrina y el encuentro si no hay verdad revelada? Su respuesta es introducir una analogía entre la doctrina y el sacramento de la cena del Señor. Como el Señor mismo está presente en, con y bajo los elementos (que son el símbolo del sacramento), también está presente en, con y bajo la doctrina, que es el símbolo del encuentro.[41] Su presencia no se puede mantener sin la doctrina.

38. Brunner, *Our Faith*, p. 11.
39. Brunner, *Divine-Human Encounter*, p. 110.
40. Ibid.
41. Ibid., pp. 111-12.

Hay varios problemas con esta analogía. Una es que intenta explicar lo oscuro con algo más oscuro: una concepción de la cena del Señor basada en una metafísica que ahora está obsoleta o al menos es incomprensible. Pero aparte de esto todavía existe una dificultad. Una cosa es decir que la presencia de Dios no se puede mantener sin la doctrina. Pero ¿cómo se llegó a esta doctrina? ¿Cómo se derivó del encuentro? ¿Cómo se puede establecer que la forma de la doctrina de Brunner es más correcta que la de Barth? Bernard Ramm ha señalado que Barth en cierta manera ha deducido seis millones de proposiciones (en *Dogmática eclesial*) de un encuentro no proposicional. Ramm comenta que "la relación de las declaraciones doctrinales y el encuentro está en un pobre estado de integración dentro de la neoortodoxia."[42] John Newton Thomas habla de "estado anómalo de las Escrituras" en el pensamiento de Barth; se mantiene que la revelación es no proposicional, y sin embargo, las palabras de las Escrituras de algún modo expresan su contenido cognitivo. Thomas se queja de que Barth establece temas doctrinales citando la Biblia de la misma manera que un fundamentalista, cuyas posiciones ha rechazado.[43]

Esto no es sugerir que no puede haber una conexión entre la revelación no proposicional y las proposiciones de verdad, sino que esta conexión no ha sido explicada adecuadamente por la neoortodoxia. El problema se deriva de hacer una disyunción entre revelación proposicional y personal. La revelación no es *o* personal *o* proposicional; es *ambas* cosas. Lo que hace Dios principalmente es revelarse a sí mismo, pero lo hace al menos en parte contándonos algo sobre sí mismo.

Pero ¿no nos enfrentamos al problema de la impersonalidad cuando discutimos proposiciones sobre Dios? ¿No nos ofrece esto una relación tipo Yo–ello, en lugar de una relación Yo–Tú? El análisis que implican estas dos expresiones es incompleto y erróneo. En realidad aquí hay dos variables, ya que el cambiar de Yo–Tú a Yo–ello implica un cambio no sólo de lo personal a lo impersonal, sino también de segunda a tercera persona. Se necesitan otras dos categorías, que llamaremos "Yo–tú" y "Yo–él/ella."

Es posible tener un lenguaje en segunda persona (o un lenguaje conversacional) que sea muy impersonal (Yo–tú). La expresión: "¡Eh, tú!" es un ejemplo. También es posible hablar sobre una tercera persona en términos personales. El lenguaje del discurso puede mostrar preocupación, respeto, calidez e incluso ternura. Ese es el lenguaje "Yo–él/ella." No es necesario transformar personas en cosas cuando pasamos de hablar con ellos a hablar de ellos. Por lo tanto, las proposiciones sobre Dios no tienen por qué ser impersonales.

42. Bernard Ramm, *The Pattern of Authority* (Grand Rapids: Eerdmans, 1957), p. 98.

43. John Newton Thomas, "How Barth Has Influenced Me,î *Theology Today* 13 (1956): 368-69.

## Escrituras como revelación

Si la revelación incluye verdades proposicionales, entonces es de una naturaleza tal que puede ser conservada. Puede ser escrita o *inscriturada*. Y esta anotación escrita, siempre que sea una reproducción precisa de la revelación original, es también una revelación por derivación y con derecho a ser denominada así.

La definición de revelación se convierte aquí en un factor. Si la revelación se define sólo como el suceso exacto, el proceso o el *revelamiento*, entonces la Biblia no es revelación. La revelación es algo que ocurrió hace mucho tiempo. Sin embargo, si también es el producto, el resultado o lo *revelado*, entonces la Biblia puede ser también denominada revelación.

De forma similar la palabra *discurso* puede significar el suceso exacto, la articulación de palabras, los gestos (el "hablar"). También puede significar lo que se dijo. Por lo tanto, podríamos discutir si una transcripción (o una grabación de audio o de video) también se puede llamar el discurso. Alguien podría mantener que esto o es el discurso. Eso sucedió el martes pasado entre las 7:30 y las 8:00 de la tarde. No obstante, es el discurso, porque preserva el contenido de lo que se dijo.

Kenneth Pike, el lingüista, ha señalado que la negación de la revelación proposicional se basa en una visión demasiado estrecha del lenguaje. Desde luego, el lenguaje tiene una relevancia y un propósito social, y está diseñado para comunicarse o para causar efecto en otras personas. Pero también cumple otros propósitos: hablar con uno mismo, formular ideas para uno mismo, almacenar estas ideas. La insistencia neoortodoxa de que no hay revelación sin respuesta ignora el hecho de que aunque el mensaje puede estar a disposición de otros, ellos podrían no estar todavía preparados para recibirlo. Pike utiliza la imagen del gran erudito científico que da una conferencia a un grupo de estudiantes graduados, que no entienden lo que está diciendo. Sin embargo, se graba una cinta de esta conferencia y tres años de estudios después esos mismos estudiantes la escuchan de nuevo y entienden lo que dice. Sin embargo, no ha sucedido nada con el contenido de la cinta. Era verdad tanto la primera como la segunda vez que se escuchó.[44]

El tema más amplio es el de la naturaleza de la revelación. Si la revelación es proposicional, se puede conservar. Y si es este el caso, la cuestión de si la Biblia es en su sentido derivativo una revelación, es una cuestión de si es o no inspirada, de si realmente conserva lo que fue revelado. Esto será el tema del siguiente capítulo.

También debemos señalar que esta relación es *progresiva*. Hay que tener cierto cuidado al utilizar este término, ya que a veces se ha utilizado para representar la

44. Kenneth L. Pike, "Language and Meaning: Strange Dimensions of Truth," *Christianity Today*, 8 de mayo de 1961, p. 27.

idea de un desarrollo evolutivo gradual. Esto no es lo que tenemos en mente. Ese enfoque, que floreció con la escuela liberal, consideraba secciones del Antiguo Testamento como prácticamente obsoletas y falsas; eran sólo aproximaciones muy imperfectas de la verdad. La idea que estamos sugiriendo aquí, sin embargo, es que la revelación posterior se hizo sobre la revelación anterior, añadiendo y complementando, en lugar de contradiciéndola. Observemos la manera en que Jesús elevó las enseñanzas de la ley extendiéndolas, ampliándolas e interiorizándolas. Con frecuencia precedía sus instrucciones con la expresión: "Habéis oído...pero yo os digo." De forma similar, el autor de Hebreos señala que ese Dios, que en el pasado habló a través de los profetas, en estos últimos días habló a través de un Hijo, que refleja la gloria de Dios y lleva el sello de su naturaleza (He.1:1-3). La revelación de Dios es un proceso al igual que lo es la redención, y un proceso que fue hacia una forma cada vez más completa.[45]

Hemos visto que Dios ha tomado la iniciativa de darse a conocer de una forma más completa que con la revelación general, y lo ha hecho de una manera que se ajusta a nuestro entendimiento. Esto significa que los humanos perdidos y pecadores pueden llegar a conocer a Dios y después seguir creciendo en conocimiento de lo que él espera y promete a sus hijos. Como esta revelación incluye tanto la presencia personal de Dios como la verdad informativa, somos capaces de identificar a Dios, entender algo sobre él, y señalárselo a otros.

45. Ramm, *Special Revelation*, pp. 161ss.

# 10. La conservación de la revelación: inspiración

## Objetivos del capítulo

Al finalizar este capítulo, usted debería ser capaz de:

- Definir la inspiración de las Escrituras y la relación del Espíritu Santo con este proceso.
- Repasar las maneras en que las Escrituras apoyan la inspiración.
- Identificar los temas implicados en la formulación de una teoría de la inspiración.
- Comparar y contrastar teorías anteriores sobre la inspiración.
- Examinar los enfoques que se han utilizado para formular una teoría de la inspiración.
- Medir la extensión de la inspiración en las Escrituras.
- Analizar la intensidad de la inspiración dentro y fuera de las Escrituras.
- Construir un modelo de inspiración que integre tanto el material didáctico como los fenómenos de las Escrituras.

## Resumen del capítulo

Uno de los temas que se debate con fuerza hoy en día es hasta qué grado las Escrituras están inspiradas por Dios. La inspiración es necesaria porque confirma la naturaleza de la revelación especial de Dios a través de las Escrituras. Una parte importante de la teología bíblica es la formulación de una teoría sobre hasta qué punto la Biblia es inspirada. Se han propuesto teorías variadas. Estas teorías se examinan a fondo y se evalúan. Durante siglos los escritores bíblicos han apoyado una perspectiva alta de la inspiración. Aunque en sentido estricto, la inspiración es de los escritores, en el sentido secundario también podemos decir que los escritos mismos están inspirados.

## Cuestiones de estudio

1. ¿Por qué la inspiración es tan importante para la autoridad de las Escrituras?
2. ¿De qué manera la Biblia da testimonio de sus orígenes divinos?
3. Enumerar los temas y respuestas en la formulación de una teoría de la inspiración.
4. Comparar y contrastar las cinco teorías de la inspiración.
5. ¿Cuáles son los dos métodos básicos de formulación de una teoría de la inspiración y quién se asocia con cada uno de esos métodos?
6. ¿Qué problemas tiene Dewey Beegle con los fenómenos bíblicos?
7. ¿Cómo resumiría las características que deberían incluirse en un modelo de inspiración adecuado?

Definición de inspiración
El hecho de la inspiración
Temas en la formulación de una teoría de la inspiración
Teorías de la inspiración
El método de formulación de una teoría de la inspiración
Extensión de la inspiración
La intensidad de la inspiración
Un modelo de inspiración

## Definición de inspiración

Por inspiración de las Escrituras entendemos la influencia sobrenatural del Espíritu Santo en los autores de las Escrituras para que ofrecieran en sus escritos un informe fiel de la revelación o para que lo que escribieran realmente fuera la Palabra de Dios.

Si, como argumentamos en el capítulo anterior, la revelación es la comunicación de Dios a los humanos de la verdad que necesitan saber para relacionarse con Dios adecuadamente, debería resultar clara la necesidad de la revelación. Aunque la revelación beneficia a los que la reciben inmediatamente, ese valor podría perderse para los que están más allá del círculo inmediato de la revelación. Como Dios no repite su revelación a cada persona, tiene que haber alguna manera de conservarla. Por supuesto, podría conservarse mediante la transmisión oral o fijándola en una tradición definida, como argumentamos en el capítulo 4, esto desde luego estuvo operativo en el periodo que a veces se produjo entre el momento de la revelación inicial y su escrituración. Hay ciertos problemas asociados a esto, durante siglos e incluso milenios la tradición oral está sujeta a la erosión y la modificación. Por lo tanto está claro que se necesita algo más que la transmisión oral.

Aunque la revelación es la comunicación de la verdad de Dios a los humanos, la inspiración se relaciona más con la transmisión de esa verdad desde el primer receptor a otras personas, en aquel momento o posteriormente. Por lo tanto, la revelación se debería considerar como una acción vertical, y la inspiración como un tema horizontal. Aunque la revelación y la inspiración se suele creer que van unidas, es posible tener la una sin la otra. Hay casos de inspiración sin revelación. El Espíritu Santo en algunas ocasiones impulsa a los autores de las Escrituras a recoger las palabras de los no creyentes, palabras que desde luego no fueron reveladas de forma divina. Algunos autores de las Escrituras han anotado temas que no les fueron revelados especialmente a ellos, pero que eran informaciones disponibles para cualquiera que estuviera investigando. Las genealogías, tanto en el Antiguo como en el Nuevo Testamento (la enumeración del linaje de Jesús), podría muy bien tener este carácter. También hubo revelación sin inspiración: ejemplos de revelación que no se recogieron porque el Espíritu Santo no inspiró a nadie para que las anotara. Juan hizo esto en Juan 21:25, cuando dijo que si se anotara todo lo que hizo Jesús "pienso que ni aun en el mundo cabrían los libros que se habrían de escribir." Si, como expresamos en el capítulo anterior, todas las palabras y acciones de Jesús eran las palabras y las acciones de Dios, el Espíritu fue aparentemente muy selectivo en lo que él inspiró a los autores bíblicos para que lo anotaran.

## El hecho de la inspiración

Empezamos señalando que a lo largo de las Escrituras encontramos la afirmación o incluso la suposición de su origen divino, o de su equivalencia con las palabras reales del Señor. Este punto a veces es rechazado por ser considerado un razonamiento circular. Cualquier teología (o de hecho cualquier otro sistema de pensamiento) se enfrenta a un dilema cuando trata de su autoridad básica. O basa su punto de partida en sí misma, en cuyo caso es culpable de circularidad, o se basa en un fundamento distinto al de sus otros artículos, en cuyo caso es culpable de incoherencia. Sin embargo, debemos darnos cuenta de que nosotros somos culpables de circularidad sólo si se considera que el testimonio de las Escrituras tiene carácter probatorio. Pero seguramente la propia afirmación del autor de las Escrituras debería tenerse en consideración como parte de un proceso de formulación de nuestra hipótesis de la naturaleza de las Escrituras. Por supuesto se tendrán en cuenta otras consideraciones como medio para evaluar la hipótesis. Lo que tenemos aquí es como un juicio. Al acusado le está permitido testificar en su favor. Sin embargo, este testimonio no tendrá carácter probatorio, esto es: después de escuchar la confesión de "no culpable," el juez no dirá inmediatamente: "Encuentro al acusado inocente." Es necesario evaluar testimonios adicionales para determinar la credibilidad del testimonio del acusado. Pero se admite su testimonio.

Para responder al cargo de circularidad es necesario observar otro tema. Consultando la Biblia para determinar el punto de vista del autor sobre las Escrituras, no se está presuponiendo necesariamente su inspiración. Se puede consultar meramente como un documento histórico que nos informa de que sus autores creían que era la Palabra inspirada de Dios. En este caso no se está viendo la Biblia como su propio punto de partida. Esto es circularidad sólo si se empieza con la suposición de la inspiración de la Biblia y después se usa esa suposición como garantía de que es verdad la afirmación de la Biblia de haber sido inspirada. Una persona que no presenta la afirmación de los autores de las Escrituras como prueba final sobre este asunto no es culpable de circularidad. Es permisible utilizar la Biblia como documento histórico y permitir que alegue su propio caso.

La Biblia atestigua su origen divino de diversas maneras. Una de ellas es la teoría de los autores del Nuevo Testamento en lo que se refiere a las Escrituras de su día, que hoy denominaríamos Antiguo Testamento. Segunda Pedro 1:20-21 es un ejemplo destacado: "Pero ante todo entended que ninguna profecía de la Escritura es de interpretación privada porque nunca la profecía fue traída por voluntad humana, sino que los santos hombres de Dios hablaron inspirados por el Espíritu Santo." Aquí Pedro afirma que las profecías del Antiguo Testamento no tenían origen humano. No fueron producidas por voluntad o decisión humana. Más bien fueron impulsadas o llevadas φερόμενοι *(pheromenoi)* por el Espíritu de Dios. El impulso que condujo a escribir provino del Espíritu Santo. Por esta razón, los lectores de Pedro tienen que prestar atención a la palabra profética, ya que no es simplemente la palabra de los humanos, sino la palabra de Dios.

Una segunda referencia es la que hace Pablo en 2 Timoteo 3:16: "Toda la Escritura es inspirada por Dios y útil para enseñar, para redargüir, para corregir, para instruir en justicia." En este pasaje Pablo está exhortando a Timoteo a continuar con las enseñanzas que ha recibido. Pablo asume que Timoteo está familiarizado con las "sagradas Escrituras" (v. 15) y le insta a continuar en ellas ya que están inspiradas divinamente (o mejor dicho "inspiradas por Dios"). La impresión que tenemos aquí es que se han producido de forma divina, como cuando sopló el aliento de vida en el ser humano (Gn. 2:7). Por lo tanto tienen el valor que da madurez al creyente para que esté "enteramente preparado para toda buena obra" (2 Ti. 3:17). No se dice nada de la autoridad o la falta de autoridad de las Escrituras para otros asuntos que no sean estas preocupaciones espirituales prácticas, como su fiabilidad con respecto a temas históricos y científicos, pero esta omisión no es significativa dado el contexto.

Cuando consideramos la predicación en la iglesia primitiva, encontramos un entendimiento similar del Antiguo Testamento. En Hechos 1:16 Pedro dice: "Hermanos, era necesario que se cumpliera la Escritura que el Espíritu Santo, por boca de David había anunciado..." y después continúa citando los Salmos 69:25 y 109:8 sobre el destino de Judas. Hay que señalar aquí que Pedro no sólo considera las palabras de David como autoridad, sino que realmente afirma que Dios habló por boca de David. David fue la "voz" que Dios utilizó para hablar. La misma idea, que Dios habló por boca de los profetas, se encuentra en Hechos 3:18, 21, y 4:25. El *kerygma*, pues, identifica "está escrito en la escritura" con "Dios lo ha dicho."

Esto concuerda con el propio testimonio de los profetas. Una y otra vez declaran: "Esto dice el Señor." Miqueas escribió: "Se sentará cada uno debajo de su vid y debajo de su higuera, y no habrá quien les infunda temor. ¡La boca de Jehová de los ejércitos ha hablado!" (4:4). Jeremías dijo: "Estas, pues, son las palabras que habló Jehová acerca de Israel y de Judá" (30:4). Isaías afirmó: "Porque Jehová me habló... y me advirtió"(8:11). Amós declaró: "Oíd esta palabra que ha hablado Jehová contra vosotros, hijos de Israel" (3:1). Y David dijo: "El espíritu de Jehová habla por mí, su palabra está en mi lengua"(2 S. 23:2). Afirmaciones como estas, que aparecen una y otra vez en los profetas, indican que eran conscientes de estar "siendo inspirados por el Espíritu Santo" (2 P. 1:21).

Finalmente, apuntamos la posición que mantuvo nuestro Señor mismo en lo que se refiere a los escritos del Antiguo Testamento. En parte, podemos deducir esto de la manera en que él se relacionó con el punto de vista sobre la Biblia que mantuvieron sus oponentes dialógicos, los fariseos. Él nunca dudó a la hora de corregir sus equivocaciones y malas interpretaciones de la Biblia, pero nunca se opuso o corrigió su punto de vista sobre la naturaleza de las Escrituras. Únicamente estaba en desacuerdo con su interpretación de la Biblia, o de las tradiciones que habían añadido al contenido mismo de las Escrituras. En sus discusiones y disputas con sus oponentes, repetidamente citaba las Escrituras. En sus tres tentaciones, respondió a Satanás con una cita del Antiguo Testamento. Habló de la autoridad y permanencia de las Escrituras: "La Escritura no puede ser quebrantada" (Jn. 10:35); "Porque de cierto os digo que antes que pasen el cielo y la tierra, ni una jota ni una tilde pasará de la Ley, hasta que todo se haya cumplido" (Mt. 5:18). Dos objetos se consideraban sagrados en el Israel de los tiempos de Jesús: el templo y las Escrituras. Él no dudó en apuntar la transitoriedad del primero, porque no quedaría piedra sobre piedra que no fuera a ser derribada (Mt. 24:2). Por lo tanto, hay un marcado contraste entre su actitud hacia las Escrituras y su actitud hacia el templo.[1]

Podemos concluir de lo anterior que el testimonio uniforme de los autores de las Escrituras es que la Biblia tiene su origen en Dios y es su mensaje a la raza humana. Este es el hecho de la inspiración bíblica; ahora debemos preguntar lo que significa. En esto hay diferentes formas de entenderlo.

## Temas en la formulación de una teoría de la inspiración

Cualquiera que intentara formular una teoría de la inspiración debe tener presente varias cuestiones. Estas son las preguntas que habría que plantearse si se quiere tener una comprensión completa de la naturaleza de la inspiración.

1. Abraham Kuyper, *Principles of Sacred Theology* (Grand Rapids: Eerdmans, 1954), p. 44.

1. ¿Realmente podemos formular una teoría de la inspiración? Debería estar claro que una cuestión como esta habría que plantearla incluso antes de iniciar el proceso. Algunos dirían que este procedimiento no es necesario ni útil. Simplemente deberíamos utilizar la Biblia en lugar de teorizar sobre su naturaleza. Deberíamos contentarnos con el hecho de que la Biblia esté inspirada, en lugar de preguntarnos cómo fue inspirada. Sin embargo, este argumento tiene fallos. El hecho es que nuestra utilización de la Biblia estará influenciada por lo que nosotros pensemos de su naturaleza. La utilizaremos, de forma consciente o inconsciente, basándonos en una teoría implícita de su naturaleza. Por lo tanto sería deseable pensar en nuestro punto de vista sobre la inspiración.

Otra objeción es que la Biblia no presenta una doctrina completamente elaborada sobre las Escrituras. Simplemente deberíamos limitarnos a utilizar la terminología y los conceptos bíblicos. Sin embargo, si se siguiese este consejo de forma constante, nuestro entendimiento bíblico y teológico se vería considerablemente empobrecido. La Biblia no utiliza el término *Trinidad*, pero tenemos que utilizar este término si queremos entender el material. De forma similar, los autores bíblicos no discuten el "Q" o la Logia, ni el término *historia de la salvación (Heilsgeschichte)* aparece en el canon. Sin embargo, estos forman parte del mecanismo analítico que empleamos para entender mejor la verdad bíblica. De forma similar, un entendimiento más completo de la naturaleza de la inspiración (aunque no esté desarrollado en las Escrituras) es a la vez deseable y necesario para entender mejor la Biblia.

Nuestro objetivo aquí no es principalmente decir cómo se inspiró la Biblia; esto es, no estamos investigando el proceso o el método que Dios utilizó. Hay sitio para esta investigación, pero principalmente nos estamos preguntando hasta qué punto fue inspirada la Biblia. Nuestra cuestión está entre *si* la Biblia fue inspirada y *cómo*; en otras palabras *qué* hay exactamente en la Biblia que esté inspirado.

2. ¿La Biblia nos proporciona una base para formular una manera de entender su inspiración? Si no hay toda una teoría completa expresada en la Biblia ¿al menos hay base suficiente para desarrollar este tipo de teoría? Y si es así, ¿estamos obligados a aceptar y seguir los puntos de vista de los autores de las Escrituras sobre estos temas o tenemos libertad para criticar, modificar o incluso rechazar la forma de entenderla que ellos presentan?

3. Al formular nuestra teoría ¿deberíamos dar más importancia a la enseñanza de la Biblia sobre sí misma o deberíamos poner el énfasis en la naturaleza de las Escrituras, las características que ofrece? Podríamos denominar esto, respectivamente, el material didáctico y los fenómenos de las Escrituras. Estos dos enfoques a veces reciben el nombre de enfoque deductivo e inductivo respectivamente, pero esta terminología es en cierta manera errónea. La mayoría de las teorías de la inspiración utilizan ambos tipos de material. La cuestión crucial es: ¿Qué tipo

se interpretará a la luz del otro? Quizá las diferencias más significativas entre las teorías evangélicas de la inspiración se dan en este punto.

4. ¿La inspiración es uniforme en toda la Biblia o hay grados diferentes o diferentes niveles de inspiración? Aquí no estamos preguntando sobre la naturaleza del material, sino sobre la naturaleza o el grado de la inspiración. ¿Puede ser que en algunos puntos en la Biblia las palabras que se escribieron fueron realmente dictadas, mientras que en otros únicamente se guiaban los pensamientos del escritor y en otros quizá sólo se impulsaba el deseo de escribir?

5. ¿La inspiración es una cualidad detectable? ¿Hay algo en el material inspirado tan especial como para que podamos percibirlo o reconocerlo como tal? Al contestar afirmativamente a esta pregunta, algunos liberales han llegado al extremo de decir que un texto "inspirado" provoca "inspiración." Se puede medir el grado de inspiración por el grado en que una porción del material escrito inspira al lector. Sobre esta base, el Sermón del monte se considera más inspirado que las genealogías. ¿Se puede determinar la canonicidad con este método? ¿Se pueden, por ejemplo, detectar diferencias cualitativas entre el libro de los Hebreos y el *Pastor de Hermas*? Si se mantiene que hay grados de inspiración dentro del canon, también se podrían clasificar esas diferencias.

6. ¿Cómo se relaciona la inspiración con el uso de las fuentes? ¿Significa que todo lo escrito fue en cierta manera dado de una forma inmediata por el Espíritu Santo? ¿O permite sacar información de los documentos históricos, quizás incluso hacer una investigación más amplia?

7. Si la inspiración incluye el uso de fuentes, ¿la inspiración garantiza su corrección? Si el autor de las Escrituras utilizaba una fuente histórica que contenía un error, ¿el Espíritu Santo guía y dirige para corregir el error? ¿O la inspiración significa únicamente que el autor contó con precisión lo que encontró en el documento utilizado, aunque eso implicara contar un error?

8. ¿La inspiración se relaciona con dar forma y preparar el material antes de su utilización por parte del autor de las Escrituras? En algunos casos pasaron largos periodos de tiempo entre el momento en que sucedió el evento y el momento en que fue recogido en las Escrituras. Durante este periodo, la comunidad de fe transmitía, seleccionaba, ampliaba y condensaba también la tradición recibida. ¿La inspiración abarcó todo este proceso o éste fue gobernado por las leyes normales de psicología de grupo y de formación de la tradición?

9. ¿La inspiración se relaciona amplia o estrechamente con el autor de las Escrituras? Esto es, ¿la inspiración es algo que caracteriza sólo el momento en que se escribe o implica experiencias posteriores que preparen al autor para ese momento? ¿La inspiración también implica la formación de la personalidad del autor, el contexto, el vocabulario y toda la manera de ver las cosas?

10. ¿La inspiración es una cualidad unida permanentemente al autor de las Escrituras o al oficio de profeta o apóstol como tal, o es una influencia especial

en un momento concreto de tiempo? Si es lo primero, entonces en virtud del oficio, cualquier cosa que escriba un profeta o apóstol sobre un tema espiritual o religioso estaría inspirado y por tanto sería autoritativo. Por lo tanto, cualquier cosa que Pablo escribió, cualquier carta sobre la vida cristiana, sería inspirada y debería incluirse en el canon simplemente por ser obra suya. En el último caso, sólo lo que Pablo escribió bajo la influencia especial del Espíritu Santo debería considerarse Escrituras.

11. ¿La inspiración tiene que ser atribuida al autor de las Escrituras o a las Escrituras escritas? En el primer caso, la inspiración se aplicaría especialmente a la relación entre Dios y el autor, algo hecho al apóstol o al profeta. En el último caso, el énfasis se coloca más en el resultado. Otra posibilidad es combinar estas dos opciones: principalmente se inspira al autor y de forma secundaria al escrito.

12. Finalmente, ¿a cuánto del material del autor se le puede aplicar la inspiración? ¿Sólo está relacionado con los asuntos salvíficos de manera que cuando trata de otros asuntos colaterales como la ciencia y la historia el autor casi no recibe ayuda? ¿O la inspiración opera con respecto a los otros asuntos también?

## Teorías de la inspiración

Han surgido distintos puntos de vista en lo que se refiere a la naturaleza de la inspiración. Un breve repaso nos ayudará a ver las distintas maneras en que los temas que acabamos de plantear se han trabajado.

1. La teoría de la intuición hace que la inspiración sea en gran medida un asunto de un alto nivel de perspectiva. En el ala izquierda del liberalismo algunos mantienen este tipo de idea. La inspiración es el funcionamiento de un gran don, quizá casi una habilidad artística, pero no obstante un atributo natural, una posesión permanente. Los autores de las Escrituras fueron genios religiosos. El pueblo hebreo estaba dotado especialmente para la religión, de la misma manera que algunos grupos parecen tener una aptitud especial para las matemáticas o los idiomas. Según esto, la inspiración de los autores de las Escrituras no era esencialmente diferente a la de otros pensadores religiosos y filosóficos, como Platón o Buda. La Biblia es pues una gran literatura religiosa que refleja las experiencias espirituales del pueblo hebreo.[2]

2. La teoría de la iluminación mantiene que hay una influencia del Espíritu Santo sobre los autores de las Escrituras, pero implicando sólo una intensificación de sus poderes normales. No hay una comunicación especial de la verdad, no hay guía en lo que se ha escrito, sino únicamente una sensibilidad y una percepción incrementada en lo que se refiere a los temas espirituales. El efecto del Espíritu

2. James Martineau, *A Study of Religion: Its Sources and Contents* (Oxford: Clarendon, 1889), pp. 168-71.

es intensificar o elevar la concienciación del autor. No es distinto al efecto que producen los estimulantes que utilizan los estudiantes para ampliar su proceso mental. Por lo tanto, el efecto de la inspiración es diferente sólo en el grado, no en la clase, del efecto del Espíritu Santo en todos los creyentes. El resultado de este tipo de inspiración es una habilidad incrementada para descubrir la verdad.[3]

3. La teoría dinámica enfatiza la combinación de los elementos divinos y humanos en el proceso de inspiración y escritura de la Biblia. El Espíritu de Dios obra dirigiendo al escritor hacia los pensamientos o conceptos y permitiendo que la personalidad distintiva del propio escritor aparezca en la elección de las palabras y las expresiones. Por lo tanto, el escritor dará expresión a los pensamientos dirigidos divinamente de una manera única y característica según su persona.[4]

4. La teoría verbal insiste que la influencia del Espíritu Santo se extiende más allá de la dirección de pensamiento hasta la selección misma de las palabras utilizadas para expresar el mensaje. La obra del Espíritu Santo es tan intensa que cada palabra es la palabra exacta que Dios quiere que se utilice en ese momento para expresar el mensaje. Sin embargo, normalmente, se tiene mucho cuidado en insistir que no es un dictado.[5]

5. La teoría del dictado es la enseñanza de que Dios realmente dictó la Biblia a los escritores. Los pasajes donde el Espíritu es representado como alguien que le dice al autor exactamente lo que tiene que escribir se consideran que son aplicables a toda la Biblia. Autores diferentes no escribieron en estilos distintivos. El número de personas que realmente mantiene este punto de vista es considerablemente más pequeño que al que se le atribuye, ya que la mayoría de los defensores de la teoría verbal se esfuerzan mucho para distanciarse de los teóricos del dictado. Sin embargo, hay algunos que aceptarían esta designación de sí mismos.[6] Aunque Juan Calvino y otros reformadores utilizaron la expresión *dictado* para describir la inspiración, no parece probable que quisiesen expresar lo que realmente denota este término.[7]

3. Auguste Sabatier, *Outlines of a Philosophy of Religion* (New York: James Pott, 1916), p. 90.

4. Augustus Hopkins Strong, *Systematic Theology* (Westwood, N.J.: Revell, 1907), pp. 211ss.

5. J. I. Packer, *Fundamentalism and the Word of God* (Grand Rapids: Eerdmans, 1958), p. 79.

6. John R. Rice, *Our God-Breathed Book – The Bible* (Murfreesboro, Tenn.: Sword of the Lord, 1969), pp. 192, 261ss, 277ss. Rice acepta el término *dictado*, pero no acepta la expresión *dictado mecánico*.

7. Ej., Calvino, comentando 2 Tim. 3:16, dice que "La Ley y los profetas no son una doctrina pronunciada según la voluntad y los placeres de los hombres, sino dictada por el Espíritu Santo" – *Commentaries on the Epistles of Timothy, Titus, and Philemon* (Grand Rapids: Eerdmans, 1957), pp. 137-42; cf. J. I. Packer, "Calvin's View of Scripture," en *God's Innerrant Word*, ed. John W.

## El método de formulación de una teoría de la inspiración

Antes de continuar, debemos examinar los dos métodos básicos de formulación de una teoría de la inspiración. El primero, representado por la "Escuela de Princeton" de B.B. Warfield, Charles Hodge y A. A. Hodge, pone el énfasis principal en las afirmaciones de los escritores bíblicos sobre la Biblia y el punto de vista sobre ella revelado en su manera de utilizarla.[8] El segundo enfoque, representado por Dewey Beegle, examina cómo es la Biblia, analizando las distintas maneras en que los escritores expresan los sucesos, para comparar relatos paralelos.[9]

El método utilizado para construir la doctrina de la inspiración debería tener un paralelismo con el método utilizado para formular otras doctrinas. Con respecto a la cuestión de la santificación del creyente, el primer método enfatizaría los pasajes didácticos de la Biblia que describen y definen la santificación. El segundo enfoque analizaría casos reales de cristianos y trataría de determinar lo que realmente produce la santificación en sus vidas. Este enfoque utilizaría ejemplos bíblicos (narraciones y descripciones) así como biografías históricas y contemporáneas de cristianos. En cuanto a la cuestión de la perfección, el primer método observaría las enseñanzas de Pablo y otros autores de las Escrituras sobre el tema; el segundo examinaría si los cristianos realmente muestran una vida de perfección. Si el asunto es si Jesús estaba o no libre de pecado en su vida en la tierra, el primer método consultaría los pasajes doctrinales didácticos como Hebreos 4:15. El segundo enfoque, por su parte, examinaría los relatos de la vida de Jesús, preguntando si su maldición de la higuera, el echar a los mercaderes del templo, su denuncia de los escribas y fariseos, su comportamiento en el jardín de Getsemaní la noche de la traición y otras acciones similares fueron realmente las acciones de una persona sin pecado o se deberían interpretar como ejemplos de petulancia, furia y miedo, cosa que en un hombre normal se denominaría pecado.

Con respecto a las doctrinas enumeradas, el enfoque en esta obra (y la mayoría de los teólogos que enfatizan la suprema autoridad de la Biblia) es colocar el énfasis principal en el material didáctico y el secundario en los fenómenos. Por lo tanto, el último debería interpretarse a la luz del primero. Cualquier buen teólogo sistemático debe ser constante en el método utilizado. Por lo tanto, la base principal de nuestra doctrina de la inspiración será el material didáctico. Los fenómenos reales de las Escrituras se utilizarán para ayudar a determinar el significado del material didáctico. Un ejemplo paralelo es la doctrina de que

Montgomery (Minneapolis: Bethany Fellowship, 1974), pp. 102-3; Marvin W. Anderson, *The Battle for the Gospel* (Grand Rapids: Baker, 1978), pp. 76-78.

8. Benjamin B. Warfield, "The Biblical Idea of Inspiration," en *The Inspiration and Authority of the Bible*, ed. Samuel G. Craig (London: Marshall, Morgan & Scott, 1951), pp. 131-65.

9. Dewey Beegle, *Scripture, Tradition, and Infallibility* (Grand Rapids: Eerdmans, 1973).

Jesús carecía de pecado. Pasajes como Hebreos 4:15 establece la doctrina; las narraciones de la vida de Jesús nos ayudan a entender exactamente lo que significa. Ambos aspectos son necesarios, pero uno debe tener un énfasis mayor, y la coherencia de la metodología teológica dicta empezar con las enseñanzas en lugar de con los fenómenos. Las enseñanzas nos dan la naturaleza formal de la doctrina, mientras que los fenómenos ayudan a llenarla de contenido.

Es necesario decir unas pocas palabras sobre la diferencia entre la enseñanza bíblica sobre las Escrituras y los fenómenos que iluminan la naturaleza de las Escrituras, ya que hay una confusión considerable sobre estos dos asuntos. Con el primero, nos referimos a la doctrina mantenida por Jesús y los apóstoles (y otros autores bíblicos) sobre la naturaleza de la Biblia. Su punto de vista del grado de inspiración o de la intensidad de la inspiración normalmente no se expresa de forma explícita, pero a menudo puede deducirse de lo que dijeron sobre las Escrituras o cómo consideraron ellos lo que enseñaban las Escrituras. Jesús y los apóstoles consideraban las Escrituras como autoridad porque creían que Dios había dirigido al escritor bíblico: lo que escribieron fue lo que Dios dijo. Que ellos consideraran incluso los detalles minúsculos como obligatorios indica que creían que la inspiración de Dios se extendía incluso a los detalles más pequeños. De esto podemos deducir la doctrina que Cristo y los apóstoles mantenían en lo que se refiere al grado e intensidad de la inspiración de Dios de las Escrituras.

Los fenómenos, por otra parte, se preocupan de lo que son realmente las Escrituras en lugar de lo que los autores creían sobre sus escritos o los de otros autores bíblicos. Aquí nos dedicamos a comparar los pasajes paralelos, evaluar el grado de exactitud de los escritos y actividades similares. Observe cuidadosamente la distinción entre el material didáctico y los fenómenos en el ejemplo siguiente, que pertenece a la doctrinas de la santificación y la perseverancia. Que Juan Marcos abandonase a Pablo y Bernabé y luego volviese a ser útil es un fenómeno (lo que hizo Marcos) que podría arrojar luz sobre estas doctrinas. La posición oficial de Pablo en esto es parte del material didáctico; que Pablo se reconciliara con Marcos y le recibiese de nuevo, aunque no haga comentario explícito sobre la santificación y la perseverancia nos permite deducir algo sobre ellas. En este caso particular, derivamos nuestro conocimiento de los fenómenos (que Marcos volviese a ser útil) y de la enseñanza de Pablo (deducido del hecho de que Pablo encontrase útil de nuevo a Marcos) de los escritos de Pablo (2 Ti. 4:11). No obstante, hay una distinción lógica entre los fenómenos y el material didáctico. Esta distinción debería tenerse particularmente en cuenta, especialmente cuando estamos investigando la naturaleza de las Escrituras. Ya que en ese caso el tema de la investigación es también una fuente del material didáctico.

## Extensión de la inspiración

Ahora debemos exponer la cuestión de la extensión de la inspiración o, para decirlo de otra manera, de lo que es inspirado. ¿Se debe considerar así a toda la Biblia o sólo a algunas porciones?

Una solución fácil sería citar 2 Timoteo 3:16: "Toda la Escritura es inspirada por Dios y útil..." Sin embargo, hay un problema debido a la ambigüedad de la primera parte de este versículo. El texto dice simplemente πᾶσα γραφὴ θεόπνευστος καὶ ὠφέλιμος *(pasa graphē theopneustos kai ōphelimos)*. Falta la cópula ἐστί *(esti)*. ¿Se debería introducir entre γραφὴ y θεόπνευστος? En ese caso la frase literalmente diría: "toda la escritura es inspirada por Dios y beneficiosa." ¿O debería haber una cópula detrás de θεόπνευστος? En ese caso, la frase diría: "toda la escritura inspirada por Dios es también beneficiosa" Si se adopta la primera traducción, se afirmaría la inspiración de todas las Escrituras. Si se sigue la segunda, la frase enfatizaría el beneficio de todas las Escrituras inspiradas por Dios. Sin embargo, de este contexto no se puede determinar lo que Pablo intentó expresar. (Lo que aparece según el contexto es que Pablo tenía en mente un conjunto de escrituras definido que Timoteo conocía desde su infancia. Es improbable que Pablo estuviera intentando hacer una distinción entre Escrituras inspiradas y no inspiradas dentro de este conjunto de escritos.)

¿Podemos encontrar ayuda adicional sobre este tema en otros dos textos citados previamente: 2 Pedro 1:19-21 y Juan 10:34-35? A primera vista esto parece no funcionar ya que el primero se refiere específicamente a la profecía y el último a la ley. Sin embargo, en Lucas 24:25-27 parece que "Moisés y todos los profetas" es igual a "todas las Escrituras," y en Lucas 24:44-45 que "la Ley de Moisés, los profetas y los Salmos" son iguales a "las Escrituras." En Juan 10:34, cuando Jesús hace referencia a la ley, en realidad cita el Salmo 82:6. En Juan 15:25, hace referencia a una frase que se encuentra en el Salmo 35:19 como "la que está escrita en su Ley." En Mateo 13:35, se refiere a "lo que dijo el profeta" y después cita el Salmo 78:2. Es más, Pablo hace referencia a diferentes tipos de pasajes como "ley": Isaías 28:11-12 (1 Co. 14:21); Salmos e Isaías (Ro. 3:19); e incluso Génesis 16:15 y 21:9, que son pasajes narrativos (Gá. 4:21-22). Y Pedro se refiere a la "palabra de los profetas" (2 P. 1:19) y a todas las "profecías de las Escrituras" (v. 20) de manera que nos lleva a creer que tiene en mente toda la colección de escritos aceptados comúnmente en ese tiempo. Parece que "ley" y "profecía" a menudo se utilizaron para designar a todas las Escrituras hebreas.

¿Esta forma de entender la inspiración se puede extender hasta cubrir también los libros del Nuevo Testamento? Este problema no se resuelve tan fácilmente. Tenemos algunas indicaciones de que los escritores creían que lo que estaban haciendo era de la misma naturaleza que lo que habían hecho los autores del

Antiguo Testamento. Una referencia explícita de un autor del Nuevo Testamento a los escritos de otro es 2 P. 3:16. Aquí Pedro hace referencia a los escritos de Pablo y alude a la dificultad de entender en ellos algunas cosas, que, dice: "los indoctos e inconstantes tuercen *(como también las otras Escrituras)*." Por lo tanto Pedro agrupa los escritos de Pablo con otros libros, que seguramente les resultaban familiares a los lectores, que eran considerados Escrituras. Además, Juan identificó lo que estaba escribiendo con la palabra de Dios: "Nosotros somos de Dios. El que conoce a Dios, nos oye, el que no es de Dios, no nos oye. En esto conocemos el espíritu de verdad y el espíritu de error" (1 Jn. 4:6). Él hace de sus palabras el criterio de medida. Además, a lo largo del libro del Apocalipsis hay indicaciones de que Juan era consciente de que le estaban ordenando escribir. En Apocalipsis 22:18-19, habla del castigo a cualquiera que añada o elimine algo de lo que está escrito en ese libro de profecías. La expresión utilizada en este caso es similar a la advertencia que aparece en los escritos canónicos del Antiguo Testamento (Dt. 4:2; 12:32; Prov. 30:6). Pablo escribió que el evangelio recibido por los tesalonicenses había llegado a través del Espíritu Santo (1 Ts. 1:5) y había sido aceptado por ellos como lo que realmente era: la palabra de Dios (2:13). Aunque la cuestión de qué libros deberían incluirse en el canon del Nuevo Testamento es otro tema, debería quedar claro que estos autores del Nuevo Testamento consideraban que las Escrituras se extendían desde el periodo profético hasta su propio tiempo.

Otro tema importante que debe abordarse es si la inspiración fue una acción específica del Espíritu Santo en momentos concretos o si era una posesión permanente de los escritores por ser quienes eran. Para decirlo de otra forma, ¿era una actividad intermitente o continua del Espíritu Santo? Como se apuntó anteriormente, una posición liga la inspiración al oficio profético o apostólico per se.[10] Según este punto de vista cuando Jesús nombró a los apóstoles sus representantes, les dio la autoridad para definir y enseñar la verdad. Los que mantienen este punto de vista normalmente citan el nombramiento de los apóstoles de Mateo 16:17-20, en el cual Jesús da a Pedro las llaves del reino, señalando que lo que Pedro acaba de decir le había sido revelado por el Padre celestial, no por la carne ni la sangre. El nombramiento en Mateo 28:19-20 y las promesas de que el Espíritu Santo les guiará, enseñará e iluminará (Jn. 14-16) se consideran también una forma de corroborar este punto de vista. La inspiración del Espíritu Santo es, según esta posición, prácticamente equivalente a ser lleno de Espíritu Santo. Cada vez que proclame el mensaje cristiano, un profeta o un apóstol, en virtud de su oficio y a través del Espíritu Santo, estará diciendo la verdad.

10. Paul Schantz, *A Christian Apology* (New York: Pustet, 1891-96); cf. Honore Copieters, "Apostles," en *The Catholic Encyclopedia*, ed. Charles G. Herbermann et al. (New York: Encyclopedia Press, 1907), vol. 1, p. 628.

Pero ¿este punto de vista de la inspiración se puede concordar con los datos de las Escrituras? Más bien parece que el poder de profecía no era constante. En Ezequiel 29:1, por ejemplo, hay una fecha muy precisa (en este caso hasta con el día exacto) de cuando la palabra del Señor llegó a Ezequiel. Lo mismo sucede con la palabra de Dios que llega a Juan el Bautista (Lc. 3:1-2). También hay una fecha precisa en el caso de Elisabet y Zacarías (Lc. 1:41-42, 59-79). Es más, algunos que no eran profetas profetizaron. Como Balaam (Núm. 22:28-30) y Saúl (1 S. 19:23-24).

Este carácter intermitente también se dio con otros dones sobrenaturales. La habilidad para hablar en lenguas que no se habían aprendido previamente les llegó de repente a los apóstoles (Hch. 2:4), y no hay indicación de que ellos continuaran practicando este don. En Hechos 19:11-12 leemos que Dios realizó milagros extraordinarios a través de las manos de Pablo, pero no hay ninguna señal de que esto sucediera con regularidad. Es lógico suponer que la inspiración de las Escrituras también fuera intermitente.

Finalmente, señalamos que a veces los apóstoles parecían desviarse de lo que se suponía que era la voluntad de Dios para ellos, y de la práctica de la verdad espiritual. Pedro, por ejemplo, se retraía y se apartaba de comer con los gentiles cuando llegaron ciertos judíos (Gá. 2:11-12). Pablo creyó necesario corregir a Pedro públicamente (2:14-21). Sin embargo, el propio Pablo no carecía de culpa. Hechos 15:38-41 describe la controversia entre Pablo y Bernabé como tan fuerte que les pareció necesario separarse. Aunque no podemos determinar la naturaleza y la extensión de la culpa en esta situación, parece que Pablo al menos parcialmente estaba equivocado. La objeción de que estos hombres se desviaron en sus acciones, no en sus enseñanzas no es demasiado coherente ya que la enseñanza se hace tanto en forma de modelo como en forma de proclamación. Concluimos que la inspiración no era algo permanente y continuo unido inseparablemente al oficio de profeta y apóstol. Aunque puede haber funcionado en otros tiempos distintos a cuando se escribió la Escritura, desde luego no se extiende a todas las expresiones y escritos del autor.

## La intensidad de la inspiración

¿Cómo fue de intensa la inspiración? ¿Fue una influencia general, implicando quizá la sugerencia de conceptos, o fue tan profunda que incluso la elección de las palabras refleja la intención de Dios?

Cuando examinamos el uso que los escritores del Nuevo Testamento hacen del Antiguo, aparece una característica interesante. A veces encontramos señales de que consideraban cada palabra, cada sílaba, cada signo de puntuación significativo. A veces toda su argumentación se basa en un punto exacto del texto que están consultando. Por ejemplo, la argumentación de Jesús en Juan 10:35 se basa en el uso del plural en el Salmo 82:6: "Si llamó dioses a aquellos a quienes vino la palabra de Dios (y la Escritura no puede ser quebrantada), ¿al que el Padre santificó y envió al mundo, vosotros decís: "Tú blasfemas," porque dije "Hijo de Dios soy"? En Mateo 22:32, su cita de Éxodo 3:6 "Yo soy el Dios de Abraham, el Dios de Isaac y el Dios de Jacob." es el tiempo del verbo el que le lleva a la conclusión de que "Dios no es Dios de los muertos, sino de vivos." En el versículo 44, la argumentación se apoya en el sufijo posesivo: "Dijo el Señor a *mi* Señor." En este último caso Jesús dice expresamente que cuando David dice estas palabras "está en el Espíritu." Aparentemente David fue conducido por el Espíritu a utilizar las formas particulares que utilizó, incluso hasta el punto de un detalle tan pequeño como "*mi* Señor." (La misma cita aparece en Hechos 2:35). Y en Gálatas 3:16, Pablo basa su argumento en el singular del Génesis 12:7: "La Escritura no dice 'y a los descendientes', como si hablara de muchos, sino como de uno: 'Y a tu descendencia,' la cual es Cristo." Como los escritores del Nuevo Testamento consideraban estos pequeños detalles del Antiguo Testamento como autoritativos (esto es, lo que el mismo Dios dijo), obviamente consideraban la elección de las palabras e incluso su forma como dirigidas por el Espíritu Santo.

Otro argumento en lo que se refiere a la intensidad de la inspiración es el hecho de que los escritores del Nuevo Testamento atribuyen a Dios declaraciones del Antiguo Testamento que en la forma original no se le adjudicaban. Un ejemplo notable es Mateo 19:4-5, cuando Jesús pregunta: "¿No habéis leído que el que los hizo al principio 'hombre y mujer los hizo' y dijo...? Y continúa citando Génesis 2:24. Sin embargo, en el original esta frase no se atribuye a Dios. Sólo es un comentario sobre el evento de la creación del hombre y la mujer. Pero las palabras del Génesis son citadas por Jesús como dichas por Dios, Jesús incluso pone estas palabras como una cita directa. Evidentemente, en la mente de Jesús todo lo que decía el Antiguo Testamento era lo que Dios decía. Otros ejemplos de atribuir a Dios palabras que no se le atribuyeron al principio son Hechos 4:25 que citaba Salmos 2:1-2; Hechos 13:34 que citaba Salmos 16:10 y Hebreos 1:6-7, citando Deuteronomio 32:43 (Septuaginta, ver Sal. 97:7) y Salmos 104:4.

Además de estas referencias específicas, deberíamos señalar que Jesús a menudo introducía sus citas del Antiguo Testamento con la fórmula "está escrito." Cualquier cosa que dijera la Biblia él la tomaba como si tuviera la fuerza de las palabras de Dios. Era autoridad. Esto, por supuesto, no habla específicamente de la cuestión de si la inspiración del Espíritu Santo se extendía hasta la elección de las palabras, pero indica una minuciosa identificación de los escritos del Antiguo Testamento con la palabra de Dios.

Según este tipo de material didáctico, se podría concluir que la inspiración de las Escrituras fue tan intensa que se extendió incluso a la elección de las palabras. Sin embargo, si tenemos que tomar en cuenta los fenómenos de las Escrituras, las características del libro, encontramos algo un poco distinto. Dewey Beegle ha desarrollado una teoría de la inspiración basada principalmente en los fenómenos.[11] Apunta, por ejemplo, que algunos problemas cronológicos en la Biblia son difíciles de armonizar. El reinado de Peca es uno de los más destacados. La cronología de Abraham es otro. Beegle señala que en Hechos 7:4 Esteban hace referencia a la salida de Abraham de Harán después de la muerte de su padre. Sabemos por el Génesis que Taré tenía 70 años cuando nació Abraham (Gn. 11:26), y murió en Harán a la edad de 205 (11:32); Abraham por lo tanto tenía 135 años a la muerte de su padre. Sin embargo, Abraham se fue de Harán cuando tenía 75 (Gn. 12:4), lo cual serían 60 años antes de la muerte de su padre. Basándose en este tipo de discrepancias, Beegle concluye que las palabras específicas realmente no son autoritativas. Esto implicaría el dictado.

Beegle también observa que en el Nuevo Testamento hay citas de libros no bíblicos. Por ejemplo Judas 14 cita 1 Enoc 1:9 y Judas 9 cita la Ascensión de Moisés. Estos dos casos presentan un problema para la argumentación de que las citas del Nuevo Testamento señalan la creencia de autor del Nuevo Testamento en la inspiración y la consiguiente autoridad del material que se citaba. Ya que si se atribuye autoridad al material del Antiguo Testamento por ser citado en el Nuevo, ¿no se debería atribuir autoridad también a estos dos libros apócrifos? Beegle concluye que las citas en el Nuevo Testamento no son prueba suficiente de inspiración y autoridad.

## Un modelo de inspiración

Si tenemos que mantener los dos tipos de consideraciones, será necesario encontrar alguna manera de integrarlas. Manteniendo la metodología expuesta anteriormente tomaremos en consideración principalmente el material didáctico. Esto significa concluir que la inspiración se extiende incluso hasta la elección de las palabras (esto es, inspiración verbal). Sin embargo, determinaremos el significado exacto de esa elección de palabras examinando los fenómenos.

Observemos que concluyendo que la inspiración es verbal no hemos empleado el argumento abstracto basado en la naturaleza de Dios. Esa es la opinión de que como Dios todo lo sabe, es todopoderoso y preciso y ha inspirado la Biblia, esta debe ser totalmente su palabra, incluso hasta en la elección de la terminología particular. Más bien, nuestro argumento a favor de la inspiración verbal se basa en el material didáctico, el punto de vista de las Escrituras mantenido y enseñado por Jesús y los escritores bíblicos, no sobre una inferencia abstracta de la naturaleza de Dios.

Un punto importante es observar que el problema palabras versus ideas es artificial. En realidad no pueden separarse. Una idea particular o un concepto

11. Beegle, *Scripture, Tradition, and Infallibility*, pp. 175-97.

no puede ser representado por todas las palabras disponibles en un idioma. Sólo un número limitado de palabras serán eficaces para ello. Cuanto más precisa sea una idea, más reducido será el número de palabras que puedan expresarla. Al final en cierto modo sólo lo hará una palabra, si es realmente precisa la relación entre la palabra y la idea. Aquí no nos estamos refiriendo a lo específico (esto es, lo detallado) que sea el concepto; más bien estamos hablando del grado de claridad y agudeza de la idea. Nos referimos al primero como el grado de especificidad o detalle, y al segundo como el grado de precisión o enfoque. Cuando el grado de precisión (o claridad o agudeza en la mente) se incrementa, hay un decrecimiento correspondiente en el número de palabras que servirán para expresar el significado.

Estamos sugiriendo que puede que lo que haga el Espíritu sea dirigir los pensamientos del escritor bíblico. La dirección efectuada por el Espíritu, sin embargo, es bastante precisa. Siendo Dios omnisciente, no es gratuito asumir que sus pensamientos sean precisos, más que los nuestros. En consecuencia, dentro del vocabulario del escritor, una palabra comunicará de forma más apta el pensamiento que Dios está expresando (aunque esa palabra en sí misma puede que sea inadecuada). Creando el pensamiento y estimulando el entendimiento del autor bíblico, el Espíritu le conducirán en efecto a utilizar una palabra en lugar de cualquier otra.

**Figura 4**

estados de conciencia

introspección – percepción sensorial – reflexión

gustativo – olfativo – estímulos visuales – auditivo – táctil

posición – tamaño – color – forma – movimiento

verde – rojo – amarillo – azul

dubonnet – carmesí – escarlata – fucsia – cereza

Aunque Dios dirige al escritor para que utilice palabras particulares (precisión) para expresar una idea, la idea misma puede ser bastante general o bastante específica. Esto es lo que el lingüista Kenneth Pike ha llamado la dimensión de la magnificación.[12] No se puede esperar que la Biblia despliegue siempre la magnificación máxima o un gran detallismo. Más bien, expresará justo el grado de detalles o la especificidad que Dios pretende, y, en ese nivel de magnificación, justo pretende ese concepto. Esto explica que a veces las Escrituras no sean tan detalladas como podríamos esperar o desear. De hecho, ha habido ocasiones en las que el Espíritu Santo, para servir al propósito de una situación nueva, ha impulsado al autor de las Escrituras a reexpresar un concepto en un nivel más específico que el de su forma original.

La figura 4 nos ayudará a ilustrar lo que tenemos en mente. Esta figura representa varios niveles de especificidad o detalle o magnificación. La dimensión de la especificidad implica un movimiento vertical en el cuadro. Supongamos que el concepto en consideración es el color rojo. Esta idea tiene un grado particular de especificidad, ni más ni menos. Ni es más específico (por ejemplo, escarlata) ni menos (color). Ocurre en un punto particular del esquema, verticalmente en el eje especificidad-generalidad y horizontalmente en un nivel concreto de especificidad (por ejemplo, rojo versus amarillo o verde). En otro ejemplo se puede tener un cuadro más o menos detallado (un grado más alto o más bajo de magnificación, según la terminología de Pike), y un enfoque más nítido o más borroso. Por supuesto, con un enfoque menos preciso el detalle se hará más nebuloso o incluso desaparecerá. Sin embargo, estas dos dimensiones (detalle y enfoque) no se deberían confundir. Si la idea es lo suficientemente precisa, sólo una palabra en un idioma, o en el vocabulario de un escritor, será adecuada para comunicar y expresar el significado. Algunos idiomas son más ricos en distinciones, permitiendo una precisión mayor. El árabe, por ejemplo, tiene muchas más palabras para camello que el inglés. El inglés, por otra parte, tiene muchas más palabras para automóvil que el árabe. En ambos casos, muchas de estas palabras se utilizan más por su connotación que por su denotación.

En nuestra opinión aquí la inspiración implicaba que Dios dirigía los pensamientos de los escritores, para que fueran precisamente los pensamientos que deseaba expresar. A veces estas ideas eran muy específicas y otras eran más generales. Cuando eran más generales, Dios quería ese grado particular de especificidad recogida, y no más. A veces una especificidad mayor podría causar distracción. Otras veces la especificidad era importante. El concepto de propiciación, por ejemplo, es un concepto muy específico.

Para determinar el grado de especificidad, es útil poder hacer una exégesis cuidadosa en los idiomas bíblicos originales. Conocer el grado de especificidad es importante porque en muchos casos tiene que ver con el tipo de autoridad que se debería adscribir a un pasaje. A veces los escritores del Nuevo Testamento

12. Kenneth L. Pike, "Language and Meaning: Strange Dimensions of Truth,l *Christianity Today* 5, no. 16 (8 de mayo de 1961): 28.

aplicaban una verdad bíblica de una forma nueva. La interpretaban y elaboraban; esto es, la hacían más específica. Otras veces la retenían y aplicaban exactamente de la misma manera. En el primer caso, la forma de la enseñanza del Antiguo Testamento no era de autoridad normativa para el creyente del Nuevo Testamento; en el último caso, sí lo era. Sin embargo, en ambos casos el relato fue históricamente autoritativo; esto es, se podría determinar por él lo que se dijo y se hizo y lo que era normativo en la situación original.

Hemos concluido que la inspiración era verbal, extendiéndose incluso a la elección de las palabras. Sin embargo, no era meramente verbal, ya que a veces las ideas pueden ser más precisas que las palabras disponibles. Ese fue, probablemente, el caso con la visión de Juan en Patmos, que produjo el libro del Apocalipsis.

En este punto se plantea generalmente la objeción de que si la inspiración se extiende hasta la elección de las palabras se convierte necesariamente en dictado. Contestar a este cargo nos obligará a teorizar sobre el proceso de la inspiración. Aquí debemos señalar que los autores de las Escrituras, al menos en los casos en los que conocemos su identidad, no eran nuevos en la fe. Habían conocido a Dios, aprendido de él y practicado la vida espiritual durante algún tiempo. Por lo tanto Dios había estado obrando en sus vidas durante algún tiempo, preparándoles a través de una amplia variedad de experiencias familiares, sociales, educativas y religiosas, para la tarea que iban a realizar. De hecho, Pablo sugiere que él fue escogido incluso antes de nacer ("que me apartó desde el vientre de mi madre y me llamó por su gracia" Gá. 1:15). Durante toda la vida Dios estuvo obrando para dar forma y desarrollar al autor individual. Así, por ejemplo, la experiencia del pescador Pedro y del médico Lucas fueron creando la clase de personalidad y cosmovisión que emplearían más tarde para escribir las Escrituras.

A veces se asume que el vocabulario que es distintivo en un escritor es el elemento humano de las Escrituras, una limitación dentro de la cual Dios debe necesariamente obrar dando la Biblia. Sin embargo, por lo que acabamos de ver sabemos que el vocabulario de los autores de las Escrituras no era exclusivamente un factor humano. El vocabulario de Lucas es el resultado de su educación y todo el alcance de su experiencia; en todo esto Dios había estado obrando preparándole para su tarea. Equipado con esta cantera de palabras planeadas por Dios, el autor después escribió. Por lo tanto, aunque la inspiración en el sentido estricto de la palabra se puede adjudicar a la influencia del Espíritu Santo en el momento mismo de la escritura, supone un largo proceso de la obra providencial de Dios en el autor. Entonces, en el momento de la escritura, Dios dirige el pensamiento del autor. Como Dios tiene acceso al proceso de pensamiento del humano, y, en el caso del creyente, habita en el individuo por medio del Espíritu Santo, esto no es difícil, en particular cuando el individuo ora en busca de la iluminación y está receptivo. El proceso no es muy diferente a la telepatía, aunque más interno y personal.

Pero ¿es posible que este tipo de control mental sea una especie de dictado? Recuerde que el autor de las Escrituras ha conocido a Dios durante mucho tiempo, se ha sumergido en la verdad ya revelada y ha cultivado una vida de devoción. Para alguien en esta situación es posible, sólo con la sugerencia de una dirección nueva, "pensar los pensamientos de Dios." Edmund Husserl, el fenomenólogo, tenía un discípulo y ayudante fiel, Eugen Fink. Fink escribió una interpretación de la filosofía de Husserl a la que su maestro dio la aprobación.[13] Se dice que cuando Husserl leyó el artículo de Fink exclamó: "¡Es como si lo hubiera escrito yo mismo!" Para dar un ejemplo personal: una secretaria había estado con una iglesia muchos años. Al principio de mi pastorado allí, le dicté cartas. Después de un año más o menos, le podía dar la idea general de mi pensamiento y ella podía escribir mis cartas, utilizando mi estilo. A finales del tercer año, simplemente tenía que entregarle una carta que había recibido y pedirle que la contestase, porque habíamos hablado de tantos temas relacionados con la iglesia que ella ya sabía lo que yo pensaba de la mayoría de ellos. Los casos de Eugen Fink y mi secretaria prueban que es posible saber lo que otra persona quiere decir sin necesidad de recurrir al dictado. Sin embargo, observe que esto asume una relación estrecha y un largo periodo de conocimiento. Así que un autor de las Escrituras, dadas las circunstancias que hemos descrito, podría escribir el mensaje de Dios tal y como Dios quería que se escribiera sin recurrir al dictado.

Por supuesto, hay porciones de la Biblia donde parece que el Señor realmente dice: "Escribe '.....'"Esto es particularmente cierto en el material profético y apocalíptico, pero el proceso descrito antes no era el patrón normal y normativo, el material profético y apocalíptico no es más inspirado que el resto de la Biblia. Es más, aunque ya hemos señalado que hay, en contraste directo con los pasajes que muestran evidencias de dictado, algunos materiales de las Escrituras que no se revelan especialmente (por ej. Los datos históricos disponibles fácilmente), ese material bíblico no carece de inspiración divina. No hay una correlación especial, pues, entre género literario e inspiración; esto es, un género no es más inspirado que otro. Aunque a veces discriminamos porciones de las Escrituras basándonos en su diferente potencial para edificarnos en varios tipos de situaciones, eso no significa que reflejen diferentes grados de inspiración. Mientras que los Salmos pueden ser más satisfactorios personalmente e inspiradores que las Crónicas, esto no significa que estén más inspirados.

Aunque la inspiración expresa una cualidad especial para escribir, esa cualidad no siempre es fácil de reconocer y valorar. Por otra parte, los materiales devocionales y el sermón del monte tienen una cualidad que tiende a sobresalir

13. Eugen Fink, "Die phänomenologische Philosophie Edmund Husserls in der gegenwärtigen Kritik," *Kantstudien* 38 (1993): 319-83.

y que se puede identificar con bastante facilidad. En parte, esto se debe al objeto de estudio. Sin embargo, en otros casos, como las narraciones históricas, la cualidad especial que expresa la inspiración puede ser un tema de corrección narrativa, y eso no se puede valorar fácil o directamente. No obstante, el lector sensible probablemente detectará dentro del conjunto de la Biblia una cualidad que apunte a la inspiración sin lugar a dudas.

El hecho de que podríamos ser incapaces de identificar la cualidad de la inspiración en un pasaje en particular no debería alterar nuestra interpretación de ese pasaje. No debemos considerar que tiene menos autoridad. La inspiración verbal no requiere una interpretación literal de pasajes que son de naturaleza inequívocamente simbólica, como "los que esperan en Jehová...levantarán alas como las águilas" (Is. 40:31). Esto requiere tomarse muy en serio la tarea de la interpretación, y hacer un esfuerzo inteligente y sensato por descubrir el mensaje preciso que Dios deseaba expresar.

La inspiración aquí se concibe como algo aplicable al escritor y al escrito. En el primer sentido, el escritor es el objeto de la inspiración. Sin embargo, cuando el escritor redacta las Escrituras la calidad de la inspiración pasa también al escrito. Es inspirado por derivación.[14] Esto es como la definición de revelación como el acto de revelar y el contenido revelado (ver pp. 222ss.). Hemos observado que la inspiración presupone un periodo extenso de la obra de Dios en el escritor. Esto no sólo implica la preparación del escritor, también la preparación del material para este uso. Aunque la inspiración en el sentido estricto probablemente no se aplica a la conservación y transmisión de este materia, la providencia que guía este proceso no debería pasarse por alto.

En este capítulo hemos tomado en consideración la cuestión del método y hemos elegido elaborar nuestro punto de vista de la inspiración de la Biblia enfatizando las enseñanzas de la Biblia respecto a su propia inspiración, aunque dando un lugar importante, pero secundario, a los fenómenos de las Escrituras. Hemos intentado elaborar un modelo en el que haya lugar para ambas consideraciones.

Algunos otro temas planteados al principio del capítulo se tratarán en el capítulo de la inerrancia. Estos temas son (1) si la inspiración implica la corrección de errores que podrían haber estado presentes en las fuentes consultadas y empleadas, y (2) si la inspiración implica que Dios dirige el pensamiento y la escritura del autor en todos los temas que trata, o sólo en los temas más "religiosos."

Como la Biblia ha sido inspirada, podemos confiar en tener la instrucción divina. El hecho de que no viviéramos cuando sucedieron las revelaciones y

14. Debería observarse que 2 Pedro 1:20-21 hace referencia a los autores, mientras que 2 Timoteo 3:16 se refiere a lo que escriben. Por lo tanto el dilema de si la inspiración pertenece al escritor o a lo escrito se considera un tema falso.

las enseñanzas por primera vez no nos empobrece espiritual y teológicamente. Tenemos un guía seguro. Y estamos motivados a estudiarlo de forma intensa, ya que su mensaje es realmente la palabra de Dios para nosotros.

# 11. La fiabilidad de la palabra de Dios: inerrancia

## Objetivos del capítulo

Después de terminar el estudio de este capítulo, debería ser capaz de:

- Citar varios conceptos diferentes de inerrancia y comprender el significado de cada perspectiva.
- Evaluar la importancia de la inerrancia en el desarrollo una teología en su relación con la iglesia.
- Intentar resolver los problemas de los fenómenos de las Escrituras en su relación con la inerrancia.
- Designar principios y ejemplos para definir la inerrancia.
- Caracterizar los temas que han surgido en torno a la inerrancia.

## Resumen del capítulo

La inerrancia es la doctrina que afirma que la Biblia es completamente verdadera en todas sus enseñanzas. Los teólogos han discutido sobre los niveles en los que la Biblia es inerrante. Si la Biblia no es inerrante, entonces nuestro conocimiento de Dios puede ser impreciso y poco fiable. La inerrancia es un corolario de la completa inspiración de la Biblia. Los teólogos han empleado una serie de estrategias para explicar las discrepancias aparentes entre los pasajes bíblicos. Aunque no es posible hacer descripciones científicas detalladas o afirmaciones matemáticamente exactas, la inerrancia significa que la Biblia, cuando es juzgada por el uso de su tiempo, enseña la verdad sin ninguna afirmación de error.

## Cuestiones de estudio

1. ¿Qué se quiere decir con inerrancia absoluta, plena o limitada?
2. ¿Cuál es la importancia epistemológica de la inerrancia?

3. Considerando las discrepancias existentes entre pasajes paralelos de las Escrituras, ¿hay razón para descartar la inerrancia en su conjunto?
4. ¿Cuál es el enfoque armónico a los fenómenos bíblicos y quiénes son los representantes de este enfoque? ¿En qué se diferencia esta posición de otros enfoques?
5. Defina brevemente la inerrancia.
6. ¿Cuáles son los tres temas respecto a la inerrancia y cuál es la respuesta del autor a ellos? ¿Cómo apoya el autor su posición sobre la inerrancia?

Distintos conceptos de inerrancia
La importancia de la inerrancia
Importancia teológica
Importancia histórica
Importancia epistemológica
Inerrancia y fenómenos
Definición de inerrancia
Temas subordinados

La inerrancia de las Escrituras es la doctrina que afirma que la Biblia es completamente verdadera en todas sus enseñanzas. Como muchos evangélicos lo consideran un tema de suma importancia, incluso crucial, requiere un examen cuidadoso. En un sentido real, es la culminación de la doctrina de las Escrituras. Porque si Dios ha dado una revelación especial de sí mismo e inspirado a sus siervos para que la recojan, querremos asegurarnos de que la Biblia es realmente una fuente fiable de esa revelación.

En un sentido real, la inerrancia es parte de un tema más amplio, que es la infalibilidad. Aunque en el pasado a menudo se utilizaron como sinónimos, en los últimos años se ha utilizado como una alternativa, queriendo expresar en algunos casos que la Biblia no era necesariamente precisa en todas sus referencias, pero que cumplía con su propósito divino.

Sin embargo, la teoría del acto del habla, como señalamos en el capítulo del lenguaje teológico, ha enfatizado la variedad de tipos de declaraciones en las Escrituras, o, para decirlo de otra forma, los diferentes aspectos gramaticales, además del indicativo. Hay órdenes, deseos, preguntas y otros tipos de actos del habla, además de las afirmaciones. Como indica Kevin Vanhoozer, la infalibilidad significa que en cualquier aspecto en el que estén funcionando las Escrituras, expresan adecuadamente la orden o la pregunta de Dios o cualquier acto del habla que se esté produciendo.[1] Esto surge de la doctrina de la inspi-

1. Kevin J. Vanhoozer, "The Semantics of Biblical Literature: Truth and Scripture's Diverse Literary Forms," en *Hermeneutics, Authority, and Canon*, ed. D. A. Carson and John D. Woodbridge (Grand Rapids: Zondervan, 1986), pp. 90-104.

ración desarrollada anteriormente. Estos tipos de declaraciones, sin embargo, normalmente no se pueden evaluar mediante el uso de fuentes distintas a la de la intención del que emite el acto del habla. Por lo tanto, la subclase de los actos del habla a los que hacemos referencia aquí como afirmaciones o aseveraciones ha sido objeto especial de escrutinio, y es con respecto a ellos que el tema de la infalibilidad toma la forma de inerrancia.

## Distintos conceptos de inerrancia

El término *inerrancia* significa cosas diferentes para diferentes personas, que pugnan por saber qué posición merece ser llamada de esa manera. Por lo tanto es importante resumir brevemente las posiciones actuales en el tema de la inerrancia.

1. La inerrancia absoluta mantiene que la Biblia, que incluye un tratamiento detallado de temas científicos e históricos, es totalmente cierta. Da la impresión de que los escritores bíblicos intentaban ofrecer una cantidad considerable de datos científicos e históricos exactos. Por lo tanto se pueden y se deben explicar las discrepancias aparentes. Por ejemplo, la descripción del mar de metal fundido en 2 Crónicas 4:2 indica que su diámetro era de 10 codos mientras que su circunferencia era de 30 codos. Sin embargo, como todos sabemos, la circunferencia de un círculo es π (3,14159) veces el diámetro. Si, como dice el texto bíblico, el mar de metal fundido era una circunferencia, existe una discrepancia, y es necesario dar una explicación.[2]

2. La inerrancia plena también mantiene que la Biblia es completamente verdad. Aunque la Biblia no trata principalmente de los datos científicos e históricos, las afirmaciones científicas e históricas que hace son completamente ciertas. No hay diferencia esencial entre esta posición y la inerrancia absoluta en lo que se refiere a su punto de vista sobre el mensaje religioso/teológico/espiritual. La forma de entender las referencias científicas e históricas, sin embargo, es bastante distinta. La inerrancia plena considera estas referencias como fenomenológicas; esto es, se cuentan como aparecen ante el ojo humano. No son necesariamente exactas; más bien, son descripciones populares, que a menudo implican referencias generales o aproximaciones. Sin embargo son correctas. Lo que enseñan es esencialmente correcto en la manera en que ellos lo enseñan.[3]

3. La inerrancia limitada también considera que la Biblia es inerrante e infalible en sus referencias doctrinales salvíficas. Sin embargo, se hace una distinción clara entre las materias no empíricas reveladas por una parte y las referencias empíricas naturales por otra. Las referencias científicas e históricas de la Biblia reflejan la comprensión que se tenía en el momento en que se escribió.

2. Harold Lindsell, *The Battle for the Bible* (Grand Rapids: Zondervan, 1976), pp. 165-66.
3. Roger Nicole, "The Nature of Inerrancy," en *Inerrancy and Common Sense*, ed. Roger Nicole y J. Ramsey Michaels (Grand Rapids: Baker, 1980), pp. 71-95.

Los escritores de la Biblia estaban sujetos a las limitaciones de su tiempo. La revelación y la inspiración no colocan a los escritores por encima del conocimiento ordinario. Dios no les reveló la ciencia o la historia. En consecuencia, la Biblia puede muy bien contener lo que podríamos denominar errores en estas áreas. Sin embargo, este no tiene grandes consecuencias, ya que la Biblia no pretende enseñar ciencia e historia. Para los propósitos para los que se ofreció, la Biblia es completamente verdadera e inerrante.[4]

4. La inerrancia de propósito mantiene que la Biblia cumple de forma inerrante con su propósito. El propósito de la revelación bíblica es llevar a la gente hacia una comunión personal con Cristo, no comunicar verdades. Cumple este propósito con eficacia. Sin embargo, es inadecuado relacionar inerrancia con precisión de datos. Por lo tanto inerrancia a nivel de datos es un concepto inadecuado. La verdad no se considera una cualidad de las proposiciones, sino un medio para cumplir un fin. En esta posición está implícito un punto de vista pragmático de la verdad.[5]

5. Todas las posiciones anteriores desean mantener el término y la idea de inerrancia en un sentido o en otro. Sin embargo, los defensores de la teoría de la revelación adaptada no piden ni desean utilizar este término. Esta posición pone el énfasis en la idea de que la Biblia se introdujo a través de canales humanos, y por tanto participa de las imperfecciones de la naturaleza humana. Esto sucede no sólo con los temas científicos e históricos, también con los religiosos y teológicos. Pablo, por ejemplo, en sus enseñanzas doctrinales expresó ocasionalmente los puntos de vista convencionales de los rabinos. Esto no es sorprendente ya que Pablo fue educado como rabino. Así que, incluso en los temas doctrinales, la Biblia contiene una mezcla de elementos de revelación y de no revelación. Pablo revisó y contradijo sus enseñanzas en temas como la resurrección. W. D. Davies, por ejemplo, mantiene que Pablo cambió su perspectiva sobre la resurrección entre la escritura de 1 Corintios y 2 Corintios. Su enseñanza sobre este tema en 1 Corintios 15 no se puede armonizar con la que aparece en 2 Corintios 5, ni existe ninguna necesidad de hacerlo.[6] De la misma manera, Paul Jewett encuentra una mezcla de ideas reveladas de forma divina e ideas humanas en los escritos de Pablo sobre el estatus de las mujeres.[7] El punto de vista rabínico básico está claramente presente en lo que escribió. Sin embargo, hay momentos en los que se

4. Daniel P. Fuller, "Benjamin B. Warfield's View of Faith and History," *Bulletin of the Evangelical Theological Society* 11 (1968): 75- 83.

5. Jack Rogers, "The Church Doctrine of Biblical Authority," en *Biblical Authority*, ed. Jack Rogers (Waco, Tex.: Word, 1977), pp. 41-46. Ver también James Orr, *Revelation and Inspiration* (Grand Rapids: Eerdmans, reimpreso 1952), pp. 217-18.

6. W. D. Davies, *Paul and Rabbinic Judaism* (London: SPCK, 1955), p. 311.

7. Paul King Jewett, *Man as Male and Female* (Grand Rapids: Eerdmans, 1975), pp. 112-14, 119, 134-39, 145-47.

aprecia la revelación de Dios de algo nuevo en esta área. Pablo trato de mantener el equilibrio entre su intento de captar la palabra de Dios y su entrenamiento como rabino judío. Algunos incluso creen que Jesús no sólo ignoraba sino que se equivocó sobre el momento de su regreso. Él creía y enseñó que sucedería durante la vida de sus oyentes, y por supuesto esto no fue así.

6. Los que mantienen que la revelación no es proposicional dicen que la Biblia en sí no es revelación. Su función es señalarnos hacia el encuentro persona a persona que es la revelación, en lugar de expresar proposiciones. Por lo general, en la epistemología "verdad" se utiliza sólo para las proposiciones. De las personas o las experiencias se dice que son genuinas o "verídicas."Por lo tanto, toda la cuestión de la verdad o la falsedad no les concierne. La Biblia contiene errores, pero estos no son la palabra de Dios; son únicamente las palabras de Isaías, Mateo o Pablo. La presencia de errores de ninguna manera está en contra de la utilidad funcional de la Biblia.[8]

7. Finalmente, está la posición de que la inerrancia es un tema irrelevante. Esta posición tiene mucho en común con la precedente (aunque no necesariamente mantiene que la revelación no sea proposicional). Por varias razones, todo el tema de la inerrancia se considera algo falso o que distrae. Por una parte el término "inerrante" se considera negativo. Sería mucho mejor utilizar un término positivo para describir la Biblia. Además, la inerrancia no es un concepto bíblico. En la Biblia errar es un asunto espiritual o moral más que intelectual. La inerrancia nos distrae de los temas importantes. Centrando nuestra atención en los pequeños detalles del texto e impulsándonos a gastar energía en intentar resolver las pequeñas discrepancias, esta preocupación por la inerrancia nos distrae de escuchar lo que la Biblia está realmente tratando de decirnos sobre nuestra relación con Dios. También inhibe la investigación bíblica. Si está ligado a la idea de que la Biblia está totalmente libre de error, el exégeta no tiene total libertad para investigar las Escrituras. A priori es algo innecesario y poco útil, que se convierte en una carga para la exégesis imparcial. También es algo impuesto artificial y externamente. No sólo hace preguntas que los autores bíblicos no harían; pide respuestas que muestran una exactitud apropiada sólo para nuestra época científica. Es más, representa una posición que es reciente en la historia de la iglesia cristiana. El tema de la inerrancia no fue discutido por los teólogos anteriores. Surge por la imposición de un punto de vista filosófico particular sobre el estudio de la Biblia. Finalmente, este tema es dañino para la iglesia. Crea desunión entre los que en otro caso tendrían mucho en común. Hace un tema de gran importancia de algo que debería ser como mucho poco importante.[9]

8. Emil Brunner, *Our Faith* (New York: Scribner, 1936), pp. 9-10; *Revelation and Reason* (Philadelphia: Westminster, 1946), pp. 36-37.

9. David Hubbard, "The Irrelevancy of Inerrancy," en *Biblical Authority*, ed. Jack Rogers, pp. 151-81.

## La importancia de la inerrancia

¿Por qué debería preocuparse la iglesia por la inerrancia? Especialmente a la vista de las consideraciones planteadas por la posición final vista anteriormente, ¿no sería mejor descartar sin más este asunto y "seguir para adelante"? En respuesta señalaremos que hay una preocupación práctica en la raíz de la mayoría de la discusión sobre la inerrancia. Un seminarista pastor de una pequeña iglesia rural resumió bien la preocupación de su congregación cuando dijo: "Mi gente me pregunta: 'Si la Biblia lo dice, ¿puedo creerlo?'" La preocupación por la veracidad o la fiabilidad de la Biblia es un ejemplo de lo que Helmut Thielicke ha denominado "el instinto espiritual de los hijos de Dios."[10] Desde luego, si la Biblia es totalmente verdad o no, es importante teológica, histórica y epistemológicamente.

### *Importancia teológica*

Como señalamos en el capítulo de la inspiración, Jesús, Pablo y otros consideraban y empleaban detalles de las Escrituras como autoridad. Esto argumenta a favor del punto de vista de que la Biblia fue completamente inspirada por Dios, incluso en la selección de los detalles que hay en el texto. Si es este el caso, se producen ciertas implicaciones. Si Dios es omnisciente, debe conocer todos los detalles. No puede ignorar o estar equivocado sobre ninguna cosa. Es más, si es omnipotente, es capaz de influir en lo que está escribiendo el autor para que no se introduzca nada erróneo en el producto final. Y siendo un ser verdadero y veraz, deseará sin duda utilizar estas habilidades de manera que los seres humanos no sean engañados por las Escrituras. Por lo tanto, nuestra posición sobre la inspiración lógicamente implica la inerrancia de la Biblia. Inerrancia es un corolario de la doctrina de la inspiración plena. Entonces, si hubiera que demostrar que la Biblia no es completamente cierta, nuestra visión de la inspiración también estaría en peligro.

### *Importancia histórica*

La iglesia históricamente ha defendido la inerrancia de la Biblia. Aunque no ha habido una teoría completamente enunciada hasta la actualidad, no obstante había, a lo largo de la historia de la iglesia, una creencia general en la fiabilidad completa de la Biblia. Agustín, por ejemplo, escribió:

> He aprendido a ofrecer este respeto y honor sólo a los libros canónicos de las Escrituras: sólo en esos creo firmemente que los autores estaban completamente libres de error. Y si en estos escritos quedo perplejo por cualquier cosa que a mí me parece que se opone a la verdad, no dudo en suponer que

10. Helmut Thielicke, *A Little Exercise for Young Theologians* (Grand Rapids: Eerdmans, 1962), pp. 25-26.

o bien el manuscrito tiene fallos, o el traductor no ha captado el significado de lo que se dijo, o yo no he sido capaz de entenderlo.[11]

Del mismo modo Martín Lutero dijo: "Las Escrituras nunca erraron... Las Escrituras *no pueden* errar... Es cierto que las Escrituras no se contradicen a sí mismas; sólo les parece así a los hipócritas insensatos y obstinados."[12]

Vendría bien matizar algunas de estas afirmaciones. Aunque Agustín aseveró la verdad y fiabilidad completa de la Biblia, también tomó un enfoque bastante alegórico a su interpretación; eliminó dificultades aparentes en el significado superficial del texto mediante la alegorización. Y Lutero no siempre fue un modelo de coherencia. Además, Juan Calvino, no sólo en su *Institución*, un tratado sobre teología sistemática, sino en sus comentarios sobre la Biblia, señaló cierta libertad en los autores del Nuevo Testamento a la hora de citar el Antiguo Testamento.[13] No obstante, parece que la iglesia a lo largo de la historia ha creído que la Biblia está libre de cualquier falsedad. Si esto es lo que los inerrantes contemporáneos quieren expresar con el término *inerrancia*, no resulta aparente de forma inmediata. Cualquiera que sea el caso, sabemos que la idea general de la inerrancia no es una creación reciente.

Mientras hablamos de este tema, deberíamos señalar brevemente el impacto que la inerrancia ha tenido históricamente. La mejor manera de proceder es observar las implicaciones que se dan normalmente en otras áreas de la doctrina cuando se abandona la inerrancia bíblica. Hay evidencias de que cuando un teólogo, una escuela o un movimiento empieza a considerar la inerrancia bíblica como materia periférica u opcional y abandona esta doctrina, con frecuencia acaba abandonando o alterando otras doctrinas que la iglesia normalmente ha considerado muy importantes, como la deidad de Cristo o la Trinidad. Ya que, como argumentamos en el capítulo primero de este libro, la historia es el laboratorio en el que la teología pone a prueba sus ideas, debemos concluir que apartarse de la creencia de la absoluta fiabilidad de la Biblia es un paso muy serio, no sólo por lo que le hace a una doctrina, sino por el efecto que causa en otras doctrinas.[14]

### Importancia epistemológica

La cuestión epistemológica es simplemente: ¿Cómo lo sabemos? Algunas afirmaciones de la Biblia son, al menos potencialmente, verificables o falseadas

11. Agustín, *Carta* 82.3.

12. Martín Lutero, *Werke*, Wiemar edition (WA), vol. 34.1, p. 356.

13. Juan Calvino, *Institución de la religión cristiana*, libro 1, capítulo 6, sección 3; cf. Edward A. Downey Jr., *The Knowledge of God in Calvin's Theology* (New York: Columbia University Press, 1952), pp. 100-105.

14. Richard Lovelace, "Inerrancy: Some Historical Perspectives," en *Inerrancy and Common Sense*, ed. Roger Nicole y J. Ramsey Michaels, pp. 26-36.

independientemente. Esto es, las referencias a los temas históricos o científicos se pueden descubrir, dentro de la limitación de los métodos históricos y científicos y de los datos disponibles, que son verdaderos o falsos. Algunos otros asuntos, como las afirmaciones doctrinales sobre la naturaleza de Dios y la expiación, trascienden el campo de la experiencia sensorial. No podemos comprobar su verdad o validez empíricamente. Si se pudiese comprobar que la Biblia tiene errores en esos campos donde su afirmaciones pueden ser verificadas, ¿sobre qué base posible continuaríamos manteniendo su infalibilidad en áreas en las que no podemos verificar lo que dice?

Pongámoslo de otra manera. Nuestra base para mantener la verdad de cualquier proposición teológica es que la Biblia la enseña. Sin embargo, si concluyéramos que ciertas proposiciones (históricas o científicas) enseñadas por la Biblia no son ciertas, las implicaciones son amplias. No podemos pues continuar defendiendo otras proposiciones sólo basándonos en que la Biblia las enseña. No es que se haya probado que estas otras proposiciones sean falsas, sino que nosotros no podemos estar seguros de que sean verdaderas. Debemos profesar el agnosticismo en lo que se refiere a ellas o encontrar otras bases para mantenerlas. Como se ha abrogado el principio de que todo lo que enseña la Biblia es necesariamente cierto, el mero hecho de que la Biblia enseñe estas otras proposiciones es una base insuficiente por sí misma para mantenerlas. Uno puede seguir manteniendo estas proposiciones, por supuesto, pero no gracias a la autoridad de la Biblia.

Este punto a menudo es considerado (e incluso ridiculizado) como una especie de teoría del dominó: "falsa una, falsas todas."[15] Sin embargo, este análisis es bastante superficial. Ya que los que mantienen esta posición no están sugiriendo que todas las otras proposiciones sean falsas; simplemente están pidiendo una base que mantenga estas otras proposiciones. Otro resumen más preciso de su posición sería: "falsa una, inciertas todas." Seguramente podría suceder que todas las afirmaciones de la Biblia que están sujetas a evaluación empírica fueran ciertas, pero algunas de las afirmaciones trascendentales no lo fueran. En ese caso, sin embargo, habría al menos una presunción a favor de la verdad de las últimas. Pero si se prueba que algunas de las primeras son falsas, ¿sobre qué base posible seguiríamos manteniendo las últimas?

Es como si fuéramos a escuchar una conferencia sobre algún tema esotérico del que no sabemos demasiado. El conferenciante podría hacer muchas afirmaciones que estuvieran fuera de nuestra experiencia. No tenemos manera de evaluar su verdad. Lo que dice suena muy profundo, pero podría ser simplemente un galimatías rimbombante. Pero supongamos que durante unos minutos el

15. Dewey Beegle, *Scripture, Tradition, and Infallibility* (Grand Rapids: Eerdmans, 1973), pp. 219-22.

conferenciante habla sobre un tema que nosotros conocemos bastante bien. Aquí detectamos varias afirmaciones erróneas. ¿Qué deberíamos pensar de las otras afirmaciones, cuya veracidad no podemos comprobar? Concluiremos sin duda que en ellas también puede haber imprecisiones. La credibilidad, una vez comprometida, no es fácil de recuperar o mantener en otras materias.

Por supuesto, se puede continuar sosteniendo las afirmaciones teológicas con una distinción ad hoc, manteniendo que la autoridad bíblica se aplica sólo a las verdades trascendentes o doctrinales. Al hacer esto libraremos a esas proposiciones de una posible refutación. Pero quizá la fe se ha convertido en nada más que, parafraseando a Mark Twain, "creer en lo que no sabes, no es así" ¿Cuál es el precio de adoptar tal recurso? Ser inmune a la refutación se puede haber conseguido al precio de que tenga sentido la afirmación de que las enseñanzas bíblicas son verdad. Ya que si no se permite que haya nada en contra de la veracidad de las enseñanzas bíblicas ¿puede haber algo a su favor? (Una declaración cognitiva es capaz de ser verdadera o falsa, y por tanto debe ser posible especificar lo que podría estar a su favor o en su contra). Aunque esto superficialmente puede parecerse al principio de verificación del positivismo lógico, hay una diferencia significativa, ya que en este caso los medios de verificación (y por lo tanto la medición del significado) no son necesaria y exclusivamente datos de los sentidos.

Se puede abandonar la afirmación: "Todo lo que enseña la Biblia es verdad," y tomar todavía una postura llamémosla puramente fideista: "Creo estas cosas no porque estén en la Biblia, sino porque yo escojo creer en ellas," o "Escojo creer todas las afirmaciones de la Biblia que no han sido (o no han podido ser) rebatidas." O se puede encontrar una manera independiente de establecer estos principios. En el pasado, esto ha seguido diversos canales. Algunos teólogos liberales desarrollan la base de sus doctrinas sobre una filosofía de la religión. Aunque Karl Barth y los neoortodoxos encuentran la verificación de las doctrinas en una directa presencia personal de Dios, Barth titula la forma reconstituida de su obra magna *Dogmática eclesial*, lo cual sugiere que estaba empezando a apoyar sus puntos de vista en parte en la autoridad de la iglesia. Wolfhart Pannenberg ha intentado basar la teología en la historia, utilizando métodos sofisticados de la historiografía. En la medida en que los evangélicos abandonen la posición de que todo lo que las Escrituras enseñan o afirman es verdad, se buscarán nuevas bases para la doctrina. Muy bien podría ser a través del resurgir de una filosofía de la religión o lo que es más probable dada la orientación "relacional" actual, basando la teología en las ciencias del comportamiento, como la psicología de la religión. Pero cualquiera que sea la forma que tome una base alternativa, la lista de principios probablemente se acortará, ya que es difícil establecer la Trinidad o el nacimiento virginal de Cristo sobre un argumento filosófico o sobre la dinámica de las relaciones interpersonales.

## Inerrancia y fenómenos

Creer en la inerrancia de las Escrituras no es una conclusión inductiva a la que se llega como resultado del examen de todos los pasajes de la Biblia. Por su misma naturaleza, una conclusión de ese tipo sólo podría ser probable, como mucho. La doctrina de la inerrancia bíblica no se confirma o enseña explícitamente en la Biblia. Más bien, es un corolario de la doctrina de la inspiración absoluta de la Biblia. La visión de la Biblia mantenida y enseñada por los que escribieron las Escrituras implica la verdad absoluta de la Biblia. Pero esto no nos explica la naturaleza de la inerrancia bíblica. Así como el saber que Dios se ha revelado a sí mismo no nos explica el contenido de su mensaje, que la Biblia esté libre de error tampoco nos explica lo que implica ese carecer de error.

Debemos tratar ahora el verdadero fenómeno de las Escrituras. Y aquí nos encontramos con dificultades potenciales. Algunas son aparentes discrepancias entre pasajes paralelos de los Evangelios, o en Samuel, Reyes y Crónicas. Parece haber suficientes problemas aquí como para obligarnos a pensar en cómo se relacionan con nuestra doctrina de las Escrituras. Marcos 6:8 cuenta que Jesús le dijo a sus discípulos que llevaran bastón, mientras que en Mateo 10:9-10 y Lucas 9:3 se lo prohibió. Cuando se relata la entrada triunfal de Jesús en Jerusalén, Lucas cuenta que la multitud gritaba: "Gloria en las alturas" y en los demás evangelios la palabra es "Hosanna en las alturas."En los cuatro evangelios se cuenta de forma diferente la inscripción que había sobre la cruz de Jesús.

También hay problemas con la cronología de la Biblia en varios puntos. Los reinados de los reyes de Israel, por ejemplo, están fechados según los reinados de los reyes de Judá, pero existen varias discrepancias reales. La cronología de Esteban sobre la estancia de los israelitas en Egipto (fueron esclavizados durante cuatrocientos años: Hechos 7:6) no coincide con la de Éxodo. También aparecen problemas con los números. En pasajes paralelos, 2 Samuel 10:18 habla de 700 carros mientras que en 1 Crónicas 19:18 se dice que son 7.000; en 2 Samuel 8:4 se habla de 1.700 hombres a caballo y 20.000 hombres a pie, mientras que en 1 Crónicas 18:4 se habla de 7.000 hombres a caballo y 20.000 a pie ; 2 Samuel 24:9 habla de 800.000 hombres de Israel y 500.000 de Judá, mientras que en 1 Crónicas 21:5 se dice que había 1.100.000 hombres de Israel y 470.000 de Judá. Parece que también hay discrepancias éticas. Según 2 Samuel 24:1, el Señor estaba enfadado con Israel, e incitó a David a cometer el pecado de hacer un censo; pero según 1 Crónicas 21:1, Satanás se levantó contra Israel, incitando a David a realizar un censo de Israel. Y se dice que Dios, que ni puede tentar ni ser tentado (Stgo. 1:13), envió un espíritu maligno contra Saúl (1 S. 18:10) de manera que Saúl intentó matar a David. Estas dificultades sugieren que hay que hay que reconciliar los datos reales de la Biblia con la afirmación de que es completamente inerrante. ¿Cómo hay que manejar estos fenómenos? Los teólogos conservadores han empleado varias estrategias en el pasado y hoy en día se están utilizando de forma activa.

1. El enfoque abstracto de B.B. Warfield tendía a centrarse principalmente en la consideración doctrinal de la inspiración de las Escrituras. Aunque era consciente de los problemas y ofrecía soluciones para algunos de ellos, tendía a pensar que no todos tenían que ser explicados. Son meras dificultades. El peso de la evidencia para la inspiración y la consiguiente inerrancia de la Biblia es tan grande que ninguna cantidad de datos de este tipo puede derribarla.[16]

2. El enfoque armónico lo representan *Thy Word Is Truth*[17](Tu palabra es verdad) de Edward J. Young, e *Inspiration of the Holy Scriptures* (Inspiración de las Sagradas Escrituras) de Louis Gaussen. Una vez más la creencia en la inerrancia de la Biblia se basa en la enseñanza doctrinal de la inspiración. Los defensores de este enfoque afirman que las dificultades que presentan distintos fenómenos se pueden resolver, e intentan hacerlo utilizando la información disponible en la actualidad.

Un ejemplo que encontramos en Gaussen es la manera de morir de Judas. Como es bien sabido, hay una discrepancia aparente entre Mateo 27:5, según el cual Judas se suicidó ahorcándose, y Hechos 1:18, que dice: "cayó de cabeza y se reventó por la mitad, y todas sus entrañas se derramaron." Gaussen ofrece la historia de un hombre en Lyon que se suicidó. Para asegurarse de los resultados, el hombre se sentó en la repisa exterior de la ventana de un cuarto piso y se disparó en la boca. Gaussen dice que se puede contar su muerte de tres maneras diferentes: por el disparo, por la caída y por ambas cosas a la vez. Él dice que las tres serían correctas. De la misma manera, especula que Judas se ahorcó y luego cayó de cabeza. Presumiblemente, aunque Gaussen no lo dice explícitamente, la cuerda se rompió y Judas se estrelló contra el suelo. Nos falta esta información en particular que explicaría todos los detalles de la historia.[18] No existe contradicción aquí. Se le da un tratamiento similar a otros pasajes. La explicación de Harold Lindsell sobre la aparente discrepancia entre el diámetro y la circunferencia del mar de metal fundido en 2 Crónicas 4:12 es un ejemplo del mismo tipo; se explica que la circunferencia se mide desde la parte interna del borde y el diámetro desde la parte externa.[19]

3. El enfoque armónico moderado sigue hasta cierto punto el estilo del enfoque armónico. Los problemas se toman en serio, y se realiza un esfuerzo por resolverlos o eliminar las dificultades en lo que sea razonablemente posible según

16. B. B. Warfield, "The Real Problem of Inspiration," en *The Inspiration and Authority of the Bible*, ed. Samuel G. Craig (London: Marshall, Morgan & Scott, 1951).

17. Edward J. Young, *Thy Word Is Truth* (Grand Rapids: Eerdmans, 1957).

18. Louis Gaussen, *The Inspiration of the Holy Scriptures* (Chicago: Moody, 1949), pp. 214-15.

19. Lindsell, *Battle for the Bible*, pp. 165-66.

los datos de los que disponemos actualmente. Everett Harrison, por ejemplo, señala que la inerrancia, aunque no se explica de forma explícita en la Biblia, es no obstante un corolario de la inspiración plena. Intenta ofrecer la solución a muchos de los pasajes problemáticos, pero no intenta forzar una resolución prematura de los problemas. Algunos de los datos relevantes no están a nuestra disposición en la actualidad, pero puede que sí lo estén en un futuro a medida que avancen los descubrimientos arqueológicos y filológicos. Puede que algunos datos se hayan perdido. Si tuviéramos todos los datos, podríamos resolver todos los problemas.[20]

4. Una cuarta posición posible fue presentada por Edward Carnell, aunque no hay pruebas de que la adoptara ni siquiera él mismo. Esta posición es relativamente simple, y es una extensión de una táctica empleada de manera limitada por muchos teólogos. Si nos viéramos obligados a ello, dice Carnell, podríamos adoptar la posición de que la inspiración garantiza sólo la reproducción exacta de las fuentes de las Escrituras que el escritor empleó, no su corrección. Por lo tanto, si la fuente contenía un error, el escritor de las Escrituras recogió ese error tal y como estaba en la fuente.[21] Incluso Harrison sugería que esta posición podría ser a veces oportuna,[22] y James Orr muchos años antes propuso que las lagunas informativas de las fuentes, no tuvieron que ser necesariamente completadas por el Espíritu Santo.[23]

Carnell señaló que Warfield, en su debate con Smith, tuvo que conceder que hasta cierto punto en las declaraciones bíblicas puede existir algún error; sólo su transcripción desde la fuente original puede considerarse inerrante. Este parece ser el caso, por ejemplo, de los discursos de Elifaz el temanita y los otros amigos de Job. También hay otros casos obvios de declaraciones erróneas que se transcribieron en la Biblia como por ejemplo: "No hay Dios" que es, por supuesto, la afirmación de un necio (Sal. 14:1; 53:1). Esta línea de razonamiento se puede extender para explicar muchos de los problemas aparentes de la Biblia. Por ejemplo, el cronista podría estar fiándose de una fuente falible y errónea al extraer la lista del número de carros y hombres a caballo.

5. Finalmente, está la visión de que la Biblia pueda errar. Dewey Beegle dice básicamente que podemos reconocer que la Biblia contiene problemas reales e insolubles. Debemos tratarlos como lo que son y reconocer que la Biblia contiene errores. En lugar de intentar explicarlos, deberíamos aceptar el hecho de que son

20. Everett Harrison, "The Phenomena of Scripture," en *Revelation and the Bible*, ed. Carl Henry (Grand Rapids: Baker, 1959), pp. 237-50.

21. Edward Carnell, *The Case for Orthodox Theology* (Philadelphia: Westminster, 1959), pp. 109-11.

22. Harrison, "Phenomena of Scripture," p. 249.

23. Orr, *Revelation and Inspiration*, pp. 179-81.

genuinos, y construir nuestra doctrina de la inspiración teniendo esto en cuenta.[24] Nuestra doctrina de la inspiración no debería desarrollarse de forma abstracta o a priori. Cuando hacemos eso, simplemente adoptamos un punto de vista y decimos lo que *debe* significar. En su lugar, deberíamos ver lo que la inspiración de la Biblia ha producido, y después deducir de ahí la naturaleza de la inspiración. Sea lo que sea la inspiración, no es verbal. No podemos considerar que la inspiración se extienda hasta la elección misma de las palabras en el texto.

De las alternativas examinadas relativas a los fenómenos, la de Harrison parece la más adecuada. La posición de Warfield, como se considera aquí, pone el énfasis adecuadamente en la enseñanza de las Escrituras más que en los fenómenos. Sin embargo, al hacer esto, presta poca atención a los fenómenos. Para el exégeta este fallo se acerca a la irresponsabilidad. Es muy fácil denominarlos meras dificultades en lugar de pasajes problemáticos, como hemos señalado nosotros. La escuela armónica en muchos casos ha hecho un auténtico favor a la causa de la erudición bíblica encontrando soluciones creativas a las problemas. Sin embargo, insistir en reconciliar todos los problemas utilizando los datos disponibles en la actualidad me parece que conduce a un manejo forzado del material. Algunas de las sugerencias, como la de Gaussen sobre la muerte de Judas, parecen casi increíbles. Es mejor reconocer que no tenemos todavía todas las respuestas. Este enfoque humilde probablemente hará más creíble la Biblia que el pedir a la gente que acepte algunas de las explicaciones ofrecidas, y con ello sugerir que la integridad de la doctrina de la inerrancia bíblica depende de la aceptación de estas soluciones un tanto rebuscadas que se han ideado. La sugerencia de Carnell es muy recomendable, especialmente dado que prácticamente todos los teólogos reconocerían haberla utilizado al menos hasta cierto punto.[25] Sin embargo, los problemas inherentes a aceptar este enfoque tal como sugiere Carnell son considerables. En la práctica, podemos estar seguros de que tenemos la verdad solo si estamos seguros de que el pasaje en cuestión no emplea fuentes. Pero hacer este juicio es realmente difícil. En consecuencia, la doctrina de la inspiración y la autoridad de la Biblia se convierten en un algo meramente formal cuya aplicación es incierta. El punto de vista de Beegle parece acercarse mucho a la conclusión de que la revelación no es proposicional, una posición que se sale de

24. Beegle, *Scripture, Tradition, and Infallibility*, pp. 195-97.

25. Calvino argumenta que la cita que del Antiguo Testamento hace un escritor del Nuevo Testamento no garantiza la corrección del texto del Antiguo Testamento. Pero en esos casos el argumento del escritor del Nuevo Testamento no depende de un punto incorrecto de la cita. Por lo tanto, aunque Lucas cita un texto inexacto de la Septuaginta, lo que él trata de explicar se basa en algo de la Septuaginta que es totalmente correcto – *Commentary on the Acts of the Apostles* (Grand Rapids: Eerdmans, 1949), vol. 1, pp. 263-64, cf. *Commentary on the Book of the Prophet Isaiah* (Grand Rapids: Eerdmans, 1956), vol. 2, p. 364.

la visión ortodoxa de la revelación. Por lo tanto, por eliminación, llegamos a una visión como la de Harrison, pero con ciertas matizaciones.[26]

## Definición de inerrancia

Podemos establecer ahora lo que entendemos nosotros por inerrancia: la Biblia, cuando se interpreta correctamente a la luz del nivel cultural y de comunicación que había en los tiempos en los que se escribió, y según los propósitos para los que fue dada, es completamente cierta en todo lo que afirma. Esta afirmación refleja la posición que se denominó en principio inerrancia plena. Ahora es necesario elaborar y explicar esta definición, señalando algunos principios y ejemplos que nos ayudarán a definir la inerrancia específicamente y a eliminar algunas de las dificultades.

1. La inerrancia pertenece a lo que se afirma o asevera más que a lo que meramente se cuenta. Esto incorpora el punto válido de la sugerencia de Carnell. La Biblia recoge declaraciones falsas hechas por gente profana. La presencia de este tipo de declaraciones en las Escrituras no significa que estas sean verdaderas; solo garantiza que han sido contadas de forma correcta. El mismo juicio se puede emitir sobre ciertas declaraciones de gente piadosa que no estaban hablando bajo la inspiración del Espíritu Santo. Esteban, en su discurso de Hechos 7, puede que no estuviera siendo inspirado aunque si estuviera lleno del Espíritu Santo. Por lo tanto su declaración cronológica en el versículo 6 puede que no esté necesariamente libre de error. Parece que incluso Pablo y Pedro hicieron afirmaciones incorrectas en algún momento. Sin embargo, cuando un escritor bíblico toma una declaración de cualquier fuente y la incorpora a su mensaje como afirmación y no como mera declaración, debe ser considerada cierta. Esto no garantiza la canonicidad del libro que se cita. Los no creyentes, sin una revelación o inspiración especial, pueden estar no obstante en posesión de la verdad. Aunque todo lo que hay en la Biblia es verdad, no es necesario mantener que toda la verdad está en la Biblia. Las referencias de Judas a dos libros no canónicos no suponen necesariamente un problema, porque no es necesario creer que lo que Judas afirmaba era un error o que Enoc y la asunción de Moisés son libros inspirados divinamente que tienen que ser incluidos dentro del canon del Antiguo Testamento.

Surge la cuestión: ¿La inerrancia tiene aplicación con otros modos que no sean el indicativo? La Biblia contiene preguntas, deseos y órdenes además de afirmaciones. Sin embargo, estos normalmente no se juzgan como verdaderos o falsos. Por lo tanto la inerrancia parece que no se les aplica a ellos. Sin embargo, dentro de las Escrituras hay declaraciones o afirmaciones (expresas o implícitas) de que

26. Ver Everett Harrison, "Criteria of Biblical Inerrancy," *Christianity Today*, 20 de enero de 1958, pp. 16-17.

alguien hizo esa pregunta, expresó ese deseo, o pronunció esa orden. Mientras que el mandamiento "Ama a tus enemigos" no se puede considerar verdadero o falso, la declaración "Jesús dijo: 'Ama a tus enemigos'" se puede considerar verdadera o falsa. Y como declaración de las Escrituras, es inerrante.

Lo que estamos resaltando aquí son las declaraciones o las afirmaciones, no la intención del que las decía o escribía. Se da mucha importancia en los círculos evangélicos a la intención del escritor: el mensaje no puede ni debe desviarse de la dirección pretendida por el escritor. En particular, los evangélicos están en contra de la práctica de interpretar un pasaje, no según lo que el autor quiso expresar, sino según lo que el lector encuentra en el pasaje, o lo que aporta al pasaje. Esta preocupación es de lo más recomendable.[27] El enfoque se debe poner en lo que el autor intentó afirmar.

Sin embargo, hay ciertos problemas que van unidos al concepto de intención. Uno es que a veces se restringe de forma inadecuada el significado de un pasaje a una intención central. Por ejemplo, cuando Jesús dijo que ningún pajarillo cae a la tierra sin el permiso del Padre (Mt. 10:29), su propósito no fue enseñar que Dios vigilaba a los pájaros. Su propósito era afirmar que Dios vigila a sus hijos humanos (v. 31: "Así que no temáis; más valéis vosotros que muchos pajarillos"). Sin embargo, Jesús afirmó que Dios protege y se preocupa de los pajarillos; por supuesto, la verdad de la declaración sobre su preocupación por los humanos depende de la verdad de la afirmación sobre los pajarillos.

Otro problema que resulta de enfatizar el concepto de la intención del autor es que no tiene en cuenta las perspectivas psicológicas que han aparecido en el siglo XX sobre el inconsciente. Ahora sabemos que mucho de lo que se comunica no es de forma consciente. El error freudiano, el lenguaje corporal, y otras comunicaciones inconscientes a menudo revelan con más claridad de la que pretendemos lo que realmente creemos. Por lo tanto, no debemos restringir la revelación y la inspiración de Dios a asuntos sobre los cuales el escritor de las Escrituras era consciente. Parece bastante posible que cuando Juan escribió sobre la gran visión que había tenido en Patmos, comunicaba más de lo que entendía.

2. Debemos juzgar la verdad de las Escrituras por su sentido dentro del panorama cultural en el que se expresaron sus declaraciones. No deberíamos emplear criterios anacrónicos para intentar entender lo que se dijo. Por ejemplo, no deberíamos esperar que los criterios de exactitud en las citas a los que nuestra edad de prensa escrita y distribución masiva nos tiene acostumbrados estuvieran presentes en el siglo primero. También deberíamos reconocer que los números antiguamente tenían con frecuencia un sentido simbólico, mucho mayor que el

27. Ej., E. D. Hirsch, *Validity in Interpretation* (New Haven, Conn: Yale University Press, 1967); cf. Walter Kaiser, "Legitimate Hermeneutics,Î en *Inerrancy*, ed. Norman L. Geisler (Grand Rapids: Zondervan, 1979), pp. 117-47.

que tienen en nuestra cultura actual. Los nombres que los padres elegían para sus hijos también tenían un significado especial; cosa que no suele pasar hoy en día. La palabra *hijo* tiene básicamente un único significado en nuestra lengua y cultura. Sin embargo, en los tiempos bíblicos, tenía un significado más amplio, casi paralelo a "descendiente." También existe una amplia diversidad entre nuestra cultura y la de los tiempos bíblicos. Cuando hablamos de inerrancia, queremos decir que lo que la Biblia afirma es completamente cierto según la cultura de aquel tiempo.

3. Las afirmaciones de la Biblia son completamente ciertas cuando se juzgan según los propósitos para las que fueron escritas. Aquí la exactitud puede variar (la especificidad sobre la que escribimos antes) según el uso que se pretenda dar al material. Supongamos un caso hipotético en que la Biblia hable de una batalla con 9.476 hombres. ¿Cuál sería aquí un informe correcto (o infalible)? ¿10.000 sería correcto? ¿9.000? ¿9.500? ¿9.480? ¿9.475? ¿O sólo sería correcto hablar de 9.476? La respuesta es que depende de la intención que tenga el escrito. Si se trata de un informe militar oficial que un militar tiene que dar a un superior, el número tiene que ser exacto. Esta es la única manera de saber si ha habido algún desertor. Por otra parte, si se trata de ofrecer solamente una idea del tamaño de la batalla, un número redondo como 10.000 sería adecuado, y en este contexto, correcto. Lo mismo ocurre con el mar de metal fundido de 2 Crónicas 4:2. Si el objetivo al hablar de su dimensión es proporcionar un plano a partir del cual se pueda construir una réplica, es importante saber si se tiene que construir con un diámetro de 10 codos o una circunferencia de 30 codos. Pero si el propósito es únicamente el de comunicar una idea sobre el tamaño del objeto, la aproximación que da el cronista es suficiente y se puede considerar perfectamente verdadera. A menudo encontramos aproximaciones en la Biblia. No hay auténticos conflictos entre lo que se dice en Números 25:9 sobre que murieron 24.000 por la plaga y lo que dice Pablo en 1 Corintios 10:8 de que fueron 23.000. Ambas son aproximaciones, y para el propósito que tenían ambas pueden considerarse adecuadas y por lo tanto ciertas.

Dar aproximaciones es una práctica común en nuestra propia cultura. Supongamos que mis ganancias brutas el año pasado fueron $50.137,69 (una cifra puramente hipotética). Y supongamos que usted me pregunta cuánto gané el año pasado y yo contesto "Cincuenta mil dólares." ¿He dicho la verdad? Eso depende de la situación y de con quién esté hablando. Si es un amigo y me lo pregunta en una charla informal sobre el coste de la vida, he dicho la verdad. Pero si es un empleado de hacienda que está realizando una auditoría, entonces no he dicho la verdad. Ya que una frase para ser adecuada y por tanto verdadera requiere mayor especificidad en esta segunda situación que en la primera.

Esto se puede aplicar no sólo a los números, sino también a asuntos como el orden cronológico en la narrativa histórica, que fue modificado ocasionalmente en los Evangelios. En algunos casos un cambio en las palabras era necesario para comunicar lo mismo a personas distintas. Por eso Lucas dice "Gloria en las alturas" donde Mateo y Marcos dicen "Hosanna en las alturas;" los gentiles que leían a Lucas entendían mejor lo primero que lo segundo. Incluso la expansión y la compresión, que utilizan hoy en día los predicadores sin que por ello se les pueda acusar de infidelidad al texto, la practicaron también los escritores bíblicos.

4. Los informes de eventos históricos y científicos se escriben en lenguaje fenomenológico más que en lenguaje técnico. Es decir, el escritor cuenta cómo aparecen las cosas ante los ojos. Esta es la práctica ordinaria en cualquier tipo de escrito popular (en contraste con el técnico). Un ejemplo comúnmente apreciado de esta práctica tiene que ver con la salida del sol. Cuando el hombre del tiempo dice por la noche que al día siguiente el sol saldrá a las 6:37, desde el punto de vista estrictamente técnico ha cometido un error, ya que desde los tiempos de Copérnico sabemos que el sol no se mueve, es la tierra la que se mueve. Sin embargo, no hay ningún problema con esta expresión popular. De hecho, incluso en los círculos científicos, el término *salida de sol* se ha convertido en una especie de frase hecha; aunque los científicos utilizan este término con regularidad, no piensan en ello de forma literal. De igual manera, los relatos bíblicos no intentan ser científicamente exactos; no intentan teorizar sobre qué sucedió exactamente cuando los muros de Jericó cayeron o cuando las aguas del río Jordán se detuvieron, o si el hacha flotó. El escritor simplemente contaba lo que se veía, tal como parecía ante los ojos. (En cierto sentido, el principio de que la Biblia utiliza un lenguaje popular en lugar de un lenguaje técnico es simplemente un subpunto del principio anterior, esto es, que las afirmaciones de la Biblia son completamente ciertas cuando se juzgan de acuerdo con el propósito para el que fueron escritas).

5. Las dificultades para explicar el texto bíblico no deberían prejuzgarse como indicadores de error. Es mejor esperar a que aparezcan los datos que faltan, confiando en que si tenemos todos los datos, los problemas se puedan resolver. En algunos casos, puede que los datos no aparezcan nunca. Una vez que se ha excavado un yacimiento, queda excavado, ya lo haya hecho un grupo de arqueólogos bien preparados, un bulldozer o un grupo de ladrones buscando cosas de valor. Sin embargo, anima pensar que existe una tendencia a resolver dificultades cuando surgen nuevos datos. Algunos de los problemas más serios de hace un siglo, como el desconocido rey Sargón que menciona Isaías (20:1), se han explicado de forma satisfactoria y sin contorsiones artificiales. E incluso el rompecabezas de la muerte de Judas parece tener ahora una solución viable y razonable.

La palabra específica en Hechos 1:18 que causó la dificultad en cuanto a la muerte de Judas es πρηνὴς *(prēnēs)*. Durante mucho tiempo se creía que significaba solo "caer de cabeza." Sin embargo, las investigaciones hechas en el siglo XX sobre papiros antiguos, han revelado que esta palabra tenía otro significado en la koiné griega. También significaba "inflar."[28] Es posible un hipotético final de la vida de Judas que se ajuste a todos los datos que tenemos, pero sin la artificialidad con la que Gaussen resolvió el problema. Judas se colgó, pero tardo tiempo en ser encontrado. En esa situación sus vísceras empezaron a descomponerse, con lo que el abdomen se hinchó, algo característico en los cadáveres que no se han embalsamado correctamente. Por eso "[Judas] se reventó por la mitad y todas sus entrañas se derramaron."Aunque no hay manera de saber si fue esto lo que realmente ocurrió, esta puede ser una solución factible y adecuada para el problema.

Debemos, pues, continuar trabajando en la tarea de resolver cualquier tensión que haya en nuestra forma de entender la Biblia. Esto implicará consultar los mejores materiales lingüísticos y arqueológicos. La arqueología en particular ha confirmado la veracidad de la sustancia de las Escrituras. En general, hay menos dificultades ahora para creer en la inerrancia de datos de la Biblia que hace cien años. Al mismo tiempo, debemos darnos cuenta de que nunca habrá una confirmación completa de todas las proposiciones ni se resolverán todos los asuntos problemáticos. En lugar de buscar explicaciones demasiado imaginativas, es mejor dejar esas dificultades sin resolver confiando en que, basándonos en la doctrina de las Escrituras, se irán resolviendo a medida que vayamos disponiendo de nuevos datos.

Ahora que hemos definido específicamente la inerrancia, debemos señalar ciertos puntos que nuestra definición no incluye. La doctrina de la inerrancia no nos dice a priori qué tipo de material contendrá la Biblia. No nos dice cómo tenemos que interpretar pasajes individuales (esto pertenece a la esfera de la hermenéutica). En particular, la inerrancia no tiene que por qué significar que exista siempre el mayor grado de especificidad posible. Más bien nuestra doctrina de la inerrancia mantiene simplemente que cualquier afirmación que se hace en la Biblia es totalmente cierta cuando se interpreta correctamente según el significado que tenía en la cultura en la que se hizo y según el propósito para el cual fue escrita.

## Temas subordinados

1. ¿Inerrancia es un buen término o debería evitarse? Hay ciertos problemas unidos a él. Uno es que suele llevar implicado la especificidad extrema, que palabras como corrección, verdad, honestidad, lealtad y, en menos medida, exactitud, no tienen. Si no se entiende la inerrancia con el sentido de la exactitud científica,

28. G. Abbott-Smith, *A Manual Greek Lexicon of the New Testament* (Edinburgh: T. & T. Clark, 1937), p. 377.

puede resultar un término útil. Cuando enumeramos las características de las Escrituras, sin embargo, la inerrancia debería estar en última posición; las primeras deberían ser positivas. Aunque la Biblia no yerra, lo realmente importante de la Biblia es que nos enseña la verdad. Es más, la inerrancia no se debería entender como que la Biblia nos dice todo lo posible sobre un tema. El tratamiento no es exhaustivo, sólo suficiente para cumplir con el fin que pretende.

Como el término inerrancia se ha hecho común, probablemente es bueno utilizarlo. Por otra parte, no es suficiente sólo con utilizar el término, ya que, como hemos visto, la gente le ha asociado significados radicalmente diferentes. La declaración de William Hordern puede servir aquí de advertencia: "Parece que para los fundamentalistas y los no conservadores, lo que los nuevos conservadores están tratando de decir es que 'la Biblia es inerrante, pero esto, por supuesto, no significa que carezca de errores.'"[29] Debemos explicar claramente qué queremos decir cuando utilizamos el término para que no haya malos entendidos.

2. Debemos definir también lo que queremos decir con error. Si no se hace esto, si no tenemos unos límites fijos que separen claramente las declaraciones verdaderas de las proposiciones falsas, el significado de la inerrancia se perderá. Si hay un "coeficiente infinito de elasticidad del lenguaje", de manera que la palabra *verdadera* puede alargarse un poco, y un poco más, y un poco más, al final acabará incluyéndolo todo y por lo tanto nada. Para que una creencia tenga algún significado, debemos estar preparados para definir lo que nos obligará a abandonarlo, en este caso, indicar qué se podría considerar un error. Las declaraciones de las Escrituras que contradicen completamente los hechos deben ser consideradas erróneas. Si Jesús no murió en la cruz, si no detuvo la tormenta en medio del mar, si los muros de Jericó no cayeron, si el pueblo de Israel no fue liberado de su esclavitud en Egipto y salió en busca de la tierra prometida, entonces la Biblia estaría en error. En todo esto vemos que está funcionando una forma modificada del principio de verificación, pero sin las dimensiones extremas que prueban la anulación de ese criterio tal como hace el positivismo lógico, porque en este caso los medios de verificación no quedan limitados a los datos sensoriales.

3. La doctrina de la inerrancia en el sentido estricto de la palabra solo puede aplicarse a los originales, pero en un sentido derivativo también a las copias y a las traducciones, esto es, en la medida en que estén reflejando el original. Este punto de vista a menudo es ridiculizado como un subterfugio, y se señala que nadie ha visto los autógrafos inerrantes.[30] Sin embargo, como ha señalado Carl Henry, nadie ha visto tampoco los originales erróneos.[31] Seguramente el

29. William Hordern, *New Directions in Theology Today*, vol. 1, *Introduction* (Philadelphia: Westminster, 1966), p. 83.

30. Beegle, *Scripture, Tradition, and Infallibility*, pp. 156-59.

31. Dicho en "Phenomena of Scripture," de Harrison, p. 239.

concepto de que sólo los originales son inerrantes se puede utilizar como evasión. Se podría sugerir que todos los posibles errores son meramente errores de copia; no estaban en los originales, pero fueron introducidos en las copias. En realidad, el concepto de que la inerrancia sólo se aplica a los originales rara vez se utiliza. La critica textual es una ciencia lo suficientemente desarrollada como para que el número de pasajes en la Biblia donde haya dudas sea relativamente corto. En muchos de los pasajes problemáticos no hay realmente problemas de lectura. Más bien, lo que se afirma al decir que sólo los originales son inerrantes es que la inspiración no se extendió a los copistas o a los traductores. Aunque la divina providencia estaba sin duda operativa, no era el mismo tipo de acción del Espíritu Santo que la que había en la escritura original del texto.

No obstante, debemos reafirmar que las copias y las traducciones son también Palabra de Dios, en la medida en que conserven el mensaje original. Cuando decimos que es palabra de Dios, no tenemos en mente, por supuesto, el proceso original de la inspiración del escritor bíblico. Más bien, son palabra de Dios en un sentido derivado que va unido al producto. Así fue posible que Pablo escribiese a Timoteo que todas las Escrituras estaban inspiradas, aunque, sin duda, las Escrituras a las que se refería eran una copia y probablemente también una traducción (la Septuaginta).

En un mundo en el que hay tantos conceptos erróneos y tantas opiniones, la Biblia es una fuente de dirección segura. Porque cuando se interpreta correctamente, se puede confiar plenamente en lo que enseña. Es una autoridad segura, veraz y fiable.

# 12. El poder de la palabra de Dios: autoridad

## Objetivos del capítulo

Después de estudiar este capítulo, debería ser capaz de:

- Definir la palabra *autoridad*, identificar su ámbito de aplicación y volver a definir la autoridad según los parámetros de la religión.
- Identificar y evaluar las maneras en que se establece el significado de las Escrituras y la creencia en el origen y autoridad divina mediante la obra personal del Espíritu Santo.
- Distinguir los componentes objetivos y subjetivos de la autoridad, cómo influyen en el significado, y los dos tipos de autoridad que hay respecto a la Biblia: histórica y normativa.
- Comparar y contrastar tres puntos de vista históricos específicos de la iluminación a lo largo de la historia desde Agustín, pasando por Daniel Fuller y Juan Calvino.
- Explicar la relación entre Biblia, razón y el Espíritu Santo con respecto al significado.
- Juzgar cuánta influencia tienen tanto la tradición, como las obras de los padres de la iglesia, sobre la autoridad en la iglesia.

## Resumen del capítulo

Como creador y fuente de toda verdad, Dios tiene derecho a exigir que todos los seres humanos crean en él y le obedezcan. Aunque en algunos casos Dios ejercita su autoridad de forma directa, normalmente utiliza otros medios. Una manera de conseguir esto es a través de otros seres humanos. Dios comunica su mensaje a los seres humanos. Tiene derecho a ordenar las acciones y las alocuciones humanas. Esto es lo que ocurre por medio de la Biblia cuando se interpreta de forma adecuada. Algunas personas han intentado separar la obra iluminadora del Espíritu Santo y el contenido objetivo de las Escrituras. Si se entiende de forma correcta, el Espíritu Santo ilumina, convence y aplica la enseñanza de la Biblia tanto al entendimiento como al corazón humano. Todas las Escrituras son históricamente autoritativas, esto es, nos dicen correctamente lo que Dios esperaba y pedía a personas específicas en momentos y lugares particulares. Parte de las Escrituras también son autoridad normativa. Eso quiere decir que esas partes de las Escrituras se tienen que aplicar y obedecer de la misma manera en que fueron dadas originalmente.

## Cuestiones de estudio

1. Definir autoridad en un contexto cristiano evangélico.
2. ¿Cuál es el punto de vista católico romano sobre la delegación de la autoridad divina y en qué se diferencia del protestante?
3. ¿Cuáles son los tres puntos de vista sobre el origen y la autoría divina de las Escrituras y cómo explicaría cada uno de ellos?
4. ¿Qué importancia tiene 1 Corintios 2:14 en relación con el Espíritu Santo?
5. Comparar y contrastar los componentes objetivos y subjetivos de la autoridad.
6. ¿Cómo se ven influenciadas la hermenéutica bíblica y la apologética por la relación entre las Escrituras y la razón?

Definición de autoridad
Autoridad religiosa
Estableciendo el significado y el origen divino de la Biblia
La obra interna del Espíritu Santo
Componentes objetivos y subjetivos de la autoridad
Varios puntos de vista sobre la iluminación
    El punto de vista de Agustín
    El punto de vista de Daniel Fuller
    El punto de vista de Juan Calvino
La Biblia, la razón y el Espíritu
Tradición y autoridad
Autoridad histórica y normativa

Por autoridad de la Biblia entendemos que la Biblia, como expresión de la voluntad de Dios para con nosotros, posee el derecho supremo de definir lo que tenemos que creer y cómo debemos comportarnos.

La autoridad es un tema que ha suscitado bastante controversia en nuestra sociedad actual. Esto es así no sólo en la esfera de la autoridad bíblica o religiosa, sino también en campos más amplios. Incluso en sociedades que todavía están formalmente estructuradas sobre una base autoritaria, se reconoce que el antiguo modelo de pirámide, en el cual la autoridad iba de arriba hacia abajo, ya no es pertinente, al menos en su modo tradicional. La gente se resiste a las formas dictatoriales o arbitrarias de ejercitar la autoridad. La autoridad externa a menudo ha perdido reconocimiento y obediencia en favor de la aceptación de la supremacía del juicio individual. Existe incluso un fuerte ambiente en contra de lo institucional en materia religiosa, donde a menudo se insiste en el juicio individual. Por ejemplo, muchos católicos romanos se están cuestionando la idea tradicional de que la autoridad papal es infalible. A esto se añade la gran cantidad de pretendientes que lucha por ser reconocidos como autoridad.

## Definición de autoridad

Por autoridad entendemos el derecho a exigir que se crea y se actúe. El término tiene un gran número de aplicaciones. Podemos pensar en la autoridad como algo gubernamental, jurisdiccional. Aquí un ejemplo sería un rey o emperador que tiene derecho a hacer cumplir ciertos actos. Sin embargo, esto puede tener formas menos imperiales. El policía que dirige el tráfico o el propietario que exige que la gente se mantenga fuera de su propiedad están ejerciendo un poder que es suyo por derecho.

Lo que hemos descrito podría ser denominado autoridad imperial. Existe también lo que podríamos denominar "autoridad veraz."[1] Una persona debido a su conocimiento puede ser considerada por otras como una "autoridad" en un tema concreto. Su conocimiento en ese campo es superior al que tiene la mayoría de la gente. En consecuencia, él puede recomendar que se crea o actúe de forma adecuada. (Un documento también puede, en virtud de la información que contiene, ser capaz de hacer que se crea o actúe de cierta manera). Este tipo de autoridad no suele ejercerse. Se posee. Es reconocida y aceptada por los demás. Quizá sería más acertado decir que esa persona *es* un autoridad en lugar de decir que *tiene* autoridad. La autoridad veraz está en función del conocimiento que uno posee y por lo tanto es intrínseca, mientras que la autoridad imperial está en función de la posición que uno ocupa y por lo tanto es extrínseca.

No deberíamos confundir autoridad con fuerza. Aunque lo ideal es que el derecho a exigir y la habilidad para hacer respetar la creencia y la acción deberían coincidir, en la práctica esto no siempre sucede. Por ejemplo, el heredero por derecho a un trono o el oficial debidamente elegido pueden ser destituidos por un golpe de estado. Un impostor o un usurpador pueden ocupar su puesto. En el caso de la autoridad veraz, no existe realmente la fuerza, sino un ultimátum explícito: "Haz lo que te digo, y te conduciré a la verdad; no lo hagas y caerás en

1. Bernard Ramm, *The Pattern of Authority* (Grand Rapids: Eerdmans, 1957), pp. 10, 12.

la confusión y el error." El médico que prescribe un tratamiento a un paciente no tiene el poder de hacerle cumplir ese tratamiento. En realidad lo que le está diciendo es: "Si quieres ponerte bien, haz esto."

En esta conexión, es importante mantener la distinción entre autoridad y autoritarismo. Una persona, un documento o una institución con autoridad es la que posee autoridad y por lo tanto tiene derecho a definir una creencia o a prescribir una práctica. Una persona autoritaria, por otra parte, es la que intenta introducir sus opiniones o hacer que se cumplan sus órdenes de forma enfática, dogmática o incluso intolerante. Los que todavía no se han iniciado o los impresionables suelen verse inducidos con facilidad a seguir a la persona autoritaria, a veces con más facilidad que la que se necesita para persuadirles a seguir a una persona con más autoridad.

Es también importante distinguir entre posesión de autoridad y reconocimiento de que se tiene autoridad. Si se asocian muy de cerca, o la primera se mide en función de la segunda, el tema de la autoridad se convierte en algo bastante subjetivo. Hay personas que no aceptan la autoridad auténtica, que no prestan atención a las leyes de tráfico, o que rechazan los puntos de vista de los expertos. Por la razón que sea, prefieren su propia opinión. Pero su negativa a reconocer la autoridad no hace que esta quede abrogada.

La autoridad puede ser ejercitada directamente por quien la posee. Sin embargo, también se puede delegar y con frecuencia se hace. A menudo el auténtico poseedor de la autoridad no puede ejercerla directamente. Por lo tanto es necesario delegar esa autoridad en una persona o una agencia que pueda ejercerla. Por ejemplo los ciudadanos de un país eligen personas que les representan y estas personas aprueban leyes y crean agencias que administran esas leyes. Las acciones de los empleados de esas agencias debidamente autorizados tienen el mismo peso y autoridad que los mismos ciudadanos. A lo mejor un experto no puede presentar sus ideas a todos los que están interesados en conocerlas. Sin embargo, puede poner su conocimiento en un libro. El contenido del libro, como contiene sus ideas, tendrá el mismo peso que si presentara sus ideas en persona.

La falta de eficacia o éxito a corto plazo no debería hacernos dudar de lo genuino de una autoridad. Con frecuencia las ideas, en particular si son nuevas, no son aceptadas rápidamente. Ni se puede probar inmediatamente su viabilidad. Sin embargo, a largo plazo, la autoridad auténtica se prueba a sí misma. Las ideas de Galileo en un principio resultaron chocantes e incluso peligrosas. La teoría de Einstein sobre la relatividad parecía extraña y su viabilidad cuestionable. Sin embargo, el tiempo ha probado el valor de ambas. Al principio, Jesús tenía relativamente pocos convertidos, los líderes de su época no le respetaban (las autoridades), y acabó siendo ejecutado. Sin embargo al final todas las rodillas se doblarán y todas las lenguas confesarán lo que es (Fil. 2:10-11).

## Autoridad religiosa

Cuando nos centramos en el tema especializado de la autoridad religiosa, la pregunta crucial es: ¿Existe alguna persona, institución o documento que tenga el derecho de hacer que se crea o se actúe en materia religiosa? En última instancia si existe un ser supremo superior a los humanos o algo más en el orden creado, tiene derecho a determinar lo que tenemos que creer y cómo debemos vivir. Desde el punto de vista cristiano, Dios es la autoridad en esta materia por ser quien es. Es el ser supremo, el que siempre ha sido, el que existía antes de que nosotros o cualquier otro ser apareciera. Es el único ser que tiene el poder de su existencia dentro de sí mismo, no depende de nadie ni de nada para existir. Es más, es la autoridad por lo que ha hecho. Nos ha creado al igual que ha creado todo lo que existe en el mundo y nos ha redimido. También es la autoridad por derecho, el que tiene derecho a decirnos lo que tenemos que creer y cómo tenemos que actuar, por su continua actividad en el mundo y en nuestras vidas. Hace que la creación siga existiendo. Sigue dándonos vida, nos cuida y proporciona recursos para nuestras necesidades.

En este punto surge otra pregunta: ¿Cómo ejercita Dios esta autoridad? ¿La ejerce directa o indirectamente? Algunos dirían que la mantiene directamente. Esos serían los neoortodoxos. Para ellos, la autoridad de Dios se ejercita a través de un acto directo de revelación, una automanifestación que es en realidad un encuentro inmediato entre Dios y la humanidad. La Biblia no es la palabra de Dios per se. Sólo es un instrumento, un objeto, a través del cual Dios habla o contacta con la gente. En estas ocasiones, la autoridad no es la Biblia, sino el Dios que se revela a sí mismo. No se ha atribuido ni infundido ninguna cualidad permanente a la Biblia. No ha habido delegación de autoridad.

Hay otros que creen que la autoridad de Dios se ejercita de forma directa. Entre ellos están varios tipos de "espiritualistas," tanto antiguos como modernos. Son personas que esperan una palabra o guía directa de Dios. Según su punto de vista Dios habla a los individuos. Puede ser sobre algo que no está en la Biblia o como algo suplementario a ella. Algunos carismáticos extremistas creen en la revelación directa y especial de Dios. No obstante, no sólo encontramos aquí a los carismáticos. Una de las preguntas que planteó la encuesta de Gallup en 1979 fue: "¿Si usted mismo estuviera probando sus creencias religiosas, ¿CUÁL de estas cuatro autoridades religiosas pondría en primer lugar?" Las opciones eran: lo que dice la iglesia, lo que dicen los líderes religiosos respetables, lo que me dice personalmente el Espíritu Santo y lo que dice la Biblia. El 27 por ciento contestó que el Espíritu Santo; el 40 por ciento que la Biblia. Entre las personas de entre dieciocho y veintinueve años de edad, sin embargo, un porcentaje más alto escogió el Espíritu santo (36 por ciento) frente a la Biblia (31 por ciento).[2] Aunque un número considerable de cristianos consideran la obra directa del Espíritu Santo como su guía, el 27 por ciento del público en general y el 36 por ciento de los adultos jóvenes la consideran el principal criterio para evaluar sus creencias religiosas.

Otros ven la autoridad divina como algo que ha sido delegado a una persona o institución. El ejemplo principal es la iglesia católica romana. Se considera a la iglesia como la representante de Dios en la tierra. Cuando habla, habla con la misma autoridad que el Señor mismo. Según este punto de vista, el derecho a controlar los medios de gracia y definir la verdad en materia doctrinal ha sido delegado a los apóstoles y a sus sucesores. Es de la iglesia de la que debemos aprender cuáles son las intenciones de Dios para la humanidad. Aunque la iglesia no descubre una verdad nueva, hace explícito lo que estaba implícito en la tradición revelada recibida de los apóstoles originales.[3]

Un punto de vista contemporáneo interesante es que la autoridad religiosa reside en los profetas presentes en la iglesia. A través de la historia varios movimientos han tenido este tipo de líderes proféticos. Mahoma creía que era un profeta especial enviado por Dios. Entre los anabaptistas del siglo XVI había profetas que ofrecían mensajes que supuestamente recibían de Dios.[4] Parece que ha habido un resurgimiento de este tipo de personas y movimientos en los últimos años. Han surgido varias sectas, lideradas por líderes carismáticos que dicen haber recibido un mensaje especial de Dios. Sun Myung Moon y su Iglesia de la unificación son un claro ejemplo, pero hay otros muchos que también vienen a la mente. Incluso en la corriente principal del movimiento evangélico, mucha gente considera la palabra de algunos "predicadores famosos" prácticamente de igual valor que lo que dice la Biblia.

Esta obra propone que el mismo Dios es la suprema autoridad en materia religiosa. Tiene el derecho, por ser quién es y por lo que hace, de establecer el estándar de lo que hay que creer y practicar. Sin embargo, en lo que respecta a los temas principales no ejerce la autoridad de forma directa. Más bien delega esta autoridad creando un libro, la Biblia. Como contiene su mensaje, la Biblia tiene el mismo peso que Dios tendría si nos estuviera hablando a nosotros directamente.

2. Resultados de la encuesta Gallup *Christianity Today* sobre las opiniones religiosas de los americanos. Datos suministrados por Walter A. Elwell, autor de "Belief and the Bible: A Crisis of Authority?" *Christianity Today*, 21 de marzo de 1980, pp. 20-23.

3. S. E. Donlon, "Authority, Ecclesiastical,l en *New Catholic Encyclopedia* (New York: McGraw-Hill, 1967), vol. 1, p. 1115.

4. Albert Henry Newman, *A History of Anti-Pedobaptism* (Philadelphia: American Baptist Publication Society, 1897), pp. 62-67.

## Estableciendo el significado y el origen divino de la Biblia

La revelación es Dios dando a conocer su verdad a la humanidad. La inspiración la conserva, haciéndola más ampliamente accesible. La inspiración garantiza que lo que dice la Biblia es lo que diría Dios si hablara directamente. Sin embargo, se necesita un elemento más en esta cadena. Para que la Biblia funcione como si fuera Dios el que nos está hablando, los lectores de la Biblia necesitan entender el significado de las Escrituras y estar convencidos de su origen y su autoría divinos. Hay distintas ideas sobre cómo conseguir esto.

1. La posición católico romana tradicional es la de que llegamos a entender la Biblia y a estar convencidos de su autoría divina a través de la iglesia. Como dijimos anteriormente, Tomás dijo que podía establecer el origen divino de la iglesia católica mediante pruebas racionales. Una vez establecido su origen divino, la iglesia puede certificarnos la divinidad de las Escrituras. La iglesia, que estaba presente antes que la Biblia, nos dio la Biblia. Decidió qué libros deberían ser canonizados (esto es, incluidos en la Biblia). Testifica que estos libros particulares tuvieron su origen en Dios, y por lo tanto contienen su mensaje para nosotros. Es más, la iglesia proporciona la interpretación correcta de la Biblia. Esto es particularmente importante. ¿Qué valor tiene para nosotros tener una revelación infalible, inerrante de Dios si no comprendemos esa revelación de forma inerrante? Como todo entendimiento humano es limitado y por lo tanto está sujeto a error, es necesario algo más. La iglesia y en última instancia el papa nos ofrece el verdadero significado de la Biblia. La infalibilidad del papa es el complemento lógico a la infalibilidad de la Biblia.

2. Otro grupo señala que la razón humana es el medio de establecer el significado de la Biblia y su origen divino. En una forma extrema, este punto de vista está representado por los racionalistas. La confirmación de que la Biblia está inspirada por Dios surge al examinar las evidencias. Se dice que la Biblia posee ciertas características que convencen a cualquiera que las examine de su inspiración divina. Una de las evidencias más importantes es la profecía cumplida; o sea los sucesos improbables que se predijeron en el pasado remoto al final sucedieron. Estos eventos, dice el argumento, no podrían haber sido previstos únicamente por la perspicacia humana. En consecuencia, Dios debe haberla revelado y dirigido a la hora de escribir este libro. Otras evidencias son el carácter sobrenatural de Jesús y los milagros.[5] La interpretación es también una función de la razón humana. El significado de la Biblia viene determinado por el examen de la gramática, el léxico, el contexto histórico, etc. El estudio crítico de los especialistas es el medio de averiguar el significado de la Biblia.

5. William Paley, *A View of the Evidences of Christianity and the Horae Paulinae* (London: Longman, Brown, 1850).

3. La tercera posición es la que adoptaremos nosotros. Este punto de vista sostiene que hay una obra interna del Espíritu Santo, que ilumina el entendimiento del que escucha o del que lee la Biblia, que hace que se comprenda su significado y ofrece certeza en lo que se refiere a su verdad y origen divino.

## La obra interna del Espíritu Santo

Hay una serie de razones por las cuales la iluminación o el testimonio del Espíritu Santo es necesario para que el ser humano entienda el significado de la Biblia y esté seguro de su verdad. (Ni la iglesia ni la razón humana lo conseguirán). Primero está la diferencia ontológica entre Dios y la humanidad. Dios es trascendente; va más allá de nuestras categorías de entendimiento. Nunca podremos comprenderlo del todo con nuestros conceptos finitos y nuestro vocabulario humano. Se puede entender, pero no completamente. En relación con la trascendencia de Dios está la finitud humana. Los humanos son seres limitados desde su origen en el tiempo hasta su capacidad de asimilar información. En consecuencia, no pueden formular conceptos que sean conmensurables con la naturaleza de Dios. Estas limitaciones son inherentes al ser humano. No son el resultado de la caída o del pecado humano individual, sino de la relación Creador – criatura. No llevan asociado ninguna connotación moral ni ningún estigma.

Sin embargo, más allá de estas limitaciones, existen otras que sí provienen del carácter pecador del ser humano, como individuo y como raza. Estas últimas no son inherentes a la naturaleza humana, sino que son el resultado de los efectos negativos del pecado sobre nuestros poderes noéticos. La Biblia da testimonio de muchas maneras y muy enfáticas de estas limitaciones del entendimiento humano, en particular en lo que respecta a los asuntos espirituales.

La razón final por la que es necesaria la obra especial del Espíritu Santo es que los seres humanos necesitan certeza con respecto a los asuntos divinos. Ya que aquí se tratan temas como la vida (espiritual y eterna) y la muerte, es necesario tener algo más que la mera probabilidad. Nuestra necesidad de certeza está en proporción directa con la importancia del tema que se trate; en materias de consecuencias eternas, necesitamos una certeza que el razonamiento humano no puede proporcionar. Si se trata de decidir qué coche comprar o qué tipo de pintura utilizar en una casa, hacer una lista de ventajas y desventajas normalmente resulta suficiente. (La opción con más ventajas suele ser la mejor). Sin embargo, si la cuestión es a quién o qué creer con respecto al destino eterno, la necesidad de certeza es mucho mayor.

Para entender lo que hace el Espíritu Santo, tenemos que examinar más atentamente lo que la Biblia dice sobre la condición humana, en particular la incapacidad para reconocer y entender la verdad sin la ayuda del Espíritu. En Mateo 13:13-15 y Marcos 8:18 Jesús habla de los que escuchan, pero nunca entienden y ven, pero nunca perciben. Su condición se describe con imágenes vívidas en todo el Nuevo Testamento. El corazón de este pueblo se ha entorpecido, y con los oídos oyen pesadamente y han cerrado sus ojos (Mt. 13:15). Habiendo conocido a Dios, no lo glorifican como Dios, se envanecieron en sus razonamientos y su necio corazón fue entenebrecido (Ro. 1:21). Romanos 11:8 atribuye su condición a Dios, que "les dio espíritu insensible, ojos que no vean y oídos que no oigan." Por lo tanto [sean] oscurecidos sus ojos (v. 10). En 2 Corintios 4:4, Pablo atribuye su condición al dios de este mundo, que "entre los incrédulos... les cegó el entendimiento, para que no les resplandezca la luz del evangelio de la gloria de Cristo." Todas estas referencias, así como muchas otras alusiones, argumentan la necesidad de una obra especial del Espíritu para aumentar la percepción humana y su entendimiento.

En 1 Corintios 2:14 Pablo nos dice que la persona natural (la que ni percibe ni entiende) no ha recibido los dones del Espíritu de Dios. En el original encontramos la palabra δέχομαι *(dechomai)*, que significa no solo "recibir" algo, sino también "aceptar" algo, dar la bienvenida, ya sea a un regalo o a una idea.[6] Los humanos naturales no aceptan los dones del Espíritu porque la sabiduría de Dios les parece absurda. Son incapaces de entenderla γνῶναι *(gnōnai)* porque debe ser discernida o investigada ἀνακρίνεται *(anakrinetai)* espiritualmente πνευματικῶς *(pneumatikōs)*. El problema, entonces, no es únicamente que la gente en su estado natural no desee aceptar los dones y la sabiduría de Dios, sino que, sin la ayuda del Espíritu Santo, son incapaces de entenderlos.

El contexto de 1 Corintios 2:14 contiene evidencias que corroboran que los humanos no pueden entender sin la ayuda del Espíritu Santo. En el versículo 11 leemos que sólo el Espíritu de Dios conoce los pensamientos de Dios. Pablo también indica en 1:20-21 que el mundo no pudo entender a Dios a través de su sabiduría, ya que Dios enloqueció la sabiduría del mundo. De hecho la sabiduría de este mundo es insensatez ante Dios (3:19). Los dones del Espíritu son enseñadas διδακτοῖς *(didaktois)* no con palabras de sabiduría humana, sino con la que enseña el Espíritu (2:13). Según todas estas consideraciones, parece que Pablo no está diciendo que las personas no espirituales entienden pero no aceptan. Más bien, no aceptan, al menos en parte, porque no entienden.

Pero esta condición se supera cuando el Espíritu Santo empieza a obrar dentro de nosotros. Pablo habla de tener los ojos alumbrados πεφωτισμένους *(pephōtismenous)*, un participo pasivo perfecto, que sugiere que se ha hecho algo y que todavía tiene efecto (Ef. 1:18). En 2 Corintios 3, habla de que el velo será quitado (v. 16) para que reflejemos como en un espejo la gloria del Señor (v. 18). Aunque esto originalmente hacía referencia a los israelitas (v. 13), Pablo

6. William F. Arndt y F. Willbur Gingrich, eds., *A Greek-English Lexicon of the New Testament*, 4th ed. (Chicago: University of Chicago Press, 1957), p. 176.

amplió esta referencia a todos (v. 16) ya que en el resto del capítulo y en los seis primeros versículos del capítulo siguiente la referencia es casi universal. El Nuevo Testamento hace referencia a esta iluminación de los humanos de varias maneras: circuncisión del corazón (Ro. 2:29), ser llenos del conocimiento e inteligencia espiritual (Col. 1:9), el don del entendimiento para conocer a Jesucristo (1 Jn. 5:20), oír la voz del Hijo de Dios (Jn. 10:3). Lo que antes parecía ser una locura (1 Co. 1:18; 2:14) y un tropezadero (1 Co. 1:23) ahora aparece ante el creyente como poder de Dios (1Co. 1:18), como sabiduría oculta de Dios (1:24; 2:7) y como la mente del Señor (2:16).

Lo que estamos describiendo aquí es una obra puntual del Espíritu: la regeneración. Introduce una diferencia categórica entre el creyente y el no creyente. Sin embargo, hay una obra continuada del Espíritu Santo en la vida del creyente, una obra descrita y elaborada particularmente por Jesús en su mensaje a sus seguidores en Juan 14-16. Aquí Jesús promete la venida del Espíritu Santo (14:16, 26; 15:26; 16:7, 13). En algunas referencias, Jesús dice que él mismo enviará del Padre el Espíritu (Jn. 15:26; 16:7). En la primera parte del mensaje él habla de que el Padre enviará al Espíritu en nombre de Jesús (14:16, 26). En la frase final, él solo habla de la venida del Espíritu Santo (16:3). Parece por tanto que el Espíritu fue enviado por el Padre y por el Hijo, y que fue necesario que Jesús se fuera al Padre (nótese el uso redundante y enfático de ἐγὼ *(egō)* en 16:7 y 14:12 – "Voy al Padre").[7] El Espíritu Santo tenía que tomar el lugar de Jesús y realizar sus funciones particulares también.

¿Cuáles son las funciones que el Espíritu Santo realizará?

1. El Espíritu Santo enseñará a los creyentes todas las cosas y les recordará todo lo que Jesús les enseñó (14:26).
2. El Espíritu Santo dará testimonio de Jesús. Los discípulos también darán testimonio de Jesús, porque estuvieron con él desde el principio (15:26-27).
3. El Espíritu Santo convencerá ἐλέγχω *(elegchō)* al mundo de pecado, de justicia y de juicio (16:8). Esta palabra en particular implica reprender de tal manera que se llegue a la convicción, por contraste con la palabra ἐπιτιμάω *(epitimaō)*, que sugiere simplemente una reprimenda no merecida (Mt. 16:22) e ineficaz (Lc. 23:40).[8]
4. El Espíritu Santo guiará a los creyentes a la verdad. No hablará por su propia cuenta, sino que hablará todo lo que oiga (Jn. 16:13). Y con ello glorificará a Jesús (16:14).

7. A. T. Robertson, *A Grammar of the Greek New Testament in the Light of Historical Research*, 5th ed. (London: Hodder & Stoughton, 1923), pp. 676-77.

8. Richard Trench, *Synonyms of the New Testament* (Grand Rapids: Eerdmans, 1953), pp. 13-15).

Fíjese en particular en la designación del Espíritu Santo como Espíritu de verdad (14:17). El relato de Juan sobre lo que dijo Jesús no hace referencia al Espíritu Santo como al verdadero Espíritu (ἀληθές – *alēthes* o ἀληθινόν - *alēthinon*), sino como el Espíritu de la verdad (τῆς ἀληθείας - *tēs alētheias*). Esto puede no ser más que la traducción literal al griego de una expresión aramea, pero es probable que signifique que la naturaleza misma del Espíritu es la verdad. Es alguien que comunica verdad. El mundo no puede recibirle (λαμβάνω – *lambanō*, simplemente recibir, por oposición a δέχομαι [*dechomai*], aceptar), porque ni le ve ni le conoce. Los creyentes, por otra parte, le conocen (γινώσκω – *ginōskō*), porque mora en ellos y estará en ellos. (Hay alguna disputa sobre si el tiempo del verbo final del versículo 17 se tiene que entender como futuro o presente. ἔσται [*estai*] ["será"] parece que tiene que tener mejor base textual que ἔστιν [*estin*] ["es"]. Parece probable que ἔσται se cambio a ἔστιν en un intento de armonizar esta forma verbal con el presente de μένω – *menō*).

Resumamos el papel del Espíritu tal como se describe en Juan 14-16. Conduce a la verdad, recordando las palabras de Jesús, no hablando por sí mismo, sino hablando lo que oye, aportando convicción, siendo testigo de Cristo. Por lo tanto su ministerio definitivamente está implicado en la verdad divina. Pero ¿qué significa esto? No parece ser un nuevo ministerio, o añadir una verdad nueva no conocida previamente, sino una acción del Espíritu Santo en relación con la verdad ya revelada. Por lo tanto, el ministerio del Espíritu Santo implica dilucidar la verdad, aportando creencia, persuasión y convicción, pero no una revelación nueva.

Pero ¿este pasaje tiene que ser entendido con referencia a la iglesia en todos los periodos de su vida o estas enseñanzas sobre la obra del Espíritu Santo sólo se aplican a los discípulos en los tiempos de Jesús? Si se adopta la segunda postura, la dirección hacia la verdad que el Espíritu ofrece a los discípulos hace referencia sólo a su papel en la producción de la Biblia y no a ningún ministerio continuado. Es obvio que el mensaje fue dado en principio al grupo que físicamente rodeaba a Jesús en aquellos momentos. Hay ciertas referencias que lo localizan claramente (por ejemplo, 14:8-11). Sin embargo, hay en su mayoría una ausencia de elementos que restringen la interpretación. Por supuesto, algunas enseñanzas (por ejemplo 14:1-7; 15:1-17) también se comunican en otras partes de la Biblia. Es obvio que no estaban restringidas únicamente a los primeros oyentes, ya que tenían promesas y órdenes aceptadas por la iglesia de todos los tiempos. Es lógico concluir que las enseñanzas respecto al ministerio del Espíritu también son para nosotros.

De hecho, lo que enseña Juan 14-16 sobre que el Espíritu conduce a los creyentes a la verdad también se encuentra en otras partes de la Biblia. En particular, Pablo menciona que el mensaje del evangelio les llegó a los Tesalonicenses a través del Espíritu Santo. Pablo dice que "no llegó a vosotros en palabras solamente, sino también en poder, en el Espíritu Santo y en plena certidumbre" (1 Ts. 1:5). Cuando los tesalonicenses recibieron (παραλαβόντες – *paralabontes*) la palabra, la aceptaron (ἐδέξασθε – *edexasthe*), no como la palabra de un ser humano, sino como lo que realmente era, la palabra de Dios (2:13). La diferencia entre mera recepción indiferente del mensaje y aceptación efectiva activa se entiende como obra del Espíritu Santo. Es más, Pablo ora que los Efesios (3:14-19) sean fortalecidos con poder en el hombre interior por el Espíritu para que sean capaces de comprender (καταλαβέσθαι – *katalabesthai*) y conocer (γνῶναί – *gnōnai*) el amor de Cristo que excede (ὑπερβάλλουσαν – *huperballousan*) a todo conocimiento (γνώσεως – *gnōseōs*). La implicación es que el Espíritu Santo comunicará a los efesios un conocimiento del amor de Cristo que supera el conocimiento normal.

## Componentes objetivos y subjetivos de la autoridad

Hay, pues, lo que Bernard Ramm ha denominado un patrón de autoridad. La palabra objetiva, las Escrituras puestas por escrito, junto con la palabra subjetiva, la iluminación interior y la convicción del Espíritu Santo, constituye la autoridad para los cristianos.

La ortodoxia escolástica del siglo diecisiete mantenía virtualmente que la autoridad es solo la Biblia. En algunos casos ésta también ha sido la posición del fundamentalismo americano del siglo veinte. Los que defienden esta posición ven una cualidad objetiva en la Biblia que automáticamente le pone a uno en contacto con Dios; esto puede traer como un resultado un punto de vista sacramental de la Biblia. La Biblia como revelación y como conservación inspirada de esa revelación también se considera que tiene una eficacia intrínseca. Una mera presentación de la Biblia o estar expuesto a la Biblia tiene valor per se, ya que las palabras de la Biblia tienen poder por sí mismas. Se cree que leer la Biblia todos los días confiere un valor, en y por sí mismo. El antiguo refrán: "Una manzana al día mantiene alejado al doctor" tiene su paralelo teológico: "un capítulo al día mantiene alejado al demonio." El peligro que puede traer esto es que la Biblia se convierta casi en un amuleto.[9]

Por otra parte, algunos grupos consideran al Espíritu Santo como la autoridad principal de los cristianos. Algunos grupos carismáticos, por ejemplo, creen que la profecía especial se está produciendo hoy. El Espíritu Santo está dando nuevos mensajes de Dios. En la mayoría de los casos, se considera que estos mensajes explican el verdadero significado de ciertos pasajes bíblicos. Por lo tanto, la opinión es que aunque la Biblia es autoridad, en la práctica, con frecuencia, no se podría encontrar su significado sin la acción especial del Espíritu Santo.[10]

9. A. C. McGiffert, *Protestant Thought before Kant* (New York: Harper, 1961), p. 146.
10. En una iglesia, se tenía que tomar una decisión sobre un nuevo santuario escogiendo

En realidad es la combinación de estos dos factores lo que constituye la autoridad. Los dos son necesarios. La palabra escrita, interpretada correctamente, es la base objetiva de la autoridad. La iluminación interior y la obra persuasiva del Espíritu Santo es la dimensión subjetiva. Esta dimensión dual previene por una parte contra la verdad estéril, fría y seca y por otra contra el fervor desacertado. Juntas producen una madurez que es necesaria en la vida cristiana: una cabeza fría y un corazón caliente (no una cabeza caliente y un corazón frío). Como dijo una vez un pastor de forma algo cruda: "Si se tiene la Biblia sin el Espíritu, uno se seca. Si se tiene el Espíritu y no la Biblia, uno explota. Pero si se tiene la Biblia y el Espíritu juntos, uno crece."

¿Cómo es esta visión de la Biblia en comparación con el punto de vista neoortodoxo de la Biblia? A primera vista, al menos para los que tienen una posición escolástica ortodoxa, los dos parecen muy similares. La experiencia que los neoortodoxos denominan revelación es, en efecto, lo que nosotros entendemos por iluminación. En el momento en que uno queda convencido de la verdad, se está produciendo la iluminación. Seguramente la iluminación no siempre se produce de forma espectacular. Algunas veces la convicción se va produciendo gradualmente y de forma más calmada. Sin embargo, además de esa parte espectacular que puede ir asociada a la situación, hay otras diferencias significativas entre el punto de vista neoortodoxo de la revelación y el nuestro de la iluminación.

Primero, el contenido de la Biblia es, desde nuestra perspectiva ortodoxa, objetivamente la Palabra de Dios. Lo que estos escritos dicen es realmente lo que Dios nos dice, aunque nadie los lea, los entienda o los acepte. Por otra parte, el neoortodoxo, no considera que la revelación comunique información principalmente, sino la presencia del mismo Dios. En consecuencia la Biblia no es la Palabra de Dios de forma objetiva. Sino que se convierte en la Palabra de Dios. Cuando cesa el momento de la revelación, la Biblia es de nuevo la palabra de los hombres que la escribieron. Sin embargo, según el punto de vista ortodoxo que presentamos aquí, la Biblia es el mensaje de Dios; lo que dice es lo que él nos dice a nosotros, sin tener en cuenta si alguien lo lee, lo escucha, lo entiende o responde a él. Su estatus como revelación no depende de la respuesta de nadie hacia él. Es lo que es.

Esto significa, por lo tanto, que la Biblia tiene un significado definido y objetivo que es (o al menos debería ser) el mismo para todos. Según el punto

---

entre dos planes propuestos. Un miembro insistía en que el Señor le había dicho que la iglesia debería adoptar el plan que planteaba el santuario más grande. Se basaba en que la proporción entre el número de asientos entre el plan más amplio y el más pequeño era de cinco a tres, exactamente el mismo número de veces que Eliseo le dijo a Joás que debería golpear la tierra y las veces que realmente él golpeó (2 Reyes 13:18-19). La iglesia al final se dividió por este tema y otros similares.

de vista neoortodoxo, como no son verdades reveladas, solo verdades de revelación, la manera en que una persona interpreta un encuentro con Dios puede ser diferente al de otra persona. De hecho, ni siquiera las interpretaciones que los autores de las Escrituras dan a los sucesos están inspiradas de forma divina. Lo que escribieron únicamente fue su intento de dejar constancia de lo que habían experimentado. Por lo tanto, no es posible establecer diferencias de comprensión citando palabras de la Biblia. Como mucho, las palabras de las Escrituras simplemente pueden señalar al hecho de la revelación. Sin embargo, en el punto de vista que se presenta aquí, como las palabras de las Escrituras son objetivamente la revelación de Dios, una persona puede acudir al contenido de la Biblia para intentar demostrarle a otra cuál es la idea correcta. El significado esencial de un pasaje será el mismo para todos, aunque la aplicación que haga cada persona sea distinto.

Es más, como la Biblia tiene un significado objetivo que podemos llegar a entender mediante el proceso de la iluminación, la iluminación tiene que tener cierto efecto permanente. Una vez que se aprende el significado (salvo que lo olvide) tendremos ese significado de forma más o menos permanente. Esto no quiere decir que no pueda haber una iluminación más profunda que nos ofrezca un mayor conocimiento de un pasaje en particular, más bien significa que no hay necesidad de renovar la iluminación, ya que el significado (así como la revelación) es de naturaleza tal que persiste y puede ser retenida.

## Varios puntos de vista sobre la iluminación

### *El punto de vista de Agustín*

En la historia de la iglesia ha habido distintas ideas sobre la iluminación. Para Agustín, la iluminación era parte del proceso general de adquirir conocimientos. Agustín era un platónico, o al menos un neoplatónico. Platón había enseñado que la realidad consistía en las Formas o Ideas. Cualquier cosa empírica existente tomaba su realidad de ellas. Por lo tanto, todas las cosas blancas son blancas porque participan de la Forma o la Idea de lo blanco. Esta forma de lo blanco no es en sí misma blanca, pero es la fórmula para la blancura, por así decirlo. De la misma manera, cada vez que aparece la sal es sal sólo porque participa de la Idea de lo que debe ser sal o porque es un ejemplo de NaCl, la fórmula de la sal. La única razón por la que conocemos las cosas es porque reconocemos las Ideas o Formas (algunos dirían que universales) en las cosas. Sin conocer las Ideas seríamos incapaces de resumir lo que hemos experimentado y formular ninguna interpretación. Para Platón, el alma conocía las Formas porque estuvo en contacto con ellas antes de entrar en este mundo de los sentidos y los particulares. Agustín, como no aceptaba la preexistencia del alma, adoptó un punto de vista diferente. Dios imprime las Formas en las mentes de los seres humanos, lo que hace posible reconocer estas cualidades en las cosas y le da a la mente criterio para abstraer y evaluar. Mientras que Platón creía que reconocíamos las Formas por una experiencia que habíamos tenido en el pasado, Agustín creía que Dios estaba imprimiendo constantemente estos conceptos en las mentes.[11]

Agustín señala que, al contrario de la opinión popular, hay tres, y no dos, componentes en el proceso de adquirir conocimiento. Debe existir, por supuesto, el conocedor y el objeto conocido. Además, debe existir el medio del conocimiento. Si vamos a escuchar, tiene que haber un medio (por ejemplo el aire) que transporte las ondas sonoras. El sonido no se puede transmitir en el vacío. De la misma manera, no podemos ver sin el medio de la luz. En la oscuridad total no se puede ver, incluso aunque haya una persona capaz de ver y un objeto capaz de ser visto. Y así ocurre con el conocimiento: además del conocedor y del objeto de conocimiento debe haber un medio para acceder a las Ideas o Formas, o no habrá conocimiento. Esto es así para lo que se percibe por los sentidos, la reflexión o para cualquier otra clase de conocimiento. Por lo tanto, Dios es el tercer componente en el proceso de la adquisición de conocimientos, ya que él está iluminando constantemente la mente imprimiendo las Formas o Ideas en ella. En el conocimiento de las Escrituras ocurre lo mismo. La iluminación sobre el significado y la verdad de la Biblia es simplemente un ejemplo de la actividad de Dios en el proceso general de la adquisición de conocimiento de los seres humanos.[12]

Aunque Agustín deja constancia del proceso mediante el cual adquirimos el conocimiento, no diferencia entre lo cristiano y lo no cristiano. Dos breves observaciones señalan cuáles son los problemas de este enfoque: (1) la epistemología de Agustín no es coherente con su antropología, según la cual la humanidad es radicalmente pecadora; y (2) no consigue tomar en consideración la enseñanza bíblica de que el Espíritu Santo realiza una obra especial en relación con los creyentes.

### *El punto de vista de Daniel Fuller*

Daniel Fuller ha propuesto un punto de vista original en lo que se refiere a la obra de iluminación del Espíritu Santo. Este punto de vista parece basarse exclusivamente en 1 Corintios 2:13-14, y en particular en la frase: "Pero el hombre natural no percibe las cosas que son del Espíritu de Dios." Fuller mantiene que lo que se trata aquí no es del entendimiento del texto bíblico, sino de la aceptación de sus enseñanzas. Considera δέχομαι *(dechomai)* como la palabra crucial, ya que denota no sólo la mera recepción de las enseñanzas de Dios, sino la aceptación voluntaria y positiva. Por lo tanto el problema del humano no espiritual no es

11. Agustín, *La ciudad de Dios* 9.16.
12. Agustín, *Soliloquios* 1.12; *De libero arbitrio* 2.12.34.

que no entienda lo que dice la Biblia, sino que no desea seguir sus enseñanzas. La iluminación, pues, es el proceso mediante el cual el Espíritu Santo cambia la voluntad del ser humano para que acepte las enseñanzas de Dios.

Siguiendo esta interpretación de 1 Corintios 2:14 que muestra que el problema básico del no creyente es no querer aceptar la enseñanza de Dios. Fuller saca la conclusión injustificada de que el pecado ha afectado seriamente la voluntad humana, pero no su razón. Esto significa, dice Fuller, que un teólogo bíblico objetivo, descriptivo será más capaz de extraer el significado de un texto que un teólogo que considera la Biblia como autoridad. El primero no se verá afectado por factores subjetivos, ya que sólo se preocupa por averiguar lo que Jesús o Pablo enseñaron. En ningún sentido se siente obligado a obedecer o seguir esas enseñanzas. Por otra parte, el creyente puede encontrarse con un choque entre las enseñanzas de la Biblia y sus presuposiciones, y sentir la tentación, puede que inconsciente, de extraer el significado que espera encontrar. Su compromiso con las Escrituras hace que sean más probables las falsas interpretaciones.[13]

Hay serias dificultades con la idea de Fuller sobre que la iluminación es una obra del Espíritu Santo sobre la voluntad humana (y sólo sobre ella). Aparte del hecho de que Fuller basa su punto de vista en una sola porción de las Escrituras, asume que sólo la voluntad humana, no la razón, se ve afectada por el pecado. Como la comprensión de los no creyentes no está corrompida por el pecado, y, a diferencia de los creyentes, no tienen implicación personal en lo que dicen las Escrituras, pueden ser desapasionados y llegar al verdadero significado del texto bíblico. Pero ¿esto es realmente así? ¿Cuántos no creyentes son así de desapasionados y poco implicados? Los que examinan las enseñanzas de Jesús deben tener algún tipo de interés en ellas. ¿No puede ese mismo interés inclinarles a encontrar un significado más aceptable que el verdadero significado? Por otra parte, el mismo compromiso de los creyentes les confiere un interés más serio y una mayor preocupación por la Biblia. Este compromiso puede traer consigo un mayor deseo de seguir las Escrituras a cualquier parte que conduzcan. La seriedad de la creencia cristiana de que la Biblia es la Palabra de Dios debería llevarles a ser más diligentes en la búsqueda del verdadero significado. Si se ha aceptado a Cristo como el Señor, ¿no se desearía confirmar con precisión lo que el Señor ha declarado? Finalmente, los textos bíblicos (citados en las pp. 274-75) que indican que los no creyentes no aceptan, al menos en parte, porque no entienden, y que el Espíritu Santo abre tanto el corazón como la mente, parece que tienen dificultades para encajar en el punto de vista de Fuller de que el pecado no ha afectado seriamente la razón humana, sólo su voluntad.

13. Daniel Fuller, "The Holy Spirit's Role in Biblical Interpretation," en *Scripture, Tradition, and Interpretation*, ed. W. Ward Gasque y William Sanford LaSor (Grand Rapids: Eerdmans, 1978), pp. 189-98.

### *El punto de vista de Juan Calvino*

El punto de vista de Juan Calvino sobre la iluminación es más adecuado que el de Agustín o el de Fuller. Calvino, por supuesto, creía y enseñaba la depravación total. Esto significa que toda la naturaleza humana, incluyendo la razón, se ha visto afectada adversamente por la caída. Los humanos en estado natural son incapaces de reconocer y responder a la verdad divina. Sin embargo, cuando llega la regeneración, las "gafas de la fe" mejoran muchísimo nuestra visión espiritual. Sin embargo, incluso después de la regeneración es necesario continuar creciendo progresivamente, lo que llamamos santificación. Además, el Espíritu Santo obra internamente en la vida del creyente, atestiguando la verdad y contrarrestando los efectos del pecado para que el significado inherente de la Biblia se pueda apreciar. Como esta idea de la iluminación parece estar más en armonía con las enseñanzas bíblicas, es la que defenderemos aquí.[14]

## La Biblia, la razón y el Espíritu

En este punto surge la cuestión sobre la relación entre autoridad bíblica y razón. ¿No es posible que exista algún tipo de conflicto aquí? Claramente la autoridad es la Biblia, pero se emplean varios medios en el estudio de la Biblia para extraer su significado. Si la razón es el medio de la interpretación ¿no es la razón, en lugar de la Biblia misma, la verdadera autoridad, ya que se acerca a ella desde una posición de superioridad?

Aquí tenemos la distinción que debemos hacer entre autoridad legislativa y judicial. En el gobierno federal de EEUU, el Congreso elabora la legislación, pero la judicatura (en última instancia la Corte Suprema) decide lo que significa la legislación. Son ramas de gobierno separadas, cada una de ellas con su autoridad correspondiente.

Esto parece una buena manera de pensar en la relación entre las Escrituras y la razón. Las Escrituras son la autoridad legislativa suprema. Nos ofrecen el contenido de lo que debemos creer y nuestro código de comportamiento y práctica. La razón no nos ofrece el contenido de lo que debemos creer. No descubre la verdad. Incluso lo que aprendemos por la revelación general sigue siendo materia de la revelación en lugar de una deducción lógica mediante la teología natural. Por supuesto, el contenido obtenido de la revelación general es necesariamente bastante amplio y únicamente complementa la revelación especial.

Sin embargo cuando se trata de determinar el significado del mensaje, sin embargo, y en última instancia, evaluar su verdad, debemos utilizar el poder del razonamiento. Tenemos que emplear los mejores métodos de interpretación o hermenéutica. Y después debemos decidir si el sistema de creencia cristiano

14. John Calvin, *Institutes of the Christian Religion*, libro 1, capítulos 7 y 9.

es verdadero examinando y evaluando racionalmente las evidencias. A esto lo llamamos apologética. Aunque hay una dimensión de autoexplicación dentro de las Escrituras, ellas por sí solas no nos ofrecen su significado. Por lo tanto no hay incoherencia en cuanto a considerar las Escrituras como nuestra autoridad suprema en el sentido de que nos dice lo que tenemos que hacer y creer y emplear diversos métodos hermenéuticos y exegéticos para determinar el significado.

Hemos señalado que la iluminación del Espíritu Santo ayuda al lector o al que escucha las Escrituras a entender la Biblia y crea la convicción de que es verdadera y que es la Palabra de Dios. Sin embargo, esto no se debería considerar como un sustituto del uso de los métodos hermenéuticos. Estos métodos juegan un papel complementario, pero no competitivo. Un punto de vista que resalta el componente subjetivo confía casi exclusivamente en el testimonio interno del Espíritu. Un punto de vista que enfatiza el componente objetivo considera autoridad solo a la Biblia; confía tanto en los métodos de interpretación que descuida el testimonio interno del Espíritu. Sin embargo, el Espíritu de Dios con frecuencia actúa con medios en lugar de hacerlo directamente. Crea certeza sobre la naturaleza divina de las Escrituras proporcionando evidencias que la razón puede evaluar. También ayuda a entender el texto mediante el trabajo de interpretación del exégeta. Incluso Calvino, con su fuerte énfasis en el testimonio interno del Espíritu Santo, llamó la atención sobre los *indicia* de la credibilidad de las Escrituras,[15] y en sus comentarios utilizó la mejor erudición clásica para llegar al significado de la Biblia. Por lo tanto, el exégeta y el apologista utilizarán los mejores métodos y datos, pero lo harán con una oración reiterada para que el Espíritu Santo obre a través de estos medios.

## Tradición y autoridad

Ahora que hemos examinado la relación entre la Biblia y la razón, debemos preguntar cómo se relaciona la tradición con la autoridad. ¿Funciona como una autoridad legislativa, aportando contenido a la fe cristiana? Algunos creen que la revelación continuó en la historia de la iglesia, así que las opiniones de los padres de la iglesia contienen un gran peso de autoridad. Otros ven el papel de la tradición como menos formal, pero sienten un respeto considerable o incluso veneración por los Padres, quizá sólo porque estuvieron más cerca de la revelación original, y por tanto fueron más capaces de entenderla y explicarla de lo que lo somos los que vivimos muchos siglos después de aquellos sucesos. Algunos grupos, en particular las iglesias libres, repudian de forma ostensible cualquier uso de la tradición, evitándola totalmente a favor de la confianza total en las Escrituras.

Se debería señalar que incluso los que niegan la tradición a menudo se ven influenciados por ella, aunque de una forma algo distinta. El presidente de un

15. Ibid., libro 1, capítulo 8.

seminario bautista dijo una vez bromeando: "Nosotros los bautistas no seguimos la tradición. Pero estamos obligados por nuestra histórica posición bautista." La tradición no tiene necesariamente que ser antigua, aunque debe ser al menos lo suficientemente antigua como para ser retenida y transmitida. Puede existir una tradición de origen reciente. Por supuesto, en algún momento todas las tradiciones fueron de origen reciente. Algunos oradores y líderes populares de círculos cristianos acaban creando su propia tradición. De hecho, algunas de sus expresiones clave están casi canonizadas por sus seguidores.

Hay un valor positivo en la tradición: puede ayudarnos a entender las Escrituras y su aplicación. Los Padres tienen algo que decir, pero sus escritos deben verse como comentarios sobre el texto, no como texto bíblico en sí mismo. Debemos consultarlos como hacemos con otros comentarios. Por lo tanto funcionan como autoridades judiciales. Su autoridad proviene de su utilización y aclaración de las Escrituras. Nunca se debe permitir que desplacen a las Escrituras. Cada vez que una tradición, ya sea una enseñanza de origen antiguo o la de un líder popular reciente, entra en conflicto con el significado de la Biblia, la tradición debe cederle el paso a las Escrituras.

## Autoridad histórica y normativa

Es necesario trazar y elaborar otra distinción. Es la que se refiere a la manera en que la Biblia es autoridad para nosotros. La Biblia sin duda es autoritativa al decirnos cuál era la voluntad de Dios para ciertos individuos y grupos en el periodo bíblico. La cuestión que hay que considerar es ¿lo que obligaba a aquellas personas también nos obliga a nosotros?

Es necesario distinguir entre dos tipos de autoridad: histórica y normativa. La Biblia nos informa de lo que Dios ordenó a la gente en la situación bíblica y lo que espera de nosotros. A efectos de lo que la Biblia nos enseña sobre lo que sucedió y lo que se le ordenó a la gente en los tiempos bíblicos es autoridad histórica. Pero ¿es autoridad normativa también? ¿Estamos obligados a llevar a cabo los mismos actos que se esperaba que hicieran esas personas? En esto debemos tener cuidado en no identificar demasiado rápido la voluntad de Dios para aquella gente con su voluntad para nosotros. Será necesario determinar lo que es esencia permanente del mensaje y lo que es forma temporal de su expresión. El lector recordará que se ofrecieron algunas pautas en nuestro capítulo sobre contemporizar la fe (pp. 130-33). Podría ser que algo fuera autoridad histórica sin ser autoridad normativa.

# Parte 3
# CÓMO ES DIOS

13. La grandeza de Dios *287*
14. La bondad de Dios *307*
15. La cercanía y la distancia de Dios: inmanencia y trascendencia *325*
16. Tres personas en un solo Dios: la Trinidad *344*

# 13. La grandeza de Dios

## Objetivos del capítulo

Al finalizar el estudio de este capítulo, debería ser capaz de:

- Diferenciar con claridad los atributos de Dios de los actos de Dios.
- Identificar diversas clasificaciones de los atributos de Dios.
- Clasificar los atributos de Dios en sus grandezas y en sus cualidades morales y explicar lo que tienen de especial y la importancia de cada conjunto de atributos.
- Enumerar los atributos de la grandeza de Dios – espiritualidad, personalidad, vida, infinidad y constancia – y expresar la esencia de cada uno de ellos.
- Fomentar la confianza en el Dios todopoderoso.

## Resumen del capítulo

Debemos hacer una importante distinción entre los actos de Dios y los atributos de Dios. Se han empleado varios métodos para clasificar los atributos o cualidades de Dios. Hemos decidido seguir la clasificación que diferencia su grandeza de su bondad. A veces a estos atributos se les ha denominado atributos naturales y morales, respectivamente. En este capítulo nos concentraremos en la grandeza de Dios, esto es, en que Dios es personal, todopoderoso, eterno, espiritual, omnipresente en su creación e inalterable en su perfección.

## Cuestiones de estudio

1. ¿Cómo afecta nuestro punto de vista sobre Dios a nuestra forma de entender a Dios? ¿Qué debemos hacer para que Dios no quede limitado a nuestra propia perspectiva sobre él?
2. ¿Cómo confundimos los atributos de Dios con los actos de Dios?

3. Nombre las cuatro clasificaciones de los atributos de Dios y expóngalos.
4. Nombre y describa los atributos de la grandeza de Dios.
5. ¿Qué significa decir que Dios es libre?

La naturaleza de los atributos
Clasificación de los atributos
Atributos de grandeza
    Espiritualidad
    Personalidad
    Vida
    Infinidad
    Constancia

La doctrina de Dios es el punto central de gran parte del resto de la teología. La idea que uno tiene de Dios debería incluso considerarse el marco dentro del cual construimos toda nuestra teología, vivimos nuestra vida y realizamos nuestro ministerio.

Los problemas y dificultades a dos niveles hacen evidente que es necesario entender correctamente a Dios. Primero está el nivel popular o práctico. En su libro: *Your God Is Too Small* (Tu Dios es demasiado pequeño), J. B. Phillips ha señalado varias formas distorsionadas típicas de entender a Dios.[1] Algunas personas piensan en Dios como en una especie de policía celestial que aprovecha cualquier momento para lanzarse sobre las personas que yerran y están extraviadas. Una popular canción "country" decía: "Dios te va a castigar por eso; Dios te va a castigar. Es inútil que huyas y te escondas, porque él sabe donde estás." Las compañías de seguros, con sus referencias a los "actos de Dios" – normalmente catástrofes – parecen tener en mente a un ser poderoso y malévolo. También se suele dar la posición opuesta, la del Dios benevolente. En esta otra se considera a Dios como un anciano indulgente, amable que nunca querría privar a los humanos de los gozos de la vida. Estas y otras concepciones falsas de Dios deben ser corregidas si queremos que nuestra vida espiritual tengan un sentido real y profundo.

Problemas de índole más sofisticada señalan hacia la necesidad de tener una visión de Dios correcta. La manera bíblica de entender a Dios ha sido a menudo problemática. En los primeros tiempos de la iglesia, la doctrina de la trinidad creó un debate y una tensión especial. Aunque ese tema en particular no ha dejado de presentar dificultades, hoy en día hay otros temas más destacados. Uno de ellas es la relación de Dios con la creación. ¿Está tan separado y alejado de la creación (trascendente) que no obra a través de ella y por lo tanto no se puede saber nada

1. J. B. Phillips, *Your God Is Too Small* (New York: Macmillan, 1961).

de él a través de ella? ¿O hemos de encontrarlo en la sociedad humana y en los procesos de la naturaleza? Preguntas específicas que se plantean en conexión con este tema son: ¿Dios obra a través de los procesos de evolución? ¿Se debe considerar la trascendencia de Dios principalmente en categorías espaciales? Otro asunto importante es el de la naturaleza de Dios. ¿Es esencialmente fija e inalterable? ¿O crece y se desarrolla como el resto del universo como sostiene la teología del proceso? Y después están los asuntos planteados por la teología de la esperanza, que sugiere que hay que pensar en Dios principalmente en relación con el futuro y no con el pasado. Estos y otros temas exigen un pensamiento y un enunciado claro sobre la idea que se tiene de Dios.

Al intentar entender a Dios se han cometido muchos errores, algunos de ellos de naturaleza opuesta. Uno es el análisis excesivo, en el cual se somete a Dios casi a una autopsia. Los atributos de Dios se presentan y se clasifican como si se tratara de un texto de anatomía.[2] Es posible hacer del estudio de Dios un asunto excesivamente especulativo; y en ese caso la misma conclusión especulativa, en lugar de una relación más cercana con él, se convierte en el fin. Esto no debería ser así. Más bien, el estudio de la naturaleza de Dios se debería ver como un medio para tener un conocimiento más preciso de él y por lo tanto una relación más personal y cercana a él. Entonces no es necesario evitar preguntarse y reflexionar sobre cómo es Dios. Y no existirá la tentación de caer en el error opuesto: generalizar tanto la concepción de Dios que nuestra respuesta sea solamente un sentimiento cálido hacia lo que Phillips denomina "mancha alargada" (Dios desenfocado),[3] o lo que alguien ha llamado "creer en el gran lo que sea." Preguntar por la naturaleza de Dios, pues, no debería ser ni ir especulativamente más allá de lo que Dios ha revelado, ni dar un salto místico hacia un algo nebuloso e indefinido.

## La naturaleza de los atributos

Cuando hablamos de los atributos de Dios, nos estamos refiriendo a las cualidades de Dios que constituyen lo que es, las características mismas de su naturaleza. No nos estamos refiriendo a sus actos, como crear, guiar y sustentar, ni a sus roles correspondientes tales como Creador, Guía y Sustentador.

Los atributos son cualidades de la Divinidad en su conjunto. No se deberían confundir con las propiedades que, técnicamente hablando, son las características distintivas de las distintas personas de la Trinidad. Las propiedades son funciones (generales), actividades (específicas) o actos (más específicos) de los miembros individuales de la Divinidad.

2. Ej., Stephen Charnock, *Discourses on the Existence and Attributes of God* (Grand Rapids: Baker, reimpreso 1979).

3. Phillips, *Your God Is Too Small*, pp. 61-66.

Los atributos son permanentes y son cualidades intrínsecas, que no se pueden ganar o perder. Por lo tanto, la santidad, en este sentido, no es un atributo (una característica permanente, inseparable) de Adán, sino de Dios. Los atributos de Dios son dimensiones esenciales e inherentes a su misma naturaleza.

Aunque nuestra manera de entender a Dios ha pasado sin duda por el filtro de nuestro propio marco mental, sus atributos no son concepciones proyectadas sobre él. Son características objetivas de su naturaleza. Aunque el autor bíblico a menudo expresa su reacción o respuesta a estos atributos, los atributos y las respuestas se distinguen con bastante claridad unas de otras.

Los atributos son inseparables del ser o la esencia de Dios. Algunas teologías anteriores pensaban que los atributos eran algo que en cierta manera iba adherido, o al menos era distinguible de la sustancia subyacente, o del ser o esencia.[4] En muchos casos, estas ideas estaban basadas en la concepción aristotélica de sustancia y atributo. Algunas otras teologías se han ido al extremo opuesto, prácticamente negando que Dios tenga una esencia. Aquí los atributos se describen como una especie de conjunto de cualidades. Se consideran como partes fragmentarias o segmentos de Dios.[5] Es mejor concebir los atributos de Dios como su naturaleza, no como una colección de partes fragmentarias o como un aditamento a su esencia. Por lo tanto, Dios es su amor, santidad y poder. Estas son maneras diferentes de ver el ser unificado, Dios. Dios es ricamente complejo, y estas concepciones son meros intentos de captar diferentes aspectos o facetas objetivas de su ser.

Entonces, cuando hablamos de la incomprensibilidad de Dios, no queremos decir que haya un ser o esencia desconocido más allá o tras sus atributos. Más bien, queremos decir que no conocemos sus cualidades o su naturaleza completa y exhaustivamente. Sólo conocemos a Dios tal como se ha revelado a sí mismo. Aunque su auto-revelación es sin duda coherente con su naturaleza completa y precisa, no es una revelación exhaustiva. Es más, no entendemos totalmente o no conocemos exhaustivamente lo que nos ha revelado de sí mismo. Por lo tanto, hay, y siempre habrá, un elemento de misterio en lo que se refiere a Dios.

## Clasificación de los atributos

1. Intentando conocer mejor a Dios se han desarrollado varios sistemas para la clasificación de sus atributos. Un sistema basado especialmente en los escritos de los teólogos reformados habla de atributos comunicables y no comunicables.[6] Los atributos comunicables son esas cualidades de Dios que al menos en parte

4. William G. T. Shedd, *Dogmatic Theology* (Grand Rapids: Zondervan, reimpreso 1971), vol. 1, p. 158.

5. Charnock, *Existence and Attributes of God.*

6. Louis Berkhof, *Systematic Theology* (Grand Rapids: Eerdmans, 1953), p. 55.

se pueden encontrar en sus creaciones humanas. Como el amor, que aunque es infinito en Dios, al menos se puede encontrar de forma parcial en los humanos, e incluso la omnipotencia, ya que los humanos tienen al menos cierto grado de poder. Los atributos incomunicables, por otra parte, son esas cualidades especiales que no pueden encontrar su homólogo en los seres humanos. Un ejemplo es la omnipresencia. Dios está en todas partes simultáneamente. Ni siquiera con los viajes en avión o en cohete el humano puede estar en todas partes simultáneamente.

2. Un segundo par de categorías son las cualidades inmanentes o intransitivas y las emanentes o transitivas. Las primeras permanecen dentro de la propia naturaleza de Dios, como la espiritualidad. Las segundas proceden de la naturaleza de Dios y operan fuera de ella, afectando a la creación, como la misericordia, que requiere un objeto.[7]

3. Muy relacionada con la anterior clasificación y en ocasiones en combinación con ella está la distinción entre cualidades absolutas y relativas. Las primeras son las que tiene en sí mismo, las que siempre ha poseído, independientemente de los objetos de su creación. Los atributos relativos, por otra parte, son los que se manifiestan a través de su relación con otros sujetos u objetos inanimados. La infinidad es un atributo absoluto; la eternidad y la omnipresencia son atributos relativos que representan las relaciones de su naturaleza ilimitada con los objetos finitos de la creación. Los atributos relativos son los atributos absolutos aplicados a situaciones en las que están implicados objetos creados.[8]

4. Nuestra clasificación final es la de los atributos naturales y morales. Los atributos morales son los que en el contexto humano se relacionan con el concepto de justo (como opuesto a injusto). La santidad, el amor, la misericordia y la fidelidad son ejemplos. Los atributos naturales son los superlativos no morales de Dios, como la sabiduría y el poder.[9] Algunos se oponen a esta clasificación basándose en que los atributos morales son tan naturales como los atributos naturales, siendo una parte integral de la naturaleza de Dios.[10]

Con algunas modificaciones, utilizaremos este último sistema de clasificación en este estudio, sin embargo, los denominaremos atributos de *grandeza* y atributos de *bondad*. Primero trataremos las cualidades de la grandeza, en las que se incluye la espiritualidad, la personalidad, la vida, la infinidad y la constancia.

7. Augustus H. Strong, *Systematic Theology* (Westwood, N.J.: Revell, 1907), pp. 247-49.

8. Ibid.

9. Edgar Y. Mullins, *The Christian Religion in Its Doctrinal Expression* (Philadelphia: Judson, 1927), p. 222.

10. Berkhof, *Systematic Theology*, p. 55.

## Atributos de grandeza

### *Espiritualidad*

Dios es espíritu; esto es, no está compuesto de materia y no posee una naturaleza física. Esto queda muy claro en las palabras dichas por Jesús en Juan 4:24: "Dios es espíritu, y los que lo adoran, en espíritu y en verdad es necesario que lo adoren," también queda implícito en varias referencias a su invisibilidad (Jn. 1:18; 1 Ti. 1:17; 6:15-16).

Una consecuencia de la espiritualidad de Dios es que no tiene las limitaciones inherentes a un cuerpo físico. Por una parte, no está limitado a un espacio geográfico o espacial especial. Esto queda implícito en la frase de Jesús: "la hora viene cuando ni en este monte ni en Jerusalén adoraréis al Padre" (Jn. 4:21). Pensemos también en las palabras de Pablo en Hechos 17:24: "El Dios que hizo el mundo y todas las cosas que en él hay, siendo Señor del cielo y de la tierra, no habita en templos hechos por manos humanas." Es más no es destructible, como lo es la naturaleza material.

Por supuesto, hay muchos pasajes que sugieren que Dios tiene características físicas como manos o pies. Parece más útil tratar estas como antropomorfismos, intentos de expresar la verdad sobre Dios mediante analogías humanas. También hay ocasiones en las que Dios aparece en forma humana, particularmente en el Antiguo Testamento, en teofanías o automanifestaciones temporales de Dios. Parece mejor tomar las declaraciones sobre la espiritualidad e invisibilidad de Dios en su valor nominal e interpretar los antropomorfismos y teofanías a la luz de los mismos. De hecho, el mismo Jesús indicó claramente que un espíritu no tiene carne ni huesos (Lc. 24:39).

En los tiempos bíblicos, la doctrina de la espiritualidad de Dios era un mecanismo para combatir la práctica de la idolatría y el culto a la naturaleza. Dios, al ser espíritu, no se podía representar mediante objetos físicos o similares. Que él no esté restringido por su localización geográfica también contrarresta la idea de que Dios pueda ser contenido y controlado. En nuestros días, los mormones mantienen que no sólo Dios el Hijo tiene cuerpo físico, sino también el Padre, aunque el Espíritu Santo no. De hecho, el mormonismo sostiene que un cuerpo inmaterial no puede existir.[11] Esto queda claramente contradicho por las enseñanzas de la Biblia sobre la espiritualidad de Dios.

### *Personalidad*

Aunque la espiritualidad parece implicar personalidad, esto no es así necesariamente. Georg Hegel, cuya filosofía influyó mucha de la teología del

11. James E. Talmage, *A Study of the Articles of Faith*, 36th ed. (Salt Lake City: Church of Jesus Christ of Latter-Day Saints, 1957), p. 48.

siglo XIX, creía en el Absoluto, un gran espíritu o mente que contiene todas las cosas en sí mismo. En la metafísica de Hegel, la realidad en su conjunto es una gran mente pensante, y todo lo que la mayoría de la gente consideran objetos finitos y personas son simples pensamientos en la mente del Absoluto. Sin embargo, no hay realmente una conciencia propia personal de este ser, ninguna personalidad con la que uno se pueda relacionar.[12] Tampoco hay deidades personales en muchas religiones orientales. En el hinduismo, la realidad es Brahman, el todo, del cual somos partes individuales o Atman. Uno no se relaciona con la realidad girando hacia fuera, como hacia una persona individual, sino más bien dirigiéndose hacia dentro mediante un proceso de contemplación. El objetivo de este proceso es perder nuestra identidad personal y nuestra conciencia de nosotros mismos, para ser absorbidos dentro del todo. El nirvana es el estado en el que cesa toda competición individual y uno se queda en descanso.[13]

El punto de vista bíblico es bastante diferente. En él Dios es personal. Es un ser individual, con conciencia y voluntad propia, capaz de sentir, escoger y tener una relación recíproca con otros seres personales o sociales.[14]

La personalidad de Dios se indica de diversas maneras en las Escrituras. Una es el hecho de que Dios tiene un nombre, que él mismo se asigna y mediante el cual se revela a sí mismo. Cuando Moisés pregunta cómo debería responder cuando los israelitas le pregunten el nombre del Dios que le envía, Dios se identifica a sí mismo como "YO SOY" o "YO SERÉ" (Yahvé, Jehová, el Señor – Éxodo 3:14). Con esto demuestra que no es algo abstracto, un ser incognoscible o una fuerza sin nombre. Génesis 4:26 indica que los hombres empezaron a invocar el nombre de Jehová y en Génesis 12:8 se dice que Abraham construyó un altar a Jehová e invocó su nombre. En el Salmo 20 habla de alabar el nombre de Jehová (v. 7) y de invocarle (v. 9). Hay que pronunciar el nombre y tratarlo con gran respeto, según Éxodo 20:7. El gran respeto respecto a su nombre indica la personalidad de Dios. Si hubiera un lugar o un objeto implicados, no sería necesario ese respeto. Sin embargo, con las personas es al contrario. Los nombres

12. Georg Hegel, *Lectures on the Philosophy of Religion* (New York: Humanities, 1962), vol. 1, pp. 90-105.

13. G. T. Manley, "Hinduism," en *The World's Religions*, ed. J. N. D. Anderson (Grand Rapids: Eerdmans, 1955), p. 107.

14. Como la personalidad realmente incluye emociones, ha habido una amplia discusión en los últimos años sobre la pasibilidad y la impasibilidad divinas. Algunos, como Kazoh Kitamori, han ido incluso tan lejos como para hablar del dolor de Dios. Kazoh Kitamori, *Theology of the Pain of God* (Richmond: John Knox, 1965). Parece mejor pensar que Dios tiene empatía, más que simpatía, por los humanos y sus sentimientos. En otras palabras, sabe lo que sentimos, pero no necesariamente experimenta esa misma emoción personalmente. Ver Richard E. Creel, *Divine Impassiblitiy: An Essay in Philosophical Theology* (Cambridge: Cambridge University Press, 1986), pp. 129-32.

hebreos no eran meras etiquetas para distinguir una persona de otra. En nuestra sociedad impersonal, rara vez se escoge un nombre por su significado, se suele escoger porque a los padres les gusta o porque está de moda. Sin embargo, para los hebreos era distinto. Se escogía cuidadosamente un nombre atendiendo a su significado. Mientras que en nuestra sociedad un número puede resultar tan eficaz como un nombre, e incluso más, los hebreos consideraban el nombre como una presentación de la persona que lo llevaba.[15]

Los nombres particulares que el Dios personal asume hacen referencia principalmente a su relación con las personas, más que a su relación con la naturaleza. Ni siquiera los Salmos contienen el mismo tipo de énfasis sobre la naturaleza que el que se encuentra en otras religiones circundantes. El énfasis más bien está en la preocupación por dirigir y dar forma a la vida de sus adoradores, tanto individual como socialmente.

Otra indicación de la naturaleza personal de Dios está en su actividad. En la Biblia se dice que conoce y se comunica con los seres humanos. En las primeras imágenes de su relación con la humanidad (Gn. 3), Dios se acerca y habla con Adán y Eva de manera aparentemente regular. Aunque esta representación de Dios es sin duda antropomórfica, no obstante nos enseña que es una persona que se relaciona con personas. Tiene todas las capacidades asociadas con la personalidad: conocer, sentir, desear, actuar.

Se deducen varias implicaciones de esto. Como Dios es una persona (de hecho, se nos representa como nuestro Padre), nuestra relación con él tiene una dimensión de calidez y entendimiento. Dios no es un despacho o un departamento, una máquina o un ordenador que satisface automáticamente las necesidades de la gente. Es un padre conocedor, amoroso y bueno. Nos podemos acercar a él. Podemos hablar con él, y él a su vez, nos habla.

Es más, nuestra relación con Dios no es una calle de dirección única. Dios es, sin duda, un objeto de respeto y reverencia. Pero no sólo recibe y acepta lo que ofrecemos. Es un ser vivo que entabla relaciones recíprocas. No es sólo alguien a quien escuchamos, sino alguien al que conocemos.

Dios debe ser tratado como un ser, no como un objeto o una fuerza que puede ser usada o manipulada. Aunque nuestro pensamiento y práctica a veces deja traslucir esa idea, no es coherente con la imagen bíblica. La idea de que Dios es simplemente algo que se puede utilizar o que sirve para resolver problemas y necesidades no es religión. Tales intentos de utilizarle de esa manera se dan más en el ámbito de la magia o la tecnología.

Dios es un fin en sí mismo, no un medio para un fin. Es valioso para nosotros por lo que es en sí mismo, no sólo por lo que *hace*. El fundamento del

15. Walter Eichrodt, *Theology of the Old Testament* (Philadelphia: Westminster, 1967), vol. 2, pp. 40-45.

primer mandamiento: "No tendrás dioses ajenos delante de mí" (Éx. 20:3) viene precedido del versículo: "Yo soy Jehová, tu Dios, que te saqué de la tierra de Egipto." No leemos bien este pasaje si lo interpretamos como que los israelitas tenían que poner a Dios primero por las cosas que había hecho: por gratitud iban a hacerle su único Dios. Más bien, lo que había hecho era una prueba de lo que era; es por lo que es por lo que tiene que ser amado y servido, no sólo suprema sino exclusivamente.

### *Vida*

A Dios le caracteriza la vida. Esto se afirma en las Escrituras de distintas maneras. Se encuentra en la afirmación de que él *es*. Su mismo nombre "YO SOY" (Éx. 3:14) indica que es un Dios vivo. Las Escrituras no defienden su existencia. Simplemente la afirman o, más a menudo, simplemente la asumen. Hebreos 11:6 dice que "es necesario que el que se acerca a Dios crea que él existe y que recompensa a los que lo buscan." Por lo tanto la existencia de Dios se considera uno de los aspectos más básicos de su naturaleza.[16]

El Dios vivo se contrasta frecuentemente con los otros dioses, objetos inanimados de metal o piedra. Jeremías 10:10 hace referencia a él como el verdadero Dios, el Dios vivo, que controla la naturaleza. "Los dioses que no hicieron los cielos ni la tierra," por otra parte "desaparecerán de la tierra y de debajo de los cielos" (v. 11). Juan 5:26 habla de Dios que tiene vida en sí mismo, y 1 Tesalonicenses 1:9 señala un contraste entre los ídolos hacia los que se habían vuelto los tesalonicenses y "el Dios vivo y verdadero."

La vida de Dios es diferente de la de cualquier otro ser vivo. Mientras que todos los demás seres tienen su vida en Dios, él no proviene de ninguna otra fuente externa. Nunca se le describe como algo a lo que se ha dado vida. Como señalamos anteriormente, Juan 5:26 dice que tiene vida en sí mismo. Con frecuencia se le aplica el adjetivo *eterno*, dando por hecho que no ha habido nunca un momento en el que no haya existido. Es más, se nos ha dicho que "en el principio", antes de que existiese nada, Dios ya existía (Gn. 1:1). Por lo tanto, su existencia no puede provenir de ninguna otra cosa.

Es más, la continuación de la existencia de Dios no depende de nada externo a él mismo. Todas las criaturas, siempre que estén vivas, necesitan algo para sustentar su vida. Alimento, calor, protección, todas estas cosas son necesarias. En Mateo 6:25-33, Jesús señala que los pájaros y las flores dependen de la provisión del Padre. Sin embargo, Dios no necesita de eso. Al contrario, Pablo niega que Dios necesite nada ni sea servido por manos humanas (Hch. 17:25). Él es, sin tener en cuenta ninguna otra cosa. De la misma manera que ya existía antes que

16. Aparte de la cuestión de si la existencia es un predicado, la Biblia deja muy claro que Dios existe.

cualquier otra cosa, también puede continuar existiendo independientemente de cualquier otra cosa.

Aunque Dios es independiente en el sentido de no necesitar nada más para su existencia, esto no significa que sea esquivo, indiferente o despreocupado. Dios se relaciona con nosotros, pero por su propia elección, no porque se sienta obligado a hacerlo por necesidad. Que él se relacione con nosotros es por lo tanto una razón más para glorificarle. Ha actuado y continúa haciéndolo por *agape*, por amor desinteresado, y no por necesidad.

Es preferible referirse a Dios como a alguien sin causa que como a alguien cuya causa es él mismo. Su auténtica naturaleza es existir. No es necesario que él desee su propia existencia. Para Dios no existir sería lógicamente contradictorio. No estamos reintroduciendo aquí el llamado argumento ontológico para la existencia de Dios. Más bien, estamos diciendo simplemente que si Dios es tal como se describe en las Escrituras, debe existir.

Una comprensión adecuada de este aspecto de la naturaleza de Dios nos debería liberar de la idea de que Dios nos necesita. Dios ha elegido utilizarnos para cumplir sus propósitos, y en ese sentido ahora nos necesita. Sin embargo, si quisiera, podría dejarnos de lado. Simplemente él podría haber sido, sin nosotros. Y puede, si así lo decide, cumplir sus propósitos sin nosotros. Es por nuestro bien, que nos permite conocerlo y servirle y somos nosotros los que perdemos si decidimos rechazar esta oportunidad. Algunas veces escuchamos expresiones de lo que podríamos denominar el síndrome de "pobre Dios": si Dios no altera sus maneras y nos trata de forma diferente, nos perderá, lo cual será una gran pérdida. Pero Dios no nos necesita. No es afortunado por tenernos; somos nosotros los afortunados y los favorecidos.

Vivimos en un mundo de contingencias. Mucho de lo que conocemos y creemos está condicionado por la palabra *si*. Viviremos otros diez años si nuestra salud no nos falla. Nos retiraremos cómodamente si nuestras inversiones y nuestro programa de inversiones no fracasa. Estaremos a salvo si las defensas de nuestro gobierno no fallan. Disfrutaremos de la amistad de nuestros amigos si no les sucede nada. Llegaremos a nuestra cita si nuestro coche no se estropea. Pero con Dios no es necesario decir "Dios será si...". Dios será y ¡punto! Hay una cosa segura, y es que Dios existe y siempre existirá.

### Infinidad

Dios es infinito. Esto significa no sólo que Dios es ilimitado, sino que es ilimitable. A este respecto, Dios es distinto a cualquier cosa que experimentamos. Incluso esas cosas que el sentido común nos dijo una vez que eran infinitas o sin límites ahora parecen tener límites. La energía en otros tiempos parecía inextinguible. En los últimos años nos hemos dado cuenta de que los tipos de energía a los que estamos particularmente acostumbrados tiene limitaciones claras, y nos estamos acercando a esos límites mucho más rápido de lo que nos imaginábamos. También el océano nos pareció una vez una fuente de comida sin fin, y un lugar de descarga tan vasto que no podía ser contaminado. Sin embargo, nos estamos dando cuenta de que sus recursos y su habilidad para absorber la polución son finitos. La infinidad de Dios, sin embargo, habla de un ser sin límites.

Se puede pensar en la infinidad de Dios de diversas maneras. Pensemos en primer lugar en términos de espacio. Aquí tenemos lo que tradicionalmente ha sido denominado inmensidad u omnipresencia. Dios no está sujeto a las limitaciones del espacio. Con esto no nos referimos sólo a la limitación del ser a un lugar en particular: si un objeto está en un lugar, no puede estar en otro. En realidad es impropio pensar en Dios como algo confinado al espacio. Todos los objetos finitos tienen un lugar. Están en alguna parte. Esto les impide necesariamente estar en otro lugar. La grandeza de los objetos finitos se mide por el espacio que ocupan. Sin embargo, con Dios la cuestión del lugar o la localización no es aplicable. Dios es el que da origen al espacio (y al tiempo). Él estaba antes de que existiera el espacio. No se le puede localizar en un sitio en particular. No se pueden trazar las coordenadas para su localización. Esto parece ser una función de su inmaterialidad o espiritualidad. No hay un cuerpo físico que ubicar en un lugar concreto. Piense en lo que dice Pablo de que Dios no habita en templos hechos por manos humanas, porque es el Señor del cielo y de la tierra; él hizo el mundo y todo lo que hay en él (Hch. 17:24-25).

Otro aspecto de la infinidad de Dios en términos del espacio es que no existe ningún lugar en el que no se le pueda encontrar. Aquí tenemos que enfrentarnos a la tensión entre la inmanencia de Dios (está en todas partes) y su trascendencia (no está en ninguna parte). La idea aquí es que Dios es accesible desde cualquier punto de la creación. Jeremías cita a Dios diciendo: "¿Soy yo Dios de cerca solamente... y no Dios de lejos?" (Jer. 23:23). Lo que esto parece implicar es que ser un Dios accesible no excluye estar alejado. Llena el cielo y la tierra (v. 24). Por lo tanto, no nos podemos esconder en "lugares secretos" donde no podamos ser vistos. Dios habla del cielo como su trono y de la tierra como su escabel; la idea de que los humanos puedan confinar a Dios construyendo templos es, por lo tanto, un completo absurdo. El salmista vio que no podía huir de la presencia de Dios: fuera donde fuera el salmista, Dios estaba allí (Sal. 139:7-12). Si el salmista subía a los cielos, o hacía su estrado en el Seol, Dios estaba allí. Jesús llevó este concepto un poco más lejos. Al dar la Gran comisión, ordenó a sus discípulos, que fueran e hicieran discípulos a todas las naciones y que él estaría con ellos hasta el fin del mundo (Mt. 28:19-20; Hch. 1:8). Por lo tanto, él en efecto señala que no está limitado por el espacio ni por el tiempo.

Aquí como en muchos otros aspectos hay un fuerte contraste entre Dios y los falsos dioses. Esto se ve claramente en la contienda entre Elías y los profetas de Baal en el monte Carmelo (1 R. 18:20-40). Una de las befas que les hace Elías a sus oponentes cuando Baal no responde es que tal vez esté de viaje (v. 27). Si Baal está fuera, en otro lugar, no puede estar allí para enviar fuego. Sin embargo Jehová no tiene este problema. Puede estar en numerosos lugares y estar implicado en numerosas situaciones al mismo tiempo.

Para muchos de nosotros, ciertos lugares tienen connotaciones sagradas. Puede que hayamos recibido bendiciones especiales de Dios cuando hemos estado en un lugar geográfico en particular. Si, al trasladarnos a otro lugar, las cosas no van tan bien, puede que nos tiente pensar que Dios no está allí. Un lugar de culto en particular o un espacio dentro de un edificio puede haber tenido un significado especial debido a la obra de Dios allí en el pasado. Puede que nos resulte difícil adaptarnos al cambio, pero el problema es psicológico, no teológico. Dios no está localizado. No se le ha dejado atrás. Está a nuestra disposición en cualquier parte que lo deseemos. Es bueno reunirse con otros creyentes en un lugar de culto concreto, pero esto no impide que Dios se pueda reunir con nosotros aunque hayamos sido incapaces de llegar a ese lugar especial. Dios tampoco tiene dificultades para tratar las necesidades y los problemas que surgen en muchos lugares diferentes al mismo tiempo. Sin embargo, no se mueve de un lugar a otro como una especie de superman divino que vuela a una velocidad infinita. Más bien lo que pasa es que tiene acceso a toda la creación en todos los momentos.

Dios también es infinito con relación al tiempo, el cual no le afecta. Él estaba antes de que se iniciara el tiempo. La pregunta ¿cuántos años tiene Dios? Es simplemente inadecuada. No es más viejo hoy que hace un año, ya que infinito más uno no es más que infinito. Simplemente él no está restringido a la dimensión temporal.

Dios es siempre el que es. Él fue, es y será. El Salmo 90:1-2 dice: "Señor, tú nos has sido refugio de generación en generación. Antes que nacieran los montes y formaras la tierra y el mundo, desde el siglo y hasta el siglo, tú eres Dios." Judas 25 dice: "Al único y sabio Dios, nuestro Salvador, sea gloria y majestad, imperio y poder, ahora y por todos los siglos." Un pensamiento similar se encuentra en Efesios 3:21. El uso de expresiones como "el primero y el último" y "Alfa y Omega" sirven para expresar la misma idea (Is. 44:6; Apoc. 1:8; 21:6; 22:13).

Dios es intemporal. No crece ni evoluciona. No hay variaciones en su naturaleza en distintos momentos de su existencia. Los intereses, conocimientos, actividades e incluso personalidades de los humanos cambian desde la infancia hasta la juventud, desde la madurez hasta la ancianidad. En Dios, sin embargo, no existe ese cambio. Siempre ha sido lo que es. (En la última parte de este capítulo discutiremos su inmutabilidad y su constancia).

El hecho es que Dios no esté abarcado por el tiempo no quiere decir que no sea consciente de la sucesión del mismo. Él sabe lo que está sucediendo ahora con los humanos. Es consciente de que los sucesos ocurren en un orden en particular. No obstante, él es igualmente consciente de todos esos momentos temporales simultáneamente. Esta trascendencia temporal ha sido comparada con una persona que se sienta en la torre de un campanario y ve una procesión. Ve todas las partes de la procesión en distintos momentos de la ruta, no solo lo que está pasando delante de él en ese momento. Es consciente de lo que pasa en todos los puntos de la ruta. De la misma manera Dios es consciente de lo que pasa, pasó y pasará en todo momento. Sin embargo, en un momento concreto de tiempo también es consciente de la distinción entre lo que está ocurriendo ahora, lo que ha ocurrido y lo que ocurrirá.[17]

Aunque hay un orden sucesivo en los actos de Dios y un orden lógico en sus decisiones, no hay un orden temporal para su voluntad. Su deliberación y su voluntad no necesitan tiempo. Desde toda la eternidad ha determinado lo que está haciendo ahora. Por lo tanto sus acciones no son reacciones a actuaciones imprevistas. No se le toma por sorpresa ni tiene que formular planes de contingencia. La teología de la esperanza ha remarcado la trascendencia de Dios por encima del tiempo pensando en él principalmente como el Dios del futuro, mientras que la teología tradicional tiende a pensar en él en términos de eventos pasados.[18]

La infinidad de Dios también se puede considerar desde el punto de vista de los objetos del conocimiento. Su entendimiento es infinito (Sal. 147:5). El escritor de los Proverbios dice que los ojos de Jehová están en todo lugar, mirando a los malos y a los buenos (Prov. 15:3). Jesús dijo que ningún pajarillo cae a tierra sin el permiso del Padre (Mt.10:29), y que incluso nuestros cabellos están contados (v. 30). Hebreos 4:13 dice "No hay cosa creada que no sea manifiesta en su presencia; antes bien todas las cosas están desnudas y abiertas a los ojos de aquel a quien tenemos que dar cuenta." Tomos somos transparentes para Dios. Nos ve y nos conoce completamente. Conoce cada verdad, incluso las que no han sido descubiertas todavía por la humanidad, porque él es el que las colocó dentro de la creación. Y por lo tanto conoce cada posibilidad genuina, aunque puedan parecer innumerables.

Otro factor más, a la luz de este conocimiento, es la sabiduría de Dios. Mediante ella Dios actúa según todos los hechos y los valores correctos. Como conoce todas las cosas, sabe lo que es bueno. En Romanos 11:33 Pablo evalúa con elocuencia el conocimiento y la sabiduría de Dios: "¡Profundidad de las riquezas, de la sabiduría y del conocimiento de Dios! ¡Cuán insondables son sus juicios e inescrutables sus caminos!" El salmista describe las obras de Dios como hechas todas con sabiduría (Sal. 104:24).

17. Ver James Barr, *Biblical Words for Time* (Naperville, Ill.: Alec R. Allenson, 1962), especialmente su crítica a Oscar Cullmann, *Christ and Time: The Primitive Christian Conception of Time and History* (Philadelphia: Westminster, 1950).

18. Jürgen Moltmann, *The Theology of Hope* (New York: Harper & Row, 1967).

Nosotros los humanos a veces actuamos de forma necia simplemente porque no tenemos todos los datos. Los acontecimientos posteriores pueden probar que nuestras acciones no fueron sabias. Si hubiéramos conocido ciertos hechos relevantes, hubiéramos actuado sin duda de forma distinta. Podemos escoger conducir por una carretera que parece estar en perfectas condiciones, sin saber que más adelante está deteriorada. Algunas veces nuestra perspectiva está distorsionada o es limitada. Las ilusiones ópticas son un ejemplo, como lo es una fotografía de alguien cuyos pies estaban más cerca de la cámara que el resto del cuerpo. En la fotografía la persona parece tener unos pies enormes. Además la falta de experiencia también puede hacer que tomemos decisiones o cometamos actos erróneos. Un niño, por ejemplo, si le dan a escoger entre una moneda de cinco céntimos de dólar o una moneda de diez céntimos suele escoger la de cinco simplemente porque es más grande.

Sin embargo, Dios tiene toda la información. Así que sus juicios son sabios. Nunca tiene que revisar sus estimaciones sobre algo porque aparezca información adicional. Él ve todas las cosas desde la perspectiva correctiva; por lo tanto no le da a nada un valor más alto o más bajo del que debería tener. Así que se puede orar confiadamente, sabiendo que Dios no dará algo que no sea bueno. Aunque nosotros no seamos lo suficientemente sabios como para conocer todos los hechos, o los resultados a los que nos pueden conducir nuestras ideas o planes, podemos confiar en que Dios sabe qué es lo mejor.

Finalmente la infinidad de Dios se puede considerar desde el punto de vista de la relación con lo que tradicionalmente se llama omnipotencia de Dios. Con esto, queremos decir que Dios es capaz de hacer todas las cosas que son objetos propios de su poder. Esto se enseña en las Escrituras de varias maneras. Hay evidencias del poder ilimitado de Dios en uno de sus nombres, אֵל שַׁדַּי *('el Shaddai)*. Cuando Dios se le apareció a Abraham para confirmar su pacto, se identificó diciendo "Yo soy el Dios Todopoderoso" (Gn. 17:1). También vemos la omnipotencia de Dios en su manera de resolver problemas aparentemente insuperables. En Génesis 18:10-14, por ejemplo, leemos la promesa de Dios de que Sara tendría un hijo, a pesar de que ya se le había pasado la edad de tener hijos y a pesar de que todavía no se había cumplido la promesa hecha veinticinco años atrás. Cuando Sara escuchó de nuevo la promesa, se rió. El Señor respondió: "¿Por qué se ha reído Sara diciendo: "¿Será cierto que he de dar a luz siendo ya vieja?" ¿Acaso hay alguna cosa difícil para Dios?" De la misma manera, la promesa en Jeremías 32:15 de que los campos serían de nuevo comprados y vendidos en Judá parecía increíble a la vista de la inminente caída de Jerusalén en manos de los babilonios. Sin embargo, la fe de Jeremías era grande: "Ah Señor Jehová... Nada hay que sea difícil para ti" (v. 17). Y tras explicar lo difícil que es para un rico entrar en el reino de Dios, Jesús responde a sus discípulos la pregunta de cómo se podían salvar: "Para los hombres esto es imposible, pero para Dios todo es posible" (Mt. 19:26).

Este poder de Dios se manifiesta de diversas maneras. Las referencias al poder de Dios sobre la naturaleza son comunes, especialmente en los salmos, a menudo acompañados con una declaración sobre que Dios ha creado todo el universo. En los tiempos bíblicos su poder sobre la naturaleza era demostrado a menudo con milagros: desde el nacimiento de Isaac, pasando por las plagas de Egipto y las hachas que flotaban en los tiempos de Eliseo (2 R. 6:5-7), hasta los milagros de Jesús sobre la naturaleza, como la de amainar la tormenta (Mr. 4:35-41) y el de caminar sobre las aguas (Mt. 14:22-33). El poder de Dios es también evidente en su control del curso de la historia. Pablo dice que Dios: "ha prefijado el orden de los tiempos y los límites de su habitación" para todos los hombres (Hch. 17:26). Quizá lo más asombroso es el poder de Dios en la vida y la personalidad humana. La verdadera medida del poder divino no es la habilidad de Dios para crear o levantar una roca grande. En muchos aspectos, cambiar la personalidad humana es más difícil. Mientras que una maquinaria gigante puede realizar trabajos físicos extraordinarios, no es tan fácil alterar la naturaleza humana. No obstante, con respecto a la salvación Jesús dijo: "Para los hombres esto es imposible, pero para Dios todo es posible" (Mt. 19:26). No debemos desesperarnos creyendo que es imposible cambiar la naturaleza humana, ya sea la nuestra o la de los demás, porque Dios puede obrar con eficacia incluso en esta área.

Lo que significa todo esto es que la voluntad de Dios nunca se ve frustrada. Lo que escoge hacer, lo cumple, porque tiene la habilidad para hacerlo. Salmos 115:3 dice a los que no creen: "¡Nuestro Dios está en los cielos; todo lo que quiso ha hecho!" Deben estar presentes tres elementos si vamos a cumplir una acción ética: conocimiento de lo que se va a hacer; voluntad de hacerlo y habilidad para realizar lo que nos hemos propuesto. Puede que fracasemos en alguno de estos puntos. Sin embargo, tres factores de la naturaleza de Dios siempre van juntos para producir acciones correctas: él es sabio, así que sabe lo que tiene que hacer; es bueno, y por lo tanto escoge hacer lo correcto; es poderoso, y por lo tanto es capaz de hacer lo que desea hacer.

Sin embargo, hay ciertas puntualizaciones respecto a este carácter todopoderoso de Dios. Él no puede hacer arbitrariamente cualquier cosa que nosotros hayamos ideado. Sólo puede hacer las cosas que son objetos propios de su poder. Por lo tanto, no puede hacer cosas lógicamente absurdas o contradictorias. No puede hacer círculos cuadrados o triángulos con cuatro esquinas. No puede deshacer lo que se hizo en el pasado, aunque puede anular los efectos del mismo o incluso su recuerdo. No puede actuar en contra de su naturaleza: no puede ser cruel o desconsiderado. No puede dejar de hacer lo que ha prometido. En referencia a que Dios hizo una promesa y la confirmó con un juramento, el escritor de Hebreos dice que Dios lo hizo: "para que por dos cosas inmutables, en las cuales es imposible que Dios mienta, tengamos un fortísimo consuelo"

(He. 6:18). Sin embargo, todas estas "inhabilidades" no son debilidades, sino fortalezas. La inhabilidad de hacer el mal o mentir o fracasar es una señal de fuerza positiva más que de fracaso.

Otro aspecto del poder de Dios es que él es libre. Aunque Dios se compromete a cumplir sus promesas, inicialmente no está obligado a hacer dichas promesas. En ninguna parte de las Escrituras se dice que la voluntad de Dios esté determinada o ligada a factores externos. Al contrario, es común atribuir sus decisiones y acciones al "placer de su voluntad" *(Eudokia)*. Pablo en particular las atribuye a la voluntad de Dios (Ef. 1:5, 9; Fil. 2:13). Las decisiones y acciones de Dios no vienen determinadas por la consideración de otros factores a parte de él mismo, sino que son simplemente materia de su libre elección.

### Constancia

En varios lugares de las Escrituras, se describe a Dios como inalterable. En el Salmo 102, el salmista contrasta la naturaleza de Dios con los cielos y la tierra: "Ellos perecerán, más tú permanecerás;... y serán mudados; pero tú eres el mismo y tus años no se acabarán" (vv. 26-27). El Salmo 33:11 enfatiza la permanencia de los pensamientos de Dios: "El plan de Jehová permanecerá para siempre; los pensamientos de su corazón, por todas las generaciones." Y el mismo Dios dice que aunque su pueblo se haya apartado de sus leyes "Yo JEHOVÁ no cambio" (Mal. 3:6). Santiago dice que en Dios "no hay mudanza ni sombra de variación" (Stgo. 1:17).

La constancia divina implica varios aspectos. Primero, no hay cambio cuantitativo. Dios no puede incrementarse en nada, porque ya es perfecto. Ni puede mermarse, porque si lo hiciera, dejaría de ser Dios. Tampoco existe cambio cualitativo. La naturaleza de Dios no experimenta modificación. Por lo tanto, no cambia de forma de pensar, de planes, de acciones, porque eso está en su naturaleza, que permanece inalterable ocurra lo que ocurra. De hecho, en Números 23:19 el argumento es que como Dios no es humano, sus acciones deben ser inalterables. Es más, las intenciones de Dios al igual que sus planes, son siempre coherentes, simplemente porque su voluntad no cambia. Por lo tanto, Dios siempre es fiel a su pacto con Abraham, por ejemplo. Ha escogido a Abraham y le ha dado su palabra, y no cambiará de forma de pensar ni se volverá atrás en su promesa.

Entonces ¿qué tenemos que hacer con esos pasajes donde Dios parece cambiar de idea o arrepentirse de lo que ha hecho? Estos pasajes se pueden explicar de distintas maneras:

1. Algunos creen que deben entenderse como antropomorfismos y antropopatismos. Simplemente son descripciones de las acciones y sentimientos de Dios en términos humanos y desde una perspectiva humana. Aquí se incluyen las representaciones de Dios cuando parece experimentar dolor o arrepentimiento.

2. Lo que parecen cambios en la forma de pensar pueden ser nuevas etapas en el desarrollo del plan de Dios. Un ejemplo de esto es el ofrecimiento de salvación a los gentiles. Aunque formaba parte del plan original de Dios, representaba un cambio brusco con lo que había ocurrido anteriormente.

3. Algunos cambios de pensamiento aparentes son cambios de orientación que se dan como resultado del cambio de relación de los humanos para con Dios. Dios no cambió cuando Adán pecó; más bien la humanidad cambió y disgustó a Dios. Esto también funciona en el sentido contrario. Tomemos el caso de Nínive. Dios en efecto dijo: "Cuarenta días más y Nínive será destruida, *a menos que se arrepientan.*" Nínive se arrepintió y fue perdonada. Fueron los humanos los que cambiaron, no el plan de Dios.

Algunas interpretaciones de la doctrina de la constancia divina, expresada como inmutabilidad, proceden de la idea griega de inmovilidad y esterilidad. Esto hace de Dios algo inactivo. Pero el punto de vista bíblico no es el de que Dios sea estático sino estable. Es activo y dinámico, pero de una manera estable y coherente con su naturaleza. De lo que tratamos aquí es de la fiabilidad de Dios. Él será el mismo mañana que hoy. Actuará como prometió. Cumplirá sus compromisos. El creyente puede confiar en eso (Lam. 3:22-23; 1 Jn. 1:9).

En nuestros días, la idea de un dios inmutable ha sido cuestionada por el movimiento conocido como teología del proceso. Su tesis fundamental es que la realidad es un proceso. Esto no quiere decir que todas las cosas estén en proceso. Hay principios de proceso inalterables y formas abstractas también inalterables, pero ser real significa estar en proceso.[19]

Es más, la realidad es orgánica y está interrelacionada. En lugar de considerar los eventos concretos y las entidades por lo que son en sí mismas, debemos pensar en ellas en relación con todo lo que las precede. A pesar de que la independencia a menudo se ha considerado deseable, la teología del proceso se centra en la interdependencia. No se trata únicamente de que lo ideal sea dar supremacía o prioridad a la interdependencia; es una característica ontológica. Es un hecho de la realidad del cual no se puede escapar.[20]

La interdependencia también afecta a Dios. No se debe ver a Dios como un ser de inmutabilidad pasiva y distante. Al contrario, se relaciona con el mundo y se implica con él. La cualidad o atributo primordial de Dios es el amor; es la expresión más completa de su relación con el mundo. Según los teólogos del proceso, Dios ha sido considerado tradicionalmente como impasible: realmente

19. John B. Cobb Jr. y David Ray Griffin, *Process Theology: An Introductory Exposition* (Philadelphia: Westminster, 1976), p. 14.
20. Ibid., p. 21.

no siente pasión; ama sin pasión.[21] Pero Dios debe ser visto más bien como alguien que responde de forma genuinamente compasiva a los que ama.

Esto es lo que se denomina a veces teísmo bipolar.[22] Los dos polos o aspectos de Dios son, según Charles Hartshorne, su esencia abstracta inmutable y su realidad concreta, o en palabras de Alfred North Whitehead, su naturaleza primordial y su naturaleza consecuente. En su realidad concreta (naturaleza consecuente) Dios responde y se ve afectado por los procesos del mundo.[23] Esto pone limitaciones al absolutismo de Dios. La omnisciencia divina significa que en cualquier momento de la vida divina Dios conoce todo lo que es conocible en ese momento dado. Sin embargo, en cualquier momento de la vida de Dios suceden cosas imprevistas en el mundo que sólo se pueden conocer en ese momento. El conocimiento de Dios trata cada nueva decisión y acción que surge en el mundo. Debido a esto, hay que modificar otros conceptos tradicionales sobre Dios. Por ejemplo, la soberanía divina ya no se considera como absoluta. Se debe considerar que los seres humanos toman parte en la determinación del futuro.[24]

¿Cómo responderemos a este reto? Podemos señalar que hay un elemento de validez en la crítica de la teología del proceso sobre alguna ortodoxia clásica. Seguramente, Dios a veces ha sido descrito como estático, sin implicación con el mundo. Nosotros mantenemos que ese no es el punto de vista bíblico.

Pero intentando corregir este error, los teólogos del proceso han reaccionado de forma exagerada. Depender de los procesos del mundo compromete bastante seriamente las dimensiones absolutas o no cualificadas de Dios. Aunque la Biblia describe a Dios como implicado con el mundo, también dice que precede a la creación y que tiene un estatus independiente. La trascendencia genuina, tal como se enseña en la Biblia, excluye el tipo de limitaciones que impone la teología del proceso. Una evaluación más profunda del punto de vista de que Dios es dependiente de los procesos del mundo traería consigo un análisis de la teología del proceso en la que se basa, lo cual iría más allá de nuestro ámbito de interés aquí. Es suficiente con decir que cualquiera que sea el mérito de este punto de vista, no se le puede considerar el punto de vista bíblico.

Existen problemas adicionales. Los teólogos del proceso han reconocido que debe haber aspectos de la realidad que no cambian. Si eso no fuera así, su punto de vista sería contradictorio y por lo tanto falso, ya que la misma filosofía del proceso a la larga quedaría desplazada. Sería considerada relativa. Pero este asunto de los principios inmutables nunca se desarrolla por completo. ¿Cuál es

21. Ibid., pp. 44-45.

22. Ibid., p. 47.

23. Alfred North Whitehead, *Process and Reality* (New York: Macmillan, 1929), pp. 524-30.

24. Daniel Day Williams, "How Does God Act? An Essay in Whitehead's Metaphysics," en *Process and Divinity: The Hartshorne Festschrift*, ed. William L. Reese y Eugene Freeman (La Salle, Ill.: Open Court, 1964), p. 177.

su estatus? ¿Cómo se relaciona con Dios? Si son principios de realidad que no cambian ¿algo de la naturaleza de Dios no podría ser igualmente atemporal y absoluto?

Aunque la teología del proceso propone ver a Dios como un ser personal, al contrario que el motor inmóvil de la metafísica griega, es cuestionable si esto es realmente así. Dios parece ser poco más que un aspecto de la realidad. En qué sentido es un ser personal que actúa no queda claro. Por lo tanto, aunque hay cierta validez en la objeción de la teoría del proceso a que algunos elementos de la ortodoxia clásica adopten algunos modelos metafísicos griegos, la perspectiva legítima que contiene esa objeción se puede presentar mejor mediante un retrato fiel de la imagen bíblica de Dios. Esto evitará los inconvenientes que acompañan a la teología del proceso.

Recientemente un grupo de teólogos evangélicos que se denominan a sí mismos teístas del libre albedrío han cuestionado varios atributos divinos tradicionales como la inmutabilidad, la eternidad y la precognición, que ellos creen que proceden de la filosofía griega más que de la Biblia.[25] Ellos consideran su punto de vista a medio camino entre la ortodoxia clásica y la teología del proceso.[26] Según su punto de vista, a Dios le afectan genuinamente las acciones humanas y responde a ellas. Los pasajes que hablan de que Dios se arrepiente deben ser tomados literalmente, en lugar de ser considerados antropopatismos; él realmente cambia de forma de pensar.[27] Y aunque Dios es omnisciente, esto significa que sabe todo lo que son objetos adecuados de conocimiento. Las acciones humanas libres no son de este tipo. Si Dios supiera lo que vamos a hacer, esto significaría que esas acciones serían ciertas y no tendríamos opción de hacerlas de otra manera.[28] La certeza de la libertad de un tipo "no determinista" significa que Dios no puede tener ese tipo de precognición. No es un Dios cerrado; es un Dios abierto.

Hay algunas dificultades asociadas a este punto de vista. Por una parte, si Dios no coacciona la acción humana, entonces no hay certeza de que su vo-

25. Clark Pinnock, Richard Rice, John Sanders, William Hasker y David Basinger, *The Openness of God: A Biblical Challenge to the Traditional Understanding of God* (Downers Grove, Ill.: InterVarsity, 1994); Richard Rice, *God's Foreknowledge and Man's Free Will* (Minneapolis: Bethany, 1985); William Hasker, *God, Time and Knowledge* (Ithaca, N.Y.: Cornell University Press, 1989); Clark Pinnock, "God Limits His Knowledge," en *Predestination and Free Will: Four Views of Divine Sovereignty and Human Freedom*, ed. David Basinger y Randall Basinger (Downers Grove, Ill.: InterVarsity, 1986), pp. 143-62.

26. Richard Rice, *God's Foreknowledge and Man's Free Will* (Minneapolis: Bethany, 1985), p. 33; Clark H. Pinnock, "Between Classical and Process Theism," en *Process Theology*, ed. Ronald Nash (Grand Rapids: Baker, 1987), pp. 313-14.

27. Richard Rice, "Biblical Support for a New Perspective," en *The Openness of God*, pp. 26-35.

28. Clark H. Pinnock, "Systematic Theology," en *The Openness of God*, pp. 121-24.

luntad se pueda ver finalmente realizada.[29] Es más, los intentos de explicar el fenómeno de la profecía bíblica son bastantes inadecuado a la luz de la detallada naturaleza de algunas profecías. Es interesante ver que, muchos teístas ortodoxos rechazan la visión de Dios que se les atribuye, argumentando que la visión que se describe es en realidad tomismo.[30] Parece que es un punto de vista bastante antropocéntrico, en el cual si la soberanía y la precognición de Dios entran en conflicto con la libertad humana, la primera debe ser redefinida. Una solución preferible al problema sería redefinir la libertad humana.[31]

Dios es un gran Dios. Darse cuenta de este hecho, motivó a los escritores bíblicos como los salmistas. Y eso es lo que sigue motivando a los creyentes de hoy a unirse a los compositores y proclamar:

> Señor mi Dios,
> A contemplar los cielos
> El firmamento
> Y las estrellas mil
> A oír tu voz
> En los potentes truenos
> Y ver brillar el sol en su cenit
>
> Mi corazón entona la canción
> Cuán grande es Él
> Cuán grande es Él
> Mi corazón entona la canción
> Cuán grande es Él
> Cuán grande es Él

29. Es interesante ver que, los teístas del libre albedrío permiten que Dios intervenga ocasionalmente de forma coercitiva para garantizar la realización de sus objetivos. William Hasker, "A Philosophical Perspective," en *The Openness of God*, p. 142; David Basinger, "Practical Implications," en *The Openness of God*, p. 159. Sin embargo, si esto es así, la diferencia entre el punto de vista abierto y la manera de entender el teísmo tradicional que tienen los teístas del libre albedrío no es de clase, sino de grado: para los dos tipos de teólogos Dios interviene o coacciona pero con menos frecuencia para los primeros que para los segundos.

30. Ej., Ronald Nash, *The Concept of God: An Exploration of Contemporary Difficulties with the Attributes of God* (Grand Rapids: Zondervan, 1983), pp. 35-36; Norman Geisler, "Process Theology," en *Tensions in Contemporary Theology*, ed. Stanley N. Gundry y Alan F. Johnson (Chicago: Moody, 1976), p. 268.

31. Para una exposición y una crítica más extensa a la teoría de la apertura de Dios, ver de este mismo autor: *The Attributes of God* (Grand Rapids: Baker, 1998).

# 14. La bondad de Dios

## Objetivos del capítulo

Al finalizar este capítulo, debería ser capaz de:

- Nombrar y describir todos los atributos de Dios que constituyen su pureza moral, integridad y amor.
- Entender la relación entre las cualidades morales de Dios y la armonía que existe entre esas cualidades.
- Evaluar adecuadamente la relación entre el amor y la justicia de Dios y mostrar cómo ambos atributos están en armonía mutua.
- Fomentar la comprensión que conducirá al incremento de la confianza, el amor y el compromiso hacia un Dios benevolente y amoroso.
- Identificar algunos métodos que se utilizan para entender los atributos de Dios.
- Desarrollar una comprensión de la naturaleza de Dios que proporcione una base para la práctica personal en la vida cristiana.

## Resumen del capítulo

La bondad de Dios se puede descubrir en todas las relaciones con sus criaturas. Se demuestra más eficazmente en sus atributos morales de pureza, integridad y todo el complejo de características que se identifican como su amor. A veces se cree que estos atributos están en conflicto unos con otros, como ocurre en el caso de la justicia y el amor. Sin embargo, cuando se ven de forma correcta, esto no es así. Algunos han sugerido otros métodos para entender la naturaleza de Dios. Pero el método de extraer inferencias de las declaraciones bíblicas sobre Dios es el más satisfactorio.

## Cuestiones de estudio

1. ¿Qué importancia tiene la santidad de Dios y por qué es tan difícil para los humanos entender este aspecto de la naturaleza de Dios?
2. ¿Cuáles son los atributos morales de Dios y por qué son necesarios para un entendimiento adecuado de su verdadera naturaleza?

3. ¿Qué quiere decir el autor cuando declara que "la autenticidad es la dimensión más básica de la veracidad"?
4. ¿Cómo nos ayuda nuestra manera de entender a Jesús a entender especialmente el amor de Dios?
5. Algunos sostienen que existe tensión entre la pureza moral de Dios y su amor. ¿Cómo respondería a esa acusación?
6. ¿Qué problemas están asociados con los intentos especulativos de investigar los atributos de Dios? ¿Cómo hará para descubrir sus atributos?

Cualidades morales
- Pureza moral
  - Santidad
  - Rectitud
  - Justicia
- Integridad
  - Autenticidad
  - Veracidad
  - Fidelidad
- Amor
  - Benevolencia
  - Gracia
  - Misericordia
  - Persistencia

El amor y la justicia de Dios: ¿Un punto de tensión?
La mejor manera de investigar los atributos de Dios

## Cualidades morales

Si las cualidades de grandeza que describimos en el capítulo anterior fueran sólo los únicos atributos de Dios, es concebible que él pueda ser un ser moral o amoral, que ejerce su poder y conocimiento de manera caprichosa e incluso cruel. Pero como tiene atributos de bondad también así como de grandeza, se puede confiar en él y amarle. En este capítulo consideraremos sus cualidades morales, esto es, las características de Dios como ser moral. Por conveniencias de estudio, clasificaremos sus atributos morales básicos en pureza, integridad y amor.

### *Pureza moral*

Por pureza moral entendemos que Dios está absolutamente libre de todo lo perverso y maligno. Su pureza moral incluye las dimensiones de (1) santidad, (2) rectitud y (3) justicia.

### Santidad

Hay dos aspectos básicos de la santidad de Dios. El primero es su singularidad. Está totalmente separado de toda la creación. Esto es lo que Louis Berkhof llamaba "majestad-santidad" de Dios.[1] La singularidad de Dios queda expresada en Éxodo 15:11: "¿Quién como tú, JEHOVÁ, entre los dioses? ¿Quién como tú, magnífico en santidad, terrible en maravillosas hazañas, hacedor de prodigios?" Expresiones similares de lo sublime, de lo exaltado, del esplendor de Dios, se encuentran en 1 Samuel 2:2 e Isaías 57:15. Isaías vio al Señor "sentado en un trono alto y sublime". Los cimientos se estremecieron y la casa se llenó de humo. El serafín daba voces diciendo: "Santo, santo, santo, Jehová de los ejércitos" (Is. 6:1-4). La palabra hebrea para "santo" קָדוֹשׁ *(qadosh)* significa "distinguido" o "apartado del uso común, ordinario." El verbo del que se deriva sugiere "cortar," "separar." Mientras que en las religiones de los pueblos alrededor de Israel el adjetivo santo se aplicaba libremente a los objetos, acciones y personas implicadas en la alabanza, en la alabanza del pacto de Israel se utilizaba muy libremente para referirse a la Deidad misma.[2]

El carácter sagrado de Dios a menudo se comunica con objetos y lugares asociados con él. Por ejemplo, en el incidente de la zarza ardiendo se le pidió a Moisés que se quitara los zapatos ya que el lugar en el que estaba era sagrado (Éx. 3). De la misma manera cuando Dios descendió al monte Sinaí, el lugar estaba separado del campamento israelita. Sólo Moisés podía subir a la montaña o tan siquiera tocar el borde de la misma (Éx. 19). Restricciones similares se aplicaban al tabernáculo y más tarde al templo. El Lugar santísimo quedaba separado del Lugar santo por un velo (Éx. 26:33; 1 R. 6:16). El acceso estaba prohibido para todos excepto para el sumo sacerdote que entraba allí una vez al año. La reacción adecuada a la santidad de Dios, a ese estar separado, es la de recogimiento, la reverencia y el silencio. "¡Alaben tu nombre grande y temible! ¡Él es santo!" (Sal. 99:3).

El otro aspecto de la santidad de Dios es su absoluta pureza o bondad. Esto significa que el mal del mundo no le puede tocar ni manchar. En ningún sentido participa de ese mal. Fíjese en la manera en que Habacuc 1:13 se dirige a Dios: "Muy limpio eres de ojos para ver el mal, ni puedes ver el agravio." Santiago 1:13 dice que Dios no puede ser tentado por el mal. A este respecto es completamente distinto a los dioses de otras religiones. Esos dioses con frecuencia se implican en el mismo tipo de comportamiento pecaminoso que el que tienen sus seguidores. Sin embargo, Jehová está libre de esos actos. Job 34:12 dice: "Sí, por cierto, Dios no hará injusticia; el Omnipotente no pervertirá el derecho."

1. Louis Berkhof, *Systematic Theology* (Grand Rapids: Eerdmans, 1953), p. 73.
2. Francis Brown, S. R. Driver y Charles A. Briggs, *A Hebrew and English Lexicon of the Old Testament* (Oxford: Clarendon, 1955), p. 872.

La perfección de Dios es el estándar para nuestro carácter moral y la motivación para la práctica religiosa. Todo el código moral se deduce de su santidad. Al pueblo de Israel se le dijo: "Yo soy JEHOVÁ, vuestro Dios. Vosotros por tanto os santificaréis y seréis santos, porque yo soy santo. Así que no contaminéis vuestras personas con ningún animal que se arrastre sobre la tierra. Yo soy Jehová, que os hago subir de la tierra de Egipto para ser vuestro Dios: seréis, pues, santos, porque yo soy santo." (Lv. 11:44-45). El mismo pensamiento se expresó en Levítico 19:2 y en Mateo 5:48. Como Dios no tiene defectos, se espera la misma cualidad de los objetos o personas dedicados a él. Los sacerdotes no tienen que tener ningún defecto físico. Y lo mismo pasa con los animales que se le sacrifican. Los devotos no pueden traerle animales con defectos, al contrario, tienen que ser animales perfectos (Lv. 1:3, 10; 3:1, 6; 4:3).

Aquí nos encontramos con una dimensión básica e importante de la naturaleza de Dios. La santidad de Dios se resalta en toda la Biblia, pero especialmente en las descripciones del Antiguo Testamento. Su importancia se puede ver en la cantidad de veces en que se hace referencia a ella y en el énfasis con el que se destaca. Algunos han sugerido que es el atributo más importante de Dios.[3] Si es o no una deducción deseable o legítima, la santidad al menos es un atributo muy importante de Dios. Y tiene implicaciones de gran repercusión.

Los escritores bíblicos resaltan de forma repetida que los creyentes tienen que parecerse a Dios. Por lo tanto, como Dios es santo, sus seguidores tienen que serlo también. Ya hemos señalado las referencias en Levítico 11:44-45 y en Mateo 5:48. Dios no sólo está libre personalmente de todas las inmoralidades y del mal, es incapaz de soportar su presencia. Es, por así decirlo, alérgico al pecado y al mal. Los suyos deben por lo tanto tratar de tener esa misma santidad que es tan básica en su naturaleza. Isaías, después de ver a Dios, fue mucho más consciente de su impureza. Se desesperaba: "¡Ay de mí que soy muerto!, porque siendo hombre inmundo de labios y habitando en medio de pueblo que tiene labios inmundos, han visto mis ojos al Rey, JEHOVÁ de los ejércitos" (Is. 6:5). De forma similar, Pedro, cuando el suceso de la pesca milagrosa, dándose cuenta de quién era Jesús dijo: "Apártate de mí, Señor, porque soy hombre pecador" (Lc. 5:8). Cuando medimos nuestra santidad no por nuestro propio estándar o el de otros seres humanos, sino por el de Dios, resulta clara la necesidad de un cambio completo de condición moral y espiritual.

Pablo resalta la idea de que aquellos a los que Dios llama para que sean su pueblo deben separarse de las cosas impuras y estar completamente santos (2 Co. 6:14-7:1). La misma idea la podemos encontrar en 1 Tesalonicenses 3:13 y 4:7. En una evidente referencia al requerimiento de estar sin mancha y ser completamente perfectos del Antiguo Testamento, Pablo señala que la iglesia

3. Augustus H. Strong, *Systematic Theology* (Westwood, N.J.: Revell, 1907), p. 297.

también tiene que ser completamente santa: "a fin de presentársela a sí mismo, una iglesia gloriosa, que no tuviera mancha ni arruga ni cosa semejante, sino que fuera santa y sin mancha." (Ef. 5:27). Además de la santidad personal, la alabanza y la reverencia son consecuencias naturales de ver a Dios en ese estado de limpieza perfecta y de santidad. Salmos 99:9 dice: "Exaltad a JEHOVÁ, nuestro Dios y postraos ante su santo monte, porque JEHOVÁ, nuestro Dios es santo." Pensamientos muy similares se encuentran en Apocalipsis 15:4: "¿Quién no te temerá Señor, y glorificará tu nombre?"

### *Rectitud*

La segunda dimensión de la pureza moral de Dios es su rectitud. Esto es, por así decirlo, la santidad de Dios aplicada a sus relaciones con otros seres. La rectitud de Dios significa, en primer lugar, que la ley de Dios, siendo una expresión verdadera de su naturaleza, es tan perfecta como él. El Salmo 19:7-9 lo expresa de la siguiente manera: "La ley de JEHOVÁ es perfecta: convierte el alma; el testimonio de JEHOVÁ es fiel: hace sabio al sencillo. Los mandamientos de JEHOVÁ son rectos: alegran el corazón; el precepto de JEHOVÁ es puro: alumbra los ojos. El temor de JEHOVÁ es limpio: permanece para siempre; los juicios de JEHOVÁ son verdad: todos justos." En otras palabras, Dios manda solo lo que es justo, y lo que por tanto tendrá un efecto positivo en el creyente que obedece.

La rectitud de Dios también significa que sus acciones están de acuerdo con la ley que él mismo ha establecido. Él es la expresión activa de lo que pide a otros. Por ejemplo, Abraham dice a Jehová: "Lejos de ti el hacerlo así, que hagas morir al justo con el impío y que el justo sea tratado como el impío. ¡Nunca tal hagas! El Juez de toda la tierra, ¿no ha de hacer lo que es justo?" (Gn. 18:25). El mismo Dios dice: "que yo soy JEHOVÁ, que hago misericordia, juicio y justicia en la tierra, porque estas cosas me agradan" (Jer. 9:24). Como Dios es recto, según el estándar de su propia ley, podemos confiar en él.

Una cuestión que ha sido tema de debate en la historia del pensamiento cristiano es: ¿Qué hace que ciertas acciones sean buenas y otras sean malas? En tiempos medievales una escuela de pensamiento, la realista, mantenía que Dios escoge lo correcto porque es correcto.[4] Lo que él decía que era bueno, no podía ser de otra manera, ya que hay un bien intrínseco en la bondad y un mal inherente a la crueldad. Otra escuela de pensamiento, el nominalismo, afirmaba que es la elección de Dios lo que hace que una cosa sea correcta. Podría haber elegido de otra manera; si lo hubiera hecho así, lo bueno habría sido algo bastante diferente a lo que es.[5] En realidad, la posición bíblica está entre el realismo y el nominalismo. La verdad no es algo arbitrario, de manera que la crueldad y el

4. Ej., Anselmo, *Cur Deus homo* 1.12.
5. Guillermo de Ockham, *Reportatio*, libro 3, cuestiones 13C, 12CCC.

asesinato serían buenos si Dios así lo declarase. Al tomar decisiones, Dios sigue un estándar objetivo de lo que es correcto y lo que es incorrecto, un estándar que forma parte de la estructura misma de la realidad. Pero ese estándar al que Dios se adhiere no es externo a Dios: es su propia naturaleza.

Sin embargo, esto plantea otra cuestión: ¿Dios es egoísta? Se nos ha dicho que el egoísmo es una forma muy grave de pecado: buscar nuestro propio bienestar y comodidad sin pensar o incluso en detrimento de otros. Algunos irían más lejos y proclamarían que el egoísmo es la raíz, la verdadera base del pecado.[6] Sin embargo, aquí Dios parece estar violando su propio mandamiento en contra del egoísmo, ya que su objetivo más importante es aparentemente su propia gloria.

Es necesario que miremos con más atención el pecado humano del egocentrismo. La esencia del pecado no está en preferirnos a nosotros en vez de a otros, sino en preferir una cosa finita antes que el valor supremo, Dios. Por lo tanto, incluso preferir de forma no egoísta a una persona por encima de Dios es malo. El primer gran mandamiento es amar a Dios con todo nuestro corazón, nuestra alma, nuestra fuerza y nuestra mente (Lc. 10:27). El segundo mandamiento es amar a los demás como a nosotros mismos. Poner el segundo mandamiento delante del primero es una equivocación y es pecado.

Por lo tanto, que Dios haga de su propia gloria el objetivo supremo no está en conflicto con su mandamiento contra el egocentrismo. De hecho, haciendo de su gloria el objetivo supremo realmente cumple ese mandamiento. Entonces, no ha dicho: "Haz lo que digo, no lo que hago." Como valor supremo del universo, fuente de la cual procede todo, Dios debe escoger su propia gloria por encima de todo. Hacer cualquier otra cosa efectivamente sería un caso de idolatría.

### Justicia

Dios no sólo actúa en conformidad con su ley, también administra su reino de acuerdo con ella. Esto es, exige que otros cumplan la ley. La rectitud descrita en la sección anterior es la rectitud personal o individual de Dios. Su justicia es su rectitud oficial, su exigencia de que otros agentes morales se adhieran también a los estándares. Dios es, en otras palabras, como un juez que como individuo particular se adhiere a la ley de la sociedad y que en su capacidad oficial administra esa misma ley para que sea cumplida por otros.

Las Escrituras dejan claro que el pecado tiene consecuencias definidas, que al final acaban ocurriendo, más pronto o más tarde. En Génesis 2:17 leemos la advertencia de Dios a Adán y Eva: "del árbol del conocimiento del bien y del mal no comerás, porque el día que de él comas, ciertamente morirás." Advertencias similares podemos encontrarlas a lo largo de las Escrituras, incluida la declaración

6. Strong, *Systematic Theology*, pp. 567-73.

de Pablo de que "la paga del pecado es la muerte" (Ro. 6:23). Deuteronomio 7:10, Salmos 58:11 y Romanos 12:19 indican que Dios castigará el pecado, ya que el pecado intrínsecamente merece ser castigado. Deteriora la estructura misma de la economía espiritual divina, y este deterioro o desequilibrio debe ser subsanado. No sólo el mal, también el bien acaba recibiendo sus recompensas. Deuteronomio 7:9 expresa esto claramente: "Conoce, pues, que Jehová, tu Dios, es Dios, Dios fiel, que guarda el pacto y la misericordia a los que le aman y guardan sus mandamientos, hasta por mil generaciones."

La justicia de Dios significa que administra su ley con equidad, sin mostrar favoritismo ni parcialidad. Sólo los actos de una persona, no su puesto en la vida, se toman en cuenta a la hora de establecer las consecuencias o las recompensas. Así Dios condenó en los tiempos bíblicos a los jueces que, aunque estaban encargados de servir a sus representantes, aceptaban sobornos para alterar sus juicios (ej. 1 S. 8:3; Am. 5:12). La razón de su condena fue que el mismo Dios, al ser justo, esperaba ese mismo comportamiento en los encargados de administrar su ley.

Sin embargo, a veces la regla de Dios no parece justa. Los que llevan vidas pecaminosas no siempre son castigados, y la rectitud con frecuencia parece quedarse sin recompensa. El Salmo 73 refleja la prosperidad aparente de los malvados. Están sanos y parecen libres de los problemas que otros padecen. Esta observación también la hacemos nosotros con frecuencia. En el pasado a menudo hemos escuchado el eslogan "El delito no paga." Sin embargo, el delito con frecuencia paga y a veces de forma bastante elegante. Los jefes del crimen organizado a menudo acumulan fortunas enormes y pueden tener también salud, mientras que algunos creyentes virtuosos son pobres, están enfermos o sufren la pérdida trágica de sus seres queridos. Y esta aparente iniquidad continúa año tras año. ¿Cómo permite Dios esto?

Este problema forma parte del problema más amplio que es el mal, que recibirá un tratamiento más extenso en el capítulo 20. Sin embargo, en este momento, sería útil señalar lo que descubrió el salmista. Cuando fue al santuario de Dios, percibió el fin de los malvados. Vio que finalmente serían destruidos (Sal. 73:17-20, 27). Por otra parte vio que él sería guiado por el consejo de Dios y finalmente recibido en gloria (v. 24). La justicia de Dios no se debe evaluar a corto plazo. Durante el transcurso de esta vida a menudo quedará incompleta o será imperfecta, pero hay otra vida, en la que la justicia de Dios se completará.[7]

Como en el caso de la santidad, Dios espera que sus seguidores emulen su rectitud y justicia. Tenemos que adoptar su ley y sus preceptos como estándar. Tenemos que tratar a los demás de forma equitativa y justa (Am. 5:15, 24; Stgo. 2:9) porque esto es lo que hace Dios.

7. C. S. Lewis, *The Problem of Pain* (New York: Macmillan, 1962), pp. 144-54.

### *Integridad*

El conjunto de atributos que estamos clasificando como integridad se relaciona con la materia de la verdad. Hay tres dimensiones de verdad: (1) autenticidad – ser verdad; (2) veracidad – decir la verdad; y (3) fidelidad – demostrar ser verdad. Aunque pensamos que la veracidad es principalmente decir la verdad, la autenticidad es la dimensión más básica de la verdad.

### *Autenticidad*

La autenticidad de Dios significa que es un Dios real. Muchas de las consideraciones aducidas en conexión con el atributo de la vida también son aplicables aquí. En contraste con muchos de los dioses falsos y espurios con los que estuvo en contacto Israel, su Señor es el verdadero Dios, como señala la palabra hebrea אֱמֶת *('emeth)*, que se corresponde con el adjetivo griego ἀληθινός *(alethinos)*.

En Jeremías 10, el profeta describe con bastante sátira los objetos que algunos humanos adoran. Construyen ídolos con sus propias manos, y después los adoran, aunque estos objetos no pueden hablar o caminar (v. 5). Sin embargo, se dice del Señor: "Más Jehová es el Dios verdadero: él es el Dios vivo y el Rey eterno" (v. 10). En Juan 17:3, Jesús se dirige al Padre como al único Dios verdadero (ἀληθινός). Hay referencias similares en 1 Tesalonicenses 1:9; 1 Juan 5:20 y Apocalipsis 3:7 y 6:10.

Dios es real; no ha sido fabricado, construido o imitado, como las otras pretendidas deidades. En un mundo en el que hay tantas cosas artificiales, nuestro Dios es real. Es lo que parece ser. Esta es una gran parte de su veracidad. El vicepresidente de asuntos públicos de una universidad cristiana solía decir: "Las relaciones públicas son nueve décimos de ser lo que dices que eres y un décimo de decirlo modestamente." Dios no sólo parece encarnar las cualidades de grandeza y bondad que estamos examinando. Realmente *es* todos estos atributos.

### *Veracidad*

La veracidad divina significa que Dios representa las cosas tal como son. Ya sea hablando de él mismo o de parte de su creación, lo que Dios dice es exacto. Samuel le dice a Saúl: "El que es la Gloria de Israel no mentirá ni se arrepentirá, porque no es hombre para que se arrepienta" (1 S. 15:29). Pablo habla del Dios "que no miente" (Tit. 1:2). Y en Hebreos 6:18 leemos que cuando Dios añadió el juramento a su promesa, había "dos cosas inmutables, en las cuales es imposible que Dios mienta." Jesús dijo que la palabra de Dios es la verdad (Jn. 17:17). Fíjese en que estos pasajes confirman más que el mero hecho de que Dios no miente ni mentirá. Dios *no puede* mentir, porque la mentira es contraria a su misma naturaleza.

¿La veracidad significa que se puede confiar siempre en lo que Dios dice? ¿O significa simplemente que él a sabiendas nunca dirá una cosa que no sea verdad? Sin embargo, la omnisciencia de Dios se combina con su veracidad para garantizar la verdad de todo lo que nos dice.

Dios ha pedido a su pueblo que sea honesto en todas las situaciones, tanto en lo que afirman como en lo que implican. De este modo, por ejemplo, los israelitas tenían que tener una única pesa en su bolsa. Aunque algunas personas tenían dos pesas una que utilizaban para sus compras y otra para sus ventas. El pueblo de Dios tenía que utilizar una misma pesa para ambas cosas (Dt. 25:13-15). El pueblo de Dios tiene que ser completamente honesto en la presentación del mensaje del evangelio también. Aunque algunos pueden racionalizar que la importancia del fin justifica la utilización de medios de distorsión. Pablo deja claro que "renunciamos a lo oculto y vergonzoso, no andando con astucia, ni adulterando la palabra de Dios. Por el contrario, manifestando la verdad nos recomendamos, delante de Dios, a toda conciencia humana" (2 Co. 4:2). A un Dios de verdad se le sirve mejor presentando la verdad.

### *Fidelidad*

Si la autenticidad de Dios es ser verdad y su veracidad es que diga la verdad, entonces la fidelidad significa que él ha demostrado ser verdad. Dios mantiene todas sus promesas. Debido a su capacidad y poder ilimitados, nunca se puede comprometer a hacer algo que sería incapaz de hacer. Nunca tiene que revisar su palabra o renegar de una promesa. Como Balaam dijo a Balac: "Dios no es un hombre para que mienta; ni hijo de hombre para que se arrepienta. ¿Acaso dice y no hace? ¿Acaso promete y no cumple?" (Núm. 23:19). Pablo es más conciso: "Fiel es el que os llama, el cual también lo hará" (1 Ts. 5:24). Descripciones similares de Dios como fiel se encuentran en 1 Corintios 1:9; 2 Corintios 1:18-22; 2 Timoteo 2:13 y 1 Pedro 4:19.

La fidelidad de Dios se demuestra de forma repetida a lo largo de todas las páginas de las Escrituras. Él siempre cumple lo que dijo que haría. Su promesa a Abraham de un hijo se cumplió cuando Abraham y Sara tenían setenta y cinco y sesenta y cinco años de edad respectivamente. Sara ya había pasado la edad de tener hijos y además era estéril. La promesa se repitió después de veinticinco años; pero sin signos del esperado heredero, incluso Abraham perdió la esperanza de que Dios cumpliera la promesa y actuó por sí mismo para tener un hijo (Ismael). Sin embargo, Dios demostró su fidelidad: el hijo que había prometido nació (Isaac). Años más tarde, Dios le ordenó a Abraham matar a ese hijo. Una vez más demostró ser fiel proporcionando un sustituto para el sacrificio. De la misma manera, parecía improbable que el pueblo de Israel llegara a poseer un día la tierra prometida debido a la esclavitud que le mantenía unido a Egipto. Las bendiciones prometidas a la nación parecían dudosas cuando estaban en cautividad. Y la primera promesa (Gn. 3:15) de un Redentor parecía muy lejos de cumplirse. Sin embargo, en todas estas situaciones, el Señor demostró ser fiel a sus promesas.

Como en sus otros atributos morales, el Señor espera que los creyentes emulen su fidelidad. El pueblo de Dios no debe dar su palabra a la ligera. Y cuando dan su palabra, tienen que mantenerse fieles a ella (Ecl. 5:4-5). Deben mantener no solo las promesas hechas a Dios (Sal. 61:5, 8; 66:13), sino también las que hacen a otros seres humanos (Js. 9:16-21).

### Amor

Cuando pensamos en atributos morales de Dios, quizá lo primero que viene a nuestra mente sea el grupo de atributos que aquí clasificamos como amor. Muchos lo consideran el atributo básico, la auténtica naturaleza o definición de Dios.[8] Hay base para esto en las Escrituras. Por ejemplo en 1 Juan 4:8 y 16 leemos: "El que no ama no ha conocido a Dios, porque Dios es amor... y nosotros hemos conocido y creído el amor que Dios tiene para con nosotros. Dios es amor, y el que permanece en amor permanece en Dios y Dios en él." Segunda Corintios 13:11 habla del "Dios de paz y de amor." En general, el amor de Dios se puede entender como su eterno darse y compartirse a sí mismo. Como tal, el amor siempre ha estado presente entre los miembros de la Trinidad, incluso antes de que hubiera seres creados. Jesús dijo: "Pero para que el mundo conozca que amo al Padre, y como el Padre me mandó, así hago" (Jn. 14:31). Mateo 3:17 cuenta que una voz procedente del cielo le dijo a Jesús: "Este es mi Hijo amado, en quien tengo complacencia." Las dimensiones básicas del amor de Dios para nosotros son: (1) benevolencia, (2) gracia, (3) misericordia y (4) persistencia.

#### Benevolencia

La benevolencia es una dimensión básica del amor de Dios. Con esto queremos decir la preocupación de Dios por el bienestar de los que ama. Él, sin egoísmo, busca nuestro bienestar último. De las numerosas referencias bíblicas, Juan 3:16 es probablemente la más conocida: "De tal manera amó Dios al mundo, que ha dado a su Hijo unigénito, para que todo aquel que en él cree no se pierda, sino que tenga vida eterna." Las referencias a la benevolencia de Dios no se restringen al Nuevo Testamento. Por ejemplo en Deuteronomio 7:7-8 leemos: "No por ser vosotros el más numeroso de todos los pueblos os ha querido Jehová y os ha escogido, pues vosotros erais el más insignificante de todos los pueblos, sino porque Jehová os amó y quiso guardar el juramento que hizo a vuestros padres, por eso os ha sacado Jehová con mano poderosa."

El amor de Dios es un interés altruista por nuestro propio bien. Es *agape*, no *eros*. En Juan 15 Jesús distingue entre la relación amo – sirviente (o jefe – empleado) y la relación de amigo a amigo. Es esta última la relación que carac-

8. Ej., Eberhard Jüngel, *God as the Mystery of the World*, trad. Darrell L. Gruder (Grand Rapids: Eerdmans, 1983), p. 314.

teriza al creyente y al Salvador. Está claro que Jesús consideraba el amor como la base de su relación porque al describirla utiliza la palabra amor en forma de sustantivo o de verbo nueve veces en el transcurso de nueve versículos (vv. 9-17). Su interés vital en los creyentes es evidente en el versículo 11: "Estas cosas os he hablado para que mi gozo esté en vosotros, y vuestro gozo sea completo." Continúa diciendo: "Nadie tiene mayor amor que este, que uno ponga su vida por sus amigos" (v. 13). Sin embargo, Jesús no sólo dio su vida por sus amigos, por aquellos que le querían y apreciaban lo que hacía por ellos, sino también por sus enemigos, los que le despreciaron y rechazaron. Nuestra relación con Dios es la de amigo a amigo más que una relación de jefe a empleado. Murió por sus enemigos, aunque no recibió nada a cambio. Un jefe puede estar interesado en el bienestar de su empleado por lo que este pueda hacer por él. La salud de los empleados es importante, porque un empleado sano puede producir más para la empresa que un empleado que no esté sano. Sin embargo, Jesús es un amigo. Le preocupa que estemos bien sólo por nuestro propio bien y no por lo que puede conseguir de nosotros. Dios no nos necesita. Puede conseguir lo que desea sin nosotros aunque él ha decidido obrar a través nuestro. Por lo tanto, su amor por nosotros y por las otras criaturas es completamente desinteresado.

Esta cualidad del amor divino de darse a sí mismo de forma desinteresada se ve en lo que Dios ha hecho. El amor de Dios al enviar a su Hijo para que muera por nosotros no se debió a que nosotros le amáramos antes. El apóstol Juan dice: "En esto consiste el amor: no en que nosotros hayamos amado a Dios, sino en que él nos amó a nosotros y envió a su Hijo en propiciación por nuestros pecados" (1 Jn. 4:10). Romanos 5:6-10 elabora el mismo tema. Fíjese especialmente en el versículo 8 ("Pero Dios muestra su amor para con nosotros, en que siendo aún pecadores, Cristo murió por nosotros.") y en el versículo 10 ("porque si siendo enemigos, fuimos reconciliados con Dios por la muerte de su Hijo, mucho más estando reconciliados, seremos salvos por su vida"). Como Dios es amor, la descripción de amor en 1 Corintios 13 es también una descripción de él. El amor es sufrido y benigno, no tiene envidia, no es jactancioso, no se envanece, no hace nada indebido; no busca lo suyo; no se irrita, no guarda rencor; no se goza de la injusticia sino de la verdad. Todo lo sufre, todo lo cree, todo lo espera, todo lo soporta.

El amor divino no sólo toma la iniciativa para crear la base de la salvación enviando a Jesucristo, sino que también nos busca continuamente. Las tres parábolas de Jesús en Lucas 15 resaltan esto con fuerza. El pastor deja las noventa y nueve ovejas en el desierto y va en busca de la perdida, aunque nada en la descripción nos indica que fuera especialmente atractiva o deseable. La mujer que perdió una moneda la busca con diligencia. Y aunque el padre del hijo pródigo no va a buscarlo, espera constantemente el retorno de su hijo. Toma la iniciativa de darle la bienvenida a su hijo, cuidándole e incluso ordenando una celebración.

Cuando pensamos en el amor de Dios, surge un dilema, relacionado con el problema expuesto anteriormente del supuesto egocentrismo de Dios. ¿Dios nos ama por su propio bien, poniendo en peligro aparentemente el carácter entregado, desinteresado de su amor? ¿O nos ama por nuestro propio bien, poniendo por tanto en peligro aparentemente su estatus de valor supremo? El primero parece comprometer el amor de Dios, el último su gloria. Sin embargo, existe una tercera posibilidad. Dios nos ama por nuestra semejanza con él, semejanza que él nos ha dado al crearnos (Gn. 1:27). Por lo tanto, él en realidad se ama a sí mismo en nosotros. Sin embargo, nuestra semejanza con él, no es algo que nosotros hayamos hecho, sino que está presente en nosotros por su naturaleza entregada y desinteresada. Dios nos ama por lo que puede darnos o hacernos, tanto en el acto de nuestra creación como en su relación continuada con nosotros. Su amor es una disposición de afecto hacia nosotros, un sentimiento de preocupación desinteresada y una resolución de actuar hacia nosotros para procurar nuestro bienestar.

La benevolencia de Dios, su forma de cuidar y proveer para aquellos a los que ama, se puede ver de muchas maneras. Dios cuida y provee incluso para la creación infrahumana. El salmista escribe: "Abres tu mano y colmas de bendición a todo ser viviente" (Sal. 145:16). Jesús enseñó que el Padre alimentaba las aves del cielo y vestía a los lirios del campo (Mt. 6:26,28). Ni un pajarillo puede caer a tierra sin que el Padre lo permita (Mt. 10:29). El principio de que Dios es benevolente con su provisión y protección se extiende en los dos últimos pasajes a sus hijos humanos también (Mt. 6:25, 30-33; 10:30-31). Aunque solemos tomarnos estas promesas en cierta manera como algo exclusivo para nosotros, los creyentes, la Biblia señala que Dios es benevolente con toda la raza humana. Él "hace salir su sol sobre malos y buenos y llover sobre justos e injustos" (Mt. 5:45). Pablo dijo en Listra que Dios había mostrado bondad "dándonos lluvias del cielo y tiempos fructíferos, llenando de sustento y de alegría nuestros corazones" (Hch. 14:17). Dios intrínsecamente no sólo piensa de forma positiva en los objetos de su amor, también actúa para su bienestar. El amor es algo activo.

### *Gracia*

La gracia es otro de los distintos atributos que forman parte del amor de Dios. Con esto queremos decir que Dios trata a su gente no por sus méritos o por lo que valen, por lo que se merecen, sino simplemente según sus necesidades; en otras palabras, trata con ellos por su bondad y generosidad. Esta gracia tiene que distinguirse de la benevolencia (altruismo) que ya hemos descrito. La benevolencia simplemente es la idea de que Dios no busca su propio bien, sino el de los demás. Dios podría amar desinteresadamente, preocupándose por los demás, y seguir insistiendo en que este amor debe merecerse, y por lo tanto pedir que las personas hicieran algo u ofrecieran algo para ganarse los favores que van a recibir. Sin embargo, la gracia significa que Dios nos otorga favores que no merecemos.

Aunque, por supuesto, la gracia de Dios es prominente en el Nuevo Testamento, se ha sugerido que la imagen del Antiguo Testamento es bastante diferente. Marción hasta llegó a afirmar que estamos tratando con dos Dioses diferentes en los dos Testamentos: el Dios de la creación y de la justicia estricta del Antiguo Testamento, y el Dios del amor (Cristo) del Nuevo Testamento.[9] Sin embargo, muchos pasajes del Antiguo Testamento hablan de la gracia de Dios. En Éxodo 34:6, Dios dijo de sí mismo: "¡Jehová, Jehová! Dios fuerte, misericordioso y piadoso; tardo para la ira y grande en misericordia." Y en el Nuevo Testamento Pablo atribuye nuestra salvación a la gracia de Dios: "Por su amor, nos predestinó para ser adoptados hijos suyos por medio de Jesucristo, según el puro afecto de su voluntad, para alabanza de la gloria de su gracia, con la cual nos hizo aceptos en el Amado. En él tenemos redención por su sangre, el perdón de pecados según las riquezas de su gracia, que hizo sobreabundar para con nosotros en toda sabiduría e inteligencia" (Ef. 1:5-8). Nótese la idea de abundancia en ambos pasajes.

Hay pasajes en el Nuevo Testamento que son incluso más explícitos a la hora de relacionar la salvación con el don extravagante de la gracia de Dios. Por ejemplo, Pablo dice en Efesios 2:7-9: "para mostrar en los siglos venideros las abundantes riquezas de su gracia en su bondad para con nosotros en Cristo Jesús, porque por gracia sois salvos por medio de la fe; y esto no de vosotros , pues es don de Dios. No por obras, para que nadie se gloríe." En Tito, Pablo resalta de nuevo esta obra de la gracia de Dios: "La gracia de Dios se ha manifestado para salvación a toda la humanidad" (Tit. 2:11). Después, tras describir las profundidades de los pecados de la humanidad (3:3) dice: "Pero cuando se manifestó la bondad de Dios nuestro salvador, y su amor para con la humanidad, nos salvó, no por obras de justicia que nosotros hubiéramos hecho, sino por su misericordia, por el lavamiento de la regeneración y por la renovación en el Espíritu Santo,... para que, justificados por su gracia, llegáramos a ser herederos conforme a la esperanza de la vida eterna" (3:4-7). La salvación es sin duda el don de Dios. A veces la justicia de Dios queda impugnada por el hecho de que unos reciben esa gracia y otros no. Lo sorprendente, sin embargo, es que alguno se salve, porque si Dios diese a todos lo que se merecen, ninguno se salvaría.

### Misericordia

La misericordia de Dios es su compasión tierna y amorosa por su pueblo. Es su ternura de corazón hacia los necesitados. Si la gracia considera a los humanos pecadores, culpables y condenados, la misericordia les ve como miserables

9. Ver Tertuliano, *Adversus Marcionem*.

y necesitados. Palabras como חֶסֶד *(chesed)*, רַחַם *(racham)* y ἔλεος *(eleos)* dan expresión a esta dimensión del amor de Dios. El salmista dice: "Como el padre se compadece de los hijos, se compadece JEHOVÁ de los que lo temen" (Sal. 103:13). Ideas similares encontramos en Deuteronomio 5:10 y Salmos 57:10; 86:5. El atributo de misericordia se ve en la preocupación compasiva de Jehová por el pueblo de Israel que estaba esclavizado por los egipcios. Él oyó su clamor y conoció sus angustias (Éx. 3:7). También se ve en la compasión que Jesús sentía hacia los que acudían a él con padecimientos físicos (Mr. 1:41). Su condición espiritual también le conmovía (Mt. 9:36). A veces ambos tipos de necesidades iban unidas. Por lo tanto, al describir el mismo incidente, Mateo habla de que Jesús sentía compasión y sanaba a los heridos (Mt. 14:14), mientras que Marcos habla de tener compasión y enseñar muchas cosas (Mr. 6:34). Mateo en alguna otra parte combina ambas ideas. Cuando Jesús vio las multitudes desamparadas como ovejas que no tienen pastor tuvo compasión por ellas. Recorría las ciudades "enseñando en las sinagogas de ellos, predicando el evangelio del Reino y sanando toda enfermedad y toda dolencia" (Mt. 9:35-36).

### *Persistencia*

Una última dimensión del amor de Dios es la persistencia. El término hebreo aquí es אֶרֶךְ אַפַּיִם *('erek 'appayin* – Éx. 34:6) y el griego es μακροθυμία (*makrothumia*, lentitud para el enojo). Leemos sobre la persistencia de Dios en Salmos 86:15; Romanos 2:4; 9:22; 1 Pedro 3:20 y 2 Pedro 3:15. En todos estos versículos se representa a Dios conteniendo el juicio para seguir ofreciendo salvación y gracia durante largos periodos de tiempo.

La gran paciencia de Dios se manifestó en particular con Israel, como muestra de fidelidad hacia ellos. El pueblo de Israel repetidamente se rebeló contra Jehová, deseando volver a Egipto, rechazando el liderazgo de Moisés, haciendo ídolos para adorarlos, adquiriendo las prácticas de los pueblos de los alrededores y casándose con su gente. Debe haber habido momentos en los que el Señor se sintiera tentado a abandonar a su pueblo. Incluso los hititas o los moabitas debían parecer una mejor opción por entonces. Una destrucción a gran escala de Israel en forma de diluvio habría sido más apropiada, sin embargo Dios no se separó de ellos.

Pero la paciencia de Dios no se limitaba a Israel. Pedro (1 P. 3:20) incluso sugiere que el diluvio se retrasó tanto para proporcionar la oportunidad de salvarse a aquellos que acabaron siendo destruidos. Hablando del día de la gran destrucción, Pedro también sugiere que la segunda venida se retrasa por la paciencia de Dios. No desea que "ninguno perezca, sino que todos procedan al arrepentimiento" (2 P. 3:9).

En una ocasión Pedro se acercó a Jesús (en nombre de los discípulos, sin duda) y preguntó con qué frecuencia debería perdonar a un hermano que hubiera pecado contra él: ¿siete veces? La respuesta de Jesús a Pedro, que se ha interpretado como "77 veces" o "490 veces," indica la naturaleza persistente, implacable del amor que tiene que caracterizar a los seguidores del Señor. El mismo Jesús demostró ese amor persistente con Pedro. Cuando Jesús le advirtió que negaría a su Señor, Pedro protestó vigorosamente. Aunque todos negaran a Jesús, él nunca lo haría. Jesús le advirtió que no sólo lo negaría una vez, sino tres, una profecía que pronto se cumplió. Pedro salió y lloró amargamente después de haber negado conocer a Jesús. Pero Jesús perdonó a Pedro esta vez, como había hecho con muchos otros fallos. De hecho, el ángel en el sepulcro pidió a las tres mujeres que dijeran a los discípulos *y a Pedro* que Jesús se iba a Galilea, donde les vería (Mr. 16:7). La fidelidad y la paciencia de Dios se manifestaron al no abandonar a otros creyentes que habían pecado y le habían fallado: Moisés, David, Salomón y muchos otros.

Como con los otros atributos de Dios, el amor también tiene que caracterizar al creyente. Jesús dejó esto claro. Dijo que cumpliendo su mandamiento sus discípulos permanecerían en su amor. Y ese mandamiento es: "Que os améis unos a otros como yo os he amado" (Jn. 15:12). Es más, cuando envió a sus discípulos, les dijo: "de gracia recibisteis, dad de gracia" (Mt. 10:8). Les enseñó a orar: "perdónanos nuestras deudas, como también nosotros perdonamos a nuestros deudores" (Mt. 6:12). Y les contó con desaprobación la parábola del siervo al que se le había perdonado una gran cantidad de dinero, pero luego se negó a perdonar una pequeña deuda a un consiervo (Mt. 18:23-35). Juan insistió en que la ausencia de actos de preocupación prácticos en una persona es indicativo de que la supuesta experiencia cristiana no es genuina y que el amor de Dios no reside en ella (1 Jn. 2:7-11; 3:11-18).

## El amor y la justicia de Dios: ¿Un punto de tensión?

Hemos tratado de muchas características de Dios, sin agotarlas de ninguna manera. Pero ¿qué pasa con las relaciones entre ellas? Supuestamente Dios es un ser unificado e integrado cuya personalidad es un todo armonioso. Entonces, no debería haber tensión entre los distintos atributos. Pero ¿realmente es así?

Un punto de tensión potencial suele estar en la relación entre el amor de Dios y su justicia. Por una parte, la justicia de Dios parece severa, exigiendo la muerte de los que pecan. Este es un Dios duro y fiero. Por otra parte, Dios es misericordioso, benévolo, clemente, paciente. ¿Estos rasgos no están en conflicto entre sí? Entonces, ¿existe tensión interna en la naturaleza de Dios?[10]

Si empezamos con las suposiciones de que Dios es un ser integrado y que los atributos divinos son armoniosos, definiremos los atributos dependiendo

10. Nels Ferré, *The Christian Understanding of God* (New York: Harper & Brothers, 1951), pp. 227-28.

unos de otros. Por tanto, la justicia es una justicia amorosa y el amor es un amor justo. La idea de que pueda haber un conflicto entre ambos puede haber surgido por la definición aislada de estos atributos. Aunque la concepción del amor apartado de la justicia, por ejemplo, pueda derivarse de fuentes externas, no es una enseñanza bíblica.

Lo que estamos diciendo es que el amor no se entiende completamente a menos que se vea junto con la justicia. Si el amor no incluye la justicia, es simple sentimentalismo. El enfoque que definiría el amor como algo que concede lo que otra persona quiere no es bíblico. Choca con dos impedimentos: (1) dar a alguien lo que le haría sentirse bien en un momento dado podría no ser más que satisfacer el capricho de esa persona: tal acción no tiene por qué ser necesariamente correcta. (2) Esto suele ser una reacción emocional hacia una persona o situación inmediatamente cercana. Pero el amor abarca mucho más: necesariamente implica justicia, un sentido de lo que es correcto o incorrecto y abarca a toda la humanidad. Como ha demostrado correctamente Joseph Fletcher, la justicia simplemente es amor distribuido.[11] Es amor a todos nuestros vecinos, a los que tenemos cerca y a los que tenemos lejos en el espacio y el tiempo. Justicia significa que siempre se debe mostrar amor, aunque no se presente una situación de necesidad inmediata de forma vívida y apremiante. Amor, en el sentido bíblico, no es meramente complacer a alguien que está cerca. Más bien, también implica de forma inherente justicia. Esto significa que habrá preocupación por el bienestar de toda la humanidad, una pasión por hacer lo correcto y una aplicación de consecuencias adecuadas para las acciones incorrectas.

En realidad, el amor y la justicia han trabajado juntos cuando Dios ha tratado con la raza humana. La justicia de Dios requiere que haya que pagar un precio por el pecado. Sin embargo, el amor de Dios desea que los humanos vuelvan a estar en comunión con él. El ofrecimiento de Jesucristo como expiación por el pecado muestra que la justicia y el amor de Dios se han mantenido. Y realmente no hay tensión entre los dos. Sólo hay tensión si nuestra visión del amor requiere que Dios perdone el pecado sin pagar ningún precio. Pero esto es pensar en Dios de una manera diferente a como es en realidad. Es más, el ofrecimiento de Jesucristo como expiación muestra un mayor amor por parte de Dios que simplemente liberar de forma indulgente a la gente de las consecuencias del pecado. Para cumplir con la administración justa de su ley, el amor de Dios fue tan grande que nos dio a su Hijo. Amor y justicia no son dos atributos separados compitiendo entre sí. Dios es recto y amoroso, y da lo que él mismo demanda.[12]

11. Joseph Fletcher, *Situation Ethics: The New Morality* (Philadelphia: Westminster, 1966), pp. 86-102.

12. William G. T. Shedd, *Dogmatic Theology* (Grand Rapids: Zondervan, reimpreso 1971), vol. 1, pp. 377-78.

## La mejor manera de investigar los atributos de Dios

Al tratar los atributos de Dios, hemos intentado evitar el modo especulativo que a veces ha caracterizado la teología en el pasado. Los atributos de Dios se analizaron de forma muy abstracta. Pero la Biblia no habla de Dios como si fuera un ordenador infinito. Más bien, las imágenes que utiliza son concretas y cálidas. Se representa a Dios como un padre, un pastor, un amigo. Es particularmente instructivo examinar la manera en que se representa a Dios en los Salmos. Allí los distintos atributos de Dios se describen como los manifiesta en las circunstancias reales de la vida del creyente.

El mejor modo de investigar los atributos de Dios, entonces, es examinar las declaraciones de las Escrituras cuidadosamente y sacar inferencias razonables de ellas. Los escolásticos al desarrollar su teología natural, por otra parte, utilizaban tres métodos especulativos para deducir los atributos de Dios.[13] El primer método (la causalidad) implicaba investigar la naturaleza del mundo e imputarle a Dios las cualidades necesarias para ocasionar los efectos observados. En el segundo método (la negación) se trataba de eliminar de la idea de Dios todas las imperfecciones que se encuentran en los humanos y adscribir a Dios la perfección opuesta. El tercer método (la eminencia) era tomar las cualidades positivas de los humanos y aplicar su forma superlativa a Dios, asumiendo que Dios es la fuente de esas cualidades positivas y que, siendo infinito, debe poseer de una manera infinita lo que los humanos sólo poseen parcialmente. Pero estos enfoques presuponen cosas que pueden conducir a un tratamiento abstracto o aislado de los atributos individuales contra los que advertimos anteriormente y por tanto conducir a conclusiones conflictivas.

El tratamiento bíblico de los atributos de Dios no es algo especulativo, sino práctico. Hay una conexión vital entre lo que Dios es y lo que hace, entre sus atributos y sus actos. Los atributos de Dios se revelan con frecuencia en sus acciones, de manera que lo que hace es una pista de lo que es. Es más, los atributos revelados en la Biblia son una indicación de cómo actuará. Las acciones de Dios no son espontáneas, erráticas o arbitrarias. Surgen de su naturaleza. Por lo tanto son constantes y fiables. Podemos relacionarnos correctamente con Dios gobernando nuestras acciones de acuerdo con lo que las Escrituras nos dicen sobre cómo es Dios. Es más, el conocimiento de la naturaleza de Dios se convierte en un medio para un autoconocimiento realista. La santidad de uno se evalúa completa y correctamente sólo cuando se mide según el estándar de la santidad perfecta, que es la de Dios. Ya hemos señalado esto al hablar del encuentro de Pedro con Jesús en Lucas 5. Finalmente, las cualidades de Dios, en la medida en que son también cualidades humanas (por ejemplo, no omnipresencia, etc.),

13. Berkhof, *Systematic Theology*, p. 52.

son la motivación y el estímulo para que vivamos de forma adecuada. Son el modelo de santidad para el cristiano.

Si hemos entendido completamente quién y qué es Dios, le veremos como el ser supremo. Le haremos el Señor, aquel al que hay que complacer y cuya voluntad debe cumplirse. Es necesario recordar esto en nuestros días, ya que tenemos tendencia a pasar de un orden teocéntrico a un orden antropocéntrico en nuestra vida religiosa. Esto conduce a lo que podría denominarse "teología invertida." En lugar de considerar a Dios como nuestro Señor, cuya gloria es el valor supremo y cuya voluntad debe cumplirse, le consideramos nuestro sirviente. Esperamos que él satisfaga todas nuestras necesidades y que responda a nuestros estándares de lo que es correcto e incorrecto. Tenemos que aprender de Samuel, cuya respuesta a la llamada del Señor fue: "Habla, que tu siervo escucha" (1 S. 3:10). Él no vio esto como una ocasión para hablarle al Señor de sus preocupaciones diciéndole: "Escucha, Señor, que tu siervo habla.Ì Cuando adoptamos esta segunda actitud, nos estamos haciendo Dios. Suponemos que sabemos lo que está bien y lo que es mejor. Al hacerlo, estamos asumiendo una gran responsabilidad: guiar nuestras propias vidas. Pero es Dios el que sabe lo que es mejor a largo plazo. Él es el Dios amoroso y todopoderoso. Él nos ha creado, no nosotros a él, y existimos por su gloria, no él por la nuestra. Estaremos ante él en el juicio final, no él ante nosotros. Si hemos entendido la auténtica naturaleza de Dios, con Jesús nuestra preocupación principal al orar no será la consecución de nuestros deseos. Más bien será: "Santificado sea tu nombre. Venga tu Reino. Hágase tu voluntad, como en el cielo, así también en la tierra."

# 15. La cercanía y la distancia de Dios: inmanencia y trascendencia

## Objetivos del capítulo

Después de estudiar este capítulo, debería ser capaz de:

- Resumir las bases bíblicas para la inmanencia y trascendencia de Dios.
- Comparar y contrastar las versiones modernas del inmanentismo con la visión bíblica.
- Identificar al menos cinco implicaciones de la idea bíblica de inmanencia que afectan a nuestro entendimiento y práctica.
- Enumerar y describir los modelos históricos de trascendencia.
- Comparar y contrastar las implicaciones de la inmanencia y la trascendencia y demostrar que poner el énfasis en una de estas doctrinas por encima de la otra puede causar problemas.
- Identificar seis implicaciones de la idea bíblica de trascendencia que afecten a nuestra creencia y práctica.

## Resumen del capítulo

La Biblia enseña que Dios es a la vez inmanente y trascendente. Dios está presente y activo en su creación, pero es superior e independiente de todo lo que ha creado. Estas ideas bíblicas deben mantenerse en equilibrio. La tendencia a resaltar una u otra conduce a una concepción falsa de Dios. Aunque no son atributos de Dios como tal, ambas afectan a su grandeza y a su bondad. En la comprensión de estas doctrinas se producen implicaciones prácticas significativas.

## Cuestiones de estudio

1. ¿Qué dificultades surgen cuando resaltamos demasiado la inmanencia o la trascendencia?

2. ¿Cómo describiría y criticaría las ideas del siglo XX sobre la inmanencia desde una perspectiva bíblica?
3. ¿Cómo ayudan los pasajes bíblicos sobre inmanencia a evitar una idea panteísta sobre Dios?
4. ¿Hasta qué punto prevalece la idea clásica liberal de inmanencia en la sociedad actual, especialmente en los círculos cristianos?
5. ¿Cómo distinguiría entre el modelo tradicional de trascendencia, el modelo de Karl Barth, y el modelo de Søren Kierkegaard?
6. ¿Cómo evaluaría el modelo histórico de la teología de la esperanza?

Inmanencia
- La base bíblica
- Versiones modernas del Inmanentismo
  - Liberalismo clásico
  - Paul Tillich
  - La teología de la muerte de Dios
- Implicaciones de la inmanencia

Trascendencia
- Base bíblica
- Modelos de trascendencia
  - El modelo tradicional
  - El modelo de Karl Barth
  - El modelo no espacial de Søren Kierkegaard
  - El modelo histórico de la teología de la esperanza
- Implicaciones de la trascendencia

Una consideración general adicional en lo que se refiere a la naturaleza de Dios es el par de conceptos denominados tradicionalmente trascendencia e inmanencia. Estos conceptos se refieren a la relación de Dios con el mundo creado, no en términos de acciones específicas con respecto al universo, sino en el grado en que él está presente y activo en el universo (inmanencia) por oposición a estar ausente o alejado de él (trascendencia).

Estas dos ideas bíblicas deben estar equilibradas. Esto se puede conseguir mejor si las tratamos juntas. A este respecto son como el amor y la justicia de Dios, en la que un entendimiento correcto de una debe hacerse teniendo en cuenta a la otra.[1] Cuando se resalta una por encima de la otra, se pierde la concepción teísta ortodoxa. Cuando se enfatiza la inmanencia, perdemos la concepción de un Dios personal. Cuando enfatizamos la trascendencia, perdemos la concepción

1. Lo difícil que es tener esto en mente incluso para un teólogo y entender las expresiones de trascendencia como metáforas se puede ver en el rechazo de David Wells a las metáforas de "cercanía" y "distancia" (a pesar de Jer. 23:23): "Si la santidad de Dios es distante, o sea que no es una realidad presente, la iglesia pierde su vida moral." *God in Wasteland: The Reality of Truth in a World of Fading Dreams* (Grand Rapids: Eerdmans, 1994), p. 92, n. 4.

de un Dios activo. La posición que tomamos con respecto a la inmanencia y la trascendencia tiene implicaciones prácticas definidas, tanto para el estilo de vida cristiano como para la conducta de nuestro ministerio.

La inmanencia y la trascendencia no deberían considerarse atributos de Dios. Más bien, estos conceptos tienen que ver con cada uno de los distintos atributos de la grandeza y la bondad de Dios. Algunos de estos atributos, de forma inherente, seguramente expresan más la trascendencia de Dios y otros más su inmanencia; pero, en general, trascendencia e inmanencia deberían ser considerados indicativos de cómo Dios, en todos sus atributos, se relaciona con su mundo.

## Inmanencia

### *La base bíblica*

Por inmanencia entendemos la presencia y la actividad de Dios en la naturaleza, en la naturaleza humana y en la historia. Hay una larga serie de referencias bíblicas pertinentes de distinto tipo. Jeremías 23:24 resalta la presencia de Dios en todo el universo: "¿Se ocultará alguno, dice JEHOVÁ, en escondrijos donde yo no lo vea? ¿No lleno yo, dice JEHOVÁ, el cielo y la tierra?" Pablo les dijo a los filósofos en la colina de Marte: "aunque ciertamente no está lejos de cada uno de nosotros, porque en él vivimos, nos movemos y somos; como algunos de vuestros propios poetas también han dicho: 'porque linajes suyo somos'" (Hch. 17:27-28).

También hay pasajes que apuntan que el espíritu de Dios origina y/o sustenta todas las cosas; todo depende de él. El libro de Job incluye varias referencias al espíritu que habita y sustenta o al aliento de Dios: "Que todo el tiempo que mi alma esté en mí y que haya hálito de Dios en mis narices" (27:3); "El espíritu de Dios me hizo y el soplo del Omnipotente me dio vida" (33:4); "Si él pusiera sobre el hombre su corazón y retirara su espíritu y su aliento, todo ser humano perecería a un tiempo y el hombre volvería al polvo" (34:14-15). De la misma manera el Salmo 104:29-30 enfatiza la dependencia que la naturaleza tiene de Dios: "Escondes tu rostro, se turban; les quitas el hálito, dejan de ser y vuelven al polvo. Envías tu espíritu, son creados y renuevas la faz de la tierra." La creación que relata el Génesis, por supuesto, pone un énfasis especial en la implicación de Dios en el acto creativo. En Génesis 1:2, se representa al Espíritu de Dios moviéndose sobre la faz de las aguas. En 2:7 leemos que Dios sopló sobre el hombre aliento de vida y el hombre se convirtió en un ser vivo. Isaías 63:11, Miqueas 3:8 y Hageo 2:5 señalan que el Espíritu de Dios está dentro y entre su pueblo. También hay referencias que sugieren que cualquier cosa que suceda en la naturaleza es debida a Dios y está bajo su control. El enviar el sol y la lluvia, el alimentar y proteger a las aves del cielo, el vestir las flores son todo acciones atribuidas al Padre (Mt. 5:45; 6:25-30; 10:29-30).

Estos pasajes enfatizan la actividad de Dios dentro de los patrones regulares de la naturaleza. Él es el Dios de la naturaleza, de la ley natural. Incluso lo que se consideran normalmente sucesos naturales se deberían ver como la obra de Dios, porque la naturaleza y Dios no están tan separados como solemos pensar. Dios está presente en todas partes, no solo en los sucesos espectaculares o inusuales. Está obrando dentro de los individuos y por tanto en las instituciones y movimientos humanos. No hay que trazar separaciones muy grandes entre Dios y los hombres o entre Dios y el mundo.

Cuanto más se desarrolla y enfatiza el concepto de la inmanencia de Dios, más se tiende hacia una visión panteísta, en contraste con el teísmo. Dios se hace menos personal, es menos alguien con el que podemos tener una relación personal. Aunque la inmanencia en una forma extrema se parece bastante al panteísmo, sigue habiendo una diferencia entre ambas. Según el punto de vista de que Dios es inmanente, la naturaleza no tiene un estatus independiente. Como se ha señalado recientemente, la naturaleza no trasciende a Dios.[2] Por lo tanto, naturaleza menos Dios, igual a nada. Sin embargo, Dios tiene estatus independiente de la naturaleza. Así que Dios menos naturaleza, igual a algo. En el panteísmo, la naturaleza menos Dios es igual a nada, pero Dios menos la naturaleza también es igual a nada. No tiene un estatus independiente. La creación en el sentido tradicional no tiene lugar dentro del esquema panteísta, ya que, según el panteísmo, Dios no podría haber existido antes de la creación del orden natural.

### Versiones modernas del Inmanentismo

#### Liberalismo clásico

Varios movimientos liberales del siglo XX ponen un énfasis fuerte en la inmanencia divina. El liberalismo clásico, en distintos grados, considera que Dios es inmanente dentro del mundo. En gran medida, la diferencia entre el fundamentalismo y el liberalismo es una diferencia en cosmovisión. El conservador opera con un sobrenaturalismo definido: Dios reside fuera del mundo e interviene periódicamente dentro del proceso natural mediante milagros. El conservador cree que la realidad ocupa más de un nivel. Por otra parte, el liberal tiende a ver la realidad como un único nivel. No hay un ámbito sobrenatural fuera del ámbito natural. Dios está dentro de la naturaleza y no más allá o fuera de ella.[3]

2. Colin Gunton, "Transcendence, Metaphor, and the Knowability of God," *Journal of Theological Studies*, n.s. 31 (1980): 509.

3. Borden P. Bowne, *The Immanence of God* (Boston: Houghton Mifflin, 1905), p. 17.

Aunque el liberalismo no es el naturalismo, tiene tendencias similares, tendiendo a ver a Dios obrando exclusivamente mediante procesos naturales y no mediante discontinuidades radicales con la naturaleza (milagros).[4] El liberal es feliz aceptando la evolución como un ejemplo de que Dios está obrando. En la evolución se ve que Dios cumple sus fines mediante el uso de medios naturales. Según el liberalismo, nada es secular, porque Dios está obrando en todas partes y mediante todo lo que sucede. Friedrich Schleiermacher, por ejemplo, veía milagros por todas partes. "Milagro," decía, "simplemente es la palabra religiosa para evento. Todo evento, incluso el más natural y normal, se convierte en milagro en cuanto el punto de vista que domina es el religioso."[5]

Mientras que el conservador ve la obra de Dios principalmente en los actos extraordinarios o especiales, el liberal ve la obra de Dios en todas partes. El nacimiento virginal es importante para el conservador que lo ve como una prueba de la obra especial de Dios. El liberal, por otra parte, replica "¿El nacimiento virginal un milagro? Todos los nacimientos son un milagro." Los conservadores de finales del siglo XIX y principios del XX se resistieron vigorosamente contra la teoría darwiniana de la evolución, ya que parecía hacer superflua la creación teísta.[6] Para el liberal, sin embargo, este no era el caso. La evolución no excluía la actividad divina; la presuponía. El conservador mantenía que el universo debe tener una única causa: o Dios lo causó (más o menos directamente) o lo hicieron las fuerzas naturales de la evolución. Sin embargo, para el liberal, las frases: "Dios creó el universo" y "el universo existe a través de la evolución" no son para nada incompatibles.[7] La presuposición aquí era que la naturaleza y Dios no son tan distintos como se pensaba.

Este concepto, aplicado en distintos grados, ha tenido un impacto interesante en varias áreas de doctrina. La definición de revelación, por ejemplo, se ha hecho más generalizada. En una forma extrema, como la de Schleiermacher, la revelación es cualquier caso de percepción consciente.[8] Por lo tanto, la Biblia es un libro que recoge las revelaciones de Dios a la humanidad. Como tal, sin embargo, no es especial; es decir, no es cualitativamente diferente de otras obras de literatura religiosa, o incluso de literatura que no se considera religiosa. Isaías, el sermón del monte, Platón, Marco Aurelio, Carlyle, Goethe, todos son vehículos de la revelación divina. Cualquier verdad, no importa donde se

4. Ibid., p. 18.

5. Friedrich Schleiermacher, *On Religion: Speeches to Its Cultured Despisers* (New York: Harper & Row, 1985), p. 88.

6. James Orr, *God's Image in Man and Its Defacement in the Light of Modern Denials* (Grand Rapids: Eerdmans, 1948), pp. 201-2.

7. Bowne, *Immanence*, p. 23.

8. Schleiermacher, *On Religion*, p. 89.

encuentre, es una verdad divina.[9] Esta posición virtualmente elimina la distinción tradicional entre revelación especial y general. Otros han mantenido que hay una distinción entre la Biblia y otra literatura, pero han enfatizado que es una distinción cuantitativa más que cualitativa. Dios obra a través de muchos canales de verdad, pero en mayor grado, quizá en un grado mucho mayor, a través de los autores de las Escrituras.

El liberalismo también ha reducido la brecha entre Dios y la humanidad. La ortodoxia tradicional piensa que Dios creó a los humanos a su propia imagen, sin embargo eran totalmente distintos de Dios. La humanidad después cayó y se hizo pecadora. El liberalismo, por otra parte, dice que la naturaleza humana en sí misma contiene a Dios, un chispa de lo divino. Los liberales no creen que la naturaleza original del hombre se haya corrompido; más bien, consideran que los hombres son intrínsecamente buenos y capaces de desarrollarse más. Lo que se necesita no es una transformación radical por una gracia exterior, sino el desarrollo del potencial divino de los humanos, la amplificación de la presencia divina interior. Lo que se busca es potenciar los puntos fuertes, los ideales y las aspiraciones de la raza humana, no una alteración sobrenatural. Los humanos no necesitan una conversión, un cambio radical de dirección. Necesitan inspiración, una visión de lo que pueden llegar a ser. La vieja naturaleza no es una humanidad totalmente corrupta. Es simplemente una afinidad con el reino animal y una auto-orientación que necesita ser superada.[10]

En consecuencia, se cree que la acción divina tiene lugar en gran medida mediante movimientos dentro de la sociedad. El mundo entero puede ser cristianizado mediante la transformación de las estructuras de la sociedad. Dios puede estar tan activo dentro de un partido político particular o una organización social como dentro de una denominación cristiana.[11] Incluso las políticas agresivas que conducen a la guerra se ven como un medio a través del cual Dios cumple sus propósitos.

El liberalismo también modificó el punto de vista tradicional de la persona y la obra de Jesucristo. La ortodoxia o el cristianismo conservador había insistido en que Jesús era cualitativamente diferente a todos los otros seres humanos. Él poseía dos naturalezas: la divina y la humana. Con el movimiento tendente a sintetizar la naturaleza divina y humana en una, lo distintivo de Jesús se relativizó. Jesús era diferente de los otros seres humanos sólo en grado, no en clase. Era el humano con mayor conocimiento de Dios,[12] o el que descubrió

9. John Herman Randall Jr., *The Making of the Modern Mind*, rev. ed. (Boston: Houghton Mifflin, 1940), p. 559.

10. John Fiske, *Through Nature to God* (Boston: Houghton Mifflin, 1899), p. 54. Cf. Randall, *Modern Mind*, pp. 555-56.

11. Walter Rauschenbusch, *Christianizing the Social Order* (New York: Macmillan, 1919).

12. Friedrich Schleiermacher, *The Christian Faith* (New York: Harper & Row, 1963), pp.

más profundamente a Dios, o la persona en la que Dios vivió más completamente.[13] Cuando, en una serie de diálogos de radio ecuménicos en los que yo participé, alguien resaltó que Jesús era único, un teólogo del proceso exclamó: "¿Jesús único? ¡Todo ser humano es único!" Si Dios es inmanente dentro de la humanidad, es inmanente en todas las personas en el mismo sentido. Aunque puede haber una diferencia cuantitativa en cuanto a la presencia de Dios en los distintos individuos, no hay una diferencia cualitativa en la manera de su presencia, ni siquiera en Cristo.

### *Paul Tillich*

Otra versión del inmanentismo es la de Paul Tillich, que se veía a sí mismo en muchos casos en la frontera entre distintos tipos y movimientos. En particular, se veía a sí mismo ocupando una posición intermedia entre el liberalismo y la neoortodoxia. Su idea más distintiva era su doctrina de Dios. Dios no es *un* ser, ni siquiera el más grande de los seres; él es el ser mismo, o el fundamento del ser, el poder interno o la fuerza que hace que todo exista. Por lo tanto, aunque existen todos los seres finitos, Dios no existe. Aunque esto pueda sonar como una declaración derogatoria sobre Dios, no lo es. Algunos han creído que Tillich era ateo porque decía que Dios no existía. Existe incluso una historia que cuenta que cuando Tillich estaba enseñando en la Harvard Divinity School, la esposa de un miembro de otro departamento de la universidad pidió que se le despidiera. Porque a ella que un ateo enseñara en la facultad de teología le parecía una contradicción. Pero la declaración de Tillich de que Dios no existe no era una afirmación derogatoria; era un cumplido. Cuando dijo que Dios no existía, Tillich quería decir que Dios *no sólo existe*, ¡Dios *es*! Los seres finitos existen; Dios es, y es la base de la existencia de todo lo que existe.[14]

Aunque Dios está presente en todo lo que es, no se le puede igualar con todo lo que es. Por lo tanto, el punto de vista de Tillich no es el panteísmo, sino más bien el panenteísmo. No es acertado decir que para Tillich Dios y todo lo que existe son idénticos; más bien, para Tillich Dios está en todas las cosas. Si alguien da una patada a un árbol o a una piedra, no puede decir: "he dado una patada a Dios." Pero podría decir: "He dado una patada a algo en lo que está Dios." La relación de Dios con todos los objetos finitos que hay en el mundo es algo como la relación de la savia con el árbol. No es el árbol, pero es la fuerza vital del árbol, la base de su vida. Por lo tanto Dios es el principio de ser de todo lo que existe.

Pero aunque Dios es la base de la existencia de todos los objetos, no se le puede conocer mediante un conocimiento superficial de algún objeto o conjunto de

377ss.

13. Donald Baillie, *God Was in Christ* (New York: Scribner, 1948), pp. 114-18.

14. Paul Tillich, *Systematic Theology* (Chicago: University of Chicago Press, 1951), vol. 1, pp. 235ss.

objetos. Es la profundidad de todo lo que es, la fuerza interna profunda que hace que las cosas sean en vez de no ser. Por lo tanto aquí hay un tipo de trascendencia, bastante poco convencional en su naturaleza. Dios no está fuera de los objetos. Está profundamente dentro de ellos. Cuando se experimenta algo en profundidad, se está experimentando al Dios trascendente. Una relación profunda con otra persona es una experiencia de la trascendencia de Dios. En una situación así uno es consciente de que la base de nuestro propio ser es la misma que la de la otra persona. Se puede tener una experiencia similar con seres que no son humanos: animales, plantas, naturaleza inanimada. Al conocer los objetos más allá de su aspecto superficial, nos estamos relacionando con Dios.[15]

Se plantea a veces la cuestión de si el sistema de Tillich le proporciona a uno un dios personal. El mismo Tillich respondería que si la pregunta es: "¿Dios es una persona?" la respuesta debería ser no. Dios no es una persona, de la misma manera que no es un ser. Pero es el fundamento de la personalidad. Es la base o causa de la personalidad humana. Es lo que nos hace personas. Y en ese sentido es personal. Cada vez que experimentamos o contactamos con la personalidad, nos encontramos con Dios, porque él es la causa de toda la personalidad.[16] Pero no es una entidad con la que uno pueda tener una relación personal. No podemos conocer a Dios como Dios. Sólo podemos conocerlo conjuntamente conociendo a otro ser. No podemos conocer a Dios en una relación persona a persona.

Uno de los problemas que aparecen cuando examinamos más atentamente el punto de vista de Tillich es la aparente falta de algo que se parezca a la alabanza o la oración tradicional. Tillich reconoció hacia el final de su vida que ya no oraba. Únicamente meditaba. No encontramos en él la clase de comunión personal que se aprecia en el fondo del cristianismo y que los Evangelios muestran que Jesús practicaba y recomendaba. Cuando se leen los escritos de Tillich, crece el sentimiento de que no es la piedad cristiana o el Dios cristiano lo que se está discutiendo. De hecho, en muchos aspectos un libro como *El coraje de existir* de Tillich parece tener más en común con el hinduismo que con el cristianismo histórico.[17]

Es más, es cuestionable que el punto de vista de Tillich necesariamente proceda de su método. Él trabaja con lo que se denomina el método de la correlación. Después de analizar la situación cultural, se formula una cuestión filosófica a la que la teología da una respuesta. En otras palabras, las respuestas ofrecidas por la teología están correlacionadas con las cuestiones planteadas por la cultura. Surge una pregunta básica en prácticamente todas las situaciones culturales,

15. Paul Tillich, *What Is Religion?* ed. James Luther Adams (New York: Harper & Row, 1069), p. 82.

16. Paul Tillich, *Systematic Theology*, vol. 1, p. 245.

17. Ibid., p. 127. cf. Paul Tillich, *The Courage to Be* (New Haven, Conn.: Yale University Press, 1952), pp. 84ss., y la descripción de la meditación de Rolle May en *Paulus: Reminiscences of a Friendship* (New York: Harper & Row, 1973), pp. 94-96.

es la pregunta del ser, planteémosla así: "¿Por qué hay algo en vez de no haber nada?" Como respuesta, Tillich ofrece el fundamento del ser. Hay algo porque dentro de todo existe el poder de ser que hace que se sea lo que se es. Pero ¿es necesario contestar de esta manera a esa pregunta? La respuesta ortodoxa es que Dios es el poder de ser, pero también es un ser, aunque un ser supremo e ilimitado, desde luego. A la pregunta de por qué hay algo, Dios es una respuesta tan efectiva como lo es la del fundamento del ser de Tillich. En la concepción tradicional, Dios es el Creador, independiente y separado de todas las cosas; él da existencia a todas las cosas. Este punto de vista permite una creación genuina, ya que el ser de Dios no depende de nada más. Él es, en y de sí mismo. El punto de vista de Tillich, por otra parte, restringe el ser de Dios a la existencia de todos los demás seres.

### *La teología de la muerte de Dios*

Un tercer movimiento del siglo veinte que enfatizó la inmanencia de Dios es la teología de la muerte de Dios. Aunque hay muchos matices en la expresión "la muerte de Dios," lo que se quiere decir es que Dios en un tiempo existió trascendentalmente como lo que Thomas Altizer denomina el ser primordial. Sin embargo, a lo largo de un extenso periodo de tiempo, Dios abandonó ese estatus separado y trascendente y se hizo inmanente dentro de la naturaleza y la raza humana.[18] Mediante una serie de pasos Dios pasó a identificarse con la humanidad. Este proceso se completó en la persona de Jesús. Con su venida a la tierra, Dios se convirtió irrevocablemente en parte del mundo. La muerte de Dios fue, por tanto, como un suicidio del Dios primordial, esto es, un abandono voluntario de su estatus primordial. Dejó de tener una existencia aparte de los seres humanos. Con la venida de Jesús, empezó un proceso de difusión de la naturaleza divina, y ahora lo encontramos en la humanidad. Por lo tanto ahora vemos a Jesús en cada una de las personas de la raza humana. Como el mismo Jesús dijo, se le puede encontrar en nuestros congéneres. Las obras de misericordia y amor que se hagan a otros serán hechas a él (Mt. 25:31-40). Como dijo William Hamilton: "Jesús está en el mundo enmascarado." Le encontramos escondido tras las caras de todos los seres humanos.[19]

Con la difusión de la naturaleza divina, la línea divisoria entre lo sagrado y lo secular ha quedado eliminada para los propósitos prácticos. Tradicionalmente, había que encontrar a Dios en prácticas religiosas distintivas como la alabanza, la oración y la meditación. Ya no encontramos a Dios dentro de estas actividades.

18. Thomas J. J. Altizer, *The Gospel of Christian Atheism* (Philadelphia: Westminster, 1966), pp. 77-84.

19. William Hamilton, "The Death of God Theologies Today," en Thomas J. J. Altizer y William Hamilton, *Radical Theology and the Death of God* (Indianapolis: Bobbs-Merril, 1966), p. 49.

Tales prácticas ahora carecen prácticamente de sentido. Si hay que recapturar el sentido de Dios, es tan probable hacerlo mediante la participación en los movimientos de derechos civiles como orando en una catedral, quizá incluso más de la primera manera.[20]

Como ocurría en los casos del liberalismo y de Tillich, la teología de la muerte de Dios tiende a abandonar la dimensión personal de la experiencia religiosa. Hamilton, en un discurso sobre la inacabada agenda para la teología de la muerte de Dios, señaló que el estatus de la alabanza y la oración es problemático.[21]

Este movimiento, pues, es poco más que un humanismo colocado en el contexto de los símbolos y la arquitectura religiosa. La dimensión de un Dios personal y trascendente está tan perdida que hay poca base para identificar una experiencia como religiosa si no por el hecho de tener un carácter místico. Es más, la ética cristiana practicada aquí tiene muy poca base ideológica. Los principios doctrinales que una vez sirvieron de cimiento para la práctica ética se han perdido; solo permanece la superestructura de la ética, quizá un vestigio emocional de tiempos pasados.

A estas alturas deberíamos señalar que la Biblia confirma la inmanencia de Dios, pero dentro de unos límites definidos. Cuando estos límites se sobrepasan, surgen los problemas. Por una parte, resulta difícil distinguir la obra de Dios de todo lo demás, incluso la actividad demoníaca en el mundo y la sociedad. Karl Barth observó esto en dos momentos diferentes. Durante la primera guerra mundial, algunos cristianos alemanes identificaron la política bélica del káiser Wilhelm como la obra de Dios para cumplir con sus propósitos. Después, en 1930, algunos cristianos consideraron la política de Adolf Hitler y el nazismo como la actividad de Dios en el mundo.[22] En cada caso, la suposición de que todo lo que ocurre es voluntad de Dios condujo a creyentes sinceros a aceptar y apoyar lo que en realidad era maligno y anticristiano. Este es uno de los peligros de exagerar la inmanencia de Dios. Si Dios es totalmente inmanente dentro de la creación y la historia, no hay un estándar objetivo externo para realizar una evaluación ética. Cuando enfatizamos sobremanera la inmanencia a expensas de la trascendencia, Dios se convierte prácticamente en una etiqueta para las aspiraciones, los ideales y los valores humanos más altos. Edward Scribner Ames dice que Dios es como el alma máter o el Tío Sam.[23] Seguro que esto no es lo que tradicionalmente se ha denominado cristianismo.

20. Ibid., p. 48.

21. William Hamilton, "The Unfinished Agenda of the Death of God Theology,Ì discurso ofrecido en el Bethany Theological Seminary, Oak Brook, Ill., marzo 1966.

22. Karl Barth, *The Church and the Political Problem of Our Time* (New York: Scribner, 1939).

23. Edward Scribner Ames, *Religion* (New York: Henry Holt, 1929), p. 133.

Es más, como hemos señalado anteriormente, la dimensión personal de Dios se pierde. No es posible conseguir una comunión, una relación recíproca con un dios completamente inmanente. La actividad religiosa se convierte únicamente en una versión de varios tipos de actividad social. Aunque Jesús dijo: "cuanto le hicisteis a uno de mis hermanos más pequeños, a mí lo hicisteis" (Mt. 25:40), no dijo que este sea el *único* medio de mostrarle amor. Aunque el segundo gran mandamiento es "Amarás a los otros como a ti mismo," este mandamiento no sustituye ni cumple totalmente el primero: "Amarás al Señor tu Dios con todo tu corazón, con toda tu alma y con toda tu mente."

### Implicaciones de la inmanencia

La inmanencia divina de grado limitado que se enseña en las Escrituras conlleva varias implicaciones:

1. Dios no está limitado a obrar directamente para cumplir sus propósitos. Aunque es muy obvio que Dios obra cuando su pueblo ora y suceden curaciones milagrosas, también se ve la obra de Dios cuando el conocimiento y la habilidad de un médico consigue curar a un paciente. La medicina es parte de la revelación general de Dios, y la obra del doctor es un canal de la actividad de Dios. Es una respuesta espectacular a la oración del cristiano que padece una crisis financiera y recibe una donación de dinero anónima por correo, pero es también obra de Dios que esa persona consiga una oportunidad para trabajar por el dinero que necesita.

2. Dios puede utilizar a personas u organizaciones no declaradamente cristianas. En los tiempos bíblicos, Dios no se limitaba a sí mismo obrando a través de la nación del pacto, Israel, o a través de la iglesia. Utilizó incluso a Asiría, una nación pagana, para castigar a Israel. Él puede utilizar organizaciones seculares o cristianas de nombre. Incluso los no cristianos hacen cosas buenas y recomendables, que contribuyen a los propósitos de Dios para el mundo, aun cuando eso no garantice la salvación de las personas que las realizan. Por lo tanto, cuando ello no comprometa la verdad bíblica, el cristiano y la iglesia pueden cooperar de vez en cuando con organizaciones no cristianas para cumplir con parte del plan de Dios.

3. Deberíamos sentir aprecio por todas las cosas que Dios ha creado. La naturaleza no es algo que está ahí sin más, algo que podemos saquear para nuestros propósitos. Es de Dios, y él está presente y activo en ella. Aunque la naturaleza ha sido dada a los humanos para satisfacer sus necesidades legítimas, no deben explotarla para su propio placer o codicia. La doctrina de la divina inmanencia por lo tanto tiene aplicación ecológica. También tiene implicaciones en lo que se refiere al prójimo. Dios está presente de forma genuina en todos (aunque no con el sentido especial con el que está dentro de los cristianos). Por lo tanto, no se debe despreciar a la gente o tratarla irrespetuosamente. Una manera de mostrar

nuestro amor por Dios es tratar amorosamente a los distintos miembros de la creación en los que él vive y obra. Las enseñanzas de Jesús en el gran discurso escatológico de Mateo 25 se pueden aplicar aquí en particular.

4. Podemos aprender algo sobre Dios de su creación. Todo lo que existe ha sido creado por Dios y, además, él habita activamente en ello. Por lo tanto podemos detectar pistas sobre cómo es Dios observando el comportamiento del universo creado. Por ejemplo, parece que se puede aplicar un patrón de lógica definido a la creación. Hay un orden, una regularidad en ella. Es más, se ha comprobado que podemos entender mejor la naturaleza a través de métodos de investigación racionales. Aunque seguramente habrá diferencias, aquí hay una base que impulsa a asumir que Dios también es ordenado y que se le puede entender mejor con un uso juicioso de la lógica. Los que creen que Dios es esporádico, arbitrario y caprichoso por naturaleza y que sus acciones se caracterizan por la paradoja o incluso por la contradicción o no se han fijado atentamente en el comportamiento del mundo o han asumido que Dios de ninguna manera está obrando en él.

5. La inmanencia de Dios significa que hay puntos en los que el evangelio puede contactar con el no creyente. Si Dios está hasta cierto punto presente y activo en todo el mundo creado, está presente y activo en los humanos que no han comprometido sus vidas a él. Por lo tanto, hay puntos en los que serán sensibles a la verdad del mensaje del evangelio, lugares donde estarán en contacto con la obra de Dios. La evangelización trata de encontrar esos puntos y dirigir el mensaje hacia ellos.

## Trascendencia

El otro aspecto de la relación de Dios con el mundo es su trascendencia. Con esto queremos decir que Dios está separado y es independiente de la naturaleza y la humanidad. Dios no está solo vinculado o implicado en su creación. También es superior a ella de varias maneras significativas.

### *Base bíblica*

Varios pasajes de las Escrituras afirman el concepto de la trascendencia divina. Es un tema particular del libro de Isaías. En 55:8-9 leemos que los pensamientos de Dios trascienden los nuestros: "'Porque mis pensamientos no son vuestros pensamientos ni vuestros caminos mis caminos', dice Jehová. 'Como son más altos los cielos que la tierra, así son mis caminos más altos que vuestros caminos y mis pensamientos más que vuestros pensamientos.'" En 6:1-5 el Señor es representado como "sentado en un trono, alto y sublime." Los serafines decían: "Santo, santo, santo, Jehová de los ejércitos," como indicación de su trascendencia, y añadían, "¡Toda la tierra está llena de su gloria!" como referencia a su inmanencia. Isaías responde con una expresión de su propia impureza. Por lo tanto, la trascendencia de Dios sobre nosotros debe verse no sólo en términos de su grandeza, su poder y conocimiento, sino también según su bondad, su santidad y pureza. Isaías 57:15 también expresa la trascendencia y la inmanencia de Dios: "Porque así dijo el Alto y Sublime, el que habita la eternidad y cuyo nombre es el Santo: 'Yo habito en la altura y la santidad, pero habito también con el quebrantado y humilde de espíritu, para reavivar el espíritu de los humildes y para vivificar el corazón de los quebrantados.'"

Leemos sobre la trascendencia de Dios en otros libros de la Biblia también. Salmos 113:5-6 dice: "¿Quién como Jehová, nuestro Dios, que se sienta en las alturas, que se humilla a mirar en el cielo y en la tierra?" Se le describe como el que "habita en los cielos" en el Salmo 123:1. En Juan 8:23, Jesús traza una diferencia entre él y los que le escuchan: "Vosotros sois de abajo, yo soy de arriba; vosotros sois de este mundo, yo no soy de este mundo."

## Modelos de trascendencia

La idea de la trascendencia de Dios – la idea de que Dios es un ser independiente y superior al resto del universo – encuentra su fundamento por toda la Biblia. Debemos preguntarnos ahora qué modelo, qué forma de expresión, puede representar y comunicar mejor esta verdad.

### El modelo tradicional

Por los textos que hemos citado, es obvio que la concepción bíblica depende en gran medida de las imágenes espaciales. Se piensa en Dios como "el que está más alto" "el que está arriba" "el alto y sublime." No es sorprendente que en un mundo donde el hombre todavía no podía volar, ni conseguiría hacerlo en mucho tiempo, se expresase la superioridad en términos de elevación.

Sin embargo, hoy es difícil si no imposible para las personas sofisticadas concebir la trascendencia de Dios de esta manera. Hay dos razones para esta dificultad, una que deriva de la cultura general y la otra de carácter teológico. Por una parte, las simples referencias a "arriba" y "abajo" son inadecuadas hoy en día. Nuestro conocimiento de que la tierra no es una superficie plana y que forma parte de un sistema heliocéntrico que a su vez está dentro de un universo más grande ha hecho que esta suposición sea insostenible. Es más, lo que para un americano es "arriba" es "abajo" para un australiano, y viceversa. Por tanto, no podemos tratar de explicar la trascendencia utilizando una dimensión vertical. Hablar de Dios "ahí fuera" en vez de "ahí arriba" soluciona este problema, pero no resuelve el problema teológico.[24]

El problema teológico tiene que ver con la naturaleza de Dios. Como hemos observado anteriormente (p. 297), la cuestión de la situación espacial no

24. John A. T. Robinson, *Honest to God* (Philadelphia: Westminster, 1963), pp. 29-44.

es aplicable a Dios. No es un ser físico; por consiguiente, no tiene dimensiones espaciales de localización y extensión. No tiene sentido hablar de Dios como si se pudiera localizar en unas determinadas coordinadas astronómicas, o como si se pudiese llegar a él haciendo un viaje lo suficientemente lejos en una nave espacial. Es un espíritu, no un objeto.

### El modelo de Karl Barth

En el siglo XX, aparece un énfasis nuevo e importante sobre la trascendencia de Dios en el pensamiento y la obra de Karl Barth, en particular en sus primeros trabajos y de forma más destacada en su obra *Römerbrief* (Comentario sobre la epístola a los romanos). En esa obra se pone el énfasis en el Dios desconocido.[25] Dios es completamente otro, inmensamente por encima del resto de las deidades del mundo de los tiempos de Pablo y de todas las deidades que crea el pensamiento moderno.

Dios no es un aspecto de los seres humanos o lo mejor de la naturaleza humana. Está separado de la humanidad por una distinción cualitativa *infinita*.[26] Entre los humanos no hay una chispa de afinidad con lo divino, no hay habilidad para producir revelación divina, en ellos no hay nada que recuerde que hay una semejanza con Dios. Es más, Dios no está implicado en la naturaleza o condicionado por ella. Está libre de todas esas limitaciones.[27] Ni nosotros lo conocemos realmente. Está oculto; no puede ser descubierto con nuestro esfuerzo, ni verificado con nuestras pruebas intelectuales, ni lo podemos entender con nuestros conceptos. El vigoroso ataque de Barth a todas las formas de teología natural era una expresión de su creencia en la trascendencia divina. La revelación se produce sólo por iniciativa de Dios; y cuando se produce, no se hace mediante la cultura general. Se produce, en lenguaje de Barth, verticalmente desde arriba. El hombre nunca puede de ninguna manera hacer de Dios su posesión.[28]

A juicio de muchos teólogos, incluido el propio Barth más adelante, el primer punto de vista de Barth sobre la trascendencia era extremo. Tomado en su forma más literal, parecía cortar prácticamente toda posibilidad real de comunicación entre Dios y la humanidad. Había una distinción demasiado severa entre Dios y la humanidad, un rechazo demasiado profundo a la cultura. Pero esto fue una corrección muy necesaria al enfoque antropocéntrico de gran parte del inmanentismo del siglo XIX. La cuestión para nosotros es si podemos expresar

25. Karl Barth, *Der Römerbrief: Abdruck der neuen Bearbeitung* (Zurich: E. V. Z. Verlag, 1967), pp. 11s.

26. Ibid., p. 315.

27. Ibid., p. 11.

28. Karl Barth, *Church Dogmatics* (Edinburgh: T. & T. Clark, 1936), vol. 1, parte 1, pp. 188-90.

la trascendencia de Dios de una forma menos extrema que tenga sentido en el siglo XXI. No hace falta tratar de hacer que la doctrina sea aceptable para la gente secular del siglo XXI, pero al menos podemos proporcionar a los cristianos contemporáneos un modelo de pensamiento que deje claro que Dios es espiritual y metafísicamente distinto a los humanos y a la naturaleza.

### *El modelo no espacial de Søren Kierkegaard*

El concepto de trascendencia divina de Søren Kierkegaard tuvo muchas influencias en el de Karl Barth. Aunque hay algunos elementos extremos en el pensamiento de Kierkegaard, ofrece maneras genuinamente creativas de expresar la idea de trascendencia. Dos de ellas son los que Martin Heinecken ha expuesto bajo las etiquetas de distinción cualitativa y más allá dimensional.

Por distinción cualitativa se entiende que la diferencia entre Dios y los humanos no es solo una diferencia de grado. Dios no es sólo como nosotros, sino más. Nosotros somos de una clase fundamentalmente distinta. Por lo tanto a Dios no se le puede conocer tomando los mejores elementos de la humanidad y amplificándolos. Al ser cualitativamente distinto, no se puede extrapolar a Dios de las ideas, personalidad o carácter humanos.[29]

Subrayando esta posición está la idea de que las cualidades no se pueden reducir a cantidades. Ninguna acumulación de una cantidad adicional puede dar una cualidad nueva. Hay una diferencia que no se puede traspasar sólo con incrementos. Por ejemplo, aunque uno tome algodón y lo refine una y otra vez, no se convierte en seda. La seda simplemente es algo diferente. Ejemplos de simples adiciones que parecen dar como resultado nuevas cualidades son en realidad ilusiones. Y así ocurre con los intentos de alcanzar a Dios intelectual (pruebas de la existencia de Dios) o moralmente (salvación por obras). De vez en cuando nos parecerá haberlo logrado, pero este éxito es más aparente que real. No podemos alcanzar a Dios añadiendo más información o más obras, porque Dios es Dios, no es simplemente una forma superlativa de humanidad.

Si, como Barth, considerásemos el concepto de Kierkegaard sobre la distinción cualitativa entre Dios y los humanos como algo de ámbito infinito, la religión y la teología serían imposibles porque ni siquiera Dios podría eliminar esa brecha y alcanzarnos.[30] Pero no es necesario hacer la distinción infinita para preservar la idea de que la diferencia entre Dios y nosotros es de clase y no meramente de grado.

El otro aspecto provechoso del modelo de trascendencia de Kierkegaard es el más allá dimensional.[31] No se trata sólo de que medido en dimensiones humanas,

29. Martin Heinecken, *The Moment Before God* (Philadelphia: Muhlenberg, 1956), pp. 81-83.

30. Søren Kierkegaard, *Concluding Unscientific Postscript*, trad. D. F. Swenson y W. Lowrie (Princeton, N.J.: Princeton University Press, 1941), p. 369.

31. Heinecken, *The Moment Before God*, pp. 90-93.

Dios sea infinito. Es que también está en una dimensión diferente. Es un poco como la diferencia entre una figura en dos dimensiones (plano horizontal) y una figura tridimensional. En el segundo caso, la dimensión añadida (la vertical) no sólo cruza el plano horizontal, también lo trasciende.

Sin embargo, el concepto del más allá dimensional debería ser ampliado. Dios está más allá de nosotros dimensionalmente no en el sentido de otra medida espacial, sino por una diferencia cualitativa. Este es el sentido amplio de dimensión. Pensemos, por ejemplo, que el sonido es una dimensión diferente a la de la vista. La pregunta: ¿de qué color es la nota Do central? no se puede contestar (aunque una respuesta "correcta" sería blanca, al menos en el piano). El color y el sonido son dos dimensiones diferentes; están implicados dos sentidos totalmente diferentes.

El concepto de más allá dimensional nos permite pensar en la inmanencia y en la trascendencia juntas. Dios está en el mismo lugar que nosotros, pero no tenemos acceso a él de una forma sencilla, porque está en una dimensión diferente. Está en un nivel diferente o en un ámbito de realidad distinto. Nos pueden servir de ejemplos los distintos sonidos que hay en una habitación. La mayoría de ellos no se pueden apreciar con el sentido normal del oído. Sin embargo, si introducimos un receptor de radio y ajustamos las frecuencias del dial, descubriremos una amplia variedad de sonidos. Todas estas ondas de radio estaban inmanentes dentro de la habitación, pero eran modulaciones de frecuencias de radio indetectables por el oído humano sin una ayuda. De la misma manera Dios está cerca de nosotros; su presencia e influencia están por todas partes. Sin embargo como está en un ámbito de realidad espiritual, no podemos llegar a él mediante un mero movimiento geográfico. Hace falta un cambio de estado para realizar esa transición, un cambio que normalmente supone la muerte. Por lo tanto, Dios puede estar cerca, muy cerca y sin embargo estar también muy lejos de nosotros, como señalan muchas referencias de las Escrituras (por ejemplo Jer. 23:23; Ef. 4:6).

### *El modelo histórico de la teología de la esperanza*

Un avance teológico reciente que también amplía a nuestra forma de entender la trascendencia es la teología de la esperanza. En lugar de pensar en la relación de Dios con el mundo de una forma cosmológica, la teología de la esperanza utiliza un modelo histórico. La trascendencia de Dios es escatológica, no espacial.[32] No sólo vive en el pasado y obra desde los hechos pasados. Ni es sólo inmanente en las situaciones presentes. Más bien, él aparece en la frontera de la vida con su apertura hacia el futuro. Aunque algunos aspectos de esta teología sugieren que Dios no es todavía tan completo como lo describe la Biblia, sin embargo

32. Frederick Herzog, "Towards the Waiting God," en *The Future of Hope: Theology as Eschatology*, ed. Frederick Herzog (New York: Herder & Herder, 1970), pp. 59-61.

aquí estamos ante un Dios trascendente en el sentido de vivir y actuar donde nosotros todavía no hemos estado. La diferencia entre Dios y los humanos no consiste en un cambio de lugar (de aquí a allí), sino en una diferencia de estado (de ahora a después, de presente a futuro). Aunque esta teología es correcta en cuanto al énfasis que pone en la trascendencia histórica de Dios, su trascendencia cosmológica o metafísica no debería ser ignorada.

La mayoría de las discusiones de la trascendencia divina se han centrado en la trascendencia de Dios en el espacio. Sin embargo, la física de Einstein ve la realidad no como las tres dimensiones espaciales más el tiempo, sino como un universo espacio – tiempo de cuatro dimensiones, en el que el tiempo y el espacio están relacionados conjuntamente.[33] Si este es el caso, la relación de Dios con el tiempo, al menos tal como nosotros lo experimentamos, debería entenderse paralelamente a su relación con el espacio. Como Dios no está simplemente muy lejos dentro del espacio, sino en una dimensión de realidad totalmente distinta, se debería entender que está "fuera" del tiempo (evidentemente una metáfora espacial). Una objeción a este punto de vista es que un Dios que está fuera del tiempo no puede actuar dentro del tiempo, ni saber qué tiempo es (esto es, lo que está ocurriendo en este momento). No obstante, la trascendencia de Dios del espacio no evita que actúe dentro del espacio o que sepa dónde está sucediendo algo. Parece como si el paralelismo nos llevara a ver a Dios como atemporal ontológicamente hablando, pero influyendo dentro del tiempo.

### *Implicaciones de la trascendencia*

La doctrina de la trascendencia tiene varias implicaciones que afectarán a nuestras otras creencias y prácticas.

1. Hay algo más grande que los humanos. La humanidad no es lo mejor del universo, ni es la medida más grande de la verdad y el valor. Lo bueno, la verdad y el valor no vienen determinados por el flujo cambiante de este mundo y la opinión humana. Hay algo que nos da valor desde más arriba. El valor de los humanos no está en que ellos sean los productos mas avanzados del proceso evolutivo hasta ahora, sino que el ser supremo eterno les haya hecho a su imagen y semejanza. No es nuestra estimación sobre nosotros mismos, sino el juicio del Dios santo lo que nos da valor.

2. Dios nunca puede ser capturado totalmente en conceptos humanos. Esto significa que todas nuestras ideas doctrinales, por muy útiles y básicamente correctas que sean, no pueden abarcar completamente la naturaleza de Dios. No está limitado a nuestro entendimiento de él. Ni nuestras formas de adoración o nuestros estilos arquitectónicos para las iglesias pueden expresar lo que es Dios

33. Albert Einstein, *The Meaning of Relativity*, 5th ed. (Princeton, N.J.: Princeton University Press, 1956), p. 31.

realmente. No hay una manera en que los seres humanos puedan representar o acercarse adecuadamente a Dios.

3. Nuestra salvación no es un logro nuestro. La comunión con Dios no se consigue con nuestros medios de acercarnos a él. Eso es imposible. No podemos llegar a su nivel cumpliendo con los estándares que él tiene para nosotros. Incluso si fuéramos capaces de llegar a ellos, no sería un logro nuestro. Que sepamos lo que él espera de nosotros es gracias a su revelación, no porque nosotros lo hayamos descubierto. Incluso aparte del problema adicional del pecado, la comunión con Dios sería estrictamente un don que Dios nos concede.

4. Siempre habrá una diferencia entre Dios y los seres humanos. La brecha entre nosotros no es sólo una disparidad moral y espiritual que tuvo su origen en la caída. Es metafísica, surge de la creación. Incluso cuando seamos redimidos y glorificados, seguiremos siendo seres humanos renovados. Nunca seremos Dios. Él siempre será Dios y nosotros siempre seremos humanos, así que siempre habrá una trascendencia divina. La salvación consiste en que Dios nos devuelve a lo que él quería que fuésemos, no en que nos eleve a lo que él es.

5. La reverencia es apropiada en nuestra relación con Dios. Ciertos estilos de alabanza, que enfatizan el gozo y la confianza que el creyente tiene en su relación con un amoroso Padre celestial, van más allá de ese punto hasta llegar a una excesiva familiaridad, tratándole como a un igual, o incluso peor, como a un sirviente. Sin embargo, si hemos captado el concepto de la trascendencia divina, esto no sucederá. Aunque hay necesidad y lugar para expresar el entusiasmo, e incluso de forma exuberante, esto no debería conducir nunca a la pérdida de respeto. Siempre debe haber una sensación de sobrecogimiento y maravilla, de lo que Rudolf Otto denominaba *mysterium tremendum*.[34] Aunque hay amor, confianza y franqueza entre Dios y nosotros, no somos iguales. Él es el Señor soberano todopoderoso. Nosotros somos sus sirvientes y sus seguidores. Esto significa que debemos someter nuestra voluntad a Dios; no intentaremos ajustar su voluntad a la nuestra. Nuestras oraciones también tienen que verse influidas por esto. En lugar de hacer demandas en nuestras oraciones, oraremos como Jesús para que se haga "no nuestra voluntad, sino la suya."

6. Buscaremos la obra de Dios genuinamente trascendente. Esto es, no esperaremos sólo las cosas que se pueden conseguir por medios naturales. Aunque utilicemos cualquier técnica de aprendizaje moderna que esté a nuestra disposición para cumplir los fines de Dios, nunca dejaremos de depender de su obra. No debemos descuidar el orar buscando su guía o su especial intervención. Por lo tanto, la consejería cristiana no difiere de otros tipos de consejería (naturalista o humanista) más que por ir precedida por una breve oración. Habrá

34. Rudolf Otto, *The Idea of the Holy* (New York: Oxford University Press, 1958), pp. 12-40.

la anticipación de que Dios, en respuesta a la fe y la oración, obrará de formas humanamente no predecibles o realizables.

Como con la inmanencia de Dios, también debemos estar prevenidos contra el énfasis excesivo de su trascendencia. No debemos buscar a Dios únicamente en lo religioso o en lo devocional; también debemos buscarlo en los aspectos "normales" de la vida. No hay que buscar milagros solamente, pero tampoco hay que ignorarlos. Algunos atributos, como la santidad, la eternidad, la omnipotencia expresan el carácter trascendente de Dios. Otros como la omnipresencia, son expresiones de su inmanencia. Pero si a todos los aspectos de la naturaleza de Dios se les da el énfasis y la atención que la Biblia les asigna, se conseguirá un entendimiento completo de Dios. Aunque Dios nunca está completamente a nuestro alcance, ya que está mucho más allá de nuestras ideas y formas, siempre está disponible para nosotros cuando nos volvemos hacia él.

# 16. Tres personas en un solo Dios: la Trinidad

## Objetivos del capítulo

Después de estudiar este capítulo, debería ser capaz de:

- Entender y explicar la enseñanza bíblica sobre la Trinidad en tres aspectos: la unidad de Dios, la deidad de tres y las tres personas en uno.
- Enumerar y explicar las construcciones históricas de la Trinidad, tales como el punto de vista "económico," el monarquismo dinámico, el monarquismo modalista y el punto de vista ortodoxo.
- Describir los elementos esenciales de la doctrina de la Trinidad y explicar por qué son tan importantes para la fe cristiana.
- Articular las distintas analogías utilizadas para describir o clarificar la doctrina de la Trinidad.

## Resumen del capítulo

La Biblia no enseña explícitamente el punto de vista trinitario de Dios, pero las enseñanzas de que Dios es uno y que hay tres personas que son Dios conducen claramente a este punto de vista. El cristianismo es la única religión importante que sostiene esto sobre Dios. Se han hecho muchos intentos para entender esta verdad profunda. Algunos han llevado a distorsiones sobre esta doctrina tan importante. Aunque nunca entendamos completamente esta difícil doctrina, hay analogías que pueden ayudarnos a comprenderla mejor. Entendida correctamente, esta doctrina tiene profundas implicaciones prácticas en la vida cristiana.

## Cuestiones de estudio

1. ¿Por qué la doctrina de la Trinidad es tan especial entre todas las religiones del mundo?
2. ¿Por qué para tomar una postura sobre la Trinidad se necesitan todas las habilidades que requiere la teología sistemática?

3. Explique la evidencia bíblica para la deidad de tres.
4. ¿En qué libro de la Biblia encontramos las evidencias más fuertes sobre una Trinidad igualitaria? Explique por qué esto es así.
5. ¿Cómo influyen los distintos puntos de vista históricos sobre la Trinidad en la sociedad actual? ¿Cómo hay que refutarlos?
6. ¿Cuáles son los elementos esenciales de la doctrina de la Trinidad? ¿Cómo nos ayudan a entender y profundizar en nuestra fe?
7. ¿En qué contribuyen las analogías a nuestro entendimiento?

La enseñanza bíblica
- La unidad de Dios
- La deidad de tres
- Tres personas en uno

Construcciones históricas
- El punto de vista "económico" de la Trinidad
- Monarquismo dinámico
- Monarquismo modalista
- La formulación ortodoxa

Elementos esenciales de una doctrina de la Trinidad
La búsqueda de analogías

En la doctrina de la Trinidad, encontramos una de las auténticas doctrinas distintivas del cristianismo. De entre todas las religiones del mundo, la fe cristiana es la única en afirmar que Dios es uno y sin embargo hay tres que son Dios. Aunque aparentemente parece ser una doctrina contradictoria y no ha sido expuesta abierta o explícitamente en las Escrituras, las mentes devotas han llegado a ella al buscar hacer justicia al testimonio de las Escrituras.

La doctrina de la Trinidad es crucial para el cristianismo. Se preocupa de quién es Dios, cómo es, cómo obra y cómo uno se debe acercar a él. Es más, la cuestión de la deidad de Jesucristo, que ha sido históricamente un punto de gran tensión, va muy unida a nuestra idea de la Trinidad.

La posición que tomemos sobre la Trinidad también contestará algunas preguntas de naturaleza práctica. ¿A quién tenemos que alabar – sólo al Padre, al Hijo, al Espíritu Santo o al Dios trino? ¿A quién tenemos que orar? ¿La obra de cada uno de ellos hay que tomarla de forma aislada o tenemos que pensar que la muerte expiatoria de Jesús también es en cierta manera obra del Padre? ¿Se debe pensar que el Hijo es igual en esencia al Padre o se le debe relegar a un estatus un poco inferior?

Formular una postura sobre la Trinidad es un ejercicio genuino de teología *sistemática*, que requiere todas las habilidades de las que hablamos en los primeros capítulos. Como la Trinidad no se enseña explícitamente en las Escrituras, tenemos que reunir temas complementarios, sacar conclusiones de las enseñanzas bíblicas y decidir qué tipo de vehículo conceptual expresará mejor nuestra forma de entenderla. Además, como la formulación de la doctrina ha tenido una larga y compleja historia, tenemos que evaluar las construcciones pasadas según el contexto de su periodo y cultura y enunciar la doctrina de una manera que sea igualmente adecuada para nuestra época.

Empezaremos nuestro estudio de la Trinidad examinando la base bíblica de la doctrina, ya que esto es fundamental para todo lo demás que hacemos aquí. Después examinaremos distintas declaraciones de la doctrina, señalando los énfasis particulares, los puntos fuertes y débiles. Finalmente, formularemos nuestra propia declaración intentando ilustrar y clarificar sus principios de manera que tengan sentido en la actualidad.

## La enseñanza bíblica

Hay tres tipos de evidencias separados pero relacionados : evidencias de la unidad de Dios – que Dios es uno; evidencia de que hay tres personas que son Dios; y finalmente, indicaciones o al menos indicios de que las tres son uno.

### *La unidad de Dios*

La religión de los antiguos hebreos era una fe rigurosamente monoteísta, como lo es sin duda la religión judía hoy en día. La unidad de Dios fue revelada a Israel en distintos momentos y de diferentes maneras. Los diez mandamientos, por ejemplo, empiezan con la declaración: "Yo soy Jehová, tu Dios, que te saqué de la tierra de Egipto, de casa de servidumbre. No tendrás dioses ajenos delante de mí." (Éx. 20:2-3). Lo que el hebreo traduce aquí como "delante de mí" o "a mi lado" es עַל־פָּנָי *(alpanai)*, que literalmente significa "en mi cara." Dios había demostrado su realidad única con lo que había hecho, y por tanto se le debía la alabanza, la devoción y la obediencia exclusiva de Israel. Ningún otro de los que decían ser dioses lo había demostrado así.

La prohibición de idolatría, el segundo mandamiento (v. 4) también se asienta en la característica de que Dios es único y especial. No tolerará que se adore a ningún objeto construido por el hombre, porque sólo él es Dios. El rechazo del politeísmo se puede ver por todo el Antiguo Testamento. Dios demuestra una y otra vez su superioridad frente a los otros que reclamaban ser dioses. Por supuesto, se podría decir que esto no basta para probar de forma concluyente que el Antiguo Testamento requiere el monoteísmo. Podría ser que fueran los otros dioses (por ejemplo, los dioses de otras naciones) los que son rechazados por el Antiguo Testamento, pero que hubiera más de un Dios verdadero para los israelitas. En respuesta, debemos señalar que a lo largo de todo el Antiguo Testamento se asume claramente que hay un sólo Dios de Abraham, Isaac y Jacob y no muchos (por ejemplo en Éx. 3:13-15).

Una indicación más clara de la unidad de Dios es el *Shema* de Deuteronomio 6, cuyas grandes verdades se ordenó que aprendiera el pueblo de Israel y que las inculcara a sus hijos. Tenían que meditar sobre estas enseñanzas ("Estas palabras... estarán sobre tu corazón," v. 6). Tenían que hablar de ellas en casa y por el camino, al acostarse y al levantarse (v. 7). Tenían que utilizar señales visuales para llamar la atención sobre ellas: atarlas en la mano, ponerlas como frontales entre los ojos, escribirlas en los portales de las casas y en las puertas. Una es una frase declarativa; la otra es imperativa, una orden. "Oye Israel: Jehová, nuestro Dios, Jehová uno es" (v. 4). Aunque sobre esto hay varias traducciones legítimas del hebreo, todas enfatizan de la misma manera la especial, incomparable deidad de Jehová. La segunda gran verdad que Dios quiere que aprenda y enseñe el pueblo de Israel es un mandamiento basado en ese carácter especial: "Amarás a Jehová, tu Dios, de todo tu corazón, de toda tu alma y con todas tus fuerzas" (v. 5). Como es uno, no tiene que haber división en el compromiso de Israel. Después del *Shema* (Dt. 6:4-5), los mandamientos de Éxodo 20 prácticamente se repiten. En términos positivos se le dice al pueblo de Dios: "A Jehová, tu Dios, temerás, a él solo servirás y por su nombre jurarás" (Dt. 6:13). En términos negativos se les dice: "No vayáis detrás de dioses ajenos, de los dioses de los pueblos que están en vuestros contornos" (v. 14). Dios es claramente un Dios único, impidiendo la posibilidad de que ninguno de los dioses de los pueblos vecinos pueda ser real y por lo tanto que merezca ser servido y adorado (cf. Éx. 15:11; Zac. 14:9).

La enseñanza sobre la unidad de Dios no queda restringida al Antiguo Testamento. Santiago 2:19 elogia creer en un único Dios, aunque señala que esto es insuficiente para la justificación. Pablo también resalta la singularidad de Dios. El apóstol escribe cuando discute sobre comer la carne que se ha ofrecido a los ídolos: "Sabemos que un ídolo nada es en el mundo, y que no hay más que un Dios... el Padre, del cual proceden todas las cosas y para quien nosotros existimos; y un Señor Jesucristo, por medio del cual han sido creadas todas las cosas y por quien nosotros también existimos" (1 Co. 8:4, 6). Aquí Pablo, como la ley Mosaica, excluye la idolatría basándose en que sólo hay un único Dios. De forma similar, Pablo escribe a Timoteo: "Pues hay un solo Dios, y un solo mediador entre Dios y los hombres: Jesucristo hombre, el cual se dio a sí mismo en rescate por todos" (1 Ti. 2:5-6). Aunque aparentemente estos versículos parecen hacer una distinción entre Jesús y el Dios único, el Padre, la idea básica de la frase anterior es que sólo Dios es el verdadero Dios (los ídolos no son nada); y la idea principal de la última frase es que sólo hay un Dios, y que sólo hay un mediador entre Dios y los humanos.

### *La deidad de tres*

Toda esta evidencia, por sí sola, nos conduce sin duda a una creencia básicamente monoteísta. Entonces ¿qué llevó a la iglesia a ir más allá de esta evidencia? Fue el testimonio bíblico adicional al efecto de que tres personas son Dios. La deidad del primero, el Padre, apenas se discute. Además de las referencias que hay en los escritos de Pablo ya citados (1 Co. 8:4, 6; 1 Ti. 2:5-6), podemos señalar los casos en los que Jesús hace referencia al Padre como Dios. En Mateo 6:26, indica que "vuestro Padre celestial alimenta [las aves del cielo]." En una frase paralela que aparece poco después indica que "Dios viste la hierba del campo" (v. 30). Y en los versículos 31-32 dice que no necesitamos preguntar qué comer, beber o vestir porque "vuestro Padre celestial sabe que tenéis necesidad de ellas." Parece que queda claro que, para Jesús, "Dios" y "vuestro Padre celestial" son términos intercambiables. Y en muchas otras referencias a Dios, Jesús obviamente tiene al Padre en mente (por ejemplo, Mt. 19:23-26; 27:46; Mr. 12:17, 24-27).

Más problemático es el estatus de Jesús como deidad, sin embargo las Escrituras también le identifican como Dios. (Ya que el tema de la divinidad de Jesús se desarrollará en la sección de Cristología [cap. 33], no entraremos en grandes detalles aquí). Una referencia importante a la deidad de Jesucristo la encontramos en Filipenses 2. En los versículos 5-11 Pablo toma lo que con toda seguridad era un himno de la iglesia primitiva y lo utiliza como base para hacer un llamamiento a sus lectores para que practiquen la humildad. Habla de Cristo Jesús "Él, siendo en forma de Dios, no estimó el ser igual a Dios como cosa a que aferrarse" (v. 6). La palabra que se traduce a menudo como "forma" es μορφῇ *(morphē)*. Este término en griego clásico y en griego bíblico significa "el conjunto de características que hacen que una cosa sea como es." Denota la naturaleza genuina de una cosa. La palabra μορφῇ contrasta con σχῆμα *(schēma)*, que normalmente también se traduce como "forma," pero en el sentido de figura, de apariencia superficial, más que de sustancia.

Para Pablo, un judío ortodoxo entrenado en las enseñanzas rabínicas del judaísmo estricto, el versículo 6 es sin duda una declaración sorprendente. Reflejando la fe de la iglesia primitiva, sugiere un compromiso profundo con la deidad total de Cristo. Este compromiso se indica no sólo con el uso de μορφῇ, sino también con la expresión "igual [ἴσα – *isa*] a Dios." Por lo general se mantiene que la idea básica del versículo 6 es que Jesús era igual que Dios, pero no quiso aferrarse a esa igualdad. Sin embargo, algunos han argumentado que Jesús no era igual que Dios; el punto principal de este versículo es que ni codiciaba, ni aspiraba a la igualdad con Dios. Por lo tanto, ἁρπαγμὸν (*harpagmon*: "algo a que aferrarse") no debería interpretarse como "algo a lo que agarrarse," sino "algo que conseguir." Por el contrario, sin embargo, el versículo 7 indica que "se despojó a sí mismo" (ἑαυτὸν ἐκένωσεν – *heauton ekenōsen*). Aunque Pablo no especifica de qué se despojó a sí mismo Jesús, parece que este fue un paso activo de auto-abnegación, no un negarse a actuar. Por lo tanto la igualdad con Dios es algo que él poseía con anterioridad. Y alguien que es igual a Dios tiene que ser Dios.[1]

1. Hay interpretaciones divergentes de este pasaje, ej., Ernst Lohmeyer, *Kyrios Jesus: Eine*

Otro pasaje significativo es Hebreos 1. El autor, cuya identidad desconocemos, está escribiendo a un grupo de cristianos hebreos. Él (o ella) hace varias declaraciones que implican con fuerza la completa deidad del Hijo. En los versículos de apertura, cuando argumenta el autor (al que de aquí en adelante denominaremos con el pronombre personal masculino) que el Hijo es superior a los ángeles, señala que Dios ha hablado a través del Hijo, le ha constituido como heredero de todas las cosas, y dice que ha hecho el universo por medio de él (v. 2). Después describe al Hijo como "el resplandor [ἀπαύγασμα – *apaugasma*] de la gloria de Dios" y "la imagen misma de su sustancia" (χαρακτὴρ τῆς ὑποστάσεως – *charaktēr tēs hupostseōs*). Aunque quizá se podría mantener que esto sólo afirma que Dios se reveló a sí mismo a través del Hijo, y no que el Hijo *sea Dios*, el contexto sugiere lo contrario. Además de identificarse como el Padre de alguien a quien llama Hijo (v. 5), se cita a Dios en el versículo 8 (de Sal. 45:6) llamando al Hijo "Dios" y en el versículo 10 como "Señor" (de Sal. 102:25). El escritor concluye señalando que Dios le dijo al Hijo: "Siéntate a mi diestra" (Sal. 110:1). Es significativo que el escritor bíblico se dirija a los cristianos hebreos, que seguramente estarían empapados en monoteísmo, de una manera que reafirmará de forma innegable la deidad de Jesús y su igualdad con el Padre.

Una consideración final es el concepto que Jesús tenía de sí mismo. Deberíamos señalar que Jesús nunca declaró directamente su deidad. Sin embargo varias evidencias sugieren que esto es lo que realmente pensaba de sí mismo. Él afirmaba poseer lo que únicamente pertenecía a Dios. Habló de los ángeles de Dios (Lc. 12:8-9; 15:10) como sus ángeles (Mt. 13:41). Consideraba el reino de Dios (Mt. 12:28; 19:14, 24; 21:31,43) y los elegidos de Dios (Mr. 13:20) como propios. Es más, él decía tener potestad para perdonar los pecados (Mr. 2:8-10). Los judíos reconocían que sólo Dios podía perdonar los pecados, y por lo tanto acusaban a Jesús de blasfemia (βλασφημία – *blasphēmia*). También se atribuía el poder de juzgar el mundo (Mt. 25:31) y reinar sobre él (Mt. 24:30; Mr. 14:62).

También debemos señalar cómo respondía Jesús a los que le acusaban de atribuirse la deidad y a los que sinceramente le atribuían la divinidad a él. En su juicio, se le acusó de afirmar ser el Hijo de Dios (Jn. 19:7; Mt. 26:63-65). Si Jesús no se consideraba a sí mismo Dios, era una oportunidad espléndida para

---

*Untersuchung zu Phil. 2, 5-11*, 2nd ed. (Heidelberg: Carl Winter, 1961); Ralph Martin, *Carmen Christi* (Cambridge: Cambridge University Press, 1967). Pero yo llamaría la atención de los lectores sobre Reginald H. Fuller, *The Foundations of New Testament Christology* (New York: Scribner, 1965), p. 235, n. 89; Leon Morris, *The Lord from Heaven: A Study of the New Testament Teaching on the Deity and Humanity of Jesus* (Grand Rapids; Eerdmans, 1958); Paul D. Feinberg, "The Kenosis and Christology: An Exegetical-Theological Analysis of Philippians 2:6-11,l *Trinity Journal*, n.s. 1 (1980): 21-46. Morris por ejemplo, comenta: "No se puede mantener que Pablo estuviera pensando que Jesús no era más que humano. Fil. 2:5ss. es un pasaje que exige para su entendimiento que Jesús fuese divino en el más amplio sentido de la palabra" (p. 74).

corregir esta impresión incorrecta. Sin embargo no lo hizo. De hecho, en el juicio ante Caifás estuvo más cerca de lo que había estado nunca de afirmar su propia deidad. Ya que respondió ante el cargo "Dinos ahora si tú eres el Cristo, el Hijo de Dios" diciendo: "Tú lo has dicho. Y además os digo que desde ahora veréis al Hijo del hombre sentado a la diestra del poder de Dios y viniendo en las nubes del cielo" (Mt. 26:63-65). O deseaba ser condenado a muerte por un cargo falso, o él se sentía Hijo de Dios. Es más, cuando Tomás se dirigió a Jesús como "Señor mío y Dios mío" (Jn. 20:28), Jesús no negó la apelación.

También hay referencias bíblicas que identifican al Espíritu Santo con Dios. Aquí vemos que hay pasajes en los que las referencias al Espíritu Santo se suceden de forma intercambiable con las referencias a Dios. Un ejemplo es Hechos 5:3-4. Ananías y Safira sustrajeron una porción del precio de la heredad que habían vendido fingiendo que ponían a los pies de los apóstoles la cantidad entera. Aquí mentir al Espíritu Santo (v. 3) es igual que mentir a Dios (v. 4). Al Espíritu Santo también se le describe con las cualidades de Dios y se le atribuyen sus obras. El Espíritu Santo convence al mundo de pecado, de justicia y de juicio (Jn. 16:8-11) y regenera o da nueva vida (Jn. 3:8). En 1 Corintios 12:4-11, leemos que es el Espíritu el que concede dones a la iglesia y el que decide soberanamente quién los recibe. Además, recibe el honor y la gloria reservada para Dios.

En 1 Corintios 3:16-17, Pablo recuerda a los creyentes que son el templo de Dios y que su Espíritu está en ellos. En el capítulo 6, dice que sus cuerpos son templo del Espíritu Santo que está en ellos (vv. 19-20). "Dios" y "Espíritu Santo" parecen ser expresiones intercambiables. También en varios lugares se coloca al Espíritu Santo a la misma altura de Dios. Uno es la fórmula bautismal de Mateo 28:19; un segundo ejemplo es la bendición paulina en 2 Corintios 13:14; finalmente en 1 Pedro 1:2, Pedro se dirige a sus lectores como "elegidos según el previo conocimiento de Dios Padre en santificación del Espíritu, para obedecer y ser rociados con la sangre de Jesucristo."

### *Tres personas en uno*

En principio, estas dos líneas de evidencia - la unidad de Dios y el ser tres personas en uno - parecen contradictorias. Al principio de su existencia, la iglesia no tuvo demasiada oportunidad de estudiar la relación entre estos dos grupos de datos. El proceso de organizarse y de propagar la fe e incluso el tratar de sobrevivir en un mundo hostil, impedía una reflexión doctrinal más seria. Sin embargo, cuando la iglesia estuvo ya más asentada, empezó a preocuparse por intentar unir estos dos tipos de materiales. Concluyó que Dios debía entenderse como tres en uno, o dicho en otras palabras, triuno. En este punto debemos plantear la pregunta de si se enseña esta doctrina explícitamente en la Biblia, la sugieren las Escrituras o es meramente una deducción procedente de otras enseñanzas de la Biblia.

Un texto al que se ha apelado tradicionalmente para documentar la Trinidad es 1 Juan 5:7, que se encuentra en las versiones tempranas como la Reina Valera: "Tres son los que dan testimonio en el cielo: el Padre, el Verbo y el Espíritu Santo; y estos tres son uno." Aquí estamos aparentemente ante una declaración clara y sucinta de la tres personas en uno. Sin embargo, desgraciadamente la base textual es tan débil que algunas traducciones recientes (por ejemplo NVI) incluyen esta frase sólo en un pie de página y en cursiva, y hay otras (como la RSV) que la omiten totalmente. Si hay una base bíblica para la Trinidad, tenemos que buscarla en otra parte.

La forma plural para el nombre del Dios de Israel אֱלֹהִים *('elohim)*, se considera a veces un indicio de la idea trinitaria. Es un nombre genérico utilizado para referirse también a otros dioses. Cuando se usa haciendo referencia al Dios de Israel, generalmente, aunque no siempre, aparece en plural. Algunos argumentan que aquí hay un indicio de la naturaleza plural de Dios. Sin embargo, el plural normalmente se interpreta como indicación de majestad o intensidad y no como señal de la multiplicidad de la naturaleza de Dios. Theodorus Vriezen piensa que el plural lo que intenta es elevar el referente al estado de representante general de la clase y por lo tanto, rechaza la idea de que la doctrina de la trinidad esté implícita en Génesis 1:26.[2] Walter Eichrodt cree que al utilizar el plural de majestad el escritor de Génesis intentaba preservar su cosmología de cualquier trazo de pensamiento politeísta y al mismo tiempo representar al Dios Creador como el soberano absoluto y el único ser cuya voluntad tiene peso.[3]

Sin embargo, la interpretación de *'elohim* como plural de majestad no es aceptado con unanimidad por los recientes estudiosos del Antiguo Testamento. En 1953, G. A. F. Knight argumentó en contra en una monografía titulada *A Biblical Approach to the Doctine of the Trinity* (Un enfoque bíblico a la doctrina de la Trinidad). Mantenía que hacer de *'elohim* un plural de majestad es leer el hebreo antiguo de forma moderna, ya que a los reyes de Israel y Judá se les nombraba a todos en singular en los relatos bíblicos.[4] Aunque rechaza el plural de majestad, Knight señala que, no obstante, hay una peculiaridad en hebreo que nos ayuda a entender el término en cuestión. Las palabras para agua y cielo (entre otras) también son plurales. Los gramáticos han denominado este fenómeno como plural cuantitativo. Se puede pensar en el agua como gotas de lluvia individuales o como la masa de agua de un océano. Knight afirmaba que esta diversidad cuantitativa en unidad es una buena manera de entender

2. Theodore Vriezen, *An Outline of Old Testament Theology* (Oxford: B. Blackwell, 1958), p. 179.

3. Walter Eichrodt, *Theology of the Old Testament* (Philadelphia: Westminster, 1961), p. 187.

4. G. A. F. Knight, *A Biblical Approach to the Doctrine of the Trinity* (Edinburgh: Oliver & Boyd, 1953), p. 20.

el plural *'elohim*. También creía que esto explicaba por qué el nombre singular אֲדֹנָי *('adonai)* se escribía en plural.[5]

También hay otras formas en plural. En Génesis 1:26 Dios dice: "Hagamos al hombre en nuestra imagen." Aquí tenemos el plural en el verbo "hagamos" y en el pronombre posesivo "nuestro." En Génesis 11:7 también hay una forma plural: "Descendamos y confundamos allí su lengua." Cuando Isaías fue llamado oyó que el Señor decía: "¿A quién enviaré y quién irá por nosotros?" (Is. 6:8). Se ha objetado que estos son plurales mayestáticos. Sin embargo, lo que es importante desde el punto de vista del análisis lógico es el cambio de singular a plural en el primer y tercer ejemplos. Génesis 1:26 en realidad dice: "Entonces dijo Dios [singular]: 'Hagamos [plural] al hombre a nuestra [plural] imagen.'" El escritor de las Escrituras no usa un verbo en plural (de majestad) con *'elohim*, pero se cita a Dios utilizando un verbo plural para referirse a sí mismo. De la misma manera, en Isaías se lee: "¿A quién enviaré [singular] y quién irá por nosotros [plural]?"

La enseñanza de la imagen de Dios en el hombre también se ha visto como un indicio de la Trinidad. En Génesis 1:27 se lee:

> Y creó Dios al hombre a su imagen,
> a imagen de Dios lo creó;
> varón y hembra los creó.

Algunos argumentan que estamos ante un paralelismo, no en las dos primeras líneas únicamente, sino en las tres. Por lo tanto "varón y hembra los creó" es equivalente a decir "Y creó Dios al hombre a su imagen" y a "a imagen de Dios los creó." Según esto, la imagen de Dios en el hombre (genérico) se tiene que encontrar en el hecho de que el hombre ha sido creado hombre y mujer (plural).[6] Esto significa que la imagen de Dios es una unidad en la pluralidad, una característica de la copia y del arquetipo. Según Génesis 2:24, hombre y mujer serán uno (אֶחָד – *'echad*); implica una unión de dos entidades separadas. Es significativo que esta misma palabra se utiliza en el *Shema*: "Jehová nuestro Dios, Jehová uno [אֶחָד] es" (Dt. 6:4). Parece que se está confirmando algo sobre la naturaleza de Dios: es un organismo, esto es, una unión de distintas partes.

En varios lugares de las Escrituras las tres personas están vinculadas en unidad y aparente igualdad. Una de estas es la fórmula bautismal que se dicta en la Gran Comisión (Mt. 28:19-20): bautizándolas en el nombre del Padre, del Hijo y del Espíritu Santo. Fíjese que "nombre" es singular, aunque incluye a las tres personas. Observe también que no se sugiere que haya inferioridad o subordinación. Esta

5. Ibid.

6. Paul King Jewett, *Man as Male and Female* (Grand Rapids: Eerdmans, 1975), pp. 33-40, 43-48; Karl Barth, *Church Dogmatics* (Edinburgh: T. & T. Clark, 1958), vol. 3, parte 1, pp. 183-201.

fórmula se convierte en parte de una de las primeras tradiciones en la iglesia: la encontramos en el *Didache* (7.1-4) y en la *Apología* de Justino (1.61).

También hay otra vinculación directa de los tres nombres en unidad y aparente igualdad, es la bendición paulina de 2 Corintios 13:14: "La gracia del Señor Jesucristo, el amor de Dios y la comunión del Espíritu Santo sean con todos vosotros."

En los Evangelios y en las Epístolas hay vinculaciones de las tres personas que no son tan directas ni explícitas. El ángel le dice a María que su hijo será llamado santo, Hijo de Dios, porque el Espíritu Santo vendrá sobre ella (Lc. 1:35). En el bautismo de Jesús (Mt. 3:16-17) las tres personas de la Trinidad estuvieron presentes. El Hijo estaba siendo bautizado, el Espíritu de Dios descendió en forma de paloma y el Padre habló con aprobación de su Hijo. Jesús relaciona sus milagros con el poder del Espíritu de Dios y señala que esto es evidencia de que el reino de Dios ha llegado (Mt. 12:28). Este patrón trinitario también se puede ver en la declaración de Jesús cuando dice que enviará la promesa del Padre sobre los discípulos (Lc. 24:49). El mensaje de Pedro en Pentecostés también vincula a las tres personas: "Así que, exaltado por la diestra de Dios y habiendo recibido del Padre la promesa del Espíritu Santo, ha derramado esto que vosotros veis y oís... Arrepentíos y bautícese cada uno de vosotros en el nombre de Jesucristo para perdón de los pecados, y recibiréis el don del Espíritu Santo" (Hch. 2:33, 38).

En 1 Corintios 12:4-6 Pablo habla de la dotación de capacidades especiales a los creyentes que pertenecen al cuerpo de Cristo: "Hay diversidad de dones, pero el Espíritu es el mismo. Hay diversidad de ministerios, pero el Señor es el mismo. Y hay diversidad de actividades, pero Dios que hace todas las cosas en todos, es el mismo." En un contexto soteriológico dice: "Y por cuanto sois hijos, Dios envió a vuestros corazones el Espíritu de su Hijo, el cual clama: '¡Abba, Padre!'" (Gá. 4:6). Pablo habla así de su propio ministerio: "para ser ministro de Jesucristo a los gentiles, ministrando el evangelio de Dios, para que los gentiles le sean como ofrenda agradable, santificada por el Espíritu Santo" (Ro. 15:16). Y Pablo relaciona los diferentes pasos en el proceso de la salvación con las distintas personas de la Trinidad: "Y el cual nos confirma con vosotros en Cristo, y el que nos ungió, es Dios, el cual también nos ha sellado y nos ha dado, como garantía, el Espíritu en nuestros corazones" (2 Co. 1:21-22). De forma similar, Pablo se dirige a los Tesalonicenses como "hermanos amados por el Señor" y añade que siempre da gracias por ellos porque "os haya escogido desde el principio para la salvación mediante la santificación por el Espíritu y la fe en la verdad" (2 Ts. 2:13-14). También debemos mencionar aquí la bendición de 2 Corintios 13:14 y la oración de Pablo en Efesios 3:14-19.

Es obvio que Pablo vio una relación muy cercana entre las tres personas. Y lo mismo hicieron los autores de las otras epístolas. Pedro empezó su primera carta dirigiéndose a los expatriados de la dispersión "elegidos según el previo conocimiento de Dios Padre en santificación del Espíritu, para obedecer y ser rociados con la sangre de Jesucristo" (1 P. 1:1-2). Judas exhorta a sus lectores diciendo: "edificándoos sobre vuestra santísima fe, orando en el Espíritu Santo, conservaos en el amor de Dios, esperando la misericordia de nuestro Señor Jesucristo para la vida eterna" (vv. 20-21).

Una indicación más sutil de la idea trinitaria de Pablo es la manera en que organiza algunos de sus libros. La forma y el contenido de sus escritos comunica su creencia en la Trinidad. Arthur Wainwright ha desarrollado esto de forma detallada.[7] Perfila Romanos en parte de la siguiente manera:

El juicio de Dios sobre todos (1:18-3:20)
Justificación a través de la fe en Cristo (3:21-8:1)
Vida en el Espíritu (8:2-30)

Parte de Gálatas sigue un patrón similar:

Justificación a través de la fe en Cristo (3:1-29)
Ser adoptados como hijos gracias a la redención obrada por Cristo y el envío del Espíritu (4:1-7)
La servidumbre a la ley y la libertad dada por Cristo (4:8-5:15)
Vida en el Espíritu (5:16-6:10)

Lo mismo ocurre en 1 Corintios. Parece que la Trinidad era una parte significativa del concepto de evangelio y de vida cristiana de Pablo.

Es en el cuarto Evangelio donde encontramos las evidencias más importantes de la igualdad de las personas de la Trinidad. La fórmula trinitaria aparece una y otra vez: 1:33-34; 14:16, 26; 16:13-15; 20:21-22 (compárese con 1 Juan 4:2, 13-14). La dinámica interna entre las tres personas aparece repetidamente, como ha observado George Hendry.[8] El Hijo es enviado por el Padre (14:24) y procede de él (16:28). El Espíritu es dado por el Padre (14:16), es enviado del Padre (14:26) y procede del Padre (15:26). No obstante el Hijo está muy implicado en la venida del Espíritu: ora por su venida (14:16); el Padre envía al Espíritu en el nombre del Hijo (14:26); el Hijo enviará el Espíritu desde el Padre (15:26); el Hijo debe irse para que pueda enviar al Espíritu (16:7). El ministerio del Espíritu se entiende como una continuación y elaboración del del Hijo. Él traerá a la memoria lo que dijo el Hijo (14:26); dará testimonio del Hijo (15:26); hablará todo lo que oiga del Hijo, glorificando así al Hijo (16:13-14).

7. Arthur W. Wainwright, *The Trinity in the New Testament* (London: SPCK, 1962), pp. 257ss.

8. George S. Hendry, *The Holy Spirit in Christian Theology* (Philadelphia: Westminster, 1956), p. 31.

El prólogo del Evangelio también contiene material rico en significado para la doctrina de la Trinidad. Juan dice en el primer versículo del libro: "El Verbo estaba con Dios, y el Verbo era Dios" (ὁ λόγος ἦν πρὸς τὸν θεόν, καὶ θεὸς ἦν ὁ λόγος – *ho logos ēn pros ton theon, kai theos ēn ho logos*). Aquí hay una indicación de la divinidad de la Palabra; obsérvese que la diferencia en el orden de las palabras entre la segunda y la tercera frase sirve para acentuar "Dios" (o "divino"). También encontramos la idea de que aunque el Hijo es distinto del Padre, hay comunión entre ellos, ya que la preposición πρὸς no sólo tiene el significado connotativo de proximidad física al Padre, sino también de intimidad y comunión.

Hay otras formas en las que este Evangelio destaca la proximidad y unidad entre el Padre y el Hijo. Jesús dice: "El Padre y yo uno somos" (10:30), y "El que me ha visto a mí ha visto al Padre" (14:9). Ora para que sus discípulos sean uno al igual que él y el Padre son uno (17:21).

La conclusión que nosotros sacamos de estos datos que acabamos de examinar es que aunque la doctrina de la Trinidad no se expresa abiertamente, las Escrituras, especialmente en el Nuevo Testamento, contienen tantas sugerencias de la deidad y unidad de las tres personas que podemos entender por qué la iglesia formuló esta doctrina, y concluimos que tuvieron razón al hacerlo.

## Construcciones históricas

Como hemos observado anteriormente, durante los dos primeros siglos d.C. hubo pocos intentos conscientes de tratar los temas teológicos y filosóficos de lo que ahora llamamos doctrina de la Trinidad. Encontramos el uso de la fórmula triple de Padre, Hijo y Espíritu Santo, pero se encuentran relativamente pocos intentos de exponerla o explicarla. Pensadores como Justino o Tatiano enfatizan la unidad de la esencia entre la Palabra y el Padre y utilizan la imagen de la imposibilidad de separar la luz de su fuente, el sol. De esta manera ilustran que, aunque la Palabra y el Padre son distintos, no son divisibles ni separables.[9]

### *El punto de vista "económico" de la Trinidad*

En Hipólito y Tertuliano, encontramos el desarrollo de un punto de vista "económico" de la Trinidad. Hicieron pocos intentos por explorar las relaciones eternas entre los tres; más bien, se concentraron en las maneras en las que la Tríada se manifestaba en la creación y en la redención. Aunque la creación y la redención mostraban que el Hijo y el Espíritu eran algo distinto al Padre, también se consideraba que estaban unidos inseparablemente a él en su ser eterno. Como las funciones mentales de un ser humano, la razón de Dios, esto es, la Palabra, se consideraba que estaba unida de forma inmanente e indivisible con él.

9. Justino Martir, *Diálogo con Trifo* 61.2; 128.3s.

Según el punto de vista de Tertuliano, hay tres manifestaciones de un solo Dios. Aunque son numéricamente distintas, ya que se pueden contar, son no obstante manifestaciones de un solo poder indivisible. Hay una distinción *(distinctio)* o distribución *(dispositio)*, no una división o separación *(separatio)*. Como imágenes de la unidad dentro de la divinidad Tertuliano señala la unidad entre la raíz y su brote, una fuente y su río, el sol y su luz. El Padre, el Hijo y el Espíritu son una sustancia idéntica, esta sustancia se extiende en tres manifestaciones, pero no se divide.[10]

En una rápida evaluación, notamos que hay algo de vaguedad en este punto de vista de la Trinidad. Cualquier esfuerzo por intentar llegar a entender mejor lo que quiere decir resulta desalentador.

### Monarquismo dinámico

En los siglos segundo y tercero, se hicieron dos intentos de llegar a una definición precisa de la relación entre Cristo y Dios. A ambos puntos de vista se les ha conocido con el nombre de monarquismo (literalmente "soberanía única"), ya que ellos resaltaban la idea de la singularidad y unidad de Dios, pero sólo el segundo reclama esa designación. Un examen de estas dos teologías nos ayudará a entender mejor el punto de vista en el que finalmente se instaló la ortodoxia cristiana.

El que originó el monarquismo dinámico fue un mercader de pieles bizantino llamado Teodoto, que lo introdujo en Roma hacia 190 d.C. En muchas áreas de la doctrina, como la de la omnipotencia divina, la creación del mundo e incluso el nacimiento virginal de Jesús, Teodoto era completamente ortodoxo. Sin embargo, mantenía que antes del bautismo Jesús era un hombre normal, aunque totalmente virtuoso. En el bautismo de Jesús, el Espíritu, o Cristo, descendió sobre él, y desde ese momento realizó actos milagrosos de Dios. Algunos de los seguidores de Teodoto mantenían que Jesús en realidad se hizo divino en este momento o tras la resurrección, pero el mismo Teodoto negaba esto. Jesús era un hombre ordinario, inspirado pero no habitado por el Espíritu.[11]

Un representante posterior de este tipo de enseñanza fue Pablo de Samosata, que expuso sus ideas a principios de la segunda mitad del siglo tercero y fue condenado en el sínodo de Antioquía en 268. Decía que la Palabra (el Logos) no era una entidad personal, con subsistencia propia; esto es, Jesucristo no era la Palabra. Más bien, el término hace referencia al mandamiento y la ordenanza de Dios. Dios ordenaba y cumplía lo que deseaba mediante Jesús el hombre. Este es el significado de "Logos." Si hay un elemento común entre los puntos de vista de Teodoto y Pablo de Samosata, es el de que Dios estaba presente de

10. Tertuliano, *Apología* 21.11-13.
11. Tertuliano, *De praescriptione haereticorum* 53; Eusebio, *Historia eclesiástica* 5.28.

forma dinámica en la vida de Jesús el hombre, pero no hay una presencia real sustantiva de Dios dentro de él. El monarquismo dinámico nunca fue un movimiento extendido y popular. Tenía un toque racionalista, y tendía a ser un fenómeno bastante aislado.[12]

### *Monarquismo modalista*

En contraste, el monarquismo modalista fue una enseñanza bastante popular y extendida. Mientras que el monarquismo dinámico parecía negar la doctrina de la Trinidad, el modalismo parecía confirmarla. Las dos variantes del monarquismo deseaban preservar la doctrina de la unidad de Dios. Sin embargo, el modalismo estaba también muy comprometido con la deidad total de Jesús. Como el término *Padre* se consideraba generalmente como la expresión de la Divinidad misma, cualquier sugerencia de que la Palabra o el Hijo fueran de alguna manera distintos al Padre molestaba a los modalistas. Les parecía un caso de biteísmo.

Entre los nombres que se asociaban al modalismo están Noetus de Esmirna, que estuvo activo en la última parte del siglo segundo; Praxeas (este en realidad puede ser un apodo que significaba "fisgón" de un hombre de iglesia no identificado), a quien Tertuliano combatió a principios del siglo tercero; y Sabelio, que escribió y enseñó a principios del siglo tercero.[13] Fue Sabelio quien desarrolló este concepto doctrinal en su forma más completa y sofisticada.

La idea esencial de esta escuela de pensamiento es que hay una Divinidad que se puede designar con nombres distintos: Padre, Hijo o Espíritu. Los términos no representan distinciones reales, sino que son simplemente nombres apropiados y aplicables en diferentes momentos. Padre, Hijo y Espíritu Santo son idénticos: son revelaciones sucesivas de la misma persona. La solución modalista a la paradoja de las tres personas y la unidad era la de que había una sola persona, no tres, con tres nombres, actividades o roles distintos.[14]

Otra idea básica expresada por el modalismo fue que el Padre sufrió con Cristo, ya que estaba realmente presente en él y era personalmente idéntico al Hijo. Esa idea etiquetada con el nombre de "patripasianismo," fue considerada herejía y fue uno de los factores que llevó al rechazo del modalismo. (Puede ser que la razón principal por la que se repudió el patripasianismo no fuera su conflicto con la revelación bíblica, sino con la concepción filosófica de la impasibilidad.[15])

El monarquismo modalista fue una creación genuinamente singular, original y creativa, y de alguna manera un brillante avance. Se preservaba tanto la unidad de la Divinidad como la deidad de las tres personas: Padre, Hijo y Espíritu Santo.

12. Atanasio, *Sobre los decretos del concilio de Nicea (En defensa del concilio de Nicea)* 5.24: *Sobre los concilios de Ariminum y Seleucia* 2.26; Eusebio, *Historia eclesiástica* 7.30.

13. Tertuliano, *Adversus Praxeam* 1.

14. Atanasio, *Cuatro discursos contra los arrianos* 3.23.4.

15. Tertuliano, *Adversus Praxeam* 29.

Sin embargo, la iglesia al evaluar esta teología consideró que le faltaban cosas en ciertos aspectos significativos. En particular, el hecho de que las tres aparezcan ocasionalmente de forma simultánea en la revelación bíblica es un importante impedimento para este punto de vista. Algunos de los textos trinitarios que señalamos anteriormente resultaron problemáticos. La escena del bautismo, cuando el Padre habla al Hijo, y el Espíritu desciende sobre el Hijo, es un ejemplo, junto con los pasajes donde Jesús habla de la venida del Espíritu, o habla del Padre o con Él. Si se acepta el modalismo, las palabras y las acciones de Jesús en estos pasajes deben considerarse engañosos. En consecuencia, la iglesia, aunque alguno de sus representantes oficiales e incluso los papas Ceferino y Calixto I trabajaron con estas ideas durante algún tiempo, acabaron rechazándolas por ser insuficientes para recoger toda la variedad de datos bíblicos.

### *La formulación ortodoxa*

La doctrina ortodoxa de la Trinidad fue enunciada en una serie de debates y concilios que en gran parte fueron propiciados por las controversias provocadas por movimientos tales como el monarquismo y el arrianismo. El Concilio de Constantinopla (381) hizo una formulación definitiva en la que la iglesia dejó explícitas las creencias que hasta entonces sólo había mantenido implícitamente. La idea que prevaleció fue básicamente la de Atanasio (293-373), elaborada y refinada por los teólogos de Capadocia: Basilio, Gregorio Nazianceno y Gregorio de Nisa.

La fórmula que expresa la posición de Constantinopla es "una οὐσία *(ousia)* en tres ὑποστάσεις – *hupostaseis*." El énfasis a menudo parece estar más en la última parte de la fórmula, esto es, la existencia separada de las tres personas más que en la de una divinidad indivisible. La divinidad única existe simultáneamente en los tres modos de ser o hipostases. Se resalta la idea de "co-inherencia" o, como se denomina más tarde, pericoresis, de las tres personas. La divinidad existe "indivisa en tres personas divididas." Hay una "identidad de naturaleza" en las tres hipóstasis. Basilio dice:

> Porque todas las cosas que son del Padre se contemplan en el Hijo, y todas las cosas del Hijo son del Padre; porque todo el Hijo está en el Padre y tiene a todo el Padre en sí. Por lo tanto la hipóstasis del Hijo es como si fuera la forma y la cara del conocimiento del Padre, y la hipóstasis del Padre se conoce en la forma del Hijo, aunque la cualidad propia que se contempla allí permanece para una clara distinción de las hipóstasis.[16]

Los capadocios intentaron exponer los conceptos de sustancia común y personas múltiples separadas por la analogía de un universal y sus particulares: las personas individuales de la Trinidad están relacionadas con la sustancia divina

16. Basilio, *Cartas* 38.8.

de la misma manera que los seres humanos individuales se relacionan con el universal humano (o humanidad). Cada una de las hipóstasis individuales es la ousia de la divinidad distinguidas por las características o propiedades peculiares de él, como los individuos humanos tienen características únicas que les distinguen de otras personas individuales. Estas propiedades respectivas de las personas divinas son, según Basilio, la paternal, la filial y el poder santificante o santificación.[17]

Está claro que la fórmula ortodoxa protege la doctrina de la Trinidad en contra del peligro del modalismo. Sin embargo, ¿lo ha hecho a expensas de caer en el error opuesto: el triteísmo? A simple vista el peligro parece considerable. Sin embargo, se hicieron dos cosas para salvaguardar la doctrina de la Trinidad contra el triteísmo.

Primero, se señaló que si podemos encontrar una única actividad del Padre, el Hijo y el Espíritu Santo que de ninguna manera se diferencia en ninguna de las tres personas, debemos concluir que no hay más que una única sustancia idéntica en todas ellas. Y tal unidad se encontró en la divina actividad de la revelación. La revelación se inicia en el Padre, continúa con el Hijo y se completa con el Espíritu. No son tres acciones, sino una acción en la que los tres están implicados.

Segundo, se insistió en la concreción e indivisibilidad de la sustancia divina. Mucha de la crítica a la doctrina de la Trinidad de los capadocios se centró en la analogía de un universal manifestándose en particulares. Para evitar la conclusión de que hay una multiplicidad de dioses dentro de la divinidad, como existen una multiplicidad de humanos en la humanidad, Gregorio de Nisa sugirió que, estrictamente hablando, no deberíamos hablar de una multiplicidad de humanos, sino de la multiplicidad de un ser humano universal. Por tanto, los capadocios siguieron resaltando que, aunque las tres personas de la Trinidad se pueden distinguir numéricamente como personas, son indistinguibles e inseparables en su esencia o sustancia o ser.

Se debería reiterar aquí que la ousia no es abstracta, sino una realidad concreta. Es más, la esencia divina es simple e indivisible. Siguiendo la doctrina aristotélica de que sólo lo que es material es cuantitativamente divisible, los capadocios a veces casi negaban que la categoría numérica se pudiera aplicar a la divinidad. Dios es simple y no compuesto. Por lo tanto, aunque cada una de las personas es una, no se pueden sumar para hacer tres entidades.

## Elementos esenciales de una doctrina de la Trinidad

Antes de intentar una construcción contemporánea de la doctrina de la Trinidad, es importante hacer una pausa para señalar los elementos destacados que deben incluirse.

17. Ibid., 38.5; 214.4; 236.6.

1. La unidad de Dios es básica. El monoteísmo está profundamente implantado dentro de la tradición hebreo-cristiana. Dios es uno, no varios. La unidad de Dios se puede comparar con la unidad del marido y la esposa, pero se debe tener en cuenta que estamos tratando con un Dios, no con la unión de entidades separadas.

2. Se debe afirmar la deidad de las tres personas, Padre, Hijo y Espíritu Santo. Cada una de ellas es cualitativamente igual. El Hijo es divino de la misma manera y en el mismo grado que el Padre, y lo mismo ocurre con el Espíritu Santo.

3. La triplicidad y la unicidad de Dios no lo son respecto a lo mismo. Aunque la interpretación ortodoxa de la Trinidad parece contradictoria (Dios es uno y sin embargo, tres), la contradicción no es real, sino sólo aparente. Existe una contradicción si algo es A y no A a la vez y respecto de lo mismo. Al contrario que el modalismo, la ortodoxia insiste en que Dios es tres personas en cualquier momento de tiempo. Manteniendo su unidad también, la ortodoxia trata el problema sugiriendo que la manera en que Dios es tres en cierto modo es distinto al modo en que es uno. Los pensadores del siglo cuarto hablaban de una ousia y tres hipóstasis. El problema es determinar qué significan estos dos términos, o en un sentido más amplio, cuál es la diferencia entre la naturaleza y el locus de la unidad de Dios y el de ser tres personas en una.

4. La Trinidad es eterna. Siempre ha habido tres, Padre, Hijo y Espíritu Santo, y todos ellos han sido siempre divinos. Uno o más de ellos no aparecieron en cierto momento del tiempo o no se hicieron divinos en un momento dado. Nunca ha habido una alteración en la naturaleza del Dios trino. Él es y será lo que siempre ha sido.

5. La función de uno de los miembros de la Trinidad durante algún tiempo puede quedar subordinada al de uno o los otros dos miembros, pero esto no significa que sea de ningún modo inferior en esencia. Cada una de las tres personas de la Trinidad ha tenido, durante un periodo de tiempo, una función especial. Esto tiene que entenderse como un papel temporal con el propósito de llegar a un fin determinado, no un cambio de estatus o de esencia. En la experiencia humana, también hay subordinación funcional. Varias personas de igual categoría en una empresa o negocio pueden escoger a uno para que sea el jefe de un grupo de trabajo o el presidente de un comité durante algún tiempo, pero sin ningún cambio en su categoría. Lo mismo ocurre en los círculos militares. En los días en que en los aviones había tripulaciones de muchos miembros, aunque el piloto era el oficial de mayor graduación en la nave, el bombardero, un oficial de graduación más baja, controlaba el avión durante el bombardeo. De la misma manera, el Hijo no era menos que el Padre durante su encarnación terrenal, sino que se subordinaba funcionalmente a la voluntad del Padre. Y lo mismo ocurre con el Espíritu Santo que queda ahora subordinado al ministerio del Hijo (ver Jn. 14-16) y a la voluntad del Padre, pero sin ser menos de lo que ellos son.

6. Al final, la Trinidad es incomprensible. No podemos entender completamente el misterio de la Trinidad. Cuando un día veamos a Dios, le veremos tal como es, y le entenderemos mejor. Sin embargo, incluso entonces, no lo entenderemos del todo. Como él es el Dios ilimitado y nosotros tenemos una capacidad limitada de saber y comprender, él siempre estará por encima de nuestro conocimiento y comprensión. Siempre seremos seres humanos, aunque seres humanos perfeccionados. Nunca seremos Dios. Estos aspectos de Dios que nunca comprendemos del todo deberían ser considerados misterios que van más allá de nuestra razón y no paradojas que entran en conflicto con la razón.

## La búsqueda de analogías

El problema al elaborar una declaración sobre la doctrina de la Trinidad no es únicamente la de entender la terminología. Esto en sí mismo es bastante difícil; por ejemplo es difícil saber lo que significa "persona" en este contexto. Más difícil, no obstante, es entender las relaciones entre los miembros de la Trinidad. La mente humana ocasionalmente busca analogías que ayuden a entenderlas.

A nivel popular, a menudo se han utilizado analogías sacadas de la naturaleza física. Por ejemplo, una analogía muy utilizada es la del huevo: está compuesto de yema, clara y cáscara, todo junto para formar un huevo completo. Otra de las analogías favoritas es la del agua. Se puede encontrar en estado sólido, líquido y en forma de vapor. A veces se han utilizado otros objetos materiales como ejemplos. Un pastor, al instruir a su joven catecúmeno intentó clarificar las tres personas en una de Dios planteando la siguiente pregunta: "¿Pantalones es singular o plural?" Su respuesta fue que pantalones es singular en la parte superior y plural en la parte inferior.

La mayoría de las analogías sacadas del ámbito físico tienden a ser triteístas o modalistas en sus implicaciones. Por una parte, las analogías como la del huevo y los pantalones parecen sugerir que el Padre, el Hijo y el Espíritu Santo son partes separadas de una naturaleza divina. Por otra parte, la analogía de las formas del agua tiene toques modalistas ya que hielo, agua líquida y vapor son modos de existencia. Una misma cantidad de agua no puede existir a la vez en los tres estados.

En los últimos años, algunos teólogos, explorando en los puntos de vista de la filosofía analítica, han utilizado de forma intencionada "transgresiones de categoría" gramatical o "calificadores de lógica extraña" para señalar la tensión entre la unidad y las tres personas. Ejemplos de estos intentos son frases como "Dios son uno" y "ellos es tres". Sin embargo, estas frases extrañas sirven mejor para exponer el tema que para clarificarlo.

Una de las mentes más creativas en la historia de la teología cristiana fue Agustín. En *De Trinitate*, que posiblemente es su obra más destacada, él vuelve su prodigioso intelecto hacia el problema de la naturaleza de la Trinidad. Reflexionó sobre esta doctrina durante toda su vida cristiana y escribió su tratado sobre el tema en un periodo de 20 años (399-419). En consonancia con la tradición occidental o latina, su teoría enfatizaba la unidad de Dios más que su triplicidad. Los tres miembros de la Trinidad no son individualidades separadas como lo son tres miembros de la raza humana. Cada miembro de la Trinidad es en su esencia idéntico a los otros o idéntico en su divina sustancia. Se distinguen en término de su relación dentro de la divinidad.

La contribución más importante de Agustín a la comprensión de la Trinidad es el de sus analogías sacadas del ámbito de la personalidad humana. Argumentó que como el ser humano está hecho a imagen de Dios, que es trino, es razonable esperar encontrar, mediante el análisis de la naturaleza humana, una reflexión, aunque débil, de la unidad trinitaria de Dios. Empezando con la declaración bíblica de que Dios es amor, Agustín señaló que hay tres elementos necesarios en el amor: el que ama, el objeto del amor y el amor que les une, o que al menos lo intenta.[18] Aunque esta analogía ha recibido bastante atención, para Agustín únicamente fue un punto de partida, un trampolín para una analogía más significativa basada en el interior de la persona y, en particular, en su actividad mental en relación consigo mismo o con Dios. Ya en las *Confesiones*, vemos la analogía basada en la persona interior, en la triada del ser, el saber y la voluntad.[19] En *De Trinitate* la analogía basada en la actividad mental se presenta en tres etapas o tres trinidades: (1) la mente, su conocimiento de sí misma y su amor de sí misma;[20] (2) recuerdo, entendimiento y voluntad;[21] (3) la mente recordando a Dios, conociendo a Dios y amando a Dios.[22] Aunque las tres etapas de la analogía nos dan perspectiva de las relaciones mutuas entre las personas de la Trinidad, Agustín cree que la última de ellas es la más útil, razonando que cuando nos centramos conscientemente en Dios, es cuando más nos parecemos a nuestro Hacedor.

En la práctica incluso los cristianos ortodoxos tienen dificultades para ceñirse simultáneamente a los distintos componentes de la doctrina. Nuestro uso de estas analogías sugiere que quizá en la práctica tendamos a alternar entre el triteísmo, creer en tres Dioses iguales, muy relacionados entre sí, y el modalismo, creer en un Dios que tiene tres papeles diferentes o que se revela a sí mismo de tres maneras diferentes.

La sugerencia de Agustín de que se pueden sacar analogías entre la Trinidad y el ámbito de la personalidad humana es útil. Buscando formas de pensamiento o

18. Agustín, *De trinitate* 8.10.
19. Agustín, *Confesiones* 13.11.
20. Agustín, *De trinitate* 9.2-8.
21. Ibid., 10.17-19.
22. Ibid., 14.11-12.

bases conceptuales sobre las que desarrollar una doctrina de la Trinidad, hemos visto que el ámbito de las relaciones individuales y sociales es una fuente más fructífera que el ámbito de los objetos físicos. Esto es cierto por dos razones. La primera es que el mismo Dios es espíritu; por lo tanto los dominios sociales y personales están más cerca de la naturaleza básica de Dios que el ámbito de los objetos materiales. La segunda es que existe un mayor interés hoy en día por los temas humanos y sociales que por el universo físico. Por ello, examinaremos dos analogías extraídas del ámbito de las relaciones humanas.

La primera analogía viene del ámbito de la psicología humana. Como persona consciente, puedo mantener un diálogo interno conmigo mismo. Puedo adoptar distintas posiciones e interactuar conmigo mismo. Puedo incluso hacer un debate conmigo mismo. Es más, soy una persona humana compleja con distintos papeles y responsabilidades que interactuan de forma dinámica entre sí. Cuando pienso en lo que debo hacer en una situación concreta el esposo, el padre, el profesor de seminario y el ciudadano americano que me componen se informan mutuamente.

Un problema con esta analogía es que en la experiencia humana se ve con más claridad en situaciones de tensión y de competición que en momentos de armonía entre las diferentes posiciones y papeles del individuo. La disciplina de la psicología anormal nos aporta ejemplos extremos de guerra virtual entre los elementos constitutivos de la personalidad humana. Pero, por contraste, en Dios siempre hay una armonía, comunicación y amor perfectos.

La otra analogía es la que procede de la esfera de las relaciones humanas interpersonales. Pongamos el caso de los gemelos idénticos. En un sentido, son la misma esencia, porque su genética es idéntica. Un trasplante de órgano de uno a otro se puede llevar a cabo con relativa facilidad, porque el cuerpo del receptor no rechazará el órgano del donante como si fuera algo extraño; lo aceptará como si fuera el suyo propio. Los gemelos idénticos también están muy cerca en muchos otros aspectos. Tienen intereses y gustos similares. Aunque tengan esposas distintas y diferentes jefes, les une un lazo muy íntimo. Y siguen sin ser la misma persona. Son dos, no uno.

Una idea de la historia de la doctrina, la concepción de la *perichoresis*, es especialmente útil. Esta enseña que la vida de cada una de las personas fluye a través de las otras, de manera que cada una de ellas sostiene la de las demás y cada una de ellas tiene acceso directo a la conciencia de las otras. Por lo tanto, el organismo humano sirve muy bien de ejemplo del Dios trino. Por ejemplo, el cerebro, el corazón y los pulmones de un individuo se sostienen y abastecen entre sí, y cada uno de ellos depende del otro. Los siameses que comparten un único corazón e hígado también sirven para ilustrar esta intercomunión. Sin embargo, estas, como todas las analogías se quedan cortas para explicar del todo la Trinidad. Necesitamos utilizar varias, unas que resalten la unicidad y otras que enfaticen la triplicidad.

Aunque no podemos ver completamente cómo se relacionan entre sí estos dos conceptos en contraste, los teólogos no son los únicos que deben mantener dos polaridades mientras trabajan. Para explicar el fenómeno de la luz, los físicos tienen que utilizar ondas y quantas, pequeñas porciones de energía, pero lógicamente no pueden ser las dos. Como dijo un físico: "El lunes, miércoles y viernes, pensamos en la luz como ondas; los martes, jueves y sábados pensamos en ella como partículas de energía." Presumiblemente, los domingos a los físicos no les importa la naturaleza de la luz. Uno no puede explicar un misterio, pero puede reconocer su presencia.

La doctrina de la Trinidad es un ingrediente crucial para nuestra fe. Hay que adorar a cada uno de ellos, Padre, Hijo y Espíritu Santo, como debemos adorar al Dios trino. Y teniendo en cuenta su obra distintiva, es tan adecuado dirigir las oraciones de gracia y petición a cada uno de los miembros de la Trinidad, como a todos ellos de forma colectiva. Es más, el amor perfecto y la unidad dentro la divinidad modela la unidad y el afecto que debería caracterizar nuestra relación dentro del cuerpo de Cristo.

Parece que Tertuliano tenía razón al afirmar que la doctrina de la Trinidad debe haber sido divinamente revelada, no construida de forma humana. Es tan absurdo desde un punto de vista humano que nadie lo habría inventado. No mantenemos la doctrina de la Trinidad porque es evidente o lógicamente convincente por sí misma. La mantenemos porque Dios ha revelado que esto es como es. Como alguien ha dicho de esta doctrina:

> Trata de explicarla, y perderás la cabeza;
> pero trata de negarla, y perderás el alma.

# Parte 4
# LO QUE HACE DIOS

17. El plan de Dios *367*
18. El trabajo originario de Dios: la creación *387*
19. La obra continua de Dios: la providencia *408*
20. El mundo de Dios y el mal: un problema especial *432*
21. Los agentes especiales de Dios: los ángeles *453*

# 17. El plan de Dios

## Objetivos del capítulo

Después de estudiar este capítulo debería ser capaz de:

- Reconocer la terminología clave del plan de Dios y saber cómo definir estos términos.
- Explicar las enseñanzas bíblicas sobre el plan de Dios tanto desde el Antiguo como desde el Nuevo Testamento.
- Identificar y describir algunas características generales del plan de Dios.
- Desarrollar una prioridad lógica para el plan de Dios o la acción humana examinando los puntos de vista históricos del calvinismo y el arminianismo.
- Describir un modelo moderadamente calvinista del plan de Dios y explicar por qué se basa más en la Biblia que el arminiano.
- Identificar y evaluar varios puntos de vista de la historia, contar hacia dónde va la historia y qué dinámica la mueve.
- Inspirar confianza en la obra de Dios en la historia y su efecto en todos los que creen en Cristo.

## Resumen del capítulo

Dios tiene un plan definido para la historia. Este queda respaldado por el Antiguo y el Nuevo Testamento. Es necesario hacer una distinción entre el término *preordenación*, que es el término más amplio, y el término *predestinación*, que es el término más restringido que tiene que ver con la elección o reprobación, o con ambos. Se pueden sacar al menos nueve conclusiones de las referencias al plan de Dios que aparecen en la Biblia. El calvinismo y el arminianismo proponen diferentes soluciones al problema de si el plan de Dios o la acción humana es lógicamente previa. Según nuestro análisis, concluimos que un punto de vista moderadamente calvinista es el que tiene más base bíblica. Finalmente, hay varios puntos de vista sobre la historia, pero el punto de vista bíblico postula que Dios está guiando la historia hacia su objetivo y que podemos estar seguros de que si nos aliamos con su propósito, nos moveremos hacia un resultado seguro de la historia.

## Cuestiones de estudio

1. ¿Cuál es la diferencia entre el plan de Dios y los decretos de Dios?
2. Explicar los términos *preordenación* y *predestinación*.
3. ¿Qué se puede aprender de las enseñanzas del Antiguo y el Nuevo Testamento sobre el plan de Dios?
4. ¿Cuáles son las características generales del plan de Dios?
5. ¿Cuál es el argumento de Gottfried von Leibniz sobre la implicación de Dios en las decisiones humanas, y cómo eso afecta a la concepción de Dios?
6. ¿En qué se diferencia la filosofía del materialismo dialéctico de la cosmovisión cristiana?

Definiciones clave
La enseñanza bíblica
- La terminología
- Las enseñanzas del Antiguo Testamento
- Las enseñanzas del Nuevo Testamento

La naturaleza del plan divino
Prioridad lógica: ¿Plan de Dios o acción humana?
Un modelo moderadamente calvinista
Varias formas de entender la historia

¿Hacia dónde va la historia y por qué? ¿Cuál es la causa, si es que la hay, de que el patrón histórico se desarrolle de la forma que lo hace? Estas preguntas nos hacen reflexionar como seres pensantes que somos y afectan seriamente a nuestro modo de vida. La respuesta cristiana es que Dios tiene un plan que incluye todo lo que ocurre, y que en estos momentos está actuando para llevar a cabo ese plan.

## Definiciones clave

A veces nos referimos al plan de Dios como los decretos de Dios. Sin embargo, hay varias razones por las que en esta obra utilizaremos el término *plan* en lugar de *decretos*. Primero, enfatiza la unidad de la intención de Dios con la consiguiente coherencia de sus acciones. Segundo, resalta lo que Dios hace, esto es, su voluntad, en lugar de lo que deben hacer los seres humanos o lo que nos sucede como consecuencia de la voluntad de Dios. Tercero, enfatiza la dimensión inteligente de las decisiones de Dios. No son arbitrarias o improvisadas.

Podemos definir el plan de Dios como su eterna decisión de hacer ciertas todas las cosas que van a pasar. Algunas analogías, aunque necesariamente insuficientes, pueden ayudarnos a entender este concepto. El plan de Dios es como los planos de un arquitecto que primero se dibujan mentalmente, más tarde se ponen sobre el papel según una intención o diseño, y sólo después son ejecutados en una estructura real. O se puede comparar con la planificación de un ejecutivo cuando idea tácticas y estrategias para su empresa. O se puede pensar en Dios como un entrenador deportivo que ha concebido un plan de juego que espera que el equipo lleve a cabo. Es como el estudiante que planea cuidadosamente su horario de trabajo para el trimestre para poder hacerlo bien en todas las tareas requeridas y terminarlas a tiempo.

En este momento es necesario clarificar cierta terminología. Muchos teólogos utilizan los términos *predestinar* y *preordenar* prácticamente como sinónimos. Sin embargo, para nuestros propósitos los utilizaremos de una forma algo diferente. "Predestinar" tiene una connotación algo más restringida que la de "preordenar." Como sugiere literalmente el destino de alguien o algo, es mejor utilizarlo para el plan de Dios cuando se relaciona en particular con la condición eterna de los agentes morales. Utilizaremos el término *preordenación* de una forma más amplia, para referirnos a las decisiones de Dios con respecto a todos los asuntos que entran dentro del ámbito de la historia cósmica. "Predestinación" lo reservaremos para los asuntos de la salvación y la condenación eterna. Dentro de la predestinación, se utilizará "elección" para expresar la selección positiva que hace Dios de los individuos, naciones o grupos que desea que compartan la vida eterna y estén en comunión con él. "Elección" hace referencia a la predestinación positiva, mientras que "reprobación" se refiere a la predestinación negativa o a la selección que hace Dios de los que sufrirán condenación eterna y perdición. El uso de "predestinación" en esta obra se limita a la elección o la reprobación o a ambos; por otra parte la palabra "preordenación" aunque también puede hacer referencia a la elección, a la reprobación o a ambos, tiene un significado más amplio. En esto adopto el uso de Louis Berkhof,[1] por contraposición con el de B. B. Warfield, que dijo: "'preordenar' y 'predestinar' son sinónimos exactos, la elección entre ellos viene determinada sólo por gusto."[2]

1. Louis Berkhof, *Systematic Theology* (Grand Rapids: Eerdmans, 1953), 109.
2. B. B. Warfield, "Predestination," en *Biblical Doctrines* (New York: Oxford University Press, 1929), p. 4.

## La enseñanza bíblica

### *La terminología*

La Biblia contiene un rico conjunto de enseñanzas referidas al plan de Dios. Varios términos tanto en hebreo como en griego se utilizan para referirse al diseño de Dios. יָצַר *(yatsar)*, que es probablemente el más explícito de los términos hebreos, aparece en Salmo 139:16; Isaías 22:11; 37:26 y 46:11. Lleva la idea de propósito y determinación previa. Otro término hebreo común, יָעַץ *(ya'ats)*, se utiliza en Isaías varias veces (14:24, 26, 27; 19:12, 17; 23:9) y en Jeremías (49:20; 50:45). Su sustantivo derivado, עֵצָה *('etsah)*, es común y preciso (Job 38:2; 42:3; Sal. 33:11; 106:13; 107:11; Prov. 19:21; Is. 5:19; 14:26; 19:17; 46:10, 11; Jer. 32:19; 49:20; 50:45; Mic. 4:12). עֵצָה también aparece con frecuencia junto con מַחֲשָׁבָה *(machashabah)* (Jer. 50:45; Mic. 4:1) – para apariciones independientes del último término, ver Sal. 92:5 [6]; Isaías 55:8; Jer. 29:11; 51:29), que se deriva del verbo חָשַׁב *(chashab)* (Gn. 50:20; Jer. 18:11; 26:3; 29:11; 36:3; 49:20; 50:45; Lam. 2:8; Mic. 2:3). Hay varios otros términos menos frecuentes, y algunos que se refieren a decretos particulares referidos a la salvación y a la comunión con Dios.

En el Nuevo Testamento, el término más explícito utilizado con referencia al plan de Dios es προορίζω *(proorizō)* (Hch. 4:28; Ro. 8:29, 30; 1 Co. 2:7; Ef. 1:5, 11). Palabras similares son προτάσσω *(protassō)* (Hch. 17:26), προτίθημι *(protithēmi)* (Ef. 1:9) y su sustantivo πρόθεσις *(prothesis)* (Ro. 8:28, 9:11; Ef. 1:11; 3:11; 2 Ti. 1:9), y προετοιμάζω *(proetoimazō)* (Ro. 9:23; Ef. 2:10). Otros términos que enfatizan el conocimiento previo de un tipo u otro son προβλέπω *(problepō)*, προοράω *(prooraō)*, προεῖδον *(proeidon)*, προγινώσκω *(proginōskō)*, y su sustantivo πρόγνωσις *(prognōsis)*. La idea de determinar la encontramos en προχειρίζω *(procheirizō)* y προχειροτονέω *(procheirotoneō)*, así como a veces el simple ὁρίζω *(horizō)*. (Lc. 22:22; Hch. 2:23; 10:42; 17:26, 31; He. 4:7). La idea de esperar y desear se expresa con βουλή *(boulē)*, βούλημα *(boulēma)*, βούλομαι *(boulomai)*, θέλημα *(thelēma)*, θέλησις *(thelēsis)*, θέλω *(thelō)*, mientras que la buena voluntad del Padre se designa con εὐδοκία *(eudokia)* y εὐδοκέω *(eudokeō)*.

### *Las enseñanzas del Antiguo Testamento*

En la presentación del Antiguo Testamento, la obra planificadora y directiva de Dios está muy unida al pacto que el Señor hizo con su pueblo. Cuando leemos sobre todo lo que Dios hizo al escoger y cuidar personalmente de su pueblo, surgen dos verdades sobre él. Por una parte, Dios es supremamente poderoso, el creador y sustentador de todo lo que es. Por otra parte, está la naturaleza amorosa, afectuosa y personal del Señor. No es mero poder abstracto, también es una persona amorosa.[3]

3. Ibid., pp. 7-8.

Para los escritores del Antiguo Testamento, era casi inconcebible que pudiera pasar cualquier cosa independientemente de la voluntad y la obra de Dios. Como evidencia de esto, pensemos en que expresiones impersonales comunes como "llovió" no aparecen en el Antiguo Testamento. Para los hebreos, la lluvia no caía por su cuenta; Dios enviaba la lluvia. Ellos le veían como el todopoderoso que determinaba que ocurrieran todas las cosas. No sólo es activo en todo lo que sucede, también lo ha planeado. Lo que está sucediendo ahora fue planeado hace mucho tiempo. Por ejemplo los mismos comentarios de Dios referentes a la destrucción provocada por el rey de Asiria: "¿No has oído decir que desde tiempos antiguos yo lo hice, que desde los días de la antigüedad lo tengo planeado? Pues ahora lo he hecho venir, y tu estás puesto para reducir las ciudades fortificadas a montones de escombros." (Is. 37:26). Incluso algo tan aparentemente trivial como la construcción de pantanos se describe como algo planeado largo tiempo atrás (Is. 22:11). Se tiene la sensación de que todos los días han sido diseñados y ordenados por el Señor. Por tanto el salmista escribe: "Mi embrión vieron tus ojos, y en tu libro estaban escritas todas aquellas cosas que fueron luego formadas sin faltar ni una de ellas." Un pensamiento similar lo expresó Job (14:5). En el plan de Dios hay una preocupación por el bienestar de la nación de Israel, y de cada uno de los hijos de Dios (Sal.27:10-11; 37; 65:3; 91; 121, 139:16; Dn. 12:1; Jonás 3:5). En Salmos 91 y 121 encontramos confianza en la bondad, provisión y protección que en muchos casos nos recuerda las enseñanzas de Jesús sobre los pájaros y las flores (Mt. 6:25-29).

El Antiguo Testamento también enuncia la creencia en la eficacia del plan de Dios. Lo que va a pasar ahora es porque es (y siempre ha sido) parte del plan de Dios. Con toda seguridad hará que ocurra todo lo que está en su plan. Isaías 46:10-11 lo dice de la siguiente manera: "que anuncio lo por venir desde el principio, y desde la antigüedad lo que aún no era hecho; que digo: 'Mi plan permanecerá y haré todo lo que quiero; que llamo desde el oriente al ave y de la tierra lejana al hombre de mi plan. Yo hablé, y lo haré venir; lo he pensado, y también lo llevaré a cabo.'" Frases similares las encontramos en Isaías 14:24-27. Debido a la fidelidad de Dios a su propósito declarado es inútil oponerse a él: "Porque Jehová de los ejércitos lo ha determinado, ¿y quién lo impedirá? Y su mano extendida, ¿quién la hará retroceder?" (v. 27; cf. Job 42:2; Jer. 23:20; Zac. 1:6).

Es en particular en la literatura sapiencial y en los profetas donde la idea de un propósito divino totalmente inclusivo es más prominente.[4] Dios desde el principio, desde toda la eternidad, ha tenido un plan inclusivo que abarca toda la realidad y se extiende incluso a los detalles más pequeños de la vida. "Todas las cosas ha hecho Jehová para sus propios fines, incluso al malvado, para el día

4. Ibid., p. 15.

malo." (Prov. 16:4; cf. 3:19-20; Job 38, especialmente versículo 4; Is. 40:12; Jer. 10:12–13). Incluso lo que normalmente se considera una ocurrencia casual, como cuando algo se echa a suertes, es representado como algo hecho por el Señor (Prov. 16:33). Nada puede frenar o frustrar la consecución de su propósito. Proverbios 19:21 NVI dice: "el corazón humano genera muchos proyectos, pero al final prevalecen los designios del Señor." (cf. 21:30-31; Jer. 10:23-24). Nosotros los humanos, como Job, puede que no entendamos siempre la forma de actuar de Dios para conseguir su propósito en nuestras vidas: "'¿Quién es el que, falto de entendimiento, oscurece el consejo?' Así hablaba yo, y nada entendía, eran cosas demasiado maravillosas para mí, que yo no comprendía" (Job 42:3).

Por lo tanto, según el punto de vista del creyente del Antiguo Testamento, Dios había creado el mundo, y estaba dirigiendo la historia, que era el desarrollo de un plan preparado en la eternidad y relacionado con su intención de comunión con su pueblo. La creación en su vasta extensión y los detalles de las vidas individuales se incluyeron en este plan y sucederán sin duda tal como Dios los diseñó. Como resultado, los profetas podían hablar de eventos que estaban por venir con certeza.

### Las enseñanzas del Nuevo Testamento

El plan y el propósito de Dios también se destacan en el Nuevo Testamento. Jesús vio los sucesos de su vida y los sucesos futuros como algo que tenía que suceder debido al plan de Dios. Jesús afirmó que Dios había planeado no sólo los eventos grandes y complejos como la caída y destrucción de Jerusalén (Lc. 21:20-22), sino detalles como la deserción y traición de Judas, y la fidelidad de los demás discípulos (Mt. 26:24; Mr. 14:21; Lc. 22:22; Jn. 17:12; 18:9). El cumplimiento del plan de Dios y la profecía del Antiguo Testamento es un tema destacado en los escritos de Mateo (1:22; 2:15, 23; 4:14; 8:17; 12:17; 13:35; 21:4; 26:56) y Juan (12:38; 19:24, 28, 36). Aunque los críticos pueden objetar que algunas de estas profecías fueron cumplidas por gente que las conocía y que podía tener interés personal en verlas cumplidas (por ejemplo, Jesús cumplió Sal. 69:21 diciendo "Tengo sed" [Jn. 19:28]), es de destacar que otras profecías fueran cumplidas por personas que no tenían ningún deseo de cumplirlas y que probablemente no las conocían, como los soldados romanos que echaron a suertes las prendas de Jesús o no rompieron ninguno de sus huesos.[5]

Incluso donde no había profecías específicas que cumplir, Jesús transmitió un sentido de necesidad (δεῖ – *dei*) referente a eventos futuros. Por ejemplo, les dijo a sus discípulos: "Pero cuando oigáis de guerras y de rumores de guerras, no os turbéis, porque es necesario que así suceda; pero aún no es el fin... y es

5. Bernard Ramm, *Protestant Christian Evidences* (Chicago: Moody, 1953), p. 88.

necesario que el evangelio sea predicado antes a todas las naciones" (Mr. 13:7, 10). Él también tenía un profundo sentido de necesidad de lo que debía hacer; el plan del Padre debía ser completado. Por lo tanto, dijo: "Es necesario que también a otras ciudades anuncie el evangelio del reino de Dios, porque para esto he sido enviado" (Lc. 4:43), y "Como Moisés levantó la serpiente en el desierto, así es necesario que el Hijo del hombre sea levantado, para que todo aquel que en él cree no se pierda, sino que tenga vida eterna" (Jn. 3:14-15). Sabemos que tenía conciencia de esto ya a los doce años, porque cuando sus preocupados padres le encontraron en el templo, él respondió: "¿No sabíais que en los negocios de mi Padre me es necesario estar?" (otra posible traducción sería: "Tengo que estar en la casa de mi Padre" – Lc. 2:49).

Los apóstoles también enfatizaron el propósito divino. Pedro dijo en su discurso en Pentecostés: "A este, entregado por el determinado consejo y anticipado conocimiento de Dios, prendisteis y matasteis por manos de inicuos, crucificándolo" (Hch. 2:23). Después de que Pedro y Juan fueran liberados por el Sanedrín, los discípulos alzaron sus voces a Dios, señalando que Herodes y Poncio Pilato junto con los gentiles y el pueblo de Israel, se habían reunido en Jerusalén: "[contra Jesús] para hacer cuanto tu mano o tu consejo habían antes determinado que sucediera" (Hch. 4:27-28). Pedro también señaló que varias cosas que sucedieron fueron el cumplimiento de las predicciones de las Escrituras: la deserción de Judas (Hch. 1:16), la venida del Espíritu Santo (2:16-21), y la resurrección de Jesús (2:24-28). El libro del Apocalipsis, escrito por el apóstol Juan, nos da un ejemplo particularmente llamativo de la creencia en la eficacia del plan divino.

En los escritos de Pablo es donde se expresa de forma más explícita que las cosas suceden según el plan divino (1 Co. 12:18; 15:38; Col. 1:19). La fortuna de las naciones es determinada por él (Hch. 17:26). Esto incluye la obra redentora de Dios (Gá. 3:8; 4:4-5), la elección de los individuos y las naciones (Ro. 9-11), y la selección de Pablo incluso antes de su nacimiento (Gá. 1:15). La imagen del alfarero y la arcilla, utilizada en una referencia específica y un tanto restringida (Ro. 9:20-23), expresa toda la filosofía de la historia de Pablo. Considera "todo" lo que sucede como parte de la intención de Dios para con sus hijos (Ef. 1:11-12): "Sabemos, además, que a los que aman a Dios, todas las cosas los ayudan a bien, esto es, a los que conforme a su propósito son llamados" (Ro. 8:28), su propósito es que fuéramos hechos "conformes a la imagen de su Hijo" (v. 29).

## La naturaleza del plan divino

Debemos extraer algunas características generales del plan de Dios de estas numerosas y variadas referencias bíblicas, que nos permitan entender más completamente lo que podemos esperar de Dios.

1. El plan de Dios es de toda la eternidad. Hemos señalado que el salmista habla de que Dios tenía planeados todos nuestros días antes de que existieran (Sal. 139:16), y que Isaías dice que Dios lo había planeado "desde antiguo" (22:11). Pablo en Efesios indica que Dios "nos escogió en él [Cristo] antes de la fundación del mundo" (1:4), y más tarde en la misma carta Pablo habla del "propósito eterno que hizo [Dios] en Cristo Jesús, nuestro Señor" (3:11). El apóstol también escribe a Timoteo que Dios "nos salvó y llamó con llamamiento santo, no conforme a nuestras obras, sino según el propósito suyo y la gracia que nos fue dada en Cristo Jesús antes de los tiempos de los siglos" (2 Ti. 1:9). Estas decisiones no se toman cuando la historia se manifiesta y los sucesos ocurren. Dios manifiesta su propósito dentro de la historia (2 Ti. 1:10), pero siempre ha sido el plan de Dios, desde toda la eternidad, desde antes del principio de los tiempos.

Siendo eterno, el plan de Dios no tiene secuencia cronológica. Esta es una razón para hablar de plan de Dios en lugar de decretos. No hay antes y después en la eternidad. Hay, por supuesto, una secuencia lógica (por ejemplo, la decisión de dejar morir a Jesús en la cruz es lo que sigue a la decisión de enviarle a la tierra), y hay una secuencia temporal en la consecución de los sucesos que han sido decretados; pero no hay una secuencia temporal en la voluntad de Dios. Es una decisión coherente simultánea.

2. El plan de Dios y las decisiones que contiene son libres por parte de Dios. Esto queda implícito en expresiones como "el buen placer de su voluntad" (εὐδοκία – *eudokia*). También está implícito en el hecho de que nadie le aconsejó (de hecho, no hay nadie que *pueda* aconsejarle). Isaías 40:13-14 dice: "¿Quién examinó al espíritu de Jehová o le aconsejó y enseñó? ¿A quién pidió consejo para poder discernir? ¿Quién le enseñó el camino del juicio o le dio conocimiento o le mostró la senda de la prudencia?" Pablo cita este mismo pasaje cuando concluye su gran declaración sobre la soberanía y misterio de las obras de Dios (Ro. 11:34). Después de añadir una palabra de Job 35:7 al efecto de que Dios no esté en deuda con nadie concluye con: "porque de él, por él y para él son todas las cosas. A él sea la gloria por los siglos. Amén" (Ro. 11:36). Pablo también cita Isaías 40:13 en 1 Corintios. Después de hablar de la sabiduría de Dios que él predestinó antes de los siglos (1 Co. 2:7), él pregunta: "¿Quién conoció la mente del Señor? ¿Quién lo instruirá?" (v. 16). Que los seres humanos no hayan hecho ninguna aportación a lo que Dios ha planeado en principio puede parecer una desventaja. Pero reflexionando vemos que en realidad es una fuente de consuelo. Por no tener ningún aporte humano, el plan de Dios no está sujeto a lo incompleto del conocimiento y a los errores de juicio tan característicos de los planes humanos.

No es sólo que las decisiones de Dios no surgen de ninguna determinación externa; es que ni siquiera son de compulsión interna. Es decir, aunque las decisiones y las acciones de Dios son enteramente coherentes con su naturaleza, no están constreñidas por su naturaleza. No es como los dioses del panteísmo, que están restringidos por su propia naturaleza a desear lo que desean y a hacer lo que hacen. Dios no tenía que crear. Tenía que actuar de forma amorosa y santa en cualquier cosa que hiciera, pero no estaba obligado a crear. Él escogió libremente crear, por razones desconocidas para nosotros. Aunque su amor requiere que actúe de forma amorosa con cualquier criatura a la que ha dado vida, no se vio obligado a crear para tener objetos a los que amar. Ha habido eternamente una expresión de amor entre los miembros de la Trinidad (ver, por ejemplo, Jn. 17:24).

3. En último caso, el propósito del plan de Dios es su gloria. Este es el valor más grande, y el gran factor motivador en todo lo que Dios ha escogido y ha hecho. Pablo indica que "en él fueron creadas todas las cosas... por medio de él y para él" (Col. 1:16). Dios nos escogió en Cristo y nos predestinó "según el puro afecto de su voluntad – para alabanza de la gloria de su gracia" (Ef. 1:5-6). Los veinticuatro ancianos del Apocalipsis que se postran y adoran al Señor Todopoderoso cantan: "Señor, digno eres de recibir la gloria, la honra y el poder, porque tú creaste todas las cosas y por tu voluntad existen y fueron creadas" (Apoc. 4:11). Lo que hace Dios, lo hace en honor a su propio nombre (Is. 48:11; Ez. 20:9). El propósito de todo el plan de salvación es la gloria de Dios a través de las buenas obras que Dios ha preparado para que su pueblo las haga (Ef. 2:8-10). Jesús dijo que sus seguidores tenían que alumbrar su luz delante de los hombres, para que se vean sus buenas obras y glorifiquen a su padre que está en los cielos (Mt. 5:16; cf. Jn. 15:8). Hemos sido designados para vivir para alabanza de su gloria (Ef. 1:12). Hemos sido sellados con el Espíritu para alabanza de su gloria (vv. 13-14).

Esto no significa que no haya motivaciones secundarias tras el plan de Dios y las acciones resultantes. Él ha proporcionado los medios para la salvación para cumplir con su amor por la raza humana y su preocupación por su bienestar. Esto, sin embargo, no es un fin último, sino un medio para conseguir un final más grande, la propia gloria de Dios. Debemos tener en cuenta que Dios es realmente el Señor. Existimos gracias a él, por su gloria y para su placer, y no al contrario.

4. El plan de Dios es totalmente inclusivo. Esto queda implícito en la gran variedad de temas mencionados en la Biblia como parte del plan de Dios. No obstante, más allá de eso, hay declaraciones explícitas de la extensión del plan de Dios. Pablo habla de Dios como el que "hace todas las cosas según el designio de su propia voluntad" (Ef. 1:11). El salmista dice: "todas las cosas te sirven" (Sal. 119:91). Todos los fines son parte del plan de Dios, pero también lo son todos los medios. Por lo tanto la amplitud de las decisiones divinas va más allá de lo que podríamos esperar. Desde el punto de vista de Dios no existe división entre las áreas sagradas y seculares de la vida. No hay ningún área que esté fuera de su ámbito de preocupación y decisión.

5. El plan de Dios es eficaz. Lo que se ha propuesto desde la eternidad sucederá sin duda. El Señor dice: "Ciertamente se hará de la manera que lo he pensado... porque Jehová de los ejércitos lo ha determinado, ¿y quién lo impedirá? Y su mano extendida ¿quién la hará retroceder? (Is. 14:24, 27). Él no cambiará de opinión, no descubrirá nuevas consideraciones que le llevarán a alterar sus intenciones. "Mi plan permanecerá y haré todo lo que quiero," dice el Señor en Isaías 46:10. Porque el consejo del Señor es de toda la eternidad y es perfecto, nunca se ensombrecerá ni será reemplazado; durará siempre: "El plan de Jehová permanecerá para siempre; los pensamientos de su corazón, por todas las generaciones" (Sal. 33:11).

6. El plan de Dios se relaciona con sus acciones más que con su naturaleza, con sus decisiones en lo que se refiere a lo que hará, no con sus atributos personales. Dios, por ejemplo, no decide ser amoroso y poderoso. Simplemente es amoroso y poderoso por ser Dios.[6]

7. El plan de Dios se relaciona principalmente con lo que Dios mismo hace en términos de creación, conservación, dirección y redención. También tiene que ver con la voluntad y la actuación humana, pero sólo de forma secundaria, esto es, como medio para conseguir los fines que él se propone, o como los resultados de las acciones que él emprende. El papel de Dios aquí es decidir que ciertas cosas sucederán en nuestras vidas, no imponer mandamientos para que actuemos de cierta manera. Desde luego lo que Dios ha decidido que suceda implica un elemento de necesidad. Sin embargo, las particularidades del plan de Dios, deben considerarse menos como imperativos que como descripciones de lo que ocurrirá. El plan de Dios no fuerza a los humanos a actuar de una forma en particular, sino que garantiza que actuarán *libremente* de esa manera.

8. Por lo tanto, aunque el plan de Dios se relaciona principalmente con lo que hace, las acciones de los humanos también están incluidas. Jesús, por ejemplo, señaló que las respuestas de los individuos a su mensaje eran el resultado de la decisión del Padre: "Todo lo que el Padre me da, vendrá a mí... Nadie puede venir a mí, si el Padre que me envió, no lo atrae" (Jn. 6:37, 44; cf. 17:2, 6, 9). Lucas dijo en Hechos 13:48 que "creyeron todos los que estaban ordenados para vida eterna."

El plan de Dios incluye lo que normalmente denominamos buenas obras. Ciro, que no conocía personalmente o reconocía a Jehová, fue predeterminado para ayudar a cumplir el propósito de Dios para reconstruir Jerusalén y su templo (Is. 44:28). Pablo dice que los creyentes "somos hechura suya, creados en Cristo Jesús para buenas obras, las cuales Dios preparó de antemano para que anduviéramos en ellas" (Ef. 2:10). Por otra parte, las malas acciones de los humanos, contrarias a la ley de Dios y a sus intenciones morales, son consideradas en las Escrituras como parte del plan de Dios, predeterminadas por él.

6. Augustus H. Strong, *Systematic Theology* (Westwood, N.J.: Revell, 1907), pp. 353-54.

La traición, condena y crucifixión de Jesús son ejemplos destacados de esto (Lc. 22:22; Hechos 2:23; 4:27-28).

9. El plan de Dios es inalterable en sus términos específicos. Aquí tratamos de enfatizar que Dios no cambia de parecer o altera sus decisiones en lo que se refiere a sus determinaciones específicas. Puede parecer extraño si lo consideramos a la luz de lo que parece ser una alteración de sus intenciones en lo que se refiere a Nínive (Jonás) y su aparente arrepentimiento de haber creado a la humanidad (Gn. 6:6). Sin embargo, su declaración en Génesis 6 se debería considerar un antropomorfismo o un antropopatismo, y el anuncio de Jonás de la destrucción inminente se debería ver como un aviso utilizado para llevar a efecto el verdadero plan para Nínive. Debemos tener en cuenta que la constancia es uno de los atributos de la grandeza de Dios (pp. 304-8).

## Prioridad lógica: ¿Plan de Dios o acción humana?

Ahora debemos pensar si la prioridad lógica está en el plan de Dios o en la acción humana. Aunque los calvinistas y arminianos están de acuerdo en que las acciones humanas están incluidas en el plan de Dios, discrepan en cuál es causa y cuál es resultado. ¿La gente hace lo que hace porque Dios ha decidido que esa es exactamente la manera en la que van a actuar o Dios prevé lo que harán y en base a eso toma su decisión de lo que va a suceder?

1. Los calvinistas creen que el plan de Dios es lógicamente primero y que las decisiones y acciones humanas son la consecuencia. Con respecto al asunto particular de la aceptación o rechazo de la salvación, Dios en su plan ha escogido que algunos crean y por tanto reciban la oferta de la vida eterna. Él sabe por adelantado lo que sucederá porque ha decidido lo que va a suceder. Esto es así con respecto a todas las demás decisiones y acciones humanas también. Dios no depende de lo que decidan los seres humanos. Por tanto, no se trata de que Dios determine que lo que los humanos hagan tenga que pasar, ni escoge para la vida eterna a aquellos que prevé que creerán. Más bien, la decisión de Dios ha asegurado que todos los individuos actúen de una forma en particular.[7]

2. Los arminianos, por otra parte, ponen un énfasis más fuerte en la libertad humana. Dios permite y espera que los humanos ejerciten la voluntad que se les ha dado. Si esto no fuera así, no encontraríamos las invitaciones bíblicas a escoger a Dios, los pasajes "todos los que", como: "Venid a mí todos los que estéis trabajados y cargados, y yo os haré descansar" (Mt. 11:28). El mismo ofrecimiento de tales invitaciones implica que el oyente tiene una posibilidad genuina de aceptarlas o rechazarlas. Sin embargo, esto parece una incoherencia respecto a la posición de que las decisiones de Dios han garantizado el futuro. Si hubiera sido así, no habría

7. J. Gresham Machen, *The Christian View of Man* (Grand Rapids: Eerdmans, 1947), p. 78.

necesidad de hacer invitaciones a los seres humanos, porque las decisiones de Dios sobre lo que pasaría ocurrirían sin importar lo que ellos hicieran. Los arminianos por lo tanto buscan otra manera de considerar las decisiones de Dios.

La clave está en entender el papel del conocimiento previo de Dios en la formación y ejecución del plan divino. En Romanos 8:29 Pablo dice: "A los que antes conoció, también los predestinó." De este versículo el arminiano saca la conclusión de que la elección de Dios o la determinación del destino de cada individuo es el resultado de su conocimiento previo. Por tanto, aquellos que Dios supo previamente que creerían son los que decidió que se salvarían. Una declaración similar se puede hacer de todas las acciones humanas, de todos los otros aspectos de la vida de hecho. Dios sabe lo que vamos a hacer todos nosotros. Por lo tanto determina lo que preve que va a ocurrir.[8] Adviértase que la acción humana y sus efectos no son resultado de la decisión de Dios. La acción humana es lógicamente anterior. Sobre esta base, se conserva el concepto de libre albedrío. Todos los individuos tienen opciones genuinas. Son los humanos los que garantizan sus acciones; Dios simplemente se limita a consentir. Uno podría decir que según el punto de vista arminiano este aspecto del plan de Dios está condicionado por la decisión humana; desde el punto de vista calvinista, por otro lado, el plan de Dios es incondicional.

## Un modelo moderadamente calvinista

A pesar de las dificultades para relacionar soberanía divina con libertad humana, llegamos a la conclusión desde un punto de vista bíblico de que el plan de Dios es incondicional más que condicionado por la elección humana. Simplemente no hay nada en la Biblia que sugiera que Dios escoge a los humanos por lo que ellos vayan a hacer por sí mismos. El concepto arminiano de preconocimiento (πρόγνωσις—*prognōsis*), por atractivo que sea, no se ve avalado por las Escrituras. La palabra significa más que tener simplemente un conocimiento por adelantado o precognición de lo que va a suceder. Parece que en el trasfondo está el concepto hebreo de יָדַע *(yada')*, que a menudo significaba algo más que simple concienciación. Sugería una clase de conocimiento íntimo; incluso se utilizaba para el acto sexual.[9] Cuando Pablo dice que Dios conocía de antemano al pueblo de Israel, no se estaba refiriendo únicamente a un conocimiento por adelantado que tenía Dios. Desde luego, está claro que Dios eligió a Israel no porque supiera por adelantado que iba a tener una respuesta favorable. Si Dios hubiera anticipado esa respuesta, se habría equivocado sin duda alguna. Adviértase que en Romanos 11:2 Pablo

8. Henry C. Thiessen, *Introductory Lectures in Systematic Theology* (Grand Rapids: Eerdmans, 1949), p. 157.

9. Francis Brown, S. R. Driver y Charles A. Briggs, *Hebrew and English Lexicon of the Old Testament* (New York: Oxford University Press, 1955), pp. 393- 95.

dice: "No ha desechado Dios a su pueblo, al cual desde antes conoció" y que a continuación hay una discusión sobre la infidelidad de Israel. Desde luego en este pasaje la presciencia debe ser algo más que un conocimiento previo. En Hechos 2:23, la presciencia se vincula a la voluntad *(boule)* de Dios. Es más, en 1 Pedro 1 leemos que los elegidos son escogidos según el previo conocimiento de Dios (v. 2) y que Cristo estaba destinado desde antes de la fundación del mundo (v. 20). Sugerir que estar destinado aquí significa meramente tener un conocimiento previo es privar a estos versículos de su significado real. Debemos concluir que el preconocimiento tal como se utiliza en Romanos 8:29 lleva consigo la idea de disposición favorable o selección además de la de conocimiento previo.

Además, hay pasajes donde está bastante explícita la naturaleza incondicional del plan seleccionador de Dios. Esto se ve en la declaración de Pablo respecto a la elección de Jacob frente a Esaú: "No habían aún nacido, ni habían hecho aún ni bien ni mal (para que el propósito de Dios conforme a la elección permaneciera no por las obras, sino por el que llama [ἐκ τοῦ καλοῦντος—*ek tou kalountos*]) cuando Dios le dijo a Rebeca: 'El mayor servirá al menor.' Como está escrito: 'A Jacob amé, mas a Esaú aborrecí'" (Ro. 9:11-13). Pablo parece tomarse muchas molestias en subrayar la naturaleza inmerecida e incondicional de la elección de Jacob por parte de Dios. Más tarde en el mismo capítulo Pablo comenta: "De manera que de quien quiere, tiene misericordia, y al que quiere endurecer, endurece" (v. 18). El significado de la imagen posterior del alfarero y el barro es difícil que pase desapercibida (vv. 20-24). De forma parecida Jesús le dijo a sus discípulos: "No me elegisteis vosotros a mí, sino que yo os elegí a vosotros y os he puesto para que vayáis y llevéis fruto, y vuestro fruto permanezca" (Jn. 15:16). Debido a estas consideraciones y otras similares, debemos concluir que el plan de Dios es incondicional y no condicionado por las acciones humanas previstas.

En este punto debemos plantear la cuestión de si Dios puede crear seres genuinamente libres y a la vez hacer que sean ciertas todas las cosas que van a pasar, incluyendo las decisiones y acciones libres de esos seres. La clave para resolver el problema es la distinción entre hacer que las cosas sean ciertas y hacer que sean necesarias. En el primero Dios decide que *va a ocurrir* algo; en el segundo decreta que *debe ocurrir* algo. En el primer caso, el ser humano no actuará de una manera contraria al curso de acción que Dios ha escogido; en el segundo, el ser humano no puede actuar de una manera contraria a la que Dios ha escogido. Lo que estamos diciendo es que Dios garantiza que una persona que podría actuar (o pudiera haber actuado) de una forma diferente en realidad actúe de una forma en particular (la manera en que Dios quiere que lo haga).[10]

10. Este punto de vista se basa en lo que se conoce como "libertad compatibilística": la libertad humana es compatible con (en este caso) el que Dios haya garantizado todo lo que sucede.

¿Qué significa decir que soy libre? Significa que no estoy obligado. Por lo tanto, soy libre para hacer lo que me plazca. Pero ¿soy libre con respecto a lo que me place o no? Para decirlo de una forma diferente: puedo escoger una acción frente a otra porque atrae más mi atención, pero no puedo controlar totalmente la atracción que cada una de esas cosas ejerce sobre mí. Ese es un asunto bastante diferente. Tomo todas mis decisiones, pero esas decisiones están influenciadas por ciertas características mías que no soy capaz de alterar por propia elección. Si, por ejemplo, me ofrecen para cenar hígado o *cualquier* otro plato, soy libre para elegir el hígado, pero no desearé hacerlo. No tengo un control consciente sobre que no me guste el hígado. Esto es algo que forma parte de mi persona. A este respecto mi libertad queda limitada. No sé si mis genes o mi condicionamiento ambiental han causado que no me guste el hígado, pero está claro que únicamente con desearlo no puedo alterar esta característica mía.

Hay, pues, limitaciones sobre quién soy y lo que deseo y quiero. Desde luego no escogí los genes; ni elegí a mis padres o la localización geográfica y cultural de mi nacimiento. Mi libertad, por tanto, tiene ciertas limitaciones. Y aquí es donde surge la cuestión: "¿Quién establece estos factores?" La respuesta teísta es "Dios."

Soy libre para escoger entre varias opciones. Pero mi elección estará influenciada por lo que soy. Por lo tanto, mi libertad debe ser entendida como mi habilidad para escoger entre varias opciones a la luz de lo que soy. Y lo que soy es el resultado de la decisión y actividad de Dios. Dios controla todas las circunstancias relacionadas con mi situación en la vida. Hace que haya en mi vida (o permite que aparezcan) factores que hacen que me resulte atractiva, incluso muy atractiva, una opción en particular. A través de todos los factores que he experimentado en el pasado él ha influido en el tipo de persona que soy ahora. De hecho él ha influido en lo que tenía que pasar deseando que fuera a mí al que se diese vida.

Cada vez que se concibe un niño, hay un infinito número de posibilidades. Una incontable variedad de combinaciones genéticas pueden surgir de la unión del esperma y el óvulo. No sabemos por qué surge una combinación en particular. Ahora, para este argumento, pensemos en la posibilidad de un hipotético individuo cuya combinación genética difiera sólo muy ligeramente de la mía. Es idéntico a mí prácticamente en todo; responde en cada situación de la vida como yo lo haría. Pero en un momento en particular él escogerá mover el dedo a la izquierda cuando yo lo muevo a la derecha. No estoy obligado a mover el dedo a la derecha, pero elijo libremente hacerlo. Ahora, al asegurarse de que yo y no mi hipotético doble, fuera el que existiese, y estableciendo las circunstancias de mi vida, Dios garantiza que yo en un particular momento escoja libremente mover el dedo hacia la derecha.

---

Ver Antony Flew, "Compatibilism, Free Will, and God," *Philosophy* 48 (1973): 231-32.

Esto en muchas maneras se parece al argumento de Gottfried von Leibniz en su *Teodicea.*[11] Dios conoce todas las infinitas posibilidades. Escoge cuál de ellas hará realidad. Y seleccionando meticulosamente a los mismos individuos a los que da el ser, los individuos que responderán a estímulos específicos exactamente como él desea, y asegurándose de que esos factores específicos están presentes, garantiza las decisiones y acciones libres de esos individuos. Donde nuestro punto de vista difiere del de Leibniz es en que vemos las decisiones de Dios completamente libres en este asunto, no están para nada determinadas. Es más, al garantizar las acciones humanas Dios no se limita a escoger dar la vida a un ser para luego dejarlo que actúe en un mundo mecánico y determinista. Dios está obrando de forma activa en este mundo, influyendo en lo que sucede. De esta manera, se evitan las connotaciones deístas del punto de vista de Leibniz.

La posición defendida aquí es lo que B. B. Warfield considera la forma más suave de calvinismo (hay, de hecho, algunos calvinistas que no creen que merezca ni siquiera ser llamada calvinismo). Warfield denominó a esta posición "congruismo," porque mantiene que Dios obra de forma congruente con la voluntad individual; esto es, Dios obra de una manera tan persuasiva en la voluntad del individuo que la persona libremente escoge la opción que Dios desea.[12] Con respecto a la oferta de salvación, esto significa que Dios no empieza regenerando a los que escoge, transformando sus almas para que crean; más bien, obra de una forma atractiva y persuasiva para que ellos escojan creer, y después los regenera. Lo que estamos añadiendo a esta posición es la idea de que Dios está operativo en la vida del individuo mucho antes de que obre de forma regeneradora y persuasiva: Dios desde la eternidad ha decidido que el individuo potencial que llega realmente a existir es el que responderá a esta serie de circunstancias precisamente como Dios quiere.

11. Gottfried W. von Leibniz, *Theodicy: Essays on the Goodness of God, the Freedom of Man and the Origin of Evil* (New Haven, Conn.: Yale University Press, 1952). Según el punto de vista de Leibniz, Dios conoce el ámbito de esencias que contiene un infinito número de posibilidades. Entre los atributos de estos posibles individuos están todas las decisiones que tomará y el curso de acción que seguirá en cada situación que afronte. Dios, que conoce previamente todas las infinitas posibilidades, escoge traer a la existencia al individuo que decidirá responder libremente a todas las situaciones precisamente como Dios desea. Haciendo esto, Dios hace *ciertas*, pero no *necesarias*, las acciones y decisiones libres del individuo. Esta distinción es crucial para entender la posición desarrollada en este capítulo. Según la imagen que hemos elegido, Dios da el ser al individuo que en un momento dado escogerá libremente mover el dedo a la derecha, en lugar de escoger al otro que es idéntico en todo excepto en que decidirá mover el dedo hacia la izquierda. Por lo tanto, podemos decir que cuando el individuo al que se ha dado vida decide mover su dedo a la derecha, está escogiendo libremente lo que Dios sabía que escogería.

12. B. B. Warfield, *The Plan of Salvation* (Grand Rapids: Eerdmans, 1942), pp. 90–91. Al final, la relación exacta entre soberanía divina y libertad humana es necesariamente un misterio. Sin embargo, es importante no invocar el "misterio" prematuramente. Debemos llegar hasta donde podamos con nuestro conocimiento y razonamiento humano antes de etiquetar algo como misterio.

¿Que Dios haya garantizado las acciones y las decisiones humanas es compatible con la libertad humana? Nuestra forma de responder depende de lo que entendamos por libertad. Según la posición que estamos exponiendo, la respuesta a la pregunta: "¿Podría haber escogido el individuo de manera diferente?" es sí, mientras que la respuesta a la pregunta "Pero ¿lo habría hecho?" es no. Según nuestra manera de entender la libertad humana, para que ésta exista sólo hay que contestar afirmativamente a la primera pregunta. Pero otros podrían argumentar que la libertad humana existe sólo si se responde afirmativamente a las dos preguntas; esto es, que el individuo no sólo pueda escoger de forma diferente, sino que también pueda desear hacerlo. Desde su punto de vista, la libertad significa espontaneidad total, elección al azar. Nosotros les diríamos que en lo que se refiere a las decisiones y acciones humanas, nada es completamente espontáneo o al azar. El comportamiento humano es en cierto modo predecible; cuanto mejor conocemos a un individuo, mejor podemos anticipar sus reacciones. Por ejemplo, un amigo cercano puede decir: "Estaba seguro de que ibas a decir eso." Las cadenas de televisión pueden predecir los resultados de unas elecciones analizando unos pocos distritos electorales destacados. Concluimos que si la libertad significa elección al azar, la libertad humana es prácticamente imposible. Pero si la libertad significa habilidad para escoger entre opciones, la libertad humana existe y es compatible con el hecho de que Dios haya garantizado las decisiones y acciones humanas.

Deberíamos señalar que si la certeza de los resultados es incompatible con la libertad, el preconocimiento divino, como entiende el arminiano ese término, presenta tanta dificultad para la libertad humana como la preordenación divina. Porque si Dios ya sabe lo que voy a hacer, debe ser cierto que voy a hacerlo. Si no fuera seguro, Dios no podría saberlo; podría equivocarse (podría actuar de forma diferente a lo que él espera). Pero si lo que hago es cierto, seguro que lo haré, lo sepa yo o no. ¡Sucederá! Pero entonces ¿soy libre? Desde el punto de vista de los que creen que la definición de libertad conlleva la implicación de que no puede ser seguro que ese evento en particular sucederá, presumiblemente no soy libre. Para ellos, el preconocimiento divino es tan incompatible con la libertad humana como la divina preordenación.[13]

Podría parecer que la elección divina que hemos defendido es en parte la misma que la idea de presciencia arminiana.[14] Sin embargo, hay una diferen-

13. A este respecto, me parece que los "teístas del libre albedrío" están adoptando las implicaciones lógicas de los arminianos. Ver, ej., Clark Pinnock, "God Limits His Knowledge," en *Predestination and Free Will: Four Views of Divine Sovereignty and Human Freedom*, ed. David Basinger y Randall Basinger (Downers Grove, Ill.: InterVarsity, 1986), pp. 143-62; William Hasker, "A Philosophical Perspective," en *The Openness of God: A Biblical Challenge to the Traditional Understanding of God* (Downers Grove, Ill.: InterVarsity, 1994), pp. 147-50.

14. Esta posición está en realidad más cerca del punto de vista que se conoce como "Mo-

cia significativa. En la idea arminiana hay una presciencia de entidades que realmente existen. Dios simplemente escoge confirmar, por así decirlo, lo que prevé que los individuos reales decidirán hacer. Sin embargo, desde nuestro punto de vista, Dios conoce previamente todas las posibilidades. Dios prevé lo que posibles seres harán si se les coloca en una situación determinada con todas las influencias que estarán presentes en ese momento del tiempo y el espacio. Sobre esta base, escoge cuál de los posibles individuos tendrá existencia y qué circunstancias e influencias estarán presentes. Él sabe previamente lo que estos individuos harán libremente, porque él en efecto tomó esta decisión escogiéndolos en particular para darles vida. Con respecto a la salvación, esto significa que, en orden lógico Dios decidió que crearía a los humanos, que ellos caerían, y que de entre ese grupo al que daría la existencia, y que estarían todos bajo la maldición del pecado, algunos individuos actuarían como él deseaba, escogerían libremente responderle.[15]

Nuestra posición de que Dios ha hecho ciertas todas las cosas que ocurren plantea otra cuestión: ¿No hay una cierta contradicción entre lo que Dios ordena y dice que desea y lo que realmente quiere? Por ejemplo, el pecado está prohibido universalmente, sin embargo, aparentemente parece decidir que ocurrirá. Desde luego matar está prohibido en las Escrituras, y sin embargo la muerte de Jesús ejecutado aparentemente era el deseo de Dios (Lc. 22:22; Hechos 2:23). Es más, se nos dice que Dios no desea que ninguno perezca (2 P. 3:9), no obstante aparentemente no parece querer que todos se salven, ya que no todos lo harán. ¿Cómo vamos a reconciliar estas consideraciones aparentemente contradictorias?

Debemos distinguir entre dos sentidos diferentes de la voluntad de Dios, a los que nos referiremos como "deseo" de Dios (voluntad$_1$) y "voluntad" de Dios (voluntad$_2$). El primero es la intención general de Dios, los valores que le complacen. El segundo es la intención específica de Dios en una situación concreta, lo que él decide que tiene que suceder. Hay veces, muchas, en las que Dios decide permitir, y por lo tanto garantiza que suceda, lo que en realidad no desea. Este es el caso del pecado. Dios no desea que ocurra el pecado. Sin embargo, hay ocasiones, en las que simplemente dice, en efecto: "Que así sea", permitiendo que un humano escoja libremente actuar de forma pecaminosa. El tratamiento que José recibió de parte de sus hermanos no complació a Dios; no fue coherente con su forma de ser. Sin embargo, Dios decidió permitirlo; no intervino para evitarlo. Y es más, Dios utilizó su acción para producir lo que realmente ellos intentaban evitar: el dominio de José.

linismo." Luis de Molina, *On Divine Foreknowledge* (Parte IV de la Concordia), trad. Alfred J. Freddoso (Ithaca, N.Y.: Cornell University Press, 1988).

15. Esta declaración del orden lógico de los decretos de Dios refleja la variedad del calvinismo conocida como sublapsarianismo. Las variedades de calvinismo se discutirán con más profundidad en el capítulo 44.

Dios no disfruta con la destrucción de los impíos. Le causa pena. Sin embargo, él escoge permitir que ellos, por su propia voluntad, rechacen creer. Por qué hace esto, no lo sabemos. Pero esto de lo que estamos hablando no es tan especial y extraño como podríamos creer en un primer momento. No es muy distinto a lo que a veces hacen los padres con sus hijos. Una madre puede querer que su hijo no se comporte de una manera en especial, y puede que se lo diga así. Sin embargo, en ciertas situaciones la madre puede que vea a su hijo, sin que él se dé cuenta, actuar de la forma prohibida, pero elige no actuar para evitarlo. Es claro que el deseo de la madre es que su hijo no actúe de esa manera, sin embargo su voluntad es que haga lo que él ha decidido hacer. Eligiendo no intervenir para evitar el acto, la madre realmente está escogiendo que suceda.

Debemos entender que la voluntad de Dios permite el pecado en lugar de provocarlo. Dios nunca dice: "¡Comete este pecado!" Pero permitiendo las condiciones que conducen a una persona a cometer un pecado y no evitándolo, Dios realmente escoge que se peque. Si se mantiene que el fracaso para prevenir algo constituye causalidad o responsabilidad, entonces Dios tendría que ser considerado, en este sentido secundario, como causante de maldad. Pero deberíamos señalar que esta no es la manera en que se suele asignar la responsabilidad.

Otro tema que debe ser examinado concierne a si nuestro punto de vista sobre el plan de Dios que todo lo abarca elimina nuestro aliciente para actuar. Si Dios ya ha garantizado lo que va a ocurrir, ¿merece la pena que nosotros intentemos cumplir con su voluntad? ¿Lo que hagamos supondrá realmente alguna diferencia en lo que tiene que ocurrir? Este tema se relaciona en particular con la evangelización. Si Dios ya ha escogido (elegido) a los que van a salvarse y a los que no, ¿qué diferencia hay en que nosotros (o cualquier otro) trate de propagar el evangelio? Nada puede cambiar el hecho de que los elegidos se salvarán y los demás no.

Para responder a esta pregunta habría que tener en cuenta dos cosas. Una es que si Dios ha hecho cierto el fin, su plan incluye los medios para llegar a ese fin. Su plan puede incluir también que nuestro testimonio sea el medio a través del cual una persona elegida llegue a tener fe. La otra consideración es que no conocemos con detalle el plan de Dios. Así que debemos proceder según lo que Dios ha revelado de su deseo. Según esto, debemos dar testimonio. Esto puede significar que parte de nuestro tiempo lo pasemos con alguien que al final no entrará en el reino de los cielos. Pero no significa que perdamos el tiempo. Podría ser el medio para cumplir con otra parte del plan de Dios. Y al final, Dios mide nuestro servicio por la fidelidad y no por el éxito.

## Varias formas de entender la historia

Como señalamos al principio de este capítulo, la doctrina cristiana del plan divino responde específicamente a las cuestiones de hacia dónde va la historia y qué la está moviendo. Algunas formas de entender el flujo de la historia son bastante negativas. Esto es particularmente así en los puntos de vista cíclicos, que no ven la historia como algo progresivo, sino como una simple repetición del mismo patrón, aunque con una forma un tanto diferente. Las religiones orientales tienden a ser de este tipo, en particular el hinduismo, con su énfasis en la reencarnación. Uno pasa por ciclos de muerte y renacimiento, en los que la nueva reencarnación tiene mucho que ver con la conducta que se ha tenido en la vida anterior. La salvación, si se la puede llamar así, consiste en el nirvana, escapar del proceso que se repite.

Las filosofías catastrofistas abundan en nuestro tiempo. Se cree que la historia pronto llegará a un final desastroso como resultado de una debacle financiera, una crisis ecológica que implica una polución medioambiental masiva, o el estallido de una guerra nuclear.[16] La raza humana está condenada porque no ha sido capaz de manejar sabiamente el mundo.

Otra filosofía pesimista prominente del siglo XX es el existencialismo. La idea de lo absurdo del mundo, de la paradoja e ironía que hay en la realidad, de la ciega aleatoriedad de mucho de lo que ocurre, conduce a la desesperación. Cuando no existe un patrón discernible en los eventos históricos, uno debe crear su propio significado mediante un acto consciente de libre albedrío.

Por otra parte, ha habido una serie de puntos de vista bastante optimistas, especialmente en la última mitad del siglo XIX. El darwinismo se extendió desde el ámbito de la biología a otros ámbitos, particularmente a la sociedad. Según el pensamiento de Herbert Spencer se convirtió en una filosofía totalmente inclusiva que implicaba el crecimiento, progreso y desarrollo de toda la realidad. Aunque este punto de vista resultó ser bastante irreal, tuvo una gran influencia en su tiempo. En años más recientes, los utópicos empleando los métodos de las ciencias del comportamiento han intentado reestructurar la sociedad o al menos las vidas individuales.[17]

Hasta hace poco, la filosofía de la historia más militante en una escala global ha sido el materialismo dialéctico, la filosofía en la que se basa el comunismo. Adaptando la filosofía de Hegel, Karl Marx reemplazó su metafísica idealista con un punto de vista materialista. Las fuerzas de la realidad material están empujando a la historia hacia su fin. Mediante una serie de pasos, se cambia el orden económico. Cada etapa del proceso se caracteriza por un conflicto entre dos grupos o movimientos antitéticos. Los medios de producción que prevalecen van cambiando del feudalismo hasta el capitalismo para llegar a una etapa final socialista en la que no habrá propiedad privada. En la sociedad sin clases, la

16. Ej., Barry Commoner, *The Closing Circle* (New York: Alfred A. Knopf, 1971); Paul R. Ehrlich, *The Population Bomb* (New York: Ballantine, 1976).

17. Ej., B. F. Skinner, *Walden Two* (New York: Macmillan, 1948).

dialéctica que mueve la historia mediante un proceso rítmico de tesis – antítesis – síntesis cesará y el mal se desvanecerá. Como se ponía la confianza en una fuerza impersonal, mucha gente que estuvo bajo el comunismo no lo encontró ni personalmente satisfactorio ni socialmente eficaz.

Finalmente, está la doctrina cristiana del plan divino, que afirma que un Dios todopoderoso y sabio desde toda la eternidad ha planeado lo que tiene que suceder y que la historia está llevando a cabo su intención. Hay un objetivo definido hacia el que la historia se va acercando. La historia, pues, no se mueve únicamente por sucesos al azar, átomos impersonales, o fatalidad ciega. La fuerza que hay detrás es la de un Dios amante con el que podemos tener una relación personal. Podemos esperar, pues, con confianza la consecución del telos del universo. Y podemos alinear nuestras vidas con el resultado asegurado de la historia.

# 18. El trabajo originario de Dios: la creación

## Objetivos del capítulo

Después de estudiar este capítulo, debería ser capaz de:

- Entender las razones por las que hay que estudiar la doctrina de la creación.
- Identificar y definir los elementos de la enseñanza bíblica sobre la creación.
- Explicar cómo Dios continuó su obra creativa formando la vida de las plantas, de los animales y de los humanos.
- Discutir el significado teológico de la doctrina de la creación comparando y contrastando varios puntos de vista históricos de esta doctrina.
- Entender y explicar la relación entre la doctrina de la creación y la ciencia.
- Reconocer y percibir lo especial de la obra creativa de Dios.
- Identificar y describir las implicaciones de la doctrina de la creación.

## Resumen del capítulo

Dios creó todas las cosas sin utilizar materiales preexistentes. Hay al menos cinco elementos en la enseñanza bíblica de la creación. De la enseñanza bíblica podemos deducir al menos siete conclusiones teológicas. Se han propuesto varias teorías para armonizar la edad de la creación y el desarrollo dentro de la creación. La teoría concordista parece ser la respuesta más plausible a la edad de la creación. La posición más adecuada del creacionismo progresivo ayuda a explicar el desarrollo dentro de la creación. El cristiano puede tener confianza en la grandeza de Dios, en su creación del universo y todo lo que está en él.

## Cuestiones de estudio

1. A la luz del rechazo de la sociedad a la creación, ¿por qué se debería estudiar la doctrina de la creación?
2. ¿Cuáles son los elementos del entendimiento bíblico de la creación?
3. ¿Qué significado tienen el término hebreo *bara'* y el latino *ex nihilo*?
4. ¿De qué manera la enseñanza bíblica sobre la creación rechaza la idea del dualismo?
5. ¿Cuál es el significado teológico de la doctrina de la creación?
6. ¿Cómo se relaciona la teoría de la creación con la ciencia moderna?
7. ¿Qué intentos se han hecho para reconciliar la edad aparente de la tierra con el material bíblico, y qué sugieren?

Razones para estudiar la doctrina de la creación
Elementos de la enseñanza bíblica sobre la creación
- Creación de la nada
- Su naturaleza totalmente inclusiva
- Rechazo del dualismo
- La obra del Dios trino
- Su propósito: la gloria de Dios

La posterior obra creativa de Dios
El significado teológico de la doctrina
La doctrina de la creación y su relación con la ciencia
- La edad de la creación
- Desarrollo dentro de la creación

Lo especial de la obra creativa de Dios
Implicaciones de la doctrina de la creación

El plan de Dios se puede extender como los planos y diseños que realiza un arquitecto para un edificio que se va a construir. Pero el plan no sólo fue un esquema en la mente de Dios. Se ha hecho realidad mediante los actos de Dios. En esta parte nos centraremos en esas obras que son atribuidas especialmente, aunque no exclusivamente, a la obra de Dios Padre. La primera de ellas es la creación. Con creación queremos decir la obra de Dios de dar vida a todo lo que hay sin la utilización de materiales preexistentes.

## Razones para estudiar la doctrina de la creación

1. Hay varias razones para hacer un estudio cuidadoso de la doctrina de la creación. Primero, la Biblia le da una gran importancia. La primera frase de la Biblia es: "En el principio creó Dios los cielos y la tierra" (Gn. 1:1). Aunque el orden de tratamiento no es un indicador infalible de su relativa importancia, en este caso parece claro que Dios pensó que el hecho de la creación tenía la suficiente importancia como para ponerlo en primer lugar. Es una de las primeras

afirmaciones en el evangelio de Juan, el de orientación más teológica de todos los evangelios del Nuevo Testamento. "En el principio era el Verbo, el Verbo estaba con Dios y el Verbo era Dios. Este estaba en el principio con Dios. Todas las cosas por medio de él fueron hechas, y sin él nada de lo que ha sido hecho fue hecho" (Jn. 1:1-3). La doctrina de la creación se encuentra en el capítulo de la fe de Hebreos "Por la fe comprendemos que el universo fue hecho por la palabra de Dios, de modo que lo que se ve fue hecho de lo que no se veía" (11:3). Y en la gran visión del futuro en el Apocalipsis, los veinticuatro ancianos adoran al Dios Todopoderoso en parte porque es el Creador: "Señor, digno eres de recibir la gloria, la honra y el poder, porque tú creaste todas las cosas, y por tu voluntad existen y fueron creadas" (Apoc. 4:11). La obra creativa de Dios juega un papel muy importante en la presentación bíblica de Dios.

2. La doctrina de la creación ha sido parte significativa de la fe de la iglesia; ha sido un aspecto muy importante de su enseñanza y predicación. El primer artículo del Credo de los Apóstoles dice: "Creo en Dios Padre Todopoderoso, creador del cielo y de la tierra." Aunque este elemento particular (esto es, la frase sobre la creación) no estaba en la primera forma del credo, sino que fue añadida más tarde, no obstante es significativo que en una formulación tan breve como el Credo de los Apóstoles, la creación muy pronto fuera considerada lo suficientemente importante como para ser incluida.

3. Nuestra forma de entender la doctrina de la creación es importante por su efecto en nuestra forma de entender otras doctrinas. Los humanos fueron creados por Dios como seres separados, no como algo que emanó de él. Como toda la naturaleza fue creada por Dios y declarada buena por él, no hay mal inherente en ser material en lugar de espiritual. Estas distintas facetas de la doctrina de la creación nos dicen mucho sobre el estatus humano. Es más, como el universo es obra de Dios y no una mera casualidad, podemos deducir algo sobre la naturaleza y la voluntad de Dios examinando la creación. Alterar la doctrina de la creación en cualquier punto, es alterar también estos otros aspectos de la doctrina cristiana.

4. La doctrina de la creación ayuda a diferenciar el cristianismo de otras religiones y cosmovisiones. Aunque se podría pensar que en la raíz hay similitudes entre el cristianismo y el hinduismo, por ejemplo, un examen más profundo revela que la doctrina cristiana de Dios y la creación es bastante diferente de las enseñanzas sobre Brahman-Atman del hinduismo.

5. El estudio de la doctrina de la creación es un punto de diálogo potencial entre el cristianismo y las ciencias naturales. A veces el diálogo ha sido bastante agitado. El gran debate de la evolución de principios del siglo veinte deja claro que mientras la teología y la ciencia tienen cursos paralelos la mayor parte del tiempo, sin tocarse en ningún tema común, el tema del origen del mundo es un punto en el que se encuentran. Es importante entender cuál puede ser el encuentro entre el cristianismo y la ciencia biológica (la teoría de Darwin sobre

la evolución), pero también la idea de la evolución creativa de Henri Bergson o la filosofía del proceso de Alfred North Whitehead.

6. Hay que entender cuidadosamente la doctrina de la creación porque a veces ha habido serios desacuerdos dentro de los círculos cristianos. En la controversia modernista-fundamentalista de principios del siglo XX, el problema era en gran parte evolución versus creación. Hoy, en contraste, parece haber disputas internas dentro del ámbito evangélico entre la teoría del creacionismo progresivo y la idea de que la tierra solo tiene unos miles de años. Hay que mirar con cuidado qué es lo que enseña específicamente la Biblia sobre este tema.

## Elementos de la enseñanza bíblica sobre la creación

### *Creación de la nada*

Empezamos nuestro examen de la doctrina de la creación señalando que es una creación de la nada, o sin la utilización de materiales preexistentes. Esto no significa que toda la obra creativa de Dios fuera directa e inmediata, que ocurriera en el mismo principio del tiempo. También ha habido una creación mediata y derivada, la obra subsiguiente de Dios desarrollando y dando forma a lo que había creado originalmente. Estamos afirmando que todo lo que existe ahora se inició con el acto de Dios de traerlo a la existencia; no dio forma o adaptó algo que ya existiese independientemente de él.

A veces se ha hecho un esfuerzo por derivar del verbo hebreo בָּרָא *(bara')* esta verdad de que la creación ocurrió sin el uso de materiales que ya existían previamente. La palabra aparece en el Antiguo Testamento treinta y ocho veces en el radical qal y diez veces en el nifal. Esta forma nominal, בְּרִיאָה (*beri'ah* – creación) solo aparece una vez (Núm. 16:30). Los radicales qal y nifal sólo son utilizados para referirse a Dios, no a los humanos. Parece claro que, utilizado teológicamente, el verbo expresa lo especial de la obra de Dios en contraste con la forma humana de hacer objetos procedentes de materiales ya existentes. Sin embargo, en textos poéticos, se utiliza en paralelismo con una serie de términos que significan hacer o dar forma: עָשָׂה *('asah)*, para hacer o crear (Is. 41:20, 43:7; 45:7, 12, 8; Am. 4:13); יָצַר *(yatsar)* para formar (Is. 43:1, 7; 45:7, 18; Am. 4:13); כּוּן *(kun)* para establecer (Is. 45:18); יָסַד *(yasad)*, fundar (Sal. 89:11-12 [12-13]) y חָדַשׁ *(chadash)*, para renovar (Sal. 51:10 [12]). Karl-Heinz Bernhardt señala que "hasta cierto punto esto trae como resultado una nivelación de su significado."[1] Sin embargo, se debería señalar que בָּרָא *('bara)* nunca aparece con un acusativo lo cual apunta hacia un objeto sobre el cual la obra del Creador haya formado algo nuevo. Por tanto, la idea de creación de la nada no queda excluida del sig-

1. Karl-Heinz Bernhardt, '*bara* en *Theological Dictionary of the Old Testament*, ed. G. Johannes Botterweck y Helmer Ringgren, 4 vols. (Grand Rapids: Eerdmans, 1975), vol. 2, p. 246.

nificado de esta palabra, aunque tampoco se ha probado de forma concluyente que tenga este significado.

No obstante, la idea de que la creación *ex nihilo* se puede encontrar en varios pasajes del Nuevo Testamento donde el objetivo principal no es hacer una declaración sobre la naturaleza de la creación. En particular, hay numerosas referencias al inicio del mundo o al inicio de la creación:

- "desde la fundación del mundo" (Mt. 13:35; 25:34; Lc. 11:50; Jn. 17:24; Ef. 1:4; He. 4:3; 9:26; 1 P. 1:20; Apoc. 13:8; 17:8)
- "al principio" (Mt. 19:4, 8; Jn. 8:44; 2 Ts. 2:13; 1 Jn. 1:1; 2:13-14; 3:8)
- "desde el principio del mundo" (Mt. 24:21)
- "al principio de la creación" (Mr. 10:6; 2 P. 3:4)
- "desde el principio de la creación que Dios hizo" (Mr. 13:19)
- "desde la creación del mundo" (Ro. 1:20)
- "Tú, Señor, en el principio fundaste la tierra" (He. 1:10)
- "el principio de la creación de Dios" (Apoc. 3:14)

Sobre estas expresiones Werner Foerster dice: "Estas frases muestran que la creación implica el principio de la existencia del mundo, sin que existiera materia previa."[2] El verbo κτίζω *(kitzo)* en sí mismo no establece la creación *ex nihilo*, como tampoco lo hace בָּרָא, no obstante estos usos argumentan a favor de que exista un significado específico más allá del mero hacer, dar forma.

Otros usos de κτίζω sugieren que se presta al significado de originar de la nada. Por ejemplo, se usa para la fundación de ciudades, juegos, casas y sectas. Es "el acto *intelectual* y de voluntad básico mediante el cual algo nace."[3] Por tanto, aunque hay otros significados además del de la creación *ex nihilo*, ese significado particular desde luego no queda excluido.

No se debería descartar totalmente la palabra hebrea בָּרָא para nuestros propósitos. Aunque la etimología de este verbo sugiere "cortar" o "partir," nunca se empareja con un objeto directo que denota material sobre el cual Dios obra para hacer algo nuevo, ni se usa nunca en los radicales qal y nifal con un sujeto humano.[4] Es más, la expresión "en el principio" en Génesis 1:1, que se usa sin ninguna otra calificación, parece de muchas maneras ser análogo a los usos de κτίζω *kitzo* señalados antes.

2. Werner Foerster, "κτίζω" en *Theological Dictionary of the New Testament*. ed. Gerhard Kittel y Gerhard Friedrich, trad. Geoffrey W. Bromiley, 10 vols. (Grand Rapids: Eerdmans, 1964-76), vol. 3, p. 1029.

3. Ibid., p. 1025.

4. Francis Brown, S. R. Driver, y Charles A. Briggs, *Hebrew and English Lexicon of the Old Testament* (New York: Oxford University Press, 1955), p. 135.

En el Nuevo Testamento podemos encontrar varias expresiones más explícitas de la idea de crear de la nada. Leemos que Dios hace que existan las cosas mediante su palabra. Pablo dice que Dios "llama las cosas que no son como si fueran" (Ro. 4:17). Dios mandó: "que de las tinieblas resplandeciera la luz" (2 Co. 4:6). Esto sugiere que este efecto se produce sin el uso de ninguna causa material previa. Dios creó el mundo con su palabra "de modo que lo que se ve fue hecho de lo que no se veía" (He. 11:3). Aunque se podría argumentar que lo que Dios hizo fue utilizar una realidad invisible o espiritual como materia prima desde la cual formó materia visible, esto parece una idea artificial y forzada.

Si nuestro énfasis en la creación de Dios *ex nihilo* parece un poco superflua y obvia, se debería observar que la creación *ex nihilo* no es obvia desde la perspectiva de la teología del proceso. John B. Cobb Jr. y David Griffin dejan bastante claro que Dios no creó el mundo desde la nada absoluta. Más bien "la teología del proceso en cambio afirma una doctrina de la creación desde el caos."[5] Ellos afirman que este punto de vista es apoyado por más pasajes del Antiguo Testamento que los que confirman la doctrina de la creación de la nada. En un estado de caos absoluto solo habría un grado muy bajo de ocasiones reales sucediendo al azar; por supuesto, no estarían ordenadas en "individualidades duraderas." Pero como Dios está creando continuamente, a cada momento surgen una infinita variedad de ocasiones de experiencia. Dios contribuye a que surja cada ocasión real.

La expresión *ex nihilo* o "de la nada" algunas veces ha dado pie a malentendidos. Ciertos pensadores han llegado a considerar la "nada" como algo de lo cual se ha hecho todo, una especie de sustancia. Para algunas de los existencialistas, como Martin Heidegger, el no ser casi tiene una realidad metafísica en sí mismo, con capacidad de resistirse a ser que recuerda a ciertos elementos de la filosofía griega.[6] Cuando hablamos de creación de la nada, no obstante, nosotros no estamos pensando en la nada como un algo del que se hacen todas las cosas. Nada, más bien es la ausencia de realidad. Por tanto, la expresión "sin el uso de materiales preexistentes" es preferible.

Trayendo toda la realidad al ser, Dios creó únicamente con su palabra. En Génesis 1, leemos que Dios habló y su declaración se hizo realidad inmediatamente (vv. 3, 6, 9). La mera declaración "Que se haga la luz," fue suficiente para que surgiera la luz. Podemos sacar varias conclusiones. Por una parte, Dios tiene el poder de desear que las cosas sucedan, y las cosas pasan exactamente como él las deseó. En segundo lugar, la creación es un acto de su voluntad, sin que se sienta forzado a ello por ninguna fuerza o consideración fuera de sí mismo. Es

5. John B. Cobb Jr. y David Ray Griffin, *Process Theology: An Introductory Exposition* (New York: Westminster, 1976), p. 65.

6. Martin Heidegger, *Being and Time* (New York: Harper & Row, 1962).

más, Dios no se implica a sí mismo, a su propio ser, en el proceso. La creación no es una parte de él ni emana de su realidad.

### *Su naturaleza totalmente inclusiva*

Dios no creó únicamente cierta parte de la realidad, siendo el resto atribuible a algún otro origen; creó toda la realidad. En la frase de apertura del Génesis ("En el principio creó Dios los cielos y la tierra"), la expresión "los cielos y la tierra" no intenta designar solo a estas dos cosas. Es una expresión que hace referencia a todo lo que es.

La extensión universal de la obra creativa de Dios también se confirma mediante el uso del término τὰ πάντα *(ta panta)* (Ef. 3:9; Col. 1:16; Apoc. 4:11). Además en varias enumeraciones o especificaciones de varias partes de la creación queda claro que se incluye todo: "el cielo y las cosas que están en él, y la tierra y las cosas que están en ella, y el mar y las cosas que están en él" (Apoc. 10:6). "El cielo y la tierra, el mar y todo lo que en ellos hay" (Hch. 4:24; 14:15). "El mundo y todo lo que en él hay" (Hch. 17:24). (Ver Apoc. 5:13 donde "todo lo creado que está en el cielo, sobre la tierra, debajo de la tierra y en el mar, y a todas las cosas que hay en ellos," se dice que alaban y glorifican a Dios.)

Aunque todas estas cosas son declaraciones afirmativas sobre la extensión de la obra creativa de Dios, Juan 1:3 dice lo mismo de forma más enfática y explícita tanto de forma positiva como negativa: "Todas las cosas por medio de él fueron hechas, y sin él nada de lo que ha sido hecho fue hecho." Aquí hay una afirmación de la creación de todas las cosas y un rechazo a la idea de que algo podría haber sido hecho por alguien o algo distinto a Dios.

### *Rechazo del dualismo*

La enseñanza bíblica sobre la creación no permite ningún tipo de dualismo. El Creador es único: es el único que ha hecho surgir la realidad. Por tanto, se rechaza la idea de que la creación tiene un segmento nocivo inherente, que tiene su origen en un ser malvado poderoso, como el demonio. Aunque el diablo puede ser capaz de modificar o corromper el material creado, no puede crear realmente. Es más, como Dios es responsable del origen de todo, no hay un segmento neutral de la creación desprovisto de significado espiritual, ni una división de la realidad entre lo que es de forma inherente bueno o malo, o sagrado y secular.

### *La obra del Dios trino*

La creación es la obra del Dios trino. Un gran número de referencias del Antiguo Testamento al acto creativo lo atribuyen simplemente a Dios, más que al Padre, al Hijo o al Espíritu Santo, porque las distinciones de la Trinidad todavía no habían sido reveladas completamente (por ejemplo, Gn. 1:1;

Sal. 96:5; Is.37:16; 44:24; 45:12; Jer. 10:11-12). Sin embargo, en el Nuevo Testamento, encontramos diferenciación. Primera Corintios 8:6, que aparece en un pasaje donde Pablo discute lo apropiado de comer comida que ha sido ofrecida a los ídolos, es particularmente instructiva. Para diferenciar a Dios de los ídolos, Pablo sigue el argumento de varios pasajes del Antiguo Testamento: Sal. 96:5; Isaías 37:16; Jeremías 10:11-12. El meollo de estos pasajes del Antiguo Testamento es que el verdadero Dios ha creado todo lo que hay, mientras que los ídolos son incapaces de crear nada. Pablo dice: "Para nosotros, sin embargo, solo hay un Dios, el Padre del cual proceden todas las cosas y para quien nosotros existimos, y un Señor, Jesucristo, por medio del cual han sido creadas todas las cosas y por quien nosotros también existimos." Pablo está incluyendo al Padre y al Hijo en el acto de la creación y sin embargo también los está diferenciando uno de otro. El Padre aparentemente tiene la parte más destacada; es la fuente de la que proceden todas las cosas. El Hijo es el medio o el agente de la existencia de todas las cosas. Aunque la creación fue principalmente obra del Padre, el Hijo es a través de quien se llevó a cabo. Hay una afirmación similar en Juan 1:3: todas las cosas fueron hechas por medio del Hijo. Hebreos 1:10 se refiere al Hijo como Señor fundador de la tierra en el principio. También hay referencias al Espíritu de Dios que parecen indicar que también estuvo activo en la creación: Gn. 1:2; Job 26:13; 33:4; Sal. 104:30; e Isaías 40:12-13. Sin embargo, en alguno de estos casos, es difícil determinar si la referencia es al Espíritu Santo o a Dios obrando mediante su aliento, ya que la palabra *(ruach)* se puede utilizar para ambos.

Puede parecer que hay un conflicto entre atribuir la creación al Padre, al Hijo y al Espíritu Santo y mantener que cada miembro de la Trinidad tiene su propia obra distintiva. Sin embargo, esto no es un problema a menos que pensemos que solo hay una forma de causalidad. Cuando se construye una casa ¿quién la hace realmente? En un sentido, es el arquitecto que diseña y crea los planos a partir de los cuales se construye. En otro sentido, es el constructor que es el que realmente lleva a cabo el plan. No obstante el constructor en sí mismo no hace nada de la construcción. Son los albañiles y obreros los que construyen la casa. Pero sin los materiales que se utilizan para hacer la casa no habría estructura. Por tanto, se podría decir que los que proporcionan los materiales son los causantes de la construcción de la casa. O también se podría decir que la entidad que presta el dinero para construir y para la hipoteca son los que han construido la casa. Finalmente, los dueños, aunque no han movido ni un dedo en cierto sentido son los que construyen la casa, ya que ellos firman los papeles para autorizar la construcción y pagan los plazos de la hipoteca. Cada uno, a su manera especial, es la causa de que exista la casa. Algo parecido se puede decir sobre la creación. Según las Escrituras parece que fue el Padre el que dio existencia al universo. Pero fueron el Espíritu y el Hijo los que lo dieron forma, los que llevaron a cabo los detalles del diseño. Aunque la creación es del Padre, la hace a través del Hijo y del Espíritu Santo.

### *Su propósito: la gloria de Dios*

Aunque Dios no *tenía* que crear, lo hizo por buenas y suficientes razones, y la creación cumple ese propósito. En particular, la creación glorifica a Dios llevando a cabo su voluntad. Tanto las cosas inanimadas (Sal. 19:1) como las animadas le glorifican. En la historia de Jonás, vemos esto de una forma muy vívida. Todos y todas las cosas (excepto Jonás) obedecieron el plan y la voluntad de Dios: la tormenta, los dados, los marineros, el gran pez, los ninivitas, el viento del este, la calabaza y el gusano. Cada parte de la creación es capaz de cumplir los propósitos de Dios, pero cada una de ellas obedece de una forma diferente. La creación inanimada lo hace mecánicamente, obedeciendo las leyes naturales que gobiernan el mundo físico. La creación animada lo hace instintivamente, respondiendo a impulsos internos. Sólo los humanos son capaces de obedecer a Dios conscientemente y por propia voluntad y por lo tanto son los que más glorifican a Dios.

## La posterior obra creativa de Dios

Aunque creación en el sentido usual hace referencia a dar existencia a toda la realidad física además de a todos los seres espirituales que no sean el mismo Dios, el término también abarca el origen subsiguiente de nuevas entidades procedentes de este material creado previamente. Hay sugerencias de esto incluso en Génesis 1: Dios dice "produzcan las aguas seres vivientes" (v. 20) y "produzca la tierra seres vivientes" (v. 24). La descripción de cómo se formó el primer hombre sugiere el uso de algún tipo de material: "polvo de la tierra" (2:7). Se describe a Eva como formada de una parte del cuerpo de Adán (2:21). Dios también formó de la tierra toda bestia del campo y toda ave de los cielos (2:19). Podría muy bien ser que lo que Dios hizo al principio fue únicamente crear la materia de la nada, y después en su subsiguiente actividad creadora, dar forma a las cosas con los átomos que había creado. Las distintas especies que se produjeron en ese último momento serían tan obra de Dios como lo era el origen de la materia. Después, también, si Dios hace al menos parte de su obra mediante medios inmanentes, el origen de las distintas especies posteriores a través de las leyes de la genética – incluso las variedades más recientes de rosas, maíz híbrido, ganado, perros – es obra creativa de Dios. En estos últimos casos los humanos son socios de Dios produciendo cosas. Sin embargo, hay que señalar que los humanos están trabajando simplemente con lo que Dios ya ha establecido. Por tanto, incluso las especies más recientes son también obra de Dios, ya que el material del que proceden fue creado por él y las leyes de la genética con las cuales se desarrollan también son obra suya.

## El significado teológico de la doctrina

Ahora vamos a examinar el significado teológico de la doctrina de la creación. ¿Qué se está afirmando realmente con esta enseñanza? Y quizá lo que es igual de importante para nuestros propósitos ¿qué se rechaza o contradice?

1. La doctrina de la creación es primero y obviamente una declaración de que no hay realidad última aparte de Dios. No hay lugar para el dualismo. En un dualismo, como la palabra indica, hay dos principios últimos. En una forma de dualismo está el Señor, el Creador, el Hacedor. Y está lo que el Creador utiliza, o con lo que trabaja, el material que emplea para crear. Gran parte del pensamiento griego era dualista de una u otra manera. Típico era el dualismo materia-forma: Está el orden, estructura o patrón de las cosas, las Formas o Ideas. Y está eso que necesita ser ordenado, estructurado u organizado, la materia. La creación consiste entonces en alguien o algo que une estas dos cosas, o que imprime las Formas sobre la materia.[7]

Pero esto no es lo que afirma la doctrina cristiana. Dios no trabajó con algo que ya existiese. Dio la existencia a la misma materia prima que utilizó. Si esto no fuera así, Dios no sería realmente infinito. Hubiera habido algo más aparte de él, y probablemente siempre lo había habido. En consecuencia, Dios habría estado limitado teniendo que trabajar con características intrínsecas de la materia prima que empleó. La doctrina cristiana mantiene, por el contrario, que Dios dio la existencia a la materia prima y la dotó desde el principio de las características que quería que tuviera.

2. El acto original de la creación divina es especial. No se parece a los actos "creativos" de los humanos, que implican dar forma utilizando los materiales que tienen a mano. Al producir una obra de arte, el artista debe trabajar dentro de las limitaciones del medio que emplea, la maleabilidad del metal, las características reflectoras del óleo, la naturaleza del lenguaje utilizado, o la rapidez y resolución de una película. Es más, incluso los conceptos que el artista expresa dependen de experiencias previas. La obra puede ser la expresión de una idea directamente experimentada o una combinación de elementos que se han experimentado previamente; una idea absolutamente genuina, totalmente nueva y fresca, es muy rara. Incluso si el escritor creara un nuevo lenguaje para expresar estas ideas, las limitaciones del lenguaje en general seguirían gobernando lo que fuera a hacer. Sin embargo, Dios no está atado a nada externo a sí mismo. Sus únicas limitaciones son las de su propia naturaleza y las elecciones que él mismo ha hecho. Por lo tanto, sus propósitos, al contrario que los de los del "creador" humano, no se verán frustrados por ninguna cualidad inherente del material con el que debe trabajar.

7. Platón, *Timaeus*; Aristóteles, *Metafísica*.

3. La doctrina de la creación también significa que nada es intrínsecamente malo. Todo procede de Dios, y la narración de la creación dice cinco veces que él vio que era bueno (vv. 10, 12, 18, 21, 25). Después, cuando completó su creación del hombre se dice que Dios vio cuanto había hecho y que era bueno en gran manera (v. 31). No había nada malo en la creación original de Dios.

En cualquier tipo de dualismo, suele haber una distinción moral entre los principios o elementos superiores y los inferiores.[8] Ya que el ámbito superior es divino y el inferior no, se cree que el primero es más real que el otro. Al final, esta diferencia metafísica suele ser considerada como una diferencia moral también: lo superior es bueno y lo inferior malo. Tal distinción se hizo en la última parte de la historia del platonismo. Platón había enseñado que las Ideas o Formas, los conceptos inteligibles o invisibles, eran más reales que los objetos perceptibles o empíricos, que son meras sombras que desprenden las Formas. En el neoplatonismo, también llegó a haber una distinción moral. El ámbito material o perceptible se consideraba malo, y el espiritual o invisible bueno. Influidos por el neoplatonismo y otras variedades de dualismo como el maniqueísmo, algunos cristianos empezaron a considerar el mundo material como intrínsecamente malo.

Sin embargo, si toda la realidad debe su existencia a Dios y todo lo que Dios hizo era "bueno", no podemos pensar que la materia sea inherente o intrínsecamente mala.[9] Esto plantea un problema: el cristianismo, como cualquier sistema de pensamiento que esté en cualquier sentido alerta al universo, debe abordar la presencia del mal en el mundo. El dualismo puede resolver esta dificultad con bastante facilidad. Como Dios es bueno, no puede ser fuente de mal. Por tanto, todo lo que no sea Dios, esto es, la materia con la que tuvo que trabajar, debe ser la fuente del mal. Pero este recurso no puede y no será adoptado por un creacionismo minucioso, ya que este defiende que la naturaleza no tiene ese estado independiente. Sin embargo, según la Biblia, Dios, que lo creó todo, no puede ser acusado del mal y el pecado en el mundo. La razón por la cual no puede ser acusado de esto no es porque no haya creado el mundo, sino porque lo creó bueno, e incluso muy bueno.[10] Volveremos sobre esta cuestión del origen del mal en el capítulo 20.

4. La doctrina de la creación también impone una responsabilidad sobre la raza humana. Los humanos no pueden justificar su mal comportamiento culpando al ámbito de lo material. El mundo material no es inherentemente malo. El pecado humano debe ser un ejercicio de la libertad humana. Los humanos tampoco pueden culpar a la sociedad. A veces el pecado de un individuo se

8. Langdon Gilkey, *Maker of Heaven and Earth* (Garden City, N.Y.: Doubleday, 1965), p. 48.

9. Ibid., pp. 58-59.

10. Ibid., p. 65.

atribuye a la influencia de la sociedad. El razonamiento es que los individuos son morales, pero una sociedad inmoral les conduce al pecado. Pero la sociedad humana también forma parte de lo que Dios hizo, y era muy bueno. Por tanto, considerar a la sociedad la causa del pecado es un argumento inadecuado y engañoso.

5. La doctrina de la creación también evita menospreciar la encarnación de Cristo. Si el mundo material fuera intrínsecamente malo, sería muy difícil aceptar el hecho de que la segunda persona de la Trinidad tomase una forma humana, incluyendo un cuerpo físico. De hecho, algunos, al defender la idea de que la materia es mala, negaron que Jesús tuviera un cuerpo físico. Él simplemente "parecía" tener forma humana. A estos se les llamó docetistas, del griego δοκέω (*dokeō* "parecer"). Por otra parte, un entendimiento correcto de la doctrina de la creación – lo que Dios hizo era bueno – nos permite reafirmar todo el significado de la encarnación de Jesucristo, que tomara el cuerpo humano para sí mismo.

La doctrina de la creación también nos aleja del ascetismo. Creer que la naturaleza física es mala ha llevado a algunos, incluidos a cristianos, a rechazar el cuerpo humano y cualquier tipo de satisfacción física. El espíritu, al ser más divino, es el lugar adecuado para lo bueno y lo santo. Por tanto, se hace meditación y se considera que una dieta austera y la abstinencia de sexo son condiciones de espiritualidad. Pero la doctrina de la creación afirma que ya que Dios lo hizo todo y todo lo hizo bueno, todo es redimible. La salvación y la espiritualidad hay que encontrarlas, no en huir o evitar lo material, sino santificándolo.

6. Si toda la creación ha sido hecha por Dios, habrá una conexión y una afinidad entre sus distintas partes. Soy hermano de todos los demás seres humanos, porque nos creó el mismo Dios y vela por nosotros. Como el material inanimado también procede de Dios, según esto, yo también soy uno con la naturaleza, porque somos miembros de la misma familia. Puede que estemos en conflicto, pero esto se parece más a una pelea familiar que a una guerra contra un país enemigo. Toda la creación pertenece a Dios y le importa. Tenemos tendencia como humanos a pensar que nosotros somos los hijos únicos de Dios, y el único objeto de su amor paternal. Sin embargo, Jesús indicó en una frase explícita que Dios ama y cuida de toda su creación (Mt. 6:26-30; 10:29). De entre todas las personas los cristianos deberíamos ser los que más nos preocupáramos por ser responsables ecológicamente con la creación de Dios.[11]

7. Aunque la doctrina de la creación excluye cualquier dualismo, también excluye cualquier tipo de monismo que considere el mundo como algo que

11. Ken Gnanakan de la India ha respondido a la crítica que hizo Lynn White Jr. a los cristianos por asolar la naturaleza argumentando que la doctrina cristiana de la creación debería conducir a cuidar la naturaleza de forma responsable y no a explotarla egoístamente. "Creation, New Creation, and Ecological Relationships," en *Emerging Voices in Global Christian Theology*, ed. Williams A. Dyrness (Grand Rapids: Zondervan, 1994), pp. 126-54.

emana de Dios. Según la doctrina de la creación, las cosas se hicieron de la nada por simple deseo de Dios. Los diferentes objetos y seres que son parte de la creación son claramente algo distinto de Dios. Desde el punto de vista de la emanación, por otra parte, lo que tenemos es algo que surge de la naturaleza de Dios, una parte de él que se separa de su esencia por así decirlo. Hay tendencia a considerar esta emanación todavía divina; de ahí que el resultado final de este punto de vista sea normalmente el panteísmo. La "creación" es un cambio de estatus más que un inicio de ser.

Se podría pensar que el efecto de un punto de vista como la emanación sería el de realzar el estatus de los elementos individuales del mundo, ya que en realidad son parte de la naturaleza divina. Sin embargo, en la práctica, históricamente ha sucedido lo contrario. El efecto ha sido que se ha quitado importancia al estatus independiente de los objetos, incluso hasta llegar a considerar ilusoria su existencia independiente. Como todos los objetos y seres son parte de Dios, es importante reducir lo máximo posible la distancia entre Dios y ellos. Hay que minimizar la individualidad. El objetivo es la absorción en uno. En lugar de ser sustantivos reales, entidades con su propio estatus, los elementos individuales del mundo se han convertido casi en adjetivos que acompañan a una realidad última, Dios.

La doctrina cristiana de la creación de la nada rechaza todo esto. Los elementos individuales del mundo son criaturas genuinas dependientes de Dios su Creador. Están claramente separadas de él (esto es, no emanan de su naturaleza), son criaturas finitas, dependientes. El pecado no consiste en la finitud o separación, sino en el mal uso de una libertad finita, en buscar ser independientes de (y por lo tanto iguales a) Dios. Es más, esta finitud no se elimina con el proceso de la salvación. En lugar de ser la negación de la condición de criatura de los humanos, la salvación es el cumplimiento, la restauración de la condición de criatura de los humanos.

Además, la doctrina de la creación señala las limitaciones inherentes de las criaturas. Ninguna criatura, ni ninguna combinación de ellas, se puede igualar nunca a Dios y nunca será Dios. Por tanto, no hay base alguna para la idolatría: para adorar la naturaleza o para reverenciar a seres humanos. Dios tiene un estatus único, así que sólo se le puede adorar a él (Éx. 20:2-3).

A veces pensamos en la gran brecha metafísica del universo como si fuera una brecha cuantitativa entre la raza humana y el resto de la creación. Sin embargo, en realidad la brecha metafísica más grande, tanto cuantitativa como cualitativamente, es la que hay entre Dios y todo lo demás.[12] Él tiene que ser el objeto de adoración, alabanza y obediencia. Todas las demás cosas existentes tienen que ser sujetos que le ofrezcan estos actos de sumisión.

12. Francis Schaeffer, *The God Who Is There* (Downers Grove, Ill.: InterVarsity, 1968), pp. 94-95.

## La doctrina de la creación y su relación con la ciencia

Ha habido una larga historia de conflictos entre la ciencia y el cristianismo.[13] La tensión ha sucedido en varios puntos. Probablemente la astronomía proporcionó realmente el primer enfrentamiento, cuando la revolución copernicana desafió la concepción geocéntrica imperante. Progresivamente el conflicto se fue trasladando de la astronomía a la geología (la edad de la tierra), a la biología (el tema de la evolución), la antropología (el origen de la humanidad). Hoy el conflicto se centra especialmente en las ciencias del comportamiento y temas como la libertad versus el determinismo y si en esencia el hombre es un ser bueno o depravado. A medida que el conflicto ha pasado de una ciencia a otra, también ha pasado de un área de la doctrina a otra. Por tanto, aunque la principal área de tensión fue en un momento dado la doctrina de la creación, hoy es la doctrina de la humanidad.

Para algunos, como Langdon Gilkey, la cuestión de la relación entre ciencia y teología ha quedado resuelta; ya no hay conflictos posibles. Gilkey cree que el conflicto en el pasado se basó en dos ideas erróneas, una sobre los respectivos papeles de la ciencia y la teología, y otra sobre la naturaleza de la Biblia. La primera se dio por no entender los distintos tipos de explicaciones ofrecidos por las dos disciplinas. La ciencia intenta explicar lo que ha sucedido y cómo pasó en términos de causa eficiente. Cuando se creyó que la teología ofrecía el mismo tipo de explicación, se consideró que proporcionaban alternativas que estaban en conflicto. La teología daba una explicación en términos de causa eficiente que competía con la explicación de la ciencia. La ciencia explicaba el origen del mundo por el enfriamiento y condensación de una masa nebular; la teología la explicaba como el acto creativo de un ser todopoderoso. La idea de la teología como una pseudo-ciencia debe ser rechazada, dice Gilkey. Las explicaciones de la teología son teleológicas, esto es, tienen que ver con el fin o el propósito por el cual algo se hace. Las explicaciones científicas toman la forma de: "Este evento ocurrió debido a..."; las explicaciones teológicas toman la forma de: "Este evento ocurrió porque..." Por tanto, no hay realmente conflicto con la ciencia. La teología cristiana no nos dice cómo se hizo el universo, sino por qué lo hizo Dios.[14]

La segunda idea errónea afecta a la naturaleza de la Biblia. Según Gilkey, la teoría de que el Génesis nos proporciona una explicación pseudo-científica del origen del universo surge de un periodo en el que se creía en la inspiración verbal de la Biblia. Por tanto, todas las afirmaciones de la Biblia, ya fueran religiosas o de carácter aparentemente científico, se consideraban verdad. Pero

13. Andrew Dickson White, *A History of the Warfare of Science with Theology in Christendom* (New York: Dover, 1960). En años recientes, cada vez un mayor número de científicos, basándose sólo en datos científicos, han empezado a hablar del "diseño inteligente" como una opción.

14. Gilkey, *Maker of Heaven and Earth*, p. 70.

después surgieron puntos de vista alternativos sobre la Biblia que no consideraban verdad todas sus afirmaciones. Algunas personas creían que la Biblia era un testimonio de una revelación que no era principalmente la comunicación de una información, sino la presentación que un Dios personal hacía de sí mismo; otros creían que era una mezcla de divina revelación por una parte y de especulación humana y mito por otra.[15] Con estos puntos de vista alternativos de la Biblia en mente, Gilkey y otros afirman que su valor y autoridad entran estrictamente en el área de la religión. La Biblia no nos ayuda a entender temas empíricos, ya sean de ciencia o historia. Sirve solamente para conducirnos a una relación adecuada con Dios.

Aunque Gilkey ha ofrecido una solución a los problemas de la relación entre la ciencia y la teología cristiana, su solución no es una opción para alguien que defiende el punto de vista sobre la Biblia que se expone en la segunda parte de este libro. Es cierto que al tratar de la creación la Biblia pone su mayor énfasis en los propósitos de Dios al crear. Pero también se ocupa de lo que Dios hizo, cuándo lo hizo e incluso hasta cierto punto, cómo lo hizo. Y desde luego hay una enseñanza sobre los orígenes que, por general que sea, tiene implicaciones para los postulados de la ciencia natural. Debemos examinar ahora detenidamente los dos puntos en los que se enfrentan la teología y la ciencia: (1) la edad del universo y (2) la secuencia en la cual aparecieron los componentes de la creación y las relaciones entre ellos.

### *La edad de la creación*

La edad de la creación es un punto en el que hay conflicto entre la ciencia y la Biblia. Por una parte, la declaración bíblica parece bastante sencilla. Dios creó la tierra en seis días. Como la palabra utilizada en el Génesis es el término común יוֹם *(yom)*, se supone que hubo periodos de tiempo de veinticuatro horas. Se han hecho intentos de calcular el tiempo de la creación utilizando las edades que se dan en las genealogías bíblicas. El arzobispo James Ussher llegó a la fecha de 4004 a.C., para la creación. Según esto la creación no tiene más de seis mil años.

La conclusión de Ussher fue satisfactoria hasta que se desarrolló la geología moderna, que es reciente. William Smith, el fundador de la geología estratigráfica, murió en 1839; y Charles Lyell, el sintetizador del estudio geológico, murió en 1875. Por tanto, la geología del tipo que conocemos hoy en día llegó a su mayoría de edad sólo en el siglo XIX. Sin embargo, cuando lo hizo se plantearon serios problemas a la tradicional fecha de la creación. Se han elaborado una serie de métodos para datar la edad de la tierra, muchos de los cuales se relacionan con las características de los materiales radiactivos. De estos métodos surgió el consenso

15. Ibid., pp. 27-28.

de que la tierra tiene varios miles de millones de años, quizá cinco o seis o incluso más. Ha habido varios intentos de reconciliar la aparente edad de la tierra con el material bíblico: (1) la teoría reconstruccionista; (2) la teoría del diluvio; (3) la teoría de la edad aparente; (4) la teoría concordista; y (5) la teoría literaria.

1. La teoría reconstruccionista mantiene que había una creación de la tierra original, bastante completa quizá de hace miles de millones de años (la creación mencionada en Gn. 1:1). Sin embargo, ocurrió algún tipo de catástrofe y la creación se convirtió en algo vacío y sin forma (1:2). Entonces, Dios recreó la tierra hace unos miles de años en un periodo de seis días, poblándola con todas las especies. Esta es la creación que describe Génesis 1:3-27. La aparente edad de la tierra y los datos de los fósiles que muestran el desarrollo en largos periodos de tiempo tienen que ser atribuidos a la primera creación. La catástrofe a menudo se vincula a la caída de Satanás (Lucifer). La creación, pues, estuvo en ruinas durante un largo periodo de tiempo antes de que Dios la rehabilitara o la restaurara.[16]

2. La teoría del diluvio considera que la tierra sólo tiene unos cientos de años. En tiempos de Noé, la tierra se vio cubierta por un gran diluvio, con enormes olas con una velocidad de cientos de millas por hora. Estas olas recogieron varias formas de vida; el lodo en que estas formas fueron depositadas se solidificó en rocas por la tremenda presión de las olas. Los distintos estratos de las rocas representan varias oleadas del diluvio. Estas fuerzas inusuales hicieron en un corto periodo de tiempo lo que según los geólogos llevaría normalmente tres mil millones de años.[17]

3. La teoría de la edad aparente dice que Dios creó el mundo en un periodo de seis días hace relativamente poco tiempo, pero que lo hizo como si tuviese miles de millones de años. Este es un punto de vista nuevo e ingenioso. Adán, por supuesto, no empezó su vida como un bebé recién nacido. En cualquier momento de su vida debe haber tenido una edad aparente (o ideal) de más edad que la suya real (esto es, el número de años desde su creación). La teoría de la edad aparente amplía este principio. Si Dios creó los árboles, en lugar de únicamente las semillas, estos tendrían seguramente unos anillos que indicarían su edad ideal y no su edad real. Por tanto, cada elemento de la creación debe haber empezado en algún momento al ciclo de la vida.[18]

4. La teoría concordista se basa en el hecho de que la palabra hebrea יוֹם *(yom)*, aunque en la mayoría de los casos significa un periodo de veinticuatro horas, no tiene sólo ese significado. También puede significar épocas o largos periodos de tiempo, y así debería entenderse en este contexto. Esta teoría mantiene que

16. *The Scofield Reference Bible*, p. 4, n. 3.

17. George McCready Price, *The New Geology* (Mountain View, Calif.: Pacific Press, 1923).

18. Philip H. Gosse, *Omphalos: An Attempt to Untie the Geological Knot* (London: John Van Voorst, 1957).

Dios creó en una serie de actos durante largos periodos de tiempo. Los datos geológicos y fósiles se corresponden con los días de sus actos creativos.[19]

5. La teoría literaria (o histórico-artística) considera los días de la creación más como un asunto de estructuración lógica que de orden cronológico. O la revelación que Dios hizo de la creación llegó a Moisés en una serie de seis imágenes, o el autor arregló el material agrupándolo de forma lógica para que tomase la forma de seis periodos de tiempo. Aunque puede haber alguna dimensión cronológica en la ordenación, se debe pensar que es una ordenación lógica principalmente. El relato se agrupa en dos grupos de tres (del día uno al tres y del día cuatro al seis). Se pueden apreciar paralelismos entre el primero y el cuarto, el segundo y el quinto y el tercero y el sexto día de la creación.[20]

Todas estas teorías tienen sus puntos fuertes, y también tienen sus dificultades.[21] Tenemos que encontrar la que tenga menos dificultades que las teorías alternativas. Hasta este momento, la teoría que para mí resulta más satisfactoria es una variante de la teoría concordista. Hay demasiadas dificultades exegéticas unidas a la teoría reconstruccionista,[22] mientras que la teoría del diluvio plantea demasiadas tensiones con las evidencias geológicas.[23] La teoría de la edad aparente es ingeniosa y en muchas cosas irrefutable desde el punto de vista científico y exegético, pero tiene el problema teológico de presentar a Dios como un aparente mentiroso (y la decepción, como vimos en el capítulo 13 es contraria a su naturaleza). La teoría literaria (o día ilustrativo) resuelve los problemas de la secuencia cronológica, pero no se ajusta demasiado a la literatura de su época, donde los relatos creativos se disponían en tres grupos de dos, no en dos grupos de tres.[24] La teoría literaria también presenta problemas con el cuarto mandamiento: que Dios descansara en el séptimo día parece presuponer una cierta secuencia cronológica.[25] La teoría concordista encaja bastante bien con los datos geológicos, especialmente si vemos

19. Edwin K. Gedney, "Geology and the Bible," en *Modern Science and Christian Faith* (Wheaton, Ill.: Scripture, 1948), pp. 23-57.

20. N. H. Ridderbos, *Is There a Conflict between Genesis 1 and Natural Science?* (Grand Rapids: Eerdmans, 1957); Ronald Youngblood, *How It All Began* (Ventura, Calif.: Regal, 1980), pp. 25-28.

21. Para un análisis completo de las teorías que intentan relacionar los datos de la geología y el significado de la palabra *yom*, ver Walter L. Bradley and Roger Olsen, "The Trustworthiness of Scripture in Areas Relating to Natural Science," en *Hermeneutics, Inerrancy, and the Bible*, ed. Earl D. Radmacher and Robert D. Preus (Grand Rapids: Zondervan, 1984), pp. 299 – 301.

22. Bernard Ramm, *The Christian View of Science and Scripture* (Grand Rapids: Eerdmans, 1954, pp. 201-11. Al lector se le remite a este volumen para tratamientos detallados de varias de estas teorías.

23. Ibid., pp. 183-88.

24. "Akkadian Myths and Epics,Ì trad. E. A. Speiser, en *Ancient Near Eastern Texts Relating to the Old Testament*, ed. J. B. Pritchard, 2nd ed. (Princeton, N.J.: Princeton University Press, 1955), p. 94; "Ugaritic Myths, Epics and Legends," trad. H. L. Ginsberg, ibid., pp. 134, 144, 150.

25. Ridderbos, *Is There a Conflict*, p. 44.

algunos agrupamientos de temas también. Por ejemplo, mientras que el sol, la luna y las estrellas fueron creadas el primer día, no se hicieron visibles claramente (como si la tierra estuviera cubierta por una nube) hasta el cuarto día. De forma parecida, las plantas se crearon el tercer día, pero se las dieron a los humanos como alimento el sexto día. Interpretar יוֹם como un periodo de tiempo indeterminado no es un significado forzado de la palabra, aunque tampoco es su significado más común. Aunque la teoría concordista parece la conclusión más plausible en este momento, no podemos ser dogmáticos. La edad del universo es un tema que exige continuo estudio y reflexión.

### Desarrollo dentro de la creación

El otro punto principal de conflicto con la ciencia es el tema del desarrollo. ¿Hasta qué punto las formas actuales se parecen a las formas que salieron directamente de la mano de Dios y hasta qué punto se puede haber producido un desarrollo que haya modificado las formas actuales y haya producido nuevas variedades? La teoría de la evolución mantiene que desde el principio de la vida, todas las formas se han desarrollado mediante un proceso gradual. A través de una serie de mutaciones o de variaciones espontáneas, han aparecido nuevos tipos de seres vivos. Los que tenían las variaciones que les han permitido competir mejor en un ambiente de peligro y de escasez han sobrevivido. Mediante este proceso de supervivencia de los mejor preparados han aparecido seres mejores y más complejos. Por tanto, durante un gran periodo de tiempo los organismos vivos más bajos y más simples se han transformado en seres humanos únicamente gracias al funcionamiento inmanente de las leyes naturales. No hubo intervención directa de Dios. Sólo la evolución fue la responsable.

En contaste, algunos cristianos mantienen que todas las especies fueron creadas directamente por Dios. Se considera que la declaración de que Dios hizo cada planta y animal según su especie requiere esta interpretación. La suposición aquí, por supuesto, es que la palabra traducida por "especie" se tiene que entender como especies biológicas. ¿Pero necesita esto la palabra? La palabra hebrea מִין *(min)*, simplemente es un término general para tipo o variedad. Por tanto, aunque podría significar especie, la palabra no es lo suficientemente específica como para que concluyamos que necesariamente significa especie. Es simple y llanamente "clase."[26] Al mismo tiempo, la palabra מִין *(min)* parece poner algún tipo de límite en cuanto a la cantidad de desarrollo que puede aceptarse.

Algunos teólogos cristianos, incluso algunos bastante conservadores, han adoptado una teoría denominada "evolución teísta." Según este punto de vista,

26. Brown, Driver, Briggs, *Lexicon*, p. 568. מין *(min)* deriva de la palabra que significa partir la tierra (al arar), y por eso se convirtió en un término que significaba división.

Dios creó de una manera directa al principio del proceso, y desde entonces ha obrado desde dentro de la evolución. Puede haber habido en algún momento concreto un acto creativo directo en el que se haya modificado a alguna criatura viva dándole un alma o una naturaleza espiritual; de este modo apareció el primer ser humano. Sin embargo, quitando esta excepción el punto de vista de la evolución teísta considera la posterior obra creativa de Dios como algo que sucede por medios inmanentes.[27] Aunque esta teoría trata bastante bien los datos científicos, tiene algunas dificultades con los relatos bíblicos sobre la creación. Y cualquier teoría que pretenda ser aceptada, dada la manera que tenemos de entender la Biblia y la revelación general que se adopta al principio de este libro, debe estar de acuerdo tanto con los datos bíblicos como con los científicos.

Más adecuada es la posición denominada "creacionismo progresivo." Según este punto de vista, Dios creó en una serie de actos durante un largo periodo de tiempo. Creó al primer miembro de cada "clase." Esta agrupación pudo ser tan amplia como el orden y tan estrecha como el género. En algunos casos puede haberse extendido hasta la creación de especies individuales. De este primer miembro del grupo, se han desarrollado los otros mediante la evolución. Así, por ejemplo, Dios creó el primer miembro de la familia de los felinos. De ahí surgieron los leones, tigres, leopardos y hasta el gato doméstico. Después Dios creó otra clase. Puede que haya habido superposiciones entre los periodos de desarrollo, de manera que surgieron nuevas especies después de que Dios creara al primer miembro de la siguiente clase. Tenemos que darnos cuenta de que entre distintas clases hay vacíos en el desarrollo evolutivo.[28]

Esta teoría encaja bien con los datos bíblicos. Pero ¿qué ocurre con los científicos? Debemos señalar aquí que los restos fósiles indican que hay eslabones perdidos en ciertos puntos, o una ausencia de lo que los científicos denominan formas de transición. Lo que los científicos suponen es que esas formas se han perdido. Pero otra posibilidad razonable es que no existieran nunca, que esos sean los vacíos entre las distintas "especies" bíblicas. Por lo tanto, ha habido una microevolución (o desarrollo "dentro de la clase"), pero no una macroevolución (o desarrollo "entre clases").

## Lo especial de la obra creativa de Dios

¿Qué tiene de especial la obra creativa de Dios? ¿Los humanos pueden realizar esa misma actividad o algo parecido? En particular, ¿qué sucede si los humanos son capaces de crear vida procedente de un material no vivo? ¿Reduciría esto lo que tiene de especial la obra de Dios, y por lo tanto su deidad? Algunos cientí-

27. Augustus H. Strong, *Systematic Theology* (Westwood, N.J.: Revell, 1907), pp. 466-74.
28. Russell L. Mixter, *Creation and Evolution*, 5th ed. (Goshen, Ind.: American Scientific Affiliation, 1962), pp. 22-23.

ficos, trabajando con una definición de vida, aseguran que la humanidad ya ha sido capaz de producirla, mientras que otros, que trabajan con una definición distinta, mantienen que sólo es cuestión de tiempo que lo consigan. Pero ¿qué pasa entonces? ¿Demostraría esto que no era necesario Dios para que comenzase la vida? ¿Nos daría esto una explicación alternativa del origen de la vida?

En este punto es necesario que definamos cuidadosamente cuál será la naturaleza precisa de la primera creación humana de la vida procedente de material no vivo. Primero, no será algo accidental como la colisión de átomos para formar una nueva molécula, y después la combinación de moléculas durante un periodo de tiempo para producir el primer ser vivo. No seguirá la fórmula de átomos más movimiento más suerte. Al contrario, la primera producción de vida que realicen los humanos tendrá que ser el resultado de una intensa planificación y esfuerzo llevado a cabo por seres muy inteligentes en un laboratorio muy bien equipado y bajo condiciones muy controladas. En resumen, se parecerá más a la creación de un Dios sabio y poderoso que a la suerte que proviene de movimientos al azar de la materia.

Es más, los científicos que lo hagan habrán empezado con materia. Esta materia no habrá sido creada por ellos de la nada, sino que la habrán encontrado y utilizado. La materia prima que utilizarán habrá sido producida por Dios. Por tanto, incluso en el acto de la "creación" ellos dependerán de una fuerza superior. La producción de vida a partir de materia no viva que puedan hacer los humanos no minimizará la grandeza del poder y el conocimiento de Dios; sencillamente la subrayará y lo enfatizará.

## Implicaciones de la doctrina de la creación

Entonces ¿cuáles son las implicaciones de creer en la creación? La doctrina tiene una influencia significativa en nuestro modo de ver y tratar la vida y el mundo.

1. Todo lo que existe tiene valor, porque aunque no es Dios, ha sido hecho por él. Lo hizo porque le complació hacerlo, y lo consideraba bueno. Cada parte tiene su lugar, que es exactamente lo que Dios pretendía. Dios ama toda su creación, no solo ciertas partes de ella. Por lo tanto nosotros deberíamos preocuparnos por toda ella, para preservar, guardar y desarrollar lo que Dios ha hecho. Somos parte de la creación, pero sólo una parte. Aunque Dios pretendiese que utilizáramos la creación para satisfacer nuestras necesidades, también tenemos que tener dominio sobre ella y gobernarla para bien. Por lo tanto tenemos que preocuparnos mucho de la ecología. De hecho, los cristianos deberían estar al frente de la preocupación por la conservación y el bienestar de la creación, porque fue Dios quien la hizo.

Por diferentes de nosotros que puedan ser algunas criaturas, forman parte del plan de Dios. Nada es intrínsecamente malo. Aunque puede que el pecado haya perturbado el universo creado por Dios, el mundo era bueno cuando salió de sus manos. Por lo tanto, no hay una virtud particular en huir de la creación física o evitar lo corporal a favor de actividades más intelectuales o espirituales. El hecho de que seamos criaturas intelectuales y espirituales no niega el hecho de que también somos seres físicos.

2. La actividad creativa de Dios incluye no sólo la actividad creadora inicial, sino también sus obras indirectas posteriores. La creación no excluye el desarrollo en el mundo; lo incluye. Así el plan de Dios implica y utiliza lo mejor de las habilidades y el conocimiento humanos para el refinamiento genético de la creación. Estos esfuerzos son nuestra asociación con Dios en la obra continuada de la creación. Sin embargo, por supuesto, debemos tener en mente que los materiales y la verdad que empleamos en estos esfuerzos provienen de Dios.

3. Hay justificación para estudiar científicamente la creación. La ciencia asume que dentro de la creación hay un cierto orden o patrón que se puede descubrir. Si el universo fuera aleatorio y, en consecuencia, todos los datos recogidos por los científicos fueran únicamente una colección desordenada, no sería posible entender la naturaleza. Pero al afirmar que todo ha sido hecho de acuerdo con un patrón lógico, la doctrina de la creación corrobora la suposición de la ciencia. Es significativo que la ciencia se desarrollara antes y más rápidamente en la cultura europea, donde se creía en un solo Dios que creó siguiendo un plan racional, que en otras culturas donde se creía en varios dioses que realizaban actividades conflictivas.[29] Sabiendo que existe un patrón inteligente en el universo, los cristianos se sienten motivados a buscarlo.

4. Nadie que no sea Dios es autosuficiente y eterno. Todo lo demás, cada objeto y cada ser, recibe su existencia de él. Existe para hacer su voluntad. Sólo Dios merece nuestra adoración. Todo lo demás existe por su bien, y no él por el nuestro. Aunque respetamos mucho la creación, porque ha sido hecha por él, tenemos que mantener una distinción clara entre Dios y ella.

29. Alfred North Whitehead, *Science and the Modern World* (New York: Macmillan, 1925), p. 12.

# 19. La obra continua de Dios: la providencia

## Objetivos del capítulo

Después de estudiar este capítulo, debería ser capaz de:

- Reconocer que una parte de la providencia de Dios es mantener su creación mediante la conservación.
- Entender que otra parte de la providencia es la actividad gobernadora de Dios.
- Identificar y describir siete características de la actividad gobernadora de Dios.
- Reconocer que la oración es una respuesta humana adecuada a la providencia.
- Entender que los milagros, o las obras que son especialmente sobrenaturales, son una parte importante de la providencia.

## Resumen del capítulo

La providencia de Dios significa la acción continua de Dios para conservar su creación y guiarla hasta conseguir los propósitos pretendidos. Conservar significa que Dios mantiene la creación a la que ha dado la existencia. Gobernar significa que Dios está implicado activamente en la consecución de sus propósitos en la creación y que el pecado no puede frustrar estos propósitos. Hay al menos siete características de la actividad gobernadora de Dios. Aunque la oración no cambia a Dios, pone al cristiano de acuerdo con los propósitos de Dios, permitiendo así que Dios consiga esos propósitos. Dios escoge de vez en cuando contrarrestar la ley natural para cumplir sus propósitos; esto sucede en los milagros. Para un creyente, Dios siempre está presente y activo cuidando de él o de ella.

## Cuestiones de estudio

1. ¿Por qué es importante la providencia para una teología de Dios?
2. ¿Qué dos aspectos de la providencia son importantes para el entendimiento cristiano, y cómo se presentan en las Escrituras?
3. ¿Cuál es la extensión de la actividad gobernadora de Dios?
4. ¿De qué maneras se relaciona Dios con el pecado?
5. ¿Cuáles son las principales características de la actividad gobernadora de Dios y qué significan?
6. ¿Por qué preocupa el papel de la oración?
7. ¿Cómo se relacionan los milagros con la providencia de Dios?

Providencia como conservación
Providencia como gobierno
  La extensión de la actividad gobernadora de Dios
  Relación entre la actividad gobernadora de Dios y el pecado
  Las características principales de la actividad gobernadora de Dios
Providencia y oración
Providencia y milagros

Mientras que la creación es la obra originaria de Dios con respecto al universo, la providencia es su continua relación con él. Por providencia entendemos la continua acción de Dios para conservar la creación a la que él ha dado la existencia, y guiarla hasta conseguir los propósitos pretendidos. En términos de la dinámica diaria de nuestras vidas, por tanto, la providencia tiene en muchos casos mayor pertinencia que la doctrina de la creación. La palabra procede del latín *providere*, que significa literalmente prever. Pero es más que simplemente saber el futuro. La palabra también tiene la connotación de actuar con prudencia o preparar para el futuro.

La providencia es en cierta manera clave para la conducta de la vida cristiana. Significa que podemos vivir con la seguridad de que Dios está presente y activo en nuestras vidas. Estamos a su cuidado y por lo tanto podemos afrontar el futuro con confianza, sabiendo que las cosas no suceden por casualidad. Podemos orar, sabiendo que Dios escucha y actúa según nuestras oraciones. Podemos afrontar el peligro, sabiendo que él no está ignorante ni despreocupado.

La doctrina de la providencia a menudo aparece en discusiones de la revelación general y en los argumentos de la teología natural, ya que se preocupa por los aspectos de la obra de Dios que en gran medida son accesibles para todos. Al menos es posible ver la mano de Dios en las obras de la historia y la naturaleza. Aquí, entonces, habrá cierta superposición entre la teología y las áreas de la historia y la ciencia. En la medida en que la historia no sea meramente una crónica de eventos que ocurren, sino también un intento de interpretarlos o encontrar cierto tipo de patrón en ellos, el trabajo de los historiadores puede apoyar la doctrina de la providencia. Pero si los historiadores no ven un patrón, su trabajo contradecirá la doctrina. Es más, la providencia tal como se describe en la Biblia se extiende hasta los eventos inusuales llamados milagros, que parecen de alguna manera desafiar la imagen de regularidad del universo que tiene la ciencia. Por tanto existe la posibilidad de conflicto entre la ciencia y la doctrina cristiana de la providencia.

Se puede pensar que la providencia tiene dos aspectos. Un aspecto es la obra de Dios para conservar la existencia de su creación, manteniéndola y sosteniéndola; a esto se le suele denominar conservación o sustento. La otra es la actividad de Dios guiando y dirigiendo el curso de los acontecimientos para cumplir con sus propósitos. A esto se le denomina gobierno o providencia propiamente dicha. No se debería pensar en la conservación y el gobierno como actos de Dios claramente separados, sino como aspectos distinguibles de su obra unitaria.

## Providencia como conservación

La conservación es el mantenimiento que Dios hace de su creación para que siga existiendo. Implica la protección de Dios contra el daño y la destrucción, y su provisión para las necesidades de los elementos o miembros de la creación.

Hay numerosos pasajes bíblicos que hablan de que Dios mantiene la creación en su conjunto. En Nehemías 9:6, Esdras dice: "Tú solo eres Jehová. Tú hiciste los cielos, y los cielos de los cielos, con todo su ejército, la tierra y todo lo que está en ella, los mares y todo lo que hay en ellos. Tu vivificas todas estas cosas, y los ejércitos de los cielos te adoran." Después de una frase sobre el papel de Cristo en la creación, Pablo también le vincula con la continuación de la creación: "Y él antes que todas las cosas, y todas las cosas en el subsisten" (Col. 1:17). El escritor dice a los hebreos sobre el Hijo que es "quien sustenta todas las cosas con la palabra de su poder" (1:3).

La aportación de estos pasajes es negar que ninguna parte de la creación es autosuficiente. Algunas personas tienden a pensar que la obra de Dios termina con la creación. Para ellos, después de la creación todas las cosas han continuado existiendo simplemente porque tienen un poder innato para ello. Sin embargo, esto queda rechazado expresamente por las Escrituras. Tanto el origen como la continuación de todas las cosas son un asunto de la voluntad y actividad divinas.

La presencia de Dios es particularmente evidente en la conservación de Israel como nación.[1] Por ejemplo, la mano de Dios estaba presente al satisfacer las

1. Se debería señalar que nuestro concepto de conservación difiere un tanto del de Augustus H. Strong. Para él (*Systematic Theology* [Westwood, N.J.: Revell, 1907], pp. 410ss), conservar es mantener en existencia todo lo que es. Sin embargo, uno tiene la impresión de que Strong

necesidades de su pueblo en los tiempos de hambruna. Dios había llevado a José a Egipto para que hiciera provisión de alimento para alimentar a la gente en los tiempos de carestía. La protección del pueblo en tiempos de Moisés también es algo digno de señalarse. Ordenando la muerte de los niños varones israelitas los egipcios intentaban evitar que Israel se multiplicara y se hiciera fuerte (Éx.1). Sin embargo, las comadronas salvaron a esos niños, y en circunstancias muy notables se conservó la vida de Moisés. Las plagas diseñadas para liberar a los israelitas de sus opresores culminaron con la muerte de todos los hijos primogénitos de las casas de Egipto. Sin embargo, los primogénitos de Israel se salvaron. Cuando huyeron y fueron perseguidos por los egipcios, los hijos de Israel pudieron pasar el Mar Rojo por tierra seca, mientras que los egipcios fueron engullidos por las aguas y se ahogaron. Cuando estaban vagando por el desierto, la nación escogida de Dios recibió provisiones milagrosas, de maná principalmente, pero también de codornices y de agua. Se les dio victorias en batallas, a menudo contra todo pronóstico, cuando trataban de conquistar la tierra prometida de los que la ocupaban.

En el libro de Daniel, la obra de conservación de Dios es de nuevo muy llamativa. Sadrac, Mesac y Abed-nego fueron condenados a morir en un horno de fuego ardiente por negarse a adorar la estatua de oro que había sido levantada. Sin embargo, salieron indemnes del horno mientras que los que les echaron dentro fueron destruidos por el calor. Daniel, por orar a su Dios, fue lanzado a un foso con leones, sin embargo salió sin daño alguno. Desde luego, que Dios protege a su pueblo nunca quedó más claro.

Jesús también ha ofrecido una enseñanza clara en lo que se refiere a la obra de conservación del Padre. A los discípulos les preocupaban las necesidades de la vida: lo que deberían comer y vestir. Jesús les confirmó que el Padre alimenta a las aves del cielo y viste las flores del campo. Y que haría lo mismo por ellos. Después de enseñarles que Dios provee para los miembros menores de su creación, Jesús cambia su argumentación a los humanos: ellos son más valiosos que las aves (Mt. 6:26) y las flores (v. 30). Por lo tanto los humanos no deben angustiarse por la comida o el vestir, porque si buscan el reino de Dios y su justicia, todas esas cosas les vendrán por añadidura (vv. 31-33). Esto es una referencia a la provisión de Dios. En Mateo 10, Jesús se centra en el cuidado de Dios. Una vez más la lógica del argumento es que lo que Dios hace por las criaturas más pequeñas también lo hará y en mayor medida a favor de sus hijos humanos. No tienen por

---

sólo tiene en mente el universo físico o la materia física, no a los seres humanos. Es más, parece estar pensando sólo en el fin de la conservación y no en los medios, que él considera materia de gobierno. Para nosotros, no obstante, la conservación incluye proporcionar medios para que los humanos sigan existiendo. Por tanto, la conservación no es algo totalmente distinto al gobierno. Son aspectos, que a menudo se superponen, de una obra de Dios unificada. Ver G. C. Berkouwer, *The Providence of God* (Grand Rapids: Eerdmans, 1952), pp. 74ss.

qué temer a los que pueden destruir el cuerpo, pero no pueden destruir el alma (v.28). Aunque dos pajarillos se puedan vender por un cuarto, ninguno puede caer en la tierra sin el permiso del Padre (v. 29). Incluso los cabellos de nuestra cabeza están contados; así de grande es el conocimiento que el Padre tiene de lo que hay en la creación (v. 30). Así llega a la familiar conclusión: "Así que no temáis; más valéis vosotros que muchos pajarillos" (v. 31).

Otro importante énfasis, tanto en las enseñanzas de Jesús como en las de Pablo, es que no se separa a los hijos de Dios de su amor y cuidado. En Juan 10, Jesús diferencia entre sus ovejas y los no creyentes que acaban de pedirle que les diga claramente si es o no el Mesías. Sus ovejas le reconocen y responden a su voz. Nunca perecerán. Nadie las arrebatará de su mano; nadie las puede arrebatar de la mano del Padre (vv. 27-30). Pablo señala algo parecido cuando pregunta: "¿Quién nos separará del amor de Cristo?" (Ro. 8:35). Después de repasar las diferentes posibilidades, todas las cuales rechaza, resume diciendo: "Por lo cual estoy seguro de que ni la muerte ni la vida, ni ángeles ni principados ni potestades, ni lo presente ni lo por venir, ni lo alto ni lo profundo, ni ninguna otra cosa creada nos podrá separar del amor de Dios, que es en Cristo Jesús, Señor nuestro" (vv. 38-39). Jesús y Pablo enfatizan que no hay que temer al daño físico ni espiritual, porque Dios nos evita sus efectos. La provisión, protección y liberación de Dios incluso nos permite soportar la tentación (1 Co. 10:13).

Una dimensión destacada de Dios conservando y suministrándonos lo que necesitamos es no evitar que el creyente se enfrente al peligro o al sufrimiento, sino preservarle en medio de él. No hay promesa de que no vaya a haber persecución y sufrimiento. La promesa es que no prevalecerá sobre nosotros. Jesús habló de una gran tribulación que sobrevendría a los escogidos, pero que no prevalecería sobre ellos (Mt. 24:15-31). Pedro habló de varios sufrimientos que tendrían que padecer los creyentes (1 P. 1:6). Previno a sus lectores para que no creyeran que esas cosas serían extrañas. No tenemos que sorprendernos de las pruebas que nos sobrevengan (1 P. 4:12), sino gozarnos de ellas, porque estamos participando de los padecimientos de Cristo (4:13) y probando lo auténtico de nuestra fe (1:7). Pablo escribió que Dios nos proporcionaría todo lo que nos falte conforme a sus riquezas en gloria en Cristo Jesús (Fil. 4:19). Al escribir esto mientras estaba en prisión, Pablo demuestra que había aprendido a contentarse cualquiera que fuera su situación (v. 11). Había aprendido el secreto de enfrentarse a vivir en la abundancia y estar saciado o a tener hambre o sufrir la escasez (v. 12). Todo lo puede porque Cristo le fortalece (v. 13). Jesús mismo, por supuesto, pidió que se le apartase la copa que estaba a punto de beber, orando que si era posible, pasara de él, pero que no fuera como él quería sino como quería el Padre. A Jesús no se le evitó la muerte en la cruz, pero fue capaz de superarla.

Los autores bíblicos ven la mano conservadora de Dios por todas partes. En particular, los himnos de alabanza de los salmistas resaltan la obra conservadora de Dios en toda la naturaleza. Un ejemplo llamativo es el Salmo 104. Dios fundó la tierra sobre sus cimientos, para que nunca sea removida (v. 5). Él vierte los manantiales en los arroyos que van entre los montes (v. 10) y riega los montes (v. 13). Él pone las tinieblas para que en ellas busquen su sustento las bestias de la selva (vv. 20-21). Todas las criaturas reciben el alimento de él (vv. 24-30). De forma parecida, Job ve que Dios controla toda la creación: envía la lluvia (5:10) y la nieve (37:10). Dios obra a través de los procesos de la naturaleza para satisfacer las necesidades de sus criaturas.

La enseñanza bíblica sobre la obra divina de la conservación excluye dos ideas contrarias. Por una parte está la idea deísta de que Dios se limitó a hacer el mundo, estableció los patrones de acción para que cualquier cosa que necesiten los miembros de la creación les sea proporcionado automáticamente, y después permitió que el mundo continuase a su manera.[2] Según este modelo, la creación se mantendrá a menos que Dios haga algo para terminar con ella. Sin embargo, en el modelo bíblico, la creación dejaría de existir si no fuera por la voluntad continuada de Dios de que persista. La creación no tiene un poder de existencia residente o inherente. Dios está preocupado e implicado directa y personalmente en la continuación de su creación.

La doctrina de la conservación también se debe ver en contraposición a la idea contraria: la creación continua. Aquí no tenemos en mente el tipo de expresión utilizado a veces por los escritores reformados, que tratan de resaltar que la divina providencia no es un trabajo menos significativo que la creación.[3] Más bien nos referimos a algo bastante diferente. Karl Heim defiende la idea de que Dios realmente crea el mundo de nuevo en cada instante de tiempo. Por lo tanto, está continuamente dejando de ser, y Dios continuamente le está devolviendo la existencia.[4] La creación continua es parecida al ciclo de corriente alterna que se repite constantemente: la corriente sube hasta lo máximo de su voltaje, después cae hasta cero, y de nuevo sube hasta el máximo en la polaridad contraria. Lo que parece una aplicación de corriente continua es en realidad una serie repetida de cambios en la fluidez del voltaje. El proceso se repite entre cincuenta y sesenta veces por segundo. Si la frecuencia es menor a esta, nuestra vista puede detectar a veces un parpadeo en una bombilla. Así que, según este punto de vista la creación constantemente está dejando de ser, para ser creada por Dios una y otra vez.

En las descripciones bíblicas de la obra divina de la conservación nada sugiere que haya una serie de "actos" atomistas y repetidos incesantemente de la misma naturaleza que la creación original. Aunque no hay garantía de que nada

2. G. C. Joyce, "Deism,ì en *Encyclopedia of Religion and Ethics*, ed. James Hastings (New York: Scribner, 1955), vol. 4, pp. 5-11.

3. Hermann Bavinck, *Our Reasonable Faith* (Grand Rapids: Eerdmans, 1956), p. 179.

4. Karl Heim, *Glaube und Denken* (Hamburg: Furche, 1931), p. 230.

siga existiendo, la idea de que todo tiende a volver a la nada procede de fuentes no bíblicas. No hay ninguna palabra hebrea para conservación, por lo tanto no se puede fundamentar la idea basándonos en los aspectos lingüísticos.[5] Sin embargo, debería señalarse que la idea de la creación continua tiene un defecto importante: significa que todo lo hace Dios directamente, negando que emplee medios para conseguir sus fines.

Una imagen que puede ayudarnos a entender la obra conservadora de Dios la podemos extraer del mundo de la mecánica. Podemos arrancar un taladro eléctrico enchufándolo y luego activando un mecanismo que hará que esté funcionando hasta que se realice la acción definida de desactivar el mecanismo. El taladro seguirá funcionando indefinidamente si se le deja solo, sin ninguna atención humana. Así es el punto de vista deísta de la obra conservadora de Dios. Hay otras herramientas, como la sierra eléctrica, que no tiene mecanismo de bloqueo. Estas herramientas requieren una presión continua en el interruptor, como el "interruptor del conductor muerto" de una locomotora. Si la persona encargada de apretar el mecanismo deja de hacerlo, se para: no puede continuar a menos que alguien constantemente desee que funcione y realice la acción necesaria. Estas maquinas pueden servir como metáfora de la idea bíblica de conservación.

Otra ilustración del deísmo es un automóvil con control automático de velocidad. Una vez que se establece la velocidad, esta se mantiene aunque el conductor quite el pie del acelerador. Un coche sin control automático puede ser la imagen de la idea de conservación bíblica. En cuanto el conductor quita el pie del acelerador, el coche empieza a reducir su velocidad y al final acaba parándose. De forma similar, si Dios no quisiese que continuase la existencia de su creación activamente, esta cesaría. No tiene una habilidad inherente para persistir. En contraste, la idea de la creación continua se puede ilustrar con la imagen de una máquina que continuamente se desconecta y hay que volver a conectar o a arrancar como los coches cuando hace mucho frío. Sin embargo, no hace falta que Dios haga la creación una y otra vez desde la nada, porque siempre está dejando de ser o empezando a dejar de ser.

Se debería evitar otra idea de conservación o mantenimiento. Es la idea de que Dios es un reparador celestial: la creación ha sido establecida por Dios y funciona normalmente como él desea. Sin embargo, a veces, es necesario que Dios intervenga para hacer reajustes antes de que algo se estropee, o quizá para reparar algo que vaya mal. Desde este punto de vista su tarea es esencialmente negativa. No es necesario cuando todo va bien. En estos momentos Dios simplemente observa, de forma aprobatoria. Sin embargo, la Biblia dibuja un papel más activo y continuo de Dios.[6] Aunque Dios no es tan inmanente como para crear

5. Berkouwer, *Providence of God*, p. 72.
6. Ibid., p. 74.

de forma continua y repetida, sin embargo está obrando de forma inmanente en su creación, deseando continuamente que esta se mantenga.

Los escritores bíblicos que entendieron la obra divina de la conservación tenían un sentido de confianza evidente. Por ejemplo, el Salmo 91 describe al Señor como esperanza y castillo. El creyente no tiene que temer "el terror nocturno ni a la saeta que vuele de día, ni a la pestilencia que ande en la oscuridad, ni a mortandad que en medio del día destruya" (vv. 5-6). Incluso en medio de una batalla puede haber confianza, porque los ángeles del Señor vigilan y guardan al creyente (v. 11). El salmista había aprendido la lección que Jesús iba a enseñar a sus discípulos: no temer al que puede destruir el cuerpo, pero no puede tocar el alma (Mt. 10:28). Esto no significa creer que la muerte no puede tocar al creyente, ya que la muerte llega para todos (He. 9:27). Más bien, es la confianza en que la muerte física no es el factor más significativo porque ni siquiera eso nos puede separar del amor de Dios. La resurrección de Cristo es la prueba de que Dios ha conquistado incluso a la muerte. En consecuencia, Pablo pudo decir: "De aquí en adelante nadie me cause molestias, porque yo llevo en mi cuerpo las marcas del Señor Jesús" (Gá. 6:17). Lo peor que nos puede suceder es que nos maten, pero incluso esto no da temor a los creyentes que saben que a ellos no les puede sobrevenir ningún daño contrario a la voluntad de Dios. Aunque la doctrina de la obra conservadora de Dios no justifica la locura o la imprudencia, nos guarda del terror y la ansiedad.

La obra conservadora de Dios también significa que podemos confiar en la regularidad del mundo creado, y podemos planear y llevar a cabo nuestras vidas de acuerdo con ello. Nosotros damos esto por seguro, no obstante es esencial para cualquier tipo de funcionamiento racional en el mundo. Podemos sentarnos en una silla porque sabemos que esta no se va a evaporar o desaparecer. A menos que alguien nos gaste una broma cuando estamos de espaldas, seguirá allí. Sin embargo, desde un punto de vista puramente empírico, no hay base real para que esperemos eso. En el pasado nos hemos dado cuenta de que nuestras expectativas para el futuro se hicieron realidad cuando el futuro se hizo presente. Por tanto, asumimos que nuestras expectativas actuales para el futuro, como se parecen a expectativas previas que hemos tenido sobre el futuro, se cumplirán. Pero este argumento asume exactamente lo mismo que trata de establecer, esto es, que los futuros futuros se parecerán a los futuros pasados. Esto es lo mismo que asumir que el futuro se parecerá al pasado. Realmente no existe base empírica para conocer el futuro hasta que realmente no hayamos tenido ocasión de experimentar ese futuro. Aunque puede haber una tendencia psicológica a pensar que ocurrirá cierta cosa, no existe base lógica para ello, a menos que exista una creencia en que la realidad es de tal naturaleza que seguirá existiendo. La suposición de que la materia persiste, o de que las leyes de la naturaleza seguirán funcionando, nos lleva al campo de la metafísica. La creencia cristiana sobre este punto no es creer en una realidad material o impersonal, sino en un ser inteligente, bueno y decidido que continúa deseando que exista su creación, así que lo normal es que no sucedan hechos inesperados.

## Providencia como gobierno

### *La extensión de la actividad gobernadora de Dios*

Por gobierno de Dios entendemos su actividad en el universo para que todos sus eventos cumplan el plan que Dios tiene para él. Como tal, la actividad gobernadora de Dios, por supuesto en términos generales, incluye el asunto al que nosotros nos referimos como conservación. Sin embargo, aquí el énfasis se pone en el propósito de dirigir el conjunto de la realidad y el curso de la historia para los fines de Dios. Es la ejecución real, dentro del tiempo, de sus planes concebidos en la eternidad.

La actividad gobernadora de Dios se extiende a una gran variedad de áreas. Se describe a Dios como controlador de la naturaleza, de manera que sus elementos están personificados y obedecen a su voz. En los Salmos la alabanza a Dios a menudo toma la forma de ensalzar su poder sobre la naturaleza: "Yo sé ciertamente que Jehová es grande, y el Señor nuestro, mayor que todos los dioses. Todo lo que Jehová quiere, lo hace, en los cielos y en la tierra, en los mares y en todos los abismos. Hace subir las nubes de los extremos de la tierra; hace los relámpagos para la lluvia; saca de sus depósitos a los vientos" (Sal. 135:5-7). Jesús mantenía la misma fe: "Vuestro Padre que está en los cielos,... hace salir su sol sobre malos y buenos y llover sobre justos e injustos" (Mt. 5:45).

Una evidencia particularmente destacada del poder de Dios sobre la naturaleza se puede ver en el caso de Elías, que le dijo a Acab que no llovería hasta que la boca de Dios lo dijera, y no llovió durante tres años y medio, y que oró en el monte Carmelo para que Dios enviara rayos del cielo, y se hizo. Ya hemos señalado que Dios obró milagros en la naturaleza en conexión con el éxodo del pueblo de Israel. Además, el poder de Jesús sobre la naturaleza fue en parte la causa de que los discípulos le reconocieran como Dios. Durante una fuerte tormenta, sólo dijo: "¡Calla, enmudece!" y la tormenta se calmó (Mr. 4:39). Los discípulos se preguntaban a sí mismos: "¿Quién es este, que aun a los vientos y a las aguas manda, y lo obedecen?" (Lc. 8:25). Cuando estuvieron pescando toda la noche y no consiguieron nada, Jesús les ordenó llevar las barcas a alta mar y tirar las redes. Ellos obedecieron y se asombraron porque la pesca fue tan abundante que sus redes empezaron a romperse. (Para expresiones similares del gobierno del Señor sobre las fuerzas de la naturaleza, ver Job 9:5-9; 37; Sal. 104:14; 147:8-15; Mt. 6:25-30).

Las Escrituras nos dicen que Dios guía y dirige la creación animal. En Salmos 104:21-29, las bestias, desde los leoncillos a los innumerables seres del mar, se describen como portadoras de su voluntad y dependientes de él para alimentarse. En 1 Reyes 17:4, Dios le dice a Elías que él le alimentará durante la sequía: "Beberás del arroyo; yo he mandado a los cuervos que te den allí de comer." En el versículo 6 se dice que los cuervos le traían pan y carne por la mañana y por la tarde. Incapaces de escoger de forma consciente, los animales obedecen instintivamente el mandato de Dios.

Además, el gobierno de Dios afecta a la historia humana y al destino de las naciones. Una expresión particularmente vívida de esto se encuentra en Daniel 2:21: "Él muda los tiempos y las edades, quita reyes y pone reyes." Y hay una ilustración importantísima en Daniel 4:24-25. El Señor utiliza Asiria para cumplir sus propósitos con Israel, y después a su vez trae la destrucción a Asiria también (Is. 10:5-12). Esto simplemente es parte de su obra entre las naciones: "Lo he hecho con el poder de mi mano y con mi sabiduría, porque he sido inteligente. Quité los territorios de los pueblos, saqueé sus tesoros y derribé como un valiente a los que estaban sentados" (v.13). Pablo, cuando habló ante el Areópago dijo: "De una sangre ha hecho todo el linaje de los hombres para que habiten sobre toda la faz de la tierra; y les ha prefijado el orden de los tiempos y los límites de su habitación" (Hch. 17:26). Para expresiones similares de que Dios dirige la historia humana, ver Job 12:23; Salmos 47:7-8; 66:7.

El Señor también es soberano en las circunstancias de las vidas de las personas. Ana, inspirada por la respuesta milagrosa a su plegaria para tener un hijo (Samuel), expresó su alabanza: "Jehová da la muerte y la vida; hace descender al Seol y retornar. Jehová empobrece y enriquece, abate y enaltece" (1 S. 2:6-7). De forma similar María glorifica a Dios: "Quitó de los tronos a los poderosos y exaltó a los humildes" (Lc. 1:52). Pablo afirma que Dios incluso antes de nacer ya le eligió para que realizara su tarea (Gá. 1:15-16). Pablo urge a sus lectores a que sean humildes ya que todo lo que tienen y son lo han recibido de Dios. No tienen que "pensar más de lo que está escrito, no sea que por causa de uno os envanezcáis unos contra otros, porque ¿quién te hace superior? ¿Y qué tienes que no hayas recibido? Y si lo recibiste, ¿por qué te glorías como si no lo hubieras recibido?" (1 Co. 4:6-7). Los cristianos tienen dones diferentes. Esto es así porque Dios, en la persona del Espíritu Santo, ha escogido soberanamente dar unos dones particulares a unas personas particulares (Ro. 12:3-6; 1 Co. 12:4-11).

David halló consuelo en el hecho de que Dios fuera soberano en su vida: "Mas yo en ti, Jehová, confío; digo: '¡Tú eres mi Dios. En tu mano están mis tiempos!' Líbrame de manos de mis enemigos y de mis perseguidores" (Sal. 31:14-15). Él continuó confiando en el Señor en medio de las adversidades y de los enemigos, creyendo que el Señor al final le exculparía. Las explicaciones humanas de las fortunas y desgracias de la vida son superficiales y erróneas: "porque ni de oriente ni de occidente ni del desierto viene el enaltecimiento, pues Dios es el juez; a este humilla, y a aquel enaltece... Pero yo siempre anunciaré y cantaré alabanzas al Dios de Jacob. Quebrantaré todo el poderío de los pecadores, pero el poder del justo será exaltado" (Sal. 75:6-7, 9-10).

La soberanía de Dios incluye lo que se consideran sucesos accidentales de la vida. Proverbios 16:33 dice: "Las suertes se echan en el regazo, pero la decisión es de Jehová." Esto queda reflejado tanto en el Antiguo como en el Nuevo Testamento. Cuando el barco en el que Jonás viajaba hacia Tarsis se vio envuelto en la gran tormenta, los marineros echaron a suertes para ver quién era el culpable de que les hubiera sobrevenido ese mal; el Señor utilizó ese sistema para escoger a Jonás (Jon. 1:7). Cuando los primeros creyentes buscaban a alguien para reemplazar a Judas en el círculo de los apóstoles, propusieron a dos, y después oraron para que Dios les mostrase cuál de los dos, Barsabás o Matías, era el elegido. Lo echaron a suertes y ésta recayó en Matías, y él fue el que se unió a los otros once apóstoles (Hch. 1:23-26). Incluso el homicidio involuntario se considera dirigido por Dios. Fijémonos en la manera en la que se describe la ordenanza del homicidio involuntario en Éxodo: "pero el [homicida] que no pretendía herirlo, sino que Dios lo puso en sus manos," puede huir a una ciudad a refugiarse (Éx. 21:13). Esta es una clara indicación de que Dios controla todas las circunstancias de la vida, de que nada es pura casualidad. Aunque el nombre de Dios no se menciona en el libro de Ester, merece la pena señalar que al proponer que Ester vaya a ver al rey en nombre de su pueblo, Mardoqueo pregunta: "¿Y quién sabe si para esta hora has llegado al reino?" (4:14).

Hay que pensar en la actividad gobernadora de Dios de la forma más amplia posible. El salmista dice: "Jehová estableció en los cielos su trono y su reino domina sobre todos." El salmista después continúa invocando a todos los ángeles, a los ejércitos del Señor, a los ministros que obedecen sus preceptos, todas sus obras y todos los lugares de su señorío, para que le bendigan (Sal. 103:19-22). Cuando Nabucodonosor recobra el juicio, bendice al Señor: "Su dominio es sempiterno; su reino, por todas las edades. Considerados como nada son los habitantes todos de la tierra; él hace según su voluntad en el ejército del cielo y en los habitantes de la tierra; no hay quien detenga su mano y le diga: '¿Qué haces?'" (Dn. 4:34-35). Pablo dice que Dios "hace todas las cosas según el designio de su voluntad" (Ef. 1:11). La misma idea del reino de Dios, que juega un papel tan importante tanto en el Antiguo Testamento como en las enseñanzas de Jesús, sugiere el poder dirigente universal de Dios. Su dirección es universal tanto en el tiempo (es eterno) como en la extensión (todos y todo está totalmente sujeto a ella).

Pero la soberanía de Dios no es sólo un asunto de las circunstancias de la vida o del comportamiento de la creación infrahumana. Las acciones libres de los humanos son también parte de la obra de gobierno de Dios. Cuando el pueblo de Israel iba a dejar Egipto, el Señor les dijo que no se irían con las manos vacías, porque les haría que hallaran gracia a los ojos de los egipcios (Éx. 3:21). Esto se cumplió cuando llegó el momento de la partida: "E hicieron los hijos de Israel conforme a la orden de Moisés, y pidieron a los egipcios alhajas de plata y de oro, y vestidos. Jehová hizo que el pueblo se ganara el favor de los egipcios, y estos les dieron cuanto pedían. Así despojaron a los egipcios" (Éx. 12:35-36). Aunque se podría argumentar que el Señor coaccionó a los egipcios en este tema mediante las plagas y particularmente con la muerte de los primogénitos, la Biblia deja claro que la concesión de las peticiones de los israelitas fue una decisión libre por parte de los egipcios.

Otro ejemplo lo tenemos en 1 Samuel 24. Saúl interrumpió la persecución de David para ir a una cueva a hacer sus necesidades. Sucedió que David y sus hombres estaban escondidos en aquella misma cueva. David pudo cortar el borde del manto de Saúl, pero no le hizo daño. Poco después tanto David como Saúl interpretaron la acción totalmente libre del rey de entrar en la cueva como un acto del Señor. David le dijo a Saúl: "Hoy han visto tus ojos cómo Jehová te ha puesto en mis manos en la cueva" (v. 10); y Saúl respondió: "Hoy me has mostrado tu bondad; pues Jehová me ha entregado en tus manos y no me has dado muerte" (v.18). El Salmo 33:15 dice que el Señor formó el corazón de todos los habitantes de la tierra. Los Proverbios dicen que los planes y acciones humanas suceden para el cumplimiento de los planes de Dios: "Del hombre es hacer planes en el corazón; de Jehová es poner la respuesta en la lengua" (16:1); "Muchos pensamientos hay en el corazón del hombre, pero el consejo de Jehová es el que permanece" (19:21). Cuando Esdras estaba renovando el templo, el rey Artajerjes de Persia obtuvo los recursos de las arcas de su nación. Esdras comenta: "Bendito Jehová, Dios de nuestros padres, que puso tal cosa en el corazón del rey, para honrar la casa de Jehová que está en Jerusalén" (Esd. 7:27).

Incluso las acciones pecadoras de los humanos son parte de la obra providencial de Dios. Probablemente el ejemplo más notable de esto es la crucifixión de Jesús, que Pedro atribuyó tanto a Dios como a los hombres pecadores: "a este, entregado por el determinado consejo y anticipado conocimiento de Dios, prendisteis y matasteis por manos de inicuos, crucificándolo" (Hch. 2:23). Se podría argumentar que sólo la entrega de Jesús (esto es, la traición de Judas), más que la crucifixión, está representada aquí como parte del plan de Dios. No obstante, la idea es la misma: lo que hicieron los hombres pecadores se considera parte de la obra providencial de Dios.

En 2 Samuel 24:1, se dice que el Señor incitó a David a censar al pueblo; en otra parte se dice que Satanás incitó a David a cometer pecado (1 Cr. 21:1). Otra referencia que se cita a veces como evidencia de que el pecado humano es parte de la actividad providencial de Dios es 2 Samuel 16:10. David observa que Simei lo maldice por orden del Señor. Esto se pone en forma de declaración hipotética ("Si él así maldice, es porque Jehová le ha dicho que maldiga a David"), pero en el versículo 11 David dice categóricamente: "Dejadlo que maldiga, pues Jehová se lo ha mandado." En 2 Tesalonicenses 2, Pablo declara que Satanás engaña "a los que se pierden, por cuanto no recibieron el amor de la verdad para ser salvos." Después añade: "Por esto Dios les envía un poder engañoso, para que crean en la mentira, a fin de que sean condenados todos los que no creyeron a la verdad, sino que se complacieron en la injusticia" (vv. 10-12). Aquí parece que Pablo también está atribuyendo lo que ha hecho Satanás a la obra de Dios.

### Relación entre la actividad gobernadora de Dios y el pecado

En este punto debemos tratar el difícil problema de la relación entre la obra de Dios y la comisión de actos pecadores por parte de los humanos. Es necesario distinguir entre la obra normal de Dios en relación con las acciones humanas y su obra con relación a los actos pecadores. La Biblia deja bastante claro que Dios no causa el pecado. Santiago escribe: "Cuando alguno es tentado no diga que es tentado de parte de Dios, porque Dios no puede ser tentado por el mal ni él tienta a nadie; sino que cada uno es tentado, cuando de su propia pasión es atraído y seducido" (Stgo. 1:14). Juan declara: "porque nada de lo que hay en el mundo – los deseos de la carne, los deseos de los ojos y la vanagloria de la vida – proviene del Padre, sino del mundo" (1 Jn. 2:16). Pero si las acciones pecadoras de los humanos no las causa Dios, ¿qué queremos decir cuando decimos que están dentro de su actividad de gobierno? Hay varias maneras en las que Dios puede relacionarse con el pecado: puede (1) impedirlo; (2) permitirlo; (3) dirigirlo; o (4) limitarlo.[7] Observemos que en cada caso Dios no es la causa del pecado humano, sino que actúa en relación con él.

1. Dios puede impedir que se peque. A veces previene o impide que la gente cometa ciertos actos pecaminosos. Cuando Abimelec, creyendo que Sara era la hermana de Abraham en lugar de su mujer, la tomó para él, el Señor se le apareció en sueños. Le dijo a Abimelec: "Yo también sé que con integridad de tu corazón has hecho esto. Y también yo te detuve de pecar contra mí; por eso no permití que la tocaras" (Gn. 20:6). David oró que Dios le alejase del pecado: "Preserva también a tu siervo de las soberbias, que no se enseñoreen de mí" (Sal. 19:13).

2. Dios no siempre impide el pecado. A veces simplemente escoge permitirlo. Aunque no desea que ocurra, accede a él. No impidiendo el pecado que estamos determinados a cometer, Dios se *asegura* de que lo cometeremos; pero no hace que nosotros pequemos, ni hace *necesario* que actuemos de esta manera. En Listra Pablo predica que: "En las edades pasadas él [Dios] ha dejado a todas las gentes andar por sus propios caminos" (Hch. 14:16). Y en Romanos 1 dice que Dios entregó a la gente a la inmundicia, a las pasiones vergonzosas, a la mente depravada, a la conducta impropia (vv. 24, 26, 28). De forma

7. Strong, *Systematic Theology*, pp. 423-25.

similar, Jesús dijo respecto a que Moisés permitiera el divorcio: "Por la dureza de vuestro corazón, Moisés os permitió repudiar a vuestras mujeres; pero al principio no fue así" (Mt. 19:8). En 2 Crónicas 32:31 leemos que "Dios lo dejó [a Ezequías], para probarle y conocer todo lo que estaba en su corazón." Estas fueron concesiones hechas por Dios para dejar que los individuos cometieran actos pecaminosos que no eran deseo suyo, actos que no podrían haber hecho si él lo hubiese decidido así. El Señor probablemente expresa esto con más claridad en Salmos 81:12-13: "Los dejé, por tanto, a la dureza de su corazón; caminaron en sus propios consejos. ¡Si me hubiera oído mi pueblo! ¡Si en mis caminos hubiera andado Israel!"

3. Dios también puede dirigir el pecado. Esto es, aun permitiendo que ocurran algunos pecados, Dios, no obstante, los dirige de tal manera que de ellos surge el bien. Esto es lo que Ethelbert Stauffer ha llamado la ley de la inversión.[8] Probablemente el caso más destacado en las Escrituras es la historia de José. Sus hermanos querían matarle, deshacerse de él. Este deseo desde luego no era bueno; no estaba causado por Dios ni lo aprobaba. Sin embargo, les permitió cumplir su deseo – pero con una pequeña modificación. Rubén pidió a los demás hermanos que no mataran a José, sino que simplemente lo tiraran a una cisterna en el desierto, pensando en liberarlo más tarde (Gn. 37:21-22). Pero luego apareció otro factor. Comerciantes madianitas pasaron por allí y los hermanos (sin que Rubén lo supiera) vendieron a José como esclavo. Nada de esto sucedió porque Dios lo quisiera, pero permitió que sucediera y utilizó las malas intenciones y actos de los hermanos para conseguir un buen fin. El Señor estaba con José (Gn. 39:2). A pesar de las intrigas y las mentiras de la mujer de Potifar y de la falta de fidelidad del jefe de los coperos, José triunfó y gracias a sus esfuerzos mucha gente, incluida la familia de su padre, no murió de hambre. José era lo suficientemente sabio como para reconocer la mano de Dios en todo esto. Le dijo a sus hermanos: "Así, pues, no me enviasteis acá vosotros, sino Dios, que me ha puesto por padre del faraón, por señor de toda su casa y por gobernador en toda la tierra de Egipto" (Gn. 45:8). Y después de la muerte de Jacob, les reiteró: "Vosotros pensasteis hacerme mal, pero Dios lo encaminó a bien, para hacer lo que vemos hoy, para mantener con vida a mucha gente" (Gn. 50:20). Pedro vio que Dios había utilizado de forma parecida la crucifixión de Jesús para el bien: "Sepa, pues, ciertísimamente toda la casa de Israel, que a este Jesús a quien vosotros crucificasteis, Dios lo ha hecho Señor y Cristo" (Hch. 2:36). Pablo habló del rechazo de los judíos hacia Cristo como medio para que la reconciliación llegase al mundo (Ro. 11:13-15, 25).

Dios es como un sparring o quizá, más exactamente, como un experto en judo que redirige las maldades de los seres humanos pecadores y Satanás de tal

8. Ethelbert Stauffer, *New Testament Theology* (New York: Macmillan, 1955), p. 207.

manera que se convierten en medios para hacer el bien. Debemos reconocer en esto la sorprendente naturaleza de la omnipotencia divina. Si Dios fuera grande y poderoso, pero no omnipotente, tendría que originar todo directamente o perdería el control de la situación y sería incapaz de cumplir con sus propósitos finales. Pero nuestro Dios omnipotente es capaz de permitir que los humanos malvados realicen sus peores actos, y aún así cumplir con sus propósitos.

4. Finalmente, Dios puede limitar el pecado. Hay veces en las que no impide las malas obras, pero no obstante restringe la extensión o efecto de lo que los humanos malvados y el diablo y sus demonios pueden hacer. Un ejemplo destacado es el caso de Job. Dios permitió que Satanás actuara, pero limitó lo que podía hacer: "Todo lo que tiene está en tu mano; solamente no pongas tu mano sobre él" (Job 1:12). Más tarde, el Señor dijo: "Él está en tus manos; pero guarda su vida" (2:6). David expresó la fe de Israel cuando escribió: "De no haber estado Jehová por nosotros, diga ahora Israel, de no haber estado Jehová por nosotros, cuando se levantaron contra nosotros los hombres, vivos nos habrían tragado entonces, cuando se encendió su furor contra nosotros" (Sal. 124:1-3). Y Pablo reaseguró a sus lectores que hay límites en la tentación con la que se encontrarán: "No os ha sobrevenido ninguna prueba que no sea humana; pero fiel es Dios, que no os dejará ser probados más de lo que podéis resistir, sino que dará también juntamente con la prueba la salida, para que podáis soportarla" (1 Co. 10:13). Incluso cuando Dios permite que ocurra el pecado, impone límites más allá de los cuales no se puede ir.

### *Las características principales de la actividad gobernadora de Dios*

Necesitamos resumir las características principales y las implicaciones de la doctrina del gobierno divino.

1. La actividad gobernadora de Dios es universal. Se extiende a todas las materias: a lo que es obviamente bueno e incluso lo que aparentemente no es bueno. Pablo escribe: "Sabemos, además, que a los que aman a Dios, todas las cosas los ayudan a bien, esto es, a los que conforme a su propósito son llamados" (Ro. 8:28). Esto significa que no hay límites en quien Dios utiliza. Puede incluso utilizar agentes aparentemente "impíos", como Ciro (Is. 44-45), para cumplir sus fines. El creyente sensible estará alerta a lo que Dios está tratando e intentando hacer, incluso en situaciones inesperadas, no planeadas o improbables. Un ejemplo es la entrevista de Jesús con la samaritana. No fue un encuentro planeado. No estaba en el orden del día de los esfuerzos evangelizadores. Sucedió cuando Jesús estaba "fuera de servicio" – durante un periodo de descanso en un día de viaje (Jn. 4:3, 6). Sin embargo, Jesús vio esto como una oportunidad enviada providencialmente por el Padre y a partir de ahí la utilizó. Así que habló a la mujer sobre el agua viva y la llevó hacia la fe en él. El cristiano sabio estará alerta de forma similar a las oportunidades que surjan en lo que a primer golpe

de vista parecen circunstancias accidentales. Esta vida está llena de posibilidades enviadas divinamente que nos ofrecen ilusión y entusiasmo.

2. La providencia de Dios no se extiende únicamente a su propio pueblo. Aunque hay una preocupación especial por el creyente, Dios no niega su bondad al resto de la humanidad. Jesús dijo esto de forma bastante clara en Mateo 5:45: "hace salir su sol sobre malos y buenos y llover sobre justos e injustos." Esto va al contrario de la opinión mantenida por algunos cristianos, una opinión que se expresó de forma humorística hace algunos años en una tira cómica titulada "El reverendo." Un día el reverendo, vestido con su ropa de clérigo, se iba de vacaciones. Su vecino se ofreció a regarle el césped mientras estaba fuera. "Gracias por su amabilidad," contestó el reverendo, "pero he hecho otros arreglos." En el último recuadro, la lluvia caía sobre el césped del reverendo, pero no caía en los jardines adyacentes. Así, dice Jesús, *no* es como obra Dios normalmente. El que no cree al igual que el creyente se beneficia de la bondad del Padre. Mi padre era cristiano; el hombre que vivía en la granja de al lado no era cristiano y trabajaba siete días a la semana. Pero cuando llovía, normalmente lo hacía por igual en las dos granjas.

3. Dios es bueno en su gobierno. Obra para el bien, algunas veces lo hace directamente, otras veces contrarrestando o desviando los esfuerzos de los seres humanos malos en contra del bien. Hemos visto esto en Romanos 8:28. Sin embargo, debemos tener cuidado en no identificar demasiado rápida y fácilmente lo bueno con lo que es placentero y cómodo para nosotros. En Romanos 8:28 lo bueno se asocia con el propósito de Dios, y esto a su vez se identifica con la conformación de sus hijos según la imagen de su Hijo (v. 29). Ser hechos conforme a la imagen del Hijo a veces implica sufrimientos (1 P. 1:6-9) o soportar una disciplina (He. 12:6-11).

Que Dios sea bueno en su gobierno debería producir en el creyente confianza hacia los resultados últimos de los sucesos de la vida. Cuando se pidió a Abraham que ofreciese a su hijo Isaac en sacrificio, él confió en que de alguna manera Isaac sería salvado. Abraham les dijo a los sirvientes: "Yo y el muchacho iremos hasta allá, adoraremos y volveremos a vosotros" (Gn. 22:5). La palabra hebrea traducida por "volveremos" está claramente en primera persona del plural. Cuando Isaac preguntó dónde estaba el cordero para el holocausto, Abraham respondió: "Dios proveerá el cordero para el holocausto, hijo mío" (v.8). Abraham no tenía conocimiento previo o garantía de lo que podía suceder en la montaña. Incluso puede que esperara que Isaac muriese y resucitase (cf. He. 11:19). Pero sucediera lo que sucediera, Abraham sabía por experiencia personal a qué tipo de Dios servía. Dios le había proporcionado cuidado cuando le obedeció y salió de Ur de Caldea hacia un lugar que nunca había visto. Sabiendo que Dios es bueno y que había prometido que Isaac sería su heredero, Abraham confiaba en que él e Isaac de alguna manera regresarían de la montaña. Dios no solo está al mando;

está dirigiendo las cosas según la bondad y gracia de su carácter. Por lo tanto, los creyentes no deberían vacilar al hacer la voluntad de Dios por temor a que algo terrible les suceda.

4. Dios está personalmente preocupado por los suyos. No deberíamos creer que Dios nos maneja de forma impersonal de una manera burocrática. Debido al tamaño y la complejidad del reino de Dios podríamos caer en la tentación de llegar a esta conclusión. Pero varias imágenes que Jesús nos ofrece del Padre indican la dimensión personal de su preocupación. Se preocupa de una oveja perdida (Lc. 15:3-7) y la busca hasta que la encuentra. El buen pastor conoce a sus ovejas y las llama por su nombre. Ellos reconocen su voz y acuden, mientras que ignoran la voz del extraño (Jn. 10:3-6, 14, 27). El pastor vigila sus ovejas, las protege, incluso da la vida por ellas si es necesario (v. 11). El Padre conoce cada cabello de la cabeza de los que son suyos (Mt. 10:30).

La dimensión personal del gobierno de Dios se dirige significativamente a la situación contemporánea. Con el crecimiento de la automatización y la informatización también ha crecido la despersonalización. Sólo somos piezas de una maquinaria, robots sin cara, números en una archivo, ficheros digitales en disquetes informáticos. El gobierno de nuestra nación es distante y despersonalizado. A un brillante estudiante de filología inglesa, al realizar la solicitud para un programa de postgrado, una institución le asignó un número y le dijo que no sería necesario utilizar su nombre en la futura correspondencia; el número sería suficiente. El estudiante escogió una universidad diferente, una en la que todavía se utilizaban nombres. La doctrina de la providencia de Dios nos asegura que su relación personal con nosotros es importante. Él nos conoce a cada uno de nosotros y todos le importamos.

5. Nuestra actividad y la actividad de Dios no se excluyen mutuamente. No tenemos base para la negligencia, la indiferencia o la resignación de cara al hecho de que Dios está obrando para cumplir sus objetivos. Como hemos visto, su providencia incluye las acciones humanas. Algunas veces los humanos son conscientes de que sus acciones están cumpliendo la intención divina, como cuando Jesús dijo que debía hacer la voluntad del Padre (por ejemplo, Mt. 26:42). Otras veces se lleva a cabo el plan de Dios de forma involuntaria. Poco sabía Cesar Augusto cuando hizo su decreto (Lc. 2:1) que el censo que estaba ordenando haría posible el cumplimiento de la profecía de que el Mesías nacería en Belén, pero no obstante él ayudó a cumplirla. La certeza de que Dios cumplirá algo de ninguna manera nos excusa de intentar diligentemente llevar a cabo su cumplimiento. Dios cumple los fines que se propone, pero lo hace empleando medios (incluso acciones humanas) para esos fines.

Tampoco se debería dejar de creer en la providencia de Dios simplemente porque ahora hay menos necesidad de una intervención divina espectacular. La humanidad moderna secular ve poco lugar para Dios en este mundo. En los tiempos antiguos, Dios era la solución a los misterios. Él estaba tras todo lo que sucedía. Era la explicación de la existencia del universo y la complejidad de la creación. Era el que solucionaba los problemas. Sin embargo, hoy hemos llegado a entender nuestro universo de una forma más completa. Ahora sabemos qué hace que una persona enferme (al menos en muchos casos) y la ciencia médica puede prevenir o curar enfermedades. Orar por la curación parece inadecuado (excepto en casos críticos o sin esperanza). La providencia de Dios parece un concepto extraño.[9] No obstante, hemos visto que la providencia incluye la obra inmanente de Dios; por tanto, él está providencialmente obrando tanto en la curación realizada por el médico como en una curación milagrosa.

6. Dios es soberano en su gobierno. Esto significa que sólo él determina su plan y sabe el significado de cada una de sus acciones. No es necesario que sepamos hacia donde nos dirige. Tenemos que tener cuidado, por tanto, para evitar dictar a Dios lo que debería hacer para dirigirnos. Algunas veces el cristiano se siente tentado a decirle a Dios: "Si quieres que yo haga A, muéstramelo haciendo X." No consigue tener en cuenta la complejidad del universo y el gran número de personas por quienes Dios debe preocuparse. Sería mucho mejor, a pesar del vellón de Gedeón (Jue. 6:36-40), si simplemente permitiéramos que Dios nos iluminara – si él quisiera y hasta el punto que él quisiera – hasta ver la importancia de su obra. Sabemos que todo tiene su importancia en el plan de Dios, pero debemos tener cuidado en no asumir que el significado de todas las cosas debe ser obvio, y que nosotros deberíamos entenderlo. Suponer que deberíamos ser capaces de entender el significado de todo lo que Dios dirige y que él nos lo explicará de forma parecida a como lo hizo con el vellón de Gedeón es superstición, no piedad.

7. Tenemos que tener cuidado sobre qué identificamos como providencia de Dios. El ejemplo más destacado de una identificación demasiado apresurada de los eventos históricos con la voluntad de Dios es probablemente el de los "cristianos alemanes" que en 1934 respaldaron la acción de Adolf Hitler viendo en ella una forma de Dios obrando en la historia. Las palabras de su declaración son instructivas para nosotros cuando las leemos ahora: "Damos muchas gracias a Dios porque Él, como Señor de la historia, nos ha dado a Adolf Hitler como nuestro líder y salvador de nuestra difícil situación. Reconocemos que nosotros, en cuerpo y alma, estamos ligados y dedicados al estado alemán y a su Führer. Esta unión y obligación contiene para nosotros, como cristianos evangélicos, su significado más profundo y más santo en su obediencia al mandamiento de Dios."[10] Una declaración del año anterior decía: "A este giro de la historia [esto es, la llegada de Hitler al poder] decimos un agradecido Sí. Dios nos lo ha dado.

9. Karl Heim, *Christian Faith and Natural Science* (New York: Harper & Row, 1957), p. 15.
10. Citado en Berkouwer, *Providence of God*, pp. 176-77.

Para Él sea la gloria. Ligados como estamos a la Palabra de Dios, reconocemos en los grandes eventos de nuestros días una nueva comisión de Dios a su Iglesia."[11] Desde nuestra perspectiva, el desatino de tales declaraciones resulta obvio. ¿Pero quizá no estemos haciendo hoy algunos pronunciamientos que de forma similar pueden considerar erróneos las personas de las décadas siguientes? Aunque no es necesario que lleguemos tan lejos como lo hizo Karl Barth al rechazar la teología natural que se basa en los avances de la historia, en su condenación de la acción de los cristianos alemanes hay una palabra de precaución que nos resulta instructiva.

## Providencia y oración

Un problema que ha preocupado a los cristianos serios cuando piensan en la naturaleza de la providencia es el papel de la oración. El dilema surge de la pregunta de lo que se consigue realmente con la oración. Por una parte, si la oración tiene algún efecto sobre lo que sucede, entonces parece que el plan de Dios no estaba fijado en primer lugar. La providencia en cierto sentido depende o se altera por el hecho de que alguien ore y de cuánto lo haga. Por otra parte, si el plan de Dios está establecido y él va a hacer lo que va a hacer, entonces ¿importa si oramos o no?

Deberíamos señalar que esto sencillamente es una forma particular del tema más amplio que es la relación entre el esfuerzo humano y la divina providencia. Según esto, podemos acercarnos a él con las mismas consideraciones analíticas que utilizamos para examinar el tema más amplio. Debemos señalar dos hechos: (1) las Escrituras enseñan que el plan de Dios es definido y fijo; no está sujeto a revisión; y (2) se nos ordena que oremos y se nos enseña que orar tiene valor (Stgo. 5:16). Pero ¿cómo se relacionan estos hechos entre sí?

Por las Escrituras, parece que en muchos casos Dios obra en una especie de asociación con los humanos. Dios no actúa si los humanos no hacen su parte. Por lo tanto, cuando Jesús ministraba en su ciudad natal, Nazaret, no realizó ningún milagro destacado. Todo lo que hizo fue curar algunos enfermos. Que Jesús "estaba asombrado de la incredulidad de ellos" (Mr. 6:6) sugiere que la gente de Nazaret simplemente no llevaba a sus necesitados para que él los curase. Queda claro que en muchos casos el acto de fe era necesario para que Dios actuase; y ese tipo de fe faltaba en Nazaret. Por otra parte, cuando Jesús caminó sobre el agua (Mt. 14:22-33), Pedro le pidió que le permitiera ir hacia él caminando sobre las aguas también y le fue concedido. Es de suponer que Jesús podía haber permitido que todos sus discípulos caminaran sobre el agua, pero sólo Pedro lo hizo porque él fue el único que lo pidió. El centurión pidiendo que curara a su criado (Mt. 8:5-13) y la mujer con la hemorragia tocando el manto

11. Citado en Karl Barth, *Theologische Existenz Heute* (Munich: C. Kaiser, 1934), p. 10.

de Jesús (Mt. 9:18-22), son ejemplos de fe, que se demuestra en las peticiones, y que traen como resultado la obra de Dios. Cuando Dios desea ese fin (en estos casos la curación), también desea los medios (la petición de ser curado, que a su vez presupone la existencia de fe). Por lo tanto, la oración no cambia lo que él se propone hacer. Es el medio a través del cual lleva a cabo este fin. Así que es vital que se ore, porque sin la oración el resultado deseado no sucederá.

Esto significa que la oración es más que simple autoestimulación. No es un método de crear en nosotros una actitud mental positiva para que podamos hacer lo que hemos pedido que se haga. Más bien, la oración trata en gran parte de crear en nosotros una actitud positiva con respecto a la voluntad de Dios. Jesús enseñó a sus discípulos – y a nosotros – a orar: "Venga tu Reino. Hágase tu voluntad" y después "El pan nuestro de cada día, dánoslo hoy." La oración no es tanto conseguir que Dios haga nuestra voluntad como demostrar que nos preocupa tanto como a él que su voluntad sea llevada a cabo. Es más, Jesús nos enseñó la persistencia en la oración (Lc. 11:8-10; nótese que los imperativos del versículo 9 y los participios en el versículo 10 están en tiempo presente: pedid, buscad, llamad). No se necesita mucha fe ni compromiso para orar una vez por algo y después dejar de hacerlo. La oración persistente deja claro que nuestra petición es importante para nosotros, como lo es para Dios.

No siempre recibimos lo que pedimos. Jesús pidió tres veces que se apartara de él la copa (la muerte por crucifixión); Pablo oró tres veces para que se le quitara el aguijón de la carne. En ambos casos se concedió algo que era más necesario (por ejemplo 2 Co. 12:9-10). El creyente puede orar confiadamente, sabiendo que nuestro sabio y buen Dios nos dará, no necesariamente lo que pedimos, sino lo que es mejor para nosotros. Porque, como dijo el salmista: "[Jehová] no quitará el bien a los que andan en integridad" (Sal. 84:11).

## Providencia y milagros

Lo que hemos estado examinando hasta ahora son materias de providencia ordinaria o normal. Aunque sobrenaturales en origen, son relativamente comunes y por tanto no demasiado llamativas o espectaculares. Sin embargo, debemos tratar una especie adicional de providencia: los milagros, esas obras llamativas o inusuales que realiza Dios y que son claramente sobrenaturales. Estas son obras sobrenaturales especiales de la providencia de Dios que no se pueden explicar mediante los patrones normales de la naturaleza.

Un tema importante en lo que se refiere a los milagros es su relación con las leyes naturales o las leyes de la naturaleza. Para algunos, los milagros han sido un obstáculo a la fe en lugar de una ayuda, ya que son tan contrarios a los patrones normales que parecen bastante improbables o incluso increíbles. Por lo tanto, la cuestión de cómo se debe pensar en esos eventos con relación a las leyes naturales es de gran importancia. Hay al menos tres puntos de vista sobre la relación entre los milagros y las leyes naturales.

El primer concepto es que los milagros son en realidad manifestaciones de leyes naturales poco conocidas o prácticamente desconocidas. Si conociéramos y entendiéramos totalmente la naturaleza, podríamos entender e incluso predecir estos eventos. Cada vez que las circunstancias poco habituales que producen un milagro reaparezcan en esa combinación particular, el milagro se producirá.[12] Algunos ejemplos bíblicos parecen ajustarse a este patrón, por ejemplo, la pesca milagrosa en Lucas 5. Según este punto de vista, Cristo no creó los peces para esta ocasión, ni los condujo de ninguna manera desde sus lugares en el lago hasta el sitio en el que se iba a echar la red. Más bien, se dieron condiciones inusuales para que los peces se agruparan en un lugar en el que normalmente no se esperaría que estuviesen. Cada vez que estas circunstancias particulares se produjeran, los peces se reunirían en ese lugar. Por lo tanto, el milagro de Jesús no fue tanto un acto de omnipotencia como de omnisciencia. El milagro se produjo porque él sabía dónde se encontrarían los peces. Vienen también a la mente otros tipos de milagros. Algunas de las curaciones de Jesús podrían haber sido curaciones psicosomáticas, esto es, casos en los que la fuerte sugestión elimina los síntomas neuróticos. Como muchas enfermedades con síntomas físicos son más funcionales que orgánicas en su origen o carácter, parece razonable asumir que Jesús simplemente utilizó su extraordinario conocimiento de la psicosomática para realizar estas curaciones.

Mucho de este punto de vista resulta atractivo, particularmente porque algunos de los milagros bíblicos encajan perfectamente en este esquema; muy bien puede ser que algunos de ellos fueran de esta naturaleza. Sin embargo, existen ciertos problemas con la adopción de este punto de vista como explicación para todos. Algunos milagros son realmente difíciles de explicar siguiendo esta teoría. Por ejemplo, el del hombre que había nacido ciego (Jn. 9) ¿se puede considerar un caso de ceguera congénita psicosomática? Por supuesto ninguno de nosotros sabe qué leyes puede haber que desconozcamos. Así es la naturaleza de la ignorancia: a menudo no sabemos qué es lo que no sabemos. Pero es razonable asumir que deberíamos al menos tener una ligera idea de lo que podrían ser esas cosas desconocidas. La misma vaguedad de la teoría es a la vez su punto fuerte y su debilidad. Decir, sin más argumento, que hay leyes en la naturaleza que no conocemos no se puede ni confirmar ni negar.

Un segundo concepto es que los milagros rompen las leyes de la naturaleza. En el caso del hacha que flotaba, por ejemplo (2 R. 6:6), esta teoría sugiere que durante un breve periodo de tiempo, en ese más o menos metro cúbico de agua,

12. Patrick Nowell-Smith, "Miracles," en *New Essays in Philosophical Theology*, ed. Antony Flew y Alasdair MacIntyre (New York: Macmillan, 1955), pp. 245-48.

se suspendió la ley de la gravedad. Simplemente no se aplicó. En efecto, Dios desactivó la ley de la gravedad hasta que el hacha fue recuperada, o cambió la densidad del hacha o del agua. Esta forma de ver los milagros tiene la virtud de parecer considerablemente más sobrenatural que la anterior. Pero tiene ciertos inconvenientes. Por una parte, esa suspensión o rotura de las leyes de la naturaleza normalmente introduce complicaciones que exigen toda una serie de milagros que las compensen. En la historia del día más largo de lo normal de Josué (Js. 10:12-14), por ejemplo, tendrían que hacerse numerosos ajustes, de los cuales no hay rastro alguno en la narración, si Dios realmente detuvo la rotación de la tierra sobre su eje. Aunque sin duda un Dios todopoderoso podría hacer eso, no existe ninguna indicación de ello en los datos astronómicos.[13] Hay otros dos problemas, uno psicológico y otro teológico. Psicológicamente, el aparente desorden introducido en la naturaleza por el punto de vista de que los milagros son violaciones de la ley natural predispone innecesariamente a los científicos en contra de ellos. Esta definición hace que los milagros sean particularmente difíciles de defender. De hecho, hay gente que rechaza categóricamente los milagros basándose en esta definición.[14] Y teológicamente, este punto de vista parece hacer que Dios obre en contra de sí mismo, lo cual introduce una forma de autocontradicción.

Una tercera idea es la de que cuando los milagros ocurren, las fuerzas sobrenaturales contrarrestan las fuerzas naturales. Según esta idea, no se suspenden las leyes de la naturaleza. Continúan funcionando, pero se introduce la fuerza sobrenatural, negando el efecto de la ley natural.[15] En el caso del hacha que flota, por ejemplo, la ley de la gravedad continuó funcionando en las proximidades del hacha, pero la mano invisible de Dios estaba bajo ella, sosteniéndola como si una mano humana la estuviera alzando. Esta visión tiene la ventaja de considerar los milagros como algo genuinamente sobrenatural o extranatural, pero sin ser antinatural, como resulta con la segunda teoría. Sin duda, en el caso de la pesca, puede que haya habido condiciones en el agua que hicieran que el pescado estuviera allí, pero esas condiciones no se hubieran dado si Dios no hubiera influido en factores como el curso y la temperatura del agua. Y puede que a veces haya habido actos de creación también, como el caso en que se alimentó a cinco mil personas.

No debería haber problemas cuando se producen eventos que van en contra de lo que dictan las leyes naturales. La ciencia del siglo XX, está más dispuesta que la del siglo XIX, a considerar las leyes naturales como meros informes esta-

13. Bernard Ramm, *A Christian View of Science and Scripture* (Grand Rapids: Eerdmans, 1954), pp. 156-61. Una explicación más simple es que el milagro de la refracción trajo como resultado una prolongación de la luz.

14. EJ., David Hume, *An Enquiry Concerning Human Understanding*, sección 10, parte 1.

15. C. S. Lewis, *Miracles* (New York: Macmillan, 1947), pp. 59-61.

dísticos de lo que ha sucedido. Desde un punto de vista puramente empírico, uno no tiene base lógica, sino sólo una inclinación psicológica, para predecir el futuro basándose en el pasado. Si el curso de la naturaleza es fijo e inviolable, o si se puede combatir con éxito, es una cuestión que nos conduce al terreno de la metafísica. Si estamos abiertos a la posibilidad de que haya realidad y fuerza fuera del sistema de la naturaleza, entonces los milagros son posibles. Después esto se convierte en una cuestión de examinar la evidencia histórica para determinar si han sucedido o no. Haremos esto en conexión con el milagro supremo, la resurrección de Jesús, en nuestro tratamiento de la cristología (pp. 794-96).

Sin embargo, en este punto, deberíamos mencionar los propósitos de los milagros. Hay al menos tres. El más importante es glorificar a Dios. Los beneficiarios y observadores de los milagros bíblicos generalmente respondieron glorificando a Dios. Esto significa que cuando ocurren los milagros hoy en día, deberíamos honrar a Dios, que es la fuente del milagro, no al agente humano, que es el canal. En los tiempos bíblicos, un segundo propósito de los milagros era establecer la base sobrenatural de la revelación, que a menudo los acompañaba. Que la palabra griega σημεῖα (*sēmeia* – "señales") aparezca en el Nuevo Testamento como término utilizado para milagros resalta esta dimensión. Observamos también que los milagros llegan a menudo en momentos de revelación especialmente intensa. Esto se puede ver en el ministerio de nuestro Señor (por ejemplo, Lc. 5:24). Finalmente los milagros suceden para resolver necesidades humanas. A menudo se describe a nuestro Señor como movido por la compasión hacia los necesitados, los heridos que acuden a él. Él los cura para liberarlos del sufrimiento causado por males como la ceguera, la lepra y las hemorragias. Nunca realiza milagros con el propósito egoísta de exhibirse.

Hemos visto que la doctrina de la providencia no es un concepto abstracto. Es la convicción de un creyente de estar en manos de un Dios bueno, sabio y poderoso que cumplirá sus propósitos en el mundo.

Nunca desmayes, que en el afán, Dios cuidará de ti;
sus fuertes alas te cubrirán; Dios cuidará de ti.

En duras pruebas y en aflicción, Dios cuidará de ti;
en tus conflictos y en tentación, Dios cuidará de ti.

De sus riquezas te suplirá; Dios cuidará de ti;
jamás sus bienes te negará; Dios cuidará de ti.

Que vengan pruebas o cruel dolor, Dios cuidará de ti;
tus cargas pon sobre el Salvador; Dios cuidará de ti.

Dios cuidará de ti; velando está su tierno amor;
sí, cuidará de ti, Dios cuidará de ti.

(Civilla Durfee Martin, 1904)

# 20. El mundo de Dios y el mal: un problema especial

## Objetivos del capítulo

Después de estudiar este capítulo, debería ser capaz de:

- Definir y entender la naturaleza del problema del mal.
- Examinar los temas bíblicos que tratan este problema y los que contribuyen a aliviarlo.
- Fortalecer la fe del creyente y permitirle que ofrezca respuesta a las críticas de la fe cristiana.

## Resumen del capítulo

Probablemente el reto intelectual más difícil para la fe cristiana es el problema de cómo puede haber mal en el mundo. Si Dios es todopoderoso y todo amor ¿cómo puede existir el mal en el mundo? Aunque el problema nunca quedará totalmente resuelto en esta vida terrenal, hay enseñanzas bíblicas que ayudan a mitigarlo.

## Cuestiones de estudio

1. ¿Por qué es difícil explicar el problema del mal?
2. ¿Cuáles son tres posturas sobre el problema del mal, y cuál es la respuesta bíblica a estas posturas?
3. ¿Cómo afecta la libertad humana al problema del mal?
4. ¿Cómo definiría los términos *bien* y *mal*?
5. ¿Cómo afectan al mal los pecados generales y los específicos?

La naturaleza del problema
Tipos de posturas
Finitismo : Rechazo de la omnipotencia

- Modificación del concepto de la bondad de Dios
- Negación del mal

Perspectivas para tratar el problema del mal
- El mal como acompañamiento necesario de la creación de la humanidad
- Una revaluación de lo que constituye el bien y el mal
- El mal en general como resultado del pecado en general
- Mal específico como resultado de pecados específicos
- Dios como víctima del mal
- La vida futura


## La naturaleza del problema

Hemos hablado de la naturaleza de la providencia de Dios y hemos señalado que es universal: Dios controla todo lo que ocurre. Él tiene un plan para todo el universo y para todos los tiempos, y está obrando para hacer que suceda ese buen plan. Pero una sombra se cierne sobre esta reconfortante doctrina: el problema del mal.

El problema se puede plantear de una forma simple o de una forma más compleja. David Hume lo expuso de forma sucinta cuando escribió sobre Dios: "¿Desea evitar el mal, pero no puede? Entonces es impotente. ¿Es capaz, pero no quiere? Entonces es malévolo. ¿Lo desea y puede hacerlo? Entonces ¿de dónde procede el mal?"[1] La existencia del mal también se puede apreciar como un problema en la oración de la comida que muchos niños han aprendido a orar: "Dios es grande, Dios es bueno. Démosle las gracias por esta comida." Porque si Dios es grande, será capaz de evitar que suceda el mal. Si Dios es bueno, no deseará que suceda el mal. Pero el mal es bastante evidente en torno a nosotros. Entonces, se debe pensar en el problema del mal como un conflicto que implica tres conceptos: el poder de Dios, la bondad de Dios y la presencia del mal en el mundo.

En diferentes grados, el problema es una dificultad para todo tipo de teísmo fuerte. Específicamente, existe una dificultad para la teología que hemos presentado en esta obra. Hemos discutido la omnipotencia de Dios: su habilidad para hacer todas las cosas que son objeto propio de su poder. Hemos señalado que la creación y la providencia son formas de poner en práctica su omnipotencia, significando respectivamente que Dios por decisión y acción propia libre ha dado la vida a todo lo que existe y que controla esa creación, manteniéndola y dirigiéndola hacia el fin que ha escogido. Es más, hemos observado la bondad de Dios: sus atributos de amor, misericordia, paciencia. Sin embargo, es obvio que el mal está presente. ¿Cómo puede suceder esto, a la luz de quien y lo que es Dios?

El mal que precipita este dilema es de dos tipos generales. Por una parte, el mal natural no implica la voluntad y la actuación humana, pero es meramente un aspecto de la naturaleza que parece actuar en contra del bien de la humanidad. Están las fuerzas destructivas de la naturaleza: huracanes, terremotos, tornados, erupciones

1. David Hume, *Dialogues Concerning Natural Religion*, parte 10.

volcánicas y similares. Estos sucesos catastróficos producen grandes pérdidas de vidas y propiedades. Y mucho sufrimiento y pérdida de vidas humanas se producen con enfermedades como el cáncer, la fibrosis quística o la esclerosis múltiple. El otro tipo de mal, denominado mal moral, se puede achacar a la elección y acción de los agentes morales libres. Aquí encontramos cosas como la guerra, el delito, la crueldad, los problemas de clase, la discriminación, la esclavitud y las injusticias demasiado numerosas como para mencionarlas. Aunque hasta cierto punto podemos eliminar de nuestra consideración los males morales culpando al ejercicio del libre albedrío de los humanos, los males naturales no se pueden descartar de esa manera. Simplemente parecen estar ahí en la creación hecha por Dios.

Hemos señalado que el problema del mal surge en distintos grados para teologías diferentes; además, toma formas diferentes. De hecho, John Feinberg argumenta que no estamos tratando con un problema, sino con una serie de problemas que aparecen en diferentes combinaciones. Es más, el problema del mal puede darse como problema religioso o teológico o ambos.[2] Según la distinción hecha en el capítulo de introducción de este libro, la religión es el nivel de la práctica, experiencia y creencia espiritual. La teología es el nivel secundario de reflexión sobre la religión, que implica el análisis, interpretación y construcción. En general, la forma religiosa del problema del mal sucede cuando algún aspecto particular de la experiencia de uno ha tenido el efecto de poner en cuestión la grandeza o bondad de Dios, y por lo tanto amenaza la relación entre el creyente y Dios. La forma teológica del problema se preocupa del mal en general. No es una cuestión de cómo puede existir una situación específica concreta a la luz de lo que es o de quién es Dios, sino de cómo puede existir ese tipo de problema. Que exista la forma religiosa del problema no implica necesariamente una experiencia personal, pero habrá habido una situación específica en la que al menos indirectamente se haya encontrado con él. Sin embargo, la forma teológica del problema no implica necesariamente ese tipo de situación específica. Nuestro enfoque en el problema puede pasar de ser religioso a ser teológico como resultado de que se produzca esa situación, o concentrarnos en el problema del mal en general puede deberse a consideraciones más amplias. Es importante señalar estas distinciones. Porque como Alvin Plantinga ha señalado, la persona a la que un mal específico (esto quizá es más preciso que el problema del mal) le presenta una dificultad religiosa puede necesitar cuidado pastoral en lugar de ayuda para la resolución de dificultades intelectuales.[3] De manera similar, tratar los auténticos problemas intelectuales que uno tiene como un simple asunto de sentimientos no resultará de gran utilidad. No ser capaz de reconocer la forma religiosa del problema del mal parecerá insensibilidad; no ser capaz de tratar la forma teológica parecerá

2. John Feinberg, *Theologies and Evil* (Washington: University Press of America, 1979), p. 3.
3. Alvin Plantinga, *God, Freedom, and Evil* (New York: Harper & Row, 1974), pp. 63-64.

intelectualmente insultante. En particular, cuando ambas cosas aparecen juntas es importante reconocer y distinguir sus respectivos componentes.

## Tipos de posturas

Se han intentado muchos tipos de soluciones diferentes a este problema. Para la mayor parte (nuestro análisis aquí está en cierta manera simplificado), estos intentos de solución tratan de reducir la tensión modificando uno o más de los tres elementos que combinados han causado el dilema: la grandeza de Dios, la bondad de Dios y la presencia del mal. De esta manera, un teodicea puede intentar demostrar que esa concepción del Dios omnipotente no es adecuada respecto a algunas cosas. O bien Dios no es completamente ilimitado, o bien para Dios evitar o no poder evitar un mal particular no es realmente una cuestión de su omnipotencia. O un teodicea puede intentar demostrar que Dios no es bueno en el sentido en el que nosotros hemos asumido. O bien Dios no es totalmente bueno, o evitar o no poder evitar un mal particular no es realmente cuestión de su bondad. Por ejemplo, evitar un mal particular (o, en realidad, dar a una persona lo que desea) podría no ser un caso de amor sino de indulgencia. O un teodicea puede intentar mostrar que Dios no está obligado por los estándares que nosotros tratamos de imponerle. Es completamente libre; en consecuencia todo lo que quiera o decrete que sea bueno es bueno, sólo porque él desea que sea así. O un teodicea puede redefinir, buscando demostrar que lo que se cree que es malo es en realidad, al menos parcialmente, bueno. Examinaremos ejemplos de cada una de estas estrategias para tratar el mal.

No deberíamos tener expectativas demasiado altas al tratar el problema del mal. Este es un problema muy serio, quizá el más serio de todos los problemas intelectuales a los que tiene que enfrentarse el teísmo. En una facultad cristiana evangélica destacada por el alto nivel intelectual de los profesores y de los estudiantes, una encuesta a los estudiantes del último curso resaltó que el problema del mal encabezaba de forma reiterada la lista de los problemas intelectuales más enojosos a los que tenían que enfrentarse con respecto a su fe. Este problema ha ocupado la atención de algunas de las mentes más importantes de la iglesia cristiana, intelectuales de la talla de Agustín y Tomás de Aquino. Ninguno de ellos fue capaz de acabar de forma total y definitiva con el problema. Por lo tanto no deberíamos sentirnos deprimidos indebidamente si no somos capaces de solventar de forma definitiva el problema. Aunque no podamos resolverlo, quizá podamos aliviarlo de alguna manera y ver la dirección de la cual podría venir la solución si tuviéramos un entendimiento más completo.

### *Finitismo: Rechazo de la omnipotencia*

Una manera de resolver la tensión del problema que hemos descrito es abandonar la idea de la omnipotencia de Dios. A menudo esto toma la forma de dualismo, como es el caso del zoroastrismo y del maniqueísmo. Esta segunda filosofía, que llegó en un momento posterior y fue más influyente en el cristianismo, fue especialmente atractiva para Agustín durante un tiempo, ya que ofrecía una explicación a su preocupación interna. Los dualismos proponen que no hay uno, sino dos principios últimos en el universo: Dios y el poder del mal. Normalmente se piensa en el mal como una fuerza no creada, que siempre ha estado presente. Por tanto hay una lucha entre Dios y el poder del mal, sin que se tenga certeza del resultado final. Dios intenta vencer al mal, y lo haría si pudiera, pero simplemente es incapaz de hacerlo.

Un ejemplo del siglo XX del finitismo es el de Edgar S. Brightman, profesor de filosofía durante muchos años en la Universidad de Boston, y portavoz destacado de lo que se conoce como personalismo o idealismo personal. Él desarrolló el concepto del Dios finito como solución al problema del mal.[4] El Dios de Brightman es una conciencia personal de duración eterna, una voluntad eternamente activa, que trabaja con lo "Dado." Lo "Dado" está formado en parte por las leyes de la razón eternas y no creadas: lógica, relaciones matemáticas e Ideas platónicas. También consta de "procesos de concienciación no racional igualmente no creados y eternos que exhiben todas las cualidades últimas de los objetos percibidos *(qualia)*, impulsos y deseos desordenados, experiencias como el dolor y el sufrimiento, las formas del espacio y el tiempo, y cualquier cosa que en Dios sea fuente del mal irracional."[5] Todos los elementos constitutivos de lo "Dado" se distinguen por dos características: (1) son eternos dentro de la experiencia de Dios; (2) no son producto de la voluntad o de una actividad creativa.[6]

El concepto de mal irracional necesita un poco de exposición. Hay bondades intrínsecas, que son buenas en y por sí mismas. También hay bondades instrumentales, que pueden ser los medios para conseguir el bien, pero que también pueden convertirse en males instrumentales. A veces una misma cosa es a la vez buena y mala. El mismo tren puede llevar a una persona santa y a un grupo de criminales a la misma ciudad, donde harán respectivamente, el bien y el mal. Por lo tanto, *instrumentalmente*, es bueno y malo.[7] Mucho de lo que nos parece malo puede convertirse en bueno bajo la atención y actividad de Dios. Pero no ocurre lo mismo con el mal irracional. El mal irracional es como un número irracional en matemáticas, que es una cantidad no expresable en números racionales. De forma similar, un mal irracional "es un mal que no es expresable en términos de bondad, sin importar las operaciones que se realicen con él."[8] Hay algo que en efecto limita

4. Edgar S. Brightman, *A Philosophy of Religion* (Englewood Cliffs, N.J.: Prentice-Hall, 1940), p. 336.
5. Ibid., p. 337.
6. Ibid.
7. Ibid., p. 242.
8. Ibid., p. 245n.

lo que Dios es capaz de desear. Brightman dice que "todos los finistas teístas están de acuerdo en que en el universo hay algo que no ha sido creado por Dios y que no es resultado de autolimitación voluntaria, que Dios encuentra un obstáculo o instrumento a su voluntad."[9] Al contrario que esos teístas, que dicen que Dios no queda limitado por el libre albedrío humano, sino que consciente y voluntariamente se limita a sí mismo al escoger dar esto a los humanos, Brightman insiste en que Dios se encuentra con el libre albedrío humano y debe trabajar con ello.

Brightman es bastante crítico con lo que él llama "teísmo absoluto", que conlleva la proposición de que todo lo que aparentemente es malo en realidad es bueno. Se opone en particular a su efecto sobre las consideraciones éticas y morales. Argumentando que todo lo que parece un mal irredimible es en realidad bueno, en efecto el teísmo absoluto ha abierto la puerta para que alguien argumente que lo que parece ser bueno en realidad sea malo.[10] Esto puede desembocar en un escepticismo completo en cuanto a los valores. Además, resta valor a los esfuerzos morales. Si todo es ya perfecto ¿por qué tratar de mejorarlo? El finitismo, por otra parte, se basa en un reconocimiento realista del bien y el mal y la distinción entre ambos. Y motiva nuestra participación en la lucha contra el mal: "El finitismo es un *reto inspirador al eterno esfuerzo moral cooperador:* una cooperación entre Dios y el hombre.[11]

Al contrario que la mayoría de los finistas, que sostienen un dualismo en el que algo externo a Dios limita lo que él puede hacer, Brightman entiende que esta limitación forma parte de la naturaleza misma de Dios. Dice que deberíamos hablar de un Dios cuya voluntad es finita en lugar de hablar de un Dios finito.[12]

En cierta manera el finitismo de Brightman resuelve la dificultad. Explica la presencia del mal rechazando prácticamente el concepto de la omnipotencia divina. Sin embargo, al hacer esto, paga un gran precio. Se puede decir que lo que el finitismo ha resuelto no es el problema del *mal*, sino el problema del *problema del mal.* Esto es, ofrece una explicación de por qué existe el mal, pero no ofrece un estímulo para creer que el mal al final podrá ser vencido. No hay seguridad en el resultado. Probablemente de lo que dice Brightman se podría deducir que Dios ha estado obrando desde la eternidad, pero sin embargo no ha sido capaz de acabar con el mal. Si esto es así, entonces ¿qué base tenemos para asumir que en un futuro conseguirá hacer lo que no ha podido conseguir hasta ahora?[13] Y en estas condiciones, ¿existe motivación para que nosotros participemos en esta lucha? Puede asegurarnos que la victoria será suya, pero al estar limitado su conocimiento y su poder, podría estar equivocado. La sugerencia de que Dios lleva ventaja

9. Ibid., p. 314.
10. Ibid., pp. 311-12.
11. Ibid., p. 314.
12. Ibid., p. 337.
13. Edward J. Carnell, *An Introduction to Christian Apologetics* (Grand Rapids: Eerdmans, 1952), pp. 288-90.

porque ha sido capaz de hacer progresos a su favor al introducir como aliados en la batalla a seres inteligentes, los humanos, no resulta convincente, ya que no queda del todo claro que todos los seres humanos o incluso los más capaces o los más inteligentes estén de parte de Dios. Por lo tanto, muy bien podría darse un triunfo del mal en lugar de un triunfo del bien. Dos guerras mundiales, así como más guerras limitadas y otras pruebas de tragedia y crueldad, hacen difícil para cualquier persona de nuestro siglo extraer algún tipo de ánimo de la sugerencia de que la humanidad se ha unido a Dios en la lucha en contra del mal.[14]

Además, el finitismo de Brightman pone una interrogación en la bondad de Dios. Si lo "Dado" con lo que Dios se enfrenta y que es la fuente del mal irracional forma parte de la propia naturaleza de Dios, ¿cómo se le puede llamar bueno?[15] ¿No sucede que, como dice Henry Nelson Wieman, Brightman "une bajo una misma etiqueta de deidad dos realidades diametralmente opuestas, esto es, la perfecta y santa voluntad de Dios y la naturaleza maligna que se opone a esa voluntad"?[16]

### Modificación del concepto de la bondad de Dios

Una segunda manera de reducir las tensiones del problema es modificar la idea de la bondad de Dios. Aunque algunos, si existen, que se llaman a sí mismos cristianos nieguen la bondad de Dios, muchos otros, al menos por implicación, sugieren que se debe entender la bondad de forma ligeramente diferente a cómo se entiende normalmente. Uno que está en esta categoría es Gordon H. Clark.

Como calvinista acérrimo, Clark no duda en utilizar el término *determinismo* para describir que Dios causa todas las cosas, incluso los actos humanos. Él argumenta que la voluntad humana no es libre. Al describir la relación de Dios con ciertas malas acciones de los seres humanos, rechaza el concepto de la voluntad permisiva de Dios. Incluso declara: "Deseo afirmar franca y rotundamente que si un hombre se emborracha y dispara a su familia, era voluntad de Dios que hiciera eso,"[17] comparando el papel de Dios en este acto particular con su voluntad de que Jesús fuera crucificado. Sin embargo, Clark traza una distinción entre la voluntad preceptiva y decretora de Dios. La voluntad preceptiva es lo que Dios ordena, como los Diez Mandamientos. Esto es lo que *debe* hacerse. La voluntad decretora de Dios, sin embargo, causa cada cosa que ocurre. Causa lo que se *hace*. Clark dice: "Puede parecer extraño al principio que Dios decrete un acto inmoral, pero la Biblia demuestra que lo ha hecho."[18]

14. Ibid., p. 290.

15. John Hick, *Evil and The God of Love* (New York: Harper & Row, 1966), p. 39.

16. Henry Nelson Wieman, en Henry Nelson Wieman y W. M. Horton, *The Growth of Religion* (New York: Willett, Clark, 1938), p. 356.

17. Gordon H. Clark, *Religion, Reason, and Revelation* (Philadelphia: Presbyterian & Reformed, 1961), p. 221.

18. Ibid., p. 222.

Esto por supuesto plantea la cuestión de si Dios es la causa del pecado. Tampoco duda en esto Clark: "Hay que decir inequívocamente que este punto de vista sin duda hace de Dios la causa del pecado. Dios es la causa última de todo. No hay nada independiente de él en absoluto. Sólo él es el ser eterno. Sólo él es omnipotente. Sólo él es soberano."[19] Esto no quiere decir que Dios sea el autor del pecado. Es la causa *última* del pecado, no la causa inmediata de él. Dios no comete pecado; los humanos cometen pecado aunque Dios lo desea de forma decretora, determina que eso ocurra, y es la causa última de él. Fue Judas, no Dios, el que traicionó a Cristo. Dios ni peca ni es responsable del pecado.[20]

El concepto de que no es pecado en sí el hecho de que Dios haga que un humano peque necesita ser explicado con más profundidad. Por definición, Dios no puede pecar. Clark ofrece varios puntos para clarificar su posición:

1. Todo lo que hace Dios es justo y recto simplemente porque lo hace él. No hay una ley superior a Dios que le prohíba decretar actos pecaminosos. El pecado es la transgresión de la ley de Dios, o la falta de conformidad con ella. Pero él está "Ex-lex", está por encima de la ley. Él es la definición del estándar de lo correcto.[21]

2. Aunque es cierto que es pecaminoso para un ser humano pecar o intentar hacer que otro cometa pecado, no es pecado que Dios haga que el humano peque. La relación de los humanos entre sí es distinta a la relación que hay entre Dios y los seres humanos, así como su relación con la ley de Dios es distinta de la relación de Dios con la ley. Como creador de todas las cosas, Dios tiene derechos absolutos e ilimitados sobre ellas, y nadie puede castigarle.[22]

3. Las leyes que Dios impone a la humanidad literalmente no le son aplicables a él. Por ejemplo, él no puede robar porque todo le pertenece. No hay nadie a quien pueda robar.[23]

4. La Biblia expone abiertamente que Dios ha hecho que los profetas mintieran (por ejemplo, 2 Cr. 18:20-22). Tales declaraciones en ningún sentido son incompatibles con las declaraciones bíblicas de que Dios está libre de pecado.[24]

Lo que Clark ha hecho es redefinir la bondad de Dios. La solución de Clark al problema del mal toma la forma en cierta manera del siguiente silogismo:

> Todo lo que sucede ha sido causado por Dios
> Todo lo que Dios causa es bueno.
> Todo lo que sucede es bueno.

19. Ibid., pp. 237-38.
20. Ibid., pp. 238-39.
21. Ibid., pp. 239-40.
22. Ibid., p. 240.
23. Ibid.
24. Ibid.

El problema, en efecto, se resuelve entendiendo que es bueno y correcto que Dios (al final) cause malos actos como que un borracho dispare a su familia, aunque Dios no peca y no es responsable de este acto pecaminoso. Pero en esta solución al problema del mal el término bondad ha sufrido tal transformación que se ha convertido en algo muy diferente de lo que normalmente entendemos por bondad de Dios. Como respuesta, se deberían hacer varías observaciones.

1. Aunque en algunos casos Dios por supuesto no tiene las mismas obligaciones que sus criaturas (por ejemplo, la prohibición en cuanto al robo), enfatizar esto es hacer que estas cualidades morales sean tan equívocas que empiezan a perder su fuerza y significado. En el esquema de Clark, las frases "Dios hace el bien" y "un humano hace el bien" son tan distintas que en realidad nosotros casi no sabemos lo que significa decir: "Dios es bueno."

2. En un momento u otro, Clark corre el peligro de mantener la teoría de que la voluntad de Dios es arbitraria, cosa que recuerda a Guillermo de Ockham. La voluntad preceptiva y la voluntad decretora de Dios pueden ser y son bastante distintas. Clark también rechaza enfáticamente la idea de que Dios esté obligado por ninguna ley externa superior a él mismo. Entonces, ¿cuál es el estatus de su ley preceptiva? ¿Está en conformidad con su naturaleza? Si no es así, entonces (como no hay ley superior) debe ser una voluntad arbitraria sobre lo que es bueno. Pero si es así, la voluntad decretora de Dios, al menos en esos puntos en los que está en contradicción con sus preceptos, no debe estar en conformidad con su naturaleza. O bien la voluntad decretora de Dios o bien su voluntad preceptiva son arbitrarias.

3. La naturaleza de la bondad misma es puesta en cuestión por la discusión de Clark sobre responsabilidad. Dice que "el hombre es responsable porque Dios le pide cuentas; el hombre es responsable porque el poder supremo puede castigarle por su desobediencia. Dios, por el contrario, no puede ser responsable por la sencilla razón de que no hay un poder superior a él; ningún ser superior le puede pedir cuentas; nadie puede castigarle."[25] Esto parece estar peligrosamente cerca de la posición de que lo correcto y lo incorrecto son un asunto de conveniencia. La obligación de dar cuentas determina la moralidad: una acción es correcta si va a recibir recompensa, es incorrecta si va a ser castigada. Aunque en un nivel más bajo tales consideraciones pueden motivar a los humanos, en un nivel más alto esto no se puede aplicar. Jesús dijo: "Nadie tiene mayor amor que este, que uno ponga su vida por sus amigos" (Jn. 15:13). En parte, lo que hace que la muerte de Jesús sea un acto de bondad es que aunque él no tenía que dar cuentas ante nadie, y no iba a ser castigado (es más no podría serlo) por no someterse a la cruz, dio su vida.

25. Ibid., p. 241.

### Negación del mal

Una tercera solución propuesta al problema del mal rechaza la realidad del mal, haciendo que sea innecesario cualquier explicación de cómo puede coexistir con un Dios omnipotente y bueno. Encontramos este punto de vista en distintas formas de panteísmo. La filosofía de Benedicto Spinoza, por ejemplo, mantiene que sólo hay una sustancia y que todas las cosas distinguibles son modos o atributos de esa sustancia. Todo viene causado de forma determinista; Dios da la vida a todas las cosas con la perfección más alta.[26]

Una versión más popular pero bastante menos sofisticada de esta solución al problema del mal se encuentra en la Ciencia cristiana. Aunque a los escritos de Mary Baker Eddy les falta la erudición y el refinamiento filosófico de Spinoza, tiene notables paralelismos con él. La metafísica básica es idealista; se niega la realidad de la materia. La única realidad es Dios, la mente infinita. El espíritu es real y eterno; la materia es irreal y temporal.[27] La materia no tiene existencia real ni siquiera en la mente. Es una ilusión mantenida por una ilusión. No sólo es la materia irreal, sino que los sentidos son fuente de error y, en último lugar, del mal: "El mal no tiene realidad. No es una persona, ni un lugar ni una cosa, sino que simplemente es una creencia, una ilusión del sentido material."[28] Esta conclusión surge del punto de vista de la ciencia cristiana sobre Dios, que, aunque no queda claro en esta frase de Eddy, parece ser que Dios en realidad es todo. Otras veces ella retrata a Dios como el origen de todo: "Si Dios hizo todo lo que fue hecho, y era bueno, ¿dónde se originó el mal?" en ambos casos, el resultado es el mismo: "[el mal] nunca se originó o existió como entidad. No es más que una falsa creencia."[29]

Uno en de los males más serios, la enfermedad, es por lo tanto una ilusión; no tiene realidad.[30] Lo que se experimenta como enfermedad está causado por una creencia errónea, una incapacidad para reconocer la irrealidad de la enfermedad.[31] Como en todas las otras áreas, los sentidos también engañan aquí. La curación de la enfermedad no se tiene que conseguir a través de la medicina, sino que hay que encontrarla en el conocimiento de la verdad de que el dolor es imaginario. Cuando la enfermedad y el dolor se ven como algo irreal, ya no afligen al individuo. La muerte también es ilusoria: "el pecado trajo la muerte, y la muerte desaparecerá con la desaparición del pecado. El hombre es inmortal, y el cuerpo no puede morir, porque la materia no tiene vida que entregar." La

26. Benedicto Spinoza, *Ética*, parte 1, proposición 33, nota 2.
27. Mary Baker Eddy, *Miscellaneous Writings* (Boston: Trustees under the will of Mary Baker Eddy, 1924), p. 21.
28. Mary Baker Eddy, *Science and Health with Key to the Scriptures* (Boston: Trustees under the will of Mary Baker Eddy, 1934), p. 71.
29. Eddy, *Miscellaneous Writings*, p. 45.
30. Eddy, *Science and Health*, p. 348.
31. Ibid., p. 378.

promesa de 1 Corintios 15:26 es que la muerte es el último enemigo a destruir. No es más que otra fase del sueño de que la existencia es material.[32]

¿Qué podemos decir para evaluar este punto de vista? Surgen tres problemas en particular:

1. La Ciencia cristiana no ha desterrado del todo el mal. Porque aunque los creyentes de la Ciencia cristiana afirman que la enfermedad no existe, pues es sólo una ilusión, la ilusión de la enfermedad todavía está presente, y produce la ilusión del dolor de forma muy genuina. Por lo tanto, aunque la existencia del mal ya no significa un problema, la existencia de la ilusión del mal sí lo es. Así que se ha cambiado de problema, pero este no es menos difícil.

2. La existencia de la ilusión debe ser explicada. En un mundo en el que todo es Dios, y la materia es irreal, ¿cómo pudo surgir y mantenerse una ilusión tan extendida? ¿No debe haber en el universo algo perverso que lo produce? Y ¿por qué Dios no elimina esta falsa creencia?

3. La teoría no funciona. Lo que se dice es que el entendimiento correcto disipará el mal. Sin embargo, los cristianos cientistas se ponen enfermos y mueren. Su respuesta de que la enfermedad y la muerte son causadas por una fe insuficiente parece derrumbarse por el hecho de que incluso la que originó y fue cabeza del movimiento, autora de su máxima autoridad (además de la Biblia) y supuestamente el epítome de su fe, murió.

Aunque algo de lo que se ha dicho en esta crítica sólo puede aplicarse a la ciencia cristiana, mucho de ello es aplicable a todas las formas monistas y panteístas del punto de vista de que el mal es ilusorio. Esto resulta particularmente cierto en las dos primeras críticas.

Algunas teologías, en particular aquellas que tienen tendencia filosófica, siguen un sistema bastante estricto. Cuanto más rígido o extremo es el sistema, más definida será la elección de la solución al problema del mal. Los tres puntos de vista que hemos examinado ilustran esto bastante bien: el dualismo interno de Brightman le lleva a matizar la omnipotencia de Dios; creer en la soberanía divina absoluta lleva a Clark a definir la bondad divina de una manera que le hace causante (aunque no responsable) del mal; y el monismo conduce a la Ciencia cristiana a negar la realidad del mal.

32. La muerte de Mary Baker Eddy supuso un problema real para la Ciencia cristiana, porque supuestamente alguien con una fe como la suya debía vencer a la muerte. Ella nunca reconoció la muerte, por lo que nunca preparó una ceremonia oficial de funeral, aunque había preparado programas de cultos para otras ocasiones. Algunos de sus seguidores no creían que ella hubiera muerto; otros esperaban que resucitara. Los responsables de la Ciencia cristiana, sin embargo, hicieron una declaración oficial en la que decían que no esperaban que regresara al mundo. Ver Anthony Hoekema, *The Four Major Cults* (Grand Rapids: Eerdmans, 1963), pp. 188-89; cf. Ernest S. Bates y John V. Dittemore, *Mary Baker Eddy: The Truth and the Tradition* (New York: Alfred A. Knopf, 1932), p. 451.

Se han ofrecido algunas clasificaciones de teodicea en los últimos años basándose en criterios diversos. En *Evil and the God of Love* (El mal y el amor de Dios), John Hick clasifica las teodiceas en agustinas e ireneas.[33] La versión agustiniana considera el mal como una parte de la creación que es necesario para su mayor bien. El tipo ireneo de teodicea considera el mal como parte del proceso que Dios tiene para madurar las almas. Norman Geisler clasifica las teodiceas como enfoques del "mejor mundo" y la "mejor manera."[34] Gottfried von Leibniz, por ejemplo, trató de demostrar que este es el mejor de todos los mundos posibles; Tomás de Aquino, por otra parte, intentó demostrar que lo que Dios estaba haciendo era la mejor manera de conseguir sus fines en este mundo. John Feinberg habla de enfoques teonomistas y de racionalistas. En el primero, la teología es anterior a la lógica.[35] Guillermo de Ockham, por ejemplo, mantenía que Dios es libre para escoger lo que desee, y cualquier cosa que desea es buena por definición. Los racionalistas, como Leibniz, anteponen la lógica a la teología. Lo que Dios quiere viene determinado por las leyes de la lógica.

Feinberg ha observado acertadamente que el problema del mal debe considerarse dentro del contexto de una teología determinada y lo que conceptos como mal, bien y libertad significan *dentro de ese sistema*. Es bastante injusto, por ejemplo, criticar una teodicea en concreto porque no entiende el mal como lo hacen otras escuelas de pensamiento a menos que se presente una prueba de que todas las escuelas de pensamiento deban necesariamente considerar el concepto de mal de esta forma.[36]

Al intentar formular una teodicea, deberíamos tener en mente algunos factores. No todos los casos de mal son del mismo tipo fundamental. Y si hay diferentes tipos, quizá haya diferentes explicaciones. No debemos resaltar demasiado un tipo de mal y descuidar los demás. Es más, puede que no sea muy inteligente o útil concentrar nuestra atención en uno solo de esos elementos que en combinación constituyen el problema. En otras palabras, quizá deberíamos evitar la distinción tajante entre los distintos tipos de enfoques que hemos examinado y utilizar perspectivas válidas de cada uno de ellos. Aunque cada uno de esos enfoques logra resolver la tensión existente entre los tres factores modificando uno de ellos (la grandeza de Dios, la bondad de Dios y la existencia del mal, respectivamente), el coste resulta demasiado alto. Puede ser que el mejor enfoque sea reducir la tensión reexaminando cada uno de los tres factores. Este proceso puede revelar que el problema del mal es el resultado de entender mal, o exagerar uno o más de estos factores.

33. John Hick, *Evil and the God of Love* (New York: Harper & Row, 1966).
34. Norman Geisler, *The Roots of Evil* (Grand Rapids: Zondervan, 1978), p. 43.
35. Feinberg, *Theologies and Evil*, p. 6.
36. Ibid., pp. 4-5.

## Perspectivas para tratar el problema del mal

Ya se ha señalado que una solución total al problema del mal está más allá de la capacidad humana. Así que lo que haremos aquí es presentar varias perspectivas que combinadas nos ayudarán a tratar el problema. Estas perspectivas serán coherentes con los principios básicos de la teología expuesta en esta obra. Esta teología se puede caracterizar como un calvinismo suave (congruismo) que coloca en primer lugar la soberanía de Dios, aunque busca relacionarla de forma positiva con la libertad y la individualidad humana. Esta teología es un dualismo en el que el segundo elemento depende o se deriva del primero. Esto es, hay realidades diferenciables de Dios que tienen una existencia buena y genuina por sí mismas, pero que al final reciben su existencia de él a través de la creación (no por emanación). Esta teología también afirma el pecado y la caída de la raza humana y la consiguiente maldad de cada humano; la realidad del mal y de seres personales demoníacos encabezados por el demonio; la encarnación de la segunda persona del Dios trino, que se convirtió en un sacrificio para la expiación del pecado humano; y una vida eterna más allá de la muerte. En el contexto de esta estructura teológica es donde se presentan los siguientes perspectivas como ayuda para tratar el problema del mal:

### *El mal como acompañamiento necesario de la creación de la humanidad*

Hay algunas cosas que Dios no puede hacer. Dios no puede ser cruel, porque la crueldad va en contra de su naturaleza. No puede mentir. No puede romper su promesa. Estos atributos morales se discutieron en el capítulo 14. Hay otras cosas que Dios no puede hacer sin que se produzcan ciertos resultados inevitables. Por ejemplo, Dios no puede hacer un círculo, un verdadero círculo sin que todos los puntos de la circunferencia estén equidistantes del centro. De forma similar, Dios no puede hacer a un humano sin unas características particulares.

Los humanos no serían genuinamente humanos sin el libre albedrío. Esto ha dado lugar al argumento de que Dios no puede crear un ser genuinamente libre y al mismo tiempo garantizar que este ser siempre hará exactamente lo que Dios quiere que haga. Esta visión de la libertad ha sido criticada por algunos filósofos y teólogos; hemos tratado de ello con cierta extensión en el capítulo 17. Sin embargo, observemos que si los humanos son libres en el sentido que dicen los arminianos (libertad no compatibilista)[37] o libres en un sentido no incoherente con que Dios haya garantizado lo que tiene que pasar (libertad compatibilista), que Dios haya hecho a los humanos según su propósito significa que tienen ciertas capacidades (por ejemplo, la capacidad de desear y actuar) que ellos no podrían ejercitar en su totalidad si no existiese algo como el mal. Para que Dios impidiese el mal

37. Anthony Flew, "Compatibilism, Free Will, and God," *Philosophy* 48 (1973): 231-32.

tendría que haber creado una humanidad distinta a la existente.[38] La humanidad genuina requiere la habilidad de desear tener y hacer cosas que estén en contra de la intención de Dios. Aparentemente Dios creyó que, por razones evidentes para él, pero que nosotros sólo podemos entender en parte, era mejor hacer humanos que androides. Y el mal era un complemento necesario del buen plan de Dios para hacer que la gente fuera completamente humana.

Otra dimensión de esta perspectiva es que para que Dios hiciera el mundo físico tal y como es se requieren ciertas concomitancias. Aparentemente, para que los humanos tuvieran una elección moral genuina con la posibilidad de un castigo genuino por desobediencia tenía que hacerlos mortales. Además, el sostenimiento de la vida requiere condiciones que podrían conducir a la muerte. Así por ejemplo, la misma agua que necesitamos para la vida, en algunas ocasiones puede entrar en nuestros pulmones, cortar nuestro suministro de oxígeno y hacer que nos ahoguemos. De forma similar, un cierto grado de calor es necesario para mantener la vida. Pero bajo ciertas condiciones, el mismo fuego que nos calienta puede matarnos. Es más, ese fuego no podría haber empezado sin oxígeno, que es vital también para nuestra vida. La habilidad del agua, el fuego y el oxígeno para sostener la vida significa que también pueden provocar la muerte.

Si Dios fuera a tener un mundo en el que hubiera una auténtica elección moral y un castigo genuino por la desobediencia y al final la muerte, debería haber señales de aviso de intensidad suficiente que nos hicieran cambiar nuestro comportamiento. Y esta señal, dolor, es de tal naturaleza que puede convertirse en un mal considerable en ciertas circunstancias. Pero ¿no podría haber creado Dios el mundo de tal manera que las malas intenciones o los resultados malvados no sucedieran, o no podría intervenir para alterar el curso de los acontecimientos? Por ejemplo, un martillo podría ser sólido y firme cuando se utilizara para clavar clavos, pero esponjoso y elástico cuando alguien intentara utilizarlo para apalear a alguien hasta matarlo. Pero en un mundo así, la vida sería prácticamente imposible. Nuestro ambiente sería tan impredecible que ninguna planificación inteligente sería posible. Por lo tanto, Dios ha creado de tal manera que lo bueno de su mundo puede convertirse en malo cuando nosotros lo usamos mal o algo sale mal en la creación.[39]

En este punto alguien podría plantear la cuestión: "Si Dios no pudo crear un mundo sin la posibilidad del mal, ¿por qué creó? O ¿por qué no creó un mundo sin seres humanos?" En cierto sentido, no podemos responder a esa cuestión ya que no somos Dios, pero es apropiado señalar aquí que evidentemente era mejor crear que no crear para lo que Dios pretende conseguir al final. Y era mejor crear seres capaces de estar en comunión con él y obedecerle, aunque sufrieran tentaciones de hacer lo

38. A pesar de su rechazo del argumento de que la libertad humana genuina y una garantía de que los humanos harán lo que Dios desea que hagan son incompatibles, Feinberg casi reestablece una forma suave de esto con su concepto de los "deseosÎ humanos.

39. C. S. Lewis, *The Problem of Pain* (New York: Macmillan, 1962), pp. 33s.

contrario, que hacer otra cosa. Evidentemente esto era un bien mayor que el colocar a los humanos en un ambiente totalmente antiséptico en el que incluso la posibilidad lógica de desear cualquier cosa contraria a la voluntad de Dios quedara excluida.

Pero ¿por qué no erradica Dios el mal ahora? Quizá la única forma de erradicar el mal ahora sería destruir todo agente moral con voluntad capaz de inducir al mal. Pero ¿quién de nosotros puede presentar una perfección tal como para decir que no contribuimos al mal en este mundo, ya sea por comisión o por omisión, de palabra, de obra o de pensamiento? Esta erradicación del mal podría significar el exterminio de la raza humana, o al menos de la mayoría de ella. No será suficiente con que él erradique sólo lo que nosotros consideramos como malo, o lo que queremos que sea eliminado, sino todo lo que es realmente malo. Sin embargo, Dios ha prometido que nunca volverá a aniquilar la raza humana en su totalidad (Gn. 6-7). Y no puede volverse atrás en sus promesas.

### Una revaluación de lo que constituye el bien y el mal

Puede que algunas cosas que catalogamos como buenas o malas en realidad no lo sean. Nos inclinamos a identificar lo bueno con lo que nos es placentero en un momento dado y lo malo con lo que nos es personalmente desagradable, incómodo o perturbador. Sin embargo, la Biblia parece ver las cosas de forma diferente. Pensemos brevemente en tres puntos que indican que la identificación del mal con lo desagradable es incorrecto.

Primero, debemos pensar en la dimensión divina. Lo bueno no se define según lo que ofrece placer personal a los humanos de forma directa. Hay que definir lo bueno en relación con la voluntad y el ser de Dios. Lo bueno es lo que le glorifica, lo que cumple su voluntad, lo que está conforme a su naturaleza. La promesa de Romanos 8:28 es citada a menudo demasiado a la ligera por los cristianos: "Sabemos, además, que a los que aman a Dios, todas las cosas los ayudan a bien, esto es, a los que conforme a su propósito son llamados."? Pero ¿qué es este bien? Pablo nos da la respuesta en el versículo 29: "A los que antes conoció, también los predestinó para que fueran hechos conformes a la imagen de su Hijo, para que él sea el primogénito entre muchos hermanos." Esto es pues lo bueno: no la salud y la riqueza personal, sino el ser conformes con la imagen del hijo de Dios, no nuestra comodidad a corto plazo, sino nuestro bien a largo plazo.

Al considerar la dimensión divina debemos también señalar la superior sabiduría y conocimiento de Dios. Puede que no seamos los mejores jueces de lo que es bueno y lo que es dañino para nuestro bienestar. A mí me puede parecer bueno comer caramelos dulces y pegajosos. Mi dentista (a menos que sólo le preocupe el dinero) puede pensar de forma distinta, y alguna vez puede que me despierte en medio de la noche con un recordatorio doloroso de que el médico tiene un conocimiento superior sobre lo que es bueno y malo para mi higiene dental. De forma similar las comidas sabrosas y grasientas pueden parecerme buenas, pero mi médico las considera malas. Así muchos de nuestros juicios sobre el bien y el mal se formulan basándonos en datos muy incompletos, resultado directo de ser seres humanos y finitos, pero el Dios infinitamente sabio juzga las mismas materias de forma bastante diferente. Los preceptos morales que da, que a mi me parecen tan tediosos y me causan tantos problemas, puede que él sepa que al final actuarán a mi favor.

Segundo, debemos tener en cuenta la dimensión del tiempo o la duración. Algunos males que experimentamos son bastante molestos a corto plazo, pero a largo plazo funcionan para traer un bien más grande. El daño que hace el torno del dentista y el dolor del postoperatorio pueden parecer males severos, pero en realidad son pequeños si pensamos en los efectos a largo plazo que surgen de ellos. Las Escrituras nos animan a evaluar nuestro sufrimiento temporal *sub specie aeternitatis* (bajo la luz de la eternidad). Pablo dijo: "Tengo por cierto que las aflicciones del tiempo presente no son comparables con la gloria venidera que en nosotros ha de manifestarse" (Ro. 8:18). También escribió: "pues esta leve tribulación momentánea produce en nosotros un cada vez más excelente y eterno peso de gloria" (2 Co. 4:17; cf. He. 12:2 y 1 P. 1:6-7). Un problema a menudo queda magnificado por su proximidad a nosotros, y se hace desproporcionado en relación con otros asuntos pertinentes. Una buena pregunta a realizar sobre cualquier mal aparente es: "¿Cuánta importancia tendrá esto para mí dentro de un año? ¿Dentro de cinco? ¿Dentro de un millón de años?"

Tercero, está la cuestión de la extensión del mal. Tendemos a ser bastante individualistas en nuestra evaluación del bien y del mal. Pero este es un mundo grande y complejo, y Dios tiene muchas personas de las que ocuparse. La lluvia del sábado que estropea el picnic familiar o la partida de golf me pueden parecer males a mí, pero son de gran beneficio para los granjeros cuyos campos resecos rodean el campo de golf o el parque y también para mucha más gente que depende de las cosechas de esos granjeros, cuyo precio variará dependiendo de la escasez o la abundancia de las mismas. Lo que es malo desde una perspectiva estrecha puede por lo tanto no ser más que un inconveniente, y desde un marco de referencia más amplio, un gran bien para mucha más gente. Desde luego Dios puede hacer milagros para que todo el mundo tenga lo que necesite o quiera, pero este no tiene por qué ser el mejor medio de actuar, ya que la constancia es necesaria en la creación.

Parte de lo que estamos diciendo aquí es que lo que parece malo puede en algunos casos ser el medio para conseguir un fin mejor. Este parece ser un caso de una visión consecuencialista de la ética, que define el bien como cualquier cosa que produce buenas consecuencias.[40] Sin embargo, hay que señalar que lo que hace que algo sea bueno es que Dios lo haya deseado y planeado. Dios se ocupa de que sus planes se cumplan y traigan buenas consecuencias. En otras palabras, como los planes de Dios

40. Feinberg, *Theologies and Evil*, p. 51. John G. Milhaven, "Objective Moral Evaluation of Consequences," *Theological Studies* 32 (1971): 410.

son buenos (esto es, son voluntad de Dios) tienen buenas consecuencias. No es que los planes y las acciones de Dios sean buenos por sus consecuencias. Para decir esto de otra manera: con respecto a la bondad de acciones específicas en las que Dios no ha revelado su voluntad de una forma precisa, las buenas consecuencias tienen un valor epistemológico, pero no ontológico. Las buenas consecuencias pueden indicar que estas acciones han fomentado el plan de Dios, y por lo tanto deberían ser consideradas buenas; pero las buenas consecuencias no hacen que estas acciones sean buenas. Lo que hace que estas acciones sean buenas es que Dios las ha deseado.

### *El mal en general como resultado del pecado en general*

Una doctrina cardinal de la teología desarrollada en este libro es el hecho del pecado racial. Esto no quiere decir el pecado de raza contra raza, sino el hecho de que toda la raza humana ha pecado y ahora es pecadora. En Adán, como cabeza, toda la raza humana violó la voluntad de Dios y cayó del estado de inocencia en que Dios había creado la raza humana. En consecuencia, todos empezamos la vida con una tendencia natural al pecado. La Biblia nos dice que con la caída, el primer pecado, se produjo un cambio radical en el universo. La muerte llegó a la humanidad (Gn. 2:17; 3:2-3, 19). Dios pronunció una maldición sobre la humanidad, que quedó representada en ciertas cosas específicas: el dolor al dar a luz (3:16), dominio del hombre sobre la mujer (v. 16), trabajar duro la tierra (v. 17), espinos y cardos (v. 18); probablemente sólo unos ejemplos de los efectos reales en la creación. Pablo en Romanos 8 dice que toda la creación se ha visto afectada por el pecado humano, y ahora está en esclavitud de corrupción. Está esperando a que la rediman de esta esclavitud. Por lo tanto, parece probable que se haya producido toda una multitud de males naturales como resultado del pecado de los humanos. Vivimos en el mundo que Dios creó, pero no es exactamente como era cuando Dios lo terminó; ahora es un mundo caído y roto.

Un problema que surge en conexión con esta atribución del mal natural al pecado humano concierne a esos males que, según se sabe por la geología, parecen haber estado presentes en la tierra antes de los seres humanos. Algunos han sugerido que esos males fueron puestos ahí por Dios anticipadamente porque sabía que los hombres iban a cometer el pecado, pero esto resulta un tanto artificial. Aunque una amplia exploración de este tema va más allá del ámbito de este libro, parece que es mejor creer que estas condiciones estaban presentes desde el principio, pero que eran de carácter neutral. Los efectos malos de estos fenómenos pueden haber sido el resultado del pecado de los hombres. Por ejemplo, las capas de la tierra pueden desplazarse de forma natural (terremotos). Cuando la gente de forma poco inteligente, quizá como resultado de su codicia, construye sobre fallas geológicas, el desplazamiento de las capas de la tierra se convierte en un mal.

Sin embargo, más seria y obvia es la contribución de la caída al mal moral, esto es, el mal que está relacionado con los deseos humanos y su forma de actuar. Desde luego mucha de la pena y la infelicidad de los seres humanos es el resultado del mal estructural dentro de la sociedad. Por ejemplo, el poder puede estar en manos de unos pocos que lo utilizan para explotar a otros. La codicia a escala colectiva puede poner a un grupo social o de raza en condiciones penosas o miserables.

Una pregunta importante que debe plantearse es cómo pudo producirse el pecado en primera instancia. Si los hombres fueron creados buenos, o al menos sin una naturaleza mala, hechos a la imagen de Dios, y si la creación que Dios había hecho era "muy buena" (Gn. 1:31), entonces ¿cómo pudo suceder el pecado? ¿Qué pudo haber motivado ese pecado? Aquí recurrimos a la caída de Adán. En Génesis 3 leemos que la serpiente (seguramente el diablo) tentó a Eva. Aparentemente en un momento entre la terminación de la creación, que Dios dijo que era buena, y la tentación de Eva, se produjo la caída de Satanás. Por lo tanto, una fuerza maligna estaba presente en la creación, una fuerza que indujo en Adán y Eva el deseo que les llevó a pecar.

Pero ¿resuelve esto realmente el problema o sólo lo hace dar un paso atrás? Ahora la cuestión es ¿cómo es que pecaron los ángeles buenos, y en particular el que se convirtió en el diablo? Ya que estaban en presencia de Dios, ¿qué pudo conducirles a pecar? ¿No habría ya algún retazo de mal presente en la creación? ¿No habría algún pequeño componente pecaminoso aunque solo fuese una mota? Y si eso es así, ¿no habría sido Dios el autor de este pecado, y el responsable no sólo de este pecado sino de todos los demás que le siguieron a continuación?

Esta manera de pensar representa una forma de entender la naturaleza del pecado incorrecta, como si fuera una especie de sustancia necesaria para que ocurrieran estos actos. Se la podría denominar la "teoría del germen" del pecado: hay que "pillar" o "ser infectado por" el pecado. Pero no es necesario estar en contacto con alguien que se ha roto un hueso para rompérselo uno mismo; todo lo que se necesita es torcerse un miembro de mala manera, ¡y ya tenemos la rotura! De forma parecida, el pecado se produce cuando la voluntad y la relación de una persona con Dios se tuerce de mala manera, cuando de entre dos posibilidades se lleva a cabo la mala.

Para que los humanos sean realmente libres, tiene que haber una opción. La elección es obedecer o desobedecer a Dios. En el caso de Adán y Eva, el árbol de la ciencia del bien y del mal simbolizaba esta elección. La tentación de la serpiente apeló a los deseos que, en sí mismos no eran malos, pero que se podían expresar y llevar a cabo de forma equivocada (desobedeciendo a Dios). Cuando esto se hizo, se produjo una relación torcida o distorsionada con Dios. De hecho, una palabra para pecado lleva consigo la idea de torcer.[41] Al producirse esta torcedura de la relación, el pecado se convirtió en realidad. Los humanos (y se entiende

41. El verbo es עָוָה *('awah)* – Francis Brown, S. R. Driver y Charles A. Briggs, *Hebrew and English Lexicon of the Old Testament* (New York: Oxford University Press, 1955), p. 730.

que también los ángeles caídos) se han visto muy afectados por el pecado: sus actitudes, valores y relaciones han cambiado.

Queda claro pues que Dios no creó el pecado. Él únicamente proporcionó las opciones necesarias para la libertad humana, opciones que podrían acabar en pecado. Fueron los humanos los que pecaron, y antes que ellos los ángeles caídos, no Dios. Algunos por supuesto podrían objetar que Dios debería haber impedido que ocurriese el pecado, o incluso su posibilidad. Ya hemos tratado este tipo de objeción en el capítulo 17.

### *Mal específico como resultado de pecados específicos*

Algunos males específicos son el resultado de pecados específicos o al menos de imprudencias. Algunas de las situaciones malas de la vida son causadas por las malas acciones de otros. La muerte de un policía se puede atribuir al delincuente que empuñó el arma. Aunque puede haber muchas razones complejas tras este acto, el hecho básico sigue siendo que el policía murió por la acción de otra persona. El asesinato, los abusos infantiles, el robo y la violación son males que provienen de las elecciones pecaminosas tomadas por individuos pecadores. En algunos casos, la víctima es inocente del mal que sucede, pero en otros casos contribuye o provoca la mala acción.

En bastantes casos, atraemos el mal hacia nosotros mismos con nuestras acciones pecaminosas e imprudentes. Debemos tener mucho cuidado con esto. Los amigos de Job solían atribuir sus infortunios únicamente a sus pecados (ej. Job 22). Pero Jesús señaló que la tragedia no siempre es el resultado de un pecado específico. Cuando sus discípulos le preguntaron sobre un hombre que había nacido ciego: "Rabí, ¿quién pecó, este o sus padres, para que haya nacido ciego?" Jesús contestó: "No es que pecó este, ni sus padres, sino para que las obras de Dios se manifiesten en él" (Jn. 9:2-3). Jesús no estaba negando que el hombre ni sus padres hubieran pecado, sino que estaba refutando la idea de que la ceguera era el resultado de un pecado específico. Es imprudente atribuir los infortunios automáticamente al pecado que uno ha cometido. Sin embargo, hay una tendencia a considerar los infortunios como castigos enviados por Dios, y sentirse culpable o echar la culpa a Dios por ser injusto al enviarnos un castigo que no creemos merecer. La pregunta "¿Por qué?" a menudo refleja la idea errónea de que Dios envía cada suceso como respuesta directa a nuestras acciones. Si Dios envía por igual el sol y la lluvia sobre los justos e injustos, en un mundo en el que el pecado ha hecho estragos en la naturaleza y traído enfermedades, el infortunio puede ocurrirles de igual manera a los justos y a los injustos. Seguramente, Dios ha garantizado todo lo que sucede, pero no necesariamente habrá dirigido cada enfermedad específica como respuesta a algún pecado específico.

Pero tras hacer esta advertencia, es necesario que señalemos que hay ejemplos de pecado que traen consigo resultados desafortunados para el pecador en particular. Un ejemplo es David, cuyo pecado con Betsabé y el asesinato de Urías trajo como resultado la muerte del hijo de David y Betsabé así como un conflicto en la propia casa de David. Esto debería pensarse más en términos de los efectos naturales de ciertos actos que del castigo de Dios. No conocemos las circunstancias, puede que ciertas condiciones del momento del adulterio trajeran consigo un defecto genético en el niño. En el caso de la violación de Tamar por Amnón y el asesinato de Amnón por Absalón y su sedición en contra de David, puede haber sucedido que las semillas fueran sembradas por el conocimiento que los hijos tenían del pecado de su padre, o porque David no fuera capaz de ejercer la disciplina en sus hijos por su propio sentido de culpabilidad y su sentimiento de que sería hipócrita de su parte reprender a sus hijos por hacer algo que él también había hecho. En otras palabras, el pecado de David puede haberle llevado a ser indulgente con sus hijos, lo cual a su vez les llevó a pecar. Mucho del mal que se relata en las Escrituras le sucede a la gente debido a su propio pecado, o al de alguien cercano a ellos. Un ejemplo destacado es Acán y su familia, que fueron lapidados por el pecado que él había cometido en Jericó (Js. 7:24-25).

Pablo dijo: "No os engañéis; Dios no puede ser burlado, pues todo lo que el hombre siembre, eso también segará, porque el que siembra para su carne, de la carne segará corrupción; pero el que siembra para el Espíritu, del Espíritu segará vida eterna" (Gá. 6:7-8). Aunque Pablo seguramente estaba pensando principalmente en la dimensión eterna de las consecuencias del pecado, el contexto (la primera parte del capítulo 6) parece indicar que tuvo también en mente los efectos temporales. Hay ciertas relaciones de causa – efecto en el ámbito espiritual y en el físico. Violar la ley en contra del adulterio (Éx. 20:14) puede traer consigo la destrucción de relaciones de confianza, no sólo con el esposo, sino también con los hijos; algunos pueden perder también a su familia. Dios no está necesariamente castigando al ofensor infligiéndole estos resultados, sino que el acto del adulterio puede poner en marcha una cadena de efectos adversos. Beber de forma regular puede destruir nuestra salud mediante una cirrosis hepática. Dios no está atacando al bebedor; más bien el pecado de emborracharse trae consigo esa enfermedad. Sin embargo, esto no quiere decir que Dios no pueda utilizar los resultados naturales del pecado para castigar a la gente.

Lo que hemos estado diciendo sobre el pecado (violar la ley de Dios) también es cierto para el comportamiento poco aconsejable e imprudente. Algunos de nuestros problemas son el resultado de nuestro comportamiento alocado e imprudente. Una organización de seguros de tráfico ha comentado recientemente que el 90% de las personas que sufren heridas graves en un accidente de tráfico no llevaban puestos los cinturones de seguridad en el momento del accidente, y el número de los que murieron era más alto: 93%. Aunque no hay manera de calcular cuántas de estas personas no habrían muerto si hubieran llevado el cinturón, parece claro que la pregunta "¿Por qué permite Dios que suceda esto?"

no es la más importante. De hecho, incluso se podría considerar inapropiada. Además de ignorar las normas de seguridad en el tráfico, otras contribuciones importantes al mal que experimentamos pueden ser la descuidada administración financiera y las malas prácticas sanitarias.

### *Dios como víctima del mal*

Que Dios haya tomado el pecado y sus malos efectos sobre sí mismo es una contribución especial de la doctrina cristiana a la solución del problema del mal.[42] Es de destacar que, sabiendo que él mismo se convertiría en la víctima principal del mal que procede del pecado, Dios permitiera que sucediera el pecado. La Biblia nos cuenta que Dios se afligió por el comportamiento pecaminoso de los humanos (Gn. 6:6). Aunque desde luego hay aquí cierto antropomorfismo, esto, no obstante, es indicativo de que el pecado humano es doloroso y hace daño a Dios. Pero esto queda aún más claro con la encarnación. El Dios trino sabía que la segunda persona vendría a la tierra y estaría sujeto a numerosos males: hambre, fatiga, traición, ridículo, rechazo, sufrimiento y muerte. Hizo esto para negar el pecado y sus malos efectos. Dios sufre con nosotros el mal del mundo, y en consecuencia es capaz de liberarnos del mal. ¡Qué gran ejemplo de amor! Cualquiera que impugne la bondad de Dios por permitir el pecado y su mal subsiguiente debe medir ese cargo según la enseñanza de las Escrituras de que Dios mismo se convirtió en víctima del mal para que él y nosotros podamos salir victoriosos sobre el mal.

### *La vida futura*

Está fuera de toda duda que en esta vida hay ejemplos bastante claros de injusticia y de sufrimiento de inocentes. Si esta vida fuera todo lo que hay, entonces el problema del mal no tendría solución. Pero la doctrina cristiana de la vida futura nos enseña que habrá un gran juicio: todos los pecados serán reconocidos y también se revelarán las buenas obras. El castigo por el mal se administrará con justicia, y la dimensión final de la vida eterna será concedida a todos los que hayan respondido a la oferta de amor de Dios. Por lo tanto la queja del salmista sobre que los malos prosperan y los rectos sufren quedará satisfecha a la luz de la vida futura.

Un problema adicional para el teísmo cristiano está relacionado con la vida futura: ¿Cómo podría un Dios amoroso enviar a nadie al infierno? Aunque trataremos esta cuestión de forma más completa en conexión con la escatología, es necesario señalar aquí que el pecado consiste en la elección que el hombre hace de seguir su camino en lugar de seguir a Dios. A lo largo de la vida, una persona prácticamente le está diciendo a Dios: "Déjame solo." El infierno, la ausencia de Dios, simplemente es dar finalmente a esa persona lo que siempre ha estado pidiendo. No es Dios, sino la propia elección de la persona la que envía a esa persona al infierno.

42. Lewis, *Problem of Pain*, pp. 119-20.

# 21. Los agentes especiales de Dios: los ángeles

## Objetivos del capítulo

Después de estudiar este capítulo, debería ser capaz de:

- Describir la historia de la doctrina de los ángeles buenos y malos.
- Identificar y entender a los ángeles buenos y sus características especiales.
- Identificar y entender a los ángeles malos a través de sus características y obras.
- Tener confianza en los ángeles de Dios, pero no sentir una excesiva fascinación por ellos.
- Sentir un respeto sano por los ángeles malos, pero no temor ni fascinación.
- Descubrir el papel de los ángeles en la consecución del plan de Dios.
- Entender las limitaciones y el destino último de Satanás y sus siervos.

## Resumen del capítulo

Hay seres sobrehumanos, pero no seres divinos que obran en la historia humana. Algunos de ellos, que permanecen fieles a Dios, llevan a cabo su obra. Otros, que cayeron de su estado de santidad, viven para oponerse a Dios y a sus hijos. El cuidado y preocupación de Dios por su creación es evidente en la ayuda de los ángeles buenos. Por contraste, Satanás y sus huestes tratan de torcer los propósitos de Dios. Pero Dios ha limitado sus poderes.

## Cuestiones de estudio

1. ¿Por qué es necesario estudiar a los ángeles e incluirlos en el estudio de la teología?
2. ¿Cómo clasifica Dionisio a los ángeles y qué significado tiene cada grupo?
3. ¿Cuáles son los papeles y responsabilidades de los ángeles en el plan de Dios?
4. ¿Cómo compararía y contrastaría los ángeles buenos y malos?
5. Comparar y contrastar la doctrina de los ángeles según las entienden Rudolf Bultmann y Karl Barth.
6. ¿Cómo se definen los difíciles términos "hijos de Dios" y "el ángel del Señor"?
7. ¿Qué confianza en Dios inspiran al creyente cristiano el papel de los ángeles en la vida?
8. ¿Qué límites se ponen a Satanás y sus emisarios?

- Historia de la doctrina
- Los ángeles buenos
  - Terminología
  - Su origen, naturaleza y estatus
  - Su apariencia
  - Sus capacidades y poderes
  - Organización
  - Términos difíciles
  - Sus actividades
- Ángeles malos
  - El estatus actual de la demonología
  - El origen de los demonios
  - El jefe de los demonios
  - Actividades de los demonios
  - Posesión demoníaca
  - El destino de Satanás y de los demonios
- El papel de la doctrina de los ángeles

Cuando hablamos sobre los ángeles, entramos en un tema que en algunos aspectos es el más inusual y difícil de todos los temas de la teología. Karl Barth, que ha hecho el tratamiento más extenso sobre el tema que se ha hecho en ningún tratado teológico reciente, describe el tema de los ángeles como el más "llamativo y difícil de todos."[1] Es, por lo tanto, un tema que resulta tentador omitir o descuidar. Alguno podría decir que la doctrina cristiana no se vería afectada si omitimos este tema, y en cierto sentido eso es cierto. Sería posible mantener las

1. Karl Barth, *Church Dogmatics* (Edinburgh: T. & T. Clark, 1961), vol. 3, parte 3, p. 369.

doctrinas de la creación y la providencia sin hacer referencia a los ángeles, porque Dios sin duda creó el universo y puede sostenerlo y guiarlo directamente, sin utilizar a los ángeles como agentes. Sin embargo, la enseñanza de las Escrituras nos dice que él creó estos seres espirituales y ha escogido realizar muchos de sus actos a través de ellos. Por lo tanto, si vamos a ser estudiantes fieles de la Biblia, no tenemos otra opción que la de hablar de estos seres.

Por ángeles entendemos esos seres espirituales que Dios creó superiores a los humanos, algunos de los cuales permanecen obedientes a Dios y cumplen su voluntad, y otros le desobedecieron, perdieron su condición y ahora se oponen y dificultan su obra.

Hemos señalado la dificultad de este tema. Una razón es que aunque hay abundantes referencias a los ángeles en la Biblia, no son muy útiles para elaborar una teoría sobre los ángeles. Todas las referencias a los ángeles son incidentales a otros temas. No se tratan por sí mismos. Cuando se mencionan, siempre es para informarnos más sobre Dios, sobre lo que hace y cómo lo hace. Como los detalles sobre los ángeles no son significativos para ese propósito, se suelen omitir.

## Historia de la doctrina

El tema de los ángeles probablemente ha tenido una historia más variada que la mayoría de las doctrinas. Unas veces, ha habido una preocupación exagerada por la doctrina de los ángeles y especulaciones de lo más disparatadas en torno a su naturaleza y actividades. Otras veces, creer en los ángeles se ha considerado como una reliquia de un tipo de pensamiento pre-científico y no crítico. Sin embargo, el potencial mal uso no debería disuadirnos de tratar este tema de importancia genuina. Barth reconoce que al tratar este tema nos aproximamos al límite de "los problemas ajenos a la tarea y el propósito de una dogmática basada en la Palabra de Dios." Menciona varios teólogos que reconocen la naturaleza tangencial del tema: Orígenes, Gregorio Nacianceno, Agustín, Tomás de Aquino y Juan Calvino, pero no obstante observa que: "Por supuesto, sería inconcebible no tratar el problema."[2]

La doctrina de los ángeles no siempre se ha considerado tan problemática. Los apólogos del siglo segundo parecen haber dado a los ángeles un estatus cercano a la divinidad. Por ejemplo, al contestar al cargo de ateísmo formulado en contra de los cristianos, Justino enumeró los seres que los cristianos reverenciaban y adoraban; incluyó no sólo al Hijo, también a la hueste de ángeles que le seguían y tenían semejanza con él.[3]

La cristiandad medieval discutió extensamente sobre el tema de los ángeles. El impulso principal lo proporcionó la obra de un autor del siglo quinto o sexto

2. Ibid.. p. 370.
3. Justino Mártir; *Apología* 1. 6.

que escribió con seudónimo y que se decía que era Dionisio el areopagita, que había sido convertido por Pablo en Atenas (Hch. 17:34). Él clasificaba los ángeles en tres grupos (1) tronos, querubines, serafines; (2) potestades, autoridades, dominios; (3) principados, arcángeles, ángeles. El primer grupo, el más cercano a Dios, ilumina al segundo grupo, que a su vez ilumina al tercero. Dionisio puso un gran énfasis en la jerarquía que él creía que era inherente a toda la realidad. Basando su argumento en la declaración de Pablo de que la ley fue dada por medio de los ángeles (Gá. 3:19), Dionisio afirmaba que los humanos, como orden inferior que eran, no tenían acceso directo a Dios o a sus manifestaciones, si no era a través de los ángeles. Los órdenes humanos, y en particular la iglesia, deberían reflejar una estructura jerárquica similar.[4]

El pensamiento medieval posterior se interesó mucho por los ángeles. En *Summa contra Gentiles*, Tomás de Aquino pretendía demostrar con la razón la existencia de los ángeles.[5] En *Summa theologica* trata de demostrar varios puntos sobre ellos: su número es mayor que todo el conjunto de los seres materiales; cada uno tiene su propia naturaleza individual; siempre están en un punto en particular, pero no están limitados a ese punto.[6] Cada persona tiene un ángel guardián que se le asigna en el nacimiento (antes de nacer el niño está bajo la custodia del ángel guardián de su madre). Aunque los ángeles se alegran ante la buena fortuna y el interés espiritual de las personas que están a su cargo, no se afligen ante las cosas negativas que les ocurren, porque la pena y el dolor les son ajenos.[7] Tomás dedicó no menos de 118 cuestiones individuales a la naturaleza y condición de los ángeles. Este interés por los ángeles puede que fuera el motivo por el que se ganó el título de *doctor angélico.* Muchas de sus ideas sobre los ángeles se basaban en lo que ahora denominaríamos teología natural, una serie de argumentos racionales y de inferencias.

El efecto de los argumentos de Tomás estaba en que enfatizaba con fuerza el reino supersensible de los ángeles. Después de todo, si su número excedía el de la totalidad de los seres ligados a la materia, el reino material o terrenal debía ser de importancia secundaria. Por lo tanto mucha de la teología subsiguiente tendía a atribuir todo lo que ocurría a la actividad de los ángeles (o de los demonios).

Sin embargo, el intento de probar racionalmente la existencia de los ángeles no se limita a la obra de Tomás. También lo encontramos en teólogos posteriores. Johannes Quenstedt, uno de los escolásticos luteranos del siglo XVII, argumentaba que la existencia de los ángeles, o de algo similar a ellos, era probable, porque en

4. Pseudo-Dionysius the Areopagite, *De caelesti hierarchia in usum studiosae iuventutis*, ed. P. Hendrix (Leiden: E. J. Brill, 1959), capítulo 2.

5. Tomás de Aquino, *Summa contra Gentiles*, 2.91.

6. Tomás de Aquino, *Summa theologica*, parte 1, cuestiones 50-52.

7. Ibid., cuestión 113.

la naturaleza no hay lagunas.[8] Así como hay seres puramente corpóreos, como las piedras, y seres en parte corpóreos y en parte espirituales, como los humanos, se podría esperar que en la creación existieran seres totalmente espirituales, como los ángeles. Incluso Charles Hodge argumentó que la idea de que el humano sea el único ser racional es tan improbable como que los insectos son los únicos animales irracionales: "Hay todas las razones para suponer que la escala de los seres entre las criaturas racionales es tan extensa como en el mundo animal."[9]

Aunque algunos de los primeros teólogos daban a los ángeles un lugar demasiado importante en el esquema total, en parte del pensamiento reciente se ha minimizado la doctrina o incluso eliminado ángeles de la consideración teológica. Esto ha sucedido especialmente con el programa de desmitologización de Rudolf Bultmann. Él señala que en el Nuevo Testamento los ángeles juegan un papel muy importante. Ocupan el cielo (en el caso de los ángeles buenos) y el infierno (en el caso de los demonios). Sin embargo, no están limitados al cielo o al infierno. Tanto los ángeles como los demonios obran también activamente en la zona media, la tierra. Los ángeles, en nombre de Dios, pueden intervenir milagrosamente en el orden creado. Y los demonios entran en los humanos, poniéndolos bajo su control, a través de medios como las enfermedades. Sin embargo, hoy ya no creemos en ese tipo de seres espirituales, dice Bultmann. Ahora sabemos, gracias a nuestro mayor conocimiento de la naturaleza, que la enfermedad no la causan los demonios, sino los virus y las bacterias. También sabemos lo que debemos hacer para recuperarnos de esas enfermedades. Bultmann afirma: "Es imposible utilizar la luz eléctrica y la radio y servirnos de los descubrimientos médicos y quirúrgicos, y creer al mismo tiempo en el mundo de espíritus y milagros del Nuevo Testamento."[10] Dice que no hay nada único y especial en la creencia en los espíritus de los escritores del Nuevo Testamento. Únicamente es una reflexión de las ideas mantenidas popularmente en aquellos días. En otras palabras, es un mito. Incluso muchos modernos que no saben nada sobre la teoría hermenéutica muy técnica y muy afinada de Bultmann consideran obsoleta la creencia en los ángeles. Entre las primeras áreas de la doctrina cristiana que se desmitologizan popularmente se encuentra la creencia en los ángeles y en el infierno.

En la última parte del siglo XX, se ha producido un auténtico resurgimiento de la angelología. Se ha producido un crecimiento del interés de la sociedad por lo sobrenatural, incluida la fascinación por el ocultismo. Quizá como reacción en contra del racionalismo científico naturalista, las explicaciones que caen fuera del campo de las leyes naturales han florecido en algunos círculos. Los

8. Johannes Andreas Quenstedt, *Theologia didactico-polemica, sive sistema theologicum* (Leipzig: Thomas Fritsch, 1715), parte 1, p. 629.

9. Charles Hodge, *Systematic Theology* (Grand Rapids: Eerdmans, 1952), vol. 1, p. 636.

10. Rudolf Bultmann, "New Testament and Mythology," en *Kerygma and Myth*, ed. Hans Bartsch (New York: Harper & Row, 1961), p. 5.

cristianos han mostrado un interés renovado por la demonología, en particular por la posesión demoníaca y las enfermedades inducidas por los demonios. En relación con esto, aunque demorándose algo en el tiempo, ha surgido un interés popular por los ángeles buenos.[11] En la década de los años 1990, aparecieron varias películas que relataban la realidad y la actividad de los ángeles. Sin embargo, no ha habido una investigación equilibrada de la naturaleza y la actividad de los ángeles, tanto de los buenos como de los malos.

## Los ángeles buenos

### *Terminología*

El principal término hebreo para ángel es מַלְאָךְ *(mal'ak);* la palabra griega correspondiente es ἄγγελος (*angelos*); en cada caso, el significado básico es mensajero, ya sea humano o angélico. Cuando se utiliza para ángeles, los términos resaltan su papel de portadores de mensajes. Ejemplos de humanos designados con el término מַלְאָךְ o ἄγγελος son el mensajero enviado por Jezabel a Elías (1 R. 19:2) y ciertos discípulos de Juan el Bautista (Lc. 7:24) y de Jesús (Lc. 9:52). Algunos sugieren que la palabra en singular en el Antiguo Testamento normalmente hace referencia a los mensajeros divinos (esto es, los ángeles) y en plural a los mensajeros humanos; pero las excepciones son lo suficientemente numerosas e importantes como para hacer que esta observación no sea realmente significativa.[12] Otras expresiones hebreas que se cree que hacen referencia a los ángeles son "hijos de Elohim – Dios –" (Job 1:6; 2:1) e "hijos de Elim – los poderosos –" (Sal. 29:1; 89:6). Es dudoso que la palabra *Elohim* sola, pueda representar a los ángeles, aunque la Septuaginta así la traduce en varias ocasiones, la más destacada Salmos 8:5. Otros términos del Antiguo Testamento para ángeles son "santos" (Sal. 89:5, 7) y "vigilantes" (Dn. 4:13, 17, 23). Cuando se habla de ellos en su conjunto se les llama "la congregación" (Sal. 89:5, 7) y "ejército" o "ejércitos" como en la expresión muy común "Jehová de los ejércitos" que se encuentra más de sesenta veces sólo en el libro de Isaías.

Con frecuencia, cuando ἄγγελος aparece en el Nuevo Testamento, le acompaña una frase que deja claro que está haciendo referencia a los ángeles, como por ejemplo: "los ángeles de los cielos" (Mt. 24:36). Otras expresiones del Nuevo Testamento que se cree que hacen referencia a los ángeles son "huestes celestiales" (Lc. 2:13), "espíritus" (He. 1:14), y en distintas combinaciones "principados," "potestades," "tronos," "dominios" y "autoridades" (ver especialmente Col. 1:16; también Ro. 8:38; 1 Co. 15:24; Ef. 6:12; Col. 2:15).

11. Billy Graham, *Angels: God's Secret Agents* (Garden City, N. Y.: Doubleday, 1975).
12. John Macartney Wilson, "Angel," en *International Estándar Bible Encyclopedia* (Grand Rapids: Eerdmans, 1952), vol. 1, p. 132.

El término *arcángel* aparece en dos pasajes, 1 Tesalonicenses 4:16 y Judas 9. En este último se llama a Miguel arcángel.

### Su origen, naturaleza y estatus

Las Escrituras no dicen explícitamente que los ángeles fueran creados, tampoco se les menciona en el relato de la creación (Gn. 1-2). Sin embargo, que fueron creados queda claramente implícito en Salmos 148:2, 5: "Alabadlo, vosotros todos sus ángeles; alabadlo, vosotros todos sus ejércitos...Alaben el nombre de Jehová, porque él mandó, y fueron creados." Los ángeles al igual que los objetos celestiales mencionados en los versículos 3 y 4, se dice que fueron creados por el Señor. Esto parece que también se afirma en Colosenses 1:16: "porque en él fueron creadas todas las cosas, las que hay en los cielos y las que hay en la tierra, visibles e invisibles; sean tronos, sean dominios, sean principados, sean potestades; todo fue creado por medio de él y para él." Algunos estudiosos creen que Génesis 2:1 y Job 38:7 indican que los ángeles formaban parte de la creación original, pero estos textos no son lo suficientemente claros como para ser utilizados como fundamento para esta creencia. Aparentemente los ángeles fueron creados todos a la vez directamente, dado que parece ser que no tienen el poder de propagarse de forma normal (Mt. 22:30), y no se nos dice que hubo más creaciones directas de Dios después de que finalizara el esfuerzo creativo original (Gn. 2:2-3).

Los judíos y los cristianos siempre han creído y enseñado que los ángeles son seres inmateriales o espirituales. Por otra parte, los ángeles han aparecido en forma de seres humanos con cuerpos materiales. En esto, como en el tema de su creación, no existen evidencias explícitas abundantes. De hecho, uno podría concluir que los ángeles y los espíritus son seres distintos unos de otros en Hechos 23:8-9, aunque puede que los ángeles formen parte del género de los espíritus. La frase más clara sobre la naturaleza espiritual de los ángeles la encontramos en Hebreos 1:14, donde el escritor, refiriéndose evidentemente a los ángeles (ver versículos 5, 13), dice: "¿No son todos espíritus ministradores, enviados para servicio a favor de los que serán herederos de la salvación?" Que los ángeles son espíritus también se puede deducir de las siguientes consideraciones:

1. A los demonios (ángeles caídos) se les describe como espíritus (Mt. 8:16; 12:45; Lc. 7:21; 8:2; 11:26; Hechos 19:12; Apoc. 16:14).
2. Se nos dice que nuestra lucha no es contra "sangre y carne, sino contra principados, contra potestades, contra los gobernadores de las tinieblas de este mundo, contra huestes espirituales de maldad en las regiones celestes" (Ef. 6:12).
3. Pablo, en Colosenses 1:16, parece identificar las fuerzas celestiales como invisibles.
4. Que los ángeles son espíritus parece deducirse (aunque no necesariamente) de las afirmaciones de Jesús de que los ángeles no se casan (Mt. 22:30) y no mueren (Lc. 20:36).

Algunos han argumentado que como no hay referencias a las almas de los ángeles, estos no tienen ni almas ni cuerpos para ser ocupados por las almas (de ahí que los ángeles deben de ser espirituales). Esta conclusión, sin embargo, es un poco forzada. Además de ser un argumento del silencio, implica un punto de vista discutible sobre la relación cuerpo-alma.

A la vista de las consideraciones anteriores, parece seguro concluir que los ángeles son seres espirituales; no tienen cuerpos físicos o materiales. Las manifestaciones físicas recogidas en las Escrituras se deben considerar apariencias tomadas para la ocasión (angelofanías).

Como observamos anteriormente en este capítulo, a veces ha habido tendencia a exaltar exageradamente a los ángeles, ofreciéndoles el culto y la reverencia debida sólo a la deidad. Sin embargo, el pasaje más extenso sobre los ángeles: Hebreos 1:5-2:9, concluye que Cristo es superior a los ángeles. Aunque durante algún tiempo se le hizo un poco inferior a los ángeles, él es en todo superior a ellos. Aunque Jesús durante un periodo de tiempo estuvo subordinado al Padre, los ángeles siempre están subordinados a Dios y llevan a cabo su voluntad; no actúan por iniciativa propia. Aunque son superiores a los seres humanos en muchas habilidades y cualidades, forman parte de la clase de los seres creados y por lo tanto son seres finitos. No sabemos con precisión cuándo fueron creados, pero parece evidente que Dios en un momento dado les dio vida. Como seres totalmente espirituales son únicos entre las demás criaturas, pero siguen siendo criaturas.

Hay un gran número de ángeles. Las Escrituras tienen varias formas de indicar su cantidad: "diez millares" (Dt. 33:2); "veintenas de millares de millares" (Sal. 68:17); "doce legiones" (entre 36.000 y 72. 000 – el tamaño de una legión romana variaba entre 3.000 y 6. 000) (Mt. 26:53); "muchos millares de ángeles" (He. 12:22); "millones de millones" (Apoc. 5:11). La última referencia puede ser una alusión a Daniel 7:10. Job 25:3 y 2 Reyes 6:17 también indican un gran número de seres angélicos. Aunque no hay razón para tomar por exactas estas cifras, en particular por el significado simbólico de los números utilizados (12 y 1.000), queda claro que los ángeles son un gran número.

### Su apariencia

En la mayoría de los casos no se ve a los ángeles. El Señor tuvo que abrir los ojos a Balaam para que viera al ángel que estaba en su camino (Núm. 22:31). Eliseo oró para que el Señor abriera los ojos de su criado; después el joven vio la montaña llena de hombres a caballo y carros de fuego alrededor de Eliseo (2 R. 6:17). Cuando se ve a los ángeles, normalmente tienen apariencia humana, de manera que pueden ser confundidos con humanos (Gn. 18:2, 16, 22; 19:1, 5, 10, 12, 15, 16; Jue. 13:6; Mr. 16:5; Lc. 24:4). A veces la gloria del Señor resplandece en ellos (Lc. 2:9; 9:26) – quizá la razón por la cual a veces se les ve llevando ropa blanca de brillante apariencia. Fijémonos en cómo describe Mateo al ángel del Señor que removió la roca del sepulcro de Jesús: "Su aspecto era como un relámpago, y su vestido blanco como la nieve" (Mt. 28:3; cf. Ez. 1:13; Dn. 10:6; Apoc. 1:14 y 19:12).

Algunos de los conceptos que se han mantenido comúnmente no están apoyados por ninguna referencia de las Escrituras. No hay indicaciones de ángeles que aparezcan con forma femenina. No hay referencias específicas a que tengan alas, aunque en Daniel 9:21 y Apocalipsis 14:6 se dice que vuelan. El querubín y el serafín son representados con alas (Éx. 25:20; Is. 6:2) y también las criaturas simbólicas de Ezequiel 1:6 (cf. Apoc. 4:8). Sin embargo, no podemos estar seguros de que lo que es cierto para un querubín y un serafín lo sea también para los ángeles en general. Como no hay referencia explícita que indique que la totalidad de los ángeles tienen alas, debemos considerar esto como una mera inferencia, pero no una inferencia necesaria, sacada de los pasajes bíblicos en los que se les describe volando.

### *Sus capacidades y poderes*

Los ángeles son representados como seres personales. Se puede interactuar con ellos. Tienen inteligencia y voluntad (2 S. 14:20; Apoc. 22:9). Son criaturas morales, algunos son caracterizados como santos (Mt. 25:31; Mr. 8:38; Lc. 1:26; Hch. 10:22; Apoc. 14:10), mientras que a otros, que han caído, se les describe como mentirosos y pecadores (Jn. 8:44; 1 Jn. 3:8-10).

En Mateo 24:36 Jesús da a entender que los ángeles tienen un conocimiento sobrehumano, pero al mismo tiempo afirma expresamente que su conocimiento tiene límites: "Pero del día y la hora nadie sabe, ni aun los ángeles de los cielos, sino solo mi Padre." En 1 P. 1:12 puede que haya una alusión a la naturaleza limitada de su conocimiento. Evidentemente ellos crecen en conocimiento observando las acciones humanas y oyendo hablar del arrepentimiento humano (Lc. 12:8; 15:10; 1 Co. 4:9; Ef. 3:10). Que su conocimiento es mayor que el de los humanos se aprecia en su presencia en los consejos celestiales, su implicación en la transmisión de la revelación (Gá. 3:19) y su interpretación de las visiones (como en los casos de Daniel y Zacarías). Ser comparado con un ángel puede implicar que se posee una gran sabiduría.

Al igual que los ángeles poseen gran conocimiento, pero no omnisciencia, así también tienen un poder grande y sobrenatural, pero sin ser omnipotentes. El gran poder de los ángeles se enseña de tres maneras en las Escrituras:

1. Los títulos asignados al menos a algunos de ellos: principados, potestades, autoridades, dominios, tronos.
2. Afirmaciones directas; por ejemplo: "mientras que los ángeles, que son mayores en fuerza y en poder [a los humanos]" (2 P. 2:11); "Bendecid

a Jehová, vosotros sus ángeles poderosos en fortaleza, que ejecutáis su palabra obedeciendo a la voz de su precepto" (Sal. 103:20).

3. Los efectos atribuidos a su actuación: ver 2 Crónicas 32:21; Hechos 12:7-11; y nuestra discusión sobre las actividades de los ángeles (pp. 468-70).

Los ángeles obtienen su gran poder de Dios y siguen dependiendo de su voluntad favorable o de su permiso para ejercitarlo. Están restringidos a actuar dentro de los límites de su permiso. Esto le ocurre incluso a Satanás, cuya habilidad para afligir a Job estaba circunscrita a la voluntad del Señor (Job 1:12; 2:6). Los ángeles de Dios sólo actúan para llevar a cabo sus órdenes, no lo hacen de forma independiente. Sólo Dios hace los milagros (Sal. 72:18). Como criaturas que son, los ángeles están sujetos a todas las limitaciones de las criaturas.

### *Organización*

A veces se han desarrollado esquemas bastante elaborados sobre la organización de las huestes angélicas. Hay muy poca información definida y clara sobre este tema. Sabemos que hay arcángeles, que evidentemente tienen una posición más alta que la de los ángeles ordinarios. El término sólo se utiliza dos veces en la Biblia, en 1 Tesalonicenses 4:16 y Judas 9. Sólo Miguel es identificado por el nombre como arcángel. Aunque popularmente se piensa que Gabriel también es un arcángel, no hay ningún lugar en la Biblia en el que se le identifique como tal. Ni se nos dice cuántos arcángeles hay.

Se ha intentado concebir un patrón organizativo partiendo de los distintos términos utilizados por Pablo, como principados, potestades y tronos. Aunque estos términos pueden designar diferentes funciones, allí realmente no hay una forma de detectar si existe una cadena de mando.

El querubín y el serafín presentan problemas especiales, ya que no se hace ninguna declaración sobre su relación con los ángeles en general. Sólo se hace una mención a los serafines: Isaías 6:2-3 los representa adorando a Dios. Los querubines, por otro lado, son mencionados con bastante frecuencia; se les describe como de apariencia humana, con alas y asistiendo de manera especial a Dios, que tiene su trono por encima de ellos (Núm. 7:89; 1 S. 4:4; 2 S. 6:2; Sal. 80:1; 99:1; etc.). Cuando Adán y Eva fueron expulsados del Jardín del Edén, Dios colocó querubines y una espada encendida para guardar el árbol de la vida (Gn. 3:24).

Ha habido diversos tipos de especulación sobre los serafines y los querubines. Algunos han argumentado que el querubín se debe identificar con el serafín.[13] Augustus Strong sostenía que no se les debía considerar seres reales, con rango

13. Patrick Fairbairn, *The Typology of Scripture* (Philadelphia: Daniel & Smith, 1852), pp. 187- 202.

superior a los humanos, sino "apariencias simbólicas, que intentan representar a la humanidad redimida dotadas con todas las perfecciones que las criaturas perdieron tras la caída, y pensadas para que sirvan de morada a Dios."[14] Ante la ausencia de más datos, resulta infructuoso especular. La posición más cautelosa es simplemente considerar al serafín y al querubín como pertenecientes al grupo de criaturas espirituales que se designa con el nombre general de *ángel*. Puede que sean ángeles con funciones especiales, o un tipo especial de ángel. En cualquier caso, no podemos asumir que las características del serafín y del querubín se puedan aplicar a todos los ángeles. Y no sabemos si son de un rango mayor o menor, si es que existen los rangos.

### Términos difíciles

Hay dos términos difíciles que merecen una atención especial: "hijos de Dios" y "ángel del Señor." En Génesis 6:2 leemos que los hijos de Dios tomaron como esposas a las "hijas de los hombres." Algunos eruditos han llegado a concluir que estos hijos de Dios eran en realidad ángeles que se unieron a las mujeres humanas para crear una raza de hombres poderosos. Entre los argumentos que se presentan a favor de esta interpretación está el hecho de que los ángeles son denominados hijos de Dios en otras partes de las Escrituras (Job 1:6; 2:1; 38:7) y que aparentemente había una raza de superhombres sobre la tierra en aquella época (v. 4). Por otra parte, el hecho de que hubiera también grandes maldades que disgustaron tanto a Dios como para enviar el diluvio ha llevado a sugerir que los hijos de Dios en realidad eran ángeles caídos. Pero la sugerencia de que los ángeles (buenos o caídos) se uniesen a las mujeres humanas y tuvieran hijos va en contra de lo que Jesús enseña sobre los ángeles (Mt. 22:30). Según esto, la interpretación de que "los hijos de Dios" de Génesis 6:2 son hijos de Set que se unieron con descendientes paganos de Caín, parece presentar menos problemas que la de que los "hijos de Dios" sean ángeles, aunque ninguna de las dos teorías se puede mantener de forma dogmática. Es necesario concluir que sencillamente no hay evidencias suficientes para justificar el uso de este pasaje como fuente de información sobre los ángeles. Esto no se debería considerar un caso de "desmitologización evangélica," como ha sugerido el autor de una defensa de la interpretación tradicional de que los "hijos de Dios" de la Biblia en Génesis 6:2 eran ángeles.[15] Se trata simplemente de permanecer escéptico ante la falta de evidencias suficientes.

También tenemos el problema de la identidad del "ángel del Señor." En el Antiguo Testamento hay numerosas referencias al ángel del Señor o al "ángel

14. Augustus H. Strong, *Systematic Theology* (Westwood, N. J.: Revell, 1907), p. 449.

15. Willem A. Van Gemeren, "The Sons of God in Genesis 6:1-4 (An Example of Evangelical Demythologization?)," *Westminster Theological Journal* 43 (1981): 320-48.

de Dios" (Gn. 16:7-14; 18; 22:11, 14-15; 24:7, 40; 32:24-30; 48:15-16; Éx. 3:2; 14:19; 23:20-23; 32:34-33:17; Jue. 2:1, 4; 5:23; 6:11-24; 13:3, etc.). El problema está en que aunque hay numerosos pasajes donde el ángel del Señor se identifica con Dios, hay muchos otros pasajes en los que los dos se distinguen. Ejemplos de pasajes en los que se igualan son Génesis 31:11 y 13, donde el ángel del Señor dice: "Yo soy el Dios de Bet-el," y Éxodo 3:2 y 6, donde el ángel del Señor le dice a Moisés: "Yo soy el Dios de tu padre." Ejemplos de pasajes en los que los dos se distinguen son Génesis 16:11, donde el ángel del Señor le dice a Hagar: "porque Jehová ha oído tu aflicción," y Éxodo 23:20 donde el Señor le dice al pueblo de Israel: "Yo envío mi ángel delante de ti." Hay tres interpretaciones principales sobre "el ángel del Señor": (1) es únicamente un ángel con una misión especial; (2) es Dios mismo temporalmente visible con forma humana; (3) es el Logos, una preencarnación temporal de la segunda persona de la Trinidad.[16] Aunque ninguna de estas interpretaciones es plenamente satisfactoria, por la claridad de identificación de estas frases tanto la segunda como la tercera opción parecen más adecuadas que la primera. Donde hay una distinción aparente entre Dios y el ángel del Señor, Dios hace referencia a sí mismo en tercera persona. Por tanto, no es posible sacar de la naturaleza del ángel de Dios conclusiones que se puedan aplicar a todos los ángeles.

### Sus actividades

1. Los ángeles continuamente alaban y glorifican a Dios (Job 38:7; Sal. 103:20; 148:2; Apoc. 5:11-12; 7:11; 8:1-4). Aunque esta actividad normalmente se produce en presencia de Dios, al menos una vez se produce en la tierra: en el nacimiento de Jesús los ángeles cantaron: "Gloria a Dios en las alturas" (Lc. 2:13-14).

2. Los ángeles revelan y comunican el mensaje de Dios a los humanos. Esta actividad está más en consonancia con la palabra *ángel*. Los ángeles participaron particularmente como mediadores de la ley (Hch. 7:53; Gá. 3:19; He. 2:2). Aunque no se les menciona en Éxodo 19, Deuteronomio 33:2 dice: "Jehová vino...entre diez millones de santos." Este oscuro pasaje puede ser una alusión a la mediación de los ángeles. Aunque no se dice que realicen una función similar con respecto al nuevo pacto, el Nuevo Testamento con frecuencia les representa como portadores del mensaje de Dios. Gabriel se aparece a Zacarías (Lc. 1:13-20) y a María (Lc. 1:26-38). Los ángeles también hablan con Felipe (Hch. 8:26), Cornelio (Hch. 10:3-7), Pedro (Hch. 11:13; 12:7-11) y Pablo (Hch. 27:23).

3. Los ángeles ministran a los creyentes. Esto incluye protegerlos del daño. En la iglesia primitiva fue un ángel el que sacó a los apóstoles de la cárcel (Hch. 5:19) y más tarde a Pedro (Hch. 12:6-11). Los salmistas experimentaron el cuidado de los ángeles (Sal. 34:7; 91:11). Sin embargo, el ministerio principal son las

16. Wilson, "Angel," p. 134.

necesidades espirituales. Los ángeles se interesan mucho por el bienestar espiritual de los creyentes, regocijándose en su conversión (Lc. 15:10) y sirviéndoles en sus necesidades (He. 1:14). Los ángeles son espectadores de nuestras vidas (1 Co. 4:9; 1 Ti. 5:21) y están presentes dentro de la iglesia (1 Co. 11:10). A la muerte de los creyentes, les conducen al lugar bendecido (Lc. 16:22).

4. Los ángeles llevan a cabo los juicios sobre los enemigos de Dios. El ángel del Señor mató a 185.000 asirios (2 R. 19:35) y a los hijos de Israel en Jerusalén hasta que el Señor le dijo que detuviese su mano (2 S. 24:16). Fue el ángel del Señor el que se puso entre el pueblo de Israel y los egipcios (Éx. 14:19-20); el resultado fue la liberación de los israelitas y la destrucción de los egipcios en el Mar Rojo. Fue un ángel de Dios el que mató a Herodes (Hch. 12:23). El libro del Apocalipsis está lleno de profecías sobre el juicio que será administrado por los ángeles (8:6-9:21; 16:1-17; 19:11-14).

5. Los ángeles estarán implicados en la segunda venida. Ellos acompañarán al Señor en su venida (Mt. 25:31), así como estuvieron presentes en otros eventos significativos de la vida de Jesús, como su nacimiento, la tentación y la resurrección. Ellos separarán el grano de las malas hierbas (Mt. 13:39-42). Cristo enviará a sus ángeles con gran voz de trompeta y juntarán a sus escogidos de los cuatro vientos (Mt. 24:31; cf. 1 Ts. 4:16-17).

¿Qué hay del concepto de ángeles guardianes, la idea de que cada persona o al menos cada creyente tiene asignado un ángel específico para cuidarle y acompañarle durante toda su vida? Esta idea era una creencia judía popular en los tiempos de Cristo y ha pasado a una parte del pensamiento cristiano.[17] Se citan dos textos bíblicos como evidencia de la existencia de ángeles guardianes. Tras llamar a un niño y colocarlo en medio de sus discípulos Jesús dijo: "Mirad que no menospreciéis a uno de estos pequeños, porque os digo que sus ángeles en los cielos ven siempre el rostro de mi Padre que está en los cielos" (Mt. 18:10). Cuando la muchacha Rode les dijo a los que estaban en la casa que Pedro estaba a la puerta, ellos dijeron: "Es su ángel" (Hch. 12:15). Estos versículos parecen indicar que los ángeles están asignados especialmente a los individuos.

Sin embargo, en todas partes de la Biblia leemos que no un único ángel, sino muchos acompañaban, protegían y cuidaban a los creyentes. Eliseo estaba rodeado por mucha gente a caballo y por carros de fuego (2 R. 6:17); Jesús podría haber llamado a doce legiones de ángeles; varios ángeles llevaron el alma de Lázaro al seno de Abraham (Lc. 16:22). Además, en la referencia que Jesús hace sobre los ángeles de los pequeños especifica que están en presencia del Padre. Esto sugiere que estos son ángeles que alaban en presencia de Dios en lugar de ángeles que cuidan a los seres humanos en este mundo. La respuesta a

17. A. J. Maclean, "Angels,Ì en *Dictionary of the Apostolic Church*, ed. James Hastings (New York: Scribner, 1916), vol. 1, p. 60.

Rode refleja la tradición judía de que el ángel guardián se parece a la persona a la cual está asignado. Pero una indicación de que algunos discípulos creían en los ángeles guardianes no confiere autoridad a esta creencia. Algunos cristianos todavía tenían creencias equivocadas o confusas sobre diversos temas. En ausencia de un material didáctico definitivo, debemos concluir que no hay evidencias suficientes para el concepto de los ángeles guardianes.

## Ángeles malos

### *El estatus actual de la demonología*

Dónde examinar el tema de los ángeles malos presenta un problema. Tratarlos en conexión con nuestro examen de los ángeles buenos tendería a sugerir que hay un paralelismo entre ellos. Como los ángeles buenos han sido tratados aquí por su evidente relación con la providencia, los ángeles malos ¿no están un poco fuera de lugar aquí? ¿No sería más adecuado tratar este tema en conexión con el estudio del pecado? Pero hablar de los ángeles malos en este momento se justifica de dos maneras. Primero, los ángeles malos deben ser estudiados en relación estrecha con los ángeles buenos, ya que tienen el mismo origen, y mucho de lo que se ha dicho de estos segundos es cierto también para los primeros. Los ángeles buenos son todavía lo que en su día también fueron los ángeles malos. Segundo, la providencia de Dios tiene sobre sí la sombra del problema del mal. Y como ya hemos tratado sobre el mal, parece lógico tratar el tema de los demonios y del diablo aquí. Nos referiremos a estos agentes malignos de nuevo cuando hablemos del pecado y la tentación, y cuando ahondemos en la doctrina de las últimas cosas; pero simplemente no se les puede ignorar en esta coyuntura.

Los teólogos recientemente han mostrado cierta tendencia a reestructurar la idea que se tiene sobre los demonios y Satanás. Un intento de este tipo ha sido, por supuesto, el programa de desmitologización de Rudolf Bultmann, que señalamos anteriormente en este capítulo. Según este punto de vista y otros parecidos, los demonios son únicamente conceptos mitológicos extraídos de la cultura del momento. En particular, se cree que la representación bíblica refleja la influencia de la mitología persa. A pesar de lo llamativa que es esta idea superficialmente, tiene un serio defecto al no tomar en cuenta que el punto de vista cristiano no contiene nada del dualismo que con tanta frecuencia se encuentra en el pensamiento persa.[18]

Una segunda alternativa de enfoque es la de despersonalizar a los demonios. La realidad del mal en nuestros días no se puede negar. Incluso los que rechazan ideas como la depravación total y el pecado original con frecuencia condenan la

18. Wilson, "Angel," p. 135; Alfred Edersheim, *The Life and Times of Jesus the Messiah* (Grand Rapids: Eerdmans, 1945), vol. 2; p. 748.

injusticia y la guerra en el mundo. Algunos teólogos ven todo este mal no como algo que procede de una fuente personal, sino como algo que forma parte de la estructura misma de la realidad, y en especial de nuestra actual realidad social. El término *demoníaco* se considera como una caracterización de las poderosas fuerzas y estructuras sociales en lugar de seres personales. Un ejemplo de los que tienen este punto de vista es Paul Tillich.[19]

Un tercer enfoque reciente es el de Karl Barth. Él resalta la antítesis entre los demonios y los ángeles.[20] Esto no significa que separe el tratamiento de los dos temas, ya que habla brevemente de los demonios después de tratar sobre los ángeles. No es que tenga en mente la oposición entre ambos. Más bien la idea de Barth es que los demonios y los ángeles literalmente no tienen nada en común. No son dos especies de un mismo género: los ángeles. Hay una antítesis absoluta y exclusiva entre los dos. Al igual que el "sinsentido" no es una especie de sentido, los demonios o los ángeles malos no son una especie de ángeles, sino la realidad que condenan, niegan y excluyen los ángeles buenos. El origen y la naturaleza de los demonios reside en la nada, el caos, la oscuridad.[21] No han sido creados por Dios, pero forman parte de la amenaza a la creación de Dios. Son simplemente la nada en su dinámica. El problema básico con esta posición es que niega la concreción del mal y de las cosas malas.

### *El origen de los demonios*

La Biblia tiene poco que decir sobre cómo los ángeles malos llegaron a tener su actual carácter moral y dice menos aún sobre su origen. Podemos aprender algo de su origen por lo que se dice de su carácter moral. Dos pasajes estrechamente relacionados nos informan sobre la caída de los ángeles malos. Segunda Pedro 2:4 dice: "Dios no perdonó a los ángeles que pecaron, sino que los arrojó al infierno y los entregó a prisiones de oscuridad, donde están reservados para el juicio." Judas 6 dice que "a los ángeles que no guardaron su dignidad, sino que abandonaron su propio hogar, los ha guardado bajo oscuridad, en prisiones eternas, para el juicio del gran día." Los seres descritos en estos dos versículos se identifican claramente como ángeles que pecaron y serán juzgados. Deben ser seres creados, al igual que el resto de los ángeles.

Un problema que presentan estos dos versículos es que se dice que los ángeles fueron arrojados a las tinieblas para esperar allí a ser juzgados. Esto ha llevado a algunos a teorizar que hay dos clases de ángeles caídos: los que están en prisión, y los que están libres para llevar a cabo el mal en el mundo. Otra posibilidad es que estos dos versículos describan la condición de todos los demonios. Que esto

19. Paul Tillich, *Systematic Theology* (Chicago: University of Chicago Press, 1957), vol. 2, p. 27.

20. Barth, *Church Dogmatics*, vol. 3, parte 3, p. 520.

21. Ibid., p. 523.

último es correcto lo sugiere el resto de 2 Pedro 2. En el versículo 9 Pedro dice: "El Señor sabe librar de tentación a los piadosos, y reservar a los injustos para ser castigados en el día del juicio." Este lenguaje es prácticamente idéntico al utilizado en el versículo 4. Observe que el resto del capítulo (vv. 10-22) es una descripción de la actividad pecadora continuada de esta gente que está siendo castigada. Concluimos que, asimismo, aunque arrojados a las tinieblas, los ángeles caídos tienen suficiente libertad como para llevar a cabo sus malvadas actividades.

Los demonios, pues, son ángeles creados por Dios y por lo tanto en origen eran buenos; pero pecaron y por eso se hicieron malos. Cuándo exactamente tuvo lugar la rebelión no lo sabemos, pero debió haber ocurrido entre el momento en que Dios terminó la creación y dijo que "era buena" y el momento de la tentación y la caída de los humanos (Gn. 3).

### *El jefe de los demonios*

El diablo es el nombre que las Escrituras dan al jefe de estos ángeles caídos. También se le conoce como Satanás. El nombre hebreo שָׂטָן *(satan)* procede del verbo שָׂטָן *(satan)*, que significa ser o actuar como un adversario.[22] Así que él es el oponente, el que se opone a la causa y al pueblo de Dios. La palabra griega Σατᾶν *(satan)* o Σατανᾶς *(satanas)* es una transliteración de este nombre hebreo. La palabra griega más común para él es διάβολος (*diabolos*: diablo, adversario, acusador). También se utiliza κατήγωρ (*kategor* – acusador – Apoc. 12:10). Otros términos utilizados con menos frecuencia son: tentador (Mt. 4:3; 1 Ts. 3:5), Belcebú (Mt. 12:24, 27; Mr. 3:22; Lc. 11:15, 19), el enemigo (Mt. 13:39), el malo (Mt. 13:19, 38; 1 Jn. 2:13; 3:12; 5:18), Belial (2 Co. 6:15), adversario (1 P. 5:8), la serpiente antigua (Apoc. 12:9), el gran dragón (Apoc. 12:3), padre de mentira (Jn. 8:44), homicida (Jn. 8:44), pecador (1 Jn. 3:8). Todos ellos transmiten algo sobre el carácter y la actividad del diablo. Aunque al diablo no se le denomina expresamente demonio en las Escrituras, Jesús identificó a Satanás con Belcebú, el príncipe de los demonios (ver los relatos paralelos de Mt. 12:22-32; Mr. 3:22-30 y Lc. 11:14-23). Que Satanás es un demonio también queda implícito en Lucas 10:17-20, donde la expulsión de demonios es señal de que se vence a Satanás. Los que estaban poseídos por demonios se decía que estaban: "oprimidos por el diablo" (Hch. 10:38; cf. Lc. 13:16).

El diablo se dedica, como su nombre indica, a oponerse a Dios y a la obra de Cristo. Hace esto especialmente tentando a los humanos. Esto se demuestra en la tentación de Jesús, en la parábola del trigo y la cizaña (Mt. 13:24-30) y el pecado de Judas (Lc. 22:3). (Ver también Hch. 5:3; 1 Co. 7:5; 2 Co. 2:11; Ef. 6:11; 2 Ti. 2:26).

22. Francis Brown, S. R. Driver y Charles A. Briggs, *Hebrew and English Lexicon of the Old Testament* (New York: Oxford University Press, 1955), p. 966.

Uno de los principales métodos utilizados por Satanás es el engaño. Pablo nos dice que Satanás se disfraza de ángel de la luz, y que sus ministros se disfrazan de ministros de justicia (2 Co. 11:14-15). Su uso del engaño también se menciona en Apocalipsis 12:9 y 20:8, 10. A los incrédulos "les cegó el entendimiento, para que no les resplandezca la luz del evangelio de la gloria de Cristo, el cual es la imagen de Dios"(2 Co. 4:4). Se opone y estorba a los cristianos en su servicio (1 Ts. 2:18), incluso valiéndose de dolores físicos para conseguir su fin (así, probablemente en 2 Co. 12:7).

A pesar de todo el poder de Satanás es limitado, como se indica en el caso de Job. Se le puede resistir con éxito y huirá (Stgo. 4:7; ver también Ef. 4:27). Sin embargo, se le puede hacer huir no por nuestro propio esfuerzo, sino sólo por el poder del Espíritu Santo (Ro. 8:26; 1 Co. 3:16).

### Actividades de los demonios

Como sujetos de Satanás, los demonios llevan a cabo su obra en el mundo. Por lo tanto se debe asumir que están implicados en todas las formas de tentación y el engaño que él emplea. Producen enfermedades: mudez (Mr. 9:17), sordomudez (Mr. 9:25), ceguera y sordera (Mt. 12:22), convulsiones (Mr. 1:26; 9:20; Lc. 9:39), parálisis o cojera (Hch. 8:7). Y, en particular, se oponen a la progresión espiritual del pueblo de Dios (Ef. 6:12).

### Posesión demoníaca

A los incidentes de posesiones demoníacas se les ha prestado especial atención en los relatos bíblicos. La expresión técnica es "tener un demonio" (δαιμόνιον ἔχω – *daimonion echō*) o "estar endemoniado" ( δαιμονίζομαι – *daimonizomai*). A veces encontramos expresiones como "espíritus impuros" (Hch. 8:7; 19:12).

Las manifestaciones de la posesión demoníaca son variadas. Ya hemos señalado algunas de las dolencias físicas que los demonios infligen. Las personas poseídas pueden tener una fuerza inusual (Mr. 5:2-4), pueden actuar de forma extraña como por ejemplo no llevar ropa o vivir entre tumbas en lugar de vivir en una casa (Lc. 8:27), o pueden tener un comportamiento autodestructivo (Mt. 17:15; Mr. 5:5). Evidentemente hay grados de aflicción, ya que Jesús habló del espíritu maligno que "toma consigo otros siete espíritus peores que él" (Mt. 12:45). En todos estos casos el elemento común es que la persona implicada está siendo destruida, ya sea física, emocional o espiritualmente. Parece que los demonios eran capaces de hablar, seguramente utilizando el aparato vocal de la persona poseída (e.g. Mt. 8:29, 31; Mr. 1:24, 26, 34; 5:7, 9, 10; Lc. 4:41; 8:28, 30). Parece que los demonios también podían introducirse dentro de los animales (ver los relatos paralelos del incidente con los cerdos – Mt.8; Mr. 5; Lc. 8).

Es destacable que los escritores bíblicos no atribuyeran todas las enfermedades a la posesión demoníaca. Lucas cuenta que Jesús distinguía entre dos tipos de curaciones: "Echo fuera demonios y hago curaciones hoy y mañana" (Lc. 13:32). Una distinción similar se hace en Mateo 10:8; Marcos 1:34; 6:13; Lucas 4:40-41; 9:1. No se confundió la epilepsia con la posesión demoníaca. Leemos en Mateo 17:15-18 que Jesús expulsó un demonio de un epiléptico, pero en Mateo 4:24 los epilépticos (al igual que los paralíticos) se diferencian de los endemoniados. En muchas curaciones no se hace referencia a los demonios. En Mateo, por ejemplo, no se hace referencia al exorcismo de demonios cuando se cura al criado del centurión (8:5-13), la mujer con flujo de sangre de doce años de duración (9:19-20), los dos hombres ciegos (9:27-30), el hombre con la mano seca (12:9-14) y los que tocaban el borde del manto de Jesús (14:35-36). En particular, la lepra no parece que se atribuya nunca a los demonios.

Jesús expulsaba los demonios sin pronunciar fórmulas elaboradas. Sencillamente les ordenaba salir (Mr. 1:25; 9:25). Atribuía el exorcismo al Espíritu de Dios (Mt. 12:28) o al dedo de Dios (Lc. 11:20). Jesús invistió a sus discípulos con la autoridad de expulsar demonios (Mt. 10:1). Pero los discípulos necesitaban fe para tener éxito en la tarea (Mt. 17:19-20). También se menciona la oración como requisito para el exorcismo (Mr. 9:29). A veces era necesaria la fe de una tercera persona (Mr. 9:23-24; cf. Mr. 6:5-6). Otras veces los demonios eran expulsados de personas que no mostraban ningún deseo de ser curados.

No hay razón para creer que las posesiones demoníacas estén restringidas al pasado. Se dan casos, especialmente aunque no de forma exclusiva, en culturas poco desarrolladas, que sólo parecen poderse explicar de esta manera. El cristiano debería estar alerta ante la posibilidad de que suceda la posesión demoníaca hoy en día. Al mismo tiempo, no se deberían atribuir con demasiada rapidez fenómenos físicos o psíquicos aberrantes a posesiones demoníacas. Así como Jesús y los escritores bíblicos distinguían casos de posesión de otro tipo de enfermedades, lo mismo deberíamos hacer nosotros, "probar los espíritus."

En los últimos años ha habido un estallido de interés hacia el fenómeno de la posesión demoníaca. Como consecuencia de ello, algunos cristianos pueden considerar esto como la principal manifestación de las fuerzas del mal. En realidad, Satanás, el gran engañador, puede estar fomentando el interés en las posesiones demoníacas para que los cristianos descuiden otros tipos de influencias más sutiles de los poderes del mal.

### El destino de Satanás y de los demonios

La Biblia deja claro que se está produciendo una lucha seria e intensa entre Cristo y sus seguidores por una parte y Satanás y sus fuerzas por la otra. Evidencias de esta lucha incluyen la tentación de Jesús (Mt. 4:1-11), los encuentros de Jesús con los demonios y muchos otros pasajes (e.g. Lc. 22:31-34; Gá. 5:16-17; Ef. 6:10-20). La tentación de Jesús representó una victoria preliminar sobre Satanás. Otras anticipaciones de la victoria final las podemos encontrar en Lucas 10:18;

Juan 12:31; 14:30; 16:11; Romanos 16:20; Hebreos 2:14-15; 1 Juan 2:13; 3:8; 5:18. Apocalipsis 12 describe una guerra en el cielo entre Miguel y sus ángeles por una parte y Satanás y los suyos por la otra; una guerra que termina con Satanás expulsado del cielo hacia la tierra y después atacando a Cristo y a su iglesia. En Apocalipsis 20 leemos que Satanás será encerrado por mil años (v. 2) y después liberado por un tiempo antes de ser arrojado a un lago de fuego y azufre para siempre (v. 10). Jesús señala que ese será también el destino de los ángeles de Satanás (Mt. 25:41).

La batalla decisiva en la guerra entre el bien y el mal fue disputada y ganada por Cristo con la crucifixión y la resurrección. Satanás ha sido vencido y aunque continúa luchando desesperadamente, su destino ha sido sellado. Los cristianos tienen que sentirse reconfortados al saber que no tienen por qué ser vencidos en ninguno de sus encuentros específicos con Satanás (1 Co. 10:13; 1 Jn. 4:4).

## El papel de la doctrina de los ángeles

Por oscura y extraña que esta creencia en los ángeles buenos y malos pueda resultar para algunos, juega un papel importante en la vida de los cristianos. Se pueden extraer varios beneficios de nuestro estudio sobre este tema:

1. Resulta reconfortante y alentador darnos cuenta de que existen numerosos y poderosos agentes invisibles que nos ayudan en nuestras necesidades. El ojo de la fe hará por el creyente lo que la visión de los ángeles hizo por el criado de Eliseo (2 R. 6:17).
2. La alabanza y el servicio de los ángeles de Dios nos dan un ejemplo de cómo tenemos que conducirnos ahora y cuál será nuestra actividad en la vida venidera en presencia de Dios.
3. Nos debería hacer reflexionar darnos cuenta de que incluso los ángeles que estaban cerca de Dios sucumbieron a la tentación y cayeron. Esto nos recuerda que debemos "mirar de no caer"(1 Co. 10:12).
4. Saber de los ángeles malos sirve para alertarnos del peligro y la sutileza de la tentación que podemos esperar que venga de las fuerzas satánicas, y nos da una perspectiva de las maneras en las que obra el diablo. Tenemos que estar en guardia contra los dos extremos. No deberíamos tomárnoslo tan a la ligera como para ignorar los peligros, ni sentir un interés demasiado fuerte por él.
5. Nos da confianza darnos cuenta de que por muy poderosos que sean Satanás y sus cómplices, hay límites en lo que pueden hacer. Por lo tanto, nosotros, por la gracia de Dios, podemos resistirnos con éxito. Y podemos saber que al final su derrota es segura.

Parte 5

# LA HUMANIDAD

22. Introducción a la doctrina de la humanidad *475*
23. El origen de la humanidad *492*
24. La imagen de Dios en el hombre *513*
25. La naturaleza constitucional del hombre *533*
26. La universalidad de la humanidad *554*

# 22. Introducción a la doctrina de la humanidad

## Objetivos del capítulo

Después de estudiar este capítulo, debería ser capaz de:

- Describir cinco razones por las cuales la doctrina de la humanidad es importante para otras doctrinas cristianas principales.
- Identificar y entender siete imágenes contemporáneas de la humanidad.
- Comparar y contrastar estas siete imágenes de la humanidad con el punto de vista cristiano de la doctrina de la humanidad.

## Resumen del capítulo

Hay cinco razones por las cuales el punto de vista cristiano de la humanidad es importante. La doctrina cristiana de la humanidad sostiene que un ser humano es una criatura de Dios, hecha a semejanza de Dios. Esto contrasta con siete ideas contemporáneas de la humanidad. La respuesta bíblica al significado de la humanidad es la más satisfactoria entre todas estas ideas posibles.

## Cuestiones de estudio

1. ¿Cómo se relaciona la doctrina de la humanidad con la persona de Cristo?
2. ¿Qué crisis existe en la manera que tiene de entenderse a sí misma la humanidad?
3. ¿Cuáles son las siete imágenes contemporáneas de la humanidad?
4. ¿Cómo afectan las ideas de las imágenes de la humanidad que tiene la sociedad a su perspectiva de la naturaleza humana?
5. ¿Qué piensa Jean-Paul Sartre de la humanidad?

6. ¿Qué similitudes y diferencias descubre entre las imágenes seculares de la humanidad y el punto de vista cristiano sobre la humanidad? ¿Cómo evalúa usted cada perspectiva?
7. ¿Qué significa estar hechos a imagen de Dios?

Importancia de la doctrina de la humanidad
Imágenes de la humanidad
- Una máquina
- Un animal
- Un ser sexual
- Un ser económico
- Un títere del universo
- Un ser libre
- Un ser social

El punto de vista cristiano de la humanidad

## Importancia de la doctrina de la humanidad

En una clase de homilética en un seminario, el profesor estaba explicando las distintas partes del sermón. Cuando estaba hablando sobre la introducción dijo de forma bastante enfática: "La introducción es la parte más importante del sermón." Cuando habló de la parte central del sermón declaró que "la parte central del sermón es la parte más importante del sermón." Y cuando presentó el tema de la conclusión dijo sobriamente: "la conclusión es la parte más importante del sermón." Al final, un estudiante confundido hizo la pregunta obvia: "¿Cómo pueden ser las tres partes las más importantes?" Pacientemente el profesor le explicó que cualquiera que sea la parte del sermón que se esté tratando, siempre es la más importante: *en ese momento.*

Las doctrinas de la teología cristiana tienen una relación similar entre sí. En cierto sentido cada doctrina es la más importante cuando se está discutiendo sobre ella. Pero el asunto va más allá. A su propia manera todas las doctrinas son las más importantes (o al menos varias de ellas lo son). La doctrina de las Escrituras es la más importante para los propósitos epistemológicos. Si Dios no se hubiera revelado a sí mismo y hubiera conservado esta revelación en las Escrituras, nosotros no habríamos sabido cuál era nuestra necesidad y la manera de resolverla. La doctrina de Dios es la más importante desde el punto de vista de la ontología, ya que Dios es la realidad última, la fuente y el sustentador de todo lo que es. La doctrina de Cristo es la más importante para nuestra redención, porque sin la encarnación, vida, muerte y resurrección de Cristo, no habría base para nuestra salvación. La doctrina de la salvación es la más importante existencialmente, porque se ocupa de la auténtica alteración de nuestras vidas, de nuestra existencia. La iglesia es la doctrina más importante en cuanto a las relaciones ya que trata al cristiano dentro de la comunidad cristiana. Y la escatología es la doctrina más importante para la historia, porque nos habla de nuestro eterno destino.

Hay varias razones por las cuales la doctrina de la humanidad es especialmente importante:

1. Esta doctrina es importante por su relación con otras doctrinas cristianas importantes. Como el humano es la criatura terrenal de Dios más importante, el estudio de la humanidad ayuda a completar nuestra comprensión de la obra de Dios y, en cierto sentido, de Dios mismo ya que aprendemos algo del Creador viendo lo que ha creado. Porque sólo de los humanos dice la Biblia que fueron creados a imagen y semejanza de Dios (Gn. 1:26-27). Por lo tanto, una pista directa de la naturaleza de Dios debería surgir del estudio de los humanos.

Esta doctrina también arroja mucha luz sobre nuestra manera de entender la persona de Cristo, ya que la Biblia enseña que la Segunda persona de la Trinidad tomó naturaleza humana. Esto significa que para entender la naturaleza de Cristo, es necesario entender la naturaleza de la humanidad. Sin embargo, debemos asegurarnos de ser capaces de distinguir la humanidad esencial, o la humanidad como vino de la mano de Dios, de la humanidad existencial o empírica, tal como la encontramos en la actualidad. El método teológico trabaja en ambas direcciones. Estudiar la naturaleza humana de Jesús también nos proporcionará un entendimiento más completo de lo que se pretendía que fuera realmente la humanidad.

Es más, la doctrina de la humanidad es también la puerta al estudio de otras doctrinas con las que la conexión no resulta tan obvia.[1] Si Dios no hubiera creado a los humanos, probablemente no habría habido encarnación, ni expiación, ni necesidad de regeneración y justificación. No habría habido iglesia.

Esto significa que se debe ser extremadamente cuidadoso a la hora de formular correctamente nuestra teoría sobre la humanidad. Lo que se cree que son los humanos da color a nuestra percepción de lo que era necesario hacer por ellos, cómo se hizo y su destino final. Por lo tanto el esfuerzo empleado en ello merece la pena, porque en esto los asuntos son patentes y se pueden tratar de forma abierta y consciente. Al estudiar otras doctrinas, estos asuntos son mucho más difíciles de reconocer y manejar en su conjunto. El esfuerzo adicional realizado aquí por lo tanto merecerá la pena de forma especial.

La doctrina de la humanidad tiene un estatus inusual. Aquí el estudiante de teología es también su objeto. Esto separa a la antropología de doctrinas como la teología propiamente dicha y la cristología (aunque no la separa de doctrinas como la soteriología, que, por supuesto, se preocupa de la salvación de los humanos). Nuestra antropología determinará cómo nos entendemos a nosotros mismos

1. Esto también se podría decir (y desde luego se dirá) de otras doctrinas, como la de la expiación. Pero es especialmente verdad en lo que se refiere a la doctrina de la humanidad.

y, en consecuencia, cómo hacemos teología, o incluso qué es la teología, esto es, en la medida en la que se piensa en ella como una actividad humana.

2. La doctrina de la humanidad es un punto donde convergen la revelación bíblica y la preocupación humana. La teología aquí está tratando un objeto que todos (o al menos prácticamente todos) admiten que existe. Los occidentales modernos puede que no estén seguros de si hay Dios, o si existió una persona como Jesús de Nazaret, o si de verdad ocurrieron los milagros que se le atribuyen. Tienen pocas o ninguna pregunta sobre su propia realidad, porque esto es un hecho existencial con el que viven día a día. Y a menos que se hayan visto influidos en cierta manera por el pensamiento oriental, probablemente es el hecho del que están más seguros.

Esto significa que el tema de la humanidad es un punto de partida para el diálogo. Si se empieza una discusión con un no creyente hablando de lo que dice la Biblia o de cómo es Dios, la atención del oyente se pierde casi nada más empezar. Mucha gente hoy en día es escéptica ante todo lo que va más allá de lo que se puede percibir por los sentidos. Además, el pensamiento moderno a menudo tiende al humanismo, haciendo de los humanos y de los estándares humanos el objeto más alto de valor y preocupación. Esto a menudo se manifiesta en un antiautoritarismo que rechaza la idea de un Dios que reclama el derecho de decir lo que se debe hacer, o de un libro autoritativo que nos dice lo que debemos creer o cómo debemos comportarnos. Pero los humanos modernos están preocupados por sí mismos, lo que les pasa, dónde van. Puede que no piensen demasiado en la idea de la humanidad. Puede que asuman de forma pasiva los valores de la opinión general del momento. Pero les preocupa su bienestar y su lugar en la vida. Por lo tanto, aunque la conversación no termina con la humanidad es un lugar apto para comenzarla.

Tenemos aquí una excelente oportunidad para utilizar lo que Paul Tillich denominó el método de la correlación. En su teología apologética, se hace un análisis de la situación, de toda la interpretación de la vida y de la realidad mantenida por una cultura. Esto se expresa mediante el arte, la filosofía, la política y la tecnología de esa cultura.[2] El análisis nos informa de las preguntas que hace la sociedad. Por lo tanto, en el sistema de Tillich antes de que la teología exponga su mensaje se plantea qué asuntos son más importantes para la gente a la que se dirige.[3] Después la teología expresa su mensaje, trazando su contenido desde el polo de la autoridad teológica, pero dejando que la forma sea gobernada por el polo de la situación. El mensaje se expresará como respuesta a las cuestiones que la gente se plantea,[4] en lugar de como algo extraño impuesto desde fuera.[5]

2. Paul Tillich, *Systematic Theology* (Chicago: University of Chicago Press, 1951), vol. 1, p. 5.
3. Ibid., pp. 18-22.
4. Ibid., pp. 59-66.
5. Ibid., pp. 83-86.

Como los humanos de todas las culturas se preocupan de sí mismos, de sus problemas y necesidades tanto a nivel individual como colectivo, se dice y se pregunta mucho sobre la humanidad. Por lo tanto, este se un buen punto de partida para una discusión con los no creyentes. Pero la discusión no terminará ahí. Porque las cuestiones planteadas por los no creyentes con el entendimiento que tienen de sí mismos conducirán a respuestas que irán más allá del punto de partida de la discusión. Por ejemplo, la cuestión planteada pueda llevar a una explicación de la relación de los humanos con Dios, la cual a su vez puede requerir una explicación sobre la naturaleza de Dios. Por lo tanto, aunque la discusión puede acabar lejos de donde empezó, puede empezar donde está el interés de la persona.

Esto sugiere que podría ser bueno que nuestra predicación empezara con algunos aspectos comunes de la experiencia humana. En particular, se podría enfocar la introducción en un tema que esté en la mente del oyente por encima de todos los demás. Si el sermón comienza con una explicación de cinco minutos sobre la situación cultural de Filipos en el siglo primero, o una aclaración del significado del pectoral del sumo sacerdote en el libro del Éxodo notará gestos de distracción en la audiencia. Si, por el contrario, comienza el sermón con alguna situación de interés humano, y después pasa a mostrar cómo el pasaje de las Escrituras del que quiere tratar habla sobre esta situación en particular, tendrá la oportunidad de mantener a la gente atenta. Aunque solemos pensar que este problema sólo lo tienen los predicadores de radio y televisión, nos sorprendería averiguar la de personas sentadas frente a un predicador el domingo por la mañana que son capaces de desconectar del sermón, ya sea con los ojos cerrados o con ellos totalmente abiertos. La doctrina de la humanidad es un punto desde el cual es posible introducirse en la mente de una persona secular de hoy en día. Porque por lo menos se comienza con temas que están en la mente de la persona de la calle.

3. La doctrina de la humanidad es particularmente significativa en nuestros días debido a la gran atención que ponen en la humanidad variadas disciplinas intelectuales. El número de disciplinas que hacen de la naturaleza o del comportamiento humano su principal objeto de atención continúa creciendo a gran velocidad. Nuevos departamentos que se centran en áreas del comportamiento que no habían sido exploradas anteriormente aparecen con regularidad en las universidades. Están surgiendo nuevos estudios interdisciplinarios. Incluso las facultades de estudios empresariales, que antes se centraban en los problemas económicos y organizativos, tratan cada vez más el tema humano, y a veces se dan cuenta de que es el más importante. Las facultades de medicina son cada vez más conscientes de que los médicos no tratan síntomas o enfermedades o cuerpos, sino seres humanos, y por lo tanto los médicos deben estar al tanto de la dimensión personal de la relación médico-paciente. Y en las ciencias del

comportamiento tradicionales, como la psicología, la sociología, la antropología o la política, se continúa investigando al ser humano.

Hay un creciente interés por los problemas humanos. Los temas éticos dominan las discusiones, en particular entre la gente joven. Cualquiera que sea el tema principal – las relaciones raciales en los años 1950, la guerra del Vietnam en los 60, el medio ambiente en los 70, la carrera nuclear en los 80, el crimen en los 90 – hay una preocupación intensa. Y las cuestiones que se plantean – "¿Qué debemos hacer?" "¿Qué es lo correcto?" – que a veces se responden con declaraciones bastante dogmáticas, son cuestiones que apuntan hacia una dirección que muy bien puede conducir a la respuesta de un Dios trascendente que es la base de las normas morales. Se debería señalar aquí que el debate político, a menudo bastante vigoroso en su naturaleza, trata temas que tienen sus raíces en la ética. ¿La prosperidad material es más importante que la educación? ¿Se tiene que valorar más la seguridad económica que la libertad de elección? Estos son temas que realmente plantean la preguntas "¿Qué es la naturaleza humana?" y "¿Qué es lo bueno para los seres humanos?"

Aunque nuestro punto precedente (es decir, que el tema de la humanidad puede ser un trampolín muy eficaz para la discusión con los no creyentes) estaba relacionado principalmente con la preocupación del ser humano individual por sí mismo, aquí estamos pensando más en términos de la preocupación colectiva de la sociedad por sí misma, que es un tema más intelectual. Debido al creciente número de disciplinas académicas que se centran en la humanidad, la teología cristiana está en una posición oportuna para entrar a dialogar con otras perspectivas y metodologías escolásticas. Al igual que en una discusión muy personal con un individuo, en un diálogo académico también es de vital importancia que se tenga una idea amplia y acertada sobre los seres humanos desde el punto de vista de la teología, además de estar familiarizados con la forma en la que son vistos por estos otros enfoques y en qué se parecen y se diferencian del enfoque teológico.

4. La doctrina de la humanidad es importante debido a la crisis actual sobre el conocimiento que el ser humano tiene de sí mismo. No sólo hay un gran interés en la cuestión "¿Qué es el ser humano?" También existe una gran confusión en lo que se refiere a la respuesta, ya que sucesos y acontecimientos recientes han arrojado dudas sobre muchas de las respuestas que se habían dado a esta pregunta.

Uno de estos acontecimiento es el problema al que se enfrenta la gente joven a la hora de descubrir quiénes son. La búsqueda de la identidad siempre ha sido parte del proceso natural de maduración, del formarse una idea independiente sobre la vida, del establecimiento de sus propios valores y objetivos.[6] Sin embargo, recientemente parece haber tomado mayores dimensiones. Por una parte, mu-

6. Ver, e.g., Barbara Schoen, "Identity Crisis," *Seventeen*, Febrero 1966, pp. 134-35.

chos padres realmente no transmiten sus propios valores a sus hijos, o los valores por los que abogan no se manifiestan en sus vidas. Las fuentes tradicionales de valores: la iglesia, la universidad, el estado están bajo sospecha. La amenaza de extinción ensombrece el futuro de mucha gente joven ya que las armas nucleares proliferan y se extienden a otras naciones. ¿Quién soy? ¿Qué es la vida? ¿A dónde va el mundo? Estas son las preguntas que señalan la crisis a la que se enfrenta mucha gente joven y también algunos más mayores.[7]

Otro elemento que contribuye a la crisis del autoconocimiento es la pérdida de las raíces históricas. En muchos casos, la historia se ha convertido en un campo de conocimiento perdido, que se considera poco práctico e irrelevante. Debido a esto, la gente e incluso naciones enteras han dejado de estar en contacto con quiénes son. Las tradiciones se han dejado de lado por ser consideradas antiguas, aburridas y agobiantes. Pero las tradiciones pueden enseñarnos mucho de quiénes somos. En realidad mucha gente ha realizado descubrimientos sobre sí mismos al buscar sus raíces familiares. No obstante, la pregunta final es: ¿De dónde procede la raza humana? Esta es la quintaesencia de las preguntas históricas. El cristianismo responde a esta pregunta y nos ofrece un sentido de identidad seguro: somos criaturas de Dios, hechas a su imagen y semejanza y para la comunión con él. Toda la raza humana debe su origen y la continuación de su existencia a la voluntad y la obra de Dios, que creó por amor.

El elemento final que conduce a la crisis del autoconocimiento humano se relaciona con acontecimientos dramáticos de la vida de la nación. A veces se nos lleva hasta el punto de preguntarnos: "¿Qué está haciendo nuestro país, o nuestro mundo?" Desde 1960 una serie de asesinatos políticos y de intentos de asesinato, terrorismo y guerras nos ha llevado a preguntarnos a dónde vamos y si la raza humana en su conjunto se ha vuelto loca. La contradicción en la raza humana es honda y profunda. Por una parte, somos capaces de grandes logros, incluidos los viajes espaciales y los grandes avances en comunicaciones, procesamiento de datos y medicina, pero parece que somos incapaces de controlarnos a nosotros mismos. La tecnología moralmente neutral se utiliza con malos fines. Los delitos aumentan, y lo mismo ocurre con la tensión y el conflicto racial. Por una parte los hombres parecen ser casi dioses, alcanzando las estrellas; por otra, parecen ser demonios, capaces de una crueldad que no se encuentra en el reino animal. El autoconocimiento de los humanos está sin duda en crisis, lo cual exige una intensa investigación y una reflexión cuidadosa.

5. Esta doctrina también afecta a nuestra manera de ministrar. Nuestro concepto sobre los seres humanos y su destino afectará en gran manera a nuestra forma de tratarlos y lo que esperamos hacer por ellos. Si pensamos en los seres humanos

7. "End of the Permissive Society?" *U. S. News and World Report*, 28 de junio, 1982, pp. 45-48.

principalmente como seres físicos, nuestra mayor consideración, y quizá la única, será la satisfacción de los impulsos físicos de la forma más eficaz posible.

Si pensamos en los humanos como seres principalmente racionales, nuestro ministerio entonces apelará principalmente a su intelecto. Presentaremos argumentos y exposiciones cuidadosamente preparados, justificaciones razonadas de acciones e ideas. Nuestra premisa básica será que la forma de obtener una acción deseable de aquellos con los que tratamos es convencerles de que esa es la mejor forma de actuar. Si consideramos a los humanos principalmente como seres emocionales, apelaremos a ellos básicamente en términos de consideraciones emocionales. Si los vemos como seres esencialmente sexuales, hacer que consigan un buen equilibrio sexual será prioritario en nuestro ministerio hacia ellos. Tanto en lo que perseguimos como en la manera de obtenerlo, nuestro concepto de los humanos es crucial para nuestra manera de trabajar con y para ellos.

## Imágenes de la humanidad

Las consideraciones anteriores deberían convencernos de que la doctrina de la humanidad es particularmente oportuna para estudiarla y utilizarla en nuestro diálogo con el mundo no cristiano. Para identificar las cuestiones que plantea la cultura contemporánea, necesitamos observar con más atención algunos conceptos actuales de la humanidad. Como hay muchas disciplinas diferentes que tratan de la naturaleza humana, también existen muchas imágenes distintas.

### *Una máquina*

Una de estas perspectivas es la de lo que los humanos son capaces de hacer. Al empleador por ejemplo, le interesan la fuerza y la energía del humano, las habilidades o capacidades que posee. Sobre esta base, el empleador "alquila" al empleado durante una cantidad de horas al día. Que los humanos son considerados a veces como máquinas se hace particularmente evidente cuando una máquina reemplaza a un hombre en su puesto de trabajo. Un robot, más certero y constante, a menudo realiza mejor el trabajo; es más, precisa menos atención, no exige subidas de sueldo y no pierde el tiempo por enfermedad.

La preocupación principal de los que tengan este concepto de los seres humanos será satisfacer aquellas necesidades de la persona (máquina) que permitan que siga funcionando eficazmente. La salud del empleado interesa, no por la pena que puede causar a la persona, sino por el efecto que produce en la eficacia del trabajo. Si una máquina, o la introducción de más tecnología puede hacer mejor el trabajo, no se dudará en tomar tales medidas porque el trabajo es el objetivo y la preocupación más importante. Además, al trabajador se le paga lo mínimo necesario para que realice la tarea.[8]

8. "The Robot Invasion Begins to Worry Labor," *Business Week*, 29 de Marzo, 1982, p. 46.

Esta idea también se desliza dentro de la iglesia hasta cierto punto. Se puede valorar a las personas por lo que pueden hacer. Las iglesias pueden reflejarlo en su elección de pastores, queriendo a alguien que pueda realizar una tarea ministerial con eficacia y eficiencia. Puede existir una preocupación especial por reclutar miembros que puedan realizar los trabajos de la iglesia. Los convertidos potenciales se pueden considerar principalmente como "unidades donantes" que pueden ayudar a financiar el programa de la iglesia. Un pastor llamaba a sus visitas a los ancianos y a los enfermos de su congregación "visitas basura," porque esas personas no podían contribuir mucho a la obra de la iglesia. En todos estos casos está presente el concepto del ser humano como máquina: se valora a la gente por lo que pueden hacer, en lugar de por lo que se puede hacer por ellos.

En este enfoque, a las personas se les considera básicamente cosas, medios para conseguir un fin en lugar de ser un fin por sí mismos. Tienen valor en la medida en que sean útiles. Se les puede mover de un lado para otro como si fueran piezas de ajedrez, al igual que hacen algunas grandes empresas con su personal, manipulándolos si es necesario, para que cumplan la función que se pretende de ellos.

### *Un animal*

Otro punto de vista considera al humano principalmente como un miembro del reino animal derivado de alguna de sus formas más altas. Los humanos aparecieron de la misma manera que los demás animales, y tendrán un final similar. No hay diferencias cualitativas entre los hombres y otros animales. La única diferencia es de grado: tienen una estructura física un tanto distinta, pero que no tiene por qué ser necesariamente superior, una capacidad craneal mayor, un mecanismo de estímulo – respuesta más entrenado.

Esta forma de ver la humanidad está quizá más desarrollada en la psicología del comportamiento. En ella se entiende la motivación humana principalmente en términos biológicos. El conocimiento sobre la humanidad se consigue, no por introspección, sino experimentando con animales.[9]

El comportamiento humano puede verse afectado por procesos similares a los de los animales. Al igual que el perro de Pavlov aprendía a salivar cuando se tocaba una campana, los seres humanos pueden ser condicionados para reaccionar de ciertas maneras. Los refuerzos positivos (recompensas) y, menos deseables, los refuerzos negativos (castigos) son medios de control y entrenamiento.

9. Sobre psicología del comportamiento ver, por ejemplo, Paul Young, *Motivation of Behaviour: The fundamental Determinants of Human and Animal Activity* (New York: John Wiley & Sons, 1936). Para una novela que retrata una sociedad ideal construida sobre la base de la condición del comportamiento, ver B. F. Skinner, *Walden Two* (New York: Macmillan, 1948).

### Un ser sexual

Sigmund Freud consideraba la sexualidad como la clave de la naturaleza humana. En un mundo en el que el sexo no se discutía abiertamente o ni siquiera se mencionaba en círculos educados, Freud elaboró toda una teoría de la personalidad en torno a la sexualidad humana. Su modelo de personalidad humana era tripartito. Están el Ello, una parte esencialmente amoral, un caldero en ebullición de impulsos y deseos.[10] Derivado del Ello, el Yo es el componente consciente de la personalidad, la parte más pública del individuo.[11] Aquí las fuerzas del Ello, un tanto modificadas, buscan la gratificación. El Superyó es un censor o un control de los impulsos y las emociones de la persona, la interiorización de la restricción y regulación (o al menos la dirección) paterna de las actividades del niño.[12] La gran fuerza impulsora o fuente de energía es la libido, una fuerza sexual básica, que busca la gratificación de cualquier manera y en cualquier lugar. Básicamente, todo el comportamiento humano se tiene que entender como una modificación y dirección de esta energía sexual plástica. Esta energía se puede sublimar en otros tipos de comportamiento y dirigirse hacia otros objetivos, pero sigue siendo el elemento primario determinante del humano.[13]

Según el punto de vista de Freud, se puede producir una inadaptación grave en la manera de manejar esta energía sexual. Como el Ello busca la gratificación completa y libre, una situación que haría imposible la sociedad, la sociedad impone limitaciones sobre esta búsqueda de la satisfacción y la agresividad que con frecuencia la acompaña. Estas limitaciones pueden producir frustración. También se produce un desajuste grave cuando el desarrollo sexual de una persona se detiene en uno de los primeros estados del proceso. Estas teorías de Freud descansan en el concepto de que todo el comportamiento humano se deriva básicamente de la motivación y la energía sexual.[14]

Aunque el esquema teórico desarrollado por Freud no ha conseguido un asentimiento muy amplio, su suposición básica es ampliamente aceptada. De manera bastante cruda, la filosofía de "Playboy" asume que el humano es principalmente un ser sexual, y el sexo es la experiencia humana más significativa. Gran parte de la publicidad que hay hoy en día parece exponer también esta idea, como si no se pudiese vender nada sin una connotación sexual. La preocupación por el

10. Sigmund Freud, *New Introductory Lectures on Psychoanalysis* (New York: Norton, 1933), pp. 103-5.

11. Ibid., pp. 105-8.

12. Ibid., pp. 108-10.

13. Ibid., pp. 132ss; idem *A General Introduction to Psychoanalysis* (New York: Washington Square, 1960), conferencias 17 y 21.

14. Freud, *Introductory Lectures*, pp. 115-16; idem, *Civilization and Its Discontents* (Garden City, N. Y.: Doubleday, 1958).

sexo sugiere que en la práctica la idea de que el humano es un ser esencialmente sexual está bastante extendida en nuestra sociedad.

A veces el cristianismo con sus códigos éticos, y en particular el cristianismo evangélico, es criticado por ser demasiado severo con el sexo. Joseph Fletcher es uno de los que ponen voz a esta crítica.[15] Pero ¿la ética cristiana es indebidamente crítica o está simplemente respondiendo al papel excesivo del sexo en nuestra sociedad? C. S. Lewis observó que una porción considerable de la actividad de nuestra sociedad se basa en una preocupación excesiva por la sexualidad humana:

> Podemos reunir un público considerable para un número de strip-tease; es decir, para contemplar cómo una mujer se desnuda en un escenario. Supongamos que llegamos a un país donde podría llenarse un teatro sencillamente presentando en un escenario una fuente cubierta, y luego levantando lentamente la tapa para dejar que todos vieran, justo antes de que se apagasen las luces, que esta contenía una chuleta de cordero o una loncha de tocino, ¿no pensaríais que en ese país algo se había desvirtuado en lo que respecta al apetito por la comida? ¿Y no pensaría alguien que hubiese crecido en un mundo diferente que algo igualmente extraño ha ocurrido en lo que respecta al instinto sexual entre nosotros.[16]

### *Un ser económico*

Otra idea es que son las fuerzas económicas las que realmente afectan y motivan al ser humano. En cierto sentido, esta idea es una extensión de la idea de que el humano es principalmente un miembro del reino animal. Se centra en la dimensión material de la vida y sus necesidades. La comida, la ropa y la vivienda adecuadas son las necesidades más significativas del humano. Cuando las personas tienen los recursos económicos para proporcionar estas de la forma más adecuada para sí mismos y para los que dependen de ellos, se sienten satisfechos, o han llegado a su destino.

La ideología que desarrolla de una manera más completa y coherente esta forma de entender la humanidad es, sin duda, el comunismo, o como se le denomina de una forma más precisa: el materialismo dialéctico. Esta ideología considera que son las fuerzas económicas las que mueven la historia a través de etapas progresivas. Primero fue la esclavitud; en esta etapa los dueños de la sociedad poseían toda la riqueza, lo cual incluía a otros seres humanos. Después llegó el feudalismo, donde el modelo era la relación señor y siervo. Después vino el capitalismo, donde la clase dirigente poseía los medios de producción y contrataba a otros para que trabajasen para ellos. En el capitalismo liberal, sigue habiendo posesión privada de granjas y fábricas, pero el gobierno impone ciertas

15. Joseph Fletcher, *Moral Responsibility* (Philadelphia: Westminster, 1967), p. 83.
16. C. S. Lewis, *Mero Cristianismo* (Ediciones Rialp S.A., Madrid, 2ªed. 1998,), p.111.

limitaciones a los dueños, lo cual hace más fácil la posición de los trabajadores para la negociación. Al final, llegará un momento en el que no haya propiedad privada de los medios de producción. Serán propiedad por entero del estado. La brecha económica entre las clases desaparecerá, y con ella los conflictos entre ellas; en esta sociedad sin clases, el mal se marchitará. En esta última etapa de la dialéctica, se cumplirá el lema del comunismo: "De cada uno de acuerdo con sus habilidades, para cada uno según sus necesidades." Las fuerzas materiales y económicas habrán conducido a la historia hasta su fin último.[17]

Si el materialismo dialéctico es la formulación más completa de esta filosofía, no es la única. A nivel popular, el concepto de que el ser humano está motivado principalmente por fuerzas económicas parece ser la filosofía de un gran porcentaje de políticos americanos. Presumiblemente ellos reflejan lo que las encuestas les dicen que son las principales preocupaciones de la mayoría de sus votantes. Estas fuerzas económicas están en funcionamiento influyendo en asuntos como las tendencias de la población. Piense por ejemplo que no es el clima principalmente, o al menos directamente, el que influye en el lugar donde vive la mayoría de la gente. Más bien son los recursos: la disponibilidad de puestos de trabajo.

### *Un títere del universo*

Particularmente entre ciertos existencialistas, pero también en sectores más amplios de la sociedad, encontramos la idea de que los seres humanos están a merced de fuerzas del mundo que controlan su destino, pero que no se preocupan realmente por ellos. Se les considera fuerzas ciegas, fuerzas del azar en muchos casos. A veces son fuerzas personales, pero aún así son fuerzas sobre las cuales los individuos no tienen influencia alguna, como superpotencias políticas. Esto es básicamente un punto de vista pesimista que representa a las personas como seres aplastados por un mundo que les es hostil o cuando menos indiferente a su bienestar y necesidades. El resultado es una sensación de desamparo, de futilidad. Bertrand Russell expresa elocuentemente esta sensación de "desesperación inflexible."

> Que el hombre es el producto de causas que no tuvieron previsión del final que estaban consiguiendo; que su origen, su crecimiento, sus esperanzas y temores, sus amores y creencias, no son más que el resultado de las colocaciones accidentales de los átomos; que ni el fuego, ni el heroísmo, ni la intensidad del pensamiento y del sentimiento, puede conservar una vida individual más allá de la tumba; que las labores de los siglos, toda la devoción, toda la inspiración, toda la brillantez del genio humano, están destinadas a la extinción en la vasta muerte del sistema solar, y el templo entero de los logros del hombre debe ser

17. Karl Marx, *Capital* (New York: Modern Library, 1936).

enterrado inevitablemente bajo los restos de un universo en ruinas: todas estas cosas, aunque alguien pudiera discutirlas, son tan seguras, que ninguna filosofía que las rechace se puede mantener. Sólo en los andamios de estas verdades, sólo sobre los firmes cimientos de la desesperación inflexible, se puede construir de aquí en adelante la habitación del alma de forma segura...

La vida del hombre es pobre e impotente; sobre él y sobre toda su raza el destino lento y seguro cae oscuro y sin piedad. Ciega al bien y al mal, desatenta ante la destrucción, la materia omnipotente avanza sin descanso; porque el hombre, condenado hoy a perder a los que más quiere, pasará también mañana las puertas de la oscuridad, sólo le queda apreciar, antes de que el golpe se produzca, los pensamientos altivos que ennoblecen su pequeño día;...desafiando orgullosamente a las irresistibles fuerzas que toleran, durante un momento, su conocimiento y su condenación, para sostener solo, un cansado pero inflexible Atlas, el mundo que han formado sus propios ideales a pesar de la marcha destructiva del poder inconsciente.[18]

El existencialista Jean-Paul Sartre ha desarrollado este tema de lo absurdo y la desesperación en varios de sus escritos. Uno de estos: "El muro," cuenta la historia de un miembro de un grupo revolucionario que ha sido capturado. Va a ser ejecutado a menos que revele el paradero del líder del grupo, Gris. Él sabe que Gris está escondido en un sótano, pero está decidido a no revelar esta información. Mientras espera su muerte, reflexiona sobre su vida, su novia, sus valores. Finalmente, de broma, les cuenta a los carceleros que Gris está escondido en el cementerio. Ellos salen a buscarle. Cuando vuelven el héroe es liberado, porque sin él saberlo, Gris había abandonado su escondite para esconderse en el cementerio y es capturado allí. La vida del héroe – una vida que ya no desea – se ha salvado por un giro irónico del destino.[19]

Albert Camus también ha capturado esta idea general en su reelaboración del mito clásico de Sísifo. Sísifo había muerto e ido al mundo inferior. Sin embargo, fue enviado de regreso a la tierra. Cuando fue llamado de nuevo al mundo inferior, se negó a volver, porque disfrutaba completamente de los placeres de la vida. Como castigo, fue traído de vuelta y sentenciado a empujar una gran roca hasta la cima de una colina. Sin embargo, al llegar arriba, la roca rodaba hacia abajo. Él tenía que bajar de nuevo hasta el fondo de la colina y empujar otra vez la roca hasta la cima, de donde esta volvía a caer. Estaba destinado a repetir este proceso infinitamente. A pesar de todos sus esfuerzos no había un resultado permanente.[20] Ya estén inmerso en pensamientos de temor a la muerte, a la futura

18. Bertrand Russell, *Mysticism and Logic* (New York: Norton, 1929), pp. 47-48, 56-57.

19. Jean-Paul Sartre, "El muro" en *Existentialism from Dostoevsky to Sartre*, ed. Walter Kaufmann (Cleveland: World, 1956), pp. 223-40.

20. Albert Camus, "El mito de Sísifo" en *Existentialism from Dostoevsky to Sartre*, pp. 312-15.

extinción natural del planeta, a la destrucción nuclear, o meramente en la lucha contra el control del poder político y económico, todos los que mantienen que un ser humano es básicamente un títere a merced del universo están dominados por un sentimiento similar de impotencia y resignación.

### Un ser libre

El enfoque que enfatiza la libertad humana ve la voluntad humana como la esencia de la personalidad. Este enfoque básico a menudo se evidencia en las ideas políticas y sociales conservadoras. Aquí la libertad es el tema más importante, ya que permite que los humanos desarrollen su naturaleza esencial. El papel del gobierno únicamente es el de asegurar un ambiente estable en el que se pueda ejercer esta libertad. Más allá de ello, se sigue la idea del dejar hacer. Se evita la excesiva regulación, al igual que un paternalismo que proporcione todas las necesidades y excluya la posibilidad de fracasar. Es mejor fracasar en libertad que estar libre de necesidad, pero sin que haya una auténtica elección.[21]

Según los defensores de esta idea, la necesidad humana básica es la información que haga posible una elección inteligente. De los tres requisitos para la acción: saber lo que se debe hacer, deseo de hacer lo que se sabe que debe hacerse y la habilidad para hacer lo que uno desea hacer, el único problema real está en el primer factor. Porque una vez que uno tiene suficiente información para hacer una elección inteligente sobre lo que se debería hacer (que, por supuesto, tiene en cuenta objetivos y habilidades personales), no hay nada interno, ni externo, si el gobierno se asegura de que haya un ambiente adecuado, que evite que la persona actúe.

Este punto de vista mantiene no sólo que los humanos tienen la habilidad de escoger, sino que deben hacerlo. Para ser una persona completa, uno debe aceptar la responsabilidad de la autodeterminación. Todos los intentos de rechazar esta responsabilidad para uno mismo son impropios. Una excusa común es el condicionamiento genético: "No puedo controlar mi comportamiento. Está en mis genes. Lo heredé de mi padre." Otra es el condicionamiento psicológico: "Me educaron de esta manera. No puedo evitar ser como soy." O el condicionamiento social: "Cuando crecí no tuve otra opción. No había oportunidad de acceder a la educación." Todas estas excusas son ejemplos de lo que el existencialismo llama "existencia no auténtica," no desear aceptar la responsabilidad hacia uno mismo. Esta incapacidad para ejercitar la libertad que se tiene es una negación de la dimensión fundamental de la naturaleza humana, y por tanto una negación de la humanidad que uno posee. De forma parecida, es erróneo cualquier esfuerzo por privar a los demás de su libertad de elección, ya sea a través de la esclavitud,

21. Milton and Rose Friedman, *Free to Choose: A Personal Statement* (New York: Harcourt Brace Jovanovich, 1980).

de un gobierno totalitarista, de una democracia excesivamente reguladora o de un estilo social manipulador.[22] El poema de William Ernest Henley "Invictus" expresa muy bien esta filosofía de que un humano es en esencia un ser libre:

> En la noche que me cubre,
> Negra como el insondable abismo,
> Agradezco a los dioses que pudiera haber
> Por mi alma inconquistable...
>
> no importa lo estrecha que sea la puerta,
> ni lo numerosos que sean los castigos,
> soy el dueño de mi destino;
> soy el capitán de mi alma.

### *Un ser social*

Una última perspectiva es que un humano individual es fundamentalmente un miembro de la sociedad. Pertenecer a un grupo de personas y relacionarse con ellas es lo que realmente distingue a la humanidad. Alguien que no se relaciona con otros seres sociales no es completamente humano. En cierto sentido no es realmente humano excepto cuando funciona dentro de un grupo social, no cumpliendo con su finalidad humana o *telos*.[23]

Este punto de vista a veces incluye la idea de que el ser humano no tiene realmente una naturaleza tal. La persona es el conjunto de relaciones en las que está implicado. Esto es, la esencia de lo humano no está en una sustancia ni tiene una naturaleza fija definible, sino que más bien está en las relaciones y en la red de conexiones que se tiene con otros. Fomentando estas relaciones el individuo puede hacerse completamente humano. La iglesia puede ayudar a una persona a cumplir con su destino proporcionándole y animándole a tener relaciones sociales constructivas.

## El punto de vista cristiano de la humanidad

Hemos visto diferentes conceptos de la naturaleza de la humanidad, ninguno de los cuales es satisfactorio como idea de cómo se debe vivir. Algunos, como la idea del hombre como animal, puede servir como teoría abstracta, pero ni siquiera el biólogo cree que su hijo recién nacido sea simplemente un mamífero cualquiera. Otras ideas fracasan porque cuando satisfacen las necesidades que desde su punto de vista son fundamentales para los humanos (por ejemplo las necesidades económicas y sexuales) existe todavía una sensación de vacío e insatisfacción. Otros puntos de vista como el mecanicista, son despersonalizadores y

22. Martin Heidegger, *Being and Time* (New York: Harper & Row, 1962), p. 210.
23. Thomas C. Oden, *The Intensive Group Experience* (Philadelphia: Westminster, 1972).

por lo tanto frustrantes. Se puede considerar que estas son formas satisfactorias de entender la humanidad sólo dejando de lado aspectos de su propia experiencia.[24] El punto de vista cristiano, en contraste, es una alternativa compatible con toda nuestra experiencia.

La idea cristiana sobre la humanidad, que es el tema de la parte cinco de este libro, es que un ser humano es una criatura de Dios, hecho a imagen de Dios. Esto significa, primero, que se tiene que entender que la humanidad se ha originado no a través de un proceso de evolución accidental, sino por un acto consciente y decidido de Dios. La razón de la existencia humana reside en la intención del Ser Supremo.

Segundo, la imagen de Dios es intrínseca e indispensable a la humanidad. Aunque el significado de este concepto se explorará en el capítulo 24, podemos observar que sea lo que sea que separe a los humanos del resto de la creación, sólo ellos son capaces de tener una relación personal consciente con el Creador y de responderle; pueden conocer a Dios y entender lo que desea de ellos, pueden amar, adorar y obedecer a su Hacedor. Estas respuestas pueden cumplir de forma más completa la intención del Hacedor para con los humanos.

El humano también tiene una dimensión eterna. El punto definido de inicio en el tiempo fue su creación por un Dios eterno, que dio a los humanos un futuro eterno. Por lo tanto, cuando preguntamos qué es lo bueno para los humanos, no debemos contestar sólo en términos del bienestar temporal o el confort físico. Se debe alcanzar otra dimensión (y en muchos sentidos más importante). En consecuencia, no favorecemos a los humanos cuando les protegemos de pensar en los temas del destino eterno.

Sin embargo, seguramente, el humano como parte de la creación física y del reino animal, tiene las mismas necesidades que los otros miembros de estos grupos. Nuestro bienestar físico es importante. Como le preocupa a Dios, también debería preocuparnos a nosotros. También somos seres unificados; por lo tanto el dolor y el hambre afecta a nuestra habilidad para concentrarnos en la vida espiritual. Y somos seres sociales, colocados en la sociedad para funcionar mediante relaciones.

No podemos descubrir nuestro significado real considerándonos a nosotros y a nuestra propia felicidad como los valores más altos, ni encontrar la felicidad, la realización o satisfacción buscándola directamente. Nuestro valor nos ha sido conferido por un ser más alto. Es de ahí de donde viene la satisfacción, derivada del compromiso con Dios. Es entonces cuando nos damos cuenta de la verdad que hay en las palabras de Jesús: "Todo el que quiera salvar su vida, la perderá; y todo el que pierda su vida por causa de mí y del evangelio, la salvará" (Mr. 8:35).

24. Langdon Gilkey, *Naming the Whirlwind: The Renewal of God-Language* (Indianapolis: Bobbs-Merrill, 1969), pp. 305-64.

Muchas de las preguntas que la cultura contemporánea hace de forma directa o implícita son contestadas por el punto de vista que el cristianismo tiene de la humanidad. Además, este punto de vista da un sentido de identidad a los individuos. La imagen del humano como una máquina conduce al sentimiento de que somos piezas que pasan inadvertidas y carecen de importancia. Sin embargo, la Biblia indica que Dios nos valora y nos conoce a cada uno de nosotros: nuestros cabellos están contados (Mt. 10:28-31). Jesús habla del pastor que, aunque tiene noventa y nueve ovejas a salvo en el redil, se va a buscar a la que está perdida (Lc. 15:3-7). Así es como Dios considera a cada ser humano.

Lo que estamos afirmando aquí es que el punto de vista cristiano sobre los hombres es más pertinente para ellos que cualquier otro punto de vista. Esta imagen de la humanidad explica todo el conjunto de los fenómenos humanos de una forma más completa y con menos distorsión que cualquier otro. Y este enfoque de la vida, mucho más que cualquier otro, nos permite funcionar de maneras más satisfactorias a largo plazo.

El salmista preguntó:

> ¿Qué es el hombre para que tengas de él memoria,
> y el hijo del hombre para que lo visites?
>
> Lo has hecho poco menor que los ángeles
> y lo coronaste de gloria y de honra.
> Lo hiciste señorear sobre las obras de tus manos;
> todo lo pusiste debajo de sus pies. [Sal. 8:4-6]

¿Qué es el hombre? Sí, esa es una pregunta de gran importancia, a la cual la revelación bíblica da la mejor respuesta.

# 23. El origen de la humanidad

## Objetivos del capítulo

Después de estudiar este capítulo, debería ser capaz de:

- Identificar y comprender que el significado de "origen" respecto a la humanidad va más allá del comienzo científico e incluye también el propósito.
- Reconocer y entender el estatus de Adán y Eva, tanto bíblica como históricamente.
- Identificar y describir cinco puntos de vista distintos sobre el comienzo del ser humano.
- Identificar y describir cuatro puntos de vista conservadores sobre la edad de la raza humana, y cómo se relacionan con el problema de los elementos neolíticos de Génesis 4.
- Explicar el significado teológico de la creación humana y su importancia para una cosmovisión cristiana.

## Resumen del capítulo

El propósito de colocar a los humanos sobre la tierra va más allá de la simple explicación de la existencia física de los humanos y queda explicado en la revelación bíblica. Según Romanos 5 y 1 Corintios 15, no podemos aceptar la posición de Brunner sobre la creación, sino que debemos considerar a Adán y Eva literalmente como personas particulares. De las cinco posiciones sobre los inicios del ser humano, el creacionismo progresivo parece ser la que presenta menos problemas. De forma similar, la evidencia parece apoyar la posición de que la cultura se puede datar en aproximadamente treinta mil años por la aparición del lenguaje. Hay cinco posturas sobre los elementos neolíticos en Génesis 4. No se puede llegar a ninguna conclusión definitiva. Finalmente, se llega a nueve conclusiones sobre el significado teológico de la creación.

## Cuestiones de estudio

1. ¿Cómo distinguiría entre los comienzos humanos y el origen humano?
2. ¿Cómo defendería una respuesta ortodoxa al estatus de Adán y Eva en oposición a la posición de Emil Brunner?
3. Compare y contraste los cinco puntos de vista sobre el comienzo del hombre.
4. Articule una posición que trate de explicar el comienzo de la humanidad. ¿Qué apoyo bíblico encuentra para su posición?
5. ¿Cómo describiría cuatro puntos de vista conservadores sobre la edad de la raza humana, y cuál defendería?
6. ¿Cuál es el problema en Génesis 4 y qué soluciones se han ofrecido para explicarlo y resolverlo?
7. ¿Cuáles son las nueve conclusiones sobre el significado de la creación humana y cómo nos ayudan a entendernos mejor a nosotros mismos y a toda la humanidad?

El significado de "Origen"
El estatus de Adán y Eva
Puntos de vista sobre el inicio de la humanidad
- Evolución naturalista
- Creación instantánea
- Evolución deista
- La evolución teísta
- Creacionismo progresivo

La edad de la raza humana
- Cuatro puntos de vista conservadores
- El problema de los elementos neolíticos en Génesis 4

El significado teológico de la creación humana

## El significado de "Origen"

Cuando hablamos del origen de la humanidad, nos estamos refiriendo a algo más que su comienzo. Ya que "comienzo" hace referencia solamente al hecho de empezar a existir. Por lo tanto, hablar de "comienzo del humano" es un tipo de referencia meramente científica al hecho de que los humanos empezaran a existir, y quizá a la manera en la que esto sucedió. Sin embargo, "origen" tiene la connotación del propósito de este hecho. En términos de existencia individual, el comienzo de la vida de una persona es siempre el mismo: sucede cuando el esperma de un hombre se combina con el óvulo de una mujer. Pero, desde un punto de vista terrenal, el origen de cada vida es diferente. De hecho, en algunos casos se podría considerar incorrecto hablar de origen. Porque mientras algunos nacimientos son el resultado del plan y el deseo definidos de dos personas de tener un hijo, otros son el producto no deseado de una unión física entre dos personas, quizá la consecuencia de un descuido. La teología no pregunta únicamente cómo aparecen los individuos sobre la faz de la tierra, sino por qué, o qué propósito hay tras su presencia aquí. La perspectiva del comienzo humano nos ofrece poca guía sobre lo que somos y lo que vamos a hacer, pero en el marco del propósito surge una comprensión más clara y más completa sobre la naturaleza del hombre. La imagen bíblica del origen de la humanidad es la de que un Dios sabio, todopoderoso y bueno creó la raza humana para amarle y servirle y para que disfrute de una relación con él.

## El estatus de Adán y Eva

Génesis contiene dos relatos sobre la creación de los humanos por Dios. El primero, en 1:26-27, simplemente recoge (1) la decisión de Dios de hacer a los humanos a su imagen y semejanza y (2) la acción de Dios al poner en práctica su decisión. No se dice nada sobre los materiales o el método utilizado. El primer relato pone un énfasis mayor en el propósito y razón para la creación de los humanos; esto es, que fructificaran y se multiplicaran (v. 28) y dominaran la tierra. El segundo relato, Génesis 2:7, es bastante diferente: "Entonces Jehová Dios formó al hombre del polvo de la tierra, sopló en su nariz aliento de vida y fue el hombre un ser viviente." Aquí el énfasis parece estar en la manera en la que Dios creó.

Se han formulado y promulgado numerosas interpretaciones diferentes sobre el estatus de la primera pareja de humanos. Ha habido una divergencia clara sobre si Adán y Eva tienen que ser considerados como auténticos personajes históricos o son meramente simbólicos. El punto de vista tradicional ha sido el de que eran de verdad personas y que los sucesos que cuenta la Biblia ocurrieron en el espacio y el tiempo. Sin embargo, una serie de teólogos ha puesto en duda este punto de vista.

Uno de los que han rechazado con más fuerza este punto de vista fue Emil Brunner. A diferencia de Karl Barth, Brunner reconoció que la historicidad del relato de Adán y Eva es lo que importa. Barth había dicho que lo realmente importante no es si la serpiente del paraíso habló de verdad, sino lo que dijo.[1] Sin embargo, Brunner consideraba esto únicamente una inteligente evasión de la cuestión que debe plantearse, y no sólo por propósitos apologéticos, sino también por propósitos teológicos.[2]

Según Brunner, la historia de Adán y Eva se debe abandonar tanto por cuestiones externas como internas. Por cuestiones externas él entendía las consideraciones empíricas. La evidencia de la ciencia natural, como la evolución biológica, de la paleontología y de la historia está en conflicto con la tradición eclesiástica. En particular, mientras que el punto de vista eclesiástico requiere la idea de una

1. Karl Barth, *Credo* (New York: Scribner, 1962), p. 190.
2. Emil Brunner, *Man in Revolt* (Philadelphia: Westminster, 1947), pp. 88, n.1.

edad de oro pasada, con su enseñanza de una creación originalmente perfecta e inocente y su subsiguiente caída en el pecado, la evidencia científica indica una forma humana cada vez más primitiva cuanto más atrás vamos. Aunque la evolución es un hecho firmemente establecido, nuestra idea de los inicios de la raza humana, que como mucho es una idea vaga y tenue, no encaja con el retrato bíblico de Adán y Eva. Por lo tanto Brunner creía que la iglesia debía abandonar la creencia de que eran personas de verdad, ya que esto no trae más que desdén y ridículo a la iglesia. [3]

Brunner consideraba que las razones internas eran aun más importantes. El auténtico problema con el punto de vista eclesiástico es que mantiene que el relato de Adán y Eva está en el plano de la historia empírica. Cuando se piensa de esa manera, el relato bíblico está reñido con la explicación científica de los inicios humanos. El que defiende la explicación científica no puede mantener nada del relato cristiano o bíblico, siempre que se crea que el intento del relato bíblico es proporcionar una explicación factual. Esto es así para los que adoptan un naturalismo mecanicista y para los evolucionistas idealistas, como Friedrich Schleiermacher y los teólogos hegelianos.[4]

Brunner mantenía que no se pierde nada por abandonar la idea de que el relato de Adán y Eva recoge sucesos históricos. Por el contrario, abandonar esta idea es una purificación necesaria de la doctrina de la humanidad más por cuestiones teológicas que científicas. Mientras se crea que el relato bíblico se preocupa por las dos personas que se describen en él, tendrá muy poco que ver con nadie más. Sin embargo, cuando se le libera del punto de vista eclesiástico tradicional, nos es posible ver que la discusión bíblica sobre los orígenes humanos no es sobre un hombre en particular, Adán, que vivió hace mucho tiempo, sino sobre usted, yo y cualquier otra persona del mundo.[5]

En muchos aspectos el enfoque de Brunner compara el relato de la creación con una parábola, como la del hijo pródigo. Si el "Hijo pródigo" se considera un hecho real, entonces no es más que una historia interesante sobre un hombre joven que se fue de casa hace siglos. Si, por otra parte, se entiende como Jesús trataba de que se entendiera, esto es, como una parábola, entonces es aplicable y relevante para nosotros hoy en día. De la misma forma la historia de Adán y Eva no se debería considerar como una recopilación de sucesos de la vida de dos personas. Que Adán tenga un nombre no es significativo, porque Adán significa "humano." El relato del Génesis, por lo tanto, no es sobre dos personas que vivieron hace mucho tiempo, sino que realmente es algo verdadero para cada uno de nosotros hoy en día.

3. Ibid., pp. 85-86.
4. Ibid., pp. 86-87.
5. Ibid., p. 88.

¿Cómo deberíamos considerar esta interpretación? ¿Importa en realidad si la historia de Adán y Eva se considera un relato histórico sobre dos personas reales en el principio de la raza humana, o un relato representativo sobre todos nosotros? La cuestión no es sencillamente cómo lo consideraba el autor del relato, ya que algunos podrían decir que la perspectiva de que Adán y Eva fueran históricos era la forma en la que el autor expresaba la doctrina que contenía el relato. Esta forma podría cambiar sin que se perdiese la esencia de la doctrina. Pero ¿la perspectiva de que Adán y Eva sean figuras históricas es únicamente la forma de expresar la doctrina del origen de la humanidad, o en cierto sentido es su esencia?

Un enfoque de este tema es examinar la forma en que el Nuevo Testamento ve a Adán. Es cierto que la palabra Adán se puede tomar como un término general o de clase ("humano") en lugar de cómo un nombre propio. Sin embargo, en dos pasajes: Romanos 5 y 1 Corintios 15, Pablo relaciona el pecado humano con Adán de una forma que hace difícil considerar a "Adán" solamente como un término representativo. En Romanos 5:12-21 Pablo hace referencia varias veces al pecado de "un hombre." También hace referencia a la obediencia, gracia y rectitud de "un solo hombre, Jesucristo." Pablo está haciendo un paralelismo entre el hombre Adán y el hombre Jesucristo. Fíjese que la parte negativa de la exposición doctrinal de Pablo reside en la realidad de Adán. El pecado, la culpa y la muerte son hechos universales de la existencia humana; son partes esenciales de la doctrina de Pablo sobre la humanidad. Pablo explica que todos los seres humanos mueren porque el pecado llegó al mundo a través de una persona. La muerte es una manifestación de la condenación resultante del pecado de un hombre. Es difícil por lo tanto concluir cualquier cosa distinta a que Pablo creía que Adán era una persona particular que cometió un pecado que fue significativo para el resto de la raza humana.

En 1 Corintios 15 la posición de Pablo se hace aún más evidente. Aquí dice que la muerte entró por un hombre (v. 21) y después deja claro (v. 22) que se refiere a Adán. En el versículo 45 Pablo se refiere de forma distintiva al "primer hombre Adán." Si se entiende que la palabra Adán siempre significa "humano," hay, como poco, algo de redundancia aquí. Parece que queda suficientemente claro que Pablo creía que Adán era una persona histórica real.

Por razones como estas, concluimos que los escritores del Nuevo Testamento como Pablo creen no sólo que existieron realmente Adán y Eva, sino que los consideraban una parte indispensable de la doctrina de la humanidad. ¿Pero es sostenible esta idea? ¿Qué han establecido los datos científicos sobre el origen de la raza humana? ¿Se ha excluido un comienzo monogenético de Adán y Eva? Aunque la respuesta depende en gran medida de la definición que se dé de humanidad (un tema que trataremos más adelante en este capítulo), factores comunes en la raza humana, por ejemplo la interfertilidad, sugirieren un punto de origen común.

## Puntos de vista sobre el inicio de la humanidad

Si mantenemos que de verdad Dios comenzó la raza humana con dos personas, Adán y Eva, y que toda la humanidad desciende de esta primera pareja, seguimos teniéndonos que enfrentar a la cuestión de cómo se originaron. Aquí hay una variedad de explicaciones, que se diferencian principalmente en dar más importancia a elementos puntuales o a elementos progresivos en el origen de la raza humana.

Por una parte, la ortodoxia conservadora tiene tendencia a enfatizar los sucesos instantáneos y patentemente sobrenaturales. Se cree que la obra de Dios casi siempre se caracteriza por su inmediatez y discontinuidad, o por bruscos cortes en el proceso natural. Es casi como si un suceso debiera ser claramente sobrenatural para ser considerado obra de Dios.

Borden Parker Borne nos cuenta una historia muy oportuna para esto. Un rey oriental pidió a uno de sus consejeros que le mostrase algún signo de las obras maravillosas de Dios. El consejero le dijo al rey que plantase cuatro bellotas. Cuando el rey tras plantarlas miró, vio cuatro árboles crecidos. Creyendo que sólo había pasado un momento, creyó que había sucedido un milagro. Cuando el consejero le dijo al rey que habían pasado ochenta años, y este vio que había envejecido y que sus ropas ahora estaban gastadas, exclamó enfadado: "Entonces no ha sido un milagro." "Oh sí que lo ha sido" contestó el consejero "es obra de Dios da igual que se tarde un segundo u ochenta años."[6] El fundamentalismo a veces, parece requerir la acción inmediata, no sólo porque eso es lo que la Biblia enseña, sino porque la instantaneidad parece tener un carácter inherente más sobrenatural. Leonard Verduin habla de "íctico."[7]

El liberalismo, por su parte, enfatiza el proceso. Dios obra básicamente en y a través de la naturaleza. Inicia un proceso y lo dirige al objetivo pretendido. No interviene; esto es, no altera desde fuera lo que está haciendo desde dentro del proceso.

La diferencia entre estos dos puntos de vista está realmente en nuestra forma de entender a Dios y su relación con el mundo. El fundamentalista destaca que Dios es trascendente y obra de forma directa o discontinua. Por otra parte, el liberalismo destaca que Dios es inmanente, obrando a través de canales naturales. Cada punto de vista considera que el otro es inadecuado. Sin embargo, como Dios es a la vez trascendente e inmanente se deberían mantener los dos énfasis, o por lo menos, en la medida en que se enseñen en la Biblia.

### *Evolución naturalista*

Hoy en día hay diversos puntos de vista sobre el origen de la especie humana. Difieren en el lugar que asignan a los datos bíblicos y a los científicos. Uno de

6. Borden P. Borne, *The Immanence of God* (Boston: Houghton Mifflin, 1905), pp. 29-30.

7. Leonard Verduin, *Somewhat Less Than God: The Biblical View of Man* (Grand Rapids: Eerdmans, 1970), pp. 13-19.

estos puntos de vista es el de la evolución naturalista. Es un intento de explicar la especie humana, al igual que todas las otras formas de vida, sin apelar a una explicación sobrenatural. Los procesos inmanentes que hay dentro de la naturaleza han producido los seres humanos y todo lo demás que existe. No hay implicación de ninguna persona divina, ni al principio ni durante el proceso.

Todo lo que se necesita, según la evolución naturalista, son átomos en movimiento. Una combinación de átomos, movimiento, tiempo y casualidad es lo que ha dado forma a lo que tenemos ahora. No se intenta explicar estos elementos: simplemente existen y son la base de todo.

Nuestro mundo es el resultado de la combinación casual o el azar de átomos. En los niveles superiores o posteriores del proceso, funciona algo llamado "selección natural." La naturaleza es extremadamente prolífica. Produce más descendientes de las distintas especies de las que pueden sobrevivir. Debido a la escasez de recursos de la vida se produce la competición. El mejor, el más fuerte, el que mejor se adapta es el que sobrevive; los demás no. En consecuencia, se produce una mejora gradual en las especies. Además se producen las mutaciones. Hay variaciones repentinas, características nuevas que no había en las generaciones anteriores de una especie. De las muchas mutaciones que se producen, la mayoría son inútiles, e incluso van en detrimento de la especie, pero algunas son realmente útiles para la competición. Tras un largo proceso de selección natural y mutaciones útiles aparecieron en escena los humanos. Son organismos de gran complejidad y con habilidades superiores, no porque alguien lo planeara así o los hiciese de esa manera, sino porque estas características les permitieron sobrevivir.[8]

Aunque la evolución naturalista no es necesariamente la mejor explicación de los datos científicos, al menos es compatible con ellos. Nada en el campo de la biología, antropología o paleontología parece contradecirla de forma absoluta; por otra parte, estas disciplinas tampoco ofrecen material que apoye todas sus ideas. En esos casos se hace necesario asumir algunas de las leyes de la naturaleza generalmente aceptadas, como la uniformidad. Pero la auténtica dificultad surge cuando intentamos reconciliar esta idea con la enseñanza bíblica. Seguramente, si hay algo que afirmen los primeros capítulos del Génesis, es el hecho de que un ser personal estaba implicado en el origen de los humanos.

### Creación instantánea

En la parte opuesta del espectro está lo que algunas veces se denomina creación instantánea o fíat. Esta es la idea de que Dios, con un acto directo, dio vida casi instantáneamente a todo lo que existe. Fijémonos en dos características de

8. Charles Darwin, *The Origin of Species*, 6th London ed. (Chicago: Thompson & Thomas, n.d.), p. 473.

este punto de vista. Una es la brevedad que implica y de ahí lo relativamente reciente que es lo que ocurrió en la creación. Aunque hubo varias etapas en la creación, una después de otra, no transcurrió un espacio de tiempo sustancial desde el principio hasta el final del proceso. Quizá una semana de calendario, más o menos. Otro principio de este punto de vista es la idea de la obra directa de Dios. Dios hizo el mundo y todo lo que hay en él, sin utilizar medios indirectos o mecanismos biológicos, sino mediante la acción y el contacto directo. En cada caso, o en cada etapa, Dios no utilizó materiales ya existentes. Las nuevas especies no surgieron por la modificación de especies anteriores, sino que fueron creadas nuevas desde el principio, o por decirlo de otra manera, fueron creadas especialmente por Dios. Todas las especies son totalmente distintas unas de otras. Específicamente, Dios hizo al hombre enteramente mediante un acto creativo único y directo; el hombre no procede de ningún organismo que ya existiese previamente.[9]

Debería resultar claro que no existe ninguna dificultad para reconciliar la creación instantánea con el relato bíblico. Es más, este punto de vista refleja una lectura estrictamente literal del texto, que fue la manera en que el relato se entendió durante mucho tiempo en la historia de la iglesia. La frase de que Dios dio vida a cada animal y planta según su especie se ha interpretado tradicionalmente como que él creó cada especie de forma individual. Sin embargo, se debe señalar que el nombre hebreo מִין *(min)*, que se traduce por "especie" en la mayor parte de las traducciones, sencillamente es un término general de división. Puede significar especie, pero no es lo suficientemente específico como para que nosotros concluyamos que es así. Por lo tanto, no podemos afirmar que la Biblia requiera la creación instantánea; no obstante, está bastante claro que la permite.

Es en lo que se refiere a los datos científicos donde la creación instantánea encuentra dificultades. Para los que toman en serio esos datos, estos parecen indicar que ha habido un gran desarrollo, que incluye lo que parecen ser formas transicionales entre especies. Hay incluso algunas formas que parecen ser ancestros de la especie humana.

### Evolución deísta

Aunque el término no se escucha con frecuencia, la evolución deísta es quizá la mejor manera de describir una variedad de lo que se suele llamar evolución teísta. Esta es la idea de que Dios empezó el proceso de la evolución, produciendo la primera materia e implantando dentro de la creación las leyes que han guiado su desarrollo. Por lo tanto, el programó el proceso y después se retiró de la im-

9. Walter E. Lammerts, *Why Not Creation?* (Nutley, N. J.: Presbyterian & Reformed, 1970); idem, *Scientific Studies in Special Creation* (Nutley, N. J.: Presbyterian & Reformed, 1971).

plicación activa, convirtiéndose por así decirlo, en Creador emérito. El progreso del orden creado está libre de la influencia directa de Dios. Él es el Creador de todas las cosas, pero sólo se creó directamente el primer componente del proceso. Todo el resto de lo que Dios ha creado ha sido hecho de forma indirecta. Dios es el Creador, la causa última, pero la evolución es el medio, la causa próxima. Por tanto, excepto por la idea del principio mismo de la materia, la evolución deísta es idéntica a la evolución naturalista, ya que niega cualquier actividad directa de un Dios personal durante el proceso creativo posterior.

La evolución deísta tiene pocos problemas con los datos científicos. Sin embargo, con el material bíblico es una cosa distinta. Existe un conflicto definido entre la idea deísta de un Dios ausente y la imagen bíblica de un Dios que se ha implicado no sólo en uno sino en toda una serie de actos creativos. En particular, los dos relatos del Génesis sobre el origen de los seres humanos indican que Dios definida y distintivamente deseaba crearlos y actuó para ello. Además la evolución deísta entra en conflicto con la doctrina bíblica de la providencia según la cual Dios se preocupa personal e íntimamente y se implica con lo que está sucediendo en los eventos específicos de toda su creación.[10]

### La evolución teísta

La evolución teísta tiene más en común con la evolución deísta, pero va más allá en lo que se refiere a la implicación de Dios con su creación. Dios inició el proceso dando vida al primer organismo. Después continuó obrando internamente para conseguir su objetivo con la creación. Sin embargo, en algún momento, él también actuó de forma sobrenatural, interviniendo para modificar el proceso, pero empleando materiales ya existentes. Dios creó el primer ser humano, pero al hacerlo utilizó una criatura existente. Dios creó un alma humana y la introdujo en uno de los primates superiores transformando a esta criatura en el primer ser humano. Por tanto, aunque Dios creó especialmente la naturaleza espiritual de Adán, su naturaleza física fue producto del proceso de la evolución.

La evolución teísta no tiene muchas dificultades con los datos científicos ya que enseña que la dimensión física de los seres humanos surge a través de la evolución. Por lo tanto puede acomodar cualquier evidencia de continuidad dentro del proceso que se haya producido en la raza humana. Con respecto a los datos bíblicos, la evolución teísta a menudo sostiene la idea de que existió una pareja original, Adán y Eva. Cuando esto es así, no hay dificultades para reconciliar la evolución teísta con las enseñanzas de Pablo sobre lo pecaminoso de la raza. Al tratar los capítulos introductorios del Génesis, se siguen una de

10. Para una exposición sobre la evolución deista, ver Robert Chambers, *Vestiges of the Natural History of Creation* (Atlantic Highlands, N. J.: Humanities, 1969, reprint of the 1844 edition).

estas dos estrategias. Afirmar que el Génesis no dice nada específico sobre la manera en que se originó el ser humano, o considerar el pasaje como simbólico. En el último caso, "polvo" (2:7), por ejemplo, no se toma literalmente. Más bien se interpreta como una referencia simbólica a una criatura ya existente, una forma inferior a la humana. Esta interpretación particular merecerá un posterior escrutinio después de que hayamos examinado la opción final.[11]

### Creacionismo progresivo

El creacionismo progresivo ve la obra creativa de Dios como una combinación de una serie de actos creativos *de novo* y una operación inmanente o de proceso. Dios en ciertos momentos, bastante separados en el tiempo, creó *de novo* (esto es, de nuevo). En estas ocasiones no utilizó vida que ya existiera previamente, simplemente modificándola. Aunque hubiera podido dar vida a algo bastante parecido a algo ya creado previamente, realizó una serie de cambios y el producto de esa obra fue una criatura completamente nueva.

Entre estos actos especiales de creación, se produce el desarrollo a través de la evolución. Por ejemplo, es posible que Dios crease al primer miembro de la familia de los caballos, y que después varias especies de la familia se desarrollasen por evolución. Este es un desarrollo "dentro de la clase" (microevolución), no "entre la clase" (macroevolución). Con respecto a la declaración bíblica de que Dios creó a cada criatura según su especie ya hemos señalado que la palabra hebrea מִין *(min)* es bastante vaga, por lo que no hay por qué identificarla con especies biológicas. Su significado puede ser bastante más amplio que eso. Es más, se dispone de mucha cantidad de tiempo para que la microevolución se haya producido, ya que la palabra יוֹם *(yom)*, que se traduce por "día", también se puede traducir mucho más libremente.[12]

Según el creacionismo progresivo, cuando llegó el momento de dar vida al primer ser humano, Dios lo hizo directa y completamente no procedente de una criatura inferior. Más bien, la naturaleza física y espiritual de Adán fue creada especialmente por Dios. La Biblia nos cuenta que Dios le hizo del "polvo" de la tierra. Este polvo no tuvo por qué ser realmente polvo físico. Puede tratarse de una representación pictórica elemental que fuera comprensible para los primeros lectores.

El creacionismo progresivo concuerda con la creación instantánea en la idea de que toda la naturaleza del primer humano fue creada especialmente. Sin embargo, está en desacuerdo al mantener que se produce cierto desarrollo en la creación después del acto directo original. Está de acuerdo con la evolución

11. Sobre la evolución teista, ver Augustus H. Strong, *Systematic Theology* (Westwood, N.J.: Revell 1907), pp. 466-67.

12. Sobre creacionismo progresivo, ver Edward J. Carnell, *An Introduction to Christian Apologetics* (Grand Rapids: Eerdmans, 1948), pp. 236-62.

naturalista, la evolución deísta y la evolución teísta en ver que hay desarrollo dentro de la creación, pero insiste en que hay varios actos de creación *de novo* dentro del proceso general. Y aunque está de acuerdo con la evolución teísta en que la humanidad es el resultado de un acto especial de creación de Dios, va más allá de esta idea e insiste en que este acto creativo especial abarca a toda la naturaleza humana, tanto a la parte física como a la espiritual.

Dados los supuestos y principios de este libro, las dos opciones más viables son la evolución teísta y el creacionismo progresivo. Ambas son mantenidas por eruditos creyentes bíblicos comprometidos, y cada una de ellas puede asimilar o explicar tanto los datos bíblicos como los empíricos. La cuestión es: ¿cuál puede hacerlo de forma más completa, llana y con menos distorsión del material con el que trata?

Para contestar a esta pregunta, es importante preguntarse qué tipo de material literario tenemos en Génesis 1 y 2. ¿Hay elementos simbólicos en el relato de la creación? Probablemente nos encontramos ante un género en el que no todos los objetos tienen que ser entendidos como simples objetos. Observemos, por ejemplo, que el árbol del jardín del Edén no es simplemente un árbol, sino "el árbol del conocimiento del bien y del mal." También es posible que el polvo que se utilizó para formar a Adán no fuera simplemente polvo, sino realmente bloques de construcción inanimados de los cuales surgió la materia orgánica y de ahí la vida. Pero supongamos que interpretamos, como lo harían los evolucionistas teístas, que el polvo simboliza una criatura viva que existía previamente. ¿Qué pasa entonces?

Una cuestión que hay que plantearse es si el simbolismo es consistente. La palabra polvo עָפָר *('aphar)* aparece no sólo en Génesis 2:7, también en 3:19: "porque polvo eres y al polvo volverás." Si entendemos en 2:7 que representa a una criatura ya existente, nos enfrentamos a dos opciones: o el término es diferente en 3:19 ( y también en 3:14), o tenemos la situación bastante ridícula de que tras la muerte nos volvemos a convertir en animales. Deberíamos señalar que en aquellos casos degenerativos severos en los que la persona se convierte prácticamente en un subhumano, el cambio ocurre antes de la muerte real. Entonces sería mejor dejar que la referencia al polvo en 3:19 (la más clara) interprete la de 2:7 (la menos clara).

Un segundo problema para el evolucionista teísta es la expresión "y fue el hombre un ser viviente" (Gn. 2:7). Las palabras traducidas como "ser viviente" son נֶפֶשׁ חַיָּה *(nephesh chayah)*, que es la misma expresión utilizada para señalar las otras criaturas que Dios había creado anteriormente (1:20, 21, 24). Como hemos visto, la evolución teísta afirma que la dimensión física del humano se desarrolló a partir de uno de estos seres vivos anteriores. Sostiene que, como su progenitor, la dimensión física de Adán (a la que Dios infundió alma) debe haber sido ya necesariamente un ser vivo. Pero este principio de la evolución teísta contradice la afirmación de Génesis 2:7 de que el hombre se convirtió en un ser viviente cuando Dios le formó y sopló en su nariz aliento de vida.

Otro argumento que a veces se opone a la evolución teísta es el de que va en contra de la unidad de la personalidad humana. Pero la unidad entre las dimensiones física y espiritual de un ser humano no parece ser lo suficientemente absoluta como para invalidar la teoría de que las dos dimensiones se originaron de maneras diferentes.

A pesar de la debilidad del tercer argumento, las dos primeras consideraciones parecen lo suficientemente significativas como para hacer que la evolución teísta sea menos viable que el creacionismo progresivo. Aunque este último punto de vista no carece de dificultades, explica e integra mejor los datos bíblicos y científicos y por lo tanto debe considerarse más adecuado que la evolución teísta.

## La edad de la raza humana

Una cuestión adicional que es necesario plantearse es la concerniente a la edad de la raza humana. ¿Cuándo aparecieron por primera vez sobre la tierra los humanos, específicamente tal como los presenta la Biblia? Los cristianos evangélicos o conservadores han contestado a esta pregunta de formas diferentes. En parte nuestra respuesta dependerá de nuestra definición de la humanidad.

### *Cuatro puntos de vista conservadores*

1. El tema no tiene importancia. O no podemos determinar la edad de la raza humana, o aunque pudiésemos no habría una diferencia importante. B. B. Warfield escribió una vez: "La cuestión de la antigüedad del hombre en sí misma no tiene importancia teológica. Para la teología, como tal, resulta totalmente indiferente saber cuánto hace que existe el hombre sobre la tierra."[13]Aunque es dudoso que Warfield aprobase el uso que a veces se ha hecho de esta declaración, no parece que le diese gran importancia al tema.

2. La fabricación de herramientas es la marca de la humanidad. La habilidad para concebir, dar forma y utilizar herramientas es lo que distingue a los humanos de las criaturas sub-humanas. Si este es el criterio, entonces el origen de la raza humana tiene que datarse bastante pronto, quizá hace unos 500.000 a 2 millones de años.[14]

3. La práctica del enterramiento de los muertos es lo que separa a los humanos de las demás criaturas. Si este es el criterio, hay que identificar como el primer humano al hombre de Neandertal y data de hace unos 50.000 años.[15]

13. Bejamin B. Warfield, "On the Antiquity and Unity of the Human Race," en *Biblical and Theological Studies*, ed. Samuel G. Craig (Philadelphia: Presbyterian & Reformed, 1952), 238.

14. Donald R. Wilson, "How Early Is Man?" *Christianity Today* (September 14, 1962): 27-28 (1175-76).

15. Paul H. Seeley, "Adam and Anthropology: A Proposed Solution," *Journal of the American Scientific Affiliation* 22, nº 3 (Septiembre 1970): 89.

4. El humano se distingue por la presencia y el uso de un simbolismo complejo o, más específicamente, del lenguaje. Aunque hacer herramientas y enterrar a los muertos indica un patrón de comportamiento bastante sofisticado, es el lenguaje lo que hace posible el tipo de relación con Dios que experimentaría un ser creado a imagen de Dios. Basándonos en esto, se puede relacionar el principio de la raza humana en todo el sentido bíblico con la evidencia de una gran explosión cultural hace entre 30.000 y 40.000 años. El primer humano no debe identificarse con el hombre de Neandertal, sino algo más tarde, probablemente con el hombre de Cromagnon.[16]

El problema de la edad de la raza humana no se resuelve con facilidad. Una respuesta que a veces se da a la cuestión de dónde encaja Adán en los registros paleontológicos es: "Dime cómo era Adán y te diré dónde encaja dentro de esa cadena." Por supuesto esta respuesta medio burlona no ataja el verdadero problema.

El primer punto de vista resumido anteriormente es insostenible. Importa cuándo fue creado Adán porque hay fenómenos en la descripción de sus descendientes inmediatos en Génesis 4 que son identificables como neolíticos. Cuando relacionamos los relatos bíblicos sobre Adán y sus descendientes con los datos de la antropología, surgen varios temas que deben tratarse con la disciplina de la apologética.

El segundo punto de vista que considera que el hacer herramientas es lo que distingue a la humanidad, tampoco parece muy satisfactorio. Su tesis básica ha sido cuestionada por varios descubrimientos. Por ejemplo, Jane Goodall observó que los chimpancés rompían ramas, les quitaban las hojas y las utilizaban para sondear nidos de termitas en busca de comida. Los chimpancés llevaban las ramas hasta un kilómetro de un nido a otro. Goodall concluyó: "Al hacer eso... el chimpancé ha alcanzado el primer inicio rudimentario de construcción de herramientas...Es improbable que este patrón de búsqueda de termitas sea un comportamiento innato."[17]

El tercer punto de vista teoriza sobre que el enterramiento de los muertos es un signo de la presencia de la imagen de Dios en el humano. Sin embargo, James Murk, argumenta que esta práctica evidencia sólo un miedo a lo desconocido, que a su vez presupone solamente que existe la imaginación. No se saca en conclusión que haya un sentido moral, y de hecho la religión y la ética se tratan de forma separada en la literatura antropológica, porque a menudo no coinciden.[18]

Esto conduce al cuarto punto de vista, que parece tener menos dificultades. El crecimiento cultural desde hace unos treinta mil años se entiende mejor como

16. James W. Murk, "Evidence for a Late Pleistocene Creation of Man," *Journal of the American Scientific Affiliation* 17, nº 2 (Junio 1965): 37-49.

17. Jane Goodall y Hugo van Lawick, "My Life among Wild Chimpanzees," *National Geographic Magazine* 124 (Agosto 1963): 307-8.

18. Murk, "Evidence," pp. 46-47.

resultado del comienzo por aquel tiempo del lenguaje. Eso ha sido afirmado por Bertram S. Kraus: "Parece más probable que el hombre no haya podido producir, sostener y alterar la cultura sin la habilidad de transmitir su experiencias y conocimientos a sus descendientes de una manera distinta a con el ejemplo."[19]

El relato bíblico parece indicar que Adán y Eva poseían lenguaje desde el principio. La comunicación entre ambos y con Dios presupone la posesión del lenguaje. (Nótese que aceptar este punto de vista lleva consigo la negación de que el enterramiento de los muertos sea un signo de sentido moral que forma parte de la imagen de Dios.)

### *El problema de los elementos neolíticos en Génesis 4*

Si aceptamos la idea de que es el lenguaje lo que distingue a los humanos de las demás criaturas y por lo tanto que el primer humano apareció hace unos treinta mil años, todavía queda un problema, al que ya hemos aludido: el problema de los elementos neolíticos en Génesis 4. Si Adán fue creado hace treinta mil años, si Caín y Abel fueron sus descendientes inmediatos, si encontramos prácticas genuinamente neolíticas en Génesis 4 (como por ejemplo la agricultura), y si el periodo neolítico empezó entre hace diez u ocho mil años, entonces nos encontramos con un problema de una brecha entre generaciones de al menos veinte mil años, el no va más de las brechas generacionales. Se han ofrecido varias soluciones:

1. La teoría pre-adanista dice que Adán fue el primer humano en todo el sentido bíblico, pero que no fue el primer humano en el sentido antropológico. Hubo representantes genuinos de *homo sapiens* antes de él.[20]

2. Caín y Abel no fueron los descendientes inmediatos de Adán. Puede que estuvieran a varias generaciones de él. Incluso es concebible que la narrativa condense historias de varios individuos en uno: Caín hijo de Adán, Caín el asesino y Caín el constructor.[21]

3. En el relato de la creación (Gn. 1:26; 2:7) la palabra hebrea אָדָם *('adam)*, que a menudo se utiliza para simbolizar a toda la raza humana, hace referencia al primer ser humano, que es anónimo. En otros pasajes (Gn. 4:1; 5:3) es un nombre propio que señala a un individuo específico que vino más tarde.[22]

4. "Quizá Caín y Abel no fueron en realidad *domesticadores* de plantas y animales sino más bien que en el lenguaje de Moisés, y en nuestras traducciones en particular sólo *parecían* ser eso. Sus preocupaciones respectivas [las de Caín

19. Bertram S. Kraus, *The Basis of Human Evolution* (New York: Harper & Row, 1964), p. 282.

20. E. K. Victor Pearce, *Who Was Adam?* (Exeter, England: Paternoster, 1970).

21. F. K. Farr, "Cain" en *Internacional Standard Bible Encyclopedia*, ed. James Orr (Chicago: Howard-Severance, 1937), vol. 1, pp. 538-39.

22. Seeley, "Adam and Anthropology," p. 89.

y Abel] por las provisiones de vegetales y animales podrían haber sido mucho más primitivas."[23]

5. La domesticación de plantas y animales puede ser mucho más remota en el tiempo que el periodo neolítico. Por lo tanto Adán y sus descendientes pueden haber practicado la agricultura hace treinta mil años.[24]

Ninguna de estas teorías es completamente satisfactoria. Todas tienen algún problema hermenéutico, pero estos parecen mayores en las teorías del (1) al (3). Además, en la teoría (1) los pre-adanistas parecen ser completamente humanos. Pero en ese caso ¿cómo explicamos las palabras de Pablo en Romanos 5 de que el pecado y la muerte llegaron a toda la raza humana debido al pecado de Adán? Esto parece argumentar a favor de un origen monogenético de la raza humana: todos los humanos proceden de Adán. Por estas razones, me inclino más hacia las teorías (4) o (5). Pero esta es un área en la que no hay datos suficientes para hacer declaraciones categóricas; se requerirá estudio adicional.

## El significado teológico de la creación humana

Ahora que hemos discutido el contenido básico de la doctrina de la creación humana, debemos determinar su significado teológico. Hay varios puntos que necesitan una atención e interpretación especial.

1. Que los humanos sean creados significa que no tienen existencia independiente. Tienen vida porque Dios deseó que existieran y actuó para darles vida y para conservarles. Su existencia no es necesaria. Pueden declararse independientes y actuar como si lo fuesen, pero eso no altera el hecho de que su misma vida y cada aliento que siguen tomando se lo deben a Dios.

Esto debería hacer que nos preguntásemos la razón de nuestra existencia. ¿Por qué nos puso Dios aquí, y qué tenemos que hacer según ese propósito? Ya que sólo estamos vivos gracias a Dios, todo lo que tenemos y somos procede de él. La mayordomía no significa dar a Dios una parte de lo que es nuestro, parte de nuestro tiempo o nuestro dinero. Se nos ha confiado toda la vida para que la utilicemos, pero sigue perteneciendo a Dios y debe ser utilizada para servirle y glorificarle.

Esto también ayuda a establecer la identidad humana. Si lo que somos al menos en parte está en función de dónde procedemos, la clave de nuestra identidad la encontraremos en el hecho de que Dios nos creó. No somos únicamente los descendientes de padres humanos, ni el resultado de factores ocasionales que funcionan en el mundo. La humanidad existe como resultado de la intención consciente y el plan de un Ser inteligente y nuestra identidad al menos parcialmente consiste en cumplir ese plan divino.

23. James O. Buswell III, "Adam and Neolithic Man," Eternity 18, nº 2 (Febrero 1967): 39.

24. T. C. Mitchell, "Archaeology and Genesis I-XI,Ì *Faith and Thought* 91 (Summer 1959): 42.

Somos una creación de Dios, no una emanación de él. Tenemos un conocimiento y un poder limitados. Aunque el objetivo de la vida cristiana es ser espiritualmente uno con Dios, los humanos siempre estarán metafísicamente separados de Dios. Por lo tanto, no deberíamos tratar de perder nuestra identidad humana individual.

2. Los humanos son parte de la creación. Por diferentes que sean de los demás seres creados por Dios, no se distinguen tanto del resto como para no tener relación con ellos. Como a las demás criaturas, al humano se le dio vida en uno de esos días de la creación, el mismo día (el sexto) que a los animales de la tierra.

Como hemos señalado anteriormente en esta obra, hay una gran brecha metafísica dentro de la extensión del ser.[25] Sin embargo, esta brecha no se da entre la humanidad y el resto de las criaturas. Es entre Dios por una parte, y todas las criaturas por otra. El humano, cuyos orígenes se remontan a uno de los días de la creación, está vinculado más estrechamente con todos los demás seres creados que con Dios que fue el que hizo la creación.

Como en cierto sentido todas las criaturas son parientes de los humanos, debería haber armonía entre ellos. En la práctica puede que este no sea el caso, pero es el humano, y no el resto de la creación el que ha introducido esta desarmonía. Cuando se toma en serio, nuestro parentesco con el resto de la creación tiene un impacto definido. La palabra "ecología" deriva de la palabra griega οἶκος *(oikos)*, que significa "casa," por lo tanto apunta la idea de que hay una gran casa. Lo que el humano hace a una parte de ella afecta también a otras partes; una verdad que nos está quedando muy clara cuando nos damos cuenta de que la contaminación daña las vidas humanas y de que la destrucción de ciertos depredadores naturales da oportunidad a que se propaguen plagas con bastante libertad.

Que seamos parientes del resto de la creación también nos dice que tenemos que ser benévolos. Las otras criaturas vivas pueden ser utilizadas como comida por los humanos. Sin embargo, no pueden ser destruidas por puro placer. Las demás criaturas son parientes lejanos nuestros, porque han sido creadas por el mismo Dios. El bienestar de esas criaturas es importante para Dios y también debería serlo para nosotros. De la misma manera que nos preocupamos y realizamos acciones concretas por el bienestar de otros humanos, porque somos uno con ellos, así debería ser nuestro comportamiento para con el resto de la creación.

Que somos parte de la creación también significa que tenemos mucho en común con las demás criaturas. Estos puntos en común significan que hay cierta validez en el intento behaviorista de entender la humanidad a través del estudio de los animales. Porque al igual que los animales los humanos y sus motivaciones están sujetos a las leyes de la creación.

25. Ver p. 400.

3. Sin embargo, el humano tiene un lugar especial en la creación. Como hemos señalado, somos criaturas y por lo tanto compartimos mucho con el resto de las criaturas. Pero hay un elemento que nos hace especiales entre los demás seres. Se dice que todos fueron hechos "según su especie." El humano, por su parte, se dice que fue hecho a imagen y semejanza de Dios. Se coloca a los humanos por encima del resto de la creación, para tener dominio sobre ella. No podemos compararnos en todos los aspectos con el conjunto de la creación. Aunque estamos sujetos a las leyes que gobiernan a los seres creados, trascendemos a esos otros seres y su estatus, porque ser humano implica ser algo más que una mera criatura. Los detalles de esta dimensión extra se tratarán de forma más completa en el siguiente capítulo. El tema aquí es que no podemos restringir el entendimiento que tenemos de nosotros mismos al hecho de ser como criaturas, o excusar nuestro comportamiento inadecuado echándole la culpa a nuestros instintos e impulsos. Nuestro ser está en un nivel más alto, que nos separa del resto de la creación.

Esto también significa que los humanos no se sienten satisfechos cuando todas sus necesidades animales están completas. La vida humana abarca mucho más que la simple satisfacción de necesidades como la comida, el vestir y quizá el placer. También hay que tener en mente el elemento trascendente designado por la manera especial en que se describe al humano y que le distingue de las demás criaturas.

4. Hay hermandad entre los humanos. Uno de los grandes debates teológicos de finales del siglo diecinueve y principios del veinte trataba sobre la extensión de la paternidad de Dios y por lo tanto de la extensión de la hermandad de la humanidad. Los liberales insistían en que hay una hermandad universal entre los humanos, y los conservadores de forma igualmente enfática mantenían que sólo los que están en Cristo son hermanos espirituales. En realidad, ambos estaban en lo cierto. La doctrina de la creación y de la descendencia de toda la raza humana a partir de una pareja original significa que todos estamos relacionados unos con otros. En cierto sentido, cada uno de nosotros es un primo lejano de cada persona de esta tierra. Todos estamos relacionados. La parte negativa de nuestra descendencia común es que en el estado natural todas las personas somos hijos rebeldes del Padre celestial y por lo tanto estamos separados de él y unos de otros. Todos somos como el hijo pródigo.

La verdad de la hermandad universal, si se entiende completamente y se actúa según ella, debería producir una preocupación y una empatía por los demás humanos. Tenemos tendencia a sentir con más fuerza las necesidades y las heridas de nuestros amigos y familiares cercanos que las de los extraños. Podemos sentirnos bastante despreocupados por los asesinatos, los accidentes de coche con resultados fatales y cosas parecidas siempre que no esté implicado nadie que nosotros conozcamos. Sin embargo, si descubrimos que uno de nuestros seres queridos muere en un accidente sentimos una gran pena. Pero la doctrina de la hermandad de toda la raza humana nos dice que todos los seres humanos son nuestros parientes. No tenemos que verlos principalmente como rivales, sino como compañeros. Somos uno con ellos en el sentido más básico: nuestro origen. Por lo tanto deberíamos alegrarnos con los que se alegran y llorar con los que lloran, incluso aunque no sean cristianos.

5. La humanidad no es el objeto más alto del universo. Nuestro valor es grande, porque somos, a excepción de los ángeles, las criaturas más destacadas. Sin embargo, este estatus nos lo concede el Ser más destacado de todos, Dios. A pesar de todo el respeto que merece la humanidad y el reconocimiento y mérito especial que concedemos a ciertas personas destacadas, siempre debemos recordar que ellos, sus vidas, sus habilidades, sus puntos fuertes han sido dados por Dios. Su gloria, no nuestro placer y comodidad es el valor último. Nunca debemos elevar nuestro respeto por los humanos hasta el punto de llegar a alabarles. La alabanza es sólo para Dios; cuando se ofrece a otra persona u objeto, es idolatría. Debemos asegurarnos que nuestro crédito y gloria final sea para Dios. De la misma manera, no aceptaremos un tipo de adulación que sólo Dios merece.[26] Incluso el amor por nuestros compañeros humanos no debe competir con el amor por Dios, ya que los primeros mandamientos pertenecen a nuestra relación con Dios (Éx. 20:3-11), y el mandamiento de amar a Dios con todo nuestro ser precede al mandamiento de amar al prójimo como a uno mismo (Mt. 22:37-40; Mr. 12:28-34; Lc. 10:27-28). De hecho, el amor a Dios es parte de la motivación del amor por los humanos, que están creados a imagen de Dios. Y al igual que nuestro amor por la gente, los logros humanos se deben considerar desde una perspectiva adecuada. Por maravilloso que sea lo que hayan conseguido los humanos, tales logros sólo son posibles gracias a la vida, inteligencia y talentos que Dios ha otorgado a sus criaturas humanas.

6. Hay limitaciones definidas sobre la humanidad. Los humanos son criaturas, no son Dios, y tienen las limitaciones que trae consigo el ser seres finitos. Sólo el Creador es infinito. Los humanos no saben y no pueden saberlo todo. Aunque deberíamos intentar saber todo lo que podemos saber, y deberíamos admirar y estimar los grandes conocimientos, nuestra finitud significa que nuestro conocimiento siempre será incompleto y estará sujeto a error. Esto debería dar un cierto sentido de humildad a todos nuestros juicios, ya que nos damos cuenta de que podemos estar equivocados, no importa lo impresionantes que parezcan nuestros descubrimientos.

La finitud también pertenece a nuestras vidas. Si Adán tal como fue creado hubiera muerto de no haber pecado es un tema sujeto a debate (ver pp. 624-27).

26. Herodes aceptó la adulación de la multitud ("Voz de un dios y no de un hombre"). Como no dio gloria a Dios, fue muerto (Hechos 12:20-23).

Sin embargo, sabemos que fue susceptible de estar sujeto a la muerte. Esto es, si fue inmortal, era una inmortalidad condicionada. Por lo tanto, la humanidad no es inmortal de forma inherente. Y tal como está constituida en la actualidad, debemos enfrentarnos a la muerte (He. 9:27). Incluso en el estado original de la raza humana, cualquier posibilidad de vivir eternamente dependía de Dios. Sólo Dios es eterno de forma inherente; todo lo demás muere.

Finitud significa que hay limitaciones prácticas para todos nuestros logros. Aunque la humanidad ha hecho grandes progresos físicos, ese progreso es limitado. Un humano puede ahora realizar un salto de más de dos metros, pero es improbable que nadie, en nuestra atmósfera, realice un salto de mil metros sin la ayuda de un propulsor artificial. Otras áreas de logros, ya sean intelectuales, físicas o del tipo que sea, tienen similares limitaciones prácticas.

7. La limitación en sí misma no es mala. Existe tendencia a lamentarse de la finitud humana. Algunos incluso mantienen que esta es la causa del pecado humano. Si no estuviéramos limitados, siempre sabríamos lo que está bien y lo haríamos. Si los humanos no estuvieran incapacitados por su finitud, lo harían mucho mejor. Pero la Biblia señala que habiendo hecho al ser humano con las limitaciones que conlleva ser una criatura, Dios miró la creación y dijo que era "bueno en gran manera" (Gn. 1:31). La finitud puede conducir al pecado si no somos capaces de aceptar nuestra limitación y vivir de acuerdo a ella, como observaremos en breve. Pero el mero hecho de nuestra limitación no produce inevitablemente el pecado. Más bien es la respuesta inadecuada a esa limitación lo que constituye o trae como resultado el pecado.

Algunos creen que el pecado humano es una carga procedente de los primeros estadios de evolución, pero que gradualmente irá quedando atrás. A medida que se vaya incrementando nuestro conocimiento y habilidad, iremos siendo menos pecadores. Sin embargo, esto no parece ser cierto. En la práctica, el aumento en la sofisticación parece ofrecer al hombre la oportunidad de conseguir medios más ingeniosos para pecar. Se podría pensar que el tremendo crecimiento en la tecnología informática, por ejemplo, traería la solución a muchos problemas humanos básicos y por lo tanto haría que el hombre fuera más recto. Aunque esa tecnología a menudo se utiliza para propósitos beneficiosos, la codicia humana también ha conducido a formas nuevas e ingeniosas de robar dinero e información mediante el uso del ordenador. La reducción de nuestras limitaciones, por lo tanto, no nos lleva inevitablemente a ser mejores seres humanos. La conclusión es clara: las limitaciones humanas no son malas en sí mismas.

8. Un ajuste adecuado en la vida sólo se puede conseguir aceptando nuestra propia finitud. El hecho de nuestra finitud está claro. Sin embargo, puede que no estemos dispuestos a aceptar ese hecho y nuestro puesto en el esquema de las cosas como criaturas de Dios que dependen de él. La caída de Adán y Eva fue al menos en parte debida a que trataron de ser como Dios (Gn. 3:4-6), para

saber lo que sabía Dios. Una aspiración similar subyace en la caída de los ángeles malos (Jud. 6). Deberíamos dejar que Dios fuera Dios, no tratar de decirle lo que está bien y lo que está mal, sino someternos a él y a los planes que tiene para nosotros. Juzgar las obras de Dios requiere tener un conocimiento infinito, algo de lo que nosotros simplemente carecemos.

Esto significa que no siempre tenemos que tener razón. No tenemos por qué tener miedo a fracasar. El único que nunca fracasa ni comete fallos es Dios. Por lo tanto, no es necesario que nos excusemos por nuestros defectos o que estemos a la defensiva porque no somos perfectos. No obstante darnos cuenta de nuestra finitud a menudo nos conduce a tener sentimientos de inseguridad que intentamos superar por nosotros mismos. Jesús señaló a sus discípulos que tales intentos de intentar sentirnos seguros mediante nuestros propios esfuerzos conducen a incrementar la ansiedad. No tenemos que ser Dios porque hay un Dios. Sólo tenemos que buscar su reino y su justicia, y todas las necesidades de la vida nos serán proporcionadas (Mt. 6:25-34).

Se producirá una humildad adecuada si admitimos que somos criaturas finitas y estamos dispuestos a vivir de acuerdo a ello. El departamento de una facultad bíblica recibió una vez una solicitud para un puesto de profesor de una persona que practicaba el pensamiento positivo de forma extrema. Las respuestas a las preguntas del formulario estaban cargadas de autopromoción, incluso de arrogancia, lo cual parecía algo particularmente inadecuado para una persona sin experiencia en la enseñanza. El jefe del departamento preguntó a un colega su reacción. "Oh," fue la respuesta, "No creo que tengamos un puesto que esté a la altura de este hombre. De hecho," añadió, "no creo que haya ningún puesto en ningún sitio que esté a su altura. No ha habido puestos vacantes en la Trinidad desde hace por lo menos dos mil años."

No somos, no podemos ni tenemos que ser Dios. Dios no espera que seamos Dios. Si aceptamos esto nos espera la satisfacción y la felicidad, si no, nos esperan la insatisfacción y la frustración. No somos seres que deberían ser Dios y fracasaron en el intento. Somos lo que se pretendía que fuéramos: criaturas humanas limitadas.

9. No obstante, la humanidad es algo maravilloso. Aunque son criaturas, los humanos son la categoría más alta entre ellas, los únicos que fueron hechos a imagen de Dios. El hecho de que el Señor de todo el universo nos hiciera simplemente añade grandeza a la humanidad dándonos un estatus de marca registrada por así decirlo. No somos simplemente la producción casual de un mecanismo ciego ni un subproducto o los restos que se eliminan en proceso de hacer algo mejor, sino que somos un producto expresamente diseñado por Dios.

Algunos cristianos han sentido la necesidad de minimizar la habilidad humana y sus logros para dar mayor gloria a Dios. Desde luego, debemos poner los logros humanos en su sitio correcto relativo a Dios. Pero no es necesario proteger a Dios contra la competición de su criatura más importante. La grandeza humana puede glorificar más a Dios. Deberíamos reconocer francamente que los humanos han hecho muchas cosas maravillosas. Son sin duda seres asombrosos, en lo que son y en lo que pueden hacer. Pero ¡cuánto más grande será el que los hizo!

Los humanos son estupendos, pero lo que les hace estupendos es que Dios los creó. El nombre *Stradivarius* habla de calidad en un violín; su fabricante era el mejor. Incluso cuando admiramos el instrumento, estamos admirando aun más el talento de su fabricante. El humano ha sido creado por el mejor y más sabio de todos los seres, Dios. Un Dios que ha sido capaz de hacer una criatura tan maravillosa como el ser humano es sin duda un gran Dios.

Reconoced que Jehová es Dios;
él nos hizo y no nosotros a nosotros mismos;
pueblo suyo somos y ovejas de su prado.

Entrad por sus puertas con acción de gracias,
por sus atrios con alabanza.
¡Alabadlo, bendecid su nombre!,

porque Jehová es bueno;
para siempre es su misericordia, y su fidelidad por todas las generaciones.

[Sal. 100:3-5]

# 24. La imagen de Dios en el hombre

## Objetivos del capítulo

Después de estudiar este capítulo, debería ser capaz de:

- Identificar y explicar los pasajes de las Escrituras que sean relevantes para la imagen de Dios en el ser humano.
- Distinguir entre tres puntos de vista diferentes de la imagen de Dios y explicar cada uno de ellos.
- Evaluar comparando y contrastando los puntos de vista relacionales, funcionales y sustantivos de la imagen de Dios.
- Identificar seis inferencias que se pueden extraer de la idea bíblica de la imagen de Dios.
- Sintetizar los anteriores puntos de vista sobre la imagen de Dios con las inferencias de las Escrituras.
- Identificar seis características específicas que constituyen nuestra verdadera humanidad.

## Resumen del capítulo

La imagen de Dios en la humanidad es muy importante para que entendamos lo que nos hace humanos. Los puntos de vista sustantivos, relacionales y funcionales de la imagen de Dios no son explicaciones completamente satisfactorias. Debemos llegar a conclusiones sobre la imagen de Dios al hacer inferencias de los datos bíblicos. Las implicaciones de la imagen de Dios deberían inspirarnos y establecer los parámetros para nuestra visión de toda la humanidad.

## Cuestiones de estudio

1. ¿Qué observaciones se pueden hacer de los pasajes de las Escrituras que son relevantes para entender la imagen de Dios?

2. ¿En qué se diferencian los puntos de vista sustantivo, relacional y funcional de la imagen de Dios? ¿Quiénes defienden estas posiciones?
3. ¿Cuál es el centro de cada punto de vista y qué problemas existen en cada uno de ellos?
4. ¿Qué inferencias se pueden extraer del material bíblico que hace referencia a la imagen de Dios?
5. Según el material bíblico, ¿qué conclusiones se pueden extraer sobre la naturaleza de la imagen de Dios y cómo pueden ayudarnos estas conclusiones a entender mejor nuestra verdadera humanidad?

Los pasajes relevantes de las Escrituras
Puntos de vista sobre la imagen
    El punto de vista sustantivo
    Puntos de vista relacionales
    El punto de vista funcional
Evaluación de los puntos de vista
Conclusiones sobre la naturaleza de la imagen
Implicaciones de la doctrina

Por importante que sea la respuesta a la pregunta: "¿De dónde procedió la humanidad?" para entender la identidad humana, no nos dice todo lo que necesitamos saber sobre aquello a lo que Dios dio vida cuando creo la humanidad.

Hay varias maneras de formular una definición de la humanidad. Una es investigar lo que la Biblia tiene que decir sobre los seres humanos. Si lo hacemos, podríamos concluir que son malos de forma inherente; pero también podríamos descubrir que ahora son diferentes de lo que fue Adán en el momento de la creación y que algo desencadenó el cambio que llevó a la condición actual. O podríamos estudiar a los actuales seres humanos utilizando los métodos de investigación de diferentes ciencias del comportamiento. Esta concepción se basaría en el comportamiento humano actual.

La representación bíblica de la raza humana es la de que en realidad hoy está en una condición anormal. El humano real no es el que encontramos ahora en la sociedad humana, sino el que salió de la mano de Dios, sin ser dañado por el pecado y la caída. En un sentido verdaderamente real los únicos seres humanos auténticos fueron Adán y Eva antes de la caída y Jesús. Todos los demás son ejemplos torcidos, distorsionados, corruptos de humanidad. Por lo tanto es necesario fijarse en el estado original del humano y en Cristo para evaluar correctamente lo que significa ser humano.

Una expresión clave es que Dios hizo al hombre a su imagen y semejanza. Esto distinguió al hombre de las demás criaturas, porque sólo con los humanos se utilizó esta expresión. Aunque ha habido grandes discusiones sobre el tema, el concepto es muy importante porque la imagen de Dios es lo que hace a los hombres humanos.[1] Nuestra manera de entender la imagen afectará a nuestra manera de tratar al prójimo y de ministrarle. Si entendemos que la imagen hace referencia principalmente a la razón humana, entonces nuestro trato con los demás será básicamente de naturaleza educativa y cognitiva. Si entendemos que se refiere a las relaciones personales, nuestro ministerio pondrá el énfasis en la "teología relacional" y la interacción en grupos pequeños.

En este capítulo examinaremos los pasajes bíblicos destacados de forma separada. Después observaremos algunas interpretaciones representativas de la expresión "la imagen de Dios." Estos son intentos de unir los distintos pasajes en un conjunto. Finalmente, intentaremos formular una teoría que sea fiel a todos los testimonios bíblicos y definir la importancia actual del concepto.

## Los pasajes relevantes de las Escrituras

Varios pasajes bíblicos hablan de la imagen de Dios. El más conocido probablemente sea Génesis 1:26-27: "Entonces dijo Dios: 'Hagamos al hombre a nuestra imagen, conforme a nuestra semejanza; y tenga potestad sobre los peces del mar, las aves de los cielos y las bestias, sobre toda la tierra y sobre todo animal que se arrastra sobre la tierra.' Y creó Dios al hombre a su imagen, a imagen de Dios lo creó; varón y hembra los creó." El versículo 26 es una declaración de intenciones de Dios; incluye los términos צֶלֶם *(tselem)* y דְּמוּת *(demuth)*, que se traducen respectivamente como "imagen" y "semejanza." El primer término se repite dos veces en el versículo 27. En Génesis 5:1 tenemos una recapitulación de lo que Dios había hecho: "El día en que creó Dios al hombre, a semejanza de Dios lo hizo." El escritor añade en el versículo 2: "Hombre y mujer los creo; y los bendijo. Y los puso por nombre Adán el día que fueron creados." El término utilizado aquí es דְּמוּת. En Génesis 9:6 se prohíbe el asesinato basándose en que el hombre ha sido hecho a imagen de Dios: "El que derrame la sangre de un hombre, por otro hombre su sangre será derramada, porque a imagen de Dios es hecho el hombre." Aunque el pasaje no dice que los humanos todavía tengan la imagen de Dios, sino que Dios los había creado a su imagen, queda claro que lo que Dios había hecho anteriormente todavía tiene algo que ver, incluso después de la caída. Después de esto, no encontramos más referencias en el Antiguo Testamento a la imagen de Dios, aunque dos pasajes de la Apócrifa lo mencionan, Sabiduría de Salomón 2:23 y Eclesiastés 17:3.

Dos pasajes del Nuevo Testamento mencionan la imagen de Dios en conexión con la creación del hombre. En 1 Corintios 11:7 Pablo dice: "El varón no debe cubrirse la cabeza, pues él es imagen y gloria de Dios, pero la mujer es gloria del

1. Gerhard von Rad, "εἰκών," en *Theological Dictionary of the New Testament*, ed. Gerhard Kittel, trad. Geoffrey V. Bromiley (Grand Rapids: Eerdmans, 1974), vol. 2, pp. 390-92; Walter Eichrodt, *Theology of the Old Testament* (Philadelphia: Westminster, 1967), vol. 2, p. 122.

varón." Pablo no dice que la mujer sea la imagen de Dios, sino que simplemente señala que ella es la gloria del varón como el varón es la gloria de Dios. La palabra para imagen aquí es εἰκών *(eikōn)*. Y en Santiago 3:9, basándose en que el hombre ha sido hecho a semejanza de Dios ὁμοίωσις *(homoiosis)*, el autor condena el uso de la lengua para maldecir a los hombres: "Con ella bendecimos al Dios y Padre y con ella maldecimos a los hombres, que están hechos a la semejanza de Dios." También tenemos una sugerencia de la imagen de Dios en Hechos 17:28, aunque el término no se utilice: "porque en él vivimos, nos movemos y somos; como algunos de vuestros propios poetas también han dicho: 'Porque linaje suyo somos.'"

Además, varios pasajes del Nuevo Testamento hacen referencia a que los creyentes se hacen a imagen de Dios mediante el proceso de la salvación. Romanos 8:29 señala que están siendo formados a imagen del Hijo: "A los que antes conoció, también los predestinó para que fueran hechos conformes a la imagen de su Hijo, para que él sea el primogénito entre muchos hermanos." En 2 Corintios 3:18 leemos: "Por tanto, nosotros todos, mirando con el rostro descubierto y reflejando como en un espejo la gloria del Señor, somos transformados de gloria en gloria en su misma imagen, por la acción del Espíritu del Señor." En Efesios 4:23-24 Pablo urge a sus lectores: "Renovaos en el espíritu de vuestra mente, y vestíos del nuevo hombre, creado según Dios en la justicia y santidad de la verdad." Finalmente, Colosenses 3:10 también hace referencia a que el viejo hombre queda "revestido del nuevo. Este, conforme a la imagen del que lo creó, se va renovando hasta el conocimiento pleno."

## Puntos de vista sobre la imagen

Es necesario formular algún tipo de definición sobre la imagen de Dios. Este proceso implicará tanto la interpretación de las referencias individuales y la integración de varias declaraciones manifiestas como varias alusiones de las Escrituras. Hay tres puntos de vista generales sobre cómo ver la naturaleza de la imagen. Unos consideran la imagen como ciertas características que hay dentro de la misma naturaleza humana, ya sean físicas, psicológicas o espirituales. A este le denominaremos punto de vista *sustantivo* de la imagen. Otros consideran que la imagen no es algo que esté presente de forma inherente o intrínseca en los seres humanos, sino que se experimenta con la relación entre el hombre y Dios, o entre dos o más humanos. Este es el punto de vista *relacional*. Finalmente, hay quien considera que la imagen no es algo que el ser humano es o experimenta, sino algo que hace. Este es el punto de vista *funcional*.

### *El punto de vista sustantivo*

El punto de vista sustantivo ha sido el predominante durante la mayor parte de la historia de la teología cristiana. El elemento común en las diferentes variedades de este punto de vista es que la imagen se identifica con una característica o cualidad definida dentro del carácter humano. Algunos han pensado que la imagen de Dios es un rasgo de nuestro aspecto físico o corporal. Aunque esta idea nunca ha estado extendida, ha persistido hasta nuestros días. Puede que esté basada en una lectura literal de la palabra צֶלֶם *(tselem)*, que en su sentido más concreto significa "estatua" o "forma."[2] Según esta lectura, Génesis 1:26 significaría algo parecido a "que los humanos se parezcan a nosotros." Hoy en día, los mormones probablemente sean los más fervientes defensores de la posición de que la imagen de Dios es física. Esta posición no les presenta ningún problema ya que ellos sostienen que Dios tiene cuerpo.[3]

Se podría esperar que con el énfasis que muchos círculos ponen en el ser humano como unidad psicosomática, habría un interés renovado por la idea de que la imagen de Dios sea un factor físico en los seres humanos. Esto sería probablemente así si no fuera porque la mayoría de los que dan importancia a la unidad psicosomática de la naturaleza humana tienden a descuidar lo metafísico. También deberíamos señalar que algunos ven la imagen como una característica física con importancia metafórica. Que los humanos caminen erguidos, por ejemplo, se toma como símbolo de la honradez y rectitud moral de Dios o de la relación de los humanos con Dios.[4]

Los puntos de vista sustantivos de la imagen de Dios más comunes lo aíslan en cuanto a alguna cualidad psicológica o espiritual en la naturaleza humana, especialmente la razón. De hecho, la especie humana se clasifica biológicamente como *Homo sapiens*, el ser que piensa.

Ha habido varios grados de énfasis en la razón. Cuando se ha puesto mucho énfasis en la racionalidad en la sociedad en general, como en la Ilustración, también ha ocurrido lo mismo en el pensamiento teológico.[5] En tiempos más subjetivos, la razón recibe menos atención. En un periodo como la última parte del siglo XX, con un mayor énfasis en la voluntad y en lo visceral, la razón juega un papel menos importante. También hay diferentes formas de entender la razón: una contemplación abstracta (Platonismo), o algo más empírico o científico (Aristotelianismo-tomístico).[6] Todos mantienen que el aspecto cognitivo, cerebral de la humanidad se parece más a Dios; por lo tanto, hay que enfatizarlo y desarrollarlo.

2. Charles Ryder Smith, *The Bible Doctrine of Man* (London: Epworth, 1956), pp. 29-30, 94-95.

3. Le Grand Richards, *A Marvelous Work and a Wonder* (Salt Lake City, Utah: Deseret, 1958), pp. 16-17.

4. Emil Brunner, *Man in Revolt* (Philadelphia: Westminster, 1947), p. 388.

5. David Cairns, *The Image of God in Man* (New York: Philosophical Library, 1953), pp. 58-69.

6. Tomás de Aquino, *Summa theologica*, parte 1, cuestión 93.

No es sorprendente que los teólogos hayan escogido la razón como el aspecto más importante de la naturaleza humana, porque los teólogos son el segmento de la iglesia encargado de intelectualizar y reflexionar sobre la fe. Sin embargo, al hacerlo, no sólo han aislado un aspecto de la naturaleza humana para tomarla en consideración, también han concentrado su atención en una única faceta de la naturaleza de Dios. Esto puede traer consigo un malentendido. Seguramente la omnisciencia y la sabiduría constituyen una dimensión significativa de la naturaleza de Dios, pero no son la esencia misma de la divinidad.

Basándose en Génesis 1:26-27 se ha desarrollado gradualmente una tendencia a entender "imagen" y "semejanza" como dos aspectos o dimensiones de la imagen de Dios. A veces había connotaciones naturalistas: el humano sólo fue creado a imagen de Dios, pero gradualmente evolucionó hasta ser también semejante a Dios. Sin embargo, es más común que la presencia de la semejanza a Dios en la humanidad se atribuya a una causa espiritual o sobrenatural. Orígenes, por ejemplo, veía la imagen como algo que se dio inmediatamente en la creación, con la semejanza como algo concedido por Dios posteriormente. Sin embargo, fue Ireneo, quien ofreció a la distinción entre imagen y semejanza una dirección que los teólogos siguieron durante algún tiempo. Aunque sus declaraciones varían mucho y no son totalmente consistentes, en ocasiones encontramos en ellas una distinción clara entre imagen y semejanza. Con el primer término, quería decir que Adán tenía razón y libre albedrío; con el segundo Ireneo señalaba cierto atributo sobrenatural que poseía Adán mediante la acción del Espíritu. Al contrario que otros teólogos posteriores Ireneo no estaba pensando en una rectitud original. Como un ser infantil inmaduro, la semejanza de Adán con Dios estaba presente en forma germinal, sólo en forma potencial de lo que podía llegar a ser. Sin embargo, cuando Adán cayó en pecado, perdió su semejanza, aunque la imagen persistió al menos en cierto grado.[7]

En la teología escolástica medieval, la distinción de Ireneo se desarrolló más. Se clarificó la diferencia y se aislaron los efectos de la caída. La imagen era el parecido natural del humano con Dios, los poderes de la razón y la voluntad. La semejanza era un *donum superadditum*: un don divino añadido a la naturaleza humana básica. Esta semejanza constaba de las cualidades morales de Dios, mientras que la imagen implicaba los atributos naturales de Dios. Cuando Adán cayó, perdió su semejanza, pero la imagen permaneció completamente intacta. La humanidad como humanidad todavía estaba completa, pero se había estropeado el ser bueno y santo.

Esta perspectiva por supuesto implicaba una concepción de la naturaleza del pecado y de la caída, pero también una idea definida de la naturaleza de la humanidad. Nuestra naturaleza humana es unitaria y relativamente inmune a

7. Ireneo, *Contra las herejías* 5.6.1.

los efectos dañinos de la caída. Incluso los no cristianos y los creyentes marginales son tan humanos como los creyentes santificados. Poseen la habilidad de evaluar la evidencia, reconocer la verdad, escoger mediante el conocimiento de la verdad. Esto deja abierta la posibilidad de una teología racional o natural; incluso sin la revelación especial todas las personas pueden conocer algo de verdad sobre Dios. También deja abierta la posibilidad de una ética natural. Siendo libres, los humanos son capaces de hacer algunas buenas obras aunque carezcan de gracia. Con esta suposición se hizo un gran préstamo a todo el sistema católico de teología.[8]

Como buen exégeta, Martín Lutero vio que la diferencia en la terminología que llevaba a la conclusión de que la imagen de Dios permanecía intacta en los humanos caídos (sólo se perdía la semejanza) no es en realidad una diferencia. "Imagen" y "semejanza" en Génesis 1:26 no tienen referentes diferentes. Más bien, esto es simplemente un ejemplo de la práctica hebrea común del paralelismo. En consecuencia, no existe distinción entre imagen y semejanza ni antes ni después de la caída.[9]

Lutero proponía un punto de vista unitario de la imagen de Dios. Todos los aspectos de la imagen de Dios en los humanos se han corrompido; lo que queda es una reliquia, un remanente de la imagen: no ciertas cualidades, sino fragmentos de todo lo que constituía la semejanza con Dios. La respuesta de Lutero a Génesis 9:6 fue que la imagen incorrupta todavía existe como intención de Dios para con los hombres, pero que realmente no está presente en ellos.[10]

Calvino adoptó un punto de vista muy similar al de Lutero, rechazando el punto de vista dualista escolástico, y manteniendo en su lugar que una reliquia de la imagen permanecía en cada persona tras la caída. Como permanecía una reliquia, el conocimiento de nosotros mismos y el conocimiento de Dios están relacionados. Al conocernos a nosotros mismos llegamos a conocer a Dios, ya que él nos ha hecho a su imagen.[11] A la inversa, llegamos a conocernos a nosotros mismos midiéndonos frente a su santidad. Aunque todas las cosas, en cierto modo, muestran la imagen de Dios, los humanos lo hacemos especialmente, de forma más notable por nuestra habilidad para razonar.[12]

Todos los puntos de vista sustantivos que hemos mencionado, con sus conceptos tan diferentes de la naturaleza de la imagen de Dios, concuerdan en una cosa en particular: el locus de la imagen. Se localiza dentro de los humanos como una

8. Cairns, *Image of God*, pp. 114-20.

9. Martin Luther, *Lectures on Genesis*, en *Luther's Works*, ed. Jaroslav Pelikan, trad. George V. Schick (St. Louis: Concordia, 1958), vol. 1, pp. 60ss.

10. Ibid., vol. 2, p. 141.

11. Juan Calvino, *Institución de la religión cristiana*, libro 1, capítulo 1.

12. John Calvin, *Commentary on the Gospel According to John* (Grand Rapids: Eerdmans, 1956), vol. 1, p. 32 (Juan 1:4).

calidad o capacidad interna. Aunque conferida por Dios, la imagen reside en los humanos aunque estos reconozcan o no la existencia de Dios y de su obra.

### Puntos de vista relacionales

Muchos teólogos modernos no conciben la imagen de Dios como algo que está dentro de la naturaleza humana. De hecho, ellos normalmente no preguntan qué es el humano o qué tipo de naturaleza puede tener un humano. Más bien piensan en la imagen de Dios como el hecho de experimentar una relación. Se puede decir que los humanos están hechos a imagen o que muestran la imagen cuando establecen una relación particular, que en realidad *es* la imagen.

Emil Brunner sostenía que la palabra de Dios es la clave para entender la imagen, no sólo espistemológicamente, sino también ontológicamente. No sólo nos dice cuál es la imagen de Dios, sino que realmente constituye la imagen. Sólo cuando tenemos fe en Jesucristo poseemos de verdad la imagen de Dios y podemos entender por lo tanto nuestra propia naturaleza.[13]

Brunner distinguía entre dos sentidos de la imagen de Dios: el formal y el material. La imagen formal es el *humanum*, lo que hace a una persona humana, distinguiendo al hombre de los animales, como ser racional, responsable y libre. Las personas aunque pecadoras no han perdido este aspecto de la imagen de Dios. De hecho, la habilidad para pecar hace presuponer que lo tienen. Esto es lo que quiere decir la descripción del Antiguo Testamento de que los humanos están hechos a imagen y semejanza de Dios.[14]

El sentido material de la imagen es el acto de la respuesta, la relación con Dios. Cuando los hombres responden a las palabras de Dios: "Eres mío" diciendo: "Sí, soy tuyo," la imagen material está presente.[15] La imagen material puede estar presente o ausente, pero la formal no. Incluso la gente que no responde a Dios tiene responsabilidad. Brunner describe la imagen material utilizando el ejemplo del reflejo en un espejo. La luz que refleja no queda impresa de forma permanente en la superficie del espejo, porque es un espejo, no una fotografía. No es la fuente de la luz, ni la posee. De forma similar, cuando nos volvemos hacia Dios, reflejamos su imagen completamente. Al igual que el espejo que cuando no se gira hacia la luz para reflejarla todavía sigue relacionado con ella, incluso cuando nos rebelamos y rechazamos a Dios, seguimos siendo responsables ante Dios y por lo tanto seguimos siendo seres humanos.[16]

13. Emil Brunner, *Man in Revolt: A Christian Anthropology* (Philadelphia: Westminster, pp. 64-65.

14. Emil Brunner, *The Christian Doctrine of Creation and Redemption* (London: Luterworth, 1952), pp. 55-57.

15. *Man in Revolt*, p. 98.

16. Ibid., p. 60.

Brunner no restringe su discusión a la relación del humano con Dios. Además del mandamiento de amar a Dios hay un segundo mandamiento: amar a los demás seres humanos. Nuestra "responsabilidad en el amor" empieza a cumplirse cuando nos relacionamos con nuestro prójimo. No podemos ser humanos de forma aislada. La genuina humanidad la constituye el amor a los demás no la brillantez intelectual de una persona.[17]

Karl Barth también mantuvo un punto de vista relacional sobre la imagen de Dios. Al principio no utilizaba la expresión "imagen de Dios," pero hablaba de una unidad entre Dios y los humanos que era algo como la unidad entre la madre y el feto. Esta unidad se ha perdido desde la caída, aunque la caída no fue un suceso temporal que ocurrió en un momento dado de la raza humana.[18] En el segundo periodo del pensamiento de Barth, el periodo de su controversia con Emil Brunner, negó vigorosamente cualquier tipo de conexión entre Dios y el humano, ninguna capacidad humana de recibir la Palabra de Dios.[19]

La tercera etapa del pensamiento de Barth sobre la imagen es la más novedosa. En esta etapa Barth habla de que la imagen todavía está presente dentro del ser humano, dado que sigue siendo humano.[20] Barth ve la imagen de Dios no sólo como la relación vertical entre el ser humano y Dios, sino también en la relación horizontal entre humanos. La imagen no es algo que el ser humano es o hace. Más bien, la imagen se relaciona con el hecho de que Dios deseó dar existencia a un ser que, como él, puede ser un compañero.[21]

Evidencia de cierto tipo de relación entre la divinidad se puede encontrar en la forma misma de la decisión de crear: "Hagamos al hombre." Barth mantiene que dentro del mismo ser de Dios hay un homólogo; por lo tanto Dios experimenta un armonioso encuentro consigo mismo y un autodescubrimiento. Los humanos reflejan este aspecto de la naturaleza de Dios a dos niveles: experimentan la relación con Dios y ente sí.[22] La similitud entre Dios y el humano, es la de que ambos experimentan la confrontación Yo – Tú.[23]

Barth señala que tanto en Génesis 1:27 como en 5:1-2 la frase de que el hombre fue hecho a imagen de Dios va unida a las palabras "varón y hembra los creó." Por lo tanto la imagen de Dios en los humanos hay que buscarla en

17. Brunner, *Man in Revolt*, pp. 105-6.

18. Karl Barth, *Epistle to the Romans*, 6th ed., trad. Edwyn C. Hoskyns (New York: Oxford University Press, 1968), pp. 168-69.

19. Karl Barth, "No!" en *Natural Theology* de Emil Brunner y Karl Barth, trad. Peter Fraenkel (London: Geoffrey Bles: The Centenary Press, 1946), pp. 87-90.

20. Karl Barth, *Church Dogmatics* (Edinburgh: T. & T. Clark, 1958), vol. 3, parte 1, pp. 197-98.

21. Ibid., 184.

22. Ibid., 185.

23. Ibid.

que los creo varón y hembra.[24] Dentro de Dios y dentro del humano hay un "Yo" y un "Tú" enfrentados. La humanidad no existe como una individualidad solitaria, sino como dos personas frente a frente.

Barth señala otro punto: que aprendemos de la humanidad estudiando a Cristo, no a los humanos.[25] Hay diferencias significativas entre su humanidad y la nuestra, porque él era naturaleza humana tal como se pretendía que lo fuera.[26] Sólo a través de la revelación podemos saber cómo se creó la humanidad, y Jesús es la forma más completa de esa revelación.[27] No podemos determinar de forma independiente lo que es la naturaleza humana y saber por lo tanto cómo era Jesús.[28]

¿Qué hay de la humanidad de Jesús? Es "para otros hombres."[29] La presencia de la imagen de Dios en nosotros, que es lo que nos hace humanos, conlleva cuatro puntos:

1. Vemos a nuestros vecinos como a nuestro prójimo.[30]
2. Hablamos y nos escuchamos unos a otros.[31]
3. Nos ayudamos unos a otros.[32]
4. Hacemos estas cosas con gusto.[33]

Para resumir la doctrina de Barth sobre la imagen de Dios: sabemos por Génesis 1:26-27 que la imagen consiste en que los humanos reflejan la comunión interna y el encuentro en Dios. El encuentro interno con un humano reside en el hecho de que la raza humana ha sido creada varón y hembra. Por lo tanto hay un enfrentamiento Yo – Tú en la humanidad al igual que lo hay en la relación del humano con Dios. También sabemos, observando a Jesús como significado completo de la humanidad, que la imagen de Dios consiste en ser para otros. Por tanto también desde esta perspectiva, estar en relación con otros es lo que constituye la imagen.

Aunque hubo en un momento dado un agrio desacuerdo entre Barth y Brunner, se acabó consiguiendo un acuerdo gradual entre los puntos de vista de ambos hombres.[34] Los dos representantes del enfoque relacional llegaron a compartir varios principios básicos:

24. Ibid., p. 184.
25. Ibid., (1960), vol. 3, parte 2, p. 41.
26. Ibid., pp. 47, 222.
27. Ibid., pp. 88-89.
28. Ibid., p. 208.
29. Ibid., p. 59.
30. Ibid., p. 250.
31. Ibid., p. 252.
32. Ibid., p. 260.
33. Ibid., p. 265.
34. Emil Brunner, "The New Barth," *Scottish Journal of Theology* 4, no. 2 (junio 1951): 124-125.

1. La imagen de Dios y la naturaleza del hombre se entienden mejor a través del estudio de la persona de Jesús que de la naturaleza del hombre per se.
2. Entendemos la imagen mediante la revelación divina.
3. La imagen de Dios no se puede entender según cualidades estructurales que hay en los humanos; no es algo que los humanos sean o posean. Más bien, la imagen es una relación con Dios; es algo que experimenta el humano. Por lo tanto, es algo dinámico y no estático.
4. La relación de un hombre con Dios, que constituye la imagen de Dios, es paralela a la relación entre humanos. Barth pone más énfasis en la relación varón – hembra; Brunner amplía más el círculo de relaciones, esto es, la sociedad.
5. La imagen de Dios es universal; se encuentra en todos los humanos y en todos los tiempos y lugares. Por lo tanto, está presente en los seres pecadores. Incluso dándole la espalda a Dios, no se puede negar el hecho de que estamos relacionados con él de una manera en que ninguna otra criatura lo está. Siempre hay una relación, ya sea positiva o negativa.
6. No se puede ni es necesario sacar ninguna conclusión sobre qué debería haber en la naturaleza de una persona que le proporcionase la habilidad para tener ese tipo de relación. Brunner y Barth nunca se preguntan si se requiere una estructura especial para que la imagen de Dios esté presente en un humano. Incluso la imagen formal de la que habla Brunner es relacional, no estructural.

Como el existencialismo es la filosofía que subyace en el punto de vista relacional de la imagen de Dios, es importante revisar algunas de sus características. Una de estas es el la de quitar el énfasis a las esencias o las sustancias. Lo importante aquí es: "¿Es?" ("¿Existe?"), no "¿Qué es?" Se teme que cualquier cualidad se haga objetiva y pase a ser una especie de realidad estructural permanente. En su lugar, poniendo el énfasis en la voluntad y la acción subsiguiente, lo que importa de una persona o cosa individual es, según el existencialismo, lo que ésta hace. La realidad es más que una entidad que siempre está ahí y que se acepta; al contrario, es algo que uno crea. Todo esto es coherente con el punto de vista de Brunner y Barth sobre la revelación, según el cual la Biblia no es inherentemente la Palabra de Dios, sino que se convierte en la Palabra de Dios cuando Dios se encuentra con el ser humano a través de ella o en ella. De la misma manera, el existencialismo subyace en su idea de la imagen de Dios. Esta no es una entidad que un hombre posee, sino la experiencia que está presente cuando una relación está activa.

### *El punto de vista funcional*

Un tercer punto de vista de la imagen ha tenido una historia bastante larga y recientemente ha aumentado su popularidad. Es la idea de que la imagen no es algo que esté presente en la composición del hombre, ni sea la experiencia de la relación con Dios o con los demás seres humanos, sino que la imagen consiste en algo que uno hace. Es una función humana, la que se menciona con más frecuencia es el ejercicio de la potestad sobre la creación.

Mientras que el punto de vista relacional presta relativamente poca atención al contenido de la imagen de Dios, este punto de vista intenta determinar desde el mismo texto bíblico el contenido de la imagen.[35] En Génesis 1:26 "Hagamos al hombre a nuestra imagen, conforme a nuestra semejanza," va seguido inmediatamente de "y tenga potestad sobre los peces del mar..." Una conexión cercana entre estos dos conceptos la encontramos no sólo en este versículo, donde Dios expresa su intención de crear, también en los versículos 27-28, donde leemos que Dios realmente creó al hombre a imagen de Dios y que le ordenó que ejerciesen potestad.[36] Algunos consideran la yuxtaposición de estos dos conceptos como algo más que una coincidencia. Se considera que ejercer la potestad es el contenido de la imagen de Dios. Esto lo propusieron los Socinios y lo incluyeron en su Catecismo racoviano. Como Dios es el Señor de toda la creación, los humanos reflejan la imagen de Dios ejerciendo la potestad sobre el resto de la creación. La imagen de Dios en realidad es la imagen de Dios como Señor.[37]

Un segundo pasaje que contiene una conexión cercana entre la imagen de Dios en la humanidad y el hombre ejerciendo la potestad es el Salmo 8:5-6: "Lo has hecho poco menor que los ángeles y lo coronaste de gloria y de honra. Lo hiciste señorear sobre las obras de tus manos; todo lo pusiste debajo de sus pies." "Los comentaristas en general están convencidos de que el Salmo 8 depende en gran parte de Génesis."[38] Una de sus pruebas es el catálogo de criaturas del Salmo 8:7-8: bestias del campo, aves del cielo, peces del mar.[39] La conclusión que se saca es que el versículo 5 es equivalente a las frases de Génesis 1 que dicen que el hombre fue creado a imagen de Dios. Sigmund Mowinckel dice que "la semejanza a Dios del hombre de la que habla el Salmo 8 consiste sobre todo en su soberanía y poder sobre todas las demás cosas, en su semejanza al 'honor y la

35. G. C. Berkouwer, *Man: The Image of God* (Grand Rapids: Eerdmans, 1962), p. 70.

36. Leonard Verduin, *Somewhat Less Than God: The Biblical View of Man* (Grand Rapids: Eerdmans, 1970), p. 27.

37. *Racovian Catechism*, trad. Thomas S. Rees (London: Longman, Hurst, Rees, Orme, & Brown, 1818; Lexington, Ky.: American Theological Library Association, 1962), sección 2, capítulo 1.

38. Norman Snaith, "The Image of God," *Expository Times* 86.1 (octubre 1974): 24.

39. Ibid.

gloria' de Dios comparado con ellos.[40] Norman Snaith afirma: "Bíblicamente hablando, la frase 'imagen de Dios' no tiene nada que ver con la moral o con ningún tipo de ideales; se refiere solo al dominio del mundo y todo lo que hay en él. No dice nada sobre la naturaleza de Dios, pero todo sobre la función del hombre."[41] Otra amplia interpretación de la imagen de Dios como el hombre ejerciendo la potestad es la de Leonard Verduin en *Somewhat Less Than God*, (Poco menos que Dios) que expone su idea con bastante contundencia: "Una vez más la idea de tener la potestad destaca como característica central. Que el hombre es una criatura pensada para que tenga la potestad y que como tal refleja la imagen de su Hacedor: esa es la intención del relato de la creación que se ofrece en el libro de Génesis, el libro de los orígenes. Es el punto que el escritor de este relato quería que fuese el central."[42]

En Génesis 1:26, 28, los términos hebreos כָּבַשׁ *(kavash)* y רָדָה *(radah)* contenían el significado de que el humano tenía que ejercer un dominio sobre toda la creación similar al que en tiempos posteriores se esperaba que los reyes hebreos ejerciesen sobre su pueblo. Los reyes no tenían que gobernar en su propio beneficio, sino por el bien de sus súbditos.[43] Cuando Israel deseaba un rey (1 S. 8:10-18), Dios les advirtió que un rey les explotaría. Porque una persona que domine a otras va en contra de la voluntad de Dios ya que representa la explotación del resto de la creación.

La perspectiva de que el ejercicio de la potestad sea la esencia misma de la imagen de Dios ha hecho que se ponga mayor énfasis en lo que a veces en los círculos reformados se llama mandato cultural. Al igual que Jesús mandó a sus apóstoles al mundo y les ordenó que hicieran discípulos a todas las personas, así Dios envió a sus criaturas superiores, los humanos, a la creación y les ordenó que la gobernasen. En este mandato queda implícito que los humanos tienen que hacer un completo uso de su habilidad para aprender sobre toda la creación. Porque llegando a entender la creación, los humanos serán capaces de predecir y controlar sus acciones. Estas actividades no son opcionales, sino que forman parte de la responsabilidad que acompaña al hecho de ser la criatura más destacada de Dios.

Observamos que el punto de vista relacional de Barth y Brunner surgía del existencialismo. De manera parecida, este punto de vista funcional procede del funcionalismo filosófico o pragmatismo, otra destacada filosofía del siglo XX.

40. Sigmund O. P. Mowinckel, *The Psalms in Israel's Worship* (New York: Abingdon, 1962), vol. 1, p. 57.

41. Snaith, "Image of God," p. 24.

42. Verduin, *Somewhat Less Than God*, p. 27.

43. Eichrodt, *Theology of the Old Testament*, vol. 1, p. 92.

## Evaluación de los puntos de vista

Ahora es necesario que evaluemos los tres puntos de vista generales sobre la imagen de Dios. Empezaremos con los menos tradicionales, los conceptos de imagen como relación y como función.

El punto de vista relacional ha aprovechado correctamente la verdad de que sólo el hombre, de entre todas las criaturas, conoce y se relaciona conscientemente con Dios. Las imágenes de Adán y Eva en el huerto del Edén sugieren que Dios y ellos normalmente estaban en comunión. Los humanos no fueron creados como meras obras de arte, estatuas para mostrar la creatividad y la sabiduría de Dios, sino para cumplir la intención especial que Dios tiene para ellos. Es significativo que tanto en la ley del Antiguo Testamento (los Diez Mandamientos en Éxodo 20) como en la declaración de Jesús de los dos grandes mandamientos (Mt. 22:36-40; Mr. 12:28-31; Lc. 10:26-27), el propósito de la voluntad de Dios para con los humanos tenga que ver con las relaciones con Dios y con otros humanos.

Sin embargo, hay ciertos problemas con la idea de que la imagen de Dios sea un asunto puramente relacional. Uno de ellos es la universalidad de la imagen. ¿En qué sentido se puede decir que los que están viviendo en total indiferencia hacia Dios, o incluso en una rebelión hostil contra él, son (o están en) la imagen de Dios? Brunner ha intentado contestar a esto indicando que siempre hay una relación, que uno está siempre "ante Dios." Pero esto parece tener poco significado. La distinción de Brunner entre los elementos materiales y formales de la imagen, junto con su insistencia de que incluso el elemento formal es relacional más que estructural, parece carecer de base bíblica y ser bastante forzada.

Otro problema que aparece es cuando preguntamos qué tienen los humanos que les permite tener esta relación que ninguna otra criatura puede tener. Aunque Barth y Brunner se resisten a plantear la cuestión, debe hacerse. Desde luego hay algunos factores previos para que la relación se produzca. Al criticar la posición de Brunner, John Baillie señaló que no hay forma sin contenido.[44] Se puede decir que Brunner en efecto contestó a esta crítica cuando declaró que el contenido actual es diferente del contenido original.[45] Desde el punto de vista de Brunner existe contenido (aunque ha cambiado), y por lo tanto puede haber forma. Sin embargo, esto no parece evitar la dificultad, porque Baillie está preguntando qué hace posible la imagen formal, mientras que la declaración de Brunner de que hay un cambio en el contenido es en realidad una referencia a la realización del sentido material de la imagen.

Debemos concluir que las presuposiciones totalmente anti-sustanciales de Barth y Brunner, que sugerimos que partían del existencialismo, les llevaron

44. John Baillie, *Our Knowledge of God* (New York: Scribner, 1939), p. 30.
45. Brunner, *Man in Revolt*, p. 229.

por el camino equivocado. Esto conduce a la posición de que lo que hace especial al humano debe ser algo formal más que sustantivo. Pero la base exacta de la constitución formal del hombre como ser capaz de relacionarse nunca se ha perfilado.

Cuando pasamos al punto de vista funcional, de nuevo vemos un aprovechamiento perspicaz de uno de los principales elementos en la representación bíblica de la imagen de Dios, esto es, que el acto de Dios de crear al hombre va seguido inmediatamente del mandato de dominar. Sin duda hay, cuando menos, una conexión cercana entre la imagen y el ejercicio del dominio. También hay seguramente un paralelismo entre Génesis 1 y el Salmo 8 (por ejemplo en la descripción del ámbito sobre el cual deben tener potestad los humanos). Sin embargo también existen dificultades en este punto de vista.

Una dificultad está en la conexión entre el Salmo 8 y Génesis 1. Los términos *imagen* y *semejanza* no aparecen en el Salmo 8. Si ese salmo depende de Génesis 1, donde encontramos referencias específicas a la imagen, y si el ejercer dominio sobre las criaturas que se menciona en los versículos 7-8 del salmo constituye de verdad la imagen de Dios, entonces sería de esperar que en este pasaje apareciera también alguna referencia específica a la imagen.

Además, Génesis 1 no contiene ninguna relación clara de la imagen de Dios con el ejercicio del dominio. Al contrario, hay indicaciones de que son distinguibles. Se dice que Dios creó al hombre a su imagen; después le dio la orden de ejercer la potestad. En otras palabras, se habla de que el hombre ha sido hecho a imagen de Dios antes de que se le ordene que ejerza la potestad. En el versículo 26 el uso de dos expresiones exhortativas: "Hagamos al hombre a nuestra imagen, conforme a nuestra semejanza" y "tenga potestad," parecen distinguir los dos conceptos. Walter Eichrodt señala que se da una bendición al crear al hombre, pero que es necesaria una segunda bendición antes de poder ejercer potestad sobre las criaturas.[46] El punto de vista funcional parece haber tomado una consecuencia de la imagen y haberla igualado a la imagen misma.

Ahora debemos considerar atentamente el punto de vista sustantivo o estructural. Es significativo que el mismo texto de las Escrituras nunca identifique qué cualidades dentro del humano podrían ser la imagen. Es justificada la crítica de que, en intentos erróneos de identificar ese tipo de cualidades, una serie de defensores del punto de vista estructural hayan sugerido conceptos no bíblicos (por ejemplo, el antiguo concepto griego de razón).[47] Además, el punto de vista estructural a menudo se ve reducido a un aspecto de la naturaleza humana y, en particular, a la dimensión intelectual. Esto a su vez implica que la imagen de Dios varía según los diferentes seres humanos. Cuanto más intelectual es una

46. Eichrodt, *Theology of the Old Testament*, vol. 2, p. 127.
47. Cairns, *Image of God*, p. 57.

persona, más presente en ella está la imagen de Dios. Y luego está el problema adicional de determinar exactamente qué paso cuando Adán y Eva cayeron en pecado. No parece que la caída afectase a la inteligencia o a la razón en general. Es más, algunos no creyentes son más inteligentes y perceptivos que algunos de los cristianos más santificados.

## Conclusiones sobre la naturaleza de la imagen

Habiendo señalado las dificultades de cada uno de los puntos de vista generales, ahora debemos intentar formar algunas conclusiones sobre qué es la imagen de Dios. La existencia de una amplia diversidad de interpretaciones es un indicador de que no hay declaraciones directas en las Escrituras que resuelvan el problema. Nuestras conclusiones, por lo tanto, deben ser inferencias razonables extraídas de lo poco que la Biblia dice sobre el tema:

1. La imagen de Dios es universal dentro de la raza humana. Entraremos en más detalles en el capítulo 26, pero en este punto señalaremos que el primer humano universal, Adán, no una mera porción de la raza humana, fue hecho a imagen de Dios. Señalamos también que la prohibición de asesinar (Gn. 9:6) y maldecir (Stgo. 3:9-10) se extiende a todos los humanos. No se pone limitación a estas prohibiciones, que están basadas en el hecho de que la humanidad fue creada a imagen de Dios.

2. La imagen de Dios no se perdió por el pecado o específicamente por la caída. Las prohibiciones de asesinar y maldecir se extienden tanto a los hombres pecadores como a los creyentes más fervientes. Se asume la presencia de la imagen y semejanza en los no cristianos. Si esto es así, la imagen de Dios no es algo accidental o externo a la naturaleza humana. Es algo inseparablemente unido a la humanidad.

3. No hay indicaciones de que la imagen esté presente en una persona en mayor grado que en otra. Características naturales superiores, como una mayor inteligencia, no son prueba de que haya mayor presencia o grado de la imagen.

4. La imagen no se relaciona con ninguna variable. Por ejemplo, no hay ninguna relación directa entre imagen y desarrollo de relaciones, ni se la puede hacer depender del ejercicio de la potestad. Las declaraciones de Génesis 1 simplemente dicen que Dios decidió hacer a los hombres a su imagen y que lo hizo. Esto parece ser anterior a cualquier tipo de actividad humana. No hay ninguna frase que limite la imagen a ciertas condiciones, actividades o situaciones. Aunque este sea un argumento esencialmente negativo, señala un punto débil en los puntos de vista relacional y funcional.

5. Según las consideraciones anteriores, la imagen se debería considerar principalmente como sustantiva o estructural. La imagen es algo que está en la

misma naturaleza del ser humano, en la forma en que fue hecho. Hace referencia a lo que *es* y no a algo que *tiene* o *hace*. Por ser humanos, se es la imagen de Dios; no tiene nada que ver con la presencia de algo más. Por contraste el enfoque de los puntos de vista relacional y funcional está realmente en las consecuencias o aplicaciones de la imagen y no en la imagen en sí misma. Aunque están muy ligadas a la imagen de Dios, experimentar relaciones y ejercer la potestad, en sí mismas, no son la imagen.

6. La imagen hace referencia a los elementos de la composición humana que permiten el cumplimiento de su destino. La imagen son las cualidades de la personalidad que hace que los humanos, como Dios, puedan relacionarse con otras personas, sean capaces de pensar y reflexionar y de tener voluntad propia.

La creación de Dios tenía propósitos definidos. Se quería que el hombre conociese, amase y obedeciese a Dios y viviese en armonía con los demás humanos, como indica la historia de Caín y Abel. Los humanos desde luego fueron colocados aquí en la tierra para ejercer potestad sobre el resto de la creación. Pero estas relaciones y esta función presupone algo más. Los humanos son más humanos cuando son más activos en estas relaciones y cuando realizan esta función, cumpliendo su *telos*, el propósito que Dios tiene para ellos. Pero estas son las consecuencias o las aplicaciones de la imagen. La imagen en sí es el conjunto de cualidades que se requieren para que estas relaciones y esta función se produzcan. Son esas cualidades de Dios que, reflejadas en los seres humanos, hacen posible la interacción personal, la adoración y el trabajo. Si pensamos en Dios como un ser con cualidades, no tendremos problemas para aceptar el hecho de que los humanos también tienen esas cualidades. Los atributos de Dios a los que a veces se hace referencia como atributos comunicables,[48] constituyen la imagen de Dios; esto no está limitado a ningún atributo en particular. La humanidad como humanidad tiene una naturaleza que abarca todo lo que constituye la personalidad o individualidad: inteligencia, voluntad, emociones. Esta es la imagen en la que fueron creados los humanos, permitiéndoles ejercer la potestad y tener la relación que Dios pretendía que tuviesen con él y con los demás humanos.

Más allá del asunto de en qué consiste la imagen de Dios, debemos preguntarnos por qué se hace al hombre a imagen de Dios. ¿Qué significa realmente estar hechos a imagen de Dios? ¿Cuál era la intención de Dios para nuestra vida? En esto los otros puntos de vista sobre la imagen nos son de especial utilidad, porque se concentran en las consecuencias o manifestaciones de la imagen. El carácter de Jesús y sus acciones nos servirán particularmente de ayuda en este tema ya que él fue el ejemplo perfecto de lo que se quería que fuese la naturaleza humana:

48. Los atributos comunicables de Dios son aquellas cualidades de Dios para las que podemos encontrar al menos una homóloga parcial en sus creaciones humanas.

1. Jesús tenía comunión perfecta con el Padre. Mientras estaba en la tierra se relacionaba con él y hablaba a menudo con él. Su comunión se ve con mayor claridad en su oración sumosacerdotal en Juan 17. Jesús habla de cómo él y el Padre son uno (vv. 21-22). Ha glorificado y glorifica al Padre (vv. 1, 4), y el Padre le ha glorificado y le glorificará (vv. 1, 5, 22, 24).

2. Jesús obedeció perfectamente la voluntad del Padre. En el huerto de Getsemaní, Jesús oró: "Padre, si quieres, pasa de mí esta copa; pero no se haga mi voluntad, sino la tuya" (Lc. 22:42). De hecho, durante su ministerio, su propia voluntad quedaba subordinada: "Mi comida es que haga la voluntad del que me envió y que acabe su obra" (Jn. 4:34); "No busco mi voluntad, sino la voluntad del Padre, que me envió" (Jn. 5:30); "He descendido del cielo, no para hacer mi voluntad, sino la voluntad del que me envió" (Jn. 6:38).

3. Jesús siempre demostró un gran amor por los humanos. Fijémonos por ejemplo en su preocupación por las ovejas descarriadas de Israel (Mt. 9:36; 10:6); su compasión por los enfermos (Mr. 1:41) y los que sufren (Lc. 7:13), su paciencia y perdón para con los que fracasan.

La intención de Dios es que un sentido similar de comunión, obediencia y amor caracterice las relaciones humanas con Dios, y que los hombres estén unidos entre sí por amor. Sólo somos completamente humanos cuando manifestamos estas características.

## Implicaciones de la doctrina

1. Pertenecemos a Dios. El hecho de que estemos hechos a imagen de Dios significa que algunos de sus atributos también nos pertenecen a nosotros (por lo menos en un cierto grado), e incluso nos recuerdan aún más que le pertenecemos. Dorothy Sayers ha señalado y David Cairns argumentó que aunque la expresión "imagen de Dios" no aparece, es crucial para entender Marcos 12:13-17.[49] El tema era sobre si se debían pagar tributos a César. Cuando le trajeron una moneda, Jesús preguntó qué imagen (εἰκών) aparecía en ella. Los fariseos y herodianos respondieron correctamente "la de César." Jesús respondió: "Dad al César lo que es del César, y a Dios lo que es de Dios." ¿Qué es "lo que es de Dios"? Seguramente cualquier cosa que lleve su imagen. Entonces lo que Jesús estaba diciendo era: "Dad vuestro dinero al César, porque lleva su imagen y por lo tanto le pertenece. Pero daos vosotros mismos a Dios. Lleváis su imagen y le pertenecéis." Compromiso, devoción, amor, lealtad, servicio a Dios, todas estas son respuestas adecuadas para los que llevan la imagen de Dios.

2. Deberíamos seguir el patrón de Jesús, la revelación completa de la imagen de Dios. Él es la imagen completa de Dios y la persona cuya humanidad nunca

49. Dorothy Sayers, *The Man Born to Be King* (New York: Harper, 1943), p. 225; Cairns, *Image of God*, p. 30.

fue dañada por el pecado (He. 4:15). El perfil de la imagen de Dios se puede ver en Jesús. La dedicación del que dijo: "Padre mío, si es posible, pasa de mí esta copa, pero no sea como yo quiero, sino como tú" (Mt. 26:39) es la que debe caracterizarnos. La determinación del que dijo: "Me es necesario hacer las obras del que me envió, mientras dura el día; la noche viene, cuando nadie puede trabajar" (Jn. 9:4), tiene que ser nuestro modelo. Y tenemos que emular el amor manifestado en la vida y en la muerte del que dijo: "Nadie tiene mayor amor que este, que uno ponga su vida por sus amigos" (Jn. 15:13). Esta es la imagen de Dios en su sentido más puro, la formación de la imagen de Cristo en nosotros (Ro. 8:29).

3. Experimentamos la humanidad total sólo cuando nos relacionamos adecuadamente con Dios. No importa lo cultos o educados que seamos, nadie es completamente humano a menos que sea un discípulo redimido de Dios. Este es el *telos* humano para el que fueron creados. Por tanto, hay sitio en nuestra teología para el humanismo, para un humanismo cristiano y bíblico que se preocupe de que los demás tengan una relación adecuada con Dios. El Nuevo Testamento deja claro que Dios restaurará la imagen dañada, y quizá incluso la transforme más allá de ella (2 Co. 3:18).

4. Aprender y trabajar es bueno. Ejercer la potestad es una consecuencia de la imagen de Dios. La humanidad es entender y controlar la creación, desarrollándola hasta sus últimas consecuencias por su propio bien y por Dios. Esto también significa ejercer potestad sobre nuestras propias personalidades y habilidades. El ejercicio de la potestad era parte de la intención original de Dios para la humanidad; precedió a la caída. El trabajo por lo tanto no es una maldición, sino parte del buen plan de Dios. La base para la ética del trabajo hay que encontrarla en la misma naturaleza de aquello para lo que Dios nos creó.

5. El humano tiene valor. Lo sagrado de la vida humana es un principio extremadamente importante en el esquema de las cosas de Dios. Incluso después de la caída, asesinar estaba prohibido; la razón que se daba es que los humanos estaban hechos a imagen de Dios (Gn. 9:6). Aunque el pasaje en cuestión no dice explícitamente que el humano siguiera siendo a imagen de Dios, sino sólo que fue creado a su imagen, está claro que incluso los humanos pecadores todavía la poseían. Porque de no ser así, Dios no habría citado la imagen como el motivo por el cual estaba prohibido asesinar.

6. La imagen es universal en la humanidad. Fue a Adán, humano, al que se le dio la imagen. Ya consideremos a Adán como el primer ser humano o como un ser representativo o simbólico, "Adán" era toda la raza humana y "Eva" era la madre de todos los vivientes (Gn. 3:20). Tanto Génesis 1:27 como 5:1-2 dejan claro que la imagen la llevaban tanto el hombre como la mujer.

La universalidad de la imagen significa que hay dignidad en el hecho de ser humano. Cairns sugiere que Calvino animaba a reverenciar a las personas.[50] Aunque esta terminología es una caracterización demasiado fuerte de lo que Calvino dijo realmente,[51] el concepto general es válido. No deberíamos desdeñar a ningún ser humano. Todos son algo bello, aunque sean distorsiones de lo que realmente Dios quería que fuera originalmente la humanidad. La semejanza potencial con el Creador está ahí. Hay actos buenos hechos por no cristianos, no meritorios para conseguir el favor divino de la salvación, pero que complacen a Dios contribuyendo a su propósito general.

La universalidad de la imagen también significa que todas las personas tienen cierta sensibilidad hacia las cosas espirituales. Aunque algunas veces esta sensibilidad parece estar muy enterrada y ser difícil de identificar, todos poseemos el potencial de comunión con Dios y estaremos incompletos a menos que lo consigamos. Deberíamos buscar áreas de sensibilidad o al menos de apertura en todos.

Porque todos estamos hechos a imagen de Dios, no se debería hacer nada que invadiera los límites de los demás en el legítimo ejercicio de su potestad. No se le debe quitar la libertad a un humano que no haya perdido ese derecho abusando de él (asesinatos, robos, etc...). Esto significa, claramente, que la esclavitud es incorrecta. Sin embargo, más allá de esto, significa que privar a alguien de libertad por medios ilegales, manipulación o intimidación, es incorrecto. Todos tenemos derecho a ejercer la potestad, un derecho que termina sólo donde comienza el derecho de otra persona a ejercer la potestad.

Todo ser humano es una criatura de Dios hecha a imagen de Dios. Dios nos dotó con los poderes de la personalidad que nos hacen capaces de alabarle y servirle. Cuando utilizamos esos poderes para esos fines, somos más plenamente lo que Dios pretendía que fuéramos, y por lo tanto más completamente humanos.

50. Cairns, *Image of God*, p. 133.

51. Ver John Calvin, *Commentaries on the First Book of Moses, Called Genesis* (Grand Rapids: Eerdmans, 1948), vol. 1, pp. 294-96 (Gén. 9:5-7).

# 25. La naturaleza constitucional del hombre

## Objetivos del capítulo

Después de estudiar este capítulo, debería ser capaz de:

- Enumerar y volver a exponer las posturas básicas sobre la constitución humana: tricotomista, dicotomista y monista.
- Relacionar cada una de estas tres posiciones básicas de la constitución humana con las consideraciones bíblicas.
- Examinar y evaluar la posición monista de John A. T. Robinson.
- Relatar y refutar cinco objeciones filosóficas a una naturaleza humana compuesta.
- Comparar y contrastar un modelo alternativo, que se basa en la unidad condicional.
- Entender y aplicar las implicaciones de la unidad condicional

## Resumen del capítulo

Hay tres posiciones tradicionales sobre la constitución humana: la tricotomista, la dicotomista y la monista. Se prestará atención especial al monismo de John A. T. Robinson. Una cuidadosa discusión de las consideraciones bíblicas y filosóficas conducirá a rechazar las tres posiciones tradicionales. En su lugar, se proporcionará una modelo alternativo de unidad condicional de la persona, que tiene cinco implicaciones.

## Cuestiones de estudio

1. ¿Qué conceptos se han mantenido sobre la constitución humana?
2. ¿Qué apoyo u oposición bíblica encuentra para cada una de las posiciones tradicionales de la constitución humana?

3. ¿Cómo refutaría o defendería cada una de las posiciones tradicionales de la constitución humana?
4. ¿Cuál es la importancia del estado intermedio de conciencia?
5. ¿Cómo afecta la unidad condicional a nuestra manera de ver la naturaleza humana?
6. ¿Qué implicaciones se sacan de aceptar la unidad condicional de la constitución humana?

Posturas básicas sobre la constitución humana
- Tricotomismo
- Dicotomismo
- Monismo

Consideraciones bíblicas
Consideraciones filosóficas
Un modelo alternativo: Unidad condicional
Implicaciones de la unidad condicional

Cuando preguntamos qué es el ser humano, estamos haciendo varias preguntas diferentes. Una, que ya hemos tratado, es la cuestión del origen. También estamos preguntando por la función o propósito humano. Esto podría llevarnos a la cuestión del destino final del hombre. La composición del hombre también es otro tema que se plantea con la cuestión de qué son los seres humanos. ¿Son seres unitarios, o están formados por dos o más componentes? Y si están formados por múltiples componentes, ¿cuáles son?

Cómo vemos la constitución del hombre es de gran importancia. Si es de forma dualista, se desarrolla una tendencia a pensar en ciertos aspectos de la vida humana aislados de otros. Por ejemplo, se podría considerar el aspecto espiritual de la vida bastante independiente de la condición física. Por otra parte, si consideramos al ser humano como una unidad, un solo ser, está la cuestión de qué es esa única "sustancia" que forma la naturaleza humana. ¿Es un cuerpo, un alma o qué? Una vez que hemos encontrado respuesta satisfactoria para esta pregunta, tendremos tendencia a considerar a los seres humanos únicamente como esa sustancia. En este punto la mayoría de la gente adoptará una de las diferentes teorías sobre la humanidad que esquematizamos en el capítulo 22.

Al considerar la constitución humana, debemos tener especial cuidado de examinar las suposiciones con las que nos acercamos a nuestro estudio. Como hay disciplinas no bíblicas que también se preocupan por la humanidad, es una posibilidad bastante real que alguno de sus conceptos afecten a la elaboración de nuestra teología. Ya sea un antiguo dualismo griego, o un moderno monismo behaviorista, necesitamos estar alerta para no introducir presuposiciones no bíblicas cuando leemos las Escrituras.

## Posturas básicas sobre la constitución humana

### *Tricotomismo*

Una posición popular en los círculos protestantes conservadores es el denominado "tricotomismo." Un humano está compuesto de tres elementos. El primer elemento es el cuerpo físico, algo que los humanos tienen en común con los animales y las plantas. No hay diferencia de tipo entre un cuerpo humano y el de los animales y las plantas; pero hay una diferencia de grado, ya que los humanos tienen una estructura física más compleja. La segunda parte de los humanos es el alma. Este es el elemento psicológico, la base de la razón, la emoción, la interrelación social y cosas así. Se cree que los animales tienen un alma rudimentaria. La posesión de un alma es lo que distingue a los hombres y a los animales de las plantas. Aunque el alma humana es mucho más compleja y es mucho más capaz que la de los animales, sus almas son similares en tipo. Lo que realmente distingue al hombre de los animales no es tener un alma más compleja y avanzada, sino un tercer elemento, llamémosle, el espíritu. Este elemento religioso permite a los humanos percibir los asuntos espirituales y responder a su estímulo. Es el lugar en el que se asientan las cualidades espirituales del individuo, mientras que los trazos de la personalidad residen en el alma.[1]

Una buena porción del tricotomismo está en deuda con la antigua metafísica griega. Sin embargo, excepto por una referencia ocasional explícita la influencia de los filósofos griegos no es fácilmente aparente. En realidad la principal base del tricotomismo son ciertos pasajes de las Escrituras que o bien enumeran tres componentes de la naturaleza humana o distinguen entre el alma y el espíritu. Uno de los textos es 1 Tesalonicenses 5:23: "Que el mismo Dios de paz os santifique por completo; y todo vuestro ser – espíritu, alma y cuerpo – sea guardado irreprochable para la venida de nuestro Señor Jesucristo." Hebreos 4:12 describe la palabra de Dios como: "viva, eficaz y más cortante que toda espada de dos filos: penetra hasta partir el alma y el espíritu, las coyunturas y los tuétanos, y discierne los pensamientos y las intenciones del corazón." Aparte de eso, una división tripartita parece estar implícita en 1 Corintios 2:14-3:4, donde Pablo clasifica a las personas humanas como "carnales" (σαρκικός—*sarkikos*), "no espiritual" (ψυχικός—*psuchikos* – literalmente "del alma"), o "espirituales" (πνευματικός—*pneumatikos*). Estos términos parecen hacer referencia a diferentes funciones u orientaciones, si no a diferentes componentes, de los humanos. Primera Corintios 15:44 también distingue entre el cuerpo natural (ψυχικόν) y el cuerpo espiritual (πνευματικόν).

1. Franz Delitzsch, *A System of Biblical Psychology* (Grand Rapids: Baker: 1966), pp. 116-117.

Algunos filósofos griegos enseñaban que el cuerpo es el aspecto material del hombre, el alma es el aspecto inmaterial, y el espíritu pone a los dos en relación. A menudo hacía un paralelismo entre la manera en que el cuerpo y el alma se relacionan y la manera en que Dios y el mundo creado por él se relacionan. De la misma manera que Dios entra en relación con el mundo a través de una tercera sustancia (intermediaria), el alma y el cuerpo se relacionan a través del espíritu.[2] Se pensaba en el alma por una parte como algo inmaterial y por otra como algo relacionado con el cuerpo. Hasta donde se relaciona con el cuerpo, se consideraba carnal y mortal; pero cuando se apropiaba del espíritu, se consideraba inmortal.

El tricotomismo se hizo particularmente popular entre los padres alejandrinos de los primeros siglos de la iglesia, como Clemente de Alejandría, Orígenes y Gregorio de Nisa. Cayó en cierto descrédito después del uso que hizo Apolinario para la elaboración de su cristología, que la iglesia determinó que era herética. Aunque alguno de los padres orientales continuaron manteniéndolo, sufrió un declive general de popularidad hasta que lo revivieron los teólogos ingleses y alemanes del siglo XIX.[3]

### Dicotomismo

Probablemente la posición más extendida a lo largo de la historia del pensamiento cristiano sea la de que el hombre está compuesto de dos elementos, un aspecto material (el cuerpo) y un componente inmaterial (el alma o el espíritu). El dicotomismo se mantuvo prácticamente desde el primer periodo del pensamiento cristiano. Sin embargo, tras el concilio de Constantinopla de 381 creció en popularidad hasta el punto de convertirse casi en la creencia universal de la iglesia.

Formas recientes de dicotomismo mantienen que el Antiguo Testamento presenta una visión unitaria de la naturaleza humana. Sin embargo, en el Nuevo Testamento esta visión unitaria es reemplazada por un dualismo: el humano está compuesto por cuerpo y alma. El cuerpo es la parte física de los humanos, la parte que muere. Experimenta la desintegración con la muerte y vuelve a la tierra. El alma, por otra parte, es la parte inmaterial del ser humano, la parte que sobrevive a la muerte. Es esta naturaleza inmortal lo que separa a los hombres de las demás criaturas.[4]

Muchos de los argumentos para el dicotomismo son, esencialmente, argumentos contra el concepto tricotomista. El dicotomismo rechaza el tricotomismo porque si uno sigue el principio de que cada una de las referencias de versículos

2. Ibid., pp. 106-7; cf. "Psychology," en *Encyclopedia of Philosophy*, ed. Paul Edwards (New York: Macmillan, 1967), vol. 7, pp. 1-2.

3. Louis Berkhof, *Systematic Theology* (Grand Rapids: Eerdmans, 1953), pp. 191-92.

4. Ibid., pp. 192-95.

como 1 Tesalonicenses 5:23 representa una entidad distinta, surgen dificultades con otros textos. Por ejemplo, en Lucas 10:27 Jesús dice: "Amarás al Señor tu Dios con todo tu corazón, con toda tu alma, con todas tus fuerzas y con toda tu mente." Aquí no tenemos tres entidades, sino cuatro, y esas cuatro no encajan con las tres de 1 Tesalonicenses. De hecho, sólo una de ellas es la misma: el alma. Además "espíritu" y "alma" se utilizan para la creación del animal. Por ejemplo, Eclesiastés 3:21 hace referencia al espíritu de la bestia (la palabra aquí es el hebreo רוּחַ [ruach]). Los términos *espíritu* y *alma* a menudo se utilizan de forma intercambiable. Observemos por ejemplo, Lucas 1:46-47, que es probablemente un ejemplo de paralelismo: "Engrandece mi alma al Señor y mi espíritu se regocija en Dios mi Salvador." Aquí los dos términos parecen prácticamente equivalentes. Hay muchos otros ejemplos. A los componentes básicos del hombre se les designa como alma y cuerpo en Mateo 6:25 (ψυχή—*psuchē* "vida") y 10:28, pero se les llama cuerpo y espíritu en Eclesiastés 12:7 y 1 Corintios 5:3, 5. La muerte se describe como salírsele el alma (Gn. 35:18; 1 R. 17:21; Hch. 15:26 [ψυχὰς—*psuchas*, "vidas"] y como encomendar el espíritu (Sal. 31:5; Lc. 23:46). A veces la palabra alma se usa de tal manera que es sinónima de uno mismo o de vida: "¿De qué le servirá al hombre ganar todo el mundo, si pierde su alma? ¿O qué dará el hombre a cambio de su alma [ψυχήν]?" (Mt. 16:26). Hay referencia a turbación del espíritu (Gn. 41:8; Jn. 13:21) y agitación del alma (Sal. 42:6; Jn. 12:27).

La teología liberal distinguía claramente entre alma y cuerpo casi como dos sustancias diferentes. La persona fue identificada con el alma o el espíritu, no con el cuerpo. Un ejemplo claro de este tipo de pensamiento, William Newton Clarke, habla de una división del hombre en cuerpo y espíritu (alma y espíritu se utilizan como palabras intercambiables para la misma entidad). "La persona, el agente moral consciente de sí mismo, no es el cuerpo; más bien habita y controla el cuerpo."[5] El espíritu de un humano tiene que concebirse como algo "incorpóreo e inmaterial que habita y actúa mediante el cuerpo."[6] El cuerpo es el lugar y el medio de nuestra vida presente, pero no una parte necesaria de nuestra personalidad. Más bien, es el órgano mediante el cual la personalidad recoge sensaciones y se expresa. La personalidad podría existir sin el cuerpo, aprender del mundo exterior por medios distintos a las sensaciones y expresarse de otra forma distinta que no sea con el cuerpo, y sin embargo seguir siendo "tan real como lo es en este momento."[7] El cuerpo, por lo tanto, no es una parte esencial de la naturaleza humana. La persona puede funcionar bastante bien sin él. Este es un verdadero y auténtico dualismo. La muerte es la muerte del cuerpo,

5. William Newton Clarke, *An Outline of Christian Theology* (New York: Scribner, 1901), pp. 182-83.
6. Ibid., p. 186.
7. Ibid., p. 188.

y el espíritu sigue viviendo bastante bien. "Deja el cuerpo material, pero sigue viviendo, y entra en nuevas escenas de acción."[8]

Menos definido, pero mostrando la misma posición básica es el pensamiento de L. Harold DeWolf. Señala que cualquier posición que niegue que hay una diferencia real de identidad entre el alma humana y el cuerpo es contraria a las indicaciones de la experiencia cristiana.[9] DeWolf concede que la Biblia asume que la vida del alma depende de un cuerpo vivo; pero replica que: "esta suposición se puede atribuir a viejos hábitos de pensamiento y discurso, a dificultades de representar la realidad sin una imagen sensorial y a la indudable necesidad de que la conciencia humana tenga un contexto de comunicación proporcionado por algún medio."[10]

DeWolf llama la atención sobre numerosos pasajes que sugieren un dualismo cuerpo-alma.[11] A su muerte Jesús entregó su espíritu al grito de "Padre, en tus manos encomiendo mi espíritu" (Mt. 27:50; Jn. 19:30; Lc. 23:46). Otras referencias destacadas son Lucas 12:4; 1 Corintios 15:50; 2 Corintios 4:11; 5:8, 10. El cuerpo tiene un lugar muy importante en el plan de Dios. Se utiliza como instrumento para expresar y cumplir las intenciones de la persona. Pero el alma debe controlar el cuerpo.[12]

El dualismo de Clarke y DeWolf, aunque mantiene que el alma puede existir sin el cuerpo, no les lleva a negar la resurrección del cuerpo. Según su punto de vista la existencia separada del alma después de la muerte es una situación temporal. Sin embargo, algunos liberales sustituyeron la doctrina tradicional de la resurrección del cuerpo por la inmortalidad del alma. Uno de ellos, Harry Emerson Fosdick, consideraba la idea de la resurrección del Nuevo Testamento como un producto de su tiempo. Dado el concepto judío del Seol, un lugar donde los muertos soportaban una existencia sin sentido, casi no se podría entender la inmortalidad de otra manera que no fuera con la idea de la resurrección.[13] Durante el exilio, el judaísmo cayó bajo el influjo del zoroastrismo y la idea de la resurrección se fue uniendo cada vez más a la esperanza de la inmortalidad.[14] Sin embargo, Fosdick como los que trabajaron desde la perspectiva de la metafísica griega, no vio la necesidad de identificar la idea de la inmortalidad con la resurrección. Prefirió la idea de la "persistencia de la personalidad a través de la

8. Ibid., p. 449.

9. L. Harold DeWolf, *A Theology of the Living Church* (New York: Harper & Row, 1960), pp. 150-51.

10. Ibid., p. 151.

11. Ibid.

12. Ibid., p. 155.

13. Harry E. Fosdick, *The Modern Use of the Bible* (New York: Macmillan, 1933), pp. 99-100.

14. Ibid., pp. 100-101.

muerte" a la de la resurrección de la carne. La doctrina de Fosdick sobre la inmortalidad del alma conserva la experiencia básica perdurable, aunque reemplaza la forma del Nuevo Testamento de la expectativa de una vida futura.[15]

Los conservadores no han llevado tan lejos la posición dualista. Aunque creen que el alma es capaz de sobrevivir a la muerte, viviendo sin un cuerpo, también esperan una futura resurrección. No es la resurrección del cuerpo frente a la supervivencia del alma. Más bien son dos etapas del futuro de un ser humano.[16]

### Monismo

Los puntos de acuerdo entre las posiciones tricotomistas y dicotomistas superan sus diferencias. Ambas coinciden en que el humano es complejo y compuesto, hecho de partes separables. En contraste hay varias formas de la posición que consideran que el humano es indivisible. El monismo insiste en que no se debe pensar que el humano está compuesto de partes o entidades separadas, sino más bien de una unidad radical. En la idea monista, la Biblia no ve al hombre como cuerpo, alma y espíritu, sino simplemente como un ser. Los términos que a veces se utilizan para distinguir partes de un humano en realidad deben ser tomados básicamente como sinónimos. El hombre nunca es tratado en la Biblia como un ser dualista.

Según el monismo, ser humano es ser o tener un cuerpo. La idea de que, de alguna manera, un hombre pueda existir sin un cuerpo es impensable. En consecuencia, no hay posibilidad de existencia tras la muerte sin un cuerpo. La inmortalidad del alma es insostenible. Por tanto, no sólo es imposible que haya una vida futura sin la resurrección del cuerpo, sino que cualquier tipo de estado intermedio entre muerte y resurrección también queda descartado.

El monismo, que surge en parte como una reacción contra la idea liberal de la inmortalidad del alma, fue popular en la neoortodoxia y en el movimiento de la teología bíblica. Su enfoque se basaba principalmente en un método de estudio de las palabras en sí. Un ejemplo destacado es *The Body*, un estudio de John A. T. Robinson sobre la teología paulina. Él sostiene que el concepto del cuerpo es la piedra angular de la teología de Pablo y que Pablo es el único escritor del Nuevo Testamento para el que la palabra σῶμα *(sōma)* tenía alguna importancia doctrinal.[17]

Según Robinson, es un hecho destacable que no haya una palabra hebrea para cuerpo, ni ningún equivalente en el Antiguo Testamento de la palabra griega clave σῶμα. Hay varias palabras hebreas traducidas por σῶμα en la Septuaginta, de las cuales la más importante y la única de importancia teológica es

15. Ibid., p. 98.

16. Augustus H. Strong, *Systematic Theology* (Westwood, N.J.: Revell, 1907), pp. 998-1003,1015-23.

17. John A. T. Robinson, *The Body* (London: SCM, 1952), p. 9.

בָּשָׂר *(basar)*. No obstante, significa esencialmente "carne" más que "cuerpo," y en la gran mayoría de los casos en la Septuaginta se traduce por σάρξ *(sarx)*. Por tanto, las dos palabras más decisivas en la antropología de Pablo "carne" (σάρξ) y "cuerpo" (σῶμα), representan a una misma palabra en el hebreo original. Robinson sostiene que la antropología de Pablo se tiene que entender a la luz de las suposiciones hebraicas sobre los humanos.[18] Como el Antiguo Testamento presenta una visión unitaria del hombre, sin hacer distinción entre carne y cuerpo, no hay que diferenciar los términos *carne* y *cuerpo*, cuando aparecen en los escritos de Pablo. Ambos se refieren a toda la persona. Los que afirman que σάρξ y σῶμα tienen referentes diferentes se equivocan.

¿Cómo explica Robinson que el griego tenga dos palabras diferentes para lo que en hebreo es un único concepto? Explica que los hebreos nunca plantearon ciertas cuestiones que sí hicieron los griegos. Varios temas que surgieron del pensamiento griego acabaron en la distinción entre carne y cuerpo:

1. La oposición entre *forma* y *materia*. El cuerpo es la forma impuesta y que define a la materia o sustancia de la que está hecha.
2. El contraste entre *uno* y *muchos*, el todo y sus partes. El cuerpo frente a las partes u órganos que lo componen.
3. La antítesis entre *cuerpo* y *alma*. En el pensamiento griego el cuerpo no es esencial para la personalidad. Es algo que el hombre posee y no algo que el hombre es.
4. El principio de individualidad. El cuerpo, en contraste con la no individualidad de la "carne," marca y aísla a un humano de otro.[19]

Robinson ve estos como temas que plantearon los griegos pero que eran extraños al pensamiento hebreo. Es ilustrativo señalar que no ofrece como documentación ni siquiera una fuente de pensamiento griego para lo que propone como pensamiento griego.

Robinson concede que Pablo, por supuesto, utiliza los dos términos σάρξ y σῶμα. Pero para σάρξ, Robinson afirma que, Pablo no se refiere a carne como sustancia o materia de la que está hecho el cuerpo. Más bien, la carne hace referencia a la persona en general, y en particular a la persona teniendo en cuenta su aspecto externo, su existencia física. Se utiliza, por ejemplo para señalar el punto de la circuncisión exterior en contraste con la circuncisión interior del corazón.[20] La palabra *carne* también se utiliza para designar la humanidad en contraste con Dios. Denota debilidad y mortalidad.[21] De forma similar, en las

18. Ibid., p. 12.
19. Ibid., pp. 13-16.
20. Ibid., p. 18.
21. Ibid., p. 19.

cartas de Pablo la palabra *cuerpo* no hace referencia a algo que el hombre tiene, algo externo a sí mismo. Sino que es sinónimo de persona.[22] Robinson afirma que las palabras ψυχή y πνεῦμα *(pneuma)* también representan a toda la persona, pero bajo diferentes aspectos, el segundo término se refiere a lo que hay en el humano que le hace estar abierto a Dios y a transmitir su vida.[23]

En todo esto, John A. T. Robinson está siguiendo el pensamiento de H. Wheeler Robinson, que comentaba la terminología del Antiguo Testamento sobre los humanos y la naturaleza humana. La expresión "cuerpo y alma" no se tiene que entender como una distinción marcada entre los dos, o algo que divide a los humanos en dos componentes. Más bien, debería considerarse una descripción exhaustiva de la personalidad humana. En la concepción del Antiguo Testamento, un hombre es una unidad psicofísica, carne animada por alma. Como dice una ahora clásica frase de H. Wheeler Robinson: "La idea hebrea de personalidad es un cuerpo animado, y no un alma encarnada."[24] Él declara que la respuesta a la vieja pregunta de: "¿Qué es el hombre?" es: "El hombre es una unidad , y [esta] unidad es el cuerpo como un conjunto de partes, que extraen su vida y actividad del alma que les da aliento, que no tiene existencia fuera del cuerpo." Por lo tanto, el hebreo no tiene una palabra específica para cuerpo: "nunca necesitó una porque el cuerpo era el hombre."[25]

Para resumir el argumento monista moderno: los datos bíblicos dibujan al hombre como un ser unitario. El pensamiento hebreo no conocía ninguna distinción en la personalidad humana. Cuerpo y alma no eran términos contrarios, sino sinónimos intercambiables.

## Consideraciones bíblicas

Ahora debemos evaluar el monismo a la luz de todos los datos bíblicos. Cuando miramos con más detenimiento, nos encontramos con que la postura del monismo absoluto de la naturaleza humana ha pasado por alto u obscurecido algunos datos importantes. Ya que hay algunos temas, especialmente en el área de la escatología, que una postura totalmente monista tiene dificultades para tratar.

Ciertos pasajes parecen indicar un estado intermedio entre la muerte y la resurrección, un estado en el que los individuos siguen viviendo una existencia personal consciente. Uno de estos pasajes es la frase que Jesús le dice al ladrón en la cruz: "De cierto te digo que hoy estarás conmigo en el paraíso" (Lc. 23:43).

22. Ibid., pp. 26-33.
23. Ibid., pp. 13n, 19.
24. H. Wheeler Robinson, "Hebrew Psychology," en *The People and the Book*, ed. Arthur S. Peake (Oxford: Claredon, 1925), p. 362.
25. Ibid., p. 366.

Otra es la parábola del hombre rico y Lázaro (Lc. 16:19-31). Algunos creen que esto no es una parábola, sino una historia real, ya que sería algo especial que en una parábola se pusiese nombre a uno de los personajes de la historia. Se nos dice que el hombre rico y el pobre murieron. El rico fue al Hades, donde sufrió un gran tormento entre las llamas, mientras que el hombre pobre, Lázaro, fue llevado al seno de Abraham. Ambos estaban en un estado consciente. Una tercera consideración que señala hacia un estado intermedio es la referencia de Pablo a estar ausentes del cuerpo y presentes ante el Señor (2 Co. 5:8). El apóstol expresa temor a ese estado de desnudez (vv. 3-4) deseando ser revestido (v. 4). Finalmente, hay algunas referencias en las Escrituras en las que la distinción entre el cuerpo y el alma es difícil de pasar por alto. Un ejemplo destacado son las palabras de Jesús en Mateo 10:28: "No temáis a los que matan el cuerpo pero el alma no pueden matar; temed más bien a aquel que puede destruir el alma y el cuerpo en el infierno."

Aunque la posición radicalmente unitaria tiene dificultades para tratar estas consideraciones escatológicas, también hay problemas con el caso positivo hecho para esta posición. En su volumen significativo e influyente, *Semantics of Biblical Language*, James Barr ha criticado de forma convincente el tratado de John A. T. Robinson. Barr recuerda el argumento de Robinson de que los griegos plantearon preguntas que les obligaron a diferenciar entre el "cuerpo" y la "carne," mientras que los hebreos no hacían tal tipo de distinción. Barr insiste en que la frase de Robinson "no se podría haber escrito si no fuera faltando totalmente a la semántica lingüística"[26] se basa en la suposición de que una diferencia de conceptos requiere múltiples términos.[27] Sin embargo un examen lingüístico nos muestra que esto no es verdad. Aunque algunos idiomas tienen dos palabras para "hombre" (latín *vir* y *homo*, alemán *Mann* y *Mensch*, griego ἀνήρ [*aner*] y ἄνθρωπος [*anthropos*], otros sólo tienen una (francés *homme*, inglés *man*). De manera similar el francés, el alemán y el griego tienen más de una palabra para "conocer," mientras que el inglés y el hebreo sólo tienen una. Sin embargo, en cada caso la distinción conceptual existe en la cultura; esto es así incluso cuando faltan términos separados que representen cada uno de los conceptos.[28] Por lo tanto, el hecho de que el lenguaje no diferencie entre "cuerpo" y "carne" no significa que los hebreos no fueran conscientes de esta distinción. Cuando se va más allá de los ejemplos aislados que Robinson aduce, se ve que su procedimiento resulta perverso e incluso bastante cómico.[29]

26. James Barr, *Semantics of Biblical Language* (New York: Oxford University Press, 1961), p. 36.

27. Ibid.

28. Ibid., p. 36.

29. Ibid.

Barr además critica a Robinson por descuidar la semántica histórica o diacrónica.[30] Robinson dice que eran necesarios los dos términos σῶμα y πνεῦμα por el contraste entre la forma y la materia, que él creía que era básico en el pensamiento griego. Sin embargo, aunque los dos términos estaban bien establecidos en los tiempos de Homero, Aristóteles mantiene que la distinción entre la forma y la materia era desconocida para los primeros filósofos griegos.[31] Hay una verdadera cuestión, entonces, en si los griegos realmente pensaban en σῶμα y σάρξ como forma y materia. Como se señaló anteriormente, Robinson no ofreció ningún tipo de documentación procedente del pensamiento griego.

Además de la crítica de Barr, tenemos que señalar otros problemas con la posición de Robinson. Uno es que parece ver "el punto de vista griego" como una mentalidad monolítica. No obstante, todo el que haya estudiado la primera filosofía griega conoce su gran variedad. Una vez más la falta de documentación de Robinson debilita su argumento.

Además, como es común en el movimiento teológico bíblico, Robinson asume una distinción muy clara entre el pensamiento griego y el hebreo. Esta suposición anteriormente había sido defendida por H. Wheeler Robinson, Johannes Pedersen y Thorleif Boman, pero ahora, tal como señala Brevard Childs, ha sido rechazada: "Pero incluso entre los teólogos bíblicos que no estaban convencidos [por la crítica de Barr], había acuerdo en que el énfasis que el Movimiento de teología bíblica ponía en una mentalidad distintiva nunca se podría mantener sin una revisión importante."[32] La diferencia entre el pensamiento griego y hebreo tiene que verse como algo mucho menos radical de lo que mantenía Robinson.

La valoración del valor relativo de las dos mentalidades también debe ser cuestionado. Robinson asume que la manera de pensar hebrea es automáticamente la más bíblica. Childs resume esta suposición del movimiento de teología bíblica: "El pensamiento hebreo era algo esencialmente bueno en contraste con el griego al que se consideraba malo."[33] Sin embargo, esta suposición nunca se justificó realmente. Ahora parece ser una expresión del malestar de la teología bíblica con pensamiento más ontológico y objetivo. Y esto a su vez debe reflejar la influencia de una o más de las escuelas filosóficas contemporáneas descritas en el capítulo 2 de esta obra: pragmatismo, existencialismo, filosofía analítica y filosofía del proceso. También parece eliminar cualquier posibilidad de revelación progresiva, que podría implicar formas lingüísticas y conceptuales así como de contenido. Insistiendo en canonizar, como tal, la mentalidad hebrea se corre el riesgo de lo que Henry Cadbury llamaba "El peligro de arcaizarse."[34]

30. Ibid.
31. Ibid., p. 37.
32. Brevard Childs, *Biblical Theology in Crisis* (Philadelphia: Westminster, 1970), p. 72.
33. Ibid.
34. Henry J. Cadbury, "The Peril of Archaizing Ourselves," *Interpretation* 3 (1949): 331-37.

Revisemos el argumento de Robinson:

1. Los hebreos tenían una idea unitaria de la naturaleza humana. No tenían terminología para distinguir "carne" de "cuerpo" porque no diferenciaban la persona en su conjunto y el aspecto físico.
2. Pablo adoptó el concepto o marco hebreo.
3. Aunque utilizaba diferentes términos – σάρξ, σῶμα, ψυχή, πνεῦμα – no tenía diferentes entidades en mente. Eran todos sinónimos para la persona en su conjunto.
4. Por lo tanto, ni el Antiguo ni el Nuevo Testamento enseñan una idea dualista de la naturaleza humana. Un dualismo cuerpo – alma no es bíblico.

Robinson no sólo no estableció su postura, sino que parece claro que basándonos en la lingüística profesional la ausencia de multiplicidad de términos es bastante coherente con la complejidad. Robert Longacre ha señalado, por ejemplo, que en el español mejicano una palabra, *llave,* sirve para identificar lo que en inglés se dice con tres: *key, wrench* y *faucet.* ¿Indica esto que el mejicano no ve estos tres objetos que el inglés distingue? Longacre cree que no. Como la palabra aparece en varios contextos, sabemos que el mejicano es tan capaz de distinguir los objetos representados por este único término como una persona de habla inglesa.[35]

Parece que, de las consideraciones anteriores, se puede extraer que la enseñanza bíblica de la naturaleza humana no excluye la posibilidad de algún tipo de carácter compuesto, o al menos algún tipo de divisibilidad, dentro de la composición humana. Esto no quiere decir que el uso de los términos σῶμα , ψυχή y πνεῦμα sea la prueba de la complejidad de la naturaleza humana, sino de que la posibilidad no queda excluida por el campo léxico. Se puede enseñar de alguna otra manera en la Biblia. Y, por supuesto, ya hemos señalado los pasajes de las Escrituras que argumentan a favor de una existencia sin cuerpo después de la muerte. Sin embargo, continúa habiendo una serie de objeciones filosóficas.

## Consideraciones filosóficas

Las principales objeciones a la naturaleza humana compuesta son filosóficas. Son básicamente afirmaciones que surgen como el resultado del hecho de que el dualismo es simplemente insostenible. Han aparecido gran variedad de argumentos que se pueden clasificar en cinco grupos.

1. Referirse a una "persona" sin tener en cuenta su cuerpo es un lenguaje extraño; es bastante diferente de lo que se entiende por "persona" en el lenguaje

35. Robert E. Longacre, crítica de cuatro artículos sobre metalingüística de Benjamín Lee Whorf, *Language* 32, no. 2 (1956): 302.

ordinario. Anthony Flew señala que palabras como "tú," "yo," "persona," "gente," "mujer" y "hombre" se utilizan para referirse a objetos que se pueden ver, señalar, tocar, oír y hablar con ellos.[36] Utilizar la palabra *persona*, o cualquier otra de estas, en un sentido diferente al de "persona encarnada" es cambiar el significado hasta tal punto que se pierden las implicaciones cruciales.[37]

Bruce Reichenbach observa que considerar al hombre como un compuesto de alma y cuerpo también cambia drásticamente la idea de la muerte. Si creemos en la inmortalidad del alma, tendremos que expresar de otra manera la frase: "mi tío murió a los ochenta" porque su alma todavía vive. Tendremos que decir en su lugar: "el corazón, los pulmones y el cerebro de mi tío dejaron de funcionar a los ochenta, pero (como persona) sigue viviendo." Pero esto significará determinar la muerte (el cese de la vida) mediante un criterio bastante distinto del utilizado ya que la terminación del funcionamiento del corazón, los pulmones y el cerebro es el criterio que se acepta normalmente para la muerte.[38] De hecho, esto haría inaplicable el término *muerte* a los humanos.

Aquí hay problemas especiales para el dualista cristiano, ya que las Escrituras hablan de que el hombre muere: "de la manera que está establecido para los hombres que mueran una sola vez" (He. 9:27); "Si vivimos, para el Señor vivimos; y si morimos, para el Señor morimos. Así pues, sea que vivamos o que muramos, del Señor somos" (Ro. 14:8); "Así como en Adán todos mueren, también en Cristo todos serán vivificados" (1 Co. 15:22). Estos versículos hablan de que el individuo, la persona, muere; no dicen que el cuerpo muere y que la persona de alguna manera sigue viviendo. Nunca se habla de la resurrección como una resurrección sólo del cuerpo, sino de la persona. Consideremos también la muerte expiatoria de Jesús. Las Escrituras dicen llanamente "Cristo murió por nuestros pecados;" no dice únicamente que las funciones de su cuerpo cesaran.[39]

2. El conocimiento humano depende del organismo físico y en especial del cerebro. Reichenbach enumera varias otras evidencias de una relación radical entre lo psíquico y lo físico: la herencia de las habilidades mentales; el efecto del daño cerebral en el conocimiento, la memoria y la habilidad conceptual; causas físicas de debilidad mental, que es una condición del intelecto; la centralización de ciertos estados sensoriales en áreas específicas del cerebro. Todo esto argumenta en contra de una parte psíquica separable del ser humano.[40]

3. La identidad personal depende en última instancia del cuerpo. Este argumento se ha presentado de diversas maneras. Una de las presentaciones más

36. Anthony Flew, *A New Approach to Psychical Research* (London: Watts, 1995), pp. 75-76.
37. Ibid., pp. 77-78.
38. Bruce Reichenbach, "Life after Death: Possible or Impossible? *Christian Scholar's Review* 3, no. 3 (1973): 235.
39. Ibid., p. 236.
40. Ibid.

convincentes es la de Terence Penelhum: nuestro único criterio de identidad personal son el cuerpo físico y la memoria. Sin embargo, el primero ya queda excluido si hablamos de un alma sin cuerpo. Y el segundo no es una función independiente, sino que depende del cuerpo. Por lo tanto no hay principio de identidad para un alma o espíritu sin cuerpo, y al final el concepto carece de sentido.[41]

Penelhum hace grandes esfuerzos para rechazar la idea de que el recuerdo de un suceso es un criterio adecuado de identidad personal. Presenta el caso hipotético de una persona sin cuerpo que haya experimentado $E_2$ y el recuerdo de la experiencia $E_1$. Ahora si $E_2$ y el recuerdo de $E_1$ son eventos sucesivos, está la cuestión de si el mismo sujeto tuvo estas dos experiencias.[42] Esto no se puede establecer si no es mediante la continuidad de un cuerpo físico, y así no queda probada la identidad. Si, por otra parte, $E_2$ y la memoria de $E_1$ son sucesos simultáneos, sigue sin haber manera de decir si fueron experimentados por dos personas diferentes o por la misma persona porque cada una de estas ideas presupone que "se entiende lo que individualiza a una persona de otra; lo cual está ausente en el caso en el que no hay cuerpo."[43]

4. Probablemente la objeción más enfática al dualismo sea la de que el concepto simplemente no tiene sentido. Esta valoración es una aplicación del principio de la verificabilidad del positivismo lógico: una proposición tiene sentido sólo cuando se pueden especificar un conjunto de datos apreciables por los sentidos que la puedan verificar (o negar). Sobre esta base, A. J. Ayer concluyó que la idea de que una persona sobreviva a la aniquilación de su cuerpo es contradictoria en sí misma: "Porque lo que se supone que tiene que sobrevivir... no es el ser empírico (que es inconcebible sin el cuerpo), sino la entidad metafísica: el alma. Y esta entidad metafísica, sobre la cual no se puede formular ninguna hipótesis genuina, no tiene conexión lógica alguna con el ser."[44] De forma similar, Ludwig Wittgenstein afirmaba que las ideas de una existencia sin cuerpo y de la muerte como separación del alma y el cuerpo carecían de sentido porque no podemos especificar un conjunto de datos empíricos que se extraigan de ninguna de ellas.[45]

5. Otra objeción a la idea de que el hombre es un dualismo cuerpo – alma proviene de la psicología behaviorista. El behaviorismo, cuyo impulsor fue John Watson, es en cierto sentido a la psicología lo que el positivismo lógico con sus principios es a la filosofía. Los behavioristas están decididos a hacer que la psi-

41. Terence Penelhum, *Religion and Rationality*, (New York: Random House, 1971); *Survival and Disembodied Existence* (New York: Humanities, 1970) – resumido en Richard L. Purtill, "The Intelligibility of Disembodied Survival," *Christian Scholar's Review* 5, no. 1 (1975): 16.

42. Penelhum, *Survival and Disembodied Existence*, pp. 68-78.

43. Ibid., pp. 73-74.

44. A. J. Ayer, *Language, Truth, and Logic* (New York: Dover, 1946), p. 198.

45. Ludwig Wittgenstein, *Lectures and Conversations* (Oxford: Blackwell, 1966), pp. 65-69.

cología sea una ciencia en lugar de la materia introspectiva y subjetiva que fue una vez. Por lo tanto restringen sus datos al comportamiento observable de los seres humanos y al resultado de los experimentos, la mayoría de los cuales se llevan a cabo con animales. Hay un viejo chiste sobre dos behavioristas que se encuentran en la calle. Uno observa al otro detenidamente y luego dice: "Estás bien. ¿Qué tal estoy yo?"

Dada la restricción de datos al comportamiento observable y de resultados de experimentos, no sólo los pensamientos y los sentimientos, sino también entidades como el alma quedan excluidas de la consideración de la psicología. Pensar y sentir no se consideran actividades de la mente o del alma. Son actividades del comportamiento. Representan reacciones físicas, principalmente de los sistemas muscular, visceral y glandular. Este es claramente un punto de vista monista, y bastante materialista por cierto.

Una versión algo modificada de este enfoque es la teoría materialista que se enfoca en el estado central de la mente. Esta teoría toma más en serio los estados mentales y las sensaciones que el behaviorismo, tratándolas como condiciones reales del cerebro o procesos dentro del sistema nervioso central. Los estados mentales y las sensaciones juegan un papel causal genuino en la vida del individuo. Sin embargo, no son únicamente de naturaleza psíquica, ya que son los mismos procesos que se encontraría un neurólogo. Cada suceso mental puede caracterizarse (al menos) de dos maneras. Una imagen que se utiliza con frecuencia es la del rayo. El físico habla de una descarga eléctrica concentrada en un momento y lugar; un observador normal ve un destello de luz. Los dos están hablando del mismo suceso, sin embargo sus relatos son diferentes. Así también el neurólogo habla de cargas electromagnéticas en el cerebro y el sujeto habla de un pensamiento particular que tiene en ese momento. Los sucesos mentales se dan por hecho, pero se acaban explicando mediante factores psicológicos.[46]

¿Estos problemas y objeciones filosóficas son insuperables? Replicaremos a cada una de ellos de forma individual.

1. Es verdad que resulta peculiar pensar en un ser humano sin su cuerpo y utilizar la palabra *persona*, o un término similar, para referirse a un aspecto inmaterial del hombre. Si se compara con el uso acostumbrado, el lenguaje cuando trata de temas religiosos necesariamente resulta bastante raro, porque, como ya hemos señalado en el capítulo 6 de esta obra, tiene una naturaleza especial. Trata de conseguir un discernimiento especial que vaya más allá de la referencia empírica para llegar al significado que no resulta tan aparente. En algunos casos, se emplean calificadores lógicamente extraños para ayudarnos a entender ese significado más profundo.[47]

46. Bruce Reichenbach, *Is Man the Phoenix?* (Grand Rapids: Eerdmans, 1977), pp. 82- 84).
47. Ver pp. 146-53, especialmente pp. 152-53.

"Muerte" es uno de esos términos que, en un contexto religioso, resulta ambiguo. Hay un referente empírico y un significado más profundo que requieren especial discernimiento. La muerte $M_1$ hace referencia a la terminación de la vida física, o cese del funcionamiento del organismo físico. La muerte $M_2$ se refiere a la terminación total de la existencia de toda la entidad. El asunto aquí es si existe la posibilidad de que una parte de la persona pueda sobrevivir a la muerte física, y si hay otro tipo de muerte además de la muerte física. La respuesta es no si asumimos que la existencia humana es equivalente a la existencia del cuerpo. Pero la Biblia utiliza la palabra *muerte* con diferentes sentidos; reconoce más de un tipo de muerte. Jesús dijo: "No temáis a los que matan el cuerpo pero el alma no pueden matar; temed más bien a aquel que puede destruir el alma y el cuerpo en el infierno" (Mt. 10:28). Y en Apocalipsis 20:6 Juan habla de una "segunda muerte," aparentemente distinguiéndola de la primera muerte (lo que normalmente entendemos por muerte).

2. Se tiene que dar por hecho que el organismo físico y específicamente el cerebro está relacionado estrechamente con la conciencia humana. Pero ¿debemos concluir de esto necesariamente que no hay posibilidad alguna de que haya un aspecto inmaterial separable en la naturaleza humana? Cualquiera que haya llevado un remolque sabe que su presencia afecta a la conducción de muchas maneras, pero una vez que quitamos el remolque, el coche vuelve a funcionar normalmente otra vez. Además, el hecho de que las habilidades mentales se hereden físicamente nos habla de su medio de transmisión, no de su naturaleza.

3. Paul Helm ha contestado a la crítica de Penelhum que la identidad personal depende en última instancia del cuerpo. Aunque el argumento de Helm de que la memoria en sí misma es un criterio adecuado de identidad personal es demasiado complejo como para hablar de él aquí de forma exhaustiva, se pueden mencionar algunos de sus puntos más destacados. Afrontando la cuestión de que $E_2$ y el recuerdo de $E_1$, si ocurren sucesivamente, son experiencias del mismo sujeto, Helm señala que la respuesta puede depender del tipo de experiencias que sean. Si forman parte de una cadena de razonamiento, es lógico asumir que son las experiencias de una misma persona. Si no fuera ese el caso, no se podría llegar a una conclusión, porque se dependería de premisas anteriores.[48] Si, por otra parte, fuéramos a decir que un segundo individuo experimentó $E_2$ alguien que fue creado con las experiencias y recuerdos de la persona que pasó por $E_1$ ¿no estaríamos proponiendo una declaración sin sentido, e innecesariamente más complicada que la proposición en la que sólo una persona está implicada?

Helm lleva su respuesta a Penelhum un pasó más allá. Si $E_2$ y el recuerdo de $E_1$ son simultáneos, lo que distingue a una persona sin cuerpo de otra es el

48. Paul Helm, "A Theory of Disembodied Survival and Re-embodied Existence,Ì *Religious Studies* 14, no. 1 (March 1978): 19.

mismo principio que distingue a cualquier cosa de otra: o sus propiedades son distintas o tienen dos esencias individuales distintas. Argumentar que puede haber dos individuos que tienen las mismas propiedades y la misma esencia volvería a hacer que el lenguaje resultase sin sentido.[49] Lo que Penelhum parece requerir es una confirmación independiente, un observador externo que diga que el mismo individuo está implicado en los dos sucesos. Pero ¿no se podría aplicar el problema de lo inadecuado de la memoria como criterio de identidad personal al observador también? No hay seguridad de que la persona que observó $E_1$ sea la misma persona que observó $E_2$. Además existe la posibilidad de que el observador tenga una percepción equivocada.[50] Helm argumenta en su lugar que el concepto de "persona mínima," esto es, una persona que ya no posee un cuerpo pero que recuerda cosas sobre su pasado, es inteligible y razonable.[51]

4. Objeciones que surgen del principio de la verificabilidad también están sujetas a las mismas dificultades asociadas al principio mismo. Esas dificultades son bien conocidas y ya se han revisado en el capítulo 6. Ayer dice que es contradictorio que un hombre sobreviva a la aniquilación de su cuerpo, ya que la entidad metafísica, el alma, que se supone que sobrevive a la muerte, no tiene conexión lógica con el ser. Sin embargo, esta línea de razonamiento hace la suposición injustificada de que el ser es idéntico al cuerpo. Wittgenstein afirma que no podemos señalar un conjunto de consecuencias empíricas que se desprenderían de la existencia sin un cuerpo o de la separación del alma y el cuerpo. Por lo tanto estas ideas no tienen sentido. Pero él está asumiendo esa misma idea bastante restringida (o sea , la de que una idea sólo tiene sentido si es verificable por datos observables con nuestros sentidos) lo cual hemos visto que es inadecuado. De hecho, hemos ofrecido modelos según los cuales los conceptos religiosos como la existencia sin cuerpo, aunque no se presten para el análisis científico, se puede considerar que tienen un significado cognitivo.

5. La concepción behaviorista de la humanidad debe ser criticada por su incapacidad para representar a los humanos tal como nosotros los vemos. Su desprecio al elemento introspectivo en los seres humanos y la restricción del conocimiento válido a lo meramente observable truncan nuestra experiencia de nosotros mismos y de la vida. Desde este punto de vista el hombre es poco más que un animal muy desarrollado. Pero ¿qué behaviorista cuando nace su primer hijo considera este evento únicamente el nacimiento de un mamífero o se aleja de sus sentimientos internos en esa ocasión con la excusa de que no forman parte del ser esencial?

49. Ibid., p. 17.
50. Ibid., pp. 22-23.
51. Ibid., pp. 15-16, 25-26.

La modificación de esta perspectiva, la teoría materialista que se enfoca en el estado central de la mente, evita estas dificultades obvias, permitiendo que las experiencias subjetivas sean reales, pero manteniendo que también se puedan describir en términos neurológicos como descargas electromagnéticas en el cerebro. No hay un problema inherente en caracterizar un evento de las dos maneras. Pero asumir que el relato neurológico es la única o la última palabra en la materia es cometer falacia genética. Además, no tenemos seguridad de que todas las experiencias subjetivas se puedan describir en términos neurológicos. Éste muy bien podría ser el caso, pero no se puede probar por ningún método conocido hoy en día y es bastante probable que nunca se pueda llegar a hacer.

## Un modelo alternativo: Unidad condicional

Hemos examinado las objeciones filosóficas a la idea de que en la persona humana hay cierta clase de complejidad que hace posible una existencia sin cuerpo, y parece que ninguna de ellas son persuasivas. Es digno de mención que los que rechazan la noción de complejidad, argumentando en su lugar a favor de la unidad absoluta de la persona humana, pocas veces plantean la pregunta de la naturaleza de este único componente que nos hace humanos. ¿Es material o inmaterial (espiritual)? ¿O quizá es una mezcla o composición de ambas cosas? Mucha de la literatura sobre el tema es materialista al menos de forma incipiente, y las suposiciones que subyacen incluso en algunos escritos teológicos cristianos a menudo parecen ser las de los behavioristas. Si el ser persona está unido inseparablemente a la existencia corporal, se debe pensar cuidadosamente en las implicaciones.

Deberíamos señalar que se han hecho esfuerzos para encontrar un punto intermedio entre el dualismo y el monismo absoluto (materialismo). Un ejemplo destacado es la idea de Henri Bergson sobre la evolución creativa. Además de la materia, en el hombre hay lo que Bergson denomina un *élan vital*, una fuerza espiritual interior de carácter deliberado y creativo.[52] Pero esto abre áreas que van más allá del ámbito de este estudio.

Ahora debemos intentar reunir algunas conclusiones y formar un modelo factible. Hemos señalado que en el Antiguo Testamento, al hombre se le consideraba como una unidad. En el Nuevo Testamento, aparece la terminología cuerpo - alma, pero no se puede relacionar con precisión con la idea de la existencia corporal y no corporal. Aunque el cuerpo y el alma a veces están en contraste (como en las palabras de Jesús en Mt. 10:28), no siempre se las distingue con tanta claridad. Es más, las imágenes de los humanos en las Escrituras parecen considerarlas la mayoría de las veces como realidades unitarias. Rara vez se trata una naturaleza espiritual de forma independiente o sin el cuerpo.

52. Henry Bergson, *Creative Evolution* (New York: Henry Holt, 1913), pp. 236ss.

Sin embargo, una vez dicho esto, debemos también recordar los pasajes citados anteriormente en este capítulo que apuntaban hacia un aspecto inmaterial del hombre que es inseparable de la existencia material. Las Escrituras indican que hay un estado intermedio de existencia personal consciente entre la muerte y la resurrección. Este concepto de estado intermedio no es incoherente con la doctrina de la resurrección. Ya que el estado intermedio (inmaterial o sin cuerpo) es claramente incompleto o anormal (2 Co. 5:2-4). En la resurrección que ha de llegar (1 Co. 15) la persona recibirá un cuerpo nuevo o perfeccionado.

La amplia gama de datos bíblicos se pueden acomodar mejor con la idea de lo que denominamos "unidad condicional." Según esta idea, el estado normal del hombre es un ser unitario materializado. Así se considera y trata a los humanos en las Escrituras. No se les presiona para que huyan o dejen el cuerpo, como si fuera algo inherentemente malo. Sin embargo, esta condición monista se puede romper y eso es lo que pasa con la muerte, de manera que el aspecto inmaterial del hombre sigue viviendo incluso cuando el material se descompone. No obstante, en la resurrección se producirá un regreso a la condición material o corporal. La persona asumirá un cuerpo que tiene algunos puntos de continuidad con el cuerpo antiguo, pero también será un cuerpo nuevo, reconstituido o espiritual. La solución a la variedad de datos en el testimonio bíblico no es, pues, seguir el curso de la neoortodoxia de abandonar la idea de la naturaleza humana compuesta, y así eliminar cualquier posibilidad de que algún aspecto humano persista tras la muerte. Ni se trata de distinguir de forma marcada los componentes de un humano, como hicieron algunas variantes de liberalismo, para acabar enseñando que el alma inmortal sobrevive y en consecuencia no es necesario una resurrección en el futuro. No es la inmortalidad del alma *o* la resurrección del cuerpo. Manteniendo lo que ha sido la tradición ortodoxa de la iglesia, es *ambas*.

¿Qué tipo de analogía podemos emplear para ayudarnos a entender esta idea o conjunto de ideas? Una que se suele utilizar es la del compuesto químico en contraste con la mezcla de elementos. En una mezcla, los átomos de cada elemento retienen sus características distintivas porque retienen sus identidades separadas. Si la naturaleza de los humanos fuera una mezcla, las cualidades espirituales y físicas de alguna manera se podrían distinguir, y la persona podría actuar como un ser espiritual o como un ser físico. Por otra parte, en un compuesto, los átomos de todos los elementos implicados se combinan formando nuevas moléculas. Estas moléculas tienen características o cualidades que no se parecen a ninguno de los elementos de los cuales se componen. En el caso de un simple grano de sal (el compuesto de cloruro sódico), por ejemplo, no podemos detectar las cualidades ni del sodio ni del cloruro. Sin embargo, es posible romper el compuesto, con lo cual se vuelven a tener los elementos originales con sus características distintivas. Estas características incluirían la naturaleza venenosa del cloruro, mientras que el producto compuesto no es venenoso.

Podríamos pensar en un hombre como una unidad compuesta de un elemento material y uno inmaterial. Los elementos espirituales y físicos no siempre se pueden distinguir, ya que el hombre es un ser unitario; no existe conflicto entre la naturaleza material e inmaterial. Sin embargo, el compuesto se puede disolver; la disolución se produce con la muerte. En la resurrección el compuesto se vuelve a formar, con el alma (si escogemos llamarla así) estando de nuevo unida inseparablemente al cuerpo.

Bruce Reichenbach ha propuesto otra analogía. Sugiriendo que se piense en el cuerpo como en un ordenador muy complejo, dice que es posible construir dos ordenadores iguales, programarlos de forma idéntica, e introducirles los mismos datos. En el momento de la resurrección, el cuerpo será recreado físicamente y el cerebro programado con los mismos datos que se tenía mientras se vivía en la tierra.[53] Esta analogía, sin embargo, no explica las imágenes bíblicas del estado intermedio: un programa y unos datos sin un ordenador no constituye una unidad funcional. Por tanto, por intrigante que sea la sugerencia, fracasa en un punto bastante importante.

Una analogía alternativa, procedente del mundo de la física, tiene que ver con el concepto de los estados de alternancia. Aunque una vez creímos que la materia y la energía eran dos tipos diferentes de realidad, por la obra de Albert Einstein ahora sabemos que son intercambiables. Son simplemente dos estados de una misma entidad. Una explosión nuclear, con su tremenda liberación de energía, es una espectacular demostración de la fórmula de Einstein $E=mc^2$. De forma similar se puede pensar que los humanos pueden existir en dos estados, uno material y otro inmaterial. El estado normal de los humanos es el material, en el cual el ser se puede sustanciar en forma física y perceptible. Sin embargo, se puede producir un cambio a un estado inmaterial con la muerte. La muerte no es tanto la separación de dos partes como que el ser asume una condición diferente. Puede haber y habrá un cambio final a un estado material. En el momento de la resurrección la condición corporal quedará reconstituida.

Desafortunadamente, hay varios problemas con esta analogía. Primero, no encaja bien porque la energía de Einstein sigue siendo energía física. Segundo, la analogía podría llevar a entender a Dios como pura energía, lo cual no sería aceptable. Tercero, ¿qué pasa con el cadáver? En un estado de alteración, se podría esperar algo bastante equivalente a una vaporización. Quizá el cadáver es simplemente un desecho, un residuo del cambio de estado. O mejor, como el vehículo original o el órgano o el locus del estado corporeo que se utilizará en el futuro en la rematerialización de la persona. Finalmente, el principal énfasis de la analogía está en el ser en su conjunto o el sujeto en lugar de en las partes de la naturaleza humana.

53. Reichenbach, "Life after Death," p. 240.

## Implicaciones de la unidad condicional

¿Cuáles son las implicaciones del monismo contingente, o sea, de la idea de que la naturaleza humana es una unidad condicional?

1. Hay que tratar a los humanos como unidades. Su condición espiritual no se puede tratar con independencia de su condición física o psicológica y viceversa. La medicina psicosomática es adecuada. También lo es el ministerio psicosomático (¿o deberíamos llamarlo ministerio pneumopsicosomático?). El cristiano que desea ser sano espiritualmente prestará atención a cosas como la dieta, el descanso y el ejercicio. Cualquier intento de tratar la condición espiritual de la gente sin tener en cuenta su condición física y su estado mental y emocional sólo tendrá éxito en parte, como ocurrirá con cualquier intento de tratar las emociones humanas aislándolas de la relación con Dios.

2. Un humano es un ser complejo, cuya naturaleza no se puede reducir a un único principio.

3. Todos los diferentes aspectos de la naturaleza humana tienen que ser atendidos y respetados. No hay que menospreciar el cuerpo, las emociones o la inteligencia. El evangelio apela a la persona en su conjunto. Es significativo que Jesús en su encarnación se hiciese completamente humano, porque vino a redimir todo lo que somos.

4. El desarrollo o la madurez religiosa no consiste en sojuzgar una parte de la naturaleza humana frente a otra. Ninguna parte de la composición humana es mala en sí misma. La depravación total significa que el pecado infecta todo lo que es un hombre, no solo el cuerpo, la mente o las emociones. Por lo tanto, el cristiano no intenta poner el cuerpo (que muchos consideran erróneamente como la única parte mala de la naturaleza humana) bajo el control del alma. De forma parecida, no hay que pensar que la santificación sólo afecta a una parte de la naturaleza humana, porque no hay una sola parte de la persona que sea el lugar exclusivo de la bondad y la rectitud. Dios está obrando para renovar todo lo que somos. En consecuencia, el ascetismo, en el sentido de negar las necesidades naturales del cuerpo sólo porque sí, no debe practicarse.

5. La naturaleza humana no es incoherente con la enseñanza de las Escrituras de que hay una existencia personal consciente entre la muerte y la resurrección. Examinaremos esta doctrina de manera más extensa en nuestro apartado sobre escatología.

# 26. La universalidad de la humanidad

## Objetivos del capítulo

Después de estudiar este capítulo, debería ser capaz de:

- Explorar el material bíblico y descubrir que Dios no hace distinción entre etnias, sexos o estatus económicos.
- Afirmar que las personas de razas, sexos o posiciones económicas diferentes forman todas parte de la familia humana de Dios.
- Reconocer la importancia de afirmar que una persona en cualquier edad cronológica es completamente humano y tiene valor para Dios.
- Reconocer la humanidad de un feto no nacido con argumentos biológicos y bíblicos y defender su protección.
- Reconocer la postura bíblica de los no casados y confirmar su relación con Dios, con la iglesia y con la humanidad.
- Oponerse a la discriminación basada en la raza, el sexo, la posición económica, la edad, el feto no nacido y el estado civil.

## Resumen del capítulo

Después de examinar el origen, propósito y destino de toda la humanidad, las características de la raza, el sexo, la edad, el estado no nato del feto, el estado civil resultan incidentales para la humanidad básica de alguien. Dios se preocupa por todas las personas. Como Dios toma esta opción, el creyente debe adoptar una postura similar y practicar una reverencia santa hacia toda la humanidad. Especialmente hacia los que pueden estar sujetos a discriminación.

## Cuestiones de estudio

1. ¿Cómo ha utilizado la humanidad las Escrituras para perseguir sus fines discriminatorios en lo que se refiere a los temas de raza, etnia o sexo?
2. ¿Qué características del relato de la creación explican la relación de la mujer y el hombre?
3. ¿Por qué es la riqueza, o la falta de ella, importante para la humanidad y la relación humana con Dios?
4. ¿Qué argumentos se dan para afirmar que un feto desde luego es humano?
5. ¿Qué dice Pablo de los individuos que no están casados?
6. ¿Cómo debería afectar el estudio de este capítulo a nuestra práctica en casa, en el trabajo, en la iglesia y en la sociedad en general?
7. Si estuviera preparando una conferencia sobre el tema de la discriminación, ¿qué evidencias bíblicas reuniría para oponerse a la discriminación racial, sexual o económica? Piense en la discriminación como algo que afectase también a ancianos, fetos no nacidos y adultos no casados.

Todas las razas
Ambos sexos
Gente de todas las posiciones económicas
Los ancianos
Los no nacidos
Los no casados

Hemos visto que el propósito o destino del humano es conocer, amar y servir a Dios. Dios hizo a los hombres capaces de conocerle y responder a él. Esta es la característica distintiva que comparte toda la humanidad. Todas las demás características son secundarias.

No obstante, hay algunas características secundarias en los humanos que a veces afectan, al menos en la práctica, a la forma en que la sociedad trata a las personas. Aunque en teoría nadie niega que la gente que en cierta manera es diferente es completamente humana, la sociedad tiende a tratarles como si fueran menos que los demás. Nuestro objetivo en este capítulo será examinar lo que la Biblia y la teología derivada de ella tienen que decir sobre varias categorías de personas. Se observará que el estatus especial que Dios concedió a Adán y Eva frente a los animales, al hacerles a su imagen y semejanza, se extiende a todos los miembros de la raza humana.

## Todas las razas

El primer punto a señalar es que todas las razas están incluidas en la familia humana de Dios y por lo tanto son objetos de su amor. Sin embargo, el fenómeno del prejuicio social es todavía bastante común. Grupos muy diferentes han sido objeto de prejuicios, que en algunos casos han conducido abiertamente a la esclavitud, y otras veces a formas menos extremas de discriminación. En ocasiones incluso esos perjuicios sociales se han apoyado en opiniones teológicas que sugieren que para Dios hay una diferencia de estatus entre ciertos grupos raciales. En *Is God a White Racist?* (¿Es Dios un racista blanco?) William Jones ha escrito sobre una forma de este fenómeno, que llama "racismo divino."[1] El racismo divino divide la raza humana en dos categorías: "nosotros" y "ellos." Se asume que Dios ha dividido así la raza, y que muestra especial interés por los que están dentro de su grupo y los favorece. Según esta teoría, Dios no valora a todas las personas por igual. Trata a unas con más amabilidad que a otras. Hay un desequilibrio intencionado de sufrimiento, que afecta más al grupo que está fuera que al que está dentro. Dios ha deseado ese desequilibrio; que él conceda o no su favor depende de la identidad racial o étnica.[2]

Jones no sugiere que el racismo divino esté restringido a ninguna religión en particular. Sin embargo, el cristianismo no carece de ejemplos. Quizá el más extremo han sido los argumentos de algunos racistas blancos que llegaron tan lejos como hasta atreverse a negar la humanidad de los negros, o por decirlo de otra manera, negaba que los negros tuvieran alma.[3] Este era un intento de justificar las desigualdades entre los esclavos y los amos. Uno de los argumentos pseudoteológicos más comunes que se plantearon fue que los rasgos de los tres hijos de Noé caracterizarían a sus descendientes hasta el fin de los tiempos.[4] Se sostuvo que Cam había nacido negro; por tanto sus descendientes eran de raza negra. Cam había recibido una maldición por su iniquidad; esta maldición obligaba a su hijo Canaán a servir a los descendientes de Sem y Jafet. Por lo que se debe entender que todos los negros están bajo la maldición de Dios, y la esclavitud está justificada porque Dios quería que así fuese. Otra variedad de este argumento era la opinión de que Caín, que fue maldecido por matar a su hermano Abel, fue puesto en servidumbre y se volvió negro (la marca impuesta a Caín: Gn. 4:13-15). Supuestamente Cam se casó con una descendiente de Caín, por lo que el hijo de Cam, Canaán, estaba doblemente maldito.[5] Otra postura era que en realidad los negros no formaban parte de la raza de Adán. El planteamiento general de esta teoría

1. William R. Jones, *Is God a White Racist?* (Garden City, N.Y.: Doubleday, 1973).

2. Ibid., pp. 3-5.

3. Josiah Priest, *Bible Defense of Slavery: Origin, Fortunes and History of the Negro Race*, 5[th] ed. (Glasgow, Ky.: W. S. Brown, 1852), p. 33.

4. Thorton Stringfellow, *Slavery: Its Origin, Nature, and History Considered in the Light of Bible Teaching, Moral Justice, and Political Wisdom* (New York: J. F. Trow, 1861), p. 35.

5. W. S. Jenkins, *Pro- Slavery Thought in the Old South* (Chapel Hill: University of North Carolina Press, 1935), p. 119.

era que el negro es humano, pero constituye otra especie de humano; Adán sólo es el padre de la raza blanca.[6]

Un argumento adicional era que los negros debían considerarse como bestias de dos patas. Como los negros están con nosotros hoy, deben haber estado en el arca. Sin embargo, sólo se salvaron ocho almas en el arca, y todas pertenecían a la familia de Noé. Como una bestia más del arca, el negro no tenía alma alguna que tuviera que ser salvada.[7] Aquí tenemos la razón final para la justificación de la discriminación racial e incluso la esclavitud: los negros no son humanos; en consecuencia, no tienen los mismos derechos que los humanos.

Formas menos extremas de prejuicio se han dirigido a varios grupos. Todos tienen tendencia a atribuir un estatus menos humano al grupo que está fuera del suyo. Nuestra respuesta tendrá dos enfoques: refutar el caso hecho por tales suposiciones y presentar las evidencias bíblicas de que la humanidad que Dios ha concedido se extiende a todas las razas.

No hay apoyo bíblico a la suposición de que los negros (o cualquier otra raza) sean inferiores o menos humanos. No hay pruebas, por ejemplo, de que Cam fuera negro. Lo mismo ocurre con la idea de que la marca de Caín fuera el ser negro. Además asegurar que los negros no son humanos contradice las evidencias antropológicas como la de la fertilidad entre todas las razas.[8]

Más significativa para nosotros es la evidencia bíblica positiva de la manera en que Dios considera a todas las razas y nacionalidades. Este tema se desarrolla en las Escrituras especialmente con las relaciones entre judíos y gentiles. Del estatus de Israel como nación elegida se podría concluir que el interés y la preocupación de Dios por la humanidad se limita al pueblo judío. Sin embargo, está claro que los judíos no son escogidos como únicos receptores de la bendición de Dios, sino que son receptores y transmisores de ella. Incluso en la era del Antiguo Testamento, había lugar para que los de fuera se hicieran seguidores de la fe de Israel. Rahab y Rut la moabita son ejemplos destacados y los podemos encontrar incluso en la genealogía de Jesús (Mt. 1:5).

En el ministerio de Jesús, nos encontramos con una apertura hacia los que no eran de la casa de Israel. Su preocupación por la mujer samaritana (Jn. 4) y el ofrecimiento que le hace del agua de la vida indican que la salvación no estaba restringida solo a los judíos. La petición de la mujer sirofenicia de que echara el demonio de dentro de su hija fue atendida (Mr. 7:24-30). Quizá el incidente más destacable sea el del centurión romano que vino a pedir la curación de su sirviente paralítico (Mt. 8:5-13). Jesús maravillado por la fe de este hombre,

6. Ibid., p. 272.

7. Ariel (Buckner H. Payne), *The Negro: What Is His Ethnological Status?* 2nd ed. (Cincinnati, 1867), pp. 45-46.

8. Francis E. Johnston and Henry A. Selby, *Anthropology: The Biocultural View* (Dubuque, Iowa: William C. Brown, 1978), pp. 58-60.

que excedía la de cualquier hombre que había hallado en Israel (v. 10) accedió a la petición del hombre, pero antes de hacerlo, hizo una predicción digna de mención: "Os digo que vendrán muchos del oriente y del occidente, y se sentarán con Abraham, Isaac y Jacob en el reino de los cielos; pero los hijos del reino serán echados a las tinieblas de afuera; allí será el lloro y el crujir de dientes" (vv. 11-12). Aquí está sin duda la anticipación de un tiempo en el que se extenderá la gracia de Dios a incontable número de gente sin importar su raza.

Cuando llegamos al libro de los Hechos, la universalidad de la gracia de Dios es más aparente. La visión de Pedro (Hch. 10:9-16), en el que se le mandaba comer animales puros e impuros, era la señal de que debía extender el mensaje de salvación a los gentiles, primero de todo al centurión Cornelio (vv. 17-33). Pedro expresó así su nuevo convencimiento: "En verdad comprendo que Dios no hace acepción de personas, sino que en toda nación se agrada del que lo teme y hace justicia" (vv. 34-35). Cuando predicó el evangelio al grupo reunido en la casa de Cornelio, el Espíritu Santo cayó sobre ellos de la misma manera que había caído previamente sobre los judíos (vv. 44-48). Este suceso dio un impulso al ministerio con los gentiles, que fue llevado a cabo principalmente por Pablo y sus compañeros.

El ministerio de Pablo incluyó muchos incidentes que nos resultan instructivos para conocer el estatus de los no judíos. Uno de los más significativos es el encuentro con los filósofos atenienses en Hechos 17. La idea central de su mensaje para ellos tiene una naturaleza universal. Dios hizo la tierra y todo lo que hay en ella (v. 24). Él dio vida, aliento y todas las cosas a todos los hombres (v. 25). Pablo pone un énfasis particular en la unidad de la raza humana cuando dice: "De una sangre ha hecho todo el linaje de los hombres para que habiten sobre toda la faz de la tierra; y les ha prefijado el orden de los tiempos y los límites de su habitación" (v. 26). Su declaración a los atenienses de que el "dios no conocido" al que ellos adoran es en realidad el Dios que él predica (v. 23) se basa en la suposición de que toda la gente forma parte de la raza humana que Dios creó y a la que ha proporcionado los medios para su salvación.

No debe haber división entre judíos y gentiles dentro de la iglesia. En Efesios 2:14 Pablo afirma que Cristo ha derrumbado los muros que los separan. No sólo es la salvación para todos, sino que no tiene que haber ninguna discriminación basada en la nacionalidad. Esta lección no siempre se entendió y aprendió rápidamente, y así cuando Pedro se relacionó con algunos gentiles y luego se apartó cuando llegaron algunos judíos, a Pablo le pareció necesario reprenderle cara a cara (Gá. 2:11). En Gálatas 3:6-9 Pablo argumenta que todo el que tiene la fe de Abraham es heredero de Abraham sin importar su nacionalidad. En Apocalipsis 5:9 se dice que el Cordero ha redimido a la gente "de todo linaje, lengua, pueblo y nación."

Los pasajes citados, por supuesto, no mencionan todas las razas ni naciones de forma específica. Sin embargo, parece que el campo en el que se sitúan es amplio: todos los humanos han sido creados para tener comunión con Dios, y la oferta de salvación está abierta a todos. De la misma manera que no hay distinción de sexo para Dios con respecto a la justificación, tampoco hay distinción de raza (Gá. 3:28).

## Ambos sexos

Las mujeres a veces se han considerado, como mucho, miembros de segunda clase de la raza humana. No se les ha permitido votar o ejercer otros derechos de los que los hombres sí disfrutaban, y las esposas en algunos casos eran prácticamente consideradas como propiedades de sus maridos.[9] En el mundo bíblico las mujeres tenían pocos derechos, o al menos bastantes menos que los hombres. Aunque hasta cierto punto el Antiguo Testamento no cambió esta situación, desde el principio hubo indicaciones de que para Dios la mujer tenía el mismo estatus. Estas indicaciones se incrementaron a medida que pasaba el tiempo y la revelación especial pasó progresivamente a niveles más altos.

Ya en el relato de la creación encontramos indicaciones del estatus de la mujer. En Génesis 1:26-27 se pone un énfasis especial, parece que quiere que entendamos claramente que la mujer posee la imagen de Dios, de la misma manera que el hombre. Aunque Karl Barth[10] y Paul Jewett[11] sostienen que tenemos un paralelismo triádico en 1:27 y que por lo tanto que el ser humano fuera creado varón y hembra es la imagen de Dios, esto no es obvio en absoluto. Las dos primeras estrofas: "Y Dios creó al hombre a su imagen" y "A imagen de Dios lo creo" son equivalentes porque repiten el paralelismo del versículo 26: "Hagamos al hombre a nuestra imagen, conforme a nuestra semejanza." Por otra parte, la tercera estrofa: "varón y hembra los creó," es especial en el versículo 27, y no es obviamente equivalente a las otras dos. En lugar de repetir la idea de las dos primeras estrofas, parece complementarlas. Tiene la misma relación a esas dos estrofas que "y que tenga potestad..." tiene con los dos elementos de la primera parte del versículo 26. En cada caso se añade algo al pensamiento. En el último caso lo que se añade deja claro que el "hombre" que fue creado en la imagen divina es a la vez varón y hembra. *Los dos* tienen la imagen del Hacedor.

El mismo énfasis lo encontramos también en Génesis 5:1-2: "El día en que creó Dios al hombre, a semejanza de Dios lo hizo. Hombre y mujer los creó; y los bendijo, y les puso por nombre Adán el día en que fueron creados." La frase de que Dios creó al hombre como hombre y mujer aparece entre dos frases sobre

9. J. A. MacCulloch, "Adultery," en *Encyclopedia of Religion and Ethics*, ed. James Hastings (New York: Scribner, 1955), vol. 1, p. 122.

10. Karl Barth, *Church Dogmatics* (Edinburgh: T. & T. Clark, 1958), vol. 3, parte 1, pp. 194-97.

11. Paul King Jewett, *Man as Male and Female* (Grand Rapids: Eerdmans, 1975), pp. 35-48.

la creación del hombre, la primera de las cuales habla de que Dios creo al hombre a su imagen y semejanza. Parece existir un énfasis en el hecho de que el varón y la hembra de la especie fueron hechos a imagen de Dios.

Otra característica destacable del relato de la creación es la relación de la mujer con el hombre, a partir del cual fue hecha. A veces se extraen demasiadas conclusiones del hecho de que se describa a la mujer como "ayudante" como si este término implicase cierto tipo de inferioridad o al menos de subordinación de la mujer hacia el hombre. Sin embargo, un examen más detenido de Génesis 2:18 demuestra que este concepto es falso. La expresión *ayuda*, utilizada en versiones más antiguas, en realidad está traduciendo dos palabras hebreas. La segunda, נֶגֶד *(neged)*, significa "que se corresponde con" o "igual a" él.[12] La palabra traducida por "ayuda" עֵזֶר *('ezer)*, es utilizada con Dios en varios lugares del Antiguo Testamento: Éxodo 18:4; Deuteronomio 33:29; Salmos 33:20; 70:5; 115:9, 10,11. Esto sugeriría que el ayudante que se tenía en mente en Génesis 2:18 no es inferior en esencia a la persona a la que se ayudaba. Más bien se debe pensar en ella como en un colaborador o asistente. Es cierto que la palabra hebrea בַּעַל *(ba'al)*, que significa "señor" o "amo" se utilizaba con frecuencia para "marido."Sin embargo, debería observarse que también aparece el femenino de esa palabra. En Génesis 20:3, por ejemplo, se utiliza para describir la relación de Sara con Abraham. Por lo tanto cualquiera que sea la naturaleza del señorío en la relación marital, no es unilateral.

La imagen de la mujer que dan las Escrituras no es la de insignificancia ni la de sumisión total. En Proverbios 31, por ejemplo, se exalta a la mujer virtuosa. Siempre está interesada en promover el bienestar de su familia, pero no permanece constantemente en los confines de su casa. Se implica en asuntos mercantiles y de negocios (vv. 18, 24).

También deberíamos señalar que no sólo Dios creó a la mujer a su imagen, sino que a veces se habla de Dios utilizando imágenes o términos femeninos. Se describe a Dios como la madre de Israel en Deuteronomio 32:18: "Despreciaste a la roca que te agradó y olvidaste al Dios que te dio a luz" (NHB). La terminología que utiliza Moisés pone de relieve los dolores del proceso de nacimiento, dejando claro que es el papel de la madre lo que tiene aquí en mente. Jesús también utiliza la imaginería femenina para describir a Dios. Por ejemplo, cuenta tres parábolas hablando de la preocupación de Dios y la búsqueda de personas perdidas: la oveja perdida, la moneda perdida y el hijo pródigo (Lc. 15). En la primera y la tercera la figura que representa a Dios es masculina, pero en la parábola de la moneda perdida, el personaje principal es una mujer. Es más, Jesús escoge una viuda como símbolo de generosidad (Lc. 21:1-4).

12. Francis Brown, S. R. Driver, and Charles A. Briggs, *Hebrew and English Lexicon of the Old Testament* (New York: Oxford University, 1955), p. 617.

La actitud de Jesús hacia la mujer, y el tratamiento que la dispensa, es también instructivo. Aunque un judío normalmente no tendría tratos con samaritanos y en particular con pecadores descarados, Jesús se puso a conversar con una mujer samaritana porque le preocupaba su condición espiritual (Jn. 4). Jesús elogió a una mujer que sufría hemorragias y tocó el borde de su manto por tener fe (Mt. 9:20-22). María y Marta se encontraban entre sus amigos más íntimos. La mujer que ungió a Jesús en Betania (Mt. 26:6-13) será recordada por su acto de devoción en todo lugar y momento que se predique el evangelio (vv. 10-13). María Magdalena fue la primera persona a la que Jesús se apareció tras la resurrección, y le dio instrucciones (la encomendó) para que le contara a sus discípulos que él había resucitado (Jn. 20:14-18). Desde luego, las mujeres jugaron un papel muy importante desde el principio en la vida y el ministerio de Jesús. Fue María, y no José, quien expresó alabanza a Dios ante el anuncio de que iba a nacer Jesús (Lc. 1:46-55). Isabel también alabó y bendijo al Señor (Lc. 1:41-45). Ana fue probablemente la primera mujer discípulo de Jesús (Lc. 2:36-38). Donald Shaner ha resumido muy bien las relaciones de Jesús con las mujeres: "Llama la atención que Jesús no tratase a las mujeres como mujeres, sino como personas. Las tomaba en serio, les hacía preguntas, les animaba a sacar lo mejor de sí mismas y las elevaba hasta el nivel de dignidad que ellas merecían."[13]

Probablemente la declaración más directa de que las mujeres están a la misma altura que los hombres a los ojos de Dios, en lo que se refiere a la salvación, es la del texto clásico de Gálatas 3:28: "Ya no hay judío ni griego; no hay esclavo ni libre; no hay hombre ni mujer, porque todos vosotros sois uno en Cristo Jesús." Este versículo a menudo se saca de contexto y se utiliza para tratar temas de los que Pablo no está hablando. No está hablando de igualdad de empleo, ni de igualdad en los puestos de servicio dentro de la iglesia, por ejemplo, como ministros ordenados.[14] Más bien, está tratando el importante tema de la justificación por fe, el estatus individual ante Dios en cuanto a la justicia personal. Pablo está diciendo que, con respecto a la salvación personal, Dios no da un trato diferente al varón y a la hembra. Todos los que han sido bautizados en Cristo Jesús están revestidos de Cristo (v. 27).

Finalmente, también deberíamos señalar el importante papel que ha jugado la mujer en la obra del reino de Dios. Aunque en una minoría, en todos los tiempos de la historia bíblica ha habido mujeres ocupando posiciones de liderazgo e influencia. Miriam ayudaba a Moisés y dirigía los cánticos y danzas tras la salida de Egipto (Éx. 15:20-21). Débora fue juez de Israel, y Jael mató a Sisara (Jue. 4:17-22). Ester salvó al pueblo judío de ser destruido por Haman. Ya hemos

13. Donald W. Shaner, "Woman in the Church," *Foundations* 23 (Julio-Septiembre 1980): 221.

14. Esto no quiere decir que no haya principios bíblicos que puedan aplicarse a estos temas, pero estos temas no están tratados aquí *directamente*.

observado algo del papel de mujeres seleccionadas del Nuevo Testamento. La fidelidad de las mujeres que había alrededor de Jesús en los tiempos de crisis resulta llamativa. Las vemos en la cruz (Lc. 23:49); tratan de ungir el cuerpo de Jesús (Lc. 23:55-56); descubrieron la tumba vacía, oyeron el mensaje de los dos ángeles y les contaron la nuevas a los apóstoles (Lc. 24:1-11).[15]

Hay varias indicaciones en las Escrituras de que las mujeres tenían y ejercitaban el don de la profecía. Isaías se refiere a su esposa como la "profetisa" (Is. 8:3), y Felipe el evangelista tenía cuatro hijas doncellas que profetizaban (Hch. 21:9). Joel predijo un tiempo en el que tanto los hombres como las mujeres profetizarían (Jl. 2:28), que Pedro cita y subraya (Hch. 2:17). Pablo especifica las condiciones bajo las cuales deberían profetizar las mujeres (1 Co. 11:5).

Incluso Pablo, al que se le acusa a veces de oponerse rígidamente a que las mujeres se impliquen en el trabajo de la iglesia, habla positivamente de mujeres en posiciones de liderazgo. Escribe de Febe: "Recibidla en el Señor, como es digno de los santos, y ayudadla en cualquier cosa en que necesite de vosotros, porque ella ha ayudado a muchos y a mí mismo" (Ro. 16:2). De Priscila y Aquila se habla como de "mis colaboradores en Cristo Jesús, que expusieron su vida por mí" (Ro. 16:3-4). Aunque no conocemos detalles de María (v. 6), ni de Pérsida (v. 12) sabemos que "trabajaron arduamente en el Señor." Pablo también saluda a Trifena y Trifosa "esas mujeres que trabajaron arduamente en el Señor" (v. 12), la madre de Rufo "que lo es también mía" (v. 13), Julia, Nereo y su hermana (v. 15). Pablo permite que las mujeres profeticen en la asamblea, al menos con ciertas condiciones (1 Co. 11:5). Estas indicaciones del concepto que tiene Pablo sobre la utilidad de la mujer en el ministerio cualifican los pasajes en los que parece restringir sus actividades. Por tanto, los pasajes restrictivos probablemente se deberían ver como relacionados con situaciones locales particulares (por ejemplo, 1 Co. 14:33-36).

## Gente de todas las posiciones económicas

La Biblia tiene mucho que decir sobre los pobres. El Antiguo Testamento indica que Dios siente una preocupación especial por los pobres, como cuando libera a los israelitas de la esclavitud y pobreza que experimentaban en Egipto. Se puede apreciar en las advertencias que hace Dios contra el maltrato a los pobres y oprimidos. Un ejemplo de esas órdenes es Deuteronomio 15:9: "Guárdate de albergar en tu corazón este pensamiento perverso: 'Cerca está el séptimo año, el de la remisión', para mirar con malos ojos a tu hermano pobre y no darle nada, pues él podría clamar contra ti a Jehová, y se te contaría como pecado."

Se hacían toda una serie de provisiones para el bienestar de los pobres. Cada tres años había que dar un diezmo al levita, el extranjero, el huérfano y la viuda

15. Shaner, "Women in the Church," p. 222.

(Dt. 14:28-29). Una promesa iba unida al fiel cumplimiento de este mandato "para que Jehová, tu Dios, te bendiga en toda obra que tus manos hagan." El año sabático (cada séptimo año) era particularmente significativo: los segadores no tenían que segar los campos, y se permitía a los pobres que recogieran lo que crecía (Éx. 23:10-11); Lv. 25:3-6); los esclavos hebreos tenían que ser liberados a los 6 años de servicio (Éx. 21:2). También estaba el sabático de los sabáticos, el año del jubileo, el año cincuenta, cuando el campo volvía a su dueño original (Lv. 25:8-17). En todo momento parte de la producción de los campos y viñedos tenía que dejarse a los pobres para que la recogieran (Lv. 19:9-10), y un hambriento podía comer fruta y arrancar mies en el campo, pero no podía llevárselo (Dt. 23:24-25). Los que hacían préstamos a los pobres tenían que hacerlo sin ningún tipo de interés (Éx. 22:25). Ningún hebreo pobre que se vendiese a sí mismo debía tomarse como esclavo, tenía que considerarse como siervo contratado (Lv. 25:39-40) y no ser tratado duramente (v.43). Nadie debía tomar en prenda la rueda superior o inferior del molino, ya que la vida prácticamente dependía de ellas (Dt. 24:6).

En particular, se debía tener mucho cuidado en hacer justicia a los pobres: "No violarás el derecho del pobre en su pleito" (Éx. 23:6). Amós predicó en contra de los que desobedecían esta orden: "Yo sé de vuestras muchas rebeliones y de vuestros grandes pecados; sé que afligís al justo, recibís cohecho y en los tribunales hacéis perder su causa a los pobres " (Am. 5:12). El salmista también denuncia a los que persiguen a los pobres: "Con arrogancia, el malo persigue al pobre; será atrapado en las trampas que ha preparado...[El malo] acecha en oculto, como el león desde su cueva; acecha para atrapar al pobre; atrapa al pobre trayéndolo a su red" (Sal. 10:2, 9).

Jesús mismo era uno de los pobres. Esto queda claro en el relato de cuando le trajeron a Jerusalén de niño para el ritual de la purificación. La ley decía que había que sacrificar un cordero y una tórtola o una paloma. Sin embargo, "Y si no tiene lo suficiente para un cordero, tomará entonces dos tórtolas o dos palominos, uno para holocausto y otro para expiación. El sacerdote hará expiación por ella, y quedará limpia" (Lv. 12:6-8). Que la familia de Jesús ofreciera "un par de tórtolas o dos palominos" (Lc. 2:24) en lugar de un cordero nos indica su pobreza. Aunque Jesús en su ministerio no parece que sufriera verdadera necesidad o privación, desde luego no tenía abundancia y aparentemente a menudo dependía de la hospitalidad de otras personas como María, Marta y Lázaro. Se refirió a esta falta de medios cuando dijo: "Las zorras tienen guaridas, y las aves del cielo, nidos; pero el Hijo del hombre no tiene donde recostar su cabeza" (Mt. 8:20).

Las enseñanza de Jesús tratan mucho sobre los pobres y la pobreza. Citando Isaías 61:1-2 indicaba que había venido a predicar buenas nuevas a los pobres (Lc. 4:18, 21). La preocupación por los pobres se encuentra en el centro mismo de su ministerio. Habla de lo bienaventurados que son los pobres (Lc. 6:20). Entre las cosas que quería que se le dijeran a Juan estaba la de que a los pobres se les anunciaba el evangelio (Lc. 7:22). Jesús también señaló en repetidas ocasiones el peligro de la riqueza: "Más fácil es pasar un camello por el ojo de una aguja, que entrar un rico en el reino de Dios" (Mr. 10:25). En la parábola del hombre rico y el pobre Lázaro, el hombre rico tras la muerte está en el lugar del tormento, pero Lázaro está en el seno de Abraham. Abraham le dice al hombre rico: "Hijo, acuérdate que recibiste tus bienes en tu vida, y Lázaro, males; pero ahora este es consolado aquí, y tú atormentado" (Lc. 16:25). Debería señalarse que la riqueza en sí misma no es más causa de discriminación que la pobreza. Es la preocupación por la riqueza (Mr. 10:17-31; Lc. 8:14; cf. 1 Ti. 6:10) o el abuso de la riqueza el objetivo de las advertencias y condenas de Jesús.

Santiago también tiene algunas cosas agudas que decir sobre tratar mal a los pobres dentro de la congregación. Describe una situación en la que un hombre rico muy bien vestido llega a la asamblea. Se arma un gran alboroto en torno a él y se le ofrece un buen sitio. Por otra parte, cuando llega un hombre pobre se le pide que se siente en un lugar más discreto. La distinción a favor del hombre rico es objeto de una severa crítica: "¿No hacéis distinciones entre vosotros mismos y venís a ser jueces con malos pensamientos? Hermanos míos amados, oíd: ¿No ha elegido Dios a los pobres de este mundo, para que sean ricos en fe y herederos del reino que ha prometido a los que lo aman?" (Stgo. 2:4-5).

Muchas otras partes de la Biblia resaltan que los pobres y los ricos son iguales ante Dios y que los rectos pobres son superiores a los ricos impíos. Leemos en el libro de Proverbios: "Más vale el buen nombre que las muchas riquezas, y la buena fama vale más que la plata y el oro. El rico y el pobre tienen en común que a ambos los hizo Jehová" (Prov. 22:1-2). Antes en el mismo libro encontramos: "Mejor es el pobre que camina en integridad que el fatuo de labios perversos... Una satisfacción es para el hombre hacer misericordia, y mejor es un pobre que un mentiroso" (19:1, 22). A Dios no le importa si se tiene mucha o poca riqueza. Dios ha dado la riqueza y ha decidido dónde distribuirla; él es la causa de las diferentes circunstancias individuales. La iglesia debería adoptar la perspectiva de Dios sobre la riqueza y la pobreza y considerar de igual manera a los ricos y a los pobres.

## Los ancianos

La Biblia también ha dejado claro que todas las edades, incluidas las personas muy mayores, son completamente humanas y tienen valor para Dios. En nuestros días, especialmente en las culturas occidentales, los mayores a veces son menospreciados. En parte esto se debe al culto a la juventud; se exalta la juventud como expresión más completa de humanidad. Esto es así con respecto a las capacidades físicas, porque conseguimos nuestras cotas más altas a los veinte. Después se inicia un declive y un deterioro; pero en otros aspectos, la maduración no llega hasta más tarde. En parte la discriminación contra los ancianos se basa en el enfoque utilitario o pragmático de la evaluación de lo que vale una persona. Se considera que el anciano tiene poco valor para la sociedad ya que no puede contribuir mucho a ella, e incluso puede añadir cierta carga sobre la misma.

La actitud bíblica hacia los mayores es muy diferente. En común con los orientales por lo general los hebreos honraban la edad. Se pedía respeto por los mayores: "Delante de las canas te levantarás y honrarás el rostro del anciano. De tu Dios tendrás temor. Yo, Jehová" (Lv. 19:32). Un signo de la degradación de Israel en los tiempos de Jeremías era su desprecio por los ancianos "no respetaron el rostro de los viejos" (Lam. 5:12).

En la época del Antiguo Testamento no se temía ni se despreciaba el ser mayor, sino que se deseaba serlo porque la edad se considerada signo de bendición divina. El libro de los Proverbios contrasta favorablemente las cualidades del hombre anciano y del joven: "La gloria de los jóvenes es su fuerza; la belleza de los ancianos, su vejez" (Prov. 20:29). Ser anciano se consideraba un don de Dios, una oportunidad adicional de servirle: "Lo saciaré de larga vida y le mostraré mi salvación" (Sal. 91:16). Al creyente se le asegura que contará con la presencia de Dios cuando sea anciano: "Hasta vuestra vejez yo seré el mismo y hasta vuestras canas os sostendré" (Is. 46:4). La promesa de longevidad para los que honran a sus padres se puede encontrar tanto en el Antiguo Testamento (Éx. 20:12) como en el Nuevo (Ef. 6:1-3).

Una razón para el alto estatus otorgado a las personas mayores era la creencia de que la edad viene acompañada de sabiduría. Esta creencia se ve reflejada en Job 12:20; "[Dios] quita la palabra a los que hablan con seguridad y priva de discernimiento a los ancianos." Como se pensaba que ser anciano traía consigo el ser sabio, a los ancianos se les ofrecían puestos de autoridad. Fijémonos en el uso de la palabra *anciano* para los líderes de Israel, una palabra que luego se aplicó a los líderes de las asambleas o congregaciones cristianas locales. El declive de la fuerza física que había hecho útiles a los hombres para la comunidad se compensaba con un incremento de sabiduría que suponía otro tipo de valor. Por esta razón Pedro aconseja: "Igualmente, jóvenes, estad sujetos a los ancianos" (1 P. 5:5).

Sin embargo, el mayor impulso para la estima de los ancianos procedía de un conjunto de valores religiosos; los individuos no se evalúan sólo por lo que puedan hacer por otra persona. Dios no nos ama sólo por lo que podamos hacer por él, sino también por lo que él pueda hacer por nosotros, por el cuidado que pueda proporcionarnos. Y como Dios ha tenido esa relación con las personas mayores durante mucho tiempo, en cierto sentido las valora más. En un contexto genuinamente cristiano, aunque por supuesto habrá preocupación por la gente joven y su potencial, la gente mayor no será menospreciada ni descartada. Su contribución será bien recibida y su bienestar será muy apreciado.[16]

## Los no nacidos

Otro tema con amplias implicaciones, particularmente en el campo de la ética, es el que se refiere al estatus del no nacido o, más específicamente, del feto que todavía está en el útero materno. ¿Se tiene que considerar el feto humano, o es simplemente una masa de tejido dentro del cuerpo de la madre? En el primer caso, el aborto supone acabar con una vida humana y por lo tanto tiene serias consecuencias morales. En el segundo caso, el aborto no es más que un proceso quirúrgico para extraer algo que crece de forma no deseada como ocurre con un quiste o un tumor.

Los que afirman que el feto es humano presentan dos tipos de argumentos: biológicos y bíblicos. Con frecuencia, se utilizan juntos. El argumento biológico emplea varios estudios científicos del desarrollo del feto durante el periodo de la gestación. Se examinan los datos en un esfuerzo por determinar el punto de diferenciación, el momento en el cual se establece positivamente la identidad individual del feto. En general se observa que hay un desarrollo continuo y gradual del feto desde la concepción al nacimiento; por lo tanto, no se puede especificar un momento concreto en el que surja la humanidad o se infunda el alma. Según esto, es necesario considerar el feto como humano en cualquier momento del proceso de desarrollo.[17] Este argumento, por supuesto, se basa en la teología natural; emplea sólo los datos de la revelación general. Por significativa que esta sea, no haremos de ella nuestra principal autoridad.

Los que presentan el argumento bíblico han examinado las Escrituras buscando indicaciones del estatus del feto no nacido. Se citan un considerable número de pasajes que tratan la cuestión de si Dios considera humano al feto.

Un pasaje que se menciona con frecuencia es la plegaria de penitencia de David, Salmos 51, que contiene la expresión "En maldad he sido formado y

16. Para sugerencias sobre el papel de la iglesia en relación con las personas mayores ver obras como las de Robert M. Gray y David O. Moberg, *The Church and the Older Person* (Grand Rapids: Eerdmans, 1962); Paul B.Maves y J. Lennart Cedarleaf, *Older People and the Church* (New York: Abingdon, 1949); *Spiritual Well-Being of the Elderly*, ed. James A. Thorson and Thomas C. Cook Jr. (Spingfield, Ill.: Charles C. Thomas, 1980); Robert W. McClellan, *Claiming a Frontier: Ministry and Older People* (Los Angeles: University of Southern California, 1977).

17. John M. Langone, "Abortion: The Medical Evidence Against," *The Cambridge Fish* 2 nº 1, pp. 2, 9 – reprinted in Clifford e. Bajema, *Abortion and the Meaning of Personhood* (Grand Rapids: Baker, 1974), pp. 25-28, Los doctores que presentan el informe afirman: "Este repaso del estatus médico actual del no nacido tiene varios propósitos. Primero demuestra de forma concluyente la humanidad del feto mostrando que la vida humana es un proceso que comienza en el útero. No hay magia en el nacimiento. El niño es igual de niño varios días antes del nacimiento que varios días después."

en pecado me concibió mi madre" (v. 5). Aunque David utiliza pronombres personales aquí, no queda del todo claro en este versículo si él está pensando en sí mismo como en una persona en el periodo previo a su nacimiento. Casi expresa más esta idea el Salmo 139:13-15: "Tú formaste mis entrañas; me hiciste en el vientre de mi madre. Te alabaré, porque formidables y maravillosas son tus obras; estoy maravillado y mi alma lo sabe muy bien. No fue encubierto de ti mi cuerpo, aunque en oculto fui formado y entretejido en lo más profundo de la tierra." Aquí David habla como si Dios tuviera algún tipo de relación personal con él cuando estaba todavía en el útero materno.

Otro pasaje del Nuevo Testamento que algunos creen que trata este tipo de tema es Lucas 1:41-44. Isabel, embarazada de Juan el Bautista, es saludada por su prima María que le anuncia que va a ser madre del Mesías. Lucas cuenta: "Cuando oyó la salutación de María, la criatura saltó en su vientre, y Elisabet, llena del Espíritu Santo, exclamó a gran voz: 'Bendita... porque tan pronto como llegó la voz de tu salutación a mis oídos, la criatura saltó de alegría en mi vientre.'" Si tomamos las palabras de Isabel literalmente, tendríamos aquí un ejemplo de fe prenatal. Sin embargo, es difícil saber qué interpretación hay que darle a este suceso. No estamos seguros de lo que significa exactamente que Isabel esté "llena del Espíritu Santo." ¿Ella, y por lo tanto sus palabras, en realidad fueron "inspiradas" en el sentido técnico de esa palabra? Tampoco queda claro si ella pretendía que se tomara literalmente su afirmación de estar explicando la acción de su hijo no nacido (saltó *de alegría*) .

Otro pasaje del Nuevo Testamento que se cita algunas veces en conexión con el tema del estatus del feto es Hebreos 7:9-10, el relato de la reunión de Abraham con Melquisedec y el pago del diezmo. El escritor termina comentando: "Y por decirlo así, en Abraham pagó el diezmo también Leví, que recibe los diezmos, porque aún estaba en las entrañas de su padre." Tomándolo literalmente, este argumento iría en favor de la humanidad no sólo del feto no nacido, sino incluso de las personas que todavía no han sido concebidas, ya que Leví era un biznieto de Abraham. Sin embargo, es más significativo tomar este pasaje como evidencia de traducianismo, la idea de que toda la naturaleza humana de una persona, tanto la material como la inmaterial (o el cuerpo y el alma), se recibe por transmisión directa; esto es, el alma no es algo que se infunde en un momento posterior (por ejemplo el nacimiento) dentro del cuerpo, que se generó físicamente en la concepción. Si Hebreos 7 realmente da apoyo al traducianismo (y así lo parece), este pasaje a su vez argumentaría a favor de la humanidad del feto, ya que no sería posible pensar en el feto sin un alma o una naturaleza espiritual.

El pasaje que más se discute en conexión con el tema de la humanidad del feto es probablemente Éxodo 21:22-25, que aparece en una larga lista de preceptos y leyes que siguen a los Diez mandamientos. Dice: "Si algunos riñen y hieren a una mujer embarazada, y esta aborta, pero sin causarle ningún otro daño, serán penados conforme a lo que les imponga el marido de la mujer y juzguen los jueces. Pero si le causan otro daño, entonces pagarás vida por vida, ojo por ojo, diente por diente, mano por mano, pie por pie, quemadura por quemadura, herida por herida, golpe por golpe." Esta es una aplicación de la *lex talionis*, la ley del talión que se explicaba en Levítico 24:17-20 ("según lo hizo, así le sea hecho"). Una interpretación de Éxodo 21:22-25 es que en caso de aborto causado por riña entre dos hombres, la *lex talionis* se aplica sólo si la madre sale dañada. Según esto se concluye que el feto no se consideraba un alma o una persona, y por lo tanto no se le puede considerar totalmente humano.[18]

Una interpretación alternativa, que, aunque menos popular, tiene una tradición bastante larga, recientemente se ha visto reavivada en medio de la moderna controversia sobre el aborto. Jack Cottrell, ha presentado una de las expresiones más claras y completas de esta alternativa.[19] Según Cottrell, la frase traducida "y esta aborta" se debería traducir literalmente "y su hijo sale fuera." El nombre aquí es יֶלֶד *(yeledh)*, que es una palabra común para niño o vástago. La única cosa poco habitual sobre el nombre en Éxodo 21:22 es que está en plural. El verbo aquí es יָצָא *(yatsa')*, que normalmente significa "salir, salir adelante, ir hacia delante." Se utiliza normalmente para referirse al nacimiento normal de niños, aparecer de las ingles del padre o del útero de la madre. Ejemplos del primer uso se encuentran en Génesis 15:4; 46:26; 1 Reyes 8:19; e Isaías 39:7. Ejemplos del segundo uso los encontramos en Génesis 25:25-26; 38:28-29; Job 1:21; 3:11; Eclesiastés 5:15 y Jeremías 1:5; 20:18. En cada uno de estos casos יָצָא *(yatsa')* hace referencia al nacimiento ordinario de un niño normal; en ningún caso es la palabra que se utiliza para aborto. En Números 12:12 se refiere al nacimiento de un niño muerto; debemos señalar aquí que se trata del nacimiento de un niño muerto, no de un aborto. El concepto de mortinato se comunica mediante la descripción específica del niño ("el que nace muerto, que al salir del vientre de su madre tiene ya medio consumida su carne"), no mediante el verbo יָצָא *(yatsa')*. Hay una palabra hebrea – שָׁכֹל *(shakhol)* – que hace referencia específicamente al aborto; se utiliza en Éxodo 23:26 y Oseas 9:14. Cottrell concluye: "Por tanto, no parece haber garantía para interpretar Éxodo 21:22 como 'la destrucción de un feto.'"[20]

Según Cottrell, la situación que se tiene en mente en Éxodo 21:22-25 es sencillamente la siguiente: si un niño nace de forma prematura sin daño alguno

18. Ver, e.g., Bruce Waltke, "Old Testament Texts bearing on the Problem of the Control of Human Reproduction,l en *Birth Control and the Christian: A Protestant Symposium on the Control of Human Reproduction*, ed. Walter O. Spitzer and Carlyle L. Saylor (Wheaton, Ill.: Tyndale, 1969), pp. 10-11.

19. Jack W. Cottrell, "Abortion and The Mosaic Law," *Christianity Today*, March 16, 1973, pp. 6-9.

20. Ibid., p. 8.

debido a que la madre sufre a consecuencia de la disputa entre dos hombres, no habrá más pena que una multa. Sin embargo, si se produce daño, entonces se aplica el principio de una vida por una vida y del ojo por ojo. Obsérvese que no hay especificación alguna de a quién hay que dañar para que la *lex talionis* se lleve a efecto. Ya sea a la madre o al hijo el principio es igualmente aplicable. Si se interpreta de esta manera, Éxodo 21:22-25 apoya la idea de que la Biblia considera a los no nacidos personas. La interpretación de Cottrell, Carl F. Keil y Franz Delitzsch,[21] y otros está más de acuerdo con los datos del pasaje de lo que se suele pensar o interpretar. Cuando menos, pues, la idea de que el pasaje no trata al feto como completamente humano es bastante cuestionable. Sin embargo, no podemos decir que el pasaje establezca de forma concluyente la humanidad del no nacido.

De hecho, ninguno de los pasajes que hemos examinado demuestra de forma concluyente que el feto sea humano a los ojos de Dios. No obstante, en su conjunto, nos dan evidencias suficientes para hacer que esta interpretación sea bastante probable. Y cuando tratamos con un tema tan importante como la posible destrucción de una vida humana, la prudencia dicta que se debe seguir una vía conservadora. Si uno está cazando y observa un objeto moviéndose que puede ser un ciervo u otro cazador, o si se está conduciendo y se ve lo que puede ser un bulto de trapos o un niño tirado en la calle, uno siempre asume que es un ser humano. Un cristiano concienciado tratará a un feto como si fuera un ser humano, ya que es muy probable que Dios considere al feto como una persona capaz de (al menos potencialmente) tener esa comunión con Dios para la que los humanos fueron creados.

## Los no casados

Nuestra categoría final es la del estado civil. En muchas sociedades existe una tendencia a considerar el matrimonio como el estado normal de un ser humano. Aunque ha habido un declive en la popularidad del matrimonio, habiendo cada vez más personas que eligen no casarse o que posponen el matrimonio, nuestra cultura todavía considera el matrimonio el estado civil más deseable y natural. Y dentro de la iglesia, la persona no casada a menudo no encaja. Los programas de la iglesia con frecuencia están diseñados para familias. A las personas solteras se las deja de lado o pueden sentir que se las deja de lado. La idea de que una persona está realmente realizada sólo dentro del matrimonio puede estar presente, ya sea de forma abierta o tácitamente. Algunas veces la idea se lleva incluso un poco más lejos. El mandamiento de Dios a la primera pareja humana: "Fructificad y multiplicaos; llenad la tierra y sometedla" (Gn. 1:28) se lleva hasta el punto de

21. Carl F. Keil and Franz Delitzch, *Biblical Commentary on the Old Testament: Pentateuch* (Grand Rapids: Eerdmans, 1959), vol. 2, pp. 134-35.

significar que las personas sólo son realmente humanas cuando se reproducen, y eso presupone el matrimonio.

Sin embargo, la Biblia no considera la soltería como una condición de segunda clase. Es más, la vida de soltero se honra y se recomienda mediante el ejemplo personal y la enseñanza. Nuestro Señor nunca se casó, aunque algunos han intentado ofrecer reconstrucciones de la historia para decir que sí lo hizo. Además, tenemos el ejemplo personal de Pablo y la enseñanza directa recomendando el estado de soltero. Desea que todos fueran como él (1 Co. 7:7). Aconseja a los solteros y a los viudos que permanezcan solteros como él (v. 8). Aunque reconoce que no tiene mandamiento del Señor sobre el tema, no obstante mantiene que da su "parecer como quien ha alcanzado misericordia del Señor para ser digno de confianza" (v. 25). Algunos han interpretado esta frase como una admisión por parte de Pablo de que lo que está recomendando aquí es una opinión meramente humana; no es una palabra inspirada por Dios. Sin embargo, parece más probable que Pablo esté diciendo que el Señor está hablando (o escribiendo) a través suyo aun cuando la tradición no ha conservado ninguna de las palabras que el Señor dijo sobre ese tema durante su ministerio en la tierra. Esta es la explicación de "como quien ha alcanzado misericordia del Señor para ser digno de confianza."

Pablo anima a sus lectores a que a la vista de las inminentes (o actuales) dificultades en las que se encuentran se queden como están (v. 26). Los que estén casados, deberían seguir casados; los solteros deberían permanecer solteros (v. 27). Aunque desde luego está permitido que una viuda se vuelva a casar, según Pablo es mejor que siga sin casarse (vv. 39-40). El consejo de Pablo se basa en ciertas consideraciones prácticas. La persona casada debe preocuparse en complacer a su esposo además de al Señor, mientras que el soltero puede dedicarse totalmente a complacer al Señor (vv. 32-35).

Puede ser que la recomendación de Pablo de permanecer soltero estuviera ligada a una situación cultural definida de su tiempo. La referencia a la "crisis presente" presta apoyo a esta hipótesis. Si Pablo tuviera en mente una situación en especial, la preferencia del estado de no casado no se podría generalizar a todas las situaciones. Sin embargo, se debería observar que al menos en esta situación no hay nada malo en estar soltero. Por tanto, el estado de soltería no puede ser *inherentemente* inferior al de casado. La iglesia debería tener esto en cuenta en su ministerio para con los que nunca se han casado o para los que han estado casados anteriormente.

Una consideración que a veces se plantea en contra del estado de soltería es el consejo que dio Pablo sobre que los obispos (1 Ti. 3:2), los ancianos (Tit. 1:6) y los diáconos (1 Ti. 3:12) deberían ser "maridos de una sola mujer." Esto para algunos excluye a las personas que no están casadas de estos oficios. Sin embargo, la frase griega ( μιᾶς γυναικὸς ἄνδρα—*mias gunaikos andra*) no debería considerarse como una recomendación de que un responsable de la iglesia tendría que ser un hombre casado, sino que tendría que ser un hombre del tipo "una sola mujer." Esto es, Pablo no está recomendando que haya un mínimo de una mujer, sino un máximo. Según esto, en algunas traducciones se lee "casado solo una vez", o algo similar. Por lo tanto no debería excluirse de estos oficios a nadie por el único hecho de no estar casado.

Hemos señalado que la marca distintiva de la humanidad, que se designa con la expresión "la imagen de Dios" es de largo alcance, se extiende a todos los humanos. A los ojos de Dios, todos los humanos somos iguales. Las distinciones de raza, estado civil y sexo no tienen importancia alguna para él (Gá. 3:28). La salvación, la vida eterna y la comunión con Dios están a disposición de todos. Y como esto es así, los cristianos deberían mostrar el mismo interés imparcial y la misma preocupación por los humanos, sin importar las circunstancias secundarias de sus vidas (Stgo. 2:9).

# Parte 6
# EL PECADO


27. La naturaleza del pecado *575*
28. La fuente del pecado *595*
29. Los resultados del pecado *614*
30. La magnitud del pecado *633*
31. La dimensión social del pecado *653*

# 27. La naturaleza del pecado

## Objetivos del capítulo

Después de estudiar este capítulo, debería ser capaz de:

- Relacionar la doctrina del pecado con otras doctrinas y explicar por qué es difícil discutir el pecado en la sociedad actual.
- Identificar y describir tres métodos para la discusión del pecado y confirmar la necesidad de la Palabra de Dios para entender el pecado.
- Examinar los ocho términos bíblicos que se utilizan para caracterizar el pecado y ampliar nuestra comprensión del pecado y su naturaleza.
- Identificar y explicar los resultados del pecado a partir de cuatro palabras bíblicas.
- Examinar tres enfoques comunes para entender la naturaleza esencial del pecado y sintetizar una definición.

## Resumen del capítulo

La doctrina del pecado es importante para nosotros porque afecta y sufre el efecto de otras doctrinas. Se han utilizado varios métodos para estudiar el pecado, pero el análisis de los datos bíblicos es el método que nos hace entender mejor el pecado y sus consecuencias. Las causas, el carácter y los resultados del pecado se pueden analizar mediante el estudio de los términos que para pecado se utilizan en las Escrituras. El pecado es cualquier mala acción o mal motivo que se opone a Dios. Dicho de forma simple, el pecado es no dejar que Dios sea Dios y colocar otra cosa u otra persona en el lugar correcto de supremacía que corresponde a Dios.

## Cuestiones de estudio

1. ¿Por qué le resulta difícil a la gente en la cultura contemporánea hablar incluso del concepto de pecado?

2. ¿Por qué el enfoque bíblico, entre otros enfoques posibles, es el mejor para estudiar el pecado?
3. ¿Cómo contribuyen los términos de las Escrituras del Antiguo y Nuevo Testamento a nuestra manera de entender el pecado y sus consecuencias?
4. Piense en los resultados del pecado. ¿Cómo los describiría?
5. Se ha descrito el pecado como la incapacidad de dejar que Dios sea Dios. ¿Está de acuerdo con esa descripción? Dé ejemplos que apoyen su respuesta.
6. ¿Cómo se ve su vida afectada por el pecado? ¿Cómo afecta el pecado personal las vidas de los demás? Dé ejemplos.

- La relación entre la doctrina del pecado y otras doctrinas
- La dificultad de discutir sobre el pecado
- Métodos de estudiar el pecado
- Términos para pecado
    - Términos que enfatizan las causas del pecado
        - Ignorancia
        - Error
        - Falta de atención
    - Términos que enfatizan el carácter del pecado
        - Errar el blanco
        - Irreligiosidad
        - Transgresión
        - Iniquidad o falta de integridad
        - Rebelión
        - Traición
        - Perversión
        - Abominación
    - Términos que enfatizan los resultados del pecado
        - Agitación o inquietud
        - Malo o malvado
        - Culpa
        - Problema
    - La naturaleza esencial del pecado
        - Sensualidad
        - Egoísmo
        - Sustitución de Dios

## La relación entre la doctrina del pecado y otras doctrinas

La doctrina del pecado es muy importante y muy controvertida. Es importante porque afecta y recibe la influencia de muchas otras áreas de la doctrina. Nuestro punto de vista sobre la naturaleza de Dios influye en nuestra manera de entender el pecado. Si Dios es un ser muy alto, puro y exigente que espera que los humanos sean como él, entonces la más pequeña desviación del estándar ideal es pecado y la condición humana se encuentra en una situación muy seria. Si, por otra parte, Dios mismo es bastante imperfecto, o es indulgente, del tipo parecido a un abuelo quizá un poco senil que no es consciente de muchas cosas que pasan, entonces la condición humana no es tan seria. Por tanto, en un sentido real nuestra doctrina del pecado reflejará nuestra doctrina de Dios.

Nuestra manera de entender la humanidad también afecta a nuestra manera de entender el pecado. Si fuimos creados para reflejar la naturaleza de Dios, el hombre no debe ser comparado con otros hombres, sino con los estándares divinos. Todo lo que no sea alcanzar ese nivel es pecado. Si los humanos son seres libres, o sea, que no están determinados simplemente por fuerzas de la naturaleza, entonces son responsables de sus acciones, y sus debilidades serán tratadas con más severidad que si una fuerza determinante controlara o limitara fuertemente la capacidad de escoger y actuar.

Nuestra doctrina de la salvación se verá fuertemente influenciada por nuestra forma de entender el pecado. Porque si un humano es básicamente bueno, con su capacidad intelectual y moral esencialmente intacta, cualquier problema con respecto a Dios será relativamente menor. Cualquier dificultad puede ser un asunto de ignorancia, una falta de conocimiento sobre lo que debe hacer o cómo debe hacerlo. En ese caso, la educación resolverá el problema; puede que todo lo que se necesite sea un buen modelo o ejemplo: Por otra parte, si los humanos son corruptos o rebeldes, y por lo tanto no pueden o no quieren hacer lo correcto, se necesitará un cambio más radical en la persona. Por lo tanto, cuanto más severa sea nuestra concepción del pecado, más sobrenatural será la salvación que necesitemos.

Nuestra forma de entender el pecado también es importante porque tiene un efecto destacado en nuestro punto de vista sobre la naturaleza y el estilo de nuestro ministerio. Si se considera que los hombres son básicamente buenos e inclinados a hacer lo que Dios desea y pretende de ellos, el mensaje y el enfoque central del ministerio serán positivos y afirmativos, animando a las personas a que den lo mejor de sí mismas, a que continúen en la dirección actual. Si, por otra parte, se considera que las personas son radicalmente pecadoras, se les dirá que se arrepientan y nazcan de nuevo. En el primer caso apelar a la justicia, amabilidad y a la generosidad se consideraría suficiente. En el segundo caso, cualquiera que no estuviese convertido sería considerado básicamente egoísta e incluso deshonesto.

Nuestro enfoque de los problemas de la sociedad también estará gobernado por nuestra forma de ver el pecado. Por una parte, si pensamos que la humanidad es básicamente buena, o como mucho, moralmente neutral, consideraremos que los problemas de la sociedad surgen de un medio ambiente nocivo. Si se altera el medio ambiente, se producirán cambios en los individuos y en su comportamiento. Si, por otra parte, los problemas de la sociedad tienen sus raíces en las mentes y voluntades pervertidas de los hombres, la naturaleza de estos individuos tendrá que ser alterada, o seguirá infectando al conjunto.

## La dificultad de discutir sobre el pecado

Por importante que sea la doctrina del pecado, no es un tema fácil de discutir en nuestros días, por varias razones. Una es que el pecado, como la muerte, es un tema desagradable. No nos gusta pensar en nosotros como personas malas o malvadas. Sin embargo, la doctrina del pecado nos dice que eso es lo que somos por naturaleza. Nuestra sociedad enfatiza tener una actitud mental positiva. Se insiste en acentuar sólo las ideas y las consideraciones positivas, las posibilidades y logros humanos. Hablar de los hombres como pecadores es como gritar una blasfemia o una obscenidad en una reunión muy formal, digna y distinguida, o incluso en una iglesia. Está prohibido. Esta actitud general es casi un nuevo tipo de legalismo, cuya mayor prohibición podría ser: "No dirás nada negativo."[1]

Otra razón por la que es difícil discutir sobre el pecado es porque para mucha gente este es un concepto que les resulta ajeno. Echándole la culpa de los problemas de la sociedad a un medio ambiente nocivo y no a los humanos pecadores, en ciertos círculos se ha hecho bastante poco común el sentimiento de culpabilidad objetiva. En parte gracias a la influencia de Freud, se entiende la culpa como un sentimiento irracional que no se debería tener. Sin un punto de referencia teísta trascendente, no hay nadie más que uno mismo y los demás seres humanos ante los que ser responsable y dar cuentas. Por tanto, si nuestras acciones no hacen daño a los humanos, no hay razón para sentirse culpable.[2]

Además, mucha gente es incapaz de captar el concepto de *pecado* como fuerza interior, como condición inherente, como poder controlador. La gente hoy en día piensa más en términos de *pecados*, esto es, actos individuales equivocados. Los pecados son algo externo y concreto, que se pueden separar lógicamente de la persona. Según esto, alguien que no haya hecho nada malo (normalmente se piensa en un acto externo), se considera que es bueno.

## Métodos de estudiar el pecado

El tema del pecado se puede enfocar y estudiar de diversas maneras. Uno es el enfoque empírico o inductivo. Se pueden observar las acciones de los seres humanos contemporáneos o examinar las obras de las personas bíblicas, y después sacar conclusiones sobre su comportamiento y la naturaleza del pecado. En este caso las características generales del pecado se extraen de una serie de ejemplos específicos.

1. Robert H. Schuller, *Self-Esteem: The New Reformation* (Waco, Tex.: Word, 1982).

2. Sobre la pérdida del sentido de culpabilidad ver, ej., Karl Menninger, *Whatever Happened to Sin?* (New York: Hawthorn, 1973).

Un segundo enfoque es el método del paradigma. Podemos seleccionar un tipo de pecado (o un término para pecado) y establecerlo como modelo básico de pecado. Después analizaríamos otros tipos de pecado (o términos para pecado) con referencia al modelo básico, considerándolos variedades o ejemplos de nuestro paradigma.

Un tercer enfoque empieza señalando toda la terminología bíblica para pecado. Surgirán una amplia variedad de conceptos. Estos conceptos se examinan después para descubrir el elemento esencial del pecado. Este factor básico se debe utilizar como enfoque cuando tratamos de estudiar y entender la naturaleza de ejemplos específicos de pecado. Este será en su mayor parte el enfoque seguido en este capítulo.

## Términos para pecado

### *Términos que enfatizan las causas del pecado*

La Biblia utiliza muchos términos para expresar el pecado. Algunos se centran en sus causas, otros en su naturaleza y otros en sus consecuencias, aunque estas categorías no siempre están bien delimitadas. La primera es la de los que enfatizan las causas del pecado, factores de predisposición que dan lugar al pecado.

#### *Ignorancia*

Una de las palabras del Nuevo Testamento que resalta una causa del pecado es ἄγνοια *(agnoia)*. Una combinación de un verbo griego que significa "conocer" (γινώσκω- *ginōscō*, de γνόω– *gnoō*) y del alfa privativa, que se relaciona con la palabra agnóstico. Junto con sus palabras afines se utiliza en la Septuaginta para traducir verbos como שָׁגָה *(shagah)* y שָׁגַג *(shagag)*, que básicamente significan "errar." Su derivación inmediata es de ἀγνοέω (*agnoeō*, "ser ignorante"). Esta palabra a menudo se utiliza en frases donde significa ignorancia inocente (Ro. 1:13; 2 Co. 6:9; Gá. 1:22). Algunas cosas hechas en ignorancia eran aparentemente inocentes a los ojos de Dios, o al menos él las pasaba por alto (Hch 17:30). Sin embargo, en otros casos las acciones de los ignorantes parecían ser culpables. Ef. 4:18 dice de los gentiles: "teniendo el entendimiento entenebrecido, ajenos de la vida de Dios por la ignorancia que en ellos hay, por la dureza de su corazón." En dos pasajes, Hch. 3:17 y Pedro 1:14, es cuestionable si la ignorancia es culpable o inocente. En la primera, la inmediata apelación de Pedro a sus oyentes para que se arrepientan sugeriría responsabilidad. El único ejemplo de ἀγνόημα se encuentra en He. 9:7, refiriéndose a la visita anual del sumo sacerdote al Lugar santísimo para ofrecer sacrificio por él y "por los pecados de ignorancia del pueblo." Estos errores o ignorancias aparentemente eran tales que la gente podía ser castigada por ellos. Esto era ignorancia voluntaria: la gente podía haber sabido el camino a seguir, pero eligieron no conocerlo.

### Error

Más abundantes son las referencias al pecado como error, esto es, la tendencia del hombre a extraviarse, a cometer errores. Los términos principales del Antiguo Testamento son שָׁגָה *(shagah)* y שָׁגַג *(shagag)*, sus derivados y las palabras relacionadas con ellos. שָׁגָה *(shagah)* se utiliza tanto de forma literal como figurativa. En su sentido literal se utiliza para ovejas que se extravían del rebaño (Ez. 34:6) y borrachos que tropiezan y se tambalean (Is. 28:7). Aunque el nombre relacionado מִשְׁגֶּה *(mishgeh)* se utiliza para un error accidental en Génesis 43:12, el verbo por lo general hace referencia a un error en la conducta moral. El contexto indica que la persona que comete el error es responsable de su acción. Un ejemplo particularmente claro lo encontramos en 1 Samuel 26:21. Saúl quería matar a David, pero David perdona la vida a Saúl. Saúl dice: "He pecado; vuelve, David, hijo mío, que ya no te haré ningún mal, porque mi vida ha sido estimada preciosa hoy a tus ojos. He obrado neciamente, he cometido un gran error."

El verbo שָׁגַג *(shagag)* y el nombre relacionado con él שְׁגָגָה *(sheᵉgagah)* aparece principalmente en los pasajes de rituales. Entre los pasajes no rituales, Génesis 6:3 parece hacer referencia a las debilidades humanas, y su propensión al error. El Señor dice: "No contenderá mi espíritu con el hombre para siempre, porque ciertamente él es carne; pero vivirá ciento veinte años." En otros dos casos, Salmos 119:67 y Eclesiastés 10:5, el error parece ser culpable. El segundo pasaje dice: "Hay un mal que he visto debajo del sol, a manera de error emanado del príncipe." Job 12:16 parece que también hace referencia al error culpable. Los pasajes rituales en muchos casos tienen que ver con el descubrimiento de que la ley del Señor ha sido involuntariamente quebrantada por ignorancia o por error de juicio (por ejemplo, Lv. 4:2-3, 22-24, 27-28; Núm.15:22-29). En Levítico 22:14 tenemos el caso de alguien que por equivocación come la comida que solo pueden comer los sacerdotes. Aunque se hizo por error, el hecho de que se le impusiese una pequeña multa es indicativo de que la parte ofensora debería haber tenido más cuidado. Este sentido de la responsabilidad de los errores de uno también se puede llevar a otros ejemplos.

Más común que שָׁגָה *(shagah)* o שָׁגַג *(shagag)* es תָּעָה *(ta'ah)* que aparece aproximadamente cincuenta veces en el Antiguo Testamento. El significado básico es "errar o desviarse." Como שָׁגָה, תָּעָה se utiliza para describir a alguien que está intoxicado (Is. 28:7).[3] También se utiliza para perplejidad (Is. 21:4). Isaías habla de pecadores que yerran en espíritu (29:24). El término se refiere más a un error deliberado que a un error accidental.

En el Nuevo Testamento, el término que denota con más frecuencia pecado como error es πλανῷμαι *(planōmai)*, la forma pasiva de πλανάω *(planaō)*. Resalta

3. Charles Ryder Smith, *The Bible Doctrine of Sin and of the Ways of God with Sinners* (London: Epworth, 1953), p. 20.

la causa de que uno se extravíe, esto es, ser engañado. Sin embargo, extraviarse por resultar engañado a menudo es un error *evitable*, como indican frases del tipo: "Mirad que nadie os engañe" y "No os engañéis" (Mr. 13:5-6; 1 Co. 6:9; Gá. 6:7; 2 Ts. 2:9-12; 1 Jn. 3:7; 2 Jn. 7). La fuente de este extravío pueden ser espíritus malignos (1 Ti. 4:1; 1 Jn. 4:6; Apoc. 12:9; 20:3), otros humanos (Ef. 4:14; 2 Ti. 3:13) o uno mismo (1 Jn. 1:8). Sin importar cuál sea la fuente, los que caen en un error saben o deberían saber que se han extraviado. Jesús comparaba a los pecadores con ovejas descarriadas (Lc. 15:1-7), y también señalaba que el error de los saduceos era que ni conocían las Escrituras ni el poder de Dios (Mr. 12:24-27). El pecado contra la naturaleza se denomina error en Romanos 1:27, y en Tito 3:3, Pablo describe a los que viven sin Cristo como "insensatos, rebeldes y extraviados." En Hebreos la gente en el desierto se caracterizaba por extraviarse en sus corazones (3:10). El sumo sacerdote trataba gentilmente los pecados de los ignorantes y los inconstantes, ya que él mismo estaba sujeto a ese tipo de debilidades; no obstante, había que ofrecer sacrificios por esos pecados (5:2-3).

De lo anterior parece deducirse que tanto el Antiguo como el Nuevo Testamento reconocieron varios errores como pecado, aunque eran claramente errores inocentes, actos cometidos por ignorancia, para los cuales no se imponía pena (o sólo una pequeña multa). Evidencias de esto se pueden ver en la designación de ciudades de refugio para los que habían matado inintencionadamente a alguien (Núm. 35:9-15, 22-28; Js. 20). Por supuesto, actos como el asesinato involuntario están más en la línea de los accidentes que de la ignorancia. Sin embargo, en la mayoría de los casos, lo que la Biblia denomina errores sencillamente no deberían haber ocurrido: la persona debería haberlo sabido y era responsable de estar informada. Aunque estos pecados son menos atroces que los deliberados, el individuo todavía sigue siendo responsable de ellos y por lo tanto llevan una pena unida a ellos.

### Falta de atención

Otra designación bíblica de pecado es la de falta de atención. En el griego clásico la palabra παρακοή *(parakoē)* tiene el significado de "oír mal o de forma incorrecta."[4] En varios pasajes del Nuevo Testamento hace referencia a la desobediencia por falta de atención (Ro. 5:19; 2 Co. 10:6). El caso más claro es Hebreos 2:2-3, donde el contexto indica el significado que estamos sugiriendo: "Porque si la palabra dicha por medio de los ángeles fue firme y toda transgresión y desobediencia [παρακοή] recibió justa retribución, ¿cómo escaparemos nosotros, si descuidamos una salvación tan grande? La cual, habiendo sido anunciada primeramente por el Señor, nos fue confirmada por los que oyeron."

4. G. Abbott-Smith, *A Manual Greek Lexicon of the New Testament* (Edinburgh: T. & T. Clark, 1937), p. 341.

De forma similar, el verbo παρακούω *(parakouo)* significa "negarse a escuchar" (Mt. 18:17) o "ignorar" (Mr. 5:36). Por lo tanto el pecado de παρακοή *(parakoe)* es no escuchar bien ni prestar atención a Dios cuando habla, o desobedecerle después de no haberle escuchado bien.

### *Términos que enfatizan el carácter del pecado*

En la sección precedente examinamos términos que resaltaban las causas del pecado, los factores que nos predisponían a pecar, en lugar del carácter o la naturaleza del pecado, aunque algo de esto último también está contenido en esos términos. En muchos casos, los pecados que examinábamos traían consecuencias relativamente menores. Sin embargo, ahora llegamos a un grupo de pecados que son tan serios en carácter que hay poca diferencia en por qué ocurren, qué provoca que los individuos los cometan. Su naturaleza es el tema crucial.

### *Errar el blanco*

Probablemente el más común de los conceptos que resalta la idea de la naturaleza del pecado es la idea de errar. La encontramos en el verbo hebreo חָטָא *(chata')* y en el verbo griego ἁμαρτάνω *(hamartanō)*. El verbo hebreo y sus palabras afines aparecen unas seiscientas veces y se traducen en la Septuaginta con treinta y dos palabras griegas diferentes, la más común de ellas, con mucho, es ἁμαρτάνω y sus afines.[5]

Un uso literal de חָטָא lo podemos encontrar en Jueces 20:16. Setecientos hombres escogidos, todos ellos zurdos (o ambidextros) y de la tribu de Benjamín "tiraban una piedra con la honda a un cabello y no erraban." Otro uso literal está en Proverbios 19:2: "Mucho yerra quien mucho corre (NVI)" No obstante estos usos literales son raros.

La frase "errar el blanco" normalmente sugiere un error más que un pecado que se escoge realizar voluntariamente. Pero en la Biblia la palabra חָטָא sugiere no sólo fracaso, sino una decisión de fracasar, un error voluntario y culpable.[6] Ryder Smith lo dice de forma muy clara: "Los cientos de ejemplos del uso *moral* de la palabra requieren que un hombre malvado 'yerre el blanco *porque elige* apuntar al blanco equivocado' y 'se equivoca de camino *porque deliberadamente sigue uno equivocado*', no se trata de un error inocente o de una mera idea negativa de 'fracaso.'"[7]

La palabra חָטָא se utiliza para referirse a las acciones de uno en relación con otras personas y con Dios, aunque la última es mucho más común que la primera. En los pasajes rituales hay algunos ejemplos donde la forma nominal parece hacer referencia a un pecado involuntario. A menudo la encontramos unida a la palabra

5. Smith, *Doctrine of Sin*, p. 69.
6. Ibid., p. 16.
7. Ibid., p. 17.

שְׁגָגָה ("involuntariamente", por ejemplo, por ignorancia); se traduce "pecado" o "ofrenda del pecado" (por ej. Lv. 4-5). Estos dos conceptos del pecado cometido y la ofrenda ofrecida por el pecado parecen estar conectados en la idea de "cargar con el pecado," que encontramos por ejemplo en Levítico 24:15 e Isaías 53:12. Esto está de acuerdo con la observación de Gerhard von Rad de que "en hebreo el acto y las consecuencias negativas subsiguientes con las que Israel 'se encontrará,' esto es, las que sobrevendrán sobre Israel, son la misma cosa."[8] El pecado es una pesada carga que debe ser soportada.

El término más común del Nuevo Testamento, y el equivalente más cercano a חָטָא es ἁμαρτάνω y sus dos formas nominales, ἁμαρτία *(hamartia)* y ἁμάρτημα *(hamartēma)*. Esta conclusión se basa en dos consideraciones. Una es que, como señalamos antes, ἁμαρτάνω es la palabra que con más frecuencia se utiliza en la Septuaginta para traducir חָטָא. La otra consideración es que el significado básico de las dos palabras es el mismo. El verbo ἁμαρτάνω originalmente significaba "errar, errar el blanco, perder, no ser partícipe, estar equivocado."[9] El nombre ἁμαρτία denota el acto mismo, el fracaso para alcanzar un objetivo, y ἁμάρτημα denota el resultado de este acto.

Esta familia de palabras constituye el grupo de palabras más destacadas del Nuevo Testamento para pecado. Se utiliza con mucha más frecuencia (hay casi trescientos ejemplos) que cualquier otro término. Como en la Septuaginta, el significado de errar el blanco en el Nuevo Testamento es fracasar porque uno apunta hacia el objetivo equivocado, resaltando lo que realmente ocurre y no la motivación que uno tiene para equivocarse.

Este pecado siempre es pecado en contra de Dios, ya que se fracasa en alcanzar el objetivo que él ha establecido, su estándar, del amor perfecto de Dios y de la obediencia perfecta a él. No damos en el blanco y pecamos contra Dios cuando, por ejemplo, no amamos a nuestro hermano, ya que si amaramos realmente a Dios automáticamente se produciría amor al hermano. De la misma forma, cuando tratamos mal nuestro cuerpo estamos dañando el templo de Dios (1 Corintios 3:16-17) y por tanto pecamos contra Dios.

Son necesarias algunas observaciones adicionales. Una es la idea de que la culpabilidad va unida claramente al hecho de errar el blanco. Cualquiera que sea el antecedente que conduzca al acto de pecar, es un comportamiento culpable. El hecho de que חָטָא a menudo se encuentre en confesiones indica que el pecador se siente responsable. Otro punto es la asociación teológica del concepto. Uno tiene un objetivo o propósito y no ha podido conseguirlo. Aunque algunos objetan que esta es una forma de pensar griega, se puede encontrar en ambos Testamentos.

8. Gerhard von Rad, *Old Testament Theology* (New York: Harper & Row, 1962), vol. 1, p. 266.

9. Walther Günther, "Sin," en *The New Internacional Dictionary of New Testament Theology*, ed. Colin Brown (Grand Rapids: Zondervan, 1978), vol. 3, p. 577.

Además, deberíamos señalar que había un desarrollo y refinamiento del concepto entre los periodos del Antiguo y el Nuevo Testamento. El griego no sólo tiene el nombre , el acto de pecar, sino también el nombre , el resultado final del pecado. No hay distinción equivalente en hebreo; quizá porque como señalamos antes se creía que el acto y el resultado eran inseparables e incluso idénticos.

### *Irreligiosidad*

El pecado también es denominado irreligiosidad, en particular en el Nuevo Testamento. Una palabra prominente es el verbo ἀσεβέω *(asebeō)*, junto con su forma nominal ἀσέβεια *(asebeia)* y su forma adjetiva ἀσεβής *(asebēs)*. Este es el negativo de σέβω *(sebō)* que significa "alabar" o "reverenciar" y se encuentra siempre en voz media en el Nuevo Testamento. Ἀσεβέω es lo contrario del término εὐσεβέω *(eusebeō)* y sus afines, que son especialmente comunes en las Epístolas pastorales. El verbo εὐσεβέω y sus afines, junto con el término θεοσεβής *(theosebēs)* se utilizan para la piedad del devoto. Por tanto el conjunto de los términos que giran en torno a ἀσεβέω no significan tanto falta de santidad como irreverencia. Los encontramos particularmente en Romanos, 2 Pedro y Judas. "Impiedad" y sus afines puede ser la mejor manera de traducirlos.

Las palabras ἀδικέω *(adikeō)*, ἀδικία *(adikia)* y ἄδικος *(adikos)* también denotan irreligiosidad, o la ausencia de rectitud. En el griego clásico ἀδικία no se define claramente y toma varios matices de significado.[10] El adjetivo ἄδικος puede significar "equivocado, inútil, de naturaleza no adecuada." Las palabras de esta familia a menudo aparecen en contextos legales donde significan incumplimiento de los deberes para con los dioses. En la Septuaginta se utilizan para traducir distintos términos hebreos; ἀδικέω se utiliza para no menos de veinticuatro palabras. La forma nominal se encuentra principalmente en singular, lo cual algunos han considerado como indicativo de que la idea de los pecados individuales ya se había acercado más a la idea más amplia de *pecado*.

La δίκη *(dikē)* o justicia con la que se contrasta ἀδικία era originariamente la justicia del tribunal.[11] Por lo tanto en el Nuevo Testamento ἀδικία es injusticia o, en un sentido más amplio, irrectitud. Es la incapacidad para vivir a la altura del estándar de rectitud. En 1 Corintios 6:9 Pablo pregunta: "¿No sabéis que los injustos [ἄδικοι—*adikoi*] no heredarán el reino de Dios?" Y en Colosenses 3:25 dice: "Pero el que actúa con injusticia [ἀδικῶν—*adikōn*] recibirá la injusticia [ἠδίκησε—*ēdikēse*] que haya cometido, porque no hay acepción de personas." De este y otros textos del Nuevo Testamento concluimos que ἀδικία es comportamiento contrario al estándar de rectitud, aunque ese estándar puede que no esté identificado concretamente como ley.

10. Ibid., p. 573.
11. Smith, *Doctrine of Sin*, p. 143.

Un término adicional en este grupo es el nombre ἀνομία *(anomia)* junto con el adjetivo ἄνομος *(anomos)* y el adverbio ἀνόμως *(anomōs)*. No son muy comunes en el Nuevo Testamento. De una forma u otra son obviamente la negación de νόμος (*nomos*, "ley"). Hay dos sentidos básicos. Pablo utiliza el adjetivo y el adverbio para referirse a personas que no tienen la ley judía, o sea, los gentiles (Ro. 2:12; 1 Co. 9:21) y Pedro probablemente utiliza el adjetivo de manera similar en Hechos 2:23. Sin embargo, más a menudo estas palabras hacen referencia a los que infringen la ley en general, ya sean judíos o gentiles. Pedro dice de Lot que "afligía cada día su alma justa viendo y oyendo los hechos inicuos de ellos" (2 P. 2:8; ver también 2 Ts. 2:8; 1 Ti. 1:9). Los gentiles, aunque no tenían la ley judía, no obstante tenían una ley divina, que constantemente quebrantaban. La palabra ἀνομία nunca hace referencia a quebrantar la ley en el sentido estricto de la ley mosaica, sino en el de infringir la ley de Dios en el sentido más amplio. Los únicos usos de ἀνομία en los evangelios sinópticos son cuatro ejemplos en Mateo (7:23; 13:41; 23:28; 24:12). En cada caso es Jesús quien utiliza el término; en cada caso se trata de un incumplimiento de la ley universal que todo el mundo conoce; en cada caso el contexto alude al juicio que tendrá lugar con la segunda venida de Cristo. Varios otros pasajes del Nuevo Testamento hablan de la violación de la ley de Dios en un sentido más amplio y aparecen en contextos que hacen referencia a la segunda venida de Cristo y al juicio (por ejemplo, 2 Ts. 2:1-12; 1 Jn. 3:2, 4). Ryder Smith resume: "Cada vez que se utiliza *anonia*, están presentes los conceptos de ley y juicio, y en ejemplos característicos y más numerosos, la referencia que se hace no es a la ley judía, sino a todo lo que cualquier hombre sabe que Dios ha ordenado."[12] Es de destacar que cuando Pablo hace referencia a la violación de la ley de los judíos, utiliza otra palabra, παρανομέω *(paranomeō)* (Hch. 23:3).

## Transgresión

La palabra hebrea עָבַר *('abar)* aparece aproximadamente seiscientas veces en el Antiguo Testamento. Significa literalmente "atravesar" o "pasar"; en casi todos los casos se utiliza en sentido literal. Sin embargo, en algunos pasajes, la palabra conlleva la idea de transgredir una orden o ir más allá de un límite establecido. En Ester 3:3 se utiliza con una orden terrenal de un rey. Sin embargo, en la mayoría de los casos paralelos, se utiliza para transgresiones de mandamientos del Señor. Hay un ejemplo concreto en Números 14:41-42. El pueblo de Israel quiere subir al lugar que el Señor les ha prometido, pero Moisés dice: "¿Por qué quebrantáis el mandamiento de Jehová? Esto tampoco os saldrá bien. No subáis, pues Jehová no está en medio de vosotros: no seáis heridos delante de vuestros enemigos." El pueblo de Israel no tenía que transgredir el pacto de Dios (Dt.

12. Ibid., p. 145.

17:2) o su mandamiento (Dt. 26:13). Otros ejemplos incluyen Jeremías 34:18; Daniel 9:11 y Oseas 6:7; 8:1.

Aunque se utilizan varias palabras griegas en la Septuaginta para traducir עָבַר, la que más cercana está por su significado es παραβαίνω *(parabainō)* y su forma nominal παράβασις *(parabasis)*. El verbo aparece en Mateo 15:2-3. Los fariseos y escribas preguntaron a Jesús: "¿Por qué tus discípulos quebrantan la tradición de los ancianos?, pues no se lavan las manos cuando comen pan." Jesús contestó: "¿Por qué también vosotros quebrantáis el mandamiento de Dios por vuestra tradición?" Algunas veces estos términos hacen referencia a la transgresión de un mandamiento particular, por ejemplo que Adán y Eva comieran la fruta prohibida (Ro. 5:14; 1 Ti. 2:14).[13] Siempre lleva consigo la implicación de que se ha transgredido una ley. En consecuencia, Pablo puede decir: "Donde no hay ley, tampoco hay transgresión" (Ro. 4:15). Normalmente se hace referencia a la ley judía (Ro. 2:23, 25, 27; Gá. 3:19; He. 2:2; 9:15). Incluso donde se sugiere algo más amplio (Gá. 2:18; Stgo. 2:9, 11), hay una referencia directa a la ley judía. Esto va acorde con la distinción señalada anteriormente entre ἀνομία y παρανομέω.

### Iniquidad o falta de integridad

Al pecado también se le caracteriza como una iniquidad. La palabra principal aquí es עָוַל *('awal)* y sus derivados. El concepto básico parece ser la desviación del curso correcto. Por lo tanto, la palabra puede conllevar la idea de injusticia, fracaso en el cumplimiento del estándar de rectitud o falta de integridad. La idea de la injusticia queda clara en Levítico 19:15 "No cometerás injusticia en los juicios, ni favoreciendo al pobre ni complaciendo al grande: con justicia juzgarás a tu prójimo." En el primer caso la falta de integridad se ve al no cumplir o mantener la justa ley de Dios. En el último caso, se ve la falta de integridad en la desunión en el individuo: una discrepancia entre el comportamiento o carácter presente y pasado.

### Rebelión

Algunas palabras del Antiguo Testamento describen el pecado como rebelión, una idea bastante destacada en el pensamiento hebreo. La más común de estas palabras es פָּשַׁע *(pasha')* junto con su nombre פֶּשַׁע *(pesha')*. El verbo a menudo se traduce por "transgredir," pero la raíz significa "rebelarse." Se utiliza a veces para la rebelión contra un rey humano (por ejemplo en 1 R. 12:19), pero con más frecuencia se refiere a la rebelión contra Dios. Uno de los usos más vívidos de este último es el que encontramos en Isaías 1:2: "Crié hijos y los engrandecí, pero ellos se rebelaron contra mí."

13. Ibid.

Entre otras palabras que comunican la idea de rebelión está מָרָה *(marah)*. Traducida normalmente por "rebelarse," denota "carácter refractario."[14] Isaías 1:20 dice: "Si no queréis y sois rebeldes, seréis consumidos a espada. La boca de Jehová lo ha dicho." Otra palabra que describe el pecado como rebelión es מָרַד *(marad)*. Dios dice a Ezequiel: "Hijo de hombre, yo te envío a los hijos de Israel, a una nación de rebeldes que se rebelaron contra mí; ellos y sus padres se han rebelado contra mí hasta este mismo día" (Ez. 2:3). También deberíamos mencionar סָרַר *(sarar)* que representa la idea de la obstinación además de la rebeldía (Dt. 21:18; Sal. 78:8). Los hebreos tienen un extenso vocabulario para rebelión, prueba de que era una práctica demasiado común entre ellos. Los profetas en particular hablaban en contra de este tipo de comportamiento, porque en su tiempo la tentación de eludir la soberanía del Señor era bastante acusada.

El Nuevo Testamento también caracteriza al pecado como rebelión y desobediencia. Los términos más comunes son el nombre ἀπείθεια *(apeitheia)* y el verbo ἀπειθέω *(apeitheō)* y el adjetivo ἀπειθής *(apeithēs)* relacionados con él. En total, estos términos aparecen veintinueve veces. En dos casos (Ro. 1:30; 2 Ti. 3:2), se refieren a desobediencia a los padres, pero en la gran mayoría de los casos se refieren a la desobediencia a Dios. Los judíos en los tiempos de Moisés no pudieron entrar en la Tierra prometida por su desobediencia (He. 3:18; 4:6). Juan el Bautista fue enviado para volver la desobediencia de los judíos de su tiempo en sabiduría (Lc. 1:17). También se dice que los antiguos gentiles (He. 11:31; 1 P. 3:20) eran desobedientes como lo eran los contemporáneos (Ro. 1:30). Los gentiles eran responsables ya que aparentemente tenían la ley de Dios escrita en sus corazones. Pablo incluso utiliza la expresión "hijos de la desobediencia" en Efesios 2:2 y 5:6, y quizá en Colosenses 3:6 (depende del texto que se lea). No son sólo los creyentes los que desobedecen, también hay numerosos pasajes en los que se hace referencia a personas de fuera que son desobedientes (por ejemplo, Jn. 3:36; Hch. 14:2; 19:9; 1 P. 2:8; 3:1; 4:17). Rechazar el evangelio se considera "desobediencia" porque se asume que los que acepten el evangelio obedecerán.

Otros dos términos del Nuevo Testamento que representan más concretamente la idea de rebelión son ἀφίστημι *(aphistemi)* y ἀποστασία *(apostasia)*. El primero se utiliza en 1 Timoteo 4:1 y Hebreos 3:12 para hablar de cristianos que se han alejado de la fe. En 2 Tesalonicenses 2:3 Pablo habla de una apostasía final, y en Hechos 21:21 los hermanos de Jerusalén le informan que se rumorea que ha enseñado a los judíos para abandonar a Moisés (sus enseñanzas). El verbo πικραίνω *(pikrainō)* y sus derivados, que se utilizan con frecuencia en la Septuaginta (particularmente en la forma παραπικραίνω—*parapikrainō*) para traducir los términos hebreos de rebelión, normalmente se utilizaban en el Nuevo Testa-

14. Ibid., p. 20.

mento para hablar de provocar a los hombres en lugar de a Dios. La excepción más destacada la encontramos en Hebreos 3:8-16.

Para resumir: se asume que todas las personas están en contacto con la verdad de Dios, incluso los gentiles, que no tienen su revelación especial. No creer en el mensaje, en particular cuando se presenta de forma especial y abierta, es desobediencia o rebelión. Cualquiera que desobedezca a un rey es considerado enemigo.[15] Lo mismo ocurre con las multitudes que desobedecen la Palabra de Dios.

### Traición

Muy relacionado con el concepto de pecado como rebelión está la idea de pecado como abuso de confianza o traición. La palabra hebrea más común en esta conexión es מָעַל *(ma'al)*, que en la mayoría de los casos denota traición a Dios. Se utiliza en Números 5:12, 27 sobre una mujer infiel a su esposo. El pecado de Acán de tomar cosas devotas es considerado "cometer una infidelidad" (Js. 7:1; 22:20). Un ejemplo excelente del uso de este término denotando traición contra Dios lo encontramos en Levítico 26:40: "Pero si confiesan su maldad y la maldad de sus padres, y su traición y constante rebeldía contra mí..." (NVI). En Ezequiel 14:13 y 15:8 Dios afirma que toda tierra que actúe de forma infiel contra él quedará desolada y vacía. Otra palabra hebrea, בָּגַד *(bagad)*, se utiliza ocasionalmente para referirse a traición contra Dios (Sal. 78:57; Jer. 3:10; Mal. 2:11).

También hay referencias en el Nuevo Testamento al pecado como traición. Entre las palabras que se utilizan en la Septuaginta para traducir מָעַל están παραπίπτω *(parapiptō)* y παράπτωμα *(paraptōma)*, ambas con el significado de "decaer." El ejemplo de παραπίπτω en el Nuevo Testamento está en Hebreos 6:6, refiriéndose a un darle la espalda de forma deliberada a aquello de lo que uno ha tenido conocimiento y ha sido partícipe. De las veintiuna apariciones de la palabra παράπτωμα, Ryder Smith dice que: "es probable que, en el Nuevo Testamento como en LXX, la idea de la deserción del traidor no se hubiera perdido del todo."[16]

Ambos Testamentos, se concentran en el vínculo o pacto entre Dios y su pueblo. El pueblo del pacto disfruta de una relación especial con Dios o al menos ha sido presentado a las cosas de Dios. Dios les ha confiado un don excepcional. El pecado de engañar o de ser infiel a esa confianza se denomina apropiadamente traición. Es especialmente reprensible por lo que ha sido traicionado.

### Perversión

El significado básico de la palabra עָוָה *(awah)* es "doblar o torcer." También significa "doblarse o arrodillarse."[17] Este sentido literal lo podemos ver en Isaías

15. Ibid.
16. Ibid., p. 149.
17. Gustave F. Oehler, *Theology of the Old Testament* (Grand Rapids: Zondervans, 1950), p. 160. Francis Brown, S. R. Driver, and Charles A. Briggs, *Hebrew and English Lexicon of the*

21:3 ("Me siento agobiado al oírlo y al verlo me lleno de espanto.") y 24:1 ("He aquí que Jehová devasta la tierra y la arrasa, trastorna su faz y hace esparcir a sus moradores"). En Proverbios 12:8 la idea pasa del plano físico al mental, desde un cuerpo retorcido (como en Is. 21:3) a una mente pervertida: "Por su sabiduría es alabado el hombre, pero el perverso de corazón es menospreciado." Las formas nominales derivadas de עָוָה hablan de destrucción de ciudades (Sal. 79:1; Is. 17:1; Jer. 26:18; Mi. 1:6; 3:12) y de distorsión de juicios: "Jehová mezcló un espíritu de vértigo en medio de él, y extraviaron a Egipto en toda su obra, como tambalea el ebrio cuando vomita" (Is. 19:14).

El significado básico está presente metafóricamente cuando עָוָה o un término relacionado se utiliza para denotar pecado. Con frecuencia, el término conlleva la sugerencia de castigo. Caín, por ejemplo, dice: "Este castigo es más de lo que puedo" (Gn. 4:13). Una vez más vemos una conexión cercana entre el pecado y sus consecuencias. De forma similar, עָוָה y sus derivados ocasionalmente sugieren la condición de culpa o iniquidad. Este énfasis se ve claramente en Oseas 5:5 ("La soberbia de Israel testificará en su contra; Israel y Efraín tropezarán por su pecado, y Judá tropezará también con ellos") y 14:1 ("pues por tu pecado has caído"). Aquí surge el concepto de pecado no sólo como acto aislado, sino como una alteración real de la condición o carácter del pecador. El que peca se tuerce o distorsiona por así decirlo. La verdadera naturaleza por la que y en la que fue creado el hombre (la imagen y semejanza de Dios) queda perturbada. Esto es a la vez el resultado y la causa del pecado.

### Abominación

La caracterización del pecado como abominación parece tener especial referencia con la actitud de Dios hacia el pecado y su efecto en él. "Abominación" es la traducción más común para שִׁקּוּץ *(shiqquts)* y תּוֹעֵבָה *(to'ebah)*. Estos términos generalmente describen un acto particularmente reprensible para Dios, como la idolatría (Dt. 7:25-26), la homosexualidad (Lv. 18:22; 20:13); vestirse con ropas del sexo contrario (Dt. 22:5), sacrificar hijos e hijas (Dt. 12:31) o animales con defectos (Dt. 17:1) y brujería (Dt. 18:9-12). Estas prácticas eran casi nauseabundas para Dios. El término *abominación* indica que estos pecados no son simplemente algo contra lo que Dios se opone de mala gana, sino que son algo que le produce repulsión.

## Términos que enfatizan los resultados del pecado

Algunos términos no se centran en los factores que predisponen al pecado, ni en la naturaleza del acto mismo, sino en las consecuencias que produce el pecado.

---

*Old Testament* (New York: Oxford University Press, 1955), p. 730.

### Agitación o inquietud

Se cree que la palabra רֶשַׁע *(resha')*, que normalmente se traduce por "impiedad," originalmente sugería el concepto de movimiento e inquietud. Relacionada con una palabra árabe que significa "estar suelto (de miembros)," la raíz de רֶשַׁע podría significar "estar inconexo, mal regulado, anormal, mal."[18] Hay evidencia del significado literal en Job 3:17 ("Allí dejan de perturbar los malvados, y allí descansan los que perdieron sus fuerzas") e Isaías 57:20-21 ("Pero los impíos son como el mar en tempestad, que no puede estarse quieto y sus aguas arrojan cieno y lodo. 'No hay paz para los impíos' ha dicho mi Dios"). Los impíos tienen que verse como causantes de agitación e incomodidad para ellos y los demás. Viven en confusión caótica y traen esa misma confusión a las vidas de los que están cerca de ellos. Este sentido moral siempre está presente cuando la palabra רֶשַׁע o una afín se aplica a los seres humanos.

### Malo o malvado

La palabra רַע *(ra')* es un término genérico, que significa malo en el sentido de malvado. Por tanto, puede referirse a algo que es dañino o maligno, no únicamente a lo moralmente malo. Por ejemplo, se puede utilizar para comida que se ha puesto mala o para un animal peligroso.[19] Puede significar aflicción o adversidad. Jeremías 42:6 cita a los capitanes del ejército cuando le dicen a Jeremías: "Sea bueno, sea malo, a la voz de Jehová, nuestro Dios, al cual te enviamos, obedeceremos, para que, obedeciendo a la voz de Jehová, nuestro Dios, nos vaya bien." Las palabras "sea bueno, sea malo" se podrían haber traducido aquí por "sea prospero o adverso." En Amós 6:3 leemos de un día malo. Esta palabra, por tanto, une el acto del pecado y sus consecuencias. En Deuteronomio 30:15 Dios pone ante la gente la elección entre "la vida y el bien, la muerte y el mal." Pueden escoger seguir los mandamientos de Dios, en cuyo caso el bien vendrá a ellos, o pueden desobedecer, en cuyo caso el resultado será malo: perecerán (v. 18).

### Culpa

Aunque algunas de las palabras examinadas anteriormente implican la idea de culpa, en la palabra אָשַׁם *('asham)* se hace explícita. Hablando del acto de pecar, אָשַׁם significa "hacer algo equivocado, cometer una ofensa, infligir un agravio." Se le ha hecho algo a alguien, algo malo por lo que se debe castigar al que lo ha hecho o se debe compensar a la víctima. Y, de hecho, en una tercera parte de los pasajes donde aparece אָשַׁם o una palabra relacionada, el significado es de "ofrenda de pecado." En Números 5:8 significa "indemnización del agravio." "Y si aquel hombre no tiene pariente al cual sea compensado el daño, se dará la

18. Brown, Driver, Briggs, *Lexicon*, p. 957.
19. Smith, *Doctrine of Sin*, p. 15.

indemnización del agravio a Jehová entregándola al sacerdote, además del carnero de las expiaciones, con que el sacerdote hará expiación por él." La idea en este caso y en muchos otros es que el daño ha sido hecho por el acto del pecado, y debe haber alguna forma de restitución para arreglar las cosas.

La palabra utilizada en la Septuaginta para traducir la palabra hebrea אָשָׁם πλημμέλεία, *(plēmmeleia)*, no aparece en el Nuevo Testamento. Sin embargo, hay una palabra en el Nuevo Testamento para "culpable" – ἔνοχος *(enochos)*, que aparece sólo diez veces. Jesús señaló que, sin tener en cuenta el veredicto humano, todo el que odie a su hermano es culpable de asesinato a la vista de Dios (Mt. 5:21-22). Pablo advierte que todo el que comparte la Cena del Señor indignamente es culpable de profanar el cuerpo y la sangre de Cristo (1 Co. 11:27). Y Santiago insistía en que el que ofende un punto de la ley es culpable de todos (Stgo. 2:10). En todos estos usos de la palabra ἔνοχος, el estándar es la justicia de Dios. El pecador está expuesto al castigo por ofender a Dios. Como hemos visto, en el pensamiento hebreo el castigo es prácticamente inseparable del pecado.

### Problema

La palabra אָוֶן *('aven)* literalmente significa "problema," casi siempre en un sentido moral. La idea que subyace es la de que el pecado trae problemas al pecador. Por eso Oseas se refiere a Betel, después de que se convirtiera en lugar de idolatría, como Bet-avén (casa de iniquidad" (Os. 4:15; 10:8). En los Salmos aparece con frecuencia la expresión "hacedores de iniquidad" (por ejemplo, 5:5; 6:8, etc.). El equivalente árabe significa "estar cansado, fatigado"; sugiere cansancio, pena, problema.[20] El término hebreo parece expresar la idea de la consiguiente miseria, problema, dificultad y tristeza. Esta implicación del término está claramente explicado en su uso en Proverbios 22:8: "El que sembrare iniquidad, iniquidad segará."

### La naturaleza esencial del pecado

Hemos visto que hay una gran variedad de términos para pecado, cada uno de ellos resaltando un aspecto distinto. Pero ¿es posible en medio de esta desconcertante variedad formular una definición amplia de lo que es pecado, identificar la esencia del pecado? Hemos visto que los pecados se caracterizan de forma variada en la Biblia como desconfianza, rebelión, perversidad, errar. Pero ¿qué es el pecado?

Un elemento común a todas estas formas variadas de caracterizar el pecado es la idea de que el pecador no ha cumplido la ley de Dios. Hay varias maneras de fracasar en el intento de alcanzar su estándar de rectitud. Podemos ir más allá de los límites impuestos, o "transgredirlos." Podemos simplemente

20. Brown, Driver, Briggs, *Lexicon*, pp. 19-20.

quedarnos cortos, o no hacer en absoluto lo que Dios nos manda hacer o espera que hagamos. O puede que hagamos lo correcto, pero por una razón incorrecta, y de esa manera cumplir la letra de la ley, pero no su espíritu.

En el Antiguo Testamento, el pecado, en gran parte, es un asunto de acciones externas o de falta de conformidad externa a los requerimientos de Dios. Los pensamientos y motivos internos no se ignoran completamente en la concepción del Antiguo Testamento, pero en el Nuevo Testamento se hacen especialmente importantes, convirtiéndose en casi tan importantes como las acciones. Así Jesús condenó la ira y la lujuria con igual vehemencia que el asesinato y el adulterio (Mt. 5:21-22, 27-28). También condenó los actos externos buenos hechos principalmente por deseo de obtener la aprobación de los humanos y no de complacer a Dios (Mt. 6:2, 5, 16).

Sin embargo el pecado no son únicamente actos y pensamientos equivocados, sino también pecaminosidad, una disposición interna inherente que nos inclina hacia los actos y pensamientos equivocados. No somos pecadores simplemente porque pecamos; pecamos porque somos pecadores.

Ofrecemos, pues, esta definición de pecado: "El pecado es cualquier falta de conformidad, activa o pasiva, con la ley moral de Dios. Puede ser un acto o un pensamiento, o una disposición o estado interno." El pecado es la incapacidad para vivir según Dios espera de nosotros, en acto, pensamiento y ser. Sin embargo, todavía debemos preguntarnos en este punto si existe un principio básico en el pecado, un factor subyacente que caracterice a todos los pecados en sus múltiples variedades. Se han hecho varias sugerencias.

### Sensualidad

Una sugerencia es que el pecado es sensualidad. Esta era la idea de Friedrich Schleiermacher entre otros. Según este concepto, el pecado es una tendencia de la naturaleza más baja o naturaleza física que controla la naturaleza más alta o espiritual. Esto hace que las advertencias de Pablo en contra de vivir "de acuerdo a la carne" se toman de forma bastante literal, y se base el pecado en el aspecto físico o material del humano.[21] Esta concepción, que a menudo asume que la materia es inherentemente mala, es también destacada en el pensamiento de Agustín; en su caso procede de su propia lucha contra la sensualidad.[22]

Por llamativa que parezca esta idea por su simplicidad, sin embargo tiene puntos débiles significativos. Por una parte, parece descartar el hecho de que muchos pecados, y quizá los peores, no son físicos en su naturaleza. En el famoso catálogo de pecados de Pablo en Gálatas 5:19-21, muchos son desde luego "obras de la

21. Friedrich Schleiermacher, *The Christian Faith* (New York: Harper & Row, 1963), vol. 1, pp. 271-73.

22. Agustín, *Confesiones 2.*

carne" en sentido literal: inmoralidad sexual, impureza, libertinaje, borrachera y orgías. Pero algunas son definitivamente más "espirituales" por su naturaleza: odio, discordia, celos, rabia, ambición, disensiones, intrigas y envidias. La idea de que el pecado es sensualidad tiene que mantener que el contacto del alma o el espíritu con un cuerpo corrupto produce esos pecados "espirituales". Pero en este punto el significado de la sensualidad parece haberse estirado demasiado.

Además, el control rígido de nuestra naturaleza física no parece tener ningún efecto destacable en nuestro grado de pecaminosidad. Los ascetas intentan tener bajo control sus impulsos físicos, y a menudo lo consiguen en gran medida, sin embargo no por ello son menos pecadores. Puede haber otros pecados presentes, como el del orgullo. La naturaleza pecadora que se reprime en un área, simplemente obliga a expresarse en otras áreas. Esto suele ocurrir también con las personas mayores. Aunque sus pasiones físicas están considerablemente disminuidas, pueden presentar grandes muestras de irritabilidad, impaciencia o algo similar.

Es más, la idea de que el pecado es esencialmente sensualidad es una forma equivocada de entender el término "carne," especialmente tal como lo utiliza Pablo (ver página 612). Por lo tanto, debemos concluir que la idea de que la sensualidad es el principio esencial del pecado es inadecuada.

### *Egoísmo*

Una segunda idea es que el pecado es esencialmente egoísmo: La "elección del ser como fin supremo, lo cual constituye la antítesis del amor supremo a Dios."[23] Este punto de vista fue mantenido por Augustus Strong, y, de una forma un tanto diferente, por Reinhold Niebuhr. Niebuhr sostenía que el egoísmo, la arrogancia, es la principal forma de oposición del hombre contra Dios.[24]

Según Strong, el egoísmo, preferirse a uno antes que a Dios, puede revelarse de muchas maneras. En algunos con apetitos y deseos exagerados, toma la forma de sensualidad. El egoísmo puede también aparecer como desconfianza, volverle la espalda a la verdad de Dios. O se puede manifestar como enemistad con Dios, si concebimos que la santidad de Dios se opone a nosotros y nos castiga. Por lo tanto, el pecado en cualquiera de sus formas es egoísmo. Es preferir nuestras propias ideas a la verdad de Dios. Es preferir la satisfacción de nuestra voluntad antes que la voluntad de Dios. Es amar a uno más que a Dios. Destronar a Dios del lugar que le corresponde en nuestras vidas como Señor, requiere que se ponga a otro en su lugar, y se entiende que se pone uno mismo en el trono.[25]

23. Augustus H. Strong, *Systematic Theology* (Westwood, N.J.: Revell, 1907), p. 567.

24. Reinhold Niebuhr, *The Nature and Destiny of Man* (New York: Scribner, 1941), vol. 1, pp. 186-207.

25. Es evidente que esta es la idea que hay tras el libro de Bill Bright, *Have You Ever Heard of the Four Spiritual Laws?* (San Bernardino, Calif.: Campus Crusade for Christ International, 1965), p. 9.

Una vez más estamos ante una teoría muy elogiable. Desde luego muchos de nosotros la comprendemos, porque sabemos que el egoísmo amarra fuerte nuestras vidas y nos induce a cometer muchos pecados. Sin embargo, hay un problema importante con esta teoría. Algunas cosas de las que hacemos no se pueden considerar egoístas en un sentido estricto de la palabra, sin embargo son pecaminosas. Por ejemplo, están aquellos que pecan contra Dios, no por amarse a sí mismos más que a Dios, sino porque aman más a otras personas. Y otras personas que dan su vida por una causa que es opuesta a la de Dios. Por supuesto, podría decirse que esto es lo que otorga satisfacción a esa gente. Sufrimiento y muerte puede que sea lo que necesitan para cumplir sus necesidades y sentimientos egoístas. Pero este contraargumento implicaría definir "egoísmo" de una manera tan elástica que nada podría contar en contra de la teoría de que el egoísmo es la esencia del pecado, en cuyo caso la teoría sería una declaración sin sentido.

### Sustitución de Dios

Una alternativa preferible a las ideas de pecado como sensualidad o egoísmo básicamente es la de que la esencia del pecado es simplemente no dejar que Dios sea Dios. Es colocar algo más, cualquier cosa, en el lugar supremo que le pertenece a él. Por lo tanto, escogerse a uno mismo en lugar de a Dios no es equivocado porque se haya escogido uno a sí mismo, sino porque se ha escogido algo distinto a Dios. Escoger un objeto finito frente a Dios es equivocado, no importa lo poco egoísta que este acto pueda ser.

Este concepto se ve apoyado por importantes textos del Antiguo y Nuevo Testamento. Los Diez mandamientos empiezan con el mandamiento de dar a Dios el lugar que le corresponde: "No tendrás dioses ajenos delante de mí" (Éx. 20:3) es la primera prohibición de la ley. De forma similar, Jesús afirmó que el primer y gran mandamiento es: "Y amarás al Señor tu Dios con todo tu corazón, y con toda tu alma, y con toda tu mente y con todas tus fuerzas" (Mr. 12:30). Reconocer adecuadamente a Dios es primordial. La idolatría, en cualquiera de sus formas, y no el egoísmo, es la esencia del pecado.

Uno se podría preguntar cuál es nuestro mayor fracaso a la hora de amar, alabar y obedecer a Dios. Yo creo que es el no creer. Cualquiera que cree de verdad que Dios es lo que dice ser le otorgará su verdadero estatus. No hacerlo es pecado. Poner nuestras propias ideas por encima de la Palabra revelada de Dios lleva consigo la negación a creer que sea verdad. Buscar nuestra propia voluntad significa creer que nuestros propios valores son más altos que los de Dios. En resumen, es no ser capaces de reconocer que Dios es Dios.

# 28. La fuente del pecado

## Objetivos del capítulo

Después de estudiar este capítulo, debería ser capaz de:

- Identificar cinco conceptos sobre la fuente del pecado.
- Relacionar y expresar la enseñanza bíblica sobre la fuente del pecado.
- Identificar y describir las implicaciones de los distintos puntos de vista sobre la fuente del pecado.
- Explicar la cura para el pecado.

## Resumen del capítulo

Hay muchas teorías sobre la fuente del pecado. Frederick Tennant adopta el enfoque de la naturaleza animal. La ansiedad por la finitud fue el punto de vista de Reinhold Niebuhr. Paul Tillich mantiene un punto de vista de separación existencial. El problema económico es la teoría mantenida por los teólogos de la liberación. El individualismo y la competitividad es la idea que sostienen Harrison Elliot y los que defienden la filosofía de John Dewey. Ninguna de estas teorías representa adecuadamente la perspectiva bíblica.

## Cuestiones de estudio

1. ¿Cómo afecta el concepto de la naturaleza animal como fuente del pecado a nuestra idea de la humanidad?
2. ¿Cómo ha expresado Tennant su idea sobre la fuente del pecado?
3. ¿Cómo describiría el punto de vista expresado por Reinhold Niebuhr?
4. ¿En qué se diferencia la idea sobre la fuente del pecado de Paul Tillich de las de los demás?
5. ¿Qué efecto ha tenido la teología de la liberación sobre la manera de entender la fuente del pecado?

6. ¿Por qué la educación sola es insuficiente para tratar el problema del pecado?
7. ¿Cuál es la cura para el pecado?

Varias ideas sobre la fuente del pecado
- Naturaleza animal
- Ansiedad por la finitud
- Alejamiento existencial
- Conflicto económico
- Individualismo y competitividad

La enseñanza bíblica
Implicaciones de los distintos puntos de vista: La cura para el pecado

## Varias ideas sobre la fuente del pecado

Hemos visto que el Antiguo y Nuevo Testamento tienen una gran variedad de términos para el pecado. Ahora necesitamos preguntarnos por la fuente del pecado, la causa o la ocasión que conduce al pecado. Esto es de vital importancia porque nuestra manera de entender la fuente de la cual surge el pecado afectará en gran manera a nuestra idea de la naturaleza de la acción a seguir para prevenir o eliminar el pecado.

### *Naturaleza animal*

Un concepto de la fuente del pecado considera que los humanos han evolucionado a partir de los animales y por tanto poseen una naturaleza animal con impulsos que todavía persisten de periodos anteriores. Como todavía siguen evolucionando, esos impulsos están en declive y la humanidad es menos pecadora ahora que en el pasado. Este punto de vista sobre el pecado fue particularmente popular a finales del siglo XIX y principios del XX, un periodo en el que la construcción teológica estaba bajo dos influencias muy significativas. Los relatos bíblicos de la creación y la caída se empezaron a ver con una luz un tanto diferente. El estudio crítico del Pentateuco y la aceptación de las hipótesis documentales estaban probablemente en su momento álgido. El otro factor destacado era la popularidad de la teoría de la evolución biológica. Desde la publicación de *El origen de las especies* de Charles Darwin en 1859, la creencia en sus teorías se había extendido gradualmente a áreas distintas a las meramente biológicas.[1] Por ejemplo, se pensaba que las distintas religiones eran el producto de largos periodos de desarrollo. Basándose en el estudio del desarrollo de las religiones, se concluyó que la religión hebrea era producto de un proceso evolutivo y que había tomado la mayoría de sus principales conceptos de las religiones de los

1. John Herman Randall Jr., *The Making of the Modern Mind*, rev. ed. (Boston: Houghton Mifflin, 1940), pp. 461-65.

pueblos de su entorno. El relato del Génesis sobre la creación del hombre llegó a ser considerado insostenible, y con él, la creencia en la historicidad del relato de la caída tenía que ser abandonada también. Así que había que encontrar otra explicación para el origen del pecado.

Un intento significativo en esta dirección es el de Frederick R. Tennant, que escribió no menos de tres obras sobre el pecado.[2] Considera la doctrina de la caída, esto es, la creencia de que el hombre se rebeló libremente y cayó de un estado de rectitud original, como una explicación conveniente adoptada por la teología y a veces por la filosofía para explicar el extendido fenómeno del pecado. Aunque la creencia ha sido popular, Tennant afirma que no hay justificación para introducir la enseñanza bíblica posterior en la historia primitiva de la raza humana.[3] Distintas ciencias y disciplinas actuales hacen que sea imposible creer en un estado original de rectitud:

> La creciente cantidad de luz que se arroja sobre el principio de la historia de la humanidad, por no hablar de la continuidad entre la especie humana y las que están más bajas en la escala de la vida animal, nos empuja a tener la convicción de que lo que una vez se recibió necesariamente como tradición genuina es más bien, transfigurado y espiritualizado, el producto de primitivas especulaciones sobre un tema que iba más allá del alcance del recuerdo humano. La crítica literaria y la exégesis histórica, la religión comparativa y la psicología de razas, la geología y la antropología contribuyen materialmente a la acumulación de evidencias sobre este tema.[4]

Tennant señala que también hay un problema si se intenta reconciliar dos proposiciones que surgen de la experiencia del creyente: lo común, e incluso lo universal del pecado, y el sentido de culpabilidad. El pecado es universal, sin embargo se escoge individualmente y por lo tanto el pecador es culpable. Mientras se crea en el pecado original según la antigua doctrina agustiniana de que todos pecamos en Adán, esta antinomia no se puede reconciliar.[5] Tennant cree que más bien es posible encontrar la fuente del pecado en la forma de la naturaleza humana y el desarrollo gradual de su conciencia moral a través del proceso de la evolución.[6]

Tennant encuentra las líneas generales de esta idea expresadas en el pensamiento del archidiácono J. Wilson y en la filosofía de la religión de Otto Pfleiderer. Wilson dijo en sus conferencias en Hulse:

2. Frederick F. Tennant, *The Concept of Sin* (Cambridge: Cambridge University Press, 1912); *The Origin and Propagation of Sin* (Cambridge: Cambridge University Press, 1902); *The Sources of the Doctrines of the Fall and Original Sin* (New York: Schocken, 1968).
3. Tennant, *Origin and Propagation*, p. 26.
4. Ibid., p. 27.
5. Ibid., p. 80.
6. Ibid., p. 81.

> Los hombres cayeron, según la ciencia, cuando fue consciente por primera vez del conflicto entre libertad y conciencia. Para los evolucionistas el pecado no es una innovación, sino la supervivencia o el mal uso de hábitos y tendencias que eran inherentes a un estado de desarrollo anterior, ya fuera del individuo o de la raza, y que originalmente no eran pecaminosas, sino que en realidad eran útiles. Su pecaminosidad reside en su anacronismo: en su resistencia a la fuerza de la evolución y a la fuerza divina que intentan fomentar el desarrollo moral y la rectitud. El pecado es la violación de una naturaleza humana más alta que él encuentra dentro de sí mismo, paralela a una naturaleza más baja.[7]

Pfleiderer encuentra el pecado en los impulsos naturales del hombre que sobreviven de un estado más primitivo. Todos los seres vivos, incluidos los seres humanos, tienden a satisfacer sus impulsos naturales. Esto no es malo o pecaminoso. Sólo es la expresión del instinto de supervivencia que tienen implantado. Cuando los humanos avanzamos hasta el punto en el que conocemos la ley, estos impulsos no desaparecen sin más. Surgen los conflictos. Ya no somos esclavos de los impulsos animales, sino que hemos desarrollado suficiente libertad de voluntad como para controlarlos. Pfleiderer denomina pecado a todo fracaso en el intento de que una naturaleza más alta y racional domine estos impulsos naturales, y cualquier desistimiento consciente de esta lucha.[8]

Tennant adopta y amplía de forma consciente las sugerencias de estos dos teólogos. Su primer gran axioma es que la humanidad evolucionó de formas de vida inferiores: "Me aventuro a asumir como muy probable que haya una continuidad entre la constitución física del hombre y la de los animales inferiores."[9] La primera vida de los humanos era social; la tribu era lo más importante, y el individuo era relativamente insignificante. Aunque no tenemos conocimiento histórico directo de esta época primitiva, podemos extrapolarlo de lo que sabemos sobre cómo se ha desarrollado la humanidad dentro de la historia. El estudio de las sociedades primitivas contemporáneas complementa nuestro conocimiento. Esto nos lleva cada vez más a la conclusión de que el individuo era de relativamente poca importancia en las primeras etapas de la vida humana. La idea de la personalidad moral surgió bastante tarde en el pensamiento humano.[10]

Tennant no se implica en la cuestión de los orígenes de los actos que hoy llamamos pecado. Son simplemente la continuación de actos de auto-conservación que son naturales en los animales y por tanto, por su origen, también en los seres humanos. Cuando surge la conciencia moral, estos actos asumen un carácter que ahora merece la denominación de pecado. La conciencia moral personal, o

7. Citado en Tennant, *Origin and Propagation*, p. 82.
8. Tennant, *Origin and Propagation*, p. 84.
9. Ibid., p. 86.
10. Ibid., p. 90.

lo que llamamos conciencia, evolucionó cuando lo que era meramente arbitrario o ceremonial se convirtió por grados en interno e introspectivo. El origen del pecado, en este sentido, fue un proceso gradual.[11]

Tennant resalta la declaración de Pablo: "Pero yo no conocí el pecado sino por la Ley... porque sin la ley el pecado está muerto" (Ro. 7:7-8). Es esta ley la que da a los actos naturales el carácter de pecado. "La apariencia de pecado, desde este punto de vista, no consiste en hacer una cosa que nunca se había hecho antes, y de cuya maldad, si se llegase a cometer, se fuera consciente anteriormente; sería más bien la continuación de ciertas prácticas, o la satisfacción de ciertos impulsos naturales, después de que se descubriera que eran contrarios a una costumbre tribal reconocida por bajo que fuera su rango."[12] Según esto, el primer pecado no fue el momento más trágico en la historia de la raza humana. En realidad, fue bastante insignificante. De hecho lo pecaminoso del pecado se ha ido incrementando partiendo de cero a medida que la raza humana se ha hecho cada vez más sensible al hecho de lo equivocado de sus acciones.[13] Al mismo tiempo, por supuesto, los humanos han seguido evolucionando y el número de actos pecaminosos ha disminuido.

Recapitulemos sobre lo que ha dicho Tennant. Los humanos tienen ciertos impulsos por ser animales que han evolucionado de formas menos desarrolladas. Estos impulsos son naturales, y son medios de supervivencia. Se han visto intensificados por el proceso de la selección natural durante largos periodos de tiempo. Dios no se equivocó al hacer a los hombres con estos impulsos; no obstante hay que mantenerlos bajo control a medida que se vaya siendo consciente de la ley moral.

Somos seres naturales antes que seres morales, y el individuo no sólo reúne el desarrollo físico de la raza humana, también sus desarrollos morales. Por lo tanto, al igual que la raza llegó a la conciencia moral relativamente tarde, así los individuos llegan a darse cuenta del significado moral de sus actos lentamente y de forma gradual.[14]

La universalidad del pecado se puede explicar por el hecho de que todos tengamos necesariamente que pasar por el proceso del desarrollo evolutivo, que hace que las personas tengan una tendencia natural a la auto-conservación.[15] Paradójicamente, sólo cuando los humanos progresan y disminuyen los impulsos naturales, se convierten realmente en pecadores. Si hay que hablar de una caída, ésta debe designar a la toma de conciencia moral primero de la raza y luego del individuo. La caída no sería por lo tanto una caída hacia abajo desde un estado original de perfección, sino hacia arriba. Porque aunque este desa-

11. Ibid., pp. 90-91.
12. Ibid., p. 91.
13. Ibid.
14. Ibid., pp. 93-94.
15. Ibid., p. 109.

rrollo introdujo lo pecaminoso, también hizo posible superar las tendencias de la naturaleza animal, o al menos tenerlas bajo el dominio o la redirección de la razón humana y la voluntad moral. Esto permite la perfección humana que el punto de vista cristiano ha colocado tradicionalmente al principio del desarrollo de la humanidad.

### Ansiedad por la finitud

Reinhold Niebuhr ve el problema del pecado procedente de otra fuente, esto es, de la finitud humana por una parte y de la aspiración a la libertad por otra. En su evaluación de la condición humana, Niebuhr sigue el pensamiento de Albretch Ritschl, que vio la supresión de esta contradicción como el objetivo de todas las religiones. Para Niebuhr, esta contradicción no es pecado, pero es la ocasión para el pecado, aunque no su causa. Esta situación no tiene por qué conducir al pecado, aunque a menudo lo hace.

Un corolario de la finitud humana es la inseguridad ante los problemas amenazadores. Esto es lo que Niebuhr llama "contingencia natural." Los humanos tratan de superar esta inseguridad principalmente de dos maneras. Quizá la más común es ejerciendo la voluntad en un intento de ganar un poder que sobrepasa los límites del lugar de las criaturas humanas. Una forma más intelectual es intentar negar el carácter limitado del conocimiento y las perspectivas humanas.[16] Este orgullo intelectual y este ejercicio de la voluntad para ganar un poder indebido perturba la armonía de la creación. Son las formas fundamentales de pecado. Hay dimensiones religiosas y morales en el pecado. Las primeras se manifiestan como rebelión contra Dios; las últimas se muestran en la injusticia humana para con los demás.

Las descripciones bíblicas del pecado primario corroboran la opinión de Niebuhr. Fijémonos en la imagen que se sugiere del mal en la condenación de Lucifer en Isaías 14:12-15. La falta de Lucifer está en su ambición por querer ascender a los cielos y poner su trono por encima de las estrellas de Dios. Por no querer permanecer dentro de los límites de su propia posición, cayó en el pecado.[17] Ese fue también el caso en la caída del hombre. La tentación que se puso ante Adán y Eva fue la tentación de ser como Dios, ser conocedores del bien y del mal (Gn. 3:5). En otras palabras, su pecado consistió en caer en la tentación de intentar ser más que aquello para lo que fueron creados, ser hombres. En efecto, trataron de ser Dios.

La tentación de ir más allá de lo que es adecuado, es posible (y se puede conseguir) sólo por lo que son los humanos. Por una parte, los humanos son seres

16. Reinhold Niebuhr, *The Nature and Destiny of Man* (New York: Scribner, 1941), vol. 1, p. 182.

17. Ibid., p. 180.

limitados, incapaces de conocerlo y hacerlo todo.[18] Sin embargo, son capaces de visualizar la posibilidad de saberlo y hacerlo todo, de imaginar lo que podrían ser pero no son. Consciente o inconscientemente, los seres humanos nunca escapan del hecho de que son finitos.

Niebuhr se basa mucho en la obra de Søren Kierkegaard *El concepto de angustia*. La "angustia" de Kierkegaard es el vértigo que se siente ante la libertad. Es, dice, como el vértigo que sentimos cuando miramos hacia abajo desde una gran altura. Tenemos la tentación de saltar, y sentimos el temor a las consecuencias. No obstante, algo dentro de nosotros quiere saltar. Nos damos cuenta de que tenemos a nuestro alcance el poder de ser y no ser. Esto es la *angustia*. Es ser conscientes de ser libres y sin embargo estar atados. Es la condición previa del pecado. No es el pecado en sí, sino la ocasión de pecar.[19]

Esto es a lo que Niebuhr se refiere con "ansiedad." Es el estado espiritual inevitable de cualquier ser humano que se encuentra ante la situación paradójica de la libertad y la finitud. Es la experiencia subjetiva de la tentación: "La ansiedad es la descripción interna del estado de tentación."[20] Sin embargo, a este estado no hay que identificarlo con el pecado, porque siempre existe la posibilidad de que la fe perfecta lo depure de su tendencia a la auto-reafirmación pecadora. Los que ponen toda su confianza en Dios encuentran una seguridad completa. Por lo tanto, la ortodoxia siempre ha considerado el no creer, la falta de confianza, como la raíz del pecado. Esta es la razón por la cual Jesús dijo: "No os angustiéis, pues, diciendo: '¿Qué comeremos, o qué beberemos, o qué vestiremos?' porque... vuestro Padre celestial sabe que tenéis necesidad de todas [estas cosas]" (Mt. 6:31-32). Ninguna vida, ni siquiera la más santa, cumple a la perfección el requerimiento de no sentir ansiedad.

Intentar superar el estado de ansiedad, la tensión entre finitud y libertad, negando la finitud de uno mismo es la forma más obvia de pecado. Conduce a varias manifestaciones de orgullo y de autoexaltación; por ejemplo, no querer reconocer que nuestro conocimiento es finito, explotar o dominar a los demás. Cada caso representa un intento de construir nuestra propia seguridad mediante nuestro propio esfuerzo.[21]

Otra forma de pecado es el intento de aliviar la tensión entre libertad y finitud negando nuestra libertad. Esto implica "perdernos en algún aspecto de las dinámicas del mundo."[22] Aquí el pecado es la sensualidad, vivir únicamente según ciertos

18. Ibid., p. 181.

19. Søren Kierkegaard, *The Concept of Anxiety: A Simple Psychologically Orienting Deliberation on the Dogmatic Issue of Hereditary Sin*, ed. y trad. Reider Thomte (Princeton, N.J.: University Press, 1980), p. 61.

20. Niebuhr, *Nature and Destiny*, p. 182.

21. Ibid., pp. 186-205.

22. Ibid., p. 179.

impulsos particulares de nuestra naturaleza.[23] Aunque estos impulsos pueden ser muy variados, todos representan el descenso humano al nivel animal, o la capitulación ante lo que la naturaleza determina que debe ser el comportamiento humano. Cualquiera que sea la dirección que tomemos, la negación de nuestra finitud o de nuestra libertad, el pecado es ocasionado, pero no causado, por el estado de ansiedad. La finitud humana por sí misma no es pecado. Pero ser un ser finito y a la vez ser capaz de imaginar y aspirar a lo infinito, le coloca a uno en una posición de tensión que se puede convertir en fe o en pecado.

Niebuhr ha analizado las dinámicas del pecado y la tentación de una manera que en muchos aspectos es muy perspicaz y acertada. Sin embargo, hay un problema que permanece. Su solución a la ansiedad por la finitud implica aprender a confiar en Dios, aceptar el hecho de nuestra propia finitud y vivir dándonos cuenta de que siempre habrá cierta inseguridad. Pero ¿esto es realmente posible? ¿No requiere esto una autoestimulación, motivación y habilidad que excede la capacidad humana? Generar y mantener la fe por nosotros mismos requeriría una habilidad humana que la experiencia contradice, por no decir las Escrituras. Incluso el cristiano más vital con frecuencia necesita orar: "Creo; Ayuda mi incredulidad" (Mr. 9:24). No ser capaz de reconocer la necesidad de la transformación hecha por Dios mina la fuerza de las opiniones de Niebuhr.

### *Alejamiento existencial*

Paul Tillich ha construido una teoría sobre el pecado que se basa mucho en el existencialismo. Señala que varios mitos antiguos hacen responsables de la caída a los humanos. En estos mitos, entre los cuales incluye el relato bíblico, tanto las figuras sub-humanas como las supra-humanas influyen en la decisión del hombre. En la Biblia la serpiente es la que induce a los humanos a pecar. Tillich rechaza claramente que se pueda entender Génesis 3 de forma literal, y lo reemplaza con una reinterpretación.[24]

La doctrina de Tillich sobre Dios es que Dios es la base o el poder de ser de todo lo que es, en lugar de *un* ser como tal. Todo lo que es existe debido a su participación en esta base de la existencia. Sin embargo, el estado humano de existencia, es un estado de alejamiento: de la base de la existencia, de otros seres y de sí mismo. En cierta manera este alejamiento es un equivalente de lo que en el cristianismo se ha denominado tradicionalmente "pecado." "El problema del hombre es el alejamiento, pero el alejamiento es pecado," dice Tillich.[25] No obstante alejamiento no es exactamente lo mismo que pecado, ya que "pecado" hace referencia a algo que no está incluido en el concepto de separación, esto es, el acto personal de dar

23. Ibid., p. 228.

24. Paul Tillich, *Systematic Theology* (Chicago: University of Chicago Press, 1957), vol. 2, pp. 29-44.

25. Ibid., p. 46.

la espalda a aquello a lo que pertenecemos.[26] Si el alejamiento es el estado de no ser lo que uno esencialmente es y debería ser, el pecado es el acto de alejarse, de dar un paso consciente hacia la separación. Es necesario distinguir entre la esencia humana, aquello que se pretendió que fueran los humanos y para lo que se les creó, y su existencia, lo que son empíricamente. Para los humanos, existir es estar en un estado de alejamiento. Existencia y alejamiento coinciden.[27]

Los que mantienen una interpretación literal del Génesis hablan de un momento en el tiempo en el que la humanidad no estaba alejada o, según sus términos, no era pecaminosa. Su posición es que la caída cambió las estructuras de la naturaleza; la maldición divina sobre Adán y Eva trajo consigo un cambio de naturaleza en ellos y en torno a ellos.[28] Se produjo un cambio de esencia a existencia en el tiempo. Tillich es enfático al rechazar esta idea: "La noción de un momento en el tiempo en el que el hombre y la naturaleza cambiaron del bien al mal es absurda, y no tiene fundamento ni en la experiencia ni en la revelación."[29] Su alternativa es: "La creación y la caída coinciden en la medida en que no existe un momento en el tiempo y en el espacio en que se llevara a cabo la creación de la bondad y empezara a existir."[30] Tillich mantiene que esta es la única posición posible para cualquiera que rechace la interpretación literal de la historia de la caída y tome en serio la realidad del alejamiento tal como se ve en todas partes. "La creación llevada a cabo y la existencia alejada son idénticas. Sólo el literalismo bíblico tiene el derecho teológico de negar esta afirmación. El que excluye la idea de una etapa histórica de bondad esencial no debería tratar de escapar de las consecuencias."[31]

Niebuhr, entre otros, ha señalado un problema en la posición de Tillich. Si la creación y la caída coinciden, entonces ¿el punto de vista de Tillich no está cerca del de Orígenes, que los humanos cayeron en una existencia anterior, y que por lo tanto son pecadores desde el nacimiento?[32] Podría parecer que el pecado se hiciera necesario y se identificara con la finitud. Consciente de la crítica, Tillich admite que la indecisión de muchos críticos a aceptar la identidad de la creación y la caída está "causada por su temor justificado a que el pecado se pueda convertir en una necesidad racional, como en los sistemas puramente esencialistas."[33] Sin embargo, insiste en que, una vez creados por Dios, los mismos niños recién nacidos caen en un estado de alejamiento existencial. Al ir madurando, reafirman

26. Ibid., p. 44.
27. Ibid., p. 46.
28. Ibid., p.40.
29. Ibid., p. 41.
30. Ibid., p. 44.
31. Ibid.
32. J. N. D. Kelly, *Early Christian Doctrines* (New York: Harper & Row, 1960), pp. 180-83.
33. Tillich, *Systematic Theology*, vol. 2, p. 44.

su estado de alejamiento en actos de libertad que implican responsabilidad y culpa.[34] Tillich afirma que son las acciones humanas libres y responsables de cada persona las que producen el alejamiento.

Tillich está presentando un esquema destemporalizado. Por lo tanto, la raza humana no fue inocente en un momento del tiempo, y en otro cayó y fue culpable o se alejó. Más bien, en cada momento, todas las personas se alejan por su propia elección. Tillich, según el existencialismo con el cual trabaja, caracterizaría al hombre tanto como caído y como no caído en cada momento de experiencia; estas categorizaciones no se pueden compartamentalizar en esquemas temporales de un antes y un después. Por tanto, la esencia de lo creado es buena, pero nosotros las criaturas siempre utilizamos nuestra libertad de manera que caemos en el estado de alejamiento.

¿Ha resuelto realmente Tillich el problema? Si tiene algún sentido decir que la creación y la caída coinciden, ¿la libre elección o la reafirmación de la alineación no debe de alguna manera estar contenida en nuestra creación? Si todos escogen sin excepción de la misma manera, ¿la caída no es prácticamente un resultado de la creación? Tenga también en cuenta que Tillich ha excluido cuidadosamente cualquier posibilidad de caída en algún momento del tiempo y el espacio. Es necesario resolver, o al menos clarificar, la tensión entre la libertad para escoger y la coincidencia de la creación y la caída.

### Conflicto económico

La teología de la liberación entiende que el pecado surge del conflicto económico. Esto difiere bastante del punto de vista convencional u ortodoxo. Si la ortodoxia ve Génesis 1-3 como la clave para entender el pecado, se podría decir que la teología de la liberación entiende el pecado según Éxodo 1-3. Aquí estamos hablando de la teología de la liberación de una manera bastante amplia, incluyendo movimientos como la teología negra o la feminista.

Un primer paso para entender la posición de la teología de la liberación es señalar su rechazo a la privatización del pecado.[35] Desde el punto de vista tradicional, a menudo se considera el pecado como la rotura de la relación del individuo con Dios; por lo tanto el pecado es básicamente no creer, rebelarse o algo de ese tipo. Sin embargo, la teología de la liberación está mucho más preocupada por las estructuras sociales y económicas del pecado. Por lo tanto, James Cone dice: "El pecado no es principalmente una impureza religiosa, sino la opresión social, política y económica del pobre. Es la negación de la humanidad del prójimo mediante acciones políticas y económicas injustas."[36] La verdadera naturaleza

34. Ibid.

35. Justo L. González y Catherine G. González, *Liberation Preaching: The Pulpit and the Oppressed* (Nashville: Abingdon, 1980), p. 23.

36. James H. Cone, "Christian Faith and Political Praxis," en *The Challenge of Liberation*

del pecado y la reacción de Dios ante el mismo se aprecian en pasajes como Amós 5:11-12: "Por tanto, puesto que humilláis al pobre y recibís de él carga de trigo, no habitaréis las casas de piedra labrada que edificasteis ni beberéis del vino de las hermosas viñas que plantasteis. Yo sé de vuestras muchas rebeliones y de vuestros grandes pecados; sé que afligís al justo, recibís cohecho y en los tribunales hacéis perder su causa a los pobres." Por lo tanto, una dimensión importante del pecado es la opresión y la explotación.

Gustavo Gutiérrez ha descrito el pecado como una vuelta egoísta hacia uno mismo.[37] Pecar es negarse a amar al prójimo y por lo tanto al Señor mismo. Esta negativa, ya sea personal o colectiva, es la causa última de la pobreza, la injusticia y la opresión. Gutiérrez clasifica de injusto y pecaminoso el uso de la violencia por parte de los opresores para mantener el sistema injusto. Por otra parte justifica el uso de la violencia por parte de los oprimidos para liberarse.[38] Está claro que este punto de vista dista notablemente del del cristianismo tradicional, en particular del del pacifista, según el cual el uso de la violencia es equivocado, incluso cuando se trata de resistir los actos injustos y pecaminosos de los demás.

James Fowler clasifica a los teólogos de la liberación en "teólogos ideológicos" y "teólogos del equilibrio."[39] Los primeros, donde están James Cone, Albert Cleage y William Jones ven las cosas según dicotomías muy diferenciadas. Según su punto de vista se identifica a Dios con los oprimidos o con los opresores. No puede ser ambas cosas. Cone dice: "La teología negra no puede aceptar una idea de Dios que no le represente como a favor de los negros y por lo tanto en contra de los blancos. Viviendo en un mundo de opresores blancos, los negros no tienen tiempo para un Dios neutral."[40] Por otra parte, los teólogos del equilibrio, consideran que la línea de separación entre el bien y el mal no es entre dos grupos, sino a través de ellos: "En la lucha contra las estructuras del mal y contra los opresores, los cristianos deben luchar como si esperaran la redención del opresor."[41]

¿Qué pasa con los oprimidos? ¿Qué sería el pecado para ellos? Según la forma tradicional de entender el pecado y, también para los teólogos del equilibrio, se podría pensar en el pecado como odio, amargura, falta de amor por el opresor. Porque Jesús nos ordenó que amásemos a nuestros enemigos (Mt. 5:44). Para

*Theology: A First-World Response*, ed. Brian Mahan y L. Dale Richesin (Maryknoll, N.Y.: Orbis, 1981), p. 57.

37. Gustavo Gutierrez, *A Theology of Liberation*, trad. Hermana Caridad Inda y John Eagelson (Maryknoll, N.Y.: Orbis, 1973), p. 35.

38. Ibid., pp. 108-9.

39. James W. Fowler, "Black Theologies of Liberation: A Structural-Develpmental Analysis," en *The Challenge of Liberation Theology: A First-World Response*, ed. Brian Mahan y L. Dale Richesin (Maryknoll, N.Y.: Orbis, 1981), p. 86.

40. James H. Cone, *A Black Theology of Liberation* (Philadelphia: Lippincott, 1970), pp. 131-132.

41. Fowler, "Black Theologies,İ p. 86.

los teólogos ideológicos, por otra parte, el pecado del oprimido consiste en su conformismo ante la situación opresiva. Cone dice: "Su pecado es tratar de 'entender' al esclavizador, 'amarle' según sus propios términos.[42] Aceptar la situación, en lugar de oponerse a ella e intentar vencerla, es el pecado del oprimido. Justo y Catherine González lo dicen de esta manera:

> Si acudimos a la antropología, la teología de la liberación rechaza la noción de que a Dios se le sirve mejor con nuestra humillación. Demasiado a menudo la doctrina de la Reforma de la justificación por la fe se ha presentado de esa manera. Es significativo que muchos de los que nos dicen que la humildad es la mayor virtud, o que la raíz de todo pecado es el orgullo, lo estén haciendo desde prestigiosos púlpitos y puestos bien remunerados...La teología tradicional a menudo ha intentado promocionar la virtud de la humildad, particularmente porque los que son humildes se mantienen en su sitio y se niegan a reclamar el estatus que les pertenece en las sociedades humanas como hijos y herederos de Dios.[43]

Creamos o no que la teología de la liberación está influenciada por el marxismo, no es difícil reconocer ciertos paralelismos entre los dos, tanto en el concepto de los problemas humanos como en los medios que se defienden para superar los problemas. En cada caso, los problemas de la sociedad, llamémosles males o pecados, se consideran el resultado de la distribución injusta del poder y la riqueza, y la solución se encuentra en eliminar estas injusticias y la opresión derivada de ellas.

La suposición de la teología de la liberación, como la del marxismo, es que son los problemas económicos, y en particular las injusticias en el poder y la propiedad, los que determinan el comportamiento humano. Presumiblemente los que promueven estas injusticias son grandes pecadores, mientras que los que luchan contra ellas no lo son. De hecho, ciertos teólogos de la liberación en algunos casos en particular, pueden considerar una acción (por ejemplo, matar) como pecado si lo comete un opresor, pero no si lo comete un oprimido cuando está luchando por acabar con las injusticias. Se cree que eliminar las injusticias también eliminará la ocasión de pecar.

Sin embargo, en realidad esta teoría no parece que haya funcionado así. En la antigua Unión Soviética, donde se consiguió una sociedad sin clases, seguía habiendo graves problemas de poder entre los líderes y represión, incluso con uso de la violencia, de los que estaban fuera de la estructura de poder, como pueden atestiguar millones de húngaros, checoslovacos y polacos. Parece que la posesión de recursos adecuados para suplir las necesidades básicas de la vida no suprime la tendencia a buscar la propia satisfacción, incluso a costa de los demás. La redistribución del poder y la riqueza no elimina el "pecado."

42. Cone, *A Black Theology of Liberation*, p. 100.
43. Gonzalez y Gonzalez, *Liberation Preaching*, p. 23.

### *Individualismo y competitividad*

Otro punto de vista es que el pecado deriva del individualismo y la competitividad. En medio del énfasis neoortodoxo sobre la pecaminosidad humana, en particular en la década de los años 1930, surgieron voces de protesta. Uno de los objetores fue Harrison Sacket Elliot, profesor de educación cristiana en el Union Theological Seminary de New York. Como muchos otros que buscaban un regreso al tema de la bondad y la perfección de la humanidad, Elliot había estado influido por el instrumentalismo en la filosofía de John Dewey y su enfoque progresivo en la educación.[44]

Elliot no se limitó a reinterpretar la idea de la pecaminosidad humana, como teólogos como Tennant habían hecho. Más bien negaba que los humanos fueran en absoluto pecadores. Reconocía la existencia del pecado y el hecho de que los humanos pecaran, pero la idea de la depravación o corrupción innata no tenía cabida en su pensamiento. Su argumento tiene cuatro puntos básicos:

1. La idea de Karl Barth y Emil Brunner de que toda auto-afirmación humana es pecadora está relacionada y proviene de ver a Dios de una forma autoritaria como soberano absoluto o como un padre que insiste en la sumisión total a su voluntad. Todo lo que sea menos que eso se considera rebelión. Sociológicamente, esta idea de Dios se relaciona con una visión autoritaria de las instituciones humanas, incluida la familia.[45] Sin embargo, para Elliot el pecado de un hijo no está en reafirmar su voluntad frente a la de su padre, sino en asumir que lo que es y lo que ha conseguido es su propia obra independiente.[46] El pecado es una negación o un mal uso del talento particular de uno y de su herencia social.[47] Es una lucha egoísta, individualista contra otros humanos y contra Dios en lugar de cooperar con ellos. En contraste con este punto de vista autoritario, que hace que la relación entre los humanos y Dios sea de alguna manera adversativa en su naturaleza, Elliot resalta la camaradería entre los dos. Aunque no necesariamente iguales, trabajarán juntos para conseguir objetivos comunes. Los seres humanos tomarán iniciativa y responsabilidad, tomarán decisiones, pero también reconocerán su dependencia de Dios, cuyos recursos utilizan.[48]

2. La idea de los humanos como pecadores ni resiste ni puede resistir el análisis lógico. El "pecado" desafía una definición exacta. No representa *ninguna* entidad en concreto, pero en realidad es una etiqueta para todo un conjunto de actos diferentes. La interpretación del pecado varía mucho y se ve influida

44. Mary Frances Thelen, *Man as Sinner in Contemporary American Realistic Theology* (New York: King's Crown, 1946), p. 27.

45. Harrison S. Elliot, *Can Religious Education Be Christian?* (New York: Macmillan, 1940), pp. 152-53.

46. Ibid., p. 158.

47. Ibid.

48. Ibid., pp. 159-60.

significativamente por la situación cultural.[49] Elliot rechaza todo intento de reducir el pecado a un tipo particular de comportamiento, y especialmente al egoísmo. Aunque se ha caracterizado el "pecado americano" como el esfuerzo egoísta del "rudo individualismo," no se puede generalizar que toda iniciativa, todo esfuerzo egoísta, sea equivocado. Podría ser acertado caracterizar el egoísmo del individualismo supercompetitivo, superagresivo como pecado, pero ¿qué pasa con las personas que son víctimas de esta competitividad y cuyo problema es la preocupación, el temor, la incapacidad de ser dueños de su propia vida?"[50] Esas personas tienen que ser más egoístas. Para ellos el egoísmo no es pecado.

3. La idea de los humanos como pecadores puede ser psicológicamente insana y dañina. En particular, sacrificarse por los demás en un esfuerzo por expiar nuestra condición pecadora puede llevar a abandonar los propios derechos legítimos.[51] Además, el énfasis en el pecado y la culpa puede hacer que los individuos se vuelvan hacia sí mismos de forma destructiva[52].

4. Los análisis psicológicos de la condición humana no han llevado a la conclusión de que los humanos sean pecadores. La idea de la pecaminosidad asume que ciertas tendencias e impulsos en realidad son innatos e inflexibles, incapaces de ser alterados o modificados. Sin embargo, la evidencia parece indicar que los humanos son bastante maleables. Elliot sostiene que no hay tendencias innatas definidas en los humanos, ni buenas ni malas. "La tendencia innata es amoral en el sentido de que no hay nada en la naturaleza con la que nazca un individuo que predetermine si será un santo o un demonio. Que se desarrollen las posibilidades 'divinas' o 'demoníacas' depende de lo que le suceda a esta naturaleza original con las experiencias de la vida. La personalidad individual es de origen social."[53]

Por lo tanto, Elliot ve el pecado no como algo innato, sino como algo aprendido. No es egoísmo o reafirmación per se, sino egoísmo o reafirmación en un grado excesivo: la crueldad, la competitividad entre individuos. Sin embargo, esto no tiene por qué ser así. Aunque la humanidad puede utilizar los recursos de sus mentes para desarrollar instrumentos de poder desconocidos en el mundo animal, también pueden sustituir las fuertes relaciones de competitividad por relaciones de cooperación que van más allá de la ayuda mutua que se da en el mundo animal.[54]

Elliot propone que ya que la competitividad entre individuos no es inherente, sino adquirida como una "segunda naturaleza," por así decirlo, se puede modi-

49. Ibid., p. 165.
50. Ibid., p. 169.
51. Ibid., p. 170.
52. Ibid., p. 171.
53. Ibid., p. 191.
54. Ibid., p. 197.

ficar socialmente, principalmente por medio de la educación. Sin embargo, la educación no siempre ha tenido éxito, como ha observado Niebuhr.[55] En lugar de utilizar la ciencia para aliviar el sufrimiento humano, los humanos la han utilizado para elaborar instrumentos de destrucción que utilizan en contra de sus semejantes.

Elliot, reconociendo la legitimidad de la crítica de Niebuhr, sostiene que el problema no está en la inteligencia humana, sino en la estrategia actual para desarrollarla y utilizarla. Hay dos dificultades en la manera en que normalmente se ha llevado a cabo la educación liberal. Una es que ha sido demasiado intelectual. Se ha centrado la atención casi exclusivamente en entrenar la mente, prestando poca o nula atención a las emociones. El segundo problema es todavía más pertinente para el asunto que estamos tratando. La educación ha sido un asunto individual, dando por hecho que las personas con iniciativa propia resolverán los problemas de la sociedad. Sin embargo, la experiencia demuestra que la razón se convierte en el siervo, y no en el amo, del deseo de poder del individuo.[56] Si hay un llamamiento a atender las necesidades sociales, se subordina rápidamente a las preocupaciones egoístas del individuo. Elliot sugiere que en lugar de enfatizar la actividad individual, la competición y el éxito, la educación debe resaltar las actividades cooperativas en las que los individuos contribuyan a un objetivo común y reciban los beneficios del éxito del grupo. Si el tipo equivocado de educación y condicionamiento social han conducido al "pecado" de la competitividad individual, la educación adecuada debería eliminarlo.

Desde la perspectiva de medio siglo después, las sugerencias de Elliot resultan casi graciosas, como ocurre con algunos de los defensores recientes de este punto de vista. La educación progresista la han probado y hallado inadecuada tanto los teólogos cristianos como muchos educadores seculares. La esperanza de ver una modificación radical de la naturaleza humana no se ha materializado con la introducción de situaciones de aprendizaje no competitivas. Es más, nuestra sociedad no sólo no parece estar estructurada de forma menos competitiva, sino que puede que sea incluso más competitiva que en los tiempos en que Elliot escribía.

## La enseñanza bíblica

Hemos examinado cinco puntos de vista diferentes sobre la fuente del pecado. Hemos visto que todas son muy insatisfactorias en uno o más puntos importantes. Por tanto, debemos preguntarnos más a fondo sobre lo que realmente enseña la Biblia sobre el tema. Ciertos aspectos de algunos conceptos que hemos rechazado los encontraremos en la manera en que la Biblia entiende la naturaleza

55. Reinhold Niebuhr, *An Interpretation of Christian Ethics* (New York: Meridian, 1956), pp. 84-91.

56. Elliott, *Religious Education*, pp. 205-6.

y la causa del pecado. Sin embargo, la posición de las Escrituras es en muchos aspectos muy diferente de todas las demás.

Es importante señalar primero que el pecado no lo causa Dios. Santiago rápidamente rechaza esta idea, que probablemente sería muy atractiva para algunos. "Cuando alguno es tentado no diga que es tentado de parte de Dios, porque Dios no puede ser tentado por el mal ni él tienta a nadie" (Stgo. 1:13). Ni se fomenta la idea de que el pecado inevitablemente sea resultado de la estructura misma de la realidad. Más bien la responsabilidad del pecado se atribuye directamente a los humanos: "cada uno es tentado, cuando de su propia pasión es atraído y seducido. Entonces la pasión, después que ha concebido, da a luz el pecado; y el pecado, siendo consumado, da a luz la muerte" (Stgo. 1:14-15). Analizando este y otros pasajes, tanto didácticos como narrativos, podemos determinar lo que la Biblia nos enseña que es la base del pecado.

Los hombres tienen ciertos deseos. Estos, en sí, son legítimos. En muchos casos su satisfacción es indispensable para la supervivencia del individuo o de la raza. Por ejemplo, el hambre es el deseo de comida. Sin la satisfacción de este deseo o impulso, nos moriríamos de hambre. De forma similar el impulso sexual busca la gratificación. Si no se satisficiera, no habría reproducción humana y no se conservaría la raza humana. Sin intentar tratar aquí el tema de lo apropiado de comer por disfrute y de tener sexo por placer, podemos afirmar que estos impulsos nos los ha dado Dios, y que hay situaciones en las que su satisfacción no sólo es permisible, sino que incluso podría ser obligatoria.

Además, señalamos la capacidad humana. Los humanos son capaces de escoger entre alternativas, incluyendo opciones que no están presentes inmediatamente. Sólo ellos de entre todas las criaturas son capaces de trascender sus lugares en el tiempo y el espacio. A través de la memoria pueden revivir el pasado y aceptarlo o repudiarlo. Mediante la anticipación pueden imaginar versiones diferentes del futuro y elegir entre ellas. Con su imaginación pueden imaginarse que están en otro lugar geográfico. Pueden imaginar que son otras personas distintas, que ocupan una posición diferente en la sociedad, que están casados con una pareja distinta. Por lo tanto, no sólo podemos desear lo que tenemos realmente a nuestra disposición, sino también lo que no es adecuado o legítimo. Esta capacidad amplía mucho las posibilidades de actos o pensamientos pecaminosos.[57]

Algunos deseos naturales, aunque sean buenos en sí mismos, son áreas potenciales de tentación y pecado:[58]

1. El deseo de disfrutar de las cosas. Dios ha implantado ciertas necesidades en cada uno de nosotros. No sólo es esencial la satisfacción de esas necesidades,

57. Reinhold Niebuhr, *The Self and the Dramas of History* (London: Faber & Faber, 1956), pp. 35-37.

58. M. G. Kyle, "Temptations, Psychology of," en *International Standard Bible Encyclopedia*, ed. James Orr (Grand Rapids: Eerdmans, 1952), vol. 5, pp. 2944-2944B.

sino que además puede producir gozo. Por ejemplo, la necesidad de comida y bebida debe satisfacerse porque la vida es imposible sin ellas. Al mismo tiempo se puede desear legítimamente comer y beber como medio de disfrute. Sin embargo, cuando se come o bebe por el único placer de consumir, y excediendo lo que es necesario, se está cometiendo el pecado de la glotonería. El impulso sexual, aunque no es necesario para preservar la vida del individuo, es indispensable para sostener y continuar la raza humana. Podemos legítimamente desear la satisfacción de este impulso porque es esencial y también porque nos proporciona placer. Sin embargo, cuando el impulso se gratifica de manera que trasciende los límites naturales y adecuados (por ejemplo, cuando se satisface fuera del matrimonio), se convierte en la base del pecado. Cualquier satisfacción impropia de un deseo natural es un ejemplo de "los malos deseos del cuerpo" (1 Jn. 2:16 NVI).

2. El deseo de obtener cosas. Existe un papel en la economía de Dios para obtener posesiones. Está implícito en el mandamiento de ejercer potestad sobre el mundo (Gn. 1:28) y, por ejemplo, en las parábolas de mayordomía (Mt. 25:14-30). Además las posesiones materiales se consideran incentivos legítimos para animar la laboriosidad. Sin embargo, cuando el deseo de adquirir cosas materiales es tan irresistible que se satisface a cualquier precio, incluso explotando o robando a otros, entonces ha degenerado en "la codicia de los ojos" (1 Jn. 2:16 NVI).

3. El deseo de hacer cosas, de conseguir. Las parábolas de mayordomía también ejemplifican este deseo como algo natural y apropiado. Es parte de lo que Dios espera de la humanidad. Cuando traspasa los límites adecuados y se persigue a costa de otros humanos, ha degenerado en "la arrogancia de la vida" (1 Jn. 2:16).

Hay maneras adecuadas de satisfacer cada uno de estos deseos, y también hay límites impuestos por Dios. No ser capaces de aceptar estos deseos tal como han sido constituidos por Dios y en consecuencia de someterse al control divino es pecado. En esos casos, no se ven los deseos en el contexto de su origen divino y como medios para el fin de complacer a Dios, sino como fines en sí mismos.

En las tentaciones de Jesús, Satanás apelaba a sus deseos legítimos. Los deseos que Satanás impulsaba a Jesús a satisfacer no eran malos per se. Lo que era malo era el momento y el modo en que se sugería que debían ser satisfechos. Jesús había ayunado durante cuarenta días y sus noches y por lo tanto tenía hambre. Era una necesidad natural que tenía que satisfacerse para conservar la vida. Era correcto que Jesús se alimentase, pero no de una manera milagrosa y no antes de que se cumpliera su prueba. Era adecuado que Jesús sintiese necesidad de descender del pináculo del templo, pero no era necesario requerir una demostración de poder del Padre. Era correcto que Jesús reclamase para sí todos los reinos de la tierra, porque eran suyos. Él los había creado (Jn. 1:3) e incluso ahora los mantiene (Col. 1:17). Pero no era adecuado intentar reclamarlos alabando al caudillo de las fuerzas del mal.

A menudo la tentación implica una influencia externa. Eso fue así en el caso de Jesús. En el caso de Adán y Eva, la serpiente no sugirió directamente que comieran del árbol prohibido. En su lugar lo que hizo fue plantear la cuestión de si el fruto de todos los árboles estaba fuera de sus límites. Después afirmo: "No moriréis.... [sino que] seréis como Dios" (Gn. 3:4-5). Aunque el deseo de comer del fruto prohibido o de ser como Dios puede haber estado presente de forma natural, también hubo una influencia externa de origen satánico. En algunos casos son otros hombres los que tientan a sobrepasar los límites de comportamiento impuestos por Dios. Sin embargo, al final el pecado es elección de la persona que lo comete. El deseo de hacer lo que se hace puede estar presente de forma natural, y también puede haber influencias externas. Pero es el individuo el que es finalmente responsable. Adán y Eva eligieron actuar ante el impulso y la sugerencia; Jesús escogió no hacerlo.

Por supuesto, además del deseo natural y de la tentación, debe haber también una ocasión para pecar. Inicialmente Adán no podía ser tentado para que fuera infiel a su esposa, ni Eva podía estar celosa de otras mujeres. Para los que vivimos después de la caída y no somos Jesús, existe un factor que complica más las cosas. Hay algo llamado "la carne," que influye mucho en lo que hacemos. Pablo habla de ello en numerosos pasajes, por ejemplo en Romanos 7:18: "Y yo sé que en mí, esto es, en mi carne, no mora el bien; porque el querer el bien está en mí, pero no el hacerlo." En Gálatas 5:16-24 habla vivamente de la oposición entre la carne y el Espíritu, y de las obras de la carne, que constituyen todo un catálogo de males. Por "carne" Pablo no entiende la naturaleza física del ser humano. No hay nada que sea inherentemente malo en la constitución corporal humana. Más bien, el término designa la vida centrada en uno mismo, la negación o el rechazo de Dios. Esto es algo que ha llegado a formar parte de la naturaleza humana: una tendencia o inclinación hacia el pecado y a separarse de la voluntad de Dios. Según esto, ahora somos menos capaces de escoger el bien de lo que fueron en su momento Adán y Eva. Incluso es concebible que los deseos humanos naturales, que son buenos en sí mismos, hayan sufrido alteración.

## Implicaciones de los distintos puntos de vista: La cura para el pecado

Pero uno se podría preguntar ¿qué diferencia hay en tomar una u otra posición sobre este tema? La respuesta es que nuestro punto de vista de la causa del pecado es lo que determinará nuestra idea de cuál será la cura para el pecado, ya que la cura del pecado necesariamente tiene que implicar la negación de la causa.

Si uno mantiene, como hace Tennant, que el pecado sencillamente es la persistencia de los instintos y patrones de comportamiento normales de nuestra herencia animal en un periodo de responsabilidad moral, la cura no puede ser regresar a un estado de inocencia anterior. Sino que sería cuestión de liberarse de esos viejos instintos, o de aprender a controlarlos o dirigirlos adecuadamente. Este concepto de cura para el pecado asume la creencia optimista de que el proceso evolutivo está llevando a la raza humana en la dirección correcta.

Si uno adopta el punto de vista de Niebuhr de que el pecado surge de la ansiedad de ser seres finitos, intentando superar por nuestros propios medios la tensión entre la finitud y la libertad para aspirar a más, la cura implicará la aceptación de nuestros propios límites y poner nuestra confianza en Dios. Pero esta cura trata de alterar una actitud que tenemos, no se trata de una auténtica conversión.

Tillich relaciona el pecado con el alejamiento existencial, que parece ser un acompañante natural del hecho de ser una criatura. También aquí, la cura fundamental es la de tratar de cambiar de actitud, no una conversión real. La solución implica ser cada vez más conscientes de que se forma parte del ser, o que se participa de la base de la existencia. El resultado será la cancelación de nuestra separación de la base de la existencia, de otros seres y de uno mismo.

Si se adoptan las premisas de la teología de la liberación, la solución al problema del pecado está en eliminar la opresión y las desigualdades en las posesiones y el poder. En lugar de la evangelización de individuos, lo que se trata es de emprender acciones económicas y políticas dirigidas a alterar la estructura de la sociedad para eliminar el pecado.

Según Elliot la solución es la educación. Como el pecado (competitividad individualista) se aprende mediante la educación y los condicionamientos sociales, hay que eliminarlo de la misma manera. El antídoto es la educación que fomente un esfuerzo no competitivo para la consecución de objetivos comunes.

Desde la perspectiva evangélica, el problema está en que los seres humanos son pecadores por naturaleza y viven en un mundo en el que fuerzas poderosas les inducen a pecar. La cura para el pecado procederá de una alteración sobrenatural de nuestra naturaleza humana y también de la ayuda divina para contrarrestar el poder de la tentación. Es la conversión individual y la regeneración la que cambiará a la persona y la conducirá a una relación con Dios que le hará posible llevar una vida cristiana plena.

# 29. Los resultados del pecado

## Objetivos del capítulo

Después de estudiar este capítulo, debería ser capaz de:

- Esquematizar las consecuencias del pecado en la relación del hombre con Dios.
- Expresar la seriedad del pecado y cómo afecta a la vida del humano.
- Identificar y explicar los efectos específicos del pecado en el pecador.
- Describir los efectos del pecado en las relaciones humanas.

## Resumen del capítulo

El pecado tiene serias consecuencias en las relaciones entre el pecador y Dios. Estos resultados incluyen la desaprobación divina, la culpabilidad, el castigo y la muerte. La muerte física, la espiritual y la eterna surgen de las consecuencias del pecado. El pecado también tiene consecuencias que afectan al pecador individual. Estas son la esclavitud, la huida de la realidad, la negación del pecado, el autoengaño, la insensibilidad, el egoísmo y la inquietud. Estos efectos en el pecador también tienen implicaciones sociales como la competitividad, la incapacidad para identificarse con los demás, el rechazo de la autoridad y la incapacidad para amar. El pecado es un asunto muy serio tanto para Dios como para la humanidad.

## Cuestiones de estudio

1. ¿En qué se parecen y diferencian el Antiguo y el Nuevo Testamento en su forma de entender el pecado y sus efectos?
2. ¿Qué es la retribución y cómo se relaciona con el pecado y el individuo?
3. ¿Cómo se relaciona el pecado con la muerte?
4. ¿Qué efectos resultan evidentes en el pecador?

5. ¿Qué consecuencias trae el pecado en relación con otros seres humanos?
6. Imagine que está escribiendo un sermón o una clase sobre el pecado ¿qué haría para recalcar a la audiencia la seriedad del pecado?

- Resultados que afectan a la relación con Dios
    - Desaprobación divina
    - Culpa
    - Castigo
    - Muerte
        - Muerte física
        - Muerte espiritual
        - Muerte eterna
- Efectos en el pecador
    - Esclavitud
    - Huida de la realidad
    - Negación del pecado
    - Autoengaño
    - Insensibilidad
    - Egoísmo
    - Inquietud
- Efectos sobre la relación con otros humanos
    - Competitividad
    - Incapacidad para identificarse con los demás
    - Rechazo de la autoridad
    - Incapacidad de amar

Un énfasis que encontramos en los dos Testamentos es que el pecado es un tema muy serio que tiene consecuencias graves y duraderas. En el siguiente capítulo trataremos los efectos colectivos del pecado, o sea, el impacto que el pecado de Adán tuvo sobre toda su posteridad. Sin embargo, en este capítulo nos preocuparemos por los efectos individuales del pecado tal como se ilustran en las Escrituras (en particular en lo que se refiere a Adán y Eva) y según nuestra propia experiencia.

El impacto del pecado tiene varias dimensiones. Hay efectos en las relaciones del pecador con Dios, con los demás seres humanos y consigo mismo. Algunos de los resultados del pecado se podrían denominar "consecuencias naturales," o sea, proceden del pecado en una secuencia prácticamente de causa – efecto. Otros son ordenados específica y directamente por Dios como pena por el pecado.

## Resultados que afectan a la relación con Dios

El pecado produjo una transformación inmediata en la relación de Adán y Eva con Dios. Es evidente que ellos tenían una relación muy cercana y amistosa con Dios. Confiaban en él y le obedecían, y según Génesis 3:8 se podría concluir que tenían una relación habitual de comunión con Dios. Él les amaba y les proporcionaba todo lo que necesitaban; se nos recuerda la amistad de la cual hablaba

Jesús en Juan 15:15. Pero, como violaron la confianza y el mandato de Dios, la relación se convirtió en algo bastante diferente. Ellos se habían colocado en la parte contraria a Dios, y se habían convertido en sus enemigos. No fue Dios el que cambió o se movió, fueron Adán y Eva.

### *Desaprobación divina*

Es de resaltar cómo caracteriza la Biblia las relaciones de Dios con el pecado y el pecador. En dos ejemplos en el Antiguo Testamento, se dice que Dios odia al pecador Israel. En Oseas 9:15 Dios dice: "Toda la maldad de ellos fue en Gilgal; allí, pues, les tomé aversión; por la perversidad de sus obras los echaré de mi casa; no los amaré más; todos sus príncipes son desleales." Desde luego esta es una forma muy fuerte de expresarse porque Dios realmente dice que está empezando a odiar a Israel y que ya no los amará más. Un sentimiento similar se expresa en Jeremías 12:8. En otras dos ocasiones se dice que Dios odia a los malvados (Sal. 5:5; 11:5). Sin embargo, son mucho más frecuentes los pasajes en los que dice que odia la maldad (por ejemplo, Prov. 6:16-17; Zac. 8:17). No obstante el odio no es sólo por parte de Dios porque se describe a los malos como los que odian a Dios (Éx. 20:5; Dt. 7:10) y más comúnmente los que odian la justicia (Sal. 18:40; 69:4; Prov. 29:10). En estos pocos pasajes donde se dice que Dios odia a los malvados, queda claro que lo hace porque ellos le odian a él y han cometido ya actos malvados.

Que Dios favorezca a unos y desapruebe a otros o les muestre ira y que en un momento dado se diga que ama a Israel y en otras que los odia, no es signo de cambio, de incoherencia o de volubilidad en Dios. Su reacción a nuestras obras está determinada por su naturaleza inmutable. Dios ha dejado bastante claro que no puede tolerar ni tolera ciertas cosas. Es parte de su naturaleza santa oponerse categóricamente a las acciones pecadoras. Cuando realizamos tales acciones, nos estamos moviendo en el territorio de la desaprobación de Dios. En el caso de Adán y Eva, el árbol de la ciencia del bien y del mal estaba fuera de sus límites. Se les había informado cuál sería la respuesta de Dios si comían de su fruta. Escogieron, por lo tanto, convertirse en enemigos de Dios, caer en el dominio de su desaprobación.

El Antiguo Testamento con frecuencia describe a los que pecan y violan las leyes de Dios como enemigos de Dios. No obstante la Biblia habla rara vez de Dios como su enemigo (Éx. 23:22; Is. 63:10; Lam. 2:4-5). Ryder Smith comenta: "En el Antiguo Testamento, 'enemistad' como odio, aparece rara vez con Dios, pero sí es bastante común que aparezca con el hombre."[1] Rebelándose contra Dios, es el hombre, no Dios el que rompe la relación.

La enemistad con Dios tuvo graves resultados para Adán y Eva, y eso nos sucederá hoy también siempre que, a pesar de ser conscientes de la ley y de la pena

1. Charles Ryder Smith, *The Bible Doctrine of Sin and of the Ways of God with Sinners* (London: Epworth, 1953), p. 43.

por infringirla, pequemos. En el caso de Adán y Eva, la confianza, el amor, la seguridad y la cercanía fueron reemplazados por el temor, el terror y la evitación de Dios. Mientras antes esperaban ansiosos sus reuniones con Dios, después de la caída no deseaban verle. Se escondieron en un intento de evitarle. Al igual que para Adán y Eva, para cualquiera que crea en el juicio de Dios, la consecuencia del pecado es que Dios llega a ser temido. Ya no es un amigo cercano, sino que se intenta conscientemente evitarle. La situación es como la que tenemos ante los vigilantes de la ley. Si cumplimos la ley, no nos importa ver a un policía. Incluso podemos tener un sentimiento positivo de comodidad cuando vemos un coche de la policía. Nos da sensación de seguridad saber que la protección está a nuestro alcance y que hay alguien ahí para aprehender a los que infringen la ley. Sin embargo, si sabemos que hemos infringido la ley, nuestra actitud es bastante diferente. Nos molesta mucho ver un coche de la policía con las señales luminosas encendidas por nuestro espejo retrovisor. La actividad de la policía no ha cambiado, pero sí ha cambiado nuestra relación con ella.

Aunque rara vez se diga que Dios odia a los malvados, en el Antiguo Testamento es normal que se diga que está enojado con ellos. La ira de Dios no debería considerarse como una furia descontrolada o maliciosa. Más bien es indignación ante la injusticia.

Hay varios términos hebreos que expresan la ira de Dios. El término אָנַף *('anaph)* originariamente significaba "resoplar." Es una palabra muy concreta y pintoresca, que transmite la idea de una de las expresiones físicas que acompañan a la ira. La forma verbal es poco habitual, pero se utiliza con Dios (Dt. 1:37; Is. 12:1) y su ungido (Sal. 2:12). El nombre es mucho más común y tiene tres significados: fosas nasales, cara e ira. Se utiliza para hablar de la ira de Dios 180 veces, unas cuatro veces más de lo que se utiliza con los humanos.[2] Se describe a Dios iracundo con Israel por haber hecho el becerro de oro mientras Moisés estaba reunido con él en la montaña. El Señor le dijo a Moisés: "Ahora, pues, déjame que se encienda mi ira contra ellos y los consuma; pero de ti yo haré una nación grande." Moisés respondió: "¿Por qué, Jehová, se encenderá tu furor contra tu pueblo, el que tú sacaste de la tierra de Egipto con gran poder y con mano fuerte?" (Éx. 32:10-11). La ira de Dios se representa como un fuego que consumirá y quemará a los israelitas. Hay muchas otras referencias a la ira de Dios: "Se encendió entonces contra Israel el furor de Jehová, quien los entregó en manos de salteadores que los despojaron" (Jue. 2:14). Jeremías le pidió a Dios que le corrigiera, pero "no con tu furor" (Jer. 10:24). El salmista se alegra de que "por un momento será su ira, pero su favor dura toda la vida" (Sal. 30:5).

Otras dos raíces hebreas, חָרָה *(charah)* y יָחַם *(yacham)*, sugieren la idea de calor. El verbo de la primera se traduce con frecuencia por "encender," como en

2. Ibid., p. 44.

Salmos 106:40: "Se encendió, por tanto, el furor de Jehová contra su pueblo." La forma nominal a menudo se traduce como "[ira] feroz" o "fiereza."[3] La forma nominal de la última raíz se traduce adecuadamente por "ira," como en "no sea que mi ira salga como fuego, que se encienda y no haya quien la apague a causa de la maldad de vuestras obras" (Jer. 4:4).

En el Nuevo Testamento hay un enfoque particular en la enemistad y el odio de los no creyentes y del mundo contra Dios y su pueblo. Pecar es hacerse enemigo de Dios. En Romanos 8:7 y en Colosenses 1:21, Pablo describe la mente que se centra en la carne como "enemistad contra Dios." En Santiago 4:4 leemos que "la amistad del mundo es enemistad contra Dios." Sin embargo, Dios no es enemigo de nadie; ama a todos y no odia a nadie. Amó lo suficiente para enviar a su Hijo a morir por nosotros aunque todavía éramos pecadores y estábamos enemistados con él (Ro. 5:8-10). Personifica lo que ordena. Ama a sus enemigos.

Aunque Dios no es enemigo de los pecadores ni les odia, está claro que siente ira hacia el pecado. Las dos palabras que lo expresan con más claridad son θυμός *(thumos)* y ὀργή *(orgē)* ("rabia, ira"). En muchos casos no se refieren únicamente a la reacción actual de Dios ante el pecado, sino que sugieren ciertas acciones divinas que van a suceder. En Juan 3:36 por ejemplo, Jesús dice: "El que cree en el Hijo tiene vida eterna; pero el que rehúsa creer en el Hijo no verá la vida, sino que la ira de Dios está sobre él." Varios pasajes enseñan que aunque la ira de Dios esté en el pecado y sobre los que lo cometen, esta ira se convertirá en acción en algún momento del futuro. Romanos 1:18 enseña que: "la ira de Dios se revela desde el cielo contra toda impiedad e injusticia de los hombres que detienen con injusticia la verdad." Romanos 2:5 habla de "atesorar ira" para el día del juicio y Romanos 9:22 señala que Dios, aun "queriendo mostrar su ira y hacer notorio su poder, soportó con mucha paciencia los vasos de ira preparados para destrucción." La imagen en todos estos pasajes es que la ira de Dios es un asunto muy real y presente, pero no se revelará completamente, ni se manifestará en acción hasta un momento posterior.

Según esto es evidente que Dios mira con desaprobación el pecado, que el pecado le provoca ira, rabia o malestar. No obstante, habría que añadir dos comentarios adicionales. El primero es que la ira no es algo que Dios escoja sentir. Su desaprobación del pecado no es un asunto arbitrario, ya que su misma naturaleza es la santidad; rechaza automáticamente el pecado. Es, como hemos sugerido en algún otro lugar, "alérgico al pecado," por así decirlo.[4] El segundo comentario es que debemos evitar pensar en la ira de Dios como algo excesivamente emocional. No es como si estuviera bullendo de furia, perdiendo prácticamente el control.

3. Ibid.
4. Ver p. 310

Él es paciente y sufrido, y actúa de esa manera. Tampoco hay que pensar que Dios de alguna manera se siente frustrado ante nuestro pecado. Decepción es quizá una manera más adecuada de expresar su reacción.

### Culpa

Otro resultado de nuestros pecados que afecta a nuestra relación con Dios es la culpa. Esta palabra necesita ser explicada cuidadosamente, porque en el mundo actual el significado normal del término es sentimiento de culpa, o el aspecto subjetivo de la culpa. Estos sentimientos a menudo se consideran irracionales, y desde luego a veces lo son. Esto es, una persona puede que no haya hecho nada objetivamente equivocado como para merecer castigo, pero no obstante puede tener estos sentimientos. Sin embargo, a lo que nos estamos refiriendo aquí es al estado objetivo de haber violado la intención que Dios tenía para nosotros y por lo tanto ser merecedores de castigo. Es este aspecto de la culpabilidad el que merece una atención especial.

Para clarificar lo que queremos decir con "culpa," sería útil comentar brevemente dos palabras que pueden aparecer en una definición de pecado: "malo" y "equivocado." Por una parte, podemos definir el pecado como lo que es intrínsecamente malo en lugar de bueno. Es impuro, repulsivo, odiado por Dios simplemente porque es lo contrario a lo bueno. Sin embargo, aquí tenemos un problema ya que la palabra tiene muchos significados; por ejemplo puede significar "defectuoso, inadecuado, insuficiente." Se puede pensar en un equipo de atletismo malo o en un mal trabajador cuando es inepto o no es productivo, pero no tiene por qué ser moralmente equivocado. Y así la frase de que el pecado es malo se puede entender sólo desde un punto de vista estético: el pecado es una acción fea, torcida, estropeada que menosprecie el estándar de perfección que Dios pretende.

Por otra parte, no obstante, podemos definir pecado como algo que no sólo es malo, sino que también es erróneo. En el primer caso, se podía pensar en el pecado como una enfermedad mental a la que teme la gente sana. Pero en el segundo caso, pensamos en el pecado no sólo como una falta de integridad o de perfección, sino como algo moralmente equivocado, como una violación deliberada de los mandamientos de Dios, que por lo tanto merecen castigo. Esta es una manera de considerar el pecado en términos jurídicos no estéticos. En el primer punto de vista, se piensa en lo bueno como bello, armonioso, adorable, deseable y atractivo, mientras que se considera lo malo como inarmónico, turbulento, feo y repulsivo. En el segundo punto de vista, se enfatiza la ley. Lo correcto es lo que es conforme a lo estipulado por la ley y lo incorrecto es lo que se separa de alguna manera de ese estándar. Por lo tanto merece ser castigado.[5]

5. Francis Brown, S. R. Driver, and Charles A. Briggs, *Hebrew and English Lexicon of the Old Testament* (New York: Oxford University Press, 1973), p. 730.

Esta distinción se puede ilustrar de otras maneras. Se podría pensar en un coche difícil de conducir e ineficaz, que gasta demasiada gasolina o que está muy estropeado y es un horror. Un coche así supondría un reto para la paciencia de su propietario y provocaría sentimientos de disgusto, pero mientras las luces, los indicadores y otras características funcionaran adecuadamente, las emisiones de gases estuvieran dentro de los límites permitidos por la ley y tuviera al día la licencia y el seguro, no habría nada ilegal en ese vehículo. No se le podría poner una multa al conductor por conducirlo, ya que no está infringiendo ninguna ley de tráfico. Sin embargo, si el coche emite demasiados gases contaminantes, o algunos de los dispositivos de seguridad no funcionan, se está infringiendo la ley y se puede imponer merecidamente una multa. Ahora, cuando hablamos de culpa, queremos decir que el pecador, como el coche que no satisface las regulaciones de seguridad, ha infringido la ley y, por lo tanto, merece ser castigado.

En este punto debemos fijarnos en la naturaleza precisa de la interrupción que el pecado y la culpa producen en la relación entre Dios y el hombre. Dios es todopoderoso y eterno, la única realidad independiente y no contingente. Todo lo que existe deriva su existencia de él. Y el humano, la más alta de todas las criaturas, tiene el don de la vida y de ser persona sólo gracias a la bondad y la gracia de Dios. Como señor, Dios ha puesto a los hombres a cargo de la creación y les ha ordenado que la gobiernen (Gn. 1:28). Ellos son los mayordomos señalados del reino de Dios o del viñedo, con todas las oportunidades y privilegios que esto conlleva. Como el todopoderoso y santo, Dios nos ha pedido nuestra alabanza y obediencia a cambio de sus dones. Pero no hemos sido capaces de cumplir las órdenes de Dios. Se nos confió la riqueza de la creación y nosotros la hemos utilizado para nuestros propósitos, como malversadores de fondos. Además como ciudadanos que tratan de forma despectiva a un monarca o a un gobernante electo, a un héroe o a una persona que ha conseguido grandes logros, no hemos sido capaces de tratar con respeto al más alto de todos los seres. Es más, nos mostramos ingratos ante todo lo que Dios nos ha dado y hecho por nosotros (Ro. 1:21). Y finalmente, hemos despreciado la oferta de amistad y amor de Dios, y en el caso más extremo, la salvación conseguida a través de la muerte del propio Hijo de Dios. Estas ofensas son más grandes por ser Dios quien es: el Creador todopoderoso, que está infinitamente por encima de nosotros. Sin tener ninguna obligación nos dio la vida. Por eso tiene un derecho absoluto sobre nosotros. Y el estándar de comportamiento que él espera de nosotros es su propia perfección santa. Como el mismo Jesús dijo: "Sed, pues, vosotros perfectos, como vuestro Padre que está en los cielos es perfecto" (Mt. 5:48).

Debemos pensar en el pecado y la culpa en forma de categorías metafísicas si queremos tener un concepto de su inmenso efecto en nuestra relación con Dios y de hecho en todo el universo. Dios es el ser más grande y nosotros somos sus criaturas. No ser capaces de cumplir con sus expectativas trastoca toda la economía del universo. Cada vez que la criatura priva al Creador de lo que es realmente suyo, el equilibrio se rompe, ya que no se venera y obedece a Dios. Si un error, una perturbación de ese tipo no se corrigiera, Dios dejaría en la práctica de ser Dios. Por lo tanto, el pecado y el pecador merecen e incluso necesitan ser castigados.

### *Castigo*

Ser susceptible al castigo de Dios es, pues, otra consecuencia del pecado. Es importante ahondar en la naturaleza básica y la intención del castigo de Dios para el pecador. ¿Es un remedio que intenta corregir al pecador? ¿Trata de disuadir, señalando las consecuencias a las que conduce el pecado y así advertir a otros para que no actúen de forma equivocada? ¿O una retribución, diseñada únicamente para dar a los pecadores lo que se merecen? Tenemos que examinar cada uno de estos conceptos.

Hoy hay un sentimiento bastante extendido de oposición a la idea de que el castigo de Dios a los pecadores es retribución. La retribución se considera algo primitivo, cruel, una señal de hostilidad y de rencor, que es inadecuada en un Dios de amor que es un Padre para sus hijos terrenales.[6] No obstante, a pesar de este sentimiento, que puede reflejar la idea de padre amoroso que tiene una sociedad permisiva, existe definitivamente una dimensión de la retribución divina en la Biblia, en particular del Antiguo Testamento. Ryder Smith lo dice categóricamente: "No hay duda de que en el pensamiento hebreo el castigo es retributivo. El uso de la pena de muerte es suficiente muestra de ello."[7] Parece que la retribución era un elemento prominente en la forma de entender la ley de los hebreos. Desde luego, la pena de muerte, al ser terminal, no pretendía la rehabilitación. Y aunque tenía un efecto disuasorio, la conexión directa entre lo que se había hecho a la víctima y lo que se le hacía al ofensor quedaba clara. Esto se ve especialmente en un pasaje como Génesis 9:6: "El que derrame la sangre de un hombre, por otro hombre su sangre será derramada, porque a imagen de Dios es hecho el hombre." Debido a la atrocidad de lo que se había hecho (se había destruido la imagen de Dios), debe haber y hay una pena correspondiente.

La idea de la retribución también se puede ver con claridad en el término נָקַם *(naqam)*. Esta palabra, que (incluyendo sus derivados) aparece unas ochenta veces en el Antiguo Testamento, se traduce con frecuencia por "vengar, venganza, tomar venganza." Aunque los términos *venganza* y *vengar* son traducciones adecuadas para designar las acciones de Israel contra sus vecinos, hay algo inadecuado en aplicarlas a las acciones de Dios.[8] Ya que "venganza" se aplica en particular

6. Nels Ferré, *The Christian Understanding of God* (New York: Harper & Brothers, 1951), p. 228.
7. Smith, *Doctrine of Sin*, p. 51.
8. Ibid., p. 47.

a la reacción de un individuo contra algo malo que se ha hecho en contra suya. Sin embargo, Dios considerado en relación con las violaciones de la ley moral y espiritual, no es una persona privada, sino pública, el administrador de la ley. Además, "venganza" o "vengar" conllevan la idea de represalia, de obtener una satisfacción (psicológica) que compense lo que se ha hecho, en lugar de la idea de conseguir y administrar justicia. Sin embargo, la preocupación de Dios es mantener la justicia. Por lo tanto, en relación con el castigo de Dios por los pecados, "retribución" es una traducción mejor que "venganza."

Hay numerosas referencias, en particular entre los profetas mayores, a la dimensión retributiva del castigo de Dios a los pecadores. Podemos encontrar ejemplos como Isaías 1:24; 61:2; 63:4; Jeremías 46:10 y Ezequiel 25:14. En Salmos 94:1 se habla de Dios como "Dios de las venganzas." En estos casos, como en la mayoría de los casos del Antiguo Testamento, el castigo que se imagina se va a producir dentro de la historia y no en algún estado futuro.

La idea de la retribución también se encuentra en muchos pasajes narrativos. Para castigar la maldad de toda la raza humana sobre la tierra, Dios envía el diluvio que destruye la humanidad (Gn. 6). El diluvio no fue enviado para disuadir a nadie del pecado, ya que los únicos supervivientes, Noé y su familia, ya eran personas rectas. Y desde luego no pudo ser enviado para corregir o rehabilitar, ya que todos los malos fueron destruidos. El caso de Sodoma y Gomorra es similar. Debido a la maldad de estas dos ciudades, Dios las destruyó. La acción de Dios fue un simple castigo a sus acciones.

Aunque con menos frecuencia que en el Antiguo Testamento, la idea de la justicia retributiva también se encuentra en el Nuevo Testamento. Aquí se hace más una referencia a un juicio futuro que a uno temporal. Paráfrasis de Deuteronomio 32:35 las podemos encontrar en Romanos 12:19 y en Hebreos 10:30: "Porque escrito está 'Mía es la venganza, yo pagaré'." En Romanos, el propósito de Pablo es disuadir a los creyentes de que intenten vengarse del mal que se les haya hecho. Dios es un Dios de justicia, y los que hacen el mal no quedarán sin castigo.

No deberíamos pasar por alto otras dos dimensiones o funciones del castigo. Las advertencias en Deuteronomio de que se tenga cuidado con el pecado van acompañadas de ejemplos de castigos infligidos a los pecadores. Estos ejemplos intentaban disuadir a las personas de actuar mal (Dt. 6:12-15; 8:11; 19-20). Lo mismo ocurre cuando Jeremías le recuerda a Judá lo que Dios hizo en Silo (Jer. 7:12-14) y cuando relata el salmista lo que sucedió a la generación que pereció en el desierto (Sal. 95:8-11). La lapidación de Acán y su familia fue en parte un castigo por lo que había hecho, pero también fue un medio para disuadir a otros de actuar de forma similar. Por esta razón el castigo de los que hacían el mal se hacía con frecuencia en público.

También está el efecto disciplinario del castigo. El castigo se administraba para convencer a los pecadores del error de sus maneras de actuar y para apartarlos de ellas. Salmos 107:10-16 indica que el Señor había castigado a Israel por sus pecados y que ellos en consecuencia se habían apartado de sus malas acciones, al menos temporalmente. El salmista en otra parte reconoce que el castigo había sido bueno para él porque había aprendido los estatutos del Señor (Sal. 119:71). El escritor de Hebreos nos dice: "porque el Señor al que ama, disciplina, y azota a todo el que recibe por hijo" (He. 12:6).

En el Antiguo Testamento está incluso un poco la idea de la purificación del pecado mediante el castigo. Esto al menos se insinúa en Isaías 10:20-21. Dios utilizará Asiria para castigar a su pueblo. Como resultado los que queden de Israel aprenderán a apoyarse en el Señor. "El remanente volverá, el remanente de Jacob volverá al Dios fuerte."

La manera en que se administra el castigo también es significativa. A veces se administra de forma indirecta, simplemente mediante la obra inmanente de Dios en las leyes físicas y psicológicas que ha establecido en el mundo. El castigo indirecto puede ser externo, como, por ejemplo, cuando el pecado infringe los principios de la salud y la higiene y en consecuencia aparece la enfermedad. La persona que se implica en pecados sexuales y contrae una enfermedad venérea es un ejemplo que se cita con frecuencia, pero también abundan casos menos dramáticos. Estamos aprendiendo cada vez más de los psicólogos que el odio y la hostilidad tienen efectos destructivos en la salud física. El castigo indirecto también puede tomar la forma de los conflictos externos (por ejemplo, en la familia de uno) derivados de nuestro pecado y de las leyes psicológicas que Dios ha ordenado. David puede ser un caso a tener en cuenta. Debido a su pecado de adulterio con Betsabé y el asesinato de Uría, se le dijo a David que su casa sufriría problemas (2 S. 12:10-12). La violación de Tamar, el asesinato de Amnom por Absalón, y la revuelta de Absalón en contra de David fueron cumplimientos de esa profecía. Ahora aunque podemos creer que estas tragedias fueron escogidas y administradas directamente por Dios para ajustarse al pecado de David, también podemos pensar que son consecuencias naturales que se desprenden del comportamiento de David y de la psicología humana básica. Los delitos de los hijos pueden muy bien haber sido las consecuencias de la propensión de los hijos a imitar el comportamiento de sus padres o el fracaso de David a la hora de disciplinar a sus hijos, pensando que sería hipócrita a la vista de su propio comportamiento. Finalmente, el castigo indirecto puede ser interno. Por ejemplo, puede conducir automáticamente a un desagradable sentimiento de culpabilidad, un corrosivo sentimiento de responsabilidad.

Algunos de los pasajes didácticos de la Biblia enseñan que en algunos casos hay una relación de causa–efecto entre el pecado y el castigo. En Gálatas 6:7-8 Pablo utiliza la imaginería de la siembra y la siega para comparar los resultados del pecado y la justicia. Implica que al igual que las cosechas proceden de las semillas plantadas, el castigo surge directamente del acto pecaminoso.

Pero aunque Dios a menudo obra indirectamente a través de las leyes físicas y psicológicas que él ha establecido, éste no es el único, ni siquiera el principal, medio de castigo. Es más común el caso en que Dios mediante una decisión definida y un acto directo impone un castigo. Y también deberíamos señalar especialmente que incluso cuando el castigo sigue naturalmente al acto, no es algo impersonal, un infortunio. La ley que gobierna estos patrones fijos es una expresión de la voluntad de Dios.

El punto de vista cristiano de que Dios castiga indirectamente mediante los patrones que ha establecido se debe diferenciar del concepto hindú y budista de karma, según el cual cualquier acto tiene ciertas consecuencias. Hay una conexión inexorable entre los dos.[9] No hay nada que pueda romper esta conexión, ni siquiera la muerte, porque la ley del karma pasa a la siguiente encarnación. Desde el punto de vista cristiano la secuencia pecado – castigo se puede detener con el arrepentimiento y la confesión de los pecados, con el subsiguiente perdón, y la muerte supone una liberación de los efectos temporales del pecado.

### Muerte

Uno de los resultados obvios del pecado es la muerte. Esta verdad se señala por primera vez en la frase de Dios en la que prohíbe a Adán y Eva que coman del fruto del árbol de la ciencia del bien y del mal: "porque el día que de él comieres, morirás" (Gn. 2:17). También se encuentra de forma clara y didáctica en Romanos 6:23: "la paga del pecado es muerte." Lo que Pablo quiere decir es que, como los salarios, la muerte es la compensación adecuada, la recompensa justa a lo que se ha hecho. Esta muerte que hemos merecido tiene diferentes aspectos: (1)muerte física, (2) muerte espiritual, y (3) muerte eterna.

### Muerte física

La mortalidad de todos los humanos es un hecho obvio y una verdad que enseñan las Escrituras. Hebreos 9:27 dice: "Y de la manera que está establecido para los hombres que mueran una sola vez, y después de esto el juicio." Pablo, en Romanos 5:12 atribuye la muerte al pecado original de Adán. Sin embargo, aunque la muerte entró en el mundo mediante el pecado de Adán, se extendió a todos los humanos, porque todos pecaron.

Esto plantea la cuestión de si los humanos fueron creados mortales o inmortales. ¿Habrían muerto si no hubieran pecado? Los calvinistas básicamente han tomado la posición negativa, argumentando que la muerte física se introdujo con la maldición (Gn. 3:19).[10] El punto de vista pelagiano, por otra parte, es que

9. L. de la Vallée Poussin, "Karma," en *Encyclopedia of Religion and Ethics*, ed. James Hastings (New York: Scribner, 1955), vol. 7, pp. 673-76.

10. Louis Berkhof, *Systematic Theology* (Grand Rapids: Eerdmans, 1953), p. 260. Los arminianos por lo general suelen estar más de acuerdo con los calvinistas que con los pelagianistas en

los humanos fueron creados mortales. Al igual que todo lo que hay en torno a nosotros muere más pronto o más tarde, lo mismo ocurre y ha ocurrido siempre con los humanos. El principio de la muerte y la descomposición es una parte de toda la creación.[11] Los pelagianos señalan que si el punto de vista de los calvinistas fuese correcto, entonces sería la serpiente la que tenía razón y Jehová el que estaba equivocado al decir: "porque el día que de él comieres, ciertamente morirás," ya que Adán y Eva no cayeron muertos inmediatamente después de cometer el pecado.[12] La muerte física, desde el punto de vista pelagiano, es un acompañamiento natural al hecho de ser humano. Las referencias bíblicas a la muerte como consecuencia del pecado se entienden como referencia a la muerte espiritual, a la separación de Dios, más que a la muerte física.

El problema no es tan simple como puede parecer en un principio. Suponer que la mortalidad empezó con la caída, y que Romanos 5:12 y referencias similares del Nuevo Testamento a la muerte hay que entenderlas como referencias a la muerte física, puede que no se justifiquen. Un obstáculo a la idea de que la mortalidad física es resultado del pecado es el caso de Jesús. No sólo no pecó (He. 4:15), sino que no fue empañado por la naturaleza corrupta de Adán. Sin embargo, murió. ¿Podría haber afectado la mortalidad a alguien que, espiritualmente, estuviese en el mismo lugar donde estaban Adán y Eva antes de la caída? Esto es un enigma. Tenemos datos conflictivos aquí. ¿Es posible escapar de este dilema de alguna manera?

Primero, debemos observar que la muerte física está ligada a la caída de alguna manera clara. Génesis 3:19 no sería una frase sobre lo que es y ha sido el caso desde la creación, sino un pronunciamiento de una situación nueva: "Con el sudor de tu rostro comerás el pan hasta que vuelvas a la tierra, porque de ella fuiste tomado; pues polvo eres, y al polvo volverás." Además, parece difícil separar las ideas de la muerte física y la muerte espiritual en los escritos de Pablo, en particular en 1 Corintios 15. El tema de Pablo es que la muerte física ha sido vencida mediante la resurrección de Cristo. Los hombres todavía siguen muriendo, pero el carácter terminal de la muerte ha sido eliminado. Pablo atribuye al pecado el poder que tiene la muerte física en ausencia de la resurrección. Pero con Cristo superando la muerte física, el pecado mismo (y por tanto la muerte espiritual) queda vencido (vv. 55-56). Si no fuera por la resurrección de Cristo de la muerte física, seguiríamos en nuestros pecados, esto es, seguiríamos espiritualmente muertos (v. 17). Louis Berkhof parece tener razón cuando dice:

este tema. Ver H. Orton Wiley, *Christian Theology* (Kansas City, Mo.: Beacon Hill, 1958), vol 1, pp. 34-37, 91-95.

11. Ver Agustin, *A Treatise on the Merits and Forgiveness of Sins, and the Baptism of Infants* 1. 2.

12. Dale Moody, *The World of Truth: A Summary of Christian Doctrine Based on Biblical Revelation* (Grand Rapids: Eerdmans, 1981), p. 295.

"La Biblia no conoce la distinción, tan común entre nosotros, entre una muerte física, espiritual o eterna; tiene una idea sintética de la muerte y la considera como la separación de Dios."[13]

Por otra parte, están las consideraciones de que Adán y Eva murieron espiritual, pero no físicamente en el momento o en el día en que pecaron, y que incluso Jesús que estaba limpio de pecado pudo morir. ¿Cómo se puede desenmarañar todo esto?

Sugeriría el concepto de inmortalidad condicional como estado para Adán antes de la caída. No es que fuera capaz propiamente de vivir para siempre, sino que no tenía por qué haber muerto.[14] Dadas las condiciones adecuadas, podría haber vivido para siempre. Este podría ser el significado de las palabras de Dios cuando decidió expulsar a Adán y Eva del Paraíso y de la presencia del árbol de la vida: "que no alargue su mano, y tome también del árbol de la vida, y coma, y viva para siempre" (3:22). Da la impresión de que Adán y Eva, incluso después de la caída, podrían haber vivido para siempre si hubieran comido del árbol de la vida. Lo que ocurrió en el momento de su expulsión del jardín del Edén fue que los humanos, que anteriormente podían haber vivido para siempre o haber muerto, ahora quedaron separados de esas condiciones que hacían posible la vida eterna, y por tanto se volvió inevitable que muriesen. Anteriormente *podían* morir; ahora *tenían que* morir. Esto también significa que Jesús nació con un cuerpo que estaba sujeto a muerte. Tenía que comer para vivir; si no hubiera comido, se hubiera muerto de hambre.

Deberíamos señalar que hubo otros cambios como resultado del pecado. En el Edén los humanos tenían cuerpos que podían enfermar; después de la caída había enfermedades que podían contraer. La maldición, que implicaba la muerte de la humanidad, también incluía todo un grupo de males que podían conducir a la muerte. Pablo nos habla de que algún día estas condiciones serán eliminadas, y que toda la creación será liberada "de la esclavitud de la corrupción" (Ro. 8:18-23).

Resumiendo: el potencial de la muerte estaba dentro de la creación desde el principio, pero también lo estaba el potencial de la vida eterna. El pecado, en el caso de Adán y cada uno de nosotros, significa que la muerte ya no es algo meramente posible, sino real.

No hemos intentado definir la muerte física, aunque las teologías más antiguas la definían como la separación del cuerpo y el alma. Esta definición no es plenamente satisfactoria, por las razones indicadas en nuestro tratamiento de la composición de la naturaleza humana (capítulo 25). Intentaremos definir la muerte física de forma más completa en la discusión de las últimas cosas. Por

13. Louis Berkhof, *Systematic Theology*, pp. 258-59.

14. Agustín hace una distinción similar al diferenciar entre ser "mortal" y estar "sujeto a muerte" (*Merits and Forgiveness of Sins* 1.3).

ahora, pensaremos en ella como la terminación de la existencia humana en su estado corporal o material.

### *Muerte espiritual*

La muerte espiritual está conectada con la muerte física, pero también se diferencia de ella. Es cuando toda la persona es separada de Dios. Dios, como ser perfectamente santo, no puede pasar por alto el pecado o tolerar su presencia. Por tanto, el pecado es una barrera a la relación entre Dios y los hombres, poniéndoles bajo el juicio y la condena de Dios.

La esencia de la muerte espiritual se puede ver en el caso de Adán y Eva. "Porque el día que de él comieres, [el fruto del árbol de la ciencia del bien y del mal] ciertamente morirás" no significa que experimentarán la muerte física inmediata. Significa, como hemos visto, que su mortalidad en potencia, se convertiría en mortalidad real. También significaba la muerte espiritual, la separación entre ellos y Dios. Y de hecho, después de que Adán y Eva comieran del fruto, intentaron ocultarse de Dios porque sentían vergüenza y culpa, y Dios pronunció severas maldiciones sobre ellos. El pecado trajo como resultado el alejamiento de Dios. Esta es la paga del pecado de la que habla Pablo en Romanos 6:23.

Además de este aspecto objetivo de la muerte espiritual, también hay un aspecto subjetivo. La Biblia con frecuencia declara que la gente apartada de Cristo están muertos en delitos y pecados. Esto significa, al menos en parte, que la sensibilidad hacia los asuntos espirituales y la habilidad para actuar y responder espiritualmente, de hacer cosas buenas, están ausentes o muy perjudicadas. La novedad de la vida que es nuestra ahora gracias a la resurrección de Cristo y que se simboliza en el bautismo (Ro. 6:4), aunque no impide la muerte física, desde luego implica una muerte al pecado que nos afligía. Produce una sensibilidad y vitalidad espiritual nueva.

### *Muerte eterna*

La muerte eterna en un sentido real es la extensión y la finalización de la muerte espiritual. Si uno llega a la muerte física todavía espiritualmente muerto, separado de Dios, esa condición se hace permanente. Así como la vida eterna es cualitativamente diferente a nuestra vida presente y a la vez interminable, de la misma manera la muerte eterna es la separación de Dios, que es a la vez cualitativamente diferente a la muerte física y de duración eterna.

En el juicio final las personas que aparezcan ante el trono del juicio de Dios se dividirán en dos grupos. Los que sean juzgados como justos serán enviados a la vida eterna (Mt. 25:34-40, 46b). Y los que sean juzgados como injustos serán enviados al eterno castigo o al fuego eterno (vv. 41-46a). En Apocalipsis 20 Juan escribe sobre una "segunda muerte." La primera muerte es la muerte física, de la cual nos libera la resurrección, pero no nos exime. Aunque todos acabamos sufriendo la primera muerte, la cuestión importante para cada individuo es si se ha superado la segunda muerte. A los que participan en la primera resurrección se les denomina "bienaventurados y santos." Se dice que sobre ellos la segunda muerte no tiene potestad (v. 6). En la última parte del capítulo, la muerte y el Hades son lanzados al lago de fuego (vv. 13-14), al que fueron lanzados anteriormente la bestia y el falso profeta (19:20). A esto se le denomina la segunda muerte (20:14). Cualquiera cuyo nombre no se encuentre escrito en el libro de la vida será lanzado al lago de fuego. Este es el estado permanente de lo que el pecador escogió en vida.

Hemos examinado los resultados que tiene el pecado en las relaciones del hombre con Dios. Esta es la principal área que se ve afectada por el pecado. David había pecado sin duda contra Urías, y de alguna manera también contra Betsabé, e incluso contra la nación de Israel. Sin embargo, en su gran salmo penitencial oró: "Contra ti, contra ti solo he pecado, y he hecho lo malo delante de tus ojos" (Sal. 51:4). Incluso donde no hay dimensión horizontal del pecado, Dios se ve afectado por él. El argumento de que ciertas acciones no son malas, si se realizan con consentimiento y nadie resulta perjudicado, no tiene en cuenta el hecho de que el pecado es principalmente contra Dios y principalmente afecta a la relación entre el pecador y Dios.

## Efectos en el pecador

### *Esclavitud*

El pecado también tiene consecuencias internas para la persona que lo comete. Estos efectos son variados y complejos. Uno de estos es su poder de esclavizador. El pecado se convierte en un hábito o incluso en una adición. Un pecado lleva a otro. Por ejemplo, después de matar a Abel, Caín se sintió obligado a mentir cuando Dios le preguntó dónde estaba su hermano. Algunas veces se requiere un pecado más grande para cubrir un pecado más pequeño. Habiendo cometido adulterio, David pensó que era necesario cometer un asesinato para esconder lo que había hecho. Algunas veces el patrón se hace fijo, de manera que el acto se repite prácticamente de la misma manera. Este fue el caso de Abraham. En Egipto mintió sobre Sara, diciendo que era su hermana en lugar de su mujer, lo que trajo como consecuencia que el faraón la tomase por mujer (Gn. 12:10-20). Más tarde Abraham repitió la misma mentira con Abimelec (Gn. 20). Parece que no había aprendido nada del primer incidente. Incluso su hijo Isaac más tarde repitió la misma mentira con respecto a su mujer Rebeca (Gn. 26:6-11).[15]

15. Muchos comentaristas del Antiguo Testamento consideran estos pasajes narrativos como "dobletes" (relatos múltiples del mismo incidente) en lugar de relatos de tres sucesos distintos. Para una posición conservadora sobre esta materia, ver Oswald T. Allis, *The Five Books of Moses*,

Lo que alguna gente considera libertad para pecar, libertad de las restricciones que impone la obediencia a la voluntad de Dios, es en realidad la esclavitud que produce el pecado. En algunos casos el pecado tiene tanto control y poder sobre la persona que esta no puede escapar. Pablo recuerda que los cristianos romanos habían sido "esclavos del pecado" (Ro. 6:17). Pero el dominio que el pecado tiene sobre el individuo se quiebra con la obra de Cristo: "Porque la ley del Espíritu de vida en Cristo Jesús me ha librado de la ley del pecado y de la muerte" (Ro. 8:2).

### *Huida de la realidad*

El pecado también trae como resultado el no querer enfrentarse a la realidad. No enfrentamos de forma realista las dimensiones duras de la vida, y especialmente las consecuencias de nuestro pecado, en particular, el crudo hecho de la muerte (He. 9:27). Una manera de evitar este hecho es mediante el lenguaje positivo. Ya nadie se muere; sino que "fallece." Se hace parecer la muerte como un viajecito placentero. Ya no hay cementerios ni tumbas en nuestra sociedad moderna. En su lugar tenemos "parques memoriales." Y la experiencia de envejecer, que señala la proximidad de la muerte, se enmascara cuidadosamente con eufemismos como "personas mayores" y "edad dorada," incluso con "segunda juventud." Esto de disfrazar o ignorar la muerte a veces es una manera de negarla, que en realidad es un signo de miedo a la muerte. La supresión de la idea de que la muerte es la paga del pecado (Ro. 6:23) subyace en la mayoría de nuestros intentos por evitar pensar en ella.

### *Negación del pecado*

Acompañando a nuestra negación de la muerte está la negación del pecado, de diferentes maneras. Se le puede dar otro nombre para que ya no sea reconocido como pecado. Se puede considerar un asunto de enfermedad, de privación, de ignorancia o quizá de un desajuste social en el peor de los casos. Karl Menninger escribió sobre este fenómeno en su libro *Whatever Became of Sin ? (¿Qué le sucedió al pecado?)*[16] Negar la existencia del pecado es una manera de deshacerse de la penosa conciencia de nuestro mal comportamiento.

Otra manera de negar el pecado es admitir lo equivocado de nuestras acciones, pero no aceptar nuestra responsabilidad en ellas. Vemos que esta dinámica funciona en el primer pecado. Cuando se enfrentó a la pregunta del Señor: "¿Quién te enseñó que estabas desnudo? ¿Has comido del árbol de que yo te mandé no comieses?" (Gn. 3:11), Adán respondió echando la culpa a otro: "La mujer que me diste por compañera me dio del árbol, y yo comí" (v. 12). La reacción inme-

2nd ed. (Philadelphia: Presbyterian & Reformed, 1949), p. 83.

16. Karl Menninger, *Whatever Became of Sin?* (New York: Hawthorn, 1973).

diata de Adán fue la de negar la responsabilidad personal: él sólo había comido inducido por Eva. Pero el intento de Adán de echar la culpa implicaba todavía más porque lo que dijo fue: "La mujer que *me* diste por compañera me dio del árbol, y yo comí." Adán intentó pasar la culpa incluso a Dios, porque si Dios no le hubiera dado la mujer a Adán, este no habría estado expuesto a tentación. La mujer aprendió rápidamente del ejemplo de su marido: "La serpiente me engañó, y comí" (v. 13). La serpiente no tenía a nadie a quien echar la culpa, así que el proceso se detuvo allí. Sin embargo, es de destacar que el juicio cayó sobre los tres: Adán, Eva y la serpiente. El hecho de que alguien más hubiera instigado los respectivos pecados de Adán y Eva no eliminó su responsabilidad. Tanto los pecadores como el instigador fueron castigados.

Intentar pasar nuestra responsabilidad a otros es una práctica común. Ya que dentro de nosotros suele haber una sensación de culpa que se intenta erradicar desesperadamente. Pero intentar pasar nuestra responsabilidad a otro agrava el pecado y hace que el arrepentimiento sea menos probable. Todas las excusas y explicaciones que ofrecemos por nuestras acciones son signos de la profundidad de nuestro pecado. Apelar al determinismo para explicar y justificar el pecado es sencillamente una forma sofisticada de negación.

### Autoengaño

El autoengaño es el problema subyacente a la negación del pecado. Jeremías escribió: "Engañoso es el corazón más que todas las cosas, y perverso; ¿quién lo conocerá?" (17:9). Los hipócritas de los que a menudo hablaba Jesús probablemente se engañaban a sí mismos antes de intentar engañar a otros. Señaló hasta qué puntos tan ridículos puede llevar el autoengaño: "Y por qué miras la paja que está en el ojo de tu hermano, y no echas de ver la viga que está en tu propio ojo?" (Mt. 7:3). David denunció la injusticia del hombre rico en la parábola de Natán que tomó la única oveja del hombre pobre, pero no se da cuenta de la idea central de la parábola (su propia injusticia al tomar a la mujer de Urías) hasta que Natán se lo hace ver (2 S. 12:1-15).

### Insensibilidad

El pecado también produce insensibilidad. A medida que continuamos pecando y rechazando las advertencias y las condenas de Dios, vamos respondiendo cada vez en menor medida a los avisos de la conciencia. Aunque al principio uno puede sentir pesar al cometer una equivocación, el resultado final del pecado es que ya no nos mueve la Palabra y el Espíritu. Con el tiempo incluso se pueden cometer pecados muy serios sin sentir ningún remordimiento. Un caparazón, una costra espiritual, por así decirlo, crece en nuestra alma. Pablo habla de aquellos que "tienen cauterizada la conciencia" (1 Ti. 4:2) y de aquellos cuyas mentes se han oscurecido por haber rechazado la verdad (Ro. 1:21). Quizá el ejemplo más claro en el ministerio de Jesús sean los fariseos, que, habiendo visto los milagros de Jesús y oído sus enseñanzas, atribuyeron lo que era obra del Espíritu Santo a Belcebú, el príncipe de los demonios.

### *Egoísmo*

También aparece un incremento del egoísmo como resultado del pecado. De muchas maneras el pecado es un volverse hacia uno mismo que se confirma con la práctica. Llamamos la atención sobre nosotros mismos y nuestras buenas cualidades y logros, minimizando nuestros fallos. Buscamos favores especiales y oportunidades en la vida, queriendo tener ventajas que no tenga nadie. Estamos alerta hacia nuestros propios deseos y necesidades, mientras que ignoramos los de los demás.

### *Inquietud*

Finalmente, el pecado produce inquietud. Hay un cierto carácter insaciable en el pecado. Nunca hay una satisfacción total. Aunque algunos pecadores pueden tener una relativa estabilidad durante un tiempo, el pecado al final pierde su habilidad para satisfacer. Como el hábito a una droga, se aumenta la tolerancia, y resulta más fácil pecar sin sentir punzadas de culpa. Además se necesita una dosis más grande para producir los mismos efectos. En el proceso, nuestros deseos aumentan tan rápidamente como nuestra capacidad para satisfacerlos o incluso más rápido. Se dice que a la pregunta "¿Cuánto dinero necesita un hombre para sentirse satisfecho?" John D. Rockefeller respondió: "Sólo un poco más." Como un mar inquieto y agitado, los malvados nunca alcanzan la paz.

## Efectos sobre la relación con otros humanos

### *Competitividad*

El pecado tiene también un efecto enorme en las relaciones entre los humanos. Uno de los más significativos es la proliferación de la competitividad. Como el pecado le hace a uno cada vez más egoísta y centrado en sí mismo, es inevitable que surjan conflictos con los demás. Queremos el mismo puesto, el mismo compañero matrimonial, o el mismo terreno que otro tiene. Cada vez que uno gana, otro pierde. El perdedor, por resentimiento, a menudo se convierte en una amenaza para el ganador. La persona que tiene éxito siempre sufrirá la ansiedad de saber que otros pueden intentar recuperar lo que han perdido. Por lo tanto, no hay ganadores en la carrera de la competitividad. La versión más extrema y a gran escala de la competición humana es la guerra, con su indiscriminada destrucción de propiedades y vidas humanas. Santiago es bastante claro sobre los factores principales que conducen a la guerra: "¿De dónde vienen las guerras y los pleitos entre vosotros? ¿No es de vuestras pasiones, las cuales combaten en vuestros miembros? Codiciáis, y no tenéis; matáis y ardéis de envidia, y no podéis alcanzar; combatís y lucháis" (Stgo. 4:1-2). Hemos observado anteriormente que el pecado esclaviza, conduciendo a más pecado. Santiago confirma esta observación con su afirmación de que el pecado de la codicia conduce a los pecados del asesinato y la guerra.

### Incapacidad para identificarse con los demás

La incapacidad para identificarse con los demás es una consecuencia importante del pecado. Preocupándonos por nuestros deseos personales, nuestra reputación y opiniones sólo vemos nuestra propia perspectiva. No nos podemos poner en el lugar de los demás y apreciar también sus necesidades, o ver cómo se podría entender una situación de una manera diferente. Esto es lo contrario de lo que Pablo recomendó a sus lectores: "Nada hagáis por contienda o por vanagloria; antes bien con humildad, estimando cada uno a los demás como superiores a él mismo; no mirando cada uno por lo suyo propio, sino cada cual también por lo de los otros. Haya, pues, en vosotros este sentir que hubo también en Cristo Jesús" (Fil. 2:3-5).

### Rechazo de la autoridad

El rechazo de la autoridad a menudo es una ramificación social del pecado. Si encontramos seguridad en nuestras posesiones y logros, cualquier autoridad externa resulta amenazadora. Como nos limita para hacer lo que queremos hacer, la resistimos o ignoramos. En el proceso, por supuesto, se pueden pisotear muchos otros derechos.

### Incapacidad de amar

Finalmente, el pecado trae como resultado la incapacidad de amar. Como los demás se interponen en nuestro camino, representando competencia y amenaza para nosotros, no podemos actuar para conseguir su bienestar si nuestro objetivo es la satisfacción personal. Y así sospechas, conflictos, amarguras e incluso odios surgen de la auto-absorción o del perseguir valores finitos que han suplantado a Dios como centro de la vida del pecador.

El pecado es un asunto serio; tiene efectos muy amplios, en nuestra relación con Dios, con nosotros mismos y con los demás humanos. Según esto, se requerirá una cura que tenga efectos de una extensión similar.

# 30. La magnitud del pecado

## Objetivos del capítulo

Después de estudiar este capítulo, debería ser capaz de:

- Relacionar la enseñanza sobre la extensión del pecado en el Antiguo y Nuevo Testamento con una forma más completa de entender el pecado.
- Relacionar la enseñanza sobre la intensidad del pecado en el Antiguo y Nuevo Testamento con una forma más amplia de entender la extensión del pecado.
- Identificar y explicar tres teorías tradicionales sobre el pecado original: Pelagianismo, Arminianismo y Calvinismo.
- Extrapolar conceptos bíblicamente adecuados de las teorías tradicionales y formular un modelo bíblico y contemporáneo del pecado original.

## Resumen del capítulo

Es evidente tanto por las descripciones del Antiguo como del Nuevo Testamento que el pecado es universal. Los dos testamentos reafirman la profundidad y la extensión del pecado en todos los humanos. Tres puntos de vista históricos del pecado original son el Pelagianismo, el Arminianismo y el Calvinismo. El Pelagianismo es el que muestra menos afinidad con las Escrituras. El autor presenta una forma contemporánea de entender la magnitud del pecado que incorpora una perspectiva bíblica y los mejores elementos de los puntos de vista tradicionales.

## Cuestiones de estudio

1. ¿Qué similitudes y diferencias percibe entre las enseñanzas del Antiguo y Nuevo Testamento en cuanto a la extensión del pecado?

2. ¿Cómo se convirtieron los fariseos en un ejemplo de la intensidad del pecado dentro de la humanidad?
3. ¿Qué es el Pelagianismo, y cómo argumentaría contra esta posición? ¿Cómo refleja esta posición el punto de vista de muchas personas en la cultura contemporánea?
4. Compare y contraste el Arminianismo y el Calvinismo.
5. ¿Qué conclusiones extraería de la Biblia y de la manera que usted tiene de entender las tres teorías sobre el pecado original? Desarrolle su propia posición y defiéndala.
6. ¿Cómo se compara su posición con el modelo ofrecido por el autor?

La extensión del pecado
  La enseñanza del Antiguo Testamento
  La enseñanza del Nuevo Testamento
La intensidad del pecado
  La enseñanza del Antiguo Testamento
  La enseñanza del Nuevo Testamento
Teorías del pecado original
  Pelagianismo
  Arminianismo
  Calvinismo
Pecado original: Un modelo bíblico y contemporáneo

Habiendo visto algo de la naturaleza del pecado, su fuente y sus efectos, ahora debemos preguntar sobre su magnitud. Hay dos facetas en esta cuestión: (1) ¿Cómo es de extenso y de común el pecado? (2) ¿Cómo es de intenso y radical?

## La extensión del pecado

A la pregunta de quién peca, la respuesta parece clara: el pecado es universal. No sólo algunos individuos aislados o incluso la mayoría de la raza humana, sino todos los humanos, sin excepción, son pecadores.

### *La enseñanza del Antiguo Testamento*

La universalidad del pecado se enseña de varias maneras y en varios lugares en las Escrituras. En el Antiguo Testamento, no solemos encontrar declaraciones generales sobre todas las personas en todos los tiempos, sino sobre todos lo que vivían en los tiempos sobre los que se escribió. En el tiempo de Noé, el pecado de la raza era tan grande y tan extenso que Dios decidió destruirlo todo (con excepción de Noé y su familia y de los animales que se introdujeron en el arca). La descripción es vívida: "Vio Jehová que la maldad de los hombres era mucha en la tierra, y que todo designio de los pensamientos de su corazón solo era de continuo el mal" (Gn. 6:5). Dios lamentó haber hecho la humanidad y decidió borrar toda la humanidad, junto con toda las cosas vivas, porque la corrupción era mundial: "La tierra se corrompió delante de Dios, y estaba la tierra llena de violencia" (Gn. 6:11). Noé parece ser una excepción: él encontró favor a los ojos del Señor, se le describía como "hombre justo, era perfecto entre los hombres de su tiempo" (v. 9). Sin embargo, aunque destacaba entre los que le rodean, fue culpable del pecado de ebriedad (9:21), que también se condena en otra parte de las Escrituras (Hab. 2:15; Ef. 5:18).

Incluso después de que el diluvio destruyera a los malvados de la tierra, Dios todavía dijo: "el corazón del hombre se inclina al mal desde su juventud" (Gn. 8:21). David describe la corrupción de sus contemporáneos en los términos que Pablo cita en Romanos 3. En Salmos 14 y 53, que son casi idénticos, la corrupción se expresa como universal: "Se han corrompido, hacen obras despreciables, no hay quien haga lo bueno...Todos se desviaron, a una se han corrompido; no hay quien haga lo bueno, no hay ni siquiera uno" (Sal. 14:1, 3). Una vez más, hay pocos justos entre los que cometen maldad (v. 5). Sin embargo, David no sugiere que la rectitud sea un logro personal en lugar de un don de la gracia del Señor. Proverbios 20 implica que la búsqueda de un hombre recto y fiel no tendrá éxito "Muchos hay que proclaman su propia bondad, pero un hombre de verdad, ¿quién lo hallará?" (v. 6). "¿Quién puede decir: 'Yo he limpiado mi corazón, limpio estoy de mi pecado?'" (v. 9). Entre estas dos preguntas retóricas hay declaraciones sobre un hombre justo y un rey que se sienta en el trono para juzgar (vv. 7-8 ), pero aparentemente ni siquiera ellos pueden reclamar crédito para la rectitud.

Una declaración categórica sobre la pecaminosidad del hombre la encontramos en 1 Reyes 8:46: "porque no hay hombre que no peque" (cf. Ro. 3:23). David hace una afirmación similar cuando pide misericordia de Dios: "No entres en juicio con tu siervo, porque no se justificará delante de ti ningún ser humano" (Sal. 143:2). La misma idea está implícita en el Salmo 130:3 "Jah, si miras los pecados, ¿quién, Señor, podrá mantenerse?" El escritor de Eclesiastés dice: "Ciertamente no hay en la tierra hombre tan justo, que haga el bien y nunca peque" (Ecl. 7:20).

Estas afirmaciones de la pecaminosidad universal de la raza humana deberían ser consideradas como calificadoras de todas las referencias de las Escrituras a las personas perfectas o sin culpa (por ejemplo Sal. 37:37; Prov. 11:5). Incluso aquellos a los que se describe específicamente como perfectos tienen fallos, como Noé. Lo mismo ocurre con Job (cf. Job 1:8 y 14:16-17, donde Job se refiere a sus transgresiones). Abraham era un hombre de gran fe; el Señor incluso le ordena que sea perfecto (Gn. 17:1). Sin embargo, sus acciones probaron que no carecía de pecado. Al engendrar un hijo, Ismael, con Hagar, mostró que no creía en la habilidad de Dios para cumplir su promesa de darle un heredero: Abraham demostró falta de integridad también dos veces al presentar a su esposa Sara como su hermana (Gn. 12, 20). Moisés era sin duda un hombre de Dios, pero su falta de confianza hizo que no se le permitiera entrar con el pueblo de Israel en la Tierra Prometida (Núm. 20:10-13). David era un hombre conforme al corazón de Dios (1 S. 13:14). Sin embargo, sus pecados fueron graves y ocasionaron el gran salmo de arrepentimiento (Sal. 51). Isaías 53:6 se esfuerza por universalizar su descripción metafórica de los pecadores: "Todos nosotros nos descarriamos como ovejas, cada cual se apartó por su camino; mas Jehová cargó en él el pecado de todos nosotros."

### La enseñanza del Nuevo Testamento

El Nuevo Testamento es incluso más claro en lo que se refiere a la universalidad del pecado humano. El pasaje más conocido es, por supuesto, Romanos 3, donde Pablo cita y elabora sobre Salmos 14 y 53, y también 5:9; 140:3; 10:7; 36:1; e Isaías 59:7-8. afirma que "tanto judíos como gentiles están bajo pecado" (v. 9), y después añade una serie de citas descriptivas empezando por: "No hay justo, ni aun uno; no hay quien entienda, no hay quien busque a Dios. Todos se desviaron, a una se hicieron inútiles; no hay quien haga lo bueno, no hay ni siquiera uno" (vv. 10-12). Ninguno será justificado por las obras de la ley (v. 20). La razón es clara: "por cuanto todos pecaron y están destituidos de la gloria de Dios" (v. 23). Pablo también deja claro que está hablando no sólo de los no creyentes, de aquellos que están fuera de la fe cristiana, sino también de los creyentes, incluido él mismo. En Efesios 2:3 reconoce que "entre ellos [los hijos de la desobediencia v. 2] vivíamos también todos nosotros en otro tiempo, andando en los deseos de nuestra carne, haciendo la voluntad de la carne y de los pensamientos; y éramos por naturaleza hijos de ira, lo mismo que los demás." Parece que no hay excepciones a esta regla universal. En su declaración sobre la ley y su función, Pablo hace mención al hecho de que "la Escritura lo encerró todo bajo pecado" (Gá. 3:22). De forma similar en 1 Juan 5:19 indica que "el mundo entero está bajo el maligno."

La Biblia no sólo afirma con frecuencia que todos somos pecadores; también lo asume por todas partes. Fijémonos, por ejemplo, que el mandato al arrepentimiento alcanza a todos. Cuando Pablo habló en el Areópago dijo: " Durante mucho tiempo Dios perdonó a los que hacían todo eso, porque no sabían lo que hacían; pero ahora Dios ordena que todos los que habitan este mundo se arrepientan" (Hch. 17:30). Aunque Jesús nunca necesitó confesar pecado ni arrepentirse, es necesario que todos los demás lo hagan, porque es obvio que todos pecan. Hablando con Nicodemo sobre volver a nacer, Jesús hizo su declaración universal: "Te aseguro que si uno no nace del agua y del Espíritu, no puede entrar en el reino de Dios" (Jn. 3:5). Todos necesitan la transformación que trae el nuevo nacimiento. Parece que en el Nuevo Testamento toda persona, por el hecho de serlo, se considera un pecador que necesita arrepentirse y nacer de nuevo. El pecado es universal. Como dice Ryder Smith: "La universalidad del pecado se da por hecho. Examinándolos, se encuentra que todos los discursos de Hechos, incluso el de Esteban, y todas las Epístolas asumen que todos los hombres han pecado. Esta es también la suposición de Jesús en los Evangelios sinópticos. Jesús trata a todos sobre la base de que 'Aquí hay un pecador.'"[1]

Además de confirmar y asumir por todas partes que todos los humanos son pecadores, la Biblia también ilustra este hecho en abundancia. Pecadores flagrantes aparecen en las páginas de las Escrituras. La mujer samaritana en Juan 4 y los ladrones en la cruz son ejemplos obvios. Pero lo que es más impresionante es que incluso la gente buena, los rectos, los héroes de las Escrituras, sean presentados como pecadores. Ya hemos señalado varios ejemplos del Antiguo Testamento: Noé, Abraham, Moisés, David. Y en el Nuevo Testamento leemos sobre los fallos de los discípulos de Jesús. Los pecados de Pedro le trajeron varias reprimendas de Jesús, el más severo: "¡Quítate de delante de mí, Satanás!; me eres tropiezo, porque no pones la mira en las cosas de Dios, sino en las de los hombres" (Mt. 16:23). La ambición egoísta y el orgullo se revelaron no solo en el intento de que Santiago y Juan fueran colocados en los lugares de poder a la derecha y a la izquierda de Jesús, sino también en el resentimiento y la indignación de los demás discípulos (Mt. 20:20-28; Mr. 10:35-45; Lc. 22:24-27). Este incidente es todavía más sorprendente porque se produce poco después de que hubieran discutido sobre cuál de ellos era más grande, y Jesús había respondido con un discurso sobre la necesidad de servir (Mt. 18:1-5; Mr. 9:33-37; Lc. 9:46-48).

Una prueba adicional de la universalidad del pecado es que todas las personas están sujetas a la pena por el pecado, esto es, la muerte. Excepto aquellos que estén vivos cuando Cristo regrese, todos sucumbirán a la muerte. Romanos 3:23 ("por cuanto todos pecaron, y están destituidos de la gloria de Dios.") y 6:23 ("Porque la paga del pecado es la muerte." ) están relacionados entre sí. La universalidad de la muerte de la que habla el segundo versículo es evidencia de la universalidad del pecado de la que habla el primero. Entre estos dos versículos está Romanos 5:12: "Por tanto, como el pecado entró en el mundo por un hombre, y por el pecado la muerte, así la muerte pasó a todos los hombres, por cuanto todos pecaron." Aquí, también, el pecado es considerado universal.

## La intensidad del pecado

Habiendo visto que la extensión del pecado es universal, ahora vamos a observar el tema de su intensidad. ¿Cómo es de pecador un pecador? ¿Cómo es de profundo nuestro pecado? ¿Somos básicamente puros, con una inclinación positiva hacia el bien, o somos total y absolutamente corruptos? Debemos observar con cuidado los datos bíblicos y después intentar interpretarlos e integrarlos.

1. Charles Ryder Smith, *The Bible Doctrine of Sin and of the Ways of God with Sinners* (London: Epworth, 1953), pp. 159-60.

### La enseñanza del Antiguo Testamento

El Antiguo Testamento en su mayor parte habla de los pecados y no de la pecaminosidad, del pecado como un acto y no como un estado o disposición. La condena pronunciada por los profetas hebreos estaba dirigida generalmente a actos de pecado o a pecados. No obstante esta condena no sólo se relacionaba con los actos externos del pecado, sino también con los internos. De hecho, se distinguía entre pecados según su motivación. El derecho de refugio estaba reservado para los homicidas que mataban sin intención y no para los que lo hacían de forma intencionada (Dt. 4:42). El motivo era tan importante como el acto en sí mismo. Además, las intenciones y los pensamientos internos se condenaban aparte de los actos externos. Un ejemplo es el pecado de la codicia, un deseo interno que se escoge libremente.[2]

Sin embargo, el Antiguo Testamento va un paso más allá en su manera de entender el pecado. En particular en los escritos de Jeremías y Ezequiel el pecado se describe como una enfermedad espiritual que aflige al corazón. Nuestro corazón está mal y hay que arreglarlo o incluso sustituirlo, o incluso intercambiarse. No sólo hacemos el mal; nuestra misma inclinación es maligna. Jeremías dice: "Engañoso es el corazón más que todas las cosas, y perverso; ¿quién lo conocerá?" (Jer. 17:9). Más tarde Jeremías profetiza que Dios cambiará los corazones de su pueblo. Llegará el día en que el Señor pondrá su ley en el pueblo de Israel y lo "escribiré en su corazón" (Jer. 31:33). De forma similar, en el libro de Ezequiel Dios afirma que los corazones de la gente necesitan cambiar: "Y les daré un corazón, y un espíritu nuevo pondré dentro de ellos; y quitaré el corazón de piedra de en medio de su carne, y les daré un corazón de carne" (Ez. 11:19).

Es también de destacar que aunque algunos de los términos hebreos para pecado que examinamos en el capítulo 27 señalan hacia pecados definidos y específicos, otros parecen sugerir una condición, estado o tendencia del corazón. Un término que es particularmente significativo aquí es el verbo חָשַׁב *(chashab)*, que en distintas formas aparece unas 180 veces.[3] Aunque hay más de veinte traducciones diferentes, el significado básico es "planear," que combina las ideas de pensar e idear. El término se utiliza en conexión con los pensamientos y los propósitos de Dios, y especialmente con las ideas ingeniosas y pecaminosas de un corazón humano. En el segundo caso la palabra llama la atención no sobre el acto del pecado, sino sobre el propósito e incluso la doble intención que hay tras él. En Eclesiastés 7, el predicador reflexiona sobre el predominio de la maldad. Habla de la mujer cuyo corazón es lazos y redes (v. 26), y luego concluye: "He aquí, solamente esto he hallado: que Dios hizo al hombre recto, pero ellos

2. Ibid., p. 34.

3. Francis Brown, S. R. Driver, and Charles Briggs, *Hebrew and English Lexicon of the Old Testament* (New York: Oxford University Press, 1955), pp. 362-63.

buscaron muchas perversiones" (v. 29). La persona que comete actos malvados es aquella cuyo corazón concibe el mal, cuyo hábito es pecar. La imagen del corazón perverso la encontramos ya en el relato del diluvio; Dios comenta sobre la humanidad pecadora que "todo designio de los pensamientos del corazón de ellos era de continuo solamente el mal" (Gn. 6:5). Más tarde abundan los ejemplos: "Deje el impío su camino, y el hombre inicuo sus pensamientos, y vuélvase a Jehová, el cual tendrá de él misericordia, y al Dios nuestro, el cual será amplio en perdonar" (Is. 55:7); "pues no entendía que maquinaban designios contra mí" (Jer. 11:19); "Abominación son a Jehová los pensamientos del malo; mas las expresiones de los limpios son limpias" (Prov. 15:26). Ryder Smith comenta sobre estos pasajes: "Aquí la idea de los pecados internos *separados* pasa a ser la de un hábito de pecar."[4]

El Salmo 51, el gran salmo penitencial, expresa más completamente la idea de la pecaminosidad o de la naturaleza pecaminosa. Dejando a un lado de momento la cuestión de si el pecado o la corrupción se hereda, notamos aquí un fuerte énfasis en la idea de que el pecado es una condición o disposición interna, y la necesidad de depurar el interior de la persona. David habla de haber sido formado en maldad y concebido en pecado (v. 5). Habla de que el Señor ama la verdad en lo íntimo, y de la necesidad de comprender la sabiduría en lo secreto (v. 6). El salmista ora para ser lavado y limpiado (v. 2), purificado y lavado (v. 7), y pide a Dios que cree en él un corazón limpio y que renueve un espíritu recto dentro de él (v. 10). Apenas se pueden encontrar en la literatura religiosa expresiones de más fuerte concienciación sobre la necesidad de cambiar la disposición o la naturaleza interna. Queda claro que el salmista no piensa en sí mismo sólo como alguien que peca, sino como en una persona pecadora.

### La enseñanza del Nuevo Testamento

El Nuevo Testamento incluso es más claro y más enfático en este asunto. Jesús habló de la disposición interna como mal. No es suficiente no matar; el que se enfada con un hermano está expuesto a ser juzgado (Mt. 5:21-22). No es suficiente con abstenerse para no cometer adulterio. Si un hombre codicia a una mujer, en su corazón ya ha cometido adulterio con ella (Mt. 5:27-28). Jesús incluso lo expone de forma más severa en Mateo 12:33-35, donde las acciones se consideran como salidas del corazón: "Si el árbol es bueno, su fruto es bueno; si el árbol es malo, su fruto es malo, porque por el fruto se conoce el árbol. ¡Generación de víboras! ¿Cómo podéis hablar lo bueno, siendo malos?, porque de la abundancia del corazón habla la boca. El hombre bueno, del buen tesoro del corazón saca buenas cosas, y el hombre malo, del mal tesoro saca malas cosas." Lucas deja claro que el fruto producido refleja la naturaleza misma del árbol, o

4. Smith, *Doctrine of Sin*, p. 36.

de la persona: los buenos árboles no dan mala fruta, los árboles malos no dan buena fruta (Lc. 6:43-45). Nuestras acciones son lo que son porque nosotros somos lo que somos. No puede ser de otra manera. Las malas acciones y las malas palabras surgen de los malos pensamientos del corazón: "Pero lo que sale de la boca, del corazón sale; y esto contamina al hombre, porque del corazón salen los malos pensamientos, los homicidios, los adulterios, las fornicaciones, los hurtos, los falsos testimonios, las blasfemias" (Mt. 15:18-19).

El propio testimonio de Pablo también es un poderoso argumento de que es la corrupción de la naturaleza humana la que produce los pecados individuales. Él recuerda que: "mientras vivíamos en la carne, las pasiones pecaminosas, estimuladas por la Ley, obraban en nuestros miembros llevando fruto para muerte" (Ro. 7:5). Ve "otra ley en mis miembros, que se rebela contra la ley de mi mente, y que me lleva cautivo a la ley del pecado que está en mis miembros" (v. 23). En Gálatas 5:17 escribe que los deseos de la carne están en contra del Espíritu. La palabra aquí es ἐπιθυμέω *(epithumeō)*, que se puede referir tanto a un deseo neutral como a un deseo inadecuado. Hay muchas "obras de la carne": "adulterio, fornicación, inmundicia, lujuria, idolatría, hechicerías, enemistades, pleitos, celos, iras, contiendas, divisiones, herejías, envidias, homicidios, borracheras, orgías, y cosas semejantes" (vv. 19-21). En el pensamiento de Pablo, por lo tanto, al igual que en el de Jesús, los pecados son el resultado de la naturaleza humana. En todos los seres humanos hay una fuerte inclinación al mal, una inclinación con efectos definidos.

El adjetivo *total* a menudo va unido a la idea de depravación. Esta idea deriva de algunos de los textos que ya hemos examinado. Al principio de la Biblia leemos: "Vio Jehová que la maldad de los hombres era mucha en la tierra, y que todo designio de los pensamientos de su corazón solo era de continuo el mal" (Gn. 6:5). Pablo describe a los gentiles: "teniendo el entendimiento entenebrecido, ajenos de la vida de Dios por la ignorancia que en ellos hay, por la dureza de su corazón. Estos, después que perdieron toda sensibilidad, se entregaron al libertinaje para cometer con avidez toda clase de impureza" (Ef. 4:18-19). Sus descripciones de los pecadores en Romanos 1:18-32 y Tito 1:15, así como de la gente de los últimos días en 2 Timoteo 3:2-5, se centra en su corrupción, insensibilidad y desesperada maldad. Pero la expresión "depravación total" debe utilizarse con mucho cuidado. Ya que a veces se ha interpretado que expresa una manera de entender la naturaleza humana que nuestra experiencia desmiente.[5]

Con depravación total no queremos decir que la persona no regenerada sea totalmente insensible en temas de conciencia, de lo que está bien y está mal. Porque Pablo en Romanos 2:15 dice que los gentiles tenían la ley escrita en sus

5. Augustus H. Strong, *Systematic Theology* (Westwood, N.J.: Revell, 1907), pp. 637-38; Louis Berkhof, *Systematic Theology* (Grand Rapids: Eerdmans, 1953), p. 246.

corazones: "dando testimonio su conciencia y acusándolos o defendiéndolos sus razonamientos."

Además, la depravación total no significa que la persona pecadora sea lo más pecaminosa posible. Nadie hace continuamente el mal y de la forma más malvada posible. Hay personas no regeneradas que son genuinamente altruistas, que muestran amabilidad, generosidad y amor hacia otros, que son buenos y dedicados esposos y padres. Algunas personas totalmente seculares se han implicado en actos de heroísmo por su país. Estas acciones, mientras estén en conformidad con la voluntad y la ley de Dios complacen a Dios. Pero de ninguna manera resultan meritorias. No califican a la persona para la salvación, ni contribuyen a ella de forma alguna.

Finalmente, la doctrina de la depravación total no significa que el pecador se implique en todo tipo de pecados. Porque la virtud a menudo, como señaló Aristóteles, está en un punto medio de dos extremos, cualquiera de los cuales son vicios, la presencia de un vicio en algunos casos automáticamente excluiría al otro.[6]

¿Qué queremos decir, positivamente, con la idea de depravación total? Primero, el pecado es un asunto de la persona en su conjunto.[7] La sede del pecado no es un aspecto de la persona, como el cuerpo o la razón. Desde luego varias referencias dejan claro que el cuerpo se ve afectado (por ejemplo Ro. 6:6, 12; 7:24; 8:10, 13). Otros versículos nos dicen que la mente o el cuerpo están implicados (como Ro. 1:21; 2 Co. 3:14-15; 4:4). Que las emociones también están implicadas se ve atestiguado ampliamente (Ro. 1:26-27; Gá. 5:24 y 2 Ti. 3:2-4, donde los impíos se describen como amadores de sí mismos y de los deleites más que de Dios). Finalmente, es evidente que la voluntad también se ve afectada. La persona no regenerada no tiene un auténtico libre albedrío, sino que es esclavo del pecado. Pablo describe de forma cruda a los romanos diciendo que una vez fueron "esclavos del pecado" (6:17). Le preocupa que los enemigos del siervo del Señor "se arrepientan para conocer la verdad...y escapen del lazo del diablo, en que están cautivos a voluntad de él" (2 Ti. 2:25-26).

Además, la depravación total significa que incluso el altruismo de las personas no regeneradas siempre contiene un elemento de motivación inadecuada. Los buenos actos no se hacen total e incluso principalmente por el perfecto amor de Dios. En cada caso hay otro factor, ya sea la preferencia del propio interés o de otro objeto que no es Dios. Por lo tanto, aunque puede parecer que sea un comportamiento bueno y deseable y podemos sentirnos inclinados a creer que no es pecaminoso en forma alguna, incluso la bondad está manchada. Los fariseos que tan a menudo hablaban con Jesús hacían muchas cosas buenas (Mt. 23:23), pero no sentían verdadero amor por Dios. Así que él les dijo: "Escudriñad las

6. Aristóteles, *Moral a Nicómaco* 2.8-9.
7. Berkhof, *Systematic Theology*, p. 247.

Escrituras, porque a vosotros os parece que en ellas tenéis la vida eterna, y ellas son las que dan testimonio de mí; y no queréis venir a mí para que tengáis vida. Gloria de los hombres no recibo. Pero yo os conozco, que no tenéis el amor de Dios en vosotros" (Jn. 5:39-42).

A menudo el pecado se cubre con una suave capa de encanto y gracia. No obstante, como indica la doctrina de la depravación total, bajo esa apariencia hay un corazón que no está realmente inclinado hacia Dios. Langdon Gilkey cuenta cómo descubrió esta verdad en un campo de prisioneros japonés. Había sido educado en círculos cultos. Su padre fue decano de la Capilla Rockefeller en la Universidad de Chicago, y Langdon asistió a la Universidad de Yale. Había conocido a gente atenta y generosa. Pero cuando estuvo en el campo de prisioneros con mucha gente del mismo tipo, vio una parte distinta de la naturaleza humana. Allí, con escasez de todo, el egoísmo, que es natural en los seres humanos, se manifestaba a veces de forma espectacular. El espacio era muy limitado, así que se hicieron distribuciones definidas, lo más equitativas posibles para todos. Gilkey estaba a cargo de la asignación de alojamientos. Algunas personas ofrecían elaboradas explicaciones de por qué ellos debían tener más espacio que otras. Algunos movían sus camas un centímetro cada noche para conseguir un poco más de espacio. Entre los infractores se encontraban incluso algunos misioneros cristianos. En un pasaje conmovedor cuenta el descubrimiento de algo así como el pecado original. Es un vívido recordatorio de que lo que sucede en situaciones límite puede resultar una mejor indicación de la verdadera condición del corazón humano que las circunstancias normales de la vida.

> Tales experiencias con la tozudez normal de los hombres me estimulaban de forma natural a pensar mucho en los escasos momentos que estaba a solas. Mis ideas sobre cómo era la gente y qué motivaba sus acciones sufrieron una revisión radical. La gente por lo general – y sé que no podía excluirme yo mismo – parecía ser mucho menos racional y mucho más egoísta de lo que yo había creído nunca, no era la 'buena gente' que yo siempre había supuesto que eran. No decidían hacer las cosas porque era razonable y moral actuar de esa manera, sino porque servía mejor a sus intereses. Después encontraban razones morales y racionales para lo que ya estaban decididos a hacer.[8]

Los humanos aquí no están muy por encima del nivel de los animales, que luchan entre ellos por comida incluso aunque haya suficiente para todos. Cuando la sociedad funciona con normalidad, la humanidad no parece ser tan triste; lo que olvidamos es que las fuerzas de seguridad que nos obligan a cumplir la ley sirven como fuerza disuasoria. Pero cuando se produce un apagón en Nueva York y la policía no puede realizar su trabajo con normalidad, el delito se abre paso libremente en grandes proporciones. Por tanto, no deberíamos asumir demasiado

8. Langdon Gilkey, *Shantung Compound* (New York: Harper & Row, 1966), pp. 89-90.

rápido que la bondad relativa de los seres humanos en circunstancias normales refuta la idea del pecado original. Esta bondad puede que esté motivada por el temor a la detención y al castigo.

Consideraciones similares se pueden hacer del extraño problema de "Don Agradable," el encantador, atento, útil, generoso no cristiano. A veces resulta difícil pensar que este tipo de persona pueda ser pecadora y que necesite regeneración. ¿Cómo una persona así puede ser un pecador desesperadamente malvado, orgulloso y rebelde? Según la doctrina correcta de la depravación total, el pecado no se define por lo que otros seres humanos puedan creer que es desagradable. Es más bien, un fracaso a la hora de amar, honrar y servir a Dios. Por lo tanto incluso la persona más encantadora y agradable necesita el evangelio de la nueva vida, tanto como cualquier persona detestable, grosera y desconsiderada.

Finalmente, la depravación total significa que los pecadores son completamente incapaces de salir de su condición pecadora.[9] Además de que los buenos actos que hacen están mancillados por algo menos que el amor por Dios, no se pueden mantener de forma continuada las acciones buenas y lícitas. El pecador no puede alterar su vida mediante un proceso de determinación, voluntad y reforma. El pecado es ineludible. Este hecho queda reflejado en las frecuentes referencias que las Escrituras hacen a los pecadores como "espiritualmente muertos." Pablo escribe: "cuando estabais muertos en vuestros delitos y pecados, en los cuales anduvisteis en otro tiempo…[Dios] aun estando nosotros muertos en pecados, nos dio vida juntamente con Cristo" (Ef. 2:1-2,5). La misma expresión se encuentra en Colosenses 2:13. El escritor de Hebreos habla de "obras muertas" (He. 6:1; 9:14). Estas expresiones no significan que los pecadores sean totalmente insensibles a los estímulos espirituales, sino más bien que son incapaces de hacer lo que deberían. Las personas no regeneradas son incapaces de hacer obras genuinamente buenas y redentoras; todo lo que hacen está muerto o es ineficaz en relación con Dios. La salvación por obras es totalmente imposible (Ef. 2:8-9).

Todo el que ha intentado vivir una vida perfecta por sus propios medios ha descubierto lo que dice aquí Pablo. Tales esfuerzos al final acaban, como mínimo, en frustración. Un profesor de seminario ha descrito su intento personal. Hizo una lista de treinta características de la vida cristiana. Después asignó cada una de ellas a un día diferente del mes. El primer día, trabajó mucho en el primer atributo. Con gran concentración, trató de cumplir con su objetivo todo el día. El segundo día del mes, cambió a la segunda área, y se hizo dueño de la situación. Después pasó a la tercera área, y sucesivamente dominó cada una de ellas, hasta el último día realizó perfectamente la característica que se había asignado. Pero justo cuando estaba regocijándose de su victoria, miró hacia atrás al objetivo del primer día para ver qué tal lo estaba haciendo. Con

9. Strong, *Systematic Theology*, pp. 640-46.

gran desilusión se dio cuenta de que había perdido completamente de vista el objetivo del primer día – y del segundo, el tercero y el cuarto días. Mientras se concentraba en otras áreas, sus anteriores fracasos y fallos simplemente habían vuelto a aparecer. La experiencia del profesor es un estudio empírico de lo que nos enseña la Biblia: "No hay quien haga lo bueno, no hay ni siquiera uno" (Sal. 14:3b; 53:3b; Ro. 3:12). La Biblia también da la razón para esto: "A una se han corrompido" (Sal. 14:3a; 53:3a). Somos totalmente incapaces de hacer suficientes obras genuinamente meritorias para conseguir el favor de Dios.

## Teorías del pecado original

Todos nosotros, parece que sin excepción, somos pecadores. Con esto queremos decir no sólo que todos pecamos, sino que tenemos una naturaleza depravada y corrupta que nos inclina tanto hacia el pecado que este nos resulta prácticamente inevitable. ¿Cómo puede ser esto? ¿Cuál es la base de este hecho sorprendente? ¿No habrá algún factor común obrando en todos nosotros? Es como si algún antecedente o un factor anterior en la vida condujera al pecado universal y a la depravación universal. Pero ¿cuál es el factor común al que a menudo se denomina pecado original?[10] ¿De dónde se deriva y cómo se transmite y comunica?

Encontramos la respuesta en Romanos 5: "Por tanto, como el pecado entró en el mundo por un hombre y por el pecado la muerte, así la muerte pasó a todos los hombres, por cuanto todos pecaron" (v. 12). Este pensamiento se repite de varias maneras diferentes en los versículos sucesivos: "porque si por la transgresión de aquel uno muchos murieron" (v. 15); "el juicio vino a causa de un solo pecado para condenación" (v. 16); "Si por la transgresión de uno solo reinó la muerte" (v. 17); "Así que, como por la transgresión de uno vino la condenación a todos los hombres" (v. 18); "Así como por la desobediencia de un hombre muchos fueron constituidos pecadores" (v. 19). Pablo ve algún tipo de conexión causal entre lo que hizo Adán y la pecaminosidad de todas las personas en todos los tiempos. Pero ¿cuál es exactamente la naturaleza de la influencia ejercida por Adán sobre los humanos y por qué medios opera?

Se han hecho varios intentos para entender y dilucidar esta influencia de Adán. En las siguientes páginas, examinaremos y evaluaremos por turnos cada uno de estos intentos. Después trataremos de construir un modelo que haga justicia a las distintas dimensiones del testimonio bíblico y sea también inteligible dentro del contexto contemporáneo.

10. Por "pecado originall entendemos la dimensión de pecado con la que empezamos la vida, o el efecto que el pecado de Adán tiene sobre nosotros como condición previa a nuestras vidas.

### *Pelagianismo*

El primer punto de vista, y en cierta manera el más interesante, sobre las relaciones entre los individuos humanos y el primer pecado de Adán es el de Pelagio. Era un monje británico (aunque hay ciertas dudas sobre si realmente se trataba de un monje) que se había trasladado a Roma a enseñar. Cuando, como resultado de la invasión de Alarico, dejó Italia para irse a Cartago, en el norte de África en el 409, el conflicto con las enseñanzas de Agustín fue casi inevitable.[11]

Pelagio era un moralista: su principal preocupación era que la gente viviese vidas buenas y decentes. Creía que un punto de vista excesivamente negativo sobre la naturaleza humana tenía un efecto desafortunado en el comportamiento humano. Unido a un énfasis en la soberanía de Dios, la dimensión de la pecaminosidad humana parecía eliminar toda motivación de intentar vivir una vida buena.[12]

Para contrarrestar estas tendencias, Pelagio potenció firmemente la idea del libre albedrío. Al contrario que las demás criaturas, los humanos fueron creados libres de las influencias controladoras del universo. Es más, los humanos hoy están libres de cualquier influencia determinante procedente de la caída. Manteniendo una idea creacionista sobre el origen del alma, Pelagio sostenía que el alma, creada por Dios especialmente para cada persona no está contaminada por ninguna supuesta corrupción o culpa.[13] La influencia de Adán, si es que existe, sobre sus descendientes es únicamente la de ser un mal ejemplo; no hay ninguna otra conexión directa entre el pecado de Adán y el resto de la raza humana. Los humanos no tienen una culpa espiritual congénita. Por lo tanto, el bautismo no elimina el pecado o la culpa en los niños, ya que no existe tal cosa, aunque puede eliminar el pecado de los adultos.[14]

Si el pecado de Adán no tiene efecto directo en cada ser humano, no hay necesidad de que la gracia de Dios obre especialmente en el corazón de cada individuo. Más bien la gracia de Dios es simplemente algo que está presente por todas partes y en todo momento.[15] Cuando Pelagio habló de "gracia," quería decir libre albedrío, entender a Dios mediante la razón, la ley de Moisés y la instrucción de Jesús. También está la gracia del perdón que se da a los adultos en el bautismo. La gracia está a disposición de todos por igual. Por tanto, Pelagio rechazaba cualquier cosa que incluso se asemejara ligeramente a la predestinación que enseñaba Agustín.

11. John Ferguson, *Pelagius* (Cambridge: W. Heffer, 1956), p. 40.
12. Ibid., p. 47.
13. Robert F. Evans, *Pelagius: Inquiries and Reappraisals* (New York: Seabury, 1968), pp. 82-83.
14. Pelagius, *Exposition of Romans* 5:15,12.
15. Augustine, *On the Grace of Christ and on Original Sin* 1.3.

Cuando Pelagio explicó las implicaciones de sus diferentes principios, surgió la idea de que los humanos podían, por sí mismos, cumplir perfectamente los mandatos de Dios sin pecar.[16] No hay una inclinación natural hacia el pecado en el principio de la vida; cualquier inclinación posterior en esa dirección procede sólo de la adquisición de malos hábitos. Por lo tanto una salvación por obras es bastante posible, aunque este es un nombre inadecuado. Como no somos realmente pecadores, culpables y condenados, este proceso no es un asunto de salvación de algo que en la actualidad nos ata. Es más bien una conservación o un mantenimiento de nuestro correcto estatus y buen posición. Por nosotros mismos nos mantenemos alejados de caer en una condición pecadora.

Pelagio no eliminó el bautismo infantil, pero consideraba que su significado era más bien de bendición que de regeneración. Lo que los niños reciben al ser bautizados es "iluminación espiritual, ser adoptados como hijos de Dios, la ciudadanía de la Jerusalén celestial, santificación y ser miembros de Cristo, compartiendo la herencia en el Reino de los cielos."[17] Algunos de los discípulos de Pelagio llevaron un poco más lejos sus doctrinas. Celestio enseñó que los niños podían tener vida eterna incluso sin el bautismo, y que Adán fue creado mortal y que habría muerto hubiera pecado o no.[18] Julián de Eclanum insistió en que el libre albedrío de los humanos les coloca en una situación de absoluta independencia frente a Dios.[19]

### *Arminianismo*

Un punto de vista más moderado es el arminiano. Jacobo Arminio era un pastor y teólogo reformado holandés que modificó considerablemente la posición teológica en la que había sido entrenado.[20] El mismo Arminio tomó una postura bastante comedida, pero las declaraciones subsiguientes de otros fueron mucho más lejos. Modificaciones posteriores de John Wesley estaban más cerca de la posición original de Arminio. Hay diferencias considerables entre los arminianos; aquí intentaremos esbozar una forma de arminianismo bastante moderada.

Al contrario que el pelagianismo, el arminianismo sostiene que recibimos de Adán una naturaleza corrupta. Comenzamos la vida sin rectitud. Por lo tanto, todos los humanos somos incapaces, sin ayuda divina especial, de cumplir los mandamientos espirituales de Dios. Esta incapacidad es física e intelectual, pero no volitiva.

16. Augustine, *On the Proceedings of Pelagius* 16.
17. J. N. D. Kelly, *Early Christian Doctrines* (New York: Harper & Row, 1960), p. 359.
18. Ferguson, *Pelagius*, p. 51.
19. Kelly, *Early Christian Doctrines*, p. 361.
20. La tradición de que Arminio era un calvinista convencido que fue designado para defender la fe reformada y que en el proceso de "defenderla" se convirtió a una idea contradictoria es bastante sospechosa. Ver Carl Bangs, *Arminius: A Study in the Dutch Reformation* (Nashville: Abingdon, 1971), pp. 138-41.

Aunque algunos arminianos dicen que la "culpa" es parte también del pecado original, en realidad no se refieren a culpabilidad, sino simplemente a estar expuestos a ser castigados. Ya que cualquier culpabilidad y condena que habríamos recibido mediante el pecado de Adán queda eliminada mediante gracia anticipada, una doctrina que es una contribución especial del arminianismo posterior. Orton Wiley dice: " El hombre ahora no está condenado por la depravación de su propia naturaleza, aunque esa depravación es la esencia del pecado; su culpabilidad, mantenemos, fue eliminada por el libre regalo de Cristo." Esta gracia anticipada se extiende a todos, y en efecto neutraliza la corrupción recibida de Adán.[21]

### *Calvinismo*

El calvinismo ha prestado más atención a la cuestión del pecado original que la mayoría de las escuelas de teología. En términos generales, la posición calvinista sobre este tema es la de que hay una conexión definida entre el pecado de Adán y todas las personas de todos los tiempos. En cierta manera, su pecado no es simplemente el pecado de un individuo aislado, sino también nuestro pecado. Como participamos en ese pecado, todos, desde el principio de la vida, quizá desde el momento de la concepción, recibimos una naturaleza corrupta junto con una consecuente tendencia heredada hacia el pecado. Es más, todas las personas son culpables del pecado de Adán. La muerte, la pena por el pecado, se ha transmitido desde Adán a todos los hombres; esa es la prueba de la culpabilidad de todos. Por tanto, mientras que desde el punto de vista de Pelagio Dios no atribuía a los humanos ni una naturaleza corrupta ni culpa, y desde el punto de vista arminiano Dios les atribuía una conducta corrupta pero no culpabilidad (en el sentido de responsabilidad), en el esquema calvinista Dios les atribuye tanto la naturaleza corrupta como la culpabilidad. La posición calvinista se basa en una forma muy seria y bastante literal de entender la declaración de Pablo en Romanos 5:12-19 de que el pecado entró en el mundo a través de Adán y la muerte a través de ese pecado, y así la muerte pasó a toda la gente, porque todos pecaron. Mediante el pecado de una persona todos nos convertimos en pecadores.

Surge una cuestión referente a la naturaleza de la conexión o relación entre Adán y nosotros, y por tanto también entre el primer pecado de Adán y nuestra pecaminosidad. Se han hecho numerosos intentos de contestar esta pregunta. Los dos enfoques principales ven esta conexión en términos de cabeza federal y cabeza natural.

El enfoque que ve la conexión de Adán con nosotros en términos de cabeza federal se relaciona generalmente con el punto de vista creacionista sobre

21. H. Orton Wiley, *Christian Theology* (Kansas City, Mo.: Beacon Hill, 1958), vol. 2, pp. 121-28. La cita es de la p. 135.

el origen del alma. Esta es la idea de que los humanos reciben su naturaleza física por herencia de sus padres, pero que el alma ha sido creada especialmente por Dios para cada individuo y se une al cuerpo en el nacimiento (o en algún otro momento adecuado). Por lo tanto, no estábamos presentes psicológica o espiritualmente en ninguno de nuestros ancestros, incluido Adán. Sin embargo, Adán era nuestro representante. Dios estableció que Adán actuase no sólo en su nombre, sino también en el nuestro, de manera que las consecuencias de sus acciones han pasado también a sus descendientes. Adán estaba a prueba por todos nosotros; y como Adán pecó, todos somos tratados como culpables y corruptos. Ligados por el pacto entre Dios y Adán, somos tratados como si real y personalmente hubiéramos hecho lo que él hizo como representante nuestro. El paralelismo entre nuestra relación con Adán y nuestra relación con Cristo (Ro. 5:12-21) es significativa aquí. Al igual que no somos realmente rectos por nosotros mismos, pero somos tratados como si tuviéramos la misma posición de rectitud que Jesús, aunque no somos personalmente pecadores hasta que no cometemos nuestro primer acto pecaminoso, antes de eso, ya se nos trata como si tuviéramos la misma posición de pecadores que tenía Adán. Si es justo imputarnos una rectitud que no es nuestra sino de Cristo, también es justo que se nos impute el pecado y la culpa de Adán. Él es tan capaz de actuar en nuestro nombre como lo es Cristo.[22]

El otro enfoque principal ve la conexión de Adán con nosotros como una cabeza natural (o realista). Este enfoque se relaciona con la idea traducionista del origen del alma, según la cual recibimos el alma por transmisión de nuestros padres, de la misma manera que recibimos nuestra naturaleza física. Así que estábamos presentes en forma germinal o seminal en nuestros ancestros; en un sentido muy real, estábamos allí en Adán. Su acción no fue sólo la de un individuo aislado, sino la de toda la raza humana. Aunque no estábamos allí individualmente, no obstante, estábamos allí. La raza humana pecó como un todo. Por lo tanto, no es injusto o inadecuado que se reciba una naturaleza corrupta y culpable de Adán, ya que estamos recibiendo los resultados justos de nuestro pecado. Este es el punto de vista de Agustín.[23]

## Pecado original: Un modelo bíblico y contemporáneo

El pasaje clave para la construcción de un modelo bíblico y contemporáneo sobre el pecado original es Romanos 5:12-19. Pablo está argumentando que la muerte es la consecuencia del pecado. El versículo doce es particularmente determinante: "Por tanto, como el pecado entró en el mundo por un hombre y por el pecado la muerte, así la muerte pasó a todos los hombres, por cuanto

22. Berkhof, *Systematic Theology*, pp. 242-43.
23. Augustine, *A Treatise on the Merits and Forgiveness of Sins, and the Baptism of Infants* 1.8-11.

todos pecaron." Cualquiera que sea el significado exacto de estas palabras, Pablo desde luego está diciendo que la muerte tiene origen en la raza humana debido al pecado de Adán. También está diciendo que la muerte es universal y que la causa de esto es el pecado universal de la humanidad. Sin embargo, más tarde dice que la causa de la muerte de todos es el pecado de un solo hombre, Adán: "por la transgresión de aquel uno muchos murieron" (v. 15); "por la transgresión de uno solo reinó la muerte" (v. 17). El problema está en cómo relacionar las declaraciones de que la universalidad de la muerte llegó a través del pecado de Adán y la de que llegó a través del pecado de todos los seres humanos.

Agustín entendió que ἐφ ᾧ (*eph hō*, "por cuanto") significaba "en el cual" ya que el latín tradujo mal el griego en este punto. De esa manera, su forma de entender la frase final en el versículo 12 era que nosotros estábamos "en Adán," y que por lo tanto el pecado de Adán también era nuestro.[24] Pero como su interpretación se basa en una traducción inadecuada, debemos investigar la frase con más cuidado. En particular, debemos preguntar qué significa "todos pecaron."

Se ha sugerido que en la frase final del versículo 12 Pablo está hablando del pecado personal de todos. Todos nosotros pecamos individualmente y por lo tanto contraemos con nuestra propia acción la misma culpa personal que Adán contrajo con su acción. La frase se podría pues traducir: "de esta manera la muerte entró en todos los hombres, porque todos pecaron." De acuerdo con el principio de que somos responsables de nuestras propias acciones y sólo de ellas, el significado sería que todos morimos porque todos somos culpables, y todos somos culpables porque cada uno de nosotros ha pecado por sí mismo.

Hay varios problemas con esta interpretación. Uno es la traducción de ἥμαρτον· *(hēmarton)*. Si esta interpretación fuera correcta, la palabra se escribiría adecuadamente ἁμαρτάνουσιν *(hamartanousin)*, el presente que denota que algo está sucediendo de forma continuada. Además, el pecado al que se refiere "todos pecaron" sería diferente del de "el pecado entró en el mundo por un hombre," y del de los versículos 15 y 17. Y, además, las dos últimas frases todavía tendrían que ser explicadas.

Hay otra manera de entender la frase final del versículo 12, una manera de evitar estos problemas y sacar algún sentido de los versículos 15 y 17. El verbo ἥμαρτον es un aoristo simple. Este tiempo suele hacer referencia a una única acción pasada. Si Pablo hubiera intentado referirse a un proceso continuado de pecado, habría tenido a su disposición los tiempos presente e imperfecto. Pero escogió el aoristo, y esto debería tomarse por su valor literal. En realidad, si consideramos que el pecado de todos los seres humanos y el de Adán son el mismo, los problemas que hemos señalado se hacen bastante menos complejos. Por tanto no hay conflicto entre el versículo 12 y los versículos 15 y 17. Además,

24. Ibid., 3.14.

el problema potencial que presenta el versículo 14, donde leemos que "reinó la muerte desde Adán hasta Moisés, aun en los que no pecaron a la manera de la transgresión de Adán," queda resuelto, porque no es la imitación o repetición del pecado de Adán, sino la participación en él lo que cuenta.

La frase final en el versículo 12 nos dice que de alguna manera estábamos implicados en el pecado de Adán; en cierto sentido también era nuestro pecado. Pero ¿qué se quiere decir con esto? Por una parte, se puede entender en términos de cabeza federal: Adán actuó en nombre de todas las personas. Había una especie de contrato entre Dios y Adán como representante nuestro, así que lo que Adán hizo nos implica. Sin embargo, nuestra implicación en el pecado de Adán se podría entender mejor según la cabeza natural. En el capítulo 23 argumentamos a favor de una creación especial de toda la naturaleza humana. Además argumentamos en el capítulo 25 a favor de una conexión cercana ("unidad condicional") entre los aspectos materiales e inmateriales de la naturaleza humana. En el capítulo 26, examinamos varios indicios bíblicos de que Dios consideraba persona incluso al feto. Estas y otras consideraciones apoyan la posición de que toda la naturaleza humana, tanto la física como la espiritual, la material como la inmaterial, la hemos recibido de nuestros padres y de nuestros ancestros más antiguos por medio de la descendencia de la primera pareja humana. Partiendo de esta base, nosotros ya estábamos realmente presentes en Adán, así que todos pecamos en su acto. No es injusta, pues, nuestra condena y muerte como resultado del pecado original.

Sin embargo, aquí hay otro problema adicional: la condición de los bebés y los niños. Si el razonamiento anterior es correcto, entonces todos empiezan la vida con una naturaleza corrupta y con una culpa que es consecuencia del pecado. ¿Significa esto que si los pequeños mueren antes de tomar una decisión consciente de recibir "la abundancia de la gracia y del don de la justicia" (v. 17), están perdidos y condenados a la muerte eterna?

Aunque el estatus de los niños y de los que nunca alcanzan competencia moral es una cuestión difícil, parece que nuestro Señor no les considera bajo condena. Es más, los pone como ejemplo del tipo de persona que heredará el reino de Dios (Mt. 18:3; 19:14). David tenía confianza en volver a ver a su hijo que había muerto (2 S. 12:23). Según estas consideraciones, es difícil mantener que se piense que los niños son pecadores y que estén condenados y perdidos.

Sin embargo, esta idea no se basa sólo en un impulso sentimental. Hay varias indicaciones en las Escrituras de que las personas no son moralmente responsables hasta cierto momento, que a menudo se denomina "la edad de la responsabilidad." En Deuteronomio 1:39, Moisés dice: "Y vuestros niños, de los cuales dijisteis que servirían de botín, y vuestros hijos, que no saben hoy lo bueno ni lo malo, ellos entrarán allá; a ellos la daré y ellos la heredarán." Incluso con la idea hebrea de la personalidad y responsabilidad corporativas, estos niños no eran considerados responsables por los pecados de Israel. En la profecía mesiánica de Isaías 7 hay dos referencias al tiempo en que el niño "sepa desechar lo malo y escoger lo bueno" (vv. 15, 16). Finalmente, Jonás cita a Dios cuando dice: "¿Y no tendré yo piedad de Nínive, aquella gran ciudad donde hay más de ciento veinte mil personas que no saben discernir entre su mano derecha y su mano izquierda, y muchos animales?"(4:11). Aunque esto es menos claro, por el contexto parece que la referencia es a la habilidad de distinguir moralmente. Bajo estas declaraciones subyace el hecho aparente de que hasta un momento concreto en la vida no existe una responsabilidad moral, porque no hay conciencia de lo que está bien y lo que está mal.

Para resumir los puntos principales de la doctrina que hemos perfilado: hemos argumentado que la Biblia, en particular en los escritos de Pablo, mantiene que por el pecado de Adán todas las personas reciben una naturaleza corrupta y también son culpables a los ojos de Dios. Además, hemos expuesto el punto de vista de Agustín (la cabeza natural) de la imputación del pecado original. Todos estábamos presentes de forma indiferenciada en la persona de Adán, que junto con Eva era toda la raza humana. Por lo tanto, no pecó únicamente Adán, sino toda la raza humana. Todos estábamos implicados, aunque no de forma personal y somos responsables del pecado. Además, hemos argumentado que la enseñanza bíblica dice que los niños no son condenados por Dios por este pecado, al menos hasta que alcancen la edad de la responsabilidad en los asuntos morales y espirituales. Ahora debemos preguntar si la doctrina del pecado original se puede concebir y expresar de tal manera que haga justicia a todos estos factores.

El paralelismo que extrae Pablo en Romanos 5 entre Adán y Cristo en lo referente a su relación con nosotros es impresionante. Asegura que de forma paralela lo que cada uno de ellos hizo tuvo influencia en nosotros (así como el pecado de Adán conduce a la muerte, el acto recto de Cristo conduce a la vida). ¿Cuál es el paralelismo? Si, como puede que nos inclinamos a pensar, la condena y la culpa de Adán se nos imputan sin que haya habido por nuestra parte ninguna elección consciente de este acto, lo mismo se podría pensar de la obra justa y redentora de Cristo. Pero ¿su muerte nos justifica simplemente en virtud de su identificación con la humanidad mediante la encarnación y con independencia de si hacemos o no una aceptación consciente y personal de su obra? ¿Y a todos los humanos se les imputa de igual manera la gracia de Cristo, como se les imputó el pecado de Adán? La respuesta normal de los evangélicos es que no; hay muchas evidencias de que hay dos clases de personas, los perdidos y los salvados, y que sólo una decisión de aceptar la obra de Cristo hace que ésta sea efectiva en nuestras vidas. Pero si esto es así, la imputación de culpabilidad basada en la acción de Adán, aunque Adán nos incluya a nosotros, no requeriría también cierto tipo de elección volitiva? Si no hay "fe inconsciente", ¿puede haber "pecado inconsciente"? ¿Y qué hay que decir de los niños que mueren? A pesar de haber participado en ese primer pecado, de alguna manera son aceptados y salvados. Aunque no hayan hecho una elección consciente de la obra de Cristo (ni del pecado de Adán), los efectos espirituales de la maldición en su caso les son negados. Aunque algunas teologías conservan el paralelismo permitiendo la imputación inconsciente o incondicional de la culpa de Adán y de la rectitud de Cristo, parece que sería preferible alguna otra alternativa.

Mi forma actual de pensar es la siguiente: todos estamos implicados en el pecado de Adán, y por lo tanto recibimos la naturaleza corrupta que él poseía tras la caída, y la culpa y condena que iban unidas a su pecado. Sin embargo, con este asunto de la culpa, así como con el de la imputación de la rectitud de Cristo, debe haber cierta decisión consciente y voluntaria por nuestra parte. Hasta que esto no sea así, sólo hay una imputación condicional de culpa. Por lo tanto, no hay condena hasta que no alcanzamos la edad de la responsabilidad. Si un niño muere antes de ser capaz de tomar decisiones morales genuinas, la imputación del pecado de Adán no se convierte en realidad, y el niño experimentará el mismo tipo de existencia futura con el Señor que los que hayan llegado a la edad de la responsabilidad moral y se les hayan perdonado sus pecados por haber aceptado la oferta de la salvación basada en la muerte expiatoria de Cristo. El problema de la naturaleza corrupta de tales personas probablemente se trata de la misma manera en que se glorificará la naturaleza imperfectamente santificada de los creyentes.

¿Cuál es la naturaleza de la decisión voluntaria que acaba con nuestra inocencia infantil y constituye la ratificación del primer pecado, la caída? Una posición sobre esta cuestión es que no hay imputación final del primer pecado hasta que no cometemos un pecado nosotros mismos, ratificando así el pecado de Adán. Al contrario que el punto de vista arminiano, esta posición mantiene que en el momento de nuestro primer pecado nos convertimos en culpables de ese pecado y *también del pecado original*. No obstante, hay otra posición, una que es preferible ya que conserva mejor el paralelismo entre nuestra aceptación de la obra de Cristo y la responsabilidad del primer pecado. Nos hacemos responsables y culpables cuando aceptamos o aprobamos nuestra naturaleza corrupta. Hay un tiempo en la vida de cada uno de nosotros en el que nos damos cuenta de nuestra tendencia hacia el pecado. En ese momento, podemos aborrecer la naturaleza pecadora que ha estado presente en nosotros todo el tiempo. En ese caso podemos arrepentirnos de ello, e incluso si conocemos el evangelio, podemos pedir perdón a Dios y limpieza. Al menos habrá un rechazo a nuestra condición pecadora. Pero si nos sometemos a esa naturaleza pecadora, estamos diciendo que en efecto es buena. Dando nuestro consentimiento tácito a la corrupción, también estamos aprobando o dando nuestra conformidad a la acción del Jardín del Edén de hace tanto tiempo. Nos convertimos en culpables de aquel pecado sin haber cometido pecado nosotros mismos.

# 31. La dimensión social del pecado

## Objetivos del capítulo

Después de estudiar este capítulo, debería ser capaz de:

- Identificar cinco razones por las cuales es difícil reconocer el pecado social.
- Examinar el concepto de maldad desde una perspectiva bíblica.
- Citar y explicar cuatro características del mundo como fuerza espiritual en oposición al reino de Dios.
- Delinear el concepto de las potestades que sirven en oposición a Dios y examinar el papel que juega Cristo en oposición a esas potestades.
- Interpretar el significado de la personalidad colectiva como transmisora del mal en el mundo.
- Identificar tres estrategias para superar el pecado social y sintetizar un enfoque bíblico que responda al mal social de la sociedad.

## Resumen del capítulo

El pecado social es frecuente en nuestra sociedad y existe junto con el pecado individual. Las personas que se oponen al pecado a nivel personal pueden verse atrapadas por la naturaleza colectiva del pecado mediante los malos actos de los gobiernos, de las estructuras económicas o de otras formas de participación colectiva. La Biblia identifica el mal que viene a través del mundo, las potestades y la personalidad colectiva que lleva a participar en la maldad de la sociedad tanto a creyentes como a no creyentes. Nuestra esperanza reside en Cristo, que ha superado el mundo. Pero es necesario que nosotros también seamos pro activos a la hora de oponernos al pecado social encontrando estrategias que respondan al pecado social.

## Cuestiones de estudio

1. ¿Por qué les resulta tan difícil a los cristianos reconocer el pecado social de la sociedad?
2. ¿Qué papel juega el cosmos en el mal social? ¿Qué confianza pueden tener los cristianos en medio de un mundo pecador?
3. ¿Cuáles son las potestades, tal como se identifican en las Escrituras, y qué papel juegan en el pecado de la sociedad?
4. ¿Qué quiere decir el autor con personalidad colectiva y cómo contribuye al dominio del mal en la cultura?
5. ¿Cómo pueden responder los cristianos al mal colectivo? ¿Qué estrategias se pueden emplear? ¿Qué criterios determinan lo apropiado de las estrategias?
6. ¿Por qué es importante entender los aspectos colectivos del pecado y su naturaleza omnipresente en nuestra sociedad?

La dificultad de reconocer el pecado social
La enseñanza bíblica
    El mundo
    Las potestades
    Personalidad colectiva
Estrategias para vencer el pecado social
    Regeneración
    Reforma
    Revolución

En su mayor parte, el pecado del que hemos estado hablando hasta ahora es el pecado individual: acciones, pensamientos y disposiciones que caracterizan a los seres humanos individuales. El pecado individual a menudo ha sido el principal objeto de atención de los cristianos evangélicos. El pecado y la salvación se consideran asuntos pertenecientes estrictamente al ser humano individual.

Sin embargo, las Escrituras también hacen frecuentes referencias al pecado de grupo o pecado colectivo. Un caso es el contexto de Isaías 1:18, un texto que se cita mucho en los llamamientos evangelísticos: "Venid luego, dice Jehová, y estemos a cuenta: aunque vuestros pecados sean como la grana, como la nieve serán emblanquecidos; aunque sean rojos como el carmesí, vendrán a ser como blanca lana." Es instructivo apreciar los cursos de acción que el Señor prescribe en los dos versículos que preceden inmediatamente: "Lavaos y limpiaos, quitad la iniquidad de vuestras obras de delante de mis ojos, dejad de hacer lo malo, aprended a hacer el bien, buscad el derecho, socorred al agraviado, haced justicia al huérfano, amparad a la viuda." Está claro que Dios está hablando de las condiciones opresivas de las que hace responsable a la sociedad.

## La dificultad de reconocer el pecado social

Aquí nos encontramos ante una paradoja. Puede que estemos bastante sensibilizados con el desagrado de Dios hacia nuestros pecados individuales, pero seamos mucho menos conscientes de lo pecaminoso de un grupo del que formamos parte. Por lo tanto, algunas personas que nunca pensarían en matar a otro ser humano, tomar la propiedad ajena o hacer trampas en un negocio pueden formar parte de una corporación, nación o clase social que en efecto sí hace esas cosas. Tales personas contribuyen a estos males financiándolos (mediante impuestos o cuotas), aprobación directa (votando) o consentimiento tácito (no discrepando o manifestando oposición). Hay varias razones para este extraño fenómeno:

1. No nos sentimos inclinados a considerar como propias las obras en las que no tenemos una elección muy activa. El líder o el que toma las decisiones es otro; nosotros simplemente aceptamos lo que se hace. Somos mucho menos conscientes de la responsabilidad de que ocurran ciertas cosas, dado que se habrían producido aunque nosotros no formáramos parte del grupo.

2. También puede que estemos tan condicionados por nuestra pertenencia a un grupo que nuestra misma percepción de la realidad se ve coloreada por ella. Si, por ejemplo, somos blancos, puede que nunca nos hayamos puesto en la situación de los hombres de color. Esta condición es tan sutil y profunda que puede que no nos demos cuenta de que en un asunto puede haber otra perspectiva, o incluso puede que no nos demos cuenta de que existe ese asunto. Piense en la frase que se dice que dijo María Antonieta cuando se le informó que la gente no tenía pan para comer: "Pues que coman pasteles." Nunca se le ocurrió pensar que la gente era tan pobre que si no se podían permitir comprar pan, mucho menos pasteles.

3. Puede que no reconozcamos el egoísmo de grupo porque puede que en realidad haya en él generosidad individual. Como señalamos en el capítulo 27, aunque hay tendencia a considerar que el pecado es básicamente egoísmo, en realidad podemos pecar de manera generosa. Puede que no saquemos provecho (al menos palpable o directo) de la acción particular de un grupo al que pertenecemos. Esto nos puede cegar al hecho de que el grupo puede estar actuando de forma egoísta. Por lo tanto, nuestro sacrificio o generosidad por el bien del grupo se puede ver como una virtud, pero en realidad nos podríamos estar beneficiando indirectamente. Nuestra generosidad puede ser una forma sofisticada de sublimación: estamos haciendo un sacrificio a corto plazo para conseguir un beneficio a largo plazo.

4. Nuestros excesos pueden ser mucho menos obvios para nosotros porque formamos parte de un grupo. Observe en algún momento el comportamiento del público de un equipo local en un evento deportivo muy disputado. Hay una audacia, una irreflexión y jactancia en nombre del equipo que probablemente

muy pocos individuos mostrarían por y para sí mismos. La gente que no muestra actitudes de superioridad para sí como individuos pueden mostrarlas respecto a su país o iglesia.

5. Cuanto más lejos estemos del auténtico mal, menos real nos parece. Por lo tanto, tenemos menos posibilidades de considerarnos responsables. A muchos de nosotros nos resultaría difícil mirar directamente a un soldado enemigo, apuntarle con un arma y disparar, ya que estaríamos viendo a la persona a la que estamos disparando y los resultados de nuestra acción. Sin embargo, no parecería tan difícil lanzar una bomba o disparar una pieza de artillería, situaciones en las cuales no veríamos a las víctimas ni los resultados de nuestras acciones. Es más, si tuviéramos un cargo como el de contable en la fábrica que produce el armamento, nos sentiríamos todavía menos responsables y culpables. Si personalmente representamos mal un producto o burlamos una ley, nos sentimos mal por lo que hemos hecho. Sin embargo, si somos accionistas de una compañía que hace eso mismo, probablemente no tengamos dificultad alguna para dormir. En muchos casos, no sabemos lo que el grupo de ciudadanos, accionistas o miembros al que pertenecemos hace realmente, y de esa manera podemos contribuir al pecado, pero sin ser realmente conscientes de ello o sin tener sentido de la responsabilidad.

## La enseñanza bíblica

### *El mundo*

La Biblia enseña que el mal tiene un estatus aparte e independiente de la voluntad humana individual, subsiste por sí mismo, sobre una base organizada o estructurada. Ocasionalmente nos referimos a esta realidad como "el mundo." El original griego aquí es la palabra κόσμος *(kosmos)*. Algunas veces este término designa al objeto físico, la tierra. Otras veces hace referencia a toda la población de la raza humana, y otras a todos aquellos que habitaban la tierra en un momento dado de tiempo. Pero hay otras referencias en las que κόσμος designa a una fuerza espiritual, la antítesis, como si dijéramos, del reino de Dios.[1] Es la misma encarnación del mal. Este concepto se encuentra en particular en los escritos de Juan y Pablo, aunque se puede encontrar en otras partes del Nuevo Testamento también.

Hay muchas referencias a la enemistad, hostilidad y oposición que el mundo muestra hacia Cristo, el creyente y la iglesia. Jesús dijo: "No puede el mundo odiaros a vosotros; pero a mí me odia, porque yo testifico de él, que sus obras

1. Hermann Sasse, "κόσμος" en *Theological Dictionary of the New Testament*, ed. Gerhard Kittel y Gerhard Friedrich, trad. Geoffrey W. Bromiley (Grand Rapids: Eerdmans, 1965), vol. 3, p. 868.

son malas" (Jn. 7:7). "Si el mundo os odia, sabed que a mí me ha odiado antes que a vosotros. Si fuerais del mundo, el mundo amaría lo suyo; pero porque no sois del mundo, antes yo os elegí del mundo, por eso el mundo os odia" (Jn. 15:18-19). La misma idea se repite en la oración sumosacerdotal de Jesús por sus discípulos (Jn. 17:14).

Pablo dice que el mundo y el creyente entienden de forma totalmente diferente las cosas. Las cosas de Dios son tonterías para el mundo (1 Co. 1:21, 27); son débiles y despreciables en el mundo (v. 28). Dios, por el contrario, ha hecho que sea una tontería la sabiduría del mundo (1 Co. 1:20; 3:19). Esto es así porque hay diferentes "espíritus" implicados. "Pero como Dios nos dio su Espíritu, nosotros podemos darnos cuenta de lo que Dios, en su bondad, ha hecho por nosotros" (2:12). Las cosas y los dones del Espíritu de Dios no son recibidos (δέχομαι- *dechomai*) por el "hombre no espiritual" porque deben ser discernidas espiritualmente (v. 14). A una persona de ese tipo les resultan extraños así que, no pueden (o no quieren) aceptarlos.

La idea de la incapacidad para percibir o entender también la encontramos en las palabras de Jesús sobre que el mundo no le está recibiendo a él o al Espíritu. Jesús prometió a sus discípulos "el espíritu de verdad, al cual el mundo no puede recibir, porque no lo ve ni lo conoce; pero vosotros lo conocéis, porque vive con vosotros y estará en vosotros" (Jn. 14:17). Después de un corto tiempo el mundo ya no le vería, pero él se manifestaría a sus discípulos y ellos le reconocerían (vv. 19, 22). Esto está en consonancia con el hecho de que el mundo no conoció ni al Padre (Jn. 17:25) ni al Hijo cuando él vino (Jn. 1:10-11).

El mundo a veces puede producir efectos superficialmente similares a los que produce Dios, no obstante los dos tienen resultados finales muy diferentes. Pablo habla de una carta suya que había afligido a los corintios, pero esa pena les condujo al arrepentimiento porque sintieron una aflicción santa. Después añade: "La tristeza que es según Dios produce arrepentimiento para salvación, de lo cual no hay que arrepentirse; pero la tristeza del mundo produce muerte" (2 Co. 7:10).

El mundo representa una fuerza organizada, una potestad u orden que es el contrapunto al reino de Dios. Pablo en Efesios 2 describe esta estructura que controla al no creyente. Los efesios habían estado muertos en los delitos y pecados "en los cuales anduvisteis en otro tiempo, siguiendo la corriente de este mundo, conforme al príncipe de la potestad del aire, el espíritu que ahora opera en los hijos de desobediencia" (v. 2). En su estado anterior "Entre ellos vivíamos también todos nosotros en otro tiempo, andando en los deseos de nuestra carne, haciendo la voluntad de la carne y de los pensamientos; y éramos por naturaleza hijos de la ira, lo mismo que los demás" (v. 3). Hay un orden impregnando el mundo, una estructura que afecta y gobierna la humanidad. Este orden también se denomina "los espíritus elementales" (Col. 2:8). Pablo urge a los colosenses a que no se dejen engañar por esos elementos del mundo o por "esas filosofías y huecas sutilezas basadas en las tradiciones de los hombres." Habiendo muerto con Cristo para estos espíritus elementales, los colosenses no deben ahora someterse a estas fuerzas, viviendo como si todavía perteneciese al mundo. Estos espíritus elementales son los principios operativos según los cuales se gobierna el mundo. Pablo también escribe a los gálatas sobre que ellos anteriormente "servían a los que por naturaleza no son dioses" y después les pregunta cómo ellos que ahora conocen a Dios pueden dar de nuevo la espalda y convertirse en esclavos de los débiles y pobres rudimentos" (Gá. 4:8-9).

Este κόσμος o sistema maligno está bajo control del diablo. Ya hemos señalado esto en la referencia de Pablo al "príncipe de la potestad del aire" (Ef. 2:2). Juan escribió que "el mundo entero está bajo el maligno" (1 Jn. 5:19). Justo antes de su traición Jesús le dijo a sus discípulos "viene el príncipe de este mundo" (Jn. 14:30). Detrás y, en cierto sentido, por encima de todas las autoridades que ejercen el control en el mundo, hay una potestad mucho más grande; ellos son sólo sus agentes, quizá sin saberlo. Satanás realmente es el dirigente de este dominio. Por lo tanto el ofrecimiento de Satanás a Jesús de todos los reinos del mundo (Mt. 4:8-9) no era infundado ni exageradamente presuntuoso. Estos reinos están bajo su potestad, aunque no son realmente suyos y algún día se verán liberados del control que ahora ejerce como usurpador.

Tan malo como el demonio, es este mundo que es la auténtica encarnación de todo lo corrupto y que contamina a los que caen bajo su influencia y control. Jesús indicó que no es de este mundo, y que no procede de él. Se contrasta a sí mismo con los judíos: "Vosotros sois de abajo, yo soy de arriba; vosotros sois de este mundo, yo no soy de este mundo" (Jn. 8:23). El reino de Jesús tampoco es de este mundo (Jn. 18:36). Al decirle esto a Pilato, Jesús sin duda pretendía decir que su reino no se establecería en la tierra en ese momento. Pero como habrá un futuro reino terrenal de Dios, parece que Jesús tenía algo más en mente, o sea, su reino no recibe su potestad de unas fuerzas terrenales que lucharían por él.

Jesús proclamó y demostró que él estaba separado de las malas actitudes y prácticas del mundo. Sus seguidores tienen que hacer lo mismo. Santiago enumera los criterios positivos y negativos de la verdadera religión: "La religión pura y sin mancha delante de Dios el Padre es esta: visitar a los huérfanos y a las viudas en sus tribulaciones y guardarse sin mancha del mundo" (Stgo. 1:27). Hay una mentalidad básica asociada con ser del mundo: "¿no sabéis que la amistad del mundo es enemistad contra Dios? Cualquiera, pues, que quiera ser amigo del mundo se constituye en enemigo de Dios" (Stgo. 4:4). Parecido a la enemistad con Dios es la fijación con uno mismo. La orientación egoísta de los que pertenecen al mundo está tan reñida con el reino de Dios que vicia cualquier oración que puedan ofrecer: "Pedís, pero no recibís, porque pedís mal, para gastar en vuestros deleites" (Stgo. 4:3). La total incompatibilidad entre el reino de Dios y el mundo nos recuerda la declaración de Jesús de que uno no puede servir a dos señores (Mt. 6:24). Los dos son antitéticos entre sí.

Quizá la advertencia más aguda la encontramos en 1 Jn. 2:15-17. Aquí Juan manda a los lectores no amar al mundo ni las cosas que están en el mundo, porque los que aman el mundo no tiene el amor del Padre (v. 15). "Porque nada de lo que hay en el mundo – los deseos de la carne, los deseos de los ojos y la vanagloria de la vida – proviene del Padre, sino del mundo" (v. 16). La advertencia es sobria, porque se trata del asunto del destino eterno: "El mundo pasa, y sus deseos, pero el que hace la voluntad de Dios permanece para siempre" (v. 17). La persona que ama lo que es transitorio, también pasará. El que pone su lealtad en lo que es permanente también permanecerá para siempre.

El creyente, sin embargo, no tiene que limitarse a evitar el mundo. Este sería un enfoque muy negativo y derrotista. Así como Cristo de forma voluntaria vino al mundo, el creyente debería voluntariamente ejercer y manifestar rectitud ante el mundo, para que su oscuridad se disperse. Pablo urgió a los filipenses a ser "irreprochables y sencillos, hijos de Dios sin mancha en medio de una generación maligna y perversa, en medio de la cual resplandecéis como lumbreras en el mundo" (Fil. 2:15). Esto no es distinto al mandamiento de Jesús a sus discípulos de que "así alumbre vuestra luz delante de los hombres, para que vean vuestras buenas obras y glorifiquen a vuestro Padre que está en los cielos" (Mt. 5:16). Sin embargo, sabemos que en muchas ocasiones cuando la luz llegó al mundo, el hombre prefirió la oscuridad porque la luz revelaba sus malas obras (Jn. 3:19-21). Por lo tanto, los creyentes deberían esperar el rechazo e incluso la hostilidad y la oposición ante la luz que exhiben.

Sin embargo, el testimonio de las Escrituras también deja claro que el mundo es condenado; su juicio ya ha tenido lugar, pero será ejecutado en el futuro. El creyente no necesita y de hecho no se verá vencido por el mundo. Juan dice del espíritu del anticristo, del que ya hay muchas manifestaciones en el mundo: "Hijitos, vosotros sois de Dios y los habéis vencido, porque mayor es el que está en vosotros que el que está en el mundo. Ellos son del mundo; por eso hablan de las cosas del mundo y el mundo los oye" (1 Jn. 4:4-5). Es con fe con lo que se vence al mundo. "Porque todo lo que es nacido de Dios vence al mundo; y esta es la victoria que ha vencido al mundo, nuestra fe. ¿Quién es el que vence al mundo, sino el que cree que Jesús es el Hijo de Dios? (1 Jn. 5:4-5).

El uso de la palabra *vencer* sugiere que los seguidores de Jesús no tienen que esperar que su tarea sea fácil. Es más, ser odiados por el mundo es una señal de que le pertenecen a él y no al mundo: "Si el mundo os odia, sabed que a mí me ha odiado antes que a vosotros" (Jn. 15:18). Les advierte y anima a la vez: "En el mundo tendréis aflicción, pero confiad, yo he vencido al mundo" (Jn. 16:33). En cierto sentido, el juicio del mundo ya ha tenido lugar, porque Cristo dice en Juan 12:31: "Ahora es el juicio de este mundo; ahora el príncipe de este mundo será echado fuera." Que este juicio ha sido llevado a cabo mediante la muerte de Cristo queda claro en los siguientes versículos, donde habla de ser elevado de la tierra y atraer a todos hacia sí mismo (vv. 32-33).

Que el mundo ya ha sido juzgado es evidente también en los escritos de Pablo. Él dice que los creyentes son corregidos por el Señor para no ser condenados con el mundo (1 Co. 11:32). También argumenta que los creyentes no deberían llevar sus diferencias a los tribunales para que los juzgaran no creyentes, porque los creyentes algún día juzgarán el mundo (1 Co. 6:2). Lo que se ha conseguido ya con la muerte de Cristo se pondrá de manifiesto en algún momento del futuro.

El creyente no tiene que estar bajo el control de este mundo. Su potestad sobre el creyente se ha roto. Esto está ligado a la muerte de Cristo, ya que el creyente se identifica con Cristo en su victoriosa muerte. Pablo escribe: "Pero lejos esté de mí gloriarme, sino en la cruz de nuestro Señor Jesucristo, por quien el mundo ha sido crucificado para mí y yo para el mundo" (Gá. 6:14). Lo que se ha conseguido en la cruz y que algún día se completará lo pueden experimentar al menos en parte ahora los creyentes.

Resumiendo lo que hemos encontrado en nuestro examen de las enseñanzas bíblicas sobre el mundo:

1. El mundo como un sistema organizado de fuerza espiritual es un hecho. Es la encarnación misma del mal. Es una entidad extendida que existe independientemente de los seres malvados individuales; es la estructura de toda la realidad contraria a Dios. Es una forma de pensar y un marco de referencia totalmente diferente y opuesto a Cristo y a sus discípulos.

2. El mundo está bajo el control de Satanás. Aunque fue creado para servir a Dios, ahora es el reino de Satanás. Es capaz de utilizarlo y de usar sus recursos para cumplir sus propósitos y oponerse a los de Cristo. Las personas e instituciones que ejercen influencias negativas en este mundo no son la fuente última del mal que se produce. Tras este asunto está la actividad de Satanás. En algunos momentos esta actividad puede tomar la forma de una posesión demoníaca, pero normalmente es más sutil.

3. El mundo es claramente malo. Tiene la habilidad de corromper todo lo que toca. Por lo tanto, el cristiano debe evitar caer bajo su influencia. Así como Jesús no era de este mundo, los cristianos no deben formar parte de él. No se trata simplemente de evitar ciertas acciones mundanas. Se trata de todo un conjunto de actitudes y valores diametralmente diferentes.

4. Por poderosos que sean el sistema y el caudillo del mundo, están condenados. La derrota del mundo ya ha sido determinada. En un sentido espiritual, el mundo fue juzgado en los tiempos de Cristo y a través de su muerte y resurrección. Algún día será realmente juzgado ante el trono de Dios. De hecho, los creyentes mismos se verán implicados en el juicio del mundo, así que no deberían someterse al mundo hoy.

### *Las potestades*

Una consideración adicional sobre el tema general del pecado colectivo es el concepto paulino de los "potestades." Aunque se ha descuidado durante mucho tiempo, recientemente se le ha tomado en bastante consideración. Hendrikus Berkhof realizó el primer tratamiento importante sobre el tema,[2] que desde entonces ha sido seguido por los estudios de varios otros eruditos.[3]

La idea de que el mundo y lo que ocurre allí son el resultado de ciertas fuerzas invisibles que hay en él recibió bastante atención en el mundo helenístico del tiempo de Pablo.[4] En los escritos apocalípticos judíos esta idea tomó la forma de un amplio esquema de angelología. Según este esquema, hay varias clases de ángeles (por ejemplo, principados y tronos), cada clase ocupa un nivel diferente del cielo. Algunos pensadores judíos acabaron preocupándose casi en exclusiva por los ángeles y su influencia en los eventos terrenales. Como resultado de ello, había dos creencias bastante comunes en la cultura de Pablo en cuanto a los ángeles ("potestades"): (1) eran seres personales, espirituales; (2) influían en los eventos terrenales, especialmente en la naturaleza.[5]

Pablo trabajó con este contexto judío, pero hizo cambios significativos, yendo más allá de las concepciones normales adaptándolas (en lugar de adoptándolas). Aunque los términos que utilizaba eran familiares para sus lectores, no debemos asumir que utilizara esos términos con el sentido acostumbrado. Por ejemplo, en Romanos 8:38-39 distingue entre potestades y ángeles: "Por lo cual estoy seguro de que ni la muerte ni la vida, ni ángeles ni principados ni potestades, ni lo presente ni lo por venir, ni lo alto ni lo profundo, ni ninguna otra cosa creada nos podrá separar del amor de Dios, que es en Cristo Jesús, Señor nuestro." Ángeles, principados y potestades se tratan aquí como entidades separadas. Todas ellas son aparentemente realidades creadas capaces de controlar o dominar nuestras vidas.

El uso que Pablo hace del término στοιχεῖα (*stoicheia* – "principios básicos") en Colosenses 2:8 y 20 es una indicación de que su concepto de las potestades es hasta cierto punto más impersonal que el concepto judío, que mantiene que son ángeles. Aquí en Colosenses 2 el término, que literalmente hace referencia a las letras del alfabeto,[6] designa principios elementales o rudimentarios del orden

2. Hendrikus Berkhof, *Christ and the Powers* (Scottdale, Pa.: Herald, 1962).

3. Ej., John H. Yoder, *The Politics of Jesus* (Grand Rapids: Eerdmans, 1972), pp. 140-62; Jim Wallis, *Agenda for Biblical People* (New York: Harper & Row, 1976), pp. 63-77; Richard J. Mouw, *Politics and the Biblical Drama* (Grand Rapids: Eerdmans, 1976), pp. 85-116.

4. Stephen Mott, "Biblical Faith and the Reality of Social Order," *Christian Scholar's Review 9*, no. 3 (1980): 228-29.

5. Berkhof, *Christ and the Powers*, p. 11.

6. William F. Arndt y F. Wilbur Gingrich, eds., *A Greek-English Lexicon of the New Testament*, 4th ed. (Chicago: University of Chicago Press, 1957), p. 776.

del universo. Estas "potestades y autoridades" (v. 15) ejercen control sobre las personas del mundo (v. 14). Parecen ser regulaciones (a menudo religiosas) de conducta. Aunque es difícil determinar si Pablo pensaba que estas potestades eran de alguna manera entidades personales, está claro que no los identificó como ángeles.[7] Son realidades creadas que dan un orden a la sociedad y que son capaces de tener un efecto constructivo o perjudicial.

Como realidades creadas los principados y las potestades no son malos en sí. Se los menciona específicamente en Colosenses 1:16 entre "todas las cosas" creadas por Cristo y para Cristo. Por tanto forman parte del plan de Dios para su creación. Berkhof habla de que la creación tiene un primer plano visible de cosas físicas y un plano invisible, las potestades, que fueron creadas como instrumentos del amor de Dios, como lazos de unión entre Dios y el hombre. "Como ayudas e indicadores hacia el servicio de Dios, forman el marco en el cual se debe llevar a cabo ese servicio."[8] Son principios de ordenamiento que intentan impedir que la creación caiga en el caos.

Sin embargo, la caída ha afectado a la creación entera. No sólo los miembros humanos individuales de la creación están ahora separados y apartados de Dios, también las potestades que organizan e influyen en ellos. Pablo considera que ahora las potestades están aliadas con Satanás, llevando a cabo sus propósitos en el mundo. Esto se expresa de forma bastante clara y directa en Efesios 6:12: "Porque no tenemos lucha contra sangre y carne, sino contra principados, contra potestades, contra los gobernadores de las tinieblas de este mundo, contra huestes espirituales de maldad en las regiones celestes." Detrás de las estructuras e instituciones visibles de la sociedad y la cultura, las fuerzas del mal están obrando utilizando a estas potestades invisibles para esclavizar y oprimir a los creyentes, para atacarlos y hacerles daño.

Cuando Pablo en Colosenses 2 discute las relaciones humanas con las potestades y los principados, enfatiza que Cristo es el Creador y el Señor incluso de esas realidades. Sin embargo, los colosenses, han mostrado inclinación a considerar estas estructuras y regulaciones como fines en sí mismos, ídolos por así decirlo, y no como medios para facilitar sus relaciones con Cristo. Esta es la idea principal de la discusión de Pablo sobre la práctica de la comida y la bebida, los cultos y los días festivos (vv. 16-19).[9] Podría ser la expresión de un código moral, una ideología política o filosófica, una agrupación nacional o racial, o algo similar. El problema es que lo que originalmente se pretendía que fuera un medio para relacionar a los hombres con Dios ha acabado convirtiéndose en un obstáculo que les separa de Dios.

7. Berkhof, *Christ and the Powers*, p. 17; cf. Mott, "Biblical Faith," p. 229.
8. Berkhof, *Christ and the Powers*, p. 22.
9. Mouw, *Politics*, pp. 89-90

Pablo no nos dice mucho sobre las formas específicas en las que aparecen las potestades. Sin embargo, lo que está claro es que las fuerzas del mal pueden utilizar cualquiera de los patrones de una sociedad para influir en los pensamientos y acciones de los miembros de esa sociedad. John Yoder ha sugerido que estos patrones incluyen tanto las estructuras intelectuales (logías o ismos) como las morales (la tiranía, el mercado, el colegio, los juzgados, la raza y la nación).[10] Siempre que controlen o al menos influyan en los humanos, son potestades. El término *estructuras* es apropiado, porque el patrón utilizado por las fuerzas del mal forma y constituye el mismo marco dentro del cual funciona una persona. Tienen su influencia antes o a un nivel por debajo de la influencia y elección consciente. Esencialmente, el individuo no es realmente consciente de su influencia. Podría no tenerse conciencia de que existen otras opciones viables.

Es esencial que señalemos lo que se dice en la Biblia sobre la manera en que Cristo y su obra han tratado con las potestades. Pablo es muy claro sobre este tema en Colosenses 2:13-15: "Y a vosotros, estando muertos en pecados y en la incircuncisión de vuestra carne, os dio vida juntamente con él, perdonándoos todos los pecados. Él anuló el acta de los decretos que había contra nosotros, que nos era contraria, y la quitó de en medio clavándola en la cruz. Y despojó a los principados y a las autoridades y los exhibió públicamente, triunfando sobre ellos en la cruz." Cristo ha ganado una victoria sobre las potestades, anulándolas a ellas y su habilidad para dominar a los humanos. Cristo ha hecho esto de tres maneras:

1. Cristo ha desarmado a las potestades; su fuerza está ahora neutralizada. Las pretensiones de estas regulaciones de lo que los humanos deben ser y hacer ya no tienen ninguna fuerza. Porque con su muerte y resurrección Cristo ha hecho por cada uno lo que se pide de nosotros. La ley por lo tanto no puede requerir nada más. Mucha de la fuerza del mal reside en un engaño sobre lo que los seres humanos deben hacer, y ahora ese engaño ha quedado al descubierto.

2. Cristo ha hecho un ejemplo público de las potestades. Ha revelado su verdadera naturaleza y función. Anteriormente parecían ser realidades últimas del universo, los dioses que rigen el mundo. Su victoria ha dejado claro que esto es un gran engaño. Es obvio que las potestades en realidad están en contra del plan de Dios y obran en contra del mismo. La capacidad del pecado para pervertir es tan grande que los humanos pueden creer que están cumpliendo la voluntad de Dios cuando en realidad sus acciones están en contra de ella. Mantener la ley, que una vez se creyó que era la esencia de la voluntad de Dios para nuestras vidas, ahora se ve como comprometer potencialmente nuestra confianza en la gracia de Dios (cf. Gá. 3:1-5 ).

3. Cristo ha triunfado sobre las potestades. Hay dos dimensiones en este triunfo. Primero, la misma muerte de Cristo, que fue la expresión última de

10. Yoder, *Politics of Jesus*, p. 145.

las malas intenciones y esfuerzos de las potestades, se ha convertido ahora, irónicamente, en el medio para su fracaso. Segundo, triunfó sobre las potestades desarmándolas y exhibiéndolas públicamente.

Sin embargo, todo esto no sugiere que la victoria sobre las potestades y su destierro se haya producido totalmente. Todavía queda mucho por hacer en el futuro. Como Pablo escribe en 1 Corintios 15:24: "Luego [en la venida de Cristo] el fin, cuando entregue el Reino al Dios y Padre, cuando haya suprimido todo dominio, toda autoridad y todo potestad." El último enemigo en ser destruido será la muerte (v. 26). No obstante Pablo también afirma que la muerte ha sido sorbida por la victoria (vv. 54-57). Y lo que es cierto para la muerte lo es también para el resto de los enemigos. La liberación venidera de la creación de sus ataduras ya está en marcha (Ro. 8:18-25). Podríamos pensar en la victoria sobre las potestades como algo "que ya está, pero no todavía." Con su muerte Cristo ya ha vencido y destruido a estos enemigos. Sin embargo, la aplicación completa del hecho todavía no se ha realizado o experimentado.

Se podrían utilizar numerosas analogías. Berkhof, que vivió en los Países Bajos durante la Segunda Guerra Mundial, recuerda que durante el "invierno del hambre" de 1944-45 los nazis ya habían sido derrotados, sin embargo todavía eran capaces de oprimir a los holandeses.[11] Así que aunque la caída de las potestades ya se ha asegurado, todavía oprimen a los creyentes.

### Personalidad colectiva

También es importante para entender el pecado social el concepto bíblico de la personalidad colectiva. En particular en la historia de la nación de Israel, las acciones de los individuos no se consideraron aisladas de las acciones del grupo. Aunque en ocasiones las acciones de un subgrupo se separaron de los del resto de la nación (como en el caso de Coré y los que se rebelaron con él), en otros momentos todo el grupo sufrió por las acciones de uno o unos pocos. Un ejemplo se encuentra en Josué 7. Debido al pecado de Acán, treinta y seis hombres de Israel murieron en Hai, tres mil hombres huyeron y la nación entera sufrió la humillación de la derrota. Cuando el malhechor fue descubierto, no sólo se le apedreó, sino que también se hizo lo mismo con su familia. El principio de que todo un grupo está ligado a las acciones de uno de los de su grupo no era raro en otras naciones tampoco. Goliat y David lucharon uno contra otro sabiendo que los resultados de su lucha individual determinarían el resultado del conflicto entre sus naciones.

Pablo desarrolla la idea de la personalidad colectiva de forma más llamativa en su discusión sobre el efecto del pecado de Adán sobre toda la raza humana. A través de una persona el pecado llegó a la raza humana, y la muerte a través del pecado, y esta muerte se ha extendido a todas las personas (Ro. 5:12). Hay

11. Berkhof, *Christ and the Powers*, p. 35.

un carácter entrelazado en la raza humana, de manera que no funcionamos de forma aislada. El pecado de Adán trajo juicio, aflicción y muerte a todas y cada una de las personas que jamás haya vivido.

Resulta interesante que, muchos sociólogos modernos y otros científicos conductistas nos cuenten que no podemos separar al individuo y sus acciones de la sociedad en su conjunto. De las decisiones y acciones de nuestras vidas, siempre nos encontramos funcionando dentro del contexto de la sociedad y estamos condicionados por sus realidades.[12] En diversas maneras las realidades sociales afectan o incluso gobiernan al cristiano en este mundo. De algunas de estas influencias somos conscientes, de otras no.

Una influencia social que afecta a todos los individuos so simplemente las realidades políticas de la vida. Piense en la vida dentro de una democracia política. Aunque todos los ciudadanos de la nación tienen voz y voto, al final la mayoría es la que manda y la que predomina. Si el gobierno ha decidido sobre algo con lo que algunos ciudadanos no están de acuerdo por motivos éticos, tienen poca opción en esta materia. Pueden expresar su desacuerdo mediante varias formas de protesta, pero es probable que éstas tengan un efecto limitado. El país procederá con sus políticas sobre armamento militar, trato racial y medioambiental sin tener en cuenta esas convicciones. Y utilizará el dinero de sus impuestos para financiar estas acciones. Realmente no tienen opción, a menos que estén dispuestos a enfrentarse a castigos y a prisión. En otras palabras, podríamos sentirnos obligados a contribuir a lo que es contrario a nuestras convicciones morales. En algunos casos, el gobierno puede que en realidad se esté oponiendo a la práctica de la fe de un cristiano. Aunque esto era sin duda así para aquellos que vivían en sociedades comunistas o fascistas opresivas, puede que también sea verdad, de una forma más limitada, en cualquier otro sistema de gobierno.

Nuestras vocaciones también pueden imponernos ciertas restricciones o limitaciones. Podemos encontrar en una industria ciertos factores tan arraigados que es difícil evitar las prácticas pecadoras o no éticas.

También puede que nos enfrentemos a ciertas elecciones morales en las que no existe una buena manera de actuar. Lo mejor que uno puede hacer es escoger el menor de dos males. Desde luego esto es triste, un recordatorio de hasta qué punto nuestro mundo es un mundo caído y estropeado, torcido y distorsionado diferente de lo que Dios originalmente pretendía que fuera. A veces, además, se puede resolver o aliviar un problema sólo al precio de agravar otro. Tomamos nuestras decisiones morales dentro de muchos contextos posibles, sobre los cuales tenemos poco o ningún control. Representan limitaciones muy reales a nuestra libertad y a nuestras opciones como individuos.

12. Langdon Gilkey, "The Political Dimensions of Theology,Ì *Journal of Religion* 59, no. 2 (April 1979): 155-57.

Nuestras decisiones morales pueden también circunscribirse a estructuras intelectuales. Cada uno de nosotros está expuesto en diferente medida a todo un conjunto de ideologías que difieren en su grado de absolutismo. Dan un ángulo particular a nuestras mentes. Alguien criado en una sociedad que piensa que una raza en particular es superior a otra puede tener dificultades para percibir las cosas de otra manera. Un individuo así puede creer que tiene suficiente justificación por prejuicio. Una acción discriminatoria o explotadora puede parecer natural y adecuada. De forma similar, la influencia condicional de nuestra iglesia, grupo religioso o nación puede limitar severamente nuestra perspectiva y afectar de forma adversa nuestras acciones en todas las esferas de la vida.

Las influencias de la familia también imponen límites en la libertad moral personal. Una de las frases más curiosas de las Escrituras es la afirmación de que Dios visitará los pecados de los padres sobre los hijos (Éx. 20:5). Esto se podría tomar como una promesa rencorosa de Dios para vengarse en los inocentes descendientes de los antepasados culpables. En su lugar, debería tomarse como una declaración de que los patrones de acción pecadores y sus consecuencias se transmiten de generación en generación. Esta transmisión puede ser genética, hereditaria. O puede ser medioambiental, que procede del ejemplo o del condicionamiento. Innumerables patrones de comportamiento se repiten generación tras generación. La mayoría de los maltratadores de niños, por ejemplo, fueron en su momento maltratados por sus padres. Y el alcoholismo con frecuencia se reproduce en los hijos.[13]

Incluso la presencia de enfermedades en la raza humana puede inducir al mal o fomentarlo. Por ejemplo, una población con una plaga de gusanos muy extendida no tiene la energía, la determinación, ni la habilidad de luchar contra otros problemas sociales.

El simple hecho de vivir donde vivimos contribuye poderosamente a distintos males de los que no somos conscientes. ¿Cuánta gente por ejemplo, que malgasta su recursos en lujos y exigen carne de la mejor calidad se dan cuenta de a cuántas personas se les está negando una dieta adecuada como consecuencia de ello? A la mayoría de nosotros, si viviésemos entre los menos afortunados económicamente, probablemente nos resultaría difícil atiborrarnos con la comida que se podría utilizar para mantenerlos con vida. Sin embargo, como hay varios miles de kilómetros de distancia, no sentimos lo impropio de nuestro estilo de vida. Simplemente no pensamos en lo que nuestras acciones están haciendo al ecosistema total del que estas otras personas también forman parte.

Debería quedar claro que estamos condicionados y severamente limitados por las realidades sociales. La situación social particular en la que nos encontramos

13. Ver, ej., D. W. Goodwin, "Alcoholism and Heredity," *Archives for General Psychiatry* 36 (1979): 57-61.

involuntariamente – incluyendo el sistema político y económico, nuestro contexto intelectual y familiar, incluso la localización geográfica en la que hemos nacido – inevitablemente contribuye a las condiciones del mal y en algunos casos hace inevitable el pecado. El pecado es un elemento de la presente estructura social de la cual el individuo no puede escapar.

Es importante que veamos todo esto en el contexto de la caída. El relato en Génesis 3 enumera maldiciones específicas que se producen tras la caída, o quizá deberíamos decir aspectos específicos de la maldición. Se mencionan el carácter difícil del trabajo, los cardos y espinos, y la angustiosa naturaleza del nacimiento. Sin embargo, parece probable que esta lista no sea exhaustiva. La maldición desde luego incluye estas cosas, pero no hay razón para creer que sean las únicas. Puede incluir también el tipo de estructuras sociales que hemos descrito aquí. En Romanos 8:18-25 Pablo habla del carácter cósmico del pecado. Toda la creación fue sujeta a vanidad (v. 20). Está esperando al momento en que "será libertada de la esclavitud de corrupción a la libertad gloriosa de los hijos de Dios. Sabemos que toda la creación gime a una, y a una está con dolores de parto hasta ahora" (vv. 21-22). Si el pecado de la humanidad ha distorsionado toda la creación, desde luego sus estructuras sociales están incluidas.

## Estrategias para vencer el pecado social

Si por lo anterior aceptamos que hay una dimensión del pecado y del mal que va más allá de los seres humanos particulares o individuales, nos queda por determinar qué enfoque se debería tomar cuando intentamos tratar el pecado colectivo. Aquí encontramos considerables divergencias de opinión.

### *Regeneración*

Un enfoque considera la dimensión social del pecado únicamente como la combinación de los pecados individuales. En consecuencia, los problemas sociales no se resolverán tratando la sociedad. Como la dirección de la sociedad viene determinada por las mentes y las voluntades de los miembros que la constituyen, la alteración de la sociedad sólo se producirá cambiando a los individuos que la componen. Esta es la estrategia de la regeneración, que, en sí misma, es una forma de utopía. Porque afirma que si todas las personas de la sociedad son transformadas, la sociedad misma se transformará.[14]

Subrayando esta idea está la creencia profunda en la depravación y la pecaminosidad humana. Mejorar las circunstancias externas o el medioambiente no cambiará el interior corrupto de la persona. Y sin la transformación interior, las condiciones pecadoras de la sociedad sencillamente regresarán.

14. Carl F. H. Henry, *Aspects of Christian Social Ethics* (Grand Rapids: Eerdmans, 1964), pp. 21, 24-25, 26-27.

También hay un énfasis en el individuo. Cada persona es una entidad aislada, que se contiene en sí misma y que es capaz de tomar decisiones libres, casi sin verse afectada por las condiciones de la sociedad. La unidad de la moralidad es la persona individual. El grupo no es una entidad orgánica con características propias, sino una colección o conjunto de individuos.

El enfoque de los que adoptan y practican esta estrategia es muy evangelístico. Impulsan a los individuos a tomar una decisión y a cambiar la dirección de sus vidas. A menudo también se pone un fuerte énfasis en la comunión cristiana. Esto puede tomar la forma de agrupaciones sociales bastante intensivas dentro de la iglesia organizada. El compromiso principal es el grupo cristiano, y la función básica de esto es que haya apoyo mutuo entre los miembros. Por tanto puede haber una tendencia a renunciar a implicarse con el mundo. Otros abogan por implicarse en la sociedad, por ejemplo, trabajando en profesiones de ayuda. Sin embargo, por lo general estas personas se orientan más hacia el bienestar social (aliviando las condiciones resultantes de unas estructuras sociales defectuosas) que hacia una acción social (alterando las estructuras que causan los problemas).[15] Se debería señalar que los grupos que siguen esta estrategia, a los que generalmente se les conoce como evangélicos, son el segmento de la cristiandad que está creciendo con más rapidez, no sólo en Estados Unidos, también en Latinoamérica y África.

### *Reforma*

Otras estrategias tienen en común la convicción de que los problemas son más grandes que las voluntades de los seres humanos individuales, y deben ser manejados utilizando una base más amplia que la regeneración/conversión individual. Se deben alterar directamente las estructuras de la sociedad. Hay varias posibilidades.

La posibilidad que se defiende con más frecuencia es la modificación de la forma política de la sociedad mediante los canales políticos. La sociedad tiene que ser reestructurada eligiendo legisladores que aprobarán leyes que cambien condiciones indeseables. El mal tiene que hacerse ilegal. El cumplimiento de tales leyes cambiará las condiciones que constituyen el mal estructural. Este punto de vista se puede denominar el enfoque o la estrategia de la reforma. Se basa en la idea de que la estructura de grupo, que puede ser tan amplia como la sociedad en general, tiene una realidad en sí misma distinta de las voluntades de los miembros individuales. Por lo tanto, la estructura no puede cambiar simplemente modificando a los individuos que la constituyen. Aunque, por otra parte, no hay garantía de que los individuos cambien si la estructura, al menos las condiciones o circunstancias en las que ellos se mueven, se altera.

15. David O. Moberg, *Inasmuch: Christian Social Responsability in the Twentieth Century* (Grand Rapids: Eerdmans, 1965), pp. 81-82.

A veces se utilizan medios de reforma distintos a los políticos. Estos pueden ser las presiones económicas, como las diferentes formas de boicot. El boicot que los negros hicieron a los autobuses en Montgomery, Alabama, a mediados de los años 1950 es un ejemplo destacado. Se pueden boicotear productos específicos de un productor en particular. Las rebeliones de los accionistas pueden cambiar la política de una corporación. La resistencia no violenta como la que defendían Mahatma Gandhi y Martin Luther King es otro medio de buscar la reforma.[16]

### *Revolución*

El enfoque más radical para cambiar las estructuras de la sociedad consiste en destruirlas o eliminarlas y reemplazarlas por otras, utilizando la fuerza si es necesario. Las estructuras se consideran tan corruptas que no se las puede redimir mediante la transformación. Se necesita empezar de nuevo totalmente, derrocar las formas existentes. Con frecuencia el concepto que se plantea aquí es que la humanidad, si tiene la ocasión de demostrarlo, es básicamente buena o al menos moralmente neutral. Por tanto si las estructuras actuales son abolidas, las que se erijan en su lugar serán básicamente buenas. A este enfoque también va unida la creencia aparente de que la influencia de la sociedad no tiene efecto duradero sobre sus miembros. Cualquiera que sea la influencia que la estructura tenga sobre los individuos es de carácter dinámico, no sustancial. Por tanto, una vez que se elimina una estructura, su influencia desaparece. No ha producido una naturaleza humana pervertida que, a menos que sea regenerada y hasta que no lo sea, continuará funcionando a favor del mal. Así que se confía totalmente en que una vez eliminadas las malas estructuras, aquellos que lleguen a las posiciones de liderazgo no establecerán un nuevo orden que únicamente sea favorable a sus propios intereses.

Esta estrategia, que podríamos llamar revolución, se encuentra en las filosofías políticas y religiosas más radicales. Se encuentra en distintas formas de la teología de la liberación, especialmente las que son de tipo más agresivo.[17] Es también, por supuesto, un principio del marxismo y de varios grupos terroristas modernos.

Si, como hemos argumentado en este y anteriores capítulos, el mal es a la vez individual/ personal y social por naturaleza, se debe atacar con una combinación de estrategias y no sólo con una. Como las personalidades y los corazones humanos son corruptos, es necesaria la regeneración para que el cambio tenga

16. Johannes Verkuyl and H. G. Schulte Nordholt, *Responsible Revolution* (Grand Rapids: Eerdmans, 1974), pp. 53-59.

17. Gustavo Gutierrez, *A Theology of Liberation*, trans. Sister Caridad Inda and John Eagleson (Maryknoll, N.Y.: Orbis, 1973), p. 109.

un efecto duradero. Por otra parte, como hay estructuras del mal en el mundo que trascienden las voluntades de los humanos individuales, hay que buscar medios para renovar estas estructuras. La revolución es un enfoque demasiado extremo; viola las enseñanzas de Cristo sobre la violencia. Aunque las estrategias que hay que adoptar para tratar el tema del mal son un tema que va más allá del alcance de este libro, nos parece que una combinación de regeneración y reforma no violenta podría proporcionar la mejor manera de combatir el pecado y el mal en nuestro mundo. Esto requiere poner el énfasis en el evangelismo, la ética personal y la ética social.

Parte 7

# LA PERSONA DE CRISTO


32. Temas contemporáneos en el método cristológico *673*
33. La deidad de Cristo *695*
34. La humanidad de Cristo *717*
35. La unidad de la persona de Cristo *735*
36. El nacimiento virginal *752*

# 32. Temas contemporáneos en el método cristológico

## Objetivos del capítulo

Al finalizar este capítulo, debería ser capaz de:

- Demostrar que entiende los temas actuales en la metodología cristológica.
- Identificar y describir los conceptos cristológicos históricos desde todos los puntos de vista.
- Evaluar las metodologías cristológicas tradicionales y liberales y determinar su coherencia con los preceptos bíblicos.
- Determinar el procedimiento para estudiar la persona y la obra de Jesucristo.
- Examinar y refutar la tendencia actual de ver la encarnación de Cristo como mitología.

## Resumen del capítulo

En la historia de la iglesia, el debate más acalorado en cristología ha sido el de cómo entender la persona y la obra de Jesucristo. Algunos teólogos recientes han determinado que Cristo no puede ser a la vez humano y Dios, y tratan de investigar históricamente la vida de Jesús utilizando esta forma de pensar. Ciertos investigadores, encabezados por Rudolf Bultmann, creen que la historia de Cristo está rodeada por el mito y que la clave para entender la cristiandad es reinterpretar el mito para saber cómo influyó Jesús en sus discípulos y en la gente que le rodeaba. Sin embargo, una perspectiva que utilice la fe para interpretar la historia de Jesús, encontrado a través de la razón, puede que proporcione la metodología cristológica más adecuada.

## Cuestiones de estudio

1. ¿Cuáles son los temas contemporáneos concernientes a la metodología cristológica y cómo afectan a la iglesia?
2. ¿Qué es la "búsqueda del Jesús histórico" y qué importancia tiene para entender la persona y la obra de Jesucristo?
3. ¿Cómo ha afectado la cristología de Rudolf Bultmann a la forma de ver a Cristo y su obra?
4. ¿Cómo se debería realizar un estudio de la persona y la obra de Jesucristo? ¿Por qué es necesario proceder en un orden en particular?
5. ¿Cómo se debería reaccionar ante la tendencia creciente de ver a Jesucristo como un personaje mitológico e irrelevante para la práctica religiosa moderna?

Historia y cristología
- La búsqueda del Jesús histórico
- "Cristología desde arriba"
- "Cristología desde abajo"
- Evaluación
- Un enfoque alternativo

La persona y la obra de Cristo
Encarnación vista como mitología

Hemos vistos que los humanos fueron creados para amar, servir y estar en comunión con Dios. También hemos visto que ningún humano es capaz de cumplir esta intención divina; en otras palabras, todos los hombres pecan. Sin embargo, como Dios amó a la raza humana, escogió actuar a través de Cristo para devolverles a la condición y la relación pretendida. Por tanto, nuestra forma de entender la persona y la obra de Cristo procede directamente de las doctrinas de la humanidad y del pecado.

El estudio de la persona y la obra de Cristo están en el centro mismo de la teología cristiana. Ya que como los cristianos son por definición creyentes y seguidores de Cristo, su forma de entender a Cristo debe ser central y determinante del carácter mismo de la fe cristiana. En consecuencia, cuidamos especialmente la precisión y la atención particular al hacer nuestra cristología.

Hay ciertos problemas perennes en la cristología. Estos surgen en varios momentos. También existen temas específicos que aparecen en un momento de la historia. Es importante que investiguemos y saquemos nuestras propias conclusiones en lo que se refiere a estos temas. En este capítulo examinaremos tres temas contemporáneos sobre la metodología de la cristología: (1) la relación entre la fe y la historia, (2) la relación entre el estudio de la persona de Cristo y el estudio de la obra de Cristo, y (3) la literalidad de la idea de la encarnación. Para formular estas cuestiones de forma diferente: (1) ¿Un entendimiento adecuado de

Cristo se puede basar estrictamente en los datos históricos, o se debe asumir por la fe? (2) ¿Deberíamos determinar o entender primero la naturaleza de Cristo y después aplicarla a nuestra investigación de su obra, o deberíamos enfocar el tema de su naturaleza a través de un estudio de su obra? (3) ¿La idea de la encarnación de Dios es inherentemente mitológica y por tanto insostenible? Las dos primeras cuestiones tratan del método de la cristología; la tercera trata sobre si realmente es posible hacer cristología. Para entender el ambiente contemporáneo de la construcción cristológica, será necesario examinar su contexto histórico. Ya que los enfoques actuales de la forma de hacer cristología representan la culminación de un largo proceso que implica reacciones y contrarreacciones.

## Historia y cristología

Durante un largo periodo de tiempo, los teólogos limitaron sus discusiones sobre Cristo a los puntos de vista establecidos por sus respectivas denominaciones o tradiciones confesionales. Estas tradiciones a su vez solían seguir las posiciones elaboradas en los concilios ecuménicos de los primeros siglos de la iglesia. Los problemas de la cristología fueron planteados mayormente en términos metafísicos: ¿cómo pueden coexistir la naturaleza divina y humana en la misma persona? O por decirlo de forma diferente, ¿cómo puede ser Jesús a la vez Dios y hombre? Durante el siglo veinte, sin embargo, el enfoque ha cambiado. Algunos círculos teológicos son hostiles (o como poco, indiferentes) a la metafísica. Así que el estudio de Cristo ahora se lleva a cabo en su mayor parte de forma histórica. En parte, este cambio ha sido motivado por la sospecha de que el Cristo de la tradición teológica es diferente del Jesús real que caminó por los senderos de Palestina, enseñando y obrando entre sus discípulos y entre las multitudes.

### *La búsqueda del Jesús histórico*

La búsqueda para descubrir cómo era realmente Jesús y lo que hizo viene a conocerse como la "búsqueda del Jesús histórico." Bajo esta búsqueda subyace la esperanza de que el Jesús real demuestre ser diferente incluso del Cristo que aparece en las Escrituras y que es en cierto sentido el producto de la teologización de Pablo y otros. Entre las "vidas de Jesús" tempranas más famosas están las elaboradas por David Strausss[1] y Ernest Renan.[2] Cada vez más, el Jesús terrenal se describía como un hombre básicamente bueno, un maestro de grandes verdades espirituales, pero no la preexistente segunda persona de la Trinidad que obraba milagros.

1. David Strauss, *A New Life of Jesus*, 2nd ed. (London: William & Norgate, 1879).
2. Ernest Renan, *Life of Jesus*, trad. y rev. de la 23ª ed. francesa (New York: Grosset & Dunlap, 1856).

Quizá la imagen más conocida e influyente de Jesús es la de Adolf von Harnack, que en muchos aspectos representa la cumbre y el final de la búsqueda de Jesús. Él señala que los Evangelios no nos dan los medios para construir una biografía completa de Jesús, porque nos cuentan poco de los primeros años de su vida.[3] Sin embargo, nos proporcionan hechos esenciales. Cuatro observaciones generales conducen a Harnack a establecer un Jesús no milagroso:

1. En los tiempos de Jesús, un tiempo en el que no había una perspectiva razonable de lo que era posible y lo que no, la gente se sentía rodeada de milagros.
2. Los milagros se adscribían a las personas famosas casi inmediatamente después de su muerte.
3. Sabemos que lo que pasa en nuestro mundo está gobernado por leyes naturales. Por tanto, no hay cosas tales como los "milagros," si por ellos entendemos interrupciones del orden de la naturaleza.
4. Hay muchas cosas que no entendemos, pero se deben ver como cosas maravillosas y, de momento, inexplicables, pero no como milagros.[4]

La evaluación que Harnack hace del mensaje de Jesús se ha considerado la declaración clásica de la posición teológica liberal. Señala que el mensaje de Jesús principalmente no era sobre sí mismo, sino sobre el Padre y el reino:

> Sin embargo, si echamos un vistazo general a las enseñanzas de Jesús, veremos que se pueden agrupar en tres categorías. Cada una de ellas de tal naturaleza que contienen el todo, y por tanto se pueden exhibir en su totalidad bajo todos ellos.
> *Primero, el Reino de Dios y su venida.*
> *Segundo, Dios el Padre y el valor infinito del alma humana.*
> *Tercero, la rectitud superior y el mandamiento del amor.*[5]

Mientras continuaba la búsqueda del Jesús histórico, crecía el malestar de que el Jesús que se encontraba en los relatos de los Evangelios lo fabricaron de forma inconsciente los que lo buscaban, y se parecía sorprendentemente a los buscadores. George Tyrrell, un erudito católico, posiblemente lo expresó mejor que nadie: "El Cristo que Harnack ve, mirando hacia atrás a través de diecinueve siglos de oscuridad católica, es sólo el reflejo de la cara de un protestante liberal, vista en el fondo de un pozo profundo."[6]

3. Adolf von Harnack, *What is Christianity?* (New York: Harper & Brothers, 1957), p. 33.
4. Ibid., pp. 27-30.
5. Ibid., p. 55.
6. George Tyrrell, *Christianity at the Cross-Roads* (London: Longmans, Green, 1910).

Dos escritos en particular anunciaron el fin de la búsqueda liberal de Jesús. Una fue *The Quest of the Historical Jesus* de Albert Schweitzer. Schweitzer compartió el método histórico básico y los objetivos de los buscadores liberales pero difería con sus conclusiones, cuestionando seriamente su objetividad. Él creía que enfocaban el estudio de la vida de Jesús con sus propias concepciones previas y después procedían a aceptar o rechazar el material según se ajustase o no a estas concepciones previas. Cuando Schweitzer examinó los Evangelios, no encontró el reflejo de un típico liberal del siglo diecinueve. Más bien lo que encontró en Jesús fue una figura completamente escatológica que creía y enseñaba que el fin del mundo iba a llegar pronto, y que su propia segunda venida tendría lugar en conexión con ese final.[7] Sin embargo, Jesús estaba equivocado, según Schweitzer. El punto principal para nuestros propósitos aquí es la idea de Schweitzer de que como figura escatológica a Jesús no se le tiene que rehacer en forma de persona totalmente moderna.[8]

*So-Called Historical Jesus and the Historic Biblical Christ* de Martin Kähler abre una nueva perspectiva en su análisis del problema. Kähler dudaba de la utilidad de los esfuerzos que se habían hecho para desarrollar una imagen de Jesús. No sólo es que la búsqueda del Jesús histórico no tuviera éxito; es que en realidad era contraproducente. Kähler resumió su "grito de aviso de una forma intencionadamente audaz: *El Jesús histórico de los autores modernos nos oculta al Cristo vivo*. El Jesús del 'movimiento de la vida de Jesús' es simplemente un ejemplo moderno de creatividad humana, y no una iota mejor que el célebre Cristo dogmático de la cristología bizantina. Uno está tan alejado del verdadero Cristo como el otro."[9] En respuesta a la búsqueda del Jesús histórico, Kähler propuso una distinción principal. Señaló que el Jesús de la historia, el Jesús tras los Evangelios, tenía relativamente poca influencia. Sólo era capaz de conseguir unos cuantos discípulos y con una fe poco segura. Sin embargo, el Cristo de la fe, ha ejercido una influencia muy significativa. Este es el Cristo resucitado, el Cristo en el que creían los apóstoles y el que predicaban. Este Cristo *histórico* y no el Jesús *de la historia*, es la base de nuestra fe y nuestra vida de hoy. En los relatos de los Evangelios nunca debemos quedarnos en la *Historie*, en los sucesos objetivos, lo que sucedió realmente. Debemos construir nuestras creencias sobre el *Geschichte*, o historia significativa, que pertenece al impacto que Jesús tuvo sobre sus discípulos.[10]

Esta distinción fue en muchas maneras la influencia más grande que tuvo la cristología durante la primera mitad del siglo veinte. Cada vez más, el estudio

7. Albert Schweitzer, *The Quest of the Historical Jesus* (New York: Macmillan, 1964), p. 367.

8. Ibid., pp. 370-71.

9. Martin Kähler, *The So-Called Historical Jesus and the Historic Biblical Christ* (Philadelphia: Fortress, 1962), p. 43.

10. Ibid., pp. 65-66.

se centraba no en los sucesos reales de la vida del Jesús de la historia, sino en la fe de la iglesia. Este cambio se ve más claro y completamente en la desmitologización de Rudolf Bultmann, pero también se aprecia en las cristologías escritas por Karl Barth y Emil Brunner.

Se produjo una reacción en contra del enfoque escéptico de Bultmann. Por tanto empezó una nueva búsqueda del Jesús histórico en el siglo veinte. Ernst Käsemann oficialmente hizo sonar la trompeta que señalaba este cambio.[11] Otros también han estado y están trabajando para intentar formular un esquema de lo que Jesús dijo e hizo en realidad. Ethelbert Stauffer y Joachim Jeremias son de las personas más destacadas que han estado implicadas en esta nueva búsqueda. Trataremos esto bajo el subtítulo "Cristología desde abajo." Pero antes necesitamos explicar otro enfoque que dominó gran parte de la historia de la cristología a principios del siglo veinte.

### *"Cristología desde arriba"*

"Cristología desde arriba" era la estrategia y la orientación básica de la cristología de los primeros siglos de la iglesia. También fue, en gran manera, la cristología de la ortodoxia durante la era precrítica cuando no se cuestionaba la fiabilidad histórica de las Escrituras. En el siglo veinte, este enfoque de la cristología se asoció especialmente con Karl Barth, Rudolf Bultmann y Emil Brunner en uno de sus primeros libros *The Mediator*. Algunas características principales de la cristología desde arriba son evidentes en esa obra:

1. La base para entender a Cristo no es el Jesús histórico, sino el *kerygma*, la proclamación de la iglesia sobre Cristo. Brunner afirma:

> Estamos obligados a oponernos a la idea de que la fe cristiana surge de la observación histórica, de la imagen histórica de Jesús de Nazaret. El cristianismo mismo siempre ha sabido lo contrario. La fe cristiana sólo surge del testimonio sobre Cristo que hay en el mensaje predicado y en la palabra escrita de las Escrituras. La imagen histórica sin duda está incluida en esta última...; pero esta imagen en sí misma no es la base del conocimiento.[12]

2. En cristología, hay una destacada preferencia por los escritos de Pablo y del cuarto Evangelio frente a los Evangelios sinópticos. Los primeros contienen de forma más explícita interpretaciones teológicas, mientras que los sinópticos están básicamente relatando de forma prosaica acciones y enseñanzas de Jesús. Este principio está muy unido al primero:

11. Ernst Käsemann, "The Problem of the Historical Jesus," on *Essays on New Testament Themes*, trad. W. J. Mantague (Naperville. Ill.: Alec R. Allenson, 1964), pp. 15-47.

12. Emil Brunner, *The Mediator* (London: Lutterworth, 1934), p. 158.

> Si una vez que se llega a la convicción de que la fe cristiana no surge de la imagen del Jesús histórico, sino del testimonio sobre Cristo como tal – esto incluye el testimonio de los profetas y también de los apóstoles – y eso se basa en este testimonio, entonces inevitablemente la preferencia por los Evangelios sinópticos y por las verdaderas palabras de Jesús, que era la posición normal de la última generación, desaparecerá.[13]

3. La fe en Cristo no se basa en pruebas racionales ni queda legitimada por ellas. No se puede probar científicamente. El contenido en el que se cree está fuera de la esfera de la razón natural y de la investigación histórica y en consecuencia no se puede probar de forma concluyente. Aunque la investigación histórica puede servir para eliminar obstáculos a varias creencias (por ejemplo, creer en la deidad de Jesucristo), no puede servir para establecer estas creencias. "Jesús enseñó a un grupo de discípulos a orillas del mar" es una frase abierta a la investigación histórica; "Jesús es la segunda persona de la Trinidad" no. Aceptamos las frases históricas cuando se nos persuade racionalmente. Aceptamos la proclamación por fe.

Brunner hizo una distinción que clarifica el sentido en que, para él, la cristología es histórica y en qué sentido no lo es. Esta distinción es la de "Cristo *en* la carne" y "Cristo *según* de la carne." Por "Cristo en la carne" Brunner entiende que Dios se encarnó, la Palabra se hizo carne y entró en la historia. El "Cristo según la carne" es el Cristo conocido por los historiógrafos, los cronistas, con sus métodos de investigación. Conocer al "Cristo en la carne" es conocer algo más que el "Cristo según la carne." El creyente conoce a Cristo

> como el que ha venido en la carne, como aquel de quien los cronistas y los historiadores humanistas deben tener algo que decir. Pero él conoce a este "Cristo en la carne" de una manera en la que ellos no pueden conocer nada; él le conoce por lo tanto como alguien bastante diferente, y eso es lo que importa. Porque el conocimiento de otros – del cronista y del historiador humanista – todavía no es el conocimiento de Cristo, de la "Palabra hecha carne," sino que es el conocimiento "según la carne."[14]

Brunner resalta el Cristo en la carne, pero no ignora al Cristo según la carne. Porque aunque la fe nunca surge de la observación de los hechos, sino del testimonio de la iglesia y de la Palabra de Dios, el hecho de que Dios se ha "hecho carne" significa que la fe está de alguna manera conectada con la observación. El testimonio de la iglesia y las Escrituras siempre incluye la imagen de Jesús.

13. Ibid., p. 172.
14. Ibid., p. 158.

### "Cristología desde abajo"

Con la publicación del libro de Bultmann *Jesus and the Word*, la cristología desde arriba alcanzó su cenit. Aquí en efecto estaba una declaración de que la fe en el Cristo kerigmático no se puede conectar con certeza con la verdadera vida terrenal de Jesús de Nazaret. Según el punto de vista de Bultmann esto en realidad no importa. La corriente de reacción negativa que se produjo ante la idea de Bultmann se transformó en el enunciado de una metodología. Probablemente de las primeras reacciones, la más significativa fue la de Ernst Käsemann "El problema del Jesús histórico," publicada originalmente en 1954. Käsemann afirmaba la necesidad de formar nuestra creencia en Jesús basándonos en una investigación histórica de quién era y lo que hizo. Aunque esto no era una resurrección de la investigación del siglo diecinueve, se le denominó "la *nueva* búsqueda del Jesús histórico."

Se puede decir que las búsquedas del siglo diecinueve para nada eran auténticas cristologías. Sería mejor denominarlas "Jesusologías." El Jesús que surgió de aquellos estudios fue un ser humano y poco más. Para algunos de la "nueva búsqueda" esto parece haber sido el resultado de tendencias antisobrenaturales que había dentro del método mismo; en otras palabras, la metodología era inadecuada. En la nueva búsqueda del Jesús histórico, existe la posibilidad de una cristología genuina. Esto es, es posible que la investigación histórica pueda llevar a creer en la deidad de Jesucristo, como conclusión, no como presuposición de la investigación histórica.

El ejemplo más instructivo para nosotros de una "cristología desde abajo" contemporánea es sin duda la de Wolfhart Pannenberg. En *Jesus—God and Man* Pannenberg ha realizado un tratamiento cristológico amplio, como indica el título. Ha examinado a fondo y criticado las presuposiciones de la metodología cristológica para asegurar la apertura y objetividad. Aunque reconociendo ciertos beneficios en el enfoque de la cristología desde arriba, indica tres razones básicas por las que no puede emplear este método:

1. La tarea de la cristología es ofrecer apoyo racional para creer en la divinidad de Jesús, porque esto es lo que se discute en el mundo hoy. La cristología desde arriba es inaceptable porque *presupone* la divinidad de Jesús.[15]
2. La cristología desde arriba tiende a descuidar la importancia de las características históricas distintivas del Jesús de Nazaret. En particular, su relación con el judaísmo de su tiempo, que es esencial para entender su vida y su mensaje, casi carece de importancia en este enfoque.[16]

15. Wolfhart Pannenberg, *Jesus—God and Man* (Philadelphia: Westminster, 1968), 34.
16. Ibid., pp. 34-35.

3. Hablando de forma estricta, una cristología desde arriba solo es posible desde la posición del mismo Dios, y no desde la nuestra. Como seres humanos limitados y ligados a la tierra, debemos empezar y realizar nuestras investigaciones desde la perspectiva humana.[17]

Pannenberg construye desde la vida del hombre Jesús de Nazaret una cristología completa, incluyendo su deidad. Las características positivas del enfoque de Pannenberg dejan claro el contorno básico de la cristología desde abajo en contraste con la cristología desde arriba:

1. La investigación histórica tras el *kerygma* del Nuevo Testamento es a la vez posible y teológicamente necesaria. La crítica de las formas ha demostrado que no se puede construir una secuencia cronológica exacta de la vida de Jesús. No obstante, es posible descubrir por el testimonio de los apóstoles las principales características de Jesús. Tal conocimiento de Jesús es necesario. Si nuestra fe se apoya sólo en el *kerygma*, sin tener en cuenta también los hechos históricos de la vida de Jesús, no podemos escapar de la sospecha y el temor de que nuestra fe no está colocada en el sitio adecuado. Pannenberg diría que podríamos estar creyendo en Lucas, Mateo, Pablo o cualquier otro en vez de en Jesús. Otra complicación más que conlleva apoyar nuestra fe sólo en el *kerygma* es que estos testimonios del Nuevo Testamento no nos dan unidad, sino diversidad, y a veces incluso antítesis. Debemos penetrar más allá de los distintos testimonios para discernir cual es el Jesús único al que todos se refieren.[18]

A juicio de Pannenberg, es extremadamente importante acercarse a la tarea de la investigación histórica con una mente abierta. El problema con muchas investigaciones del siglo diecinueve y con la desmitologización de Bultmann está en ciertas concepciones bastante estrechas de lo que es históricamente posible y lo que no. Por ejemplo, la resurrección de Jesús a menudo se excluía de la creencia antes de empezar la investigación. Sin embargo, es muy importante, acercarse a los horizontes de los tiempos bíblicos sin nuestros prejuicios modernos. Sólo cuando las presuposiciones naturalistas o antisobrenaturalistas se dejan a un lado se puede construir adecuadamente una cristología desde abajo.[19]

2. La historia es unitaria, no dualista. La vida, las enseñanzas y el ministerio de Jesús, incluyendo su muerte y resurrección, no forman parte de un único tipo de historia distinto de la historia en general. No hay un espacio especial para la redención o para la historia sagrada, sea la *Geschichte*, *Heilsgeschichte* o lo que sea. Para Pannenberg, la historia de Cristo es una con el resto de la historia del mundo. No se puede separar o aislar de la historia en general. En consecuencia,

17. Ibid., p. 35.
18. Ibid., pp. 23-25.
19. Ibid.

no es necesario acercarse a ella con un método diferente al que se usa para conocer la historia general. El mismo método histórico que se utilizó en la investigación de las guerras napoleónicas es el que hay que usar en la cristología.[20]

3. Es obvio que la cristología desde abajo nos puede dar un Jesús completamente humano. Sin embargo, ¿puede establecer la deidad de Jesús? La evidencia que aduce más comúnmente la cristología desde abajo al tratar de establecer la unidad de Jesús con Dios es su reclamo pre-pascual de autoridad mediante la declaración y la acción. Hay una considerable coincidencia en este punto por un gran número de teólogos. Werner Elert observa que Jesús reivindicó ser *el* Hijo de Dios. Cuando habló de su Padre, Jesús se refirió a él como "mi Padre." Cuando tenía en mente la relación de los discípulos con el Padre, utilizaba la frase "vuestro Padre." Nunca igualó su relación con el Padre con la relación de los discípulos con el Padre utilizando la expresión "nuestro Padre."[21] Paul Althaus señala de forma similar que la autoridad reclamada por Jesús presupone una cercanía con Dios que no tiene ninguna otra persona. "Lo que Jesús hace es una blasfemia a menos que proceda de una autoridad especial. Reclama esta autoridad para sí mismo."[22] A su manera, Friedrich Gogarten, Hermann Diem, Gunther Bornkamn y Hans Conzelmann dicen esencialmente lo mismo. Pannenberg comenta: "El acuerdo básico es sorprendente. La dogmática parece en este caso haber precedido a la investigación histórica."[23]

Este esfuerzo por demostrar la divinidad de Jesús mediante su reclamación de autoridad antes de la Pascua, sin embargo, debe fracasar inevitablemente porque esta reclamación de autoridad se relaciona con una futura verificación de su mensaje que no se producirá hasta el juicio final. "Más bien," dice Pannenberg, "todo depende de la conexión entre la reclamación de Jesús y su confirmación por Dios."[24]

Esta confirmación hay que encontrarla en la resurrección de Jesús. Pannenberg cree que la resurrección es un hecho histórico. Habiendo examinado de forma separada las evidencias – la tumba vacía y las apariciones del Señor resucitado – Pannenberg concluye que los relatos del Evangelio sobre las apariciones de Jesús son tan legendarios en carácter que apenas si se puede encontrar en ellos un gramo de historia. En consecuencia, acude al resumen de Pablo en 1 Corintios 15:1-11 y concluye:

20. Wolfhart Pannenberg, "Redemptive Event and History," en *Essays on Old Testament Hermeneutics*, ed. Claus Westermann (Richmond: John Knox, 1964), pp. 314-15.

21. Werner Elert, *Der christliche Glaube: Grundlinien der lutherischen Dogmatik*, 3rd ed. (Hamburg: Rurche, 1956), p. 303.

22. Paul Althaus, *Die chistliche Wahrheit*, 6th ed. (Gütersloh: C. Bertelsmann, 1962), p. 430.

23. Pannenberg, *Jesus – God and Man*, p. 57.

24. Ibid., p. 66.

> Por tanto la resurrección de Jesús se podría considerar como suceso histórico en este sentido: si la aparición del primitivo cristianismo, que, a parte de otras tradiciones la establece Pablo con las apariciones del Jesús resucitado, se puede entender a pesar de todos los exámenes críticos de la tradición sólo si se examina a la luz de la esperanza escatológica de la resurrección de la muerte, entonces lo que se designa así es un evento histórico, incluso aunque sepamos nada más en particular sobre ello.[25]

Pannenberg atribuye de forma similar validez a los relatos sobre la tumba vacía. Si esta tradición y la tradición de las apariciones del Señor sucedieron de forma independiente una de las otras, entonces, "al complementarse entre sí dejan que la afirmación de la resurrección de Jesús, en el sentido que se explicó anteriormente, parezca históricamente muy probable, y eso siempre significa en la investigación histórica que se debe dar por supuesto hasta que aparezca una prueba de lo contrario."[26]

Si el evento mismo fuera el todo de la resurrección, sólo tendríamos hechos sin más. Su significado e interpretación sería una cuestión abierta sujeta a debate; quizá sería sólo una cuestión de fe. Muchos significados posibles podrían ir unidos al hecho de la resurrección. Sin embargo, desde la perspectiva de Pannenberg esto no es así. Dado el lugar que tenía en la historia de la tradición y de las expectativas culturales, la resurrección llevaba consigo un significado definido. El evento no se puede evaluar o entender aislado de la tradición y las expectativas de los judíos. La idea de que la resurrección ocurriera sin la voluntad y la participación de Dios era impensable para los judíos. La resurrección de Jesús significa, pues, que Dios dio su aprobación a las reclamaciones de Jesús y que estas reclamaciones, que serían blasfemas a menos que Jesús realmente fuera el Hijo del hombre, eran verdad. Por tanto, no sólo se ha establecido el hecho histórico de la resurrección de Jesús, también la verdad teológica de su deidad.[27]

### *Evaluación*

Esta es una disputa que sigue teniendo importancia. Para que no pensemos que este es sólo un debate intramuros entre teólogos europeos, un estudio intercultural contemporáneo revela los mismos temas. Los teólogos latinoamericanos tienden a hacer cristología en un marco más histórico,[28] esto es, enfatizando el enfoque desde abajo, mientras que los asiáticos trabajan con una orientación más metafísica, favoreciendo el enfoque desde arriba.[29] Estos dos tipos de cristología,

25. Ibid., p. 98.
26. Ibid., p. 105.
27. Ibid., pp. 67-68.
28. Jon Sobrino, *Christology at the Crossroads* (Maryknoll, N.Y.: Orbis, 1978).
29. Stanley J. Samartha, *Hindu Response to the Unbound Christ* (Madras: Christian Litera-

desde arriba y desde abajo, tienen sus puntos fuertes y sus puntos débiles distintivos, que ya han sido identificados con claridad. En algunos casos, la declaración de una posición también ha constituido una crítica al otro enfoque.

La cristología desde arriba tiene la fortaleza de reconocer que el verdadero objetivo y valor de la encarnación fue el efecto de la vida de Jesús sobre los que creían en él. Su testimonio merece nuestra mayor atención, porque ellos de entre todas las personas le conocieron más íntimamente y estaban en la mejor posición para describírselo a los demás. Además, este enfoque está comprometido con un sobrenaturalismo genuino, algo que no siempre ha sido así para las cristologías desde abajo. Deja abierta la posibilidad de un Jesús divino que obra milagros.

El problema básico de la cristología desde arriba es la substancialidad de la creencia. ¿Es el Cristo de la fe realmente la misma persona que el Jesús que anduvo por los caminos de Galilea y Judea? ¿El compromiso con el Cristo kerigmático se basa en lo que realmente fue o es una fe infundada? De una forma o de otra el problema de la subjetividad siempre asedia a este tipo de cristología. ¿Cómo podemos estar seguros de que el Cristo que conocemos por el testimonio de los apóstoles y con el que nos encontramos en nuestra experiencia actual es Jesús tal como es realmente y no son únicamente nuestros sentimientos? Un segundo problema es el relacionado con el contenido de la fe. Aunque está bien y es bueno decir que asumimos algo por fe, ¿cómo determinamos lo que debemos aceptar por fe? Sin un referente empírico, el Cristo de la fe, es en cierta manera irreal y vago.

La cristología desde abajo, por otra parte, suaviza la crítica de que la teología cristiana (y específicamente la cristología) como mucho se basa en la fe y como poco puede estar completamente vacía. Este enfoque ha intentado eliminar cantidades indebidas de subjetividad. Al reconocer que es necesario que haya una implicación (o compromiso) subjetivo en el creyente, la cristología desde abajo evita filtrarla mediante la subjetividad de otros creyentes, por ejemplo, los primeros discípulos.

Sin embargo, hay un problema que persiste. Especialmente en la versión de Pannenberg, el éxito de la cristología desde abajo depende del establecimiento de sus contenidos históricos con certeza objetiva, pero esto es difícil de conseguir. Si los hechos de la cristología son asuntos de historia genuinamente objetiva, entonces debería ser posible demostrar la divinidad de Jesús a cualquiera que pregunte de forma objetiva y honesta. No obstante, en la práctica algunos que examinan las evidencias quedan muy poco convencidos. Además, Paul Althaus mantiene que el punto de vista unitario de la historia de Pannenberg hace de la fe una función de la razón.[30] Pannenberg ha respondido que aunque la fe es sin

ture Society, 1974).

30. Paul Althaus. "Offenbarung als Geschichte und Glaube: Bemerkungen zu Wolfhart

duda un don del Espíritu, no un producto de la razón, no obstante, el conocimiento de la revelación histórica es lógicamente, aunque no psicológicamente, anterior a la fe. La razón en su estructura esencial es suficiente para entender la revelación de Dios y reconocer su verdad. La razón humana, sin embargo, ha caído en un estado innatural y necesita ser restablecida. Este restablecimiento no significa que deba ser sobrenaturalizada, sino que sea naturalizada mediante la ayuda del *kerygma* y del Espíritu.[31]

Esta distinción, sin embargo, no es muy útil. Sin tener en cuenta si la razón humana necesita ser sobrenaturalizada o únicamente naturalizada, el mismo espectro de la subjetividad, que esta teología intentaba evitar a toda costa, sigue asomando la cabeza. Aunque el Espíritu emplea las evidencias históricas para crear la fe, todavía continúa existiendo el problema de si la fe es verídica. ¿No puede ocurrir que otra persona, basándose en las mismas evidencias, llegue a una conclusión diferente? ¿No estamos de nuevo, por lo menos hasta cierto punto, volviendo de nuevo al Cristo de la fe en un intento de llegar al Jesús de la historia? El verdadero asunto de la cristología desde abajo se ha visto comprometido cuando se empieza a apelar a conceptos tales como la necesidad de naturalizar la razón. Aunque la brecha entre las evidencias históricas objetivas y las conclusiones de la fe se ha estrechado un poco, todavía sigue ahí.

### Un enfoque alternativo

Hemos visto que estas dos posiciones en apariencia mutuamente excluyentes tienen ciertos puntos fuertes y débiles. ¿Existe alguna manera de unir la cristología desde abajo con la cristología desde arriba para conservar los mejores elementos de ambas y minimizar sus problemas? ¿El Cristo kerigmático y el Jesús histórico, la fe y la razón pueden ir juntos? Los evangélicos se preocupan por retener a ambos. Esta preocupación surge en parte porque los evangélicos entienden que la revelación es *tanto* los hechos históricos *como* la interpretación que se hace de ellos. Estos son dos medios complementarios y armónicos mediante los cuales Dios se manifiesta a sí mismo. Ambos son por lo tanto fuentes para su conocimiento. Proponemos aquí un análisis conceptual y un modelo que puede aclarar este tema.

Como al Jesús de la historia se le enfoca mediante la razón y al Cristo kerigmático mediante la fe, aparentemente nos encontramos ante un caso clásico de dicotomía fe-razón. Aunque en la forma tradicional la fe y la razón filosófica están relacionadas, aquí lo que se relaciona es la fe con la razón histórica. En ambos casos, la cuestión es la utilidad y el valor de la razón como justificación para la fe.

Pannenberg Begriff der Offenbarung," *Theologische Literaturzeitung* 87, no. 5 (1962): 321-30.

31. Wolfhart Pannenberg, "Einsicht und Glaube: Antwort an Paul Althaus," *Theologische Literaturzeitung* 88, no. 2 (1963): 81-92.

En el terreno filosófico hay tres posiciones básicas respecto a los papeles relativos de la fe y la razón. Hay tres posiciones similares en el terreno histórico:

1. La cristología desde arriba es básicamente fideística. En particular en la forma expuesta por Brunner y otros teólogos existencialistas, se extrae en gran parte del pensamiento de Søren Kierkegaard. Según esta posición, nuestro conocimiento de la deidad de Jesús no se basa en ningún hecho históricamente probable sobre su vida terrenal. Es una fe basada en la fe de los apóstoles como se enuncia en el *kerygma*.

2. A la inversa, la cristología desde abajo es principalmente tomista. Intenta demostrar el carácter sobrenatural de Cristo partiendo de las evidencias históricas. Por eso, la deidad de Cristo no es una presuposición, sino una conclusión del proceso. Es un llamamiento a la razón histórica, no a la fe o la autoridad. Mientras que en el primer modelo predomina la fe, en el segundo lo hace la razón.

3. Hay otro modelo posible, esto es, el agustiniano. En este modelo, la fe precede, pero no permanece permanentemente independiente de la razón. La fe proporciona la perspectiva o el punto de partida desde el cual puede funcionar la razón permitiendo entender lo que de otra manera no se podría entender.

Cuando este modelo se aplica a la construcción de una cristología, el punto de partida es el *kerygma*, la creencia y la predicación de la iglesia sobre Cristo. El contenido del *kerygma* sirve como hipótesis para interpretar e integrar los datos aportados por la investigación al Jesús histórico. Según esta posición, la interpretación que la primera iglesia hace de Cristo o su fe él nos permite sacar mejor sentido a los fenómenos históricos que cualquier otra hipótesis. Por tanto, nuestro modelo alternativo no es la cristología desde abajo, que, ignorando el *kerygma*, conduce a enigmas al intentar entender el "misterio de Jesús," como lo denominaban a menudo los teólogos del siglo diecinueve. Nuestro modelo tampoco es una infundada cristología desde arriba, construido sin referencia a la vida terrenal de Jesús de Nazaret; más bien, se prueba, apoya y justifica en los factores históricos demostrables de quién y qué era y reclamaba ser Jesús.

Nuestro modelo implica no seguir sólo la fe ni la razón histórica, sino ambas juntas entrelazadas, mutuamente dependientes, de manera simultáneamente progresiva. Una familiaridad progresiva con el Cristo kerigmático nos permitirá entender e integrar más de los datos de la investigación histórica. De la misma manera, un mayor entendimiento del Jesús de la historia nos persuadirá más completamente de que la interpretación de los apóstoles del Cristo de la fe es verdadera.

Hay una base bíblica para esta opinión. Algunos de los que conocían las palabras y obras de Jesús muy bien no llegaron a tener un conocimiento adecuado de él por ello. Por ejemplo, los fariseos vieron a Jesús realizar milagrosas curaciones mediante el poder del Espíritu Santo (Mt. 12:22-32; Mr. 3:20-30; Lc. 11:14-23). Aunque sin duda estaban familiarizados con las tradiciones judías y probablemente habían observado a Jesús durante algún tiempo, su valoración era: "Está expulsando demonios mediante el príncipe de los demonios." De alguna manera ellos no supieron sacar la conclusión adecuada, aunque poseían un conocimiento de los hechos. Incluso esos que estaban más cerca de Jesús no fueron capaces de conocerle del todo. Judas le traicionó. Los otros discípulos no se dieron cuenta del significado de su crucifixión y ni siquiera de su resurrección. Las autoridades religiosas obviamente sabían que la tumba estaba vacía, pero no interpretaron correctamente este hecho.

De forma más positiva, también hay indicadores de que cuando se llega a una correcta percepción de Jesús, es sobre la base de algo más que la percepción natural. Por ejemplo, cuando en respuesta a la pregunta de Jesús: "¿Quién dicen los hombres que es el Hijo del hombre?" Pedro respondió "Tú eres el Cristo, el Hijo del Dios viviente." Jesús comentó "no te lo reveló carne ni sangre, sino mi Padre que está en los cielos." (Mt. 16:15-17). Aunque podríamos debatir largo tiempo sobre el significado exacto de "carne y sangre" en el original, está claro que Jesús está contrastando cierto tipo de revelación directa del Padre con una fuente puramente humana como la opinión de otros.

Otro caso, procedente del otro lado de la dialéctica, es Juan el Bautista. En prisión empezó a preguntarse por Cristo. Y envió a dos de sus discípulos a preguntar al Señor: "¿Eres tú el que había de venir o esperaremos a otro?" (Lc. 7:19). Juan puede que estuviera esperando algún evento histórico concreto (¿quizá su propia liberación de prisión?) como evidencia de que Jesús era realmente, como Juan sabía que era, el Cristo. La respuesta de Jesús fue señalar las obras que había estado obrando: "los ciegos ven, los cojos andan, los leprosos son limpiados, los sordos oyen, los muertos son resucitados y a los pobres es anunciado el evangelio" (v. 22). El Jesús histórico era la confirmación del Cristo de la fe.

En este modelo los dos factores se unen: ni el Jesús histórico solo, ni el Cristo de la fe solo, sino el Cristo kerigmático como la llave que abre el Jesús histórico, y los hechos de la vida de Jesús como apoyo para el mensaje de que es el Hijo de Dios. La fe en Cristo nos conduce a un entendimiento del Jesús de la historia.

## La persona y la obra de Cristo

Una segunda cuestión metodológica importante es la de la relación entre el estudio de la persona y la obra de Cristo. ¿Se deben separar? Y si es así, ¿cuál es el orden lógico de la cristología? ¿Se debería desarrollar primero la forma de entender la persona de Cristo, su naturaleza y después aplicarla para poder entender la obra de Cristo? ¿o deberíamos empezar con la obra de Cristo y deducir de ahí qué tipo de persona es?

En la historia temprana de la iglesia, las dos se mantuvieron juntas con una conexión bastante cercana. No obstante, este enfoque cambió durante el periodo medieval. La teología escolástica separó la doctrina de la persona de Cristo (su divinidad, su humanidad y la unidad de las dos) de la de los oficios y las obras de Cristo. Como resultado, la cristología dejó de ser relevante para la mayoría de los creyentes. Los debates sobre la deidad de Jesús, la extensión de su conocimiento y que careciese de pecado así como cuestiones del tipo si tenía una voluntad o dos, eran bastante abstractas. Al cristiano medio le resultaba difícil ver qué efectos, si es que los había, tenían tales temas en sus vidas.

En los siglos diecinueve y veinte se desarrolló una tendencia opuesta basada en una famosa frase de Felipe Melanchton: "Conocer a Cristo es conocer sus beneficios."[32] Esto a su vez está ligado a la reacción de Lutero contra la concentración escolástica sobre el ser de Cristo. Lutero en su lugar pone el énfasis en la actividad salvadora de Cristo *para nosotros*.[33] Este énfasis en la obra de Cristo se lleva a cabo explícitamente en la cristología de Friedrich Schleiermacher más de dos siglos después. Schleiermacher empieza su discusión de cada doctrina con la experiencia cristiana. Esto está en consonancia con su tesis general de que la religión (o piedad) no es un asunto de dogma o actividad ética, sino de sentimiento. Así que para Schleiermacher lo principal de la cristología es nuestra experiencia de lo que Cristo hace en nosotros. Sin embargo, en teoría, la persona de Cristo y su obra son inseparables, y la cristología se puede enfocar desde ambos ángulos.[34]

Esta correlación de las dos consideraciones, pero con prioridad sobre la obra de Cristo, ha sido tomada por Bultmann y quizá incluso de forma más explícita por Paul Tillich, que afirmó que: "La cristología es una función de la soteriología. El problema de la soteriología crea la cuestión cristológica y ofrece una dirección a la respuesta cristológica."[35] En el método de la correlación de Tillich, la respuesta teológica se relaciona con la cuestión existencial. En consecuencia, deberíamos concentrarnos en el simbolismo de los materiales bíblicos, ya que resalta el significado universal del suceso de Cristo. Los acontecimientos históricos y legendarios tienen que usarse sólo como corroboración.[36]

Debería señalarse que hay dos razones principales para acercarse a la persona de Cristo a través de la obra de Cristo. Una es el deseo de una mayor coherencia

32. *Melanchthon and Bucer*, Library of Christian Classics 19, ed. Wilhem Pauck (Philadelphia: Westminster, 1969), pp. 21-22.

33. *What Luther Says*, comp. Ewald M. Plass (St. Louis: Concordia, 1959), vol. 1, p. 198.

34. Friedrich Schleiermacher, *The Christian Faith* (New York: Harper & Row, 1963), vol. 2, pp. 355-75.

35. Paul Tillich, *Systematic Theology* (Chicago: University of Chicago Press, 1957), vol. 2, p. 150.

36. Ibid., pp. 151-52.

entre cristología y soteriología. Es posible tratar la primera de forma aislada de la segunda. Pero no es posible hablar de lo que Cristo hace en nuestras vidas sin relacionar esa obra con la naturaleza de Cristo, la cual presupone. La segunda razón es el deseo de demostrar la relevancia de la doctrina de Cristo. Es difícil para la mayoría de las personas interesarse en la discusión de ciertos temas sobre la naturaleza de Cristo a menos que vean cómo les afectan.

Sin embargo, surgen ciertas dificultades en este enfoque. Una es que cuando se pone el énfasis en la obra que Cristo hace por la humanidad, la autopercepción humana de la necesidad suele dictar o planificar la elaboración de la forma de entender la persona o naturaleza de Cristo. Por tanto, hay un dilema: o se considera primero la obra de Cristo y después se aplican los descubrimientos a la situación humana, o se examina primero la situación y después se vuelve a los materiales bíblicos sobre la obra de Cristo. En el primer caso, todavía existe el peligro de la posible irrelevancia; en el segundo caso, de hacer un entendimiento de la obra de Cristo a medida de la percepción humana de la necesidad.

Un problema con la preocupación por la relevancia es que asume que la persona está haciendo las preguntas correctas. Pero esta suposición ¿es siempre válida? Hay preguntas que no se hacen que tal vez deberían hacerse. Análoga a esta situación es la diferencia entre contarle al doctor ciertos síntomas y realizar un examen físico completo. El análisis físico puede revelar algunos factores de los cuales el paciente no es consciente, pero que no obstante son importantes. De la misma manera, puede que no se traten nunca algunos temas importantes de la cristología si se programan las cosas según nuestra percepción subjetiva de la necesidad. Otro problema es que una conclusión particular en soteriología puede dejar abierta más de una posición posible sobre la naturaleza de Cristo. Por tanto, basar la cristología en las "necesidades sentidas" resultará inadecuado.

A pesar de estas dificultades, hay una manera aceptable de empezar la cristología con el la obra de Cristo. Aunque no se puede permitir que establezca el programa de actuación, se puede utilizar como punto de contacto para discusiones más elaboradas de su naturaleza. Estas discusiones a su vez darán respuesta en el área de su obra. Deberíamos ser conscientes de que si vamos a elaborar una cristología completa, debemos examinar consideraciones en un área para encontrar respuestas a cuestiones en la otra.

## Encarnación vista como mitología

Otro tema de importancia creciente en cristología es si la idea de la encarnación es mitológica. Según algunos, la idea de que Dios se hiciera humano y entrara en la historia humana, que es lo que la doctrina de la encarnación ha significado históricamente, no ha de ser tomada de forma literal.[37] En realidad, según esta idea, no es necesario ni posible hacer eso. Una serie de factores han favorecido esta teoría.

Uno es el programa de desmitologización de Bultmann. Bultmann concluyó que mucho del Nuevo Testamento es mito, con lo cual quería decir que era un intento de los seres humanos de dar expresión a lo sobrenatural según el simbolismo extraído de lo natural. Estos conceptos no se tienen que entender como expresiones literales de la naturaleza de la realidad. Y no se tienen que considerar como algo en cierta manera especialmente revelado por Dios, ni su presentación en los escritos de los apóstoles y los profetas se tienen que considerar en cierto modo como inspirados divinamente. Son simplemente conceptos de la naturaleza de la realidad condicionados culturalmente. En muchos casos podemos identificar las fuentes de las cuales fueron tomadas: helenismo, judaísmo, gnosticismo. Bultmann insistía en que estos conceptos deben ser "desmitologizados," no quiere decir que deban ser eliminados, sino que hay que reinterpretarlos. Los autores de las Escrituras utilizaron el mito para expresar lo que les había sucedido existencialmente. Tomemos como ejemplo la historia de Jesús caminando sobre las aguas (Mt. 14:22-23). Tomada literalmente pretende contarnos un hecho real, un suceso milagroso. Pero cuando se desmitologiza, se ve que nos quiere decir algo de lo que sucedió a los discípulos. Lo que sucediera *realmente* tiene poca importancia. El asunto es que Jesús había causado una gran impresión en los Doce. Fuera quien fuese, era alguien realmente impactante. La manera que buscaron para expresar el hecho de que Jesús les había impresionado de una forma que no se podía comparar con nadie que hubiesen conocido fue contar este y otros "milagros" sobre él. Jesús era el tipo de persona del que uno diría: "Si alguien pudiese caminar sobre las aguas, ese sería Jesús."[38]

Una segunda influencia que contribuye a la opinión de que la encarnación es mitológica es el aumento de un punto de vista más generalizado sobre la relación de Dios con el mundo. Tradicionalmente la teología ortodoxa veía el contacto de Dios y su implicación con el mundo relacionado especialmente con la persona de Jesús durante un periodo de treinta años en Palestina. Por contraste, movimientos como el de la efímera teología de la muerte de Dios

37. Aunque a esta idea se le dio especial exposición e impulso mediante la publicación de *The Myth of God Incarnate*, ed. John Hick (Philadelphia: Westminster, 1977), tuvo muchas expresiones anteriores. Stephen Neill recoge la Girton Conference of the Modern Churchmen's Union (1921) de manera que *The Myth of God Incarnate* parece un caso de déjà vu. Ver Stephen Nelly, "Jesus and Myth" en *The Truth of God Incarnate* ed. Michael Green (Grand Rapids: Eerdmans, 1977), pp. 66-67.

38. Rudolf Bultmann, "The Study of the Synoptic Gospels," en *Form Criticism: Two Essays on New Testament Research* de Rudolf Bultmann y Karl Kundsin (New York: Harper, 1941), pp. 62-76; Rudolf Bultmann, "New Testament and Mythology," en *Kerygma and Myth*, ed. Hans Bartsch (New York: Harper & Row, 1961), pp. 34-44.

proponían un proceso continuado mediante el cual el Dios primordial se ha hecho totalmente inmanente en el mundo. Esto ha sucedido en pasos o etapas, siendo el paso más completo Cristo. Desde ese momento en adelante, el proceso ha sido el de difusión desde Cristo hacia el resto de la raza humana, a medida que sus enseñanzas y prácticas se van adoptando. El Dios primordial ha dejado de existir; ahora es totalmente inmanente dentro de la raza humana.[39]

Este concepto particular muestra una gran similitud con el pensamiento de Georg Hegel. Para Hegel, el evento de Cristo no es de gran importancia por sí mismo. Es sólo un símbolo de la verdad más abstracta de Dios extendiéndose por el mundo, representando una verdad más filosófica.[40]

Hay muchas variaciones dentro de las cristologías que ven la encarnación como mitológica. A pesar de la variedad y la diversidad, hay varios puntos de acuerdo:

1. La idea de que Dios literalmente se hizo hombre es bastante increíble y lógicamente contradictoria.[41]

2. La cristología del Nuevo Testamento representa la fe de los discípulos más que las enseñanzas de Jesús. Los discípulos buscaban dar expresión a la profunda impresión que Jesús les había causado. Al hacerlo, utilizaron títulos y conceptos comunes en aquellos tiempos, como la idea de Dios viniendo a la tierra. Estos títulos e ideas no fueron utilizados por Jesús mismo. Su mensaje era sobre el reino de Dios, no sobre sí mismo. Los discípulos estaban intentando expresar que habían encontrado en Jesús un hombre que vivía una vida modelo de confianza y fe en Dios. También estaban dando expresión a su sentimiento de que Dios estaba implicado con el mundo, con su dolor y tragedia. Los conceptos teológicos que se encontraron en los Evangelios, y especialmente en el cuarto evangelio, representan su meditación sobre la persona de Cristo, no sobre lo que enseñaba. El mensaje de Jesús y la fe primera, original de los discípulos no eran para nada ontológicos. En particular, no había una idea de un Hijo de Dios metafísico. Si hubiera habido alguna idea de ese tipo, hubiera sido la de que Dios había adoptado a Jesús.[42]

3. El tipo tradicional de cristología no surgió del Nuevo Testamento, sino de la teologización de la iglesia, en particular en los siglos cuarto y quinto. Al hacer esto, la iglesia utilizó los conceptos filosóficos que estaban entonces de actualidad. Como resultado, las doctrinas formuladas se parecían a los dogmas

39. Thomas J. J. Altizer, *The Gospel of Christian Atheism* (Philadelphia: Westminster, 1966), pp. 102-12.

40. Hugh Ross Mackintosh, *Types of Modern Theology: Scheleiermacher to Barth* (London: Nisbert, 1937), pp. 104-5.

41. Maurice Wiles, "Christianity Without Incarnation?" en *The Myth of God Incarnate*, ed. John Hick (Philadelphia: Westminster, 1977), pp. 3-6.

42. Ibid., pp. 15-23.

filosóficos del momento. Las doctrinas, basadas como estaban en una filosofía que era contraria a la perspectiva bíblica, impedían que la iglesia entendiera correctamente el testimonio que el Nuevo Testamento daba de Cristo. Es más, muchas de estas formulaciones (por ejemplo, que Jesús tenía dos naturalezas, pero era una única persona) eran internamente contradictorias y en realidad carecían de contenido. Eran fórmulas vacías. La iglesia nunca explicó realmente lo que querían decir estas expresiones; cualquier intento de hacerlo se consideraba una herejía.[43]

4. La idea de Jesús como encarnado no era tan especial como normalmente se ha supuesto. Por ejemplo, Gautama Buda también representa la venida de Dios para los humanos, evidenciando el deseo de Dios de implicarse con su creación, y la unidad esencial de Dios y la humanidad.[44] Jesús no es, por tanto, la única expresión de esta verdad religiosa. Pensar que Jesús es el único camino, y que sólo los que creen lo que la iglesia enseña sobre él se salvarán es como poco provinciano y como mucho aborrecible. Esto es decir que la gran mayoría de los que han vivido no se salvaron, es más, no tuvieron oportunidad de salvarse. En su lugar, debemos darnos cuenta de que la afirmación cristiana básica – que Dios ama al mundo y desea reconciliarse con él – también se cree y se expresa de formas diferentes en otras religiones. Dios está presente en otras religiones también, pero allí el nombre de su presencia no es Jesús. "Jesús" es el término cristiano distintivo para la presencia de Dios.[45]

5. La encarnación se puede entender en un sentido restringido y amplio. En el sentido restringido, es la creencia de que en un momento del tiempo y el espacio Dios entró en el mundo, en la persona de Jesucristo, como nunca lo había hecho antes, y no lo ha hecho desde entonces. En el sentido amplio, la encarnación significa la inmanencia de Dios en el mundo. Por tanto, los medios por los cuales la humanidad tiene que aproximarse a Dios están en el mundo físico, no en escaparse de él. El mundo físico es un transmisor de valor espiritual. Este sentido amplio no es especial en el cristianismo, también se puede encontrar en el judaísmo. Relacionada no sólo con la cristología, sino también con las doctrinas de la creación y la providencia, la doctrina de la encarnación significa que Dios está en el mundo y está obrando en él.

Estos dos sentidos, la inmanencia de Dios en el mundo y la individualidad absoluta del Dios – hombre, Jesucristo, no son inseparables. Mientras que el segundo sentido de la encarnación ha sido utilizado por la iglesia durante gran parte de su historia para comunicar el primero, el primero se puede mantener sin el segundo. Esto es análogo a la habilidad de la iglesia para mantener la eu-

43. Frances Young, "A Cloud of Witnesses," en *The Myth of God Incarnate*, pp. 27-28.

44. John Hick, "Jesus and the World Religious," en *The Myth of God Incarnate*, pp. 168-70.

45. Ibid., pp. 180-84.

caristía sin creer en la transubstanciación y mantener la autoridad de la Biblia sin creer en la inerrancia.

Es necesario elaborar una respuesta a la opinión de que la encarnación es mítica. Los tres capítulos siguientes clarificarán y elaborarán el auténtico significado de la encarnación. No obstante, se tienen que ofrecer algunas sugerencias en este momento.

1. La idea de la encarnación de Dios no es inherentemente contradictoria. Brian Hebblethwaite ha argumentado que la idea de creer que la encarnación implica una contradicción surge de tomar la encarnación demasiado antropomórficamente. Seguramente, aquí hay una paradoja, un concepto que es muy difícil de asimilar intelectualmente.[46] La función de una paradoja, como ha mostrado Ian Ramsey, es forzar nuestras mentes más allá de lo natural hacia lo sobrenatural.[47] En este caso, no estamos predicando la divinidad de la humanidad de Jesús, o sugiriendo que Dios se convirtió en una clase de Dios completamente diferente, o que una única persona era a la vez limitada e ilimitada respecto a la misma cosa. Más bien estamos diciendo que Dios voluntariamente asumió ciertas limitaciones sobre el ejercicio de su infinidad. Había limitado de forma similar sus opciones cuando creó a los humanos.

2. Hay evidencia histórica de que la cristología del Nuevo Testamento surge de Jesús mismo y no sólo de la fe de los discípulos. Aquí hay una serie de consideraciones. Por una parte, la teoría de que los discípulos podrían haber tomado prestada la idea de la venida del Dios encarnado de otros mitos es dudosa. Que tuvieran acceso a tales tipos de mitos se ha demostrado como poco muy cuestionable.[48] Además, las congregaciones helenísticas pre-paulinas que se ha dicho que fusionaban las ideas helenísticas con la historia de Cristo ahora se sabe que no han existido.[49] Finalmente, hay indicación de una cristología "alta" en los primeros escritos del Nuevo Testamento.[50]

3. La sugerencia de que la encarnación de Dios en Jesús es análoga a las enseñanzas de otras religiones no se puede sostener. La doctrina de la encarnación es radicalmente diferente a la doctrina de la inmanencia divina. Es más, es inconcebible que, si Dios es uno, más de una persona pueda ser Dios encarnado.[51] Cuando se entiende por completo el sentido bíblico de la doctrina

46. Brian Hebblethwaite, "Incarnation – The Essence of Christianity? *Theology* 80 (1977): 85-91.

47. Ian Ramsey, "Paradox in Religion," en *Christian Empiricism*, ed. Jerry H. Gill (Grand Rapids: Eerdmans, 1974), p. 107.

48. Neill, "Jesus and Myth," p. 61.

49. Ibid.

50. Charles Moule, "Three Points of Conflict in the Christological Debate,Ì en *Incarnation and Myth: The Debate Continued*, ed. Michael Goulder (Grand Rapids: Eerdmans, 1979). p. 137.

51. Brian Hebblethwaite, "The Uniqueness of the Incarnation," en *Incarnation and Myth:*

de la encarnación, la encarnación de Dios en Jesús sencillamente no se puede comparar con, por ejemplo, la visión que el Budismo tiene de Buda.

La doctrina de la encarnación requiere un desarrollo mucho más amplio. Continuaremos investigando con la seguridad de que esta tarea que emprendemos no es imposible.

*The Debate Continued*, pp. 189-91.

# 33. La deidad de Cristo

## Objetivos del capítulo

Al finalizar este capítulo, debería ser capaz de:

- Demostrar que entiende completamente la deidad de Jesucristo y la importancia que tiene para la fe cristiana.
- Identificar y explicar la enseñanza bíblica sobre la deidad de Cristo.
- Reconocer y describir ebionismo y arrianismo, dos visiones sobre Jesucristo, y cómo se desvían del entendimiento bíblico e histórico de la deidad de Jesucristo.
- Entender la naturaleza limitada de la "cristología funcional" y cómo sus presuposiciones afectan a las conclusiones que se extraen de los escritores bíblicos y de la iglesia primitiva.
- Formular implicaciones sobre la deidad de Cristo con el propósito de desarrollar una cristología equilibrada.

## Resumen del capítulo

La deidad de Cristo se encuentra en el pináculo de la controversia y la creencia sobre la fe cristiana. Aunque algunos han sobredimensionado la deidad de Cristo, otros como los ebionitas y los arrianos han dibujado a Cristo como un humano único que no poseía ninguna naturaleza divina. Pasajes bíblicos relevantes indican claramente que este no es el caso. Más recientemente, se ha desarrollado la "cristología funcional," que se centra en las acciones de Jesús más que en su naturaleza. Una vez más, la evidencia bíblica no apoya esta idea. La deidad de Cristo tiene auténtico valor para el creyente en cuanto al conocimiento de Dios, la nueva vida, la relación personal con Dios y la habilidad para alabar a Cristo por lo que es.

## Cuestiones de estudio

1. ¿Por qué es tan importante la deidad de Cristo para la fe cristiana? Utilice referencias bíblicas para apoyar su respuesta.
2. ¿Por qué Jesús no habló de su divinidad abiertamente? ¿Qué dijo que apoyara su divinidad?
3. ¿Qué teorías se han elaborado que disminuyan la deidad de Cristo y ¿todavía tienen defensores hoy en día?
4. ¿Cuáles son los elementos principales de una "cristología funcional" y cómo respondería a ellos?
5. ¿Qué implicaciones se podrían extraer sobre la deidad de Cristo y por qué cree que son importantes?

La enseñanza bíblica
  La autopercepción de Jesús
  El evangelio de Juan
  Hebreos
  Pablo
  El término "Señor"
  La evidencia de la resurrección
Desviaciones históricas de la creencia en la completa deidad de Cristo
  Ebionismo
  Arrianismo
Cristología funcional
Implicaciones de la deidad de Cristo

Una de los temas más controvertidos y no obstante más cruciales de la teología cristiana es el de la deidad de Cristo. Se encuentra en el centro de nuestra fe. Ya que nuestra fe reside en que Jesús sea realmente Dios hombre, y no simplemente un hombre extraordinario, incluso aunque sea la persona más excepcional que haya vivido nunca.

## La enseñanza bíblica

Empezamos nuestra investigación en el punto en el que toda nuestra construcción doctrinal debe empezar: el testimonio de las Escrituras. Aquí encontramos una amplia variedad de material y de énfasis, pero no divergencia de opinión. Aunque no es posible investigar todas las referencias que tratan sobre esta consideración, al menos podemos entrar en contacto con los datos.

### *La autopercepción de Jesús*

Al buscar la evidencia bíblica de la deidad de Cristo, empezamos con la percepción que Jesús tenía de sí mismo. ¿Qué pensaba y creía Jesús sobre sí mismo? Algunos han argumentado que Jesús nunca dijo que fuera Dios. Su mensaje fue enteramente sobre el Padre, no sobre él. Por lo tanto se nos pide que creamos *con* Jesús, no *en* Jesús.[1] ¿Cómo encajan realmente las evidencias de las Escrituras con esta opinión?

Es verdad que Jesús no proclamó de forma explícita y abierta su deidad. No dijo textualmente: "Soy Dios." Lo que encontramos, sin embargo, son afirmaciones que serían inadecuadas si las hiciera alguien que fuera menos que Dios. Por ejemplo, Jesús dijo que enviaría a "sus ángeles" (Mt. 13:41); en otra parte se habla de ellos como de "los ángeles de Dios" (Lc. 12:8-9; 15:10). Esa referencia es particularmente significativa, porque habla no sólo de los ángeles, sino también del reino como suyo: "Enviará el Hijo del hombre a sus ángeles, y recogerán de su Reino a todos los que sirven de tropiezo y a los que hacen maldad." Se hace referencia a este reino repetidamente como el reino de Dios, incluso en el evangelio de Mateo, donde uno esperaría encontrar "reino de los cielos."

Más significativo todavía son las prerrogativas que Jesús reclamaba. En particular, su afirmación de poder perdonar los pecados trajo como consecuencia un cargo de blasfemia contra él. Cuando el paralítico fue bajado del tejado por sus cuatro amigos, Jesús no respondió con un comentario sobre la condición física del hombre o su necesidad de curación. Más bien el comentario fue, "Hijo, tus pecados te son perdonados" (Mr. 2:5). La reacción de los escribas indica el significado que ellos daban a sus palabras: "¿Por qué habla este de ese modo? Blasfemias dice. ¿Quién puede perdonar pecados, sino sólo Dios?" (v. 7). Robert Stein señala que su reacción muestra que ellos interpretan el comentario de Jesús como que "está ejerciendo una prerrogativa divina, el poder de perdonar realmente los pecados."[2] Aquí había una excelente oportunidad para que Jesús clarificara la situación, para corregir a los escribas si es que ellos habían entendido mal la importancia de sus palabras. Sin embargo, no lo hizo. Su respuesta fue muy instructiva: "Y conociendo luego Jesús en su espíritu que pensaban de esta manera dentro de sí mismos, les preguntó: —¿Por qué pensáis así? ¿Qué es más fácil, decir al paralítico: "Tus pecados te son perdonados", o decirle: "Levántate, toma tu camilla y anda"? Pues para que sepáis que el Hijo del hombre tiene potestad en la tierra para perdonar pecados—dijo al paralítico—: A ti te digo: Levántate, toma tu camilla y vete a tu casa" (vv. 8-11).

Jesús también reclamó otras prerrogativas. En Mateo 25:31-46 habla de juzgar al mundo. Se sentará en el trono de gloria y apartará las ovejas de los cabritos.

1. Adolf von Harnack, *What Is Christianity?* (New York: Harper & Brothers, 1957), p. 144.

2. Robert H. Stein. *The Method and Message of Jesus' Teaching* (Philadelphia: Westminster, 1978), p. 114.

El poder de juzgar la condición espiritual y de asignar el destino eterno de toda la gente le pertenece. Desde luego este es un poder que sólo Dios puede ejercer.

Jesús hizo otras reclamaciones directas. Apreciamos, al examinar los evangelios, que éstas se hacen más explícitas en las últimas etapas del ministerio de Jesús. Al principio permitía que la gente sacara conclusiones sobre él del poder de su enseñanza moral y sus milagros. Por lo tanto este segmento del ministerio de Jesús da cierto apoyo a las teorías de Harnack y otros. Sin embargo, en las últimas etapas, se centra mucho más en sí mismo. Por ejemplo, podríamos comparar el sermón del monte con el discurso en el aposento alto. En el primero, el mensaje se centra en el Padre y en el reino. En el segundo, Jesús es mucho más el centro de atención. Por tanto la idea de que Jesús dirigió nuestra fe hacia el Padre y no hacia sí mismo es difícil de sostener.

La autoridad que Jesús reclamaba y ejercitaba se ve también claramente con respecto al sábado. Dios había establecido que el sábado fuera sagrado (Éx. 20:8-11). Sólo Dios podía derogar o modificar esta regulación. Sin embargo, pensemos en lo que sucedió cuando los discípulos de Jesús recogieron grano en sábado, y los fariseos pusieron objeciones porque se estaban violando las leyes del sábado (al menos su versión de ellas). Jesús respondió señalando que David había violado una de las leyes comiendo del pan reservado para los sacerdotes. Después volviendo directamente a la situación de la que hablaban, Jesús afirmó:" El sábado fue hecho por causa del hombre, y no el hombre por causa del sábado. Por tanto, el Hijo del hombre es Señor aun del sábado" (Mr. 2:27-28). Está claro que estaba reclamando el derecho de redefinir el estatus del sábado, un derecho que pertenece sólo a alguien que sea prácticamente igual a Dios.

Vemos también que dice tener una relación inusual con el Padre, en particular en los relatos de Juan. Por ejemplo, Jesús dice ser uno con el Padre (Jn. 10:30), y que quien le conoce a él y le ve conoce y ve al Padre (Jn. 14:7-9). En Juan 8:58 habla de preexistencia: "Jesús les dijo: —De cierto, de cierto os digo: Antes que Abraham fuera, yo soy." Fijémonos aquí que en lugar de decir "yo era" dice "yo soy." Leon Morris sugiere que se quiere dar por implicado un contraste entre "un modo de ser que tiene un principio definido" y uno "que es eterno."[3] También es posible que aquí Jesús se esté refiriendo a "la fórmula YO SOY" con la que Dios se identifica a sí mismo en Éxodo 3:14-15. Porque en este caso, la fórmula "Yo soy" denota existencia. El verbo no es copulativo (como, por ejemplo en "yo soy el buen pastor"; "yo soy el camino, la verdad y la vida"). Otra alusión a la preexistencia la encontramos en Juan 3:13, donde Jesús afirma: "Nadie subió al cielo sino el que descendió del cielo, el Hijo del hombre,

3. Leon Morris. *The Gospel According to John: The English Text with Introduction, Exposition and Notes* (Grand Rapids: Eerdmans, 1971), p. 473.

que está en el cielo." También se habla de que obra de forma simultánea y en los mismos términos que el Padre: "Respondió Jesús y le dijo: —El que me ama, mi palabra guardará; y mi Padre lo amará, y vendremos a él y haremos morada con él" (Jn. 14:23). Aunque algunas declaraciones de Jesús pueden parecernos un tanto vagas, no hay duda de cómo las interpretaban sus enemigos. Después de su afirmación de que existía antes de Abraham, la inmediata reacción de los judíos fue recoger piedras para arrojárselas (Jn. 8:59). Desde luego esto indica que le consideraban culpable de blasfemia, porque la lapidación era el castigo para la blasfemia (Lv. 24:16). Si hubieran intentado lapidarle sólo porque estaban enfadados debido a sus desfavorables referencias hacia ellos, según la ley habrían sido culpables de intento de asesinato.

En ciertos aspectos, la indicación más clara de cómo se percibía Jesús a sí mismo la encontramos en conexión con su juicio y condena. El cargo, según el relato de Juan era el de que "se hizo a sí mismo hijo de Dios" (Jn. 19:7). Mateo cuenta que el sumo sacerdote dijo en el juicio: "Te conjuro por el Dios viviente que nos digas si eres tú el Cristo, el Hijo de Dios" (Mt. 26:63). "Jesús le dijo: Tú lo has dicho. Y además os digo que desde ahora veréis al Hijo del hombre sentado a la diestra del poder de Dios y viniendo en las nubes del cielo." Esta es la declaración más clara de deidad que uno se puede encontrar en los evangelios. Algunos argumentan que Jesús estaba hablando de forma satírica, y que en realidad estaba diciendo: "Tú dices eso, no yo." Es verdad que el pronombre personal se utiliza aquí para complementar la segunda persona del singular del verbo, sugiriendo que el énfasis de la frase recae en el sujeto: ¡*Tú* dices eso! Sin embargo, es necesario hacer dos observaciones adicionales: (1) Jesús continuó hablando de su poder y su segunda venida, lo que confirmaba, más que contradecía, su cargo; (2) Jesús tenía una oportunidad ideal aquí para corregir cualquier malentendido en el que se hubiera visto envuelto. No lo hizo. Podía haber evitado la ejecución simplemente negando ser el Hijo de Dios, pero no lo hizo. O bien deseaba morir, aunque fuera por un cargo falso, o bien no respondió porque el cargo imputado era correcto. La reacción de los judíos es instructiva. Cuando el sumo sacerdote dijo: "Ha blasfemado! ¿Qué más necesidad tenemos de testigos? Ahora mismo habéis oído su blasfemia. ¿Qué os parece?" Y ellos respondieron: "¡Es reo de muerte!" (Mt. 26:65-66). El delito es que Jesús reclamase lo que sólo Dios tiene derecho a reclamar. Aquí tenemos a Jesús afirmando en efecto, mediante la aquiescencia, su igualdad frente al Padre.

Jesús no sólo no negó el cargo de que afirmaba ser Dios, sino que aceptó que sus discípulos le atribuyesen deidad. El caso más claro de esto es la respuesta a Tomás cuando le llama "Señor mío y Dios mío" (Jn. 20:28). Aquí tuvo una excelente oportunidad para corregir este error, si es que lo era, pero Jesús no lo hizo.

Hay indicaciones adicionales de cómo se consideraba Jesús a sí mismo. Una es la manera en la que yuxtaponía sus propias palabras al Antiguo Testamento, las Escrituras de su tiempo. Una y otra vez decía: "Oísteis que fue dicho….. Pero yo os digo….." (por ejemplo, Mt. 5:21-22, 27-28). Aquí Jesús se atreve a poner su palabra al mismo nivel que la Escritura del Antiguo Testamento. Se podría argumentar que únicamente estaba diciendo que era un profeta de la misma categoría que los profetas del Antiguo Testamento. Sin embargo, los profetas basaban sus declaraciones de autoridad en lo que Dios había dicho o estaba diciendo a través de ellos. Así encontramos la fórmula característica: "La palabra de Jehová vino a mí diciendo…" (Jer. 1:11; Ez. 1:3). Jesús, sin embargo, no cita esa fórmula cuando imparte sus enseñanzas. Dice simplemente: "Pero yo os digo…" Jesús afirma tener el poder de ofrecer enseñanzas que tienen tanta autoridad como las de los profetas del Antiguo Testamento.

Jesús también por implicación, por declaración directa y por obras reclamaba tener poder sobre la vida y la muerte. Ana en su cántico de alabanza atribuye a Dios el poder de dar la muerte y la vida (1 S. 2:6). En el Salmo 119, el salmista reconoce una docena de veces que es Jehová el que da y conserva la vida. En Juan 5:21 Jesús reclama este poder para sí mismo: "Como el Padre levanta a los muertos y les da vida, así también el Hijo a los que quiere da vida." Quizá la frase más enfática la encontramos en sus palabras a Marta: "Yo soy la resurrección y la vida; el que cree en mí, aunque esté muerto, vivirá. Y todo aquel que vive y cree en mí, no morirá eternamente."(Jn. 11:25).

Jesús se aplicó específicamente a sí mismo expresiones que transmitían su forma de entenderse a sí mismo. Una de ella es la de "Hijo de Dios." Los críticos de las formas encuentran este título en todos los estratos de los Evangelios - prueba clara de que Jesús lo utilizó para hablar de sí mismo. Aunque el título es susceptible de diferentes significados, "Jesús le dio un nuevo contenido para describir su especial persona y relación con Dios."[4] Significaba que Jesús tenía una relación con el Padre distinta a la de cualquier ser humano. Los judíos entendían que Jesús estaba por tanto reclamando una relación de filiación especial que se diferenciaba "no sólo cuantitativa, sino cualitativamente; no sólo en grado, sino en clase."[5] En Juan 5:2-18, por ejemplo, leemos, que reaccionaron con gran hostilidad cuando para defenderse de haber curado en sábado, Jesús vinculó su obra con la del Padre. Como explica Juan: "Por esto los judíos aun más intentaban matarlo, porque no solo quebrantaba el sábado, sino que también decía que Dios era su propio Padre, haciéndose igual a Dios" (v. 18). Según todo lo anterior, parece difícil, excepto basándose en cierto tipo

4. George E. Ladd, *The New Testament and Criticism* (Grand Rapids: Eerdmans, 1967), p. 177.

5. Stein, *Method and Message*, p. 132.

de suposiciones críticas, evitar la conclusión de que Jesús se creía a sí mismo igual al Padre y que poseía el derecho de hacer cosas que sólo Dios tiene el derecho de hacer.

### El evangelio de Juan

Cuando examinamos todo el Nuevo Testamento, encontramos que lo que sus escritores dicen sobre Jesús es totalmente coherente con lo que Jesús dice y reclama para sí mismo. El Evangelio de Juan es, por supuesto, reconocido por sus referencias a la deidad de Jesús. El prólogo en particular expresa esta idea: "En el principio era el Verbo, el Verbo estaba con Dios y el Verbo era Dios." Lo que Juan dice realmente es: "Divino [o Dios] era la Palabra" (θεὸς ἦν ὁ λόγος—*theos ēn ho logos*). Colocar θεὸς primero, en contraste con el orden de palabras de la frase anterior, hace que la frase tenga mayor fuerza.[6] Identificó el Verbo como divino y distinguió el Verbo de Dios. No está describiendo un monoteísmo simple o un monarquianismo modalista. El resto del Evangelio apoya y amplía la idea central del prólogo.

### Hebreos

La epístola de Hebreos es también muy enfática en lo referente a la divinidad de Jesús. En el capítulo de apertura el autor habla del Hijo como el resplandor de la gloria de Dios y la representación exacta de su naturaleza (χαρακτὴρ τῆς ὑποστάσεως αὐτοῦ—*charakter tes hupostaseos autou*, He. 1:3). Este Hijo, a través del cual Dios creó el mundo (v. 2), también mantiene (o sustenta) todas las cosas mediante la palabra de su poder (v. 3). En el versículo 8, que es una cita de Salmos 45:6, el Hijo es tratado como "Dios." El argumento aquí es que el Hijo es superior a los ángeles (1:4-2:9), Moisés (3:1-6), y los sumos sacerdotes (4:14-5:10). Es superior porque no es sólo un ser humano o un ángel, sino algo más, concretamente, Dios.

### Pablo

Pablo con frecuencia da testimonio de la deidad de Jesús. En Colosenses 1:15-20 Pablo escribe que el Hijo es la imagen (εἰκών—*eikōn*) del Dios invisible (v. 15); él es en quien, a través de quien y por quien todas las cosas subsisten (v.

6. Ha habido una discusión bastante significativa sobre la construcción anarthrou. Mientras que esta construcción normalmente indica "cualidad de," a menudo se utiliza para distinguir el predicado del sujeto en los casos en los que se invierte el orden. Sin embargo, hay que señalar que en esta frase "el Verbo era Dios" y "Dios era el Verbo" el sujeto y el predicado tienen la misma extensión. Por lo tanto no habría ningún problema, si se invirtiera el orden, en omitir el artículo definido a menos que el autor estuviera expresando la calidad en lugar de la identidad. Esto queda reforzado por la oración que acompaña: "El Verbo estaba con Dios."

17). En el versículo 19 Pablo lleva esta línea de argumentación a una conclusión: "porque al Padre agradó que en él habitara toda la plenitud [ πλήρωμα —*plērōma*]." En Colosenses 2:9 expone una idea muy similar: "Porque en él habita corporalmente toda la plenitud de la divinidad."

Pablo también confirma algunas de las afirmaciones que Jesús había hecho anteriormente. El Juicio en el Antiguo Testamento se le adjudica a Dios. En Génesis 18:25 Abraham se refiere a Dios como el "Juez de toda la tierra." En Joel 3:12 Jehová proclama: "porque allí me sentaré para juzgar a todas las naciones de alrededor." Ya hemos señalado que Jesús dijo que él mismo juzgaría a las naciones (Mt. 25:31-46). Pablo confirma esta afirmación. Aunque en ocasiones hace referencias al juicio de Dios (por ejemplo, Ro. 2:3), también habla de "Jesucristo que juzgará a los vivos y a los muertos" (2 Ti. 4:1) o del tribunal de Cristo (2 Co. 5:10).

Un pasaje paulino que trata del estatus de Jesús se ha convertido en tema de considerable controversia. A primera vista Filipenses 2:5-11 es una afirmación clara de la deidad de Jesucristo, ya que habla de él como siendo o existiendo en la "forma" (μορφή—*morphē*) de Dios. En el griego bíblico y clásico este término hace referencia a "todo el conjunto de características que hacen de algo lo que es."[7] Sin embargo, en estudios recientes este punto de vista sobre el pasaje ha sido cuestionado. Muchas interpretaciones modernas de Filipenses 2:5-11, parten de Ernst Lohmeyer, que propuso que lo que tenemos aquí es en realidad una cita de un himno litúrgico: el pasaje se puede dividir en dos estrofas, cada una de las cuales se compone de tres estancias de tres líneas.[8] Además, según Lohmeyer, el himno no es helenístico, sino arameo en origen, esto es, se puede seguir su pista desde los primeros cristianos hebreos. Como prueba señala cuatro paralelismos con el Antiguo Testamento:

1. "En forma de Dios" (RSV v. 6) – "a nuestra imagen, conforme a nuestra semejanza" (Gn. 1:26).
2. "Se despojó a sí mismo" (v. 7) – "derramó su vida" (Is. 53:12).
3. La imagen de Jesús como siervo – Isaías 53.
4. "Se hizo semejante a los hombres" (v. 7) – "como un hijo de hombre" (Dn. 7:13).

El principal punto para nuestros propósitos es que "en forma de Dios" se ha igualado con una referencia del Antiguo Testamento a la imagen y semejanza de Dios. Que la Septuaginta a veces utilice μορφή en el sentido de εἰκών se

7. Ver nuestra discusión anterior sobre este pasaje (pp. 350-51)

8. Ernst Lohmeyer, *Kyrios Jesus: Eine Untersuchung zu Phil. 2, 5-11*, 2ª ed. (Heidelberg: Carl Winter, 1961).

presenta como prueba de que "en forma de Dios" se tiene que entender como la imagen de Dios que se encuentra en todos los seres humanos. Según esto, algunos estudiosos tienen la hipótesis de que el antiguo himno cristiano que Pablo tomó no presentaba a Jesús como el Dios preexistente, sino simplemente como un segundo Adán. Interpretan que "[él] no consideraba la igualdad con Dios algo que debía alcanzarse" como el intento de Adán de convertirse en Dios. Al contrario que Adán, Jesús no intentaba igualarse a Dios. Hay numerosos problemas con la interpretación de Lohmeyer:

1. No hay acuerdo sobre la división específica del pasaje en estancias.
2. Incluso si el pasaje representa un himno, la forma no puede controlar la interpretación.
3. El origen de una porción de material no es el único factor que explica su significando. Proceder como si fuera así es cometer una falacia genética.
4. Interpretar μορφή como equivalente de εἰκών es como mucho insustancial. Basándose en unas escasas apariciones de μορφή en la Septuaginta, este argumento ignora el sentido clásico fundamental de la palabra: la sustancia, el significado genuino, de una cosa.

Concluimos, entonces que Filipenses 2:6 realmente enseña una preexistencia ontológica del Hijo. Y todo el pasaje, como mantiene Reginald Fuller, presenta un "patrón cristológico triple": Jesús, siendo Dios, se vació a sí mismo, se convirtió en hombre, y después fue exaltado de nuevo al estatus de deidad o de igualdad con el Padre.[9]

Algunos teólogos africanos, como Charles Nyamiti, han visto en la doctrina de la preexistencia de Cristo una oportunidad para relacionar la cristología con el fuerte respeto de los africanos por sus ancestros.[10] Sin embargo, otros teólogos africanos no han considerado que esta sea una táctica recomendable.[11]

### *El término "Señor"*

Hay un tipo de argumento más general para la deidad de Cristo. El Nuevo Testamento atribuye el término κύριος (*kurios* - "Señor") a Jesús, en particular en

9. Reginald H. Fuller, *The Foundations of New Testament Christology* (New York: Scribner, 1965), p. 232.

10. Charles Nyamiti, *Christ Our Ancestor: Christology from an African Perspective* (Gweru, Zimbabwe: Mambo, 1984), pp. 7, 69, 136.

11. Kwame Bediako, "Biblical Christologies in the Context of African Traditional Religions," en *Sharing Jesus in the "Two Thirds" World*, ed Vinay Samuela and Chris Sugden (Grand Rapids: Eerdmans, 1983), pp. 100-103.

su estado resucitado y ascendido. Aunque el término se puede utilizar sin ninguna gran connotación cristológica, hay varias consideraciones que argumentan que el término significa divinidad cuando se aplica a Jesús. Primero en la Septuaginta κύριος es la traducción normal del nombre יְהוָֹה (Jehová) y del reverencial אֲדֹנָי (Adonai) que a menudo se sustituía por él. Además varias referencias en el Nuevo Testamento a Jesús como "Señor" son citas de textos del Antiguo Testamento que emplean uno de los nombres hebreos para Dios (por ejemplo Hch 2:20-21 y Ro. 10:13 [cf. Jl. 2:31-32]; 1 P. 3:15 [cf. Is. 8:13]. Estas referencias dejan claro que los apóstoles querían dar a Jesús el título de *Señor* en el más amplio sentido. Finalmente κύριος se utiliza en el Nuevo Testamento para designar tanto a Dios Padre, el Dios soberano (por ejemplo, Mt. 1:20; 9:38; 11:25; Hch 17:24; Apoc. 4:11) como a Jesús (por ejemplo Lc. 2:11; Jn. 20:28; Hch 10:36; 1 Co. 2:8; Fil.2:11; Stgo. 2:1; Apoc. 19:16). William Childs Robinson comenta que Jesús: "es tratado como el Señor ensalzado, está tan identificado con Dios que hay ambigüedad en algunos pasajes sobre si se hace referencia al Padre o al Hijo (por ejemplo, Hch. 1:24; 2:47; 8:39; 9:31; 11:21; 13:10-12; 16:14; 20:19; 21:14; cf. 18:26; Ro. 14:11)."[12] Para los judíos en particular el término κύριος sugería que Cristo era igual al Padre.

### La evidencia de la resurrección

Para algunos el enfoque que hemos tomado en nuestro esfuerzo de demostrar la deidad de Jesús puede que no parezca crítica en su naturaleza, por utilizar la Biblia sin tomar en consideración los descubrimientos de los métodos más radicales de la investigación bíblica. Sin embargo, hay otra manera de establecer la deidad de Jesús, una manera que no nos enreda en discutir temas críticos punto por punto. En el capítulo 32 mencionamos la metodología conocida como "Cristología desde abajo." Ahora volvemos de nuevo a la cristología de Wolfhart Pannenberg, especialmente tal como la desarrolla en su libro *Jesus—God and Man*. Algunos teólogos contemporáneos han buscado elaborar una cristología basada en los conceptos que Jesús tiene de sí mismo antes de la resurrección; entre ellos están Werner Elert, Paul Altaus, Ernst Käsemann y Gunther Bornkamm.[13] Sin embargo, este no es el curso que escogió seguir Pannenberg. Su cristología se basa ampliamente en la resurrección de Jesús.

Pannenberg ve una dimensión muy escatológica en el ministerio de Jesús. Junto con Bornkamm, Rudolf Bultmann, Heinz Eduard Tödt y otros, mantiene que el estrato más antiguo de los dichos del Nuevo Testamento sobre el Hijo del

12. William Childs Robinson, "Lord," en *Baker's Dictionary of Theology*, ed. Everett F. Harrison (Grand Rapids: Baker, 1960), pp. 328-29.

13. Wolfhart Pannenberg, *Jesus—God and Man* (Philadelphia: Westminster, 1968), pp. 53-58.

hombre, que vendrá de los cielos para juzgar a los hombres, es de Jesús mismo; no son formulaciones de la primera comunidad cristiana.[14] Todo el ministerio de Jesús tenía un carácter anticipatorio. Como las declaraciones proféticas del contexto apocalíptico, sus afirmaciones requerían una confirmación futura. Por lo tanto, no respondía a las demandas de los fariseos de una inmediata "señal de los cielos." Y aunque en respuesta a los discípulos de Juan el Bautista, Jesús señaló que las obras salvadoras del fin de los tiempos estaban sucediendo en su ministerio, estableciendo su identidad, la auténtica verificación todavía tendría lugar en el futuro.

El argumento de Pannenberg sólo se puede entender bajo su punto de vista de la revelación y la historia. Para Pannenberg, la historia en su conjunto es revelador. Por tanto, se puede decir que la revelación ha sucedido completamente sólo cuando la historia ha seguido su curso, porque sólo entonces podemos ver dónde ha llegado. Se podría esperar, por tanto, que la historia no tuviera valor revelador para nosotros ya que nosotros sólo tenemos partes incompletas, como las piezas de un puzzle. Sin embargo, la resurrección, como es el fin de la historia, al haber sucedido de forma anticipatoria, nos ofrece revelación, incluso dentro del tiempo.[15]

Pannenberg mantiene que la resurrección se debe entender desde el punto de vista de la tradición histórica de la que forma parte. Aunque se ha hecho bastante común considerar un evento como una constante y su interpretación como una variable que cambia con el tiempo, él une ambas. El significado de un evento es el significado que le adjuntan las personas en cuya historia entra. Pannenberg señala lo que el hecho de la resurrección de Jesús habría significado para los judíos de aquellos tiempos:[16]

1. Para un judío de aquellos tiempos la resurrección de Jesús habría significado que había empezado el fin del mundo. Pablo esperaba que la resurrección de toda la gente, y en especial de los creyentes, siguiera rápidamente a la de Jesús. Por tanto habló de Jesús como "primicias de los que murieron"(1 Co. 15:20) y "el primogénito de entre los muertos" (Col. 1:18).[17]

2. La resurrección habría sido evidencia de que el mismo Dios confirmaba la actividad pre-pascual de Jesús. Para los judíos, el reclamo de autoridad de Jesús, poniéndose a sí mismo en el lugar de Dios era una blasfemia. Sin embargo, si fue resucitado de entre los muertos, tuvo que ser el Dios de Israel, el Dios al

14. Ibid., pp. 62-63.

15. Wolfhart Pannenberg, "Dogmatic Theses on the Doctrine of Revelation," en *Revelation as History*, ed. Wolfhart Pannenberg (New York: Macmillan, 1968), p. 134.

16. En realidad Pannenberg tiene seis pasos en su presentación, pero aquí hemos simplificado un poco la argumentación que él hace.

17. Pannenberg, *Jesus*, p. 67.

que supuestamente había blasfemado, el que le resucitó. Por lo tanto, los judíos de aquel tiempo, habrían considerado la resurrección como la confirmación de Dios de que Jesús realmente era lo que decía ser.[18]

3. La resurrección habría establecido que el Hijo del hombre no era otro que el hombre Jesús. Antes de la Pascua, se tenía a Jesús por un hombre que caminaba visiblemente sobre la tierra; el Hijo del hombre era un ser celestial que vendría en un futuro del cielo. Sin embargo, tras la Pascua, los dos fueron considerados idénticos.[19]

4. La resurrección habría significado que Dios al final se había revelado en Jesús. Sólo al final de los tiempos se puede revelar plenamente Dios en su divinidad. El fin del mundo ya está presente en la resurrección de Jesús; por lo tanto Dios se revela en él. En Jesús, Dios ya ha aparecido en la tierra. Aunque este concepto carece de la precisión que encontramos en la cristología ortodoxa posterior, "la divinidad de Jesús ya queda implicada en cierta manera en el concepto de la aparición de Dios en él."[20]

Habiendo visto esto, que para los judíos de los tiempos de Jesús su resurrección habría significado divinidad, debemos preguntar por la evidencia de ello. Pannenberg señala la aparición del cristianismo, que Pablo remonta a las apariciones de Cristo resucitado. Si la aparición del cristianismo se puede entender "sólo si se examina a la luz de la esperanza escatológica de la resurrección de la muerte, entonces lo que se designa así es un evento histórico, incluso aunque no conozcamos nada más en particular sobre ello."[21]

Pannenberg está de acuerdo con Paul Althaus en que la proclamación de la resurrección en Jerusalén tan poco después de la muerte de Jesús es muy significativa. Dentro de la primitiva comunidad cristiana debe haber habido un testimonio fiable sobre la tumba vacía. Pannenberg también señala que en la polémica judía contra el mensaje cristiano de la resurrección de Jesús no hay ninguna afirmación de que la tumba de Jesús no estuviese vacía.[22]

Según Pannenberg, la evidencia de 1 Corintios 15 es realmente más significativa que la de los Evangelios. Concede que algunos elementos de leyenda se pueden haber filtrado en los relatos de los evangelios. Un ejemplo es el de Jesús comiendo pescado después de su resurrección. Sin embargo, en su mayor parte, tenemos evidencias adecuadas para establecer la historicidad de la resurrección, que es en sí misma una prueba de la deidad de Jesús.[23]

18. Ibid., pp. 67-68.
19. Ibid., pp. 68-69.
20. Ibid., p. 69.
21. Ibid., p. 98.
22. Ibid., pp. 100-101.
23. Ibid., p. 89.

## Desviaciones históricas de la creencia en la completa deidad de Cristo

Cuando la iglesia intentó entender quién y qué era Jesús, y en particular cómo se relacionaba con el Padre, surgieron algunas interpretaciones anormales.

### *Ebionismo*

Un grupo, conocido como los ebionitas, resolvió la tensión negando la deidad real u ontológica de Jesús. El nombre *Ebionita*, derivado de una palabra hebrea que significa "pobre," se aplicó originalmente a todos los cristianos; más tarde sólo a los cristianos judíos; y después a un sector particular de cristianos judíos herejes.

Las raíces del ebionismo se pueden encontrar en los movimientos judaizantes en el periodo apostólico o del Nuevo Testamento. La carta de Pablo a los gálatas se escribió para contrarrestar la influencia de uno de esos grupos. Los judaizantes habían llegado a los gálatas cristianos y estaban intentando minar la autoridad apostólica de Pablo. Enseñaban que además de aceptar mediante la fe la gracia de Dios en Jesús, era necesario observar todas las regulaciones de la ley judía, como la circuncisión. Los ebionitas eran una continuación o una rama de los judaizantes. Siendo fuertemente monoteístas, centraron su atención en la problemática de la deidad de Cristo. Rechazaban el nacimiento virginal, manteniendo que Jesús nació de José y María de forma normal.[24]

Según los ebionitas, Jesús era un hombre ordinario que poseía dones de rectitud y sabiduría inusuales, pero no sobrehumanos o sobrenaturales. Era el Mesías predestinado, pero en un sentido bastante natural o humano. En el bautismo el Cristo descendió sobre Jesús en forma de paloma. Esto se entendió más como la presencia del poder de Dios y su influencia en el hombre Jesús que como una realidad metafísica y personal. Hacia el final de la vida de Jesús, el Cristo se retiró de él. Por tanto, Jesús principalmente fue humano, aunque un humano en quien, al menos durante un tiempo, el poder de Dios estaba presente y activo en un grado inusual. Los ebionitas mantuvieron su posición en parte mediante una negación o rechazo de la autoridad de las cartas de Pablo.[25]

El punto de vista ebionita de Jesús tenía la virtud de resolver la tensión entre la creencia en la deidad de Jesús y la idea monoteísta de Dios, pero a un alto precio. El ebionismo tenía que ignorar o negar una gran parte del material de las Escrituras: todas las referencias a la preexistencia, el nacimiento virginal y el estatus y la función cualitativamente especial de Jesús. Desde el punto de vista de la iglesia, esta era una concesión demasiado grande.

24. Justino Mártir, *Diálogo con Tifo* 47.

25. Orígenes, *Contra Celso* 1.65. Para una discusión sobre los diferentes tipos de vista ebionitas ver J. F. Bethune-Baker, *An Introduction to the Early History of Christian Doctrine* (London: Methuen, 1903), pp. 63-68.

### Arrianismo

Un punto de vista desarrollado de forma mucho más profunda y aguda se extendió en el siglo cuarto en torno a las enseñanzas de un presbítero alejandrino llamado Arrio. Se convirtió en la principal amenaza para los puntos de vista que de forma implícita mantenía la iglesia sobre la deidad de Jesús. Como el arrianismo surgió en un periodo de seria reflexión teológica y representaba una construcción más sistemática y profunda que el ebionismo, este movimiento tuvo una ocasión auténtica de convertirse en la postura oficial. Aunque fue condenado por la iglesia en el Concilio de Nicea en 325 y en los concilios siguientes, ha perdurado hasta nuestros días de varias formas, de forma más notable en el movimiento llamado Testigos de Jehová.

Un concepto central en la forma en que el arrianismo entiende a Jesús es la absoluta singularidad y trascendencia de Dios.[26] Dios es la única fuente de todas las cosas, lo único no creado que existe en todo el universo. Sólo él posee los atributos de la deidad. Además, no puede compartir su ser o esencia con nadie. Si pudiera impartir algo de su esencia con otros seres, sería divisible y estaría sujeto a cambios, por lo tanto no sería Dios. Si otro ser participase de su divina naturaleza, sería necesario hablar de dualidad o multiplicidad de seres divinos. Pero esto sería contradecir la auténtica certeza del monoteísmo, la singularidad, el hecho de que sólo hay un Dios. Por tanto, no puede existir ninguna otra cosa que haya podido surgir u originarse por una cierta emanación de la esencia o sustancia de Dios. Todo lo que no sea Dios ha tenido que proceder de un acto de creación, mediante el cual él le da la existencia desde la nada. Sólo Dios (que para Arrio es el Padre) es no creado y eterno.

Sin embargo, el Padre, aunque creó todo lo que es, no creó directamente la tierra. Ésta no podía soportar su contacto directo. Más bien, el Padre obró a través del Verbo, el agente de su creación y obra continua en el mundo. El Verbo también es un ser creado, aunque el primero y el más alto de los seres. No es una emanación del Padre, sino una creación ordenada por él de la nada. La palabra γεννάω (*gennao*—"engendrar"), cuando se utiliza para hacer referencia a la relación del Padre con el Verbo hay que entenderla en forma figurada para ποιέω (*poieo*—"hacer"). Aunque el Verbo es una criatura perfecta, no de la misma clase que las demás criaturas, no existe por sí misma.

De esto se derivan otros dos conceptos sobre el Verbo. Primero, el Verbo debe haber tenido un comienzo en un tiempo definido. El slogan arrianista por lo tanto era: "Hubo un tiempo en el que no existía." A los arrianistas les parecía que si el Verbo es coeterno con el Padre, habría dos principios autoexistentes. Esto sería irreconciliable con el monoteísmo, el principio absoluto de su teología.

26. Atanasio, *Sobre los concilios de Ariminum y Seleucia 16.*

Segundo, el Hijo no tiene comunión, ni siquiera conocimiento directo del Padre. Aunque es el Verbo y la Sabiduría de Dios, no es de la esencia misma de Dios; siendo una criatura, lleva esos títulos sólo porque participa de la Palabra y la sabiduría del Padre. Siendo totalmente diferente en esencia del Padre, el Hijo es capaz de cambiar e incluso de pecar. Cuando se presionaba a los arrianistas para que dijeran cómo podían referirse al Verbo como Dios o Hijo de Dios, ellos señalan que estas designaciones son mero asunto de cortesía.

Los arrianistas no formularon su punto de vista sólo sobre un principio filosófico o teológico a priori. Más bien, lo hicieron basándose en una extensa colección de referencias bíblicas:[27]

1. Textos que sugieren que el Hijo es una criatura. Entre estos están Proverbios 8:22 (en la Septuaginta); Hechos 2:36 ("A este Jesús a quien vosotros crucificasteis, Dios lo ha hecho Señor y Cristo"); Ro. 8:29; Colosenses 1:15 ("el primogénito de toda la creación"); y Hebreos 3:2.
2. Textos en los que se representa al Padre como al único Dios verdadero. El más significativo es la oración de Jesús en Juan 17:3: "Y esta es la vida eterna: que te conozcan a ti, el único Dios verdadero, y a Jesucristo, a quien has enviado."
3. Textos que parecen implicar que Cristo es inferior al Padre. El más notable de ellos es Juan 14:28, donde Jesús dice: "el Padre mayor es que yo." El hecho de que este versículo y el citado en el punto anterior sean del libro de Juan, el más teológico de los evangelios, y el evangelio que con más frecuencia se cita como texto de prueba para la deidad de Cristo, hace que el argumento sea más impactante.
4. Textos que atribuyen al Hijo imperfecciones como debilidades, ignorancia y sufrimiento. Uno de los más destacados es Marcos 13:32: "Pero de aquel día y de la hora nadie sabe, ni aun los ángeles que están en el cielo, ni el Hijo, sino el Padre."

El resultado de todo esto fue que al Verbo se le dio el estatus de un semidiós. Se le consideró la más alta de todas las criaturas, sin embargo seguía siendo una criatura. Era un ser intermedio entre Dios Padre y el resto de la creación, el agente mediante el cual el Padre les había creado y continuaba relacionándose con ellos, pero no era Dios en el sentido pleno. Se le podía llamar Dios por cortesía, pero era como mucho un dios creado, no el Dios, el ser eterno y no creado. De alguna manera, los semi-arrianos eran un poco menos extremos, pues resaltaban la similitud en lugar de las diferencias entre el Verbo y el Padre. Estaban dispuestos a decir que el Verbo era similar en naturaleza (o esencia) al

27. Atanasio, *Cuatro discursos contra los arrianos.*

Padre (ὁμοιούσιος—*homoiousios*), pero no que fuera de la misma esencia que el Padre (ὁμοούσιος—*homoousious*).

Hay dos respuestas principales a la teología arriana. Una es señalar que los tipos de evidencia a los que se apela al principio de este capítulo para sustancializar la deidad de Cristo, son ignorados o tratados de forma inadecuada por los arrianistas. La otra es fijarse mejor en los pasajes en los que se apoya el punto de vista arrianista. En general, hay que decir que los arrianistas han construido mal varias frases bíblicas referentes a la subordinación del Hijo durante la encarnación. La descripción de su subordinación funcional temporal al Padre ha sido malinterpretada como declaraciones sobre la esencia del Hijo.

Examinando con más profundidad los pasajes que parecen hablar de que Jesús fue hecho o creado se verá que no enseñan tal cosa. Por ejemplo, las referencias a Jesús como "primogénito" de la creación tienen para los arrianistas un significado temporal. Sin embargo, en realidad, la expresión "primogénito" no significaba principalmente primero en el tiempo, sino primero en preeminencia. Esto se indica, por ejemplo, en el contexto de Colosenses 1:15, porque el siguiente versículo señala que Jesús fue el medio por el cual se originaron todas las cosas creadas. Pablo desde luego habría calificado esta declaración (escribiendo, por ejemplo, "todas las otras cosas" en lugar de decir que en él "fueron creadas todas las cosas") si el Hijo fuera una de ellas. Además, Hechos 2:36 no dice nada sobre la creación del Hijo. Dice que Dios lo hizo Señor y Cristo, referencias a su oficio y función. Este versículo reafirma que Jesús ha cumplido con su tarea mesiánica, no que fuera creado por el Padre confiriéndole una esencia particular.

Juan 17:3 también hay que verlo en su contexto. Debemos evaluarlo a la luz de otras numerosas referencias en este Evangelio a la deidad de Cristo. Al hablar del Padre como el único Dios genuino (ἀληθινός – *alēthinos*), Jesús está comparando al Padre no con el Hijo, sino con los otros que reclaman la deidad, los falsos dioses. Desde luego, aquí Jesús se está poniendo a sí mismo muy cerca de Dios. La vida eterna no es sólo conocer al Padre, también es conocer a quién él ha enviado, a Jesucristo.

Juan 14:28, el pasaje en el que Jesús dice que el Padre es mayor que él, debe considerarse teniendo en cuenta la subordinación funcional temporal del Hijo durante la encarnación. En su ministerio terrenal Jesús dependía del Padre en particular para ejercer sus atributos divinos. Pero cuando dice que él y el Padre son uno (Jn. 10:30) y pide que sus seguidores sean uno como él y el Padre son uno (Jn. 17:21), está expresando una gran cercanía entre ambos, si es que no está expresando la idea de que son intercambiables. Además, la fórmula bautismal (Mt. 28:19) y la bendición paulina de 2 Corintios 13:14 indican un vínculo del Padre, el Hijo y el Espíritu Santo en igualdad; ninguno de los miembros de la Trinidad es superior o inferior a los demás.

Finalmente los pasajes que hacen referencia a las debilidades, la ignorancia y el sufrimiento se deben ver como declaraciones que confirman lo genuino de la encarnación. Jesús era completamente humano. Esto no significa que dejara de ser Dios, pero aceptó las limitaciones de la humanidad. Durante su estancia en la tierra en su primera venida realmente no sabía cuándo sería su segunda venida. Su deidad se ejercitaba y experimentaba sólo en común acuerdo con su humanidad. Aunque el problema de la relación de sus dos naturalezas se examinará con más profundidad en el capítulo 35, es necesario señalar en este momento que existía una limitación temporal, no una finitud permanente. Durante un corto periodo de tiempo Jesús no tenía un conocimiento y una habilidad física absoluta. Por tanto, mientras estaba en la tierra se podía desarrollar físicamente y madurar intelectualmente.

La iglesia, obligada a evaluar el arrianismo, llegó a su conclusión en el Concilio de Nicea en 325. Tomando en consideración cosas como las que hemos citado, concluyó que Jesús es tan genuinamente Dios como el Padre. No es de una sustancia diferente, ni siquiera de una sustancia similar; es la sustancia misma del Padre. Decidido esto, el concilio condenó el arrianismo, una condena que se repitió en concilios posteriores.

## Cristología funcional

No todas las modificaciones a la doctrina de la completa deidad de Jesús se encuentran en los primeros siglos de la historia de la iglesia. Una de las teorías cristológicas interesantes del siglo veinte ha sido la "cristología funcional."Con esto nos referimos al énfasis que se pone en lo que Jesús hizo más que en lo que Jesús era. Básicamente, la cristología funcional dice trabajar basándose en el Nuevo Testamento únicamente y no en categorías metafísicas o especulativas de un periodo de reflexión posterior, que tiene sus raíces en el pensamiento griego.

Un ejemplo claro de la cristología funcional es la obra de Oscar Cullmann *The Christology of the New Testament*. Señala que las controversias cristológicas de los siglos cuarto y quinto se preocupaban de la persona o naturaleza de Cristo.[28] Estas preocupaciones se centraban en dos temas: primero, la relación entre la naturaleza de Jesús y la de Dios; segundo, la relación entre las naturalezas divina y humana de Jesús. Sin embargo, estos no son los temas de los que se preocupa el Nuevo Testamento. Si no descartamos estos últimos temas de nuestro examen del Nuevo Testamento, tendremos una falsa perspectiva de la cristología desde el principio. Esto no quiere decir, según Cullmann, que la iglesia no necesitara tratar estos temas posteriormente o que su tratamiento de ellos fuera inadecuado. Pero debemos recordar que la iglesia del siglo cuarto y

28. Oscar Cullmann, *The Christology of the New Testament*, rev. ed. (Philadelphia: Westminster, 1963), p. 3.

quinto estaba luchando con los problemas resultantes de "la helenización de la fe cristiana, el surgimiento de la doctrina gnóstica y los puntos de vista de Arrio, Nestorio, Eutiques y otros."[29] Estos problemas simplemente no surgieron en los tiempos del Nuevo Testamento.

Cullmann nos insta a preguntar: "¿cuál es la orientación y el interés del Nuevo Testamento con respecto a Cristo?" Su propia respuesta es que el Nuevo Testamento apenas habla de la persona de Cristo sin hablar al mismo tiempo de su obra. "Cuando en el Nuevo Testamento se pregunta: '¿quién es Cristo?' la pregunta nunca se refiere exclusivamente, o incluso principalmente a '¿cuál es su naturaleza?', sino ante todo a '¿cuál es su función?'"[30]

Los padres de la iglesia enfocaron la persona y la obra de Cristo de una forma un tanto diferente. Tenían que combatir las ideas heréticas, relacionadas principalmente con la naturaleza de Cristo o su persona. Al hacerlo así, subordinaron la discusión de la obra de Jesús a la de su naturaleza. Aun reconociendo la necesidad que tenían los padres de la iglesia de estos esfuerzos, Cullmann nos advierte que estemos alerta al cambio: "Incluso si este cambio de énfasis fuera necesario contra ciertas ideas heréticas, la discusión de la 'naturaleza' sería un problema griego en el fondo, no judío o bíblico."[31]

El enfoque de Cullmann es utilizar la "historia de la salvación" *(Heilsgeschichte)* como un principio de organización para examinar varios títulos para Jesús en el Nuevo Testamento. Su cristología, pues, se centra en lo que Jesús ha hecho en la historia: "Es característico de la cristología del Nuevo Testamento, que Cristo esté conectado con la historia total de la revelación y la salvación, empezando por la creación. No puede haber *Heilsgeschichte* sin cristología; ni cristología sin una *Heilsgeschichte* que se revele con el tiempo. La cristología es la doctrina de un 'evento,' no la doctrina de las naturalezas.[32]

Hay dos maneras en las que los defensores de una cristología funcional interpretan su papel.

1. Una cristología funcional del Nuevo Testamento por oposición a una cristología ontológica es el auténtico punto de vista bíblico, pero se puede utilizar para construir una cristología más ontológica, ya que los conceptos ontológicos están implícitos dentro de los funcionales.
2. No es necesario ni deseable ir más allá del enfoque funcional tomado del Nuevo Testamento. La cristología del Nuevo Testamento es normativa para nuestra cristología.

29. Ibid.
30. Ibid., pp. 3-4.
31. Ibid., p. 4.
32. Ibid., p. 9.

Aunque Cullmann no dice claramente que apoye esta segunda posición, se podría extraer esa conclusión. Una conclusión similar se puede extraer de los que mantienen que la teología que necesita el ambiente actual tiene una afinidad mayor con el enfoque funcional que con la metafísica griega de los siglos cuarto y quinto.[33]

El espacio no nos permite una exposición y evaluación completa y profunda de la cristología de Cullmann o de cualquier otra cristología funcional. Sin embargo, como respuesta es necesario hacer varias observaciones:

1. Es verdad que los escritores bíblicos estaban muy interesados en la obra de Cristo y que no se ocupaban en simples especulaciones sobre la naturaleza de Jesús. Sin embargo, su interés en su naturaleza no siempre se subordinaba a su interés por su obra. Observemos por ejemplo, cómo se refiere Juan a la humanidad de Jesús en su primera epístola: "En esto conoced el Espíritu de Dios: todo espíritu que confiesa que Jesucristo ha venido en carne, es de Dios; y todo espíritu que no confiesa que Jesucristo ha venido en carne, no es de Dios" (4:2-3a). Por supuesto, se podría decir que la venida de Jesús es su obra, pero la idea principal de este párrafo es que vino "en carne." También deberíamos llamar la atención sobre el prólogo del evangelio de Juan. Cullmann replica que incluso aquí "El Verbo estaba con Dios y el Verbo era Dios" está conectado con "todas las cosas por medio de él fueron hechas."[34] Pero mientras que una cosa es presentar como evidencia que al preguntar: "¿Quién es Cristo?" el Nuevo Testamento nunca quiere decir de forma *exclusiva* "¿Cuál es su naturaleza?," otra muy distinta es reclamar, como hace Cullmann, que el Nuevo Testamento nunca quiere decir que sea esta *principalmente* la pregunta. Según los pasajes de Juan 1:1 y 1 Juan 4:2-3a, es imposible mantener que en el Nuevo Testamento lo funcional siempre tenga prioridad sobre lo ontológico.

2. La suposición de que la discusión de las naturalezas es "al final un problema griego y no judío o bíblico," refleja la suposición común del movimiento de teología bíblica de que hay una marcada diferencia entre el pensamiento griego y hebreo, y que el hebreo es la mentalidad bíblica. La obra monumental de James Barr *Semantics of Biblical Language* demuestra que este y otros conceptos mantenidos por el movimiento de la teología bíblica son insostenibles.[35] Brevard Childs mantiene que la pérdida de credibilidad de estos conceptos supone "el

33. Ej. Emil Brunner, *The Christian Doctrine of Creation and Redemption* (London: Lutterworth, 1952), pp 271-72 ; y *The Divine-Human Encounter*, trad. Amandus W. Loos (Philadelphia: Westminster, 1943), p. 47.

34. Cullmann, *Christology*, p. 3.

35. James Barr, *Semantics of Biblical Language* (New Cork: Oxford University Press, 1961).

agrietamiento de las paredes" del movimiento de teología bíblica.[36] Aceptemos o no la evaluación de Barr, simplemente no es posible ignorar y repetir declaraciones no críticas sobre la mentalidad hebrea.

3. En consecuencia, la suposición de que la mentalidad de los hebreos era no ontológica o no teórica debe cuestionarse. George Ladd considera que el uso que Pablo hace de *mar* en 1 Corintios 16:22 es muy significativo: "Que Pablo utilice una expresión aramea en una carta a una iglesia de habla griega que no sabe arameo prueba que el uso de *mar* (kyrios) para Jesucristo procede de la primitiva iglesia aramea y no es un producto de la comunidad helenística."[37] Este texto, así como *Didache* 10:9, "testifica un culto a Jesús como Señor en la comunidad de habla aramea que buscaba su venida y no la del Padre."[38] Queda claro, entonces, que había un elemento ontológico en el concepto hebreo de Cristo.

4. Hay un amplio acuerdo sobre que la cristología del siglo cuarto estaba muy influenciada por las presuposiciones griegas en lo que se refiere a las Escrituras. Sin duda creían que esas presuposiciones reflejaban lo que estaba en la mente de los cristianos hebreos. Pero uno busca en vano cualquier admisión por parte de Cullmann o de otros cristólogos funcionales de que ellos aportaran a su estudio del Nuevo Testamento presuposiciones influidas por el medio intelectual de su época. Y mucho menos indican conscientemente cuáles podrían ser esas presuposiciones. La suposición sobre la que trabajan todo el tiempo es que desde su privilegiado puesto del siglo veinte son capaces de entender mejor la mente de los escritores del siglo primero que los teólogos de los siglos cuarto y quinto. Se supone que la posesión de métodos históricos superiores les permite tener una perspectiva mejor. Pero ¿no puede ser que los teólogos calcedonianos, estando más cerca de la época del Nuevo Testamento, lo entendieran tan bien o mejor que los modernos teólogos?

En particular, se debería investigar el trabajo de los teólogos funcionales para ver si las categorías que se extraen del funcionalismo contemporáneo (por ejemplo del pragmatismo) no estarán influyendo en su interpretación de la Biblia. La conclusión de Barr y de otros de que la mentalidad de los hebreos no era tan no metafísica como a veces se piensa debería llevarnos al menos a considerar la posibilidad de que la exégesis de Cullmann se viera afectada por el funcionalismo contemporáneo.

5. Cullmann previno contra la distorsión de la perspectiva bíblica cuando se analiza bajo las categorías de un periodo posterior. Pero ¿qué pasa con su principio organizacional básico de la *Heilsgeschichte*? Merece la pena tener en cuenta las pocas veces que ese concepto aparece tanto en el Antiguo como en el Nuevo

36. Brevard Childs, *Biblical Theology in Crisis* (Philadelphia: Westminster, 1970), pp. 70-72.

37. George E. Ladd, *A Theology of the New Testament* (Grand Rapids: Eerdmans, 1974), p. 341.

38. Robinson, "Lord," p. 329.

Testamento. Por supuesto el concepto está ahí, pero ¿lo explica tanto la Biblia como para justificar el utilizarlo como principio organizativo? Cullmann responde que sí y documenta su opinión apelando a su *Christ and Time*, pero esa obra, también ha sido severamente criticada por Barr.[39] Esto no quiere decir que el caso de Barr sea concluyente, pero nos debería advertir en contra de asumir de forma no crítica que Cullmann no utiliza ninguna categoría ajena al texto bíblico. En la práctica, Cullmann parece trabajar de forma circular: la *Heilsgeschichte* valida la cristología funcional, y la cristología funcional valida la *Heilsgeschichte*. Pero la declaración de que "la cristología es la doctrina de un 'suceso,' no la doctrina de las naturalezas," necesita más evidencias externas al círculo.

6. Incluso si concedemos que la primitiva iglesia cristiana estaba más preocupada por lo que Jesús había hecho que por la clase de persona que era, nosotros no podemos dejar ahí nuestra cristología. Cada vez que preguntamos cómo funciona algo, también preguntamos sobre las presuposiciones del funcionamiento, porque el funcionamiento no sucede en la abstracción. La función asume cierto tipo de forma. No ser capaz de ver esto y contentarnos con una cristología funcional es caer en una "cristología tipo gato de Cheshire." Como el gato de Cheshire de Lewis Caroll, que desaparecía gradualmente hasta quedar sólo su sonrisa, la cristología funcional nos ofrece funciones sin forma. Dejando a un lado de momento la cuestión de si los primeros cristianos hacían preguntas ontológicas sobre Jesús, nosotros no podemos permitirnos no hacerlo, si queremos ser responsables y contemporáneos.[40] Si no se hace eso, se cae en una de las categorías de Henry Cadbury de "arcaizarse": sustituir la teología bíblica por teología.[41] Simplemente no vivimos en el siglo primero. Debemos continuar, como sugiere Cullmann que hicieron adecuadamente los teólogos del siglo cuarto, planteando preguntas sobre la naturaleza de Jesús.

Resumiendo: como la cristología funcional pasa por alto alguna características del testimonio bíblico y distorsiona otras, no es una cristología adecuada para hoy. Es cuestionable si, como mantiene Cullmann, el Nuevo Testamento pone mayor énfasis en la función o la obra de Jesús que sobre su persona o naturaleza. Los conceptos ontológicos están implícitos si es que no están explícitos en el Nuevo Testamento. Cualquier cristología para ser completamente adecuada debe tratar e integrar asuntos ontológicos y funcionales.

39. James Barr, Biblical *Words for Time* (Naperville, Ill.: Alec R. Allenson, 1962), pp. 47-81.

40. Fuller no está de acuerdo con Cullmann en que la cristología del Nuevo Testamento sea puramente funcional. Mantiene que la misión a los gentiles implicaba afirmaciones ónticas que a su vez plantea cuestiones ontológicas (*Foundations*, pp. 247-57).

41. Henry J. Cadbury, "The Peril of Archaizing Ourselves," *Interpretation* 3 (1949): 332.

## Implicaciones de la deidad de Cristo

Al introducir este capítulo, afirmábamos que la deidad de Cristo es de vital importancia para la fe cristiana. La disputa entre la ortodoxia (que mantenía que Jesús es *homoousios* – de la misma naturaleza que el Padre) y los semi-arrianos (que afirmaban que Jesús es *homoiousios* – de una naturaleza similar) a veces ha sido ridiculizada. No es más que una disputa sobre un diptongo.[42] No obstante un pequeño cambio en la ortografía supone una gran diferencia en el significado.[43]

Hay varias implicaciones importantes de la doctrina de la deidad de Cristo:

1. Podemos tener un conocimiento real de Dios. Jesús dijo: "El que me ha visto a mí, ha visto al Padre" (Jn. 14:9). Mientras que los profetas llevaban un mensaje de Dios, Jesús era Dios. Si queremos saber cómo es el amor, la santidad, el poder de Dios, sólo tenemos que mirar a Cristo.
2. La redención está a nuestra disposición. La muerte de Cristo es suficiente para todos los pecadores que han vivido nunca, porque no era sólo un humano finito, sino un Dios infinito el que murió. Él, la Vida, el Dador y Sustentador de vida, que no tenía que morir, murió.
3. Dios y la humanidad se han reunido. No fue un ángel, o un humano el que vino de Dios a la raza humana, sino que Dios mismo cruzó el abismo creado por el pecado.
4. Alabar a Cristo es apropiado. No sólo es la más alta de las criaturas, sino que es Dios en el mismo sentido y en el mismo grado que el Padre. Merece nuestra alabanza, adoración y obediencia como la merece el Padre.

Algún día todos reconocerán quién y qué es Jesús. Los que creen en la deidad de Cristo ya reconocen quién es y actúan de acuerdo con ello:

Glorioso Cristo, Rey de lo creado
Hombre y Dios, te doy loor
Quiero amarte, mi dulce amigo
Corona mía y Salvador.

42. Edward Gibbon, *History of Christianity* (New Cork: Meter Eckler, 1981), p. 371.

43. Una vez hice un boletín de iglesia en el que felicitaba a una pareja que había sido disuelta en matrimonio en lugar de unida en matrimonio [N.T.: "untiedİ (disuelta) en lugar de "united" (unida)]. La inversión de las letras se corrigió y los boletines defectuosos destruidos antes de hacerlos públicos.

# 34. La humanidad de Cristo

## Objetivos del capítulo

Tras estudiar este capítulo, debería ser capaz de:

- Evaluar la importancia de la doctrina de la humanidad de Cristo.
- Probar que en el material bíblico hay evidencias físicas, emocionales e intelectuales de la humanidad de Cristo.
- Entender las herejías de la iglesia primitiva: Docetismo y Apolinarianismo, que negaban o limitaban la humanidad de Cristo.
- Entender las tendencias más recientes de Karl Barth y Rudolf Bultmann a devaluar la humanidad de Jesús.
- Examinar y reafirmar que Jesús carecía de pecado.
- Evaluar seis implicaciones de la humanidad de Jesús.

## Resumen del capítulo

Aunque la doctrina de la humanidad de Cristo es menos controvertida que la de su divinidad, ha habido varias antiguas herejías y teorías más modernas que niegan o disminuyen su humanidad. El hecho de que Jesús careciese de pecado plantea un problema especial. Algunos mantienen que Jesús no podía ser humano si no pecaba. Esta no tiene por qué ser necesariamente la conclusión. Hay varias implicaciones que se desprenden del hecho de aceptar la posición ortodoxa de la humanidad de Jesús.

## Cuestiones de estudio

1. ¿Cómo describiría la doctrina de la humanidad de Jesús?
2. ¿Por qué es importante la doctrina de la humanidad de Jesús?
3. Explique las herejías del Docetismo y el Apolinarianismo para que las pueda entender una persona que no haya estudiado doctrina o

historia de la iglesia.

4. Explique los problemas de las posiciones de Barth y Bultmann sobre la humanidad de Cristo.
5. Imagínese que se le ha pedido que defienda el concepto de la falta de pecado de Jesús, en particular con la posibilidad de que pudiera haber pecado. ¿Qué diría?
6. Si estuviera predicando o enseñando sobre la humanidad de Jesús, ¿qué puntos le gustaría tratar?

La importancia de la humanidad de Cristo
La evidencia bíblica
Primeras herejías sobre la humanidad de Jesús
    Docetismo
    Apolinarianismo
Recientes restricciones a la humanidad de Jesús
    Karl Barth
    Rudolf Bultmann
La carencia de pecado de Jesús
Implicaciones de la humanidad de Jesús

El tema de la humanidad de Jesucristo, en cierta manera, no despierta tanta atención ni controversia como su deidad. A primera vista, parece algo evidente, fuera lo que fuese, Jesús seguro que debe de haber sido humano. En el siglo veinte la humanidad de Jesús no recibió una atención tan amplia y profunda como su deidad, que fue un asunto importante de discusión entre fundamentalistas y modernistas. Lo que no se cuestiona no se suele discutir, al menos no con tanta profundidad como se hace con los temas más cuestionados. Sin embargo, el tema de la humanidad de Jesús ha jugado al menos un papel tan importante en el diálogo teológico como su deidad, en particular en los primeros años de la iglesia. Y en términos prácticos, en cierto modo, ha sido más peligroso para la teología ortodoxa.

## La importancia de la humanidad de Cristo

La importancia de la humanidad de Jesús no se puede subestimar, ya que el asunto de la encarnación es soteriológico, o sea, pertenece a nuestra salvación. El problema humano es la brecha entre Dios y nosotros. La brecha es, sin duda, ontológica. Dios es muy superior a los humanos, tanto que la razón humana no lo puede conocer sin ayuda. Para que la humanidad le pueda conocer, Dios tiene que tomar la iniciativa. Pero el problema no es sólo ontológico. También hay una brecha espiritual y moral entre ambos, una brecha creada por el pecado del hombre. Los hombres mediante su propio esfuerzo moral no pueden contrarrestar su pecado para elevarse al nivel de Dios. Para que haya comunión entre ambos tienen que unirse de alguna manera. Esto tradicionalmente se entiende que se consiguió mediante la encarnación, en la cual la deidad y la humanidad se unieron en una persona. Sin embargo, si Jesús no era realmente uno de nosotros, la humanidad y la deidad no se unieron y nosotros no podemos ser salvados. La validez de la obra llevada a cabo con la muerte de Cristo, o al menos su aplicabilidad en lo que se refiere a nosotros como seres humanos, depende de la realidad de su humanidad, al igual que su eficacia depende de lo genuina que sea su deidad.

Además, el ministerio intercesor de Jesús depende de su humanidad. Si realmente era uno de nosotros, experimentando todas las tentaciones y pruebas humanas, entonces es capaz de entender y comprender nuestras tentaciones como humanos. Por otra parte, si no era humano, o sólo humano de forma incompleta, no podía interceder como lo hace un sacerdote a favor de los que representa.

## La evidencia bíblica

Hay una amplia evidencia bíblica de que el hombre Jesús era una persona completamente humana, que no carecía de ninguno de los elementos esenciales de la humanidad que se encuentran en cada uno de nosotros. El primer aspecto es que tenía un cuerpo totalmente humano. Nació. No descendió de los cielos ni apareció repentinamente en la tierra, sino que fue concebido en el vientre de una madre humana y alimentado prenatalmente como cualquier otro niño. Aunque su concepción fue especial porque no intervino ningún hombre, el proceso desde ese momento en adelante aparentemente fue idéntico al que experimenta cualquier otro feto.[1] El nacimiento en Belén, aunque en circunstancias muy especiales, fue sin embargo un alumbramiento humano normal. La terminología empleada para relatar este nacimiento es la misma que se utilizaba para relatar los nacimientos humanos normales. Jesús también tenía un árbol genealógico, como indican las genealogías de Mateo y Lucas. Tuvo ancestros, y probablemente heredó genes de ellos, como cualquier otro ser humano recibió genes de sus antepasados.

No sólo su nacimiento, sino también la vida de Jesús indican que tuvo una naturaleza humana física. Se nos ha dicho que creció "en sabiduría, en estatura y en gracia para con Dios y los hombres" (Lc. 2:52). Creció físicamente, alimentado por comida y agua. No tenía una fuerza física ilimitada. Sin embargo, su cuerpo podría haber sido en algunos aspectos más perfecto que los nuestros, porque en él no había rastro de pecado (ni original ni el personal propio de todo ser humano) que afectara a su salud.

Jesús tenía las mismas limitaciones fisiológicas y físicas que otros humanos. Por eso experimentó hambre cuando ayunó (Mt. 4:2). También sufrió sed (Jn. 19:28). Además, experimentaba fatiga cuando viajaba (Jn. 4:6), probablemente también en muchas otras circunstancias. Por tanto, es justificado que se sintiera consternado cuando sus discípulos se quedaron dormidos mientras él oraba en el

1. El nacimiento virginal se discutirá en profundidad en el capítulo 36.

huerto de Getsemaní, porque experimentaba el mismo tipo de fatiga que ellos. No les estaba pidiendo nada que no se exigiese a sí mismo (Mt 26:36, 40-41).

Finalmente, Jesús sufrió físicamente y murió como todo el mundo. Esto resulta evidente en toda la historia de la crucifixión, pero quizá queda más claro en Juan 19:34, donde leemos que le abrieron el costado con una lanza y de allí brotó agua y sangre, indicando que ya había muerto. Sin duda había sufrido físicamente (de forma tan genuina como usted o yo) al haber sido golpeado, cuando se le colocó la corona de espinas sobre la cabeza, y cuando se le introdujeron los clavos en manos (o muñecas) y pies.

Que Jesús tenía un cuerpo físico es evidente en el hecho de que sus coetáneos tenían una percepción física genuina de él. Juan lo expuso de forma vívida en 1 Juan 1:1: "Lo que era desde el principio, lo que hemos oído, lo que hemos visto con nuestros ojos, lo que hemos contemplado y palparon nuestras manos tocante al Verbo de vida." Juan está estableciendo la verdad de la naturaleza humana de Jesús. Él realmente escuchó, vio y tocó a Jesús. El tacto era para los griegos el sentido más básico y más fiable, porque es una percepción directa – ningún medio interviene entre el perceptor y el objeto percibido. Por tanto, cuando Juan habla de "lo que palparon nuestras manos," está recalcando lo física que fue la manifestación de Jesús.

Rudolf Bultmann, entre otros, puso objeciones a la idea de una percepción física de Jesús. Citando 2 Corintios 5:16 – "De manera que nosotros de aquí en adelante a nadie conocemos según [κατὰ σάρκα—*kata sarka*] la carne; y aun si a Cristo conocimos según la carne, ya no lo conocemos así." Bultmann argumenta que no podemos conocer a Jesús por medios de percepción humanos ordinarios o mediante la investigación empírica histórica.[2] Pero como ya hemos visto (p. 616), en los escritos de Pablo "la carne" no se utiliza como el envoltorio fisiológico, sino como la orientación humana natural de dar la espalda a Dios. Es la manera no regenerada de los humanos de hacer o ver las cosas. Así que de lo que Pablo está hablando se podría traducir mejor por "desde una perspectiva mundana [o humana]" la frase κατὰ σάρκα no se refiere a una manera posible de conocer a Jesús, sino más bien a una perspectiva, un punto de vista, una actitud hacia él. En contradicción con Bultmann, por tanto, está nuestra posición de que la posibilidad de conseguir información sobre Jesús no se puede excluir basándose en este texto en particular de Pablo.

Si Jesús fue un ser humano físicamente auténtico, también fue completa y genuinamente humano en lo psicológico. Las Escrituras le atribuyen el mismo tipo de cualidades emocionales e intelectuales que encontramos en los demás hombres. Pensaba, razonaba y sentía.

2. Rudolf Bultmann, *Theology of the New Testament* (New York: Scribner, 1951), vol. 1, pp. 236-39.

Cuando examinamos la personalidad de Jesús, encontramos toda la gama de emociones humanas. Por supuesto, amó. Se hace referencia a uno de sus discípulos como el discípulo "al cual Jesús amaba" (Jn. 13:23). Cuando Lázaro estaba enfermo y Marta y María enviaron por Jesús, su mensaje fue: "Señor, el que amas está enfermo" (Jn. 11:3). Cuando el joven rico preguntó sobre cómo heredar la vida eterna, Jesús lo miró y "lo amó" (Mr. 10:21). Jesús sintió compasión o piedad por aquellos que tenían hambre, estaban enfermos o perdidos (Mt. 9:36; 14:14; 15:32; 20:34). La palabra griega es σπλαγχνίζομαι *(splagnizomai)*, que literalmente significa "agitarse los órganos internos o viscerales." A Jesús le conmovían los apuros humanos.

Jesús reaccionaba a diferentes situaciones con las emociones adecuadas. Podía sentirse disgustado y preocupado, como lo estaba antes de su traición y crucifixión (Mt. 26:37). También experimentó alegría (Jn. 15:11; 17:13; He. 12:2). Podía estar enojado o afligido con la gente (Mc. 3:5), e incluso indignado (Mc. 10:14).

Algunas de estas emociones, por supuesto, no prueban por sí mismas que Jesús fuera humano. Porque Dios desde luego siente amor y compasión, como ya señalamos en nuestra discusión sobre su naturaleza, y también cólera e indignación ante el pecado. Sin embargo, algunas de las reacciones de Jesús, son estrictamente humanas. Por ejemplo, muestra asombro ante situaciones positivas y negativas. Se maravilla ante la fe del centurión (Lc. 7:9) y ante la incredulidad de los residentes de Nazaret (Mc. 6:6).

Ilustrativas resultan también las referencias a las preocupaciones de Jesús. En ellas vemos su particular reacción humana a una variedad de situaciones, especialmente su sentido de la muerte a la que tenía que enfrentarse. Era perfectamente consciente de la necesidad e importancia de su misión: "¡y cómo me angustio hasta que se cumpla!" (Lc. 12:50). La conciencia de lo que tenía que suceder turbaba su alma (Jn. 12:27). En el huerto de Getsemaní, era evidente que sufría una lucha interior y estaba en tensión y parece que no deseaba quedarse solo (Mr. 14:32-42). En la cruz, su grito: "Dios mío, Dios mío ¿por qué me has abandonado?" (Mr. 15:34), fue una expresión muy humana de soledad.

Una de las reacciones más humanas de Jesús sucedió en la muerte de Lázaro. Viendo que María y sus compañeros lloraban, Jesús "se estremeció en espíritu y se conmovió" (Jn. 11:33); lloró (v. 35); se acercó a la tumba "conmovido profundamente otra vez" (v. 38). La descripción aquí es muy vívida, porque para describir el gemido del espíritu de Jesús, Juan escoge un término que se utiliza para el resople de los caballos (ἐμβριμάομαι– *embrimaomai*). Es obvio que Jesús posee una naturaleza humana capaz de sentir una pena y un pesar tan profundo como el que nosotros sentimos.

Cuando tratamos las cualidades intelectuales de Jesús, nos damos cuenta de que tenía unos conocimientos extraordinarios. Conocía el pasado, el presente y el futuro hasta un punto que no está al alcance de las personas normales. Por ejemplo, sabía lo que pensaban tanto sus amigos (Lc. 9:47) como sus enemigos (Lc. 6:8). Pudo adivinar el carácter de Natanael (Jn. 1:47-48). Él "no necesitaba que nadie le explicara nada acerca del hombre, pues él sabía lo que hay en el hombre" (Jn. 2:25). Sabía que la samaritana había tenido cinco esposos y que ahora estaba viviendo con un hombre con el que no estaba casada (Jn. 4:18). Sabía que Lázaro ya estaba muerto (Jn. 11:14). Sabía que Judas le traicionaría (Mt. 26:25), y que Pedro le negaría (Mt. 26:34). Por supuesto, Jesús sabía todo lo que le iba a pasar (Jn. 18:4). Realmente tenía un gran conocimiento del pasado, del presente, del futuro, de la naturaleza y del comportamiento humano.

Sin embargo, este conocimiento no estaba exento de límites. Jesús con frecuencia hacía preguntas, y la impresión que se da en los evangelios es de que preguntaba porque no sabía. Seguro que hay algunas personas, en particular maestros, que hacen preguntas cuyas respuestas ya conocen. Pero Jesús parece que preguntaba porque necesitaba información que no poseía.[3] Por ejemplo, preguntó al padre del muchacho epiléptico: "¿Cuánto tiempo hace que le sucede esto?" (Mr. 9:21). Aparentemente Jesús no sabía cuánto tiempo llevaba el chico sufriendo la enfermedad, información necesaria para la cura adecuada.

El testimonio bíblico va incluso más allá. En al menos un caso Jesús declaró expresamente que no conocía sobre un asunto en particular. Al hablar sobre la segunda venida, dijo: "Pero de aquel día y de la hora nadie sabe, ni aun los ángeles que están en el cielo, ni el Hijo, sino el Padre" (Mr. 13:32).

Es difícil explicar el hecho de que el conocimiento de Jesús era extraordinario en algunas materias, pero desde luego limitado en otras. Algunos han sugerido que tenía las mismas limitaciones que tenemos nosotros con respecto al conocimiento discursivo (conocimiento conseguido gracias al proceso de razonar o recibir información parcial de otros), pero tenía percepción completa e inmediata en temas de conocimiento intuitivo.[4] Sin embargo, eso parece no encajar completamente. No explica su conocimiento del pasado de la mujer samaritana, o de que Lázaro estuviese muerto. Quizá podríamos decir que tenía ese conocimiento cuando era necesario para que cumpliese su misión; en otras materias era tan ignorante como nosotros.[5]

Ignorancia y error, sin embargo, son cosas muy distintas. Algunos estudiosos modernos sostienen que Jesús realmente erró en algunas de sus afirmaciones, como cuando atribuyó los libros del Pentateuco a Moisés (Mr. 12:26) y cuando afirmó que regresaría mientras vivieran algunos de los que le escuchaban. Entre estas predicciones señaladas están Mr 9:1 ("algunos de

3. Leon Morris, *The Lord from Heaven: A Study of the New Testament Teaching on the Deity and Humanity of Jesus* (Grand Rapids: Eerdmans, 1958), p. 45.

4. E. J. Bicknell, *A Theological Introduction to the Thirty-Nine Articles of the Church of England*, 3rd ed. (London: Longmans, Green, 1955), pp. 68-69.

5. Morris, *Lord from Heaven*, p. 48.

los que están aquí no gustarán la muerte hasta que hayan visto que el reino de Dios ha venido con poder"; cf. Mt. 16:28; Lc. 9:27) y Marcos 13:30 ("De cierto os digo que no pasará esta generación sin que todo esto acontezca" Cf Mt. 24:34; Lc. 21:32). Como estas predicciones no se cumplieron como él dijo, es obvio que erró. En el primer caso, la atribución a Moisés del Pentateuco por parte de Jesús no se contradice con ninguna declaración de la Biblia, sino que contradice las conclusiones de las metodologías críticas, que muchos estudiosos evangélicos rechazan. En el segundo caso, Jesús no estaba haciendo una declaración sobre el momento de su regreso. Aunque expresó ignorancia, nunca hizo una declaración errónea.

Como ha señalado James Orr: "La ignorancia no es un error, ni una cosa implica necesariamente la otra. Que Jesús utilizara el lenguaje de su tiempo en cosas normales, donde no era necesario su juicio ni su pronunciamiento, se entiende perfectamente; que fuera víctima de la ilusión o de falso juicio sobre cualquier tema en el que debiera pronunciarse es una peligrosa afirmación.[6] Por supuesto, nosotros los humanos no sólo estamos sujetos a la ignorancia, también al error. Parte de la maravilla de la encarnación es que aunque la humanidad de Jesús implicaba no conocer algunas cosas, él era consciente de sus limitaciones y no aventuraba afirmaciones sobre esos asuntos. Tenemos que tener cuidado y evitar la suposición de que su humanidad tenía todas nuestras deficiencias. Eso es, como ha observado Leonard Hodgson, medir la humanidad de Jesús según la nuestra, en lugar de la nuestra por la suya.[7]

Debemos señalar también la "vida religiosa humana" de Jesús. Aunque pueda sonar extraño y quizá un poco blasfemo para algunos, es no obstante acertado. Asistía al culto en la sinagoga, y lo hacía de forma regular o habitual (Lc. 4:16). Su vida de oración era una indicación clara de su dependencia humana del Padre. Jesús oraba con regularidad. A veces oraba durante largo tiempo y con gran intensidad, como en el huerto de Getsemaní. Antes de dar el importante paso de escoger a sus doce discípulos, Jesús oró toda la noche (Lc. 6:12). Es evidente que Jesús se sentía dependiente del Padre cuando buscaba guía, fuerza y protección contra el mal.

Además es de señalar que Jesús utilizaba para hablar de sí mismo una terminología que denota humanidad. Cuando fue tentado por Satanás, Jesús contestó: "No solo de pan vivirá el hombre, sino de toda palabra que sale de la boca de Dios" (Mt. 4:4). Parece que Jesús está aplicando esta cita de Deuteronomio 8:3 a sí mismo. Una declaración más clara se encuentra en Juan 8:40, cuando Jesús le dice a los judíos: "Pero ahora intentáis matarme a mí, que os he hablado la verdad, la cual he oído de Dios. No hizo esto Abra-

6. James Orr, *Revelation and Inspiration* (Grand Rapids: Eerdmans, 1952 reprint), pp. 150-51.

7. Leonard Hodgson, *And Was Made Man: An Introduction to the Study of the Gospels* (London: Longmans, Green, 1928), p. 27.

ham." Otros también utilizan ese tipo de lenguaje para referirse a Jesús. En su sermón de Pentecostés Pedro dice: "Jesús nazareno, varón aprobado por Dios entre vosotros con las maravillas, prodigios y señales que Dios hizo entre vosotros por medio de él, como vosotros mismos sabéis" (Hch. 2:22). Pablo, en su argumentación sobre el pecado original, compara a Jesús y a Adán y utiliza la expresión "un solo hombre" para hablar de Jesús tres veces (Ro. 5:15, 17, 19). Encontramos un pensamiento y una expresión similar en 1 Corintios 15:21, 47-49. En 1 Timoteo 2:5 Pablo enfatiza el significado práctico de la humanidad de Jesús: "pues hay un solo Dios, y un solo mediador entre Dios y los hombres: Jesucristo hombre."

Las Escrituras también hacen referencia a que Jesús asumió la carne, esto es, que se convirtió en hombre. Pablo dice que Jesús fue "manifestado en carne" (1 Ti. 3:16). Juan dijo: "El Verbo se hizo carne y habitó entre nosotros" (Jn. 1:14). Juan fue particularmente enfático en este tema en su primera carta, uno de sus propósitos era combatir una herejía que negaba que Jesús había sido genuinamente humano: "Todo espíritu que confiesa que Jesucristo ha venido en carne, es de Dios; y todo espíritu que no confiesa que Jesucristo ha venido en carne, no es de Dios"(1 Jn. 4:2-3a). En estos casos, parece que la "carne" no se utiliza en el sentido paulino de que de la humanidad le da la espalda a Dios, sino más bien el sentido más básico de la naturaleza física. La misma idea la encontramos en Hebreos 10:5: "Sacrificio y ofrenda no quisiste, mas me diste un cuerpo." Pablo expresa el mismo pensamiento de una manera más implícita en Gálatas 4:4: "Pero cuando vino el cumplimiento del tiempo, Dios envió a su Hijo, nacido de mujer y nacido bajo la Ley."

Parece claro que los discípulos y los autores de los libros del Nuevo Testamento, no se cuestionaban la humanidad de Jesús. No se argumentaba realmente este punto, porque apenas si se discutía sobre ello (con la excepción de la situación que se trataba en 1 Juan). Simplemente se asumía. Los que estaban más cerca de Jesús, y que vivían con él a diario, le consideraban tan completamente humano como ellos mismos. Ellos pudieron verificar que era humano por sí mismos; y cuando, con motivo de la resurrección de Jesús, se cuestionó si podría ser un espíritu, él les invitó a que se aseguraran de la certeza de su humanidad por sí mismos: "Mirad mis manos y mis pies, que yo mismo soy. Palpad y ved, porque un espíritu no tiene carne ni huesos como veis que yo tengo" (Lc. 24:39). Él hizo todo lo que hicieron ellos, excepto pecar y orar pidiendo perdón. Comió con ellos, sangró, durmió, lloró. Si Jesús no era humano, entonces nadie lo ha sido nunca.

## Primeras herejías sobre la humanidad de Jesús

Sin embargo, pronto en la vida de la iglesia surgieron varias desviaciones de la idea de entender a Jesús como completamente humano. Estas herejías obligaron a la iglesia a pensar en profundidad y enunciar cuidadosamente su entendimiento sobre esta materia.

### *Docetismo*

Vemos tal negación de la humanidad de Jesús ya en la situación a la que se opone con tanta fuerza la primera carta de Juan. Además de un grupo de cristianos específicos conocidos como Docetistas, una negación básica de la humanidad de Jesús impregnaba muchos otros movimientos dentro de la cristiandad, incluidos el Gnosticismo y el Marcionismo.[8] De muchas maneras, fue la primera herejía completa, con la posible excepción del legalismo judaizante que Pablo tuvo que combatir en Galacia. Era lo diametralmente opuesto al Ebionismo. Mientras que ese movimiento negaba la realidad de la deidad de Cristo, el Docetismo negaba su humanidad.

El Docetismo es en esencia una cristología muy influenciada por las suposiciones griegas básicas tanto de las variedades platónicas como de las aristotelianas. Platón enseñaba la idea de las gradaciones de la realidad. El espíritu, mente o pensamiento es lo más alto. La materia o lo material es menos real. Con esta distinción de la gradación ontológica de la realidad, parecen venir también las gradaciones éticas. Por tanto, se piensa en la materia como algo moralmente malo. Aristóteles resaltaba la idea de la divina impasibilidad, según la cual, Dios no podía cambiar, sufrir o incluso verse afectado por nada de lo que sucediese en el mundo. Estas dos corrientes de pensamiento tienen diferencias significativas, pero las dos mantienen que el mundo visible, físico, material es en cierta manera malo de forma inherente. Las dos enfatizan la trascendencia y la absoluta diferencia de Dios y su independencia frente al mundo material.[9]

El Docetismo toma su nombre del verbo griego δοκέω *(dokeo)*, que significa "parecer o aparentar." Su tesis central es que Jesús solo parecía ser humano. Dios no podía haberse hecho materia porque toda la materia es mala, y él es totalmente puro y santo. No es posible que el Dios trascendente se uniese a esa influencia corrupta. Siendo impasible e inalterable, Dios no podía haber sufrido las modificaciones en su naturaleza que seguramente sería necesario que ocurrieran en una genuina encarnación. No podía haberse expuesto a sí mismo a las experiencias de la vida humana. La humanidad de Jesús, su naturaleza física, era simplemente una ilusión, no una realidad. Jesús se parecía más a un fantasma, a una aparición que a un ser humano.[10]

Como los ebionitas los docetistas tenían dificultades con la idea del nacimiento virginal, pero desde un punto diferente. Los docetistas no tenían pro-

8. Tertuliano, *Sobre la carne de Cristo* 5.

9. J. N. D. Kelly, *Early Christian Doctrines* (New Cork: Harper & Row, 1960), p. 141.

10. J. F. Bethune-Baker, *An Introduction to the Early History of Christian Doctrine* (London: Methuen, 1903), p. 80.

blemas para creer que María fuera virgen; era creer que Jesús hubiera nacido de ella lo que les resultaba inaceptable. Porque si María había llevado a Jesús, como otras madres hacen con sus hijos durante nueve meses y les dan a luz, ella habría contribuido de alguna manera material a él, y eso habría sido una perversión de la bondad moral de la deidad. En consecuencia, el docetismo, pensaba más en una transmisión a través de María que en un nacimiento. Jesús únicamente pasó a través de ella, como el agua pasa por un tubo. Ella fue sólo un vehículo, sin contribuir en nada.[11]

Esta cristología particular resolvió la tensión en la idea de que la deidad y la humanidad estaban unidas en una sola persona. Se hizo diciendo que aunque la deidad era real y completa, la humanidad era sólo aparente. Pero la iglesia reconoció que esta solución se había conseguido a un gran precio, la pérdida de la humanidad de Jesús y por lo tanto la de cualquier conexión real entre él y nosotros. Ignacio e Ireneo atacaron las distintas formas del docetismo, mientras que Tertuliano prestó particular atención a las enseñanzas de Marción, que incluía elementos docéticos. Hoy es difícil encontrar ejemplos puros de docetismo, aunque tendencias docéticas aparecen en muchos y variados esquemas de pensamiento.

### Apolinarianismo

El Docetismo era una negativa de la realidad de la humanidad de Jesús. En contraste, en el apolinarianismo es una versión truncada de la humanidad de Jesús. Jesús asumió una humanidad genuina, pero no toda la naturaleza humana.

El apolinarianismo es un ejemplo de cómo algo bueno se puede llevar demasiado lejos. Apolinar era un buen amigo y colaborador de Atanasio, el líder de la cristología ortodoxa en contra del Arrianismo en el Concilio de Nicea. Sin embargo, como suele suceder a menudo, la reacción contra la herejía se convirtió en una reacción exagerada. Apolinar se preocupó demasiado por mantener la unidad del Hijo, Jesucristo. Si Jesús tenía dos naturalezas completamente diferentes, razonaba Apolinar, tenía que haber tenido una νοῦς (*nous*—alma, mente, razón) humana y una divina. Apolinar creía que esta dualidad era absurda. Así que construyó una cristología basada en una lectura extremadamente estrecha de Juan 1:14 ("el Verbo se hizo carne," esto es, la carne era el único aspecto de la naturaleza humana que estaba implicado).[12] Según Apolinar, Jesús era una unidad compuesta, parte de la composición (algunos elementos de Jesús) era humana, el resto era divina. Lo que él (el Verbo) tomó no fue toda la humanidad, sino sólo la carne, esto es, el cuerpo. Sin embargo, esta parte no se podía

11. Ibid., p. 81.
12. Kelly, *Early Christian Doctrines*, p. 291.

animar por sí sola. Tenía que haber una "chispa de vida" que la animara. Esta era el Logos divino; tomó el lugar del alma humana. Por tanto, Jesús era humano físicamente, pero no psicológicamente. Tenía un cuerpo humano, pero no un alma humana. Su alma era divina.[13]

Por lo tanto, Jesús aunque era humano, era un poco distinto a los demás humanos, ya que él carecía de algo que los otros tenían (una νοῦς humana). Por tanto en él no había posibilidad de contradicción entre lo divino y lo humano. Sólo había un único centro de conciencia, y era divino. Jesús no tenía voluntad humana. En consecuencia, no podía pecar, porque su persona estaba totalmente controlada por su alma divina.[14] Loraine Boettner planteó la analogía de una mente humana implantada en el cuerpo de un león; el ser resultante es gobernado, no por la psicología del león o del animal, sino por la psicología humana. Este es un paralelismo aproximado al punto de vista que Apolinar tenía sobre la persona de Jesús.[15]

Apolinar y sus seguidores creyeron que habían encontrado la solución ideal al punto de vista ortodoxo sobre Jesús, que les parecía tan grotesca. Tal como Apolinar interpretaba la cristología ortodoxa, Jesús estaba formado por dos partes de humanidad (un cuerpo y un alma [esto es una gran simplificación ] y una parte de deidad (un alma). Pero 2+1=3, como todo el mundo sabe. Por tanto, como persona con dos almas, Jesús habría sido un bicho raro, ya que nosotros sólo tenemos un alma y un cuerpo (1+1=2). Según veía Apolinar su propio punto de vista, Jesús estaba compuesto por una parte humana (un cuerpo) y una parte divina (un alma). Como 1+1=2, no había ya nada extraño en él. El alma divina lo único que hacía era tomar el lugar que ocupaba el alma humana en los seres humanos normales. Sin embargo, tal como la ortodoxia veía su propia cristología, Jesús en realidad estaba formado por dos partes de humanidad (un cuerpo y un alma) y una parte de deidad (un alma), pero el resultado de la fórmula era 2+1=2. Esto por supuesto es una paradoja, pero una que la ortodoxia se sentía obligada a aceptar como verdad divina más allá de su capacidad de entendimiento. La idea subyacente es que a Jesús no le faltaba nada de humanidad, lo que significa que tenía un alma humana y un alma divina, pero ese hecho no le hacía tener una personalidad doble o dividida.[16]

El apolinarianismo resultó ser una solución ingeniosa aunque no aceptable al problema. Porque como el elemento divino en Jesús no sólo era ontológicamente superior al humano, sino que también constituía la parte más importante de su persona (el alma antes que el cuerpo), la divina era doblemente superior.

13. Ibid., p. 292. Hay una disputa sobre si Apolinar era un dicotomista o un tricotomista. Por simplicidad, lo trataremos como dicotomista.

14. Ibid., p. 293.

15. Loraine Boettner, *Studies in Theology* (Grand Rapids: Eerdmans, 1947), p. 263.

16. Bethune-Baker, *Early History of Christian Doctrine*, p. 242.

Por tanto la dual naturaleza de Jesús tendía a convertirse en la práctica en una sola naturaleza, la divina absorbía la humana. La iglesia concluyó que aunque no era una completa negación de la humanidad de Jesús como el Docetismo, el apolinarianismo tenía los mismos efectos prácticos. Los teólogos de la iglesia cuestionaron la suposición de que las entidades humana y divina, como entidades completas, no pudieran combinarse de tal manera que pudieran formar una unidad real. Señalaron que, si como afirmaba Apolinar, Cristo carecía de la parte más característica de la humanidad (voluntad, razón, mente humana), parece casi incorrecto denominarle humano. Y específicamente, concluyeron que el rechazo de Apolinar a creer que Jesús tomó los componentes psicológicos de la naturaleza humana choca con los relatos de los evangelios.[17] En consecuencia, la doctrina de Apolinar fue condenada por el Concilio de Constantinopla en 381.

## Recientes restricciones a la humanidad de Jesús

Hemos señalado anteriormente que las negaciones teóricas rotundas sobre la humanidad de Jesús suelen ser bastante raras en nuestros días. De hecho, Donald Baille habla del "fin del Docetismo."[18] Sin embargo, hay cristologías que, de una u otra manera, minimizan el significado de la humanidad de Jesús.

### *Karl Barth*

Como desarrolló en su *Church Dogmatics*, la cristología de Karl Barth se relaciona con su idea sobre la revelación y con la manera que Kierkegaard tenía de entender el papel de la historia en la fe.[19] Kierkegaard hablaba del "divino incógnito," queriendo decir que la deidad de Cristo estaba totalmente oculta en su humanidad. Como resultado, la observación e incluso la descripción detallada del hombre Jesús y lo que hizo y dijo no revela nada de su deidad.[20]

Barth cree totalmente en la humanidad de Jesús, aunque no ve nada especial en ella. Señala que es difícil conseguir información histórica sobre Jesús, y que incluso cuando lo hacemos, ésta no es realmente significativa para la fe: "Jesucristo de hecho es también el Rabbi de Nazaret, del que históricamente tan difícil es conseguir información, y cuando se consigue, suele ser un tanto tópica como la de cualquier otro fundador de una religión e incluso como la

17. Kelly, *Early Christian Doctrines*, p. 296.

18. Donald Baillie, *God Was in Christ* (New York: Scribner, 1948), pp. 11-20.

19. Se debería observar que Barth en su último escrito modificó algunas de sus ideas más extremas de la trascendencia de Dios. Ver *The Humanity of God* (Richmond: John Knox, 1960), 47.

20. Søren Kierkegaard, *Philosophical Fragments* (Princeton, N.J.: Princeton University Press, 1946).

que se tiene de representantes posteriores de Su misma 'religión.'"[21] Para Barth, la vida humana de Jesús, tanto lo que decía como lo que hacía, no resulta muy reveladora de la naturaleza de Dios. Es más, la información que obtenemos sobre Jesús por el uso del método histórico sirve más para ocultar que para revelar su deidad. Esto es, por supuesto, coherente con el punto de vista de Barth sobre la revelación, según el cual los sucesos que se relatan en las Escrituras no son reveladores en sí mismos. Cada evento es revelador sólo cuando Dios se manifiesta a sí mismo en un encuentro con alguien que está leyendo o escuchando sobre ello. Los eventos y las palabras que los recogen son el vehículo mediante el cual se produce la revelación; no son la revelación objetiva.[22]

Según Barth, pues, incluso aunque supiéramos correctamente todo lo que Jesús dijo e hizo, no conoceríamos a Dios mediante ello. Algunas formas populares de apologética intentan argumentar que por los milagros, la conducta y las enseñanzas inusuales de Jesús, este debía haber sido Dios. Estos asuntos se presentan como pruebas irrefutables de su deidad, no hay más que examinar la evidencia. Sin embargo, desde el punto de vista de Barth, incluso si se pudiera hacer una crónica completa de la vida de Jesús, sería más opaca que transparente. Evidencia de esto aparece en tiempos de la vida de Jesús.[23]

Muchos de los que vieron lo que hizo y oyeron lo que dijo no estaban convencidos de su deidad. Algunos únicamente estaban sorprendidos de que él, el hijo de José el carpintero, pudiera hablar como lo hacía. Algunos reconocían que lo que hacía era sobrenatural, pero no sentían a Dios en lo que observaban. Al contrario, llegaban a la conclusión de que lo que hacía lo hacía por el poder de Belcebú, el príncipe de los demonios. La carne y la sangre no le revelaron a Pedro que Jesús era el Cristo, el Hijo del Dios vivo; más bien fue el Padre en el cielo el que convenció a Pedro de esta verdad. Y así debe ser con nosotros también. No podemos conocer a Dios conociendo el Jesús de la historia.

### *Rudolf Bultmann*

Con respecto a la importancia de la historia del Jesús terrenal para la fe, el pensamiento de Rudolf Bultmann es incluso más radical que el de Barth. Siguiendo los pasos de Martin Kähler, Bultmann divide la historia de Jesús en *Historie* (los auténticos sucesos de su vida) y *Geschichte* (historia significativa, esto es, el impacto que Cristo tuvo sobre los creyentes). Bultmann cree que existe poca probabilidad de volver atrás a la *Historie* mediante el uso de métodos normales de historiografía. Sin embargo, esto no importa realmente, porque la fe no se preocupa principalmente ni de la cosmología, la naturaleza de las cosas,

21. Karl Barth, *Church Dogmatics* (Edinburgh: T. & T. Clark, 1936), vol. 1. parte 1, p. 188.
22. Ibid.
23. Ibid.

ni de la historia normal en el sentido de lo que normalmente sucede. La fe no se construye mediante una relación de sucesos, sino con las predicaciones de los primeros creyentes, la expresión de su credo.[24]

La cristología de Bultmann, por tanto, no se centra en un conjunto objetivo de hechos sobre Jesús, sino en su significado existencial. El asunto crucial es lo que él nos hace a nosotros, cómo trasforma nuestras vidas. Así que, por ejemplo, el significado de la crucifixión de Jesús no es que un hombre, Jesús de Nazaret, fuera llevado a morir en la cruz a las afueras de Jerusalén. Sino el que encontramos en Gálatas 6:14: "El mundo ha sido crucificado para mí y yo para el mundo."[25] La pregunta que plantea la fe no es si la ejecución de Jesús sucedió realmente o no, sino si hemos crucificado nuestra antigua naturaleza, su ansia y esfuerzo terrenal por conseguir seguridad. De forma similar, el auténtico significado de la resurrección tiene que ver con nosotros, no el Jesús histórico. La cuestión no es si Jesús volvió a la vida o no, sino si nosotros hemos resucitado – si nos hemos levantado de nuestra antigua vida centrada en nosotros mismos hacia una fe abierta al futuro.

Los puntos de vista de Barth y Bultmann tienen características determinadas que los distinguen entre sí. Pero ambos están de acuerdo en que los hechos históricos de la vida terrenal de Jesús no son significativos para la fe. Entonces ¿qué es significativo o determinante para la fe? Barth dice que es la revelación sobrenatural; Bultmann dice que es el contenido existencial de la predicación de la iglesia primitiva.

Deberíamos señalar que la cristología de Barth sufre en este punto de las mismas dificultades que su doctrina de la revelación. Las críticas básicas son bien conocidas y se han resumido en un capítulo anterior de esta obra.[26] En la cristología de Barth hay problemas referentes a nuestro conocimiento y experiencia de la deidad de Cristo, en asuntos de accesibilidad y objetividad. Además, la fuerza de la declaración "Dios se hizo hombre" queda severamente disminuida.

En el caso de Bultmann, hay una separación entre la *Historie* y la *Geschichte* que apenas si encuentra justificación bíblica. Se señalan especialmente las declaraciones de Pablo que conectan el hecho y el impacto de la resurrección de Cristo (1 Co. 15:12-19). Y tanto Bultmann como Barth parecen no tener muy en cuenta las declaraciones que hizo Jesús después de su resurrección llamando directamente la atención sobre su humanidad (Lc. 24:36-43; Jn. 20:24-29).

Algunos teólogos evangélicos latinoamericanos creen que incluso la teología ortodoxa tradicional se ha preocupado demasiado de temas filosóficos,

24. Rudolf Bultmann, "New Testament and Mythology," en *Kerygma and Myth*, ed. Hans Bartsch (New York: Harper & Row, 1961), p. 37.

25. Ibid., pp. 37-38.

26. Ver pp. 218-21.

enfatizando así la deidad de Cristo. El resultado, según su juicio, ha sido una depreciación de las consideraciones históricas y de la humanidad de Jesús, alejando así demasiado el dogma de los problemas sociales con los que la iglesia debe luchar.[27]

## La carencia de pecado de Jesús

Otro tema importante sobre la humanidad de Jesús es la cuestión de si Jesús pecó o incluso si podía pecar. Tanto en los pasajes didácticos como en los materiales narrativos, la Biblia es bastante clara en este tema.

Los pasajes didácticos o directamente declaratorios son considerables en número. El escritor de Hebreos dice que Jesús "fue tentado en todo según nuestra semejanza, pero sin pecado" (He. 4:15). Se describe a Jesús como "sumo sacerdote [que] nos convenía: santo, inocente, sin mancha, apartado de los pecadores, y hecho más sublime que los cielos" (7:26), y "sin mancha" (9:14). Pedro, que por supuesto conocía bien a Jesús, declaró que él era "El Hijo del Dios viviente" (Jn. 6:69), y enseñó que Jesús "no cometió pecado ni se halló engaño en su boca" (1 P. 2:22). Juan dijo "no hay pecado en él" (1 Jn. 3:5). Pablo también afirmó que Cristo "no conoció pecado" (2 Co. 5:21).

El mismo Jesús afirmó explícita e implícitamente que era justo. Preguntó a sus oyentes: "¿Quién de vosotros puede acusarme de pecado?" (Jn. 8:46); nadie contestó. También mantenía: "porque yo hago siempre lo que le agrada [al que me envió]" (Jn. 8:29). Una vez más: "yo he guardado los mandamientos de mi Padre" (Jn. 15:10). Enseñó a sus discípulos que confesaran sus pecados y pidieran perdón, pero en ninguna parte se recoge que él se confesara ni pidiera perdón por sus propios pecados. Aunque fue al templo, no tenemos constancia de que ofreciese sacrificio por sí mismo o sus pecados. No se le acusó nunca de ningún pecado, excepto del de blasfemia; y por supuesto, si era Dios, lo que hizo (o sea, declarar perdonados los pecados) no era una blasfemia. Aunque no haya pruebas categóricas de que Jesús careciera de pecado, hay muchos testimonios de su inocencia de los cargos por los que fue crucificado. La mujer de Pilato advirtió: "No tengas nada que ver con este justo" (Mt. 27:19); el ladrón en la cruz dijo: "Este ningún mal hizo" (Lc. 23:41); e incluso Judas dijo: "Yo he pecado entregando sangre inocente" (Mt. 27:4).

La carencia de pecado de Jesús se confirma con las narraciones de los evangelios. Hay relatos de tentación, pero no de pecado. Nada de lo que se diga de él está en conflicto con la ley revelada por Dios sobre lo que está bien y lo que está mal; todo lo que hizo estaba en relación con el Padre. Por tanto, basándose

27. Ej., René Padilla and Mark Lou Branson, *Conflict and Context: Hermeneutics in the Americas* (Grand Rapids: Eerdmans, 1986), p. 83; Emilio A. Núñez, *Liberation Theology* (Chicago: Moody, 1985), p. 236.

en la afirmación directa y en el silencio sobre ciertos puntos, debemos concluir que la Biblia uniformemente da testimonio de la falta de pecado de Jesús.[28]

Sin embargo, de esta consideración surge un problema. ¿Jesús era completamente humano si nunca pecó? O para decirlo de otra manera, la humanidad de Jesús, si estaba libre de todo pecado de naturaleza o actuación activa, ¿es la misma que nuestra humanidad? Para algunos esto parece ser un problema serio. Porque ser humano, por definición, es ser tentado y pecar. ¿El carecer de pecado no deja a Jesús completamente fuera de nuestra clase de humanidad? Esta cuestión plantea duda sobre lo genuino de las tentaciones de Jesús.

A. E. Taylor ha expuesto el caso de forma directa y clara: "Si un hombre no comete ciertas transgresiones... debe ser porque nunca se ha sentido atraído hacia ellas."[29] Pero ¿realmente es así? Parece que lo que se está dando por supuesto aquí es que si algo es posible, debe convertirse en realidad, y al contrario, algo que no ocurre nunca o que no se convierte en realidad es que no debe haber sido posible. Sin embargo tenemos la declaración del escritor de la carta a los Hebreos que dice que Jesús en realidad si fue tentado en todo según nuestra semejanza (4:15). Más allá de eso, la descripción de las tentaciones de Jesús indican gran intensidad. Por ejemplo, pensemos en la agonía de Getsemaní cuando luchaba por cumplir la voluntad del Padre (Lc. 22:44).

Pero ¿podría haber pecado Jesús? Las Escrituras nos dicen que Dios no puede ser tentado por el mal ni tentar a nadie (St. 1:13). Entonces, ¿era realmente posible que Jesús, siendo Dios, pecase? Y si no, ¿su tentación era genuina? Aquí nos encontramos con uno de los grandes misterios de la fe, las dos naturalezas de Jesús, que se examinarán más atentamente en el siguiente capítulo. No obstante, nos sirve para señalar aquí que aunque pudiera haber pecado, está claro que no lo habría hecho.[30] Las luchas y tentaciones eran genuinas, pero el resultado siempre era seguro.

¿Una persona que no sucumbe ante la tentación realmente la siente, o no, como sostiene Taylor? Leon Morris argumenta que lo contrario de la afirmación de Taylor es correcto. La persona que resiste conoce la auténtica fuerza de la tentación. La carencia de pecado apunta hacia una tentación más intensa no a una menos intensa. "El hombre que se rinde ante una tentación particular no sabe cuál es todo

28. Por supuesto, están los que sostienen que Jesús pecó. Entre ellos está Nels Ferré, que detecta en el comportamiento de Jesús una falta de confianza perfecta en el Padre, lo cual constituye el pecado de la incredulidad. Pero la exégesis de Ferré tiene fallos, y su idea sobre el pecado está más influenciada por conceptos existenciales que bíblicos. Ver *Christ and the Christian* (New Cork: Harper & Row, 1958), pp. 110-14.

29. A. E. Taylor, en *Asking Them Questions*, ed. Ronald Selby Wright (London: Oxford University Press, 1936), p. 94.

30. Esta es una reminiscencia de nuestra discusión sobre el libre albedrío – aunque somos libres para escoger, Dios ya ha hecho cierta nuestra elección. Ver p. 380.

su poder. Se ha rendido mientras la tentación todavía se tenía algo guardado. Sólo el hombre que no cae en la tentación[,] que, en lo que se refiere a esa tentación en particular, no tiene pecado, conoce toda la extensión de esa tentación."[31]

Uno podría plantearse preguntas sobre algunos puntos del argumento de Morris. Por ejemplo: "¿Se puede medir la fuerza de la tentación por un estándar objetivo o por su efecto subjetivo?" "¿No es posible que alguien que haya caído en la tentación lo haya hecho en el punto de su máxima fuerza?" Pero el argumento que está haciendo es no obstante válido. Simplemente no se puede concluir que si no se ha cometido pecado es porque no se ha experimentado la tentación; lo contrario muy bien puede ser cierto.

Pero la cuestión permanece: "¿Una persona que no peca es realmente humana?" Si decimos no, estamos manteniendo que el pecado es parte de la esencia de la naturaleza humana. Tal punto de vista debe ser considerado una seria herejía por cualquiera que crea que el hombre ha sido creado por Dios, ya que Dios entonces sería la causa del pecado, el creador de una naturaleza que es esencialmente mala. Desde el momento en que mantenemos que, por el contrario, el pecado no forma parte de la esencia de la naturaleza humana, en lugar de preguntar: "¿Jesús era tan humano como nosotros?" deberíamos preguntar: "¿Somos tan humanos como Jesús?" Porque el tipo de humanidad que nosotros poseemos no es naturaleza humana pura. La auténtica humanidad creada por Dios en nuestro caso ha sido corrompida y estropeada. Sólo ha habido tres seres humanos puros: Adán y Eva (antes de la caída), y Jesús. El resto de nosotros no somos más que versiones de humanidad rotas y corruptas. Jesús no sólo es tan humano como nosotros; es más. Nuestra humanidad no es el estándar por el que tenemos que medir la suya. Su humanidad, verdadera y sin adulterar, es el estándar por el que nosotros tenemos que medirnos.

## Implicaciones de la humanidad de Jesús

La doctrina de la humanidad completa de Jesús tiene gran importancia para la fe y la teología cristiana:

1. La muerte expiatoria de Jesús puede servirnos realmente a nosotros. No fue alguien extraño a la raza humana el que murió en la cruz. Fue uno de nosotros, y por lo tanto podía realmente ofrecer un sacrificio en nuestro nombre. Como el sacerdote del Antiguo Testamento, Jesús fue un hombre que ofreció un sacrificio por los suyos.

2. Jesús de verdad puede compadecernos e interceder por nosotros. Ha experimentado todo por lo que nosotros podemos pasar. Cuando tenemos hambre, estamos cansados o nos sentimos solos, él lo entiende perfectamente, porque ha pasado por todo ello (He. 4:15).

31. Morris, *Lord from Heaven*, pp. 51-52.

3. Jesús manifiesta la verdadera naturaleza de la humanidad. Aunque a menudo nos sentimos inclinados a sacar conclusiones sobre qué es la humanidad a través del examen inductivo de nosotros mismos y de los que nos rodean, estos no son más que ejemplos imperfectos de humanidad. Jesús no sólo nos dijo lo que era la perfecta humanidad, también nos lo demostró.

4. Jesús puede ser nuestro ejemplo. No es una superestrella celestial, sino alguien que vivió donde nosotros vivimos. Por lo tanto podemos tenerle como modelo de vida cristiana. Los estándares bíblicos de comportamiento humano, que parecen tan difíciles de llevar a cabo, él los hace parecer humanamente posibles. Por supuesto, debe haber una dependencia total de la gracia de Dios. El hecho de que Jesús creyese que era necesario orar y depender del Padre nos indica que nosotros también debemos depender de él.

5. La naturaleza humana es buena. Cuando tendemos al ascetismo, en lo que se refiere a la naturaleza humana, y en particular a la naturaleza física, como algo inherentemente malo o al menos inferior a lo espiritual o inmaterial, el hecho de que Jesús tomara para sí la forma humana completa es un recordatorio de que ser humano no es malo, es bueno.

6. Dios no es totalmente trascendente. No está tan alejado de la raza humana. Si pudo realmente vivir entre nosotros una vez como una auténtica persona, no es de sorprender que pueda obrar entre los hombres y de hecho lo haga también hoy.

Con Juan nos regocijamos en que la encarnación fue real y completa: "Y el Verbo se hizo carne y habitó entre nosotros lleno de gracia y de verdad; y vimos su gloria, gloria como del unigénito del Padreî (Jn. 1:14).

# 35. La unidad de la persona de Cristo

## Objetivos del capítulo

Después de estudiar este capítulo, debería ser capaz de

- Describir la importancia de la unidad de las dos naturalezas, divina y humana, en una persona, Jesús, y la complejidad que implica esta unidad.
- Demostrar un amplio conocimiento del material bíblico relacionado con la unidad de la persona de Jesucristo.
- Identificar y explicar la postura de que las naturalezas, divina y humana, estaban separadas (Nestorianismo), y la postura de que en el momento en que sucedió la encarnación sólo existía una naturaleza (Eutiquianismo).
- Reconocer y describir los otros cuatro intentos de explicar la persona de Jesucristo.
- Expresar un entendimiento completo de la doctrina de las dos naturalezas en una sola persona, Jesucristo, y la relevancia que tiene para la teología cristiana.

## Resumen del capítulo

La doctrina de la persona de Jesucristo no termina en el momento de describir sus naturalezas divina y humana. La unidad de estas dos naturalezas tiene implicaciones extensivas al entendimiento de la teología cristiana. Mediante el estudio de la antropología, los humanos han intentado descartar o sobrevalorar la idea de la unidad de Jesucristo. Sin embargo, el material bíblico e histórico apoya la idea de que Cristo tiene ambas naturalezas humana y divina unidas en una sola persona. Esto no procede directamente de una perspectiva humana, porque la humanidad no puede entender la unión de esas dos naturalezas.

## Cuestiones de estudio

1. ¿Cómo es posible unir una naturaleza humana y una divina en una sola persona y por qué es necesario hacerlo?
2. ¿Cómo explica la Biblia la unidad de la persona de Jesucristo?
3. ¿Qué tienen que decir el Nestorianismo y el Eutiquianismo sobre la persona de Jesucristo, y en qué se diferencian?
4. ¿Cómo se ha utilizado mal Filipenses 2:7 en lo que se refiere a la persona de Jesucristo, y cómo respondería usted a esa interpretación?
5. ¿Qué elementos son necesarios para entender la doctrina de las dos naturalezas de una persona?

- Importancia y dificultad del tema
- Material bíblico
- Primitivos malentendidos
    - Nestorianismo
    - Eutiquianismo
- Otros intentos de resolver el problema
    - Adopcionismo
    - Cristología no hipostática
    - Kenosticismo
    - La doctrina de la encarnación dinámica
- Principios básicos de la doctrina de las dos naturalezas en una persona

## Importancia y dificultad del tema

Habiendo concluido que Jesús fue completamente divino y completamente humano, todavía hay que enfrentarse a una gran cuestión: la relación entre estas dos naturalezas en una sola persona, Jesús. Este es uno de los problemas teológicos más difíciles junto con el de la Trinidad y la relación del libre albedrío del hombre y la soberanía divina. También es un tema de la mayor importancia. Hemos explicado ya que la cristología en general es importante porque la encarnación implica cerrar la brecha metafísica, moral y espiritual entre Dios y la raza humana. El cierre de esta brecha depende de la unidad de la deidad y la humanidad en Jesucristo. Porque si Jesús era a la vez Dios y hombre, pero las dos naturalezas no estaban unidas, entonces, aunque sea más pequeña, la brecha sigue existiendo. La separación de Dios y la raza humana sigue siendo una dificultad que no se ha superado. Para que la redención conseguida en la cruz le sirva a la humanidad, debe ser obra del Jesús humano. Pero para tener el valor infinito necesario para expiar por los pecados de todos los seres humanos en relación con un Dios santo y perfectamente infinito, debe ser también la obra del divino Cristo. Si la muerte del Salvador no es la obra de un Dios – hombre unificado, será deficiente en un punto o en otro.

La doctrina de la unificación de lo divino y lo humano en Jesús es difícil de entender porque presupone la combinación de dos naturalezas que por definición tienen atributos contradictorios. Como deidad, Cristo es infinito en conocimiento, poder y presencia. Si es Dios, debe conocer todas las cosas. Puede hacer todas las cosas que son objetos adecuados de su poder. Puede estar en todos los lugares a la vez. Pero, por otra parte, si era humano, tenía conocimientos limitados. No podía hacer todo. Y desde luego estaba limitado a estar en un lugar a un tiempo. Para una persona ser a la vez infinita y finita simultáneamente parece imposible.

El tema se complica más con la relativa escasez del material bíblico con el que se puede trabajar. En la Biblia no tenemos declaraciones directas sobre la relación de las dos naturalezas. Lo que debemos hacer es extraer conclusiones del concepto que Jesús tiene de sí mismo, de sus acciones y de varias declaraciones didácticas sobre él.

A la vista de lo que hemos dicho, será necesario trabajar con particular cuidado y minuciosidad. Tendremos que examinar muy meticulosamente las declaraciones que tenemos, y observar las diferentes maneras en que los distintos teólogos y escuelas de pensamiento han buscado tratar este tema. Aquí el laboratorio histórico de la teología será de particular importancia.[1]

## Material bíblico

Empecemos por señalar la ausencia de cualquier referencia a la dualidad en el pensamiento, la acción y el propósito de Jesús. En contraste, hay indicaciones de multiplicidad en la Divinidad como conjunto, por ejemplo, en Génesis 1:26: "Entonces dijo [singular] Dios: 'Hagamos [plural] al hombre a nuestra [plural] imagen.'" Referencias similares, sin un cambio de número, se pueden encontrar en Génesis 3:22 y 11:17. Hay ejemplos de un miembro de la Trinidad dirigiéndose a otro en Salmos 2:7 y 40:7-8, al igual que en las oraciones de Jesús al Padre. No obstante, Jesús siempre habla de sí mismo en singular: esto es particularmente notable en la oración en Juan 17, donde Jesús dice que él y el Padre son uno (vv. 21-22), pero no hace ninguna referencia a ningún tipo de complejidad dentro de sí mismo.

Hay referencias en las Escrituras que aluden tanto a la deidad como a la humanidad de Jesús, sin embargo se refieren claramente sólo a un sujeto. Entre estas están Juan 1:14 ("Y el Verbo se hizo carne y habitó entre nosotros lleno de gracia y de verdad"); Gálatas 4:4 ("Dios envió a su Hijo nacido de mujer y nacido bajo la Ley") y 1 Timoteo 3:16 ("Fue manifestado en carne, justificado en el Espíritu, visto de los ángeles, predicado a los gentiles, creído en el mundo,

1. Ver pp. 27-28. Ver también Millard J. Erickson, "The Church in Stable Motion,Ì *Christianity Today*, 12 de octubre de 1973, p. 7.

recibido arriba en gloria"). El último texto es particularmente significativo, porque se refiere tanto a la encarnación terrenal de Jesús como a su presencia en el cielo antes y después de ella.

Hay otras referencias que se centran en la obra de Jesús de tal manera que dejan claro que esa obra no se debe ni a lo humano ni a lo divino, sino a un sujeto unificado. Por ejemplo, Pablo dice que la obra redentora de Cristo es la de unir a los judíos y a los gentiles y "mediante la cruz reconciliar con Dios a ambos en un solo cuerpo, matando en ella las enemistades. Y vino y anunció las buenas nuevas de paz a vosotros que estabais lejos y a los que estáis cerca, porque por medio de él los unos y los otros tenemos entrada por un mismo Espíritu al Padre" (Ef. 2:16-18). Y en referencia a la obra de Cristo, Juan dijo: "Pero si alguno ha pecado, abogado tenemos para con el Padre, a Jesucristo, el justo. Él es la propiciación por nuestros pecados, y no solamente por los nuestros, sino también por los de todo el mundo" (1 Jn. 2:1-2). Esta obra de Jesús, que asume tanto su humanidad (4:2) como su deidad (4:15; 5:5), es la obra de una persona, a la que se describe en la misma epístola como el Hijo al que el Padre ha enviado como Salvador del mundo (4:14). Mediante todas estas referencias, se tiene a la vista una persona unificada cuyos actos hacen suponer que es divina y humana a la vez.

Además, varios pasajes en los que se denomina a Jesús por uno de sus títulos son bastante reveladores. Por ejemplo, tenemos situaciones en las Escrituras donde un título divino se utiliza para referirse a una actividad humana de Jesús. Pablo dice: "ninguno de los poderosos de este mundo conoció [la sabiduría oculta de Dios], porque si la hubieran conocido, nunca habrían crucificado al Señor de la gloria" (1 Co. 2:8). En Colosenses 1:13-14, Pablo escribe: "Él [el Padre] nos ha librado del poder de las tinieblas y nos ha trasladado al reino de su amado Hijo, en quien tenemos redención por su sangre, el perdón de pecados." Aquí el estatus de rey del Hijo de Dios está yuxtapuesto con la obra redentora de su crucifixión y resurrección corporal. Al contrario, el título "Hijo del hombre," que a menudo utilizaba Jesús para referirse a sí mismo durante su ministerio en la tierra, aparece en pasajes que apuntan hacia su estatus celestial; por ejemplo en Juan 3:13: "Nadie subió al cielo sino el que descendió del cielo, el Hijo del hombre, que está en el cielo." Una referencia del mismo tipo es Juan 6:62: "¿Pues qué, si vierais al Hijo del hombre subir a donde estaba primero?" Nada en estas referencias contradice la posición de que una persona, Jesucristo, fuera a la vez una persona terrenal y un ser divino preexistente que se encarnó. Ni hay ninguna sugerencia sobre que estas dos naturalezas realizaran su actividad de forma alternativa.[2]

2. G. C. Berkouwer, *The Person of Christ* (Grand Rapids: Eerdmans, 1955), p. 293.

## Primitivos malentendidos

La reflexión sobre la relación entre las dos naturalezas surgió relativamente tarde en la historia de la iglesia. Lógicamente antes estuvieron las discusiones sobre lo genuino y lo íntegro de las dos naturalezas. Una vez que la iglesia había resuelto estas cuestiones, en los Concilios de Nicea (325) y Constantinopla (381), ya era adecuado preguntarse por la relación precisa entre las dos naturalezas. En efecto, el tema a discutir era: "¿Qué significa realmente declarar que era completamente Dios y completamente hombre?" En el proceso de sugerir y examinar algunas respuestas posibles, la iglesia rechazó algunas de ellas por inadecuadas.

### *Nestorianismo*

Una de las respuestas la ofreció Nestorio y los que seguían sus enseñanzas. El nestorianismo es particularmente difícil de entender y evaluar. Una razón es que este movimiento surge en un periodo de fuerte rivalidad política dentro de la iglesia.[3] En consecuencia, no siempre queda claro si la iglesia rechazó la teoría por sus ideas o por la oposición entre su principal defensor y alguien que tenía una influencia eclesiástica superior. Además, el lenguaje de Nestorio era un tanto ambiguo e inconsistente. Está claro que la teoría censurada por la iglesia llamada nestorianismo no cumplía con toda la posición ortodoxa, y probablemente era defendida por alguno de los seguidores de Nestorio.[4] Sin embargo, según el juicio de importantes estudiosos, el mismo Nestorio no era "nestoriano," sino que esa terminología mal escogida, unida a la oposición de un contrario agresivo, condujo a una injusta condena de sus ideas.[5]

En el siglo cuarto habían surgido dos tipos principales de cristología: el "Verbo-carne" y el "Verbo-hombre." El primero, consideraba el Verbo como el elemento principal en el Dios-hombre y el alma humana como de relativamente poca importancia (hay que recordar que el apolinarismo mantenía que Jesús tenía un alma divina y un cuerpo humano). El segundo, menos seguro de que el Verbo ocupase una posición dominante en el Dios-hombre, afirmaba que Jesús asumía una naturaleza humana completa. Esta diferencia de puntos de vista es el contexto ideológico del Nestorianismo.

Poco después de que Nestorio fuera nombrado patriarca de Constantinopla en 428, se le obligó a decretar sobre lo adecuado de referirse a María como *theotokos* ("portadora de Dios"). Nestorio era reacio a hacer eso, a menos que

3. J. N. D. Kelly, *Early Christian Doctrines* (New York: Harper & Row, 1960), pp. 311-12.

4. J. F. Bethune-Baker, *An Introduction to the Early History of Christian Doctrine* (London: Methuen, 1903), pp. 274-75.

5. Friedrich Loofs, *Nestorius and His Place in the History of Christian Doctrine* (New York: Lenox Hill, 1975), pp. 41, 60-61; J. F. Bethune-Baker, *Nestorius and His Teaching* (Cambridge: Cambridge University Press, 1908), pp. 82-100.

*theotokos* fuera acompañado de la palabra *anthropotokos* ("portadora de hombre"). Aunque sus ideas no eran únicas en ese tiempo, la elección de un lenguaje algo desafortunado le causó problemas a Nestorio. Él señaló que Dios no podía tener una madre y que desde luego ninguna criatura podía haber engendrado a un miembro de la divinidad. María, por lo tanto, no dio a luz a Dios; dio a luz a un hombre que fue un vehículo para Dios. Dios simplemente no podía haber estado durante nueve meses en el vientre de una madre, ni ser envuelto en las ropas de un niño; no podía haber sufrido, haber muerto y haber sido enterrado. Nestorio creía que el término *theotokos* contenía implícitamente o el punto de vista Arriano del Hijo como criatura o el concepto de Apolinar de la incompleta humanidad de Jesús.[6]

La declaración de Nestorio alarmó a otros teólogos, entre los cuales estaba Cirilo de Alejandría, que era rival de Nestorio. Eusebio, posterior obispo de Cesarea, después de escuchar que María se suponía que sólo había dado a luz a un hombre, concluyo que Nestorio era un adopcionista (esto es, que Nestorio creía que el hombre Jesús se hizo divino en un momento concreto de su vida después de nacer, probablemente con el bautismo). De las declaraciones de Nestorio y las reacciones a sus ideas surge la idea tradicional del nestorianismo como una herejía que divide al Dios-hombre en dos personas distintas. Es esta herejía la que se condena. Cirilo era el líder de la oposición, y en el Concilio de Éfeso (431) probó su habilidad para la maniobra política. Los legados papales aprobaron la posición del grupo de obispos dominados por Cirilo.[7]

Es prácticamente imposible determinar con exactitud cuál era el punto de vista de Nestorio. Y esto particularmente a la luz del descubrimiento en el siglo XX del libro de Heraclidas, que aparentemente Nestorio escribió unos veinte años después de su condena. En este libro manifestaba estar de acuerdo con la formulación de Calcedonia (dos naturalezas unidas en una sola persona). Sin embargo, es cierto que se mostraba impaciente con la "unión hipostática" que enseñaba Cirilo, creyendo que este concepto eliminaba lo distintivo que había en ambas naturalezas. Nestorio prefería pensar en términos de una "conjunción" (συνάφεια—*sunapheia*) más que en una unión (ἕνωσις—*henōsis*) entre las dos. Quizá el mejor resumen del pensamiento de Nestorio sea decir que aunque él consciente o abiertamente no mantuviese o enseñase que había una división en la persona de Cristo, lo que decía parecía implicarlo.[8] Si el mismo Nestorio no era representante del nestorianismo, sus ideas sí que condujeron lógicamente a él y habrían sido adoptadas por muchos si la iglesia no hubiera hecho ninguna declaración sobre el asunto.

6. Kelly, *Early Christian Doctrines*, p. 311.
7. Loofs, *Nestorius*, pp. 45-53.
8. A. B. Bruce, *The Humiliation of Christ in Its Physical, Ethical, and Official Aspects*, 2nd ed. (New York: A. C. Armstrong, 1892), pp. 50-51.

### *Eutiquianismo*

Igualmente difícil de confirmar es la cristología del eutiquianismo. Después del Concilio de Efeso (431), se elaboró un documento como intento de llegar a una cura dentro de la iglesia. En realidad este documento tuvo su origen en los obispos orientales (de Antioquia) que habían apoyado a Nestorio en Éfeso, pero fue enviado por Juan de Antioquia a Cirilo. Cirilo lo aceptó en el 433, aunque contenía algún lenguaje favorable a la posición nestoriana. Por tanto, parecía que se había conseguido llegar a algún tipo de compromiso.

Sin embargo, algunos de los defensores y aliados de Cirilo posicionados más a la derecha creían que éste había hecho demasiadas concesiones al nestorianismo. El fuerte énfasis que ponía en el compromiso en las dos naturalezas les parecía que minaba la unidad de la persona de Jesús. En consecuencia, la idea de que no poseyese dos naturalezas, una divina y una humana, sino sólo una, empezó a hacerse popular entre ellos. Después de la muerte de Cirilo en 444, el insatisfecho grupo lanzó un ataque sobre las enseñanzas de Teodoreto que probablemente había elaborado el borrador del compromiso, y que ahora era el líder teológico de la escuela de Antioquia. Dióscoro, el sucesor de Cirilo, lideró la oposición a la enseñanza de que Jesús tenía dos naturalezas. Dióscoro creía que los padres de la iglesia apoyaban abrumadoramente la idea de que sólo había una naturaleza en la persona de Jesús y que Cirilo la había comprometido en un momento de debilidad. Si esto era una forma correcta o no de entender la posición de Cirilo o si él mismo había expuesto la creencia de que Jesús sólo tenía una naturaleza es debatible. En cualquier caso, había cada vez mayor insistencia en la "fórmula de la naturaleza única."

Un anciano archimandrita llamado Eutiques se convirtió en el foco de la controversia. Todos los que se sentían contrariados con el acuerdo de compromiso de 433 y que habían rechazado la idea de las dos naturalezas de Jesús hicieron de Eutiques el símbolo de su posición. Fue denunciado en una reunión del Sínodo permanente de Constantinopla. Esto condujo a discusiones formales que culminaron con la condena y la destitución de Eutiques. En la sesión final Eutiques no se defendió, sino que se limitó a escuchar la sentencia.[9]

No es fácil confirmar con exactitud la doctrina de Eutiques. En un examen preliminar antes del sínodo, declaró que el Señor Jesucristo después de nacer poseía una única naturaleza, la de Dios encarnado y convertido en hombre. Eutiques rechazaba la idea de las dos naturalezas por ser contraria a las Escrituras y a las opiniones de los Padres. Sin embargo, suscribía la idea del nacimiento virginal y afirmaba que Cristo era simultáneamente perfecto Dios y perfecto humano. Su opinión básica parece ser la de que había dos naturalezas antes de la encarnación, una después.[10]

9. Kelly, *Early Christian Doctrines*, pp. 330-31.
10. Jaroslav Pelikan, *The Christian Tradition* (Chicago: University of Chicago Press, 1971),

Aparentemente Eutiques no era un pensador muy claro y preciso. Sin embargo, históricamente sus ideas constituyeron los fundamentos de un movimiento que enseñaba que la humanidad de Jesús estaba tan absorbida por la deidad que quedaba prácticamente eliminada. En efecto, el Eutiquianismo era una forma de Docetismo. Era una variante de la interpretación de la naturaleza como una fusión de la deidad y la humanidad de Jesús en algo bastante diferente, una tercera sustancia, algo así como un híbrido. Puede que fuera esto lo que sostuviera el mismo Eutiques, aunque su pensamiento fuera confuso (al menos en su forma de expresarlo). En 449, una reunión del concilio en Éfeso readmitió a Eutiques y le declaró ortodoxo. Al mismo tiempo, la idea de que hubiera dos naturalezas después de la reencarnación fue considerada anatema. Este concilio se ha llegado a conocer como el "Sínodo ladrón."[11]

Sin embargo, el Sínodo ladrón no se había llevado a cabo bajo la autoridad imperial adecuada. La sucesión de un nuevo emperador más afín con la posición de que Jesús tenía dos naturalezas condujo a la convocatoria de otro concilio, en Calcedonia en 451. Este concilio confirmaba el Credo de Nicea y emitía una declaración que iba a convertirse en estándar para toda la cristiandad. Sobre la relación entre las dos naturalezas, esta declaración habla de:

> uno y el mismo, Cristo, Hijo, Señor, Unigénito, para ser reconocido en dos naturalezas, inconfundibles, incambiables, indivisibles, inseparables; por ningún medio de distinción de naturalezas desaparece por la unión, más bien es preservada la propiedad de cada naturaleza y concurrentes en una *Persona* y una *Sustancia*, no partida ni dividida en dos *personas*, sino uno y el mismo Hijo, y Unigénito, Dios, la Palabra, el Señor Jesucristo; como los profetas desde el principio lo han declarado con respecto a Él, y como el Señor Jesucristo mismo nos lo ha enseñado, y el Credo de los Santos Padres que nos ha sido dado.[12]

Esta declaración evita tanto la herejía del nestorianismo como la del eutiquianismo. Se insiste tanto en la unidad de la persona y la integridad como en la separación de las dos naturalezas. Pero esto sólo sirve para aumentar la tensión. Porque ¿cuál es la relación precisa entre las dos naturalezas? ¿Cómo se pueden mantener ambas sin dividir a Jesús en dos personas, cada una de ellas con un conjunto de atributos separados y especiales? Y ¿cómo podemos mantener que Jesús es una persona, con un centro de conciencia, sin fundir las dos naturalezas en una mezcla o híbrido?

Una vez pedí en un examen a los alumnos que explicasen su forma de entender la ortodoxia de las dos naturalezas y la única persona de Cristo. Un

vol. 1, pp. 262-63.

11. Bethune-Baker, *Early History of Christian Doctrine*, p. 284.

12. Philip Schaff, *The Creeds of Christendom* (New York: Harper & Brothers, 1919), vol. 2, p. 62.

estudiante escribió: "No hay doctrina ortodoxa de las dos naturalezas y la única persona. Cada intento que se ha hecho para dar contenido a la fórmula ha sido declarado herejía. No hay contenido, sólo una declaración abstracta."Hasta cierto punto ese estudiante estaba en lo cierto. Porque la conclusión calcedoniana es esencialmente negativa: "sin confusión, sin cambio, sin división, sin separación." Nos dice lo que no significa "dos naturalezas en una persona". En cierto sentido, Calcedonia no es una respuesta; es la pregunta. Debemos preguntar más qué se debe entender por la fórmula.

## Otros intentos de resolver el problema

Antes de intentar resolver la fórmula "dos naturalezas en una persona," necesitamos señalar algunos otros intentos de entender esta unión que se han hecho desde el Concilio de Calcedonia. Una vez más, el veredicto de la historia será provechoso para nosotros. Hay cuatro intentos o estrategias representativos: (1) la idea de que el hombre Jesús se convirtió en Dios (adopcionismo); (2) la idea de que el ser divino, Dios, asumió una humanidad impersonal en lugar de una personalidad humana individual (cristología no hipostática); (3) la idea de que la Segunda Persona de la Trinidad cambió su deidad por humanidad (kenoticismo); y (4) la idea de que la encarnación era el poder de Dios presente en un ser humano (la doctrina de la encarnación dinámica).

### *Adopcionismo*

Un primer y recurrente intento de resolver el problema de las "dos naturalezas en una persona" es el adopcionismo. Dicho de la forma más sencilla, es la idea de que Jesús de Nazaret era simplemente un hombre durante los primeros años de su vida. Sin embargo, en un momento dado, probablemente en el bautismo (o quizá en su resurrección), Dios lo "adoptó" como Hijo. Ya fuera esta adopción un acto de pura gracia por parte de Dios, o una promoción en su estatus para el cual Jesús se habría calificado en virtud de sus atributos personales, era más un caso de un humano que se convertía en Dios que el de Dios convirtiéndose en hombre.[13]

Para apoyar su posición, los adopcionistas se concentran en la idea bíblica de que Jesús fue engendrado por Dios. Incluso se le denomina "unigénito" (μονογενής—*monogenes*, Jn. 3:16). ¿Cuándo se produjo el engendramiento? Los adopcionistas llamaron la atención sobre el hecho de que el escritor de Hebreos cita dos veces Salmos 2:7: "Mi hijo eres tú; yo te engendré hoy," y se lo aplica al Hijo de Dios, Jesucristo (He. 1:5; 5:5). Señalan la considerable similitud entre esta frase y la del Padre en el bautismo de Jesús: "Tú eres mi hijo amado, en ti

13. Robert L. Ottley, *The Doctrine of the Incarnation* (London: Methuen, 1896), vol. 2, pp. 151-61.

tengo complacencia" (Mr. 1:11). Así se asume que el Espíritu que desciende en ese momento sobre el Hijo representa la llegada de la deidad al hombre Jesús.

Esta posición da al hombre Jesús un estatus independiente. Simplemente habría seguido viviendo como Jesús de Nazaret si la adopción especial de Dios no hubiese sucedido. Se trataba más de Dios entrando en un ser humano existente que de una verdadera encarnación. Algunas veces este evento se considera más como algo único que sólo le ocurrió a Jesús; otras veces se compara con la adopción de otros seres humanos como hijos de Dios.

El adopcionismo ha hecho apariciones recurrentes a lo largo de la historia de la cristiandad.[14] Los que toman en serio todas las enseñanzas de las Escrituras, sin embargo, son conscientes de que hay importantes obstáculos a este punto de vista, incluyendo la preexistencia de Cristo, la narrativa del pre-nacimiento y el nacimiento virginal.

### Cristología no hipostática

Otro intento de clarificar la relación entre las dos naturalezas podría ser denominado "cristología no hipostática." Este punto de vista insiste en que la humanidad de Jesús era impersonal y no tenía una subsistencia independiente, o sea, que el Verbo divino no estaba unido con una persona humana individual. Originalmente, se intentaba que la cristología no hipostática protegiese en contra de la división nestoriana de Jesús en dos personas y la creencia relacionada de que María era sólo la madre de la persona humana. También servía para negar el adopcionismo, que establecía que Jesús era un ser humano con existencia independiente que fue elevado a la categoría de deidad. El punto principal de la cristología no hipostática es que el hombre Jesús no tenía una existencia aparte de la encarnación de la Segunda Persona de la Trinidad. Apoyaba esta tesis negando que Jesús tuviera ninguna personalidad humana individual.[15]

El problema de esta posición es que no pensar en Jesús como en un ser humano individual específico sugiere que el Verbo divino se unió a toda la raza humana o con la naturaleza humana; tomada de forma literal esta idea es absurda. Es cierto que ocasionalmente decimos que Jesús se unió a toda la raza humana, pero lo decimos de forma figurada, basándonos en las características básicas compartidas por todos sus miembros. No tenemos en mente una unidad física literal con toda la raza humana. Una dificultad adicional de la cristología no hipostática es que en un intento de evitar una herejía, se puede caer en otra. Insistir en que Jesús es personal sólo en su dimensión divina excluye de forma manifiesta algo

14. A. Hauck, "Adoptionism," en *The New Schaff-Herzog Encyclopedia of Religious Knowledge*, ed. Samuel Macauley Jackson (New York: Funk & Wagnalls, 1908), vol. 1 pp. 48-50.

15. Karl Barth, *Church Dogmatics* (Edinburgh: T. & T. Clark, 1936), vol. 1, pp. 149-50.

vital de su humanidad. Negar la humanidad individual de Jesús da a entender que era predominantemente divino. Y eso suena a apolinarismo.[16]

### *Kenosticismo*

El periodo moderno ha producido un intento distintivo por resolver el problema de las relaciones entre las dos naturalezas. En particular en el siglo diecinueve, se ha propuesto que la clave para entender la encarnación hay que encontrarla en la expresión "[Jesús] se despojó a sí mismo" (Fil. 2:7). Según esta idea, de lo que Jesús se despojó fue de la forma de Dios μορφὴ θεοῦ—*morphē theou*, v. 6). La Segunda Persona de la Trinidad dejó a un lado sus atributos divinos distintivos (omnipotencia, omnipresencia, etc.) y en su lugar adoptó las cualidades humanas. En efecto, la encarnación consistió en un intercambio de parte de la naturaleza divina por características humanas.[17] Sus cualidades morales, como el amor y la misericordia, se mantuvieron. Aunque parece un acto sólo del Hijo, implica también al Padre. El Padre, al enviar al Hijo, fue como un padre que envía a su hijo al campo de misión. Una parte de él también fue con él.[18]

Lo que tenemos aquí es un paralelismo en el campo de la cristología con la solución ofrecida por el monarquianismo modalista al problema de la Trinidad. Jesús no es Dios y hombre a la vez, sino sucesivamente. Con respecto a ciertos atributos, es Dios, después es humano, después es Dios de nuevo. La solución a la fórmula calcedoniana es mantener que Jesús es Dios y hombre al mismo respecto, pero no al mismo tiempo. Aunque esta idea resuelve algo de la dificultad, no explica la evidencia citada anteriormente sobre que los escritores de la Biblia consideraban a Jesús a la vez Dios y hombre. Es más, las indicaciones de una aparente encarnación continuada (ver, por ejemplo, 1 Ti. 3:16) parecen ir en contra de esta teoría, por muy innovadora que pueda ser.

### *La doctrina de la encarnación dinámica*

Un intento final por resolver el problema de las dos naturalezas en una persona podría denominarse la doctrina de la encarnación dinámica. Esta mantiene que la presencia de Dios en el divino-humano Jesús no fue en forma de una unión personal hipostática entre la Segunda Persona de la Trinidad y un ser humano individual, Jesús de Nazaret. Más bien, se debería entender la encarnación como la presencia activa del poder de Dios en la persona de Jesús.

Este punto de vista es semejante al monarquianismo dinámico. El poder de Dios entró en el hombre Jesús. Por tanto, la encarnación no fue tanto un caso

16. Donald Baillie, *God Was in Christ* (New York: Scribner, 1948), pp. 92-93.

17. Hugh Ross Mackintosh, *The Doctrine of the Person of Jesus Christ* (New York: Scribner, 1914), pp. 463-90.

18. Charles Gore, *The Incarnation of the Son of God* (New Cork: Scribner, 1981), p. 172.

de Jesús unido a Dios en una especie de unión hipostática como que el poder de Dios habitaba en él.

Una forma reciente de esta idea la encontramos en la obra de Donald Baillie *God Was in Christ* (Dios estaba en Cristo). Baillie basa su teología en 2 Corintios 5:19: "Dios estaba en Cristo reconciliando consigo al mundo." Es digno de mención que en lugar de decir "Cristo era Dios," este versículo enfatice que "Dios estaba en Cristo."

Para explicar la paradoja de la encarnación, Baillie utiliza el modelo de Dios que habita en el creyente en lo que se llama la paradoja de la gracia. Cuando el creyente hace lo correcto, o hace la elección correcta, normalmente dice: "No fui yo, Dios lo hizo." En Gálatas 2:20 y Filipenses 2:12-13 Pablo habla de la obra interna de Dios. Baillie presenta este poder de Dios en el creyente como un modelo de la encarnación. Sin embargo, sus declaraciones, implican que la encarnación de Jesús es en realidad un caso, aunque el más completo, de la paradoja de la gracia que mora en el creyente:

> Esta paradoja en su forma fragmentaria en nuestra vida cristiana es un reflejo de esa perfecta unión de Dios y hombre en la Encarnación de la que depende toda la vida cristiana, y puede ser por lo tanto nuestra mejor pista para entenderla. En el Nuevo Testamento vemos el hombre en el que Dios se encarnó superando a todos los demás al negarse a reclamar nada para sí mismo de forma independiente y otorgando toda la bondad a Dios.[19]

Dada esta interpretación de la encarnación, la diferencia entre Cristo y nosotros es sólo cuantitativa, no cualitativa. Pero se debe señalar que esta interpretación entra en conflicto con varios énfasis que hay en las Escrituras: la plenitud (πλήρωμα—*plerōma*) de Dios habitando en Jesús corporalmente (Col. 2:9); la preexistencia de Cristo (Jn. 1:18; 8:58); y la singular naturaleza de su calidad de hijo (μονογενής—*monogenēs*, Jn. 3:16). Aunque la doctrina de la encarnación dinámica minimiza la tensión sugerida por la fórmula calcedoniana, se encuentra con la dificultad de su reducción implícita de la deidad.

## Principios básicos de la doctrina de las dos naturalezas en una persona

Hemos repasado varios intentos de resolver el difícil problema cristológico de las dos naturalezas en una sola persona y hemos notado que hay deficiencias en cada uno de ellos. Por tanto, debemos presentar una alternativa. ¿Cuáles son los principios esenciales de la doctrina de la encarnación, y cómo hay que entenderlos? Varios puntos cruciales nos ayudarán a entender este gran misterio.

19. Baillie, *God Was in Christ*, p. 117.

1. La encarnación fue más una aportación de los atributos humanos que una pérdida de atributos divinos. Filipenses 2:6-7 a menudo se entiende que significa que Jesús se despojó de algunos de sus atributos divinos, quizá incluso de su misma deidad. Según esta interpretación, se hizo humano convirtiéndose en algo menos que Dios. Prescindió de parte de su divinidad y la reemplazó por cualidades humanas. La encarnación, por tanto, es más una resta de su divina naturaleza que una suma.

Sin embargo, según nuestra interpretación de Filipenses 2:6-7, de lo que Jesús se despojó no fue de la divina μορφή, la naturaleza de Dios. En ningún momento este pasaje dice que haya dejado de poseer esa divina naturaleza. Esto queda más claro cuando tomamos en cuenta Colosenses 2:9: "Porque en él habita corporalmente toda la plenitud de la divinidad." La kenosis de Filipenses 2:7 debe entenderse a la luz de la pleroma de Colosenses 2:9. ¿Qué significa, entonces, decir que Jesús "se despojó a sí mismo"? Algunos han sugerido que vació su divinidad en su humanidad como cuando se pasa el contenido de una copa a otra. Sin embargo, esto no identifica el recipiente desde el cual Jesús vierte su divina naturaleza cuando la vació en su humanidad.

Un mejor acercamiento a Filipenses 2:6-7 es pensar en la frase "tomó la forma de siervo" como una explicación circunstancial de kenosis. Como λαβών *(labōn)* es un participio aoristo en función adverbial, traduciríamos la primera parte del verso 7, "se despojó a sí mismo al tomar la forma de un siervo." La frase participial es una explicación de cómo Jesús se despojó a sí mismo, o lo que hizo que constituyera kenosis. Aunque el texto no especifica de que se despojó, es de resaltar que "la forma de siervo" contrasta fuertemente con "el ser igual a Dios" (v. 6). Concluimos que es de la igualdad con Dios, no de la forma de Dios de lo que Jesús se despojó. Aunque no dejó de ser en naturaleza lo que era el Padre, funcionalmente quedó subordinado al Padre durante el periodo de la encarnación. Jesús hizo esto con el propósito de revelar a Dios y redimir a la humanidad. Tomando la naturaleza humana, aceptó ciertas limitaciones en el funcionamiento de sus atributos divinos. Estas limitaciones no fueron el resultado de una pérdida de atributos divinos, sino de la suma de atributos humanos.

2. La unión de las dos naturalezas significa que no funcionan de forma independiente. Jesús no ejercitó su deidad unas veces y otras veces su humanidad. Sus acciones siempre eran de divinidad-humanidad. Esta es la clave para entender las limitaciones funcionales de la humanidad impuestas sobre la divinidad. Por ejemplo, seguía teniendo el poder de estar en todas partes (omnipresencia). Sin embargo, como un ser encarnado, se encontraba limitado en el uso de este poder por la posesión de un cuerpo humano. De forma similar, él seguía siendo omnisciente, pero poseía y ejercitaba esto en conexión con un organismo humano que creció gradualmente en concienciación, ya sea del entorno natural o de las verdades eternas. Por tanto, sólo gradualmente su psique humana limitada se dio

cuenta de quién era y de lo que tenía que hacer. No obstante, esto no se debería considerar una reducción del poder y las capacidades de la Segunda Persona de la Trinidad, sino una limitación inducida por las circunstancias en el ejercicio de su poder y capacidades.

Imagínese la siguiente analogía. El velocista más rápido del mundo participa en una carrera de tres piernas, en la que debe correr con una de sus piernas atada a la pierna de un compañero. Aunque su capacidad física no ha disminuido, la condición bajo la que actúa está seriamente limitada. Incluso aunque su compañero sea el segundo velocista más rápido del mundo, su carrera será mucho más lenta que si compitieran por separado; incluso serían más lentos que casi cualquier otra persona que corriese sin ir atado. O piense en el mejor boxeador del mundo que está luchando con una mano atada a la espalda. O en un partido de softball en el que los padres, que están compitiendo con sus hijos, cambian la mano con la que normalmente cogen el bate (por ejemplo los diestros batean con la izquierda y los zurdos batean con la derecha). En cada uno de estos casos, la habilidad no queda disminuida en esencia, pero las condiciones impuestas al ejercitarla limitan el rendimiento.

Esta es la situación de la encarnación de Cristo. Al igual que el corredor o el boxeador se podían desprender de su atadura, pero escogieron abstenerse de hacerlo mientras duraba el evento, así la encarnación de Cristo supuso una limitación voluntaria escogida por él mismo. No tenía que tomar forma humana, pero decidió hacerlo durante el periodo de la encarnación. Durante ese tiempo su deidad siempre funcionó en conexión con su humanidad.

3. Al pensar en la encarnación, debemos empezar no con los conceptos tradicionales de humanidad y deidad, sino reconociendo que los dos se conocen mejor en Jesucristo. A veces enfocamos la encarnación con la presuposición de que es virtualmente imposible. Sabemos lo que la humanidad es y lo que es la deidad, y desde luego, por definición, son incompatibles. Son, respectivamente, lo finito y lo infinito. Pero esto es empezar por mal sitio – con un concepto de la humanidad extraído de nuestro conocimiento de la humanidad existencial y no de la humanidad esencial. Nuestra forma de entender la naturaleza humana se ha formado mediante una investigación inductiva que hemos hecho de nosotros y de otros humanos tal como los conocemos. Pero ninguno de nosotros es humanidad tal y como Dios pretendía que fuese o tal como salió de sus manos. La humanidad se estropeó y se corrompió con el pecado de Adán y Eva. En consecuencia, no somos verdaderos seres humanos, sino debilitados y quebrados vestigios de la humanidad esencial, y es difícil imaginar esta clase de humanidad unida a la deidad. Pero cuando decimos que en la encarnación Jesús tomó forma humana, no estamos hablando de esta clase de humanidad. Porque la humanidad de Jesús no era la de los seres humanos pecadores, sino la que poseían Adán y Eva desde su creación y antes de la caída. La cuestión, por

tanto, no es si Jesús era totalmente humano, sino si nosotros lo somos (ver p. 733). No era sólo igual de humano que nosotros; era más humano que nosotros. Tenía, espiritualmente, el tipo de humanidad que nosotros tendremos cuando seamos glorificados. Su humanidad desde luego era más compatible con la deidad que el tipo de humanidad que nosotros conocemos ahora. Deberíamos definir la humanidad, no integrando nuestras observaciones empíricas presentes, sino examinando la naturaleza humana de Jesús, porque él es el que mejor refleja la verdadera naturaleza de la humanidad.

Jesucristo también es nuestra mejor fuente de conocimiento de la deidad. Asumimos que sabemos cómo es realmente Dios. Pero es en Jesús donde mejor se nos revela cómo es Dios y mejor se da a conocer. Como dijo Juan: "A Dios nadie lo ha visto jamás; el unigénito Hijo, que está en el seno del Padre, él lo ha dado a conocer" (Jn. 1:18). Por tanto, nuestra imagen de cómo es la deidad proviene principalmente de la revelación de Dios en Jesucristo.

A veces enfocamos la encarnación de manera equivocada. Definimos deidad y humanidad de forma abstracta y decimos: "Es imposible que puedan encajar." Asumimos que la naturaleza divina simplemente no puede ir unida a la naturaleza humana, pero esa suposición está basada en el concepto griego de la impasibilidad de la deidad y no en la Biblia. Sin embargo, si empezamos con la realidad de la encarnación de Jesucristo, no sólo vemos mejor cómo son las dos naturalezas, sino que reconocemos que sean como sean, no son incompatibles, porque una vez coexistieron en una única persona. Y lo que ha sucedido por supuesto es posible.[20]

En conexión con la posibilidad de la unidad entre deidad y humanidad, necesitamos tener en cuenta la imagen distintiva de la humanidad que se ofrece en la Biblia. Como imagen de Dios, el hombre ya es la criatura que más se parece a Dios. La suposición de que los humanos son tan diferentes a Dios que ambos no pueden coexistir en una sola persona probablemente se basa en otro modelo de naturaleza humana. Puede resultar de pensar en el humano básicamente como en un animal que ha evolucionado desde formas más inferiores de vida. Sin embargo, sabemos por la Biblia que Dios escogió encarnarse en una criatura que se parecía mucho a él. Es posible que parte del propósito de Dios al hacer a la humanidad a su semejanza fuera facilitar la encarnación que tendría lugar algún día.

4. Es importante pensar en la iniciativa de la encarnación como algo que, por así decirlo, viene de arriba y no de abajo. Parte de nuestro problema para entender la encarnación puede proceder del hecho de que la vemos desde una perspectiva humana. Desde este punto de vista, la encarnación parece muy improbable, quizá incluso imposible. La dificultad se encuentra en que en realidad

20. Karl Barth, *The Humanity of God* (Richmond: John Knox, 1960), pp. 46-47.

nos estamos preguntando a nosotros mismos cómo un ser humano puede llegar a ser Dios, como si fuera posible para un ser humano convertirse en Dios o de alguna manera añadir deidad a su humanidad. Somos plenamente conscientes de nuestras limitaciones, y sabemos lo difícil e incluso imposible que sería ir más allá de ellas, en particular hasta el punto de convertirnos en Dios. Sin embargo, para Dios, ser humano (o para ser más correctos, añadir humanidad a su deidad) no es imposible. Es ilimitado y por lo tanto capaz de condescender a lo inferior, mientras que lo inferior no puede ascender a lo superior o a lo más alto. (Para nosotros como seres humanos es posible hacer cosas que hace un gato o un perro; por ejemplo, imitar su sonido o comportamiento. Desde luego que no tomamos realmente su forma canina o felina, y que tenemos ciertas limitaciones, como un menos acertado sentido de la visión o del olfato; pero es mucho más fácil para nosotros imitar a los animales que para ellos imitar el comportamiento humano). El hecho de que un hombre no ascendiera a la divinidad, ni Dios elevara a un hombre a la divinidad, sino que más bien Dios condescendiera a tomar forma humana, facilita nuestra habilidad para concebir la encarnación y excluye eficazmente el adopcionismo. Será útil tener en mente aquí que la Segunda Persona de la Trinidad es anterior al Jesús de Nazaret terrenal. De hecho, no existió ese Jesús de Nazaret terrenal hasta el momento en que fue concebido en el vientre de la virgen María.

5. También es útil pensar en Jesús como en una persona muy compleja. Conocemos personas que tienen personalidades sencillas. Se les llega a conocer con bastante rapidez, y suelen ser bastante predecibles. Otras personas tienen personalidades mucho más complejas. Pueden tener una mayor experiencia, más educación, o una estructura emocional más compleja. Cuando creemos que los conocemos bien, surge otra faceta de su personalidad de la que desconocíamos previamente su existencia. Ahora si imaginamos la complejidad extendida hasta un grado infinito, tendremos una pequeña idea de la "personalidad de Jesús," por así decirlo, de sus dos naturalezas en una persona. Porque la personalidad de Jesús incluía las cualidades y atributos que constituyen la deidad. Había dentro de su persona dimensiones de experiencia, conocimiento y amor que no se encuentran en los seres humanos. Está claro que aquí hay un problema, porque estas cualidades difieren de las humanas no sólo en grado, sino también en clase. Esto nos sirve para recordar que la persona de Jesús no era únicamente una amalgama de cualidades divinas y humanas mezcladas en una especie de *tertium quid*. Mas bien era una personalidad que además de las características de la naturaleza divina tenía también todas las cualidades o atributos de la naturaleza humana perfecta y sin pecado.

Hemos señalado varias dimensiones de verdad bíblica que nos ayudarán a entender la encarnación. A veces se ha dicho que sólo hay siete chistes básicos y que cada chiste es únicamente una variación de uno de ellos. Se puede decir lo mismo sobre las herejías en torno a la persona de Cristo. Hay básicamente seis, las cuales aparecen todas en los cuatro primeros siglos del cristianismo. O deniegan lo genuino de la deidad de Jesús (Ebionismo) o de su plenitud (Arrianismo); o niegan lo genuino de la humanidad de Jesús (Docetismo) o su plenitud (Apolinarismo); dividen su persona (Nestorianismo), o confunden sus naturalezas (Eutiquianismo). Todas las desviaciones de la doctrina ortodoxa de la persona de Cristo son simples variantes de una de estas herejías. Aunque podamos tener dificultades para especificar exactamente el contenido de esta doctrina, la completa fidelidad a las Escrituras evitará cuidadosamente todas estas distorsiones.

# 36. El nacimiento virginal

## Objetivos del capítulo

Al terminar este capítulo, debería ser capaz de:

- Explicar la importancia del nacimiento virginal a la hora de elaborar una forma de entender lo sobrenatural, Jesucristo y la teología cristiana en su conjunto.
- Identificar y describir la evidencia bíblica e histórica, específicamente en la iglesia primitiva, del nacimiento virginal.
- Reconocer y entender cinco objeciones al nacimiento virginal.
- Refutar cinco objeciones al nacimiento virginal, utilizando evidencias bíblicas y racionales.
- Formular una doctrina teológica sobre el nacimiento virginal basada en las evidencias presentadas, tanto a favor como en contra.

## Resumen del capítulo

Después de la resurrección, el nacimiento virginal es el suceso más controvertido de la vida de Jesucristo. A finales del siglo XIX y principios del siglo XX, el tema del nacimiento virginal se convirtió en un asunto que probaba la creencia de la gente en lo sobrenatural. Aunque la terminología "concepción virginal" resulta más adecuada para explicar el significado de una concepción que es sobrenatural que la de un "nacimiento virginal," esta última se convirtió en la expresión más común para referirse a esta doctrina. Las dos referencias bíblicas, que discuten el nacimiento virginal, Mateo 1 y Lucas 1, satisfacen la coherencia de las Escrituras en cuanto a la creencia en el nacimiento virginal. Como un elemento clave de la cristología, creer en el nacimiento virginal es necesario para la teología cristiana.

## Cuestiones de estudio

1. ¿Por qué el nacimiento virginal es importante para la teología cristiana?
2. ¿Qué evidencias se encuentran en la iglesia primitiva para creer en el nacimiento virginal?
3. ¿Qué objeciones se han planteado contra el nacimiento virginal, y cómo respondería a ellas?
4. ¿Cómo defendería la creencia en el nacimiento virginal utilizando Mateo 1 y Lucas 1?
5. ¿Cómo contribuye a la cristología el creer en el nacimiento virginal?

Importancia del tema
Evidencia del nacimiento virginal
  Evidencia bíblica
  Tradición de la iglesia primitiva
Objeciones al nacimiento virginal
  Ignorancia inesperada respecto al nacimiento virginal
  La posibilidad de que el nacimiento virginal impida la humanidad completa
  Paralelismos con otras religiones
  Incompatibilidad con la preexistencia de Cristo
  Conflicto con la ley natural
  El significado teológico del nacimiento virginal

## Importancia del tema

Junto con la crucifixión y la resurrección, quizá el sucesor de la vida de Cristo que ha recibido mayor atención es el de su nacimiento virginal. Desde luego, junto con la resurrección es el más debatido y controvertido.

A finales del siglo XIX y principios del XX, el nacimiento virginal estaba en pleno debate entre los fundamentalistas y los modernistas. Los fundamentalistas insistían en que la doctrina era una creencia esencial. Los modernistas o la rechazaban por no ser esencial o por ser insostenible, o la reinterpretaban de una manera no literal. Para los primeros era una garantía de que Cristo era especial y de que era Dios, mientras que para los segundos parecía desviar la atención de la realidad espiritual al tema biológico.[1]

Una razón para poner tanto énfasis en esta enseñanza que se menciona sólo dos veces en las Escrituras es que en otras doctrinas había más variedad de interpretaciones. Los liberales tendían a redefinir las doctrinas sin cambiar la terminología, como observó John Herman Randall Jr.[2] Como resultado, la

1. Harry Emerson Fosdick, *The Man from Nazareth as His Contemporaries Saw Him* (New York: Harper & Brothers, 1949), pp. 158-60.
2. John Herman Randall Jr., *The Making of the Modern Mind*, rev. ed. (Boston: Houghton Mifflin, 1940), p. 542).

adscripción a estas doctrinas ya no era una prueba positiva de ortodoxia. Por tanto ya no era posible asumir que lo que un teólogo quiere decir con "divinidad" y "deidad" de Cristo era una singularidad cualitativa que le distingue de otros humanos. Se comenta que W. Robertson Smith, un teólogo escocés del siglo XIX, cuando le acusaron de negar la divinidad de Cristo, dijo: "¿Cómo pueden acusarme de eso? Nunca he negado la divinidad de ningún hombre, ¡menos aún la de Jesús!" A la vista de tales ideas, la aprobación de la doctrina de la deidad de Jesús no incluye necesariamente el significado tradicional: que Jesús era divino en el mismo sentido y grado que el Padre, y de una manera que no es cierta para ninguna otra persona que haya vivido. Por tanto, no es sorprendente que la deidad de Cristo no aparezca en algunas listas de los fundamentos de la ortodoxia. Sin embargo, la resurrección del cuerpo y el nacimiento virginal sí se encuentran allí. Los fundamentalistas razonaron que alguien que puede aceptar el nacimiento virginal probablemente podía aceptar otras evidencias de la deidad de Jesús, ya que estas por lo general son menos difíciles de aceptar que el nacimiento virginal. Por eso a los candidatos a la ordenación se les pedía que expresasen una posición ante el nacimiento virginal, porque era una manera relativamente fácil y eficiente de determinar si mantenían que Cristo era sobrenatural. En tiempos más recientes, el teólogo asiático Choan-Seng Song ha interpretado la encarnación de Cristo como que Dios obra en todas las situaciones en las que hay sufrimiento.[3] Por tanto, el nacimiento virginal sigue siendo importante para lo especial de la encarnación de Cristo en un momento concreto de tiempo.

Sin embargo, había un asunto incluso más grande aquí. Porque el nacimiento virginal era una prueba sobre la posición que se tenía hacia lo milagroso. Cualquiera que aceptase el nacimiento virginal podría aceptar los demás milagros que relata la Biblia. Por tanto, esto se convirtió en una manera conveniente de determinar la actitud que uno tenía hacia lo sobrenatural en general. Pero incluso más allá de eso, era una manera de comprobar la cosmovisión que se tenía del mundo y, específicamente, de la relación de Dios con el mundo.

Uno de los puntos de desacuerdo entre los conservadores y los liberales tenía que ver con la relación de Dios con el mundo. Hablando en general, los liberales o modernistas resaltaban la inmanencia de Dios. Se consideraba que Dios estaba presente y activo en todas partes. Se creía que obraba para cumplir sus propósitos a través de las leyes naturales y los procesos diarios y no de forma directa y especial.[4] Los conservadores o fundamentalistas, por otro lado, resaltaban la trascendencia de Dios. Según esta idea, Dios está fuera del mundo, pero

3. Choan Seng-Song, *Christian Mission in Reconstruction: An Asian Analysis* (Maryknoll, N.Y.: Orbis, 1975), pp. 33-35; idem, *Tell Us Our Names: Story Theology from an Asian Perspective* (Maryknoll, N.Y.: Orbis, 1984), p. 9.

4. Borden P. Borne, *The Inmanence of God* (Boston: Houghton Mifflin, 1940), p. 542.

interviene milagrosamente de vez en cuando para realizar una obra especial. El fundamentalista veía el nacimiento virginal como signo de la obra milagrosa de Dios,[5] mientras que el liberal veía cada nacimiento como un milagro. El nacimiento virginal era, por tanto, un destacado campo de batalla ente los puntos de vista sobrenaturalistas y naturalistas de la relación de Dios con el mundo.

El nacimiento virginal significa cosas diferentes para diferentes teólogos. De lo que estamos hablando aquí realmente es de la "concepción virginal." Con esto queremos decir que la concepción de Jesús en el vientre de María no fue resultado de una relación sexual. María era virgen en el momento de la concepción de Jesús y continuó siéndolo hasta el momento de su nacimiento, porque las Escrituras indican que José no tuvo relaciones sexuales con ella hasta después del nacimiento (Mt. 1:25). María se quedó embarazada mediante una influencia sobrenatural que el Espíritu Santo tuvo sobre ella, pero esto no significa que Jesús fuera el resultado de la relación sexual entre Dios y María. Tampoco implica que no se produjera un nacimiento normal. Algunos teólogos, en particular católicos, interpretan el nacimiento virginal como que Jesús no nació de forma normal. Según su punto de vista, simplemente pasó por la pared del útero de María en lugar de por el canal de nacimiento normal, de manera que el himen de María no se rompió. Por tanto, hubo una especie de cesárea milagrosa. Según la doctrina católica de la perpetua virginidad de María, ella en ningún momento tuvo relaciones sexuales, así que no hubo hijos naturales nacidos de José y María.[6] Algunos teólogos, por ejemplo Dale Moody, para distinguir su interpretación del nacimiento virginal de la del catolicismo tradicional, han propuesto que se utilice la expresión "concepción virginal" o "concepción milagrosa" en lugar de "nacimiento virginal."[7] Sin embargo, debido al uso común de la expresión "nacimiento virginal," lo emplearemos aquí, pero entendiéndose que nuestra interpretación difiere del dogma tradicional católico romano.

También hay desacuerdos en lo que se refiere a la importancia del nacimiento virginal, incluso entre los que insisten que se debe mantener la creencia en esta doctrina. Algunos han argumentado que el nacimiento virginal era esencial para

5. James Orr, *The Virgin Birth of Christ* (New York: Scribner, 1907), p. 1-29.

6. Hasta hace poco, los teólogos católicos romanos se adherían a la fórmula tripartita del siglo cuarto sobre la virginidad de María: *ante partum, in partu, et post partum* (antes, durante y después del nacimiento). Ver Raymond E. Brown, *The Birth of the Messiah* (Garden City, N.Y.: Doubleday, 1977), pp. 517-18. Los "hermanos de Jesús" se explican como hijos de José de un matrimonio anterior o como primos de Jesús. Ver J. Blizzer, *Die Brüder und Schwestern Jesu* (Stuttgart: Katholishches Bibelwerk, 1967).

7. Dale Moody, *The Word of Truth: A Summary of Christian Doctrine Base don Biblical Revelation* (Grand Rapids: Eerdmans, 1981), p. 417. Raymond Brown utiliza el término "concepción virginal" —*The Virginal Conception and Bodily Resurrection of Jesus* (New York: Paulist, 1973), pp. 27-28.

la encarnación.[8] Si hubiera habido una madre y un padre humanos, Jesús habría sido sólo humano. Otros creen que el nacimiento virginal era indispensable para que Cristo careciese de pecado.[9] Si hubiera habido dos padres humanos, Jesús habría heredado una naturaleza humana depravada o corrupta plena; no habría habido posibilidad de estar libre de pecado. Sin embargo, otros creen que el nacimiento virginal no era esencial para ninguna de estas consideraciones, pero que tenía gran valor por simbolizar la realidad de la encarnación.[10] Es un factor indicativo, muy similar al modo en que otros milagros, y particularmente la resurrección, funcionan para certificar que Cristo es sobrenatural. Sobre esta base, el nacimiento virginal no es necesario desde un punto de vista ontológico, o sea, que no es necesario que Jesús naciese de una virgen para ser Dios. Sin embargo, es necesario epistemológicamente, esto es, para que nosotros sepamos que es Dios.

Por otra parte, algunos han sostenido que la doctrina del nacimiento virginal es prescindible.[11] Se puede omitir sin que se produzcan problemas en el significado esencial del cristianismo. Aunque pocos evangélicos toman esta posición de forma activa, es interesante constatar que algunos textos de teología sistemática evangélica hacen escasa o nula referencia al nacimiento virginal en su tratamiento sobre la cristología.[12] De hecho, muchas de las discusiones sobre el nacimiento virginal se han realizado en obras separadas que tratan detalladamente el tema.

Una vez examinados los argumentos o los indicios positivos del nacimiento virginal, es necesario que nos preguntemos cuál es el verdadero significado e importancia de la doctrina. Sólo entonces podremos extraer sus implicaciones prácticas.

## Evidencia del nacimiento virginal

### *Evidencia bíblica*

La doctrina del nacimiento virginal se basa en dos referencias bíblicas explícitas: Mateo 1:18-25 y Lucas 1:26-38. Hay otros pasajes en el Nuevo Testamento que para algunos también hacen referencia o al menos aluden o presuponen el nacimiento virginal, y está la profecía de Isaías 7:14, que se cita en Mateo 1:23.

8. Tertuliano, *Adversus Marcionem* 4.10.

9. Orr, *Virgin Birth*, pp. 190-201.

10. Edward J. Carnell, "The Virgin Birth of Christ," *Christianity Today*, 7 de diciembre de 1959, pp. 9-10.

11. L. Harold De Wolf, *A Theology of the Living Church* (New York: Harper & Row, 1960), pp. 230-32.

12. E.g., Louis Berkhof, *Systematic Theology* (Grand Rapids: Eerdmans, 1953); Charles Hodge, *Systematic Theology* (Grand Rapids: Eerdmans, 1952), vol. 2.

Pero incluso tomando en consideración estos pasajes, la cantidad de referencias relevantes es bastante escasa.

Simplemente podríamos detenernos en este punto y afirmar que dado que la Biblia confirma el nacimiento virginal no una vez, sino dos, es prueba suficiente. Ya que creemos que la Biblia es inspirada y es autoridad, Mateo 1 y Lucas 1 nos convencen de que el nacimiento virginal es un hecho. Sin embargo, también tenemos que tener en cuenta que en lo que se refiere a la verdad histórica del nacimiento virginal, esto es, en lo que se refiere a un evento que ocurre en un momento concreto del espacio y el tiempo, en principio es algo que puede ser confirmado o negado por los datos de la investigación histórica.

Señalamos, primero, la integridad básica de los dos pasajes pertinentes. Las dos referencias explícitas, y especialmente Mateo 1:20-21 y Lucas 1:34; son partes integrales de la narrativa en la que suceden; no son inserciones o interpolaciones. Es más, Raymond Brown cree que entre las narrativas de la infancia y el resto del libro en el que aparece hay una continuidad de estilo (por ejemplo, el vocabulario, la fórmula general de citación) y de tema.[13]

Además, se puede argumentar que los dos relatos del nacimiento de Jesús, aunque claramente independientes uno del otro, son similares en tantos puntos (incluida la virginidad de María) que debemos concluir que en esos puntos ambos surgieron independientemente de una narración común anterior a cualquiera de ellos; al tener más antigüedad, tienen mayor garantía de historicidad. Brown ha recogido una lista de once puntos que tienen en común los relatos de Mateo y Lucas.[14] Entre los puntos más significativos en los que difieren Brown señala las referencias de Lucas a la historia de Zacarías, Isabel y el nacimiento de Juan el Bautista, el censo, los pastores, la presentación del niño Jesús en el templo, y las enseñanzas de Jesús allí a los doce años. Por otra parte, Mateo tiene la historia de los Magos guiados por una estrella hacia el niño, la matanza de los niños por Herodes, y la huida a Egipto.[15] Que a pesar de esta diversidad los dos relatos se refieran específicamente a la concepción virginal es una pista fuerte de que para este asunto en particular ambos dependen de una única tradición anterior. Un punto adicional de autentificación se relaciona con el carácter judío de estas porciones de los evangelios. Entonces, desde la perspectiva de la crítica de las formas, la tradición del nacimiento virginal apareció muy pronto en la historia de la iglesia, cuando se encontraba principalmente bajo la influencia judía en lugar de la griega.[16]

13. Brown, *Birth of the Messiah*, pp. 48-51, 239-43.

14. Ibid., pp. 34-35.

15. Ibid. p. 35

16. Raymond E. Brown, "Virgin Birth," in *The Interpreter's Dictionary of the Bible*, ed. Keith Crim (Nashville: Abingdon, 1976), volumen suplementario, p. 941. Aunque hemos expresado reserves sobre la utilidad de la crítica de las formas (pp. 94-98), es significativo que incluso en

¿De dónde procede esta tradición? Una respuesta que se ha dado es que surge de fuentes extra-bíblicas, extra-cristianas, como los mitos que se encuentran en las religiones paganas y el judaísmo pre-cristiano. Examinaremos estas sugerencias un poco más adelante (pp. 770). No obstante, señalaremos aquí que los paralelismos con otras religiones son bastante superficiales y las supuestas fuentes difieren significativamente de los relatos bíblicos. Además, existen serias dudas de que los primeros cristianos conocieran o aceptaran la mayoría de ellos. Por lo tanto, esta teoría debe ser descartada.

En el pasado era común atribuir la tradición a José y María, que, después de todo, eran los únicos que sabían las cosas de forma directa. Así, el relato de Mateo se atribuía a José y el de Lucas a María.[17] Cuando se observa desde la perspectiva de lo que se menciona y lo que se omite, esta hipótesis tiene bastante sentido. Pero Brown argumenta que José, que al parecer ya había muerto en los tiempos en que Jesús estaba haciendo su ministerio público, no se puede considerar una fuente para la tradición. Y María no parece haber estado muy cercana a los discípulos durante el ministerio de Jesús, aunque aparentemente formó parte de la comunidad tras la resurrección. Brown declara que aunque no es imposible que ella fuera la fuente del material para la narración de la infancia de Jesús en Lucas, no es muy probable que fuese ella la que suministró el material para el relato de Mateo, porque no parece estar contado desde su punto de vista. Así que Brown concluye que "no sabemos con certeza si alguno o todos los materiales sobre la infancia de Jesús proceden de una tradición para la cual había un testigo corroborador."[18]

A pesar de los argumentos de Brown es difícil aceptar sus conclusiones. El argumento de que José no puede ser considerado fuente de la tradición del nacimiento virginal porque ya estaba muerto cuando Jesús desarrolló su ministerio, aunque es un argumento del silencio, probablemente es técnicamente correcto. No era una fuente directa. Sin embargo, esto no quiere decir que sus experiencias personales sobre el nacimiento de Jesús no hayan sido conocidas por la comunidad temprana. ¿No tenía José conocidos en los que podría haber confiado y que acabaran convirtiéndose en creyentes y parte de la comunidad cristiana? ¿Y nunca hablaron María y él? También se deja de lado con demasiada rapidez el papel de María. Si, como admite Brown, hay evidencias en el Nuevo Testamento de que María formó parte de la comunidad después de la resurrección (Hch. 1:14), ¿no es una fuente probable de la tradición?

No deberíamos rechazar con tanta facilidad la posibilidad de que otros miembros de la familia de Jesús hayan tenido también su parte. Se ha observado

sus premisas, hay apoyo para la existencia temprana de esta tradición.

17. Orr, *Virgin Birth*, p. 83.

18. Brown, *Birth of the Messiah*, p. 23.

que el *Protoevangelio de Santiago*, supuestamente un relato del nacimiento de Jesús escrito por uno de sus hermanos, es bastante folklórico y comete errores elementales sobre asuntos del procedimiento en el templo. Pero del hecho de que sea un escrito apócrifo poco fiable ¿se debe concluir que el auténtico Santiago, que Brown admite que llegó a los años sesenta,[19] no puede ser una fuente fiable de una tradición correcta? El mismo Brown hace una sugerencia coherente a este respecto en un escrito anterior:

> Una tradición familiar sobre la manera en que fue concebido Jesús puede haber dado apoyo a la solución teológica [al problema de cómo Jesús pudo haber nacido libre de pecado]. Aunque no hay manera de probar la existencia de esa tradición privada, la notoriedad de los parientes de Jesús en la iglesia de Jerusalén – por ejemplo Santiago, el hermano del Señor – nos debería prevenir sobre hasta qué punto los cristianos eran libres, al menos hasta los años 60, para inventar tradiciones familiares sobre Jesús.[20]

Si excluimos la familia como fuente de la tradición, tenemos el complicado problema de saber de dónde procede realmente. Hemos señalado que la hipótesis de una fuente extra-bíblica adecuada. Por tanto concluimos que "es difícil explicar cómo surgió la idea si no fue del hecho."[21] Aunque para nosotros no es necesario establecer la fuente exacta de la tradición, la familia de Jesús sigue pareciendo una posibilidad bastante probable.

También deberíamos señalar que aparentemente desde muy pronto se cuestionó la legitimidad de Jesús. En la polémica anticristiana de Celso (en torno a 177-180) se acusa a Jesús de ser hijo ilegítimo de María y de un soldado romano llamado Pantera, y de que el mismo Jesús había inventado la historia del nacimiento virginal.[22] Que se creyera que la obra de Celso estaba basada en fuentes judías argumenta en favor de una tradición temprana sobre el nacimiento virginal.

Sin embargo, incluso en el Nuevo Testamento hay indicaciones de que se cuestionaba la legitimidad de Jesús. En Marcos 6:3 Jesús es identificado por la gente de su pueblo como "el hijo de María" cuando lo esperable es que se le

19. Ibid.

20. Brown, "Virgin Birth," p. 941; cf. *Birth of the Messiah*, p.35n. En un escrito posterior, Brown apoya su argumento básico (que José y María no eran la fuente de la tradición) resaltando las diferencias entre Mateo y Lucas. Asume, por ejemplo, que si José le hubiera contado a María lo de la anunciación que él tuvo, eso habría aparecido en el relato de Lucas. De la misma forma, si María proporcionó la información a Lucas, debería haber mencionado a los Magos y la huida a Egipto. A pesar de sus conocimientos de la crítica de la redacción, Brown parece ignorar la posibilidad de que Lucas haya seleccionado partes de lo que le contó María. Observemos también que si la concepción virginal es cierta, Santiago debería considerarse medio hermano de Jesús, no su hermano.

21. Brown, "Virgin Birth," p. 941.

22. Orígenes, *Contra Celso*, 1.28, 32, 69.

conociese como "el hijo de José." Para algunos, esto se considera una referencia a la tradición de que José no era el padre de Jesús; su idea se ve fortalecida por la declaración de que la gente del pueblo se sintió ofendida ante Jesús. Normalmente en aquel tiempo cuando una persona era identificada, se hacía diciendo quién era su padre. Cuando se identificaba a un hombre con el nombre de su madre era porque su paternidad era incierta o desconocida.[23] Brown argumenta que el hecho de que los hermanos de Jesús sean mencionados también en Marcos 6:3 es un signo de normalidad que va en contra de la designación de "hijo de María" como evidencia de ilegitimidad de Jesús, porque la legitimidad de sus hermanos y hermanas también se habría cuestionado.[24] Sea o no válida la conclusión de Brown, queda claro que la evidencia del texto no es concluyente. La existencia de variantes (por ejemplo, "el hijo del carpintero") es otra advertencia en contra de extraer conclusiones apresuradas.

Otro texto que trata este tema es Juan 8:41, donde los judíos le dicen a Jesús "nosotros no hemos nacido de fornicación." El uso del pronombre enfático ὑμεῖς *(hēmeis)* se puede interpretar como una alusión: "no somos *nosotros* los que hemos nacido de fornicación."

No sería sorprendente que hubiera rumores de que Jesús era ilegítimo, ya que según los relatos de Mateo y Lucas, Jesús fue concebido después de que María se prometiera con José, pero antes de que estuvieran juntos oficialmente. Por lo tanto nació embarazosamente pronto. En especial Mateo puede haber incluido la historia que encontramos en 1:18-25 porque circulaban rumores de ilegitimidad. También se puede deber al deseo de mantener tanto el respeto a los padres de Jesús como la convicción de que Jesús carecía de pecado. Desde luego las indicaciones de que se creyera que Jesús era ilegítimo son coherentes con la concepción virginal. Por supuesto, no la verifican, ya que otra opción lógica de estas indicaciones sería que Jesús realmente fuera ilegítimo. Pero al menos podemos afirmar que todas las evidencias bíblicas dejan claro que José no era el padre natural de Jesús.

### Tradición de la iglesia primitiva

Otra evidencia del nacimiento virginal es su larga tradición en la iglesia primitiva. Aunque esta tradición en sí misma no establece el nacimiento virginal como un hecho, es el tipo de evidencia que podríamos esperar si la doctrina fuera cierta.

Un punto de arranque es el Credo de los apóstoles. La forma que utilizamos ahora se produjo en la Galia en los siglos quinto o sexto, pero procede de mucho antes. En realidad se basa en una antigua confesión bautismal romana. El naci-

23. Ethelbert Stauffer, "Jeschu ben Mirjam," in *Neotestamentica et Semitica*, ed. E. E. Ellis and M. Wilcox (Edinburgh: T. & T. Clark, 1969), pp. 119-28.

24. Brown, *Birth of the Messiah*, p. 541.

miento virginal se confirma tanto en la versión más antigua como en la posterior.[25] Poco después de mediados del siglo segundo, la forma antigua ya estaba en uso, no sólo en Roma, sino también por Tertuliano en África del Norte y por Ireneo en la Galia y Asia Menor. La presencia de la doctrina del nacimiento virginal en una confesión primitiva de la importante iglesia de Roma es muy significativa, especialmente dado que ese credo no incorporaría ninguna doctrina nueva.[26]

Otro testimonio primitivo importante es el de Ignacio, obispo de la Antioquia siria, que fue martirizado no más tarde del año 117. Argumentando en contra de los docetistas, realizó un resumen de las principales creencias sobre Cristo. Adolf von Harnack llamaba al resumen de Ignacio un *kerygma* de Cristo.[27] Incluía una referencia a la virginidad de María como uno de los "misterios sobre los que se va a hablar."[28] Varias observaciones hacen esta referencia muy impresionante: (1) como Ignacio está escribiendo en contra del Docetismo, la expresión "nacido de mujer" (como en Gá. 4:4) serviría mejor a su propósito que la de "nacido de una virgen"; (2) no lo escribió un novicio, sino el obispo de la madre iglesia de la cristiandad gentil; (3) se escribió no más tarde de 117. Como ha observado J. Gresham Machen: "cuando encontramos [a Ignacio] confirmando el nacimiento virginal no como una novedad, sino como uno de los hechos aceptados sobre Cristo, queda claro que la creencia en el nacimiento virginal debía estar extendido mucho antes del final del siglo primero."[29]

Por supuesto, también hay evidencias tempranas de negación del nacimiento virginal. Algunas de ellas, naturalmente, procedían de paganos. Sin embargo, más significativas eran las objeciones de los judíos, que estaban en mejor posición para tener conocimiento de los hechos y que podrían reflejar una imagen más precisa de la tradición. Algunos que decían ser cristianos creyentes también plantearon objeciones. Entre los distintos tipos de opositores a la doctrina se encontraban Celso, Cerinto, Carpócrates y los ebionitas. Es significativo que no encontremos ningún ortodoxo (esto es, que mantenga todas las demás doctrinas básicas de la fe cristiana) que niegue el nacimiento virginal. Machen resume adecuadamente el testimonio negativo del siglo segundo: "Las negaciones al nacimiento virginal que aparecieron en ese siglo es mucho más probable que se basaran en presuposiciones filosóficas o dogmáticas que en una tradición histórica genuina."[30]

25. A. C. McGiffert, *The Apostles' Creed: Its Origin, Its Purpose, and Its Historical Interpretation* (New York: Scribner, 1902), pp. 122-28.

26. J. Gresham Machen, *The Virgin Birth of Christ* (New York: Harper & Brothers, 1930), p. 4.

27. Ver ibid., p. 7.

28. Ignacio, *Efesios* 18:2-19:1.

29. Machen, *Virgin Birth*, p. 7.

30. Ibid., p. 43.

En contraste, la existencia de un testimonio positivo fuerte del segundo siglo junto con los otros tipos de evidencias ya citadas, argumentan con fuerza a favor de la historicidad y la realidad del nacimiento virginal. Aunque parezca ambigua y no resulte aplastante, la evidencia es suficiente para apoyar la creencia en el testimonio bíblico sobre este tema importante.

## Objeciones al nacimiento virginal

Han surgido un gran número de objeciones al nacimiento virginal.

### *Ignorancia inesperada respecto al nacimiento virginal*[31]

Se ha argumentado que gente cercana a Jesús, en especial María, pero también sus hermanos, no conocían el milagroso nacimiento. Basándose en Marcos 3:21, 31, se asume que fueron ellos los que vinieron a sacarle, creyendo que estaba fuera de sí. Ser conscientes del milagroso nacimiento de Jesús les habría servido de explicación para su comportamiento que tan extraño les resultaba aquí.

También se ha señalado que la mayor parte del Nuevo Testamento no dice nada sobre el nacimiento virginal. ¿Cómo pudo Marcos, autor del primero y más básico de los evangelios, omitir la mención a este tema si lo conocía? Y ¿por qué el evangelio de Juan, el más teológico de los cuatro, no dice nada sobre un asunto tan importante como este? Además, es increíble que Pablo, con toda su exposición sobre la importancia de Cristo y con su fuerte orientación hacia la doctrina, permaneciese ignorante respecto a este tema si realmente fuera un hecho y formara parte de la tradición de la iglesia primitiva. Es más, la predicación de la iglesia primitiva, que se recoge en el libro de los Hechos, permanece extrañamente silenciosa ante este tema. ¿No resulta peculiar que sólo dos libros hagan mención al nacimiento virginal, y sólo de forma breve? Incluso Mateo y Lucas no utilizan, ni hacen nuevas referencias al nacimiento virginal. Estos son cargos serios que exigen una respuesta, porque si se toman por lo que parecen ser, minan o neutralizan la afirmación de que hubo un testimonio temprano del nacimiento virginal.

Debemos observar primero Marcos 3. No hay seguridad de que María y los hermanos de Jesús (v. 31) fueran las personas que pensaban que estaba fuera de sí (v. 21). Literalmente el griego dice "los de él," refiriéndose presumiblemente a personas de su propia casa. Sin embargo, quiénes eran estos individuos no está nada claro. Y hay que señalar que en el versículo 31 no se hace mención alguna al versículo 21. Por tanto, es probable que uno no se produzca justo después del otro, sino que los dos versículos estén narrando sucesos desconectados. No hay indicación alguna de que cuando María y los hermanos de Jesús vinieron

31. Brown, *Virginal Conception*, p 54; G A. Dannell, "Did St. Paul Know the Tradition about the Virgin Birth? *Studia Theologica* 4, fasc. 1 (1951): 94.

a buscarle, estuvieran preocupados por su salud mental o la estabilidad de sus acciones. No se establece conexión alguna con la terminología del versículo 21, ni hay ninguna pista que indique que este fuera un segundo acercamiento de la madre y los hermanos de Jesús. Es más, un intercambio verbal con los escribas de Jerusalén aparece entre los dos versículos. Y la referencia de Jesús a "mi madre y mis hermanos" no contiene ninguna pista de que hubiera una reflexión desfavorable por su parte (vv. 33-35). Así que, no hay justificación para creer que los que pensaban que Jesús estaba fuera de sí fueran su madre y sus hermanos.

Sin embargo, incluso si María hubiera estado entre los que pensaban que Jesús estaba fuera de sí, eso no sería incompatible con que supiera lo de su nacimiento virginal. Si María esperaba que Jesús algún día se sentara en el trono de David, podría haberse sentido perpleja con facilidad. Porque en el ministerio en el que ahora se embarcaba Jesús parecía producir oposición y rechazo. Sin embargo, podía ser consciente del hecho de que, durante la infancia y madurez de Jesús, ella había tenido una posición de superioridad sobre él: cuidándole entrenándole, aconsejándole. Sin duda habría habido momentos en los que ella había considerado necesario aconsejarle mejores formas de actuar en su vida personal, si su encarnación era realmente genuina. Puede haber observado este episodio simplemente como otra ocasión en la que su guía era necesaria.

En lo que se refiere a sus hermanos, se pueden aplicar algunas de esas mismas consideraciones. Sin embargo, en su caso tenemos una indicación explícita de que no creían en Jesús durante su ministerio, o al menos en algún momento de su ministerio (Jn. 7:5). Su falta de creencia se ha citado como evidencia de que no tenían conocimiento del nacimiento virginal y de que por tanto este no se había producido. Pero en realidad no hay razón para creer que María y José les hubiesen contado lo del nacimiento virginal. Aunque puede que esa verdad la hayan conocido más tarde, e incluso puede que tuviera que ver con el hecho de que empezaran a creer en él, es bastante probable que, siendo más jóvenes que Jesús, cuando no creían desconociesen completamente lo de su nacimiento inusual.

Pero ¿qué pasa con el silencio de los demás libros del Nuevo Testamento? El evangelio según Marcos se considera bastante significativo a este respecto, ya que presumiblemente es un documento anterior y básico sobre el que se escribieron los Evangelios Sinópticos. Pero uno siempre debe ser cuidadoso al argumentar con el silencio, y especialmente en este caso. Marcos no hace ninguna referencia al nacimiento e infancia de Jesús. El mismo diseño del libro parece ser el de proporcionar un informe de los sucesos que pueden haber sido un asunto de conocimiento público, no el de ofrecer detalles íntimos de la vida de Jesús. Al escribir un libro tan compacto como el que escribió, Marcos no ofrece ningún discurso extendido como los que encontramos en Mateo, y el tipo de incidentes que sólo conocerían una o dos personas tampoco los encontramos aquí. La tradición de que Marcos basa su evangelio en la información suministrada por Pedro sugiere que Marcos podría haber escogido sólo lo que el apóstol había observado personalmente. Estas consideraciones, en caso de ser ciertas, apoyarían la ausencia de cualquier referencia al nacimiento virginal. Esto no implica que Marcos no supiera de ello o que la tradición fuera falsa.

No obstante, hay una cosa en el evangelio de Marcos que algunos han señalado como prueba de que el autor sí sabía del nacimiento virginal. Sucede en 6:3. En el pasaje paralelo Mateo cuenta que la gente de Nazaret preguntaba: "¿No es ese el hijo del carpintero?" (Mt. 13:55); y Lucas tiene: "¿No es este el hijo de José?" (4:22). Sin embargo, en Marcos se lee: "¿No es este el carpintero, hijo de María, hermano de Jacobo, de José, de Judas y de Simón? ¿No están también aquí con nosotros sus hermanas?" Parece como si Marcos estuviera tratando deliberadamente de evitar referirse a Jesús como hijo de José. Al contrario que los lectores de Mateo y Lucas, a los que ya se les había advertido del nacimiento virginal en el capítulo de inicio de los evangelios respectivos, los lectores de Marcos no tenían manera de saber esto. Así que escogió sus palabras cuidadosamente para no dar una impresión equivocada. El punto crucial para nosotros es que el relato de Marcos no ofrece base para concluir que José era el padre de Jesús. Por tanto, aunque Marcos no nos habla del nacimiento virginal, desde luego tampoco lo contradice.

Juan tampoco hace mención al nacimiento virginal en su evangelio. Como ocurre con Marcos, se debería observar que la naturaleza del evangelio de Juan es tal que no existe narración del nacimiento. Es cierto que el prólogo habla del origen de Jesús, pero este pasaje está más orientado teológica que históricamente, y va seguido inmediatamente por la imagen de Jesús y Juan el Bautista al inicio del ministerio público de Jesús. No hay nada que se aproxime a un relato de sucesos de la vida de Jesús antes de los treinta. Aunque algunos han tratado de buscar una alusión al nacimiento virginal en Juan 1:13, esta interpretación depende de una variante textual disputada.

Como observamos anteriormente, no hay referencias al nacimiento virginal en los sermones del libro de los Hechos. Sin embargo, deberíamos señalar que estos sermones fueron ofrecidos a audiencias hostiles o desinformadas. Por tanto, no habría sido natural incluir referencias al nacimiento virginal, porque podrían haber introducido un obstáculo innecesario a la aceptación del mensaje y de la persona en la que se centraba.

La consideración final son los escritos de Pablo. Debido a su papel dominante en la formulación de la teología de la iglesia primitiva, lo que dice o no dice es de considerable importancia. Una lectura atenta de los escritos o discursos de Pablo no nos descubrirá nada que trate directamente del nacimiento virginal, ya sea desde una perspectiva positiva o negativa. Algunos consideran que Gálatas 4:4 tiene evidencias a favor del nacimiento virginal y otros que tiene evidencias en contra, pero su argumentación no tiene mucho peso. Algunos creen que Romanos 1:3 es incoherente con la idea de la concepción virginal, pero es difícil ver ninguna contradicción definitiva.

No obstante, la ausencia de cualquier referencia al nacimiento virginal nos preocupa, ya que siendo un asunto de tanta importancia, parece extraño que Pablo no hablara de ello. Sin embargo, deberíamos ver los escritos de Pablo tal y como son: no son discursos generales de naturaleza catequética, sino tratamientos de problemas particulares de la vida de una iglesia o de un individuo. Si la ocasión no exigía la exposición de un argumento sobre un tema en particular, Pablo no lo trataba. Entre todos los grandes temas que argumentó están la gracia y la ley, la naturaleza de los dones espirituales en el cuerpo de Cristo y la moralidad personal. No entró en detalles en temas concernientes a la persona de Cristo, porque evidentemente no eran tema de disputa en las iglesias o para las personas a las que escribió.

Para resumir este punto: no hay nada en el silencio de muchos autores del Nuevo Testamento sobre el tema del nacimiento virginal que haga militar en su contra. Sin embargo, más tarde, de alguna manera, a la vista de tanto silencio, puede que tengamos que preguntarnos por la verdadera importancia de esta doctrina. ¿Es indispensable para la fe cristiana? Y si es así, ¿de qué manera?

### *La posibilidad de que el nacimiento virginal impida la humanidad completa*

Algunos han cuestionado que Jesús fuera completamente humano si no tenía más que un padre humano.[32] Pero esto confunde la esencia de humanidad con el proceso que lo transfiere de una generación a otra. Adán y Eva no tenían un padre y una madre humanos y sin embargo, eran totalmente humanos; y en el caso de Adán, no había un humano anterior del cual se pudiera tomar su naturaleza humana en ningún sentido.

Se puede objetar que la ausencia del factor masculino de alguna manera impide la humanidad total. Sin embargo, esto, con su machismo implícito, no es una consecuencia lógica. Jesús no se produjo sólo con el patrón genético de María, porque en ese caso habría sido un clon de ella y por lo tanto tendría que haber sido mujer. Más bien, se contribuyó con un componente masculino. En otras palabras, un esperma se unió con un óvulo proporcionado por María, pero fue creado especialmente para esa ocasión, en lugar de ser suministrado por un hombre ya existente.

### *Paralelismos con otras religiones*

Algunos han sugerido que los relatos bíblicos sobre el nacimiento virginal no son más que adaptaciones de relatos similares que encontramos en la literatura

32. Brown, *Virginal Conception*, pp. 56-61.

de otras religiones. Plutarco sugiere que una mujer puede ser impregnada cuando se aproxima a un pneuma divino.[33] Esta consideración la hace en su relato de la historia de Numa, que tras la muerte de su mujer, se retiró en soledad para tener relaciones con el ser divino Egeria. Hay historias de cómo Zeus engendró a Hércules, Perseo y Alejandro y de Apolo engendrando a Ión, Asclepios, Pitágoras, Platón y Augusto. Sin embargo, estos mitos, no son más que historias sobre fornicación entre seres divinos y humanos, que es algo radicalmente diferente a los relatos de la Biblia sobre el nacimiento virginal. Dale Moody comenta: "La enorme sima entre estos mitos paganos de promiscuidad politeísta y el elevado monoteísmo del nacimiento virginal de Jesús es demasiado amplia para que la crucen investigaciones cuidadosas."[34] Las similitudes son mucho menores que las diferencias. Por tanto, la idea de que los mitos paganos han sido incorporados a los relatos del evangelio debe ser rechazada.

Una variante de esta idea conecta los relatos bíblicos con el judaísmo en lugar de con la religión pagana. Los relatos de Mateo y Lucas se consideran demasiado judíos para haber recibido ninguna influencia pagana directa. Sin embargo, lo que debemos reconocer, dicen los defensores de esta teoría es que en el judaísmo había una expectación por un nacimiento virginal. De alguna manera, el judaísmo había tomado esta idea del paganismo y la incorporó. Después se transmitió a los documentos cristianos en su forma judaizada.

El problema con esta teoría es que no hay una evidencia sustantiva de que el judaísmo apoyase una creencia en un nacimiento virginal. Parece que la teoría ha sido construida basándose en la suposición de que el nacimiento virginal es una idea pagana y que, como no se habría aceptado directamente, debe haber llegado al cristianismo a través del judaísmo. Por tanto, se asume que tal creencia debe haber existido dentro del judaísmo.

### Incompatibilidad con la preexistencia de Cristo

Una objeción adicional importante al nacimiento virginal es la de que no se puede reconciliar la idea con la evidencia clara y definitiva de la preexistencia de Cristo. Se dice que si se mantiene una no se puede mantener la otra. Son ideas mutuamente excluyentes, no complementarias. La expresión reciente más erudita es la de Wolfhart Pannenberg.[35]

Sin embargo, ¿es válida esta objeción? Para la ortodoxa cristiana Jesús era totalmente divino y humano. El Verbo, la Segunda Persona de la Trinidad, siempre ha sido. No obstante, en un punto concreto de tiempo asumió la humanidad y nació como el hombre Jesús de Nazaret. No hay razón por la que

33. Plutarco, *Numa* 4.4.

34. Dale Moody, "Virgin Birth," in *The Interpreter's Dictionary of the Bible*, ed. George Buttrick (New York: Abingdon, 1962), vol. 4, p. 791.

35. Wolfhart Pannenberg, *Jesus—God and Man* (Philadelphia: Westminster, 1968), p. 143.

la preexistencia y el nacimiento virginal deban estar en conflicto si se cree que hubo una encarnación auténtica al inicio de la vida terrenal de Jesús.[36]

### Conflicto con la ley natural

Una objeción final al nacimiento virginal procede de una resistencia fundamental a la posibilidad de milagros y la intrusión de lo sobrenatural en el ámbito de la historia. En realidad esta objeción podría estar detrás de alguna de las demás. Sin embargo, aquí la trataremos abiertamente: el nacimiento humano normal siempre necesita de la reproducción sexual en la que intervienen un hombre y una mujer.

Hablamos del tema de los milagros en nuestro capítulo sobre la providencia de Dios.[37] Aquí simplemente señalaremos que la posición que se tenga hacia la posibilidad de que existan los milagros es en gran medida un tema de cosmovisión básica. Si uno cree que todo sucede como resultado de las fuerzas naturales, y que el sistema de la naturaleza es toda la realidad, entonces *no puede* existir nada "milagroso." Si, por otra parte, uno está abierto a la posibilidad de que haya una realidad fuera de nuestro sistema cerrado, entonces existe la posibilidad de que un poder sobrenatural pueda intervenir y contrarrestar el funcionamiento normal de las leyes inmanentes. En un universo abierto, o en uno en el que se considera abierto, cualquier suceso y su contrario tienen la misma posibilidad de ocurrir. En tal situación, la posición que uno tenga respecto a temas particulares como el nacimiento virginal es un asunto de determinar de forma histórica lo que sucedió realmente, y no de teorizar sobre si pudo suceder o no. Nuestra posición es que existe una adecuada cantidad de evidencia histórica de que Jesús fue realmente el hijo de una virgen y que fue concebido sin la relación sexual humana normal. Si no tenemos objeción previa a la posibilidad de tal suceso, esto nos conduce a la conclusión de que realmente ocurrió.

## El significado teológico del nacimiento virginal

Examinadas las evidencias a favor y en contra del nacimiento virginal y habiendo concluido que hay base adecuada para el mantenimiento de esta doctrina, ahora debemos preguntar qué significa. ¿Por qué es importante?

A cierto nivel, por supuesto, el nacimiento virginal es importante simplemente porque se nos dice que sucedió. Aunque nosotros podemos ver necesario

36. Otto Piper argumenta que los padres de la iglesia, en particular los gnósticos tatianos y los gnósticos valentinos, pensaban en la preexistencia de Cristo y en el nacimiento virginal conjuntamente – "Mientras que en los escritos de Juan y Pablo la preexistencia de Cristo es prácticamente un sustituto del nacimiento virginal, para estos padres sirve como evidencia de su preexistencia" (Otto A. Piper "The Virgin Birth: The Meaning of the Gospel Accounts," *Interpretation* 18, no. 2 [abril 1964]: 132).

37. Ver pp. 427-31.

o no el nacimiento virginal, si la Biblia nos dice que sucedió, es importante creerlo porque no hacerlo es repudiar de forma tácita la autoridad de la Biblia. Si no mantenemos el nacimiento virginal a pesar de que la Biblia nos lo confirma, entonces estamos comprometiendo la autoridad de la Biblia y en principio no existe razón para aceptar sus otras enseñanzas. Por tanto, rechazar el nacimiento virginal tiene implicaciones que van mucho más allá de la doctrina misma.

Pero debemos preguntar ¿el nacimiento virginal no es importante de una forma más específica? Algunos han argumentado que la doctrina es indispensable para la encarnación. Sin el nacimiento virginal no habría unión entre Dios y el hombre.[38] Si Jesús hubiera sido simplemente el producto de una unión sexual normal entre un hombre y una mujer, sólo habría sido un ser humano, no un Dios – hombre. ¿Pero es esto realmente cierto? ¿No podría haber sido Dios y hombre si hubiera tenido dos padres humanos, o ninguno? Al igual que Adán fue creado directamente por Dios, Jesús podría haber sido una creación directa especial. Y según esto, debería haber sido posible que Jesús tuviera dos padres humanos y no obstante ser completamente el Dios – hombre. Insistir en que tener un padre humano excluye la posibilidad de su deidad recuerda al Apolinarismo, según el cual el Logos divino tomó el lugar de los componentes normales de la naturaleza humana (el alma). Pero Jesús era completamente humano, incluyendo todas las cosas con las que contribuyen normalmente un padre y una madre humanos. Además, había en él el elemento de deidad. Lo que hizo Dios fue suministrar, mediante creación especial, tanto el componente humano con el que normalmente contribuye el varón (y por eso tenemos el nacimiento virginal) como el factor divino (por eso tenemos la encarnación). El nacimiento virginal requiere únicamente que la existencia de un ser humano se produzca sin la participación de un padre humano. Esto podría haber sucedido sin encarnación, y podría haber habido encarnación sin nacimiento virginal. Algunos han denominado a este segundo concepto "adopcionismo instantáneo," ya que supuestamente el humano implicado habría existido por sí mismo aparte de la adición de la naturaleza divina. El asunto aquí, sin embargo, es que con la encarnación sucediendo en el momento de la concepción o el nacimiento,

38. Tertuliano, *Adversus Marcionem* 4.10. Carl F. H. Henry se acerca a esta posición cuando dice: "Por supuesto, se debe admitir que el nacimiento virginal no es categóricamente idéntico a la encarnación, al igual que la tumba vacía no es idéntica a la resurrección. Uno se podría creer sin la otra. No obstante, la conexión es tan cercana y, desde luego, indispensable, que si se negase el nacimiento virginal o la tumba vacía, es probable que la encarnación o la resurrección se pusieran en duda, o que se creyera en ellas de una manera muy diferente a cómo se hace en las Escrituras y en las enseñanzas históricas. El nacimiento virginal se podría describir como una indicación histórica esencial de la encarnación, que contiene no sólo una analogía con las naturalezas divina y humana del encarnado, sino que también expone la naturaleza, propósito y contenido de esta obra de Dios para la salvaciónİ ("Our Lord's Virgin Birth," *Christianity Today*, diciembre 7, 1959, p. 20).

nunca habría habido un momento en el que Jesús no hubiera sido completamente humano y completamente divino. En otras palabras, ser divino y humano no depende del nacimiento virginal.

Una segunda sugerencia que se hace con frecuencia es que el nacimiento virginal era indispensable para que Jesús careciese de pecado.[39] Si hubiera poseído aquello con lo que la madre contribuye y con lo que el padre suele contribuir, habría tenido una naturaleza depravada y por tanto pecaminosa, como el resto de nosotros. Pero este argumento parece sugerir que nosotros también careceríamos de pecado si no tuviéramos un padre varón. Y esto a su vez podría significar una de estas dos cosas (1) o bien que el padre, y no la madre, es la fuente de la depravación, una noción que en efecto implica que la mujer no tiene una naturaleza depravada (o que si la tiene, no la transmite), o (2) que la depravación no procede de la naturaleza de nuestros padres, sino del acto sexual mediante el cual se produce la reproducción. Pero no existe nada en las Escrituras que apoye esta última alternativa. La declaración en Salmos 51:5: "En maldad he sido formado y en pecado me concibió mi madre," sencillamente significa que el salmista era pecador desde el mismo principio de la vida. No significa que el acto de la concepción sea pecaminoso en sí mismo.

Nos queda entonces la primera alternativa, o sea, que la transmisión del pecado va relacionada con el padre. Pero esto tampoco tiene apoyo ninguno en las Escrituras. Aunque se podría encontrar algún apoyo en la frase de Pablo de que fue el pecado de *Adán* (Ro. 5:12) el que hizo pecadores a los hombres, Pablo también indica que Eva, y no Adán, "siendo engañada, incurrió en transgresión" (1 Ti. 2:14). No hay señales de que haya más pecaminosidad en el hombre que en la mujer.

Surge la cuestión de si toda la raza humana está mancillada por el pecado original, ¿María no habría aportado a Jesús algunas de sus consecuencias? Se ha argumentado que Jesús sí tenía una naturaleza depravada, pero que no cometió *realmente* ningún pecado.[40] En respuesta señalaremos que el ángel le dijo a María: "El Espíritu Santo vendrá sobre ti y el poder del Altísimo te cubrirá con su sombra; por lo cual también el Santo Ser que va a nacer será llamado Hijo de Dios" (Lc. 1:35). Parece probable que la influencia del Espíritu Santo tuviera un efecto tan poderoso y santificador que no se produjera ninguna transferencia de la depravación o la culpabilidad de María sobre Jesús. Sin esa influencia santificadora especial, hubiera poseído esa misma naturaleza depravada que nosotros tenemos. Pero si el Espíritu Santo evitó que la corrupción pasase de María a

39. Hans von Campenhausen, *The Virgin Birth in the Theology of the Ancient Church* (Naperville: Alec R. Allenson, 1964), pp. 79-86.

40. Karl Barth parece mantener la posición de que Jesús tomó para sí la misma naturaleza que nosotros tenemos: su carencia de pecado consistía en que él nunca cometió realmente ningún pecado (*Church Dogmatics* [Edinbugh: T. & T. Clark, 1956], vol. 1, part 2, pp. 151-55).

Jesús, ¿no podría haber evitado que pasase también la de José? Concluimos que la carencia de pecado de Jesús no depende de la concepción virginal.

Ya señalamos anteriormente que el nacimiento virginal no se menciona en los sermones evangelísticos del libro de los Hechos. Puede que no fuera una de las doctrinas de primer nivel (o sea, indispensable para la salvación). Es una doctrina subsidiaria o de apoyo; ayuda a crear o sustentar la creencia en las doctrinas indispensables, o reforzar las verdades encontradas en otras doctrinas. Como la resurrección, es a la vez un suceso histórico, una doctrina y una evidencia, es bastante posible no ser consciente o ignorar el nacimiento virginal y sin embargo ser salvos. Desde luego, es evidente que a un amplio número de personas les ocurrió. Pero entonces ¿cuál es la importancia de esta enseñanza?

1. La doctrina del nacimiento virginal es un recordatorio de que nuestra salvación es sobrenatural. Jesús, cuando le habló a Nicodemo sobre la necesidad de un nuevo nacimiento, dijo: "el que no nace de agua y del Espíritu no puede entrar en el reino de Dios. Lo que nace de la carne, carne es; y lo que nace del Espíritu, espíritu es" (Jn. 3:5b-6). Juan declaró que los que creen y reciben la autoridad para ser hijos de Dios: "no nacieron de sangre, ni por voluntad de carne, ni por voluntad de varón, sino de Dios" (Jn. 1:13). El énfasis se pone en que la salvación no procede del esfuerzo humano, ni es un logro humano. Así que también el nacimiento virginal señala incluso la incapacidad de los humanos para dar incluso el primer paso en el proceso. La humanidad no es sólo incapaz de asegurar su propia salvación, sino que no podría ni siquiera introducir al Salvador en la sociedad humana.

El nacimiento virginal es, o al menos debería ser, un freno a nuestra tendencia humana natural hacia el orgullo. Aunque María fue la que dio a luz al Salvador, nunca habría podido hacerlo, ni siquiera con la ayuda de José, si el Espíritu Santo no hubiera estado presente y obrando. El nacimiento virginal es una prueba de la actividad del Espíritu Santo. Pablo escribió en otra ocasión: "Pero tenemos este tesoro en vasos de barro, para que la excelencia del poder sea de Dios y no de nosotros," (2 Corintios 4:7). El nacimiento virginal es un recordatorio de que nuestra salvación, aunque vino a través de la humanidad, es totalmente de Dios.

2. El nacimiento virginal es también un recordatorio de que la salvación de Dios es totalmente un don de gracia. No había nada en particular en María que la hiciese merecedora de dar a luz al Hijo de Dios. Probablemente muchas jóvenes judías podían haber servido para ello. Desde luego María manifestaba cualidades, tales como la fe y la dedicación, que Dios podía utilizar (Lc. 1:38, 46-55). Pero no tenía nada especial que ofrecer, ni siquiera un marido. Que alguien aparentemente incapaz de tener un hijo fuese escogida para llevar al Hijo de Dios es un recordatorio de que la salvación no es un logro humano, sino un don de Dios, y un don que no merecemos.

3. El nacimiento virginal es evidencia de lo especial que era Jesús el Salvador. Aunque podía haber habido una encarnación sin un nacimiento virginal, la naturaleza milagrosa del nacimiento (o al menos de la concepción) sirve para mostrar que Jesús era, cuando menos, un hombre muy fuera de lo común escogido por Dios de manera particular.

4. Aquí hay una nueva evidencia del poder y la soberanía de Dios sobre la naturaleza. En varias ocasiones (por ejemplo en el nacimiento de Isaac, Samuel y Juan el Bautista) Dios había proporcionado un hijo a una madre estéril o que ya había pasado la edad de ser madre. Sin duda estos fueron nacimientos milagrosos. Sin embargo, este nacimiento fue incluso más sorprendente. Dios había dado muestras de su tremendo poder cuando, al prometerle un hijo a Abraham y a Sara, él había dicho retóricamente: "¿Acaso hay alguna cosa difícil para Dios? Al tiempo señalado volveré a ti, y para entonces Sara tendrá un hijo" (Gn. 18:14). Dios es todopoderoso, capaz de alterar y sobrepasar el camino de la naturaleza para conseguir sus propósitos. Que Dios era capaz de obrar lo que parecía imposible en el tema del nacimiento virginal simboliza su habilidad para cumplir la aparentemente imposible tarea de ofrecer un nacimiento nuevo a los pecadores. Como el mismo Jesús dijo sobre la salvación "Para los hombres esto es imposible, pero para Dios todo es posible" (Mt. 19:26).

Parte 8

# LA OBRA DE CRISTO


37. Introducción a la obra de Cristo *775*
38. Teorías de la expiación *794*
39. El tema central de la expiación *814*
40. La extensión de la expiación *837*

# 37. Introducción a la obra de Cristo

## Objetivos del capítulo

Al finalizar este capítulo, debería ser capaz de:

- Identificar y describir la función reveladora o profética de Jesucristo a lo largo de la eternidad y aquí en la tierra.
- Identificar y describir el gobierno o el reinado de Jesucristo sobre todo el universo.
- Identificar y describir la función sacerdotal o reconciliadora de Jesucristo para todos los creyentes.
- Explicar la etapa de humillación de la obra de Cristo, lo cual implica la encarnación y la muerte, y, según algunos, el descenso al Hades.
- Reconocer y explicar la etapa de exaltación de la obra de Cristo, que incluye la resurrección, ascensión, su posición a la diestra del Padre y la segunda venida.

## Resumen del capítulo

La obra de Cristo es especialmente adecuado para el papel que desempeña en la Trinidad. Tradicionalmente, la obra de Jesús se ha clasificado basándose en las tres funciones básicas que realiza: su papel revelador, su gobierno y su obra reconciliadora. En el tiempo, hay dos etapas principales en la obra de Cristo: la humillación y la exaltación. La obra de Cristo no se limita a estas áreas, pero estos títulos para la obra de Cristo nos ayudan a identificar y dar significado a lo que Cristo ha hecho por la humanidad.

## Cuestiones de estudio

1. ¿Considera que identificar las funciones de Cristo como reveladora, gobernante o reconciliadora es una explicación adecuada?

2. ¿Qué ha aprendido del papel de Cristo como profeta y cómo cree que puede aplicar esto en su propia vida?
3. Según la revelación de las Escrituras, ¿qué significa que Cristo sea rey y sacerdote? ¿Son estas dos funciones completamente diferentes?
4. Cuando intentamos entender la obra de Cristo, ¿qué significa que él se humille al encarnarse y qué significado tiene eso para el creyente de hoy en día?
5. ¿Por qué existe controversia en torno a la resurrección? ¿Cómo presentaría evidencia de la resurrección a una persona que no cree?

Las funciones de Cristo
- El papel revelador de Cristo
- El gobierno de Cristo
- La obra reconciliadora de Cristo

Las etapas de la obra de Cristo
- La humillación
  - Encarnación
  - Muerte
  - Descenso al Hades
- La exaltación
  - La resurrección
  - Ascensión y posición a la diestra del Padre
  - Segunda venida

Ha sido importante hacer un estudio profundo de la persona de Cristo, su deidad y humanidad, para entender mejor lo que su naturaleza especial le permite hacer por nosotros. Por supuesto, él siempre fue la eterna Segunda Persona de la Trinidad. Sin embargo, se encarnó debido a la tarea que tenía que cumplir: salvarnos del pecado. Aunque algunos han argumentado que Jesús se habría encarnado sin importar si la humanidad hubiera pecado o no, eso parece bastante improbable.

En este libro, hemos considerado que hay que tratar la persona de Cristo (no sólo de forma ontológica, sino también epistemológica) antes que su obra. Como se reveló a sí mismo no sólo a través de sus actos sino también de sus propias palabras de revelación interpretada, no hace falta deducir el significado de los actos de Jesús de ellos mismos sin más. Esto nos da ciertas ventajas. Ya que sin entender previamente la persona y naturaleza de Jesucristo no se puede entender completamente la obra que hizo. Ser quien era le hacía especialmente adecuado para lo que tenía que hacer.

## Las funciones de Cristo

Históricamente, se acostumbra a catalogar la obra de Cristo según tres "oficios": profeta, sacerdote y rey. Aunque algunos padres de la iglesia hablan de los oficios de

Cristo, fue Juan Calvino el que prestó especial atención a este concepto.[1] El concepto de oficios se empezó a emplear popularmente para tratar la obra de Cristo.

No obstante, muchos tratamientos recientes de cristología no describen la obra multifacética de Jesús como la de un profeta, un sacerdote y un rey. En parte esto se debe a que algunas teologías modernas tienen una perspectiva diferente sobre uno o más de los tipos de obras así caracterizados. Mantengamos o no los títulos exactos, es importante mantener las verdades de que Jesús revela a Dios a la humanidad, reconcilia a Dios y a la humanidad y que reina y reinará sobre toda la creación, incluyendo la humanidad.

Hay varias razonas para esta indecisión a utilizar el término "oficios de Cristo" en la teología reciente. Una razón es la tendencia, en particular en el escolasticismo protestante, a ver los oficios claramente distinguidos o diferenciados unos de otros. A veces, como señala G. C. Berkouwer, ha habido objeciones al concepto de oficios basándose en que cualquier clase de distinción es artificial y escolástica.[2] Otra razón para la indecisión es que ocasionalmente la idea de oficio se ha tomado de forma demasiado formal.[3] Esto procede de unas connotaciones particulares que el término *oficio* transmite fuera de las Escrituras. El resultado es un oscurecimiento del carácter dinámico y personal de la obra de Cristo.

Tras el concepto de oficios de Cristo está la idea básica de que a Jesús se le encomendó una tarea. Las dimensiones de esta tarea (profética, sacerdotal, real) son bíblicas, no una imposición sobre el material bíblico de un conjunto de categorías ajenas. Para preservar una visión unificada de la obra de Cristo, Berkouwer se ha referido a *oficio* (singular) de Cristo.[4] Dale Moody se refiere a los oficios, utilizando los términos *profeta*, *sacerdote* y *potentado*.[5] Al hacer esto, amplía el oficio de rey, aunque retiene la idea general.

Nosotros hemos escogido hablar de las tres funciones de Cristo: reveladora, reinante y reconciliadora. Es apropiado pensar en estos aspectos de la obra de Cristo como su comisión porque Jesús era el Mesías, el ungido. En el Antiguo Testamento, a la gente se le ungía para ciertos papeles (por ejemplo, sacerdote o rey). Así cuando hablamos de Jesús como el Cristo, o el ungido, debemos preguntar para qué papel estaba ungido. Será importante mantener los tres aspectos de su obra, ni resaltar uno de manera que los otros queden disminuidos, ni diferenciarlos demasiado unos de otros como si fueran acciones separadas de Cristo.

1. John Calvin, *Institutes of the Christian Religion*, libro 2, cap. 15.
2. G. C. Berkouwer, *The Work of Christ* (Grand Rapids: Eerdmans, 1965), pp. 58-59.
3. Ibid., p. 58.
4. Ibid., pp. 58-65. Berkouwer habla de un "oficio triple" (p. 65) y de tres aspectos de un oficio.
5. Dale Moody, *The Word of Truth: A Summary of Christian Doctrine Based on Biblical Revelation* (Grand Rapids: Eerdmans, 1981), pp. 366-86.

### El papel revelador de Cristo

Muchas referencias al ministerio de Cristo resaltan su revelación del Padre y de la verdad celestial. Y por supuesto, Jesús entendía claramente que era un profeta, porque cuando su ministerio en Nazaret no era recibido dijo: "No hay profeta sin honra sino en su propia tierra y en su casa" (Mt. 13:57). Los que escucharon sus predicaciones, al menos sus seguidores, reconocieron que era un profeta. Es más, en el momento de su entrada triunfal en Jerusalén la multitud decía: "Este es Jesús, el profeta, el de Nazaret de Galilea" (Mt. 21:11). Cuando esa semana al final de un discurso los fariseos quisieron arrestarlo, temían hacerlo porque las gentes decían que era un profeta (Mt. 21:46). Los dos discípulos en el camino de Emaús se refirieron a Jesús como "profeta poderoso en obra y en palabra" (Lc. 24:19). El evangelio de Juan nos cuenta que la gente hablaba de Jesús como "el profeta" (6:14; 7:40). El hombre ciego a quien Jesús sanó le identifica como profeta (9:17). Y los fariseos responden a Nicodemo: "Escudriña y ve que de Galilea nunca se ha levantado un profeta" (7:52). Evidentemente estaban intentando refutar la opinión de que Jesús era un profeta.

Que Jesús era un profeta era en sí mismo el cumplimiento de una profecía. Pedro le identifica específicamente con la predicción de Moisés en el Deuteronomio 18:15: "El Señor vuestro Dios os levantará profeta de entre vuestros hermanos" (Hch. 3:22). Por tanto, las profecías sobre Jesús hablaban de un sucesor no sólo de David como rey, sino también de Moisés como profeta.

El ministerio profético de Jesús se parecía al de otros profetas en que fue enviado por Dios. Sin embargo, había diferencias significativas entre él y los demás. Él procedía de la presencia misma de Dios. Su preexistencia con el Padre era un factor principal en su habilidad para revelar al Padre, porque había estado con él. Así dice Juan: "A Dios nadie lo ha visto jamás; el unigénito Hijo, que está en el seno del Padre, él lo ha dado a conocer" (Jn. 1:18). El mismo Jesús confirmó su preexistencia: "Antes de que Abraham fuera, yo soy" (Jn. 8:58). Cuando Felipe pidió que les mostrara el Padre a los discípulos, Jesús respondió: "El que me ha visto a mí ha visto al Padre" (Jn. 14:9). Le dijo a Nicodemo: "Nadie subió al cielo sino el que descendió del cielo, el Hijo del hombre, que está en el cielo" (Jn. 3:13).

Lo especial del ministerio profético de Jesús, no obstante, era similar en varios aspectos a la obra de los profetas del Antiguo Testamento. Su mensaje de muchas maneras se parecía al de ellos. Hablaba del destino y del juicio y proclamaba la buena nueva de la salvación. En Mateo 11:20-24 Jesús declara infortunios que caerán sobre Corazín, Betsaida, Capernaúm parecidos a los de Amós contra Damasco, Gaza, Tiro, Moab y otros lugares, finalmente culminan con la denuncia de Israel (Am. 1-3). En Mateo 23 Jesús pronuncia juicios contra los escribas y los fariseos, llamándoles hipócritas, serpientes, víboras. Desde luego el mensaje profético de la condena del pecado era algo destacado en su predicación.

Jesús también proclamó buenas noticias. Entre los profetas del Antiguo Testamento Isaías en particular había hablado de buenas nuevas de Dios (Is. 40:9; 52:7). De forma similar, en Mateo 13 Jesús describe el reino de los cielos en términos que lo hacen ser sin duda una buena nueva: el reino de los cielos es como un tesoro escondido en un campo (v. 44) y como una perla preciosa (v. 46). Pero incluso en medio de estas buenas noticias hay palabras de advertencia, porque el reino es también como una red que recoge toda clase de peces, pero los buenos se recogen en cestas y los malos se desechan (vv. 47-50).

También hay buenas nuevas en el reconfortante mensaje de Jesús en Juan 14: después de ir a preparar un lugar al que llevar a sus seguidores, volverá a por ellos (vv. 1-3); los que crean en él harán mayores obras que él (v. 12); él hará lo que ellos pidan en su nombre (vv. 13-14); él y el Padre vendrán a aquellos que crean (vv. 18-24); les dará su paz (v. 27). El tono de este pasaje es muy parecido al de Isaías 40, que comienza con "Consolad, consolad a mi pueblo" y continúa para confirmarles la presencia, la bendición y el cuidado del Señor.

Algunos han señalado la similitud de estilo y del tipo de material que hay entre las enseñanzas de Jesús y la forma de expresarse los profetas del Antiguo Testamento. Mucha de la profecía del Antiguo Testamento es poesía y no prosa. C. F. Burney, Joachim Jeremias, y otros han señalado la estructura poética de muchas de las enseñanzas de Jesús, y en muchos casos han podido encontrar tras los textos griegos el texto arameo.[6] Jesús también siguió a los profetas del Antiguo Testamento y fue más allá en el uso de parábolas. En un caso incluso adaptó una parábola de Isaías para utilizarla él mismo (cf. Is. 5:1-7; Mt. 21:33-41).

La obra reveladora de Cristo abarca un amplio espacio de tiempo y de formas. Primero, actuaba de una manera reveladora, incluso antes de su encarnación. Como el Logos, él es la luz que ilumina a todo el que viene al mundo; por lo tanto, en cierto sentido toda la verdad ha venido de él y a través de él (Jn. 1:9). Hay indicaciones de que el mismo Cristo estaba obrando en la revelación que vino a través de los profetas que llevaban un mensaje sobre él. Pedro escribe que los profetas que predijeron la salvación que vendría estaban "escudriñando qué persona y qué tiempo indicaba el Espíritu de Cristo que estaba en ellos, el cual anunciaba de antemano los sufrimientos de Cristo y las glorias que vendrían tras ellos (1 P. 1:11). Aunque todavía no se había encarnado en persona, Cristo ya estaba dando a conocer la verdad. Es bastante posible que la Segunda persona de la Trinidad estuviera implicada (o se manifestara) en las teofanías del Antiguo Testamento.

Un segundo y más evidente periodo de la obra reveladora de Cristo fue su ministerio profético durante su encarnación y estancia en la tierra. Aquí se producen dos formas de revelación conjunta. Él habla palabra divina de la verdad.

6. C. F. Burney, *The Poetry of Our Lord* (Oxford: Clarendon, 1925); Joachim Jeremias, *New Testament Theology* (New York: Scribner, 1971), vol. 1, pp. 1-41.

Sin embargo, además de eso, él era la verdad y era Dios, y por tanto lo que hizo fue una demostración, no sólo una proclamación, de la verdad y la realidad de Dios. El escritor de la carta a los hebreos declara que Jesús es la mayor de todas las revelaciones de Dios (1:1-3). Dios, que ha hablado a través de los profetas, ahora en los últimos días ha hablado a través de su Hijo, que es superior a los ángeles (v. 4) e incluso a Moisés (3:3-6). Porque Jesús no sólo tenía una palabra de Dios, sino que llevaba el auténtico sello de su naturaleza, reflejando la gloria de Dios (1:3).

Existe un tercer y continuo ministerio revelador de Cristo a través de su iglesia.[7] Él les prometió su presencia en la tarea a realizar (Mt. 28:20). Dejó claro que su ministerio sería continuado y completado por el Espíritu Santo. El Espíritu sería enviado en nombre de Jesús, y enseñaría a sus seguidores todas las cosas y les recordaría todo lo que él les había dicho (Jn. 14:26). El Espíritu les guiaría a toda la verdad (Jn. 16:13). Pero la obra reveladora del Espíritu Santo no sería independiente de la obra de Jesús. Porque Jesús dijo que "no hablará por su propia cuenta, sino que hablará todo lo que oiga y os hará saber las cosas que habrán de venir. Él me glorificará, porque tomará de lo mío y os lo hará saber. Todo lo que tiene el Padre es mío; por eso dije que tomará de lo mío y os lo hará saber" (vv. 13-15). En un sentido real, Jesús iba a continuar su obra reveladora mediante el Espíritu Santo. Quizá esto esa es la razón por la que Lucas hizo esa declaración un tanto misteriosa de que su primer libro trataba de todo lo que Jesús "comenzó a hacer y enseñar" (Hch. 1:1--NVI). Otra sugerencia de la continua obra reveladora de Jesús se puede encontrar en afirmaciones como "separados de mí nada podéis hacer" (Jn. 15:5), que se produce en conexión con la imagen de Jesús como la viña y los discípulos como sus pámpanos. Concluimos que cuando los apóstoles proclaman la verdad, Jesús estaba llevando a cabo su obra de revelación a través de ellos.

La última y más completa obra reveladora de Jesús se encuentra en el futuro. Llegará un tiempo en que él regresará; una de las palabras para la segunda venida de Cristo es "revelación" (ἀποκάλυψις—*apokalupsis*).[8] En ese momento veremos con claridad y de forma directa (1 Co. 13:12); le veremos tal como es (1 Jn. 3:2). Entonces todas las barreras para un conocimiento pleno de Dios y de las verdades que Cristo habló quedarán eliminadas.

La obra reveladora de Jesucristo es una enseñanza que ha persistido a través de las diferentes suertes de las cristologías. En los siglos XIX y XX algunos teólogos la hicieron servir prácticamente como toda la doctrina de la obra de Cristo y por lo tanto de su persona o naturaleza también. Aunque el liberalismo ha tenido varias maneras de entender la naturaleza y la obra de Jesús, su enfoque principal estaba en que Jesús era básicamente un revelador significativo del Padre y de

7. Charles Hodge, *Systematic Theology* (Grand Rapids: Eerdmans, 1952), vol. 2, p. 463.
8. Ver George E. Ladd, *The Blessed Hope* (Grand Rapids: Eerdmans, 1956), pp. 65-67.

la verdad espiritual. Esto no significa necesariamente que haya una especie de comunicación misteriosa de la verdad desconocida para él. Los liberales le han considerado por lo general como un genio espiritual que era a la religión lo que Einstein a la física teórica. Por tanto, Jesús era capaz de descubrir más sobre Dios de lo que lo había hecho nadie antes que él.[9]

A menudo en relación con la idea de que la obra de Cristo era esencialmente reveladora está la teoría de que la expiación se debe entender según su influencia moral sobre los humanos (ver pp. 789-802). Según esta teoría, el problema humano es que están distanciados de Dios. Han discutido con Dios y creen que Dios está enfadado con ellos. Puede que incluso sientan que Dios los ha tratado mal, enviando a sus vidas males no merecidos; en consecuencia, los humanos pueden considerar a Dios un ser malévolo, en lugar de benevolente. El propósito de la muerte de Cristo fue demostrar la grandeza del amor de Dios: él envió su hijo a morir. Mostrada esta prueba del amor de Dios e impresionados por esta demostración de la profundidad del mismo, los humanos se sienten animados a responderle. Cualquiera que escuche las enseñanzas de Jesús, entienda que su muerte es un signo del gran amor de Dios y responda adecuadamente, experimentará toda la obra de Cristo, una obra que es principalmente reveladora.

Para los que piensan que la obra de Jesús era principalmente reveladora, su mensaje consiste en (1) verdades básicas sobre el Padre, el reino de Dios, y el valor del alma humana y (2) las enseñanzas éticas.[10] Esta concentración en el papel revelador de Cristo descuida sus papeles de rey y sacerdote, y por lo tanto es inaceptable. Los tres papeles van juntos de forma inseparable. Porque si uno examina con detenimiento el contenido de las enseñanzas reveladoras de Jesús, queda claro que muchas de ellas tratan de su propia persona y ministerio, y específicamente tanto de su reino como de la muerte reconciliadora que iba a sufrir. En su juicio, habló de su reino (Jn. 18:36). A lo largo de su ministerio proclamó: "¡Arrepentíos porque el reino de los cielos se ha acercado!" (Mt. 4:17). Él dijo que había venido "para dar su vida en rescate por todos" (Mr. 10:45). Por lo tanto, según el propio punto de vista de Jesús, su función reveladora estaba inextricablemente unida a sus funciones dirigente y reconciliadora. Es cierto que hay algunas enseñanzas de Jesús que no tratan directamente con su reino o con su muerte expiatoria (por ejemplo, la parábola del hijo pródigo habla principalmente del amor del Padre); sin embargo, cuando se toma en cuenta la imagen bíblica general de Jesús, su obra como revelador no se puede separar de su obra como dirigente y reconciliador.

9. William Hordern, *A Layman's Guide to Protestant Theology* (New York: Macmillan, 1968), p. 62.

10. Adolf von Harnack, *What Is Christianity?* (New York: Harper & Brothers, 1957), pp. 124-31.

### El gobierno de Cristo

Los evangelios representan a Jesús como un rey, el gobernador del universo. Isaías había anticipado que habría un futuro gobernador que se sentaría en el trono de David (Is. 9:7). El escritor de Hebreos aplica el Salmo 45:6-7 al Hijo de Dios: "Tu trono, Dios, por los siglos de los siglos. Cetro de equidad es el cetro de tu Reino" (He. 1:8). El mismo Jesús dijo que en el nuevo mundo el Hijo del hombre se sentaría en el trono de su gloria (Mt. 19:28). Reclamó que el reino de los cielos era suyo (Mt. 13:41).

Aquí surge un problema. Al igual que hay tendencia a pensar que la obra de revelación de Jesús es algo del pasado, del mismo modo también se suele pensar que su gobierno es algo casi exclusivamente futuro. Porque cuando miramos en nuestro entorno, no vemos a Jesús gobernando de forma muy activa. Es verdad que la Biblia dice que es rey, y la multitud de Jerusalén así lo aclamaba en lo que hoy en día denominamos Domingo de ramos. Es como si la puerta de los cielos se hubiese abierto un poco para que durante un breve momento de tiempo se pudiese ver su verdadera posición. A pesar de esto, en la actualidad parece haber poca evidencia empírica de que nuestro Señor gobierne sobre toda la creación y en particular sobre la raza humana.

En primer lugar, tenemos que señalar que, al contrario, sí que hay evidencia del gobierno de Cristo hoy en día. En particular, el universo natural le obedece. Como Cristo es a través de quien todas las cosas fueron hechas (Jn. 1:3) y a través de quien todas continúan (Col. 1:17), tiene el control de todo el universo natural. Por tanto, era adecuado que dijera que si la gente hubiera permanecido callada el día del Domingo de ramos, las piedras hubieran gritado; esta no es más que otra forma de la verdad expresada en la afirmación del salmista de que los cielos cuentan la gloria de Dios (Sal. 19:1).

Pero ¿hay evidencias de un reinado de Cristo en los humanos del mundo moderno? Por supuesto que sí. El reino de Dios, sobre el que Cristo reina, está presente en la iglesia. Es la cabeza del cuerpo, la iglesia (Col. 1:18). Cuando estaba en la tierra, su reino estaba presente en los corazones de sus discípulos. Y dondequiera que los cristianos de hoy estén siguiendo el señorío de Cristo, el Salvador estará ejerciendo su función gobernadora.

Según lo anterior, podemos ver que el gobierno de Jesucristo no se trata únicamente de su exaltación final, como algunos han creído. Es en conexión con el paso final de su exaltación, al regresar con todo su poder, cuando su gobierno se completa. El himno de Filipenses 2 resalta que a Cristo se le ha dado "un nombre que es sobre todo nombre, para que en el nombre de Jesús se doble toda rodilla de los que están en los cielos, en la tierra y debajo de la tierra; y toda lengua confiese que Jesucristo es el Señor, para gloria de Dios Padre" (vv. 9-11). Llegará un tiempo en que el reinado de Cristo será completo; entonces todos estaremos bajo su gobierno, ya sea deseándolo y esperándolo ansiosamente, o sin desearlo y siendo reacios a ello.

### *La obra reconciliadora de Cristo*

Por fin está la obra de Cristo como reconciliador, que es el tema de los siguientes capítulos. De momento limitaremos nuestra discusión al tema de su ministerio intercesor.

La Biblia recoge numerosos ejemplos de Jesús intercediendo por sus discípulos mientras estuvo aquí en la tierra. El más amplio es su oración sacerdotal por el grupo (Jn. 17), cuando oró para que tuvieran su gozo completo en sí mismos (v. 13). No oró para que fuera sacados del mundo, sino para que se les mantuviera alejados del mal (v. 15). Rogó para que todos fueran uno (v. 21). Además esta última oración era para aquellos que creían a través de las palabras de los discípulos (v. 20). También con ocasión de la última cena Jesús mencionó específicamente que Satanás deseaba "zarandearos como a trigo" (Lc. 22:31) a Pedro (y aparentemente a los otros discípulos). Sin embargo, Jesús había rogado para que la fe de Pedro no faltase y para que cuando volviera confirmase a sus hermanos (v. 32).

Lo que hizo Jesús por sus seguidores durante su estancia en la tierra, continúa haciéndolo en su presencia celestial ante el Padre. En Romanos 8:33-34 Pablo plantea la pregunta de quién podría condenarnos o acusarnos de algo. Está claro que no puede ser Cristo, porque está sentado a la diestra del Padre, intercediendo por nosotros. En Hebreos 7:25 se nos dice que siempre vive para interceder por aquellos que se acercan a Dios a través de él, y en 9:24 se dice que está en presencia de Dios para nuestro bien.

¿Cuál es el motivo de esta intercesión? Por una parte, es justificadora. Jesús presenta su rectitud ante el Padre para nuestra justificación. También aboga con su rectitud en favor de los creyentes que, aunque han sido justificados previamente, siguen pecando. Y finalmente, parece que, especialmente en ejemplos de su ministerio terrenal, Cristo implora al Padre para que los creyentes sean santificados y se les mantenga alejados del poder de la tentación del mal.

## Las etapas de la obra de Cristo

Cuando ahondamos más profundamente en la obra de Jesús, nos damos cuenta de que se hizo en dos etapas básicas, a las que se hace referencia tradicionalmente como el estado de humillación y el estado de exaltación. Cada una de estas etapas a su vez consta de una serie de pasos. Lo que tenemos son una serie de pasos descendientes de su gloria y después una serie de pasos ascendentes hacia su gloria anterior, e incluso más allá de ella.

## La humillación

### Encarnación

El hecho de la encarnación de Jesús a veces se expresa de una forma directa, como en Juan 1:14, donde el apóstol simplemente dice: "El Verbo se hizo carne." Otras veces se pone el énfasis en lo que Jesús dejó atrás o lo que tomó para sí. Un ejemplo de lo primero es Filipenses 2:6-7: "Él, siendo en forma de Dios, no estimó el ser igual a Dios como cosa a que aferrarse, sino que se despojó a sí mismo, tomó la forma de siervo y se hizo semejante a los hombres." Un ejemplo del segundo es Gálatas 4:4 "Dios envió a su Hijo, nacido de mujer y nacido bajo la Ley."

Lo que Jesús abandonó al venir a la tierra fue inmenso. De una posición de "igualdad con Dios," que traía consigo la presencia inmediata del Padre y del Espíritu Santo además de la continua adoración de los ángeles, pasó a estar en la tierra, donde no tenía nada de esto. La magnitud de lo que abandonó está más allá de lo que nosotros somos capaces de imaginar, porque nunca hemos visto lo que es el cielo. Cuando lleguemos allí, probablemente nos sentiremos sorprendido por el esplendor de lo que él dejó atrás. Él que se hizo pobre, era el príncipe más grande.

Incluso aunque Cristo hubiese venido con el mayor esplendor que la tierra pudiera ofrecerle, el descenso hubiera seguido siendo inmenso. La más grande de la riqueza, el más grande de los honores en la corte de cualquier potentado, no hubiera sido nada comparado con las condiciones que abandonaba. Pero no vino a las circunstancias más altas. En su lugar, tomó la forma de un sirviente, de un esclavo. Vino a una familia muy sencilla. Nació en el oscuro pueblecito de Belén. Y lo que es más asombroso, nació en un muy humilde establo y fue puesto en un pesebre. Las circunstancias de su nacimiento parecen simbolizar la bajeza del estado del que procedía.

Nació bajo la ley. Él que había dado origen a la ley y era el Señor de la misma, se convirtió en sujeto de la ley, cumpliéndola en todo. Era como si un oficial, habiendo realizado un estatuto que los que estaban bajo su mando tenían que cumplir, se hubiera colocado él mismo en una posición más baja, desde la cual se viera obligado a obedecerlo. Jesús descendió al nivel de la ley y se sujetó a ella totalmente. Por tanto fue circuncidado a los ocho días, y en el momento adecuado fue presentado en el templo para el rito de la purificación de la madre (Lc. 2:22-40). Convirtiéndose en sujeto de la ley, dice Pablo, Jesús fue capaz de redimir a los que están bajo la ley (Gá. 4:5).

¿Qué ocurre con los atributos de deidad durante el periodo de humillación? Ya hemos sugerido (p. 751) que la Segunda Persona de la Trinidad se vació a sí misma de la igualdad con Dios añadiendo o adoptando la humanidad. Hay varias posiciones posibles sobre lo que Jesús hizo con sus atributos divinos durante ese tiempo:

1. El Señor abandonó sus atributos divinos. En efecto, cesó de ser Dios, pasando de ser Dios a ser hombre.[11] Los atributos divinos fueron reemplazados por los humanos. Pero es más una metamorfosis que una encarnación y se contradice con las distintas afirmaciones de la deidad de Jesús durante el tiempo que estuvo viviendo en la tierra.

2. El Señor abandonó ciertos atributos divinos, o los naturales o los relativos.[12] Decir que Jesús dejó sus atributos divinos naturales significa que se quedó con los morales, como el amor, la misericordia y la verdad. Lo que abandonó fue la omnisciencia, la omnipotencia y la omnipresencia. Decir que Jesús dejó sus atributos divinos relativos significa que retuvo las cualidades absolutas que poseía en y de sí mismo, como la inmutabilidad y la existencia propia, pero abandonó las cualidades que se relacionaban con la creación, como la omnipotencia y la omnipresencia. Pero de igual manera esto parece hacer que él, al menos parcialmente, deje de ser Dios. Si la naturaleza de algo es la suma de los atributos que la componen, es difícil concebir cómo Jesús podría realmente haber abandonado alguno de sus atributos divinos sin dejar de ser Dios.

3. Jesús abandonó el ejercicio independiente de sus atributos divinos. Esto no significa que él dejara de tener algunos (o todos) los atributos divinos, sino que voluntariamente abandonó la capacidad de ejercitarlos él sólo. Él sólo podía ejercerlos dependiendo del Padre y en conexión con la posesión de una naturaleza humana completa.[13] Por tanto, era capaz de utilizar su poder divino, y lo hizo en varias ocasiones, como al realizar milagros o cuando leía los pensamientos de los demás. Pero al ejercer este poder tenía que pedir al Padre que le permitiera hacerlo. Las dos voluntades, la del Padre y la suya propia, eran necesarias para que él utilizara los atributos divinos. Una analogía adecuada podría ser la de una caja de seguridad; son necesarias dos llaves para abrirla: la del banco y la del depositario. De la misma manera, si Jesús iba a ejercer su poder divino, tenían que estar de acuerdo ambas voluntades para que la acción se produjera. Podríamos decir, pues, que Jesús seguía poseyendo omnisciencia, pero estaba en la parte inconsciente de su personalidad; no la podía devolverla a la parte consciente sin la ayuda del Padre. Una analogía que se podría utilizar aquí sería la de un psicólogo que permite a su paciente (mediante la administración de drogas, hipnosis u otras técnicas) recuperar el material que se halla enterrado en sus subconsciente.

11. Wolfgang Friedrich Gess, *Die Lehre von der Person Christi, Entwickelt aus dem Selbstbewusstsein Christi und aus dem Zeugnis der Apostel* (Basel: Bahmmeier, 1856), p. 304.
12. Charles Gore, *The Incarnation of the Son of God* (New Cork Scribner, 1891), p. 172.
13. Augustus H. Strong, *Systematic Theology* (Westwood, N. J.: Revell, 1907), pp. 703-4.

4. Cristo abandonó el uso de sus atributos divinos.[14] Esto significa que Jesús siguió poseyendo sus atributos divinos y el poder de ejercitarlos independientemente, pero escogió no utilizarlos. No dependía, por tanto, del Padre para utilizarlos. Pero si este es el caso, ¿cómo explicamos las plegarias y la aparente dependencia del Padre?

5. Aunque Jesús seguía teniendo los atributos divinos, actuaba como si no los tuviera.[15] Fingía tener limitaciones. No obstante, si esto fuera así, Jesús sería culpable de simulación o completa deshonestidad cuando, por ejemplo, decía ignorar el momento de su segunda venida (Mr. 13:32).

De estos distintos puntos de vista sobre lo que Jesús hizo con sus atributos durante el periodo de duración de su humanidad, el tercero es el que más se ajusta a todos los datos: abandonó su habilidad para ejercer su poder divino de forma independiente. Por lo tanto, supuso una terrible humillación asumir la naturaleza humana. No podía ejercer de forma libre e independiente todas las capacidades que tenía cuando estaba en el cielo.

La humillación traía consigo todas las condiciones de la humanidad. Por tanto, Jesús era capaz de sentir fatiga y cansancio, dolor y sufrimiento, hambre, incluso la pena por la traición, la negación y el abandono de los que estaban cerca de él. Experimentó la insatisfacción, la desesperación y la angustia del alma que van unidas al hecho de ser completamente humano. Su humanidad fue completa.

### Muerte

El paso final de descenso en la humillación de Jesús fue su muerte. El que era "la vida" (Jn. 14:6), el Creador, el dador de vida y la nueva vida que supone la victoria sobre la muerte, se convierte en sujeto de la muerte. Él que no había cometido ningún pecado sufrió la muerte, la consecuencia o "precio" del pecado. Al convertirse en humano, Jesús estaba sujeto a la posibilidad de morir, esto es, se hizo mortal; y la muerte no fue una mera posibilidad, se convirtió en un hecho.

Es más, Jesús no sólo sufrió la muerte, sino que esta fue humillante. Experimentó un tipo de ejecución reservada en el imperio romano para los criminales más problemáticos. Fue una muerte lenta y dolorosa, una muerte por tortura. Además hay que añadir a esto la ignominia de las circunstancias. La burla y la ridiculización por parte de la multitud, el abuso de los líderes religiosos y de los soldados romanos, y los retos a cada una de sus funciones compuso la humillación. Se retó su estatus como profeta cuando fue conducido ante el

14. Este era el punto de vista sobre los teólogos de la Universidad de Glessen a finales del siglo dieciséis y principios del diecisiete. Ver Clarence A. Beckwith, "Christology" en *The New Schaff-Herzog Enciclopedia of Religious Knowledge*, ed. Samuel Macauley Jackson (New York: Funk and Wagnalls, 1908), vol. 3, pp. 57-58.

15. Anselm, *Cur Deus homo* 2.10.

sumo sacerdote: "Profetízanos, Cristo, quién es el que te golpeó" (Mt. 26:68). Ridiculizaron su reinado y su gobierno con la inscripción que colocaron en la cruz ("El rey de los judíos") y con las burlas de los soldados ("Si tú eres el rey de los judíos, sálvate a ti mismo" – Lc. 23:37). Su papel sacerdotal fue puesto en duda con las sarcásticas palabras de los gobernantes: "A otros salvó; sálvese a sí mismo, si este es el Cristo, el escogido de Dios." (Lc. 23:35). Por tanto la crucifixión era una contradicción a todo lo que él decía ser.

El pecado parecía haber ganado; los poderes del mal parecían haber vencido a Jesús. La muerte parecía ser el fin de su misión; él había fracasado en su cometido. Sus discípulos ya no escucharían sus enseñanzas ni llevarían a cabo sus mandamientos, porque todos habían sido esparcidos y vencidos. Su voz había sido acallada, así que ya no podía predicar ni enseñar, y su cuerpo estaba sin vida, incapaz de curar, resucitar de entre los muertos y calmar tormentas.

### *Descenso al Hades*

Algunos teólogos creen que había otro paso en la humillación. Jesús no sólo fue enterrado, y en una tumba prestada (una indicación de su pobreza), sino que en el Credo de los apóstoles hay una referencia al descenso al infierno o Hades. Según ciertos textos bíblicos, principalmente Salmos 16:10; Efesios 4:8-10; 1 Timoteo 3:16; 1 Pedro 3:18-19 y 4:4-6, y lo declarado en el credo, se mantiene que parte de la humillación incluía el descenso real de Jesús al infierno o Hades durante el periodo entre su muerte en la cruz el viernes y su resurrección de la tumba el domingo por la mañana. Este es un punto de considerable controversia; de hecho, ciertos teólogos lo rechazan categóricamente. Entre ellos está Rudolf Bultmann, que se niega a creer en ello basándose en que eso implica una cosmología obsoleta (por ejemplo, un universo de tres niveles). Pero su objeción tiene los mismos defectos que otros aspectos de su programa de desmitologización.[16]

Entre las razones para la controversia está el hecho de que no hay ni un solo texto bíblico que trate la doctrina del descenso al infierno completamente, o que establezca el tema de forma clara y sin ambigüedades. Es más, la doctrina no se encuentra en las primeras versiones del credo de los apóstoles, sino que aparece por primera vez en la forma Aquileia, que data del 390 d.C.[17] La creencia se formuló uniendo varios textos bíblicos en una imagen conjunta: Jesús descendió al Hades; allí predicó a los espíritus prisioneros antes de irse de allí al tercer día. Fíjese que esta versión de la doctrina del descenso al Hades es tanto el paso final

16. Rudolf Bultmann, "New Testament and Mythology," en *Kerygma and Myth*, ed. Hans Bartsh (New York: Harper & Row, 1961), pp. 2-4. Ver críticas como las de John Macquarrie, *The Scope of Demythologizing: Bultmann and His Critics* (New York: Harper & Row, 1960).

17. A. C. McGiffert, *The Apostles' Creed: Its Origin, Its Purpose, and Its Historical Interpretation* (New York: Scribner, 1902), pp. 6-7.

de la humillación como el primer paso hacia la exaltación, ya que implica una proclamación triunfante para los espíritus esclavizados por el pecado, la muerte y el infierno, de que Jesús ha vencido a las fuerzas opresoras.

¿Qué dicen exactamente los pasajes relevantes? El primer pasaje a considerar, y el único que está en el Antiguo Testamento, es Salmos 16:10: "Jehová, hiciste subir mi alma del Seol. Me diste vida, para que no descendiera a la sepultura" (cf. Sal. 30:3). Algunos han visto esto como una profecía de que Jesús descendería al infierno y regresaría de allí. Sin embargo, cuando examinamos cuidadosamente este versículo, parece ser únicamente una referencia a la liberación de la muerte, no del infierno. "Seol" se utilizaba con frecuencia simplemente para referirse al estado de la muerte, al que se supone que van todas las personas. Tanto Pablo como Pedro interpretan Salmos 16:10 como que el Padre no abandonará a Jesús bajo los poderes de la muerte para que pueda ver corrupción, o en otras palabras, para que su cuerpo se descomponga (Hch. 2:27-31; 13:34-35). En lugar de enseñar que Jesús descendió a un lugar llamado Hades y después fue liberado de él, el salmista estaba diciendo que la muerte no tendría un poder permanente sobre Jesús.

El segundo pasaje es Efesios 4:8-10. Los versículos 8 y 9 dicen: "Por lo cual dice: 'Subiendo a lo alto, llevó cautiva la cautividad, y dio dones a los hombres.' Y eso de que 'subió', ¿qué es, sino que también había descendido primero a las partes más bajas de la tierra?" El versículo 10 deja claro que el ascenso fue "por encima de todos los cielos," esto es, era un regreso de la tierra al cielo. El descenso, por tanto, fue del cielo a la tierra, no a algún lugar por debajo de la tierra. Por lo tanto, "las partes más bajas de la tierra" (v. 9) se tiene que entender como una simple aposición "había descendido a las partes más bajas [del universo], esto es, a la tierra."

Primera Timoteo 3:16 dice: "Indiscutiblemente, grande es el misterio de la piedad: Dios fue manifestado en carne, justificado en el Espíritu, visto de los ángeles, predicado a los gentiles, creído en el mundo, recibido arriba en gloria."Se ha sugerido que los ángeles que lo vieron eran ángeles caídos que Jesús vio cuando descendió al infierno. Sin embargo, se debería señalar que a menos que se adjunte algún calificativo a la palabra *ángeles*, siempre hace referencia a ángeles buenos. Estaría más en consonancia con el recordatorio del pasaje considerar la frase: "visto de los ángeles" únicamente como una parte de la lista de testigos, tanto del cielo como de la tierra, del importante hecho de que Dios se manifestó en carne, en lugar de cómo una evidencia de que Jesús descendió al infierno, donde fue visto por ángeles caídos o demonios.

El pasaje más importante y en muchos aspectos el más difícil es 1 Pedro 3:18-19: "Asimismo, Cristo padeció una sola vez por los pecados... siendo a la verdad muerto en la carne, pero vivificado en espíritu; y en espíritu fue y predicó a los espíritus encarcelados." Hay varias interpretaciones de este pasaje. (1) El punto de vista católico romano es que Jesús fue al *limbus patrum*, la morada de los santos que habían vivido y ya estaban muertos; les contó las buenas nuevas de la victoria sobre el pecado, la muerte y el infierno; y después les condujo fuera de aquel lugar.[18] (2) El punto de vista luterano es que Jesús descendió al Hades no para anunciar la buena nueva y ofrecer la liberación a los que allí estaban, sino para declarar completa su victoria sobre Satanás y pronunciar una sentencia de condena.[19] (3) El punto de vista tradicional anglicano es que Jesús fue al Hades, a la parte específica llamada paraíso, y allí hizo a los justos una exposición más completa de la verdad.[20] Ninguna de estas interpretaciones es adecuada. (1) La idea católico-romana de una segunda oportunidad de aceptar el mensaje del evangelio después de la muerte no parece muy coherente con otras enseñanzas de las Escrituras (por ejemplo, Lc. 16:19-31). (2) Mientras que en cualquier parte de las Escrituras la palabra κηρύσσω (*kerusso* – "predicar") constantemente hace referencia a la proclamación del evangelio, en la interpretación luterana de 1 Pedro 3:19 aparentemente se refiere a una declaración de juicio. (3) La interpretación anglicana tiene dificultades para explicar por qué los justos en el paraíso son descritos como "espíritus encarcelados."[21]

Desde luego es difícil llegar a una interpretación de 1 Pedro 3:18-19 que sea a la vez coherente internamente y consistente con las enseñanzas del resto de las Escrituras. Una posibilidad es entender este pasaje a la luz del versículo 20: Jesús predicó a los espíritus encarcelados "los que en otro tiempo desobedecieron, cuando una vez esperaba la paciencia de Dios en los días de Noé, mientras se preparaba el arca, en la cual pocas personas, es decir, ocho, fueron salvadas por agua." Según esta interpretación, Jesús fue hecho mortal en el mismo espíritu en que había predicado a través de Noé a la gente que vivió en la época anterior al diluvio. Esas personas no habían entendido el mensaje y por eso fueron destruidos. Esta predicación fue un ejemplo del ministerio profético del Jesús preencarnado (ver páginas 779-80). Algunos, por su parte, dicen que la referencia al día de Noé es figurativa o ilustrativa. Jesús había predicado en el poder del Espíritu a los pecadores de su tiempo. Ellos estuvieron tan desatentos al mensaje como los pecadores de los días de Noé y tanto como lo estarán otros antes de la

18. Joseph Pohle, *Eschatology; or, The Catholic Doctrine of the Last Things: A Dogmatic Treatise* (St Louis: B. Herder, 1917), p. 27.

19. Friedrich Loofs, "Descent to Hades (Christ's)", en *Encyclopedia of Religion and Ethics*, ed. James Hastings (New York: Scribner, 1955), vol. 4, pp. 656-57.

20. Edgar C. S. Gibson, *The Thirty-Nine Articles of the Church of England* (London: Methuen, 1906), p. 159.

21. Para una discusión más extensa sobre la interpretación de este pasaje y de todo el tema de una posible oportunidad de fe después de morir, ver Millard J. Erickson, *How Shall They Be Saved? The Destiny of Those Who Do Not Hear of Jesus* (Grand Rapids: Baker, 1996), cap. 9, esp. pp. 165-77.

segunda venida (Mt. 24:37-39). El mismo Espíritu que había conducido a Jesús al desierto para ser tentado (Mt. 4:1), le capacitó para expulsar demonios (Mt. 12:28) y le devolvió a la vida, era la fuente de sus predicaciones durante su vida para aquellos que estaban encarcelados por el pecado. Es de señalar que no hay ninguna indicación de una secuencia temporal con respecto a que el Espíritu le trajera a la vida y su predicación a los espíritus encarcelados.

El pasaje final es 1 Pedro 4:4-6, especialmente el versículo 6: "porque por esto también ha sido predicado el evangelio a los muertos, para que sean juzgados en carne según los hombres, pero vivan en espíritu según Dios." Se ha sugerido que este versículo apunta hacia un descenso de Jesús al infierno para predicar a los que espíritus que había allí. Sin embargo, suponer que Pedro quiere decir que se predicó el evangelio a gente que ya estaba físicamente muerta se enfrenta a una de las dificultades mencionadas en conexión con 1 Pedro 3:18-19: en ninguna otra parte de las Escrituras se habla de una segunda oportunidad para los muertos. Además, no existe indicación alguna de que la predicación en la que estaba pensando Pedro la hiciera Jesús. Así que parece que es mejor ver en 1 Pedro 4:6 una referencia general a la proclamación del mensaje del evangelio tanto a las personas que han muerto realmente como a las que están muertas espiritualmente (cf. Ef. 2:1; 5; Col. 2:13).

Resumiendo, los pasajes citados como evidencia de un descenso al Hades son como mucho vagos o ambiguos, y el intento de unirlos para formar una doctrina no resulta convincente. Aunque se les puede interpretar como que Jesús descendió al infierno, no hay evidencias suficientes para garantizar que el descenso al infierno se pueda establecer como una doctrina definida del cristianismo. Debido a las dificultades para intentar interpretar estos versículos como una prueba de un descenso real del espíritu de Jesús al Hades entre el momento de la crucifixión y de la resurrección, es mejor no ser dogmáticos en esta materia.

## La exaltación

### La resurrección

Hemos visto que la muerte de Jesús fue el punto bajo de su humillación; la superación de la muerte mediante la resurrección fue el primer paso en el proceso de su exaltación. La resurrección es particularmente significativa, porque infligir la muerte era lo peor que el pecado y los poderes del pecado podían hacerle a Cristo. La incapacidad de la muerte para retenerle simboliza la totalidad de su victoria. ¿Qué más pueden hacer las fuerzas del mal si alguien a quien han matado, no permanece muerto? Samuel Rayan considera la resurrección como el principio de los últimos días, un periodo en el cual Cristo está presente de una forma más radical.[22]

22. Samuel Rayan, "Indian Theology and the Problem of History," en *Society and Religion:*

Como la resurrección es tan importante, ha originado una gran controversia. Por supuesto, no hubo testigos humanos de la verdadera resurrección, ya que Jesús estaba solo en la tumba cuando sucedió el hecho. Sin embargo, encontramos dos tipos de evidencias. Primero, la tumba en la que Jesús había sido colocado estaba vacía y el cuerpo nunca apareció. Segundo, una gran variedad de personas testificaron haber visto a Jesús vivo. Se le vio en varias ocasiones diferentes y en distintos lugares. La explicación más natural de estos testimonios es que Jesús realmente estuviera vivo de nuevo. Es más, no hay otra manera (o al menos una mejor) de explicar que los discípulos pasaran de ser personas asustadas y vencidas a ser predicadores militantes de la resurrección.[23]

Una cuestión que necesita especial atención es la naturaleza de la resurrección del cuerpo. Parece haber evidencias conflictivas sobre este asunto. Por una parte, se nos dice que la carne y la sangre no van a heredar el reino de Dios, y hay otras indicaciones de que no habrá un cuerpo material en el cielo. Por otra parte, Jesús comió después de la resurrección, y aparentemente era reconocible. Es más, las marcas de los clavos en las manos y la herida de la lanza en su costado sugieren que él seguía teniendo un cuerpo material (Jn. 20:25-27). Si hemos de reconciliar este conflicto aparente, es importante tener en cuenta que Jesús estaba en ese momento resucitado, pero no había ascendido. En el momento de nuestra resurrección, nuestros cuerpos se transformarán en un único paso. Sin embargo, en el caso de Jesús, los dos eventos: la resurrección y la ascensión, se separaron en lugar de unirse en un solo paso. Así que el cuerpo que tenía en el momento de la resurrección todavía tenía que sufrir una transformación más completa en el momento de la ascensión. Todavía se tenía que convertir en el "cuerpo espiritual" del cual habla Pablo en 1 Corintios 15:44.[24]

Pero al igual que el nacimiento virginal no se debería considerar como un asunto esencialmente biológico, así tampoco se debería ver la resurrección como un hecho principalmente físico. Fue el triunfo de Jesús sobre el pecado y la muerte y todas las ramificaciones que surjan de ahí. Fue el paso fundamental en su exaltación: fue liberado de la maldición que había atraído sobre sí mismo al soportar voluntariamente el pecado de toda la raza humana.

*Essays in Honor of M. M. Thomas*, ed. Richard Taylor (Madras: Christian Literature Society, 1976), p. 188.

23. Daniel Fuller; *Easter Faith and History* (Grand Rapids: Eerdmans, 1965), pp. 181- 82; cf. Wolfhart Pannenberg, *Jesus-God and Man* (Philadelphia: Westminster, 1968), pp. 96-97.

24. Para una discusión más completa sobre la resurrección del cuerpo de Jesús, ver Millard J. Erickson, *The Word Became Flesh: A Contemporary Incarnational Christology* (Grand Rapids: Baker 1991), pp. 565-76. La posición que se toma aquí esencialmente es la misma que la de James Orr, *The Resurrection of Jesus* (New York: Hodder & Stoughton, 1908), pp. 196-202.

### Ascensión y posición a la diestra del Padre

El primer paso en la humillación de Jesús implicaba abandonar el estatus que ocupaba en el cielo y bajar a las condiciones de la tierra; el segundo paso en la exaltación implicaba dejar las condiciones terrenales y volver a asumir su lugar con el Padre. El mismo Jesús en varias ocasiones predijo que regresaría al Padre (Jn. 6:62; 14:2, 12; 16:5, 10, 28; 20:17). Lucas nos ofrece los relatos más amplios sobre la ascensión (Lc. 24:50-51; Hch. 1:6-11). Pablo también escribe sobre la ascensión (Ef. 1:20; 4:8-10; 1 Ti. 3:16), al igual que hace el autor de la carta a los hebreos (1:3; 4:14; 9:24).

En los tiempos premodernos normalmente se pensaba que la ascensión era una transición desde un lugar (la tierra) a otro (el cielo). Sin embargo, por nuestro conocimiento del espacio ahora sabemos que el cielo no es algo que está por encima de la tierra, y también parece probable que la diferencia entre la tierra y el cielo no sea algo meramente geográfico. No se puede llegar a Dios simplemente viajando lo suficientemente lejos y rápido en algún tipo de nave espacial. Dios está en una dimensión diferente de la realidad, y la transición de aquí a allí no sólo requiere un cambio de lugar, sino también de estado. Así que, en cierto modo, la ascensión de Jesús no fue únicamente un cambio físico y espacial, sino también espiritual. En aquel momento Jesús experimentó lo que quedaba de la metamorfosis empezando por la resurrección de su cuerpo.

La importancia de la ascensión es que Jesús dejó atrás la condición asociada con la vida en esta tierra. Por tanto el dolor, tanto físico como psicológico, que experimenta la gente, él dejó de sentirlo. La oposición, la hostilidad, la incredulidad, la infidelidad con la que se había encontrado fue reemplazada por la alabanza de los ángeles y la presencia inmediata del Padre. Dios le ha exaltado y le ha dado "un nombre que es sobre todo nombre, para que en el nombre de Jesús se doble toda rodilla... y toda lengua confiese que Jesucristo es el Señor, para gloria de Dios Padre" (Fil. 2:9-11). Los ángeles han reiniciado su canto de alabanza porque el Señor de los cielos ha regresado. ¡Qué contraste con el abuso y los insultos que ha sufrido en la tierra! No obstante, el canto de alabanza va más allá de lo que se cantaba antes de la encarnación. Se ha añadido una nueva estrofa. Jesús ha hecho algo que no había hecho antes de la encarnación: ha experimentado y superado personalmente la muerte.

También hay diferencias en otros aspectos. Porque ahora Jesús es el Dios–hombre. Hay una encarnación continuada. En 1 Timoteo 2:5 Pablo dice: "Pues hay un solo Dios, y un solo mediador entre Dios y los hombres: Jesucristo hombre." Esto da todas las indicaciones de que Jesús en la actualidad es un hombre que media entre Dios y nosotros. Sin embargo, la suya no es el mismo tipo de humanidad que la que nosotros tenemos, ni siquiera la humanidad que tuvo mientras estuvo aquí. Es una humanidad perfeccionada del mismo tipo que la que nosotros tendremos tras nuestra resurrección. Por tanto, su encarnación continuada no impone limitación alguna a su deidad. Al igual que nuestros cuerpos verán eliminadas muchas de sus limitaciones, así ha ocurrido con la humanidad perfecta y glorificada de Jesús, que continúa estando unida a su deidad y por tanto siempre será superior a la que nosotros podamos llegar a conseguir.

Hay razones definidas por las cuales Jesús tuvo que abandonar la tierra. Una fue para preparar un lugar para nuestra futura residencia, aunque no especificó lo que esto implicaba (Jn. 14:2-3). Otra razón por la que tenía que irse es para que pudiese venir la Tercera persona de la Trinidad: el Espíritu Santo. Una vez más a los discípulos no se les dijo por qué una cosa era requisito para que la otra se produjese, pero Jesús dijo que esto tenía que ser así (Jn. 16:7). El envío del Espíritu Santo era importante, porque mientras que Jesús sólo podía obrar en los discípulos mediante la enseñanza y el ejemplo externo, el Espíritu Santo podía obrar dentro de ellos (Jn. 14:17). Al tener más acceso al centro de sus vidas, podía obrar en ellos con más libertad. Con ello, los creyentes podrían hacer las obras que Jesús hizo, e incluso más grandes (Jn. 14:12). Y mediante el ministerio del Espíritu Santo, el Dios trino estaría presente con ellos; y de esa manera Jesús podía decir que estaría con ellos para siempre (Mt. 28:20).

La ascensión de Jesús significa que él ahora está sentado a la diestra del Padre. El mismo Jesús predijo esto en su declaración ante el sumo sacerdote (Mt. 26:64). Pedro se refiere al hecho de estar sentado a la diestra del Padre en su sermón de Pentecostés (Hch. 2:33-36) y ante el consejo (Hch. 5:31). También se menciona en Efesios 1:20-22; Hebreos 10:12; 1 Pedro 3:22 y Apocalipsis 3:21; 22:1. La importancia de todo esto es que la diestra es el lugar de distinción y de poder. Recordemos cómo Santiago y Juan deseaban sentarse a la derecha y a la izquierda de Cristo también (Mr. 10:37-40). Que Jesús se siente a la diestra de Dios no debería interpretarse como un asunto de descanso o inactividad. Es un símbolo de autoridad y de gobierno activo. La diestra es también el lugar donde Jesús está siempre intercediendo ante el Padre a nuestro favor (He. 7:25).

### *Segunda venida*

Aún queda una dimensión de la exaltación. Las Escrituras indican claramente que Cristo regresará en algún momento del futuro; el momento exacto todavía no lo sabemos. Entonces su triunfo será completo. Será el Señor victorioso, el juez de todas las cosas. En ese momento su reinado, que hasta ahora es hasta cierto punto sólo potencial, y que muchos no aceptan, será total. Él mismo ha dicho que su segunda venida sería en gloria (Mt. 25:31). El que vino en humildad, servilismo e incluso humillación, regresará en completa exaltación. Entonces todos doblarán la rodilla y confesarán que Jesucristo es el Señor (Fil. 2:10-11).

# 38. Teorías de la expiación

## Objetivos del capítulo

Después de estudiar este capítulo, debería ser capaz de:

- Identificar e ilustrar la importancia de la obra expiatoria de Cristo.
- Entender el significado de la expiación para el creyente.
- Reconocer y describir cinco teorías sobre la expiación.
- Comparar y contrastar cinco teorías de la expiación y reunir sus verdades en una teoría más amplia.

## Resumen del capítulo

El símbolo más reconocible del cristianismo es la cruz. Su importancia se fundamenta en la obra expiatoria de Cristo. Es la doctrina de la expiación la que se convierte en el punto de transición entre las doctrinas objetivas de Dios, la humanidad, el pecado y la persona de Cristo, y las doctrinas subjetivas. Esta transición es el elemento clave para equilibrar la teología cristiana y hacerla relevante para el creyente. Históricamente, el significado de la expiación ha sido controvertido. Diferentes teorías sobre la expiación se han ocupado de distintos elementos. Muchas de estas teorías no integran todos los elementos. Entre los elementos o verdades que ciertas teorías presentan están las siguientes: el ejemplo de Cristo, la demostración de la amplitud del amor de Dios, la severidad de la rectitud de Dios y la seriedad del pecado, la victoria sobre la muerte y la satisfacción por nuestros pecados. Estas verdades son evidentes en la expiación, y deberían incluirse en la explicación de la misma.

## Cuestiones de estudio

1. ¿Por qué la expiación es tan vital para la teología y la fe cristiana?
2. ¿Cómo se tiene que entender la expiación según las otras doctrinas de la fe cristiana?

3. Según las doctrinas del pensamiento sociniano sobre la expiación, ¿qué dos necesidades es necesario que cumpla la muerte de Jesús y por qué?
4. ¿Por qué debemos rechazar el punto de vista de Horace Bushnell sobre la obra expiatoria de Cristo?
5. ¿Cómo respondería a la teoría de la satisfacción de la expiación?
6. ¿Qué otras teorías sobre la expiación ha examinado y cómo respondería a ellas?

El significado de la expiación
Las principales teorías sobre la expiación
La teoría sociniana: la expiación como ejemplo
La teoría de la influencia moral: la expiación como demostración del amor de Dios
La teoría gubernamental: la expiación como demostración de la justicia divina
La teoría del rescate: la expiación como victoria sobre las fuerzas del pecado y el mal
La teoría de la satisfacción: la expiación como compensación al Padre

## El significado de la expiación

En la expiación, llegamos a un punto crucial de la fe cristiana, porque es el punto de transición, por así decirlo, de los aspectos objetivos a los subjetivos de la teología cristiana. Aquí cambiamos nuestro enfoque pasando de la naturaleza de Cristo a su papel activo a nuestro favor; aquí la teología sistemática tiene una implicación directa en nuestras vidas. La expiación ha hecho posible nuestra salvación. También es el fundamento de otras importantes doctrinas que esperan ser estudiadas: la doctrina de la iglesia trata de los aspectos colectivos de la salvación, la doctrina de las últimas cosas con de sus aspectos futuros.

La mayoría de los teólogos han reconocido de una manera o de otra la naturaleza esencial de la expiación o, haciendo un juego de palabras "lo crucial de la cruz." Emil Brunner, por ejemplo, dice: "El que entiende la Cruz correctamente... entiende la Biblia, entiende a Jesucristo."[1] Leon Morris escribió: "La expiación es la doctrina crucial de la fe. Si no somos correctos en esto importa poco, o al menos así me lo parece a mí, cómo seamos en cualquier otra cosa."[2] Dada la importancia de esta doctrina, debemos examinarla con mucha atención.

En la doctrina de la expiación vemos quizá la indicación más clara del carácter orgánico de la teología, esto es, vemos que las distintas doctrinas encajan de manera cohesionada. La posición tomada en cualquiera de ellas afecta o contri-

1. Emil Brunner, *The Mediator* (London: Lutterworth, 1934), pp. 435-36.
2. Leon Morris, *The Cross in the New Testament* (Grand Rapids: Eerdmans, 1965), p. 5.

buye a la construcción de las demás. Aquí las doctrinas de Dios, la humanidad, el pecado y la persona de Cristo se unen para definir la necesidad humana y la provisión que se tuvo que hacer para esa necesidad. Y de nuestra manera de entender estos otros asuntos doctrinales procede nuestra forma de entender las distintas facetas de la salvación: que se nos considere justos a los ojos de Dios (justificación); recibir vitalidad espiritual y dirección a nuestras vidas (regeneración); el desarrollo de la santidad (santificación). La teología, cuando se hace de forma adecuada, posee una cualidad estética. Hay una destacada simetría o equilibrio entre las distintas facetas de la doctrina. Hay una interconexión que nos recuerda la belleza de una maquina que funciona perfectamente, o de una pintura en la cual los colores se complementan entre sí, y las líneas y formas están en proporción correcta y adecuada para el cuadro en su conjunto.[3]

Nuestras doctrinas sobre Dios y sobre Cristo darán color a nuestra forma de entender la expiación. Porque si Dios es un ser muy santo, recto y exigente, entonces los humanos no podrán satisfacerle con facilidad, y es bastante probable que se tenga que hacer algo a favor de los humanos para satisfacer a Dios. Si, por otra parte, Dios es el Padre indulgente, permisivo que dice: "Vamos a dejar que los humanos se diviertan un poco de vez en cuando," entonces puede que sea suficiente con darles un poco de ánimo e instrucción. Si Cristo es únicamente un ser humano, entonces la obra realizada por él sólo sirve de ejemplo; no fue capaz de ofrecer nada en nuestro favor más allá de su ejemplo perfecto de hacer todo lo que era necesario hacer, incluida la muerte en la cruz. Sin embargo, si es Dios, su obra por nosotros fue mucho más allá de lo que nosotros podemos hacer por nosotros mismos; él sirvió no sólo de ejemplo, sino también de sacrificio por nosotros. La doctrina de la humanidad, definida con amplitud para incluir la doctrina del pecado, también afecta al conjunto del cuadro. Si los humanos están básicamente intactos espiritualmente, probablemente podrán con un poco de esfuerzo, cumplir lo que Dios quiere de ellos. Así que la instrucción, la inspiración y la motivación constituyen lo que los humanos necesitan y por lo tanto la esencia de la expiación. Sin embargo, si la humanidad es completamente depravada y en consecuencia incapaz de hacer lo correcto, sin importar lo mucho que lo deseen o lo mucho que lo intenten, entonces es necesario hacer una obra más radical a su favor.

## Las principales teorías sobre la expiación

El significado e influencia de la expiación es rico y complejo. En consecuencia, han surgido varias teorías. Dada la abundancia del testimonio bíblico sobre el hecho de la expiación, diferentes teólogos han escogido enfatizar distintos

3. Helmut Thielicke, *A Little Exercise for Young Theologians* (Grand Rapids: Eerdmans, 1962), p. 28.

textos. Su elección de los textos refleja sus ideas sobre otras áreas de la doctrina. Examinaremos varias de sus teorías, consiguiendo así una apreciación de la complejidad del significado de la expiación. Al mismo tiempo veremos lo incompletas e inadecuadas que son cada una de ellas por sí mismas.

### *La teoría sociniana: la expiación como ejemplo*

Fausto y Laelio Socinio, que vivieron en el siglo XVI, elaboraron una enseñanza cuya mejor representación hoy en día son los unitarios. Ellos rechazaban cualquier idea de la satisfacción vicaria.[4] Hicieron un reconocimiento formal de los tres oficios de Cristo, pero en la práctica neutralizaron el oficio sacerdotal de dos maneras. Primero, mantuvieron que el ministerio de Jesús durante sus días en la tierra fue más profético que sacerdotal. Segundo, afirmaban que su papel sacerdotal, cuyo lugar es el cielo, coincide con su oficio de rey en lugar de distinguirse de él. El nuevo pacto del que habla Jesús implica un perdón absoluto en lugar de cierto tipo de sacrificio sustitutorio. El valor real de la muerte de Jesús se encuentra en el ejemplo bello y perfecto del tipo de dedicación que deberíamos practicar. La resurrección de Jesús es importante porque es la confirmación de sus enseñanzas y promesas. Para probar que el significado de la muerte de Cristo radica en cómo ésta nos sirve de ejemplo los socinianos apuntan hacia 1 Pedro 2:21: "Para esto fuisteis llamados, porque también Cristo padeció por nosotros, dejándonos ejemplo para que sigáis sus pisadas." Otros pasajes citados incluyen 1 Juan 2:6: "El que dice que permanece en él, debe andar como él anduvo." Sin embargo, sólo en 1 Pedro 2:21 encontramos una conexión explícita entre el ejemplo de Cristo y su muerte.[5]

Varios conceptos sostienen el entendimiento sociniano de la expiación. Uno es el punto de vista pelagiano de que la condición humana es capaz de cumplir espiritual y moralmente las expectativas de Dios. Otro es el concepto de que Dios no es un Dios de justicia retributiva, y por tanto no exige algún tipo de satisfacción por parte o en nombre de quien peca contra él. Finalmente, está el concepto de Jesús como meramente humano. Su muerte fue la de un simple humano en un mundo caído y pecador. Es importante, no de forma sobrenatural, sino como la expresión final de su papel como gran maestro de rectitud. Su muerte fue el ejemplo supremo de un hombre cumpliendo lo que Jehová requiere: "hacer justicia, amar misericordia y humillarte ante tu Dios" (Mi. 6:8). Jesús no sólo se limitó a decirnos que el primer y más grande mandamiento es "Amarás al Señor tu Dios con todo tu corazón, con toda tu alma, con todas tus fuerzas y con toda tu mente" (Lc. 10:27). También demostró lo que esto implicaba, y ha probado que un ser humano puede hacerlo. La muerte de Jesús,

4. Fausto Socinio, *De Jesu Christo servatote* 1.1.
5. Fausto Socinio, *Christianae religiones institutio* 1.667.

por tanto, es el ejemplo y la realización perfecta de lo que buscaba enseñar a lo largo de su vida. Como extensión de sus enseñanzas, sólo es cuantitativamente diferente de ellas.

Desde la perspectiva sociniana, la muerte de Jesús cumple dos necesidades humanas. Primero, cumple la necesidad de encontrar un ejemplo de ese amor total por Dios que debemos mostrar si queremos experimentar la salvación. Segundo, la muerte de Jesús nos da inspiración. El ideal del amor total por Dios es tan elevado que parece casi inalcanzable. La muerte de Jesús es la prueba de que tal amor entra dentro de la esfera de la realización humana. Lo que él pudo hacer, ¡nosotros también podemos hacerlo!

El punto de vista sociniano, por supuesto, debe enfrentarse al hecho de que numerosas porciones de las Escrituras parecen considerar la muerte de Jesús de forma bastante diferente. Hablan de rescate, sacrificio, sacerdocio, de soportar el pecado, y cosas similares. Fijémonos, de hecho, en la frase que sigue a los tres versículos del texto favorito de los socinianos (1 P. 2:21): "Él mismo llevó nuestros pecados en su cuerpo sobre el madero, para que nosotros, estando muertos a los pecados, vivamos a la justicia. ¡Por su herida habéis sido sanados!" (v. 24). La respuesta habitual de los socinianos y de otros que tienen sus convicciones es que la expiación es sólo un concepto metafórico.[6] Todo lo que se necesita, según ellos, para que Dios y el hombre tengan una relación de comunión es que el humano tenga fe y amor por Dios. Porque que Dios hubiera requerido algo más sería algo contrario a su naturaleza, y haber castigado a un inocente (Jesús) en lugar de a los culpables, hubiera sido contrario a la justicia. Más bien, se ha restaurado la relación que se pretendía que tuvieran Dios y los humanos mediante nuestra adopción personal de las enseñanzas de Jesús y del ejemplo que supuso su vida y especialmente su muerte.

### *La teoría de la influencia moral: la expiación como demostración del amor de Dios*

Otro punto de vista que enfatiza que el principal efecto de la muerte de Cristo se produce en los humanos es la denominada "teoría de la influencia moral" de la expiación. Sin embargo, al contrario que la teoría sociniana que resalta la naturaleza humana de Cristo y considera su muerte como un ejemplo del amor que tenemos que mostrar hacia Dios, la teoría de la influencia moral ve la muerte de Cristo como una demostración del amor de Dios; resalta la dimensión divina de Cristo.

La teoría de la influencia moral fue desarrollada primero por Pedro Abelardo como reacción al punto de vista de Anselmo. Anselmo pensaba que se necesitaba la encarnación debido a que nuestro pecado es una ofensa contra la dignidad moral

6. Socinio, *De Jesu Christo servatote* 1.3.

de Dios, en consecuencia, debe haber alguna forma de compensación a Dios. Abelardo, por otra parte, resaltaba la primacía del amor de Dios e insistía en que Cristo no hizo ninguna especie de pago de sacrificio al Padre para satisfacer su dignidad ofendida. Más bien, Jesús demostró a la humanidad toda la extensión del amor de Dios hacia ellos. Era el temor de la humanidad y su ignorancia de Dios lo que necesitaba ser rectificado. Esto se consiguió con la muerte de Cristo. Así que el principal efecto de la muerte de Cristo se produjo sobre los humanos y no sobre Dios.[7]

Esta teoría no recibió un apoyo inmediato. Sin embargo, tiempo después ganó popularidad cuando la expuso otro de sus defensores. Horace Bushnell (1802-76) la popularizó en Estados Unidos, mientras que probablemente su representante más destacado en Gran Bretaña fue Hastings Rashdall. Nuestra exposición la hemos extraído principalmente del pensamiento de estos hombres.

Los defensores de la teoría de la influencia moral mantienen que la naturaleza de Dios es esencialmente el amor. Minimizan cualidades como la justicia, la santidad y la rectitud. Según esto, concluyen que los humanos no tienen que temer la justicia y el castigo de Dios. Por tanto, su problema no es que hayan violado la ley de Dios y que les vaya a castigar, y de hecho debe hacerlo; sino que las actitudes humanas les mantienen separados de Dios.

Nuestra separación y alejamiento de Dios puede tener diferentes formas. Puede que no nos demos cuenta de que nuestra desobediencia es una fuente de dolor para Dios. O puede que no nos demos cuenta de que a pesar de todo lo que ha ocurrido, Dios sigue amándonos. Puede que temamos a Dios, o puede que le culpemos de los problemas que tenemos en nuestra relación con él, o incluso con el mundo en general. Sin embargo, si nos arrepintiéramos y volviéramos nuestra confianza y fe hacia Dios, habría reconciliación, porque la dificultad no reside en la habilidad de Dios para perdonar. Nada en su naturaleza requiere la satisfacción o rectificación de nuestros pecados. La dificultad está en nosotros.[8] Bushnell considera el pecado como un tipo de enfermedad de la que debemos ser curados. Para corregir este defecto nuestro es para lo que vino Cristo.

Bushnell defiende con fuerza la empatía de Cristo. Es adecuado pensar que Cristo sentía un gran amor hacia los humanos incluso antes de la encarnación; él ya llevaba la carga de ellos. Mientras que las teorías más objetivas sobre la expiación (por ejemplo, las teorías que resaltan que el principal efecto de la muerte de Cristo es sobre algo externo a los humanos) entienden la muerte de Cristo como la razón de su venida, Bushnell mantiene que él vino para demostrar el

7. Pedro Abelardo, *Comentario a la epístola a los romanos* 3:26; 5:5.

8. Hastings Rashdall, *The Idea of Atonement in Christian Theology* (London: Macmillan, 1920), p. 26.

amor divino. Su muerte fue meramente una de las formas (aunque sin duda la más impactante de todas) de expresar su amor. Por lo tanto, la muerte de Jesús fue un incidente o circunstancia que le permitió demostrar su amor. Como dice Bushnell, "la expiación [de Jesús], tomada como un hecho en el tiempo, no se estableció ante él como fin, u objeto de su ministerio – esto lo habría convertido en un mero espectáculo de sufrimiento, sin dignidad racional, o carácter, pero cuando sucedió, fue sencillamente la mala suerte tal clase de obra, perseguida con gran devoción, suele encontrarse en el camino.[9] Su muerte no fue el propósito, sino la consecuencia de su venida.

Desde el punto de vista de Bushnell el fin u objeto de la venida de Jesús no era "cancelar la deuda de nuestro pecado" o "satisfacer la justicia divina para nosotros." Señala que, aunque presentado en varios contextos y en asociación con diversas imágenes e ideas, el propósito de la muerte al igual que el de la vida de Jesús se explica de forma coherente a lo largo de las Escrituras. El objetivo de Jesús se encuentra en sus propias palabras "porque el Hijo del hombre vino a buscar y a salvar lo que se había perdido" (Lc. 19:10); "Yo para esto he nacido y para esto he venido al mundo: para dar testimonio de la verdad" (Jn. 18:37). Pablo dijo que "Dios estaba en Cristo reconciliando consigo al mundo" (2 Corintios 5:19). Aunque la forma de expresión varíe, todos estos pasajes tienen una idea común. Bushnell resume: "Tomando estos pasajes y todos los distintos pasajes de las Escrituras, concebimos una transacción que desarrolla carácter en las almas; un cambio de vida interno regenerador, salvador, sujeto a la verdad, que todo lo restablece – en una palabra el establecimiento del reino de Dios, o del cielo, entre los hombres, y finalmente la reunión la incorporación a ello de un nuevo mundo."[10]

Curar almas es la auténtica obra que Jesús vino a hacer. La humanidad tenía una urgente necesidad de este tipo de curación. Esta necesidad es mayor que la necesidad de los que se acercaron a Jesús durante su vida con sus problemas físicos. Los humanos no sólo necesitan la absolución del pecado, sino que se les libere de él. Los humanos pueden ser curados y reconstituidos, por así decirlo, debido al sacrificio y el sufrimiento de Jesús. Su muerte ha hecho posible el cumplimiento de las tres necesidades más básicas de la humanidad:

1. La humanidad necesita una apertura a Dios, una inclinación a responder a su llamada al arrepentimiento. Piense en la situación de Adán y Eva en el jardín del Edén después de haber pecado. No querían ver a Dios; tenían miedo de él y trataban de esconderse o escapar de él. Esta es la respuesta natural de un pecador ante el acercamiento de Dios: pavor, miedo, evitación. Entendiendo

9. Horace Bushnell, *The Vicarious Sacrifice, Grounded in Principles of Universal Obligation* (New York: Scribner, 1866), pp. 130-31.

10. Ibid., p. 132.

nuestra reacción, Cristo no nos muestra principalmente su infinita santidad y pureza, sino que se introduce en nuestra situación, muriendo con la muerte más amarga concebible. Bushnell describe su poderoso efecto sobre nosotros: En una palabra le vemos entrar tan profundamente en nuestra situación, que nos ablandamos y nos sentimos atraídos hacia él, y empezamos a desear que entre más profundamente, para sentirlo con más fuerza. De esta manera se produce un punto muy importante en nuestra recuperación. Nuestro corazón es tocado antes de ser quebrantado. Apreciamos al Amigo antes de amar al Salvador."[11] Por tanto Jesús mediante su muerte ha cumplido nuestra primera necesidad como seres humanos pecadores: ha eliminado nuestro temor a Dios.

2. La segunda necesidad humana es la de una convicción genuina y profunda sobre el pecado personal y el arrepentimiento subsiguiente. Seguramente tenemos un sentimiento superficial de remordimiento cada vez que hacemos algo mal. También sabemos que la ley de Dios dicta una sentencia dura y directa sobre el pecado. Sin embargo, lo que es necesita es una convicción del pecado mejor, más sensible y más penetrante. Además de la concienciación objetiva, intelectual de que se ha actuado mal que es lo que ofrece la ley, lo que necesitamos es una convicción interna profunda que conduzca a un sentimiento de pena genuino de lo que le hemos hecho a Dios. Cuando le vemos a él, a quien hemos herido con nuestro pecado, nos ablandamos. Al contrario que Judas, que se fue y se suicidó, nosotros no nos sentiremos desanimados, endurecidos o rechazados por el dolor que acompaña al reconocimiento de nuestro pecado; más bien, daremos la bienvenida a la angustia. Como Pablo al oír las palabras "Yo soy Jesús, a quien tú persigues" (Hch. 9:5), nos daremos cuenta de que nuestra resistencia a Dios ha desaparecido. Nos volveremos con amor hacia Jesús.[12]

3. La humanidad también necesita inspiración. Aunque tenemos descripciones abstractas de la santidad que tenemos que personificar, es cuando la vemos expuesta de forma práctica y personal cuando se hace real para nosotros. No queremos definiciones teológicas de Dios, dice Bushnell. En su lugar, "queremos un amigo, a quien podamos sentir como hombre, y que sea lo suficientemente adecuado para que nosotros lo aceptemos y amemos."[13]

Bushnell habla mucho del cambio que es necesario que se produzca en nosotros.[14] Habla de que volvemos a nacer, somos creados de nuevo, avivados. Este cambio es posible gracias a la obra que Cristo realizó de forma especial con su muerte. Humanizó a Dios, trayéndolo a nuestro plano. Conocemos a Jesús de la misma manera que nos conocemos unos a otros.[15]

11. Ibid., p. 154.
12. Ibid., p. 154-55.
13. Ibid., p. 155.
14. Ibid., p. 156.
15. Ibid., p. 220.

Según Bushnell, uno de los alicientes más poderosos para amar y confiar en Dios es darse cuenta de que él también ha sufrido debido al mal. Hay una tendencia humana a preguntar por qué Dios no elimina el mal del mundo, o incluso a culparle a él por su existencia. Saber que Dios es grande y completamente suficiente nos conduce en esa dirección y también a la asunción de que Dios no puede sufrir, al ser infinito e inmutable. La muerte de Cristo, sin embargo, es evidencia de que el pecado del mundo no se ajusta a los ojos de Dios de la manera que una visión desagradable se ajustaría a un ojo de cristal. La muerte de Cristo deja claro que Dios tiene sensibilidad hacia el dolor que el pecado trae sobre nosotros. No se debe culpar a Dios por los pecados que sufre el mundo. Como siente el poder y la tragedia su respuesta básica no es la condenación, sino la compasión.[16] Un Dios así provoca nuestro amor y confianza.

#### *La teoría gubernamental: la expiación como demostración de la justicia divina*

Los puntos de vista precedentes sobre la expiación han dibujado a Dios básicamente como un ser compasivo e indulgente. Mantiene que para recuperar el favor de Dios únicamente es necesario hacer todo lo que podamos o responder al amor de Dios. Seguir este punto de vista podría conducirnos al antinomianismo. Sin embargo, la ley de Dios es un asunto serio y violarla o no tomarla en consideración no es un asunto que deba tomarse a la ligera. La llamada teoría gubernamental enfatiza la seriedad del pecado. Es una visión mediadora con elementos tanto objetivos (la expiación se considera que satisface las demandas de justicia) como subjetivos (se considera que la muerte de Cristo es disuasoria para el pecado haciendo que el pecador se dé cuenta de la gravedad de lo que significa pecar).

El mayor defensor de la teoría gubernamental fue Hugo Grotius (1583-1645), por formación más abogado que clérigo. En consecuencia, incluyó en su examen de la expiación el tipo de consideraciones que serían importantes para un jurista. Desarrolló la teoría en respuesta a los socinianos, cuya idea sobre la expiación consideraba que estaba demasiado centrada en el hombre.[17] Se había educado en las enseñanzas calvinistas, pero se convirtió en arminiano.[18]

Para entender el punto de vista de Grotius debemos comenzar por su concepto de la naturaleza de Dios. Dios es un ser muy santo y recto que ha establecido ciertas reglas. El pecado supone la violación de esas reglas. Sin embargo, estas violaciones no deben considerarse ataques a la persona de Dios como ser

16. Ibid., p. 223-25.

17. L. W. Grenstad, *A Short History of the Doctrine of the Atonement* (Manchester: Manchester University Press, 1920), p. 290.

18. John Miley, *The Atonement in Christ* (New York: Phillips & Hunt, 1879), p. 199.

individual privado. Más bien, como dirigente, su preocupación por la ley es como la de un administrador. El derecho a castigar va unido al oficio de dirigir. Por tanto, Dios como gobernante tiene derecho a castigar el pecado, porque el pecado de forma inherente merece ser castigado.[19]

Las acciones de Dios se deben de entender, no obstante, a la luz de su atributo predominante, esto es, el amor. Dios ama a la raza humana. Aunque tiene derecho a castigarla por su pecado, no es necesario ni obligatorio que lo haga. Puede perdonar el pecado y absolver a los humanos de su culpa. Sin embargo, el asunto es la manera en que se hace eso. Él ha escogido hacerlo de tal manera que manifiesta tanto su clemencia como su severidad. Dios puede perdonar el pecado, pero también toma en consideración los intereses de su gobierno moral.[20]

Según Grotius, es posible que Dios relaje la ley de manera que no sea necesario un castigo específico o una pena por cada violación de la misma. Sin embargo, ha actuado de manera que mantiene los intereses del gobierno. El papel de Dios aquí es el de un gobernante más que el de un prestamista o un amo. Un prestamista puede cancelar una deuda si elige hacerlo. Un amo puede castigar o no según sea su deseo. Sin embargo, un gobernante no puede simplemente ignorar o pasar por alto la violación de las reglas. No puede actuar según su capricho, sus deseos personales en un momento dado. Más bien, debe actuar teniendo en mente los intereses más adecuados para aquellos que están bajo su autoridad.[21]

Lo que más le interesaba a la humanidad era que Cristo muriera. El perdón de sus pecados, si se ofreciese con demasiada libertad, acabaría por minar la autoridad y la eficacia de la ley. Por tanto, era necesario tener un sacrificio que proporcionase base para el perdón y a la vez conservara la estructura del gobierno moral. La muerte de Cristo sirvió para cumplir ambos fines. Al describir la muerte de Cristo, Grotius utilizó el término "sustitución penal." No quería decir que la muerte de Cristo fuera una pena infligida a él como sustituto de la pena que debería ir unida a los pecados de la humanidad. Más bien, Grotius consideraba que la muerte de Cristo era un sustituto de la pena.[22] Lo que Dios hizo a través de la muerte de Cristo fue demostrar que la justicia de Dios requerirá que suframos si continuamos en pecado. Subrayando la seriedad de romper la ley de Dios, lo horrendo del pecado, esta demostración de la justicia de Dios es más impresionante a la vista de quién era y lo que era Cristo. La visión del sufrimiento que Cristo soportó es suficiente para alejarnos del pecado. Y si le damos la espalda al pecado, podemos ser perdonados y el gobierno moral de

19. Hugo Grotius, *Defensio fidei catholicae de satisfactione Christi adversus Faustem Socinum* 5.
20. Ibid.
21. Ibid., 2-3.
22. Ibid., 5.

Dios se puede conservar. Por tanto, debido a la muerte de Cristo es posible que Dios perdone nuestros pecados sin que se produzca una rotura en la fibra moral del universo.

Según la teoría gubernamental, los sufrimientos de Cristo son una expiación por el pecado. Sin embargo, la interpretación de Grotius sobre esta declaración es bastante diferente a la de alguien como Anselmo. Según la perspectiva de Anselmo, que a veces se denomina "teoría de la satisfacción" de la expiación, la muerte de Cristo fue una pena real que se le impuso como sustituto de la pena que debería ir unida a la infracción de la ley por parte de los pecadores individuales. Grotius no está de acuerdo. Cree que la muerte de Cristo no fue un castigo; al contrario, hizo que el castigo fuera innecesario. De hecho, según Grotius, no se podía vincular o transferir ninguna pena a Cristo, porque el castigo no se puede transferir de una persona a otra. El castigo es personal e individual. Si se pudiera transferir, la conexión entre el pecado y la culpa quedaría separada. El sufrimiento de Cristo, entonces, no fue una manera de soportar de manera vicaria nuestro castigo, sino que fue una demostración del odio que Dios sentía hacia el pecado, una demostración que intentaba inducirnos a sentir horror hacia el pecado. Cuando le damos la espalda al pecado, podemos ser perdonados. Por tanto, incluso en ausencia de castigo, la justicia y la moral se mantienen.

Una implicación del punto de vista de Grotius es que Dios no inflige el castigo como una forma de retribución estricta. El pecado no se castiga simplemente porque merezca ser castigado, sino por las obligaciones del gobierno moral. El fin del castigo no es la retribución, sino la disuasión de cometer más pecados, ya sea por la persona que ha sufrido el castigo o por terceras personas que han observado el mismo. El pecado, sin duda, merece castigo (es más, es el único fundamento para el castigo), y Dios no sería injusto aplicando la pena para el pecado en cada caso. Por tanto, no es injusticia cuando alguien es castigado. Pero el castigo no necesita ser aplicado en todos los casos, ni en toda su extensión.

Según lo anterior debería resultar claro que Grotius era un oponente activo del antinomianismo en todas sus formas, como han sido los últimos defensores de la teoría gubernamental. Según su manera de verla, la teoría sociniana de que la expiación es esencialmente un hermoso ejemplo de cómo deberíamos vivir es una base insuficiente para vivir de forma genuinamente santa, porque no hay consecuencias que vayan unidas a la incapacidad para vivir una vida santa. Tiene que animarse a la gente hacia la bondad y a la vez apartarla del mal. Incluso la teoría de la satisfacción fomenta el que no se tenga en consideración la ley. Porque si la muerte de Cristo es un equivalente exacto del castigo por nuestros pecados, entonces no existe posibilidad real de castigo futuro para nosotros y podemos hacer todo lo que queramos. Una vez que Cristo murió por nosotros, ya no hay necesidad de que se nos castigue. Grotius creía que su esquema, por el contrario, tenía la ventaja de marcar en la humanidad la seriedad de todo pecado.

En la teoría gubernamental hay un elemento objetivo. La muerte era una ofrenda real hecha por Cristo a Dios. Mediante este acto Dios una vez y para todos fue capaz de tratar con clemencia a la humanidad. La expiación tuvo un impacto en Dios. Pero principalmente la teoría gubernamental es una teoría subjetiva sobre la expiación: el impacto más destacado se produjo en los seres humanos. El propósito de la muerte de Cristo no era satisfacer las demandas de la misma naturaleza de Dios para que él pudiera hacer lo que de otra manera no podría haber hecho, esto es, perdonar los pecados. Más bien, la muerte de Cristo permitió a Dios perdonar los pecados o exonerar del castigo de manera que no hubiera consecuencias desfavorables o efectos adversos sobre los humanos. El sufrimiento de Cristo sirve como disuasión para el pecado dejando impreso en nosotros la gravedad del pecado. Cuando le damos la espalda al pecado, podemos ser perdonados. Nuestra necesidad de ser castigados ha sido eliminada, y sin embargo, al mismo tiempo, el gobierno moral y la autoridad de la ley se han mantenido. Por tanto, a la larga, el impacto principal de la expiación se produce en los humanos.

Desde el punto de vista de Grotius que Cristo se ofreciese a sí mismo fue satisfacción suficiente para mantener el gobierno moral, y por tanto Dios fue capaz de exonerar del pecado de manera que no hubo consecuencias adversas para la humanidad. Los socinianos objetan que la satisfacción y la exoneración son mutuamente excluyentes. Si Dios requiere o acepta la satisfacción por los pecados no existe realmente la misericordia ni la gracia. Pero Grotius distingue entre el pago total de una deuda y la satisfacción. Estudiosamente evita la noción legalista de que Dios en todos los casos requiera una pena equivalente para una ofensa. Si hubiera un pago total y completo, no habría un perdón real. Pero la satisfacción que se acepta como suficiente para el propósito del gobierno no excluye ni impide la clemencia por parte de Dios. No requiere la pena completa. Por lo tanto hay una exoneración verdadera. En lugar de insistir en que se pague la pena hasta las últimas consecuencias, la naturaleza amorosa de Dios desea perdonarnos. Es casi como si, en su deseo de perdonar el pecado, Dios hubiera buscado una excusa para no exigir todas las consecuencias. Encontró esta oportunidad en la muerte de Cristo, considerándola suficiente para conservar su gobierno moral.

Una cosa que nos llama la atención cuando examinamos la teoría gubernamental es la falta de una base bíblica explícita. Buscamos en vano en la obra de Grotius textos bíblicos específicos que comuniquen su idea principal. Más bien, vemos en funcionamiento la mente del abogado, que se centra en los principios generales de las Escrituras y extrae ciertas inferencias de ellos. El verso que se cita como apoyo directo a la teoría de que la muerte de Cristo fue exigida por la preocupación de Dios por conservar su gobierno moral y la ley cuando perdona el pecado es Isaías 42:21: "Jehová se complació por amor de su justicia en magnificar la Ley y engrandecerla." Otras Escrituras se utilizan como evidencia de los elementos contextuales de la teoría gubernamental de la expiación. A este respecto la exposición de John Miles sobre la expiación es bastante reveladora. Enumera listas de textos que hablan de ira divina, rectitud divina y sacrificio mediante el sufrimiento, pero no menciona textos que tratan la idea de la expiación en sí misma o más correctamente, que definan la expiación.[23] Los versos que cita describen varios aspectos (por ejemplo, el sufrimiento de Cristo), pero no entran en el carácter esencial de la expiación o la manera en que funciona. Por tanto, mientras que otras teorías toman una declaración bíblica explícita sobre la naturaleza de la expiación y la enfatizan más que otras, la teoría gubernamental funciona deductivamente de alguna de las enseñanzas y los principios generales de las Escrituras.

### *La teoría del rescate: la expiación como victoria sobre las fuerzas del pecado y el mal*

La teoría que más dice haber sido el punto de vista estándar en los inicios de la historia de la iglesia es probablemente la denominada teoría del rescate. Gustaf Aulen la ha denominado la teoría clásica,[24] y en muchos aspectos esa designación es correcta, porque en distintas formas domina el pensamiento de la iglesia hasta los tiempos de Anselmo y Abelardo. Incluso fue la forma principal en la que Agustín entendió la expiación, y por tanto disfrutó del inmenso prestigio que su nombre concedía.

Los dos autores más importantes que empezaron a desarrollar la teoría del rescate fueron Orígenes y Gregorio de Nisa. Orígenes consideraba la historia bíblica como la representación de un gran drama cósmico. Por esta razón su punto de vista sobre la expiación también se denominó la visión "dramática."En la lucha cósmica entre las fuerzas del bien y del mal, Satanás estableció el control sobre la humanidad. Ireneo entre otros, sugirió que mediante un acto de agresión injusta se estableció el control.[25] Pero sea como fuere que se consiguió, Satanás ahora es el poder que está gobernando el mundo. Como gobernador del mundo sus derechos no se pueden simplemente dejar de lado, porque Dios no se rebajará a usar las técnicas utilizadas por el demonio; Dios no "robará" la humanidad, por así decirlo. El principal problema de los humanos, por tanto, es su esclavitud a un dueño incompetente, esto es, Satanás.

Orígenes enfatiza la declaración de Pablo de que hemos sido comprados por precio (1 Co. 6:20). Pero Orígenes pregunta, ¿de quién hemos sido comprados?

23. Miley, *Atonement*, pp. 245-65.

24. Gustaf Aulen, *Christus Victor: An Historical Study of the Three Main Types of the Idea of the Atonement*, trad. A. G. Herbert (New York: Macmillan, 1931), p. 20.

25. Ireneo, *Contra las herejías* 5.1.1.

Desde luego debe haber sido de aquel a quien servíamos. Él debe haber puesto el precio.

> Ahora es el demonio el que nos tiene, a cuyo lado hemos sido atraídos por nuestros pecados. Así que, pidió como precio la sangre de Cristo. Pero hasta que la sangre de Jesús, que era tan preciosa que sirvió por sí misma como redención de todo, fue entregada, era necesario que aquellos que estuvieran bajo la ley dieran su sangre por sí mismos (por ejemplo, en la circuncisión) como si fuera una imitación de la redención que iba a producirse.[26]

El texto sobre el que Orígenes y otros que defienden la teoría del rescate confían con más fuerza es en la frase de Jesús de que ha venido a ofrecer su vida en rescate por todos (Mt. 20:28; Mr. 10:45). ¿A quién se pagó este rescate? Desde luego no a Dios. Él no se pagaría a sí mismo un rescate. Más bien, debe haber sido pagado al maligno, porque era él el que nos mantenía cautivos hasta que el rescate, o sea, el alma de Jesús, se pagó.[27]

Nótese que en la formulación de la doctrina de Orígenes, fue Satanás y no Dios el que exigía la sangre de Cristo, iniciando así este aspecto de la transacción. Así que el rescate fue determinado por Satanás y pagado a y aceptado por él. Esto mitiga hasta cierto punto el cargo que la teoría del rescate hace de que Dios es de alguna manera un traficante deshonesto. Desde luego, Satanás fue engañado, pero es más correcto decir que se engañó a sí mismo, y de dos maneras según Orígenes. Primero, Satanás creía que podía ser el señor del alma de Jesús; la resurrección de Jesús probó que esto no era así. Segundo, Orígenes sugiere en alguna parte que el demonio no percibió que la humanidad, liberada parcialmente por las enseñanzas y milagros de Cristo, sería completamente liberada con su muerte y resurrección. Así que Satanás liberó a la raza humana, sólo para encontrarse con que no podía retener a Cristo, a quien había aceptado como cambio por la humanidad.[28]

Un siglo después, Gregorio de Nisa desarrolló la teoría de Orígenes sobre la expiación. La primera preocupación de Gregorio era mantener la justicia de Dios. Según su razonamiento como la esclavitud en la que nos encontramos es culpa nuestra, nuestra libre elección, habría sido injusto privar a Satanás de sus cautivos mediante un método arbitrario.[29] Esto habría sido robar a Satanás lo que era suyo por derecho. Así que tuvo que producirse una transacción. Debido a su propio orgullo y codicia, Satanás aceptó rápidamente un precio que él consideraba mucho más valioso que las almas que mantenía cautivas, esto es, la vida

26. Orígenes, *Comentario sobre romanos* 2:13.
27. Orígenes, *Comentario sobre Mateo* 13:28.
28. Ibid.
29. Gregorio de Niza, *Gran catecismo* 22.

de Cristo. Sin embargo, Satanás no se dio cuenta de que la deidad de Dios estaba envuelta en su cuerpo humano.[30] La deidad de Cristo estaba deliberadamente oculta a los ojos de Satanás para que él aceptara a Jesús como rescate.

Gregorio reconoce que Dios engañó a Satanás: "La deidad estaba oculta bajo el velo de nuestra naturaleza, para que, como hace un pez hambriento, el anzuelo de la Deidad pudiera ser engullido junto con el cebo de la carne."[31] Además de reconocer el engaño, Gregorio lo justifica. Argumenta que hay dos requisitos para que un acto sea justo. Uno es que todos deberían tener su merecido; el otro es que la motivación que haya tras el acto debería ser el amor de la humanidad. En la redención llevada a cabo por Dios las dos condiciones se cumplen. Es adecuado que se utilice el engaño con Satanás porque él ganó su poder sobre la humanidad mediante el engaño, utilizando el cebo del placer sensual. Mientras que podría parecer un problema que Dios utilice el engaño se consiente siempre que Satanás sea condenado, Gregorio resalta la diferencia de objetivo y propósito:

> Pero cuando se considera el objetivo y el propósito de lo que sucedió, se produce un cambio en la dirección del más noble; porque mientras que él, el enemigo, efectuó su engaño para la ruina de nuestra naturaleza, Él que es el justo, el bueno y el sabio, utilizó Su plan, en el cual había engaño, para la salvación del que había perecido, y esto no sólo benefició al perdido, sino también a aquel que había traído nuestra ruina.[32]

El engaño de Dios sobre Satanás se justifica porque se hizo por un buen propósito, lo cual parece casi sugerir que "el fin justifica los medios."El comentario crítico de que el acto del engaño fue beneficioso para Satanás al igual que para nosotros no se explica con más profundidad.

A Gregorio y Rufino les gustaba particularmente la imagen del anzuelo y el cebo. Incluso pensaban que Job 41:1 ("¿Pescarás tú al leviatán con un anzuelo o sujetándole la lengua con una cuerda?") puede haber sido una anticipación de la expiación.[33] Gregorio el grande comparó la cruz con una red para capturar pájaros,[34] e incluso Agustín comparaba la cruz con una trampa para ratones, con la sangre de Cristo sirviendo de cebo.[35]

Tal como desarrolló la teología occidental, la idea de la justicia se desarrolló con mayor profundidad. Esto no es algo sorprendente, dada la influencia dominante del sistema judicial romano. Manteniendo que el engaño de Satanás no debería considerarse como algo que Dios hizo, sino como algo que permitió con

30. Ibid., 23.
31. Ibid., 24.
32. Ibid., 26.
33. Ibid., 24.
34. Gregorio Magno, *Moralis espositio in Job* 33.15.
35. Ver Pedro Lombardo, *Sententiae* 3.19.

justicia, Agustín desarmó el cargo de que Dios había sido injusto o deshonesto.[36] En Agustín no hay ningún indicio de que se hubiera encubierto la deidad de Cristo para engañar a Satanás. Más bien, Satanás fue víctima de su propio orgullo, porque pensó que podría vencer y retener a Cristo, cuando en realidad él no tenía un poder de ese tipo. Como Jesús nunca había pecado, y por tanto no estaba sujeto a la muerte, no estaba bajo el control de Satanás.[37]

De cualquier forma que se exprese la teoría en el periodo primitivo, el tema dominante era la victoria sobre Satanás y la liberación de la humanidad de su servidumbre ante él. De entre los teólogos notables de este tiempo que no adoptaron la teoría del rescate casi sólo tenemos a Gregorio Nazianceno y Atanasio. Una figura posterior que en cierta manera también reconoció la incongruencia de la idea de que Dios habría hecho un trato así con Satanás fue Juan de Damasco. A él le parecía repugnante creer que Dios pudiera ofrecer a Cristo al enemigo. No teniendo ninguna otra teoría de la que echar mano, Juan acepto que la expiación era en esencia un triunfo de Dios, pero mantenía que el poder que había atrapado a la humanidad, y que a su vez había sido atrapado por Dios era la muerte y no el mal. Dios al ofrecer a su Hijo destruyó la muerte:

> ¡Que Dios prohíba que la sangre del Señor se ofrezca al tirano! La muerte se acerca, y tragándose el cuerpo como cebo que está amarrado al anzuelo de la divinidad, y después de probar un cuerpo sin pecado y lleno de vida propia, perece, y expulsa de nuevo todo lo que anteriormente había engullido. Porque al igual que la oscuridad desaparece cuando aparece la luz, así la muerte es expulsada ante el asalto de la vida, que trae vida para todos, pero muerte para el destructor.[38]

Con el auge de las teorías de Anselmo y Abelardo, la teoría del rescate, al menos en la forma en la que hemos expuesto, perdió su supremacía. En tiempos más recientes, Gustaf Aulen la ha restablecido. La denomina la "visión clásica,Î manteniendo que, cualquiera que sea la forma en que se exprese la teoría, su punto esencial es el triunfo de Dios.[39]

Como la teoría del rescate mantiene que la expiación de Cristo no estaba dirigida principalmente hacia la humanidad, es una teoría objetiva de la expiación. Seguramente el propósito final de la muerte de Cristo fue la liberación de la raza humana. Sin embargo, esto se consiguió mediante una obra que se relacionaba principalmente con un tercero; como resultado de esa obra se produjo una alteración en la condición humana. La teoría del rescate es especial entre las teorías de la expiación al decir que los efectos directos del sacrifico de

36. Agustín, *De trinitate* 13.12.
37. Ibid., 13.14.
38. Juan de Damasco, *Exposición de la fe ortodoxa*, 3.27.
39. Aulen, *Cristos Victor* pp. 26-27.

la muerte de Cristo no fueron ni para Dios ni para los humanos. Más bien, en la primitiva y más común versión de esta idea, era el demonio contra quien iba dirigida la muerte de Cristo. La obra de Cristo en relación con Dios era secundaria en este punto.

### *La teoría de la satisfacción: la expiación como compensación al Padre*

De todas las teorías que estamos examinando en este capítulo, la que considera con más claridad que el principal efecto de la muerte de Cristo es objetivo se denomina normalmente teoría comercial o de la satisfacción. Resalta que Cristo murió para satisfacer un principio que está en la naturaleza misma del Padre. No sólo es que la expiación no fue dirigida principalmente a la humanidad, sino que tampoco se trataba de ningún pago a Satanás.

Algunos de los teólogos latinos posteriores habían anticipado la teoría de la satisfacción. Porque manteniendo que la transacción con Satanás servía la causa de la justicia de Dios (o al menos no era incoherente con ella), reconocieron una dimensión de la expiación dirigida hacia Dios. Agustín y Gregorio el grande incluso habían argumentado que algo en la misma naturaleza de Dios exigía la expiación, pero no llegaron a desarrollar esta idea.[40]

Se debería señalar que los teólogos latinos trabajaban en el contexto de la ley romana, que daba a sus declaraciones forma judicial. Anselmo (1033 -1109), arzobispo de Canterbury, vivió en un ambiente diferente. En el momento en que escribió, la estructura política había cambiado. No era el Imperio romano, sino el sistema feudal la fuerza más poderosa que estructuraba la sociedad. La justicia y la ley se habían convertido más en un asunto personal; las infracciones a la ley se consideraban una ofensa contra el señor feudal.

Además cada vez se ponía mayor énfasis en el concepto de la satisfacción. La Iglesia católica había ido desarrollado paulatinamente su sistema de penitencia: ofreciendo algún tipo de satisfacción, se podía evitar el castigo por las ofensas cometidas. Esto estaba en consonancia con un principio legal del tiempo: en asuntos de ofensa privada, se podía sustituir el castigo por distintas formas de satisfacción. En los tiempos de Anselmo el concepto de satisfacción se había convertido en una parte integral de la estructura feudal. Por tanto, encontramos en el pensamiento de Anselmo un cambio de imágenes respecto a los tratamientos anteriores de la expiación. Él representa a Dios como un señor feudal que, para mantener su honor, insiste en que obtener una satisfacción adecuada a cualquier ofensa contra él.[41]

Anselmo trata la expiación en su obra principal *Cur Deus Homo?* El título indica la dirección del tratado. Anselmo intenta descubrir en primer lugar por

40. Grenstad, *Short History*, pp. 120-21.
41. Ibid., p. 123.

qué Dios tomó la forma humana. El método empleado es mostrar que había una necesidad lógica para la expiación, y por tanto también para la encarnación.

Anselmo rechaza clara y definitivamente la forma estándar de la teoría del rescate, e incluso la modificación que de ella hizo Agustín. El problema está en la controversia de que Satanás tenía "derecho de posesión" sobre la humanidad. Anselmo niega este supuesto derecho. Los humanos pertenecen a Dios y a nadie más que a Dios. Incluso el demonio pertenece a Dios. Ni los humanos ni el demonio tienen poder que no proceda de él. Por tanto, Dios no tiene que comprarle a Satanás los humanos. La única obligación de Dios era castigar al que fue su siervo que había convencido a un sirviente para que le siguiera dejando al señor que tenían en común. No había ninguna necesidad de pagar un rescate al demonio.[42]

La forma que tiene Anselmo de entender la expiación se basa fundamentalmente en su doctrina del pecado, porque la forma en que entendemos el pecado que influirá fuertemente en nuestra opinión sobre lo que se debe hacer para responder a él. Para Anselmo, el pecado básicamente es no cumplir con nuestras obligaciones ante Dios. Al no hacerlo, tomamos de Dios lo que es suyo por derecho y le deshonramos. Los pecadores debemos devolverle a Dios lo que le hemos robado. Pero no es suficiente con devolverle lo que le hemos robado. Porque al tomar lo que pertenece a Dios, le hemos herido; e incluso después de haberle devuelto lo que es suyo, debe haber una compensación adicional en reparación por el daño que hemos hecho.[43]Una buena comparación serían las reglas de la justicia moderna que estipulan que un ladrón, además de devolver la propiedad robada a la victima, debe pagar por los daños o ir a prisión.

Dios siendo Dios, no sólo puede actuar para preservar su propio honor; sino que debe hacerlo. No puede simplemente pasarlo por alto. Por tanto, no puede simplemente perdonar o absolver el pecado sin castigarlo. No basta con que nosotros paguemos a Dios lo que le debemos. Tiene que haber una reparación adicional. Sólo con cierta forma de compensación añadida se puede restaurar el equilibrio que se ha perdido con el pecado. El pecado que queda sin castigo deja la economía de Dios desequilibrada.[44]

El honor violado de Dios se puede restablecer de nuevo castigando a los humanos (condenándolos) o aceptando la satisfacción que se ha hecho en su nombre.[45]Anselmo distingue cuidadosamente ambos conceptos. ¿Por qué Dios no se limitó a infligir castigos? Algunos teólogos dirían que como Dios es amor, preferiría recibir satisfacción antes que condenar a los humanos. Sin embargo,

42. Anselm, *Cur Deus homo* 1.7.
43. Ibid., 1.11.
44. Ibid., 1.12.
45. Ibid., 1.13.

este no es el enfoque de Anselmo. Recordemos que él está intentando demostrar la necesidad de la encarnación. Siguiendo el argumento de Agustín, sostiene que algunos humanos necesariamente deben ser salvados, para compensar a Dios por la pérdida de los ángeles caídos. Como los ángeles caídos no pueden ser devueltos ni salvados, deben ser reemplazados por un número igual de humanos. Por tanto, Dios no puede castigar a todos los humanos; al menos algunos deben ser recuperados. Se tiene que producir una satisfacción en su nombre.[46]

Pero ¿qué hay de la naturaleza y los medios para llevar a cabo esta satisfacción? Los humanos no podrían haber dado esa satisfacción en su propio nombre, porque incluso haciendo todo lo que eran capaces de hacer, no estarían haciendo otra cosa que no fuera lo que debían hacer para Dios. Como se había perjudicado a Dios, se necesitaba una satisfacción mayor. Además los humanos habían permitido que les venciera el demonio, el enemigo de Dios. Esta era una ofensa especialmente grave. La satisfacción también tenía que incluir una compensación especial por esta maldad, o sea vencer al demonio. ¿Cómo podía hacer esto ningún humano, debilitados como estaban por el pecado y habiendo sido ya vencidos por Satanás? Para que las cosas se pusieran en su lugar correcto en la economía del reino de Dios, alguien cualificado para representar a los humanos tenía que hacer algo por ellos. Fíjese lo unida que está la doctrina de Anselmo de la humanidad y el pecado con su doctrina de la expiación.

Este, por tanto, era el aprieto en el que se encontraban los humanos. Los humanos fueron hechos por Dios y se pretendía que eligieran, amaran y sirvieran al bien más alto: Dios. Sin embargo, no hicieron esto; en consecuencia les sobrevino la muerte. No obstante, Dios tenía necesariamente que salvar al menos a parte de la humanidad caída. Había que proporcionarle una satisfacción, para que esto se pudiese producir. Para ser eficaz, la satisfacción tenía que ser más grande de lo que todos los seres humanos eran capaces de realizar, ya que ellos sólo podían hacer lo que se pretendía que hicieran. Siendo así, sólo Dios podía ofrecer satisfacción. Sin embargo, para que sirviera a la humanidad en relación con Dios, tenía que ser llevada a cabo por un humano. Por lo tanto, la satisfacción tenía que ser realizada por alguien que fuera a la vez Dios y ser humano. En consecuencia, la encarnación era una necesidad lógica. Sin ella no podía haber satisfacción y por tanto, remisión del castigo.[47]

Cristo, al ser Dios y hombre sin pecado, no merecía la muerte. No obstante, el ofrecimiento de su vida a Dios en nombre de la raza humana de la cual formaba parte fue más allá de lo que se exigía de él. Así, pudo servir como satisfacción genuina a Dios por los pecados de la humanidad. Pero, ¿era suficiente para cumplir lo que se exigía? ¿Fue suficiente el pago? Sí. Porque la muerte del hombre

46. Ibid., 1.16-18.
47. Ibid., 2.8.

– Dios, teniendo en cuenta que, siendo Dios, tenía poder sobre su propia vida (Jn. 10:18) y no tenía que morir, tiene valor infinito. De hecho, incluso que su cuerpo hubiera sufrido el daño más ligero, habría tenido un valor infinito.[48]

El argumento de Anselmo estaba muy basado en la lógica. Excepto en unos pocos puntos, no hemos prestado demasiada atención a este hecho. Es importante tener en cuenta, no obstante, que él creía y representaba todos los puntos de su sistema teológico – la expiación, la encarnación – como una necesidad lógica.

Hemos visto que la muerte de Cristo es interpretada de muchas formas diferentes. Cada una de las teorías que hemos examinado aprovecha un aspecto importante de su obra. Aunque podríamos tener algunas objeciones importantes a algunas de las teorías, reconocemos que todas ellas poseen una dimensión de la verdad. En su muerte Cristo (1) nos dio un ejemplo perfecto del tipo de dedicación que Dios desea de nosotros, (2) demostró la gran amplitud del amor de Dios, (3) subrayó la seriedad del pecado y la severidad de la justicia de Dios, (4) triunfó sobre las fuerzas del pecado y la muerte, liberándonos de su poder y (5) dio satisfacción al Padre por nuestros pecados. Nosotros los humanos necesitábamos que se hicieran todas estas cosas por nosotros, y Cristo las hizo todas. Ahora debemos preguntarnos, ¿cuál de ellas era la más básica? ¿Cuál de ellas hizo posible todas las demás? Pasaremos a esa cuestión en el siguiente capítulo. Al hacerlo, será con una profunda apreciación de la medida de todo lo que Cristo hizo para traernos la comunión con el Padre.

¿Cómo en su sangre pudo haber, tanta ventura para mí?
¿Si yo sus penas agravé y de su muerte causa fui?
¿Hay maravilla cual su amor? ¡Morir por mí con tal dolor!

(Charles Wesley, 1738).

48. Ibid., 2.10.

# 39. El tema central de la expiación

## Objetivos del capítulo

Tras terminar este capítulo, debería ser capaz de:

- Nombrar 5 factores que forman el trasfondo de la expiación y demostrar cómo influyen en la forma de ver la expiación.
- Reconocer y explicar las enseñanzas del Nuevo Testamento que hablan sobre la expiación.
- Identificar y describir el significado básico de la expiación y la importancia que tiene para el creyente.
- Enumerar y describir cuatro objeciones a la teoría de la sustitución penal, y demostrar después los problemas bíblicos y racionales que existen con estas objeciones.
- Comentar y comparar la teoría de la sustitución penal con otras cuatro teorías de la expiación.
- Identificar y describir las implicaciones de la expiación sustitutiva para todos los humanos.

## Resumen del capítulo

La doctrina de la expiación descansa en su mayor parte en la perspectiva de varias doctrinas condicionantes. Las doctrinas de la naturaleza de Dios, el estatus de la ley, la condición humana, Cristo y el sistema de sacrificios del Antiguo Testamento tienen una influencia enorme en la idea de la expiación. En los evangelios del Nuevo Testamento, Jesucristo habla de sí mismo como un rescate, un sustituto, y el que da vida a la humanidad. Pablo describe la obra de la expiación de Cristo como propiciación o apaciguamiento de la ira de Dios por los pecados de la humanidad. Por tanto, podemos entender que la expiación implique sacrificios, propiciación, sustitución y reconciliación en la relación entre Dios y la humanidad. Es la teoría de la sustitución penal la que mejor relaciona estos aspectos de la expiación.

## Cuestiones de estudio

1. ¿Por qué es importante conocer la perspectiva de una persona sobre la condición humana para entender su postura sobre la expiación?
2. ¿Cómo considera Pablo la muerte de Cristo en sus escritos en el Nuevo Testamento?
3. ¿Qué elementos forman parte del significado básico de la expiación y por qué?
4. ¿Cuáles son las objeciones a la teoría de la expiación como sustitución penal, y cómo respondería a ellas?
5. ¿Cómo puede ser la expiación una demostración del amor y de la justicia de Dios al mismo tiempo?
6. ¿Qué significado se puede extraer de la teoría de la expiación como sustitución penal para la teología cristiana?

- Factores condicionantes
    - La naturaleza de Dios
    - Estatus de la ley
    - La condición humana
    - Cristo
    - El sistema de sacrificios del Antiguo Testamento
- Las enseñanzas del Nuevo Testamento
    - Los evangelios
    - Los escritos paulinos
- El significado básico de la expiación
    - Sacrificio
    - Propiciación
    - Sustitución
    - Reconciliación
- Objeciones a la teoría de la sustitución penal
    - La objeción al concepto de la necesidad de la expiación
    - La objeción al concepto de la sustitución
    - La objeción al concepto de propiciación
    - La objeción al concepto de la imputación de la rectitud de Cristo
- La teoría de la sustitución penal en relación con otras teorías
    - La expiación como ejemplo
    - La expiación como demostración del amor de Dios
    - La expiación como demostración de la justicia de Dios
    - La expiación como triunfo sobre el mal
- Las implicaciones de la expiación sustitutiva

Al examinar las distintas teorías sobre la expiación en el capítulo anterior, apreciamos que cada una de ellas se forma en torno a un aspecto significativo de la obra expiatoria de Cristo. Debemos preguntar cuál de estos aspectos es el principal o la dimensión más básica de esa obra, a la cual los otros se adhieren, o de la que dependen.

## Factores condicionantes

Como señalábamos al principio del capítulo 38, la doctrina de la expiación es el punto en el cual el carácter orgánico de la teología queda más visible. Nuestras ideas sobre las otras doctrinas influyen en gran manera en nuestras conclusiones sobre esta área. Así que empezamos revisando el trasfondo desde el que construimos nuestra propia doctrina sobre la expiación.

### *La naturaleza de Dios*

Al igual que los pasajes bíblicos aparecen dentro de un contexto, lo mismo hacen las doctrinas. Abstraer una doctrina de su contexto produce distorsión en la misma. En cualquier asunto de estudio teológico, el contexto más amplio es, por supuesto, la doctrina de Dios, especialmente cuando se trata de una relación con Dios, como en la expiación.

La naturaleza de Dios es de santidad perfecta y completa. Esto no es un asunto optativo o arbitrario; es la manera de ser de Dios por naturaleza. Al ser contrario a su naturaleza, el pecado le resulta repulsivo a Dios. Él es alérgico al pecado, por así decirlo. No puede soportarlo.

### *Estatus de la ley*

El segundo factor importante a considerar cuando elaboramos nuestra teoría sobre la expiación es el estatus de la ley espiritual y moral de Dios. No se debería pensar en la ley como si fuera algo impersonal y ajeno a Dios, sino como una expresión de la persona y la voluntad de Dios. No manda amar ni prohíbe el asesinato sólo porque decide hacerlo. De su misma naturaleza surge la aceptación de ciertas acciones y la prohibición de otras. Dios dice que el amor es bueno porque él mismo es amor. Mentir es malo porque Dios mismo no puede mentir.

Esto significa que, en efecto, la ley es como una copia escrita de la naturaleza de Dios. Cuando nos relacionamos con ella, ya sea de forma positiva o negativa, no nos estamos relacionando con un documento impersonal o un conjunto de regulaciones. Más bien, estamos obedeciendo o desobedeciendo al mismo Dios. Desobedecer la ley es serio, no porque la ley tenga algún valor o dignidad inherente que debe ser conservada, sino porque desobedecerla es en realidad un ataque a la naturaleza de Dios. Por tanto, el legalismo – la actitud de que la ley debe ser obedecida por el bien de la misma – es inaceptable. En realidad hay que entender la ley como un medio de relacionarse con un Dios personal.

Algunos ponen objeciones a la idea de que la naturaleza de Dios se puede expresar en forma de proposición, que la voluntad de Dios es, en cierta forma, codificable. Tras esta objeción parece encontrarse un cierto escepticismo kantiano: nunca podemos conocer las realidades últimas, porque la única base de conocimiento válida es el sentido de la percepción. Desde luego las declaraciones que dicen expresar la voluntad de Dios (la ley) trascienden la experiencia sensorial y por tanto debemos considerarlas carentes de fundamento. También existe con frecuencia una objeción según el concepto de Friedrich Schleiermacher de que la religión no es principalmente un asunto de doctrina, sino de sentimientos. Pero si mantenemos que Dios es una realidad objetiva, y que ha revelado una verdad racional, objetiva sobre sí mismo, seguro que hay espacio para la ley como representación objetiva de su voluntad, e incluso de su naturaleza.

Por tanto, la violación de la ley, ya sea por transgresión o porque no se ha podido cumplir con ella, acarrea las serias consecuencias de poder ser castigado y especialmente de morir. A Adán y Eva se les dijo que el día que comieran de la fruta prohibida sin duda morirían (Gn. 2:15-17). El Señor le dijo a Ezequiel que "el alma que peque, esa morirá" (Ez. 18:20). Según Pablo "la paga del pecado es muerte" (Ro. 6:23) y "el que siembra para su carne, de la carne segará corrupción" (Gá. 6:8). Hay un vínculo definido entre el pecado y el estar expuesto a ser castigado. En particular en la última cita (Gá. 6:7-8) resulta evidente la conexión causa – efecto entre el pecado y el castigo. Sin embargo, en todos los casos se entiende que el castigo es inevitable, y no una simple posibilidad.

### *La condición humana*

Otro factor crucial en nuestra forma de entender la expiación es la naturaleza y condición de la humanidad. Hemos señalado antes (pp. 643-48) el hecho de la depravación total, con lo que no queremos decir que los humanos sean tan perversos como sea posible, sino que al final son incapaces de hacer nada para salvarse o salir por sí mismos de su situación de pecadores. Al ser esto así, era necesario que la expiación, hacer por la humanidad lo que era necesario hacer, fuera llevada a cabo por alguien en nombre de la humanidad.

### *Cristo*

Nuestra manera de entender la naturaleza de Cristo es crucial aquí. Anteriormente señalamos que Cristo es a la vez Dios y hombre (capítulos 33-35). Es la eterna, preexistente, Segunda Persona de la Trinidad. Es Dios en el mismo sentido y en el mismo grado que el Padre, un sentido en el que ningún otro humano ha sido ni será divino nunca. A su deidad añadió humanidad. No abandonó su deidad en ningún aspecto, únicamente el ejercicio independiente de sus atributos divinos.

Para nosotros la humanidad de Jesús significa que su muerte expiatoria es aplicable a los seres humanos. Como Jesús era realmente uno de nosotros, pudo redimirnos. No era uno de fuera intentando hacer algo por nosotros. Era un genuino ser humano representándonos al resto de seres humanos. Esto queda implícito en lo que Pablo dice en Gálatas 4:4-5: "Dios envió a su Hijo.... nacido bajo la ley, para redimir a los que estaban bajo la Ley."

No es sólo que Jesús sea humano; es que es *completamente* humano. No sólo tomó la naturaleza física de un ser humano, sino también toda su composición psicológica. Sintió toda la extensión de las emociones humanas normales. Por tanto, fue capaz de redimir a toda la naturaleza humana, porque asumió todo lo que significa ser realmente humano.

Además, la muerte de Jesús tiene valor suficiente para redimir a toda la humanidad. La muerte de un humano normal y corriente casi no tiene valor suficiente para cubrir sus propios pecados, mucho menos los de toda la humanidad. Pero la muerte de Jesús tiene un valor infinito. Como Dios, Jesús no tenía por qué morir. Al morir hizo algo que Dios nunca hubiera tenido que hacer. Como no tenía pecado alguno, no tenía que morir para pagar por sus propios pecados. Por tanto su muerte puede redimir los pecados de toda la humanidad.

### *El sistema de sacrificios del Antiguo Testamento*

La muerte redentora de Cristo debe verse también teniendo en cuenta el contexto del sistema de sacrificios del Antiguo Testamento. Antes de la muerte redentora de Cristo era necesario ofrecer sacrificios con regularidad para compensar los pecados que se habían cometido. Estos sacrificios eran necesarios no para que ejercieran una obra reformadora en el pecador o en otros para que no se pecara más, sino para expiar el pecado, que de forma inherente merecía castigo. Se había producido una ofensa contra la ley de Dios y por tanto contra Dios mismo, y esto había que repararlo.

La palabra hebrea más utilizada en el Antiguo Testamento para los diferentes tipos de expiación es כִּפֵּר *(kaphar)* y sus derivados. La palabra significa literalmente "cubrir."[1] Uno se libraba del castigo interponiendo algo entre el pecado cometido y Dios. Así Dios veía el sacrificio expiatorio en lugar del pecado. La ocultación del pecado significaba que la pena ya no tenía que exigirse al pecador.[2]

Se debería señalar que la expiación tenía un efecto objetivo. Los sacrificios se ofrecían para apaciguar a Dios. A los amigos de Job, por ejemplo, se les instruyó para ofrecer sacrificios para que Dios no los tratara según sus imprudencias. Dios se había enojado mucho porque ellos no habían dicho la verdad sobre él (Job 42:8). Es más, se ofreció un sacrificio como sustituto del pecador.[3] Este

1. Francis Brown, S. R. Driver, y Charles A. Briggs, *Hebrew and English Lexicon of the Old Testament* (New York: Oxford University Press, 1955), pp. 497-98.

2. R. Laird Harris, כָּפַר en *Theological Wordbook of the Old Testament*, ed. R. Laird Harris (Chicago: Moody, 1980), vol. 1, pp. 452-53.

3. Gustave F. Oehler, *Theology of the Old Testament* (Grand Rapids: Zondervan, 1950), p. 307.

sacrificio llevaba la culpa del pecador. Para que fuera efectivo, tenía que haber cierta conexión, algún punto en común, entre la víctima y el pecador por quien se había ofrecido ese sacrificio.

Varios otros factores eran necesarios para que la expiación surtiera el efecto deseado. El animal sacrificado debía carecer de fallos, de defectos. Aquel por el que se realizaba la expiación tenía que presentar el animal y poner sus manos sobre él: "lo ofrecerá a la puerta del Tabernáculo de reunión... Pondrá su mano sobre la cabeza del holocausto, y le será aceptado como expiación" (Lv. 1:3-4). Presentar el animal y poner las manos sobre él constituía una confesión del pecado por parte del pecador. El poner las manos simbolizaba una transferencia de la culpa del pecador a la víctima.[4] Después, el ofrecimiento o la expiación era aceptado por el sacerdote.

Aunque las porciones legales del Antiguo Testamento tipifican con considerable claridad el carácter sustitutivo y de sacrificio de la muerte de Cristo, los mensajes proféticos van incluso más allá. Establecen la conexión entre los sacrificios del Antiguo Testamento y la muerte de Cristo. Isaías 53 es el más claro de todos. Después de describir la persona del Mesías y de señalar la naturaleza y extensión de la iniquidad de los pecadores, el profeta hace alusión al sacrificio de Cristo: "Todos nosotros nos descarriamos como ovejas, cada cual se apartó por su camino; mas Jehová cargó en él el pecado de todos nosotros" (v. 6). La iniquidad de los pecadores es transferida al siervo sufriente al igual que en los ritos del Antiguo Testamento los pecados eran transferidos al animal sacrificado. La imposición de manos era una anticipación de la aceptación activa del creyente de la obra expiatoria de Cristo.

## Las enseñanzas del Nuevo Testamento

### *Los evangelios*

El Nuevo Testamento es mucho más detallado en cuanto al sacrificio de Cristo. Primero observaremos el propio testimonio de nuestro Señor en lo que se refiere a la naturaleza y propósito de su muerte. Aunque Jesús no dijo demasiado sobre su muerte en la primera parte de su ministerio, hacia el final empezó hablar de ella de forma bastante explícita y clara. Estas enseñanzas no se ofrecieron gracias a las preguntas casuales de sus discípulos o por las presiones de sus enemigos, sino que las hizo con un propósito deliberado por iniciativa propia.

Jesús sabía con certeza que el Padre le había enviado para hacer la obra del Padre. Declara en Juan 10:36 que el Padre le había enviado al mundo. En Juan 6:38 dice: "He descendido del cielo, no para hacer mi voluntad, sino la voluntad

4. Ibid., p. 274.

del que me envió." El apóstol Juan expresamente relata que el Padre envió al Hijo a realizar la obra redentora de la expiación: "Dios no envió a su Hijo al mundo para condenar al mundo, sino para que el mundo sea salvo por él" (Jn. 3:17). El propósito de su venida era la expiación, y el Padre estaba implicado en esa obra. Se resalta que el Hijo fue enviado por el Padre para dejar claro que la obra del Hijo no es independiente, ni está en contraste con lo que hace el Padre. Y la muerte de Cristo tampoco fue un castigo que un juez sin compasión impuso sobre una tercera persona. El Padre estaba implicado personalmente, porque la pena recaía en su propio Hijo, a quien él voluntariamente había enviado y que había ido por voluntad propia.

Jesús tenía la firme convicción de que su vida y su muerte constituían la culminación de las profecías del Antiguo Testamento. En particular, interpretaba su propia vida y muerte como la consecución clara de Isaías 53. En la última cena dijo: "Os digo que es necesario que se cumpla todavía en mí aquello que está escrito: "Y fue contado con los inicuos", y porque lo que está escrito de mí, tiene cumplimiento" (Lc. 22:37). Estaba citando Isaías 53:12, por tanto se considera a sí mismo como el siervo sufriente. Sus continuas referencias a su sufrimiento dejan claro que veía su muerte como la razón principal de su venida. Le contó a sus discípulos con toda claridad que el Hijo del hombre iba a sufrir mucho, iba a ser rechazado por las autoridades religiosas y le matarán (Mr. 8:31). Incluso al principio de su ministerio aludió a su sufrimiento cuando habló del momento en que el esposo será quitado (Mt. 9:15; Mr. 2:19-20). Y por supuesto en el descenso del monte de la transfiguración, en uno de los momentos más destacados de su ministerio, dijo "Elías ya vino, y no lo conocieron, sino que hicieron con él todo lo que quisieron; así también el Hijo del hombre padecerá a manos de ellos" (Mt. 17:12).

Jesús veía su muerte como un *rescate*. Sin especificar a quién se debía pagar ese rescate, o de qué control debían ser liberados los esclavos, Jesús indicó que dar su vida iba a ser el medio a través del cual muchos se verían libres de sus ataduras (Mt. 20:28; Mr. 10:45). La palabra λύτρον (*lutron*—"rescate") y sus cognadas se utilizan 140 veces en la Septuaginta, normalmente teniendo en mente la liberación de algún tipo de esclavitud a cambio del pago de una compensación o del ofrecimiento de un sustituto.[5]

Cristo también se vio a sí mismo como nuestro *sustituto*. Este concepto se ve particularmente en el evangelio de Juan. Jesús dijo: "Nadie tiene mayor amor que este, que uno ponga su vida por sus amigos" (Jn. 15:13). Estaba estableciendo un principio de amplia aplicación; estaba ordenando a sus discípulos que se mostrasen unos a otros el mismo amor que él les había demostrado. Pero

5. Edwin Hatch and Henry A. Redpath, *A Concordance of the Septuagint* (Grand Rapids Baker; 1983 reprint), pp. 890-91.

como estaba hablando la víspera de su crucifixión, puede haber poca duda de lo que tenía en mente. Desde luego estaba pensando en la muerte vicaria que estaba a punto de sufrir.

Hay otras indicaciones de que Jesús se veía a sí mismo como un sacrificio. Dijo en su gran oración sacerdotal "Por ellos yo me santifico a mí mismo, para que también ellos sean santificados en la verdad" (Jn. 17:19). El verbo aquí es ἁγιάζω *(hagiazō)*, un término común en los contextos sobre sacrificios. C. K. Barrett dice: "el lenguaje es igual de adecuado para la preparación de un sacerdote que para la preparación de un sacrificio; por lo tanto es doblemente adecuado para Cristo."[6]

La declaración de Juan el Bautista al comienzo del ministerio de Jesús tiene connotaciones similares: "¡Este es el Cordero de Dios, que quita el pecado del mundo!" (Jn. 1:29). El apóstol Juan también recoge el comentario despectivo de Caifás al Sanedrín: "Vosotros no sabéis nada, ni os dais cuenta de que nos conviene que un hombre muera por el pueblo, y no que toda la nación perezca" (Jn. 11:49-50). El punto de interés no está en la actitud de Caifás, sino en la profunda verdad que Caifás dijo sin ser consciente de ello. Jesús moriría no sólo por la nación, sino por el mundo entero. Es de señalar que Juan llama la atención sobre este comentario de Caifás en otra ocasión (18:14).

Jesús creía profundamente que él era la fuente y el dador de la verdadera vida. Dice en Juan 17:3 "Y esta es la vida eterna: que te conozcan a ti, el único Dios verdadero, y a Jesucristo, a quien has enviado." Dar la vida eterna aquí está ligado tanto al Padre como al Hijo. Podemos recibir esta vida mediante una relación especialmente cercana con el Hijo que él denomina de forma simbólica como "comer mi carne." En Juan 6 habla de "el verdadero pan del cielo" (v. 32), "el pan de la vida" (vv. 35, 48), "el pan que desciende del cielo" (v. 50). Después deja claro de qué ha estado hablando: "Yo soy el pan vivo que descendió del cielo; si alguien come de este pan, vivirá para siempre; y el pan que yo daré es mi carne, la cual yo daré por la vida del mundo" (v. 51). Para tener vida eterna debemos comer su carne y beber su sangre (vv. 52 y 58). Jesús veía una conexión definitiva entre que nosotros tuviéramos vida y que él diera su vida por nosotros.

Resumiendo lo que Jesús y los escritores de los evangelios dijeron sobre su muerte: Jesús veía una clara identificación entre él y su Padre. Hablaba regularmente de que el Padre le había enviado. Él y el Padre son uno, y por tanto la obra que hizo el Hijo también fue obra del Padre. Jesús vino con el propósito de dar su vida como *rescate*, una manera de liberar a la gente que estaba esclavizada por el pecado. Se ofreció a sí mismo como *sustituto* de ellos. Paradójicamente,

6. C. K. Barrett, *The Gospel According to St John*, 2nd ed. (Philadelphia, Westminster, 1978), p. 571.

su muerte da vida; nosotros la obtenemos aceptándole en nosotros. Su muerte fue un sacrificio tipificado en el sistema de sacrificios del Antiguo Testamento. Estos distintos temas son elementos vitales en nuestra construcción de la doctrina de la expiación.

### Los escritos paulinos

Cuando nos fijamos en los escritos paulinos, apreciamos una rica colección de enseñanzas sobre la expiación, unas enseñanzas que se corresponden con lo que los evangelios dicen sobre el tema. Pablo identifica e iguala el amor y la obra de Jesús con la que realiza el Padre. Se pueden citar muchos textos: "Dios estaba en Cristo reconciliando consigo al mundo" (2 Co. 5:19); "Pero Dios muestra su amor para con nosotros, en que siendo aún pecadores, Cristo murió por nosotros" (Ro. 5:8); "Lo que era imposible para la Ley, por cuanto era débil por la carne, Dios, enviando a su Hijo en semejanza de carne de pecado, y a causa del pecado, condenó al pecado en la carne" (Ro. 8:3); "El que no escatimó ni a su propio Hijo, sino que lo entregó por todos nosotros, ¿cómo no nos dará también con él todas las cosas?" (Ro. 8:32). Por tanto, al igual que los autores de los evangelios y el mismo Jesús, Pablo no considera la expiación como algo que Jesús hizo independientemente del Padre; es obra de ambos. Es más, lo que dice Pablo sobre el amor del Padre, lo dice también sobre el amor del Hijo: "El amor de Cristo nos constriñe, pensando esto: que si uno murió por todos, luego todos murieron" (2 Corintios 5:14); "Cristo nos amó y se dio a sí mismo por nosotros (Ef. 5:2). El amor del Padre y del Hijo es intercambiable. George Ladd comenta: "La idea de que la cruz expresa el amor de Cristo por nosotros porque lleva a cabo la expiación ante un Padre severo y renuente, perfectamente justo y absolutamente inflexible es una perversión de la teología del Nuevo Testamento."[7]

Sin embargo, una vez dicho esto, debemos señalar que el tema de la ira divina debida al pecado es algo muy destacado en Pablo. Es importante darse cuenta de que, por ejemplo, Romanos 3:21-26, un pasaje sobre la redención que Dios proporciona con Jesucristo, es la culminación de un proceso de razonamiento que empezó con el pronunciamiento de la ira de Dios contra el pecado: "La ira de Dios se revela desde el cielo contra toda impiedad e injusticia de los hombres que detienen con injusticia la verdad (Ro. 1:18). La santidad de Dios requiere que haya expiación para que la condición de condenados de los pecadores pueda ser superada. El amor de Dios proporciona esta expiación.

Pablo con frecuencia pensaba en la muerte de Cristo y hacía referencia a ella como un sacrificio. En Efesios 5:2 la describe como "ofrenda y sacrificio a Dios en olor fragrante." En 1 Corintios 5:7 escribe: "porque nuestra Pascua,

7. George E. Ladd, *Teología del Nuevo Testamento* (Editorial Clie, 2002), p. 571.

que es Cristo, ya fue sacrificada por nosotros." Sus numerosas referencias a la sangre de Cristo también sugieren un sacrificio: hubo un "sacrificio por medio de la fe en su sangre" (Ro. 3:25); "hemos sido ya justificados en su sangre" (Ro. 5:9); "En Él tenemos redención por su sangre" (Ef. 1:7); "Habéis sido hechos cercanos por la sangre de Cristo" (Ef. 2:13); ha reconciliado con él todas las cosas, "haciendo la paz mediante la sangre de la cruz" (Col. 1:20). Ladd ha señalado, no obstante, que hubo poco derramamiento de la sangre de Cristo como tal.[8] Aunque hubo pérdida de sangre cuando le colocaron la corona de espinas en la cabeza y cuando le clavaron los clavos en la carne, no fue hasta el momento en que murió cuando la sangre (mezclada con agua) fluyó copiosamente (Jn. 19:34). Así que las referencias a la sangre de Cristo no se refieren a la sangre física en sí, sino a su muerte como sacrificio por nuestros pecados.

El apóstol Pablo mantiene también que Cristo murió por nosotros y en nuestro nombre. Dios "no escatimó ni a su propio Hijo, sino que lo entregó por todos nosotros" (Ro. 8:32); "Pero Dios muestra su amor para con nosotros, en que siendo aún pecadores, Cristo murió por nosotros" (Ro. 5:8); "Cristo nos amó, y se entregó a sí mismo por nosotros" (Ef. 5:2); Cristo se hizo "maldición por nosotros" (Gá. 3:13); "murió por nosotros" (1 Ts. 5:10). Más tarde en este capítulo preguntaremos si la muerte de Cristo fue únicamente en nuestro beneficio, o sea, por nosotros, o si fue realmente sustitutiva, o sea, en nuestro lugar.

Finalmente, Pablo considera la muerte de Cristo propiciatoria, o sea, que Cristo murió para aplacar la ira de Dios contra el pecado. Este punto ha sido cuestionado, especialmente por C. H. Dodd en su libro *The Bible and the Greeks*. Dodd basa su argumento en la manera en que el verbo ἱλάσκομαι *(hilaskomai)* y sus cognados se utilizan en la Septuaginta. Sostiene que no es la propiciación, sino la expiación lo que se aprecia en versículos como Romanos 3:25: "El significado transmitido (según el uso LXX que es constantemente determinativo para Pablo) es el de expiación, no el de propiciación. La mayoría de los traductores y los comentaristas se equivocan en esto."[9] Dios no fue aplacado por la muerte de Cristo. Más bien, lo que Cristo consiguió con su muerte fue limpiar a los pecadores de su pecado, cubrir su pecado y su impureza. Dodd construye su teoría no sólo bajo consideraciones lingüísticas, sino también bajo consideraciones algo más generalmente teológicas. A. G. Herbert añade que "puede ser correcto creer que la ira de Dios se 'aplacó' con la expiación de Cristo, como algunas teorías 'transaccionales' sobre la expiación han creído porque es Dios el que, en Cristo, reconcilia al mundo consigo mismo… puede ser correcto no poner ninguna oposición entre la ira del Padre y el amor del Hijo."[10]

8. Ibid., p. 425.

9. C. H. Dodd, *The Bible and the Greeks* (London: Hodder & Stoughton, 1935), p. 94.

10. A. G. Hebert, "Atone, Atonement," en *A Theological Word Book of the Bible*, ed. Alan Richardson (New York: Macmillan, 1951), p. 28.

A pesar de la posición adoptada por Dodd, Ladd ha argumentado que ἱλάσκομαι desde luego significa propiciación. Lo rebate desde cuatro puntos:[11]

1. En los autores helenísticos no bíblicos como Josefo o Filo, la palabra significa uniformemente "propiciar." Lo mismo ocurre con su uso en los padres apostólicos. Leon Morris ha dicho: "Si los traductores y los escritores del Nuevo Testamento desarrollaron un significado totalmente nuevo del grupo de palabras, pereció con ellos y no resucitó hasta nuestros días."[12]

2. Hay tres lugares en la Septuaginta en los que ἐξιλάσκομαι *(exilaskomai)* hace referencia a propiciación o a aplacar a Dios (Zac. 7:2, 8:22; Mal. 1:9). El comentario de Dodd sobre estos pasajes es que parece que hay algo excepcional en el uso de la palabra aquí.[13]

3. Aunque la palabra rara vez se utiliza en la Septuaginta con "Dios" como objeto directo, también debe señalarse que *nunca* se utiliza en el Antiguo Testamento con la palabra *pecado* como objeto directo.

4. Hay muchos lugares en el Antiguo Testamento en los que, aunque realmente no se utilice para referirse a aplacar la ira de Dios, la palabra aparece en un contexto en el que se encuentra a la vista la ira de Dios.

Por las consideraciones anteriores, parece cuestionable que las conclusiones de Dodd, por influyentes que puedan parecer, sean acertadas. Sus conclusiones pueden haber sido resultado de una concepción inadecuada de la Trinidad, una mala concepción que se traiciona a sí misma al ser incapaz de tomar en serio la evidencia contraria en pasajes tales como Zacarías 7:2; 8:22 y Malaquías 1:9.

En contraposición con Dodd, nosotros señalamos que hay pasajes en los escritos de Pablo que no se pueden interpretar de forma satisfactoria si negamos que la ira de Dios necesitaba ser aplacada. Esto es particularmente cierto en Romanos 3:25-26. En el pasado, Dios había dejado los pecados sin castigo. Se le podía haber acusado perfectamente de pasar por alto el pecado porque no había exigido castigo por él. Sin embargo, ahora había puesto a Jesús como ἱλαστήριον *(hilasterion)*. Esto prueba a la vez que Dios es justo (la ira requiere el sacrificio) y que él es el justificador de aquellos que tienen fe en Jesús (su amor proporcionó el sacrificio por ellos).

Los numerosos pasajes que hablan de la ira (ὀργή—*orgē*) de Dios contra el pecado son evidencia de que la muerte de Cristo fue necesariamente propiciatoria: Romanos 1:18; 2:5, 8; 4:15; 5:9; 9:22; 12:19; 13:4-5; Efesios 2:3; 5:6; Colosenses 3:6 y 1 Tesalonicenses 1:10; 2:16; 5:9. Así que, la idea de Pablo no

11. Ladd, *Theology*, pp. 429-30. Para una refutación más amplia del punto de vista de Dodd, ver Roger Nicole, "C. H. Dodd and the Doctrine of Propitiation," *Westminster Theological Journal 15* (1955): 117-57.

12. Leon Morris, "The Use of *Hilaskesthai* in Biblical Greek,Ì *Expository Times* (1950-51): 233.

13. Dodd, *Bible and the Greeks*, pp. 86-87.

es simplemente que la muerte expiatoria (Cristo como ἱλαστήριον—*hilasterion*) cubre el pecado y limpia de su corrupción (reparación), sino que el sacrificio también aplaca a un Dios que odia el pecado y está radicalmente en contra de él (propiciación).

## El significado básico de la expiación

Una vez revisada la enseñanza directa de la Biblia sobre el tema de la expiación, debemos concentrarnos ahora en sus temas básicos.

### *Sacrificio*

Ya hemos señalado varias referencias a la muerte de Cristo como un sacrificio. Estas aparecen en el Antiguo Testamento (específicamente en Is. 53), en las enseñanzas de Cristo y en las narraciones del Evangelio, y en Pablo. Ahora suplementaremos nuestro entendimiento de este concepto señalando lo que dice en particular el libro de Hebreos sobre este tema. En Hebreos 9:6-15 la obra de Cristo se vincula al Día de la expiación del Antiguo Testamento. Se describe a Cristo como sumo sacerdote que entró en el Lugar santísimo para ofrecer el sacrificio. Pero el sacrificio que Cristo ofreció no fue el de la sangre de machos cabríos o becerros, sino su propia sangre (v. 12). De esa manera aseguró "la redención eterna." Se traza un contraste muy vívido entre el sacrificio de animales, que tiene un efecto únicamente limitado, y el de Cristo, cuya muerte tiene efecto eterno. Mientras que los sacrificios mosaicos tenían que ser ofrecidos de forma repetida, la muerte de Cristo fue un sacrificio de una vez y para siempre por los pecados de la humanidad (v. 8).

Un pensamiento similar se expresa en Hebreos 10:5-18. Una vez más la idea es que en lugar de ofrendas quemadas, se sacrificó el cuerpo de Cristo (v. 5). Fue una ofrenda realizada una vez y para siempre (v. 10). En lugar de la ofrenda diaria del sacerdote (v. 11), Cristo ofreció "una vez para siempre un solo sacrificio por los pecados" (v. 12). En el capitulo 13, el escritor vincula la muerte de Cristo con la ofrenda por el pecado del Antiguo Testamento. Cristo murió para santificar a la gente a través de su sangre. Por lo tanto se nos exhorta a que salgamos y vayamos hacia él y soportemos los mismos abusos que él soportó (vv. 10-13).

Lo que es especial en el sacrificio de Cristo, y muy importante a tener en cuenta, es que Cristo es a la vez la víctima y el sacerdote que ofrece el sacrificio. Lo que eran dos partes en el sistema levítico de sacrificios se combinan en una sola en Cristo. La mediación de Cristo que empezó con su muerte, continúa incluso ahora en su intercesión sacerdotal por nosotros.

### Propiciación

En nuestra discusión del material paulino sobre la expiación, hemos señalado la controversia sobre si la muerte de Cristo fue propiciatoria. Debemos señalar que el concepto de propiciación no está limitado a los escritos de Pablo. En el sistema de sacrificios del Antiguo Testamento, se hacía la ofrenda ante el Señor y tenía efecto también ante él: "el sacerdote la hará arder en el altar sobre la ofrenda quemada a Jehová. Así hará el sacerdote expiación por el pecado que haya cometido [el pecador], y será perdonado" (Lv. 4:35). A la vista de la ira de Dios contra el pecado, la declaración de que se le presentarían ofrendas y del perdón que vendría a continuación, parece deducirse que este versículo apunta hacia una pacificación de Dios.

### Sustitución

Hemos señalado que Cristo murió por nuestro bien o por nosotros. Pero ¿es correcto hablar de muerte sustitutoria, es decir, murió realmente en nuestro lugar?

Diversas consideraciones indican que Cristo realmente ocupó nuestro lugar. Primero, hay toda una serie de pasajes que nos indican que nuestros pecados fueron "transferidos" a Cristo, él "cargó" con nuestra iniquidad, "se le hizo pecado" por nosotros. Un ejemplo destacable es Isaías 53: "Todos nosotros nos descarriamos como ovejas, cada cual se apartó por su camino; mas Jehová cargó en él el pecado de todos nosotros" (v. 6). "Fue contado con los pecadores, habiendo él llevado el pecado de muchos y orado por los transgresores" (v. 12b). Al ver a Jesús, Juan el Bautista exclamó: "¡Ese es el Cordero de Dios que quita el pecado del mundo!" (Jn. 1:29). Pablo dijo: "Al que no conoció pecado, por nosotros lo hizo pecado, para que nosotros seamos justicia de Dios en él" (2 Co. 5:21), y "Cristo nos redimió de la maldición de la Ley, haciéndose maldición por nosotros" (Gá. 3:13). El escritor de la carta a los hebreos dijo: "también Cristo fue ofrecido en sacrificio una sola vez para quitar los pecados de muchos; y aparecerá por segunda vez, ya no para cargar con pecado alguno, sino para traer salvación a quienes lo esperan" (He. 9:28). Y evidentemente teniendo Isaías 53:5-6, 12 en mente, Pedro escribió: "Él mismo llevó nuestros pecados en su cuerpo sobre el madero, para que nosotros, estando muertos a los pecados, vivamos a la justicia. ¡Por su herida habéis sido sanados!" (1 P. 2:24). La idea común en estos pasajes es que Jesús cargó con nuestros pecados; le fueron transferidos o transmitidos de nosotros a él. Como él llegó a ser pecado, nosotros hemos dejado de ser pecado o pecadores.

Una evidencia más son las preposiciones utilizadas para designar la relación específica entre la obra de Cristo y nosotros. La preposición que sugiere con más claridad la sustitución es ἀντί *(anti)*. Esta palabra en contextos no soteriológicos significa claramente "como sustituto de" o "en lugar de." Por ejemplo, Jesús preguntó: "¿Qué padre de vosotros, si su hijo le pide pan, le dará una piedra? ¿O si le pide pescado, en lugar de pescado le dará una serpiente?" (Lc. 11:11). En Mateo 2:22 la palabra se utiliza en conexión con un hijo que sucede a su padre: "Arquelao reinaba en Judea en lugar de su padre Herodes." Y en 1 Corintios 11:15 Pablo observa que, siendo impropio que una mujer ore con la cabeza descubierta (v. 13), en lugar de velo la naturaleza le ha dado el cabello. Cuando observamos pasajes en los que la preposición ἀντί se utiliza para especificar la relación entre la muerte de Cristo y los pecadores, esta misma idea de sustitución está claramente presente. A. T. Robertson observa que ἀντί significa "en el lugar de" o "como sustituto de" cuando aparece en contextos donde "dos sustantivos colocados en oposición uno a otro son equivalentes y pueden ser intercambiados."[14] Por tanto, al igual que se tiene en mente la sustitución en frases como "ojo por ojo" de Mateo 5:38, también lo está en casos como Mateo 20:28: "Como el Hijo del hombre, que no vino para ser servido, sino para servir y para dar su vida en rescate por todos." Robertson dice que pasajes doctrinales importantes como Mateo 20:28 y Marcos 10:45 "enseñan el concepto sustitutivo de la muerte de Cristo, no porque ἀντί signifique en realidad "en lugar de," que no es cierto, sino porque el contexto deja cualquier otra idea resultante fuera de la cuestión."[15] La misma idea surge en 1 Timoteo 2:6, donde se utiliza una posición diferente de la preposición (ὑπέρ—*huper*), pero aparece ἀντί en una forma compuesta en el nombre ἀντίλυτρον (*antilutron*—"rescate").

La otra preposición pertinente es ὑπέρ. Tiene varios significados, dependiendo en parte del caso en el que se utilice. A nosotros, nos interesan, en particular, los ejemplos de ὑπέρ con el caso genitivo. Se ha afirmado que ἀντί literalmente significa "en lugar de" y ὑπέρ "en nombre de." Sin embargo, G. B. Winer ha dicho: "En la mayoría de los casos, alguien que actúa en nombre de otra persona aparece en lugar de ella [1 Ti. 2:6; 2 Co. 5:15], y por tanto ὑπέρ a veces se acerca al campo semántico de ἀντί "en lugar de."[16] Sobre esta idea de que alguien que actúa en nombre de otro aparece en su lugar Robertson comenta "Depende de la naturaleza de la acción, no del ἀντί o el ὑπέρ"[17] No obstante, en el caso de ostraca y papiro, la palabra ὑπέρ significa claramente "en lugar de."[18]

En algunos pasajes bíblicos, por ejemplo, Romanos 5:6-8; 8:32; Gálatas 2:20 y Hebreos 2:9, ὑπέρ puede ser tomado en un sentido de "en nombre de,"

14. A. T. Robertson, *A Grammar of the Greek New Testament in the Light of Historical Research* (Nashville: Broadman, 1934), p. 537.

15. Ibid.

16. G. B. Winer, *A Treatise on the Grammar of New Testament Greek*, 3rd rev. ed. (9th English ed.) (Edinburgh: T. & T. Clark, 1882), p. 479.

17. Robertson, *Grammar of the Greek New Testament*, p. 630.

18. Ibid., p. 631.

aunque probablemente significa "en lugar de." Sin embargo, en varios otros pasajes, muy de destacar Juan 11:50; 2 Corintios 5:15 y Gálatas 3:13, el significado es más obvio. Sobre estos versículos Robertson dice: "ὑπέρ tiene la noción resultante de "en lugar de" y sólo ignorando el contexto se puede deshacerse de ella."[19] No es necesario que el significado de "en lugar de" quede patente en cada ejemplo, ya que hay suficientes evidencias a lo largo de las Escrituras de que la muerte de Cristo fue sustitutiva. Leon Morris comenta:

> Cristo ocupó nuestro lugar, como la víctima del sacrificio ocupa la plaza del devoto. Me doy cuenta de que el significado del sacrificio se ha discutido ampliamente, y que hay algunos que rechazan cualquier aspecto sustitutivo. Aquí no hay espacio para ocuparse completamente del tema. Sólo puedo afirmar dogmáticamente que a mi juicio el sacrificio no se puede entender de forma satisfactoria si no incluye un aspecto de sustitución. Y Cristo murió como nuestro sacrificio. Por lo tanto murió como nuestro sustituto.[20]

### Reconciliación

La muerte de Cristo también pone punto final a la enemistad y alejamiento existente entre Dios y la humanidad. Nuestra hostilidad hacia Dios ha sido eliminada. Las Escrituras normalmente destacan que hemos sido reconciliados con Dios, esto es, que él ha jugado el papel activo; nos ha reconciliado con él. Según esto, los defensores de la teoría de la influencia moral sostienen que la reconciliación es estrictamente obra de Dios.[21] ¿Tienen razón?

Para responder, tenemos que señalar, primero, que cuando la Biblia exhorta a alguien a reconciliarse con otro, la hostilidad no necesariamente tiene que ver con la persona a la que va dirigida la exhortación.[22] La declaración de Jesús en Mateo 5:23-24 corrobora esta opinión: "Por tanto, si traes tu ofrenda al altar y allí te acuerdas de que tu hermano tiene algo contra ti, deja allí tu ofrenda delante del altar y ve, reconcíliate primero con tu hermano, y entonces vuelve y presenta tu ofrenda." Fijémonos que el hermano es el que se siente mal y el que lleva dentro de sí la animosidad; no hay indicación alguna de que el portador de la ofrenda sienta ningún tipo de hostilidad. Sin embargo, es a este último al que se le pide que se reconcilie con su hermano. De forma similar, aunque Dios no siente animosidad, es el que obra para que se produzca la reconciliación.

Otra referencia bíblica notable a este respecto es la palabra de Pablo en Romanos 11:15. La reconciliación del mundo ahora es posible gracias al rechazo

19. Ibid.
20. Leon Morris, *The Cross in the New Testament* (Grand Rapids: Eerdmans, 1965), p. 175.
21. Pedro Abelardo, *Comentario a la epístola a los romanos* 5:5.
22. John Murray, *Redemption – Accomplished and Applied* (Grand Rapids: Eerdmans, 1955), pp. 34-38.

de los judíos. En el rechazo de los judíos, Dios toma la iniciativa, separando a Israel del favor divino y de la gracia del evangelio. La reconciliación del mundo (gentiles) está en contraste con el rechazo de Israel. Se entiende por tanto que la reconciliación también es un acto de Dios; el acto de que el mundo reciba su favor y de que él los trate de una forma especial. Por importante que sea que los humanos se vuelvan hacia Dios, el proceso de reconciliación implica principalmente que Dios vuelva su favor hacia ellos.

## Objeciones a la teoría de la sustitución penal

Hemos visto que la doctrina de la expiación abarca muchos temas: sacrificio, propiciación, sustitución, reconciliación. De las distintas teorías que hemos examinado en el capítulo anterior, la teoría de la satisfacción es la que mejor se ajusta al aspecto esencial de la obra expiatoria de Cristo. Cristo murió para satisfacer la justicia de la naturaleza de Dios. Dio satisfacción al Padre para que pudiéramos librarnos del castigo por nuestros pecados. A la vista de los otros temas básicos de la teoría de la satisfacción, que se han explicado con más amplitud en este capítulo, también se la ha denominado "teoría de la sustitución penal" de la expiación. Ofreciéndose a sí mismo como sacrificio, sustituyéndose por nosotros, soportando el castigo que realmente nosotros deberíamos haber sufrido, Jesús aplacó al Padre e hizo efectiva la reconciliación entre Dios y la humanidad.

Aunque una investigación más detenida de pasajes relevantes de las Escrituras señalan claramente hacia la teoría de la sustitución penal de la expiación, se han planteado varias objeciones. Chocan con varios aspectos de la doctrina tal como los hemos explicado. Vamos a hacer una breve consideración de estas objeciones.

### *La objeción al concepto de la necesidad de la expiación*

La primera objeción cuestiona la necesidad de la expiación. ¿Por qué Dios no se limita sencillamente a perdonar los pecados? ¿Por qué exige que se pague en especie, por así decirlo? Los humanos somos capaces de perdonarnos unos a otros simplemente mediante un acto de buena voluntad. No necesitamos que los que se han portado mal con nosotros reparen su error antes de aceptarlos de nuevo. Si es posible que los cristianos hagan esto, ¿no es posible que Dios haga lo mismo?[23]

Los que plantean esta objeción no han considerado quién es Dios realmente. Dios no es meramente una persona privada al que se ha dañado, es el administrador oficial del sistema judicial. Como persona privada, podría en cierto sentido perdonar las ofensas cometidas contra él, al igual que los humanos se perdonan

23. Fausto Socinio, *De Jesu Christo servatore* 1.1.

entre sí. Pero si Dios eliminase o ignorase la culpa del pecado sin exigir un pago por ello destruiría la fibra moral misma del universo, la distinción entre el bien y el mal. Un problema adicional es que Dios es un ser de santidad y bondad infinita y perfecta. Una ofensa contra él es mucho más seria que una ofensa contra un ser humano pecador normal. Cuando alguien peca contra nosotros, somos conscientes de que al menos en parte el fallo puede ser culpa nuestra, y que en numerosas ocasiones hemos pecado contra otros, y probablemente contra esa misma persona que ahora ha actuado mal contra nosotros. Pero con Dios, que ni tienta ni actúa mal, no existe tal elemento de imperfección que haga que nuestro pecado parezca menos terrible.

### *La objeción al concepto de la sustitución*

La segunda objeción cuestiona la moralidad o certeza de la sustitución. Toda la idea de que el Hijo sustituya al Padre para que soporte nuestro castigo parece bastante injusta. Imaginémonos que se trata de un juicio: el juez, después de encontrar culpable al acusado, procede a castigar a otra persona, que es inocente. ¿No seria esto inadecuado?[24]

Hay dos respuestas a esta objeción. Una es el carácter voluntario del sacrificio. Jesús dijo: "Nadie tiene mayor amor que este, que uno ponga su vida por sus amigos" (Jn. 15:13). Lo dijo incluso de forma más explícita en Juan 10:17-18: "Por eso me ama el Padre, porque yo pongo mi vida para volverla a tomar. Nadie me la quita, sino que yo de mí mismo la pongo. Tengo poder para ponerla y tengo poder para volverla a tomar. Este mandamiento recibí de mi Padre." Jesús no fue obligado por el Padre a entregar su vida. Lo hizo voluntariamente y de esa manera complació al Padre. Casi es innecesario decir que escoger a alguien que se ofrece voluntariamente es preferible a asignar a alguien para el castigo.

La segunda respuesta es que la obra de Jesucristo al dar su vida también implica al Padre. Hemos señalado varios textos en los que se indica que como el Padre y el Hijo son uno, la obra de Cristo es también la obra del Padre. Por tanto, el Padre, no pasó el castigo a otra persona que no fuera él mismo. Aunque nosotros no conocemos la naturaleza exacta de las relaciones entre las personas de la Trinidad, está claro que Dios es a la vez el juez y la persona que paga el castigo. Según la analogía judicial, no es que el juez dicte sentencia sobre el acusado, y que una tercera persona que no esté implicada, algún inocente, pague la multa o cumpla la condena. Más bien, es como que el juez dicta sentencia sobre el acusado, después se quita la toga y va a cumplir la condena en lugar del acusado.

24. *Racoviuan Catechism*, trad. Thomas S. Rees (London: Longman, Hurst, Rees, Orme, & Brown, 1818; Lexington, Ky.: American Theological Library Association, 1962), section 5, chapter 8.

### La objeción al concepto de propiciación

Otra objeción es la relacionada con el concepto de propiciación. Que el Hijo amoroso sea capaz de convertir la rabia e ira del Padre contra el pecado en un espíritu amoroso y capaz de perdonar se considera una señal de que existe un conflicto interno en la mente de Dios o entre las personas de la Trinidad.[25]

En respuesta a esta objeción es útil recordar las numerosas referencias que indican que el Padre envió al Hijo a expiar por el pecado. Cristo fue enviado por el amor *del Padre*. Así que no se trata de que la propiciación cambió a un Dios iracundo en un Dios amoroso. Como dijo John Murray: "Una cosa es decir que el Dios iracundo se volvió amoroso. Eso sería una completa falsedad. Otra cosa es decir que el Dios iracundo es amoroso. Que es una verdad muy profunda."[26] El amor que llevó a Dios a enviar a su Hijo siempre estuvo ahí. Aunque la santidad, la rectitud y la justicia del Padre exigían que hubiera un pago por el pecado, su amor lo proporcionó. La propiciación es fruto del amor divino del Padre. Esto se indica claramente en 1 Juan 4:10: "En esto consiste el amor: no en que nosotros hayamos amado a Dios, sino en que él nos amó a nosotros y envió a su Hijo en propiciación por nuestros pecados."

La propiciación, por tanto, no resta valor al amor y la misericordia de Dios. Más bien muestra lo grande que es su amor. No podía pasar por alto el pecado y seguir siendo Dios. Pero estuvo dispuesto hasta a ofrecernos a su propio Hijo para aplacar su ira contra el pecado. Si esa ira no era aplacada, no habría habido remisión de los pecados. Por lo tanto, al exigir el pago de la pena, Dios demostró lo grande que era su santidad y su justicia. Proporcionando él mismo este pago, manifestó la inmensidad de su amor. Como dice Pablo en Romanos 3:26 lo hizo: "con miras a manifestar en este tiempo su justicia, a fin de que él sea el justo y el que justifica al que es de la fe de Jesús." La cruz es un símbolo adecuado para la expiación porque representa la intersección de dos atributos o facetas de la naturaleza de Dios. Aquí el amor de Dios se encuentra con la santidad de Dios. La santidad exige el pago de una pena, y el amor proporciona ese pago.

### La objeción al concepto de la imputación de la rectitud de Cristo

Así como a veces se argumenta que Cristo no puede cargar nuestra culpa, también se dice que nosotros no podemos llevar su rectitud. Existen objeciones a la idea de que la rectitud de Cristo se nos pueda imputar a nosotros. Una persona no puede ser buena en lugar de otra. Nosotros somos responsables de nosotros mismos. Transferir crédito, por así decirlo, de una persona a otra es una forma

25. Albrecht Ritschl, *The Christian Doctrine of Justification and Reconciliation* (Edinburgh: T. & T. Clark, 1900), vol. 3, p. 473.

26. Murray, *Redemption*, p. 31.

de transacción muy externa y formal, bastante inadecuada en el tema de nuestra situación espiritual ante Dios.

Esta objeción sería hasta cierto punto bastante válida si nuestra relación con Cristo fuera muy distante o si él estuviera muy alejado de nosotros. Entonces sería como si un completo extraño pagara la fianza de un recluso. Pero el creyente en realidad está unido a Cristo. Como veremos incluso más completamente cuando examinemos la doctrina de la justificación, la transferencia de la rectitud de Cristo, y de lo que se consiguió con la expiación, no fue una transacción a distancia. Más bien, es un asunto de dos, Cristo y el creyente, que se convierten en uno ante los ojos de Dios. Por lo tanto, Pablo puede decir que los creyentes que hayan muerto con Cristo resucitarán con Cristo (Ro. 6:3-4).

Es como si, con respecto al estado espiritual de uno, una nueva entidad haya surgido. Es como si Cristo y yo nos hubiésemos casado, o nos hubiésemos fusionado para formar una nueva compañía. Por tanto, la imputación de su rectitud no es tanto un asunto de transferir algo de una persona a otra como de unir a dos personas para que tengan cosas en común. En Cristo, yo morí en la cruz, y en él resucité. Por tanto, él no sólo murió en mi lugar, murió conmigo.

## La teoría de la sustitución penal en relación con otras teorías

Hemos observado en el capítulo anterior que cada una de las teorías de la expiación contienen alguna observación válida. Nuestra opinión es que la teoría de la sustitución penal mantiene esas observaciones válidas. Es más, señalaríamos que esas otras observaciones tienen fuerza sólo según el punto de vista de la sustitución.

### *La expiación como ejemplo*

Pensemos primero en la teoría sociniana de la expiación. Esta teoría mantiene que el valor de la muerte de Cristo está en darnos un ejemplo de la clase de vida que deberíamos vivir, y especialmente del tipo de dedicación que debería caracterizarnos. Pero ¿ese ejemplo tendría alguna validez si Cristo no hubiera muerto *por nosotros*? Supongamos que hubiéramos sido salvos por algo que no fuera su muerte sustitutiva. ¿Cuál habría sido entonces el propósito de la muerte de Cristo? ¿No habría sido una tontería por parte de Cristo haber muerto? ¿Y qué carácter moral tendría el Padre si hubiera sido capaz de exigir la muerte de Cristo aunque los humanos no tuvieran que pagar ningún precio por sus pecados?

Imaginémonos algo. Pensemos que una casa está ardiendo. Los padres han escapado, pero, de pronto, se dan cuenta de que su hijo pequeño todavía sigue dentro de la casa en llamas. Es imposible entrar de nuevo en la casa. Sin embargo, un bombero entra en la casa a toda velocidad y salva al niño, pero, en el proceso, muere. Esto se consideraría, sin duda, un hermoso ejemplo de amor hacia los semejantes a costa de la propia vida de uno. Serviría de inspiración para otros.

Ahora supongamos que no hay niño dentro de la casa, y que los padres insisten en que no hay niño, y que el bombero cree realmente que no hay nadie dentro. Si de todas formas entra corriendo dentro de la casa y muere, ¿se consideraría esto un ejemplo a seguir o una locura? Nadie querría seguir un ejemplo de este tipo, y desde luego nadie debería hacerlo. ¿Y que hay del superior que ordena a un bombero que se meta entre las llamas para dar ejemplo de lo que significa ser un bombero comprometido con su trabajo y de hasta qué punto está dispuesto a cumplir con su deber? ¿Alguien debería cumplir una orden de ese tipo? Sin embargo, la muerte de Cristo representa este tipo de situación si el propósito de la expiación no fue el de pagar la pena por nuestros pecados, sino simplemente dar un ejemplo. Por otra parte, si realmente hay un niño en la casa, no sólo se salva el niño, sino que se nos ofrece un ejemplo de valentía y de generosidad. De la misma manera, si la humanidad es culpable de pecado y condenada a muerte y Cristo ha dado su vida en lugar de la raza humana, no sólo seremos salvos, sino que se nos dará un ejemplo de cómo vivir. La muerte de Cristo es un ejemplo, pero sólo si es a la vez un sacrificio sustitutivo.

### *La expiación como demostración del amor de Dios*

Se mantiene un argumento similar con respecto a la teoría de la influencia moral de la expiación. Es verdad que la muerte de Cristo es una poderosa demostración del amor de Dios y por tanto un incentivo que nos motiva con fuerza a amar a Dios y a reconciliarnos con él. Pero una vez más, la perspectiva válida de la teoría depende del hecho de que él murió *por nosotros*.

Según la teoría de la influencia moral, la muerte de Cristo no era necesaria de una manera objetiva. Es decir, Dios pudo haber perdonado nuestros pecados sin la muerte de Jesús. No había un obstáculo inherente para que él se limitara a perdonarnos, o, más correctamente, para que sencillamente nos aceptara de nuevo a su lado. No había necesidad de retribución. Pero en ese caso, ¿deberíamos considerar la muerte de Cristo como una demostración de amor o como un acto de locura?

Si usted y yo estamos discutiendo a la orilla de un río y usted cae al agua y corre el peligro de ahogarse, y yo, arriesgando mi vida, me lanzo al agua y le rescato, mi acción se puede considerar como una demostración de amor. Pero si usted está tranquilo y sin peligro a la orilla del río, y yo digo: "¡Mira cuánto te quiero!" y me tiro al agua y empiezo a retorcerme allí dentro, mi acción no hará que me ame o me perdone o se reconcilie conmigo. Lo más probable es que piense que estoy emocional y mentalmente inestable.

Lo mismo ocurre con la expiación. La muerte de Cristo es una hermosa demostración del amor de Dios y por tanto un poderoso incentivo para que abandonemos nuestra hostilidad hacia Dios y respondamos con arrepentimiento y fe a su ofrecimiento de gracia. Pero es efectiva como demostración de amor precisamente porque estábamos perdidos y Dios se preocupó lo suficiente por nuestra condición como para ofrecernos a su Hijo en sacrificio. Si no hubiera sido necesaria la expiación para rescatarnos de nuestros pecados, entonces en lugar de una demostración de preocupación de Dios por los humanos, hubiera sido una demostración de preocupación por sí mismo. Porque en ese caso su principal propósito hubiera sido poner fin a nuestros resentimientos.

### *La expiación como demostración de la justicia de Dios*

La principal preocupación de la teoría gubernamental es mantener la justicia de Dios. Esta considera la expiación esencialmente como una demostración de la justicia de Dios. Para establecer que la ley es justa y que la violación de la ley tiene serias consecuencias, Dios tuvo que ejemplificarlo a través de alguien. Esto es, a través de la muerte de Cristo. Cristo no tomó nuestro lugar ni ofreció un sacrificio que tenía que hacerse. Ni había ningún tipo de castigo implicado. Se trataba simplemente de demostrar las serias consecuencias del pecado y así empujarnos a arrepentirnos de que Cristo haya muerto.

Pero, debemos preguntarnos, si la violación de la ley o, en otras palabras, el pecado, realmente es tan serio, ¿puede Dios perdonarnos sin exigir algún tipo de castigo o pena? Y si puede, ¿la muerte de Cristo era realmente necesaria? Más bien parecería que se ha hecho una gran e innecesaria injusticia, y que Cristo fue la víctima de la misma. ¿Puede alguien amar y servir a un Dios así? Si la muerte de Cristo no implica cargar con nuestro castigo para redimirnos, no hay ninguna justicia en él.

En la teoría de la sustitución, por el contrario, no existe ese problema porque considera la muerte de Cristo como algo que se exige por ley, a menos claro, que la ley tuviera que ser cumplida en su sentido más estricto, o sea, el sufrimiento y muerte de todos los pecadores. Aquí la seriedad de la ley se ve en el hecho de que se necesita algo radical como la muerte del mismo Hijo de Dios. ¿Se habría ofrecido Cristo a morir si hubiera habido otra manera de resolver los problemas de la humanidad? Por lo tanto la teoría sustitutiva pone un gran énfasis en la rectitud y la santidad de Dios. Pero la plenitud de su amor se ve también claramente en lo que Dios estuvo dispuesto a hacer para redimirnos.

### *La expiación como triunfo sobre el mal*

Finalmente, señalamos que el tema del triunfo de Dios sobre Satanás y las fuerzas del mal también se mantiene en la teoría de la sustitución penal. Según la teoría del rescate o teoría clásica, esta victoria se obtenía ofreciendo a Jesús como rescate a Satanás, que, bajo el autoengaño de que podría mantener bajo su poder al Hijo de Dios, aceptó liberar a la humanidad. La teoría de la sustitución penal afirma a la vez que la victoria sobre el mal la ganó Cristo al darse a sí mismo como rescate, pero por requerimiento de la justicia de Dios, no de Satanás.

¿Poner a Jesús como pago del rescate a Satanás hubiera sido suficiente por sí mismo para acabar con el poder del maligno? Para responder a esta pregunta es necesario (1) determinar cuál es la raíz del poder de Satanás, qué es lo que le permite tener a la humanidad bajo su control y dominio, y (2) especificar lo que hay que hacer para liberar a los humanos de sus garras. Hay que señalar que el nombre *Satanás* literalmente significa "acusador." Nos induce a pecar para poder tener acusaciones que lanzar contra nosotros y someternos a la condenación y a la maldición de la ley. Esa es la esencia de su poder contra nosotros. Según esto, para que podamos librarnos de su poder, debemos liberarnos de la condena de la ley.

Así que el mensaje de la cruz es que Cristo nos ha redimido de la maldición de la ley y por tanto nos ha liberado de la esclavitud en la que Satanás nos mantenía. La Biblia deja claro que se nos libera de la maldición de la ley precisamente porque Cristo ocupó nuestro lugar, en él nuestra pena ha sido pagada. En él hemos muerto y hemos vuelto a la vida de nuevo. Al morir con Cristo ya no somos esclavos del pecado (Ro. 6:6-8). "Cristo nos redimió de la maldición de la Ley, haciéndose maldición por nosotros" (Gá. 3:13). "Ahora, pues, ninguna condenación hay para los que están en Cristo Jesús" (Ro. 8:1). No hay nadie (ni siquiera Satanás) que pueda condenar, porque Dios nos justifica, y Cristo, que murió y fue resucitado de la muerte, intercede por nosotros (vv. 31-34). Por tanto, Pablo puede retar al poder de la muerte y del pecado (1 Co. 15:55-57). Cristo ha cumplido la ley por nosotros, y por tanto el pecado ya no tiene poder de la muerte.

Si, por otra parte, la muerte de Cristo no hubiese sido más que el pago de un rescate a Satanás, la ley no se habría cumplido y Satanás no habría sido vencido. No fue el pago de un rescate a Satanás lo que aseguró su derrota y el triunfo de Dios, sino el hecho de que Cristo tomase nuestro lugar para liberarnos de la maldición de la ley. Soportando la pena por nuestro pecado y satisfaciendo de una vez y para siempre todos los requerimientos justos de la ley, Cristo anuló el control que Satanás tenía sobre nosotros de raíz: el poder de someternos bajo la maldición y la condena de la ley. La muerte de Cristo, por lo tanto, fue desde luego un triunfo de Dios sobre las fuerzas del mal, pero sólo porque fue un sacrificio sustitutivo.[27]

## Las implicaciones de la expiación sustitutiva

La teoría sustitutiva de la expiación de la muerte de Cristo, cuando se capta en toda su complejidad, es una verdad rica y significativa. Tiene varias implicaciones importantes para nuestra forma de entender la salvación:

27. Algunos teólogos africanos han señalado que, con lo que se destacan en África los poderes del mal, el motivo de la expiación como victoria sobre el mal proporciona un punto de introducción de la doctrina de la expiación especialmente efectivo. Kwame Bediako, "Jesus in African Context: A Ghanian Perspective," in *Emerging Voice in Global Chistian Theology*, ed. William A. Dyrness (Grand Rapids: Zondervan, 1944), pp. 104-12.

1. La teoría de la sustitución penal confirma la enseñanza bíblica de la depravación total de todos los seres humanos. Dios no habría llegado tan lejos como para dejar que su preciado Hijo muriese si no hubiese sido absolutamente necesario. Los humanos eran absolutamente incapaces de suplir su propia necesidad.
2. La naturaleza de Dios no tiene una sola cara, ni existe tensión entre sus diferentes aspectos. No es únicamente justo y exigente, ni amoroso y generoso. Es justo, hasta el punto de necesitar que se le proporcione un sacrificio por el pecado. Y amorosamente, hasta el punto de proporcionar él mismo ese sacrificio.
3. No existe otra manera de salvación que no sea la gracia, y específicamente la muerte de Cristo. Tiene un valor infinito y por tanto cubre todos los pecados de toda la humanidad para siempre. Un sacrificio finito, por el contrario, ni siquiera podría cubrir todos los pecados de la persona que lo está ofreciendo.
4. Hay seguridad para el creyente en lo que se refiere a su relación con Dios. Como base de la relación, la expiación de la muerte de Cristo es completa y permanente. Aunque nuestros sentimientos pueden cambiar, la base de nuestra relación con Dios permanece inamovible.
5. Nunca debemos tomar a la ligera la salvación que tenemos. Aunque es gratuita, también es costosa, porque le costó a Dios el sacrificio más grande. Por lo tanto debemos estarle siempre agradecidos por lo que ha hecho; debemos amarle e imitar su carácter generoso.

> "En esto consiste el amor: no en que nosotros hayamos amado a Dios, sino en que él nos amó a nosotros y envió a su Hijo en propiciación por nuestros pecados" (1 Jn. 4:10)

# 40. La extensión de la expiación

## Objetivos del capítulo

Tras estudiar este capitulo, debería ser capaz de:

- Identificar y determinar la extensión de la expiación hecha a favor de la humanidad.
- Identificar y describir el punto de vista de la expiación particular.
- Identificar y describir el punto de vista de la expiación universal.
- Organizar y explicar una teoría equilibrada sobre la expiación.

## Resumen del capítulo

Ha habido cierto desacuerdo sobre la extensión de la expiación. Para algunos, la expiación tenía una extensión que se limitaba a aquellos a los que Dios había escogido para ser salvos. El punto de vista opuesto establece que la salvación está disponible para todos a través de la expiación. Ante las evidencias propuestas para ambos argumentos, parece más razonable sugerir que Dios primero decide proporcionar la salvación a toda la humanidad, y luego escoge a algunos para que la reciban. La cuestión de lo que intentaba conseguir la expiación se ha discutido más en el siglo XX. Es importante señalar que, en la expiación, Cristo no cargó tanto con la enfermedad como con el pecado en la cruz. Más bien, la curación es un acto sobrenatural introducido como cualquier otro milagro. No se puede esperar que cada caso de curación solicitado sea concedido de la misma manera que el perdón de los pecados. Para el creyente, el cuerpo terrenal es temporal.

## Cuestiones de estudio

1. ¿Qué evidencias de las Escrituras presentan los defensores de la expiación particular y de la expiación universal?

2. ¿Cuál es el punto de vista de la expiación particular y qué problemas se pueden extraer de sus conclusiones?
3. ¿Cuál es el punto de vista de la expiación universal y qué problemas se pueden extraer de sus conclusiones?
4. ¿Qué equilibrio entre los dos puntos de vista de la expiación se puede encontrar en las Escrituras?
5. ¿Qué relación se puede encontrar entre la enfermedad y el pecado en la expiación?

¿Por quién murió Cristo?
- La expiación particular
- Expiación universal
- Una evaluación equilibrada

¿Por qué se sacrificó Cristo?

Habiendo llegado a una conclusión sobre la naturaleza de la expiación, todavía tenemos que tomar una determinación sobre su extensión. Aquí hay dos temas a tratar. El primero, el tema clásico de por quién murió Cristo. ¿Murió por los pecados de todo el mundo, o sólo por los de ese grupo seleccionado por Dios para recibir su gracia, llamémoslos los elegidos? El segundo tema que ha atraído bastante atención en el siglo veinte es el de para qué murió Cristo. ¿El propósito de su muerte fue solamente el de liberarnos de nuestros pecados, liberarnos de los males espirituales o murió para librarnos también de la enfermedad? O sea, ¿murió para eliminar los males físicos y los espirituales?

## ¿Por quién murió Cristo?

Cuando los evangélicos hacen la pregunta: "¿Por quién murió Cristo?" no están preguntando si la muerte de Cristo tiene suficiente valor para cubrir los pecados de todas las personas. Existe un consenso total sobre esta cuestión.[1] Como la muerte de Cristo tenía un valor infinito, es suficiente, no importa cuál sea el número de elegidos. Más bien, la cuestión es si Dios envió a Cristo a morir para proporcionar la salvación a todas las personas, o sólo a aquellas a las que él había elegido. En efecto, nuestra respuesta depende de nuestra forma de entender el orden lógico de los decretos de Dios. Si, como el supralapsarianismo y el infralapsarianismo mantienen, la decisión de Dios de salvar a algunos, (o sea, los elegidos) lógicamente precede a su decisión de proporcionar la salvación a través de Cristo, entonces la expiación está limitada a proporcionar la salvación a los elegidos.[2] Si, por otra parte, la decisión de proporcionar salvación precede

1. Ver, e.g., Loraine Boettner, *The Atonement* (Grand Rapids: Eerdmans, 1941), p. 92.
2. Algunos teólogos, como Louis Berkhof y Loraine Boettner, reconocieron sólo el Supralapsarianismo y el infralapsariansimo. Otros, como Augustus Strong, sólo mencionan el

lógicamente a la decisión de salvar a algunos y permite a otros permanecer en su condición de perdidos, es posible mantener que la muerte de Cristo tuvo una intención ilimitada o universal. Esta es la posición de los arminianos y de los calvinistas sublapsarianos.[3]

### *La expiación particular*

La mayoría de los calvinistas creen que el propósito de la venida de Cristo no fue posibilitar la salvación de todos los humanos, sino hacer que fuera cierta la salvación de los elegidos. Hay varios elementos en su argumentación.

Primero, hay pasajes de las Escrituras que enseñan que la muerte de Cristo fue "por su pueblo." De tales pasajes, los particularistas deducen que Cristo no murió por todos. Uno de estos pasajes es el de la promesa del ángel a José en Mateo 1:21: "Dará a luz un hijo, y le pondrás por nombre Jesús, porque él salvará a su pueblo de sus pecados." También hay todo un conjunto de frases de Jesús sobre sus ovejas, su pueblo, sus amigos. En Juan 10 Jesús dice: "Yo soy el buen pastor, el buen pastor su vida da por las ovejas" (v. 11); "y pongo mi vida por las ovejas" (v. 15). En los versículos 26-27 Jesús deja claro quiénes son "las ovejas": "pero vosotros no creéis, porque no sois de mis ovejas, como os he dicho. Mis ovejas oyen mi voz y yo las conozco, y me siguen." Jesús da su vida por aquellos que le responden. Esto no significa que dé su vida por cualquiera, por aquellos que no forman parte de sus ovejas. Es más, al instar a sus apóstoles

Supralapsarianismo y el sublapsariansimo. Estos tres sistemas difieren en su manera de ver el orden lógico de los decretos de Dios:

Supralapsarianismo:

1. Decreto de salvar (elegir) a unos y rechazar a otros.
2. Decreto de crear a ambos, a los elegidos y a los rechazados.
3. Decreto de permitir la caída de ambos, los elegidos y los rechazados.
4. Decreto de proporcionar la salvación sólo a los elegidos.

Infralapsarianismo

1. Decreto de crear seres humanos.
2. Decreto de permitir la caída.
3. Decreto de elegir a algunos y rechazar a otros.
4. Decreto de proporcionar la salvación sólo a los elegidos.

Sublapsarianismo

1. Decreto de crear seres humanos.
2. Decreto de permitir la caída.
3. Decreto de proporcionar salvación suficiente para todos.
4. Decreto de salvar a algunos y rechazar a otros.

Ver Louis Berkhof, *Systematic Theology* (Grand Rapids: Eerdmans, 1953), pp. 118-25; Loraine Boettner, "Predestination,Ì en *Baker's Dictionary of Theology*, e. Everett F. Harrison (Grand Rapids: Baker, 1960), pp 415-17; Augustus H. Strong, *Systematic Theology* (Westwood, N.J.: Revell, 1907), pp 777-79; Henry C. Thiessen, *Introductory Lectures in Systematic Theology* (Grand Rapids: Eerdmans, 1949), p. 343.

3. Thiessen, *Introductory Lectures*, p 343; Strong, *Systematic Theology*, p. 777.

a que imiten su forma de amar, Jesús no habla de morir por todo el mundo, sino por los amigos: "Nadie tiene mayor amor que este, que uno ponga su vida por sus amigos" (Jn. 15:13).

Las imágenes varían. Se habla de que Cristo ha muerto por la Iglesia o por su Iglesia. Pablo insta a los ancianos de Éfeso a: "apacentar la Iglesia del Señor, la cual él ganó por su propia sangre" (Hch. 20:28). El mismo apóstol animó a los esposos a amar a sus esposas "así como Cristo amó a la Iglesia y se entregó a sí mismo por ella" (Ef. 5:25). Y Pablo escribió a los Romanos que Dios "no escatimó ni a su propio Hijo, sino que lo entregó por todos nosotros" (Ro. 8:32). Parece claro por el contexto anterior (vv. 28-29) y siguiente (v. 33) que aquellos por quienes Dios entregó a su Hijo eran los que creían en él, o sea, los elegidos.

Otra línea de argumentación para los particularistas deduce el concepto de la expiación limitada de otras doctrinas, por ejemplo, de la doctrina de la obra intercesora de Cristo. R. B. Kuiper argumenta que Juan 17:9, que limita deliberadamente el enfoque de la oración sumosacerdotal de Cristo a los elegidos ("Yo ruego por ellos; no ruego por el mundo, sino por los que me diste, porque tuyos son"), aclara en gran medida el tema que estamos estudiando en este momento. Kuiper sostiene que como la intercesión y la expiación de Cristo son ambas actividades sacerdotales, dos aspectos de su obra expiatoria, una no puede aplicarse a más gente que la otra. Como Cristo oró exclusivamente por aquellos que el Padre le había dado, se deduce que sólo murió por ellos.[4] Por tanto, Kuiper mantiene que lo que se enseña explícitamente en los otros pasajes citados está implícito en este pasaje, esto es, que Cristo murió sólo por los elegidos.

Louis Berkhof lleva este argumento incluso más lejos, resaltando que la expiación es la base de la obra intercesora de Cristo, parte de la cual consiste en la presentación de su sacrificio expiatorio ante el Padre. Basándose en la expiación esperaba que todas las bendiciones de la salvación se aplicaran a aquellos por los que él estaba orando. Y sus oraciones eran siempre efectivas (ver Jn. 11:42 "Yo sé que siempre me oyes"). En Juan 17:9, ora para que la obra redentora se lleve a cabo en todos aquellos por los que él realiza la expiación. Como la intercesión depende de la expiación, Cristo no ora por aquellos a los que no cubre la expiación. Como la intercesión es limitada en su extensión, la expiación también debe serlo. De la misma manera, en Juan 17:24, él ora: "Padre, aquellos que me has dado, quiero que donde yo esté, también ellos estén conmigo." Una vez más debemos concluir que como Cristo ora sólo por los que el Padre le ha dado, sólo debe haber muerto por ellos.[5]

4. R. B. Kuiper, *For Whom Did Christ Die?* (Grand Rapids: Eerdmans, 1959), p. 64.
5. Louis Berkhof, *Vicarious Atonement Through Christ* (Grand Rapids: Eerdmans, 1936),

Charles Hodge argumenta a favor de la extensión idéntica de la intercesión y la expiación basándose en el sacerdocio del Antiguo Testamento. El sacerdote en la antigua dispensación intercedía por todos los que ofrecían sacrificios. La unidad del oficio hacía que estas dos funciones fueran inseparables. Como Cristo es el cumplimiento del sacerdocio aarónico, lo que servía para el sacerdote del Antiguo Testamento tenía que servir para él. Es más, como el Padre siempre escucha las oraciones de Cristo, "no se puede asumir que interceda por aquellos que realmente no reciben los beneficios de su redención."[6] En otras palabras, solamente ora por aquellos por quienes se sacrifica, y sólo se sacrifica por aquellos por quienes ora.

Un segundo argumento deductivo surge de la naturaleza de la expiación. La imagen de Jesús dando su vida como rescate (Mt. 20:28 y Mr. 10:45) sugiere una expiación limitada. La naturaleza del rescate es tal que, cuando el pago es aceptado, automáticamente libera a las personas por las que se pagó. No existen cargos posteriores contra ellos. Entonces, si la muerte de Cristo fue un rescate para todos igual, no sólo para los elegidos, todos deberíamos quedar libres por la obra del Espíritu Santo.[7] Sin embargo, las Escrituras nos dicen que aquellos que no acepten a Cristo no serán redimidos de la maldición de la ley. Si la muerte de Cristo fue un rescate universal, parece que en su caso se exige un pago doble por el pecado.

Una consideración adicional es que las doctrinas de la expiación y de la elección han estado ligadas históricamente. Agustín enseñó que Dios había elegido a algunas personas para la salvación y que había enviado a Cristo al mundo para que muriera por ellos. Desde Agustín, estas dos enseñanzas, expiación limitada y la elección de los individuos para la salvación, se han afirmado o negado juntas. Cuando los semi-pelagianos negaban una también negaban la otra. Durante la Edad Media, cada vez que la Iglesia confirmaba la elección especial, también mantenía que la muerte expiatoria de Cristo era sólo para los elegidos. Nunca se separaban. Lo mismo se puede decir de la Iglesia luterana durante y después de la Reforma. Además, sólo cuando los Remostrantes rechazaron los otros puntos del calvinismo, como la depravación total, la elección de Dios basada en su propia voluntad soberana, la incapacidad humana y la perseverancia de los santos, en ese momento fue cuando también rechazaron la expiación limitada.[8] Estas consideraciones históricas sugieren que ser un calvinista consistente exige defender una expiación particular o limitada.

Defensores recientes de la expiación particular afirman que la conexión no es únicamente un hecho histórico, sino también una necesidad lógica. Como dijo Hodge: "Si Dios, desde la eternidad, determinó salvar a una porción de la

p. 160.

6. Charles Hodge, *Systematic Theology* (Grand Rapids: Eerdmans, 1952), vol. 2, p. 553.
7. Ibíd., p. 548.
8. Ibíd.

raza humana y no a otra, parece una contradicción decir que el plan de salvación tenía una referencia igualitaria a ambas porciones; que si el Padre envió a su Hijo a morir por aquellos que había determinado previamente no salvar, de la misma manera, y en el mismo sentido que le entregó por aquellos que había escogido que fueran los herederos de la salvación."[9] Casi parece que el argumento es que hubiera sido un desperdicio y una falta de presciencia por parte de Dios el que Cristo muriese por aquellos que no han sido elegidos para ser salvados. La suposición subyacente es que por economía en la obra de Dios, separar la elección particular de la expiación limitada sería una contradicción inherente.

### Expiación universal

En contraste con la posición anterior está la idea de que Dios con la expiación quiso hacer que la salvación fuera posible para todos. Cristo murió por todos, pero la muerte expiatoria se hace efectiva sólo cuando es aceptada de forma individual. Aunque este es el punto de vista de todos los arminianos, también es la posición de algunos calvinistas, a los que algunas veces se les denomina sublapsarianos.[10]

Los que mantienen esta teoría también apelan a las Escrituras en busca de apoyo. Ante todo, apuntan a distintos pasajes que hablan de la muerte de Cristo o de la expiación en términos universales, en particular, aquellos que hablan de que Cristo murió por los pecados "del mundo." Juan el Bautista presentó a Jesús con estas palabras: "¡Este es el cordero de Dios, que quita el pecado del mundo!" (Jn. 1:29). El apóstol Juan explica la venida de Cristo en términos universales: "De tal manera amó Dios al mundo, que ha dado a su Hijo unigénito, para que todo aquel que en él cree no se pierda, sino que tenga vida eterna. Dios no envió a su Hijo al mundo para condenar al mundo, sino para que el mundo sea salvo por él" (Jn. 3:16-17). Pablo habla de forma similar de que Jesús murió por todos: " El amor de Cristo nos constriñe, pensando esto: que si uno murió por todos, luego todos murieron; y él por todos murió, para que los que viven ya no vivan para sí, sino para aquel que murió y resucitó por ellos" (2 Co. 5:14-15). En 1 Timoteo 4:10 habla del Dios vivo "que es el Salvador de todos los hombres, mayormente de los que creen." Este es un versículo especialmente interesante y significativo, ya que encuadra tanto a creyentes como a los demás dentro del grupo de los salvados por Dios, pero indica que existe un grado mayor de salvación dentro de los primeros.[11]

Las Epístolas generales hablan asimismo de que la muerte de Cristo tiene intención universal. El autor de Hebreos dice que Jesús "fue hecho un poco menor que los ángeles, ... para que por la gracia de Dios experimentara la

9. Ibíd.
10. Strong, *Systematic Theology*, p. 777.
11. Thiessen, *Introductory Lectures*, p. 330.

muerte por todos" (He. 2:9). En 1 Juan hay dos frases que son reminiscencias del evangelio de Juan en lo que se refiere a la muerte de Cristo como muerte por el mundo: "Hijitos míos, estas cosas os escribo para que no pequéis. Pero si alguno ha pecado, abogado tenemos para con el Padre, a Jesucristo, el justo. Él es la propiciación por nuestros pecados, y no solamente por los nuestros, sino también por los de todo el mundo" (2:1-2); "el Padre ha enviado al Hijo, el Salvador del mundo" (4:14).

Hay que señalar otros dos pasajes adicionales por ser especialmente significativos. El primero es el pasaje profético en Isaías 53:6: "Todos nosotros nos descarriamos como ovejas, cada cual se apartó por su camino; mas Jehová cargó en él el pecado de todos nosotros." Este pasaje es especialmente poderoso desde un punto de vista lógico. Está claro que la extensión del pecado es universal; se especifica que *cada uno* de nosotros ha pecado. También debería señalarse que la amplitud de la carga del sirviente que sufre estará en paralelo con la amplitud del pecado. Es difícil leer este pasaje y no concluir que dado que todo el mundo pecó, la expiación debe ser por todos.

Igual de convincente es 1 Timoteo 2:6, donde Pablo dice que Cristo Jesús "se dio a sí mismo en rescate por todos." Esto se puede comparar con la frase original en Mateo 20:28, donde Jesús había dicho que el Hijo del hombre vino "para dar su vida en rescate por muchos (NVI)." En 1 Timoteo, Pablo realiza un avance significativo sobre las palabras de Jesús. "Su vida" (τήν ψυχή αὐτοῦ —*ten psuche autous*) se convierte en "él mismo" (ἑαυτὸν—*heauton*); la palabra para "rescate" (λύτρον—*lutron*) aparece en forma compuesta (ἀντίλυτρον—*antilutron*). Pero lo mas significativo aquí, "por muchos," (ἀντὶ πολλῶν—*antil pollon*) se convierte en "para todos" ( ὑπέρ πάντων—*huper panton*). Cuando Pablo escribió, puede que le resultasen familiares las palabras de la tradición (por ejemplo, como aparecían en Mateo). Casi parece que tratara de resaltar que el rescate era universal en su propósito.

Un segundo tipo de material bíblico son aquellos pasajes que parecen indicar que algunos por los que Cristo murió perecerán. Dos pasajes hablan de un hermano que ha sido herido o arruinado o destruido por las acciones de un creyente. En Romanos 14:15 Pablo dice: "si por causa de la comida tu hermano es entristecido, ya no andas conforme al amor. No hagas que por causa de tu comida se pierda aquel por quien Cristo murió." De forma similar en 1 Corintios 8:11 concluye: " Y así, por tu conocimiento, se perderá el hermano débil por quien Cristo murió." Y una declaración todavía más fuerte la encontramos en Hebreos 10:29: "¿Cuánto mayor castigo pensáis que merecerá el que pisotee al Hijo de Dios, y tenga por inmunda la sangre del pacto en la cual fue santificado y ofenda al Espíritu de gracia?" Aunque puede haber algunas discusiones sobre la condición espiritual exacta de las personas a las que se refieren estos versículos y los resultados precisos que para ellos tienen los actos descritos allí, 2 Pedro 2:1

parece señalar con mayor claridad que la gente por la que Cristo murió puede estar perdida: "Hubo también falsos profetas entre el pueblo, como habrá entre vosotros falsos maestros que introducirán encubiertamente herejías destructoras y hasta negarán al Señor que los rescató, atrayendo sobre sí mismos destrucción repentina." Tomados juntos, estos textos son una demostración impresionante de que aquellos por los que murió Cristo y los que finalmente son salvos no son exactamente el mismo número de personas.[12]

La tercera clase de pasajes de las Escrituras a la que acuden los defensores de la expiación universal o ilimitada está formada por pasajes que indican que el evangelio tiene que ser proclamado universalmente. Ejemplos destacados son Mateo 24:14 ("Y será predicado este evangelio del Reino en todo el mundo, para testimonio a todas las naciones, y entonces vendrá el fin") y 28:19 ("Por tanto, id y haced discípulos a todas las naciones, bautizándolos en el nombre del Padre, del Hijo y del Espíritu Santo"). En Hechos dos pasajes significativos tratan este tema: "Pero recibiréis poder cuando haya venido sobre vosotros el Espíritu Santo, y me seréis testigos en Jerusalén, en toda Judea, en Samaria y hasta lo último de la tierra (1:8); y "Pero Dios, habiendo pasado por alto los tiempos de esta ignorancia, ahora manda a todos los hombres en todo lugar, que se arrepientan" (17:30). Pablo afirma que "la gracia de Dios se ha manifestado para salvación a toda la humanidad" (Tit. 2:11).

Al citar tales textos, los defensores de la expiación universal preguntan: si Cristo sólo murió por los elegidos, ¿cómo se puede ofrecer la salvación a todas las personas sin que haya cierta dosis de insinceridad, artificialidad o deshonestidad? No resulta inadecuado ofrecer la salvación a todos si en realidad Cristo no murió para salvar a todos?[13] El problema se intensifica cuando se observa el número de pasajes en los que la oferta de salvación claramente carece de restricciones. Jesús dice: "Venid a mí todos los que estáis trabajados y cargados, y yo os haré descansar" (Mt. 11:28). Pedro describe al Señor como "no queriendo que ninguno perezca, sino que todos procedan al arrepentimiento" (2 P. 3:9). Pero ¿puede ser esto así si Cristo muere sólo por los elegidos? Es prácticamente imposible que él esté dispuesto a que los no elegidos perezcan, o que no sea sincero al invitar a todos a venir si su voluntad es que algunos no lo hagan.

Finalmente, parece existir una contradicción entre las indicaciones que hay en las Escrituras sobre el amor de Dios por el mundo, por todas las personas y la creencia de que Cristo no murió por todos ellos. Varios pasajes son aplicables aquí, el más conocido de todos es Juan 3:16: "De tal manera amó Dios al mundo, que ha dado a su Hijo unigénito, para que todo aquel que en él cree no se pierda,

12. H. Orton Wiley, *Christian Theology* (Kansas City, Mo.: Beacon Hill, 1958), vol. 2, p. 296.

13. Samuel Wakefield, *A Complete System of Christian Theology* (Cincinnati: Hitchcock & Walden, 1869), p. 383.

sino que tenga vida eterna." Es más, la frase de Jesús de que debemos amar no sólo a nuestros amigos (los que nos aman), sino también a nuestros enemigos (aquellos que nos han hecho algún mal) parecería bastante vacía de significado si Jesús exigiese a sus discípulos lo que Dios no hace. Pero Pablo asegura que Dios desde luego ama a sus enemigos: "Pero Dios muestra su amor para con nosotros, en que siendo aún pecadores, Cristo murió por nosotros" (Ro. 5:8). Este amor por los enemigos se puede ver particularmente en la conducta de Cristo en la cruz cuando le imploró al Padre: "Padre, perdónalos, porque no saben lo que hacen" (Lc. 23:34). ¿Cómo puede ser que Jesús no estuviera muriendo realmente por esas personas que le estaban crucificando y atormentando, muchos de los cuales, o la mayoría, probablemente nunca llegaron a creer en él?

Un problema que acosa a los que sostienen la expiación universal es el peligro de que su posición en este asunto puede llevar a creer en la salvación universal. Si Cristo se sacrificó por todos, ¿no deberían salvarse todos? Esto parece lógico, especialmente a la vista de ciertas declaraciones donde los conceptos de expiación y salvación se yuxtaponen, por ejemplo en Romanos 5:18: "Así que, como por la transgresión de uno vino la condenación a todos los hombres, de la misma manera por la justicia de uno vino a todos los hombres la justificación que produce vida." La respuesta usual es decir que la muerte de Cristo no conduce a "la absolución y a la vida" en todos los casos, sino sólo en aquellos que le aceptan.[14] Este pasaje en particular debe entenderse a la luz de las otras cosas que enseñan las Escrituras sobre este tema.

### Una evaluación equilibrada

Cuando examinamos y evaluamos lo que afirman y los argumentos ofrecidos por las dos partes de la discusión, observamos que gran parte de lo que dicen no es totalmente persuasivo. Uno de los argumentos a favor de la expiación universal son esos versículos que declaran que Cristo murió "por el mundo," o "por todos los hombres," o algo similar. Pero tales frases deben ser interpretadas dentro de sus contextos respectivos. Por ejemplo, el contexto de Romanos 8:32, un versículo que dice que Dios entregó a su Hijo "por todos nosotros," deja claro que Pablo tenía en mente a todos aquellos que "conforme a su propósito [el de Dios] son llamados" (v. 28), o sea los predestinados. De manera similar la frase de que tanto amó Dios al mundo que dio a su Hijo (Jn. 3:16) hay que entenderla teniendo en cuenta la oración siguiente: "para que todo el que en él *cree* no se pierda, sino que tenga vida eterna."

Y a la inversa, la frase de que Jesús ama y muere por su Iglesia o por sus ovejas no hay que entenderla como que su amor especial y su muerte salvadora queda restringida estrictamente a ellos. Una vez más, el contexto es importante.

14. Ibíd., p. 376.

Cada vez que Jesús habla de sus ovejas, de su relación con ellas, es de esperar que relacione su muerte específicamente con su salvación; no comentará su relación con aquellos que no forman parte de su rebaño. De forma similar, cuando habla sobre la Iglesia y su Señor, se espera que hable de su amor por la Iglesia, no de su amor por el mundo fuera de ella. Por tanto, partiendo de una frase, no hay que deducir que Cristo murió por su Iglesia, por sus ovejas; que no murió por nadie más. A menos, claro, que el pasaje diga específicamente que murió *sólo* por ellos.

Los defensores de la expiación ilimitada también apelan a distintos pasajes que sugieren que algunos de aquellos por los que Cristo murió perecerán. Sin embargo, muchos de esos pasajes, son ambiguos. Esto ocurre especialmente con Romanos 14:15, donde no queda claro lo que significa que el hermano esté "entristecido" o "se pierda." Esto no implica necesariamente que esté realmente perdido o que no pueda salvarse. El significado de 1 Corintios 8:11 tampoco resulta obvio.

Por otra parte, el intento de establecer la expiación limitada mediante la deducción de otras doctrinas no es muy persuasivo tampoco. Partiendo del hecho de que la obra intercesora de Cristo y su sacrificio son aspectos de la función sacerdotal, no se puede deducir (como sostiene Kuiper) que simplemente sean dos aspectos en la expiación. Y mientras la intercesión de Cristo en Juan 17 se centró, en gran medida, en la preocupación de que su obra expiatoria se aplicara a todos aquellos que el Padre le había dado, no se puede deducir que ésta fuera su única preocupación. La intercesión no se limita a oraciones para que la obra de redención se lleve a cabo, ni depende siempre de la expiación. Se anima a los creyentes a que intercedan unos por otros; aparentemente es posible que intercedan sin tener que realizar ningún tipo de expiación también. En otras palabras, hay una suposición reprimida (e infundada) presente en el argumento de Berkhof.

Tampoco es acertado el intento de deducir la expiación limitada a partir de la doctrina de la elección. Porque incluso si uno mantiene que Dios desde toda la eternidad ya ha elegido a algunos miembros de la raza humana para ser salvos y a otros para que se pierdan, no se puede deducir que la decisión de quién será salvo sea anterior a la de proporcionar la salvación en la persona de Cristo. Generalmente se asume que todos los calvinistas consideran que la decisión de salvar a ciertas personas por lógica es anterior a la decisión de proporcionar la salvación. Berkhof, por ejemplo, adopta esta posición cuando escribe: "¿Qué coherencia puede haber en que Dios elija a ciertas personas para una vida eterna, luego envíe a Cristo al mundo para que haga que la salvación sea posible para todos los hombres pero cierta para ninguno?"[15] Por otra parte, Augustus Strong

15. Berkhof, *Vicarious Atonement*, p. 157.

rebate la suposición de que todos los calvinistas consideran la decisión de elegir como lógicamente anterior. Él mismo sostiene que la decisión de salvar es anterior, y mantiene que Calvino en sus comentarios adoptó una posición similar.[16] A menos que se pueda probar que la decisión de elegir es anterior, la expiación limitada no se puede deducir de la doctrina de la elección.

Además, el argumento de la historia no es persuasivo. Un vínculo histórico no establece una conexión lógica indiscutible entre ambos. Al menos en la práctica el mismo Calvino separó los dos cuando interpretaba pasajes relevantes de las Escrituras.[17]

Habiendo eliminado las consideraciones que no son persuasivas, ahora debemos examinar cuidadosamente los argumentos restantes para llegar a algún tipo de conclusión. Entendemos que algunos de los versículos que hablan sobre la expiación universal sencillamente no pueden ser ignorados. Entre los más destacados están 1 Timoteo 4:10, que afirma que el Dios viviente "es el Salvador de todos los hombres, mayormente de los que creen." Aparentemente el Salvador ha hecho algo por todas las personas, aunque en menos grado por aquellas que no creen. Entre todos los demás textos que argumentan a favor de la universalidad de la obra salvadora de Cristo y que no pueden ser ignorados están 1 Juan 2:2 e Isaías 53:6. Además, debemos tomar en consideración frases como 2 Pedro 2:1, que afirma que algunos por los que Cristo murió perecerán.

Sin duda, también hay textos que hablan de que Cristo murió por sus ovejas y por su Iglesia. Sin embargo, estos textos no presentan ningún problema si consideramos los pasajes universales normativos o determinativos. Desde luego, si Cristo murió por todos, no hay problema en afirmar que murió por una parte específica del todo. Insistir en que esos pasajes que se centran en que murió por su pueblo exigen que se entienda que murió sólo por ellos y no por otros contradice los pasajes universales. Concluimos que la hipótesis de la expiación universal es capaz de explicar un segmento mayor del testimonio bíblico con menos distorsión que la hipótesis de la expiación limitada.

El tema subyacente aquí es la cuestión de la eficacia de la expiación. Los que defienden la expiación limitada asumen que si Cristo murió por alguien, esa persona en realidad se salvará. Por extensión, su razonamiento es que si Cristo murió por todos, todos obtendrían la salvación. Por tanto, se considera que el concepto de expiación universal lleva a la trampa de la salvación universal. No obstante, esta suposición básica ignora el hecho de que heredar la vida eterna implica dos factores: uno objetivo (la salvación proporcionada por Cristo) y otro subjetivo (nuestra aceptación de la misma). Desde el punto de vista de los que

16. Strong, *Systematic Theology*, pp. 777-78.

17. John Calvin, *Commentaries on the Catholic Epistles*, trad. y ed. John Owen (Grand Rapids: Baker, 1979), 22: 194-97).

defienden la expiación ilimitada, existe la posibilidad de que alguien que tenga a su disposición la salvación no la acepte. Sin embargo, para los que defienden la expiación limitada, esa posibilidad no existe. Aunque John Murray escribió *Redemption—Accomplished and Applied* (Redención: Conseguida y Aplicada), en realidad él y otros de su misma tendencia doctrinal fusionaron la segunda parte, la aplicación, dentro de la primera. Esto conduce al concepto de que Dios regenera a la persona elegida que después y, por tanto, cree.

Los defensores de la expiación limitada se enfrentan a la situación un tanto extraña de explicar que mientras que la expiación es suficiente para cubrir los pecados de los no elegidos, Cristo no murió por ellos. Es como si Dios, al dar una cena, hubiera preparado más comida de la necesaria, y sin embargo, se negase a considerar la posibilidad de invitar a huéspedes adicionales. Los defensores de la expiación ilimitada, por otra parte, no tienen ningún problema con que la muerte de Cristo sea suficiente para todos, porque, desde su punto de vista, Cristo murió por todos.

La idea que estamos adoptando aquí no debería interpretarse como arminianismo. Es más bien la forma más moderada de calvinismo, o, como alguno diría, una modificación del calvinismo. Es la idea de que Dios lógicamente decide primero proporcionar salvación y después elige a algunos para recibirla. Esta es esencialmente la posición del sublapsarianismo de teólogos como Augustus Strong. A los que interpretan esta posición como arminianismo se les debería recordar que lo que distingue al calvinismo del arminianismo no es la manera de ver la relación entre el decreto de proporcionar salvación y el decreto de conceder salvación a unos y no a otros. Más bien, el punto decisivo es si el decreto de elección se basa sólo en la libre y soberana elección de Dios mismo (Calvinismo) o también se basa en parte en su conocimiento previo del mérito y la fe de la persona elegida (Arminianismo).

## ¿Por qué se sacrificó Cristo?

La discusión hasta este punto ha asumido que el propósito de la muerte de Cristo era eliminar los efectos del pecado, o sea, la culpa y la condenación. Por tanto, el perdón, la redención y la reconciliación son los resultados principales cuando la expiación es aceptada y aplicada. Pero ¿son estos los únicos resultados que se pretendían conseguir con la expiación? En el siglo XX ha surgido otro énfasis.

En este periodo ha habido un interés creciente por el tema de la curación espiritual del cuerpo. Esto ha sucedido en tres etapas de movimientos relacionados pero distintivos. El movimiento pentecostal, que surge y se extiende en Estados Unidos en la primera parte del siglo veinte, hace hincapié en el regreso de algunos de los dones más espectaculares del Espíritu Santo. Después, aproximadamente a mediados de siglo, empezó el movimiento neo-pentecostal o carismático, que tenía muchos de los mismos énfasis. En las décadas de 1980 y 1990, surgió la "Tercera ola". Estos movimientos resaltaron los milagros de la curación espiritual más de lo que lo hace el cristianismo en general. En muchos casos no intentan realmente dar una explicación o una base teológica para estas curaciones. Pero cuando esta cuestión se plantea, la respuesta que se da a menudo es que la curación, no menos que el perdón de los pecados y la salvación, se encuentra dentro de la expiación. Cristo murió no sólo para eliminar el pecado sino también la enfermedad. Entre los principales defensores de este punto de vista estaba A. B. Simpson, fundador de lo que hoy es conocido como la Alianza Cristiana y Misionera.

Una de las características sobresalientes de la idea de que la muerte de Cristo trae curación para el cuerpo es la idea de que la presencia de la enfermedad en el mundo es un resultado de la caída. Cuando el pecado entró en la raza humana, se pronunció una maldición (en realidad una serie de maldiciones) sobre la humanidad; las enfermedades formaban parte de esa maldición. Según Simpson y otros, como la enfermedad es resultado de la caída, no simplemente de la constitución natural de las cosas, no puede ser combatida únicamente por medios naturales. Siendo de origen espiritual, se debe combatir de la misma manera que se combaten el resto de los efectos de la caída: por medios espirituales, y específicamente mediante la obra expiatoria de Cristo. Pretendiendo contrarrestar los efectos de la caída, su muerte cubre no sólo la culpabilidad por el pecado, sino también la enfermedad. La curación del cuerpo por lo tanto, forma parte de nuestro gran derecho redentor.[18]

Algunos textos bíblicos se utilizan para apoyar este punto de vista, el más destacado era Mateo 8:17. Después de la curación de la suegra de Pedro, mucha gente enferma fue traída ante Jesús. Expulsa los espíritus con una palabra, y cura a todos los enfermos. Mateo nos informa: "para que se cumpliera lo dicho por el profeta Isaías: 'Él mismo tomó nuestras enfermedades y llevó nuestras dolencias.'" Parece que al citar Isaías 53:4 Mateo está vinculando las curaciones de Cristo a su muerte, porque el versículo siguiente en Isaías claramente hace referencia a la muerte expiatoria del Salvador. Basándose en esto, se concluye que la muerte de Cristo, además de invertir la maldición del pecado, también invierte la maldición de la enfermedad, una maldición que había sido ocasionada por la caída.

Mateo 8:17 se ha interpretado de varias maneras:

1. La referencia que se hace en Isaías es la de soportar de forma vicaria nuestras enfermedades. Mateo interpreta la frase de Isaías de forma literal y ve su cumplimiento en la obra de Cristo en la cruz.[19]

18. A. B. Simpson, *The Gospel of Healing* (New York: Christian Alliance, 1880), pp 30-31.
19. George L. Cole, *God's Provision for Soul and Body* (Los Angeles: George L. Cole, 1947), p. 8.

2. La referencia que se hace en Isaías es la de soportar de forma vicaria la enfermedad figurativa (nuestros pecados). Mateo interpreta literalmente lo que trataba de hacer figurativamente Isaías, aplicando al ministerio curativo de Jesús un pasaje del Antiguo Testamento referente a que soportaba nuestros pecados.[20]
3. Tanto Isaías como Mateo piensan en enfermedades físicas reales. A este respecto ambas referencias se tienen que entender literalmente. Sin embargo, en cada caso, lo que se tiene en mente no es el soportar de forma vicaria nuestra enfermedad, y eliminar nuestra dolencia. Más bien, en lo que se piensa es en la empatía con nuestra enfermedad, en compartir nuestras dificultades. Hay un elemento figurativo, pero tiene que ver con que Cristo soporte nuestras enfermedades, no con las enfermedades mismas.[21]

Antes de intentar sacar nuestras propias conclusiones sobre Mateo 8:17 (e Isaías 53:4) y evaluar la posición de que la muerte de Cristo cubría la enfermedad y el pecado, se deben resolver algunos asuntos. ¿Cuál es el origen y la causa de la enfermedad? Además, ¿existe alguna conexión intrínseca entre la enfermedad y el pecado y, por lo tanto, entre la curación de las dolencias físicas realizada por Jesús y el perdón de los pecados?

Parece que el origen de la enfermedad en general fue la caída, como resultado de la cual todo un conjunto de males entró en el mundo. Las enfermedades se encontraban dentro de las maldiciones que Dios pronunció contra el pueblo de Israel por su mal comportamiento (Dt. 28:22). Toda la creación estaba sujeta a la servidumbre y a la inutilidad debido al pecado (Ro. 8:20-23). Aunque algunos de las descripciones bíblicas de la maldición sobre el pecado no son específicas, parece razonable atribuir los problemas que encontramos en estos momentos en los humanos, incluidas las enfermedades, a esta fuente.

En el mundo antiguo había una creencia extendida de que la enfermedad o bien era enviada por la deidad o estaba causada por los malos espíritus. Incluso el pueblo de Israel estaba sujeto a este tipo de supersticiones y solía llevar amuletos para protegerse de las enfermedades. Algunos también creían que la enfermedad era un signo específico de desaprobación divina, un castigo por el pecado individual. Jesús no aceptó ni apoyó este punto de vista. Cuando, como en el caso del hombre nacido ciego, los discípulos plantearon la cuestión de "¿quién pecó, este hombre o sus padres, para que haya nacido ciego?" Jesús dio una respuesta directa: "No es que pecó este, ni sus padres, sino para que

20. Rowland V. Bingham, *The Bible and the Body: Healing in the Scriptures* (Toronto: Evangelical Publishers, 1952), pp. 56-57.

21. A. C. Gaebelein, *The Healing Question* (New York: "Our Hope," 1925), p. 74.

las obras de Dios se manifiesten en él" (Jn. 9:2-3). Es obvio que Jesús no creía que la enfermedad estaba causada por el pecado de la persona, al menos en este caso en particular.

Ni Jesús vinculó sus curaciones de las dolencias físicas con el perdón del pecado. En el ejemplo mencionado, no se dice nada del perdón. Jesús sencillamente curó al ciego. Seguramente en muchos casos Jesús relacionó curación con perdón del pecado, pero desde luego no puede decirse que viera una conexión intrínseca entre pecado y enfermedad. Esto es, no consideraba la enfermedad esencialmente un castigo por el pecado individual.

¿Cuál era la base de las curaciones de Jesús? En muchos casos, era necesaria la fe. Eso era lo que esperaríamos si la enfermedad fuera resultado del pecado individual, porque en ese caso la curación física exigiría el perdón del pecado que causaba la enfermedad. Como la fe es necesaria para que los pecados sean perdonados, la fe también es necesaria para que se produzca la curación. Y desde luego hay muchos casos en los que el acto de curación de Jesús depende de que se produzca un ejercicio de fe en la persona que va a ser curada: la mujer con flujo de sangre durante doce años (Mt. 9:20-22), los diez leprosos (Lc. 17:11-19) y Bartimeo, el mendigo ciego (Mr. 10:46-52). Sin embargo, ocasionalmente, la curación sucede por el ejercicio de la fe de una tercera persona: la curación de la hija de la mujer sirofenicia (Mr. 7:24-30), del siervo del centurión (Mt. 8:5-13), y del muchacho endemoniado (Mr. 9:14-29). En algunos de estos casos, la persona curada era capaz de ejercer la fe por sí mismo. En el tema del perdón del pecado, no obstante, la fe que se requiere siempre es la de la propia persona, no la de una tercera. Por lo tanto parece improbable que la curación de la hija de la sirofenicia, la del siervo del centurión y la del muchacho endemoniado esté conectada con el perdón de los pecados.

Resumamos lo que hemos dicho sobre este tema. La opinión de Simpson y otros de su misma convicción es que las enfermedades son resultado de la caída y que Jesús con su muerte expiatoria negó no sólo las consecuencias espirituales del pecado, sino también las físicas. Parece que lo que se presupone es que existe una conexión intrincada entre enfermedad y pecado, y que por tanto debe ser combatida de la misma manera. Sin embargo, hemos señalado que Jesús no atribuyó cada ejemplo de enfermedad al pecado individual; sus actos de curación no siempre estaban vinculados con el perdón del pecado. Porque aunque la fe parece haber sido tan necesaria para la curación como para el perdón, en el caso de la curación, al contrario que con el perdón, no siempre tiene que haber fe en el receptor de la bendición. Concluimos que no existe una íntima conexión entre la enfermedad y el pecado individual, y por tanto entre los actos curativos de Jesús y el perdón de los pecados, como asume Simpson.

Sin embargo, todo esto es algo preliminar a nuestro examen de Mateo 8:17 y a Isaías 53:4. Si la Biblia enseña que Jesús con su muerte asume y elimina nuestras enfermedades, entonces la curación es una bendición a la que tenemos derecho, un don que deberíamos reclamar. Empezamos a investigar con el pasaje de Isaías: "Ciertamente llevó él nuestras enfermedades y sufrió nuestros dolores." El primer nombre es חֳלִי *(chali)*. El significado predominante de la palabra es "enfermedad física," aunque se puede utilizar metafóricamente, como en Isaías 1:5 y en Oseas 5:13.[22] Isaías lo colocó en una posición enfática en la frase. El significado básico del verbo נָשָׂא *(nasa)* es "levantar." Brown, Driver y Briggs citan al menos unos doscientos ejemplos en los que esta palabra tiene ese significado. También citan unos sesenta casos en los que la palabra significa "llevar (fuera)" y casi cien versículos donde significa "soportar, llevar." De estos cien versículos, sólo unos treinta hacen referencia a soportar nuestra culpa, y sólo seis a soportar de forma vicaria, uno de ellos es el versículo doce de Isaías 53.[23] Así que aunque נָשָׂא puede hacer referencia a soportar de forma vicaria, lo más probable es que en Isaías 53:4 signifique "ha tomado." También debería tenerse en cuenta que Isaías no colocó el verbo en una posición enfática; parece que lo que realmente importa es el sufrimiento que el sirviente ha tomado, no cómo lo ha tomado. El segundo sustantivo, מַכְאוֹב *(mak'ob)*, aparece sólo veinticinco veces en el Antiguo Testamento, en tres de esos casos, parece que hace referencia al dolor físico.[24] La idea básica que transmite la palabra es el dolor mental, la tristeza, o la aflicción que proceden de las dificultades de la vida, incluidas las cargas físicas. El significado más probable aquí parece ser el de enfermedad mental o aflicción (tristeza), quizá motivado por achaques físicos. El segundo verbo es סָבַל *(sabal)*. Básicamente significa "llevar una pesada carga."[25] De nueve ocasiones en las que aparece en el Antiguo Testamento, en dos, Isaías 53:11 y Lamentaciones 5:7, transmite la idea de soportar de forma vicaria, siendo el primer ejemplo el más claro. En los ejemplos restantes, סָבַל significa simplemente "llevar una carga"; sin ninguna connotación de algo vicario. Una vez más, al igual que en la primera oración, el énfasis se encuentra en el sufrimiento que soporta el siervo, no en cómo lo lleva.

Para resumir Isaías 53:4 podríamos decir que aunque se pueden justificar varias interpretaciones, la que parece ajustarse mejor a los datos lingüísticos es la que dice que el profeta se está refiriendo a enfermedades físicas y mentales reales, pero no necesariamente a que se soporten las mismas de forma vicaria. En la cita de Mateo sobre este pasaje, encontramos algo similar. Los dos nombres son ἀσθενείας *(astheneias)* y νόσους *(nosous)*, que hacen ambos referencia a condiciones físicas; el primero resalta especialmente la idea de la debilidad. El primer verbo,

22. Francis Brown, S. R. Driver, and Charles A. Briggs, *Hebrew and English Lexicon of the Old Testament* (New York: Oxford University Press, 1955), p. 318.
23. Ibíd., pp. 669-71.
24. Ibíd., p. 456.
25. Ibíd., p. 687.

λαμβάνω *(lambanō)*, es muy común y anodino.[26] Básicamente significa: "tomar, asir, recibir."[27] En ningún sitio se utiliza en conexión con soportar de forma vicaria la culpa o cualquier cosa similar. El segundo verbo, βαστάζω *(bastadzo)*, está muy cerca en significado a סָבַל. Significa "soportar o llevar." En ninguno de sus usos significa "soportar de forma vicaria." En Gálatas 6:2 tiene el sentido de "llevar cada uno la carga de otro de forma comprensiva," y ese es probablemente el significado que tiene en Mateo 8:17.[28] Mateo, que con frecuencia citaba la Septuaginta, cambió aquí los verbos, sustituyendo el neutral βαστάζω por φέρω *(phero)*, que se podría muy bien traducir por "llevar de forma vicaria."

Lo que estamos sugiriendo es que tanto Mateo como Isaías a lo que hacen referencia es a auténticas enfermedades físicas y aflicciones mentales y no a pecados. Sin embargo, no tienen en mente que se esté soportando de forma vicaria estas enfermedades. Parece más probable que se estén refiriendo a una comprensión de los problemas de esta vida. Si esta es la interpretación correcta, "Jesús tomó nuestras enfermedades y soportó nuestras aflicciones" al encarnarse en lugar de al ofrecerse en sacrificio. Viniendo a la tierra, entró en contacto con las mismas condiciones que nosotros tenemos aquí, incluidas las penas, las enfermedades y el sufrimiento. Experimentó la enfermedad y la pena por sí mismo y al comprender (σπλαγχνίζομαι – *splagnidzomai*) el sufrimiento humano, se sintió impulsado a aliviar las miserias de esta vida.

Esta explicación de cómo la profecía de Isaías se cumplió no implica dificultad cronológica alguna. Por otra parte, existe un problema si creemos que la expiación está contemplada en la profecía. Porque en ese caso es difícil explicar por qué Mateo cita este versículo en un contexto donde está describiendo actos de curación que sucedieron antes de la muerte de Cristo.

Otra cuestión que todavía debe ser tratada es la relación de 1 Pedro 2:24 con los pasajes que hemos estado discutiendo. Este texto dice: "Él mismo llevó nuestros pecados en su cuerpo sobre el madero." Está claro que Pedro aquí está hablando de pecados, porque utiliza la palabra más común para pecado, (ἁμαρτία - *hamartia*), que también es el primer nombre en la traducción de la Septuaginta de Isaías 53:4. Y el verbo que escoge, ἀναφέρω, se puede utilizar definitivamente como llevar de forma sustitutiva. Sin embargo, no queda claro, como algunos pueden suponer, si Pedro está citando Isaías 53:4. No ofrece ninguna indicación de que lo esté haciendo. No encontramos las palabras: "Está escrito" o una fórmula similar. Parece más probable que se esté refiriendo a todo Isaías 53, y en particular al versículo 12.

26. W. F. Moulton and A. S. Geden, *A Concordance to the Greek Testament* (Edinburgh: T. & T. Clark, 1897), pp. 578-81.

27. G. Abbott-Smith, *A Manual Greek Lexicon of the New Testament* (Edinburgh: T. & T. Clark, 1937), pp. 263-64.

28. Ibíd., p. 78.

Resumiendo: Jesús curó durante su ministerio en la tierra, y sigue curando hoy en día. Sin embargo, esta curación no se debe considerar una manifestación o aplicación de que está soportando nuestras enfermedades de la misma manera que soportó nuestros pecados. Más bien, sus milagros curativos son sencillamente una manera de introducir una fuerza sobrenatural en el ámbito de la naturaleza al igual que cualquier otro milagro. Por supuesto, en un sentido general, la expiación, cancela todos los efectos de la caída. Pero algunos de los beneficios no serán apreciados hasta el fin de los tiempos (Ro. 8:19-25). No podemos esperar, pues, que en todos los casos la curación esté garantizada sólo porque la pidamos, como ocurre con el perdón de los pecados. Pablo aprendió esta lección (2 Co. 12:1-10), y nosotros también debemos aprenderla. No siempre entra dentro del plan de Dios curar. No debe preocuparnos ese hecho si recordamos que no se pretende que vivamos eternamente en este cuerpo terrenal (He. 9:27).

# Parte 9
# EL ESPÍRITU SANTO

41. La persona del Espíritu Santo *857*
42. La obra del Espíritu Santo *876*

# 41. La persona del Espíritu Santo

## Objetivos del capítulo

Tras estudiar este capítulo, debería ser capaz de:

- Expresar al menos tres razones por las cuales el estudio del Espíritu Santo es importante.
- Citar razones por las cuales ha resultado y continúa resultando difícil entender la doctrina del Espíritu Santo.
- Trazar el curso de la historia de la doctrina del Espíritu Santo desde la iglesia primitiva hasta la actualidad.
- Entender la naturaleza (deidad y personalidad) del Espíritu Santo.
- Evaluar las implicaciones de la doctrina del Espíritu Santo.

## Resumen del capítulo

Como el Espíritu Santo no se describe de forma sistemática en las Escrituras, la doctrina de la tercera persona de la Trinidad ha sido controvertida. El Espíritu es importante ya que pone en contacto al creyente con Dios. Esto ha llevado a que haya dificultades a la hora de entenderle a él y a su obra. En varias etapas de la historia se ha concedido más o menos importancia a la doctrina del Espíritu. Por las evidencias bíblicas, podemos descubrir que tiene deidad y personalidad. De nuestro estudio podemos sacar algunas conclusiones sobre la persona y la obra del Espíritu Santo.

## Cuestiones de estudio

1. Cuando piensa en el Espíritu Santo, ¿qué razones puede dar para estudiar su persona y su obra?

2. ¿Qué dificultades en particular encuentra a la hora de comprender la doctrina de Espíritu Santo?
3. Trace el curso de la doctrina del Espíritu Santo desde iglesia primitiva, pasando por la Edad Media, la Reforma y desde los siglos XVIII y XIX hasta llegar al siglo XXI.
4. ¿Qué ha aprendido sobre el Espíritu Santo?

La importancia de la doctrina del Espíritu Santo
Dificultades para entender al Espíritu Santo
La historia de la doctrina del Espíritu Santo
La naturaleza del Espíritu Santo
    La deidad del Espíritu Santo
    La personalidad del Espíritu Santo
Implicaciones de la doctrina del Espíritu Santo

Las partes culminantes de nuestro repaso a la teología sistemática deberían verse en el contexto de las doctrinas que ya hemos examinado. Empezamos con Dios, el ser supremo, y su obra en la que planeó, creó y cuida de todo lo que es. Después, examinamos la más grande de sus criaturas, el ser humano, según el destino divino que se pretendía para él y su alejamiento del plan divino. También vimos las consecuencias que eso tuvo sobre la raza humana y lo que Dios proporcionó para su redención y restauración. Creación, providencia y provisión de salvación son la obra objetiva de Dios. Ahora vamos a la obra subjetiva de Dios: la aplicación de su obra salvadora a los humanos. Examinaremos el auténtico carácter de la salvación recibida y experimentada por los seres humanos. Después investigaremos la forma colectiva que adopta la fe, o sea, la Iglesia. Y finalmente, observaremos la consumación del plan de Dios, esto es, las últimas cosas.

Otra manera de ver nuestro repaso a la teología sistemática es verla centrándonos en la obra de los diferentes miembros de la Trinidad. El Padre queda resaltado en la obra de la creación y la providencia (partes 1-4), el Hijo ha llevado a cabo la redención por la humanidad pecadora (partes 5-8), y el Espíritu Santo aplica esta obra redentora a las criaturas humanas de Dios, haciendo que la salvación sea real (partes 9-11). Por lo tanto, es importante pasar algún tiempo estudiando la Tercera persona de la Trinidad antes de continuar con los frutos de sus esfuerzos.

## La importancia de la doctrina del Espíritu Santo

Hay varias razones por las que el estudio del Espíritu Santo tiene especial importancia para nosotros. Una es que el Espíritu Santo es el punto en el que la Trinidad se hace personal para el creyente. Generalmente creemos que el Padre es trascendente y que está allá lejos en el cielo; de forma similar, el Hijo parece muy lejos en la historia y por lo tanto relativamente difícil de conocer. Pero el Espíritu Santo está activo en las vidas de los creyentes; vive en nosotros. Es la persona particular de la Trinidad a través de la cual la divinidad trina obra en nosotros en la actualidad.

Una segunda razón por la cual el estudio del Espíritu Santo es especialmente importante es que vivimos en un periodo en el que la obra del Espíritu Santo es más destacada que la de los otros dos miembros de la Trinidad. La obra del Padre fue la más destacada en los tiempos del Antiguo Testamento, como lo fue la del Hijo en los tiempos que van desde los Evangelios hasta el momento de la ascensión. El Espíritu Santo ha ocupado el centro del escenario desde el día de Pentecostés, o sea, desde el periodo que va desde el libro de Hechos y las Epístolas, y los siguientes periodos de la historia de la iglesia.

Una tercera razón para la importancia de la doctrina del Espíritu Santo es que la cultura actual da más importancia a lo experimental, y es principalmente a través de la obra del Espíritu Santo como podemos sentir la presencia de Dios dentro de nosotros y la vida cristiana adquiere una realidad tangible especial.

## Dificultades para entender al Espíritu Santo

Aunque el estudio del Espíritu Santo es especialmente importante, también es bastante difícil. La comprensión aquí a menudo es más incompleta y confusa que en la mayoría de las demás doctrinas. Una de las razones para esto es que tenemos menos revelación explícita en la Biblia sobre el Espíritu Santo que sobre el Padre o el Hijo. Quizá esto se deba a que una gran parte del ministerio del Espíritu Santo consiste en declarar y glorificar al Hijo (Jn. 16:14). Al contrario que otras doctrinas, no existen discusiones sistemáticas sobre el Espíritu Santo. Prácticamente, el único tratamiento extendido que se hace es el discurso de Jesús en Juan 14-16. En la mayoría de las ocasiones, cuando se menciona el Espíritu Santo, es en conexión con otro tema.

Un problema añadido es la falta de una imagen concreta. Dios Padre se entiende bastante bien porque la figura de un padre le resulta familiar prácticamente a todo el mundo. El Hijo no es difícil de conceptualizar porque realmente apareció en forma humana y se le observó y habló de él como tal. Pero el Espíritu es intangible y difícil de visualizar. Para complicar más este asunto (por lo menos en el mundo de habla inglesa) está la terminología utilizada por la versión King James y otras traducciones inglesas antiguas que hacen referencia al Espíritu santo como el "Holy Ghost" (fantasma santo). Mucha gente que creció utilizando esas versiones de la Biblia concebían al Espíritu Santo como algo que iba debajo de una sábana blanca.

Además, surge un problema en cuanto a lo que las Escrituras revelan sobre la naturaleza del ministerio del Espíritu Santo en relación con el del Padre y el Hijo. En la actualidad, el Espíritu realiza el ministerio de servir al Padre y al Hijo, llevando a cabo su voluntad (que por supuesto también es la de él). A este respecto, se nos recuerda el ministerio terrenal del Hijo, durante el cual estuvo subordinado en función del Padre. No obstante, esta subordinación temporal de función – la del Hijo durante su ministerio terrenal y la del Espíritu durante la presente etapa – no debe llevarnos a la conclusión de que existe una inferioridad en esencia también. Sin embargo, en la práctica, muchos tenemos una teología no oficial que considera que el Espíritu en esencia tiene un estatus inferior al Padre y al Hijo. En efecto, la Trinidad podría visualizarse algo así como PADRE, HIJO y espíritu santo o

Padre   Hijo

Espíritu Santo

Este error es similar al de los arrianos. Por los pasajes bíblicos que hablan de la subordinación del Hijo al Padre durante su ministerio terrenal sacaron la conclusión de que el Hijo tiene un una esencia y un estatus menor que el del Padre.

En la última mitad del siglo veinte ha habido una considerable controversia en lo que se refiere al Espíritu Santo. De hecho puede que a nivel popular o no profesional, la doctrina del Espíritu Santo haya sido la más controvertida de todo este periodo. Como consecuencia, existe cierta renuencia a discutir sobre el Espíritu por temor a que tal discusión acabe en disensión. Como los pentecostales magnifican tanto al Espíritu Santo, algunos no pentecostales, ansiosos de no ser confundidos con ellos, evitan por completo hablar de él. De hecho, mientras en ciertos círculos "cristiano carismático" es un distintivo de prestigio, en otros es un estigma.

## La historia de la doctrina del Espíritu Santo

Sería más fácil ver la doctrina del Espíritu Santo en el contexto contemporáneo si examinamos su historia previa. Las doctrinas particulares se han desarrollado a distintos ritmos.[1] Esto es, por supuesto, porque las doctrinas se elaboran mucho más cuando surge un reto a la formulación tradicional o cuando se elaboran o proponen formas nuevas de entender la doctrina. Esto es lo que ha sucedido especialmente con la doctrina del Espíritu Santo.

En los primeros periodos de la Iglesia, se decía relativamente poco del Espíritu Santo. Un primer énfasis era el que hablaba del Espíritu como fuerza

1. James Orr, *The Progress of Dogma* (Grand Rapids: Eerdmans, reimpreso 1952), pp. 22-30). Orr sugiere que el orden histórico en el que se han desarrollado las principales doctrinas refleja su orden dogmático, esto es, la doctrina de Dios fue la primera en ser elaborada y la doctrina de las últimas cosas, la última. Sin embargo, sobre esta base, esperaríamos encontrar ya en el cuarto o quinto siglo un tratamiento completo del Espíritu Santo, no obstante, no fue hasta el siglo veinte que se le dio a esta doctrina una atención amplia.

motora y guía para producir la Biblia, la Palabra de Dios. Orígenes, por ejemplo, dice que la Biblia fue "escrita por el Espíritu Santo".[2] En ese momento se suponía que todo lo que había en la Biblia se había transmitido mediante la obra especial del Espíritu Santo. La idea general era que las Escrituras no sólo carecían de errores, sino que no tenían nada que fuera superfluo. Aunque no se proponía una teoría de la inspiración completa, había una serie de teologías cristianas que apoyaban el punto de vista de Filo y de otros judíos alejandrinos de que los autores de las Escrituras prácticamente habían sido poseídos por el Espíritu Santo mientras las escribían. El apologista Atenágoras, por ejemplo, describía a los profetas como personas caídas en una especie de éxtasis, con el Espíritu Santo soplando a través de ellos como un músico a través de una flauta.[3] No obstante, este es un ejemplo un tanto extremo de creencia de la iglesia primitiva. La mayoría de los Padres tuvieron mucho cuidado en evitar cualquier sugerencia de un papel puramente pasivo de los escritores. Agustín, por ejemplo, resaltó la idea de que los autores utilizaran sus propios recuerdos de los hechos que habían sucedido. El papel del Espíritu Santo fue el de estimular esos recuerdos y preservarlos del error.[4]

A finales del siglo dos se iba poniendo un énfasis creciente en la divinidad del Espíritu Santo. Clemente de Roma coordinó los tres miembros de la Trinidad en un juramento: "como vive Dios, y el Señor Jesucristo vive y vive el Espíritu Santo."[5] De la misma manera preguntó: "¿No tenemos un solo Dios, un solo Cristo y un único Espíritu de gracia derramando sobre nosotros?"[6] Tertuliano llamó al Espíritu Santo Dios, resaltando que hay una sustancia que el Hijo y el Espíritu comparten, por así decirlo, con el Padre.[7] Sin embargo, en Pablo de Samosata encontramos la enseñanza de que el Espíritu era únicamente un nombre para designar la gracia que Dios vertió sobre los apóstoles.[8] Ireneo, en el siglo segundo, consideró el Espíritu prácticamente como un atributo de Dios, identificándole con la sabiduría divina.[9] Por medio de él los profetas profetizaron y mediante él los hombres fueron hechos justos.[10] Orígenes se alejó todavía más del concepto del Espíritu Santo como parte de una Trinidad ontológica. Afirmó que el Espíritu Santo es "el ser más honorable de todos los que existen por medio de la Palabra, el primero en rango de todos esos seres que fueron originados por

2. Orígenes, *Contra Celso* 5.60; cf. Basilio, *Homilia sobre el Salmo 1.*
3. Atenágoras, *Súplica en favor de los cristianos* 7, 9.
4. Agustín, *Armonía de los evangelios* 2.30; 3.7.
5. Clemente de Roma, *La epístola a los corintios* 58.2.
6. Ibíd., 46. 6.
7. Tertuliano, *Adversus Praexeam* 2, 3, 8.
8. J. N. D. Kelly, *Early Christian Doctrines* (New York: Harper & Row, 1960), 118.
9. Ireneo, *Contra las herejías* 2.30.9; *La demostración de la predicación apostólica* 5.
10. Ireneo, *Demostración* 6.

el Padre mediante Cristo,"[11] una idea no muy diferente de la posterior creencia arriana sobre el Hijo. Aunque insistió en una Trinidad y resaltó que hay tres hipóstasis distintas, Orígenes las distinguió de forma tan radical que algunos consideraron su teoría como próxima al triteísmo.[12] Además, habló de una subordinación del Hijo y del Espíritu al Padre, que les trasciende tanto, si no más, de lo que ellos trascienden el ámbito de los seres inferiores.[13]

En cierto sentido, la elaboración de toda una comprensión doctrinal del Espíritu Santo, especialmente en relación con el Padre y el Hijo, era un acompañamiento y un subproducto del trabajo cristológico hecho en los siglos cuarto y quinto. Era natural, ya que la cuestión de la deidad del Espíritu en cierto sentido contenía dentro de sí la divinidad del Hijo. Porque si podía haber una segunda persona divina, podía haber con la misma facilidad una tercera.

Desde los tiempos de Orígenes, la reflexión teológica sobre la naturaleza del Espíritu Santo iba por detrás de la práctica devocional. Se reverenciaba el Espíritu, pero seguía sin estar claro su auténtico estatus. Arrio había hablado del Espíritu Santo como de una hipóstasis, pero consideraba su esencia completamente distinta de la del Hijo así como la del Hijo era completamente distinta de la del Padre.[14] Eusebio de Cesarea habló del Espíritu "en el tercer puesto", "un tercer poder" y "tercero de la Causa Suprema".[15] Seguía la exégesis de Orígenes de Juan 1:3, argumentando que el Espíritu es "una de las cosas que existe a través del Hijo".[16]

Atanasio se inspiró para exponer sus ideas, en particular, gracias a los escritos de algunos a los que él denominaba "Tropici", un nombre derivado de la palabra griega τρόπος (tropos), que significa "figura".[17] Estas personas practicaban una exégesis figurativa de las Escrituras, que no era una práctica inusual en aquellos tiempos. Ellos mantenían que el Espíritu era una criatura que había sido creada de la nada. Específicamente, le consideraban un ángel; sin duda el ángel de más alto rango, pero no obstante, uno de los "espíritus ministradores" a los que hace referencia Hebreos 1:14. Se le tiene que considerar "distinto en sustancia" (ἑτεροοὺσιος—*heteroousios*) respecto al Padre y al Hijo. Los Tropici citaban textos de prueba para apoyar sus puntos de vista – Amós 4:13 ("Ciertamente el que crea los montes y forma el espíritu); Zacarías 1:9 ("Y el ángel que estaba conmigo me respondió") y 1 Timoteo 5:21 ("Te encarezco delante de Dios, del Señor Jesucristo y de sus ángeles escogidos").[18]

11. Orígenes, *Comentario sobe Juan* 2. 10. 75.
12. Ibíd.
13. Orígenes, *Comentario sobe Mateo* 15.10.
14. Ver Atanasio, *Cuatro discursos contra los arrios* 1.6.
15. Eusebio de Cesarea, *Preparación para el evangelio* 11.20.
16. Eusebio de Cesarea, *Teología de la Iglesia: Refutación a Marcelo* 3.6.3.
17. Atanasio, *Cartas al obispo Serapio sobre el Espíritu Santo* 1.21, 30.
18. Ibíd., 1.3, 11, 10. La traducción refleja la interpretación de los Tropici.

Atanasio respondió con vigor al punto de vista de los Tropici, insistiendo en que el Espíritu es completamente divino, consustancial con el Padre y el Hijo. Su argumentación contiene varios elementos. Primero fue una refutación de la exégesis incorrecta de los Tropici. Después procedió a demostrar que las Escrituras enseñan claramente que el Espíritu "pertenece y es uno con la Divinidad que está en la Triada". Argumenta que dado que la Triada es eterna, homogénea e indivisible, el Espíritu, como miembro de la misma, debe ser consustancial con el Padre y el Hijo. Además, debido a la cercana relación existente entre el Espíritu y el Hijo, el Espíritu debe pertenecer en esencia al Hijo, de la misma manera que el Hijo pertenece al Padre. Finalmente, el Espíritu tiene que ser divino porque es él el que nos hace "participantes de Dios" (1 Co. 3:16-17 – el Espíritu que está en nosotros nos convierte en el templo de Dios). En consecuencia, se tiene que reconocer que el Espíritu tiene la misma naturaleza que el Padre y el Hijo, y hay que darle el mismo honor y alabarle de la misma manera.[19]

Sin embargo, seguía habiendo diversidad de teorías. Hacia el 380, Gregorio Nacianceno comentó en un sermón que existían diferentes creencias sobre el Espíritu Santo. Algunos, decía, consideraban que era una fuerza; otros le percibían como una criatura; otros creían que era Dios. Y, debido a la vaguedad de las Escrituras sobre el tema, otros se negaban a comprometerse con el tema. Incluso entre los que pensaban que el Espíritu Santo era Dios, unos lo mantenían como una opinión privada, otros lo declaraban abiertamente y un tercer grupo opinaba que las tres personas de la Trinidad poseían divinidad en distinto grado.[20]

Entre los grupos cristianos los más radicales sobre este tema fueron los macedonios o los pneumatomaquianos ("luchadores contra el Espíritu"). Estas personas se oponían a la doctrina de la divinidad completa del Espíritu Santo. No obstante, Basilio, en *De Spiritu Sancto* en 375 insistió en que había que ofrecer al Espíritu Santo la misma gloria, honor y alabanza que se ofrecía al Padre y al Hijo. Basilio insistía en que se le debería considerar "con ellos", no "por debajo de ellos". No llamó textualmente al Espíritu Dios, pero dijo que "glorificamos al Espíritu con el Padre y el Hijo porque creemos que no es ajeno a la naturaleza divina". Desde el punto de vista de Basilio, la grandeza de la acción del Espíritu y la cercanía de su relación y obra con la del Padre y el Hijo son las claves principales para entender su estatus.[21]

Había grupos carismáticos durante este primer periodo de la historia de la iglesia. Los más destacados fueron los montanistas, que tuvieron su auge en la última mitad del siglo segundo. El día de su bautismo, Montano habló en lenguas y empezó a profetizar. Declaró que el Paracleto, el Espíritu Santo

19. Ibíd., 1.2, 20-27; 3.1-6.
20. Gregorio Nacianceno, *Oración teológica 5: Sobre el Espíritu Santo 5.*
21. Basilio, *Cartas* 159.2

prometido por Jesús, se expresaba a través de él. Se creía que Montano y dos de sus discípulas eran los portavoces del Espíritu Santo. Entre sus numerosas profecías se encontraba la de que la segunda venida de Cristo estaba próxima. Los montanistas creían y enseñaban que sus profecías clarificaban las Escrituras y que continuarían surgiendo profetas inspirados por el Espíritu dentro de la comunidad cristiana.[22] Afirmando estar transmitiendo una orden del Paracleto, declararon que un segundo matrimonio era pecado. En un tiempo en el que las prácticas de la iglesia se habían empezado a relajar un tanto, dentro del movimiento montanista se hacía hincapié en un alto estándar de vida cristiana. Se aseguraron su convertido más famoso cuando Tertualiano se hizo montanista. Un movimiento posterior de características similares fue el Novatianismo, que tuvo su auge de mediados del siglo tercero en adelante. Este grupo compartía con el Montanismo una preocupación profunda por la moralidad. Sin embargo, no le daba tanta importancia a la profecía. Ninguno de estos grupos tuvo un efecto duradero en la iglesia.

Durante el periodo medieval se dio poca importancia al Espíritu Santo. En parte esto se debió al relativo desinterés por el aspecto experimental de la vida cristiana, que es, por supuesto, el dominio especial del Espíritu Santo. El tema principal que surge en este periodo es el de la inserción de la palabra *filioque* en los credos. Esta adición, originalmente se vio como una manera de refutar el Arrianismo: el Espíritu Santo procede del Padre y del Hijo. Se fue haciendo oficial gradualmente, el proceso se completa prácticamente en occidente hacia el siglo nueve. Sin embargo, las iglesias orientales, ponen objeciones a esta palabra. Señalan que Juan 15:26 habla de que el Espíritu sólo procede del Padre; no del Hijo también. La forma original del credo de Nicea no contenía las palabras "y el hijo" que fueron un añadido occidental. Es más, las iglesias orientales basan su rechazo de la palabra *filioque* en el concepto de μοναρχία (*monarchia*—"gobierno único") del Padre; él es la fuente única, la raíz y la causa de la divinidad. Podrían suscribirse a una declaración que dijese que el Espíritu procede "del Padre a través del Hijo", pero no a una frase que diga que procede "del Hijo".[23] En consecuencia, al final se separan de las iglesias occidentales. Aunque la controversia *filioque* fue el punto doctrinal citado, con toda probabilidad no fue realmente el tema significativo que dividió a oriente de occidente.

La Reforma no produjo ningún cambio importante en la doctrina ortodoxa del Espíritu Santo. Lo que encontramos son elaboraciones y expansiones de la formulación anterior. En el pensamiento de Lutero, por ejemplo, encontramos la idea de la "infusión de amor" del Espíritu Santo en el corazón del creyente.

22. Tertuliano, *Sobre la resurrección de la carne* 63.

23. "Filioque Controversy,Ì in *The New Schaff-Herzog Encyclopedia of Religious Knowledge*, ed. Samuel Macauley Jackson (New York: Funk & Wagnalls, 1908), vol. 4, pp. 312-13.

En sus primeras formulaciones, la idea de Lutero era bastante similar a la de Agustín. Esto no sorprende, porque Lutero había sido un monje agustino. La infusión del amor del Espíritu apuntaba, por una parte, hacia la presencia de Dios en la vida del individuo, lo que traía como resultado una conformidad entre la voluntad de Dios y la voluntad humana. El concepto de Lutero también señalaba hacia la lucha del Espíritu Santo contra la naturaleza pecadora que todavía permanece dentro del individuo.[24]

La contribución especial que hizo Juan Calvino a la discusión de la doctrina del Espíritu Santo fue en el área de la autoridad de las Escrituras. ¿Cómo sabemos que realmente fueron inspiradas divinamente, y que por lo tanto su mensaje procede de Dios? La respuesta de la Iglesia Católica es que la Iglesia certifica la divinidad de las Escrituras. Aunque la respuesta de Calvino adopta distintas formas, el testimonio del Espíritu es su punto central. No es el testimonio de la Iglesia, ni la fuerza de otras evidencias externas, sino el testimonio interior del Espíritu Santo el que al final establece la base para que confiemos en la naturaleza divina de la Biblia.

Calvino insiste en que el testimonio del Espíritu Santo es superior a la razón. Es una obra interna que captura las mentes de los que escuchan o leen las Escrituras, produciendo la convicción o la certeza de que es la Palabra de Dios lo que están escuchando o leyendo. Esto es una segunda obra del Espíritu Santo respecto a las Escrituras. Él, que originalmente inspiró a los profetas y apóstoles para que escribiesen las Escrituras, ahora penetra en nuestros corazones, convenciéndonos de que estas Escrituras son realmente la Palabra de Dios y por lo tanto son la verdad. Crea certeza, eliminando cualquier duda que pueda surgir.[25]

Calvino fue muy cuidadoso al resaltar la unión de la Palabra y el Espíritu. Algunos esperaban que el Espíritu Santo funcionara independientemente de las Escrituras, y esperaban que el Espíritu Santo trajera nuevas revelaciones. Pero Calvino recordó a sus lectores las palabras de Jesús en Juan 14:26, el Espíritu no derramaría una verdad nueva sobre los discípulos, sino que les iluminaría e imprimiría en ellos las palabras de Jesús.[26]

Donde pone John Wesley su mayor énfasis en lo que se refiere al Espíritu Santo es en el tema de la santificación. Habla de una obra especial de santificación, que se produce completamente en un momento dado.[27] La obra instantánea de santificación, que es algo totalmente distinto a la conversión/regeneración que

24. Bernard Holm, "The Work of the Spirit: The Reformation to the Present," en *The Holy Spirit in the Life of the Church: From Biblical Times to the Present*, ed. Paul D. Opsahl (Minneapolis: Augsburg, 1978), pp. 102-3).

25. John Calvin, *Institutes of the Christian Religion*, libro 1, capítulo 7, sección 5.

26. Ibíd., libro 1, capítulo 9, sección 1.

27. John Wesley, letter of 21 de junio de 1784, en *The Letters of the Rev. John Wesley*, ed. John Telford (Epworth, 1931), vol. 7, p. 222.

sucede al principio de la vida cristiana, es algo que debe esperarse y buscarse. Aunque Wesley no utilizó la terminología "bautismo del Espíritu Santo", consideraba este suceso como un acto especial del Espíritu Santo bastante similar a lo que los Pentecostales más tarde denominarían "el bautismo". Al contrario que Lutero y Calvino, Wesley hablaba de lo que los creyentes mismos podían hacer para que se llevara a cabo la obra del Espíritu.

El interés por el Espíritu Santo tuvo un gran periodo de declive durante los siglos dieciocho y diecinueve. Esto se debió a un gran número de movimientos, cada uno de los cuales a su manera consideraba que el Espíritu y su obra eran o superfluos o poco creíbles. Uno de estos movimientos fue el Escolasticismo protestante. Se encontraba en el Luteranismo, y particularmente en una rama que derivaba su inspiración de los escritos de Felipe Melanchton. Como se produjeron una serie de discusiones doctrinales, surgió la necesidad de definir y refinar creencias de forma más específica. En consecuencia, se comenzó a pensar en la fe más como una *rechte lehre* (doctrina correcta). Se desarrolló una visión más mecánica del papel de las Escrituras y en consecuencia el testimonio del Espíritu tendía a ser evitado. La Palabra por sí misma, sin el Espíritu Santo, se consideraba la base de la autoridad. Como la creencia, en lugar de la experiencia, solía considerarse la esencia de la religión cristiana, cada vez se descuidaba más al Espíritu Santo. La doctrina del Espíritu Santo rara vez se trataba como un tema distintivo. Su obra con frecuencia se trataba en breves añadidos a las discusiones sobre la persona y obra de Cristo.[28]

Un segundo movimiento fue el Racionalismo. La razón humana se estableció como el estándar supremo. Inicialmente, se creía que la razón podía justificar todas las creencias del cristianismo. Sin embargo, esa idea se fue modificando gradualmente hasta llegar al principio de que sólo se pueden creer aquellas cosas que se puedan establecer mediante prueba racional. Este nuevo énfasis sobre la razón significó, por ejemplo, que el concepto de Dios se hizo mucho más general de lo que había sido anteriormente. Lo que podemos saber de Dios por religión natural (o sea, sin revelación especial) está bastante vacío de detalles. Que Dios es trino, que hay un Espíritu Santo divino, no se puede probar mediante un examen de la naturaleza. Además otro aspecto a tener en cuenta es que se empieza a considerar a Dios muy alejado de la vida humana. A medida que creció este deísmo, contradijo directamente o al menos restó importancia a la imagen bíblica de Dios como alguien muy implicado con la humanidad. Según esto, la doctrina del Espíritu Santo, que es el canal particular de relación entre Dios y los humanos, fue bastante dejada de lado.[29]

28. Heinrich Schmid, *The Doctrinal Theology of the Evangelical Lutheran Church*, trad. Charles A. Hay and Henry E. Jacobs, 4th rev. ed. (Philadelphia: Lutheran Publication Society, 1899), pp. 407-99.

29. Ver, ej., Matthew Tinda, *Christianity as Old as the Creation* (Stuttgart-Bad Cannstatt:

El tercer movimiento de este periodo que tendía a suprimir el hacerse preguntas sobre el Espíritu Santo fue el romanticismo. Aunque el romanticismo presta mucha más atención al campo del espíritu por encima de lo que es lo estrictamente intelectual, la *doctrina* del Espíritu Santo sufrió con la llegada del romanticismo. Porque el romanticismo en religión, tal como lo expuso Friedrich Schleiermacher, decía que la religión no es un asunto de creencias (doctrinas) o de comportamiento (ética). No se trata de recibir y examinar las doctrinas ofrecidas por una autoridad externa. Más bien, son los sentimientos los que constituyen la esencia de la religión, y específicamente, el sentimiento de la dependencia absoluta. Con este cambio en el enfoque de la religión desde la creencia al sentimiento, las doctrinas como tales tienden a ser redefinidas o a perderse. Por ejemplo, Schleiermacher definió al Espíritu Santo como "la unión vital de la comunión cristiana como una personalidad moral".[30]

A pesar de estos movimientos, hubo sectores del cristianismo que prestaron mucha atención al Espíritu Santo. En particular, los revivalistas de la frontera oeste americana dieron gran importancia a la conversión y a la inmediatez de la experiencia. La necesidad de tomar una decisión definitiva de aceptar a Cristo estaba principalmente en la mente de aquellos que escucharon a los revivalistas. El arrepentimiento y la conversión eran palabras clave en este enfoque hacia la fe cristiana. Y como el Espíritu Santo es el que lleva a cabo el arrepentimiento y el nuevo nacimiento, no se le puede pasar por alto en esta forma de religión personal. Sin embargo, en estas reuniones de avivamiento normalmente no se producían obras especiales del Espíritu Santo como se cuentan en el libro de los Hechos. No obstante, había un fuerte aspecto emocional en estas reuniones evangelísticas.

Sin embargo, a finales del siglo diecinueve se produjo una evolución que iba a dar al Espíritu Santo, al menos en algunos círculos, casi el lugar más destacado en la teología. Hubo algunos casos de hablar en lenguas o glosolalia en Carolina del Norte ya en 1896. En Topeka, Kansas, Charles Parham, el director de una pequeña escuela bíblica, pidió a sus alumnos que estudiaran el bautismo del Espíritu Santo durante su ausencia. Cuando Parham regresó, la conclusión unánime fue que la Biblia enseña que tiene que haber un bautismo del Espíritu Santo posterior a la conversión y al nacimiento nuevo, y que el hablar en lenguas es el signo de que se ha recibido ese don. El 1 de enero de 1901, una estudiante, Agnes Ozman, pidió que Parham le pusiese las manos sobre la cabeza según la manera bíblica. Al hacer esto y orar, según su propio testimonio, el Espíritu Santo cayó sobre ella y oró sucesivamente en varias lenguas desconocidas para

Frommann-Holzboog, 1967 reedición de la ed. de 1730).

30. Friedrich Schleiermacher, *The Christian Faith* (New York: Harper & Row, 1963), vol. 2, p. 537.

ella.[31] Otros del grupo también recibieron el don. Esto, a juicio de algunos historiadores de la Iglesia, fue el principio del movimiento pentecostal.

Sin embargo, el verdadero lanzamiento del movimiento pentecostal se produjo en las reuniones organizadas por un predicador de la santidad, que era de color, William J. Seymour. Como estas reuniones tenían lugar en una antigua iglesia metodista en el 312 de la calle Azusa de Los Angeles, se las conoce como las reuniones de la calle Azusa.[32] Desde este inicio, el fenómeno pentecostal se extendió por todo Estados Unidos y otros países, principalmente Escandinavia. En estos últimos años, el pentecostalismo de este tipo se ha convertido en una fuerza importante en Latinoamérica y otros países en vías de desarrollo.

Durante muchos años el movimiento pentecostal fue un factor relativamente aislado dentro del cristianismo. Se le encontraba principalmente en denominaciones compuestas en su mayoría por personas procedentes de clases socioeconómicas bajas. A veces sus prácticas eran bastante espectaculares, incluso no sólo hablaban en lenguas muchos de los que pertenecían a algún grupo determinado, sino que hacían curaciones por fe o exorcismos de demonios. Tales prácticas estaban en claro contraste con los cultos de alabanza de las principales denominaciones.

Sin embargo, a principio de la década de los años 1950 esto empezó a cambiar. En algunos lugares que antes eran prácticamente impensables, se empezó a practicar la glosolalia. En iglesias episcopales, luteranas, e incluso católicas, se puso énfasis en las manifestaciones especiales de la obra del Espíritu Santo. Había diferencias significativas entre este movimiento, que se podría llamar neopentecostal o carismático, y la línea tradicional del Pentecostalismo que había surgido a principios del siglo XX y que sigue hasta nuestros días. Aunque esta última ha formado grupos denominacionales definidos cuyos miembros pertenecen en su gran mayoría a clases económicas bajas, el Neopentecostalismo es más un movimiento transdenominacional, cuyos miembros proceden principalmente de clases sociales medias o medias altas.[33] Según las clasificaciones de H. Richard Niebuhr, el Pentecostalismo probablemente sería considerado una "secta" y el Neopentecostalismo una "iglesia".[34] Los dos grupos se diferencian también en la manera en que practican sus dones carismáticos. En los grupos pentecostales tradicionales, varios miembros podrían hablar u orar en voz alta a la vez. Eso no ocurre con los

31. Klaude Kendrick, *The Promise Fulfilled: A History of the Modern Pentecostal Movement* (Springfield, Mo.: Gospel, 1961), pp. 48-49, 52-53; Agnes N. (Ozman) LaBerge, *What Hath God Wrought?* Chicago: Herald, n.d.), p. 29.

32. Kendrick, *Promise Fulfilled*, pp. 64-68.

33. Richard Quebedeaux, *The New Charismatics: The Origin, Development, and Significance of Neo-Pentecostalism* (Garden City, N. Y.: Doubleday, 1976), pp. 4-11.

34. H. Richard Niebuhr, *The Social Sources of Denominationalism* (New York: Henry Holt, 1929), pp. 17-21.

cristianos carismáticos, algunos de los cuales utilizarían el don sólo en su tiempo de oración privado. Las manifestaciones públicas del don suelen producirse en grupos especiales y no en el culto común de la congregación.

En la década de 1980 comenzó otro movimiento que se denominó a sí mismo como la "Tercera ola" y que hace más hincapié en los dones de curación y de discernimiento espiritual. También insiste en el valor evidencial de los milagros. A esto se le denomina "evangelización de poder". El movimiento empezó con una clase sobre "señales y maravillas" que ofreció John Wimber en el Fuller Seminary School of World Mission. Ha tomado forma institucional en una red de iglesias que se denomina "La Viña".[35]

## La naturaleza del Espíritu Santo

### *La deidad del Espíritu Santo*

Iniciamos nuestro examen más detenido de la naturaleza del Espíritu Santo con su divinidad. No se establece con tanta facilidad como la divinidad del Padre y el Hijo. Se podría decir que la divinidad del Padre simplemente se asume en las Escrituras, que la del Hijo se afirma y se argumenta, mientras que la del Espíritu Santo se debe inferir de las distintas declaraciones indirectas que aparecen en las Escrituras. Sin embargo, hay varias bases sobre las cuales se debe concluir que el Espíritu Santo es Dios de la misma manera y en el mismo grado que el Padre y el Hijo.

Primero deberíamos señalar que varias referencias al Espíritu Santo son intercambiables con referencias a Dios. En efecto, estos pasajes hablan de él como Dios. Un ejemplo destacado lo encontramos en Hechos 5. Ananías y Safira habían vendido una propiedad y se habían quedado con parte del dinero presentando el resto como si fuera todo lo que habían recibido. Como reprimenda a Ananías, Pedro preguntó: "Ananías, ¿por qué llenó Satanás tu corazón para que mintieras al Espíritu Santo y sustrajeras del producto de la venta de la heredad?" (v. 3). En el versículo siguiente afirma: "no has mentido a los hombres, sino a Dios". Parece que en la mente de Pedro "mentir al Espíritu Santo" y "mentir a Dios" son expresiones intercambiables. Se podría argumentar, por supuesto, que se tiene en mente dos referentes distintos y que en realidad lo que Pedro está diciendo es "has mentido al Espíritu Santo y a Dios". Sin embargo, la declaración en el versículo 4 aparentemente trataba

35. Para declaraciones sobre esta posición ver C. Peter Wagner, *Confronting the Powers: How the New Testament Church Experienced the Power of Strategic-Level Spiritual Warfare* (Ventura, Calif.: Regal Books, 1996); Charles H. Kraft, *Christianity with Power: Your Worldview and Your Experience of the Supernatural* (Ann Arbor, Mich.: Vine, 1989). Para un análisis y evaluación, ver Millard Erickson, *The Evangelical Mind and Heart* (Grand Rapids: Baker, 1993), chapter 8.

de dejar claro que la mentira no se decía a los hombres, a alguien menos que Dios, sino a Dios mismo. Por tanto, eso nos lleva a la conclusión de que la segunda frase es una elaboración de la primera, enfatizando que el Espíritu a quien Ananías había mentido era Dios.

Otro pasaje donde el "Espíritu Santo" y "Dios" se utilizan de forma intercambiable es la discusión de Pablo sobre el cuerpo del cristiano. En 1 Corintios 3:16-17 escribe: "Acaso no sabéis que sois templo de Dios y que el Espíritu de Dios está en vosotros? Si alguno destruye el templo de Dios, Dios lo destruirá a él, porque el templo de Dios, el cual sois vosotros, santo es". En 6:19-20 utiliza un lenguaje casi idéntico: "¿O ignoráis que vuestro cuerpo es templo del Espíritu Santo, el cual está en vosotros, el cual habéis recibido de Dios, y que no sois vuestros?, pues habéis sido comprados por precio; glorificad, pues, a Dios en vuestro cuerpo y en vuestro espíritu, los cuales son de Dios" Está claro, para Pablo, que ser templo del Espíritu Santo significa que Dios habita en nosotros. Al igualar la frase "templo de Dios" con "templo del Espíritu Santo" Pablo deja claro que el Espíritu Santo es Dios.

Además, el Espíritu Santo posee los atributos o cualidades de Dios. Uno de ellos es la omnisciencia: "Pero Dios nos las reveló a nosotros por el Espíritu, porque el Espíritu todo lo escudriña, aun lo profundo de Dios, porque ¿quién de entre los hombres conoce las cosas del hombre, sino el espíritu del hombre que está en él? Del mismo modo, nadie conoció las cosas de Dios, sino el Espíritu de Dios" (1 Co. 2:10-11). Observemos también la declaración de Jesús en Juan 16:13: "Pero cuando venga el Espíritu de verdad, él os guiará a toda la verdad, porque no hablará por su propia cuenta, sino que hablará todo lo que oiga y os hará saber las cosas que habrán de venir".

También se habla del poder del Espíritu Santo de forma destacada en el Nuevo Testamento. En Lucas 1:35 las expresiones "El Espíritu Santo" y "el poder del Altísimo" se encuentran en construcciones paralelas o sinónimas. Esto es, por supuesto, una referencia a la concepción virginal, un milagro de primera magnitud. Pablo reconoce que los logros de su ministerio se llevaron a cabo gracias a "potencia de señales y prodigios en el poder del Espíritu Santo" (Ro. 15:19). Es más, Jesús atribuyó al poder del Espíritu la habilidad para cambiar los corazones humanos y sus personalidades: el Espíritu es el que nos convence (Jn. 16:8-11) y regenera (Jn. 3:5-8). Jesús había dicho con respecto a esa habilidad para cambiar los corazones humanos: "Para los hombres esto es imposible, pero para Dios todo es posible" (Mt. 19:26; ver vv. 16-25). Aunque estos textos no afirman específicamente que el Espíritu es omnipotente, realmente indican que tiene un poder que sólo supuestamente Dios posee.

Otro atributo más del Espíritu que le coloca junto al Padre y el Hijo es el de su eternidad. En Hebreos 9:14 se habla del "Espíritu eterno" a través del cual Jesús se ofrece a sí mismo. Sin embargo, sólo Dios es eterno (He. 1:10-12), todas las criaturas son temporales. Por lo tanto, el Espíritu Santo debe ser Dios.

Además de tener atributos divinos, el Espíritu Santo realiza ciertas obras que normalmente se le atribuyen a Dios. Estuvo implicado, y continúa estándolo, en la creación, tanto en el origen como en mantenerla y dirigirla. En Génesis 1:2 leemos que el Espíritu de Dios se movía sobre la faz de las aguas. Job 26:13 señala que el Espíritu de Dios adorna los cielos. El salmista dice: "Envías tu espíritu, son creados [todas las partes de la creación previamente enumeradas] y renuevas la faz de la tierra" (Sal. 104:30).

Los testimonios bíblicos más abundantes sobre el papel del Espíritu Santo tratan de su obra espiritual sobre o dentro de los humanos. Ya hemos señalado que Jesús atribuyó la regeneración al Espíritu Santo (Jn. 3:5-8). Esto lo confirman las palabras de Pablo en Tito 3:5: "[Dios nuestro salvador] nos salvó, no por obras de justicia que nosotros hubiéramos hecho, sino por su misericordia, por el lavamiento de la regeneración y por la renovación en el Espíritu Santo". Además, el Espíritu levantó a Cristo de los muertos y también nos levantará a nosotros, o sea, Dios nos resucitará a través del Espíritu: "Y si el Espíritu de aquel que levantó de los muertos a Jesús está en vosotros, el que levantó de los muertos a Cristo Jesús vivificará también vuestros cuerpos mortales por su Espíritu que está en vosotros" (Ro. 8:11).

Dar las Escrituras es otra obra divina del Espíritu Santo. En 2 Timoteo 3:16 Pablo escribe: "Toda la Escritura es inspirada por Dios y útil para enseñar, para redargüir, para corregir, para instruir en justicia". Pedro también habla del papel del Espíritu al darnos las Escrituras, pero resalta la influencia en el escritor en lugar de en el producto resultante: "porque nunca la profecía fue traída por voluntad humana, sino que los santos hombres de Dios hablaron siendo inspirados por el Espíritu Santo" (2 P. 1:21).

Nuestra consideración final para argumentar a favor de la divinidad del Espíritu Santo es su asociación con el Padre y el Hijo basándose en la aparente igualdad. Una de las evidencias más conocidas es la forma bautismal que se ordena en la gran comisión: "Por tanto, id y haced discípulos a todas las naciones, bautizándolos en el nombre del Padre, del Hijo y del Espíritu Santo" (Mt. 28:19). La bendición paulina en 2 Corintios 13:14 es otra evidencia: "La gracia del Señor Jesucristo, el amor de Dios y la comunión del Espíritu Santo sean con todos vosotros. Amén". Y en 1 Corintios 12, cuando Pablo discute los dones espirituales, coordina a los tres miembros de la divinidad: "hay diversidad de dones, pero el Espíritu es el mismo. Y hay diversidad de ministerios, pero el Señor es el mismo. Y hay diversidad de actividades, pero Dios, que hace todas las cosas en todos, es el mismo" (vv. 4-6). De la misma manera, Pedro en el saludo de la primera epístola, vincula a los tres, señalando los respectivos papeles en el proceso de la salvación: "[a los expatriados de la dispersión] elegidos según el previo conocimiento de Dios Padre en santificación del Espíritu, para obedecer y ser rociados con la sangre de Jesucristo" (1 P. 1:2).

### La personalidad del Espíritu Santo

Además de la divinidad del Espíritu Santo también es importante señalar su personalidad. No se trata de una fuerza impersonal. Este punto es especialmente importante en un momento en el que las tendencias panteístas se están introduciendo en la cultura occidental mediante las religiones orientales. La Biblia deja claro de varias maneras que el Espíritu Santo es una persona y que posee todas las cualidades que eso implica.

La primera evidencia de la personalidad del Espíritu Santo es la utilización del pronombre masculino para representarle. Como la palabra πνεῦμα *(pneuma)* es neutra y los pronombres tienen que concordar con su antecedente en género, número y persona, sería de esperar que se utilizara un pronombre neutro para representar al Espíritu Santo. No obstante, en Juan 16:13-14 nos encontramos con un fenómeno inusual. Cuando Jesús describe el ministerio del Espíritu Santo, utiliza un pronombre masculino (ἐκεῖνος—*ekeionos*) donde nosotros esperaríamos uno neutro. El único antecedente posible en el contexto inmediato es "Espíritu de verdad" (v. 13).[36] O bien Juan cometió aquí un error gramatical al contar el discurso de Jesús (lo cual es bastante improbable porque no encontramos ningún otro error similar en el resto del evangelio), o es que eligió deliberadamente utilizar el masculino para transmitirnos el hecho de que Jesús se estaba refiriendo a una persona y no a una cosa. Una referencia similar la encontramos en Efesios 1:14, donde en una oración de relativo modificando a "Espíritu Santo", la lectura textual preferida es ὅς *(hos)*—"[el cual] es las arras de nuestra herencia hasta la redención de la posesión adquirida, para alabanza de su gloria".

Una segunda evidencia de la personalidad del Espíritu Santo son una serie de pasajes en los que él y su obra están, de una u otra manera, relacionados muy estrechamente con distintas personas y sus trabajos. El término παράκλητος *(paraklētos)* se aplica al Espíritu Santo en Juan 14:26; 15:26 y 16:7. En cada uno de estos contextos es obvio que no se trata de cierta clase de influencia abstracta. También se habla expresamente de Jesús como un παράκλητος (1 Jn. 2:1). Más importantes son sus palabras en Juan 14:16, donde dice que orará para que el Padre dé a los discípulos otro παράκλητος. La palabra "otro" aquí es ἄλλος *(allos)*, que significa "otro de la misma especie".[37] A la vista de las palabras de Jesús que vinculan la llegada del Espíritu con su propia marcha (ver 16:7), esto significa que el Espíritu es el reemplazo de Jesús y que llevará a cabo el mismo papel. La similitud de su función es indicativo de que el Espíritu Santo, como Jesús, debe ser una persona.

36. Se ha sugerido que un posible antecedente es el nombre masculino παράκλητος *(parakletos)* en el versículo 7. Sin embargo, la distancia que le separa del pronombre hace que esto sea bastante improbable.

37. Richard Trench, *Synonyms of the New Testament* (Grand Rapids: Eerdmans, 1953), pp. 357-61.

Otra función que realizan Jesús y el Espíritu Santo, y que por tanto sirve como indicador de la personalidad del Espíritu, es la de glorificar a otro miembro de la Trinidad. En Juan 16:14 Jesús dice del Espíritu: "Él me glorificará, porque tomará de lo mío y os lo hará saber". Un paralelismo lo encontramos en Juan 17:4, en su oración sumosacerdotal, Jesús dice que durante su ministerio en la tierra glorificó al Padre.

Las agrupaciones más interesantes que se pueden hacer del Espíritu Santo con los agentes personales son aquellas en las que se le vincula a la vez con el Padre y con el Hijo. Entre las más conocidas están la fórmula bautismal en Mateo 28:19 y la bendición en 2 Corintios 13:14. Sin embargo, hay otros ejemplos. Judas aconseja: "Pero vosotros, amados, edificándoos sobre vuestra santísima fe, orando en el Espíritu Santo, conservaos en el amor de Dios, esperando la misericordia de nuestro Señor Jesucristo para vida eterna" (vv. 20-21). Pedro se dirige a sus lectores como "elegidos según el previo conocimiento de Dios Padre en santificación del Espíritu, para obedecer y ser rociados con la sangre de Jesucristo" (1 P. 1:2). Anteriormente en su mensaje en Pentecostés, había proclamado: "Así que, [Jesús] exaltado por la diestra de Dios y habiendo recibido del Padre la promesa del Espíritu Santo, ha derramado esto que vosotros veis y oís... Arrepentíos y bautícese cada uno de vosotros en el nombre de Jesucristo para perdón de los pecados, y recibiréis el don del Espíritu Santo" (Hch. 2:33, 38). Pablo también coordina la obra de los tres, por ejemplo en Gálatas 4:6: "Por cuanto sois hijos, Dios envió a vuestros corazones el Espíritu de su Hijo, el cual clama: '¡*Abba*, Padre!'". Una referencia similar encontramos en 2 Corintios 1:21-22: "Y el que nos confirma con vosotros en Cristo, y el que nos ungió, es Dios, el cual también nos ha sellado y nos ha dado, como garantía, el Espíritu en nuestros corazones". Otros ejemplos son Romanos 15:16; 1 Corintios 12:4-6; Efesios 3:14-17 y 2 Tesalonicenses 2:13-14.

El Espíritu Santo también está ligado con el Padre y el Hijo en varios eventos del ministerio de Jesús. En el bautismo de Jesús (Mt. 3:16-17), las tres personas de la Trinidad estaban presentes. Cuando estaban bautizando al Hijo, el Padre habló desde el cielo presentando a su Hijo, y el Espíritu Santo descendió de forma visible. Jesús dijo que su poder para expulsar demonios estaba relacionado con el Padre y con el Espíritu: "Pero si yo por el Espíritu de Dios echo fuera los demonios, ciertamente ha llegado a vosotros el reino de Dios" (Mt. 12:28). La unión del Espíritu Santo con el Padre y el Hijo en estos eventos es una indicación de que es una persona, tal como lo son ellos.

La personalidad del Espíritu Santo se puede apreciar también en pasajes que le agrupan con humanos. No citaremos más que un ejemplo. La carta de los apóstoles y ancianos en Jerusalén a la iglesia de Antioquía contenía una expresión bastante inusual: "Pues ha parecido bien al Espíritu Santo y a nosotros no imponeros ninguna carga más que estas cosas necesarias" (Hch. 15:28). Este trabajo coordinado del Espíritu y de los líderes cristianos indica que el Espíritu posee algunas de las cualidades que encontramos en la personalidad humana.

Y, en realidad, que el Espíritu posea ciertas características personales es una tercera indicación de su personalidad. Entre las más destacadas están la inteligencia, la voluntad y las emociones, consideradas tradicionalmente como los elementos fundamentales de la personalidad. De las distintas referencias a la inteligencia y conocimiento del Espíritu, citamos aquí Juan 14:26, donde Jesús promete que el Espíritu: "el Consolador, el Espíritu Santo, a quien el Padre enviará en mi nombre, él os enseñará todas las cosas y os recordará todo lo que yo os he dicho". La voluntad del Espíritu se atestigua en 1 Corintios 12:11, que afirma que "todas estas cosas [los distintos dones espirituales] las hace uno y el mismo Espíritu, repartiendo a cada uno en particular como él quiere". Que el Espíritu tiene emociones es evidente en Efesios 4:30, donde Pablo advierte que no se debe entristecer al Espíritu.

El Espíritu Santo también puede verse afectado como persona, mostrando así su personalidad de forma pasiva. Es posible intentar mentir al Espíritu Santo, como lo hicieron Ananías y Safira (Hch. 5:3-4). Pablo habla del pecado de entristecer al Espíritu Santo (Ef. 4:30) y de apagarlo (1 Ts. 5:19). Esteban acusa a sus adversarios de resistir siempre al Espíritu Santo (Hch. 7:51). Aunque es posible resistirse a una simple fuerza, no se puede mentir o entristecer a algo impersonal. Y lo que es más, existe el pecado de blasfemia contra el Espíritu Santo (Mt. 12:31; Mr. 3:29). Este pecado, que Jesús sugiere es más serio que blasfemar contra el Hijo, seguramente no se puede cometer contra algo que sea impersonal.

Además, el Espíritu Santo participa en acciones morales y ministeriales que sólo pueden ser realizadas por una persona. Actividades de este tipo pueden ser: enseñar, regenerar, escudriñar, hablar, interceder, ordenar, testificar, guiar, iluminar, revelar. Un pasaje inusual e interesante es Romanos 8:26: "De igual manera, el Espíritu nos ayuda en nuestra debilidad, pues qué hemos de pedir como conviene, no lo sabemos, pero el Espíritu mismo intercede por nosotros con gemidos indecibles". Seguramente Pablo tiene una persona en mente. Y lo mismo hace Jesús cada vez que habla del Espíritu Santo, por ejemplo, en Juan 16:8: "cuando él venga, convencerá al mundo de pecado, de justicia y de juicio".

Todas las consideraciones anteriores llevan a una conclusión. El Espíritu Santo es una persona, no una fuerza, y esa persona es Dios, de forma tan completa y de la misma manera que lo son el Padre y el Hijo.

## Implicaciones de la doctrina del Espíritu Santo

Un entendimiento correcto de quién y qué es el Espíritu Santo conlleva ciertas implicaciones:

1. El Espíritu Santo es una persona, no una fuerza indefinida. Por lo tanto, es alguien con el que podemos tener una relación personal, alguien a quien podemos y debemos orar.
2. Al Espíritu Santo, al ser completamente divino, se le debe el mismo honor y respeto que concedemos al Padre y al Hijo. Es apropiado alabarle al igual que hacemos con ellos. No deberíamos considerarle en ningún sentido inferior a ellos, aunque en algún momento su papel quede subordinado al de ellos.
3. El Espíritu Santo es uno con el Padre y el Hijo. Su obra es la expresión y ejecución de lo que los tres han planeado juntos. No existe tensión entre sus personas y actividades.
4. Dios no está lejos. En el Espíritu Santo, el Dios Trino se hace cercano, en realidad se acerca tanto que entra dentro de cada creyente. Incluso tiene un contacto más intimo con nosotros que en la encarnación. Mediante la obra del Espíritu, Dios se ha convertido realmente en Emanuel: "Dios con nosotros".

# 42. La obra del Espíritu Santo

## Objetivos del capítulo

Tras estudiar este capítulo, debería ser capaz de:

- Examinar la obra del Espíritu Santo en el Antiguo Testamento.
- Describir la obra del Espíritu Santo en la vida y el ministerio de Jesús.
- Mostrar cómo la obra del Espíritu Santo afecta a la vida del creyente desde el principio de la vida cristiana y a lo largo de toda ella.
- Evaluar el fenómeno de los dones milagrosos hoy en día.
- Sacar varias conclusiones sobre la importancia de la obra del Espíritu Santo en nuestros días.

## Resumen del capítulo

Aunque ha habido cierta controversia sobre la obra del Espíritu Santo en el Antiguo Testamento es evidente que el Espíritu estuvo obrando a lo largo de toda la época del Antiguo Testamento. Fue particularmente destacado en la vida y el ministerio de Jesús. Continúa obrando en la vida de las personas a las que Dios llama al arrepentimiento y a la fe. Guía al creyente desde el nacimiento espiritual hacia la madurez. Con los cambios de actitud hacia los dones del Espíritu que se han producido en los últimos años, los dones milagrosos han asumido un papel significativo en algunos círculos. Se deberían hacer algunas valoraciones sobre la manera de considerar estos dones.

## Cuestiones de estudio

1. Haga un seguimiento de la obra del Espíritu Santo en el Antiguo Testamento. ¿Qué se aprende del Espíritu durante esta etapa?
2. ¿Cómo ministró el Espíritu Santo en la vida de Jesús? ¿Qué se puede aprender de su obra?

3. ¿Cómo obra el Espíritu Santo en la vida del creyente cristiano? Medite en la experiencia del nuevo nacimiento y el crecimiento hacia la madurez.
4. ¿Qué propósito tiene que los dones fueran otorgados a la iglesia?
5. Cuando piensa en los dones milagrosos del Espíritu, ¿qué papel cree que deberían tener los dones en la vida del creyente y de la iglesia? Defienda su posición.
6. Según su estudio, ¿cómo resumiría lo que sabe sobre el Espíritu?

La obra del Espíritu Santo en el Antiguo Testamento
La obra del Espíritu Santo en la vida de Jesús
La obra del Espíritu Santo en la vida del cristiano
    El principio de la vida cristiana
    La continuación de la vida cristiana
Los dones milagrosos hoy en día
Implicaciones de la obra del Espíritu

La obra del Espíritu Santo es de especial interés para los cristianos porque es especialmente a través de su obra que Dios se implica personalmente en la vida del creyente. Es más, en el pasado reciente esta faceta de la doctrina ha estado sujeta a la controversia más grande en lo concerniente al Espíritu Santo. Aunque esta controversia se centra en algunos de sus dones especiales más espectaculares, esa es una base demasiado estrecha sobre la que elaborar nuestra discusión en este capítulo. La obra del Espíritu es una materia amplia que alcanza una variedad de áreas. Los temas controvertidos deben verse sobre el telón de fondo de la actividad más general del Espíritu.

## La obra del Espíritu Santo en el Antiguo Testamento

A menudo resulta difícil identificar al Espíritu Santo en el Antiguo Testamento, porque refleja las primeras etapas de la revelación progresiva. De hecho, el término "Espíritu Santo" rara vez se utiliza aquí. En su lugar, la expresión que se suele utilizar es "el Espíritu de Dios". El hebreo es una lengua concreta con relativamente pocos adjetivos. Cuando en español se usa un nombre y un adjetivo, el hebreo tiende a utilizar dos nombres, uno de ellos en función de genitivo.[1] Por ejemplo, cuando en español se habla de un "hombre recto", en hebreo normalmente encontraríamos "un hombre de rectitud". De forma similar, la mayoría de las referencias en el Antiguo Testamento a la Tercera Persona de la Trinidad están formadas por dos nombres *Espíritu* y *Dios*. No parece claro según esto que haya una tercera persona implicada. La expresión "Espíritu de Dios" se podría

1. A. B. Davidson dice: "El carácter de la lengua no es favorable a la formación de adjetivos y el gen. [genitivo] se utiliza de distintas maneras para explicar el nombre precedente, indicando su material, cualidad o relación" (*Hebrew Syntax* [Edinburgh: T. & T. Clark, 1902], p. 32.

entender perfectamente como una simple referencia a la voluntad, a la mente o a la actividad de Dios.[2] Sin embargo, hay algunos casos en los que el Nuevo Testamento deja claro que una referencia en el Antiguo Testamento al "Espíritu de Dios" es una referencia al Espíritu Santo. Uno de los pasajes del Nuevo Testamento más destacados es Hechos 2:16-21, donde Pedro explica que lo que está ocurriendo en Pentecostés es el cumplimiento de lo dicho por el profeta Joel: "Derramaré mi Espíritu sobre toda carne" (2:17). Sin duda, los sucesos de Pentecostés eran la realización de la promesa de Jesús: "pero recibiréis poder cuando haya venido sobre vosotros el Espíritu Santo" (Hch. 1:8). En resumen, el "Espíritu de Dios" del Antiguo Testamento es sinónimo del Espíritu Santo.[3]

Hay varias áreas principales en la obra del Espíritu Santo en los tiempos del Antiguo Testamento. Primero está la creación. Encontramos referencias a la presencia y actividad del Espíritu de Dios en el relato de la creación: "La tierra estaba desordenada y vacía, las tinieblas estaban sobre la faz del abismo y el espíritu de Dios se movía sobre la faz de las aguas" (Gn. 1:2). El trabajo continuado de Dios en la creación se atribuye al Espíritu. Job escribe: "Su espíritu adorna los cielos; su mano traspasó a la serpiente tortuosa" (26:13). Isaías esperaba un futuro derramamiento del Espíritu que traería consigo una gran productividad en la creación: habrá desolación "hasta que sobre nosotros sea derramado el espíritu de lo alto. Entonces el desierto se convertirá en campo fértil y el campo fértil será como un bosque" (Is. 32:15).

Otro área general de la obra del Espíritu es la de dar profecía e inspirar las Escrituras.[4] Los profetas del Antiguo Testamento testificaron que cuando hablaban y escribían era porque el Espíritu venía a ellos. Ezequiel ofrece el ejemplo más claro: "Después de hablarme, entró el espíritu en mí y me afirmó sobre mis pies, y oí al que me hablaba" (2:2; cf. 8:3; 11:1, 24). El Espíritu incluso entró en personas tan inesperadas como Balaam (Núm. 24:2). Como signo de que Saúl era el ungido por Dios, el Espíritu vino poderosamente a él y profetizó (1 S. 10:6, 10). Pedro confirmó el testimonio de los profetas en lo referente a esta experiencia: "porque nunca la profecía fue traída por voluntad humana, sino que los santos hombres de Dios hablaron siendo inspirados por el Espíritu Santo" (2 P. 1:21). Además, el libro de los Hechos da testimonio de que el Espíritu habló por boca de David (Hch. 1:16; 4:25). Como el Espíritu

2. J. H. Raven afirma que las referencias en el Antiguo Testamento al "Espíritu de Dios" no pertenecen específicamente al Espíritu Santo: "No existe una distinción entre las personas de la divinidad. El Espíritu de Dios en el Antiguo Testamento es Dios mismo ejerciendo una influencia activa" (*The History of the Religion of Israel* [Grand Rapids: Baker, 1979] p. 164).

3. Para ver qué pasajes como Sal. 104:30 son referencias personales al Espíritu Santo, ver Leon Wood, *The Holy Spirit in the Old Testament* (Grand Rapids: Zondervan, 1976), pp. 19-20.

4. Eduard Schweizer, *The Holy Spirit,* trans. Reginald H. and Ilse Fuller (Philadelphia: Fortress, 1980), pp. 10-19).

Santo produjo las Escrituras, podemos referirnos a ellas como "inspiradas por Dios" (θεόπνευστος—*theopneustos* – 2 Ti. 3:16).

Otra obra más del Espíritu de Dios en el Antiguo Testamento era la de dotar de ciertas habilidades necesarias para distintas tareas.[5] Por ejemplo, leemos que al escoger a Bezaleel para que construyese y amueblase el tabernáculo, Dios señaló: "y lo he llenado del espíritu de Dios, en sabiduría y en inteligencia, en ciencia y en todo arte, para inventar diseños, para trabajar en oro, en plata y en bronce, para labrar piedras y engastarlas, tallar madera y trabajar en toda clase de labor" (Éx. 31:3-5). No queda claro si Bezaleel tenía anteriormente todas esas habilidades o si le fueron concedidas de repente para que realizara esta tarea en particular. Tampoco queda claro si siguió poseyéndolas después. Cuando Zorobabel reconstruyó el templo después del cautiverio en Babilonia, también hubo una dotación similar: "No con ejército, ni con fuerza, sino con mi espíritu, ha dicho Jehová de los ejércitos" (Zac. 4:6).

La administración también parece ser un don del Espíritu. Incluso el faraón reconoció la presencia del Espíritu en José: "y dijo el faraón a sus siervos: '¿Acaso hallaremos a otro hombre como este, en quien esté el espíritu de Dios?'" (Gn. 41:38). Cuando Moisés necesitó ayuda para liderar al pueblo de Israel, se tomó de él parte del Espíritu para dárselo a otros: "Entonces Jehová descendió en la nube y le habló. Luego tomó del espíritu que estaba en él, y lo puso en los setenta hombres ancianos. Y en cuanto se posó sobre ellos el espíritu, profetizaron; pero no volvieron a hacerlo" (Núm. 11:25). Aquí el don de administración se acompañó o llevaba implícito el don de la profecía. Aunque no queda claro si la capacidad de Josué para el liderazgo estaba relacionada especialmente con la obra del Espíritu de Dios, parece haber una alusión a ese efecto. "Josué hijo de Nun estaba lleno del espíritu de sabiduría, porque Moisés había puesto sus manos sobre él, y los hijos de Israel lo obedecieron haciendo como Jehová mandó a Moisés" (Dt. 34:9).

En la época de los jueces, la administración mediante el poder y los dones del Espíritu Santo fue especialmente espectacular.[6] Fue un tiempo en el que había muy poco liderazgo nacional. La mayoría de lo que se hacía se conseguía mediante lo que hoy denominaríamos "liderazgo carismático". De Otoniel se dice: "El espíritu de Jehová vino sobre Otoniel, quien juzgó a Israel y salió a la batalla. Jehová entregó en sus manos a Cusan-risataim, rey de Siria, y le dio la victoria sobre Cusan-risataim" (Jue. 3:10). Se hace una descripción similar de la llamada a Gedeón: "Entonces el espíritu de Jehová vino sobre Gedeón, y cuando este tocó el cuerno, los abiezeritas se reunieron con él" (Jue. 6:34). La obra del Espíritu en los tiempos de los jueces consiste principalmente en proporcionar las

5. Wood, *Holy Spirit,* pp. 42-43.
6. Ibíd., p. 41.

habilidades adecuadas para llevar a cabo la guerra. El Espíritu viene a Otoniel, y este se va a la guerra. El Espíritu del Señor viene a Gedeón y después de asegurarse de que Israel será liberada por su mano, se va a la guerra. Sus soldados resultan ser especialmente eficaces, muy por encima de la proporción de su número. De la misma manera, a Sansón se le proporcionó una fuerza extraordinaria cuando el Espíritu vino sobre él, y fue capaz de llevar a cabo proezas sobrenaturales: "El espíritu de Jehová vino sobre él; descendió Sansón a Ascalón y mató a treinta hombres de ellos y, tomando sus despojos, pagó con las vestiduras a los que habían explicado el enigma" (Jue. 14:19).

El Espíritu también dotó a los primeros reyes de Israel de capacidades especiales. Ya hemos señalado que Saúl profetizó cuando el Espíritu vino a él (1 S. 10:10). La unción de David fue igualmente acompañada de la venida del Espíritu de Dios: "Samuel tomó el cuerno del aceite y lo ungió en medio de sus hermanos. A partir de aquel día vino sobre David el espíritu de Jehová" (1 S. 16:13).

Sin embargo, el Espíritu no sólo se ve en incidentes espectaculares. Además de en las cualidades del liderazgo nacional y de los actos heroicos de la guerra, estaba presente en la vida espiritual de Israel. Haciendo referencia a él, se le denomina como "buen Espíritu". Refiriéndose a Dios, Esdras recuerda al pueblo de Israel la provisión que recibieron sus antepasados en el desierto: "Enviaste tu buen espíritu para enseñarles; no retiraste tu maná de su boca, agua les diste para su sed" (Neh. 9:20). El salmista implora a Dios: "Enséñame a hacer tu voluntad, porque tú eres mi Dios; tu buen espíritu me guíe a tierra de rectitud" (Sal. 143:10). La bondad del Espíritu se aprecia también en dos referencias que se hacen a él como "Espíritu santo". En cada una de ellas hay un contraste entre las acciones pecadoras de los humanos y la santidad de Dios. Pidiendo que sus pecados sean borrados, David ora: "No me eches de delante de ti y no quites de mí tu santo espíritu" (Sal. 51:11). Isaías habla de la gente que "fueron rebeldes e hicieron enojar su santo espíritu [el de Jehová]" (Is. 63:10).

Sin embargo, la cualidad de bueno y santo del Espíritu queda más clara si observamos la obra que realiza y sus resultados. Se le describe produciendo el temor del Señor y distintas cualidades de rectitud y juicio en el Mesías prometido (Is. 11:2-5). Cuando se derrama el Espíritu (Is. 32:15), el resultado es la justicia, la rectitud y la paz (vv. 16-20). La devoción al Señor vendrá tras el derramamiento del Espíritu (Is. 44:3-5). Ezequiel 36:26-28, un pasaje que anuncia la doctrina de la regeneración del Nuevo Testamento, habla de una cuidadosa obediencia y un nuevo corazón que acompañan la recepción del Espíritu de Dios.

Las consideraciones anteriores del Antiguo Testamento representan al Espíritu Santo como el productor de las cualidades morales y espirituales de bondad y santidad en la persona a la que viene o en la que vive. En algunos casos en el libro de los Jueces, su presencia parece ser intermitente y parece estar relacionada con una actividad o un ministerio particular.

El testimonio del Antiguo Testamento anticipa un futuro en el que el ministerio del Espíritu será todavía más completo.[7] En parte esto tiene que ver con la venida del Mesías, sobre quien el Espíritu va a descansar de una manera y en un grado poco común, como se señala en Isaías 11:1-5. Pasajes similares son Isaías 42:1-4 y 61:1-3 ("El espíritu de Jehová, el Señor, está sobre mí, porque me ha ungido Jehová. Me ha enviado a predicar buenas noticias a los pobres, vendar a los quebrantados de corazón, a publicar libertad a los cautivos a los prisioneros apertura de la cárcel..."). Jesús cita los primeros versos de Isaías 61 e indica que se han cumplido en él (Lc. 4:18-21). Sin embargo, hay una promesa más general, una promesa que no queda restringida al Mesías. Se encuentra en Joel 2:28-29: "Después de esto derramaré mi espíritu sobre todo ser humano, y profetizarán vuestros hijos y vuestras hijas; vuestros ancianos soñarán sueños, y vuestros jóvenes verán visiones. También sobre los siervos y las siervas derramaré mi espíritu en aquellos días". En Pentecostés Pedro citó esta profecía, indicando que ahora se había cumplido.

## La obra del Espíritu Santo en la vida de Jesús

En la vida de Jesús encontramos una presencia amplia y poderosa del Espíritu. Incluso el principio mismo de su existencia encarnada fue obra del Espíritu Santo.[8] Tanto la predicción como el relato del nacimiento de Jesús apunta hacia una obra especial del Espíritu. Después de informar a María de que iba a tener un hijo, el ángel explicó: "El Espíritu Santo vendrá sobre ti y el poder del Altísimo te cubrirá con su sombra; por lo cual también el Santo Ser que va a nacer será llamado Hijo de Dios" (Lc. 1:35). Después de que sucediese la concepción, el ángel se apareció a José, que lógicamente estaba confundido, y le explicó: "José, hijo de David, no temas recibir a María tu mujer, porque lo que en ella es engendrado, del Espíritu Santo es" (Mt. 1:20). Las palabras con las que se inicia la narración son: "El nacimiento de Jesucristo fue así: Estando comprometida María, su madre, con José, antes que vivieran juntos se halló que había concebido del Espíritu Santo" (Mt. 1:18).[9]

El anuncio que hace Juan el Bautista del ministerio de Jesús también resalta el lugar del Espíritu Santo. El Bautista estaba él mismo lleno del Espíritu Santo, incluso ya dentro del vientre materno (Lc. 1:15). Su mensaje resaltaba que al contrario que su propio bautismo, que únicamente era de agua, Jesús bautizaría con el Espíritu Santo (Mr. 1:8). Mateo (3:11) y Lucas (3:16) añadieron "y con

7. George Smeaton, *The Doctrine of the Holy Spirit* (London: Banner of Truth Trust, 1958), pp. 33-35.

8. Karl Barth, *Dogmatics in Outline* (New York: Philosophical Library, 1949), p. 95.

9. Raymond E. Brown, *The Birth of the Messiah* (Garden City, N.Y.: Doubleday, 1977), pp. 124-25.

fuego". Juan no afirma tener el Espíritu; y no dice que él dé el Espíritu. Atribuye al Mesías que va a venir la facultad de dar el Espíritu.

El Espíritu está presente de forma espectacular desde el principio mismo del ministerio público de Jesús, si lo identificamos con su bautismo, cuando el Espíritu Santo vino sobre él de forma apreciable (Mt. 3:16, Mr. 1:10; Lc. 3:22, Jn. 1:32). Juan deja claro que Juan el Bautista también vio al Espíritu y dio testimonio de ello. Ninguno de los relatos menciona ninguna manifestación particular inmediata, o sea, ningún efecto visible o algo similar. Sin embargo, sabemos que inmediatamente después, Jesús estaba "lleno del Espíritu Santo" (Lc. 4:1). Los autores efectivamente nos dejan deducir de los hechos subsiguientes justo lo que fueron las obras del Espíritu Santo en la vida de Jesús.

El resultado inmediato de que Jesús fuese lleno del Espíritu fue sufrir su mayor tentación, o serie de tentaciones, al inicio de su ministerio público.[10] Jesús fue dirigido por el Espíritu Santo hacia la situación en la que se produjo la tentación. En Mateo 4:1 y Lucas 4:1-2 se describe a Jesús siendo conducido por el Espíritu Santo hacia el desierto. La frase de Marcos es más contundente: "Luego el Espíritu lo impulsó al desierto" (1:12). Jesús es prácticamente "empujado" por el Espíritu. Lo que merece la pena destacar aquí es que la presencia del Espíritu Santo en la vida de Jesús le conduce directa e inmediatamente hacia un conflicto con las fuerzas del mal. Aparentemente había que sacar a la luz la antítesis entre el Espíritu Santo y el mal en el mundo.

El resto del ministerio de Jesús también se llevó a cabo bajo el poder y la dirección del Espíritu. Esto fue patente en las enseñanzas de Jesús.[11] Lucas nos cuenta que tras la tentación "Jesús volvió en el poder del Espíritu a Galilea, y se difundió su fama por toda la tierra de alrededor" (4:14). Entonces empezó a enseñar en todas las sinagogas. Al llegar a su ciudad, Nazaret, entró en la sinagoga y se puso a leer. Leyó Isaías 61:1-2, y afirmó que se había cumplido en él (Lc. 4:18-21), de esa manera confirmaba que su ministerio era resultado de la obra del Espíritu Santo en él.

Lo que es cierto de las enseñanzas de Jesús también lo es de sus milagros, en particular del exorcismo de demonios. La confrontación entre el Espíritu Santo y las fuerzas malignas que existen en el mundo es manifiesta. En una ocasión los fariseos dijeron que Jesús expulsaba demonios por el príncipe de los demonios. Jesús señaló la contradicción interna existente en esta afirmación (Mt. 12:25-27) y después rebatió: "Pero si yo por el Espíritu de Dios echo fuera los demonios, ciertamente ha llegado a vosotros el reino de Dios" (v. 28). Su condena a las palabras de los fariseos como "blasfemia contra el Espíritu" (v. 31) y su advertencia de que "el que hable contra el Espíritu Santo, no será perdonado" (v. 32) son

10. Schweizer, *Holy Spirit,* p. 51.
11. Dale Moody, *Spirit of the Living God* (Nashville: Broadman, 1976), pp. 40-41.

evidencias de que lo que ha hecho lo ha hecho por el poder del Espíritu Santo. Jesús aparentemente estaba negando que él fuera el origen de sus milagros, y se lo estaba atribuyendo en su lugar al Espíritu Santo.

No sólo sus enseñanzas y milagros, toda la vida de Jesús en aquel entonces estaba "en el Espíritu Santo". Cuando los setenta regresaron de su misión y contaron que incluso los demonios se les sujetaban en nombre de Jesús (Lc. 10:17), Jesús "se regocijó en el Espíritu" (v. 21). Incluso sus emociones estaban "en el Espíritu Santo". Esta es la descripción de alguien completamente lleno del Espíritu.

No hay evidencia de que la presencia del Espíritu Santo aumente en la vida de Jesús. No existen una serie de experiencias de la venida del Espíritu Santo, sólo la concepción y el bautismo. Sin embargo, hay un aumento progresivo de los efectos de la presencia del Espíritu. Tampoco encontramos ninguna evidencia de fenómenos de éxtasis en la vida de Jesús. Desde luego hay ocasiones en las que parece haber cierta urgencia por realizar su tarea (como cuando dice: "Me es necesario hacer las obras del que me envió, mientras dura el día; la noche viene, cuando nadie puede trabajar" [Jn. 9:4]). Pero no encontramos en la vida de Jesús el tipo de fenómeno carismático que se cuenta en Hechos y que Pablo discute en 1 Corintios 12-14. No sólo no se recoge ningún fenómeno de este tipo que él haya experimentado, sino que tampoco tenemos ninguna enseñanza suya a este respecto. Dado los problemas que la iglesia se encontró en Corinto, los fenómenos de Pentecostés y posteriores experiencias recogidas en Hechos, es sorprendente, en especial para los que mantienen que el *Sitz im Leben* existencial es el determinante principal de qué materiales se incorporaron en los evangelios, que ni la vida personal del Salvador ni sus enseñanzas den ninguna indicación de tales carismas.

## La obra del Espíritu Santo en la vida del cristiano

### *El principio de la vida cristiana*

En las enseñanzas de Jesús vemos que pone un énfasis especial en la obra del Espíritu Santo al iniciar a las personas en la vida cristiana. Jesús enseñó que la actividad del Espíritu es esencial tanto en la conversión, que desde la perspectiva humana es el comienzo de la vida cristiana, como en la regeneración, que desde la perspectiva de Dios es su comienzo.

La conversión es cuando el hombre se vuelve hacia Dios. Consta de un elemento negativo y de uno positivo: arrepentimiento, o sea, abandono del pecado; y fe, o sea, aceptación de las promesas y de la obra de Cristo. Jesús habló especialmente de arrepentimiento, y específicamente de convicción del pecado, que es el requisito previo para el arrepentimiento. Dijo: "Y cuando él venga, convencerá al mundo de pecado, de justicia y de juicio. De pecado, por cuanto no creen en mí; de justicia, por cuanto voy al Padre y no me veréis más; y de juicio, por cuanto el príncipe de este mundo ha sido ya juzgado" (Jn. 16:8-11). Sin esta obra del Espíritu Santo, no habrá conversión.

La regeneración es la transformación milagrosa del individuo y la implantación de energía espiritual. Jesús le dejó muy claro a Nicodemo que la regeneración es esencial para ser aceptados por el Padre: "De cierto, de cierto te digo que el que no nace de nuevo no puede ver el reino de Dios... el que no nace de agua y del Espíritu no puede entrar en el reino de Dios. Lo que nace de la carne, carne es; y lo que nace del Espíritu, espíritu es" (Jn. 3:3, 5-6). Está claro que la regeneración es un suceso sobrenatural, y es el Espíritu Santo el que lo produce. La carne (o sea, el esfuerzo humano) no es capaz de efectuar esta transformación. Ni esta transformación puede ser entendida por la mente humana. Jesús comparó esta obra del Espíritu con el viento que sopla: "El viento sopla de donde quiere, y oyes su sonido, pero no sabes de dónde viene ni a dónde va. Así es todo aquel que nace del Espíritu" (v. 8).[12]

### La continuación de la vida cristiana

La obra del Espíritu no finaliza al hacerse uno creyente. Al contrario, eso es sólo el comienzo. Él realiza otros papeles a lo largo de la vida cristiana.

Uno de los papeles del Espíritu es el de capacitar. Jesús probablemente dejó a sus discípulos atónitos cuando dijo: "De cierto, de cierto os digo: El que en mí cree, las obras que yo hago, él también las hará; y aun mayores hará, porque yo voy al Padre" (Jn. 14:12). Estas obras mayores dependían aparentemente tanto de que él se fuera como de la venida del Espíritu Santo, ya que ambas cosas estabas estrechamente ligadas. Como los apóstoles estaban evidentemente apenados ante la idea de la partida de Jesús, este les dijo: "Pero yo os digo la verdad: Os conviene que yo me vaya, porque si no me voy, el Consolador no vendrá a vosotros; pero si me voy, os lo enviaré" (Jn. 16:7). Probablemente a los discípulos, que ahora eran mucho más conscientes de sus debilidades y deficiencias, les parecía increíble que fueran capaces de hacer obras mayores que las que había realizado el Maestro. Sin embargo, Pedro predicó el domingo de Pentecostés y trescientos creyeron. Que se sepa, ni siquiera Jesús tuvo nunca ese tipo de respuesta. ¡Quizá no reunió a tantos convertidos auténticos en todo su ministerio! Sin embargo, la clave del éxito de los discípulos no estaba en sus habilidades y fortalezas. Jesús les había dicho que esperaran la venida del Espíritu Santo (Hch. 1:4-5), que les daría el poder que les había prometido, la habilidad para hacer las cosas que había predicho: "pero recibiréis poder cuando haya venido sobre

12. Para una discusión sobre las palabras de Jesús a Nicodemo, ver Henry B. Swete, *The Holy Spirit in the New Testament: A Study of Primitive Christian Teaching* (London Macmillan, 1909), pp. 130-35.

vosotros el Espíritu Santo, y me seréis testigos en Jerusalén, en toda Judea, en Samaria y hasta lo último de la tierra" (v. 8). Esto les permitió tener éxito en su tarea en aquel tiempo, y es un recurso que todavía está a disposición de todos los cristianos que desean servir al Señor.

Otro elemento de la promesa de Jesús era que el Espíritu Santo viviría en el creyente y lo iluminaría: "Y yo rogaré al Padre y os dará otro Consolador, para que esté con vosotros para siempre: el Espíritu de verdad, al cual el mundo no puede recibir, porque no lo ve ni lo conoce; pero vosotros lo conocéis, porque vive con vosotros y estará en vosotros" (Jn. 14:16-17). Jesús había sido un maestro y un líder, pero su influencia fue la de la palabra y el ejemplo. Sin embargo, el Espíritu puede afectarnos con más intensidad porque, al vivir en nosotros, puede llegar al centro mismo de nuestro pensamiento y de nuestras emociones, y conducirnos a la verdad plena, como prometió Jesús. Incluso el nombre utilizado para el Espíritu en este contexto sugiere este papel: "Pero cuando venga el Espíritu de verdad, él os guiará a toda la verdad, porque no hablará por su propia cuenta, sino que hablará todo lo que oiga y os hará saber las cosas que habrán de venir. Él me glorificará, porque tomará de lo mío y os lo hará saber" (Jn. 16:13-14).

El Espíritu evidentemente tiene un papel educador. Al principio en ese mismo discurso leemos que les recuerda y aclara las palabras que Jesús les dijo: "Pero el Consolador, el Espíritu Santo, a quien el Padre enviará en mi nombre, él os enseñará todas las cosas y os recordará todo lo que yo os he dicho" (Jn. 14:26). Jesús también promete: "Pero cuando venga el Consolador, quien yo os enviaré del Padre, el Espíritu de verdad, el cual procede del Padre, él dará testimonio acerca de mí" (Jn. 15:26). Aquí tenemos la idea de la iluminación mediante el Espíritu Santo, un tema que se desarrolló con más amplitud en el capítulo 11. Este ministerio del Espíritu Santo no fue únicamente para esa primera generación de discípulos, también ayuda a los creyentes de hoy en día a entender las Escrituras. Iluminarnos es un papel del que se ocupa el Espíritu porque Jesús ahora está encargado permanentemente de otras funciones que se mencionan en este mismo pasaje (por ejemplo, preparando un lugar para los creyentes [14:2-3]).

Otro punto de interés particular es la obra intercesora del Espíritu Santo. Estamos familiarizados con la intercesión de Jesús, como sumo sacerdote, a nuestro favor. Pablo también habla de una oración intercesora similar mediante el Espíritu Santo: "De igual manera, el Espíritu nos ayuda en nuestra debilidad, pues qué hemos de pedir como conviene, no lo sabemos, pero el Espíritu mismo intercede por nosotros con gemidos indecibles. Pero el que escudriña los corazones sabe cuál es la intención del Espíritu, porque conforme a la voluntad de Dios intercede por los santos" (Ro. 8:26-27). Por lo tanto los creyentes tienen la seguridad de que cuando ellos no saben cómo orar, el Espíritu Santo sabiamente intercede por ellos para que se haga la voluntad de Dios.

El Espíritu Santo también trae la santificación en la vida del creyente. Por santificación queremos decir la continua transformación del carácter moral y espiritual de manera que la vida del creyente refleje realmente la posición que ya tiene a los ojos de Dios. Aunque la justificación es el acto instantáneo de otorgar una posición justa ante Dios, la santificación es el proceso que hace que una persona llegue a ser santa o buena. Al principio de Romanos 8, Pablo habla sobre esta obra del Espíritu Santo. El Espíritu nos ha liberado de la ley (v. 2). De ahora en adelante los creyentes ya no caminan y viven conforme a la carne, su antigua naturaleza, sino al Espíritu (v. 4), teniendo sus mentes puestas en las cosas del Espíritu (v. 5). Los cristianos viven según el Espíritu (v. 9) y el Espíritu vive en ellos, un pensamiento que se repite tres veces (vv. 9, 11 dos veces). Cuando el Espíritu vive en los creyentes, les guía y les conduce, y las obras de la carne mueren (v. 13). Todos los que son "guiados por el Espíritu de Dios, son hijos de Dios" (v. 14). El Espíritu obra ahora dándoles vida, dando testimonio de que son hijos y no esclavos, y por lo tanto evidenciando claramente que están realmente en Cristo (vv. 15-17).

La vida en el Espíritu es lo que Dios quiere para todo cristiano. Pablo en Gálatas 5 contrasta la vida en el Espíritu con la vida de la carne. Instruye a sus lectores para que caminen con el Espíritu en lugar de satisfacer los deseos de la carne (v. 16). Si siguen esa pauta, el Espíritu les proporcionará una serie de cualidades a las que en conjunto se denomina "fruto del espíritu" (v. 22). Pablo enumera estas cualidades: "Pero el fruto del Espíritu es amor, gozo, paz, paciencia, benignidad, bondad, fe, mansedumbre, templanza" (vv. 22-23). Los seres humanos no pueden tener estas cualidades en su totalidad sin ayuda. Son una obra sobrenatural. Se oponen a las obras de la carne – una lista de pecados que encontramos en los versículos 19-21 – al igual que el Espíritu se opone a la carne. Por lo tanto, la obra del Espíritu Santo en la santificación no es únicamente el negativo de la mortificación de la carne (Ro. 8:13), sino también la producción de una semejanza positiva con Cristo.

El Espíritu también ofrece ciertos dones especiales a los creyentes dentro del cuerpo de Cristo. En los escritos de Pablo hay tres listas diferentes de tales dones; también hay una más breve en 1 Pedro (ver figura 5). En relación con estas listas hay que hacer ciertas observaciones. Primero, mientras todas hacen referencia a los dones del Espíritu, su orientación básica es distinta. Efesios 4:11 realmente es una lista de varios oficios en la iglesia, o de personas que son dones de Dios para la iglesia. Romanos 12:6-8 y 1 Pedro 4:11 catalogan varias funciones básicas que se realizan en la iglesia. La lista de 1 Corintios es más un asunto de habilidades especiales. Es probable que cuando estos pasajes hablan de "dones del Espíritu", tengan distintas cosas en mente. Por tanto no se debería intentar reducir estas expresiones a un concepto o definición unitario. Segundo, no queda claro si estos dones se conceden desde el nacimiento, son

Figura 5

**Los dones del Espíritu**

| **Romanos 12:6-8** | **1 Corintios 12:4-11** | **Efesios 4:11** | **1 Pedro 4:11** |
|---|---|---|---|
| Profecía | Sabiduría | Apóstoles | Hablar |
| Servicio | Conocimiento | Profetas | Ministrar |
| Enseñanza | Fe | Evangelistas | |
| Exhortación | Sanidad | Pastores y maestros | |
| Generosidad | Hacer milagros | | |
| Solicitud | Discernimiento de espíritus | | |
| Misericordia | Interpretación de lenguas | | |

capacitaciones especiales que se consiguen en un momento posterior o se trata de una combinación de ambas cosas. Tercero, algunos dones, como el de fe y el de servicio, son cualidades o actividades que se espera que tengan todos los cristianos; en tales casos es probable que el escritor tuviera en mente una capacidad extraordinaria en lo que se refiere a esa área. Cuarto, como ninguna de las cuatro listas incluye todos los dones de las otras, es posible que colectivamente no supongan el conjunto total de dones del Espíritu posibles. Por lo tanto, estas listas individual y colectivamente, son ilustrativas de los distintos dones con los que Dios ha dotado a su iglesia.

También es importante en este momento señalar algunas observaciones que Pablo hace sobre la naturaleza de los dones y la manera en que tienen que ser ejercidos. Estas observaciones aparecen en 1 Corintios 12 y 14.

1. Los dones se conceden al cuerpo (la iglesia). Son para la edificación de todo el cuerpo, no sólo para el disfrute o enriquecimiento de los miembros que los poseen (12:7, 14:5, 12).
2. Ninguna persona tiene todos los dones (12:14-21), ni hay un don que se le conceda a todas las personas (12:28-30). En consecuencia, los miembros de la iglesia se necesitan unos a otros.
3. Aunque no todos sean igual de llamativos, todos los dones son importantes (12:22-26).
4. El Espíritu Santo concede los distintos dones a quien quiere y como quiere (12:11).

## Los dones milagrosos hoy en día

Algunos de los dones más espectaculares han atraído mucha atención y provocado una gran controversia en los últimos años. A estos dones a veces se les denomina dones extraordinarios, milagrosos, especiales, señales o carismáticos, siendo esta última una expresión en cierto modo redundante ya que χαρίσματα *(charismata)* básicamente significa dones. Los que con más frecuencia se mencionan son curación por fe, exorcismo de demonios, y especialmente glosolalia o hablar en lenguas. La cuestión que ha ocasionado más controversia es si el Espíritu Santo todavía dispensa estos dones en la iglesia hoy en día o no, y si lo hace, si son normativos (esto es, si todos los cristianos podrían y deberían recibirlos y ejercitarlos). Como la glosolalia es el don más prominente de todos, nos concentraremos en él. Nuestras conclusiones servirán para evaluar también el resto de los dones.

Para poder entender y tratar correctamente este tema tan controvertido tenemos que examinar las dos posturas sobre el mismo. El tema de la glosolalia ha sido discutido a lo largo del siglo veinte por los pentecostales y en los últimos años por los carismáticos. Su posición, que se basa en gran medida en los pasajes narrativos del libro de los Hechos, es bastante clara. La argumentación suele comenzar con la observación de que tras los episodios de conversión y regeneración que aparecen en Hechos, solía haber un bautismo o un llenarse del Espíritu Santo y que su manifestación normal era la de hablar en una lengua desconocida. No existe indicación alguna de que el Espíritu dejase de conceder a la iglesia ese don.[13] Desde luego existen evidencias de que el don continuó a lo largo de la historia de la iglesia hasta el presente. Aunque a menudo ocurrió solo en grupos pequeños, relativamente aislados, dio a estos grupos una vitalidad espiritual especial.

A menudo se emplea una argumentación experimental para apoyar la glosolalia. La gente que ha experimentado en sí misma este don o que lo ha observado en otros tiene una certeza subjetiva sobre esa experiencia. Enfatizan los beneficios que produce en la vida espiritual cristiana, especialmente revitalizando nuestra vida de oración.[14]

Además, los defensores de la glosolalia argumentan que la práctica no está prohibida en ningún lugar en las Escrituras. Al escribir a los corintios, Pablo no censura el uso adecuado del don, sino el uso inadecuado. De hecho, dice: "Doy gracias a Dios que hablo en lenguas más que todos vosotros" (1 Co. 14:18). Además recomendó a sus lectores: "Procurad, sin embargo, los dones mejores" (1 Co. 12:31) y "procurad los dones espirituales" (1 Co. 14:1). Identificando "dones mejores" y "dones espirituales" con lenguas, los defensores de la glosolalia concluyen que el don de hablar en lenguas es a la vez posible y deseable en los cristianos.

Los que rechazan la idea de que el Espíritu Santo todavía siga dispensando los dones carismáticos argumentan que históricamente los dones milagrosos cesaron; prácticamente fueron desconocidos durante la mayor parte de la historia de la iglesia.[15] Cuando estaban presentes, normalmente era en grupos aislados,

13. Donald Gee, *The Pentecostal Movement, Including the Story of the War Years (1940-47)*, rev. ed. (London: Elim, 1949), p. 10.

14. Laurence Christenson, *Speaking in Tongues and Its Significance for the Church* (Minneapolis: Bethany Fellowship 1968), pp. 72-79.

15. Anthony Hoekema, *What about Tongue-Speaking?* (Grand Rapids: Eerdmans, 1966), pp. 16ss.

caracterizados por tener creencias no ortodoxas sobre algunas otras doctrinas importantes. Algunos que rechazan la posibilidad de la glosolalia contemporánea utilizan 1 Corintios 13:8 como evidencia: "cesarán las lenguas". Señalan la distinción en ese versículo entre el verbo que se utiliza con "lenguas" y el que se utiliza con "profecía" y "conocimiento". No sólo es una palabra diferente, sino que se utiliza la voz media en el primer ejemplo y la pasiva en el segundo. Según esto, se argumenta que las lenguas, al contrario que la profecía y el conocimiento, no estaban pensadas para ser concedidas hasta el fin de los tiempos, y que ya han cesado. Por lo tanto, no se incluye lenguas en la referencia de dones imperfectos, que desaparecerán cuando llegue la perfección (vv. 9-10).[16] Algunos teólogos argumentan en contra de que los dones milagrosos sigan sucediendo basándose en Hebreos 2:3-4: "¿Cómo escaparemos nosotros, si descuidamos una salvación tan grande? La cual, habiendo sido anunciada primeramente por el Señor, nos fue confirmada por los que oyeron, testificando Dios juntamente con ellos, con señales, prodigios, diversos milagros y repartimientos del Espíritu Santo según su voluntad". La idea central de esta argumentación es que el propósito de los dones milagrosos era certificar y por tanto autentificar la revelación y la encarnación. Cuando ese propósito se hubo cumplido, siendo los milagros innecesarios, simplemente desaparecieron.[17]

Un segundo aspecto del argumento negativo es la existencia de paralelismos de la glosolalia que obviamente no tienen que ser interpretados como dones especiales del Espíritu Santo. Se señala que, por ejemplo, fenómenos similares se encuentran en otras religiones. Las prácticas de vudú de ciertos curanderos son un ejemplo. Además el fenómeno no fue algo exclusivo de los cristianos de los tiempos bíblicos. El oráculo de Delfos, no lejos de Corinto, hacía declaraciones en éxtasis no muy diferentes a la glosolalia que encontramos en la iglesia de Corinto.[18] La psicología también encuentra paralelismos entre hablar en lenguas y ciertos casos de sugestión intensificada causada por el lavado de cerebro y la terapia de electroshock.[19]

Un punto de interés particular en los últimos años ha sido el estudio de la glosolalia por parte de los lingüistas. Algunos defensores de la glosolalia mantienen

16. Stanley D. Toussaint, "First Corinthians Thirteen and the Tongues Question," *Bibliotheca Sacra* 120 (October-December 1963): 311-16; Robert Glenn Gromacki, *The Modern Tongues Movement (*Philadelphia: Presbyterian & Reformed, 1967), pp. 118-29.

17. Benjamin B. Warfield, *Miracles: Yesterday and Today* (Grand Rapids: Eerdmans, 1953), p. 6.

18. P. Feine, "Speaking with Tongues,Ì in *The New Schaff-Herzog Encyclopedia of Religious Knowledge*, ed. Samuel Macauley Jackson (New York: Funk & Wagnalls, 1908), vol. 11, pp. 37-38.

19. William Sargent, "Some Cultural Abreactive Techniques and Their Relation to Modern Treatments," en *Proceedings of the Royal Society of Medicine* (London: Longmans, Green, 1949), pp. 367ss.

que las lenguas de Corinto eran, como en Pentecostés, auténticos idiomas. De la misma manera mantienen que las lenguas hoy son verdaderos idiomas, y que cualquiera que esté familiarizado con la lengua en particular que se esté hablando podría entenderla sin la ayuda de un intérprete. Sin embargo, otros dicen que al contrario que las lenguas de Pentecostés, las lenguas de Corinto y las de hoy en día son manifestaciones de sílabas aparentemente no relacionadas y que por lo tanto no muestran las características de ninguna lengua humana conocida. A este segundo grupo no le afectan las investigaciones lingüísticas. Sin embargo, los que mantienen que las lenguas hoy en día realmente son idiomas existentes tienen que hacer frente a muchos casos de glosolalia en los que simplemente no existe un número suficiente de características de idioma para poder clasificarlos como tal.[20]

¿Existe una manera de tratar de forma responsable las consideraciones que plantean las dos partes de la disputa? Como el tema tiene un efecto significativo en la manera en que uno lleva la vida cristiana, e incluso en el estilo o tono de la vida cristiana, la cuestión no puede ignorarse sin más. Aunque pocas conclusiones dogmáticas se pueden extraer de esta área, sí se pueden realizar algunas observaciones significativas.

En lo que se refiere al bautismo del Espíritu Santo, señalamos primero que el libro de los Hechos habla de una obra especial del Espíritu que se produce tras el nuevo nacimiento. Sin embargo, parece que el libro de los Hechos cubre un periodo de transición. Desde ese momento el patrón normal ha sido el de que la conversión/regeneración y el bautismo del Espíritu Santo coincidan. Pablo escribe en 1 Corintios 12:13: "porque por un solo Espíritu fuimos todos bautizados en un cuerpo, tanto judíos como griegos, tanto esclavos como libres; y a todos se nos dio a beber de un mismo Espíritu". Del versículo 12 se desprende claramente que ese "un cuerpo" es Cristo. Por tanto, Pablo parece estar diciendo en el versículo 13 que nos hemos convertido en miembros del cuerpo de Cristo al ser bautizados en él mediante el Espíritu. El bautismo por el Espíritu parece ser, si no igual a la conversión y al nuevo nacimiento, al menos simultáneo a ellos.

Pero ¿qué pasa con los casos de Hechos en los que está claro que existe una separación entre conversión/regeneración y el bautismo del Espíritu? Según la observación del párrafo anterior que dice que Hechos cubre un periodo de transición, mi interpretación es que estos casos sí implican realmente a gente que se regeneró antes de recibir al Espíritu Santo. Fueron los últimos de los creyentes del Antiguo Testamento.[21] Estaban regenerados porque creyeron en la revelación que habían recibido y sintieron temor de Dios. Sin embargo, no habían recibido el Espíritu, porque la promesa de su venida no se podía cumplir

20. William J. Samarin, *Tongues of Men and Angels: The Religious Language of Pentecostalism* (New York: Macmillan, 1972), chapters 4-6.

21. Para un tratamiento más completo, ver Frederick Dale Bruner, *A Theology of the Holy Spirit* (Grand Rapids: Eerdmans, 1970), pp. 152-218.

hasta que Jesús no hubiera ascendido. (Hay que tener en cuenta que incluso los discípulos de Jesús, que desde luego ya estaban regenerados bajo el sistema del Nuevo Testamento, no fueron llenos del Espíritu hasta Pentecostés.) Pero en Pentecostés, cuando los que ya estaban regenerados según el sistema del Antiguo Testamento recibieron a Cristo, se llenaron del Espíritu Santo. Tan pronto como eso sucedió, ya no hubo más creyentes regenerados del Antiguo Testamento. Después de los sucesos de Pentecostés no encontramos otros casos claros de una experiencia de postconversión como esa entre los judíos. Lo que sucedió con los judíos como grupo (Hch. 2) también les sucedió a los samaritanos (Hch. 8), a los gentiles (Hch. 10). De ahí en adelante, regeneración y bautismo del Espíritu fueron simultáneos. El caso de los discípulos de Apolos en Hechos 19 parece ser un tema de creyentes no del todo evangelizados, ya que habían sido bautizados sólo mediante el bautismo de Juan, que era el del arrepentimiento, y ni siquiera habían oído hablar del Espíritu Santo. En ninguno de estos cuatro casos el bautismo del Espíritu Santo era algo que buscasen los receptores, ni existe ninguna indicación de que el don no lo tuvieran todos los miembros del grupo. Este esquema interpretativo parece encajar bien con las palabras de Pablo en 1 Corintios 12:13, con el hecho de que las Escrituras en ningún lugar nos ordenen bautizar en el Espíritu Santo o mediante él y con lo que se dice en Hechos.

Según mi opinión, no es posible determinar con toda certeza si los fenómenos carismáticos contemporáneos son realmente dones del Espíritu Santo. Simplemente no existen evidencias bíblicas que indiquen el tiempo en el que se cumplirá la predicción de que las lenguas cesarán. Es como mínimo cuestionable concluir basándonos en las diferencias entre los verbos en 1 Corintios 13:8 que las lenguas cesarán en algún momento, y la profecía y el conocimiento en otro. No existe evidencia histórica clara y concluyente. La situación es en cierta manera como la que existe respecto a la doctrina de la sucesión apostólica. Hay muchas evidencias por ambas partes. Cada grupo puede citar una impresionante cantidad de datos que, son ventajosos para su postura ignorando todos los datos presentados por el otro grupo. Sin embargo, esta falta de certeza histórica no es un problema. Porque incluso si la historia probase que el don de lenguas ya ha cesado, no existe nada que impida a Dios restablecerlo. Por otra parte, la prueba histórica de que el don ha estado presente durante varias etapas de la iglesia no validaría los fenómenos actuales.

Por lo tanto lo que debemos hacer es evaluar cada caso según sus propios méritos. Esto no significa que nos pongamos a juzgar la experiencia espiritual o la vida espiritual de otros cristianos. Lo que significa es que no podemos asumir que todo el que dice haber experimentado una obra especial del Espíritu Santo lo haya hecho realmente. Estudios científicos han descubierto suficientes paralelismos no causados por el Espíritu como para que estemos prevenidos y no creamos ingenuamente cualquier manifestación de este tipo. Desde luego no todas las experiencias religiosas excepcionales pueden ser de origen divino, a menos claro que Dios sea un ser ampliamente ecuménico y tolerante, que conceda manifestaciones especiales de su Espíritu a alguien que no se identifica en absoluto con la fe cristiana y que incluso puede oponerse a ella. Desde luego si las fuerzas demoníacas podían imitar los milagros divinos en los tiempos bíblicos (por ejemplo, los magos en Egipto imitaban las plagas hasta cierto punto), lo mismo podría ocurrir hoy en día. Sin embargo, al contrario no hay prueba concluyente de que tales dones no son para hoy y que no se puedan dar en la actualidad. En consecuencia, no se puede generalizar a priori y de forma categórica que la glosolalia sea falsa. De hecho, puede resultar sumamente peligroso, según las advertencias de Jesús sobre la blasfemia contra el Espíritu Santo, atribuir fenómenos específicos a una actividad demoníaca.

Al final, que la Biblia enseñe que el Espíritu dispensa o no dones especiales hoy en día no es un tema que traiga demasiadas consecuencias prácticas. Porque, incluso aunque los dispense, nosotros no debemos dedicar nuestras vidas a buscarlos. Él los reparte soberanamente; sólo él determina quién los recibirá (1 Co. 12:11). Él escoge darnos un don especial, sin importar que nosotros los estemos esperando o buscando. Lo que se nos pide que hagamos (Ef. 5:18) es llenarnos del Espíritu Santo (un imperativo presente, que sugiere una acción continuada). Esto no sugiere que nosotros vayamos a tener cada vez un poco más del Espíritu Santo; seguramente todos tenemos al Espíritu completamente. Más bien, de lo que se trata es de que él posea más de nuestras vidas. Cada uno de nosotros debería aspirar a dar al Espíritu Santo todo el control de su vida. Cuando esto sucede, nuestras vidas manifiestan esos dones que Dios quería que tuviéramos, además de todo el fruto y los actos que por su capacitación él desea mostrar a través de nosotros. Hay que recordar, como hemos señalado antes, que no hay un don que le sea dado a todos los cristianos, y que ningún don es más importante que otro.

De muchas maneras, más importante que recibir ciertos dones es el fruto del Espíritu. Estas virtudes son, según la opinión de Pablo, la evidencia real de que el Espíritu obra en los cristianos. El amor, el gozo y la paz en la vida de una persona son las señales más seguras de que existe una experiencia vital con el Espíritu. En particular, Pablo resalta el amor como más deseable que cualquier don, no importa lo espectacular que sea (1 Co. 13:1-3).

Pero ¿cuál sería la manera correcta de proceder con respecto a la práctica pública hoy en día de lo que se dice que son los dones bíblicos de glosolalia? Primero, no se deberían sacar conclusiones por adelantado sobre si el don es genuino o no. A continuación, se debería seguir el procedimiento establecido por Pablo hace tiempo. Así si alguien habla en lenguas, debería haber un intérprete para que todo el grupo pudiera ser edificado. Sólo debería hablar una persona a la vez y no más de dos o tres personas por sesión (1 Co.14:27). Si no hay nadie presente que pueda hacer de intérprete, ya sea el hablante o cualquier otra persona, el supuesto hablante deberá guardar silencio en la iglesia y restringir el uso de las lenguas para la devoción personal (v. 28). No se debe prohibir hablar en lenguas (v. 39); por otra parte, no se nos ordena en ninguna parte buscar este don.

Finalmente, deberíamos señalar que el énfasis de las Escrituras está en el que concede los dones y no en el que los recibe. Dios con frecuencia realiza obras milagrosas sin la participación de agentes humanos. Leemos, por ejemplo, en Santiago 5:14-15, que los ancianos de las iglesias tienen que orar por los enfermos. Es la oración de la fe, no un obrador de milagros humano, la que los salva. Cualquiera que sea el don, es la edificación de la iglesia y la glorificación de Dios lo que realmente importa al final.

## Implicaciones de la obra del Espíritu

1. Los dones que tenemos nos los ha concedido el Espíritu Santo. Deberíamos reconocer que no son un logro nuestro. Están pensados para que los utilicemos en la realización de su plan.
2. El Espíritu Santo capacita a los creyentes en su vida cristiana y en su servicio. Las inadecuaciones personales no deberían detenernos o desanimarnos.
3. El Espíritu Santo concede sus dones a la iglesia sabiamente y de forma soberana. La posesión o la falta de un don particular no es motivo para enorgullecerse o lamentarse. Sus dones no son recompensas para aquellos que los buscan o están cualificados para ellos.
4. Ningún don es para todos, y ninguna persona tiene todos los dones. La comunión del cuerpo es necesaria para el completo desarrollo del creyente individual.
5. Podemos confiar en que el Espíritu Santo nos dé entendimiento para comprender la Palabra de Dios y nos guíe para saber qué quiere de nosotros.
6. Es apropiado dirigir la oración al Espíritu Santo, como hacemos con el Padre y el Hijo, y también hacia el Dios Trino. En tales oraciones le daremos gracias y le pediremos en especial que continúe realizando esa obra especial que está haciendo en nosotros.

Parte 10

# LA SALVACIÓN


43. Interpretaciones de la salvación *897*
44. El antecedente a la salvación: la predestinación *916*
45. El principio de la salvación: aspectos subjetivos *937*
46. El principio de la salvación: aspectos objetivos *956*
47. La continuación de la salvación *975*
48. La finalización de la salvación *991*
49. Medios y extensión de la salvación *1009*

# 43. Interpretaciones de la salvación

## Objetivos del capítulo

Después de estudiar este capítulo, debería ser capaz de:

- Identificar y explicar los detalles que diferencian las distintas interpretaciones de salvación.
- Identificar y describir cinco interpretaciones diferentes de la salvación.
- Comparar y contrastar cinco interpretaciones diferentes de la salvación y evaluar cuál de ellas explica mejor la evidencia bíblica.

## Resumen del capítulo

A lo largo de los años se han desarrollado diferentes interpretaciones de la salvación, resaltando distintos aspectos de la misma. Hay cinco interpretaciones que se han destacado por encima de las demás. La teología de la liberación resalta un nuevo orden económico y social. La teología existencial enfatiza el cambio en la visión que el individuo tiene sobre la vida. La teología secular cree que la salvación llega cuando los individuos se alejan de la religión para resolver sus problemas. El catolicismo romano actual ha desarrollado un punto de vista más amplio sobre la salvación que el tradicional. La posición evangélica mantiene que se produce un cambio total en el individuo que luego pasa por la santificación hasta llegar a la glorificación.

## Cuestiones de estudio

1. ¿Por qué se diferencian en tantos detalles las teorías de la salvación?
2. ¿Qué partes de la Biblia resalta la teología de la liberación y por qué?
3. ¿Cuál es la distinción de Heidegger entre existencia auténtica y no auténtica?
4. Según Bonhoeffer, ¿qué relación tiene Dios con el mundo secular?
5. ¿En qué ha cambiado la posición católica sobre la salvación?

6. Según la postura evangélica, ¿qué implica la salvación?

Detalles en los que difieren las interpretaciones de la salvación
La dimensión temporal
Naturaleza y ámbito de la necesidad
El medio para obtener la salvación
La dirección del movimiento en la salvación
La extensión de la salvación
Los objetos de la salvación
Interpretaciones actuales de la salvación
Teologías de la liberación
Teología existencial
Teología secular
Teología católica romana contemporánea
Teología evangélica

La salvación es la aplicación de la obra de Cristo a la vida de los hombres. Según esto, la doctrina de la salvación tiene un interés y relevancia particulares ya que tiene que ver con las necesidades más cruciales de la persona. Esto resulta particularmente evidente para aquellos que comprenden las enseñanzas bíblicas sobre el pecado. Debido a la primacía de esta necesidad en la vida de los individuos, algunas teologías recientes han tratado la salvación primero, y después se han ocupado de la persona y de la obra de Cristo.[1] Aunque este enfoque tiene un valor apologético definido en predicación, tiene limitaciones como formato para teología, porque asume que el humano es el mejor juez para sus propios problemas, e incluso podría conducir a una situación en la que el mundo dictara los términos en los que se ha de producir el diálogo con la iglesia.

El significado del término *salvación* puede parecer bastante obvio para las personas que estén familiarizadas con él. No obstante, incluso en los círculos cristianos hay interpretaciones bastante diferentes de lo que significa la salvación. Antes de examinar los más destacados, resultaría útil examinar brevemente algunos detalles en los que se diferencian. Nos darán categorías que podremos emplear cuando examinemos los distintos puntos de vista.

## Detalles en los que difieren las interpretaciones de la salvación

### *La dimensión temporal*

Hay varias opiniones sobre cómo se relaciona la salvación con el tiempo. Se ve como un suceso único que ocurre al principio de la vida cristiana, un proceso

1. Walter Lowe, "Christ and Salvation," en *Christian Theology: An Introduction to Its Traditions and Task*, ed. Peter C. Hodgson y Robert H. King (Philadelphia: Fortress, 1982), pp. 196-97.

continuado a lo largo de toda la vida cristiana, o un suceso que tendrá lugar en el futuro. Algunos cristianos consideran la salvación básicamente completa al inicio de la vida cristiana. Suelen decir: "Hemos sido salvados". Otros ven la salvación como un proceso: "Estamos siendo salvados". Sin embargo, otros creen que será algo que recibirán en el futuro: "Seremos salvados". Por supuesto, es posible combinar dos o incluso los tres puntos de vista. En ese caso, los aspectos separados de la salvación (o sea, justificación, santificación, glorificación) se entiende que suceden en momentos distintos.

Si se cree que la salvación sucede dentro del tiempo, entonces debemos determinar de qué clase de tiempo estamos hablando. En griego, en particular, el verbo que se empleaba puede expresar acción puntual o durativa, o puede que no haga especificación alguna del tiempo. En consecuencia, la salvación y sus aspectos constitutivos se pueden concebir de diferentes maneras:

1. Una serie de puntos: .....
2. Una serie de procesos discontinuos:
   _____ _____ _____ _____
3. Una serie de procesos que se van superponiendo:
   ________________
   ________________
   ________________
4. Un único proceso continuado con componentes que se distinguen:
   ____|____|____|____|____|_

### *Naturaleza y ámbito de la necesidad*

Una segunda cuestión es la relacionada con la naturaleza y ámbito de la necesidad que debe tratarse. Según el punto de vista tradicional, se cree que la principal deficiencia humana es vertical, el estar separados de Dios. Al ser una desobediencia de la voluntad de Dios, el pecado trae como consecuencia la enemistad con él. Lo que se necesita es restablecer la relación rota entre Dios y su criatura. Esta es la visión evangélica de la salvación. Se caracteriza por términos como "conversión", "perdón", "reconciliación" y "adopción". Un segundo punto de vista es el de que el principal problema del hombre es horizontal. Podría ser un individuo que no se adapta bien a otros, o una carencia básica de armonía en la sociedad en general. La salvación implica la eliminación de rupturas en la raza humana, la curación de las relaciones sociales y personales. La "teología relacional" se preocupa de este proceso a nivel de desajustes individuales y de problemas en los grupos pequeños. Las teologías de la liberación se preocupan de los conflictos entre las diferentes razas y clases sociales, del hecho de que la sociedad esté estructurada de tal manera que sea capaz de negar a algunos de sus miembros las necesidades básicas de la vida. Finalmente, también hay quien considera que el principal problema humano es interno. El individuo está lleno de sentimientos que debe erradicar: culpa, inferioridad, inseguridad. "Adaptación", "autocomprensión", "aceptación de uno mismo" y "mayor autoestima" son las palabras clave aquí.

### El medio para obtener la salvación

La cuestión de cómo se obtiene la salvación o de cómo se transmite también es muy importante. Algunos consideran la transmisión de la salvación casi como un proceso físico. Eso es así en ciertos sistemas sacramentalistas que creen que la salvación o la gracia hay que conseguirlas mediante objetos físicos. Por ejemplo, en el catolicismo romano tradicional se cree que la gracia se transmite y se recibe realmente tomando el pan de la eucaristía. Aunque el valor del sacramento depende hasta cierto punto de la actitud interior o de la condición del comulgante, la gracia se recibe principalmente mediante el hecho físico externo. Otros creen que la salvación llega a través de la acción moral. En este caso la salvación no es tanto algo que posee un individuo o una organización y que transmite a otros, como algo que se crea alterando el estado de las cosas. Esta idea de la salvación se encuentra en el movimiento del evangelio social y en las teologías de la liberación. El enfoque del cambio defendido por estas ideologías a menudo es secular por naturaleza, lo que implica, por ejemplo, la utilización de canales políticos normales. Las teologías evangélicas representan una tercera idea: la salvación por la fe. La fe adopta para sí la obra realizada por Cristo. El receptor, en cierto sentido, es pasivo en este proceso. (Estos temas se examinarán más profundamente en el capítulo 49.)

### La dirección del movimiento en la salvación

Una consideración adicional es la dirección del movimiento en la salvación. ¿Trabaja Dios salvando individuos, efectuando una transformación personal que continúa después en la sociedad y cambia el mundo del que forman parte los redimidos? ¿O Dios obra alterando las estructuras de nuestra sociedad y después utiliza esas estructuras alteradas para cambiar a las personas que las forman?

El movimiento del evangelio social de finales del siglo XIX y principios del XX estaba convencido de que el problema básico de la humanidad no era su naturaleza humana pervertida, sino un ambiente social nocivo. Según este punto de vista, no merece la pena cambiar a los individuos, porque serán devueltos a una sociedad corrupta e infectados de nuevo. Los humanos no son esencialmente malos. Son lo que les haga ser el ambiente en el que estén. Así que en lugar de intentar curarles a ellos, que están corrompidos por la sociedad, debemos alterar las condiciones que les llevan a la enfermedad. Podríamos decir que los defensores del evangelio social estaban proponiendo una especie de ministerio de sanidad pública espiritual. Su visión de la naturaleza humana era más parecida a la de Jacques Rousseau, aunque en un contexto muy distinto, claro. En cierta manera se parece al behaviorismo que dice que la personalidad humana es poco más que una serie de patrones de comportamiento determinados por el ambiente de cada uno.

El enfoque contrario ha sido defendido por aquellos sectores del cristianismo que hacen hincapié en la conversión. Ellos mantienen que la naturaleza humana está radicalmente corrupta. Los males de la sociedad son el resultado de estar compuesta de individuos malvados. Sólo cuando estos individuos se transforman existe una esperanza auténtica de que haya cambio en la sociedad. Los individuos que han cambiado cambiarán al final la sociedad, no simplemente porque el todo está formado por la suma de las partes, sino porque los individuos transformados de forma sobrenatural tienen la motivación para trabajar con el fin de que se produzca el cambio en la sociedad en general.

### *La extensión de la salvación*

La extensión de la salvación es una preocupación para aquellos que creen que la salvación afecta a los individuos y no a la sociedad. La cuestión es, ¿quién o cuántos miembros de la raza humana se salvarán? La posición particularista considera que la salvación se basa en respuestas individuales a la gracia de Dios. Mantiene que no todos responderán afirmativamente a Dios; en consecuencia, algunos se perderán y otros se salvarán. La posición universalista, por su lado, mantiene que Dios restablecerá la relación de los seres humanos con él para que ésta sea como se pretendía que fuera originalmente. Nadie se perderá. Hay dos variedades en la posición universalista. Se puede ser universalista siendo un particularista optimista. Es decir, se podría mantener a la vez que es necesario aceptar a Jesucristo personalmente para poder salvarnos y que todo el mundo lo hará. Sin embargo, desafortunadamente, no parece que en el pasado todos hayan aceptado a Cristo; además, muchísima gente ni siquiera tuvo la oportunidad de hacerlo. En consecuencia no es factible pensar que todos nos podemos salvar de esta manera, a menos que haya algún tipo de medio inconsciente mediante el cual las condiciones de la salvación se puedan cumplir. La posición universalista más común es asumir que al final Dios de alguna manera simplemente hará posible que todas las personas estén en comunión con él.

### *Los objetos de la salvación*

Algunos sostienen que sólo los seres humanos, individual y colectivamente, serán salvados. Esta idea considera el resto de la creación meramente un escenario en el cual se desarrolla el drama humano; por lo tanto sólo es incidental al hecho de la salvación. Sin embargo, una teoría alternativa mantiene que hay dimensiones cósmicas en la salvación. Los seres humanos no están solos a la hora de verse afectados por la presencia del pecado en la creación. Normalmente siguiendo los comentarios de Pablo en Romanos 8:18-25, la teoría alternativa argumenta que la salvación, en su forma final, incluirá la restauración de todo el cosmos caído, que ahora está bajo el dominio del pecado, a la condición pura y gloriosa en la que fue creado y para la que fue destinado por su Hacedor.

## Interpretaciones actuales de la salvación

### *Teologías de la liberación*

Uno de los movimientos vitales que actualmente proponen su especial punto de vista sobre la salvación es el grupo de las teologías a las que en su conjunto se ha denominado "Teologías de la liberación". Podríamos subdividir este movimiento en teologías negras, feministas y del tercer mundo. Especialmente esta última es a la que se ha denominado teología de la liberación. Aunque algunas diferencias significativas ocasionalmente han producido conflicto entre estos grupos, hay suficientes puntos en común entre ellos como para permitirnos trazar algunas características básicas sobre su idea de la naturaleza de la salvación.

Una de las cosas en las que suelen hacer hincapié es en que el problema básico de la sociedad es la opresión y la explotación de las clases menos favorecidas por parte de aquellas que tienen el poder. La salvación consiste en rescatar (o liberar) de esa opresión. El método de la liberación se adecuará a la naturaleza de la situación específica.

El análisis que las teologías de la liberación hacen de la condición humana surge de dos fuentes. Por una parte, existe un consenso de que el enfoque capitalista o "de desarrollo" de asuntos económicos y políticos es inherentemente equivocado e inadecuado. Los capitalistas mantienen que existe un proceso por el cual todas las sociedades deberían pasar. El problema con las naciones subdesarrolladas simplemente es que no han llegado tan lejos en el proceso como las naciones más industrializadas. Cuando las naciones subdesarrolladas vayan avanzando, sus problemas se irán resolviendo.[2] Sin embargo, para los teólogos de la liberación está cada vez más claro que el desarrollo económico de las naciones más avanzadas, así como la prosperidad de las clases sociales altas, se consigue a expensas de los menos afortunados. Se puede ver en los países latinoamericanos el marcado contraste entre los lujosos edificios de apartamentos construidos al lado de los barrios de chabolas. Las corporaciones internacionales tienen éxito porque explotan la mano de obra barata en las repúblicas bananeras o en lugares similares. Las naciones ricas utilizan el poder militar para mantener subordinados a los países pobres. Si los países pobres imitaran las prácticas de los ricos, eso no daría como resultado

2. Ver, ej., Walt W. Rostow *The Stages of Economic Growth,* 2nd ed. (New York: Cambridge University Press, 1971).

la prosperidad para todos. La razón subyacente es que las naciones prósperas son prósperas precisamente porque mantienen a otras en la pobreza. La brecha entre los pobres y los ricos continúa creciendo. No sólo hay una gran cantidad de gente (incluso en Estados Unidos) viviendo en condiciones de pobreza; es que hay una gran cantidad de personas que literalmente no puede vivir. Además, hay millones que trabajan en condiciones degradantes e injustas.[3]

La otra motivación para ver la salvación como la liberación de una explotación es la sensación que se tiene de que la Biblia se identifica con los oprimidos. Los teólogos de la liberación reconocen que su teología es parcial en su enfoque bíblico, pero responden que los escritores bíblicos comparten esta parcialidad. La historia de la obra redentora de Dios es una historia de grupos de gente oprimida. Desde luego el pueblo de Israel estaba oprimido por Egipto. Por supuesto el libro del Éxodo es una de las partes favoritas de la Palabra de Dios para los teólogos de la liberación. En la historia posterior, Israel también estuvo bajo el yugo de naciones más poderosas. Pensemos en los ataques de los filisteos y en la cautividad a manos de los asirios y los babilonios. La iglesia, en particular a mediada que se iba extendiendo hacia territorio gentil, se iba llenando de personas sin poder, pobres y sin importancia en lugar de estar compuesta por personas de clase social alta. Justo y Catherine González resumen: "En primer lugar, ¿es cierto que la mayor parte de la Biblia está escrita desde la perspectiva de los que no tienen poder? Seguramente es así".[4]

La teología de la liberación, por la inclinación de Dios a hablar a través de los que carecen de poder, concluye que su mensaje de salvación les afecta a ellos en particular. Jesús confirmó esto en Lucas 10:21: "Yo te alabo, Padre, ...porque escondiste estas cosas de los sabios y entendidos y las has revelado a los niños". Los sabios y los poderosos deben escuchar la palabra de Dios a través de personas sin poder como Natán, Amós, Pedro y Jesús o quedarse sin oírla.

Pero ¿cómo ven la naturaleza de la salvación específicamente las teologías de la liberación? Estas teologías no afirman ser teorías universales, sino que están muy unidas a realidades políticas concretas. Las teorías universales suelen resultar ser los conceptos teológicos de los varones blancos de clase media. Por el contrario, la teología negra dice ser una manera de romper con las influencias corruptas del pensamiento blanco para formular una teología que se construye sobre normas y surge de fuentes adecuadas para la comunidad negra.[5]

De forma correlativa, las teologías de la liberación no consideran la Biblia universal en su naturaleza. Cuando se examina con atención, no parece ser un

3. Gustavo Gutiérrez, *A Theology of Liberation*, trad. Hermana Caridad Inda y John Eagleson (Maryknoll, N.Y.: Orbis, 1973), p. 26.

4. Justo L. Gonzalez and Catherine G. Gonzalez, *Liberation Preaching: The Pulpit and the Oppressed* (Nashville: Abingdon, 1980), p. 26.

5. James H. Cone, *A Black Theology of Liberation* (Philadelphia: Lippincott, 1970), p. 53.

libro de reglas y verdades eternas, sino de historia específica. Y la historia específica de la Biblia no es sólo una mera narración de sucesos del pasado. También es un plan para la redención de la creación de Dios, una tarea política que hay que llevar a cabo.[6]

Aunque la teología de la liberación se relaciona en particular con asuntos históricos y políticos concretos, no se considera a sí misma como simplemente una teología fragmentaria. Se preocupa y trata de toda la teología cristiana. No sólo de la liberación. Está diseñada para hacer un tratamiento de todas las doctrinas o temas de la teología tradicional, pero desde la perspectiva de la liberación.[7]

La teología de la liberación no entiende que Dios sea el ser impasible, inmutable, no reconocible en el que tradicionalmente han creído la mayoría de los cristianos. Más bien, Dios es activo. Se implica en los padecimientos de los pobres. Una prueba de esto es su encarnación, mediante la cual Dios, en lugar de permanecer distante y seguro, vino a la tierra en la persona de Jesucristo y participó de los problemas humanos. En la teología de la liberación, el Dios permanente e inmutable del teísmo tradicional es en realidad un ídolo elaborado por aquellos que más tenían que perder con el cambio. Pero, al contrario, Dios está implicado activamente en el cambio. Esto significa que no es neutral. Ya que está a favor de la igualdad, Dios no puede ni debe trabajar igualmente por todas las personas. Si su justicia pretende la igualdad, tiene que obrar de forma desigual o compensatoria en un mundo que ya es desigual. Quizá la declaración más enfática a este respecto sea la hecha por James Cone: "La teología negra no puede aceptar una idea de Dios que no le represente a favor de los negros y en contra de los blancos. Viviendo en un mundo de opresores blancos, la gente negra no tiene tiempo para un Dios neutral".[8]

La idea que la teología de la liberación tiene de la salvación asume una visión particular de la humanidad y del pecado. La teología tradicional a menudo ha resaltado la humildad y la humillación propia como virtudes principales de la humanidad diseñada por Dios. El orgullo, por el contrario, se considera el pecado fundamental. El pecado a menudo se considera un asunto de actitud interna o de maldad privada. Sin embargo, según los liberacionistas, la Biblia no resalta la humildad, un atributo que a menudo conduce a la aceptación de la opresión. Más bien, en pasajes como Salmos 8, la Biblia exalta al ser humano. Es más, la Biblia no considera el orgullo interno como el pecado principal. Sirviendo al interés del poderoso a este respecto como en tantos otros, la teología y la predicación cristiana han tendido a ignorar el tipo de pecado que más a menudo condena

6. Gonzalez and Gonzalez, *Liberation Preaching*, pp. 20-21.
7. Ibíd., p. 21.
8. Cone, *Black Theology*, pp. 131-32.

la Biblia: "¡Ay de los que juntan casa a casa y añaden hacienda a hacienda hasta ocuparlo todo!" (Is. 5:8).[9]

Los teólogos de la liberación dicen que no hay que considerar la salvación principalmente como la vida del individuo después de la muerte. La Biblia se preocupa mucho más del reino de Dios. Incluso la vida eterna se suele colocar en el contexto de un nuevo orden social y no se considera tanto sacarle a uno de la historia como hacerle que forme parte de su culminación. Entender que el objetivo de la historia es hacer justicia nunca ha sido muy popular entre los poderosos. Si, como dice la formulación tradicional, la historia y la eternidad son dos realidades paralelas (esto es, nunca llegan a cruzarse), nuestro objetivo en la historia es conseguir el acceso a la eternidad. La mejor manera de conseguir eso es ser humildes y aceptar. Como la principal preocupación del ser humano es que su alma vaya al cielo, en realidad los que explotan el cuerpo pueden estar ofreciendo un servicio. Pero como dicen González y González, si la historia y la eternidad se cruzan: "si la salvación ha de entrar en un nuevo orden que incluya a todos los seres humanos, entonces tenemos que luchar contra todo lo que en este momento niega ese orden".[10] Salvar a todas las personas de la opresión es el objetivo de la obra de Dios en la historia y por tanto debe ser la tarea a realizar por los que creen en él, utilizando todos los medios posibles, incluyendo los políticos e incluso la revolución si es necesario.

### *Teología existencial*

Varias teologías del siglo veinte han sido existenciales en el sentido de que se han construido desde una filosofía existencial. De hecho, en diferentes grados probablemente la mayoría de las teologías del siglo XX han incorporado cierta parte de existencialismo en la formulación de sus doctrinas. Sin embargo, aquí lo que tenemos en mente son esas teologías que tienen una orientación abierta y declaradamente existencial en el sentido en el que la filosofía existencial juega un papel principal y significativo. Quizá el representante más destacado de la teología existencial en este sentido sea Rudolf Bultmann y su programa de desmitologización. Bultmann intentaba interpretar el Nuevo Testamento y construir una teología basándose en el pensamiento de Martin Heidegger, que enseñaba filosofía en la Universidad de Marburgo cuando Bultmann enseñaba allí Nuevo Testamento. Para entender el concepto de salvación de Bultmann será necesario resumir algunos de los principales principios de Heidegger.

El primer principio de Heidegger es la distinción entre el conocimiento objetivo y subjetivo. El conocimiento objetivo está formado por ideas que reflejan o se corresponden correctamente con el objeto significado. La actitud del sujeto

9. Gonzalez and Gonzalez, *Liberation Preaching*, p. 24.
10. Ibíd.

o del conocedor no tiene importancia. De hecho, es potencialmente perjudicial porque tiende a prejuzgar los datos. El conocimiento objetivo es lo que buscan las distintas ciencias naturales, cuyo objetivo es identificar, describir y analizar de la forma más precisa posible los datos que se están tomando en consideración. El conocimiento subjetivo, sin embargo, es bastante diferente. Su principal preocupación no es la precisión de la descripción del objeto significado, sino la implicación subjetiva o la pasión interior del conocedor en lo que respecta al tema en discusión o al objeto del conocimiento. Es imposible obtener un conocimiento de tipo científico cuando se trata con sujetos en lugar de con objetos. Porque a los sujetos, o sea, otras personas, humanas o divinas, no se las puede incluir en las categorías formales de la lógica. Nuestro conocimiento subjetivo de otra persona no es nuestro conjunto de ideas objetivas sobre esa persona; sino de sentimientos hacia ella. Lo mismo ocurre con nuestro conocimiento subjetivo sobre nosotros mismos. La verdad sobre nosotros, por lo tanto, implica mucho más que la información objetiva. Porque mientras que puede que nosotros tengamos todo tipo de conocimiento científico sobre nuestro cuerpo, podríamos saber muy poco sobre nuestro verdadero ser, sobre lo que de verdad somos realmente.[11]

Por lo tanto, según el punto de vista de Bultmann, la Biblia no es esencialmente una fuente de información objetiva sobre Dios, el ser humano y la condición humana. Nos ofrece más *Geschichte* que *Historie*. No es principalmente un relato objetivo de hechos históricos, sino el impacto que varios sucesos tuvieron en los discípulos. Su objetivo no es informarnos, sino transformarnos; no trata de añadir más a nuestra reserva de información, sino de afectar a nuestra existencia.

En el pensamiento de Heidegger existe también una distinción importante entre la existencia auténtica y la no auténtica. El objetivo de la filosofía es producir una auténtica existencia en el individuo. La auténtica existencia, como implica el término, es ser lo que se supone que debemos ser, vivir la vida de tal manera que lleguemos a alcanzar el potencial humano. Un ejemplo de no autenticidad es la incapacidad para ejercer nuestra habilidad de escoger y actuar libremente. Hacer algo sólo porque todos lo hacen, seguir los dictados de la multitud, es ser incapaz de ser uno mismo.[12] Otro ejemplo de no autenticidad es el negarse a aceptar que se ha actuado libremente y que por lo tanto se es responsable. Excusarse o explicar nuestras acciones basándonos en algún tipo de determinismo, ya sea genético, psicológico, social, teológico o de cualquier otro tipo es no ser auténtico. La autenticidad, al contrario, implica aceptar la responsabilidad de nuestros actos. Reconociendo que sea lo que sea que haya contribuido a hacerme

11. Martin Heidegger, *Being and Time* (New York: Harper & Row: 1962), p. 85 cf. Søren Kierkegaard, *Concluding Unscientific Postscript*, trans. D. F. Swenson and Walker Lowrie (Princeton, N.J.: Princeton University Press, 1941), pp. 169-75.

12. Heidegger, *Being and Time*, pp. 163-68.

como soy, yo soy libre para elegir y aceptaré la responsabilidad de mis elecciones. A esta aceptación de responsabilidades Heidegger la denomina "culpa".

Bultmann toma prestado el concepto de la existencia auténtica y no auténtica. Menciona dos tendencias en el "hombre moderno". Por una parte, hay una tendencia a guiarnos nosotros mismos en la vida, cumpliendo nuestros deseos de felicidad y seguridad, utilidad y beneficio. Esto es egoísmo y presuntuosidad. El amor por otros y el deseo de conocer, compartir y honrar la verdad quedan supeditados al deseo de engrandecimiento personal. Los humanos no sólo son irrespetuosos con las preocupaciones y las necesidades de los demás, sino que también desobedecen los mandamientos y las demandas de Dios en sus vidas. O bien niegan la existencia de Dios, o si creen, niegan que tenga derecho legítimo a recibir obediencia y devoción de su parte.[13]

La otra tendencia del hombre moderno es la autonomía. Esta es la creencia de que el hombre puede obtener una auténtica seguridad por sus propios medios, mediante la acumulación de riquezas, la proliferación de tecnología y la búsqueda de ejercer la influencia ya sea de forma individual o colectiva. Esto es, desafortunadamente, una esperanza inalcanzable debido a que existen obstáculos insuperables como la muerte y las catástrofes naturales. El orgullo humano continuado y la acción autónoma constituyen un rechazo o negación de todo lo que se pretende que sea el ser humano. Esto es el equivalente teológico de Bultmann a la existencia no auténtica.[14]

Entonces, ¿cuál es la existencia auténtica o salvación? La palabra de Dios "saca al hombre de su egoísmo y de ese estado de ilusoria seguridad que ha construido para sí. Le llama a Dios, que está más allá del mundo y del pensamiento científico. Al mismo tiempo, llama al hombre para que sea él mismo."[15]

Como la palabra de Dios llega a los humanos personalmente, les insta a abandonar su intento de conseguir la seguridad por sus propios medios y a buscar la verdadera seguridad poniendo su confianza en Dios. Sólo mediante el ejercicio de la fe puede el humano poner fin a una existencia no auténtica: "creer en la Palabra de Dios significa abandonar toda la seguridad meramente humana y así superar la desesperación que surge del intento de encontrar la seguridad, un intento que siempre resulta vano."[16]

Abandonar el intento de conseguir la seguridad por nuestros propios medios y poner nuestra confianza en Dios en su lugar significa confiar en algo que no se ve en este mundo, y para lo que no existe prueba terrenal. Esto es algo que somos reacios a hacer. Sin embargo, Bultmann señala que la tendencia a restringir la confianza hacia lo que no podemos ver también es otra forma de no autenticidad

13. Rudolf Bultmann, *Jesus Christ and Mythology (*New York: Scribner, 1958), pp. 39-40.
14. Ibíd., p. 45.
15. Ibíd., p. 40.
16. Ibíd.

que caracteriza de forma natural a los seres humanos.[17] La fe significa abandonar la búsqueda de las realidades tangibles y los objetos transitorios. La búsqueda de estas cosas es pecado, porque al hacerlo, excluimos la realidad invisible de nuestras vidas y rechazamos el futuro de Dios, que se nos ofrece como regalo. La fe es abrir nuestros corazones a la gracia de Dios, permitiendo que nos libere del pasado y nos conduzca hacia el futuro. También implica obediencia: "dar la espalda a nosotros mismos y abandonar toda seguridad".

Similar a la idea de que la salvación es simplemente un paso de entrada a la auténtica existencia abandonando nuestra búsqueda egoísta de seguridad y poniendo nuestra confianza en Dios en su lugar es el programa de desmitologización de Bultmann.[18] Las afirmaciones de la Biblia no hay que tomarlas como afirmaciones de verdades objetivas externas a nosotros. Más bien, nos dicen algo sobre nosotros. La cruz, por ejemplo, hay que entenderla según Gálatas 2:20: "Con Cristo estoy juntamente crucificado, y ya no vivo yo, mas vive Cristo en mí; y lo que ahora vivo en la carne, lo vivo en la fe del Hijo de Dios, el cual me amó y se entregó a sí mismo por mí." El mensaje de la cruz no es que Jesús fuera llevado a la muerte como una especie de pago sustitutivo hecho al Padre en una transacción celestial. Esto es un mito. El concepto desmitologizado de la cruz es que cada uno de nosotros debe matar las búsquedas de gratificación personal y de seguridad que no se hayan obtenido de Dios.[19] De forma similar, la resurrección se tiene que entender según lo que se dice en textos como Romanos 6:11: "Así también vosotros consideraos muertos al pecado, pero vivos para Dios en Cristo Jesús, Señor nuestro." Este versículo no nos está hablando de un suceso que le ocurrió a Jesús. Más bien está expresando la verdad de que si ponemos nuestra fe en Dios y estamos abiertos al futuro, estaremos vivos de una manera que nunca antes estuvimos. La salvación, pues, no es una alteración en la sustancia del alma, como algunos tienden a entender la regeneración, ni es una declaración forense de que somos justos ante los ojos de Dios, la forma tradicional de entender la justificación. Más bien es una alteración de nuestra *Existenz*, toda nuestra perspectiva y conducta sobre la vida.[20]

### Teología secular

Todo el medio cultural en el que se desarrolla la teología ha estado cambiando. Se pensaba que la actividad de Dios era la explicación a la existencia del mundo y de lo que sucedía en él, y que Dios era el que resolvía los problemas a los que los humanos tenían que enfrentarse. Hoy en día, sin embargo, la gente

17. Rudolf Bultmann, "New Testament and Mythology," en *Kerygma and Myth,* ed. Hans Bartsch (New York: Harper & Row, 1961), pp. 18-19, 30.

18. Ibíd., pp. 9-16.

19. Ibíd., pp. 35-38.

20. Ibíd., pp. 19-22.

pone su confianza en lo visible, en el aquí y ahora, y en explicaciones que no presuponen ninguna entidad trascendente o que va más allá de la percepción de los sentidos.

Esta visión diferente procedió de varios canales. Uno fue el crecimiento de las explicaciones científicas. Mientras que antes parecía necesario creer que algún ser o fuerza sobrenatural había dado existencia a este complejo universo, ahora son posibles explicaciones alternativas. En el pasado la complejidad del organismo físico humano parecía apuntar hacia un diseñador grande, sabio y poderoso. Sin embargo, la teoría de la evolución atribuye la complejidad humana a variaciones casuales combinadas con una lucha competitiva por la vida en la que los que mejor capacidad tienen para adaptarse sobreviven.

Otra razón para el cambio en la perspectiva es que la humanidad ha desarrollado la habilidad para resolver muchos de los problemas con los que se enfrenta en la vida. En los tiempos bíblicos, si una mujer era estéril, oraba a Dios, y éste respondía abriendo su vientre para que un niño naciera (1 S. 1:1-20). También se creía que Dios era la fuente del clima. En los tiempos de Elías, una sequía de tres años y medio y el gran aguacero que la siguió fueron atribuidos a Dios (1 R. 17-18; Stgo. 5:17-18). Ahora, sin embargo, si una mujer que desea tener hijos es estéril, un ginecólogo le prescribe una píldora para la fertilidad, y ¡se produce un nacimiento (a menudo múltiple)! Si no llueve durante un largo periodo de tiempo, alguien esparce yoduro de plata o una sustancia similar sobre las nubes y llueve. La humanidad puede controlar ambas cosas: los nacimientos y el tiempo. Ya no se necesita a Dios. La raza humana ha llegado a la mayoría de edad. Es capaz de enfrentarse a problemas sin ayuda sobrenatural.

Ante esto, mucha gente moderna se ha hecho secular. No es que principalmente hayan adoptado de forma consciente una cosmovisión naturalista, ya que muchos de ellos no tienen interés alguno en cuestiones especulativas. Más bien, lo que han hecho es adoptar de forma inconsciente un estilo de vida que en la práctica no deja lugar a Dios. Parte de esta visión secular es el resultado de un pragmatismo básico. El ámbito científico ha logrado satisfacer las necesidades humanas; la religión ya no se necesita ni resulta efectiva. Esta es por lo tanto una era post-cristiana.[21]

Hay dos respuestas posibles de la iglesia ante esta situación. Una es ver al cristianismo y al secularismo como competidores, alternativas uno de otro. Si se adopta esta posición, y esa fue la tendencia en los siglos XVIII, XIX e incluso en la actualidad, habrá intentos de resistirse, evitar, o refutar el secularismo. Se intentará demostrar lo inadecuado del secularismo y la filosofía que lo acompaña,

21. Paul van Buren, *The Secular Meaning of the Gospel* (New York: Macmillan, 1963), pp. 1-20); Langdon Gilkey, *Naming the Whirlwind: The Renewal of God-Language* (Indianapolis: Bobbs-Merrill, 1969), pp. 3-29.

el humanismo, con su énfasis en la bondad, el valor y la suficiencia de los humanos. Este es el enfoque de la apologética. Trata de demostrar que la humanidad se enfrenta a problemas que una cosmovisión secular no puede tratar. Sólo el teísmo cristiano puede resolverlos.

Sin embargo, en estos últimos años los teólogos cristianos cada vez más van adoptando un tipo de respuesta diferente. Es la de considerar el secularismo no como un competidor, sino como una expresión madura de la fe cristiana. Uno de los predecesores de este enfoque fue Dietrich Bonhoeffer. En los últimos años de su vida, desarrolló una posición a la que denominó "cristianismo sin religión."[22] La mayoría de edad de la raza humana no supone que se haya rebelado contra Dios, sino que es Dios el que está educando a su más alta criatura terrenal para que sea independiente. De la misma manera que los padres sabios ayudan a sus hijos a independizarse, en la secularización Dios ha estado intentando llevar a la raza humana a un punto de autosuficiencia. El esfuerzo de la apologética de refutar el secularismo es, según la teoría de Bonhoeffer, un intento de devolver a los adultos a la adolescencia, obligándoles a ser dependientes, explotando sus debilidades.[23]

Bonhoeffer no creía que Dios estuviera ausente del mundo secular. Cree que está presente dentro de la "irreligión". Ser cristiano no quiere decir ser "religioso", sino ser humano. Los miembros seculares de la raza humana que han llegado a la mayoría de edad son "cristianos inconscientes".[24] Debemos celebrar que la humanidad se haya emancipado de Dios como un don de Dios. Debemos traducir el cristianismo a un idioma que las personas seculares contemporáneas puedan entender. Debemos ayudarles a entender que no necesitan convertirse en cristianos; ya *son* cristianos. El evangelismo tradicional cometió el error de hacer que la gente fuera religiosa en lugar de hacer que fuera cristiana (o sea, autosuficientes y completamente humanos). Bonhoeffer era particularmente contrario al aspecto interno y personal de la fe cristiana tradicional, el estado final de la religión.[25]

Los escritos de Bonhoeffer sobre este tema son fragmentarios. Si no hubiera sido ejecutado, sin duda los habría desarrollado más. Quedó en manos de otros el recoger y elaborar sus ideas. John A. T. Robinson[26] en Gran Bretaña y los teólogos de la muerte de Dios en Estados Unidos han sido los principales defensores de la teología secular. Entre estos últimos, Thomas J. J. Altizer sostiene que el secularismo tiene base ontológica. El Dios primordial o trascendental se ha hecho completamente inmanente en el mundo. Este fue un proceso largo que culminó con la encarnación de Jesús. Dios ahora no tiene un estatus in-

22. Dietrich Bonhoeffer, *Letters and Papers from Prison,* enlarged ed. (New York: Macmillan, 1972), pp. 272-80.

23. Ibíd., pp. 326-27.

24. Ibíd., pp. 280-82, 373.

25. Ibíd., pp. 344-45.

26. John A. T. Robinson, *Honest to God* (Philadelphia: Westminster, 1963).

dependiente fuera del mundo y de la raza humana.[27] En consecuencia, no se le podrá encontrar en la alabanza pública o mediante la devoción personal. Es más probable que se le pueda encontrar implicándonos en el movimiento de los derechos civiles y en causas similares.[28]

Resumiendo: la teología secular rechaza la forma tradicional de entender la salvación que consiste en separarse del mundo y recibir la gracia sobrenatural de Dios. Más bien la salvación llega de una manera más difusa. No se trata tanto de salvarnos a través de la religión como de salvarnos de la religión. Darnos cuenta de nuestra capacidad y utilizarla, independizarnos de Dios, madurar, aceptarnos a nosotros mismo e implicarnos en el mundo: ese es el verdadero significado de la salvación. La mayoría de la gente, incluso los que están fuera de la iglesia, están experimentando ya esta salvación. De hecho, a la vista de la actual orientación "religiosa" de la iglesia, estos que están fuera puede que sean más genuinamente cristianos que los que están dentro de la iglesia.

### *Teología católica romana contemporánea*

Es difícil caracterizar el pensamiento católico romano actual sobre cualquier tema porque, aunque hubo un tiempo en el que la posición católico romana oficial era uniforme en la mayoría de los temas, ahora parece que sólo existe una gran diversidad. Todavía se mantienen criterios doctrinales oficiales, pero ahora se complementan, y en algunos casos parecen contradecirse, con declaraciones posteriores. Entre estas declaraciones posteriores tenemos las conclusiones del Concilio Vaticano segundo y las opiniones publicadas por estudiosos católicos individuales. Es necesario ver algunas de estas declaraciones en el la relación con el contexto tradicional de la iglesia.

La posición católica oficial durante mucho tiempo ha sido que la iglesia es el único canal de la gracia de Dios. Esta gracia se transmite mediante los sacramentos de la iglesia. Los que están fuera de la iglesia oficial y organizada no pueden recibirla. Básico a este punto de vista tradicional es una distinción clara entre naturaleza y gracia. La naturaleza en la humanidad consta de dos partes: una capacidad pasiva para la gracia y un deseo o anhelo de gracia. Los humanos, sin embargo, son bastante incapaces de satisfacer estos aspectos de su naturaleza mediante sus propios logros. Eso requiere la gracia de Dios, que se entiende que es la vida divina impartida a la humanidad por Dios.[29]

27. Thomas J. J. Altizer, *The Gospel of Christian Atheism* (Philadelphia: Westminster 1966), pp. 40-54.

28. William Hamilton, "The Death of God Theologies Today," en Thomas J. J. Altizer and William Hamilton, *Radical Theology and the Death of God* (Indianapolis: Bobbs-Merrill, 1966), p. 48.

29. Joseph Pohle, *The Sacraments: A Dogmatic Treatise*, ed. Arthur Preuss (St Louis: B. Herder, 1942), vol. 1, pp. 66-75.

Esta posición tradicional se ha modificado en varios puntos. Uno de ellos afecta al concepto de la naturaleza humana. Aquí Karl Rahner ha hecho uno de los trabajos más impresionantes. Describiendo la humanidad tal como es aparte de la iglesia y sus sacramentos, Rahner habla de "lo existencial sobrenatural". Con esto se refiere no sólo a que los seres humanos tengan dentro de ellos el potencial para conocer a Dios, sino que ese potencial ya está siendo ejercitado activamente. No se puede estar totalmente apartado de la gracia. La gracia está presente incluso dentro de la naturaleza misma.[30]

En sus discusiones sobre religiones no cristianas el Concilio Vaticano segundo parecía permitir que la gracia estuviera presente en la naturaleza. Destacaba el origen y el destino común de todos los humanos. Las distintas religiones representan las diversas perspectivas sobre el mismo misterio de la vida. La gracia de Dios se encuentra en todas ellas, aunque en diferentes grados.[31] Según esto, a los católicos se les instruye para "reconocer, conservar y promover las bondades espirituales y morales" que encuentran entre los seguidores de otras religiones.[32]

¿La presencia de gracia en la naturaleza significa que hay gracia aparte de la iglesia y fuera de ella? Este es el dilema al que se enfrenta la iglesia. ¿El mandamiento de Dios obligando a los humanos a conocerle no implica que hay alguna manera mediante la cual podemos llegar a conocerle? La respuesta general del catolicismo contemporáneo ha sido tanto la de afirmar que todas las personas pueden conocer a Dios como la de continuar insistiendo en la exclusividad del papel de la iglesia en la salvación. Esta respuesta ha requerido un concepto más amplio de la iglesia y de su membresía.

La posición tradicional de la iglesia católica ha sido la de que la unión con la iglesia es necesaria para la salvación, porque la iglesia posee los medios para la salvación. Si la verdadera unión no es posible, Dios aceptará en su lugar un deseo sincero de tener esa unión. Aunque la verdadera unión con la iglesia no es indispensable, la separación completa no es aceptable. Yves Congar en efecto argumenta a favor de que existan grados de membresía en la iglesia.[33] Mientras que la mayoría de la raza humana no tiene una conexión visible y oficial con la iglesia, no obstante existe lo que se llama la membresía invisible. Dondequiera que haya salvación, ahí está también la iglesia. Esto invierte la fórmula tradicional según la cual la presencia de la iglesia materializa la salvación.

30. Karl Rahner, *Ecclesiology, Theological Investigations,* vol. 9, trad. David Bourke (New York: Seabury, 1976), p. 282.

31. "Dogmatic Constitution on the Church," en *The Documents of Vatican II,* ed. Walter M. Abbott (New York: Herder & Herder, 1966), p. 35.

32. "Declaration of the Relationship of the Church to Non-Christian Religions," en *The Documents of Vatican II,* p. 663.

33. Yves Congar, *The Wide World My Parish: Salvation and Its Problems* (Baltimore Helicon, 1961), pp. 101-4.

El Concilio Vaticano segundo adoptó una postura similar a la de Congar: el pueblo de Dios no está limitado a la iglesia jerárquica visible. El pueblo de Dios está dividido en tres categorías según el grado de implicación en la iglesia:

1. Católicos que están "incorporados" en la iglesia.
2. Cristianos no católicos, que están "vinculados" a la iglesia. Aunque su situación no es tan segura como la de los católicos romanos, tienen iglesias genuinas y no están separados completamente de Dios.
3. No cristianos que están "relacionados" con la iglesia.[34]

El tercer grupo incluye a los que Rahner denomina "cristianos anónimos". El hecho de que la gente esté fuera de la iglesia católica visible (o cualquier iglesia cristiana) no significa que estén separados de la gracia de Dios. Cristo murió también por ellos, y no deberíamos negar esta gracia. Los conceptos de grados de membresía y cristianos anónimos han permitido a la iglesia garantizar la posibilidad de la gracia sin sus sacramentos y al mismo tiempo mantener su autoridad.

También se ha discutido en la iglesia sobre la naturaleza de la salvación. Ha habido una mayor apertura hacia el concepto clásico protestante de la justificación. A este respecto, la obra de Hans Küng sobre la teología de Karl Barth ha sido particularmente significativa. En el pasado, el catolicismo mezclaba lo que los protestantes denominaban justificación y santificación en un solo concepto, la gracia santificante. Sin embargo, Küng habla de aspectos objetivos y subjetivos de la justificación. El primero se corresponde con lo que los protestantes normalmente denominan justificación. En este aspecto de la salvación el humano es pasivo y Dios es activo. El último se corresponde aproximadamente con lo que los protestantes suelen denominar santificación; aquí el hombre es activo.[35] Küng observa que Barth resalta el primero mientras que el Concilio de Trento resalta el segundo. No obstante, no existe conflicto entre Barth y Trento.[36] Además de con el concepto protestante de justificación, la iglesia católica se ha hecho más tolerante también con la interpretación que Lutero hacía de la gracia.

Resumiendo: la iglesia católica en estos últimos años ha estado más abierta a la posibilidad de que alguien que no pertenezca a la iglesia visible, y quizá alguien que no afirme en absoluto ser cristiano, pueda ser receptor de gracia. Como resultado de esto, el entendimiento católico de la salvación en cierto modo se ha hecho más amplio que el concepto tradicional. Además, el entendimiento actual incluye dimensiones que normalmente se han asociado al protestantismo.

34. "Dogmatic Constitution of the Churchî, pp. 30-35, sections 13-16.

35. Hans Küng, *Justification: The Doctrine of Karl Barth and a Catholic Reflection* (New York: Thomas Nelson, 1964), pp. 222-35, 264-74.

36. Ibíd., pp. 275-84.

### Teología evangélica

La ortodoxia tradicional o la posición evangélica sobre la salvación se relaciona estrechamente con la manera ortodoxa de entender el problema humano. Según este entendimiento, la relación entre el ser humano y Dios es la principal. Cuando esa no va bien, las otras dimensiones de la vida también se ven afectadas de forma adversa.[37]

Los evangélicos entienden que las Escrituras indican que hay dos aspectos principales en el problema humano del pecado. Primero, el pecado es una relación rota con Dios. El humano no ha sido capaz de cumplir con las expectativas divinas, ya sea por transgresión de los límites de la ley de Dios o porque no se ha podido hacer lo que se ha ordenado en ella. Desviarse de la ley trae como consecuencia un estado de culpabilidad o la posibilidad de ser castigado. Segundo, la auténtica naturaleza de la persona queda dañada por haberse desviado de la ley. Ahora hay una inclinación hacia el mal, una inclinación al pecado. Hay, por así decirlo, una preferencia a alejarse del bien, de manera que la persona tiende por naturaleza a hacer el mal. Normalmente se le denomina corrupción, y se muestra a menudo mediante la desorientación interna y el conflicto. Más allá de esto, como vivimos en medio de una red de relaciones personales, la ruptura en nuestras relaciones con Dios perturba nuestras relaciones con otras personas. El pecado incluso adquiere dimensiones colectivas: toda la estructura de la sociedad ocasiona perjuicios y daños sobre individuos y grupos minoritarios.

Ciertos aspectos de la doctrina de la salvación se relacionan con la condición de uno ante Dios. El estatus legal del individuo debe cambiar de culpable a no culpable. Se trata de ser declarado justo o recto a los ojos de Dios, o que se considere que cumple con todos los requisitos divinos. El término teológico aquí es *justificación*. Uno queda justificado mediante la unión legal con Cristo. Sin embargo, es necesario algo más que la mera remisión de la culpa, porque la cálida intimidad que debería caracterizar una relación con Dios se ha perdido. Este problema se rectifica mediante la adopción, en la que se restablece el favor de Dios y se nos permite reclamar todos los beneficios que proporciona el Padre amoroso.

Además de la necesidad de restablecer nuestra relación con Dios, existe también una necesidad de alterar la condición de nuestro corazón. El cambio básico en la dirección de una vida desde una inclinación hacia el pecado hacia un deseo positivo de vivir con rectitud se denomina *regeneración* o, literalmente, nuevo nacimiento. Implica una auténtica alteración de nuestro carácter, una

37. Cyril Okorcha ha demostrado, sin embargo, que como la salvación es un asunto integral, puede relacionarse con la principal cuestión de muchos africanos, la cuestión del poder. Ver: "The Meaning of Salvation: An African Perspective," en *Emerging Voices in Global Christian Theology*, ed. William A. Dyrness (Grand Rapids: Zondervan, 1994), pp. 59-92.

infusión de una energía espiritual positiva. Sin embargo, esto simplemente es el principio de la vida espiritual. La condición espiritual del individuo se va alterando progresivamente; uno realmente llega a ser más santo. Este cambio progresivo subjetivo se denomina *santificación* ("hacer santo"). La santificación llegará a su final en la vida tras la muerte, cuando la naturaleza espiritual del creyente se perfeccionará. A esto se le llama *glorificación*. El mantenimiento individual de la fe y el compromiso hasta el final a través de la gracia de Dios es la *perseverancia*.

Como hemos hecho respecto a otros temas, adoptaremos la postura evangélica sobre la salvación. Aunque a Dios le preocupan todas las necesidades humanas, tanto las individuales como las colectivas, Jesús dejó claro que el bienestar espiritual eterno del individuo es infinitamente más importante que la satisfacción de las necesidades temporales. Observemos, por ejemplo, su consejo en Mateo 5:29-30: "Por tanto, si tu ojo derecho te es ocasión de caer, sácalo y échalo de ti, pues mejor te es que se pierda uno de tus miembros, y no que todo tu cuerpo sea arrojado al infierno. Y si tu mano derecha te es ocasión de caer, córtala y échala de ti, pues mejor te es que se pierda uno de tus miembros, y no que todo tu cuerpo sea arrojado al infierno". Su pregunta retórica en Marcos 8:36 plantea la misma cuestión: "¿De qué le aprovechará al hombre ganar todo el mundo, si pierde su alma?" La preocupación de Dios por el bienestar espiritual eterno de los humanos y la imagen bíblica del pecado son pruebas convincentes para el punto de vista evangélico sobre la salvación. Vimos en el capítulo 28 que el pecado se origina en el individuo a través de la elección voluntaria cuando responde a la tentación. Y observamos en el capítulo 30 la naturaleza radical y absoluta del pecado. Esta "depravación total", como se denomina, significa que se necesita una transformación radical y sobrenatural de la naturaleza humana para el perdón y la recuperación del favor de Dios.

# 44. El antecedente a la salvación: la predestinación

## Objetivos del capítulo

Después de estudiar este capítulo, debería ser capaz de:

- Definir y describir la doctrina de la predestinación.
- Trazar el desarrollo de la predestinación desde Agustín hasta Wesley.
- Comparar, contrastar y analizar la idea sobre la predestinación de calvinistas, arminianos y de Karl Barth.
- Elaborar una solución significativa al problema de la predestinación.
- Identificar al menos cuatro conclusiones que surgen de la doctrina de la predestinación.

## Resumen del capítulo

La predestinación es la elección que Dios hace de las personas para la vida eterna o para la muerte eterna. Históricamente la doctrina se originó con la controversia entre Agustín y Pelagio. Recibió un nuevo impulso en la Reforma y continúa hasta el presente. Se sugiere una solución significativa y se identifican cuatro implicaciones de la doctrina.

## Cuestiones de estudio

1. ¿Cómo distinguiría entre el punto de vista de Agustín y el de Pelagio?
2. ¿Qué perspectiva asumieron los teólogos medievales sobre la doctrina de la predestinación?
3. Compare y contraste las teorías de los reformadores con las de Arminio y Wesley.
4. ¿Cómo diferenciaría entre las perspectivas de los calvinistas, los arminianistas posteriores y Karl Barth?

5. Elabore una teoría sobre la predestinación y defiéndala.
6. ¿Qué implicaciones surgen de la doctrina de la predestinación y cómo las evaluaría?

Evolución histórica de la doctrina
Diferentes ideas sobre la predestinación
Calvinismo
Arminianismo
Karl Barth
Una sugerencia de solución
Implicaciones de la predestinación

De todas las doctrinas de la fe cristiana, desde luego una de las más enigmáticas y menos entendidas es la de la predestinación. Para muchos resulta oscura e incluso extraña. Para otros, es una incursión innecesaria en algo que excede la capacidad de entendimiento humano. Tal detallismo teológico se considera que carece de importancia práctica. Quizá se han hecho más chistes sobre esta doctrina que sobre todo el resto de doctrinas juntas. Sin embargo, como la menciona la revelación bíblica, el cristiano no tiene otra opción más que preguntarse qué significa, aunque su significado sea difícil y oscuro.

Es necesario definir con precisión lo que se quiere decir con el término *predestinación*. Aunque algunos lo utilizan de forma intercambiable con "predeterminación" y "elección",[1] para nuestro propósito aquí "predestinación" está a medio camino de especificidad entre "predeterminación" y "elección". Consideraremos la predeterminación como el concepto más amplio, que denota la voluntad de Dios con respecto a todas las cosas que ocurren, ya se trate de la suerte que deba correr un individuo o la caída de una roca. La "predestinación" hace referencia a la selección que hace Dios de los individuos para la vida o la muerte eterna. La "elección" es la selección de algunos para la vida eterna, es la parte positiva de la predestinación.

## Evolución histórica de la doctrina

Como las diferentes formulaciones de la doctrina están relacionadas con otros desarrollos tanto dentro de la teología como de la cultura en general, puede resultar útil introducir la doctrina con un repaso a su elaboración a través de los siglos de la iglesia hasta el punto en que se enunciaron las formulaciones clásicas. Al igual que con otras doctrinas, la doctrina de la predestinación se

1. Ej. Benjamin B. Warfield adoptó la posición de que "'predeterminación' y 'predestinación' son sinónimos exactos, la elección entre ambos viene determinada sólo por gusto". En *Biblical Doctrines* (New York: Oxford University Press, 1929), p. 4. Warfield utiliza 'elección' para designar lo que nosotros estamos etiquetando como "predestinación".

mantuvo en una forma poco desarrollada hasta que surgieron serios desacuerdos sobre ella. Había, particularmente en occidente, una convicción creciente en la pecaminosidad humana y en la consecuente necesidad de la divina gracia transformadora.[2] Sin embargo, en general, las implicaciones lógicas de esta convicción no se elaboraron hasta Agustín. Su experiencia personal de la gracia de Dios le permitió ver con más claridad que a otros la enseñanza de las Escrituras sobre estos temas. No debemos pensar que su experiencia determinó lo que encontró en las Escrituras. Más bien, su experiencia le sensibilizó, le permitió identificarse con lo que encontró allí y así entenderlo mejor.

Incluso antes de conocer el pensamiento de Pelagio, Agustín había desarrollado en gran medida su propia idea de la situación humana. Él resaltaba la idea de que Adán había empezado la vida realmente libre.[3] Las únicas limitaciones a su voluntad y a sus acciones eran las limitaciones inherentes impuestas por la naturaleza misma de la humanidad. Por lo tanto había, por ejemplo, la posibilidad de cambio, que incluía la posibilidad de darle la espalda al bien.[4] Cuando Adán pecó, su naturaleza se vio teñida. Ahora inclinado a hacer el mal, transmitió su propensión al pecado a sus descendientes. Como resultado, la libertad para abstenerse del pecado y hacer el bien se ha perdido. Esto no quiere decir que el libre albedrío en general se haya perdido, sino que ahora utilizamos esa libertad invariablemente de maneras contrarias a la intención que Dios tenía para nosotros.[5] Sin la ayuda divina no somos capaces de escoger y hacer el bien.

Las ideas de Pelagio clarificaron el pensamiento de Agustín, obligándole a ir más allá de sus límites originales. Pelagio, un monje británico, se había instalado en Roma y allí se convirtió en un maestro popular.[6] Era principalmente un moralista más que un teólogo per se. Preocupado por que la gente viviese de la forma más virtuosa posible, pensó que el énfasis que Agustín ponía en la corrupción de la naturaleza humana y su corolario, la incapacidad humana, era a la vez desmoralizante para todo tipo de esfuerzo genuino de vivir con rectitud y además insultaba a Dios.[7] Dios hizo a los hombres diferentes al resto de seres de la creación en lo que se refiere a no estar sujetos a las leyes de la naturaleza. Los humanos tienen libertad de elección. Este don de Dios debería utilizarse para cumplir los propósitos de Dios.[8]

2. Ej. Tertuliano, *Sobre el alma* 39.
3. Agustín, *Sobre el castigo y la gracia* 33.
4. Agustín, *La ciudad de Dios,* 14.12.
5. Agustín, *Sobre la perfección y la rectitud del hombre* 9.
6. Aunque se cuestiona si de verdad Pelagio era un monje, se hace referencia a él como *monachus,* Ver J. N. D. Kelly, *Early Christians Doctrines* (New York: Harper & Row, 1960), p. 357.
7. Pelagio, *Carta a Demetrio,* 16-17.
8. Ibíd., 16.

Pelagio desarrolló su sistema según esta idea básica. Su primer principio es que cada persona entra en el mundo con una voluntad que no tiene predisposición a favor del pecado. La caída de Adán no tiene efecto directo en la habilidad del humano para hacer lo adecuado y hacer el bien, porque todo individuo ha sido creado directamente por Dios y por tanto no hereda de Adán la maldad o una tendencia hacia el mal.[9] Seguramente el Dios que perdona a todas las personas sus pecados no nos haría responsables de los pecados de los demás. El único efecto del pecado de Adán sobre sus descendientes, por lo tanto, es el de dar un mal ejemplo. No heredamos su corrupción y culpa.[10]

Además Pelagio mantenía que Dios no ejercía ninguna fuerza sobre nadie para que eligiese el bien. La influencia que él ejerce es a través de ayudas externas. No existe una obra interna de Dios en el alma.[11] En particular, no realiza ninguna elección especial de ciertas personas para la santidad. La gracia esta a disposición de todas las personas por igual. Consta de libre albedrío, comprensión de Dios mediante la razón, la ley de Moisés y el ejemplo de Cristo. Todas las personas tienen la misma oportunidad de beneficiarse de estos dones de gracia. El progreso en la santidad sólo se puede hacer por mérito propio, y la predestinación que Dios hace de las personas se basa enteramente en su capacidad para prever la calidad de sus vidas.[12] Se podría concluir que es posible vivir sin pecar. Y Pelagio, de hecho, extrajo esa conclusión. ¿Habría dicho Dios: "Santos seréis, porque santo soy yo, Jehová, vuestro Dios" (Lv. 19:2); y habría ordenado: "Sed, pues, vosotros perfectos, como vuestro Padre que está en los cielos es perfecto" (Mt. 5:48) si el estar sin pecado no fuera una posibilidad para los seres humanos?[13]

En respuesta a esta posición, Agustín elaboró su teoría de la predestinación. Él destacó la seriedad del pecado de Adán, culpando exclusivamente al acto de voluntad de Adán. Pero este pecado no fue únicamente el pecado de Adán. Todos nosotros fuimos uno con él y por tanto participamos en su pecado. Como el alma humana procede de la de nuestros padres mediante el proceso generativo, estábamos presentes en Adán y pecamos en él y con él.[14] Esto significa que todos los seres humanos comienzan la vida en una condición seriamente dañada. Agustín no mantiene que la imagen de Dios se haya destruido completamente, sino que mantiene que hemos perdido la libertad que Adán tenía para no pecar.[15] Sin la gracia de Dios, somos incapaces de evitar el pecado, y hacer el bien requiere una gracia incluso mayor. Esto no quiere decir que los humanos

9. Pelagio, *Exposición sobre Romanos* 5; 15.
10. Pelagio, *Demetrio* 8.17.
11. Agustín, *Sobre la gracia de Cristo y el pecado original* 1.2, 8, 36.
12. Pelagio, *Exposición sobre romanos* 9-10. Ver también 8:29-30.
13. Pelagio, *Sobre la posibilidad de no pecar* 2.
14. Agustín, *Matrimonio y concupiscencia* 2. 15.
15. Agustín, *Ciudad de Dios,* 22. 24.2; 13.3, 14.

no sean libres. Tienen opciones, pero esas opciones son todas pecaminosas por naturaleza. Los humanos son libres para escoger, pero meramente entre un pecado u otro.[16] La gracia de Dios restablece la libertad completa; nos devuelve la opción de no pecar y hacer el bien. Esta gracia, aunque irresistible, no obra en contra de nuestra voluntad, sino en armonía con ella. Dios obra de tal manera en relación con nuestra voluntad que nosotros elegimos libremente el bien. Dios, al ser omnisciente, sabe con precisión, bajo qué condiciones escogeremos libremente lo que él desea, y obra para producir tales condiciones. Sin esta obra especial de Dios, no podemos escoger o hacer el bien. Aunque siempre tenemos libre albedrío, somos libres para escoger y hacer el bien sólo cuando Dios nos concede esa libertad.[17]

Esta línea de argumentación lleva a Agustín a la predestinación. Porque si hacemos el bien sólo si Dios elige obrar así en relación con nuestra voluntad y si nosotros infaliblemente haremos el bien si Dios así lo desea, el que escojamos o hagamos el bien parece ser totalmente consecuencia de lo que Dios ya ha deseado hacer. Entonces, es un asunto de que Dios escoja dar gracia a unos y no a otros. Dios ha hecho esta elección desde toda la eternidad, y ha elegido exactamente el número necesario para reemplazar a los ángeles caídos.[18] Esta elección de ciertas personas de ninguna manera depende de que él sea consciente por adelantado de lo que ellos vayan a hacer, ya que cualquier buena obra depende de que él les dé su gracia.[19] Realmente no hay respuesta a la cuestión de cómo Dios decide quién recibirá su gracia y quién será dejado en su condición pecadora. Elige según su deseo. No obstante, no hay injusticia en esto, ya que la justicia daría como resultado que Dios condenase a todos. Es sólo mediante un acto de gran compasión que salva a algunos. Los condenados reciben justo lo que se merecen. Los elegidos reciben más de lo que se merecen.

Los ataques directos de Agustín condujeron a la condena del pelagianismo por parte del Concilio de Éfeso en 431, un año después de la muerte de Agustín. Sin embargo, lo que prevaleció después no fue un agustinianismo puro, sino un semipelagianismo. A pesar de la aceptación de muchos de los términos agustinianos, la doctrina de la sinergia, que mantiene que Dios y los humanos juntos realizan lo que debe hacerse para que los humanos puedan salvarse, tendió a predominar. Esta posición fue tomada en consideración y condenada por el Sínodo de Orange en 529. El sínodo habló en términos muy fuertes de la incapacidad humana y de la necesidad de la gracia de Dios, pero no insistió en una predestinación absoluta (o sea, la doctrina de que Dios mediante un inalterable decreto eterno ha determinado quién va a salvarse; al ser enteramente por la gracia de Dios, la salvación

16. Agustín, *Contra dos cartas de los pelagianos* 1.5; 3.24.
17. Agustín, *A Simpliciano—Sobre varias cuestiones* 1. 2.13.
18. Agustín, *Ciudad de Dios,* 22. 1. 2.
19. Agustín, *Sobre el don de la perseverancia* 35, 47-48; *Sobre la predestinación de los santos* 19.

no depende en modo alguno de los humanos o de lo que ellos hagan) ni en la gracia irresistible.[20]

Esta forma más suave de agustinianismo se mantuvo durante varios siglos. En el siglo nueve, Gottschalk defendió la doctrina de la doble predestinación: la predestinación es aplicable a los elegidos y a los perdidos. Las ideas de Gottschalk fueron condenadas por un sínodo de obispos en Maiz en 848. A continuación se produjo una controversia. Una de las posiciones más interesantes fue la que tomó Johannes Scotus Erigena. Aunque le acusó de herejía, Erigena estaba de acuerdo con él en rechazar la idea de que la predestinación de Dios se basaba en su conocimiento previo de lo que los humanos iban a hacer. Eso había sido una manera bastante común de tratar la aparente incoherencia entre la predestinación divina y la libertad humana. Orígenes en particular lo había adelantado como solución al problema. Sin embargo, ahora Erigena defendía que como Dios es eterno, no ve las cosas como pasadas o futuras. Nos ve a todos y nos ve al instante.[21] Como Dios está fuera de tiempo, el concepto de conocimiento previo es ajeno a él.

Entre los siglos once a trece, varios teólogos importantes defendieron la posición de Agustín. Anselmo reconcilió esta posición con el libre albedrío insistiendo en que la persona que sólo puede actuar correctamente es más libre que uno que puede actuar mal.[22] El segundo es en realidad esclavo del pecado. Pedro Lombardo mantiene un punto de vista similar. Tomás de Aquino seguía la posición de Agustín sobre estos asuntos, manteniendo que la voluntad de Dios es que algunas personas se salven y otras no. Establecía una distinción entre la voluntad general de Dios de que todos se salven y su voluntad especial al elegir a unos y rechazar a otros: "Dios desea que todos los hombres se salven por su voluntad previa, que es desear no simplemente sino de forma relativa; y no por su voluntad posterior que es desear simplemente".[23]

Desde este momento hasta la Reforma, la tendencia dominante dentro de la teología católica fue una inclinación hacia el pelagianismo. Hubo notables excepciones, como John Wycliffe y Thomas Bradwardine, pero para la mayoría el énfasis que Duns Scotus puso en el conocimiento previo del valor del individuo reflejaba la posición de la iglesia. Este fue uno de los principales puntos contra los que luchó Martín Lutero.

Se ha dado tanta importancia a nivel popular a la idea de Juan Calvino sobre la predestinación que apenas se aprecia la fuerza con la que Lutero mantuvo y enseñó una idea similar. Su "padre espiritual", Johann von Staupitz, era un monje agustino que promovió las ideas de Agustín, de tal manera que la Universidad de

20. Harry Buis, *Historic Protestantism and Predestination* (Philadelphia: Presbyterian & Reformed, 1958). p. 15.

21. Ibíd., p. 17.

22. Anselmo, *Sobre la libertad de elección* 1.

23. Tomás de Aquino, *Summa Theologica, parte 1, cuestión 23, artículo 4.*

Wittenberg, donde Staupitz era decano de la facultad de teología, acabó teniendo una orientación decididamente agustiniana. Cuando Lutero empezó a lidiar con el tema de la predestinación, siguió el enfoque de los Ockhamistas: la predestinación se basa en el conocimiento previo de Dios de lo que harán los humanos. Sin embargo, a medida que estudiaba las Escrituras y los escritos de Agustín sus ideas empezaron a cambiar. Su *Comentario sobre Romanos,* que se compone de notas para unas charlas dadas entre el 3 de noviembre de 1515 y el 7 de septiembre de 1516, indican un compromiso firme con la posición de Agustín. En conexión con Romanos 8:28, por ejemplo, Lutero apunta hacia una soberanía absoluta de Dios con respecto a los humanos en el Antiguo Testamento, en particular su elección de Isaac y su rechazo de Ismael, y su elección de Jacob y su rechazo de Esaú (ver Ro. 9:6-18). Lutero insiste en que todas las objeciones a la posición de Agustín se derivan de la sabiduría de la carne, que es la razón humana. Sus comentarios sobre Romanos 9 resaltan su firme compromiso con el agustinianismo. El Papa instó a Erasmo a utilizar su poder de retórica para refutar a Lutero. El resultado fue *Sobre el libre albedrío,* publicado en 1524. Lutero replicó al año siguiente con *Sobre el libre albedrío esclavo,* un amplio tratado sobre el tema.

No obstante, Juan Calvino articuló la declaración definitiva sobre el tema, dejando claro que el estudio sobre la predestinación no es meramente un ejercicio académico, sino que tiene también significado práctico. Advierte en contra de ahondar demasiado en el tema.[24] Aunque no estaba de acuerdo con la idea de Ulrico Zwinglio de que el pecado era necesario para que la gloria de Dios se pudiera manifestar correctamente, Calvino insiste en que Dios soberana y libremente ha escogido salvar a unos y rechazar a otros. Dios es completamente justo y exento de culpa en todo esto.[25]

Calvino insiste en que la doctrina de la predestinación no conduce al descuido en la moralidad, a una actitud relajada en la que podemos continuar pecando porque nuestra elección es segura. Más bien, saber que hemos sido elegidos nos conduce a una vida santa. La manera en que un creyente puede estar seguro de ser elegido es ver que la Palabra de Dios transforma su vida.[26]

Calvino estableció una universidad en Ginebra a la que venían a estudiar los candidatos al ministerio. Él mismo ocupaba la cátedra de teología. Un gran número venía de los Países Bajos; por eso el calvinismo se hizo particularmente fuerte allí. Su sucesor, Theodore Beza, no sólo mantuvo la enseñanza de Calvino de la doble predestinación, sino que la amplió en ciertos puntos. No sólo mantenía que Dios ha decidido mandar a algunos al infierno; no dudaba en decir que Dios *hacía* pecar a los hombres. Además, creía que, a pesar de la ausencia de

24. Juan Calvino, *Institución de la religión cristiana,* libro 3, capítulo 21, sección 1.

25. John Calvin, *Commentaries on the Epistle of Paul the Apostle to the Romans* (Grand Rapids: Eerdmans, 1955), pp. 364-66 (Rom. 9:20-21).

26. Calvin, *Institución,* libro 3, capítulo 23, sección 19.

cualquier declaración bíblica específica, el orden lógico de los decretos de Dios se puede determinar.[27] Creía que el decreto de salvar a unos y condenar a otros es lógicamente anterior a la decisión de crear. La conclusión es que Dios crea a algunas personas *para* condenarlas. Esta creencia – supralapsarianismo – con el tiempo llegó a considerarse como la posición oficial del calvinismo.

En varios momentos hubo desacuerdos con la interpretación de los decretos y hubo posiciones que se salieron de esta línea. Probablemente la más seria se dio en los Países Bajos a finales del XVI y principios del XVII. Santiago Arminio, un popular pastor de Amsterdam que había sido alumno de Beza, como resultado de sus estudios de la Biblia y de la historia de la iglesia, había llegado a tener menos clara la idea de la doble predestinación y en particular el supralapsarianismo de Beza. Instalado como profesor de teología en la universidad de Leyden, fue acusado de ser semi-pelagiano e incluso de católico. La disensión en la universidad se hizo tan severa que el gobierno intervino. Los intentos de reconciliación terminaron con la muerte de Arminio en 1609.

Las ideas de Arminio son bastante claras y se pueden resumir fácilmente. El primer decreto absoluto de Dios sobre la salvación no fue asignar ciertos individuos a la vida eterna y otros a la condenación, sino la elección de su Hijo, Jesucristo, como el Salvador de la raza humana. Segundo, Dios decretó que todos los que se arrepintieran y creyeran se salvarían. Además, Dios garantizó a todos gracia suficiente para permitirles creer. Ellos libremente creen o no creen por sí mismos. Dios no cree por nosotros ni nos obliga a creer. Finalmente, Dios predestina a los que sabe previamente que creerán.[28]

En el siglo XVIII, John Wesley popularizó el arminianismo. De hecho, durante muchos años dirigió una revista titulada *El arminiano.* Aunque defendía el libre albedrío, Wesley iba más allá de Arminio resaltando la idea de la gracia previa o universal. Esta gracia universal es la base de cualquier bondad humana en el mundo. Esta gracia previa también hace posible que cualquier persona acepte la oferta de la salvación en Jesucristo.[29]

## Diferentes ideas sobre la predestinación

### *Calvinismo*

Lo que se llama calvinismo ha tomado distintas formas a lo largo de los años. Aquí examinaremos algunas características comunes de todas ellas. Una ayuda

27. Theodore Beza, *Tractationes,* 1. 171-77.

28. James Arminius, *The Writings of James Arminius,* trans. James Nichals and. W. R. Bagnall (Grand Rapids: Baker 1977 reprint), vol., pp. 247-48.

29. John Wesley, "On Working Out Our Own Salvation", in *The Works of John Wesley,* 3rd ed. (Kansas City, Mo.; Beacon Hill, 1979).

nemotécnica que se utiliza en inglés para resumir el sistema completo es el acrónimo TULIP (las iniciales de las palabras clave de los cinco puntos básicos del calvinismo): depravación Total, predestinación incondicional (Unconditional election), expiación Limitada, gracia Irresistible y Perseverancia.[30] Aunque hay varias interpretaciones de estas expresiones, y no todos estos conceptos son esenciales para nuestras consideraciones actuales, los utilizaremos como marco para el examen de esta teoría de la predestinación.

El calvinismo piensa que toda la raza humana está perdida en el pecado. El concepto de la depravación total significa que cada individuo es tan pecador que es incapaz de responder a ninguna oferta de gracia. Esta condición, que merecemos completamente, implica tanto la corrupción moral (y por lo tanto la incapacidad moral) como la susceptibilidad de ser castigado (culpa). Toda persona comienza su vida en estas condiciones. Por esta razón se le denomina "pecado original". Los teólogos calvinistas no están de acuerdo en cómo el pecado de Adán produjo ese efecto en nosotros. Algunos dicen que Adán era nuestro representante y que, por lo tanto, su pecado nos es imputado.[31] Se nos trata como si hubiéramos cometido el pecado nosotros mismos. Otros adoptan el punto de vista agustiniano de que toda la raza humana estaba realmente presente de forma germinal o seminal en Adán, así que en realidad nosotros pecamos. Aunque no fuimos personalmente conscientes del pecado, no obstante, era nuestro pecado.[32]

A veces se utiliza la frase "incapacidad total", queriendo decir que los pecadores han perdido la habilidad para hacer el bien y son incapaces de convertirse por sí mismos.[33] Un pasaje clave que se cita a menudo es Efesios 2:1-3: "Él os dio vida a vosotros, cuando estabais muertos en vuestros delitos y pecados, en los cuales anduvisteis en otro tiempo, siguiendo la corriente de este mundo, conforme al príncipe de la potestad del aire, el espíritu que ahora opera en los hijos de desobediencia. Entre ellos vivíamos también todos nosotros en otro tiempo, andando en los deseos de nuestra carne, haciendo la voluntad de la carne y de los pensamientos; y éramos por naturaleza hijos de ira, lo mismo que los demás". Numerosos otros pasajes indican la universalidad y la seriedad de esta condición (por ejemplo, Jn. 6:44; Ro. 3:1-23; 2 Co. 4:3-4).

El segundo concepto principal del calvinismo es la soberanía de Dios. Él es el Creador y Señor de todas las cosas, y por ello es libre de hacer lo que desea.[34]

30. Ver, ej. Edwin H. Palmer, *The Five Points of Calvinism* (Grand Rapids: Baker,1972); Duane Edward Spencer, TULIP: *The Five Points of Calvinism in the Light of Scripture* (Grand Rapids: Baker, 1979).

31. Charles Hodge, *Systematic Theology* (Grand Rapids: Eerdmans, 1952) vol. 2, pp. 192-205.

32. Augustus H. Strong, *Systematic Theology* (Westwood, N.J.: Revell, 1907), pp. 619-37

33. Loraine Boettner, *The Reformed Doctrine of Predestination,* 8th ed. (Grand Rapids: Eerdmans, 1958), pp. 61-82.

34. Benjamin B. Warfield, "Perfectionism", en *Biblical Doctrines,* pp. 62-64.

No está sujeto a nadie ni es responsable ante nadie. Los humanos no están en posición de juzgar a Dios por lo que hace. Uno de los pasajes que se cita con frecuencia en conexión con esto es la parábola de los obreros de la viña. El amo contrató a unos obreros por la mañana temprano, otros a la hora tercera, unos más a la hora sexta, más a la novena, y finalmente unos a la undécima. Los que fueron contratados a la undécima recibieron la misma cantidad prometida a aquellos que fueron contratados a primera hora del día. Cuando los que fueron contratados primero se quejaron de lo que consideraban una injusticia, el amo les contestó: "Amigo, no te hago ninguna injusticia. ¿No conviniste conmigo en un denario? Toma lo que es tuyo y vete; pero quiero dar a este último lo mismo que a ti. ¿No me está permitido hacer lo que quiero con lo mío? ¿O tienes tú envidia, porque yo soy bueno?" (Mt. 20:13-15). Otro pasaje significativo es la metáfora de Pablo del alfarero y el barro. Al individuo que cree que Dios es injusto, Pablo responde: "Pero tú, hombre, ¿quién eres, para que alterques con Dios? ¿Dirá el vaso de barro al que lo formó: "Por qué me has hecho así"? ¿Acaso no tiene potestad el alfarero sobre el barro para hacer de la misma masa un vaso para honra y otro para deshonra?" (Ro. 9:20-21). Este concepto de soberanía divina junto con el de incapacidad humana, es básico para la doctrina calvinista de la elección. Sin estos dos conceptos el resto de la doctrina tiene poco sentido.

La elección, según el calvinismo, es la selección que hace Dios de ciertas personas para concederles su favor especial. Puede hacer referencia a la elección de Israel como pueblo especial del pacto de Dios o la elección de individuos para un oficio especial. Sin embargo, el sentido que nos preocupa principalmente es la elección de ciertas personas para ser los hijos espirituales de Dios y por lo tanto receptores de la vida eterna.[35] Una evidencia bíblica de que Dios ha seleccionado ciertos individuos para la salvación se encuentra en Efesios 1:4-5: "según nos escogió [el Padre] en él [Jesucristo] antes de la fundación del mundo, para que fuéramos santos y sin mancha delante de él. Por su amor, nos predestinó para ser adoptados hijos suyos por medio de Jesucristo según el puro afecto de su voluntad." Jesús indicó que la iniciativa había sido suya en la selección de sus discípulos para la vida eterna: "No me elegisteis vosotros a mí, sino que yo os elegí a vosotros y os he puesto para que vayáis y llevéis fruto, y vuestro fruto permanezca; para que todo lo que pidáis al Padre en mi nombre, él os lo dé" (Jn. 15:16). La habilidad de venir a Jesús depende de la iniciativa del Padre: "Nadie puede venir a mí, si el Padre, que me envió, no lo atrae; y yo lo resucitaré en el día final" (Jn. 6:44; ver también v. 65). A la inversa, todos los que el Padre da a Jesús vendrán a él: "Todo lo que el Padre me da, vendrá a mí, y al que a mí viene, no lo echo fuera" (Jn. 6:37). Es más,

35. Ibíd., p. 65.

en Hechos 13:48 leemos que "los gentiles, oyendo esto [la oferta de salvación], se regocijaban y glorificaban la palabra del Señor, y creyeron todos los que estaban ordenados para vida eterna."

La interpretación de que la elección de Dios o la selección de ciertos individuos para la salvación es absoluta o incondicional está en concordancia con las acciones de Dios en otros contextos, tales como su elección de la nación de Israel, que fue el resultado de la selección de Jacob y el rechazo de Esaú. En Romanos 9, Pablo argumenta muy bien que todas estas elecciones son totalmente de Dios y que de ninguna manera dependen de la gente elegida. Habiendo citado las palabras de Dios a Moisés en Éxodo 33:19: "Tendré misericordia del que yo tenga misericordia y me compadeceré del que yo me compadezca," Pablo comenta: "Así que no depende del que quiere, ni del que corre, sino de Dios que tiene misericordia" (Ro. 9:16).[36]

Ya hemos visto varias características de la elección tal como las ven los calvinistas. Una es que la elección es la expresión de la voluntad soberana de Dios o beneplácito. No se basa en ningún mérito del elegido, ni en el previo conocimiento de que el individuo vaya a creer. Es la causa, no el resultado de la fe. Segunda, la elección es eficaz. Aquellos a los que Dios ha elegido llegarán sin duda a tener fe en él, y, de hecho, perseverarán en esa fe hasta el final. Todos los elegidos sin duda se salvarán. Tercera, la elección es desde toda la eternidad. No es una decisión que se toma en un momento concreto de tiempo cuando el individuo ya existe. Es lo que Dios tuvo siempre en mente hacer. Cuarta, la elección es incondicional. No depende de que los humanos realicen una acción específica o cumplan ciertos términos o condiciones ante Dios. No es que Dios decida salvar a la gente si ellos hacen ciertas cosas. Simplemente decide salvarlos y lo hace. Finalmente la elección es inmutable. Dios no cambia de idea. La elección es desde toda la eternidad y por su infinita misericordia; él no tiene razón ni ocasión de cambiar de idea.[37]

En su mayor parte, los calvinistas insisten en que la elección no es incompatible con el libre albedrío, tal como ellos entienden ese término. Sin embargo, niegan que los humanos tengan libre albedrío en el sentido arminiano del término. El pecado ha eliminado si no la libertad, al menos la habilidad para ejercitar la libertad de forma adecuada. Loraine Boettner, por ejemplo, compara a la humanidad caída con un pájaro que tiene rota un ala. El pájaro es "libre" para volar, pero es incapaz de hacerlo. De la misma manera "el hombre natural es libre para acercarse a Dios, pero no puede. ¿Cómo puede arrepentirse de su pecado si le gusta? ¿Cómo puede venir a Dios cuando le odia? Esa es la inca-

36. Ibíd., pp. 53ss.
37. Louis Berkhof, *Systematic Theology* (Grand Rapids: Eerdmans, 1935), pp. 114-15.

pacidad de la voluntad bajo la que se mueve el hombre".[38] Sólo cuando Dios viene con su gracia especial a aquellos a los que ha elegido ellos son capaces de responder. Después, viendo de forma clara y vívida la naturaleza de sus pecados y la grandeza, gloria y amor de Dios, ellos con toda seguridad e infaliblemente se volverán hacia él.

Hay variantes entre los calvinistas. Algunos mantienen la doble predestinación, la idea de que Dios escoge a unos para que se salven y a otros para que se pierdan. Calvino denominó a esto un "horrible decreto", pero no obstante lo mantuvo porque él lo veía en la Biblia.[39] Otros dicen que Dios escoge activamente a los que van a recibir la vida eterna, e ignora a los demás, dejándoles con los pecados que han escogido.[40] Aunque el efecto es el mismo en ambos casos, el segundo punto de vista atribuye el hecho de que los no elegidos estén perdidos a su propia elección de pecar y no a la decisión activa de Dios, o a la elección de Dios por omisión en lugar de por comisión.

La otra variación principal entre los calvinistas tiene que ver con el orden lógico de los decretos de Dios. Aquí distinguimos entre las posiciones de supralapsarianismo, infralapsarianismo y sublapsarianismo. La terminología se relaciona con el hecho de si por lógica el decreto de salvación tiene que ir antes o después del decreto de permitir la caída. Las posiciones también difieren en si la expiación fue para todos o sólo para los elegidos para ser salvados:

**Supralapsarianismo**

1. El decreto de salvar a unos y condenar a otros.
2. El decreto de crear a los elegidos y a los rechazados.
3. El decreto de permitir la caída de ambas clases.
4. El decreto de proporcionar la salvación sólo a los elegidos.

**Infralapsarianismo**

1. El decreto de crear a los seres humanos.
2. El decreto de permitir la caída.
3. El decreto de salvar a unos y condenar a otros.
4. El decreto de proporcionar la salvación sólo a los elegidos.[41]

**Sublapsarianismo** (expiación ilimitada con aplicación limitada)

1. El decreto de crear seres humanos.
2. El decreto de permitir la caída.
3. El decreto de proporcionar salvación suficiente para todos.
4. El decreto de escoger a algunos para recibir esta salvación.[42]

38. Boettner, *Predestination*, p. 62.
39. Calvin, *Institutes*, libro 3, capítulo 23, sección 7.
40. Strong, *Systematic Theology*, pp. 778-79.
41. Benjamin B. Warfield, *The Plan of Salvation* (Grand Rapids: Eerdmans, 1942), p. 31.
42. Strong, *Systematic Theology*, pp. 778-79.

### Arminianismo

Arminianismo es un término que abarca un buen número de subposiciones. Pueden ir desde el punto de vista evangélico del mismo Arminio hasta el ala izquierda del liberalismo. Arminio mantenía que los humanos eran pecadores e incapaces de hacer el bien por sí mismos.[43] El liberalismo extremo, no obstante, descarta la tendencia humana al pecado y, en consecuencia, niega que los humanos tengan necesidad de ser regenerados.[44] El arminianismo también incluye al catolicismo romano convencional con su énfasis en la necesidad de las obras en el proceso de la salvación. En gran parte, nosotros estaremos pensando en la forma más conservadora o evangélica de arminianismo, pero la construiremos de una forma lo suficientemente amplia como para que quepan en ella las posiciones de la mayoría de los arminianos.

Aunque declaraciones de esta misma postura varían hasta cierto grado, hay un punto de partida lógico: el concepto de que Dios desea que todas las personas se salven.[45] Los arminianos señalan unas afirmaciones específicas de las Escrituras. En el Antiguo Testamento Dios dejó claro que no deseaba la muerte de nadie, ni siquiera de los impíos: "Diles: Vivo yo, dice Jehová, el Señor, que no quiero la muerte del impío, sino que se vuelva el impío de su camino y que viva. ¡Volveos, volveos de vuestros malos caminos! ¿Por qué habéis de morir, casa de Israel?" (Ez. 33:11). Que Dios no encuentra placer alguno en la muerte de los pecadores también queda claro en las palabras de Pedro: "El Señor no retarda su promesa, según algunos la tienen por tardanza, sino que es paciente para con nosotros, no queriendo que ninguno perezca, sino que todos procedan al arrepentimiento" (2 P. 3:9). Pablo dice una frase similar: "Esto es bueno y agradable delante de Dios, nuestro Salvador, el cual quiere que todos los hombres sean salvos y vengan al conocimiento de la verdad" (1 Ti. 2:3-4). Esto también es precisamente lo que Pablo declara a los atenienses: "Pero Dios, habiendo pasado por alto los tiempos de esta ignorancia, ahora manda a todos los hombres en todo lugar, que se arrepientan" (Hch. 17:30). Nótese en particular las dos apariciones de "todos" (πᾶσι—*pasi*).

No sólo las declaraciones didácticas, sino también el carácter universal de muchos de los mandatos y exhortaciones de Dios expresan su deseo de que toda la raza humana se salve. El Antiguo Testamento contiene invitaciones universales; por ejemplo: "¡Venid, todos los sedientos, venid a las aguas! Aunque no tengáis dinero, ¡venid, comprad y comed! ¡Venid, comprad sin dinero y sin pagar, vino

43. Arminio, *Escritos,* vol. 1, pp. 252-53.

44. Eugene W. Lyman, *Theology and Human Problems* (New York: Scribner, 1910), pp. 190-98.

45. Samuel Wakefield, *A Complete System of Christian Theology* (Cincinnati: Hitchcock & Walden, 1869), pp. 387, 392.

y leche!" (Is. 55:1). De manera similar la invitación de Jesús era sin restricción: "Venid a mí todos los que estáis trabajados y cargados, y yo os haré descansar" (Mt. 11:28). Estos pasajes y otros similares son tan fuertes y claros que incluso un calvinista tan acérrimo como Boettner tiene que conceder que "es verdad que algunos versículos por sí mismos parecen implicar la posición arminiana".[46] Si, al contrario de lo que estos versículos parecen implicar, la intención de Dios no es que todas las personas se salven, su oferta no debe ser sincera.

Un segundo principio importante del arminianismo es que todas las personas tienen capacidad para creer o reunir las condiciones para la salvación. Si esto no fuera así, las invitaciones universales a la salvación no tendrían mucho sentido. Pero ¿queda lugar en esta teología para el concepto de que todas las personas puedan creer? Sí, si modificamos o eliminamos la idea de la depravación total de los pecadores. O, como Wesley y otros, adoptásemos el concepto de "gracia previa". Es esta última posición la que ocupara nuestra atención aquí.[47]

Tal como se entiende generalmente, la gracia previa es la gracia dada por Dios a todos los humanos indiscriminadamente. Se ve en que Dios envía el sol y la lluvia para todos. Es también la base de toda la bondad que encontramos en los humanos por todas partes. Más allá de eso, se da universalmente para contrarrestar el efecto del pecado. Henry Thiessen lo dijo de esta manera: "Como la humanidad está muerta sin esperanza alguna por las transgresiones y el pecado y no puede hacer nada por obtener la salvación, Dios mediante su gracia restablece a todos los hombres la habilidad suficiente para que elijan en el asunto de su sumisión hacia él. Esta es la gracia salvadora de Dios que se ha manifestado a todos los hombres."[48] Como Dios ha dado su gracia a todos, todos son capaces de aceptar la oferta de la salvación; en consecuencia, no hay ninguna necesidad de que la gracia de Dios se aplique a individuos especiales.

Un tercer concepto básico es el papel del conocimiento previo en la elección de las personas para la salvación. En su mayor parte, los arminianos desean retener el término *elección* y la idea de que los individuos han sido predeterminados para ser salvos. Esto significa que Dios debe preferir a unas personas frente a otras. Según el punto de vista arminiano, él escoge a algunos para que reciban la salvación, mientras que ignora a otros. Los que están predestinados por Dios son los que en su infinito conocimiento él ha sido capaz de prever que aceptarán la oferta de salvación hecha en Jesucristo. Esta idea está basada en la conexión cercana en las Escrituras entre conocimiento previo y predestinación o predeterminación. El primer pasaje al que se apela es a Romanos 8:29: "A los

46. Boettner, *Predestination,* p. 295.

47. Richard Watson, *Theological Institutes; or, A View of the Evidences, Doctrines, Morals, and Institutions of Christanity* (New York: Lane & Scott, 1850), vol. 2, p. 377.

48. Henry C. Thiessen, *Introductory Lectures in Systematic Theology* (Grand Rapids: Eerdmans, 1949), pp. 344-45.

que antes conoció, también los predestinó para que fueran hechos conformes a la imagen de su Hijo, para que él sea el primogénito entre muchos hermanos". Un texto de apoyo es 1 Pedro 1:1-2, donde Pedro se dirige a los "elegidos según el previo conocimiento de Dios Padre ". En el primer ejemplo, la palabra clave para nuestra consideración es el verbo προγινώσκω *(proginōskō)*; en el segundo, su forma nominal πρόγνωσις *(prognōsis)*. Ambas referencias representan la predeterminación como basada en el conocimiento previo o siendo el resultado del mismo.[49]

Finalmente el arminiano plantea objeciones al modo calvinista de entender la predestinación como incondicional o absoluta. Algunas de estas objeciones son más prácticas que teóricas en su naturaleza. Muchas de ellas se reducen a la idea de que el calvinismo es fatalista. Si Dios ha determinado todo lo que tiene que suceder, ¿supone realmente alguna diferencia lo que hagan los humanos? El comportamiento ético se convierte en irrelevante. Si somos elegidos, ¿importa cómo vivamos? Nos salvaremos sean cuales sean nuestras acciones. Mildred Wynkoop resume el arminianismo como "una protesta ética contra las tendencias antinomianas del calvinismo. Si los hombres están determinados totalmente mediante la predestinación, las demandas éticas de santidad no son relevantes para la vida cristiana".[50]

Una objeción más es que el calvinismo niega cualquier impulso misionero o evangelizador. Si Dios ya ha escogido quién ha de salvarse, y su número no puede aumentar, ¿para qué predicar el evangelio? Los elegidos se salvarán de todas formas, y ni uno más ni uno menos de la cantidad señalada vendrá a Cristo. Así que ¿para qué molestarse en recaudar fondos, enviar misioneros, predicar el evangelio, u orar por los perdidos? Tales acciones seguramente serían esfuerzos vacíos.[51]

La última objeción es que la doctrina calvinista de los decretos es una contradicción para la libertad humana. Nuestros pensamientos, elecciones y acciones no son realmente de elaboración propia. Dios desde toda la eternidad los ha predeterminado. Si esto fuese así, nosotros no podríamos haber hecho otra cosa que lo que hemos hecho. Nuestras acciones no son realmente libres, están causadas por una fuerza externa, llamémosla Dios. Y así no somos realmente humanos en el tradicional sentido de la palabra. Somos autómatas, robots, o máquinas. Sin embargo, esto contradice todo lo que sabemos sobre nosotros mismos y la manera en que consideramos a los demás también. No tiene ninguna relevancia que Dios nos alabe por haber hecho el bien o nos reprenda por haber hecho el mal, porque no podríamos haber actuado de otra manera.[52]

49. H. Orton Wiley, *Christian Theology* (Kansas City, Mo.: Beacon Hill, 1958), vol. 2, p. 351.
50. Mildred Bangs Wynkoop, *Foundations of Wesleyan-Arminian Theology* (Kansas City, Mo.: Beacon Hill, 1967), p. 65.
51. John Wesley, "Free Grace," in *The Works of John Wesley*, vol. 7, p. 376.
52. Wakefield, *Complete System*, pp. 326-35; Wesley, "Free Grace," pp. 376-77.

### *Karl Barth*

Además de los dos puntos de vista clásicos, ha habido, a lo largo de la historia de la iglesia, intentos de formular una postura menos problemática. Uno de los más interesantes lo planteó en el siglo XX Karl Barth. Como teólogo reformado, era bastante natural que Barth deseara tratar este tema tan complejo, que él consideraba básico y central para toda la teología. Sin embargo, pensaba que su tradición había entendido mal en este caso el testimonio bíblico. Consciente de que abandonaba una posición reformada convencional, siguió como principio fundamental de su tratamiento de la predestinación la centralidad de Jesucristo, que era el principio fundamental de toda su teología.

Barth considera la posición calvinista tradicional como una lectura equivocada de la Biblia, basada en una creencia metafísica de que la relación de Dios con el universo es estática: ciertos individuos han sido escogidos desde toda la eternidad y otros han sido rechazados, y esto no se puede alterar. Barth admite que los teólogos más antiguos acudían a la Biblia, especialmente a Romanos 9 y Efesios 1, pero no leyeron la Biblia de la manera adecuada, ni escogieron el punto de partida correcto. Lo que hay que hacer es leer la Biblia cristológicamente, haciendo de Jesucristo el punto de partida de la doctrina.[53]

Si formulásemos una doctrina de la predestinación, dice Barth, deberíamos hacerlo a la luz de la obra reveladora y expiatoria de Dios.[54] Jesucristo vino a salvar a los seres humanos. Barth mantiene que hay una conexión intrincada entre el hecho de que Cristo sea el centro de la obra de Dios dentro del tiempo y la predeterminación eterna de esa obra en la elección divina.[55] En este caso, la voluntad de Dios fue elegir, no rechazar a los seres humanos. La encarnación es la prueba de que Dios está a favor de los seres humanos, no en contra de ellos. Él les ha escogido, no les ha rechazado.

Cuando Barth se pregunta a quién ha escogido Dios, esta base cristológica se mantiene. En lugar del decreto estático, fijo y absoluto que encontramos en el pensamiento de Calvino, Barth lo sustituye por la persona de Cristo. Este es el cambio esencial que hace en el punto de vista tradicional de la predestinación.[56] La voluntad eterna de Dios es la elección de Jesucristo. No tenemos que buscar ninguna voluntad de Dios que vaya más allá o esté tras la obra que ha hecho dentro de la historia a través de Jesucristo. Barth establece un punto de vista más dinámico: Dios, como un rey, es libre de corregir, suspender o reemplazar su decreto de manera que conduzca prácticamente al deísmo.[57] El elemento

53. Karl Barth, *Church Dogmatics* (Edinburgh: T&T. Clark, 1957), vol. 2, part. 2, pp. 145-148.
54. Ibíd., p. 174.
55. Ibíd., p. 149.
56. Ibíd., p. 161.
57. Ibíd., p. 181.

inmutable no es, según Barth, la elección eterna de unos y el rechazo de otros, sino la constancia de Dios en su ser trino como amor libremente escogido.

La elección de Jesucristo, sin embargo, no es la de un individuo aislado. Porque en él se ha escogido a toda la raza humana.[58] Pero incluso esto no es toda la doctrina de la elección, porque Cristo no es meramente el hombre elegido; también es el Dios que elige. Obedeció libremente al Padre eligiendo convertirse en hombre. Barth habla de Cristo como "la forma concreta y manifiesta de la decisión divina – la decisión del Padre, del Hijo y del Espíritu Santo – a favor del pacto que había de establecerse entre Él y nosotros".[59] Con la doble predestinación Barth quería decir que Jesucristo es a la vez el Dios elector y el hombre elegido. También se produce una dualidad de contenido que se aproxima a la forma tradicional de entender la doble predestinación. Porque al escoger convertirse en humano Cristo escoge la "reprobación, la perdición y la muerte" escogiendo elección y vida para la humanidad.[60] Voluntariamente escogió el rechazo de los humanos; esto se ve con mayor claridad en la cruz.

La teología reformada ortodoxa se equivocó en parte, según Barth, porque empezó con los individuos en lugar de con el hombre elegido y el Dios elector, Jesucristo. Entre la elección de Cristo y la de los individuos, además, hay una elección intermedia de la comunidad, que existe para proclamar a Jesús y llamar al mundo a tener fe en él.[61] Cuando Barth empieza a considerar la elección del individuo como el tercer paso en su discusión, no habla de la doble predestinación. Más bien habla de la elección universal de todos los seres humanos en Jesucristo. Esto no quiere decir que Barth defienda la salvación universal, un tema que trata con mucha cautela sin comprometerse nunca realmente. Aunque todos son elegidos, no todos viven como tales. Algunos viven como si hubieran sido rechazados, pero esa es su propia elección. La tarea de la comunidad elegida es decirle a tal persona que "pertenece eternamente a Jesucristo y por lo tanto no ha sido rechazada, sino elegida por Dios en Jesucristo; que el rechazo que merece debido a su elección perversa ha sido satisfecho y cancelado por Jesucristo, y que está destinada a la vida eterna con Dios por su justa y divina decisión".[62]

No hay una diferencia tajante entre los elegidos y los rechazados. Los creyentes y los no creyentes, según Barth, porque todos han sido elegidos. Los primeros se han dado cuenta de que han sido elegidos y viven de acuerdo a ello; los últimos todavía viven como si no hubieran sido elegidos.[63] Los cristianos de un contexto tradicional podrían desear plantear la cuestión de si los rechazados que realmente

58. Ibíd., p. 229.
59. Ibíd., p. 105.
60. Ibíd., p. 163.
61. Ibíd., p. 195.
62. Ibíd., p. 306.
63. Ibíd., p. 350.

son elegidos también se salvan o no, pero Barth quiere tocar ese tema tan complicado. La iglesia no debería tomar demasiado en serio la incredulidad de los rechazados. En último caso, Dios no rechaza a la humanidad. Dios, a través de Jesucristo, ha elegido el rechazo para él, pero la elección para la humanidad.

## Una sugerencia de solución

¿Podemos ahora extraer unas conclusiones sobre los asuntos molestos de los decretos de Dios con respecto a la salvación? Hay que tener en cuenta que aquí no estamos tratando todo el asunto de los decretos de Dios en general. En otras palabras, no estamos analizando si Dios garantiza todos y cada uno de los eventos que se producen en el tiempo y en el universo. Esa cuestión ya se planteó y trató en el capítulo 17 de esta obra. Aquí nos preocupa únicamente el tema de si algunos han sido escogidos por Dios para ser receptores especiales de su gracia. La cuestión más amplia aquí es un tema secundario.

Las Escrituras hablan de la elección en varios sentidos diferentes. La elección a veces hace referencia a la elección que Dios hace de Israel como su pueblo especialmente favorecido. Ocasionalmente apunta hacia la selección de individuos para una especial posición de privilegio y servicio, y, por supuesto, selección para la salvación. A la vista de los diferentes significados de elección, cualquier intento de limitar nuestra discusión a sólo uno de ellos inevitablemente conducirá a la abreviación del tema. El cliché de que la elección significa la elección de un grupo para el servicio es simplificar demasiado.

Es necesario examinar con detenimiento el vocabulario de la predestinación. Hay varios términos relevantes tanto en hebreo como en griego. El hebreo בָּחַר *(bachar)* y el griego ἐκλέγομαι *(eklegomai)*, son términos bastante equivalentes. Se refieren al acto de que Dios escoge o selecciona de entre la raza humana a ciertas personas para que tengan una relación especial con él.[64] El verbo griego προορίζω *(prooridzō)* hace referencia a predeterminar o fijar por anticipado.[65] Sin embargo, no todas las apariciones hacen referencia al destino último. El verbo προτίθημι *(protithemi)* y el nombre πρόθεσις *(prothesis)* hacen referencia a la planificación, al propósito o a la resolución de hacer algo.[66] Todos estos términos expresan la idea de iniciar una acción.

Lógicamente anterior a la enseñanza de la Biblia de que Dios ha escogido

64. Francis Brown, S. R. Driver, and Charles A. Briggs, *Hebrew and English Lexicon of the Old Testament* (New York: Oxford University Press, 1955), pp. 103-4; Lothar Coenen, "Elect, Choose," in *The New International Dictionary of New Testament Theology*, ed. Colin Brown (Grand Rapids: Zonderan, 1975), vol. 1, pp. 536-43.

65. G. Abbott-Smith, *A Manual Greek Lexicon of the New Testament* (Edinburgh: T. & T. Clark, 1937), p. 382; Paul Jacobs y Hartmut Krienke, "Foreknowledge, Providence, Predestination," in *The International Dictionary of New Testament Theology*, vol. 1, pp. 695-96.

66. Abbott-Smith, *Lexicon*, pp. 380, 390; Jacobs and Krienke, "Foreknowledge,l pp. 696-97.

especialmente a algunos para la vida eterna está su imagen vívida de que los humanos están perdidos, ciegos e incapaces de responder con fe a la oportunidad de salvación. En Romanos, especialmente en el capítulo 3, Pablo describe a la raza humana como seres sin esperanza, irremediablemente separados de Dios debido a su pecado. Son incapaces de hacer algo para salir de esa condición porque en realidad, al ser ciegos a su situación, no tienen ningún deseo de hacerlo. Los calvinistas y los arminianos conservadores están de acuerdo en ello. No se trata sólo de que los seres humanos no puedan en su estado natural hacer buenas obras que les justifiquen ante Dios. Es que sufren de ceguera espiritual (Ro. 1:18-23; 2 Co. 4:3-4) y de insensibilidad. Jesús describe su dilema muy bien cuando explica que habla en parábolas para cumplir la profecía de Isaías: "De oído oiréis, y no entenderéis; y viendo veréis, y no percibiréis, porque el corazón de este pueblo se ha entorpecido, y con los oídos oyen pesadamente, y han cerrado sus ojos; para que no vean con los ojos, ni oigan con los oídos, ni con el corazón entiendan, ni se conviertan y yo los sane" (Mt. 13:14-15, citando Isaías 6:9-10). Pablo dejó claro que la incapacidad espiritual es una condición universal verdadera tanto para judíos como para gentiles: "¿Qué, pues? ¿Somos nosotros mejores que ellos? ¡De ninguna manera!, pues hemos demostrado que todos, tanto judíos como gentiles, están bajo el pecado. Como está escrito: "No hay justo, ni aun uno; no hay quien entienda, no hay quien busque a Dios" (Ro. 3:9-11).

Si esto es así, nadie respondería nunca a la llamada del evangelio si no se produjese una acción especial de Dios. Aquí es donde muchos arminianos, reconociendo la incapacidad humana, tal como se enseña en las Escrituras, introducen el concepto de gracia previa, que se cree que tiene un efecto universal que anula los efectos del pecado, haciendo que sea posible creer. El problema es que no existe una base clara y adecuada en las Escrituras para el concepto de capacitación universal. La teoría, por muy atractiva que pueda resultar en muchos aspectos, sencillamente no se enseña en la Biblia.

Volviendo a la cuestión de por qué algunos creen, encontramos una impresionante colección de textos que sugieren que Dios ha seleccionado a algunos para que se salven, y que nuestra respuesta a la oferta de salvación depende de esta primera decisión e iniciativa de Dios. Por ejemplo, en conexión con la explicación de Jesús de que hablaba en parábolas para que algunos oyeran pero no entendieran, observamos que dijo a los discípulos: "Pero bienaventurados vuestros ojos, porque ven; y vuestros oídos, porque oyen" (Mt. 13:16). Se podría entender de esto que algunos de los que escuchaban no eran tan incapacitados espiritualmente como otros. Sin embargo, podemos entenderlo mejor si observamos Mateo 16. Jesús había preguntado a sus discípulos quién decían los hombres que era él y ellos le habían estado diciendo varias opciones: Juan el Bautista, Elías, Jeremías, o uno de los profetas (v. 14). Sin embargo, Pedro confesó: "Tú eres el Cristo, el Hijo del Dios viviente" (v. 16). El comentario de Jesús es instructivo: "Bienaventurado eres, Simón, hijo de Jonás, porque no te lo reveló carne ni sangre, sino mi Padre que está en los cielos" (v. 17). Fue una acción especial de Dios lo que marcó la diferencia entre los discípulos y los que estaban espiritualmente ciegos y sordos. Esto concuerda con las palabras de Jesús: "Nadie puede venir a mí, si el Padre, que me envió, no lo atrae; y yo lo resucitaré en el día final" (Jn. 6:44), y "No me elegisteis vosotros a mí, sino que yo os elegí a vosotros" (Jn. 15:16). Jesús también nos dice que esa atracción y esa elección son eficaces: "Todo lo que el Padre me da, vendrá a mí, y al que a mí viene, no lo echo fuera" (Jn. 6:37); "Así que, todo aquel que oye al Padre y aprende de él, viene a mí" (v. 45).

El concepto de que nuestra creencia depende de la iniciativa de Dios también aparece en el libro de los Hechos, donde Lucas nos cuenta que cuando los gentiles en Antioquía de Pisidia oyeron hablar de la salvación "se regocijaban y glorificaban la palabra del Señor, y creyeron todos los que estaban ordenados para vida eterna" (Hch. 13:48). Algunos han intentado argumentar que el verbo que aparece aquí τεταγμένοι—*(tetagmenoi)* debería entenderse que está en voz media y no en voz pasiva. Su traducción de la última frase de este versículo es "y creyeron todos los que se ordenaron a sí mismos para la vida eterna". Sin embargo, hay varias dificultades lógicas con esta explicación. Nuestra creencia supuestamente es el resultado de ordenarnos a nosotros mismos para la vida eterna. Pero ¿cómo puede tomar tal decisión una persona que no cree? Téngase en cuenta también la raíz de la palabra τάσσω *(tassō)* "colocar de forma ordenada". ¿Una persona no regenerada y espiritualmente impotente puede realmente poner su vida en orden?

Tampoco es persuasivo el argumento de que la predeterminación de Dios se basa en el conocimiento previo que él tiene. Porque la palabra יָדַע *(yada')*, que parece estar tras el uso que Pablo hace de la palabra προγινώσκω *(proginōskō)*, significa más que conocer por adelantado o precognición. Tiene la connotación de una relación muy positiva e íntima. Sugiere mirar con favor o con amor a alguien, e incluso se utiliza en las relaciones sexuales.[67] Lo que se tiene en mente, por lo tanto, no es un conocimiento por adelantado neutral de lo que alguien va a hacer, sino una elección afirmativa de esa persona. En este contexto hebraico, parece probable que las referencias al conocimiento previo en Romanos 8:29 y 1 Pedro 1:1-2 están presentando ese conocimiento previo no como un fundamento para la predestinación, sino como una confirmación de la misma.

Pero ¿y qué ocurre con las ofertas universales de salvación y la invitación general a los oyentes a que crean? Los arminianos a veces argumentan que, según las ideas calvinistas, alguien podría aceptar la salvación, pero no se le permitiría ser salvado. Pero según los calvinistas, ese supuesto nunca se produce porque nadie es capaz de ser salvado, llegar a Dios, creer, sin una capacitación especial. Dios ofrece

67. Brown, Driver and Briggs, *Lexicon,* p. 394; Jacobs and Krienke, "Foreknowledge," pp. 692-93.

sinceramente la salvación a todos, pero todos estamos tan instalados en nuestros pecados que no responderemos a menos que recibamos ayuda para hacerlo.

¿Existe la libertad real en tal situación? Aquí remitimos a los lectores a nuestra discusión general sobre la libertad humana en relación con el plan de Dios (capítulo 17). Sin embargo, debemos señalar adicionalmente que ahora estamos tratando específicamente la habilidad espiritual o la libertad de elección en lo que se refiere al importante tema de la salvación. Y aquí el tema clave es la depravación. Si, como se argumentaba en el capítulo 30 y en este capítulo, los humanos en estado no regenerado son totalmente depravados e incapaces de responder a la gracia de Dios, no hay por qué preguntarse si son libres para aceptar la oferta de salvación: ¡nadie lo es! Al contrario, la pregunta que hay que hacer es ¿alguien que ha sido elegido específicamente es libre para rechazar la gracia de Dios? La posición tomada aquí no es que aquellos que son llamados *deban* responder, sino que Dios hace su oferta de forma tan atrayente que ellos *responderán* afirmativamente.

## Implicaciones de la predestinación

Entendida de forma correcta, la doctrina de la predestinación tiene varias implicaciones significativas:

1. Tenemos confianza en que lo que Dios ha decidido sucederá. Su plan se cumplirá, y los elegidos alcanzarán la fe.
2. No debemos criticarnos cuando alguien rechaza a Cristo. Jesús mismo no ganó a toda su audiencia. Entendió que todos aquellos que el Padre le diera vendrían a él (Jn. 6:37) y solo esos vendrían (v. 44). Cuando hemos dado lo mejor de nosotros mismos, podemos dejar el asunto en manos del Señor.
3. La predestinación no anula el incentivo para la evangelización y las misiones. No sabemos quiénes son los elegidos y los no elegidos, así que debemos continuar extendiendo la Palabra. Nuestros esfuerzos evangelizadores son los medios de Dios para traer a los elegidos a la salvación. La ordenación de Dios del fin incluye también la ordenación de los medios para ese fin. El conocimiento de que las misiones son los medios de Dios es una fuerte motivación en este proyecto y nos ofrece confianza de que tendrá éxito.
4. La gracia es absolutamente necesaria. Aunque el arminianismo a menudo pone un fuerte énfasis en la gracia, en nuestro esquema calvinista no existe base para que la elección que Dios hace de algunos para la vida eterna no sea otra que su soberana voluntad. No hay nada en el individuo que persuada a Dios para conceder la salvación.

# 45. El principio de la salvación: aspectos subjetivos

## Objetivos del capítulo

Después de estudiar este capítulo, debería ser capaz de:

- Reconocer la necesidad de un llamamiento efectivo para que se produzca la salvación.
- Expresar la naturaleza esencial de la respuesta humana de la conversión y distinguir entre los conceptos relacionados de arrepentimiento y fe.
- Examinar la obra divina de la regeneración, que produce el nacimiento nuevo y la transformación.
- Exponer y describir seis implicaciones que surgen del llamamiento efectivo, la conversión y la regeneración.

## Resumen del capítulo

La salvación consta de tres pasos: el llamamiento efectivo, la conversión y la regeneración. Mediante el Espíritu Santo, Dios llama al no creyente a la salvación. La respuesta humana a ese llamamiento implica darle la espalda al pecado y poner la fe en Cristo. La fe incluye creer. Dios responde regenerando a la persona con una nueva vida en Cristo. Sólo podemos maravillarnos ante la obra de Dios de salvarnos y regenerarnos como seres espirituales.

## Cuestiones de estudio

1. ¿Cuál es el papel del llamamiento efectivo en la salvación de un individuo? ¿Por qué el llamamiento efectivo es esencial para la salvación?
2. ¿Qué importancia tiene el orden en que se producen el llamamiento efectivo, la conversión y la regeneración? ¿Cómo se relaciona esto con el Arminianismo y el Calvinismo?

3. ¿Qué significa la conversión y cómo se relacionan con ella el arrepentimiento y la fe?
4. ¿Qué es la regeneración y cuál es su relación con las otras partes de la salvación?
5. ¿Qué aprendió sobre la salvación en este estudio?

Objetivos del capítulo
Llamamiento efectivo
El orden lógico: llamamiento efectivo, conversión, regeneración
Conversión
    Arrepentimiento
    Fe
Regeneración
Implicaciones del llamamiento efectivo, la conversión y la regeneración

La doctrina de la salvación abarca una amplia y compleja área de la enseñanza bíblica y de la experiencia humana. En consecuencia, es necesario hacer distinciones entre sus distintas facetas. Aunque podríamos organizar el material de muchas maneras diferentes, hemos escogido utilizar un esquema temporal, según su principio, continuación y conclusión. Los capítulos 45 y 46 tratan del inicio de la vida cristiana. La conversión y la regeneración (capítulo 45) son aspectos subjetivos del inicio de la vida cristiana; tratan del cambio en nuestro interior, nuestra condición espiritual. La conversión es este cambio visto desde la perspectiva humana; la regeneración es el cambio desde la perspectiva de Dios. La unión con Cristo, la justificación, y la adopción (capítulo 46), por otra parte, son los aspectos objetivos del principio de la vida cristiana; se refieren principalmente a la relación entre los individuos y Dios.

## Llamamiento efectivo

Ciertos asuntos son preliminares a la salvación en sí. En el capítulo anterior examinamos todo el complejo de temas que están involucrados en la predestinación, concluyendo que Dios escoge a algunas personas para ser salvadas y que su conversión se produce por decisión de Dios. Sin embargo, como todos los humanos están perdidos en pecado, espiritualmente ciegos y son incapaces de creer, Dios debe intervenir actuando en algún momento entre su decisión eterna y la conversión del individuo dentro del tiempo. Esta actividad de Dios se denomina llamamiento especial o efectivo.

Por las Escrituras es evidente que existe un llamamiento general a la salvación, una invitación extendida a todas las personas. Jesús dijo: "Venid a mí todos los que estáis trabajados y cargados, y yo os haré descansar" (Mt. 11:28). Hay una dimensión universal en la declaración que encontramos en Isaías: "Mirad a mí y sed salvos, todos los términos de la tierra" (Is. 45:22a). Este pasaje combina un énfasis en la exclusividad de Dios con la universalidad de su oferta. Además, cuando Jesús dijo: "pues muchos son llamados, pero pocos escogidos" (Mt. 22:14) probablemente se estaba refiriendo a la invitación universal de Dios. Pero nótese la distinción aquí entre llamar y escoger. Los que son escogidos son los objetos del llamamiento especial o efectivo de Dios.

Varias referencias en el Nuevo Testamento al llamamiento de Dios implican que no todos van a ser llamados. Por ejemplo en Romanos 8:30, Pablo escribe: "Y a los que predestinó, a estos también llamó; y a los que llamó, a estos también justificó; y a los que justificó, a estos también glorificó." Aquí las clases de los predestinados, llamados, justificados y glorificados parecen tener la misma extensión. Si eso es así, el llamamiento debe ser eficaz: los que son llamados realmente se salvan. También alude a la eficacia de esta llamada en 1 Corintios 1:9: "Fiel es Dios, por el cual fuisteis llamados a la comunión con su Hijo Jesucristo, nuestro Señor". Otras referencias al llamamiento efectivo especial de Dios incluyen Lucas 14:23; Romanos 1:7; 11:29; 1 Corintios 1:23-24, 26; Efesios 1:18; Filipenses 3:14; 1 Tesalonicenses 2:12; 2 Tesalonicenses 2:14; 2 Timoteo 1:9; Hebreos 3:1; 2 P. 1:10.

El llamamiento especial significa que Dios obra de una manera particularmente efectiva con los elegidos, permitiéndoles responder con arrepentimiento y fe y haciendo inevitable que lo hagan. Las circunstancias del llamamiento especial pueden variar mucho. Vemos como Jesús invitó especialmente a los que llegaron a formar parte de su círculo interno de discípulos (ver por ejemplo Mt. 4:18-22; Mr. 1:16-20; Jn. 1:35-51). Concedió particular atención a Zacarías (Lc. 19:1-10). En estos casos, Jesús estableció un contacto estrecho con los individuos a los que llamó. Seguramente hizo sus declaraciones de forma directa y personal con una persuasión especial que no era apreciada por la multitud que le rodeaba. Vemos otro llamamiento dramático en la conversión de Saúl (Hch. 9:1-19). En este ejemplo Dios hizo una petición especial. Algunas veces su llamamiento adopta una forma más tranquila, como en el caso de Lidia: "Entonces una mujer llamada Lidia, vendedora de púrpura, de la ciudad de Tiatira, que adoraba a Dios, estaba oyendo. El Señor le abrió el corazón para que estuviera atenta a lo que Pablo decía" (Hch. 16:14).

El llamamiento especial es en gran medida la obra de iluminación del Espíritu Santo, que permite al receptor entender el auténtico significado del evangelio. También implica la obra de convicción del Espíritu Santo de la que Jesús habló en Juan 16:8-10. Esta obra del Espíritu es necesaria porque la depravación característica de todos los seres humanos impide que capten la verdad revelada de Dios. Comentando 1 Corintios 2:6-16, George Ladd señala que

> La primera obra del Espíritu es permitir que los hombres entiendan la obra divina de la redención... Esta [la cruz] fue un evento cuyo significado era una tontería para los griegos y una ofensa para los judíos. Pero para aquellos iluminados

> por el Espíritu, es la sabiduría de Dios. En otras palabras, Pablo reconoce un significado oculto en el suceso histórico de la muerte de Cristo ("Dios estaba en Cristo reconciliando consigo al mundo" 2 Co. 5:19) que no es evidente para el ojo humano, pero que puede ser aceptado sólo mediante la iluminación sobrenatural. El Espíritu no revela realidades celestiales, sino el auténtico significado de un suceso histórico. No imparte una clase de verdad esotérica "gnóstica", sino el significado real de un evento en la historia. Sólo mediante la iluminación del Espíritu pueden entender los hombres el significado de la cruz; sólo mediante el Espíritu pueden por lo tanto confesar los hombres que el Jesús que fue ejecutado es también el Señor (1 Co. 12:3).[1]

Por lo tanto, el llamamiento especial o efectivo implica una extraordinaria presentación del mensaje de la salvación. Es lo suficientemente poderoso como para contrarrestar los efectos del pecado y permitir que la persona crea. También es tan atractivo que la persona creerá. El llamamiento especial es en muchas maneras similar a la gracia previa de la que hablan los arminianos. Sin embargo, se diferencia de ese concepto en dos aspectos. Se ofrece sólo a los elegidos, no a todos los humanos, y lleva de forma infalible o eficaz a una respuesta positiva del receptor.

## El orden lógico: llamamiento efectivo, conversión, regeneración

El llamamiento especial lógicamente es anterior a la conversión y conduce a ella. Aquí debemos preguntarnos si la regeneración también es por lógica anterior a la conversión o si lo contrario es cierto. Este es un tema que tradicionalmente ha separado a los arminianos de los calvinistas. Los arminianos dicen que la conversión es anterior.[2] Es un requisito previo para el nacimiento nuevo. Uno se arrepiente y cree, y en consecuencia Dios salva y transforma. Si eso no fuera así, se produciría una situación casi mecánica: Dios lo haría todo; no habría realmente ningún elemento de respuesta humana; y el llamamiento a la conversión a aquellos que escuchan el evangelio sería insincero. Los calvinistas, por otro lado, insisten en que si todas las personas son auténticos pecadores, totalmente depravados e incapaces de responder a la gracia de Dios, nadie puede convertirse a menos que sea regenerado previamente. El arrepentimiento y la fe no son capacidades humanas.[3]

Aquí no estamos hablando de sucesión temporal. La conversión y el nacimiento nuevo suceden de forma simultánea. Más bien la cuestión es si uno se convierte por

1. George E. Ladd, *A Theology of the New Testament* (Grand Rapids: Eerdmans, 1974), pp. 490-91.

2. H. Orton Wiley, *Christian Theology* (Kansas City, Mo.: Beacon Hill, 1958), vol. 2, p. 378.

3. John Murray, *Redemption—Accomplished and Applied* (Grand Rapids: Eerdmans, 1955), pp. 95-96.

la obra regeneradora de Dios o si Dios regenera al individuo porque se arrepiente y cree. Se debe reconocer que, desde un punto de vista lógico, la posición calvinista habitual tiene sentido. Si nosotros, humanos pecadores, somos incapaces de creer y responder al evangelio de Dios sin que él obre de manera especial en nosotros, ¿cómo puede nadie creer, ni siquiera los elegidos, a menos que antes se les haya hecho ser capaces de creer mediante la regeneración? Decir que la conversión es anterior a la regeneración parecería una negación de la depravación total.

No obstante, la evidencia bíblica favorece la posición de que la conversión es anterior a la regeneración. Diferentes llamamientos a responder al evangelio implican que la conversión trae como resultado la regeneración. Entre ellos está la respuesta de Pablo al carcelero de Filipos (estamos asumiendo que la regeneración es parte del proceso de ser salvos): "Cree en el Señor Jesucristo, y serás salvo tú y tu casa" (Hch. 16:31). Pedro hace una declaración similar en su sermón de Pentecostés: "Arrepentíos y bautícese cada uno de vosotros en el nombre de Jesucristo para perdón de los pecados, y recibiréis el don del Espíritu Santo" (Hch. 2:38). Este parece ser el patrón a lo largo de todo el Nuevo Testamento. Incluso John Murray, que inequívocamente considera la regeneración como anterior, parece negar su propia posición cuando dice: "La fe de la que estamos hablando ahora no es la creencia de que hemos sido salvados, sino la confianza en Cristo para que podamos ser salvados".[4] A menos que Murray no considere la regeneración como parte del proceso de la salvación, parece estar diciendo que la fe es instrumental para la regeneración y por lo tanto, lógicamente anterior a ella.

La conclusión entonces es que Dios regenera a aquellos que se arrepienten y creen. Pero esta conclusión parece incoherente con la doctrina de la incapacidad total. ¿Estamos divididos entre las Escrituras y la lógica en este punto? Hay una salida. Es la de distinguir entre el llamamiento especial o efectivo de Dios por una parte, y la regeneración por otra. Aunque nadie puede responder al llamamiento general del evangelio, en el caso de los elegidos Dios obra intensamente a través de un llamamiento especial para que ellos respondan con arrepentimiento y fe. Como resultado de esta conversión, Dios los regenera. Este llamamiento especial es simplemente una obra intensa y efectiva del Espíritu Santo. No es la transformación completa que constituye la regeneración, sino que hace que la conversión del individuo sea posible y segura. Por lo tanto, el orden lógico de los aspectos iniciales de la salvación es llamamiento especial – conversión – regeneración.

## Conversión

La vida cristiana, por su misma naturaleza y definición, representa algo bastante diferente a la manera en que se vivía con anterioridad. En contraste con estar muerto en pecado y en faltas, es una *nueva* vida. Aunque dura toda la vida e

4. Ibíd., p. 109.

incluso la eternidad, tiene un punto concreto en el que comienza. "Un viaje de cientos de kilómetros comienza con un solo paso" dijo el filósofo chino Lao-tzu. Y así ocurre con la vida cristiana. El primer paso de la vida cristiana se llama conversión. Es el acto de darle la espalda a nuestros pecado arrepintiéndonos y de volvernos hacia Cristo con fe.

La imagen de darle la espalda al pecado la encontramos tanto en el Antiguo como en el Nuevo Testamento. En el libro de Ezequiel leemos la palabra del Señor al pueblo de Israel: "Por tanto, casa de Israel, yo os juzgaré a cada uno según sus caminos, dice Jehová, el Señor. Convertíos y apartaos de todas vuestras transgresiones, y no os será la iniquidad causa de ruina. Echad de vosotros todas vuestras transgresiones con que habéis pecado, y haceos un corazón nuevo y un espíritu nuevo. ¿Por qué moriréis, casa de Israel? Porque yo no quiero la muerte del que muere, dice Jehová, el Señor. ¡Convertíos, pues, y viviréis!" (Ez. 18:30-32). Posteriormente a Ezequiel se le manda advertir al impío que se aparte de su camino (Ez. 33:7-11). En Efesios 5:14 Pablo utiliza diferentes imágenes, pero el argumento básico es el mismo: "Por lo cual dice: Despiértate, tú que duermes, y levántate de los muertos, y te alumbrará Cristo." En Hechos vemos a Pedro abogando por un cambio de dirección en la vida: "Así que, arrepentíos y convertíos para que sean borrados vuestros pecados; para que vengan de la presencia del Señor tiempos de consuelo" (Hch. 3:19). Aunque los evangelistas contemporáneos con frecuencia piden, "¡Sed convertidos!", resulta curioso que en los pasajes que citamos, el imperativo sea activo: "¡Convertíos!".

La conversión es una única entidad que tiene dos aspectos distinguibles pero inseparables: arrepentimiento y fe. El arrepentimiento es que el no creyente se aleja del pecado y la fe es que se vuelve hacia Cristo. Son, respectivamente, el aspecto negativo y positivo de la misma situación.[5] En cierto sentido, cada uno es incompleto sin el otro y cada uno está motivado por el otro. Cuando somos conscientes del pecado y nos apartamos de él, vemos la necesidad de volvernos hacia Cristo para que nos dé su rectitud. De igual modo, creer en Cristo, nos hace conscientes de nuestro pecado y eso nos conduce al arrepentimiento.

Las Escrituras no dan especificación alguna en lo que se refiere a la cantidad de tiempo que implica la conversión. En unas ocasiones, parece ser una decisión revolucionaria que se produce de un momento a otro. Este probablemente fue el caso de la gran mayoría de los que se convirtieron en Pentecostés, probablemente la primera vez que escucharon el evangelio realmente. Por otra parte, para otras personas la conversión fue más un proceso. Nicodemo probablemente se comprometió con Cristo de esa manera (Jn. 19:39). De forma similar, el

5. Charles M. Horne, *Salvation* (Chicago: Moody, 1971), p. 55; Fritz Laubach, "Conversion, Penitence, Repentance, Proselyte," en *The New International Dictionary of New Testament Theology*, ed. Colin Brown (Grand Rapids: Zondervan, 1975), vol. 1, p. 354.

acompañamiento emocional de la conversión puede variar mucho. Saúl tomó su decisión en circunstancias muy dramáticas. Escuchó una voz que le hablaba desde el cielo (Hch. 9:4-7) e incluso se quedó ciego durante tres días (vv. 9, 17-18). En contraste, como apuntamos anteriormente, el acercamiento de Lidia a Cristo parece haber sido muy sencillo y calmado: "El Señor le abrió el corazón para que estuviera atenta a lo que Pablo decía" (Hch. 16:14). Por otra parte, una vez más unos versículos más adelante leemos que el carcelero de Filipos, todavía temblando de miedo tras escuchar que ninguno de los prisioneros se había escapado después del terremoto, preguntó: "¿Qué debo hacer para ser salvo?" (v. 30). Las experiencias de conversión de estas dos personas fueron muy diferentes, pero los resultados finales fueron los mismos.

Algunas veces la iglesia se olvida de que Dios actúa de diversas maneras. En la frontera americana un cierto tipo de predicación se convirtió en estereotipo. La vida era incierta y a menudo difícil, y el evangelista ambulante aparecía con poca frecuencia. El patrón de predicación general incluía un fuerte énfasis en lo terrible del pecado, una presentación muy vívida de la muerte de Cristo y sus beneficios, y después un emotivo llamamiento a que se aceptase a Cristo. Se presionaba a los oyentes a que tomasen una decisión inmediata.[6] Y así la conversión vino a considerarse una decisión a tomar en un momento de crisis. Aunque Dios con frecuencia actúa así con los individuos, las diferencias entre personalidades, contexto y circunstancias inmediatas pueden dar como resultado distintos tipos de conversión. Es importante no insistir en que los factores incidentales o externos de conversión sean idénticos para todos.

Es importante también hacer una distinción entre conversión y conversiones. Hay un solo momento importante en la vida en el que el individuo se vuelve hacia Cristo como respuesta a la oferta de salvación. Puede que haya otros momentos en los que los creyentes deban abandonar una práctica o creencia particular para evitar volver a una vida de pecado. Sin embargo, estos sucesos son secundarios, son confirmaciones del paso principal que ya se ha dado. Podríamos decir que hay muchas conversiones en la vida cristiana, pero solo una Conversión.

### *Arrepentimiento*

El aspecto negativo de la conversión es el abandono y rechazo del pecado. Esto es lo que nosotros queremos decir con arrepentimiento. Se basa en un sentimiento de remordimiento santo por nuestro pecado. Al examinar el arrepentimiento y la fe deberíamos recordar que no se pueden separar uno de la otra. Primero hablaremos del arrepentimiento porque por lógica el lugar donde se ha estado precede al lugar donde se va.

6. W. L. Muncy, Jr., *A History of Evangelism in the United States* (Kansas City, Kans.; Central Seminary, 1945), pp. 86-90.

Dos términos hebreos expresan la idea del arrepentimiento. Uno es נָחַם *(nacham)*, una palabra onomatopéyica que significa "jadear, suspirar o gemir". Vino a significar "lamentarse o estar afligido". Cuando hace referencia a una emoción surgida por una situación sucedida a otros, tiene la connotación de compasión y simpatía. Si se usa para referirse a una emoción producida por nuestro propio carácter u obras, significa "lamentar" o "arrepentirse".[7] Es interesante señalar que cuando נָחַם aparece con el sentido de arrepentirse, el sujeto del verbo suele ser Dios en lugar de un hombre. Un ejemplo destacado lo encontramos en Génesis 6:6: "se arrepintió Jehová de haber hecho al hombre en la tierra, y le dolió en su corazón". Otro ejemplo es Éxodo 32:14. Habiendo pensado en destruir al pueblo de Israel por su pecaminoso comportamiento al adorar al becerro de oro, Dios cambió de idea: "Entonces Jehová se arrepintió del mal que dijo habría de hacer a su pueblo". Un pasaje donde el verbo aparece con un hombre como sujeto lo encontramos en Job. Al final de su larga prueba Job dice: "De oídas te conocía, mas ahora mis ojos te ven. Por eso me aborrezco y me arrepiento en polvo y ceniza" (Job 42:5-6).

El tipo de arrepentimiento genuino que los humanos tienen que mostrar se designa más normalmente con la palabra שׁוּב *(shub)*. Se utiliza mucho en los llamamientos que hacen los profetas a Israel para que se vuelvan al Señor. Resalta la importancia de una separación moral consciente, la necesidad de abandonar el pecado y de entrar en comunión con Dios.[8] Uno de los usos más conocidos es el de 2 Crónicas 7:14: "si se humilla mi pueblo, sobre el cual mi nombre es invocado, y oran, y buscan mi rostro, y se convierten de sus malos caminos; entonces yo oiré desde los cielos, perdonaré sus pecados y sanaré su tierra". Al darse cuenta de que Dios descargará la ira sobre sus enemigos, Isaías añade: "Vendrá el Redentor a Sión y a los que se vuelven de la iniquidad en Jacob", dice Jehová" (Is. 59:20). En realidad, la palabra se puede utilizar en el aspecto positivo o negativo de la conversión.

Hay también dos términos principales en el Nuevo Testamento para arrepentimiento. La palabra μεταμέλομαι *(metamelomai)* significa "tener sentimientos de cuidado, preocupación o pesar.[9] Como נָחַם, resalta el aspecto emocional del arrepentimiento, un sentimiento de pesar o de remordimiento por haber hecho algo malo. Jesús utilizó esta palabra en la parábola de los dos hijos. Al primer hijo el padre le pidió que fuera a trabajar a la viña. "Respondiendo él, dijo: "¡No quiero!" Pero después, arrepentido, fue" (Mt. 21:29). El segundo hijo dijo que

7. Francis Brown, S. R. Driver, and Charles Briggs, *Hebrew and English Lexicon of the Old Testament* (New York: Oxford University Press, 1955), pp. 636-37.

8. Ibíd., pp. 996-1000.

9. Otto Michel, "μεταμέλομαι" en *Theological Dictionary of the New Testament*, ed. Gerhard Kittel and Gerhard Friedrich, trans. Geoffery W. Bromiley, 10 vols. (Grand Rapids: Eerdmans, 1964-76), vol. 4, p. 626.

iría, pero no fue. Jesús comparó a los sumos sacerdotes y a los fariseos (a los que se estaba dirigiendo) con el segundo hijo y a los pecadores arrepentidos con el primer hijo: "porque vino a vosotros Juan en camino de justicia y no le creísteis; en cambio, los publicanos y las rameras le creyeron. Pero vosotros, aunque visteis esto, no os arrepentisteis después para creerle" (v. 32). La palabra μεταμέλομαι también se utiliza para expresar el remordimiento de Judas tras traicionar a Jesús: "Entonces Judas, el que lo había entregado, viendo que era condenado, devolvió arrepentido las treinta piezas de plata a los principales sacerdotes y a los ancianos" (Mt. 27:3), y después salió y se ahorcó. Parece que μεταμέλομαι puede expresar simplemente el pesar y el remordimiento por nuestras propias acciones, como en el caso de Judas. O puede expresar el verdadero arrepentimiento, que implica un auténtico cambio de comportamiento como en el caso del primer hijo. Otto Michel comenta que Judas muestra "remordimiento, no arrepentimiento. Judas ve que su acción es culpable y cede bajo el peso de la culpa. El remordimiento de Judas (Mt. 27:3) o de Esaú (He. 12:17) no tiene el poder de superar la acción destructiva del pecado".[10] Judas y Pedro responden al pecado de manera contraria. Pedro se vuelve hacia Jesús y recobra su comunión con él. En el caso de Judas, el darse cuenta de su pecado le conduce a la desesperación y a la autodestrucción.

Otro término importante del Nuevo Testamento para arrepentimiento es μετανοέω *(metanoeō)*, que literalmente significa "pensar de forma diferente sobre algo, o cambiar de idea". La palabra era característica en la predicación de Juan el Bautista: "Arrepentíos, porque el reino de los cielos se ha acercado" (Mt. 3:2). También era un término clave en la predicación de la iglesia primitiva. En Pentecostés, Pedro urgió a la multitud: "Arrepentíos y bautícese cada uno de vosotros en el nombre de Jesucristo para perdón de los pecados, y recibiréis el don del Espíritu Santo" (Hch. 2:38).

Cuando examinamos el tema del arrepentimiento, no podemos evitar sentirnos impresionados por su importancia como requisito previo para la salvación. El gran número de versículos y la variedad de contextos en que se destaca el arrepentimiento deja claro que no es opcional sino indispensable. Que a gente de muy diferentes ámbitos culturales se les exhortara a arrepentirse demuestra que este no es un mensaje que vaya dirigido sólo a unas situaciones locales específicas. Más bien, el arrepentimiento es parte esencial del evangelio cristiano. Ya hemos señalado la importancia que daba al arrepentimiento en su predicación Juan el Bautista. De hecho, se podía decir que representaba prácticamente todo el mensaje de Juan. El arrepentimiento tenía un lugar destacado en la predicación de Jesús. De hecho, fue la nota de apertura de su ministerio: "Desde entonces comenzó Jesús a predicar y a decir: "¡Arrepentíos, porque el reino de los cielos se ha acercado!" (Mt. 4:17). Y al final de su ministerio señaló que el arrepenti-

10. Ibíd., p. 628; cf. Laubach, "Conversion", p. 356.

miento iba a ser un tema predominante en la predicación de los discípulos. Poco antes de su ascensión a los cielos les dijo: "Así está escrito, y así fue necesario que el Cristo padeciera y resucitara de los muertos al tercer día; y que se predicara en su nombre el arrepentimiento y el perdón de pecados en todas las naciones, comenzando desde Jerusalén" (Lc. 24:46-47). Pedro empezó a cumplir con esta tarea en Pentecostés. Y Pablo declaró en su mensaje a los filósofos en la colina de Marte: "Pero Dios, habiendo pasado por alto los tiempos de esta ignorancia, ahora manda a todos los hombres en todo lugar, que se arrepientan" (Hch. 17:30). Esta última frase es especialmente significativa, porque es universal: "*todos* los hombres *en todo lugar*". No hay duda, pues, de que el arrepentimiento es una parte que no se puede eliminar del mensaje del evangelio.

Recientemente, dentro del evangelicalismo ha surgido una escuela de pensamiento que sostiene que el arrepentimiento y la aceptación del señorío de Cristo no son necesarios para la salvación. Todo lo que se necesita es fe, definida como creencia y aceptación. El arrepentimiento es necesario para el discipulado.[11] Sin embargo, esta distinción entre salvación y discipulado es muy difícil de sostener, como por ejemplo en la Gran Comisión, en Mateo 28:19 donde Jesús les dice a sus discípulos "Id y haced discípulos".[12]

Es importante que entendamos la naturaleza del auténtico arrepentimiento. El arrepentimiento es el remordimiento santo por el pecado de uno unido a la resolución de alejarse de él. Hay otras formas de arrepentimiento por nuestros malos actos que se basan en motivaciones diferentes. Una forma de remordimiento puede basarse en poco más que la sujeción. Si hemos pecado y las consecuencias son desagradables, puede que lamentemos nuestros actos. Pero esto no es auténtico arrepentimiento. Es mera penitencia. El verdadero arrepentimiento es la pena por el pecado que hemos cometido porque le hemos hecho un mal a Dios y el daño se lo hemos infligido a él. Esta pena va acompañada de un deseo genuino de abandonar ese pecado. En el caso del arrepentimiento verdadero, existe remordimiento por el pecado incluso aunque el pecador no haya sufrido ningún efecto personal desafortunado debido a él.

El énfasis repetido de la Biblia en la necesidad de arrepentirse es un argumento concluyente en contra de lo que Dietrich Bonhoeffer denominó "gracia barata" ("creencia fácil").[13] No es suficiente simplemente con creer en Jesús y aceptar su oferta de gracia; debe haber un cambio auténtico en el interior de la persona. Si creer en la gracia de Dios fuera todo lo que se necesitara, quién no querría hacerse cristiano? Pero Jesús dijo: "Si alguno quiere venir en pos de mí,

11. Zane C. Hodges, *Absolutely Free! A Biblical Reply to Lordship Salvation* (Grand Rapids: Zondervan, 1989),

12. Para un tratamiento más amplio de estos temas, ver Millard J. Erickson, *The Evangelical Mind and Heart* (Grand Rapids: Baker, 1993) cap. 6.

13. Dietrich Bonhoeffer, *The Cost of Discipleship* (New York: Macmillan, 1963), pp. 45-47.

niéguese a sí mismo, tome su cruz cada día y sígame" (Lc. 9:23). Si no hay un arrepentimiento consciente, no hay concienciación real de haber sido salvados del poder del pecado. Puede que haya una correspondiente falta de profundidad y compromiso. Después de que Jesús asegurase que los muchos pecados de la mujer que le había lavado los pies con sus lágrimas y se los había secado con sus cabellos le habían sido perdonados, hizo el siguiente comentario: "aquel a quien se le perdona poco, poco ama" (Lc. 7:47). Cualquier intento de aumentar el número de discípulos haciendo que el discipulado sea lo más fácil posible, lo que acaba consiguiendo es que disminuya la calidad del discipulado.

### Fe

Así como el arrepentimiento es el aspecto negativo de la conversión, rechazar el pecado, la fe es el aspecto positivo, aceptar las promesas y la obra de Cristo. La fe es el centro mismo del evangelio, porque es el vehículo mediante el cual se recibe la gracia de Dios. Una vez más es importante observar la terminología bíblica.

En un sentido muy real, el hebreo del Antiguo Testamento no tiene un sustantivo para fe, excepto quizá אֱמוּנָה *(emunah)* en Habacuc 2:4, pero esa palabra se suele traducir por "fidelidad".[14] En su lugar el hebreo expresa la idea de fe con formas verbales. Quizá esto se debe a que los hebreos consideraban la fe como algo que se hace y no algo que se tiene, una actividad en lugar de una posesión. El verbo que se utilizaba de forma más común para designar la fe es אָמַן *(am'an)*. En el radical qal significa "nutrir"; en el radical nifal significa "permanecer firme, seguro o estable"; en el radical hifil, que es el más significativo para nuestros propósitos, significa: "considerar como establecido, considerar cierto o creer". Este verbo se puede utilizar con las preposiciones ל y ב. Con la primera básicamente expresa la idea de descansar confiadamente en alguien o algo; con la segunda puede significar asentir a un testimonio.[15] "*Positivamente,* [la palabra significa] una sujeción o una inclinación; porque ese es el significado adecuado de הֶאֱמִין, llamémosle *una conexión* [sujeción (Gesenio)] *del corazón con la divina palabra de la promesa, una inclinación hacia el poder y la fidelidad de Dios*, por cuya razón él puede hacer y realizar lo que desee a pesar de todos los obstáculos terrenales, y por lo tanto un descanso en צוּר־לֵבָב Salmos lxxiii.26".[16] Un segundo verbo hebreo es בָּטַח *(batach)*. A menudo aparece con la preposición עַל, significa "apoyarse en, confiar en". No tiene connotación de creencia intelectual en tanto que sugiere entregarse a uno mismo.[17]

14. Brown, Driver, and Briggs, *Lexicon*, p. 53.

15. Ibíd., pp. 52-53; Jack B. Scott, "אָמַן" en *Theological Wordbook of the Old Testament*, ed. Laird Harris (Chicago: Moody, 1980), vol. 1. pp. 51-52.

16. Gustave F. Oehler, *Theology of the Old Testament* (Grand Rapids: Zondervan, p. 1950), p. 459.

17. Walter Eichrodt, *Theology of the Old Testament* (Philadelphia: Westminster, 1967), vol.

Cuando observamos el Nuevo Testamento, hay una palabra principal que representa la idea de fe. Es el verbo πιστεύω *(pisteuo)* junto con su nombre cognado πίστις *(pistis)*. El verbo tiene dos significados básicos. Primero significa "creer lo que dice alguien, aceptar una declaración (en particular de naturaleza religiosa) como verdadera".[18] Un ejemplo lo encontramos en 1 Juan 4:1: "Amados, no creáis a todo espíritu, sino probad los espíritus si son de Dios, porque muchos falsos profetas han salido por el mundo." Un ejemplo llamativo del verbo son las palabras de Jesús al centurión: "Vete, y como creíste te sea hecho" (Mt. 8:13). Muy impresionado, Jesús recompensó la fe del centurión en que su sirviente sería sanado. Jesús pidió a Jairo que creyera que su hija se pondría bien (Mr. 5:36; Lc. 8:50) y les preguntó a los ciegos que le seguían desde la casa de Jairo: "¿Creéis que puedo hacer esto? [curaros]?" (Mt. 9:28). Estos ejemplos y muchos otros establecen que la fe implica creer que algo es verdad. De hecho el autor de Hebreos declara que la fe en el sentido de reconocer ciertas verdades es indispensable para la salvación: "Pero sin fe es imposible agradar a Dios, porque es necesario que el que se acerca a Dios crea que él existe y que recompensa a los que lo buscan" (He. 11:6).

Al menos de igual importancia son los ejemplos en los que πιστεύω y πίστις significan "confianza personal en contraste con la mera creencia o fe".[19] Este sentido se suele identificar mediante el uso de una preposición. En Marcos 1:15 se utiliza la preposición ἐν *(en)*: después del arresto del Bautista, Jesús predicó en Galilea diciendo: "¡Arrepentíos y creed en el evangelio!". La preposición εἰς *(eis)* se utiliza en Hechos 10:43: "De este dan testimonio todos los profetas, que todos los que en él crean recibirán perdón de pecados por su nombre". Encontramos la misma construcción en Mateo 18:6; Juan 2:11; Hechos 19:4; Gálatas 2:16; Filipenses 1:29; 1 Pedro 1:8 y 1 Juan 5:10. El apóstol Juan habla de creer en el nombre de Jesús (εἰς τὸ ὄνομα—*eis to onoma*): "Mas a todos los que lo recibieron, a quienes creen en su nombre, les dio potestad de ser hechos hijos de Dios" (Jn. 1:12; ver también 2:23; 3:18 y 1 Jn. 5:13). Esta construcción tenía una especial significación para los hebreos, que consideraban el nombre de cada uno prácticamente como el equivalente de la persona. Por lo tanto, creer en el nombre de Jesús era confiar personalmente en él.[20] La preposición ἐπί *(epi)* se utiliza con el acusativo en Mateo 27:42: "Si es el Rey de Israel, que descienda ahora de la cruz, y creeremos en él" (ver también Hch. 9:42; 11:17; 16:31; 22:19; Ro. 4:5).

2, p. 286; Alfred Jepson, "בָּטַח", en *Theological Dictionary of the Old Testament*, ed. G. Johannes Boterweck and Helmer Ringgren, 4 vols. (Grand Rapids: Eerdmans, 1975), vol. 2, p. 89.

18. Rudolf Bultmann, πιστεύω, en *Theological Dictionary of the New Testament*, vol. 6, p. 203.

19. G. Abbott-Smith, *A Manual Lexicon of the Greek New Testament* (Edinburgh: T. & T. Clark, 1937), pp. 361-62.

20. Ladd, *Theology of the New Testament*, pp. 271-72.

Se utiliza con el caso dativo en Romanos 9:33 y 10:11 y 1 Pedro 2:6, todos los cuales son citas de la Septuaginta, al igual que en 1 Timoteo 1:16.

Basándose en las consideraciones anteriores, concluimos que el tipo de fe que se necesita para la salvación tiene que implicar creer que y creer en, o asentir a hechos y confiar en una persona.[21] Es vital mantener unidas ambas cosas. A veces en la historia del pensamiento cristiano se ha enfatizado tanto un aspecto de la fe que hace que el otro parezca prácticamente insignificante. Con frecuencia hay una relación entre nuestra idea de la fe y nuestra manera de entender la naturaleza de la revelación. Cuando se piensa en la revelación como la comunicación de información, la fe se considera una aprobación intelectual de la doctrina. Ese fue el caso de la escolástica protestante.[22] Cuando se concibe la revelación como la presentación que Dios hace de sí mismo en un encuentro personal, como ocurre en la neoortodoxia, la fe se considera como la confianza personal en ese Dios con el que nos encontramos.[23] Sin embargo, hemos argumentado anteriormente que la revelación no es un asunto que tenga dos únicas alternativas. Dios se revela a sí mismo, pero lo hace, al menos en parte, comunicando información (o proposiciones) sobre sí mismo, diciéndonos quién es.[24] Nuestra idea de la revelación nos conduce a resaltar la doble naturaleza de la fe: dar crédito a las afirmaciones y confiar en Dios.

A veces la fe se expresa como algo antitético a la razón y que no se puede confirmar. Es verdad que la fe no es algo establecido sobre una base anterior mediante una prueba indiscutible. Pero la fe, una vez que se ha aceptado, nos permite razonar y reconocer distintas pruebas que la corroboran.[25] Esto significa que la fe es una forma de conocimiento; funciona en concierto con la razón, no contra ella. En esto es pertinente la respuesta de Jesús a los dos discípulos a quienes Juan el Bautista envió a preguntar: "¿Eres tú el que había de venir o esperaremos a otro?" (Lc. 7:19). Jesús respondió diciéndoles que le contaran a Juan los milagros que había hecho y el mensaje que habían oído. Jesús en realidad le dijo a Juan: "Aquí tienes la evidencia que necesitas para creer".

Una inspección atenta revela que los casos citados al argumentar que la fe no se apoya sobre ningún tipo de evidencia no avalan realmente esa conclusión. Uno es el caso de Tomás que, al no estar con los demás cuando

21. La distinción se suele hacer entre *assensus* o *credentia* por una parte y *fiducia* por la otra—William Hordern, *The Case for a New Reformation Theology* (Philadelphia: Westminster, 1959), pp. 34-35. Edward Carnell utilizó los términos "fe general" y "fe vital"—*The Case for Orthodox Theology* (Philadelphia: Westminster, 1959), pp. 28-30.

22. A. C. McGiffert, *Protestant Thought before Kant* (New York: Harper, 1961), p. 142.

23. Emil Brunner, *Revelation and Reason* (Philadelphia: Westminster, 1946), p. 36.

24. Ver pp. 216-21

25. Agustín, *Carta* 137. 15; Ladd, *Theology of the New Testament*, pp. 276-77.

el Jesús resucitado apareció, no creyó. Tomás dijo que a menos que pudiera ver las marcas de los clavos en las manos de Jesús, poner sus dedos en ellas y tocarle la herida del costado no creería (Jn. 20:25). Cuando Jesús apareció, invitó a Tomás a satisfacer sus dudas. Y cuando Tomás confesó: "¡Señor mío y Dios mío!" (v. 28), Jesús respondió: "Porque me has visto, Tomás, creíste; bienaventurados los que no vieron y creyeron" (v. 29). ¿Esperaba Jesús que Tomás creyera ciegamente, sin ninguna prueba? Recordemos que Tomás había vivido con Jesús durante tres años, había escuchado sus enseñanzas y había visto sus milagros; él conocía la promesa hecha por Jesús de que volvería de la muerte. Tenía suficiente base para creer el testimonio de los otros discípulos, cuya integridad había experimentado durante largo tiempo. No debería haber necesitado ninguna prueba adicional. De forma similar, cuando a Abraham se le pidió que diera en sacrificio a su hijo Isaac, no se le pidió que actuara ciegamente. Es cierto, no había un animal para sacrificar a la vista; simplemente tuvo que confiar en Dios. Pero aunque no había evidencia visible en aquel momento, Abraham conocía a Jehová desde hacía mucho tiempo. En el pasado, Dios le había sido fiel proporcionándole la tierra y el hijo que le había prometido. La fe que Abraham demostró al estar dispuesto a sacrificar a su hijo fue una extrapolación hacia un futuro desconocido de su experiencia con Dios en el pasado.

Aunque hemos descrito la conversión como una respuesta humana a una iniciativa divina, incluso el arrepentimiento y la fe son dones de Dios. Jesús dejó muy claro que la convicción, que se presupone en el arrepentimiento, es la obra del Espíritu Santo: "Y cuando él venga, convencerá al mundo de pecado, de justicia y de juicio. De pecado, por cuanto no creen en mí; de justicia, por cuanto voy al Padre y no me veréis más; y de juicio, por cuanto el príncipe de este mundo ha sido ya juzgado" (Jn. 16:8-11). Jesús también dijo: "Nadie puede venir a mí, si el Padre, que me envió, no lo atrae; y yo lo resucitaré en el día final" (Jn. 6:44). Esta obra del Padre es efectiva: "Todo lo que el Padre me da, vendrá a mí, y al que a mí viene, no lo echo fuera... todo aquel que oye al Padre y aprende de él, viene a mí" (Jn. 6:37, 45). Por lo tanto, el arrepentimiento y la fe humana son también obras que Dios por su gracia realiza en la vida del creyente.

## Regeneración

La conversión hace referencia a la respuesta del ser humano a la oferta de Dios de salvación y acercamiento a los hombres. La regeneración es el otro lado de la conversión. Es totalmente obra de Dios. Es la transformación que Dios hace de los creyentes individuales, el darles una nueva vitalidad espiritual y una nueva dirección en sus vidas cuando aceptan a Cristo.

Subyacente a la doctrina de la regeneración encontramos una suposición sobre la naturaleza humana. La naturaleza humana necesita ser transformada. El ser humano está muerto espiritualmente y por lo tanto necesita un nacimiento nuevo o nacimiento espiritual.[26] Hemos señalado anteriormente que la persona natural no es consciente de o no responde a los estímulos espirituales.[27] Las imágenes bíblicas de humanos no regenerados como personas ciegas, sordas y muertas indican la falta de sensibilidad espiritual. Y los no creyentes no sólo no son capaces de percibir las verdades espirituales, son incapaces de hacer nada que altere su condición de ceguera y su tendencia natural al pecado. Cuando leemos la descripción del humano pecador en Romanos 3:9-20, queda bastante claro que se necesita un cambio radical o metamorfosis, y no una mera modificación o reajuste en la persona. Para algunos, esto parece una visión muy pesimista de la naturaleza humana, y desde luego lo es, en lo que se refiere a su potencial natural; pero nuestra visión no limita sus expectativas a las posibilidades naturales.

Las descripciones bíblicas del nuevo nacimiento son numerosas, vívidas y variadas. Incluso en el Antiguo Testamento, encontramos llamativas referencias a la obra renovadora de Dios. Él promete: "Y les daré otro corazón y pondré en ellos un nuevo espíritu; quitaré el corazón de piedra de en medio de su carne y les daré un corazón de carne, para que anden en mis ordenanzas y guarden mis decretos y los cumplan, y sean mi pueblo y yo sea su Dios" (Ez. 11:19-20). Aunque la terminología y la imaginería difiere de la del Nuevo Testamento, tenemos aquí la idea básica de la transformación de la vida y el espíritu.

En el Nuevo Testamento, el término que más literalmente expresa la idea de la regeneración es παλιγγενεσία *(palingenesia)*. Aparece sólo dos veces en el Nuevo Testamento. Una de ellas es en Mateo 19:28, donde hace referencia a "la renovación de todas las cosas" [NVI] que formarán parte del escatón. El otro es Tito 3:5, que hace referencia a la salvación: "nos salvó, no por obras de justicia que nosotros hubiéramos hecho, sino por su misericordia, por el lavamiento de la regeneración y por la renovación en el Espíritu Santo." Aquí tenemos la idea bíblica de renacimiento. Aunque el término literal παλιγγενεσία no se encuentra en otras partes del Nuevo Testamento, la idea desde luego es muy frecuente.

La exposición más conocida y amplia del concepto del nacimiento nuevo lo encontramos en la conversación de Jesús con Nicodemo en Juan 3. Jesús le dijo a Nicodemo: "De cierto, de cierto te digo que el que no nace de nuevo no puede ver el reino de Dios" (v. 3). Posteriormente en la discusión comenta: "No te maravilles que te dije: Os es necesario nacer de nuevo" (v. 7). La palabra griega que se utiliza es ἄνωθεν *(anothen)* que también se puede traducir por "desde arriba". Sin embargo, que "otra vez" o "de nuevo" es la traducción correcta aquí se puede

26. Ladd, *Theology of the New Testament*, p. 290.
27. Ver pp. 627, 934-36

ver por la respuesta de Nicodemo: "¿Cómo puede un hombre nacer siendo viejo? ¿Puede acaso entrar por segunda vez en el vientre de su madre y nacer?" (v. 4). Nicodemo entendió que Jesús estaba diciendo que se debe nacer de nuevo.

Aunque la terminología varía, la idea se encuentra en otras partes del Nuevo Testamento. En la misma conversación con Nicodemo, Jesús habla de "nacer del Espíritu" (Jn. 3:5-8). Él tenía en mente una obra sobrenatural que transformaba la vida del individuo. Esta obra, que es indispensable si se quiere entrar en el reino de Dios, no es algo que se pueda conseguir mediante el esfuerzo o la planificación humana. También se habla de "nacido de Dios" o "renacidos de la palabra de Dios" (Jn. 1:12-13; Stgo. 1:18; 1 P. 1:3, 23; 1 Jn. 2:29; 5:1, 4). Cualquiera que pase por esta experiencia es una creación nueva: "De modo que si alguno está en Cristo, nueva criatura es: las cosas viejas pasaron; todas son hechas nuevas" (2 Co. 5:17). Pablo habla de renovación en el Espíritu Santo (Tit. 3:5), de recibir la vida (Ef. 2:1, 5) y de resucitar de la muerte (Ef. 2:6). La misma idea está implícita en las declaraciones que hace Jesús de que ha venido para dar vida (Jn. 6:63; 10:10, 28),

Aunque es bastante fácil hacer una lista de ejemplos donde aparezca la idea del nacimiento nuevo, no es tan fácil asegurar su significado. Sin embargo, no deberíamos sorprendernos que el nuevo nacimiento sea difícil de entender.[28] Jesús indicó a Nicodemo, que tenía dificultades para entender lo que Jesús estaba diciendo, que el concepto era difícil. Es como el viento: aunque no se sabe de dónde viene o dónde va, se oye su sonido (Jn. 3:8). Como el nacimiento nuevo trata temas que no se pueden percibir con los sentidos, no se puede estudiar de la misma manera que se estudian otros temas. También existe una resistencia natural a la idea del nacimiento nuevo, una resistencia que dificulta el que podamos examinar objetivamente el concepto. La necesidad del nacimiento nuevo es una acusación para todos nosotros, porque señala que ninguno de nosotros es lo suficientemente bueno en su estado natural; todos tenemos que sufrir una metamorfosis si queremos complacer a Dios.

A pesar de los problemas al entender el concepto, se pueden hacer varias afirmaciones sobre la regeneración. Primero, implica algo nuevo, todo un cambio en las tendencias naturales de la persona. No es meramente una ampliación de los rasgos ya presentes. Por una parte la regeneración implica matar o crucificar las cualidades existentes. Comparando la vida en el Espíritu con la vida en la carne, Pablo dice: "Pero los que son de Cristo han crucificado la carne con sus pasiones y deseos. Si vivimos por el Espíritu, andemos también por el Espíritu" (Gá. 5:24-25). Otras referencias a la muerte del individuo o de ciertos aspectos del individuo incluyen Romanos 6:1-11 y Gálatas 2:20; 6:14. La idea de mo-

28. Millard J. Erickson, "The New Birth Today,l *Christianity Today*, 16 de agosto de 1974, pp. 8-10.

rir para la carne (la manera natural de actuar y vivir) y vivir en el Espíritu es evidencia de que la regeneración es la producción de una creación totalmente nueva (como correctamente la denomina Pablo) y no solamente una manera de mejorar lo que ya era la dirección básica en la vida de alguien.

Como muerte de la carne, el nuevo nacimiento implica contrarrestar los efectos del pecado. Esto quizá se ve de forma más clara en Efesios 2:1-10. La muerte que requiere una transformación es resultado del pecado en que vivimos, siendo guiados por el príncipe del poder del aire. Aunque la regeneración implica algo totalmente nuevo para nosotros, no trae como resultado algo que resulta extraño a la naturaleza humana. Más bien, el nacimiento nuevo es la restauración de la naturaleza humana al estado original que se pretendía que tuviera y que tuvo en realidad antes de que el pecado entrara en la raza humana en el momento de la caída. Es simultáneamente el principio de una vida nueva y un regreso a la vida y a la actividad original.

Además, parece que el nacimiento nuevo es en sí mismo instantáneo. Nada en su descripción sugiere que sea un proceso y no una única acción. En ningún sitio se dice que sea incompleto. Las Escrituras hablan de creyentes "nacidos de nuevo" o "que han nacido de nuevo" no dice que "estén naciendo de nuevo" (Jn. 1:12-13; 2 Co. 5:17; Ef. 2:1, 5-6; Stgo. 1:18; 1 P. 1:3, 23, 1 Jn. 2:29; 5:1, 4 – los verbos griegos relevantes en estas referencias están en aoristo, lo cual no hace referencia alguna a la duración, o en tiempo perfecto que apunta hacia un estado de acción completada). Aunque no se pueda determinar el tiempo preciso del nacimiento nuevo, y puede que haya toda una serie de antecedentes, parece que el nacimiento nuevo mismo se completa en un instante.[29]

Aunque la regeneración se completa instantáneamente, no es un fin en sí misma. Como cambio de impulsos espirituales, la regeneración es el comienzo de un proceso de crecimiento que continúa a lo largo de toda la vida. Este proceso de maduración espiritual es la santificación. Habiendo señalado que sus lectores antes estaban muertos y ahora están vivos, Pablo añade: "pues somos hechura suya, creados en Cristo Jesús para buenas obras, las cuales Dios preparó de antemano para que anduviéramos en ellas" (Ef. 2:10). Habla en Filipenses 1:6 de continuar y terminar lo que ha empezado: "estando persuadido de esto, que el que comenzó en vosotros la buena obra la perfeccionará hasta el día de Jesucristo". La regeneración es un comienzo, pero queda mucho más por venir. Las manifestaciones de esta madurez espiritual se denominan el "fruto del Espíritu". Se oponen directamente al fruto de la antigua naturaleza, a las obras de la carne (Gá. 5:19-23).

El nacimiento nuevo es también un hecho sobrenatural. No es algo que se pueda conseguir mediante el esfuerzo humano. Jesús dejó esto claro en Juan

29. Augustus H. Strong, *Systematic Theology* (Westwood, N.J.: Revell, 1907), pp. 826-27.

3:6: "Lo que nace de la carne, carne es; y lo que nace del Espíritu, espíritu es." Estaba respondiendo a la pregunta de Nicodemo de si el nacimiento nuevo tenía que hacerse entrando de nuevo en el vientre materno. La regeneración es especialmente la obra del Espíritu Santo. Aunque la salvación la planeó y la originó el Padre y fue cumplida por el Hijo, el Espíritu Santo es el que la aplica a la vida del creyente, cumpliendo así la intención que Dios tenía para los humanos.

Hubo momentos en el pasado en que se creyó que la regeneración era una alteración de la sustancia del alma.[30] Esa idea no es muy interesante para nosotros, en parte porque el significado de "sustancia" no está demasiado claro. Sería mejor pensar en términos de un cambio en las inclinaciones e impulsos de un individuo y no especular sobre la naturaleza exacta del cambio.

La doctrina de la regeneración coloca a la fe cristiana en un lugar inusual. Por una parte, los cristianos rechazan la creencia secular actual en la bondad humana y las expectativas optimistas que surgen a partir de ahí. La misma insistencia en la regeneración es una declaración de que sin ayuda externa y sin la transformación completa no existe posibilidad de que la bondad genuina en gran escala surja de la humanidad. Por otra parte, a pesar de la valoración pesimista de la capacidad humana natural, el cristianismo es muy optimista: con ayuda sobrenatural los humanos pueden ser transformados y restablecidos a su estado original de bondad. Fue respecto a la habilidad de Dios para cambiar los corazones humanos, permitiéndonos entrar en su reino que Jesús dijo: "Para los hombres esto es imposible, pero para Dios todo es posible" (Mt. 19:26).

## Implicaciones del llamamiento efectivo, la conversión y la regeneración

1. La naturaleza humana no puede verse alterada por las reformas sociales o la educación. Debe ser transformada por una obra sobrenatural del Dios Trino.
2. Nadie puede predecir o controlar quién experimentará el nacimiento nuevo. Al final es obra de Dios; la conversión depende de su llamamiento efectivo.
3. El comienzo de la vida cristiana exige que reconozcamos que somos pecadores y que estemos decididos a abandonar nuestra forma de vida egoísta.
4. La fe salvadora requiere que creamos correctamente en lo que respecta a la naturaleza de Dios y lo que ha hecho. Sin embargo, creer correctamente es insuficiente. Debe haber también un compromiso activo personal con Dios.

30. James Strahan, "Flacius," en *Encyclopedia of Religion and Ethics*, ed. James Hastings (New York: Scribner, 1955), vol. 6, p. 49.

5. La conversión de una persona puede ser radicalmente diferente a la de otra. Lo que importa es que haya un arrepentimiento y una fe genuinos.
6. El nacimiento nuevo no se nota cuando sucede. Más bien, establece su presencia produciendo una nueva sensibilidad hacia las cosas espirituales, una nueva dirección en la vida, una habilidad cada vez mayor para obedecer a Dios.

# 46. El principio de la salvación: aspectos objetivos

## Objetivos del capítulo

Después de estudiar este capítulo, debería ser capaz de:

- Definir y describir la unión con Cristo.
- Contrastar modelos inadecuados con la enseñanza de las Escrituras sobre la unión con Cristo y señalar las implicaciones.
- Definir y describir la justificación.
- Examinar la justificación como una doctrina forense y la relación entre la fe y las obras.
- Definir y describir la adopción.
- Describir los beneficios de la adopción.

## Resumen del capítulo

Hay tres elementos esenciales entre los aspectos objetivos de la salvación: la unión con Cristo, la justificación y la adopción. La unión con Cristo es un término que por lo general incluye a todo lo referente a la salvación. También es específico, refiriéndose a una relación íntima con Cristo, similar a una relación de matrimonio entre esposos. En la justificación Dios atribuye la rectitud de Cristo al creyente, que anula el juicio de Dios sobre el creyente. Finalmente, la adopción significa que el creyente justificado realmente recibe el estatus de favor con Dios y es adoptado en la familia de Dios.

## Cuestiones de estudio

1. Defina y explique las tres doctrinas objetivas de la salvación: unión con Cristo, justificación y adopción.
2. ¿En qué se parecen y en qué se diferencian esas tres doctrinas?

3. ¿Cuáles serían modelos inadecuados de unión con Cristo y cómo se opondría a ellos?
4. ¿Qué problemas hay en considerar la justificación una doctrina forense? ¿Cómo respondería a esas objeciones?
5. ¿Qué beneficios tiene la adopción? ¿De qué manera la adopción puede estimular un sentido especial de alabanza y de acción de gracias en el creyente?

La unión con Cristo
- La enseñanza de las Escrituras
- Modelos inadecuados
- Características de la unión
- Implicaciones de la unión con Cristo

Justificación
- Justificación y rectitud forense
- Objeciones a la doctrina de la justificación forense
- Fe y obras
- Las consecuencias permanentes del pecado

Adopción
- La naturaleza de la adopción
- Los beneficios de la adopción

Hemos examinado estos aspectos de los inicios de la vida cristiana que implican la condición espiritual auténtica de la persona, o sea, los aspectos subjetivos. En este capítulo tomaremos en consideración el cambio en el estatus del individuo o su posición en relación con Dios, esto es, las dimensiones objetivas del inicio de la salvación.

## La unión con Cristo

### *La enseñanza de las Escrituras*

En cierto sentido, la unión con Cristo es un término que incluye a toda la salvación; todas las demás doctrinas son simplemente subpartes.[1] Aunque Este término y este concepto a menudo se descuidan y se les incluye dentro de otros conceptos como regeneración, justificación y santificación, resulta instructivo señalar el gran número de referencias que existen a la unidad de Cristo y el creyente. Las referencias más básicas a esta conexión describen al creyente y a Cristo como estando uno "en" otro. Por otra parte, tenemos muchas referencias específicas de que el creyente está en Cristo; por ejemplo, 2 Corintios 5:17: "De modo que si alguno está en Cristo, nueva criatura es: las cosas viejas pasaron; todas son

1. John Murray, *Redemption—Accomplished and Applied* (Grand Rapids: Eerdmans, 1955), p. 161.

hechas nuevas". Hay dos frases así en Efesios 1:3-4: "Bendito sea el Dios y Padre de nuestro Señor Jesucristo, que nos bendijo con toda bendición espiritual en los lugares celestiales en Cristo, según nos escogió en él antes de la fundación del mundo, para que fuéramos santos y sin mancha delante de él". Dos versos después leemos: "para alabanza de la gloria de su gracia, con la cual nos hizo aceptos en el Amado. En él tenemos redención por su sangre, el perdón de pecados según las riquezas de su gracia, que hizo sobreabundar para con nosotros en toda sabiduría e inteligencia" (vv. 6-8). Pablo nos dice que hemos sido creados nuevos en Cristo: "pues somos hechura suya, creados en Cristo Jesús para buenas obras, las cuales Dios preparó de antemano para que anduviéramos en ellas" (Ef. 2:10). La gracia de Dios nos ha sido dada en Cristo: "Gracias doy a mi Dios siempre por vosotros, por la gracia de Dios que os fue dada en Cristo Jesús, pues por medio de él habéis sido enriquecidos en todo, en toda palabra y en todo conocimiento" (1 Co. 1:4-5). A los creyentes fallecidos se les llama "los muertos en Cristo" (1 Ts. 4:16), y nuestra resurrección sucederá en Cristo: "Así como en Adán todos mueren, también en Cristo todos serán vivificados" (1 Co. 15:22).

La otra parte de esta relación es que se dice que Cristo está en el creyente. Pablo dice: "A ellos, Dios quiso dar a conocer las riquezas de la gloria de este misterio entre los gentiles, que es Cristo en vosotros, esperanza de gloria" (Col. 1:27). También se expresa la presencia de Cristo en el creyente, de una manera un tanto diferente en Gálatas 2:20: "Con Cristo estoy juntamente crucificado, y ya no vivo yo, mas vive Cristo en mí; y lo que ahora vivo en la carne, lo vivo en la fe del Hijo de Dios, el cual me amó y se entregó a sí mismo por mí". También está la analogía que hace Jesús sobre la vid y los pámpanos, en la que se enfatiza que Cristo y el creyente deben permanecer uno en otro: "Permaneced en mí, y yo en vosotros. Como el pámpano no puede llevar fruto por sí mismo, si no permanece en la vid, así tampoco vosotros, si no permanecéis en mí. Yo soy la vid, vosotros los pámpanos; el que permanece en mí y yo en él, este lleva mucho fruto, porque separados de mí nada podéis hacer" (Jn. 15:4-5). Parece que todo lo que tiene el creyente espiritualmente se basa en que Cristo esté dentro de él. Nuestra esperanza de gloria es Cristo en nosotros. Nuestra vitalidad espiritual la extraemos de su presencia en nuestro interior. Otros pasajes que podríamos mencionar incluyen las promesas de Jesús de estar presente en el creyente (Mt. 28:20; Jn. 14:23). Finalmente, al creyente se le dice que comparte todo un conjunto de experiencias "con Cristo": sufrimiento (Ro. 8:17); crucifixión (Gá. 2:20); muerte (Col. 2:20); entierro (Ro. 6:4); avivamiento (Ef. 2:5); resurrección (Col. 3:1); glorificación y herencia (Ro. 8:17).

### *Modelos inadecuados*

Debemos preguntar no obstante con precisión qué implica, porque el lenguaje de estas referencias no es demasiado claro. ¿En qué sentido se puede decir que Cristo está en nosotros y nosotros en él? ¿Estas expresiones son totalmente metafóricas o hay en ellas algún referente literal?

Algunas de las explicaciones que se han dado no explican adecuadamente lo que implica esta doctrina. Entre ellas está la idea de que nuestra unión con Cristo es metafísica. La idea subyacente aquí es el concepto panteísta de que somos uno en esencia con Dios. No tenemos existencia si no es con Dios. Somos parte de la esencia divina. Cristo es uno con nosotros gracias a la creación más que a la redención.[2] Esto significa que es uno con todos los miembros de la raza humana, no sólo con los creyentes. Sin embargo, esta explicación va más allá de la enseñanza de las Escrituras; todas las declaraciones bíblicas sobre la unión con Cristo pertenecen exclusivamente a los creyentes. Varios pasajes dejan claro que Cristo no vive e todos y que no todos están en Cristo (por ejemplo 2 Co. 5:17).

Un segundo modelo es el de que nuestra unión con Cristo es mística.[3] La relación entre el creyente y Jesús es tan profunda y absorbente que el creyente prácticamente pierde su propia individualidad. Jesús controla tanto la relación que la personalidad humana queda casi eliminada. Esta experiencia cristiana se puede comparar con la de los fanáticos de los deportes o los que asisten a conciertos cuya atención está tan concentrada en lo que ocurre en el campo o en el escenario que no son conscientes del paso del tiempo, ni del lugar en el que están ni siquiera de sí mismos. La relación no es tanto que el creyente lleve la vida que Jesús le conduciría a llevar como que en realidad Jesús esté al mando y viviendo la vida de esa persona. El creyente es tan susceptible a las órdenes del Señor que más bien parece estar casi hipnotizado.

Los que defienden esta teoría mantienen que la obediencia total a la voluntad del Señor es algo alcanzable en esta vida. Ese objetivo, por supuesto, es muy recomendable. Se debe señalar también que hay pasajes que parecen apoyar esta posición, por ejemplo Gálatas 2:20 donde Pablo dice: "ya no vivo yo, mas vive Cristo en mí". Sin embargo, un examen más detenido revela que este texto no enseña que la personalidad individual queda eliminada, porque Pablo continúa diciendo: "lo que ahora vivo en la carne, lo vivo en la fe del Hijo de Dios, el cual me amó y se entregó a sí mismo por mí". Aquí es Pablo el que vive: vive en la fe de Cristo. Otras referencias pertinentes incluyen las palabras de Jesús en Juan 14:12: "El que en mí cree, las obras que yo hago, él también las hará; y aun mayores hará, porque yo voy al Padre". De forma similar, en el momento en que va a irse de la tierra dice: "pero recibiréis poder cuando haya venido sobre vosotros el Espíritu Santo, y me seréis testigos en Jerusalén, en toda Judea, en Samaria y

2. Pierre Teilhard de Chardin, *The Phenomenon of Man* (New York: Harper, 1959), pp. 296-97).

3. Adolf Deissmann, *Paul: A Study in Social and Religious History*, 2nd ed. (New York: George H. Doran, 1926), pp. 142-47. En sus formas más extremas, que Deissmann denomina "unio-misticismo" esta visión tiende al panteísmo.

hasta lo último de la tierra" (Hch. 1:8). En estos pasajes Jesús no sugiere que él vaya a hacer el trabajo mientras los discípulos vayan a permanecer totalmente pasivos. Ellos lo harán, aunque con la energía que él proporcione. Estos y otros pasajes dejan claro que por fuerte que sea la influencia de Cristo en el creyente siempre seguirán siendo dos. No se fusionarán en una sola personalidad, ni la de uno absorberá la del otro.

Un tercer modelo ve nuestra unión con Cristo como la unión entre dos amigos o como la unión entre un maestro y un estudiante. Es la unidad psicológica resultante de compartir los mismos intereses y de estar comprometidos con los mismos ideales. Esto podría llamarse una unidad comprensiva.[4] Es una unión externa. Uno influye en el otro principalmente a través del discurso o del ejemplo; por ejemplo, el profesor influye en el estudiante principalmente a través de la instrucción que imparte.

Si el segundo modelo falla al hacer la conexión entre Cristo y el creyente demasiado fuerte, el tercer modelo la hace demasiado débil. Porque considera que la relación entre el cristiano y Jesús no es de una clase diferente a la que podría haber tenido un creyente con el apóstol Pablo o con Juan el Bautista. Sin embargo, seguramente cuando Jesús prometió que permanecería con sus seguidores, tenía en mente algo más que sus enseñanzas. Por supuesto, en su último gran discurso a sus discípulos antes de su muerte, distinguió entre sus enseñanzas y su presencia personal: "El que me ama, mi palabra guardará; y mi Padre lo amará, y vendremos a él y haremos morada con él" (Jn. 14:23). Es obvio que estaba prometiendo una relación que iba más allá de la que Karl Marx o Sigmund Freud tenían con sus discípulos.

Un cuarto modelo es el sacramental: el creyente obtiene la gracia de Jesucristo recibiendo los sacramentos.[5] De hecho, uno realmente toma a Cristo para sí participando en la Cena del Señor, comiendo la carne de Cristo y bebiendo su sangre. Este modelo se basa en una interpretación literal de las palabras de Jesús al instituir la Cena del Señor "esto es mi cuerpo...esto es mi sangre" (Mt. 26:26-28; Mr. 14:22-24; Lc. 22:19-20). Interpreta de forma similar las palabras de Jesús en Juan 6:53: "De cierto, de cierto os digo: Si no coméis la carne del Hijo del hombre y bebéis su sangre, no tenéis vida en vosotros". En gran medida, el punto de vista sacramental de nuestra unión con Cristo se basa en una interpretación literal de estos versículos. Examinaremos y evaluaremos el sacramentalismo más tarde (pp. 1017-21). Sin embargo, aquí señalaremos que tomar estos pasajes en el sentido más literal parece equivocado y conduce a conclusiones casi ridículas (por ejemplo, que la carne y la sangre de Jesús son

4. C. S. Lewis, *The Four Loves* (New York: Harcourt Brace, 1960), pp. 96-97.

5. Eric Mascall, *Christian Theology and Natural Science: Some Questions on Their Relations* (New York: Longmans, Green, 1956), pp. 314ss.

simultáneamente parte de su cuerpo y elementos de la eucaristía, tal como denominan a menudo a la Cena del Señor los sacramentalistas). Una dificultad añadida en el punto de vista sacramental de la unión es que un intermediario humano administra los sacramentos. Este concepto contradice las declaraciones de Hebreos 9:23-10:25 de que Jesús ha eliminado la necesidad de mediadores y que podemos acercarnos directamente a él.

### *Características de la unión*

¿Qué significa la unión con Cristo positivamente? Para entender el concepto, señalaremos varias características de la unión. No debemos esperar entender este asunto completamente, ya que Pablo habló de él como de un misterio. Comparando la unión entre Cristo y los miembros de su iglesia con la unión entre un esposo y una esposa, Pablo dijo: "grande es este misterio" (Ef. 5:32). Se estaba refiriendo al hecho de que el conocimiento de esta unión es inaccesible para los humanos sin una revelación especial de Dios. Es "el misterio que había estado oculto desde los siglos y edades, pero que ahora ha sido manifestado a sus santos. A ellos, Dios quiso dar a conocer las riquezas de la gloria de este misterio entre los gentiles, que es Cristo en vosotros, esperanza de gloria" (Col. 1:26-27).

La primera característica de nuestra unión con Cristo es que es judicial en naturaleza. Cuando el Padre nos evalúa o juzga ante la ley no nos considera solos. Dios siempre ve al creyente en unión con Cristo y mide a los dos juntos. Por lo tanto, no dice: "Jesús es recto, pero el hombre no es recto". Ve a los dos como uno y dice: "Son rectos". Que el creyente es recto no es una ficción ni una interpretación errónea. Es la evaluación correcta de una entidad legal nueva, una corporación que se ha formado como tal. El creyente se ha incorporado en Cristo y Cristo en el creyente (aunque no exclusivamente). Todos los bienes de cada uno ahora son poseídos por el otro. Desde una perspectiva legal, los dos son ahora uno.

Segundo, esta unión es espiritual. Esta unión tiene dos significados. Por una parte la unión la efectúa el Espíritu Santo. Es una relación íntima entre Cristo y el Espíritu Santo, más íntima de lo que a menudo nos damos cuenta. Esto queda claro en 1 Corintios 12:13: "porque por un solo Espíritu fuimos todos bautizados en un cuerpo, tanto judíos como griegos, tanto esclavos como libres; y a todos se nos dio a beber de un mismo Espíritu". Observe también que en Romanos 8:9-11 Cristo y el Espíritu son intercambiables: "Pero vosotros no vivís según la carne, sino según el Espíritu, si es que el Espíritu de Dios está en vosotros. Y si alguno no tiene el Espíritu de Cristo, no es de él. Pero si Cristo está en vosotros, el cuerpo en verdad está muerto a causa del pecado, pero el espíritu vive a causa de la justicia. Y si el Espíritu de aquel que levantó de los muertos a Jesús está en vosotros, el que levantó de los muertos a Cristo Jesús vivificará también vuestros cuerpos mortales por su Espíritu que está en vosotros." John Murray dice: "Cristo vive en nosotros si su Espíritu vive en nosotros, y vive en nosotros mediante el Espíritu". El Espíritu es el lazo de esta unión".[6]

El Espíritu Santo no sólo trae nuestra unión con Cristo; es una unión de espíritus. No es una unión de personas en una esencia, como en la Trinidad, ni de naturalezas en una persona, como en la encarnación de Jesucristo. No es una unión física, como en la soldadura de dos piezas de metal. Es en cierta manera una unión de dos espíritus que no extingue a ninguno de ellos. No hace al creyente físicamente más fuerte o más inteligente, pero produce una nueva vitalidad espiritual dentro del hombre.

Finalmente, nuestra unión con Cristo es vital. Su vida fluye dentro de la nuestra, renovando nuestra naturaleza interna (Ro. 12:2; 2 Co. 4:16) e impartiendo fortaleza espiritual. Hay una verdad literal en la metáfora de Jesús de la viña y los pámpanos. De la misma manera que los pámpanos no pueden dar fruto si no reciben vida de la viña, nosotros no podemos llevar fruto espiritual si la vida de Cristo no fluye en nosotros (Jn. 15:4).

Se han utilizado varias analogías para iluminar la idea de la unión con Cristo. Algunas se han extraído del ámbito físico. En la reanimación boca a boca una persona realmente respira por otra. Un corazón artificial realiza la función vital de suministrar sangre (y por tanto oxígeno y varios nutrientes esenciales) a las células corporales durante la operación de corazón. Y en el ámbito de la parapsicología, encontramos un gran número de evidencias de que los pensamientos de alguna manera se pueden transmitir de unos individuos a otros. Como Cristo ha diseñado y creado toda nuestra naturaleza, incluyendo nuestra psique, no sorprende que viviendo dentro de nosotros de alguna manera que no podemos entender del todo, es capaz de afectar nuestros pensamientos y sentimientos. Una imagen final, y con justificación bíblica, es la del marido y la esposa. No sólo los dos llegan a unirse físicamente, sino que en el mejor de los casos también se hacen tan íntimos en mente y en corazón que tienen una gran comprensión y entendimiento mutuo. Aunque ninguna de estas analogías en sí mismas pueden darnos una comprensión adecuada, colectivamente pueden aumentar el conocimiento que tenemos de nuestra unión con Cristo.

### Implicaciones de la unión con Cristo

La unión con Cristo tiene implicaciones en nuestras vidas. Primero, se nos considera rectos. Pablo escribió: "Ahora, pues, ninguna condenación hay para los que están en Cristo Jesús" (Ro. 8:1). Debido a nuestra unión judicial con Cristo, tenemos una posición adecuada ante la ley y ante los ojos de Dios. Somos tan rectos como lo es el mismo Hijo de Dios, Jesucristo.

6. Murray, *Redemption*, p. 166.

Segundo, ahora vivimos con la fortaleza de Cristo.[7] Pablo afirmó: "Todo lo puedo en Cristo que me fortalece" (Fil. 4:13). También dijo: "lo que ahora vivo en la carne, lo vivo en la fe del Hijo de Dios, el cual me amó y se entregó a sí mismo por mí" (Gá. 2:20). Cuando Pablo estaba sufriendo el "aguijón de la carne", probablemente una experiencia física dolorosa, descubrió que aunque no era eliminada, Dios le concedía la gracia de soportarla: "Y me ha dicho: 'Bástate mi gracia, porque mi poder se perfecciona en la debilidad'. Por tanto, de buena gana me gloriaré más bien en mis debilidades, para que repose sobre mí el poder de Cristo" (2 Co. 12:9). Este poder lo encontramos no sólo en las enseñanzas de Cristo y la inspiración de su ejemplo. También nos ofrece ayuda concreta que podemos utilizar para cumplir lo que se espera de nosotros.

Ser uno con Cristo también significa sufrir. A los discípulos se les dijo que beberían del vaso que Jesús bebiera, y que serían bautizados en el mismo bautismo (Mr. 10:39). Si lo que dice la tradición es correcto, la mayoría de ellos murieron sufriendo martirio. Jesús les había dicho que no se extrañaran de ser perseguidos: "Acordaos de la palabra que yo os he dicho: "El siervo no es mayor que su señor". Si a mí me han perseguido, también a vosotros os perseguirán; si han guardado mi palabra, también guardarán la vuestra" (Jn. 15:20). Pablo no se amedrentó ante estas expectativas; de hecho, uno de sus objetivos era compartir los sufrimientos de Cristo: "Por amor a él lo he perdido todo... Quiero conocerlo a él y el poder de su resurrección, y participar de sus padecimientos hasta llegar a ser semejante a él en su muerte" (Fil. 3:8-10). Pedro alentó a sus lectores: "Al contrario, gozaos por cuanto sois participantes de los padecimientos de Cristo, para que también en la revelación de su gloria os gocéis con gran alegría" (1 P. 4:13).

Finalmente, tenemos la expectativa de reinar con Cristo. A los dos discípulos que buscaban posiciones de autoridad y prestigio se les prometió en su lugar sufrimiento (Mr. 10:35-39); pero Jesús también le dijo a todo el grupo que como se habían mantenido con él durante todo su padecimiento, comerían y beberían a su mesa en su reino, y se sentarían "en tronos para juzgar a las doce tribus de Israel" (Lc. 22:30). Pablo hizo una declaración similar: "Si sufrimos, también reinaremos con él" (2 Ti. 2:12). Aunque también tenemos problemas y sufrimientos aquí, se nos ofrecen recursos para soportarlos. Y para aquellos que sufren con Cristo, se abre un glorioso futuro por delante.

## Justificación

La humanidad tiene un doble problema como resultado del pecado y la caída. Por una parte, está la corrupción básica en la naturaleza humana; nuestro carácter

7. George E. Ladd, *A Theology of the New Testament* (Grand Rapids: Eerdmans, 1974), pp. 492-93).

moral se ha visto corrompido por el pecado. Este aspecto de la maldición se anula mediante la regeneración, que invierte la dirección y las tendencias generales de la naturaleza humana. Sin embargo, hay otros problemas que permanecen: la culpa y la exposición al castigo por no haber sido capaces de cumplir las expectativas de Dios. Este es el problema al que se refiere la justificación. La justificación es la acción de Dios al pronunciar que los pecadores son rectos ante sus ojos. Hemos sido perdonados y se declara que hemos cumplido todo lo que la ley de Dios exige de nosotros. Históricamente, fue este tema el que preocupaba a Martín Lutero y el que le llevó a separarse de la iglesia católica romana. También tiene una considerable importancia práctica hoy en día porque trata del tema de cómo se puede estar bien con Dios. ¿Cómo yo, un pecador, puedo ser aceptado por un juez santo y recto?

### *Justificación y rectitud forense*

Para entender la justificación es necesario primero entender el concepto bíblico de rectitud, porque la justificación es una regreso del individuo a un estado de rectitud. En el Antiguo Testamento, el verbo צָדַק *(tsadaq)* y sus derivados tenían la connotación de conformidad con una norma. Como el carácter del individuo no está tan a la vista como su relación con la ley de Dios, el término por naturaleza es más religioso que ético. El verbo significa "conformar según una norma dada"; en el radical hifil significa "declarar recto o justificar".[8] La norma en particular varía según la situación. Algunas veces el contexto son la relaciones familiares. Tamar era más recta que Judá porque él no había cumplido sus obligaciones como suegro (Gn. 38:26). Y de David, al negarse a asesinar a Saúl, se dijo que era recto (1 S. 24:17; 26:23), porque él estaba cumpliendo las normas de la relación monarca-súbdito. Está claro que la rectitud se entiende como una manera de vivir según los criterios establecidos para una relación. En última instancia, la persona de Dios y su naturaleza son la medida y el criterio de rectitud. Dios es el soberano de todo y la fuente de todos los criterios de lo que es recto. Como Abraham confesó: "El Juez de toda la tierra, ¿no ha de hacer lo que es justo?" (Gn. 18:25).

En el Antiguo Testamento, el concepto de rectitud con frecuencia aparece en un contexto forense o judicial. Una persona recta es aquella que ha sido declarada libre de culpa por un juez. La tarea del juez es condenar al culpable y absolver al inocente:[9] "Cuando haya pleito entre algunos, y acudan al tribunal para que los jueces los juzguen, estos absolverán al justo y condenarán al culpable" (Dt. 25:1). Dios es juez de los seres humanos (Sal. 9:4; Jer. 11:20). Los que han sido

8. Francis Brown, S. R. Driver, and Charles A. Briggs, *Hebrew and English Lexicon of the Old Testament* (New York: Oxford University Press, 1955), pp 842-43).; J. A. Ziesler, *The Meaning of Righteousness in Paul* (Cambridge: Cambridge University Press; 1972), p. 18.

9. Ladd, *Theology of the New Testament*, p. 440.

absueltos han sido juzgados para que estén en buenas relaciones con Dios, o sea, para que cumplan lo que se espera de ellos en esa relación. En el sentido del Antiguo Testamento, por lo tanto, la justificación implica asegurarse de que la persona es inocente y que después declara lo que es cierto: que es recta, o sea, que ha cumplido la ley.

El Nuevo Testamento desarrolla este punto de vista del Antiguo Testamento sobre la justificación. Si tal adición hubiera sido chocante y escandaloso para Pablo decir, como él dijo, que Dios justifica lo impío (Ro. 4:5). La justicia exige que sean condenados; un juez que justifica o absuelve a los que no son rectos está actuando de forma incorrecta él mismo. Así que, cuando leemos que, al contrario, Dios al justificar a los impíos ha demostrado ser recto (Ro. 3:26), también debemos entender que tal justificación es al margen de las obras de la ley. En el Nuevo Testamento, la justificación es el acto declarativo de Dios mediante el cual, *basándose en la suficiencia de la muerte expiatoria de Cristo*, declara que los creyentes han cumplido con todos los requisitos de la ley que les son aplicables. La justificación es un acto forense que atribuye la rectitud de Cristo al creyente; no es que realmente se infunda de santidad al individuo. Se trata de declarar recta a la persona, tal como lo hace un juez cuando absuelve a un acusado.[10] No se trata de hacer que la persona sea justa o alterar su auténtica condición espiritual.

Varios factores apoyan el argumento de que la justificación es de naturaleza forense o declarativa:

1. El concepto de rectitud como materia de posición formal ante la ley o el pacto, y de un juez como alguien que determina y declara nuestro estatus al respecto.

2. La yuxtaposición de "justificar" (δικαιόω—*dikaioō*) y "condenar" en pasajes como Romanos 8:33-34: "¿Quién acusará a los escogidos de Dios? Dios es el que justifica. ¿Quién es el que condenará? Cristo es el que murió; más aun, el que también resucitó, el que además está a la diestra de Dios, el que también intercede por nosotros". "Justifica" y "condena" son paralelos aquí. Si el segundo es un acto declarativo o forense, entonces presumiblemente el primero también lo es. Desde luego el acto de condenar no trata de cambiar la condición espiritual de alguien, o infundir de alguna manera el pecado o el mal. Simplemente se trata de acusar a alguien de actuar mal y establecer su culpabilidad. De la misma manera, el acto de justificar no consiste en infundir santidad en los creyentes, sino en declararles rectos. Un pasaje similar es Mateo 12:37, donde Jesús, hablando del día del juicio cuando todos darán cuenta de toda palabra dicha de forma ociosa. "Pues por tus palabras serás justificado y por tus palabras serás condenado." En el Antiguo Testamento deberíamos señalar Deuteronomio 25:1, ya citado, y

10. Ziesler, *Righteousness*, p. 168.

Proverbios 17:15: "El que justifica al malvado y el que condena al justo, ambos son igualmente abominables para Jehová". Si "justifica" significa "hacer recto o santo o bueno", los que justifican a los malvados no serían denunciados junto con los que condenan a los rectos. Si condenar es un acto declarativo, justificar también debe serlo.

3. Pasajes donde δικαιόω significa "defender, denostar o reconocer (probar) que es cierto". En algunos casos se utiliza para acciones humanas en relación con Dios. Lucas cuenta que tras oír la predicación de Jesús: "El pueblo entero que lo escuchó, incluso los publicanos, justificaron a Dios" (Lc. 7:29). Jesús utilizó el término de la misma manera cuando respondió a los intentos de los fariseos y de los intérpretes de la ley de justificar su rechazo hacia él: "Pero la sabiduría [o sea, las enseñanzas del Bautista y las mías] es justificada por todos sus hijos (v. 35).

4. La evidencia lingüística de que la justificación tiene carácter forense o declarativo. La terminación verbal -όω, como en δικαιόω, no significa "hacer algo de una manera en particular". Ese más bien es el significado de -άξώ como en ἁγιάζω (*agiazo*—"hacer santo"). La terminación -όω, en contraste, significa "declarar algo de una manera en particular", como en ἀξιόω (*azioo*—"considerar digno"). Por lo tanto, δικαιόω significa "declarar que es justo".[11]

De los datos anteriores se puede concluir que la justificación es una acción forense o declarativa de Dios, como la de un juez cuando absuelve a un acusado. Gottlob Schrenk observa: "En el NT rara vez no se puede detectar la conexión legal... es obvio que la LXX, con su énfasis legal, ha tenido una enorme influencia en el uso del NT.[12] Y D. E. H. Whiteley resume: "Casi está universalmente asumido que la palabra justificar *(dikaioo)* no significa "hacer lo recto".[13]

### *Objeciones a la doctrina de la justificación forense*

Se han planteado objeciones a la idea de que la justificación es de naturaleza forense. Cuando las tratemos, comprenderemos mejor el significado de la justificación. William Sanday y Arthur Headlam plantean la cuestión de cómo podría justificar Dios a los impíos (declararlos rectos). ¿No es una ficción en la que Dios trata a los pecadores como si no hubieran pecado, o en otras palabras, pretende que los pecadores sean algo distinto de lo que son realmente?

11. James Hope Moulton and Wilbert Francis Howard, *New Testament Greek* (Edinburgh: T. & T Clark 1960), vol. 2, p. 397; William Sanday and Arthur C. Headlam, *A Critical and Exegetical Commentary on the Epistle to the Romans*, 5th ed. (Edinburgh: T. & T. Clark, 1958), pp. 30-31.

12. Gottlob Schrenk, dikaiovw, en *Theological Dictionary of the New Testament*, ed Gerhard Kittel and Gerhard Friedrich, trans. Geoffrey W. Bromiley, 10 vols. (Grand Rapids: Eerdmans 1964-76), vol. 2, p. 214.

13. Denys Edward Hugh Whiteley, *The Theology of St. Paul* (Philadelphia: Fortress, 1964), p. 159.

Esta interpretación de la justificación hace parecer a Dios culpable de engaño, incluso aunque sólo se trate de autoengaño.[14] Vincent Taylor tomó esta idea y defendió que la justicia no puede ser imputada a un pecador: "Si mediante la fe a un hombre se le considera recto, debe ser porque, en un sentido respetable de la palabra, es recto, y no porque otro sea recto por él en su lugar".[15]

Respondemos que en el acto de la justificación no es que Dios esté anunciando que los pecadores sean algo que no son. Hay un aspecto constitutivo también en la justificación. Porque lo que Dios hace en realidad es declararnos rectos imputando (no impartiendo) la rectitud de Cristo en nosotros. Aquí debemos distinguir entre dos sentidos de la palabra *recto*. Uno podría ser recto por no haber infringido nunca la ley. Una persona así sería inocente, habría cumplido la ley completamente. Pero incluso aunque hubiera infringido la ley, podría ser considerada recta una vez cumplida la pena impuesta. Hay una diferencia entre estas dos situaciones, que señalan lo insuficiente que resulta definir la justificación sólo como que Dios me considere "únicamente como si nunca hubiera pecado". Los humanos no son rectos en el primer sentido, sino en el segundo. Porque la pena del pecado ha sido pagada, y por lo tanto los requisitos de la ley se han cumplido. No es, pues, una ficción que los creyentes sean rectos, porque la rectitud de Cristo se les ha imputado a ellos. Esta situación de alguna manera es análoga a lo que sucede cuando dos personas se casan o dos compañías se fusionan. Se aportan a la unión las propiedades individuales de cada parte que de ahí en adelante se consideran posesiones comunes.[16]

Una de las objeciones que se plantean a veces a las doctrinas de la expiación sustitutiva y la justificación forense es que la virtud simplemente no se puede transferir de una persona a otra. Sin embargo, lo que debería tenerse en cuenta es que esto no es algo tan externo como a veces se piensa. Porque Cristo y el creyente no están tan lejos uno de otro como para que cuando Dios mire objetivamente al creyente no pueda ver también a Cristo con su rectitud, sino que sólo lo finja. Más bien Cristo y el creyente han llegado a tal tipo de unidad que las cualidades espirituales de Cristo, por así decirlo, y las posibilidades y deudas espirituales del creyente se mezclan. Por tanto, al observar al creyente Dios el Padre no le ve a él solo. Ve al creyente junto con Cristo y en el acto de la justificación les justifica a ambos juntos. Es como si Dios dijera: "¡Son rectos!" Declara sobre el creyente lo que realmente es cierto, lo que llegó a suceder cuando Dios hizo que el creyente fuera uno con Cristo.

La justificación por lo tanto es un asunto de tres partes, no de dos. Y es voluntario para las tres partes. Jesús no es una víctima reacia obligada a realizar

---

14. Sanday and Headlam, *Romans*, p. 36.
15. Vincent Taylor, *Forgiveness and Reconciliation* (London: Macmillan, 1952), p. 57.
16. Ziesler; *Righteousness*, p. 169.

la tarea. Él voluntariamente se da a sí mismo y se une al pecador. También hay una decisión consciente por parte del pecador de entrar a formar parte de esta relación. Y el Padre voluntariamente la acepta. Que nadie se sienta obligado significa que todo es completamente ético y legal.

Numerosos pasajes de las Escrituras indican que la justificación es un don de Dios. Uno de los más conocidos es Romanos 6:23: "porque la paga del pecado es muerte, pero la dádiva de Dios es vida eterna en Cristo Jesús, Señor nuestro." Otro es Efesios 2:8-9: "Porque por gracia sois salvos por medio de la fe; y esto no de vosotros, pues es don de Dios. No por obras, para que nadie se gloríe." La justificación es algo completamente inmerecido. No es un logro. Es una adquisición, no una realización. Ni siquiera la fe es una buena obra que Dios deba recompensar con la salvación. Es un don de Dios. No es la causa de la salvación, sino el medio a través del cual la recibimos. Y, al contrario de lo que la gente cree, siempre ha sido el medio para la salvación. En su discusión sobre Abraham, el padre de los judíos, Pablo señala que Abraham no estaba justificado por sus obras, sino por su fe. Apuntaba esto de forma tanto positiva como negativa. Afirmaba que Abraham: "creyó a Dios y le fue contado por justicia" (Gá. 3:6). Después rechaza la idea de que podemos ser justificados por obras: "Maldito sea el que no permanezca en todas las cosas escritas en el libro de la Ley, para cumplirlas...Y que por la Ley nadie se justifica ante Dios es evidente" (vv. 10-11). Por lo tanto Dios no ha introducido un medio nuevo de salvación. Siempre ha obrado de la misma manera.

El principio de la salvación sólo por la gracia es difícil de aceptar para los humanos. El problema que se encontró la iglesia de Galacia con el legalismo era bastante común. De alguna manera no parece correcto que recibamos la salvación sin tener que hacer nada o sin tener que sufrir de alguna manera por nuestros pecados. O si este no parece ser nuestro caso, si parece ser el caso de otros, especialmente de aquellos que tienen un carácter especialmente malvado. Otra dificultad es que cuando los humanos aceptan el principio de que no tienen que trabajar para recibir la salvación, se produce con frecuencia una tendencia a ir al otro extremo, hacia el antinomianismo (Ro. 6:1-2; Gá. 5:13-15).

### *Fe y obras*

El principio de la salvación por la gracia nos plantea la cuestión de la relación entre la fe y las obras. Resulta aparente por lo que se ha dicho que las obras no dan la salvación. No obstante el testimonio bíblico también indica que aunque es la fe la que conduce hacia la justificación, la justificación debe e invariablemente produce obras adecuadas a la naturaleza de la nueva criatura que surge. Cuando citamos el texto clásico sobre la salvación por la gracia, Efesios 2:8-9, no deberíamos pararnos antes del versículo 10, que señala hacia el resultado de esta gracia: "pues somos hechura suya, creados en Cristo Jesús para buenas obras, las cuales Dios preparó de antemano para que anduviéramos en ellas". Santiago lo dijo de forma más enfática en su discusión sobre la relación entre la fe y las obras, que se resume en su frase: "Así también la fe, si no tiene obras, está completamente muerta." (Stgo. 2:17; ver también v. 26). A pesar de la extendida opinión de que existe tensión entre Pablo y Santiago, los dos argumentan esencialmente lo mismo: que lo genuino de la fe que conduce a la justificación queda claro según los resultados que surgen de ella. Si no hay buenas obras, no ha habido ni fe real ni justificación. Encontramos apoyo para esta afirmación en el hecho de que esa justificación esté íntimamente vinculada a la unión con Cristo. Si nos hemos llegado a ser en uno con Cristo, no viviremos de acuerdo con la carne, sino con el Espíritu (Ro. 8:1-17). La unión con Cristo que trae justificación, también trae la nueva vida. Como dice J. A. Ziesler: "El creyente entra no sólo en una relación privada con Jesús, sino en una humanidad nueva, en la cual se convierte en una nueve clase de hombre."[17]

### *Las consecuencias permanentes del pecado*

Todavía queda un asunto: las consecuencias del pecado parecen permanecer, incluso después de que el pecado ha sido perdonado y el pecador justificado. Un ejemplo lo tenemos en David. Se le dijo que su pecado al cometer adulterio con Betsabé y matar a Urías había sido perdonado y que no moriría; no obstante el niño que tendría con Betsabé moriría debido al pecado de David (2 S. 12:13-14). ¿Es tal perdón real y completo? ¿No es como si en esos casos Dios retuviera un poco de su perdón y todavía castigase un poco? Y si eso es así, ¿es eso realmente gracia?

Es necesario hacer una distinción entre las consecuencias temporales y eternas del pecado. Cuando uno es justificado, todas las consecuencias eternas del pecado quedan canceladas, incluso la muerte eterna. Pero las consecuencias temporales del pecado, tanto las individuales como las que afectan a la raza humana en su conjunto, no necesariamente quedan eliminadas. Por eso seguimos experimentando la muerte física y los otros elementos de la maldición de Génesis 3. Algunas de estas consecuencias proceden de nuestros pecados en una relación causa-efecto que puede ser de naturaleza física o social. Dios de ordinario no interviene milagrosamente para impedir la aplicación de estas leyes. Así si, por ejemplo, una persona en un acceso de ira, quizá ebrio, mata a su familia pero luego se arrepiente y es perdonado, Dios no devolverá a la vida a los miembros de su familia. Su pecado le ha conducido a sufrir una pérdida para toda la vida.

Aunque no sabemos la naturaleza exacta de la causa de la muerte del hijo de David y Betsabé, no es difícil ver una conexión entre el pecado de David y la violación, asesinato y rebelión que ocurrió con sus otros hijos. Plenamente

17. Ibíd., p. 168.

consciente de sus propias debilidades, David puede que fuera demasiado indulgente con sus hijos, o puede que ellos vieran el hecho de que él les instará a comportarse bien como algo hipócrita. Vemos los resultados en las tragedias que sucedieron más tarde. Aquí hay una advertencia: aunque el perdón de Dios no tiene límites y es accesible, no deberíamos presumir de él. El pecado no es algo que deba ser tratado a la ligera.

## Adopción

El efecto de la justificación es principalmente negativo: la cancelación del juicio contra nosotros. Desafortunadamente, es posible ser perdonado sin adquirir simultáneamente una posición positiva. Sin embargo, no ocurre así con la justificación. Porque no sólo se nos libera de la exposición al castigo, sino que se nos devuelve a una posición de favor ante Dios. Esta transferencia de un estado de alejamiento y hostilidad a uno de aceptación y favor se denomina adopción.[18] Se hace referencia a ello en varios pasajes del Nuevo Testamento. Quizá el más conocido sea Juan 1:12: "Mas a todos los que lo recibieron, a quienes creen en su nombre, les dio potestad de ser hechos hijos de Dios" (Jn. 1:12). Pablo señala que nuestra adopción es el cumplimiento de parte del plan de Dios: "Nos predestinó para ser adoptados hijos suyos por medio de Jesucristo, según el puro afecto de su voluntad" (Ef. 1:5). Y en Gálatas 4:4-5 Pablo vincula la adopción con la justificación: "Pero cuando vino el cumplimiento del tiempo, Dios envió a su Hijo, nacido de mujer y nacido bajo la Ley, para redimir a los que estaban bajo la Ley, a fin de que recibiéramos la adopción de hijos."

### *La naturaleza de la adopción*

Hay varias características importantes de nuestra adopción. Primero, sucede al mismo tiempo que la conversión, la regeneración, la justificación y la unión con Cristo. Es adicionalmente, la condición en la cual el cristiano vive y actúa desde ese momento en adelante. Aunque lógicamente se puede distinguir de la regeneración y de la justificación, la adopción en realidad no se puede separar de ellas. Sólo los que estén justificados y regenerados estarán adoptados y viceversa.[19] Esto queda claro en las palabras que siguen a Juan 1:12, que como hemos señalado, es una referencia clave para los hijos adoptados de Dios: "Estos no nacieron de sangre, ni por voluntad de carne, ni por voluntad de varón, sino de Dios".

La adopción implica un cambio tanto de estatus como de condición. En el sentido formal es un asunto declarativo, una alteración de nuestra posición legal. Nos convertimos en hijos de Dios. Este es un hecho objetivo. Sin embargo,

18. Murray, *Redemption*, pp. 132-34.
19. Augustus H. Strong, *Systematic Theology* (Westwood, N.J.: Revell, 1907), p. 857.

además está la experiencia real de estar favorecido por Dios. Disfrutamos lo que se denomina el espíritu de ser hijo. El cristiano mira de forma afectuosa y confiada a Dios como Padre en lugar de considerarle un amo o severo y exigente al que hay que temer (Jn. 15:14-15). Mediante la adopción queda restablecida la relación con Dios que los humanos tuvieron una vez pero que perdieron. Por naturaleza y por creación somos hijos de Dios, pero somos hijos rebeldes y alejados. Nos hemos echado de la familia de Dios por así decirlo. Pero Dios al adoptarnos nos devuelve a la relación con él que se pretendía que tuviéramos originalmente. Esta condición no es algo totalmente nuevo, porque no es algo ajeno a nuestra naturaleza original.

Que somos hijos de Dios por creación queda implícito con bastante claridad en las frase de Pablo en Hechos 17:24-29, que culmina en el versículo 29: "siendo pues linaje de Dios...". También está implícito en Hebreos 12:5-9, donde se representa a Dios como un Padre que disciplina a sus hijos. Santiago 1:17 ve de forma similar a Dios como Padre de todos los humanos: "Toda buena dádiva y todo don perfecto desciende de lo alto, del Padre de las luces, en el cual no hay mudanza ni sombra de variación". Probablemente el texto más claro y directo a este respecto sea Malaquías 2:10: "¿Acaso no tenemos todos un mismo Padre? ¿No nos ha creado un mismo Dios? ¿Por qué, pues, somos desleales los unos con los otros, profanando el pacto de nuestros padres?" Malaquías se está refiriendo aquí sólo al pueblo de Israel y de Judá. A pesar de que tienen un solo Padre, habiendo sido creados por un único Dios, han sido infieles unos con otros y al pacto. Pero el principio subyacente tiene una aplicación más amplia. Todos los que han sido creados por este único Dios tienen un Padre. La paternidad de Dios, por tanto, no tiene únicamente una importancia o una aplicación local. Es una verdad universal porque va unida a la creación de la raza humana.

Sin embargo, debemos observar que la adopción de la que hemos hablado introduce un tipo de relación con Dios bastante distinta a la que los humanos en general tienen con él. Juan apunta con claridad hacia esta distinción: "Mirad cuál amor nos ha dado el Padre, para que seamos llamados hijos de Dios" (1 Jn. 3:1a). El no creyente simplemente no tiene, y no puede experimentar, el tipo de relación filial que experimenta el creyente.[20]

### *Los beneficios de la adopción*

El significado o la importancia de la adopción resulta más aparente cuando examinamos sus efectos en la vida del creyente. Uno de estos es, por supuesto, el perdón. Ya que Dios nos has perdonado, Pablo nos impulsa a perdonar a los demás: "Antes sed bondadosos unos con otros, misericordiosos, perdonándoos unos a otros, como Dios también os perdonó a vosotros en

20. Charles M. Horne, *Salvation* (Chicago: Moody, 1971), pp. 76-77.

Cristo" (Ef. 4:32). Tenemos que ser amables y misericordiosos porque Dios nuestro Padre no ha dudado en perdonarnos. Se deleita con el perdón; es misericordioso, amable y tierno (Dt. 5:10; Sal. 103:8-14). No es un Padre estricto o severo. No hay que temerlo, sino que hay que confiar en él. Nuestra adopción significa que hay un perdón continuado. Si Dios fuera nuestro juez, nuestros pecados pasados nos serían perdonados, pero eso no nos aseguraría el perdón de nuestros pecados futuros. En la ley uno no puede ser culpable o quedar absuelto antes de que el acto en cuestión suceda; no se puede pagar una multa o cumplir una condena por anticipado.[21] Sólo tras el acto mismo se puede pagar la pena y realizar la justificación. En claro contraste, no es necesario temer que la gracia de Dios vaya a cesar y que seamos tratados de forma severa si nos equivocamos una vez. Dios realmente es nuestro Padre, no un policía. Tenemos paz con Dios, como señaló Pablo en Romanos 5:1. Nuestra adopción y el perdón de Dios son eternos.

Nuestra adopción también implica reconciliación. No sólo nos ha perdonado Dios, sino que también nos hemos reconciliado con él. Ya no tenemos enemistad hacia él. Dios ha mostrado su amor por nosotros tomando la iniciativa al recuperar la comunión dañada por el pecado. Como dijo Pablo: "Pero Dios muestra su amor para con nosotros, en que siendo aún pecadores, Cristo murió por nosotros... porque, si siendo enemigos, fuimos reconciliados con Dios por la muerte de su Hijo, mucho más, estando reconciliados, seremos salvos por su vida" (Ro. 5:8,10). En la adopción las dos partes se reconcilian.

También existe libertad para los hijos de Dios. El hijo de Dios no es un esclavo que obedece por un sentido de servidumbre o de obligación. Los esclavos viven con temor a las consecuencias de realizar sus obligaciones, pero Pablo señala que como hijos de Dios no deberíamos temer las consecuencias de no ser capaces de vivir según la ley: "Todos los que son guiados por el Espíritu de Dios, son hijos de Dios, pues no habéis recibido el espíritu de esclavitud para estar otra vez en temor, sino que habéis recibido el Espíritu de adopción, por el cual clamamos: "¡*Abba*, Padre!". El Espíritu mismo da testimonio a nuestro espíritu, de que somos hijos de Dios" (Ro. 8:14-16). Un pensamiento similar se expresa en Gálatas 3:10-11. Somos personas libres. No estamos obligadas por la ley de la misma manera que los esclavos o los sirvientes.

Sin embargo, esta libertad no es libertinaje. Siempre hay alguien que pervierte su libertad. Pablo hace una advertencia a esa gente: "Vosotros, hermanos, a libertad fuisteis llamados; solamente que no uséis la libertad como ocasión para la carne, sino servíos por amor los unos a los otros, porque toda la Ley en esta sola palabra se cumple: "Amarás a tu prójimo como a ti mismo". Pero si os

21. Se debería señalar que en los juzgados sólo se escuchan casos reales, no hipotéticos. No se puede encontrar a alguien culpable o inocente por anticipado de un supuesto acto.

mordéis y os coméis unos a otros, mirad que también no os destruyáis unos a otros. Digo, pues: Andad en el Espíritu, y no satisfagáis los deseos de la carne" (Gá. 5:13-16). Los creyentes sirven a Dios no por miedo o por presión, sino por una motivación más grande: su amistad con él. Jesús dijo: "Vosotros sois mis amigos si hacéis lo que yo os mando. Ya no os llamaré siervos, porque el siervo no sabe lo que hace su señor; pero os he llamado amigos, porque todas las cosas que oí de mi Padre os las he dado a conocer" (Jn. 15:14-15). Antes en el mismo discurso había hecho afirmaciones similares: "Si me amáis, guardad mis mandamientos... El que tiene mis mandamientos y los guarda, ese es el que me ama; y el que me ama será amado por mi Padre, y yo lo amaré y me manifestaré a él" (Jn. 14:15, 21). El creyente cumple los mandamientos, no por miedo de un amo cruel y duro, sino por amor a un Padre amable y cariñoso.[22]

La adopción significa que el cristiano es el receptor del cuidado paternal de Dios. Pablo señaló que "El Espíritu mismo da testimonio a nuestro espíritu, de que somos hijos de Dios. Y si hijos, también herederos; herederos de Dios y coherederos con Cristo, si es que padecemos juntamente con él, para que juntamente con él seamos glorificados" (Ro. 8:16-17). Como herederos tenemos a nuestra disposición los recursos ilimitados del Padre. Pablo señaló esto a los filipenses: "Mi Dios, pues, suplirá todo lo que os falta conforme a sus riquezas en gloria en Cristo JesúsÌ (Fil. 4:19). El creyente puede orar con confianza, sabiendo que no existe límite en lo que Dios es capaz de hacer. Según Jesús, el padre que alimenta las aves y viste los lirios del campo cuida incluso más de sus hijos humanos (Mt. 6:25-34). Su provisión siempre es sabia y amable (Lc. 11:11-13).

Sin embargo, no se debería pensar que Dios es indulgente y permisivo. Es nuestro Padre celestial, no nuestro Abuelo celestial. Por lo tanto, la disciplina es una de las características de nuestra adopción. En la epístola a los hebreos hay una discusión bastante amplia sobre este tema (12:5-11). Citando Proverbios 3:11-12, el escritor comenta: "Si soportáis la disciplina, Dios os trata como a hijos; porque ¿qué hijo es aquel a quien el padre no disciplina? (v. 7). La disciplina puede que no resulte agradable en el momento en el que se aplica, pero resulta beneficiosa a largo plazo. El amor es preocupación y acción por el bienestar final del otro. Por lo tanto, la disciplina se debería considerar como una prueba de amor más que como una falta de él. No siempre se piensa en ello como un beneficio de la adopción, pero no obstante es un beneficio. Dios varias veces se refiere a Israel como su hijo (Éx. 4:22; Jer. 31:9; Os. 11:1). Por rebelde e impetuoso que sea ese hijo, Dios no lo abandona. Por lo tanto, no debemos preocuparnos de que Dios nos rechace cuando nos alejemos. Si se mantuvo unido a Israel a pesar de todas las iniquidades que recoge el Antiguo Testamento, también será paciente con nosotros, mostrando un amor fiel y persistente.

22. Ladd, *Theology of the New Testament,* pp. 493-94.

Finalmente, la adopción implica la bondad del Padre. Somos perdonados, o sea que la pena por nuestro mal comportamiento se ha pagado. Sin embargo, esto puede que sólo signifique que no seremos castigados en el futuro. No garantiza la buena voluntad del Padre. Cuando se ha pagado una deuda criminal con la sociedad, de ahí en adelante la sociedad no necesariamente mira de forma favorable o caritativa a la persona que la ha pagado. Puede que resulte sospechosa, que no se confíe en ella o que produzca animosidad. Sin embargo, con el Padre somos los receptores del amor y la buena voluntad que tanto necesitamos y deseamos. Él es nuestro y nosotros somos suyos, y a través de la adopción él extiende hacia nosotros todos los beneficios que su inmenso amor puede ofrecer.

# 47. La continuación de la salvación

## Objetivos del capítulo

Después de estudiar este capítulo, debería ser capaz de:

- Definir y explicar qué es la santificación y cómo se lleva a cabo en la vida del creyente.
- Identificar y describir cómo Dios produce la santificación en el creyente.
- Examinar el papel que tiene la ley con respecto al creyente.
- Identificar el papel de la salvación para los creyentes del Antiguo Testamento.

## Resumen del capítulo

Tras la obra milagrosa de la salvación, Dios continúa el proceso transformador para hacer al creyente a la imagen de Cristo. La santificación es el proceso de apartarse del pecado para convertirse en santo y llevar una vida libre de pecado. Aunque esto no se consiga en esta vida, es el objetivo. La obra santificadora de Dios se lleva a cabo mediante diferentes procesos, incluyendo la unión con Cristo y la separación.

## Cuestiones de estudio

1. ¿Qué es la santificación y cómo se lleva a cabo en la vida del creyente?
2. Diferenciar entre la idea calvinista y arminiana de santificación.
3. ¿Cómo contribuyen a la santificación la unión con Cristo, una relación de amistad y la separación?
4. ¿Qué papel tiene la ley en el concepto de santificación del Nuevo Testamento?
5. ¿Qué enseña la Biblia sobre la salvación de los creyentes del Antiguo Testamento?

Santificación
La naturaleza de la santificación
Santificación: ¿completa o incompleta?
La vida cristiana
La unión con Cristo
Una relación de amistad
El papel de la ley
Separación
La salvación de los creyentes del Antiguo Testamento

Los inicios de la salvación tal como los examinamos en los dos capítulos anteriores son complejos y profundos. No obstante no son el fin de la obra especial de Dios para restablecer a sus hijos la semejanza con él que estaban destinados a tener. Habiendo iniciado esta obra transformadora, continúa con ella y la completa.

## Santificación

### *La naturaleza de la santificación*

La santificación es la continuación de la obra de Dios en la vida del creyente, haciendo que sea realmente santo. Por "santo" aquí entendemos "que se asemeja realmente a Dios". La santificación es un proceso mediante el cual nuestra condición moral entra en conformidad con nuestro estatus legal frente a Dios. Es una continuación de lo que Dios comenzó con la regeneración, cuando una nueva vida se confirió y fue infundida al creyente. En particular, la santificación es el Espíritu Santo aplicando a la vida del creyente la obra hecha por Jesucristo.

Hay dos sentidos básicos en la palabra *santificación*, que están relacionados con dos conceptos básicos de santidad. Por una parte está la santidad como característica formal de los objetos particulares, las personas y los lugares. En este sentido la santidad se refiere a un estado de separación, de apartarse de lo ordinario o mundano y dedicarse a un propósito o uso particular. El adjetivo hebreo para "santo" (קָדוֹשׁ – *qados*) literalmente significa "separado", ya que se deriva de un verbo que significa "cortar" o "separar."[1] Junto con sus cognados se utiliza para designar lugares particulares (en especial el Lugar Santo y el Lugar Santísimo), objetos (por ejemplo, la ropa de Aarón el día del Sabat) y las personas (por ejemplo, los sacerdotes y los levitas) especialmente cuando se apartaban o santificaban al Señor. Un ejemplo lo encontramos en Éxodo 13:2: "Conságrame todo primogénito. Todo lo que abre la matriz entre los hijos de Israel, tanto de los hombres como de los animales, mío es." De la misma manera, la santidad de Dios significa su separación de todo lo que es impuro.

1. Francis Brown, S. R. Driver and Charles A. Briggs, *Hebrew and English Lexicon of the Old Testament* (New York: Oxford University Press, 1955), p. 871.

Este sentido de la santificación también lo encontramos en el Nuevo Testamento. Pedro se refiere a sus lectores como "linaje escogido, real sacerdocio, nación santa, pueblo adquirido por Dios" (1 P. 2:9). Aquí ser santificado significa "pertenecer al Señor". La santificación en este sentido es algo que ocurre al principio mismo de la vida cristiana, en el momento de la conversión, junto con la regeneración y la justificación. Es en este sentido en el que el Nuevo Testamento se refiere con tanta frecuencia a los cristianos como "santos" (ἅγιοι—*hagioi*), incluso aunque están lejos de ser perfectos.[2] Pablo, por ejemplo, se dirige a la gente de la iglesia de Corinto de esa manera, incluso aunque probablemente era la iglesia más imperfecta en la que él había ministrado. "A la iglesia de Dios que está en Corinto, a los santificados en Cristo Jesús, llamados a ser santos con todos los que en cualquier lugar invocan el nombre de nuestro Señor Jesucristo, Señor de ellos y nuestro" (1 Co. 1:2).

El otro sentido de la santificación es la bondad moral o el valor espiritual. Este sentido fue predominando cada vez más. Designa no sólo el hecho de que los creyentes son apartados formalmente, o que pertenecen a Cristo, sino que después ellos mismos se comportan de acuerdo a ello. Deben a vivir vidas de pureza y bondad.[3]

El término *santificación* no aparece en ningún momento en los evangelios sinópticos. Para expresar la idea de que nuestras vidas tienen que ser puras, Jesús resaltó la idea de que somos hijos de Dios: pertenecemos a Dios y en consecuencia debemos mostrar semejanza con él. Deberíamos compartir su espíritu de amor: "Oísteis que fue dicho: 'Amarás a tu prójimo y odiarás a tu enemigo'. Pero yo os digo: Amad a vuestros enemigos, bendecid a los que os maldicen, haced bien a los que os odian y orad por los que os ultrajan y os persiguen, para que seáis hijos de vuestro Padre que está en los cielos, que hace salir su sol sobre malos y buenos y llover sobre justos e injustos" (Mt. 5:43-45). Para Jesús, sus hermanos y hermanas son aquellos que cumplen la voluntad de Dios (Mr. 3:35). Pablo comparte esta idea de que nuestra posición ante Dios debe resultar en una forma santa de vivir. Por ejemplo en Efesios dice "Yo, pues, preso en el Señor, os ruego que andéis como es digno de la vocación con que fuisteis llamados" (Ef. 4:1). Después especifica una vida de humildad, mansedumbre, paciencia y tolerancia. El hecho de pertenecer a Dios debe dar como resultado atributos morales que reflejen tal posición.[4]

Para enfocar aún más la naturaleza de la santificación, sería útil contrastarla con la justificación. Hay algunas diferencias notables. Una pertenece a la du-

2. G. Abbott-Smith, *A Manual Greek Lexicon of the New Testament*, 3rd ed. (Edinburgh: T. &T. Clark, 1953), p. 5.

3. Ibid.

4. Horst Seebass, "Holy, Consecrate, Sanctify, Saints, Devout," in *The New International Dictionary of New Testament Theology*, ed. Colin Brown (Grand Rapids: Zondervan, 1976), vol. 2, p. 230.

ración. La justificación es un suceso instantáneo, se completa en un momento, mientras que la santificación es un proceso que requiere toda una vida para que se complete. Hay una distinción cuantitativa también. Uno es justificado o no, mientras que se puede estar más o menos santificado. O sea, hay grados de santificación, pero no de justificación. La justificación es un asunto de tipo forense o declarativo, como hemos visto anteriormente, mientras que la santificación es una transformación real del carácter y la condición de la persona. La justificación es una obra objetiva que afecta a nuestra posición ante Dios, a nuestra relación con él, mientras que la santificación es una obra subjetiva que afecta al interior de nuestra persona.

Tenemos que observar las características de la santificación. Debemos resaltar que la santificación es una obra sobrenatural, es algo hecho por Dios, no algo que hacemos nosotros mismos. Por tanto, no estamos hablando de una reforma. Pablo escribió: "Que el mismo Dios de paz os santifique por completo; y todo vuestro ser – espíritu, alma y cuerpo – sea guardado irreprochable para la venida de nuestro Señor Jesucristo" (1 Ts. 5:23). Otras referencias que hacen hincapié en que es Dios el que obra la santificación son Efesios 5:26; Tito 2:14 y Hebreos 13:20-21. Cuando decimos que la santificación es sobrenatural, queremos decir que es algo que la naturaleza no puede producir o explicar. También es sobrenatural en el sentido de que es especial, una obra volitiva o una serie de obras del Espíritu Santo. No es sólo un asunto de su providencia general, que manifiesta de manera universal.

Además esta obra divina es progresiva. Esto se aprecia, por ejemplo, cuando Pablo asegura que Dios continuará la obra en las vidas de los filipenses: "estando persuadido de esto, que el que comenzó en vosotros la buena obra la perfeccionará hasta el día de Jesucristo" (Fil. 1:6). Pablo también señala que la cruz es el poder de Dios "a los que se salvan, esto es a nosotros" (1 Co. 1:18). Aquí utiliza un participio presente, que claramente expresa la idea de una actividad que está en proceso. Que esta actividad es la continuación y la terminación de la vida nueva que empezó con la regeneración es evidente no sólo por Filipenses 1:6, sino también por Colosenses 3:9-10: "No mintáis los unos a los otros, habiéndoos despojado del viejo hombre con sus hechos y revestido del nuevo. Este, conforme a la imagen del que lo creó, se va renovando hasta el conocimiento pleno".

El objetivo de esta obra divina es la semejanza con Cristo mismo. Esta era la intención de Dios desde toda la eternidad: "A los que antes conoció, también los predestinó para que fueran hechos conformes a la imagen de su Hijo, para que él sea el primogénito entre muchos hermanos" (Ro. 8:29). La palabra traducida como "para que fueran hechos conformes a" (συμμόρφους—*summorphous*) indica una semejanza a Cristo que no es sólo un parecido superficial o externo. Significa todo el conjunto de características o cualidades que hacen de algo lo que es. Además, es una palabra compuesta, cuyo prefijo indica una conexión vital con el objeto al que se parece. Que hayamos sido hechos similares a Cristo, no es una transacción a distancia. Lo que vamos a tener lo tenemos *junto con* él.

La santificación es la obra del Espíritu Santo.[5] En Gálatas 5 Pablo habla de la vida en el Espíritu: "Digo, pues: Andad en el Espíritu, y no satisfagáis los deseos de la carne" (v. 16); "Si vivimos por el Espíritu, andemos también por el Espíritu" (v. 25). También enumera un grupo de cualidades que designa colectivamente como "el fruto del Espíritu": "amor, gozo, paz, paciencia, benignidad, bondad, fe, mansedumbre, templanza (vv. 22-23). De la misma manera en Romanos 8 Pablo dice mucho sobre el Espíritu y el cristiano. Los cristianos andan conforme al Espíritu (v. 4); piensan en las cosas del Espíritu (v. 5); viven según el Espíritu (v. 9); el Espíritu está en ellos (v. 9); por el Espíritu hacen morir las obras de la carne (v. 13); son guiados por el Espíritu (v. 14); el Espíritu mismo da testimonio de que son hijos de Dios (v. 16); el Espíritu intercede por ellos (vv. 26-27). Es el Espíritu el que obra en el creyente, haciendo que se produzca la semejanza con Cristo.

De lo anterior se podría concluir que la santificación es algo completamente pasivo por parte del creyente. Sin embargo, esto no es así. Aunque la santificación es exclusivamente cosa de Dios, o sea, que su poder reside enteramente en su santidad,[6] al creyente constantemente se le está pidiendo que trabaje y que madure en las materias relacionadas con la salvación. Por ejemplo, Pablo escribe a los filipenses: "ocupaos en vuestra salvación con temor y temblor, porque Dios es el que en vosotros produce así el querer como el hacer, por su buena voluntad" (Fil. 2:12-13). Pablo alienta tanto a practicar las virtudes como a evitar los males (Ro.12:9, 16-17). Tenemos que hacer morir las obras de la carne (Ro. 8:13) y presentar nuestros cuerpos como sacrificio vivo (Ro. 12:1-2). Así que mientras la santificación es obra de Dios, el creyente también tiene un papel, que implica tanto eliminar lo pecaminoso como fomentar la santidad.

## *Santificación: ¿completa o incompleta?*

Un tema importante sobre el que ha habido desacuerdo a lo largo de la historia de la iglesia es si el proceso de santificación se completa alguna vez mientras el creyente vive en la tierra. ¿Hay un momento en la vida en el que dejamos de pecar? Aunque es peligroso generalizar, los que responden a esta pregunta de forma afirmativa (los perfeccionistas) tienden al arminianismo. Las principales denominaciones perfeccionistas como la Iglesia del Nazareno y los grupos pentecostales son arminianos. Sin embargo, no todos los arminianos son perfeccionistas. Normalmente los calvinistas no son perfeccionistas.

5. Otto Procksch, "ἅγιος, ἁγιάζω ἁγιασμός," in *Theological Dictionary of the New Testament*, ed. Gerhard Kittel and Gerhard Friedrich, trans. Geoffrey Bromiley, 10 vols. (Grand Rapids: Eerdmans, 1964-67), vol. 1, p. 113.

6. Ibíd., p. 111.

Los perfeccionistas mantienen que es posible llegar a un estado en el cual el creyente no peca, y que desde luego algunos cristianos llegan a ese estado. Eso no significa que la persona no pueda pecar, sino que la persona realmente no peca. Tampoco significa que ya no se necesiten los medios de gracia o al Espíritu Santo, que ya no exista la tentación o que no haya que luchar contra la tendencia innata hacia el mal, o que ya no haya posibilidad de seguir madurando espiritualmente.[7] Más bien, significa que es posible no pecar y que algunos creyentes realmente se abstienen de todo mal. Muchos textos bíblicos apoyan esta visión. Uno de ellos es Mateo 5:48 donde Jesús dice a sus oyentes: "Sed, pues, vosotros perfectos, como vuestro Padre que está en los cielos es perfecto". Pablo señala que los líderes serán capacitados para perfeccionar a los santos para que edifiquen el cuerpo de Cristo "hasta que todos lleguemos a la unidad de la fe y del conocimiento del Hijo de Dios, al hombre perfecto, a la medida de la estatura de la plenitud de Cristo" (Ef. 4 :13). Ora por los tesalonicenses: "Que el mismo Dios de paz os santifique por completo; y todo vuestro ser – espíritu, alma y cuerpo – sea guardado irreprochable para la venida de nuestro Señor Jesucristo" (1 Ts. 5:23). El escritor de Hebreos, de forma similar, ora: "Que el Dios de paz... os haga aptos en toda obra buena para que hagáis su voluntad, haciendo él en vosotros lo que es agradable delante de él por Jesucristo." (He. 13:20-21). Estos versículos desde luego parecen ofrecer una evidencia a primera vista de que la santificación total es una posibilidad para todos los creyentes, y una realidad para algunos.[8]

No menos comprometidos en sus convicciones son aquellos que mantienen que la perfección es un ideal que nunca se consigue en esta vida. Ellos sostienen que por mucho que debiéramos desear y tratar de librarnos del pecado, una vida sin pecado simplemente no es un objetivo realista para esta vida. Ciertos pasajes indican que no podemos escapar del pecado.[9] Uno de los más destacados es 1 Juan 1:8-10: "Si decimos que no tenemos pecado, nos engañamos a nosotros mismos y la verdad no está en nosotros. Si confesamos nuestros pecados, él es fiel y justo para perdonar nuestros pecados y limpiarnos de toda maldad. Si decimos que no hemos pecado, lo hacemos a él mentiroso y su palabra no está en nosotros." El hecho de que este pasaje fuera escrito para los creyentes hace que la opción de que exista pecado en todos nosotros sea la más convincente.

Otro pasaje al que aluden con frecuencia los no perfeccionistas es Romanos 7, donde Pablo habla de su propia experiencia. Suponiendo que Pablo tiene en mente su vida después de la conversión (una suposición que no todos los estudiosos aceptan), este pasaje parece ser un testimonio vivo y persuasivo a efectos de que el creyente no esté libre de pecado. Pablo lo dice con mucha fuerza: "Y

7. John Wesley, *A Plain Account of Christian Perfection* (London: Epworth, 1952), p. 28.

8. Charles G. Finney, *Lectures on Systematic Theology* (London: William Tegg, 1851), pp. 604-13.

9. Augustus H. Strong, *Systematic Theology* (Westwood, N.J.: Revell, 1907), p. 879.

yo sé que en mí, esto es, en mi carne, no habita el bien, porque el querer el bien está en mí, pero no el hacerlo. No hago el bien que quiero, sino el mal que no quiero, eso hago" (vv. 18-19). Esta frase procede de uno de los cristianos más grandes, es más, algunos dirían que el cristiano más grande de todos los tiempos. Si incluso él confesó tener gran dificultad con el pecado, debemos concluir que la perfección no se puede conseguir en esta vida.

¿Cómo podemos aclarar todas estas consideraciones y llegar a una conclusión sobre este tema tan difícil e importante? Empezaremos señalando una vez más la naturaleza del pecado. No son meramente actos de naturaleza externa. Jesús dejó muy claro que incluso los pensamientos y las actitudes que tenemos son pecadoras si no están del todo de acuerdo con la mente del todopoderoso y completamente santo Dios (ver, por ejemplo, Mt. 5:21-28). Por tanto, el pecado tiene un carácter considerablemente más amplio y sutil de lo que solemos pensar.

También es necesario que determinemos la naturaleza de la perfección que se nos encomienda. La palabra τέλειοι *(teleioi)*, que encontramos en Mateo 5:48, no significa "sin falta" o "sin mancha". Más bien significa "completo". Es posible, por lo tanto, ser "perfecto" sin estar enteramente libre de pecado.[10] O sea, podemos tener la plenitud de Cristo (Ef. 4:13) y todos los frutos del Espíritu (Gá. 5:22-23) sin poseerlos completamente.

El estándar al que hay que tratar de dirigirse es el de la liberación completa del pecado. Los mandamientos para intentar conseguir ese objetivo mediante la gracia de Dios son demasiado numerosos para ignorarlos. Y desde luego, si es posible mediante esta ayuda evitar rendirse a una tentación en particular, entonces es posible vencer en todos los casos. Pablo lo expone de la siguiente manera: "Ustedes no han sufrido ninguna tentación que no sea común al género humano; pero Dios es fiel, y no permitirá que ustedes sean tentados más allá de lo que puedan aguantar. Más bien, cuando llegue la tentación, él les dará también una salida a fin de que puedan resistir" (1 Co. 10:13--NVI). Habiendo dicho esto, no obstante, debemos también señalar la fuerza de pasajes como 1 Juan 1. E incluso más allá de estos pasajes didácticos está el hecho confirmatorio de que las Escrituras retratan libremente a los grandes hombres y mujeres de Dios como pecadores. Aunque debemos tener cuidado y evitar basar nuestros argumentos principalmente en la experiencia, los fenómenos de la vida cristiana, no obstante debemos señalar que las partes narrativas y descriptivas de las Escrituras confirman y aclaran los pasajes didácticos en este aspecto. Aparentemente la perfección que debemos suponer poseían los grandes héroes y heroínas de la fe en Hebreos 11 no era incompatible con el hecho de que no estuvieran del todo libres de pecado. Además, el Padrenuestro implica que hasta que el reino de Dios no

10. James Hope Moulton and George Milligan, *The Vocabulary of the Greek New Testament* (Grand Rapids: Eerdmans, 1974), p 629.

llegue completamente a la tierra, será necesario orar: "perdona nuestros pecados". Nuestra conclusión es que aunque la libertad completa del pecado y la victoria sobre el mismo es el objetivo a alcanzar y son teóricamente posibles, es dudoso que ningún creyente pueda llegar a conseguir ese objetivo en esta vida.

Sin embargo, existen ciertas dificultades unidas a esta posición. Una es que parece contradictorio que repetidamente se exhorte a los cristianos a llevar una vida victoriosa y sin mancha si eso no es una posibilidad real.[11] ¿Pero eso necesariamente tiene que ser así? Puede que exista un estándar, un ideal hacia el que nos dirigimos, pero que realmente no esperamos alcanzar en un periodo de tiempo finito. Nadie ha alcanzado nunca la Estrella Polar cuando navega o vuela. Sin embargo, eso no cambia el hecho de que continúe siendo el punto a seguir, nuestra medida de lo que es "el norte a seguir". De forma similar, aunque puede que nunca seamos perfectamente santos en esta vida, lo seremos en la eternidad y por tanto deberíamos tener esto presente para conseguir llegar lo más cerca posible de la santificación completa.

Otro problema es la presencia de enseñanzas como 1 Juan 3:3-6: "Y todo aquel que tiene esta esperanza en él, se purifica a sí mismo, así como él es puro. Todo aquel que comete pecado, infringe también la Ley, pues el pecado es infracción de la Ley. Y sabéis que él apareció para quitar nuestros pecados, y no hay pecado en él. Todo aquel que permanece en él, no peca. Todo aquel que peca, no lo ha visto ni lo ha conocido." ¿Esto no confirma la posición perfeccionista? Sin embargo, hay que observar que las formas verbales, especialmente en el versículo 4 ("que comete pecado") y más tarde en el versículo 6 ("que permanece en él") están en presente. El significado es que todos los que continúan pecando habitualmente son culpables de "infracción de la ley" y nunca han conocido a Cristo.

Hay implicaciones prácticas importantes en nuestro punto de vista de que aunque la falta absoluta de pecado no se experimente en esta vida debe ser nuestro objetivo a alcanzar. Por una parte, esta posición significa que no hace falta que haya grandes sentimientos de descontento, derrota, incluso desesperación y culpa cuando se peca. Por otra parte, también significa que no estaremos excesivamente satisfechos con nosotros mismos ni indiferentes ante la presencia del pecado. Porque de forma fiel y diligente pediremos a Dios que nos ayude a superar completamente esa tendencia al mal que, como Pablo, sabemos que está tan arraigada en nosotros.

## La vida cristiana

El Nuevo Testamento tiene mucho que decir sobre la base, naturaleza y desarrollo de la vida cristiana. Esta instrucción no sólo nos ayuda a entender la actividad santificadora de Dios en nosotros, sino que también nos guía para vivir la vida cristiana.

11. Finney, *Lectures*, pp. 611-13.

### *La unión con Cristo*

En el capítulo anterior examinamos ampliamente el concepto de la unión con Cristo como que en cierto sentido abarcaba toda la salvación, y su papel en la justificación. Sin embargo, más allá de eso, nuestro caminar continuado en la vida cristiana, nuestra santificación, depende de la unión con él. Jesús dejó esto bastante claro en su imagen de la vid y los pámpanos: "Permaneced en mí, y yo en vosotros. Como el pámpano no puede llevar fruto por sí mismo, si no permanece en la vid, así tampoco vosotros, si no permanecéis en mí. "Yo soy la vid, vosotros los pámpanos; el que permanece en mí y yo en él, este lleva mucho fruto, porque separados de mí nada podéis hacer." (Jn. 15:4-5). Jesús ve la unión con él, que está muy ligada a cumplir los mandamientos (v. 10), como la clave de toda la vida cristiana del creyente. Llevar el fruto (v. 5), orar (v. 7) y finalmente el gozo (v. 11) dependen de ello.

Pablo expresó una idea similar en su deseo de "ganar a Cristo y ser hallado en él, no teniendo mi propia justicia, que se basa en la Ley, sino la que se adquiere por la fe en Cristo, la justicia que procede de Dios y se basa en la fe. Quiero conocerlo a él y el poder de su resurrección, y participar de sus padecimientos hasta llegar a ser semejante a él en su muerte, si es que en alguna manera logro llegar a la resurrección de entre los muertos" (Fil. 3:8b-11). Aquí, ser como Cristo está conectado muy de cerca con un deseo de compartir su sufrimiento. Una expresión similar encontramos en Romanos 8:17: "Y si hijos, también herederos; herederos de Dios y coherederos con Cristo, si es que padecemos juntamente con él, para que juntamente con él seamos glorificados." Aparentemente Pablo consideraba la unión con Cristo como un compromiso recíproco.[12]

### *Una relación de amistad*

Quizá la imagen más emotiva e íntima de la relación de Cristo con el creyente la encontramos en el uso que hace de la figura de la amistad en Juan 15. Sin embargo, esto es más que una metáfora, porque seguramente Cristo aquí estaba diciendo algo literal sobre esta relación. Los creyentes no tienen que pensar en sí mismos como siervos o esclavos (δοῦλοι—*douloi*), porque Jesús les dijo todo lo que había oído del Padre. Al hacer eso, actuó no como un amo, que no da explicaciones a sus sirvientes de lo que hace, sino como un amigo (v. 15). Como amigos de Jesús y no como esclavos, los creyentes tienen una actitud totalmente diferente. Hay fe y confianza en Jesús en lugar de miedo y secretismo.

El mismo tipo de calidez y confianza está presente en la relación del creyente con el Padre. Igual que los padres humanos saben cómo dar buenos regalos a sus hijos, así hace el Padre celestial. Él nunca dará nada que sea malo o que

12. George E. Ladd, *A Theology of the New Testament* (Grand Rapids Eerdmans, 1974), pp. 516-17).

haga daño al hijo que pide con fe sencilla (Lc. 11:1-13). El Padre celestial sabe las necesidades que tiene su hijo y los peligros que pueden amenazarle, y según este conocimiento actúa por el bien del hijo (Mt. 6:25-34; 10:28-31).

### *El papel de la ley*

Como la vida cristiana se basa en nuestra unión y amistad con Cristo, surge la cuestión: ¿qué lugar ocupa la ley en este esquema? Aparte de los relacionados directamente con el mismo Jesucristo, pocos temas han recibido un tratamiento tan extenso por parte de Pablo como el de la ley. Para entender las enseñanzas del Nuevo Testamento sobre el lugar que ocupa la ley en la vida cristiana, debemos determinar primero el papel de la misma en el Antiguo Testamento.

Popularmente se mantiene que mientras que la salvación en la época del Nuevo Testamento se obtenía mediante la fe, los santos del Antiguo Testamento se salvaban cumpliendo la ley. Sin embargo, un examen detenido de los textos del Antiguo Testamento contradice esta idea. En realidad, el factor importante fue el pacto que Dios estableció con su pueblo mediante la gracia; la ley simplemente era el criterio establecido por Dios para esas personas que se adhirieron a ese pacto.[13] Así que se dice de Abraham que "creyó a Dios y le fue contado por justicia". Pablo dejó claro que la salvación de Abraham fue por fe no mediante obras de la ley (Gá. 3:6). De muchas maneras el Antiguo Testamento señala que no es el cumplimiento de la ley lo que salva a una persona. La ley misma recomienda un amor total y absoluto por Dios: "Amarás a Jehová, tu Dios, de todo tu corazón, de toda tu alma y con todas tus fuerzas" (Dt. 6:5). De la misma manera se ordena el amor por nuestro prójimo: "Amarás a tu prójimo como a ti mismo" (Lv. 19:18). Si se hubiera exigido el cumplimiento personal de esta ley a los santos del Antiguo Testamento, ninguno se hubiera salvado. Está claro que la salvación llegaba a través de la fe y no a través de las obras. Es más, aunque el pacto entre Dios y los hombres se certificaba mediante un ritual externo, o sea, la circuncisión, ese acto por sí solo era insuficiente para que la persona fuera aceptada ante Dios. También se tenía que producir una circuncisión del corazón (Dt. 10:16; Jer. 4:4).[14] El acto de fe era el factor crucial.

Durante el periodo intertestamental la ley ocupó un estatus diferente dentro del judaísmo. La idea de la ley vino a ensombrecer el pacto. La observancia de la ley empezó a considerarse la base sobre la que Dios iba a juzgar la humanidad.[15] Se decía que era la base de la esperanza (Testamento de Judá 26:1), justificación (Apocalipsis siriaco de Baruc 51:3), justicia (Apoc. Bar. 67:6), salvación (Apoc. Bar. 51:7), resurrección (2 Macabeos 7:9), vida (4 Esd. 7:20-21; 9:31).

13. Ibíd., p. 496.

14. John Bright, *The Kingdom of God* (Nashville: Abingdon-Cokesbury, 1953), p. 94.

15. Hermann Kleinknecht and W. Gutbrod, *Law*, Bible Key Words, vol. 11 (New York: Harper & Row, 1964), p. 69.

Se mantuvo que la obediencia a la ley traería el reino y transformaría el mundo (Jubileos 23). George Ladd comenta "Por tanto la Ley consigue la posición de un intermediario entre Dios y el hombre."[16]

En el Nuevo Testamento, y particularmente en los escritos de Pablo, la ley se ve de forma bastante diferente. Cuando examinamos este asunto, debemos tener en mente que el estatus y la importancia de la ley nunca se desprecian en el Nuevo Testamento. Jesús mismo dijo: "No penséis que he venido a abolir la Ley o los Profetas; no he venido a abolir, sino a cumplir" (Mt. 5 :17). De forma similar, Pablo habla de la ley como "la ley de Dios" (Ro. 7:22, 25). No es pecado (Ro. 7:7); es santa, justa y buena (v. 12); es espiritual (v. 14).

El judaísmo en ese tiempo consideraba que la salvación se basaba en la obediencia a la ley, pero reconocía de forma realista que la obediencia estricta era rara. Así la enseñanza de que la salvación se basa en la obediencia se complementaba con una doctrina del arrepentimiento y el perdón. Para Pablo, sin embargo, esta nueva tendencia en el pensamiento judío mezclaba dos principios contradictorios: obras y gracia.[17] Insistió en su lugar en que para ser justo hay que obedecer la ley en todos sus particulares (Gá. 5:3). Si no se pueden cumplir alguno de los puntos se viola toda la ley (Gá. 3:10). En este aspecto estaba de acuerdo con la enseñanza de Santiago (Stgo. 2:11). Existe un problema, por supuesto, en que ninguno seamos capaces de obedecer toda la ley.

Como no somos capaces de alcanzar la rectitud adhiriéndonos estrictamente a la ley, el papel de la ley no es justificar, sino mostrarnos lo que es el pecado (Ro. 3:20; 5:13, 20; Gá. 3:19). Revelando la condición pecadora de los humanos la ley establece que son pecadores. La ley en realidad no hace que pequemos, pero sí establece nuestras acciones como pecados al ofrecer la evaluación que Dios hace de ellas. Que no podamos cumplir en nosotros mismos la ley y por tanto ser justificado mediante ella no significa, sin embargo, que la ley ahora haya sido abolida. Porque en Cristo, Dios ha hecho lo que la ley no pudo hacer: al enviar a su propio Hijo por el pecado, ha condenado el pecado en la carne, para que lo que requiere la ley ahora sea cumplido por aquellos que caminan con el Espíritu (Ro. 8:3-4). Como la fe en Cristo nos libera de la ley, en realidad se nos permite mantener la ley (Ro. 3:31). La ley, por tanto, continua siendo de aplicación.

No sólo la recepción de la justicia, sino también la continuación de la vida cristiana es por la gracia, no por las obras que cumplen la ley. Y, sin embargo, los cristianos tienen que considerar la ley revelada bíblicamente como una expresión de la voluntad de Dios para sus vidas porque, como hemos visto, la ley no ha sido abolida. Pablo señala que podemos cumplir varios mandamientos específicos de

16. Ladd, *Theology of the New Testament*, p. 497.

17. G. F. Moore señala que ningún rabino habría visto una contradicción aquí—*Judaism in the First Centuries of the Christian Era: The Age of Tannaim* (Cambridge, Mass.: Harvard University Press, 1962), vol. 3, pp. 150-51.

la ley por amor (Ro. 13:8-10). Reitera la importancia del mandamiento de amar al padre y a la madre, que es el primer mandamiento con promesa (Ef. 6:2). Por tanto, Ladd observa: "Está claro que la Ley continúa siendo la expresión de la voluntad de Dios para nuestro comportamiento, incluso para aquellos que ya no están bajo a la Ley".[18]

Es importante distinguir entre intentar observar los principios encarnados por la ley y el legalismo. Las Escrituras no nos dan ninguna base para ignorar los mandamientos revelados por Dios. Jesús dijo: "Si me amáis, guardad mis mandamientos" (Jn. 14:15), y "Vosotros sois mis amigos si hacéis lo que yo os mando" (Jn. 15:14). No somos libres para rechazar tales mandamientos; hacerlo sería abusar de la libertad cristiana. Por lo tanto, debemos intentar guiar nuestras vidas por estos preceptos. Tal comportamiento no es legalismo. El legalismo es un seguimiento esclavo de la ley creyendo que por ello conseguiremos un mérito; también implica una negativa a ir más allá de los requisitos formales o literales de la ley. Es ineficaz porque ignora dos hechos: que nunca superamos la necesidad de la gracia divina y que la esencia de la ley es el amor.

### Separación

Un tema que se deduce de la insistencia bíblica en la santidad y la pureza es la separación. El cristiano tiene que ser separado de ciertos aspectos del mundo. Este mensaje lo proclama Santiago: "La religión pura y sin mancha delante de Dios el Padre es esta: visitar a los huérfanos y a las viudas en sus tribulaciones y guardarse sin mancha del mundo" (Stgo. 1:27). De manera similar, Pablo escribe a los corintios: "Por lo cual, salid de en medio de ellos y apartaos, dice el Señor, y no toquéis lo impuro; y yo os recibiré y seré para vosotros por Padre, y vosotros me seréis hijos e hijas, dice el Señor Todopoderoso" (2 Co. 6:17-18). Estos llamamientos a vivir de forma pura y distintiva se basan en el hecho de que somos el propio pueblo de Dios; nuestra relación y comportamiento debería ser diferente al del resto del mundo.

La aplicación de estos principios a la conducta práctica de la vida ha significado cosas diferentes para distinta gente. Para algunos significa alejarse de la sabiduría del mundo, o sea, evitar el aprendizaje secular. Para otros significa separarse de las iglesias o de los grupos cristianos que no son puros en doctrina o estilo de vida. Y para otros, significa retirarse de cualquier contacto profundo o prolongado con personas no cristianas, por miedo a que nuestra propia fe se pueda ver corrompida. También significa abstenerse de ciertas prácticas personales como fumar, beber, bailar o ir al cine. Ciertos grupos han adoptado varias de estas ideas de la separación.[19]

18. Ladd, *Theology of the New Testament*, p. 510.
19. Ver, e.g. John R. Rice, *The Ruin of a Christian* (Murfreesboro, Tenn.: Sword of the

Por otra pare, en los últimos años ha habido algunos movimientos hacia la secularización en algunos círculos evangélicos. Este movimiento ha adoptado diferentes formas. En los círculos educativos y académicos se han realizado esfuerzos para igualar las instituciones educativas cristianas con sus análogas seculares, para obtener la misma educación, particularmente a nivel de graduación, en una institución secular, o para implicarse a nivel académico en círculos más amplios.

También ha habido una forma eclesiástica de secularización. Los conservadores en la primera mitad del siglo XX a menudo prefirieron apartarse de grupos que percibían como teológicamente liberales. Así ocurrió en la fundación del Westminster Seminary en 1929,[20] y la formación de la General Association of Regular Baptists y la Conservative Baptist Association son ejemplos de este mismo fenómeno.[21] Sin embargo, algunos evangélicos en los últimos años han escogido seguir formando parte de las denominaciones originales que han girado hacia la izquierda teológicamente; el sentimiento de estos evangélicos es que pueden ejercer una mayor influencia desde dentro que desde fuera.[22]

Ha habido además un movimiento hacia un menor separatismo social. Esto es así a nivel individual; se mantienen amistades personales íntimas con no cristianos. También es cierto a nivel más amplio; los evangélicos ahora escogen vivir y trabajar con sectores de la sociedad no cristianos, ser miembros de organizaciones que no tienen ningún compromiso cristiano o uno inconsistente. Y finalmente, algunos evangélicos han adoptado prácticas personales que antes eran un tabú, como beber, fumar o incluso decir palabrotas.[23]

Hay base bíblica que apoya ciertas formas de cada una de estas posturas. Por un lado, desde luego está en las enseñanzas de las Escrituras que como pertenecemos a un Dios puro y santo, debemos también ser puros. Pero también está en las enseñanzas de Jesús que tenemos que ser la sal de la tierra y la luz del mundo (Mt. 5:13-16). Tenemos que dejar sentir nuestra influencia en un mundo que necesita el efecto moderador del cristianismo. Estar implicado en las estructuras de la sociedad mientras mantenemos nuestro carácter distintivo, nuestra calidad como sal y luz, requiere un cuidadoso equilibrio; todo cristiano necesita determinar qué es lo mejor que puede hacer para conseguirlo. El ideal planteado por Santiago debería ser nuestro objetivo: practicar los actos de compasión y amabilidad y mantenernos limpios ante el mundo.

Lord, 1944), pp. 13-40.

20. Ned B. Stonehouse, *J. Gresham Machen: A Biographical Memoir* (Grand Rapids: Eerdmans, 1954), pp. 430-68.

21. Robert G. Torbet, *A History of the Baptists* (Philadelphia: Judson, 1950), pp. 440-52.

22. Edward J. Carnell, *The Case for Orthodox Theology* (Philadelphia: Westminster, 1959), pp. 132-37.

23. Richard Quebedeaux, *The Worldly Evangelicals* (San Francisco: Harper & Row, 1978), p. 119.

### La salvación de los creyentes del Antiguo Testamento

Un tema que puede que no tenga importancia práctica directa, pero que tiene implicaciones muy amplias es el estatus de los creyentes del Antiguo Testamento. ¿Su salvación tenía la misma base que la de los creyentes a partir de Pentecostés? ¿Su experiencia subjetiva de la vida cristiana fue la misma que la que tenemos hoy? Si había diferencias, ¿cómo afectan a nuestra manera de interpretar y aplicar el Antiguo Testamento?

En nuestro examen del estatus de la ley, señalamos que la justificación aparentemente tenía la misma base en los tiempos del Antiguo Testamento que en los del Nuevo. No era mediante obras, sino por la fe. Pero ¿qué hay de los otros aspectos de la salvación?

La regeneración es un tema particularmente problemático respecto a los creyentes del Antiguo Testamento. Algunos teólogos han expresado con bastante contundencia que los creyentes del Antiguo Testamento no estaban regenerados, y no podían estarlo porque el Espíritu Santo todavía no había sido dado y no sería dado hasta Pentecostés. Un representante de esta postura es Lewis Sperry Chafer:

> De los actuales ministerios del Espíritu Santo en relación con el creyente: regenerar, habitar, bautizar, sellar y llenar, nada desde luego se dice con respecto a que hayan sido experimentados por los santos en el Antiguo Testamento... los santos en el Antiguo Testamento reciben estas bendiciones sólo de forma teórica.... Se puede buscar en vano en el Antiguo Testamento evidencia de que los judíos pasaron de un estado de no salvación a uno de salvación, o de alguna declaración sobre los términos en que tal cambio se lleva a cabo...La idea de que el Espíritu Santo habita de forma permanente en el creyente de forma que este se convierte en un templo inalterable del Espíritu Santo pertenece sólo a esta etapa de la iglesia, y no tiene lugar en las circunstancias del judaísmo.[24]

Esta posición es una conclusión deductiva extraída de la creencia de que la regeneración puede suceder sólo si el Espíritu Santo está en nosotros. No obstante no hay prueba real de que los creyentes del Antiguo Testamento no fueran regenerados. Por otra parte, hay varias consideraciones bíblicas que argumentan a favor de la regeneración en el periodo del Antiguo Testamento (o pre-Pentecostés).

Una consideración principal es que el lenguaje utilizado para describir el estatus de los santos del Antiguo Testamento es muy similar al que describe la regeneración de los creyentes del Nuevo Testamento. Moisés distinguía entre dos grupos en Israel. Estaban los que andaban en la dureza del corazón (Dt. 29:19-20). Se les llamaba "tercos" y "duros de cerviz" (Éx. 32:9; 33:3, 5; 34:9;

24. Lewis Sperry Chafer, *Systematic Theology* (Dallar: Seminary, 1948), vol. 6, pp. 73-74.

Dt. 9:6, 13, Ez. 2:4). Un concepto similar lo expresa Esteban: "¡Duros de cerviz! ¡Incircuncisos de corazón y de oídos!" (Hch. 7:51). Ahora contrastemos con estas descripciones de las promesas de Moisés en Deuteronomio 30:6: "Y circuncidará Jehová, tu Dios, tu corazón, y el corazón de tu descendencia, para que ames a Jehová, tu Dios, con todo tu corazón y con toda tu alma, a fin de que vivas." El contraste es entre los que están circuncidados del corazón y los que no. Pablo aclara la expresión: "No es judío el que lo es exteriormente, ni es la circuncisión la que se hace exteriormente en la carne; sino que es judío el que lo es en lo interior, y la circuncisión es la del corazón, en espíritu y no según la letra. La alabanza del tal no viene de los hombres, sino de Dios" (Ro. 2:28-29). Arthur Lewis comenta: "Pablo por tanto enseñaba y creía que entre el número total de los judíos siempre había habido un grupo de *verdaderos judíos*, todos los que fueron salvados por la fe y limpiados desde dentro, habiendo sido sus corazones alterados ("circuncidados") para conformarse a la voluntad de Dios".[25]

Además del parecido en el lenguaje que refleja la condición de los creyentes del Antiguo y el Nuevo Testamento, las descripciones del Antiguo Testamento de los cambios en los corazones humanos se parecen mucho a las descripciones del Nuevo Testamento sobre el nuevo nacimiento. Samuel le dijo a Saúl: "Entonces el espíritu de Jehová vendrá sobre ti con poder y profetizarás con ellos, y serás mudado en otro hombre" (1 S. 10:6). Esta promesa se cumplió inmediatamente: "Aconteció luego, que apenas volvió él la espalda para apartarse de Samuel, le mudó Dios el corazón; y todas estas señales acontecieron en aquel día" (v. 9). El Espíritu de Dios vino poderosamente sobre Saúl y él profetizó. En Isaías 57:15 Dios declaró su intención: "para reavivar el espíritu de los humildes y para vivificar el corazón de los quebrantados". El verbo hebreo literalmente significa "hacer que viva".[26] Dios promete dos veces en Ezequiel (11:19-20, 36:25-26) reemplazar el corazón de piedra con un corazón nuevo, un corazón de carne. Todas estas referencias parecen ser algo más que meras expresiones figurativas. Lo que están describiendo es una transformación como la que Jesús describió a Nicodemo, mucho antes de Pentecostés. Es difícil creer que estaba describiendo algo que no estaría al alcance hasta unos años después, o que los apóstoles no nacieron de nuevo hasta Pentecostés.

El tema que nos ocupa aquí, sin embargo, es si los santos del Antiguo Testamento experimentaron la santificación. Es significativo que en el Antiguo Testamento encontremos destacados ejemplos de lo que el Nuevo Testamento denomina "el fruto del Espíritu". Observemos, por ejemplo, que Noé y Job eran ambos hombres justos, de conducta intachable (Gn. 6:9; Job 1:1, 8). Se

25. Arthur H. Lewis, "The New Birth Under the Old Covenant,Ì *Evangelical Quaterly* 56, no 1 (January 1984): 37.

26. Brown, Driver, and Briggs, *Lexicon*, p. 311.

presta atención especial a la fe de Abraham, a la bondad de José, a la modestia de Moisés, a la sabiduría de Salomón, al autocontrol de Daniel. Aunque estos hombres no experimentaron lo que era tener el Espíritu Santo dentro de ellos, desde luego sí estaban bajo su influencia.[27]

En contraste con estas similitudes que hemos señalado, hay dos maneras en las que la salvación que tuvieron y experimentaron los creyentes del Antiguo Testamento se diferencia de la del Nuevo Testamento. Aunque se basaba totalmente en la obra de Cristo, la gracia en el Antiguo Testamento se recibía de forma indirecta. Los creyentes del Antiguo Testamento no sabían cómo se había llevado a efecto la gracia. No entendían que su rectitud era anticipatoria: se conseguía mediante la futura muerte del Hijo de Dios encarnado. Esta gracia se conseguía además a través de los sacerdotes y de sacrificios rituales; no a través de una relación directa y personal con Jesucristo. La segunda diferencia era la relativa exterioridad de la gracia del Antiguo Testamento. El Espíritu Santo no estaba dentro, pero ejercía una influencia externa, por ejemplo mediante la palabra escrita y hablada. La presencia de Dios estaba representada visiblemente mediante el Lugar Santo y el Lugar Santísimo en el tabernáculo y el templo. La ley era un código escrito externo más que un Espíritu que imparte la verdad al corazón, como luego sería el caso (Jn. 14:26). Pero a pesar de estas diferencias, el santo del Antiguo Testamento, al igual que el creyente del Nuevo Testamento, maduraba en santidad a través de la fe y la obediencia a los mandamientos de Dios. Este progreso espiritual era la obra de Dios.

Si hubiera diferencias radicales entre la salvación de los creyentes en el Antiguo Testamento y los cristianos a partir de Pentecostés, nos inclinamos a pensar que el patrón que encontramos en el Nuevo Testamento es también una forma variable sujeta a cambio. Pero el hecho de que la esencia de la salvación haya permanecido inalterable a lo largo de tiempos y culturas muy distintos, con sólo pequeñas variaciones atribuibles a la revelación progresiva, indica que el patrón de salvación del Nuevo Testamento también va a ser el nuestro.

La vida cristiana, como hemos visto, no es un proceso estático en el que uno se salva y después simplemente reposa en ese conocimiento. Es un proceso de crecimiento y progreso, que se vive no mediante nuestras propias fuerzas como cristianos, sino con el poder y la guía del Espíritu Santo. Y es un proceso de cambio y satisfacción.

27. Lewis, "New Birth," p. 40.

# 48. La finalización de la salvación

## Objetivos del capítulo

Después de estudiar este capítulo, debería ser capaz de:

- Definir y describir la doctrina de la perseverancia.
- Diferenciar entre los puntos de vista calvinista y arminiano de la perseverancia y resolver estas teorías conflictivas.
- Definir y describir la doctrina de la glorificación.
- Entender el significado de la glorificación y el gozo y ánimo que proporciona.

## Resumen del capítulo

La finalización de la salvación se encuentra en las doctrinas de la perseverancia y la glorificación. Perseverancia significa que Dios hace posible que el creyente siga manteniendo la fe el resto de su vida. También significa que el creyente necesita demostrar la salvación asemejándose más a Cristo. La glorificación se consigue en la vida futura, cuando seamos lo que Dios pretendía que fuéramos.

## Cuestiones de estudio

1. ¿Por qué la doctrina de la perseverancia es importante para la fe del creyente?
2. ¿Cómo resolvería las diferencias entre las formas de entender la perseverancia que tiene el Calvinismo y el Arminianismo?
3. ¿Qué significa la doctrina de la glorificación?
4. ¿De qué manera la doctrina de la glorificación proporciona esperanza, ánimo y gozo al creyente?

Perseverancia
El punto de vista calvinista
El punto de vista arminiano
Una solución al problema
Glorificación
El significado de "Gloria"
La glorificación del creyente

Quedan dos temas principales, relacionados con la finalización de la vida cristiana en la tierra y con la vida futura. Primero, el cristiano, protegido por la gracia de Dios, soportará con éxito todas las pruebas y tentaciones de esta vida, y se mantendrá fiel al Señor hasta la muerte. A esto lo denominamos "perseverancia". Segundo, la vida futura no será una mera extensión de la actual calidad de vida, sino una perfección de la misma. Las limitaciones que ahora experimentamos serán eliminadas. A esto lo denominamos "glorificación".

## Perseverancia

¿El creyente que ha sido genuinamente regenerado, justificado, adoptado por Dios y unido a Jesucristo persistirá en esa relación? En otras palabras, una persona que se haya convertido en cristiano ¿lo será siempre? Y si es así, ¿sobre qué base? Este es un tema de mucha importancia desde el punto de vista de la práctica de la vida cristiana. Si, por una parte, no existe garantía de que la salvación sea permanente, los creyentes puede que sientan mucha ansiedad e inseguridad y eso les distraerá de las tareas principales de su vida cristiana. Por otro parte, si nuestra salvación es totalmente segura, si estamos protegidos independientemente de cuál sea nuestra vida o nuestras acciones, muy bien puede ocurrir que el resultado sea una cierta lasitud o indiferencia en lo que se refiere a las demandas morales y espirituales del evangelio; el resultado puede ser incluso el libertinaje. Por lo tanto, determinar lo que las Escrituras enseñan sobre la seguridad del creyente merece el tiempo y el esfuerzo necesario.

### *El punto de vista calvinista*

Se han adoptado dos posiciones principales en el tema de si la salvación del creyente es totalmente segura o no: la calvinista y la arminiana. Estas dos posiciones mantienen ciertos conceptos comunes. Están de acuerdo en que Dios es poderoso y fiel, y que desea mantener sus promesas. Están de acuerdo, al menos en sus formas más comunes, en que la salvación ni se puede lograr, ni se puede mantener mediante obras humanas. Están de acuerdo en que el Espíritu Santo obra en los creyentes (aunque puede que haya algunos desacuerdos sobre la presencia y actuación del Espíritu). Ambos están convencidos de la plenitud de la salvación que Dios proporciona. Ambos insisten en que el creyente puede sin duda saber en un momento dado que tiene realmente la salvación. Sin embargo, hay puntos significativos de diferencia entre los dos.

La posición calvinista es clara y directa en este asunto; "Aquellos a quienes Dios ha aceptado en el Amado y ha llamado eficazmente y santificado por su Espíritu, no pueden caer ni total ni definitivamente del estado de gracia, sino que ciertamente perseverarán en él hasta el fin y serán salvos por toda la eternidad."[1] Este punto es coherente con el resto del sistema teológico calvinista. Como Dios ha elegido a ciertos individuos de entre la masa de los humanos caídos para que reciban la vida eterna, y aquellos que han sido elegidos necesariamente recibirán esa vida, se deduce que su salvación debe ser permanente. Si los elegidos en algún momento pudieran perder la salvación, que Dios les hubiera elegido para la vida eterna no habría sido realmente efectivo. Por tanto, la doctrina de la elección tal como la entiende Calvino requiere también perseverancia. Como dijo Loraine Boettner:

> Esta doctrina [perseverancia] no se mantiene por sí misma, pero es una parte necesaria del sistema calvinista de teología. La doctrina de la elección y la gracia eficaz implica lógicamente la salvación cierta de aquellos que reciben esas bendiciones. Si Dios ha escogido hombres absoluta e incondicionalmente para la vida eterna, y Su Espíritu efectivamente les aplica los beneficios de la redención, la conclusión ineludible es que esas personas deben ser salvadas.[2]

Sin embargo, los calvinistas no defienden la doctrina de la perseverancia debido a la coherencia lógica exclusivamente. Numerosas enseñanzas bíblicas sirven independientemente de apoyo a la doctrina. Entre ellas está un grupo de textos que resaltan la cualidad indestructible de la salvación que Dios proporciona.[3] Un ejemplo es 1 Pedro 1:3-5: "Bendito el Dios y Padre de nuestro Señor Jesucristo, que según su gran misericordia nos hizo renacer para una esperanza viva, por la resurrección de Jesucristo de los muertos, para una herencia incorruptible, incontaminada e inmarchitable, reservada en los cielos para vosotros, que sois guardados por el poder de Dios, mediante la fe, para alcanzar la salvación que está preparada para ser manifestada en el tiempo final." Los tres adjetivos utilizados para describir nuestra herencia son vívidos e impactantes. Hablan de nuestra salvación como incapaz de ser destruida a la manera en que los ejércitos destruyen un país durante una guerra. No puede ser corrompida ni dañada por la introducción de algo impuro. Y nunca se debilita, no importa las influencias que tenga que soportar.

1. Confesión de fe de Westminster 17.1.

2. Loraine Boettner, *The Reformed Doctrine of Predestination*, 8th ed. (Grand Rapids: Eerdmans, 1958), p. 182.

3. John Murray, *Redemption—Accomplished and Applied* (Grand Rapids: Eerdmans 1955), p. 155.

Varios textos que resaltan la persistencia y el poder del amor divino también apoyan la doctrina de la perseverancia.[4] Un testimonio de este tipo se encuentra en la afirmación de Pablo en Romanos 8:31-39, que culmina en los versículos 38-39: "Por lo cual estoy seguro de que ni la muerte ni la vida, ni ángeles ni principados ni potestades, ni lo presente ni lo por venir, ni lo alto ni lo profundo, ni ninguna otra cosa creada nos podrá separar del amor de Dios, que es en Cristo Jesús, Señor nuestro." Este texto claramente apunta hacia una obra continuada de Dios en la vida del creyente. Cristo no nos da simplemente vida eterna y después nos abandona a nuestro propio esfuerzo humano. Al contrario, la obra que empieza en nosotros se continúa hasta su finalización: "estando persuadido de esto, que el que comenzó en vosotros la buena obra la perfeccionará hasta el día de Jesucristo" (Fil. 1:6). Es más, se dice que Cristo intercede por nosotros constantemente (He. 7:25). Como Jesús decía que el Padre siempre oía sus oraciones (Jn. 11:42), se deduce que estas oraciones de intercesión por nosotros son eficaces. Y no sólo está Cristo intercediendo por nosotros a la derecha del Padre, también el Espíritu Santo intercede por nosotros (Ro. 8:26). Por lo tanto, incluso cuando no sabemos cómo orar o por qué orar, se está ofreciendo oración por nosotros.

Apoyo a la posición calvinista también se la proporcionan las garantías bíblicas de que, gracias a las provisiones de Dios, podremos enfrentarnos y superar cualquier obstáculo y tentación que surja en nuestro camino. Nuestro Señor nos permitirá a nosotros sus siervos soportar al juicio (Ro. 14:4). Nos proporciona una manera de soportar a las tentaciones: "No os ha sobrevenido ninguna prueba que no sea humana; pero fiel es Dios, que no os dejará ser probados más de lo que podéis resistir, sino que dará también juntamente con la prueba la salida, para que podáis soportarla" (1 Co. 10:13).

Sin embargo, donde los calvinistas encuentran su mayor fuente de ánimo en este asunto es en las promesas directas de protección del Señor. Una de las más directas es la declaración de Jesús a sus discípulos: "Mis ovejas oyen mi voz y yo las conozco, y me siguen; yo les doy vida eterna y no perecerán jamás, ni nadie las arrebatará de mi mano. Mi Padre, que me las dio, mayor que todos es, y nadie las puede arrebatar de la mano de mi Padre. El Padre y yo uno somos" (Jn. 10:27-30). De la misma manera, Pablo tenía completa confianza en la promesa de protección del Señor: "Pero no me avergüenzo, porque yo sé a quién he creído y estoy seguro de que es poderoso para guardar mi depósito para aquel día" (2 Ti. 1:12).

Además, muchos calvinistas también deducen su teoría sobre la perseverancia de otras doctrinas.[5] Entre ellas está la doctrina de la unión con Cristo. Si los cre-

4. Boettner, *Predestination*, p. 185.
5. Augustus H. Strong, *Systematic Theology* (Westwood, N.J.: Revell, 1907), p. 882.

yentes se han hecho uno con Cristo y su vida fluye a través de ellos (Jn. 15:1-11), nada en absoluto puede anular esa conexión. Louis Berkhof dice: "Es imposible que se les saque de nuevo del cuerpo, frustrando así el ideal divino."[6] La doctrina del nuevo nacimiento, que el Espíritu Santo imparta una nueva naturaleza al creyente, apoya de la misma manera a la doctrina de la perseverancia. Juan dice: "Todo aquel que es nacido de Dios no practica el pecado, porque la simiente de Dios permanece en él; y no puede pecar, porque es nacido de Dios" (1 Jn. 3:9). Si la salvación se puede perder, la regeneración tendría que ser reversible. Pero ¿puede ser así? ¿Puede la muerte espiritual realmente venir a alguien en quien habita el Espíritu Santo, o sea, alguien que ya haya recibido la vida eterna? Esto tiene que ser imposible, porque la vida eterna por definición dura para siempre. Finalmente, la perseverancia está implícita en las enseñanzas bíblicas que dicen que podemos estar seguros de la salvación. Pasajes relevantes sobre esto serían Hebreos 6:11; 10:22 y 2 Pedro 1:10. Quizá el más claro de todos lo encontramos en la epístola de 1 Juan. Habiendo citado varias evidencias (el testimonio del Espíritu, el agua y la sangre) de que Dios nos ha dado la vida eterna en su Hijo, el apóstol resume: "Estas cosas os he escrito a vosotros que creéis en el nombre del Hijo de Dios, para que sepáis que tenéis vida eterna" (1 Jn. 5:13). ¿Cómo se podía tener esa seguridad si se podía perder la salvación? Tener ese tipo de seguridad significa que nuestra salvación debe ser segura.

### *El punto de vista arminiano*

Los arminianos asumen una visión bastante diferente. Una interpretación temprana de su visión sobre el tema de la perseverancia es la de los remonstrantes. Aunque la posición detallada en la *Sententia Remostrantium* presentada en el Sínodo de Dort es en muchos aspectos bastante moderada, insistiendo sólo en que recaer es posible,[7] posteriores declaraciones de la posición arminiana son más enfáticas. Se basan tanto en las enseñanzas de las Escrituras como en los fenómenos de la experiencia.

La primera clase de materiales bíblicos citados por los arminianos que tratan el tema de la perseverancia son advertencias contra la apostasía. Jesús advertía a sus discípulos sobre el peligro de ser engañados (Mt. 24:3-14). Dijo específicamente: "Mirad que nadie os engañe" (v. 4). Y después de describir varios sucesos que ocurrirían antes de su segunda venida, añadió: "Muchos falsos profetas se levantarán y engañarán a muchos; y por haberse multiplicado la maldad, el amor de muchos se enfriará. Pero el que persevere hasta el fin, este será salvo" (vv. 11-13). ¿Habría hecho esta advertencia Jesús a sus discípulos si no hubiera sido posible que ellos recayeran y perdieran su salvación? Hay advertencias similares en otras

6. Louis Berkhof, *Systematic Theology* (Grand Rapids: Eerdmans, 1953), pp. 547-48.
7. *Sententia Remonstrantium* 5.3.

porciones de las Escrituras. Pablo, a quienes los calvinistas con frecuencia citan como apoyo para su posición, sugería que había un carácter condicional en la salvación: "También a vosotros, que erais en otro tiempo extraños y enemigos por vuestros pensamientos y por vuestras malas obras, ahora os ha reconciliado en su cuerpo de carne, por medio de la muerte, para presentaros santos y sin mancha e irreprochables delante de él. Pero es necesario que permanezcáis fundados y firmes en la fe, sin moveros de la esperanza del evangelio" (Col. 1:21-23a). Pablo también le advirtió a los corintios: "Así que el que piensa estar firme, mire que no caiga" (1 Co. 10:12). El escritor de Hebreos fue especialmente vehemente, llamando la atención de sus lectores en varias ocasiones sobre los peligros de recaer y la importancia de estar en guardia. Un ejemplo notable es Hebreos 2:1: "Por tanto, es necesario que con más diligencia atendamos a las cosas que hemos oído, no sea que nos deslicemos." Una advertencia ligeramente diferente la encontramos en 3:12-14: "Mirad, hermanos, que no haya en ninguno de vosotros corazón tan malo e incrédulo que se aparte del Dios vivo. Antes bien, exhortaos los unos a los otros cada día, entre tanto que se dice: "Hoy", para que ninguno de vosotros se endurezca por el engaño del pecado, porque somos hechos participantes de Cristo, con tal que retengamos firme hasta el fin nuestra confianza del principio." Es difícil, dice el arminiano, entender por qué se hacían tales advertencias si el creyente no podía recaer.[8]

El arminiano también cita textos que incitan a los creyentes a continuar en la fe. Un ejemplo de estas exhortaciones a la fidelidad, que con frecuencia aparecen en conjunción con advertencias como las que ya hemos señalado, es Hebreos 6:11-12: "Pero deseamos que cada uno de vosotros muestre la misma solicitud hasta el fin, para plena certeza de la esperanza, a fin de que no os hagáis perezosos, sino imitadores de aquellos que por la fe y la paciencia heredan las promesas." Pablo testificó sobre su propia diligencia y esfuerzos para mantenerse fiel: "sino que golpeo mi cuerpo y lo pongo en servidumbre, no sea que, habiendo sido heraldo para otros, yo mismo venga a ser eliminado" (1 Co. 9:27). La urgencia de los esfuerzos de Pablo por no ser eliminado sugiere que incluso él podía perder su salvación.

Los arminianos también basan su punto de vista en pasajes que aparentemente hablan sobre gente que apostata.[9] Hebreos 6:4-6 es quizá el ejemplo más directo y más citado: "Es imposible que los que una vez fueron iluminados, gustaron del don celestial, fueron hechos partícipes del Espíritu Santo y asimismo gustaron de la buena palabra de Dios y los poderes del mundo venidero, y recayeron, sean otra vez renovados para arrepentimiento, crucificando de nuevo para sí mismos al Hijo de Dios y exponiéndolo a la burla." Otros ejemplo es Hebreos 10:26-27: "Si

8. Dale Moody, *The Word of Truth A Summary of Christian Doctrine Based on Biblical Revelation* (Grand Rapids: Eerdmans, 1981), pp. 350-54.

9. I. Howard Marshall, *Kept by the Power of God* (London: Epworth, 1969), p. 141.

pecamos voluntariamente después de haber recibido el conocimiento de la verdad, ya no queda más sacrificio por los pecados, sino una horrenda expectación de juicio y de hervor de fuego que ha de devorar a los adversarios." Estos son declaraciones claras sobre gente que, habiendo experimentado la salvación, se aleja de ella.

No obstante, la Biblia no se queda simplemente en este nivel abstracto. También recoge casos concretos de personas específicas que apostatan o recaen.[10] Uno de los más vívidos es el del rey Saúl en el Antiguo Testamento. Había sido escogido y ungido rey de Israel, pero al final resultó ser tan desobediente que Dios no respondió a sus oraciones (1 S. 28:6). Rechazado por Dios, Saúl perdió su posición como rey y sufrió una muerte trágica. Un ejemplo llamativo de apostasía en el Nuevo Testamento es el caso de Judas, que fue escogido por Jesús como uno de los doce discípulos. Para un arminiano resulta inconcebible que Jesús escogiera de forma intencionada a alguien no creyente para que fuera uno de sus más íntimos compañeros y su confidente, o que cometiera el error de juzgarlo mal al elegirlo. La conclusión es clara: cuando lo eligió, Judas era creyente. Sin embargo, Judas traicionó a Jesús y terminó su vida aparentemente sin recuperar la fe en Cristo. Seguramente debe haber sido un caso de apostasía. Otros que se mencionan son los de Ananías y Safira (Hch. 5:1-11); Himeneo y Alejandro, que "por desecharla, [la fe y buena conciencia] ... naufragaron en cuanto a la fe" (1 Ti. 1:19-20); Himeneo y Fileto (2 Ti. 2:16-18); Dimas (2 Ti. 4:10); los falsos maestros y los que les siguen (2 P. 2:1-2). Tal como lo ven los arminianos, sólo la línea más artificial de razonamiento puede explicar la impresión obvia de que estos individuos eran realmente creyentes que se apartaron de la fe.

Observemos que los arminianos utilizan dos métodos básicos para formular su teoría. Primero, se centran en los pasajes didácticos que aparentemente enseñan que es posible apostatar. Segundo, apuntan hacia los fenómenos históricos, las narraciones bíblicas que hablan de gente específica que aparentemente recayó. Sin embargo, cuando el autor interpreta directamente que lo que ocurrió (esto es, cuando Pablo afirma que Himeneo y Alejandro habían arruinado su fe) estos pasajes en particular funcionan como material didáctico. Además de ejemplos bíblicos, los arminianos señalan también varios ejemplos extrabíblicos de personas de la historia o procedentes de su experiencia que en un momento dado dieron la impresión de estar totalmente regenerados y sin embargo después abandonaron cualquier muestra de fe cristiana. En estos casos, por supuesto, la línea de argumentación se basa en fenómenos experimentales más que en la enseñanza bíblica.

Finalmente los arminianos también plantean varias objeciones prácticas a la idea calvinista de la perseverancia. Una de las objeciones es que el punto de vista calvinista está en conflicto con el concepto de las Escrituras de la libertad

10. Samuel Wakefield, *A Complete System of Christian Theology* (Cincinnati: Hitchcock & Walden, 1869), pp. 463-65.

humana.[11] Si es cierto que los que están en Cristo perseverarán y no recaerán, entonces debe ser cierto que no pueden escoger la apostasía. Y si esto es así, no pueden ser libres. Sin embargo, las Escrituras, señalan los arminianos, describen a los humanos como seres libres, porque se les anima repetidamente a que escojan a Dios y claramente se les describe como responsables ante él por sus acciones.

### *Una solución al problema*

Los defensores de cada una de estas dos posiciones opuestas tienen argumentos persuasivos a los que pueden acudir para apoyar sus posiciones. ¿Hay verdad en ambos, o debemos escoger entre uno de los dos? Una manera de tratar este problema es examinar dos pasajes bíblicos clave que respectivamente son los principales textos en los que se apoyan cada una de las teorías. Estos pasajes son Juan 10:27-30 y Hebreos 6:4-6.

Las palabras de Jesús en Juan 10:27-30 constituyen una poderosa declaración de seguridad: el versículo 28 es especialmente enfático: "Yo les doy vida eterna y no perecerán jamás, ni nadie las arrebatará de mi mano." En la frase "y no perecerán jamás" Juan utiliza un doble negativo οὐ μή *(ou mē)* con el aoristo subjuntivo, que es una manera muy enfática de declarar que algo no sucederá en el futuro. Jesús está excluyendo categóricamente la más remota posibilidad de apostasía en su oveja. Una traducción literal sería algo así como: "no perecerá, repito, no perecerá, en lo más mínimo". Esta afirmación va seguida por la declaración de que nadie puede arrebatar a los creyentes de la mano de Jesús ni de la mano del Padre (vv. 28-29). En conjunto, este pasaje es el rechazo más contundente que se puede hacer a la idea de que un verdadero creyente puede recaer.

Los arminianos argumentan que Hebreos 6 presenta igualmente de manera enfática su posición. El pasaje parece estar lo suficientemente claro: "Es imposible que los que una vez fueron iluminados, gustaron del don celestial, fueron hechos partícipes del Espíritu Santo y asimismo gustaron de la buena palabra de Dios y los poderes del mundo venidero, y recayeron, sean otra vez renovados para arrepentimiento" (vv. 4-6a). La descripción aparentemente es la de personas que de verdad estaban salvadas y que abandonaron la fe y por tanto perdieron su salvación. Sin embargo, debido a la complejidad del tema y al material del pasaje han surgido una serie de interpretaciones:

1. El escritor tenía en mente a personas genuinamente salvas que perdieron su salvación.[12] Se debería señalar que una vez que han perdido la salvación, ya no hay manera de que vuelvan a conseguirla de nuevo. El

11. Ibíd., pp. 465-66.
12. Marshall, *Power of God*, pp. 140-47.

único elemento inequívoco en este pasaje es que es imposible renovarles la salvación (v. 4a), un punto que muchos arminianos ignoran.

2. Las personas que se tienen en consideración nunca estuvieron regeneradas. Simplemente degustaron la verdad y la vida, estuvieron expuestas a la palabra de Dios; no experimentaron plenamente estos dones celestiales. En realidad apostataron, pero desde la cercanía de la verdad espiritual, no desde su mismo centro.[13]
3. Las personas de las que se habla están genuina y permanentemente salvadas; no están perdidas. Su salvación es real, la apostasía es hipotética. Esto es, la condición no llega a producirse. El escritor únicamente está describiendo lo que ocurriría si la persona elegida recayera (algo imposible).[14]

Tras un examen detenido, la segunda explicación es difícil de aceptar. Lo vívido de la descripción, y particularmente la frase: "fueron hechos partícipes en el Espíritu Santo" argumenta en gran medida en contra de que la gente que se tiene en mente esté (al menos por un tiempo) regenerada. La elección, por lo tanto, debe hacerse entre la primera y la tercera opción.

Parte de la dificultad de la interpretación procede de la ambigüedad de la palabra traducida por "si cometieron apostasía" o "recayeron". La palabra es παραπεσόντος *(parapesontos)*, que es un participio adverbial. Como tal, se puede traducir de muchas maneras diferentes. H. E. Dana y Julius Mantey enumeran diez usos posibles del participio adverbial; puede, por ejemplo, denotar causa, tiempo, concesión, y lo que es importante aquí para nuestros propósitos, condición.[15] Por tanto una traducción legítima de παραπεσόντος sería "si recayeran", pero también se podría traducir de muchas otras maneras, como por ejemplo "cuando recaigan" o "porque recayeron". El significado en casos así debe estar determinado por el contexto. El elemento clave en el contexto presente lo encontramos en el versículo 9: "Pero en cuanto a vosotros, amados, estamos persuadidos de cosas mejores, pertenecientes a la salvación, aunque hablamos así." Este versículo se podría entender que implica que la gente descrita en los versículos 4-6, al contrario que la gente a la que va dirigido Hebreos, no está

13. John Calvin, *Commentaries on the Epistle to the Hebrews* (Grand Rapids: Eerdmans, 1949), pp. 135-40 (Heb. 6:4-6).

14. Thomas Hewitt, *The Epistle to the Hebrews: An Introduction and Commentary* (Grand Rapids: Eerdmans, 1960), p. 110. Hewitt se refiere a los tres puntos de vista respectivamente como "la teoría de los salvados y los perdidos", "la teoría de los no cristianos" y "la teoría hipotética". Ver también Brooke Foss Westcot, *The Epistle to the Hebrews* (Grand Rapids: Eerdmans, 1962), p. 165.

15. H. E. Dana and Julius Mantey, *A Manual Grammar of the Greek New Testament* (New York: Macmillan, 1927), pp. 226-29.

realmente salvada. Sin embargo, hemos visto que hay una dificultad importante en esta interpretación. La otra posibilidad es que el referente de los versículos 4-6 y el 9 sea el mismo. Es gente que está realmente salvada la que recae. Los versículos 4-6 dicen cuál sería su estatus si recayesen. Sin embargo, el versículo 9 es una declaración de que no recaerán. Podrían hacerlo, pero no lo harán. Su persistencia hasta el final es evidencia de esa verdad. El escritor de Hebreos sabe que sus lectores no recaerán; está convencido de que les sucederán mejores cosas, cosas que tienen que ver con la salvación.[16] Habla de su obra y el trabajo de amor (v. 10), y les exhorta a que continúen con la misma solicitud hasta el fin (v. 11). Los datos completos del pasaje parecen indicar que el escritor tiene en mente creyentes genuinos que podrían recaer, pero que no lo harán.

Ahora podemos relacionar Juan 10 y Hebreos 6. Mientras que Hebreos 6 indica que los creyentes genuinos *pueden* recaer, Juan 10 enseña que *no lo harán*.[17] Existe una posibilidad lógica de apostasía, pero no sucederá en el caso de los creyentes. Aunque podrían abandonar su fe y en consecuencia llegar al destino que se describe en Hebreos 6, la gracia de Dios evita que recaigan en la apostasía. Dios hace esto, no haciendo que sea imposible que los creyentes recaigan, sino garantizando que no recaigan. Nuestro énfasis entre *poder* y *no hacer* no carece de importancia. Conserva la libertad del individuo. Los creyentes son capaces de repudiar su fe, pero eligen libremente no hacerlo.

En este punto alguien podría preguntar: si la salvación es segura y permanente, ¿a qué se deben las advertencias y las órdenes que se dan al creyente? La respuesta es que son medios a través de los cuales Dios garantiza que el individuo salvado no recaiga.[18] Pensemos en la analogía de los padres que temen que su hijo pequeño salga a la calle y le atropelle un coche. Una manera de evitar que esto suceda es colocar una valla alrededor del jardín. Esto evitaría que el niño saliese del jardín, pero también limitaría la libertad del niño. Aunque lo intentara, no podría salir del jardín. Esta es la idea que algunos tienen de la perseverancia. Otra posibilidad es que los padres enseñen y preparen a los niños para el peligro que supone salir a la calle y la importancia de tener cuidado. Esta es la naturaleza de la seguridad que estamos discutiendo. No es que Dios haga que la apostasía sea imposible eliminando la opción misma. Más bien, lo que hace es utilizar todos los medios posibles de gracia, incluyendo las advertencias de las Escrituras, para motivarnos a seguir comprometidos con él. Como nos capacita para perseverar

16. Westcot, *Hebrews*, pp. 154, 165.

17. Esta es una distinción que parece eludir Marshall, que considera la "teoría hipotética" como "una teoría totalmente sofisticada que evade el significado obvio del pasaje. No existe evidencia alguna de que el escritor estuviera describiendo un peligro imaginario que pudiera estar amenazando a sus lectoresî (*Power of God*, p 140).

18. G. C. Berkouwer, *Faith and Perseverance* (Grand Rapids: Eerdmans 1958), pp. 83-124.

en nuestra fe, el término *perseverancia* es preferible al de *conservación*.

¿Pero qué pasa con la afirmación de que las Escrituras recogen ejemplos reales de apostasía? Cuando se examinan detenidamente, estos ejemplos parecen mucho menos impresionantes que a primera vista. Algunos casos, como el de Pedro, se deberían considerar más como una deserción que como apostasía. Pedro negó al Señor en un momento de debilidad, no fue un acto de rebelión deliberada y voluntaria; fue algo temporal, no permanente. Es difícil, por otra parte, saber cómo clasificar la situación del rey Saúl ya que vivía según el antiguo pacto. En cuanto a Judas, había señales tempranas de que no estaba regenerado. Pensemos en particular en la referencia que se hace a que era ladrón (Jn. 12:6). En el caso de Himeneo y Fileto: "que se desviaron de la verdad diciendo que la resurrección ya se efectuó, y trastornan la fe de algunos" (2 Ti. 2:18), no hay indicación alguna de que hayan sido alguna vez defensores convencidos de la verdad, o de que esta haya sido parte intrínseca de sus vidas. De hecho, los versículos siguientes, en contraste, se centran en los creyentes seguros: "Pero el fundamento de Dios está firme, teniendo este sello: "Conoce el Señor a los que son suyos" y "Apártese de maldad todo aquel que invoca el nombre de Cristo" (v. 19). La referencia a Himeneo y Alejandro en 1 Timoteo 1:19-20 es muy difícil de interpretar, ya que no sabemos con precisión lo que quiere decir Pablo con "a quienes entregué a Satanás para que aprendan a no blasfemar". Como en 2 Timoteo 2:17-18, esta referencia tiene que verse a la luz de las declaraciones de Pablo en 1 Timoteo 1:6-7 sobre las personas que se han desviado en discusiones vanas. La afirmación de Pablo de que no entienden lo que están diciendo, puede muy bien implicar que no son creyentes auténticos. La cercanía de 1 Timoteo 1:6-7 a la referencia de Himeneo y Alejandro (vv. 19-20) y el uso de la palabra clave ἀστοχέω *(astocheō)* "desviarse" de la verdad tanto en 1 Timoteo 1:6 como en la referencia a Himeneo y Fileto (2 Ti. 2:18), puede indicar que las dos situaciones eran similares. Himeneo y Alejandro pueden haber sido creyentes que fueron castigados y disciplinados por haberse desviado de la verdad, o puede que hubieran sido individuos implicados superficialmente que fueron expulsados de la comunidad. En cuanto a los demás nombre citados por los arminianos (por ejemplo Demas), no hay pruebas suficientes que garanticen la conclusión de que fueran verdaderos creyentes que recayeron.

Incluso menos fiables son los ejemplos citados de las personas contemporáneas que supuestamente en un momento dado fueron creyentes verdaderos y después recayeron. La dificultad aquí está en que también podemos citar ejemplos de personas que según su propio testimonio nunca fueron realmente cristianos, sino que se creyó que lo eran. Es más, debemos tener cuidado en distinguir los casos de deserciones temporales, como la de Pedro, de los auténticos abandonos de la fe. Es necesario preguntar sobre alguien que parece haber perdido la fe si ya está muerto. Es más, hay que señalar que la Biblia no justifica que a toda persona que haga una profesión de fe visible se la debe considerar ya como regenerada. Jesús advirtió en contra de los falsos profetas, que vienen vestidos de ovejas, pero por dentro son lobos rapaces (Mt. 7:15). Tienen que ser evaluados por sus frutos y no por lo que dicen (vv. 16-20). El día del juicio esa gente le llamara "Señor, Señor" y dirán que profetizaron en su nombre, que echaron demonios, y que hicieron milagros en su nombre (v. 22). Todo eso puede que sea cierto. Sin embargo, no serán esas personas las que entren en el reino de los cielos, sino los que hagan la voluntad del Padre (v. 21). La última palabra de Jesús sobre los creyentes falsos será: "Nunca os conocí. ¡Apartaos de mí, hacedores de maldad!" (v. 23). La parábola del sembrador (Mt. 13:1-9; 18-23) es otra indicación de que lo que parece ser fe genuina puede ser algo muy diferente. Puede que sea simplemente una respuesta superficial y temporal: "El que fue sembrado en pedregales es el que oye la palabra y al momento la recibe con gozo, pero no tiene raíz en sí, sino que es de corta duración, pues al venir la aflicción o la persecución por causa de la palabra, luego tropieza" (vv. 20-21). A la luz de lo que Jesús dijo en Mateo 7:16-20, parece que sólo los creyentes que están realmente regenerados dan fruto, ya sean treinta, sesenta o cien (Mt. 13:23). De forma similar, hablando de materias escatológicas, Jesús señaló que la perseverancia es la marca distintiva del auténtico creyente: "y por haberse multiplicado la maldad, el amor de muchos se enfriará. Pero el que persevere hasta el fin, este será salvo" (Mt. 24:12-13); ver también Mt. 10:22; Mr. 13:13). Finalmente, señalamos que Jesús nunca consideró que Judas estuviera regenerado. A la confesión de fe de Pedro: "Señor, ¿a quién iremos? Tú tienes palabras de vida eterna. Y nosotros hemos creído y conocido que tú eres el Cristo, el Hijo del Dios viviente" (Jn. 6:68-69). Jesús respondió: "¿No os he escogido yo a vosotros los doce, y uno de vosotros es diablo?" (v. 70). Judas aunque no era un creyente, tenía un papel muy importante en el esquema de la redención. De las consideraciones anteriores resulta claro que, según el punto de vista de Jesús, no todos los que parecían creyentes lo eran realmente. Concluimos que los que parece que recayeron nunca habían estado previamente regenerados.

Las implicaciones prácticas de nuestra forma de entender la doctrina de la perseverancia es que los creyentes pueden estar seguros de que su salvación es permanente; nada les puede separar del amor de Dios. Por tanto se pueden alegrar ante la esperanza de la vida eterna. No tienen por qué sentir ansiedad ante la idea de que alguien o algo les vaya a apartar de conseguir la bendición final que les ha sido prometida y que están esperando. Sin embargo, por otra parte, nuestra forma de entender la doctrina de la perseverancia no deja espacio para la indolencia o la lasitud. Es cuestionable que alguien que piense: "Ahora que soy cristiano puedo vivir como quiera" pueda estar realmente convertido o regenerado. Al contrario, de la fe genuina surge el fruto del Espíritu. La seguridad de la salvación, la convicción subjetiva de ser cristiano, proviene de la evidencia que da el Espíritu Santo de estar obrando en la vida del individuo. La obra del Espíritu trae como consecuencia la convicción bíblica de que Dios permitirá al cristiano persistir en esa relación, que nada podrá separar al auténtico creyente del amor de Dios.

## Glorificación

La etapa final del proceso de salvación se denomina glorificación. En palabras de Pablo, aquellos a los que Dios: "antes conoció, también los predestinó para que fueran hechos conformes a la imagen de su Hijo... y a los que predestinó, a estos también llamó; y a los que llamó, a estos también justificó; y a los que justificó, a estos también glorificó" (Ro. 8:29-30). La glorificación es un punto en el que la doctrina de la salvación se superpone a la doctrina de las últimas cosas, porque mira más allá de esta vida hacia el mundo que ha de venir. Este tema no se trata mucho en los textos normales de teología, y todavía menos en los sermones, aunque tiene mucha importancia práctica porque ofrece a los creyentes ánimo y fortalece su esperanza.

La glorificación es multidimensional. Implica tanto la escatología individual como la colectiva. Abarca la perfección de la naturaleza espiritual del creyente individual, que se produce con la muerte, cuando el cristiano pasa a estar en presencia del Señor. También implica la perfección de los cuerpos de todos los creyentes, que se produce en el momento de la resurrección en conexión con la segunda venida de Cristo.[19] Incluso implica la transformación de la creación entera (Ro. 8:18-25).

### *El significado de "Gloria"*

Para entender la doctrina de la glorificación, primero tenemos que saber el significado del término *gloria*, que traduce varias palabras bíblicas. Una de ellas es el hebreo כָּבוֹד *(kabod)*, que hace referencia a un atributo de un individuo, a una demostración de la dignidad, riqueza y grandeza.[20] Cuando se utiliza con respecto a Dios, no señala a ningún atributo en particular, sino a la grandeza de toda su naturaleza.[21] Salmos 24:7-10 habla de Dios como Rey de gloria. Como Rey es

19. John Murray restringe la glorificación al tiempo de la resurrección; según su punto de vista todos los creyentes serán glorificados juntos al regreso de Cristo (*Redemption*, pp. 174-75). Bernard Ramm, sin embargo, considera que la glorificación ocurre en conexión con un conocimiento directo de Cristo (*Them He Glorified: A Systematic Study of the Doctrine of Glorification* [Grand Rapids: Eerdmans, 1963], p. 65. La cuestión es cómo definir "glorificación". ¿Cuál es su extensión; a qué eventos puede aplicarse? La respuesta dependerá en parte de nuestra visión de la naturaleza del estado intermedio entre la muerte y la resurrección (ver cap 57).

20. Francis Brown, S. R. Driver, and Charles A. Briggs, *Hebrew and English Concordance of the Old Testament* (New York: Oxford University Press, 1955), pp. 458-59.

21. Ramm, *Them He Glorified*, p. 18.

atendido por sus ejércitos y le caracterizan la belleza y el esplendor infinitos.

En el Nuevo Testamento, la palabra griega δόξα *(doxa)* significa brillo, esplendor, magnificencia y fama.[22] Aquí encontramos una gloria atribuida a Jesucristo, tal como se le atribuía a Dios en el Antiguo Testamento. Jesús oró que el Padre le glorificara a él como él había glorificado al Padre (Jn. 17:1-5). Es especialmente en la resurrección de Cristo cuando vemos su gloria. Pedro proclamó que al resucitar Jesús de la muerte, Dios había glorificado a aquel al que los judíos habían rechazado (Hch. 3:13-15). De forma similar, Pedro escribió en su primera carta: "Por medio de él creéis en Dios, quien lo resucitó de los muertos y le ha dado gloria, para que vuestra fe y esperanza sean en Dios" (1 P. 1:21). Pablo afirmó que: "Porque somos sepultados juntamente con él para muerte por el bautismo, a fin de que como Cristo resucitó de los muertos por la gloria del Padre, así también nosotros andemos en vida nueva" (Ro. 6:4); también habló de la resurrección gloriosa del cuerpo de Cristo (Fil. 3:21). Pablo vio la glorificación de Cristo también en la ascensión: fue "recibido arriba en gloria" (1 Ti. 3:16). Además los apóstoles predicaron que Cristo se encuentra a la diestra de Dios (Hch. 2:33; 5:31).

La segunda venida de Cristo también es una ocasión para su gloria. Jesús mismo ha ofrecido una imagen vívida de la gloriosa naturaleza de su regreso: "todas las tribus de la tierra harán lamentación cuando vean al Hijo del hombre venir sobre las nubes del cielo, con poder y gran gloria" (Mt. 24:30); "Cuando el Hijo del hombre venga en su gloria y todos los santos ángeles con él, entonces se sentará en su trono de gloria" (Mt. 25:31). Una petición que Jesús hizo en su oración sumosacerdotal fue que sus discípulos pudieran ver su gloria: "que vean mi gloria que me has dado, pues me has amado desde antes de la fundación del mundo" (Jn. 17:24). Pablo habló de: "la esperanza bienaventurada y la manifestación gloriosa de nuestro gran Dios y Salvador Jesucristo" (Tit. 2:13).

Tanto el Antiguo como el Nuevo Testamento presentan esta manifestación escatológica de la gloria de Dios como la esperanza y el objetivo del creyente. La referencia más clara del Antiguo Testamento la encontramos en Salmos 73:24: "Me has guiado según tu consejo, y después me recibirás en gloria". Esta promesa de futura bendición es la respuesta de Dios a la queja y la desesperación del salmista por la aparente buena fortuna y prosperidad del malvado. El Nuevo Testamento asimismo representa la gloria futura como incomparablemente superior al sufrimiento presente de los justos. Pablo escribe en Romanos 8:18: "Tengo por cierto que las aflicciones del tiempo presente no son comparables con la gloria venidera que en nosotros ha de manifestarse". Hace una afirmación similar en 2 Corintios 4:17: "Pues esta leve tribulación momentánea produce

22. William F. Arndt and F. Wilbur Gingrich, eds., *A Greek-English Lexicon of the New Testament*, 4th ed. (Chicago: University of Chicago Press, 1957), pp. 202-3.

en nosotros un cada vez más excelente y eterno peso de gloria". Pedro también vincula el sufrimiento presente con la futura revelación de la gloria: "Ruego a los ancianos que están entre vosotros, yo, anciano también con ellos y testigo de los padecimientos de Cristo, que soy también participante de la gloria que será revelada", exhorta a los ancianos a que apacienten la grey para que "cuando aparezca el Príncipe de los pastores, vosotros recibiréis la corona incorruptible de gloria" (1 P. 5:1, 4).

### *La glorificación del creyente*

Es importante darse cuenta de que no sólo Cristo, todos los creyentes auténticos también serán glorificados. El Nuevo Testamento contiene varias caracterizaciones de esta futura dimensión de la salvación cristiana. Pablo dice: "nosotros mismos, que tenemos las primicias del Espíritu, nosotros también gemimos dentro de nosotros mismos, esperando la adopción, la redención de nuestro cuerpo" (Ro. 8:23). Esta es la etapa final en el proceso de la salvación, es una herencia garantizada por el Espíritu Santo: "En él también vosotros, habiendo oído la palabra de verdad, el evangelio de vuestra salvación, y habiendo creído en él, fuisteis sellados con el Espíritu Santo de la promesa, que es las arras de nuestra herencia hasta la redención de la posesión adquirida, para alabanza de su gloria" (Ef. 1:13-14). Pedro también habla de una herencia: "Bendito el Dios y Padre de nuestro Señor Jesucristo, que según su gran misericordia nos hizo renacer para una esperanza viva, por la resurrección de Jesucristo de los muertos, para una herencia incorruptible, incontaminada e inmarchitable, reservada en los cielos para vosotros, que sois guardados por el poder de Dios, mediante la fe, para alcanzar la salvación que está preparada para ser manifestada en el tiempo final" (1 P. 1:3-5). Es más, el Nuevo Testamento promete que nos salvaremos de la ira de Dios en el momento del juicio: "Con mucha más razón, habiendo sido ya justificados en su sangre, por él seremos salvos de la ira, porque, si siendo enemigos, fuimos reconciliados con Dios por la muerte de su Hijo, mucho más, estando reconciliados, seremos salvos por su vida" (Ro. 5:9-10). En resumen, el creyente puede tener esperanza de una experiencia mucho más grande, que se describe como la adopción por Dios, la redención del cuerpo, una herencia no contaminada garantizada por el Espíritu Santo y el salvarse de la ira de Dios.

Pero ¿qué implica exactamente la glorificación del creyente? Uno de sus aspectos es la reivindicación total y final del creyente.[23] La justificación que se produjo en el momento de la conversión se manifestará o se hará obvia en el futuro. Este es el significado de Romanos 5:9-10, que citamos en el párrafo anterior. En el capítulo 8, Pablo contempla el juicio futuro y pregunta quién acusará a los elegidos; como Cristo murió por nosotros y ahora intercede por nosotros, nadie

23. Ramm, *Them He Glorified*, pp. 67-69.

lo hará (vv. 33-34). Ni lo presente ni lo por venir pueden separarnos del amor de Dios en Jesucristo (vv. 38-39). El juicio será la declaración final del estatus justificado del creyente (Mt. 25:31-46). Como un estudiante que está totalmente preparado para su examen, el cristiano se enfrenta al juicio final, no con temor, sino con expectación, sabiendo que el resultado será positivo.

En la glorificación el individuo también será perfeccionado, moral y espiritualmente.[24] Varias referencias bíblicas apuntan hacia un finalización futura del proceso que se inició con la regeneración y continuó con la santificación. Uno de los textos más directos es Colosenses 1:22: "Ahora os ha reconciliado en su cuerpo de carne, por medio de la muerte, para presentaros santos y sin mancha e irreprochables delante de él." El concepto de estar sin mancha e irreprochables en un futuro lo encontramos también en Efesios 1:4 y Judas 24. La inocencia se menciona en 1 Corintios 1:8. Pablo ora por los filipenses para: "que vuestro amor abunde aún más y más en conocimiento y en toda comprensión, para que aprobéis lo mejor, a fin de que seáis sinceros e irreprochables para el día de Cristo, llenos de frutos de justicia que son por medio de Jesucristo, para gloria y alabanza de Dios" (Fil. 1:9-11). Nuestra perfección moral y espiritual se obtendrá en parte mediante la eliminación de la tentación, porque la fuente del pecado, el mal y la tentación habrá sido vencida completamente (Apoc. 20:7-10).

La glorificación futura también traerá el conocimiento completo. En 1 Corintios 13:12, Pablo contrasta el conocimiento imperfecto que tenemos ahora con el conocimiento perfecto que vamos a tener: "Ahora vemos por espejo, oscuramente; pero entonces veremos cara a cara. Ahora conozco en parte, pero entonces conoceré como fui conocido." Nuestro conocimiento incompleto será reemplazado por una comprensión mucho más completa. Nuestro conocimiento se incrementará porque veremos al Señor; no tendremos que conformarnos simplemente con leer relatos escritos por los que le conocieron durante su ministerio en la tierra. Como dice Juan: "Amados, ahora somos hijos de Dios y aún no se ha manifestado lo que hemos de ser; pero sabemos que cuando él se manifieste, seremos semejantes a él, porque lo veremos tal como él es" (1 Jn. 3:2).

Lo que hemos descrito hasta ahora podría denominarse la glorificación del alma (el aspecto espiritual de la naturaleza humana). También habrá una glorificación del cuerpo (el aspecto físico), en conexión con la resurrección del creyente. En la segunda venida de Cristo, todos los que murieron en el Señor resucitarán; y ellos, junto con los creyentes supervivientes, serán transformados. Tres pasajes en particular resaltan el cambio que se va a producir en el cuerpo del creyente. En Filipenses 3:20-21 Pablo dice: "Pero nuestra ciudadanía está en los cielos, de donde también esperamos al Salvador, al Señor Jesucristo. Él transformará nuestro cuerpo mortal en un cuerpo glorioso semejante al suyo,

24. Charles M. Horne, *Salvation* (Chicago: Moody, 1971), pp. 102-6.

por el poder con el cual puede también sujetar a sí mismo todas las cosas". La palabra σύμμορφον (*summorphon*—"como") indica que nuestros cuerpos serán "similares en forma" al de Cristo. En 2 Corintios 5:1-5 Pablo visualiza el cuerpo que tendremos, un cuerpo eterno en naturaleza, no hecho por manos humanas, sino procedente de Dios. Será nuestra habitación celestial. Lo que es mortal quedará absorbido por la vida (v. 4). El tercer pasaje es 1 Corintios 15:38-50. Pablo compara el cuerpo que tendremos con el que tenemos actualmente:

1. El cuerpo presente es mortal, sujeto a enfermedades y a la muerte; el cuerpo de la resurrección será incorruptible, inmune a la enfermedad y a la decadencia.
2. El cuerpo actual está sembrado en deshonra; el cuerpo de la resurrección será glorioso.
3. El cuerpo actual es débil; el cuerpo de la resurrección será poderoso.
4. El cuerpo actual es físico (ψυχικόν—*psuchikon*); el cuerpo de la resurrección será espiritual.

Pablo señala que el gran cambio que sucederá en el momento de la llegada de Cristo será instantáneo: "Os digo un misterio: No todos moriremos; pero todos seremos transformados, en un momento, en un abrir y cerrar de ojos, a la final trompeta, porque se tocará la trompeta, y los muertos serán resucitados incorruptibles y nosotros seremos transformados" (vv. 51-52). Bernard Ramm comenta: "En resumen, los cuatro atributos positivos del cuerpo resucitado se pueden identificar con la glorificación de ese cuerpo. Esta glorificación no es un proceso, no es un asunto de maduración, sino que ocurre de repente, de forma dramática, al fin del tiempo".[25]

Finalmente deberíamos señalar la relación entre la glorificación del creyente y la renovación de la creación. Como los humanos forman parte de la creación, su pecado y caída trajo ciertas consecuencias sobre ella como sobre ellos mismos también (Gn. 3:14-19). La creación en la actualidad está sujeta a vanidad (Ro. 8:18-25). Sin embargo, Pablo nos dice que "la creación misma será libertada de la esclavitud de corrupción a la libertad gloriosa de los hijos de Dios" (v. 21). La naturaleza de la transformación que se va a producir se explica de forma más específica en Apocalipsis 21:1-2: "Entonces vi un cielo nuevo y una tierra nueva, porque el primer cielo y la primera tierra habían pasado y el mar ya no existía más. Y yo, Juan, vi la santa ciudad, la nueva Jerusalén, descender del cielo, de parte de Dios, ataviada como una esposa hermoseada para su esposo." En ese momento Dios declarará: "Yo hago nuevas todas las cosas" (v. 5). La humanidad vivía originalmente en el lugar paradisiaco llamado el jardín del Edén; su

25. Ramm, *Them He Glorified*, p. 103.

residencia final será también un lugar perfecto: la nueva Jerusalén. Parte de la glorificación del hombre será la provisión de un ambiente perfecto en el que vivir. Será perfecto porque la gloria de Dios estará presente.

En esta vida los creyentes a veces lloran y sufren porque se sienten incompletos. Sin embargo, tienen una esperanza segura. La doctrina de la perseverancia les garantiza que nunca perderán la salvación que poseen. Y la doctrina de la glorificación promete que más adelante nos espera algo mejor. Seremos todo lo que Dios siempre pretendió que fuéramos. En parte nuestra glorificación se producirá con la muerte y la superación de las limitaciones de esta existencia terrenal; y en parte ocurrirá con la segunda venida de Cristo. Que después de eso seremos perfectos y completos es seguro.

# 49. Medios y extensión de la salvación

## Objetivos del capítulo

Después de estudiar este capítulo, debería ser capaz de:

- Examinar tres teorías teológicas actuales sobre los medios para la salvación: liberación, sacramental y evangélica.
- Evaluar la validez de los enfoques de la liberación y el sacramental al tratar de descubrir los medios para la salvación.
- Demostrar la validez del enfoque evangélico.
- Evaluar varias clases de universalismo.
- Examinar una de las teorías del universalismo representada en el pensamiento de Nels Ferré.
- Formular una respuesta bíblica al enfoque universal.

## Resumen del capítulo

Para concluir el tema de la salvación, quedan dos asuntos. El primero es el de los medios mediante los cuales se obtiene la salvación. Hay tres puntos de vista teológicos: el de la liberación, el sacramental y el evangélico. El segundo asunto es la cuestión de cuál es la extensión de la salvación. Los universalistas dicen que al final todos seremos salvos. La Biblia contradice la posición de los universalistas.

## Cuestiones de estudio

1. ¿De qué manera los que creen en la teología de la liberación cambian el evangelio bíblico para satisfacer sus intereses?
2. ¿Cómo modifica el sacramentalismo los medios bíblicos para la salvación?

3. ¿En qué se diferencia el evangelicalismo de las teologías de la liberación y del sacramentalismo?
4. Critique la posición de Orígenes y las siete variaciones a su posición sobre el tema de la manera en que la salvación podría ponerse a disposición de toda la raza humana.
5. ¿Cómo evalúa los argumentos de Nels Ferré sobre el universalismo?
6. Como evangélico ¿cómo respondería al universalismo que han propuesto los defensores del mismo a lo largo de los siglos? Tenga en cuenta las evidencias bíblicas.

Puntos de vista sobre los medios de la salvación
- Punto de vista de la teología de la liberación
- Punto de vista sacramental
- Punto de vista evangélico

La extensión de la salvación
- Variedades de universalismo
- Evaluando el universalismo

Quedan por discutir dos importantes dimensiones del tema de la salvación. El primero afecta a los medios mediante los cuales se efectúa o se obtiene la salvación; el segundo trata de la extensión de la salvación: ¿Nos salvaremos todos?

## Puntos de vista sobre los medios de la salvación

El punto de vista que uno tiene de los medios a través de los cuales se obtiene la salvación depende en gran medida de nuestra manera de entender la naturaleza de la salvación. Sin embargo, incluso entre la gente que tiene básicamente la misma manera de entender la naturaleza de la salvación, hay diferentes maneras de ver los medios.

### *Punto de vista de la teología de la liberación*

Para entender el concepto que tiene la teología de la liberación sobre los medios de la salvación debemos observar primero la idea que tiene de la naturaleza de la teología. En su *Teología de la liberación*, que significativamente se subtitula *Historia, política y salvación*, Gustavo Gutiérrez observa que la idea básica de la naturaleza de la teología ha sufrido una transformación radical. Originalmente, la teología era simplemente meditar sobre la Biblia; su objetivo era la sabiduría y el crecimiento espiritual.[1] Después la teología se empezó a ver como un conocimiento racional, una reflexión sistemática y crítica del contenido

1. Gustavo Gutierrez, *A Theology of Liberation: History, Politics, and Salvation*, trad. Sister Caridad Inda and John Eagleson (Maryknoll, N. Y.: Orbis, 1973), p. 4.

de la fe cristiana.[2] Sin embargo, en los últimos tiempos ha habido un cambio considerable en la manera de entender la fe. La fe ya no se considera la afirmación de las verdades, sino un compromiso total de uno mismo con los demás. El amor es el centro de la vida cristiana y de la teología. La espiritualidad no es una contemplación monástica, sino una actividad que se desarrolla en el mundo, poniéndose el énfasis en las dimensiones profanas de la vida.

Gutiérrez define la salvación como la liberación a tres niveles diferentes. El primer nivel de liberación tiene que ver con "las aspiraciones de la gente y las clases sociales oprimidas, resaltando los aspectos conflictivos de los procesos económicos, sociales y políticos que les ponen en conflicto con las naciones ricas y las clases sociales opresoras".[3] Gutiérrez se opone con vehemencia a aquellos que mantienen que el desarrollo natural dentro de un marco básicamente capitalista resolverá todos los problemas del mundo. El segundo nivel tiene que ver con que el hombre asuma "la responsabilidad consciente de su propio destino".[4] El tercer nivel es Cristo el Salvador liberando al hombre del pecado.

Gutiérrez considera que la salvación tiene naturaleza escatológica. Sin embargo, no tiene en mente una liberación sobrenatural de las condiciones de la vida aquí. Más bien, piensa en la apertura de la historia al futuro.[5] No un escape de la historia, sino la consecución de los ideales fundamentales en la historia futura; ese es el objetivo hacia el que nos dirigimos. Es más, aunque los teólogos de la liberación se toman muy en serio la dimensión escatológica del mensaje cristiano y la Biblia, no debemos asumir que su interés en la escatología signifique que su enfoque básico sea aplicar el mensaje bíblico a las situaciones históricas. Más bien, es lo contrario: pasan de su experiencia de la realidad a la teología. Esto es lo que Juan Luis Segundo ha descrito como "el círculo hermenéutico". Su experiencia de la realidad lleva a los teólogos de la liberación a cuestionar las teologías predominantes, después las suposiciones teológicas que hay tras esas ideologías y finalmente a la hermenéutica.[6] Los teólogos de la liberación rechazan la teología ortodoxa occidental porque esta no es capaz de encajar con su experiencia de la vida, no por los nuevos desarrollos en la exégesis.

¿Cómo se produciría la necesaria liberación económica? Una solución que se ha venido proponiendo es el desarrollo. La idea de que trabajando dentro de una estructura básicamente capitalista sería posible mejorar las condiciones de los pobres. Sin embargo, Gutiérrez considera esta una medida tímida. No funcionaría intentar provocar cambios en el orden existente. Más bien, dice: "una ruptura

2. Ibíd., p. 5.
3. Ibíd., p. 36.
4. Ibíd.
5. Ibíd., p. 215.
6. Juan Luis Segundo, *The Liberation of Theology*, trad. John Drury (Maryknoll, N.Y.: Orbis, 1976), pp. 7-38.

radical con el estado actual de las cosas, o sea, una profunda transformación del sistema de propiedad privada, el acceso al poder de las clases explotadas y la revolución social que rompería esta dependencia permitiría el cambio hacia una nueva sociedad, una sociedad socialista; o al menos haría posible un tipo de sociedad así".[7]

Por el énfasis en la transformación de los sistemas actuales, está claro que la teología de la liberación ve la salvación como una liberación para todas las personas. La salvación significa la igualdad económica, política y racial para todos. La obra de Dios en esta dirección se consigue por varios medios, no sólo con la iglesia y la práctica de la religión. De hecho, la salvación se efectúa principalmente por medio de los procesos políticos, e incluso en ocasiones a través de la revolución y la violencia.

Al evaluar el concepto de salvación que tiene la teología de la liberación, hay que concederle que, de los tres niveles, Gutiérrez identifica como el más básico el de que Jesús nos libera del pecado. Sin embargo, en la práctica el énfasis lo pone en los aspectos político y económico. Nadie pone en duda, por supuesto, que a Dios le preocupen estos aspectos de la vida, como una lectura de los profetas menores (por ejemplo Amós) nos indica. Sin embargo, lo que se puede cuestionar más seriamente es si estos aspectos tienen tanta importancia como la que le dan los teólogos de la liberación. Es más, el tema crucial de las Escrituras es nuestra atadura al pecado, y la separación y distanciamiento de Dios que el pecado ha provocado. Incluso el éxodo, la liberación del pueblo de Israel de la esclavitud de Egipto, no era principalmente un asunto político. De hecho, si examinamos los relatos bíblicos detenidamente, veremos que el propósito principal del éxodo era que Dios estableciese una relación especial con Israel para que pudieran disfrutar de las bendiciones espirituales que él tenía reservadas para su pueblo especial. La libertad política, la suficiencia económica y la salud física, por importantes que sean, son secundarias para el destino espiritual. Esta es una implicación que se extrae de las palabras de Jesús: "Por tanto, si tu ojo derecho te es ocasión de caer, sácalo y échalo de ti, pues mejor te es que se pierda uno de tus miembros, y no que todo tu cuerpo sea arrojado al infierno. Y si tu mano derecha te es ocasión de caer, córtala y échala de ti, pues mejor te es que se pierda uno de tus miembros, y no que todo tu cuerpo sea arrojado al infierno" (Mt. 5:29-30). Si nuestro análisis es correcto, el defecto de la teología de la liberación no es tanto lo que dice, sino como lo que no dice. No se dice nada en absoluto de lo que indica claramente el Nuevo Testamento que es la principal dimensión de la salvación.

También debemos comentar sobre la defensa que la teología de la liberación hace de la violencia por parte de los pobres y oprimidos. Es de destacar que esta

7. Gutierrez, *A Theology of Liberation*, pp. 26-27.

posición parece estar en conflicto con algunas de las declaraciones hechas por Jesús, tales como las exhortaciones a poner la otra mejilla (Mt. 5:39; Lc. 6:29) y amar a los enemigos (Mt. 5:44; Lc. 6:27, 35). Aunque es posible argumentar de forma sólida en cuanto al uso de la fuerza en alguna ocasión (por ejemplo en una guerra justa), los teólogos de la liberación no han establecido un argumento adecuado para utilizar la fuerza en esta situación.

### *Punto de vista sacramental*

Otro punto de vista importante sobre los medios de la salvación es que la salvación se transmite y se recibe mediante los sacramentos de la iglesia. Probablemente la expresión más clara y completa de este punto de vista sea la del catolicismo romano tradicional, que resume sucintamente Joseph Pohle:

> La justificación del pecador... normalmente no es un proceso o una serie de actos meramente internos e invisibles, sino que requiere la utilización de los signos visibles externos instituidos por Jesucristo, que o bien confieren la gracia o la aumentan. A esos medios visibles de gracia se les denomina sacramentos.[8]

En este breve párrafo se señalan varias características importantes de los sacramentos. Estos actos son necesarios para la justificación del pecador. La justificación no es un hecho meramente interno e invisible (un suceso puramente espiritual), sino que depende y necesita de ritos externos particulares. Estos ritos son auténticos medios de gracia. Simbolizan los cambios que se producen en el individuo, pero no son meros símbolos. Realmente producen o comunican gracia. Son, en otras palabras, signos eficaces.[9]

Según el pensamiento católico, son necesarios tres elementos para constituir un sacramento: un signo visible, una gracia invisible y una institución divina. El signo visible consta de dos partes: cierta forma material (por ejemplo el agua en el bautismo) y una palabra de pronunciamiento.[10] Todos los sacramentos comunican gracia santificante; esto es, hacen que el individuo sea justo y santo, combinando lo que los protestantes denominan justificación y santificación.[11]

De primera importancia es la idea de que los sacramentos son eficaces. A juicio del Concilio de Trento, los reformadores protestantes consideraban los sacramentos como meras "exhortaciones diseñadas para excitar la fe" (Lutero), "símbolos de la veracidad de las promesas divinas" (Calvino) o "signos de profesión cristiana mediante los cuales los fieles testifican que pertenecen a la iglesia de Jesucristo"

8. Joseph Pohle, *The Sacraments: A Dogmatic Treatise*, ed. Arthur Preuss (St. Louis: B. Herder, 1942), vol. 1, p. 1.

9. Ibíd., p. 11.

10. Ibíd., p. 15.

11. Ibíd., p. 67.

(Zwinglio). Al condenar las posiciones de los reformadores, el concilio estableció su propia posición de que los sacramentos son medios de gracia para todos los que no colocan un obstáculo ante esa gracia.[12]

Defensores de la posición del Concilio de Trento argumentan que las Escrituras ofrecen evidencias de una conexión causal esencial entre los signos sacramentales y la gracia. Uno de los ejemplos más destacados es Juan 3:5: "el que no nace de agua y del Espíritu no puede entrar en el reino de Dios". Se dice que el agua es la causa instrumental del nacimiento nuevo. Pohle dice: "Por lo tanto, es tan cierto que el renacimiento espiritual de un hombre viene causado principalmente por el Espíritu Santo como que instrumentalmente lo causa el agua, y en consecuencia, el agua del bautismo ejerce un efecto causal sobre la justificación".[13] Otros textos citados como apoyo para la argumentación de que el agua del bautismo limpia el pecado son Hechos 2:38; 22:16; Efesios 5:26 y Tito 3:5. Es más, basándose en varios textos, se reclama también la eficacia de otros sacramentos: confirmación (Hch. 8:17); eucaristía (Jn. 6:56-58); penitencia (Jn. 20:22-23); extremaunción (Stgo. 5:14-16); ordenaciones (2 Ti. 1:6).[14] Además, el testimonio de los padres de la iglesia se cita como apoyo para la teoría de que los sacramentos son medios de gracia.[15]

Según el punto de vista histórico católico, los sacramentos son efectivos *ex opera operato* ("por la obra realizada"). Esta expresión que se utilizó por primera vez en el siglo XIII, se adoptó oficialmente en el Concilio de Trento. Indica que la gracia se confiere dependiendo del acto mismo, no por los méritos del sacerdote o del receptor. Desde luego tiene que haber un sacerdote que imparta el sacramento y el receptor debe estar moralmente preparado. De hecho, la cantidad de gracia conferida depende de la disposición y cooperación del receptor.[16] Sin embargo, estos factores no son los que hacen efectivo el sacramento. El sacramento mismo es la causa eficiente de que se produzca la gracia.

En algunos momentos la posición católica parece contradictoria. Por una parte, dice que los sacramentos producen sus efectos "independientemente de los méritos y disposición del receptor". Por otra parte, se considera necesaria la preparación moral para que el sacramento produzca "todo el efecto necesario para la justificación".[17] Sin embargo, esta preparación moral es simplemente la eliminación de "cualquier indisposición previa que se opusiera al carácter del sacramento respectivo".[18] Por tanto, la verdadera eficacia del sacramento no

12. Ibíd., pp. 122-23.
13. Ibíd., p. 126.
14. Ibíd., pp. 126-28.
15. Ibíd., p. 129-31.
16. Ibíd., p. 73.
17. Ibíd., p. 125.
18. Ibíd., p. 126.

depende en absoluto de los méritos del receptor. Un argumento que apoya esta teoría es la práctica del bautismo de niños, donde es obvio que no puede haber ningún mérito, ni siquiera una fe activa.[19]

Ya hemos aludido al hecho de que debe haber un administrador adecuado del sacramento. Con la excepción de ciertas circunstancias inusuales, las únicas personas cualificadas para administrar los sacramentos son las ordenadas, o sea, personas que han recibido el sacramento de la ordenación.[20] Como hemos visto, la validez del sacramento no depende de la calidad moral de la persona o de la ortodoxia del sacerdote.[21] Sin embargo, lo que sí se necesita es la intención de realizar el sacramento.[22] Esta intención no tiene por qué ser consciente. Si un sacerdote al realizar un sacramento está distraído, la administración del sacramento es válida. Esto se consideraría un caso de intención virtual (en contraste con la intención real). Por otra parte, si el sacerdote, mientras está nadando, echa agua sobre otra persona en broma, eso no es bautismo, porque no se ha hecho con la intención de bautizar.

Lo que todo esto quiere decir es que la salvación depende de la iglesia. Porque, en primer lugar, los sacramentos, que fueron confiados a la iglesia por Cristo, son requisito para la salvación. Y segundo, se necesita la presencia de un administrador cualificado, o sea, un individuo ordenado por la iglesia. La idea esencial en esta teoría es que la salvación realmente se produce gracias a los sacramentos. Son los medios mediante los cuales se consigue. Si deseamos recibir la salvación, tenemos que recibir los sacramentos.

La definida posición del catolicismo romano tradicional es deficiente en varios puntos. Indicaremos algunas de sus deficiencias en la discusión sobre el bautismo y la cena del Señor. Sin embargo, aquí vamos a señalar que hay poca evidencia para algunas de las interpretaciones que el catolicismo tradicional ha dado a varios textos pertinentes de la Biblia. Estas interpretaciones son como poco dudosas y como mucho muy imaginativas. Está claro que el catolicismo romano clásico no subscribe nuestro punto de vista de que la Biblia es la única autoridad de la verdad divina. Más bien, asume que hay dos autoridades, la Biblia y la tradición no escrita de los apóstoles, que la iglesia conservó, interpretó y expresó. Sin embargo, no debería haber contradicción entre estas dos autoridades en lo que se refiere a la enseñanza de temas básicos como los sacramentos. Que no podamos encontrar enseñanza clara en la Biblia sobre la eficacia de los sacramentos es aparentemente muy significativo. Además, la idea de que el ministerio o el sacerdocio tenga un papel especial o distintivo no encuentra una expresión clara en la Biblia. Es más, pasajes como Hebreos 9 parecen contradecir esta idea.

19. Ibíd., p. 132.
20. Ibíd., p. 164.
21. Ibíd., pp. 166, 171.
22. Ibíd., p. 175.

Además, el concepto de disposición que se requiere para el receptor del sacramento si quiere recibir la gracia presenta dificultades. Los sacramentalistas, en un intento de evitar la acusación de que tienen una visión mágica de los sacramentos, es decir, que estos tienen un efecto automático por sí mismos, resaltan que los sacramentos son objetivamente eficaces, que confieren la gracia necesaria, pero que necesitan cierta disposición en el receptor. El receptor debe eliminar todo obstáculo para recibir la gracia de Dios. En otras palabras, el sacramento funcionará, *ex opera operato,* si el receptor no se resiste o lo rechaza. Esto hace que la fe, incluso la fe salvadora, sea pasiva. Como mucho es una conformidad intelectual. Sin embargo, el tipo de fe que se requiere para recibir la gracia de Dios es mucho más activa. Ver, por ejemplo, Santiago 2:18-26, donde la fe que implica consentimiento mental sin ir acompañada de obras se dice que está muerta. Es más, la fe a la que apelan los apóstoles en el libro de los Hechos es sin duda activa. Piden que uno se aferre de forma positiva a las promesas de Dios y que se mantenga un compromiso total.

### Punto de vista evangélico

¿Cuáles son, según la construcción evangélica de la teología, los medios de salvación o, por decirlo de forma más amplia, los medios de gracia? Hasta cierto punto la teoría evangélica ha sido expuesta en nuestra evaluación sobre los puntos de vista de la teología de la liberación y el sacramentalismo. Sin embargo, es necesario decir más en términos de una declaración positiva de la postura evangélica.

Según la teología evangélica, la Palabra de Dios juega un papel indispensable en todo el asunto de la salvación. En Romanos, Pablo describe la condición de las personas sin Cristo. No hay ningún justo; ninguno merece su gracia y salvación (3:9-20). Entonces ¿cómo pueden ser salvos? Tienen que ser salvados invocando el nombre del Señor (10:13). Sin embargo, para que sean llamados deben creer, pero no pueden creer si no escuchan; por lo tanto alguien debe contarles o predicarles las buenas nuevas (vv. 14-15). Pablo también escribe a Timoteo sobre la importancia de la Palabra de Dios. Las Sagradas Escrituras que Timoteo conoce desde su juventud: "te pueden hacer sabio para la salvación por la fe que es en Cristo Jesús. Toda la Escritura es inspirada por Dios y útil para enseñar, para redargüir, para corregir, para instruir en justicia, a fin de que el hombre de Dios sea perfecto, enteramente preparado para toda buena obra" (2 Ti. 3:15b-17). Pedro también habla de este papel instrumental de la Palabra de Dios: "pues habéis renacido, no de simiente corruptible, sino de incorruptible, por la palabra de Dios que vive y permanece para siempre...y esta es la palabra que por el evangelio os ha sido anunciada" (1 P. 1:23, 25). En el Salmo 19 David exalta las virtudes y valores de la ley del Señor: reanima el alma (v. 7a); notifica (vv. 7b, 8b); advierte en contra de lo que está mal (v. 11).

Hay una serie de imágenes ricas que expresan la naturaleza y función de la Palabra de Dios. Es un martillo capaz de romper un corazón duro (Jer. 23:29), un espejo que refleja nuestra auténtica condición (Stgo. 1:23-25), una semilla que crece (Lc. 8:11; 1 P. 1:23), la lluvia y la nieve que nutre la semilla (Is. 55:10-11). Es comida: leche para niños (1 Co. 3:1-2; He. 5:12-13), carne para las personas maduras (1 Co. 3:2; He. 5:12-14), y miel para todos (Sal. 19:10). La Palabra de Dios es oro y plata (Sal. 119:72), una lámpara (Sal. 119:105; Prov. 6:23; 2 P. 1:19), una espada que discierne el corazón (He. 4:12), un fuego que impulsaba al creyente a hablar (Jer. 20:9). Estas imágenes expresan gráficamente la idea de que la Palabra de Dios es poderosa y capaz de lograr una gran obra en la vida del individuo. Sin embargo, no es sólo la Biblia, sino la Palabra tal como la aplica el Espíritu Santo, la que efectúa una transformación espiritual.[23]

La Palabra de Dios es el medio no sólo de iniciar la vida cristiana, sino de madurar en ella. Por tanto, Jesús les dijo a sus discípulos que estarían limpios por la palabra que les había hablado (Jn. 15:3). También oró para que el Padre les santificara en verdad, porque la palabra del Padre es verdad (Jn. 17:17). El Señor le dijo a Josué que el libro de la ley era el medio para llevar una vida de rectitud: "Nunca se apartará de tu boca este libro de la Ley, sino que de día y de noche meditarás en él, para que guardes y hagas conforme a todo lo que está escrito en él, porque entonces harás prosperar tu camino y todo te saldrá bien" (Js. 1:8). La Palabra de Dios guía nuestros pies (Sal. 119:105) y nos proporciona protección cuando luchamos en la guerra espiritual (Ef. 6:17).

Hemos visto que la Palabra de Dios, ya sea leída o predicada, es el medio que tiene Dios para presentarnos la salvación que encontramos en Cristo; la fe es nuestro medio de aceptar esa salvación.[24] Pablo expresa esto con bastante claridad en Efesios 2:8-9: "porque por gracia sois salvos por medio de la fe; y esto no de vosotros, pues es don de Dios. No por obras, para que nadie se gloríe". Que la Palabra de Dios (el evangelio) y la fe son medios de salvación es evidente en Romanos 1:16-17: "No me avergüenzo del evangelio, porque es poder de Dios para salvación de todo aquel que cree, del judío primeramente y también del griego, pues en el evangelio, la justicia de Dios se revela por fe y para fe, como está escrito: "Mas el justo por la fe vivirá". La necesidad de la fe también queda clara en Romanos 3:25: "a quien Dios puso como propiciación por medio de la fe en su sangre, para manifestar su justicia, a causa de haber pasado por alto, en su paciencia, los pecados pasados". Pablo deja claro que sólo hay una manera de salvarse para todos, ya sean judíos o gentiles: "Concluimos, pues, que el hombre es justificado por la fe sin las obras de la Ley. ¿Es Dios solamente Dios de los judíos? ¿No es también Dios de los gentiles?

23. Bernard Ramm, *The Pattern of Authority* (Grand Rapids: Eerdmans, 1957), pp. 28-37.

24. Edward J. Carnell, *The Case for Orthodox Theology* (Philadelphia: Westminster, 1959), p. 70.

Ciertamente, también de los gentiles, porque Dios es uno, y él justificará por la fe a los de la circuncisión, y por medio de la fe a los de la incircuncisión" (vv. 28-30). Incluso a Abraham se le considera justo debido a su fe: "Creyó Abraham a Dios y le fue contado por justicia" (Ro. 4:3; ver también vv. 9, 12).

Si lo que acabamos de decir es correcto, la salvación no es por obras. Una persona es declarada justa a los ojos de Dios, no porque haya hecho buenas obras, sino por haber creído. Pero ¿qué ocurre con los pasajes que parecen argumentar a favor de que las obras son necesarias para obtener la salvación de Dios? Entre estos pasajes están Mateo 25:31-46; Lucas 7:36-50; 18:18-30 y Santiago 2:18-26. Cuando los interpretamos, necesitamos tener en cuenta la enseñanza clara de los pasajes que acabamos de examinar.

Quizá el pasaje más problemático es Mateo 25:31-46, que parece sugerir que nuestro destino eterno se basará en haber sido amables y caritativos con los demás. Sin embargo, deberíamos señalar una característica de este relato. Las obras hechas a los demás no son realmente la base sobre la que se emite el juicio. Porque esas obras se considera que han sido hechas (o no) a Jesús mismo (vv. 40, 45). Es por tanto, nuestra relación con el Señor, no con los demás, la base del juicio. Surge la siguiente cuestión: si las obras hechas a los demás no son la base del juicio, ¿por qué se toman siquiera en consideración? Para responder a esta cuestión debemos entender a Mateo 25:31-46 en el contexto más amplio de la doctrina de la salvación. Obsérvese aquí la sorpresa de ambos grupos cuando se presenta la prueba (vv. 37-39, 44). No habían pensado en las obras hechas a los demás como una indicación de su relación con Dios. Incluso los que habían hecho obras de caridad se sorprendieron cuando sus actos de amabilidad se presentaron como prueba. Es verdad que las obras no son meritorias. Sin embargo, son prueba de nuestra relación con Cristo y de que su gracia ya está obrando en nosotros. Donald Bloesch comenta:

> La intención de la parábola es mostrarnos que seremos juzgados por los frutos que nuestra fe coseche, aunque cuando relacionamos este pasaje con su contexto más amplio vemos que los frutos de la fe son al mismo tiempo la obra de la gracia en nuestro interior. Son la evidencia y la consecuencia de una gracia que ya se ha vertido sobre nosotros. Vamos a ser juzgados según nuestras obras, pero vamos a ser salvados a pesar de ellas. Se deben hacer ambas afirmaciones si queremos hacer justicia al misterio del don gratuito de la salvación. El juicio final es la confirmación de la validez de una justificación que ya consiguió Jesucristo.[25]

La clave para entender este pasaje es, pues, tener en mente que se relaciona con el juicio final, no con nuestra conversión. Las buenas obras que hacemos a

25. Donald Bloesch, *Essentials of Evangelical Theology* (New York: Harper & Row, 1978), vol. 2, p. 184.

los demás son representadas como lo que sigue a la salvación, no como lo que debemos hacer para recibirla.

En Lucas 7:36-50 encontramos el relato de una mujer pecadora que lava los pies de Jesús con sus lágrimas, los seca con sus cabellos, y después los besa y los unge. Reconociendo lo que la mujer ha hecho y declarando que ha amado mucho, Jesús dice que sus pecados le son perdonados (vv. 44-48). Esto parece indicar que fue perdonada por sus acciones y por amar. Sin embargo, las palabras de Jesús cuando la mujer se va son muy instructivas: "Tu fe te ha salvado; ve en paz" (v. 50).[26]

La historia del joven rico, que encontramos en Lucas 18:18-30 (y también en Mt. 19:16-30; Mr. 10:17-31), parece sugerir que la salvación se obtiene mediante obras. Porque a la pregunta: "¿Qué haré para heredar la vida eterna?" Jesús contesta: "vende todo lo que tienes y dalo a los pobres, y tendrás tesoro en el cielo; y ven, sígueme" (Lc. 18:22). Sin embargo, es significativo que inmediatamente antes de este episodio, Jesús dijera: "De cierto os digo que el que no recibe el reino de Dios como un niño, no entrará en él" (v. 17). Por lo tanto, la base de la salvación es confiar como lo haría un niño; el deseo de dejarlo todo atrás es únicamente una manera de determinar si uno tiene ese tipo de confianza.[27]

Finalmente, un examen detenido nos demostrará que Santiago 2:18-26 no considera las obras una alternativa a la fe, sino una certificación de la fe. El apóstol dice: "Muéstrame tu fe sin tus obras y yo te mostraré mi fe por mis obras" (v. 18). Santiago de ninguna manera niega que seamos justificados sólo por la fe. Más bien, en este pasaje la idea que plantea es que la fe sin obras no es fe auténtica; está muerta (v. 20). La fe verdadera necesariamente conduce a las obras. La fe y las obras son inseparables. Y por eso Santiago escribe: "¿No fue justificado por las obras Abraham nuestro padre, cuando ofreció a su hijo Isaac sobre el altar? ¿No ves que la fe actuó juntamente con sus obras y que la fe se perfeccionó por las obras? Y se cumplió la Escritura que dice: "Abraham creyó a Dios y le fue contado por justicia", y fue llamado amigo de Dios" (vv. 21-23). Es significativo que, al igual que Pablo en Romanos 4:3 y Gálatas 3:6, Santiago cite aquí el clásico texto de prueba para la salvación por fe: Génesis 15:6. Al decir que lo que Abraham hizo cumplió las Escrituras, Santiago está conectando claramente las obras con la justificación por la fe; las obras son el cumplimiento de la fe.

Nuestra conclusión de los cuatro pasajes que acabamos de examinar, cuando los vemos en sus contextos y en relación con los textos que hablan de justificación por fe, es que no enseñan que las obras sean medios para recibir la salvación.

26. Johannes Norval Geldenhuys, *Commentary on the Gospel of Luke* (Grand Rapids: Eerdmans, 1952), p. 234.

27. I. Howard Marshall, *The Gospel of Luke: A Commentary on the Greek Text* (Grand Rapids: Eerdmans, 1978), pp. 682-83.

Más bien, lo que enseñan es que la fe genuina quedará evidenciada por las obras que esta produce.[28] La fe que no produce obras no es verdadera fe. De la misma manera, las obras que no surgen de la fe y de una relación auténtica con Cristo no serán tenidas en cuenta el día del juicio. Jesús deja esto claro en Mateo 7:22-23. En ese día muchos le dirán: "Señor, Señor, ¿no profetizamos en tu nombre, y en tu nombre echamos fuera demonios, y en tu nombre hicimos muchos milagros?". Seguramente todo eso será verdad. Sin embargo Jesús responderá: "Nunca os conocí. ¡Apartaos de mí, hacedores de maldad!" Como sus obras no fueron hechas con fe y compromiso auténticos, Jesús no incluye a ese tipo de gente entre las personas que han hecho la voluntad del Padre que está en los cielos (v. 21).

## La extensión de la salvación

Tratemos ahora el tema de quiénes se salvarán. Y específicamente el de si todos se salvarán. La posición tradicional de la iglesia a lo largo de la historia ha sido que aunque algunos, o incluso muchos, se salvarán no todos lo harán. La iglesia ha adoptado esta posición no porque no quiera que todos se salven, sino porque cree que hay declaraciones claras en las Escrituras sobre que algunos se perderán. Sin embargo, de vez en cuando, se ha expuesto una posición contraria en la iglesia, esto es, la de que todos se salvarán. Esta posición, que se conoce como universalismo, dio lugar en América a una denominación que lleva el nombre de *Universalista* (que más tarde se fusionó con los Unitarios). Sin embargo, no todos los que defienden el universalismo están en esa denominación.

### *Variedades de universalismo*

El universalismo ha tenido una larga historia. Orígenes fue probablemente su primer defensor destacado. Creía que el castigo de los malvados del que habla la Biblia no era una forma de eterno sufrimiento externo que Dios les infligía, sino una angustia temporal interna ocasionada por sentirse alejados de él.[29] Su propósito es ser purificado. Ese fin se puede conseguir sin el castigo eterno. Así que el castigo de los malvados en un momento dado llegará a su fin, y todas las cosas volverán a su condición original. Esta es la doctrina del *apokatastasis* de Orígenes.

Aunque la forma de Orígenes de enseñar sobre la salvación universal ha sido la más popular, no ha sido la única. De hecho, también ha habido varias hipótesis sobre cómo la salvación podría estar disponible y ser conseguida por toda la raza humana (al menos en teoría):

1. La teoría de la conversión universal mantiene que todas las personas se

28. Alexander Ross, *The Epistles of James and John* (Grand Rapids: Eerdmans, 1954), pp. 54-55.

29. Orígenes, *De principiis* 1.6.2.

salvarán según el camino que ha designado la Biblia: arrepentimiento y fe. Los defensores de esta idea creen que el mundo algún día será evangelizado con éxito; todas las personas responderán al evangelio y por lo tanto se salvarán. Sin embargo, el problema con esta teoría está en que millones de personas ya han vivido y muerto sin haber sido convertidas. La respuesta universal que se imagina es algo para el futuro. Por lo tanto, no hay garantía de salvación para todos, sino sólo para las personas que respondan en el futuro. Aquí no hay universalismo auténtico. Para ser realmente universalista, esta teoría debería combinarse con otra teoría o aspecto de alguna teoría.[30]

2. La teoría de la expiación universal mantiene que Cristo murió no sólo por cierta porción de la raza humana (los elegidos), sino por todos los humanos. Esto no es verdadero universalismo, aunque a veces lo consideran como tal aquellos que defienden una expiación particular o limitada. Como los arminianos y los calvinistas que proponen la teoría de la expiación universal normalmente no creen que todos aquellos por los que Cristo se sacrificó vayan a creer (o que la expiación vaya a ser eficaz en todos los casos), hablan sólo de expiación universal, no de salvación universal.[31] Sólo cuando esta teoría se interpreta según criterios externos y no según sus propios criterios se entiende como verdadero universalismo.

3. La teoría de la oportunidad universal mantiene que todas las personas durante su vida tienen la oportunidad de responder a Jesucristo de manera que puedan ser salvos. La oportunidad de ser salvos no queda limitada a los que escuchan el evangelio, a los que tienen la oportunidad de acceder a los conocimientos de la revelación especial. Todo el mundo, por estar expuesto a la revelación general de la que se habla en Salmos 19, Romanos 1 y 2 y en otras partes de las Escrituras, puede ejercitar implícitamente el requisito de la fe en Jesucristo. Una vez más, no es seguro que todo el mundo vaya a responder; la teoría de la oportunidad universal no es, pues, auténtico universalismo. Aunque todos pueden ejercer la fe, muchos no lo harán. Puede que haya cristianos anónimos, pero no son muchos. Este grupo no está formado por devotos fanáticos de otras religiones que tienen conflictos con los principios centrales del cristianismo. Más bien, los que se salvan a través de la revelación general son como los atenienses que adoraban al "dios no conocido" (Hch. 17:23).[32]

4. La teoría del la oportunidad explícita mantiene que todos tendrán una oportunidad de oír el evangelio de manera abierta y explícita. Aquellos que no lo puedan hacer durante su vida en la tierra tendrán su oportunidad en el

30. Loraine Boettner, "Postmillennialism", in *The Meaning of the Millennium*, ed. Robert G. Clouse (Downers Grove, Ill.: InterVarsity, 1977), p. 118. Boettner mantiene que la Biblia promete "la conversión final de la gran mayoría de hombres en todas las naciones".

31. H. Orton Wiley, *Christian Theology* (Kansas City, Mo.: Beacon Hill, 1958), vol. 2, p. 295.

32. Augustus H. Strong, *Systematic Theology* (Westwood, N.J.: Revell, 1907). p. 842.

futuro.[33] Habrá una segunda oportunidad. Tras la muerte, podrán escuchar. Algunos defensores de esta teoría creen que incluso los que han escuchado y rechazado se enfrentarán a las demandas de Cristo en la otra vida. Cuando esta creencia va unida a la idea de que todos los que tenga esa oportunidad sin duda la aceptarán, la conclusión inevitable es la salvación universal. Es difícil hacer compatible esta idea con las enseñanzas de Jesús sobre la vida tras la muerte (ver Lc. 16:19-31, especialmente v. 26).

5. La teoría de la reconciliación universal mantiene que la muerte de Cristo cumplió su propósito de reconciliar a toda la humanidad con Dios. La muerte de Cristo hizo posible que Dios aceptara a los humanos, y así lo hizo. En consecuencia, cualquier separación que hubiera entre el humano y los beneficios de la gracia de Dios es subjetiva por naturaleza; existe sólo en la mente del ser humano. El mensaje que hay que comunicar, pues, no es el de que existe una oportunidad para la salvación; sino el de que han sido salvados, y por lo tanto deben disfrutar de las bendiciones que ya son suyas. Los defensores de esta teoría dan una gran importancia a 2 Corintios 5:18: "Y todo esto proviene de Dios, quien nos reconcilió consigo mismo por Cristo, y nos dio el ministerio de la reconciliación". La reconciliación no es algo que va a ser; es un hecho cumplido.[34]

6. La teoría del perdón universal mantiene que Dios, siendo un Dios de amor, no se mantendrá firme a las condiciones que ha establecido. Aunque ha amenazado con la condena eterna para todos los que no le acepten, al final no será intransigente y perdonará a todos.[35] Según esto no es necesario ejercitar la fe. Dios tratará a todas las personas como si hubieran creído. Les imputara no sólo la justicia, sino también la fe. Aunque esto podría parecer injusto para los que sí han creído y han actuado para aceptar la salvación, deberían recordar la parábola de Jesús sobre los trabajadores y la viña. Los que vinieron tarde recibieron la misma paga que los que empezaron a trabajar pronto por la mañana.

7. La teoría de la recuperación universal fue expuesta por Orígenes. En algún momento del futuro, todas las cosas volverán a recobrar su estado original, el que se pretendía que tuvieran; habrá una salvación completa. La realidad existente será alterada o transformada. Es posible que Dios de forma instantánea lleve a la humanidad a un estado de perfección. Sin embargo, en la forma habitual de esta teoría que sigue el patrón de pensamiento de Orígenes el principio de la vida futura tiene una función de purgatorio. Cuando haya habido un periodo suficiente de castigo, la humanidad será purificada hasta el punto en el que Dios pueda estar en comunión con ellos para el resto de la eternidad.[36]

33. Richard Eddy, *A History of Universalism,* in American Church History, vol. 10 (New York: Christian Literature, 1894), pp. 458-60.

34. Karl Barth, *The Humanity of God* (Richmond; John Knox, 1960), pp. 60-62.

35. C. H. Dodd, *New Testament Studies* (New York: Scribner, 1954), pp. 118-26.

36. Orígenes, *De principiis* 1.6.2.

### *Evaluando el universalismo*

Ahora tenemos que observar detenidamente los argumentos específicos a favor del universalismo. No será posible examinar y evaluar cada una de las variedades del universalismo que hemos resumido. Sin embargo, hasta cierto punto como son teorías de la salvación universal están basadas en argumentos similares. Hay dos tipos generales de consideraciones que se aportan para apoyar la creencia de que la salvación es universal. Unas se basan o se relacionan con un texto particular de las Escrituras. Otras son de naturaleza más teológica. El segundo tipo de argumento lo presenta Nels Ferré.

Nacido en Suecia, Ferré era hijo de un predicador bautista muy conservador. Cuando era joven Nels tenía muchos problemas con lo que escuchaba decir a su padre desde el púlpito, especialmente con la idea de que los que no escuchasen el evangelio se perderían eternamente en el infierno. Su autobiografía breve "Third Conversion Never Fails " (La tercera conversión nunca falla), describe sus crecientes inquietudes sobre la Biblia. Cuando al final reunió el valor suficiente para preguntar a su padre sobre estos asuntos, fue rechazado con una respuesta autoritaria: no se debe cuestionar a Dios.[37] Cuando era adolescente viajó solo a Estados Unidos, donde abandonó el punto de vista ortodoxo. Más tarde se vio influenciado por los teólogos de la escuela lundensiana de su Suecia natal, que resaltaban el amor de Dios. Siguiendo su influencia, él construyó su propia teología basada en el pensamiento central del amor divino. En su consideración de la escatología, este concepto es poderoso y determinante.

Ferré señala que la mayoría de los enfoques sobre escatología resaltan la justicia de Dios. Aunque es verdad que Dios es justo, esta justicia, según Ferré, está completamente al servicio de su amor.[38] Por tanto, Ferré basa su percepción de Dios en un único atributo divino. Preguntando por qué la gente insiste en enseñar y predicar sobre el concepto de un infierno eterno, sugiere que los que lo hacen es porque nunca han entendido realmente el amor de Dios.[39] Basa sus conclusiones en la suposición de que el amor y el castigo, el cielo y el infierno, el gozo y el dolor se excluyen mutuamente:

> Algunos nunca han visto lo completamente contradictorias que son el cielo y el infierno como realidades eternas. Sus ojos nunca se han abierto a esta verdad. Si el infierno eterno es real, el amor queda frustrado eternamente y el cielo es un lugar de duelo y preocupación por los perdidos. Un gozo y una pena tal no pueden ir unidos. No puede haber un desdoblamiento psiquiátrico de personalidad para

37. Nels Ferré, "The Third Conversion Never Fails" en *These Found the Way*, ed. David Wesley Soper (Philadelphia: Westminster, 1951), pp. 132-33.

38. Nels Ferré, *The Christian Understanding of God* (New York: Harper & Brothers, 1951), p. 228.

39. Ibíd., pp. 234-37.

> los verdaderos amantes de Dios y está claro que no para Dios. Por esta razón el cielo sólo puede ser cielo cuando haya vaciado el infierno, tan cierto como que el amor es amor y Dios es Dios. Dios no puede ser infiel a sí mismo no importa lo infieles que seamos nosotros; y Suyo es el poder, el reino y la gloria.[40]

Al estudiar los pasajes escatológicos del Nuevo Testamento, Ferré encontró lo que consideraba eran tradiciones irreconciliables. Primero están los pasajes que enseñan que habrá un infierno eterno.[41] Sin embargo, si Jesús mismo enseñó o no esa doctrina no está muy claro.[42] Otra enseñanza en el Nuevo Testamento es el de los malvados que perecerán.[43] Simplemente serán eliminados o aniquilados con la muerte. No se salvarán eternamente en el cielo ni serán castigados eternamente en el infierno. No obstante existe una tercera tradición que es lo que Ferré denomina: "la soberana victoria de Dios en Cristo sobre todas las cosas, en términos de Su propio amor".[44] Cita ciertos textos específicos cuando enseña que todos los seres humanos se salvarán: Dios "es el Salvador de todos los hombres, mayormente de los que creen" (1 Ti. 4:10); "se doble toda rodilla...y toda lengua confiese que Jesucristo es el Señor" (Fil. 2:10-11); "pues Dios sujetó a todos en desobediencia, para tener misericordia de todos" (Ro. 11:32). Sin embargo, no fue un versículo específico el que llevó a Ferré a sus conclusiones finales sobre el tema:

> Pero todos estos versículos, en cualquier caso, por muchos que sean, y por muy claros, no son nada en comparación con el mensaje total del Nuevo Testamento... La lógica del Nuevo Testamento en su punto más alto o más profundo es la lógica del amor soberano de Dios, "por el poder con el cual puede también sujetar a sí mismo todas las cosas."... Los que adoran al Señor soberano se atreven a proclamar nada menos que la victoria total de Su amor. Ninguna otra posición puede ser coherentemente cristiana. Todas las demás posiciones limitan su bondad o su poder, en cada caso tanto el fundamentalismo como el liberalismo moderno tienen sus propias variedades de Dios finito.[45]

Según estas consideraciones, Ferré llega a una posición universalista. Es significativo que su exposición de la escatología aparezca en un tratado sobre la doctrina de Dios, porque su forma de entender a Dios como amor es la que gobierna su interpretación de las Escrituras pertinentes y del tema en su conjunto. No dice que crea entender cómo se conseguirá la salvación universal. Simple-

40. Ibíd., p. 237.
41. Ibíd., pp. 244-45.
42. Ibíd., p. 245.
43. Ibíd., pp. 242-43.
44. Ibíd., p. 246.
45. Ibíd., pp. 246-47.

mente hay que aceptar el hecho. Pero sea como sea el método, la soberanía del amor de Dios conducirá el proceso a la victoria total.[46]

Al describir el punto de vista de Ferré, hemos mencionado varios textos que parecen asegurar o dejar implícito que la salvación es universal. También se citan otros versículos como apoyo al universalismo: "Así que, como por la transgresión de uno vino la condenación a todos los hombres, de la misma manera por la justicia de uno vino a todos los hombres la justificación que produce vida" (Ro. 5:18); "Así como en Adán todos mueren, también en Cristo todos serán vivificados" (1 Co. 15:22); "porque al Padre agradó que en él habitara toda la plenitud, y por medio de él reconciliar consigo todas las cosas, así las que están en la tierra como las que están en los cielos, haciendo la paz mediante la sangre de su cruz" (Col. 1:19-20); Jesús "fue hecho un poco menor que los ángeles, ...para que por la gracia de Dios experimentara la muerte por todos" (He. 2:9).

Sin embargo, si vamos a hacer teología sistemática, tenemos que tener también en consideración aquellos textos que sugieren una conclusión opuesta, y por tanto intentar reconciliar el material aparentemente contradictorio. Hay muchos textos que parecen contradecir el universalismo: "Irán estos al castigo eterno y los justos a la vida eterna" (Mt. 25:46); "De tal manera amó Dios al mundo, que ha dado a su Hijo unigénito, para que todo aquel que en él cree no se pierda, sino que tenga vida eterna" (Jn. 3:16); "No os asombréis de esto, porque llegará la hora cuando todos los que están en los sepulcros oirán su voz; y los que hicieron lo bueno saldrán a resurrección de vida; pero los que hicieron lo malo, a resurrección de condenación" (Jn. 5:28-29); "¿Y qué, si Dios, queriendo mostrar su ira y hacer notorio su poder, soportó con mucha paciencia los vasos de ira preparados para destrucción?" (Ro. 9:22). Se podrían citar muchos otros pasajes, entre ellos Mateo 8:12; 25:41; 26:24; Marcos 3:29; Romanos 2:5; 2 Tesalonicenses 1:9; Apocalipsis 21:8. De hecho, simplemente basándose en los números parece haber muchos más pasajes que enseñan que algunos se perderán eternamente que los que dicen que todos se salvarán.

¿Las contradicciones aparentes se pueden reconciliar? Una posibilidad planteada por los universalistas es considerar esos pasajes que sugieren que los impíos se perderán como descripciones de algo hipotético y no una situación real. (Aquí recordamos nuestra interpretación de He. 6:4-6). Es decir, son descripciones de lo que sucedería si rechazáramos a Cristo. Pero, en realidad, nadie lo hace, porque los pasajes en cuestión son advertencia suficiente para hacer que nos volvamos hacia Cristo. Basándose en esto los universalistas pueden deshacerse de textos como Juan 3:16 y Mr. 3:29. Sin embargo, todavía quedan esos versículos que declaran que algunas personas realmente se perderán. Algunos ejemplos son Mateo 8:12; 25:41, 46 y Juan 5:29. Simplemente no podemos desechar estas

46. Ibíd., pp. 248-49.

referencias. ¿Tenemos pues que concluir, junto con Ferré, que hay tradiciones irreconciliables dentro del Nuevo Testamento?

Nos queda una alternativa: interpretar los pasajes universalistas de tal manera que encajen con los restrictivos. Este esfuerzo tiene más éxito. Observemos primero que Filipenses 2:10-11 y Colosenses 1:19-20 no dicen que todos se salvarán y recuperarán la comunión con Dios. Sólo hablan de restablecer el orden roto del universo, de hacer que todas las cosas se sometan a Dios. Pero esto se puede conseguir mediante una victoria que obligue a los rebeldes a someterse; no indica necesariamente que se vuelva realmente a tener una comunión con Dios. Nótese también que 1 Timoteo 4:10 y Hebreos 2:9 dicen únicamente que Cristo murió por todos o que ofreció salvación a todos. Estos versículos argumentan a favor de la expiación universal, pero no necesariamente a favor de la salvación universal. Además, Pablo en 1 Timoteo explícitamente distingue entre "aquellos que creen" y el resto de la humanidad.

Más problemáticos son los pasajes en los que se hace un paralelismo entre el efecto universal del pecado de Adán y la obra salvadora de Cristo, como por ejemplo, Romanos 5:18 y 1 Corintios 15:22. En el contexto de cada uno de estos pasajes, sin embargo, hay elementos que sirven para calificar la dimensión universal aplicable a la obra de Cristo. En el caso de Romanos 5, el versículo 17 especifica que "mucho más reinarán en vida por uno solo, Jesucristo, *los que reciben* la abundancia de la gracia y del don de la justicia" (cursiva añadida). Además, el término *mucho* (πολλοί—*polloi*) en lugar de *todos* se utiliza en los versículos 15 a 19. Pablo de forma similar restringe el significado de "todos" en 1 Corintios 15:22 ("en Cristo todos serán vivificados"). Porque en el siguiente versículo añade: "Pero cada uno en su debido orden: Cristo, las primicias; luego *los que son de Cristo,* en su venida" (cursiva añadida). De hecho, había dejado claro anteriormente que estaba hablando de creyentes: "y si Cristo no resucitó...Entonces también los que murieron en Cristo perecieron" (vv. 17-18). Concluimos que los beneficios de la muerte de Cristo los reciben *los que están en Cristo*, de la misma manera que la pena por el pecado de Adán recae sobre los que están en Adán.

Todavía queda un pasaje universalista. Romanos 11:32 parece sugerir que Dios salva a todos: "Pues Dios sujetó a todos en desobediencia, para tener misericordia de todos". Sin embargo, en realidad la misericordia que Dios ha mostrado es la de dar a su Hijo como sacrificio y extender la oferta de salvación a todos, porque en este contexto Pablo está hablando del rechazo de Israel a Dios y de la oferta de salvación que a continuación Dios hizo a los gentiles. Dios ha mostrado su misericordia a todos los humanos, pero sólo aquellos que la acepten podrán experimentarla y aprovecharse de ella. De hecho, Pablo (por ejemplo en los versículos 7-10, 21-22) señala que algunos han rechazado la misericordia de Dios y por ello, no han recibido su salvación. Por lo tanto, aunque la salvación está a disposición universal, no es universal.

No todo el mundo se salvará. Esta no es una conclusión que nosotros establezcamos con satisfacción, pero es la más fiel a todo el testimonio bíblico. Debería ser un impulso para realizar esfuerzos evangelísticos:

> ¿Cómo, pues, invocarán a aquel en el cual no han creído? ¿Y cómo creerán en aquel de quien no han oído? ¿Y cómo oirán sin haber quien les predique? ¿Y cómo predicarán si no son enviados? Como está escrito: "¡Cuán hermosos son los pies de los que anuncian la paz, de los que anuncian buenas nuevas!" (Ro. 10:14-15)

Parte 11

# LA IGLESIA

50. La naturaleza de la iglesia *1031*
51. El papel de la iglesia *1056*
52. El gobierno de la iglesia *1075*
53. El rito iniciático de la iglesia: el bautismo *1094*
54. El rito continuado de la iglesia: la cena del Señor *1111*
55. La unidad de la iglesia *1131*

# 50. La naturaleza de la iglesia

## Objetivos del capítulo

Después de estudiar este capítulo, debería ser capaz de:

- Definir y explicar el concepto de iglesia.
- Comparar y contrastar definiciones alternativas con la definición filológico-bíblica de iglesia.
- Identificar las características de la iglesia verdadera examinando las imágenes que utiliza Pablo.
- Identificar y analizar cuatro problemas especiales relacionados con la iglesia.
- Relacionar las implicaciones del estudio de la iglesia con nuestra manera de entender la iglesia.

## Resumen del capítulo

La iglesia es una de las pocas formas visibles de relación corporativa que hay entre los creyentes. Se define mejor mediante el método filológico-bíblico. La Biblia emplea una serie de imágenes para describir la iglesia. Algunas de las más destacadas son el pueblo de Dios, el cuerpo de Cristo y el templo del Espíritu Santo. Cada una de ellas contribuye a nuestra comprensión. También se comentan cuatro problemas especiales respecto a la iglesia.

## Cuestiones de estudio

1. ¿Cómo se relacionan las imágenes bíblicas de la iglesia con la definición de iglesia?
2. ¿Cómo describiría características y definiciones alternativas sobre la iglesia?
3. Se identificaron cuatro problemas especiales: la iglesia y el reino, la iglesia e Israel, la iglesia visible y la invisible y el momento de iniciación

de la iglesia. Exponga cuál es la naturaleza del problema para cada uno de ellos. ¿Cómo respondería a cada problema?
4. Según nuestro estudio sobre la iglesia, se establecen cinco implicaciones, ¿cuál es el significado de cada una de ellas y cómo contribuyen a una mejor comprensión de la iglesia?

Definiendo la iglesia
- Confusión sobre la iglesia
- Definición dinámico-empírica de iglesia
- La definición filológico-bíblica de iglesia

Imágenes bíblicas de la iglesia
- El pueblo de Dios
- El cuerpo de Cristo
- El templo del Espíritu Santo

Problemas especiales
- La iglesia y el reino
- La iglesia e Israel
- La iglesia visible y la iglesia invisible
- Momento de inicio de la iglesia

Implicaciones

Hasta ahora hemos discutido sobre la naturaleza de la salvación de los cristianos como individuos. Sin embargo, la vida cristiana no es un asunto solitario. Es típico encontrar en el libro de los Hechos que la conversión conduce al individuo a la comunión con un grupo de creyentes. Esta dimensión colectiva de la vida cristiana la denominamos iglesia.

## Definiendo la iglesia

### *Confusión sobre la iglesia*

La iglesia es un tema a la vez muy familiar y muy mal entendido. Es uno de los pocos aspectos de la teología cristiana que se puede observar. Para muchas personas es el primer lugar y quizá el único en el que se toma contacto con la cristiandad. Karl Barth señaló que una de las maneras en que la iglesia da testimonio de Jesucristo es simplemente por su existencia.[1] Hay evidencias concretas de que la iglesia existe, o al menos de que ha existido. Las estructuras de la iglesia, incluso aunque a veces pocas personas se reúnan, son prueba de la realidad de lo que llamamos la iglesia. La iglesia se menciona en los medios de comunicación, pero sin mucha especificación de lo que significa. Los documentos legislativos hacen referencia a ella. En Estados Unidos la iglesia se mantiene separada del estado. La gente pertenece a una iglesia; van a la iglesia el domingo. Pero por

1. Karl Barth, *Church Dogmatics* (Edinburgh: T. & T. Clark, 1936), vol. 1, part. 1, p. 1.

toda esa familiaridad, con frecuencia hay una confusión y un malentendido considerable sobre la iglesia.

Parte de este malentendido surge de los múltiples usos del término *iglesia*. A veces se usa con respecto a una estructura arquitectónica, un edificio. Con frecuencia se utiliza para referirse a un cuerpo particular de creyentes; podríamos, por ejemplo, hablar de la Primera iglesia metodista. Otras veces se utiliza para hablar de una denominación, un grupo con unas características distintivas; por ejemplo: la Iglesia presbiteriana o la Iglesia luterana. Además de la confusión generada por los usos múltiples del término *iglesia*, existen evidencias de confusión a un nivel más profundo: una falta de comprensión de la naturaleza básica de la iglesia.

Entre las razones para esta falta de comprensión está el hecho de que en ningún momento de la historia del pensamiento cristiano la doctrina ha recibido la atención directa y completa que han recibido otras doctrinas. En la primera asamblea del Consejo Mundial de Iglesias que tuvo lugar en Amsterdam en 1948, el sacerdote Georges Florowsky comentó que la doctrina de la iglesia apenas si había pasado su fase preteológica.[2] En contraste, a la cristología y a la doctrina de la Trinidad se les había prestado atención especial en los siglos cuarto y quinto, y lo mismo había sucedido con la doctrina de la expiación de Cristo en la Edad Media y la doctrina de la salvación en el siglo XVI. Incluso la controversia entre agustinianos y donatistas de principios del siglo V, y la disputa del siglo XVI sobre los medios de la gracia, aunque trataban aspectos de la naturaleza de la iglesia realmente no se acercaban al tema central de lo que *es* la iglesia. Colin Williams sugiere que "nunca se prestó mucha atención a la iglesia misma probablemente porque era algo que se daba por hecho".[3]

Sin embargo, ya no se puede retrasar más la cuestión de la naturaleza de la iglesia. El movimiento ecuménico del siglo XX empujó a la iglesia al centro de la discusión. Aunque hay espacio en el ecumenismo para el desacuerdo con ciertas áreas de la teología, o al menos con ciertos detalles de materias tales como la relación entre la deidad y la humanidad de Jesús, el carácter forense de la justificación y la posibilidad de la santificación completa en esta vida, el tema de la naturaleza de la iglesia no se puede ignorar. Porque la principal preocupación del movimiento ecuménico es la relación entre las iglesias.

Hay otras razones por las cuales es muy importante definir cuidadosamente la naturaleza esencial de la iglesia. John Macquarrie señaló que la iglesia era un tema del que se escribía mucho en su tiempo:

2. Colin Williams, *The Church*, New Directions in Theology Today, vol. 4 (Philadelphia: Westminster, 1969), p. 11.
3. Ibíd.

> Probablemente se ha escrito más sobre la Iglesia en la actualidad que sobre cualquier otro tema teológico. La mayoría de los escritos tienen una orientación práctica. Oímos hablar sobre la iglesia en relación con el rápido cambio social, la iglesia en una sociedad secular, la iglesia y el culto, la Iglesia en las misiones. Pero, sin embargo, por valiosos que sean algunos de los conocimientos que se adquieren en los distintos campos, es necesario que estén guiados y relacionados con un entendimiento teológico de la Iglesia.[4]

Macquarrie atrae la atención sobre el hecho de que muchas de las discusiones sobre la iglesia tratan de sus relaciones con las otras entidades, por ejemplo, con la sociedad secular. En el momento actual, el enfoque de la mayoría de esta literatura no es la iglesia en sí, sino las otras entidades. Es hora de dar la vuelta a esta tendencia, porque si no entedemos de forma clara cuál es la naturaleza de la iglesia, no podemos entender su auténtica relación con estas otras áreas.

El énfasis en materias tales como el cambio social y la misión más que en la iglesia misma se debe en parte a un cambio general hacia una mentalidad secular. Para decirlo de otra manera: ha habido un cambio importante en la forma en que se ve a Dios; se da más importancia a su inmanencia que a su trascendencia. Ya no se le ve relacionándose con el mundo sólo a través de la actuación de su institución sobrenatural, la iglesia, sino relacionándose dinámicamente con el mundo a través de muchas vías e instituciones. El énfasis se pone en lo que Dios está haciendo, no en cómo es. En consecuencia, se presta más atención a la misión de la iglesia que a su identidad o a sus límites.

Tradicionalmente se pensaba que la iglesia era algo distinto del mundo, algo contrapuesto a él y destinado a transformarlo. En la forma más completa y desarrollada de esta idea, la iglesia es la depositaria de la gracia y el mundo podía recibir esta gracia y transformarse sólo con unirse a ella y recibir sus sacramentos. En una forma más protestante, esta teoría mantiene que la iglesia posee el evangelio, las buenas nuevas de la salvación, y que el mundo, que está perdido y separado de Cristo, se puede salvar o reunir con él sólo escuchando ese evangelio, creyendo y siendo justificado y regenerado. Sin embargo, ahora se ve a Dios obrando directamente en el mundo, fuera de las estructuras formales de la iglesia, y cumpliendo su propósito incluso mediante las personas y las instituciones que no se declaran abiertamente cristianas, lo cual da como resultado en parte una concepción alterada de la naturaleza y los medios de salvación.

### Definición dinámico-empírica de iglesia

Todavía hay otro factor que ha servido para frustrar intentos modernos por desarrollar una doctrina de la iglesia. El siglo veinte con su extendida aversión hacia

4. John Macquarrie, *Principles of Christian Theology* (New York: Scribner, 1946), p. 346.

la filosofía, y particularmente hacia la metafísica y la ontología, está mucho menos interesado en la naturaleza teórica de algo que en sus manifestaciones históricas concretas. Por tanto, gran parte de la teología moderna está menos interesada en la esencia de la iglesia, lo que "realmente es" o "debería ser", que en su expresión, lo que es concretamente o en lo que dinámicamente va a convertirse. En un enfoque filosófico, que es básicamente deductivo y platónico, se empieza formulando una definición del ideal de iglesia y después pasa de esta esencia pura y fija a ejemplos concretos, que no son más que copias imperfectas o sombras. En un enfoque histórico, lo que va a ser la iglesia surge de forma inductiva de su implicación con lo que existe: la condición del mundo y los problemas que hay en él dan forma a lo que debería ser la iglesia. Esto, por supuesto, es parte de lo que ocurre al pasar de una preocupación por lo sobrenatural, el ámbito de la realidad que no puede ser visto, a una preocupación por lo terrenal, el ámbito de lo observable.

Existe un reconocimiento extendido de que se ha producido un cambio de orientación de ese tipo en nuestra cultura, y que muchos teólogos lo aceptan como normativo y deseable. Carl Michalson, por ejemplo, ha escrito: "el ser de Dios - él mismo, su naturaleza y atributos, la naturaleza de la iglesia, la naturaleza del hombre, la naturaleza preexistente de Cristo - todos estos temas hipotéticos que han sacado la teología del campo de los hombres vivos a un ámbito de especulación física o metafísica remota deberían ser abandonados".[5] Colin Williams está de acuerdo: "No tengo duda alguna de que este cambio se ha producido y debe ser bien recibido."[6]

El cambio de énfasis de una esencia teórica a una presencia empírica es característico de la manera en que se ve el mundo en su conjunto: como algo que fluye en lugar de algo fijo. Walter Ong llama la atención sobre el hecho de que hayamos pasado de ser una cultura impresa a una cultura oral. La primera tendía a ser fija; la segunda tiende a ser dinámica y a cambiar o madurar. Ilustra esta tendencia con el *Webster's New International Dictionary*. Las primeras ediciones reflejaban la idea de que el lenguaje tiene formas fijas que hay que seguir de forma rígida. Las edición más reciente refleja la idea de que el lenguaje es dinámico: está vivo y en continuo cambio. Sus reglas vienen determinadas por el uso real. (Ong considera la fuerte reacción popular en contra de esta nueva visión sobre el lenguaje como una forma simple del rechazo general a considerar la realidad como dinámica.)[7] De forma similar, la iglesia ahora se ve de forma dinámica. No se considera según su esencia, sino según su existencia: una interpretación

5. Carl Michalson, *Worldly Theology: The Hermeneutical Focus of an Historical Faith* (New York: Scribner, 1967), p. 218.

6. William, *Church*, p. 20; ver también su obra *Faith in a Secular Age* (New York: Harper & Row, 1966).

7. Walter Ong, "The World in Chains," en *In the Human Grain* (New York: Macmillan, 1967), pp. 52-59.

abiertamente existencialista. Es un evento, un proyecto, no una entidad ya totalmente realizada y completa.

Como resultado de este cambio de orientación, la iglesia ahora se estudia mediante disciplinas y metodologías diferentes a la teología sistemática o dogmática, lo cual trata de definir o aislar esencias. Muchos teólogos observan la historia de la iglesia para que les diga lo que es la iglesia: la iglesia es lo que ha sido. Algunos la consideran estrictamente un fenómeno del Nuevo Testamento; o sea, limitan su estudio histórico al primer periodo de la iglesia, considerándolo como normativo.

El nuevo énfasis en la utilización de disciplinas y metodológicas no teológicas para el estudio de la iglesia supone un peligro cuando la iglesia trata de entenderse a sí misma teológicamente. En el pasado cada vez que la iglesia, ante una nueva alternativa metodológica o ante un nuevo marco de trabajo (por ejemplo la biología, la antropología o la psicología), trataba de justificar su manera de entender doctrinas particulares (por ejemplo la doctrina de la humanidad o el pecado), ya había llegado a un alto grado de formulación, así que estaba relativamente segura de sí misma. Sin embargo, en este caso, la iglesia no está muy segura de su propia doctrina, y en consecuencia puede sentir la tentación de adoptar una visión y categorías derivadas de las ciencias sociológicas. Como institución social, la iglesia ha atraído el interés de los que estudian las instituciones sociales de distinto tipo. Sin embargo, la iglesia es más que una institución social y por lo tanto debe definirse en términos que van más allá de lo meramente sociológico.

Intentando definir la iglesia según su actividad dinámica se evita hacer cualquier declaración sobre la naturaleza de la iglesia. Esto es un ejemplo de lo que describimos en el capítulo 5 como el enfoque de los transformadores, que hacen cambios significativos en el contenido de la doctrina para enfrentarse a los cambios en el mundo. Pero surge la pregunta: si la definición de iglesia va a sufrir modificaciones frecuentes para relacionarla con el mundo moderno, ¿en qué sentido se puede decir que hay continuidad con lo precedente? O en otras palabras, ¿por qué seguir llamándola iglesia? ¿Cuál es el rasgo común que identifica a la iglesia a lo largo de todos los cambios? ¿No es probable que en un momento dado sea de aplicación un término diferente? Pensemos en el campo de la evolución biológica. Cuando una especie se desarrolla desde una anterior, se le asigna un nombre nuevo. Los biólogos no aplican un nombre antiguo a una especie nueva. Ese nombre se reserva para los miembros de la especie antigua. Con todos los cambios aparentes del mundo, ciertas categorías morfológicas y clasificatorias permanecen fijas. Sin embargo, se argumenta que aunque la iglesia está cambiando y debe cambiar, quizá de forma muy radical, todavía debería seguir llamándose iglesia. Pero si hay que seguir llamándola iglesia, debemos saber que es eso que la distingue como iglesia, o lo que la califica para que la denominemos de esa manera. Debemos determinar si hay un punto en el cual la iglesia debería donominarse club, agencia social o algo similar. Estas cuestiones no se pueden responder sin enfrentarse al asunto de la naturaleza de la iglesia. Este es un tema que debe tratarse, y no hay mejor manera de empezar a hacerlo que con el testimonio bíblico mismo.

### *La definición filológico-bíblica de iglesia*

La palabra *iglesia* y sus términos análogos en otras lenguas (por ejemplo *Kirche*) se derivan de la palabra griego κυριακός *(kuriakos)*, "que pertenece al Señor". Sin embargo, hay que entenderla a la luz del término del Nuevo Testamento ἐκκλησία *(ekklēsia)*. Aunque esta es una palabra común, sus apariciones están distribuidas de manera desigual a lo largo del Nuevo Testamento. Los únicos ejemplos en los Evangelios los encontramos en Mateo 16:18 y 18:17, que están en cierta manera en debate. No aparece en 2 Timoteo, Tito, 1 o 2 Pedro, 1 o 2 Juan, ni en Judas. No tiene mucha importancia que no aparezca en 1 y 2 Juan, porque la encontramos en 3 Juan; en Timoteo y Tito porque la encontramos en 1 Timoteo; y en Judas porque el libro es muy breve. Sin embargo, es más sorprendente su ausencia en las cartas de Pedro. Karl Schmitdt comenta: "1 Pedro trata de forma muy enfática la naturaleza e importancia de la comunidad del AT y utiliza expresiones del AT, por eso deberíamos preguntarnos si el tema [de la iglesia] estará presente o no aunque el término no aparezca. La misma cuestión se plantea respecto a la no aparición de la palabra en los sinópticos de Marcos y Lucas ni tampoco en el evangelio de Juan".[8]

El significado del concepto del Nuevo Testamento se debe observar en el marco de dos contextos, el griego clásico y el del Antiguo Testamento. En el griego clásico la palabra ἐκκλησία la encontramos ya en los tiempos de Herodoto, Tucídidos, Jenofonte, Platón y Eurípides (siglo quinto antes de Cristo en adelante).[9] Hace referencia a la asamblea de ciudadanos de una *polis* (ciudad). Tales asambleas se reunían a intervalos frecuentes de tiempo, unas cuarenta veces al años en el caso de Atenas.[10] Mientras que la autoridad de la ἐκκλησία estaba limitada a ciertos asuntos, a todos los que eran ciudadanos de pleno derecho se les permitía votar en estos asuntos. En el sentido secular de la palabra, por tanto, ἐκκλησία, se refería sencillamente a una reunión o asamblea de personas, un significado que todavía podemos encontrar en Hechos 19:32, 39, 41. Sólo en tres casos excepcionales en el griego clásico se utiliza para denominar una

8. Karl Schmidt, "ἐκκλησία" en *Theological Dictionary of the New Testament,* ed. Gerhard Kittel y Gerhard Friedrich, trad. Geoffrey W. Bromiley, 10 vols. (Grand Rapids: Eerdmans, 1964-76), vol. 3, p. 504.

9. Ibíd., p. 513.

10. Lothar Coenen, "Church," en *The New International Dictionary of New Testament Theology,* ed. Colin Brown (Grand Rapids: Zondervan, 1975), vol. 1, p. 291.

comunidad o una organización religiosa.[11] Y en estas ocasiones se refiere a sus reuniones administrativas, no a la unión misma.

Más significativo para nosotros es el contexto del Antiguo Testamento. En él, encontramos dos términos hebreos, קָהָל *(qahal)* y עֵדָה *('edah)*. El primer término, quizá derivado de la palabra para voz, hace referencia a convocar a una asamblea y al acto de reunirse en asamblea. No es tanto una especificación de los miembros de una asamblea como una indicación del hecho de reunirse. A veces se añade un significado religioso a la palabra (por ejemplo en Dt. 9:10; 10:4; 23:1-3). El término también puede denotar una reunión más general de la gente (por ejemplo, 1 R. 12:3). Las mujeres (Jer. 44:15) e incluso los niños (Esd. 10:1; Neh. 8:2) también se incluyen. El término también se utiliza para la reunión de tropas, y en Ezequiel hace referencia a naciones distintas a Israel (Egipto, 17:17; Tiro, 27:27; Asiria, 32:22).

El otro término hebreo importante para nosotros es עֵדָה. Aparece especialmente en el Pentateuco; más de la mitad de sus apariciones están en el libro de los Números. Hace referencia a la gente, particularmente a la que se reúne ante la tienda del Tabernáculo. Que el término aparezca por primera vez en Éxodo 12:3 sugiere que la "congregación" de Israel se formó con el mandamiento de celebrar la Pascua y abandonar Egipto.[12] La palabra עֵדָה señala a la comunidad centrada en el culto o en la ley. Resumiendo la distinción entre los dos términos hebreos, Lothar Coenen comenta:

> Si se compara el uso de las dos palabras hebreas, queda claro que, en los pasajes en los que las dos aparecen en el mismo contexto (por ejemplo Éx. 12:1ss; 16:1ss; Núm. 14:1ss.; 20:1ss.; 1 R. 12:1ss.) que *'edah* es el término no ambiguo y permanente para la comunidad ceremonial como conjunto. Por otra parte, *qahal* es la expresión ceremonial para la asamblea que resulta del pacto, para la comunidad del Sinaí y, en el sentido del Deuteronomio, para la comunidad en su forma presente. También puede representar a la reunión regular de gente en ocasiones seculares (Núm. 10:7; 1 R. 12:3) o religiosas (Sal. 22:26), y también para una multitud que se reúne (Núm. 14:5; 17:12).[13]

Cuando observamos las palabras griegas utilizadas en la Septuaginta para traducir estos términos hebreos, encontramos que a menudo se utiliza ἐκκλησία para traducir קָהָל, pero nunca עֵדָה. El segundo término se suele traducir por συναγωγή *(sunagōgē)*, que también se utiliza para traducir קָהָל. Es ἐκκλησία la que es nuestra principal fuente para entender el concepto de iglesia del Nuevo Testamento.

11. Ibíd., pp. 291-92.
12. Ibíd., p. 294.
13. Ibíd. p. 295.

Pablo utiliza ἐκκλησία más que cualquier otro escritor del Nuevo Testamento. Como la mayoría de sus escritos fueron cartas dirigidas a reuniones locales específicas de creyentes, no es de extrañar que el término suela hacer referencia a un grupo de creyentes de una ciudad concreta. Por tanto encontramos las cartas de Pablo dirigidas a "la iglesia de Dios en Corinto" (1 Co. 1:2; 2 Co. 1:1), "las iglesias en Galacia" (Gá. 1:2), "la iglesia de los tesalonicenses" (1 Ts. 1:1). Lo mismo ocurre con otros escritos del Nuevo Testamento. La introducción del Apocalipsis de Juan (Apoc. 1-3) iba dirigida a siete iglesias específicas. En Hechos también, ἐκκλησία hace referencia principalmente a todos los cristianos que viven y se reúnen en una ciudad en particular como por ejemplo Jerusalén (Hch. 5:11; 8:1; 11:22; 12:1, 5) o Antioquía 13:1). Pablo visitó las iglesias locales para nombrar ancianos (14:23) o para instruir o animar (15:41; 16:5). Este sentido local de iglesia es evidentemente el sentido que se pretendía en la gran mayoría de las veces que aparece la palabra ἐκκλησία.

Más allá de las referencias a iglesias de ciudades específicas, también hay referencias a iglesias que se reúnen en casas individuales. Al enviar saludos a Priscila y Aquila, Pablo también saluda "a la iglesia que se reúne en su casa" (Ro. 16:5; ver también 1 Co. 16:19). En su carta a los colosenses, escribe: "Saludad a los hermanos que están en Laodicea, a Ninfas y a la iglesia que está en su casa" (Col. 4:15). En la mayoría de los casos, sin embargo, la palabra ἐκκλησία tiene un sentido más amplio: todos los creyentes de una ciudad concreta (Hch. 8:1; 13:1). En algunos casos, se tiene en mente una área geográfica más amplia. Un ejemplo es Hechos 9:31: "Entretanto la iglesia gozaba de paz por toda Judea, Galilea y Samaria, y era edificada; y andando en el temor del Señor y en la fortaleza del Espíritu Santo, seguía creciendo" (LBLA). Otro ejemplo es 1 Co. 16:19: "Las iglesias de Asia os saludan." Aunque la primera referencia está en singular, la segunda está en plural.

Deberíamos señalar que la congregación individual, o del grupo de creyentes en un lugar específico nunca se considera sólo como parte o componente de la iglesia en su totalidad. La iglesia no es una suma o un compuesto de grupos locales individuales. Más bien, el todo se encuentra en cada lugar. Karl Schmidt dice: "Hemos señalado que la suma de congregaciones individuales no da como resultado la comunidad total o la iglesia. Cada comunidad, aunque sea pequeña, representa la comunidad total, la iglesia".[14] Coenen hace un comentario similar: "También en Hechos [como en Pablo] la *ekklesia* al final es una. Es cierto que sólo se ve cuando se reúne en lugares particulares (cf. 14:27). Pero siempre implica la totalidad".[15] Primera Corintios 1:2 resulta especialmente útil para entender este concepto. Pablo dirige esta carta "A la iglesia de Dios que está en

14. Schmidt, "ἐκκλησία", p. 506.
15. Coenen, "Church," p. 303.

Corinto" (ver también 2 Co. 1:1). Observemos que está escribiendo a la iglesia que se manifiesta o aparece en un lugar, por ejemplo Corinto. "Es una por todo el mundo y sin embargo al mismo tiempo está plenamente presente en cada reunión individual".[16]

En este punto algunos podrían acusar a los teólogos de adoptar una postura platónica mediante la que las iglesias locales son consideradas ejemplos o manifestaciones particulares concretas de Forma pura, de la Idea abstracta de iglesia.[17] Hay que observar, sin embargo, que los teólogos no están introduciendo un concepto ajeno en la Biblia. Este concepto realmente está presente en el pensamiento de Pablo y de Lucas; no lo introducen sus intérpretes. En este punto hay un paralelismo genuino entre el pensamiento bíblico y el de Platón. Esto no es ni bueno ni malo, y no se debería considerar un indicativo de influencia platónica en la Biblia. Simplemente es un hecho.

El concepto de que la iglesia es universal por naturaleza nos permite entender ciertos pasajes del Nuevo Testamento con más claridad. Por ejemplo las palabras de Jesús en Mateo 16:18: "edificaré mi iglesia" tienen mucho sentido a la luz de este concepto. En Efesios, Pablo resalta de forma particular la naturaleza universal de la iglesia. La iglesia es el cuerpo de Cristo, y todas las cosas están bajo él (1:22-23); da a conocer la multiforme sabiduría de Dios (3:10) y le glorificará por los siglos de los siglos (3:21). "Un solo cuerpo" (4:4); "Cristo es cabeza de la iglesia, la cual es su cuerpo, y él es su Salvador" (5:23); la iglesia está sujeta a Cristo (v. 24) y ha de presentarse ante él (v. 27). Él ama a su iglesia y se entregó por ella (v. 25). Cristo y la iglesia son un gran misterio (v. 32). Todos estos versículos señalan hacia la naturaleza universal de la iglesia al igual que hace 1 Corintios 10:32; 11:22; 12:28 y Colosenses 1:18, 24. Es obvio que la iglesia incluye a todas las personas de todas partes del mundo que se relacionan con Cristo de manera salvadora. También incluye a todos los que han vivido y formado parte de su cuerpo, y a todos los que lo harán. Esta inclusividad se describe de forma llamativa en Hebreos 12:23: "a la congregación de los primogénitos que están inscritos en los cielos". A la vista de esta inclusividad podríamos intentar ofrecer una definición teológica de iglesia como todo el cuerpo de los que mediante la muerte de Cristo se han reconciliado de forma redentora con Dios y han recibido una vida nueva. Incluye a todas esas personas, ya estén en el cielo o en la tierra. Aunque es universal por naturaleza, encuentra su expresión en las agrupaciones locales de creyentes que muestran las mismas cualidades que el cuerpo de Cristo en su conjunto.

16. Ibíd.

17. Ej. Stanley J. Grenz, *Theology for the Community of God* (Nashville: Broadman-Holman, 1994), p. 623.

## Imágenes bíblicas de la iglesia

Lo siguiente que tenemos que investigar es sobre las cualidades o características que están presentes en la verdadera iglesia. Tradicionalmente, este tema se enfocaba examinando las "marcas de la iglesia", las cualidades de unidad, santidad, catolicidad y apostolicidad. Nosotros lo que haremos será examinar ciertas imágenes que Pablo utilizó de la iglesia. Aunque hay muchas imágenes de ese tipo,[18] examinaremos tres en particular. Arthur Wainwright ha argumentado que en muchos de los escritos de Pablo hay un trinitarismo implícito que se muestra incluso en la estructura de organización de sus cartas.[19] También está presente en su manera de entender la iglesia porque la describe como el pueblo de Dios, el cuerpo de Cristo y el templo del Espíritu Santo.

### *El pueblo de Dios*

Pablo escribió sobre la decisión de Dios de hacer a los creyentes su pueblo: "Habitaré y andaré entre ellos; yo seré su Dios y ellos serán mi pueblo" (2 Co. 6:16). La iglesia se compone del pueblo de Dios. Ellos le pertenecen y él les pertenece a ellos.

El concepto de iglesia como pueblo de Dios resalta la iniciativa de Dios al escogerlos. En el Antiguo Testamento no adopta como propia a una nación existente, sino que realmente *creó* un pueblo para sí mismo. Escogió a Abraham y después, a través de él, creó al pueblo de Israel. En el Nuevo Testamento, este concepto de que Dios escoge a un pueblo se amplía para incluir tanto a judíos como a gentiles dentro de la iglesia. Así Pablo escribe a los tesalonicenses: "Pero nosotros debemos dar siempre gracias a Dios respecto a vosotros, hermanos amados por el Señor, de que Dios os haya escogido desde el principio para salvación, mediante la santificación por el Espíritu y la fe en la verdad. Para esto él os llamó por medio de nuestro evangelio: para alcanzar la gloria de nuestro Señor Jesucristo" (2 Ts. 2:13-14; ver también 1 Ts. 1:4).

Entre los textos del Antiguo Testamento en los que se identifica a Israel como el pueblo de Dios está Éxodo 15:13, 16. Cantando al Señor después de cruzar el Mar Rojo, Moisés señala que Dios ha redimido a Israel y que son su pueblo: "Condujiste en tu misericordia a este pueblo que redimiste. Lo llevaste con tu poder a tu santa morada... ¡Que caiga sobre ellos [Edom, Moab y los habitantes

18. Paul S. Minear, *Images of the Church in the New Testament* (Philadelphia: Westminster, 1960), sugiere más de cien de esas imágenes.

19. Arthur W. Wainwright, *The Trinity in the New Testament* (London: SPCK, 1962), pp. 256-60. No estamos diciendo que Wainwright sea el originador de los tres modelos de iglesia o del argumento a favor del trinitarismo implícito, como sugiere equivocadamente Stanley J. Grenz (*Theology for the Community of God*, p. 607). Grenz cita a Kenneth Cauthen cuando dice que esta idea tiene su origen en *The Household of Faith* de Leslie Newbigin, pero el tratamiento que hace Newbigin es menos explícito y menos completo que el de Wainwright.

de Canaán] temblor y espanto! Ante la grandeza de tu brazo enmudezcan como una piedra, hasta que haya pasado tu pueblo, oh Jehová, hasta que haya pasado este pueblo que tú rescataste".

Otras alusiones a Israel como el pueblo de Dios son Números 14:8; Deuteronomio 32:9-10; Isaías 62:4; Jeremías 12:7-10 y Oseas 1:9-10; 2:23. En Romanos 9:24-26 Pablo aplica las declaraciones que aparecen en Oseas sobre que Dios incluye tanto a judíos como a gentiles: "A estos también ha llamado, es decir, a nosotros, no solo de los judíos, sino también de los gentiles". Como también en Oseas dice: "Llamaré pueblo mío al que no era mi pueblo, y a la no amada, amada. Y en el lugar donde se les dijo: 'Vosotros no sois pueblo mío', allí serán llamados 'hijos del Dios viviente'"(1:10).

El concepto de Israel y la iglesia como el pueblo de Dios contiene varias implicaciones. Dios se enorgullece de ellos. Cuida y protege a su pueblo; los guarda como "a la niña de su ojo" (Dt. 32:10). Finalmente espera que sean su pueblo sin reservas y sin dividir su lealtad. El derecho exclusivo que Jehová tiene sobre su pueblo se expresa en la historia del derecho exclusivo de Oseas sobre su mujer infiel Gomer. Todo el pueblo de Dios está marcado con una marca especial por así decirlo. En el Antiguo Testamento, la circuncisión era la prueba de que se pertenecía a Dios. Se exigía que todos los niños varones del pueblo de Israel, así como todos los conversos y los discípulos lo estuvieran. Era el signo externo del pacto que les convertía en pueblo de Dios. Era también un signo subjetivo del pacto que era aplicado individualmente a cada persona, mientras que el arca del pacto servía como signo objetivo para todo el grupo.

En lugar de la circuncisión externa de la carne que encontramos en la administración del pacto antiguo, en el nuevo pacto nos encontramos con la circuncisión interna del corazón. Pablo escribió: "sino que es judío el que lo es en lo interior, y la circuncisión es la del corazón, en espíritu y no según la letra" (Ro. 2:29; ver también Fil. 3:3). Mientras que en el Antiguo Testamento, o con el antiguo pacto, el pueblo de Dios había sido la nación de Israel, en el Nuevo Testamento la inclusión en el pueblo de Dios no se basaba en la identidad nacional: "porque no todos los que descienden de Israel son israelitas" (Ro. 9:6). Es su inclusión en el pacto lo que distingue al pueblo de Dios; está formado por todos aquellos que "ha llamado, es decir, ...no solo de los judíos, sino también de los gentiles" (v. 24). Para Israel el pacto era el pacto de Abraham, para la iglesia es el nuevo pacto hecho y establecido por Cristo (2 Co. 3:3-18).

Del pueblo de Dios se espera una particular cualidad de santidad. Dios siempre esperó que Israel fuera pura o santificada. Como la esposa de Cristo la iglesia también debe ser santa: "Cristo amó a la iglesia y se entregó a sí mismo por ella, para santificarla, habiéndola purificado en el lavamiento del agua por la palabra, a fin de presentársela a sí mismo, una iglesia gloriosa, que no tuviera mancha ni arruga ni cosa semejante, sino que fuera santa y sin mancha" (Ef. 5:25b-27).

### El cuerpo de Cristo

Quizá la imagen más extendida de la iglesia sea su representación como el cuerpo de Cristo. Es más, parece que algunos consideran esta imagen prácticamente como una definición completa de la iglesia.[20] Aunque es una representación plena y rica, no es el todo del asunto.

Esta imagen resalta que la iglesia es el vehículo de la actividad de Cristo al igual que su cuerpo físico lo fue durante su ministerio terrenal. La imagen se utiliza tanto para la iglesia universal como para las congregaciones locales individuales. Efesios1:22-23 ilustra la primera: "Y sometió todas las cosas debajo de sus pies, y lo dio por cabeza sobre todas las cosas a la iglesia, la cual es su cuerpo, la plenitud de Aquel que todo lo llena en todo". Las palabras de Pablo a los Corintios en 1 Corintios 12:27 ilustran la segunda: "Vosotros, pues, sois el cuerpo de Cristo y miembros cada uno en particular".

La imagen del cuerpo de Cristo también resalta la conexión de la iglesia, como grupo de creyentes, con Cristo. La salvación, con toda su complejidad, es en gran parte resultado de la unión con Cristo. Observamos en el capítulo 46 numerosas referencias a que el creyente está "con Cristo" o "en Cristo". Aquí encontramos un énfasis en el otro aspecto de este hecho. Cristo en el creyente es la base de la creencia y la esperanza. Pablo escribe: "A ellos, Dios quiso dar a conocer las riquezas de la gloria de este misterio entre los gentiles, que es Cristo en vosotros, esperanza de gloria" (Col. 1:27; ver también Gá. 2:20).

Cristo es la cabeza de este cuerpo (Col 1:18) del cual los creyentes son miembros individuales o partes. Todas las cosas fueron creadas en él, por medio de él y para él (Col. 1:16). Él es el principio, el primogénito (v. 15). Dios se había propuesto "reunir todas las cosas en Cristo, en el cumplimiento de los tiempos establecidos, así las que están en los cielos como las que están en la tierra" (Ef. 1:10). Los creyentes unidos con él, se nutren a través de él, la cabeza a la que están conectados (Col. 2:19). Esta imagen prácticamente es un paralelismo con la imagen que Jesús tiene de sí mismo como la vid a la cual los creyentes, como pámpanos, están unidos" (Jn. 15:1-11). Como cabeza del cuerpo (Col. 1:18), también dirige la iglesia: "Porque en él habita corporalmente toda la plenitud de la divinidad, y vosotros estáis completos en él, que es la cabeza de todo principado y potestad" (Col. 2:9-10). Cristo es el Señor de la iglesia.

La imagen del cuerpo de Cristo también habla de la interconexión entre todas las personas que forman la iglesia. La fe cristiana no se define únicamente en términos de la relación individual con el Señor. En 1 Corintios 12 Pablo desarrolla el concepto de interconexión del cuerpo, especialmente en lo que se refiere a los dones del espíritu. Expresa la dependencia de cada creyente frente a

20. Ej., Louis Berkhof, *Systematic Theology* (Grand Rapids: Eerdmans, 1953), p. 557.

los demás. Resalta que "todos los miembros del cuerpo, siendo muchos, son un solo cuerpo" (v. 12). Todos ellos, ya sean judíos o griegos, han sido bautizados por un único Espíritu en un único cuerpo y a todos se les ha dado de beber de un mismo Espíritu (v. 13). Los distintos miembros han recibido dones, no para satisfacción personal, sino para la edificación del cuerpo como un todo (14:4-5, 12). Aunque hay diversidad de dones, no hay división dentro del cuerpo. Algunos de estos dones son más llamativos que otros, pero no son por ello más importantes (12:14-25). Ningún don en particular es para todos (12:27-31); y al contrario, esto significa que nadie puede tener todos los dones. Cada miembro necesita a los demás, y cada uno de ellos es necesitado por los demás.

En este entendimiento del cuerpo hay una dependencia mutua; cada creyente anima y edifica a los demás. En Efesios 4:15-16, Pablo concluye: "sino que, siguiendo la verdad en amor, crezcamos en todo en aquel que es la cabeza, esto es, Cristo, de quien todo el cuerpo, bien concertado y unido entre sí por todas las coyunturas que se ayudan mutuamente, según la actividad propia de cada miembro, recibe su crecimiento para ir edificándose en amor". Tiene que haber pureza en el conjunto. Los miembros del cuerpo tienen que sobrellevar las cargas de los demás (Gá. 6:2) y restaurar a los que son sorprendidos en alguna falta (v. 1). En algunos casos, como en este, tratar con miembros pecadores puede implicar restaurarlos con mansedumbre. A veces, puede que haya que alejar de la comunidad a aquellos que la contaminan, esto significa una exclusión o una excomunión auténtica. En Mateo 18:8, 17, Jesús habló de esta posibilidad, al igual que hizo Pablo en Romanos 16:17 y 1 Corintios 5:12-13.

El cuerpo se caracteriza por la comunión genuina. Esto no significa meramente la interrelación social, sino un sentimiento íntimo y un entendimiento mutuo. Tiene que haber empatía y ánimo (edificación). Lo que uno experimenta lo tienen que experimentar todos. Por tanto Pablo escribe: "De manera que si un miembro padece, todos los miembros se duelen con él, y si un miembro recibe honra, todos los miembros con él se gozan" (1 Co. 12:26). La iglesia en el libro de Hechos incluso comparte las posesiones materiales con los demás.

El cuerpo tiene que ser un cuerpo unificado. Los miembros de la iglesia de Corinto estaban divididos sobre a qué líder religioso debían seguir (1 Co. 1:10-17; 3:1-9). Se habían formado círculos sociales o facciones y había mucha evidencia de ello en las reuniones de la iglesia (1 Co. 11:17-19). Sin embargo, esto no tenía que ser así porque todos los creyentes son bautizados por un Espíritu en un cuerpo (1 Co. 12:12-13). Pablo también escribe en otra ocasión: "un solo cuerpo y un solo Espíritu, como fuisteis también llamados en una misma esperanza de vuestra vocación; un solo Señor, una sola fe, un solo bautismo, un solo Dios y Padre de todos, el cual es sobre todos y por todos y en todos" (Ef. 4:4-6).

El cuerpo de Cristo también es universal. Todas las barreras han sido eliminadas como señaló Pablo: "donde no hay griego ni judío, circuncisión ni incircuncisión, bárbaro ni extranjero, esclavo ni libre, sino que Cristo es el todo y en todos" (Col. 3:11). La misma idea, con especial referencia a eliminar dentro del cuerpo las divisiones entre judíos y gentiles, la encontramos en Romanos 11:25-26, 32; Gálatas 3:28 y Efesios 2:15.

Como el cuerpo de Cristo, la iglesia es la extensión de su ministerio. Habiendo dicho que toda potestad le había sido dada en el cielo y en la tierra (Mt. 28:18), envió a sus discípulos a evangelizar, bautizar y enseñar, prometiendo que estaría siempre con ellos, incluso hasta el fin del mundo (vv. 19-20). Les dijo que continuarían su obra, y que lo harían hasta un punto asombroso: "De cierto, de cierto os digo: El que en mí cree, las obras que yo hago, él también las hará; y aun mayores hará, porque yo voy al Padre" (Jn. 14:12). Por lo tanto, la obra de Cristo, si alguien la hace, será su cuerpo, la iglesia.

### *El templo del Espíritu Santo*

Completando el concepto trinitario de Pablo sobre la iglesia tenemos la imagen de la iglesia como templo del Espíritu. Es el Espíritu que creó a la iglesia en Pentecostés, donde bautizó a los discípulos y convirtió a tres mil dando vida así a la iglesia. Y ha seguido poblando la iglesia: "porque por un solo Espíritu fuimos todos bautizados en un cuerpo, tanto judíos como griegos, tanto esclavos como libres; y a todos se nos dio a beber de un mismo Espíritu" (1 Co. 12:13).

La iglesia ahora está habitada por el Espíritu individual y colectivamente. Pablo escribe a los corintios: "¿Acaso no sabéis que sois templo de Dios y que el Espíritu de Dios está en vosotros? Si alguno destruye el templo de Dios, Dios lo destruirá a él, porque el templo de Dios, el cual sois vosotros, santo es" (1 Co. 3:16-17). Pablo más tarde les dice: "¿O ignoráis que vuestro cuerpo es templo del Espíritu Santo, el cual está en vosotros, el cual habéis recibido de Dios, y que no sois vuestros?" (1 Co. 6:19). En otra parte describe a los creyentes como "un templo santo en el Señor; en quien vosotros también sois juntamente edificados para morada de Dios en el Espíritu" (Ef. 2:21-22). Y es un contexto donde encontramos la imagen de Cristo como piedra angular del templo, Pedro habla de creyentes como "casa espiritual" (1 P. 2:5).

Morando en la iglesia, el Espíritu Santo imparte su vida a ella. Las cualidades que forman parte de su naturaleza y a las que se denomina "fruto del Espíritu" las encontraremos en la iglesia: amor, gozo, paz, paciencia, benignidad, bondad, fe, mansedumbre, templanza (Gá. 5:22-23). La presencia de tales cualidades indica la actividad del Espíritu Santo y por tanto, en cierto sentido, lo genuino de la iglesia.

Es el Espíritu Santo el que transmite poder a la iglesia. Jesús lo indica así en Hechos 1:8: "Pero recibiréis poder cuando haya venido sobre vosotros el Espíritu Santo, y me seréis testigos en Jerusalén, en toda Judea, en Samaria y hasta lo último de la tierra". Debido a la inminente venida del Espíritu con poder, Jesús hace a sus discípulos la increíble promesa de que ellos harían obras incluso mayores que las que él había hecho (Jn. 14:12). Por tanto Jesús les dijo: "Pero yo os digo la verdad: Os conviene que yo me vaya, porque si no me voy, el Consolador no vendrá a vosotros; pero si me voy, os lo enviaré" (Jn. 16:7). Es el Espíritu el que hace lo que sea necesario para convencer al mundo de pecado, de justicia y de juicio (v. 8).

La promesa se cumplió muy pronto. No sólo respondieron tres mil personas a la predicación de Pedro en Pentecostés (Hch. 2:41), también el Señor añadió diariamente más personas que se iban salvando (Hch. 2:47). Llenos del Espíritu, los discípulos dieron testimonio de la resurrección de Jesús con valentía y gran poder (Hch. 4:31, 33). No se puede justificar la efectividad del ministerio de estos primeros creyentes basándose en sus habilidades o esfuerzos. Eran personas normales y corrientes. Los resultados eran consecuencia del ministerio del Espíritu Santo.

A los estudiantes de una clase de homilética se les pidió que prepararan sermones sobre varios sermones recogidos en la Biblia. Cuando los estudiantes llegaron a Hechos 2, descubrieron que el sermón de Pedro en Pentecostés no es una maravilla de perfección homilética. Todos ellos fueron capaces de preparar sermones técnicamente superiores al de Pedro, aunque ninguno esperaba sobrepasar sus resultados. Los resultados del sermón de Pedro superan la habilidad con la que fue preparado y expuesto. La razón de su éxito reside en el poder del Espíritu Santo.

Como hemos observado anteriormente el Espíritu, al ser uno, también produce unidad en el cuerpo. Esto no significa uniformidad, sino unidad en objetivo y acción. A la iglesia primitiva se la describe como "de un corazón y un alma" (Hch. 4:32). Incluso tenían todas las cosas materiales en común (2:44-45; 4:32, 34-35). El Espíritu había creado en ellos una mayor conciencia de pertenecer a un grupo que a una entidad individual, y por eso veían sus posesiones no como "mías" o "tuyas" , sino como "nuestras".

El Espíritu Santo, habitando en la iglesia, también crea sensibilidad hacia la dirección del Señor. Jesús había prometido permanecer con sus discípulos (Mt. 28:20; Jn. 14:18, 23). Sin embargo, también había dicho que tenía que irse para que el Espíritu Santo pudiera venir (Jn. 16:7). Concluimos que el Espíritu que habita en nosotros es el medio a través del cual Jesús está presente en nosotros. Así Pablo escribió: "Pero vosotros no vivís según la carne, sino según el Espíritu, si es que el Espíritu de Dios está en vosotros. Y si alguno no tiene el Espíritu de Cristo, no es de él. Pero si Cristo está en vosotros, el cuerpo en verdad está muerto a causa del pecado, pero el espíritu vive a causa de la justicia" (Ro. 8:9-10). Pablo utiliza de forma intercambiable las ideas de Cristo en nosotros y el Espíritu habitando en nosotros.

Al habitar el Espíritu en los discípulos de Jesús, les hizo recordar las enseñanzas del Señor (Jn. 14:26) y les guió a toda la verdad (Jn. 16:13). Esta obra del

Espíritu se refleja de forma extraordinaria en el caso de Pedro. En una visión, a Pedro se le pide que mate y coma ciertos animales impuros que han sido bajados a la tierra en una especie de gran lienzo (Hch. 10:11-13). La primera respuesta de Pedro fue: "Señor, no" (v. 14), porque era muy consciente de la prohibición de comer animales impuros. La tradición le decía que debía abstenerse. Sin embargo, pronto Pedro se dio cuenta de que la esencia del mensaje no era que debía comer animales impuros, sino que debía llevar el evangelio a los gentiles de la misma manera que lo llevaba a los judíos (vv. 17-48). El Espíritu Santo hace que los creyentes que son obstinados se vuelvan receptivos y obedientes a la dirección del Señor.

El Espíritu es en cierto sentido también el soberano de la iglesia. Porque es él el que capacita al cuerpo dispensándole dones, que en algunos casos son personas para que cumplan distintos oficios y en otros casos son habilidades especiales. Él decide cuándo conceder un don, y a quién concederlo. Pablo escribe: "Pero todas estas cosas las hace uno y el mismo Espíritu, repartiendo a cada uno en particular como él quiere" (1 Co. 12:11).

Finalmente, el Espíritu Santo hace que la iglesia sea santa y pura. Porque al igual que el templo era un lugar santo y sagrado en el antiguo pacto porque Dios habitaba en él, así también lo son los creyentes santificados en el nuevo pacto porque son el templo del Espíritu Santo (1 Co. 6:19-20).

## Problemas especiales

Hay cuatro temas especiales que requieren atención particular en nuestro capítulo introductorio sobre la doctrina de la iglesia: la relación entre la iglesia y el reino; la relación entre la iglesia e Israel; la relación entre la iglesia visible y la invisible; y el momento de iniciación de la iglesia.

### *La iglesia y el reino*

Es obvio que existe una conexión cercana entre el reino y la iglesia. De hecho, Jesús, habiendo anunciado que edificaría su iglesia y que los poderes de la muerte no prevalecerían sobre ella, inmediatamente continuó diciendo a Pedro: "Te daré las llaves del reino de los cielos" (Mt. 16:18-19). De esto se podría sacar en conclusión que la iglesia es sinónimo del reino. De hecho, Geerhardus Vos argumentó que la imaginería de este pasaje es la de que la iglesia es un casa edificada sobre una roca (v. 18) y que las llaves de esa casa serían entregadas a Pedro.[21] Sin embargo, George Ladd, mantiene correctamente que esto es llevar el lenguaje metafórico demasiado lejos. Más bien, argumenta, hay que considerar el reino

21. Geerhardus Vos, *The Teaching of Jesus Concerning the Kingdom of God and the Church* (New York: American Tract Society, 1903), p. 150.

como el reinado de Dios.[22] La iglesia, por el contrario, es un ámbito de su reinado, la gente que está bajo su gobierno. El reino es el gobierno de Dios, mientras que la iglesia es la comunidad humana que está bajo ese gobierno.[23] Ladd expone cinco puntos básicos sobre la relación entre el reino y la iglesia.[24]

1. La iglesia no es el reino.
2. El reino crea la iglesia.
3. La iglesia da testimonio del reino.
4. La iglesia es el instrumento del reino.
5. La iglesia es la guardiana del reino.

La iglesia es una manifestación del reino o del reinado de Dios, la forma que toma en la tierra en nuestro tiempo. Es la manifestación concreta del gobierno soberano de Dios en nuestros corazones. Con el pacto antiguo, la forma en que se expresaba el reino era Israel. El reino se puede encontrar dondequiera que Dios gobierne en los corazones humanos. Pero más que eso, se encuentra dondequiera que se haga su voluntad. Por tanto el reino estaba presente en el cielo incluso antes de que los humanos fueran creados, porque los ángeles estaban sujetos a Dios y le obedecían. Ahora están incluidos en su reino y lo estarán en el futuro. Pero nunca han formado ni formarán parte de la iglesia. La iglesia sólo es una manifestación del reino.

### *La iglesia e Israel*

Un segundo tema especializado es el relativo a la relación de Israel con la iglesia. Aquí nos encontramos con opiniones e incluso discusiones que se diferencian de forma amplia y clara. Por una parte algunos teólogos reformados ven al Israel literal como absorbido o desplazado por la iglesia o por el Israel espiritual.[25] No se deja nada por cumplir en relación con el Israel literal; en consecuencia, no es necesario un milenio en el que los judíos serán devueltos a un puesto destacado en la obra de Dios. Por otra parte, los dispensacionalistas consideran que Israel y la iglesia son dos entidades eternamente separadas con las que Dios trata de forma diferente.[26] Como Ladd ha señalado, la verdad aquí, como en tantos otros asuntos, está en alguna parte entre ambos polos.[27]

22. George E. Ladd, *Jesus and the Kingdom* (New York: Harper & Row, 1964), pp. 259-60.
23. Ibíd., p. 260.
24. Ibíd., pp. 259-73.
25. Berkhof, *Systematic Theology*, pp. 570-71.
26. Lewis Sperry Chafer, *Systematic Theology* (Dallas: Dallas Seminary, 1948), vol. 4, pp. 29-35.
27. George E. Ladd, "Israel and the Church," *Evangelical Quarterly* 36, no. 4 (octubre-diciembre 1964): 207.

Primero señalamos que el Israel espiritual en muchos aspectos ha ocupado el lugar del Israel literal. Pablo resalta este punto en Romanos y Gálatas. Por ejemplo, escribió: "No es judío el que lo es exteriormente, ni es la circuncisión la que se hace exteriormente en la carne; sino que es judío el que lo es en lo interior, y la circuncisión es la del corazón, en espíritu y no según la letra" (Ro. 2:28-29). A los gálatas les escribió: "Y si vosotros sois de Cristo, ciertamente descendientes de Abraham sois, y herederos según la promesa" (3:29). Otros pasajes pertinentes incluyen Romanos 4:11, 16, 18 y 9:7-8.

Además deberíamos observar que algunas de las promesas dirigidas al Israel literal en el Antiguo Testamento los escritores del Nuevo Testamento las consideran cumplidas en el Israel espiritual, la iglesia. Por ejemplo, Oseas escribió: "Yo la sembraré para mí en la tierra; me compadeceré de la 'Indigna de compasión' al 'Pueblo ajeno' lo llamaré: 'Pueblo mío' y él me dirá: 'Mi Dios'" (Os. 2:23--NVI). Queda claro por Oseas 1:6-11 que este versículo hace referencia a Israel. Sin embargo, Pablo lo aplica igualmente a los judíos y los gentiles. Porque al hablar de que "[Dios] también ha llamado, a nosotros, no solo de los judíos, sino también de los gentiles", cita este versículo. Como también en Oseas dice: "Llamaré pueblo mío al que no era mi pueblo, y a la no amada, amada" (Ro. 9:24-25). Ladd también cita la aplicación de Pedro de la promesa de Joel: "Después de esto derramaré mi espíritu sobre todo ser humano, y profetizarán vuestros hijos y vuestras hijas; vuestros ancianos soñarán sueños, y vuestros jóvenes verán visiones" (Jl. 2:28; cf. Hch. 2:17).[28] Sin embargo, se debería señalar que en este punto Pedro estaba hablando a los judíos y sobre ellos (Hch. 2:5; 22). Por tanto, la afirmación de que Pedro lo que está haciendo aquí es aplicar a la iglesia las promesas hechas a Israel está abierto a discusión.

Sin embargo, hay futuro para la Israel nacional. Todavía es el pueblo especial de Dios. Habiendo declarado que el rechazo de Israel ha significado la reconciliación del mundo, Pablo pregunta: "¿Qué será su admisión, sino vida de entre los muertos?" (Ro. 11:15). El futuro es brillante: "Luego todo Israel será salvo" (v. 26). No obstante Israel será salvo entrando en la iglesia al igual que lo hacen los gentiles. No hay ninguna declaración en el Nuevo Testamento que suponga otro tipo de base para la salvación.

Resumiendo: la iglesia es el nuevo Israel. En el nuevo pacto ocupa el lugar que ocupaba Israel en el antiguo. Mientras que en el Antiguo Testamento el reino de Dios estaba poblado por el Israel nacional, en el Nuevo Testamento el reino de Dios está poblado por la iglesia. Sin embargo, hay un futuro especial para el Israel nacional, a través de la conversión a gran escala a Cristo y de la entrada en la iglesia.

28. Ibíd., p. 209.

### La iglesia visible y la iglesia invisible

Un tema más es la relación entre la iglesia visible y la invisible. La distinción, que apareció ya con Agustín,[29] fue enunciada por primera vez con claridad por Martín Lutero[30] y después incorporada por Juan Calvino a su teología.[31] Fue la manera de tratar Lutero las aparentes discrepancias entre las cualidades de la iglesia tal como las encontramos expuestas en las Escrituras y las características de la iglesia empírica, tal como existe realmente en la tierra. Sugirió que la verdadera iglesia consta únicamente de los justificados, de aquellos que están relacionados de forma redentora con Dios.

La distinción entre la iglesia visible y la invisible, una distinción que algunos rechazan, no es la misma que la distinción entre la iglesia local y la universal. Más bien, aquí lo que tenemos es la cuestión de hasta qué punto la verdadera iglesia se ha de identificar con la institución terrenal actual. Por una parte, ¿es posible que ciertas personas que estén dentro de la iglesia visible no sean verdaderos creyentes, que no sean realmente parte del cuerpo de Cristo? Y al contrario, ¿puede haber miembros del cuerpo de Cristo que no estén afiliados a algún segmento de la iglesia visible, algún grupo local de creyentes? O para decirlo de otra manera, ¿cuál es el factor prioritario, el institucional o el personal/espiritual? ¿La conexión con la iglesia institucional le hace a uno cristiano? ¿O la iglesia está formada por las experiencias cristianas individuales de sus miembros? ¿Qué cosa justifica a la otra, la organización institucional o las experiencias espirituales individuales? Estas cuestiones se han contestado de diferentes maneras.

Por una parte, están los grupos que sostienen que la iglesia institucional o visible es anterior. El catolicismo romano tradicional es probablemente la forma más pura de este punto de vista, aunque también es característico de las comuniones anglicanas y ortodoxas. Algunas organizaciones particulares son consideradas como parte de la verdadera iglesia si pueden demostrar que tienen su origen en el acta de establecimiento de la iglesia de Cristo (Mt. 16:18).[32] Según este punto de vista, la declaración de Jesús: "edificaré mi iglesia" no fue una simple predicción y promesa. Fue una declaración constitutiva. Que ese fue el momento en el que inició la iglesia se confirma con la declaración siguiente: "a ti te daré las llaves del reino de los cielos: todo lo que ates en la tierra será atado en los cielos, y todo lo que desates en la tierra será desatado en los cielos" (v. 19). En la interpretación católica romana tradicional, Jesús confirió aquí a los apóstoles un estatus especial que les permitía definir la doctrina y transmitir la gracia,

29. Agustín, *De doctrina cristiana* 3. 31-34.
30. Martín Lutero, "Prefacio a Apocalipsis".
31. Juan Calvino, *Institución de la religión cristiana*, libro 4, capítulo 1, sección 7.
32. Ludwig Ott, *Fundamentals of Catholic Dogma*, ed. James Canon Bastible (St. Louis: B. Herder, 1960), pp. 271-74.

por ejemplo, perdonando los pecados. Es esta gracia (gracia santificante, en la formulación tradicional) la que ofrece salvación o la que le hace a uno cristiano. La autoridad para dispensar esta gracia era transmitida por los apóstoles a sus sucesores, un proceso que ha continuado hasta nuestros días.[33]

Por lo tanto, una marca destacada de la iglesia auténtica es la apostolicidad. Jesús dio a sus apóstoles una franquicia exclusiva por así decirlo; según esto, una iglesia auténtica tiene que mostrar un pedigrí específico. Una iglesia auténtica es la que puede remontarse hasta los apóstoles y por tanto, claro está, al momento mismo en que Jesús establece la iglesia. Sin ese pedigrí no existe iglesia, no hay salvación y no hay cristianos. Un grupo de personas puede reunirse, organizarse en forma de corporación, realizar servicios religiosos, erigir una estructura y llamarse a sí mismos iglesia, pero no por ello constituir una iglesia. Lo que autentifica a un grupo de gente como iglesia es una conexión visible con una organización actual que se pueda remontar hasta la iglesia del Nuevo Testamento. Es obvio que, los que mantienen esta teoría dan muchísima importancia a asuntos tales como el orden de la iglesia, su liderazgo y gobierno y los ministros ordenados.

En el extremo opuesto está lo que hemos denominado el enfoque pietista sobre la iglesia, aunque este término puede resultar un tanto equívoco. El énfasis aquí se pone en la relación directa entre el individuo y Dios a través de Jesucristo, que es lo único que hace que uno sea cristiano. Y es la presencia de tales cristianos, personas regeneradas, lo que hace que un grupo se constituya adecuadamente como iglesia.[34] Nótese que según este punto de vista los que están relacionados con Cristo de manera redentora forman la iglesia, estén o no unidos formando un grupo visible. La membresía dentro de un grupo visible no es garantía de estar justificado a los ojos de Dios, por lo tanto la organización visible es relativamente poco importante. De hecho, algunos niegan la necesidad de formar parte de un cuerpo organizado. La comunión informal de forma voluntaria es todo lo que se necesita. En caso de grupos como Plymouth Brethren (las asambleas de hermanos), puede haber aversión a cualquier cosa que se parezca a una estructura formal y a un ministerio formal.[35] La membresía en una iglesia, como compromiso permanente hacia un grupo de creyentes, queda minimizada en este enfoque individualista. Las organizaciones paraeclesiales o las iglesias caseras pueden ocupar el lugar de la iglesia organizada. Y las organizaciones intercongregacionales, ya sean comuniones denominacionales o interdenominacionales, se consideran relativamente poco importantes. Aunque los cristianos que apoyan

33. Ibíd., pp. 274-79.

34. Augustus H. Strong, *Systematic Theology* (Westwood, N.J.: Revell, 1907), pp. 494-97.

35. D. Nauta, "Church, Nature and Government of: Quakers, 'Plymouth' Brethren, Darbytes, etc.," in *Encyclopedia of Christianity,* ed. Gary G. Cohen (Marshalltown, Del.: National Foundation for Christian Education, 1968), vol. 2, pp. 487-88.

este enfoque se pueden considerar a sí mismos interdenominacionales, con frecuencia son no denominacionales, y a veces, antidenominacionales.

En algunos casos, restar importancia a la iglesia visible puede surgir de un punto de vista dispensacionalista que considera a la iglesia en general como un paréntesis en el plan de Dios, una especie de idea tardía. El énfasis aquí es que la intención original de Dios estaba relacionada con el Israel nacional. Cuando Israel rechazó la oferta de Jesús del reino, Dios se volvió hacia los gentiles y creó la iglesia. No obstante, Dios nunca ha dejado de estar interesado en Israel. Cuando haya completado la etapa de su obra con la iglesia, Israel volverá a ser colocada en su posición de supremacía. El auténtico reino davídico será restablecido, al igual que los sacrificios del Antiguo Testamento. Israel y la iglesia están separadas y siempre lo estarán.[36] La primacía futura de Israel no será el resultado de un gran número de conversiones que incorporen judíos a la iglesia, sino una restitución del estatus especial de Israel como nación. La iglesia es un fenómeno temporal no previsto en el Antiguo Testamento. Es más, ninguna profecía del Antiguo Testamento habla de la iglesia o se cumple con la iglesia. Como ese es el caso e incluso la iglesia invisible es relativamente temporal, la iglesia visible o institucional desde luego no necesita recibir demasiada atención.

La visión de la iglesia que se está trazando aquí en cierta manera se podría describir más como individualista que como pietista. Sin embargo, lo que hace que el término *pietista* resulte adecuado es que con frecuencia pone un énfasis fuerte en la calidad de la vida cristiana individual. Como la relación individual con Cristo es determinante para el cristianismo, la piedad y la pureza de la vida son de gran importancia. Por tanto, cada vez que los cristianos individuales se reúnen, también resaltan esas cualidades éticas dentro del grupo. Estas características no tienen que considerarse como características del grupo como tal, sino de los individuos que llegan a formarlo.

Una posición intermedia entre los dos puntos de vista que hemos discutido es lo que podríamos denominar la visión "parroquial". Esta destaca tanto la iglesia visible como la invisible. La iglesia visible o parroquia incluye a todos los que hacen profesión externa y se reúnen juntos para oír la Palabra y celebrar los sacramentos.[37] Los creyentes de dentro de esta iglesia visible constituyen la verdadera iglesia, la iglesia invisible.

Según esta idea, hay ciertas marcas según las cuales se puede detectar la presencia de la verdadera iglesia. Son marcas objetivas, no meramente criterios subjetivos. Es decir, no son simplemente cualidades de los individuos que forman el grupo, sino de la asamblea local aparte de la condición espiritual de los

36. Chafer, *Systematic Theology*, vol. 4, pp. 27-53.

37. Heinrich Schmid, *The Doctrinal Theology of the Evangelical Lutheran Church*, 3rd rev. ed. (Minneapolis: Augsburg, 1899), p. 591.

individuos que hay en ella. Las dos que se mencionan con más frecuencia son la verdadera predicación de la Palabra y la adecuada administración de los sacramentos. La primera hace referencia a la pureza y corrección de la doctrina. La segunda a que una persona debidamente autorizada administra los sacramentos de una manera adecuada a la gente que está preparada para recibirlos, y que se entiende su eficacia de forma correcta.[38]

Habiendo examinado estos distintos puntos de vista, concluimos que es necesario mantener la distinción entre la iglesia visible y la invisible, pero con ciertos matices. La parábola del trigo y la cizaña (Mt. 13:24-30, 36-43) y la enseñanza de Jesús sobre las ovejas y los cabritos (Mt. 25:31-46) apoya esta distinción. Pero esto hay que verlo como un reconocimiento de la posibilidad de hipocresía e incluso de decepción, no como disminución de la importancia de la membresía en la iglesia. Es una reflexión de la verdad de 2 Timoteo 2:19: "Conoce el Señor a los que son suyos". Incluso uno de los doce discípulos de Jesús resultó ser un traidor.

Deberíamos observar que las Escrituras parecen considerar la condición espiritual individual como prioritaria. Por ejemplo, Lucas dice de la iglesia primitiva: "Y el Señor añadía cada día a la iglesia los que habían de ser salvos" (Hch. 2:47). Cuando se les preguntaba sobre la salvación los apóstoles nunca sugirieron que dependía de estar conectados con un grupo de creyentes. Cuando le preguntaron a Pedro y a los otros: "Hermanos, ¿qué haremos?" (Hch. 2:37), la respuesta fue: "Arrepentíos y bautícese cada uno de vosotros en el nombre de Jesucristo para perdón de los pecados" (v. 38). El mensaje de Pedro fue el mismo en Hechos 3:12-26 y 4:7-12. La respuesta de Pablo a la pregunta del carcelero de Filipos: "Señores, ¿qué debo hacer para ser salvo?" (Hch. 16:30), fue directa: "Cree en el Señor Jesucristo, y serás salvo tú y tu casa" (v. 31). En ninguno de los casos hay sugerencia alguna de que la relación con un grupo sea determinante. Las palabras de Jesús a la samaritana indican que adorar en un lugar en particular es de menos importancia que adorar en espíritu y en verdad (Jn. 4:20-24).

Aunque hayamos asignado prioridad a la fe, o hayamos dado preferencia a lo invisible sobre lo visible, no obstante no debemos minimizar la importancia de la forma visible de la iglesia. Aparentemente fue el procedimiento normal que un creyente formara parte de una comunidad (ver, por ejemplo, Hch. 2:47). Aunque no sabemos exactamente qué implicaba la membresía en la iglesia apostólica, desde luego su propósito era el de la edificación, la oración, el servicio y, como se puede ver especialmente en Hechos 5, la disciplina. Por lo tanto deberíamos resaltar la importancia de que todos los creyentes formen parte integral de un grupo de creyentes y que se comprometan de forma firme con él. El cristianismo

38. Ibíd., pp. 590-91.

es un asunto corporativo. Y la vida cristiana sólo se puede realizar plenamente en relación con los demás.

Aunque reconocemos la distinción entre la iglesia visible o empírica y la invisible o comunión espiritual, deberíamos hacer todo lo que esté en nuestra mano para que ambas sean idénticas. Al igual que ningún creyente auténtico debe permanecer fuera de la comunidad, también deberíamos ser diligentes para asegurar que sólo los auténticos creyentes están dentro. La conducta de Ananías y Safira (Hch. 5), así como las instrucciones de Pablo a los corintios (1 Co. 5:1-5) y los gálatas (6:1) sobre cómo tratar a los pecadores, argumentan a favor de que el grupo haga un seguimiento cuidadoso de la condición y conducta espiritual de sus miembros. Aunque la pureza perfecta de los miembros es un ideal que no se puede alcanzar en esta vida (Mt. 13:24-30), el no creer o pecar abiertamente no se puede tolerar.

### *Momento de inicio de la iglesia*

Una última cuestión sobre la naturaleza de la iglesia es la que se relaciona con el momento de su inicio. Louis Berkhof, entre otros, habla de la iglesia en el periodo patriarcal y el de Moisés.[39] Sin embargo, es notable que Jesús haga sólo dos referencias a la iglesia (Mt. 16:18; 18:17), y que en el primer caso esté hablando del futuro ("edificaré mi iglesia"). El hecho de que Lucas nunca utilice ἐκκλησία en su evangelio, pero lo utilice 24 veces en Hechos es también muy significativo. Parece como si no considerase que la iglesia estuviera presente hasta el periodo cubierto por Hechos (Aunque Hechos 7:38 utiliza ἐκκλησία del pueblo de Israel en el desierto, es probable que aquí el término esté siendo utilizado en un sentido no técnico.) Concluimos que la iglesia se originó en Pentecostés.

Según esta conclusión, tenemos que preguntar sobre el estatus de Israel. ¿Qué pasa con los creyentes del Antiguo Testamento? Hemos argumentado que mientras que la forma que el pueblo de Dios tomó en el Antiguo Testamento fue el Israel nacional, en el Nuevo Testamento la forma es la iglesia, y que la iglesia empezó en Pentecostés. ¿Significa esto que los que ahora formamos parte de la iglesia estaremos siempre en un grupo separado de los creyentes del Antiguo Testamento? Yo, por el contrario, sugeriría que los que formaron parte de Israel antes de Pentecostés han sido incorporados a la iglesia. Esto parece sin duda haber sido el caso de los apóstoles. Habían sido parte de Israel, pero en Pentecostés se convirtieron en el núcleo de la iglesia. Si los creyentes del Antiguo Testamento, los que formaron el verdadero Israel, fueron salvos, como nosotros, por la vida y la muerte redentora de Cristo, entonces deben haber pasado mediante Pentecostés al mismo cuerpo que los creyentes del Nuevo Testamento. Por lo tanto, Israel no

39. Berkhof, *Systematic Theology,* p. 570.

fue simplemente superada por la iglesia, fue incluida dentro de ella. El pueblo de Dios es realmente un único pueblo; el cuerpo de Cristo es un solo cuerpo.

## Implicaciones

1. La iglesia no se puede concebir principalmente como un fenómeno sociológico, sino como una institución establecida por Dios. Según esto, su esencia viene determinada no por el análisis de su actividad, sino por las Escrituras.
2. La iglesia existe por su relación con el Dios trino. Existe para llevar a cabo la voluntad del Señor mediante el poder del Espíritu Santo.
3. La iglesia es la continuación de la presencia y el ministerio del Señor en el mundo.
4. La iglesia tiene que ser la unión de creyentes regenerados que muestran las cualidades espirituales de su Señor. Se pone el énfasis en la pureza y la devoción.
5. Aunque la iglesia es una creación divina, está formada por seres humanos imperfectos. No alcanzará la santificación perfecta o la glorificación hasta la venida de su Señor.

# 51. El papel de la iglesia

## Objetivos del capítulo

Después de estudiar este capítulo, debería ser capaz de:

- Identificar y describir cuatro funciones de la iglesia: evangelización, edificación, adoración y preocupación social.
- Reconocer y definir el evangelio como el centro del ministerio de la iglesia que esta implícito en cada una de sus funciones.
- Definir y explicar el carácter de la iglesia, que se centra en su deseo de servir y su adaptación en diferentes contextos.

## Resumen del capítulo

A la iglesia se le ha encargado que lleve a cabo el ministerio de Cristo en el mundo. Para cumplir con ello, debe realizar ciertas funciones. Es esencial conseguir un equilibrio en estas funciones para la salud espiritual y el bienestar del cuerpo. El evangelio está en el centro mismo del ministerio de la iglesia y está implícito en todas las funciones de la iglesia. Cuando se modifica el evangelio, la iglesia deja de estar en equilibrio. Para seguir existiendo, es necesario que la iglesia esté dispuesta a servir, sea flexible metodológicamente y adaptable a su entorno.

## Cuestiones de estudio

1. ¿Cuáles son las funciones de la iglesia y cómo se relacionan entre sí?
2. ¿Por qué está el evangelio en el centro mismo del ministerio de la iglesia?
3. ¿Qué enseña el Antiguo Testamento sobre la buena nueva?
4. ¿Qué dice Pablo sobre el evangelio en sus escritos?
5. ¿Qué actitud debe mantener la iglesia para realizar sus funciones?

Funciones de la iglesia
- Evangelización
- Edificación
- Adoración
- Preocupación social

El corazón del ministerio de la iglesia: el evangelio
El carácter de la iglesia
- Deseo de servir
- Adaptabilidad

Hemos criticado la posición de que la iglesia tenga que ser definida según sus funciones, o sea, que su forma procede de sus funciones. No obstante, las funciones de la iglesia son temas importantes, porque el Señor no dio origen a la iglesia simplemente para que existiese sin más. Al contrario, fue creada para que cumpliera las intenciones que el Señor tiene para ella. Tiene que llevar a cabo el ministerio del Señor en el mundo, perpetuar lo que él hizo y hacer lo que haría si todavía estuviera aquí. Nuestra primera consideración en este capítulo serán las distintas funciones que tiene a su cargo la iglesia.[1] Luego pasaremos a lo que es el centro del ministerio de la iglesia y que da forma a todo lo que hace la iglesia, o sea, el evangelio. Finalmente, trataremos dos cualidades que la iglesia necesita mostrar en el momento actual: voluntad de servicio y adaptación.

## Funciones de la iglesia

### *Evangelización*

El tema en el que se hace hincapié en ambos relatos de las últimas palabras de Jesús a sus discípulos es el de la evangelización. En Mateo 28:19 les dice: "Por tanto, id y haced discípulos a todas las naciones". En Hechos 1:8 dice: "pero recibiréis poder cuando haya venido sobre vosotros el Espíritu Santo, y me seréis testigos en Jerusalén, en toda Judea, en Samaria y hasta lo último de la tierra". Este fue el énfasis final que Jesús hizo a sus discípulos. Parece que consideraba que la evangelización era la razón misma de su existencia.

La llamada a la evangelización es un mandato. Habiendo aceptado a Jesús como Señor, los discípulos se habían puesto bajo su mando y estaban obligados a hacer lo que pedía. Porque él les había dicho: "Si me amáis, guardad mis mandamientos" (Jn. 14:15); "El que tiene mis mandamientos y los guarda, ese es el que me ama" (v. 21a); y "Vosotros sois mis amigos si hacéis lo que yo os mando" (Jn. 15:14). Si los discípulos amaban de verdad a su Señor, llevarían a cabo su llamamiento de evangelizar. Para ellos no era una opción.

1. J. C. Hoekendijk, *The Church Inside Out* (Philadelphia: Westminster, 1946), p. 1.

Sin embargo, los discípulos no fueron enviados sin ayuda. Jesús precedió su comisión con esta declaración: "Toda potestad me es dada en el cielo y en la tierra" (Mt. 28:18). Teniendo toda la autoridad, comisionó a sus discípulos como agentes. Por lo tanto, tenían el derecho de ir y evangelizar a todas las naciones. Además, Jesús prometió a sus discípulos que el Espíritu Santo vendría a ellos y ellos recibirían el poder. Por lo tanto estaban autorizados y capacitados para realizar la tarea. Es más, se les aseguró que no estarían solos. Aunque él estaría alejado corporalmente de ellos, no obstante estaría con ellos espiritualmente hasta el fin del mundo (Mt. 28:20).

Fijémonos también en la extensión de la comisión: abarca todo. En Mateo 28:19 Jesús habla de "todas las naciones," y en Hechos 1:8 hace una enumeración específica: "recibiréis poder cuando haya venido sobre vosotros el Espíritu Santo, y me seréis testigos en Jerusalén, en toda Judea, en Samaria y hasta lo último de la tierra." Hay distintos temas implicados en los diferentes niveles de este mandamiento.[2]

Jerusalén, por supuesto, era la vecindad inmediata. Aunque no era el territorio natal del círculo más íntimo de los discípulos (estos eran de Galilea), era el lugar de Pentecostés. Como los primeros convertidos tenían muchos contactos cercanos en Jerusalén, fue algo natural que la iglesia diera testimonio y se extendiera allí. Sin embargo, Jerusalén era también el lugar más difícil para dar testimonio, porque era el lugar en el que se había producido el escándalo de los últimos días de Cristo, y especialmente su muerte humillante por crucifixión. Habría una desconfianza natural e incluso quizá un rechazo a la presentación del mensaje del Salvador. Por otra parte, una ventaja de dar testimonio en Jerusalén era que la gente vivían lo suficientemente cerca unos de otros como para unirse en una congregación si es que decidían hacerlo.

Más allá de Jerusalén, los discípulos tenían que dar testimonio en "toda Judea." Esta área básicamente era homogénea en pensamiento y costumbres, porque sus habitantes eran judíos, y judíos de Judea además. Sin embargo, muchos de ellos estaban demasiado alejados del centro de Jerusalén como para reunirse allí. En consecuencia, el cumplimiento de esta parte de la comisión traería consigo el establecimiento de congregaciones adicionales.

Quizá la parte más "desagradable" de la comisión para los discípulos fuera la tercera: la de "en Samaria." Esto les conducía hacia la gente que más difícil les resultaba amar, y que probablemente menos receptiva estaría al mensaje porque lo llevaban los judíos. Los judíos y los samaritanos habían estado en conflicto durante mucho tiempo. El desacuerdo se remontaba al tiempo en que los judíos regresaron de su cautiverio en Babilonia. Los samaritanos eran el producto de la

2. Michael Green, *Evangelism in the Local Church* (Grand Rapids: Eerdmans, 1970), vol. 1, pp. 117ss.

unión entre los israelitas que no habían sido deportados por los asirios y varios colonizadores extranjeros a quienes los asirios después enviaron para repoblar la zona. Cuando los judíos regresaron de Babilonia y empezaron a reconstruir el templo, los samaritanos se ofrecieron a ayudar, pero su oferta fue rechazada. Desde ese momento, hubo desencuentros entre ambos grupos. Esto es evidente en los relatos de los evangelios sobre el ministerio de Jesús. Cuando Jesús pidió agua a la samaritana, ella respondió: "¿Cómo tú, siendo judío, me pides a mí de beber, que soy mujer samaritana?" Juan comenta "porque judíos y samaritanos no se tratan entre sí" (Jn. 4:9). Este fue un encuentro inusual, porque Jesús y sus discípulos normalmente no pasaban por Samaria; preferían cruzar el río Jordán y viajar a través de Perea cuando iban de Galilea en el norte a Judea en el sur. Jesús proporciona fuerza adicional a su parábola sobre amar al prójimo haciendo que su héroe sea un samaritano (Lc. 10:29-37). Los judíos pretendían insultar a Jesús cuando preguntaron: "¿No decimos bien nosotros, que tú eres samaritano y que tienes demonio?" (Jn. 8:48). Es posible que pretendiesen que el primer insulto (al cual Jesús no respondió) fuera el más humillante de los dos. Seguramente los samaritanos eran la gente con la que los judíos menos querían verse incluidos en una iglesia, sin embargo, Jesús dijo: "Me seréis testigos.... en Samaria."

Finalmente los discípulos tenían que dar testimonio "hasta lo último de la tierra." No había restricción geográfica para su comisión. Tenían que llevar el mensaje del evangelio a todo el mundo, a todas las naciones y a todo tipo de gente. Por supuesto, esto no podían hacerlo por sí solos. A medida que iban convirtiendo gente, estos convertidos irían a su vez evangelizando a otras personas. Por lo tanto, el mensaje se iría extendiendo en círculos cada vez más amplios, y la tarea al final se completaría.

Por lo tanto, para que la iglesia sea fiel a su Señor y traiga gozo a su corazón, debe tratar de llevar el evangelio a todos. Esto incluye a gente que por naturaleza no suele agradarnos. Se extiende a las personas que son diferentes a nosotros. Y va más allá de nuestra esfera inmediata de contactos e influencia. En un sentido verdaderamente auténtico, la evangelización local, la extensión de la iglesia o la fundación de iglesias, y la misión mundial son la misma cosa. La única diferencia reside en la longitud de su radio de acción. La iglesia debe obrar en todas estas áreas. Si no lo hace, se volverá espiritualmente enferma, porque intentará funcionar de una manera que nunca fue la que el Señor pretendía.

### Edificación

La segunda función principal de la iglesia es la edificación de los creyentes. Aunque Jesús puso más énfasis en la evangelización, la edificación de los creyentes es, por lógica, anterior. Pablo repetidamente habla de la edificación del cuerpo. En Efesios 4:12, por ejemplo, indica que Dios ha dado varios dones a la iglesia "a fin de perfeccionar a los santos para la obra del ministerio, para la edificación del cuerpo de Cristo." Los creyentes deben crecer en Cristo "de quien todo el cuerpo, bien concertado y unido entre sí por todas las coyunturas que se ayudan mutuamente, según la actividad propia de cada miembro, recibe su crecimiento para ir edificándose en amor" (v. 16). El potencial para la edificación es el criterio mediante el cual todas las actividades, incluida nuestra expresión, tiene que medirse: "Ninguna palabra corrompida salga de vuestra boca, sino la que sea buena para la necesaria edificación, a fin de dar gracia a los oyentes" (v. 29).

Es más, en la discusión de Pablo sobre ciertos dones espirituales controvertidos, él menciona el tema de la edificación. Dice, por ejemplo, en 1 Corintios 14:4-5: "El que habla en lengua extraña, a sí mismo se edifica; pero el que profetiza, edifica a la iglesia. Yo desearía que todos vosotros hablarais en lenguas, pero más aún que profetizarais, porque mayor es el que profetiza que el que habla en lenguas, a no ser que las interprete para que la iglesia reciba edificación." La importancia de edificar a otros cuando se ejercitan dones controvertidos se menciona de nuevo, de manera distinta, en los versículos 12, 17 y 26. La última de estas referencias resume el tema: "Hágase todo para edificación." Nótese que edificación es la mutua edificación realizada por todos los miembros del cuerpo, no sólo por el ministro o pastor.

Hay varios medios a través de los cuales los miembros de la iglesia tienen que ser edificados. Uno de ellos es la comunión.[3] El Nuevo Testamento habla de κοινωνία *(koinōnia)*, literalmente, tener o mantener todas las cosas en común. Y desde luego, según Hechos 5, los miembros de la iglesia primitiva incluso tenían en común sus posesiones materiales. Pablo habla de compartir las experiencias mutuamente: "De manera que si un miembro padece, todos los miembros se duelen con él, y si un miembro recibe honra, todos los miembros con él se gozan" (1 Co. 12:26). Cuando se comparte, el dolor se reduce y aumenta el gozo. Tenemos que animarnos unos a otros y tratar de entendernos. Los creyentes tenemos que sobrellevar las cargas de los demás (Gá. 6:2). En ocasiones esto puede suponer corregir y censurar, pero debe hacerse con cariño. Jesús dejó un patrón de disciplina en Mateo 18:15-17. En casos severos, puede que sea necesario expulsar a alguien del grupo, como en el caso del hombre inmoral que se menciona en 1 Corintios 5:1-2. Sin embargo, el primer objetivo de una acción disciplinaria de ese tipo no es la de deshacerse de un miembro que ha errado, sino la de hacer que esa persona vuelva a tener una vida recta y por tanto regrese a la comunión con los creyentes.

La iglesia también edifica a sus miembros mediante la instrucción o enseñanza.[4] Esta es parte de la tarea más amplia de discipular. Uno de los mandamientos

3. James E. Carter, *The Mission of the Church* (Nashville: Broadman, 1974), pp. 65-73).
4. Edmund Clowney, "Toward a Biblical Doctrine of the Church," *Westminster Theological*

de Jesús en la Gran Comisión es enseñar a los convertidos a "que guarden todas las cosas que os he mandado" (Mt. 28:20). Para este fin, uno de los dones que Dios da a las iglesias es el de "pastores y maestros" (Ef. 4:11) para preparar y formar a la gente de Dios para el servicio. Sin embargo, no es necesario que la instrucción la imparta siempre el pastor-maestro oficial de la congregación, ni es necesario que se dé dentro de un grupo grande. Una hermosa imagen de esta verdad se aprecia en Hechos 18. Apolos, un judío formado y elocuente que había llegado a cierto conocimiento de Jesús, estaba hablando con valentía en la sinagoga de Éfeso. Allí Priscila y Aquila le escucharon, después le invitaron a su casa y "le expusieron con más exactitud el camino de Dios" (v. 26). Después continuó su ministerio incluso con mayor eficacia.

La educación puede tomar muchas formas y suceder a muchos niveles. A la iglesia le incumbe utilizar todos los medios legítimos y toda la tecnología disponible hoy en día. Primero, está la educación cristiana en la iglesia local, o por ejemplo, a través de la escuela dominical. Más allá de este nivel, la iglesia local colabora con otras iglesias para llevar a cabo aspectos específicos de su tarea instructiva. Por ejemplo, los seminarios teológicos y las escuelas bíblicas forman pastores-maestros y a otros para que instruyan a la gente en la Palabra. Esto es una adaptación del mandato de Pablo a Timoteo: "Lo que has oído de mí ante muchos testigos, esto encarga a hombres fieles que sean idóneos para enseñar también a otros" (2 Ti. 2:2).

Como la iglesia tiene la tarea de enseñar la verdad de Dios como la revelan las Santas Escrituras, por implicación tiene la obligación de madurar en su entendimiento de esa revelación. Por tanto la tarea de la erudición bíblica le incumbe a la iglesia. Esta tarea la llevan a cabo especialistas que poseen dones en esta materia. Pero la iglesia debe estudiar no sólo la revelación especial de Dios, sino su revelación general y la relación entre las dos. Las universidades cristianas son un medio a través del cual la iglesia puede cumplir su responsabilidad de instruir. Las academias y escuelas privadas cristianas realizan el mismo esfuerzo a un nivel menos avanzado. Y las escuelas misioneras, donde se alfabetiza, forman a la gente para leer el mensaje bíblico.

La predicación es otro medio de instrucción que ha utilizado la iglesia cristiana desde sus mismos inicios.[5] En 1 Corintios 14, cuando Pablo habla de profetizar, probablemente se está refiriendo a predicar. Comenta que profetizar tiene más valor que hablar en lenguas, porque construye o edifica la iglesia: "Pero el que profetiza habla a los hombres para edificación, exhortación y consolación. El que habla en lengua extraña, a sí mismo se edifica; pero el que profetiza, edifica a la iglesia" (vv. 3-4).

*Journal* 31, no. 1 (November 1968): 71-72.

5. Karl Barth, *The Word of God and the Word of Man*, trad. Douglas Horton (New York: Harper & Row, 1856), pp. 97-135.

Para el fin de la edificación mutua Dios ha equipado a la iglesia con diferentes dones proporcionados y repartidos por el Espíritu Santo (1 Co. 12:11). Como hemos señalado anteriormente (p. 891), el Nuevo Testamento contiene cuatro listas significativamente diferentes de dones. Siempre que virtudes como la fe, el servicio y la generosidad, que según la Biblia, se espera que tengan todos los creyentes se presentan como dones especiales del Espíritu, parece que el escritor tiene en mente dimensiones o grados extraordinarios o inusuales de esas virtudes. El Espíritu Santo en su sabiduría ha dado justo lo que se necesita, para que el cuerpo como un todo pueda ser edificado y equipado.

### *Adoración*

Otra actividad de la iglesia es la adoración. Mientras que la edificación se centra en los creyentes y les beneficia a ellos, la adoración se centra en el Señor. La iglesia primitiva se reunía para adorar de forma regular, una práctica ordenada y recomendada por el apóstol Pablo. Su recomendación a los corintios de que reservasen dinero el primer día de la semana (1 Co. 16:2) sugiere que se reunían con regularidad para adorar ese día. El escritor de Hebreos exhorta a sus lectores a no descuidar el reunirse todos juntos como era la costumbre de algunos (He. 10:25). Aunque la adoración pone el énfasis en Dios, también intenta beneficiar a los que la realizan. Podemos sacar esta conclusión de la advertencia que hace Pablo contra las oraciones, las canciones y las acciones de gracia que no son capaces de edificar porque no hay nadie presente que explique su significado a las personas que no lo entienden (1 Co. 14:15-17).

La alabanza, la adoración y la exaltación de Dios eran una práctica común en el Antiguo Testamento, como podemos ver en particular en el libro de los Salmos. En las imágenes del cielo del libro del Apocalipsis y en otras partes, al pueblo de Dios se le representa como reconociendo y declarando su grandeza. En este aspecto de su actividad, la iglesia centra su atención en quién y qué es Dios, no en sí misma. Trata de expresar adecuadamente la naturaleza de Dios, no de satisfacer sus propios sentimientos.[6]

En este punto es importante señalar el lugar de varias funciones de la iglesia. En los tiempos bíblicos la iglesia se reunía para adorar e instruir. Después salió a evangelizar. En la adoración, los miembros se centraban en Dios; en la instrucción y la comunión, se centraban en sí mismos y en los demás cristianos; en la evangelización, volvían su atención hacia los que no eran cristianos. Es bueno para la iglesia mantener cierta separación entre estas actividades. Si esto no se hace, una o más pueden quedar arrinconadas. Como resultado la iglesia sufrirá porque todas estas actividades, al igual que los elementos de una dieta

6. Langdon Gilkey, *How the Church Can Minister to the World Without Losing Itself* (New York: Harper & Row, 1964), pp. 104-17.

equilibrada, son esenciales para la salud espiritual y el bienestar del cuerpo. Por ejemplo, la adoración a Dios sufre si la reunión del cuerpo se centra principalmente en la interacción entre cristianos, o si el culto se dirige principalmente a evangelizar a los no creyentes que están presentes. Este no era el patrón de la iglesia en el libro de los Hechos. Más bien, los creyentes se reunían para alabar a Dios y edificarse; después salían para alcanzar a los perdidos.

### *Preocupación social*

Entre las distintas funciones de la iglesia está la responsabilidad de realizar actos de amor y compasión tanto para creyentes como para no creyentes. Está claro que Jesús se preocupó de los necesitados y de los que sufrían.[7] Curó a los enfermos e incluso resucitó a los muertos en alguna ocasión. Para que la iglesia lleve a cabo su ministerio, tendrá que implicarse en algún tipo de ministerio para con los necesitados y los que sufren. Que Jesús espera esto de los creyentes resulta evidente en la parábola del buen samaritano (Lc. 10:25-37). Jesús le contó esta parábola al intérprete de la ley que, entendiendo que se podía heredar la vida eterna amando a Dios con todo nuestro ser y al prójimo como a uno mismo, preguntó quién era el prójimo. Al responder a la pregunta, Jesús también explicó lo que significaba amar al prójimo como a nosotros mismos. El buen samaritano, aunque no tenía nada que ver con el asalto al hombre que iba de camino a Jericó, se ocupó de las necesidades de la víctima pagándolas personalmente y sufriendo los inconvenientes e incluso los posibles riesgos. Como el amor al prójimo está muy ligado por la ley al amor de Dios e implica acciones como la del buen samaritano, la iglesia cristiana debe preocuparse por los heridos y necesitados del mundo. Además, Jesús sugiere en Mateo 25:31-46 que uno de los signos mediante los cuales se distinguirá a los auténticos cristianos de aquellos que hacen profesiones vacías son los actos de amor que se hacen en nombre de Jesús y siguiendo su ejemplo. La preocupación por los huérfanos, las viudas, y los emigrantes es propia de los que adoran a un Dios que demuestra tal preocupación él mismo (Dt. 10:17-19).

El énfasis en la preocupación social también aparece en las Epístolas. Santiago en particular pone un gran énfasis en el cristianismo práctico. Consideremos por ejemplo, su definición de religión: "La religión pura y sin mancha delante de Dios el Padre es esta: visitar a los huérfanos y a las viudas en sus tribulaciones y guardarse sin mancha del mundo" (Stgo. 1:27). Habla claramente en contra de mostrar favoritismo por los ricos, un mal que sucedía incluso dentro de la misma iglesia (2:1-11). Condena que se anime verbalmente si eso no va acompañado de acciones: "Y si un hermano o una hermana están desnudos y tienen necesidad del

7. Sherwood Wirt, *The Social Conscience of the Evangelical* (New York: Harper & Row, 1968), pp. 19-26.

mantenimiento de cada día, y alguno de vosotros les dice: 'Id en paz, calentaos y saciaos', pero no les dais las cosas que son necesarias para el cuerpo, ¿de qué aprovecha? Así también la fe, si no tiene obras, está completamente muerta" (2:15-17). Juan es igualmente claro: "Pero el que tiene bienes de este mundo y ve a su hermano tener necesidad y cierra contra él su corazón, ¿cómo mora el amor de Dios en él? Hijitos míos, no amemos de palabra ni de lengua, sino de hecho y en verdad" (1 Jn. 3:17-18). El medio hermano de Jesús y el discípulo amado habían aprendido muy bien lo que Jesús había querido enseñar al decir "ama al prójimo como a ti mismo."

La preocupación social implica también condenar el pecado. Amós y otros profetas del Antiguo Testamento hablaron con mucho énfasis en contra del mal y la corrupción de su tiempo. Juan el Bautista a su vez condenó el pecado de Herodes, el gobernante de su época, aunque eso le costó su libertad (Lc. 3:19-20) y al final la vida (Mr. 6:17-29).

La iglesia tiene que mostrar preocupación y tomar medidas cada vez que ve que hay necesidades, daño o que algo no está bien. Habrá diferencias de opinión en cuanto a las estrategias y tácticas a emplear. En algunos casos, la iglesia obrará simplemente para aliviar a los heridos, o sea, para tratar las consecuencias del problema. En otras, actuará para cambiar las circunstancias que han producido el problema. Habrá ocasiones en las que la iglesia actuando colectivamente será capaz de conseguir más que los cristianos actuando de forma individual; en otras ocasiones será al contrario.[8]

La iglesia tiene mucho que hacer para mejorar. Sin embargo, a veces no es capaz de darse cuenta de lo mucho que ha conseguido ya. ¿Cuántas universidades y hospitales han fundado los grupos cristianos en Inglaterra y Estados Unidos en años pasados? Hoy en día muchas de las funciones de caridad y educativas que en su día realizaba la iglesia las realiza el estado y son sostenidas mediante impuestos pagados por cristianos y no cristianos. Pensemos también que las necesidades sociales en los países desarrollados no son tan severas como lo fueron en otros tiempos.

Muchas de las iglesias que minimizan la necesidad de regeneración sostienen que los evangélicos no han participado lo suficiente a la hora de aliviar las necesidades humanas.[9] Sin embargo, cuando se cambia el marco de referencia de una escena doméstica como son los Estados Unidos a una mundial, la imagen es bastante diferente. Porque los evangélicos, concentrando sus ministerios de medicina, agricultura y educación en países donde las necesidades son más

8. David O. Moberg, *Inasmuch: Christian Social Responsability in the Twentieth Century* (Grand Rapids: Eerdmans, 1965), pp. 81-82.

9. Robert M. Price, "A Fundamentalist Social Gospel?" *Christian Century* 96, no. 39 (November 28, 1979): 1183-86. Obsérvese la respuesta de los lectores en el vol. 97, no. 3 (January 23, 1980): 78-79.

severas han sobrepasado a sus homólogos en las denominaciones protestantes liberales en el ámbito de las misiones mundiales. Además, per cápita, los evangélicos han hecho más que las iglesias liberales y desde luego mucho más que la población general.[10]

## El corazón del ministerio de la iglesia: el evangelio

Es importante que ahora observemos atentamente al factor que da forma básica a todo lo que hace la iglesia, el elemento que está en el centro de todas sus funciones, esto es, el evangelio, la buena nueva. Al principio de su ministerio Jesús anunció que había sido ungido para predicar el evangelio; más tarde encargó a los apóstoles para que continuaran extendiendo el evangelio.

Jesús confió a los creyentes la buena nueva que había caracterizado su propia enseñanza y predicación desde el principio mismo. Es significativo que, en el libro de Marcos, la primera actividad que se recoge de Jesús después de su bautismo y tentación sea su predicación del evangelio en Galilea: "Después que Juan fue encarcelado, Jesús fue a Galilea predicando el evangelio del reino de Dios. Decía: 'El tiempo se ha cumplido y el reino de Dios se ha acercado. ¡Arrepentíos y creed en el evangelio!'" (Mr. 1:14-15). De forma similar, Lucas recoge que Jesús inauguró su ministerio en Nazaret leyendo de Isaías 61:1-2 y aplicando la profecía a sí mismo: "El Espíritu del Señor está sobre mí, por cuanto me ha ungido para dar buenas nuevas a los pobres; me ha enviado a sanar a los quebrantados de corazón, a pregonar libertad a los cautivos y vista a los ciegos, a poner en libertad a los oprimidos y a predicar el año agradable del Señor" (Lc. 4:18-19). Y cuando Juan el Bautista preguntó si Jesús era realmente el que había sido profetizado, la respuesta de Jesús incluyó como prueba el hecho de que "a los pobres es anunciado el evangelio" (Lc. 7:22). Mateo relataba el ministerio de Jesús de la siguiente manera: "Recorría Jesús todas las ciudades y aldeas, enseñando en las sinagogas de ellos, predicando el evangelio del Reino y sanando toda enfermedad y toda dolencia en el pueblo" (Mt. 9:35). Es más, Jesús vinculaba la fidelidad al evangelio muy de cerca con el compromiso con él: "Respondió Jesús y dijo: —De cierto os digo que no hay nadie que haya dejado casa, o hermanos, o hermanas, o padre, o madre, o mujer, o hijos, o tierras, por causa de mí y del evangelio, que no reciba cien veces más ahora en este tiempo: casas, hermanos, hermanas, madres, hijos y tierras, aunque con persecuciones,

10. Harold Lindsell, "The Missionary Retreat," *Christian Today*, November 9, 1971, pp. 26-27 (188-89); William Hordern, *New Directions in Theology Today*, vol. 1, *Introduction* (Philadelphia: Westminster, 1966), pp. 75-76. Ver también *Yearbook of American Churches*, ed. Herman C. Weber (New York: Round Table), 1933 ed., pp. 300-305; 1939 ed., pp. 6-17; 1941 ed., pp. 129-38. Millard J. Erickson, *The Evangelical Left: Encountering Postconservative Evangelical Theology* (Grand Rapids: Baker, 1977), pp. 11-14).

y en el siglo venidero la vida eterna" (Mr. 10:29-30). También declaró que el evangelio debe ser predicado a todas las naciones y por todo el mundo antes del fin de los tiempos (Mt. 24:13; Mr. 13:10).

La palabra clave del Antiguo Testamento que hace referencia al evangelio es el verbo בָּשַׂר *(basar)*. Tiene el sentido general de "proclamar la buena nueva." Un ejemplo lo encontramos en 1 Reyes 1:42, donde Adonías le dice a Jonatán el hijo del sacerdote Abiatar: "Entra, porque tú eres hombre valiente y traerás buenas noticias." David utiliza el verbo en 2 Samuel 4:10: "Al que me dio la noticia de que Saúl había muerto, imaginándose que traía buenas noticias, yo lo prendí y lo maté en Siclag, como pago por esa noticia." Un mensajero que venía de la batalla se creía que traía buenas noticias (2 S. 18:27). En Jeremías 20:15 el verbo se utiliza para referirse a las buenas noticias del nacimiento de un hijo.

En algunos casos, el verbo בָּשַׂר se utiliza para hablar de un mensaje que no es favorable, como en 1 Samuel 4:17, donde un mensajero anuncia la caída de Israel, la pérdida del arca, y la muerte de los hijos de Elí, Ofni y Finees, una combinación de malas noticias que dieron como resultado la muerte de Elí: este se cayó de la silla hacia atrás y se rompió la nuca. En 1 Reyes 1:42 e Isaías 52:7, así como en 2 Samuel 18:27, el adjetivo טוֹב (*tob*, "bueno") se utiliza junto con בָּשַׂר. En consecuencia, algunos estudiosos han llegado a la conclusión de que el verbo en sí mismo significa simplemente "entregar un mensaje". Esto es, se cree que es neutral en lo que se refiere a que si las noticias son positivas o negativas. Gerhard Friedrich rechaza esta conclusión, apelando a la evidencia de otras lenguas semíticas:

> Esto no es así. En todas las lenguas semíticas: en acadio, en etíope, en árabe, el sentido de "gozo" está implícito en la raíz. El concepto realista de la "palabra" en las lenguas semíticas se demuestra por el hecho de que tiene una raíz social para declarar que algo es bueno, mientras que el latín y las lenguas modernas no, y el griego, adopta un término medio formando el compuesto εὐαγγέλιον, εὐαγγελίζομαι. La adición de טוֹב en el AT sirve sólo para fortalecer algo que ya está presente en la raíz [11]

De la misma forma, las palabras clave del Nuevo Testamento que hacen referencia al evangelio, εὐαγγελίζομαι *(euangelizomai)* y εὐαγγέλιον *(euangelio)*, mediante el elemento εὐ *(eu)*, invariablemente denotan buenas nuevas.[12] De hecho, Friedrich declara categóricamente: "εὐαγγέλιον es un término técnico para "noticias de victoria."[13]

11. Gerhard Friedrich, "εὐαγγελίζομαι" in *Theological Dictionary of The New Testament*, ed Gerhard Kittel and Gerhard Friedrich, trans. Geoffrey W. Bromiley, 10 vol. (Grand Rapids: Eerdmans, 1964-76), vol. 2, p. 707.

12. Ibíd., pp. 710-12, 721-25.

13. Ibíd., p. 722.

Se ha cuestionado que Jesús utilizara el término εὐαγγέλιον (o más correctamente, su término arameo correspondiente) hablando de sí mismo. Los límites de esta obra no permiten tomar en consideración todos los argumentos que se han acumulado sobre este tema. Es suficiente observar que Jesús pensaba de sí mismo no sólo que hablaba de las buenas noticias, sino que era las buenas noticias:

> La cuestión realmente decisiva no es si el mismo Jesús utilizaba la palabra *euangelion,* sino si es una palabra adecuada a la sustancia del mensaje. No hay duda de que Jesús consideraba su mensaje de la venida del reino de Dios (Mr. 1:14), que estaba ya presente en su palabra y en sus obras, como buenas noticias... es más, él aparecía no sólo como el mensajero y autor de su mensaje, sino que al mismo tiempo era el sujeto, el mismo del cual hablaba el mensaje. Por lo tanto es bastante coherente que los primeros cristianos tomaran el término *euangelion* para describir el mensaje de salvación en conexión con la venida de Jesús.[14]

Friedrich observa que si Jesús utilizó la palabra εὐαγγέλιον de sí mismo es "una cuestión de su conciencia mesiánica. Si se dio cuenta de que era el Hijo de Dios que debía morir y resucitar de nuevo, también se dio cuenta de que él mismo era el contenido del mensaje... Lo que daba con su persona constituía el contenido del evangelio."[15]

Entre los escritores del Nuevo Testamento Pablo es el que más uso hace de los términos εὐαγγέλιον y εὐαγγελίζομαι. Es significativo que en muchas ocasiones utilice el nombre sin ningún calificativo; o sea, no hay ningún adjetivo, frase o cláusula que defina lo que se quiere decir con "el evangelio" (Ro. 1:16; 10:16; 11:28; 1 Co. 4:15; 9:14 [dos veces]; 9:23; 2 Co. 8:18; Gá. 2:5, 14; Fil. 1:5, 7, 12, 16, 27; 2:22; 4:3, 15; 1 Ts. 2:4; 2 Ti. 1:8; Flm. 13). Es obvio que εὐαγγέλιον tenía un significado lo suficientemente estandarizado como para que los lectores de Pablo supieran con precisión lo que se quería decir con "el evangelio." La palabra tiene dos sentidos básicos: la proclamación activa del mensaje y el contenido proclamado. Los dos sentidos aparecen juntos en 1 Corintios 9:14: "Así también ordenó el Señor a los que anuncian el evangelio [el contenido], que vivan del evangelio [el acto de proclamarlo]."

Parece que cuando Pablo utiliza la palabra εὐαγγέλιον como objeto directo de un verbo que indique hablar o escuchar, tiene en mente un contenido en particular, un conjunto particular de hechos. Entre los verbos de hablar que se usan junto con εὐαγγέλιον están εὐαγγελίζομαι (1 Co. 15:1; 2 Co. 11:7; Gá. 1:11), καταγγέλλω (*katangelō*, 1 Co. 9:14), κηρύσσω (*kērussō*, Gá. 2:2; Col. 1:23;

14. Ulrich Becker, "Gospel, Evangelize, Evangelist," en *The New International Dictionary of New Testament Theology*, ed. Colin Brown (Grand Rapids: Zondervan, 1976), vol. 2. p. 110.

15. Friedrich, "εὐαγγελίζομαι,Ì p. 728.

1 Ts. 2:9), λαλέω (*laleō*, 1 Ts. 2:2), γνωρίζω (*gnōrizō*, 1 Co. 15:1; Ef. 6:19), διδάσκω (*didaskō*, Gá. 1:12), y ἀνατίθημι (*anatithemi*, Gá. 2:2). Los verbos con significado de oír que se utilizan con εὐαγγέλιον incluyen ἀκούω (*akouō*, Col. 1:23), προακούω (*proakouō*, Col. 1:5), παραλαμβάνω (*paralambanō*, 1 Co. 15:1; Gá. 1:12) y δέχομαι (*dechomai*, 2 Co. 11:4).

La cuestión que se plantea es que si Pablo y sus lectores consideraban que el evangelio implicaba cierto contenido, ¿cuál era ese contenido? Aunque Pablo en ningún momento nos hace una declaración completa y detallada de los principios del evangelio, algunos pasajes son indicativos de lo que incluye. En Romanos 1:3-4 habla de que el evangelio "se refiere a su Hijo, nuestro Señor Jesucristo, que era del linaje de David según la carne, que fue declarado Hijo de Dios con poder, según el Espíritu de santidad, por su resurrección de entre los muertos." En 1 Corintios 15 Pablo recuerda a sus lectores en qué términos les había predicado el evangelio (v. 1): "Que Cristo murió por nuestros pecados, conforme a las Escrituras; que fue sepultado y que resucitó al tercer día, conforme a las Escrituras; y que apareció a Cefas, y después a los doce. Después apareció a más de quinientos hermanos a la vez...Después apareció a Jacobo y después a todos los apóstoles. Por último...a mí" (vv. 3-8). Una referencia más breve la encontramos en la exhortación de Pablo en 2 Timoteo 2:8 "Acuérdate de Jesucristo, descendiente de David, resucitado de los muertos conforme a mi evangelio."

Resumiendo: Pablo consideraba que el evangelio se centraba en Jesucristo y en lo que Dios había hecho a través de él. Los puntos esenciales del evangelio son el estatus de Jesucristo como Hijo de Dios, su humanidad genuina, su muerte por nuestros pecados, su entierro, resurrección, sus posteriores apariciones y la futura venida en juicio. Se podría decir que, para Pablo, Jesucristo *es* el evangelio. De hecho, el apóstol utiliza la expresión "el evangelio de Cristo" en varias ocasiones (Ro. 15:19; 1 Co. 9:12; 2 Co. 2:12; 9:13, 10:14; Gá. 1:7; Fil. 1:27; 1 Ts. 3:2). Friedrich sostiene que no debemos intentar determinar si se utiliza el genitivo objetivo o subjetivo en estos pasajes; hay que entender a Cristo como el objeto y el autor de este mensaje.[16] Pablo considera las verdades esenciales de este mensaje del evangelio como la realización de las promesas del Antiguo Testamento (Ro. 1:1-4; 16:25-26; 1 Co. 15:1-4). Incluso el hecho del juicio que ha de venir son buenas noticias para el creyente (Ro. 2:16), ya que Cristo será el agente del juicio. Para el creyente, el resultado del juicio será la vindicación, no la condena.

Observar aquello a lo que Pablo se opone o rechaza es otra manera de determinar algunos de los elementos básicos del evangelio. La razón por la que escribió su carta a los gálatas fue porque se habían apartado de aquello que él había predicado y de aquel en quién creían y se dirigían hacia un tipo de evangelio que en realidad no era evangelio en absoluto (Gá. 1:6-9). Algunos de los

16. Ibíd., p. 731.

gálatas habían llegado a creer que la justicia, a menos un grado de ella, se podía obtener mediante obras. Por su parte, el auténtico evangelio, argumenta Pablo, mantiene categóricamente que uno es justificado por la fe en la obra de gracia de Jesucristo en su muerte y resurrección.

A pesar de todo lo dicho hasta ahora, no debemos pensar en el evangelio como un mero recital de verdades teológicas y sucesos históricos. Más bien, relaciona estas verdades y sucesos con la situación de cada creyente individual. Por lo tanto, Jesús murió "por nuestros pecados" (1 Co. 15:3). La resurrección de Jesús tampoco es un hecho aislado; es el inicio de la resurrección general de todos los creyentes (1 Co. 15:20 en conjunción con Ro. 1:3-4). Es más, el futuro juicio nos afecta a todos. Todos seremos juzgados según nuestra actitud personal hacia el evangelio y nuestra respuesta a él: "En llama de fuego, para dar retribución a los que no conocieron a Dios ni obedecen al evangelio de nuestro Señor Jesucristo" (2 Ts. 1:8).

Para Pablo, el evangelio es esencial. Declara a la iglesia de Roma que el evangelio "es poder de Dios para salvación de todo aquel que cree, del judío primeramente y también del griego" (Ro. 1:16). Les recuerda a los corintios que "por el cual asimismo, si retenéis la palabra que os he predicado, sois salvos, si no creísteis en vano" (1 Co. 15:2). A los efesios les explica: "En él también vosotros, habiendo oído la palabra de verdad, el evangelio de vuestra salvación, y habiendo creído en él, fuisteis sellados con el Espíritu Santo de la promesa" (Ef. 1:13). Es el medio a través del cual se obtiene la vida. Le escribe a Timoteo que la gracia de Dios "ahora ha sido manifestada por la aparición de nuestro Salvador Jesucristo, el cual quitó la muerte y sacó a luz la vida y la inmortalidad por el evangelio" (2 Ti. 1:10). El evangelio trae paz y esperanza a los que creen. Así, Pablo habla del "evangelio de la paz" (Ef. 6:15) y de "la esperanza del evangelio que habéis oído" (Col. 1:23).

Convencido de que sólo el evangelio puede traer la salvación y todas sus bendiciones adicionales, Pablo insiste en que el evangelio es absoluto y exclusivo. No se le debe añadir ni quitar nada, no existe una ruta alternativa para la salvación. Ya hemos aludido al caso de ciertos judaizantes que llegaron a Galacia después de que Pablo predicara allí. Tratando de mejorar el evangelio, insistían en que los gentiles conversos se sometieran a la circuncisión, un rito que la ley del Antiguo Testamento obligaba a cumplir a los seguidores del judaísmo. Pablo se oponía vigorosamente a esto, ya que cualquier dependencia de tales obras constituía una pérdida parcial de confianza en la eficacia de la gracia. Les recordó a los gálatas que todos los que confiaban en la ley tenían que cumplirla en todos sus puntos y por eso estaban destinados al fracaso (Gá. 3:10). Los creyentes que han pasado a creer en este evangelio diferente han abandonado a aquel que les llamó (1:6). Pablo se opone tan categóricamente a cualquier esfuerzo que suponga alterar el mensaje del evangelio que declara: "Pero si aun nosotros, o un ángel del cielo, os anuncia un evangelio diferente del que os hemos anunciado, sea anatema" (v. 8). Reitera este pensamiento en el versículo siguiente: "Como antes hemos dicho, también ahora lo repito: 'Si alguien os predica un evangelio diferente del que habéis recibido, sea anatema'" (v. 9).(En griego, el verbo de la primera frase es subjuntivo, señalando hacia una situación hipotética, mientras que en la segunda está en indicativo, señalando hacia una situación real). Seguramente Pablo insistiría mucho en algo así sólo si lo considerara de suma importancia.

Sabiendo que el evangelio es el único camino para la salvación, Pablo está decidido a defenderlo. Escribe a los filipenses sobre "la defensa y confirmación del evangelio" (Fil. 1:7). Los que predican a Cristo por amor saben que Pablo estuvo en prisión por defender el evangelio (v. 16). En ambos ejemplos, la palabra griega es ἀπολογία *(apologia)*, un término legal que significa el caso de alguien que ha sido traído a juicio. Pablo estaba preparado para dar un argumento razonado del evangelio. Es de destacar que en su carta a la iglesia de Filipos Pablo hable en defensa del evangelio. Es probable que el carcelero que respondió a la presentación que hizo Pablo del evangelio y se convirtió en una persona nueva (Hch. 16:25-34) fuera miembro de esa iglesia. Habiendo sido testigo en esa misma ciudad de un terremoto que demostraba el poder salvador de Dios, ¿podría Pablo haber abandonado alguna vez el evangelio? No obstante algunas personas afirman que el evangelio no necesita defensa, que se defiende por sí mismo. Sin embargo, este razonamiento va en contra del patrón de actuación del mismo Pablo, por ejemplo, cuando habla en el areópago (Hch. 17:16-34).[17] La objeción a un enfoque apologético reside en un malentendido sobre cómo obra Dios, en no poder reconocer que para provocar la fe en el Espíritu Santo utiliza la mente y la razón humanas.

No debemos caracterizar la actividad de Pablo simplemente como una defensa del evangelio. También tuvo carácter ofensivo. Estuvo dispuesto a proclamar las buenas noticias a todas las naciones. Quiso que se estableciera por todas partes. Quiso predicarlo a los romanos (Ro. 1:15). Se sentía como obligado a esta misión: "¡Ay de mí si no anunciara el evangelio!" (1 Co. 9:16).

Este evangelio no sólo pasa por todas las barreras raciales, sociales, económicas y educativas (Ro. 1:16; Gá. 3:28), también se extiende a lo largo de los siglos. Un mensaje que no envejece (Jud. 3), es la herencia sagrada de la iglesia hoy en día. En una época en la que la mayoría de las ideas y sistemas de pensamiento, así como las técnicas y productos, son de usar y tirar, la iglesia tiene un recurso infalible y duradero, un mensaje que es el único medio de salvación. La iglesia puede mostrar la misma confianza en el evangelio que la que tuvo Pablo, porque sigue siendo el mismo evangelio; el tiempo no ha erosionado su eficacia.

17. F. F. Bruce, *The Defense of the Gospel in the New Testament* (Grand Rapids Eerdmans, 1959), pp. 37-48.

La iglesia tiene buenas noticias que ofrecer al mundo, noticias que, como ya hemos señalado anteriormente, ofrecen esperanza. A este respecto el mensaje y el ministerio de la iglesia son especiales. Porque en nuestro mundo hoy en día existe poca esperanza. Por supuesto, en distintos grados, siempre ha habido escasez de esperanza. Sofocles, en la edad dorada de Grecia unos cinco siglos antes de Cristo, escribió: "No haber nacido en absoluto, esa es sin duda la mejor de las suertes. La segunda mejor es nada más nacer y a toda velocidad regresar al lugar de donde uno procede."[18] Sin embargo, en el siglo XXI, la desesperanza ha alcanzado nuevas proporciones. El existencialismo ha producido obras literarias como *A puertas cerradas* de Jean Paul Sartre y "El mito de Sísifo" de Albert Camus. En los periódicos hay pocas noticias alentadoras ya sea en lo social, en lo económico o en lo político. En *Herzog* Saul Bellow ha capturado muy bien el espíritu de toda nuestra era: "Pero ¿cuál es la filosofía de toda esta generación? No que Dios esté muerto, ese periodo pasó hace ya mucho tiempo. Quizá debería establecerse que la muerte es Dios. Esta generación cree – y este es el pensamiento de los pensamientos – que nada fiel, vulnerable, frágil puede durar o tener auténtico poder. La muerte espera por estas cosas al igual que un suelo de cemento espera la caída de una bombilla."[19] Por el contrario, la iglesia dice con Pedro: "Bendito el Dios y Padre de nuestro Señor Jesucristo, que según su gran misericordia nos hizo renacer para una esperanza viva, por la resurrección de Jesucristo de los muertos" (1 P. 1:3). Existe esperanza, y se cumple cuando creemos y obedecemos el evangelio.

El evangelio ofrece sus bendiciones de paz, gozo y satisfacción de forma contraria a lo que esperamos. (No es de sorprender, ya que Jesús no era el tipo de Mesías que sus contemporáneos esperaban.) No obtenemos los beneficios del evangelio buscándolos directamente, porque Jesús dijo: "Todo el que quiera salvar su vida, la perderá; y todo el que pierda su vida por causa de mí y del evangelio, la salvará" (Mr. 8:35). Sólo cuando renunciamos a nuestra voluntad, a nuestra codicia, al orgullo, surgen la paz, el gozo y la satisfacción. Lo mismo se puede decir de la autoestima. Los que buscan reforzar su autoestima directamente fracasan. Porque la auténtica autoestima es un subproducto que procede de exaltar y amar a Dios.

Como el evangelio ha sido, es y será siempre el único camino para la salvación, y la única manera, la iglesia debe conservar el evangelio a toda costa. Cuando se modifica el evangelio, la vitalidad de la iglesia se pierde. La iglesia muere. Kenneth Scott Latourette señala lo que ocurrió cuando el racionalismo erosionó partes del mensaje del evangelio, y en particular la persona de Cristo:

18. Sofocles, *Oedipus at Colonus* 1224.

19. Citado en Sam Keen, "Death in a Posthuman Era," en *New Theology No. 5*, ed. Martin E. Marty and Dean G. Peerman (New York: Macmillan, 1968)

> Aquellas formas [de la iglesia] que se adaptaron tanto al entorno que sacrificaron esa identidad sin tiempo ni lugar se extinguieron con la muerte de la época, la sociedad y el clima de opinión al que se habían ajustado. El elemento central de lo distintivo de Jesús, de la fidelidad a su nacimiento, a su vida, enseñanzas, muerte y resurrección como sucesos dentro de la historia, y el creer que Dios obra a través de él para revelarse a sí mismo y para la redención de los hombres ha demostrado ser esencial para la continuidad de la vida.[20]

La verdad de las observaciones de Latourette ha sido evidente en el cristianismo del siglo XX. Los grupos que en la primera mitad del siglo abandonaron el evangelio de la regeneración sobrenatural mediante la fe en un Cristo sobrenatural y expiador no prosperaron. Es más, han entrado en declive a medida que el impulso espiritual se alejó de ellos. Los grupos evangélicos conservadores, por otra parte, han crecido. Estos grupos que han continuado predicando el evangelio que predicó Pablo, que han ofrecido una auténtica alternativa a un mundo incrédulo o secular, han sido capaces de ganar a no cristianos. Este fenómeno se ha examinado en libros como el de Dean Kelly *Why Conservative Churches Are Growing* (Por qué crecen las iglesias conservadoras).[21] El evangelio sigue siendo el poder de Dios para salvar a todo el que cree, tal como lo era en el siglo primero.

## El carácter de la iglesia

No debemos limitar nuestro estudio del papel de la iglesia a una investigación sobre qué hace la iglesia, o sea, sus funciones. La actitud o disposición con la que la iglesia realiza sus funciones también es un asunto de extrema importancia. Como la iglesia es, en su continua existencia, el cuerpo de Cristo y lleva su nombre, debería estar caracterizada por los atributos que Cristo manifestó durante su encarnación física sobre la tierra. Dos de estos atributos son cruciales para que la iglesia funcione en este mundo que cambia de manera tan veloz en nuestros días: deseo de servir y adaptabilidad.

### *Deseo de servir*

Jesús estableció que su propósito al venir no era el de ser servido, sino el de servir (Mt. 20:28). Al encarnarse tomó para sí la forma de un siervo (Fil. 2:7). "Mas aún, hallándose en la condición de hombre, se humilló a sí mismo, haciéndose obediente hasta la muerte, y muerte de cruz" (v.8). La iglesia debe

20. Kenneth Scott Latourette, *A History of the Expansion of Christianity* (New York: Harper & Brothers, 1945), vol. 7, p. 492.

21. Dean M. Kelly, *Why Conservative Churches Are Growing* (New York: Harper & Row, 1977).

mostrar la misma disposición a servir. Ha sido puesta en el mundo para servir a su Señor y al mundo, no para ser exaltada y para que se satisfagan sus propias necesidades y deseos. Aunque la iglesia puede alcanzar un gran tamaño, riqueza y prestigio, ese no es su propósito.

Jesús no se asoció con la gente por lo que pudieran hacer por él. Si lo hubiera hecho, nunca habría ido a casa de Zaqueo, ni habría entablado conversación con la mujer samaritana, tampoco habría permitido que la mujer pecadora le lavase los pies en la casa de Simón el fariseo. Estos serían actos que un moderno director de campaña o un relaciones públicas experto desaprobaría sin duda, porque no serían útiles para que Jesús ganase prestigio o una publicidad favorable. Pero a Jesús no le interesaba explotar a la gente. De la misma manera, la iglesia de hoy no determinará su actividad basándose en lo que la hará prosperar y crecer. Más bien, tratará de seguir el ejemplo de servicio del Señor. Estará dispuesta a ir a los indeseables y a los indefensos, esos que no harán nada a cambio por la iglesia. Un auténtico representante de la iglesia estará dispuesto a dar su vida, si es necesario, por su ministerio.

La voluntad de servir significa que la iglesia no tratará de dominar a la sociedad para sus propósitos. La cuestión de la relación de la iglesia y el estado ha tenido una historia larga y compleja. Las Escrituras nos cuentan que el estado, como la iglesia, es una institución creada por Dios con un propósito específico (Ro. 13:1-7; 1 P. 2:13-17). Se han ideado y puesto en práctica muchos modelos de relaciones iglesia-estado. Algunos de estos modelos implicaban una alianza tan íntima entre ambos que el poder del estado casi obligaba a pertenecer a la iglesia y a participar en ciertas prácticas religiosas. Pero en tales casos la iglesia estaba actuando como un amo y no como un siervo. Se estaba persiguiendo el objetivo correcto, pero de la manera equivocada (como hubiera sucedido si Jesús hubiera sucumbido a la tentación de arrodillarse y adorar a Satanás a cambio de todos los reinos del mundo). Esto no quiere decir que la iglesia no deba recibir los beneficios que el estado proporciona para todos dentro de su ámbito, ni que la iglesia no deba dirigirse al estado para temas en los que haya que aprobar algún tipo de legislación. Pero no tiene que tratar de utilizar la fuerza política para forzar la consecución de fines espirituales.

### Adaptabilidad

La iglesia debe también ser versátil y flexible a la hora de ajustar su metodología y procedimientos en las situaciones cambiantes que se producen en el mundo en que se encuentra. Debe ir donde se encuentran las personas necesitadas, incluso si esto implica un cambio geográfico o cultural. No debe anclarse en las antiguas formas de trabajar. Como el mundo en el que está intentando ministrar cambia, la iglesia tendrá que adaptar su ministerio de forma acorde a ello, pero sin alterar su dirección básica.

Cuando la iglesia se adapta, está emulando al Señor, que no dudó en venir a la tierra a redimir a la humanidad. Al hacerlo, adoptó las condiciones de la raza humana (Fil. 2:5-8). De la misma manera, el cuerpo de Cristo conservará el mensaje básico que le ha sido confiado, y continuará cumpliendo las funciones principales de su tarea, pero realizará todos los cambios legítimos necesarios para llevar a cabo los propósitos de su Señor. La iglesia estereotípica – una congregación rural dirigida por un ministro y compuesta por un grupo de familias nucleares que se reúnen a las once de la mañana los domingos en un pequeño edificio blanco con campanario – todavía existe en algunos lugares. Pero es la excepción. Las circunstancias ahora son muy diferentes en la mayor parte del mundo. Sin embargo, si la iglesia tiene un sentido de misión como el de su Señor, encontrarán la manera de llegar a la gente estén donde estén.

# 52. El gobierno de la iglesia

## Objetivos del capítulo

Después de estudiar este capítulo, debería ser capaz de:

- Identificar y evaluar la forma episcopal de gobierno de la iglesia.
- Identificar y evaluar la forma presbiteriana de gobierno de la iglesia.
- Identificar y evaluar la forma congregacional de gobierno de la iglesia.
- Reconocer y evaluar una forma no gubernamental de iglesia, que tiene la menor estructura posible.
- Diseñar un gobierno de iglesia basado en las Escrituras que incorpore los mejores elementos de las formas de gobierno de iglesia mencionadas anteriormente.

## Resumen del capítulo

A medida que la iglesia ha ido evolucionando han ido apareciendo distintas formas de gobierno. Las cuatro formas básicas son: la episcopal, la presbiteriana, la congregacional y la no gubernamental. Aunque la episcopal y la presbiteriana mantienen cargos de autoridad dentro de su estructura, estos son diferentes en cuanto al número de personas que realizan ese mismo oficio. En una iglesia congregacional, la congregación es la autoridad gubernativa. En una iglesia no gubernamental se dice que la forma de gobierno es la autoridad del Espíritu Santo. Teniendo en cuenta que la mayoría de las democracias nacionales son formas representativas de democracia, los modelos de gobierno presbiteriano y congregacional parecen funcionar mejor y de forma más eficaz en la iglesia local.

## Cuestiones de estudio

1. ¿Qué importancia tiene el puesto de obispo en la forma de gobierno episcopal, y cómo se formó en la iglesia católico romana?

2. ¿Qué apoyo se puede encontrar en las Escrituras para la forma de gobierno de la iglesia presbiteriana?
3. ¿Cómo se relacionan las iglesias congregacionales unas con otras?
4. ¿Por qué los cuáqueros y las Asambleas de hermanos escogen minimizar la estructura de sus iglesias?
5. ¿Cómo respondería si una congregación nueva le pidiera consejo sobre la forma de gobierno de iglesia que debería escoger?

Formas de gobierno de la iglesia
- Episcopal
- Presbiteriano
- Congregacional
- No gobierno

Construyendo un sistema de gobierno de iglesia para hoy

El movimiento ecuménico ha planteado la cuestión de la organización o gobierno de la iglesia con especial claridad en el siglo veinte. La comunión cercana y la cooperación requieren cierto acuerdo sobre la autoridad. Si, por ejemplo, un ministro que pertenece a una denominación va a predicar y a oficiar la cena del Señor en otra, debe haber cierto acuerdo sobre quién es un ministro ordenado adecuadamente, lo cual a su vez supone estar de acuerdo en quién tiene poder para ordenar. La cuestión del gobierno de la iglesia es al final un asunto de saber dónde reside la autoridad dentro de la iglesia y quién debe ejercerla. Aunque los defensores de las distintas formas de gobierno de la iglesia están de acuerdo en que Dios es (o tiene) la última autoridad, se diferencian en sus conceptos de cómo o a través de quién la expresa o la ejercita.

## Formas de gobierno de la iglesia

A lo largo de la historia ha habido varias formas básicas de gobierno de la iglesia. Nuestro estudio empezará con las más estructuradas y acabará con las menos. Después de examinar detenidamente estas formas básicas, intentaremos determinar si una es más adecuada que las demás.

### *Episcopal*

En la forma episcopal de gobierno de la iglesia, la autoridad reside en el obispo ( ἐπίσκοπος—*episcopos*). Hay varios grados de episcopalía, es decir, el número niveles de obispos varía. La forma más simple de gobierno episcopal la encontramos en la iglesia metodista, que sólo tiene un nivel de obispos. Un poco más desarrollada es la estructura gubernamental de la iglesia anglicana o episcopal, mientras que la iglesia católico romana es la que tiene el sistema jerárquico más complejo con la autoridad representada de forma especial en el supremo pontífice, el obispo de Roma, el papa. Lo distintivo del sistema episcopal es que la autoridad se fija en un oficio en particular, que es el del obispo.

Inherente a la estructura episcopal está la idea de los diferentes niveles de ministerio o los diferentes grados de ordenación.[1] El primer nivel es el del ministro normal o sacerdote. En algunas iglesia hay pasos o divisiones dentro de este primer nivel, por ejemplo, diácono y anciano. El clérigo en este nivel está autorizado a realizar todos los deberes básicos asociados al ministerio, o sea, predicar y administrar sacramentos. Sin embargo, más allá de este nivel, un segundo nivel de ordenación convierte al individuo en obispo y le confiere ciertos poderes especiales.

El obispo es la clave para el funcionamiento del gobierno de la iglesia. Algunos hasta llegarían a decir que el obispado es la esencia misma de la iglesia: la iglesia no puede existir sin él.[2] Es más, algunos incluso dirían que el obispado *es* la iglesia. Entre los que afirman que el obispado es necesario para que exista la iglesia están los católicos romanos y los anglo-católicos (o los anglicanos de la iglesia alta). Otros, como los anglicanos de la iglesia baja, ven el sistema de los obispos como una más de las formas de gobierno de la iglesia con base en las Escrituras.[3] Sin embargo, consideran el obispado como el mejor sistema para realizar la obra del reino. Es deseable y quizá incluso necesario para el bienestar, no para la existencia de la iglesia. Por lo tanto, los poderes del obispo son considerables, aunque no son absolutos. Finalmente, hay iglesias que mantienen el oficio de obispo, pero con poderes muy disminuidos. A lo largo de la historia de la iglesia metodista, por ejemplo, la cantidad de poder concedida a los obispos ha variado.[4]

El papel de los obispos es ejercer el poder con el que han sido investidos. Su autoridad trasciende la de los ministros ordinarios. En particular como representantes y pastores de Dios gobiernan y cuidan un grupo de iglesias en lugar de ocuparse únicamente de una congregación local.[5]

Un poder particular del obispo es la ordenación de ministros o de sacerdotes. Al imponer las manos sobre el candidato para la ordenación, el obispo confiere al candidato los poderes que van unidos al ministerio. El obispo también tiene autoridad para colocar al pastor en el puesto que desee. En teoría, es un poder

1. Leon Morris, "Church Nature and Government of (Episcopalian View)," in *Encyclopedia of Christianity*, ed Gary G. Cohen (Marshalltown, Del.: National Foundation for Christian Education, 1968), vol. 2, p. 483.

2. A. G. Hebert, *The Form of the Church* (London: Faber & Faber, 1944), pp. 109-23.

3. Morris, *Encyclopedia of Christianity*, vol. 2, p. 485.

4. Gerald F. Modede, *The Office of Bishop in Methodism: Its History and Development* (Nashville: Abingdon, 1946).

5. Leon Morris, "Church Government," in *Baker's Dictionary of Theology*, ed. Everett F. Harrison (Grand Rapids: Baker, 1960), p. 126.

absoluto para enviar al pastor a una parroquia en particular. Sin embargo, en la práctica, el obispado en los últimos años se ha democratizado bastante, el obispo o sus representantes suelen consultar a la congregación local sobre sus deseos e incluso a veces permiten que la congregación tome bastante iniciativa en el asunto. Esto suele ser más característico de la Iglesia metodista que de la católica romana. El obispo también tiene la responsabilidad de conservar la fe verdadera y el orden adecuado dentro de un área geográfica ejerciendo la disciplina.

Visto como el canal principal a través del cual Dios expresa su autoridad sobre la tierra, los obispos en el pasado han ejercido amplias responsabilidades en asuntos temporales. En algunas formas de obispado, son considerados los príncipes de la iglesia o incluso, como ya hemos sugerido, la iglesia misma. Algunas denominaciones consideran a los obispos como los sucesores de los apóstoles. Mediante la imposición de manos en la ceremonia de la ordenación, la autoridad de los apóstoles se ha ido transmitiendo a través de la historia hasta llegar a los obispos de hoy en día. Según esta teoría, que se conoce como teoría apostólica de la sucesión, los obispos modernos tienen la autoridad que tenían los apóstoles, y que tenían porque la habían recibido a su vez de Cristo.[6]

En este esquema existe muy poca distinción entre la iglesia visible y la invisible. Los obispos definen la iglesia. No son elegidos desde abajo sino desde arriba. Un obispo es obispo porque ha sido elegido por alguien que está a un nivel más alto (como un arzobispo) o por otros obispos. En aquellos casos en los que las personas que tienen que guiar o dirigir la iglesia son elegidos por gente de un nivel inferior, es cuestionable que exista realmente un obispado, incluso aunque se le llame de esa manera.

La forma de gobierno episcopal más desarrollada es la que encontramos en la iglesia católica romana.[7] Aquí el obispo de Roma surge como el obispo supremo y pasa a ser denominado papa o padre de toda la iglesia. Gobierna por medio de los arzobispos que supervisan zonas amplias. Por debajo de ellos están los obispos, ante quien son responsables los sacerdotes.

Hasta el Concilio Vaticano I (1869-70), se consideraba que el papa tenía autoridad suprema, pero sólo cuando actuaba en concierto con los demás obispos. Sin embargo, en ese concilio se decidió que tenía autoridad suprema y prácticamente ilimitada por sí mismo. Porque el Vaticano I declaró que cuando el papa habla *ex cathedra* (con su capacidad oficial) en materia de fe y práctica es infalible.[8] Sin embargo, el carácter exacto de su autoridad nunca se definió completamente, porque inmediatamente después de que se tomara la decisión, estalló la guerra

6. Kenneth E. Kirk, "The Apostolic Ministry," en *The Apostolic Ministry,* ed. Kenneth E. Kirk (London: Hodder & Stoughton, 1946), p. 43.

7. Ludwig Ott, *Fundamentals of Church Dogma*, ed. James Canon Bastible (St Louis: B. Herder, 1960), pp. 270-93).

8. Ibíd., pp. 286-87.

franco-prusiana y el concilio tuvo que suspenderse antes de poder desarrollar el tema de la infalibilidad. En cierto sentido, Vaticano II (1962-65) fue un intento de retomar y completar lo que no se había terminado en el Vaticano I.

Hay una diferencia considerable de opinión sobre cuando el papa está hablando *ex cathedra*, y cuántas de tales declaraciones ha habido en la historia de la iglesia. El papa normalmente no suele preceder un decreto declarando: "Voy a hacer un pronunciamiento *ex cathedra*." Al ser líderes sabios y cuidadosos, los papas han sido cautos a la hora de identificar sus declaraciones oficiales como *ex cathedra*, ya que, una vez hechos, tales pronunciamientos son irrevocables e inalterables.

En la práctica, el papa ejerce su autoridad a través de los obispos. Aunque pueden actuar de forma independiente, el hecho es que han recibido sus poderes de él. Él es la fuente absoluta y última de autoridad dentro de la iglesia. La autoridad surge de arriba y fluye hacia abajo. No obstante, existe una limitación en el oficio y poder del papa. No puede nombrar sucesor; el nuevo papa es elegido por el Colegio cardenalicio. Sin embargo, es el papa el que ha nombrado a estos cardenales, y los nuevos papas son elegidos entre ellos. Así que lo que los papas hacen, en cierto sentido, participa en la determinación de quiénes serán sus sucesores.

Se han presentado varios argumentos en apoyo a la forma episcopal de gobierno. El argumento suele empezar con una declaración de que Cristo es el fundador de la iglesia.[9] Le proporcionó una estructura gubernamental con autoridad. Porque inmediatamente después de afirmar que toda potestad del cielo y de la tierra era suya (Mt. 28:18), envió a los once apóstoles con esa autoridad (vv. 19-20; Hch. 1:8). Por lo que nosotros sabemos, los apóstoles fueron los únicos líderes a los que Jesús nombró. Se podría concluir que fueron las únicas personas en el Nuevo Testamento con derecho a ejercer la supervisión o la autoridad eclesiástica (ἐξουσία—*exousia*).[10] Sin embargo, encontramos evidencias de que empiezan a delegar su autoridad en otros, son de destacar Timoteo y Tito. Además, es evidente que los apóstoles *nombraron* ancianos o dirigentes en las iglesias locales. Cuando Pablo y Bernabé viajaron por Galacia, fortaleciendo y animando a las iglesias que habían previamente establecido: "Constituyeron ancianos en cada iglesia y, después de orar y de ayunar, los encomendaron al Señor en quien habían creído" (Hch. 14:23). Incluso aunque no está claro que el proceso de selección lo llevaran a cabo los apóstoles, sí fueron ellos los que hicieron el acto de ordenación. Cuando la iglesia de Jerusalén escogió siete hombres "de buen testimonio, llenos del Espíritu Santo y de sabiduría" para que

9. Edward J. Grastch, "The Development of Ecclesiology," en *Principles of Catholic Theology*, ed. Edward J. Grastch (New York: Alba House, 1980). pp. 157-60.

10. A. M. Farrer, "The Ministry in the New Testament," en *The Apostolic Ministry*, pp. 113-82.

ayudaran en el trabajo, "A estos presentaron ante los apóstoles, quienes, orando, les impusieron las manos" (Hch. 6:3, 6).

Un segundo argumento es la posición que ocupaba Santiago dentro de la iglesia de Jerusalén. Su autoridad era similar a la que posteriormente tendrían los obispos. Aquí está pues el precedente del sistema episcopal.[11]

Finalmente, está el argumento histórico de que existe una línea de sucesión directa entre los obispos de ahora y los apóstoles. Se mantiene que mediante el proceso de la ordenación la autoridad de los apóstoles ha pasado a los obispos de hoy.[12]

Hay también varias objeciones a la forma episcopal de gobierno. Una es que el sistema está demasiado formalizado. Se tiende a dar más importancia a los puestos que a las personas que los ocupan. En el Nuevo Testamento, la autoridad era concedida sólo a aquellos que demostraban una doctrina sana y estaban cualificados espiritualmente. Pablo advirtió a los corintios sobre ciertas personas que afirmaban obrar con la misma autoridad que él: "porque estos son falsos apóstoles, obreros fraudulentos, que se disfrazan de apóstoles de Cristo." (2 Co. 11:13). Pablo también previno a los gálatas en contra de los falsos maestros, pronunciando anatema sobre cualquiera, incluso los ángeles del cielo, que predicase algo diferente a lo que él les había predicado (Gá. 1:8-9). Lo que una persona cree, hace y dice es mucho más importante que cualquier posición que pueda mantener. De hecho, esto último debería venir determinado por lo primero y no lo primero por lo último.[13]

También se excluye la teoría de la sucesión apostólica. El relato histórico como mucho resulta un tanto flojo y ambiguo. Además no hay evidencia expresa de que nadie tuviese el poder de ordenar, aunque se cuenta de varias personas que imponían sus manos sobre otras. Tampoco existe ninguna descripción en las Escrituras sobre ningún gobierno muy desarrollado, o ningún relato que hable sobre un mandamiento para conservar o perpetuar una forma particular de gobierno. Además, hay escasa evidencia de que exista diferencia de autoridad entre obispos y ancianos. Por ejemplo mientras que Hechos 6:6 habla de que los apóstoles impusieron las manos a los siete en Jerusalén, Timoteo recibió su don cuando los ancianos impusieron sus manos sobre él (1 Ti. 4:14). Los datos bíblicos aquí simplemente no son tan claros o inequívocos como desearíamos.[14]

Además, los defensores de la forma episcopal de gobierno de la iglesia prestan una atención insuficiente al ejercicio directo del señorío de Cristo sobre la iglesia. Él colocó a Pablo sin ningún intermediario; no había ningún otro apóstol im-

11. Ibíd., p. 181.

12. Ott, *Catholic Dogma*, pp. 282-85.

13. Herbert, *Form of the Church*, p. 110.

14. S. L. Greenslade, "The Ministry in the Early Church," en *The Ministry of the Church* (London: Canterbury, 1947), pp. 55-61.

plicado. Pablo se sirvió mucho de este argumento para justificar su apostolado (Gá. 1:15-17). Entonces, si Pablo recibió su oficio directamente de Dios, ¿no lo podrían recibir también otros? En otras palabras, por lo menos en este caso, la autoridad apostólica no parece provenir de una autoridad apostólica previa.[15]

### *Presbiteriano*

El sistema presbiteriano de gobierno coloca la autoridad principal en un oficio particular también, pero pone menos énfasis en el oficio individual y el que lo ejerce que en una serie de cuerpos representativos que ejercen la autoridad. La persona clave en la estructura presbiteriana es el presbítero o anciano,[16] una posición que tiene su contexto en la sinagoga judía. En los tiempos del Antiguo Testamento, los ancianos eran personas que tenían papeles y capacidades de gobierno y dirección. Ejercían la autoridad por razón de su edad y experiencia. También encontramos ancianos en las iglesias del Nuevo Testamento. En Hechos 11:30 leemos de los ancianos de la congregación de Jerusalén: los hermanos de Antioquía enviaron socorro a los creyentes de Jerusalén, "enviándolo a los ancianos por mano de Bernabé y de Saulo." Ya hemos observado que Pablo y Bernabé constituyeron ancianos en todas las iglesias (Hch. 14:23). Pablo hizo llamar a los ancianos de Éfeso y de Mileto y se dirigió a ellos (Hch. 20:17). Las epístolas pastorales también hacen mención a los ancianos. Algunos de los defensores de la forma de gobierno presbiteriana mantienen que los términos *anciano* y *obispo* son intercambiables, y que por tanto el término ἐπίσκοπος *(episkopos)* en pasajes como 1 Timoteo 3:1-2 y Tito 1:7 se tiene que entender que hace referencia a los ancianos. Sin embargo, debería señalarse que el término presbítero (πρεσβύτερος—*presbuteros*) normalmente aparece en plural, sugiriendo que la autoridad de los ancianos es colectiva y no individual.

Parece que en los tiempos del Nuevo Testamento la gente escogía a sus ancianos, hombres a los que consideraba particularmente cualificados para dirigir la iglesia. Esta práctica parece ser coherente con su manera de ocupar los demás puestos. Toda la congregación eligió como candidatos a Barsabás y a Matías para reemplazar a Judas entre los apóstoles, la elección final se hizo echándolo a suertes (Hch. 1:23-26). El grupo orando pidió que Dios utilizase el echar a suertes para revelar quién era el hombre que él ya había elegido. De forma similar, todo el cuerpo de creyentes de Jerusalén escogió a los siete hombres "llenos del Espíritu Santo y de sabiduría" para ayudar a los apóstoles (Hch. 6:3). A este respecto, el procedimiento del Nuevo Testamento era bastante diferente de la selección de ancianos de la sinagoga, que básicamente era una asunto de quién era más anciano.

15. Morris, "Church Government," pp. 126-27.

16. R. Laird Harris, "Church, Nature and Government of (Presbyterian View),Î in *Encyclopedia of Christianity*, vol. 2, pp. 490-92.

Al seleccionar a los ancianos para dirigir la iglesia, la gente era consciente de confirmar, mediante un acto externo, lo que el Señor ya había hecho. La iglesia estaba ejercitando de parte de Cristo el poder o autoridad que él había delegado en ella. Que Dios escoge a los líderes de su iglesia se indica en varios lugares del Nuevo Testamento. En Hechos 20:28 Pablo urge a los ancianos de Éfeso: "Por tanto, mirad por vosotros y por todo el rebaño en que el Espíritu Santo os ha puesto por obispos [εηπισκοποι] para apacentar la iglesia del Señor, la cual él ganó por su propia sangre." Escribe a los corintios: "Y a unos puso Dios en la iglesia, primeramente apóstoles, luego profetas, lo tercero maestros, luego los que hacen milagros, después los que sanan, los que ayudan, los que administran, los que tienen don de lenguas" (1 Co. 12:28). Asumimos que los oficios de obispo y anciano están implícitos en esta lista. Otras indicaciones de que Dios escoge a los que realizan los oficios en su iglesia son Mateo 16:19; Juan 20:22-23 y Efesios 4:11-12.

Se tiene que entender que la autoridad de Cristo se dispensó a los creyentes individuales y ellos la delegaron a los ancianos que los representan. Una vez elegidos, los ancianos actúan en función o en lugar de los creyentes individuales. Por lo tanto, es a nivel de los ancianos que la autoridad divina funciona realmente dentro de la iglesia.[17]

Esta autoridad es ejercida en una serie de asambleas de gobierno. A nivel de iglesia local, la sesión (presbiteriana)[18] o el consistorio (reformada)[19] es el grupo de toma de decisiones. Todas las iglesias de una zona son gobernadas por el presbiterio (presbiteriana) o clasis (reformada) que está formado por un anciano no ministro y un ministro de cada consistorio (reformada) o por un anciano no ministro de cada sesión y todos los ministros del área (presbiteriana). La siguiente agrupación es el sínodo, formado por igual número de ancianos no ministros y de clérigos escogidos por cada presbiterio o clasis. En su nivel más alto, la iglesia presbiteriana tiene también una Asamblea general, compuesta una vez más por no ministros y por clérigos que representan a los presbiterios. Fíjese que en el proceso se deja de lado a los sínodos; no escogen representantes para la Asamblea general.[20] Las decisiones son tomadas por el cuerpo de gobierno en cada nivel. Estas decisiones están sujetas al visto bueno y revisión del nivel superior siguiente. En este proceso no se trata tanto de producir o legislar la acción como tal, particularmente en los contextos conservadores, como de interpretar y aplicar las enseñanzas explícitas de Cristo y las directrices de la iglesia.

17. *The Constitution of the United Presbyterian Church in the United States of America* (Philadelphia: Office of the General Assembly of the United Presbyterian Church in the United States of America, 1967), vol. 2, *Book of Order,* chapter 9.

18. Ibid., chapter 11.

19. Louis Berkhof, *Systematic Theology* (Grand Rapids: Eerdmans, 1953), pp.588-89.

20. Park Hays Miller, *Why I Am a Presbyterian* (New York: Thomas Nelson, 1956), pp. 77ss

Las prerrogativas de cada uno de los cuerpos gubernativos se explican en la constitución de la denominación. Por ejemplo, la sesión de cada iglesia local escoge a su pastor. Sin embargo, el presbiterio debe confirmar esta elección. El presbiterio también conserva la escritura de la propiedad que utiliza la congregación local, aunque esta política está siendo modificada de alguna manera por algunos casos legales recientes. Ningún grupo tiene autoridad sobre los grupos de su mismo nivel. Por ejemplo, ningún presbiterio tiene autoridad sobre otro presbiterio. Sin embargo, puede que se pida la actuación de un sínodo cuando dos presbiterios en disputa pertenecen a un mismo sínodo; si no, se puede pedir la actuación de la Asamblea general. De la misma manera, una sesión que no está de acuerdo con otra dentro de su mismo presbiterio puede plantear su caso ante el presbiterio.

El sistema presbiteriano se diferencia del episcopal en que hay un único nivel de clerecía.[21] Sólo está el anciano que enseña o pastor. No existen niveles superiores, como el obispo. Por supuesto, ciertas personas son elegidas para puestos administrativos dentro de las asambleas dirigentes. Son elegidas (desde abajo) para presidir o supervisar, y generalmente tienen un título como oficial administrativo del presbiterio. No hay obispos, ya que no hay una ordenación especial para tal oficio. No hay autoridad especial vinculada al oficio. El único poder que tienen estas personas es un poder ejecutivo para llevar a cabo las decisiones del grupo que los eligió. Por tanto la autoridad pertenece al cuerpo elector, no al oficio o a los que lo ocupan. Es más, existe una duración de servicio limitada, de manera que la ocupación del puesto depende de la intención continuada y de la voluntad del cuerpo.

En el sistema presbiteriano, hay una coordinación deliberada entre clérigos y laicos. Los dos grupos se incluyen en todas las asambleas de gobierno. Ninguno tiene poderes o derechos especiales de los que carezca el otro. Sin embargo, se hace una distinción entre los ancianos dirigentes (laicos) y los ancianos que enseñan (clérigos). Esta distinción no era tan clara en los tiempos bíblicos. Porque mientras que la mayoría de la enseñanza (el trabajo de los clérigos) era realizado por los apóstoles, los profetas y los evangelistas, algo lo hacían los ancianos dirigentes, como se indica en 1 Timoteo 5:17: "Los ancianos que gobiernan bien, sean tenidos por dignos de doble honor, mayormente los que trabajan en predicar y enseñar." Aunque este versículo indica que los ancianos dirigentes se implicaban en la enseñanza, también sugiere que ya se producía cierta especialización. Como los apóstoles gradualmente habían ido desapareciendo de la escena y habían ido apareciendo interpretaciones heréticas, iba creciendo la necesidad de una enseñanza con autoridad. Por tanto, apareció el oficio de anciano que

21. Charles Hodge, *The Church and Its Polity* (London: Thomas Nelson & Sons, 1879), p. 119.

enseña. Ciertas personas fueron liberadas de otras actividades para que pudieran prestar toda su atención y energía a la correcta interpretación y enseñanza del significado de la Palabra.

Los defensores de la forma presbiteriana de gobierno de la iglesia hacen una fuerte defensa de esta forma de gobierno. Su argumento comienza con la observación de que la sinagoga judía estaba dirigida por un grupo de ancianos y que la iglesia cristiana, al menos en sus inicios, funcionó dentro de la sinagoga. Su gente evangelizó allí y evidentemente organizó sus asambleas de forma similar. Aparentemente había una especie de consejo de gobierno o comité. Pablo suplica a los tesalonicenses: "Os rogamos, hermanos, que reconozcáis a los que trabajan entre vosotros y os presiden en el Señor y os amonestan" ( 1 Ts. 5:12). El escritor de Hebreos exhorta a sus lectores: "Obedeced a vuestros pastores y sujetaos a ellos, porque ellos velan por vuestras almas como quienes han de dar cuenta" (He. 13:17). La decisión del concilio de Jerusalén (Hch. 15) es un ejemplo de este tipo de gobierno de iglesia en acción.[22]

Es más, el sistema presbiteriano de gobierno conserva varios principios esenciales de gobierno del Nuevo Testamento. Uno de ellos es el señorío de Cristo. En el sistema presbiteriano, su voluntad y su Palabra son el estándar último por el que la iglesia determina sus acciones. Segundo, se conserva el principio de participación del pueblo. Tienen acceso directo a Dios y derecho a expresar sus opiniones personales. Tercero, el sistema presbiteriano mantiene el concepto de corporativo: cada individuo forma parte del cuerpo. Finalmente, el poder de la iglesia local reside en un grupo, los ancianos, no en un ministro o anciano que recibe su autoridad de un obispo.[23]

Las objeciones críticas proceden especialmente de aquellos que defienden un tipo de gobierno de iglesia más individualista o congregacional. Están en contra de que el sistema presbiteriano esté basado en una jerarquía de cuerpos gobernantes para la que hay poco o ningún apoyo en las Escrituras.[24] Además, rechazan que el gobierno presbiteriano no conceda a cada uno de los creyentes un puesto adecuado en el gobierno de la iglesia. Aunque el presbiterio y la sesión son en teoría siervos y representantes de los creyentes individuales, muy bien pueden asumir papeles directivos. Muchas decisiones que podrían ser delegadas a los miembros de la iglesia en su conjunto no lo son. Por tanto, aunque intentan representar y llevar a cabo la autoridad de los creyentes individuales, la estructura presbiteriana de gobierno de la iglesia en ocasiones usurpa esa autoridad.[25]

22. Harris, *Encyclopedia of Christianity*, vol. 2, p. 492.
23. Ibid., p. 495; Berkhof, *Systematic Theology*, pp. 581-84.
24. Franz Pieper, *Christian Dogmatics* (St. Louis: Concordia, 1953), vol.3, p. 421.
25. Ibid., p. 431.

### Congregacional

Una tercera forma de gobierno de la iglesia resalta el papel del cristiano individual y hace que la congregación local sea el lugar donde se haya la autoridad. Dos conceptos son básicos en el esquema congregacional: la autonomía y la democracia. Por autonomía queremos decir que la congregación local es independiente y se autogobierna.[26] No existe poder externo que pueda dictar la acción de la iglesia local. Por democracia queremos decir que cada miembro de la congregación local tiene voz en sus asuntos. Son los miembros individuales de la congregación los que poseen y ejercitan la autoridad. La autoridad no es la prerrogativa de un único individuo o de un grupo selecto. Ni una estructura monárquica (episcopal), ni una oligárquica (presbiteriana) ocupa el puesto de los individuos. Un sentido secundario del principio de democracia en el sistema congregacional es que las decisiones dentro de las asociaciones intereclesiales se llevan a cabo mediante representantes. Entre las principales denominaciones que practican la forma de gobierno congregacional están los Bautistas, los Congregacionalistas y la mayoría de los grupos luteranos.

Es necesario examinar los principios de autonomía y democracia más detenidamente. Se cree que el principio de autonomía refleja la posición básica del gobierno de la iglesia del Nuevo Testamento. En Hechos y en las Epístolas el enfoque principal es la iglesia local. No existe referencia alguna a estructuras superiores o más allá de ella, no hay órdenes de hacer uniones de ningún tipo entre iglesias.[27] No encontramos ningún ejemplo de control sobre ninguna iglesia local por parte de organizaciones externas o individuos. Los apóstoles hacen recomendaciones y dan consejos, pero no ejercen ningún tipo de control real o de dirección. Incluso Pablo tiene que argumentar a favor de su autoridad apostólica y suplicar a sus lectores que sigan sus enseñanzas (Gá. 1:11-24).

El principio de autonomía significa que cada iglesia local se gobierna a sí misma. Cada congregación elige a su propio pastor y determina cuál será su presupuesto. Compra y posee propiedades independientemente de cualquier autoridad externa.[28] Aunque puede pedir consejo a otras iglesias y consejos denominacionales, no está obligada a seguirlos, y sus decisiones no requieren la ratificación o aprobación externa.

Una congregación puede realizar afiliaciones corporativas, pero son de naturaleza estrictamente voluntaria. Tales afiliaciones, en general, son deseables por varias razones. Primero, muestran de forma visible la unidad presente dentro de la iglesia universal o invisible. Segundo, proporcionan y promueven la comunión

26. Ibid., p. 475.
27. Ibid., p. 421.
28. Edward T. Hiscox, *The New Directory for Baptist Churches* (Philadelphia: Judson, 1894), pp 153-59).

cristiana de forma más amplia de lo que es posible en una única congregación. Además, permiten el servicio y el ministerio de una forma más eficaz que en la iglesia local sola. Las misiones, el establecimiento de nuevas congregaciones y las actividades para jóvenes (por ejemplo, los campamentos) están entre las cosas que son más fáciles de hacer a gran escala. Las razones para tales afiliaciones, por tanto, son principalmente pragmáticas. Unirse a tales grupos y aceptar sus decisiones es voluntario para la iglesia local. Es más, la congregación local puede concluir la relación en el momento que lo desee. Las asociaciones, convenciones o conferencias formadas por iglesias locales deben funcionar de forma democrática. Ninguna iglesia, grupo de iglesias o individuos puede dominar, controlar o mandar a los demás. Se vota de forma representativa, normalmente en proporción al tamaño de las iglesias individuales implicadas. Como en la forma presbiteriana de gobierno, cualquier líder que esté implicado es ahora siervo, no señor, de la iglesia y de sus miembros. Sirven mediante la voluntad de los miembros de las congregaciones locales y por periodos específicos limitados. Tienen títulos como secretario ejecutivo, pero en ningún sentido son obispos.

Hay un punto en el que la autonomía de la congregación local debe ser calificada. Cuando una congregación acepta subsidios financieros de una comunión de iglesias más grande, la asociación o convención deseará estar informada de todas las acciones del cuerpo local, y puede que incluso establezca algunas directrices y restricciones que esta deba conocer. (Esto no debe sorprender, porque para obtener un préstamo o una hipoteca de un banco hay que asumir ciertas obligaciones y restricciones.) Sin embargo, debería tenerse en cuenta que las restricciones se asumen voluntariamente; la congregación no ha sido obligada a aceptar la ayuda.

El concepto de democracia significa que la autoridad dentro de la congregación local recae en los miembros individuales. Aquí se da mucha importancia al sacerdocio de todos los creyentes. Se cree que este principio se abandonaría si se hiciese que la toma de decisiones fuese un privilegio de los obispos o los ancianos. La obra de Cristo ha hecho que tales gobernantes sean innecesarios, porque ahora todos los creyentes tiene acceso al Lugar Santísimo y pueden acercarse directamente a Dios. Es más, como Pablo nos recuerda, cada miembro o parte del cuerpo hace una valiosa contribución para el bienestar del conjunto.[29]

Hay algunos elementos de la democracia representativa dentro de la forma de gobierno congregacional. Ciertas personas son elegidas por libre elección de los miembros del cuerpo para servir de formas especiales.[30] Son representantes y

29. William Roy McNutt, *Polity and Practice in Baptist Churches* (Philadelphia: Judson, 1935), pp. 21-26.

30. James M. Bulman, "Church, Nature and Government of (Autonomous View)," en *Encyclopedia of Christianity,* vol. 2, p. 478.

siervos de la iglesia, responsables ante los que les han escogido. No pueden ejercer su autoridad de forma independiente o en contra de los deseos de la gente. Si lo hacen, pueden ser apartados del puesto. Sin embargo, las decisiones principales, como el nombramiento de un pastor o la venta o compra de propiedades, las toma la congregación en su conjunto. Este poder está reservado a toda la membresía gracias a la constitución de la iglesia. En estas y todas las otras decisiones de la congregación, cada miembro con edad para votar tiene un voto, sea cual sea su estado social o económico.

En la forma congregacional de gobierno, como en la presbiteriana, hay un único nivel de clerecía. Los títulos de obispo, anciano y pastor son considerados nombres diferentes para el mismo oficio; se ha sugerido que designan diferentes funciones o aspectos del ministerio.[31] Es de señalar que cuando se dirigió a los ancianos de Éfeso (Hch. 20:17) Pablo advirtió: "Por tanto, mirad por vosotros y por todo el rebaño en que el Espíritu Santo os ha puesto por obispos [ἐπίσκοπος] para apacentar [ποιμαίνειν: pastorear] la iglesia del Señor, la cual él ganó por su propia sangre" (v. 28). Se argumenta que el uso de los tres términos en conexión con el mismo grupo indica equivalencia. El único otro oficio es un oficio no ministerial, el de diácono (literalmente "el que sirve").

Se han planteado varios argumentos para establecer el sistema congregacional como la forma normativa del gobierno de la iglesia. En los primeros días de la iglesia, que se relatan en el libro de los Hechos, la congregación en su conjunto escogía las personas para los oficios y determinaba la política.[32] Escogieron al sucesor de Judas (Hch. 1). Seleccionaron a los primeros diáconos (Hch. 6). Aunque no hay una declaración explícita de que toda la congregación estuviera implicada en la elección de Pablo y Bernabé para su trabajo (Hch. 13:1-3), sacamos esa conclusión del hecho de que cuando volvieron de Antioquía, expusieron su informe ante toda la iglesia (Hch. 14:27). Y fue toda la iglesia la que envió a Pablo y a Bernabé a Jerusalén para ayudar a resolver la cuestión de la circuncisión (Hch. 15:2-3). De forma similar, toda la iglesia de Jerusalén envió la respuesta: "Entonces pareció bien a los apóstoles y a los ancianos, con toda la iglesia, elegir a algunos varones y enviarlos a Antioquía con Pablo y Bernabé: a Judas, que tenía por sobrenombre Barsabás, a Silas, hombres principales entre los hermanos" (v. 22). ¿Qué pasa con la aparente elección de los ancianos por parte de los apóstoles (Hch. 14:23)? Una posible interpretación es que en realidad podrían no haber sido elegidos por los apóstoles. Quizá los apóstoles sugirieron la idea y presidieron la ordenación, pero la elección la hizo la gente. Esto en realidad es el patrón de Hechos 6.

Además, las enseñanzas de Jesús parecen oponerse a las posiciones de liderazgo especial que encontramos en los esquemas de gobierno episcopal y presbiteriano.

31. Augustus H. Strong, *Systematic Theology* (Westwood, N.J.: Revell, 1907), pp. 914-15.
32. Ibid. p. 906.

Él censuraba a aquellos que buscaban ocupar un rango por encima de otras personas. Cuando sus discípulos discutían cuál de ellos era superior: "Él les dijo: Los reyes de las naciones se enseñorean de ellas, y los que sobre ellas tienen autoridad son llamados bienhechores; pero no así vosotros, sino que el mayor entre vosotros sea como el más joven, y el que dirige, como el que sirve, pues, ¿cuál es mayor, el que se sienta a la mesa o el que sirve? ¿No es el que se sienta a la mesa? Pero yo estoy entre vosotros como el que sirve" (Lc. 22:25-27). Un líder, pues, es el que sirve a todos. Se dará un sentido adecuado de servicio si los líderes tienen en mente que han sido escogidos por aquellos a los que sirven y ante quienes son responsables. Jesús también nos enseñó que no debemos buscar distinciones ni títulos especiales: "Pero vosotros no pretendáis que os llamen "Rabí", porque uno es vuestro Maestro, el Cristo, y todos vosotros sois hermanos." (Mt. 23:8). Estas enseñanzas de Jesús parecen favorecer una estructura democrática en la iglesia cristiana.

Otra consideración es que tanto Jesús como Pablo asignaron la responsabilidad de la disciplina al grupo en su conjunto. En la discusión de Jesús sobre el tratamiento a un hermano que ha pecado, el agente final de la disciplina es la iglesia. Si el hermano que ofende se niega a escuchar a la iglesia, será tratado como un gentil o un publicano (Mt. 18:15-17). Pablo enseñó a la congregación corintia en su conjunto (1 Co. 1:2), no sólo a los ancianos, a apartar de su comunidad al hombre que estuviera viviendo de forma inmoral con la esposa de su padre (1 Co. 5).[33]

Finalmente se observa que las cartas de Pablo estaban dirigidas a las iglesias en su conjunto y no a un obispo o a un grupo de ancianos. Las cartas a Timoteo, Tito y Filemón estaban escritas a ellos individualmente, no como líderes de una iglesia en particular.[34]

Sin embargo, hay varias objeciones a la forma congregacional de gobierno de la iglesia, al igual que sucedía con las formas episcopal y presbiteriana. La primera objeción es que el esquema congregacional deja de lado la evidencia bíblica de la autoridad apostólica (y por lo tanto episcopal). Por ejemplo, Pablo sí designó ancianos (Hch. 14:23) e instruyó a Tito para que hiciera lo mismo (Tit. 1:5). Además, en muchas ocasiones cuando Pablo habla o escribe a las iglesias, no ofrece meramente consejo o instrucción, sino que prácticamente les está ordenando.[35]

Segundo, se aprecia que hubo una separación de oficios entre obispo, anciano y diácono bastante pronto en la historia de la iglesia. A los obispos se les concedía una autoridad y un estatus especial. Si mantenemos que esta tendencia no estaba

33. Ibid., pp. 905-6.
34. Hiscox, *New Directory,* pp. 155ss.
35. Harris, *Encyclopedia of Christianity,* vol. 2, p. 490.

ya presente en el cuerpo de Cristo en los días del Nuevo Testamento, estamos suponiendo con demasiada libertad que la iglesia se separó muy rápidamente de sus fundamentos neotestamentarios.[36]

Finalmente, aunque es cierto que las cartas de Pablo iban dirigidas a toda la congregación y no a sus ancianos, ¿qué pasa con Apocalipsis 2-3, las cartas de Juan a las siete iglesias? Estas cartas iban dirigidas al "ángel" o al "mensajero" de las respectivas congregaciones, probablemente el anciano que estaba al frente en cada caso.

### No gobierno

Es necesario considerar brevemente otra teoría más. En realidad, los que la defienden no abogan por una forma particular de gobierno de la iglesia, lo que defienden se podría denominar mejor un no gobierno. Ciertos grupos, como los Cuáqueros (Amigos) y las Asambleas de hermanos niegan que la iglesia necesite tener una forma visible o concreta. En consecuencia, han eliminado prácticamente toda estructura de gobierno. En su lugar resaltan el trabajo interno del Espíritu Santo, que ejerce su influencia sobre los creyentes individuales y los guía de forma directa en lugar de hacerlo a través de organizaciones o instituciones.

Los cuáqueros enfatizan el concepto de "luz interior." Como pertenecer a una iglesia tiene una importancia estrictamente mínima, no hay reglas explícitas para adherirse. En los grupos locales puede haber ancianos o supervisores con ciertas responsabilidades. Se celebran reuniones para determinar las maneras de actuar. Sin embargo, nunca se vota. En su lugar, las decisiones se toman por mutuo acuerdo producido por el Espíritu Santo.[37]

Las Asambleas de hermanos prácticamente eliminan la iglesia visible. Mantienen que la iglesia existe en la tierra principalmente en su forma invisible, que es la formada por los verdaderos creyentes. Por lo tanto, no es necesario una organización que tenga unos ministros específicos. La presidencia del Espíritu Santo es la fuerza gobernante.[38]

En cada uno de estos grupos existe un esfuerzo concertado por eliminar lo más posible la organización estructural. Confían en que el Espíritu Santo obre de una forma directa, para conducirlos a conocer cuál es su voluntad. A los que mantienen esta posición hay que elogiarles por resaltar el papel del Espíritu Santo y la necesidad de confiar en él. Sin embargo, su suposición de que hay una obra universal directa del Espíritu no está justificada por la evidencia bíblica.

36. Morris, *Encyclopedia of Christianity,* vol. 2, p. 484.

37. Rufus M. Jones, *The Faith and Practice of the Quakers*, 3rd ed. (London: Methuen, 1928), pp. 54-69.

38. Clarence B. Bass, *The Doctrine of the Church in the Theology of J. N. Darby with Special Reference to Its Contribution to the Plymouth Brethren Movement* (Ann Arbor, Mich.: University Microfilms, 1952), p. 116.

Es más, el grado de santificación y de sensibilidad hacia el Espíritu Santo que se piensa que tienen los miembros de una congregación es un ideal irreal. El principal asunto aquí es si consideramos o no la Biblia o alguna comunicación más directa con el Espíritu Santo como la guía principal de nuestras vidas. Como en otros asuntos en este tema consideramos las Escrituras como el medio más importante de revelación.

## Construyendo un sistema de gobierno de iglesia para hoy

Los intentos para desarrollar una estructura de gobierno que se adhiera a la autoridad de la Biblia encuentran dificultades en dos puntos. El primero es la falta de material didáctico. No existe una exposición descriptiva de cómo debería ser el gobierno de la iglesia que se pueda comparar con, por ejemplo, las explicaciones de Pablo sobre las doctrinas del pecado humano y la justificación por la fe. A las iglesias no se las ordenaba que adoptaran una forma particular de orden en la iglesia. Los únicos pasajes didácticos sobre el gobierno de la iglesia son las enumeraciones de Pablo de las características básicas de los oficios que ya existían (1 Ti. 3:1-13; Tit. 1:5-9). Aunque es preferible edificar algo sobre una base didáctica o prescriptiva, en lugar de sobre unos pasajes narrativos o descriptivos, en este caso tenemos poca opción.

Cuando pasamos a examinar los pasajes descriptivos, nos encontramos un segundo problema: no existe un patrón unitario. Por una parte, hay elementos democráticos muy fuertes, un hecho que señalan los defensores de la forma congregacional. También hay muchos elementos monárquicos, en particular los que muestran a los apóstoles eligiendo y ordenando ministros e instruyendo a las iglesias; pasajes que resaltan los que están a favor del enfoque episcopal. De otros pasajes todavía podríamos concluir que los ancianos tenían un papel destacado.

Probablemente es seguro decir que la evidencia del Nuevo Testamento es no es concluyente; en ningún lugar del Nuevo Testamento encontramos una imagen que refleje claramente ninguno de los sistemas que han sido desarrollados completamente en la actualidad. Es probable que en aquellos días el gobierno de la iglesia no estuviera muy desarrollado, incluso que las congregaciones locales fueran grupos bastante informales. Podrían haber tenido formas de gobierno muy variadas. Cada grupo adoptó el patrón que mejor se adaptaba a su situación individual.

Deberíamos tener en cuenta que en ese momento la iglesia sólo estaba comenzando; no estaba todavía completamente diferenciada del judaísmo. Las necesidades pragmáticas en un periodo de establecimiento son, naturalmente, un tanto diferentes a las que se tienen en una etapa posterior de desarrollo. Cualquiera que haya servido como el primer pastor de una iglesia, particularmente una formada por nuevos cristianos, se habrá encontrado ocasiones en las que el trabajo de delegaciones y comités simplemente no es práctico.

La mayoría de las iglesias en el Nuevo Testamento se establecieron gracias a misioneros itinerantes. Por tanto, no había un ministro fijo y permanente. En estas circunstancias, era natural que los apóstoles ejercieran una autoridad inmensa y unilateral. Sin embargo, más tarde fue posible y necesario establecer un ministerio residente permanente. En cierto sentido, esto no debería haber sido necesario. Lo ideal es que el sacerdocio de todos los creyentes hubiera hecho innecesario los oficios de autoridad, pero el ideal en este momento no era práctico.

Inicialmente, tal como sería de esperar, se adoptó el patrón de la sinagoga, o sea, un sistema de ancianos. Sin embargo, este patrón no se hizo universal. En las zonas griegas, tendió a predominar el oficio de obispo. Además, algunos factores modificadores estaban ya funcionando para producir un patrón más democrático.

Incluso aunque estuviese claro que había un patrón exclusivo de organización en el Nuevo Testamento, ese patrón no necesariamente sería normativo para nosotros hoy en día. Podría ser únicamente el patrón que fue, no el patrón que debe ser. Pero tal como están las cosas, hay tal variación en las descripciones de las iglesias del Nuevo Testamento que no podemos descubrir un patrón autoritativo. Por lo tanto debemos volver a los principios que encontramos en el Nuevo Testamento e intentar construir nuestro sistema de gobierno según ellos.

Tenemos que hacer dos preguntas para construir nuestro sistema de esta manera. Primera, ¿en qué dirección se movía el gobierno de la iglesia en el periodo del Nuevo Testamento? ¿Hay algo que indique el fin último? En el Nuevo Testamento podemos discernir los inicios de un movimiento para mejorar la situación de las mujeres y los esclavos. ¿Existe un movimiento similar para mejorar el gobierno de la iglesia? Si es así, podríamos deducir hacia qué ideal se iba dirigiendo la iglesia, aunque podríamos tener dificultades para saber lo lejos que quería llegar. Desgraciadamente en esto tenemos poco con lo que trabajar. Sabemos que la iglesia originalmente tomó el patrón de la sinagoga judía: un grupo de ancianos que actuaban como dirigentes. También sabemos que aunque la iglesia estaba en su infancia, el apóstol Pablo a veces tenía que actuar de forma directiva. No sabemos mucho más que eso. No existe indicación alguna de que la iglesia se dirigiese hacia una forma específica de gobierno.

La segunda pregunta que debemos hacer es, ¿qué razones hay para el gobierno de la iglesia? ¿Qué valores se intentan promover y conservar? Una vez que se haya determinado lo que las Escrituras tienen que decir sobre el tema, seremos capaces de construir, de acuerdo con nuestras directrices para contemporizar el mensaje bíblico,[39] un modelo de gobierno de iglesia adecuado para hoy en día.

39. Ver cap. 5.

Un principio que es evidente en el Nuevo Testamento, y particularmente en 1 Corintios, es el valor del orden. La situación de Corinto, donde la individualidad total tendía a controlarlo todo, no era muy deseable. En el peor de los casos era completamente destructivo. Era necesario, pues, controlar algo las tan individualizadas maneras en las que se estaba expresando la espiritualidad (1 Co. 14:40). También era de desear que ciertas personas se hicieran responsables de algunos ministerios específicos. Se nos recuerda aquí la situación de Hechos 6, donde se nos dice que siete hombres fueron elegidos para hacerse cargo del ministerio con las viudas.

Otro principio es el sacerdocio de todos los creyentes.[40] Todas las personas son capaces de relacionarse directamente con Dios. Algunos textos enseñan esta verdad ya sea de forma explícita o implícita (Ro. 5:1-5; 1 Ti.2:5; He. 4:14-16). No se necesita un intermediario especial. Todos tienen acceso redentor al Señor. Y lo que es cierto para el inicio de la vida cristiana también lo es para su continuación. Todo creyente puede discernir la voluntad de Dios directamente.

Finalmente la idea de que cada persona es importante para todo el cuerpo está implícita a lo largo de todo el Nuevo Testamento y explícita en pasajes como Romanos 12 y 1 Corintios 12. La multiplicidad de dones sugiere que las decisiones que tomamos deberían tener una base amplia. El libro de los Hechos resalta el consenso de grupo (Hch. 4:32; 15:22). Hay un sentido especial de hermandad y de implicación cada vez que los miembros de una comunidad creen que han jugado un papel significativo en determinar lo que debe de hacerse.

Según mi punto de vista, la forma congregacional de gobierno de la iglesia es la que más se acerca a cumplir los principios que han sido expuestos. Toma en serio el principio de sacerdocio y de competencia espiritual de todos los creyentes. También se toma en serio la promesa de que el Espíritu que reside en todos los creyentes los guiará.

Al mismo tiempo, la necesidad de que haya un orden sugiere que es necesario un gobierno representativo. En algunas situaciones, se debe escoger a los líderes para que actúen en representación del grupo. Estos elegidos, siempre deben ser conscientes de que son responsables ante aquellos a los que representan; y siempre que sea posible, los temas importantes deben ser debatidos por todos los miembros para que decidan.

Podemos pensar que el sistema episcopal es como una manera de estructurar la iglesia con unos toques monárquicos o imperiales. La forma presbiteriana es como una democracia representativa, la congregacional como una democracia directa. No es sorprendente que el sistema episcopal surgiera y se desarrollara en los tiempos de las monarquías. La monarquía era un sistema de gobierno al que

40. Cyril Eastwood, *The Priesthood of All Believers* (Minneapolis: Augsburg, 1962), pp. 238-57.

la gente estaba acostumbrada y con el que probablemente se sentía más cómoda. Sin embargo, en un tiempo en el que la educación y la política se ha extendido más, la gente funciona mejor con un sistema presbiteriano o congregacional.

Se podría concluir que, como la mayoría de las democracias de hoy en día son representativas, el sistema presbiteriano sería la forma más adecuada de gobierno. Pero las iglesias locales se parecen menos a gobiernos nacionales que a gobiernos locales que realizan concejos y foros comunitarios. El valor de la implicación directa de la gente bien informada es considerable. Y el principio de que las decisiones las toman mejor los que están más afectados por ellas igualmente argumenta a favor del patrón congregacional de la autonomía local.

Dos situaciones exigen algunas puntualizaciones en nuestra conclusión. (1) En una iglesia muy grande muchos miembros puede que no tengan conocimiento suficiente de los temas y los candidatos para los oficios como para tomar decisiones bien informadas, y las reuniones congregacionales grandes puede que no resulten prácticas. En estos casos hacer uso del enfoque representativo será probablemente necesario. No obstante, incluso en esta situación los siervos elegidos deben de ser muy conscientes de que son responsables ante todo el cuerpo. (2) En un grupo de cristianos inmaduros donde no hay un liderazgo laico competente y entrenado, puede que se necesite que el pastor tome más iniciativa de lo que sería más normal en un caso ordinario. Pero el pastor debería estar constantemente instruyendo y formando a la congregación para que cada vez se impliquen más en los asuntos de la iglesia.

# 53. El rito iniciático de la iglesia: el bautismo

## Objetivos del capítulo

Después de estudiar este capítulo, debería ser capaz de:

- Citar y describir las tres teorías básicas del bautismo: medio de gracia salvadora, signo y sello del pacto y símbolo de la salvación.
- Identificar y articular con claridad el significado del bautismo para el creyente individual.
- Identificar y explicar los sujetos del bautismo.
- Evaluar el modo adecuado de bautizar.

## Resumen del capítulo

Como todas las iglesias cristianas practican el rito del bautismo, el bautismo juega un papel importante en la vida de la iglesia. Los diferentes grupos cristianos mantienen tres teorías básicas. El primer grupo sostiene que la salvación llega a través del bautismo. El segundo considera el bautismo una señal del pacto que Dios hizo con Abraham. La posición del tercer grupo es que el bautismo es un símbolo de la salvación. Para resolver estos temas, es importante considerar el significado del bautismo, los sujetos del bautismo y el modo del bautismo.

## Cuestiones de estudio

1. ¿En qué se diferencian las posiciones católica y luterana? ¿Qué significa *ex opera operato*?
2. ¿Cómo describiría la interpretación presbiteriana y reformada del bautismo? ¿Qué relación ven estos teólogos entre el bautismo y la circuncisión?

3. ¿Cómo se diferencia la tercera posición, considerar el bautismo como un símbolo de la salvación, de las otras dos?
4. ¿Cómo puede ayudarnos Romanos 6:1-11 a interpretar correctamente el significado del bautismo?
5. ¿Quiénes son los receptores legítimos del bautismo?
6. ¿Cómo se llegaría a una comprensión adecuada del modo del bautismo?

Las teorías básicas del bautismo
- Bautismo como medio de gracia salvadora
- Bautismo como signo y sello del pacto
- Bautismo como símbolo de salvación

Resolviendo problemas
- El significado del bautismo
- Los sujetos del bautismo
- El modo del bautismo

Prácticamente todas las iglesias cristianas practican el rito del bautismo. Lo hacen en gran parte porque Jesús en su comisión final ordenó a los apóstoles y a la iglesia: "id y haced discípulos a todas las naciones, bautizándolos en el nombre del Padre, del Hijo y del Espíritu Santo" (Mt. 28:19). Casi se está de acuerdo universalmente en que el bautismo está de alguna manera conectado con el inicio de la vida cristiana, con nuestra iniciación en la iglesia universal e invisible así como en la iglesia local y visible. No obstante hay bastante desacuerdo en lo que se refiere al bautismo.

Hay tres cuestiones básicas sobre el bautismo que los cristianos han debatido: (1) ¿Qué significa el bautismo? ¿Qué consigue realmente? (2)¿Quiénes son los sujetos apropiados para el bautismo? ¿Tiene que restringirse a aquellos que son capaces de ejercer una fe consciente en Jesucristo, o se puede administrar a niños o incluso a bebés; y si es así sobre qué base? (3) ¿Cuál es el modo adecuado de bautizar? ¿Se debe hacer introduciendo a la persona en el agua (inmersión), o son otros métodos (verter, rociar) aceptables? Estas cuestiones se han colocado en orden decreciente de importancia, ya que nuestras conclusiones sobre el significado y valor del acto de bautizar ayudarán de determinar nuestras conclusiones sobre los demás temas.

## Las teorías básicas del bautismo

### *Bautismo como medio de gracia salvadora*

En el fondo de estos temas hay varios modos básicos en los que los cristianos interpretan el bautismo. Algunos grupos creen que el acto de bautizar con agua realmente aporta gracia a la persona bautizada. Esta es la doctrina de la regeneración bautismal: el bautismo produce una transformación, haciendo que la persona pase de la muerte espiritual a la vida. La forma más extrema de esta teoría la encontramos en el catolicismo tradicional. Sin embargo, nos centraremos en una posición luterana clásica que comparte muchas características con el catolicismo.

El bautismo, según los sacramentalistas, es un medio a través del cual Dios imparte la gracia salvadora; trae como resultado el perdón de los pecados.[1] Ya sea despertando o fortaleciendo la fe, el bautismo produce el lavamiento de la regeneración. Según la forma de pensar luterana, el sacramento es ineficaz a menos que la fe ya esté presente. A este respecto, la posición luterana difiere de la católica, que mantiene que el bautismo confiere la gracia *ex opera operato*, o sea, que el sacramento actúa por sí mismo. El punto de vista luterano, en otras palabras, resalta que la fe es un requisito previo, mientras que el punto de vista católico enfatiza que el sacramento es autosuficiente. Se debería hacer hincapié en que el sacramento no es una infusión física de una sustancia espiritual dentro del alma de la persona bautizada.

A menudo se hace una comparación entre el sacramento del bautismo y la predicación de la Palabra. Predicar despierta la fe introduciéndose por el oído para tocar el corazón. El bautismo, por su parte, llega al corazón a través de los ojos.

El sacramento es Dios actuando, no una obra que la persona bautizada ofrece a Dios. Tampoco es una obra en la que el ministro o el párroco vierte cierta forma de gracia sobre la persona bautizada. Más bien, el bautismo es la obra del Espíritu Santo iniciando a la gente en la iglesia: "Así como el cuerpo es uno, y tiene muchos miembros, pero todos los miembros del cuerpo, siendo muchos, son un solo cuerpo, así también Cristo, porque por un solo Espíritu fuimos todos bautizados en un cuerpo, tanto judíos como griegos, tanto esclavos como libres; y a todos se nos dio a beber de un mismo Espíritu" (1 Co. 12:13).[2]

Romanos 6:1-11 es crucial para el punto de vista sacramentalista del bautismo. En su interpretación de este pasaje el bautismo no es simplemente una imagen de nuestra unión con Cristo en su muerte y resurrección, sino que el bautismo realmente nos une con Cristo. Cuando Pablo dice: "todos los que hemos sido bautizados en Cristo Jesús, hemos sido bautizados en su muerte" (v. 3), quiere decir que el bautismo nos une con la muerte de Cristo y su resurrección (v. 5).[3]

Además de estar unido objetivamente a Cristo de una vez y para siempre con el bautismo, el sacramento también tiene un efecto subjetivo en el creyente. Este efecto durará a lo largo de toda su vida, aunque el bautismo sólo se administre una vez. A los creyentes a menudo se les recordará este hecho. En realidad, esto es lo que se hace Pablo en Romanos 6:3-5 y en Gálatas 3:26-27. El saber que uno

1. Franz Pieper, *Christian Dogmatics* (St. Louis: Concordia, 1953), vol. 3, p. 264.
2. Ibid., p. 270.
3. Ibid., p. 268.

ha sido bautizado y que por tanto está unido a Cristo en su muerte y resurrección será una fuente constante de ánimo e inspiración para el creyente.[4]

Los sujetos del bautismo, para el luteranismo, entran dentro de dos grupos generales. Primero, están los adultos que han llegado a la fe en Cristo. Ejemplos explícitos los encontramos en Hechos 2:41 y 8:36-38. Segundo, los niños y los bebés también eran bautizados en los tiempos del Nuevo Testamento. Evidencias se ven en el hecho de que los niños son traídos ante Jesús para que los toque (Mr. 10:13-16). Además, leemos en Hechos que casas enteras fueron salvadas (Hch. 11:14 [ver 10:48]; 16:15, 31-34; 18:8). Es razonable suponer que la mayoría de estas casas no estaban compuestas por personas adultas exclusivamente. Los niños forman parte del pueblo de Dios, de igual manera que sin duda formaban parte de la nación de Israel en el Antiguo Testamento.[5]

Que los niños fueran bautizados en el Nuevo Testamento es el precedente para que sean bautizados hoy en día. Es más, el bautismo de los niños es necesario. Porque todas las personas han nacido en este mundo con el pecado original, lo cual es razón suficiente para estar condenados. La mancha de este pecado debe ser eliminada. Como los niños no son capaces de ejercer por sí mismos la fe necesaria para la regeneración, es esencial que reciban la limpieza que trae el bautismo.

En la teología católico romana, los infantes no bautizados que mueren no pueden entrar en el cielo. Son enviados a un lugar llamado *limbus infantium.* Allí no sufren las penas y privaciones del infierno, pero tampoco disfrutan de los beneficios y las bendiciones del cielo.[6] La teología luterana, por su parte, no está muy segura de la posición de los niños no bautizados. Existe una posibilidad de que Dios tenga un medio, que no nos ha sido revelado completamente, de proporcionar fe a los niños no bautizados de los cristianos. Se nos recuerda que en el Antiguo Testamento las niñas, aunque no eran circuncidadas, de alguna manera podían disfrutar de los beneficios del pacto. Sin embargo, no hay una propuesta similar para los hijos de los no creyentes. Ni existe dogmatismo sobre ninguna de estas materias, ya que no nos han sido reveladas, pero están entre las cosas inescrutables de Dios.[7] Hay, según observan los luteranos, una larga práctica de bautismo de niños, que se puede verificar en fuentes extrabíblicas al menos desde el segundo siglo después de Cristo. Por lo tanto hay un buen precedente para esta práctica. Como no conocemos los detalles de cómo actúa Dios con los niños e infantes no bautizados, es aconsejable que los cristianos bauticen a sus hijos

Los teólogos luteranos son conscientes de que se les ha acusado de que hay incoherencia entre su práctica del bautismo de niños y su insistencia en la justifica-

4. Ibid., p. 275.
5. Ibid., p. 277.
6. Tomás de Aquino *Summa Teológica*, parte 3, suplemento, cuestión 69, artículos 4-7.
7. Pieper, *Christian Dogmatics*, vol. 3, p. 278.

ción sólo por la fe. Normalmente tratan este dilema aparente de dos maneras. Una es sugerir que los niños que son bautizados pueden poseer una fe inconsciente. La fe, mantienen, no necesariamente requiere poder de razonamiento o conciencia. Lutero observó que la fe no cesa cuando uno está dormido, preocupado o realizando un trabajo que exige mucho esfuerzo. Jesús enseña que los niños pueden tener una fe implícita. Evidencias las encontramos en Mateo 18:6 ("alguno de estos pequeños que creen en mí"); 19:14; Marcos 10:14 y Lucas 18:16-17. Otra prueba es la profecía de que Juan el Bautista "será lleno del Espíritu Santo aun desde el vientre de su madre" (Lc. 1:15). Finalmente tenemos las palabras de Juan: "Os escribo a vosotros, hijitos, porque habéis conocido al Padre" (1 Jn. 2:13).[8] La otra manera de tratar la aparente incoherencia es mantener que es la fe de los padres la que está presente cuando el niño es bautizado. Incluso algunos dirían que la iglesia ejerce la fe en nombre del niño. El bautismo de niños, por lo tanto, se apoya en una fe vicaria.[9]

En el catolicismo romano este dilema no se presenta. Porque de acuerdo con la doctrina católica, el bautismo tiene efecto *ex opere operato*. La fe realmente no es necesaria. El único requisito es que alguien presente al niño y que el sacerdote administre el sacramento adecuadamente.[10]

Desde el punto de vista luterano el modo del bautismo no tiene gran importancia. Por supuesto tiene que haber agua, pero es el único factor importante. En realidad, el significado principal de la palabra βαπτίζω *(baptizō)* es "sumergir," pero tiene otros significados. En consecuencia, no estamos seguros de qué métodos se utilizaban en los tiempos bíblicos, o si incluso había o no un único método. Como no hay un simbolismo esencial indispensable en el modo, el bautismo no está atado a una forma concreta.

### Bautismo como signo y sello del pacto

La posición mantenida por los teólogos tradicionales reformados y los presbiterianos va muy unida al concepto del pacto. Consideran que los sacramentos, de los cuales el bautismo es uno, son signo y sellos de la gracia de Dios. Los sacramentos no son medios de gracia *ex opere operato* o en virtud de algún contenido del rito mismo. Más bien, como dice la Confesión Bélgica, son: "signos visibles y sellos de algo interno e invisible, por medio de los cuales Dios obra en nosotros por el poder del Espíritu Santo."[11] En particular, son signos y sellos de que Dios está cumpliendo el pacto que estableció con la raza humana. Al igual que la circuncisión en el Antiguo Testamento, el bautismo nos asegura las promesas de Dios.

8. Ibid, vol. 2, pp. 448-49.
9. Ibid., vol. 3, p. 285.
10. Ibid., p. 256.
11. *Confesión Bélgica* 33.

La importancia del sacramento del bautismo no es tan clara para los reformados y los presbiterianos como para los sacramentalistas. El pacto, la promesa de gracia de Dios, es la base, la fuente de la justificación y la salvación; el bautismo es el acto de fe mediante el cual entramos a participar de este pacto y por tanto experimentamos sus beneficios. El acto del bautismo es a la vez el medio de iniciación al pacto y el signo de la salvación. Charles Hodge lo dijo de esta manera: "Dios por su parte, promete garantizar los beneficios representados en el bautismo a todos los adultos que reciben el sacramento en el ejercicio de la fe, y a todos los niños que, cuando lleguen a la madurez, se mantengan fieles a los votos que se hicieron en su nombre cuando fueron bautizados."[12] En el caso de los adultos, estos beneficios son absolutos, mientras que la salvación de los niños está condicionada a la continuación futura de los votos hechos.

Los sujetos en el bautismo son en muchos aspectos los mismos que en el punto de vista sacramentalista. Por una parte, todos los adultos que creen han de ser bautizados. Ejemplos de las Escrituras son aquellos que respondieron a la invitación de Pedro en Pentecostés, creyeron y fueron bautizados (Hch. 2:41) y el carcelero de Filipos (Hch. 16:31-33).[13] Por otra parte, los niños de padres creyentes también han de ser bautizados. Aunque el bautismo de niños no se ordena de forma explícita en las Escrituras, no obstante se enseña de forma implícita. Dios hizo un pacto espiritual con Abraham *y su descendencia* (Gn. 17:7). Este pacto ha continuado hasta nuestros días. En el Antiguo Testamento siempre se hace referencia a él en singular (por ejemplo, Éx. 2:24; Lv. 26:42). Sólo existe un mediador del pacto (Hch. 4:12; 10:43). Los convertidos del Nuevo Testamento participan o son herederos del pacto (Hch. 2:39; Ro. 4:13-18; Gá. 3:13-18; He. 6:13-18). Por tanto, la situación de los creyentes tanto en el Nuevo Testamento como hoy en día hay que entenderla según los términos del pacto hecho con Abraham.[14]

Como el pacto del Antiguo Testamento se mantiene vigente, sus provisiones se mantienen. Si los niños estaban incluidos en el pacto en aquel entonces, lo siguen estando hoy. Ya hemos observado que el pacto no era sólo para Abraham, también era para sus descendientes. También es importante el carácter universal del concepto que el Antiguo Testamento tiene de Israel. Los niños estaban presentes cuando se renovó el pacto (Dt. 29:10-13). Josué leyó los escritos de Moisés ante todos los presentes: "delante de toda la congregación de Israel, de las mujeres, los niños" (Js. 8:35). Cuando el Espíritu del Señor vino sobre Jahaziel y expresó la promesa del Señor para todo Israel los niños estaban presentes (2 Crón. 20:13). Toda la congregación, incluso los niños que todavía mamaban (Jl.

12. Charles Hodge, *Systematic Theology* (Grand Rapids: Eerdmans, 1952), vol. 3, p. 582.
13. Louis Berkhof, *Systematic Theology* (Grand Rapids: Eerdmans, 1953), pp. 631-32.
14. Ibib., pp. 632-33.

2:16), escucharon la promesa de Joel de que se derramaría el Espíritu sobre los hijos y las hijas (v. 28).

Ahora se produce un paso clave en el argumento: al igual que la circuncisión era el signo del pacto del Antiguo Testamento, el bautismo lo es en el Nuevo Testamento. Está claro que la circuncisión ha sido dejada de lado, ya no es satisfactoria (Hch. 15:1-2; 21:21; Gá. 2:3-5; 5:2-6; 6:12-13; 15). El bautismo ha sustituido a la circuncisión como rito iniciático en el pacto.[15] Fue Cristo el que hizo esta sustitución. Ordenó a sus discípulos que evangelizaran y bautizaran (Mt. 28:19). Al igual que los prosélitos convertidos al judaísmo debían ser circuncidados, los convertidos al cristianismo tienen que ser bautizados. Es su marca de entrada al pacto. Los dos ritos tienen claramente el mismo significado. Que la circuncisión indicaba que se trataba de cortar con el pecado y cambiar el corazón se puede ver en las numerosas referencias del Antiguo Testamento a la circuncisión del corazón, o sea, la circuncisión espiritual en contraposición con la circuncisión física (Dt. 10:16; 30:6; Jer. 4:4; 9:25-26; Ez. 44:7, 9). El bautismo es representado de forma similar como un lavamiento de pecados. En Hechos 2:38 Pedro instruye a sus oyentes: "Arrepentíos y bautícese cada uno de vosotros en el nombre de Jesucristo para perdón de los pecados." En 1 Pedro 3:21 escribe: "El bautismo... ahora nos salva." Pablo hace referencia al "por el lavamiento de la regeneración y por la renovación en el Espíritu Santo" (Tit. 3:5), y también vincula el bautismo con el avivamiento espiritual (Ro. 6:4). Una evidencia concluyente de que se está suplantando la circuncisión con el bautismo la encontramos en Colosenses 2:11-12: "En él también fuisteis circuncidados con circuncisión no hecha por mano de hombre, sino por la circuncisión de Cristo, en la cual sois despojados de vuestra naturaleza pecaminosa. Con él fuisteis sepultados en el bautismo, y en él fuisteis también resucitados por la fe en el poder de Dios que lo levantó de los muertos."

Es necesario hacer dos observaciones adicionales. Primera, los que sostienen que el bautismo es esencialmente un signo y sello del pacto afirman que no es legítimo imponer a un niño las obligaciones que incumben a un adulto. Segunda, resaltan el aspecto objetivo del sacramento. Lo que realmente importa no es la reacción subjetiva, sino nuestra iniciación objetiva dentro del pacto con su promesa de salvación.[16]

Según el enfoque reformado y presbiteriano del bautismo, el modo tiene una consideración de relativamente poca importancia. El verbo βαπτίζω es ambiguo. Lo que era importante en los tiempos del Nuevo Testamento era el hecho y las consecuencias del bautismo, no la manera en que era administrado.[17]

15. Ibid., p. 634.
16. Hodge, *Systematic Theology*, pp. 552-55.
17. Berkhof, *Systematic Theology*, p. 630.

Existen indicaciones de que el medio utilizado en los tiempos del Nuevo Testamento no fue, en realidad, no podría haber sido, exclusivamente la inmersión. Por ejemplo, ¿Juan habría sido capaz físicamente de sumergir a todos los que vinieron a él? ¿El carcelero de Filipos dejó su puesto en la prisión para ir donde hubiera agua suficiente para la inmersión? ¿Se trajo agua a casa de Cornelio en cantidad suficiente para realizar la inmersión? Cuando se bautizó a Pablo, ¿abandonó el lugar donde Ananías lo encontró? Estas preguntas sugieren que la inmersión puede que no haya sido practicada en todos los casos.[18]

Es más, la inmersión no es necesaria para conservar el simbolismo del bautismo. El rito del bautismo no ejemplifica principalmente la muerte y la resurrección, sino con la purificación. Cualquiera de los diferentes medios de ablución del Antiguo Testamento - sumergir, verter, rociar - representarán la purificación. Son los διαφόροις βαπτισμοῖς *(diaphorois baptismois)* a los que se hace referencia en Hebreos 9:10. Según estas consideraciones, podemos usar cualquier medio que sea apropiado y que esté a nuestra disposición.[19]

### *Bautismo como símbolo de salvación*

La tercera teoría que examinaremos considera el bautismo como un símbolo, una demostración externa o indicación del cambio interno que se ha producido en el creyente.[20] Sirve como testimonio público de nuestra fe en Jesucristo. Es un rito iniciático: somos bautizados en el nombre de Cristo.[21]

Cristo ordenó el acto del bautismo (Mt. 28:19-20). Como fue instituido por él, se entiende que es más una ordenanza que un sacramento. No produce ningún cambio espiritual en el bautizado. Continuamos practicando el bautismo simplemente porque Cristo lo ordenó y porque sirve como forma de proclamación. Confirma el hecho de nuestra propia salvación para nosotros mismos y la afirma para los demás.

El acto del bautismo no aporta beneficios o bendiciones especiales. En particular, no se nos regenera a través del bautismo, porque el bautismo presupone fe y la salvación hacia la que conduce la fe. Es, por tanto, un testimonio de que uno ya ha sido regenerado. Si existe beneficio espiritual, es el hecho de que el bautismo nos hace miembros o participantes de la iglesia local.[22]

Para esta teoría del bautismo, la cuestión de los sujetos adecuados para el bautismo es muy importante. Los candidatos para el bautismo ya habrán

18. Ibid.
19. Hodge, *Systematic Theology*, pp. 533-34.
20. H. E. Dana, *A Manual of Ecclesiology* (Kansas City, Kans.: Central Seminary, 1944), pp. 281-82.
21. Edward T. Hiscox, *The New Directory for Baptist Churches* (Philadelphia: Judson, 1894), p. 121.
22. Augustus H. Strong, *Systematic Theology* (Westwood, N.J.: Revell, 1907), p. 945.

experimentado el nuevo nacimiento gracias a la fe. Habrán demostrado una evidencia creíble de su regeneración. Aunque no es competencia de la iglesia o de la persona que administra el bautismo juzgar al candidato, existe obligación de determinar al menos que el candidato entiende el significado de la ceremonia. Esto se puede determinar pidiendo al candidato que dé testimonio oral o que responda a algunas preguntas. Precedente para tales precauciones antes de administrar el bautismo lo podemos encontrar en las palabras del Bautista a los fariseos y los saduceos que acudían a él para bautizarse: "¡Generación de víboras!, ¿quién os enseñó a huir de la ira venidera? Producid, pues, frutos dignos de arrepentimiento" (Mt. 3:7-8).[23]

El bautismo del que estamos hablando es el bautismo *de los creyentes*, no necesariamente el bautismo de *adultos*. Es el bautismo de aquellos que reúnen las condiciones para la salvación (o sea, arrepentimiento y fe activa). Evidencia de esta posición la podemos encontrar en el Nuevo Testamento. Primero, hay un argumento negativo o argumento por el silencio. En el Nuevo Testamento la única gente a la que se identifica específicamente por su nombre cuando son bautizados son adultos.[24] Los argumentos de que "seguramente habría niños cuando se bautizaba a casas enteras" y "no podemos estar seguros de que no hubiera niños bautizados" no tienen demasiado peso frente a los que mantienen el bautismo de los creyentes; y, de hecho, esos argumentos parecen bastante flojos. Además las Escrituras dejan claro que la fe personal, consciente en Cristo es requisito previo para el bautismo. En la Gran Comisión, el mandamiento de bautizar sigue al de discipular (Mt. 28:19). Juan el Bautista exigía arrepentimiento y confesión del pecado (Mt. 3:2, 6). Al final de su sermón de Pentecostés, Pedro llamó al arrepentimiento y después al bautismo (Hch. 2:37-41). Creer y a continuación ser bautizado es el patrón en Hechos 8:12; 18:8 y 19:1-7.[25] Todas estas consideraciones llevan a la conclusión de que los creyentes responsables son la única gente que debe ser bautizada.

En lo que se refiere al modo del bautismo, hay alguna variación. Ciertos grupos, en particular los menonitas, practican el bautismo de los creyentes, pero por otros modos distintos a la inmersión.[26] Sin embargo, probablemente la mayoría de los que defienden el bautismo de los creyentes utilizan exclusivamente la inmersión, y por lo general se les identifica como bautistas. Si el bautismo se entiende como símbolo y testimonio de la salvación que ha sucedido en la vida del individuo, no es sorprendente que la inmersión sea el modo predominante, ya que es el que mejor representa la resurrección del creyente de una muerte espiritual.[27]

23. Ibid.
24. Ibid., p. 951.
25. Geoffrey W. Bromiley, "Baptism, Believers'," en *Baker's Dictionary of Theology*, ed. Everett F. Harrison (Grand Rapids: Baker, 1960), p. 86.
26. John C. Wenger, *Introduction to Theology* (Scottdale, Pa.: Herald, 1954), pp. 237-40.
27. Paul King Jewett, "Baptism (Baptist View)," en *Encyclopedia of Christianity*, ed. Edwin

## Resolviendo problemas

Vamos a tratar ahora los temas que planteamos al principio de este capítulo. Debemos preguntarnos cuál de las posiciones que hemos resumido es la más sostenible según todas las evidencias relevantes. La cuestión de la naturaleza y el significado del bautismo debe preceder a todas las demás.

### *El significado del bautismo*

¿Es el bautismo un medio de regeneración, un medio esencial para la salvación? Algunos textos parecen apoyar esa suposición. Sin embargo, tras un examen más detenido, lo persuasivo de esta posición resulta menos impactante. En Marcos 16:16 leemos: "El que crea y sea bautizado, será salvo; pero el que no crea, será condenado;" observemos, no obstante, que la segunda parte del versículo no menciona en absoluto el bautismo: "pero el que no crea, será condenado." Sin embargo, más allá de esto, todo el versículo (y de hecho todo el pasaje, vv. 9-20) no se encuentra en los manuscritos más fiables.

Otro versículo que se cita en apoyo al concepto de la regeneración bautismal, la idea de que el bautismo es un medio de gracia salvadora, es Juan 3:5: "De cierto, de cierto te digo que el que no nace de agua y del Espíritu no puede entrar en el reino de Dios." Pero no hay una indicación clara de que se tenga en mente el bautismo aquí. Debemos preguntarnos qué significaría para Nicodemo "nacer de agua", y nuestra conclusión, aunque no es firme, puede favorecer la idea de limpieza y purificación, más que la del bautismo.[28] Hay que fijarse en que el énfasis en todo el pasaje se pone en el Espíritu Santo y que no se vuelve a mencionar el agua. El factor clave es el contraste entre lo *sobrenatural* (Espíritu) y lo *natural* (carne): "Lo que nace de la carne, carne es; y lo que nace del Espíritu, espíritu es" (v. 6). Jesús explica que nacer de nuevo es nacer del Espíritu. Esta obra del Espíritu, como el soplar del viento, no se puede comprender del todo (vv. 7-8). Viendo el contexto general, parece que nacer del agua es sinónimo de nacer del Espíritu. El καί *(kai)* del versículo 5, pues, es un ejemplo del uso ascendente de la conjunción, y el versículo debería ser traducido: "el que no nace de agua, o sea del Espíritu, no puede entrar en el reino de Dios."

H. Palmer (Marshalltown, Del.: National Foundation for Christian Education, 1964), vol. 1, p. 250.

28. Leon Morris, *The Gospel According to John* (Grand Rapids: Eerdmans, 1971), pp. 215-16. Morris, anglicano, comenta sobre la sugerencia de que Jesús se está refiriendo al bautismo cristiano: "El punto débil es que es imposible que Nicodemo pudiera haber percibido una alusión a un sacramento que todavía no existía. Es difícil pensar que Jesús hablaría de una manera que no pudiera ser comprendida. Su propósito no era confundir sino aclarar. En cualquier caso, todo el impacto del pasaje reside en poner el énfasis en la actividad del Espíritu, no en un rito de la iglesia." Ver también D. W. Robinson, "Born of Water and Spirit: Does John 3:5 Refer to Baptism?l *Reformed Theological Review* 25, no. 1 (enero-abril 1966): 15-23.

Un tercer pasaje que es necesario tomar en cuenta es 1 Pedro 3:21: "El bautismo que corresponde a esto ahora nos salva (no quitando las inmundicias del cuerpo, sino como la aspiración de una buena conciencia hacia Dios) mediante la resurrección de Jesucristo." Observe que este versículo es en realidad una negación de que el rito del bautismo tenga ningún efecto por sí mismo. Salva sólo en que es "la aspiración de una buena conciencia hacia Dios," un acto de fe reconociendo que dependemos de él. La auténtica base de nuestra salvación es la resurrección de Cristo.

Algunos pasajes del libro de los Hechos vinculan el arrepentimiento y el bautismo. Probablemente el más destacado sea la respuesta de Pedro en Pentecostés a la pregunta: "Hermanos, ¿qué haremos?" (Hch. 2:37). Él contesto: 'Arrepentíos y bautícese cada uno de vosotros en el nombre de Jesucristo para perdón de los pecados, y recibiréis el don del Espíritu Santo'" (v. 38). Sin embargo, el énfasis en el resto de la narración es que tres mil personas recibieron la palabra, después fueron bautizados. En el siguiente sermón que se recoge de Pedro (3:17-26), el énfasis se pone en el arrepentimiento, la conversión y la aceptación de Cristo; no se hace mención alguna al bautismo. El versículo clave (v. 19, que es paralelo al 2:38 excepto por el hecho significativo de que no hay un mandamiento de ser bautizado) dice: "Así que, arrepentíos y convertíos para que sean borrados vuestros pecados; para que vengan de la presencia del Señor tiempos de consuelo." El kerygma en el capítulo 4 se centra en la importancia de creer en Jesús; una vez más no existe mención alguna al bautismo (vv. 8-12). Y cuando el carcelero de Filipos preguntó: "¿Qué debo hacer para ser salvo?" (Hch. 16:30), Pablo simplemente contestó: "Cree en el Señor Jesucristo y serás salvo tú y tu casa" (v. 31). No mencionó el bautismo, aunque debemos señalar que toda la casa fue bautizada poco después. Aunque hay una clara e importante conexión entre arrepentimiento y conversión por una parte y bautismo por otra, estos pasajes de Hechos parecen indicar que la conexión no es inseparable o absoluta. Por tanto, al contrario que el arrepentimiento y la conversión, el bautismo no es indispensable para la salvación. Parece más bien que el bautismo podría ser una expresión o consecuencia de la conversión.

Finalmente, debemos examinar Tito 3:5. Aquí Pablo escribe que Dios "nos salvó, no por obras de justicia que nosotros hubiéramos hecho, sino por su misericordia, por el lavamiento de la regeneración y por la renovación en el Espíritu Santo." Si esta es una alusión al bautismo, es vaga. Parece más bien que "el lavamiento de la regeneración" se refiere a una limpieza y perdón de los pecados. El bautismo es simplemente una representación simbólica, no el medio de su perdón. Concluimos que hay poca evidencia bíblica para apoyar la idea de que el bautismo es un medio de regeneración o un canal de gracia esencial para la salvación.

Es más, hay ciertas dificultades específicas unidas al concepto de regeneración bautismal. Cuando se explican todas las implicaciones, este concepto contradice el principio de salvación por la gracia, que con tanta claridad se enseña en el Nuevo Testamento. La insistencia en que el bautismo es necesario para la salvación es algo que tiene paralelismo con la insistencia de los judaizantes en que la circuncisión era necesaria para la salvación, una idea que Pablo rechazó con fuerza en Gálatas 5:1-12. Además, con la excepción de la Gran Comisión, Jesús no incluyó el bautismo en su predicación y enseñanza sobre el reino. De hecho, el ladrón de la cruz, no estaba bautizado, ni pudo serlo. No obstante Jesús le aseguro: "De cierto te digo que hoy estarás conmigo en el paraíso" (Lc. 23:43). También debería señalarse que los intentos de reconciliar el concepto de regeneración bautismal con el principio bíblico de salvación sólo por fe han resultado inadecuados. Ni el argumento de que los niños que son bautizados tienen una fe inconsciente ni el argumento de que la fe de los padres (o de la iglesia) es suficiente resulta muy convincente. En varios puntos, pues, la teoría de que el bautismo es un medio de gracia salvífica es insostenible.

¿Y qué ocurre con la afirmación de que el bautismo es una continuación o suplantación del rito de circuncisión del Antiguo Testamento como marca de que se ha entrado a formar parte del pacto? Es significativo que el Nuevo Testamento tienda a despreciar el acto externo de la circuncisión. Argumenta que la circuncisión tiene que ser reemplazada, no por otro acto externo (por ejemplo, el bautismo), sino por un acto interno del corazón. Pablo señala que la circuncisión del Antiguo Testamento era una formalidad externa que denotaba judaísmo, pero el auténtico judío es el que es judío en su interior: "sino que es judío el que lo es en lo interior, y la circuncisión es la del corazón, en espíritu y no según la letra. La alabanza del tal no viene de los hombres, sino de Dios" (Ro. 2:29). Pablo está afirmando no sólo que la circuncisión ha pasado, sino que todo el marco del que formaba parte la circuncisión ha sido reemplazado. Mientras que Oscar Cullmann[29] y otros han argumentado vigorosamente que el bautismo es el equivalente del Nuevo Testamento a la circuncisión, George Beasley-Murray ha señalado que el bautismo en realidad "acabó con la necesidad de la circuncisión porque significó la unión del creyente con Cristo, y en unión con Él la antigua naturaleza fue abandonada. Una circuncisión inferior fue reemplazada por otra más grande; la circuncisión espiritual prometida en el antiguo pacto se convirtió en una realidad en el nuevo a través del bautismo.[30] Entonces, si algo ha reemplazado a la circuncisión externa no es el bautismo, sino la circuncisión interna. Sin embargo, existe, como Pablo sugiere en Colosenses 2:11-12, una relación cercana entre la circuncisión espiritual y el bautismo.

29. Oscar Cullmann, *Baptism in the New Testament* (London: SCM, 1950), pp. 56-70.
30. George R. Beasley-Murray, *Baptism in the New Testament* (London: Macmillan, 1962), p. 315.

Entonces, ¿cuál es el significado del bautismo? Para responder a esta pregunta hay que señalar primero que hay una fuerte conexión entre el bautismo y nuestra unión con Cristo en su muerte y resurrección. Pablo resalta este punto en Romanos 6:1-11. El uso del tiempo aoristo sugiere que en un momento específico el creyente realmente queda vinculado a la muerte y resurrección de Cristo: "¿O no sabéis que todos los que hemos sido bautizados en Cristo Jesús, hemos sido bautizados en su muerte?, porque somos sepultados juntamente con él para muerte por el bautismo, a fin de que como Cristo resucitó de los muertos por la gloria del Padre, así también nosotros andemos en vida nueva" (vv. 3-4). Segundo, observamos que el libro de los Hechos a menudo relaciona creencia y bautismo. El bautismo normalmente va a continuación o prácticamente coincide con creer. Al contar su conversión y bautismo muchos años después, Pablo citó las palabras que le dijo Ananías: "Levántate, bautízate y lava tus pecados invocando su nombre" (Hch. 22:16). Las palabras de Ananías sugieren que en el bautismo alguien invoca el nombre de Señor. El bautismo, pues, es en sí mismo un acto de fe y compromiso. Aunque la fe es posible sin el bautismo (o sea, la salvación no depende de que uno sea bautizado), el bautismo es un acompañamiento natural y es la consumación de la fe.

El bautismo es, pues, un acto de fe y un testimonio de que uno se ha unido a Cristo en su muerte y resurrección, de que se ha experimentado la circuncisión espiritual. Es una indicación pública de nuestro compromiso con Cristo. Karl Barth hace una presentación clara y directa de este punto en sus primeras palabras de su corto pero estupendo libro *The Teaching of the Church Regarding Baptism* (La enseñanza de la iglesia sobre el bautismo): "El bautismo cristiano es en esencia la representación [*Abbild*] del renacimiento de un hombre mediante su participación, a través del poder del Espíritu Santo, en la muerte y resurrección de Jesucristo, y además la representación de la asociación del hombre con Cristo, con el pacto de gracia que se concluyó y se realizó en Él, y con la comunión de Su iglesia."[31]

El bautismo es una forma poderosa de proclamar la verdad de lo que Cristo ha hecho; es una "palabra en agua" testificando la participación del creyente en la muerte y resurrección de Cristo (Ro. 6:3-5). Es un símbolo y no una simple señal, porque es una imagen gráfica de la verdad que representa. No hay una conexión inherente entre una señal y lo que representa. Es sólo una convección que, por ejemplo, el semáforo en verde nos diga que podemos pasar en lugar de que debemos parar. Por el contrario, la señal en un cruce de vías es más que una señal; también es un símbolo, porque es un dibujo básico de lo que intenta indicar: el cruce de una carretera y una vía de tren. El bautismo es un símbolo, no sólo una señal, porque realmente expresa la muerte y resurrección del creyente con Cristo.

31. Karl Barth, *The Teaching of the Church Regarding Baptism*, trad. Ernest A. Payne (London: SCM, 1948), p. 9.

### *Los sujetos del bautismo*

La siguiente cuestión lógica trata sobre quiénes son los sujetos adecuados para el bautismo. La cuestión aquí es si hay que defender el bautismo de niños o el bautismo de creyentes (o sea, la posición que dice que el bautismo debería quedar restringido a aquellos que han confesado su fe en la obra expiatoria de Cristo). Hay que señalar que nuestra dicotomía no es sobre el bautismo entre niños y adultos, porque los que rechazan el bautismo de niños estipulan que los candidatos al bautismo deben en realidad haber ejercido la fe. Nosotros defendemos que el bautismo de los creyentes es la posición correcta.

Una de las consideraciones más significativas es la falta de cualquier indicación positiva en el Nuevo Testamento sobre el bautismo de niños. Una admisión impresionante se hizo en *Baptism and Confirmation Today* (Bautismo y Confirmación Hoy), un informe que hizo la Unión de Comités sobre Bautismo, Confirmación y Comunión de la Iglesia de Inglaterra:

> Está claro que los receptores del bautismo normalmente eran adultos y no niños; y debe admitirse que no hay una evidencia concluyente en el Nuevo Testamento sobre el bautismo de niños. Todo lo que podemos decir es que es posible que cuando se dice que "la familia" fue bautizada *puede que* incluya a los niños (Hch. 16.15, 33; 1 Co. 1.16). Pero de todas formas queda claro que la *doctrina* del bautismo en el Nuevo Testamento se expresa en relación con el bautismo de adultos, como fue también el caso (con dos o tres excepciones) en los escritores de los tres primeros siglos... en cada caso que se recoge sobre el bautismo en el Nuevo Testamento, el evangelio había sido oído y aceptado, y la condición de la fe (y supuestamente el arrepentimiento) había sido conscientemente cumplido antes de la recepción del sacramento.[32]

Un gran número de estudiosos del Nuevo Testamento ahora admiten este punto. No hacen una afirmación más fuerte que la de que sea posible que el bautismo de toda una familia pueda incluir a los niños.

Sin embargo, algunos estudiosos plantean un enfoque más vigoroso. Entre ellos está Joachim Jeremias, que argumenta que debe haber habido niños en las familias que fueron bautizados. Con respecto a Hechos 11:14 (ver 10:48); 16:15; 16:31-34; 18:8 y 1 Corintios 1:16, declara: "En estos cinco casos la evidencia lingüística nos prohíbe restringir el concepto de 'familia' a los miembros adultos. Por el contrario, muestra que es *la familia al completo incluyendo todos sus miembros* la que recibe el bautismo."[33] Beasley-Murray, sin embargo, señala que esta línea de argumentación, aunque parece razonable, conduce a conclusiones que van más

32. *Baptism and Confirmation Today* (London: SCM, 1955), p. 34.

33. Joachim Jeremias, *The Origins of Infant Baptism: A Further Study in Reply to Karl Aland,* trans. Dorothea M. Barton (London: SCM, 1965). p. 25.

allá de lo que pretende Jeremias, porque las familias en cuestión experimentan algo más que el bautismo. Beasley-Murray mantiene, por ejemplo, que "según el principio de Jeremias no hay que tener ninguna duda sobre el significado de [Hch. 10:44-48]: *todos* los familiares de Cornelio escucharon la palabra, *todos* recibieron el Espíritu, *todos* hablaron en lenguas, *todos* fueron bautizados; los niños presentes escucharon la palabra, recibieron el Espíritu, hablaron en lenguas y fueron bautizados. A esto ¡*no* se permite ninguna excepción!"[34] Por supuesto, hay otra interpretación de este pasaje y de otros como este. Es posible que todos los miembros de estas familias reunieran las condiciones para el bautismo: creyeron y se arrepintieron. En ese caso, por supuesto, todos los individuos habían alcanzado la edad de comprender y de ser responsables.

Otro argumento que se utiliza para apoyar el bautismo de niños es el de los niños que fueron traídos ante Jesús y a los que él impuso las manos (Mt. 19:13-15; Mr. 10:13-16; Lc. 18:15-17) podrían en realidad haber sido traídos para ser bautizados. La comisión especial sobre bautismo de la Iglesia de Escocia en un informe de 1955 argumenta que la expresión de Jesús: "estos pequeños que creen en mí" (Mt. 18:6) significa que han sido "bautizados en Cristo" (Gá. 3:27).[35] El informe además intentaba demostrar que Mateo 18:3; Marcos 10:15 y Lucas 18:17 son análogos a Juan 3:3 y 3:5, y que todos hacen referencia al bautismo.[36] Esto es una elaboración del argumento de Jeremias. Beasley-Murray comenta en esta sección del informe: "Algo de esa exégesis me parece tan improbable que no puedo entender cómo un cuerpo responsable de teólogos de mediados del siglo veinte pudo permitir que eso se publicase en su nombre."[37]

Tanto Jeremias como Cullmann ven Marcos 10:13-16 y sus pasajes paralelos en referencia al *Sitz im Leben*, la situación de la iglesia primitiva. Ellos creen que estas narraciones se incluyeron en los evangelios para justificar la práctica de la iglesia del bautismo de niños.[38] Aunque el análisis y la evaluación de este asunto va más allá del ámbito de nuestra obra,[39] es importante observar que los pasajes en cuestión no mencionan el bautismo. Seguramente si el propósito al incluirlos en los evangelios era justificar el bautismo de niños, habría una referencia clara en algún lugar en el contexto inmediato. Cuando Jesús dijo que cualquiera que entrase en el reino de los cielos debería hacerlo como un niño, estaba refiriéndose a la necesidad de confiar de forma absoluta, no al bautismo.

34. Beasley-Murray, *Baptism*, p. 315.

35. The Church of Scotland, "Interim Report of the Special Commission on Baptism," mayo 1955, p. 23.

36. Ibid., p. 25.

37. Beasley-Murray, *Baptism*, p. 311, no. 27.

38. Joachim Jeremias, *Infant Baptism in the First Four Centuries*, trad. David Cairns (Philadelphia: Westminster, 1960), p. 51; Cullmann, *Baptism*, pp. 72-78.

39. Ver Beasley-Murray, *Baptism*, pp. 322ss.

Finalmente, observamos que la defensa del bautismo de niños procede o bien de la idea de que el bautismo es un medio de gracia salvadora o de la idea de que el bautismo, como la circuncisión en el Antiguo Testamento, es un signo y sello de entrada en el pacto. Como ambas ideas se ha demostrado que son inadecuadas, debemos concluir que el bautismo de niños es insostenible. El significado del bautismo requiere que mantengamos la posición del bautismo de los creyentes ya que en ninguna parte el Nuevo Testamento se ofrece una prueba clara de que un individuo haya sido bautizado antes de demostrar fe.

### *El modo del bautismo*

No es posible resolver el tema de cuál es el modo adecuado del bautismo basándonos sólo en los datos lingüísticos. Sin embargo, deberíamos señalar que el significado predominante de βαπτίζω es "sumergirse o introducirse bajo el agua"[40] Incluso Martín Lutero y Juan Calvino reconocieron que la inmersión era el significado básico del término y la forma original del bautismo practicado por la iglesia primitiva.[41] Hay varias consideraciones que argumentan que la inmersión era el procedimiento bíblico. Juan bautizó en Enón "porque allí había muchas aguas" (Jn. 3:23). Cuando fue bautizado por Juan, Jesús "subía del agua" (Mr. 1:10). Tras oír las buenas nuevas, el eunuco etíope dijo a Felipe "Aquí hay agua, ¿qué impide que sea bautizado?" (Hch. 8:36). Después los dos descendieron al agua. Felipe le bautizó y los dos subieron del agua (vv. 38-39).

Pero ¿el hecho de que la inmersión fuera el modo que se empleaba originalmente es más que históricamente autoritativo para nosotros? O sea, ¿es también normativamente autoritativo para nosotros? No existe duda de que el procedimiento seguido en los tiempos del Nuevo Testamento fuera la inmersión. Pero ¿significa eso que nosotros debamos seguir practicándolo hoy? ¿O existen otras posibilidades? Los que no le dan importancia al modo mantienen que no hay un vínculo esencial entre el significado del bautismo y la manera en que se administra. Pero si, como establecimos en nuestra discusión sobre el significado, el bautismo es realmente un símbolo, y no meramente un signo arbitrario, no somos libres para cambiar el modo.

En Romanos 6:3-5 Pablo parece estar defendiendo que hay una conexión importante entre cómo se administra el bautismo (uno es sumergido en agua y luego se le saca de ella) y lo que simboliza (la muerte del pecado y la nueva vida en Cristo, y más allá de ello, el bautismo simboliza la base de la muerte del creyente al pecado y la nueva vida: la muerte, el entierro y la resurrección de Cristo). Beasley-Murray dice:

> A pesar de la frecuente negación de los exégetas, seguramente es razonable creer que la razón para que Pablo dijese que el bautizado está *enterrado* como si estuviese *muerto*, en lugar de muerto (como en el v. 6), es la naturaleza del bautismo como inmersión. El

40. Henry George Liddell y Robert Scott, *A Greek-English Lexicon* (Oxford: Clarendon, 1951), vol. 1, pp. 305-6.

41. *What Luther Says*, comp. Ewald M. Plass (St. Louis: Concordia, 1959), vol. 1, pp. 57-58; Juan Calvino *Institución de religión cristiana*, libro 4, capítulo 16, sección 13.

> simbolismo de la inmersión representando el entierro es muy llamativo, y si el bautismo tiene que ser comparado con el simbolismo profético, el paralelismo del acto y el suceso simbolizado no carecen de importancia. Realmente una afirmación como la de C. H. Dodd "La inmersión es como un entierro... la emersión una especie de resurrección," se puede hacer sólo porque el kerygma concede esa importancia al bautismo; todo su significado procede de Cristo y su redención: es el kerygma *en acción*, y si la acción representa adecuadamente el contenido del kerygma, mucho más claro será su discurso. Pero repetimos, el "con Él" del bautismo se debe al evangelio, no a la imitación. Es "con Su muerte": Cristo y su muerte, Cristo y su resurrección dan al rito todo su significado. Como dijo uno de los primeros bautistas británicos, ser bautizado es ser "sumergido en agua para morir."[42]

Se podría decir que Beasley-Murray, como bautista, tiene prejuicios en esta materia. Sin embargo, no se puede decir lo mismo del estudioso reformado Karl Barth, que escribió:

> La palabra griega βαπτίζω y la palabra alemana *taufen* (de *Tiefe*, profundo) en su origen y adecuadamente describen el proceso mediante el cual un hombre o un objeto está completamente inmerso en agua y después es extraído de ella de nuevo. El bautismo primitivo que se llevaba a cabo de esta manera tenía su procedimiento, al igual que lo tenía la circuncisión en el Antiguo Testamento, el carácter de una amenaza directa a la vida, concluida inmediatamente con la liberación y la conservación correspondiente, el resurgir del bautismo. Casi es innegable que realizar el bautismo por inmersión - como se hizo en Occidente hasta bien entrada la Edad Media - expresaba lo que representaba de forma mucho más expresiva que lo que luego fue la forma más habitual, especialmente cuando la efusión se redujo sencillamente a rociar y al final prácticamente a mojar con la menor cantidad de agua posible... ¿Será la última palabra sobre el tema que la facilidad en la administración, la salud y la propiedad son razones importantes para hacerlo de otra manera [o sea, para administrar el bautismo de formas distintas a la original]?[43]

Según estas consideraciones, la inmersión parece ser la forma más adecuada de las distintas posiciones. Aunque puede que no sea la única válida, es la forma que conserva de manera más plena el significado del bautismo.

Cualquiera que sea el modo que se adopte, el bautismo no es un asunto para tomar a la ligera. Tiene gran importancia, porque es un signo de unión del creyente con Cristo y, como confesión de esa unión, un acto adicional de fe que sirve para cimentar más firmemente esa relación.

42. Beasley-Murray, *Baptism.*, p. 133.
43. Barth, *Teaching*, pp. 9-10.

# 54. El rito continuado de la iglesia: la cena del Señor

## Objetivos del capítulo

Después de estudiar este capítulo debería ser capaz de:

- Describir al menos seis puntos en los que estén de acuerdo sustancialmente los diferentes grupos denominacionales sobre la cena del Señor.
- Identificar y describir al menos cinco puntos de desacuerdo de los grupos denominacionales referentes a la cena del Señor.
- Examinar cuatro teorías destacadas sobre la cena del Señor y las implicaciones de cada una de ellas.
- Descubrir respuestas a los temas implicados en una teoría adecuada sobre la cena del Señor.

## Resumen del capítulo

La cena del Señor es de vital importancia para todos los grupos cristianos. Continúa lo que comenzó con el bautismo al iniciarnos en la fe cristiana. Hay al menos seis puntos esenciales de acuerdo entre los grupos cristianos y al menos cinco de desacuerdo. Se propone una solución para cada uno de estos temas.

## Cuestiones de estudio

1. ¿Cuáles son los puntos de acuerdo esenciales entre los distintos grupos cristianos en torno a la cena del Señor? Enumere cada uno de ellos, mencione su importancia y trátelos desde su perspectiva.
2. ¿Por qué la presencia de Cristo, la eficacia del rito y los elementos utilizados son importantes? ¿Existen expectativas especiales para el administrador y el receptor? ¿Qué es el sacerdotalismo? ¿Qué papel juega en esta discusión? ¿Cómo trataría cada uno de estos temas?

3. Compare y contraste la cena del Señor desde el punto de vista católico romano, luterano, reformado y de Zwinglio. Divida una hoja de papel en cuatro columnas y ponga en cada una los puntos de desacuerdo. Compare los distintos puntos de vista.
4. ¿Qué cree usted sobre la cena del Señor?

- Puntos de acuerdo
  - Establecida por Cristo
  - Necesidad de repetición
  - Una forma de proclamación
  - Un beneficio espiritual para los participantes
  - Reservado para los seguidores de Cristo
  - La dimensión horizontal
- Puntos de desacuerdo
  - La presencia de Cristo
  - La eficacia del rito
  - El administrador adecuado
  - Los receptores adecuados
  - Elementos a utilizar
- Principales puntos de vista
  - Punto de vista católico romano tradicional
  - El punto de vista luterano
  - El punto de vista reformado
  - El punto de vista de Zwinglio
- Tratando los problemas
  - La presencia de Cristo
  - La eficacia del rito
  - El administrador adecuado
  - Los receptores adecuados
  - Elementos a utilizar
  - La frecuencia de la celebración

Aunque el bautismo es el rito iniciático, la cena del Señor es el rito continuado de la iglesia visible. Se puede definir, de forma preliminar, como un rito que Cristo mismo estableció para que lo practicara la iglesia como conmemoración de su muerte.

Inmediatamente encontramos un hecho curioso sobre la cena del Señor. Prácticamente cada rama del cristianismo la practica. Es un factor común de unión de todos los segmentos de la cristiandad. No obstante, por otra parte, hay muchas interpretaciones diferentes. Históricamente ha mantenido apartado a varios grupos cristianos. Por tanto es un factor que a la vez une y divide a la cristiandad.

Las presuposiciones filosóficas han jugado un papel importante a la hora de dar forma a los puntos de vista más destacados sobre la cena del Señor. Algunas de estas presuposiciones reflejan debates y disputas que sucedieron en tiempos medievales. En muchos casos, las posiciones filosóficas que hay tras las suposiciones han sido alteradas o incluso abandonadas, y la teología de hoy en día está menos orientadas hacia los temas filosóficos. No obstante, curiosamente, las consecuencias teológicas de los temas filosóficos medievales permanecen. Por tanto, es importante aislar las suposiciones en las que se apoyan los diferentes puntos de vista de la cena del Señor.

En algunos casos el tema del valor espiritual o práctico de la cena del Señor se ha perdido al discutir sobre los temas teóricos. Las cuestiones teóricas son importantes (afectan a las consideraciones espirituales), y por tanto no se deberían despreciar demasiado rápido. Sin embargo, si nos detenemos demasiado en los temas técnicos y no seguimos adelante para tratar el significado práctico, no llegaremos a entender el propósito por el que realmente Cristo estableció la cena. Experimentar el significado de la cena del Señor, no solo entenderla, ese es nuestro objetivo.

## Puntos de acuerdo

Las distintas tradiciones o grupos denominacionales están de acuerdo en un amplio número de temas muy importantes.

### *Establecida por Cristo*

Durante un largo periodo de tiempo, los estudiosos del Nuevo Testamento no se cuestionaron que Jesús mismo estableciese la cena del Señor. El primero que cuestionó seriamente esto fue H. E. G. Paulus en su comentario sobre el Nuevo Testamento (1800-1804) y su vida de Jesús (1828). David Strauss igualmente lo negaba en su primera edición de la vida de Jesús (1835), pero admitió su posibilidad en la edición popular posterior (1864), cuando cuestionó únicamente los detalles.[1] Algunos críticos de la forma recientes también discuten la autenticidad de las declaraciones de Jesús estableciendo la cena del Señor. W. D. Davies, por ejemplo, habla de "los restos de esas palabras filtrados a través de la mente de un rabino."[2]

Sin embargo, en su mayor parte existe acuerdo en que el establecimiento de la cena del Señor se debe al mismo Jesús. La evidencia incluye el hecho de que los tres evangelios sinópticos le atribuyen las palabras de la inauguración de la práctica (Mt. 26:26-28; Mr. 14:22-24; Lc. 22:19-20). Aunque hay algunas variaciones en los detalles, la esencia común de los sinópticos argumenta a

1. "Lord's Supper," en *The New Schaff-Herzog Encyclopedia of Religious Knowledge*, ed. Samuel Macauley Jackson (New York: Funk & Wagnalls, 1908), vol. 7, p. 24.

2. W. D. Davies, *Paul and Rabbinic Judaism* (London: SPCK, 1948), pp. 246-50 (la cita es de la p. 249).

favor de una introducción temprana en la tradición oral.[3] Además, Pablo en 1 Corintios 11:23-29 ofrece un relato similar sobre la institución de la cena del Señor. Declara que recibió del Señor (παραλαμβάνω—*paralambanō*) lo que ahora transmite ( παραδίδωμι—*paradidōmi*) a sus lectores. Mientras que Pablo no aclara si estos hechos le fueron revelados directamente por Dios, o le habían sido transmitidos por otros, el verbo παραλαμβάνω sugiere esto último y el pasárselo a la iglesia de Corintio es una continuación del proceso de transmisión.[4] Pablo probablemente escuchó el relato de algunos testigos, o sea, de los apóstoles. En cualquier caso, que Pablo incluya el relato indica que la tradición existía varios años antes de que se escribiera el primero de los evangelios, que probablemente fue el de Marcos.[5] Concluimos que aunque puede que no sea posible determinar las palabras precisas dichas por Jesús, sabemos que instituyó la práctica que lleva su nombre: la cena del *Señor*.

### Necesidad de repetición

Algunos teólogos mantienen que Jesús mismo instituyó la cena del Señor, pero no ordenó que se repitiera. Esta conclusión se basa en el hecho de que Mateo y Marcos no incluyeron la frase "haced esto en memoria de mí" en sus relatos.[6] Algunos críticos de la redacción asumen que Lucas añadió este mandamiento, editándolo al texto, aunque no estaba en la tradición que él había recibido. Pero la ausencia en Marcos y Mateo no prueba que el mandato no fuera auténtico. Lucas podría haber tenido fuentes independientes. En cualquier caso, ya que Lucas escribía bajo la inspiración del Espíritu Santo, su carta es completamente la Palabra de Dios y, en consecuencia, en este punto en particular es autoritativa y obligatoria para nosotros. Además, el relato de Pablo incluye el mandato "haced esto... en memoria de mí" (1 Co. 11:24-25), y continúa: "Así pues, todas las veces que comáis este pan y bebáis esta copa, la muerte del Señor anunciáis hasta que él venga" (v. 26). A estas consideraciones debemos añadir la práctica de la iglesia. Es evidente que los creyentes celebraron la cena del Señor desde una época muy temprana. Desde luego ya se observa en la iglesia en tiempos de la primera carta de Pablo a los corintios (aproximadamente en el 55 d.C.). Esta era la época en la que todavía vivían los testigos oculares, que podrían verificar la autenticidad del relato de Pablo sobre las palabras de Jesús. Estas consideraciones son un argumento a favor de que el mandato de repetir el sacramento procediese de Jesús.

3. Joachim Jeremias, *The Eucharistic Words of Jesus* (New York: Macmillan, 1955), pp. 68-71.
4. Donald Guthrie, *New Testament Theology* (Downers Grove, Ill.: InterVarsity, 1981), p. 758.
5. Jeremias, *Eucharistic Words*, pp. 27-35.
6. Ibid., p. 110.

También necesitamos preguntarnos cuál sería el significado de la cena del Señor si no hubiera habido un mandamiento de repetirlo. En ese caso, el pan y el vino habrían tenido importancia sólo para el grupo que estaba presente. Los elementos habrían constituido una especie de demostración práctica para los Once. Y el relato de la última cena se habría incorporado a los evangelios sólo como un hecho histórico. Sin embargo, sabemos que en el momento de los escritos de Marcos (aproximadamente 60-62 d.C.) ya no había una necesidad imperiosa de hacer un relato histórico de la última cena (al contrario de lo que ocurría con la mayoría de los otros hechos del ministerio de Jesús). El relato histórico detallado y didáctico de Pablo ya estaba en circulación. Que Marcos y los otros sinópticos decidieran incluir un relato de la última cena sugiere con fuerza que ellos consideraban que era algo más que un mero suceso histórico. Es razonable deducir que incluyeron la cena del Señor en sus evangelios porque Jesús pretendía que esta fuera una práctica que continuase en generaciones futuras. En ese caso, la inclusión de la cena del señor en las narraciones de Mateo y Marcos es evidencia de que el rito se debía repetir con regularidad, incluso aunque esos dos escritores no recojan ningún mandamiento sobre este particular.

### *Una forma de proclamación*

Aunque hay una diferencia de opinión sobre si el pan y el vino son meros emblemas o no, en general todas las denominaciones están de acuerdo en que la cena del Señor es cuando menos una representación del hecho y la significación de la muerte de Cristo. Pablo indicó específicamente que la cena del Señor es una forma de proclamación: "Así pues, todas las veces que comáis este pan y bebáis esta copa, la muerte del Señor anunciáis hasta que él venga." (1 Co. 11:26). El acto de tomar el pan y la copa es una dramatización del evangelio, una demostración gráfica de lo que la muerte de Cristo ha conseguido. Recuerda su muerte como base de nuestra salvación. Sin embargo, más que eso, declara una verdad presente: la importancia de una disposición adecuada de la mente y el corazón. Los comulgantes tienen que examinarse a sí mismos antes de comer el pan y beber de la copa; todo el que participa: "sin discernir el cuerpo del Señor, juicio come y bebe para sí" (vv. 28-29). Comer el pan o beber de la copa del Señor de manera indigna es ser culpable de pecar contra el cuerpo y la sangre del Señor (v. 27). Aunque se podría interpretar la referencia de Pablo a "discernir el cuerpo" (v. 29) como que significa que la iglesia no estaba siendo reconocida adecuadamente, la expresión "del cuerpo y de la sangre del Señor" (v. 27) es evidencia de que Pablo estaba pensando realmente en la muerte de Jesús. Además de entender correctamente lo que Cristo ha conseguido y tener una buena relación con él, los comulgantes deben llevarse bien entre sí. Pablo notó con disgusto que había divisiones en la iglesia de Corinto (v. 18). Algunos miembros cuando comían no estaban realmente celebrando la cena del Señor (v. 20), porque simplemente comían sin esperar por los demás. (v. 21). El menosprecio por los hermanos cristianos y por la iglesia es una contradicción en la cena del Señor. Así que la cena del Señor es tanto un símbolo de la presente comunión vital de los creyentes con el Señor y entre sí como un símbolo de la pasada muerte de Jesús. También es una proclamación de un hecho futuro; anticipa la segunda venida del Señor. Pablo escribió: "Así pues, todas las veces que comáis este pan y bebáis esta copa, la muerte del Señor anunciáis *hasta que él venga*" (v. 26, cursiva añadida).

### Un beneficio espiritual para los participantes

Todos los cristianos que participan en la cena del Señor lo consideran un beneficio espiritual. En este sentido, todos están de acuerdo en que la cena del Señor es *sacramental.* Puede ser un medio, o al menos una ocasión, de crecimiento espiritual en el Señor. Hay diferentes maneras de entender la naturaleza del beneficio que se consigue al tomar la cena del Señor. También hay diferentes maneras de entender los requisitos necesarios para recibir este beneficio espiritual. Sin embargo, todos están de acuerdo en que no tomamos los elementos únicamente porque el mandamiento del Señor nos obliga a ello. La participación nos conduce o contribuye a la salvación o al crecimiento en esta salvación.

### Reservado para los seguidores de Cristo

Todas las denominaciones están de acuerdo en que la cena del Señor no debe ser administrada de forma indiscriminada a todo el mundo. Es en cierta manera un símbolo del discipulado que hay en la relación entre el creyente individual y el Señor. Según esto, no debe ser administrada a aquellos que no sean discípulos del Señor.

Esta restricción se basa en el hecho de que la cena del Señor originalmente se celebró dentro del círculo íntimo de los discípulos. No se compartió con la multitud de personas que se acercaban a Jesús, muchas de las cuales eran simplemente curiosos o gente que deseaban obtener algún beneficio personal de él. Al contrario, la última cena se celebró en la intimidad, entre aquellos que más comprometidos estaban con Cristo. Además, recordemos que el grupo tuvo que ser purificado. Judas, que iba a traicionar a Jesús, aparentemente abandonó el grupo en medio de la comida.

La restricción de la cena del Señor a los creyentes también viene atestiguada por las palabras de Pablo sobre examinarse uno mismo, que hemos señalado anteriormente. Es necesario que una persona se examine a sí misma para poder comer y beber de manera digna. Uno no sólo debe ser creyente, sino un creyente practicante para tomar los elementos. Cualquier otra cosa es pecado (1 Co. 11:27-34).

### *La dimensión horizontal*

La cena del Señor es, o representa, el cuerpo del Señor. Es también para el cuerpo, o sea, para la iglesia. En 1 Corintios 10:15-17 Pablo argumenta que ya que todos comen del mismo pan, que es el cuerpo de Cristo, todos son un único cuerpo. Este es el contexto de las declaraciones de Pablo en 1 Corintios 11:17-22. Por tanto, que los miembros de la iglesia se dividan en facciones y menosprecien a otros que comen con ellos el mismo pan es un abuso y una contradicción de la práctica. La cena del Señor es una ordenanza de la iglesia. No la pueden practicar adecuadamente individuos aislados de forma separada.

## Puntos de desacuerdo

### *La presencia de Cristo*

De entre los asuntos que más se han discutido sobre la cena del Señor, el de la naturaleza de la presencia de Cristo, probablemente sea el más destacado. Incluso Martín Lutero y Ulrico Zwinglio, que estaban de acuerdo en otros asuntos, como la eficacia y la validez del rito, no pudieron llegar a un acuerdo en lo que se refiere a este punto. Este tema trata de si, y en qué sentido, el cuerpo y la sangre de Cristo realmente están presentes en los elementos empleados. O sea, con cuánta literalidad hay que interpretar las expresiones "este es mi cuerpo" y "esta es mi sangre." Se han dado varias respuestas a esta pregunta:

1. El pan y el vino *son* el cuerpo y la sangre física de Cristo.[7]
2. El pan y el vino *contienen* el cuerpo y la sangre física.[8]
3. El pan y el vino *contienen espiritualmente* el cuerpo y la sangre.[9]
4. El pan y el vino *representan* el cuerpo y la sangre.[10]

### *La eficacia del rito*

¿Qué valor tiene la cena del Señor? ¿Qué se consigue realmente para (y en) los participantes? Una posición es que realmente transmite la gracia al comulgante. El rito tiene dentro de él el poder de provocar cambios espirituales que de otra manera no se producirían. Una segunda posición es que la cena del Señor sirve para poner al participante en contacto con el Cristo vivo. Está presente espiritualmente, y nos beneficiamos por tanto de ese encuentro con él. Sin embargo, es el encuentro no el rito en sí la fuente de la que surge el beneficio. El rito es únicamente el instrumento

7. Joseph Pohle, *The Sacraments: A Dogmatic Treatise*, ed. Arthur Preuss (St Louis: B. Herder 1942), vol. 2, p. 25.
8. Franz Pieper, *Christian Dogmatics* (St. Louis: Concordia, 1953), vol. 3, p. 345.
9. Louis Berkhof, *Systematic Theology* (Grand Rapids: Eerdmans, 1953), pp. 653-54.
10. Augustus H. Strong, *Systematic Theology* (Westwood, N.J.: Revell, 1907), pp. 538-43).

que promueve nuestra relación con él. No constituye la relación ni transmite la bendición que la acompaña. Una tercera opción mantiene que la cena del Señor únicamente tiene como función recordar la verdad de que el Señor está presente y disponible. Su potencial para el beneficio espiritual es muy similar al del sermón. El beneficio de un sermón depende de si se cree en él y se acepta. De forma similar, es bastante posible tomar la cena del Señor y no verse afectado por la experiencia.

### El administrador adecuado

¿Quién puede presidir la cena del Señor? ¿Es necesario que haya un sacerdote o un ministro? ¿Es necesario que haya una persona ordenada para que el rito tenga validez? Y si esto es así, ¿qué haría que una ordenación fuese adecuada?

Aquí estamos tratando el tema del sacerdotalismo, que está íntimamente relacionado con el sacramentalismo. El sacramentalismo es la doctrina de que los sacramentos en y por sí mismos transmiten la gracia y pueden incluso conseguir la salvación del individuo. El sacerdotalismo es la doctrina correlativa que dice que sólo ciertas personas están capacitadas para administrar los sacramentos. Por ejemplo, en el dogma clásico de la iglesia católica romana, sólo los sacerdotes católicos ordenados en la sucesión apostólica pueden administrar la eucaristía. Si cualquier otra persona tomase los mismos elementos físicos y pronunciase las mismas palabras sobre ellos, estos seguirían siendo pan y vino. Los que reciben los elementos estarían comiendo una simple comida, no recibiendo la eucaristía.

En algunos grupos cristianos no muy litúrgicos, no se pone ninguna limitación especial a la persona que administra la cena del Señor. Cualquier cristiano cualificado espiritualmente para recibir la cena del Señor también puede administrarla. Si una persona sigue la forma establecida y tiene la intención adecuada, el sacramento es válido.

Un tema subsidiario es el relativo énfasis que se da a la iglesia y a la clerecía. Algunas comuniones que definen calificaciones precisas para los administradores no obstante ponen mayor énfasis en la iglesia. La clerecía es una institución de la iglesia; el clérigo es simplemente el representante que ha sido designado. Otras comuniones dan más importancia al sacerdocio en sí y a la ordenación adecuada. Desde su punto de vista el sacerdote en realidad posee el poder de realizar lo que la cena del Señor consigue.

### Los receptores adecuados

Hemos señalado que todas las iglesias requieren que todos los que participen de la cena del Señor sean cristianos. Puede haber también estipulaciones adicionales. Algunos grupos insisten en que los participantes estén adecuadamente bautizados. Algunas congregaciones locales distribuyen los elementos sólo a sus propios miembros. Otros especifican una edad mínima. A menudo se requiere estar en un estado espiritual particular, al menos tácita o informalmente. Prácticamente todos los grupos niegan la cena del Señor a la gente que saben que está viviendo en serio pecado. Puede que sea necesario confesarse o ayunar antes de tomar los elementos.

Un tema específico de interés histórico es si los laicos reciben adecuadamente los dos elementos de la cena del Señor. Una de las grandes críticas de Lutero a la iglesia católica fue que le negó la copa a los seglares. Sólo se les permitió tomar el pan. El clero tomaba la copa en nombre de los seglares. Esta práctica constituyó lo que Lutero denominó como una de las "cautividades babilónicas" de la iglesia."[11]

### Elementos a utilizar

Finalmente, trataremos un tema que no divide denominaciones pero sí crea disputas entre grupos que si no fuera por esto, estarían de acuerdo: ¿Los elementos deben ser los mismos que utilizaban los primeros que practicaron la cena del Señor? ¿El pan debe ser sin levadura, como era el caso del de la cena de Pascua? ¿O podemos interpretar la referencia de Pablo "un solo pan" (1 Co. 10:17) a que todos los panes son aceptables? ¿Debemos utilizar vino o el mosto puede servir igual? Si hay que utilizar vino, ¿qué cantidad de alcohol tendría que tener para que fuera igual al que utilizaron Jesús y sus discípulos? ¿Y debería haber una copa común o serviría que hubiera copas individuales? ¿Tiene la congregación libertad para realizar cambios en el procedimiento con propósitos sanitarios? Aunque estas preguntas a algunos les puedan parecer sin importancia, en ocasiones han sido la base de serios debates e incluso de división.

Algunas veces surge este tema por el deseo de adaptar el mensaje cristiano de una cultura a otra. ¿Se pueden utilizar elementos un tanto distintos de los originales si el pan y el vino no están disponibles o no aportan el significado que tenían para la gente del Nuevo Testamento ? Por ejemplo, ¿podría cambiar una cultura esquimal el pan y el vino por el agua y el pescado?

A veces el tema surge porque se desea variar o innovar. La gente joven puede que desee refrescar su experiencia religiosa variando los símbolos. ¿Sería válido sustituir el pan y el vino por patatas fritas y coca cola cuando se dispone de pan y vino o mosto?

## Principales puntos de vista

### Punto de vista católico romano tradicional

La posición católica romana sobre la cena del Señor fue expuesta en el Concilio de Trento (1545-63). Aunque muchos católicos, especialmente en los países de occidente, han abandonado en la actualidad algunas de las características de ese punto de vista, sigue siendo la base de la fe de muchos.

11. Martin Luther, *The Babylonian Captivity of the Church*, en *Three Treatises* (Philadelphia: Muhlenberg, 1943), pp. 127-36.

La transubstanciación es la doctrina de que cuando el sacerdote consagra los elementos, se produce realmente un cambio metafísico. La sustancia del pan y el vino - lo que es realmente - se convierte respectivamente en el cuerpo y la sangre de Cristo. Los accidentes, no obstante, permanecen igual. Por tanto el pan sigue manteniendo la forma, textura y sabor del pan. Un análisis químico diría que sigue siendo pan. Pero lo que es en esencia ha cambiado.[12] Cristo entero está presente en cada una de las partículas de la hostia.[13] Todos los que participan en la cena del Señor, o en la Sagrada comunión como se la denomina, literalmente toman para sí el cuerpo físico y la sangre de Cristo.

Para las personas modernas que no piensan en términos metafísicos, la transubstanciación resulta extraña, y puede que hasta absurda. Sin embargo, se basa en la distinción de Aristóteles entre sustancia y accidentes, que a través de Tomás de Aquino encontró su camino hacia la teología oficial de la iglesia católica romana. Desde esa perspectiva filosófica, la transubstanciación tiene sentido perfectamente.

Un segundo principio importante para el punto de vista católico es que la cena del Señor implica un acto de sacrificio. En la misa, Cristo realmente ofrece de nuevo un sacrificio por los feligreses, en el mismo sentido que lo hizo con la crucifixión.[14] Debería entenderse como un sacrificio propiciatorio que satisface las demandas de Dios. Sirve como sacrificio por los pecados veniales. Sin embargo, el sacramento de la eucaristía queda gravemente profanado si alguien que carga sobre sí un pecado mortal no perdonado participa. Por tanto, uno debería examinarse seriamente de antemano, tal como Pablo enseñó a sus lectores a hacer.

Un tercer principio del punto de vista católico es el sacerdotalismo: la idea de que un sacerdote debidamente ordenado debe estar presente para consagrar la hostia. Sin un sacerdote así para oficiar, los elementos siguen siendo pan y vino. Sin embargo, cuando un sacerdote cualificado sigue la fórmula adecuada, los elementos cambian completamente y de forma permanente transformándose en el cuerpo y la sangre de Cristo.[15]

En la administración tradicional del sacramento, la copa fue negada a la congregación, quedando reservada sólo para el clero. La razón principal era el peligro de que la sangre se pudiese derramar.[16] Porque que la sangre de Jesús fuera pisoteada sería una profanación. Además, había dos argumentos que hacían innecesario que la congregación tomase la copa. Primero, el clero lo hacía en representación de la congregación; ellos tomaban la copa en lugar de la gente. Segundo, no se

12. Pohle, *Sacraments*, pp. 103-27.
13. Ibid., p. 99.
14. Ibid., parte 3.
15. Ibid., pp. 256-60.
16. Ibid., p. 252.

ganaba nada con que la gente tomase la copa. El sacramento quedaba completo sin necesidad de ello, porque toda partícula tanto del pan como del vino contiene completamente el cuerpo, el alma y la divinidad de Cristo.[17]

### *El punto de vista luterano*

El punto de vista luterano difiere del católico romano en muchos pero no en todos los aspectos. Lutero no rechazaba *in toto* el punto de vista tradicional. Al contrario que las iglesias reformadas y que Zwinglio, Lutero mantenía la concepción católica de que el cuerpo y la sangre de Cristo estaban físicamente presentes en los elementos. En su diálogo con Zwinglio (el Coloquio de Marburgo), se dice que Lutero subraya repetidamente las palabras "este es mi cuerpo."[18] Tomó las palabras de Jesús de forma bastante literal en este caso. El cuerpo y la sangre están realmente, no sólo de forma figurada, presentes en los elementos.

Lo que Lutero negaba era la doctrina católica de la transubstanciación. Las moléculas no cambiaban para convertirse en carne y sangre, seguían siendo pan y vino. Pero el cuerpo y la sangre de Cristo estaban presentes "en, con y bajo" el pan y el vino. El pan y el vino no se habían convertido en el cuerpo y la sangre de Cristo, pero ahora tenían el cuerpo y la sangre además del pan y del vino. El cuerpo y la sangre están allí, pero no de una manera que haga que la presencia del pan y el vino quede excluida. Aunque algunos han utilizado el término *consubstanciación* para denominar el concepto de Lutero de que el cuerpo y el pan están presentes a la vez, que la sangre y el vino coexisten, no es el término que Lutero utilizó. Pensando en términos de una sustancia que interpreta a otra, utilizó la analogía de una barra de hierro calentada por el fuego. La sustancia que es el hierro no deja de existir cuando la sustancia que es el fuego la penetra, calentándola a una alta temperatura.[19]

Lutero rechazaba otras facetas de la concepción católica de la misa, en particular, la idea de que la misa es un sacrificio. Ya que Cristo murió y se sacrificó por el pecado de una vez y para siempre, y como el creyente queda justificado por la fe según ese sacrificio único, no hay ninguna necesidad de sacrificios repetitivos.[20]

Lutero también rechazaba el sacerdotalismo. La presencia del cuerpo y la sangre de Cristo no se debe a las acciones del sacerdote. Por el contrario, es consecuencia del poder de Jesucristo. Mientras que el catolicismo mantiene que el pan y el vino se transforman en el momento en que el sacerdote pronuncia

17. Ibid., pp. 246-54.

18. *Great Debates of the Reformation*, ed. Donald J. Ziegler (New York: Random House, 1969), pp. 75, 78, 80. Una indicación de la continuación del debate Reformados-Luteranos se podrá encontrar en *Marburg Revisited*, ed. Paul C. Empie y James I. McCord (Minneapolis: Augsburg, 1966).

19. Luther, *Babylonian Captivity*, p. 140.

20. Ibid., pp. 161-68.

las palabras, el luteranismo no especula sobre cuándo aparece por primera vez el cuerpo y la sangre. Aunque un ministro adecuadamente ordenado tiene que administrar el sacramento, la presencia del cuerpo y la sangre no se le atribuye a él o a nada de lo que él hace.[21]

A pesar de negar varias facetas de la posición católica, Lutero insistió en el concepto de comer. Realmente se come el cuerpo de Jesús. Lutero interpretó "Tomad, comed; este es mi cuerpo" (Mt. 26:26) literalmente. Para él, estas palabras no hacían referencia a una recepción espiritual de Cristo o de su cuerpo, sino a tomar realmente el cuerpo de Cristo dentro de nuestro cuerpo.[22] De hecho, Jesús había dicho en una ocasión: "De cierto, de cierto os digo: Si no coméis la carne del Hijo del hombre y bebéis su sangre, no tenéis vida en vosotros. El que come mi carne y bebe mi sangre tiene vida eterna, y yo lo resucitaré en el día final, porque mi carne es verdadera comida y mi sangre es verdadera bebida. El que come mi carne y bebe mi sangre permanece en mí y yo en él" (Jn. 6:53-56). El sentido directo de estas palabras encaja bien con la declaración hecha por Jesús en la última cena. Debemos tomarlas en sentido literal si queremos ser fieles al texto y coherentes con nuestra interpretación.

¿Qué pasa con el beneficio del sacramento? En esto las declaraciones de Lutero son menos claras. Él insiste en que al participar en el sacramento se recibe un beneficio auténtico: perdón del pecado y confirmación de la fe.[23] Sin embargo, el beneficio se debe no a los elementos que aparecen en el sacramento, sino a que se recibe la Palabra mediante la fe. En esto Lutero parece casi como si considerara el sacramento simplemente un medio de proclamación al que uno responde como se responde a un sermón. Sin embargo, si el sacramento es simplemente una forma de proclamación, ¿qué sentido tiene la presencia física del cuerpo y la sangre de Cristo? En otros momentos Lutero parece mantener la idea de que el beneficio procede de comer realmente el cuerpo de Cristo. Lo que queda claro de los diversos comentarios de Lutero es que realmente él consideraba la cena del Señor como un sacramento. Por tomar los elementos los creyentes reciben un beneficio espiritual que de otra manera no experimentarían. El cristiano por tanto debería aprovechar la oportunidad de gracia que ofrece el sacramento de la cena del Señor.

### El punto de vista reformado

El tercer punto de vista principal sobre la cena del Señor es el calvinista o reformado. Aunque el término *calvinismo* suele provocar imágenes de una idea específica de predestinación, no es lo que tenemos en mente aquí ahora. Más bien, nos estamos refiriendo a la idea que Calvino tenía sobre la cena del Señor.

21. Ibid., pp. 158-59.
22. Ibid., pp. 129-32.
23. Ibid., p. 147.

Hay un cierto desacuerdo sobre cuáles eran exactamente las ideas respectivas de Calvino y Zwinglio. En una interpretación, el énfasis de Calvino en la presencia dinámica o influyente de Cristo no es muy distinto al de Lutero.[24] Zwinglio, por su parte, enseñaba que Cristo sólo está presente de forma espiritual. Si esta interpretación es correcta, entonces fue el punto de vista de Zwinglio y no el de Calvino el que prevaleció en los círculos reformados. Según otra interpretación, Calvino mantenía que Cristo está espiritualmente presente en los elementos, y Zwinglio que los elementos eran meros símbolos de Cristo; él no está física ni espiritualmente presente.[25] Si esta interpretación de su respectiva posición es correcta, fue el punto de vista de Calvino el que aceptaron las iglesias reformadas. Sin embargo, el punto de vista que finalmente adoptaron como estándar las iglesias reformadas no es tan importante como lo que implica en sí la posición reformada. Y en eso podemos ser bastante claros. Por tanto, lo mejor es etiquetar la posición que estamos discutiendo como "reformada" y no como "calvinista."

El punto de vista reformado mantiene que Cristo está presente en la cena del Señor, pero no física o corporalmente. Más bien, su presencia en el sacramento es espiritual o dinámica. Utilizando el sol como ejemplo, Calvino afirmó que Cristo está presente de forma influyente. El sol permanece en el cielo, sin embargo su calor y luz están presentes en la tierra. Así la radiación del Espíritu nos transmite la comunión de la carne y sangre de Cristo.[26] Según Romanos 8:9-11, es mediante el Espíritu y sólo mediante el Espíritu que Cristo habita en nosotros. La idea de que realmente comemos el cuerpo de Cristo y bebemos su sangre es absurda. Al contrario, los verdaderos comulgantes se nutren espiritualmente tomando el pan y el vino. El Espíritu Santo les acerca íntimamente a la persona de Cristo, la cabeza viva de la iglesia y la fuente de la vitalidad espiritual.

Según el punto de vista reformado, los elementos del sacramento no son arbitrarios o separables de su significado: la muerte de Cristo, el valor de su muerte, la participación del creyente en la crucifixión de Cristo y la unión de los creyentes entre sí.[27] Y aunque los elementos significan o representan el cuerpo y la sangre de Cristo, hacen más que eso. También sellan. Louis Berkhof sugiere que la cena del Señor sella el amor de Cristo con los creyentes, ofreciéndoles la seguridad de que todas las promesas del pacto y las riquezas del evangelio son suyas por donación divina. A cambio de reclamar la posesión personal de esta riqueza y de realmente tenerla, los creyentes expresan fe en Cristo como Salvador y le prometen obediencia como Señor y Rey.[28]

24. Charles Hodge, *Systematic Theology* (Grand Rapids: Eerdmans, 1952), vol. 3, pp. 626-31.
25. Louis Berkhof, *Systematic Theology* (Grand Rapids: Eerdmans, 1953), p. 646.
26. Juan Calvino, *Institución de la religión cristiana,* libro 4, capítulo 17, sección 12.
27. Berkhof, *Systematic Theology*, p. 650.
28. Ibid., p. 651.

Hay, pues, un beneficio objetivo genuino en el sacramento. No lo genera el participante; sino que Cristo mismo lo aporta al sacramento. Al tomar los elementos el participante realmente recibe nuevamente y de forma continuada la vitalidad de Cristo. Sin embargo, esto no debería considerarse como algo único y especial, en el sentido de que los participantes experimentan en el sacramento algo que no se puede experimentar en ningún otro lugar. Es más, en el Antiguo Testamento los creyentes experimentaron algo de naturaleza similar. Calvino dijo: "El agua que brotó de la roca en el desierto fue para los israelitas un símbolo y señal de lo mismo que se nos representa a nosotros en la cena con el vino."[29] Tampoco se debería creer que el beneficio de la cena del Señor es automático. El efecto del sacramento depende en gran parte de la fe y la receptividad del participante.

### El punto de vista de Zwinglio

La última posición que examinaremos es la de que la cena del Señor es simplemente una conmemoración. Este punto de vista suele estar asociado a Zwinglio, aunque algunos argumentarían que la concepción de Zwinglio iba más allá. Es probable que Zwinglio adoptara más de una posición en esta materia y puede que alterase su posición hacia el final de su vida. Charles Hodge mantiene que hay poca diferencia entre los puntos de vistas de Calvino y Zwinglio.[30]

Lo que destaca del punto de vista de Zwinglio es el fuerte énfasis que pone en el papel del sacramento para recordar la muerte de Cristo y su eficacia en el creyente. Por tanto, la cena del Señor esencialmente es una conmemoración de la muerte de Cristo.[31] Aunque Zwinglio habla de la presencia espiritual de Cristo, algunos que en muchos aspectos adoptaron su posición (por ejemplo los anabautistas) negaron el concepto de una presencia física o corporal con tanta energía como para apenas si dejar espacio para cualquier tipo de presencia especial. Señalaban que Jesús está espiritualmente presente en todas partes. Su presencia en los elementos no es más intensa que su presencia en cualquier otro lugar.

El valor de los sacramentos, según este punto de vista, se encuentra simplemente en recibir mediante la fe los beneficios de la muerte de Cristo. La cena del Señor no es más que otra manera de recibir estos beneficios mediante la fe, porque el efecto de la cena del Señor no es diferente en naturaleza a, por ejemplo, un sermón. Ambos son un tipo de proclamación.[32] La cena del Señor se diferencia de los sermones sólo en que implica un medio visible de proclamación. En ambos casos, como con toda proclamación, es necesario responder con fe para que se produzca algún beneficio. Cristo no está presente para la gente que no

29. Calvino, *Institución*, libro 4, capítulo 17, secciones 1, 5.
30. Hodge, *Systematic Theology*, pp. 626-27.
31. Ibid., pp. 627-28.
32. Strong, *Systematic Theology*, pp. 541-43.

cree. Por tanto, podríamos decir que no es que el sacramento traiga a Cristo al comulgante, sino que la fe del creyente trae a Cristo al sacramento.

## Tratando los problemas

### *La presencia de Cristo*

Debemos tratar los temas planteados anteriormente en este capítulo y llegar a algún tipo de resolución. El primer tema es la cuestión de la presencia de Cristo en el sacramento. ¿El cuerpo y la sangre de Cristo están de alguna manera presentes de forma especial, y si es así, en qué sentido? La forma más natural y directa de interpretar las palabras de Jesús "Este es mi cuerpo" y "Esta es mi sangre" es hacerlo literalmente. Como nuestra práctica general es interpretar las Escrituras de forma literal siempre que eso sea natural, debemos estar preparados para ofrecer una justificación si interpretamos estas palabras de una manera diferente. Sin embargo, en este caso ciertas consideraciones argumentan en contra de una interpretación literal.

Primero, si tomamos "Este es mi cuerpo" y "Esta es mi sangre" de forma literal se produce un resultado absurdo. Si Jesús quería decir que el pan y el vino eran en ese momento en el aposento alto realmente su cuerpo y su sangre, realmente estaba afirmando que su carne y su sangre estaban en dos lugares simultáneamente, ya que su forma corporal estaba allí mismo junto con los elementos. Creer que Jesús estaba en dos lugares a la vez al mismo tiempo es en cierto sentido una forma de negar la encarnación, que limitaba su naturaleza física humana a un solo lugar.

Segundo, hay dificultades conceptuales para los que declaran que Cristo ha estado corporalmente presente en las cenas del Señor que se han celebrado posteriormente. Mientras que el párrafo anterior presentaba el problema de cómo la carne y la sangre de Cristo no podían estar en dos sitios a la vez, aquí nos enfrentamos al problema de cómo dos sustancias (por ejemplo, la carne y el pan) pueden estar en el mismo sitio simultáneamente (el concepto luterano) o de cómo una sustancia particular (por ejemplo la sangre) puede existir sin sus características habituales (punto de vista católico). Los que sostienen que hay una presencia física ofrecen explicaciones de su idea en la que asumen un tipo de metafísica que parece muy extraña para las mentes del siglo XX, y que de hecho parece insostenible.

Estas dificultades en sí mismas no son suficientes para determinar nuestra interpretación. Sin embargo, sugieren que las palabras de Jesús no deben ser tomadas en sentido literal. ¿Podemos encontrar pistas de lo que Jesús quiso decir realmente cuando dijo "Este es mi cuerpo" y "Esta es mi sangre"?

Cuando Jesús dijo esas palabras al inaugurar el sacramento de la cena del Señor, centró su atención en la relación entre los creyentes individuales y su

Señor. En muchas otras ocasiones cuando trató este tema, utilizó metáforas para describirse a sí mismo: "Soy el camino, la verdad y la vida"; "Yo soy la vid y vosotros los pámpanos"; "Yo soy el buen pastor"; "Yo soy el pan de vida." En la última cena utiliza metáforas similares, invirtiendo el sujeto y el predicado: "Esto [pan] es mi cuerpo"; "Este [vino] es mi sangre". Siguiendo el lenguaje figurativo, deberíamos traducir las palabras de Jesús por "Esto representa [o significa] mi cuerpo," y "Esto representa [o significa] mi sangre." Este enfoque nos evita el tipo de dificultades que se producen con la idea de que Cristo está físicamente presente en los elementos.

¿Pero qué pasa con la idea de que Cristo está espiritualmente presente? Esta idea surge de dos fuentes históricas. Una era el deseo de ciertos teólogos de retener algo de la creencia tradicional en la presencia de Cristo incluso aunque trataban de cambiarla. Su enfoque de la reforma de la fe se apoyaba más en retener cualquier cosa que no fuese rechazada explícitamente en las Escrituras que en empezar de cero, conservando sólo aquellos principios de fe que se enseñan explícitamente en las Escrituras. En lugar de rechazar totalmente la tradición y elaborar un entendimiento completamente nuevo, escogieron modificar la creencia antigua. La otra fuente de la idea de que Cristo está presente espiritualmente fue una disposición hacia el misticismo. Algunos creyentes, habiendo tenido una experiencia profunda de encuentro con Cristo al conmemorar la cena del Señor sacaron en conclusión que Cristo debía haber estado espiritualmente presente. La doctrina sirvió como explicación de la experiencia.

Es importante recordar que Jesús prometió estar con sus discípulos en todas partes y en todo momento (Mt. 28:20; Jn. 14:23; 15:4-7). Así que está presente en todas partes y no obstante también prometió estar con nosotros de forma especial cuando nos reunamos como creyentes (Mt. 18:20). La cena del Señor, como acto de alabanza, es además una oportunidad particularmente provechosa para reunirnos con él. Es probable que la especial presencia de Cristo en el sacramento sea más influyente que metafísica por naturaleza. A este respecto es significativo que el relato de Pablo sobre la cena del Señor no diga nada de la presencia de Cristo. En su lugar dice: "Así pues, todas las veces que comáis este pan y bebáis esta copa, la muerte del Señor anunciáis hasta que él venga" (1 Co. 11:26). Este versículo sugiere que el rito es básicamente conmemorativo.

Debemos ser particularmente cuidadosos y evitar el negativismo que a veces ha caracterizado esta idea de que la cena del Señor es esencialmente un memorial. En su celo por evitar la concepción de que Jesús está presente de manera un tanto mágica, algunos han llegado a tales extremos que dan la impresión de que si hay un lugar en el que no vamos a encontrar a Jesús, ese es la cena del Señor. Esto es lo que un líder bautista denominó "la doctrina de la ausencia real" de Jesucristo.

Entonces, ¿cómo deberíamos considerar la cena del Señor? Deberíamos esperar que la cena del Señor fuera un tiempo de relación y comunión con Cristo, porque él prometió reunirse con nosotros. Deberíamos pensar en el sacramento no tanto en términos de la presencia de Cristo como en su promesa y el potencial de una relación más cercana con él. También debemos ser cuidadosos y evitar la concepción neoortodoxa de que para el verdadero comulgante la cena del Señor es un encuentro subjetivo con Cristo. Él está objetivamente presente. El Espíritu es capaz de hacerle real en nuestra experiencia y ha prometido hacerlo así. La cena del Señor por tanto es un tiempo en el que nos acercamos a Cristo y así podemos conocerlo mejor y amarlo más.

### *La eficacia del rito*

Lo que se ha dicho sobre la presencia de Cristo también tiene mucho que ver con la naturaleza del beneficio que confiere la cena del Señor. Debería quedar claro de las palabras que dice Pablo en 1 Corintios 11:27-32 que no hay nada automático en este beneficio. Muchos de los que en Corintio participaron en la cena del Señor, en lugar de resultar edificados espiritualmente, se debilitaron o enfermaron; algunos incluso murieron (v. 30). En esos casos el valor que pretendía dar el Señor no se logró. El efecto de la cena del Señor debe depender o ser proporcional a la fe del creyente y a su respuesta a lo que se presenta en el rito. Los corintios que enfermaron o murieron no habían reconocido o juzgado correctamente (διακρίνω - *diakrinō*) el cuerpo de Cristo. Es necesario entender de forma correcta el significado de la cena del Señor y responder adecuadamente con fe para que el rito sea efectivo.[33]

Por tanto es importante repasar lo que simboliza la cena del Señor. Es en particular un recordatorio de la muerte de Cristo y su carácter de sacrificio propiciatorio que se ofreció al Padre en nuestro lugar. Simboliza nuestra dependencia y nuestra conexión vital con el Señor, y nos señala su segunda venida. Además simboliza la unidad de los creyentes dentro de la iglesia y su amor y preocupación unos por otros: el cuerpo es *un solo* cuerpo.

Es apropiado explicar el significado de la cena del Señor en cada ocasión. Y cada participante debería hacerse a sí mismo un examen riguroso. Cada individuo debería estar seguro de su propia comprensión y de su condición espiritual (1 Co. 11:27-28). La cena del Señor será pues una ocasión para volver a comprometerse con el Señor.

### *El administrador adecuado*

Las Escrituras ofrecen poca guía en cuanto a quién debería administrar la cena del Señor. Excepto en el caso de la celebración original del sacramento, cuando Jesús mismo administró los elementos, no se nos dice quién la presidía

33. G. H. Clayton, "Eucharist,l en *Dictionary of the Apostolic Church*, ed. James Hastings (New York: Scribner, 1916), vol. 1, p. 374.

o qué hacían. Ni las Escrituras estipulan que se necesiten cualidades especiales para liderar o ayudar en el rito. Es más, se habla muy poco de la ordenación en el Nuevo Testamento.

Lo que aparece en los relatos de los evangelios y en las discusiones de Pablo es que la cena del Señor fue confiada a la iglesia, y es de suponer que era administrada por ella. Por tanto parece lógico que las personas a las que la iglesia encargaba supervisar y dirigir los cultos se encargasen también de la cena del Señor. Así que, por lo menos algunos de los líderes adecuadamente escogidos de la iglesia tendrían que ayudar en la práctica del sacramento; el pastor tomaría el papel dirigente. En ausencia de tales líderes, otros que reunieran esas cualidades podrían actuar en su lugar. En general, los ayudantes deberían reunir las cualidades que Pablo exigía para los diáconos; los líderes deberían reunir el conjunto de cualidades para ser obispos (1 Ti. 3).

### Los receptores adecuados

En ninguna parte de las Escrituras encontramos una amplia declaración de requisitos para recibir la cena del Señor. Los tenemos que deducir del discurso de Pablo en 1 Corintios 11 y del significado que nosotros damos a este sacramento. Si la cena del Señor significa, al menos en parte, una relación espiritual entre el creyente individual y el Señor, entonces lo lógico es que un requisito previo sea que haya una relación personal con Dios. En otras palabras, los que participan deberían ser auténticos creyentes en Cristo. Y aunque no se ha especificado nada fijo sobre la edad, el comulgante debería ser lo suficientemente maduro como para comprender el significado (1 Co. 11:29).

Deducimos otro prerrequisito del hecho de que hubiera algunas personas cuyo pecado era tan grave que Pablo instó a la iglesia a separarlos del cuerpo (1 Co. 5:1-5). Desde luego, la iglesia, a quien se ha confiado la cena del Señor, debería, al menos como primer paso en la disciplina, negar el pan y la copa a aquellos que se sabe están viviendo en pecado flagrante. En otros casos, sin embargo, como no sabemos cuáles eran los requisitos para ser miembros en las iglesias del Nuevo Testamento, probablemente es mejor, una vez explicado el significado del sacramento y la base de su impartición, dejar que los individuos mismos decidan si deben participar.

### Elementos a utilizar

Los elementos a utilizar en la celebración de la cena del Señor dependerán, al menos en parte, de si nuestra principal preocupación es reproducir las condiciones originales lo más fielmente posible o capturar el simbolismo del sacramento. Si nuestra preocupación principal es la reproducción, utilizaremos el pan ácimo de la cena de Pascua tradicional. Sin embargo, si lo que nos preocupa es el simbolismo, podríamos utilizar pan con levadura. La integridad del pan simboliza la unidad de la iglesia, romper el pan significa romper el cuerpo de Cristo. Con respecto a la copa, la reproducción del evento original nos llevaría a utilizar vino, probablemente diluido con agua a razón de una a veinte partes de agua por cada parte de vino.[34] Si, por otra parte, lo que se busca principalmente es la representación de la sangre de Cristo, el mosto sería igualmente efectivo.

Cuando los elementos tradicionales no están disponibles, se pueden emplear sustitutos que retengan el simbolismo. De hecho, el pescado podría ser un símbolo más eficaz que el pan. El uso de sustitutos extraños sólo por variar se debería evitar. Las patatas fritas de bolsa y la coca cola, por ejemplo, guardan muy poco parecido con el original. Se debería buscar un equilibrio entre, por una parte, repetir el acto con tan poca variación que participemos de forma rutinaria en él sin percatarnos de su significado, y, por otra parte, cambiar tanto el procedimiento que acabamos por prestar más atención a los mecanismos que a la obra expiatoria de Cristo.

Lo que estamos conmemorando en la cena del Señor no son las circunstancias precisas de su iniciación, sino lo que representaba para Jesús y sus discípulos en el aposento alto. Siendo ese el caso, lo que importa en cuanto a los elementos se refiere es transmitir el significado de forma adecuada, no que haya similitud con las circunstancias originales. Lo mismo sucede con respecto al momento en que debe realizarse. Celebrar el sacramento en Jueves santo en lugar de en Viernes santo puede ser más una manera de representar la última cena que de conmemorar la muerte del Señor.

En cuanto a lo de si es necesario utilizar un pan y una copa hay cierta libertad. Pablo habla de "un pan" (ἄρτος—*artos*) del que todos participamos (1 Co. 10:17), pero esto no implica necesariamente que tenga que ser un pan entero. No hay una declaración paralela sobre "una copa," así que el uso de copas individuales no compromete el simbolismo. Preocupaciones sanitarias podrían llevar a la iglesia a utilizar copas individuales en lugar de una común. Es más, en reuniones grandes este puede que sea el único medio práctico de llevar a cabo la celebración de la cena.

### *La frecuencia de la celebración*

Con qué frecuencia deberíamos celebrar la cena del Señor es otra preocupación que no tiene declaración didáctica explícita en las Escrituras. Ni siquiera tenemos una indicación precisa de la práctica en la iglesia primitiva, aunque podría haber sido semanalmente, o sea, cada vez que la iglesia se reunía. A la vista de la falta de información específica, tomaremos nuestra decisión basándonos en los principios bíblicos y las consideraciones prácticas.

La tendencia de nuestras creencias a pasar del nivel consciente al inconsciente fue una razón por la que Cristo instituyó la cena del Señor. Sigmund

34. Robert H. Stein, "Wine-Drinking in New Testament Times," *Christianity Today*, 20 de junio de 1975, pp. 9-11 (923-25).

Freud reconoció que la personalidad humana tenía al menos tres niveles de consciencia: el consciente (o como Freud lo denominaba consciente perceptual), el preconsciente y el inconsciente. El consciente es aquello de lo que nos damos cuenta en un momento dado. En el inconsciente están aquellas experiencias que no podemos recordar voluntariamente (aunque sí podríamos hacerlo a través del psicoanálisis, la hipnosis o con ciertos tipos de drogas). El preconsciente contiene esas experiencias e ideas que, aunque uno no es consciente de ellas en este momento, pueden ser recordadas mediante un acto de voluntad. A menudo nuestras creencias doctrinales flotan en este nivel intermedio. La cena del Señor tiene el efecto de sacar las creencias preconscientes a la parte consciente. Por lo tanto debería celebrarse lo suficientemente a menudo como para evitar que se produjeran brechas demasiado grandes entre los tiempos de reflexión sobre las verdades que representan, pero no con tanta frecuencia como para que parezca algo trivial o tan común que hagamos las cosas de forma tan rutinaria que no pensemos realmente en lo que significan. Quizá sería bueno que la iglesia hiciese que la cena del Señor estuviese disponible a menudo permitiendo que el creyente individual determinara con qué frecuencia quiere participar. Sabiendo que podemos participar de la cena del Señor cuando lo necesitemos y deseemos, pero que no estamos obligados a participar en cada ocasión que se presente, evitaremos que el sacramento se convierta en rutina.

¿Participar debería ser lo más sencillo posible o debería ser un tanto difícil? Se puede decir algo a favor de que el sacramento no esté tan disponible como para que se pueda participar sin una intención y decisión definida. Si la cena del Señor es un añadido más del culto, mucha gente se quedará y participará sólo porque están allí. Por otra parte, si la cena del Señor es un culto separado, su importancia se vera resaltada. Todos los participantes habrán tomado una decisión específica de recibir los elementos y de concentrarse en su significado.

La cena del Señor, adecuadamente administrada, es un medio para inspirar la fe y el amor del creyente ya que este reflexiona de nuevo en la maravilla de la muerte del Señor y en el hecho de que quien cree en él vive para siempre.

# 55. La unidad de la iglesia

## Objetivos del capítulo

Después de estudiar este capítulo debería ser capaz de:

- Identificar y explicar los problemas bíblicos, teológicos y prácticos que rodean al tema de la unidad de la iglesia.
- Identificar y evaluar los diferentes tipos de unidad de la iglesia y comparar y contrastar distintas formas de "unidad orgánica."
- Trazar el curso del movimiento ecuménico desde sus orígenes en el movimiento misionero de 1910 hasta su expresión actual y la oposición a su consecución.
- Identificar y describir los problemas planteados por los evangélicos contra el ecumenismo.
- Elaborar una posición sobre la unidad de la iglesia que se ajuste a las directrices bíblicas y teológicas adecuadas.

## Resumen del capítulo

Hay importantes razones bíblicas, teológicas y prácticas para que la iglesia sea unificada. Pero surgen serios problemas cuando se empieza a definir el tipo de unidad que se desea tener. Esto es particularmente así para cualquier tipo de "unidad orgánica". El movimiento ecuménico durante muchos años ha supuesto un intento de conseguir la unidad. Los evangélicos han planteado algunos problemas sustanciales en contra del ecumenismo. Se presentan algunos principios que ayudan al creyente a responder adecuadamente.

## Cuestiones de estudio

1. ¿Por qué es importante la cuestión de la unidad de la iglesia? ¿Qué evidencias encuentra en las Escrituras, en la teología y en la práctica?

2. ¿Cuáles son las distintas posiciones sobre la unidad de la iglesia? ¿Qué consideraciones especiales hay que dar al concepto de "unidad orgánica"?
3. ¿Qué sucesos tuvieron lugar en 1910 para que se iniciara la búsqueda del ecumenismo? ¿Qué eventos se han producido desde 1910 para intentar que la iglesia avance hacia una fe ecuménica? ¿Por qué ocurrieron?
4. ¿Qué problemas reales han planteado los evangélicos contra el ecumenismo?
5. ¿Cómo debería responder un creyente a la unidad de la iglesia? ¿Qué principios debería seguir?


Argumentos a favor de la unidad de la iglesia
 Enseñanzas bíblicas sobre la unidad de los creyentes
 Consideraciones teológicas generales
 Consideraciones prácticas: un testimonio y una eficacia común
Conceptos de la naturaleza de la unidad
 Unidad espiritual
 Reconocimiento mutuo y comunión
 Unidad conciliar
 Unidad orgánica
La historia y el estado actual del ecumenismo
Temas planteados por los evangélicos
 El problema teológico
 El problema eclesiológico
 El problema metodológico
 El problema teleológico
Criterios de acción


Un tema que se ha discutido en distintos periodos de la historia es la unidad de la iglesia. La definición de la unidad de la iglesia y del grado de urgencia en la discusión ha variado a lo largo de los siglos. En algunos momentos la unidad de la iglesia ha estado sujeta a una considerable controversia. En el siglo XX, los desacuerdos sobre la naturaleza de la unidad de la iglesia irónicamente han causado una gran desunión. Sin embargo, el tema es de tal importancia que no se puede evitar.

## Argumentos a favor de la unidad de la iglesia

### *Enseñanzas bíblicas sobre la unidad de los creyentes*

Entre las razones por las cuales la iglesia debe buscar la unidad están los pasajes didácticos del Nuevo Testamento que enseñan específicamente que la iglesia debería ser, es realmente, o será una. Probablemente la más persuasiva sea la llamada oración sumosacerdotal de Jesús: "Pero no ruego solamente por estos, sino también por los que han de creer en mí por la palabra de ellos, para que todos sean uno; como tú, Padre, en mí y yo en ti, que también ellos sean uno en nosotros, para que el mundo crea que tú me enviaste. Yo les he dado la gloria que me diste, para que sean uno, así como nosotros somos uno. Yo en ellos y tú en mí, para que sean perfectos en unidad, para que el mundo conozca que tú me enviaste, y que los has amado a ellos como también a mí me has amado" (Jn. 17:20-23). La unidad entre el Padre y el Hijo es un modelo para la unidad de los creyentes entre sí. La unidad de los creyentes entre sí y con Dios dará testimonio al mundo de que el Padre envió al Hijo. Sin embargo, poco se dice sobre la naturaleza de esta unidad.

Un segundo pasaje importante es la exhortación de Pablo en Efesios 4. Después de suplicar a sus lectores que lleven una vida digna de su vocación (v. 1), les urge a que procuren "mantener la unidad del Espíritu en el vínculo de la paz" (v. 3). A este llamamiento le siguen una lista de principios que unen a los creyentes: "un solo cuerpo y un solo Espíritu, como fuisteis también llamados en una misma esperanza de vuestra vocación; un solo Señor, una sola fe, un solo bautismo, un solo Dios y Padre de todos, el cual es sobre todos y por todos y en todos" (vv. 4-6). Como todos los creyentes confiesan el mismo cuerpo, Espíritu, esperanza, Señor, fe, bautismo, Dios y Padre deben mostrar una unión del Espíritu. Cuando Pablo concluye su discurso, urge a sus lectores a crecer en Cristo: "de quien todo el cuerpo, bien concertado y unido entre sí por todas las coyunturas que se ayudan mutuamente, según la actividad propia de cada miembro, recibe su crecimiento para ir edificándose en amor" (v. 16). Cuando la iglesia se une en Cristo, teniéndole a él como cabeza, hay una experiencia cristiana que va madurando. No obstante por muy preocupado que esté Pablo por la unidad del Espíritu, no especifica realmente en qué consiste esta unidad. Ni deja claro si esta unidad va más allá de la iglesia local a la que está escribiendo. Es importante, sin embargo, que tengamos en mente que Efesios era probablemente una encíclica. No estaba restringida a una congregación de creyentes.[1] Por tanto el llamamiento a la unidad de Pablo sin duda circulaba por una gran zona.

Pablo hizo un llamamiento parecido en Filipenses 2:2, donde alienta a sus lectores a ser "unánimes, sintiendo lo mismo." La clave para desarrollar esta actitud es la humildad y la preocupación por los demás (vv. 3-4). Y el modelo perfecto es Cristo al vaciarse a sí mismo (vv. 5-8). Siguiendo su ejemplo llegaremos a la verdadera unidad de los miembros de la congregación.

## *Consideraciones teológicas generales*

Además de estas enseñanzas específicas de las Escrituras, hay consideraciones teológicas generales que argumentan a favor de la unidad de los creyentes. Estas

1. Stig Hanson, *The Unity of the Church in the New Testament: Colossians and Ephesians* (Lexington, Ky.: American Theological Library Association, 1963), pp. 107-8.

consideraciones incluyen la unidad del antiguo Israel y la unidad de Dios, en la cual se basa el concepto de nación de Israel. Israel tenía que ser una sola nación porque el Dios al que adoraban era uno. Que Dios es uno se expresa con más claridad en pasajes como Deuteronomio 6:4. Como Dios es uno, el pueblo de Israel debía alabarlo con todo el corazón (v. 5). Es más, como Dios es uno, el universo es realmente uno. Todo él ha sido creado por Dios, como enseña Génesis 1; todo el mundo, al estar unido, satisface la voluntad de su Creador. Como todas las cosas, incluso el ser humano, tienen un origen común y un único Señor, es completamente deseable, de hecho, es necesario, que los creyentes se unan.[2]

La unidad del Israel del Antiguo Testamento está simbolizada por dos instituciones, el templo y la ley. En Deuteronomio 12, queda claro que todas las demás formas de alabanza quedan eliminadas porque hay un solo Dios verdadero. El templo es el lugar donde habita Dios; todo el pueblo de Israel tiene que centrar allí su alabanza. De forma similar la ley es un factor unificador. Todas las personas sin importar su tribu o clase social tienen que obedecerla.[3]

Varias imágenes del Nuevo Testamento dejan claro que la iglesia, como sucesora de Israel, debería seguir sus pasos en la manifestación de la unidad. Como Israel, los creyentes en Cristo constituyen una raza, una nación: "linaje escogido, real sacerdocio, nación santa, pueblo adquirido por Dios" (1 P. 2:9). Pero el Nuevo Testamento va más allá del concepto de raza, porque hay gran variedad de pueblos en la nueva comunidad de Dios. La unidad es más intensa; Pablo se refiere a la iglesia como a una familia: "Por eso, ya no sois extranjeros ni forasteros, sino conciudadanos de los santos y miembros de la familia de Dios" (Ef. 2:19). Aquí Pablo introduce la imagen del templo para resaltar la idea de la unidad: "edificados sobre el fundamento de los apóstoles y profetas, siendo la principal piedra del ángulo Jesucristo mismo. En él todo el edificio, bien coordinado, va creciendo para ser un templo santo en el Señor; en quien vosotros también sois juntamente edificados para morada de Dios en el Espíritu" (Ef. 2:20-22). Pedro de forma similar habla de la iglesia como una casa espiritual: "vosotros también, como piedras vivas, sed edificados como casa espiritual y sacerdocio santo, para ofrecer sacrificios espirituales aceptables a Dios por medio de Jesucristo" (1 P. 2:5).[4]

La imagen de la iglesia como la novia de Cristo igualmente argumenta a favor de la unidad entre los creyentes. Desde el principio, el matrimonio se pretendió que fuera monógamo: "Por tanto dejará el hombre a su padre y a su madre, se unirá a su mujer y serán una sola carne" (Gn. 2:24). Aquí no se sugiere otra cosa que no sea un hombre y una mujer. Jesús cita este versículo para argumentar a

2. Ibid., p. 7.

3. Geoffrey W. Bromiley, *The Unity and Disunity of the Church* (Grand Rapids: Eerdmans, 1958), pp. 9-10.

4. Ibid., pp. 10-11.

favor de la permanencia del matrimonio (Mt. 19:5), y Pablo lo cita en un pasaje que compara la relación matrimonial con la relación entre Cristo y la iglesia (Ef. 5:31). Si la iglesia es la novia de Cristo, debe haber un cuerpo, no muchos.[5]

La imagen de la iglesia como cuerpo de Cristo es otro poderoso argumento a favor de la unidad. Cuando Pablo habla sobre la multiplicidad de miembros y funciones dentro de la iglesia dice explícitamente: "Así como el cuerpo es uno, y tiene muchos miembros, pero todos los miembros del cuerpo, siendo muchos, son un solo cuerpo, así también Cristo, porque por un solo Espíritu fuimos todos bautizados en un cuerpo, tanto judíos como griegos, tanto esclavos como libres; y a todos se nos dio a beber de un mismo Espíritu" (1 Corintios 12:12-13).

La argumentación teológica más profunda de Pablo a favor de la unidad de los creyentes probablemente la encontremos en Efesios y Colosenses. En Colosenses 1:13-23, un pasaje que empieza con una nota soteriológica y después cambia a la obra creadora de Dios, Pablo declara que Cristo ha creado todas las cosas (vv. 15-16) y en él todas subsisten (v. 17). Esto significa que él es la cabeza del cuerpo, la iglesia (v. 18). Alcanza el clímax en los versículos 19-20: "porque al Padre agradó que en él habitara toda la plenitud, y por medio de él reconciliar consigo todas las cosas, así las que están en la tierra como las que están en los cielos, haciendo la paz mediante la sangre de su cruz." El objetivo de Cristo es reconciliar todas las cosas con él. Todas las cosas, incluida la iglesia, se unirán en él. Pablo tiene este fin en mente cuando ruega en 3:14-15: "Sobre todo, vestíos de amor, que es el vínculo perfecto. Y la paz de Dios gobierne en vuestros corazones, a la que asimismo fuisteis llamados en un solo cuerpo. Y sed agradecidos."[6]

La unidad de la iglesia es un tema destacado a lo largo del libro de Efesios. El primer capítulo concluye con la imagen de Cristo como "cabeza sobre todas las cosas a la iglesia, la cual es su cuerpo" (Ef. 1:22-23). En el siguiente capítulo el énfasis se pone en la unidad de judíos y gentiles: "Él es nuestra paz, que de ambos pueblos hizo uno, derribando la pared intermedia de separación, aboliendo en su carne las enemistades (la ley de los mandamientos expresados en ordenanzas), para crear en sí mismo de los dos un solo y nuevo hombre, haciendo la paz, y mediante la cruz reconciliar con Dios a ambos en un solo cuerpo, matando en ella las enemistades" (2:14-16). El capítulo termina con un pasaje que señalamos anteriormente: judíos y gentiles uniéndose para ser un templo santo en el Señor (vv. 20-22). En el capítulo 4 Pablo hace una lista de las bases sobre las cuales la iglesia debe considerarse una (4:4-6). Stig Hanson comenta sobre este pasaje: "Un cuerpo hace referencia a la iglesia como el cuerpo de Cristo, que es la opinión de la mayoría de los expositores. Este cuerpo debe ser uno porque Cristo es

5. Ibid., p. 11.
6. Hanson, *Unity of the Church*, pp. 109-11.

uno, y Cristo no puede ser dividido."[7] Más tarde en el capítulo (vv. 11-14), Pablo desarrolla la idea del ministerio, que tiene el propósito de edificar la iglesia en una única fe (v. 5). Esto garantiza la unidad iniciada por el único Cristo.

### Consideraciones prácticas: un testimonio y una eficacia común

Varias consideraciones prácticas argumentan a favor de la unión cristiana. Una de ellas es el testimonio común que puede presentar un grupo muy unido. Ya hemos mencionado anteriormente que Jesús oró por la unidad de los creyentes para que su testimonio concertado influyera en el mundo (Jn. 17:21). Los primeros creyentes se caracterizaban por la singularidad de su propósito, y eran muy eficaces en su testimonio. Quizá haya una relación lógica de causa-efecto entre los dos: "La multitud de los que habían creído era de un corazón y un alma. Ninguno decía ser suyo propio nada de lo que poseía, sino que tenían todas las cosas en común. Y con gran poder los apóstoles daban testimonio de la resurrección del Señor Jesús, y abundante gracia era sobre todos ellos" (Hch. 4:32-33).

La compañía de creyentes tiende a crecer cuando su testimonio se unifica, mientras que puede haber un efecto negativo o neutralizador cuando compiten o se critican entre sí. Esta verdad es bastante evidente en Estados Unidos, donde las peleas entre denominaciones desaniman a la gente a asociarse con la fe cristiana. Sin embargo, el problema se agrava en las zonas no cristianas, donde los nativos, que tienen ante sí múltiples grupos de misioneros, deben elegir no sólo si hacerse cristianos, sino también qué tipo de cristianos quieren ser: presbiterianos, bautistas, luteranos, o cualquier otro.[8] En algunos casos puede haber incluso representantes de dos o más variedades de la misma denominación. No debería sorprender que los conversos potenciales se rindiesen desalentados, incapaces de escoger entre opciones que básicamente parecen la misma. Desde luego el testimonio del evangelio no se ve reforzado con la existencia de grupos que están en competencia.

Otra consideración práctica es la eficacia. Si no hay unidad entre los cristianos, se produce una duplicidad de esfuerzos. Toda congregación local cree que es necesario tener cierta estructura y procedimientos, como los que tienen todo consejo misionero y cualquier facultad o seminario cristiano. El resultado es una gran pérdida de recursos para el reino de Dios. Piense como ejemplo extremo una plaza en el Medio oeste de Estados Unidos. En cada lado de la plaza hay una iglesia. Los cuatro edificios son viejos, con un servicio de calefacción ineficaz y que necesita ser reparado. El presupuesto de las cuatro congregaciones es pequeño. Los salarios de los pastores bajos. En consecuencia, las congregaciones a menudo

7. Ibid., p. 152.

8. Martin H. Cressy, "Organic Unity and Church Unions," *The Reformed World* 35, no. 3 (septiembre 1978): 103; Martin Marty, *Church Unity and Church Mission* (Grand Rapids: Eerdmans, 1964), pp. 40-41.

están dirigidas por pastores jóvenes, por pastores sin experiencia o por hombres ya bastante mayores. Lo normal en esas zonas es que los programas de educación cristianos sean mediocres. Pero lo que es más desalentador es que los cultos, los mensajes y los programas de las cuatro congregaciones ¡son prácticamente los mismos! Un visitante casi no encontraría diferencias significativas entre ellos.

Un experto en gestión empresarial consideraría esta situación como un desastroso uso de los recursos. En lugar de cuatro iglesias con problemas, tendría más sentido unirlas en una sola congregación. Las cuatro propiedades se podrían vender y la nueva congregación se trasladaría a una estructura más eficaz. Se podría conseguir un equipo de especialistas competente ofreciendo las compensaciones adecuadas, y las ofrendas a las misiones se podrían incrementar gracias a haber reducido los costes. Lo que estamos proponiendo a nivel local sería muy deseable a niveles más amplios también. Aunque algunos pueden considerar esta sugerencia como aplicar la mentalidad de la General Motors a la obra de la iglesia, en realidad se trata de gestionar bien los recursos cristianos.

## Conceptos de la naturaleza de la unidad

A pesar de que en general se está de acuerdo en que es deseable la unidad, no hay demasiado acuerdo en lo que se refiere a su naturaleza, la forma que debe tomar. Básicamente hay cuatro ideas sobre la unidad. Hasta cierto punto se pueden relacionar con conceptos de la naturaleza de la iglesia. La lista siguiente pasa desde una idea que resalta la iglesia invisible hasta una que enfatiza la iglesia visible. En general, cuanto más grande es la concentración en la iglesia visible, mayor es la preocupación por que esa unidad se manifieste en la unión orgánica visible.

### *Unidad espiritual*

La primera idea sobre la unidad de la iglesia resalta que todos los cristianos son uno en virtud de su compromiso y su servicio al mismo Señor. Están vinculados dentro de la iglesia invisible, de la cual Cristo es la cabeza. Un día habrá una verdadera reunión de este cuerpo de forma visible. Mientras tanto, la unidad de la iglesia consiste en que no haya hostilidad entre los creyentes. Todos los creyentes aman a los demás creyentes, incluso a aquellos con los que no tienen relación o contacto real. La existencia de organizaciones separadas de la iglesia visible, incluso en la misma zona, no significa un impedimento a esta unidad. Los cristianos que consideran la unidad de la iglesia esencialmente de naturaleza espiritual resaltan la pureza de la creencia doctrinal y el estilo de vida doctrinal como criterio de membresía.[9]

9. J. Marcellus Kik, *Ecumenism and the Evangelical* (Philadelphia: Presbyterian & Reformed, 1958), pp. 48-53.

### Reconocimiento mutuo y comunión

La segunda idea implica más que una mera aceptación ideológica de la unidad. La unidad se lleva a cabo a nivel práctico. Cada congregación reconoce otras como partes legítimas de la familia de Dios. Por tanto los miembros se pueden transferir rápidamente de una congregación a otra. También puede haber intercambios en el púlpito, una práctica que implica el reconocimiento de la ordenación por parte de otros grupos. Además, los miembros de diferentes iglesias se relacionan unas con otras y las congregaciones con compromisos e ideas similares trabajan juntas cuando es posible. Por ejemplo, cooperan para dirigir campañas evangelísticas masivas. Esencialmente, sin embargo, la cooperación es para una cosa específica; no se expresa en forma de organización oficial permanente.[10]

### Unidad conciliar

No obstante hay ocasiones en las que las iglesias forman alianzas organizativas para cumplir propósitos comunes. Se unen en los que se denominan consejos o asociaciones de iglesias. Esto esencialmente es una unión cooperativa de denominaciones, cada una de las cuales mantiene su propia identidad. Es un esfuerzo combinado, por ejemplo, de metodistas, luteranos y episcopalianos, que continúan con sus tradiciones especiales. Se pone el énfasis tanto en la comunión como en la acción ya que la unidad es visible a la vez que espiritual.

### Unidad orgánica

La idea final es la de que la unidad de la iglesia significa la auténtica creación de una organización en la que identidades separadas se abandonan. La membresía y la ordenación es común. Cuando las denominaciones se unen de esta manera a menudo también se fusionan las congregaciones locales. Un ejemplo destacado es el de la United Church of Canada (Iglesia unida de Canadá), una sola denominación que se formó en 1925 que unía a metodistas, presbiterianos y congregacionalistas. Otro ejemplo es el de la Church of South India (Iglesia del sur de la India). A principios de la década de 1960, el COCU – Consultation on Church Union (coloquio sobre la unión de la iglesia) – empezó a planear la unión de varias denominaciones en lo que decidieron llamar Church of Christ Uniting (Iglesia de Cristo uniéndose). El fin último era combinar todas las iglesias cristianas: la católico romana, la ortodoxa del este y la protestante en una iglesia común. En la práctica, el objetivo del Consejo nacional de iglesias de Cristo ha ido alternando entre la unidad conciliar y la unidad orgánica.

Es importante que observemos más detenidamente la unidad conciliar y la orgánica ya que son las áreas en las que se producen los desacuerdos y las

10. James DeForest Murch, *Cooperation without Compromise* (Grand Rapids: Eerdmans, 1956).

controversias. Sin embargo, antes de hacer eso, debemos señalar que el término "unidad orgánica" se entiende de maneras diferentes:

1. El sentido normal de "unidad orgánica" es al que nos referimos anteriormente, o sea, la fusión de diversas denominaciones. Aquí se permite la diversidad de práctica o basar la unión en un denominador común más bajo. Hemos señalado que fusiones importantes de este tipo se han producido en Canadá y en la India. Fusiones más limitadas que se han dado en Estados Unidos son las de la Congregational Church (Iglesia congregacional) y la Evangelical and Reformed Church (Iglesia evangélica y reformada) para dar paso a la United Church of Christ (Iglesia unida de Cristo), y la de la Methodist Episcopal Church (Iglesia episcopal metodista) y los Evangelical United Brethren (Hermanos evangélicos unidos) para formar la United Methodist Church (Iglesia metodista unida).
2. La "unidad orgánica" también hace referencia a la combinación de comuniones que son básicamente del mismo estilo confesional. Un ejemplo serían las uniones que se han producido en varios grupos luteranos en los Estados Unidos. Uniones similares también se han dado entre grupos reformados, especialmente entre los presbiterianos. Los grupos que tienden al congregacionalismo y tienen una orientación más independiente, como los bautistas, muestran menos tendencia a fusionarse o, en caso de unión y posterior separación, a unirse nuevamente.
3. La "unidad orgánica" tiene que ver no sólo con el establecimiento de la unidad, sino también con su conservación. Aquí estamos planteando el tema de si los cristianos insatisfechos permanecen dentro de las denominaciones de las que forman parte o se separan de ellas. Este es un tema al que con frecuencia se han enfrentado los conservadores en las denominaciones que se han convertido en liberales. En algunos casos, es el elemento menos conservador el que debe tomar esa decisión. En este nivel en particular la "unidad orgánica" puede hacer referencia a permanecer dentro de una denominación en lugar de separarse de ella o a separarse de una denominación para formar un grupo de básicamente similar liturgia y tradición (por ejemplo, separarse de un grupo bautista para formar otra comunidad bautista de iglesias).
4. Finalmente, "unidad orgánica" puede relacionarse con la congregación local. Estamos hablando de si un individuo o grupo permanece dentro de una congregación o se separa de ella. Un individuo simplemente puede abandonar la comunidad; pero si un grupo se retira, se trata de un auténtico cisma. Más gente se enfrenta al tema de la unidad orgánica a este nivel que a cualquiera de los otros.

## La historia y el estado actual del ecumenismo

Los orígenes del ecumenismo se remontan muy atrás en el tiempo. De hecho, una historia del ecumenismo dice que podemos hablar ya de él a partir de 1517.[11] Sin embargo, en cierto sentido el movimiento ecuménico moderno empezó en 1910 como un esfuerzo misionero cooperativo. Kenneth Scott Latourette dice: "El movimiento ecuménico fue en gran parte el resultado del movimiento misionero."[12] Para el contexto histórico observamos los avivamientos que sacudieron Europa y Norteamérica en los siglos dieciocho y diecinueve. Los que participaron en esos avivamientos encontraron que tenían en común una teología y una experiencia que trascendía las líneas denominacionales. Y lo que es más importante, tenían una tarea y un propósito común que los unía: la evangelización del mundo.[13] Los movimientos de avivamiento dieron paso a una serie de organizaciones: Young Men's Christian Association [Asociación de jóvenes cristianos] (1844), the Evangelical Association [la Alianza evangélica] (1846), Young Women's Christian Association [la Asociación de mujeres cristianas jóvenes] (1855) y World Student's Christian Association [la Asociación mundial de estudiante cristianos] (1895). Aunque estas organizaciones no eran realmente ecuménicas en sí mismas, "proporcionaron el terreno que más tarde facilitó la propagación de las ideas ecuménicas."[14]

Los misioneros fueron los primeros en darse cuenta que las divisiones en las iglesias constituían un obstáculo para la evangelización. Se realizaron conferencias internacionales para el progreso de las misiones, las de Londres en 1878 y 1888 y en Nueva York en 1900 fueron particularmente significativas. Esta última, de hecho, fue denominada oficialmente la Conferencia misionera ecuménica. La asistencia fue aumentando paulatinamente. El evento crucial fue la Conferencia misionera mundial de 1910 en Edimburgo, que suele considerarse el principio del movimiento ecuménico moderno. Los dos líderes principales fueron John R. Mott y Joseph H. Oldham.[15] El propósito era planear los pasos siguientes para la evangelización del mundo.[16]

En una de las sesiones un delegado del Lejano oriente criticó el efecto negativo que tenían en su país las divisiones entre los misioneros. No se recuerda su nombre ni sus palabras exactas, pero tenemos una descripción de primera mano de la sustancia de sus observaciones:

11. *A History of the Ecumenical Movement, 1517-1948*, ed. Ruth Rouse y Stephen Charles Neill, 2nd ed. (Philadelphia: Westminster, 1968).

12. Kenneth Scott Latourette, "Ecumenical Bearings of the Missionary Movement and the International Missionary Council," en *Ecumenical Movement*, p. 353.

13. Ibid.

14. Maurice Villain, *Unity: A History and Some Reflections*, trans. J.R. Foster from the 3rd rev. ed. (Baltimore: Helicon, 1961).

15. Latourette, "Ecumenical Bearings," p. 356.

16. Ibid., pp. 357-58.

> Nos habéis enviado vuestros misioneros, que nos han dado a conocer a Jesucristo, y os estamos agradecidos por ello. Pero también nos habéis traído vuestras divisiones y distinciones: unos predicáis el metodismo, otros el luteranismo, el congregacionalismo o el episcopalianismo. Nosotros os pedimos que nos prediquéis el evangelio, y que dejéis que Jesucristo mismo alce de entre nuestros pueblos, mediante la acción del Espíritu Santo, una Iglesia formada según sus requerimientos y también según el genio de nuestra raza. Esta Iglesia será la Iglesia de Cristo en Japón, la Iglesia de Cristo en China, la Iglesia de Cristo en la India; nos liberará de todos los *ismos* con los que vosotros nos coloreáis la predicación del Evangelio.[17]

Maurice Villain cuenta que este discurso tuvo un efecto poderoso sobre muchos de los delegados. Ellos decidieron utilizar "cualquier medio posible... para eliminar este escándalo[.] Ese día había nacido el movimiento ecuménico."[18] Uno de los delegados, el obispo Charles Brent de la iglesia episcopal protestante, en octubre de 1910 propuso a su denominación la realización de una conferencia para estudiar los asuntos relativos a "la fe y el orden." Otros grupos cristianos de todo el mundo serían invitados a participar en este esfuerzo.[19] Casi simultáneamente, otras dos denominaciones americanas, los Disciples of Christ (Discípulos de Cristo) y el National Council of the Congregational Churches (Consejo nacional de las iglesias congregacionales), estaban realizando acciones similares.[20] Como resultado de esto, se consiguió un amplio apoyo para la Conferencia mundial sobre fe y orden.[21] Sin embargo, antes de que la conferencia se pudiera realizar estalló la primera guerra mundial.

Cuando se restableció la paz, se reiniciaron los planes para la conferencia mundial. Tuvo lugar en Lausanne, Suiza, en 1927. Dos años antes, el obispo Nathan Söderblom de Suecia había realizado en Estocolmo un Consejo cristiano universal para la vida y el trabajo. Aunque Söderblom era un pragmático que intentaba descartar las cuestiones de naturaleza doctrinal, quedó claro que tenía que haber una idea definida sobre la iglesia si se pretendía que hubiera un esfuerzo cooperador.[22] En 1937, el movimiento de Fe y orden se reunió en Edimburgo y el de Vida y trabajo en Oxford. De estas dos reuniones surgió el establecimiento de un comité para unir el trabajo de ambos movimientos en lo que se denominó el Consejo mundial de iglesias. Sin embargo, una vez más la guerra interrumpió los planes. La verdadera formación del Consejo mundial no

17. Villain, *Unity*, p. 29.
18. Ibid., p. 30.
19. Tissington Tatlow, "The World Conference on Faith and Order," *Ecumenical Movement*, p. 407.
20. Ibid., pp. 407-8.
21. Ibid., pp. 408-13.
22. Villain, *Unity*, p. 32.

se produjo hasta 1948 en Amsterdam, en aquel momento se hicieron miembros 147 grupos denominacionales.[23] Asambleas posteriores del Consejo mundial de iglesias se celebraron en Evanston, Illinois (1954), New Delhi (1961), Uppsala (1968), Nairobi (1975) y Vancouver (1983).

La declaración original de la base teológica del Consejo mundial fue breve y simple: "El Consejo mundial de iglesias es una hermandad de iglesias que acepta a nuestro Señor Jesucristo como Señor y Salvador."[24] Esta declaración fue criticada por no abarcar todo el espectro de creencias cristianas, y así en 1961 se adoptó una versión más amplia: "El Consejo mundial de iglesias es una hermandad de iglesias que confiesa que el Señor Jesús es Dios y Salvador según las Escrituras y por tanto pretenden juntas cumplir su llamamiento común para la gloria del único Dios, Padre, Hijo y Espíritu Santo."[25] También en 1961, el Concilio misionero internacional, otro movimiento con sus raíces en la conferencia de Edimburgo de 1910, se unió al Consejo mundial.[26] Al mismo tiempo se estaba produciendo otro desarrollo significativo. El día de Navidad de 1961, el Papa Juan XXIII convocó el Concilio Vaticano II. La nueva apertura al cristianismo de los no católicos que mostraba este concilio hizo que el diálogo entre protestantes y católicos fuera pronto una realidad.

El Consejo mundial de iglesias y su afiliado en los Estados Unidos: el Consejo nacional de iglesias de Cristo, no son los únicos movimientos intereclesiales destacables. En 1941, se organizó el Concilio americano de iglesias cristianas; su equivalente global: el Concilio internacional de iglesias cristianas, se organizó algún tiempo después. A primera vista, estos grupos parecen los homólogos conservadores de los Consejos nacionales y mundiales, que intentan conseguir los mismos objetivos pero dentro de un marco teológico conservador. Sin embargo, si se observa con más detenimiento, resulta obvio que el propósito de los Concilios americano e internacional es el de oponerse a los objetivos y las posiciones de los Consejos nacional y mundial.[27] Dirigidos por Carl McIntire, las actividades del Concilio americano incluyen el influenciar en la política del gobierno de Washington que afectan a la capellanía, a las misiones en el extranjero y a los medios de comunicación.[28] El Concilio americano se oponía no sólo a los que

23. Norman Goodall, *The Ecumenical Movement: What It Is and What It Does*, 2nd ed. (New York: Oxford University Press, 1964), pp. 63-68.

24. Ibid., p. 68.

25. Ibid., p. 69.

26. Norman Goodall, *Ecumenical Progress: A Decade of Change in the Ecumenical Movement, 1961-1971*. (New York: Oxford University Press, 1972), p. 139.

27. Carl McIntire, *Twentieth Century Reformation*, 2nd rev. ed. (Collingswood, N.J.: Christian Beacon, 1945).

28. Paul Woolley, "American Council of Christian Churches," en *Twentieth Century Encyclopedia of Religious Knowledge*, ed. Lefferts A. Loetscher (Grand Rapids: Baker, 1955), vol. 1, p. 30.

tenían una inclinación liberal, sino a aquellos evangélicos inconsistentes que, aunque completamente ortodoxos, no habían roto por completo sus ataduras con el Consejo nacional. Es más, a ningún miembro con derecho a voto del Concilio americano se le permitía mantener conexión con el Consejo nacional.[29] La tendencia a la ruptura y la fragmentación continuó dentro del movimiento.[30]

Un año después del origen del Concilio americano de iglesias cristianas, apareció otra asociación intereclesial. Un grupo de evangélicos había organizado en 1929 la New England Fellowship (Comunión de Nueva Inglaterra), que incluía conferencias bíblicas, campamentos y emisiones radiofónicas. Algunos líderes, que tenían una visión nacional para la hermandad, enviaron invitaciones a evangélicos de todo el país para que asistieran a una sesión en St. Louis en abril de 1942. De esta sesión surgió la National Association of Evangelicals for United Action (Asociación nacional de evangélicos para la acción unida); el nombre más tarde se abrevió a National Association of Evangelicals (Asociación nacional de evangélicos).[31]

Dos hechos sobre los inicios de la National Association of Evangelicals reflejan su naturaleza y sus propósitos distintivos. Primero, el nombre original apunta hacia su orientación hacia la acción práctica; a este respecto la asociación se parece a la conferencia de Edimburgo de 1910. Segundo, el principal objetivo del nuevo grupo fue la acción cooperativa constructiva, y no la de criticar al Consejo nacional o al Consejo mundial. Podríamos denominar a este un grupo de acción ecuménico evangélico:

> Una cosa quedó clara. Miles habían llegado a la conclusión de que no podían seguir cooperando con el Consejo federal [nacional] de iglesias. [Pero a los evangélicos] no les interesaba preparar declaraciones y perder el tiempo con estrategias agresivas para reformar o destruir el Consejo. Creían que ya se había perdido demasiado tiempo y energía, dinero y talento en tales esfuerzos. Deseaban un programa constructivo, agresivo, dinámico y unificado de acción evangélica en los terrenos de la evangelización, las misiones, la educación cristiana y cualquier otra esfera de la fe cristiana. Querían una base doctrinal sólida para ese tipo de acción. Buscaban el liderazgo en estos campos. Creían que el tiempo había venido a demostrar la validez de su fe y la habilidad de los evangélicos para trabajar juntos y realizar juntos un gran programa constructivo.[32]

La National Association of Evangelicals funciona a través de varias comisiones. Su periódico, *Action* (anteriormente *United Evangelical Action*) expresa los puntos de vista de sus miembros.

29. Woolley, "American Council," p. 30.
30. Carl Henry, "The Perils of Independency," *Christianity Today,* 12 de noviembre de 1956, p. 21.
31. Murch, *Cooperation*, pp. 48-61.
32. Ibid., p. 62.

## Temas planteados por los evangélicos

Cuando se discute el ecumenismo, a los evangélicos les preocupan varios temas en particular. Los evangélicos siempre han insistido en que la comunión es imposible si no se está de acuerdo en ciertas verdades básicas. Esta insistencia surge de la creencia en un Dios objetivo con el que los humanos se relacionan con fe. Nos podemos relacionar con él porque se nos ha revelado. Como esta revelación tiene al menos parcialmente forma proposicional, la fe es un asunto de confianza personal en Dios *y* de aceptación de las verdades que él nos ha revelado. En consecuencia, las experiencias emocionales similares y los esfuerzos comunes son fundamentos insuficientes para la unión. También debe haber acuerdo al menos en los puntos más básicos de la creencia.

Esta posición de los evangélicos se podría interpretar como una barrera lógica o natural al ecumenismo. En realidad, John Warwick Montgomery ha señalado que ha funcionado de la manera contraria; ha fomentado la actividad interdenominacional. Debido a su preocupación por la verdad, los evangélicos se han inclinado a cooperar y a sentirse uno con los que piensan igual que ellos.[33] De hecho, el fundamentalismo empezó históricamente con una serie de conferencias bíblicas a las que asistía gente que se sentía unida a otra gente porque compartía un conjunto de creencias distintivas denominadas "fundamentos de la fe." Por tanto, el hecho mismo de la diversidad doctrinal dentro de las denominaciones grandes ha sido un estímulo para el ecumenismo.

Sin embargo, los evangélicos por su preocupación por la verdad, han sido en cierto modo precavidos en cuanto al grado en que quieren verse envueltos en el ecumenismo. Siempre surgen una serie de problemas cuando los evangélicos se ponen a discutir sobre el ecumenismo. William Estep los ha agrupado convenientemente en categorías. Aunque escribió desde la perspectiva de los bautistas y el ecumenismo, nosotros, con algunas adaptaciones, utilizaremos aquí su esquema.[34]

### *El problema teológico*

Las reservas teológicas sobre el movimiento ecuménico son las más comunes, porque el desacuerdo sobre los asuntos teológicos fue lo que separó a las denominaciones en primer lugar. Los evangélicos no tomarán en consideración la unión con ningún grupo que no suscriba ciertas doctrinas básicas: la autoridad suprema de la Biblia como fuente de fe y práctica cristiana; la deidad de Jesucristo, incluyendo sus milagros, su muerte expiatoria y la resurrección corporal; la salvación como obra sobrenatural de regeneración y justificación por la gracia por medio de la fe; la segunda venida de Cristo. A los evangélicos les parece que

33. John Warwick Montgomery, *Ecumenicity, Evangelicals, and Rome* (Grand Rapids: Zondervan, 1969), p. 18.

34. William R. Estep, *Baptists and Christian Unity* (Nashville: Broadman, 1966), p. 170.

con respecto a la base teológica para la comunión, el movimiento ecuménico a menudo ha aceptado el denominador común más bajo. Como resultado, el evangélico sospecha que algunos miembros de la hermandad podrían no ser auténticos cristianos. También está la cuestión de los estándares doctrinales (por ejemplo, las confesiones o los credos), si hay que seguir alguno, y cuál es su estatus y autoridad.[35]

### *El problema eclesiológico*

En cierto sentido, este tema es meramente una subdivisión del tema teológico. Los evangélicos no considerarán la unión con grupos que no compartan su doctrina de la iglesia. Y no obstante, en cierto modo aquí se están planteando unas cuestiones de carácter más amplio. Los evangélicos insisten en que haya un acuerdo básico en lo que hace de una iglesia una iglesia. De hecho, ¿la iglesia hace cristianos a los cristianos, o los cristianos hacen iglesia a la iglesia? Aquí en cierto sentido tenemos la cuestión de la auténtica naturaleza del cristianismo. También está el asunto del significado del término *iglesia*. ¿Se aplica principalmente a la congregación local de creyentes, a una denominación, o a una federación de denominaciones? Debe haber también un consenso en la estructura del gobierno de la iglesia y en la forma y función del ministerio. Una fusión entre episcopalianos convencidos y congregacionalistas doctrinarios no es probable que se produzca sin fuertes tensiones en lo que se refiere a la organización y administración del gobierno de la iglesia, la importancia y los criterios de la ordenación y temas adyacentes. Se debe prestar también atención a temas como el propósito y la estrategia de la iglesia, si es apropiado y en qué grado que la iglesia se implique social y políticamente y la relación entre el estado y la iglesia.

Las áreas que acabamos de mencionar y las cuestiones relacionadas que tienen que ver con los sacramentos han ocasionado en el movimiento ecuménico del siglo XX las tensiones y dificultades más fuertes, tal como ocurrió en el siglo XVI, cuando Martín Lutero y Ulrico Zwinglio fueron incapaces de unir sus dos alas de la Reforma, y las negociaciones se rompieron por la cuestión de la de la presencia de Cristo en la cena del Señor. La razón está muy clara. Con respecto a otras áreas de la creencia, es posible permitir que los individuos tengan sus propios puntos de vista privados. Pero la iglesia y los sacramentos son componentes externos y observables del cristianismo. Por tanto, es necesario conseguir un mayor grado de acuerdo respecto a ellos.

### *El problema metodológico*

Como la razón principal para fundar el movimiento ecuménico era superar las dificultades de un testimonio dividido, es realmente importante la pregunta

35. Montgomery, *Ecumenicity*, p. 17, n. 6; Estep, *Baptists*, p. 170.

pragmática planteada por los evangélicos: ¿Realmente cuánta eficacia tiene el movimiento ecuménico en la evangelización del mundo? Harold Lindsell ha señalado que la United Church of Canada (Iglesia unida de Canadá) se caracterizó por una membresía decreciente y una reducción de misioneros al tiempo que otras denominaciones mostraban crecimiento y progreso en estas áreas.[36]

Dado el origen del movimiento ecuménico, su fracaso en el área de las misiones es particularmente significativo. Los evangélicos han criticado con frecuencia el Consejo mundial de iglesias por este tema. W. A. Visser't Hooft, el primer secretario general del Consejo mundial, intentó responder a las críticas:

> Quizá la cuestión más relevante planteada por los evangélicos conservadores ha sido la de si el movimiento ecuménico ha concentrado sus energías demasiado en los problemas sociales e internacionales y ha descuidado la tarea principal de la evangelización. La cuestión es de lo más relevante ya que una comparación entre las iglesias del Consejo mundial y los cuerpos evangélicos muestra que estos últimos están empleando una proporción mucho mayor de sus recursos de hombres y de dinero en la evangelización y en las misiones en el extranjero. Pero surge la gran pregunta: ¿Qué es la evangelización? ¿La iglesia es sólo evangelista si predica el evangelio a los individuos? ¿O también es evangelista si extiende la luz del evangelio sobre los grandes problemas que tiene la humanidad en nuestro tiempo? El debate continúa y ambas partes del diálogo tienen que aprender una de la otra.[37]

### *El problema teleológico*

El problema final que plantean los evangélicos cuando evalúan el ecumenismo es lo que Estep denomina el problema teleológico.[38] ¿Cuál es el fin último del movimiento ecuménico? ¿Es la fusión orgánica de todas las denominaciones en una superiglesia? Los líderes del Consejo mundial han declarado de forma repetida y enfática que ese no es su objetivo; las denominaciones individuales persistirán y mantendrán su integridad. No obstante, Estep ha recogido una lista impresionante de declaraciones de otros líderes del movimiento ecuménico sobre que se debe buscar y conseguir la unión orgánica de las iglesias. E. Roberts-Thomson distingue entre la función específica del Consejo mundial y el fin último del movimiento ecuménico. El Consejo mismo tiene prohibido por su propia constitución ser más que un consejo. Sin embargo, se espera que las conciencias de los miembros del

36. Harold Lindsell, "What are the Results? Ecumenical Merger and Mission," *Christianity Today*, 30 de marzo de 1962, p.5.

37. W. A. Visser't Hooft, "The General Ecumenical Development Since 1948,Ì en *The Ecumenical Advance: A History of The Ecumenical Movement*, vol. 2, 1948-1968, ed. Harold E. Fey (Philadelphia: Westminster, 1970), p. 19.

38. Estep, *Baptists*, p. 185.

Consejo mundial se sensibilicen tanto con el pecado de la separación que busquen una fusión que vaya más allá de las actividades del Consejo.[39]

Si se produce una fusión completa, podrían suceder algunos resultados desafortunados. La membresía de las iglesias podría carecer de sentido. Robert Handy ha observado que "el deseo de una unión organizativa total inevitablemente plantea nuevamente la cuestión de quién es un hereje. En el esfuerzo de dejar de lado los aspectos más duros de la cuestión, mientras que se presiona para realizar una unión organizativa total, los criterios para ser miembro se rebajan y la naturaleza de la iglesia puede, efectivamente, estar bajo mínimos."[40] Un problema adicional de una superiglesia de este tipo es que sería considerada, por así decirlo, el guardián exclusivo de la cristiandad. A los creyentes se les daría a entender que no se puede ser cristiano si no se pertenece a la iglesia visible. Pero ¿qué pasa con los disidentes o con los inconformistas? ¿Dónde podrían ir esas personas? Un estructura monolítica impide un sistema de comprobaciones y equilibrios que es tan necesario en la iglesia como en la política secular.

## Criterios de acción

A la vista de la oración de Cristo por la unidad de sus seguidores, ¿cuál debería ser nuestra postura? Concluiremos el capítulo sobre la unidad de la iglesia con varios criterios.

1. Tenemos que darnos cuenta de que la iglesia de Jesucristo *es* una única iglesia. Todos los que estamos relacionados con el único Salvador y Señor somos sin duda parte del mismo cuerpo espiritual (1 Co. 12:13).
2. La unidad espiritual de los creyentes debería mostrarse o expresarse con la buena voluntad, la comunión y el amor de unos a otros. Deberíamos emplear cualquier medio legítimo para confirmar que somos uno con los cristianos que están orgánicamente separados de nosotros.
3. Los cristianos de todos los tipos deberían trabajar juntos siempre que fuera posible. Si no se compromete ningún punto esencial de la doctrina o de la práctica, deberían unir sus fuerzas. En otras palabras, es importante que haya ocasiones en las que los cristianos dejen a un lado sus diferencias. La cooperación entre cristianos da un testimonio común al mundo y es una gestión fiel de los recursos que se nos han confiado.
4. Es importante delinear con cuidado la base doctrinal y los objetivos de la comunión. El objetivo original de la Conferencia misionera mundial de 1910 en Edimburgo ha sido, como el propio Visser't Hooft ha admi-

39. E. Roberts-Thomson, *With Hands Outstretched* (London: Marshall, Morgan & Scott, 1962), p. 39.

40. Robert Handy, "The Ecumenical Task Today," *Foundations* 4, no. 22 (abril 1961), 105-6.

tido, reemplazada por otras preocupaciones. No obstante la ejecución de la comisión de Cristo sigue siendo la tarea principal de la iglesia. En consecuencia, es difícil justificar que se comprometa tiempo, personal y finanzas en actividades que contribuyan, al menos indirectamente, a la evangelización. En otras palabras, un regreso a los objetivos originales del movimiento ecuménico no debería ser nuestro objetivo, porque no todo el que dice "Señor, Señor" es realmente uno de los suyos.

5. Debemos estar alertas en contra de cualquier unión que debilite la vitalidad espiritual de la iglesia. Las iglesias conservadoras son las que están creciendo; las evangélicas tienen el impulso. Las alianzas que debiliten su vitalidad deben ser evaluadas con detenimiento y probablemente evitadas.
6. Los cristianos no deberían estar dispuestos a abandonar su denominación madre con demasiada rapidez. Siempre que haya posibilidad de redimir la denominación, el testimonio conservador no se debería abandonar. Además, si los conservadores se van de los círculos ecuménicos, su posición no estará representada en ellos.
7. Es importante que los cristianos se aseguren de que las divisiones y la separación se deba a convicciones y principios genuinos y no a conflictos personales o a ambiciones individuales. Es un descrédito para la causa de Cristo que cristianos con las mismas creencias y objetivos se separen.
8. Cuando los cristianos no estén de acuerdo, ya sea como individuos, como iglesias o como denominaciones, es esencial que ese desacuerdo se haga con espíritu de amor, buscando corregir a los demás y persuadirles de la verdad, y no refutándoles y exponiéndoles al ridículo. La verdad siempre tiene que ir ligada al amor.

En la última parte del siglo XX, el movimiento ecuménico organizado perdió mucho de su impulso. En parte fue resultado de un descenso en la lealtad de las denominaciones. Las expresiones prácticas de la unidad cristiana han aparecido más en organizaciones o causas que han unido a cristianos, sin identidades denominacionales. Ejemplos de esto son las cruzadas de Billy Graham y el movimiento de los Cumplidores de promesas.

Parte 12

# LAS ÚLTIMAS COSAS


56. Introducción a la escatología *1151*
57. Escatología individual *1168*
58. La segunda venida y sus consecuencias *1187*
59. Perspectivas sobre el milenio y la tribulación *1206*
60. Estados finales *1227*

# 56. Introducción a la escatología

## Objetivos del capítulo

Después de estudiar este capítulo debería ser capaz de:

- Examinar varios enfoques alternativos al estudio de la escatología que ayudan a entenderla y especialmente a enseñarla y a predicarla.
- Clasificar diferentes tipos de escatología empleando siete cuestiones para su evaluación.
- Identificar y explicar seis formas diferentes de enfocar la escatología.
- Evaluar las nueve conclusiones que pueden extraerse del estudio de la escatología.

## Resumen del capítulo

El estudio de la escatología ha provocado una variedad de respuestas entre los creyentes, que van desde evitarla casi del todo a la preocupación total por la doctrina. Ningún extremo es deseable. Defendemos una visión equilibrada. Existen una variedad de sistemas: modernizado, desmodernizado, realizado, existencializado, politizado y sistematizado. Al menos se pueden sacar nueve conclusiones sobre la escatología.

## Cuestiones de estudio

1. ¿Qué razones hay para estudiar la escatología?
2. ¿Qué son la "escatomanía" y la "escatofobia"?
3. ¿Cómo nos pueden ayudar las preguntas de clasificación a analizar un sistema escatológico? ¿Qué preguntas hay que hacer?
4. Compare y contraste los seis sistemas escatológicos seleccionados: modernizado, desmodernizado, realizado, existencializado, politizado y sistematizado. Haga un gráfico con tres columnas. Escriba cada

sistema en la primera columna. Identifique el exponente principal en la segunda columna. Enumere las ideas principales de cada uno de ellos en la tercera columna. Mire de nuevo el gráfico y trate de exponer sus propias conclusiones.

5. ¿Cómo le ayudarán las conclusiones del final del capítulo a elaborar un enfoque efectivo sobre la escatología?

El estatus de la escatología
Clasificación de las escatologías
Tratamientos modernos de la escatología
    El enfoque liberal: la escatología modernizada
    Albert Schweitzer: escatología desmodernizada
    C. H. Dodd: escatología realizada
    Rudolf Bultmann: escatología existencializada
    Jürgen Moltmann: escatología politizada
    Dispensacionalismo: escatología sistematizada
Conclusiones sobre la escatología

## El estatus de la escatología

Como indica la derivación de la palabra, escatología tradicionalmente ha significado el estudio de las últimas cosas. Según esto, trata de cuestiones que tienen que ver con el fin de la historia, la terminación de la obra de Dios en el mundo. En muchos casos también ha sido literariamente el tema final que se ha tratado en los estudios de teología.

La escatología ha tenido diversa fortuna en la historia del cristianismo. Como la teología normalmente se define y se redefine en respuesta a los retos y controversias, y el número de debates importantes sobre escatología han sido pocos, ha permanecido relativamente poco desarrollada en relación con otras doctrinas como la naturaleza de los sacramentos o la persona y la obra de Cristo. Estas doctrinas, al ser más importantes para la fe y la experiencia cristiana, se trataron de forma más extensa en un momento más temprano del tiempo. James Orr observó que a medida que avanzaba la historia de la iglesia, predominaban ciertas doctrinas. El orden normal de los estudios teológicos refleja el orden en que iban predominando las distintas doctrinas. Orr sugiere que en lo que se refiere a esta ciencia, la escatología sería el tema predominante en la teología de la época moderna.[1] Si es el tema más destacado es algo discutible, porque en el siglo XX se le ha prestado mucha atención a la revelación y a la obra del Espíritu Santo. No obstante, es cierto que a finales del XIX y durante el siglo XX la escatología ha recibido mayor atención que nunca antes.

1. James Orr, *The Progress of Dogma* (Grand Rapids: Eerdmans, reimpreso 1952), pp. 20-30.

Hay varias interpretaciones de la relación de la escatología con otras doctrinas. Algunos teólogos la han considerado simplemente como un apéndice o como la terminación de otras doctrinas. Por ejemplo, a veces se la ha considerado simplemente como parte de la doctrina de la salvación.[2] Cuando se considera esencialmente el estudio de los pasos finales de Cristo estableciendo su gobierno en el mundo, la escatología completa la doctrina de la obra de Cristo.[3] También ha estado unida a la doctrina de la iglesia; pensamos, por ejemplo, en la discusión de Agustín sobre el reino y la iglesia.[4] Otros teólogos han considerado la escatología como una doctrina independiente que está a la par de las otras doctrinas importantes.[5] También hay otros teólogos que afirman que la escatología es la doctrina suprema: resume todas las demás y las lleva a su cumplimiento.[6] Finalmente, unos pocos han mantenido que la escatología es el conjunto de la teología o, más correctamente, la teología en su conjunto es escatología.[7] Hay por lo tanto una amplia variedad de puntos de vista sobre el estatus de la escatología.

Hay una serie de razones para la actual atención a la escatología. Una es el rápido desarrollo de la tecnología y los consiguientes cambios en la cultura en general. Para evitar quedarse obsoletos, es necesario que las corporaciones y las agencias públicas predigan el futuro y se preparen para él. Esto ha dado lugar a toda una nueva disciplina: el "futurismo." La curiosidad por saber cómo serán las casas, los transportes y las comunicaciones en la próxima década o en el próximo siglo se presta para la especulación y después para la investigación. Existe un interés correspondiente en el futuro en un sentido más amplio, en un sentido cósmico. ¿Qué deparará el futuro para la realidad en su conjunto?

Una segunda razón para la prominencia de la escatología es el alzamiento del tercer mundo. Para algunos que viven en los países desarrollados, las actuales tendencias económicas y políticas son negativas y desalentadoras. Sin embargo, para los países del tercer mundo es al contrario. El futuro es muy prometedor para ellos. Como el cristianismo continúa creciendo rápidamente en los países del tercer mundo, desde

2. Theodore Haering, *The Christian Faith: A System of Dogmatics* (London: Hodder & Stoughton, 1913), vol. 2, pp. 829-924; Anthony Hoekema, *The Bible and the Future* (Grand Rapids: Eerdmans, 1079), p. 297.

3. Geerhardus Vos, *The Pauline Eschatology* (Princeton, N.J.: Princeton University Press, 1930), p. 36.

4. Agustín, *La Ciudad de Dios* 20.6-10, especialmente 9.

5. Augustus H. Strong, *Systematic Theology* (Westwood, N.J.: Revell, 1907), pp. 981-1056.

6. Joseph Pohle, *Eschatology: or, The Catholic Doctrine of the Last Things: A Dogmatic Treatise* (St. Louis: B. Herder, 1917), p. 1.

7. Karl Barth dice: "Si el cristianismo no es enteramente escatológico en su conjunto, entonces no queda en él relación de ningún tipo con Cristo" - *Epistle to the Romans*, 6th ed, trad. Edwyn C. Hoskyns (New York: Oxford University Press, 1968), p. 314.

luego más rápido que en cualquier otra parte, su emoción y anticipación ante el futuro estimula un mayor interés por la escatología que por la historia ya pasada.

Además, la fuerza del comunismo o del materialismo dialéctico en nuestro mundo obligó a los teólogos a centrarse en el futuro. El comunismo tiene una filosofía definida de la historia. Considera que la historia se dirige hacia un objetivo definitivo. A medida que la dialéctica consigue sus propósitos, la historia sigue pasando de una etapa a otra. La obra de Ernst Bloch *Das Prinzip Hoffnung (El Principio de la Esperanza)*,[8] que representa al marxismo como la esperanza del mundo para un futuro mejor, causó un gran impacto en varios teólogos cristianos. Se sintieron impulsados a buscar una base alternativa superior para la esperanza.

Algunas escuelas de psicología han empezado a resaltar la esperanza. Quizá el ejemplo más notable sea la logoterapia de Viktor Frankl, una mezcla de existencialismo y psicoanálisis. De su experiencia en un campo de concentración en la segunda guerra mundial, Frankl concluyó que los humanos necesitan un propósito para vivir. El que tenga esperanza, el que sepa "el 'porqué' de su existencia.... sabrá soportar casi cualquier 'cómo'."[9] En un sentido muy real, el porqué, el propósito de la existencia se relaciona con el futuro, con lo que nosotros anticipamos que ocurrirá.

Finalmente, la amenaza de destrucción nuclear que se ha cernido sobre la raza humana durante algún tiempo ha fomentado el deseo de saber sobre el futuro. Y mientras que el efecto de las crisis ecológicas a las que nos enfrentamos es menos rápida que la nuclear, también pone en peligro el futuro de la raza. Estos hechos, dejan claro que no podemos vivir únicamente en el presente, preocupados por el ahora. Debemos pensar en el futuro.

Cuando examinamos lo que los teólogos y los ministros están haciendo con la escatología, encontramos dos tendencias contrarias. Por una parte, hay una preocupación intensa por la escatología. Los teólogos conservadores han demostrado un gran interés por este tema. Los dispensacionalistas en particular lo han resaltado en sus predicaciones y en sus enseñanzas. Se dice que hay un pastor que predica el libro del Apocalipsis cada domingo ¡desde hace 19 años! Algunas veces se amplían las enseñanzas con esquemas enormes y detallados de los últimos tiempos. Los actuales sucesos políticos y sociales, especialmente los que hacen referencia a la nación de Israel, se identifican con las profecías de las Escrituras. El resultado es que a algunos predicadores se les ha caricaturizado con la Biblia en una mano y con el periódico en la otra. La obra de Hal Lindsey *La agonía del gran planeta tierra* es un ejemplo a destacar de este tipo de "escatomanía."[10]

8. Ernst Bloch, *Das Prinzip Hoffnung* (Frankfurt am Main: Suhrkamp, 1959).
9. Viktor Frankl, *Man's Search for Meaning* (New York: Washington Square, 1963), p. 127.
10. Hal Lindsey, *The Late Great Planet Earth* (Grand Rapids: Zondervan, 1971).

Hay otra variedad de escatomanía, muy diferente en orientación y contenido. Es el enfoque que hace que la escatología sea la teología al completo.[11] La fe cristiana se considera tan completamente escatológica que el adjetivo "escatológico" se añade prácticamente a cualquier concepto teológico. La escatología está "hasta debajo de las piedras" en el Nuevo Testamento. Sin embargo, según los que siguen este enfoque el tema central de la escatología no es el futuro, sino la idea de que ha empezado una nueva era. A menudo se resalta la tensión entre lo nuevo y lo viejo; de hecho, la frase "Ya, pero no todavía" se ha convertido en una especie de eslogan.

Lo opuesto a las dos variedades de escatomanía se podrían denominar "escatofobia": miedo o aversión a la escatología, o al menos evitar discutir de ella. En algunos casos, la escatofobia es una reacción en contra de los que tienen una interpretación definida de todo el material profético de la Biblia e identifican todo evento importante de la historia con alguna predicción bíblica. No queriendo que se les identifique con este enfoque sensacionalista de la escatología, algunos predicadores y profesores evitan discutir totalmente del tema. Como resultado, en algunos círculos conservadores casi no existe alternativa alguna al dispensacionalismo. Muchos de los miembros de las iglesias, al no escuchar ningún otro punto de vista distinto, han llegado a pensar que el dispensacionalismo es el único enfoque legítimo que existe sobre la escatología. Es más, en situaciones en las que alguna idea de poca importancia sobre la escatología se ha convertido en una prueba de ortodoxia, los pastores jóvenes tienden a evitar completamente el asunto, tratando de no resultar sospechosos. Y en los casos en los que discutir de escatología se ha convertido en el tema de debate preferido, algunos pastores, para evitar las divisiones, hacen mención escasa o ninguna del milenio y de la gran tribulación. A este respecto, los temas escatológicos no son diferentes a la glosolalia.

Muchos de los temas de la escatología son confusos y difíciles de tratar. En consecuencia, los profesores y los predicadores simplemente evitan el tema. Ciertos profesores que imparten cursos de doctrina cristiana siempre están retrasados en sus clases. Por lo tanto, nunca tienen tiempo para tratar el tema del milenio y la gran tribulación. De la misma manera a los profesores de estudios del Nuevo Testamento les resulta difícil encontrar tiempo para el libro del Apocalipsis, e incluso algunos profesores de estudios del Antiguo Testamento tienen dificultades para planificar sus calendarios de manera que puedan prestar suficiente atención a los libros proféticos. Quizá sea sólo falta de organización y disciplina, pero más de un instructor ha admitido que la falta de tiempo resulta conveniente.

A mitad de camino entre los dos extremos de preocuparse por la escatología y evitarla debe estar nuestra posición. Porque la escatología no es ni un tema

11. Jürgen Moltmann, *The Theology of Hope* (New York: Harper & Row, 1967).

opcional y sin importancia, ni el único objetivo de importancia e interés para el cristiano. Encontraremos una posición intermedia si tenemos en cuenta el verdadero propósito de la escatología. A veces la escatología ha sido tema de debate, que ha ocasionado acusaciones y animosidad entre cristianos. Este no es el propósito para el cual Dios reveló las verdades escatológicas. Pablo indicó en 1 Tesalonicenses 4 su razón para escribir sobre la segunda venida. Algunos creyentes que habían perdido a sus seres queridos estaban experimentando un dolor que, al menos hasta cierto punto, era insano e innecesario. Pablo no quería que estuvieran tristes como los no creyentes, que no tenían esperanza por sus seres queridos (v. 13). Después de describir la segunda venida y asegurar a sus lectores que era cierta, les aconseja: "Por tanto, alentaos los unos a los otros con estas palabras" (v. 18). A veces es fácil olvidar que las verdades escatológicas en la palabra de Dios, como en el resto de la revelación, intentan consolarnos y animarnos.

## Clasificación de las escatologías

Se pueden plantear una serie de cuestiones para ayudarnos a clasificar los distintos puntos de vista sobre la escatología. En algunos casos, una sola pregunta servirá para clasificar el punto de vista a considerar, ya que será la clave para todo el sistema. En otros casos, será necesario realizar varias preguntas si queremos comprender por completo la naturaleza del punto de vista que estamos tratando.

1. ¿Se considera que la escatología hace referencia principalmente al futuro o al presente? Tradicionalmente se ha entendido que la escatología trata del fin de los tiempos, cosas que sucederán en un momento dado del futuro. Sin embargo, algunos teólogos ven la escatología como una descripción de eventos del aquí y ahora. Estamos en una edad nueva y experimentamos una nueva calidad de vida. Otros no obstante consideran la escatología como una descripción de lo que siempre ha sido, es y será la verdad. En otras palabras, tiene un carácter atemporal.

En este punto será útil señalar un sistema que se utiliza para clasificar las distintas interpretaciones del material profético o apocalíptico que hay en las Escrituras. Aunque la mayoría de las veces se utiliza como medio para clasificar la interpretación del libro del Apocalipsis,[12] o de forma más genérica, toda esa literatura profética, el sistema también se puede aplicar para distinguir puntos de vista sobre la escatología:

1. El punto de vista futurista mantiene que la mayoría de los sucesos que se describen están en el futuro. Se cumplirán al final de los tiempos, muchos de ellos probablemente se producirán todos juntos.

12. Merrill C. Tenney, *The New Testament: An Historical and Analytic Survey* (Grand Rapids: Eerdmans, 1953), pp. 404-6.

2. El punto de vista pretérito mantiene que los sucesos descritos se estaban produciendo en los tiempos del escritor. Como eran actuales para el escritor, ahora son pasado.
3. El punto de vista histórico mantiene que los sucesos descritos estaban en el futuro en el momento de escribirse, pero que hacen referencia a cosas que sucederán a lo largo de la historia de la iglesia. En lugar de mirar únicamente al futuro, debemos de buscar en las páginas de la historia y considerar si alguno de esos sucesos ya se está produciendo ahora mismo.
4. El punto de vista simbólico o idealista mantiene que no hay que pensar que los eventos descritos se van a desarrollar dentro de una secuencia temporal. Hacen referencia a verdades de naturaleza atemporal, y no a sucesos históricos singulares.

2. ¿La idea del futuro de la vida aquí en la tierra es principalmente optimista o pesimista? Algunas escatologías anticipan que va a haber una mejora en las condiciones. Otras vislumbran un empeoramiento de las circunstancias de la existencia humana. Muchos de estos últimos esperan que, bajo el control humano, la situación se irá deteriorando hasta que Dios intervenga y rectifique lo que está ocurriendo.

3. ¿Cuál se cree que será el agente de los sucesos escatológicos: la actividad divina o el esfuerzo humano? Si es la actividad divina, se considerará que estos elementos se realizan de forma sobrenatural; si el esfuerzo es humano, se verán como el resultado de un proceso familiar y natural. La primera perspectiva busca la obra genuinamente trascendente de Dios; la segunda resalta la actividad inmanente de Dios en el mundo.

4. ¿El centro de la creencia escatológica está en este mundo o en el otro? En otras palabras, ¿se espera que las promesas de Dios en su mayor parte se realicen en esta tierra en una continuidad fundamental con la vida tal como la experimentamos ahora, o habrá una liberación de la situación presente y su promesa se cumplirá en el cielo o en un lugar o situación totalmente distinta a la que ahora experimentamos? Las escatologías del primer tipo persiguen unas esperanzas más seculares; las del segundo tipo son de naturaleza más espiritual.

5. ¿El punto de vista particular habla de esperanza sólo para la iglesia o para la raza humana en general? ¿Los beneficios anticipados son sólo para los creyentes, o las promesas son para todos? Si es esto último, ¿la iglesia es el agente o vehículo de las cosas buenas que vienen para todos?

6. ¿La escatología mantiene que obtendremos los beneficios de la nueva edad individualmente o que su concesión será de carácter cósmico? Si es esto último, es probable que las promesas de Dios se cumplan en un único evento que lo abarque todo. Es más, en ese caso los efectos puede que no incluyan sólo a los

seres humanos, sino también a otros sectores de la creación; puede que haya una transformación del orden natural.

7. ¿Hay un lugar especial para los judíos en los sucesos futuros? Como pueblo escogido y como pueblo del pacto en el Antiguo Testamento, ¿siguen teniendo un estatus especial, o son simplemente como el resto de la raza humana?

## Tratamientos modernos de la escatología

En muchos aspectos la historia de la escatología guarda paralelismos con la doctrina del Espíritu Santo. En ambos casos se elaboró una posición formal bastante pronto que acabó formando parte de la ortodoxia. Por lo tanto en los círculos ortodoxos la escatología y el Espíritu Santo rara vez resultaban de mucho interés o de objeto principal de preocupación. Fue en las sectas, o en los grupos más radicales donde se tomaron más en serio estas doctrinas y donde se las dio una expresión más dinámica y agresiva. Aunque formaban parte de la creencia tradicional, no se debatían o predicaban demasiado. Sin embargo en el siglo XX, ambas doctrinas se convirtieron en materias de interés y preocupación mucho más general.

### *El enfoque liberal: la escatología modernizada*

El siglo XIX fue un tiempo de considerable efervescencia intelectual, y la teología cristiana sintió su fuerza. La teoría de Darwin sobre la evolución, el crecimiento de las ciencias naturales y los estudios críticos sobre la Biblia contribuyeron a un nuevo ambiente. En teología, el liberalismo intentaba retener la fe cristiana a la vez que aportaba el enfoque científico a los temas religiosos. Había confianza en el método histórico como medio para conocer lo que había ocurrido realmente en los tiempos bíblicos. La aplicación de este método al estudio de los evangelios se pasó a conocer como la búsqueda del Jesús histórico. Aunque las conclusiones fueron variadas, hubo algunos acuerdos generales. Uno de ellos fue que Jesús era básicamente un maestro humano cuyo mensaje era principalmente sobre el Padre celestial.

El mensaje de Jesús realmente era bastante simple, según Adolf von Harnack, cuyo pensamiento representó la culminación del liberalismo del siglo XIX. Jesús resaltaba la paternidad de Dios, que había creado a todos los seres humanos y que velaba por ellos y los protegía, como hace con todas las partes de su creación. El valor infinito de un alma humana era otra de las enseñanzas importantes de Jesús. Dios ha hecho de los humanos el objeto más alto de su creación y de su amor, por eso deberíamos amar a nuestros semejantes.[13]

El reino de Dios era otro tema básico en las enseñanzas de Jesús. Mientras que este reino tradicionalmente se había entendido como un reinado terrenal

13. Adolf von Harnack, *What Is Christianity?* (New York: Harper & Brothers, 1957), pp. 52-74.

futuro de Cristo que se establecería tras su espectacular segunda venida, los liberales resaltan el carácter presente del reino. Señalan que Jesús había dicho a sus discípulos: "En cualquier ciudad donde entréis y os reciban, comed lo que os pongan delante y sanad a los enfermos que en ella haya, y decidles: 'Se ha acercado a vosotros el reino de Dios'" (Lc. 10:8-9). El reino pues, no es algo que esté muy alejado, espacial o temporalmente. Es algo cercano, algo en lo que los humanos pueden entrar. No es algo externo impuesto desde fuera. Simplemente es el reino de Dios en los corazones de los hombres cada vez que obedecen a Dios. El papel de los cristianos es extender el reino, que, según Albrecht Ritschl, es un ámbito de justicia y valores éticos.[14]

Para los liberales, Jesús también enseñaba algunas ideas extrañas. Una de estas ideas era la segunda venida, el concepto de que él regresaría corporalmente al final de los tiempos para establecer su reino. Los liberales consideraban esto un vestigio insostenible de una manera pre-científica de entender la realidad. No obstante, también creían que el concepto contenía un mensaje importante. Las enseñanzas sobre la segunda venida corporal son simplemente las hojas que recubren el auténtico mensaje, el grano de maíz. Lo que debemos hacer es pelar las hojas para extraer el grano.[15] El verdadero mensaje de la segunda venida es la victoria de la justicia de Dios sobre el mal en el mundo. Esto es el grano; el segundo advenimiento es simplemente la hoja o el envoltorio. No es necesario que nos quedemos con el envoltorio. Nadie en su sano juicio se come las hojas con el grano.

En el rechazo de la idea de la segunda venida, vemos el profundo aprecio de los liberales por las conclusiones del aprendizaje moderno, que, junto con el método histórico, fue uno de los componentes básicos de su enfoque hacia la Biblia. Destacada en la época más vigorosa del liberalismo fue su idea del progreso. Se estaban haciendo avances científicos, políticos y económicos. La teoría de Darwin sobre la evolución se iba generalizando hasta abarcar toda la realidad. Se consideraba que todo iba creciendo, desarrollándose, progresando, no sólo los organismos biológicos, sino también la personalidad humana y las instituciones. La creencia del triunfo de Dios sobre el mal se mezclaba con esta doctrina del progreso. Se consideraba que una continua cristianización del orden social, incluyendo la economía, sería la ejemplificación actual del significado real de la segunda venida.

### *Albert Schweitzer: escatología desmodernizada*

Sin embargo, algunos teólogos no estaban conformes con las interpretaciones que se hicieron de Jesús en los escritos liberales. No sólo los conservadores,

14. Albrecht Ritschl, *The Christian Doctrine of Justification and Reconciliation* (Edinburg: T. & T. Clark, 1900), pp. 30ss.
15. Harnack, *What Is Christianity?* pp. 55-56.

incluso algunos que compartían el enfoque liberal básico sobre la interpretación de la Biblia tenían objeciones que hacer. Uno de los primeros de este grupo fue Johannes Weiss. Su *Jesus' Proclamation of the Kingdom of God* (Proclamación de Jesús del reino de Dios) supuso un cambio radical para los que aplicaban el método histórico a los evangelios. En lugar de asumir que el reino del que Jesús hablaba era un reino ético presente, Weiss tenía la teoría de que la perspectiva de Jesús era totalmente escatológica, futurista e incluso apocalíptica. Según Weiss, Jesús no buscaba que se extendiese el reino de Dios de forma gradual como un gobierno ético en los corazones de los humanos, sino como un reino futuro que sería introducido mediante la actuación drástica de Dios. Esta hipótesis a Weiss le parecía que encajaba con los datos de la vida y las enseñanzas de Jesús mucho mejor que las conclusiones de las biografías de Jesús.[16]

Lo que había empezado Weiss lo completó Albert Schweitzer. Fue muy crítico con las interpretaciones liberales y las reconstrucciones de la vida de Jesús. Estas concepciones medio históricas, medio modernas eran el producto de imaginaciones muy creativas. Dijo del concepto liberal de Jesús como predicador de un reino ético: "Es una figura diseñada por el racionalismo, a la que le da la vida el liberalismo y vestida por la teología moderna con un traje histórico."[17] En lugar de un Jesús que tiene poco que decir sobre el futuro, Schweitzer encontró un Jesús cuyos pensamientos y acciones estaban empapadas de una escatología radical completa. Schweitzer utilizó la frase "escatología coherente." Un factor clave en el mensaje de Jesús fue su futura venida (Schweitzer prefería este término al de "segunda venida"). No sólo fue esta predicación escatológica básica y central para el ministerio de Jesús; también fue el plan original. Mientras que algunos teólogos consideran el elemento escatológico en la enseñanza de Jesús como un pensamiento tardío adoptado cuando no pudo establecer un reino terrenal, Schweitzer creía que un futuro reino celestial era la base de la predicación de Jesús, incluso desde el principio de su primer ministerio en Galilea.[18]

Jesús predicó un reino futuro que sería radicalmente sobrenatural, repentino en su llegada, y distinto a lo que la sociedad humana había experimentado hasta entonces. Sería introducido por una catástrofe cósmica. Habría que estar preparados mediante el arrepentimiento. Esto es lo que Jesús creía realmente, según Schweitzer; pero, por supuesto, ¡Jesús se equivocó! Al fracasar en su intento de presentar a sus contemporáneos ese reino cósmico, Jesús fue destruido. Jesús

16. Johannes Weiss, *Jesus' Proclamation of the Kingdom of God*, ed. y trad. Richard H. Hiers y David L. Holland (Philadelphia: Fortress, 1971).

17. Albert Schweitzer, *The Quest of the Historical Jesus: A Critical Study of Its Progress from Reimarus to Wrede* (New York: Macmillan, 1964), p. 396.

18. Albert Schweitzer, *The Mystery of the Kingdom of God: The Secret of Jesus' Messiahship and Passion*, trad. Walter Lowrie (London: Black, 1914), p. 87.

murió martirizado.[19] Es este verdadero Jesús histórico al que debemos seguir, no al moderno. Porque a Jesús no se le puede moldear para que se ajuste a nuestros conceptos. Él se revela a sí mismo a aquellos que siguen sus mandamientos y realizan las tareas que él les ha encomendado.[20] Aunque Schweitzer no especifica lo que quiere decir esto exactamente o cómo va a producirse la revelación, su obra misionera en Lamberéné evidentemente fue su intento personal por cumplir los mandamientos de Cristo.

### C. H. Dodd: escatología realizada

C. H. Dodd dio a la escatología la siguiente orientación más destacada. Su escatología era similar a la de Schweitzer en un aspecto muy importante, pero diametralmente opuesta en otro. En común con Schweitzer tenía la idea de que la escatología es un tema principal que impregna las Escrituras, en particular las enseñanzas de Jesús. Sin embargo, al contrario que Schweitzer, Dodd mantenía que el contenido del mensaje de Jesús no era una futura venida ni un futuro reino; sino que con la venida de Jesús el reino de Dios ya había llegado. Según los cuatro tipos de escatología de los que hablamos anteriormente este sería el enfoque pretérito.

Al formular su escatología, Dodd prestó particular atención a las referencias bíblicas del día del Señor. Mientras que en el Antiguo Testamento el día del Señor se consideraba un asunto futuro, en el Nuevo Testamento se considera un suceso presente. Este concepto mitológico se ha convertido en una realidad histórica definida. La escatología se ha cumplido o se ha realizado. De ahí que el punto de vista de Dodd se haya conocido como "escatología realizada." En lugar de mirar hacia adelante en busca de un futuro cumplimiento de la profecía, deberíamos señalar las maneras en las que ya se ha cumplido. Por ejemplo, el triunfo de Dios fue evidente cuando Jesús vio a Satanás caer de los cielos (Lc. 10:18). Con la venida de Cristo, el juicio ya se ha producido (Jn. 3:19). La vida eterna ya es nuestra (Jn. 5:24). Para Dodd, hay muy pocas dudas de que los escritores del Nuevo Testamento opinaban que el fin de los tiempos ya había llegado. Al sacar esta conclusión, Dodd presta mucha más atención a Pablo de lo que lo hizo Schweitzer o a las biografías liberales de Jesús. El testimonio de Pedro en Pentecostés también es significativo: "Pero esto es lo dicho por el profeta Joel: 'En los postreros días—dice Dios—, derramaré de mi Espíritu sobre toda carne, y vuestros hijos y vuestras hijas profetizarán; vuestros jóvenes verán visiones y vuestros ancianos soñarán sueños'" (Hch. 2:16-17). Realmente no es necesario mirar hacia adelante para que se cumplan las profecías de Joel. Ya se han cumplido.[21]

19. Schweitzer, *Quest of the Historical Jesus,* pp. 368-69.

20. Ibid., p. 401.

21. C. H. Dodd, *The Apostolic Preaching and Its Development* (Chicago: Willett, Clark, 1937), pp. 142-49.

### *Rudolf Bultmann: escatología existencializada*

Rudolf Bultmann planteó un enfoque más a la escatología. Su manera de ver la escatología simplemente forma parte de su mucho más amplio programa de desmitologización, que ya hemos examinado con anterioridad. Resumiendo, Bultmann decía que mucho del Nuevo Testamento tiene forma de mitología. Los escritores expresaban su forma de entender la vida de la manera que era común en los tiempos del Nuevo Testamento. Lo que recogieron no se debe considerar como un relato objetivo de lo que sucedió o como una explicación literal del cosmos. Si se toma de esta manera, el Nuevo Testamento parece ridículo. La idea de que Jesús ascendió a los cielos, por ejemplo, y que las enfermedades están causadas por los demonios que viven en los humanos son tan insostenibles como innecesarias. En su lugar, debemos entender que los escritores del Nuevo Testamento utilizaron los mitos que tomaron prestados del gnosticismo, del judaísmo y de otras fuentes para dar expresión a lo que les había sucedido existencialmente.[22]

Bultmann aportó el existencialismo de Martin Heidegger a su interpretación del Nuevo Testamento. Como el mensaje del Nuevo Testamento es existencial y no histórico (o sea, no nos dice lo que sucedió realmente), ¿no sería lógico interpretarlo utilizando la filosofía existencial? Bultmann considera el pensamiento de Heidegger una versión filosófica secularizada de la visión del Nuevo Testamento sobre la existencia humana.[23]

Como el elemento histórico en el Nuevo Testamento no nos habla principalmente sobre situaciones específicas, sino sobre la naturaleza misma de la existencia, debemos considerarla esencialmente atemporal. Lo mismo ocurre con la escatología, que no hace referencia a los sucesos literales que ocurrirán en el futuro. Pablo en particular escribe sobre la experiencia actual y no sobre sucesos futuros. Cree que la salvación tiene que ver con la existencia presente: "De modo que si alguno está en Cristo, nueva criatura es: las cosas viejas pasaron; todas son hechas nuevas" (2 Co. 5:17). La resurrección también es una experiencia presente: "Sorbida es la muerte en victoria" (1 Co. 15:54). Juan nos dice que Jesús habló del juicio como un fenómeno presente también: "Ahora es el juicio de este mundo; ahora el príncipe de este mundo será echado fuera" (Jn. 12:31). De la misma manera Juan cuenta palabras similares de Jesús sobre la vida eterna y la resurrección: "El que cree en el Hijo tiene vida eterna; pero el que se niega a creer en el Hijo no verá la vida, sino que la ira de Dios está sobre él" (Jn. 3:36); "De cierto, de cierto os digo: Viene la hora, y ahora es, cuando los muertos oirán la voz del Hijo de Dios, y los que la oigan vivirán" (Jn. 5:25). Bultmann comenta: "Para Juan, la resurrección de Jesús, Pentecostés

22. Rudolf Bultmann, *Jesus Christ and Mythology* (New York: Scribner 1958), p. 33.
23. Ibid., p. 45.

y la *parousia* de Jesús son una y la misma cosa, y los que creen ya tienen la vida eterna."[24] Incluso un suceso puramente escatológico como la venida del espíritu del anticristo es existencialmente cierta en todos los tiempos: "y todo espíritu que no confiesa que Jesucristo ha venido en carne, no es de Dios; y este es el espíritu del Anticristo, el cual vosotros habéis oído que viene, y que ahora ya está en el mundo" (1 Jn. 4:3). El siguiente versículo declara que los hijos de Dios han vencido a estos espíritus. Las realidades escatológicas como la resurrección, la vida eterna y la venida del espíritu del anticristo, por tanto, no dependen de si un evento en particular ya ha sucedido, porque son verdaderos en un sentido existencial atemporal.

### Jürgen Moltmann: escatología politizada

La teología de la esperanza considera que la escatología no es simplemente una parte más, o una doctrina de la teología, sino más bien la teología en su conjunto. Hasta un punto inusual, la inspiración para esta teología surge de las experiencias personales de un hombre: Jürgen Moltmann. Moltmann fue prisionero de guerra en un campo británico hasta 1948. Vio el derrumbamiento de su Alemania natal y de todas sus instituciones. Como algunos otros autores de memorias de campos de prisión, señaló que, por regla general, los prisioneros con esperanza tenían más posibilidades de sobrevivir. Cuando regresó a Alemania y empezó a estudiar teología, sus ideas maduraron. En particular, su contacto con el pensamiento del filósofo marxista Ernst Bloch intensificó su interés por el tema de la esperanza. No podía entender por qué la teología cristiana había permitido que este tema, que le pertenecía por derecho propio, se le escapara de las manos.[25] A medida que el ateísmo marxista tomaba y explotaba el tema de la esperanza, el cristianismo se hacía cada vez más irrelevante. Por una parte, el cristianismo tenía un Dios pero no tenía futuro, y por la otra, el marxismo tenía futuro pero carecía de Dios.[26] Moltmann pedía a los cristianos que se acordasen del "Dios de la esperanza" del que da testimonio tanto el Antiguo como el Nuevo Testamento; reclamando el tema de la esperanza, deberían "empezar a asumir la responsabilidad por los problemas personales, sociales y políticos del presente."[27]

Moltmann en consecuencia ha pedido a la iglesia que sea mediadora de la presencia de Cristo, que a su vez será mediadora del futuro de Dios. Sin embargo, la esperanza cristiana no se realizará simplemente esperando de forma pasiva. Porque "somos obreros de la construcción y no simples intérpretes del futuro cuyo poder en la esperanza al igual que en la realización es Dios. Esto

24. Ibid., p. 33.
25. Jürgen Moltmann, "Politics and the Practice of Hope," *Christian Century,* 11 de marzo de 1970, p. 188.
26. Jürgen Moltmann, "Hope and History," *Theology Today* 25, no. 3 (octubre 1968): 370.
27. Ibid., p. 371.

significa que la esperanza cristiana es una esperanza militante y creativa en la historia. El horizonte de la expectación escatológica produce aquí un horizonte de instituciones éticas que, a su vez, proporcionan significado a las iniciativas históricas concretas."[28]

Dirigido a la consecución de la esperanza cristiana, Moltmann había desarrollado una teología política para transformar el mundo. No obstante el futuro no se podrá conseguir principalmente mediante nuestro trabajo. Básicamente será obra de Dios. Conseguir ese futuro (nuestra esperanza) requiere acción, no explicación teológica. En contraste con las teologías anteriores, que intentaban tratar el problema del mal en el mundo ofreciendo una teodicea (una defensa de la justicia de Dios), la teología de la esperanza, en lugar de preguntar por qué Dios no hace algo con el mal en el mundo, actúa para transformar ese mal. Por lo tanto la fe se ha convertido en acción, que a su vez ayudará a conseguir el objeto de esa fe.

### Dispensacionalismo: escatología sistematizada

Una escuela adicional de escatología, aunque relativamente nueva en lo que se refiere a teologías ortodoxas, ha ejercido una influencia considerable en los círculos conservadores. Este movimiento, que se ha venido a conocer como dispensacionalismo, es un esquema interpretativo unificado. Es decir, cada parte específica o principio está conectado de forma vital con los demás. Por tanto, cuando hablamos de sistematizar la escatología, tenemos en mente no sólo que los datos estén organizados para facilitar la comprensión, sino también que las conclusiones en algunas áreas automáticamente surjan de los principios de otras. La persona que desarrolló el dispensacionalismo fue John Nelson Darby (1800-1882). Era también el organizador del movimiento Plymouth Brethren. El dispensacionalismo se popularizó a través de la Biblia de referencia Scofield y de conferencias sobre profecía bíblica realizadas por pastores y personas que no lo eran que habían estudiado en institutos bíblicos donde el dispensacionalismo era prácticamente la posición oficial.[29]

El dispensacionalismo suele pensar que su sistema es primero y ante todo un método de interpretar las Escrituras. En su centro está la convicción de que hay que interpretar las Escrituras de forma literal. Esto no significa que haya que tomar de forma literal los pasajes que son obviamente metafóricos, pero si el significado normal tiene sentido, no hay que ir más allá.[30] La aplicación de este principio conduce al rechazo de las interpretaciones alegóricas y de los

28. Ibid., p. 384.

29. Clarence B. Bass, *Backgrounds to Dispensationalism: Its Historical Genesis and Ecclesiastical Implications* (Grand Rapids: Eerdmans, 1960).

30. John Walvoord, "Dispensational Premillennialism,î *Christianity Today,* 25 de septiembre de 1958, pp. 11-12.

intentos liberales por desmentir los elementos sobrenaturales de las Escrituras, por ejemplo, los milagros. También significa que la profecía es interpretada de forma muy literal y a menudo con un detalle considerable. Específicamente "Israel" se entiende que siempre hace referencia al Israel nacional o étnico, no a la iglesia. Sin embargo, a pesar del énfasis que se pone en la interpretación literal también hay una tendencia hacia una comprensión tipológica de ciertas porciones narrativas o poéticas que a veces se acercan al viejo método de la alegoría. Un ejemplo es la explicación frecuente del Cantar de los cantares como una imagen del amor de Cristo por su iglesia, a pesar del hecho de que el libro no dice nada explícito sobre Cristo o la iglesia.

El dispensacionalismo encuentra en la Palabra de Dios la evidencia de una serie de "dispensaciones" o economías bajo las cuales él ha dirigido el mundo. Estas dispensaciones son etapas sucesivas en la revelación de los propósitos de Dios. No implican diferentes maneras de salvación, porque los medios de salvación han sido los mismos en todos los periodos de tiempo, o sea, la gracia mediante la fe. Hay cierto desacuerdo en cuanto al número de dispensaciones, pero el más común es el de siete. Por tanto, la humanidad primero estuvo en la dispensación de la inocencia. Después vino la dispensación de la conciencia (desde la caída hasta el diluvio), el gobierno del hombre (desde el diluvio hasta el llamamiento a Abraham), promesa, ley y gracia. La séptima está por llegar. Muchos dispensacionalistas resaltan que reconocer a qué dispensación hace referencia un pasaje dado de las Escrituras es crucial. No deberíamos intentar gobernar nuestras vidas mediante preceptos establecidos, por ejemplo, para el milenio.[31]

Los dispensacionalistas también resaltan mucho la distinción entre Israel y la iglesia. Algunos, de hecho, consideran esta distinción fundamental para entender las Escrituras y organizar la escatología. Según su punto de vista, Dios hizo un pacto incondicional con Israel; es decir sus promesas para con ellos no dependen de que cumplan ciertos requisitos. Seguirán siendo su pueblo especial y al final recibirán su bendición. El Israel étnico, nacional y político nunca se debe confundir con la iglesia. Son dos entidades separadas.[32] Dios, por así decirlo, ha interrumpido su trato especial con Israel, pero lo iniciará de nuevo en algún momento del futuro. Las profecías no cumplidas sobre Israel se cumplirán dentro de la nación misma, no dentro de la iglesia. Es más, la iglesia no se menciona en las profecías del Antiguo Testamento. Prácticamente es un paréntesis dentro del plan general de Dios para Israel. Por tanto, debemos ser cuidadosos y no confundir los dos reinos divinos que se mencionan en las Escrituras. El reino de los cielos es judío, davídico y mesiánico. Cuando fue rechazado por el Israel

31. Charles C. Ryrie, *Dispensationalism Today* (Chicago: Moody, 1965), pp. 86-90.
32. Ibid., pp. 132-55.

nacional durante el ministerio de Jesús, su aparición en la tierra se pospuso. El reino de Dios, por su parte, es más inclusivo. Incluye a todas las inteligencias morales que obedecen la voluntad de Dios: los ángeles y los santos de todos los periodos de tiempo.[33]

Finalmente, el milenio asume una importancia especial en el dispensacionalismo. En ese tiempo Dios reanudará su trato con Israel, ya que la iglesia ha sido rescatada del mundo o "arrebatada" algún tiempo antes (justo antes de la gran tribulación). El milenio por tanto tendrá un marcado carácter judío. Las profecías incumplidas sobre Israel se verán realizadas en ese momento. Aquí vemos la naturaleza orgánica del dispensacionalismo, la interconexión entre sus principios. Siguiendo con el principio de la interpretación literal, los dispensacionalistas dan mucha importancia a la distinción entre Israel y la iglesia.[34]

## Conclusiones sobre la escatología

1. La escatología es un tema destacado de la teología sistemática. Por tanto, no debemos descuidarlo a la hora de construir nuestra teología. Por otra parte, no es más que otra doctrina entre muchas, no es la teología en su conjunto. No debemos convertir todo nuestro sistema doctrinal en escatología, ni permitir que nuestra teología se distorsione poniendo un énfasis indebido en ella.

2. Las verdades sobre la escatología merecen una atención y un estudio cuidadoso, intenso y completo. Al mismo tiempo, debemos estar atentos y evitar explorar estas materias sólo por mera curiosidad. Y cuando tratemos de entender el significado de partes de la Palabra de Dios que resulten oscuras o difíciles, también debemos evitar especular de forma indebida y reconocer que como las fuentes bíblicas varían en claridad, nuestras conclusiones variarán en el grado de certeza.

3. Tenemos que reconocer que la escatología no pertenece exclusivamente al futuro. Jesús introdujo una nueva era, y la victoria sobre los poderes del mal ya se ha conseguido, aunque la lucha todavía se está llevando a cabo dentro de la historia.

4. Debemos unir a la perspectiva anterior la verdad de que hay elementos de profecía predictiva, incluso en el ministerio de Jesús, que no se pueden considerar cumplidos. Debemos vivir abiertos al futuro y esperando por él.

5. Los pasajes bíblicos sobre los sucesos escatológicos son mucho más que

33. *The Scofield Reference Bible*, p. 996, N.1; p. 1226, N. 3. Algunos dispensacionalistas posteriores mantienen que la distinción entre el reino de los cielos y el reino de Dios no es esencial. Para ellos el tema es si el reino davídico teocrático está presente hoy en día en la forma de la iglesia o simplemente se ha postpuesto. Ver Ryrie, *Dispensationlism Today*, pp. 170-74.

34. Walvoord, "Dispensational Premillenialism," p. 13.

descripciones existenciales de la vida. Desde luego tienen importancia existencial, pero esa importancia depende de la veracidad de los sucesos descritos y de la aplicación de los mismos. Realmente ocurrirán.

6. Nosotros como humanos tenemos la responsabilidad de cumplir con nuestro papel para que estos sucesos escatológicos ocurran aquí en la tierra y dentro de la historia. Algunos consideran esta responsabilidad en forma de evangelización; otras en forma de acción social. Sin embargo, a la vez que llevamos a cabo nuestro papel, debemos ser conscientes de que la escatología pertenece principalmente a un ámbito nuevo que va más allá del espacio y del tiempo, un nuevo cielo y una nueva tierra. Este reino irá precedido por la obra sobrenatural de Dios; no puede ser conseguido por medios humanos.

7. Las verdades sobre escatología deberían hacer que estemos vigilantes y alertas ante lo que nos depara el futuro. Pero prepararnos para lo que va a suceder también implica diligencia en las actividades que el Señor nos ha asignado. No debemos ser impacientes ni abandonar prematuramente nuestras tareas. Deberíamos estudiar las Escrituras de forma intensa y vigilar el desarrollo de nuestro mundo con cuidado, para que podamos discernir la obra de Dios y no ser engañados. Sin embargo, no debemos ser tan imprudentes como para identificar dogmáticamente algunos sucesos históricos específicos con profecías bíblicas o predecir cuándo sucederán ciertos sucesos escatológicos.

8. Tan importante como es tener convicciones sobre escatología, es tener en cuenta que su importancia varía. Es esencial el acuerdo en materias básicas como la segunda venida de Cristo o la vida después de la muerte. Por otra parte, mantener una posición específica en temas menos importantes o que se han explicado menos, como el del milenio o el de la tribulación, no debería considerarse como una prueba de ortodoxia o una condición para la comunión o la unidad cristiana. El énfasis debería ponerse en los puntos en los que se está de acuerdo, no en los que se está en desacuerdo.

9. Cuando estudiamos las doctrinas de la escatología, deberíamos resaltar la importancia espiritual y la aplicación práctica. Son incentivos para la pureza de la vida, la diligencia en el servicio y la esperanza en el futuro. Tienen que considerarse como recursos para el ministerio, no como temas de debate.

# 57. Escatología individual

## Objetivos del capítulo

Después de estudiar este capítulo debería ser capaz de:

- Distinguir entre escatología cósmica e individual.
- Definir la muerte y distinguir entre muerte física y espiritual.
- Determinar por qué los creyentes, al igual que los no creyentes, experimentan la muerte física.
- Identificar y describir el estado intermedio entre la muerte y la resurrección para el creyente.
- Examinar tres teorías actuales sobre el estado intermedio de la muerte (descanso del alma, purgatorio y resurrección instantánea) y proponer una resolución a los difíciles problemas asociados con la doctrina.
- Formular una serie de conclusiones sobre el estado intermedio para responder con eficacia a cuestiones sobre este tema.

## Resumen del capítulo

La realidad escatológica personal de la muerte existe para toda la gente. Aunque todas las personas participan de la muerte física, sólo aquellos que no son creyentes experimentarán también la muerte espiritual. El difícil problema del estado intermedio se trata desde la perspectiva de tres teorías contemporáneas. Se propone una solución a las dificultades. Se extraen implicaciones y conclusiones sobre la muerte y el estado intermedio que deberían proporcionar algunas respuestas a los problemas que rodean los temas de la muerte y el estado intermedio.

## Cuestiones de estudio

1. ¿Qué es la muerte como tema doctrinal, y por qué es importante para la teología?

2. ¿Por qué los creyentes experimentan la muerte? ¿Qué diferencias existen entre los creyentes y los no creyentes respecto a la muerte?
3. ¿Qué es el estado intermedio? ¿Por qué es el estado intermedio un problema?
4. Compare y contraste las actuales teorías sobre el estado intermedio.
5. ¿Cómo respondería a un creyente que pregunta por el estado actual de una persona amada fallecida que era cristiano? Piense lo mismo para un no cristiano.
6. ¿Qué ha aprendido sobre las doctrinas de la muerte y del estado intermedio? Si ministra a otros, ¿cómo le puede ayudar a ser más eficaz?


- La muerte
  - La realidad de la muerte
  - La naturaleza de la muerte
  - Muerte física: ¿natural o innatural?
  - Los efectos de la muerte
- El estado intermedio
  - La dificultad de la doctrina
  - Teorías actuales sobre el estado intermedio
    - Sueño del alma
    - Purgatorio
    - Resurrección instantánea
  - Una sugerencia de solución
- Implicaciones de la doctrina de la muerte y del estado intermedio


Cuando hablamos de escatología, debemos distinguir entre escatología individual y cósmica; esas experiencias que se encuentran por una parte, en el futuro del individuo y por otra, en el futuro de la raza humana y, de hecho, en toda la creación. La primera le ocurrirá a todos los individuos cuando mueran. La segunda, les sucederá a todas las personas simultáneamente en conexión con los eventos cósmicos, específicamente la segunda venida de Cristo.

## La muerte

Un factor innegable en el futuro de toda persona es la inevitabilidad de la muerte. Hay una afirmación directa de este hecho en Hebreos 9:27: "Y de la manera que está establecido para los hombres que mueran una sola vez, y después de esto el juicio." El pensamiento también está por todo 1 Corintios 15, donde leemos sobre la universalidad de la muerte y el efecto de la resurrección de Cristo. Aunque se dice que la muerte ha sido vencida y su aguijón eliminado por la resurrección (vv. 54-56), no se sugiere que no vayamos a morir. Pablo desde luego anticipó su propia muerte (2 Co. 5:1-10; Fil. 1:19-26).

### La realidad de la muerte

La muerte es una faceta de la escatología que casi todos los teólogos y creyentes y desde luego las personas en general reconocen. La única excepción parecen ser los cristianos cientistas, que cuestionan la realidad tanto de la enfermedad como de la muerte. No obstante, incluso este grupo, tras la negativa inicial, al final acabó reconociendo que su fundadora Mary Baker Eddy, había muerto.[1]

Aunque todo el mundo reconoce al menos intelectualmente la realidad y certeza de la muerte, no obstante a menudo no estamos dispuestos a enfrentarnos a lo inevitable de nuestra propia muerte. Así que vemos dentro de nuestra sociedad numerosos intentos por evitar pensar en ella. En los tanatorios, mucha gente presenta sus respetos y después se aleja lo más posible del féretro. El arte de embalsamar se ha desarrollado mucho con el objeto de disimular la apariencia de la muerte. Utilizamos toda una serie de eufemismos para evitar reconocer la realidad de la muerte física. Las personas no se mueren: expiran, o pasan a mejor vida. Ya no tenemos tumbas, sino cementerios o parques conmemorativos. Incluso en la iglesia, sólo se habla de la muerte durante la Semana Santa o en los funerales. Mucha gente no hace testamento, algunos probablemente por pereza, pero otros porque aborrecen la idea de la muerte.

Para el existencialista, esta indisposición a aceptar la muerte es un ejemplo destacado de "existencia no auténtica." La muerte es una de las realidades duras de la vida: todo el mundo va a envejecer, morir, ser llevado a un cementerio y enterrado en la tierra. Este es nuestro fin inevitable. La vida, si se vive de forma adecuada, debe incluir la aceptación del hecho de la muerte. La muerte sencillamente es el fin del proceso, la etapa final de la vida, y debemos aceptarlo.[2]

Aunque no estemos de acuerdo con los existencialistas en lo que se refiere al significado de la muerte, los cristianos sí estamos de acuerdo en su realidad y en que es algo de lo que no podemos escapar. Pablo reconoce que la muerte siempre está presente en el mundo: "pues nosotros, que vivimos, siempre estamos entregados a muerte por causa de Jesús, para que también la vida de Jesús se manifieste en nuestra carne mortal. De manera que la muerte actúa en nosotros, y en vosotros la vida" (2 Co. 4:11-12). La muerte no nos encuentra de repente. Es el fin de un proceso de decadencia de nuestros cuerpos mortales corruptibles. Llegamos a nuestro punto físico más alto y después empieza el deterioro. Poco a poco notamos que nuestra fuerza va saliendo de nosotros, hasta que nuestro organismo deja de funcionar.

1. James Snowden, *The Truth About Christian Science* (Philadelphia: Westminster, 1920), p. 154, n. 1; Ernst S. Bates and John v. Dittemore, *Mary Baker Eddy: The Truth and the Tradition* (New York: Alfred A. Knopf, 1932), p. 451.

2. Karl Jaspers, *The Way to Wisdom*, trans. Ralph Manheim (New Haven, Conn.: Yale University Press, 1951), p. 53.

### *La naturaleza de la muerte*

No obstante, ¿qué es la muerte? ¿Cómo la definiríamos? Varios pasajes de las Escrituras hablan de muerte física, o sea el cese de la vida en nuestro cuerpo físico. En Mateo 10:28, por ejemplo, Jesús contrastó la muerte del cuerpo con la muerte del cuerpo y el alma: "No temáis a los que matan el cuerpo pero el alma no pueden matar; temed más bien a aquel que puede destruir el alma y el cuerpo en el infierno." La misma idea aparece en Lucas 12:4-5: "Os digo, amigos míos: No temáis a los que matan el cuerpo, pero después nada más pueden hacer. Os enseñaré a quién debéis temer: Temed a aquel que, después de haber quitado la vida, tiene poder de echar en el infierno. Sí, os digo, a este temed." Varios otros pasajes hablan de la pérdida de la ψυχή (*psuchē* - "vida"). Un ejemplo es Juan 13:37-38: "Le dijo Pedro: —Señor, ¿por qué no te puedo seguir ahora? ¡Mi vida daré por ti! Jesús le respondió: —¿Tu vida darás por mí?" Otras referencias de este tipo son Lucas 6:9 y 14:26. Finalmente, se hace referencia a la muerte en Eclesiastés 12:7 como separación del cuerpo y el alma (o espíritu): "antes que el polvo vuelva a la tierra, como era, y el espíritu vuelva a Dios que lo dio." Este pasaje es reminiscencia de Génesis 2:7 (Dios formó al hombre del polvo de la tierra soplando en su nariz aliento de vida) y 3:19 (el hombre volverá al polvo). En el Nuevo Testamento, Santiago 2:26 también habla de la muerte como separación del cuerpo y el espíritu: "Así como el cuerpo sin espíritu está muerto, también la fe sin obras está muerta."

De lo que estamos tratando es del cese de la vida en el estado corporal que nos resulta familiar. Sin embargo, esto no supone el fin de la existencia. La vida y la muerte, según las Escrituras, no se deben considerar en términos de existencia o no existencia, sino como dos estados diferentes de existencia.[3] La muerte simplemente es una transición a un modo distinto de existencia; no es como algunos piensan, la extinción.

Además de la muerte física, las Escrituras hablan de la muerte espiritual y de la muerte eterna. La muerte física es la separación del cuerpo y el alma; la muerte espiritual es cuando la persona se separa de Dios; la muerte eterna es el resultado final de ese estado de separación: uno se pierde para toda la eternidad en su condición de pecador.[4] Las Escrituras hacen clara referencia a un estado de muerte espiritual, que es cuando uno no es capaz de responder a los asuntos espirituales o cuando se ha perdido totalmente la sensibilidad hacia tales estímulos. Esto es lo que Pablo tiene en mente en Efesios 2:1-2: "Él os dio vida a vosotros, cuando estabais muertos en vuestros delitos y pecados, en los cuales anduvisteis en otro tiempo, siguiendo la corriente de este mundo, conforme al príncipe de la potestad del aire, el espíritu que ahora opera en los hijos de

3. Louis Berkhof, *Systematic Theology* (Grand Rapids: Eerdmans, 1953), p. 668.
4. Augustus H. Strong, *Systematic Theology* (Westwood, N.J.: Revell, 1907), p. 982.

desobediencia." Cuando el libro del Apocalipsis hace referencia a la "segunda muerte," es la muerte eterna lo que tiene en mente. Un ejemplo lo encontramos en Apocalipsis 21:8: "Pero los cobardes e incrédulos, los abominables y homicidas, los fornicarios y hechiceros, los idólatras y todos los mentirosos tendrán su parte en el lago que arde con fuego y azufre, que es la muerte segunda." Esta segunda muerte es algo distinto y posterior a la muerte física normal. Sabemos por Apocalipsis 20:6 que la segunda muerte no la experimentarán los creyentes: "Bienaventurado y santo el que tiene parte en la primera resurrección; la segunda muerte no tiene poder sobre estos, sino que serán sacerdotes de Dios y de Cristo y reinarán con él mil años." La segunda muerte es un periodo interminable de castigo y de estar separado de la presencia de Dios, la finalización del estado de perdición del individuo que está muerto espiritualmente en el momento de la muerte física.

### *Muerte física: ¿natural o innatural?*

Ha habido un gran debate sobre si los humanos fueron creados mortales o inmortales, sobre si habrían muerto en caso de no haber pecado.[5] Nuestra posición es que la muerte física no formaba parte originalmente de la condición humana. Pero la muerte siempre estuvo allí como una amenaza si el hombre pecaba, o sea, si comía o tocaba el árbol prohibido (Gn. 3:3). Aunque la muerte con la que se amenazaba debía ser, al menos en parte, muerte espiritual, parece que también tenía que ver con la muerte física ya que el hombre y la mujer debían ser expulsados del Jardín del Edén para evitar que comieran del árbol de la vida y vivieran para siempre (Gn. 3:22-23).

Algunos de los pasajes de las Escrituras que se han presentado como prueba de que la muerte física es el resultado del pecado humano realmente no prueban eso. Uno de los casos es Ezequiel 18:4, 20: "El alma que peque, esa morirá." La referencia aquí es a la muerte espiritual o a la muerte eterna, porque el texto continúa diciendo que si el pecador se aparta de sus pecados vivirá, y no morirá (vv. 21-22). Como tanto el creyente como el no creyente experimentan la muerte física, aquí no puede hacer referencia a la muerte física. Lo mismo ocurre con Romanos 6:23: "porque la paga del pecado es muerte, pero la dádiva de Dios es vida eterna en Cristo Jesús, Señor nuestro." Que se contraste la vida eterna con la muerte sugiere que el resultado del pecado que se tiene en mente aquí es la muerte eterna, no la muerte física. En 1 Corintios 15, sin embargo, Pablo se está refiriendo claramente, al menos en parte, a la muerte física cuando dice: "pues por cuanto la muerte entró por un hombre, también por un hombre la resurrección de los muertos" (v. 21). Porque la muerte física es uno de los males

5. E.g. Augustine, *Anti-Pelagian Writings,* in A Select Library of the Nicene and Post-Nicene Fathers of the Christian Church, vol. 5, ed. Philip Schaff (New York: Scribner, 1902).

a los que se enfrentó y que venció la resurrección de Cristo. Él mismo se libró de la muerte física. Este versículo, pues, es la prueba de que la muerte física procede del pecado humano; no formaba parte de la intención original de Dios para la raza humana.

Como la muerte física es resultado del pecado, parece probable que los humanos fueran creados con la posibilidad de vivir para siempre. Sin embargo, no eran inmortales de forma inherente; o sea, en su naturaleza no estaba la virtud de vivir para siempre. Más bien, si no hubieran pecado, habrían podido participar del árbol de la vida y por tanto recibido la vida eterna. Eran mortales en el sentido de que podían morir; y cuando pecaron ese potencial o esa posibilidad se hizo realidad. Podríamos decir que fueron creados con una inmortalidad contingente. Podrían haber vivido para siempre, pero no era seguro que lo hicieran. Después de pecar perdieron ese estatus.

La muerte, por tanto, no es algo natural para los humanos. Es algo extraño y hostil. Pablo la representa como un enemigo (1 Co. 15:26). Y existen pocas dudas de que el mismo Dios considere la muerte como un mal y una frustración de su plan original. El mismo Dios es el dador de vida; los que frustran su plan de vida derramando sangre humana deben sacrificar su propia vida (Gn. 9:6). Al enviar la muerte está expresando su desaprobación del pecado humano, de que hayamos frustrado sus intenciones para con nosotros. Eso fue lo que ocurrió cuando Dios envió el diluvio para que acabara con todo ser (Gn. 6:13), la destrucción de Sodoma y Gomorra (Gn. 19), el castigo de Coré y todos los que se rebelaron con él (Núm. 16), y muchos otros ejemplos de pena de muerte. En cada caso, esa fue la consecuencia no natural que tuvieron que pagar por su pecado. El salmista representa de forma vívida la muerte como expresión de la ira de Dios: "Los arrebatas como con torrente de aguas; son como un sueño. Como la hierba que crece en la mañana: en la mañana florece y crece; a la tarde es cortada y se seca. Ciertamente con tu furor somos consumidos y con tu ira somos turbados" (Sal. 90:5-7). No obstante, Dios también es compasivo. Jesús llora en la muerte de Lázaro (Jn. 11:35), y en otras ocasiones también devuelve los muertos a la vida.

### *Los efectos de la muerte*

Para el no creyente la muerte es una maldición, una condena, un enemigo. Porque aunque la muerte no ocasiona la extinción o el fin de la existencia, nos separa de Dios y de cualquier oportunidad de conseguir la vida eterna. Pero para los que creen en Cristo, la muerte tiene un carácter diferente. El creyente sigue teniendo que soportar la muerte física, pero la maldición ha desaparecido. Porque el mismo Cristo se hizo maldición por nosotros muriendo en la cruz (Gá. 3:13), los creyentes, aunque siguen estando sujetos a la muerte física, ya no experimentan su poder atemorizante, su maldición. Como dijo Pablo: "Cuando esto corruptible se haya vestido de incorrupción y esto mortal se haya vestido de inmortalidad, entonces se cumplirá la palabra que está escrita: 'Sorbida es la muerte en victoria'. ¿Dónde está, muerte, tu aguijón? ¿Dónde, sepulcro, tu victoria?, porque el aguijón de la muerte es el pecado, y el poder del pecado es la Ley. Pero gracias sean dadas a Dios, que nos da la victoria por medio de nuestro Señor Jesucristo" (1 Co. 15:54-57).

Mirando a la muerte como si fuese un enemigo, los no cristianos no ven nada positivo en ella y retroceden ante ella con miedo. Pablo, sin embargo, fue capaz de tener una actitud totalmente distinta hacia ella. Vio la muerte como un enemigo conquistado, un adversario previo que ahora se ve obligado a hacer la voluntad del Señor. De esa manera Pablo consideraba la muerte como algo deseable porque le llevaría ante la presencia de su Señor. Escribió a los filipenses: "conforme a mi anhelo y esperanza de que en nada seré avergonzado; antes bien con toda confianza, como siempre, ahora también será magnificado Cristo en mi cuerpo, tanto si vivo como si muero, porque para mí el vivir es Cristo y el morir, ganancia...De ambas cosas estoy puesto en estrecho, teniendo deseo de partir y estar con Cristo, lo cual es muchísimo mejor" (Fil. 1:20-23). Este era el Pablo que, como Saúl de Tarso, había escuchado al moribundo Esteban exclamar que podía ver el cielo y al Hijo del hombre sentado a la diestra de Dios (Hch. 7:56). Esteban entonces había orado simplemente: "Señor Jesús, recibe mi espíritu" (v. 59). Y a Pablo sin duda se le había contado la tradición del Señor mismo, que había dicho al final de su vida: "Padre, en tus manos encomiendo mi espíritu" (Lc. 23:46). Para Pablo, como para Esteban y para Jesús, la muerte ya no era un enemigo activo, era un enemigo conquistado que ahora servía no para condenar y destruir, sino para liberarnos de las condiciones horribles en las que el pecado nos había introducido.

El creyente por tanto puede enfrentarse a la perspectiva de la muerte sabiendo que sus efectos no son finales, ya que la muerte misma ha sido destruida. Aunque la ejecución final de este juicio sobre la muerte todavía tiene que producirse en el futuro, el juicio en sí ya se ha llevado a cabo y se ha confirmado. Incluso el Antiguo Testamento contiene profecías de la victoria sobre la muerte: "Destruirá a la muerte para siempre, y enjugará Jehová el Señor las lágrimas de todos los rostros y quitará la afrenta de su pueblo de toda la tierra; porque Jehová lo ha dicho" (Is. 25:8); "De manos del Seol los redimiré, los libraré de la muerte. Muerte, yo seré tu muerte; yo seré tu destrucción, Seol. La compasión se ocultará de mi vista" (Os. 13:14). En 1 Corintios 15:55 Pablo cita el segundo pasaje, y en Apocalipsis 21:3-4 Juan recoge el primero: "Y oí una gran voz del cielo, que decía: 'El tabernáculo de Dios está ahora con los hombres. Él morará con ellos, ellos serán su pueblo y Dios mismo estará con ellos como su Dios. Enjugará Dios toda lágrima de los ojos de ellos; y ya no habrá más muerte, ni habrá más llanto ni clamor ni dolor, porque las primeras cosas ya pasaron." En el capítulo anterior Juan había escrito: "La muerte y el Hades fueron lanzados al lago de fuego" (Apoc. 20:14a). Pasajes como estos dejan claro que la muerte ha sido vencida y que al final será destruida.

Pero ¿por qué es necesario que el creyente experimente en cualquier caso la muerte? Si la muerte física, al igual que la espiritual y la eterna, es el castigo por el pecado, cuando se nos libra del pecado y de sus últimas consecuencias (la muerte eterna), ¿por qué no se nos puede librar también del símbolo de esa condena, o sea, de la muerte física? Si Enoc y Elías fueron llevados ante el Señor sin tener que pasar por la muerte, ¿por qué no debería ser ese paso la experiencia para todos aquellos que tienen su fe puesta en Cristo? ¿No es como si algo de la maldición por el pecado todavía permaneciese en aquellos a los que ya se les ha perdonado el pecado?

Algunos teólogos han intentado mostrar que la muerte tiene ciertos resultados benéficos. Louis Berkhof argumenta que la muerte es la culminación de los métodos de disciplina que Dios utiliza para santificar a su pueblo.[6] Aunque reconocer que la muerte evidentemente no es indispensable para lograr la santificación, ya que Enoc y Elías no murieron, Berkhof no obstante la considera un medio a través del cual los creyentes pueden identificarse con el Señor, que también sufrió y murió en su camino a la gloria. La muerte con frecuencia provoca en los creyentes grados inusuales de fe. No obstante, aunque esto es cierto en muchos casos, también hay otros casos en los que la muerte (o el sufrimiento también) parece no santificar o evocar una fe inusual. Que mayores grados de santificación y fe los puedan conseguir unos cristianos en el momento de la muerte no es motivo suficiente para justificar la muerte física de todos los creyentes. El intento de Berkhof por lo tanto parece una explicación en cierta manera forzada. Un enfoque mejor es simplemente considerar la muerte como una de las condiciones de la humanidad tal como lo encontramos ahora; a este respecto, la muerte es como el nacimiento.

Es necesario distinguir en este punto entre las consecuencias temporales y eternas del pecado. Aunque las consecuencias eternas de nuestros pecados individuales quedan anuladas cuando somos perdonados, las consecuencias temporales, o al menos algunas de ellas, pueden persistir. Esto no es una negación del hecho de la justificación, sino únicamente evidencia de que Dios no cambia el curso de la historia. Lo que es cierto de los pecados individuales también lo es del tratamiento que Dios hizo del pecado de Adán o del pecado de la raza. Cualquier juicio y culpa a nuestro pecado original e individual ha sido eliminado, así que la muerte eterna ha quedado cancelada. No experimentaremos la segunda muerte. No obstante, debemos experimentar la muerte física simplemente porque se ha convertido en una de las condiciones de la existencia humana. Ahora es parte de la vida, al igual que el nacimiento, el crecimiento, la madurez y el sufrimiento,

6. Berkhof, *Systematic Theology*, pp. 670-71.

que finalmente tiene su origen en el pecado. Un día toda consecuencia del pecado será eliminada, pero ese día todavía no ha llegado. La Biblia en su realismo, no niega el hecho de la muerte física universal, pero insiste en que tiene una importancia diferente para el creyente y para el no creyente.

## El estado intermedio

### *La dificultad de la doctrina*

La doctrina del estado intermedio es un tema a la vez significativo y problemático. Por lo tanto es doblemente importante examinar cuidadosamente esta doctrina que es en cierta manera extraña. El "estado intermedio" hace referencia a la condición de los humanos entre la muerte y la resurrección. La cuestión es, ¿cuál es la condición humana durante este periodo de tiempo?

Es vital que tengamos respuestas prácticas para esta pregunta en el momento de la pérdida. Muchos pastores y padres han escuchado preguntas como estas al pie de la tumba: "¿Dónde está ahora la abuela? ¿Qué está haciendo? ¿Ya está con Jesús? ¿Ella y el abuelo están juntos? ¿Sabe lo que estamos haciendo?" Estas preguntas no son producto de la especulación despreocupada o de la curiosidad; son de enorme importancia para la persona que las hace. Esta es una oportunidad para que un cristiano informado en esta materia ofrezca consuelo y ánimo. Desgraciadamente, muchos cristianos no aprovechan esta oportunidad porque no conocen una respuesta útil. Confundidos e inseguros, muchos pastores en los últimos años se sienten incapaces de responder y enseñar sobre esto a los que les preguntan.

Hay dos razones principales por las cuales muchos cristianos se sienten incapaces de responder ante esta situación. La primera es la relativa escasez de referencias bíblicas al estado intermedio. Esta doctrina no es tema de ningún discurso extenso como lo fueron otros temas tales como la resurrección o la segunda venida. Más bien, se trata de forma incidental. Se han ofrecido al menos dos explicaciones para este silencio relativo. Una es que la iglesia primitiva esperaba que el periodo entre la partida de Jesús y su regreso fuera relativamente corto; por tanto el periodo entre la muerte de cualquier ser humano y su resurrección también sería relativamente corto.[7] La otra es que cualquiera que sea su duración, el estado intermedio es solamente temporal y, por lo tanto, no preocupaba a los primeros creyentes tanto como los estados finales del cielo y el infierno.[8] A la vista de la relativamente poca evidencia sobre la que se puede construir la doctrina del estado intermedio, hay una tendencia a pensar que los escritores bíblicos no

7. C. Harris, "State of Dead (Christian)," in *Encyclopedia of Religion and Ethics*, ed. James Hastings (New York: Scribner, 1955), vol. 10, p. 837.

8. Loraine Boettner, "The Intermediate State," in *Baker's Dictionary of Theology*, ed. Everett F. Harrison (Grand Rapids: Baker, 1960), p. 291.

lo consideran muy importante. En cierto sentido, por supuesto, no es esencial o indispensable, ya que nuestra salvación no depende de nuestra convicción sobre el estado intermedio. No obstante, como en otros temas no esenciales, por ejemplo, la forma de gobierno de la iglesia, la doctrina del estado intermedio es, como ya hemos señalado, de importancia práctica considerable.

La segunda razón por la que los cristianos no son capaces de ministrar con eficacia a los que han sufrido una pérdida es la controversia teológica que se ha desarrollado alrededor de la doctrina del estado intermedio. Antes del siglo XX, la ortodoxia había elaborado una doctrina bastante coherente. Al creer en una especie de dualismo del cuerpo y el alma (o espíritu) en la persona, los ortodoxos mantenían que parte del humano sobrevivía a la muerte. La muerte consistía en la separación del alma y el cuerpo. El alma inmaterial vivía una existencia personal consciente mientras que el cuerpo se descomponía. Con la segunda venida de Cristo, habría una resurrección de un cuerpo renovado o transformado, que se reuniría con el alma. Por tanto, la ortodoxia mantenía a la vez la inmortalidad del alma y la resurrección del cuerpo.[9]

Sin embargo, el liberalismo rechazó la idea de la resurrección del cuerpo. Harry Emerson Fosdick, por ejemplo, creía que esa doctrina era demasiado materialista. Además, muchos liberales la consideraban mitológica y científicamente imposible. Es absurdo pensar que un cuerpo que se ha descompuesto, y que incluso puede haber sido incinerado, y sus cenizas esparcidas, puede ser devuelto a la vida. Los liberales, que querían dar cierta continuidad a la vida tras la muerte, reemplazaron la idea de la resurrección del cuerpo con la de la inmortalidad del alma. Aunque el cuerpo puede morir y descomponerse, el alma, al ser inmortal, sigue viviendo. Como los que mantenían esta teoría no anticipaban ninguna resurrección futura, tampoco creían en una segunda venida corpórea de Cristo.[10]

La neoortodoxia asumió una visión bastante diferente sobre el tema. Según estos teólogos, la idea de la inmortalidad del alma era un concepto griego, no bíblico. Procedía de la noción de que toda materia, incluido el cuerpo, es inherentemente mala, y que la salvación consiste en liberar el alma (o espíritu) buena del cuerpo malo. Por su parte la esperanza neoortodoxa para el futuro reside en la resurrección del cuerpo. Aunque algunos tuvieron mucho cuidado en distinguir este concepto del de la resurrección de la carne, se estaba teniendo en mente cierta forma de resurrección corporal. Tras esta idea estaba la idea monista de la persona como unidad radical: la existencia significa existencia corporal; no hay entidad espiritual separada para sobrevivir a la muerte y existir aparte

9. James Addison, *Life Beyond Death in the Beliefs of Mankind* (Boston: Houghton Mifflin, 1931), p. 202.

10. Harry E. Fosdick, *The Modern Use of the Bible* (New York: Macmillan, 1933), pp. 98-104.

del cuerpo.[11] Así que mientras que el liberalismo mantenía la inmortalidad del alma, la neoortodoxia defendía la resurrección del cuerpo. Ambas escuelas de pensamiento estaban de acuerdo en que eran mutuamente excluyentes. O sea, era cuestión de o una o la otra; no pensaron en la posibilidad de ambas a la vez.

### *Teorías actuales sobre el estado intermedio*

#### Sueño del alma

Ahora vamos a examinar varias teorías actuales sobre el estado intermedio. Una teoría que ha sido muy popular durante años es la del "sueño del alma." Esta es la idea de que el alma, durante el periodo entre la muerte y la resurrección, reposa en un estado de inconsciencia. En el siglo XVI, muchos anabaptistas y socinianos aparentemente se adhirieron a esta idea de que el alma de una persona muerta se encuentra como adormecida. Y hoy en día los adventistas del séptimo día enumeran entre sus "creencias fundamentales" los conceptos "de que la condición del hombre en la muerte es la inconsciencia [y que] todos los hombres, los buenos y los malos, permanecen en la tumba desde su muerte hasta su resurrección."[12] (Los Testigos de Jehová, un grupo que se originó a partir del adventismo del séptimo día, sostiene un punto de vista similar.) Sin embargo, en el caso de los adventistas, la expresión "sueño del alma" es un poco equívoca. Anthony Hoekema sugiere que es mejor decir "extinción del alma," ya que desde el punto de vista adventista uno no se duerme cuando muere, sino que realmente deja de existir, nada sobrevive.[13] La caracterización que Hoekema hace de la posición adventista como extinción del alma es correcta siempre que entendamos que aquí "alma" se está utilizando, como suele suceder a menudo, como sinónimo de "persona."

La teoría del sueño del alma se apoya en gran medida en el hecho de que las Escrituras con frecuencia utilizan la imagen del sueño para referirse a la muerte. La muerte de Esteban se describe como un sueño: "Habiendo dicho esto, durmió" (Hch. 7:60). Pablo señala que: "David, habiendo servido a su propia generación según la voluntad de Dios, durmió" (Hch. 13:36). Pablo utiliza la misma imagen cuatro veces en 1 Corintios 15 (vv. 6, 18, 20, 51) y tres veces en 1 Tesalonicenses 4:13-15. Jesús mismo dijo de Lázaro: "Nuestro amigo Lázaro duerme, pero voy a despertarlo" (Jn. 11:11), y después indicó que se estaba refiriendo a la muerte (v. 14). La comprensión literal de esta imagen es lo que ha llevado al concepto de sueño del alma.

11. Emil Brunner, *The Christian Doctrine of the Church, Faith, and the Consummation* (Philadelphia: Westminster, 1962), pp. 383-85, 408-14.

12. *Seventh-day Adventists Answer Questions on Doctrine* (Washington: Review & Herald, 1957), p. 13.

13. Anthony Hoekema, *The Four Major Cults* (Grand Rapids: Eerdmans, 1963), p. 345.

Cada teoría sobre el estado intermedio está, por supuesto, relacionada con una antropología o con una comprensión específica de la naturaleza humana. Los que defienden la teoría del sueño del alma mantienen que la persona es una entidad unitaria sin componentes. Un humano no está formado por un cuerpo y un alma. Más bien, la persona, el cuerpo y el alma son una y la misma entidad. Por tanto, cuando el cuerpo deja de funcionar, el alma (o sea, la persona al completo) deja de existir. Nada sobrevive a la muerte física. No hay tensión, pues, entre la inmortalidad del alma y la resurrección del cuerpo. La simplicidad de esta idea la hace bastante atrayente. No obstante, hay varios problemas.

Un problema es que hay varias referencias bíblicas a la existencia personal consciente entre la muerte y la resurrección. La más extensa es la parábola del rico y Lázaro (Lc. 16:19-31). Aunque aquí la intención de Jesús no era enseñarnos sobre la naturaleza del estado intermedio, es improbable que nos confunda sobre este tema. Otra referencia son las palabras de Jesús al ladrón en la cruz: "De cierto te digo que hoy estarás conmigo en el paraíso" (Lc. 23:43). Además, las personas que mueren hablan de dar su espíritu a Dios. Jesús mismo dice: "Padre, en tus manos encomiendo mi espíritu" (Lc. 23:46); y Esteban dice: "Señor Jesús, recibe mi espíritu" (Hch. 7:59). Aunque se podría argumentar que Esteban no estaba hablando precisamente bajo la inspiración del Espíritu Santo y en consecuencia puede que no expresara una palabra de Dios infalible sobre este asunto, desde luego lo que Jesús dijo sí debe considerarse autoritativo.

El segundo problema es si es legítimo concluir que los pasajes de las Escrituras que hacen referencia a la muerte como un sueño son descripciones literales de la condición de los muertos antes de la resurrección. Parece más bien que el "sueño" se podría entender simplemente como un eufemismo para el cese de la vida. No se implica nada más específico sobre el carácter del estado de la persona muerta. El uso que Jesús hace de la imagen del sueño con referencia a Lázaro (Jn. 11:11) y la explicación que sigue (v. 14) apoya esta interpretación. Desde luego si "sueño" es más que una forma de hablar, es necesario probarlo.

Otro problema para la teoría del sueño del alma es la dificultad conceptual que va añadida a la idea de que la naturaleza humana es unitaria. De hecho, si nada en una persona sobrevive a la muerte, ¿cuál será la base de nuestra identidad? Si el alma, toda la persona, se extingue, ¿qué volverá a la vida con la resurrección? ¿En qué nos basaremos para poder mantener que lo que vuelve a la vida es la persona que murió? Parecería que estamos identificando la persona de la post-resurrección con la persona anterior a la muerte basándonos en el cuerpo que ha resucitado. No obstante, esto a su vez presenta otras dos dificultades. ¿Cómo pueden las mismas moléculas reunirse para formar la persona de la post-resurrección? Las moléculas que formaban la persona antes de la muerte puede que se hayan destruido, hayan formado nuevos compuestos o incluso hayan ido a formar parte del cuerpo de otra persona. En conexión con esto, la incineración presenta un problema especial. Pero más allá de esto, para identificar a las personas antes de la muerte y después de la resurrección basándose en el cuerpo resucitado es mantener que la naturaleza humana es principalmente material o física. Por todas estas razones expuestas anteriormente, la teoría del sueño del alma debe rechazarse por resultar inadecuada.

## Purgatorio

Como la doctrina del purgatorio es principalmente católico romana, es necesario verla en el contexto del dogma católico en general. En esa teología, inmediatamente después de la muerte, se determina el estado eterno del individuo. El alma es consciente del juicio que Dios ha emitido sobre ella. Esto no es tanto una sentencia formal como una percepción clara de si uno es culpable o inocente ante Dios. El alma entonces es "trasladada por su propia voluntad al Cielo o al Infierno, o al Purgatorio dependiendo de lo que se merezca."[14] El texto en el que se apoya este punto de vista es Hebreos 9:27: "Y de la manera que está establecido para los hombres que mueran una sola vez, y después de esto el juicio." La yuxtaposición de estos dos eventos se entiende como una indicación de que inmediatamente después de la muerte hay un juicio que determina el destino de cada individuo. Los que han muerto en un estado de maldad van directamente al infierno, donde inmediatamente se darán cuenta de que están irrevocablemente perdidos.[15] Su castigo, de naturaleza eterna, consiste tanto en haber perdido el mayor de todos los bienes como en un sufrimiento real. El sufrimiento está en proporción con la maldad del individuo y se intensificará con la resurrección.[16] Por otra parte, los que están en un perfecto estado de gracia y penitencia, los que están completamente purificados en el momento de la muerte, van directa e inmediatamente al cielo, que se describe como un estado y un lugar, aunque debería pensarse en él principalmente como un estado.[17] Los que, están en estado de gracia, pero no están espiritualmente perfectos, van al purgatorio.

Otras dos características de la teoría católica sobre el estado intermedio afectan a grupos bastante limitados. El *limbus patrum* era el lugar para los santos muertos antes de los tiempos de Cristo. Cuando Cristo cumplió su obra expiatoria en la cruz, descendió al Seol, donde habían ido los creyentes del Antiguo Testamento, y los liberó de la cautividad. Desde entonces el *limbus patrum* está vacío. El *limbus infantium* es para los niños sin bautizar. Debido al pecado original, que sólo se puede eliminar mediante el sacramento del bautismo, ellos no pueden ir ante la presencia del Señor. Sufren el castigo por el pecado origi-

14. Joseph Pohle, *Eschatology; or, The Catholic Doctrine of the Last Things: A Dogmatic Treatise.* (St. Louis: B. Herder; 1917), p. 18.

15. Ibid., p. 70.

16. Ibid., p. 52-61.

17. Ibid., p. 28.

nal, que es la pérdida de la beatífica visión, es decir, la presencia de Dios. Sin embargo, no experimentan el castigo por el pecado real, que es el sufrimiento al que se hace referencia anteriormente.

El purgatorio es la característica más interesante e inusual de la enseñanza católico romana tradicional sobre el estado intermedio. Joseph Pohle la define como "un estado de castigo temporal para aquellos que, dejando esta vida en gracia de Dios, no están enteramente libres de pecados veniales o no han pagado totalmente la satisfacción debida por sus transgresiones."[18] Como hemos señalado, los que abandonan su vida en un estado de perfección espiritual van directamente al cielo. Los que tienen pecados mortales en sus almas o están completamente fuera de la gracia de la iglesia son consignados al infierno. Pero muchos no encajan en ninguno de estos dos grupos. Ya que nada corrupto puede entrar en el cielo, Dios no puede recibirles en su inmediata presencia. Por otra parte, no puede consignarles al infierno porque no han hecho nada que merezca un castigo tan severo. El purgatorio es un estado intermedio, por así decirlo, donde pueden limpiarse de sus pecados veniales.

Tomás de Aquino argumentó que la limpieza que se produce después de la muerte es mediante sufrimiento penal. En esta vida, podemos ser limpiados realizando obras de satisfacción, pero tras la muerte eso ya no es posible. En la medida en que no seamos capaces de conseguir la pureza completa a través de las obras en la tierra, deberemos conseguirla en la vida venidera. "Por esta razón", decía Tomás, "ponemos un purgatorio o lugar de limpieza."[19] Tomás también sugirió que el purgatorio, como lugar de sufrimiento, está conectado con el infierno.[20] Pohle, al contrario, argumenta que está conectado con el cielo ya que los que están en el purgatorio son hijos de Dios y más pronto o más tarde serán admitidos en el lugar de los bendecidos. Aunque su salida del purgatorio hacia el cielo finalmente es segura y definitiva, el momento en que serán liberados es incierto y el ritmo de limpieza variable.

El perdón de los pecados veniales se puede conseguir de tres maneras diferentes: con el perdón incondicional de Dios; sufriendo y realizando obras de penitencia; y mediante la contrición. Aunque Dios puede perdonar incondicionalmente, ha elegido que haya contrición y obras como condición para el perdón en esta vida; y no parece probable que perdone los pecados veniales incondicionalmente en el purgatorio tampoco.[21] Como el alma en el purgatorio no es capaz de hacer obras de satisfacción, sólo puede expiar culpas mediante el sufrimiento pasivo. Pero hay también tres medios mediante los cuales las almas del purgatorio pueden ser ayudadas en su progreso hacia el cielo por los fieles

18. Ibid., p. 77.
19. Tomás de Aquino, *Summa contra gentiles* 4.91.
20. Tomás de Aquino, *Summa theologica*, apéndice, cuestión 1, artículo 2.
21. Pohle, *Eschatology*, pp. 89-91.

que todavía están en la tierra: la misa, las oraciones y las buenas obras.[22] Estos tres medios reducen el periodo de tiempo necesario para que el sufrimiento en el purgatorio haga todo su efecto. Cuando el alma llegue a la perfección espiritual, sin que quede ningún pecado venial, queda liberada y pasa al cielo.

La Iglesia católico romana basa su creencia en el purgatorio tanto en la tradición como en las Escrituras. Encontramos una declaración clara de la doctrina en el Decreto de unión adoptado en el Concilio de Florencia en 1439: "Las almas se limpian con las penas del purgatorio tras la muerte, y para que puedan ser rescatadas de esas penas, se pueden beneficiar de las obras de fe viva, o sea: el sacrificio de misas, oraciones, donaciones y otras obras de caridad."[23] El Concilio de Trento reiteró la creencia, señalando a los distintos padres de la iglesia y sínodos como autoridades para ello. Como hemos apuntado, Tomás de Aquino escribió sobre el purgatorio, y había una antigua tradición de oración, ofrecimiento de misas y donaciones en beneficio de los muertos. Tertuliano menciona las misas de aniversario por los muertos, una práctica que sugiere que se creía en el purgatorio.[24]

El principal texto bíblico al que se alude es a 2 Macabeos 12:43-46:

> Y mandó hacer una colecta en las filas, recogiendo hasta dos mil dracmas, que envió a Jerusalén para ofrecer sacrificios por el pecado; obra digna y noble, inspirada en la esperanza de la resurrección; pues si no hubiera esperado que los muertos resucitarían, superfluo y vano era orar por ellos. Mas creía que a los muertos piadosamente les está reservada una magnífica recompensa. Obra santa y piadosa es orar por los muertos. Por eso hizo que fuesen expiados los muertos: para que fuesen absueltos por sus pecados.

El texto del Nuevo Testamento que se cita con más frecuencia es Mateo 12:32, donde Jesús dice: "Cualquiera que diga alguna palabra contra el Hijo del hombre, será perdonado; pero el que hable contra el Espíritu Santo, no será perdonado, ni en este siglo ni en el venidero." Los católicos romanos afirman que este versículo implica que algunos pecados (esto es, pecados distintos a hablar en contra del Espíritu Santo), se perdonarán en el mundo venidero, una interpretación mantenida por Agustín[25] y otros Padres. Algunos católicos también citan 1 Corintios 3:15: "Si la obra de alguno se quema, él sufrirá pérdida, si bien él mismo será salvo, aunque así como por fuego."

Nuestros mayores motivos para rechazar el concepto de purgatorio son los que distinguen el catolicismo del protestantismo en general. El texto principal

22. Ibid., p. 95.
23. Ibid., p. 78.
24. Tertuliano, *De monogamia* 10.
25. Agustín, *Confesiones* 9.13.

se encuentra en la Apócrifa, que los protestantes no aceptan como Escritura canónica. Y la conclusión que se extrae de Mateo 12:32 es bastante forzada; el versículo de ninguna manera indica que algunos pecados serán perdonados en la próxima vida. Además, el concepto del purgatorio implica una salvación por obras. Porque se cree que los humanos tienen que expiar al menos en parte sus pecados. Sin embargo, esta idea es contraria a muchas enseñanzas claras de las Escrituras, incluidas Gálatas 3:1-14 y Efesios 2:8-9. Desde luego la doctrina del purgatorio tiene algo que resulta muy atrayente. Simplemente no parece correcto que se nos permita ir directamente al cielo, sin sufrir un poco por nuestros pecados. Es difícil para la mayoría de nosotros aceptar la idea de la salvación por la gracia. Pero la enseñanza de las Escrituras debe prevalecer, no lo que nos parece a nosotros lógico y justo; y sobre esta base, el concepto de purgatorio - y de hecho cualquier idea que plantee un periodo de prueba y de expiación posterior a la muerte - debe ser rechazada.

## Resurrección instantánea

Un entendimiento nuevo y creativo que ha aparecido en los últimos años es la idea de una resurrección instantánea o más concretamente un revestimiento instantáneo. Esta es la creencia de que inmediatamente después de la muerte, el creyente recibe el cuerpo resucitado que se le ha prometido. Una de las más completas elaboraciones de esta idea es la que encontramos en la obra de W. D. Davies *Paul and Rabbinic Judaism* (Pablo y el judaísmo rabínico). Davies mantiene que Pablo tenía dos conceptos diferentes sobre la resurrección del cuerpo. En 1 Corintios 15 Pablo está pensando en una futura resurrección del cuerpo. En 2 Corintios 5, sin embargo, tenemos una comprensión más avanzada del tema. Las etapas iniciales de la era que está por venir ya han aparecido en la resurrección de Jesús. Pablo se da cuenta de que, habiendo muerto y resucitado con Cristo, ya está en proceso de transformación y recibirá su nuevo o celestial cuerpo en el momento de la muerte física. El temor de estar desnudo, del que habla en el versículo 3, ha sido sustituido por la constatación de que a este lado y al otro de la muerte, estará vestido.[26]

El judaísmo rabínico mantenía que en la muerte se nos retirará el cuerpo y tendremos que esperar hasta la resurrección general. Davies sostiene que Pablo presenta una posición diferente en sus escritos posteriores:

> (Los muertos) por el contrario, tendrán cuerpo, y no hay lugar en la teología de Pablo para un estado intermedio de los muertos. Está de acuerdo con que Pablo en los últimos pasajes de sus epístolas habla no de la resurrección de los cristianos, sino de su revelación. En Romanos 8:19 leemos: "porque el anhelo ardiente de la creación es el aguardar la manifestación de los hijos de Dios;" y en Col. 3:4

26. W. D. Davies, *Paul and Rabbinic Judaism* (London: SPCK, 1955), pp. 317-18.

> leemos: "Cuando Cristo, vuestra vida, se manifieste, entonces vosotros también seréis manifestados con él en gloria." No hay necesidad de resucitar a los que ya han muerto y resucitado con Cristo y recibido su cuerpo celestial, pero puede que sean revelados. La consumación final sería únicamente la manifestación de aquello que ya existe pero que está "oculto" en el orden eterno.[27]

Según Davis, entonces, cuando Pablo escribió 2 Corintios, ya no creía en un estado intermedio. Más bien, tras la muerte habrá una transición inmediata hacia el estado final, una recepción instantánea del cuerpo celestial. Esta posición sustituyó su creencia en una futura resurrección del cuerpo que tendría lugar en conexión con la segunda venida. Así si construimos nuestra escatología siguiendo el pensamiento más maduro de Pablo, seguramente tampoco tendremos una doctrina del estado intermedio.

Pero ¿resolvió el problema Davies? Ha intentado resolver lo que percibe que es una contradicción inherente entre el concepto griego de inmortalidad y el rabínico de resurrección del cuerpo. Pero trabajando como él lo hace bajo la suposición de que la naturaleza humana es una unidad esencial y absoluta, una idea que probablemente procede del conductismo, Davies se ha confundido en su interpretación de Pablo. El hecho es que la antropología de Pablo le permitió defender tanto la resurrección futura como la supervivencia sin cuerpo. No son ideas contradictorias, sino partes complementarias de un todo. La solución de Davies no es tan bíblica como él parece pensar, porque hay una serie de pasajes en los que Pablo vincula la transformación de nuestros cuerpos con la futura resurrección que acompaña a la segunda venida (por ej. Fil. 3:20-21; 1 Ts. 4:16-17). Pablo también hace que mucho de la segunda venida sea como una ocasión de liberación y glorificación (por ej. Ro. 2:3-16; 1 Co. 4:5; 2 Ts. 1:5-2:12; 2 Ti. 4:8). Y el mismo Jesús hizo hincapié en un tiempo futuro en el que los muertos serían resucitados (Jn. 5:25-29). Debemos concluir que la solución de Davies al problema, que, es el resultado de una falsa presuposición que él introdujo en los escritos de Pablo, hace poco más que crear problemas adicionales.

### Una sugerencia de solución

¿Hay alguna manera de resolver los numerosos problemas que van unidos al tema del estado intermedio, alguna manera de relacionar el testimonio bíblico sobre la resurrección del cuerpo y la supervivencia consciente entre la muerte y la resurrección? Se tienen que tener en mente varias consideraciones:

1. Joachin Jeremias ha señalado que el Nuevo Testamento distingue entre Gehena y Hades. El Hades recibe a los injustos durante el periodo de tiempo que transcurre entre la muerte y la resurrección, mientras

27. Ibid., p. 318.

que el Gehena es el lugar de castigo asignado de forma permanente tras el juicio final. El tormento del Gehena es eterno (Mr. 9:43, 48). Además, las almas de los impíos están fuera del cuerpo en el Hades, mientras que en el Gehena tanto el cuerpo como el alma, reunidos en la resurrección, son destruidos por el fuego eterno (Mr. 9:43-48; Mt.10:28). Esta es una réplica a visión de algunos de los primeros padres de la iglesia de que todo el que muere, igual justos que injustos, desciende al Seol o al Hades, una especie de estado oscurecido o adormecido donde esperar la venida del Mesías.[28]

2. Hay indicaciones de que los muertos justos no descienden al Hades (Mt. 16:18-19; Hch. 2:31 [citando Sal. 16:10]).
3. Más bien los justos, o al menos sus almas, son recibidas en el paraíso (Lc. 16:19-31; 23:43).
4. Pablo iguala el estar ausente del cuerpo con el estar presente con el Señor (2 Co. 5:1-10; Fil. 1:19-26).

Basándonos en estas consideraciones bíblicas, concluimos que tras la muerte los creyentes van inmediatamente a un lugar y condición de bendición y los no creyentes a una experiencia de miseria, tormento y castigo. Aunque la evidencia no es clara, es probable que estos sean los mismos lugares a los que van los creyentes y los no creyentes después del juicio final, ya que la presencia del Señor (Lc. 23:43; 2 Co. 5:8; Fil. 1:23) parece no ser otra cosa que el cielo. No obstante, aunque el lugar del estado intermedio y del estado final sea el mismo, la experiencia del paraíso y el Hades sin duda no es tan intensa como será al final, porque la persona está en cierto modo en una condición incompleta.

Como en el capítulo 25 elaboramos un modelo de naturaleza humana que permite la existencia personal sin cuerpo, no entraremos en más detalles aquí. Sin embargo, debemos señalar que el concepto de la existencia sin cuerpo no es insostenible en sí mismo. El ser humano es capaz de existir tanto de forma material (corporal) como en condición inmaterial. Podemos pensar en estas dos condiciones como si fuese un dualismo en el que el alma o espíritu puede existir independientemente del cuerpo. Como en un compuesto químico, el cuerpo-alma, por así decirlo, puede dividirse con ciertas condiciones (específicamente en la muerte), pero en el caso contrario es una unión definida. O podríamos pensar en términos de diferentes estados existentes. Al igual que ocurre con la materia y la energía, las condiciones materiales e inmateriales del humano son convertibles

28. Joachim Jeremías, "γέεννα," en *Theological Dictionary of the New Testament,* ed. Gerhard Kittel and Gerhard Friedrich, trans. Geoffrey W. Bromiley, 10 vols. (Grand Rapids: Eerdmans, 1964-76), vol. 1, pp. 657-58.

entre sí. Estas dos analogías son posibles. Paul Helm,[29] Richard Purtill,[30] y otros han formulado concepciones sobre la supervivencia sin cuerpo que no son ni contradictorias ni absurdas. Concluimos que el estado intermedio sin cuerpo establecido por las enseñanzas bíblicas es filosóficamente sostenible.

## Implicaciones de la doctrina de la muerte y del estado intermedio

1. Todos deben esperar la muerte, creyentes y no creyentes, excepto aquellos que estén vivos cuando el Señor regrese. Debemos tomarnos este hecho en serio y vivir de acuerdo con él.
2. Aunque la muerte es un enemigo (Dios originalmente no pretendía que los hombres murieran), ahora Dios la ha vencido y la ha hecho cautiva. Por lo tanto no hay que temerla, porque su maldición ha sido eliminada gracias a la muerte y resurrección de Cristo. Se la puede hacer frente en paz, porque sabemos que ahora sirve el propósito del Señor de tomar para él a aquellos que tienen fe en él.
3. Entre la muerte y la resurrección hay un estado intermedio en el que los creyentes y los no creyentes experimentan, respectivamente, la presencia o la ausencia de Dios. Aunque estas experiencias son menos intensas que en el estado final, son de la misma naturaleza cualitativa.
4. Tanto en esta vida como en la vida futura, la base de la relación del creyente con Dios es la gracia, no las obras. Por tanto no tenemos por qué temer que nuestras imperfecciones hagan necesario ningún tipo de limpieza posterior a la muerte para poder estar ante la presencia plena de Dios.

29. Paul Helm, "A Theory of Disembodied Survival and Re-embodied Existence,Ì *Religious Studies* 13, nº 1 (March 1978): 15-26.

30. Richard L. Purtill, "The Intelligibility of Disembodied Survival," *Christian Scholar's Review* 5, nº. 1 (1975): 3-22.

# 58. La segunda venida y sus consecuencias

## Objetivos del capítulo

Después de estudiar este capítulo debería ser capaz de:

- Identificar y describir las características de la segunda venida que se pueden extraer de los pasajes relevantes de las Escrituras.
- Identificar y definir la resurrección del cuerpo según el material bíblico disponible.
- Identificar y explicar el evento del juicio final a través del contexto de las Escrituras.
- Responder al significado completo de la segunda venida y a sus consecuencias.

## Resumen del capítulo

Las Escrituras han definido tres eventos específicos que sucederán en el momento de la segunda venida. Además del evento mismo de la segunda venida, estará también la resurrección que preceda al evento del juicio final. El propósito y la dirección de estos eventos están bajo el control exclusivo de Dios. Sin embargo, la esperanza que los creyentes mantienen en el conocimiento de Dios se conseguirá en el momento de esos eventos.

## Cuestiones de estudio

1. ¿Qué hace que el tiempo de la segunda venida sea indefinido y cómo ha intentado la gente identificarlo?
2. ¿Qué carácter tiene la segunda venida y qué la hace importante?
3. ¿En qué se parecen las enseñanzas del Antiguo Testamento a las del Nuevo Testamento en lo que se refiere a la resurrección del cuerpo?
4. ¿Qué sucederá exactamente en el juicio final según las Escrituras?

5. ¿Cómo respondería a la afirmación secular de que no existe esperanza?

- La segunda venida
  - Lo definido del evento
  - Lo indefinido del momento
  - El carácter de la venida
    - Personal
    - Físico
    - Visible
    - Inesperada
    - Triunfante y gloriosa
  - La unidad de la segunda venida
  - La inminencia de la segunda venida
- Resurrección
  - La enseñanza bíblica
  - Una obra del Dios trino
  - De naturaleza corporal
  - Tanto de justos como de injustos
- El juicio final
  - Un evento futuro
  - Jesucristo el juez
  - Los sujetos del juicio
  - Las bases del juicio
  - Lo irrevocable del juicio
- Implicaciones de la segunda venida y sus consecuencias

Entre los eventos más importantes de la escatología cósmica, tal como la hemos definido en esta obra, están la segunda venida y sus consecuencias: la resurrección y el juicio final.

## La segunda venida

Con la excepción de la certeza de la muerte, la doctrina escatológica en la que los teólogos ortodoxos están más de acuerdo es la segunda venida de Cristo. Es indispensable para la escatología. Es la base de la esperanza cristiana; el único evento que marca el inicio de la finalización del plan de Dios.

### *Lo definido del evento*

Muchas Escrituras indican claramente que Cristo va a regresar. En su gran discurso sobre el fin de los tiempos (Mt. 24-25), Jesús mismo promete que volverá: "Entonces aparecerá la señal del Hijo del hombre en el cielo, y todas las tribus de la tierra harán lamentación cuando vean al Hijo del hombre venir sobre las nubes del cielo, con poder y gran gloria" (Mt. 24:30). Varias otras veces en este mismo discurso menciona "la venida del Hijo del hombre" (vv. 27, 37, 39, 42, 44). Hacia el final del discurso leemos: "Enviará sus ángeles con gran voz de trompeta y juntarán a sus escogidos de los cuatro vientos, desde un extremo del cielo hasta el otro" (25:31). Todas las enseñanzas de este discurso, incluidas las parábolas, dan por supuesta la segunda venida. De hecho, Jesús pronunció su discurso en respuesta a la pregunta de sus discípulos: "Dinos, ¿cuándo serán estas cosas y qué señal habrá de tu venida y del fin del siglo?" (Mt. 24:3). Más tarde esa semana, mientras declaraba ante Caifás, Jesús dijo: "Tú lo has dicho. Y además os digo que desde ahora veréis al Hijo del hombre sentado a la diestra del poder de Dios y viniendo en las nubes del cielo" (Mt. 26:64). Aunque Mateo recoge más que los otros evangelistas: Marcos, Lucas y Juan, también incluyen algunos comentarios de Jesús sobre la segunda venida. En Marcos 13:26 y Lucas 21:27, por ejemplo, encontramos declaraciones casi idénticas de que la gente que viva en los últimos días verá al Hijo del hombre venir en nubes de poder y gloria. Y Juan nos dice que en el aposento alto Jesús prometió a sus discípulos: "Y si me voy y os preparo lugar, vendré otra vez y os tomaré a mí mismo, para que donde yo esté, vosotros también estéis" (Jn. 14:3).

Además de las propias palabras de Jesús, hay muchas otras declaraciones directas en el Nuevo Testamento sobre su regreso. En la ascensión de Jesús, dos hombres vestidos de blanco, probablemente ángeles, dijeron a los discípulos: "Galileos, ¿por qué estáis mirando al cielo? Este mismo Jesús, que ha sido tomado de vosotros al cielo, así vendrá como lo habéis visto ir al cielo" (Hch. 1:11). La segunda venida formaba parte del *kerygma* apostólico: "Así que, arrepentíos ...para que él envíe a Jesucristo, que os fue antes anunciado. A este, ciertamente, es necesario que el cielo reciba hasta los tiempos de la restauración de todas las cosas, de que habló Dios por boca de sus santos profetas que han sido desde tiempo antiguo" (Hch. 3:19-21). Pablo escribió sobre la segunda venida en varias ocasiones. Él aseguró a los filipenses: "Pero nuestra ciudadanía está en los cielos, de donde también esperamos al Salvador, al Señor Jesucristo. Él transformará nuestro cuerpo mortal en un cuerpo glorioso semejante al suyo, por el poder con el cual puede también sujetar a sí mismo todas las cosas" (Fil. 3:20-21). Este pasaje en un libro que no es explícitamente escatológico es particularmente significativo porque demuestra el efecto práctico que la segunda venida tendrá sobre nosotros. Probablemente la declaración más clara y directa de Pablo sea 1 Tesalonicenses 4:15-16: "Por lo cual os decimos esto en palabra del Señor: que nosotros que vivimos, que habremos quedado hasta la venida del Señor, no precederemos a los que durmieron. El Señor mismo, con voz de mando, con voz de arcángel y con trompeta de Dios, descenderá del cielo. Entonces, los muertos en Cristo resucitarán primero" (1 Ts. 4:15-16). Otras declaraciones directas las encontramos en 2 Tesalonicenses 1:7, 10 y Tito 2:13. Además, encontramos en Pablo muchas referencias menos elaboradas a la segunda venida: 1 Corintios 1:7; 15:23; 1 Ts. 2:19; 3:13; 5:23; 2 Ts. 2:1, 8; 1 Ti. 6:14; 2 Ti. 4:1, 8. Otros autores también mencionan la segunda venida:

Hebreos 9:28; Santiago 5:7-8; 1 Pedro 1:7, 13; 2 P. 1:16; 3:4, 12; 1 Juan 2:28. Desde luego la segunda venida es una de las doctrinas más ampliamente enseñadas en el Nuevo Testamento.

### Lo indefinido del momento

Mientras que el hecho de la segunda venida se afirma de forma muy enfática y clara en las Escrituras, no ocurre lo mismo con el momento. De hecho, la Biblia deja claro que no sabemos, ni podemos descubrir el momento exacto en que Jesús regresará. Aunque Dios ha establecido un momento definido, éste no ha sido revelado. Jesús señaló que ni él ni los ángeles conocían el momento de su regreso, y tampoco sus discípulos: "Pero de aquel día y de la hora nadie sabe, ni aun los ángeles que están en el cielo, ni el Hijo, sino el Padre. Mirad, velad y orad, porque no sabéis cuándo será el tiempo. Velad, pues, porque no sabéis cuándo vendrá el señor de la casa; si al anochecer, a la medianoche, al canto del gallo o a la mañana" (Mr. 13:32-33, 35; ver también Mt. 24:36-44). Aparentemente el momento de su regreso era uno de los asuntos a los que Jesús se estaba refiriendo cuando, justo antes de su ascensión, respondió a sus discípulos la pregunta sobre si ahora sería el momento en que restauraría el reino a Israel: "No os toca a vosotros saber los tiempos o las ocasiones que el Padre puso en su sola potestad" (Hch. 1:7). En lugar de satisfacer su curiosidad, Jesús les dijo a sus discípulos que iban a ser sus testigos por todo el mundo. Que el momento de su regreso no les sería revelado explica que Jesús pusiese tanto énfasis en lo inesperado del momento y en que por tanto era necesario estar atentos (Mt. 24:44, 50; 25:13; Mr. 13:35).

### El carácter de la venida

#### Personal

Que la segunda venida de Cristo sea de carácter personal no es objeto de ninguna discusión extensa. Más bien, simplemente se asume en todas las referencias que hay sobre su regreso. Jesús dice, por ejemplo: "Y si me voy y os preparo lugar, vendré otra vez y os tomaré a mí mismo, para que donde yo esté, vosotros también estéis" (Jn. 14:3). La declaración de Pablo de que "el Señor mismo descenderá del cielo" (1 Ts. 4:16) deja pocas dudas de que el regreso será de naturaleza personal. La palabra de los ángeles en la ascensión de Jesús: "Este mismo Jesús, que ha sido tomado de vosotros al cielo, así vendrá como lo habéis visto ir al cielo" (Hch. 1:11), establece que su regreso será tan personal como fue su partida.

No obstante, algunos intérpretes recientes han dado a las Escrituras citadas anteriormente una interpretación diferente. Esto es un intento por resolver lo que creen que son dos énfasis opuestos e incluso en conflicto dentro de las enseñanzas de Jesús.[1] Por una parte, está el motivo apocalíptico: el reino irá precedido de un suceso cataclísmico repentino: el regreso personal de Cristo. Por otra parte, está la enseñanza de que el reino es inmanente. Ya está presente en el mundo y continuará creciendo de modo gradual. William Newton Clarke interpreta el primero a partir del segundo: "No se puede esperar un regreso visible de Cristo a la tierra, sino un avance amplio y progresivo de su reino espiritual.... Si nuestro Señor simplemente completa el regreso espiritual que ha comenzado, no habrá necesidad de un advenimiento visible para hacer perfecta su gloria en el mundo."[2] Algunas veces este enfoque se ha adoptado con la convicción de que Jesús creía y enseñaba (como hizo la iglesia primitiva) un regreso a corto plazo, probablemente dentro de esa misma generación, pero es obvio que estaba equivocado.[3] Una exégesis detallada de los pasajes pertinentes demostrará, no obstante, que en ningún momento Jesús enseña de forma específica que vaya a regresar pronto. Además no existe una razón esencial para que el reino no pueda ser a la vez presente y futuro, a la vez inmanente y cataclísmico.

### Físico

Están aquellos que afirman que la promesa del regreso de Jesús se cumplió en Pentecostés mediante una venida espiritual. Jesús después de todo dijo: "Y yo estoy con vosotros todos los días, hasta el fin del mundo" (Mt. 28:20). También dijo: "El que me ama, mi palabra guardará; y mi Padre lo amará, y vendremos a él y haremos morada con él" (Jn. 14:23). Y Pablo habló de las riquezas de este misterio: "Cristo en vosotros, esperanza de gloria" (Col. 1:27). Algunos intérpretes dan mucho peso al uso del término παρουσία *(parousia)* para la segunda venida. Señalando que la palabra básicamente significa "presencia," argumentan que su fuerza en las referencias a la "venida del Señor" es que Jesús está presente con nosotros, no que vaya a venir en algún momento futuro.

Desde Pentecostés Cristo ha estado con y en cada creyente desde el momento del nuevo nacimiento. Sin embargo, hay varias consideraciones que impiden que consideremos esta presencia espiritual como el pleno significado de la venida que él prometió. Aunque es cierto que el significado básico de παρουσία es "presencia," también significa "venida" y es el significado que más aparece en el Nuevo Testamento, como se puede determinar examinando

1. L. Harold DeWolf, *A Theology of the Living Church* (New York: Harper & Row, 1960), pp. 306-7.

2. William Newton Clarke, *An Outline of Christian Theology* (New York: Scribner, 1901), p. 444.

3. E.g., Albert Schweitzer, *The Quest of the Historical Jesus: A Critical Study of Its Progress from Reimarus to Wrede* (New York: Macmillan, 1964), pp. 368-69; Rudolf Bultmann, *Theology of the New Testament* (New York: Scribner; 1951), vol. 1, pp. 5-6.

el uso de la palabra en contexto. Además hay otros términos del Nuevo Testamento, en particular ἀποκάλυψις *(apokalupsis)* y ἐπιφάνεια *(epiphaneia)*, que indican claramente "venida."[4] Y la afirmación en Hechos 1:11 de que Jesús volverá de la misma manera que partió implica que regresará corporalmente. Sin embargo, quizá el argumento más persuasivo sea que muchas de las promesas de las segunda venida de Jesús fueron hechas después de Pentecostés, de hecho unos sesenta años más tarde, y siguen colocando en el futuro esa venida.

### Visible

Los testigos de Jehová mantienen que Cristo empezó su reinado sobre la tierra el 1 de octubre de 1914. Sin embargo, no fue un regreso visible a la tierra, porque Jesús no tiene un cuerpo visible desde la ascensión. Ni siquiera fue un regreso literal porque fue en el cielo donde Cristo ascendió al trono. Su presencia, pues, tiene la naturaleza de una influencia invisible.[5]

Es difícil reconciliar el concepto de la segunda venida que tienen los testigos con las descripciones bíblicas. Una vez más señalamos Hechos 1:11: el regreso de Cristo será como su partida, que fue claramente visible, porque sus discípulos vieron como Jesús era llevado al cielo (vv. 9-10). Otras descripciones de la segunda venida dejan claro que será bastante evidente; por ejemplo, Mateo 24:30: "cuando vean al Hijo del hombre venir sobre las nubes del cielo, con poder y gran gloria."

### Inesperada

Aunque la segunda venida estará precedida de varias señales: la abominación desoladora (Mt. 24:15), gran tribulación (v. 21), oscurecimiento del sol (v. 29), éstas no indicarán el momento concreto del regreso de Jesús. En consecuencia, habrá muchos para los que el regreso será inesperado. Será como en los días de Noé (Mt. 24:37). Aunque Noé pasó algún tiempo construyendo el arca, ninguno de sus contemporáneos, excepto su propia familia, se preparó para el diluvio. La gente se sentirá segura, pero la destrucción repentina caerá sobre ellos (1 Ts. 5:2-3). Las enseñanzas de Jesús sugieren que debido al gran retraso en la segunda venida, algunos estarán descuidados (Mt. 25:1-13; cf 2 P. 3:3-4). Cuando la parousia finalmente ocurra, sucederá tan deprisa que no habrá tiempo para prepararse (Mt. 25:8-10). Como dice Louis Berkhof: "La Biblia sugiere que el grado de sorpresa ante la segunda venida de Cristo estará en relación inversa con su grado de expectación."[6]

4. George E. Ladd, *The Blessed Hope* (Grand Rapids: Eerdmans, 1956), pp. 65-70.
5. *Let God Be True* (Brooklyn: Watchtower Bible & Tract Society, 1952), p. 141.
6. Louis Berkhof, *Systematic Theology* (Grand Rapids: Eerdmans, 1953), p. 706.

### Triunfante y gloriosa

Varias descripciones del regreso de Cristo indican su carácter glorioso, un claro contraste con las circunstancias humildes y bajas de su primera venida. Esta última fue la primera etapa de la humillación de Cristo, la anterior fue la etapa final de su exaltación. Vendrá en las nubes con gran gloria y poder (Mt. 24:30; Mr. 13:26; Lc. 21:27). Estará acompañado de ángeles y anunciado con voz de arcángel (1 Ts. 4:16). Se sentará en el trono glorioso y juzgará a todas las naciones (Mt. 25:31-46). La ironía de esta situación es que el que fue juzgado al final de su estancia en la tierra será juez de todos en su segunda venida. Está claro que será el Señor triunfante y glorioso sobre todas las cosas.

## *La unidad de la segunda venida*

Un grupo grande e influyente de cristianos conservadores enseña que la venida de Cristo se producirá en dos etapas. Estas etapas son el arrebatamiento y la revelación, o el "venir por" los santos y el "venir con" los santos. Estos dos eventos estarán separados por la gran tribulación, que se cree que durará unos siete años. A los que defienden este punto de vista se les denomina pre-tribulacionistas, y la mayoría de ellos son dispensacionalistas.

El arrebatamiento o el "venir por" será secreto; nadie se dará cuenta, excepto la iglesia. Como precede a la tribulación, no existe ninguna profecía que se tenga que cumplir antes de que pueda suceder. En consecuencia el arrebatamiento puede ocurrir en cualquier momento o como se suele decir, es inminente. Liberará a la iglesia de la agonía de la gran tribulación. Después, al final de los siete años, el Señor regresará nuevamente, trayendo con él a su iglesia con una gran llegada triunfal. Esto será un evento visible, glorioso y universalmente reconocible.[7] Cristo después establecerá su reino terrenal del milenio.

En contraste con el pre-tribulacionismo, las otras teorías sobre la segunda venida de Cristo mantienen que habrá una única venida, un evento unificado. Dirigen todas las profecías sobre la segunda venida hacia un único evento, mientras que los pre-tribulacionistas dirigen algunas de las profecías hacia el arrebatamiento y otras hacia la revelación.[8]

¿Cómo vamos a resolver este tema? ¿La segunda venida será un suceso de una sola etapa o de dos? Aunque examinaremos en el siguiente capítulo numerosas consideraciones que se relacionan con este tema, hay una muy importante que debemos tener en cuenta ahora. Tiene que ver con el vocabulario utilizado para designar el segundo advenimiento. Los tres términos utilizados principalmente para segunda venida son παρουσία, ἀποκάλυψις, y ἐπιφάνεια. Los pre-tribulacionistas argumentan que παρουσία hace referencia al arrebatamiento,

7. John F. Walvoord, *The Return of the Lord* (Findlay, Ohio: Dunham, 1955), pp. 52-53.
8. Ladd, *Blessed Hope*, p. 67.

la primera etapa del regreso, la esperanza bienaventurada del creyente de ser liberado de este mundo antes de que llegue la tribulación. Los otros dos hacen referencia a Cristo viniendo con los santos al final de la tribulación.

Sin embargo, cuando los examinamos con más detenimiento, los términos que designan la segunda venida no apoyan la distinción hecha por los pre-tribulacionistas. En 1 Tesalonicenses 4:15-17, por ejemplo, el término παρουσία se utiliza para denotar un evento que es difícil de entender como el arrebatamiento: "Por lo cual os decimos esto en palabra del Señor: que nosotros que vivimos, que habremos quedado hasta la venida [παρουσία ] del Señor, no precederemos a los que durmieron. El Señor mismo, con voz de mando, con voz de arcángel y con trompeta de Dios, descenderá del cielo. Entonces, los muertos en Cristo resucitarán primero. Luego nosotros, los que vivimos, los que hayamos quedado, seremos arrebatados juntamente con ellos en las nubes para recibir al Señor en el aire, y así estaremos siempre con el Señor." Como dice George Ladd: "Es muy difícil encontrar una venida secreta de Cristo en estos versículos."[9] Además, el término παρουσία se utiliza en 2 Tesalonicenses 2:8, donde leemos que después de la tribulación Cristo con su venida destruirá al hombre de pecado, al anticristo, de forma pública. Además Jesús dijo de la παρουσία: "porque igual que el relámpago sale del oriente y se muestra hasta el occidente, así será también la venida del Hijo del hombre" (Mt. 24:27).[10]

Los otros dos términos tampoco se ajustan a los conceptos pre-tribulacionistas. Aunque supuestamente la παρουσία, no la ἀποκάλυψις o la ἐπιφάνεια, es la esperanza bienaventurada que espera la iglesia, Pablo agradece que sus lectores hayan enriquecido su conocimiento mientras "esperáis la manifestación [ἀποκάλυψις] de nuestro Señor Jesucristo" (1 Co. 1:7). Asegura a los tesalonicenses que: "Es justo delante de Dios pagar con tribulación a los que os atribulan, mientras que a vosotros, los que sois atribulados, daros reposo junto con nosotros, cuando se manifieste [ἀποκάλυψις ] el Señor Jesús desde el cielo con los ángeles de su poder" (2 Ts. 1:6-7). Y Pedro habla del gozo de los creyentes y de la recompensa en conexión con el ἀποκάλυψις: "Al contrario, gozaos por cuanto sois participantes de los padecimientos de Cristo, para que también en la revelación de su gloria os gocéis con gran alegría" (1 P. 4:13). Con anterioridad había escrito que sus lectores tendrían que sufrir varias pruebas: "para que, sometida a prueba vuestra fe, mucho más preciosa que el oro (el cual, aunque perecedero, se prueba con fuego), sea hallada en alabanza, gloria y honra cuando sea manifestado Jesucristo" (1:7). Estas dos referencias (y también 1:13) sugieren que los creyentes a los que Pedro está escribiendo (que son parte de la iglesia) recibirán su gloria y honor en el ἀποκάλυψις de Cristo. Sin embargo,

9. Ibid., p. 63.
10. Ibid.

según los pre-tribulacionistas, la iglesia debería haber recibido ya su recompensa en la παρουσία.

Finalmente, Pablo habla de ἐπιφάνεια como del objeto de la esperanza del creyente. Escribe a Tito que los creyentes deben vivir vidas santas "mientras aguardamos la esperanza bienaventurada y la manifestación gloriosa [ἐπιφάνεια] de nuestro gran Dios y Salvador Jesucristo" (Tit. 2:13). Podemos encontrar un uso similar de ἐπιφάνεια en 1 Timoteo 6:14 y 2 Ti. 4:8. Concluimos que el uso de una variedad de términos no es indicación de que haya dos etapas en la segunda venida. Más bien, que los términos sean intercambiables apunta claramente a un único evento.

## *La inminencia de la segunda venida*

Una cuestión adicional que debemos tratar es si la segunda venida es inminente o no. ¿Podría suceder en cualquier momento, o hay ciertas profecías que deben cumplirse primero?

Algunos cristianos, en particular aquellos que sostienen que Cristo vendrá por los santos antes de la tribulación, creen que el regreso se producirá en cualquier momento. Según esto, debemos estar preparados en todo momento porque esta posibilidad nos podría tomar desprevenidos. Para apoyar esta suposición se utilizan varios argumentos:

1. Jesús les dijo a sus discípulos que debían estar preparados para su regreso ya que no sabían cuando podría suceder (Mt. 24-25). Si se tienen que producir otros sucesos antes de que Cristo regrese, como la gran tribulación, es difícil de entender por qué habló de un tiempo desconocido, porque sabríamos al menos que el regreso no se produciría hasta que esos otros sucesos hubieran tenido lugar.[11]

2. Se repite el énfasis en que debemos esperar entusiasmados porque la venida del Señor está próxima. Muchos pasajes (por ej., Ro. 8:19-25; 1 Co. 1:7; Fil. 4:5; Tit. 2:13; Stgo. 5:8-9; Jud. 21) indican que la venida podría estar muy próxima y ser quizá en cualquier momento.[12]

3. La declaración de Pablo de que esperamos nuestra esperanza bienaventurada (Tit. 2:13) requiere que el siguiente evento en el plan de Dios sea la venida del Señor. Si en su lugar el paso siguiente fuese la gran tribulación, casi no podríamos tener esperanza ni expectación. Al contrario, nuestra reacción sería de temor y aprensión. Ya que el retorno de nuestro señor es el evento siguiente en el plan de Dios, no hay razón para pensar que no vaya a suceder en cualquier momento.[13]

11. J. Barton Payne, *The Imminent Appearing of Christ* (Grand Rapids Eerdmans, 1962), p. 86.
12. Ibid., pp. 95-103.
13. Walvoord, *Return of the Lord*, p. 51.

Sin embargo, cuando se examina detenidamente, estos argumentos no son del todo persuasivos. ¿Los mandatos de Cristo para que estemos atentos a su regreso y las advertencias de que su regreso puede ocurrir en un momento inesperado y sin señales claras significa necesariamente que este vaya a ser inminente? Ya ha habido un periodo intermedio de casi dos mil años. Aunque no sabemos cuánto durará el retraso, ni sabemos por tanto el momento preciso del regreso de Cristo, sí sabemos que no se ha producido todavía. No saber cuándo sucederá no impide saber ciertas fechas en las que no ocurrirá.

Además las palabras de Jesús en el momento en que fueron dichas no querían expresar que la segunda venida fuera inminente. Indicó por medio de al menos de tres de sus parábolas (el hombre noble que fue a un país lejano, Lucas 19:11-27; las vírgenes prudentes y las insensatas, Mt. 25:5; y los talentos, Mt. 25:19), que iba a haber un retraso. De forma similar, la parábola de los siervos (Mt. 24:45-51) implica un periodo de tiempo en el que los siervos prueban su carácter. Además, ciertos acontecimientos tenían que suceder antes de la segunda venida; por ejemplo, Pedro se haría viejo y enfermaría (Jn. 21:18), el evangelio se predicaría a todas las naciones (Mt. 24:14), y el templo sería destruido (Mt. 24:2). Si estos sucesos tenían que ocurrir antes de que Jesús regresara, la segunda venida no podría suceder inmediatamente. Cuando decía: "¡Vigilad!" y "No sabéis la hora" no estaba siendo incoherente con un retraso que permitiera que ciertos sucesos ocurrieran.

Esto no quiere decir que no sea adecuado hablar de inminencia. Sin embargo, es el complejo de eventos que rodean la segunda venida lo que es inminente, y no el evento único que es la segunda venida. Quizá deberíamos hablar de este complejo como inminente y de la segunda venida como "próxima."

## Resurrección

El principal resultado de la segunda venida de Cristo, desde el punto de vista individual de la escatología, es la resurrección. Esta es la base para la esperanza del creyente cuando se enfrenta a la muerte. Aunque la muerte es inevitable, el creyente anticipa el ser liberado de su poder.

### *La enseñanza bíblica*

La Biblia promete claramente la resurrección del creyente. El Antiguo Testamento nos ofrece varias declaraciones directas, la primera la encontramos en Isaías 26:19: "Tus muertos vivirán; sus cadáveres resucitarán. ¡Despertad y cantad, moradores del polvo! Porque tu rocío es cual rocío de hortalizas, y la tierra entregará sus muertos." Daniel 12:2 enseña tanto la resurrección del creyente como del malvado: "Muchos de los que duermen en el polvo de la tierra serán despertados: unos para vida eterna, otros para vergüenza y confusión perpetua."

La idea de la resurrección también se afirma en Ezequiel 37:12-14: "Por tanto, profetiza, y diles que así ha dicho Jehová, el Señor: Yo abro vuestros sepulcros, pueblo mío; os haré subir de vuestras sepulturas y os traeré a la tierra de Israel. Y sabréis que yo soy Jehová, cuando abra vuestros sepulcros y os saque de vuestras sepulturas, pueblo mío. Pondré mi espíritu en vosotros y viviréis, y os estableceré en vuestra tierra. Y sabréis que yo, Jehová, lo dije y lo hice, dice Jehová."

Además de las declaraciones directas, el Antiguo Testamento afirma que podemos esperar la liberación de la muerte o Seol. Salmos 49:15 dice: "Pero Dios redimirá mi vida del poder del Seol, porque él me tomará consigo." Aunque no hay ninguna afirmación sobre el cuerpo en este pasaje, hay una esperanza de que la existencia incompleta en el Seol no sea nuestra condición final. Salmos 17:15 habla de despertar en presencia de Dios: "En cuanto a mí, veré tu rostro en justicia; estaré satisfecho cuando despierte a tu semejanza." Algunos comentaristas ven sugerencias semejantes en Salmos 73:24-25 y Proverbios 23:14,[14] aunque esta última es cuestionable.

Aunque debemos ser cuidadosos y no leer demasiado de las revelaciones del Nuevo Testamento en el Antiguo Testamento, es significativo que Jesús y los escritores del Nuevo Testamento mantuvieran que el Antiguo Testamento enseña la resurrección. Cuando fue preguntado por los saduceos, que negaban la resurrección, Jesús les acusó de error debido a la falta de conocimiento de las Escrituras y del poder de Dios (Mr. 12:24), y después siguió argumentando a favor de la resurrección basándose en el Antiguo Testamento: "Pero respecto a que los muertos resucitan, ¿no habéis leído en el libro de Moisés cómo le habló Dios en la zarza, diciendo: "Yo soy el Dios de Abraham, el Dios de Isaac y el Dios de Jacob"? ¡Dios no es Dios de muertos, sino Dios de vivos! Así que vosotros mucho erráis" (vv. 26-27). Pedro (Hch. 2:24-32) y Pablo (Hch. 13:32-37) vieron Salmos 16:10 como una predicción de la resurrección de Jesús. Hebreos 11:19 elogia la fe de Abraham en la habilidad de Dios para resucitar a la gente de entre los muertos: "porque pensaba que Dios es poderoso para levantar aun de entre los muertos, de donde, en sentido figurado, también lo volvió a recibir."

El Nuevo Testamento, por supuesto, enseña la resurrección con mucha más claridad. Ya hemos señalado la réplica de Jesús a los saduceos, que se recoge en los tres evangelios sinópticos (Mt. 22:29-32; Mr. 12:24-27; Lc. 20:34-38). Y Juan recoge varias ocasiones adicionales en las que Jesús habla de la resurrección. Una de las declaraciones más claras es Juan 5: "De cierto, de cierto os digo: Viene la hora, y ahora es, cuando los muertos oirán la voz del Hijo de Dios, y los que la oigan vivirán... No os asombréis de esto, porque llegará la hora cuando todos los que están en los sepulcros oirán su voz; y los que hicieron lo bueno saldrán a resurrección de vida; pero los que hicieron lo malo, a resurrección de condenación" (vv. 25, 28-29).

14. Berkhof, *Systematic Theology*, p. 721.

Otras afirmaciones de la resurrección se encuentran en Juan 6:39-40, 44, 54, y la narración de la resurrección de Lázaro (Jn. 11, especialmente vv. 24-25).

Las epístolas del Nuevo Testamento también dan testimonio de la resurrección. Pablo claramente creía y enseñaba que iba a haber una futura resurrección del cuerpo. El pasaje clásico y más extenso es 1 Corintios 15. La enseñanza se señala especialmente en los versículos 51 a 52: "Os digo un misterio: No todos moriremos; pero todos seremos transformados, en un momento, en un abrir y cerrar de ojos, a la final trompeta, porque se tocará la trompeta, y los muertos serán resucitados incorruptibles y nosotros seremos transformados." También se enseña con claridad la resurrección en 1 Tesalonicenses 4:13-16 y de forma implícita en 2 Corintios 5:1-10. Y cuando Pablo apareció ante el concilio, creó disensiones entre fariseos y saduceos al declarar: "Hermanos, yo soy fariseo, hijo de fariseo; acerca de la esperanza y de la resurrección de los muertos se me juzga" (Hch. 23:6); hizo una declaración similar ante Félix (Hch. 24:21). Juan también afirma la doctrina de la resurrección (Apoc. 20:4-6, 13).

### *Una obra del Dios trino*

Todos los miembros de la Trinidad están implicados en la resurrección de los creyentes. Pablo nos dice que el Padre resucitará a los creyentes mediante el Espíritu: "Y si el Espíritu de aquel que levantó de los muertos a Jesús está en vosotros, el que levantó de los muertos a Cristo Jesús vivificará también vuestros cuerpos mortales por su Espíritu que está en vosotros" (Ro. 8:11). Hay una conexión especial entre la resurrección de Cristo y la resurrección general, un punto que Pablo resalta de forma especial en 1 Corintios 15:12-14: "Pero si se predica que Cristo resucitó de los muertos, ¿cómo dicen algunos entre vosotros que no hay resurrección de muertos? Porque si no hay resurrección de muertos, tampoco Cristo resucitó. Y si Cristo no resucitó, vana es entonces nuestra predicación y vana es también vuestra fe." En Colosenses 1:18 Pablo hace referencia a Jesús como: "la cabeza del cuerpo que es la iglesia, y es el principio, el primogénito de entre los muertos, para que en todo tenga la preeminencia." En Apocalipsis 1:5 Juan de forma similar hace referencia a Jesús como "primogénito de los muertos." Esta expresión no señala tanto a que Jesús haya sido el primero en el tiempo dentro de un grupo como a su supremacía sobre el grupo (cf. 1:15 "el primogénito de toda la creación"). La resurrección de Cristo es la base de la confianza y esperanza de los creyentes. Pablo escribe: "Si creemos que Jesús murió y resucitó, así también traerá Dios con Jesús a los que durmieron en él" (1 Ts. 4:14). Y aunque el contexto no menciona explícitamente la resurrección general, al inicio de su primera epístola Pedro vincula el nuevo nacimiento y la esperanza de vida del creyente a la resurrección de Cristo y después toma en consideración la segunda venida, cuando la fe genuina traiga como resultado la alabanza, la gloria y el honor (1 P. 1:3-9).

### *De naturaleza corporal*

Varios pasajes del Nuevo Testamento afirman que el cuerpo será devuelto a la vida. Uno de ellos es Romanos 8:11: "Y si el Espíritu de aquel que levantó de los muertos a Jesús está en vosotros, el que levantó de los muertos a Cristo Jesús vivificará también vuestros cuerpos mortales por su Espíritu que está en vosotros." En Filipenses 3:20-21 Pablo escribe: "Pero nuestra ciudadanía está en los cielos, de donde también esperamos al Salvador, al Señor Jesucristo. Él transformará nuestro cuerpo mortal en un cuerpo glorioso semejante al suyo, por el poder con el cual puede también sujetar a sí mismo todas las cosas." En el capítulo de la resurrección, 1 Corintios 15, dice: "se siembra un cuerpo natural, resucita un cuerpo espiritual. Si hay un cuerpo natural, también hay un cuerpo espiritual" (v. 44, NVI). Pablo también deja claro que la idea de que la resurrección ya haya sucedido, o sea, en forma de resurrección espiritual no incompatible con el hecho de que los cuerpos todavía sigan en las tumbas, es una herejía. Hace esto cuando condena las ideas de Himeneo y Fileto: "que se desviaron de la verdad diciendo que la resurrección ya se efectuó, y trastornan la fe de algunos" (2 Ti. 2:18).

Además, hay conclusiones o evidencias indirectas de la naturaleza corporal de la resurrección. La redención del creyente se dice que implica al cuerpo y no sólo al alma: "Sabemos que toda la creación gime a una, y a una está con dolores de parto hasta ahora. Y no solo ella, sino que también nosotros mismos, que tenemos las primicias del Espíritu, nosotros también gemimos dentro de nosotros mismos, esperando la adopción, la redención de nuestro cuerpo" (Ro. 8:22-23). En 1 Corintios 6:12-20 Pablo señala la importancia espiritual del cuerpo. Esto está en claro contraste con la idea de los gnósticos, que minimizaban el cuerpo. Mientras que algunos gnósticos sacaron la conclusión de que al cuerpo, por ser malo, se le debe aplicar un ascetismo estricto, otros creían que lo que se hiciera con el cuerpo era espiritualmente irrelevante, y por tanto se dejaban llevar por un comportamiento licencioso. Sin embargo, Pablo insiste en que el cuerpo es santo. Nuestros cuerpos son miembros de Cristo (v. 15). El cuerpo es templo del Espíritu Santo (v. 19). "El cuerpo no es para la fornicación, sino para el Señor y el Señor para el cuerpo" (v. 13). A la vista del énfasis que se pone en el cuerpo, la frase que sigue inmediatamente es sin duda un argumento a favor de la resurrección del cuerpo: "Y Dios, que levantó al Señor, también a nosotros nos levantará con su poder" (v. 14). La conclusión de todo el pasaje es: "glorificad, pues, a Dios en vuestro cuerpo" (v. 20).

Otro argumento indirecto para el carácter corporal de la resurrección es que la resurrección de Jesús fue de naturaleza corporal. Cuando Jesús se apareció a sus discípulos, estos se asustaron pensando que estaban viendo un espíritu. Él les calmó diciendo: "¿Por qué estáis turbados y vienen a vuestro corazón estos pensamientos? Mirad mis manos y mis pies, que yo mismo soy. Palpad y ved, porque un espíritu no tiene carne ni huesos como veis que yo tengo" (Lc. 24:38-39). Y cuando más tarde se le apareció a Tomás, que se había mostrado escéptico ante su resurrección, Jesús dijo: "Pon aquí tu dedo y mira mis manos; acerca tu mano y métela en mi costado; y no seas incrédulo, sino creyente" (Jn. 20:27). Que Jesús fuera visto, escuchado y reconocido por sus discípulos sugiere que tenía un cuerpo similar al que poseía anteriormente. El hecho de que la tumba estuviera vacía y el cuerpo nunca fuera hallado por los enemigos de Cristo es una indicación más de la naturaleza corporal de su resurrección. La conexión especial entre la resurrección de Cristo y la del creyente es un argumento a favor de que nuestra resurrección también sea corporal.

Ahora nos enfrentamos a la cuestión de qué significa exactamente decir que la resurrección afecta al cuerpo. Hay ciertos problemas en considerar la resurrección como una mera resucitación física. Uno es el de suponer que el cuerpo estará sujeto de nuevo a la muerte. Al parecer Lázaro y los demás resucitados por Jesús al final acabaron muriendo otra vez y fueron enterrados. Sin embargo, Pablo habla de un nuevo cuerpo "incorruptible" en contraste con el cuerpo "corruptible" que es enterrado (1 Co. 15:42). Un segundo problema es el contraste que se hace entre "cuerpo natural [con alma]" que se siembra y el "cuerpo espiritual" que se resucita (v. 44). Hay una diferencia significativa entre los dos, pero no sabemos la naturaleza exacta de esa diferencia. Además, hay declaraciones explícitas que excluyen la posibilidad de que el cuerpo resucitado sea puramente físico. Pablo dice hacia el final de su discurso sobre la resurrección del cuerpo: "Pero esto digo, hermanos: que la carne y la sangre no pueden heredar el reino de Dios, ni la corrupción hereda la incorrupción" (1 Co. 15:50). La respuesta de Jesús a los saduceos: "pues en la resurrección ni se casarán ni se darán en casamiento, sino serán como los ángeles de Dios en el cielo" (Mt. 22:30), parece implicar lo mismo. Finalmente, está el problema de cómo un cuerpo se puede reconstituir a partir de las moléculas que pueden haber formado parte del cuerpo de otra persona.[15] El canibalismo presenta el ejemplo más extremo de este problema. Pero los cuerpos humanos que sirven para fertilizar los campos donde crecen las cosechas y las cenizas que se esparcen por un río del cual se bebe el agua son otros casos a tener en cuenta. Una parodia absurda de la pregunta de los saduceos: "En la resurrección, ¿de cuál de ellos será ella mujer?" (Mr. 12:23), podría ser: "En la resurrección, ¿de quién serán las moléculas?"

Lo que tenemos, pues, es algo más que una supervivencia después de la muerte mediante el espíritu o el alma; sin embargo, este algo más no es sim-

15. Ver la pregunta de Augustus H. Strong: "Who ate Roger Williams?" In *Systematic Theology* (Westwood, N. J.: Revell, 1907), p. 1019.

plemente una resucitación física. Hay una utilización del viejo cuerpo, pero con una transformación durante el proceso. Este nuevo cuerpo tiene cierta conexión o identidad con el antiguo, pero está constituido de forma diferente. Pablo habla de él como de un cuerpo espiritual (1 Co. 15:44), pero no lo elabora. Utiliza la analogía de una semilla y la planta que surge de ella (v. 37). Lo que surge del suelo no es exactamente lo que se plantó. No obstante, surge de esa semilla original.[16]

El problema filosófico aquí es la base de la identidad. ¿Qué es lo que marca a cada uno de nosotros como el mismo individuo en el nacimiento, como adulto y en la resurrección? El adulto es la misma persona que el niño, a pesar de los cambios que se producen en el cuerpo humano. De la misma forma, a pesar de la transformación que se produce en la resurrección sabemos por Pablo que seguiremos siendo la misma persona.

A veces se asume que nuestros nuevos cuerpos serán como el de Jesús en el periodo inmediatamente posterior a su resurrección. Su cuerpo aparentemente tenía las marcas físicas de la crucifixión, y se le podía ver y tocar (Jn. 20:27). Lucas 24:28-31, 42-43 y Juan 21:9-15 parecen indicar que comió. Sin embargo, se debería tener en cuenta que la exaltación de Jesús todavía no se había completado. La ascensión, que implicaba la transición de este universo espacio-tiempo a la esfera espiritual del cielo, puede que haya producido otra transformación. El cambio que sucederá en nuestros cuerpos en la resurrección (o, en el caso de los que todavía estén vivos, en la segunda venida) sucedió en dos etapas en su caso. Nuestro cuerpo resucitado será como el cuerpo actual de Jesús, no como el cuerpo que tuvo Jesús entre su resurrección y su ascensión. No tendremos esas características que tuvo el cuerpo terrenal resucitado de Jesús que son incoherentes con las descripciones de nuestros cuerpos resucitados (o sea, ser físicamente tangibles y tener necesidad de comer).

Concluimos que habrá una realidad corporal de algún tipo de resurrección. Habrá cierta conexión y surgirá de nuestro cuerpo original, pero, no obstante, no se tratará de una mera resucitación de nuestro cuerpo original. Más bien será una transformación o metamorfosis. Una analogía podría ser la petrificación de un tronco o una cepa. Aunque la forma siga siendo la del objeto original, la composición es completamente diferente.[17] Tenemos dificultades para entender

16. George E. Ladd señala que aunque Pablo no intenta describir la naturaleza de la resurrección del cuerpo, menciona algunas cualidades en las que se diferencia del cuerpo físico: *A Theology of The New Testament* (Grand Rapids: Eerdmans, 1974), p. 564.

17. Algunos teólogos han defendido esta posición o una similar. Orígenes sugirió que los dos cuerpos tenían el mismo "principio o forma seminal." Tomás de Aquino expuso que la resurrección del cuerpo tenía la misma sustancia, pero diferentes accidentes. M. E. Dahl habla de identidad somática sin identidad material. John Hick se refiere a la resurrección del cuerpo como una creación divina de una réplica exacta del cuerpo anterior. Para un relación más completa

por qué no sabemos la naturaleza exacta del cuerpo resucitado. Sin embargo, parece que retendrá y a la vez glorificará la forma humana. Estaremos libres de las imperfecciones y necesidades que tuvimos en la tierra.

### *Tanto de justos como de injustos*

La mayoría de las referencias a la resurrección son a la resurrección de los creyentes. Isaías 26:19 habla de la resurrección de una manera que indica que es una recompensa. Jesús habla de "resurrección de los justos" (Lc. 14:14). En sus palabras a los saduceos declara que "los que son tenidos por dignos de alcanzar aquel siglo y la resurrección de entre los muertos, ni se casan ni se dan en casamiento" (Lc. 20:35). Le afirma a Marta: "Yo soy la resurrección y la vida; el que cree en mí, aunque esté muerto, vivirá. Y todo aquel que vive y cree en mí, no morirá eternamente" (Jn. 11:25-26). En Filipenses 3:11 Pablo expresa su deseo y esperanza "si es que en alguna manera logro llegar a la resurrección de entre los muertos." Ni los evangelios sinópticos ni los escritos de Pablo hacen una referencia explícita a que los no creyentes sean resucitados de entre los muertos.

Por otra parte, una serie de pasajes indican una resurrección de los no creyentes. Daniel 12:2 dice: "Muchos de los que duermen en el polvo de la tierra serán despertados: unos para vida eterna, otros para vergüenza y confusión perpetua." Juan cuenta unas palabras similares de Jesús: "No os asombréis de esto, porque llegará la hora cuando todos los que están en los sepulcros oirán su voz; y los que hicieron lo bueno saldrán a resurrección de vida; pero los que hicieron lo malo, a resurrección de condenación" (Jn. 5:28-29). Pablo, en su defensa ante Félix, dijo: "Pero esto te confieso: que, según el Camino que ellos llaman herejía, así sirvo al Dios de mis padres; creo todas las cosas que en la Ley y en los Profetas están escritas; con la esperanza en Dios, la cual ellos también abrigan, de que ha de haber resurrección de los muertos, así de justos como de injustos" (Hch. 24:14-15). Y como tanto creyentes como no creyentes estarán presentes e implicados en el juicio final, concluimos que la resurrección de ambos es necesaria. Si serán resucitados simultáneamente o en momentos diferentes lo discutiremos en el capítulo siguiente.

## El juicio final

La segunda venida también dará lugar al gran juicio final. Esto es para mucha gente uno de los momentos más temibles respecto al futuro, y debería de serlo para aquellos que están apartados de Cristo y que por lo tanto serán juzgados entre los impíos. Sin embargo, para los que están en Cristo, es algo que pueden anticipar, porque sus vidas quedarán vindicadas. El juicio final no tiene la frial-

de estas ideas, ver Paul Badham, *Christian Beliefs About Life After Death* (New York.: Harper & Row, 1976), pp. 65-94.

dad de intentar averiguar cuál es nuestra condición o nuestro estatus espiritual, porque Dios ya lo conoce. Lo que hará es poner de manifiesto públicamente cuál es ese estatus.[18]

### *Un evento futuro*

El juicio final ocurrirá en el futuro. En algunos casos Dios ya ha puesto de manifiesto su juicio, como cuando llevó al cielo con él a los justos Enoc y Elías, envió el diluvio (Gn. 6-7) y destruyó a Coré y a todos los que participaron con él en la rebelión (Núm. 16). Un ejemplo del Nuevo Testamento es cuando Dios hizo que cayeran fulminados Ananías y Safira (Hch. 5:1-11). Friedrich Schelling, entre otros, mantenía que la historia del mundo es el juicio del mundo, que, en otras palabras, los sucesos que ocurren dentro de la historia son, en efecto, un juicio sobre el mundo. No obstante, no es esto todo lo que la Biblia tiene que decir sobre el juicio. Un evento definitivo tiene que ocurrir en el futuro. Jesús alude a ello en Mateo 11:24: "Por tanto os digo que en el día del juicio será más tolerable el castigo para la tierra de Sodoma que para ti"."

En otra ocasión habló claramente del juicio que ejecutaría en conexión con la futura resurrección (Jn. 5:27-29). Hay una imagen ampliada de este juicio en Mateo 25:31-46. Mientras predicaba en el areópago Pablo declaró que Dios "ha establecido un día en el cual juzgará al mundo con justicia, por aquel varón a quien designó, acreditándolo ante todos al haberlo levantado de los muertos" (Hch. 17:31). Más tarde Pablo argumentó ante Félix: "acerca de la justicia, del dominio propio y del juicio venidero" (Hch. 24:25). Escribió a los Romanos: "Pero por tu dureza y por tu corazón no arrepentido, atesoras para ti mismo ira para el día de la ira y de la revelación del justo juicio de Dios" (Ro. 2:5). El autor de la carta a los hebreos lo expresó de forma clara y directa: "Y de la manera que está establecido para los hombres que mueran una sola vez, y después de esto el juicio" (He. 9:27). Otras referencias claras son Hebreos 10:27; 2 Pedro 3:7 y Apocalipsis 20:11-15.

Las Escrituras especifican que el juicio ocurrirá después de la segunda venida. Jesús dijo: "porque el Hijo del hombre vendrá en la gloria de su Padre, con sus ángeles, y entonces pagará a cada uno conforme a sus obras" (Mt. 16:27). Esta idea también la encontramos en Mateo 13:37-43; 24:29-35 y 25:31-46. De forma similar Pablo escribió: "Así que no juzguéis nada antes de tiempo, hasta que venga el Señor, el cual aclarará también lo oculto de las tinieblas y manifestará las intenciones de los corazones. Entonces, cada uno recibirá su alabanza de Dios" (1 Co. 4:5).

18. Gottlob Schrenk, "δικαιοςύνη,Î in *Theological Dictionary of the New Testament,* ed. Gerhard Kittel and Gerhard Friedrich, trans. Geoffrey W. Bromiley, 10 vol. (Grand Rapids: Eerdmans, 1964-76), vol. 2, p 207.

### *Jesucristo el juez*

Jesucristo se representa a sí mismo sentado en un trono de gloria y juzgando a todas las naciones (Mt. 25:31-33). Aunque en Hebreos 12:23 se habla de Dios como el juez, está claro por otras referencias que delega su autoridad en el Hijo. Jesús mismo dijo: "porque el Padre a nadie juzga, sino que todo el juicio dio al Hijo... y, además, le dio autoridad de hacer juicio, por cuanto es el Hijo del hombre" (Jn. 5:22, 27). Pedro dijo a los que estaban reunidos en la casa de Cornelio: "Y [Jesús] nos mandó que predicáramos al pueblo y testificáramos que él es el que Dios ha puesto por Juez de vivos y muertos" (Hch. 10:42). Pablo informó a los atenienses que Dios: "ha establecido un día en el cual juzgará al mundo con justicia, por aquel varón a quien designó, acreditándolo ante todos al haberlo levantado de los muertos" (Hch. 17:31). Y Pablo escribió a los corintios: "porque es necesario que todos nosotros comparezcamos ante el tribunal de Cristo, para que cada uno reciba según lo que haya hecho mientras estaba en el cuerpo, sea bueno o sea malo" (2 Co. 5:10). Segunda de Timoteo 4:1 estable que Cristo juzgará a los vivos y a los muertos.

Parece que los creyentes compartirán el juicio. En Mateo 19:28 y Lucas 22:28-30 Jesús sugiere que los discípulos juzgarán a las doce tribus de Israel. También se nos dice que los creyentes se sentarán en tronos y juzgarán al mundo (1 Co. 6:2-3; Apoc. 3:21; 20:4). Aunque no se nos cuentan los detalles exactos, aparentemente Cristo permitirá que los santos compartan esta obra.

### *Los sujetos del juicio*

Todos los humanos serán juzgados (Mt. 25:32; 2 Co. 5:10; He. 9:27). Pablo advierte que: "todos compareceremos ante el tribunal de Cristo" (Ro. 14:10). Todo secreto será revelado; todo lo que haya ocurrido en cualquier momento será evaluado. Algunos se han preguntado si los pecados de los creyentes se incluirán o no: esto parecería innecesario dado que como creyentes han sido justificados. Pero las declaraciones que hacen referencia a la revisión de los pecados son universales. La perspectiva de Louis Berkhof sobre este asunto probablemente sea correcta: "Las Escrituras nos conducen a creer que [los pecados de los creyentes] lo serán [revelados], aunque, por supuesto, serán revelados como pecados *perdonados*."[19]

Además, los ángeles malos serán juzgados en ese momento. Pedro escribe que "Dios no perdonó a los ángeles que pecaron, sino que los arrojó al infierno [Tártaro] y los entregó a prisiones de oscuridad, donde están reservados para el juicio" (2 P. 2:4). Judas 6 hace una declaración prácticamente idéntica. Los ángeles buenos, por su parte, participarán en el juicio reuniendo a todos los que van a ser juzgados (Mt. 13:41; 24:31).

19. Berkhof, *Systematic Theology*, p 732.

### *Las bases del juicio*

Los que comparezcan serán juzgados según sus vidas terrenales.[20] Pablo dijo que todos compareceremos en el juicio: "porque es necesario que todos nosotros comparezcamos ante el tribunal de Cristo, para que cada uno reciba según lo que haya hecho mientras estaba en el cuerpo, sea bueno o sea malo" (2 Co. 5:10). Jesús dijo que en la resurrección todos comparecerán "los que hicieron lo bueno saldrán a resurrección de vida; pero los que hicieron lo malo, a resurrección de condenación" (Jn. 5:29). Mientras que uno podría deducir de Mateo 25:31-46 que es el hacer buenas obras lo que marca la diferencia, Jesús indica que algunos que afirman haber hecho buenas obras y que incluso parecen haberlas hecho, serán rechazados (Mt. 7:21-23).

El criterio sobre el cual se hará la evaluación es la voluntad revelada de Dios. Jesús dijo: "El que me rechaza y no recibe mis palabras, tiene quien lo juzgue: la palabra que he hablado, ella lo juzgará en el día final" (Jn. 12:48). Incluso los que no hayan escuchado explícitamente la ley serán juzgados: "Todos los que sin la Ley han pecado, sin la Ley también perecerán; y todos los que bajo la Ley han pecado, por la Ley serán juzgados" (Ro. 2:12).

### *Lo irrevocable del juicio*

Una vez declarado, el juicio será permanente e irrevocable. El justo y el impío serán enviados a su destino final respectivo. No hay alusión alguna de que el veredicto pueda cambiar. Al concluir sus enseñanzas sobre el juicio final, Jesús dijo que los que estaban a su izquierda: "Irán estos al castigo eterno y los justos a la vida eterna" (Mt. 25:46).

## Implicaciones de la segunda venida y sus consecuencias

1. La historia no seguirá simplemente su curso, sino que bajo la guía de Dios llegará a su consumación. Sus propósitos se cumplirán al final.
2. Nosotros como creyentes deberíamos vigilar y trabajar con anticipación por el regreso seguro del Señor.
3. Nuestro cuerpos terrenales se transformarán en algo mucho mejor. Las imperfecciones que conocemos ahora desaparecerán; nuestros cuerpos eternos no conocerán el dolor, la enfermedad, ni la muerte.
4. Llegará un tiempo en que se hará justicia. El mal será castigado, y la fe y la fidelidad serán recompensadas.
5. A la vista de la certeza de la segunda venida y de lo irrevocable del juicio que le sucederá, es muy importante que actuemos de acuerdo con la voluntad de Dios.

20. Floyd V. Filson, "The Second Epistle to the Corinthians," in *The Interpreter's Bible*, ed. George A. Buttrick (Nashville: Abingdon, 1978), vol. 10, p. 332.

# 59. Perspectivas sobre el milenio y la tribulación

## Objetivos del capítulo

Después de estudiar este capítulo debería ser capaz de:

- Identificar y describir tres perspectivas del milenio en cuanto al fin de los tiempos.
- Investigar y evaluar tres perspectivas del milenio y seleccionar la que se parezca más a las enseñanzas de las Escrituras.
- Identificar y describir dos perspectivas sobre la tribulación y discutir brevemente ciertas posiciones intermedias de la tribulación.
- Analizar y evaluar las perspectivas de la tribulación y juzgar cuál se parece más a la enseñanza de las Escrituras.

## Resumen del capítulo

El milenio hace referencia a el reinado de Jesucristo en la tierra. Se han desarrollado tres perspectivas principales sobre el milenio con referencia al fin de los tiempos. Una perspectiva amilenarista adopta la posición de que no habrá reinado de Cristo en la tierra, y que los pasajes de las Escrituras que se debaten sólo conciernen a los individuos de los tiempos del autor. La perspectiva postmilenarista considera que el milenio está en marcha precediendo a la segunda venida de Cristo. La perspectiva final, el premilenarismo, es el que ha conseguido más respeto entre los cristianos evangélicos actuales. Esta idea mantiene que la segunda venida precederá al milenio (el reinado de Cristo en la tierra). La perspectiva premilenarista también ha creado controversia en cuanto al papel de la tribulación y de la iglesia. Los que defienden el pretribulacionismo creen que Cristo arrebatará a la iglesia antes de la gran tribulación de la tierra. Otra perspectiva es el postribulacionismo que mantiene que la venida de Cristo se producirá después de la gran tribulación. Se han ofrecido otras perspectivas, pero las Escrituras parecen estar más de acuerdo con el punto de vista postribulacionista.

## Cuestiones de estudio

1. ¿Qué perspectivas milenaristas se han desarrollado en la teología cristiana referentes al fin de los tiempos y en qué se diferencian unas de otras?
2. ¿Qué evidencias se pueden encontrar para apoyar la perspectiva premilenarista del fin de los tiempos?
3. Compare y contraste las perspectivas tribulacionistas del premilenarismo.
4. ¿Qué características del postribulacionismo hacen que sea más adecuado que las otras perspectivas?
5. ¿Cómo describiría su propio enfoque hacia las perspectivas sobre el milenio?

- Perspectivas sobre el milenio
  - Postmilenarismo
  - Premilenarismo
  - Amilenarismo
  - Resolviendo problemas
- Perspectivas sobre la tribulación
  - Pretribulacionismo
  - Postribulacionismo
  - Posiciones intermedias
  - Resolviendo problemas

Durante años ha habido muchas discusiones en la teología cristiana sobre la relación cronológica entre la segunda venida de Cristo y algunos otros eventos. En particular, esta discusión ha tratado dos cuestiones principales. (1) ¿Habrá un milenio, un reinado de Jesucristo; y si eso es así, la segunda venida se producirá antes o después de ese periodo? La perspectiva de que no habrá reinado terrenal de Cristo se denomina amilenarismo. La enseñanza de que el regreso de Jesús inaugurará un milenio se denomina premilenarismo, mientras que la creencia de que la segunda venida dará por finalizado un milenio es el postmilenarismo. (2) ¿Vendrá Cristo a llevarse a la iglesia de la tierra antes de la gran tribulación (pretribulacionismo), o vendrá sólo tras la tribulación (postribulacionismo)? Esta segunda pregunta la encontramos principalmente en el premilenarismo. Examinaremos por partes cada una de las perspectivas sobre el milenio y luego las perspectivas sobre la tribulación.

## Perspectivas sobre el milenio

Aunque las tres posiciones sobre el milenio se han mantenido casi a lo largo de toda la historia de la iglesia, en diferentes momentos una u otra ha predominado. Las examinaremos por orden de su periodo de mayor popularidad.

### *Postmilenarismo*

El postmilenarismo se basa en la creencia de que la predicación del evangelio tendrá tanto éxito que el mundo se convertirá. El reinado de Cristo, cuyo punto central es el corazón de los seres humanos, será completo y universal. La petición: "Venga tu Reino. Hágase tu voluntad, como en el cielo, así también en la tierra" se habrá hecho realidad. La paz prevalecerá y el mal prácticamente se habrá desvanecido. Después cuando el evangelio haya surtido efecto por completo, Cristo regresará. Por lo tanto, el postmilenarismo básicamente tiene una perspectiva optimista.

Los tres primeros siglos de la iglesia estuvieron dominados probablemente por lo que hoy llamaríamos premilenarismo, pero en el cuarto siglo un donatista africano llamado Ticonio propuso una perspectiva opuesta.[1] Aunque Agustín era un oponente acérrimo de los donatistas, adoptó la perspectiva de Ticonio sobre el milenio. Esta interpretación iba a dominar el pensamiento escatológico durante la Edad Media. El milenio no se va a producir en el futuro, sino que ya ha empezado. Los mil años empezaron con la primera venida de Cristo. En apoyo a esta perspectiva, Agustín citaba Marcos 3:27: "Nadie puede entrar en la casa de un hombre fuerte y saquear sus bienes, si antes no lo ata; solamente así podrá saquear su casa." Según Agustín, en este versículo el hombre fuerte es Satanás y sus bienes representan las personas que antes estaban bajo su control, pero que ahora son cristianos. Satanás fue atado en el momento de la primera venida de Cristo y continua atado hasta la segunda venida. Como Satanás no puede engañar a las naciones, la predicación del evangelio tiene mucho éxito. Cristo reina en la tierra. Sin embargo, al final de este periodo milenario, Satanás será liberado durante un corto periodo de tiempo siendo al final sometido.[2]

Aunque parece difícil reconciliar esta perspectiva con lo que está pasando en nuestro tiempo, tenía más sentido en el contexto de Agustín. El cristianismo había conseguido un éxito político sin precedentes. Una serie de circunstancias habían llevado a la conversión del emperador Constantino en 312, así que el cristianismo era tolerado en el imperio y casi se convirtió en la religión oficial. El mayor enemigo de la iglesia, el Imperio romano, había capitulado. Aunque

1. Traugott Hahn, *Tyconius-Studien. Ein Beitrag zur Kirchen-und-Dogmengeschichte de. 4. Jahrhunderts* (Leipizg: Dieterich, 1900; Aalen: Schilling, 1971).

2. Agustín, *Sermón* 259, 2.

el progreso de la iglesia sería gradual más que repentino, era seguro. No se establecieron fechas para la finalización del milenio y el regreso de Cristo, pero se asumía que ocurriría sobre el año 1000.[3]

Con el fin del primer milenio de la historia de la iglesia, por supuesto, se hizo necesario revisar en cierto modo los detalles del postmilenarismo. El milenio ya no se veía como un periodo de mil años, sino como toda la historia de la iglesia. El postmilenarismo fue más popular en momentos en los que la iglesia parecía tener éxito en su tarea de ganar el mundo. Se hizo particularmente popular en la última parte del siglo XIX, una época de gran efectividad en el mundo de las misiones además de un tiempo de preocupación y progreso en las condiciones sociales. En consecuencia, parecía razonable pensar que el mundo pronto sería alcanzado por Cristo.

Como hemos sugerido, la convicción principal del postmilenarismo es la difusión exitosa del evangelio. La idea se basa en varios pasajes de las Escrituras. En el Antiguo Testamento: Salmos 47, 72 y 100; Isaías 45:22-25 y Oseas 2:23, por ejemplo, dejan claro que todas las naciones llegarán a conocer a Dios. Además, Jesús dijo en varias ocasiones que el evangelio sería predicado universalmente antes de su segunda venida. Un ejemplo destacado de esta enseñanza la encontramos en Mateo 24:14. Como la Gran comisión se llevará a cabo en su autoridad (Mt. 28:18-20), tendrá éxito. A menudo la idea de la difusión del evangelio incluye los hechos asociados al evangelio: se producirán efectos transformadores en las condiciones sociales tras la conversión de gran cantidad de oyentes. En algunos casos, creer en la extensión del reino ha tomado de alguna manera una forma más secularizada, de manera que la transformación social es lo que se considera la señal del reino y no las conversiones individuales. Por ejemplo, el movimiento del evangelio social a finales del siglo XIX, estaba dirigido a cristianizar el orden social, culminando en un cambio de las estructuras económicas. La discriminación, la injusticia y el conflicto se eliminarían y las guerras serían algo del pasado. Esta forma de postmilenarismo iba acompañada generalmente de un concepto generalizado de providencia divina: se veía a Dios obrando fuera de los límites formales de la iglesia. Así en dos ocasiones en el siglo XX, un significativo número de cristianos alemanes identificaron la obra de Dios en el mundo con los movimientos políticos de su tiempo: la política de guerra del káiser Wilhelm en los años 1910 y después el nazismo de Hitler en los años 1930.[4] Resaltando la transformación social, los liberales que mantenían una perspectiva milenarista, eran generalmente postmilenaristas, pero desde luego no todos los postmilenaristas eran liberales. Muchos anticipaban un número

3. Adolf von Harnack, "Millennium," in *Encyclopedia Britannica*, 9th ed. (New York Scribner, 1883), vol. 16. pp. 314-18.

4. Karl Barth, *How I Changed My Mind* (Richmond: John Knox, 1966), pp. 21, 45: *The Church and the Political Problem of Our Day* (New York: Scribner, 1939).

de conversiones sin precedentes, la raza humana convertida en una colección de individuos regenerados.[5]

Según el pensamiento postmilenarista, el reino de Dios es una realidad presente aquí y ahora en lugar de un ámbito celestial futuro. Las parábolas de Jesús en Mateo 13 nos ofrecen una idea de la naturaleza de este reino. Es como levadura, que se extiende de forma gradual pero segura por todo el conjunto. Su crecimiento será amplio (se extenderá por todo el mundo) e intensivo (llegará a ser predominante). Su crecimiento será tan gradual que la llegada del milenio apenas si será apreciada por algunos. El progreso puede que no sea uniforme; de hecho, la llegada del reino puede que se produzca por una serie de crisis. Los postmilenaristas son capaces de aceptar lo que parecen ser pasos atrás, ya que ellos creen en el triunfo final del evangelio.[6]

Desde la perspectiva postmilenarista el milenio puede ser un periodo amplio, pero no necesariamente de mil años exactos de duración. De hecho, la perspectiva postmilenarista sobre el milenio con frecuencia se basa menos en Apocalipsis 20, donde se menciona el periodo de mil años y las dos resurrecciones, que en otros pasajes de las Escrituras. El mismo hecho de que la venida del reino sea paulatina hace que sea difícil de calcular la duración del milenio. La cuestión es que el milenio será un periodo prolongado de tiempo durante el cual Cristo, aunque esté físicamente ausente, reinará sobre la tierra. Una característica esencial que distingue al postmilenarismo de otras perspectivas sobre el milenio es que espera que las condiciones mejoren en lugar de empeorar antes del regreso de Cristo. Por tanto, es una visión básicamente optimista. En consecuencia su aceptación ha descendido bastante en el siglo XX. Los postmilenaristas convencidos consideran las condiciones penosas del siglo XX como una simple fluctuación temporal en el crecimiento del reino. Indican que no estamos tan cerca de la segunda venida como creíamos. Sin embargo, este argumento ha demostrado no ser persuasivo para muchos teólogos, pastores, creyentes laicos.[7]

### Premilenarismo

El premilenarismo está comprometido con el concepto de un reinado en la tierra de Jesucristo de aproximadamente unos mil años (o al menos un periodo de tiempo sustancial). Al contrario que el postmilenarismo, el premilenarismo considera que Cristo estará presente físicamente durante este tiempo; cree que regresará personalmente y de forma corporal para comenzar el milenio. Siendo así el caso, el milenio debe considerarse como algo futuro todavía.

El premilenarismo fue probablemente la perspectiva dominante durante el

5. Charles Hodge, *Systematic Theology* (Grand Rapids: Eerdmans, 1952), vol. 3, pp. 800-812.

6. Loraine Boettner, "Postmillennialism," in *The Meaning of the Milleninum*, ed. Robert G. Clouse (Downers Grove, Ill.: InterVarsity, 1977), pp. 120-21.

7. Ibid., pp. 132-33.

periodo de la iglesia primitiva. Los cristianos de los tres primeros siglos tenían una gran esperanza en cuanto a un pronto regreso de Cristo. En lugar de creer en un crecimiento gradual del reino, ellos esperaban que el escatón se iniciara con un suceso cataclísmico. Justino Mártir, Ireneo y varios otros teólogos tempranos mantenían esta teoría.[8] Mucho del milenarismo de este periodo – a menudo denominado "quiliasmo", de la palabra griega para "mil" – tenía un gusto bastante sensual. El milenio sería un tiempo de gran abundancia y fertilidad, de renovación de la tierra y de la construcción de una glorificada Jerusalén.[9] Esto tendía a ofender a la escuela alejandrina de Clemente, Orígenes y Dionisio. Un factor importante para el declive del quiliasmo fue el punto de vista de Agustín sobre el milenio, que discutimos anteriormente. En la Edad Media, el premilenarismo se hizo un tanto raro, a menudo restringido a las sectas místicas.

Hacia mediados del siglo XIX, el premilenarismo empezó a hacerse popular entre los círculos conservadores. Esto en parte fue debido al hecho de que los liberales, cuando tenían una perspectiva sobre el milenio, eran postmilenaristas, y algunos conservadores consideraban cualquier cosa asociada con el liberalismo sospechosa. La creciente popularidad del sistema dispensacionalista de interpretación y de la escatología también dio un impulso al premilenarismo. Tiene una adherencia considerable entre los bautistas conservadores, los grupos pentecostales y las iglesias fundamentalistas independientes.

El pasaje clave para el premilenarismo es Apocalipsis 20:4-6:

> "Vi tronos, y se sentaron sobre ellos los que recibieron facultad de juzgar. Y vi las almas de los decapitados por causa del testimonio de Jesús y por la palabra de Dios, los que no habían adorado a la bestia ni a su imagen, ni recibieron la marca en sus frentes ni en sus manos; y vivieron y reinaron con Cristo mil años. Pero los otros muertos no volvieron a vivir hasta que se cumplieron mil años. Esta es la primera resurrección. Bienaventurado y santo el que tiene parte en la primera resurrección; la segunda muerte no tiene poder sobre estos, sino que serán sacerdotes de Dios y de Cristo y reinarán con él mil años."

Los premilenaristas observan que aquí hay evidencia de un periodo de mil años y dos resurrecciones, una al principio y otra al final. Insisten en una interpretación literal y consistente de este pasaje. Como el mismo verbo—ἔζησαν *(ezēsan)*—se utiliza para referirse a las dos resurrecciones, deben ser del mismo tipo. Los amilenaristas, y, de hecho, los postmilenaristas, a menudo se ven forzados a decir que son de distinto tipo. La explicación que se suele dar es que la primera resurrección es espiritual, o sea, regeneración, mientras que la segunda

8. Justino Mártir, *Diálogo con Trifo* 80.1.

9. A. J. Visser, "A Bird's-Eye View of Ancient Christian Eschatology," *Numen* 14 (1967): 10-11.

es literal, física, o resurrección del cuerpo. Por tanto los que toman parte en la primera resurrección también pasarán por la segunda. Sin embargo, los premilenaristas rechazan esta interpretación por considerarla insostenible. George Beasley-Murray observa que atribuye confusión y pensamiento caótico al autor bíblico.[10] Henry Alford hace un siglo afirmaba que si una resurrección es una vivificación espiritual y la otra es una vivificación física: "entonces se acaba todo significado en el lenguaje, y las Escrituras quedan eliminadas como testimonio definitivo de cualquier tema."[11] George Ladd dice que si ἔζησαν significa resurrección del cuerpo en el versículo 5, debe significar resurrección del cuerpo en el versículo 4; si no es así, "hemos perdido el control de la exégesis."[12]

Todos estos estudiosos están sensibilizados con el hecho de que el contexto puede alterar el significado de las palabras. Sin embargo, señalan que en este caso los dos usos de ἔζησαν se dan juntos, y nada en el contexto sugiere ningún cambio en el significado. En consecuencia, lo que tenemos aquí son dos resurrecciones del mismo tipo, que implican a dos grupos diferentes en un intervalo de tiempo de mil años. También parece según el contexto que los que participan en la primera resurrección no lo hacen en la segunda. Es "el resto de los muertos" (οἱ λοιποὶ τῶν νεκρῶν—*hoi loipoi tōn nekrōn*) los que no vienen a la vida hasta que no han pasado los mil años. Aunque no se dice que vendrán a la vida en ese momento, se implica que así será. Hay un contraste obvio entre los que están implicados en la segunda resurrección y los que están implicados en la primera.

También es importante observar la naturaleza del milenio. Mientras que los postmilenaristas creen que el milenio será introducido gradualmente, quizá incluso de forma imperceptible, los premilenaristas anticipan un suceso cataclísmico repentino. Según la perspectiva premilenarista, el reinado de Jesucristo será completo desde el principio mismo del milenio. El mal habrá sido prácticamente eliminado.

Según el premilenarismo, pues, el milenio no será una extensión de tendencias que ya están funcionando en el mundo. Más bien, habrá una ruptura brusca con las condiciones existentes en la actualidad. Por ejemplo, habrá paz mundial. Esto está muy lejos de la situación actual, donde la paz mundial es, desde luego, algo raro y la tendencia no parece que vaya a mejorar. La armonía universal no estará restringida a los humanos. La naturaleza, que ha estado "gimiendo con dolores de parto," esperando su redención, será liberada de la maldición de la

10. George R. Beasley-Murray, "The Revelation," in *The New Bible Commentary, Revised,* ed Donald Guthrie and J. A. Motyer (Grand Rapids: Eerdmans, 1970), p. 1306.

11. Henry Alford, *The New Testament for English Readers* (Chicago: Moody, n. d.), pp. 1928-29.

12. George E. Ladd, "Revelation 20 and the Millennium," *Review and Expositor* 57, nº 2 (April 1960): 169.

caída (Ro. 8:19-23).[13] Incluso los animales vivirán en armonía unos con otros (Is. 11:6-7; 65:25) y las fuerzas destructivas de la naturaleza se calmarán. Los santos gobernarán el mundo junto con Cristo en este milenio. Aunque la naturaleza exacta de su reinado no se explica, ellos como recompensa a su fidelidad, participarán con él en la gloria que es suya.

Todos los premilenaristas anticipan también que Israel tendrá un lugar especial en el milenio. Sin embargo, no están de acuerdo en la naturaleza de ese lugar especial. Los dispensacionalistas mantienen que Dios sigue teniendo un pacto incondicional con el Israel nacional, de manera que cuando Dios haya completado sus tratos con la iglesia, retomará de nuevo sus relaciones con el Israel nacional. Jesús literalmente se sentará en el trono de David y gobernará el mundo desde Israel. Todas las profecías y promesas sobre Israel se cumplirán dentro del milenio, que tendrá por tanto un marcado carácter judío. Los no dispensacionalistas ponen un énfasis mucho menor en el Israel nacional, afirmando que el lugar especial de Israel, siendo de naturaleza espiritual, se encontrará dentro de la iglesia. Muchos en Israel serán convertidos durante el milenio.[14]

Los premilenaristas también sostienen que el milenio supondrá un cambio tremendo sobre lo inmediatamente anterior, es decir, la gran tribulación. La tribulación será un tiempo de agitación y confusión sin precedentes, con alteraciones cósmicas, persecuciones y gran sufrimiento. Aunque los premilenaristas no están de acuerdo en si la iglesia estará presente o no durante la tribulación, sí están de acuerdo en que la situación mundial se encontrará en su peor momento justo el momento antes de que Cristo llegue para establecer el milenio, que será, por contraste, un periodo de paz y rectitud.

### *Amilenarismo*

Literalmente amilenarismo es la idea de que no habrá milenio, que no habrá reinado de Cristo en la tierra. El gran juicio final se producirá inmediatamente después de la segunda venida y determinará directamente cuál será el estado final de los rectos y los malvados. El amilenarismo es una perspectiva más simple que cualquiera de las otras que hemos considerado. Sus defensores mantienen que está elaborada según varios pasajes escatológicos relativamente claros, mientras que el premilenarismo se basa principalmente en un único pasaje y en uno que además es poco claro.

13. El teólogo Ken Gnanakan de India ha señalado la conexión íntima de la humanidad con la creación. La crisis ecológica es otra manifestación del pecado humano y, en consecuencia, el concepto de un nuevo cielo y una nueva tierra debería ser tomado en serio, como parte de la terminación de la salvación. "Creation, New Creation, and Ecological Relationships," in *Emerging Voices in Global Christian Theology*, ed. William A. Dyrness (Grand Rapids: Zondervan, 1994). pp. 127-54.

14. George E. Ladd, "Israel and the Church," *Evangelical Quarterly* 36, nº 4 (October-December 1964): 206-13.

A pesar de la simplicidad y claridad del principio central del amilenarismo, en muchas maneras es difícil de entender. En parte es porque, siendo su característica más destacada negativa, sus enseñanzas positivas no siempre se explican. A veces se ha distinguido más por su rechazo del premilenarismo que por sus afirmaciones. También, al tratar el problemático pasaje de Apocalipsis 20:4-6, los amilenaristas han sugerido una amplia variedad de explicaciones. Uno a veces se pregunta si estas explicaciones reflejan la misma perspectiva básica o son formas bastantes diferentes de entender la literatura escatológica y apocalíptica. Finalmente, no siempre ha sido posible distinguir amilenarismo de postmilenarismo, ya que comparten muchas características comunes. De hecho, varios teólogos que no han tratado los temas particulares que sirven para distinguir las dos perspectivas —como Agustín, Juan Calvino y B.B. Warfield— han sido reclamados como predecesores por ambos bandos. Lo que las dos perspectivas comparten es la creencia en que los "mil años" de Apocalipsis 20 hay que tomarla de forma simbólica. A menudo ambos también sostienen que el milenio es la edad de la iglesia. En lo que difieren es en que los postmilenaristas, al contrario que los amilenaristas, sostienen que el milenio implica que habrá un reinado de Cristo en la tierra.

A la luz de los problemas que aparecen al tratar de entender el amilenarismo, su historia resulta difícil de trazar. Algunos historiadores de la doctrina han encontrado amilenarismo en la Epístola a Bernabé,[15] pero esto es algo que otros ponen en duda. Está claro que Agustín, deba o no ser clasificado como amilenarista, contribuyó a la formulación de esa perspectiva sugiriendo que la imagen de mil años es principalmente simbólica y no literal. Es probable que el postmilenarismo y el amilenarismo simplemente no se diferenciaran durante la mayor parte de los primeros diecinueve siglos de la iglesia. Cuando el postmilenarismo empezó a decrecer en popularidad en el siglo XX, en general fue sustituido por el amilenarismo, ya que el amilenarismo está mucho más cerca del postmilenarismo que del premilenarismo. En consecuencia, el amilenarismo probablemente ha disfrutado de su mayor popularidad recientemente en el periodo a partir de la primera guerra mundial.

Cuando los amilenaristas tratan Apocalipsis 20, normalmente tienen en mente todo el libro. Consideran que el libro del Apocalipsis está formado por varias secciones, siendo siete el número mencionado con más frecuencia. Estas siete secciones no tratan de sucesivos periodos de tiempo; más bien, son recapitulaciones sobre el mismo periodo, el periodo entre la primera y la segunda venida de Cristo.[16] Se cree que en cada una de estas secciones el autor recoge los mismos temas y los elabora. Si esto es así, Apocalipsis 20 no se refiere úni-

15. Diedrich Kromminga, *The Millennium in the Church: Studies in the History of the Christian Chiliasm* (Grand Rapids: Eerdmans, 1945), p. 40.

16. Floyd Hamilton, *The Basis of Millenial Faith* (Grand Rapids: Eerdmans, 1942), pp. 130-31.

camente al último periodo de la historia de la iglesia, sino que es más bien una perspectiva especial de toda su historia.

Los amilenaristas también nos recuerdan que el libro del Apocalipsis en su totalidad es muy simbólico. Señalan que incluso los premilenaristas más fanáticos no toman todo el libro del Apocalipsis de forma literal. Las copas, sellos y trompetas, por ejemplo, normalmente se interpretaban como símbolos. Por simple extensión de este principio los amilenaristas afirman que los "mil años" de Apocalipsis 20 puede que tampoco deban tomarse de forma literal. Además, señalan que el milenio no se menciona en ningún otro sitio en las Escrituras.[17]

Surge la cuestión de si la imagen de los mil años hay que tomarla de forma simbólica y no literal, ¿qué simboliza? Muchos amilenaristas utilizan la interpretación de Warfield: "El número sagrado siete en combinación con el número igualmente sagrado tres forman el número de la perfección santa, el diez, y cuando este diez se eleva al cubo hasta obtener mil, el profeta ha dicho todo lo que puede decir para comunicar a nuestras mentes la idea de la perfección absoluta."[18] Las referencias a "mil años" en Apocalipsis 20, pues, expresan la idea de perfección o finalización. En el versículo 2 la cifra representa la victoria absoluta de Cristo sobre Satanás. En el versículo 4 sugiere la gloria y el gozo perfectos de los redimidos en el cielo en el tiempo actual.[19]

Sin embargo, el principal problema exegético del amilenarismo no es el de los mil años, sino el de las dos resurrecciones. Entre la variedad de las opciones amilenaristas sobre las dos resurrecciones, el factor común es una negación de la afirmación premilenarista de que Juan está hablando de dos resurrecciones físicas que afectan a dos grupos diferentes. La interpretación amilenarista más común es que la primera resurrección es espiritual y la segunda corporal o física. Uno que ha argumentado esto con cierta amplitud es Ray Summers. A partir de Apocalipsis 20:6 ("Bienaventurado y santo el que tiene parte en la primera resurrección; la segunda muerte no tiene poder sobre estos.") concluye que la primera resurrección es una victoria sobre la primera muerte. Ya que es costumbre en las discusiones escatológicas considerar que la segunda muerte es espiritual en vez de física, la primera resurrección también debe ser espiritual. La primera muerte, que no se menciona, pero está implícita, debe ser seguramente la muerte física. Si esto hay que relacionarlo con la segunda resurrección, al igual que la segunda muerte está relacionada con la primera resurrección, la segunda resurrección tiene que ser física. La primera

17. William Hendriksen, *More Than Conquerors* (Grand Rapids: Baker, 1939), pp. 11-64; Anthony Hoekema, "Amillennialism," in *Meaning of the Millennium*, pp. 156-59.

18. Benjamin B. Warfield, "The Millennium and the Apocalypse," in *Biblical Doctrines* (New York: Oxford University Press, 1929), p. 654.

19. W. J. Grier, "Christian Hope and the Millennium," *Christianity Today,* October 13, 1958, p. 19.

resurrección, pues, es el nacimiento nuevo; los que la experimentan no serán condenados. La segunda resurrección es la resurrección corporal o física que tenemos normalmente en mente cuando utilizamos la palabra *resurrección*. Todos los que participan en la primera resurrección también participan en la segunda, pero no todos los que experimentan la segunda resurrección habrán participado en la primera.[20]

La crítica premilenarista más común a la idea de que la primera resurrección sea espiritual y la segunda sea física es que no es coherente en la interpretación de términos idénticos (ἔζησαν) en el mismo contexto. Algunos amilenaristas han aceptado esta crítica y han tratado de desarrollar una posición en la que las dos resurrecciones sean del mismo tipo. James Hughes ha elaborado una posición de este tipo. Acepta el punto de vista premilenarista de que la primera y la segunda resurrección se deben entender en el mismo sentido.[21] Sin embargo sugiere una posibilidad lógica que los premilenaristas pueden haber pasado por alto: ambas resurrecciones pueden ser espirituales.

Hughes defiende que Apocalipsis 20:4-6 es una descripción de almas sin cuerpo en un estado intermedio. Cita como evidencia el hecho de que a los que están implicados en la primera resurrección se les denomina "almas" (v.4). Además argumenta que ἔζησαν se debería interpretar no como un aoristo ingresivo ("¡volvieron a vivir!"), sino como aoristo constativo ("vivieron y reinaron con Cristo mil años"). Concluye que la primera resurrección es la ascensión del alma justa a los cielos para reinar con Cristo; no hay nada aquí sobre que el cuerpo regrese a la vida. Los que participan en esta resurrección son los muertos "vivientes." En contraste los muertos "muertos" no forman parte de la primera resurrección y sufrirán la segunda muerte (espiritual). Sus almas sobreviven a la primera muerte (física), pero nunca regresan a la vida. Aunque ambos grupos están físicamente muertos, los primeros están espiritualmente vivos durante los mil años; los últimos no. Aunque algunos comentaristas han concluido del versículo 5 ("Pero los otros muertos no volvieron a vivir hasta que se cumplieron mil años.") que los muertos "muertos" volverán a la vida al final del milenio, Hughes interpreta la oración de la siguiente manera: "No vivieron durante los mil años, ni después." Entonces, ¿qué pasa con la segunda resurrección? Hughes considera muy significativo que el término "segunda resurrección", que tiene que ver con la supervivencia de las almas de los justos y de los injustos durante el estado intermedio, no se encuentre en Apocalipsis 20. Al contrario que la primera resurrección, por lo tanto, la segunda es casi hipotética. Sin embargo, al igual que la primera, es de naturaleza espiritual.

20. Ray Summers, "Revelation 20: An Interpretation," *Review and Expositor* 57, nº 2 (April 1960): 176.

21. James A. Hughes, "Revelation 20:4-6 and the Question of the Millennium," *Westminster Theological Journal* 35 (1973): 300.

Por tanto, Hughes ha sido capaz de interpretar las dos ocasiones en las que aparece ἔζησαν de forma consistente.[22]

Otra característica del amilenarismo es una concepción más general de la profecía, especialmente de la profecía del Antiguo Testamento, que la que se encuentra en el premilenarismo. Hemos señalado que los premilenaristas tienden a interpretar la profecía bíblica de forma bastante literal. Por otra parte, los amilenaristas con frecuencia tratan las profecías como históricas o simbólicas y no como algo futuro. Por regla general, la profecía ocupa un lugar mucho menos importante en el pensamiento amilenarista que en el premilenarista.

Finalmente, deberíamos observar que el amilenarismo no suele mostrar el optimismo típico del postmilenarismo. Puede que se crea que la predicación del evangelio tendrá éxito, pero un gran éxito a este respecto no es necesario dentro del esquema amilenarista, ya que no se espera un reinado literal de Cristo, ni una venida del reino antes de la venida del rey. Esto ha hecho que la perspectiva amilenarista sea más creíble que la postmilenarista en el siglo XX. Esto no quiere decir que el amilenarismo sea como el premilenarismo a la hora de esperar que se produzca un gran deterioro en las condiciones antes de la segunda venida. No obstante, no hay nada en el amilenarismo que excluya esa posibilidad. Y como no habrá ningún milenio antes de la segunda venida, el regreso del Señor puede que esté cerca. Sin embargo, en su mayor parte, los amilenaristas no se implican en ese tipo de búsqueda ansiosa de signos de la segunda venida que a menudo caracteriza a los premilenaristas.

## *Resolviendo problemas*

Ahora vamos a tratar la cuestión de cuál es la postura sobre el milenio que debemos adoptar. Los problemas son grandes y complejos, pero analizándolos cuidadosamente se pueden reducir a relativamente pocos. Hemos señalado a lo largo de este libro que la teología, como otras disciplinas, a menudo es incapaz de encontrar un punto de vista que sea apoyado de forma concluyente por todos los datos. Lo que se debe hacer en estas situaciones es encontrar aquél que plantea menos dificultades que los alternativos.

La perspectiva postmilenarista tiene mucho menos apoyo en la época actual que la que tuvo a finales del siglo XIX y a principios del siglo XX. Esto por sí mismo no debería persuadirnos para rechazar esta posición. Sin embargo, deberíamos buscar las razones del declive del postmilenarismo, porque pueden ser determinantes para nuestras conclusiones. Aquí deberíamos señalar que el optimismo del postmilenarismo en cuanto a la proclamación del evangelio parece en cierta manera injustificado. Ha habido un declive en el éxito evangelístico y misionero. En algunas partes del mundo el porcentaje de población que realmente practica la fe cristiana es muy

22. Ibid., pp. 299-300.

bajo. Además muchos países musulmanes están cerrados a los esfuerzos misioneros cristianos de tipo convencional. Por otra parte, no debemos ignorar que en algunas partes del mundo, especialmente en África y en Sudamérica, el cristianismo está creciendo, y está empezando a alcanzar un nivel de mayoría. Incluso algunos países que antes eran comunistas ahora están abiertos a los misioneros. ¿Quién sabe qué cambios de fortuna habrá para la predicación del evangelio?

También hay una sólida base bíblica para rechazar el postmilenarismo. Las enseñanzas de Jesús sobre grandes maldades y que la fe de muchos se enfriará antes de su venida parece estar en conflicto con el optimismo postmilenarista. La ausencia en las Escrituras de una descripción clara de un reinado de Cristo en la tierra sin su presencia física parece ser otra importante debilidad de esta posición.

Esto nos deja con una opción entre el amilenarismo y el premilenarismo. El tema se reduce a las referencias bíblicas sobre el milenio: ¿hay base suficiente para adoptar la perspectiva más complicada, la premilenarista, que la más simple, la amilenarista? A menudo se argumenta que todo el concepto premilenarista se basa en un único pasaje de las Escrituras, y que ninguna doctrina se debería basar en un único pasaje. Pero si una perspectiva puede explicar una referencia mejor que otra, y ambas perspectivas explican el resto de las Escrituras relativamente igual de bien, entonces la primera debe considerarse más adecuada que la segunda.

Señalamos que no hay pasajes bíblicos que el premilenarismo no pueda tratar, o que no pueda explicar adecuadamente. Por otra parte, hemos visto que las referencias a dos resurrecciones (Apoc. 20) ofrecen dificultades al amilenarismo. Sus explicaciones de que aquí tenemos dos tipos diferentes de resurrecciones o dos resurrecciones espirituales fuerzan los principios normales de la hermenéutica. La postura premilenarista parece más fuerte en este punto.

La interpretación premilenarista tampoco se basa en un único pasaje de la Biblia. Indicios de ello se encuentran en varios lugares. Por ejemplo, Pablo escribe: "Así como en Adán todos mueren, también en Cristo todos serán vivificados. Pero cada uno en su debido orden: Cristo, las primicias; luego los que son de Cristo, en su venida. Luego el fin, cuando entregue el Reino al Dios y Padre, cuando haya suprimido todo dominio, toda autoridad y todo poder" (1 Co. 15:22-24). Pablo utiliza los adverbios ἔπειτα (*epeita*—v.23) y εἶτα (*eita*—v. 24), que indica secuencia temporal. Podía haber utilizado el adverbio τότε *(tote)* para indicar sucesos simultáneos, pero no lo hizo.[23] Parece que al igual que la primera venida y la resurrección de Cristo fueron sucesos distintos separados por el tiempo, así habrá un intervalo entre la segunda venida y el final.[24] También deberíamos observar que aunque se habla explícitamente de las dos resurrec-

23. Joseph H. Thayer, *Greek-English Lexicon of the New Testament* (Edinburgh: T. & T. Clark, 1955), pp. 188, 231, 629.

24. George E. Ladd, *Crucial Questions about the Kingdom of God* (Grand Rapids: Eerdmans, 1952), p. 178.

ciones solamente en Apocalipsis 20, hay otros pasajes que insinúan bien una resurrección de un grupo selecto (Lc. 14:14; 20:35; 1 Co. 15:23; Fil. 3:11; 1 Ts. 4:16) o una resurrección en dos etapas (Dn. 12:2; Jn. 5:29). En Filipenses 3:11, por ejemplo, Pablo habla de su esperanza de llegar "a la resurrección de entre los muertos." Literalmente, la frase lee "la resurrección que sale de entre los muertos" (τὴν ἐξανάστασιν τὴν ἐκ νεκρῶν— *tēn exanastasin tēn ek nektrōn*). Nótese especialmente la preposición prefijada y el plural. Estos textos encajan bien con el concepto de las dos resurrecciones. Según esto, juzgamos que la perspectiva premilenarista es más adecuada que la amilenarista.

## Perspectivas sobre la tribulación

Un tema adicional es la relación del regreso de Cristo con el complejo de eventos conocidos como la gran tribulación. En teoría, todos los premilenaristas mantienen que habrá un gran disturbio de siete años de duración (esta cifra no hay que tomarla de forma literal) antes de la venida de Cristo. La cuestión es si habrá una venida separada para llevarse a la iglesia del mundo antes de la gran tribulación o si la iglesia soportará la tribulación y se reunirá con el Señor sólo después. La idea de que Cristo se llevará consigo la iglesia antes de la gran tribulación se llama pretribulacionismo; la idea de que de que se llevará la iglesia después de la tribulación se llama postribulacionismo. También existen ciertas posiciones intermedias que se mencionarán brevemente al final del capítulo. En la práctica, estas distinciones sólo las hacen los premilenaristas, que tienden a prestar más atención a los detalles del fin de los tiempos que los defensores del postmilenarismo o del amilenarismo.

### Pretribulacionismo

El pretribulacionismo mantiene varias ideas distintivas. La primera tiene que ver con la naturaleza de la tribulación. Será, sin duda, una *gran* tribulación. Mientras que otros escatologistas ponen el énfasis en las dificultades y las persecuciones experimentadas por la iglesia a lo largo de la historia, los pretribulacionistas resaltan lo especial de la tribulación. Será algo sin comparación dentro de la historia. Será un periodo de transición que concluirá los tratos de Dios con los gentiles y preparará para el milenio y los eventos que se producirán en él. La tribulación no se tiene que entender de ningún modo como un tiempo para la disciplina de los creyentes o la purificación de la iglesia.

Una segunda idea importante sobre el pretribulacionismo es el arrebatamiento de la iglesia. Cristo vendrá al principio de la gran tribulación (o en realidad, justo en el momento de empezar la misma) para llevarse a la iglesia del mundo. Esta venida será secreta en cierto sentido. Los ojos de ningún creyente la verá. El arrebatamiento se describe en 1 Tesalonicenses 4:17: "Luego nosotros, los que vivimos, los que hayamos quedado, seremos arrebatados juntamente con ellos en las nubes para recibir al Señor en el aire, y así estaremos siempre con el Señor." Obsérvese que en el arrebatamiento Cristo no descenderá literalmente a la tierra, como lo hará cuando venga con la iglesia al final de la tribulación.[25]

El pretribulacionismo, pues, mantiene que habrá dos fases en la venida de Cristo, o incluso se podría decir dos venidas. También habrá tres resurrecciones. La primera será la resurrección de los muertos justos en el arrebatamiento, porque Pablo enseña que los creyentes que estén vivos no precederán a los que estén muertos. Después, al final de la tribulación, habrá una resurrección de esos santos que han muerto durante la tribulación. Finalmente, al final del milenio, habrá una resurrección de los no creyentes.[26]

Todo esto significa que la iglesia estará ausente durante la tribulación. En esto consiste el arrebatamiento, en liberar a la iglesia de la tribulación. Podemos esperar la liberación porque Pablo prometió a los tesalonicenses que no experimentarían la ira que Dios dejaría caer sobre los no creyentes: "Dios no nos ha puesto para ira, sino para alcanzar salvación por medio de nuestro Señor Jesucristo," (1 Ts. 5:9); "Jesús...nos libra de la ira venidera." (1 Ts. 1:10).

Pero ¿qué pasa con las referencias en Mateo 24 que indican que algunos de los elegidos estarán presentes durante la tribulación? Tenemos que entender que la pregunta de los discípulos sobre cuál sería el signo de la venida de Jesús y el fin del siglo (24:3; cf. Hch. 1:6) ocurrió dentro de un contexto judío. Y según esto, la discusión de Jesús aquí se refiere principalmente al futuro de Israel. Es significativo que el Evangelio utilice el término general los "elegidos" en lugar del de "iglesia", "cuerpo de Cristo" o cualquier expresión similar. Son judíos selectos, no la iglesia, los que estarán presentes durante la tribulación. La distinción entre Israel y la iglesia es una parte determinante y crucial del pre-tribulacionismo, que está aliado muy estrechamente con el dispensacionalismo. Se considera la tribulación como la transición entre ese trato principal que Dios tiene con la iglesia al restablecimiento de la relación original que tenía con su pueblo elegido, la Israel nacional.[27]

En el pretribulacionismo también se pone un fuerte énfasis en que el regreso del Señor es inminente.[28] Como su regreso precederá a la tribulación, nada queda sin cumplir antes del arrebatamiento. De hecho, el dispensacionalismo mantiene que todas las Escrituras proféticas que tienen que ver con la iglesia se cumplieron

25. John F. Walvoord, *The Rapture Question* (Findlay, Ohio: Dunham, 1957), pp. 101, 198.

26. Charles L. Feinberg, *Premillennialism or Amillennialism? The Premillennial and Amillennial Systems of Interpretation Analyzed and Compared* (Grand Rapids: Zondervan, 1936), p. 146.

27. E. Schuyler English, *Re-thinking the Rapture: An Examination of What the Scriptures Teach as to the Time of the Translation of the Church in Relation to the Tribulation* (Neptune, N.J.: Loizeaux, 1954), pp. 100-101.

28. Walvoord, *Rapture Question*, pp. 75-82.

en el siglo primero. Es más, algunos antecedentes generales del escatón desde luego se pueden ver ahora: la fe de muchos se está desvaneciendo y la maldad está creciendo. (En realidad, estos son antecedentes de la venida de Cristo al final de la tribulación. Que algunos de ellos ya se estén produciendo sugiere un posterior incremento de estos fenómenos). Su venida por la iglesia, pues, podría ocurrir en cualquier momento, incluso en el próximo instante.

Jesús les advirtió a sus oyentes que estuviesen vigilantes, porque no sabían cuándo regresaría (Mt. 25:13). La parábola de las diez vírgenes expresa este mensaje. Al igual que en los tiempos de Noé no habrá señales de aviso (Mt. 24:36-39). Los malvados no supieron nada hasta que el diluvio llegó y se los llevó. La venida del Señor será como un ladrón en la noche (Mt. 24:43), o como el señor que regresa a su casa a una hora inesperada (Mt. 24:45-51). Habrá una separación repentina. Dos hombres estarán trabajando en el campo; dos mujeres estarán moliendo en el molino. En cada caso uno será tomado y el otro dejado. ¿Qué descripción más clara podría haber del arrebatamiento? Como podría suceder en cualquier momento, es sumamente apropiado mantener una actitud vigilante y una actividad diligente.[29]

Hay otra base para creer que el regreso de Cristo es inminente. La iglesia puede tener una esperanza bienaventurada (Tit. 2:13) sólo si el siguiente suceso importante que va a acontecer es la venida de Cristo. Si el anticristo y la gran tribulación fueran los siguientes puntos en la agenda escatológica, Pablo le habría dicho a la iglesia que esperara sufrimiento, persecución y angustia. Pero en lugar de eso, instruyó a los tesalonicenses para que se alentasen mutuamente ante el hecho de la segunda venida de Cristo (1 Ts. 4:18). Como el siguiente evento, que la iglesia puede esperar con esperanza, es la venida de Cristo por la iglesia, no hay nada que pueda evitar que ocurra en cualquier momento.[30]

Finalmente, el pretribulacionismo mantiene que habrá al menos dos juicios. La iglesia será juzgada después del arrebatamiento y se darán recompensas por la fidelidad. Sin embargo, la iglesia no estará implicada en la separación de las ovejas y las cabras al final del milenio. Su estatus ya habrá sido determinado.

### Postribulacionismo

Los postribulacionistas mantienen que la venida de Cristo por su iglesia no sucederá hasta el final de la gran tribulación. Evitan utilizar el término *arrebatamiento* porque (1) no es una expresión bíblica y (2) sugiere que la iglesia escapará o será liberada de la tribulación, una idea que va en contra de la esencia del postribulacionismo.

29. Gordon Lewis, "Biblical Evidence for Pretribulationism," *Bibliotheca Sacra* 125 (1968): 216-26.

30. John F. Walvoord, *The Return of the Lord* (Findlay, Ohio: Dunham, 1955), p. 51.

Una primera característica del postribulacionismo es una interpretación menos literal de los sucesos de los últimos tiempos que la que dan los pretribulacionistas.[31] Por ejemplo, mientras que los pretribulacionistas toman la palabra שָׁבוּעַ *(shabua')* en Daniel 9:27 como una indicación de que la gran tribulación tendrá literalmente siete años de duración, la mayoría de los postribulacionistas sostienen únicamente que la tribulación durará un periodo sustancial de tiempo. De manera similar, los pretribulacionistas generalmente tienen una concepción concreta del milenio; según su punto de vista, muchas profecías se cumplirán literalmente dentro del periodo de los mil años. De hecho, este periodo se inaugurará cuando los pies de Cristo se afirmen literalmente sobre el monte de los olivos (Zac. 14:4). La manera que tienen los postribulacionistas de entender el milenio es de naturaleza mucho más general; por ejemplo, no durará necesariamente mil años.

Según los postribulacionistas, la iglesia estará presente durante la gran tribulación y la experimentará. El término *escogidos* de Mateo 24 (después de tribulación los ángeles juntarán a los escogidos— vv. 29-31) habría que entenderlo a la luz de su uso en otras partes de las Escrituras, donde significa "creyentes." Desde Pentecostés el término *escogidos* ha denotado a la iglesia. El Señor preserva a la iglesia durante la tribulación, pero no la excluye de ella.

Los postmilenaristas trazan una distinción entre la ira de Dios y la tribulación. La ira (ὀργή—*orgē*) de Dios, las Escrituras dicen que cae sobre los malvados: "el que se niega a creer en el Hijo no verá la vida, sino que la ira de Dios está sobre él (Jn. 3:36); "La ira de Dios se revela desde el cielo contra toda impiedad e injusticia de los hombres que detienen con injusticia la verdad," (Ro. 1:18; ver también 2 Ts. 1:8; Apoc. 6:16-17; 14:10; 16:19; 19:15). Por otra parte, los creyentes no sufrirán la ira de Dios: "por él [Cristo] seremos salvos de la ira [de Dios]" (Ro. 5:9); "Jesús... nos libra de la ira venidera" (1 Ts. 1:10); "Dios no nos ha puesto para ira" (1 Ts. 5:9).[32] Sin embargo, las Escrituras dejan claro que los creyentes experimentarán tribulación. La gran mayoría de las ocasiones en que aparece el nombre θλίψις *(thlipsis)* y el verbo correspondiente θλίβω *(thlibo)* hace referencia a que los santos sufren tribulación. El nombre se utiliza para denotar la persecución de los santos en los últimos tiempos (Mt. 24:9, 21, 29; Mr. 13:19, 24; Apoc. 7:14). Esto no es la ira de Dios, sino la ira de Satanás, el anticristo y los malvados contra el pueblo de Dios.[33]

La iglesia ha sufrido tribulación a lo largo de su historia. Jesús dijo: "En el mundo tendréis aflicción" (Jn. 16:33). Otras referencias significativas son Hechos 14:22; Romanos 5:3; 1 Tesalonicenses 3:3; 1 Juan 2:18, 22; 4:3 y

31. George E. Ladd, "Historic Premillennialism,Ì in *Meaning of the Millennium*, pp. 18-27.

32. George E. Ladd, *The Blessed Hope* (Grand Rapids: Eerdmans, 1956), p. 122; Robert H. Gundry, *The Church and the Tribulation* (Grand Rapids: Zondervan, 1973), pp. 48-49.

33. Gundry, *Church and the Tribulation*, p. 49.

2 Juan 7. Aunque los postribulacionistas no niegan una distinción entre la tribulación en general y la gran tribulación, creen que la diferencia es solamente de grado, no de clase. Como la iglesia ha experimentado la tribulación a lo largo de su historia, no es sorprendente que también experimente la gran tribulación.

Los postribulacionistas reconocen que las Escrituras hablan de creyentes que escaparán o serán apartados de aflicciones inminentes. En Lucas 21:36, por ejemplo, Jesús les dice a sus discípulos: "Velad, pues, orando en todo tiempo que seáis tenidos por dignos de escapar de todas estas cosas que vendrán, y de estar en pie delante del Hijo del hombre." La palabra aquí es ἐκφεύγω (*ekpheugo*) que significa "escapar del centro de." Una referencia similar la encontramos en Apocalipsis 3:10: "Por cuanto has guardado la palabra de mi paciencia, yo también te guardaré de la hora de la prueba que ha de venir sobre el mundo entero para probar a los que habitan sobre la tierra." La preposición traducida por "de" realmente significa "del medio de." Por tanto, los postribulacionistas argumentan que la iglesia será apartada del centro de la tribulación, no que se le evitará la misma, ya que esto normalmente exigiría la preposición ἀπό (*apo*).[34] A este respecto, se nos recuerda la experiencia de los israelitas durante las plagas de Egipto.

De importancia adicional en Apocalipsis 3:10 es el verbo τηρέω (*tēreō*—"mantener"). Cuando se tiene a la vista una situación peligrosa, significa "guardar." Aparece con la preposición ἐκ sólo en otro lugar en el Nuevo Testamento, Juan 17:15: "No ruego que los quites del mundo, sino que los guardes del mal." Aquí τηρέω se contrasta con αἴρω (*airō*), que significa "levantar, cargar o quitar." El último verbo expresa adecuadamente lo que los pretribulacionistas sostienen que Jesús hará con la iglesia en el momento del arrebatamiento. Es cierto, Jesús aquí está hablando de la situación de sus seguidores en el periodo inmediatamente después a su partida de la tierra, no de la tribulación. Sin embargo, el caso es que si Juan hubiese deseado enseñar en Apocalipsis 3:10 que Jesús "arrebatará" la iglesia, el verbo αἴρω estaba disponible. El apóstol aparentemente tenía en mente aquí lo mismo que en la última mitad de Juan 17:15, guardar a los creyentes del peligro actual más que liberarlos de la presencia de tal peligro.[35]

El postribulacionista también tiene una forma diferente de entender la referencia de Pablo en 1 Tesalonicenses 4:17 a que nosotros recibiremos al Señor en el aire. El pretribulacionista mantiene que este suceso es el arrebatamiento; Cristo vendrá secretamente a *por* la iglesia, tomando con él a los creyentes en las nubes y llevándolos al cielo hasta el final de la tribulación. Sin embargo, los postribulacionistas como George Ladd, según el uso del término ἀπάντησις

34. Ibid., p. 55.
35. Ibid., pp. 58-59.

(*apantēsis*— "recibir") en otras partes de las Escrituras, no están de acuerdo. Hay sólo otras dos ocasiones indiscutibles en las que aparece esta palabra en el Nuevo Testamento (Mt. 27:32 es textualmente sospechoso). Una de estas referencias es la parábola del las vírgenes sabias e insensatas, una parábola explícitamente escatológica. Cuando viene el novio, se anuncia: "¡Aquí viene el novio, salid a recibirlo [ἀπάντησις—*apantēsis*]!" (Mt. 25:6). ¿Qué significa la palabra en esa situación? Las vírgenes no salen para recibir al novio y luego irse con él. Lo que hacen es salir a recibirle y luego le acompañan de vuelta al banquete nupcial. La otra aparición de la palabra (Hch. 28:15) es en una narración histórica no escatológica. Pablo y su grupo iban hacia Roma. Un grupo de creyentes de Roma, oyendo que se aproximaban salieron al Foro de Apio y las Tres Tabernas a recibirlos (ἀπάντησις). Esto animó a Pablo, y el grupo continuó luego con él hacia Roma. Basándonos en estos usos, Ladd argumenta que la palabra ἀπάντησις sugiere un grupo de bienvenida que sale a recibir a alguien de camino y luego le acompañan de vuelta al lugar desde el que salieron. Así que nuestro reunirnos con el Señor en el aire no es un caso de ser llevados, sino de encontrarnos con él e inmediatamente volver con él a la tierra como parte de su triunfante séquito. Es la iglesia, no el Señor, la que se dará la vuelta en el momento del encuentro.[36]

Los postribulacionistas tienen una forma de entender las últimas cosas menos compleja que sus homólogos los pretribulacionistas. Por ejemplo, en el postribulacionismo sólo hay una segunda venida. Como no hay un interludio entre la venida de Cristo por la iglesia y el final de la tribulación, no hay necesidad de una resurrección adicional de los creyentes. Sólo hay dos resurrecciones (1) la resurrección de los creyentes al final de la tribulación y al comienzo del milenio y (2) la resurrección de los impíos al final del milenio.

Los postribulacionistas también ven el complejo de eventos del final como básicamente unitario. Creen que este complejo de eventos es inminente, aunque no suelen pensar que la venida misma sea inminente en el sentido de que vaya a suceder en cualquier momento. Prefieren hablar de la segunda venida como *próxima*.[37] Su esperanza bienaventurada no es una esperanza de que los creyentes sean apartados de la tierra antes de la gran tribulación, sino una confianza en que el Señor protegerá y cuidará a los creyentes pase lo que pase.[38]

### Posiciones intermedias

Como existen dificultades vinculadas tanto al pretribulacionismo como al postribulacionismo, se han creado una serie de posiciones intermedias. Se pueden

36. Ladd, *Blessed Hope*, pp. 58-59.
37. Gundry, *Church and the Tribulation*, pp. 29-43.
38. Ladd, *Blessed Hope*, p. 13.

señalar tres variedades principales. La más común es la perspectiva mediotribulacionista. Ésta mantiene que la iglesia pasará por la parte menos severa de la tribulación (que suele ser la primera parte, o los tres primeros años), pero que después será llevada de este mundo.[39] En una formulación de esta perspectiva, la iglesia experimentará la tribulación, pero será llevada antes de que la ira de Dios se desate. Un segundo tipo de posición intermedia es la idea del arrebatamiento parcial. Esta idea mantiene que habrá una serie de arrebatamientos. Cada vez que un conjunto de creyentes esté preparado, será llevado de la tierra.[40] La tercera posición intermedia es el postribulacionismo inminente. Mientras que el regreso de Cristo no se producirá hasta después de la tribulación, se puede esperar que esto suceda en cualquier momento, porque la tribulación puede que ya esté sucediendo.[41] Ninguna de estas posiciones intermedias ha tenido un gran número de defensores, en particular en los últimos años. Por ello, no trataremos de ellas en detalle.[42]

### Resolviendo problemas

Cuando se evalúan todas las consideraciones, hay varias razones por las cuales la posición postribulacionista parece ser la más probable:

1. La posición pretribulacionista hace varias distinciones que parecen bastante arbitrarias y faltas de apoyo bíblico. La división de la segunda venida en dos etapas, la postulación de tres resurrecciones y la rígida separación del Israel nacional y de la iglesia son difíciles de sostener según una base bíblica. La perspectiva pretribulacionista de que las profecías sobre el Israel nacional se cumplirán aparte de la iglesia y que, según esto, el milenio tendrá un carácter decididamente judío no se puede reconciliar fácilmente con la descripción bíblica de los cambios fundamentales que han sucedido con la introducción del nuevo pacto.

2. Varios pasajes específicamente escatológicos se interpretan mejor según el punto de vista postribulacionista. Estos pasajes incluyen las indicaciones de que individuos elegidos estarán presentes durante la tribulación (Mt. 24:29-31), pero estarán protegidos de su severidad (Apoc. 3:10), descripciones de los fenómenos que acompañarán a la aparición de Cristo, y la referencia a la reunión en el aire (1 Ts. 4:17).

39. James Oliver Buswell Jr., *A Systematic Theology of the Christian Religion* (Grand Rapids: Zondervan, 1962-63); Norman B. Harrison, *The End: Re-Thinking the Revelation* (Minneapolis: Harrison, 1941).

40. Robert Govett, *The Saints' Rapture to the Presence of the Lord Jesus* (London: Nisbet, 1852); George H. Lang, *The Revelation of Jesus Christ: Select Studies* (London: Oliphant, 1945).

41. J. Barton Payne, *The Imminent Appearing of Christ* (Grand Rapids: Eerdmans, 1962).

42. El lector que desee informarse con más profundidad sobre estas posiciones puede acudir a Millard J. Erickson, *Contemporary Options in Eschatology* (Grand Rapids: Baker; 1977), pp. 163-81).

3. La tendencia general de la enseñanza bíblica se ajusta mejor a la perspectiva postribulacionista. Por ejemplo, la Biblia está repleta de advertencias sobre los retos y pruebas que los creyentes tendrán que soportar. No promete que se les vaya a alejar de esas adversidades, sino que promete la fuerza para aguantar y poder superarlas.

Esto no quiere decir que no existan dificultades en la perspectiva postribulacionista. Por ejemplo, en el postribulacionismo hay relativamente poca justificación racional para el milenio. Parece ser en cierto modo supérfluo.[43] Pero con todo, el equilibrio de evidencias favorece al postribulacionismo.

43. Sin embargo, ver, George E. Ladd, "The Revelation of Christ's Glory," *Christianity Today*, September 1, 1958, p. 14.

# 60. Estados finales

## Objetivos del capítulo

Después de estudiar este capítulo debería ser capaz de:

- Reconocer y describir los dos estados finales de la humanidad que han sido revelados claramente en las Escrituras.
- Identificar y definir el cielo en relación con el estado final de los justos.
- Identificar y definir el castigo del juicio futuro.
- Reconocer y entender el impacto de la doctrina de los estados finales y cómo se relaciona con la vida actual de los cristianos.

## Resumen del capítulo

La condición futura de los humanos individuales está determinada en gran medida por las decisiones tomadas en esta vida presente. Estas decisiones afectan al destino de cada individuo para toda la eternidad. Para los justos, el resultado será la vida eterna en presencia de Dios. Para los malvados, el castigo eterno consiste en verse privados de la presencia de Dios eternamente. El juicio de los justos y de los malvados también tendrá grados de recompensa y de castigo.

## Cuestiones de estudio

1. ¿Qué es el juicio final y qué lo hace tan importante para la teología cristiana?
2. ¿Cómo se utiliza el término *cielo* en las Escrituras y por qué hay tantos usos diferentes de él?
3. En la teología cristiana, ¿por qué es tan importante creer en el infierno y entender sus implicaciones?
4. ¿Qué implica el castigo de los malvados, tal como se sugiere en las Escrituras?

5. ¿Cómo afectan sus perspectivas personales sobre el estado final a su teología?

Estado final de los justos
 El término "cielo"
 La naturaleza del cielo
 Nuestra vida en el cielo: reposo, alabanza y servicio
 Asuntos sobre el cielo
Estado final de los malvados
 Lo definitivo del juicio futuro
 La eternidad del castigo futuro
 Grados de castigo
Implicaciones de la doctrina de los estados finales

Cuando hablamos de los estados finales, en cierto sentido estamos volviendo a la discusión de la escatología individual, porque en el juicio final cada individuo será destinado a un estado particular que experimentará personalmente a lo largo de toda la eternidad. Sin embargo, toda la raza humana entrará en estos estados de forma simultánea y colectiva, así que realmente estamos tratando aquí también con temas de escatología colectiva o cósmica. El tema de los estado futuros es uno que se presta a la especulación y a la confusión. Por tanto, sorprende que se haya dicho relativamente poco en los textos de teología sistemática sobre estas materias, en particular sobre el tema del cielo.[1]

## Estado final de los justos

### *El término "cielo"*

Hay varias maneras de designar la condición futura de los justos. La más común, por su puesto es "cielo." Sin embargo, el término mismo necesita ser examinado, porque שָׁמַיִם *(shamayim)* y οὐρανός (*ouranos*) se utilizan básicamente de tres maneras diferentes en la Biblia. La primera es cosmológica.[2] La expresión "el cielo y la tierra" (o "los cielos y la tierra") se utiliza para designar a todo el universo. En el relato de la creación se nos dice: "En el principio creó Dios los cielos y la tierra" (Gn. 1:1). Jesús dijo: "porque de cierto os digo que antes que pasen el cielo y la tierra, ni una jota ni una tilde pasará de la Ley, hasta que todo se haya cumplido" (Mt. 5:18; ver también 24:35; Lc. 16:17). Se refiere al

1. Ej., Louis Berkhof en su *Systematic Theology* (Grand Rapids: Eerdmans, 1953), un tomo de 738 páginas dedica sólo una página al cielo y dos al infierno (pp. 735-37).

2. Helmut Traub, "οὐρανός" in *Theological Dictionary of the New Testament*, ed. Gerhard Kittel and Gerhard Friedrich, trad. Geoffrey W. Bromiley, 10. vols. (Grand Rapids: Eerdmans, 1964-76), vol. 5, pp. 514-20.

Padre como "Señor del cielo y de la tierra" (Mt. 11:25). El cielo (οὐρανός) es el firmamento en el que están las estrellas (24:29), el aire (Mt. 6:26), el lugar donde se origina el relámpago (Lc. 17:24) y la lluvia (Lc. 4:25). El segundo significado de "cielo" es casi sinónimo de Dios.[3] Entre los ejemplos encontramos la confesión del hijo pródigo a su padre: "Padre, he pecado contra el cielo y contra ti" (Lc. 15:18, 21); la pregunta de Jesús a los fariseos: "El bautismo de Juan, ¿de dónde era? ¿Del cielo o de los hombres?" (Mt. 21:25); y la declaración de Juan el Bautista: "Respondió Juan: —No puede el hombre recibir nada a menos que le sea dado del cielo" (Jn. 3:27). Más destacable es el uso repetido de Mateo de la expresión "reino de los cielos" donde Lucas en pasajes paralelos tiene "reino de Dios." Escribiendo a una audiencia judía, que no pronunciaba el nombre *Yahvé*, Mateo utilizó "cielo" como sinónimo de Dios.

El tercer significado de la palabra *cielo*, y el más significativo para nuestros propósitos, es el de morada de Dios.[4] Según esto, Jesús enseñó a sus discípulos a orar: "Padre nuestro que estás en los cielos" (Mt. 6:9). A menudo hablaba de "vuestro Padre que está en los cielos" (Mt. 5:16, 45; 6:1; 7:11; 18:14) y "mi Padre que está en el cielo" (Mt. 7:21; 10:32, 33; 12:50; 16:17; 18:10, 19). La expresión "Padre celestial" expresa la misma idea (Mt. 5:48; 6:14, 26, 32; 15:13; 18:35). Se dice que Jesús vino del cielo: "Nadie subió al cielo sino el que descendió del cielo, el Hijo del hombre, que está en el cielo" (Jn. 3:13; ver también 3:31; 6:42, 51).[5] Los ángeles vienen del cielo (Mt. 28:2; Lc. 22:43) y regresan al cielo (Lc. 2:15). Viven en el cielo (Mr. 13:32) donde contemplan a Dios (Mt. 18:10) y llevan a cabo la voluntad del Padre perfectamente (Mt. 6:10). Incluso se hace referencia a ellos como huestes celestiales (Lc. 2:13).

Es desde el cielo desde donde se manifestará Cristo (1 Ts. 1:10; 4:16; 2 Ts. 1:7). Él se ha ido al cielo para preparar una morada eterna para los creyentes. No conocemos la naturaleza precisa de esta actividad, pero resulta claro que él está preparando un lugar donde los creyentes estarán en comunión con él: "En la casa de mi Padre muchas moradas hay; si así no fuera, yo os lo hubiera dicho; voy, pues, a preparar lugar para vosotros. Y si me voy y os preparo lugar, vendré otra vez y os tomaré a mí mismo, para que donde yo esté, vosotros también estéis" (Jn. 14:2-3).

Como morada de Dios, el cielo es obviamente donde estarán los creyentes para toda la eternidad. Porque Pablo dijo: "Luego nosotros, los que vivimos, los que hayamos quedado, seremos arrebatados juntamente con ellos en las nubes para recibir al Señor en el aire, y así estaremos siempre con el Señor" (1 Ts. 4:17). Sabemos que este Señor con el que estaremos siempre está en el cielo, en

3. Ibid., pp. 521-22.

4. Francis Brown, S. R. Driver, and Charles A. Briggs, *Hebrew and English Lexicon of the Old Testament* (New York: Oxford University Press, 1955), p. 1030.

5. Leon Morris, *The Lord from Heaven* (Grand Rapids: Eerdmans, 1958), pp.26-29.

presencia del Padre: "Subo a mi Padre y a vuestro Padre, a mi Dios y a vuestro Dios" (Jn. 20:17; ver también Hch. 1:10-11). Él ahora está allí: "porque no entró Cristo en el santuario hecho por los hombres, figura del verdadero, sino en el cielo mismo, para presentarse ahora por nosotros ante Dios" (He. 9:24). En consecuencia, estar con Cristo es estar con el Padre en el cielo. El creyente debe prepararse para el cielo: "No os hagáis tesoros en la tierra, donde la polilla y el moho destruyen, y donde ladrones entran y hurtan; sino haceos tesoros en el cielo, donde ni la polilla ni el moho destruyen, y donde ladrones no entran ni hurtan" (Mt. 6:19-20). Pedro escribe que los creyentes han renacido "para una herencia incorruptible, incontaminada e inmarchitable, reservada en los cielos para vosotros, que sois guardados por el poder de Dios, mediante la fe, para alcanzar la salvación que está preparada para ser manifestada en el tiempo final" (1 P. 1:4-5). Pablo de forma similar habla de "la esperanza que os está guardada en los cielos" (Col. 1:5) y de un tiempo futuro cuando todas las cosas en el cielo y en la tierra se unirán en Cristo: Dios tiene una voluntad "de reunir todas las cosas en Cristo, en el cumplimiento de los tiempos establecidos, así las que están en los cielos como las que están en la tierra" (Ef. 1:10).

### *La naturaleza del cielo*

El cielo es, primero y ante todo, la presencia de Dios. En Apocalipsis 21:3 el nuevo cielo se asemeja al tabernáculo, el lugar en el que Dios había habitado con el Israel del Antiguo Testamento: una gran voz desde el trono decía "El tabernáculo de Dios está ahora con los hombres. Él morará con ellos, ellos serán su pueblo y Dios mismo estará con ellos como su Dios." La intención de Dios desde el principio, estar en comunión con los humanos, le condujo primero a crear la raza humana, después a habitar en el tabernáculo y el templo, más tarde a la encarnación y finalmente a llevarse a los humanos con él (cielo). A veces, especialmente en las presentaciones populares, se representa el cielo principalmente como un lugar de grandes placeres físicos, un lugar donde todo lo que más hemos deseado aquí en la tierra se verá cumplido hasta el grado más alto. De esa manera el cielo parece ser las condiciones meramente terrenales (e incluso mundanas) ampliadas. Sin embargo, la perspectiva correcta es ver la naturaleza básica del cielo como la presencia de Dios, a partir de la cual se derivan todas las bendiciones del cielo.

La presencia de Dios significa que tendremos un conocimiento perfecto. A este respecto la tradición católica ha dado mucha importancia a la idea de que en el cielo tendremos una visión beatífica de Dios.[6] Aunque quizá está un poco exagerado, este concepto sí que capta la verdad importante de que por primera vez veremos y conoceremos a Dios de forma directa. Pablo comenta que ahora:

6. Joseph Pohle, *Eschatology; or, The Catholic Doctrine of the Last Things: A Dogmatic Treatise* (St. Louis: B. Herder, 1917), pp. 34-37.

"En parte conocemos y en parte profetizamos; pero cuando venga lo perfecto, entonces lo que es en parte se acabará... Ahora vemos por espejo, oscuramente; pero entonces veremos cara a cara. Ahora conozco en parte, pero entonces conoceré como fui conocido" (1 Co. 13:9-12). Juan habla del efecto que la presencia de Dios tendrá en el creyente: "Amados, ahora somos hijos de Dios y aún no se ha manifestado lo que hemos de ser; pero sabemos que cuando él se manifieste, seremos semejantes a él, porque lo veremos tal como él es" (1 Jn. 3:2).

El cielo también se describe como la eliminación de todos los males. Estando con su pueblo "enjugará Dios toda lágrima de los ojos de ellos; y ya no habrá más muerte, ni habrá más llanto ni clamor ni dolor, porque las primeras cosas ya pasaron" (Apoc. 21:4). La fuente misma del mal, el que nos tienta a pecar, también se habrá ido: "Y el diablo, que los engañaba, fue lanzado en el lago de fuego y azufre donde estaban la bestia y el falso profeta; y serán atormentados día y noche por los siglos de los siglos" (Apoc. 20:10). La presencia del perfectamente santo Dios y del Cordero sin mancha significa que no habrá pecado o mal de ninguna clase.

Como la gloria proviene de la naturaleza misma de Dios, el cielo será un lugar de gran gloria.[7] El anuncio del nacimiento de Jesús estuvo acompañado de las palabras: "¡Gloria a Dios en las alturas y en la tierra paz, buena voluntad para con los hombres!" (Lc. 2:14). Palabras similares se pronunciaron en su entrada triunfal en Jerusalén: "¡Bendito el Rey que viene en el nombre del Señor! ¡Paz en el cielo y gloria en las alturas!" (Lc. 19:38). La segunda venida de Cristo será en gran gloria (Mt. 24:30), y se sentará en su trono de gloria (Mt. 25:31). Jesús le dijo a la multitud que vendría "en la gloria de su Padre con los santos ángeles" (Mt. 8:38). Imágenes que sugieren el gran tamaño o la luz brillante describen el cielo como un lugar de inimaginable esplendor, grandeza, excelencia y bondad. La nueva Jerusalén que descenderá del cielo de parte de Dios se describe como hecha de oro puro (incluso sus calles son de oro puro) y decorada con piedras preciosas (Apoc. 21:18-21). Es probable que aunque en la visión Juan esté empleando metáforas de las cosas que nosotros consideramos de más valor y más bellas, el esplendor real del cielo exceda cualquier cosa que nosotros hayamos experimentado. No es necesario que exista sol ni luna para iluminar la nueva Jerusalén: "porque la gloria de Dios la ilumina y el Cordero es su lumbrera" (Apoc. 21:23; ver también 22:5).

### *Nuestra vida en el cielo: reposo, alabanza y servicio*

Se nos ha dicho relativamente poco sobre las actividades que los redimidos realizarán en el cielo, pero tenemos visiones fugaces de lo que será nuestra futura

7. Bernard Ramm, *Them He Glorified: A Systematic Study of the Doctrine of Glorification* (Grand Rapids: Eerdmans, 1963), pp. 104-15.

existencia. Una cualidad de nuestra vida futura en el cielo es el reposo.[8] El escritor de la carta a los hebreos da mucha importancia a este concepto. Descanso, tal como se utiliza el término en hebreos, no es meramente un cese de la actividad, sino la experiencia de alcanzar un objetivo de gran importancia. Por tanto, hay referencias frecuentes al peregrinaje a través del desierto en busca del "reposo" de la Tierra prometida (He. 3:11, 18), cuya consecución supuso la terminación de un proceso extremadamente difícil y laborioso. Un reposo similar espera a los creyentes: "Por tanto, queda un reposo para el pueblo de Dios, porque el que ha entrado en su reposo, también ha reposado de sus obras, como Dios de las suyas. Procuremos, pues, entrar en aquel reposo, para que ninguno caiga en semejante ejemplo de desobediencia" (He. 4:9-11). La gente de la que se trata aquí son los "hermanos santos, participantes del llamamiento celestial" (3:1). El cielo, pues, será la finalización del peregrinaje cristiano, el fin de la lucha contra la carne, el mundo y el demonio. Habrá trabajo que hacer, pero no habrá lucha contra las fuerzas opuestas.

Otra faceta de la vida en el cielo es la alabanza.[9] Una imagen vívida la encontramos en Apocalipsis 19:

> "Después de esto oí una gran voz, como de una gran multitud en el cielo, que decía: '¡Aleluya! Salvación, honra, gloria y poder son del Señor Dios nuestro, porque sus juicios son verdaderos y justos, pues ha juzgado a la gran ramera que corrompía la tierra con su fornicación, y ha vengado la sangre de sus siervos de la mano de ella'. Otra vez dijeron: '¡Aleluya! El humo de ella ha de subir por los siglos de los siglos'. Entonces los veinticuatro ancianos y los cuatro seres vivientes se postraron en tierra y adoraron a Dios, que estaba sentado en el trono. Decían: '¡Amén! ¡Aleluya!'." (vv. 1-4).

Después una voz del trono exhortó a la multitud a alabar a Dios (v. 5), y ellos lo hicieron (vv. 6-8).

Encontramos relatos similares en otras partes de las Escrituras. Por ejemplo Isaías relata una visión que tuvo del Señor sentado en un trono alto y sublime. Un serafín le daba voces a otro diciendo: "¡Santo, santo, santo, Jehová de los ejércitos! ¡Toda la tierra está llena de su gloria!" (Is. 6:3). De estas descripciones del cielo parece deducirse que sus habitantes adoran y alaban con regularidad a Dios. En consecuencia, es posible esperar que los redimidos se unan a ellos en una actividad similar después de la venida del Señor, el gran juicio y el establecimiento de su reino celestial. En este sentido, los creyentes genuinos continuarán la actividad

8. Aquí estamos suponiendo que nuestra vida en el cielo será la vida personal, consciente e individual que parece que se presupone de todas las referencias bíblicas. Para la idea de que nuestra futura existencia será únicamente un seguir viviendo en el recuerdo de Dios, ver David L. Edwards, *The Last Things Now* (London: SCM, 1969), pp. 88-91.

9. Ulrich Simon, *Heaven in the Christian Tradition* (New York: Harper, 1958), p. 236.

que comenzaron en la tierra. Nuestra alabanza y adoración aquí y ahora son preparación y práctica para el futuro empleo de nuestras voces y corazones.

Evidentemente también habrá un elemento de servicio en el cielo.[10] Porque cuando Jesús estaba en la región de Judea más allá del Jordán, le dijo a sus discípulos que juzgarían con él: "De cierto os digo que en la regeneración, cuando el Hijo del hombre se siente en el trono de su gloria, vosotros que me habéis seguido, también os sentaréis sobre doce tronos, para juzgar a las doce tribus de Israel" (Mt. 19:28). Después, en la última cena, dijo: "Y vosotros sois los que habéis permanecido conmigo en mis pruebas. Yo, pues, os asigno un Reino, como mi Padre me lo asignó a mí, para que comáis y bebáis a mi mesa en mi Reino y os sentéis en tronos para juzgar a las doce tribus de Israel" (Lc. 22:28-30). No está claro lo que implica este juzgar, pero aparentemente es un servicio o trabajo que se hace en nombre del Rey. Puede que haya un paralelismo aquí con el dominio que se pretendía que tuvieran originalmente los humanos en el jardín del edén. Tenían que servir por debajo del Señor o como vicerregentes, llevando a cabo la obra de Dios en su nombre. En la parábola de los talentos en Mateo 25:14-30, la recompensa por el trabajo hecho con fidelidad es tener más ocasión para trabajar. Como esa parábola se produce en una situación escatológica, puede ser una indicación de que la recompensa por la obra realizada fielmente aquí en la tierra será obra en el cielo. Apocalipsis 22:3 nos dice que el Cordero será alabado por "sus siervos."

También se sugiere que en el cielo habrá un cierto tipo de comunidad o comunión entre creyentes: "Vosotros, en cambio, os habéis acercado al monte Sión, a la ciudad del Dios vivo, Jerusalén la celestial, a la compañía de muchos millares de ángeles, a la congregación de los primogénitos que están inscritos en los cielos. Os habéis acercado a Dios, Juez de todos, a los espíritus de los justos hechos perfectos, a Jesús, Mediador del nuevo pacto, y a la sangre rociada que habla mejor que la de Abel" (He. 12:22-24). Apréciese también la referencia a "los espíritus de los justos hechos perfectos," el cielo es un lugar de espiritualidad perfeccionada.[11]

### Asuntos sobre el cielo

Una de las preguntas que se debaten sobre el cielo es si es un lugar o un estado. Por una parte, se debería señalar que la característica principal del cielo es su cercanía y comunión con Dios y que Dios es puro espíritu (Jn. 4:24). Como Dios no ocupa espacio, que es una característica propia de nuestro universo, parece que el cielo debería ser un estado, una condición espiritual, y no un lu-

10. Morton Kelsey, *Afterlife: The Other Side of Dying* (New York: Paulist, 1979), pp. 182-83.

11. J. A. Motyer, *After Death: A Sure and Certain Hope?* (Philadelphia: Westminster; 1965), pp. 74-76.

gar.[12] Por otra parte, está la consideración de que tendremos cuerpos de algún tipo (aunque serán "cuerpos espirituales") y que Jesús probablemente continúe teniendo también un cuerpo glorificado. Aunque no ocupar un lugar puede tener sentido cuando estamos pensando en la inmortalidad del alma, la resurrección del cuerpo parece hacer necesaria la existencia de un lugar. Además, las referencias paralelas al cielo y a la tierra sugieren que, como la tierra, el cielo debe de ser un lugar. La más familiar de estas referencias es: "Padre nuestro que estás en los cielos, santificado sea tu nombre. Venga tu Reino. Hágase tu voluntad, como en el cielo, así también en la tierra" (Mt. 6:9-10).[13] Sin embargo, debemos tener en cuenta que el cielo es otro ámbito, otra dimensión de la realidad, así que es difícil saber qué características del mundo son aplicables también al mundo venidero, y qué significa el término *lugar* en relación con el escatón. Probablemente es más seguro decir que aunque el cielo es a la vez un estado y un lugar, es principalmente un estado. La marca distintiva del cielo no será un lugar particular, sino una condición de bendición, de estar sin pecado, de gozo y de paz.[14] La vida en el cielo, según esto, será más real que nuestra vida actual.

Un segundo asunto es la cuestión de los placeres físicos. Jesús indicó que en la resurrección no se casarán ni se darán en casamiento (Mt. 22:30; Mr. 12:25; Lc. 20:35). Como el sexo en esta vida está restringido al matrimonio (1 Co. 7:8-11), aquí tenemos un argumento para la no existencia de sexo en el cielo. El gran valor que Pablo da a la virginidad (1 Co. 7:25-35) sugiere la misma conclusión.[15] ¿Qué ocurre con comer y beber? Apocalipsis 19:9 hace referencia a "la cena de las bodas del Cordero." Y Jesús les dijo a sus discípulos en la última cena: "Os digo que desde ahora no beberé más de este fruto de la vid hasta aquel día en que lo beba nuevo con vosotros en el reino de mi Padre" (Mt. 26:29). A la vista de que las referencias a Cristo y la iglesia como esposa y esposo son simbólicas, al igual que las referencias a Cristo como Cordero, la cena de bodas supuestamente también debe ser simbólica. Aunque Jesús comió en su cuerpo resucitado (Lc. 24:43; cf. Jn. 21:9-14), se debería tener en cuenta que había resucitado, pero todavía no había ascendido, así que la transformación de su cuerpo todavía no era completa. La cuestión que surge es: si no hay comida y no hay sexo, ¿habrá placeres en el cielo? Se debe entender que las experiencias en el cielo superarán con mucho cualquier cosa que hayamos experimentado aquí. Pablo dijo: "'Cosas que ojo no vio ni oído oyó ni han subido al corazón del hombre, son las que Dios ha preparado para los que lo aman'. Pero Dios nos las reveló a nosotros por el Espíritu, porque el Espíritu todo lo escudriña, aun lo profundo de Dios" (1 Co. 2:9-10). Es probable que las experiencias del cielo se tengan que considerar, por ejemplo, como algo suprasexual, sobrepasando los

12. W. H. Dyson, "Heaven," in *A Dictionary of Christ and the Gospels*, ed. James Hastings (New York: Scribner, 1924), vol. 1, p. 712.

13. Alan Richardson, *Religion in Contemporary Debate* (London: SCM, 1966), p. 72.

14. Austin Farrer, *Saving Belief* (London: Hodder & Stoungton, 1967), p. 144.

15. Simon, *Heaven*, p. 217.

límites de la experiencia de la unión sexual con esa persona especial con la que uno ha escogido tener un compromiso permanente y exclusivo.[16]

El tercer tema es el de la perfección. En esta vida obtenemos satisfacción de la madurez, el progreso y el desarrollo. Nuestro estado de perfección en el cielo ¿no será una situación un tanto aburrida e insatisfactoria para nosotros?[17] ¿No debe haber madurez para que el cielo sea realmente cielo? Esta suposición se basa en la filosofía del proceso, en la concepción de que el cambio es la esencia de la realidad. Un cielo sin cambio es imposible o increíble. Algunos incluso argumentarían que como los niños van al cielo, debe haber crecimiento en el cielo, para que puedan madurar.[18]

Aunque existe una fuerza existencial a la afirmación de que no podemos estar satisfechos a menos que se produzca un crecimiento en nosotros, esto es una extrapolación ilegítima de la vida tal como la conocemos ahora. La frustración y el aburrimiento se producen en esta vida cada vez que el desarrollo se paraliza en un momento concreto, no llegando a la perfección. Sin embargo, si éste se consiguiera completamente, si no hubiera un sentimiento de deficiencia o insuficiencia, probablemente no existiría la frustración. La situación estable en el cielo no es un estado fijo de no haber llegado al objetivo, sino un estado de plenitud más allá del cual no se puede avanzar. La satisfacción que procede de saber que se produce un progreso proviene precisamente de saber que estamos más cerca de conseguir el objetivo deseado. Alcanzar el objetivo nos traerá la satisfacción total. Por tanto, no habrá crecimiento en el cielo. Sin embargo, continuaremos ejercitando el carácter perfecto que hemos recibido de Dios. John Baillie habla de "desarrollo *en* la plenitud" por oposición al "desarrollo *hacia* la plenitud."[19]

También está la cuestión de cuánto sabrán o recordarán los redimidos en el cielo. ¿Recordaremos a aquellos que nos han sido cercanos en esta vida? Mucho del interés popular por el cielo surge de la expectación por reunirnos con las personas amadas. ¿Seremos conscientes de la ausencia de los familiares y de los amigos cercanos? ¿Recordaremos los actos pecaminosos que hicimos y las buenas obras que omitimos en esta vida? Si es así, ¿no nos llevará todo esto a sentir pena y a lamentarnos? Con respecto a estas cuestiones debemos necesariamente admitir cierta ignorancia. No parece que, por la respuesta de Jesús a la pregunta de los saduceos sobre la mujer que había tenido siete maridos, todos ellos hermanos (Lc. 20:27-40), vaya a haber uniones familiares como tal. Por otra parte, los discípulos fueron capaces de reconocer a Elías y a Moisés en la transfiguración

16. C. S. Lewis, *Miracles* (New York: Macmillan, 1947), pp. 165-66. Lewis utiliza el término *trans-sexual* con el mismo significado que nosotros hemos aplicado a "suprasexual."

17. Alfred, Lord Tennyson, "Wages."

18. Edmund G. Kaufman, *Basic Christian Convictions* (North Newton, Kans.: Bethel College, 1972), p. 289.

19. John Baillie, *And the Life Everlasting* (New York: Scribner; 1933), p. 281.

(Mt. 17:1-8; Mr. 9:2-8; Lc. 9:28-36). Este hecho sugiere que habrá algunos indicadores de identidad personal mediante los cuales podremos reconocernos unos a otros.[20] Pero podríamos deducir que no recordaremos nuestros fracasos, pecados pasados ni a las personas amadas que hemos perdido, ya que esto introduciría una pena que es incompatible con "Enjugará Dios toda lágrima de los ojos de ellos; y ya no habrá más muerte, ni habrá más llanto ni clamor ni dolor, porque las primeras cosas ya pasaron" (Apocalipsis 21:4).

Una quinta cuestión es si habrá distintas recompensas en el cielo. Que aparentemente habrá grados de recompensas es evidente, por ejemplo, en la parábola de las diez minas (Lc. 19:11-27).[21] Un noble les dio una mina a cada uno de sus diez siervos. Cada uno de ellos le devolvió una cantidad diferente y fueron recompensados en función de su fidelidad. Pasajes que apoyan esto son Daniel 12:3 ("Los entendidos resplandecerán como el resplandor del firmamento; y los que enseñan la justicia a la multitud, como las estrellas, a perpetua eternidad") y 1 Corintios 3:14-15 ("Si permanece la obra de alguno que sobreedificó, él recibirá recompensa. Si la obra de alguno se quema, él sufrirá pérdida, si bien él mismo será salvo, aunque así como por fuego").

Las diferentes recompensas y grados de satisfacción en el cielo a menudo son representadas como circunstancias objetivas. Por ejemplo, podríamos suponer que un cristiano realmente fiel recibirá una habitación grande en la casa del Padre; un creyente menos fiel recibirá una habitación más pequeña. Pero en ese caso, ¿el gozo del cielo no se verá reducido al ser conscientes de las diferencias y al sernos recordado constantemente que deberíamos haber sido más fieles? Además, las pocas imágenes que tenemos de la vida en el cielo evidencian que no hay una diferencia real: todos están alabando, juzgando, sirviendo. Podría ser bueno especular un poco en este punto. Como señalamos en el capítulo 3, la especulación es una actividad teológica legítima, siempre que seamos conscientes de que estamos especulando. ¿No podría ser que la diferencia en las recompensas estuviera no en las circunstancias externas u objetivas, sino en la concienciación subjetiva, o en la apreciación de estas circunstancias? O sea, todos estaríamos implicados en las mismas actividades, por ejemplo, alabar, pero algunos las disfrutarían mucho más que otros. Quizá aquellos que hayan disfrutado más de la alabanza en esta vida encuentren más satisfacción en ella en la vida venidera que los demás. Una analogía podrían ser los distintos grados de placer que produce un concierto en las personas. El mismo sonido pasa por todos los oídos, pero las reacciones pueden ir desde el aburrimiento (o incluso más que eso) hasta el éxtasis. Una situación similar se puede producir con los gozos en el cielo, aunque es de

20. Motyer, *After Death*, p. 87.

21. S. D. F. Salmond, "Heaven," in *A Dictionary of the Bible*, ed. James Hastings (New York: Scribner, 1919), vol. 2, p. 324.

suponer que la variedad de reacciones sea más estrecha. Nadie será consciente de las diferencias en el gozo y por eso no habrá disminución en la perfección del cielo al lamentarnos de las oportunidades perdidas.[22]

## Estado final de los malvados

Al igual que en el pasado, la cuestión del estado futuro de los malvados ha creado una considerable controversia en nuestros días. La doctrina del castigo eterno parece ser para algunos una idea pasada de moda o poco cristiana.[23] A menudo es, junto con los ángeles y los demonios, uno de los primeros temas de la creencia cristiana en ser desmitologizado. Parte del problema procede de lo que parece ser una tensión entre el amor de Dios, una característica cardinal de la naturaleza de Dios, y su juicio. No obstante, sea cual sea nuestra forma de considerar la doctrina del castigo eterno, está claro que se enseña en las Escrituras.

La Biblia emplea varias imágenes para expresar el estado futuro de los injustos. Jesús dijo: "Entonces dirá también a los de la izquierda: "Apartaos de mí, malditos, al fuego eterno preparado para el diablo y sus ángeles" (Mt. 25:41). De la misma manera describió su estado como oscuridad exterior: "pero los hijos del reino serán echados a las tinieblas de afuera; allí será el lloro y el crujir de dientes" (Mt. 8:12). La condición final de los malvados también se dice que es de castigo eterno (Mt. 25:46), tormento (Apoc. 14:10-11), el pozo del abismo (Apoc. 9:1-2, 11), la ira de Dios (Ro. 2:5), la muerte segunda (Apoc. 21:8), la destrucción eterna y la exclusión de la presencia del Señor (2 Ts. 1:9).

Si hay una característica básica del infierno, es, en contraste con el cielo, la ausencia de Dios o el estar excluido de su presencia. Es una experiencia de angustia intensa, ya sea que implique el sufrimiento físico o mental o ambos.[24] Hay otros aspectos de la situación del individuo perdido que contribuyen a su miseria. Uno es la sensación de soledad, de haber visto la gloria y grandeza de Dios, de haberse dado cuenta de que él es el Señor de todos y después haber sido alejado de él. Uno se da cuenta de que esta separación es permanente. De la misma manera, la condición moral y espiritual de uno mismo es permanente. Lo que uno sea al final de la vida, seguirá siendo así para toda la eternidad. No existe base para esperar un cambio para mejor. Por lo tanto, la desesperanza cae sobre el individuo.

22. Esta distinción no la capta de Craig L. Blomberg, que, sin ser consciente de su propia suposición, encuentra una contradicción en este punto de nuestro pensamiento. "Degrees of Reward in the Kingdom of Heaven?" *Journal of the Evangelical Theological Society* 35, nº 2 (June 1992): 162. Ver además *Evangelical Interpretation: Perspectives on Hermeneutical Issues* (Grand Rapids: Baker, 1933), pp. 92-94).

23. Nels Ferré, *The Christian Understanding of God* (New York: Harper & Brothers, 1951), pp. 233-34.

24. Charles Hodge, *Systematic Theology* (Grand Rapids: Eerdmans, 1952), vol. 3, p. 868.

### Lo definitivo del juicio futuro

Es importante reconocer lo definitivo del juicio futuro. Cuando se emite el veredicto en el juicio final, a los malvados se les asigna su estado *definitivo*.[25] No hay nada en las Escrituras que indique que vaya a haber oportunidad de creer después de un periodo preliminar de castigo.

Para algunos lo definitivo del juicio parece contrario a la razón, e incluso quizá a las Escrituras. De hecho, hay algunos pasajes de las Escrituras que parecen indicar que todos seremos salvados. Pablo, por ejemplo, escribió: "Él nos dio a conocer el misterio de su voluntad, según su beneplácito, el cual se había propuesto en sí mismo, de reunir todas las cosas en Cristo, en el cumplimiento de los tiempos establecidos, así las que están en los cielos como las que están en la tierra" (Ef. 1:9-10). Y hablando del futuro declaró: "para que en el nombre de Jesús se doble toda rodilla de los que están en los cielos, en la tierra y debajo de la tierra; y toda lengua confiese que Jesucristo es el Señor, para gloria de Dios Padre" (Fil. 2:10-11). Basándose en tales referencias, se sostiene que los que en esta vida rechazan la oferta de salvación, después de su muerte y de la segunda venida de Cristo, reflexionarán sobre su situación y acabarán reconciliándose con Cristo.[26]

Desgraciadamente, sin embargo, por atractiva que resulte esta teoría, no se puede mantener. Por una parte, los pasajes citados no enseñan realmente lo que los universalistas dicen que enseñan. La reconciliación, la unión de todas las cosas, no significa que la humanidad caída recupere la comunión con Dios, sino la recuperación de la armonía dentro de la creación con acciones como poner el pecado bajo el control del Señor. No es que los humanos acepten a Dios, sino que ponen fin a su rebelión. Y aunque es verdad que toda rodilla se doblará y toda lengua proclamará a Cristo como Señor, debemos representar a los impíos no como a fuerzas que cooperan de forma entusiasta con el Señor, sino como un ejercito conquistado que se rinde, por así decirlo. Habrá resignación en la derrota, no un compromiso gozoso.

Es más, las Escrituras en ningún momento nos ofrecen indicaciones de una segunda oportunidad. Seguramente si fuera a haber una segunda oportunidad de creer después del juicio, se explicaría claramente en la Palabra de Dios.

Más allá de estas consideraciones hay declaraciones definidas de lo contrario. Hay un algo definitivo en las descripciones bíblicas del decreto pronunciado en el juicio; por ejemplo: "Apartaos de mí, malditos, al fuego eterno preparado para el diablo y sus ángeles" (Mt. 25:41). La parábola del hombre rico y Lázaro (Lc. 16:19-31), aunque se relaciona más con el estado intermedio que con el

25. J. A. Motyer, "The Final State: Heaven and Hell,ĺ in *Basic Christian Doctrines*, ed. Carl F. H. Henry (New York: Holt, Rinehart & Winston, 1962), p. 292.

26. Orígenes, *De principiis*, 1.6.2; 3.6.3. Para una declaración contemporánea de universalismo ver John A. T. Robinson, *In The End, God* (New York: Harper & Row, 1968), pp. 119-33.

final, deja claro que su condición es absoluta. Incluso es imposible pasar de un estado a otro: "Además de todo esto, una gran sima está puesta entre nosotros y vosotros, de manera que los que quieran pasar de aquí a vosotros no pueden, ni de allá pasar acá" (v. 26). Por lo tanto debemos concluir que el restauracionismo, la idea de una segunda oportunidad, debe ser rechazada.[27]

### La eternidad del castigo futuro

No sólo es irreversible el juicio futuro de los no creyentes, sino que su castigo es eterno. No rechazamos únicamente la idea de que todos seremos salvados; también rechazamos la afirmación de que nadie será castigado eternamente. La escuela de pensamiento conocida como aniquilacionismo, por su parte, mantiene que aunque no todo el mundo se salvará, sólo habrá un tipo de existencia futura. Los que se salven tendrán una vida interminable; los que no se salven serán eliminados o aniquilados. Simplemente dejarán de existir. Aunque concede que no todo el mundo merece ser salvado, recibir la bendición eterna, esta posición mantiene que nadie merece el sufrimiento eterno.

B. B. Warfield sostenía que hay tres formas diferentes de aniquilacionismo: mortalidad pura, inmortalidad condicional y aniquilacionismo propiamente dicho.[28] La mortalidad pura mantiene que la vida humana está tan íntimamente unida al organismo físico que cuando el cuerpo muere, la persona como entidad, deja de existir. Esto es principalmente un punto de vista materialista, aunque también se puede encontrar a veces en formas panteístas.[29] La mortalidad pura no ha sido popular en los círculos cristianos, ya que, en contradicción con la doctrina bíblica de la creación de la humanidad a imagen de Dios, hace de los humanos poco más que animales.

La segunda forma de aniquilacionismo, inmortalidad condicional, mantiene que el ser humano es mortal por naturaleza. La muerte es el fin. Sin embargo, en el caso de los que creen, Dios da inmortalidad o vida eterna para que sobrevivan a la muerte o para que recuperen la vida. En algunas maneras de entender la inmortalidad condicional, Dios simplemente permite al no creyente desaparecer de la existencia.[30] Otros mantienen que todos participarán en la resurrección, pero que Dios después simplemente permitirá a los impíos desaparecer de la existencia de nuevo. La muerte eterna para ellos simplemente es eso. Su segunda muerte durará para siempre.

27. Leon Morris, *The Biblical Doctrine of Judgment* (Grand Rapids: Eerdmans, 1960), p. 66.

28. B. B. Warfield, "Annihilationism," in *Studies in Theology* (New York: Oxford University Press, 1932), pp. 447-50.

29. Ibid., pp. 447-48.

30. Edward White, *Life in Christ: A Study of the Scripture Doctrine of the Nature of Man, the Object of the Divine Incarnation, and the Conditions of Human Immortality*, 3rd rev. ed. (London: Elliot Stock, 1878).

La tercera forma de aniquilacionismo es la que más merece el nombre. Considera que la persona malvada se extingue con la muerte como resultado del pecado. Los humanos por naturaleza son inmortales y podrían tener una vida inmortal si no fuera por los efectos del pecado. Hay dos subtipos de aniquilacionismo propiamente dicho. El primero considera la aniquilación como resultado natural del pecado. El pecado tiene un efecto tan pernicioso que la personalidad del individuo va muriendo progresivamente. Por tanto, la expresión "la paga del pecado es muerte" (Ro. 6:23) se toma casi de forma literal. El pecado es autodestrucción. Después de cierto tiempo, tal vez proporcional al grado de pecaminosidad del individuo, los que no han sido redimidos se desgastan, por así decirlo. El otro tipo de aniquilacionismo puro es la idea de que Dios no puede y no permitirá que una persona pecadora tenga vida eterna. Existe castigo para el pecado, sin embargo, el castigo no tiene por qué ser infinito. Después de un castigo suficiente, Dios simplemente destruirá al individuo. Se debería señalar que en ambos subtipos de aniquilacionismo propiamente dicho, el alma o esencia del individuo sería inmortal si no fuera por el pecado.[31]

El problema con todas las formas de aniquilacionismo es que contradicen la enseñanza de la Biblia. Varios pasajes afirman la eternidad del castigo de los malvados. Tanto en el Antiguo como en el Nuevo Testamento se hace referencia al fuego interminable o inextinguible. Isaías 66:24, por ejemplo, dice: "Saldrán y verán los cadáveres de los hombres que se rebelaron contra mí; porque su gusano nunca morirá ni su fuego se apagará. Y serán abominables para todo ser humano." Jesús utiliza las mismas imágenes para describir el castigo de los pecadores: "Si tu mano te es ocasión de caer, córtala, porque mejor te es entrar en la vida manco, que teniendo dos manos ir al infierno, al fuego que no puede ser apagado, donde el gusano de ellos no muere y el fuego nunca se apaga. Y si tu pie te es ocasión de caer, córtalo, porque mejor te es entrar en la vida cojo, que teniendo dos pies ser arrojado al infierno, al fuego que no puede ser apagado, donde el gusano de ellos no muere y el fuego nunca se apaga. Y si tu ojo te es ocasión de caer, sácalo, porque mejor te es entrar en el reino de Dios con un ojo, que teniendo dos ojos ser arrojado al infierno, donde el gusano de ellos no muere y el fuego nunca se apaga" (Mr. 9:43-48). Estos pasajes dejan claro que el castigo no tiene fin. No consume a aquellos que lo sufren y por tanto simplemente nunca termina.

Además, hay varios ejemplos en los que palabras como "interminable," "eterno" y "para siempre" se aplican a nombres que designan el estado futuro de los malvados: fuego o arder (Is. 33:14; Jer. 17:4; Mt. 18:8; 25:41; Jud. 7), confusión (Dn. 12:2), destrucción (2 Ts. 1:9), cadenas (Jud. 6), tormento (Apoc. 14:11; 20:10) y castigo (Mt. 25:46). Es verdad que el adjetivo αἰώνιος (*aiōnios*)

31. *Seventh-day Adventists Answer Questions on Doctrine* (Washington: Review & Herald, 1957), p. 14.

en algunas ocasiones puede hacer referencia a una era, esto es, a un periodo de tiempo muy amplio, en lugar de a la eternidad. Sin embargo, normalmente a menos que se indique lo contrario en el contexto, el significado más común de la palabra es este que tenemos en mente. En los casos que hemos citado, nada en el contexto justifica que podamos entender αἰώνιος de una manera diferente a "eterna." El paralelismo encontrado en Mateo 25:46 es particularmente llamativo: "Irán estos al castigo eterno y los justos a la vida eterna." Si una (la vida) es de duración interminable, el otro (el castigo) debe serlo también. Nada en el contexto nos da base para interpretar la palabra αἰώνιος de forma diferente en las dos frases. John A. T. Robinson comenta:

> El universalista genuino no basará nada en el hecho (que es un hecho) de que la palabra del Nuevo Testamento para eterno (*aiōnios*) no significa necesariamente para siempre, sino algo que dura sólo un periodo de tiempo indefinidamente largo. Porque puede aplicar este significado al "castigo eterno" en Mt. 25:46 sólo si desea darle exactamente el mismo significado que a la "vida eterna" en el mismo versículo. Como dijo F. D. Maurice hace muchos años, escribiendo a F. J. A. Hort: "No veía por qué *aiōnios* debería significar una cosa cuando iba unido a *kolasis* y otra cuando iba unido a *zoe*" (citado por J. O. F. Murray, *The Goodess and the Severity of God*, p. 195). Admitir que las dos frases no son paralelismos es directamente tratarlas con desigual seriedad. Y eso es algo que un auténtico universalismo debe negarse a hacer.[32]

Surge un problema del hecho de que las Escrituras hablen no sólo de la muerte eterna (lo cual se podría interpretar como que los malvados no serán resucitados), sino también del fuego eterno, del eterno castigo y también del tormento eterno. ¿Qué tipo de Dios es el que no está satisfecho con un castigo finito, sino que hace que los humanos sufran eternamente? Esto parece ir más allá de lo que exige la justicia; parece implicar un terrible deseo de venganza por parte de Dios. El castigo parece muy desproporcionado respecto al pecado, ya que supuestamente, todos los pecados son actos finitos en contra de Dios. ¿Cómo encaja la creencia en un Dios bueno, justo y amoroso con el castigo eterno? La cuestión no debe ser rechazada a la ligera, porque concierne a la esencia misma de la naturaleza de Dios. El hecho de que el infierno, como se entiende a menudo, parezca ser incompatible con el amor de Dios, tal como se revela en las Escrituras, puede ser una indicación de que hemos malinterpretado el infierno.

Deberíamos señalar, primero, que cada vez que pecamos, un factor infinito invariablemente está implicado. Todo pecado es una ofensa contra Dios, el levantamiento de una voluntad finita contra la voluntad de un ser infinito. Es el fracaso de llevar a cabo nuestra obligación a él a quien todo le es debido. En

32. Robinson, *In the End, God*, p. 131, n. 8.

consecuencia, no se puede considerar que el pecado sea simplemente un acto finito que merezca un castigo finito.

Además, si Dios va a cumplir sus objetivos en este mundo, puede que no haya sido libre para hacer que los seres humanos no sean susceptibles de castigo eterno. La omnipotencia de Dios no significa que sea capaz de toda acción concebible. Por ejemplo, no es capaz de hacer cosas lógicamente contradictorias o absurdas. No es capaz de hacer un triángulo de cuatro esquinas.[33] Y podría ser que esas criaturas que Dios pretendía que viviesen para siempre en comunión con él tuviesen que estar formadas de tal manera que experimentaran la angustia eterna si escogían vivir apartadas de su Hacedor. Los humanos estaban diseñados para vivir eternamente con Dios; si trastornaban su destino, experimentarían eternamente las consecuencias de ese acto.

También deberíamos observar que Dios no envía a nadie al infierno. Desea que nadie perezca (2 P. 3:9). Dios creó a los humanos para que estuvieran en comunión con él y proporcionó los medios a través de los cuales tener esa comunión. Es opción de los humanos experimentar la agonía del infierno. Su pecado les envía allí, y su rechazo de los beneficios de la muerte de Cristo evita que escapen de él. Como dijo C. S. Lewis, el pecado es el hombre diciéndole a Dios a lo largo de su vida: "Vete y déjame solo." El infierno es Dios diciendo finalmente al humano: "Puedes tener lo que deseas." Es Dios dejando a la persona sola, tal como ella ha elegido estar.[34]

### Grados de castigo

Deberíamos observar finalmente que las enseñanzas de Jesús sugieren que hay grados de castigo en el infierno. Reprochó a las ciudades que habían sido testigos de sus milagros y no se habían arrepentido: "¡Ay de ti, Corazín! ¡Ay de ti, Betsaida!,...si en Sodoma se hubieran hecho los milagros que han sido hechos en ti, habría permanecido hasta el día de hoy. Por tanto os digo que en el día del juicio será más tolerable el castigo para la tierra de Sodoma que para ti" (Mt. 11:21-24). Hay una idea similar en la parábola del siervo infiel: "Aquel siervo que, conociendo la voluntad de su señor, no se preparó ni hizo conforme a su voluntad, recibirá muchos azotes. Pero el que sin conocerla hizo cosas dignas de azotes, será azotado poco, porque a todo aquel a quien se haya dado mucho, mucho se le demandará, y al que mucho se le haya confiado, más se le pedirá" (Lc. 12:47-48).

El principio aquí parece ser el de que cuanto más grande sea nuestro conocimiento mayor será nuestra responsabilidad, y mayor nuestro castigo si no

33. C. S. Lewis, *The Problem of Pain* (New York: Macmillan, 1962), p. 28.
34. Ibid., pp. 127-28.

cumplimos con nuestra responsabilidad. Podría ser que los diferentes grados de castigo en el infierno no sean tanto un asunto de circunstancias objetivas como de conciencia subjetiva de la pena de estar separados de Dios. Este es un paralelismo con nuestro concepto de los distintos grados de recompensa en el cielo (pp. 1241-42). Hasta cierto punto, los diferentes grados de castigo reflejan el hecho de que el infierno es Dios dejando a un ser humano pecador con el carácter particular que la persona formó para sí mismo en la vida. La miseria que uno experimentará teniendo que vivir eternamente con el malvado de uno mismo será proporcional al grado de conciencia que se tuvo de qué se estaba haciendo exactamente cuando se escogió hacer el mal.

## Implicaciones de la doctrina de los estados finales

1. Las decisiones que tomamos en esta vida gobernarán nuestra condición futura no sólo durante un periodo de tiempo, sino durante toda la eternidad. Por lo tanto deberíamos ser extraordinariamente cuidadosos y diligentes a la hora de tomarlas.
2. Las condiciones de esta vida, como dice Pablo, son transitorias. Son relativamente insignificantes cuando se las compara con la eternidad que está por venir.
3. La naturaleza de los estados futuros es mucho más intensa que cualquier cosa conocida en esta vida. Las imágenes utilizadas para describirlos son bastante inadecuadas para representar la verdad que subyace tras ellas. El cielo, por ejemplo, trascenderá con mucho cualquier gozo que hayamos conocido aquí.
4. La bendición del cielo no se debería entender simplemente como una intensificación de los placeres de esta vida. La principal dimensión del cielo es la presencia del creyente con el Señor.
5. El infierno no es tanto un lugar de sufrimiento físico como un lugar de terrible soledad por la total y final separación del Señor.
6. No se debería pensar en el infierno principalmente como un castigo impuesto a los no creyentes por un Dios vengativo, sino como la consecuencia natural de la vida pecadora escogida por aquellos que rechazaron a Cristo.
7. Parece que aunque todos los humanos serán confinados o en el cielo o en el infierno, habrá grados de recompensa o de castigo.

# Pensamientos finales

## Objetivos del capítulo

Después de estudiar este capítulo debería ser capaz de:

- Evaluar la importancia de las ideas a lo largo de la historia, en particular las referentes al evangelio cristiano.
- Identificar y describir la relación de la creencia correcta con la práctica de la fe cristiana.
- Entender el papel y el significado de la teología para apreciar la grandeza y magnificencia de Dios.

## Resumen del capítulo

El examen y la comunicación de las ideas ha determinado el curso de la civilización. La teología ha prestado servicio en este papel. Consideremos, por ejemplo, cómo ha afectado al desarrollo de escuelas y hospitales. Pero la teología nunca debe convertirse en un fin en sí misma o en una fuente de especulación egoísta. Debe conducir a un testimonio del evangelio y a la apreciación y adoración de la grandeza y magnificencia de Dios.

## Cuestiones de estudio

1. ¿Cómo han afectado las ideas teológicas al desarrollo de la civilización occidental? ¿Cómo han afectado las ideas teológicas a la cultura en general? ¿Qué implicaciones ve en la teología que afecten a otras culturas?
2. ¿Por qué es importante la creencia correcta? ¿Cómo puede llevar la creencia correcta al pecado del orgullo?
3. Si se hace de forma adecuada, ¿cómo puede el estudio de la teología conducir al testimonio y comunicación del evangelio y al final a la apreciación y alabanza de la grandeza y magnificencia de Dios?

Hemos llegado al final de un largo examen de ideas. No sólo hemos observado muchos temas diferentes, también hemos señalado una variedad de conceptos sobre estos distintos temas. Podría ser beneficioso concluir nuestro estudio de teología sistemática poniendo este esfuerzo en un contexto adecuado. ¿Las ideas son realmente tan importantes? Con algunas personas, la preocupación por la experiencia inmediata o el deseo de una aplicación instantánea puede tender a ensombrecer las consideraciones teóricas. Como resultado, el valor de un escrito como este puede parecer dudoso. Seguramente se puede suponer que el lector que haya llegado hasta aquí no comparte estas ideas. No obstante, un rápido repaso al papel que juegan los conceptos puede resultar útil.

En gran medida nuestro mundo es lo que es debido a ideas que han sido concebidas, evaluadas y verificadas. El concepto de transmitir imágenes de forma instantánea a grandes distancias, que se consideraba algo fantástico hace un siglo, se ha convertido en una realidad, y la naturaleza de la cultura y de la sociedad se ha visto alterada a consecuencia de ello. La idea de la igualdad de las razas y de la necesidad de justicia entre ellas ha influido en gran manera en el curso de la última mitad del siglo XX. La idea de la dialéctica que Karl Marx tomó prestada de Georg Hegel y modificó según su propio esquema de materialismo dialéctico puede haberle parecido abstracta e irrelevante a mucha gente cuando la propuso en un primer momento. No obstante, ha afectado en gran medida no sólo el entendimiento, sino también la experiencia de innumerables personas en todo el mundo. ¿Y quién podría haber previsto la influencia que el extraño concepto de Charles Darwin sobre el origen de las especies tendría en el mundo? La idea de Adolf Hitler sobre una raza superior y la supremacía aria condujo a la muerte aproximadamente a 6 millones de judíos.

Más significativo que el impacto de estas ideas es el de los conceptos que forman la base central de la cristiandad. La idea de que Dios entró en el mundo en forma humana, fue crucificado y resucitó de entre los muertos les resulta increíble a muchos. No obstante, el mundo es un lugar muy diferente de lo que sería si no hubiera habido millones que creyeron y proclamaron este mensaje. ¡Cuántos hospitales, cuántas instituciones de educación superior han aparecido gracias al impulso de aquellos que salieron adelante en nombre de quien ellos creían que era Dios encarnado! El impacto que el cristianismo tuvo en el mundo del siglo primero y en el subsiguiente desarrollo de la historia tiene que ver directamente con las ideas revolucionarias que presentó sobre quién es Jesucristo y cuál es el significado de la vida.

El tema de la creencia correcta es muy importante en nuestra época. Encontramos numerosas variantes en las ideas religiosas. Y también encontramos muchos conceptos de estilos de vida cristianos, que tienen su base en distintos conceptos doctrinales. Nuestra forma particular de entender los conceptos básicos, por ejemplo, la relación entre gracia y obras, tiene una influencia profunda en lo que hacemos en nuestras vidas cristianas y en el espíritu con que lo hacemos. Por lo tanto, la creencia es imperativa.

No obstante, aunque nuestras creencias sean puras y correctas, esto no es suficiente. Porque la creencia correcta y la destreza teológica no tienen valor en sí mismas ante el Señor. Imaginémonos que un grupo de estudiantes y practicantes de teología aparecen ante el Señor el día del juicio e, imitando Mateo 7:22, suplican: "¿no estudiamos *Teología Cristiana* en tu nombre, y en tu nombre no expusimos los principios fundamentales del cristianismo?" El Señor responderá: "Nunca os conocí. ¡Apartaos de mí, hacedores de maldad!" La doctrina es importante, pero su importancia reside en la contribución que hace a nuestra relación con Dios. Sin eso, la mejor teología, enunciada de forma más elocuente, es únicamente: "metal que resuena o címbalo que retañe." Lo que se está tratando de decir aquí es que nuestras creencias (nuestra teología oficial, basada en las enseñanzas objetivas de las Escrituras) se debe poner en práctica (que es, por así decirlo, nuestra teología no oficial). Si vamos a hacer que nuestra práctica real esté en conformidad con nuestras creencias, tendremos que reflejar e incluso que meditar sobre estas creencias. Quizá esto es parte de lo que Pablo quería decir cuando habló de ser trasformados "por medio de la renovación de vuestro entendimiento" (Ro. 12:2).

Hay ciertos peligros asociados al estudio de la teología. Hay ciertas enfermedades teológicas a las que uno se expone y que se pueden contraer debido a este esfuerzo. Helmut Thielicke ha descrito varias de forma bastante vívida en su *Little Exercise for Young Theologians* (Pequeño ejercicio para jóvenes teólogos). Uno de los más comunes y serios es el pecado del orgullo. Cuando hemos adquirido una sofisticación considerable en asuntos de teología, existe el peligro de que consideremos el conocimiento como una distintivo de virtud, algo que nos hace superiores a los demás. Podemos utilizar este conocimiento, y en particular la jerga que hemos aprendido, para intimidar a otros que están menos informados. Podemos aprovecharnos de nuestras habilidades superiores, para convertirnos en maltratadores intelectuales.[1] O nuestro conocimiento de la teología puede conducirnos a un tipo de competitividad teológica, en la que argumentar con una teoría en contra de otra se convierte en el propósito de la vida. Pero esto es convertir lo que debería ser el más serio de los asuntos en un mero deporte.

En conexión con esto deberíamos recordar las palabras de Jesús de que seamos como niños; Dios ha escondido las cosas a los sabios del mundo y se las ha revelado a los niños (Mt. 11:25). No deberíamos subestimar la perspicacia y sensibilidad teológica de aquellos que no han realizado estudios de teología

1. Helmut Thielicke, *A Little Exercise for Young Theologians* (Grand Rapids: Eerdmans, 1962), pp. 13-20.

formales. Está lo que Thielicke denomina: "el instinto espiritual de los hijos de Dios.Ï[2] Muchas personas aunque no sean expertas en las ciencias teológicas oficiales, tienen experiencia en la vida cristiana lo cual a menudo les ofrece una perspectiva que supera con mucho la de muchos teólogos profesionales. Cuando Jesús habló de enviar el Espíritu Santo, que guiaría a los creyentes a toda la verdad (Jn. 16:13), no restringió su promesa a los graduados del seminario.

Sin embargo, no deberíamos sacar en conclusión de este último punto que la teología no supone un esfuerzo intelectual. Exige un pensamiento rigurosamente lógico. Para elaborar una teología sistemática, debemos pensar sistemáticamente. Esto es, no podemos actuar de una manera ecléctica. Aunque podamos extraer ideas de cualquier sitio, siempre tenemos que tratar de pensar de forma coherente. De forma consciente no incorporaremos a nuestro sistema ideas que se basen en suposiciones que sean contradictorias entre sí. Desde luego, habrá misterios que no podamos comprender completamente. Pero el teólogo sistemático, que no está dispuesto a aceptar la opacidad, intentará aclararlos.

Más allá del carácter lógico o racional de la teología, está su carácter estético. Está el potencial, cuando examinamos la totalidad de la verdad de Dios, de captar su naturaleza artística. Hay una belleza en el contenido general y en la relación entre las doctrinas. El carácter orgánico de la teología, su equilibrada descripción de toda la realidad y de la naturaleza humana, debería satisfacer la capacidad humana de apreciar la belleza en forma de simetría, comprensión y coherencia.

Sin embargo, la teología no sólo se debe aprender, entender y apreciar. También está el tema adicional de la comunicación del mensaje. Lo que hemos ofrecido en esta obra es el contenido esencial del punto de vista básico del mundo y la vida cristianos, y por tanto del mensaje que todos los seres humanos están llamados a aceptar. Sin embargo, ese contenido tiene que ser reexpresado continuamente. Intentando caminar por la cuerda floja entre la esencia atemporal de las doctrinas y una expresión particular contemporánea de ellas, nos hemos inclinado hacia la primera cuando nos hemos visto obligados a elegir. Este enfoque ha dejado una necesidad de volver a exponer las doctrinas de formas que las hagan más accesible a más gente. Esta necesidad resulta en parte del hecho de que el autor es un varón blanco norteamericano de clase media con estudios. Aunque ha ministrado como pastor a negros, hispanos y en clases económicas bajas, la orientación básica de estos escritos es para el tipo de estudiantes que normalmente se inscriben en los seminarios evangélicos americanos. Aunque estos estudiantes han sido cada vez más diversos a lo largo de los años, todavía suelen estar representados en gran medida por anglosajones protestantes blancos. Queda mucho trabajo por hacer para adaptar el contenido de la teología a las

2. Ibid., pp. 25-26.

audiencias del tercer mundo. También es necesario hacer adaptaciones de esta teología verticalmente. Porque está escrita principalmente para los estudiantes de seminario. Es alentador encontrar a otro tipo de personas estudiando esta obra. Sin embargo, la teología real es capaz de ser expresada incluso para los niños.

En parte ayudará a comunicar la teología el darnos cuenta de que no siempre es necesario expresarla de forma discursiva o didáctica. A veces una historia la comunica mejor. Jesús lo demostró repetidamente a través de las parábolas. En el siglo XX, C. S. Lewis demostró que la teología se puede exponer en forma de historias encantadoras, incluso de cuentos de niños. La teología narrativa ha comunicado las verdades profundas con efecto dinámico.[3] No obstante tenemos que tener en cuenta la diferencia entre la reflexión teológica y la comunicación del contenido de la doctrina. Las categorías más precisas del pensamiento discursivo reflexivo siguen siendo esenciales para la tarea de la auténtica formulación de la teología.

El autor está convencido de que la teología real, la buena teología, fomentará la apreciación del lector de la grandeza de Dios y de su magnificencia. Cuando Moisés tuvo el encuentro con Dios ante la zarza ardiendo (Éx. 3), se sentía totalmente indigno y pecador. Pedro también cuando se dio cuenta de que estaba ante la presencia de un Señor perfecto y poderoso se sobrecogió (Lc. 5:8). Si comprendemos de forma genuina el significado de las verdades que hemos estudiado, tendremos una reacción similar. Algunos de los temas de los que nos hemos ocupado señalan directa y efectivamente hacia cómo es Dios y lo que hace, pero todos tienen ese efecto hasta cierto punto. El propósito del autor al escribir se habrá conseguido sólo si el lector ha llegado a amar más al Señor y es capaz de comunicar mejor ese amor a los demás.

3. Ver Millard J, Erickson, "Narrative Theology in Translation or Transformation?" In *Festschrift: A Tribute to William Hordern*, ed. Walter Freitag (Saskatoon: University of Saskatchewan Press, 1985).

# Índice de textos bíblicos

**Génesis**
1 *392, 502, 524, 527*
1-2 *459*
1-3 *604*
1:1 *295, 388, 391, 393, 402, 1228*
1:2 *327, 394, 402, 871, 878*
1:3 *392*
1:3-27 *402*
1:6 *392, 702*
1:7 *702*
1:7-8 *527*
1:9 *392*
1:10 *397*
1:12 *397*
1:18 *397*
1:20 *395, 502*
1:21 *397, 502*
1:24 *395, 502*
1:25 *397*
1:26 *351, 352, 505, 515, 517, 519, 524, 525, 527, 559, 737*
1:26-27 *477, 494, 515, 518, 522, 559*
1:27 *318, 352, 515, 521, 531, 559*
1:27-28 *524*
1:28 *202, 494, 525, 569, 611, 620*
1:31 *397, 449, 510*
2 *502*
2:1 *459*
2:2-3 *459*
2:7 *227, 327, 395, 494, 501, 502–503, 505, 1171*
2:15-17 *817*
2:17 *312, 448, 624*
2:18 *560*
2:19 *395*
2:21 *395*
2:24 *132, 238, 352, 1134*
3 *294, 449, 468, 969*
3:2-3 *448*
3:3 *1172*
3:4-5 *612*
3:4-6 *510*
3:5 *600*
3:8 *202, 615*
3:11 *629*
3:12 *629*
3:13 *629*
3:14 *502*
3:14-19 *1007*
3:15 *315*
3:16 *195, 448*
3:17 *448*
3:17-19 *195*
3:18 *195, 448*
3:19 *448, 502, 624, 625, 1171*
3:20 *531*
3:22 *626, 737*
3:22-23 *1172*
3:24 *462*
4 *492, 493, 504, 505*
4:1 *505*
4:13 *589*
4:13-15 *556*
4:26 *293*
5:1 *515*
5:1-2 *521, 531, 559*
5:2 *515*
5:3 *505*
6 *377, 622*
6-7 *446, 1203*
6:2 *463*
6:3 *580*
6:4 *463*
6:5 *634, 639, 640*
6:6 *377, 452, 944*
6:9 *635, 989*
6:11 *635*
6:13 *1173*
8:21 *635*
9:6 *515, 519, 528, 531, 621, 1173*
9:21 *635*
11:7 *352, 737*
11:26 *239*
11:32 *239*
12 *635*
12:4 *239*
12:7 *238*
12:8 *293*
12:10-20 *628*
15:4 *568*
15:6 *1019*
16:7-14 *464*
16:11 *464*
16:15 *235*
16:18 *464*
17:1 *300, 635*
17:7 *1099*
18:2 *460*
18:10-14 *300*
18:16 *460*
18:22 *460*
18:25 *311, 702, 964*
19 *1173*
19:1 *460*
19:5 *460*
19:10 *460*
19:12 *460*
19:15 *460*
19:16 *460*
20 *628, 635*
20:3 *560*
20:6 *420*
21:9 *235*
22 *72*
22:5 *423*
22:8 *423*
22:11 *464*
22:14-15 *464*
24:7 *464*
24:40 *464*
25:25-26 *568*
26:6-11 *628*
26:13 *878*
31:11 *464*
31:13 *464*
32:24-30 *464*
35:18 *537*
37:21-22 *421*
38:26 *964*
38:28-29 *568*
39:2 *421*

41:8 *537*
41:38 *879*
43:12 *580*
45:8 *421*
46:26 *568*
48:15-16 *464*
50:20 *370, 421*

**Éxodo**
Libro de *479*
1 *411*
1-3 *604*
2:24 *1099*
3 *209, 309, 1248*
3:2 *464*
3:6 *238, 464*
3:7 *320*
3:13-15 *346*
3:14 *203, 293, 295*
3:14-15 *698*
3:21 *419*
4:14 *418*
4:22 *973*
12:1ss *1038*
12:3 *1038*
12:35-36 *419*
13:2 *976*
14:19 *464*
14:19-20 *465*
15:11 *309, 347*
15:13 *1041*
15:16 *1041*
15:20-21 *561*
16:1ss *1038*
18:4 *560*
19 *309, 464*
20 *347, 526*
20:2-3 *346, 399*
20:3 *295, 594*
20:3-11 *509*
20:4 *346*
20:5 *616, 666*
20:7 *293*
20:8-11 *698*
20:12 *565*
20:14 *451*
21:2 *563*
21:13 *418*
21:22 *568*
21:22-25 *567, 568*
22:25 *563*
23:6 *563*
23:10-11 *563*
23:20 *464*
23:20-23 *464*
23:22 *616*
23:26 *568*
25:20 *461*
26:33 *309*
31:3-5 *879*
32:9 *988*
32:10-11 *617*
32:14 *944*
32:34-33:17 *464*
33:3 *988*
33:5 *988*
33:19 *926*
34:6 *319, 320*
34:9 *988*

**Levítico**
1:3 *310*
1:3-4 *819*
1:10 *310*
3:1 *310*
3:6 *310*
4-5 *583*
4:2-3 *580*
4:3 *310*
4:22-24 *580*
4:27-28 *580*
4:35 *826*
11:44-45 *310*
12:6-8 *563*
18:22 *589*
19:2 *310, 919*
19:9-10 *563*
19:15 *586*
19:18 *984*
19:32 *565*
20:13 *589*
22:14 *580*
24:15 *583*
24:16 *699*
24:17-20 *568*
25:3-6 *563*
25:8-17 *563*
25:39-40 *563*
25:43 *563*
26:40 *588*
26:42 *1099*

**Números**
5:8 *590*
5:12 *588*
5:27 *588*
6:24-26 *203*
7:89 *462*
10:7 *1038*
11:25 *879*
12:12 *568*
14:1ss. *1038*
14:5 *1038*
14:8 *1042*
14:41-42 *585*
15:22-29 *580*
16 *1173, 1203*
16:30 *390*
17:12 *1038*
20:1ss *1038*
20:10-13 *636*
22-28 *581*
22:28-30 *237*
22:31 *460*
23:19 *302, 315*
24:2 *878*
25:9 *261*
35:9-15 *581*
35:22-28 *581*

**Deuteronomio**
1:37 *617*
1:39 *650*
4:2 *236*
4:42 *638*
5:10 *320, 972*
6 *347*
6:4 *347, 352, 1134*
6:4-5 *347*
6:5 *347, 984, 1134*
6:6 *347*
6:7 *347*
6:12-15 *622*
6:13 *347*
6:14 *347*
7:7-8 *316*
7:9 *313*
7:10 *313, 616*
7:25-26 *589*
8:3 *723*
8:11 *622*
8:19-20 *622*
9:6 *989*
9:10 *1038*
9:13 *989*
10:4 *1038*
10:16 *984, 1100*
10:17-19 *1063*
12 *1134*
12:31 *589*
12:32 *236*
14:28-29 *563*
15:9 *562*
17:1 *589*
17:2 *585*
18:9-12 *589*
18:15 *778*
21:18 *587*
22:5 *589*
23:1-3 *1038*
23:24-25 *563*
24:6 *563*
25:1 *964, 965*
25:13-15 *315*
26:5-9 *208*
26:13 *586*
28:22 *850*
29:10-13 *1099*
29:19-20 *988*
30:6 *989, 1100*
30:15 *590*
30:18 *590*
32:9-10 *1042*
32:10 *1042*
32:18 *560*
32:35 *622*
32:43 *238*
33:2 *460, 464*
33:29 *560*
34:9 *879*

**Josué**
1:8 *1017*
7 *664*
7:1 *588*
7:24-25 *451*
8:35 *1099*
9:16-21 *316*
10:12-14 *429*
20 *581*
22:20 *588*

**Jueces**
2:1 *464*
2:4 *464*
5:23 *464*
6:11-24 *464*
6:34 *879*
13:3 *464*
13:6 *460*
14:19 *880*
20:16 *582*

**1 Samuel**
1:1-20 *909*
2:2 *309*
2:6 *700*
2:6-7 *417*
3:10 *324*
4:4 *462*
4:17 *1066*
8:3 *313*
8:10-18 *525*
10:6 *878, 989*
10:9 *989*
10:10 *878, 880*
13:14 *636*
15:29 *314*
16:13 *880*
18:10 *255*
19:23-24 *237*
24 *419*
24:10 *419*
24:17 *964*
24:18 *419*
26:21 *580*
26:23 *964*
28:6 *997*

**2 Samuel**
1:21 *192*
4:10 *1066*
6:2 *462*
8:4 *255*
10:18 *255*
12:1-15 *630*
12:10-12 *623*
12:13-14 *969*
12:23 *650*
14:20 *461*
16:10 *419*
16:11 *420*
18:27 *1066*
23:2 *228*
24:1 *255, 419*
24:9 *255*
24:16 *465*

**1 Reyes**
1:42 *1066*
6:16 *309*
8:19 *568*
8:46 *635*
12:1ss. *1038*
12:3 *1038*
12:19 *586*
17-18 *909*
17:4 *417*
17:6 *417*
17:21 *537*
18:20-40 *298*
18:27 *298*
19:2 *458*

**2 Reyes**
6:5-7 *301*
6:6 *428*
6:17 *460, 471*
13:18-19 *278*
19:35 *465*

**1 Crónicas**
Libro de *243*
18:4 *255*
19:18 *255*
21:1 *255, 419*
21:5 *255*

**2 Crónicas**
4:2 *248, 261*
4:12 *256*
7:14 *944*
18:20-22 *439*
20:13 *1099*
32:21 *462*
32:31 *421*

**Esdras**
7:27 *419*
9:31 *984*
10:1 *1038*

**Nehemías**
8:2 *1038*
9:6 *410*
9:20 *880*

**Ester**
Libro de *418*
3:3 *585*
4:14 *418*

**Job**
1:1 *989*
1:6 *458, 463*
1:8 *635, 989*
1:12 *422, 462*
1:21 *568*
2:1 *458, 463*
2:6 *422, 462*
3:11 *568*
3:17 *590*
5:10 *413*
9:5-9 *416*
9:37 *416*
12:16 *580*
12:20 *565*
12:23 *179, 417*
14:5 *371*
14:16-17 *635*
22 *450*
25:3 *460*
26:13 *394, 871*
27:3 *327*
33:4 *327, 394*
34:12 *309*
34:14-15 *327*
35:7 *374*
37:10 *413*
38 *372*
38:2 *370*
38:4 *372*
38:7 *459, 463, 464*
41:1 *808*
42:2 *371*
42:3 *370, 372*
42:5-6 *944*
42:8 *818*

**Salmos**
Libro de *1062*
2:1-2 *238*
2:7 *737, 743*
2:12 *617*
5:5 *591, 616*
5:9 *636*
6:8 *591*
8 *524, 527, 904*
8:4-6 *491*
8:5 *458*
8:5-6 *524*
8:7-8 *524*
9:4 *964*
10:2 *563*
10:7 *636*
10:9 *563*
11:5 *616*
14 *635, 636*
14:1 *635*
14:3 *635*
14:3a *644*
14:3b *644*
14:5 *635*
16:10 *238, 787, 788, 1185, 1197*
17:15 *1197*
18:40 *616*
19 *189, 191, 1016, 1021*
19:1 *179, 189, 395, 782*
19:1-2 *194*
19:2 *189*
19:3 *189, 191, 192*
19:4 *191, 192*
19:7-9 *311*
19:7a *1016*
19:7b *1016*
19:8b *1016*
19:10 *1017*
19:11 *1016*
19:13 *420*
19:7-14 *190, 192*
20 *293*
20:7 *293*
20:9 *293*
22:26 *1038*
24:7-10 *1003*
27:10-11 *371*
27:37 *371*
29:1 *458*
30:3 *788*
30:5 *617*
31:5 *537*
31:14-15 *417*
33:11 *302, 370, 376*
33:15 *419*
33:20 *560*
34:7 *464*
35:19 *235*
36:1 *636*
37 *371*
37:37 *635*
40:7-8 *737*
42:6 *537*
45:6 *349, 701*
45:6-7 *782*
47 *1209*
47:7-8 *179, 417*
49:15 *1197*
51 *566, 636, 639*
51:2 *639*
51:4 *628*
51:5 *567, 639, 769*
51:6 *639*

51:7 *639*
51:10 *390, 639*
51:11 *880*
53 *635, 636*
53:1 *257*
53:3a *644*
53:3b *644*
57:10 *320*
58:11 *313*
61:5 *316*
61:8 *316*
65:3 *371*
66:7 *179, 417*
66:13 *316*
68:17 *460*
69:4 *616*
69:21 *372*
69:25 *227*
70:5 *560*
72 *1209*
72:18 *462*
73 *313*
73:17-20 *313*
73:24 *313, 1004*
73:24-25 *1197*
73:27 *313*
75:6-7 *418*
75:9-10 *418*
78 *212*
78:2 *235*
78:8 *587*
78:57 *588*
79:1 *589*
80:1 *462*
81:12-13 *421*
82:6 *235, 238*
84:11 *427*
86:5 *320*
86:15 *320*
89:5 *458*
89:6 *458*
89:7 *458*
89:11-12 *390*
90:1-2 *298*
90:5-7 *1173*
91 *371, 415*
91:5-6 *415*
91:11 *415, 464*
91:16 *565*
92:5 *370*
94:1 *622*
95:8-11 *622*
96:5 *394*
97:7 *238*
99:1 *462*
99:3 *309*
99:9 *311*
100 *1209*
100:3-5 *512*
100:5 *130*
102 *302*
102:25 *349*
102:26-27 *302*
103:3 *635*
103:8-14 *972*
103:13 *320*
103:19-22 *418*
103:20 *462, 464*
104 *413*
104:4 *238*
104:5 *413*
104:10 *413*
104:13 *413*
104:14 *416*
104:20-21 *413*
104:21-29 *417*
104:24 *299*
104:24-30 *413*
104:29-30 *327*
104:30 *394, 871*
106:40 *618*
106:13 *370*
107:10-16 *623*
107:11 *370*
109:8 *227*
110:1 *349*
113:5-6 *337*
115:3 *301*
115:9 *560*
115:10 *560*
115:11 *560*
119 *700*
119:67 *580*
119:71 *623*
119:72 *1017*
119:91 *375*
119:105 *1017*
121 *371*
123:1 *337*
124:1-3 *422*
130:3 *635*
135:5-7 *416*
139:7-12 *297*
139:13-15 *567*
139:16 *370, 371, 374*
140:3 *636*
143:2 *635*
143:10 *880*
145:16 *318*
147:5 *299*
147:8-15 *416*
148:2 *459, 464*
148:3 *459*
148:4 *459*
148:5 *459*

**Proverbios**
3:7 *973*
3:11-12 *973*
3:19-20 *372*
6:16-17 *616*
6:23 *1017*
8:22 *709*
11:5 *635*
12:8 *589*
15:3 *299*
15:26 *639*
16:1 *419*
16:4 *372*
16:33 *372, 418*
17:15 *966*
19:1 *564*
19:2 *582*
19:21 *370, 372, 419*
19:22 *564*
20 *635*
20:6 *635*
20:7-8 *635*
20:9 *635*
20:29 *565*
21:30-31 *372*
22:1-2 *564*
22:8 *591*
23:14 *1197*
29:10 *616*
30:6 *236*
31 *560*
31:18 *560*
31:24 *560*

**Eclesiastés**
1:9 *28*
3:21 *537*
5:4-5 *316*
5:15 *568*
10:5 *580*
12:7 *537, 1171*
17 *638*
17:3 *515*
17:20 *635*
17:26 *638*
17:29 *639*

**Isaías**
Libro de *336*
1:2 *586*
1:5 *852*
1:18 *654*
1:20 *587*
1:24 *622*
4:11 *651*
5:1-7 *779*
5:8 *905*
5:19 *370*
6 *209*
6:1-4 *309*
6:1-5 *336*
6:2 *461*
6:2-3 *462*
6:3 *1232*
6:5 *310*
6:8 *352*
6:9-10 *934*
7 *651*
7:14 *756*
7:15 *651*
7:16 *651*
8:3 *562*
8:11 *228*
8:13 *704*
9:7 *782*
10:5-12 *417*
10:5-13 *179*
10:13 *417*
10:20-21 *623*
11:1-5 *881*
11:2-5 *880*
11:6-7 *1213*
12:1 *617*
14:12-15 *600*
14:24 *370, 376*
14:24- 27 *371*
14:26 *370*
14:27 *370, 376*
17:1 *589*
19:12 *370*
19:14 *589*
19:17 *370*
20:1 *262*
21:3 *588, 589*
21:4 *580*

22:11 *370, 371, 374*
23:9 *370*
24:1 *589*
25:8 *1174*
26:19 *1196, 1202*
28:7 *580*
28:11-12 *235*
29:24 *580*
32:15 *878, 880*
32:16-20 *880*
33:14 *1240*
37:16 *394*
37:26 *370, 371*
39:7 *568*
40 *779*
40:9 *779*
40:12 *372*
40:12-13 *394*
40:13 *374*
40:13-14 *374*
40:31 *244*
41:20 *390*
42:1-4 *881*
42:21 *805*
43:1 *390*
43:7 *390*
44:3-5 *880*
44:6 *298*
44:24 *394*
44:28 *376*
44:45 *422*
45:7 *390*
45:8 *390*
45:12 *390, 394*
45:18 *390*
45:22-25 *1209*
45:22a *938*
46:4 *565*
46:10 *370, 376*
46:10-11 *371*
46:11 *370*
48:11 *375*
52:7 *779, 1066*
53 *702, 819, 820, 825, 826, 853*
53:4 *849, 850, 851, 852, 853*
53:5-6 *826*
53:6 *636, 819, 826, 843, 847*
53:7 *702*
53:11 *852*
53:12 *583, 702, 820, 826, 853*
53:12b *826*
55:1 *929*
55:7 *639*
55:8 *370*
55:8-9 *336*
55:10-11 *1017*
57:15 *309, 337, 989*
57:20-21 *590*
59:7-8 *636*
59:9 *636*
59:10-12 *636*
59:20 *636, 944*
59:23 *636*
61 *881*
61:1-2 *563, 882, 1065*
61:1-3 *881*
61:2 *622*
62:4 *1042*
63:4 *622*
63:10 *616, 880*
63:11 *327*
65:25 *1213*
66:24 *1240*

**Jeremías**
1:5 *568*
3:10 *588*
4:4 *618, 984, 1100*
7:12-14 *622*
9:24 *311*
9:25-26 *1100*
10 *314*
10:5 *314*
10:10 *295, 314*
10:11 *295*
10:11-12 *394*
10:12-13 *372*
10:23-24 *372*
10:24 *617*
11:19 *639*
11:20 *964*
12:7-10 *1042*
12:8 *616*
17:4 *1240*
17:9 *630, 638*
18:1 *212*
18:11 *370*
20:9 *1017*
20:15 *1066*
20:18 *568*
23:20 *371*
23:23 *297, 326, 340*
23:24 *297, 327*
23:29 *1017*
26:3 *370*
26:18 *589*
29:11 *370*
30:4 *228*
31:9 *973*
31:33 *638*
32:15 *300*
32:17 *300*
32:19 *370*
34:18 *586*
36:3 *370*
42:6 *590*
44:15 *1038*
46:10 *622*
49:20 *370*
50:45 *370*
51:29 *370*

**Lamentaciones**
2:4-5 *616*
2:8 *370*
3:22-23 *303*
5:7 *852*
5:12 *565*

**Ezequiel**
Libro de *942*
1:3 *700*
1:6 *461*
1:13 *461*
2:2 *878*
2:3 *587*
2:4 *989*
8:3 *878*
11:1 *878*
11:19 *638*
11:19-20 *951, 989*
11:24 *878*
12:1 *212*
12:8 *212*
12:17 *212*
12:21 *212*
12:26 *212*
14:13 *588*
15:8 *588*
17 *212*
17:17 *1038*
18:4 *1172*
18:20 *817, 1172*
18:21-22 *1172*
18:30-32 *942*
20:9 *375*
21 *212*
25:14 *622*
26 *212*
27:27 *1038*
29:1 *237*
32:22 *1038*
33:7-11 *942*
33:11 *928*
34:6 *580*
36:25-26 *989*
36:26-28 *880*
37:12-14 *1197*
44:7 *1100*
44:9 *1100*

**Daniel**
Libro de *411*
2:21 *179, 417*
4:13 *458*
4:17 *458*
4:23 *458*
4:24-25 *417*
4:34-35 *418*
7:10 *460*
7:13 *702*
9:11 *586*
9:21 *461*
9:27 *1222*
10:6 *461*
12:1 *371*
12:2 *1196, 1202, 1219, 1240*
12:3 *1236*

**Oseas**
1:1 *212*
1:6-11 *1049*
1:9-10 *1042*
1:10 *1042*
2:23 *1042, 1049, 1209*
4:15 *591*
5:5 *589*
5:13 *852*
6:7 *586*
8:1 *586*
9:14 *568*
9:15 *616*
10:8 *591*
11:1 *973*
13:14 *1174*
14:1 *589*

**Joel**
1:1 *212*
2:16 *1099*
2:28 *562, 1049, 1100*
2:28-29 *881*
2:31-32 *704*
3:12 *702*

**Amós**
1-3 *778*
3:1 *212, 228*
4:13 *390, 862*
5:11-12 *605*
5:12 *313, 563*
5:15 *313*
5:24 *313*
6:3 *590*

**Jonás**
3:5 *371*

**Miqueas**
1:6 *589*
2:3 *370*
3:8 *327*
3:12 *589*
4:1 *370*
4:4 *228*
4:12 *370*
6:8 *797*

**Habacuc**
1:13 *309*
2:4 *947*
2:15 *635*

**Hageo**
2:5 *327*

**Zacarías**
1:6 *371*
1:9 *862*
4:6 *879*
7:2 *824*
8:17 *616*
8:22 *824*
14:4 *1222*
14:9 *347*

**Malaquías**
1:9 *824*
2:10 *971*
2:11 *588*
3:6 *302*

**Mateo**
1 *753, 757*
1:5 *557*
1:18 *881*
1:18-25 *756, 760*
1:20 *704, 881*
1:20-21 *757*
1:21 *839*
1:22 *372*
1:23 *756*
1:25 *755*
2:15 *372*
2:22 *827*
2:23 *372*
3:2 *945, 1102*
3:6 *1102*
3:7-8 *1102*
3:11 *881*
3:16 *882*
3:16-17 *353, 873*
3:17 *316*
4:1 *790, 882*
4:1-11 *470*
4:3 *468*
4:4 *723*
4:8-9 *658*
4:14 *372*
4:17 *781, 945*
4:18-22 *939*
4:24 *470*
5:13-16 *987*
5:16 *375, 659, 1229*
5:17 *216*
5:18 *228, 1228*
5:21-22 *591, 592, 639, 700*
5:21-28 *981*
5:23-24 *828*
5:27-28 *592, 639, 700*
5:29-30 *915, 1012*
5:38 *827*
5:39 *1013*
5:44 *605, 1013*
5:45 *318, 328, 416, 423, 1229*
5:48 *310, 620, 919, 980, 981, 1229*
6:1 *1229*
6:2 *592*
6:5 *592*
6:9 *1229*
6:9-10 *1234*
6:10 *1229*
6:12 *321*
6:14 *1229*
6:16 *592*
6:19-20 *1230*
6:24 *659*
6:25 *318, 537*
6:25-29 *371*
6:25-30 *328, 416*
6:25-33 *295*
6:25-34 *511, 973, 984*
6:26 *318, 348, 411, 1229*
6:26-30 *398*
6:28 *318*
6:30 *348, 411*
6:30-33 *318*
6:31-32 *348, 601*
6:31-33 *411*
6:32 *1229*
7:3 *630*
7:11 *1229*
7:15 *1002*
7:16-20 *1002*
7:21 *1002, 1020, 1229*
7:21-23 *1205*
7:22 *1002, 1246*
7:22-23 *1020*
7:23 *585, 1002*
8 *469*
8:5-13 *426, 470, 557, 851*
8:10 *465, 558*
8:11-12 *558*
8:12 *1025, 1237*
8:13 *948*
8:16 *459*
8:17 *372, 849, 850, 851, 853*
8:20 *563*
8:29 *469*
8:31 *469*
9:15 *820*
9:18-22 *427*
9:19-20 *470*
9:20-22 *561, 851*
9:27-30 *470*
9:28 *948*
9:35-36 *320*
9:36 *320, 530, 721*
9:38 *704*
10 *411*
10:1 *470*
10:6 *530*
10:8 *321, 470*
10:9-10 *255*
10:22 *1002*
10:28 *412, 415, 537, 542, 548, 550, 1171, 1185*
10:28-31 *491, 984*
10:29 *299, 318, 398, 412*
10:29-30 *328*
10:30 *299, 412, 424*
10:30-31 *318*
10:31 *260, 412*
10:32 *1229*
10:33 *1229*
11:15 *212*
11:20-24 *778*
11:24 *1203*
11:25 *704, 1229, 1246*
11:28 *377, 844, 929, 938*
12:9-14 *470*
12:17 *372*
12:22 *469*
12:22-32 *468*
12:24 *468*
12:25-27 *882*
12:27 *468*
12:28 *349, 353, 470, 790, 873, 882*
12:31 *874, 882*
12:32 *882, 1182, 1183*
12:33-35 *639*
12:37 *965*
12:45 *459, 469*
12:50 *1229*
13 *779, 1210*
13:1-9 *1002*
13:13-15 *273*
13:14-15 *934*
13:18-23 *1002*
13:19 *468*
13:20-21 *1002*
13:23 *1002*
13:24-30 *468, 1053, 1054*

13:35 235, 372, 391
13:36-43 1053
13:37-43 1203
13:38 468
13:39 468
13:39-42 465
13:41 349, 585, 697, 782, 1204
13:44 779
13:46 779
13:47-50 779
13:55 764
14:14 320, 721
14:22-23 690
14:22-33 301, 426
14:35-36 470
15:2-3 586
15:13 1229
15:18-19 640
15:32 721
16 934
16:13-19 30
16:14 934
16:15-17 687
16:16 934
16:17 935, 1229
16:17-20 236
16:18 1037, 1040, 1047, 1050, 1054
16:18-19 1047, 1185
16:19 1050, 1082
16:22 275
16:23 637
16:26 537
16:28 723
17:1-8 1236
17:12 820
17:15 469
17:15-18 470
17:19-20 470
18:1-5 637
18:3 650, 1108
18:6 948, 1098, 1108
18:8 1044, 1240
18:10 1229
18:14 1229
18:15-17 1060, 1088
18:17 582, 1037, 1044, 1054
18:19 1229
18:20 1126
18:23-35 321
18:35 1229
19:4 391
19:4-5 238
19:4-6 132
19:5 1135
19:8 391, 421
19:13-15 1108
19:14 349, 650, 1098
19:16-25 870
19:16-30 1019
19:23-26 348
19:24 349
19:26 300, 301, 771, 870, 954
19:28 782, 951, 1204
20:13-15 925
20:20-28 637
20:27 132
20:28 807, 820, 827, 841, 843, 1072
20:34 721
21:4 372
21:11 778
21:25 1229
21:29 944
21:31 349
21:32 944
21:33-41 779
21:43 349
21:46 778
22:14 939
22:30 459, 463, 1234
22:32 238
22:36-40 526
22:37-40 509
23 778
23:8 1088
23:10-12 132
23:23 641
23:28 585
24 1220, 1222
24-25 1188, 1195
24:2 228, 1196
24:3 1189, 1220
24:3-14 995
24:4 995
24:9 1222
24:11-13 995
24:12 585
24:12-13 1002
24:13 1066
24:14 844, 1196, 1209
24:15 1192
24:15-31 412
24:21 391, 1192, 1222
24:27 1188
24:29 1192, 1222, 1229
24:29-31 1222, 1225
24:29-35 1203
24:30 349, 1004, 1188, 1192, 1193, 1231
24:31 465, 1204
24:34 723
24:35 1228
24:36 458, 461
24:36-39 1221
24:36-44 1190
24:37 1188, 1192
24:37-39 790
24:39 1188
24:42 1188
24:43 1221
24:44 1188
24:45-51 1196, 1221
24:50 1190
25 336
25:1-13 1192
25:5 1196
25:6 1224
25:8-10 1192
25:13 1190, 1221
25:14-30 611, 1233
25:19 1196
25:31 349, 461, 793, 1004, 1189, 1231
25:31-33 1204
25:31-40 333
25:31-46 697, 702, 1006, 1018, 1053, 1063, 1193, 1203, 1205
25:32 1204
25:34 391
25:34-40 627
25:37-39 1018
25:40 335, 1018
25:41 471, 1025, 1240
25:41-46a 627
25:44 1018
25:45 1018
25:46 1025, 1237, 1240, 1241
25:46b 627
26:6-13 561
26:10-13 561
26:24 1025
26:25 722
26:26 1122
26:26-28 960, 1113
26:29 1234
26:34 722
26:36 720
26:37 721
26:39 531
26:40-41 720
26:42 424
26:53 460
26:56 372
26:63-65 349, 350
26:64 793, 1189
26:65-66 699
26:68 787
27:3 945
27:4 731
27:5 256
27:19 731
27:32 1224
27:42 948
27:46 348
27:50 538
27:54 216
28:2 1229
28:3 461
28:18 1045, 1058, 1079
28:18-20 131, 1209
28:19 350, 710, 844, 871, 873, 946, 1057, 1095, 1100, 1102
28:19-20 236, 297, 352, 1045, 1079, 1101
28:20 780, 793, 958, 1046, 1058, 1061, 1126, 1191

**Marcos**
Libro de 763, 1065
1:10 882, 1109
1:12 882

1:14-15 *1065*
1:15 *948*
1:16-20 *939*
1:24 *469*
1:26 *469*
1:34 *469, 470*
2:7 *697*
2:8-11 *697*
2:19-20 *820*
3 *762*
3:5 *721*
3:20-30 *687*
3:21 *762*
3:22 *468*
3:22-30 *468*
3:27 *1208*
3:29 *874, 1025*
3:31 *762*
3:33-35 *763*
5 *469*
5:3 *948*
5:5 *469*
5:7 *469*
5:9 *469*
5:10 *469*
5:36 *948*
6:3 *764*
6:5-6 *470*
6:6 *721*
6:8 *255*
6:13 *470*
7:24-30 *851*
8:18 *273*
8:32-33 *97*
8:35 *490*
8:36 *915*
8:38 *461, 1231*
9:1 *722*
9:2-8 *1236*
9:14-29 *851*
9:19 *97*
9:20 *469*
9:21 *722*
9:23-24 *470*
9:24 *602*
9:25 *470*
9:33-37 *637*
9:34 *97*
9:43 *1185*
9:48 *1185*
10:13-16 *1097, 1108*
10:14 *721, 1098*
10:15 *1108*
10:17-31 *564*
10:35-45 *637*
10:45 *807, 820, 827, 841*
12:13-17 *530*
12:17 *348*
12:23 *1200*
12:24-27 *348, 1197*
12:25 *1234*
12:26 *722*
12:26-27 *1197*
12:28-31 *526*
12:28-34 *509*
13:10 *373, 1066*
13:13 *1002*
13:19 *1222*
13:20 *349*
13:24 *1222*
13:26 *1189, 1193*
13:30 *723*
13:32 *709, 1229*
13:32-33 *1190*
13:35 *1190*
14:21 *372*
14:22-24 *960, 1113*
14:26-72 *97*
14:32-42 *721*
14:62 *349*
15:34 *721*
16:5 *460*
16:9-20 *1103*
16:16 *1103*

**Lucas**

1 *753, 757*
1:15 *1098*
1:26 *461*
1:26-38 *464, 756*
1:34 *757*
1:35 *870, 881*
1:38 *770*
1:41-42 *237*
1:41-44 *567*
1:41-45 *561*
1:46-47 *537*
1:46-55 *770*
1:59-79 *237*
2:9 *460*
2:11 *704*
2:13 *1229*
2:14 *1231*
2:15 *1229*
2:24 *563*
2:36-38 *561*
2:49 *373*
3:16 *881*
3:22 *882*
3:59-79 *237*
4:1 *882*
4:1-2 *882*
4:14 *882*
4:16 *723*
4:18 *563*
4:21 *563*
4:22 *764*
4:25 *1229*
4:40-41 *470*
4:41 *469*
5 *428*
5:8 *1248*
5:24 *430*
6:8 *722*
6:9 *1171*
6:12 *723*
6:20 *564*
6:27 *1013*
6:29 *1013*
6:35 *1013*
7:9 *721*
7:21 *459*
7:22 *564, 687, 1065*
7:35 *966*
7:36-50 *1018, 1019*
7:44-48 *1019*
7:47 *947*
7:50 *1019*
8 *469*
8:2 *459*
8:14 *564*
8:28 *469*
8:30 *469*
8:50 *948*
9:1 *470*
9:3 *255*
9:26 *460*
9:27 *723*
9:28-36 *1236*
9:39 *469*
9:46-48 *637*
9:47 *722*
9:52 *458*
10:17-20 *468*
10:18 *470, 1161*
10:21 *883, 903*
10:26-27 *526*
10:27 *537*
10:27-28 *509*
11:10 *427*
11:14-23 *468, 687*
11:15 *468*
11:19 *468*
11:26 *459*
11:50 *391*
12:4 *538*
12:4-5 *1171*
12:50 *721*
13:16 *468*
14:14 *1202*
14:23 *939*
14:26 *1171*
15 *317*
15:10 *349, 461, 465, 697*
15:18 *1229*
15:21 *1229*
16:17 *1228*
16:19-31 *542, 789, 1022*
16:26 *1022, 1238*
17:11-19 *851*
17:24 *1229*
18:15-17 *1108*
18:16-17 *1098*
18:17 *1019, 1108*
18:18-30 *1018, 1019*
18:22 *1019*
19:1-10 *939*
19:11-27 *1196*
19:38 *1231*
20:27-40 *1235*
20:34-38 *1197*
20:35 *1219, 1234*
21:1-4 *560*
21:27 *1189, 1193*
21:32 *723*
21:36 *1223*
22:19-20 *960, 1113*
22:22 *372*
22:24-27 *637*
22:28-30 *1204*
22:31-34 *470*
22:32 *783*
22:43 *1229*
22:44 *732*
23:35 *787*
23:37 *787*
23:41 *731*
23:43 *541, 1179, 1185*

23:46 *537, 538, 1179*
23:55-56 *562*
24:1-11 *562*
24:4 *460*
24:19 *778*
24:25-27 *235*
24:28-31 *1201*
24:36-43 *730*
24:39 *724*
24:42-43 *1201*
24:44-45 *235*

**Juan**
1:1 *713, 720*
1:3 *393, 782, 862*
1:9 *41*
1:10-11 *657*
1:12 *970*
1:13 *764, 770*
1:14 *726, 737, 784*
1:18 *749*
1:29 *821*
1:32 *882*
1:33-34 *354*
1:35-51 *939*
1:47-48 *722*
2:11 *948*
2:23 *948*
2:25 *722*
3 *951*
3:3 *884, 951, 1108*
3:4 *952*
3:5 *1014, 1103, 1108*
3:5-6 *884*
3:5-8 *870, 952*
3:6 *953, 1103*
3:7 *951*
3:7-8 *1103*
3:8 *350, 884, 952*
3:13 *698, 738, 778*
3:16 *316, 743, 746, 844, 1025*
3:16-17 *842*
3:17 *820*
3:18 *948*
3:19 *1161*
3:31 *1229*
3:36 *587, 618, 1162*
4 *637*
4:1 *948*
4:6 *422, 719*
4:18 *722*
4:24 *292*
5 *1197*
5:2-18 *700*
5:18 *700*
5:21 *700*
5:25 *1162, 1197*
5:26 *295*
5:27 *1204*
5:28-29 *1025, 1197, 1202*
5:29 *1025, 1219*
5:30 *530*
6 *821*
6:14 *778*
6:32 *821*
6:35 *821*
6:37 *925, 935, 950*
6:38 *530, 819*
6:39-40 *1198*
6:42 *1229*
6:44 *376, 924, 925, 936, 950, 1198*
6:45 *935, 950*
6:48 *821*
6:50 *821*
6:51 *821, 1229*
6:52 *821*
6:53 *960*
6:54 *1198*
6:58 *821*
6:62 *738*
6:65 *925*
6:68-69 *1002*
6:70 *1002*
7:40 *778*
7:52 *778*
7:70 *1002*
8:23 *337*
8:40 *723*
8:41 *760*
8:44 *391*
8:46 *731*
8:48 *1059*
8:58 *698, 746, 778*
8:59 *699*
9 *428*
9:4 *883*
9:17 *778*
10 *412, 839, 1000*
10:10 *952*
10:11 *424, 839*
10:14 *424*
10:15 *839*
10:17-18 *830*
10:18 *813*
10:26-27 *839*
10:27 *424*
10:27-30 *412, 998*
10:28 *952, 998*
10:28-29 *998*
10:30 *355, 698, 710*
10:34 *235*
10:34-35 *235*
10:35 *237*
10:36 *819*
11:3 *389, 721*
11:14 *722, 1178, 1179*
11:24-25 *1198*
11:25 *700*
11:35 *721*
11:38 *721*
11:42 *840*
11:49-50 *821*
11:50 *828*
12 *210*
12:27 *537, 721*
12:31 *471, 659*
12:32-33 *660*
12:38 *372*
13 *131*
13:14 *131*
13:15 *131*
13:16 *131*
13:21 *537*
13:37-38 *1171*
14 *779*
14-16 *236, 275, 276, 360, 859*
14:1-3 *779*
14:1-7 *276*
14:2 *792*
14:2-3 *885*
14:7-9 *698*
14:8-11 *276*
14:9 *355, 778*
14:12 *275, 779, 792, 793, 884, 959*
14:13-14 *779*
14:15 *973*
14:16 *275, 354, 872*
14:17 *276, 793*
14:18 *1046*
14:18-24 *779*
14:19 *657*
14:21 *973*
14:21a *1057*
14:22 *657*
14:23 *699, 958, 1046, 1126*
14:24 *354*
14:26 *275, 354, 865, 872, 874, 885*
14:27 *779*
14:28 *709, 710*
14:30 *471*
15 *316, 983*
15:1-17 *276*
15:4-7 *1126*
15:5 *983*
15:7 *983*
15:8 *375*
15:9-17 *316*
15:10 *731, 983*
15:11 *316, 983*
15:13 *317, 531, 840*
15:14 *986, 1057*
15:15 *616, 983*
15:16 *935*
15:18-19 *657*
15:25 *235*
15:26 *275, 354, 864, 872, 885*
15:26-27 *275*
16:3 *275*
16:5 *792*
16:7 *275, 354, 793, 872, 884, 1046*
16:8 *275, 874, 1046*
16:8-10 *939*
16:8-11 *350, 950*
16:10 *792*
16:11 *471*
16:13 *275, 780, 870, 872, 1046*
16:13-14 *354, 872, 885*
16:13-15 *354, 780*
16:14 *275, 873*
16:28 *354, 792*
16:33 *659*
17 *530, 737, 846*
17:1 *530*
17:2 *376*
17:3 *314, 709, 710, 821*
17:4 *530, 873*
17:5 *530*
17:6 *376*
17:9 *376, 840*

17:12 *372*
17:13 *721, 783*
17:14 *657*
17:15 *783, 1223*
17:17 *1017*
17:19 *821*
17:20 *783*
17:21 *355, 710, 783*
17:21-22 *530, 737*
17:22 *530*
17:24 *375, 391, 530, 840*
17:25 *657*
18:4 *722*
18:9 *372*
18:14 *821*
18:36 *658, 781*
19:24 *372*
19:28 *372*
19:30 *538*
19:34 *720*
19:36 *372*
20:17 *792*
20:21-22 *354*
20:22-23 *1014, 1082*
20:24-29 *730*
20:25 *950*
20:28 *350, 704*
21:9-14 *1234*
21:9-15 *1201*
21:25 *226*

**Hechos**
Libro de los *762, 764, 770, 888, 935, 1063, 1087, 1092, 1104*
1 *1087*
1:1 *780*
1:4-5 *884*
1:6 *1220*
1:6-11 *792*
1:7 *1190*
1:8 *131, 297, 844, 878, 884, 960, 1045, 1057, 1079*
1:9-10 *1192*
1:10-11 *1230*
1:11 *1189, 1190, 1192*
1:14 *758*
1:16 *227, 373, 878*
1:18 *256, 262*
1:23-26 *418, 1081*
1:24 *704*
2 *891, 1046*
2:1 *1049*
2:4 *237*
2:5 *1049*
2:16-17 *1161*
2:16-21 *373, 878*
2:17 *562, 878, 1049*
2:20-21 *704*
2:22 *724, 1049*
2:22-36 *94*
2:23 *370, 373, 377, 379, 383, 419, 585*
2:24-28 *373*
2:24-32 *1197*
2:27-31 *788*
2:31 *1185*
2:33 *353, 873, 1004*
2:33-36 *793*
2:35 *238*
2:36 *421, 709, 710*
2:37 *1053*
2:37-41 *1102*
2:38 *353, 873, 941, 945, 1014, 1053, 1100, 1104*
2:39 *1099*
2:41 *1046, 1097*
2:44-45 *1046*
2:47 *704, 1046, 1053*
3:10-12 *704*
3:12-26 *1053*
3:13-15 *1004*
3:17 *579*
3:17-26 *1104*
3:18 *228*
3:19 *942, 1104*
3:19-21 *1189*
3:21 *228*
3:22 *778*
4-5 *23*
4:7-12 *1053*
4:8-12 *1104*
4:12 *1099*
4:25 *228, 238, 878*
4:27-28 *373, 377*
4:28 *370*
4:31 *1046*
4:32 *1046, 1092*
4:32-33 *1136*
4:33 *1046*
4:34-35 *1046*
5 *869, 1053, 1054, 1060*
5:1-11 *997, 1203*
5:3 *350, 468, 869*
5:3-4 *350, 874*
5:4 *350*
5:11 *1039*
5:19 *464*
5:31 *793, 1004*
6 *1087, 1092*
6:3 *1080, 1081*
6:6 *1080*
7 *259*
7:4 *239*
7:6 *255, 259*
7:38 *1054*
7:51 *874, 989*
7:53 *464*
7:56 *1174*
7:59 *1174, 1179*
7:60 *1178*
8 *891*
8:1 *1039*
8:7 *469*
8:12 *1102*
8:17 *1014*
8:26 *464*
8:36 *1109*
8:36-38 *1097*
8:38-39 *1109*
8:39 *704*
9:1-19 *939*
9:4-7 *943*
9:9 *943*
9:17-18 *943*
9:31 *704, 1039*
9:42 *948*
10 *891*
10:3-7 *464*
10:9-16 *558*
10:11-13 *1047*
10:14 *1047*
10:17-33 *558*
10:17-48 *1047*
10:22 *461*
10:34-35 *558*
10:36 *704*
10:38 *468*
10:42 *370, 1204*
10:43 *948, 1099*
10:44-48 *558, 1108*
10:48 *1097, 1107*
11:13 *464*
11:14 *1097, 1107*
11:17 *948*
11:19 *423*
11:21 *704*
11:22 *1039*
11:30 *1081*
12:1 *1039*
12:5 *1039*
12:6-11 *464*
12:7-11 *462, 464*
12:15 *465*
12:20-23 *509*
13:1 *1039*
13:1-3 *1087*
13:10-12 *704*
13:16-41 *208*
13:32-37 *1197*
13:34 *238*
13:34-35 *788*
13:36 *1178*
13:48 *376, 926, 935*
14:2 *587*
14:15 *393*
14:15-17 *194*
14:16 *420*
14:17 *318*
14:22 *1222*
14:23 *1039, 1079, 1081, 1087, 1088*
14:24 *420*
14:26 *420*
14:28 *420*
14:27 *1039, 1087*
15 *1084*
15:1-2 *1100*
15:2-3 *1087*
15:22 *1087, 1092*
15:26 *537*
15:28 *873*
15:38-41 *237*
15:41 *1039*
16:5 *1039*
16:14 *704, 939, 943*
16:15 *1097, 1107*
16:25-34 *1070*
16:30 *943, 1053, 1104*
16:31 *131, 941, 948, 1053, 1104*

16:31-33 *1099*
16:31-34 *1097, 1107*
16:33 *1107*
17 *558*
17:16-34 *1070*
17:22-31 *194*
17:23 *197, 558, 1021*
17:24 *292, 393, 558, 704*
17:24-25 *297*
17:24-29 *971*
17:25 *295, 558*
17:26 *179, 301, 370, 373, 417, 558*
17:27-28 *327*
17:28 *194, 516*
17:29 *971*
17:30 *579, 636, 844, 928, 946*
17:31 *370, 1203, 1204*
17:32-34 *196*
17:34 *456*
18 *1061*
18:8 *1097, 1102, 1107*
18:26 *704, 1061*
19 *891*
19:1-7 *1102*
19:4 *948*
19:9 *587*
19:11-12 *237*
19:12 *459, 469*
19:32 *1037*
19:39 *1037*
19:41 *1037*
20:17 *1081, 1087*
20:19 *704*
20:28 *840, 1082, 1087*
21:9 *562*
21:14 *704*
21:21 *587, 1100*
22:16 *1014, 1106*
22:19 *948*
23:3 *585*
23:6 *1198*
23:8-9 *459*
24:14-15 *1202*
24:21 *1198*
24:25 *1203*
27:23 *464*
28:15 *1224*

**Romanos**
Libro de *584*
1 *189, 193, 196, 1021*
1-2 *195*
1:1-4 *1068*
1:3 *765*
1:3-4 *1068, 1069*
1:7 *939*
1:13 *579*
1:15 *190, 193, 1070*
1:16 *193, 1067, 1069, 1070*
1:16-17 *1017*
1:17 *193*
1:18 *190, 193, 618, 822, 824*
1:18-23 *934*
1:18-32 *188, 190, 193, 640*
1:18-3:20 *354*
1:18b *193*
1:19 *193*
1:19-20 *194*
1:20 *179, 193, 198, 391*
1:21 *193, 195, 620, 630, 641*
1:21-22 *193*
1:24 *420*
1:25 *193*
1:26 *420*
1:26-27 *641*
1:27 *581*
1:28 *420*
1:30 *587*
2 *193, 196, 1021*
2:1-16 *197*
2:3 *702*
2:3-16 *1184*
2:4 *320*
2:5 *618, 824, 1025, 1203, 1237*
2:8 *824*
2:11-16 *180*
2:12 *585, 1205*
2:14 *196*
2:14-15 *194*
2:14-16 *193*
2:15 *640*
2:16 *1068*
2:23 *586*
2:25 *586*
2:27 *586*
2:28-29 *989, 1049*
2:29 *1042, 1105*
3 *195, 196, 635, 636*
3:1-23 *924*
3:9-11 *934*
3:9-20 *951, 1016*
3:12 *644*
3:19 *235*
3:20 *985*
3:21-8:1 *354*
3:21-26 *822*
3:23 *635, 637*
3:25 *823, 1017*
3:25-26 *824*
3:26 *831, 965*
3:28-30 *1018*
3:29 *1049*
3:31 *985*
4:3 *1018, 1019*
4:5 *949, 965*
4:9 *1018*
4:11 *1049*
4:12 *1018*
4:13-18 *1099*
4:15 *586, 824*
4:16 *1049*
4:17 *392*
4:18 *1049*
5 *492, 496, 506, 644, 651*
5:1 *972*
5:1-5 *1092*
5:3 *1222*
5:6-8 *827*
5:6-10 *317*
5:8 *317, 823, 845, 972*
5:8-10 *618*
5:9 *823, 824, 1222*
5:9-10 *1005*
5:10 *317, 972*
5:12 *624, 625, 637, 644, 649, 650, 664, 769*
5:12-19 *647, 648*
5:12-21 *128, 496, 648*
5:13 *985*
5:14 *586, 650*
5:15 *644, 649, 724, 1026*
5:15-19 *1026*
5:16 *644*
5:17 *644, 649, 650, 724, 1026*
5:18 *644, 845, 1025, 1026*
5:19 *581, 644, 724, 1026*
5:20 *985*
6:1-2 *968*
6:1-11 *952, 1095, 1096, 1106*
6:3 *1096*
6:3-4 *832, 1106*
6:3-5 *1096, 1106, 1109*
6:4 *627, 958, 1004*
6:5 *1096*
6:6 *641, 1109*
6:6-8 *835*
6:11 *908*
6:12 *641*
6:17 *629, 641*
6:23 *313, 624, 627, 629, 637, 817, 968, 1172, 1240*
7 *980*
7:5 *640*
7:7 *985*
7:7-8 *599*
7:12 *985*
7:14 *985*
7:18 *612*
7:18-19 *981*
7:22 *985*
7:23 *640*
7:24 *641*
7:25 *985*
8 *448, 886, 979, 1005*
8:1 *835, 962*
8:1-17 *969*
8:2 *629, 886*
8:2-30 *354*
8:3 *822*
8:3-4 *985*
8:4 *886, 979*
8:5 *886, 979*
8:7 *618*
8:9 *886, 979*
8:9-11 *961, 1123*
8:10 *641*
8:11 *871, 886, 1198, 1199*

8:13 *641, 886, 979*
8:14 *886, 979*
8:14-16 *972*
8:15-17 *886*
8:16 *979*
8:17 *958, 983*
8:18 *447, 1004*
8:18-23 *626*
8:18-25 *195, 664, 667, 902, 1003, 1007*
8:19 *195, 1183*
8:19-23 *1213*
8:19-25 *854, 1195*
8:20 *195, 667*
8:20-23 *850*
8:21 *195, 1007*
8:21-22 *667*
8:23 *195, 1005*
8:26 *469, 874, 994*
8:26-27 *885, 979*
8:28 *370, 373, 422, 446, 845, 922*
8:28-29 *840*
8:29 *370, 373, 378, 379, 423, 446, 516, 531, 709, 929, 930*
8:29-30 *1003*
8:30 *370, 939*
8:31-34 *835*
8:31-39 *994*
8:32 *822, 823, 827, 840, 845*
8:33 *840*
8:33-34 *783, 965, 1006*
8:35 *412*
8:38 *423, 458*
8:38-39 *412, 661, 994, 1006*
9 *922, 926*
9-11 *373*
9:6 *1042*
9:6-18 *922*
9:7-8 *1049*
9:11 *370*
9:11-13 *379*
9:16 *926*
9:18 *379*
9:20-21 *925*
9:20-23 *373*
9:20-24 *379*
9:22 *320, 618, 824, 1025*
9:23 *370*
9:24 *1042*
9:24-25 *1049*
9:24-26 *1042*
9:33 *949*
10:9-10 *30*
10:11 *949*
10:13 *704, 1016*
10:14 *195*
10:14-15 *1016, 1027*
10:16 *1067*
11:2 *378*
11:7-10 *1026*
11:8 *274*
11:10 *274*
11:13-15 *421*
11:15 *828, 1049*
11:21-22 *1026*
11:25 *421*
11:25-26 *1045*
11:26 *1049*
11:28 *1067*
11:29 *939*
11:32 *1024, 1026, 1045*
11:33 *299*
11:34 *374*
11:36 *374*
12 *1092*
12:1-2 *979*
12:2 *962, 1246*
12:3-6 *417*
12:6-8 *887*
12:9 *979*
12:16-17 *979*
12:19 *313, 622, 824*
13:1-7 *1073*
13:4-5 *824*
13:8-10 *986*
14:4 *994*
14:8 *545*
14:10 *1204*
14:11 *704*
14:15 *843, 846*
15:16 *353, 873*
15:19 *870, 1068*
16:2 *562*
16:3-4 *562*
16:5 *1039*
16:6 *562*
16:12 *562*
16:13 *562*
16:15 *562*
16:17 *1044*
16:20 *471*
16:25-26 *1068*

**1 Corintios**

Libro de *249, 354, 374*
1:2 *977, 1039, 1088*
1:4-5 *958*
1:7 *1189, 1194, 1195*
1:8 *1006*
1:9 *315, 939*
1:10-17 *1044*
1:16 *1107*
1:18 *275, 978*
1:20 *657*
1:20-21 *274*
1:21 *657*
1:23 *78, 275*
1:23-24 *939*
1:24 *275*
1:26 *939*
1:27 *657*
1:28 *657*
2:6-16 *939*
2:7 *275, 370, 374*
2:8 *704, 738*
2:9-10 *1234*
2:10-11 *870*
2:11 *274*
2:12 *657*
2:13 *274*
2:13-14 *280*
2:14 *274, 275, 281, 657*
2:14-3:4 *535*
2:16 *275, 374*
3:1-2 *1017*
3:1-9 *1044*
3:2 *1017*
3:14-15 *1236*
3:15 *1182*
3:16 *469*
3:16-17 *350, 583, 863, 870, 1045*
3:19 *274, 657*
4:5 *1184, 1203*
4:6-7 *417*
4:9 *461, 465*
4:15 *1067*
5 *1088*
5:1-2 *1060*
5:1-5 *1054, 1128*
5:3 *537*
5:5 *537*
5:7 *822*
5:12-13 *1044*
5:18 *1178*
6:2 *660*
6:2-3 *1204*
6:9 *581, 584*
6:12-20 *1199*
6:13 *1199*
6:14 *1199*
6:15 *1199*
6:19 *1045, 1199*
6:19-20 *350, 870, 1047*
6:20 *806, 1199*
7:5 *468*
7:7 *570*
7:8 *570*
7:8-11 *1234*
7:25 *570*
7:25-35 *1234*
7:26 *570*
7:27 *570*
7:32-35 *570*
7:39-40 *570*
7:40 *213*
8:4 *347, 348*
8:6 *347, 348, 394*
8:11 *843, 846*
9:12 *1068*
9:14 *1067*
9:16 *1070*
9:21 *585*
9:23 *1067*
9:27 *996*
10:8 *261*
10:9 *714*
10:12 *471, 996*
10:13 *412, 422, 471, 981, 994*
10:15-17 *1117*
10:17 *1119, 1129*
10:32 *1040*
11 *1128*
11:5 *562*
11:7 *515*
11:10 *465*
11:13 *827*
11:15 *827*
11:17-19 *1044*

11:17-22 *1117*
11:18 *1115*
11:20 *1115*
11:21 *1115*
11:22 *1040*
11:23 *213*
11:23-29 *1114*
11:24-25 *1114*
11:26 *1114, 1115, 1116, 1126*
11:27 *591, 1115*
11:27-28 *1127*
11:27-32 *1127*
11:27-34 *1116*
11:28-29 *1115*
11:29 *1115, 1128*
11:30 *1127*
11:32 *660*
12 *871, 1043, 1092*
12-14 *883*
12:3 *940*
12:4-6 *353, 871, 873*
12:4-11 *350, 417, 887*
12:7 *887*
12:11 *874, 887, 892, 1047, 1062*
12:12 *890, 1044*
12:12-13 *1044, 1135*
12:13 *890, 891, 961, 1044, 1045, 1096, 1147*
12:14-21 *887*
12:14-25 *1044*
12:18 *373*
12:22-26 *887*
12:26 *1044, 1060*
12:27 *1043*
12:27-31 *1044*
12:28 *1040, 1082*
12:28-30 *887*
12:31 *888*
13 *317*
13:1-3 *892*
13:8 *889, 891*
13:9-10 *889*
13:9-12 *1231*
13:12 *780, 1006*
14 *887, 1061*
14:1 *888*
14:3-4 *1061*
14:4-5 *1044, 1060*
14:5 *887*
14:12 *887, 1044, 1060*
14:15-17 *1062*
14:17 *1060*
14:18 *888*
14:21 *235*
14:26 *1060*
14:27 *892*
14:28 *892*
14:33-36 *562*
14:39 *892*
14:40 *1092*
15 *94, 249, 492, 496, 551, 625, 706, 1068, 1169, 1172, 1183, 1198, 1199*
15:1 *1068*
15:1-4 *1068*
15:1-11 *682*
15:2 *1069*
15:3 *1069*
15:3-8 *1068*
15:6 *1178*
15:12-14 *1198*
15:12-19 *730*
15:17 *132, 625*
15:17-18 *1026*
15:18 *1178*
15:20 *705, 1069, 1178*
15:21 *496, 724, 1172*
15:22 *496, 545, 958, 1025, 1026*
15:22-24 *1218*
15:23 *1189, 1218, 1219*
15:24 *458, 664, 1218*
15:26 *442, 664, 1173*
15:37 *1201*
15:38 *373*
15:38-50 *1007*
15:42 *1200*
15:44 *535, 791, 1199, 1200, 1201*
15:45 *496*
15:47-49 *724*
15:50 *538, 1200*
15:51 *1178*
15:51-52 *1007, 1198*
15:54 *1162*
15:54-56 *1169*
15:54-57 *664, 1174*
15:55 *1174*
15:55-56 *625*
15:55-57 *835*
16:2 *1062*
16:19 *1039*
16:22 *714*


**2 Corintios**


Libro de *249, 1184*
1:1 *1039, 1040*
1:18-22 *315*
1:21-22 *353, 873*
2:11 *468*
2:12 *1068*
3:3-18 *1042*
3:13 *274*
3:14-15 *641*
3:16 *274*
3:18 *274, 516, 531*
4:2 *315*
4:3-4 *924, 934*
4:4 *195, 274, 469, 641*
4:6 *392*
4:7 *770*
4:11 *538*
4:11-12 *1170*
4:16 *962*
4:17 *447, 1004*
5 *25, 249, 1183*
5:1-5 *1007*
5:1-10 *1169, 1185, 1198*
5:2-4 *551*
5:3 *1183*
5:3-4 *542*
5:4 *542, 1007*
5:8 *538, 542, 1185*
5:10 *538, 702, 1204, 1205*
5:14 *822*
5:14-15 *842*
5:15 *827, 828*
5:16 *720*
5:17 *952, 953, 957, 959, 1162*
5:18 *1022*
5:19 *746, 800, 822, 940*
5:21 *731, 826*
6:9 *579*
6:14-7:1 *310*
6:15 *468*
6:16 *1041*
6:17-18 *986*
7:10 *657*
8:18 *1067*
9:13 *1068*
10:6 *581*
10:14 *1068*
11:4 *1068*
11:7 *1067*
11:13 *1080*
11:14-15 *469*
12:1-10 *854*
12:7 *469*
12:9 *963*
12:9-10 *427*
13:11 *316*
13:14 *350, 353, 710, 871, 873*
13:20-21 *873*


**Gálatas**


1:2 *1039*
1:6 *1069*
1:6-9 *1068*
1:7 *1068*
1:8 *1070*
1:8-9 *1080*
1:9 *1070*
1:11 *1067*
1:11-24 *1085*
1:12 *1068*
1:15 *242, 373*
1:15-16 *417*
1:15-17 *1081*
1:22 *579*
2:2 *1067, 1068*
2:3-5 *1100*
2:5 *1067*
2:11 *558*
2:11-12 *237*
2:14 *1067*
2:14-21 *237*
2:16 *948*
2:18 *586*
2:20 *746, 827, 908, 952, 958, 959, 963, 1043*
3:1-5 *663*
3:1-14 *1183*
3:1-29 *354*
3:6 *968, 984, 1019*
3:6-9 *197, 558*

3:8 *373*
3:10 *985, 1069*
3:10-11 *196, 968, 972*
3:10-14 *197*
3:13 *823, 826, 828, 835, 1173*
3:13-18 *1099*
3:16 *238*
3:19 *456, 461, 464, 586, 985*
3:19-29 *197*
3:22 *636*
3:23-24 *196*
3:26-27 *1096*
3:27 *561, 1108*
3:28 *559, 561, 571, 1045, 1070*
4:1-7 *354*
4:4 *724, 737, 764, 765, 784*
4:4-5 *373, 818, 970*
4:5 *784*
4:6 *353, 873*
4:8-9 *658*
4:8-5:15 *354*
4:21-22 *235*
5 *886, 979*
5:1-12 *1105*
5:2-6 *1100*
5:3 *985*
5:13-15 *968*
5:13-16 *973*
5:16 *886, 979*
5:16-6:10 *354*
5:16-17 *470*
5:16-24 *612*
5:17 *640*
5:19-21 *592, 640, 886*
5:19-23 *953*
5:22 *886*
5:22-23 *886, 979, 981, 1045*
5:24 *641*
5:24-25 *952*
5:25 *979*
6 *451*
6:1 *1044, 1054*
6:2 *853, 1044, 1060*
6:7 *581*
6:7-8 *451, 623, 817*
6:8 *817*
6:12-13 *1100*
6:14 *660, 730, 952*
6:15 *1100*
6:17 *415*

**Efesios**
1:3-4 *958*
1:4 *374, 391, 1006*
1:4-5 *925*
1:5 *302, 370, 970*
1:5-6 *375*
1:5-8 *319*
1:6-8 *958*
1:7 *823*
1:9 *302, 370*
1:9-10 *1238*
1:10 *1043, 1230*
1:11 *370, 375, 418*
1:11-12 *373*
1:12 *375*
1:13 *1069*
1:13-14 *375, 1005*
1:14 *872*
1:18 *274, 939*
1:20 *792*
1:20-22 *793*
1:22-23 *1040, 1043, 1135*
2 *657*
2:1 *790, 952, 953*
2:1-2 *643, 1171*
2:1-3 *924*
2:1-10 *953*
2:2 *587, 636, 657, 658*
2:3 *636, 657, 824*
2:5 *643, 790, 952, 958*
2:5-6 *953*
2:6 *952*
2:7-9 *319*
2:8-9 *643, 968, 1017, 1183*
2:8-10 *375*
2:10 *370, 376, 953, 958, 968*
2:13 *823*
2:14 *558*
2:14-16 *1135*
2:15 *1045*
2:16-18 *738*
2:19 *1134*
2:20-22 *1134, 1135*
2:21-22 *1045*
3:9 *393*
3:10 *461, 1040*
3:11 *370, 374*
3:14-17 *873*
3:14-19 *277, 353*
3:21 *298, 1040*
4 *1133*
4:1 *977, 1133*
4:3 *1133*
4:4 *1040*
4:4-6 *1044, 1133, 1135*
4:5 *1136*
4:6 *340*
4:8 *788*
4:8-10 *787, 788, 792*
4:9 *788*
4:10 *788*
4:11 *887, 1061*
4:11-12 *1082*
4:11-14 *1136*
4:12 *1059*
4:13 *980, 981*
4:14 *581*
4:15-16 *1044*
4:16 *1060, 1133*
4:18 *579*
4:18-19 *640*
4:23-24 *516*
4:27 *469*
4:29 *1060*
4:30 *874*
4:32 *972*
5:2 *822, 823*
5:6 *587, 824*
5:14 *942*
5:18 *635, 892*
5:23 *1040*
5:24 *1040*
5:25 *840, 1040*
5:25b-27 *1042*
5:26 *978, 1014*
5:27 *311, 1040*
5:31 *1135*
5:32 *961, 1040*
6:1-3 *565*
6:2 *986*
6:10-20 *470*
6:11 *468*
6:12 *458, 459, 469, 662*
6:15 *1069*
6:17 *1017*
6:19 *1068*

**Filipenses**
1:5 *1067*
1:6 *953, 978, 994*
1:7 *1067, 1070*
1:9-11 *1006*
1:12 *1067*
1:16 *1067, 1070*
1:19-26 *1169, 1185*
1:20-23 *1174*
1:23 *1185*
1:27 *1067, 1068*
1:29 *948*
2 *348, 782*
2:2 *1133*
2:3 *132*
2:3-4 *1133*
2:3-5 *632*
2:5-8 *1074, 1133*
2:5-11 *348, 349, 702*
2:6 *348, 702, 745, 747*
2:6-7 *747, 784*
2:6-11 *349*
2:7 *702, 736, 745, 747, 1072*
2:8 *1072*
2:9-11 *782, 792*
2:10-11 *269, 793, 1024, 1026, 1238*
2:11 *704*
2:12-13 *746, 979*
2:13 *302*
2:15 *659*
2:22 *1067*
3:3 *1042*
3:8-10 *963*
3:8b-11 *983*
3:11 *1202, 1219*
3:14 *939*
3:20-21 *1006, 1184, 1189, 1199*
3:21 *1004*
4:3 *1067*
4:5 *1195*
4:11 *412*
4:12 *412*
4:13 *412, 963*
4:15 *1067*
4:19 *412, 973*

**Colosenses**
1:5 *1068, 1230*
1:9 *275*
1:13-14 *738*
1:13-23 *1135*
1:15 *701, 709, 710, 1043*
1:15-16 *1135*
1:15-20 *701*
1:16 *375, 393, 458, 459, 662, 1043*
1:17 *410, 611, 701, 782, 1135*
1:18 *782, 1040, 1043, 1135, 1198*
1:19 *373, 701*
1:19-20 *1025, 1026, 1135*
1:20 *823*
1:21 *618*
1:21-23a *996*
1:22 *1006*
1:23 *1067, 1068, 1069*
1:24 *1040*
1:26-27 *961*
1:27 *958, 1043, 1191*
2 *661, 662*
2:8 *657, 661*
2:9 *702, 746, 747*
2:9-10 *1043*
2:11-12 *1100, 1105*
2:13 *643, 790*
2:13-15 *663*
2:14 *662*
2:15 *458, 662*
2:16-19 *662*
2:19 *1043*
2:20 *661, 958*
3:1 *958*
3:4 *1183*
3:6 *587, 824*
3:9-10 *978*
3:10 *516*
3:11 *1045*
3:14-15 *1135*
3:25 *584*
4:15 *1039*

**1 Tesalonicenses**
Libro de *537*
1:1 *1039*
1:4 *1041*
1:5 *236, 277*
1:9 *295, 314*
1:10 *824, 1222, 1229*
2:2 *1068*
2:4 *1067*
2:9 *1068*
2:12 *939*
2:13 *236, 277*
2:16 *824*
2:18 *469*
2:19 *1189*
3:2 *1068*
3:3 *1222*
3:5 *468*
3:13 *310, 1189*
4 *1156*
4:7 *310*
4:13 *1156*
4:13-15 *1178*
4:13-16 *1198*
4:14 *1198*
4:15-16 *1189*
4:15-17 *1194*
4:16 *459, 462, 958, 1190, 1193, 1219, 1229*
4:16-17 *465, 1184*
4:17 *1219, 1223, 1225, 1229*
4:18 *1156, 1221*
5:2-3 *1192*
5:9 *824, 1220, 1222*
5:10 *823*
5:12 *1084*
5:19 *874*
5:23 *535, 537, 978, 1189*
5:24 *315*

**2 Tesalonicenses**
1:5-2:12 *1184*
1:6-7 *1194*
1:7 *1189, 1229*
1:8 *1069, 1222*
1:9 *1025, 1237, 1240*
1:10 *1189*
2 *420*
2:1 *1189*
2:1-12 *585*
2:3 *587*
2:8 *585, 1189, 1194*
2:9-12 *581*
2:10-12 *420*
2:13 *391*
2:13-14 *353, 873, 1041*
2:14 *939*

**1 Timoteo**
Libro de *843, 1026, 1037*
1:6 *1001*
1:6-7 *1001*
1:9 *585*
1:16 *949*
1:17 *292*
1:19-20 *997, 1001*
2:3-4 *928*
2:5 *724, 792, 1092*
2:5-6 *347, 348*
2:6 *827, 843*
2:14 *586, 769*
3 *1128*
3:1-2 *1081*
3:1-13 *1090*
3:2 *570*
3:12 *570*
3:16 *724, 737, 745, 787, 788, 792, 1004*
4:1 *581, 587*
4:2 *630*
4:10 *842, 847, 1024, 1026*
4:14 *1080*
5:17 *1083*
5:21 *465, 862*
6:10 *564*
6:14 *1189, 1195*
6:15-16 *292*

**2 Timoteo**
Libro de *1037*
1:6 *1014*
1:8 *1067*
1:9 *370, 374, 939*
1:10 *374, 1069*
1:12 *994*
2:2 *1061*
2:8 *1068*
2:12 *963*
2:13 *315*
2:16-18 *997*
2:17-18 *1001*
2:18 *1001, 1199*
2:19 *1001, 1053*
2:25-26 *641*
2:26 *468*
3:2 *587*
3:2-4 *641*
3:2-5 *640*
3:13 *581*
3:15 *227*
3:15b-17 *1016*
3:16 *227, 235, 244, 871, 879*
3:17 *227*
4:1 *702, 1189, 1204*
4:8 *1184, 1189, 1195*
4:10 *997*
4:11 *234*

**Tito**
Libro de *1037*
1:2 *314*
1:5 *1088*
1:5-9 *1090*
1:6 *570*
1:7 *1081*
1:15 *640*
2:11 *319, 844*
2:13 *1004, 1189, 1195, 1221*
2:14 *978*
3:3 *319, 581*
3:4-7 *319*
3:5 *871, 951, 952, 1014, 1100, 1104*

**Filemón**
Libro de *213*
13 *1067*

**Hebreos**
1 *349*
1:1-2 *212, 215*
1:1-3 *223, 780*
1:2 *349, 701*
1:3 *410, 701, 780, 792*
1:4 *780*
1:4-2:9 *701*
1:5 *349, 459, 743*
1:5-2:9 *460*
1:6-7 *238*
1:8 *701, 782*
1:10 *391, 394*

1:10-12 *870*
1:13 *459*
1:14 *458, 459, 465, 862*
2:1 *996*
2:2 *464, 586*
2:2-3 *581*
2:3-4 *889*
2:9 *827, 843, 1025, 1026*
2:14-15 *471*
3:1 *939, 1232*
3:1-6 *701*
3:2 *709*
3:3-6 *780*
3:8-16 *588*
3:10 *581*
3:11 *1232*
3:12 *587*
3:12-14 *996*
3:18 *587, 1232*
4:3 *391*
4:6 *587*
4:7 *370*
4:9-11 *1232*
4:12 *535, 1017*
4:13 *299*
4:14 *792*
4:14-5:10 *701*
4:14-16 *132, 1092*
4:15 *234, 531, 625, 731, 733*
5:2-3 *581*
5:5 *743*
5:12-13 *1017*
5:12-14 *1017*
6 *998, 1000*
6:1 *643*
6:4-6 *996, 998, 1000, 1025*
6:4-6a *998*
6:4a *999*
6:9 *1000*
6:10 *1000*
6:11 *995, 1000*
6:11-12 *996*
6:13-18 *1099*
6:18 *302, 314*
7 *567*
7:9-10 *567*
7:21 *132*
7:24 *132*
7:25 *132, 783, 793, 994*
7:26 *731*
9:1-10 *133*
9:6-15 *825*
9:7 *579*
9:8 *825*
9:10 *1101*
9:12 *133, 825*
9:14 *643, 731, 870*
9:15 *586*
9:23-10:25 *961*
9:24 *783, 792, 1230*
9:26 *391*
9:27 *415, 510, 545, 624, 629, 854, 1169, 1180, 1203, 1204*
9:28 *826, 1190*
10:5 *724, 825*
10:5-18 *825*
10:10 *825*
10:10-13 *825*
10:11 *825*
10:12 *793, 825*
10:22 *995*
10:25 *1062*
10:26-27 *996*
10:27 *1203*
10:29 *843*
10:30 *622*
11 *981*
11:3 *392*
11:6 *30, 295, 948*
11:17-19 *72*
11:19 *423, 1197*
11:31 *587*
12:2 *447, 721*
12:5-9 *971*
12:5-11 *973*
12:6 *623*
12:6-11 *423*
12:7 *973*
12:17 *945*
12:22 *460*
12:22-24 *1233*
12:23 *1040, 1204*
13 *825*
13:10-13 *825*
13:17 *1084*
13:20-21 *978, 980*

**Santiago**
1:13 *255, 309, 610, 732*
1:14 *420*
1:14-15 *610*
1:17 *302, 971*
1:18 *952, 953*
1:23-25 *1017*
1:27 *658, 986, 1063*
2:1 *704*
2:1-11 *1063*
2:4-5 *564*
2:9 *313, 571, 586*
2:10 *591*
2:11 *586, 985*
2:15-17 *1064*
2:17 *969*
2:18 *1019*
2:18-26 *1016, 1018, 1019*
2:19 *347*
2:20 *1019*
2:21-23 *1019*
2:26 *969, 1171*
3:9 *516*
3:9-10 *528*
4:1-2 *631*
4:3 *658*
4:4 *618, 658*
4:7 *469*
5:8-9 *1195*
5:14-15 *893*
5:14-16 *1014*
5:16 *426*
5:17-18 *909*

**1 Pedro**
Libro de *1037*
1 *379*
1:1-2 *354, 930, 935*
1:2 *350, 379, 871, 873*
1:3 *952, 953, 1071*
1:3-5 *993, 1005*
1:3-9 *1198*
1:4-5 *1230*
1:6 *412*
1:6-7 *447*
1:6-9 *423*
1:7 *412, 1189, 1190*
1:8 *948*
1:11 *779*
1:12 *461*
1:13 *1189, 1190*
1:14 *579*
1:20 *379, 391*
1:20-21 *354*
1:21 *1004*
1:23 *952, 953, 1016, 1017*
1:25 *1016*
2:5 *1045, 1134*
2:6 *949*
2:8 *587*
2:9 *977, 1134*
2:13-17 *1073*
2:21 *797, 798*
2:22 *731*
2:24 *798, 826, 853*
3:1 *587*
3:15 *704*
3:18-19 *787, 788, 789, 790*
3:19 *789*
3:20 *320, 587, 789*
3:21 *1100, 1104*
3:22 *793*
4:4-6 *787, 790*
4:6 *790*
4:11 *887*
4:12 *412*
4:13 *412, 963, 1194*
4:17 *587*
4:19 *315*
5:1 *1005*
5:4 *1005*
5:5 *565*
5:8 *468*

**2 Pedro**
Libro de *584, 1037*
1:10 *939, 995*
1:16 *1190*
1:19 *235, 1017*
1:19-21 *235*
1:20 *235*
1:20-21 *227, 244*
1:21 *228, 871, 878*
2 *468*
2:1 *843, 847*
2:1-2 *997*
2:4 *467, 468, 1204*
2:8 *585*
2:9 *468*
2:10-22 *468*
2:11 *461*
3:3-4 *1192*
3:4 *391, 1190*
3:7 *1203*

3:9 *320, 383, 844, 928, 1242*
3:12 *1190*
3:15 *320*
3:16 *236*

**1 Juan**
Libro de *724, 995, 1037*
1 *981*
1:1 *216, 391, 720*
1:8 *581*
1:8-10 *980*
1:9 *303*
2:1 *872*
2:1-2 *738, 843*
2:2 *847*
2:6 *797*
2:7-11 *321*
2:13 *468, 471, 1098*
2:13-14 *391*
2:15 *659*
2:15-17 *659*
2:16 *420, 611, 659*
2:17 *659*
2:18 *1222*
2:22 *1222*
2:28 *1190*
2:29 *952, 953*
3:1a *971*
3:2 *585, 780, 1006, 1231*
3:3-6 *982*
3:4 *585, 982*
3:5 *731*
3:6 *982*
3:7 *581*
3:8 *391, 468, 471*
3:8-10 *461*
3:9 *995*
3:11-18 *321*
3:12 *468*
3:17-18 *1064*
4:1 *948*
4:2 *354, 738*
4:2-3 *30*
4:2-3a *713, 724*
4:3 *1163, 1222*
4:4 *471*
4:4-5 *659*
4:6 *236, 581*
4:8 *316*
4:10 *831, 836*
4:13-14 *354*
4:14 *738, 843*
4:15 *738*
4:16 *316*
5:1 *952, 953*
5:4 *952, 953*
5:4-5 *659*
5:5 *738*
5:7 *351*
5:10 *948*
5:13 *948, 995*
5:18 *468, 471*
5:19 *636, 658*
5:20 *275, 314*

**2 Juan**
Libro de *1037*
7 *581, 1223*

**3 Juan**
Libro de *1037*

**Judas**
Libro de *584, 1037*
6 *467, 1204, 1240*
7 *1240*
9 *459, 462*
14 *239*
21 *1195*
24 *1006*
25 *298*

**Apocalipsis**
Libro del *212, 242, 1062, 1154, 1155, 1172, 1214, 1215*
1-3 *1039*
1:5 *1198*
1:8 *298*
1:14 *461*
1:15 *1198*
2-3 *1089*
2:10 *471*
3:7 *314*
3:10 *1223, 1225*
3:14 *391*
3:21 *793, 1204*
4:8 *461*
4:11 *375, 389, 704*
5:9 *558*
5:11 *460*
5:11-12 *464*
6:10 *314*
6:16-17 *1222*
7:11 *464*
7:14 *1222*
8:1-4 *464*
8:6-9:21 *465*
9:1-2 *1237*
9:11 *1237*
10:6 *393*
12 *471*
12:3 *468*
12:9 *468, 469, 581*
12:10 *468*
13:8 *391*
14:6 *461*
14:10 *461, 1222*
14:10-11 *1237*
14:11 *1240*
15:4 *311*
16:1-17 *465*
16:14 *459*
16:19 *1222*
17:8 *391*
19 *1232*
19:1-4 *1232*
19:5 *1232*
19:6-8 *1232*
19:9 *1234*
19:11-14 *465*
19:12 *461*
19:15 *1222*
19:16 *704*
19:20 *628*
20 *471, 627, 1214, 1215, 1218, 1219*
20:2 *471, 1215*
20:3 *581*
20:4 *1204, 1212, 1215, 1216*
20:4-6 *1198, 1211, 1214, 1216*
20:5 *1212, 1216*
20:6 *548, 628, 1172, 1215*
20:7-10 *1006*
20:8 *469*
20:10 *469, 471, 1231, 1240*
20:11-15 *1203*
20:13 *1198*
20:13-14 *628*
20:14 *628*
20:14a *1175*
21:1-2 *1007*
21:3 *1230*
21:3-4 *1174*
21:4 *1231, 1236*
21:5 *1007*
21:6 *298*
21:8 *1025, 1172, 1237*
21:18-21 *1231*
21:23 *1231*
22:1 *793*
22:3 *1233*
22:5 *1231*
22:9 *461*
22:13 *298*
22:18-19 *236*

# Índice temático


Abandono. *Ver* Perseverancia
Abbott-Smith, G. *263, 581, 853, 933, 948, 977*
Abelardo, Pedro *182, 798, 798–799, 806, 809, 828*
Abominación, como término que enfatiza el carácter del pecado *589*
Aborto *568–569*
Abraham *72, 207, 567, 635, 950*
Actos declarativos (Searle) *154*
Actos de Dios, como elemento permanente del cristianismo *119–120*
Actos proposicionales del habla (Searle) *154*
Adán y Eva
  y el pecado original *647–652*
Adaptación
  como característica de la iglesia *1073–1074*
Addison, James *1177*
Adecuación
  como criterio para las unidades del lenguaje *149*
Adherencia
  a las enseñanzas de un líder, como factor en la religión *20–21*
Administración
  como don del Espíritu Santo *879–880*
Adopción
  beneficios de la *972–974*
  naturaleza de la *970–971*
  y la buena voluntad del Padre *974*
  y la justificación *970–974*
  y providencia *972*
  y reconciliación *972*
  Adopcionismo *743–744*
  Adoración
  como función de la iglesia *1062–1063*
  de los redimidos en el cielo *1231–1232*
Adventistas del séptimo día *1178*
Afiliación de las congregaciones locales *1086*
Agape *296, 316*. *Ver también* Dios, amor de
Agitación
  como término que resalta las consecuencias del pecado *590*
Agustín *35, 41, 136, 160, 251–252, 280, 361–362, 592, 625, 645–646, 646, 648, 649, 809, 861, 918, 919–920, 921, 922, 949, 1050, 1153, 1172, 1182, 1208*
Alejamiento existencial (Tillich), como fuente de pecado *602–604*
Alejandro *997, 1001*
Alford, Henry *1212*
Alianza cristiana y misionera *849*
Alianza evangélica *1140*
Allen, Diogenes *164, 164–165, 165*
Allis, Oswald T. *87*
Alma *534–553*
  glorificación del *1005–1006*
  inmortalidad del *1177*
  origen del *500, 550, 648*
  sin cuerpo *1216*
Alston, William P. *18*
Althaus, Paul *682, 684, 704, 706*
Altizer, Thomas J. J. *124, 126, 333, 691, 910*
Ames, Edward Scribner *334*
Amigos *1089*
Amilenarismo *1213–1217*
  y el Libro del Apocalipsis *1214–1215*
  y su concepto de profecía *1217*
Amor
  al prójimo *1063–1064*
  como analogía de la Trinidad (Agustín) *362*
  como elemento esencial de la humanidad *530*

como esencia de la ley *984*
de Dios *206, 290, 291, 316–321*
de Dios, como lo requiere el Shema *347*
de Dios, como se manifiesta en la encarnación *317*
de Dios, como se manifiesta en la expiación *781, 798–800, 833*
de Dios, inseparabilidad del *412*
de Dios, que se manifiesta al buscar a los pecadores *317–318*
de Dios, visto por Nels Ferré *1023–1027*
de Dios, y el concepto de infierno *1023–1025, 1237, 1240–1241*
de Dios y la incapacidad de amar a otros *632*
de Dios y su justicia *321–323*
de Jesús por los humanos *530*
falta de *632*
Ana *125*
Anabaptistas *1178*
Análisis de verificación *136–141*
Análisis funcional *50, 141–144*
Analogia fidei *73*
Ananías y Safira *997*
Anciano *1080, 1081–1085, 1087, 1088, 1091*
dirigente *1083*
que enseña *1083–1084*
Anciano que enseña *1083–1084*
Ancianos dirigentes *1083*
Ancianos, los *564–566*
Ángel del Señor *463–464*
Ángeles *453–471*
actividades de los *464–466*
apariencia de los *460–461*
buenos *458–465*
caídos. *Ver también* Demonios
capacidades y poderes de los *461–462*
guardianes *456, 465*
historia de la doctrina de los *455–457*
malos *466–471*
naturaleza espiritual de los *459*
número de *460*
organización de los *462–463*
origen, naturaleza y estatus de los ángeles buenos *458–460*
papel de la doctrina de los *471*
superioridad de Cristo respecto a los *460*
terminología bíblica para los *458*
términos difíciles asociados con los *463–464*
y desmitologización *457*
Ángel guardián *456, 465*
Angustia (Kierdegaard) *601*
Aniquilacionismo *1239–1241*
Año sabático *563*
Anselmo *184, 185, 311, 786, 798–799, 806, 809, 810–812, 811, 921*
Anticristo *1194*
Antiguo Testamento, tal como se cita en el Nuevo Testamento *258*
Aplicabilidad, como criterio para las unidades del lenguaje *149*
Apócrifa, y la doctrina del purgatorio *1182*
Apokatastasis (Orígenes) *1020*
Apolinar *726*
Apolinarismo *726–728, 768*
Apostatar *996–997*
Apóstoles *1079–1080*
Aprendizaje de idiomas *129*
Aquino, Tomás de *28, 32, 35, 38, 41, 42, 160, 182–183, 186, 194, 435, 443, 455, 456, 517, 921, 1097, 1181, 1182, 1201*
Arcaización *23*
Arcángeles *456. Ver también* Gabriel; Miguel
Archer, Gleason L., Jr. *87*
Argumento antropológico y teología natural *184–185*
Argumento ontológico y teología natural *184–185*
Argumento teleológico y teología natural *183, 187*
Ariel *557*
Aristóteles *42, 63, 359, 396, 542–543, 641, 725*
Arminianismo *377, 378, 382, 444, 646–647, 923, 926, 928–930, 934, 935, 940, 979, 997, 1021*
y su idea sobre la perseverancia *992–995*
Arminio, Jacobo *646, 923, 928*
Armonización de las discrepancias bíblicas *256, 258*
Arndt, William F. *274, 661, 1004*
Arrebatamiento
de la iglesia *1219*
evitación del término por parte de los postribulacionistas *1221, 1223*
parcial *1225*
Arrepentimiento *943–947*
como requisito previo para la salvación *945–947*
como un aspecto de la conversión *942*
el tiempo *940–941*
trasfondo de la palabra *944–945*
Arrianismo *708–712, 860*
y su utilización de las Escrituras *709–711*
Arrio *708, 712, 862*
Asamblea general *1082–1083*
Asambleas de hermanos *1089*

Atanasio *357, 708, 709, 862*
Atenágoras *861*
Atman *293*
Atributos de Dios *287–306*
  absolutos y relativos *291*
  amor *303*
  clasificación de los *290–291*
  comunicables y no comunicables *290–291, 529*
  emanantes o transitivos *291*
  espiritualidad *292*
  inmanentes o intransitivos *291*
  la mejor manera de investigar los *323–324*
  modos de investigar los *323–324*
  naturales y morales *291*
  naturaleza de los *289–291*
  pasibilidad *293*
  personalidad *292–295*
  vida *295–296*
Aulen, Gustaf *173, 806, 809*
Austin, John *153–154, 154*
Autenticidad de Dios *314*
Auto-afirmación, como pecado *607*
Autoengaño *630*
Autoestima *1071*
Autonomía de la congregación local *1085–1087*
Autonomía del hombre *907*
Autoridad
  apostólica *1088*
  autoridad y autoritarismo *269*
  componentes de la *277–279*
  de Dios, ejercida directa o indirectamente *270–271*
  definiciones de *268–269*
  de la congregación local *1085*
  de las afirmaciones teológicas *83–84*
  de las Escrituras *266–284*
  de los ancianos *1082*
  Dios como autoridad suprema *270, 271*
  distinción entre posesión y reconocimiento de autoridad *269*
  ejercida a través de la Biblia *270*
  histórica *284*
  normativa *284*
  rechazo de la *632*
  religiosa *270–271*
  reside en los profetas *271*
  tal como la defiende la iglesia católica romana *271, 272*
  y tradición *283–284*
Autoridad apostólica *1088*
Autoridad imperial *268*
Autoridad veraz *268*
Averroístas *41*
Ayer, A. J. *141, 546*
Ayuda, la mujer como *560*
Baal *298*
Bacon, Francis *162*
Badham, Paul *1202*
Baillie, Donald *331, 728, 745, 746*
Baillie, John *60, 209, 216, 526, 1235*
Baja crítica (crítica textual) *88*
Baptizo (griego) *1109*
Barbour, R. S. *101, 103*
Barret, C. K. *821*
Barr, James *25, 70, 105, 214, 215, 299, 542, 713, 715*
Barth, Karl *29, 33, 36, 47, 64, 80, 188–191, 192, 193, 194, 210, 218, 220, 221, 254, 334, 338–339, 352, 426, 454, 467, 494, 521–523, 526, 559, 607, 728–729, 730–731, 744, 749, 769, 881, 913, 1022, 1032, 1061, 1106, 1110, 1153, 1209*
Bartlett, Frederic *96*
Base de la existencia, Dios como (Tillich) *602*
Basilio *358, 863*
Basinger, David *305, 382*
Basinger, Randall *305, 382*
Bass, Clarence B. *1089, 1164*
Bassler, Jouette M. *110*
Bates, Ernest S. *442*
Bautismo del Espíritu Santo *866, 867*
Bautismo *1094–1110*
  como acto de fe *1106*
  como medio de gracia salvadora *1095–1098*
  como signo y sello del pacto *1098–1101, 1109*
  como símbolo de salvación *1101–1102*
  de familias enteras *1107–1108*
  de Jesús *353, 358, 707, 743, 873, 882*
  de los creyentes *1102*
  de niños y bebés *646, 1097–1098*
  el agua como símbolo del *1103, 1106*
  el modo del *1098, 1100–1101, 1102, 1109–1110*
  el significado del *1103–1106*
  en el Libro de los hechos *1104*
  idea luterana del *1096–1098*
  punto de vista presbiteriano *1098–1101*
  punto de vista reformado *1098–1101*
  significado del *1103–1106*
  sujetos del *1097–1099, 1101–1102, 1107–1109*
  teorías básicas del *1095–1102*
  y la circuncisión *1105, 1109*

Bautismo infantil *646, 1097–1098, 1107–1109*
Bautismo y Confirmación Hoy *1107*
Bautistas *1085, 1102*
Bavinck, Hermann *413*
Beardslee, William A. *86*
Beasley-Murray, George *1105, 1108, 1110, 1212*
Bebés y los niños
  no bautizados *1097*
  pecado o inocencia de los *650–651, 652*
Bebés y niños *650*
  condición de pecadores o inocentes de *650*
  no bautizados *1097*
Becker, Ulrich *1067*
Beckwith, Clarence A. *786*
Bediako, Kwame *703, 835*
Beegle, Dewey *233, 239, 253, 257, 264*
Behaviorismo *901*
Belcebú *468*
Bellow, Saul *1071*
Benevolencia de Dios *316–318, 318–319*
Benoist, Jean-Marie *108*
Bergson, Henri *390, 550*
Berkhof, Hendrikus *661, 662, 664*
Berkhof, Louis *27, 68, 290, 291, 309, 323, 369, 536, 624, 625, 641, 648, 756, 838, 840, 846, 926, 995, 1043, 1048, 1054, 1082, 1099, 1100, 1117, 1123, 1171, 1175, 1192, 1197, 1204, 1228*
Berkouwer, G. C. *65, 411, 414, 425, 524, 738, 777, 1000*
Bernhardt, Karl-Heinz *390*
Bethune-Baker, J. F. *707, 725, 727, 739, 742*
Beza, Theodore *923*
Biblia de referencia Scofield *1164*
Biblia, la; Revelación especial. *Ver* Escrituras
  canonicidad de *272*
  la obra iluminadora del Espíritu Santo *273–277*
  origen de *272*
  paráfrasis de *126*
  principal fuente y criterio para la teología *37–38*
  significado de *272–273*
  y razón humana *272*
Bicknell, E. J. *722*
Bingham, Rowland V. *850*
Blizzer, J. *755*
Bloch, Ernst *1154, 1163*
Bloesch, Donald *67, 1018*
Blomberg, Craig L. *1237*
Boettner, Loraine *727, 838, 924, 927, 929, 993, 994, 1021, 1176, 1210*
Boman, Thorleif *543*
Bondad
  definición de *446*
  naturaleza de la *440*
Bondad de Dios *307–324*. *Ver también* Santidad de Dios
Bonhoeffer, Dietrich *125, 910, 946*
Borne, Borden P. *497, 754*
Bornkamm, Gunther *99, 682, 704*
Bowne, Borden P. *328*
Bradley, Walter L. *403*
Bradwardine, Thomas *921*
Brahma *293*
Branson, Mark Lou *731*
Brent, Charles *1141*
Briggs, Charles A. *309, 378, 391, 404, 449, 468, 560, 590, 591, 619, 818, 852, 933, 935, 944, 947, 964, 976, 989, 1003, 1229*
Bright, Bill *593*
Bright, John *984*
Brightman, Edgar S. *57, 436–438*
Bromiley, Geoffrey W. *656, 1102, 1134*
Brown, Colin *87*
Brown, Francis *309, 378, 391, 404, 449, 468, 560, 590, 591, 619, 818, 852, 933, 935, 944, 947, 964, 976, 989, 1003, 1229*
Brown, Raymond E. *755, 757, 758, 759, 760, 762, 765, 881*
Bruce, A. B. *740*
Bruce, F. F. *87, 97, 1070*
Bruner, Frederick Dale *890*
Brunner, Emil *47, 65, 188, 209, 217, 218, 220, 250, 494–495, 517, 520, 521, 522, 523, 526, 607, 678–679, 686, 713, 795, 949, 1178*
Buber, Martin *189*
Buda, Gautama *231, 692*
Buenas nuevas. *Ver* Evangelio
Buenas obras *1018–1020*
Buis, Harry *921*
Bultman, James M. *1086*
Bultmann, Rudolf *47, 64, 91, 92, 93, 112, 115, 116, 117, 118, 132, 457, 466, 678, 680, 681, 688, 690, 720, 729–730, 787, 905–908, 948, 1162–1163*
Burnett, Fred W. *109*
Burney, C. F. *779*
Burnham, Frederic B. *160*
Bushnell, Horace *799, 800, 801, 802*
Búsqueda del Jesús histórico *675–679, 1158*
Buswell, James O., III, *506*
Buswell, James Oliver, Jr., *1225*

Cabeza federal *647, 650*
Cabeza natural de Adán *647–652*
Cadbury, Henry J. *23, 67, 543, 715*
Caída, la *448–450, 597, 600, 603–604, 612, 617, 625, 645, 662, 667*
Caín, marca de *557*
Caín y Abel *505–506, 529, 556, 628*
Cairns, David *517, 519, 527, 532*
Calcedonia, Concilio de *740, 742, 743*
Calixto I *358*
Calvinismo *444, 841, 848, 923, 923–927, 934–935, 940, 1122*
 y el impulso misionero o evangelizador *930*
 y la cuestión del pecado original *647–648*
 y la libertad humana *930*
 y su punto de vista sobre la perseverancia *992–995*
Calvinistas *377, 979*
Calvino, Juan *63–64, 192, 194, 195, 232, 252, 258, 282, 455, 519, 532, 777, 847, 865, 922, 927, 999, 1013, 1050, 1109, 1123, 1124*
Cambio aparente de Dios *302*
Camus, Albert *487, 1071*
Canonicidad, de la Biblia *259, 272*
Capacitación
 a través del Espíritu Santo *884–885*
 implicaciones de la unión con Cristo *962*
Capadocios *358–359*
Carencia de pecado
 de Jesucristo *234, 731–732, 756*
 posibilidad de, en esta vida *980–982*
Carencia de significado, acusación de *136–141, 143–157*
Carismático, movimiento *277, 848, 868*
Carnap, Rudolf *35, 137, 140, 141*
Carnell, Edward J. *65, 180, 218, 257, 258, 259, 437, 501, 756, 949, 987, 1017*
Carpócrates *761*
Carter, James E. *1060*
Castigo
 administración del *623–624*
 administrado por Dios como respuesta al pecado *312–313, 445, 622–624*
 como disciplina *623*
 como disuasión *622*
 como retribución *621–622*
 consecuencia del pecado *621–624*
 naturaleza del *1240–1241*
 y la naturaleza de Dios *1241*
Castigo eterno
 grados de *1242–1243*
Catástrofes naturales, como mal *433*
Catolicismo romano *271, 272, 1050, 1077, 1078, 1096, 1097, 1098, 1118, 1119–1121*
 énfasis en las obras en el proceso de la salvación *928*
 teología contemporánea *911–913*
 y autoridad de la Biblia y la tradición *1015*
 y su doctrina del purgatorio *1180–1182*
 y su visión de los sacramentos como medio de salvación *1013–1016*
Causalidad, método de la *323*
Cauthen, Kenneth *1041*
"Cautividades babilónicas" (Lutero) *1119*
Cedarleaf, J. Lennart *566*
Ceferino *358*
Celestio *646*
Celso *759, 761*
Cena de las bodas del Cordero *1234*
Cena del Señor, la *1111–1130*
 administrador adecuado *1118*
 celebración de, en Jueves santo o en Viernes santo *1129*
 como en Corintio *1127*
 como forma de proclamación *1115–1116*
 como memorial. *Ver* Cena del Señor, como una conmemoración
 como una conmemoración (Zwinglio) *1124–1125*
 dimensión horizontal *1117*
 eficacia del rito *1117–1118, 1122, 1123–1124*
 elementos a usar *1119*
 establecimiento de *1113–1114*
 frecuencia de la celebración *1129–1130*
 implica un acto de sacrificio *1120*
 la copa negada a la congregación *1120*
 naturaleza sacramental *1116*
 prerrequisitos para la participación *1128*
 presencia espiritual de Cristo en (Calvino) *1123*
 principales puntos de vista *1119–1125*
 punto de vista católico romano tradicional *1119–1121*
 punto de vista de Zwinglio *1124–1125*
 punto de vista luterano *1121–1122*
 punto de vista reformado *1122*
 puntos de acuerdo entre cristianos *1113–1117*
 puntos de desacuerdo entre cristianos *1117–1119*
 receptores adecuados *1118–1119*
 repetición de *1114–1115*
 reservado para los seguidores de Cristo *1116*

su beneficio para los participantes *1116*
y el punto de vista de Brunner sobre la revelación *220–221*
y la presencia de Cristo *1117, 1125–1127*
Cerinto *761*
Certeza, en el pensamiento moderno *161*
Cesarea, Eusebio de *862*
Chafer, Lewis Sperry *988, 1048, 1052*
Chambers, Robert *500*
Chandler, Russell *31*
Chardin, Pierre Teilhard du *959*
Charismata *887–892*
Charnock, Stephen *289, 290*
Childs, Brevard *25, 26, 67, 68, 543, 713*
Christenson, Laurence *888*
Church of Christ Uniting *1138*
Church of South India *1138*
Cielo *1228–1237*
connotación cosmológica *1228–1229*
como firmamento *1229*
como morada de Dios *1229–1230*
conocimiento en el *1230–1231*
grados de desarrollo en el *1235*
naturaleza del *1230*
placeres físicos en el *1234–1235*
recompensas en el *1236–1237*
relaciones familiares en el *1235–1236*
un lugar o un estado? *1233*
usos del término *1228–1230*
vida de los redimidos en el *1231–1232*
Ciencia
del comportamiento *76*
natural *76, 389*
teología como *34–37*
y creación *400–406, 407*
y providencia *409–410*
Ciencia cristiana *441–442, 442, 1170*
Ciencias del comportamiento *68, 76*
Ciencias naturales *76*
Ciencia y su ascensión en el periodo moderno *162–163*
Círculo hermenéutico (Segundo) *1011*
Circuncisión
del corazón *1042*
y el bautismo de niños e infantes *1099–1100*
Cirilo de Alejandría *740, 741*
Clarke, William Newton *537, 1191*
Clark, Gordon H. *148, 186, 438–439, 440*
Clases (unidades de gobierno de la iglesia) *1082*
Clayton, G. H. *1127*
Cleage, Albert *605*
Clemente de Alejandría *536, 1211*
Clemente de Roma *861*
Clowney, Edmund *1060*
Club de metafísica *43*
Cobb, John B., Jr. *51, 65, 303, 392*
Coenen, Lothar *933, 1037, 1039*
Coherencia, como ausencia de contradicción lógica (Ferré) *148*
Coherencia, en las declaraciones (Ferré) *148–149*
"Co-inherencia de la Trinidad" *358*
Cole, George L. *849*
Colegio cardenalicio *1079*
Coloquio de Marburg *1121*
Comer, concepto de *1122*
Commoner, Barry *385*
Comparación significativa, como técnica del análisis funcional *142*
Compasión de Dios. *Ver* Misericordia de Dios
Compatibilismo *379*
Competitividad como fuente de pecado *607–609*
Competitividad, como resultado del pecado *631–632*
Comunión
de los creyentes *1044, 1060*
de los redimidos en el cielo *1232*
Comunismo y escatología *1154*
"Concepción virginal" de Jesús *755*
Conciencia moral *180, 599*
Concilio americano de iglesias cristianas *1142, 1143*
Concilio de Constantinopla *728, 739*
Concilio de Éfeso *740–741, 742, 920*
Concilio de Nicea *708, 711, 739*
Concilio de Trento *913, 1013, 1014, 1119, 1182*
Concilio misionero internacional *1142*
Concilio mundial de iglesias *1141, 1146–1147*
Concilio nacional de iglesias de Cristo *1138, 1142, 1143*
Concilio Vaticano I *1079*
Concilio Vaticano II *911, 912, 1079*
Cone, James H. *604, 605, 606, 903, 904*
Conferencia misionera ecuménica *1140*
Conferencia misionera mundial *1140*
Conferencia mundial sobre fe y orden *1141*
Conferencias. *Ver* Afiliación de las congregaciones locales
Confesión Bélgica *1098*
Confesión de fe de Westminster *993*
Confianza, fe como *217, 218*
Confirmación *1014*
Conflicto económico, como fuente de pecado *604–606*

Congar, Yves *912*
Congregacional, forma de gobierno de la iglesia *1085–1089*
Congregational Church *1139*
Congruismo *381, 444*
Conocimiento
  bondad inherente del *165*
  de Jesús *721*
  en el cielo *1230–1231*
  explosión de, en teología *66*
  objetivo y subjetivo (Heidegger) *905–906*
  perfección del, en la glorificación del creyente *1006, 1230–1231*
Conocimiento objetivo (Heidegger) *905*
Conocimiento subjetivo (Heidegger) *905–906*
Consejo cristiano universal para la vida y el trabajo *1141*
Conservative Baptist Association *987*
Consistorio *1082*
Constancia de Dios *302*
Constantino *1208*
Constitución, humana *533–553*
  consideraciones bíblicas de la *550–553*
  consideraciones filosóficas *544–550*
  dicotomismo *536–539*
  monismo *539–541*
  naturaleza de *533–553*
  tricotomismo *535–536*
  unidad condicional *550–553*
Consultation on Church Union *1138*
Consustanciación (Lutero) *1121–1122*
Contemporizar el mensaje cristiano *115–134*
Contextualización *78–80, 173*
Contingencia natural (Niebuhr) *600*
Conversión *883–884, 901, 941–942*
  como un aspecto de fe *942*
  en momentos de crisis *943*
  momento de la *940–941*
  universal *1020*
Conversión universal, teoría de la *1020*
Convicción de pecado *275*
Convicciones, justificación de nuestras *155*
Conzelmann, Hans *99, 682*
Cook, Thomas C., Jr. *566*
Copérnico *262, 400*
Copieters, Honore *236*
Corazón, lo engañoso del *638–639*
Correcto e incorrecto *311–312*
Correlación, método de Tillich de la *76–77, 478*
Cosmos *656–660*
Cosmovisión *56–57*
  como factor religioso *18–19*
  como objetivismo *58*
Cottrell, Jack W. *568*
Cox, Harvey *168*
Creación *387–407*
  afinidad de todas sus partes *398*
  bondad esencial de la *397*
  carácter especial de la *396, 405–406*
  como doctrina histórica de la iglesia *389*
  como revelación de Dios *336*
  continua *413*
  de la nada *390–393, 399*
  de novo *501*
  desarrollo dentro de la *404–406*
  fiat *498*
  implicaciones de la doctrina de la *406–407*
  la edad de la *401–404*
  la obra del Dios trino *393–395*
  las limitaciones inherentes de las criaturas *399–400*
  mencionada en el Credo de los Apóstoles *389*
  naturaleza totalmente inclusiva de la *393*
  propósito de (la gloria de Dios) *395*
  punto de vista de la emanación *399*
  razones para estudiar la doctrina de la *388–390*
  renovación, y glorificación del creyente *1007–1008*
  responsabilidad de los humanos *398*
  teoría de Gilkey *401*
  teoría literaria *403*
  tipo de material literario en Génesis 1 y 2 *502–503*
  valor de la *406–407*
  vista por el arrianismo *708*
  y creacionismo progresivo *501–503*
  y dualismo *393, 396*
  y el creacionismo progresivo *405*
  y evolución deísta *500*
  y evolución teísta *404, 500–501*
  y la ciencia *407*
  y la encarnación de Cristo *398*
  y las especies *404–405*
  y la teoría concordista *402–403*
  y la teoría de la edad aparente *402*
  y la teoría del día-edad *403*
  y la teoría del diluvio *402*
  y la teoría reconstruccionista *402*
  y la última obra creativa de Dios *395–396*
  y otras religiones *389*
  y significado teológico de *396–400*
  y su relación con la ciencia *389–390, 400–401*

Creacionismo progresivo *405, 501–503*
Credo de los apóstoles *389, 760, 787*
  forma Aquileia del *787–788*
Credo de Nicea *742. Ver también* Concilio de Nicea
Creel, Richard E. *293*
Creer, en algo superior al ser humano *18. Ver también* Fe
Cressy, Martin H. *1136*
Cristianismo, carácter institucional del *118*
Cristiano, como seguidor de Jesucristo. *21*
"Cristianos anónimos" (Rahner) *913*
Cristo después de la carne *679*
Cristo en la carne *679*
Cristología
  agustiniana *686*
  desde abajo *680–684, 683–686, 704*
  desde arriba *678–679, 683–684*
  e historia *675–687*
  fideística *686*
  funcional *711–715*
  la obra de Cristo como punto de partida de la *688–689*
  no hipostática *744–745*
  temas contemporáneos en el método cristológico *673–694*
  tomista *686*
  tradicional *691–692*
  "Verbo-carne" *739*
  "Verbo-hombre" *739*
  y Heilsgeschichte *712, 714–715*
  y la fe de los discípulos de Jesús *691*
  y la relación entre la persona y la obra de Cristo *687–689*
  y preferencia por los escritos de Pablo y Juan *678–679*
  y soteriología *688*
Cristología funcional *711–715*
Cristología: "Verbo-carne" *739*
Cristología "Verbo-hombre" *739*
Cristología y soteriología *688*
Crítica. *Ver* Estudio crítico de la Biblia; Crítica histórica
Crítica de la redacción *98–104*
  beneficios de la *102–104*
  crítica de la, *101–102*
  definida *88, 98*
  desarrollo y naturaleza de la *98–101*
Crítica de la respuesta del lector *108–112*
  crítica a la *111–112*
  definición *88, 107*
  desarrollo *108–111*
Crítica de las formas *89–98, 681*
  axiomas *90–92*
  beneficios de *93–94*
  crítica de *94–98*
  definida *88*
  resultados de *92–93*
  trasfondo *89–90*
Crítica de las religiones comparadas *88*
Crítica estructural *88, 105–108*
Crítica histórica
  definición *88*
  fracaso de *166*
Crítica textual, definición *88*
Cronología de la Biblia, problemas con la *255, 259, 261*
Cualidades morales de Dios *308–321*
Cuáqueros *1089*
Cuerpo, alma y espíritu. *Ver* Tricotomismo
Cuerpo de Cristo. *Ver* Iglesia
Cuerpo, el *534–553*
  glorificación de *1005–1006, 1234*
  naturaleza de la resurrección de *791*
  resurrección de *1177–1178, 1183–1184, 1196–1198, 1199–1202*
  resurrección instantánea de *1183*
Cuerpo y alma. *Ver* Dicotomismo
Culley, Robert C. *108*
Cullmann, Oscar *80, 711–715, 1105, 1108*
Culpa
  el término, resaltando los resultados del pecado *590–591*
  y el cambio resultante en nuestra relación con Dios *619–621*
Culpepper, Alan *110*
Curación del cuerpo, y la expiación de Jesucristo *848–854*
Curación del cuerpo y la obra redentora de Jesucristo *849–854*
Curación por fe *887*
Cur Deus Homo (Anselmo) *810*
Dahl, M. E. *1201*
Damasco, Juan de *809*
Dana, H. E. *999, 1101*
Daniel *411*
Darby, John Nelson *1164*
Dar testimonio
  a todas las naciones *1058*
  como directiva en la gran comisión *1058*
  unidad de la iglesia *1135*
Darwin, Charles *187, 498, 596, 1245*
Darwinismo *164, 385, 389. Ver también* Evolución
Datos que se verifican con los sentidos *49, 137*
David *635, 637*

y su confesión del pecado en el salmo 51 *639*
y su pecado con Betsabé *623–624, 628, 630*
Davidson, A. B. *877*
Davies, W. D. *25, 249, 1113, 1183*
Dean, Richard *167*
Dean, William *161*
Declaraciones sintéticas *137–139*
Deconstrucción, en la crítica literaria *166, 170*
Deconstrucción, filosofía de la *53–56*
Decreto de unión *1182*
Deidad de Cristo *695–716*
desviaciones históricas de la creencia en la *707–712*
enseñanza bíblica de la *696–706*
implicaciones de la *716*
y el nacimiento virginal *753–754*
Deidad de las tres personas de Dios *347–349*
Deísmo *42, 413–414*
Deissmann, Adolf *959*
Delitzsch, Franz *191, 535, 536, 569*
DeMan *170*
Demarest, Bruce A. *67, 81, 197*
Democracia, en forma congregacional de gobierno de iglesia *1085, 1086–1087*
de Molina, Luis *383*
Demonio. *Ver* Satanás
Demonios *116, 457, 459, 466–471*
actividades de los *469*
despersonalización de los *466*
destino de los *470*
jefe de los. *Ver* Satanás
origen de los *467–468*
posesión de *469–470*
y desmitologización *466*
Demonología, estatus actual de la *466–467*. *Ver también* Demonios
Denotata (Morris) *148*
De novo, creación *501*
Depravación. *Ver* Depravación total
Depravación total *282, 640–644, 924, 929*
Derrida, Jacques *53, 54, 55, 56, 166, 167, 170*
Desaprobación divina, por causa del pecado *616–619*
Descanso, en el cielo *1231*
Descartes, René *161, 163, 184*
Deseos naturales, como fuente de pecado *610–612*
Deserción *1001*
Designata (Morris) *148*
Desmitologización (Bultmann) *457, 466, 678, 681, 690–693, 905*
Destino. *Ver* Predestinación
Destrucción nuclear y escatología *1154*
Determinismo *163, 438–440*
Dewey, John *44, 112, 607*
DeWolf, L. Harold *538, 756, 1191*
Diáconos *1087, 1088*
Dibelius, Martin *90, 92*
Dichos de Jesús *90, 92, 100–101, 103–104*
Dicotomismo *536–539*
Diem, Hermann *682*
Diluvio, el *320*
Diluvio, teoría del, sobre la creación *402*
Dimensión de la magnificación, en la inspiración (Pike) *240*
Dionisio de Alejandría *1211*
Dionisio el areopagita *456*
Dios
actos de, como elemento permanente del cristianismo *119–120*
actos de, como modos de la revelación especial *207–212*
amor de *316–323, 321, 321–323*
antropomorfismos *292, 302*
antropopatismos *302, 305*
atributos de *287–306, 307–324, 323–324*
autenticidad de *314*
benevolencia de *316*
bondad de *307–324*. *Ver también* santidad de
cambio aparente en Dios *302–303*
como base de la existencia (Tillich) *613*
como causa del pecado *439–440*
como punto de partida de la teología *31, 35*
como Señor del universo *324*
como víctima del mal *452*
conocimiento de. *Ver* Dios, omnisciencia de la vida de
constancia de *302–306*
cualidades morales de *308–321*
el Dios Desconocido (Barth) *338*
espiritualidad de *292*
eternidad de *295*
fidelidad de *315–316*
gloria de, y egoismo *312*
gracia de *318–320*
grandeza de *287–306*
imagen de, *Ver* Imagen de Dios en los humanos
imágenes femeninas aplicadas a *560*
incomprensibilidad de *206*
individualidad de. *Ver* Dios, santidad de
infinidad de *296–302*
infinidad de entendimiento *299*
inmanencia de *297, 327–336, 331–333, 333–334, 336, 692*
inmensidad de *297*

inmutabilidad de *303*
integridad de *314–316*
intemporalidad de *298*
ira de, contra el pecado *617–619*
justicia de *312–313, 321–323*
ley espiritual y moral de, en relación con la expiación *816–817*
magnificencia de, como motivo central e la teología *81*
misericordia de *319–320*
naturaleza de, en relación con la expiación *816*
nombres de *293–294*
omnipotencia de *300–302, 439*
omnipresencia de *297*
omnisciencia de *206, 304, 305, 446*
omnisciencia de la vida de *295–296*
perdón de *320*
perfección de. *Ver* Dios, santidad de
persistencia de *320–321*
personalidad de *292–295, 332*
piedad de. *Ver* Dios, misericordia de
plan de *367–386*
poder de. *Ver* Omnipotencia de Dios
presencia de, en el cielo *1230–1231*
pureza de. *Ver* Dios, santidad de
rectitud de *311–312*
sabiduría de *299–300*
santidad de *309–311*
soberanía de *439*
supremacía de *324*
trascendencia de *273, 297, 332, 336–343, 708*
tres personas en una *344–364*
unidad de *346–347, 360. Ver* Dios, indivisibilidad de
Veracidad de *314–315*
Dióscoro *741*
Dios desconocido (Barth) *338*
Dios y el egoísmo *312*
Disciples of Christ *1141*
Discurso divino, como modalidad de revelación especial *212–215*
Dispensacionalismo *1164–1166, 1193, 1213*
Distinción cualitativa (Heinecken) *339–340*
Dittemore, John V. *442*
Doble predestinación *927*
Docetismo *398, 725–726, 742, 761. Ver también* Gnosticismo; Marcionismo
Doctrina
como esencia de la religión *19*
como factor permanente del cristianismo *120–122*
corrección de la, como marca de la iglesia *1053*
estratificación de *82–83*
Dodd, C. H. *215, 823, 824, 1022, 1110, 1161*
Dogmatismo *166*
Dominio de la humanidad sobre la creación *524–525, 531*
Donación de Constantino *87*
Donatistas *1208*
Dones. *Ver* Dones milagrosos
del Espíritu Santo *886–887, 1043, 1047*
espirituales, y la edificación de la iglesia *1060, 1061, 1062*
Donlon, S. E. *271*
Dorson, Richard *96*
Doty, William G. *87*
Downey, Edward A., Jr., *252*
Driver, S. R. *309, 378, 391, 404, 449, 468, 560, 590, 591, 619, 818, 852, 933, 935, 944, 947, 964, 976, 989, 1003, 1229*
Dualismo (cuerpo-alma) *538–539, 544–547, 544–550. Ver también* Dicotomismo
Dualismo, en la creación *393, 396*
Dualismo epistemológico *162*
Dualismo horizontal (Kant) *162*
Dyrness, Williams A. *398, 914*
Dyson, W. H. *1234*
Eastwood, Cyril *1092*
Ebionismo *707, 725*
Ebionitas *761*
Ecclesia *1037, 1038, 1039, 1054*
Eclanum, Julian de *646*
Eclesiología y el movimiento ecuménico *1145*
Ecología *507–508*
Ecumenismo *1140–1148*
el fin último del *1146–1147*
el problema metodológico *1145*
el problema teleológico *1146–1147*
historia y estado actual del *1140–1143*
las reservas teológicas sobre el *1144*
temas planteados por los evangélicos *1144*
y acuerdo en verdades básicas *1144*
y criterios de acción *1147–1148*
y eclesiología *1145*
Edad aparente, teoría sobre la creación *402*
'Edah *1038*
Eddy, Mary Baker *441, 442, 1170*
Eddy, Richard *1022*
Edersheim, Alfred *466*
Edificación de los creyentes, como función de la iglesia *1059–1062*
Educación. *Ver* Enseñanza
Educación, como función de la iglesia *1061*

Edwards, David L. *1232*
Egoísmo *312, 631, 907*
como esencia del pecado *593–594*
como pecado social *655*
y la gloria de Dios *312*
Egoísmo, excesivo, como pecado (Elliot), *608*
Ehrlich, Paul R. *385*
Eichrodt, Walter *294, 351, 525, 527, 947*
Einstein, Albert *169, 341, 552*
Élan vital (Bergson) *550*
El arminiano *923*
Eldredge, Laurence *26*
Elección *379, 925–927, 929. Ver también* Predestinación universal (Barth)
Elecciones morales *445, 665–666*
Elección universal (Barth) *932*
Elegidos, los *838–842, 1222. Ver también* Elección
durante la tribulación *1220–1222*
Elementos neolíticos en Génesis 4 *505–506*
Elert, Werner *682, 704*
Elías *297–298, 416–417*
Elisabet *567*
Elliot, Harrison Sacket *607–609, 613*
Ellis, John *54, 56, 170*
'Elohim *351–352*
Elwell, Walter A. *271*
Eminencia, método de la *323*
Empirismo *162*
Empirismo lógico. *Ver* Positivismo lógio
Encarnación de Jesucristo *205, 692–694, 784–786. Ver también* Unidad de la deidad y humanidad de Jesucristo; nacimiento virginal de Jesús
como modalidad de la revelación divina *215–216*
dinámica *745–746*
lo especial del Dios-hombre Jesús *692–693*
principios básicos de la doctrina de las dos naturalezas en una persona *746–751*
tomando la forma de siervo *747*
unidad de la persona de Cristo *735–751*
vista como mitología *689–694*
y creación *398*
y pérdida de los atributos divinos *747*
Encarnación dinámica *745–746*
Enfermedad
y curación *848–854*
y el papel de la fe *851*
Enfermedades y el mal *434, 666*
Enfoque dialogado de la teología *77–78*
Enfoque sincrónico a la historia de la teología *27*
English, E. Schuyler *1220*
Enoc, libro de *259*
Enseñanza
como papel del Espíritu Santo *885–886*
como parte de la edificación de la iglesia *1060–1061*
como parte de la Gran comisión *1060–1061*
entierro
como marca de humanidad *503*
Entierro
bautismo como *1109–1110*
Entorno y mal *666*
Enunciados constantivos (Austin) *153*
Enunciados performativos (Austin) *153*
Episcopal, forma de gobierno de la iglesia *1076–1081*
Epistemología e inerrancia de las Escrituras *252–254*
Erasmo *922*
Erickson, Millard J. *28, 174, 197, 737, 789, 791, 869, 946, 952, 1065, 1225, 1248*
Erigena, Johannes Scotus *921*
Errar el blanco, como frase que resalta el carácter del pecado *582–584*
Error, como término para fuente de pecado *580–581*
Error en las Escrituras. *Ver* Inerrancia percibida por Beegle como real e indisoluble
"Escatofobia" *1155*
Escatología *1151–1167*
clasificación de *1156–1157*
"coherente" (Schweitzer) *1160*
conclusiones sobre la *1166–1167*
desmodernizada (Schweitzer) *1159–1161*
enfoque liberal a la *1159–1160*
estatus de la *1152–1156*
"existencializada" (Bultmann) *1162–1163*
individual *1168–1186*
introducción a la *1151–1167*
politizada (Moltmann) *1163–1164*
punto de vista futurista *1156–1157*
punto de vista histórico *1157*
punto de vista idealista *1157*
punto de vista pretérito *1157*
punto de vista simbólico *1157*
"realizada" (Dodd) *1161*
sistematizada (Dispensacionalismo) *1164–1166*
tratamientos modernos de la *1158–1166*
y comunismo *1154*
y destrucción nuclear *1154*
y dispensacionalismo *1164–1166*
y el amor de Dios (Nels Ferré) *1023–1024*
y el Espíritu Santo *1158*

y el reino de Dios *1158*
y el tercer mundo *1153–1154*
y estados finales *1227–1243*
y glorificación de Cristo *1004*
y glorificación del creyente *1005–1008*
y la salvación mantenida por los teólogos de la liberación *1011*
y la segunda venida de Cristo *1187–1205*
y la teología de la liberación *1010–1011*
y perspectivas sobre el milenio *1208–1219*
y perspectivas sobre la tribulación *1219–1226*
y Satanás *470*
y su relación con otras doctrinas *1153*
"Escatomanía" *1154–1155*
Esclavitud *133, 556–557*
Esclavitud, como resultado del pecado *628–629*
Escolasticismo *277, 323, 518, 688, 866, 949*
Escrituras
autoridad de *266–284*
como autoridad legislativa suprema *283*
como base objetiva de autoridad *278–279*
como punto de partida de la teología *31–35*
como revelación *222–223*
como revelación progresiva *222*
componentes objetivos y subjetivos de su autoridad *277–279*
e iluminación del Espíritu Santo *283*
fenómenos de las *233–234*
fiabilidad de *246–265*. *Ver también* Inerrancia
infalibilidad. *Ver* Escrituras, fiabilidad
origen divino de *272*
principal fuente de teología *37–38*
significado de *272–273*
y autoridad de las declaraciones teológicas *83–84*
y puntos de vista sobre la iluminación *279–282*
y razón *282–283*
y su papel en la salvación *1016–1018*
y su significado objetivo *279*
Escuela de Princeton *233*
"Escuela de Yale" *166, 171*
Escuela lundensiana *1023*
"Especial Lucas" *89*
"Especial Mateo" *89*
Esperanza
del evangelio *1070–1071*
Espíritu (aliento) de Dios *327, 394*
"Espiritualistas" *270*
"Espíritu de Dios" *877*
Espíritu Santo *999*
atributos del *870*
bautismo del *866, 867*
capacitacitación a través del *884–885*
como dimensión subjetiva de autoridad *277–278*
como Espíritu de verdad *276–277*
convicción del pecado *939*
dificultades para entender al *859–860*
divinidad del *349, 869–871*
el poder del *870*
en la vida de los cristianos *884–888*
funciones del *275*
género del *872*
glosolalia *888–892*
historia de la doctrina del *860–869*
implicaciones de la doctrina del *874*
implicaciones de la obra del *893*
importancia de la doctrina del *858–859*
la inspiración "concursiva" *213*
la persona del *857–875*
naturaleza del *869–874*
obra del *871–872, 876–893*
obra iluminadora del *279–282, 370–374, 939*
personalidad del *872–874*
referencias en el Antiguo Testamento a la obra del *877–881*
testimonio del, sobre Jesús *275*
y bautismo *1098*
y concesión de habilidades *879*
y conversión *883–884*
y creación *878*
y curación por fe *887*
y el don de la administración *879–880*
y el don de liderazgo *880*
y el don de profecía y las Escrituras *878–879*
y escatología *1158*
y exorcismo *882, 887*
y falta de gobierno en las iglesias *1090*
y la glorificación del creyente *1005*
y la iglesia *1045–1047*
y la obra de los discípulos de Jesús *1046–1047*
y la Palabra de Dios *865*
y la perseverancia *995*
y la regeneración *952*
y la unión con Cristo *961–962*
y la vida de Jesús *881–883*
y los creyentes del Antiguo Testamento *988–990*
y los dones espirituales *1047*
y los dones milagrosos *886–887, 887–892*

y perfeccionismo *980*
y regeneración *884*
y santificación *865, 886–887, 979*
y sensibilidad entre los creyentes *1045*
Espíritus "elementales" *657*
Estado intermedio *120, 541–542, 551, 1176–1186*
implicaciones de la doctrina del *1186*
sugerencia de solución referente al *1184–1185*
teorías actuales sobre el *1178–1184*
Estados finales *1227–1243*
de los justos *1228–1237*
de los malvados *1237–1238*
implicaciones de la doctrina de los *1243*
Estep, William R. *1144, 1145, 1146*
Estratificación
de las formas *96, 98*
de los temas *82–83, 96*
Estructuralismo. *Ver* Crítica estructural
Estructuras (logías o ismos) *663*
Estudio crítico de la Biblia *85–114*
contexto histórico *86–87*
crítica de la redacción *98–104*
crítica de la respuesta del lector *108–112*
crítica de las formas *89–98*
crítica estructural *105–108*
pautas para evaluar los métodos críticos *112–114*
tipos de crítica *88*
Ética, como esencia de la religión *20*
Ética del trabajo *531*
Euangelion *1067–1068*
Eucaristía *42, 900, 1014. Ver también* Cena del Señor
Euclides *203*
Eusebio de Cesarea *740, 862*
Eutiques *712, 741, 742*
Eutiquianismo *741–743*
Evangelical and Reformed Church *1139*
Evangélicos
y crecimiento *1072*
y ecumenismo *1144*
y preocupación social *668*
Evangelio, el
difusión de, como convicción principal del postmilenarismo *1209*
en el ministerio de Jesús *1065–1066*
proclamación de, como corazón del ministerio de la iglesia *1065*
punto de vista de Pablo *1067*
y el mensaje del Antiguo Testamento *1066*
Evangelio social, movimiento del *900*
Evangelios sinópticos *99, 103, 114*
Evangelización
como estrategia para vencer el pecado *668*
como función de la iglesia *1057–1059*
Evangelización de poder *869*
Evans, Robert F. *645*
Evolución *329, 404, 596–599*
biológica *163*
creativa *390, 550*
naturalista *497–498*
orgánica *187*
Evolución creativa (Bergson) *550*
Evolución teísta *404, 500, 500–501*
Ewald, George *191*
Exaltación de Jesucristo *790–793*
Ex cathedra *1079*
Excomunión *1044, 1060*
Exégesis *70–73*
Existencia auténtica y no auténtica *906, 907*
Existencia, base de la (Tillich) *602*
Existencialismo *45–48, 77, 385, 487, 488, 686, 1071, 1170*
Existencia no auténtica *906, 907*
Ex nihilo, creación *391–393*
Éxodo de Israel *119*
Ex opera operato *1014, 1016, 1096, 1098*
Exorcismo de demonios *882, 887*
Experiencia, como base de permanencia de la doctrina cristiana *132*
Experiencias, como esencia de los elementos permanentes del cristianismo *120*
Expiación de Jesucristo 794–813
como demostración de la justicia de Dios *834*
como demostración del amor de Dios *833*
como propiciación *823, 825–826*
como rescate *806–809, 841, 843*
como sacrificio *825–826*
como triunfo sobre el mal *834–835*
curación del cuerpo *849–854*
eficacia de *847–848*
en relación con otras doctrinas de Dios y Cristo *795–796*
extensión de *837–854*
factores condicionantes *816–819*
Jesús viéndose a sí mismo como un sacrificio *821*
Jesús viéndose a sí mismo como un sustituto *820–821*
las enseñanzas del Nuevo Testamento *819–825*
la teoría de la influencia moral de la *798–802*

muerte de Jesús como un rescate *820*
necesidad de la *829–830*
particular *839–842, 845–848, 901*
significado básico de *825–829*
tal como se ve en los escritos paulinos *822–825*
tema central de *814–836*
teoría clásica de la *806*
teoría gubernamental de la *802–806*
teorías de *794–813*
teoría sociniana *797–798, 832–833*
una evaluación equilibrada de la expiación particular y universal *845–848*
universal *842–848, 901, 1020–1023*
visión dramática *806*
y la justificación *967*
Expiación, la
y remisión *805*
Expiación particular *839–842, 845–848, 901*
Expiación universal *842–848, 901, 1021*
Explícita, teoría del la oportunidad *1021*
Extremaunción *1014*
Ezorsky, Gertrude *43*
Fairbairn, Patrick *462*
Falta de atención, como término para causa de pecado *581–582*
Fariseos *209, 228*
Farrer, A. M. *1079*
Farrer, Austin *1234*
Farr, F. K. *505*
Fe *218, 947–950*
como aspecto de la conversión *942*
como confianza o compromiso *217*
como don de Dios *950*
como entendimiento de la revelación *216*
contexto etimológico de la palabra *947–949*
de los creyentes del Antiguo Testamento *984, 988*
el bautismo como un acto de *1106*
implícita *1098*
"las gafas" de la (Calvino) *195, 282*
vicaria *1098*
y aprobación intelectual *949*
y curación *426, 851*
y el bautismo de niños *1097–1098*
y evidencia *949*
y la búsqueda del Jesús histórico *675–678, 729*
y la dicotomía fe y razón *113, 685*
y la historia *674*
y la razón *162, 949–950*
y oración *426–427*
Feinberg, Charles L. *1220*
Feinberg, John *434, 443, 447*
Feinberg, Paul D. *104, 349*
Feine, P. *889*
Felipe Melanchton *688, 866*
Felipistas *38*
Feminista, teología *902*
Fenomenología *59*
Fenómenos de las Escrituras *229, 234–235, 239*
e inerrancia *255–259*
Ferguson, John *645, 646*
Ferré, Frederick *49, 50, 141, 142, 146, 147–148, 149–150, 152*
Ferré, Nels *80, 321, 621, 732, 1023–1025, 1237*
Feto, estatus del *566–569*
Feuerbach, Ludwig *219*
Fe y obras *968–969, 1016–1021*
Fe y orden, Conferencia mundial sobre *1141*
Fiat, creación *498*
Fichte, Johann *42*
Fideísmo *151*
Fidelidad de Dios *315–316*
Fiducia (confianza) *218*
Fileto *997, 1001, 1199*
"Filioque", controversia *864*
Filo *824, 861*
Filosofía del lenguaje ordinario *50*
Filosofía del proceso *51–56*
aplicada o adaptada a la fe cristiana *52*
descripción *51–53*
problemas con la *53*
Filosofías, siglo XX *42–56*
deconstrucción *53–56*
existencialismo *45*
filosofía analítica *48–51*
filosofía del proceso *51–56*
pragmatismo *43–45*
Filosofía, y teología *39–61*
Filson, Floyd V. *1205*
Finitud de la humanidad *435–438, 509–511, 600–602*
Fink, Eugen *243*
Finnegan, Ruth *96*
Finney, Charles G. *980, 982*
Fish, Stanley *53, 109–110, 173*
Física de Einstein y trascendencia divina *341*
Fiske, John *330*
Fletcher, Joseph *322, 485*
Flew, Anthony *139, 380, 444, 545*
Florencia, Concilio de *1182*
Florowsky, Georges *1033*
Foerster, Werner *391*

Formas o Ideas (Platón) *279–280*
Forma y materia *540, 543–544*
Formgeschichte *90*
Fosdick, Harry Emerson *120, 132, 538, 753, 1177*
Fósiles, restos *405*
Foucault, Michel *53, 109, 167*
Fowler, James *605*
Fowler, Robert *110, 111*
Fowl, Stephen *110, 111*
France, R. T. *87, 103*
Frankl, Viktor *1154*
Freud, psicología de *164, 169*
Freud, Sigmund *35–36, 169, 484, 960, 1130*
Friedman, Milton *488*
Friedman, Rose *488*
Friedrich, Gerhard *70, 656, 1066, 1067, 1068*
Fruto del Espíritu *1045*
Fuller, Daniel P. *249, 281, 282, 791*
Fuller, Reginald H. *113, 119, 349, 703, 715*
Fuller Seminary School of World Mission *869*
Funcionalismo *58*
Fundacionalismo, del modernismo *163–164*
Fundamentalismo *277, 753*
Futurismo *1153*
Gabler, Johann Philipp *26, 75*
Gabriel (arcángel) *462*
Gadamer, Hans-Georg *71*
Gaebelein, A. C. *850*
Gafas de la fe (Calvino) *195, 282*
Gandhi, Mahatma *669*
Garrett, James Leo *179*
Gaussen, Louis *256, 258*
Geden, A. S. *853*
Gedney, Edwin K. *403*
Gee, Donald *888*
Gehena *1184*
Geisler, Norman *306, 443*
Geisteswissenchaften *36*
Geldnhuy, Johannes Norval *1019*
Genealogías, en las Escrituras *133, 226*
General Association of Regular Baptists *987*
Génesis 3 *294*
Gentiles *557–559*
Gerhardsson, Birger *95*
Geschichte *102, 113, 132, 677, 730, 906*
Gibbon, Edward *716*
Gibson, Edgar C. S. *789*
Gilkey, Langdon *77, 119, 205, 211, 397, 400, 490, 642, 665, 909, 1062*
Gill, Jerry H. *60, 143*
Gingrich, F. Wilbur *274, 661, 1004*
Glorificación
  como continuación de la regeneración y la santificación *1006*
  de Jesús *1004*
  del creyente *1005–1008*
  y el Espíritu Santo *1005*
  y la resurrección del cuerpo *1005, 1006–1007*
  y la segunda venida de Cristo *1004*
  y perfección del conocimiento *1006*
  y renovación de la creación *1007–1008*
Glosolalia *867, 887, 888–892*
Gnanakan, Ken *198, 398, 1213*
Gnosticismo *97, 690, 712, 725, 767, 1199*
Gobierno de la iglesia *1075–1093*
Construcción de un sistema para hoy *1090–1093*
  en el periodo del Nuevo Testamento *1091–1092*
Gobierno de la iglesia, formas de *1076–1089*
Gogarten, Friedrich *682*
González, Catherine G. *604, 606, 903, 904, 905*
González, Justo L. *604, 606, 903, 904, 905*
Goodall, Jane *504–505*
Goodall, Norman *1142*
Goodspeed, Edgar *98*
Goodwin, D. W. *666*
Gordon, Cyrus *87*
Gore, Charles *745, 785*
Gosse, Philip H. *402*
Gottschalk *921*
Govett, Robert *1225*
Gracia de Dios *318–320*
  barata *946*
  en la naturaleza *912*
  irresistible *924*
  manifestada en pasajes del Antiguo Testamento *319*
  paradoja de *746*
  previa *929, 940*
  salvación sólo por la gracia *968*
  santificante *1051*
  universalidad de *558*
Gracia previa *929, 940*
Gracia universal. *Ver* Gracia previa
Graham, Billy *458*
Gran Comisión *131, 297, 1057–1059, 1102, 1105*
Grandeza de Dios *287–306*
Gran tribulación, la *1193–1195, 1219–1226*
  naturaleza de *1219–1220*
  perspectivas sobre *1219–1225*
  resolución de los problemas concernientes *1225–1226*

y el arrebatamiento de la iglesia *1219*
Grant, Robert M. *95*
Grastch, Edward J. *1079*
Gray, Robert M. *566*
Green, Michael *1058*
Greenslade, S. L. *1080*
Gregorio de Nisa *358, 359, 536, 806, 807, 808*
Gregorio el grande *808, 810*
Gregorio Nacianceno *358, 455, 809, 863*
Greimas, A.J. *107*
Grenstad, L. W. *802, 810*
Grenz, Stanley J. *82, 1040*
Grier, W. J. *1215*
Griffin, David Ray *51, 65, 150, 167, 168, 303, 392*
Gromacki, Robert Glenn *889*
Grotius, Hugo *802–805*
Grudem, Wayne A. *67*
Guerra *632*
Guess, Wolfgang Friedrich *785*
Guillermo de Ockham *192, 311, 440, 443*
Gundry, Robert *104, 1222*
Günther, Walther *583*
Gunton, Colin *328*
Gutbrod, W. *984*
Guthrie, Donald *1114*
Gutiérrez, Gustavo *21, 605, 669, 903, 1010–1012*
Habel, Norman C. *86*
Hablar en lenguas *867, 888, 888–892*
Hacer herramientas, como marca de humanidad *504*
Hacer teología *69–70, 70–83, 168–169*
Hades *628, 787–790, 1184, 1185*
Haering, Teodore *1153*
Hahn, Traugott *1208*
Hamilton, Floyd *1214*
Hamilton, William *124, 126, 333, 334, 911*
Handy, Robert *1147*
Hanson, Stig *1133, 1134, 1135*
Harnack, Adolf von *23, 121, 133, 187, 676, 697, 781, 1158, 1159, 1209*
Harris, C. *1176*
Harrison, Everett *87, 257, 258, 259, 264*
Harrison, Norman B. *1225*
Harrison, Roland K. *87*
Harris, R. Laird *818, 1081, 1084, 1088*
Hartshorne, Charles *43, 51, 52, 53, 184, 304*
Hasker, William *305, 382*
Hatch, Edwin *820*
Hauck, A. *744*
Hawthorne, Gerald *104*
Headlam, Arthur C. *966*
Hebblethwaite, Brian *693*
Hegel, Georg *42, 45, 184, 292, 293, 385, 691, 1245*
Heidegger, Martin *46, 54, 392, 489, 906, 1162*
Heilsgeschichte *119, 229, 681, 712, 714–715*
Heim, Karl *413, 425*
Heinecken, Martin *339*
Helenismo *96, 97, 690, 712*
Helm, Paul *548, 549, 1186*
Hendriksen, William *1215*
Hendry, George S. *354*
Henley, William Ernest *489*
Henry, Carl F. H. *57, 65, 264, 667, 768, 1143*
Heráclito *51*
Herbert, A. G. *823, 1077, 1080*
Hermandad de los humanos *508*
Hermanos evangélicos unidos *1139*
Hermenéutica y la teoría del acto del habla *156*
Herodes *509*
Herrmann, Wilhelm *187*
Herzog, Frederick *340*
Hewitt, Thomas *999*
Hick, John H. *21, 145, 184, 438, 443, 690, 692, 1201*
"Hijo de Dios" *700*
"Hijo del hombre" *706, 738*
"Hijos de Dios" *463*
Hijos de Dios. *Ver* Adopción
Hilomorfismo (Platón) *160*
Himeneo *997, 1001*
Hinduismo *293*
Hipólito *355*
Hipóstasis *359*
Hipótesis documentales *596*
Hirsch, E. D. *260*
Hiscox, Edward T. *1085, 1088, 1101*
Historia
  actos divinos como *214–215*
  carácter unitario de la *681–682*
  como ámbito de la revelación general *179*
  punto de vista de Pannenberg *705*
  puntos de vista cíclicos de la *385*
  varias formas de entender la *384–385*
  vista en el periodo premoderno *160*
  y cristología *675–687*
  y nuevo historicismo *166–167*
  y revelación *207–212*
Historia de las formas *90*
Historias *90*
Historias de apotemas *90*
Historias de milagros *90–91*
Historie *102, 113, 132, 677, 730, 906*
Historiografía *87, 254*

Hitler, Adolf *188, 334, 425–426, 1245*
Hitzig, Ferdinand *192*
Hodge, A. A. *233*
Hodge, Charles *233, 457, 780, 841, 924, 1083, 1099, 1100, 1101, 1123, 1124, 1210, 1237*
Hodges, Zane C. *946*
Hodgson, Leonard *723*
Hoekema, Anthony *442, 888, 1153, 1178, 1215*
Hoekendijk, J. C. *1057*
Holm, Bernard *865*
Holmes, Arthur *57*
Homoiousios/homoousious *710, 716*
Honestidad *315*
Hooker, M. D. *112*
Hordern, William *123, 126, 127, 138, 143, 144–145, 219, 264, 781, 949, 1065*
Horne, Charles M. *942, 971, 1006*
Hort, F. J. A. *1241*
Horton, W. M. *438*
Hough, Joseph C., Jr. *65*
Howard, Wilbert Francis *966*
Hubbard, David *250*
Hughes, James A. *1216*
Huida de la realidad, como resultado del pecado *629*
Humanidad. *Ver* Humanidad de Jesús; Humanos
Humanidad de Jesús *717–734*
  afirmaciones del mismo Jesús *722*
  aspectos físicos de la *719–721*
  aspectos intelectuales de la *721*
  aspectos psicológicos de la *721*
  aspectos "religiosos" de la *723*
  en relación con la expiación *817–818*
  evidencia bíblica *719–725*
  implicaciones de la *733–734*
  importancia de la *718–719*
  primeras herejías sobre la *724–727*
  punto de vista de Barth *720, 730*
  punto de vista de Bultmann *729–731*
  recientes restricciones a la *728–730*
  y el nacimiento virginal *765*
Humanidad; Humanos
  como animales *483*
  como máquinas *482–483*
  como parte de la creación *507*
  como punto de partida para el diálogo *478*
  como seres económicos *485–486*
  como seres libres *488–489*
  como seres sexuales *484–485*
  como seres sociales *489*
  como títeres del universo *486–487*
  conceptos actuales de *482–489*
  creación de, y su significado teológico *506–512*
  de Jesús. *Ver* Humanidad de Jesús
  disciplinas intelectuales *479*
  edad de la *503–506*
  e identidad personal *480*
  en relación con la encarnación *477*
  en relación con otras doctrinas *477*
  finitud de *507–511*
  hermandad entre los *508–509*
  identidad de *506*
  imagen de *490–491*
  imagen de Dios en *513–532*
  imágenes de *482–489*
  importancia de la doctrina de la *476–482*
  los ancianos *564–566*
  los no casados *569–571*
  lugar especial de, en la creación *508*
  naturaleza de, en relación con la expiación *817*
  naturaleza de, vista por Karl Barth *338*
  origen de la *492–512*
  potestad sobre la creación *524–525*
  punto de vista cristiano *489–490*
  relacionados adecuadamente con Dios *531*
  unidad de cada persona *550–553*
  universalidad de la *554–571*
  valor de la vida humana *531*
  y ecología *507–508*
  y las crisis actuales *480–481*
  y los no nacidos *566–569*
  y posición económica *562–564*
  y raíces familiares *481*
Humanismo
  bíblico *530–531*
  centralidad del, en el modernismo *162*
  de la teología de la muerte de Dios *334*
Humanos
  como ámbito de la revelación general *180*
  naturaleza constitucional *533–553*
  naturaleza religiosa de los *180*
  su finitud y trascendencia de Dios *273*
  su integridad al percibir y aprender de la creación *181*
  su necesidad de la obra iluminadora del Espíritu Santo *273–277*
  vistos por el liberalismo *330*
Hume, David *164, 165, 186, 429, 433*
Humildad *131*
Humillación de Jesucristo *784–790*
Idealismo *57–58*

Idealismo de Berkley *57*
Idealismo de Hegel *57*
Idealismo de Leibnitz *57*
Idealismo de Lotz *57*
Idealismo de Platón *57*
Idealismo personal (Brightman) *436–438*
Ideas
  importancia de las *1244–1245*
  platónicas *41, 280, 396, 397*
Ideas o formas (Platón) *279–280*
Identificarse con los demás, incapacidad para *632*
Ideologías *666*
Idolatría, prohibición de *346–347*
Iglesia anglicana *1050*
Iglesia de Escocia *1108*
Iglesia de Inglaterra *1107*
Iglesia del Nazareno *979*
Iglesia episcopal *1076*
Iglesia episcopal protestante *1141*
Iglesia, la *1031–1048*
  adaptabilidad, como una de sus características *1073–1074*
  a la vista de disciplinas no teológicas *1036*
  carácter de *1072–1074*
  como el cuerpo de Cristo *1043–1046*
  como extensión del ministerio de Cristo *1045*
  como nuevo Israel *1048–1049*
  como pueblo de Dios *1041–1042*
  como templo del Espíritu Santo *1045–1047*
  como único canal de la gracia de Dios (posición católico romana) *911*
  confusión sobre *1032–1034*
  contexto del Antiguo Testamento *1038–1039*
  definición de *1032–1040*
  definición filológico-bíblica de *1037–1039*
  deseo de servir, como una de sus características *1072*
  el término iglesia, y el ecumenismo *1145*
  enfoque pietista *1051–1052*
  en un mundo que fluye *1035–1036*
  etimología de la palabra *1037*
  función de dar testimonio *1058–1059*
  funciones de *1057–1064*
  gobierno de la *1075–1093*
  imágenes bíblicas de la *1041–1048*
  Implicaciones de la *1055*
  inicio de *1054*
  la apostolicidad de la *1051*
  múltiples usos del término iglesia *1033*
  naturaleza de *1031–1055*
  naturaleza universal de *1040*
  papel de *1056–1074*
  punto de vista dispensacionalista de *1052*
  punto de vista individualista sobre *1052*
  punto de vista parroquial de *1052*
  remontando sus orígenes hasta el momento en que Jesús establece *1051*
  visible e invisible *1050–1054, 1078*
  y el Israel espiritual *1048–1049*
  y el mundo *1034–1035*
  y el reino *1047–1048*
  y evangelización *1057–1059*
  y la administración de los sacramentos *1015*
  y la espiritualidad individual *1053*
  y la función de enseñanza *1060–1061*
  y la preocupación social *1063–1065*
  y su función de comunión *1060*
Iglesia metodista *1077, 1078*
Ignacio arzobispo de Antioquía *761*
Ignorancia, como término para causa de pecado *579*
Ilocutivos, actos (Austin) *154*
Iluminación del Espíritu Santo *152, 283, 885, 939*
  punto de vista de Agustín *279–281*
  punto de vista de Daniel Fuller *280–281*
  punto de vista de Juan Calvino *282*
  referente a la inspiración *232*
Ilustración, la *171*
Imagen de Dios en el humano *513–532*
  carácter de Jesús y sus acciones, como modelo de la *529–530*
  como imitación de la Trinidad *352*
  conclusiones sobre la *528–530*
  implicaciones de la doctrina *530–532*
  pasajes de las Escrituras que sirven de base para la *515–516*
  punto de vista de Barth *521–523, 526*
  punto de vista de Brunner *520, 522–523, 526*
  punto de vista de Calvino *519*
  punto de vista funcional *524–525, 527*
  punto de vista sustantivo *516–519*
  punto de vista unitario de Lutero *519*
  puntos de vista relacionales *520*
  puntos de vista sobre *516–527*
  universalidad de *531–532*
  y las mujeres *560*
  y los términos imagen y semejanza *527*
Impasibilidad de Dios *293, 725*
Imperativo categórico *184*
Imperativo moral *180, 184*
Imposición de manos *1078, 1080*
Impulso misionero y el punto de vista calvinista

sobre la predestinación *930, 936*
Imputación de la rectitud de Cristo *831–832*
Imputación del pecado original *647–652*
Incapacidad total *924–925*. *Ver también* Depravación total
Incomprensibilidad de Dios *206, 290, 361*
Individualidad *540*
Individualidad como principio básico del existencialismo *46*
Individualismo *165, 607–609*
Inerrancia absoluta *248*
Inerrancia de las Escrituras *156, 246–265*
adecuación del término *264*
como corolario de la inspiración de la Biblia *247, 251, 255, 256*
como tema irrelevante *250*
definición de *259–263*
definición de error *264*
distintos conceptos de *248–250*
e identificación de dificultades como indicación de error *262*
impacto histórico *252*
importancia de la *251–254*
plena *248*
temas subordinados *263–264*
y discrepancias en las Escrituras *255–259*
y epistemiología *252–253*
y exactitud *261*
y exactitud científica *262*
y fenómenos *255–259, 262*
y los documentos originales *264–265*
Inerrancia de propósito *249*
Inerrancia limitada *248–249*
Inerrancia percibida por Beegle como real e indisoluble *257*
Infalibilidad de las Escrituras *156*
Infalibilidad papal *1079*
Infierno *452, 1024, 1180, 1237–1242, 1242*
descenso de Jesús al *787–790*
grados de castigo *1242–1243*
Infinidad *296–302*
Infinidad de Dios *295, 296–302*
Influencias de la familia y mal *666*
Infralapsarianismo *838, 927*
Iniciación dentro de la iglesia. *Ver* Bautismo
Iniquidad como término que resalta el carácter del pecado *586*
Inmanencia de Dios *297, 327–336, 692*
base bíblica *327–328*
implicaciones de la *335–336*
Versiones modernas de la *328*
vista por los teólogos de la muerte de Dios *333–334*
vista por Paul Tillich *331–333*
y su contacto con los no creyentes *336*
Inmersión *1101, 1109–1110*
Inmortalidad *120, 1239–1240*
Inmortalidad condicional *1239*
Inmortalidad contingente *1173*
Inmutabilidad de Dios *303*
Inquietud *590, 631*
Inscrituración *222–223*
Insensibilidad hacia lo equivocado *630–631*
Inspiración "concursiva" *213*
Inspiración de las Escrituras *224–245*
"concursiva" *213*
definición de *225–226*
dictado *242–243*
dimensión de la magnificación (Pike) *240*
extensión de la *235–238*
hecho de la *226–229*
intensidad de la *237–240*
método de formulación de una teoría de la *233–235*
palabras versus ideas *239–244*
papel específico del Espíritu Santo *236–237, 242*
posición de Jesús sobre la *228*
temas en la formulación de una teoría *228–230*
teoría de la intuición *231*
teorías de la *231–233*
testimonio mismo de la Biblia *227–228*
un modelo de *239–245*
Verbal *242*
vocabulario de los escritores *242*
y énfasis en el material didáctico *233*
y énfasis secundario en los fenómenos *234–235*
y la crítica de las formas *97*
Institución como elemento permanente en el cristianismo *118*
Instrucción. *Ver* Enseñanza
Instrumentalismo (Dewey) *44*
Integridad de Dios *314–316*
Integridad, falta de, frase que resalta el carácter del pecado *586*
Intercesión
de Jesucristo *840–841*
del Espíritu Santo *885–886*
Interprética (Ferré) *147*
Ira de Dios, y la tribulación *1222*
Ireneo *443, 518, 726, 806, 861, 1211*
Irracionalismo, como principio del existencialismo *45–46*
"Irreligión" de Bonhoeffer *910*

Irreligiosidad, como término para resaltar el carácter del pecado *584–585*
Irresistible gracia *924*
Isaac *72, 207, 315, 423*
Iser, Wolfgang *110*
Islán *31*
Israel
  como nación elegida *557*
  conservación como pueblo *180*
  espiritual *1048–1049*
  la conservación de Dios de *410–411*
  literal (nacional) *1049–1050*
  unidad de, tal como se revela en el A. T. *1134*
  y la iglesia *1042, 1054–1055*
  y su futuro como nación *1049*
  y su lugar en el milenio *1213*
Jacobs, Paul *933*
James, William *43, 44, 58, 112*
Jaspers, Karl *45, 1170*
Jenkins, W. S. *556*
Jepson, Alfred *948*
Jeremias, Joachim *114, 678, 779, 1107, 1108, 1114, 1184*
Jerusalén, como punto de partida para cumplir con la gran comisión *1058*
Jesucristo
  abandono de sus atributos al encarnarse *785–786*
  ascensión y estar sentado a la diestra del Padre *792–793*
  bautismo de *353, 358, 707, 743, 873, 882*
  búsqueda del Jesús histórico *675–679, 1158*
  carencia de pecado de *731–732*
  como el Logos *356*
  como el Verbo *701, 713*
  como evento *119*
  como fundador de la iglesia *1079*
  como juez *702*
  como primogénito *710*
  como "Señor" *703–704*
  como un segundo Adán *703*
  concepción de, en María *755*
  "concepción virginal" de *755*
  creer en, como elemento esencial en teología *30*
  deidad de, vista en el Libro de Hebreos *701*
  deidad de, vista por Pablo *701–703*
  descenso al Hades *787–790*
  encarnación de *784–786*
  "en forma de Dios" *702*
  etapas de la obra de *783–793*
  funciones de *776–783*
  gobierno de *782–783*
  humanidad de *717–734*
  humillación de *784–790*
  intercesión de *783*
  introducción a la obra de *775–793. Ver también* Jesucristo, persona y obra de
  juicio y condena de *699*
  la exaltación de *790–793*
  la percepción que tenía de su deidad *349–350, 696–700*
  la resurrección corporal de *1199, 1201*
  ministerio intercesor de *840–841*
  muerte de *786–787*
  nacimiento virginal *752–771*
  naturaleza de, en relación con la expiación *817–818*
  obra reconciliadora de *783*
  oficios de *777. Ver también* Funciones de Jesucristo
  papel profético de *776–777, 778–780*
  papel revelador de *778–782*
  persona y la obra de *330–331, 687–689, 712*
  preexistencia de *698–699, 703, 766, 778*
  punto de vista de Pannenberg sobre la resurrección de *705*
  resurrección de *790–792*
  segunda venida de *780, 793, 1187–1205*
  su actitud hacia la mujer *561*
  su carácter y acciones como modelo de la imagen de Dios en la humanidad *529–530*
  su encarnación como modalidad de revelación divina *215–216*
  su preocupación por los que no pertenecían a la casa de Israel *557*
  su reclamo de autoridad *698–699*
  su relación con el Padre *698–699*
  sus enseñanzas sobre los pobres *563*
  su triunfo sobre las potestades *663–664*
  tal como se describe en el evangelio de Juan *701*
  tentaciones de *611*
  unidad de la deidad y la humanidad en la persona de *435–451*
  y la iglesia como su cuerpo *1043–1046*
Jesús histórico. *Ver* Búsqueda del Jesús histórico
Jewett, Paul King *249, 352, 559, 1102*
Job *635*
Johnston, Francis E. *557*
Jonás *395, 418*
Jones, Rufus M. *1089*
Jones, William *556, 605*
Josefo *824*

José (hijo de Jacob) *207, 383, 411, 421*
Joyce, G. C. *413*
Juan *73, 93*
Juan de Antioquia *741*
Juan de Damasco *809*
Juan Pablo II, Papa *168*
Juan XXIII, Papa *1142*
Judaísmo *690, 984*
Judaísmo rabínico *1183*
Judas *256, 262*
Judíos y gentiles *557–560*
"Juegos del lenguaje" (Wittgenstein) *142*
Juicio futuro *627–628, 1203–1205*
  bases del *1205*
  Jesucristo como el juez *1204*
  lo definitivo del *1238–1239*
  sujetos del *1204–1205*
Juicios, dos *1221–1222*
Juicios morales, como esencia de la religión *20*
Julián de Eclanum *646*
Jüngel, Eberhard *316*
Justicia
  a los pobres *563*
  naturaleza retributiva de la *622*
Justicia de Dios *312–313, 321–323*
Justicia social *122*
Justificación *914, 963–974*
  como don de Dios *968*
  como impicación de la unión con Cristo *962–963*
  contexto del término *965–966*
  del creyente *1018, 1019*
  en contraste con la santificación *977*
  factores que apoyan la naturaleza forense de la *965–966*
  objeciones a la doctrina de la *966–968*
  punto de vista del Antiguo Testamento sobre la *964–965*
  punto de vista del Nuevo Testamento sobre la *965*
  y adopción *970–974*
  y el bautismo de niños *1097–1098*
  y las consecuencias permanentes del pecado *969–970*
  y los sacramentos como medio de salvación (catolicismo romano) *1013*
  y rectitud forense *964–968*
  y su relación con la fe y las obras *968–969*
Justificación forense *966–968*
Justino Mártir *355, 455, 707, 1211*
Kähler, Martin *677*
Kaiser, Walter *260*
Kant, Emmanuel *19–20, 203*
Karma *624*
Käsemann, Ernst *64, 100, 678, 680, 704*
Kaufman, Edmund G. *1235*
Kaufman, Gordon D. *67*
Kaufmann, Walter *42, 45, 87*
Keen, Sam *1071*
Keil, Carl F. *569*
Kelly, Dean M. *1072*
Kelly, J. N. D. *603, 646, 725, 726, 727, 728, 739, 740, 741, 861, 918*
Kelsey, David H. *209*
Kelsey, Morton *1233*
Kendrick, Klaude *868*
Kenneson, Philip *168*
Kenosis *747*
Kenosticismo *745*
Kerygma *208, 678, 681, 686, 1189*
Kierkegaard, Soren *45, 47, 113, 189, 218, 339, 601, 686, 728, 906*
Kik, J. Marcellus *1137*
King, Martin Luther *669*
Kirk, Kenneth E. *1078*
Kitamori, Kazoh *293*
Kittel, Gerhard *70, 656*
Kleinknecht, Hermann *984*
Klein, Ralph W. *86*
Knight, G. A. F. *351*
Koiné griego *204*
Koinōnia *1060*
Kosmos *656–660*
Koyama, Kosuke *80*
Kraft, Charles H. *869*
Kraus, Bertram S. *505*
Krentz, Edgar *86*
Krieger, Murray *105*
Krienke, Hartmut *933*
Kromminga, Dietrich *1214*
Kuhn, Helmut *45*
Kuiper, R. B. *840, 846*
Kundsin, Karl *92*
Küng, Hans *913*
Kuyper, Abraham *228*
Kyle, M. G. *610*
Kyrios *714*
Ladd, George E. *87, 93, 94, 700, 714, 780, 822, 824, 939–940, 948, 949, 963, 964, 973, 983, 985, 986, 1047–1048, 1192, 1193, 1194, 1212, 1213, 1218, 1222, 1224, 1226*
Lake, Kirsopp *69*
Lammerts, Walter E. *499*
Lang, George H. *1225*
Langone, John M. *566*

Latourette, Kenneth Scott *1071, 1140*
Lavado de pies *127, 131*
Legalismo y santificación *986*
Leibniz, Gottfried von *381, 443*
Lenguaje
  como marca de humanidad *504*
  de teología *135–157*
  entendimiento referencial del *161*
  función del *50*
  punto de vista representativo del *164*
  representativo *140*
  teológico como lenguaje personal *144–145*
  teológico como medio de discernimiento y compromiso *150–153*
  teológico como síntesis metafísica *146–151*
  teológico y Verificación escatológica *145–146*
  y positivismo lógico *140*
Lenguaje equívoco *205*
Lenguaje fenomenológico *248, 262*
Lenguaje personal, y el lenguaje de la teología *144–145*
Lenguaje representativo *140*
Lenguaje teológico como síntesis metafísica *146–151*
Lenguaje teológico y Verificación escatológica *145–146*
Lenguaje unívoco *205*
Lentricchia, Frank *171*
Leví *567*
Lévi-Strauss, Claude *105, 107*
Lewis, Arthur H. *989, 990*
Lewis, C. S. *113, 180, 313, 429, 445, 452, 485, 960, 1235, 1242*
Lewis, Gordon R. *67, 81, 1221*
Lex talionis, *568*
Ley de la revocación (Stauffer) *421*
Leyendas *91*
Ley, la *235–236, 311, 1134*
  como expresión de la rectitud de Dios *311*
  como factor unificante del Israel del Antiguo Testamento *1134*
  en relación con la expiación *816–817*
  estatus de, y la expiación *816–817*
  interna, de los no creyentes *196*
  papel de, en la vida cristiana y en la iglesia *984–986*
  papel de, en la vida cristina y en la iglesia *1134*
  perspectiva del Nuevo Testamento sobre *985–986*
  universal, y el pecado como su violación *585*
  y la culpa *620*
  y la justicia de Dios *312–313, 802–803, 834*
  y la naturaleza de Dios *802–803*
  y obras *968*
  y revelación general *196*
Ley natural
  y milagros *428–430*
  y nacimiento virginal *767*
  Liberalismo
  negación de que los humanos tengan necesidad de ser regenerados *928*
  y naturalismo *329*
  y su rechazo de la idea de la resurrección *1177*
  y su visión de la persona y la obra de Jesucristo *330–331*
  y su visión de la revelación *329–330*
  y su visión del hombre *330*
Liberalismo clásico *328*
Libertad, humana
  como axioma del existencialismo *46*
  y adopción *973*
  y perseverancia *997*
Libertad y adopción *973*
Libre albedrío *444–445, 645–646*
Libre albedrío, teístas del *305–306, 382*
Libro de Heraclidas *740*
Liddell, Henry George *1109*
Limbus infantium *1097, 1180*
Limbus patrum *789, 1180*
Lindbeck, George *22*
Lindsell, Harold *248, 256, 1065, 1146*
Lindsey, Hal *1154*
Llamamiento efectivo *938–941*
Llaves del reino *1050*
Locutivo, actos del habla (Austin) *154*
Lo especial, como criterio de autenticidad *97*
Lo especial de Dios. *Ver* Santidad de Dios
Logia *229*
Lógica
  como aplicable a toda la verdad *58*
  dentro de la creación *336*
"Lógica mítica" (Lévi-Strauss) *107*
Logocentrismo *54, 55–56, 166*
Logos *464*
Logoterapia *1154*
Lohmeyer, Ernst *348, 702*
Lombardo, Pedro *808, 921*
Longacre, Robert E. *544*
Loofs, Friedrich *739, 740, 789*
Los atributos de Dios *529*
Los dones milagrosos del Espíritu Santo *887–892*
Los no nacidos, estatus de *566–569*

Lovelace, Richard *252*
Lowe, Walter *898*
Lucas *73, 89, 99*
Lucifer *600*
Lundin, Roger *168*
Luteranismo *38, 841, 866, 1085, 1096, 1097, 1098*
Lutero, Martín *41, 192, 252, 519, 688, 864, 866, 921, 922, 1013, 1050, 1109, 1117, 1119, 1121–1122, 1123, 1145*
"Luz interior" *1089*
Lyman, Eugene W. *928*
Lyotard, Jean-Françoise *167*
MacCulloch, J. A. *559*
Macedonios *863*
Machen, J. Gresham *121, 377, 761*
Mackay, Donald S. *43*
Mackintosh, Hugh Ross *691, 745*
Maclean, A. J. *465*
Macquarrie, John *47, 67, 139, 1033–1034, 1034*
Magnificación, dimensión referente a la inspiración (Pike) *241–242*
Magno, Gregorio *808*
Mahoma *271*
Mal *432–452. Ver también* Pecado
  como acompañamiento necesario de la creación de la humanidad *444–446*
  como medio para conseguir un fin mejor *447–448*
  como resultado del pecado en general *448–450*
  Dios como víctima del *452*
  duración del *447*
  e influencias de la familia *666*
  el término, resaltando los resultados del pecado *590*
  erradicación del *446*
  específico como resultado de pecados específicos *450–452*
  extensión del *447*
  naturaleza del *433–435*
  negación del *441–443*
  perspectivas para tratar el problema del *444–452*
  problema del *125*
  residiendo en el mundo *656–660*
  soluciones al *435–443*
  visto por Brightman *436–438*
  y decisiones morales *666*
  y enfermedades *666*
  y estructuras *662*
  y finitismo *435–438*
  y la justicia de Dios *313*
  y la reevaluación de lo que constituye el bien y el mal *446–448*
  y la vida futura *452*
  y modificación del concepto de la bondad de Dios *438*
  y potestades *661–664*
  y realidades políticas *665*
  y vocaciones *665*
Mal irracional *436*
Malvado, como término para resaltar los resultados del pecado *590*
Mandato cultural *525*
Maniqueísmo *436*
Manley, G. T. *293*
Mantey, Julius *999*
Mar *714*
Marcel, Gabriel *45*
Marción *319*
Marcionismo *725, 726*
Marcos *89, 99*
María (madre de Jesús) *726, 744, 755*
Marshall, I. Howard *996, 998, 1000, 1019*
Martin, Civilla Durfee *431*
Martineau, James *231*
Martin, Ralph *349*
Marty, Martin *1136*
Marxismo *20, 170, 606, 669, 1163*
Marx, Karl *42, 486, 1245*
Marxsen, Willi *99, 104*
Más allá dimensional (Heinecken) *339, 340*
Mascall, Eric *960*
Mateo *89, 98, 99*
Materia
  como algo malo *725*
  y forma *540, 543*
Materialismo *57, 385*
Materialismo dialéctico *486, 1245*
Matías *418*
Maurice, F. D. *1241*
Maves, Paul B. *566*
May, Rolle *332*
McClellan, Robert W. *566*
McClendon, James William, Jr. *155–156, 164, 168*
McClintock, Stuart *41*
McGiffert, A. C. *20, 277, 761, 787, 949*
McGill, Arthur C. *184*
McIntire, Carl *1142*
McKnight, Edgar V. *86, 90, 91*
McNutt, William Roy *1086*
Medio del conocimiento (Agustín) *280*
Medios de la salvación *1010–1020*

Mediotribulacionismo *1225*
Mellert, Robert B. *52*
Melquisedec *567*
Membresía, en la iglesía *912–913*
Menninger, Karl *578, 629*
Menonitas *1102*
Mentalidades griega y hebrea *539–541, 714–715*
Mente humana, congruencia entre ella y la creación que nos rodea *181*
Método científico *35*
Michaelson, Carl *1035*
Michel, Otto *944*
Miguel (arcángel) *459, 462, 471*
Milagros *96, 116, 767*
  propósitos de los *430*
  vistos por Schleiermacher *329*
  y el nacimiento virginal de Jesucristo *754–755*
  y la ley natural *427–430*
  y providencia de Dios *427–430*
Milenio, el *1206–1219*
  como símbolo *1214*
  naturaleza de *1212–1213*
  perspectivas sobre *1208–1217*
  resolución de problemas concernientes a *1217–1218*
Miley, John *802, 806*
Miller, James B. *160*
Miller, J. Maxwell *86*
Miller, Park Hays *1082*
Milligan, George *981*
Mill, John Stuart *43*
Minear, Paul S. *1041*
Misericordia de Dios *319*
Misticismo *1126*
Mitchell, T. C. *506*
Mitos *91, 107, 116–117, 691–694*. *Ver también* Desmitologización
Mixter, Russell L. *405*
Moberg, David O. *566, 668, 1064*
Modede, Gerald F. *1077*
Modernismo *169*
  características del *123, 159–160, 161–167*
  características del, *162–164*
  insatisfacción con, *164–166*
Modernizar, peligro de
  a Jesús *23*
  la Biblia *72*
Modo de vida, como elemento permanente del cristianismo *122*
Moisés *635*
Molinismo *382*
Moltmann, Jürgen *65, 299, 1155, 1163–1164*
Monarquía, como forma de gobierno de la iglesia. *Ver* Episcopal, forma de gobierno de la iglesia
Monarquismo *356–360, 745*
Monarquismo dinámico *356–357*
Monismo *398, 539–541, 550*
Monismo contingente. *Ver* Afiliación de las congregaciones locales
Monoteísmo *346–347*
Montanismo y montanistas *863*
Montgomery, John Warwick *1144, 1145*
Moody, Dale *33, 67, 625, 755, 766, 777, 882, 996*
Moom, Sun Myung *271*
Moore, G. E. *48, 136*
Moore, G. F. *985*
Moore, Stephen D. *108*
Mormonismo y mormones *292, 517*
Morris, Charles W. *147, 148*
Morris, Leon *349, 698, 722, 733, 795, 824, 828, 1077, 1081, 1089, 1103, 1229, 1239*
Mortalidad pura *1239*
Mott, John R. *1140*
Mott, Stephen *661*
Motyer, J. A. *1233, 1236, 1238*
Moule, Charles *693*
Moulton, James Hope *966, 981*
Moulton, W. F. *853*
Mouw, Richard J. *661, 662*
Movimiento para la vida y el trabajo *1141*
Mowinckel, Sigmund O. P. *525*
Muerte *548, 1169–1175*
  como resultado del pecado *624–628*
  efectos de la *1173–1175*
  espiritual *627, 1171–1172*
  eterna *627–628, 1171–1172*
  física *624–626, 1171–1172, 1172–1173*
  implicaciones de la doctrina de la *1186*
  naturaleza de la *1171–1173*
  realidad de la *1170–1171*
  segunda *627*
Mugabe, Henry Johannes *79*
Mujer
  estatus de, en las Escrituras *133, 249, 560–561*
  vista por Jesús *133, 560–561*
Muller, Gustav Emil *42*
Mullins, Edgar Y. *291*
Muncy, W. L., Jr. *943*
Mundo (kosmos) *656–660*
Mundo, que fluye *1035–1036*

Murch, James DeForest *1138, 1143*
Murk, James W. *504*
Murphy, Nancey *164*
Murray, J. O. F. *1241*
Murray, John *828, 831, 848, 940, 941, 957, 961, 970, 993, 1003*
Mutaciones *187, 404*
Mysterium tremendum (Otto) *342*
Nacimiento nuevo. Ver tambien Regeneración
  lenguaje que describe, en el Antiguo y Nuevo Testamento *988–989*
  y perseverancia *995*
Nacimiento virginal *329*
Nacimiento virginal de Jesús *752–771*
  como evidencia de lo especial que era Jesús *771*
  como evidencia del poder y la soberanía de Dios *771*
  como indispensable para la encarnación *768*
  como recordatorio del carácter sobrenatural de nuestra salvación *770*
  evidencia bíblica *756–760*
  evidencias de *758–759*
  ignorancia del, entre sus contemporáneos *762–763*
  importancia del *753–756*
  incompatibilidad con la preexistencia de Cristo *766–767*
  indispensable para que Jesús careciese de pecado *769*
  negación del *761*
  objeciones al *762–771*
  paralelismos con otras religiones *765*
  significado teológico del *767–771*
  silencio sobre el, en el Nuevo Testamento *762–765*
  tradición de la iglesia primitiva sobre *760–761*
  y "concepción virginal" *755*
  y cuestionamiento de la legitimidad de Jesús *759–760*
  y la cuestión de la transmisión del pecado *769*
  y la ley natural *767*
  y la salvación como don de gracia *770–771*
  y su conflicto con la ley natural *767*
  y su deidad *695–716, 754*
Narcisismo hedonista *165*
Narrativa y revelación especial *207–212*
Nash, Ronald *306*
National Association of Evangelicals for United Action *1143*
National Council of the Congregational Churches *1141*
Naturaleza
  actividad gobernadora de Dios en la *416–417*
  e inmanencia de Dios *327–328*
  obra conservadora de Dios en la *412*
Naturaleza antrópica de la revelación especial *94*
Naturaleza, como ámbito de la revelación general *179*
Naturaleza referencial del lenguaje *161*
Naturalismo
  como corolario del modernismo *163*
  reduccionista *165*
  y liberalismo *329*
Nauta, D. *1051*
Negación del pecado *629–630*
Negación, método de la *323*
Neill, Stephen *95, 690, 693, 1140*
Nelson, Herbert J. *51*
Neoortodoxia *124, 209–211, 217, 219, 254, 270, 278–279, 539, 551, 607, 1177*
Neo-Pentacostalismo. *Ver* Movimiento carismático
Neoplatonismo *397*
Neopragmatismo *44, 166*
Neo-tomismo *38*
Nestorianismo *712, 739–740*
Nestorio *712, 739–740*
Newbigin, Leslie *1041*
New England Fellowship *1143*
Newman, Albert Henry *271*
Newton, Isaac *162*
Nicodemo *884, 952, 1103*
Nicole, Roger *248*
Niebuhr, H. Richard *868*
Niebuhr, Reinhold *47, 593, 600, 601, 603, 609, 610, 613*
Nielsen, Kai *151*
Nietzsche, Friedrich *45*
Nínive
  y la constancia de Dios *303*
Niños. *Ver* Bebés y niños
Nirvana *293*
Niveles de significado en el lenguaje religioso *152–154*
Niza, Gregorio de *807*
No casados, los *569–571*
Nociones de sentido común irreductible (Griffith) *150*
No creer, como principal factor del pecado *594*
Noé *634*
Noetus de Esmirna *357*
No gobierno en las iglesias *1089–1090*

Nombres de Dios *293–294*
Nominalistas *311*
Nordholt, H. G. Schulte *669*
Norris, Christopher *112*
Notitia (conocimiento) *218*
Noumena (Kant) *162*
Novatianismo *864*
Novia de Cristo *1134*
Nowell-Smith, Patrick *428*
Nueva hermenéutica *67*
Nuevo historicismo *166–167*
Números en la Biblia, problemas con los *255, 261–262*
Núñez, Emilio A. *731*
Nyamiti, Charles *703*
Nygren, Anders *80*
Obediencia de Jesús, como un elemento de su humanidad *530*
Obispos *1076–1081, 1087, 1088, 1091*
Objetivismo *58*
Obras y fe *968–969, 1016–1020*
Obsolescencia, el reto de la *116–118*
Ockham, Guillermo de *311*
Ockhamistas *922*
Oden, Thomas C. *159, 166, 167, 168, 489*
Oehler, Gustave F. *588, 818, 947*
Okorcha, Cyril *914*
Oldham, Joseph H. *1140*
Oligarquía, forma de gobierno de la iglesia. *Ver* Presbiteriana, forma de gobierno de la iglesia
Olsen, Roger *403*
Omnipotencia de Dios *300–302, 435–438, 439*
Omnipresencia *297*
Omnisciencia
  de Dios *304, 305, 446*
  del Espíritu Santo *870*
Ong, Walter *1035*
Oportunidad universal, teoría de la *1021*
Oprimidos, los *605*
Oración *426–427*
Ordenación, de ministros o sacerdotes, como función de los obispos *1078*
Ordenaciones *1014*
Orgullo, pecado del *904, 1246*
Orígenes *120, 455, 536, 603, 707, 759, 806, 807, 861, 921, 1020, 1022–1024, 1201, 1211, 1238*
Orr, James *21, 56, 249, 257, 329, 723, 755, 756, 758, 791, 860, 1152*
Ortodoxa, iglesia *1050*
Osborne, Grant R. *98, 102, 104*
Ottley, Robert L. *743*
Ott, Ludwig *1050, 1078, 1080*
Otto, Rudolf *19, 342*
Ozman, Agnes *867*
Pablo *73, 237*
Pablo (apóstol)
  su punto de vista sobre la soltería *570–571*
  sus declaraciones sobre las mujeres *561–562*
  sus instrucciones sobre asuntos entre razas *558–559*
Pablo de Samosata *356, 861*
Paciencia de Dios *320–321*
Packer, J. I. *197, 232*
Pacto, el, bautismo de niños y bebés *1097–1099*
Padilla, René *731*
Padrenuestro *981*
Palabra de Dios. *Ver* Escrituras
Palabras versus ideas, tema referente a la inspiración (Pike) *239, 242–245*
Paley, William *272*
Palmer, Edwin H. *924*
Panenteísmo (Tillich) *331*
Pannenberg, Wolfhart *65, 211, 212, 254, 680–683, 684, 704–706, 766, 791*
Panteísmo *959*
Papa, el *1077, 1079*
Parábolas *90*
Paracleto *863*
Paráfrasis de la Biblia *126*
Paraíso *1185*
Parham, Charles *867*
Parménides *51*
Parousia *1194*
Parroquial, visión de la iglesia *1052–1053*
Particularismo *901*
Pasajes proféticos en las Escrituras *90*
Pastor *1087*
Patripasianismo *357*
Patrón triádico de toda la historia *42*
Patte, Daniel *87, 105, 106, 108*
Paulus, H. E. G. *1113*
Payne, Buckner H. *557*
Payne, J. Barton *1195, 1225*
Pearce, E. K. Victor *505*
Pecado *575–594*
  análisis psicológicos del *608*
  causa del *439–440*
  como enfermedad espiritual *638*
  como sensualidad *592–593*
  como sustitución de Dios *594*
  como una enfermedad (Bushnell) *799*
  como una relación rota *914*

consecuencias permanentes del, después de haber sido perdonado y justificado *969–970*
cura para el, varios puntos de vista *612–613*
de David y Betsabé *451*
declaración de Jesús de que podía perdonar el *697*
dificultad para discutir sobre el *578*
dimensión social del *653–670*
Dios como "causa" del *384, 420, 439–440*
efectos del *628–632*. *Ver también* Justificación y consecuencias permanentes del pecado
enseñanza bíblica *609–612*
específico *450–452*
extensión del *634–637*
fuente del *595–613*
implicaciones de distintos puntos de vista *612–613*
intensidad del *637–644*
magnitud del *633–652*
métodos de estudiar el *578–579*
naturaleza del *575–594*
naturaleza esencial del *591–594*
negación del *629–630*
ocasión para el *612*
original *644–652, 918–919*
privatización del, rechazado por la teología de la liberación *604*
punto de vista de Pablo sobre el *451*
relación entre la doctrina del pecado y otras doctrinas *576–578*
responsabilidad del hombre en el *397–398*
resultados del *614–632, 615–632*
teoría del germen *449*
términos para *579–591*
universalidad del *599, 634–637*
venial *1181*
visto por Jesús *639–640*
visto por Pablo *640–641*
y egoísmo *593–594*
y el carácter racial *448–450*
y huida de la realidad *629*
y la actividad gobernadora de Dios *420–422*
y la doctrina de la salvación *577*
y la enfermedad *849–851*
y la voluntad de Dios *384*
y los problemas de la sociedad *577*
y naturaleza de Dios *576–578*
y naturaleza humana *914*
y nuestra manera de entender la humanidad *577*
y su factor infinito *1241*

Pecado colectivo. *Ver* Pecado social
Pecado original
teorías del *644–648*
un modelo bíblico y contemporáneo *648–652*
Pecado social
dificultad de reconocer el *655–657*
enseñanza bíblica *656–667*
estrategias para vencer el *667–670*
Pedersen, Johannes *543*
Pedro *94, 237, 310, 320, 558, 1001, 1047*
Peirce, Charles S. *43, 44*
Pelagianismo *624, 645–646, 647, 797, 918–922*. *Ver también* Semi-pelagianismo
Pelagio *645, 646, 918, 919*
Pelikan, Jaroslav *27, 741*
Penelhum, Terence *546, 548, 549*
Penitencia *1014*
Pentateuco *87, 596*
Pentecostalismo *848, 860, 868, 888, 979*
Pentecostés *891, 1054*
Perdón
de Dios *321*
de los pecados por Jesús *697*
tal como lo defendió Jesús *320*
Perdón de los pecados a través del bautismo *1096*
Perdón universal, teoría del *1022*
Perfección de Dios. *Ver* Santidad de Dios
Perfeccionismo *979–981*
Pericoresis *358, 363*
Pericoresis de la Trinidad *358, 363*
Perlocutivos, actos del habla (Austin) *154*
Permanencia
de la doctrina cristiana, criterios de *130–134*
en el cristianismo *118–122*
Perrin, Norman *87, 98, 100, 102, 104, 113*
Perseverancia *915, 992–1003*
como se presenta en Juan 10 y Hebreos 6 *998–1000*
punto de vista arminiano *995–998*
punto de vista calvinista *992–995*
y solución de los puntos de vista arminiano/calvinista sobre *998–1003*
Persistencia de Dios *320–321*
Personalidad colectiva, concepto bíblico de *664–667*
Personalidad de Dios *292–295*
se pierde en la teología de la muerte de Dios *335*
vista por Tillich *332*
Personalidad humana, como reflejo de la Trinidad *362*

Personalidad humana, Dios como base de la (Tillich) *332*
Personalismo. *Ver* Idealismo personal
Perversión, como término que resalta el carácter del pecado *588*
Petersen *111*
Pfleiderer, Otto *597, 598*
Phillips, J. B. *127, 288, 289*
Pieper, Franz *1084, 1096, 1097, 1098, 1117*
Pike, Kenneth L. *222, 240*
Pinnock, Clark *94, 197, 305, 382*
Piper, Otto *767*
Pittenger, Norman *51*
Plan de Dios *367–386*. *Ver también* Providencia
 definiciones clave para el *368–369*
 enseñanza bíblica sobre el *370–374*
 enseñanzas del Nuevo Testamento *372–373*
 fijado en la eternidad *374*
 intención en el *383*
 modelo calvinista *378–386*
 naturaleza del *373–377*
 naturaleza eficaz del *376*
 naturaleza inalterable del *377*
 naturaleza incondicional del *379*
 naturaleza libre del *374–375*
 naturaleza totalmente inclusiva del *375*
 prioridad lógica *377–378*
 propósito del (la gloria de Dios) *375*
 terminología bíblica *370*
 y el término decretos *368*
 y el término plan *368*
 y el término predestinar *369*
 y el término preordenación *369*
 y las formas de entender la historia *384–385*
 y libertad humana *379–380*
Plantinga, Alvin *434*
Plass, Ewald M. *1109*
Platón *20, 41, 160, 231, 279, 396, 397, 725*
Platonismo *397, 1035, 1040*
Plutarco *766*
Plymouth Brethren *1051, 1164*
Pneumatomaquianos *863*
Pobres, los. *Ver* Pobreza
Pobreza *562–564*
Poder de Dios. *Ver* Omnipotencia de Dios
Pohle, Joseph *789, 911, 1013–1015, 1117, 1120, 1153, 1180, 1181, 1230*
Porter, Stanley *111*
Positivismo lógico *49, 136, 140–141, 143*
Postmilenarismo *1208–1210, 1211*
Postmodernidad *158–174*
Postmodernismo *159–167, 166, 168*
Postmodernismo radical *166–167, 169–171*
Postribulacionismo *1221–1224*
Potestades *661–664*
Poythress, Vern S. *108*
Pragmática (Morris) *147*
Pragmatismo *43–45*
Praxeas *357*
Precisión, en la inspiración *240*
Preconocimiento de Dios en la elección *378–379, 929, 935*
Predestinación *916–936, 939*
 absoluta *930*
 evolución histórica de la doctrina *917–923*
 implicaciones de la *936*
 incondicional *930*
 vista por Karl Barth *931–932*
 vocabulario de la *933–934*
 Predicación
 como medio de instrucción en la iglesia *1061*
 y la doctrina de la humanidad *479*
Premileniarismo *1210–1213*. *Ver también* Milenio
Premodernismo *160–161*
Preocupación social, como función de la iglesia *1063–1065*
Presbiteriano, forma de gobierno de la iglesia *1081–1085, 1092*
Presbiterio *1082, 1083*
Presuposiciones, como análisis teológicos *28*
Presuposiciones filosóficas *59–60*
Pretribulacionismo *1193–1195, 1219–1221*
Preus, Robert D. *403*
Price, George McCready *402*
Price, James *94, 95, 96, 97*
Price, Robert M. *1064*
Priest, Josiah *556*
Primordial, Dios como ser *126, 333*
Principados y potestades *661–664*
Pritchard, J. B. *403*
Probabilidad *60, 113*
Problema, como término que resalta los resultados del pecado *591*
Problemas sociales, como mal *434*
Procksch, Otto *979*
Profecía *277*
 como obra del Espíritu Santo *878–879*
 cumplimiento de la *272, 372*
 hoy *278*
 y premileniarismo *1210*
Profetas, entre los anabaptistas *271*
Profetizar, como don espiritual *1061*
Progreso a través de la ciencia y la tecnología *165*

Progreso de la doctrina *1158*
Propiciación, como significado básico de la expiación *826, 831*
Propósito en el universo (argumento teleológico) *183, 186–187*
Propp, V. *107*
Protoevangelio de Santiago *759*
Proverbios *90*
Providencia *408–431*
  características principales *422–426*
  como conservación *410–415*
  como gobierno *416–426*
  definida *408, 409–410*
  dimensión personal de la *424*
  en la vida de David *417–418, 419*
  en la vida de José *421*
  extensión de la *416–420*
  imágenes de *414*
  inclusión de las acciones humanas *424–425*
  la enseñanaza de Jesús sobre *411–412*
  las acciones pecadoras de los humanos *419–422*
  naturaleza universal de la *422–423*
  Punto de vista de Augustus H. Strong *410–411*
  punto de vista de los salmistas *412, 415, 416*
  y adopción *973*
  y deísmo *414*
  y el creyente *412*
  y el destino de las naciones *417*
  y el destino de las personas *417*
  y el pecado *420–422*
  y el plan de Dios en la naturaleza *416–417*
  y la bendición de Dios sobre los no creyentes *423*
  y la bondad de Dios *423–424*
  y la conservación de Israel por parte de Dios *410–411*
  y la necesidad de identificarla con claridad *425–426*
  y las acciones libres de los humanos *418–419*
  y las enseñanzas de Pablo sobre *412, 415*
  y las limitaciones del pecado *422*
  y la soberanía de Dios en su gobierno *425*
  y los mundos celestiales *418*
  y milagros *427–430*
  y oración *426–427*
  y regularidad del mundo creado *415*
  y sentido de confianza *415*
  y sucesos accidentales *418*
Prueba cosmológica, ofrecida por Tomás de Aquino *183*
Prueba racional y fe *679*
Prueba teleológica (diseño) *160, 183, 187*
Psicología y escatología *1154*
Punto de vista no proposicional de la revelación *250*
Pureza de Dios. *Ver* Santidad de Dios
Pureza moral de Dios *308–313*
Purgatorio *1180–1183*
Purificación
  a través del castigo *623*
  como concepto central del bautismo *1101*
Purtill, Richard L. *1186*
Pussin, L. De la Vallée *624*
"Q" *89–90, 229*
Qahal *1038*
Quebedeaux, Richard *868, 987*
Quenstedt, Johannes *456*
Querubines y serafines *456, 461, 462–463*
Quiliasmo *1211*. *Ver también* Premilenarismo
Racionalidad
  del modernismo *161*
  del universo *158, 160*
Racionalismo, rechazo del, en el periodo postmoderno *171, 457–458*
Radmacher, Earl D. *403*
Rahner, Karl *912, 913*
Ramm, Bernard *34, 204, 213, 221, 223, 268, 277, 372, 403, 429, 1003, 1005, 1007, 1017, 1231*
Ramsdell, Edward *57*
Ramsey, Ian *151, 153, 693*
Randall, John Herman, Jr., *43, 162, 330, 596, 753*
Rashdall, Hastings *799*
Rast, Walter E. *86*
Rauschenbusch, Walter *122, 330*
Raven, J. H. *878*
Rayan, Samuel *790*
Razas en la familia de Dios *555–558*
Razón
  énfasis sobre, y la doctrina del Espíritu Santo *866*
  relación con la autoridad bíblica *282–283*
  vista por Tomás de Aquino *182*
  y fe *113, 684, 949–950*
  y la Biblia *272*
Razonamiento circular, sobre la inspiración *226–227*
Razón pura (Kant) *162*
Razón teórica (Kant) *162*
Realidades políticas de la vida y el mal *665*
Realidad objetiva del mundo *161*
Realismo básico *160*
Realismo metafísico *164*

Realistas *311*
Rebelión, como término que resalta el carácter del pecado *586–588*
Recanati *154*
Rechte lehre *866*
Recompensas en el cielo *1236–1237*
Reconciliación
  como significado básico de la expiación *828–829*
  universal, teoría de la *1022*
  y adopción *972*
Reconstrucionista, teoría, de la creación *402*
Rectitud
  de Dios *311–312*
  forense *964–968*
  imputación de la, de Cristo *648, 651–652, 831–832*
Recuerdo, como criterio de identidad personal *546, 548*
Recuerdo seriado *96*
Recuperación universal, teoría de la (Orígenes) *1022–1023*
Redaktiongeschichte *99*
Redlich, Basil *90, 91, 94*
Redpath, Henry A. *820*
Reduccionismo y el método científico *163*
Reforma, como estrategia para superar el pecado social *668–669*
Regeneración *275–277, 884, 914–915, 950–954*
  bautismal *1095–1096, 1103*
  como comienzo del proceso de santificación *953–954*
  como estrategia para superar el pecado social *667–668*
  como hecho sobrenatural *953*
  declaraciones sobre *952–954*
  de los creyentes del Antiguo Testamento *988–990*
  tiempo de la *940*
  trasfondo de la palabra *951–952*
  y carácter instantáneo de la *953*
  y el bautismo previo *1101*
  y el pecado *953*
  y naturaleza humana *951*
Regeneración bautismal *1095–1096, 1103*
Regla de oro *121*
Reichenbach, Bruce *545, 547, 552*
Reinado de Dios *122*
Reinar con Cristo, implicaciones de la unión con Cristo *963*
Reino de Dios y escatología *1158*
Relación Yo - ello *217, 221*
Relación Yo - Tú *145, 217, 521*
Relativismo moral *166*
Relevancia, como palabra clave al contemporizar la teología *124*
Religión
  como actividad pragmática con dimensiones sociales (Gutiérrez) *21*
  como experiencia de "Lo eterno" (Hick) *21*
  esencia de *20*
  fenómeno mundial de la *199*
  punto de vista cultural-lingüístico (Limbeck) *22*
  que implica a todo lo que es la persona *22*
  y punto de vista de la vida y el mundo *18, 20*
Religiones, no cristianas *220*
Religiones orientales *31, 293*
Remonstrantes *841, 995*
Renan, Ernest *675*
Represalia *622*
Reprobación *369*
Responsabilidad humana *46, 440*
Resseguie, James L. *110*
Restauracionismo *1239*
Resurrección *120, 551, 1196–1203, 1215–1216*. *Ver también* Resurrecciones
  de Jesús, como hecho histórico *682–683*
  del cuerpo, y la glorificación del creyente *1006–1007*
  enseñanza bíblica *1196–1198*
  instantánea *1183–1184*
  la deidad de Jesús *704–706*
  naturaleza corporal de la *1199–1202*
  tanto de justos como de injustos *1202–1203*
  una obra del Dios trino *1198–1199*
Resurrecciones
  dos *1224*
  tres *1220*
Retribución *622*
Reuniones de la calle Azusa *868*
Revelación. *Ver* Revelación general; Jesucristo, naturaleza reveladora de su obra; Revelación especial
  adaptada *249*
  a través de la historia *209–211*
  como acción unificada de las tres personas de la Trinidad *359*
  como hechos históricos *66*
  como historia *211–212*
  como la manifestación que el Dios personal ha hecho de sí mismo *144*
  como narrativa de autoridad *207–209*
  el punto de vista de Barth *729*

Escrituras como *222–223*
es tanto los hechos históricos como su interpretación *685*
fuente básica de la teología *56*
naturaleza de la *178–179*
progresiva *133–134*
punto de vista de Barth *188–191*
punto de vista no proposicional *250*
sólo en Jesucristo (Barth) *189*
vista por el liberalismo *329–330*
y fe *949*
Revelación adaptada *249*
Revelación especial *200–223*
a través de actos de discurso inscritos *156*
carácter relacional *202*
como clarificadora de la revelación general (Calvino) *195–196*
como punto de partida de la teología *33–35*
definición *201*
estilo de la *203–207*
grado de especificidad *240–242*
modos de la *207–216*
naturaleza analógica de la *205–206*
naturaleza antrópica de la *204–205*
naturaleza personal de la *203–204, 216–221*
naturaleza progresiva de la *222*
necesidad de la *201–203*
punto de vista proposicional *216–221, 222*
y el conocimiento de Dios como resultado *216*
y la narrativa en la Biblia *207–212*
y su relación con la revelación general *202*
Revelación general *178–199*
clarificada mediante la revelación especial (Calvino) *196*
deficiencias de la *195–196*
eficacia de la *180–196*
implicaciones de la *198–199*
la naturaleza redentora de (Barth) *188–189*
los ámbitos de la *179–180*
negación de *187–191*
pasajes relevantes de las Escrituras *191–194*
vista por Calvino *194–196*
y el Salmo 19 *191–192*
y las controversias de Tomás de Aquino *182–183*
y la Teología natural *180–187*
y ley interna que tienen los no creyentes *196–197*
y los pasajes de Hechos 14 y 17 *194*
y responsabilidad humana *196–198*
y Romanos 1 y 2 *194–195*
y salvación *197–198*
Revelación particular. *Ver* Revelación especial
Revelación progresiva *133–134, 222*
Revelación universal. *Ver* Revelación general
Reverencia hacia Dios *342*
Revivalismo americano *867*
Revolución, como estrategia para superar el pecado social *669–670*
Rice, John R. *232, 986*
Rice, Richard *305*
Richards, Le Grand *517*
Richardson, Alan *106, 1234*
Ridderbos, N. H. *403*
Riesenfeld, Harald *95*
Riqueza y pobreza *562–564*
Ritschl, Albrecht *20, 122, 187, 600, 831, 1159*
Robertson, A. T. *275, 827*
Roberts-Thomson, E. *1146, 1147*
Robinson, D. W. *1103*
Robinson, H. Wheeler *541, 543–544, 714*
Robinson, John A. T. *96, 124, 337, 533, 539–541, 542, 910, 1238, 1241*
Robinson, William Childs *704*
Rockefeller, John D. *631*
Rogers, Jack *28, 249*
Rohde, Joachim *99*
Roma, Clemente de *861*
Romanticismo *867*
Rorty, Richard *44, 166, 170*
Ross, Alexander *1020*
Ross-Hinsler, E. *78*
Rostow, Walt W. *902*
Rouse, Ruth *1140*
Rousseau, Jean Jacques *901*
Rufino *808*
Russell, Bertrand *48, 136, 486, 487*
Rutler, George William *168*
Ryrie, Charles C. *1165*
Sábado *698*
Sabatier, Auguste *232*
Sabelio *357*
Sabiduría de Dios *299–300*
Sabiduría de Salomón 2:23 *515*
Sabiduría y personas mayores *565*
Sacerdocio del Antiguo Testamento *841*
Sacerdocio de todos los creyentes *1092*
Sacerdotalismo *1118, 1120, 1121*
Sacramentalismo *900, 1013–1016, 1096, 1118*
Sacramentos
administradores de los *1015*
Bautismo *1094–1110*
Cena del Señor *1111–1130*
como marcas de la verdadera iglesia *1052*
según el punto de vista católico romano *911–912, 1013–1015*

Sacrificio *822*
como significado básico de la expiación *825*
y la cena del Señor *1120–1121*
Sacrificio limitado. *Ver* Expiación particular
Saduceos *1200*
Salmond, S. D. F. *1236*
Salmos de la naturaleza *191–192*
Salvación
aspectos objetivos del principio de la *956–974*
aspectos subjetivos del principio de la *937–955*
conceptos sobre la *897–915, 902–915*
continuación de la *975–990*
de los creyentes del Antiguo Testamento *988–990*
dimensión temporal *898–899*
dirección del movimiento en la *900–901*
extensión de la *901, 1020–1027*
finalización de la *991–1008*
inicio de la, implicaciones del llamamiento efectivo, la conversión y la regeneración *954–955*
medio para la *900*
medios y extensión de la *1009–1027*
naturaleza y ámbito de la necesidad *899–900*
objetos de la *901–902*
punto de vista de la teología de la liberación *1010–1012*
y buenas obras *1018–1020*
y el orden lógico: llamamiento efectivo, conversión, regeneración *940–942*
y glorificación del creyente *1003–1008*
y "historia de la salvación" *229, 712, 714, 715*
y la gracia de Dios *318–319*
y la teoría de la oportunidad universal *1021–1022*
y la teoría de la reconciliación universal *1022*
y la teoría de la recuperación universal *1022*
y la teoría del la oportunidad explícita *1021*
y la teoría del perdón universal *1022*
y santificación *976–982, 984–986*
y variedades de universalismo *1020–1023*
Samaria, como campo de misión de la iglesia primitiva *1058–1059*
Samarin, William J. *890*
Samartha, Stanley J. *683*
Sanday, William *966*
Sanders, John *305*
Sandys-Wunsch, John *26*
Santayana, George *28*
Santiago (apóstol) y sus declaraciones sobre los pobres *564*
Santidad de Dios *309–311*
Santidad, tal como se espera del pueblo de Dios *1042*
Santificación *275, 915*
amistad entre Cristo y el creyente *983–984*
base bíblica para la *976–977*
contrastada con la justificación *977*
grado de finalización *979–982*
naturaleza de la *976–982*
por medio del Espíritu Santo *886–887*
y el Espíritu Santo *979*
y el legalismo *986*
y el papel de la ley *984–986*
y la salvación de los creyentes del Antiguo Testamento *988–990*
y separación del mundo *986–987*
y vida cristiana *982–990*
Sara *125, 300, 315*
Sargent, William *889*
Sartre, Jean-Paul *45, 46, 48, 487, 1071*
Sasse, Hermann *656*
Satanás *468–469, 611, 662, 806, 807–808, 810, 812, 834, 869, 1208. Ver también* Lucifer
destino de *470*
encerrado por mil años *471*
su control del mundo *658, 660*
y la escatología *470*
Saúl (rey) *997, 1001*
Saussure, Ferdinand de *55, 105, 106*
Sayers, Dorothy *530*
Saylor, Carlyle L. *568*
Schaeffer, Francis *48, 77, 180, 399*
Schaff, Philip *742*
Schantz, Paul *236*
Schelling, Friedrich *42*
Schleiermacher, Friedrich *19, 64, 329, 330, 495, 592, 688, 867*
Schlick, Moritz *136*
Schmid, Heinrich *866, 1052*
Schmitdt, Karl *1037, 1039*
Schoen, Barbara *480*
Scholz, Heinrich *36*
Schrenk, Gottlob *966, 1203*
Schuller, Robert H. *578*
Schweitzer, Albert *677, 1159–1161, 1191*
Schweizer, Edward *878, 882*
Scofield Reference Bible *1166*
Scott, Jack B. *947*
Scott, Robert *1109*
Scotus, Duns *921*
Searle, John R. *56, 154, 170*
Sectas *31*

Secularismo *78*
Secularización *987*
Segunda muerte *627*
Segunda oportunidad *1238*
Segunda venida de Jesucristo *1187–1205*
carácter de la *1190–1193*
implicaciones de la *1205*
inminencia de la *1195–1196, 1220*
lo definido del evento *1188–1190*
lo indefinido del momento *1190*
naturaleza física de la *1191–1192*
naturaleza inesperada de la *1192*
naturaleza personal de la *1190–1191*
naturaleza triunfante y gloriosa de la *1193*
naturaleza visible de la *1192*
unidad de la *1193–1195*
y su glorificación *1004–1005*
Segundo, Juan Luis *1011*
Selby, Henry A. *557*
Selección natural *187*
Semántica *147*
Sem, Cam y Jafet (hijos de Noé) *556, 557*
Semi-arrianos *709, 716*
Semi-pelagianos *841, 923*
Señor
como nombre de Dios *293*
como título para Jesucristo *703–704*
Señorío de Cristo, forma de gobierno conservado en la iglesia presbiteriana *1084*
Sensualidad, considerada como pecado *592–593, 601*
Sententia Remostrantium *995*
Sentimientos, como esencia de la religión *19*
Seol *120, 297, 788*
Separación del mundo *986–987*
Septuaginta, tal como se cita en el Nuevo Testamento *258*
Serafín *462–463*
"Serie continua cerrada" ( Bultmann) *112*
"Series personales" (Hartshorne) *53*
Sermón del monte *243*
Ser social, el ser humano como *489*
Servicio, como marca de la iglesia *1072–1073*
Servicio, de los redimidos en el cielo *1233*
Servicio, y gobierno de la iglesia *1088*
Sesión *1082*
Sexo en el cielo, la cuestión del *1234*
Sexos, ambos creados a imagen de Dios *559–560*
Sexualidad. *Ver* Humanidad, como seres sexuales
Seymour, William J. *868*
Shaner, Donald W. *561, 562*
Shedd, William G. T. *290, 322*
Shema, de Deuteronomio 6 *347, 352*
Simon, Ulrich *1232, 1234*
Simpson, A. B. *849, 851*
Sinagoga, como patrón para el gobierno de la iglesia *1084, 1091*
Sinergia, doctrina de la *920*
Sínodo de Dort *995*
Sínodo de Orange *920*
Sínodo ladrón *742*
Sínodos *1082, 1083*
Sintáctica *147*
Síntesis *150*
Síntesis conceptual *146*
Síntesis, lenguaje teológico como síntesis metafísica *146–151*
Sire, James W. *170, 172*
Sistema de penitencia del catolicismo romano *810*
Sistema de sacrificios del Antiguo Testamento y su relación con la expiación *818–819*
Situación universal, como criterio de permanencia de la doctrina cristiana *131*
Sitz(e) im Leben *92, 96–97, 99, 101, 104, 112, 1108*
Skinner, B. F. *385, 483*
Sleeper, R. W. *44*
Smart, James *25*
Smeaton, George *881*
Smith, Charles Ryder *517, 580, 582, 584, 585, 586, 587, 588, 616–617, 621, 636, 638, 639*
Smith, James *155–156*
Smith, W. Robertson *754*
Snaith, Norman *524, 525*
Snowden, James *1170*
Soberanía de Dios *210, 439, 924*
Sobrenaturalismo *160*
Sobrino, Jon *683*
Socinianismo *797–798, 832–833, 1178*
Socinio, Fausto *797, 829*
Socinio, Laelio *797*
Sócrates *48*
Söderblom, Nathan *1141*
Sofocles *1071*
Song, Choan-Seng *754*
Spencer, Duane Edward *924*
Spencer, Herbert *385*
Spinoza, Benedicto *441*
Spitzer, Walter O. *568*
Staley *111*
Stauffer, Ethelbert *421, 678, 760*
Stein, Robert H. *697, 700, 1129*

Stendahl, Krister *26, 105*
Stonehouse, Ned B. *102, 987*
Stout, Jeffrey *110*
Strahan, James *954*
Strauss, David *675, 1113*
Stringfellow, Thorton *556*
Strong, Augustus H. *32, 232, 291, 310, 312, 376, 405, 410, 420, 462, 501, 539, 593, 640, 643, 785, 838, 842, 846, 848, 924, 927, 953, 970, 980, 994, 1021, 1051, 1087, 1101, 1102, 1117, 1124, 1153, 1171, 1200*
Subjetividad *113, 218, 685*
  como principio del existencialismo *48*
  en la crítica *113*
Subjetivismo *218*
Sublapsarianismo *383, 839, 848, 927*
Subordinación funcional en la Trinidad *360*
Sucesión apostólica *1078, 1079–1081*
Sucesos, su interpretación bíblica como revelación *213–214*
Sueño del alma *1178–1179*
Sueños *204*
Suertes, echar a *1081*
Sufrimiento, como implicación de la unión con Cristo *963*
Summers, Ray *1215, 1216*
Sustitución, como significado básico de la expiación *826–828, 830, 836*
Sustitución penal, teoría de la expiación *829–835, 836*
  objeciones a *829–835*
Swete, Henry B. *884*
Talmage, James E. *292*
Tatiano *355*
Tatlow, Tissington *1141*
Taylor, A. E. *732*
Taylor, Mark C. *167*
Taylor, Vincent *95, 215, 967*
Técnica de la comparación significativa *142*
Tecnología y escatología *1153*
Teísmo absoluto *437*
Teísmo bipolar *304*
Temple, William *217*
Templo, el *1134*
Tennant, Frederick R. *597–599, 607, 612*
Tenney, Merrill C. *1156*
Tennyson, Alfred, Lord *1235*
Tentación *600*
Teodiceas *435–452, 443*
Teodoredo *741*
Teodoto *356*
Teofanías *292*
Teología *27–28*. *Ver también* Teología bíblica; Teología histórica; Teología sistemática
  actividad de segundo nivel *21*
  apologética (Tillich) *76–77*
  autonomía de la *36*
  autoridad de las afirmaciones *83–84*
  bíblica *67–68*
  carácter estético de la *1247*
  como ciencia *35–37*
  como disciplina bíblica *23*
  como disciplina práctica *24*
  como disciplina sistemática *23*
  como elemento esencial en la relación entre el creyente y Dios *30–31*
  como esfuerzo intelectual *1247*
  como estudio o ciencia de Dios *22*
  contemporización de la *115–134*
  cristiana, como alternativa a la doctrina de otras religiones *31*
  definición de *22–24*
  del tercer mundo *902*
  de respuestas (Tillich) *76–77*
  desaparición de las grandes escuelas de *65*
  desarrollo de un motivo (integrador) central *80–82*
  Dios como punto de partida de la *31–35*
  eclecticismo en la *69*
  e identificación con la cultura actual *68–69*
  e iluminación de fuentes extrabíblicas *75–76*
  el proceso de hacer *70–83*
  enfoque abierto de posibilidades *71–73*
  enfoque diacrónico *27*
  enfoque dialogado *77*
  enfoque independiente al hacer *69*
  enfoque pregunta - respuesta de la *77*
  enfoque sincrónico *27*
  enfoque sobrenatural a la *71*
  en la actualidad *63–70*
  escolástica *688*
  escuelas de *65*
  especulaciones en *83–84*
  examen de los tratamientos históricos *74*
  existencialista *686*
  filosófica *29*
  hacer, en la era postmoderna *168–169*
  importancia de la creencia correcta *1245*
  influencia de las ciencias del comportamiento *68*
  "invertida" *324*
  lenguaje de la *135–157*
  método de la *62–84*
  moderna *169*
  motivo interpretativo central para la *80–81*

narrativa *1248*
natural *180–187*
naturaleza contemporánea de la *23*
necesaria para la relación entre verdad y experiencia *30–31*
necesidad de la *29–31*
peligros asociados al estudio de la *1246*
periodo de vigencia de las teologías específicas *63–65*
postmoderna positiva *172–174*
presbiteriana *1098*, *1100*
punto de partida de la *31–35*
qué es la *17–38*
reformada *1098*, *1100*
sentidos de la palabra *24–25*
sistemas de *65*
sistemática, en retroceso *66–67*
su relación con la cultura y el conocimiento *23*
teología sistemática y teología bíblica *25–26*
teología sistemática y teología filosófica *29*
teología sistemática y teología histórica *27–28*
tipos de relaciones entre teología y filosofía *40–42*
y análisis de la cultura *77*
y análisis del significado de las enseñanzas bíblicas *73–74*
y carencia de grandes gigantes de la *65*
y consulta de otras perspectivas culturales *74–75*
y el reto de la obsolescencia *116–117*
y estratificación de los temas *82–83*
y expresión contemporánea de la doctrina *76–80*
y filosofía *39–61*
y globalización *68*
y la dentificación de la esencia de la doctrina *75*
y la "explosión de conocimiento" *66*
y la visión cíclica de la historia *28*
y la visión de la revelación como hechos históricos *66*
y métodos de exégesis *71*
y naturaleza personal de la revelación *220*
y postmodernidad *158–174*
y punto de vista del mundo y la vida *1247*
y recopilación de materiales bíblicos *70–73*
y su uso de la filosofía *56–61*
y unificación de materiales bíblicos *72–73*
Teología apologética (Tillich) *76–77*
Teología bíblica *25–26*, *119*
Teología católica romana contemporánea *911–913*
Teología de la esperanza *289*, *299*, *340*, *1163–1164*
Teología de la liberación *21*, *604–606*, *613*, *902–905*
Teología de la muerte de Dios *124–126*, *333–335*, *690–691*, *910*
Teología del proceso *304–305*, *392*, *497*
Teología de respuestas (Tillich) *76–77*
Teología evangélica *914–915*
Teología existencial *905–908*
Teología filosófica *29*
Teología histórica *27–28*
"Teología invertida" *324*
Teología natural *180–187*
crítica a la *185–187*
esencia de la *181*
punto de vista de Tomás de Aquino *182–184*
suposiciones implicadas en *181*
Teología negra *902*, *904*
Teología postmoderna *167–168*
Teología postmoderna positiva *172–174*
Teología presbiteriana *1098*, *1100*
Teología reformada *1098*, *1100*
Teología relacional *899*
Teología secular *908–910*
Teología sistemática *23*, *25–29*, *66–67*, *119*
Teoría comercial. *Ver* Expiación, teoría de la satisfacción
Teoría de la influencia moral, sobre la expiación *798–802*
Teoría de la intuición, de la inspiración *231*
Teoría de la satisfacción, sobre la expiación *810–812*
Teoría del Big Bang *165*
Teoría del día-edad, de la creación *403*
Teoría del día ilustrativo, sobre la creación *403*
Teoría del dictado, referida a la inspiración *232–233*
Teoría de los actos del habla *153–157*, *248*
Teoría del rescate sobre la expiación *806–809*, *841*, *843*
Teoría dinámica, sobre la inspiración *232*
Teoría gubernamental, de la expiación *802–806*
Teoría literaria sobre la creación *403–404*
Teoría materialista que se enfoca en el estado central de la mente *547*, *550*
Teoría platónica del conocimiento *41*
Teoría verbal sobre la inspiración *232*, *242*
Tercera ola *869*
Tercer mundo
y la prominencia de la escatología *1153–1154*
y la teología de la liberación *902*

Tertuliano *40, 40–41, 319, 355, 356, 357, 364, 725, 726, 756, 761, 768, 861, 864, 918, 1182*
Tesis (antítesis, síntesis) *42, 386*
Testigos de Jehová *708, 1178*
Testimonio del Espíritu Santo sobre Jesús. *275*
Thayer, H.S. *43*
Thayer, Joseph H. *1218*
Thelen, Mary Frances *607*
Theotokos *739–740*
Thielicke, Helmut *251, 796, 1246*
Thiessen, Henry C. *378, 842, 843, 929*
Thiselton, Anthony *68, 107, 112, 156*
Thomas, John Newton *221*
Thorson, James A. *566*
Ticonio *1208*
Tillich, Paul *47, 65, 76, 80, 331–333, 334, 467, 478, 602–604, 613, 688*
Tindal, Matthew *866*
Toland, John *42*
Tomistas *38*
Torbet, Robert G. *987*
Toussaint, Stanley D. *889*
Tradición y autoridad *283–284*
Traductores, en la contemporización de la teología *123, 126–129*
Traición, como término que resalta el carácter del pecado *588*
Transformadores, en la contemporización de la teología *123–126*
Transustanciación *1120–1121*
Trascendencia de Dios *273, 297, 336–343*
  base bíblica *336–337*
  implicaciones de la *341–342*
  modelos de *337–341*
  modelo tradicional *337–338*
  vista por Karl Barth *338–340*
  vista por Paul Tillich *331–332*
  vista por Soren Kierkegaard *339–340*
  y la teología de la esperanza *340*
Trasgresión, como término que resalta el carácter del pecado *585–586*
Trasgresión de categorías *143, 152–153, 361*
Trasmisión oral de la tradición *96*
Traub, Helmut *1228*
Trench, Richard *275, 872*
Tres personas en uno de Dios *350–355*
Triada. *Ver* Trinidad
Triada, vista por Atanasio *863*
Tribulacionismo. *Ver* Gran tribulación
Tricotomismo *535, 535–536*
Trinidad, la *42, 229, 344–364*
  analogías que explican *361–364*
  "co-inherencia" de *358*
  construcciones históricas de *355–360*
  elementos esenciales de *359–361*
  enseñanza bíblica de *346–350*
  importancia de *345–346*
  incomprensibilidad de *361*
  la manera de entender Agustín *362–363*
  naturaleza eterna de *360*
  propiedades de las personas de *289*
  punto de vista "económico" de *355*
  y el modalismo *359–360, 361*
  y el triteísmo *360, 361, 862*
  y la búsqueda de analogías *361–364*
  y la deidad de las tres personas *347–349*
  y la formulación ortodoxa *358–360*
  y la función de las tres personas *360*
  y las tres personas en uno *350–355*
  y la unidad de Dios *346–347*
Trinidad ontológica *861*
Triteísmo *360, 361, 862*
Troeltsch, Ernst *188*
Tropici *862–863*
Tucker, Gene M. *86*
TULIP (acrónimo) *924*
Tyrrell, George *23, 676*
Últimas cosas. *Ver* Escatología
Una sola naturaleza *741*
Unidad comprensiva, unión con Cristo como *960*
Unidad conciliar en la iglesia *1138*
Unidad con Cristo. *Ver* Unión con Cristo
Unidad condicional *550–553*
Unidad de Dios *346–347*
Unidad de la iglesia *1131–1148. Ver también* Ecumenismo
  argumentación de Pablo a favor de la *1135*
  argumentos a favor de la *1132–1137*
  como cuerpo de Cristo *1135–1136*
  como la novia de Cristo *1134*
  conciliar *1138*
  con Cristo como cabeza de la iglesia *1135*
  consideraciones prácticas de *1136–1137*
  consideraciones teológicas generales de la *1133–1135*
  enseñanzas bíblicas sobre la *1132–1133*
  espiritual *1137–1138*
  imágenes del Nuevo Testamento *1134*
  naturaleza de la *1137–1139*
  orgánica *1138–1140*
  y eficacia *1136–1137*
  y la unidad de la iglesia del Nuevo Testamento *1134*
  y la unidad del Israel del Antiguo Testamento *1134*

y reconocimiento mutuo y comunión *1138*
y testimonio *1136*
"Unio-misticismo" *959*
Unión con Cristo *957–964*
a través del bautismo *1096, 1105–1106*
características de la *961–962*
implicaciones de la *962–964*
modelos inadecuados de *958–959*
punto de vista metafísico *959*
punto de vista místico *959*
punto de vista psicológico *960*
punto de vista sacramental *960*
y el reinado con Cristo *963*
y el sufrimiento *963*
y la enseñanza de las Escrituras *957–958*
y la iglesia *1043–1045*
y la perseverancia *994–995*
y la santificación *983*
Unión de deidad y humanidad en Jesucristo
base bíblica para *737–738*
cristología no hipostática *744–745*
dificultad de *736–737*
importancia de la *736*
primitivos malentendidos *739–743*
principios básicos de la doctrina *746–751*
y adopcionismo *743–744*
Unión, en el cuerpo de Cristo *1144–1146*. *Ver también* Ecumenismo; Unidad de la iglesia
Unitarios *797*
United Church of Canada *1138, 1146*
United Church of Christ *1139*
United Methodist Church *1139*
Universalismo
el efecto universal del pecado de Adán y la obra salvadora de Cristo *1026*
evaluación del *1023–1027*
interpretación de pasajes bíblicos universalistas *1026–1027*
textos bíblicos que parecen apoyar el *1025*
variedades de *1020–1023*
Universo de los tres niveles (Bultmann) *116, 117, 457*
Universo que se contiene a sí mismo *164*
Uno y muchos *540*
Ussher, James *86, 401*
Utópicos *385*
Valla, Laurentius *87*
Valor del orden en el gobierno de la iglesia *1092*
Valores, falta de, en el periodo moderno *165*
Van Buren, Paul *124, 909*
Van Generen, Willem A. *463*
Van Hoozer, Kevin *156, 247*
Van Lawick, Hugo *504*
Venganza *621*
Veracidad de Dios *314–315*
Verbas, Horst *977*
Verbo, el (Jesucristo)
concepto arriano de *708–709*
visto por Cullmann *713*
visto por los arrianistas *709*
Verdad
Espíritu de *276*
naturaleza unitaria de la *58*
subjetiva y objetiva (Kierkegaard) *218*
teoría de la correspondencia *161, 164*
y existencialismo *47, 48*
y pragmatismo *43–44*
Verdades empíricas *49*
Verdades matemático-lógicas *49*
Verdad objetiva (Kierkegaard) *218*
Verdad subjetiva (Kierkegaard) *218*
Verduin, Leonard *497, 525*
Verificación escatológica *145–146*
Verificación, principio de *138*
Verkuyl, Johannes *669*
Verley, Paul H. *503, 505*
Vida (atributo de Dios) *295–296*
Vida eterna *995*
Villain, Maurice *1140, 1141*
Violencia, defendida por los teólogos de la liberación *1012*
Visser, A. J. *1211*
Visser't Hooft, W. A. *1146*
Vitringa, Campegius *192*
Voluntad de Dios *301, 383–384, 438, 440*
decretora *438, 440*
permisiva *438*
preceptiva *438, 440*
Von Campenhausen, Hans *769*
Von Harnack, Adolf. *Ver* Harnack
von Leibniz, Gottfried *381*
Von Rad, Gerhard *515, 583*
Von Staupitz, Johann *921*
Vos, Geerhardus *1047, 1153*
Vriezen, Theodorus *351*
Wagner, C. Peter *869*
Wainwright, Arthur *354, 1041*
Wakefield, Samuel *844, 928, 930, 997, 998*
Walker, William *100*
Wallis, Jim *661*
Waltke, Bruce *568*
Walvoord, John F. *1164, 1166, 1193, 1195, 1220*
Warfield, Benjamin B. *202, 233, 256, 258,*

*369, 370, 381, 503, 889, 917, 924, 927, 930, 1214, 1215, 1239*
Watson, John *546*
Watson, Richard *929*
Weber, Herman *1065*
Weiss, Johannes *1160*
Weiss, Paul *43*
Weitz, Moritz *48*
Wells, David *167*
Wenger, John C. *1102*
Wenham, Gordon *87*
Wesley, Charles *813*
Wesley, John *646, 865, 923, 929, 930, 980*
West, Cornell *167*
Westcot, Brooke Foss *999, 1000*
Westminster Seminary *987*
White, Andrew Dickson *400*
White, Edward *1239*
Whitehead, Alfred North *51, 52, 304, 390, 407*
White Jr., Lynn *398*
Whiteley, D. E. H. *966*
White, Morton *49, 136, 137*
Wieman, Henry Nelson *438*
Wiles, Maurice *691*
Wiley, H. Orton *625, 647, 844, 930, 940, 1021*
Wilhem, Kaiser *188*
Williams, Colin *1033, 1035*
Williams, Daniel Day *304*
Wilson, Donald R. *503*
Wilson J., archidiácono *597*
Wilson, John Macartney *458, 464, 466*
Wimber, John *869*
Winer, G. B. *827*
Wirt, Sherwood *1063*
Wisdom, John *139*
Wissenschaft *36*
Wittgenstein, Ludwig *49, 111, 141, 142, 151, 546, 549*
Wittig, Susan *110*
Wood, Leon *878, 879*
Woolley, Paul *1142*
World Student's Christian Association *1140*
Wrede, William *121*
Wright, G. Ernest *119, 208, 209, 211, 214*
Wynkoop, Mildred Bangs *930*
Yahvé, el nombre *293*
Yoder, John H. *661, 663*
Youngblood, Ronald *403*
Young, Edward J. *256*
Young, Frances *692*
Young Men's Christian Association *1140*
Young, Paul *483*
Young Women's Christian Association *1140*
Ziegler, Donald J. *1121*
Ziesler, J. A. *964, 965, 967, 969*
Zoroastrismo *120, 436, 538*
Zwinglio, Ulrico *922, 1014, 1117, 1121, 1123, 1124, 1145*